Hubbard의 경제학

R. Glenn Hubbard / Anthony Patrick O`brien 지음

이상규 / 박원규 옮김

PEARSON

※ 잘못된 책은 교환해 드립니다.

저자소개

R. GLENN HUBBARD

R. Glenn Hubbard는 Columbia University 경영대학원의 석좌교수(Russell L. Carson Professor of Finance and Economics)이다. 또한 그는 전미경제연구소(NBER)의 연구원이자 Automatic Data Processing, Black Rock Closed-End Funds, KKR Financial Corportion, Metlife의 이사이다. 그는 1983년에 Harvard University에서 경제학 박사 학위를 취득했다. 그는 2001년부터 2003년까지 백악관 경제자문위원회(White House Council of Economic Advisers)와 OECD 경제정책위원회(OECD Economic Policy Committee)의 의장을 역임했으며 1991년부터 1993년까지 미국 재무부 차관을 역임했다. Glenn Hubbard 교수의 전공 분야는 공공경제학, 금융시장과 금융기관, 기업재무, 거시경제학, 산업조직론, 공공정책이다. 그는 *American Economic Review, Brookings Papers on Economic Activity, Journal of Finance, Journal of Financial Economics, Journal of Money, Credit, and Banking, Journal of Political Economy, Journal of Public Economics, Quarterly Journal of Economics, RAND Journal of Economics, Review of Economics and Statistics* 등 주요 학술지에 100편 이상의 논문을 출간했다. 그는 National Science Foundation, National Bureau of Economic Research와 민간 재단들로부터 연구지원을 받았다.

TONY O'BRIEN

Anthony Patrick O'Brien은 Lehigh University의 경제학 교수이다. 그는 1987년에 University of California, Berkeley에서 경제학 박사 학위를 취득했다. 그는 대형 클래스와 소형 우수반 클래스에서 15년 이상 경제학원론을 강의했다. 그는 Lehigh University 우수강의 교수상을 받았다. 그는 Diamond Center for Economic Education의 이사를 역임했으며 Dana Foundation Faculty Fellow와 Lehigh Class of 1961 Professor of Economics로 지명되었다. 그는 University of California, Santa Barbara와 Carnegie Mellon University 산업경영대학원의 방문교수였다. O'Brien은 미국 자동차 산업의 변화, 미국 경제의 경쟁력 원인, 미국 무역정책의 개발, 대공황의 원인, 흑인과 백인 간 소득 격차의 원인에 대해 연구했다. 그의 연구결과는 *American Economic Review, Quarterly Journal of Economics, Journal of Money, Credit, and Banking, Industrial Relations, Journal of Economic History, Explorations in Economic History* 등 주요 학술지에 출간되었다. 그는 정부기관들과 민간재단들로부터 연구지원을 받았다.

역자소개

이상규

현) 경희대학교 경영학과 교수
일리노이대학교(University of Illinois at Urbana-Champaign) 경제학 박사
서울대학교 경제학과 졸업

박원규

현) 경희대학교 경영학과 교수
코넬대학교(Cornell University) 경제학 박사
코넬대학교 MBA
서울대학교 경영학과 졸업

역자 서문

오늘날 다양한 국내외 경제, 사회, 문화 현상을 이해하기 위해 경제원리가 폭넓게 적용되고 있다. 이러한 측면에서 경제원리를 체계적이고 깊이 있게 배우는 것이 점점 더 중요해지고 있다. 독자들이 경제원리를 현실감 있고 흥미롭게 배울 수 있도록 본서는 경제학원론 교과서 중 세계적인 베스트셀러 중 하나로 평가받고 있는 *R. Glenn Hubbard and Anthony Patrick O'Brien, Economics, Fifth Edition, Pearson, 2015*를 번역한 것이다. 저자 서문에서 저자들이 이 책의 혁신적인 구조와 장점은 상세하게 설명하고 있기 때문에 여기서 다시 부연 설명할 필요는 없을 것이다. 다만 독자들이 본서를 효과적으로 읽는데 도움을 주기 위해 역자들이 이 책을 번역하면서 느낀 몇 가지 추가적인 장점들을 제시해본다.

첫째, 본서를 읽다보면 다른 경제학원론 교과서들을 읽을 때 다소 미흡하거나 논리적 연결고리가 명확하지 않아 의문스럽게 생각할 수 있는 많은 점들이 사라지게 된다. 특히 처음 경제학원론을 접하는 독자들이 다소 의아해할 수 있고 궁금해할 수 있는 부분이 현실적인 예를 적정하게 제시하면서 이해하기 쉽게 잘 설명되어 있다.

둘째, 본서는 경제원리를 설명하는데 있어서 우선 직관에 호소하고 그 직관이 경제원리에 의해 어떻게 지지되고 있는지와 때로는 그 직관이 경제원리에 비추어볼 때 어떤 점에서 취약한 것인지를 체계적으로 기술하여 경제원리를 보다 명확하고 정확하게 이해할 수 있게 해준다.

셋째, 본서는 저자들도 언급하고 있지만 많은 기업과 경제정책과 관련된 현실 사례들과 경제원리의 작동이 현실경제의 문제와 어떻게 연결되는지를 보여주는 [*Making the Connection*]들을 매 장마다 제공하여 독자들이 경제원리를 보다 친근하게 이해할 수 있도록 해주고 있다. 특히 본서에서 제시되는 있는 많은 현실 사례들과 [*Making the Connection*]들은 그 자체로 흥미로울 뿐만 아니라 독자들이 경제원리를 현실문제에 적용할 수 있는 능력을 함양하는데 기여할 수 있을 것이라고 여겨진다.

넷째, 본서는 기업경영과 밀접히 관련된 내용을 많은 장들에서 상당 부분을 할애하여 논의하고 있다. 이러한 측면은 저자들이 보다 현실에 발을 딛고 있는 경제학원론 교과서를 만들려고 강하게 노력하고 있다는 점을 보여준다.

마지막으로 본서는 2007~2009년 글로벌 금융위기와 관련된 내용을 거시경제학 부분에서 시종일관 체계적이고 풍부하게 논의하고 있어 독자들이 현재 직면하고 있는 글로벌 경제현상을 보다 깊이 있게 이해할 수 있게 도와준다.

모든 경제학원론 교과서에서 제기되는 중요한 쟁점 하나는 각 장들의 배치를 어떻게 하는가 하는 것이다. 본서는 역자들의 판단에 의해 독자들이 방향 감각을 잃지 않고 효과적으로 경제학원론을 배울 수 있도록 원서와는 조금 다른 순서로 일부 장들의 위치를 조정하여 배치하였으며 본서의 분량이 너무 두꺼워지는 것을 막기 위해 내용의 일부를 제거하거나 원서의 일부 장들을 빼기도 했다. 물론 이러한 조정은 원서가 전하고자 하는 내용을 전혀 훼손시키지 않는다는 관점에서 역자들이 결정한 것이다. 역자들은 독자들이 본서와 함께 제공되는 학습 자료들을 효과적으로 활용하면서 경제학원론의 내용을 즐겁게 배워나가기를 기대한다. 또한 역자들은 본서의 미흡한 점들을 보완하기 위한 많은 독자들의 건설적인 지적이 있기를 기대한다. 끝으로 역자들은 본서의 출간을 위한 기획과 편집의 전문성을 제공해준 피어슨코리아와 경문사의 담당자들에게 진심으로 감사드린다.

2016년 2월

이상규 · 박원규

저자 서문

10년 전에 출간되었던 이 책의 제1판을 저술했을 때 사용했던 접근법, 즉 학생들과 교수들에게 많은 현실 세계의 기업과 정책 사례들을 가지고 완전한 경제학 내용을 전달하는 경제학 교재를 제공한다는 접근법은 제5판에서도 그대로 유지되었다. 우리의 목표는 가상적이지 않은 현실 세계의 기업과 정책 사례들을 사용하여 경제학을 가르치는 것이다. 우리는 이 책의 처음 4판들을 사용했던 학생들과 교수들이 열렬한 호응을 보여준 것과 이 책을 전 세계적으로 경제학원론의 베스트셀러 중 하나가 되게 만들어준 것에 대해 감사한다. 우리가 제4판을 출간한 이후 미국 경제와 세계 경제에 많은 일들이 발생했다. 우리는 제5판에서 새로운 현실 세계의 기업과 정책 예제들을 통해 이러한 변화들의 많은 부분을 다루었다. 이 책이 채택하고 있는 경제학 학습을 위한 현실적이고 실습해보는 접근법을 보여주는 특별한 요소들을 간략하게 소개하면 다음과 같다.

특별한 요소: 경제학 학습을 위한 현실적이고 실습해보는 접근법

기업 사례

각 장의 시작부분 사례는 학습을 위한 현실 세계 상황을 제시해주고 경제학에 대한 학생들의 관심을 불러일으키며 각 장의 내용을 통일시키는 데 도움을 준다. 이러한 사례는 실제 상황에 직면한 실제 기업에 관한 내용이다. 이러한 기업의 내용은 해당되는 장에서 본문, 그림, 학습 자료로 통합되어 있다. 일부 장들의 시작부분 사례들은 신제품을 개발하여 시장에 내놓는 경영자의 역할에 초점을 맞추고 있다. 예를 들면, 제2장은 Tesla Motors의 Elon Musk에 대해 논의하고 제8장은 Facebook의 Mark Zuckerberg에 대해 논의하며 제22장은 FedEx의 Fred Smith에 대해 논의한다. 각 장의 시작부분 사례에서 살펴보는 몇몇 기업의 예를 들어보면 다음과 같다.

- Tesla Motors (제2장 상호교환관계, 비교우위, 시장시스템)
- Apple (제3장 가격결정: 수요와 공급의 상호작용)
- Facebook (제14장 주식시장과 기업지배구조)
- FedEx (제22장 총수요와 총공급 분석)

문제풀이

많은 학생들은 응용 경제학 문제를 다루는 데 큰 어려움을 겪는다. 우리는 학생들이 이러한 어려움을 극복할 수 있도록 각 장에 학습 목적에 부합하는 2개 내지 3개의 문제풀이를 포함시킨다. 우리의 목적은 학생들이 각 장의 주요 내용에 초점을 맞추도록 하고 어떻게 경제학 문제를 단계적으로 풀 수 있는지를 보여주는데 있다. 각 장의 마지막 부분에 있는 문제와 응용의 몇몇 문제들은 문제풀이와 관련되어 있다.

Making the Connection

각 장에는 핵심 개념을 현실 세계 상황에서 더 잘 이해하게 하고 학생들이 웹사이트나 신문에서 읽는 내용을 해석하는 방법을 배우는 데 도움을 주는 2개 내지 4개의 [*Making the Connection*]이 포함되어 있다. 대부분의 [*Making the Connection*]은 타당하고 관심을 자극하며 지적 호기심을 불러일으키는 기업과 정책 이슈들에 초점을 맞추고 있는 뉴스거리를 사용한다. [*Making the Connection*]의 1/3은 제5판에 새롭게 포함된 것이고 대부분의 여타 [*Making the Connection*]도 새롭게 정리된 것이다.

그래프와 요약표

그래프는 경제학원론 과목의 필수적인 부분이지만 많은 학생들에게는 중요한 장애물이다. 제1장을 제외하고 각 장은 학생들이 그래프를 그려보고 해석해 보도록 요구하는 연습문제들을 포함하고 있다. 우리는 학생들이 그래프를 해석하는데 도움을 주기 위해 다음과 같은 4가지 방식을 사용한다.

1. 그래프에 삽입된 상세한 설명문
2. 그래프의 내용을 설명하는 박스
3. 컬러로 표시한 곡선
4. 그래프를 포함시킨 요약표

[복습질문]과 [문제와 응용]

각 장의 마지막 부분에 [복습질문]과 [문제와 응용]이 제공되어 있다. 이러한 [복습질문]과 [문제와 응용]은 학생들이 어렵다고 여기는 내용을 효율적으로 복습하는데 도움을 주는데 있다. 만일 학생들이 특정한 학습목표에 대해 어려움을 갖는다면, 강의교수는 각 장의 마지막 부분에 있는 [복습질문]과 [문제와 응용] 중 어떤 것이 해당되는 학습목적에 부합하는지 쉽게 판별할 수 있고 이러한 문제들을 학생들에게 과제로 부과하거나 강의실에서 논의할 수 있다.

제5판 정확성 검토위원회와 검토자

정확성 검토위원회

Fatma Abdel-Raouf, Goldey-Beacom College
Lee A. Craig, North Carolina State University
Harold Elder, University of Alabama
Robert Gillette, University of Kentucky
Anthony Gyapong, Pennsylvania State University
Kristen Keith, University of Toledo
Randy Methenitis, Richland College
Edward Scahill, University of Scranton
Julianne Treme, University of North Carolina–Wilmington

검토자

Frank Albritton, Seminole State College
William P. Aldridge, University of Alabama
Genevieve Briand, Washington State University
Shirley Cassing, University of Pittsburgh
David Davenport, McLennan Community College
John Dogbey, University of Nebaska at Omaha
Kirk Doran, University of Notre Dame
Harold W. Elder, University of Alabama
Rudy Fichtenbaum, Wright State University
Alejandro Gelves, Midwestern State University
Robert Gillette, University of Kentucky
Allen C. Goodman, Wayne State University
Jamal G. Husein, Angelo State University
Mark Jablonowski, University of Hartford
Kristen Keith, University of Toledo
Carrie B. Kerekes, Florida Gulf Coast University
Michael H. Lampert, Truckee Meadows Community College
Keith D. Malone, University of North Alabama
Abraham Mathew, Indiana University–Purdue University Indianapolis
Barbara A. Moore, University of Central Florida
Shofiqur Rahman, University of Texas at El Paso
Edward Scahill, University of Scranton
Dosse Toulaboe, Fort Hays State University
Julianne Treme, University of North Carolina–Wilmington
Tara Westerhold, Western Illinois University
Zhen Zhu, University of Central Oklahoma

이전판 클래스 테스트 사용자: 정확성 검토위원회, 자문위원회와 검토자

클래스 테스트 사용자

Charles A. Bennett, Gannon University
Anne E. Bresnock, University of California–Los Angeles, and California State Polytechnic University–Pomona
Linda Childs-Leatherbury, Lincoln University, Pennsylvania
John Eastwood, Northern Arizona University
David Eaton, Murray State University
Paul Elgatian, St. Ambrose University
Patricia A. Freeman, Jackson State University
Robert Godby, University of Wyoming
Frank Gunter, Lehigh University
Ahmed Ispahani, University of LaVerne
Brendan Kennelly, Lehigh University and National University of Ireland–Galway
Ernest Massie, Franklin University
Carol McDonough, University of Massachusetts–Lowell
Shah Mehrabi, Montgomery College
Sharon Ryan, University of Missouri–Columbia
Bruce G. Webb, Gordon College
Madelyn Young, Converse College
Susan Zumas, Lehigh University

정확성 검토위원회

Fatma Abdel-Raouf, Goldey-Beacom College
Anne Alexander, University of Wyoming
Mohammad Bajwa, Northampton Community College
Cynthia Bansak, St. Lawrence University
Hamid Bastin, Shippensburg University
Kelly Hunt Blanchard, Purdue University
Don Bumpass, Sam Houston State University
Charles Callahan III, State University of New York–Brockport
Mark S. Chester, Reading Area Community College
Kenny Christianson, Binghamton University
Ishita Edwards, Oxnard College
Harold Elder, University of Alabama
Harry Ellis, University of North Texas
Can Erbil, Brandeis University
Marc Fusaro, Arkansas Tech University
Sarah Ghosh, University of Scranton
Robert Gillette, University of Kentucky

Maria Giuili, Diablo Valley College
Mark Gius, Quinnipiac University
Robert Godby, University of Wyoming
William L. Goffe, Pennsylvania State University
Anthony Gyapong, Pennsylvania State University—Abington
Travis Hayes, University of Tennessee–Chattanooga
Carol Hogan, University of Michigan–Dearborn
Anisul M. Islam, University of Houston–Downtown
Aaron Jackson, Bentley College
Nancy Jianakoplos, Colorado State University
Thomas C. Kinnaman, Bucknell University
Mary K. Knudson, University of Iowa
Faik A. Koray, Louisiana State University
Stephan Kroll, California State University–Sacramento
Tony Lima, California State University–East Bay
Randy Methenitis, Richland College
Normal C. Miller, Miami University
David Mitch, University of Maryland–Baltimore County
James A. Moreno, Blinn College
Michael Potepan, San Francisco State University
Mary L. Pranzo, California State University–Fresno
Fernando Quijano, Dickinson State University
Matthew Rafferty, Quinnipiac University
Ratha Ramoo, Diablo Valley College
Jeff Reynolds, Northern Illinois University
Brian Rosario, University of California–Davis
Joseph M. Santos, South Dakota State University
Edward Scahill, University of Scranton
Mark V. Siegler, California State University–Sacramento
Rachel Small, University of Colorado–Boulder
Stephen Smith, Bakersfield College
Rajeev Sooreea, Pennsylvania State University–Altoona
Rebecca Stein, University of Pennsylvania
Ed Steinberg, New York University
Michael Stone, Quinnipiac University
Arlena Sullivan, Jones County Junior College
Wendine Thompson-Dawson, University of Utah
Julianne Treme, University of North Carolina–Wilmington
Robert Whaples, Wake Forest University

자문위원회

Kate Antonovics, University of California–San Diego
Robert Beekman, University of Tampa
Valerie Bencivenga, University of Texas–Austin
Kelly Blanchard, Purdue University
Susan Dadres, Southern Methodist University
Harry Ellis, Jr., University of North Texas
Sherman T. Folland, Oakland University
Robert Gillette, University of Kentucky
Robert Godby, University of Wyoming
William L. Goffe, Pennsylvania State University
Jane S. Himarios, University of Texas–Arlington
Donn M. Johnson, Quinnipiac University
Mark Karscig, Central Missouri State University
Jenny Minier, University of Kentucky
David Mitch, University of Maryland–Baltimore County
Nicholas Noble, Miami University
Michael Potepan, San Francisco State University
Matthew Rafferty, Quinnipiac University
Helen Roberts, University of Illinois–Chicago
Robert Rosenman, Washington State University
Joseph M. Santos, South Dakota State University
Stephen Snyder, University of Pittsburgh
Martin C. Spechler, Indiana University–Purdue University Indianapolis
Robert Whaples, Wake Forest University
Jonathan B. Wight, University of Richmond

검토자

ALABAMA

Doris Bennett, Jacksonville State University
Harold W. Elder, University of Alabama–Tuscaloosa
Wanda Hudson, Alabama Southern Community College
Edward Merkel, Troy University
James L. Swofford, University of Southern Alabama

ARIZONA

Doug Conway, Mesa Community College
John Eastwood, Northern Arizona University
Price Fishback, University of Arizona
Anne Williams, Gateway Community College

ARKANSAS

Jerry Crawford, Arkansas State University
Marc Fusaro, Arkansas Tech University
Randall Kesselring, Arkansas State University
Dan Marburger, Arkansas State University

CALIFORNIA

Shawn Abbott, College of the Siskiyous
Renatte Adler, San Diego State University
Ercument Aksoy, Los Angeles Valley College
Maneeza Aminy, Golden Gate University
Kate Antonovics, University of California–San Diego
Becca Arnold, Mesa College
Asatar Bair, City College of San Francisco

Diana Bajrami, College of Alameda
Robert Bise, Orange Coast Community College
Victor Brajer, California State University–Fullerton
Anne E. Bresnock, University of California–Los Angeles, and California State Polytechnic University–Pomona
David Brownstone, University of California–Irvine
Maureen Burton, California State Polytechnic University–Pomona
Annette Chamberlin, National College
Anoshua Chaudhuri, San Francisco State University
James G. Devine, Loyola Marymount University
Jose Esteban, Palomar College
Roger Frantz, San Diego State University
Craig Gallet, California State University–Sacramento
Andrew Gill, California State University–Fullerton
Maria Giuili, Diablo Valley College
Julie Gonzalez, University of California–Santa Cruz
Lisa Grobar, California State University–Long Beach
Steve Hamilton, California State University–Fullerton
Dewey Heinsma, Mt. San Jacinto Community College
Jessica Howell, California State University–Sacramento
Greg Hunter, California State University–Pomona
John Ifcher, Santa Clara University
Ahmed Ispahani, University of LaVerne
George A. Jouganatos, California State University–Sacramento
Jonathan Kaplan, California State University–Sacramento
Leland Kempe, California State University–Fresno
Philip King, San Francisco State University
Lori Kletzer, University of California, Santa Cruz
Stephan Kroll, California State University–Sacramento
David Lang, California State University–Sacramento
Carsten Lange, California State Polytechnic University–Pomona
Don Leet, California State University–Fresno
Rose LeMont, Modesto Junior College
Tony Lima, California State University–East Bay
Solina Lindahl, California Polytechnic State University–San Luis Obispo
Roger Mack, DeAnza College
Michael Marlow, California Polytechnic State University
Kristen Monaco, California State University–Long Beach
W. Douglas Morgan, University of California, Santa Barbara
Nivedita Mukherji, Oakland University
Solomon Namala, Cerritos College
Andrew Narwold, University of San Diego
Hanna Paulson, West Los Angeles College
Joseph M. Pogodzinksi, San Jose State University
Michael J. Potepan, San Francisco State University
Mary L. Pranzo, California State University–Fresno
Sasha Radisich, Glendale Community College
Ratha Ramoo, Diablo Valley College
Scott J. Sambucci, California State University–East Bay
Ariane Schauer, Marymount College
Frederica Shockley, California State University–Chico
Mark Siegler, California State University–Sacramento
Jonathan Silberman, Oakland University
Lisa Simon, California Polytechnic State University–San Louis Obispo
Stephen Smith, Bakersfield College
Rodney B. Swanson, University of California–Los Angeles
Martha Stuffler, Irvine Valley College
Lea Templer, College of the Canyons
Kristin A. Van Gaasbeck, California State University–Sacramento
Va Nee Van Vleck, California State University–Fresno
Michael Visser, Sonoma State University
Steven Yamarik, California State University–Long Beach
Guy Yamashiro, California State University–Long Beach
Kevin Young, Diablo Valley College
Anthony Zambelli, Cuyamaca College

COLORADO

Mohammed Akacem, Metropolitan State College of Denver
Rhonda Corman, University of Northern Colorado
Dale DeBoer, University of Colorado–Colorado Springs
Debbie Evercloud, University of Colorado–Denver
Karen Gebhardt, Colorado State University
Scott Houser, Colorado School of Mines
Murat Iyigun, University of Colorado at Boulder
Nancy Jianakoplos, Colorado State University
Jay Kaplan, University of Colorado–Boulder
William G. Mertens, University of Colorado–Boulder
Rachael Small, University of Colorado–Boulder
Stephen Weiler, Colorado State University

CONNECTICUT

Christopher P. Ball, Quinnipiac University
Mark Gius, Quinnipiac University
Donn M. Johnson, Quinnipiac University
Robert Martel, University of Connecticut
Judith Mills, Southern Connecticut State University
Matthew Rafferty, Quinnipiac University

Christian Zimmermann, University of Connecticut

DISTRICT OF COLUMBIA

Colleen Callahan, American University
Robert Feinberg, American University
Walter Park, American University

DELAWARE

Fatma Abdel-Raouf, Goldey-Beacom College
Ali Ataiifar, Delaware County Community College
Andrew T. Hill, University of Delaware

FLORIDA

Herman Baine, Broward Community College
Robert L. Beekman, University of Tampa
Eric P. Chiang, Florida Atlantic University
Martine Duchatelet, Barry University
Hadley Hartman, Santa Fe Community College
Richard Hawkins, University of West Florida
Brad Kamp, University of South Florida
Brian Kench, University of Tampa
Thomas McCaleb, Florida State University
Barbara A. Moore, University of Central Florida
Augustine Nelson, University of Miami
Jamie Ortiz, Florida Atlantic University
Deborah Paige, Santa Fe Community College
Robert Pennington, University of Central Florida
Bob Potter, University of Central Florida
Jerry Schwartz, Broward Community College–North
William Stronge, Florida Atlantic University
Nora Underwood, University of Central Florida
Zhiguang Wang, Florida International University
Joan Wiggenhorn, Barry University

GEORGIA

Greg Brock, Georgia Southern University
Donna Fisher, Georgia Southern University
Shelby Frost, Georgia State University
John King, Georgia Southern University
Constantin Ogloblin, Georgia Southern University
Dr. Greg Okoro, Georgia Perimeter College–Clarkston
Michael Reksulak, Georgia Southern University
Bill Yang, Georgia Southern University

IDAHO

Cynthia Hill, Idaho State University
Don Holley, Boise State University
Tesa Stegner, Idaho State University

ILLINOIS

Teshome Abebe, Eastern Illinois University
Ali Akarca, University of Illinois–Chicago
Zsolt Becsi, Southern Illinois University–Carbondale
James Bruehler, Eastern Illinois University
Louis Cain, Loyola University Chicago and Northwestern University
Rosa Lea Danielson, College of DuPage
Kevin Dunagan, Oakton Community College
Scott Gilbert, Southern Illinois University
Rajeev K. Goel, Illinois State University
David Gordon, Illinois Valley Community College
Alan Grant, Eastern Illinois University
Rik Hafer, Southern Illinois University–Edwardsville
Alice Melkumian, Western Illinois University
Christopher Mushrush, Illinois State University
Jeff Reynolds, Northern Illinois University
Helen Roberts, University of Illinois–Chicago
Thomas R. Sadler, Western Illinois University
Eric Schulz, Northwestern University
Dennis Shannon, Southwestern Illinois College
Charles Sicotte, Rock Valley Community College
Neil T. Skaggs, Illinois State University
Kevin Sylwester, Southern Illinois University–Carbondale
Wendine Thompson-Dawson, Monmouth College
Tara Westerhold, Western Illinois University
Mark Witte, Northwestern University
Laurie Wolff, Southern Illinois University–Carbondale
Paula Worthington, Northwestern University

INDIANA

Kelly Blanchard, Purdue University
Cecil Bohanon, Ball State University
Kirk Doran, University of Notre Dame
Thomas Gresik, University of Notre Dame
Robert B. Harris, Indiana University–Purdue University, Indianapolis
Fred Herschede, Indiana University–South Bend
John Pomery, Purdue University
Curtis Price, University of Southern Indiana
Rob Rude, Ivy Tech Community College
James K. Self, Indiana University–Bloomington
Esther-Mirjam Sent, University of Notre Dame
Virginia Shingleton, Valparaiso University
Martin C. Spechler, Indiana University–Purdue University Indianapolis
Arun K. Srinivasan, Indiana University–Southeast Campus
Geetha Suresh, Purdue University–West Lafayette

IOWA

Terry Alexander, Iowa State University

Paul Elgatian, St. Ambrose University
Jennifer Fuhrman, University of Iowa
Ken McCormick, University of Northern Iowa
Andy Schuchart, Iowa Central Community College
John Solow, University of Iowa
Jonathan Warner, Dordt College

KANSAS

Guatam Bhattacharya, University of Kansas
Amanda Freeman, Kansas State University
Dipak Ghosh, Emporia State University
Alan Grant, Baker University
Wayne Oberle, St. Ambrose University
Jodi Messer Pelkowski, Wichita State University
Martin Perline, Wichita State University
Joel Potter, Kansas State University
Joshua Rosenbloom, University of Kansas
Shane Sanders, Kansas State University
Bhavneet Walia, Kansas State University

KENTUCKY

Tom Cate, Northern Kentucky University
Nan-Ting Chou, University of Louisville
David Eaton, Murray State University
Ann Eike, University of Kentucky
Robert Gillette, University of Kentucky
Barry Haworth, University of Louisville
Gail Hoyt, University of Kentucky
Donna Ingram, Eastern Kentucky University
Waithaka Iraki, Kentucky State University
Hak Youn Kim, Western Kentucky University
Martin Milkman, Murray State University
Jenny Minier, University of Kentucky
David Shideler, Murray State University
John Vahaly, University of Louisville

LOUISIANA

Lara Gardner, Southeastern Louisiana University
Jay Johnson, Southeastern Louisiana University
Faik Koray, Louisiana State University
Paul Nelson, University of Louisiana–Monroe
Sung Chul No, Southern University and A&M College
Tammy Parker, University of Louisiana–Monroe
Wesley A. Payne, Delgado Community College
Nancy Rumore, University of Louisiana at Lafayette

MARYLAND

Carey Borkoski, Anne Arundel Community College
Kathleen A. Carroll, University of Maryland–Baltimore County
Jill Caviglia-Harris, Salisbury University
Dustin Chambers, Salisbury University
Karl Einolf, Mount Saint Mary's University
Marsha Goldfarb, University of Maryland–Baltimore City
Bruce Madariaga, Montgomery College
Shah Mehrabi, Montgomery College
Gretchen Mester, Anne Arundel Community College
David Mitch, University of Maryland–Baltimore County
John Neri, University of Maryland
Henry Terrell, University of Maryland

MASSACHUSETTS

William L. Casey, Jr., Babson College
Arthur Schiller Casimir, Western New England College
Michael Enz, Western New England College
Can Erbil, Brandeis University
Lou Foglia, Suffolk University
Gerald Friedman, University of Massachusetts
Todd Idson, Boston University
Aaron Jackson, Bentley College
Russell A. Janis, University of Massachusetts–Amherst
Anthony Laramie, Merrimack College
Carol McDonough, University of Massachusetts–Lowell
William O'Brien, Worcester State College
Ahmad Saranjam, Bridgewater State College
Howard Shore, Bentley College
Janet Thomas, Bentley College
Gregory H. Wassall, Northeastern University
Bruce G. Webb, Gordon College
Gilbert Wolpe, Newbury College
Jay Zagorsky, Boston University

MICHIGAN

Eric Beckman, Delta College
Jared Boyd, Henry Ford Community College
Victor Claar, Hope College
Dr. Sonia Dalmia, Grand Valley State University
Daniel Giedeman, Grand Valley State University
Steven Hayworth, Eastern Michigan University
Gregg Heidebrink, Washtenaw Community College
Carol Hogan, University of Michigan–Dearborn
Marek Kolar, Delta College
Susan J. Linz, Michigan State University
James Luke, Lansing Community College
Ilir Miteza, University of Michigan–Dearborn
John Nader, Grand Valley State University
Norman P. Obst, Michigan State University
Laudo M. Ogura, Grand Valley State University
Robert J. Rossana, Wayne State University
Michael J. Ryan, Western Michigan University

Charles A. Stull, Kalamazoo College
Michael J. Twomey, University of Michigan–Dearborn
Mark Wheeler, Western Michigan University
Wendy Wysocki, Monroe County Community College

MINNESOTA

Mary Edwards, Saint Cloud State University
Phillip J. Grossman, Saint Cloud State University
Monica Hartman, University of St. Thomas
Matthew Hyle, Winona State University
David J. O'Hara, Metropolitan State University–Minneapolis
Kwang Woo (Ken) Park, Minnesota State University–Mankato
Artatrana Ratha, Saint Cloud State University
Ken Rebeck, Saint Cloud State University
Katherine Schmeiser, University of Minnesota

MISSISSIPPI

Becky Campbell, Mississippi State University
Randall Campbell, Mississippi State University
Patricia A. Freeman, Jackson State University
Arlena Sullivan, Jones County Junior College

MISSOURI

Chris Azevedo, University of Central Missouri
Ariel Belasen, Saint Louis University
Catherine Chambers, University of Central Missouri
Paul Chambers, University of Central Missouri
Kermit Clay, Ozarks Technical Community College
Ben Collier, Northwest Missouri State University
John R. Crooker, University of Central Missouri
Jo Durr, Southwest Missouri State University
Julie H. Gallaway, Southwest Missouri State University
Terrel Gallaway, Southwest Missouri State University
Mark Karscig, Central Missouri State University
Nicholas D. Peppes, Saint Louis Community College–Forest Park
Steven T. Petty, College of the Ozarks
Sharon Ryan, University of Missouri–Columbia
Ben Young, University of Missouri–Kansas City

MONTANA

Agnieszka Bielinska-Kwapisz, Montana State University–Bozeman
Jeff Bookwalter, University of Montana–Missoula

NEBRASKA

Allan Jenkins, University of Nebraska–Kearney
James Knudsen, Creighton University
Craig MacPhee, University of Nebraska–Lincoln
Kim Sosin, University of Nebraska–Omaha
Mark E. Wohar, University of Nebraska–Omaha

NEVADA

Bernard Malamud, University of Nevada–Las Vegas
Bill Robinson, University of Nevada–Las Vegas

NEW HAMPSHIRE

Evelyn Gick, Dartmouth College
Neil Niman, University of New Hampshire

NEW JERSEY

Len Anyanwu, Union County College
Maharuk Bhiladwalla, Rutgers University–New Brunswick
Giuliana Campanelli-Andreopoulos, William Paterson University
Gary Gigliotti, Rutgers University–New Brunswick
John Graham, Rutgers University–Newark
Berch Haroian, William Paterson University
Paul Harris, Camden County College
Jeff Rubin, Rutgers University
Henry Ryder, Gloucester County College
Donna Thompson, Brookdale Community College

NEW MEXICO

Donald Coes, University of New Mexico
Kate Krause, University of New Mexico
Curt Shepherd, University of New Mexico

NEW YORK

Seemi Ahmad, Dutchess Community College
Chris Annala, State University of New York–Geneseo
Erol Balkan, Hamilton College
John Bockino, Suffolk County Community College–Ammerman
Charles Callahan III, State University of New York–Brockport
Michael Carew, Baruch College
Sean Corcoran, New York University
Ranjit S. Dighe, City University of New York–Bronx Community College
Debra Dwyer, Stony Brook University
Glenn Gerstner, Saint John's University–Queens
Susan Glanz, Saint John's University–Queens
Wayne A. Grove, LeMoyne College
Nancy Howe, Hudson Valley Community College
Christopher Inya, Monroe Community College
Ghassan Karam, Pace University
Clifford Kern, State University of New York–Binghamton
Mary Lesser, Iona College
Anna Musatti, Columbia University
Theodore Muzio, St. John's University, New York
Emre Ozsoz, Fashion Institute of Technology

Howard Ross, Baruch College
Ed Steinberg, New York University
Leonie Stone, State University of New York–Geneseo
Ganti Subrahmanyam, University of Buffalo
Jogindar S. Uppal, State University of New York–Albany
Susan Wolcott, Binghamton University

NORTH CAROLINA

Rita Balaban, University of North Carolina
Otilia Boldea, North Carolina State University
Robert Burrus, University of North Carolina–Wilmington
Lee A. Craig, North Carolina State University
Alexander Deshkovski, North Carolina Central University
Kathleen Dorsainvil, Winston–Salem State University
Lydia Gan, School of Business, University of North Carolina–Pembroke
Michael Goode, Central Piedmont Community College
Salih Hakeem, North Carolina Central University
Melissa Hendrickson, North Carolina State University
Haiyong Liu, East Carolina University
Kosmas Marinakis, North Carolina State University
Todd McFall, Wake Forest University
Shahriar Mostashari, Campbell University
Jonathan Phillips, North Carolina State University
Bobby Puryear, North Carolina State University
Jeff Sarbaum, University of North Carolina–Greensboro
Peter Schuhmann, University of North Carolina–Wilmington
Robert Shoffner, Central Piedmont Community College
Catherine Skura, Sandhills Community College
Carol Stivender, University of North Carolina–Charlotte
Vera Tabakova, East Carolina University
Eric Taylor, Central Piedmont Community College
Hui-Kuan Tseng, University of North Carolina at Charlotte
Robert Whaples, Wake Forest University
John Whitehead, Appalachian State University
Gary W. Zinn, East Carolina University
Rick Zuber, University of North Carolina at Charlotte

OHIO

John P. Blair, Wright State University
Bolong Cao, Ohio University–Athens
Kyongwook Choi, Ohio University
James D'Angelo, University of Cincinnati
Darlene DeVera, Miami University
Tim Fuerst, Bowling Green University
Harley Gill, Ohio State University
Leroy Gill, Ohio State University
Steven Heubeck, Ohio State University
Daniel Horton, Cleveland State University
Jean Kujawa, Lourdes College
Ernest Massie, Franklin University
Ida A. Mirzaie, Ohio State University
Jay Mutter, University of Akron
Mike Nelson, University of Akron
Nicholas Noble, Miami University
Dennis C. O'Neill, University of Cincinnati
Joseph Palardy, Youngstown State University
Charles Reichheld, Cuyahoga Community College
Teresa Riley, Youngstown State University
Rochelle Ruffer, Youngstown State University
Kate Sheppard, University of Akron
Richard Stratton, University of Akron
Albert Sumell, Youngstown State University
Steve Szheghi, Wilmington College
Melissa Thomasson, Miami University
Yaqin Wang, Youngstown State University
Bert Wheeler, Cedarville University
Kathryn Wilson, Kent State University
Sourushe Zandvakili, University of Cincinnati

OKLAHOMA

David Hudgins, University of Oklahoma
Bill McLean, Oklahoma State University
Denny Myers, Oklahoma City Community College
Ed Price, Oklahoma State University
Abdulhamid Sukar, Cameron University

OREGON

Bill Burrows, Lane Community College
Tom Carroll, Central Oregon Community College
Tim Duy, University of Oregon
B. Starr McMullen, Oregon State University
Ted Scheinman, Mount Hood Community College
Larry Singell, University of Oregon
Ayca Tekin-Koru, Oregon State University

PENNSYLVANIA

Bradley Andrew, Juniata College
Mohammad Bajwa, Northampton Community College
Gustavo Barboza, Mercyhurst College
Charles A. Bennett, Gannon University
Cynthia Benzing, West Chester University
Howard Bodenhorn, Lafayette College
Milica Bookman, St. Joseph's University
Robert Brooker, Gannon University
Eric Brucker, Widener University
Linda Childs-Leatherbury, Lincoln University
Scott J. Dressler, Villanova University

Satyajit Ghosh, University of Scranton
William L. Goffe, Pennsylvania State University
Anthony Gyapong, Pennsylvania State University–Abington
Mehdi Haririan, Bloomsburg University
Andrew Hill, Federal Reserve Bank of Philadelphia
Steven Husted, University of Pittsburgh
James Jozefowicz, Indiana University of Pennsylvania
Stephanie Jozefowicz, Indiana University of Pennsylvania
Nicholas Karatjas, Indiana University of Pennsylvania
Mary Kelly, Villanova University
Brendan Kennelly, Lehigh University
Thomas C. Kinnaman, Bucknell University
Christopher Magee, Bucknell University
Katherine McCann, Penn State
Judy McDonald, Lehigh University
Ranganath Murthy, Bucknell University
Hong V. Nguyen, University of Scranton
Cristian Pardo, Saint Joseph's University
Iordanis Petsas, University of Scranton
Denis Raihall, West Chester University
Adam Renhoff, Drexel University
Nicole Sadowski, York College of Pennsylvania
Edward Scahill, University of Scranton
Ken Slaysman, York College of Pennsylvania
Rajeev Sooreea, Pennsylvania State University–Altoona
Rebecca Stein, University of Pennsylvania
Sandra Trejos, Clarion University
Peter Zaleski, Villanova University
Ann Zech, Saint Joseph's University
Lei Zhu, West Chester University of Pennsylvania
Susan Zumas, Lehigh University

RHODE ISLAND

Jongsung Kim, Bryant University
Leonard Lardaro, University of Rhode Island
Nazma Latif-Zaman, Providence College

SOUTH CAROLINA

Calvin Blackwell, College of Charleston
Ward Hooker, Orangeburg–Calhoun Technical College
Woodrow W. Hughes, Jr., Converse College
John McArthur, Wofford College
Chad Turner, Clemson University
Madelyn Young, Converse College

SOUTH DAKOTA

Joseph M. Santos, South Dakota State University
Jason Zimmerman, South Dakota State University

TENNESSEE

Sindy Abadie, Southwest Tennessee Community College
Charles Baum, Middle Tennessee State University
John Brassel, Southwest Tennessee Community College
Bichaka Fayissa, Middle Tennessee State University
Michael J. Gootzeit, University of Memphis
Travis Hayes, University of Tennessee–Chattanooga
Christopher C. Klein, Middle Tennessee State University
Leila Pratt, University of Tennessee at Chattanooga
Millicent Sites, Carson-Newman College

TEXAS

Carlos Aguilar, El Paso Community College
Rashid Al-Hmoud, Texas Tech University
William Beaty, Tarleton State University
Klaus Becker, Texas Tech University
Alex Brown, Texas A&M University
Jack A. Bucco, Austin Community College–Northridge and Saint Edward's University
Don Bumpass, Sam Houston State University
Marilyn M. Butler, Sam Houston State University
Mike Cohick, Collin County Community College
Cesar Corredor, Texas A&M University
Steven Craig, University of Houston
Patrick Crowley, Texas A&M University–Corpus Christi
Richard Croxdale, Austin Community College
Susan Dadres, Southern Methodist University
Harry Ellis, Jr., University of North Texas
Paul Emberton, Texas State University
Diego Escobari, Texas A&M University
Nicholas Feltovich, University of Houston–Main
Charles Harold Fifield, Baylor University
Mark Frank, Sam Houston State University
Edgar Ghossoub, University of Texas at San Antonio
Richard Gosselin, Houston Community College–Central
Sheila Amin Gutierrez de Pineres, University of Texas–Dallas
Tina J. Harvell, Blinn College–Bryan Campus
James W. Henderson, Baylor University
Jane S. Himarios, University of Texas–Arlington
James Holcomb, University of Texas–El Paso
Jamal Husein, Angelo State University
Ansul Islam, University of Houston–Downtown
Karen Johnson, Baylor University
Kathy Kelly, University of Texas–Arlington
Thomas Kemp, Tarrant County College–Northwest
Jim Lee, Texas A&M University–Corpus Christi
Ronnie W. Liggett, University of Texas–Arlington

Akbar Marvasti, University of Houston–Downtown
James Mbata, Houston Community College
Kimberly Mencken, Baylor University
Randy Methenitis, Richland College
Carl Montano, Lamar University
James Moreno, Blinn College
Camille Nelson, Texas A&M University
Michael Nelson, Texas A&M University
Charles Newton, Houston Community College–Southwest College
John Pisciotta, Baylor University
Sara Saderion, Houston Community College–Southwest College
George E. Samuels, Sam Houston State University
David Schutte, Mountain View College
Ivan Tasic, Texas A&M University
David Torres, University of Texas–El Paso
Ross vanWassenhove, University of Houston
Roger Wehr, University of Texas–Arlington
Jim Wollscheid, Texas A&M University–Kingsville
J. Christopher Wreh, North Central Texas College
David W. Yoskowitz, Texas A&M University–Corpus Christi
Inske Zandvliet, Brookhaven College

UTAH

Chris Fawson, Utah State University
Lowell Glenn, Utah Valley State College
Aric Krause, Westminster College
Arden Pope, Brigham Young University

VERMONT

Nancy Brooks, University of Vermont

VIRGINIA

Lee Badgett, Virginia Military Institute
Lee A. Coppock, University of Virginia
Janelle Davenport, Hampton University
Philip Heap, James Madison University
George E. Hoffer, Virginia Commonwealth University
Oleg Korenok, Virginia Commonwealth University
Larry Landrum, Virginia Western Community College
Frances Lea, Germanna Community College
Carrie Meyer, George Mason University
John Min, Northern Virginia Community College
Eugene Bempong Nyantakyi, West Virginia University
James Roberts, Tidewater Community College–Virginia Beach
Robert Rycroft, University of Mary Washington
Araine A. Schauer, Mary Mount College
Sarah Stafford, The College of William & Mary
Bob Subrick, James Madison University
Susanne Toney, Hampton University
Michelle Vachris, Christopher Newport University
James Wetzel, Virginia Commonwealth University
George Zestos, Christopher Newport University

WASHINGTON

Andrew Ewing, University of Washington
Stacey Jones, Seattle University
Dean Peterson, Seattle University
Robert Rosenman, Washington State University

WEST VIRGINIA

Jacqueline Agesa, Marshall University
Richard Agesa, Marshall University

WISCONSIN

Peng Huang, Ripon College
Marina Karabelas, Milwaukee Area Technical College
Elizabeth Sawyer Kelly, University of Wisconsin–Madison
Pascal Ngoboka, University of Wisconsin–River Falls
Kevin Quinn, St. Norbert College
John R. Stoll, University of Wisconsin–Green Bay

WYOMING

Robert Godby, University of Wyoming

DISTRICT OF COLUMBIA

Leon Battista, American Enterprise Institute
Michael Bradley, George Washington University
Colleen M. Callahan, American University

INTERNATIONAL

Minh Quang Dao, Carleton University–Ottawa, Canada

목 차

PART 6 거시경제학의 기초

17장 GDP: 총생산과 총소득의 측정

18장 실업과 인플레이션

PART 7 장기 성장과 단기 변동

19장 경제성장, 금융시스템과 경기변동

20장 장기 경제성장: 요인과 정책

21장 단기 총지출과 총생산

22장 총수요와 총공급 분석

PART 8 거시경제정책

23장 통화, 은행과 중앙은행

24장 통화정책

25장 재정정책

PART 9 국제 경제

26장 비교우위와 국제무역

27장 환율결정과 환율시스템

PART

1

경제 분석의 기초

CHAPTER 1

경제학: 기초와 모델

이 장의 학습내용

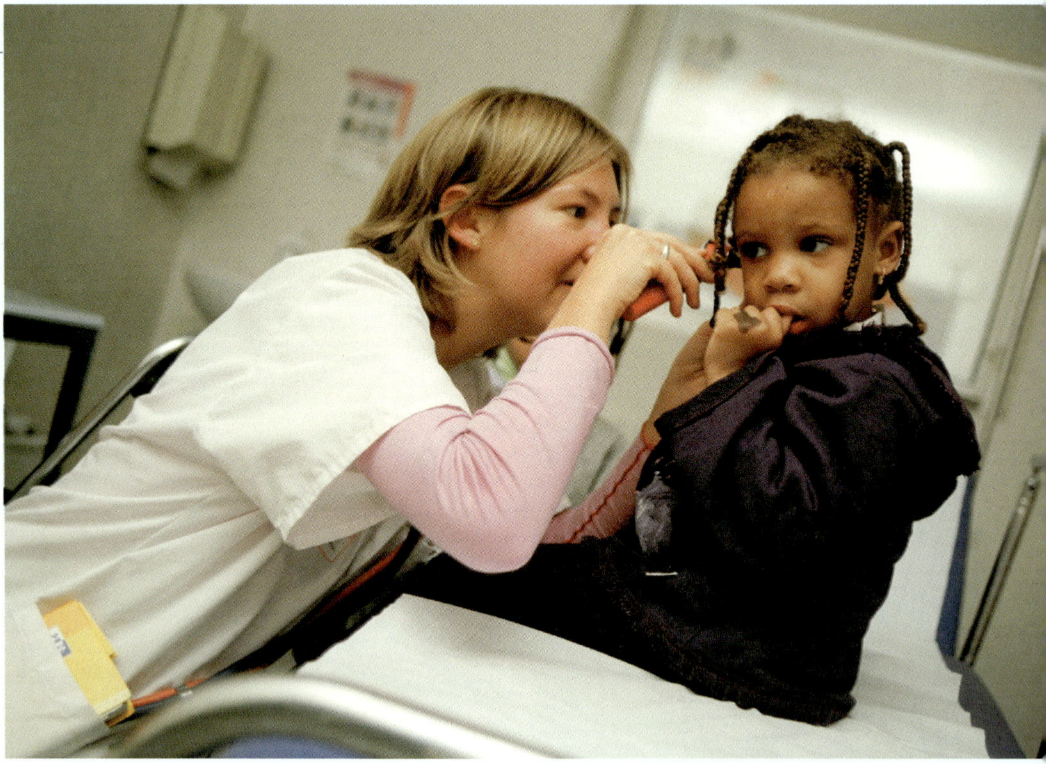

개인병원은 없어질 것인가?

미국의 경우에 전통적으로 의사들은 자신이 혼자 개업을 하든가 아니면 동료와 같이 개업한다. 다른 기업가들처럼 의사들은 간호사, 보조의료원, 리셉션이스트 등을 근로자로 고용하고, 기계와 장비를 구입하거나 임대한다. 의사들은 그들의 의료행위를 통해 이윤을 얻는다. 이윤은 환자나 보험회사로부터 받는 수입에서 임금, 임대료, 대출받는 돈에 대한 상환금, 보험료 등의 비용을 차감한 것이다.

그러나 점점 더 많은 의사들이 자신이 직접 개업하는 것보다 큰 병원에 고용되어 월급을 받는 근로자로 일하는 것을 선택하고 있다. 2000년에는 약 60%의 의사들이 개업을 했지만, 이 수치는 2013년에는 40% 미만으로 하락했다. 점점 더 많은 의사들이 직접 개업을 하지 않고 한 병원에 고용되어 월급쟁이가 되려고 하는 이유는 무엇일까? 어떤 의사들은 자신이 보스가 되는 것을 원해서 개업을 한다. 다른 의사들은 새벽 2시에 응급환자를 받기 위해 새벽 잠을 설치는 것도 피할 수 있고, 근로시간도 일정하게 정해져서 일할 수 있는 대형병원을 더 선호한다. 경제학자들이 보기에는 의사들이 변화하는 경제적 인센티브 economic incentive에 반응하는 행동을 하고 있는 것이다. 사실, 경제학의 핵심개념 중 하나는 사람들이 경제적 인센티브에 반응한다고 가정하면 그들의 행동을 예측할 수 있다는 것이다.

의사들이 직면하는 경제적 인센티브는 여러 측면에서 변화했다. 예를 들어, 급격하게 상승한 의료비용은 보험회사와 정부로 하여금 그들이 의사들의 의료행위에 대해 지불하는 비용을 낮추는 시도를 하게 만들었다. 그 결과 개인병원을 차린 의사들은 자신들의 수입이 줄어들면서 들쑥날쑥하는 것을 발견하게 되었고 그에 따라 개인병원 의사들에게는 대형병원에서 일정한 월급을 안정적으로 받는 것이 더 매력적인 것이 되었다. 미 의회는 오바마 대통령이 2010년에 제의한 의료법안을 통과시켰다. 그 내용 중 하나는 모든 개인의사와 병원이 의료행위를 전산으로 기록하도록 한 것이다. 이러한 변화는 의료행위의 질을 높여 주겠지만 이를 시행하기 위해서는 상당한 비용을 들여 컴퓨터 시스템을 도입해야 한다. 의사들은 대형병원에 취업하는 쪽을 선택함으로써 이러한 큰 비용을 피할 수 있다. 이 법안의 또 다른 조항은 치료비를 받기 위해 의사들이 전보다 더 많은 서류작업을 하도록 만들고 있다.

자료: Robert Kocher and Nikhil R. Sahni, "Hospitals' Race to Employ Physicians," *New England Journal of Medicine*, Vol. 364, No. 19, May 12, 2011, pp. 1790–1793; Julie Creswell and Reed Abelson, "A Hospital War Reflects a Bind for Doctors in the U.S.," *New York Times*, November 30, 2012; and Scott Gottlieb, "The Doctor Won't See You Now: He's Clocked Out," *Wall Street Journal*, March 14, 2013

우리는 예를 들어 다음과 같은 질문에 답을 얻기 위해 경제학을 사용한다.

- 재화나 서비스의 가격은 어떻게 결정되는가?
- 미국에서 의료비는 왜 그렇게 빠르게 상승했는가?
- 기업들은 왜 무역을 하며 정부정책은 무역에 어떤 영향을 미치는가?
- 일부 재화나 서비스의 가격을 정부가 통제하는 이유는 무엇이며, 그러한 통제가 가져오는 결과는 무엇인가?

경제학자들이 모든 경제적 질문에 대해 항상 일치된 견해를 갖는 것은 아니다. 실제로 일부 문제들에 대해서 경제학자들은 서로 다른 의견을 갖고 활발한 토론을 한다. 또한 늘 새로운 문제가 발생한다. 따라서 경제학자들은 경제적 질문을 분석하는 새로운 방법을 개발하려는 노력을 항상 기울이고 있다.

희소성 scarcity
인간의 무한한 욕구를 충족하기에는 자원이 부족한 상황

이 책에서 다루는 모든 주제들은 자원이 희소하다는 이유 때문에 목적을 달성하기 위해서는 선택을 해야 한다는 우리가 처해 있는 기본적 현실을 잘 보여주고 있다. **희소성 scarcity**이란 인간의 욕구가 무한하기 때문에 그 욕구를 충족시키기 위한 자원은 항상 부족하다는 것을 말한다. 대학생으로서 당신은 BMW를 구입하기 위해 매번 여름방학을 5성급 호텔에서 일할지도 모른다. 그러나 빌 게이츠가 당신의 자비로운 친척이 아니라면 당신은 이러한 꿈을 이룰만큼 충분한 돈을 마련하지 못할 것이다. 여러 재화나 서비스를 구입하기 위해 당신의 제한된 소득을 사용할 때 당신은 매번 선택을 해야 한다. 시간이라는 자원도 한정되어 있으므로 목적을 달성하려는 당신의 능력을 제한한다. 예를 들어, 중간고사에서 경제학 시험공부를 하기 위해 1시간을 사용하면 역사과목의 시험공부를 하기 위한 시간은 1시간 줄어든다. 기업이나 정부도 당신과 똑같다. 이들도 자원의 양이 한정되어 있다는 제약조건하에서 자신의 목적을 가장 잘 달성하게 해주는 선택을 해야 한다. **경제학 economics**은 한정된 양의 자원을 가지고 소비자, 경영자, 정부가 자신의 목적을 달성하기 위해서 어떤 선택을 해야 하는가에 대해 연구하는 학문이다.

경제학 economics
자원이 희소한 상황에서 사람들이 자신의 목적을 달성하기 위해서 해야 하는 선택에 관해 연구하는 학문.

이 장에서는 이후의 여러 장들에서 지속되는 3가지 중요한 경제적 기본개념인 "*사람들은 이성적(합리적)이며, 사람들은 인센티브에 반응하며, 최적의 의사결정은 한계수치에 근거하여 이루어진다.*"에 대해 살펴본다. 또한 어떠한 경제체제이든 해결해야 하는 가장 기본적인 3가지 과제에 대해 살펴본다. 이는 "*어떤 재화와 서비스를 생산할 것인가? 그 재화와 서비스를 어떻게 생산할 것인가, 그리고 생산된 재화와 서비스를 누가 가져갈 것인가*" 하는 것이다. 그 다음으로 경제적 문제를 분석하는데 사용하는 경제모델에 대해서 살펴본다. **경제모델 economic model**은 실제 상황의 경제문제를 분석하기 위해 현실을 단순화시킨 것이다. 경제학자들이 왜 경제모델을 사용하고 경제모델을 어떻게 만드는가에 대해 살펴본다. 끝으로 미시경제학과 거시경제학의 차이를 설명할 것이며, 주요 경제용어들을 살펴본다.

경제모델 economic model
현실의 경제상황을 분석하기 위해 현실을 단순화시킨 것.

1.1. 경제학의 3가지 기본개념

당신의 목적이 새 컴퓨터를 구입하는 것이든 시간제 일자리를 구하는 것이든 그러한 목적을 달성하기 위해서는 시장에서 다른 사람들과 상호작용을 해야 한다. **시장 market**이란 재화나 서비스의 구매자와 판매자들을 포함하여 그들이 서로 거래를 하기 위해 의존하는 제도나 장치의 복합체이다. 스마트폰 시장, 주택시장, 미용시장, 증권시장, 노동시장 등이 시장의 예이다. 경제학의 대부분은 시장에서 어떤 일이 발생하는가를 분석하는 것이다. 사람들은 어떻게 선택하고 어떻게 상호작용하는가를 살펴보는 것이 이 책의 기본내용이다. 이제 중요한 3가지 기본개념을 설명하기로 한다.

시장 market
재화나 서비스의 구매자와 판매자들을 포함하여 그들이 서로 거래를 하기 위해 의존하는 제도나 장치의 복합체.

1. 사람들은 이성적이다.
2. 사람들은 경제적 인센티브에 반응한다.
3. 최적 의사결정은 한계치에 근거하여 이루어진다.

사람들은 이성적이다

경제학자들은 사람들이 일반적으로 이성적이라고 가정한다. 이러한 가정은 모든 사람들이 모든 것에 대해 알고 항상 가장 좋은 선택을 한다는 것을 의미하는 것은 아니다. 다만 소비자나 기업이 자신의 목적을 달성하기 위해 행동을 취할 때 모든 정보를 사용한다는 것을 의미한다. 이성적인 개인은 자신이 하는 매번의 행동에 따른 혜택과 비용을 저울질하면서 혜택이 비용보다 더 큰 경우의 행동만 한다는 것이다. 예를 들어, Apple이 가장 최신 iphone을 $299에 판매한다면 경제학자들은 Apple의 경영진이 이 가격이 Apple에게 가장 많은 이윤을 가져다주는 가격으로 판단하고 있는 것이라고 가정한다. Apple의 경영진의 판단은 틀릴 수도 있고 $325의 가격이 더 많은 이윤을 가져다주는 가격일 수 있다. 그러나 경제학자들은 Apple이 자신들이 알고 있는 정보에 근거하여 가장 높은 이윤을 가져다주는 가격을 선택하는 이성적 행동을 한다고 가정한다. 물론, 모든 사람들이 언제나 이성적으로 행동하는 것은 아니다. 그러나 사람들이 이성적으로 행동을 한다고 가정하는 것은 사람들이 하는 선택의 이유를 설명하는데 매우 유용한 가정이다.

사람들은 경제적 인센티브에 반응한다

인간은 부러움, 열정, 종교적 믿음 등을 포함하여 다양한 동기로 인해 행동한다. 다른 동기들을 무시하는 것은 아니지만, 경제학자들은 소비자나 기업은 항상 **경제적 인센티브 economic incentive**에 반응한다는 점을 강조한다. 이는 매우 분명한 것이지만 종종 소홀히 인식되고 있다. 예를 들어, Wall Street Journal 신문의 한 기사는 은행들이 강도가 증가하고 있음에도 보안을 강화하기 위한 조치를 취하고 있지 않는 것에 대해 FBI가 이해하지 못하고 있다고 보도했다. "FBI는 은행들이 정복차림의 경비원을 은행에 배치하고 각 은행원들의 창구에 bandit barrier라고 불리는 방탄용 플라스틱 막이를 설치할 것을 권고했다. 그러나 자신들의 충고를 따르는 은행이 거의 없다는 사실에 대해 FBI 공무원들이 놀랐다고 한다." 그러나 그 기사에는 방탄용 플라스틱 막이의 가격이 $10,000 ~ $20,000에 달하고, 잘 훈련된 경비원을 채용하기 위해서는 연간 $50,000 정도의 비용이 든다는 내용도 실려 있다. 강도사건 한 건당 평균적으로 은행이 입는 손실은 약 $1,200이다. 은행이 갖는 인센티브는 분명하다. 추가적인 보안조치를 취하는 것보다 강도를 당하는 것이 비용이 덜 든다. 강도의 위협에 대해 은행들이 대처하는 방식에 대해 FBI는 놀랄지 모르지만 경제학자들은 전혀 놀라지 않는다.

최적 의사결정은 한계치에 근거하여 이루어진다.

어떤 의사결정은 "전부 아니면 전혀(all or nothing)"인 경우가 있다. 예를 들어, 한 기업

Making the Connection

건강보험은 사람들이 살찌도록 하는 인센티브를 주는가?

사람들의 비만은 미국에서도 점점 더 심각한 문제가 되고 있다. 미국 The U. S. Centers for Disease Control and Prevention (CDC)은 body mass index (BMI)의 값이 30 이상일 때 비만한 것으로 정의하고 있다. BMI는 사람의 키 높이에 대한 몸무게로 측정된다. (BMI 공식은 $BMI = w/t^2$이며 w는 kg으로 잰 몸무게이며, t는 미터로 잰 키높이이다). BMI가 30이상이면 비만이다. 비만은 심장병, 심장마비, 고혈압, 당뇨병 등 다양한 질병을 유발한다.

다음의 두 지도는 1994~2011년에 미국민의 비만도가 크게 증가한 것을 잘 보여주고 있다. 1994년에 대부분의 주에서 성인의 10~14%가 비만층에 속했으며, 20% 이상이 비만층에 속하는 주는 하나도 없었다. 그러나 2011년에 와서 거의 모든 주에서 성인의 20% 이상이 비만층에 속하고 있으며, 약 3/4의 주들에서는 성인의 25% 이상이 비만층에 속하고 있다.

비만에 시달리는 많은 사람들 중 일부는 선천성으로 비만을 자신이 관리할 수 없는 경우도 있다. 그러나 비만층이 증가하고 있다는 사실은 대부분의 경우, 비만이 식습관이나 생활방식에 따라 나타나는 결과라는 것이라는 점을 말해주고 있다. 비만이 증가하는 이유로는 높은 열량의 간편음식 과다섭취, 운동부족, 육체적 활동이 적은 직업의 증가 등이 지적되고 있다. CDC는 십대부터 하루 최소 60분의 에어로빅 운동을 할 것을 권하고 있다. 이 정도의 운동을 하는 미국의 고등학교 학생들은 2013년에 15%밖에 되지 않았다. 1960년의 경우, 미국의 직업 중 50% 정도가 적어도 중간 정도의 육체적 활동을 하는 직업이었다. 하지만 2013년에 와서는 그 비율이 20%로 줄어들었다. 결과적으로 대표적 근로자를 기준으로 볼 때 근무일 하루당 전보다 약 130칼로리 정도를 덜 소모하고 있는 것이다.

많이 먹으면서 운동은 덜한다는 이유 말고도 건강보험이 비만을 유발하는 원인은 아닌가? 비만한 사람들은 더 많은 건강문제를 가지며 그에 따라 더 많은 의료비용을 발생시킨다. 건강보험에 들고 있는 비만한 사람은 병에 걸렸을 때 의료비의 일부만 자신이 지불하지만 의료보험에 들지 않은 사람은 자신이 의료비의 거의 전부를 부담하게 된다. 의료비의 대부분을 보험회사가 지불해 주는 건강보험에 가입한 사람들은 비만으로 인해 지불해야 하는 많은 의료비용 때문에 고생하지 않는다. 달리 말해, 건강보험이 비만으로 발생하는 비용을 감소시켜 주기 때문에 건강보험이 사람들이 살찌도록 만드는 인센티브를 제공하는 것일 수 있다는 것이다.

언뜻 생각하기에 이러한 주장이 설득력을 갖는 것처럼 보이지는 않는다. 일부 사람은 육체적 활동이 힘든 몸 상태를 갖고 있어서 보통 정도의 식사를 하더라도 살이 찐다. 따라서 이러한 사람들의 경우에는 건강보험의 가입여부에 관계없이 살은 찌게 되어

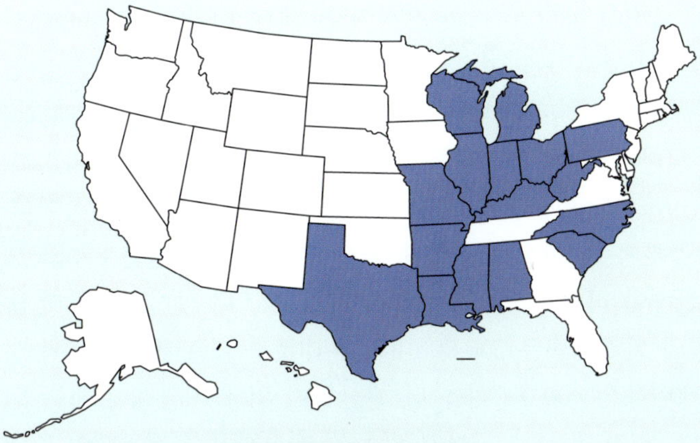

(a)1994년의 비만율

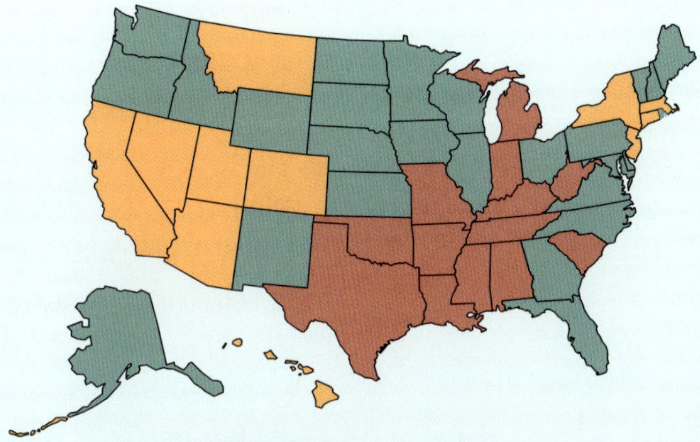

(b) 2011년의 비만율

자료: Centers for Disease Control and Prevention, "Prevalence of Self-Reported Obesity among U.S. Adults."

있다. 또한 잘못된 식습관과 운동부족으로 인해 살이 찌는 사람의 경우에도 그들이 운동하는 대신에 초콜릿 케익을 한 조각 더 먹거나 TV를 보기로 할 때 자신이 건강보험에 들고 있는지를 생각하고 그러한 결정을 하지는 않을 것이다. 그러나 사람들의 다양한 특징인 나이, 성, 소득 같은 것들을 동일한 상태로 놓고 볼 때, 건강보험에 든 사람들이 건강보험에 들지 않은 사람들보다 더 비만해질 가능성이 높을 것이라는, 경제적 인센티브의 중요성을 강조하는 경제학자들의 판단은 맞는 것이다.

여러 학자들이 건강보험이 비만에 미치는 효과에 대해 분석하였다. 소득, 교육수준, 인종, 성별, 나이 기타 비만에 영향을 줄 수 있는 다른 요소들의 영향을 통제하면서 1989~2004년의 기간 동안 약 80,000명의 자료를 추적한 결과 그들이 발견한 것은 건강보험에 든 사람들이 건강보험에 들지 않은 사람들보다 훨씬 더 비만해질 가능성이 높다는 것이었다. 개인적 건강보험에 든 사람들의 BMI는 1.3점 더 높았으며 Medicaid와 같은 저소득층을 위해 제공하는 공적 건강보험이 적용되는 사람들의 BMI 수치는 2.3점 증가했다. 이러한 발견은 사람들이 자신이 무엇을 먹을 것인지, 운동은 얼마나 할 것인지와 같은 의사결정을 할 때에도 경제적 인센티브에 반응하는 의사결정을 한다는 것을 보여주고 있다.

자료: Centers for Disease Control and Prevention, "Prevalence of Self-Reported Obesity among U.S. Adults," www.cdc.gov; Katherine M. Flegal, Margaret D. Caroll, Cynthia L. Ogden, and Lester R. Curtin, "Prevalence and Trends in Obesity among U.S. Adults, 1999-2008," *Journal of the American Medical Association*, Vol. 303, No. 3, January 20, 2010, pp. 235-241; Jay Bhattacharya, Kate Bundorf, Noemi Pace, and Neeraj Sood, "Does Health Insurance Make You Fat?" in Michael Grossman and Naci H. Mocan, eds., *Economic Aspects of Obesity*, Chicago: University of Chicago Press, 2011; and Tara Parker-Pope, "Less Active at Work, Americans Have Packed on Pounds," *New York Times*, May 25, 2011.

가가 새 레스토랑을 열 것인가 말 것인가를 결정할 때, 열면 여는 것이고 안 열면 안 여는 것이다. 대학원에 갈 것인지 아니면 직업전선에 들어갈 것이지를 결정할 때 대학원에 가면 가는 것이고 안 가면 안 가는 것이다. 햄릿이 죽을 것인가 살 것인가를 결정할 때 죽으면 죽는 것이고 살면 사는 것이지 반쯤 죽는다거나 반쯤 사는 것은 없는 것이다. 그러나 우리들이 살아가면서 하는 의사결정은 "전부 또는 전혀"라는 선택이라기보다는 "좀 더 할 것인지 좀 덜 할 것인지"에 대한 의사결정이 대부분이다. 당신이 지출을 줄이고 저축을 더하려고 하는 경우에 당신이 하는 의사결정은 모든 돈을 몽땅 저축할 것인지 아니면 몽땅 써

버릴 것인지와 같은 양자 택일의 선택이 아니다. 또한 많은 작은 의사결정들은 커피숍에서 매일 카페모카를 마실 것인지 아니면 일주일에 3번만 마실 것인지와 같은 의사결정들이다.

경제학자들이 사용하는 *한계적 marginal*이라는 용어의 뜻은 추가적(extra, additional)이라는 것을 말한다. 당신은 TV를 한 시간 더 볼 것인가, 공부를 한 시간 더 할 것인가? TV를 더 볼 때 얻는 *한계혜택 marginal benefit(MB)*은 당신이 추가적으로 얻는 즐거움이다. *한계비용 marginal cost(MC)*은 공부를 덜 함으로써 잃게 되는 점수이다. 삼성은 추가적으로 300,000대의 휴대폰을 더 생산해야 하는가? 기업은 같은 가격에서 더 많이 팔 때 더 많은 **수입 revenue**을 얻는다. 삼성의 한계혜택은 300,000대의 휴대폰을 더 판매함으로써 얻는 추가적 수입이다. 삼성의 한계비용은 300,000대를 더 생산하기 위해 지불해야 하는 임금, 부품값 등의 추가적 비용이다. *경제학자들은 "어떤 활동을 계속하여 한계혜택이 한계비용과 일치(MB = MC)할 때까지 그 활동을 하는 것이 최적 의사결정"이라고 생각한다.* 이 원칙은 의식적으로 생각하지 않으면서도 우리가 자주 적용하고 있는 원칙이다. TV를 더 봄으로써 얻는 추가적 즐거움이 공부를 덜 함으로써 발생하는 추가적 비용 정도의 가치를 갖는지에 대해서는 보통 매우 깊이 생각하지 않아도 알 수 있다. 그러나 사업을 하는 기업의 경우에는 예를 들어 추가적 생산으로 얻게 되는 추가적인 수입이 추가적 생산을 하기 위해 지불해야 하는 추가적 비용보다 더 클 것인지를 판단하기 위해서 매우 조심스러운 계산을 해보아야 한다. 한계혜택과 한계비용을 비교하는 분석을 경제학자들은 **한계분석 marginal analysis**이라고 부른다.

한계분석 marginal analysis 한계혜택과 한계비용을 비교하는 분석.

문제풀이 1.1

의사도 한계치에 근거하여 결정한다.

어떤 의사가 환자로부터 하루 진료시간이 길지 않다는 불평을 들었다. 그 의사는 자신의 관리자에게 하루 진료시간을 8시간에서 9시간으로 늘리는 것에 대해 검토해 보라고 부탁했다. 관리자는 "진료시간을 한 시간 연장하면 연간 수입이 $300,000 증가할 것이므로 좋을 것 같다고 말했다. 당신은 관리자와 같은 생각인가? 이 의사가 하루 1시간 더 진료하는 것이 좋은지를 판단하려면 추가적으로 알아야 할 정보는 무엇인가?

문제풀기

Step 1: 본문의 내용을 다시 읽어보라. 이 문제는 의사결정에 관한 것이므로 최적 의사결정을 한계치에 근거하여 이루어진다.

Step 2: 관리자의 생각에 동의하는지를 설명하라. 어떤 활동이든지 그로부터 발생하는 한계혜택(추가적 혜택)이 그 활동을 하기 위해 지불해야 하는 한계비용(추가적 비용)과 같아질 때까지 해야 한다. 이 경우, 의사는 한 시간을 더 진료함으로써 얻는 추가적 수입(한계수입)이 한 시간을 더 진료하는데 드는 추가적 비용(한계비용)과 일치할 때까지 진료시간을 연장해야 한다. 관리자는 좋은 의사결정을 하는데 필요한 정보를 모두 주지 않았다. 따라서 관리자의 말에 동의해서는 안 된다.

Step 3: 추가적으로 필요한 정보. 옳은 의사결정을 하기 위해서 1시간 더 연장하는데 드는 추가비용에 대한 정보가 필요하다. 한계비용에는 추가적인 전기료, 수도료, 기타 부대 비용을 포함하여 병원 근로자들에게 지불해야 하는 추가적 급여, 추가적 의료비 등이 포함되어야 한다. 또한 이 의사가 친구나 가족들과 함께 하거나 여가에 사용할 수 있는 1시간을 일에 사용하기 때문에 발생하는 비금전적 비용도 비용으로 포함되어야 한다. 한계수입은 1시간 더 진료함으로써 얼마나 많은 환자를 더 진료할 수 있느냐에 따라 달라진다. 1시간을 더 진료함으로써 발생하는 한계수입이 한계비용보다 클 경우에 진료시간을 1시간 연장해야 한다. 만일 한계비용이 한계수입보다 작다면, 진료시간을 현재 그대로 8시간으로 유지해야 한다.

1.2. 어느 집단이든 풀어야 하는 경제문제

경제적 자원(근로자, 기계, 원재료, 시간 등)은 희소하기 때문에 어느 집단이든 한정된 경제적 자원이라는 현실에 직면하면서 한정된 양의 재화와 서비스를 생산할 수밖에 없다. 따라서 모든 집단은 **상호교환관계 trade-off**에 직면해 있다. 어떤 재화나 서비스를 더 생산한다는 것은 다른 재화나 서비스를 덜 생산한다는 것을 의미한다. 한 재화나 서비스를 생산하는데 드는 비용을 가장 잘 측정해 주는 척도는 해당 재화나 서비스를 생산하기 위해 포기해야 하는 어떤 것의 가치이다. 재화나 서비스의 생산과 같은 어떤 활동의 **기회비용 opportunity cost**은 그런 활동을 함으로써 포기해야 하는 것들 중 가장 큰 가치를 갖는 차선의 선택이 갖는 가치이다. 기회비용이라는 개념은 경제학에서 매우 중요한 비용의 개념일 뿐만 아니라 개인, 기업, 더 나아가 사회 전체적인 것에 대해서도 적용되어야 하는 비용 개념이다. 큰 병원에서 월급을 받는 의사로 근무할 때 연 $100,000의 봉급을 받을 수 있는 의사가 그렇게 하지 않고 자신이 직접 개업하는 경우를 살펴보자. 이 경우에 이 의사가 자기 병원에 공급하는 자신의 서비스에 대해 지불하는 기회비용은 이 *의사가 자신에게 직접 지불하지는 않는다 하더라도* 자신이 큰 병원에서 일하지 않음으로써 포기하는 $100,000이다. 이에서 알 수 있듯이 기회비용은 실제로 돈을 지불하지 않는 경우에도 발생하는 것이다.

> **상호교환관계 trade-off**
> 자원이 희소하므로 한 재화나 서비스를 더 생산하기 위해서는 다른 재화나 서비스를 덜 생산해야 한다는 것.

> **기회비용 opportunity cost**
> 어떤 활동(선택)을 할 경우에 포기해야 하는 차선(next highest valued alternative)의 활동(선택)이 갖는 가치.

상호교환관계는 한 사회가 다음과 같은 기본적 질문에 답할 때 선택을 하도록 요구한다.

1. 어떤 재화와 서비스를 생산할 것인가?
2. 해당 재화와 서비스를 어떻게 생산할 것인가?
3. 생산된 재화와 서비스를 누가 차지할 것인가?

어떤 재화와 서비스를 생산할 것인가?

한 사회가 경제학 교과서를 더 생산할 것인지 블루레이 디스크 플레이어를 더 생산할 것인지를 어떻게 결정해야 하는가? 더 많은 유아원 시설을 만들어야 하는가 아니면 더 많은 경기장을 만들어야 하는가? 물론, 사회가 의사결정을 하는 경우는 드물고 개인들이 의사결정을 한다. 무엇을 만들 것인가에 대한 답은 개인, 기업, 정부가 하는 선택에 의해 결정된다. 당신이 아이폰 대신 삼성 갤럭시를 사기로 한다거나 차이티 대신 모카커피를 마시기로 하는 것과 같은 결정을 할 때 당신은 기업들이 어떤 재화와 서비스를 생산할 것인지를 결정하는데 도움을 주고 있는 것이다. 이와 유사하게 Apple은 자신의 자원을 더 많은 iphone을 만드는 데 사용할지 아니면 더 많은 ipad를 만드는 데 사용할지를 결정해야 한다. 정부는 한정된 정부예산을 유방암 연구에 더 많이 지출할 것인지 아니면 고속도로를 유지보수하는 데 더 많이 지출할 것인지를 선택해야 한다. 각각의 경우에 소비자, 기업, 정부는 재화나 서비스를 상호교환해야 하는 희소성의 문제에 직면하고 있는 것이다. 또한 각각의 선택에는 포기해야 하는 차선의 선택이 갖는 가치로 측정되는 기회비용이 발생하는 것이다.

해당 재화와 서비스를 어떻게 생산할 것인가?

기업은 그들이 만드는 재화와 서비스를 어떻게 만들 것인가를 선택한다. 많은 경우, 기업은 더 많은 근로자를 사용할 것인가 아니면 더 많은 기계를 사용할 것인가 하는 상호교환관계에 직면한다. 예를 들어, 카센터는 진단컴퓨터를 더 많이 사용하고 기술자를 덜 사용해야 할지 아니면 그 반대로 해야 할지를 선택해야 한다. 마찬가지로, 만화영화를 만드는 스튜디오는 숙달된 만화가를 더 많이 사용하여 만화를 그릴지 아니면 컴퓨터를 더 많이 사용하여 만화를 그릴지를 선택해야 한다. 중국에 생산공장을 옮기려는 기업은 중국에서의 생산에서 미국식으로 기계를 더 사용하고 근로자를 덜 사용하는 방법을 택해야 할지 아니면 기계를 덜 사용하고 그 대신 더 많은 근로자를 사용할지를 선택해야 할지도 모른다.

생산된 재화와 서비스를 누가 차지할 것인가?

생산된 재화와 서비스를 누가 가져갈 것인가는 많은 경우에 소득이 어떻게 분배되는가에 달려 있다. 소득이 높은 개인일수록 더 많은 재화와 서비스를 살 수 있다. 종종 사람들은 자신의 소득 중 일부를 포기하고(더 많은 재화와 서비스를 구입할 수 있는 자신의 능력을 포기하고) 가난한 사람들을 위해 기부한다. 미국사람들은 매년 약 $3,000억을 기부하며, 이는 한 가구당 평균 $2,650이 되는 금액이다. 한 가지 중요한 정책적 문제는 소득을 좀 더 평등하게 만들기 위해 정부가 개입해야 하는가 하는 것이다. 많은 국가들에서는 이미 그런 일이 벌어지고 있다. 더 높은 소득을 버는 사람은 소득 중 더 많은 부분을 세금으로 납부해야 하며, 정부는 저소득층에게 보조금을 지불하고 있다. 정부의 소득재분배 기능이 지금보다 강화되어야 하는지 아니면 약화되어야 하는지에 대해서는 의견이 나뉘어지고 있다.

중앙계획경제와 시장경제

무엇을, 어떻게, 누가(what, how, and who)라는 3가지 문제에 대해 세계 각국은 2가지 다른 방법으로 경제를 운영한다. 그 중 하나는 **중앙계획경제 centrally planned economy**로 정부가 경제적 자원을 어떻게 배분(allocate)할 것인가를 결정하는 경제조직이다. 다른 하나는 **시장경제 market economy**로 시장에서 서로 상호작용하는 가구(household)와 기업(firm)들의 자유로운 의사결정이 경제적 자원을 배분하게 하는 경제조직이다.

중앙계획경제 centrally planned economy
자원을 어떻게 배분할 것인가를 정부가 결정하는 경제.

시장경제 market economy
시장에서 상호작용하는 가구와 기업들의 자유로운 의사결정을 통해 경제적 자원을 배분하는 경제.

세계에서 가장 중요한 중앙계획경제는 Vladimir Lenin과 공산당Communist Party이 혁명으로 러시아 제국을 무너뜨리고 세운 소련연방 Soviet Union(1917~1991년)이었다. 소련에서는 정부가 이 3가지 문제를 직접 풀었다. 정부의 관리들이 공장과 가게를 운영한다. 이러한 관리들의 목적은 소비자의 욕구를 만족시키는 것이 아니라 정부의 명령을 따르는 것이었다. 소련과 같은 중앙계획경제는 낮은 비용으로 질높은 재화와 서비스를 생산하는 데 성공하지 못했다. 따라서 중앙계획경제 하에 있던 국가의 국민 일인당 평균 생활수준은 낮은 수준에 머무르고 있었다. 또한 모든 중앙계획경제가 정치적으로는 독재정권에 의해 유지되었다. 때문에 낮은 생활수준에 대한 불만과 정치적 억압은 1991년 마침내 소련이 멸망하게 만들었다. 오늘날, 완전한 중앙계획경제를 실시하고 있는 국가는 북한밖에 없다.

미국, 캐나다. 일본, 서유럽 국가들을 포함한 모든 고소득 민주주의 국가들은 시장경제를 갖고 있다. 시장경제는 어떤 재화와 서비스를 생산하며 또한 어떻게 생산할 것인가를 민간이 소유하는 기업들에게 주로 의존하여 결정하고 있다. 또한 정부가 아닌 시장이 생산된 재화와 서비스를 누가 갖고 갈 것인가도 결정한다. 시장경제에서 기업은 소비자들의 욕구를 충족시키는 재화와 서비스를 생산해야 한다. 만일 그렇지 않다면 그러한 기업은 자신의 사업을 계속 유지할 수 없다. 이런 의미에서 볼 때, 어떤 재화와 서비스를 생산할 것인가를 결정하는 것은 궁극적으로는 소비자들이다. 시장경제에서 기업들은 가장 높은 질의 제품을 가장 낮은 가격에 공급하기 위해 경쟁하고 있으므로 가장 낮은 비용으로 제품을 생산해야 하는 압력을 받고 있는 것이기도 하다. 예를 들어, 지난 10년간, 미국 기업들은 중국기업들과 경쟁하기 위해 자신들의 생산비용을 낮추어야 하는 압력을 시장으로부터 받아왔다.

시장경제에서는 개인이 받는 소득은 자신이 판매하는 것에 대한 대가에 의해 결정된다. 자신이 토목기사이고 자신이 갖는 기술수준에 대해 기업이 연 $85,000의 봉급을 지급한다면 그 사람은 그만큼의 재화와 서비스를 구입할 수 있는 소득을 갖는 것이다. 만일 그가 집세를 받을 수 있는 집을 갖고 있다면 그의 소득은 그만큼 더 높아질 것이다. 시장이 갖는 매력적 특징 중 하나는 힘든 일에 대해 보상을 한다는 것이다. 일반적으로, 더 많은 훈련을 받은 사람과 더 긴 시간을 일하는 사람은 더 높은 소득을 받는다. 물론, 우리들의 인생이 모든 면에서 운이 작용하는 것처럼, 이 경우에도 좋은 운이든 나쁜 운이든 운luck도 작용한다. 어떤 사람은 복권에 당첨되어 높은 소득을 얻을 수 있고, 어떤 사람은 심각한 신체적 문제를 갖고 있어 낮은 소득을 받을지도 모른다. 결론적으로 "생산된 재화와 서비스를 누가 차지할 것인가?" 라는 질문에 대해 시장경제는 "그것들을 구입할 능력(able)이 있고 용의(willing)가 있는 사람" 이라고 답한다.

현대의 혼합경제

19세기와 20세기 초까지도 미국정부는 재화와 서비스 시장에 대한 간섭을 거의 하지 않았다. 하지만 20세기 중엽부터 미국정부는 경제에 대해 적극적인 간섭을 하기 시작했다. 이는 시장경제를 택하고 있던 다른 국가들에서도 동시에 나타나기 시작한 현상이였다. 시장에 대한 정부간섭의 증가는 1930년대 대공황 시에 경험한 높은 실업률과 기업의 파산에 주로 기인하였다. 정부간섭이 증가한 이유 중 또 하나는 비숙련근로자, 노인, 병자들의 소득을 높이려는 정부의 의도 때문이기도 하다. 예를 들어, 1930년대에 미국정부는 사회안전시스템 social security system과 최저임금법을 도입하였다. 소셜시큐리티 Social Security로 불리는 미국의 사회안전시스템은 은퇴자, 장애인 등 사회적 약자에 대해 정부가 보조금을 지불하는 것이며, 최저임금법은 고용주가 근로자에게 지불하는 임금에 대해 최저임금을 책정하는 법이다. 최근에 와서는 환경보호, 시민권리의 증진, 저소득층과 노인에 대한 의료서비스 제공 등과 같은 목표를 달성하기 위한 각국 정부의 경제에 대한 간섭이 더 증대하고 있다.

일부 경제학자들은 정부의 간섭이 폭넓게 이루어지고 있는 미국, 캐나다, 일본, 서유럽 국가들의 경제를 더 이상 순수시장경제라고 부르기 힘들다고 주장한다. 이러한 경제는 혼합경제로 불리고 있다. **혼합경제 mixed economy**에서도 시장에서 구매자와 판매자 간의 자유로운 상호작용의 결과로 대부분의 경제적 결정이 이루어지는 것이므로 혼합경제도 여전히 시장경제라고 할 수 있다. 그러나 정부가 자원의 배분에 매우 중요한 역할을 한다. 나중의 장들에서 보게 될것이지만 경제학자들은 시장경제에서 정부가 하는 역할에 대해 논쟁을 계속하고 있다.

> **혼합경제 mixed economy**
> 대부분의 경제적 의사결정이 시장에서의 구매자와 판매자들 간의 자유로운 상호작용의 결과에 의해 이루어지지만 동시에 정부도 자원배분에 중요한 역할을 하는 경제.

최근에 국제적으로 나타난 가장 큰 변화는 중국이 중앙계획경제에서 혼합경제로 변화한 것이다. 중국경제는 1949년 모택동 Mao Zedong의 공산당이 정권을 잡은 후 수십 년 동안 경제적 침체에 빠져 있었다. 중국은 아직도 정치적으로는 독재국가로 남아 있지만 대부분의 재화와 서비스의 생산은 정부가 아닌 시장에 의해 결정되고 있다. 그 결과 중국은 빠른 경제성장을 보여주고 있으며 앞으로 중국경제가 재화와 서비스의 총생산에서 미국을 능가할 것으로 예상되고 있다.

효율성과 평등성

시장경제는 중앙계획경제보다 더 효율적인 결과를 가져다준다. 효율성의 개념에는 여러 가지가 있지만, 우선 두 종류만 언급하기로 하자. 첫 번째로 **생산적 효율성 productive efficiency**은 재화나 서비스가 가장 낮은 비용으로 생산되는 것을 말한다. 두 번째로 **배분적 효율성 allocative efficiency**은 생산이 소비자들의 선호에 맞추어 생산되는 것을 말한다. 자유스러운 시장에서는 경쟁이 활발해지고 **자발적 교환 voluntary exchange**이 쉽게 이루어지므로 시장은 효율적인 결과를 가져다준다. 자발적인 교환을 통해 구매자와 판매자는 전보다 더 나은 상태에 도달하게 된다. 거래가 사람들을 더 나은 상태에 도달하게 만든다는 것은 쉽게 알 수 있다. 왜냐하면 그렇지 않은 경우에 구매자는 구매자대로 사는데 동의하

> **생산적 효율성 productive efficiency**
> 재화나 서비스가 가장 낮은 비용으로 생산되는 것.

> **배분적 효율성 allocative efficiency**
> 재화나 서비스의 생산이 소비자들의 선호에 맞추어 생산되는 것. 이 경우 모든 재화와 서비스의 마지막 한 단위가 사회에 가져다주는 한계혜택이 그 마지막 단위를 생산하는데 발생하는 한계비용과 같아질 때까지 재화나 서비스의 생산이 이루어진다.

> **자발적 교환 voluntary exchange**
> 구매자와 판매자가 거래를 통해 전보다 나은 상황으로 만들 때 시장에서 나타나는 거래.

지 않을 것이고 판매자는 판매자대로 파는데 동의하지 않을 것이기 때문이다. 생산적 효율성은 경쟁이 기업들로 하여금 자신이 생산하는 재화나 서비스를 가장 낮은 비용으로 생산하도록 만들 때 달성된다. 배분적 효율성은 기업들 간의 경쟁과 기업과 소비자 간의 자발적 교환을 통해 기업들이 소비자들이 원하는 재화와 서비스들을 소비자들이 원하는 양만큼 생산할 때 달성된다. 경쟁 competition은 소비자들에 돌아가는 추가적 혜택이 기업들이 생산하는데 지불하는 추가적 생산비용보다 클 경우에는 기업들로 하여금 계속해서 해당 재화와 서비스를 생산, 판매하도록 압력을 가한다. 이러한 과정을 통해서 생산되는 재화와 서비스들은 소비자들이 선호하는 재화와 서비스들과 그 종류와 양에서 일치하게 되는 것이다.

한편, 시장이 효율성을 촉진시키는 역할을 하지만 시장이 효율성을 보장하는 것은 아니다. 비효율성 inefficiency은 다양한 이유로 발생할 수 있다. 우선, 생산적으로 효율적인 결과를 달성하는 데는 시간이 걸릴 수가 있다. 예를 들어, 블루레이 플레이어가 시장에 소개되었을 때 기업들은 바로 생산적 효율성을 달성하지는 못했다. 기업들이 이 제품을 최저 비용으로 생산하는 방법을 알아내는 데 수년이 걸렸다. 나중의 장들에서 살펴볼 것이지만, 정부가 시장에서의 자발적인 거래에 간섭함으로써 효율성을 떨어뜨릴 수도 있다. 예를 들어, 많은 정부가 일부 재화에 대해 외국으로부터의 수입량을 제한하고 있다. 이러한 제한은 재화가 최저비용으로 생산되는 것을 방해하여 효율성을 떨어뜨린다. 한편 어떤 재화의 생산은 환경에 피해를 발생시킨다. 이러한 경우에 정부가 간섭하면 배분적 효율성이 증가할 수 있다. 왜냐하면 정부의 그러한 간섭이 없는 경우에 기업들은 환경에 피해를 주는 비용을 무시하고 생산하기 때문에 사회 전체적으로 볼 때 배분적 효율성을 달성하는 양이 생산되지 않기 때문이다.

효율적인 결과가 항상 바람직한 결과인 것은 아니다. 많은 사람들은 조금 비효율적이라고 하더라도 공정하거나 공평한 결과를 선호한다. **평등성 equity**에는 모든 사람이 지지하는 평등성이라는 개념이 존재하지 않으므로 평등성은 효율성보다 정의하기 힘들다. 어떤 사람에게 평등성은 효율성만 강조한 결과보다는 더 균등한 경제적 혜택이 발생하는 것을 의미한다. 예를 들어, 어떤 사람들은 더 높은 소득을 갖는 사람에 대해 더 많은 세금을 부과하고 이를 가난한 사람을 돕는데 사용하는 것을 지지한다. 그러나 정부가 세금을 통하여 고소득층의 소득을 줄이고 저소득층의 소득을 증가시켜 평등성을 높일 수 있다고 하더라도 그러한 경우에 효율성이 낮아질 수도 있다. 만일 정부가 자신들이 일해서 벌거나 저축하여 번 소득의 상당한 부분을 가져간다면 새로운 사업을 하거나, 노동을 공급하거나, 저축을 하려는 사람들이 받는 인센티브는 줄어들 것이다. 그 결과, 더 적은 양의 재화와 서비스가 생산되고, 더 적은 금액이 저축될 것이다. 이렇게 볼 때, "*효율성과 평등성 사이에는 종종 상호교환관계가 존재한다.*" 정부의 정책입안자들은 종종 이러한 상호교환관계에 직면하게 된다.

평등성 equity
경제적 혜택의 공정한 분배.

1.3. 경제모델

경제학자들은 실제 발생하는 문제를 분석하기 위해서 경제이론, 즉 경제모델을 사용한다(이론theory과 모델model은 동의어로 사용된다). 앞에서 언급했듯이 경제모델은 현실을 단순화시킨 것이다. 경제학자들만 모델에 의존하는 것은 아니다. 토목기사는 다리가 강한 바람에 견딜 수 있는가를 알아보기 위해 다리의 모델을 컴퓨터로 만들어 실험하며, 생물학자는 핵산의 특성을 더 잘 이해하기 위해 핵산의 모델을 만들기도 한다. 경제모델을 사용하는 이유 중 하나는 경제적 개념들을 명확하고 알기 쉽게 만들어 개인, 기업, 정부가 의사결정을 할 때 그러한 경제적 개념들을 충분히 활용할 수 있도록 하는 데 있다. 수요 · 공급 모델은 시장에서 구매자와 판매자의 상호작용을 통해 제품의 가격이 결정되는 복잡한 과정을 단순화시켜서 보여주고 있는 경제모델이다.

예를 들어, 경제학자들은 2020년에 미국에는 충분한 수의 의사가 있을까?와 같은 것을 살펴보기 위해 경제모델을 사용한다. U.S. Bureau of Labor Statistics(BLS)은 여러 직종에서 나타날 미래 고용수준을 알아보기 위해 경제모델을 사용한다. 이러한 모델들은 BLS가 미래의 어떤 날에 몇 명의 의사가 있을 것인가를 예측하는데 사용된다. 경제학자들은 의료서비스에 대한 수요를 예측하는 데도 경제모델을 사용한다. 의사의 수와 의료서비스에 대한 수요를 예측하는 모델들은 2020년에 미국에 충분한 수의 의사가 있을 것인가를 알려준다. U.S. Health Resources and Services Administration (HRSA)의 경제학자들은 이러한 모델을 사용하여 2020년에 미국에서는 약 56,000명의 의사가 부족할 것으로 예측하고 있다.

어떤 문제를 살펴보기 위해 경제학자들은 기존의 모델을 사용하지만 때로는 새로운 모델을 만들어 사용하기도 한다. 새로운 모델을 만들 경우에 이들은 다음과 같은 단계를 거친다.

1. 만들려고 하는 모델에 사용할 가정들을 설정한다.
2. 검증할 수 있는 가설을 만든다.
3. 경제 자료를 사용하여 그 가설의 진위여부를 살펴본다.
4. 모델이 현실을 잘 설명하지 못하는 경우에는 새 모델을 개발하거나 기존 모델을 수정한다.
5. 미래에 나타날 수 있는 비슷한 경제 문제를 푸는데 수정한 모델을 사용한다.

경제모델에서 가정(assumption)의 역할

모델이 유용하게 사용될 수 있기 위해서는 단순화되어야 한다. 따라서 모델에는 가정이 반드시 따른다. 복잡한 경제문제는 그것을 단순화하지 않으면 분석하기 어렵다. 예를 들어, 경제모델은 소비자나 기업이 어떤 동기에 의해 행동하는가에 대해 가정을 한다. 경제학자들은 소비자들이 자신의 만족 satisfaction이나 후생 well-being을 극대화하기 위해 재화와 서비스를 구매한다고 가정한다. 또한 기업은 자신의 이윤을 극대화하기 위해 행동한다고 가정한다. 모든 소비자와 모든 기업이 이러한 목적을 갖고 소비하고 판매하는 것이 아니므로 이러한 가정은 현실을 단순화 한 것이다. 그렇다면 어떤 모델의 가정이 현실을 너무 단순화시킨 것이거나 현실을 너무 제한적으로 보는 것은 아닌지를 어떻게 판단할 수 있는가? 가정의 유용성은 그러한 가정에 입각한 가설을 현실의 경제적 자료를 사용하여 검증함으로써 판단할 수 있다.

경제모델 만들기와 가설의 검증

경제변수 economic variable는 예를 들어 의사들의 소득처럼 서로 다른 값을 가질 수 있는 측정 가능한 어떤 것이다. 경제모델에서 제시하는 가설 hypothesis은 실제 경제변수에 비추어볼 때 맞거나 맞지 않을 수 있다. 경제모델의 가설은 예를 들어 일차진료 의사들(종종 家庭醫, family doctor로 불림)의 소득하락은 2020년에 일차진료 의사들 수의 감소를 가져올 것이라는 것이다. 경제적 가설은 인과관계에 관한 것이다. 따라서 이 경우, 이 가설이 말하는 것은 일차진료 의사들의 소득이 낮아진다면 그로 인해 일차진료를 하려는 의사들의 수는 감소한다는 것이다.

경제변수 economic variable
의사들의 소득처럼, 서로 다른 값을 갖는 측정 가능한 어떤 것.

이 가설을 받아들이려면 이 가설이 성립하는가를 검증해야 한다. 가설의 검증을 위해 그와 관련된 경제변수를 분석해야 한다. 이 예에서는 일차진료 의사들의 소득에 관한 자료, 이들의 수, 그리고 기타 다른 자료들을 수집하여야 할 것이다. 가설을 검증할 때 실수를 하기 쉽다. 예를 들어, 일차진료 의사들의 평균소득이 하락할 때 일차진료 의사들의 수가 줄어든 것이 나타났다고 하더라도 소득의 감소가 의사 수가 줄어들게 만든 원인 cause이라고 단정할 수 없다. 어떤 두 현상이 서로 연관 correlated되어 있는 것처럼 나타나더라도 다시 말해, 어떤 2가지 현상이 동시에 나타났다고 하더라도 그것이 어떤 하나가 다른 하나의 원인이라 말해주는 것은 아니라는 것이다.

예를 들어, 의사들은 실제 독자적인 의료행위를 하기 전에 의과대학 부속병원의 자기 분야에서 레지던트로 일하는 시간을 갖는다. 의과대학은 어떤 분야에 얼마나 많은 레지던트를 받아들일 것인가를 결정한다. 만일 의과대학이 일차진료 분야에서 자기들이 받아들이는 레지던트의 수를 줄이고 있을 때 일차진료 의사들의 소득도 하락하고 있었다고 하자. 이런 경우에는 의과대학이 일차진료 레지던트의 수를 줄인 것이 일차진료 의사들의 수를 줄인 원인이지, 일차진료 의사들이 소득이 줄어든 것이 일차진료 의사들의 수를 감소시킨 것은 아닌 것이다.

긴 기간을 통해 볼 때 많은 경제변수들은 변한다. 이는 가설의 검증을 더 어렵게 만든다. 일차진료 의사들의 소득하락이 일차진료 의사 수를 줄이는 원인이라는 가설에 대해 경제학자들이 서로 동의하지 않는다면, 이는 종종 그러한 가설을 검증하는데 사용된 통계분석에 대해 해석을 달리 하고 있기 때문이기도 하다.

가설은 원칙적으로 틀렸다는 것이 검증될 수 있는 표현이어야 한다. "가정의 family doctor의 숫자가 증가하는 것은 좋은 것이다." 또는 "가정의의 숫자가 줄어드는 것은 나쁜 것이다."와 같은 표현은 틀렸다는 것을 입증하는 것이 불가능한 표현이므로 가설이 아니며, 가치적 판단인 것이다.

경제학자들은 통계적 분석에 의해 검증된 가설을 갖는 모델을 받아들이고 사용한다. 그러나 많은 경우에 그러한 경제모델을 받아들인다고 하더라도 그것은 어디까지나 새로운 자료가 획득되거나, 새로운 통계적 검증방법으로 검증되기 전까지이다. 따라서 경제학자들은 종종 "가설이 받아들여졌다"라는 표현을 사용하지 않고 "가설이 부정되지 않았다"라는 표현을 사용한다.

BLS는 1966년에 자신이 예측한 2006년 고용수준에 대해 그 정확성을 분석해 봤다. 일부 예측은 상당히 정확했으나 일부 예측은 정확하지 못했다. 예측이 정확하지 않게 나타난 경우에 그 이유를 살펴보고 BLS는 자신의 모델을 수정하였다.

모델을 만들어 가설을 세우고 그 가설을 검증하고 모델을 수정하는 것이 경제학에서만 있는 것이 아니라 물리학, 화학, 생물학 등 모든 영역에서 그렇게 하고 있다. 이러한 과정은 종종 *과학적 방법 scientific method*이라고 불리고 있다. 경제학은 사람들 간의 상호작용을 연구하는 데 과학적 방법을 사용하기 때문에 *사회과학 social science*이다.

실증적 분석과 규범적 분석

실증적 분석 positive analysis
무엇이 있는가에 대한 분석.

규범적 분석 normative analysis
무엇이 되어야 하는가에 대한 분석.

경제모델을 만들고 그것을 사용하여 질문에 답할 때 항상 다음의 중요한 구별을 잊지 말아야 한다. **실증적 분석 positive analysis**은 무엇이 있는가(what is)에 관한 것이고, **규범적 분석 normative analysis**은 무엇이 되어야 하는가(what ought to be)에 관한 것이다. 경제학은 서로 다른 행동들의 비용과 혜택을 측정하는 실증적 분석에 관한 것이다.

미국 정부의 최저임금법을 가지고 실증적 분석과 규범적 분석을 구별하면 다음과 같다. 2013년의 최저임금법에 의하면 시간당 $7.27보다 적은 임금을 지불하는 고용주는 불법행위를 하는 것으로 간주된다. 최저임금법이 없다면 어떤 근로자와 기업은 최저임금보다 더 낮은 임금에 일하고 고용하는데 동의할 수 있다. 따라서 최저임금법 때문에 일부 근로자들은 직장을 구하는 데 어려움을 가질 것이며, 일부 기업은 자신이 지불해도 되는 임금보다 더 높은 임금을 지불하고 근로자를 고용하게 될 것이다. 미국 정부의 최저임금법에 대한 실증적 분석은 이 법 때문에 얼마나 많은 근로자들이 일자리를 잃게 되는지를, 이 법이 기업의 비용과 이윤에는 어떤 영향을 미치는지를, 최저임금을 받는 근로자들이 얻는 이득이 얼마인지 등을 경제모델을 사용하여 추정하는 것이다. 경제학자들이 이러한 실증분석을 마친 후에, 최저 임금법을 시행하는 것이 좋은 것인지 나쁜 것인지에 대해 판단하는 것은 규범적인 것에 속하며 이 법이 발생시키는 상호교환관계에 대해 사람들이 어떻게 평가하는가에 따라 그 판단은 달라진다. 이 법을 지지하는 사람들은 이 법 때문에 고용주나 일자리를 구하지 못하는 근로자들이 입는 손실보다 이 법으로 인해 더 높은 임금을 받게 되는 근로자들의 이득이 더 크다고 믿는다. 이 법에 반대하는 사람들은 손실이 이득보다 더 크다고 믿는다. 개인의 판단은 부분적으로는 자신의 가치관이나 정치적 견해에 따라 달라진다. 경제학자들이 하는 실증적 분석은 이러한 판단을 하는데 어떤 역할을 하기는 하겠지만 실증적 분석 그 자체가 이 법이 나쁘다거나 좋다고 말하지는 않는다.

사회과학으로서의 경제학

경제학이 사람들의 행동에 대해 연구하는 것이므로 경제학은 사회과학이다. 따라서 경제학은 심리학, 정치학, 사회학과 같은 다른 사회과학과 유사하다. 사회과학으로서 경제학은 사람들의 행동(특히 의사결정 행동)을 다양한 측면에서 살펴본다. 경제학은 부부가 몇 명의 자식을 가질 것인가를 어떻게 결정하는지, 사람들이 체중을 줄인다거나 기타 목표한 어떤 것을 달성하는데 왜 어려움을 갖는지, 사람들이 의사결정을 할 때 왜 의사결정과 관련된 정보를 무시하는지와 같은 문제들에 대해서도 연구한다. 경제학은 또한 정부정책과 관련된 질문에 답하는 데 많은 기여를 하고 있으며 환경, 의료, 빈곤에 관한 정부정책을 만드는 데 중요한 역할을 하고 있다.

Making the Connection

의과대학은 공짜로 갈 수 있어야 하는가?

미국 인구는 증가하고 있으며 그에 따라 의료서비스에 대한 수요가 증가하고 있다. 또한 국민의 평균연령이 높아지고 있고 노인들은 젊은이보다 더 많은 의료서비스를 필요로 한다. 따라서 의사들의 수는 더 많아져야 한다. 미국 Health Resources and Services Administration(HRSA)는 필요한 의사 수가 2010년에 약 805,000명에서 2020년에 922,000명이 필요할 것이라고 예고했다.

2020년에 가서 추가적으로 의사 수가 증가할 것이라고 확신할 수 있을까? 실제로 HRSA는 2020년에 56,000명의 의사가 부족할 것이라고 예측했다. 부족분은 주로 일차진료 의사들의 수였다. 일반적으로 소비자들이 어떤 재화를 더 많이 원하면 그 재화를 생산하는 산업에서 더 많은 근로자를 필요로 하여 일자리가 더 많이 생기고 임금도 더 높아질 것으로 예상된다. 예를 들어, 2000년대 중반에 나타난 미국 주택산업의 호황으로 집 짓는 일과 관련된 근로자인 목수, 배관공 등의 근로자 수가 급증했다. 그러나 의사 수를 늘리는 데는 이보다 긴 시간이 필요하다. 의사들은 학부에서 공부를 마친 후, 의과대학에서 4년을 배우고, 다시 3년에서 5년간 종합병원에서 특정한 분야의 의술을 배우는 레지던트로 근무한다. 병원들이 어떤 도움을 받기 전까지는 충분한 수의 의사들을 훈련시키지 않을 것이 확실하다고 생각하여 미국 의회는 레지던트를 받아들이는 종합병원들에게 매년 $100을 그들이 교육시키는 레지던트의 수에 비례하여 지원하고 있다.

어떤 전문가들은 의과대학이 학비를 받지 말아야 한다고 주장한다. 이들은 거의 모든 의과대학 졸업생들이 학비를 대기 위해 돈을 빌리고 있으며 평균적으로 한 학

의과대학 학생들도 학비를 내야 하는가?

생당 빌리는 돈이 $160,000이나 되는 것을 지적하고 있다. 이 금액이 매우 큰 금액이기는 하지만 그렇다고 이 때문에 학생들이 의과대학을 기피하지는 않을 것이라고 생각된다. 왜냐하면 2013년에 의사들의 평균소득이 연간 $250,000보다 많았기 때문이다. 하지만 학비를 받지 말아야 한다고 주장하는 학자들은 의과대학의 높은 학비가 2가지 나쁜 결과를 가져온다고 주장한다. 즉, 일부 우수한 학생들은 충분한 돈을 빌릴 수도 없고, 또한 빌릴 수 있다고 하더라도 큰 빚을 지는 것을 싫어하므로 의과대학에 가려하지 않을 것이며, 또한 연간소득이 낮은 일차진료 의사가 되는 것을 피하려 할 것이란 것이다. 일차진료 의사들의 평균 연소득은 $190,000이며 성형외과 의사나 마취과 의사들의 평균연봉은 $325,000이다. 종합병원이 레지던트들에게 지불하는 금액은 연간 약 $50,000이다. 의과대학이 학비를 받지 말아야 한다고 주장하는 학자들은 일차진료 의사를 지원하는 레지던트들에게는 이 금액을 지원하고 다른 전공을 택하는 레지던트들에게는 지원하지 말아야 하며, 이로 인해 절약된 돈을 의과대학에 지원함으로써 의과대학의 학비를 없앨 수 있다고 주장한다. 이러한 계획은 레지던트들이 일차진료 의사를 선호하도록 하는 인센티브를 발생시킬 것이다. 그러나 이러한 안에 반대하는 사람들은 의과대학에 들어갈 능력이 있는 많은 학생들이 의과대학의 학비 때문에 의과대학을 지원하지 않는다고는 생각할 수 없다고 주장한다. 또한 일차진료 이외의 전공을 택하는 경우에 생활비를 빌려야 하고 일차진료 의사를 택하면 돈을 빌리지 않아도 된다는 사실 때문에 레지던트들이 자신이 원하는 전공분야를 택하지 않을 것이라고는 생각하기 어렵다고 주장한다.

다른 많은 정책들에 대한 논쟁과 마찬가지로 의과대학에 대한 지원이 어떻게 이루어져야 하는가에 대한 논쟁도 실증적 측면과 규범적 측면을 모두 갖고 있다. 자료를 모으고 경제모델들을 사용하면 양쪽의 양적인 측면의 주장들에 대해서는 어떠한 평가를 할 수 있을 것이다. 의과대학을 가려는 학생들의 의사결정에 학비가 어떤 영향을 주는가? 학비의 상승이 의과대학을 지원하는 학생 수에 큰 영향을 미쳤는가, 작은 영향을 미쳤는가? 미래에 기대되는 소득수준의 변화가 전공분야를 택하는 데 어떻게 영향을 미치는가? 이러한 질문들은 모두 실증적인 질문이다. 따라서 이에 대해 양적인 답을 구할 수 있을 것이다. 그러나 이 논쟁은 규범적인 측면도 갖고 있다. 예를 들어, 일부 의사, 경제학자, 정책입안자들은 저소득층이나 농촌에 사는 사람들이 더 쉽게 의료지원을 받는 것이 중요하다고 주장한다. 이에 따라 이들은 의과대학생들이 전공분야를 택하는 것보다는 일차진료 쪽으로 방향을 돌리게 하는 정책을 지지한다. 또 다른 의사, 경제학자, 정책입안자들은 전공분야를 갖는 의과대학생들이 일차진료를 지원하는 학생들보다 사회에 더 큰 기여를 한다고 주장한다. 이러한 종류의 의견대립은 경제모델을 만들고 자료를 분석한 결과를 하지고 해결하기는 어렵다. 왜냐하면 양쪽의 주장은 근본적으로 규범적인 것이기 때문이다.

2010년에 오바마 대통령과 미국의회는 Patient Protection and Affordable Care Act를 시행하는데 합의했다. 이는 미국 의료시스템에 일대 변화를 가져온 것이었다. 대부분의 변화는 2014까지 실시된다. 다른 변화들은 급등하는 의료비에 정책입안자들이 어떻게 대처하느냐에 따라 나타날 것이다. 의회와 대통령이 일차진료 의사들의 수를 늘리는 정책을 실시할 것인지는 두고 볼 일이다.

자료: Uwe E. Reinhardt, "Producing More Primary-Care Doctors," *New York Times*, June 10, 2011; Uwe E. Reinhardt, "The Debt of Medical Students," *New York Times*, September 14, 2012; and Peter B. Bach and Robert Kocher, "Why Medical School Should Be Free," *New York Times*, May 28, 2011.

1.4. 미시경제학과 거시경제학

미시경제학 microeconomics
가구와 기업이 어떻게 선택하며, 시장에서 어떻게 상호작용하며, 정부가 이들의 선택에 어떻게 영향을 미치는가에 대한 연구.

경제모델은 많은 분야에서 의사결정을 분석하는데 사용될 수 있다. 그러한 분야는 크게 미시경제학과 거시경제학으로 나뉘어 진다. **미시경제학 microeconomics**은 가구와 기업이 어떻게 의사결정을 하며, 시장에서 이들이 서로 어떻게 작용하는지에 대해, 또한 정부가 어떻게 이들의 선택에 영향을 미치는지에 대한 연구이다. 미시경제학은 제품가격의 변화에 대해 소비자들이 어떻게 반응하는지, 기업이 제품가격을 어떻게 결정하는지에 대해서도 살펴본다. 또한 십대들의 흡연을 줄이는 가장 효과적인 방법이 무엇인지에 대한 연구, 새로운 처방약의 판매를 승인하는데 따르는 비용과 혜택의 분석, 공기오염을 줄이는 가장 효율적인 방법의 연구 등 정부정책과 관련된 문제들에 대한 분석도 미시경제학에 포함된다.

거시경제학 macroeconomics은 인플레이션, 실업, 경제성장과 같은 경제전반에 대한 연구를 한다. 거시경제학에서는 경제가 왜 침체하고, 실업이 증가하며, 어떤 경제는 왜 다른 경제보다 더 빠르게 성장하는가와 같은 문제들을 설명한다. 정부의 개입이 심각한 경기침체를 완화시킬 수 있는가와 같은 정책과 관련된 문제도 거시경제학에 포함된다.

거시경제학 macroeconomics
인플레이션, 실업, 경제성장과 같은 경제전반에 대한 연구.

한편, 미시경제학과 거시경제학이 엄격하게 구분될 수 있는 것은 아니다. 많은 경제상황은 미시적 측면과 거시적 측면을 동시에 갖고 있다. 예를 들어, 기업들이 새로운 기계와 장비에 투자하는 정도는 경제가 얼마나 빠르게 성장하는가에 영향을 미치며 이러한 문제는 거시경제학 측면의 문제이다. 그러나 기업이 얼마나 많은 새로운 기계와 장비를 구입하는가를 알기 위해서는 개별기업이 직면하는 인센티브를 살펴보아야 하는데 이는 미시경제학 측면의 문제이다.

1.5. 주요 경제용어

이 후의 여러 장들에서 중요한 경제용어들을 여러 번 접할 것이다. 따라서 경제용어들과 잘 사귀는 것은 경제학을 배우는 데 필요한 첫 걸음이다. 여기서는 경제용어들 중 일부를 살펴본다. 다른 장들에서 이들 용어에 대해서 더 깊이 있게 살펴볼 것이다.

- *기업 Firm, Company, Business.* 기업은 재화나 서비스를 생산하는 조직이다. 대부분의 기업은 이윤을 얻기 위해 재화나 서비스를 생산한다. 그러나 대학, 일부 병원처럼 비영리적 기업도 있다. 경제학자들은 기업을 뜻하는 영어로 firm, company, business를 서로 구별하지 않고 사용한다.
- *기업가 Entrepreneur.* 기업가는 기업을 일으키고 운영하는 사람이다. 시장경제에서 기업가는 어떤 재화와 서비스를 생산할 것이며 또한 어떻게 생산할 것인가를 결정한다. 새 사업을 시작하는 기업가는 자신의 돈을 위험이 있는 곳에 투자한다. 기업가가 소비자가 원하는 것이 무엇이고, 어떻게 하면 재화와 서비스를 가장 좋은 방법으로 만들 수 있는가에 대해 틀린 판단을 한다면 자신이 투자한 돈을 다 잃어버리게 된다. 실패한 기업이 투자한 돈을 다 잃어버리는 것은 흔히 발생하는 일이다. 미국의 경우에는 새로 시작한 기업의 약 절반이 4년 내에 문을 닫는다. 사업을 시작하여 기업을 운영하는 위험을 떠안으려는 기업가들이 없다면 시장경제에서 경제성장은 나타날 수가 없다.
- *혁신 Innovation.* *발명 invention*과 *혁신 innovation*은 다르다. 발명은 새 재화를 만들거나 재화를 만드는 새로운 공정을 말한다. 혁신은 발명을 실제로 적용하는 것이다 (혁신은 좀 더 넓게는 재화나 재화를 만드는 방법에서의 중요한 개선을 의미하는 뜻으로도 사용

된다). 새로운 아이디어의 출현과 그 아이디어를 실제로 넓게 적용하는 것 사이에는 상당한 시간이 걸린다. 예를 들어, Wright brothers는 1903년 Kitty Hawk, North Carolina에서 최초로 프로펠러가 달린 비행기를 타고 하늘을 날았다. 그러나 그 비행기는 상당히 조잡한 것이었다. 미국에서 도시 간을 비행기로 정기적으로 운항하는 것이 일상화된 것은 1936년에 Douglas Aircraft사의 DC-3 비행기가 만들어진 후부터였다. 한편 최초의 컴퓨터는 1945년에 만들어진 ENIAC이었다. 그러나 IBM사의 개인용컴퓨터가 만들어진 것은 1981년이었다. 또한 컴퓨터가 광범위하게 사용되면서 미국 기업들의 생산성을 높이는 데 중요한 역할을 하게 된 것은 1990년대가 지나고나서부터였다.

- *기술 Technology.* 기업의 기술은 재화와 서비스를 생산하는데 기업이 사용하는 과정이다. 경제적 의미에서 기업의 기술은 경영자의 기술, 근로자의 숙련도, 기계와 장비의 속도와 효율성 등 다양한 요소에 의해 영향을 받는다.
- *재화 Goods.* 재화는 책, 컴퓨터, 블루레이 플레이어와 같은 유형의 상품이다.
- *서비스 Service.* 서비스는 머리를 깎아준다거나, 투자자문을 해준다거나 하는 것처럼 다른 사람을 위한 행동이다.
- *수입 Revenue.* 기업의 수입은 재화나 서비스를 판매하여 얻는 총금액이다. 이는 한 단위당 판매가격에 판매량을 곱해서 구한다.
- *이윤 Profit.* 기업의 이윤은 수입과 비용의 차이다. 경제학자들은 *회계적 이윤 accounting profit*과 *경제적 이윤 economic profit*을 구별한다. 회계적 이윤을 계산할 때는 명시적으로는 그 대가를 지불하지 않는 경제적 자원에 드는 비용은 비용에 포함시키지 않는다. 경제적 이윤을 계산할 때는 기업이 사용하는 모든 경제적 자원의 비용(명시적이든 묵시적이든)이 포함된다. 이 책에서 이윤이라고 할 때 그것은 경제적 이윤을 의미하는 것이다. 한편, 이윤과 수입을 혼돈하지 않기 바란다.
- *가구(가계) Household.* 가구(가계)는 한 집에 사는 모든 사람을 말한다. 가구는 기업이 재화와 서비스를 생산하는데 사용하는 생산요소들의 (특히 노동의) 공급처이다. 가구는 또한 기업이나 정부가 생산하는 재화와 서비스를 수요한다.
- ***생산요소, 경제적 자원, 투입물 Factors of production, Economic resource, Input.*** 기업은 재화와 서비스를 생산하기 위해 생산요소를 사용한다. 생산의 주요 요소들은 노동, 자본, 천연자원(대지를 포함한) 그리고 기업가의 능력이다. 가구는 기업에게 생산요소를 공급함으로써 소득을 얻는다. 경제학자들은 *생산요소, 경제적 자원, 투입물*을 서로 구분하지 않고 사용한다.
- *자본 Capital.* 사람들이 자본이라는 용어를 사용할 때, 금융자본 financial capital을 의미하기도 하고, 물리적 자본 physical capital을 의미하기도 한다. 금융자본은 기업이 발행하는 주식, 채권, 은행계좌에 들어 있는 돈, 사람들이 소지하고 있는 돈을 포함한다. 그러나 경제학에서 자본이라고 말할 때는 다른 재화와 서비스를 생산하는데 사용되는 물리적 자본을 의미한다. 물리적 자본의 예에는 컴퓨터, 공장건물, 기계, 공구, 창고, 트

럭 등이다. 한 국가에 있는 사용가능한 물리적 자본의 총량을 자본스톡 capital stock이라고 한다.

- ***인적자본** Human capital.* 인적자본은 근로자들이 갖고 있는 훈련으로 인해 축적된 기술을 말한다. 예를 들어, 대학을 나온 근로자는 고등학교만 나온 근로자보다 더 많은 기술을 갖고 있으므로 더 생산적이다. 따라서 대학졸업자는 더 많은 인적자본을 갖고 있다.

결론

경제학은 사람들이 어떻게 선택을 하는가에 대한 유용한 개념들의 집합이다. 경제학자들은 경제모델을 사용하여 이러한 개념들을 일상에 적용한다. 소비자, 경영자, 정부의 정책입안자들은 자신들이 어떤 선택을 할 때 경제모델들로부터 도움을 얻는다. 이 책에서는 많은 경제모델을 살펴보고 또한 이들이 실제로 어떻게 응용될 수 있는가를 보여주는 예들을 살펴본다.

신문이나 정기간행물들을 읽는 것은 현재의 사업여건을 이해하고, 또한 다양한 실제 상황에서 경제적 개념을 어떻게 적용하는가를 배우는 데 많은 도움을 준다.

주요 용어 KEY TERMS

배분적 효율성 allocative efficiency
중앙계획경제 centrally planned economy
경제모델 economic model
경제변수 economic variable
경제학 economics
평등성 equity
거시경제학 macroeconomics
한계분석 marginal analysis
시장 market
시장경제 market economy
미시경제학 microeconomics
혼합경제 mixed economy
규범적 분석 normative analysis
기회비용 opportunity cost
실증적 분석 positive analysis
생산적 효율성 productive efficiency
희소성 scarcity
상호교환관계 trade-off
자발적 교환 voluntary exchange

연습문제 PROBLEMS

* 복습질문

1. 경제학의 다음 개념들에 대해 간단히 설명하라. "사람들은 이성적이다. 사람들은 인센티브에 반응한다. 최적 의사결정은 한계치에 근거하여 이루어진다."

2. 희소성이란 무엇인가? 경제학에서 희소성이 중요한 이유는 무엇인가?

3. 희소성이 모든 사회와 모든 개인이 상호교환관계에 직면한다는 것을 의미하는 이유는 무엇인가?

4. 모든 사회가 풀어야 하는 3가지 경제적 문제는 무엇인가? 중앙계획경제, 시장경제, 혼합경제가 이러한 문제들을 푸는 방법에서 어떻게 다른가를 간단히 설명하라.

5. 생산적 효율성과 배분적 효율성은 어떻게 다른가?

6. 효율성과 평등성은 어떻게 다른가? 정부의 정책입안자들이 종종 효율성과 평등성의 상호교환관계에 직면하는 이유는 무엇인가?

7. 경제학자들이 모델을 사용하는 이유는 무엇인가? 경제모델을 검증하는데 있어서 경제자료는 어떻게 사용되는가?

8. 유용한 경제모델을 만들기 위해서 경제학자들이 거치는 5단계를 설명하라.

9. 규범적 분석과 실증적 분석은 어떻게 다른가? 경제학은 규범적 분석과 실증적 분석 중에서 어느 분석에 주로 관심을 갖는가? 간단히 설명하라.

10. 미시경제학과 거시경제학은 어떻게 구분되는가?

11. 모든 경제문제가 미시경제학적 문제와 거시경제학적 문제로 엄격히 구분될 수 있는가? 간단히 설명하라.

* 문제와 응용

1. 다음과 같은 말에 동의하는가? "경제학의 문제는 소비자와 기업이 항상 올바른 판단을 한다고 가정하는 데 있다. 그러나 알다시피 우리 모두는 잘못된 판단을 하는 경우도 있다."

2. FBI의 은행관련 범죄 자료에 의하면 2012년에 미국에서는 5,000건이 넘는 은행강도 사건이 있었다. FBI는 은행들이 *bandit barriers*라 불리는 창구직원과 고객 사이에 아크릴 칸막이를 설치하지 않아 자신들이 강도들에게 쉬운 범죄대상으로 인식되게 만들고 있다고 주장했다. FBI의 한 특별요원은 "칸막이는 매우 강한 범죄억제수단이다. 은행강도들로부터 들은 이야기는 칸막이를 보면 범죄대상을 다른 은행으로 바꾼다는 것이다." 이러한 점이 인식되고 있음에도 불구하고 많은 은행들은 여전이 칸막이 설치를 꺼려하고 있다. 그렇다면 은행들은 강도를 막으려는 강한 의지를 갖고 있지 않는 것 아닌가? 그렇지 않다면 왜 많은 은행들이 칸막이를 설치하고 있지 않는 것인가?

3. 점수가 어떻게 부여되는가 하는 것은 학생들의 학습에 중요한 역할을 한다. *A Tool for Learning and Assessment in College* 라는 책에서 Barbara Walvoord와 Virginia Anderson는 "점수는 교실에서 발생하는 모든 것을 우려내서 주는 것이다."라고 말하고 있으며, 또한 "강사가 강의 계획을 알려줄 때부터 점수가 어떻게 부여되는가를 학생들이 알게 하고 그에 따라 점수를 관리하는 것이 매우 중요하다"고 말하고 있다.

a. 강사가 사용하는 점수부여 방법이 학생들이 해당 강의 내용을 배우는 데 갖는 인센티브에 어떻게 영향을 미칠 수 있는가 ?

b. 강사가 점수를 주는데 있어서 어떤 부분, 예를 들어 교과서 이외에 어떤 자료를 읽는 것에 대해 아주 낮은 비중을 부여한다면 학생들은 이에 어떻게 반응할 것으로 예상되는가?

c. 강사들은 종종 학생들이 사전에 강의될 부분을 읽고 오기를 원한다. 학생들이 그렇게 하도록 하는 동기를 부여하기 위해서는 점수부여 방법을 어떻게 만들어야 할까?

4. Bentley College의 두 경제학자인 Patricia M. Flynn와 Michael A. Quinn는 자신들의 논문에서 다음과 같이 기술하고 있다.

우리는 미래에 기업의 CEO[chief executive officer]가 되기를 열망하는 학생들에게 경제학을 전공하는 것이 매우 좋은 선택이라는 것을 보여주는 증거를 발견하였다. 학부에서 경제학을 전공한 학생들이 다른 전공을 선택한 학생들보다 나중에 S&P 500에 속하는 기업의 CEO가 될 확률이 더 높다는 것이 발견되었다.

Marietta College가 발간한 경제학을 전공한 기업 리더들의 목록에는 잘 알려진 Warren Buffett, Donald Trump, Ted Turner, Diane von Furstenberg, Steve Ballmer, Sam Walton이 포함되어 있으며, George H.W. Bush, Gerald Ford, Ronald Reagan도 포함되어 있다. 경제학을 전공하는 것이 미래에 대기업의 최고경영자나 정부의 리더가 되기 위한 좋은 준비를 하는 것이 되는 이유는 무엇인가?

5. 2013년 전반기에 Microsoft의 주식 가격이 27퍼센트 이상 상승했을 때 Microsoft의 주식을 4.36억 주 갖고 있는 Bill Gates는 다시 세계에서 최고 부자가 되었다. Bill Gates도 희소성에 직면하고 있을까?

6. 가난한 사람을 돕기 위한 어떤 조직의 구성원이 가난한 사람을 돕는 다른 대안에 대해 논의하고 있는데 그 중 한 사람이 어떤 특정 안을 강하게 제시하고 있다. 이 사람은 "내가 주장하는 이 안이 가난한 사람 중 한 사람이라도 제대로 도울 수 있다면 우리들의 모든 시간과 돈을 들여서라도 이 안을 시행해야 한다." 라고 말한다. 당신이 이 조직의 구성원 중 하나라면 이러한 주장에 대해 어떤 응답을 하겠는가?

7. 시장경제에서 기업들이 생산효율적이고 배분효율적이 되려는 강한 인센티브를 갖는 이유는 무엇인가? 기업이 생산효율적이고 배분효율적일 경우에 기업이 얻는 것은 무엇이며, 만일 그렇지 않다면 어떤 결과가 나타날 수 있는가?

8. 새로운 기계나 장비를 도입하는 것이 시장경제에서 더 빠를 것으로 생각하는가, 아니면 중앙계획경제에서 더 빠를 것으로 생각하는가? 간단히 설명하라.

9. 중앙계획경제는 시장경제보다 덜 효율적이었다.

a. 이러한 효율성의 차이는 우연히 나타나는 것인가 아니면 어떤 이유가 있는 것인가?

b. 시장경제가 중앙계획경제보다 경제적으로 더 효율적이라면 시장경제보다 중앙계획경제를 더 선호할 이유가 있는가?

10. 당신은 중앙계획경제가 생산적 효율성이나 배분적 효율성 중에서 어느 것이 더 나을 수 있다고 생각하는가? 간단히 설명하라.

11. Michigan State University의 철학교수인 Leonard Fleck는 다음과 같은 글을 썼다.

> 미국의 의료서비스에 대해 갖게 되는 생각은 우리가 의료서비스에 대해 무한의 욕구를 갖고 있는 대신에 자원은 한정되어 있다는 것이다. 우리는 늙어가면서 우리의 생명을 연장시키고 삶의 질을 높여줄 수 있는 현재 우리가 갖고 있는 모든 의술이 제공되기를 원한다. 그러나 다른 한편으로 세금을 내고 있는 사람으로서 우리는 의료비용이 관리되기를 원한다.

모든 경제체제가 의료서비스와 같은 서비스 제공에 어떤 제한을 두는 것이 필요한 이유는 무엇인가? 시장경제는 사람들이 갖기 원하는 만큼의 재화와 서비스를 모두 갖는 것을 어떻게 막고 있는가?

12. 당신 동네 경찰이 마약단속에서 NASCAR 자동차 경주 관람권 100장을 발견했다. 경찰은 이 표를 동네 주민들에게 나누어주기로 하여 월요일 아침 10시부터 시청에서 표를 나누어 준다고 발표하였다.

a. 어떤 부류의 사람들이 이 표를 구하기 위해 가장 큰 노력을 기울일 것으로 생각되는가? 특정한 예를 생각해 보고 그 예를 일반화시키는 식으로 생각해 보라.

b. 이러한 식으로 표를 나누어 줄 때 발생하는 기회비용은 무엇인가?

c. 생산적 효율성은 재화나 서비스(예를 들어, 표를 나누어 주는 것)가 가장 낮은 비용으로 생산될 때 발생하는 것이다. 경찰이 이렇게 표를 나누어 주는 것은 효율적인 방법인가? 표를 나누어 주는 더 효율적인 다른

방법이 있다면 어떤 방법인가?

d. 이러한 방식으로 표를 나누어 주는 것은 평등한 것인가? 설명하라.

13. 어떤 경제학자가 경제모델을 개발한 후에 자신의 모델이 이론상으로는 아주 잘 맞는데 실제로는 잘 안 맞는 것으로 나타났다면 이 학자가 다음으로 해야 할 일은 무엇인가?

14. Strangelove 박사의 이론은 다음과 같다. 버섯의 가격은 우리와 나란히 있는 다른 우주에 존재하는 원자보다 작은 아원자의 활동에 의해 결정된다. 아원자가 대량 방출될 때 버섯가격은 매우 높게 형성되며, 아원자의 방출이 줄어들면 버섯가격은 낮게 형성된다. 당신은 Strangelove 박사의 이론을 어떤 방식으로 검증하겠는가? 이 이론은 유용한 것인가? 논의해 보라.

15. 미국에서 의료면허를 획득하기 위해서는 대형병원에서 레지던트 프로그램을 마쳐야 한다. 대형병원들은 특정 의료분야에 대한 자신들의 레지던트 프로그램 인원 수를 마음대로 정할 수 없으며 Residency Review Committee (RRC)라는 해당 분야의 의사들로 구성된 위원회로부터 인원 수에 대한 승인을 얻어야 한다. 이에 따르지 않을 경우에 해당 병원은 Accreditation Council for Graduate Medical Education(ACGME)으로부터 인증을 받지 못하는 불이익을 당한다. ACGME와 RRC는 이러한 제도가 레지던트의 수가 너무 많아져서 질 낮은 레지던트 프로그램이 운영되는 것을 막아준다고 주장하고 있다.

a. 이 제도는 소비자 보호에 어떻게 기여하는가?

b. 이 제도는 어떻게 소비자의 후생보다 의사들의 금전적 이해관계를 보호하는 것이 될 수 있는가?

c. 이 제도가 좋은 제도인지 아닌지에 대한 당신의 의견을 간단히 정리해 보라. 당신이 내린 결론은 규범경제학적인 것인가, 실증경제학적인가?

16. 다음 중 어떤 것이 미시경제학적 문제이고, 어떤 것이 거시경제학적 문제인가?

a. 높은 담배세가 담배수요에 미치는 영향.

b. 더 높은 소득세가 소비자 전체의 소비지출에 미치는 영향.

c. 동북 아시아 국가들의 경제가 사하라 사막 남쪽에 있는 아프리카 국가들의 경제보다 더 빠르게 성장한 이유들.

d. 항공산업에서 기업들이 이윤이 낮게 나타나는 경우.

17. 다음과 같은 주장에 동의하는지를 간단히 설명해 보라. "미시경제학은 특정한 지역에서 발생하는 일(예를 들어, 어떤 도시의 실업률)들에 대한 것이고, 그와는 대조적으로 거시경제학은 한 국가 전체에 영향을 미치는 일(예를 들어, 미국 전체 청소년들의 담배 흡연율이 담배세 인상에 어떤 영향을 받을 것인가)들에 대한 것이다.

CHAPTER

2 상호교환관계, 비교우위, 시장시스템

이 장의 학습내용

2.1 **생산가능프런티어와 기회비용**
- 기회비용과 상호교환관계를 설명하기 위하여 생산가능곡선을 사용한다.

2.2 **비교우위과 거래**
- 비교우위를 설명하고 비교우위가 거래의 밑바탕이 된다는 점을 설명한다.

2.3 **시장시스템**
- 시장시스템이 작동하는 기본원리를 설명한다.

Tesla Motors의 경영진도 상호교환관계에 직면한다.

미래의 자동차는 모두 전기자동차가 될 것인가? 당신도 다른 운전자들과 마찬가지로 차에 기름을 넣으려 주유소에 들르는 것보다 자신의 자동차를 전기 플러그에 그냥 꽂기를 원할 것이다. 그러나 전기자동차가 시장에서 성공하기에는 아직 이른 것 같다. 그 이유는 크게 2가지인데 (1) 사용하는 리듐밧데리의 가격이 너무 비싸다는 것, (2) 한 번 충전에 장거리를 가지 못해 장거리 여행에는 적합하지 않다는 것이다. 그럼에도 불구하고 많은 사람들은 Tesla Motors가 2013년 초에 예상보다 전기자동차를 많이 판매하여 처음으로 이윤을 냈다는 것에 놀랐다. Tesla는 2003년에 억만장자 Elon Musk에 의해 설립되었다. 이 사람은 온라인 지불방식인 PayPal를 개발하였고, 또한 민간우주항공사 SpaceX를 설립하기도 했다. Tesla는 California 주 Fremont의 공장에서 전기자동차를 만들고 있다. Tesla의 경영진은 새로운 모델을 만들 것인지와 같은 전략적 의사결정을 해야 한다. 2013년에 Tesla의 유일한 모델이었던 모델 S는 Consumer Reports로부터 그 해의 그린 카로 선정되기도 했다. 2014년에 Tesla는 새로운 SUV 모델 X를 개발했다. 다른 자동차 제조회사들이 딜러를 통해서 자신의 자동차를 판매하는 것과는 달리, 2013년에 Telsa는 전기자동차를 모두 온라인으로 판매하였다. 일부 경제학자들은 딜러를 통해 판매하지 않는 방식으로 Telsa가 앞으로 자신이 목표로 하는 판매량을 달성할 수 있을지 의심하고 있다. Telsa의 경영진은 판매방식에 대해 의사결정을 해야 할 것이다.

Telsa의 경영진은 다른 측면의 의사결정도 해야 한다. 예를 들어, 매달 모델 S와 모델 X를 각각 몇 대씩 생산해야 할 것인가에 대해서도 의사결정을 해야 한다. 다른 모든 의사결정들에서와 마찬가지로, 이 회사의 경영진은 자신이 내려야하는 의사결정들에서 상호교환관계(trade-off)에 직면하게 된다. 어떤 모델을 더 많이 생산한다는 것은 다른 모델을 덜 생산한다는 것을 의미하는 것이다.

상호교환관계는 자동차를 생산하는 측의 의사결정에서만 나타나는 것이 아니라 자동차를 구입하려는 소비자의 의사결정에서도 마찬가지로 나타난다. 예를 들어, 자동차의 연료효율성을 위해서는 소형차를 선택해야 하지만 안전성을 위해서는 대형차를 선택해야 한다. 따라서 자신에게 맞는 적절한 자동차를 고를 때 소비자는 효율성이라는 측면과 안전성이라는 측면에서 상호교환관계에 직면하게 된다. 이와같이 생산자의 의사결정이든, 소비자의 의사결정이든, 모든 의사결정은 상호교환관계에 직면하게 된다.

"세상에 공짜는 없다"라는 말도 무언가를 얻기 위해서는 다른 것을 포기(지불)해야 하는 상호교환관계가 삶의 바탕을 이루고 있다는 것을 강조하는 말이다.

자료: Steven Russolillo, "Four Reasons Morgan Stanley Loves Tesla," *Wall Street Journal*, May 14, 2013; and Christopher F. Schuetze, "Will 2013 Be the Year of the Electric Car?" *New York Times*, January7, 2013.

희소성 scarcity
사람들의 욕구가 무한대이므로 그러한 욕구를 채우기 위한 자원이 항상 부족하다는 것.

의사결정은 경제적 삶의 핵심요소를 반영하고 있다. 이는 희소성으로 인해 항상 상호교환관계가 존재한다는 것이다. **희소성 scarcity**은 우리들의 욕구가 무한대이므로 그 욕구를 채워줄 수 있는 자원은 항상 부족하다는 것을 말한다. 따라서 재화와 서비스는 항상 희소한 것이다. 재화나 서비스를 만드는 데 필요한 경제적 자원 즉, 생산요소들—근로자, 자본, 천연자원, 경영능력—도 마찬가지로 희소한 것이다. 당신에게 시간은 희소한 자원이다. 따라서 당신은 시간이라는 측면에서도 상호교환관계에 직면하고 있는 것이다. 경제학 시험에 더 많은 시간을 사용한다면 심리학 시험을 준비하는데 사용하는 시간이나 영화를 볼 수 있는 시간은 줄어드는 것이다. 당신 대학이 희소한 예산의 일부를 컴퓨터를 구입하는데 사용한다면 새 도서를 구입하거나 학생들의 주차장을 다시 포장할 수 있는 돈은 그만큼 적어진다.

가구(household)나 기업은 시장에서 많은 의사결정을 하게 된다. 거래 trade는 시장의 핵심활동이다. 거래는 전 세계의 수많은 가구들과 기업들의 의사결정에 의해 발생하는 것이다. 거래를 함으로써 사람들은 자신의 소득을 벌어들일 수 있는 것이다. 이 장에서는 시장시스템이 수많은 가구와 기업들의 독립적인 의사결정들을 어떻게 잘 조화시키는가에 대한 전반적인 설명을 할 것이다. 먼저, 중요한 경제모델인 *생산가능프론티어*를 가지고 희소성이 가져오는 결과와 시장시스템의 작동에 대해 살펴보기로 한다.

2.1. 생산가능프런티어와 기회비용

생산가능프런티어 production possibilities frontier(PPF)
현재 가용한 자원과 가용한 기술을 가지고 최대로 생산할 수 있는 두 재화의 생산량 조합들을 나타내는 곡선.

앞에서 말했듯이 Tesla는 두 모델의 전기자동차를 생산하고 있다. 이 회사가 사용할 수 있는 자원—근로자, 기계, 원료, 그리고 경영기술—은 한정되어 있다. 따라서 Tesla는 상호교환관계에 직면하고 있다. 한 모델을 생산하는데 사용할 수 있는 자원은 다른 모델을 생산하는데 사용할 수 없다. 제1장에서 경제모델은 많은 문제를 분석하는데 유용하게 사용될 수 있다고 했다. Tesla가 직면하는 상호교환관계를 분석하기 위해서 **생산가능프런티어 production possibilities frontier(PPF)**라는 간단한 모델을 사용할 수 있다. Telsa의 생산가능프런티어는 현재 사용할 수 있는 자원과 기술을 가지고 생산할 수 있는 두 모델의 최대 생산량의 조합들을 보여주는 곡선이다.

생산가능프런티어 그래프

[그림 2.1]은 Tesla의 생산가능프런티어를 보여준다. 표에 있는 수치들이 그래프에 점으로 표시되어 있다. 그래프의 선이 Tesla의 생산가능프런티어이다. Tesla가 자신의 모든 자원을 모델 S를 생산하는데 사용한다면 하루에 80대를 생산할 수 있으며 이는 생산가능프런티어의 점 A로 표시되어 있다. Tesla가 자신의 모든 자원을 모델 X를 생산하는데 사용한다면 하루에 80대를 생산할 수 있으며 이는 생산가능프런티어의 오른쪽 끝에 있는 점 E

로 표시된다. Tesla가 두 모델을 모두 생산한다면 모델 S 60대와 모델 X 20를 나타내는 점*B*에 있을 수 있다.

프런티어 상에 있는 모든 점—*A, B, C, D, E* 처럼—과 프런티어 안에 있는 모든 점— *F* 처럼—은 사용가능한 자원으로 생산할 수 있는 전기자동차의 수량을 나타낸다. 프런티어 상에 있는 모든 점은 Telsa가 사용할 수 있는 자원을 모두 충분히 사용했을 경우에 나타날 수 있는 생산량의 조합들이므로 효율적 efficient인 점들이다.

프런티어 안에 있는 점*F*와 같은 생산량 조합은 사용가능한 자원을 충분히 사용하지 않았을 경우에 나타나는 생산량이므로 비효율적 inefficient인 점이다. 이러한 경우는 생산시설을 충분히 가동하지 않았을 경우에 나타날 수 있다. Tesla는 프런티어 밖에 있는 점 *G*—모델 S 60대, 모델 X 50대—와 같은 점에 있기를 원할 수 있다. 그러나 생산가능프런티어

Tesla의 생산량 선택

선택	승용차 생산량	SUV 생산량
A	80	0
B	60	20
C	40	40
D	20	60
E	0	80

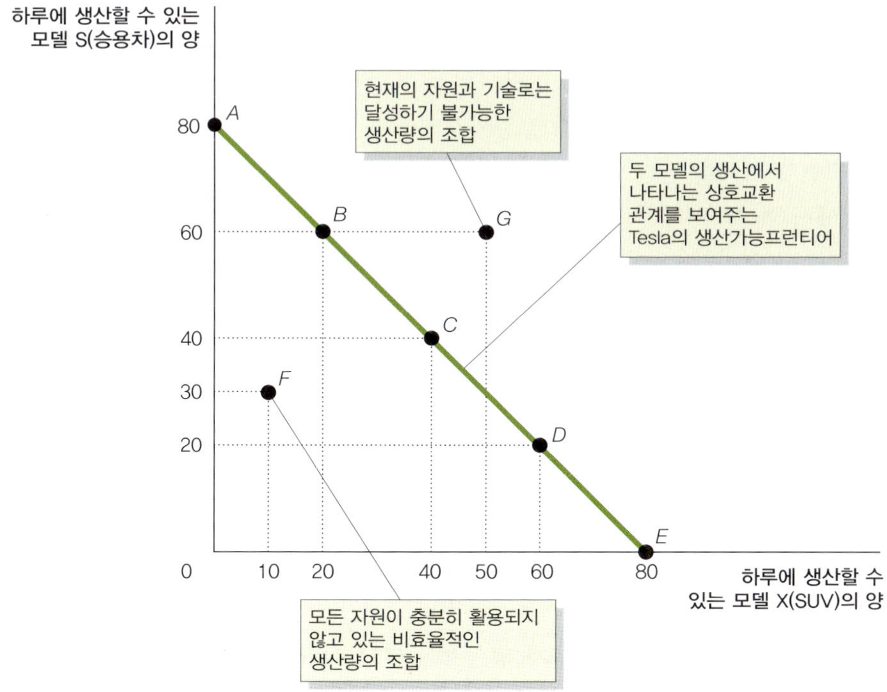

그림 2.1

Tesla의 생산가능프런티어

Tesla는 상호교환관계에 직면하고 있다. 더 많은 승용차를 생산하기 위해서는 SUV의 생산량을 줄여야 한다. 생산가능프런티어는 Tesla가 직면하는 상호교환관계를 보여준다. 생산가능프런티어에 있는 생산량의 조합들—점*A, B, C, D, E*—은 기술적으로 효율적인 점들이다. 왜냐하면 주어진 자원과 기술로 최대의 생산량을 생산하고 있는 것이기 때문이다. 프런티어의 안에 있는 생산량 조합—점 *F*—은 비효율적인 점이다. 왜냐하면 일부 생산요소들이 충분히 사용되고 있지 않기 때문이다. 프런티어 밖에 있는 생산량 조합—점*G*—은 현재 주어진 자원과 기술로는 달성할 수 없는 점이다.

기회비용 opportunity cost
어떤 활동(선택)을 할 경우에 포기해야 하는 차선(next highest valued alternative)의 활동(선택) 이 갖는 가치.

밖에 있는 점들은 이 회사가 현재 사용할 수 있는 자원과 기술로는 달성하기 불가능한 점들이다. *G*와 같은 점에 있기 위해서는 더 많은 기계와 더 많은 근로자가 필요하다.

Tesla가 효율적으로 생산하고 있다면 생산가능프런티어에 있으며, 이 경우 한 모델을 더 생산하기 위한 유일한 방법은 다른 모델을 덜 생산하는 것이다. 제1장에서 어떤 활동(선택)의 **기회비용 opportunity cost**이란 어떤 활동(선택)을 할 경우에 포기해야 하는 차선(next highest valued alternative)의 활동(선택)이 갖는 가치라고 한 것을 기억하라. Tesla의 경우, 한 모델을 더 생산하기 위한 기회비용은 그로 인해 포기해야 하는 다른 모델의 생산량이다. 예를 들어, 점*B*에서 점*C*로 이동하는 경우, 즉 하루에 20대의 모델 X를 더 생산하기 위한 기회비용은 20대의 모델 S 생산량이다.

생산가능프런티어 상의 어떤 점이 제일 좋은 점인가? 다른 측면들에 대한 정보가 없는 상황에서는 딱히 어떤 점이 제일 좋은 점이라고 말할 수 없다. 소비자들이 승용차보다 SUV를 더 선호한다면 이 회사는 점*E*에 더 가까운 점을 선택할 수 있다. 하지만 승용차에 대한 소비자들의 선호가 더 크다면 점*A*에 더 가까운 점을 선택할 수 있다.

증가하는 한계기회비용

생산가능프런티어를 이용하여 경제 전체에 대한 것도 살펴볼 수 있다. 모든 재화와 서비스를 민간재와 군용재라는 두 종류로 나눌 수 있다고 하자. [그림 2.2]에서 탱크는 군용재를, 자동차는 민간재를 나타낸다. 한 국가의 모든 자원을 군용재 생산에 사용한다면 1년에 400대의 탱크를 생산할 수 있고, 모든 자원을 민간재 생산에 사용한다면 1년에 500대의 자동차를 생산할 수 있다. 두 재화를 모두 생산한다면 생산가능프런티어의 다른 점에 있을 수 있다. 곡선이 밖으로 볼록하게 휘어져 있으므로 탱크의 수로 표시되는 자동차의 기회비용은 이 국가의 경제가 생산가능프런티어의 어떤 점에 있는가에 따라 달라진다. 예를 들어, 자동차의 생산량을 0대에서 200대로 증가시킨다면—점*A*에서 점*B*로 이동— 이 경제는 50대의 탱크를 포기해야 한다. 그러나 자동차 생산량을 추가적으로 200대 증가시키는 경우에는—점*B*에서 점*C*로 이동— 이 경제는 150대의 탱크를 포기해야 한다.

이 경제가 생산가능프런티어를 따라 아래로 이동한다면 한계기회비용은 증가하게 된다. 왜냐하면 동일한 양의 자동차 생산을 계속 증가시킬 때 그에 따라 포기해야 할 탱크의 수는 점점 더 많아지기 때문이다. 한계기회비용이 증가하는 이유는 근로자, 기계, 기타 다른 자원들의 일부는 한 재화를 생산하는데 더 적합하고 다른 재화를 생산하는 데는 덜 적합하기 때문이다. 점*A*에서는 자동차를 만드는 데 더 적합한 자원들이 탱크를 생산하는데 강제적으로 사용되고 있는 것이다. 점*A*에서 점*B*로 이동하여 이러한 자원들을 자동차를 생산하는데 사용하면 탱크의 생산량을 크게 줄이지 않고도 상당히 많은 자동차를 생산할 수 있다. 그러나 생산가능프런티어를 따라 아래로 내려오면서 탱크 생산에 더 적합한 자원들이 점점 더 많이 자동차 생산에 사용되게 된다. 그 결과, 포기해야 하는 탱크 생산량은 더 많아지고 그로 인해 증가하는 자동차 생산량은 더 적어진다. 대부분의 경우에 우리는 생산가능프런티어는 Telsa의 예에서 본 것처럼 직선이 아니라 밖으로 볼록한 형태의 곡선이라

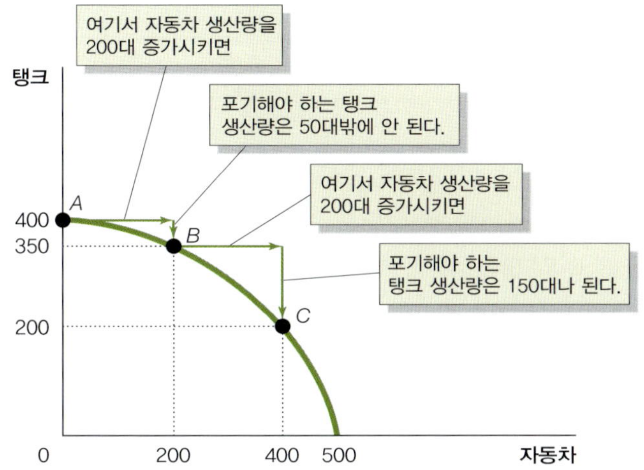

그림 2.2

증가하는 한계기회비용

이 경제가 생산가능프런티어를 따라 아래로 이동한다면 한계기회비용은 증가하게 된다. 왜냐하면 동일한 양의 자동차 생산을 계속 증가시킬 때 그에 따라 포기해야할 탱크의 수는 점점 더 커지기 때문이다. 예를 들어, 자동차의 생산량을 0대에서 200대로 증가시킨다면—점*A*에서 점*B*로 이동— 이 경제는 50대의 탱크를 포기해야 한다. 그러나 자동차 생산량을 추가적으로 200대 증가시키는 경우에는—점*B*에서 점*C*로 이동—150대의 탱크를 포기해야 한다.

고 생각한다.

"증가하는 한계기회비용"이라는 개념은 "*어떤 활동에 더 많은 자원을 투입하고 있을 때 다시 그 활동에 추가적으로 자원을 점점 더 투입한다면 그에 따라 얻게 되는 보상payoff은 점점 더 작아진다.*"는 중요한 경제개념을 알려주고 있다. 예를 들어, 경제학 공부에 이미 많은 자원을 투입하고 있을 때 다시 추가적인 시간을 경제학 공부에 투입함으로써 얻게 되는 경제학 성적 증가의 크기는 작아지게 된다. 또한 추가적인 시간 투입에 따라 발생하는 한계기회비용의 크기는 더 커진다. 기업이 한 해에 점점 더 많은 자금을 연구개발에 투자한다면 그에 따라 투자액 단위당 얻게 되는 유용한 지식의 양은 점점 더 적어진다. 또한 투자액 단위당 발생하는 한계기회비용은 점점 더 커진다. 정부가 한 해에 환경개선을 위해서 점점 더 많은 돈을 지출할 경우에 추가적 지출액 단위당 공해감소가 감소하는 크기는 점점 더 작아진다. 또한 지출액 단위당 발생하는 한계기회비용은 점점 더 커진다.

경제성장

어떤 주어진 기간에 한 경제가 사용할 수 있는 자원의 양은 고정되어 있다. 예를 들어, 한국이 더 많은 자동차를 생산한다면 다른 어떤 것(예: 탱크)을 덜 생산해야만 한다. 그러나 시간이 감에 따라, 한 경제가 사용할 수 있는 자원의 양은 증가할 수 있다. 예를 들어, 일을 할 수 있는 사람의 수와 사용가능한 자본의 양—한 나라가 사용할 수 있는 기계나 다른 물리적 자본들—은 시간이 감에 따라 증가할 수 있다. 사용가능한 근로자의 수나 자본의 양은 한국경제의 생산가능프런티어를 밖으로 이동시키며 한국은 자동차와 탱크 모두를 더 많이 생산할 수 있게 된다. [그림 2.3(a)]는 한 경제가 더 많은 탱크와 자동차를 생산하여 점*A*에서 점*B*로 가는 경우를 보여준다. 마찬가지로 기술발전은 같은 수의 근로자와 같은 양의 기계를 갖고도 더 많은 재화를 생산할 수 있게 해주며, 이 또한 생산가능프런티어를 밖으로 이동시킨다. 기술발전이 경제의 모든 부문에 동일하게 영향을 미치는 것은 아니다. [그림 2.3(b)]는 자동차 산업에서의 기술발전이 근로자 일인당 일 년에 최대로 생산할 수 있는 자동차의 수를 증가시키는 것을 보여주지만 탱크의 수는 증가시키지 않음을 보여준다.

경제성장 economic growth
한 경제의 재화나 서비스의 생산이 증가하는 것.

생산가능프런티어가 밖으로 이동하는 것은 **경제성장 economic growth**을 의미한다. 왜냐하면 생산가능프런티어의 이러한 이동은 더 많은 재화와 서비스의 생산을 의미하며 이는 궁극적으로는 더 높은 생활수준을 의미하기 때문이다. 고소득 국가들의 경우에 이러한 경제성장을 도운 것은 시장시스템이며, 시장시스템은 지난 200여년 동안 많은 국가들에서 국민의 후생 well-being을 크게 증가시켜 주었다.

그림 2.3

경제성장

그림(a)는 더 많은 자원이 사용 가능하거나 기술이 발전하면 한 경제가 점*A*에서 점*B* 로 이동하여 더 많은 탱크와 더 많은 자동차를 생산할 수 있음을 보여준다. 그림(b)는 자동차산업에서의 기술발전을 보여준다. 자동차 산업에서의 기술발전은 근로자 일인당 일 년에 최대로 생산할 수 있는 자동차의 수를 증가시키지만 최대로 생산할 수 있는 탱크의 수는 증가시키지 못함을 보여준다. 생산가능프런티어가 밖으로 이동하는 것은 경제성장을 의미한다.

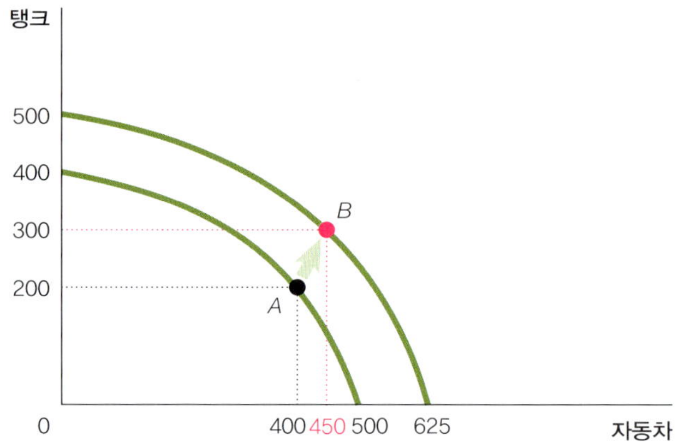

(a) 생산가능프런티어의 이동

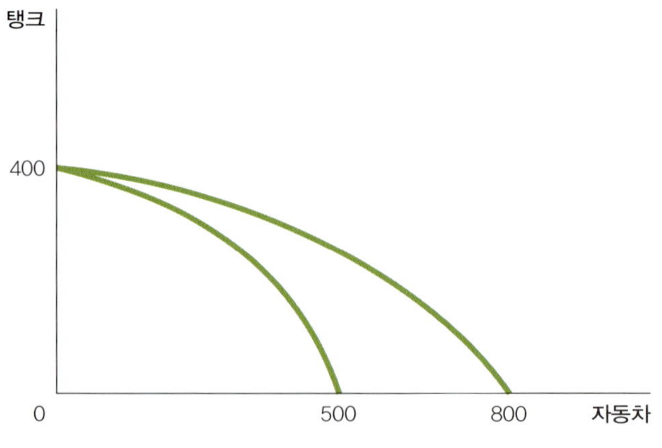

(b) 자동차산업에서의 기술발전

2.2. 비교우위와 거래

생산가능프런티어와 기회비용의 개념을 사용하여 기본 경제활동인 거래에 대해 이해할 수 있다. 시장이란 기본적으로 사고 파는 행위인 **거래 trade**로 이루어지는 것이다. 아이들이 한 야구카드와 다른 야구카드를 교환하는 것처럼 거래는 때론 직접적으로 이루어진다. 그러나 거래는 주로 간접적으로 이루어진다. 예를 들어, 우리는 회계사로, 판매원으로, 간호사로 우리의 노동을 팔고 돈을 받고 그 돈을 사용하여 다른 재화와 서비스를 산다. 이 경우에 거래가 간접적으로 발생하는 것이기는 하지만 궁극적으로는 우리의 서비스를 음식, 옷, 기타 다른 재화와 서비스와 교환하는 것이다. *"거래가 가져다주는 혜택 중 가장 큰 것은 거래를 통해서 사람들이 자신의 생산과 소비를 모두 증가시켜 사람들이 전보다 더 나은 상태에 있게 해주는 것이다."*

거래 trade 사고 파는 행위.

전문화와 거래이득

당신과 당신 이웃이 각각 사과나무와 앵두나무를 키운다고 해보자. 이 경우, 두 사람 모두 사과와 앵두를 좋아한다면 두 사람이 사과 일부와 앵두 일부를 서로 교환(거래)하면 두 사람 모두 전보다 더 나은 상태에 있게 된다. 즉, 두 사람은 *거래이득 gain from trade*을 얻는 것이다. 그러나 각자의 땅에서 사과와 앵두 둘 다 자란다면 어떻게 될까? 이 경우에도 여전히 거래이득이 발생할 수 있다. 예를 들어, 당신 이웃은 사과를 아주 잘 따고, 당신은 앵두를 아주 잘 딴다고 하자. 이 경우, 당신 이웃은 사과만 따고 당신은 앵두 따는 것만 하는 것이다. 그런 다음에 각자가 딴 것의 일부를 서로 교환하는 것이다. 그러나 당신 이웃이 사과와 앵두 둘 다 당신보다 더 잘 딴다면 어떻게 되나?

생산가능프런티어(*PPF*)를 사용하여 이 경우에도 당신 이웃은 당신과 거래를 함으로써 이득을 얻는다는 것을 보여줄 수 있다(단순화를 위해서 결론에는 전혀 영향을 주지 않으므로 생산가능프런티어가 직선이라고 가정한다). [그림 2.4]는 한 주 동안에 당신과 당신 이웃이 얼마나 많은 양의 사과와 앵두를 딸 수 있는가를 보여준다. 그림은 표의 수치를 사용하여 만든 *PPF*다. [그림 2.4(a)]는 당신의 PPF로 당신의 모든 시간을 사과 따는데 사용한다면 일주일에 20파운드의 사과를 딸 수 있고, 앵두 따는데 사용한다면 일주일에 20파운드의 앵두를 딸 수 있다. [그림 2.4(b)]는 당신 이웃의 경우를 보여주며, 그녀는 일주일에 30파운드의 사과나 60파운드의 앵두를 딸 수 있다.

[그림 2.4]의 *PPF*는 거래가 없을 경우에 당신과 당신 이웃이 각자 소비할 수 있는 사과와 앵두의 양을 보여준다. 이웃과 거래하지 않을 경우에 당신은 일주일에 8파운드의 사과와 12파운드의 앵두를 따서 소비한다고 하자. 사과와 앵두의 이러한 조합은 [그림 2.5(a)]의 점*A*에 표시된다. 당신 이웃이 당신과 거래하지 않을 때 그녀는 일주일에 9파운드의 사과와 42파운드의 앵두를 따서 소비한다. 이러한 사과와 앵두 양의 조합은 [그림 2.5(b)]의 점*C*로 표시된다.

그림 2.4

거래가 없을 경우의 당신과 당신 이웃의 생산가능프런티어

표는 당신과 당신 이웃이 각자 한 주 동안에 얼마나 많은 양의 사과와 앵두를 딸 수 있는가를 보여준다. 그래프는 표의 수치를 사용한 *PPF*다. 그림(a)는 당신의 *PPF*로 당신의 모든 시간을 사과 따는데 사용한다면 일주일에 20파운드의 사과를 딸 수 있고, 앵두 따는데 사용한다면 일주일에 20파운드의 앵두를 딸 수 있다. 그림(b)는 당신 이웃의 경우를 보여주며, 그녀는 일주일에 30파운드의 사과나 60파운드의 앵두를 딸 수 있다.

	당신		당신 이웃	
	사과	앵두	사과	앵두
사과 따는데 모든 시간을 소비	20 파운드	0 파운드	30 파운드	0 파운드
앵두 따는데 모든 시간을 소비	0 파운드	20 파운드	0 파운드	60 파운드

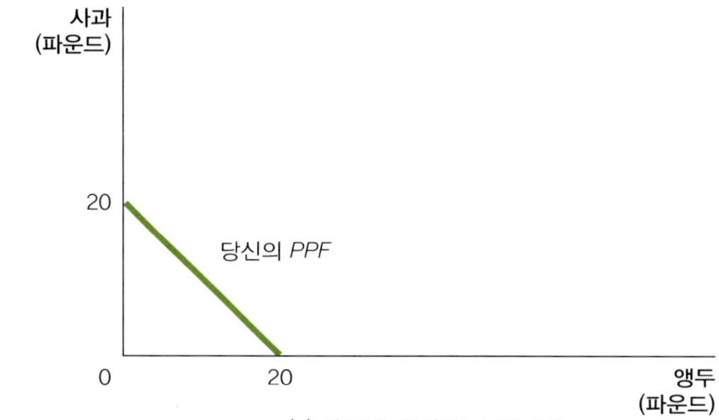

(a) 당신의 생산가능프런티어

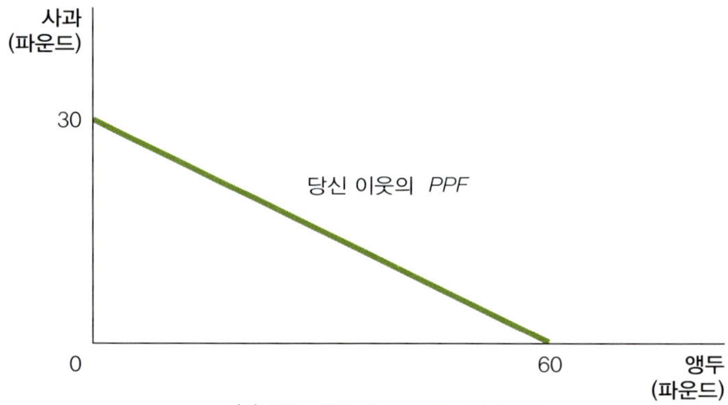

(b) 당신 이웃의 생산가능프런티어

수 년 동안 이런 식으로 각자가 사과와 앵두를 따서 소비해 오고 있을 때, 어느 날 당신 이웃이 당신을 찾아와서 다음 주에 그녀의 앵두 15파운드를 당신 사과 10파운드와 바꾸자고 제안했다고 하자. 당신은 이 제안을 받아들이겠는가? 당신은 이 제안을 받아들여야 한다. 왜냐하면 그럴 경우에 당신은 전보다 더 많은 사과와 더 많은 앵두를 소비할 수 있기 때문이다. 그녀의 제안을 잘 이용하기 위하여 당신은 당신의 시간을 사과와 앵두 따는데 나누어 소비할 것이 아니라 사과를 따는데 전부 소비하여 사과 따는 일에 전문화해야 한다. 이러한 전문화로 당신은 20파운드의 사과를 딸 수 있으며 사과 10파운드를 당신 이웃의 앵두 15파운드와 교환할 수 있다. 그렇게 하면 당신은 사과 10파운드와 앵두 15파운드를 소비할 수 있게 될 것이다. ([그림 2.5(a)]의 점*B*). 당신 이웃과의 거래를 통해서 분명히 당신은 전보다 더 나아지게 된 것이다. 이제 당신은 거래가 없었던 경우에 당신이 소비할 수 있었던 양보다 2파운드 더 많은 사과와 3파운드 더 많은 앵두를 소비할 수 있게 되었다. 당신은 당신의 *PPF* 한계를 넘어서게 되었다!

당신 이웃 또한 거래를 통해 이득을 얻는다. 앵두 따는 데만 전문화함으로써 그녀는 60파운드의 앵두를 딸 수 있고, 그 중 15파운드를 당신 사과 10파운드와 바꾸면서 이제 그녀는 10파운드의 사과와 45파운드의 앵두를 소비할 수 있게 된다([그림 2.5(b)]의 점*D*). 이는 전보다 1파운드 더 많은 사과와 3파운드 더 많은 앵두를 소비할 수 있게 된 것이다. 그녀 또한 자신의 *PPF* 한계를 넘을 수 있게 되었다. [표 2.1]은 이러한 거래를 통해서 발생하는 생산과 소비의 결과를 정리해 주고 있다(이 예에서는 앵두 15파운드를 사과 10파운드와 바꾸는 교환비율을 가정하였다. 하지만 두 사람 모두를 전보다 더 낫게 하는 다른 교환비율들도 많이 있다).

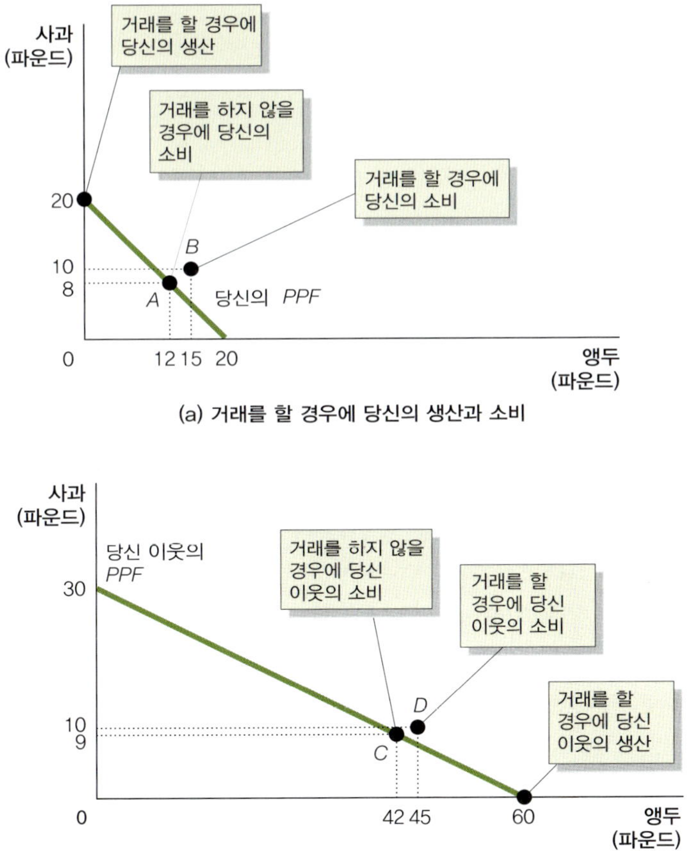

(a) 거래를 할 경우에 당신의 생산과 소비

(b)거래를 할 경우에 당신 이웃의 생산과 소비

그림 2.5

거래이득

이웃과 거래하지 않을 경우에 당신은 일주일에 8파운드의 사과와 12파운드의 앵두를 따서 소비한다. 사과와 앵두의 이러한 조합은 그림(a)의 점*A*에 표시된다. 당신 이웃이 당신과 거래하지 않을 때 그녀는 일주일에 9파운드의 사과와 42파운드의 앵두를 따서 소비한다. 이러한 사과와 앵두 양의 조합은 그림(b)의 점*C*로 표시된다.
당신이 사과 따는데 전문화한다면 20파운드의 사과를 딸 수 있다. 당신 이웃이 앵두 따는데 전문화한다면 60파운드의 앵두를 딸 수 있다. 이 중 10 파운드를 당신 이웃의 15파운드의 앵두와 교환하면 당신은 사과 10파운드과 앵두 15파운드를 소비할 수 있게 된다(그림(a)의 점*B*). 당신 이웃은 이제 10파운드의 사과와 45파운드의 앵두를 소비할 수 있게 된다. (그림(b)의 점*D*).
거래를 함으로써 당신과 당신 이웃 모두가 전보다 더 나은 상태에 있게 된다. 즉, 당신과 당신 이웃은 모두 거래이득을 얻는 것이다.

표 2.1 거래이득 (파운드)

	당신		당신 이웃	
	사과	앵두	사과	앵두
거래가 없을 경우에 생산과 소비	8	12	9	42
거래가 있을 경우에 생산	20	0	0	60
거래가 있을 경우에 소비	10	15	10	45
거래이득(증가한 소비)	2	3	1	3

절대우위와 비교우위

절대우위 absolute advantage
동일한 양의 자원을 사용하고도 경쟁자들보다 더 많은 재화나 서비스를 생산할 수 있는 개인, 기업 또는 국가의 능력.

앞의 예가 보여주는 가장 중요한 점은 사과와 앵두를 따는 것 둘 다에서 당신 이웃이 당신보다 우월하다고 하더라도 당신 이웃은 당신과 거래를 함으로써 자신도 더 나은 상태에 도달할 수 있다는 것이다. **절대우위 absolute advantage**는 동일한 양의 자원을 사용하고도 경쟁자들 보다 더 많은 재화나 서비스를 생산할 수 있는 개인, 기업 또는 국가의 능력을 말한다. 당신 이웃은 사과와 앵두를 따는데 있어서 당신에 대해 절대우위를 갖고 있다. 왜냐하면 당신과 동일한 시간이 주어졌을 때 그녀는 당신보다 더 많은 사과와 더 많은 앵두를 딸 수 있기 때문이다. 당신 이웃이 자신의 사과와 자신의 앵두 둘 다를 따야 하는 것처럼 보이기는 하지만, 그렇게 하지 않고 자신은 앵두를 따는데 전문화하고 사과 따는 것은 당신에게 맡김으로써 그녀가 더 나은 상태에 있을 수 있다는 것을 보았다.

당신과 당신 이웃이 각자 하나의 과일을 따는데 전문화하면 왜 둘 다 이득을 보는가를 더 살펴보기로 하자. 우선, 두 과일을 따는데 발생하는 각자의 기회비용을 살펴보자. [그림 2.4]의 *PPF*에서 당신이 모든 시간을 사과 따는데 소비하면 일주일에 20파운드의 사과를 딸 수 있는 것을 보았다. 당신의 *PPF*를 따라 아래로 내려가면서 사과는 점점 덜 따면서 점점 더 많은 앵두를 딴다면 앵두 1파운드를 얻기 위해 사과 1파운드를 포기해야 한다(당신 *PPF*의 기울기는 −1이다). 따라서 앵두 1파운드를 얻는데 당신에게 발생하는 기회비용은 사과 1파운드이다. 마찬가지로 사과 1파운드를 따는데 당신에게 발생하는 기회비용은 앵두 1파운드이다. 당신 이웃의 *PPF*의 기울기는 당신과 다르다. 따라서 그녀는 당신과는 다른 상호교환관계에 직면한다. 그녀가 사과를 덜 따고 그 대신 앵두를 더 딴다면, 그녀는 앵두 1파운드당 사과 0.5파운드를 포기해야 한다(당신 이웃의 *PPF*의 기울기는 −0.5이다). 반면에 앵두를 덜 따고 사과를 더 딴다면 사과 1파운드당 2파운드의 앵두를 포기해야 한다. 따라서 사과 1파운드를 더 따는데 발생하는 그녀의 기회비용은 앵두 2파운드이고, 앵두 1파운드를 더 따는데 발생하는 기회비용은 사과 0.5파운드이다.

[표 2.2]는 사과와 앵두를 따는데 발생하는 당신과 당신 이웃의 기회비용을 보여준다. 당신 이웃이 당신보다 일주일에 더 많은 사과를 딸 수 있다고 하더라도 그녀가 사과를 딸 때 발생하는 그녀의 기회비용은 당신의 기회비용보다 더 크다. 왜냐하면 그녀가 사과를 딸 때 잃게 되는 앵두의 양이 당신이 사과를 딸 때 잃게 되는 앵두의 양보다 많기 때문이

표 2.2 사과와 앵두를 따는데 발생하는 기회비용

	1파운드의 사과를 따는데 발생하는 기회비용	1파운드의 앵두를 따는데 발생하는 기회비용
당신	1파운드의 앵두	1파운드 사과
당신 이웃	2파운드의 앵두	0.5파운드의 사과

다. 따라서 사과를 따는데 있어서 그녀가 당신에 대해 절대우위를 갖고 있기는 하지만, 그녀가 사과를 딸 때 발생하는 비용은 당신이 사과를 딸 때 발생하는 비용보다 더 크다. [표 2.2]는 또한 앵두를 1파운드 더 딸 때 발생하는 그녀의 기회비용은 당신이 앵두 1파운드를 더 딸 때 발생하는 당신의 기회비용보다 작다는 것을 보여준다. **비교우위 comparative advantage**는 경쟁자들보다 더 낮은 기회비용으로 재화나 서비스를 생산할 수 있는 개인, 기업 또는 국가의 능력을 말한다. 사과를 따는데 있어서 당신 이웃은 당신에 대해 절대우위를 갖는다. 하지만 당신은 당신 이웃에 대해 비교우위를 갖는다. 당신 이웃은 앵두를 따는데 있어서 당신에 대해 절대우위와 비교우위 모두를 갖는다. 앞에서 보았듯이 당신은 사과 따는데 전문화하면 전보다 더 나은 상태에 있게 되고, 당신 이웃은 앵두 따는데 전문화하면 전보다 더 나은 상태에 있게 된다.

비교우위
comparative advantage
경쟁자들보다 더 낮은 기회비용으로 재화나 서비스를 생산할 수 있는 개인, 기업 또는 국가의 능력.

비교우위와 거래이득

이제 중요한 경제원칙을 하나 알게 되었다. *거래의 기본이 되는 것은 비교우위이지 절대우위가 아니다(The basis for trade is comparative advantage, not absolute advantage).* 사과를 가장 빨리 따는 사람이라고 해서 반드시 사과를 따는데 전념할 필요가 없다. 만일 사과를 가장 빠르게 따는 사람이 다른 활동—앵두를 따거나, 메이저리그 선수로서 야구를 하거나, 산업엔지니어로서 활동하거나—에 비교우위를 갖는다면 그러한 활동에 전문화함으로써

절대우위와 비교우위를 혼돈하지 말자.

우선 정의를 정확히 알아두자.

- **절대우위.** 동일한 양의 자원을 사용하고도 경쟁자들보다 더 많은 재화나 서비스를 생산할 수 있는 개인, 기업 또는 국가의 능력. 앞의 예에서 당신 이웃은 사과와 앵두를 따는 것 둘 다에 있어서 당신에 대해 절대우위를 갖는다.
- **비교우위.** 경쟁자들보다 더 낮은 기회비용으로 재화나 서비스를 생산할 수 있는 개인, 기업 또는 국가의 능력. 앞의 예에서 당신 이웃은 앵두를 따는데 비교우위를 갖지만 당신은 사과를 따는데 비교우위를 갖는다.

2가지 점을 명심하자.

1. 한 재화나 서비스를 생산하는데 있어서 절대우위는 갖지만 비교우위는 갖지 못할 수 있다. 이는 사과를 따는데 있어서 당신 이웃의 상황이다.
2. 한 재화나 서비스를 생산하는데 있어서 절대우위는 갖지 않지만 비교우위는 가질 수 있다. 이는 사과를 따는데 있어서 당신의 상황이다.

그는 더 나은 상태에 있게 된다. 개인, 기업, 국가는 그들이 비교우위를 갖는 재화와 서비스를 생산하는데 전문화하고 그들이 필요로 하는 다른 재화와 서비스는 거래를 통해서 구입하면 전보다 나은 상태에 도달하게 된다.

문제풀이 2.2

비교우위와 거래이득

캐나다와 미국 모두 메이플 시럽과 꿀을 생산하며 두 국가에서 둘 다 동일한 가격에 판매된다고 하자. 다음은 각 국가가 동일한 양의 자본과 노동을 사용하여 하루에 생산할 수 있는 두 재화의 양이다.

캐나다		미국	(톤)
꿀	메이플 시럽	꿀	메이플 시럽
0	60	0	50
10	45	10	40
20	30	20	30
30	15	30	20
40	0	40	10
		50	0

a. 어떤 국가가 메이플 시럽을 생산하는데 비교우위를 갖는가? 어떤 국가가 꿀을 생산하는데 비교우위를 갖는가?

b. 현재 캐나다가 30톤의 꿀과 15톤의 메이플 시럽을 생산하고 있고, 미국은 10톤의 꿀과 40톤의 메이플 시럽을 생산하고 있다고 하자. 캐나다와 미국이 각각 한 재화를 생산하는데 전문화한 후에 생산된 것을 거래를 통해 교환한다면 두 국가 모두 전보다 더 나은 상태에 도달할 수 있음을 보여라.

c. (b)의 답을 미국과 캐나다의 생산가능프런티어를 그려 보라. 거래 이전과 거래 이후의 각국의 꿀과 메이플 시럽의 생산량과 소비량을 생산가능프런티어로 표시해 보라.

문제풀기

Step 1: 본문의 내용을 다시 읽어보라. 이 문제는 생산가능프런티어를 사용하여 상호 교환관계를 살펴보는 것이므로 [생산가능프런티어 그래프] 부분을 다시 읽어보라.

Step 2: 각국이 비교우위를 갖는 활동을 계산을 통해 파악하여 문제 a에 대해 답하면 된다.
한 국가가 가장 낮은 기회비용으로 해당 재화를 생산할 수 있는 경우에 그 국가는 그 재화를 생산하는데 있어서 비교우위를 갖는다는 점을 기억하라. 캐나다가 꿀을 1톤 더 생산한다면 그 대신 1.5톤의 메이플 시럽의 생산을 포기해야 한다. 미국이 꿀을 1톤 더 생산한다면 그 대신 1톤의 메이플 시럽의 생산을 포기해야 한다. 따라서 미국이 꿀 1톤을 더 생산하는데 발생하는 기회비용은 1톤의 메이플 시럽이며, 이는 캐나다의 1.5톤의 메이플 시럽보다 더 적은 것이다. 캐나다가 메이플 시럽을 1톤 더 생산한다면 0.67톤의 꿀 생산을 포기해야 한다. 미국이 메이플 시럽을 1톤 더 생산한다면 1톤의 꿀 생산을 포기해야 한다. 따라서 캐나다가 메이플 시럽 1톤을 더 생산하는데 발생하는 기회비용은 0.67톤의 꿀이며, 이는 미국의 1톤의 꿀보다 적은 것이다. 따라서 미국은 꿀을 생산하는데 비교우위를 가지며, 캐나다는 메이플 시럽을 생산하는데 비교우위를 갖는다.

Step 3: 캐나다와 미국이 전문화를 함으로써 더 나아질 수 있음을 보여주면 문제 b에 답하게 된다. 캐나다와 미국은 각자가 비교우위를 갖는 것에 전문화하면 된다. 각국이 전문화를 하면 캐나다는 60톤의 메이플 시럽과 0톤의 꿀을 생산하고, 미국은 0톤의 메이플 시럽과 50톤의 꿀을 생산한다. 각국이 전문화를 통해 생산한 후에 미국은 30톤의 꿀을 캐나다의 40톤의 메이플 시럽과 거래할 수 있다(다른 교환비율도 가능할 것이다). 이를 정리하면 다음과 같다.

	거래 이전		거래 이후	(톤)
	꿀	메이플 시럽	꿀	메이플 시럽
캐나다	30	15	30	20
미국	10	40	20	40

미국은 거래 이후에 거래 이전보다 더 나은 상태에 있게 된다. 메이플 시럽의 소비량은 전과 동일하지만 꿀은 전보다 10톤 더 많이 소비할 수 있게 되었다. 캐나다도 거래 이후에 거래 이전보다 더 나은 상태에 있게 된다. 꿀의 소비량은 전과 동일하지만 메이플 시럽은 전보다 5톤 더 많이 소비할 수 있게 되었다.

Step 4: 문제 c에 대한 답은 *PPF*를 그리는 것이다.

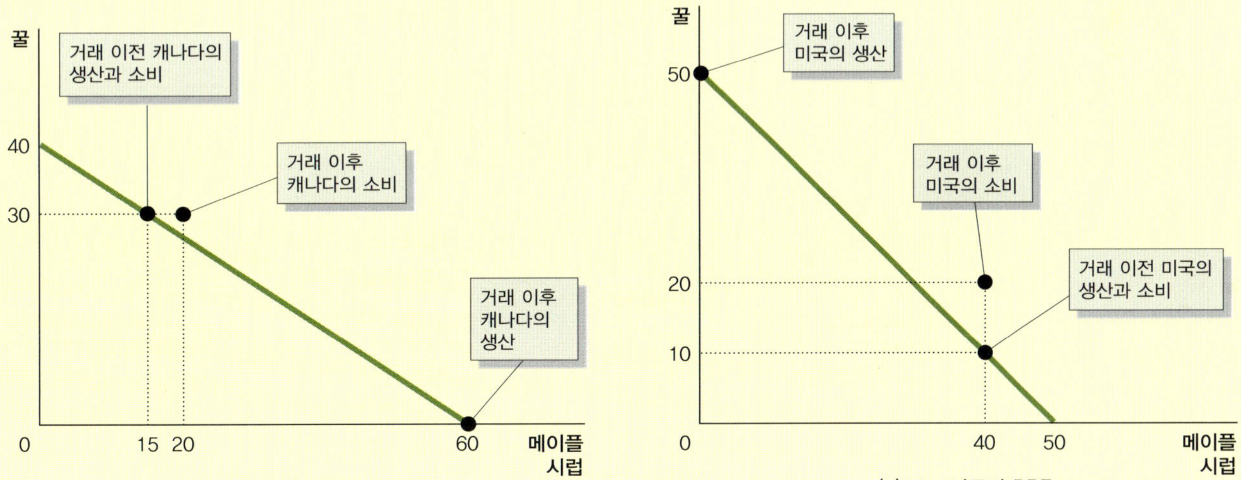

(a) 캐나다의 *PPF*　　(b) The 미국의 *PPF*

Making the Connection

비교우위, 기회비용 그리고 집안일

룸메이트, 부부, 기타 같이 사는 사람들에게는 집안일을 서로 어떻게 분담하느냐를 결정하는 것이 스트레스의 한 원인일 수 있다. 전통적으로 여성들이 밥을 하고, 청소를 하고, 빨래를 하는 등 가사의 대부분을 맡아왔다. 1965년에 아이들을 갖고 있는 기혼 여성은 평균적으로 일주일에 약 32시간의 집안일을 했고, 기혼 남성은 단 4시간 정도만 집안일을 했다. 현재는 여성들이 평균적으로 약 18시간, 남성들은 약 10시간의 집안일을 하고 있는 것으로 나타났다.

집안일은 사고 파는 것이 아닌 것으로 보이며, 경영학이나 경제학에서도 흔히 다루는 일반적인 토픽은 아닌 것 같다. 그러나 집안일에 대해 분석해보기 위해서 경제학적 개념들을 활용할 수 있다. 집안일을 가장 효율적으로 분담하는 방법에 대해 생각해 보자. 예를 들어, 젊은 부부인 Jack과 Jill이 음식을 만들고 빨래를 하는 것을 어떻게 분담할 것인가를 결정해야 한다고 하자. 또한 Jack이 2가지 모두에서 Jill에 대해 절대우위를 갖고 있다고 하자. 그러나 Jack은 Jill에 비해 훨씬 적은 시간을 들여서 맛있는 식사를 준비할 수 있지만, 빨래를 하는데 있어서는 Jill보다 약간만 더 빨리 할 수 있다. 달리 말해, 집안일을 하는데 소비할 수 있는 시간이 두 사람 다 동일하다면 Jack은 요리를 하는데 비교우위를 가지며 Jill은 빨래를 하는데 비교우위를 갖는다. 따라서 두 사람 다 요리와 빨래를 하는데 각각 조금씩 시간을 할애하는 것보다는 Jack은 자신의 비교우위에 따라 요리를 전적으로 하고, Jill은 그녀의 비교우위에 따라 빨래를 한다면 더 나은 상태에 있게 될 것이다.

경제학은 사람들이 집안일에 소비하는 시간이 미국에서 1960년대 이후로 서서히 감소하는 것에 대해서 약간의 통찰력을 제공한다. 남자와 여자를 합하여 사람들은 집안일에 대해 전보다 20%나 더 적은 시간을 소비한다. 이렇게 집안일을 하는 시간이 줄어들게 된 것은 식기세척기, 전자레인지, 세탁기 등 가전제품에서 나타난 기술발전이 그 원인의 하나가 될 수 있다. 또한 여성들이 집안일에 소비하는 시간이 줄어든 것은 1960년대와 비교해 볼 때 오늘날 여성들이 직장을 가질 수 있는 기회가 훨씬 더 많아졌기 때문이기도 하다. 여성들이 집안일과 아이들을 보살피는데 시간을 소비할 때 발생하는 기회비용은 그 시간 동안 벌 수 있는 임금이다. 한 여성이 한 시간 동안에 $20을 벌 수 있다면 집안일에 한 시간을 소비할 때 발생하는 기회비용은 $20이다. 여성들이 일할 기회가 많아지고 또한 여성들에 대한 임금도 상승했으므로 여성들이 집안일을 하는데 발생하는 기회비용도 증가한 것이다. 한편, 성능이 좋아진 가전제품뿐만 아니라 청소나 빨래 기타 잔디를 깎는 등의 집안일을 전문적으로 하는 전문가들을 이용할 때 지불해야 하는 비용이 아내나 남편이 직접 집안일을 할 때 발생하는 비용보다 상대적으로 낮다.

집안일을 어떻게 나누어 하는 것이 가장 효율적일까?

남성들과 비교해서 여성들이 받는 상대적 임금은 그동안 꾸준히 상승해 왔다. 따라서 여성들이 집안일을 하는데 발생하는 기회비용은 남성들이 집안일을 하는데 발생하는 기회비용에 비해 더 많이 증가해 온 것이다. 따라서 여성들이 집안일에 대해 소비하는 시간이 줄어든 것 이외에도 여성들과 남성들이 집안일에 소비하는 시간의 격차가 점점 줄어들었을 것이라고 예상할 수 있다. 실제로 1965년에서 2011년 사이에 여성들이 집안일에 소비하는 시간은 일주일에 32시간에서 18시간으로 줄어들었다. 한편 여성들이 임금을 받는 일에 소비하는 시간은 평균적으로 일주일에 8시간에서 21시간으로 증가했다.

물론, 사회 전반적인 추세도 여성과 남성이 집안일에 소비하는 시간의 변화에 영향을 준다. 그러나 앞에서 보았듯이 비교우위, 기회비용과 같은 경제학 개념은 별로 달갑지 않은 집안일에 대해 분석해 볼 때도 중요한 통찰력을 갖게 해준다.

자료: Kim Parker and Wendy Wang, "Modern Parenthood: Roles of Moms and Dads Converge as They Balance Work and Family," pewsocialtrends.org, March 13, 2013; Emily Oster, "You're Dividing the Chores Wrong," *Slate*, November 21, 2012; and Ellen Byron, "A Truce in the Chore Wars," *New York Times*, December 4, 2012.

2.3. 시장시스템

개인, 가구, 기업, 정부 등 모든 의사결정 주체는 상호교환관계에 직면하며 그에 따라 이들의 의사결정(선택)은 기회비용을 발생시킨다. 또한 거래는 사람들이 그들의 기회비용에 따른 비교우위에 따라 전문화하는 것을 가능하게 한다. 거래를 통해 사람들은 자신의 소득과 생활수준을 높힐 수 있다. 현대사회의 거래는 우리가 지금까지 살펴본 예보다는 훨씬 더 복잡하다. 현실의 거래는 전 세계 수많은 사람들의 의사결정을 통해 이루어진다. 그렇다면 수많은 사람들의 의사결정은 어떻게 서로 조정되는가? 대부분의 국가에서 거래는 시장에서 이루어진다. 시장은 또한 제1장에서 살펴본 어떤 재화와 서비스를 생산할 것인가? 그러한 재화와 서비스를 어떻게 생산할 것인가? 생산된 재화와 서비스를 누가 차지할 것인가? 라는 3가지 기본질문에 대한 답을 준다.

시장 market은 재화나 서비스의 구매자와 판매자들을 포함하여 그들이 서로 거래를 하기 위해 의존하는 제도나 장치의 복합체라고 한 것을 기억하라. 시장은 다양한 형태를 갖는다. 시장은 피자가게나 증권거래소처럼 물리적인 위치일 수 있고, eBay나 iTunes과 같은 가상공간일 수 있다. 시장에서 구매자는 재화나 서비스를 수요하는 측이고, 판매자는 재화나 서비스를 공급하는 측이다. 가구나 기업은 **제품시장 product market**과 **요소시장 factor market**이라는 2가지 시장에서 상호작용한다. 제품시장은 컴퓨터와 같은 재화 시장이나 의료행위와 같은 서비스 시장을 말한다. 제품시장에서 가구는 수요자이고, 기업은 공급자이다. 요소시장은 *생산요소* 시장이다. **생산요소 factors of production**는 재화와 서비스를 만드는데 사용되는 투입물 input을 말한다. 생산요소는 크게 4가지 종류로 구분된다.

시장 market
재화나 서비스의 구매자와 판매자들을 포함하여 그들이 서로 거래를 하기 위해 의존하는 제도나 장치의 복합체.

제품시장 product market
컴퓨터와 같은 재화시장이나 의료행위와 같은 서비스시장을 말한다.

요소시장 factor market
생산요소 시장을 말한다. 생산요소는 재화와 서비스를 만드는데 사용되는 투입물로 노동, 자본, 천연자원, 기업가적 능력을 말한다.

생산요소 factors of production
재화와 서비스를 만드는데 사용되는 투입물.

- *노동 labor* : 맥도날드 점에서 시간제로 근무하는 십대들의 일에서부터 대기업 임원들의 일을 포함하여 모든 종류의 일을 포함한다.
- *자본 capital* : 컴퓨터나 기계처럼 다른 재화나 서비스를 생산하는데 사용되는 물리적 자본을 말한다.
- *천연자원 natural resource* : 다른 재화나 서비스를 생산하는데 사용되는 땅, 물, 원유, 철광석 등 기타 원재료들을 말한다.
- *기업가적 능력 entrepreneurial ability* : 기업가 entrepreneur는 사업을 운영하는 사람이다. 기업가적 능력은 서로 다른 생산요소들을 서로 결합하여 재화와 서비스를 성공적으로 생산, 판매하는 능력을 말한다.

소득의 순환흐름

시장에 있는 두 개의 핵심그룹은 가구(가계)와 기업이다.

- *가구 household*는 집에 있는 모든 개인들을 포함한다. 가구는 생산요소(특히 노동)의 공급자이며 재화와 서비스를 생산하기 위하여 기업에 의해 고용된다. 가구는 자신들이 생산요소를 팔아서 얻는 소득을 가지고 기업이 공급하는 재화와 서비스를 구입한다. 흔히 가구는 노동의 공급자로 인식된다. 왜냐하면 대부분의 사람들이 일을 함으로써 다시 말해, 노동시장에서 자신의 노동서비스를 판매함으로써 자신의 소득을 벌기 때문이다. 그러나 가구는 다른 생산요소를 소유하고 있는 기업을 소유함으로써 직접 또는 간접으로 다른 생산요소를 소유하기도 한다. 모든 기업은 가구들에 의해 소유된다. 동네 식당과 같은 작은 기업은 한 사람이 소유하고 있을 수 있다. 그러나 Apple과 같은 큰 기업은 그 회사의 주식을 매입한 수많은 사람들에 의해 소유되고 있는 것이다. 기업은 소유주인 사람들에게 이윤을 나누어주지만 한편으로는 소유주인 사람들에 의해 공급되는 자본과 천연자원에 대해서 그 대가를 지불하고 있는 것이다. 따라서 요소시장에서는 일반적으로 가구는 공급자이고, 기업은 수요자라고 말할 수 있다.
- *기업 firm*은 재화와 서비스의 공급자이다. 기업은 자신이 만든 재화와 서비스를 판매해서 벌어들인 돈으로 자신의 재화와 서비스를 만들기 위해 필요한 생산요소들을 구매하거나 고용한다.

순환흐름도 circular-flow diagram
시장참가자들이 서로 어떻게 연결되어 있는가를 보여주는 모델.

시장에 참가하는 사람들이 서로 어떻게 연결되어 있는가를 살펴보기 위해 **순환흐름도 circular-flow diagram**를 이용할 수 있다. [그림 2.6]은 요소시장에서 가구는 노동이나 기타 생산요소를 제공하고 그 대가로 기업으로부터 임금이나 다른 지불금을 받는다. 제품시장에서 가구는 요소시장에서 번 돈을 갖고 기업이 공급하는 재화와 서비스를 구매한다. 기업은 가구가 공급하는 생산요소를 사용하여 재화와 서비스를 생산한다. 그림에서 파란색 화살표는 요소시장을 통해 생산요소들이 가구로부터 기업에 흘러가는 것을 보여준다. 빨간색 화살표는 제품시장을 통해 재화와 서비스가 기업으로부터 가구로 흘러가는 것을 보여준다. 초록색 화살표는 요소시장을 통해서 돈이 기업에서 가구로 흘러들어가는 가는 것과 제품시장을 통해서 가구가 지출한 돈이 기업으로 흘러들어 가는 것을 보여준다.

다른 경제모델과 마찬가지로 순환흐름도 또한 현실세계를 단순화시킨 것이다. 예를 들어, [그림 2.6]에는 기업으로부터 재화를 구입하거나 사회보장이나 실업보험제도를 통해 가구에게 돈을 지불하기도 하는 정부의 중요한 역할이 빠져 있다. 또한 돈을 공급하는 사람과 돈을 수요하는 사람 사이에 돈의 흐름을 도와주는 은행, 증권시장, 기타 금융시스템의 역할도 빠져 있다. 한편, 외국에서 생산되지만 내국인들이 소비하는, 국내에서 생산되지만 외국 가구에게 판매되는 재화와 서비스도 그림에 나타나지 않는다. 이러한 단순화가 있음에도 불구하고 [그림 2.6]의 순환흐름도는 제품시장, 요소시장과 이러한 시장들에 참가하는 참가자들이 어떻게 서로 연결되어 있는가를 잘 보여주고 있다. 시장시스템이 갖는 놀라운 힘 중 하나는 수많은 가구와 기업들이 하는 수 많은 독립적인 활동들을 성공적으로 잘 조정해 준다는 것이다.

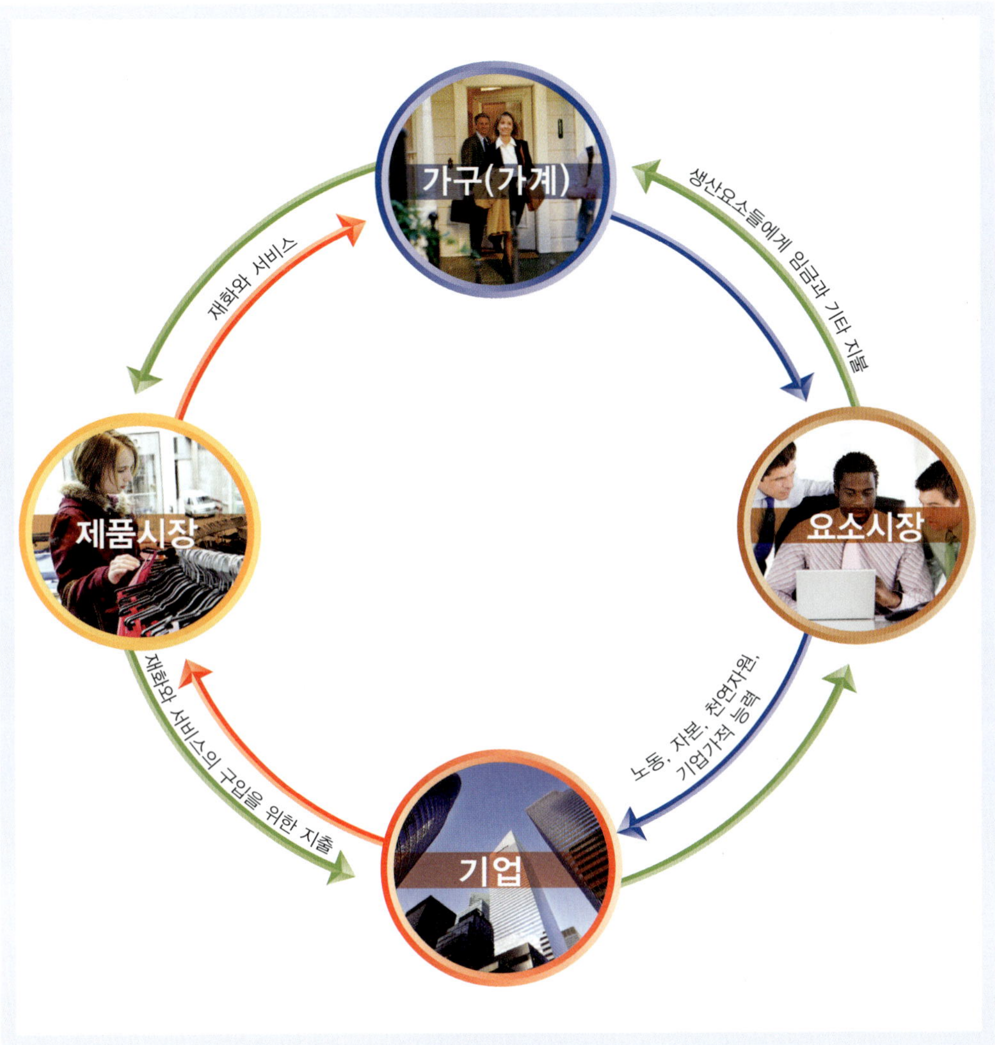

그림 2.6

순환흐름도

가구와 기업은 생산, 소득, 지출의 순환을 통해 서로 연결되어 있다. 파란색 화살표는 생산요소의 흐름을 나타낸다. 요소시장에서 가구는 노동, 자본, 기업가적 능력, 기타 생산요소들을 기업에 공급한다. 기업은 제품시장에서 자신이 가구에게 공급하는 재화와 서비스를 만들기 위해 이러한 생산요소들을 사용한다. 빨간색 화살표는 기업으로부터 가구로 흘러가는 재화와 서비스의 흐름을 보여준다. 초록색 화살표는 돈의 흐름을 보여준다. 요소시장에서 가구는 생산요소를 제공하고 그 대가로 기업으로부터 임금과 기타 지불금을 받는다. 가구는 제품시장에서 기업으로부터 재화와 서비스를 구입하기 위해 자신들이 받은 임금과 기타 지불금을 사용한다. 기업은 제품시장에서 가구에게 재화와 서비스를 판매하고 그로부터 얻는 돈을 가지고 요소시장에서 가구로부터 생산요소들을 구매한다.

자유시장으로부터 얻는 이득

자유시장 free market은 재화와 서비스가 어떻게 생산되고 어떻게 판매되고 생산요소가 어떻게 사용되어야 하는가에 대해 정부가 거의 아무런 규제도 하지 않을 경우에 존재하는 시장이다. 모든 국가들은 현실의 시장이 충분히 자유스러운 시장이라고 말하기는 어려울 정도로 상당히 많이 시장에 간섭하고 있다. 자유시장이라는 개념은 실제로 나타나는 한 경제의 시장의 자유도를 판단하는 벤치마크가 되는 기준으로 생각할 수 있다. 미국, 캐나다, 서유럽국가, 에스토니아 등의 국가들에서는 자유로운 경제활동에 대한 정부의 제한이 상대적으로 적다. 따라서 그러한 경우에 자유시장에 가까운 시장경제로 판단할 수 있다. 쿠바나 북한의 경우에는 제품시장이나 요소시장에 대해 광범위하게 정부가 통제를 하는 중앙계획경제가 실시되고 있고, 그에 따라 자유시장시스템이 거부되고 있다. 자유시장에 더

자유시장 free market
재화와 서비스가 어떻게 생산되고 어떻게 판매되고 생산요소가 어떻게 사용되어야 하는가에 대해 정부가 거의 아무런 규제도 하지 않을 경우에 존재하는 시장.

가까운 시장경제를 운영하고 있는 국가들은 중앙계획경제를 실시하고 있는 국가들보다 국민들의 생활수준을 높이는데 훨씬 더 성공적인 것으로 나타나고 있다.

스코틀랜드 철학자인 아담 스미스Adam Smith는 1776년에 출간된 자신의 책 *An Inquiry into the Nature and Causes of the Wealth of Nations*으로 인해 현대경제학의 아버지로 인식되고 있다. 그는 책에서 자유시장시스템의 선택을 적극 주장하였고 그의 주장은 전 세계에 매우 큰 영향을 미쳤다. 스미스가 책을 펴낸 그 당시는 정부가 시장에 광범위하게 개입하는 것이 일상적인 것이었다. 당시 유럽의 많은 국가들에서는 *길드시스템 guild system*이 광범위하게 자리 잡고 있었다. 이 시스템에서는 정부가 생산자로 이루어진 길드나 기타 생산자 조직에게 해당 재화의 생산을 통제할 수 있는 권한을 주었다. 예를 들어, 구두제조업자 길드는 누가 구두를 만들고, 얼마나 많은 구두를 만들고, 어떤 가격을 책정해야 하는지를 통제했다. 프랑스에서는 의복제조 길드가 천을 짜는데 몇 수로 짜야 하는지에 대해서도 통제했다.

스미스는 그러한 제한이 재화의 생산량을 제한함으로써 한 국가나 그 국민들이 얻는 소득이나 부를 감소시킨다고 주장했다. 그 당시에 일부 사람들은 자신들의 이해관계로 인해 길드시스템을 통한 제한을 지지했다. 당신이 한 길드의 회원이면 그 길드가 행하는 여러 제한으로 인해 당신이 직면하는 경쟁은 줄어든다. 또 다른 사람들은 길드시스템을 다른 시스템으로 바꾸면 엄청난 경제적 혼란이 올 것이라고 믿었었다. 스미스는 이러한 사람들의 생각이 틀린 것이며, 길드가 행하는 여러 제한으로부터 벗어난다면 부드럽게 잘 작동하는 경제시스템을 국가가 갖게 될 것이라고 주장했다.

시장메커니즘

스미스가 살던 당시에 길드시스템을 옹호하던 사람들은, 예를 들어 구두제조업자 길드가 구두생산을 통제하지 못하면 너무 많은 구두나 너무 적은 구두가 생산될 것이라고 우려하였다. 스미스는 이에 대해 가격이 길드보다 구매자와 판매자의 활동을 더 잘 조정해 줄 것이라고 주장했다. 스미스의 주장을 이해하는데 핵심이 되는 것은 *개인들이 통상적으로 이성적이며, 또한 자신의 이익을 위해 행동한다는 가정*이다. 특히 개인들은 자신을 금전적으로 더 나은 상태에 있도록 만들어줄 가능성이 가장 큰 행동을 선택한다는 것이다. 사람들이 이성적이고 자신의 이익을 위해 행동한다는 가정은 오늘날 모든 경제분석에 있어서 기본전제가 되고 있다. 사람들이 자신의 이익을 위해서만 행동한다는 경제학의 이러한 가정은 인간행동에 대해 연구하는 다른 학문인 사회학이나 심리학으로부터 경제학을 구별시켜 주고 있다. 오늘날에는 경제학자로 인식되는 아담 스미스도 사람들이 갖는 동기가 매우 다양하다는 것은 인정했다. 그러나 *"구매하고 판매하는 행위에 있어서 사람들이 취하는 행동을 분석할 때는 금전적 보상이라는 동기가 사람들이 취하는 행동이나 선택을 가장 잘 설명해 준다."*

예를 들어, 상당한 수의 소비자들이 휘발유 자동차 대신에 하이브리드 자동차를 구매한다고 하자. 이 경우 자동차 제조회사는 하이브리드 자동차에 대해 상대적으로 더 높은 가격을 책정할 수 있다는 것을 알게 될 것이다. 따라서 기업이 자신의 이익을 위해 취하는 행동이 더 많은 하이브리드 자동차를 생산하여 소비자들의 요구에 기업이 응하도록 만드는 것이다. 한편 소비자들이 탄수화물이 많이 함유된 빵, 파스타 등의 제품을 덜 먹기로 했다고 하자. 이 경우 빵이나 파스타에 대해 기업들이 책정할 수 있는 가격은 하락할 것이다. 이에 따라 자신의 이익을 위해 기업들은 더 적은 양의 빵과 파스타를 생산할 것이다. 실제로 이러한 현상은 과거 10년에 걸쳐서 미국에서 나타난 현상이기도 하다.

한편 시장메커니즘이 소비자들의 욕구변화에 반응하기 위해서는 *가격이 매우 유연하게 변해야 한다. 상대가격 relative price*—한 재화나 서비스의 가격을 다른 재화나 서비스의 가격과 비교한 가격—*의 변화는 소비자와 기업 모두에게 정보 information를 주고 신호 signal를 보낸다.* 예를 들어, 2010년에 전 세계적으로 소고기와 닭고기에 대한 수요가 증가했고 그에 따라 소와 닭에게 먹이로 주어지는 옥수수의 가격이 다른 곡물의 가격에 비교해서 상대적으로 급격히 상승했다. 미국의 많은 농부들은 이러한 가격신호를 받아서 콩이나 밀 대신에 옥수수 재배를 증가시킴으로써 이에 반응했다. 캔자스 주의 한 농부는 "콩을 심는 것보다 옥수수 심는 것이 에이커당 $100에서 $150 정도 더 받을 수 있다. 나 말고 다른 농부들도 대체적으로 이러한 식으로 계산하고 있다."라고 말했다. 2013년에 미국의 옥수수 생산량은 최고조에 달했다. 이와 마찬가지로 2000년대에 DVD나 음악 CD의 가격하락은 영화제작소나 음반회사들에게 이 제품을 만드는 데 더 적은 자원을 사용하고 온라인 영화나 음악을 만드는 데 더 많은 자원을 사용하라는 신호를 주었다.

현재, 미국의 연방정부, 주정부, 지방정부를 모두 합해서 재화와 서비스의 약 10~20%에 대해서만 정부가 가격을 규제하고 있다. 다른 재화들의 가격은 소비자들의 욕구나 생산비용이 변함에 따라 자유롭게 변하고 있다.

소비자들이 어떤 재화를 더 많이 원하거나 더 적게 원할 때, 길드나 정부가 해당 재화의 가격이나 생산량에 대해 명령을 내리지 않아도 시장시스템이 이에 반응한다. 아담 스미스는 "시장의 보이지 않는 손 invisible hand이 기업들로 하여금 소비자들이 원하는 것을 공급하도록 해준다"는 유명한 문구를 남겼다. 이는 기업들은 개별적 individually으로 가격변화에 반응하는 의사결정을 하지만 이러한 것들이 모두 합해져서 전체적 collectively으로 소비자들의 욕구를 만족시키는 양이 시장에 공급된다는 것이다.

기업가의 역할

시장시스템이 작동하는데 있어서 기업가는 핵심적인 역할을 한다. **기업가 entrepreneur**는 사업을 운영하는 사람이다. 기업가는 먼저 소비자들이 원하는 재화와 서비스를 판단한 후 노동, 자본, 천연자원 등의 생산요소를 사용하여 그 재화나 서비스를 어떻게 이윤이 가장 많이 남는 방법으로 생산할 것인가를 결정한다. 성공적인 기업가는 새로운 재화나 서비스를 공급할 수 있는 기회를 찾아내는 능력을 갖고 있는데, 새로운 기회는 새로운 기술에 의해 창조된다. 소비자나 기존의 기업들은 종종 새 기술이 새 제품을 만들어낼 수 있게 해준다는 사실을 먼저 알아차리지 못한다. 예를 들어, 내연엔진이 개발되어 자동차를 생산할

기업가 entrepreneur
사업을 운영하는 사람으로 생산요소들을 서로 결합하여 재화와 서비스를 성공적으로 생산, 판매하는 능력을 갖고 있다.

수 있게 된 후에 Henry Ford는 "만일 내가 소비자들에게 무엇을 원하는지 물어봤다면 그들은 보다 빠른 말이라고 말했을 것이다" 라고 말했다. 소비자들은 종종 새로운 제품이 나오기 전까지는 새로운 제품의 가치를 잘 판단하지 못한다. 기업가들은 소비자들이 자신이 원하는 것인데도 자신들이 깨닫지 못하는 제품을 만들 생각을 한다. Steve Jobs의 iPod이나 iPad가 그러한 제품들이다. 기업가들은 경제에 매우 중요하다. 왜냐하면 많은 소비자들이 사용할 수 있는 새로운 제품을 만들어내는 책임을 가진 사람이 기업가들이기 때문이다.

기업가들이 세우는 기업은 처음에는 매우 조그마하다. 기업가들은 실패할 수 있는 사업에 돈을 투자하여 시작한다. 소비자들이 원하는 것을 잘못 판단하거나 재화와 서비스를 생산하는 가장 좋은 방법을 잘못 판단하면 투자한 돈은 모두 잃게 된다. 실제로 나중에 크게 성공한 기업가들 중에는 처음에 실패한 경우가 많이 있다. 예를 들어, 자동차 생산으로 성공한 Henry Ford나 Sakichi Toyoda는 처음에 시작한 사업에서는 바로 실패했었다. Harvard University의 Richard Freeman 교수의 연구에 의하면 평균적으로 기업가들은 자신과 유사한 교육을 받거나 유사한 특징을 갖고 대기업에 근무하는 사람들보다 더 잘 벌지는 못하는 것으로 나타났다. Mark Zuckerberg, Steve Jobs, Bill Gates처럼 엄청난 돈을 번 기업가들은 극히 예외적인 경우들이다.

소비자들의 수요에 반응하고 새 제품을 만들어내는 자신들의 역할을 통해 기업가들은 경제성장에 *치명적인* 기여를 한다. 기업가 정신 entrepreneurship을 고무시키는 정부정책 또한 경제성장을 촉진하여 국민들의 삶의 수준을 높이는 데 기여한다. 아래에서는 기업가들이 성공할 수 있도록 해주는 시장환경을 조성하는데 필요한 법적 기반에 대해 살펴본다.

잘 작동하는 시장시스템을 만드는 데 필요한 법적 기반

자유시장에서는 기업들이 어떤 재화나 서비스를 어떻게 생산하고 판매하며, 생산요소를 어떻게 사용할 것인지에 대해 정부가 규제하지 않는다. 그러나 정부간섭이 없다는 것만으로는 시장시스템이 잘 작동하게 하는 데 충분하지 않다. 정부는 시장들이 효율적으로 작동하기 위한 법적 환경을 제공하는 조치들을 적극적으로 취해야 한다.

사유재산권의 보호 시장시스템이 잘 작동하기 위해서는 개인들이 위험을 감수하려고 해야 한다. $250,000을 갖고 있는 사람은 매우 조심성이 있어서 그 돈을 은행에 예치해 놓거나, 은행을 믿지 못한다면 현금으로 갖고 있으려고 할 수 있다. 그러나 시장시스템은 상당 수의 사람들이 자신들의 돈을 사업에 투자하는 위험을 감수하려 하지 않는다면 작동하지 않는다. 어떤 국가에서나 사업에 돈을 투자하는 것은 위험하다. 미국이나 기타 고소득 국가들에서는 매년 많은 기업들이 실패한다. 그러나 고소득 국가들에서 새 사업을 시작하거나 기존의 사업에 투자를 하는 사람들은 정부나 군대 또는 깡패들이 자신의 사업을 빼어가거나 돈을 주지 않으면 사업을 못하게 할 것이라는 걱정을 하지는 않는다. 그러나 불행하게도 많은 가난한 국가들의 경우에는 정부가 기업가의 사업을 빼어가거나, 기업이 발생시킨 이윤을 깡패들이 빼어가는 것으로부터 잘 보호받지 못하고 있다. 이러한 상황에서는 사업을 하는 것이 극히 위험한 일을 하는 것이 된다. 돈은 쉽게 감출 수 있지만 사업은 감추거나 이동시키기가 힘들다.

사유재산권 property rights은 개인이나 기업이 자기의 자산을 사거나 판매하는 것을 포함하여 자기 자산을 배타적으로 사용할 수 있는 권리이다. 자산은 유형으로 가게나 공장처럼 물리적인 자산일 수도 있고, 어떤 아이디어에 대한 권리와 같이 무형적인 자산이 될 수도 있다. 미국은 헌법에서 정부가 국민 개인의 생명, 자유, 자산을 정당한 법적 절차를 거치지 않고 빼어가지 못한다고 명시하고 있다. 다른 고소득 국가들에서도 이와 같은 보장이 헌법에 잘 명기되어 있다. 그러나 많은 개발도상국들의 경우에는 그러한 보장이 존재하지 않거나 제대로 집행되지 못하고 있다.

사유재산권 property rights 개인이나 기업이 자기의 자산을 사거나 파는 것을 포함하여 자기 자산을 배타적으로 사용할 수 있는 권리.

현대 경제에서 *지적재산권 intellectual property right*은 매우 중요하다. 지적재산에는 책, 영상물, 소프트웨어, 신상품에 대한 아이디어, 신공정에 대한 아이디어들이 포함된다. 지적자산을 보호하기 위해서 미국 연방정부는 새로운 제품이나 새로운 아이디어의 발명자(기업인 경우가 많다)가 그 제품을 배타적으로 생산 및 판매하거나 그 아이디어를 배타적으로 사용할 수 있는 권한을 특허가 주어진 날로부터 20년 동안 갖는 특허제도를 운영하고 있다. 예를 들어, Microsoft가 Windows 운영체제에 대한 특허를 갖고 있기 때문에 다른 기업들은 Windows를 판매할 수 없다. 정부가 특허를 주는 것은 새로운 제품을 만드는 데 필요한 연구개발에 기업들이 적극적으로 투자하도록 장려하기 위한 것이다. 만일 다른 기업들이 Windows를 마음대로 복사하여 판매한다면 Microsoft는 그것을 개발하기 위해 자금을 투자하지 않았을 것이다. 신상품이나 신공법이 특허제도로 보호받고 있는 것처럼 새 책, 영상물, 소프트웨어는 *저작권 copyright* 보호를 받고 있다. 미국법에 의하면 책, 영상물, 음악의 창조자는 살아 있는 동안 배타적으로 그것을 사용할 권리를 갖는다. 또한 창조자가 사망 후 50년 동안 그 후손이 배타적 권리를 갖는다.

계약과 사유재산권 보호를 위한 법집행

기업활동은 미래에 어떤 행동을 한다는 것에 동의하는 계약을 동반한다. 예를 들어, $20,000을 주고 자동차를 사는 자금을 은행으로부터 빌리면서 당신은 은행에게 이 돈을 5년간에 걸쳐 상환한다는 계약서에 사인할 수 있다. 또는 어떤 회사가 다른 회사의 기술을 일정한 사용료를 지불하면서 일정기간 동안 사용하는 계약서에 사인할 수 있다. 이러한 계약서는 법적 효력을 가진다. 시장시스템이 잘 작동하기 위해서는 기업이나 개인 간의 계약이 제대로 이행되는 것이 중요하다. 만일 계약의 한쪽 당사자가 자신의 의무를 제대로 지키지 않는다면 다른 쪽은 계약이 이행되도록 하기 위해서 법원에 제소할 수 있다. 마찬가지로 정부가 개인의 권리를 침해했을 경우에도 개인은 정부를 법원에 제소하여 자신의 권리가 보호되도록 할 수 있다.

그러나 법원에 가는 경우에도 계약이나 사유재산권이 잘 지켜질 수 있는 것은 법원이 독립성을 갖고, 또한 판사들이 법에 근거하여 판결하여 편파적인 판결을 하지 않는 경우에만 가능하다. 선진국의 경우에는 법원이 외부의 압력으로부터 벗어나 법에 근거한 판결을 할 수 있는 독립성을 갖고 있다. 그러나 많은 개발도상국들의 경우에 법원의 독립성은 완전하지 않으며 그에 따라 정부가 개인의 사유재산권을 침해하거나, 정치적 커넥션을 갖고 있는 집단이 사업상의 계약을 지키지 않을 경우에 계약을 강제하는 것이 힘든 경우가 많다.

사유재산권이 잘 집행되지 않는다면 더 적은 양의 재화와 서비스가 생산될 것이고 이는 경제적 효율성을 떨어뜨려 해당 경제가 생산가능프런티어의 안쪽에 머물게 한다.

결론

시장에서의 거래를 통해서 사람들은 전문화할 수 있고 그에 따라 자신의 비교우위를 추구할 수 있게 된다는 것을 보았다. 비교우위에 바탕을 둔 모든 거래는 거래에 참가하는 모든 사람들을 더 나은 상태에 도달하게 해준다. 시장이 하는 핵심역할은 거래를 촉진하는 것이다. 시장시스템은 수많은 소비자, 근로자, 기업들의 의사결정들이 서로 잘 조정되게 만드는 매우 효율적인 도구이다. 시장시스템의 한가운데에는 소비자가 있다. 기업은 성공하기 위해서 소비자들이 바라는 것에 반응해야 한다. 소비자들이 바라는 것은 가격을 통해 기업들에게 전달된다. 시장이 어떻게 작동하는가를 살펴보기 위해서는 소비자와 기업의 행위를 분석해 보아야 한다. 시장의 작동에 대해서는 수요 · 공급 모델을 통해서 살펴볼 수 있다.

주요 용어 KEY TERMS

절대우위 absolute advantage
순환흐름도 circular-flow diagram
비교우위 comparative advantage
경제성장 economic growth
기업가 entrepreneur
요소시장 factor market
생산요소 factors of production
자유시장 free market
시장 market
기회비용 opportunity cost
제품시장 product market
생산가능프런티어 production possibilities frontier(*PPF*)
사유재산권 property rights
희소성 scarcity
거래 trade

연습문제 PROBLEMS

* 복습질문

1. 경제학자들이 말하는 희소성이 의미하는 것은 무엇인가? 경제학적 정의에 따른 희소성이 없는 어떤 것을 생각해 볼 수 있는가?
2. 생산가능프런티어는 무엇인가? 생산가능프런티어를 사용하여 효율적인 것과 비효율적인 것을 구별할 수 있는가? 생산가능프런티어를 밖으로 이동시키는 것은 무엇인가?
3. 증가하는 한계기회비용이라는 개념이 생산가능프런티어의 모양에 대해 의미하는 것은 무엇인가?
4. 절대우위는 무엇인가? 비교우위는 무엇인가? 한 국가가 어떤 재화를 생산하는데 비교우위를 갖지만 절대우위를 갖지 않는 것은 가능한 것인가?
5. 거래의 바탕을 이루는 것은 절대우위인가 비교우위인가? 개인이나 한 국가가 전문화와 거래를 통해서 어떻게 이득을 볼 수 있는가?
6. 순환흐름도가 보여주는 것은 무엇인가?
7. 시장에 존재하는 주요 2그룹은 무엇인가?
8. 자유시장은 무엇을 의미하는가? 자유시장경제는 중앙계획경제와 어떻게 다른가?
9. 기업가란 무엇인가? 기업가들이 시장시스템에서 핵심역할을 하는 이유는 무엇인가?
10. 어떤 환경에서 기업들은 더 많은 양의 재화나 서비스를 생산할 가능성이 높은가? 어떤 환경에서 기업들은 더 적은 양의 재화나 서비스를 생산할 가능성이 높은가?
11. 사유재산권은 무엇인가? 시장시스템의 작동에 대해 사유재산권이 하는 역할이 무엇인가? 잘 작동하는 경제에서 법원의 독립성이 중요한 이유는 무엇인가?

* 문제와 응용

1. 목화와 콩의 상호교환관계를 나타내는 생산가능프런티어를 그려보라.
   a. 지속되는 가뭄이 처음의 생산가능프런티어에 미치는 영향을 나타내 보라.
   b. 유전자 조작으로 콩이 병충해에 잘 견디게 되어 생산량이 두 배로 증가했다. 이러한 기술발전의 효과가 처음의 생산가능프런티어에 미치는 영향을 나타내 보라.
2. 당신이 공짜로 영화를 보고 또한 영화관에서 공짜로 스낵을 마음껏 먹을 수 있는 티켓에 당첨되었다고 하자. 이 영화관에서 영화를 본다면 당신에게 비용이 발생하는가? 간단히 설명하라.
3. 한 경제의 모든 재화를 소비재와 자본재 2가지로 구분할 수 있다고 하자. 자본재는 기계, 장비, 컴퓨터 같은 것들로 다른 재화를 생산하는데 사용되는 재화를 말한다.
   a. 이 경제가 소비재와 자본재를 생산하는데 있어서 직면하는 상호교환관계를 나타내기 위해 생산가능프런티어 그래프를 그려보라. 이 경우 생산가능곡선은 직선이 될 가능성이 있는가 아니면 바깥으로 볼록한 곡선이 될 가능성이 있는가? 간단히 설명하라.
   b. 자본재를 생산하는데 기술발전이 이루어졌다고 하자. 이럴 경우에 생산가능프런티어에 어떤 변화가 오는지를 나타내 보라.
   c. Lichtenstein과 Luxembourg가 현재 동일한 생산가능프런티어를 갖고 있다고 하자. 그러나 Lichtenstein은 매 10년 동안 자신의 자원 중 5퍼센트만 자본재 생산에 사용하고, Luxembourg는 30퍼센트를 사용한다. 미래에 어떤 국가가 더 빠른 경제성장을 보일 것으로 생각

하는가? 현재와 10년 후의 이 두 국가의 생산가능프런티어를 그려보라.

4. 다음과 같은 어떤 국가의 생산가능프런티어가 있다고 하자.

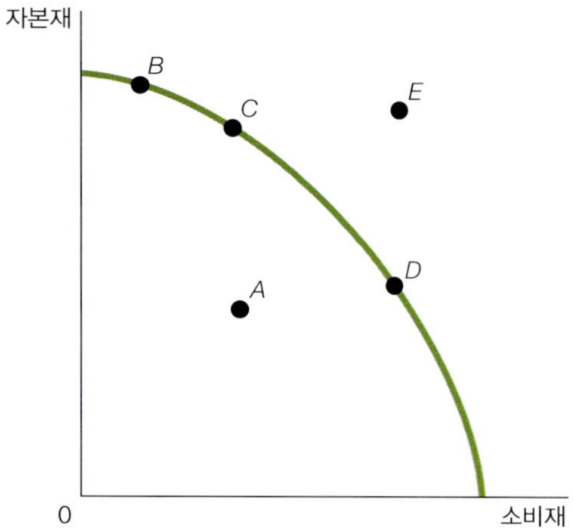

a. 어떤 점(들)이 달성불가능한가?
그 이유를 간단히 설명하라

b. 어떤 점(들)이 효율적인가?
그 이유를 간단히 설명하라

c. 어떤 점(들)이 비효율적인가?
그 이유를 간단히 설명하라

d. 어떤 점에서 이 국가의 미래 경제성장률이 가장 높을 가능성이 있는가? 이유를 간단히 설명하라.

5. 미국 정부는 암치료를 위한 2가지 방법 중 하나에 대해 의료보험 지원을 하려고 한다.
A 치료법은 환자의 수명을 연장해주고 매 24개월마다 치료를 받아야 하며 환자 한 명당 치료비가 $750,000이다. B 치료법은 환자의 생명을 연장해 주고 20개월마다 치료를 받아야 하며 환자 한 명당 치료비가 $25,000이다. 미국 정부가 2가지 치료법 중 하나를 선택하는데 있어서 어떤 점들을 고려해야 하는가?

6. 본문에서 살펴본 [그림 2.4]의 경우로 돌아가자. 당신과 당신 이웃이 거래로부터 이득을 볼 수 있는 사과와 앵두의 본문에서의 교환비율(사과 10파운드를 앵두 15파운드와 교환)과 다른 교환비율에는 어떤 교환비율이 있는지 말해보라. 당신의 답을 보여주기 위해 본문의 [표 2.1]과 같은 표를 작성해 보라.

7. 동일한 양의 자원을 사용하여 미국과 캐나다는 lumberjack shirt와 lumberjack boot를 생산하고 있다. 아래는 두 국가의 생산가능프런티어이다.

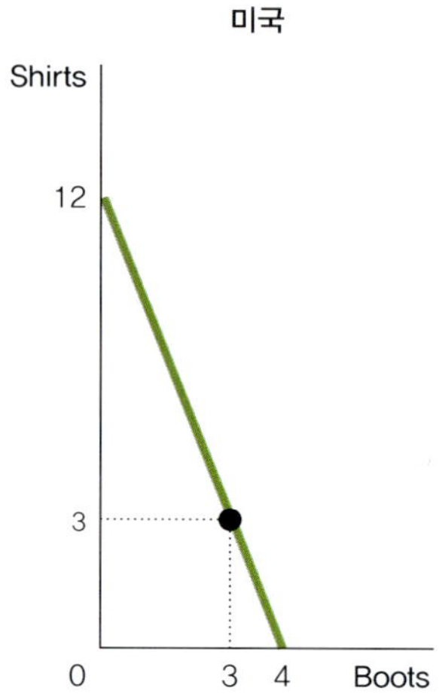

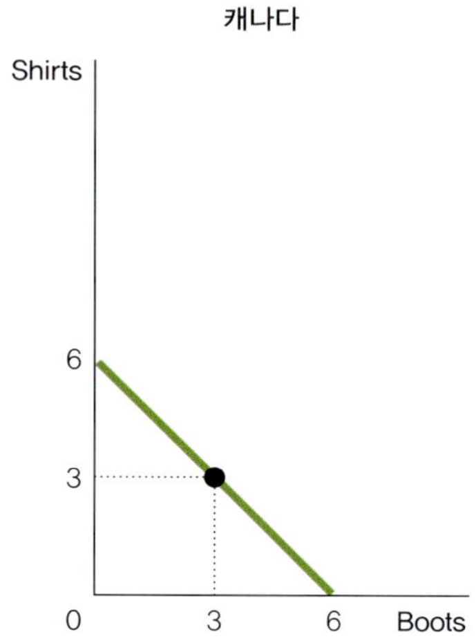

a. boot를 만드는 데 비교우위를 갖는 국가는? shirt를 만드는 데 비교우위를 갖는 국가는? 그 이유를 설명하라.

b. 두 국가 중 어떤 국가가 두 재화 모두의 생산에서 절대우위를 갖는가? 설명하라.

c. 두 국가 모두 현재 3켤레의 boot와 3벌의 shirt를 생산하고 있다고 하자. 한 국가가 한 제품 생산에 전문화하고 다른 국가가 다른 제품 생산에 전문화 한 후에 두 재화를 거래(교환)한다면 두 국가 모두 전보다 나은 상태에 도달할 수 있다는 것을 보여라.

8. 한 개인이나 한 국가가 자신의 생산가능프런티어를 넘는 생산을 할 수 있는가? 한 개인이나 한 국가가 자신의 생산가능프런티어를 넘는 소비를 할 수 있는가? 설명하라.

9. Nicaragua가 동일한 양의 자원을 가지고 Columbia보다 두 배나 많은 커피를 생산할 수 있다고 하자. 이 경우 Columbia가 어떻게 커피 생산에서 비교우위를 가질 수 있는지를 설명해 보라.

10. 당신은 4명의 직원을 갖고 있는 조그마한 회사의 소유주겸 경영자로서 창조적이고, 일을 하는데 있어서 매우 효율적인 사람이다. 그래서 당신은 직원들에게 다음 6개월 동안 당신이 직접 사무실 청소를 하겠다고 말했다. 왜냐하면 당신은 직원들보다 7배나 더 효율적으로 청소를 할 수 있기 때문이다. 당신의 이 말은 어떤 점에서 잘못되었는가? 다른 사람보다 청소를 훨씬 더 잘하는데도 당신이 청소를 해서는 안 되는 이유를 설명해 보라.

11. 개인이나 국가들 간에 전문화와 그에 따른 거래는 직업에 대한 것인가, 더 높은 생활수준에 대한 것인가? 개인으로서 당신이 다른 사람과 거래를 하지 않는 상황(당신이 필

요로 하는 것을 당신 스스로 생산)에서 거래를 하는 상황으로 바꾸면 당신은 여전히 직업을 갖는가? 당신의 생활수준은 높아지는가? 마찬가지로 한 국가가 다른 국가들과 거래를 하지 않는 상황에서 거래를 하는 상황으로 바뀌면 이 국가의 직업들은 여전이 존재하는가? 이 국가의 생활수준은 높아지는가? 설명해 보라.

12. 초창기 미국이 식민지였던 시절에는 운송수단도 잘 발달되어 있지 않았고, 광대한 토지에 인구가 넓게 퍼져 있었으므로 물건을 멀리 보내는 데 운송비용이 매우 높았다. 따라서 사람들은 작은 농장에 서로 모여 사는 형태로 살았으며 자신들이 필요로 하는 음식과 옷은 직접 만들어 사용했고, 다른 곳의 물건을 사는 경우는 매우 드물었다. 만일 운송비용이 하락한다면 이런 사람들의 소득이 높아질 가능성이 있다는 것을 설명해 보라. 설명할 때 비교우위 개념을 사용하라.

13. 1928년 미국 대통령 선거 유세 기간에 공화당 후보였던 Herbert Hoover는 미국은 자신이 생산할 수 없는 것만 수입해야 한다고 주장했다. 이러한 정책은 좋은 정책인가? 설명하라.

14. 다음의 거래들이 요소시장에서 발생하는 것인지, 제품시장에서 발생하는 것인지 확인하라. 또한 가구가 제품이나 서비스를 공급하거나 수요하는 것인지, 아니면 기업이 제품이나 서비스를 공급하거나 수요하는 것인지 확인하라.

a. George가 Tesla 자동차를 구매한다.
b. Tesla 자동차 회사는 공장근로자의 수를 증가시킨다.
c. George는 맥도날드에서 주당 20시간 일한다.
d. George는 자신 소유의 땅을 McDonald사에 판매한다.

15. 1770년대에 유럽의 많은 국가에서는 정부가 길드나 기타 생산자 조직에게 해당 제품의 생산과 가격책정에 대한 통제를 할 수 있는 권한를 부여하였다. 당신은 길드시스템 하에서 생산자 간에 더 많은 경쟁이 발생할 것으로 생각하는가, 아니면 시장시스템 하에서 생산자간에 더 많은 경쟁이 발생할 것으로 생각하는가? 길드시스템에서는 소비자가 중심이 되는가 아니면 생산자가 중심이 되는가? 시장시스템에서는 어느 쪽이 중심이 되는가? 새로운 제품을 만드는 혁신과 기술발전은 어떤 시스템에서 더 왕성할 것으로 판단되는가?

16. 미국연방준비위원회 의장인 Ben Bernanke는 New York University 법대에서 행한 연설에서 다음과 같이 말했다.

> "18세기에 출판한 책에서 아담 스미스는 자유시장시스템을 개인의 이익추구를 이용하여 공익을 증진시키는 보이지 않는 손으로 생각했다. 스미스의 생각은 산업혁명 때보다 훨씬 더 복잡해진 오늘날의 경제적 구조에서도 여전히 유효하다."

보이지 않는 손의 개념을 간단히 설명하라. 보이지 않는 손이라는 개념은 어떤 점에서 매우 중요한가?

17. 다음의 말을 평가해 보라. "아담 스미스의 분석은 기본적으로 결함있는 바탕에서 출발한다. 그는 사람들이 이기적이므로 자신들의 이익추구를 위해 행동한다고 가정한다. 그러나 이는 사실이 아니다. 나는 이기적이지 않다. 그리고 내가 아는 많은 사람들도 이기적이지 않다."

18. *New York Times*의 한 기고에서 Michael Lewis는 다음과 같이 기술했다. "시장경제는 인센티브시스템에 바탕을 두고 있다. 인센티브시스템은 인간의 비열한 속성인 '이기심'을 조장하도록 설계되어 있다." 당신은 이기심이 "인간의 비열한 속성 ignoble human trait"이라는 데 찬성하는가? 시장시스템은 이기심을 조장하기 위해 어떤 인센티브를 주는가?

19. 일부 경제학자들은 기업가들이 새로운 사업을 시작하면서 돈을 잃을 위험을 감수함에도 불구하고 그들의 소득이 비슷한 배경을 갖는 대기업에 근무하는 사람들의 소득에 비해 평균적으로 낮다는 점에 대해 의아해 한다. William Baumol 교수는 이러한 의문점에 대한 하나의 설명으로 기업가들이 복권을 사는 사람과 비슷한 사람일지도 모른다고 말했다. 평균적으로, 복권을 사지 않는 사람들이 복권을 사는 사람보다 더 많은 돈을 갖게 된다. 왜냐하면 복권은 당첨되어 주는 돈보다 복권판매로 걷어가는 돈이 더 많기 때문이다. Baumol 교수는 "복권을 사는 사람들 집단이 비이성적인 사람의 집단은 아니다. 복권을 삼으로써 그들은 다른 형태의 돈(심적 보상)으로 적절한 보상을 받는다"고 말한다.

a. '심적 보상 psychic rewards'이란 무엇을 말하는가?
b. 기업가들이 받는 심적 보상은 무엇인가?
c. 사업가가 복권을 사는 사람과 비슷한 사람이라는 Baumol 교수의 말에 동의하는가? 간단히 말해보라.

20. 2009년 국제재산권지수 International Property Rights Index에 대한 연구보고서는 다음과 같이 밝히고 있다. "사유재산권을 잘 보호해주는 법적, 정치적 환경을 갖고 있는 개발도상국들이 그렇지 않은 개발도상국들보다 평균적으로 더 빠른 경제성장률을 보였다." 사유재산권의 보호가 경제성장을 촉진시키는 이유는 무엇인가?

21. 최근에 일부 지역의 농부들이 돼지 똥을 옥수수와 콩의 유기비료로 사용하기 시작했다. 화학비료의 값이 천정부

지로 올라서 농부들이 비료 선택을 바꾼 것이다. 이에 따라 주변에 거주하고 있는 많은 사람들이 냄새에 대해 많은 불평을 하고 있지만 농업법에 의해 농부들의 그러한 선택은 보호받고 있다.

a. 가격은 농부들에게 어떤 신호를 주어 농부들이 다른 비료를 선택하게 만든 것인가?
b. 농부들의 이러한 선택은 보호되어야 하는가?

CHAPTER

3

가격결정: 수요와 공급의 상호작

이 장의 학습내용

3.1 시장의 수요측면
- 수요에 영향을 주는 변수들을 설명한다.

3.2 시장의 공급측면
- 공급에 영향을 주는 변수들을 설명한다.

3.3 시장균형: 수요와 공급의 만남
- 그래프로 시장균형을 보여준다.

3.4 수요곡선과 공급곡선의 이동이 시장균형에 미치는 영향
- 가격과 수량의 변화를 수요와 공급 그래프를 사용하여 예측한다.

스마트폰: 없어서는 안 될 물건인가?

사람들은 이제 셀폰 cellphone이나 스마트폰 smartphone을 어디 가든지 갖고 다닌다. 셀폰으로는 전화를 하거나 문자를 주고 받을 수만 있다. 그러나 스마트폰으로는 이메일을 주고받거나 페이스북이나 기타 SMS(social media site)에 접속하여 사진을 같이 공유할 수 있고, 음악이나 영화도 접속하여 즐길 수 있다. 2013년에는 전 세계적으로 하루에 2백만 대가 넘는 스마트폰이 판매되기도 했다.

10년 전만 해도 캐나다 회사가 만든 BlackBerry가 가장 많이 사용되는 스마트폰이었다. 그러나 BlackBerry는 비싸서 사무실 밖에서 이메일을 주고 받아야 하는 기업종사자들이 주로 구매했다. Apple이 2007년에 iPhone을 내놓았을 때 학생들도 스마트폰을 사용할 정도로 스마트폰 시장이 커졌다. 2008년에 3G iPhone을 출시하면서 Apple은 자신들이 운영하던 음악 및 비디오 사이트인 iTunes에 접속할 수 있는 앱(application, 간단히 "app")을 iPhone에 깔아놓는다고 발표했다. 주요 소프트웨어 회사들뿐만 아니라 개인들도 자신이 개발한 게임, 캘린더, 사전, 기타 여러 종류의 다양한 소프트웨어 프로그램을 iTunes store에 올려놓았다. Apple은 3G iPhone을 런칭(launching)한 지 한 달 안에 3백만 대의 iPhone을 판매했다.

Apple이 스마트폰 시장에서 매우 큰 시장점유율을 차지하고 있었지만 경쟁자들도 많이 있었다. Samsung, Nokia, HTC, LG, Huawei, Microsoft, Sony, ZTE, Panasonic도 스마트폰을 팔고 있었다. 이들 기업들도 대부분 Apple처럼 휴대폰 사용자들이 온라인으로 앱스토아에 접속하여 필요한 앱을 설치할 수 있도록 하였다.

스마트폰을 판매하는 기업들 간의 격렬한 경쟁은 시장이 소비자 기호의 변화에 어떻게 반응하는가를 잘 보여주는 예이다. 소비자들이 셀폰보다 스마트폰에 더 많은 돈을 쓰려고 한다는 신호가 시장에서 나타나자, 이에 반응하여 기업들은 스마트폰을 더 많이 팔기 위해 스마트폰시장에 모여들었다. 제품을 파는 기업에게는 격렬한 경쟁이 항상 좋은 소식인 것은 아니지만 소비자들에게는 매우 좋은 소식이다. 왜냐하면 경쟁으로 인해 소비자들이 선택할 수 있는 제품의 수가 증가하고 제품의 가격도 낮아지기 때문이다.

자료: Brian X. Chen, "Smartphones Finally Surpass the Feature Phone," *New York Times*, April 26, 2013; Eric Pfanner, "Competition Designed to Spread Basic Technologies," *New York Times*, April 18, 2013; and Brad Reed, "A Brief History of Smartphones," pcworld.com, June 18, 2010.

제1장에서 사람들의 행동을 예측하기 위해 경제학자들은 경제모델을 활용한다고 했다. 제2장에서는 희소성과 그에 따른 상호교환관계를 살펴보기 위해서 생산가능프런티어 모델을 사용했다. 이 장과 다음 장에서는 수요 · 공급 모델을 살펴본다. 이 모델은 경제학에서 가장 강력한 분석도구이며 이 모델을 사용하여 가격이 어떻게 결정되는지를 설명한다.

제1장에서 언급한 것처럼 경제모델이 현실을 단순화한 것이므로 경제모델은 가정들을 전제로 한다. 어떤 경우에는 모델의 가정들이 분석하려고 하는 상황과 일치하지 않는 경우도 있다. 예를 들어, 수요 · 공급 모델은 **완전경쟁시장 perfectly competitive market**을 전제하는 모델이다. 완전경쟁시장은 수많은 구매자와 판매자가 있으며, 모든 제품이 완전히 동일하며, 새로운 기업이 시장에 진입하는데 아무런 진입장벽이 없는 시장을 말한다. 이러한 가정들은 매우 제한적인 것이며 현실적으로 이와 같은 시장은 밀이나 기타 다른 농산물 시장처럼 아주 극소수 시장밖에 없을 수 있다. 그러나 경험상으로 볼 때, 수요 · 공급 모델은 판매자의 수가 적고, 제품도 동일하지 않지만 판매자들 간에 경쟁이 심한 시장을 분석하는데 매우 유용한 모델이다. 실제로 최근의 연구에 의하면 수요 · 공급 모델은 4명의 구매자와 4명의 판매자만이 있는 시장을 분석하는데도 상당히 유용한 것으로 나타났다. 결국, 모델이 유용한 모델인가 하는 것은 시장에서 나타나는 결과를 그 모델이 얼마나 잘 예측해 주는가에 달려 있는 것이다. 이 장에서 보게 될 것이지만 수요 · 공급 모델은 많은 종류의 시장에서 나타나는 가격과 거래양의 변화를 잘 예측해 준다.

완전경쟁시장
perfectly competitive market
(1) 수많은 구매자와 판매자가 있으며, (2) 모든 기업들이 파는 제품이 동일하며, (3) 새로운 기업이 시장에 진입하는데 아무런 진입장벽이 없는 시장.

기업과 시장의 공급측면을 살펴보기 전에, 먼저 소비자와 시장의 수요측면을 살펴보는 것으로 수요 · 공급 모델에 의한 분석을 시작하기로 한다. 한편, 경제와 경제정책을 분석하는데도 이 모델이 사용된다.

3.1. 시장의 수요측면

시장시스템에서는 궁극적으로 소비자들이 어떤 재화와 서비스가 생산될 것인가를 결정한다. 가장 성공적인 기업은 소비자들의 수요에 가장 잘 응답하는 기업이다. 그러나 제품에 대한 소비자의 수요를 결정하는 것은 무엇인가? 많은 요소들이 소비자들이 특정한 제품을 기꺼이 사려는 마음을 갖도록 하는데 영향을 미칠 것이다. 예를 들어, Apple의 iPhone이나 Samsung의 Galaxy S를 살 것을 고려하고 있는 소비자들의 의사결정은 자신들이 사용할 수 있는 소득의 크기, 각 회사가 벌리는 판촉활동의 효율성과 같은 것에 영향을 받을 것이다. 그러나 대부분의 경우, 소비자들의 의사결정에 영향을 주는 주요 요소는 해당 제품의 가격이다. 따라서 소비자가 어떻게 한 제품을 사기로 결정하는가를 분석할 때 가격을 가지고 시작하는 것이 적절할 것이다. 한편, 우리가 수요라고 말할 때는 소비자가 사고 싶어하는 욕구(want)를 갖는 것이 무엇인가에 대해 말하는 것이 아니라, 소비자가 살 용의(willingness)와 함께 살 능력(ablility)이 있는 것이 무엇인가에 대해 말하는 것임을 주목하기 바란다.

수요표와 수요곡선

한 재화의 가격과 그에 대한 수요량의 관계를 보여주는 표를 **수요표 demand schedule**라고 한다. [그림 3.1]에 있는 수요표는 5개의 가격수준에 따라 소비자들이 일주일 동안 사려고 하는 스마트폰의 수량을 보여주고 있다. 주어진 가격에서 소비자가 살 용의를 갖고 있고 또한 살 능력이 있는 어떤 재화나 서비스의 수량을 **수요량 quantity demanded**이라고 한다. [그림 3.1]의 그래프는 수요표의 수치를 가지고 만든 수요곡선이다. **수요곡선 demand curve**은 한 재화의 가격과 그에 따른 수요량 간의 관계를 보여주는 곡선이다(참고: 편의상 [그림 3.1]의 수요곡선은 직선으로 만들었다. 모든 수요곡선이 직선일 이유는 없다). [그림 3.1]의 수요곡선은 **시장수요 market demand curve**를 보여주고 있으며 이는 모든 수요자들의 수요곡선을 합한 수요곡선이다. 어떤 지역에 있는 레스토랑의 식사에 대한 시장수요는 그 지역에 있는 모든 소비자들의 수요를 합한 것이며, 스마트폰과 같이 국제적으로 판매되는 제품의 시장수요는 전 세계 수요자들의 수요를 모두 합한 것이다.

[그림 3.1]의 수요곡선은 우하향한다. 그 이유는 가격이 하락할수록 소비자들이 더 많은 양의 스마트폰을 사려고 하기 때문이다. 스마트폰 가격이 $300일 때, 소비자들 일주일에 8백만 대의 스마트폰을 수요한다. 가격이 $250으로 하락했을 때, 소비자들은 9백만 대를 수요한다. 가격이 하락하면 구매자들은 더 많은 양을 구매하려 한다. 왜냐하면 해당 제품이 다른 제품에 비해 상대적으로 덜 비싸고, 더 낮은 가격에서는 더 많은 양을 살 수 있기 때문이다.

수요표 demand schedule
한 재화의 가격과 그에 따른 수요량의 관계를 보여주는 표.

수요량 quantity demanded
주어진 가격에서 소비자가 살 용의를 갖고 있고 또한 살 능력이 있는 어떤 재화나 서비스의 수량.

수요곡선 demand curve
한 재화의 가격과 그에 따른 수요량의 관계를 보여주는 곡선.

시장수요 market demand
한 재화나 서비스에 대한 모든 수요자들의 수요를 합한 수요.

수요표

가격 (대당)	수량 (주당: 백만대)
$300	8
250	9
200	10
150	11
100	12

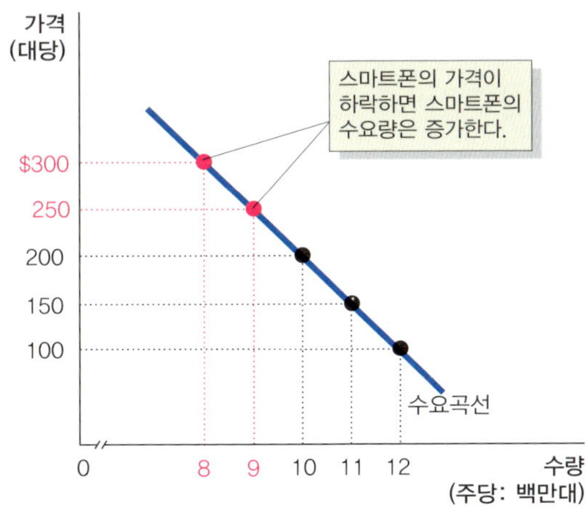

그림 3.1

수요표와 수요곡선

가격이 변할 때 소비자들이 사려는 스마트폰 수량은 변한다. 이는 수요표를 통해서도 나타낼 수 있고, 수요곡선으로 나타낼 수도 있다. 표와 그래프는 스마트폰 가격이 $300일 때, 소비자들이 일주일당 사려는 스마트폰 대수는 8백만 대이다. 가격이 $250으로 하락했을 때 소비자들이 일주일당 사려는 대수는 9백만 대이다. 따라서 스마트폰의 수요곡선은 우하향한다.

수요의 법칙

수요의 법칙 law of demand
다른 것들이 일정하다면, 한 제품의 가격이 하락하면 그 수요량은 증가하고, 가격이 상승하면 그 수요량은 감소한다는 법칙.

가격과 수요량 간의 역(inverse)의 관계는 **수요의 법칙 law of demand**이라고 불린다. 이는 "다른 것들이 동일하다면, 한 제품의 가격이 하락하면 그 제품의 수요량은 증가하고, 가격이 상승하면 그 제품의 수요량은 감소한다"는 것을 말한다(물론, 이 경우에도 인과관계가 중요하다. 즉, 가격의 변화가 수요량의 변화를 가져오는 것이다). 수요의 법칙은 어떠한 시장수요곡선에 대해서도 성립한다. 이 법칙을 벗어난 예외적인 경우는 극히 드물다.

수요의 법칙을 설명해 주는 것은 무엇인가?

대체효과 substitution effect
한 재화의 가격이 그와 대체재인 다른 재화들의 가격에 비해 전보다 더 싸지거나 더 비싸지게 되어(상대가격의 변화만으로 인해서) 그 재화의 수요량이 변하는 것.

소득효과 income effect
한 재화의 가격변화가 소비자들의 소득이 갖는 구매력 purchasing power을 변화시켜 그로 인해 그 재화의 수요량이 변하는 것.

가격이 하락할 때 더 사고, 상승할 때 덜 산다는 것은 매우 합리적인 것으로 보인다. 그러나 왜 그런가에 대해 더 자세히 살펴보기로 하자. 한 재화의 가격이 하락할 때 소비자들은 *대체효과 substitution effect*와 *소득효과 income effect* 때문에 더 많은 양을 구입한다.

대체효과 substitution effect 대체효과는 한 재화의 가격이 그 재화와 대체재인 다른 재화들의 가격에 비해 전보다 더 싸지거나 더 비싸지게 되어(상대가격의 변화만으로 인해서) 그 재화의 수요량이 변하는 것을 말한다. 스마트폰 가격이 하락할 때 사람들은 다른 재화(예를 들어, 셀폰이나 iPad) 대신에 스마트폰을 사려고 한다.

소득효과 income effect 소득효과는 해당 재화의 가격변화가 소비자들의 소득이 갖는 *구매력 purchasing power*을 변화시키고 그러한 구매력의 변화가 해당 재화의 수요량을 변화시키는 것을 말한다. 구매력이란 일정한 크기의 소득으로 소비자가 살 수 있는 재화의 양을 말한다. 한 재화의 가격이 떨어질 때, 소비자들의 소득이 갖는 구매력이 증가하고 이로 인해 소비자들은 일반적으로 그 재화를 더 많이 산다. 한 재화의 가격이 올라갈 때, 소비자들의 소득이 갖는 구매력은 감소하고 이로 인해 소비자들은 일반적으로 그 재화를 더 적게 산다. 대체효과와 소득효과는 서로 분리해서 분석할 수도 있지만, 가격이 변할 때 두 효과는 언제나 동시에 발생한다. 따라서 스마트폰 가격의 하락은 스마트폰을 다른 대체재들보다 전보다 더 싸게 만들고 또한 소비자들의 구매력을 증가시키기 때문에 그로 인해 소비자들이 더 많은 스마트폰을 구매하게 만든다.

다른 것들은 동일하다는 가정 (ceteris paribus 조건)

세테리스 파리부스 조건 ceteris paribus("all else equal")condition
두 변수(예를 들어, 가격과 수요량)간의 관계를 분석할 때 다른 변수들은 일정하다고 하는 가정.

수요의 법칙에는 "다른 것들이 일정한 경우에"라는 표현이 항상 따라다니는 것에 주목하라. 앞에서 스마트폰의 시장수요곡선을 그릴 때, 스마트폰 가격의 변화만이 소비자들이 살 용의를 갖고 있고 또한 살 능력을 갖는 스마트폰의 수량에 미치는 효과에 초점을 맞추었다. 이는 소비자들이 사려는 스마트폰의 수량에 영향을 미치는 다른 변수들이 변하지 않는다는 것을 가정한다는 것이다. 수요곡선은 수요량에 영향을 미치는 가격 이외의 다른 모든 변수들을 고정시켜 놓는다는 조건을 전제로 그려지는 것이다. 이러한 조건을 **세테리스 파리부스 조건 ceteris paribus condition**이라고 한다. *Ceteris paribus*는 "다른 것들은 모두 전과 동일하다"는 것을 의미하는 라틴어이다.

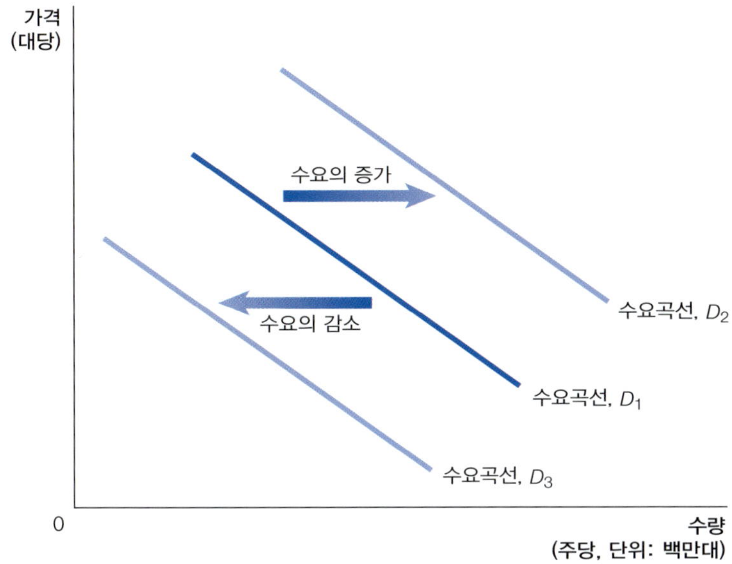

그림 3.2

수요곡선의 이동

주어진 가격에서 소비자들이 구매하려는 수량이 증가하면 이는 수요곡선의 오른쪽으로의 이동(D_1 에서 D_2)으로 표현된다. 주어진 가격에서 소비자들이 구매하려는 수량이 감소하면 이는 수요곡선의 왼쪽으로의 이동(D_1 에서 D_3)으로 표현된다.

가격 이외의 다른 어떤 한 변수가 변한다면 소비자들이 살 용의가 있는 스마트폰의 수량에는 어떤 변화가 올까? 소비자들은 각 가격수준에서의 수요량을 변화시킬 것이다. 이러한 효과는 시장수요곡선을 이동시키는 것으로 표현될 수 있다. 수요곡선의 이동은 수요의 증가 또는 수요의 감소라고 부른다(A shift of a demand curve is an *increase or a decrease in demand*). 수요곡선을 따라 이동하는 것은 수요량의 증가 또는 감소라고 부른다(A movement along a demand curve is *an increase or a decrease in the quantity demanded*). [그림 3.2]는 일정한 가격수준에서 소비자들이 전보다 더 많은 양의 스마트폰을 사려고 할 경우를 수요곡선이 오른쪽으로 이동하는 것으로 표현하고 있다. 만일 각 가격수준에서 소비자들이 전보다 더 적은 양의 스마트폰을 사려고 한다면, 이는 수요곡선의 왼쪽으로의 이동으로 표현될 것이다.

시장수요곡선을 이동시키는 변수들

가격 이외에 다른 많은 변수들이 시장수요에 영향을 미친다. 다음은 그러한 변수들 중 가장 중요한 5가지 변수들이다.

- 소득
- 관련된 재화의 가격
- 소비자 기호
- 인구수와 인구구성
- 기대되는 미래가격

이러한 변수들이 시장수요에 어떻게 영향을 미치는지에 대해 살펴보기로 하자.

소득 소비자들이 사용할 수 있는 소득의 크기는 소비자들의 구매용의와 구매능력에 영향을 미친다. [그림 3.1]의 수요곡선이 가구들의 평균소득이 $50,000인 경우를 가정했을 때 소비자들이 사려는 스마트폰 수량을 나타낸 것이라고 하자. 만일 가구들의 평균소득이 $52,000로 상승한다면 스마트폰의 수요는 증가한다. 이는 수요곡선의 오른쪽으로의 이동으로 표현된다. 소득이 증가할 때 수요가 증가하고, 소득이 감소할 때 수요가 감소하는 재화는 **정상재 normal good**이다. 대부분의 재화는 정상재이다.

정상재 normal good
소득이 증가할 때 수요가 증가하고, 소득이 감소할 때 수요가 감소하는 재화.

그러나 일부 재화의 경우에는 소득이 상승할 때 수요가 감소하고, 소득이 감소할 때 수요가 증가하는 경우도 있다. 예를 들어, 당신의 소득이 증가할 때 당신은 통조림 참치를 덜 사먹거나 컵라면을 덜 사먹고 새우나 파스타를 더 사먹을 수 있다. 소득이 증가할 때 수요가 감소하고 소득이 감소할 때 수요가 증가하는 재화는 **열등재 inferior good**라고 한다. 따라서 당신에게는 통조림 참치와 컵라면이 열등재가 된다. 유의할 점은 당신의 소득이 증가할 때 당신이 전보다 덜 사기 때문에 열등재이지 해당 재화의 질이 낮기 때문에 열등재라고 하는 것은 아니다라는 것이다.

열등재 inferior good
소득이 증가할 때 수요가 감소하고 소득이 감소할 때 수요가 증가하는 재화.

관련된 재화의 가격 다른 재화의 가격도 소비자들의 한 재화에 대한 수요에 영향을 미칠 수 있다. 전화를 하는데 주로 스마트폰을 사용하는 소비자들은 스마트폰 대신 셀폰을 사용할 수 있다. e-메일이나 웹 서핑을 위해 스마트폰을 사용하는 소비자들은 스마트폰 대신 태블릿 PC를 사용할 수 있다. 또한 태블릿 PC는 e-reader 대신 사용할 수도 있다. 일정한 목적에 사용될 수 있는 재화나 서비스를 **대체재 substitutes**라고 부른다. 두 재화가 대체재일 때, 한 재화를 더 많이 살수록 다른 재화는 덜 사게 되는 것이다. 어떤 재화의 대체재의 가격이 하락하면 해당 재화의 수요곡선은 왼쪽으로 이동한다. 대체재의 가격이 상승하면 해당 재화의 수요곡선은 오른쪽으로 이동한다.

대체재 substitutes
일정한 목적에 사용될 수 있는 재화나 서비스.

[그림 3.1]의 스마트폰 시장수요곡선이 태블릿 PC의 가격이 평균 $700일 때 일주일 동안에 스마트폰을 사려는 소비자들의 구매용의와 구매능력을 나타내는 것이라고 하자. 만일 태블릿 PC의 가격이 평균 $600으로 하락한다면 스마트폰에 대한 이 시장수요곡선은 어떻게 변하겠는가? 각 가격수준에서 소비자들은 전보다 더 적은 수의 스마트폰을 수요할 것이다. 이러한 변화는 스마트폰의 시장수요곡선을 왼쪽으로 이동시키는 것으로 표현된다.

소비자들이 함께 사용하는 재화와 서비스(예를 들어 hot dog와 hot dog bun)는 **보완재 complements**라고 부른다. 두 재화가 보완재라면 소비자들이 한 재화를 더 많이 살 때 소비자는 동시에 다른 재화도 더 많이 사게 된다. 어떤 재화의 보완재 가격의 하락은 (보완재의 수요량을 증가하게 할 뿐만 아니라 같이 사용되는) 해당 재화의 수요를 증가시켜 이 재화의 수요곡선을 오른쪽으로 이동시킨다. 또한 보완재 가격의 상승은 해당 재화의 수요곡선을 왼쪽으로 이동시킨다.

보완재 complements
소비자들이 함께 사용하는 재화와 서비스.

많은 사람들이 자신의 스마트폰에 앱을 깐다. 따라서 스마트폰과 앱은 서로 보완재이다. [그림 3.1]의 시장수요곡선이 앱들의 평균가격이 $2.99일 때 소비자들이 구매할 용의를 갖는 스마트폰의 수량을 나타내는 것이라고 하면, 앱의 평균가격이 $0.99로 하락한다면 소비자들은 더 많은 앱을 살뿐만 아니라 더 많은 스마트폰을 산다. 따라서 스마트폰의 수요곡선은 오른쪽으로 이동할 것이다

기호 소비자들은 광고캠페인에 의해 영향을 받는다. 만일 Apple, Samsung, LG, 그리고 다른 스마트폰 제조회사들이 스마트폰 광고를 크게 늘리면 이는 스마트폰 수요곡선을 오른쪽으로 이동시켜서 스마트폰 가격의 변화가 없더라도 소비자들이 전보다 더 많은 스마트폰을 구입할 가능성을 높인다. 이 경우 경제학자는 광고캠페인이 소비자들의 기호 taste에 영향을 미쳤다고 표현한다. 기호 嗜好는 소비자들의 구매의사에 영향을 주는 많은 주관적인 요소들을 모두 포함한 포괄적인 용어이다. 한 제품에 대한 소비자 기호는 여러 이유로 변할 수 있다. 어떤 경우에는 일반적인 추세가 기호의 변화에 중요한 역할을 한다. 예를 들어, 낮은 탄수화물을 포함하고 있는 음식이 인기를 얻으면 빵, 도넛과 같은 재화의 수요는 하락하고, 소고기와 같은 재화의 수요는 증가한다. 일반적으로, 한 재화에 대한 소비자들의 기호도가 높아지면 그 재화의 수요곡선은 오른쪽으로 이동하며, 기호도가 전보다 낮아지면 그 재화의 수요곡선은 왼쪽으로 이동한다.

인구수와 인구구성 한 국가의 인구수가 증가하면 소비자들의 수가 증가하고 이에 따라 대부분의 재화에서 수요가 증가한다. **인구구성 demographics**이란 나이, 인종, 성별과 같은 인구를 구성하는 특징들을 말한다. 한 국가의 인구구성이 변하거나 지역이 바뀌면 어떤 재화의 수요도 그에 따라 증가하거나 감소한다. 왜냐하면 다른 카테고리에 속하는 사람들이나, 다른 지역에 사는 사람들의 어떤 재화에 대해 갖는 선호도는 서로 다른 경향을 갖기 때문이다. 예를 들어, 히스패닉계의 사람들이 미국 전체 인구수에서 차지하는 비중은 2012년에 17%에서 2050년에는 29%로 증가할 것으로 예상된다. 이러한 변화는 스페인어로 쓰인 책이나 스페인어 케이블 방송에 대한 수요를 증가시킬 것이다.

인구구성 demographics
나이, 인종, 성별과 같은 인구구성의 특징들.

Making the Connection

미국의 인구구성에 타격을 받는 Coke와 Pepsi

전통적으로 Coca-Cola나 Pepsi-Cola와 같은 청량음료에 대한 소비는 나이 30 이하인 사람들의 소비가 그보다 나이 많은 소비자들의 소비보다 훨씬 많았다. 오랜 기간 동안 청량음료에 대한 이러한 인구구성은 미국의 청량음료회사들에게 문제를 발생시키지 않았다. 한 세대가 나이를 먹으면서 커피, 차 등의 음료를 마시는 쪽으로 옮겨도 아래 세대가 다시 올라오면서 그 공백을 메워주었다. 하지만 최근에 청량음료회사들은 미국에서 청량음료의 판매가 서서히 줄어드는 것을 발견하였다.

그 이유 중 하나는 미국인들의 평균나이가 증가하고 있다는 것이다. 1945년 제2차 세계대전이 종식된 후부터 1960년대 초까지 미국의 출산율은 높은 수준을 유지하여 베이비붐 baby boom을 경험했다. 그러나 1965년 이후로 출산율은 하락했다. 이는 베이비붐 세대의 인구수가 그 이전이나 그 이후 세대의 인구수보다 더 많다는 것을 의미한다. 베이비붐 세대들이 나이를 먹어가면서

젊은 세대들은 이전 세대들보다 물이나 주스를 더 마시고 청량음료는 덜 마신다.

그들의 청량음료 수요는 감소했는데 베이비붐 세대를 잇는 다음 세대의 인구수는 그보다 적었다.

청량음료회사들의 상황을 더 나쁘게 만든 것은 젊은층 소비자들이 그들의 부모 세대나 할머니, 할아버지 세대만큼 청량음료를 마시지 않는다는 것이다. 젊은 소비자들은 이전 세대들보다 에너지 음료, 물, 주스, 커피, 차를 더 많이 마신다는 것이다. 소다수 soda를 멀리하는 이유 중 하나는 소다수를 마시면 건강상 문제를 일으킬 가능성이 높아진다는 것이 널리 알려졌기 때문이다. 일부 건강지킴이들은 많은 청량음료에 함유된 설탕의 양이 자신들을 위험하게 만들고 있다고 주장하면서 연방정부에게 청량음료의 내용물에 대해 규제할 것을 요구하여 많은 학교들도 자판기나 간이판매점에서 소다수를 판매하지 않게 되었다. 그 결과 2005년에서 2013년 사이에 미국의 탄산청량음료의 일인당 소비량은 15% 이상 감소했다. 2013년 초에, Pepsi는 북미지역에서 자신의 소다수의 판매가 전년도에 비해 약 5% 감소했다고 발표했다. 노령화되어 가는 인구와 젊은 세대들이 소다수를 잘 마시지 않는다는 이중의 문제는 *Wall Street Journal*에 "청량음료시대의 종말이 왔는가?"라는 기사가 나오게 할 정도였다.

그러나 미국 청량음료 회사들에게 햇살이 비치고 있기도 하다. 미국의 인구구성이 청량음료의 수요를 감소시키고 있지만 전 세계적으로 젊은층의 인구가 증가하고 있으며, 이는 글로벌 수요 특히 개발도상국들에서의 청량음료에 대한 수요를 증가시키고 있다. 미국 회사들은 이 기회에 반응했다. Coca-Cola는 해외시장에서의 판매량을 증가시키는 계획을 발표했다. 이 계획에는 새 버틀링 공장을 짓기 위해 인도에 $50억, 중국에 $40억을 투자한다는 것이 포함되어 있다. Pepsi사 CEO인 Indra K. Nooyi는 연간보고서에서 "2006년에 새로운 시장들이 우리 회사의 순수입에 기여한 비율은 24%였다. 그러나 2012년에는 35%가 되었다. 우리는 장기적으로 이 시장들에서 우리의 사업이 매년 꾸준히 성장할 것을 기대하고 있다."라고 말했다.

청량음료 회사들은 인구구성의 변화가 제품판매에 큰 영향을 미친다는 것을 잘 이해하고 있는 것처럼 보인다.

자료: Mike Esterl, "Is This the End of the Soft-Drink Era?" *Wall Street Journal*, January 18, 2013; "PepsiCo Beats Expectations Despite Soda Struggles," Associated Press, April 13, 2013; PepsiCo, *2012 Annual Report*, www.pepsico.com/annual12/; and Stephanie Strom, "Health Officials Urge F.D.A. to Limit Sweeteners in Sodas," *New York Times*, February 13, 2013.

기대되는 미래가격 소비자들은 어떤 제품을 살 것인가에 대한 결정만 하는 것이 아니라, 언제 살 것인가에 대한 결정도 한다. 예를 들어, 많은 소비자들이 3개월 후에 집값이 떨어질 것이라고 확신한다면 일부 소비자들이 가격하락을 기대하면서 집 구매를 연기하면서 기다리고 있을 것이므로 집에 대한 현재의 수요는 감소할 것이다. 반대로 많은 소비자들이 3개월 후에 집값이 올라갈 것이라고 확신한다면 일부 소비자들이 값이 올라가기 전에 집을 구입하려고 할 것이므로 집에 대한 현재의 수요는 증가할 것이다.

[표 3.1]은 시장수요곡선을 이동하게 만드는 가장 중요한 변수들을 요약해서 보여주고 있다. 그림들은 각 변수들의 값이 증가할 때 시장수요곡선이 이동하는 방향을 나타내고 있는 것이다. 이들 변수의 값이 감소하는 경우에는 시장수요곡선의 이동은 그림과는 반대로 나타날 것이다.

표 3.1 시장수요곡선을 이동시키는 변수들

변수의 증가	수요곡선의 이동	이유
소득(정상재의 경우)	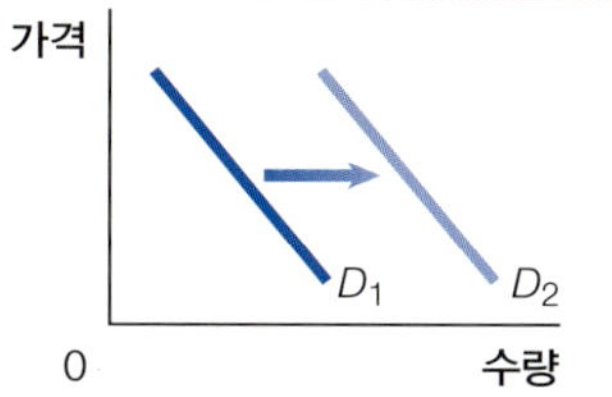	소득이 높아지면 이 재화를 전보다 더 산다.
소득(열등재의 경우)	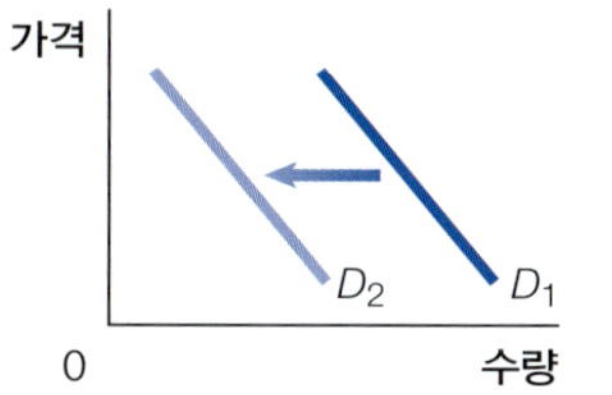	소득이 높아지면 이 재화를 전보다 덜 산다.
대체재의 가격	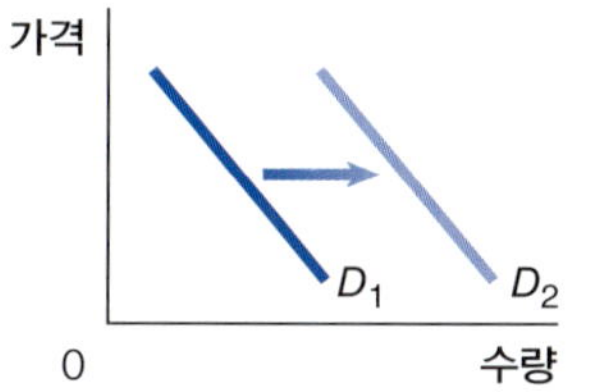	대체제를 덜 사고, 이 재화를 더 산다.
보완재의 가격	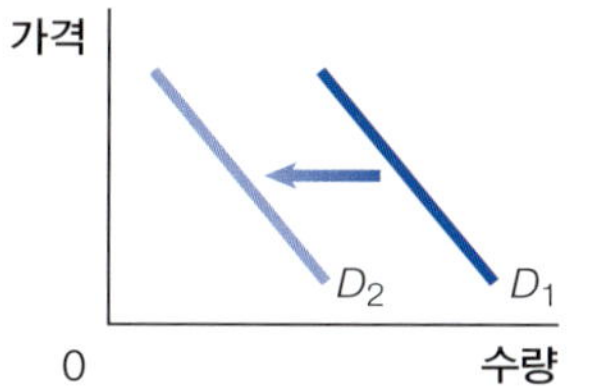	보완재를 덜 사고, 이 재화도 덜 산다.
소비자들의 기호	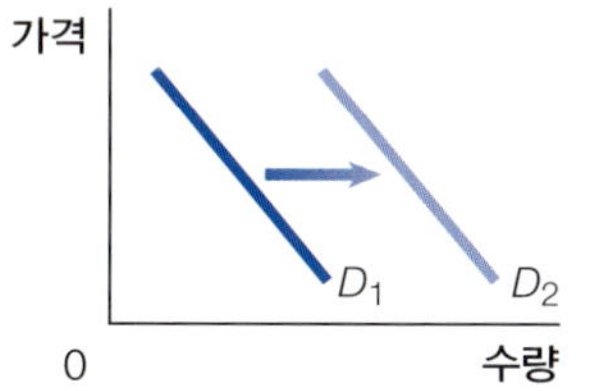	모든 가격수준에서 소비자들은 이 재화를 전보다 더 사려고 한다.
인구	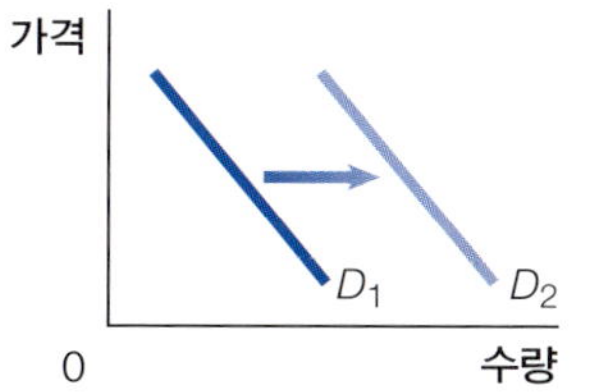	늘어난 소비자수로 인해 모든 가격수준에서 수요량이 증가한다.
기대되는 미래가격	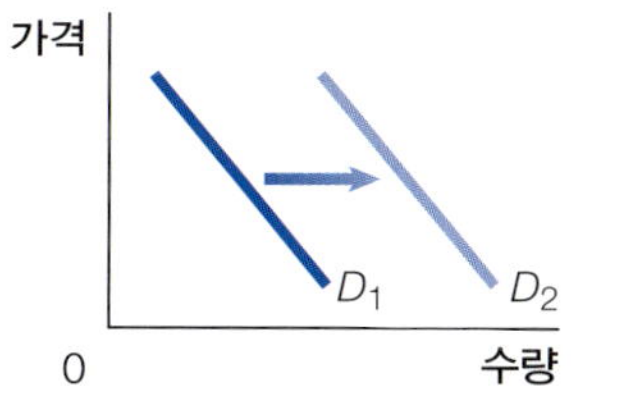	더 높은 미래가격을 피하기 위하여 소비자들은 이 재화를 현재 더 산다.

수요의 변화와 수요량의 변화

수요의 변화 change in demand와 *수요량의 변화* change in quantity demanded를 구분하는 것은 중요하다. '수요의 변화'는 수요곡선의 이동에 대한 표현이다. *가격 이외에* 소비자들의 구매용의 willingness to buy에 영향을 미치는 다른 변수가 변할 때 수요곡선은 이동한다. '수요량의 변화'는 해당 재화의 가격변화로 인해 그 재화의 수요곡선을 따라 이동하면서 수요량이 변하는 것을 말한다. [그림 3.3]은 이들을 구분해서 보여준다. 스마트폰 가격이 $300에서 $250으로 하락하면, 이는 수요곡선을 따라 점*A*에서 점*B*로 내려오는 결과를 가져온다. 이에 따라 수요량은 8백만 대에서 9백만 대로 증가한다. 이는 *수요량의 증가*이다. 소비자들의 소득이 증가하거나 또는 다른 변수가 변해서 모든 가격수준에서 소비자들이 해당 재화를 더 많이 사게 만든다면 이 재화의 수요곡선은 오른쪽으로 이동한다. 이는 수요의 증가이다. 이 경우, D_1에서 D_2로 수요가 증가하면 한 대당 가격이 $300일 때 스마트폰의 수요량은 점*A*의 8백만 대에서 점*C*의 10백만 대로 증가한다.

그림 3.3

수요의 변화와 수요량의 변화

스마트폰 가격이 $300에서 $250으로 하락하면, 이는 수요곡선을 따라 점*A*에서 점*B*로 내려오는 결과를 가져온다. 이에 따라 수요량은 8백만 대에서 9백만 대로 증가한다. 소비자들의 소득이 증가하거나 또는 다른 변수가 변해서 모든 가격수준에서 소비자들이 해당 재화를 더 많이 사게 만든다면 이 재화의 수요곡선은 오른쪽으로 이동한다. 이는 수요의 증가이다. 이 경우, D_1에서 D_2로 수요가 증가하면 한 대당 가격이 $300일 때 스마트폰의 수요량은 점*A*의 8백만 대에서 점*C*의 10백만 대로 증가한다.

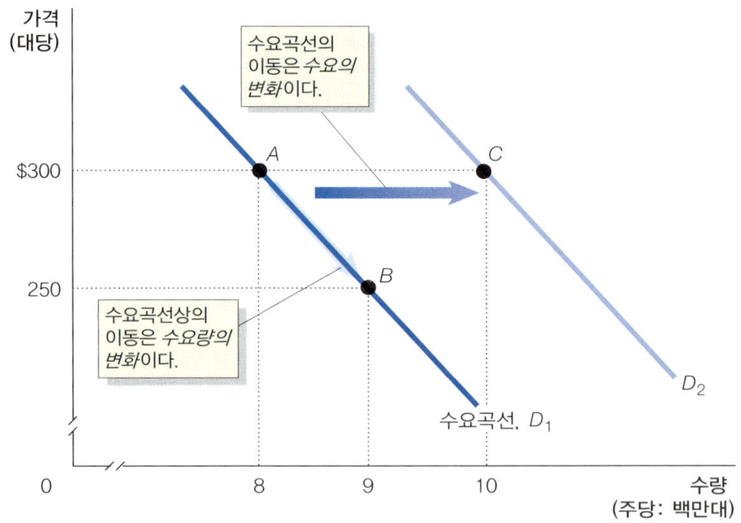

3.2. 시장의 공급측면

많은 변수들이 소비자들이 특정한 재화나 서비스를 구매하려는 용의와 능력에 영향을 미치는 것과 마찬가지로, 많은 변수들이 기업들이 특정한 재화나 서비스를 판매하려는 용의willingness와 능력ability에 영향을 미친다. 이러한 변수들 중 가장 중요한 것은 가격이다. 주어진 가격에서 한 기업이 공급하려 하고 공급할 수 있는 재화나 서비스의 양을 **공급량 quantity supplied**이라 한다. 다른 변수들이 동일하다면, 한 재화의 가격이 오르면 그 재화의 수익성이 높아지므로 가격이 오를 때 공급량은 증가하는 것이다. 한 재화의 가격이 내리면 그 재화의 수익성은 낮아지므로 공급량은 감소하는 것이다. 한 재화의 생산에 점점 더 많은 자원을 투입하면 한계(생산)비용은 증가한다. 예를 들어, Apple, Samsung, LG, 기타 기업들이 일정한 기간동안에 자신들이 생산하는 스마트폰 수를 증가시키면 추가적으로 생산되는 스마트폰의 비용은 증가한다. 왜냐하면 기존의 공장들을 더 오래 가동해야 하고, 부품에 대해 더 높은 가격을 지불해야 하고, 근로자들에게도 더 높은 임금을 지불해야 하기 때문이다. 더 많이 생산하면 한계비용이 증가하므로 가격이 높아질 때에만 기업들은 전보다 더 많은 양을 공급하려고 할 것이다.

공급량 quantity supplied
주어진 가격에서 기업이 공급하려고 하고 또한 공급할 수 있는 어떤 재화나 서비스의 수량.

공급표와 공급곡선

공급표 supply schedule는 한 재화의 가격과 그에 대한 공급량의 관계를 보여주는 표이다. [그림 3.4]에 있는 공급표는 5개의 서로 다른 가격에서 기업들이 공급하고자 하는 한 달 동안의 스마트폰 공급량을 보여주고 있다. [그림 3.4]의 그래프는 공급표의 수치를 가지고 만든 **공급곡선 supply curve**이다. 공급곡선은 한 재화의 가격과 그에 따른 공급량의 관계를 보여준다.

공급표 supply schedule
한 재화의 가격과 그에 따른 공급량의 관계를 보여주는 표.

공급곡선 supply curve
한 재화의 가격과 그에 따른 공급량의 관계를 보여주는 곡선.

공급표와 공급곡선은 모두 스마트폰 가격이 오르면 기업들이 스마트폰의 공급량을 증가시킨다는 것을 보여준다. 스마트폰의 가격이 $250일 때 기업들은 일주일에 11백만 대의 스마트폰을 공급하려 한다. 가격이 $300로 올라가면, 기업들은 12백만 대를 공급하려고 한다(참고: 여기서도 편의상 공급곡선이 직선이라고 가정한다. 실제로 모든 공급곡선이 직선인 것은 아니다).

공급표

가격 (대당)	수량 (주당: 백만대)
$300	12
250	11
200	10
150	9
100	8

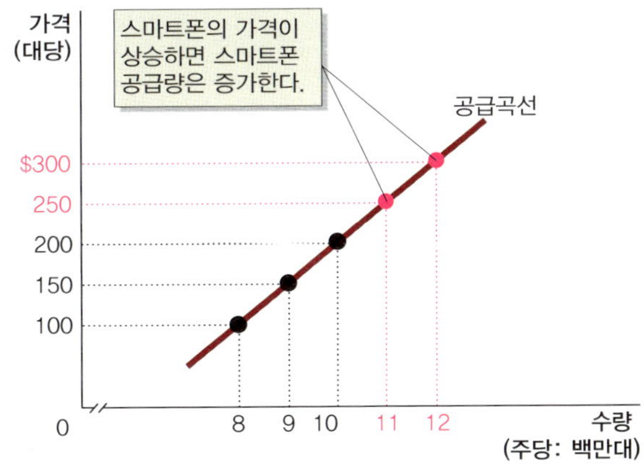

그림 3.4

공급표와 공급곡선

가격이 변함에 따라 Apple, Samsung, LG 기타 다른 스마트폰 제조회사들은 자신이 공급하려고 하는 스마트폰의 양을 변화시킨다. 이는 공급표나 공급곡선에 의해 나타낼 수 있다. 공급표와 공급곡선은 모두 스마트폰 가격이 오르면 기업들이 스마트폰의 공급량을 증가시킨다는 것을 보여준다. 스마트폰의 가격이 $250일 때 기업들은 일주일에 11백만 대의 스마트폰을 공급하려 한다. 가격이 $300로 올라가면, 기업들은 12백만 대를 공급하려고 한다.

공급의 법칙

공급의 법칙 law of supply
다른 것들이 동일하다면, 가격의 상승은 공급량을 증가시키고, 가격의 하락은 공급량을 감소시킨다는 법칙.

[그림 3.4]의 시장공급곡선은 우상향한다. 대부분의 공급곡선은 **공급의 법칙** law of supply에 따라 우상향한다. 공급의 법칙은 "다른 것들이 일정하다면, 가격의 상승은 공급량을 증가시키고, 가격의 하락은 공급량을 감소시킨다"는 것이다. 공급의 법칙도 수요의 법칙과 마찬가지로 "*다른 것들이 일정하다면*"이라는 가정을 전제로 한다는 것에 주목하라. 해당 제품의 가격만이 변한다면 그 제품의 공급곡선 상에서의 이동이 발생하며 이를 *공급량의 증가 또는 감소*라고 한다(A movement along a supply curve is *an increase or a decrease in the quantity supplied*). [그림 3.5]가 보여주듯이, 가격 이외의 어떤 다른 변수가 기업들이 공급하려고 하는 용의 willingness에 영향을 준다면 공급곡선은 이동한다. 이를 *공급의 증가 또는 감소*라고 한다(A shift of a supply curve is *an increase or a decrease in supply*). 주어진 가격에서 기업들이 판매하려는 제품의 수량을 증가시키면 공급곡선은 오른쪽으로 이동한다. 그림에서 S_1에서 S_3로의 이동은 *공급의 증가*를 나타낸다. 주어진 가격에서 기업들이 판매하려는 제품의 수량을 감소시키면 공급곡선은 왼쪽으로 이동한다. 그림에서 S_1에서 S_2로의 이동은 *공급의 감소*를 나타낸다.

시장공급곡선을 이동시키는 변수들

다음의 5가지는 시장공급곡선을 이동시키는 중요한 변수들이다.

그림 3.5

공급곡선의 이동

주어진 가격에서 기업들이 판매하려는 수량을 증가시키면 공급곡선은 오른쪽으로 이동한다. S_1에서 S_3로의 이동은 *공급의 증가*라고 표현된다. 주어진 가격에서 기업들이 판매하려는 수량을 감소시키면 공급곡선은 왼쪽으로 이동한다. S_1에서 S_2로의 이동은 *공급의 감소*라고 표현된다.

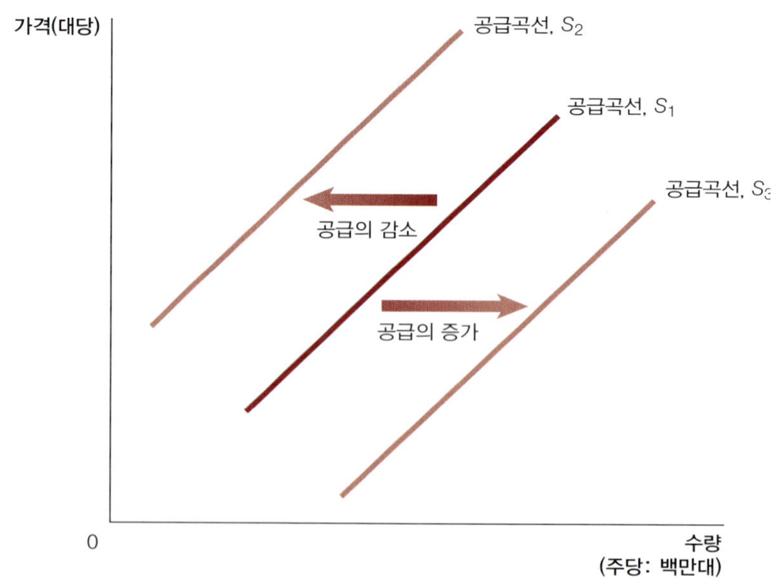

- 투입물(생산요소)의 가격
- 기술변화
- 생산대체재의 가격
- 시장에 참가하는 기업의 수
- 기대되는 미래가격

이러한 변수들의 변화가 시장공급곡선에 어떤 영향을 미치는가를 살펴보자.

투입물(생산요소)의 가격 공급곡선을 이동하게 만들 가능성이 가장 높은 것은 투입물(생산요소)의 가격변화이다. 투입물은 재화나 서비스 생산에 사용되는 모든 것을 말한다. 예를 들어, 스마트폰의 부품인 메모리칩의 가격이 오르면 스마트폰 생산비용이 상승하며 스마트폰의 모든 가격수준에서 스마트폰의 수익성은 하락한다. 이에 따라 스마트폰의 공급은 감소하고 이는 스마트폰의 시장공급곡선을 왼쪽으로 이동하게 만든다. 마찬가지로 생산요소의 가격이 하락하면 스마트폰의 공급은 증가하며 이는 스마트폰의 시장공급곡선이 오른쪽으로 이동하게 만든다.

기술변화 공급의 변화를 가져오는 두 번째 요소는 기술변화이다.

기술변화 technological change는 주어진 투입물(input)의 양을 가지고 생산할 수 있는 생산물(output) 양의 변화를 말한다. 기술변화는 양(+)의 기술변화일 수도 있고, 음(−)의 기술변화일 수도 있다. 양(+)의 기술변화는 일정한 양의 투입물로 더 많은 양의 생산물을 생산할 수 있는 경우를 말한다. 달리 말해, 기업의 근로자나 기계의 *생산성*이 증가하는 경우이다. 일정한 양의 투입물을 사용하여 더 많은 양의 제품을 생산할 수 있다면 제품 단위당 생산비용이 하락하여 그에 따라 해당 제품의 수익성은 증가한다. 이에 따라 해당 제품의 모든 가격수준에서 기업들은 공급량을 증가시키며 이는 해당 제품의 시장공급곡선을 오른쪽으로 이동시킨다.

기술변화
technological change
주어진 생산요소(투입물)의 양을 가지고 생산할 수 있는 생산물 양의 변화. 양(+)의 기술변화와 음(−)의 기술변화 모두 발생할 수 있다.

음(−)의 기술변화는 상대적으로 드물게 나타난다. 이는 지진과 같은 자연재해 또는 전쟁이 발생했을 경우에 나타나며 주어진 투입물의 양을 가지고 생산할 수 있는 제품의 양을 감소시킨다. 음(−)의 기술변화는 기업의 생산비용을 상승시키고 해당 제품의 수익성을 떨어뜨린다. 이에 따라 음(−)의 기술변화는 해당 제품의 시장공급곡선을 왼쪽으로 이동시킨다.

생산대체재의 가격 기업은 자신이 생산하는 재화나 서비스를 선택한다. 한 기업이 생산할 수 있는 다른 제품은 *생산대체재 substitutes in production*라고 부른다. 예를 들어, 휴대폰을 생산하는 기업은 다른 제품도 동시에 생산한다. 예를 들어, Apple 은 iPad를, Samsung은 Galaxy Tab을 생산한다. 이러한 제품들은 유사한 부품을 사용하고 종종 일정한 공장에서 조립된다. 태블릿 PC의 가격이 스마트폰 가격에 비해 하락하면 스마트폰의 수익성은 상대적으로 증가하며 스마트폰 제조회사들은 태블릿 PC의 생산시설을 더 많은 스마트폰 생산으로 전환한다. 따라서 기존의 모든 수준의 스마트폰 가격수준에서 기업들은 더 많은 스마트폰을 공급하려고 한다. 이에 따라 스마트폰의 시장공급곡선은 오른쪽으로 이동한다.

시장에 참가하는 기업의 수 시장에 참가하는 기업 수의 변화도 공급을 변화시킨다. 새로운 기업이 시장에 진입하면 시장공급곡선은 오른쪽으로 이동한다. 기존에 있는 기업이 시장에서 퇴출하면 시장공급곡선은 왼쪽으로 이동한다. 예를 들어, Amazon이 스마트폰 시장에 진입하면 스마트폰의 시장공급곡선은 오른쪽으로 이동할 것이다.

기대되는 미래가격 기업이 자기 제품의 가격이 올라갈 것으로 기대한다면 현재의 공급을 줄이고 미래의 공급을 늘리려는 인센티브를 갖게 된다. 예를 들어, Apple이 현재의 스마트폰 가격이 낮은 상태라고 생각한다면 —아마도 경기침체 때문에— 가격이 더 높아질

표 3.2 시장공급곡선을 이동시키는 변수들

변수의 증가	공급곡선의 이동	이유
투입물의 가격	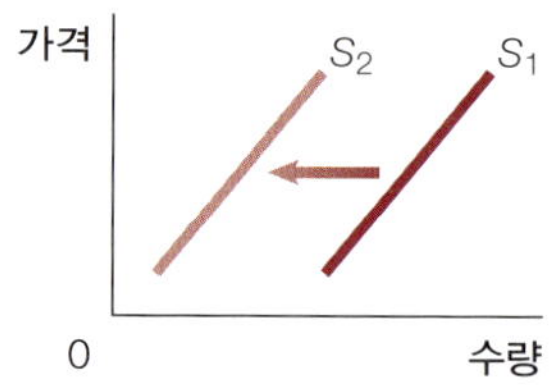	해당 재화의 생산비용이 상승하여 해당재화의 수익성이 하락한다.
기술(생산성)	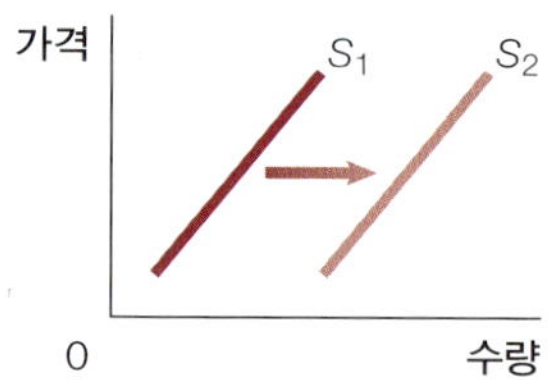	해당 재화의 생산비용이 하락하여 해당재화의 수익성이 상승한다.
생산대체재의 가격	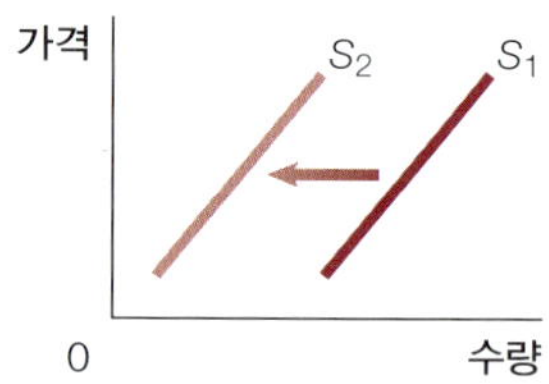	생산대체재의 생산량이 증가하고 해당 재화의 생산량은 감소한다.
시장에 참가하는 기업의 수	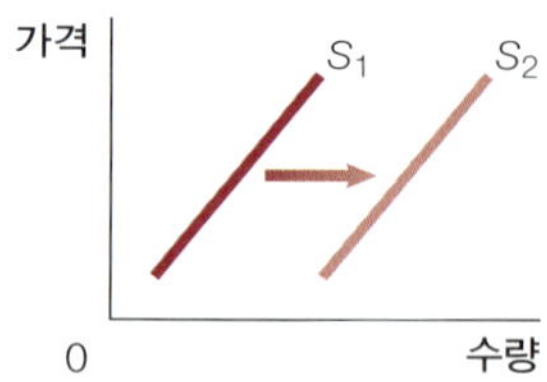	새로운 기업이 시장에 진입하면 모든 가격수준에서 공급량이 증가한다.
기대되는 미래가격	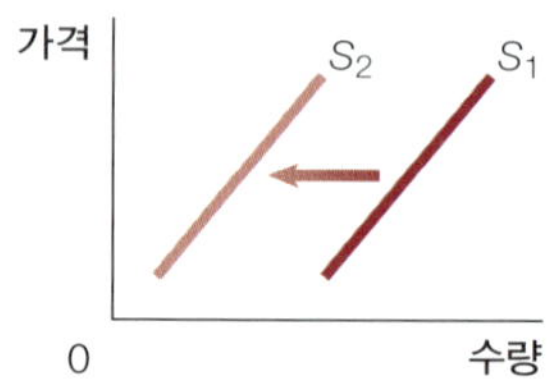	가격이 더 높아지는 미래에 판매하기 위하여 기업은 현재의 공급량을 줄인다.

때 판매하기 위하여 현재 생산량의 일부를 판매하지 않고 그때까지 비축해 둘지도 모른다.

[표 3.2]는 시장공급곡선을 이동하게 만드는 중요한 변수들을 요약해서 보여주고 있다. 그림들은 각 변수들의 값이 증가할 때 시장공급곡선이 이동하는 방향을 나타내고 있는 것이다. 이들 변수의 값이 감소하는 경우에는 시장공급곡선의 이동은 그림과는 반대로 나타날 것이다

공급의 변화와 공급량의 변화

수요의 경우와 마찬가지로, *공급의 변화 change in supply*와 *공급량의 변화 change in quantity supplied*를 구분하는 것도 중요하다. 공급의 변화는 공급곡선의 이동에 대한 표현이다. *가격 이외에* 공급자들의 공급용의 willingness to sell에 영향을 미치는 다른 변수가 변할 때 공급곡선은 이동한다. 공급량의 변화는 해당 재화의 가격변화로 인해 그 재화의 공급곡선을 따라 이동하면서 공급량이 변하는 것을 말한다. [그림 3.6]은 이들을 구분해서 보여준다. 스마트폰 가격이 $200에서 $250으로 상승하면, 이는 공급곡선을 따라 점*A*에서 점*B*로 올라가는 결과를 가져온다. 이에 따라 공급량은 10백만 대에서 11백만 대로 증가한다. 이는 *공급량의 증가*이다. 투입물의 가격이 하락하거나 또는 다른 변수가 변해서 모든 가격수준에서 공급자들이 해당 재화를 더 많이 공급하게 만든다면 이 재화의 공급곡선은 오른쪽으로 이동한다. 이는 *공급의 증가*이다. 이 경우, S_1에서 S_2로 공급이 증가하면 한 대당 가격이 $250일 때 스마트폰의 공급량은 점*B*의 11백만 대에서 점*C*의 13백만 대로 증가한다.

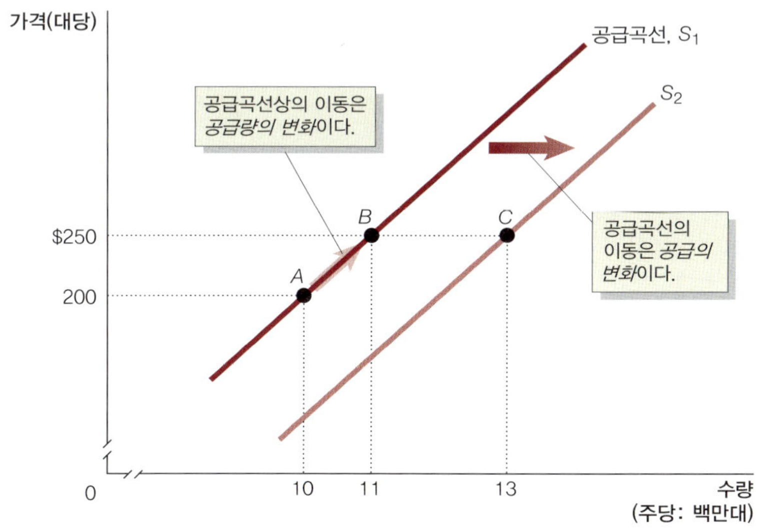

그림 3.6

공급의 변화와 공급량의 변화

스마트폰 가격이 $200에서 $250으로 상승하면, 이는 공급곡선을 따라 점*A*에서 점*B*로 올라가는 결과를 가져온다. 이에 따라 공급량은 10백만 대에서 11백만 대로 증가한다. 투입물의 가격이 하락하거나 또는 다른 변수가 변해서 모든 가격수준에서 공급자들이 해당 재화를 더 많이 공급하게 만든다면 이 재화의 공급곡선은 오른쪽으로 이동한다. 이는 공급의 증가이다. 이 경우, S_1에서 S_2로 공급이 증가하면 한 대당 가격이 $250일 때 스마트폰의 공급량은 점*B*의 11백만 대에서 점*C*의 13백만 대로 증가한다.

3.3. 시장균형: 수요와 공급의 만남

시장은 구매자와 판매자가 만나서 상호작용하는 곳이다. 제2장에서 언급했듯이, 구매자와 판매자의 상호작용은 혼동과 혼란으로 끝나는 것이 아니라 궁극적으로 기업들로 하여금 소비자들이 가장 원하는 재화와 서비스를 공급하도록 유도하는 결과를 가져온다. 이러한 과정이 어떻게 이루어지는가를 이해하기 위해서는 구매자와 판매자의 의사결정을 시장이 어떻게 조정하는가를 알아야 한다.

[그림 3.7]은 스마트폰의 시장수요곡선과 시장공급곡선을 결합시킨 것이다. 두 곡선은 한 점에서 서로 만난다. 이 점은 가격은 $200, 일주일간 수량(거래량)은 10백만 대의 스마트폰을 나타내는 점이다. 이 점에서만 소비자들이 구매하려하고 구매할 수 있는 수량과 기업들이 공급하려하고 공급할 수 있는 수량이 일치한다. 이를 **시장균형** market equilibrium이라고 한다. 이 경우에 시장의 *균형가격 equilibrium price*은 $200, *균형수량 equilibrium quantity*은 10백만 대이다. 이 장의 앞에서 언급했듯이, 이 장의 분석은 수 많은 구매자와 판매자가 있는 경쟁시장을 가정한다. 따라서 이 시장균형을 **경쟁시장균형** competitive market equilibrium이라고 한다.

시장균형 market equilibrium
수요량과 공급량이 일치하는 상황.

경쟁시장균형 competitive market equilibrium
수많은 구매자와 판매자가 있는 경쟁시장의 시장균형.

스마트폰 시장의 경우 수많은 구매자가 있다. 그러나 공급회사는 약 20개 정도밖에 없다. 20개 정도의 기업 수가 이 장에서 살펴보고 있는 경쟁시장모델을 이용한 분석에 충분한 판매자 수인지는 판단의 문제이다. 우리는 스마트폰시장이 경쟁시장이 될 만큼 충분한 수의 판매자를 갖고 있다고 가정한다.

그림 3.7

시장균형

수요곡선이 공급곡선과 만나는 점이 시장균형이다. 이 경우, 스마트시장의 수요곡선은 공급곡선과 가격은 $200, 거래량은 10백만 대에서 만난다. 이 점에서만 스마트폰 소비자들이 지불할 용의를 갖고 또한 지불할 수 있는 스마트폰 수량(수요량)이 스마트폰 회사들이 공급하려하고 또한 공급할 수 있는 수량과 일치한다.

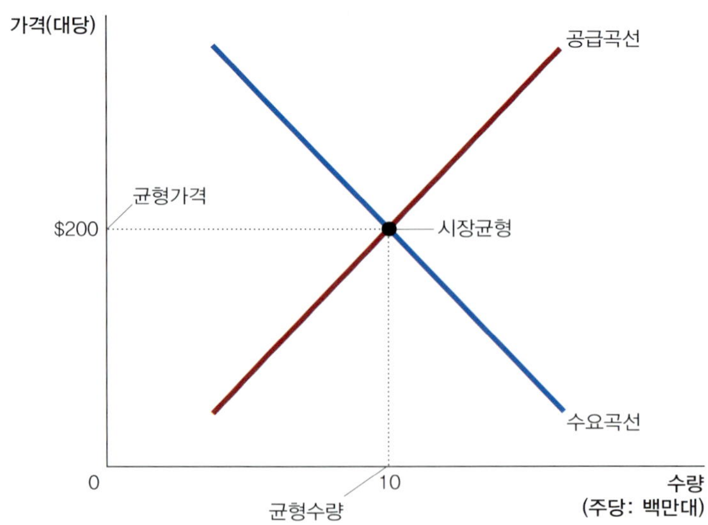

시장은 어떻게 잉여와 부족을 제거하는가?

균형에 있지 않는 시장은 균형으로 이동한다. 하지만 일단 균형에 도달하면, 시장은 균형에 머무른다. 이를 살펴보기 위해 시장이 균형에서 벗어난 경우를 살펴보자. 스마트폰 가격이 시장균형가격인 $200이 아닌 $250이라고 해보자. [그림 3.8]에서 보듯이 $250의 가격에서는 스마트폰 공급량은 11백만 대, 수요량은 9백만 대이다. 공급량이 수요량보다 클 때 **잉여** surplus(초과공급)가 발생하고 있다고 한다. 이 경우, 잉여는 2백만(11백만 – 9백만) 대이다. 시장에 잉여가 발생한다는 것은 판매되지 못한 제품들이 기업들의 창고에 계속 쌓이게 된다는 것을 의미한다. 따라서 이 경우 기업들은 가격을 낮추어 판매량을 늘리려는 인센티브를 갖게 된다. 가격을 낮추면 수요의 법칙에 의하여 수요량은 증가하고 공급의 법칙에 의해 공급량은 줄어든다. 기업의 이러한 행위는 잉여의 크기를 감소시킨다. 그러나 가격이 $200보다 높은 상태에 있다면 여전히 시장에는 잉여가 발생하며 이는 기업이 가격을 계속 낮추게 하는 압력으로 작용한다. 가격이 $200으로 하락할 때에만 시장은 균형 상태에 있게 된다.

잉여 surplus(초과공급)
공급량이 수요량보다 더 많은 경우.

만일 가격이 $100이라면, 수요량은 12백만 대, 공급량은 8백만 대이다. 수요량이 공급량보다 많은 때 시장에 **부족** shortage(초과수요)이 발생하고 있다고 한다. 이 경우, 부족은 4백만(12백만 – 8백만) 대이다. 부족이 발생할 때 일부 소비자들은 현재 가격에서 스마트폰을 살 수 없다. 이 경우, 기업들은 자신들의 판매량을 감소시키지 않으면서도 가격을 올릴 수 있다는 것을 알게 된다. 가격이 상승하면서 공급량은 증가하고 동시에 수요량은 감소하

부족 shortage(초과수요)
수요량이 공급량보다 더 많은 경우.

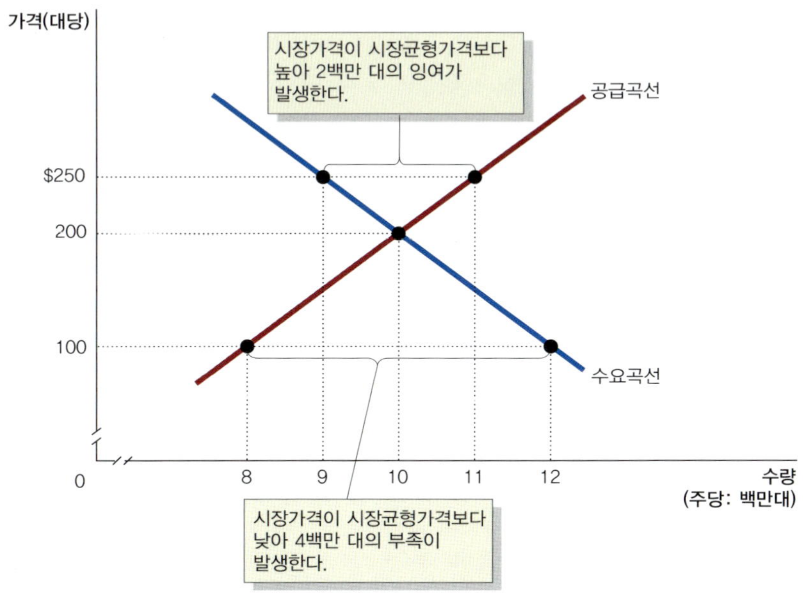

그림 3.8

잉여와 부족이 시장가격에 미치는 영향

시장가격이 균형가격보다 높을 때 *잉여*가 발생한다. 가격이 $250일 때 공급량은 11백만 대이고, 수요량은 9백만 대로 2백만 대의 *잉여*가 발생한다. 스마트폰 제조회사들은 재고를 줄이기 위해서 스마트폰의 가격을 내린다. 이에 따라 시장가격은 균형가격인 $200까지 내려가게 된다. 또한 시장가격이 균형가격인 $200보다 낮을 때 *부족*이 발생한다. 가격이 $100일 때 수요량은 12백만 대이고, 공급량은 8백만 대로 4백만 대의 부족이 발생한다. 스마트폰을 구입하지 못한 소비자들이 더 높은 가격을 지불하고도 구입하려고 하는 것을 알게 된 기업들은 가격을 올리며 시장가격은 균형가격인 $200까지 올라가게 된다.

게 된다. 이러한 조정으로 부족은 줄어든다. 그러나 가격이 $200보다 낮은 수준에 머문다면 여전히 부족이 발생하게 되고, 이는 가격을 계속 상승시키는 압력으로 작용할 것이다. 가격이 $200으로 상승할 때만 시장은 균형에 있게 된다.

경쟁시장균형에서는 시장가격을 지불하려는 소비자들은 모두 자신들이 사고자 하는 만큼 구매할 수 있으며, 시장가격을 받으려는 기업들은 모두 자신들이 팔려고 하는 만큼 판매할 수 있다. 따라서 수요곡선이나 공급곡선이 이동하지 않는 한, 시장가격이 변할 이유는 없다.

수요와 공급 모두가 중요하다.

수요와 공급의 상호작용이 균형가격을 결정한다는 것을 잊지 말자. 소비자든 기업이든 한쪽이 일방적으로 균형가격을 결정하지 못한다. 어떤 가격에서든 구매할 용의가 있는 구매자를 발견할 수 없다면, 기업은 하나도 팔 수 없다. 또 어떤 가격에서든 판매할 용의가 있는 판매자를 발견할 수 없는 한, 소비자는 하나도 살 수 없다.

문제풀이 3.3

수요와 공급 모두가 중요하다: 두 편지 이야기

어떤 편지가 더 값이 나갈까? Abraham Lincoln이 쓴 편지와 그를 암살한 John Wilkes Booth의 편지? Lincoln은 가장 위대한 미국 대통령 중 한 명이었으며 많은 사람들이 그가 쓴 것이면 무엇이든지 모으려고 했다. Lincoln이 쓴 편지에 대한 수요가 Booth가 쓴 편지 편지의 수요보다 훨씬 큰 것으로 보일 것이다. 그러나 R.M. Smythe and Co.가 같은 날 두 사람의 편지를 동시에 경매하였는데 Booth의 편지는 $31,050에, Lincoln의 편지는 $21,850에 팔렸다. 수요공급 그래프를 사용하여 수요가 훨씬 적은 Booth의 편지가 수요가 훨씬 많은 Lincoln의 편지보다 왜 값이 더 나갈 수 있는지 설명해 보라.

문제풀기

Step 1: 본문의 내용을 다시 읽어보라.

Step 2: 하나는 "Lincoln의 수요", 다른 하나는 "Booth의 수요"로 표시하여 Lincoln 편지에 대한 수요가 훨씬 큰 것를 나타내는 두 사람 편지에 대한 수요곡선들을 그려보라.
Lincoln 편지에 대한 수요곡선을 Booth의 편지에 대한 수요곡선보다 훨씬 오른쪽에 위치시켜라.

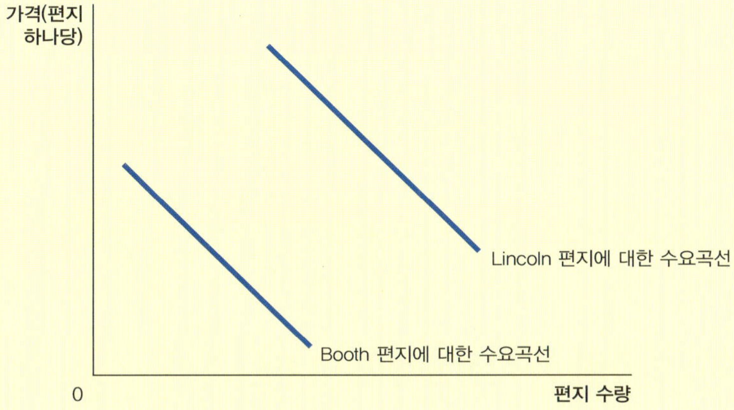

Step 3: Booth 편지의 균형가격이 Lincoln 편지의 균형가격보다 크게 나타나도록 공급곡선들을 그려보라. 방금 그린 수요곡선을 가지고, 어떻게 Lincoln 편지의 시장가격이 Booth 편지의 시장가격보다 낮을 수 있는지 생각해 보라. 이러한 결과는 Lincoln 편지의 공급이 Booth 편지의 공급보다 훨씬 많을 때에만 나타날 수 있다. Booth 편지의 균형가격이 $31,050, Lincoln 편지의 균형가격이 $21,850이 되도록 Lincoln 편지의 공급곡선과 Booth 편지의 공급곡선을 그리면 된다.

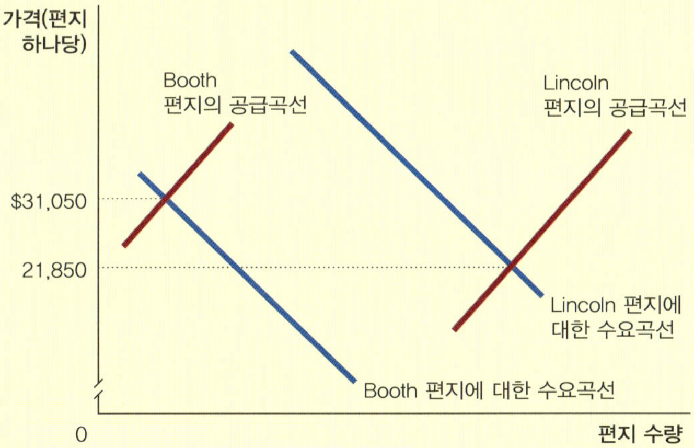

부연 설명: 이 문제는 시장가격의 결정에 수요와 공급 모두가 중요하다는 점을 강조하기 위한 것이다. Lincoln 편지에 대한 수요는 Booth 편지에 대한 수요보다 훨씬 크다. 그러나 Booth 편지의 공급량은 아주 적다. 역사가들은 현재까지 남아 있는 Booth의 편지가 8통밖에 되지 않는다고 한다(현재 남아 있는 Booth와 Lincoln의 편지의 수는 고정되어 있고, 더 많은 편지가 생산되지 않는 것이 확실하지만, 이 편지들의 공급곡선은 우상향하는 것임을 유의하라. 왜냐하면 가격이 올라갈수록 현재 편지를 소유하고 있는 사람들이 판매하기 위해 내놓는 편지의 수는 많아질 것이기 때문이다).

3.4. 수요곡선과 공급곡선의 이동이 시장균형에 미치는 영향

시장에서 수요와 공급의 상호작용에 의해 시장에서 거래되는 한 재화의 가격과 양이 결정된다는 것을 보았다. 또한 수요곡선과 공급곡선을 이동시키는 여러 변수들이 있다는 것도 살펴보았다. 대부분의 시장에서, 수요곡선과 공급곡선은 늘 이동하고 있으며 균형을 나타내는 가격과 수량 또한 그에 따라 늘 변하고 있다. 여기서는 수요곡선과 공급곡선의 이동이 균형가격과 균형수량에 어떻게 영향을 미치는가를 살펴본다.

공급곡선의 이동이 시장균형에 미치는 영향

Amazon이 스마트폰시장에 진입한다면 스마트폰의 시장공급곡선은 오른쪽으로 이동한다. [그림 3.9]는 공급곡선이 S_1에서 S_2로 이동하는 것을 보인다.

공급곡선이 오른쪽으로 이동하면 처음의 균형가격 P_1에서는 잉여가 발생하게 된다. 잉여는 균형가격이 P_2로 하락하면서 제거된다. 그리고 균형공급량은 Q_1에서 Q_2로 증가한다. 기존에 시장에 있던 기업이 시장에서 퇴출하면 공급곡선은 왼쪽으로 이동할 것이고, 그에 따라 균형가격은 상승하고 균형수량은 하락할 것이다.

그림 3.9

공급의 증가가 균형에 미치는 영향

Amazon이 시장에 진입하면 스마트폰 시장의 균형가격은 하락하고, 균형수량은 증가한다.

1. 모든 가격수준에서 더 많은 수량의 스마트폰이 공급될 것이다. 따라서 시장공급곡선은 S_1에서 S_2로 오른쪽으로 이동한다. 이는 처음가격 P_1에서 스마트폰의 잉여가 발생하게 만든다.
2. 균형가격은 P_1에서 P_2로 하락한다.
3. 균형수량은 Q_1에서 Q_2로 증가한다.

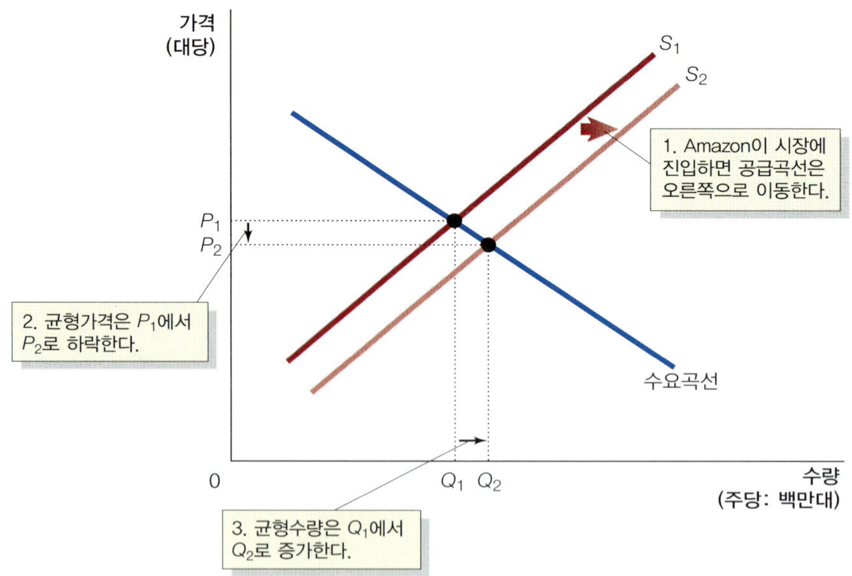

수요곡선의 이동이 시장균형에 미치는 영향

스마트폰은 정상재이므로 소득이 증가하면 시장수요곡선은 오른쪽으로 이동한다. [그림 3.10]은 수요곡선이 D_1에서 D_2로 오른쪽으로 이동하는 경우를 보여준다. 이는 처음가격 P_1에서 부족을 발생시킨다. 부족을 제거하기 위해서 균형가격은 P_2로 상승하고, 균형수량은 Q_1에서 Q_2로 증가한다. 한편, 태블릿 PC 같은 대체재의 가격이 하락하면, 스마트폰의 수요는 감소하고, 이는 스마트폰의 수요곡선을 왼쪽으로 이동시킨다. 수요곡선이 왼쪽으로 이동하면 균형가격과 균형수량은 모두 하락한다.

수요곡선과 공급곡선의 시간에 걸친 이동의 효과

수요곡선이나 공급곡선 중 하나만 이동하면 그것이 균형가격과 균형수량에 어떤 영향을 미치는가는 쉽게 알 수 있다. 그러나, 두 곡선이 모두 이동하면 어떻게 될까? 예를 들어, 대부분의 시장에서는 시간이 감에 따라 인구나 소득이 증가하면서 수요곡선은 오른쪽으로 이동한다. 공급곡선 또한 새로운 기업들이 시장에 들어오고 기술발전이 되어가면서 오른쪽으로 이동한다. 시간이 감에 따라 시장균형가격이 상승할지, 하락할지는 수요곡선이 공급곡선보다 더 많이 오른쪽으로 이동하는가에 달려 있다. [그림 3.11(a)]는 수요곡선이 공급곡선보다 더 많이 오른쪽으로 이동할 때 균형가격이 상승한다는 것을 보여주고 있고, [그림 3.11(b)]는 공급곡선이 수요곡선보다 더 많이 오른쪽으로 이동했을 때 균형가격이 하락한다는 것을 보여준다.

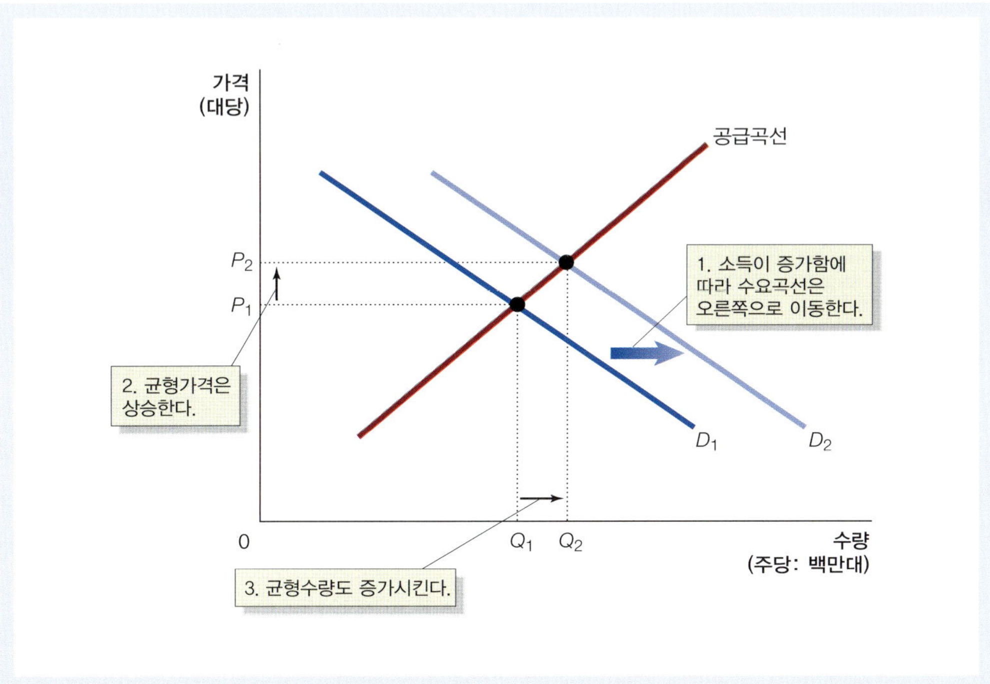

그림 3.10

수요의 증가가 균형에 미치는 영향

소득의 증가는 균형가격과 균형수량을 증가시킨다.

1. 스마트폰이 정상재이므로 소득이 증가할수록 모든 가격 수준에서 스마트폰의 수요는 전보다 증가한다. 따라서 시장수요곡선은 D_1에서 D_2로 오른쪽으로 이동한다. 이는 처음 가격 P_1에서 스마트폰의 부족을 발생시킨다.
2. 균형가격은 P_1에서 P_2로 상승한다.
3. 균형수량은 Q_1에서 Q_2로 증가한다.

그림 3.11

수요곡선과 공급곡선의 시간에 걸친 이동

제품가격이 시간이 지남에 따라 상승하는지 하락하는지는 수요곡선이 공급곡선보다 오른쪽으로 더 많이 이동하는지에 달려 있다. 그림(a)에서, 수요곡선이 공급곡선보다 더 많이 오른쪽으로 이동한다. 따라서 균형가격은 상승한다. 그림(b)에서, 공급곡선이 수요곡선보다 더 많이 오른쪽으로 이동한다. 따라서 균형가격은 하락한다.

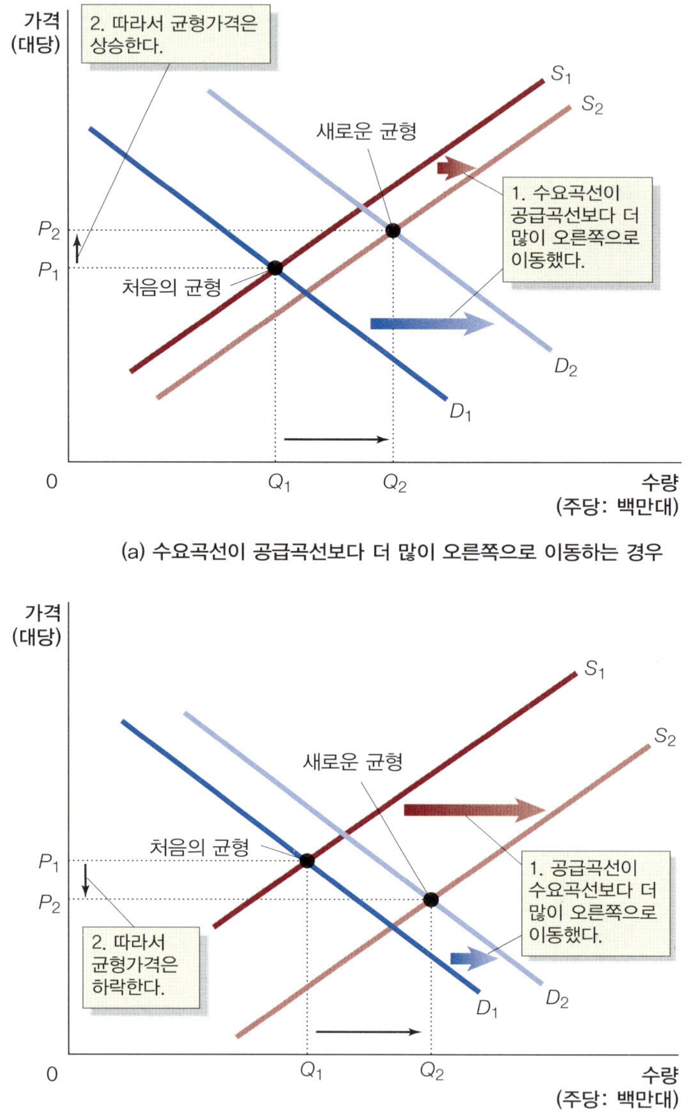

(a) 수요곡선이 공급곡선보다 더 많이 오른쪽으로 이동하는 경우

(b) 공급곡선이 수요곡선보다 더 많이 오른쪽으로 이동하는 경우

[표 3.3]은 시간에 걸쳐 수요곡선과 공급곡선이 이동할 때 나타날 수 있는 균형가격(P)과 균형수량(Q)의 모든 조합들을 요약해 주고 있다. 예를 들어, 표에 빨간색 글은 수요곡선과 공급곡선이 모두 오른쪽으로 이동하는 경우에 균형수량은 증가하지만 균형가격은 상승하거나, 하락하거나, 변하지 않는다는 것을 말해준다. 표의 각 경우를 이해하기 위해 수요곡선과 공급곡선을 사용하여 균형가격과 균형수량이 표에 표시된 것처럼 되는지 확인해보기 바란다. 표에 균형가격이나 수량이 증가하거나 감소할 수 있다고 되어 있는 경우에는

표 3.3 수요곡선과 공급곡선의 이동이 균형가격(P)과 균형수량(Q)에 주는 영향

	공급곡선 변화없음	공급곡선 오른쪽으로 이동	공급곡선 왼쪽으로 이동
수요곡선 변화없음	Q 변화없음 P 변화없음	Q 증가 P 하락	Q 감소 P 상승
수요곡선 오른쪽으로 이동	Q 증가 P 상승	Q 증가 P 상승, 하락, 변화없음	Q 증가, 감소, 변화없음 P 상승
수요곡선 왼쪽으로 이동	Q 감소 P 하락	Q 증가, 감소, 변화없음 P 하락	Q 감소 P 상승, 하락, 변화없음

균형가격이나 균형수량이 증가하는 경우와 하락하는 경우를 보여주는 [그림 3.11(a)]와 [그림 3.11(b)]와 같은 두 개의 그래프를 그려보라. 가격이나 수량이 증가할지 감소할지가 불확실한 경우에는 가격이나 수량이 변하지 않을 수 있다는 점도 살펴보고 왜 그렇게 될 수 있는지 생각해 보라.

문제풀이 3.4

소고기 소비의 감소로 나타난 것은?

소를 키우기 위해 농부들이 지불하는 비용이 증가했고 소비자들의 소고기에 대한 기호 taste도 변해서 소고기 소비가 감소했다는 기사가 신문에 실렸다. 수요곡선과 공급곡선을 사용하여 다음 질문에 답해보라.

a. 이 기사내용을 가지고 소고기의 균형수량이 증가했을지 감소했을지 알 수 있는가?

b. 이 기사내용을 가지고 소고기의 균형가격이 상승했을지 하락했을지 알 수 있는가?

문제풀기

Step 1: 본문의 내용을 다시 읽어보라. 이 문제는 수요곡선과 공급곡선의 이동이 균형가격에 영향을 미치는가에 관한 것이므로 [수요곡선과 공급곡선의 시간에 걸친 이동의 효과] 부분을 다시 읽어보라.

Step 2: 수요와 공급분석을 사용하여 문제 a에 답하라. 소고기의 수요곡선은 왼쪽으로 이동하고, 소 키우는 비용이 증가했으므로 이는 소고기의 공급곡선을 왼쪽으로 이동시킨다. 다음의 그래프는 이를 보여준다.

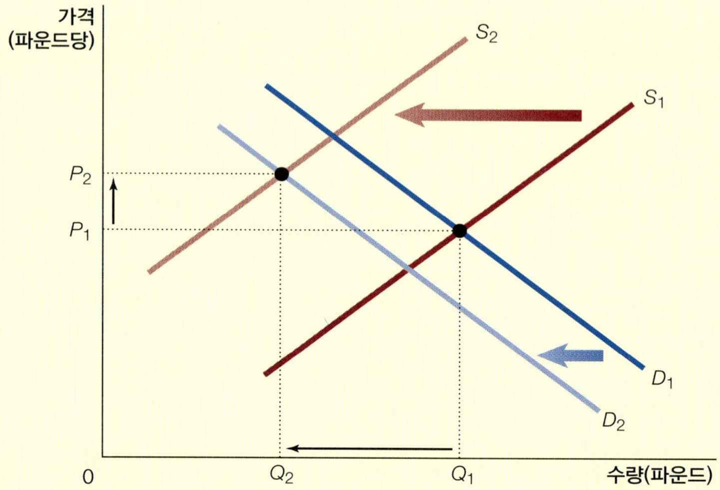

[표 3.3]에서 보이듯이, 수요곡선과 공급곡선이 모두 왼쪽으로 이동하면, 균형수량은 감소한다. 따라서 [표 3.3(a)]에 대한 답은 감소한다는 것이다.

Step 3: 수요와 공급분석을 사용하여 문제 b에 답하라. 위의 그래프에서 볼 때 소고기의 균형가격은 상승한다. 그러나 다음의 그래프도 맞을 수 있는 것이다.

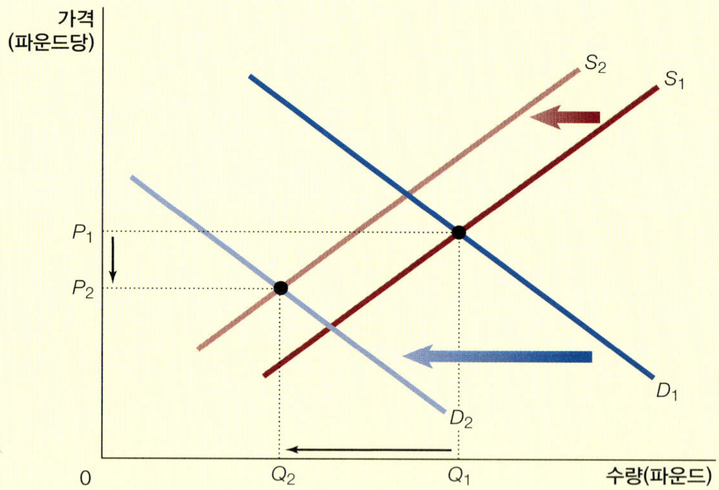

이 그래프에서는 균형가격이 하락한다. 이는 [표 3.3]에서 두 곡선이 모두 왼쪽으로 이동했을 때의 가능한 결과이다. 따라서 [표 3.3(b)]에 대한 답은 소고기 값이 상승할지 하락할지 판단할 수 없다는 것이다.

부연 설명: 2012년과 2013년에, 미국의 소고기 균형수량은 감소했고, 균형가격은 상승했다. 이런 실제의 결과로 볼 때, 소고기 수요의 감소와 소고기 공급의 감소가 소고기 소비의 감소를 가져왔다고 말할 수 있다. 가격이 상승했다는 것은 공급의 감소가 수요의 감소보다 더 컸다는 것을 말해주는 것이다.

자료: Theopolis Waters, "US Beef Prices Set New High as Spring Barbecue Season Heats Up," www.reuters.com, May 3, 2013; and Mark Bittman, "We're Eating Less Meat. Why?" *New York Times*, January 10, 2012.

곡선 자체의 이동과 곡선상에서의 이동

수요곡선과 공급곡선을 사용하여 시장을 분석할 때 수요곡선이나 공급곡선의 이동이 균형가격을 변화시키지만 균형가격의 변화가 다시 수요곡선이나 공급곡선의 이동을 가져오는 것은 아니라는 점을 기억하는 것이 중요하다. 한 재화에 대한 소비자들의 구매용의(willingness to buy)에 영향을 미치는 다른 모든 요소들이 동일하다고 할 때, 해당 재화의 공급이 증가하여 그 재화의 가격이 하락했다고 하자. 이 경우에 수요량은 증가(increase in quantity demanded)한다. 그러나 수요가 증가하는 것(increase in demand)은 아니다. 수요가 증가하기 위해서는 수요곡선 자체가 이동해야 한다. 이는 공급곡선에 대해서도 마찬가지다. 공급자들의 판매용의(willingness to sell)에 영향을 미치는 가격 이외의 다른 모든 요소들이 동일하다고 할 때, 해당 재화의 수요가 감소하여 해당 재화의 가격이 하락한다면 공급량은 감소한다. 그러나 공급은 감소하지 않는다. 공급이 감소하기 위해서는 공급곡선 자체가 이동해야 한다.

결론

수요와 공급의 상호작용으로 시장의 균형가격이 결정된다. 수요 · 공급 모델은 소비자와 기업의 행동이 바뀔 때 시장의 균형가격과 균형수량이 어떻게 변하는가를 예측하게 해주는 매우 강력한 도구이다. 이 모델은 완전경쟁시장이 아닌 시장에 대한 분석에도 유용하게 사용될 수 있다. 판매자들 간에 심한 경쟁이 존재할 때 수요 · 공급 모델은 종종 가격과 거래량의 변화를 잘 예측해준다. 이 모델은 다음 장에서 경제적 효율성과 정부의 하한가격이나 상한가격 책정이 가져오는 결과를 분석할 때에도 사용된다.

주요 용어

KEY TERMS

세테리스 파리부스 조건 *ceteris paribus* condition
경쟁시장균형 competitive market equilibrium
수요곡선 demand curve
수요표 demand schedule
인구구성 demographics
소득효과 income effect
수요의 법칙 law of demand
공급의 법칙 law of supply
시장수요 market demand
시장균형 market equilibrium
정상재 normal good
열등재 inferior good
완전경쟁시장 perfectly competitive market
수요량 quantity demanded
공급량 quantity supplied
부족 shortage
대체재 substitutes
보완재 complements
대체효과 substitution effect
공급곡선 supply curve
공급표 supply schedule
잉여 surplus
기술변화 technological change

연습문제

PROBLEMS

*복습질문

1. 수요곡선이란 무엇인가?
2. 라틴말인 세테리스 파리부스 *ceteris paribus*의 의미는 무엇인가?
3. "수요의 변화"와 "수요량의 변화"는 어떻게 다른가?
4. 수요의 법칙은 무엇인가?
5. 한 재화의 가격상승이 그 재화에 대한 수요량을 어떻게 감소시키는지를 대체효과와 소득효과를 사용하여 설명하라.
6. 수요곡선을 이동시키는 주요 변수들은?
7. 공급곡선이란 무엇인가?
8. "공급의 변화"와 "공급량의 변화"는 어떻게 다른가?
9. 공급의 법칙은 무엇인가?
10. 공급곡선을 이동시키는 주요 변수들은?
11. 시장균형이란 무엇인가?
12. 부족 *shortage*은 무엇을 말하는가? 잉여 *surplus*는 무엇을 말하는가?
13. 현재 가격이 균형가격보다 높다면 시장에서 어떤 일이 발생하는가? 현재 가격이 균형가격보다 낮다면 시장에서 어떤 일이 발생하는가?
14. 다음이 균형가격에 미치는 영향을 그래프로 그려보라.
    a. 수요곡선이 오른쪽으로 이동했다.
    b. 공급곡선이 왼쪽으로 이동했다.

*문제와 응용

1. 다음의 두 재화들이 각각 대체재인지 보완재인지 아니면 관계가 없는 재화인지 말해보라.
    a. 새 자동차와 중고 자동차
    b. 주택과 세탁기
    c. UGG 부츠와 e-reader
    d. iPad와 e-reader
2. 다음의 경우가 McDonald의 Big Mac의 수요곡선상의 이동인지, 수요곡선의 이동인지를 구별하라. 수요곡선의 이동이라면 왼쪽으로의 이동인지 오른쪽으로의 이동인지 구별하라.
    a. Burger King의 Whopper 가격이 하락했다.
    b. McDonald가 Big Mac 구입시 $1.00 깎아주는 쿠폰을 나누어 주었다.
    c. 감자가 부족해서 french fries의 가격이 상승했다 .
    d. 패스트푸드 레스토랑들이 영양부족에 관한 경고 문자를 붙였다.
    e. 경제가 소득이 급속히 증가하는 국면에 들어갔다.
3. 다음과 같은 기사가 *New York Times*에 실렸다. "일부 사립대학들은 자신들이 등록금을 올리니까 실제로 응시생의 수가 증가했다고 말했다. 이는 학부모들이 등록금의 수준과 대학의 질을 같이 생각하기 때문인 것이 확실하다." 이는 이들 대학들의 수요곡선이 우상향한다는 것을 말하는가? 간단히 설명하라.
4. Richard Posner는 경제관련 논문을 종종 쓰는 미국 연방

법원 판사이다. 한 신문은 온라인 서점과 e-book에 대한 Posner 판사의 생각을 기사로 실었다.

> Posner는 "서점들이 사라지는 것은 슬퍼할 일이 아니라 축하할 일이다. 왜냐하면 e-book과 온라인 서점은 책의 비용을 감소시켜 줄 것이고 따라서 책의 수요를 증가시킬 것이기 때문이다." 라고 주장했다.

당신은 기자가 쓴 Posner 판사의 말에 동의하는가?

5. 다음의 설명이 공급의 변화를 말하는 것인지, 공급량의 변화를 말하는 것인지 간단히 말해보라.
   a. 눈이 오는 겨울에 눈을 퍼내는 눈삽의 가격이 올라가는 것을 이용하기 위해 Alexander Shovels, Inc.사는 눈이 올 때 눈삽의 생산량을 증가시키기로 했다 .
   b. Apple의 iPhone의 성공은 더 많은 기업들이 스마트폰 생산을 시작하게 만들었다 .
   c. 2011년 일본의 지진과 쓰나미가 발생한 후 6개월 동안 일본의 자동차 생산은 20% 감소했다.

6. 스마트폰 제조회사들의 스마트폰 공급량이 서로 다른 이유는 무엇인가?

7. 한 재화의 가격이 상승하면 그 재화의 공급량은 시간이 지남에 따라 증가하겠는가? 감소하겠는가?

8. 다음의 말에 동의하는지 간단히 설명하라.
"한 재화의 부족이 발생할 때 결국 소비자들은 그 재화의 구매를 포기한다. 따라서 시장이 균형에 도달할 때까지 그 재화에 대한 수요은 감소하고 가격은 하락한다."

9. "시장이 균형에 있다면 모든 구매자와 판매자가 시장균형가격에 만족하고 있다는 것을 말한다." 이 말은 맞는가? 간단히 설명하라.

10. 와인시장에 대해 Wall Street Journal에 다음과 같은 기사가 실렸다. "최근에 많은 농부들이 새로운 포도나무를 심는 것을 포기하고 그 중 일부 농부는 밤이나 채소 기타 과일을 더 많이 심는 쪽으로 방향을 선회했다. 그러나 이와 동시에 미국인들은 더 많은 포도주를 마시기 시작했다." 수요곡선과 공급곡선을 사용하여 다음과 같은 질문에 답해보라.
   a. 이러한 정보를 갖고 와인의 균형수량이 증가할 것인지 감소할 것인지에 대해 확실하게 말할 수 있는가?
   b. 이러한 정보를 갖고 와인의 균형가격이 상승할 것인지 하락할 것인지에 대해 확실하게 말할 수 있는가?

11. 수년 전에 한 사과생산자는 미국이 수입바나나에 대해 관세를 매겨야 한다고 주장했다. 그의 생각은 값싼 바나나의 대량 수입으로 인해 미국인들의 미국에서 생산되는 다른 과일에 대한 수요가 줄었다는 것이다.
   a. 이 사과생산자는 사과와 바나나를 대체재로 보고 있는가, 보완재로 보고 있는가? 간단히 설명하라.
   b. 바나나에 대한 관세가 미국에 바나나를 공급하는 비용을 증가시키는 쪽으로 작용한다고 하자. 이 경우, 이 사과생산자의 제안이 갖는 효과를 수요곡선과 공급곡선을 사용하여 미국의 바나나 시장과 사과시장에 대해 각각 나타내 보라. 각 시장에서의 균형가격과 균형수량의 변화와 수요곡선이나 공급곡선의 이동을 나타내라.

12. "인터넷 광고에 대한 수요가 증가하고 있고 이와 동시에 광고를 실어 주는 인터넷 사이트의 수도 증가하고 있다." 라는 기사가 신문에 실렸다. 이 기사를 읽은 한 학생이 다음과 같이 말했다. "이 기사로 볼 때 인터넷 광고가격은 올라갈 것이 확실하다. 하지만 인터넷 광고의 양이 전체적으로 증가할지 감소할지는 확실히 알 수 없다." 라고 말했다. 이 학생의 분석은 맞는가?
수요곡선과 공급곡선을 사용하여 답해보라.

13. 2013년에 한 재화의 균형가격이 $100, 한 달 동안의 균형수량은 1,000개이고, 2014년에는 각각 $150과 800개였다. 이 재화의 경우에는 2013년에서 2014년 사이에 수요곡선의 이동이 더 컸는가, 공급곡선의 이동이 더 컸는가? 간단히 설명하라.

14. 보육서비스를 제공하는 회사들에 대한 정부의 규제(예를 들어, 영아교육 교사들에 대한 기준 강화)를 증가시켜야 한다는 제안이 제출되었다. 이러한 규제가 보육서비스의 질을 높이고 보육서비스에 대한 수요를 증가시킨다고 하자. 그러나 정부의 새로운 규제를 따르면 서비스를 제공하는 회사들의 생산비용이 증가한다. 이러한 상황이 보육서비스 시장에 주는 효과를 이 시장에 대한 수요곡선과 공급곡선을 사용하여 표현해 보라. 정부의 새로운 규제로 보육서비스의 구매량은 증가하는가, 감소하는가? 간단히 설명해 보라.

15. 겨울철에 스키리조트에 있는 호텔방에 대한 시장을 가장 잘 표현하는 것은 두 그래프 중 어느 그래프인가? 간단히 설명하라. 겨울철 호텔방 가격이 여름철 호텔방 가격과 동일하다면 겨울에 어떤 일이 발생하겠는가?

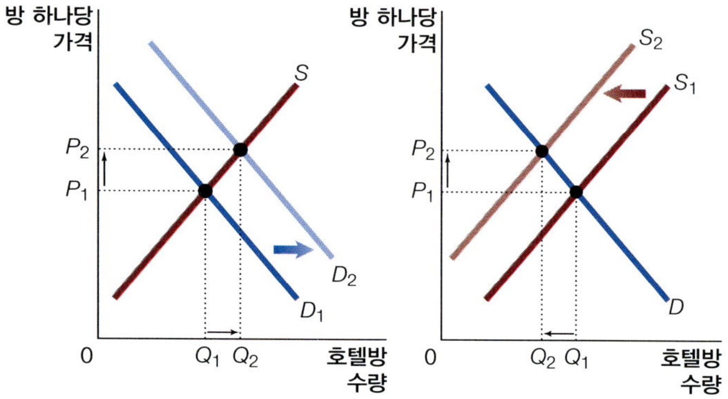

16. 다음 두 그래프는 중 하나는 Tesla 자동차시장에 대한 수요와 공급곡선이고, 다른 하나는 폐암 환자들이 살아남기 위해서 복용해야 하는 약시장의 수요와 공급곡선이다. 어떤 그래프가 어떤 시장에 대한 것인가?

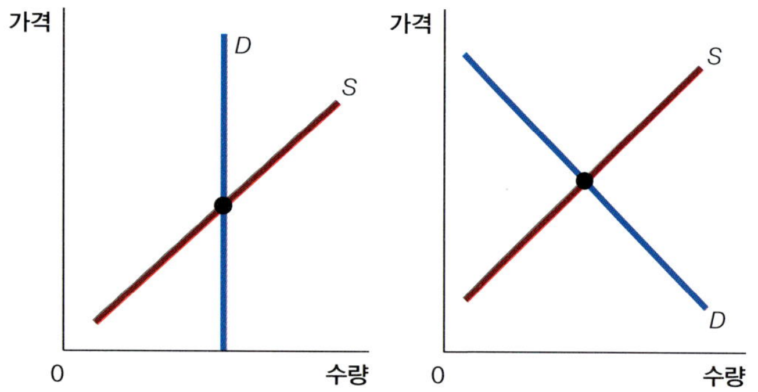

CHAPTER

4

경제적 효율성, 정부의 가격책정, 세금

이 장의 학습내용

4.1 소비자잉여와 생산자잉여
- 소비자잉여와 생산자잉여의 개념을 익힌다.

4.2 경쟁시장의 효율성
- 경제적 효율성의 개념을 이해한다.

4.3 시장에 대한 정부의 간섭: 하한가격과 상한가격
- 정부가 정하는 하한가격과 상한가격의 경제적 효과를 설명한다.

4.4 세금의 경제적 영향
- 세금의 경제적 영향에 대해 분석한다.

공유경제, 앱, 그리고 집세 통제

시장의 역할은 구매자와 판매자를 연결하는 것이다. 최근에는 인터넷 창업기업들이 아파트, 자동차, 보트, 자전거, 기타 여러 재화들을 단기간 임대해주는 시장을 만들고 있다. 예를 들어, Airbnb 앱을 다운로드 받은 사람들은 192개국 30,000개의 도시에서 단기적으로 빌릴 수 있는 방을 찾을 수 있다. 집, 아파트, 방 등을 단기적으로 며칠간 빌려주려는 사람들은 그것을 통해 추가 수입을 얻기를 희망하는 사람들이다. Airbnb, Roomorama, Getaround, Relay-Rides, SnapGoods와 같은 사이트들은 단기간 동안 방을 필요로 하는 사람과 방을 빌려주려는 사람들을 연결해 주는 대표적인 사이트들이다. *Economist* 잡지는 이러한 사이트를 활용하는 사람들이 급격히 증가하고 있는 것을 "공유(共有) 경제 sharing economy"가 활성화되고 있다고 표현하고 있다.

Airbnb은 San Francisco에 기반을 두고 있으며 2008년에 설립되었다. 2012년에는 이 사이트를 통해 2.5백만 명 이상의 사람들이 방을 빌렸다. 이러한 성공에도 불구하고, 집세에 대해 행정당국이 규제를 하고 있는 도시들에서는 Airbnb가 논란의 대상이 되고 있다. New York, San Francisco, Los Angeles뿐만 아니라 그보다 작은 약 200개에 달하는 미국의 도시들에서 아파트 집세가 지방정부에 의해 통제되고 있다. 집세통제(rent control)는 아파트 집세로 집주인이 받을 수 있는 금액에 정부가 법적 제한을 두는 것을 말한다. 정부의 아파트 집세통제에 찬성하는 사람들은 시장균형 집세가 중산층 이하의 사람들이 지불하려고 하고, 지불할 수 있는 가격보다 높게 형성되어 있는 도시들에서 이들이 아파트를 구할 수 있게 해주기 위해 필요한 통제라고 주장한다. 그러나 이 장에서 살펴볼 것이지만, 집세통제는 아파트의 부족을 발생시킬 뿐만 아니라 사람들이 자신의 아파트를 통제된 가격수준보다 훨씬 높게, 단기적으로 Airbnb이나 기타 사이트에 내놓게 만들고 있다. San Francisco에서 집주인들은 정부가 정한 통제가격으로 자기 집에 세 들어 살고 있는 일부 고소득 세입자들이 자신들이 살고 있는 아파트를 아파트 공유 사이트에 높은 집세로 내놓고 정작 고소득 세입자 자신들은 이 도시 밖에서 살고 있다고 불평하고 있다.

일부 관찰자들은 일 대 일로 사람들을 연결해 주는 아파트 임대사이트를 정부가 규제하는 것이 어려우므로 집세를 정부가 통제하는 것이 불가능할 것이라고 주장한다. 집세통제에 찬성하는 사람들은 Airbnb 등의 사이트를 통해 불법거래를 하는 것을 정부가 통제해야 한다고 주장한다.

자료: "The Rise of the Sharing Economy" and "All Eyes on the Sharing Economy," *Economist*, March 9, 2013; "NYC Judge: Renting Apartments Using Airbnb Illegal," Associated Press, May 22, 2013; Steven T. Jones, "Airbnb's Tax and Tenant Law Violations Headed for Hearings," sfbg.com, March 28, 2013; and C.W. Nevius, "Rent Control Sometimes Benefitting the Rich," *San Francisco Chronicle*, June 16, 2012.

경쟁시장에서는 수요량과 공급량이 일치할 때까지 가격이 변한다는 것을 보았다. 균형에서 시장가격을 지불하려고 하는 소비자들은 모두 자신이 원하는 만큼을 구매할 수 있고, 시장가격에 팔려고 하는 기업들은 모두 자신이 원하는 만큼을 판매할 수 있다. 그렇다고 하더라도 소비자들은 당연히 시장가격보다 낮은 가격을 지불하기를 원하고 기업들은 시장가격보다 더 높은 가격을 받기를 원한다. 하지만 소비자들이나 기업들은 자신들이 시장에 참가하기를 원하는 한, 시장의 균형가격을 받아들일 수밖에 없다. 그러나 종종 소비자들은 판매자들이 받을 수 있는 최고가격인 **상한가격 price ceiling**을 정부가 강제하도록 하는데 성공한다. 집세통제는 상한가격의 한 예이다. 마찬가지로 기업들도 자신들이 받을 수 있는 최저가격인 **하한가격 price floor**을 정부가 강제하도록 하는데 때때로 성공한다. 우유와 같은 농산물에 대해 미국정부는 1930년대 이후로 시장균형가격보다 높은 하한가격을 책정해서 강제해오고 있다.

상한가격 price ceiling
판매자가 받을 수 있는 법적으로 정해진 최고가격.

하한가격 price floor
판매자가 받을 수 있는 법적으로 정해진 최저가격.

정부가 시장에 간섭하는 또 하나의 방법은 세금을 부과하는 것이다. 정부는 세금으로 걷어들인 세금수입을 정부활동을 하기 위한 지출에 사용한다. 하지만 불행하게도 정부가 상한가격이나 하한가격을 책정하거나, 세금을 부과하여 시장에 간섭할 때마다 나타날 것으로 예측되는 경제적 결과는 부정적인 것이다. 정부의 정책입안자나 투표권을 행사하는 주민들은 정부의 이러한 행동이 가져다주는 부정적인 결과를 잘 이해하고 정부정책을 평가하는 것이 중요하다. 경제학자들은 *소비자잉여 consumer surplus*와 *생산자잉여 producer surplus*, 그리고 *사장손실 deadweight loss*이라는 개념을 개발하여 상한가격, 하한가격, 그리고 세금이 가져다주는 경제적 효과를 분석하고 있다.

4.1. 소비자잉여와 생산자잉여

소비자잉여는 소비자들이 재화나 서비스를 살 때 얻는 금전적 혜택으로 측정된다. 생산자잉여는 생산자들이 재화나 서비스를 팔 때 얻는 금전적 혜택으로 측정된다. 한 시장에서 발생하는 경제적 잉여는 소비자잉여와 생산자잉여의 합으로 측정된다. *정부가 상한가격이나 하한가격을 강제할 때 한 시장에서 발생하는 경제적 잉여는 감소한다.* 달리 말해, 상한가격과 하한가격은 소비자들과 기업들이 시장에서 구매하고 판매하는 거래를 통해서 얻는 총혜택을 감소시킨다. 그 이유를 알기 위해서 소비자잉여와 생산자잉여가 어떻게 결정되는가를 이해해야 한다.

소비자잉여

소비자잉여 consumer surplus
소비자가 지불할 용의가 있는 최고가격과 소비자가 실제로 지불하는 가격 간의 차이.

소비자잉여 consumer surplus는 소비자가 지불할 용의가 있는 최고가격과 소비자가 실제로 지불하는 가격의 차이를 말한다. 당신이 Wal-Mart에서 물건을 사다가 *World War Z* DVD를 발견했다고 하자. 그런데 DVD에 가격표가 붙어 있지 않아서 가격을 알아보려고 계산대까지 갖고 가는 도중에 당신은 당신이 지불할 용의가 있는 최고금액이 $18이라고 생각한다. 계산대에서 실제 가격이 $12라는 것을 알고 당신은 그 DVD를 구매한다. 당신의 얻는 소비자잉여는 $6이다. 이는 당신이 지불할 용의가 있는 가격 $18과 당신이 실제로 지불하는 가격 $12의 차이이다.

한 시장에서 나타나는 총 소비자잉여를 측정하기 위해서는 수요곡선을 이용한다. 수요곡선은 해당 재화를 구매하기 위해서 소비자들이 지불할 용의가 있는 다양한 가격을 알려주고 있는 것이기도 하다. 소비자들은 소비로부터 얻는 한계혜택(MB)이 가격(P)과 일치할 때 까지 해당 재화를 구매하려고 한다. 따라서 소비자는 MB=P가 되는 소비량을 소비하려 함으로 *수요곡선은 그 소비자의 한계혜택곡선 marginal benefit curve*이기도 한 것이다. **한계혜택 marginal benefit**은 소비자가 재화나 서비스를 한 단위를 더 소비함으로써 얻는 추가적인 금전적 혜택을 말한다. 예를 들어, 차이티 chai tea시장에 Theresa, Tom, Terri, Tim의 네 명의 소비자만 있다고 하자. 이 네 명은 소득도 다르고 차이티에 대한 기호도 서로 다르므로 차이티 한 잔을 소비할 때 얻는 한계혜택도 서로 다르다. 따라서 각자가 티 한 잔에 대해 지불할 용의가 있는 최고가격도 서로 다르다. [그림 4.1]는 표에 있는 수치를 사용하여 그린 차이티에 대한 수요곡선을 보여준다. 가격이 한 잔에 $6보다 높을 때 차는 한 잔도 안 팔린다. 왜냐하면 소비자 중 어느 한 사람이라도 지불하고자 하는 가장 높은 가격

한계혜택 marginal benefit
재화나 서비스를 한 단위 더 소비함으로써 소비자가 얻는 추가적인 금전적 혜택.

소비자	지불하고자 하는 최고가격
Theresa	$6
Tom	5
Terri	4
Tim	3

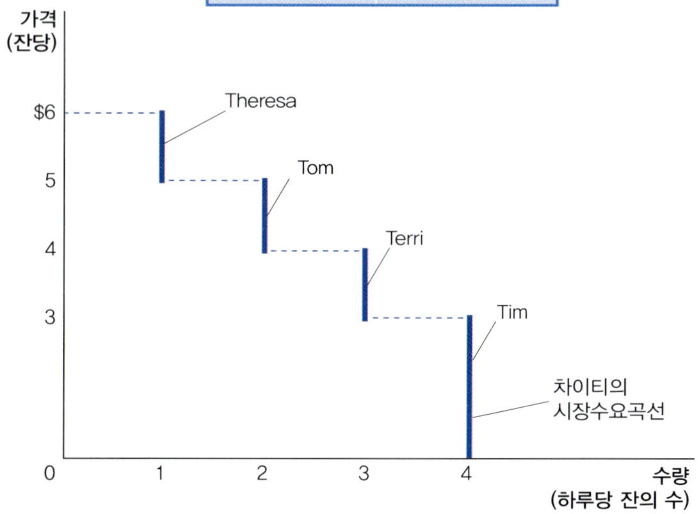

그림 4.1

차이티시장의 수요곡선 도출

차이티시장에 네 명의 소비자가 있다. 수요곡선은 각 소비자가 지불할 용의가 있는 최고가격을 보여준다. 시장가격이 $6보다 높을 때, 티는 한 잔도 안 팔린다. 왜냐하면 소비자 중 어느 한 사람이라도 지불하고자 하는 가장 높은 가격이 $6이기 때문이다. $3이나 그 미만일 때 네 명의 소비자 모두가 차를 사려고 할 것이다.

이 $6이기 때문이다. 가격이 $5일 때, Theresa와 Tom은 차를 구매하려 할 것이다. 따라서 두 잔이 팔릴 것이다. 가격이 $3이나 그 미만일 때 네 명의 소비자 모두가 차를 사려고 할 것이고 따라서 네 잔이 팔릴 것이다.

차이티의 시장가격이 한 잔에 $3.50라고 가정할 경우, [그림 4.2]는 수요곡선을 이용하여 총소비자잉여를 계산할 수 있음을 보여준다. [그림 4.2(a)]는 Theresa가 지불할 용의가 있는 최고가격이 $6인데 실제로 그녀가 지불하는 금액은 $3.50이므로 그녀가 얻는 소비자잉여 가 $2.50(사각형 *A*의 면적)임을 보여준다. 마찬가지로, Tom의 소비자잉여는 $1.50(사각형 *B*), 그리고 Terri의 소비자잉여는 $0.50(사각형 *C*)임을 보여준다. Tim은 한 잔에 $3.50나

그림 4.2

소비자잉여의 측정

그림(a)는 시장가격이 한 잔에 $3.50일 때 Theresa, Tom, Terri의 소비자잉여를 보여준다. Theresa의 소비자잉여는 사각형 *A*의 면적이다. 그리고 그녀가 지불하려는 최고가격인 $6와 시장가격인 $3.50의 차이이다. Tom의 소비자잉여는 사각형 *B*의 면적이다. Terri의 소비자잉여는 사각형 *C*의 면적이다. 따라서 이 시장에서 소비자들이 얻는 총소비자잉여는 사각형 *A*, *B*, *C* 면적을 모두 더한 것이다. 즉, 수요곡선의 아래와 시장가격의 위에 있는 총면적이다. 그림(b)에서, 소비자잉여는 시장가격이 $3.50에서 $3.00으로 하락함에 따라 짙은 파란색으로 표시된 면적만큼 증가한다.

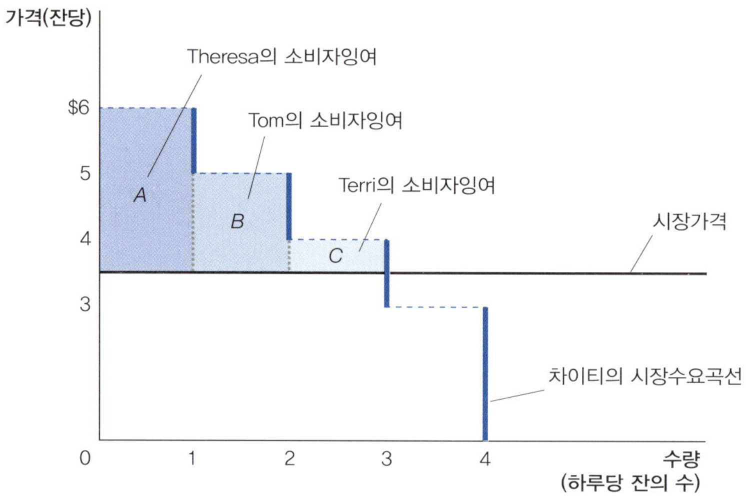

(a) 시장가격이 $3.50일 때 소비자잉여

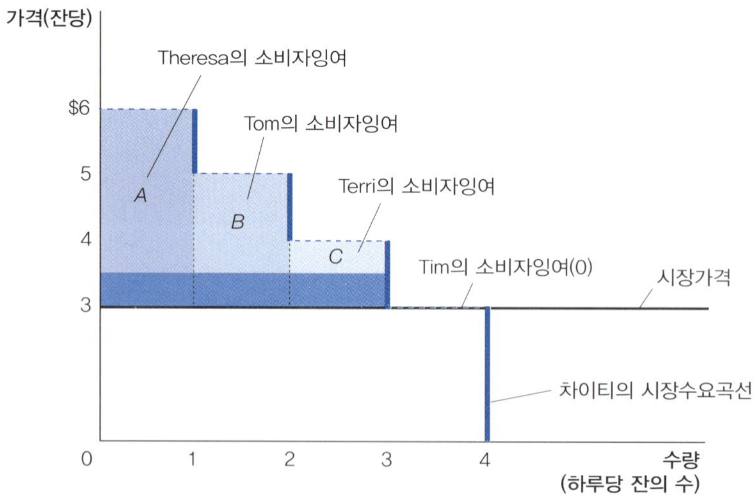

(b) 시장가격이 $3.00일 때 소비자잉여

주고 차를 마시고 싶어하지 않으므로 그는 이 시장에 참가하지 않는다. 따라서 그가 얻는 소비자잉여는 없다.

이 간단한 예에서, 총소비자잉여는 \$2.50 + \$1.50 + \$0.50 = \$4.50(사각형 *A*, *B*, *C* 면적의 합계)이다. [그림 4.2(b)]는 시장가격이 더 낮아진다면 소비자잉여가 증가한다는 것을 보여준다. 티의 시장가격이 한 잔당 \$3.50에서 \$3.00로 떨어진다면, Theresa, Tom, Terri 는 각자가 \$0.50 더 많은 소비자잉여(짙은 파란색의 면적)를 가져가게 된다. 그에 따라 시장에서 발생하는 총소비자잉여는 \$6.00로 증가한다. Tim도 이제 한 잔의 티를 사지만 시장가격이 자신이 지불하려고 하는 최고가격과 일치하므로 Tim에게는 소비자잉여가 발생하지 않는다. 사실, Tim은 티 한 잔을 사 마셔도 되고 사 마시지 않아도 된다. 즉, 어느 쪽을 선택하든지 그의 후생 well-being은 변하지 않는다.

[그림 4.1]과 [그림 4.2]에 그려진 수요곡선은 흔히 보는 매끄러운 수요곡선이 아니다. 그 이유는 소비자들의 수가 적기 때문이다. 소비자 수가 많을 경우에는 차이티시장의 수요곡선도 [그림 4.3]에서처럼 통상적인 매끄러운 모양으로 나타난다. 그림에서, 가격이 \$2.00일 때 하루에 수요되는 차이티의 양은 15,000잔이다. [그림 4.3]에서도 [그림 4.1]과 [그림 4.2]에서 했던 것처럼 소비자들이 구매한 각 단위에서 발생하는 소비자잉여를 모두 합침으로써 총소비자잉여를 계산할 수 있다. 따라서 다시 확인하지만 한 시장에서 발생하는 총소비자잉여는 그 시장의 수요곡선의 아래와 시장가격의 위에 있는 면적과 일치한다. [그림 4.3]에서 음영으로 표시된 부분이 소비자잉여이며, 이는 소비자들이 한 재화(이 경우에는 차이티)를 구입하기 위해 지불하는 가격을 초과하여 얻는 혜택을 의미한다.

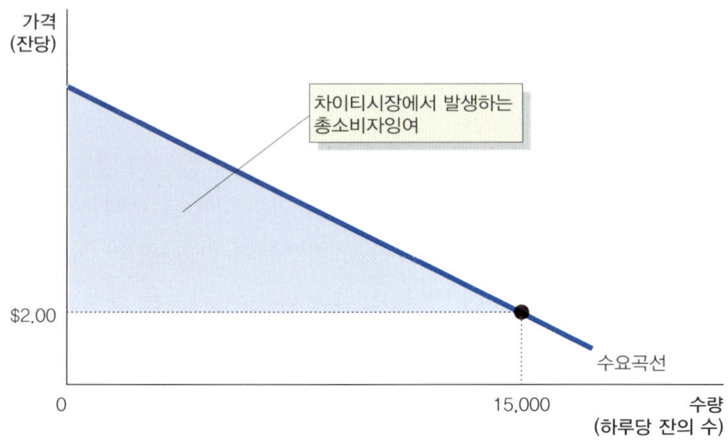

그림 4.3

차이티시장의 총소비자잉여

수요곡선은 대부분의 차이티 구매자들이 시장가격 \$2.00보다 더 많은 금액을 지불할 용의가 있음을 보여준다. 각 구매자가 얻는 소비자잉여는 자신이 지불할 용의가 있는 최고가격과 실제로 자신이 지불하는 시장가격 간의 차이이다. 따라서 이 차이티시징에서 발생하는 총소비자잉여는 수요곡선의 아래와 시장가격의 위에 있는 면적이다. 소비자잉여는 소비자들이 한 재화를 구입할 때 지불하는 가격을 초과하여 얻는 혜택을 말해준다.

Making the Connection

초고속 인터넷이 가져다 주는 소비자잉여

소비자잉여는 한 재화를 구입하는데 소비자들이 지불하는 가격을 초과하여 소비자들이 얻는 혜택의 크기를 측정할 수 있게 해준다. Northwestern University의 Shane Greenstein 교수와 University of Rochester의 Ryan McDevitt 교수는 가구들이 초고속 인터넷을 신청함으로써 얻는 소비자잉여를 추정하였다. 이들은 초고속 인터넷의 수요곡선을 추정한 후에 그림에 음영으로 표시된 부분의 면적을 계산했다.

그들이 분석을 한 연도에, 47백만 명의 소비자들이 초고속 인터넷을 이용하기 위하여 한 달에 평균 $36의 가격을 지불했다. 수요곡선은 초고속 인터넷을 사용할 때 소비자들이 얻는 한계혜택을 보여준다. 수요곡선의 아래와 $36 가격선의 위에 위치한 면적은 초고속 인터넷을 사용했을 때 소비자들이 지불하려는 가격과 실제로 자신들이 지불하는 $36의 차이를 보여준다. 그림에 음영으로 표시된 부분은 초고속 인터넷 서비스 시장에서 나타나는 총소비자잉여의 크기를 나타낸다. Greenstein 교수와 McDevitt 교수는 이 면적이 갖는 가치를 $890.4백만으로 추정했다. 이는 초고속 인터넷을 신청하여 사용하는 소비자들이 한 달 동안 얻는 혜택의 가치이다.

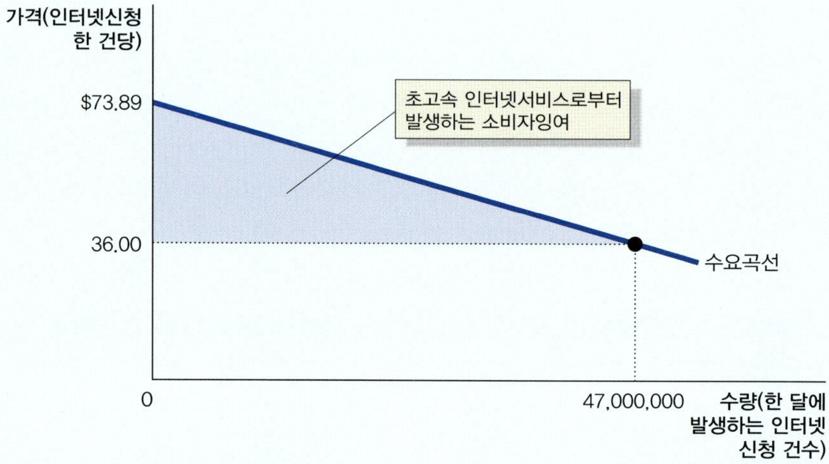

자료: Shane Greenstein and Ryan C. McDevitt, "The Broadband Bonus: Estimating Broadband Internet's Economic Value," *Telecommunications Policy*, Vol. 35, No. 7, August 2011, pp. 617–632.

생산자잉여

한계비용 marginal cost
재화나 서비스를 한 단위 더 생산할 때 기업에게 발생하는 추가적 비용.

수요곡선이 다양한 가격수준에서 소비자들이 살 용의가 있는 수량을 보여주듯이 공급곡선은 다양한 가격수준에서 공급자들이 팔 용의가 있는 수량을 보여준다. 공급할 용의가 있는 수량은 생산에 드는 비용에 따라 달라진다. 기업들이 한 단위 더 공급할 것인가는 한 단위를 더 생산하는 데 드는 추가적인 비용과 같은 크기의 가격을 받을 수 있는가에 달려 있다. **한계비용 marginal cost**은 재화나 서비스를 한 단위 더 생산할 때 기업에게 발생하는 추가적인 비용을 말한다. Heavenly Tea라는 기업이 차 한 잔을 더 생산하는데 지불하는 한계비용을 보자. 이 경우, 한계비용에는 차를 만드는 데 들어가는 원료와 차를 만드는 근로자들에게 지불하는 임금이 포함된다. 주어진 기간에 한 재화를 점점 더 많이 생산하는 경우에는 그에 따른 한계생산비용도 점점 커지는 것이 일반적이다. *공급곡선이 우상향하는 것은 점점 더 많이 생산할수록 한계비용이 증가하기 때문이다.*

[그림 4.4(a)]는 Heavenly Tea의 생산자잉여를 보여준다. 단순화를 위해, Heavenly가 적은 양의 티를 생산한다고 가정한다. 그림은 Heavenly가 처음 한 잔의 티를 생산하는데

발생하는 한계비용이 $1.25, 두 번째 잔의 티를 생산하는데 발생하는 한계비용이 $1.50, 기타 등등을 보여주고 있다. 각 티 한 잔의 한계비용은 Heavenly가 그 한 잔을 공급하려고 할 때 받아들일 수 있는 최저가격과 일치한다. 따라서 생산자는 가격(P)이 한계비용(MC)과 같아지는 생산량을 공급하려 하므로 *공급곡선은 그 생산자의 한계비용곡선 marginal cost curve*이기도 한 것이다(8장 참조). 티 한 잔의 시장가격이 $2.00라고 하자. 첫 번째 한 잔의 티에 대해 시장가격은 Heavenly가 받아들일 수 있는 최저가격보다 $0.75만큼 더 높다.

생산자잉여 producer surplus는 생산자가 받을 용의가 있는 최저가격과 생산자가 실

생산자잉여 producer surplus
생산자가 받을 용의가 있는 최저가격과 생산자가 실제로 받는 가격 간의 차이.

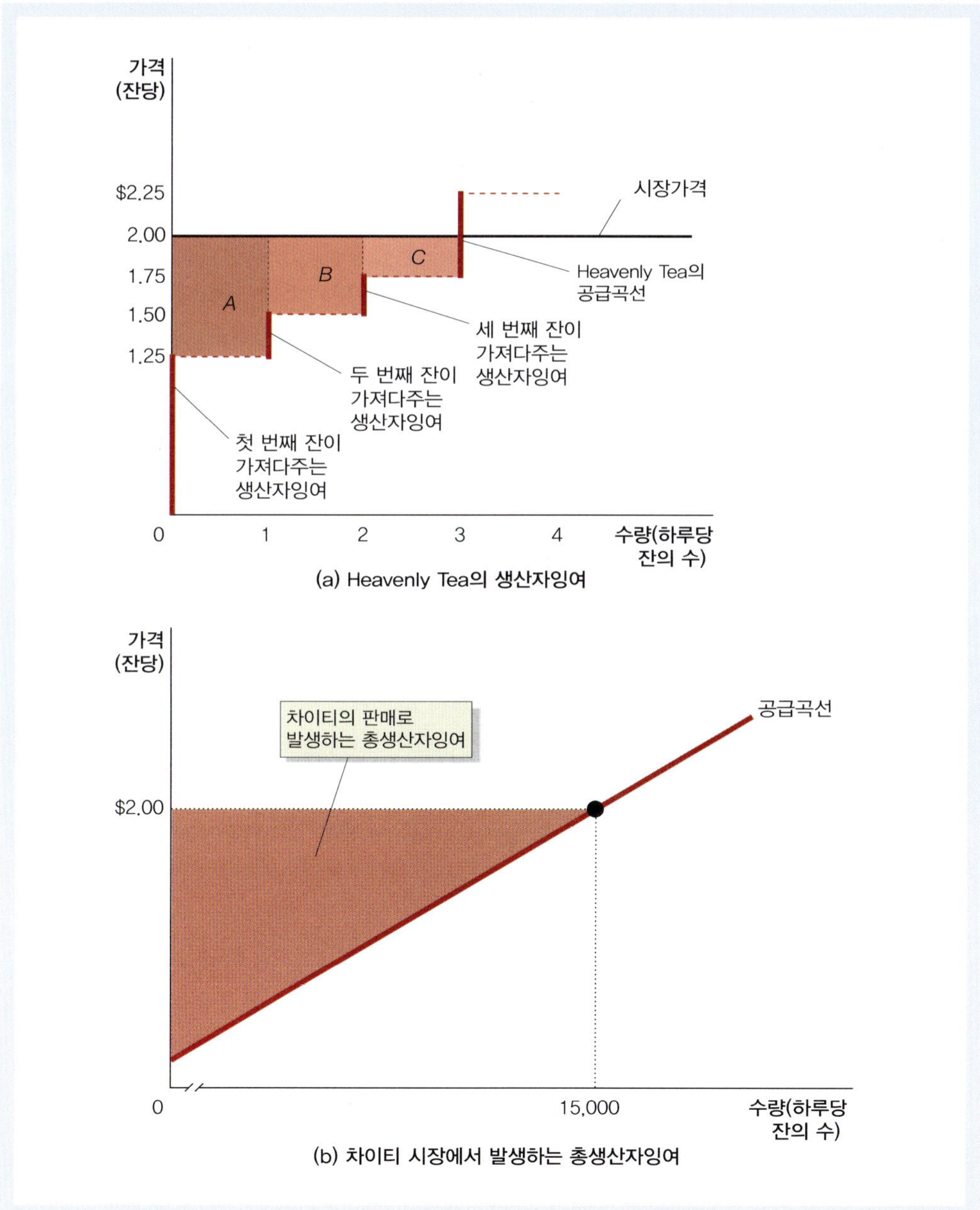

그림 4.4

Measuring 생산자잉여의 측정

그림(a)는 Heavenly Tea의 생산자잉여를 보여준다. Heavenly가 티 한 잔에 대해 받을 용의가 있는 가장 낮은 가격은 그 한 잔을 생산하는데 드는 자신의 한계비용과 같은 크기의 가격이다. 티 한 잔의 시장가격이 $2.00일 때, Heavenly는 첫 번째 잔을 판매함으로써 $0.75(사각형 *A*의 면적)의 생산자잉여를 얻는다. 두 번째 잔에 대해서는 $0.50(사각형 *B*), 세 번째 잔에 대해서는 $0.25(사각형 *C*)의 생산자잉여를 얻는다. 그림(b)에서, 차이티를 판매하는 모든 판매자들이 얻는 총생산자잉여를 구하기 위해서는 매 잔마다 얻는 생산자잉여를 모두 합하면 된다. 그림에서, 총생산자잉여는 공급곡선의 위에 있고 시장가격선의 아래에 있는 음영으로 표시된 면적으로 측정된다.

제로 받는 가격의 차이이다. 따라서 Heavenly가 첫 번째 한 잔의 티를 판매함으로써 얻는 생산자잉여는 $0.75(사각형 *A*의 면적), 두 번째 잔의 티를 판매함으로써 얻는 생산자잉여는 $0.50(사각형 *B*의 면적), 세 번째 잔으로 부터의 생산자잉여는 $0.25(사각형 *C*)이다. Heavenly는 네 번째 잔의 티를 공급할 용의가 없다. 그 이유는 네 번째 잔을 생산하기 위해 지불해야 하는 한계비용이 시장가격보다 크기 때문이다. Heavenly가 얻는 총생산자잉여는 $0.75 + $0.50 + $0.25 = $1.50(사각형 *A*, *B*, C 면적의 합계)이다. 시장가격이 상승하면 생산자잉여도 증가한다. 예를 들어, 차이티의 시장가격이 $2.00에서 $2.25로 상승하면, Heavenly의 생산자잉여는 $1.50에서 $2.25로 증가한다(더 커진 생산자잉여의 크기를 확인하기 바란다).

[그림 4.4(a)]의 공급곡선은 흔히 보는 매끄러운 공급곡선이 아니다. 그 이유는 적은 양의 티를 생산하는 한 기업을 살펴보고 있기 때문이다. 기업의 수가 많을 경우에는 차이티 시장의 공급곡선도 [그림 4.4(b)]처럼 통상적인 매끄러운 모양으로 나타난다. [그림 4.4(b)]에서, 가격이 $2.00일 때 하루에 공급되는 차이티의 양은 15,000잔이다. [그림 4.4(b)]에서도 [그림 4.4(a)]에서 했던 것처럼 판매된 각 잔의 생산자잉여를 모두 합침으로써 총생산자잉여를 계산할 수 있다. 따라서 한 시장에서 발생하는 총공급자잉여는 그 시장의 공급곡선의 위와 시장가격의 아래에 있는 면적과 일치한다. 차이티를 판매하면서 판매자가 얻는 총생산자잉여는 [그림 4.4(b)]에서 음영으로 표시된 부분이다.

소비자잉여와 생산자잉여가 의미하는 것

소비자잉여는 소비자들이 시장에 참여함으로써 얻는 혜택을, 생산자잉여는 생산자들이 시장에 참여함으로써 얻는 혜택을 말한다. 이제 이러한 개념이 정확히 무엇을 의미하는지 확실히 해둘 필요가 있다. 소비자잉여는 소비자들이 시장에 참여함으로써 얻는 *총혜택 total benefit*을 말하는 것이 아니라 *순혜택 net benefit*을 의미하는 것이다. 다시 말해, 제품가격이 0이라면 시장에서 발생하는 소비자잉여는 수요곡선 아래에 있는 전체 면적으로 측정된다. 가격이 0이 아닌 경우에는 소비자잉여는 수요곡선의 아래와 시장가격선의 위에 있는 면적으로 측정된다. 따라서 시장에서 발생하는 소비자잉여는 소비자들이 얻는 총혜택에서 소비자들이 해당 재화나 서비스를 구입하기 위해 지불하는 총금액을 빼준 것이다.

마찬가지로, 생산자잉여는 생산자들이 시장에 참여함으로써 얻는 순혜택을 말한다. 생산자들이 해당 재화나 서비스를 0의 비용으로 생산할 수 있다면 시장에서 발생하는 생산자잉여는 시장가격선 아래에 있는 전체 면적으로 측정된다. 생산비용이 0이 아니라면 생산자잉여는 시장가격선 아래와 공급곡선위에 있는 면적으로 측정된다. 따라서 시장에서 발생하는 생산자잉여는 기업들이 소비자들로부터 받는 총금액에서 해당 재화나 서비스를 생산하는 데 든 한계비용의 합[1]을 빼준 것이다.

1) 역주: 한계비용이란 생산량을 한 단위 더 생산할 때 총비용이 증가하는 부분으로 추가적 비용이라고도 한다. 나중에 살펴볼 것이지만, 생산비용은 고정비용과 변동비용으로 구분되며 변동비용은 생산량이 변할 때 변하는 생산비용을 말한다. 따라서 생산량을 한 단위 더 생산할 때 추가적으로 발생하는 비용, 즉

4.2. 경쟁시장의 효율성

*경쟁시장 competitive market*은 많은 구매자와 판매자가 있는 시장이라는 점을 기억하자. 시장시스템이 갖는 한 가지 중요한 이점은 시장시스템이 경제적으로 효율적인 결과를 가져다준다는 것이다. *경제적 효율성 economic efficiency*이란 무엇을 의미하나? 지금까지 살펴본 개념들에 비추어 생각해볼 때, 경쟁시장이 가져다주는 경제적 효율성은 2가지 측면에서 생각해볼 수 있다. 첫 번째는 한계비용과 한계혜택이라는 측면이며, 두 번째는 소비자잉여와 생산자잉여라는 측면이다. 이 두 측면의 접근방법은 결과적으로 같은 접근방법이다. 그러나 두 측면을 살펴보는 것은 경제적 효율성에 대한 이해를 높여준다.

경쟁시장의 균형점에서는 한계혜택과 한계비용이 일치한다.

[그림 4.5]는 차이티시장을 보여준다. *수요곡선은 소비자들이 얻는 한계혜택을 나타내는 곡선이고, 공급곡선은 생산의 한계비용을 나타내는 곡선*이라고 한 것을 기억하자.[2] 이 시장이 경제적 효율성을 달성하기 위해서는 판매되는 마지막 한 단위가 소비자에게 가져다주는 한계혜택이 기업이 그 마지막 한 단위를 생산할 때 발생하는 추가적 생산비용인 한계비용과 일치해야 한다. [그림 4.5]는 이러한 상황이 하루에 15,000잔이 생산되고 소비되는 경쟁시장의 균형점에서 발생함을 보여준다. 이 균형점에서 한계혜택과 한계비용은 각각 $2.00로 서로 일치한다. 이러한 결과가 왜 경제적으로 효율적인 결과인가? 그 이유는 생산된 매 한 잔의 차이티에 대해 구매자가 얻는 한계혜택이 생산자에게 발생하는 한계비용보다 크거나 같기 때문이다.

왜 경쟁시장 균형점에서의 생산량이 효율적인 생산량인가를 알 수 있는 다른 한 가지 방법은 다른 생산량(거래량) 수준에서 어떤 상황이 발생하는지를 살펴보는 것이다. 차이티의 하루 생산량이 14,000잔이라고 해보자. [그림 4.5]는 이 생산량에서 판매된 마지막 한 잔의 차이티가 소비자에게 가져다주는 한계혜택이 $2.20이고, 그 마지막 한 잔을 생산하기 위해 생산자들이 지불하는 한계비용은 $1.80밖에 되지 않는다는 것을 보여준다. 이러한 생산량은 효율적인 생산량이 아니다. 그 이유는 소비자들이 얻는 한계혜택이 생산자들이 지불하는 한계비용보다 더 큰 1,000잔의 티를 더 생산할 수 있기 때문이다. 소비자들은 이 1,000잔의 티를 구입할 용의를 갖고 있으며, 판매자들도 1,000잔의 티를 더 공급할 용의

한계비용은 변동비용이 증가하는 부분이다. 따라서 한계비용을 모두 합하면 총변동비용이 되는 것이지 총생산비(고정비용 + 변동비용)이 되는 것이 아니다.

2) 역주: 다시 말하지만, ① 수요곡선이 소비자의 한계혜택(MB)곡선과 일치하고 공급곡선이 생산자의 한계비용(MC)곡선과 일치한다는 것은 소비자나 생산자의 소비량과 생산(판매)량 결정이 한계치에 근거하여 MB = MC의 점에서 이루어진다는 것을 생각하면 쉽게 알 수 있다. ② 경쟁시장에서는 소비자의 MC는 소비하는 매 단위에 대해 지불하는 시장가격(P)이며, 생산자의 MB는 생산하는 매 한 단위에 대해 받는 시장가격(P)이다. 따라서 소비자의 경우에는 MB=P(소비자의 MC)가 되고, 생산자의 경우에는 MC=P(생산자의 MB)가 되기 때문이다.

그림 4.5

경쟁시장의 균형점에서만 한계혜택과 한계비용이 일치한다.

이 경쟁시장에서의 균형점은 하루에 15,000잔의 거래량과 한 잔당 $2.00의 가격에서 발생한다. 이 균형점에서는 한계혜택이 한계비용과 일치한다. 이러한 생산량 및 소비량은 경제적으로 효율적인 양이다. 왜냐하면 생산되고 소비된 모든 잔들에서 구매자들에 돌아가는 한계혜택이 생산자가 지불해야 하는 한계생산비용보다 더 크거나 같기 때문이다.

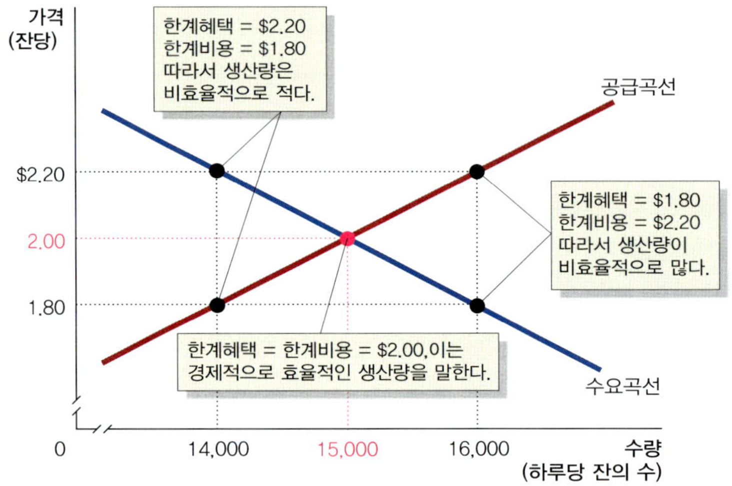

를 갖고 있다. 따라서 생산자들이 1,000잔의 티를 더 생산하고 소비자들이 1,000잔의 티를 더 소비한다면 소비자와 생산자는 둘 다 전보다 나은 상태에 있게 된다. 마찬가지로 차이티 생산량이 하루에 16,000잔이라면 16,000번째 잔의 한계비용은 $2.20이지만 한계혜택은 $1.80밖에 되지 않는다. 티 판매자들은 이 마지막 한 잔을 $2.20에 판매하고자 하며 이는 소비자들이 지불하려고 하는 금액보다 $0.40 더 높은 가격이다. 실제로 소비자들은 15,000번째의 잔을 넘은 어떠한 추가적인 잔에 대해서도 생산자들이 받아야 하는 금액을 지불하려고 하지 않는다.

요약하면 다음과 같이 표현할 수 있다. *경쟁시장의 균형점에서는 한계혜택이 한계비용과 일치하는, 경제적으로 효율적인 양이 생산, 소비된다.* [3]

경제적 잉여

경제적 잉여 economic surplus
소비자잉여와 생산자 잉여의 합.

한 시장에서 발생하는 **경제적 잉여 economic surplus**는 소비자잉여와 생산자잉여의 합이다. 많은 수의 구매자와 판매자가 있고 정부규제도 없는 경쟁시장에서는 시장이 균형에 있을 때 경제적 잉여가 극대화된다. 이 점을 이해하기 위해 [그림 4.6]에서처럼 다시 차이티시장을 살펴보기로 하자. 이 시장에서 소비자잉여는 수요곡선의 아래와 균형가격선 $2.00의 위에 있는 파란색 면적이다. 생산자잉여는 공급곡선의 위와 가격선의 아래에 있는 빨간색 면적이다

3) 역주: 경쟁시장의 균형점은 수요곡선과 공급곡선이 만나는 점이며, 이는 소비자들의 한계혜택(MB)곡선과 생산자들의 한계비용(MC)곡선이 만나는 점이기도 한 것이다. 따라서 경쟁시장의 균형점에서는 소비자들의 한계혜택(MB)=생산자들의 한계비용(MC)가 됨을 쉽게 알 수 있기도 하다.

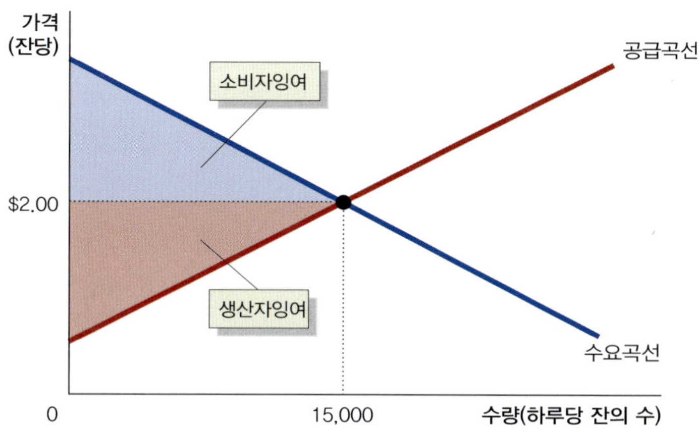

그림 4.6

경제적 잉여는 소비자잉여와 생산자잉여의 합이다.

한 경쟁시장에서 발생하는 경제적 잉여는 소비자잉여를 나타내는 파란색의 면적과 생산자잉여를 나타내는 빨간색 면적의 합이다.

	경쟁시장의 균형점에서	가격이 $2.20일 때
소비자잉여	A + B + C	A
생산자잉여	D + E	B + D
사장손실	없음	C + E

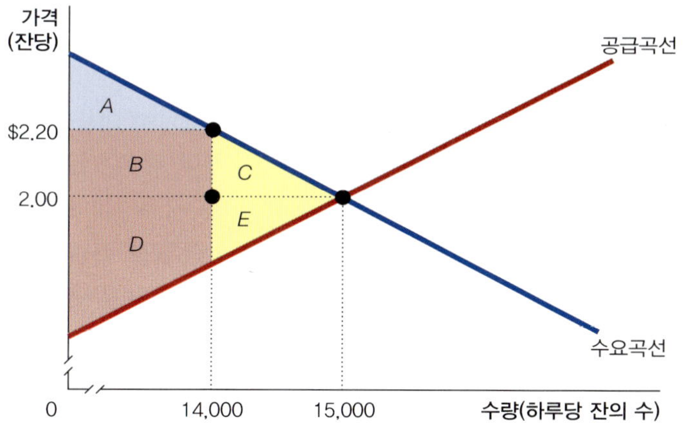

그림 4.7

시장이 균형에 있지 않을 때 사장손실이 발생한다.

경제적 잉여는 경쟁시장의 균형점에서 극대화된다. 경쟁시장이 균형에 있지 않을 때에는 사장손실이 발생한다 예를 들어, 차이티 가격이 한 잔에 $2.00가 아니라 그보다 높은 $2.20일 때 소비자잉여는 *A*, *B*, *C* 면적의 합에서 *A* 면적으로 줄어든다. 생산자잉여는 *D*, *E* 면적의 합에서 *B*, *D* 면적의 합으로 증가한다. 경쟁시장의 균형점에서는 사장손실이 발생하지 않는다. 가격이 $2.20일 때는 삼각형 *C*, *E* 면적의 합만큼의 사장손실이 발생한다.

사장손실

균형점에서 경제적 잉여가 극대화된다는 점을 보이기 위해서 [그림 4.7]에서 차이티가격이 균형가격보다 높게 형성되어 있다고 해보자. 한 잔당 가격이 $2.20인 경우에 소비자들이 하루에 구매하려고 하는 잔의 수는 15,000잔에서 14,000잔으로 감소한다. 경쟁시장의 균형점에서 소비자잉여는 *A*, *B*, *C* 면적의 합이다. 가격이 $2.20일 때, 적은 수의 잔이 더 높은 가격에서 판매된다. 따라서 소비자잉여는 *A* 면적으로 줄어든다. 경쟁시장균형점에서 생산자잉여는 *D*, *E* 면적의 합이다. 가격이 $2.20일 때, 생산자잉여는 *B*, *D* 면적의 합이다. 소비자잉여와 생산자잉여의 합인 경제적 잉여는 *A*, *B*, *D* 면적의 합으로 줄어들었다.

이는 처음의 경제적 잉여보다 삼각형 *C*, *E* 면적의 합만큼 경제적 잉여가 줄어든 것이다. 경제적 잉여가 줄어든 이유는 가격이 $2.20일 때는 경쟁시장의 균형점에서는 생산되었을 14,000번째의 잔과 15,000번째의 잔 사이에 있는 모든 잔들이 생산되지 않기 때문이다. 사라진 잔들은 어떠한 소비자잉여나 생산자잉여도 발생시키지 않으므로 경제적 잉여는 감소한다. 경쟁시장의 균형점에 있지 않기 때문에 줄어드는 경제적 잉여를 **사장손실 deadweight loss**이라고 부른다. [그림 4.7]에서 사장손실의 크기는 삼각형 *C*와 *E* 면적의 합으로 측정된다.

사장손실 deadweight loss
경쟁시장의 균형점에 있지 않아서 발생하는 경제적 잉여의 감소.

경제적 잉여와 경제적 효율성

소비자잉여는 차이티와 같은 어떤 제품을 구매할 때 소비자들이 얻는 순혜택을 말하며, 생산자잉여는 어떤 제품을 판매할 때 기업들이 얻는 순혜택을 말한다. 따라서 경제적 잉여(기업이 얻는 순혜택과 소비자가 얻는 순혜택의 합)는 어떤 재화나 서비스의 생산으로부터 한 사회가 얻는 순혜택을 알려주는 가장 좋은 척도이다. 이렇게 볼 때 경쟁시장이 갖는 효율성에 대해서 다음과 같은 두 번째의 표현을 할 수 있다. *한 재화나 서비스 시장이 경쟁시장의 균형점에 있을 때 한 사회는 그 재화나 서비스의 생산으로부터 얻을 수 있는 최대의 경제적 잉여 다시 말해, 그 재화나 서비스로부터 얻을 수 있는 최대의 순혜택을 얻게 된다.* 한 재화와 서비스의 시장이 경쟁시장의 균형점에 있지 않게 만드는 그 어떤 것이든 그 재화나 서비스의 생산으로부터 한 사회가 얻을 수 있는 최대의 순혜택을 감소시킨다.

이제 경쟁시장의 균형점이 가져다주는 경제적 효율성에 대한 2가지 측면에서의 설명을 혼합하면 다음과 같이 말할 수 있다. "**경제적 효율성 economic efficiency**은 경쟁시장의 균형이 가져다주는 결과이며, 이는 생산된 마지막 한 단위의 소비로부터 소비자가 얻는 한계혜택이 그 마지막 한 단위의 한계생산비용과 일치하거나, 소비자잉여와 생산자잉여의 합이 최대화될 때 달성된다."

경제적 효율성 economic efficiency
생산된 마지막 한 단위로부터 소비자들이 얻는 한계혜택이 그 마지막 한 단위를 생산하는데 발생하는 한계비용과 같거나, 소비자잉여와 생산자잉여의 합이 최대가 되는 시장의 결과.

4.3. 시장에 대한 정부의 간섭: 하한가격과 상한가격

시장이 경쟁균형(경쟁시장의 균형점)에 있을 경우에 각 개인들이 더 나은 상태에 있게 되는지에 대해서는 지금까지 언급하지 않았고, 다만 시장이 경쟁균형에 있을 경우에 사회가 얻는 경제적 잉여 또는 순혜택이 극대화된다는 것에 대해서만 언급했다. 균형가격보다 높은 가격을 받으려 하는 생산자도 있을 수 있고, 균형가격보다 낮은 가격을 지불하려는 소비자도 있을 수 있지만 일반적으로 생산자와 소비자는 경쟁균형가격으로만 팔거나 살 수 있다.

하지만 경쟁균형가격에 만족하지 않는 생산자들이나 소비자들은 정부를 상대로 경쟁가격이 아닌 다른 가격에서 거래가 되도록 강제하는 법적 조치를 취해줄 것을 로비할 수 있다. 미국의 경우에 정부가 가격을 책정해서 시장에서 나타나는 자연스러운 결과를 왜곡시키는 경우는 아주 드물다. 정부는 가격이 균형가격보다 높은 가격에서 거래되도록(하한가격의 책정) 강제함으로써 판매자를 도우려 할 수 있고, 균형가격보다 낮은 가격에서 거래되도록(상한가격의 책정) 강제함으로써 구매자를 도우려 할 수 있다. 시장의 결과에 영향을 미치기 위해서는 정부의 하한가격은 균형가격보다 높게 책정되어야 하고, 상한가격은 균형가격보다 낮게 책정되어야 한다. 만일 그렇게 책정되지 않는 하한가격이나 상한가격은 구매자와 판매자에게 어떠한 가격제한도 가하지 않는 것과 같은 것이다. 앞에서 보았듯이, 경쟁시장의 균형점에서 벗어나는 것은 경제적 효율성을 감소시킨다. 여기서는 소비자잉여, 생산자잉여, 사장손실의 개념을 사용하여 정부의 하한가격과 상한가격의 책정이 가져오는 경제적 비효율성에 대해 살펴보도록 한다.

하한가격: 농산물시장에 대한 미국정부의 정책

1930년대의 대공황 The Great Depression은 미국 경제의 모든 부문에 영향을 준 미국 역사상 가장 심한 경제적 재앙이었다. 많은 농부들은 자신의 농산물을 아주 낮은 가격에 팔 수밖에 없었다. 따라서 농부들은 미국 연방정부가 많은 농산물에 대해 하한가격을 책정해야 한다고 주장했고 미국 정부는 이에 동조했다. 그 이후로 종종 *farm program*이라고 불리는 미국정부의 농산물에 대한 간섭이 지속되고 있다. 농산물에 대한 하한가격의 책정이 어떻게 작동하는지를 이해하기 위해서 밀시장의 균형가격이 부셸당 $6.50이라고 하자. 그러나 정부는 부셸당 $8.00의 하한가격을 책정하기로 결정했다. [그림 4.8]에서 보듯이, 밀가격은 $6.50에서 $8.00으로 상승하고 밀의 판매량은 연간 2십억 부셸에서 1.8십억 부셸로 감소한다.

밀을 생산하는 농부들이 얻는 생산자잉여는 사각형 *A*의 면적만큼 증가하고 삼각형 *C*의 면적만큼 감소한다(이는 [그림 4.7]에서 차이티 시장에서 본 결과와 같은 것이다). 사각형 *A*의 면적은 소비자잉여가 생산자잉여로 이전되는 부분이다. 소비자잉여가 감소하는 크기는 사각형 *A*와 삼각형 *B* 면적의 합이다. 밀 생산 농부들은 이 프로그램으로 인해 혜택을 본다. 그러나 소비자들은 손해를 본다. 이 경우에 사장손실도 발생하며 그 크기는 삼각형 *B*와 삼각형 *C* 면적의 합이다. 이는 하한가격의 책정으로 밀시장에서의 경제적 잉여가 줄어들어 경제적 효율성이 줄어든다는 것을 말해준다. 달리 말해, 하한가격은 마지막 한 부셸의 밀이 가져다주는 한계혜택이 마지막 한 부셸을 생산하는데 발생하는 한계비용보다 크게 만들었다. 간단히 말해, 정부의 하한가격 책정은 경제적 효율성을 감소시킨다.

지금까지는 밀 생산 농부들이 소비자들이 구입할 용의가 있는 양만큼의 밀만 생산한다고 가정했다. 그러나 실제로는 [그림 4.8]에서 볼 수 있듯이, 하한가격은 밀 생산 농부들

그림 4.8

밀시장에서의 하한가격의 경제적 효과

농부들이 정부를 설득하여 밀에 대해 부셸당 $8.00의 하한가격을 책정하도록 하면, 밀 판매량은 연간 2십억 부셸에서 1.8십억 부셸로 감소한다. 농부들이 1.8십억 부셸만 생산한다고 가정하면, 생산자잉여는 사각형 *A*(이는 소비자잉여에서 이전된 것이다)만큼 증가하고 삼각형 *C*만큼 감소한다. 소비자잉여는 사각형 *A* + 삼각형 *B*만큼 감소한다. 이 경우 사장손실이 발생하며, 그 크기는 삼각형 *B* + 삼각형 *C*이다. 이는 하한가격의 책정으로 감소하는 경제적 효율성의 크기를 말해준다. 현실적으로는 부셸당 $8.00의 하한가격은 농부들이 생산량을 2십억 부셸에서 2.2십억 부셸로 증가시키도록 만들고, 그에 따라 밀의 잉여(초과공급)가 발생하게 된다.

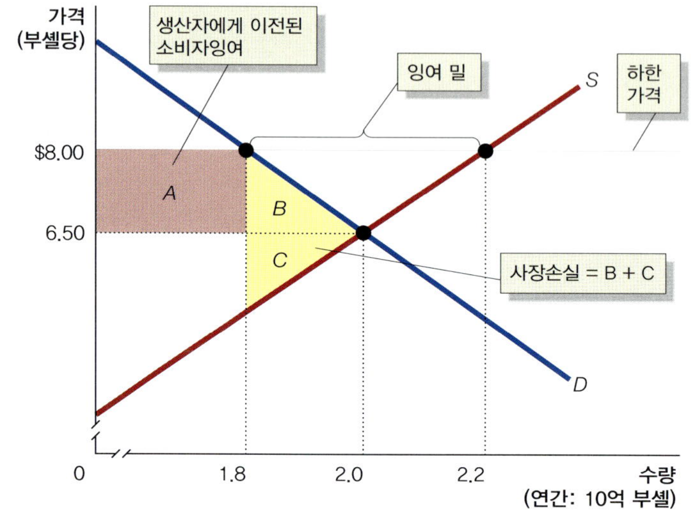

로 하여금 밀의 공급량을 2십억 부셸에서 2.2십억 부셸로 늘리도록 만든다. 하한가격의 책정으로 높아진 가격은 소비자들이 구입하고자 하는 밀의 양을 감소시키므로 그에 따라 0.4십억 부셸(공급량 2.2십억 부셸 – 수요량 1.8십억 부셸)의 밀의 잉여(초과공급)가 발생하게 된다.

미국정부의 farm program은 종종 밀을 포함한 농산물의 엄청난 잉여를 발생시켰다. 이에 따라 미국정부는 잉여농산물을 구입하거나 농지의 일부를 경작하지 않도록 하는 보조금을 농부들에게 지불해 왔다. 이 2가지 방법이 모두 매우 비싼 비용을 발생시켰기 때문에 미의회는 1996년에 Freedom to Farm Act를 통과시켰다. 이 법의 목적은 정부의 하한가격 책정과 잉여농산물의 구매를 점차 없애고 농산물시장을 자유로운 시장으로 다시 돌리는 것이었다. 농부들에게 적응할 시간을 주기 위해서 미국정부는 경작면적에 기초하여 농부들에게 보조금을 지불하기 시작했다. 이 보조금은 점차 줄여가게 되어 있었지만 미의회는 추가적인 법을 통과시켜서 보조금 지급이 계속되도록 만들었으며 미국정부는 이를 위해 상당한 정부예산을 지출하게 되었다. 미의회 예산국이 2013년에 추정한 바로는 이로 인해 앞으로 10년간 미국정부가 $9,600억 이상의 돈을 지출해야 하는 것으로 나타났다.

상한가격: 주택시장에서의 정부의 집세 통제 정책

정부가 하한가격을 책정하는 것을 지지하는 쪽은 판매자들이고, 정부가 상한가격을 책정하는 것을 지지하는 쪽은 소비자들이다. 예를 들어, 휘발유가격이 급격히 상승했을 때 정부가 휘발유가격에 대해 상한가격을 책정해야 한다는 의견들이 많았다. 이 장의 맨 처음에서 언급했듯이 미국의 여러 도시들은 아파트 집주인이 받을 수 있는 집세에 상한을 두고 있다. [그림 4.9]는 집세를 통제하고 있는 어떤 도시의 아파트시장을 보여주고 있다.

Making the Connection

노동시장에서의 하한가격: 최저임금정책에 대한 논란

최저임금 minimum wage 정책은 미국에서 가장 논란이 많은 정부의 하한가격 책정의 예이다. 이 제도를 지지하는 사람들은 이를 통해 미숙련근로자들의 낮은 임금을 조금이라도 올려줄 수 있다고 본다. 이에 반대하는 사람들은 최저임금정책으로 인해 일자리가 줄어들고 중소기업들의 비용 부담이 커진다고 주장한다. 미 의회가 대부분의 직종에 대해 정한 연방정부의 최저임금은 2009년 이후부터 지금까지 시간당 $7.25로 유지되고 있다. 이러한 직종에서 고용주가 이보다 낮은 임금을 지불하는 것은 불법이다. 대부분의 근로자들은 이보다 더 높은 시간당 임금을 받기 때문에 최저임금 수준이 문제가 되지는 않는다. 2013년을 기준으로 볼 때 미국 근로자의 약 3%만이 최저임금이나 그보다 낮은 임금을 받고 있다. 그러나 일부 미숙련근로자들의 경우에는—예를 들어, 패스트푸드 레스토랑 근로자—최저임금 제도가 없을 경우에 그들이 받을 수 있는 임금수준보다 최저임금수준이 더 높다. 다음의 그래프는 미숙련근로자들의 고용시장에서 최저임금이 고용에 미치는 효과를 보여주고 있다.

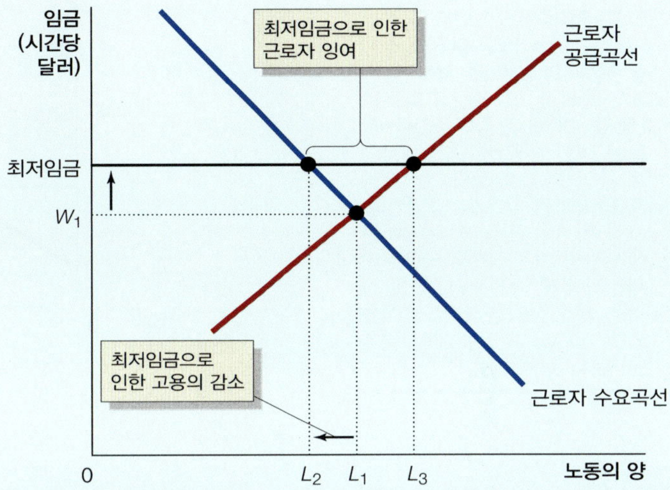

최저임금이 책정되지 않았다면 노동시장에서의 균형임금은 W_1, 고용된 근로자의 수는 L_1일 것이다. 최저임금이 균형임금보다 높게 책정되었을 경우에 고용된 근로자의 수는 L_1에서 L_2로 감소하고 노동의 공급량은 L_3로 증가한다. 이는 노동의 잉여를 초래하여 직장을 구하지 못하는 근로자의 수는 L_3-L_2가 된다. 노동의 공급량이 증가하는 것은 임금이 높아져서 전보다 더 많은 사람들이 일하려 하기 때문이다. 예를 들어, 일부 청소년들은 시간당 $7.25의 최저임금을 받으면 방과 후에 일을 하려 할 수 있지만 그보다 낮은 임금에서는 일을 하지 않으려 할 수도 있다.

이 분석은 [그림 4.8]의 밀시장 분석과 같은 분석이다. 밀시장에 대한 하한가격책정이 전보다 적은 밀 수요를 유발한 것처럼 노동시장에 대한 하한가격의 책정은 더 적은 수의 근로자들이 고용(수요)되도록 만든다. 그러나 최저임금이 얼마나 큰 고용감축을 발생시키는지에 대해서는 경제학자들 간에 의견이 날카롭게 갈리고 있다. 예를 들어, University of California, Berkeley의 David Card 교수와 Princeton University의 Alan Krueger 교수는 New Jersey와 Pennsylvania에 있는 패스트푸드 레스토랑을 상대로 연구를 했는데 그들의 연구결과는 최저임금이 고용을 감소시키는 효과는 매우 미미한 것으로 나타났다. 하지만 이들의 연구결과에 대해서는 많은 논란이 있었으며 이들과 유사한 자료를 사용한 다른 경제학자들의 연구결과는 최저임금이 매우 큰 고용감소를 가져오는 것으로 나타났다.

최저임금으로 인해 얼마나 많은 고용감소가 발생할지는 모르지만, 밀시장의 경우처럼 (노동시장에 대해 하한가격이 책정된 것이므로) 필연적으로 사장손실이 발생한다. 따라서 많은 경제학자들은 미숙련근로자들의 소득을 증가시키는 다른 정책들을 선호한다. 많은 경제학자들이 지지하는 정책 중 하나는 근로장려세 earned income tax credit(EITC)이다. 근로장려세는 저소득 근로자들이 연방정부에 내는 세금을 줄여주는 것이다. 소득이 매우 낮아서 내야 할 세금이 없는 경우에는 정부가 장려금을 지원해 준다. 최저임금과 비교해서 근로장려세는 고용을 감소시키지 않고 미숙련근로자들의 소득을 증가시킬 수 있다. 또한 근로장려세는 미숙련근로자들을 많이 고용하는 중소기업들에게도 더 작은 부담을 주고, 경제적 효율성이 상실되는 크기도 최저임금의 경우보다 작을 것이다.

자료: David Card and Alan B. Krueger, *Myth and Measurement: The New Economics of the Minimum Wage*, Princeton, J: Princeton University Press, 1995; David Neumark and William Wascher, "Minimum Wages and Employment: A Case Study of the Fast-Food Industry in New Jersey and Pennsylvania: Comment," *American Economic Review*, Vol. 90, No. 5, December 2000, pp. 1362–1396; and David Card and Alan B. Krueger, "Minimum Wages and Employment: A Case Study of the Fast-Food Industry in New Jersey and Pennsylvania: Reply," *American Economic Review*, Vol. 90, No. 5, December 2000, pp. 1397–1420.

그림 4.9

집세에 대한 상한가격 통제가 가져오는 경제적 효과

집세에 대한 통제가 없는 경우에 시장균형 월세는 $2,500이고, 임대되는 아파트의 수는 2,000,000채이다. 정부가 상한월세를 $1,500으로 정하면, 집주인들이 공급하는 아파트는 1,900,000채로 줄어들고 아파트에 대한 수요는 2,100,000채로 증가한다. 따라서 200,000채의 아파트 부족이 발생한다. 사각형 *A*의 면적에 해당하는 생산자잉여는 집주인으로부터 세입자에게 이전된다. 또한 삼각형 *B*와 삼각형 *C*의 면적을 합한 크기의 사장손실이 발생한다.

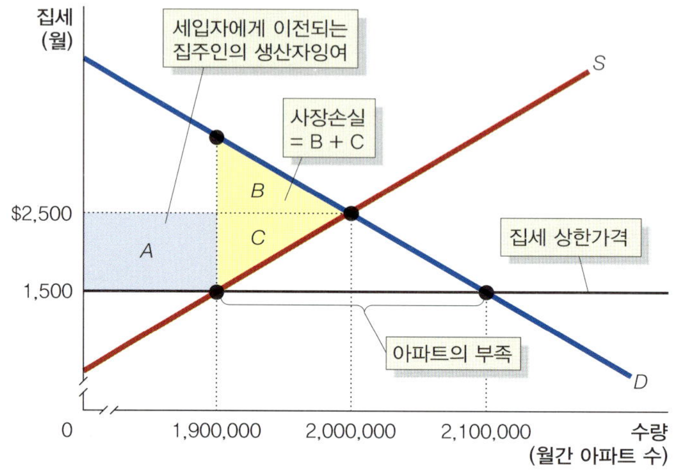

집세에 대한 통제가 없는 경우에 시장균형 월세는 $2,500이고, 임대되는 아파트의 수는 2,000,000채이다. 법적으로 허용된 최고 월세가 $1,500라면 집주인들이 공급하는 아파트는 1,900,000채이다. 공급되는 아파트의 수가 줄어드는 것은 집주인들이 아파트를 사무실로 전환하거나, 콘도미니엄으로 팔거나, 작은 아파트의 경우에는 단독주택으로 개조하기 때문이다. 시간이 감에 따라 집주인들은 아파트 빌딩의 관리를 아예 포기해 버릴 수도 있다. 실제로 New York 시의 경우에 정부가 허용한 최고월세로는 집을 유지하는데 드는 비용도 감당할 수 없어서 집주인들이 아파트 관리를 포기하여 이 도시의 여러 블록들이 폭격을 맞은 것처럼 완전히 폐허가 된 경우도 있었다. 런던의 경우, 집주인이 살고 있는 집에 딸린 방이나 아파트에 대한 집세도 통제를 했던 때에는 아파트 공급량이 75%나 격감했었다.

정부가 정한 상한월세가 $1,500라면 [그림 4.9]에서 아파트 수요량은 2,100,000채가 되어 200,000채의 아파트 부족이 발생한다. 소비자잉여는 사각형 *A*만큼 증가하고 삼각형 *B*만큼 감소한다. 정부의 집세통제가 없다면 사각형 *A*는 생산자잉여의 한 부분이다. 하지만 집세통제로 인해 이 부분은 소비자잉여로 이전되었다. 집세통제로 집주인이 얻는 생산자잉여는 사각형 *A* 더하기 삼각형 *C*만큼 줄어들었다. 삼각형 *B*와 *C*는 집세통제로 발생하는 사장손실이며, 아파트 시장에서 줄어든 경제적 잉여의 크기를 말해준다. 집세통제는 임대된 마지막 아파트의 한계혜택이 그 아파트를 공급하는데 발생하는 한계비용보다 크게 만들었다. 따라서 집세통제와 같은 상한가격 통제가 경제적 효율성을 떨어뜨리는 정책임을 알 수 있다.

세입자들 전체로 볼 때는 집세통제로 세입자들은 이득을 본다. 즉, 총소비자잉여는 전보다 커진다. 그러나 집주인들은 손해를 본다. 사장손실을 고려하면 집주인이 보는 전체 손해는 세입자들이 얻는 전체 혜택보다 크다. 한편. 세입자들 전체로 볼 때는 전보다 이득을 보지만, 세입자 수는 전보다 감소한다. 따라서 일부 세입자는 법으로 정한 최고월세 때문에 아파트를 구입할 수 없게 되어 전보다 못한 상태에 있게 된다.

암시장과 연결사이트

집세통제에 대한 분석은 아직 끝난 것이 아니다. 실제로는 [그림 4.9]에서 나타나는 것보다 세입자는 더 나쁜 상태에 빠질 수 있고, 집주인들은 그 보다 더 좋은 상태에 있을 수 있다. 지금까지의 분석은 세입자나 집주인이 정부가 정한 상한가격을 실제로 잘 지킨다고 가정했다. 그러나 때때로 그들은 법대로 하지 않는다. 집세통제로 아파트가 부족하게 되므로 아파트를 구하지 못하고 있는 세입자들은 법적으로 정해진 최고월세보다 더 높은 월세를 집주인에게 제시할 수 있다. 정부가 상한가격이나 하한가격을 책정하여 가격을 통제할 때 구매자와 판매자는 종종 통제를 벗어나는 방법을 발견한다. 그 결과 정부의 가격통제 수준을 벗어난 가격으로 불법거래가 이루어지는 **암시장 black market**이 발생한다.

암시장 black market
정부가 규제하는 가격수준을 벗어난 가격에서 구매와 판매가 이루어지는 시장.

Airbnb를 포함한, 사람들을 연결해주는 사이트들은 집주인과 세입자가 법적 통제를 벗어나는 다른 방법을 제공하고 있다. 집주인은 이러한 사이트들을 통상적으로는 1년 단위로 이루어지는 임대계약을 여러 개의 단기 임대계약으로 나누어서 법적으로 정해진 최고집세보다 높은 집세를 받는다. 세입자도 이러한 사이트를 이용해서 집세통제로부터 이윤을 챙길 수 있다. 이 장의 처음에서 언급했듯이 San Francisco의 경우에 일부 세입자들은 통제된 가격으로 임대한 아파트를 이러한 연결사이트들을 이용하여 다른 사람에게 재임대하고 자신은 시를 벗어난 곳에서 산다. San Francisco와 New York 시당국은 이러한 연결사이트들이 집세통제를 벗어나게 만든다고 판단하여 대응조치를 취했다. 이들은 30일 미만의 기간으로 아파트를 임대하는 것을 법으로 금했다. 또한 San Francisco 시는 Airbnb과 같은 연결사이트를 통해서 집을 임대하는 집주인은 시가 부과하는 14%의 호텔세를 내도록 하고 있다.

그러나 이들 도시의 일부 공무원들은 연결사이트들이 공유경제를 활성화하고 있는 점을 인식하고 이들에 대해 강한 제재를 하는 것을 망설이고 있다. 공유경제는 경제적 효율성을 증가시키는 잠재력을 갖고 있으며, 자동차, 자전거, 보트, 아파트 등의 재화를 보다 낮은 가격에 소비자들이 이용할 수 있게 해준다. 그러나 연결사이트들은 시당국의 집세통제

"희소성 scarcity"과 "부족 shortage"을 혼돈하지 마세요

얼핏 듣기에 다음과 같은 표현은 맞는 것 같다. "모든 희소한 재화는 부족한 것이다." 일상 생활에서 어떤 재화를 구하기 힘들 때 우리는 "희소"하다는 표현을 쓴다. 그러나 경제학자들은 희소하다는 표현을 더 넓은 의미로 사용한다. 경제학적 측면에서 볼 때 거의 모든 것—쓰레기와 같이 싫어하는 것은 제외하고-은 희소한 것이다. 한 재화가 부족하다는 것은 현재의 가격에서 수요량이 공급량보다 클 때를 말하는 것이다. 따라서 앞의 표현—"모든 희소한 재화는 부족한 것이다"—은 부정확한 말이다. 실제로 대부분의 희소한 재화는 부족하지 않다.

문제풀이 4.3

아파트 임대 암시장의 경제적 효과는 무엇인가?

New York, San Francisco와 같은 미국의 많은 도시들에서는 집세의 상한가를 행정당국이 규제하고 있다. 이에 따라 아파트 부족현상이 심화되고 집을 구하지 못한 사람들은 법정 최고 집세보다 더 높은 집세를 지불하고도 아파트를 임차하려 한다.

아마도 세입자들은 법정 최고 집세는 수표로 지급하고 나머지 추가부분은 현금으로 지불할 것이다. [그림 4.9]로 돌아가서 세입자간의 경쟁으로 암시장에서의 월세가 $3,500으로 상승했다고 하자. 이 가격에서 세입자들은 1,900,000채의 아파트를 수요한다고 하자. 이 상황을 그림으로 그리고 [그림 4.9]의 경우와 비교하고 소비자잉여, 생산자잉여, 사장손실의 변화가 있는지 설명하라.

문제풀기

Step 1: 본문의 내용을 다시 읽어보라.

Step 2: [그림 4.9]의 그림과 비슷한 그래프에 암시장에서의 집세만 추가적으로 표시한다.

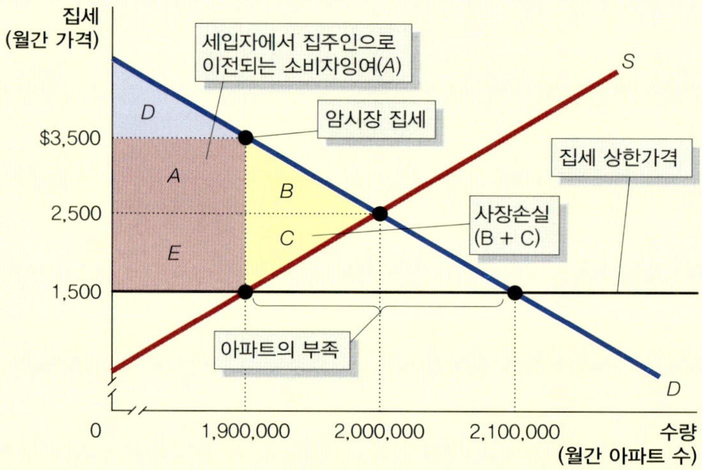

Step 3: [그림 4.9]와 달라진 점을 분석한다. 암시장에서의 월세가 $3,500이며, 이는 [그림 4.9]에서 나타난 처음의 경쟁시장균형 월세보다 더 높은 것이다. 소비자잉여는 사각형 *A*와 사각형 *E*의 면적을 합한 만큼 감소한다. 남아 있는 소비자잉여는 삼각형 *D*만큼뿐이다. 집세통제가 없었을 때에 소비자잉여의 일부였던 사각형 *A*는 이제 세입자로부터 집주인에게 이전된다. [그림 4.9]와 비교할 때, 생산자잉여는 사각형 *A*와 *E*면적의 합만큼 증가했으며, 소비자잉여는 같은 크기만큼 줄어들었다. 사장손실의 크기는 [그림 4.9]의 경우와 동일(*B* + *C*)하다.

부연 설명: 이 분석은 놀라운 결과를 보여준다. 암시장이 활발해지면 집세통제는 통제가 없는 경우와 비교해서 세입자들을 전체적으로 볼 때 전보다 못한 상태(소비자잉여의 감소)에 있게 만들어 버린다. 그러나 한 가지 가능성이 더 남아있다. 많은 집주인들이 법정 상한가격보다 더 높은 가격을 받을 수 있다고 확신하게 되면 임대아파트의 공급이 증가할 것이다. 결과적으로 아파트임대시장은 균형월세가 $2,500이

고 균형수량이 2,000,000인 경쟁시장균형으로 되돌아갈 수도 있다. 이러한 경우에는 집세 상한가통제는 더 이상 효력이 없게 된다. 이는 상한가격이 균형가격 미만으로 책정되어서가 아니라 더 이상 상한가격을 법적으로 강제할 수 없게 되어버리기 때문이다.

가 초래한 아파트 부족으로 아파트를 구하지 못하고 있는 세입자들이 법정 최고월세보다 더 높은 월세를 지불하게 만드는 엉뚱한 역할을 하고 있다. 정책당국이 월세 상한가의 유지와 연결사이트들의 활성화 사이에 발생하는 이러한 충돌을 어떻게 해결할 것인지는 두고 볼 일이다.

집세 통제는 인종 또는 다른 것에 대한 차별로 이어질 수도 있다. 상한가격의 책정으로 인해 임대가능한 아파트 수보다 임대아파트를 찾는 세입자들이 상대적으로 더 많아진다. 집주인들은 자신의 편견에 따라 자기가 좋아하지 않는 사람에게는 임대하지 않을 수도 있다. 집세에 대한 통제가 없는 도시들에서는 집주인들이 상대적으로 더 많은 경쟁에 직면하므로 아파트 임대와 관련이 없는 인종과 같은 것에 근거하여 집주인들이 세입자를 선별하기 어렵다.

정부의 가격통제의 결과: 승자, 패자, 그리고 효율성

정부가 하한가격이나 상한가격을 강제할 때 3가지 중요한 결과가 나타난다.

- 일부 사람은 승자가 되고
- 일부 사람은 패자가 되고
- 경제적 효율성은 감소한다.

집세 통제로 승자가 되는 사람들은 낮은 상한가격의 집세를 내고 사는 사람들이다. 집주인들도 법을 지키지 않고 법정 상한가보다 더 높은 집세를 받아 이득을 볼 수 있다. 다만 이 경우에는 그들이 받는 불법집세가 경쟁시장균형집세 수준보다 높아야 한다. 패자가 되는 사람들은 법을 준수하여 상한가격을 받는 집주인들과 상한가격에 임대아파트를 구할 수 없는 세입자들이다. 집세 통제는 경쟁시장에서 공급되는 임대아파트의 수보다 적은 수의 임대아파트가 공급되게 만들기 때문에 경제적 효율성을 감소시킨다. 상한가격 책정으로 인해 발생하는 경제적 효율성 감소의 크기는 사장손실의 크기와 같다.

상한가격과 하한가격에 대한 실증적 분석과 규범적 분석

정부가 상한가격과 하한가격을 책정하여 가격을 통제하는 것은 나쁜 것인가? 제1장에서 보았듯이 이러한 식의 질문에 대해서는 옳거나 틀린 답이 없다. 하지만 경제학자들은 경쟁시장의 균형을 방해하는 정부의 정책에 대해서 일반적으로 회의적이다. 경제학자들은 평균적인 사람들의 삶의 수준을 높이는 데 경쟁시장이 중요한 역할을 해온 것을 잘 알고 있다. 따라서 경제학자들은 정부의 시장에 대한 너무 심한 간섭은 미래에도 지속적으로 사람들의 삶의 수준을 높여줄 수 있는 시장시스템의 능력을 손상시킬 가능성이 크다고 생각한다.

그러나 실증적 분석과 규범적 분석의 차이를 기억하기 바란다. 실증적 분석은 "무엇이 있는가 *what is*"에 관한 것이고 규범적 분석은 "무엇이 되어야 하는가 *what should be*"에 관한 것이다. 이 장에서 살펴본 정부의 가격통제에 대한 분석은 실증적 분석이다. 우리가 살펴본 것은 이러한 정부정책이 초래하는 경제적 결과에 대한 것이었다. 그러나 이러한 정부정책이 바람직한 것인가 바람직하지 않은 것인가는 규범적 질문이다. 승자가 얻는 이득이 패자의 손해와 경제적 효율성의 감소보다 더 큰 것인지의 여부는 판단의 문제이며, 엄격히 말해 경제적 질문은 아니다. 정부의 상한가격이나 하한가격 정책이 부분적으로 계속되는 이유는 이러한 정책으로 이득을 보는 사람들이 있기 때문이다. 또 다른 이유는 이를 지지하는 사람들이 이 장에서 살펴본 경제분석의 결과를 이해하지 못해서 이러한 정책이 갖는 결함에 대해 이해하지 못하고 있기 때문일 것이다.

4.4. 세금의 경제적 영향

미국연방법원 판사인 Oliver Wendell Holmes는 "세금은 선진화된 사회를 갖기 위해 우리가 지불하는 비용이다."라고 말했다. 그러나 정부의 세금부과는 재화와 서비스 시장의 균형에 영향을 미친다. 상한가격과 하한가격과 마찬가지로, 세금이 초래하는 결과 중 하나는 경제적 효율성을 떨어뜨린다는 것이다. 세금에 대한 분석은 *재정학 public finance*이라고 부르는 경제학의 한 분야에서 주로 이루어지고 있다. 여기서는 수요 · 공급 모델, 소비자잉여, 공급자잉여, 사장손실의 개념을 사용하여 세금의 경제적 영향에 대해 분석한다.

세금이 경제적 효율성에 미치는 영향

정부가 재화나 서비스에 대해 세금을 부과하는 경우에는 예외없이 해당 재화나 서비스의 생산량과 소비량은 줄어든다. 예를 들어, 담배에 대한 세금은 흡연의 비용을 증가시켜서 흡연율을 떨어뜨린다. 수요곡선과 공급곡선의 그래프를 사용하여 이를 보일 수 있다. [그림 4.10]은 담배시장에 대한 것이다.

세금이 없는 경우에 담배의 시장균형가격은 한 팩당 $5.0이고, 일 년에 4십억 팩의 담배가 팔릴 것이다(점*A*). 정부가 담배판매자에게 팩당 $1.00의 세금을 부과하면 이들이 담배를 판매하는데 발생하는 비용은 팩당 $1.00 증가한다. 이러한 비용상승은 담배의 공급곡선을 $1.00만큼 위로 이동시킨다. 왜냐하면 판매자들은 전과 같은 양의 담배를 공급하는데

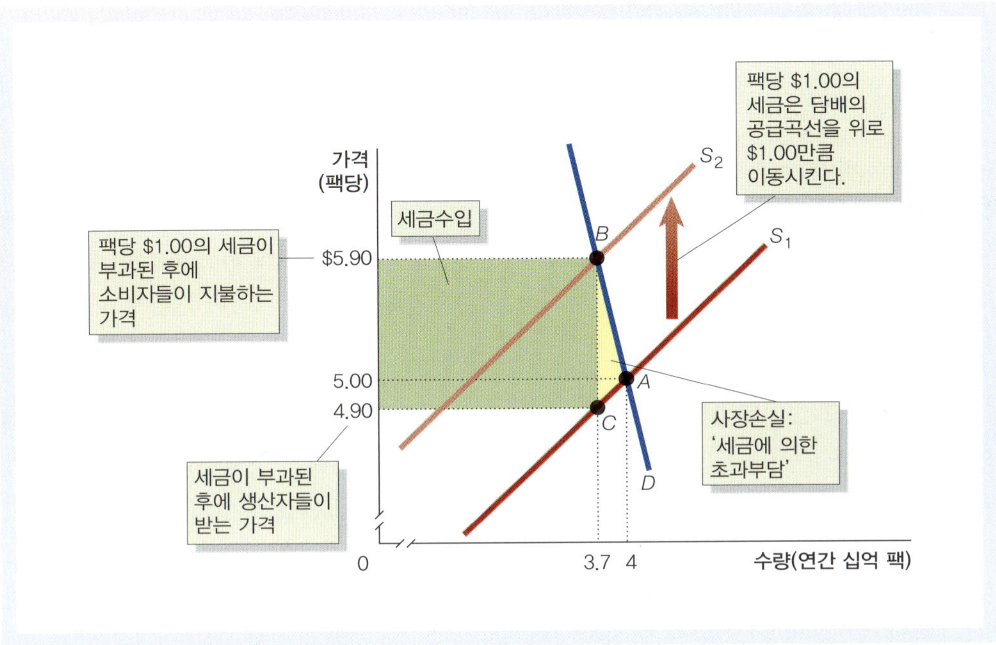

그림 4.10

담배세의 효과

세금이 없는 경우, 시장균형점은 점*A*이다. 담배의 균형가격은 팩당 $5.00이고 연간 판매되는 담배는 4십억 팩이다. 팩당 $1.00 부과되는 담배종량세는 담배의 공급곡선을 S_1에서 S_2로 위로 $1.00만큼 이동시킨다. 새로운 시장균형점은 점*B*이다.
담배가격은 팩당 $0.90 상승하여 팩당 $5.90가 되며, 판매되는 담배의 수량은 3.7십억 팩으로 줄어든다.
담배세는 소비자들이 팩당 지불하는 가격을 $5.00에서 $5.90로 상승시켰다. 생산자들이 받는 가격은 팩당 $5.90(점*B*)이다. 그러나 $1.00의 세금을 낸 후에 그들이 받는 가격은 팩당 $4.90(점*C*)이다.
정부는 초록색으로 표시된 사각형 만큼의 세금수입을 얻는다. 소비자잉여와 생산자잉여의 일부는 정부가 세금으로 가져가고 나머지 일부는 노란색으로 표시된 사장손실이 된다.

전보다 $1.00 높은 가격을 요구할 것이다. [그림 4.10]에서 공급곡선은 세금의 효과를 나타내기 위해 $1.00만큼 위로 이동하고, 시장의 새로운 균형가격이 팩당 $5.90이 되면 새로운 균형수량은 3.7십억 팩이 된다(점*B*).

정부는 팩당 세금과 판매된 팩 수를 곱한 $3.7십억의 세금수입을 얻는다. [그림 4.10]에서 초록색으로 표시된 면적은 정부가 걷어들인 세금수입액을 나타낸다. 소비자들은 팩당 $5.90이라는 전보다 높은 가격을 지불하게 된다. 판매자들도 전보다 높은 가격을 받는 것처럼 보이지만 세금을 내고 나면 이들이 받는 가격은 팩당 $5.00에서 $4.90로 하락한다. 소비자들은 전보다 높은 가격을 지불하면서 전보다 적은 양을 구매하게 되므로 소비자잉여의 손실이 발생한다. 생산자들은 전보다 낮은 가격을 받으면서 전보다 적은 양을 판매하게 되므로 생산자잉여의 손실도 발생한다. 따라서 담배세는 소비자잉여와 생산자잉여 모두를 감소시킨다. 소비자잉여와 생산자잉여의 감소분 중 일부는 정부가 세금수입으로 가져가며, 소비자잉여와 생산자잉여의 나머지 감소분은 세금이 발생시키는 사장손실의 크기와 같다. 이는 그림에서 노란색으로 표시되어 있다.

이제 다음과 같은 결론을 내릴 수 있다. 세금이 발생시키는 진정한 부담은 소비자와 생산자가 정부에 지불하는 금액에 그치지 않고 거기에 사장손실 부분이 포함된 크기이다. 세금이 발생시키는 사장손실은 세금에 의한 *초과부담 excess burden*이라고 불린다. '*효율적인 세금*'*이란 정부가 가져가는 세금수입액과 비교해서 상대적으로 적은 초과부담을 발생시키는 세금을 말한다.* 정부의 세금정책에 대해 조언할 때 경제학자들은 가장 효율적인 세금을 부과하도록 강조하고 있다.

세금의 귀착: 실제로 세금을 부담하는 사람은 누구인가?

세금의 귀착 tax incidence
시장에서 구매자와 판매자 간에 이루어지는 세금의 실제적 부담.

"누가 세금을 내는가?"에 대한 답은 간단하고 분명하다. 누구든지 법적으로 세금을 내게 되어 있는 사람이 정부에 세금을 내는 것이다. 그러나 법적으로 누가 세금을 내게 되어 있는가? 하는 것과 "누가 실제로 세금을 부담하는가?" 하는 것은 서로 다른 질문이다. 구매자와 판매자가 세금을 실제로 얼마씩 분담하는가에 대한 것은 세금의 **귀착 tax incidence**이라고 한다. 예를 들어, 정부가 휘발유 1갤런당 18.4%의 판매세를 현재 부과하고 있다면 세금을 걷어서 정부에 내는 사람은 주유소 주인이다. 그러나 실제로 이 세금을 부담하는 사람은 누구인가?

수요와 공급 그림을 이용하여 세금의 귀착 판단하기 정부가 현재 휘발유세금을 부과하지 않고 있다고 하자. [그림 4.11]에서 휘발유 소매시장에서의 균형은 수요곡선과 공급곡선 S_1이 만나는 곳에서 발생한다. 균형 휘발유가격은 갤런당 $3.50이고, 균형수량은 연간 144십억 갤런이다. 이제 정부가 갤런당 10센트의 종량세를 부과한다고 하자. 이 경우, 공급곡선은 10센트만큼 위로 이동할 것이다. 새로운 균형에서 수요곡선은 공급곡선 S_2와 교차한다. 휘발유가격은 $3.50에서 $3.58로 갤런당 8센트 상승했다. 수요곡선이 수직선인 극단적인 경우에만 시장가격이 세금액 전부만큼 오른다는 것을 살펴보라. 이제 소비자들은 갤런당 8센트씩 더 지불한다. 휘발유 판매자는 갤런당 $3.58의 전보다 높은 가격을 받는다. 그러나 갤런당 10센트인 세금을 내고 나면 갤런당 $3.48를 받는 것이 된다. 이는 처음 균형점에서 보다 갤런당 2센트 줄어든 것이다.

휘발유 판매자들이 세금을 모아서 정부에 내야 하는 의무를 지지만 이들은 세금의 대

그림 4.11

휘발유세의 귀착

휘발유에 세금이 부과되지 않으면 휘발유가격은 갤런당 $3.50이 되고 그 가격에서 매년 144십억 갤런의 휘발유가 판매된다. 갤런당 10센트의 판매세는 휘발유 공급곡선을 S_1에서 S_2로 위로 이동시켜서 소비자들이 지불하는 가격을 갤런당 $3.50에서 $3.58로 인상시킨다. 판매자들이 실제로 받는 금액도 갤런당 $3.50에서 $3.48로 하락한다. 따라서 소비자들은 갤런당 10센트의 휘발유세 중에서 8센트를 부담하고, 판매자들은 2센트를 부담한다.

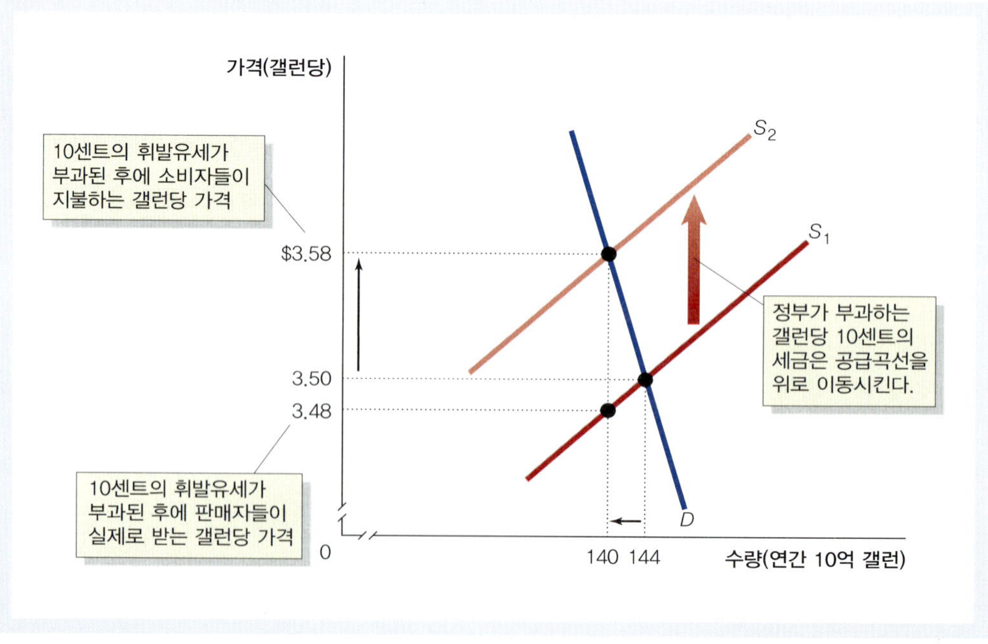

부분을 부담하지 않는다. 시장가격이 갤런당 8센트 상승했기 때문에 갤런당 10센트의 세금 중에서 소비자들이 8센트를 부담하게 되며, 판매자들은 세금을 낸 후에 전보다 갤런당 2센트 낮은 가격을 받는 것이 되므로 판매자들이 부담하는 세금은 2센트뿐이다. 퍼센트로 표현하면 소비자들이 세금의 80%를 부담하게 되고 판매자들은 20%만 부담하는 것이다.

문제풀이 4.4

소비자들이 판매세를 모두 내는 경우는 어떤 경우인가?

한 학생이 다음과 같이 말했다. "만일 정부가 휘발유의 판매세를 갤런당 $0.25 올린다면 휘발유가격은 갤런당 $0.25 상승할 것이다. 휘발유 없이 살 수 없는 소비자들은 오른 판매세 전부를 부담해야 한다." 어떤 상황에서 이 학생의 말이 맞는가? 휘발유시장의 그림을 사용하여 답하라.

문제풀기

Step 1: 본문의 내용을 다시 읽어보라. 이 문제는 세금의 귀착에 관한 문제이므로 [세금의 귀착: 실제로 세금을 부담하는 사람은 누구인가?] 부분을 다시 읽어보라.

Step 2: 오른 판매세 전부를 소비자가 부담하는 경우가 어떤 경우인지 [그림 4.11]과 같이 그림을 사용하여 살펴보라.

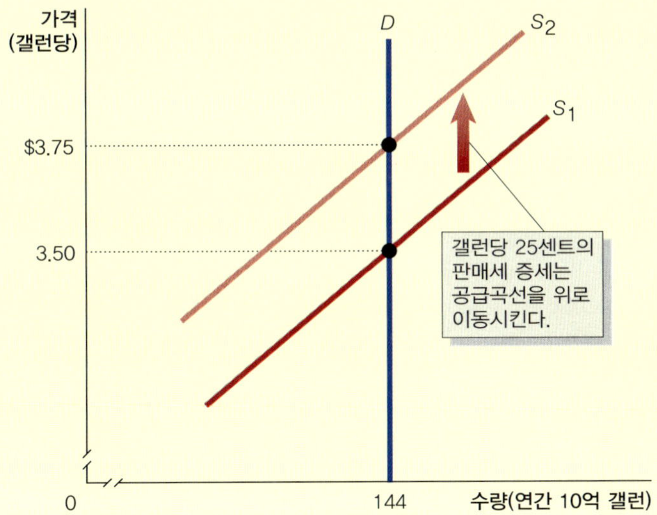

Step 3: 그림을 사용하여 학생의 말에 대해 평가해 보라. 그림에서 볼 때 인상된 판매세 전부를 소비자들이 부담하게 되는 경우는 수요곡선이 수직선인 경우이다. 휘발유의 수요곡선이 수직선일 가능성은 거의 없다. 일반적으로 모든 재화들은 가격이 오르면 수요량이 감소한다. 휘발유의 수요곡선이 수직선이 아니므로 학생의 말은 맞지 않다.

구매자가 세금을 내도록 하는 것과 판매자가 세금을 내도록 하는 것은 다른 결과를 주는가? 앞에서 법적으로 누가 세금을 내도록 되어 있는가와 실제로 누가 세금을 *부담*하는가를 구별하는 것은 매우 중요하다고 했다. 여기서는 정부가 세금을 구매자가 내도록 하느냐, 아니면, 판매자가 내도록 하느냐에 따라 세금의 귀착이 달라지는 것이 아니라는 점을 살펴봄으로써 세금납부와 세금부담의 구별을 보다 확실히 하기로 한다. [그림 4.12]는 갤런당 10센트의 휘발유세가 판매자가 아닌 구매자에게 부과되었을 때 시장의 균형이 어떻게 되는가를 살펴봄으로써 이점을 잘 보여주고 있다. 이제 판매자들이 갤런당 10센트의 세금을 구매자로부터 걷어서 정부에 내는 것이 아니라, 구매자들이 구매한 휘발유 갤런 수를 파악하여 갤런당 10센트의 세금을 정부에 낸다고 가정한다(사실 구매자들이 자신이 구매한 휘발유의 양을 지속적으로 파악하거나 정부가 구매자들이 휘발유세를 제대로 내는가를 확인하는 것은 현실적으로 매우 어렵다. 이런 이유로 정부는 휘발유세를 판매자가 납부하도록 하고 있는 것이다).

[그림 4.12]는 휘발유세가 판매자가 아닌 구매자에 부과되었다는 점에서만 [그림 4.11]과 다르다. [그림 4.12]에서 공급곡선은 이동하지 않는다. 왜냐하면 주어진 가격에서 판매자들이 공급할 용의가 있는 휘발유의 양을 변화시키는 그 어떤 것도 발생하지 않았기 때문이다. 그러나 수요곡선은 이동한다. 왜냐하면 소비자들은 이제 자신이 구매하는 휘발유에 대해 갤런당 10센트의 휘발유세를 지불해야 하기 때문이다. 따라서 모든 수준의 구매량에서 소비자들은 세금을 지불할 필요가 없는 경우에 지불할 용의가 있었던 가격보다 10센트 낮은 가격을 지불하려고 할 것이다. 소비자에게 세금을 부과할 때 나타나는 이러한 효과는 수요곡선을 10센트만큼 아래로 이동시키는 것으로 표현된다. 수요곡선은 D_1에서 D_2로 이동한다. 세금이 구매자에게 부과되고 그에 따라 수요곡선이 아래로 이동함에 따라 새로운

그림 4.12

휘발유세를 구매자가 내도록 했을 때의 세금의 귀착

휘발유세가 없을 때 수요곡선은 D_1이다. 갤런당 10센트의 세금을 소비자에게 부과한다면 수요곡선은 세금의 크기만큼 아래로 이동하여 D_1에서 D_2가 된다. 새로운 균형점에서 소비자들은 세금을 포함하여 갤런당 $3.58의 가격을 지불한다. 생산자들은 갤런당 $3.48를 받는다.
이는 생산자들에게 세금을 부과하는 경우와 일정한 결과이다.

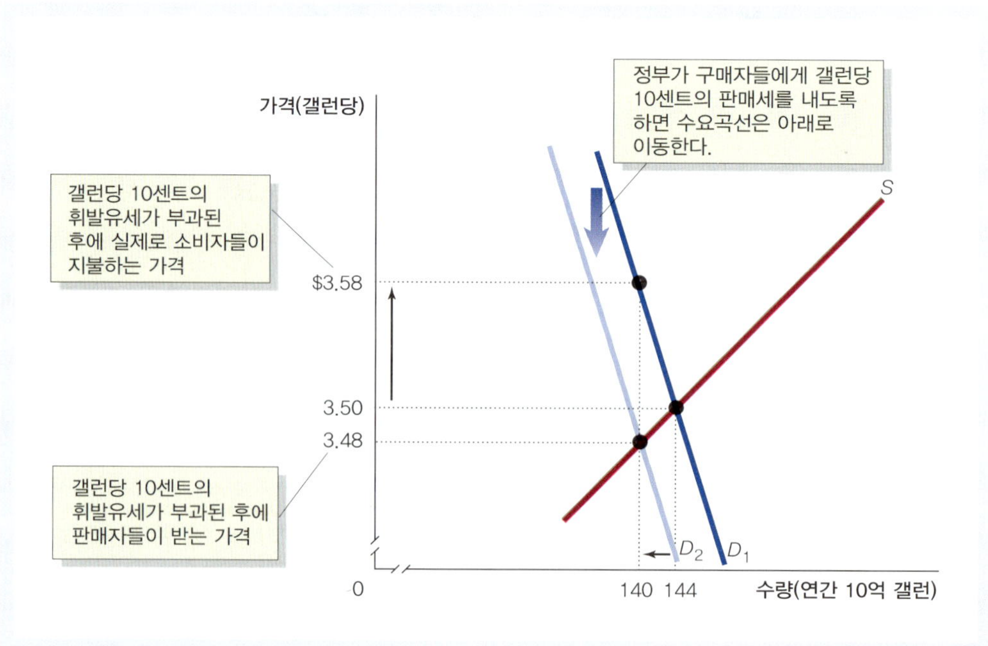

균형수량은 140십억 갤런이 된다. 이는 [그림 4.11]의 결과와 정확히 일정한 결과이다.

세금이 구매자에게 부과된 후에 [그림 4.12]에서 나타나는 새로운 균형가격은 [그림 4.11]에서 나타나는 것과 다른 것처럼 보인다. 그러나 세금을 고려하면 두 그림에서 구매자가 지불하는 가격은 동일하며, 판매자가 받는 가격도 동일하다. 이점을 확인해 보기 바란다. [그림 4.11]에서 구매자들이 판매자들에게 지불하는 금액은 갤런당 $3.58이었다. [그림 4.12]에서 구매자들이 판매자들에게 지불하는 금액은 갤런당 $3.48이다. 하지만 구매자들은 갤런당 10센트의 세금을 정부에 내야 한다. 따라서 구매자들이 갤런당 지불하는 총가격은 $3.58로 [그림 4.11]의 경우와 동일하다. [그림 4.11]에서 판매자들은 구매자들로부터 갤런당 $3.58을 받는다. 그러나 갤런당 10센트의 세금을 내고 나면 판매자들이 실제로 받는 금액은 $3.48이다. 이는 [그림 4.12]에서 판매자들이 구매자들로부터 받는 금액과 일정한 금액이다.

Making the Connection

사회보장세의 부담은 근로자와 기업에서 균등하게 나뉘어지는가?

미국의 봉급생활자들은 회사가 자신들의 봉급에서 미리 떼어 미국 정부에 바로 보내는 여러 종류의 세금을 내고 있다. 실제로 많은 사람들이 자신의 봉급을 받아보고 자신이 받기로 되어 있는 총봉급 gross pay과 세금을 뗀 후 실제로 받는 순봉급 net pay 사이에 큰 차이가 있다는 것을 알고 쇼크를 받는다. 미국의 중산층 이하의 사람들이 내는 세금 중 가장 큰 세금은 FICA(Federal Insurance Contributions Act)이다. FICA로 걷어들이는 세금은 노인과 장애인에게 소득을 지원하는 미국의 사회보장제도(Social Security)와 의료비를 지원하는 Medicare 기금으로 사용된다. FICA는 *급여세payroll tax*라고도 불린다. 이 법을 통과시키면서 미 의회는 회사와 근로자가 이 세금을 똑같이 나누어 각자 절반씩 부담하도록 했다. 현재, FICA 급여세의 부담은 임금의 15.3%이며, 그 절반인 7.65%는 근로자가 내는 것으로 회사가 근로자의 봉급에서 차감하여 정부에 지불하며, 나머지 7.65%는 회사가 내고 있다.

그러나 근로자와 고용주가 각자 세금의 절반씩 내도록 하는 것은 세금부담도 각자 절반씩 하는 것을 의미하는가? 이 장에서 살펴본 바로는 이에 대한 답은 "아니다."이다. 노동시장에서 고용주는 노동의 구매자이며 근로자는 노동의 판매자이다. 휘발유세 예에서 보았듯이, 정부가 세금을 구매자한테서 걷든, 판매자한테서 걷든, 세금을 누구한테서 걷는다는 것이 세금의 귀착에 영향을 미치지는 않는다. 실제로, 대부분의 경제학자들은 근로자가 FICA 급여세의 거의 전부를 부담하고 있다고 생각한다. 노동시장에 대한 다음 그림이 그 이유를 보여주고 있다.

노동시장에서 수요곡선은 여러 임금수준에서 고용주들에 의해 수요되는 노동의 양을 나타내며, 공급곡선은 여러 임금수준에서 근로자들에 의해 공급되는 노동의 양을 나타낸다. 수요곡선과 공급곡선이 교차하면서 균형임금수준이 결정된다. 그림에서 사회보장급여세가 부과되지 않을 경우에 균형임금은 시간당 $10이다. 급여세가 근로시간당 $1라고 가정하자. 그림(a)는 고용주가 세금을 지불해야 하는 경우이다. 세금은 노동의 수요곡선을 모든 노동량 수준에서 $1만큼 아래로 이동시킨다. 노동의 공급곡선은 매우 가파르게 그려져 있다. 이 이유는 많은 경제학자들이 임금의 변화가 근로자들이 공급하려는 노동의 공급량을 크게 변화시키지 않을 것이라고 믿고 있기 때문이다. 그림(a)에서, 세금이 부과된 후에 균형임금은 시간당 $10에서 $9.05로 하락한다. 기업들은 이제 근로시간당 $10.05를 지불한다. 이 중 $9.05는 근로자에게 지불되고 $1은 정부에 세금으로 낸다. 달리 말해, 세금 $1 중 $0.95는 근로자가 부담하고 나머지 $0.05만 기업이 부담한다.

그림(b)는 이러한 결과가 세금이 근로자에게 부과되었을 경우와 똑같은 결과라는 것을 보여주고 있다. 이 경우, 세금은 노동의

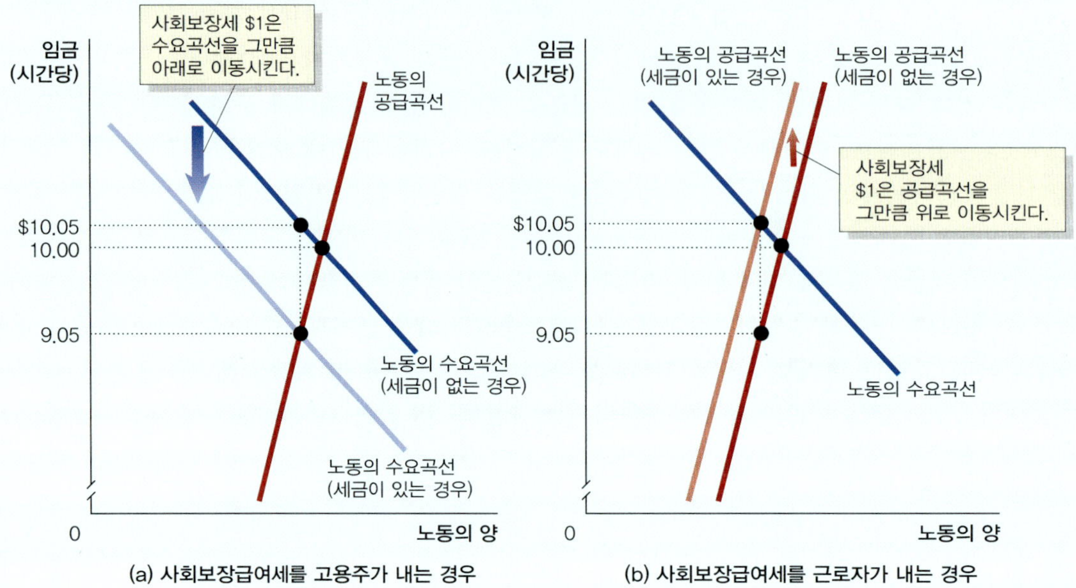

공급곡선을 모든 노동량 수준에서 $1만큼 위로 이동한다. 그 이유는 근로자들이 이제 모든 노동량 수준에서 근로시간당 세금 $1를 지불해야 하기 때문이다. 세금이 부과된 후 균형임금은 시간당 $10.05로 상승한다. 하지만 세금 $1를 지불하고 나면 근로자들이 받는 임금은 시간당 $9.05가 된다. 다시 확인하지만, 세금 $1 중 $0.95는 근로자가 부담하고 나머지 $0.05만 기업이 부담한다.

그림으로 살펴본 이러한 결과는 단순화한 분석의 결과이지만, FICA 급여세를 결국 누가 부담하게 되는가에 대해 연구한 경제학자들 대부분이 내린 결론과 같은 결과를 보여주고 있다. 미의회는 고용주가 세금의 반을 내고 근로자가 나머지 반을 내도록 요구했지만 실제로 근로자들이 세금의 거의 전부를 부담하고 있다. 한편, 미의회가 법을 바꾸어 고용주가 세금을 전부 내게 하든, 근로자가 전부 내게 하든, 이러한 결과는 바뀌지 않는다. 노동시장에서 수요와 공급의 힘이 서로 작용하여 누가 세금을 실제로 부담할 것인가를 결정하는 것이지, 의회가 누가 세금을 부담해야 하는가를 결정하는 것은 아니다.

결론

지금까지 살펴본 수요 · 공급 모델은 정부의 간섭이 없는 자유로운 시장이 잉여와 부족을 없애주고 소비자들의 욕구에 잘 반응하는 역할을 하고 있다는 것을 보여준다. 이 장에서 보았듯이 소비자들이나 기업들은 때때로 자신들에게 유리한 결과를 얻기 위해 정부를 활용하려 한다. 소비자잉여, 생산자잉여, 사장손실은 경쟁시장균형에서 소비자와 생산자가 얻는 혜택을 측정할 수 있도록 해준다. 또한 이러한 개념들은 정부의 하한가격이나 상한가격 정책, 세금의 경제적 효과도 측정할 수 있게 해준다.

주요 용어 KEY TERMS

암시장 black market
소비자잉여 consumer surplus
사장손실 deadweight loss
경제적 효율성 economic efficiency
경제적 잉여 economic surplus
한계혜택 marginal benefit
한계비용 marginal cost
상한가격 price ceiling
하한가격 price floor
생산자잉여 producer surplus
세금의 귀착 tax incidence

연습문제 PROBLEMS

* 복습질문

1. 한계혜택이란 무엇인가? 수요곡선을 한계혜택곡선이라고도 부르는 이유는 무엇인가?
2. 한계비용이란 무엇인가? 공급곡선을 한계비용곡선이라고도 부르는 이유는 무엇인가?
3. 소비자잉여란 무엇인가? 균형가격이 오르거나 내리면 소비자잉여는 어떻게 변하는가?
4. 생산자잉여란 무엇인가? 균형가격이 오르거나 내리면 생산자잉여는 어떻게 변하는가?
5. 경제적 잉여와 사장손실을 정의하라.
6. 경제적 효율성이란 무엇인가? 경제학자들이 효율성을 그렇게 정의하는 이유는 무엇인가?
7. 왜 일부 소비자들은 가격통제를 선호하고 다른 소비자들은 가격통제를 반대하는가?
8. 생산자들은 하한가격을 선호하는가, 상한가격을 선호하는가?
9. 암시장이란 무엇인가? 어떤 환경에서 암시장이 발생하는가?
10. 정부가 상한가격이나 하한가격을 책정하여 시장에 개입해야 하는가라는 질문에 대해 경제적 분석은 최종 답을 주는가?
11. 세금의 귀착은 무엇을 의미하는가?
12. 효율적 세금 efficient tax은 어떤 세금을 말하는가?
13. 구매자와 판매자 간에 법적으로 누가 세금을 낼 책임을 지는가 하는 것이 각자가 부담해야 하는 세금의 크기를 다르게 만드는가?

* 문제와 응용

1. 당신 친구가 자신이 어떤 제품을 $1,000을 주고 샀는데 그 가치는 가격으로 매기기 어려울 정도로 높은 것이라고 당신에게 말했다고 하자. 당신 친구가 아마 과장을 하고 있겠지만, 그가 산 제품의 소비자잉여는 얼마가 될까?
2. Florida 주에 서리가 내려 오렌지 수확이 크게 줄어 오렌지 공급곡선이 왼쪽으로 이동했다고 하자. 소비자잉여는 증가하는지 감소하는지, 생산자잉여는 증가하는지 감소하는지를 간단히 설명하라. 수요공급곡선을 사용하여 보여보라.
3. 한 학생이 다음과 같이 말했다. "시장이 균형에 있을 때 소비자잉여는 발생하지 않는다. 왜냐하면 균형에서 시장가격은 소비자들이 그 재화에 대해 지불할 용의가 있는 가격과 일치하기 때문이다." 이 학생의 말에 동의하는지 말해보라.
4. 소비자잉여는 소비자들이 재화를 구매함으로써 얻는 총혜택과 어떻게 다른가? 마찬가지로 생산자잉여는 생산자들이 재화를 판매함으로써 얻는 총수입과 어떻게 다른가? 어떤 상황에서 소비자잉여가 소비자들의 총혜택과 일치하는가? 어떤 상황에서 생산자잉여가 생산자들이 얻는 총수입과 일치하는가?
5. 다음의 그림에서 수요곡선 D_1과 수요곡선 D_2 중 어느 경우의 소비자잉여가 더 큰가? 수요곡선이 D_1일 때의 생산자잉여와 수요곡선 D_2일 때의 생산자잉여를 비교해보라.

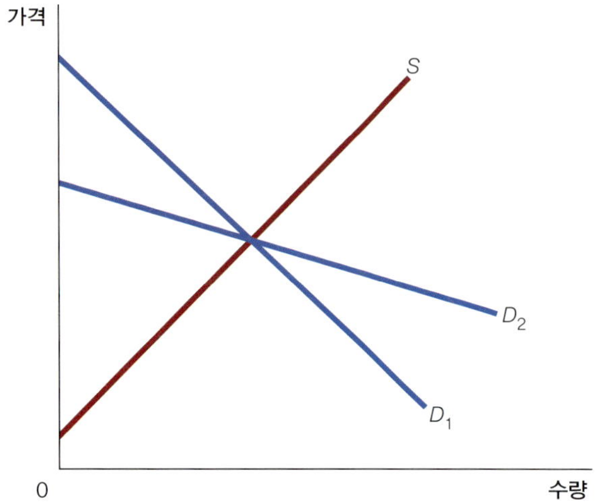

6. 다음 그림은 유방암 환자에 사용되는 약의 시장이다. 이 약이 없으면 유방암 환자들이 생존할 수가 없다. 이 시장에서 소비자잉여는 얼마인가? 이 시장에서의 소비자잉여는 지금까지 살펴본 일반적인 시장에서의 소비자잉여와 어떻게 다른가?

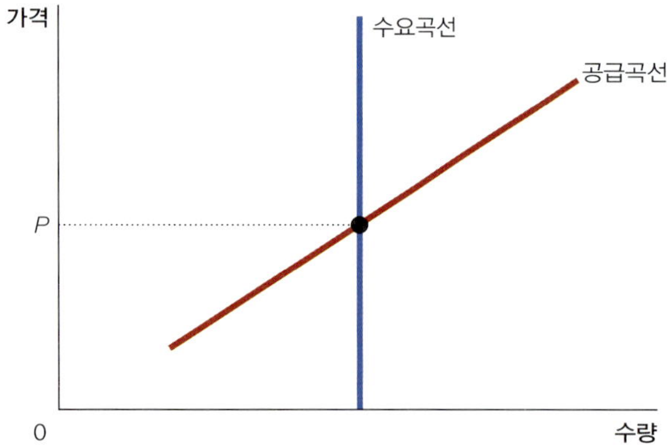

7. 다음은 15,000명의 좌석이 있는 공연장에서 개최되는 공연의 티켓시장 그림이다. 이 시장에서 생산자잉여는 얼마인가? 이 시장에서의 생산자잉여는 지금까지 살펴본 일반적인 시장에서의 생산자잉여와 어떻게 다른가?

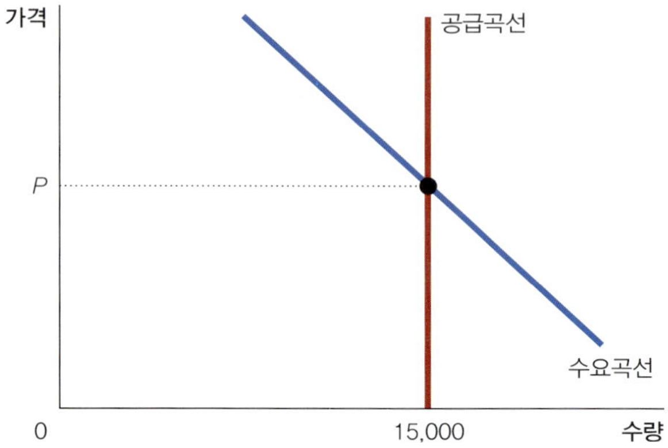

8. 영화, 음악, 책 등은 저작권의 보호를 받는다. 저작권은 창작자들의 허가 없이는 다른 사람이 이를 함부로 복사하여 사용하는 것을 막아준다. 하지만 많은 사람들이 file sharing을 통해 아무런 댓가도 지불하지 않고 영화나 음악을 불법으로 다운로드 받아 사용하면서 저작권을 위반하고 있다.

a. 파일공유 file sharing는 기존에 있는 음악이나 영화로부터 발생하는 소비자잉여를 증가시키는가? 수요곡선을 사용하여 답해보라. 수요곡선은 파일공유가 불가능할 때의 가격과 파일공유의 가격(=0), 파일공유가 가능한 경우와 가능하지 않는 경우의 소비자잉여를 나타내야 한다.

b. 장기적으로 볼 때 파일공유가 가져올 수 있는 효과는 무엇인가? 장기적으로 파일공유는 음악이나 영화의 소비로 부터 발생하는 총소비자잉여를 증가시켜줄 가능성이 높은가? 간단히 설명하라.

9. 다음의 말에 당신이 동의하는지 간단히 설명해보라.
"시장의 가격이 낮아질수록 경제적 효율성은 언제나 증가한다."

10. 다음의 말에 당신이 동의하는지 간단히 설명해보라.
"현재의 수량에서 한계혜택이 한계비용보다 크다면 시장에 사장손실이 발생한다. 그러나 한계비용이 한계혜택보다 크다면 사장손실은 발생하지 않는다."

11. 수요와 공급곡선을 사용하여 시장가격이 균형가격보다 아래에 있을 때 소비자잉여와 생산자잉여가 어떻게 되는지를 간단히 설명하라. 또한 사장손실이 발생하는 경우에 이를 표시해 보라.

12. 다음의 말에 당신이 동의하는지 간단히 설명해 보라.
"한 시장에서 소비자잉여가 증가하면 생산자잉여는 감소할 수 밖에 없다."

13. 한 시장에서 경제적 잉여가 증가한다는 것은 항상 그 시

장에서 경제적 효율성이 증가한다는 것을 의미하는가? 간단히 설명하라.

14. 다음의 그림에서 공급이 S_1에서 S_2로 증가할 때 소비자잉여와 생산자잉여가 어떻게 되는지 설명하라. 경제적 잉여는 증가하는가?

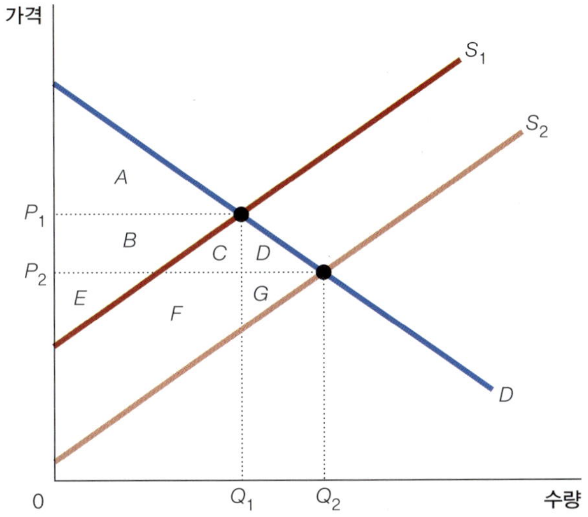

15. 한 학생이 다음과 같이 말했다. "한계혜택과 한계비용의 차이가 가장 클 때의 생산량에서 경제적 잉여가 극대화된다." 당신은 이 말에 동의하는가?

16. 다음 그림은 사과시장을 보여주고 있다. 정부가 한 상자당 $10의 하한가격을 책정했다고 하자.

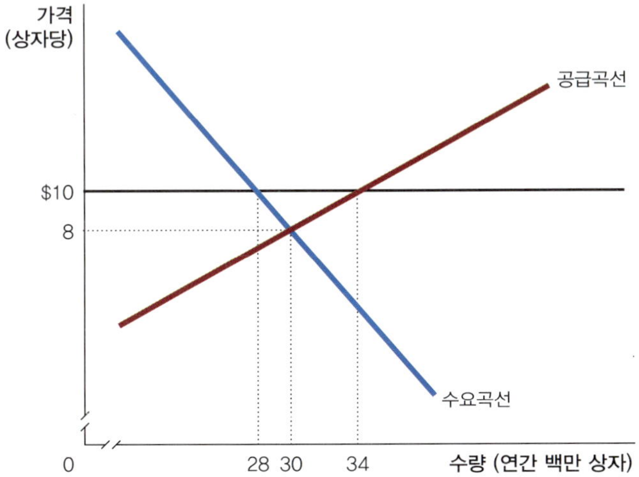

a. 하한가격이 책정된 후에 얼마나 많은 사과상자가 팔리겠는가?

b. 시장에는 부족(초과수요)이 발생하는가? 잉여(초과공급)이 발생하는가? 그 크기는 얼마나 되는가?

c. 하한가격으로 인해 사과생산자들은 혜택을 보는가? 혜택을 본다면 어떻게 혜택을 보는가?

17. 표에 있는 금귤 kumquat시장에 대한 정보를 가지고 다음의 질문에 답하라.

가격 (상자당)	수요량 (연간 백만 상자)	공급량 (연간 백만 상자)
$10	120	20
15	110	60
20	100	100
25	90	140
30	80	180
35	70	220

a. 균형가격과 균형수량은 얼마인가? 시장이 균형에 있을때 금귤 생산자들이 얻는 수입은 얼마나 되는가? 시장균형을 보이는 그림을 그린 후, 금귤생산자들이 얻는 수입을 나타내는 면적을 표시해 보라.

b. 연방정부가 상자당 $30의 하한가격을 책정했다고 하자. 이제 소비자들은 얼마나 많은 상자의 금귤을 구매하겠는가? 금귤생산자들은 얼마의 수입을 얻는가? 정부가 잉여 금귤을 구매하지 않는다고 가정하라. 문제 (a)의 그림에서, 정부가 하한가격을 책정한 후에 하한가격, 금귤구매량의 변화, 금귤생산자가 얻는 수입 등을 표시해 보라.

c. 정부가 상자당 $30의 하한가격을 책정하고 금귤의 잉여분을 구입해준다고 하자. 이제 금귤생산자들이 얻는 수입은 얼마인가? 잉여 금귤의 구입을 위해 정부가 지불해야 하는 금액은 얼마인가? 이를 문제 (a)의 그림에서 표시해 보라.

18. 신문기사에 의하면 미국정부가 낙농업 농부들에게 적절한 소득을 보장하기 위하여 가격규제를 실시할 것을 고려하고 있다고 한다. 이는 좋은 정책인가? 어떤 가격규제를 사용하여야 미국정부는 이 목적을 달성할 수 있겠는가? 미국정부는 미국의 모든 업종의 사업자들에게 적절한 소득을 보장하기 위하여 가격규제를 사용해야 하는가?

19. 한 학생이 다음과 같이 말했다. "하한가격은 경쟁시장균형가격보다 높은 가격을 책정하는 것이기 때문에 소비자들이 구매할 수 있는 제품의 양을 감소시킨다. 하지만 상한가격은 경쟁시장균형가격보다 낮은 가격을 책정하는 것이기 때문에 소비자들이 구매할 수 있는 제품의 양을 증가시킨다." 당신은 이 학생의 생각에 동의하는가? 수요

와 공급곡선을 사용하여 답해보라.

20. 대학간 미식축구 시합이 있는 기간에는 미국대학촌들의 호텔 방에 대한 수요가 증가한다. 호텔들은 이러한 수요 증가에 맞추어 호텔 방값을 올린다. 그럴 때마다 높아진 방값에 대해 바가지 씌우기 price gouging라는 비난이 쏟아져 나온다.

a. 미식축구 시합이 있을 경우의 미국 대학촌의 호텔방 수요와 시합이 없을 경우의 호텔방 수요곡선을 그려보라. 만일 대학촌이 속해 있는 시의 시당국이 호텔 방값을 올리지 못하게 법적으로 규제한다면 축구시합이 있는 기간 동안에 호텔방 시장에 어떤 일이 발생하겠는가? 그래프를 사용하여 답해보라.

b. 호텔 방값이 오르지 않도록 규제한다면 시밖에 있는 축구팬들에게 어떤 영향을 미치겠는가?

c. 시당국의 호텔 방값 규제가 장기적으로 호텔방 공급에 미치는 영향은 무엇인가?

d. 미국 대학촌만이 시즌과 비시즌 현상이 나타나는 곳은 아니다. 일 년 중 특정한 시기에 호텔방에 대한 수요가 급증하는 다른 장소가 있다면 어떤 곳이 있는가? 시즌 기간 동안에 호텔들이 책정하는 호텔 방값을 제한하는 법이 눈에 띄지 않는 이유는 무엇인가?

21. Economist 잡지는 미국을 포함한 많은 국가들에서 신장과 같은 신체의 일부를 거래하는 것을 불법으로 하고 있는 사실에 대해 논평을 실은 적이 있다.

a. 신장시장의 수요곡선과 공급곡선을 그려보라. 법적으로 허용된 신장의 최대가격이 0일 때 이 가격에서 공급되는 신장의 양을 그려보라. (힌트: 신장은 일부 기증도 되므로 공급량이 0은 아니다)

b. 이 신문의 사설은 신장 거래가 합법화되어야 한다고 주장했다.

> 적절한 규제가 동반되면, 신장시장은 현재와 같이 많은 슬픈 사연들을 갖고 있는 시장에서 훨씬 나아진 시장이 될 것이다. 신장 판매자들에 대한 질병이나 약물 복용 여부가 검사되고 수술 후에도 판매자들에 대한 적절한 간호가 이루어질 것이며…구매자들 또한 더 좋은 신장을 보다 빠르게 구입할 수 있을 것이다. 따라서 판매자와 구매자 모두 불법시장에서 거래하는 것보다 훨씬 좋은 상황에 있게 되며 중개상에게 가는 돈의 상당 부분이 절약될 것이다.

당신은 이러한 주장에 동의하는가? 정부는 신체의 일부인 신장에 대해서도 다른 재화들처럼 시장이 가격을 정하도록 허용해야 하는가?

22. 세금이 사장손실을 발생시키는 이유를 설명하라.

CHAPTER
5

탄력성: 수요와 공급의 반응성

이 장의 학습내용

5.1 **수요의 가격탄력성과 측정**
- 수요의 가격탄력성을 정의하고 그 측정 방법을 이해한다.

5.2 **수요의 가격탄력성에 영향을 미치는 요소들**
- 수요의 가격탄력성에 영향을 미치는 요소들을 이해한다.

5.3 **수요의 가격탄력성과 총수입의 관계**
- 수요의 가격탄력성과 기업의 총수입의 관계를 이해한다.

5.4 **수요의 다른 탄력성들**
- 수요의 교차-가격탄력성과 소득탄력성을 정의하고, 이들에 영향을 미치는 요소들을 이해하고, 이들을 어떻게 측정하는가를 이해한다.

5.5 **사라져 가는 가족농장을 분석하기 위해 탄력성을 사용하기**
- 경제적 문제를 분석하는데 가격탄력성과 소득탄력성을 사용한다.

5.6 **공급의 가격탄력성과 측정**
- 공급의 가격탄력성을 정의하고 그 측정 방법을 이해한다. 또한 그것에 영향을 미치는 주요 요소들을 이해한다.

사람들은 휘발유가격의 변화에 반응하는가?

"롤라코스터 탈 준비를 하세요." 이 충고는 소매주유소들에 휘발유를 공급하는 Admo Energy의 공동대표인 Steve Mosby가 한 말이다. Mosby는 2013년 여름에 나타날 것이라고 예측된 휘발유가격의 변동성에 대해 언급한 것이었다. 이전의 몇 년 동안 나타난 휘발유가격의 등락폭은 정상적인 경우보다 훨씬 더 심한 것이었다.

휘발유가격의 변동이 휘발유 판매량에 큰 영향을 미치는가? 어떤 사람들은 그렇지 않다고 말한다. 이들의 주장은 사람들이 직장, 학교, 기타 용건 등으로 매일 운전을 해야 하는 거리는 대개 일정하기 때문에 가격이 변동한다고 해서 휘발유 구매량이 크게 변하지 않는다는 것이다. 그러나 실제로 나타난 소비자들의 행동은 이들의 주장과는 반대되는 것이었다. 예를 들어, 2012년 9월에 휘발유의 평균가격이 갤런당 $3.91였을 때 미국의 소비자들은 휘발유의 평균가격이 갤런당 $3.66였던 2011년 9월에 비해 약 5%나 적은 양의 휘발유를 구매했다.

최근 연도 들어 휘발유가격이 갤런당 $4가 되었던 몇 번의 경우에 소비자들은 여러 방법을 사용해서 자신들의 휘발유 구매량을 줄였다. 여론 조사 회사인 Gallup의 선임 경제학자는 다음과 같이 말했다. "갤런당 $4가 되더라도 사람들이 휘발유를 살 돈이 없는 것은 아니지만 사람들은 가격에 반응하면서 휘발유 사용량을 줄이기 시작한다. 갤런당 $4에서… 사람들은 자동차 운행을 줄인다. 휘발유 가격의 상승으로 California 주에서는 사람들이 버스나 페리를 이용하여 출퇴근해서 Golden Gate 다리를 통과하는 차량의 수가 감소했다. 자동차 딜러들은 연료소모가 적은 소형차의 판매량이 증가하고 SUV나 기타 연료소모량이 큰 차에 대한 수요가 감소했다고 말했다.

모든 기업은 자기 제품의 가격이 오르면 자기 제품의 판매량이 얼마나 감소하는지 무척 알고 싶어한다. 정부도 세금이 인상한 후에 어떤 제품(예를 들어, 휘발유)의 가격이 오르면 소비자들이 그에 대해 어떻게 반응할 것인지를 알고 싶어 한다. 이 장에서는 시장가격이 변할 때 수요량과 공급량이 변하는 민감도에 영향을 주는 요소들에 대해서 살펴볼 것이다.

자료: Steve Everly, "'Get Ready for a Roller Coaster' as Gas Prices Swing Wildly," *Kansas City Star*, April 21, 2013; Meg Handley, "Memorial Day 2013: Higher Gas Prices, Fewer Travelers," *U.S. News & World Report*, May 23, 2013; and data on gasoline prices and consumption from the U.S. Energy Information Administration

당신이 주유소를 운영하든, 피자가게를 운영하든, 커피가게를 운영하든, 당신이 파는 제품의 가격이 상승하거나 하락하면 그에 따라 소비자들이 구입할 용의가 있는 당신 제품의 수량이 얼마나 달라지는가를 알아야 한다. 가격을 내리면 수요량은 증가하고 가격을 올리면 수요량은 감소한다는 것을 우리는 알고 있다. 그러나 문제는 가격이 오르고 내릴 때 수요량이 얼마나 변할 것이냐 하는 것이다. 경제학자들은 한 변수(예, 수요량)가 다른 변수(예, 가격)의 변화에 대해 어떻게 반응하는가를 측정하기 위해서 **탄력성 elasticity**이라는 개념을 사용한다. 예를 들어, 한 재화의 가격변화에 대한 그 재화의 수요량의 반응도는 수요의 가격탄력성이라고 한다. 수요의 가격탄력성을 알면 가격변화가 수요량의 변화에 영향을 주는 정도를 알 수 있다.

탄력성 elasticity
한 경제변수가 다른 경제변수의 변화에 얼마나 민감하게 반응하는가를 측정하는 척도.

한편, 소비자의 한 재화에 대한 수요량은 그 재화의 가격에 의해서만 달라지는 것이 아니라 소비자의 소득, 그 재화와 관련된 재화들의 가격 등에도 달라진다. 따라서 기업은 가격 이외의 이러한 요소들에 대해 수요가 어떻게 반응하는가도 알고 있어야 하며, 이런 경우에도 탄력성이라는 개념이 유용하게 사용된다. 공급의 경우에, 한 재화의 가격변화에 대한 그 재화의 공급량의 반응도는 공급의 가격탄력성이라고 한다.

탄력성은 기업뿐만 아니라 정부정책 입안자들에게도 중요한 개념이다. 정부가 십대들의 흡연을 줄이고 싶다면 담배세를 부과하여 가격을 올릴 수 있다. 이 경우에 담배 수요의 가격탄력성을 안다면 가격을 높임으로써 담배 소비를 얼마나 줄일 수 있는가를 계산할 수 있다.

5.1. 수요의 가격탄력성과 그 측정

가격이 내리면 수요량이 증가한다는 것이 수요의 법칙이다. 그러나 수요의 법칙은 수요곡선의 기울기가 우하향이라는 것만 말해준다. 좀 더 유용한 것은 가격변화에 대한 수요량의 반응 정도를 측정해 주는 **수요의 가격탄력성 price elasticity of demand**이다.

수요의 가격탄력성 price elasticity of demand
수요량 변화의 퍼센트를 가격 변화의 퍼센트로 나누어 준 것으로 가격 변화에 따른 수요량 변화의 민감도를 측정해주는 척도.

수요의 가격탄력성 측정

수요의 가격탄력성을 측정하기 위해서 수요곡선의 기울기를 사용할 수 있을지도 모른다. 왜냐하면 수요곡선의 기울기는 가격이 변할 때 수요량이 얼마나 변하는지를 알려주기 때문이다. 그러나 수요곡선의 기울기를 가지고 수요의 가격탄력성을 측정하는 것은 기울기가 측정단위에 영향을 받기 때문에 문제가 있다. 예를 들어, 휘발유가격이 갤런당 $1 하락하면 수요량은 하루에 10.1백만 갤런에서 10.2백만 갤런으로 증가한다. 수요량의 변화크기는 0.1백만 갤런이고 가격의 변화는 –$1이다. 따라서 기울기는 0.1/–1 = –0.1이다. 그러나 가격을 달러가 아닌 센트로 측정하면 기울기는 0.1/–100 = –0.001이 된다. 또한 가격을 달러로 측정하고 갤런을 백만 갤런이 아닌 천 갤런을 단위로 하여 측정하면 수요곡선의 기울기는 100/–1 = –100. 따라서 기울기의 값은 가격과 수량에 대해 어떤 단위를 사용하는가에 따라 크게 달라진다.

측정단위가 달라서 발생하는 이러한 혼란을 피하기 위해서 경제학자들은 수요의 가격탄력성을 측정할 때 변화 퍼센트를 사용한다. 변화 퍼센트는 측정단위에 영향을 받지 않는다. 휘발유의 수량을 측정하기 위해 어떤 단위를 사용하든지 10% 많은 휘발유는 10% 많은 휘발유이다. 따라서 수요의 가격탄력성은 수요량 변화의 %를 가격 변화의 %로 나눈 것으로 측정된다. 즉,

$$\text{수요의 가격탄력성} = \frac{\text{수요량변화의 \%}}{\text{가격변화의 \%}}$$

*수요곡선의 기울기가 수요의 가격탄력성이 아니라는 점*을 기억하기 바란다.

가격이 하락할 때 수요의 가격탄력성을 측정하면 가격변화의 퍼센트는 음(–)의 값을 가지며 수요량 변화의 퍼센트는 양(+)의 값을 가질 것이다. 마찬가지로, 가격이 상승할 때 수요의 가격탄력성을 측정하면 가격변화의 퍼센트는 양(+)의 값을 가지며, 수요량 변화의 퍼센트는 음(–)의 값을 가질 것이다. 따라서 수요의 가격탄력성은 항상 음(–)의 값을 갖는다. 그러나 탄력성을 비교할 때는 탄력성의 상대적인 크기에 관심을 갖는 것이기 때문에 마이너스 부호는 빼고 *절대값*만을 비교한다. 예를 들어, –3이 –2보다는 적은 값이지만 가격탄력성 3이 가격탄력성 2보다 더 큰 것이다.

탄력적 수요와 비탄력적 수요

수요량이 가격변화에 대해 민감하게 반응한다면 가격의 퍼센트 변화보다 수요량변화의 퍼센트가 더 클 것이므로 수요의 가격탄력성은 절대값으로 1보다 클 것이다. 이 경우, 수요는 **탄력적 elastic**이라고 한다. 예를 들어, 베이글 가격이 10% 하락할 때 베이글 수요량이 20% 증가한다면,

탄력적 수요 elastic demand
가격변화의 퍼센트보다 수요량변화의 퍼센트가 더 크면, 수요는 탄력적이며, 수요의 가격탄력성은 절대값으로 1보다 크다.

$$\text{수요의 가격탄력성} = \frac{20\%}{-10\%} = -2$$

이며, 이 경우, 베이글 수요가 탄력적이라고 한다.

그러나 수요량이 가격변화에 대해 그다지 민감하게 반응하지 않는다면 가격변화의 퍼센트보다 수요량변화의 퍼센트가 더 작을 것이므로 수요의 가격탄력성은 절대값으로 1보다 작을 것이다. 이 경우, 수요는 **비탄력적 inelastic**이라고 한다. 예를 들어, 밀가격이 10% 상승할 때 밀 수요량이 5% 감소하면,

비탄력적 수요 inelastic demand
가격변화의 퍼센트보다 수요량변화의 퍼센트가 더 작으면, 수요는 비탄력적이며, 수요의 가격탄력성은 절대값으로 1보다 작다.

$$\text{수요의 가격탄력성} = \frac{-5\%}{10\%} = -0.5,$$

이며, 이 경우, 밀의 수요가 비탄력적이라고 한다.

단위탄력적 수요 unit-elastic demand
가격 변화의 퍼센트와 수요량 변화의 퍼센트가 같을 때 수요는 단위탄력적이며, 수요의 가격탄력성은 절대값으로 1이다.

수요량변화의 퍼센트가 가격변화의 퍼센트와 동일한 특수한 경우에는 수요의 가격탄력성은 –1 (절대값 1)이며 수요는 **단위탄력적 unit elastic**이라고 한다.

가격탄력성 측정의 예

당신이 주유소를 갖고 있다고 하자. 당신은 갤런당 휘발유가격을 내릴 것인지를 결정하려고 한다. 현재 당신은 갤런당 $4.00에 하루에 1,000갤런의 휘발유를 팔고 있기 때문에 [그림 5.1]의 점*A*에 있다. 가격을 $3.70로 낮추면 얼마나 많은 양을 팔 수 있을지는 당신 주유소 휘발유의 수요의 가격탄력성에 달려 있다. 2가지 경우를 살펴보자. D_1이 당신 주유소 휘발유의 수요곡선이라면, 휘발유 판매량은 점*B*의 하루 1,200 갤런으로 증가할 것이다. D_2가 당신 주유소 휘발유의 수요곡선이라면, 휘발유 판매량은 점*C*의 하루 1,050 갤런으로 증가할 것이다. 점*A*와 점*B* 사이에서 수요곡선 D_1은 *탄력적*이고, 점*A*와 점*C* 사이에서 수요곡선 D_2는 *비탄력적*일 것으로 예상된다.

두 점 사이에서 D_1이 탄력적이고 D_2가 비탄력적이라는 것을 확인하기 위해서 각 곡선의 수요의 가격탄력성을 측정해야 한다. 그러나 수요곡선상에 있는 두 점 사이의 수요의 가격탄력성을 측정하는데 있어서 한 가지 문제가 발생한다. 왜냐하면 가격을 올릴 때와 내릴 때의 수요의 가격탄력성이 다르게 나타나기 때문이다. 수요곡선 D_1에서 가격을 $4.00에서 $3.70로 낮출 때 가격탄력성을 측정한다고 하자. 이 7.5퍼센트의 가격인하는 수요량을 1,000갤런에서 1,200갤런으로 20퍼센트 증가시킨다. 따라서 점*A*와 점*B* 사이에서 수요의 가격탄력성은 20/–7.5 = –2.7이다. 이제 수요곡선 D_1에서 *가격*을 $3.70에서 $4.00로 올린

그림 5.1

탄력적 수요와 비탄력적 수요

D_1을 따라 가격을 $4.00에서 $3.70로 내리면 수요량은 하루에 1,000갤런에서 1,200갤런으로 증가한다.
수요량변화의 퍼센트가 가격변화 퍼센트보다 절대값으로 볼 때 크므로, 점*A*와 점*B*사이에서 수요는 탄력적이다. D_2를 따라 가격을 $4.00에서 $3.70로 내리면 수요량은 하루에 1,000갤런에서 1,050갤런으로 증가한다. 수요량변화 퍼센트가 가격변화 퍼센트보다 절대값으로 볼 때 작으므로, 점*A*와 점*C* 사이에서 수요는 비탄력적이다.

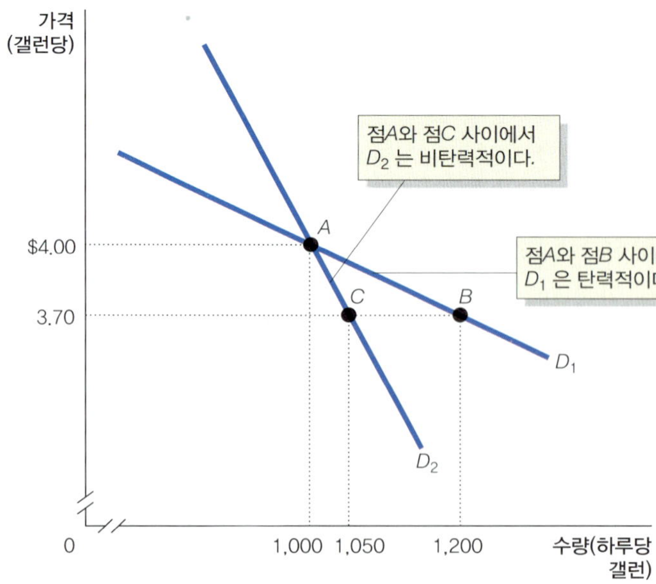

다면, 이 8.1% 가격인상은 수요량을 1,200갤런에서 1,000갤런으로 16.7% 감소시킨다. 따라서 이제 점A와 점B 사이에서 수요의 가격탄력성은 –16.7/8.1 = –2.1가 된다. 동일한 수요곡선 상에서 동일한 두 점 사이의 수요의 가격탄력성을 측정하는데 서로 다른 값이 나타난다는 것은 매우 혼란스러울 수 있다. 따라서 경제학자들은 탄력성을 계산할 때 이러한 문제를 피할 수 있는 공식을 사용한다.

중간점 공식

수요곡선상에 있는 두 점 사이의 수요의 가격탄력성을 측정할 때 탄력성이 한 개의 값만을 갖도록 하기 위해서 *중간점 공식 midpoint formula*을 사용하면 된다. 중간점 공식은 처음 수량과 나중 수량의 평균과 처음 가격과 나중 가격의 평균을 사용한다. 처음 수량과 가격이 Q_1과 P_1이고, 나중 수량과 가격이 Q_2와 P_2이라면, 중간점 공식은 다음과 같다.

$$\text{수요의 가격탄력성} = \frac{(Q_2 - Q_1)}{\left(\dfrac{(Q_1 + Q_2)}{2}\right)} \div \frac{(P_2 - P_1)}{\left(\dfrac{(P_1 + P_2)}{2}\right)}$$

중간점 공식은 언뜻 보면 복잡하게 느껴질지도 모르지만, 분자는 단지 수요량의 변화를 처음 수요량과 나중 수요량의 평균치로 나눈 것이고, 분모는 단지 가격의 변화를 처음 가격과 나중 가격의 평균으로 나누어준 것뿐이다.

중간점 공식을 사용하여 [그림 5.1]의 D_1 수요곡선상의 두 점인 점A와 점B 사이의 수요의 가격탄력성을 구해보자. 수요량의 변화는 200이고, 두 수요량의 평균은 1,100이다. 따라서, 수요량 변화의 퍼센트(변화율)는 18.2%이다. 가격의 변화는 –$0.30이고, 두 가격의 평균은 $3.85이다. 따라서 가격의 변화율은 –7.8%이다. 이에 따라 수요의 가격탄력성은 18.2/–7.8 = –2.3이다. 중간점 공식을 사용한 이러한 결과를 요약하면 다음과 같다.

1. 앞에서 예상했던 것처럼, 점A와 점B 사이에서 [그림 5.1]의 수요곡선 D_1은 탄력적이다.
2. 중간점 공식을 사용해서 구한 가격탄력성의 값은 앞에서 구한 두 가격탄력성의 값(–2.7과 –2.1) 사이에 있다.
3. 중간점 공식으로 구한 탄력성의 값은 높은 가격에서 낮은 가격으로 이동하든, 낮은 가격에서 높은 가격으로 이동하든, 동일하게 나타난다.

수요곡선 D_2에 대해서도 중간점 공식을 사용하여 점A와 점C 사이에서의 수요의 가격탄력성을 구할 수 있다. 수요량의 변화는 4.9%이고 가격의 변화는 –7.8%이다. 따라서 수요의 탄력성은 4.9/–7.8 = –0.6이다. 마찬가지로 앞에서 예상했던 것처럼, 점A와 C 사이에서 수요곡선 D_2는 비탄력적이다.

수요곡선들이 서로 교차할 때 더 평평한 수요곡선이 더 탄력적이다.

탄력성과 기울기는 다른 것이라는 점을 기억하라. 기울기는 수량과 가격의 변화의 크기를 가지고 구하는 것이고, 탄력성은 변화율(변화 퍼센트)을 가지고 구하는 것이다. 그러나 두 수요곡선이 교차하는 경우에는 절대값으로 더 작은 기울기를 갖는 수요곡선(더 평평한 수요곡선)이 더 탄력적이며, 절대값으로 더 큰 기울기를 갖는 수요곡선(더 가파른 수요곡선)이 덜 탄력적이다. [그림 5.1]에서, 주어진 가격변화에 대해서 수요곡선 D_1이 수요곡선 D_2보다 더 탄력적이다.

완전비탄력적 수요와 완전탄력적 수요

완전비탄력적 수요
perfectly inelastic demand
가격의 변화에 대해 수요량이 전혀 반응하지 않는 경우이며, 수요의 가격탄력성은 0이다.

아주 드물지만 수요곡선이 극단적인 형태를 띨 수도 있다. 수요곡선이 수직선이면 수요곡선은 **완전비탄력적 perfectly inelastic**이다. 이런 경우에 수요량은 가격 변화에 전혀 반응하지 않으며 수요의 가격탄력성은 0이다. 가격이 얼마나 올라가든 얼마나 내려가든 수요량은 변하지 않고 그대로이다. 아주 적은 수의 제품들의 경우에만 수요량이 가격에 전혀 반응하지 않아 수요곡선은 수직선이 될 수 있다. 인슐린 약이 한 예가 될 수 있다. 일부 당뇨병 환자들의 경우에는 매일 일정한 양의 인슐린을 투여해야 한다. 이 경우, 인슐린 가격이 하락하더라도 하루에 섭취해야 하는 인슐린의 양은 변하지 않으므로 인슐린 수요량은 증가하지 않는다. 마찬가지로 가격이 상승한다고 하더라고 환자가 섭취해야 하는 인슐린 양은 변하지 않으므로 수요량이 감소하지도 않는다(물론, 일부 당뇨병 환자의 경우에는 인슐린 가격이 더 높아지면 인슐린을 구입할 여력이 없어질 수도 있다. 이러한 경우에 수요곡선은 완전 수직이 아니며 따라서 완전비탄력적 수요곡선이 아니다).

완전탄력적 수요
perfectly elastic demand
가격의 변화에 대해 수요량의 반응이 무한대인 경우이며, 수요의 가격탄력성은 무한대이다.

수요곡선이 수평선이면 수요곡선은 **완전탄력적 perfectly elastic**이다. 이 경우, 수요량은 가격에 무한대로 반응하며 수요의 가격탄력성은 무한대이다. 수요곡선이 완전탄력적일 때 가격이 올라가면 수요량은 0이 된다. 완전탄력적인 수요곡선도 거의 없다. [표 5.1]은 수요의 서로 다른 가격탄력성들을 보여주고 있다.

5.2. 수요의 가격탄력성에 영향을 미치는 요소들

어떤 제품들의 수요는 탄력적이며, 어떤 제품들의 수요는 비탄력적이다. 이 절에서는 제품들 간에 탄력성이 다르게 나타나는 이유에 대해서 간단히 살펴본다. 수요의 가격탄력성에 영향을 미치는 주요 요소들은 다음과 같다.

- 해당 재화와 가까운 대체재의 존재
- 시간의 경과(장기와 단기)

표 5.1 수요의 가격탄력성 요약

<table>
<tr><th>수요</th><th>수요의 가격탄력성의 절대값</th><th></th></tr>
<tr><td>탄력적</td><td>1보다 큼</td><td>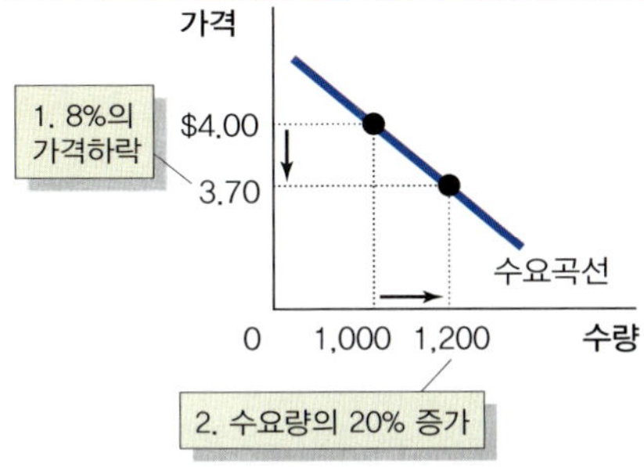
</td></tr>
<tr><td>비탄력적</td><td>1보다 작음</td><td>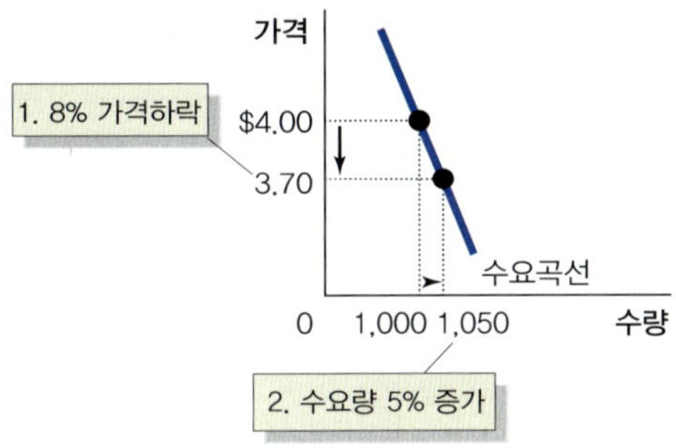
</td></tr>
<tr><td>단위탄력적</td><td>1</td><td>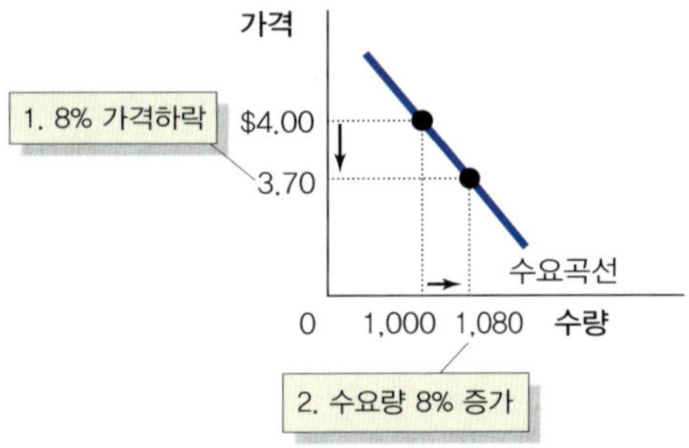
</td></tr>
<tr><td>완전탄력적</td><td>무한대</td><td>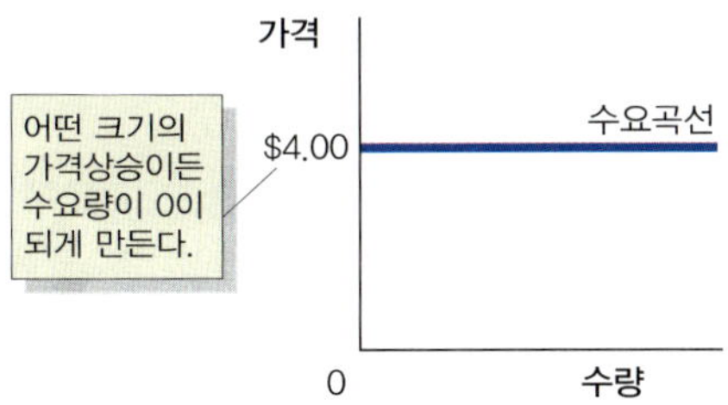
</td></tr>
<tr><td>완전비탄력적</td><td>0</td><td>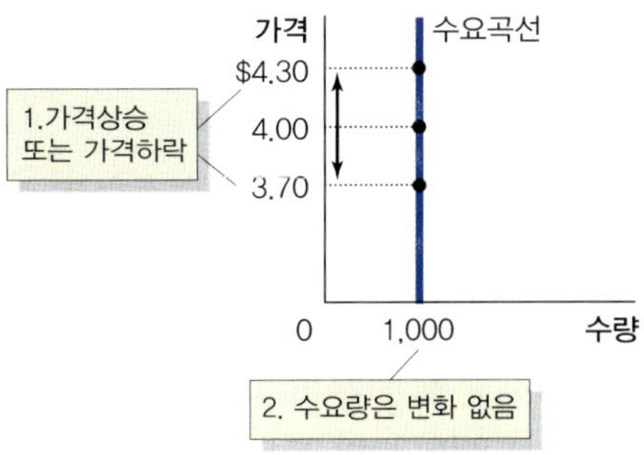
</td></tr>
</table>

참고: % 변화의 수치는 중간점 공식을 사용해서 구한 것이다. 소수점은 반올림한 것이다.

- 사치품과 필수품
- 시장의 정의
- 해당 재화가 소비자의 예산에서 차지하는 비중

가까운 대체재의 존재

소비자들이 한 재화의 가격변화에 어떻게 반응하는가는 그 재화를 대신해서 소비할 수 있는 재화가 얼마나 있는가에 달려 있다. 따라서 수요의 가격탄력성에 영향을 미치는 가장 중요한 요소 중 하나가 대체재의 존재이다. 예를 들어, 휘발유가격이 오르면 소비자들은 휘발유 대신 사용할 수 있는 다른 대체재가 없기 때문에 수요량은 아주 소량 감소할 뿐이다. 그러나 피자가격이 오르면 피자 대신에 소비자들이 먹을 수 있는 음식은 아주 많기 때문에 피자의 수요량은 크게 줄어들 가능성이 높다. 사실상, 기업의 가격정책을 가장 크게 제약하는 것은 자기제품 대신에 소비자들이 사용할 수 있는 대체재가 얼마나 많은가 하는 것이다. 일반적으로, "*한 재화에 대한 대체재가 많으면 많을수록 그 재화의 수요의 가격탄력성은 더 커지며, 대체재가 적을수록 그 재화의 수요의 가격탄력성은 더 작아진다.*"

시간의 경과

가격이 변할 때 소비자들이 소비습관을 바꾸는 데는 시간이 걸린다. 예를 들어, 닭고기 가격이 내렸을 때 소비자들이 일주일에 한 번 닭고기를 먹다가 두 번 먹는 것으로 바꾸는 데는 시간이 걸린다. 휘발유가격이 오를 때 소비자들이 대중교통수단을 이용하거나, 연료가 덜 드는 차를 구입하거나, 집 가까이에 있는 직장으로 직장을 옮기는 데는 시간이 걸린다. "*더 많은 시간이 지나갈수록 수요의 가격탄력성은 더 커진다.*"

사치품과 필수품

사치품은 필수품보다 보통 더 탄력적인 수요곡선을 갖는다. 예를 들어, 빵의 수요는 비탄력적이다. 그것은 빵이 필수품이기 때문이다. 사람들이 빵을 사는 양은 가격에 따라 크게 달라지지 않는다. 콘서트 티켓은 사치품이다. 따라서 콘서트 티켓의 수요는 빵의 수요보다 훨씬 더 가격탄력적이다. "*사치품 수요의 가격탄력성은 필수품 수요의 가격탄력성보다 더 크다.*"

시장의 정의

좁게 정의된 시장에서는 소비자들은 더 많은 대체재를 갖는다. 예를 들어, 당신이 갖고 있는 주유소의 휘발유가격을 올리면 당신 고객 중 상당 부분이 당신의 경쟁자인 다른 주유소로 갈 것이다. 따라서 한 특정 주유소의 휘발유 수요는 탄력적일 가능성이 높다. 그러나 휘발유 전체에 대한 수요는 비탄력적이다. 왜냐하면 소비자들이 휘발유 대신 구매하여 사용할 수 있는 것이 (단기적으로) 거의 없기 때문이다. "*시장이 더 좁게 정의될수록 수요의 가격탄력성은 더 커진다.*"

해당 재화가 소비자의 예산에서 차지하는 비중

소비자의 예산 중에서 작은 부분만을 차지하는 재화는 큰 부분을 차지하는 재화보다 덜 탄력적이다. 예를 들어, 대부분은 사람들은 적은 양의 소금을 가끔 산다. 소비자의 예산에서 평균적으로 소금이 차지하는 비중이 매우 낮다. 따라서 소금가격이 두 배로 오르더라도 소금 수요량은 단지 조금 줄어들 것이다. 그러나 주택, 자동차, 가구와 같은 소위 Big ticket 재화들은 소비자의 예산에서 평균적으로 더 큰 비중을 차지한다. 따라서 이러한 재화들의 가격이 오르면 수요량이 상당히 줄어들 가능성이 높다. 일반적으로 "*소비자의 예산에서 평균적으로 더 많은 비중을 차지하는 재화의 수요는 그렇지 않은 재화보다 수요의 가격탄력성이 더 크다.*"

일부 제품에서 측정된 수요의 가격탄력성

[표 5.2]는 일부 제품에서 측정된 수요의 단기가격탄력성을 보여주고 있다. 측정된 가격탄력성의 값이 사용된 데이터에 따라서 또한 측정대상이 된 기간에 따라서 달라질 수도 있다는 것은 유의할 필요가 있다. 표에서 나타난 탄력성 값들은 수요의 가격탄력성에 영향을 미치는 요소들에 대한 지금까지의 설명과 일치한다. 담배, 휘발유, 건강보험과 같이 대체재가 거의 없는 재화의 경우와 빵이나 맥주처럼 좀 넓게 정의된 재화의 경우에는 수요의 가격탄력성이 상대적으로 낮은 것으로 나타났다. 한편, Coca-Cola, Tide, Post Raisin Bran 처럼 특정 회사의 특정 브랜드의 수요의 가격탄력성은 상대적으로 높게 나타났다.

표에서 특정 소매상에서 구입하는 책이나 DVD의 수요는 탄력적인 것으로 나타나고, Amazon에서 구입하는 책의 수요는 비탄력적인 것으로 나타난다. 이는 소비자들이 다른 온라인 사이트에서 주문하는 것을 Amazon에서 주문하는 것의 좋은 대체재라고 생각하고

표 5.2 실제로 측정된 수요의 가격탄력성

제품	측정된 탄력성	제품	측정된 탄력성
Books (Barnes & Noble)	−4.00	Bread	−0.40
Books (Amazon)	−0.60	Water (residential use)	−0.38
DVDs (Amazon)	−3.10	Chicken	−0.37
Post Raisin Bran	−2.50	Cocaine	−0.28
Automobiles	−1.95	Cigarettes	−0.25
Tide (liquid detergent)	−3.92	Beer	−0.29
Coca-Cola	−1.22	Catholic school attendance	−0.19
Grapes	−1.18	Residential natural gas	−0.09
Restaurant meals	−0.67	Gasoline	−0.06
Health insurance (low-income households)	−0.65	Milk	−0.04
		Sugar	−0.04

Making the Connection

아침 식사 시리얼 수요의 가격탄력성

MIT의 경제학자인 Jerry Hausman 교수는 아침 시리얼의 수요의 가격탄력성을 측정했다. 결과의 일부는 다음과 같다.

시리얼	수요의 가격탄력성
Post Raisin Bran	−2.5
All family breakfast cereals	−1.8
All types of breakfast cereals	−0.9

미리 예측할 수 있듯이 특정한 회사의 브랜드인 Post raisin bran의 가격탄력성은 가족용 시리얼 전체의 가격탄력성보다 절대값으로 더 크게 나타났으며, 가족용 시리얼 전체의 가격탄력성은 모든 아침식사 시리얼의 가격탄력성보다 절대값으로 더 크게 나타났다. Post가 자신의 raisin bran의 가격을 10% 올리면 많은 소비자들이 다른 회사 raisin bran을 사며 따라서 판매량은 25% 감소한다. 가족용 시리얼 전체의 가격이 10% 오르면 소비자들이 아동용이나 성인용 시리얼로 대체할 것이므로 가족용 시리얼의 판매량은 18% 줄어든다. 따라서 이 두 경우에는 수요는 가격탄력적인 것으로 나타난다. 그러나 전체 아침식사 시리얼의 가격이 10% 오르면 판매량은 9%밖에 떨어지지 않을 것이다. 전체 아침식사 시리얼에 대한 수요는 가격비탄력적이다.

자료: Jerry A. Hausman, "Valuation of New Goods under Perfect and Imperfect Competition," in Timothy F. Bresnahan and Robert J. Gordon, eds., *The Economics of New Goods*, Chicago: University of Chicago Press, 1997.

있지 않다는 것을 말해주는 것이다. 포도가격의 상승은 일부 소비자들이 포도를 다른 과일로 대체하도록 만들어 포도의 수요는 가격탄력적이다. 마찬가지로, 신차 자동차의 가격상승은 일부 소비자들로 하여금 중고 자동차를 사게 만들거나 기존의 자동차를 계속 사용하게 만들어 자동차의 수요 또한 가격탄력적인 것으로 나타났다. 천연가스, 물과 같은 필수품의 수요는 가격비탄력적인 것으로 나타났다.

5.3. 수요의 가격탄력성과 총수입의 관계

총수입 total revenue
판매자가 재화의 판매로 얻는 금액이며, 단위당 가격 곱하기 판매량이다. 달리 말해, 총매출액이다.

기업이 수요의 가격탄력성을 안다면, 가격변화가 자신의 총수입에 어떤 영향을 주는지 알 수 있다. **총수입 total revenue**은 기업이 재화나 서비스를 팔아서 얻는 총금액 즉, 총매출액을 말한다. 총수입은 단위당 가격과 판매량을 곱한 것이다. 수요가 비탄력적일 때 가격과 총수입은 같은 방향으로 움직인다. 가격인상은 총수입을 증가시키고, 가격인하는 총수입을 감소시킨다. 수요가 탄력적일 때 가격과 총수입은 반대 방향으로 움직인다. 가격인상은 총수입을 감소시키고, 가격인하는 총수입을 증가시킨다.

가격탄력성과 총수입의 관계를 이해하기 위해서 [그림 5.2]를 살펴보자. [그림 5.2(a)]

는 점A와 점B 사이에서 가격비탄력적인 휘발유의 수요곡선을 보여준다. 점A에서 주유소 주인이 얻는 총수입은 가격 $4.00 곱하기 판매량 1,000갤런으로 $4,000이다. 이 금액은 사각형 C와 D 면적의 합이다. 이 수요곡선이 점A와 점B 사이에서 비탄력적이기 때문에 가격을 $3.70(점B)로 내린다면 총수입은 감소한다. 새로운 총수입은 사각형 D와 E 면적의 합으로 $3.70 곱하기 1,050갤런인 $3,885이다. 수요량의 증가로 인한 총수입의 증가가 가격인하로 인한 총수입의 감소를 상쇄할 정도로 크지 않기 때문에 총수입은 감소한다. 다시 말해, 가격인하로 인한 총수입의 증가분 $185(사각형 E)가 가격인하로 인한 총수입의 감소분 $300(사각형 C)보다 적다.

[그림 5.2(b)]는 점A와 점B 사이에서 가격탄력적인 수요곡선을 보여준다. 이 경우, 가격인하는 총수입을 증가시킨다. 점A에서 사각형 C와 D 면적의 합은 여전히 $4,000이지만 점B에서 사각형 D와 E 면적의 합은 $3.70 곱하기 1,200갤런으로 $4,440이다. 따라서 수요량의 증가로 인한 총수입의 증가가 가격인하로 인한 총수입의 감소를 상쇄하고도 남을 정도로 크므로 총수입은 증가한다. 다시 말해, 가격인하로 인한 총수입의 증가분 $740(사각형 E)가 가격인하로 인한 총수입의 감소분 $300(사각형 C)보다 크다.

세 번째로 생각해볼 수 있는 것은 일반적인 경우는 아니지만 수요가 단위탄력적인 경우이다. 이런 경우에는 가격의 변화로 인한 총수입의 변화가 수요량 변화로 인한 총수입의 변화를 정확히 상쇄시키므로 총수입의 크기는 변하지 않는다. 따라서, 수요가 단위탄력적일 때 가격인하나 가격인상은 총수입에 영향을 주지 않는다. [표 5.3]은 수요의 탄력성과 총수입의 관계를 요약하고 있다.

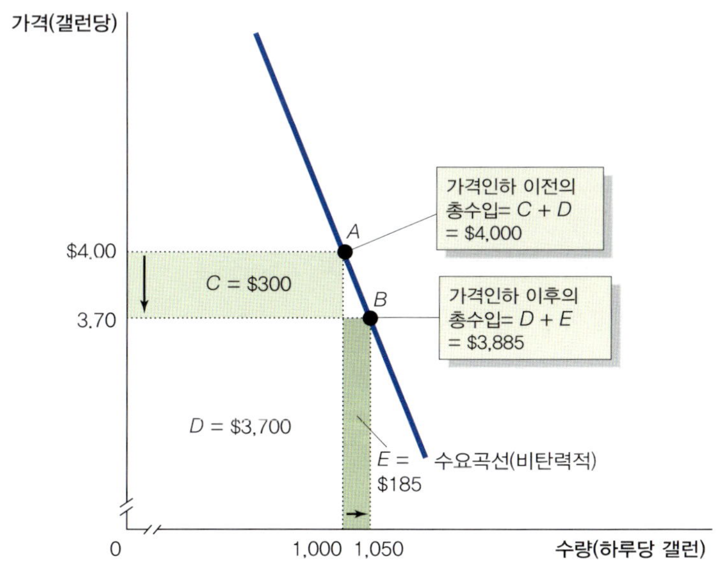

(a) 수요가 비탄력적일 때 가격인하는 총수입을 감소시킨다.

그림 5.2

가격탄력성과 총수입의 관계

수요가 가격비탄력적일 때, 가격인하는 총수입을 감소시킨다. 그림(a)의 점A에서 가격은 $4.00, 판매량은 1,000갤런이며 총수입은 $4.00×1,000갤런=$4,000이다. 점A에서 가격을 $3.70로 인하하면 수요량은 1,050갤런으로 증가한다. 그러나 가격하락이 수요량의 증가를 상쇄하고도 남는다. 따라서 $3.70×1,050갤런=$3,885로 줄어든다. 수요가 가격탄력적일 때, 가격인하는 총수입을 증가시킨다. 그림(b)의 점A에서 사각형 C와 D의 면적의 합은 $4,000이다. 그러나 점B에서 사각형 D와 E면적의 합은 $3.70×1,200갤런=$4,440이다. 이 경우는 수요량의 증가가 가격인하를 상쇄하고도 남는다. 따라서 총수입은 증가한다.

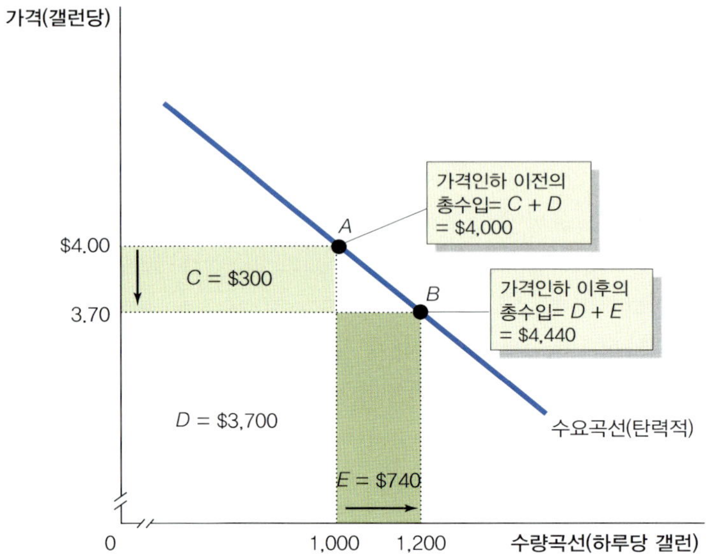

(b) 수요가 탄력적일 때 가격인하는 총수입을 증가시킨다.

표 5.3 수요의 가격탄력성과 총수입의 관계

수요	결과	이유
탄력적	가격인상 → 총수입 감소	수요량 감소로 인한 총수입 감소 > 가격인상으로 인한 총수입 증가
탄력적	가격인하 → 총수입 증가	수요량 증가로 인한 총수입 증가 > 가격인하로 인한 총수입 감소
비탄력적	가격인상→ 총수입 증가	수요량 감소로 인한 총수입 감소 < 가격인상으로 인한 총수입 증가
비탄력적	가격인하→ 총수입 감소	수요량 증가로 인한 총수입 증가 < 가격인하로 인한 총수입 감소
단위탄력적	가격인상→ 총수입 동일	수요량 감소로 인한 총수입 감소 = 가격인상으로 인한 총수입 증가
단위탄력적	가격인하→ 총수입 동일	수요량 증가로 인한 총수입 증가 = 가격인하로 인한 총수입 감소

수요곡선이 직선인 경우에 탄력성과 총수입

대부분의 수요곡선의 경우에 수요곡선상의 각 점에서 수요의 가격탄력성은 서로 다르다. 예를 들어, [그림 5.3(a)]는 직선의 휘발유 수요곡선을 보여준다(단순화를 위해 적은 수량을 사용했다). 표에 있는 수치들을 사용하여 수요곡선 그림이 그려졌으며, 이 수요곡선에서는 가격이 갤런당 $1씩 하락할 때마다 소비자들은 항상 하루에 2갤런을 더 소비한다. 가격이 높을 때 수요량은 적으며 수요는 탄력적이다. 수요가 탄력적인 이유는 가격이 높은 때는 가격 $1의 하락은 상대적으로 작은 가격 변화의 퍼센트이며, 구입하는 휘발유의 양이 적을 때 2갤런을 더 소비하는 것은 상대적으로 큰 수요량 변화의 퍼센트이다. 마찬가지로, 가격이 낮고 수요량이 많을 경우에는 수요는 비탄력적이다.

[그림 5.3(a)]는 가격이 $8와 $4 사이에 있고 수요량이 0갤런과 8갤런 사이에 있을 때 수요가 탄력적이라는 것을 보여준다. [그림 5.3(b)]는 이 구간에서 가격이 하락하면 총수입이 증가하는 것으로 보여준다. 예를 들어, [그림 5.3(a)]에서 가격이 $7에서 $6로 하락하면 수요량은 2갤런에서 4갤런으로 증가한다. [그림 5.3(b)]에서 총수입은 $14에서 $24로 증가한다. 마찬가지로 가격이 $4에서 $0 사이에 있을 때 수요량은 8갤런에서 16갤런 사이에 있으며 수요는 비탄력적이다. 이 구간에서 가격이 하락하면 총수입은 감소한다. 예를 들어, 가격이 $3에서 $2로 하락하면 수요량은 10갤런에서 12갤런으로 증가하고 총수입은 $30에서 $24로 감소한다.

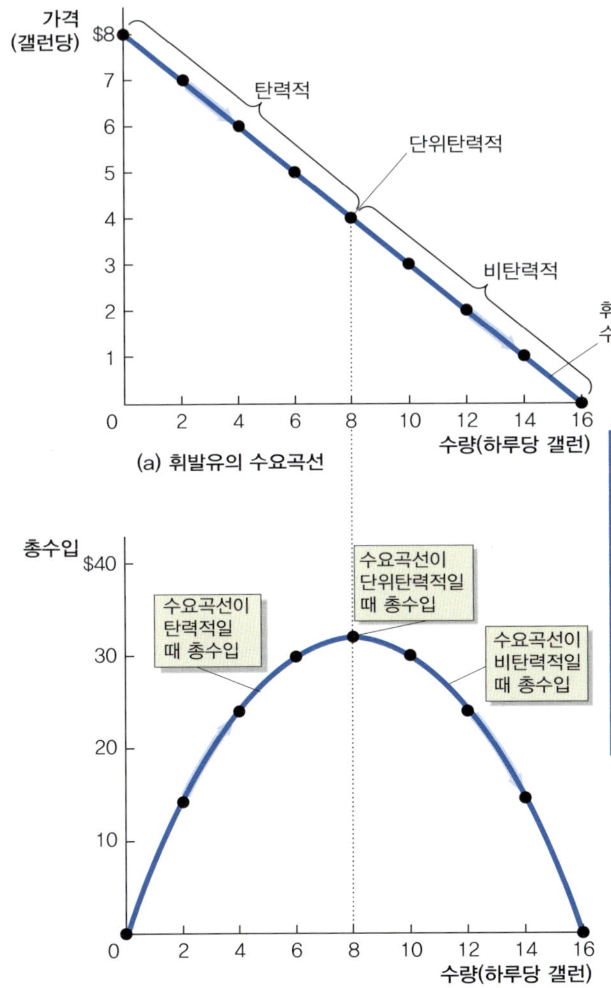

(a) 휘발유의 수요곡선

(b) 총수입곡선

가격	수요량	총수입
$8	0	$0
7	2	14
6	4	24
5	6	30
4	8	32
3	10	30
2	12	24
1	14	14
0	16	0

그림 5.3

직선의 수요곡선상의 각 점에서 수요의 가격탄력성은 다르다.

표의 수치가 수요곡선 그림에 표시되어 있다. 그림(a)는 휘발유 수요곡선을 따라 아래로 내려오면서 수요의 가격탄력성이 작아지는 것을 보여준다. 달리 말해, 높은 가격에서 수요는 탄력적이고 낮은 가격에서 수요는 비탄력적이다. 그림(b)는 휘발유 구매량이 0갤런에서부터 증가하면서 구매량이 8갤런이 될 때까지 총수입이 최대 $32까지 계속 증가한다는 것을 보여준다. 그러나 구매량이 8갤런을 넘으면 총수입은 감소한다. 그 이유는 이 구간에서 수요가 비탄력적이기 때문이다.

문제풀이 5.3

가격과 총수입이 항상 같은 방향으로 움직이는 것은 아니다.

New York시 관리들은 New York시가 소유하고 있는 35개의 레크리에이션 센터를 유지하기 위해서 수입을 증가시켜야 한다고 판단했다. 총수입을 증가시키기 위해 New York시 공원관리국은 레크리에이션 센터의 연회비를 $75에서 $150으로 인상했다. *New York Times*의 기사에 의하면 "공원관리국은 $4백만의 추가수입이 발생할 것으로 기대했다. 그러나 실제로는 수입이 전보다 약 $200,000 정도 감소했다." 이 기사에 의하면 공원관리국은 가격인상으로 회원권의 수요가 5퍼센트 정도 줄어들 것으로 예상했다고 한다.

a. New York시 공원관리국은 New York시 레크리에이션 센터 회원권이 갖는 수요의 가격탄력성에 대해 어떻게 생각한 것인가?

b. 회원권 수요는 실제로는 탄력적이었나, 비탄력적이었나? New York시 공원관리국이 생각했던 회원권 수요곡선과 실제로 나타난 회원권 수요곡선을 그려서 설명하라.

문제풀기

Step 1: 본문의 내용을 다시 읽어보라. 이 문제는 가격변화가 기업의 수입에 미치는 효과에 관한 문제이므로 [수요의 가격탄력성과 총수입으 관계] 부분을 다시 읽어보라.

Step 2: [표 5.3]을 보면, 공원관리국은 가격을 올리면 총수입이 증가할 것이라고 생각했기 때문에 회원권의 수요가 비탄력적이라고 생각했음에 틀림없다. 공원관리국은 가격이 100퍼센트 오를 때 회원권 수요량이 5퍼센트 줄어들 것으로 예상했기 때문에 회원권 수요의 가격탄력성이 $-5\%/100\% = -0.05$라고 생각했음에 틀림없다.

Step 3: 공원관리국이 가격을 올렸을 때 총수입이 감소했으므로 회원권 수요는 탄력적이라는 것을 안다. 그림 D_1은 공원관리국이 생각했던 회원권 수요곡선을 보여준다. $75에서 $150으로의 가격인상은 수요곡선을 따라 A에서 점B로 이동하면서 회원권 수요량이 Q_1에서 Q_2만큼 줄어들게 한다. 그림 D_2는 실제의 수요곡선을 보여준다. 가격인상은 수요곡선상에서 점A에서 점C로 이동하면서 회원권 수요량을 Q_1에서 Q_3로 훨씬 더 많이 줄어들게 만든다.

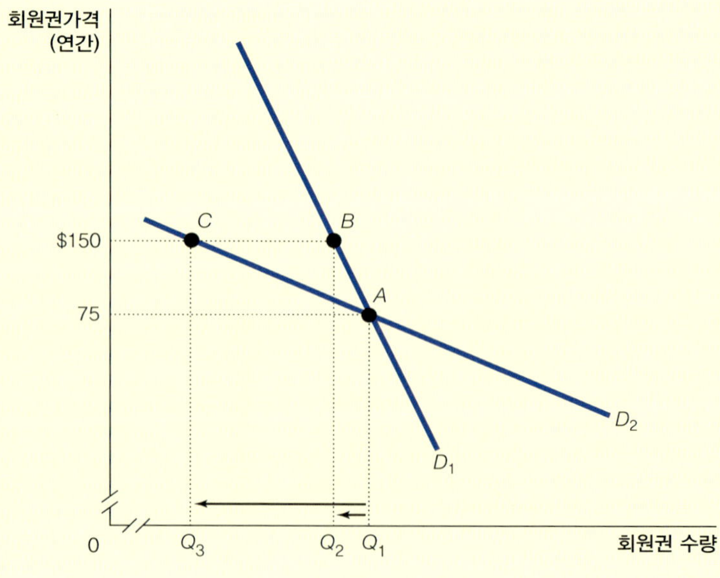

수요의 가격탄력성 측정

자기제품 수요의 가격탄력성을 측정하기 위해서는 기업은 자기제품의 수요곡선을 알아야 한다. 오랜 기간 꾸준히 소비되고 있는 제품의 경우에는 과거의 자료를 통계적으로 분석하여 수요곡선을 추정할 수 있다. 신제품의 수요의 가격탄력성을 추정하기 위해서는 여러 다른 가격들을 책정하고 그에 따른 수요량의 변화를 관찰하는 방식의 시장실험에 의존하는 경우가 많다

예를 들어, Apple은 2007년에 1세대 iPhone을 한 대당 $599로 시장에 내놓았다. 그러나 iPhone의 수요는 Apple이 예상했던 것보다 더 가격탄력적이었고 판매량은 Apple의 기대치에 미치지 못했다. 이 회사는 바로 두 달 후에 가격을 $399로 낮추었다. 마찬가지로 2010년 초에 3D TV가 미국시장에 소개되었을 때, Sony를 포함한 다른 TV 제조기업들은 3D TV 가격이 다른 고화질이나 극고화질 TV보다 수백 달러 더 비싸기는 하지만 판매가 잘될 것이라고 생각했다. 하지만 이 경우에도 수요는 예상했던 것보다 더 가격탄력적인 것으로 나타났으며 TV 제조기업들은 수입을 증가시키기 위해서 12월에 가서 가격을 40퍼센트 이상 인하했다.

5.4. 수요의 다른 탄력성들

탄력성은 경제학에서 매우 중요한 개념이다. 왜냐하면 한 변수의 값이 변할 때 그에 따른 다른 변수의 반응정도를 계량화할 수 있게 해주기 때문이다. 수요의 가격탄력성과 함께 수요의 교차–가격탄력성과 수요의 소득탄력성도 중요하다. 이들에 대해 살펴보기로 하자.

수요의 교차 – 가격 탄력성

당신이 Apple에서 일하고 있는데 삼성의 Galaxy Tab의 가격인상이 iPad의 수요량에 미치는 영향을 예측해야 한다고 하자. 다른 변수들은 전과 동일하다고 가정하자. 이를 위해서는 **수요의 교차 – 가격 탄력성 cross – price elasticity of demand**을 알아야 한다. 이 경우에 수요의 교차–가격 탄력성은 iPad 수요량 변화의 퍼센트 변화를 Galaxy Tab 가격 변화의 퍼센트로 나눈 것이다. 일반적으로는 다음과 같다.

수요의 교차 – 가격탄력성 cross – price elasticity of demand 한 재화 수요량 변화의 퍼센트를 다른 재화 가격 변화의 퍼센트로 나눈 것.

$$\text{수요의 교차–가격 탄력성} = \frac{\text{한 재화의 수요량 변화의 \%}}{\text{다른 재화의 가격 변화의 \%}}$$

수요의 교차–가격탄력성은 두 제품이 대체재인지 보완재인지에 따라 양(+)의 값을 가질 수도 있고, 음(–)의 값을 가질 수도 있다. 대체재란 동일한 목적에 사용될 수 있는 제품들(예, 서로 다른 두 브랜드의 태블릿 PC)이며, 보완재는 같이 사용되는 제품들(예, 태블릿 PC와

표 5.4 수요의 교차－가격 탄력성 요약

제품들의 관계	수요의 교차－가격 탄력성 값	예
대체재 substitutes	양(+)	서로 다른 브랜드의 태블릿 PC
보완재 complements	음(－)	태블릿 PC와 온라인에서 다운받는 앱
관계 없음	0	태블릿 PC와 붕어빵

온라인에서 다운 받는 앱들)이라는 것을 기억하라. 한 대체재의 가격상승은 다른 대체재의 수요량을 증가시킨다. 따라서 수요의 교차－가격탄력성은 양(+)의 값을 갖는다. 한 보완재의 가격상승은 다른 보완재의 수요량을 감소시킨다. 따라서 교차－가격 탄력성은 음(–)의 값을 갖는다. 물론, 두 재화가 서로 관련이 없다면 (예, 태블릿 PC와 붕어빵) 수요의 교차－가격 탄력성의 값은 0이 된다. [표 5.4]는 수요의 교차－가격탄력성에 대해 요약해 주고 있다.

수요의 교차–가격 탄력성은 다른 기업들이 파는 제품이 자기 기업의 제품과 가까운 대체재인가를 알려주는 척도이기 때문에 기업의 경영자에게도 중요하다. 예를 들어, Pepsi–Cola와 Coca–Cola는 자기 회사의 콜라가 경쟁사의 콜라보다 더 맛있다는 것을 소비자에게 확신시키기 위해 엄청난 광고비를 지출하고 있다. 이들은 자신들의 광고활동이 효과적이었는지를 어떻게 알 수 있을까? 한 가지 방법은 수요의 교차－가격 탄력성이 변했는지 안 변했는지를 살펴보는 것이다. 예를 들어, Coke 가격을 인상했는데 Pepsi 판매량의 증가의 퍼센트가 더 작아졌다면 Coca–Cola의 광고활동은 성공적으로 이루어진 것이다. 달리 말해, 교차–가격 탄력성의 값이 전보다 낮게 나타나야 한다.

수요의 소득탄력성

수요의 소득탄력성
income elasticity of demand
수요량변화의 퍼센트를 소득변화의 퍼센트로 나누어 준 것으로 소득변화에 따른 수요량변화의 민감도를 측정해 주는 척도.

수요의 소득탄력성 income elasticity of demand은 소득변화에 따른 수요량의 반응을 측정해 주며, 다음과 같이 측정된다.

$$\text{수요의 소득탄력성} = \frac{\text{수요량 변화의 \%}}{\text{소득 변화의 \%}}$$

소득이 증가할 때 한 재화의 수요량이 증가하면 그 재화는 *정상재(normal good)*라고 했다(제3장 참조). 정상재는 종종 *사치품(luxuries)*과 *필수품(necessities)*으로 구분된다. 수요량이 소득변화에 대해 아주 민감할 때 그 재화를 사치품이라고 한다. 따라서 소득이 10퍼센트 증가하면 사치품의 수요량은 10퍼센트보다 더 증가한다. 값비싼 보석과 별장은 사치품의 예이다. 수요량의 변화가 소득변화에 대해 그다지 민감하지 않은 재화를 필수품이라고 한다. 따라서 소득이 10퍼센트 증가하면 필수품의 수요량은 10퍼센트보다 덜 증가한다. 식품과 옷은 필수품의 예이다. 소득이 증가할 때 수요량이 감소하면 *열등재*이다. 기름기 많은 잘게 다진 소고기는 열등재의 예이다. *정상재*, *열등재*, *필수품*, *사치품*이라는 구별은 소득탄력성이 다른 재화들에 대해 붙인 이름이다. 따라서 이러한 재화들의 구분에 어떤 가치판

표 5.5 수요의 소득탄력성 요약

수요의 소득탄력성	재화	예
양(+)이며 1보다 작음.	정상재이며 필수품	빵
양(+)이며 1보다 큼.	정상재이며 사치품	캐비아
음(−)	열등재	라면

단이 들어가 있는 것은 아니다.

대부분의 재화가 정상재이기 때문에 경기 상승기에는 소비자들의 소득이 오르므로 다른 것들이 동일하다면 대부분 제품들에 대한 수요량이 증가할 것이다. 이런 기간 동안에는 특히 사치품의 수요량이 크게 증가할 수 있다. 그러나 경기침체기에는 소비자들의 소득이 하락하고 이에 따라 열등재의 수요가 증가할 것이다. 예를 들어, 여행자들은 항공기를 이용하지 않고 버스를 더 많이 이용하여 여행하려고 할 것이다. 또한 슈퍼에서는 신선한 연어보다 참치통조림이 더 팔릴 것이다. [표 5.5]은 수요의 소득탄력성에 대해 요약해 주고 있다.

Making the Connection

주류시장에서의 가격탄력성, 교차-가격 탄력성, 소득탄력성

많은 정부정책들이 술의 소비와 관련되어 있다. 이러한 것들에는 청소년 음주, 음주운전 등이 있다. 술가격이 변하면 술에 대한 수요가 얼마나 민감하게 반응하는가를 아는 것은 술에 대한 정부정책을 세우는 데 많은 도움을 준다. University of Virginia의 Christopher Ruhm 교수 일행은 술의 탄력성에 대해 다음과 같은 결과를 얻었다(Spirits은 맥주와 포도주를 제외한 알코올을 포함하고 있는 모든 음료를 말한다).

맥주 수요의 가격탄력성	−0.30
맥주와 포도주 수요의 교차-가격 탄력성	−0.83
맥주와 spirits 수요의 교차-가격 탄력성	−0.50
맥주 수요의 소득탄력성	0.09

이 표에 의하면 맥주 수요는 가격 비탄력적인 것으로 나타난다. 맥주가격이 10퍼센트 오르면 맥주의 수요량은 3퍼센트 줄어든다. 약간 놀라운 결과는 포도주와 spirits이 맥주의 대체재가 아니라 보완재로 나타난다는 것이다. 포도주가격이 10퍼센트 상승하면 맥주의 수요량이 8.3퍼센트 감소한다. 맥주의 가격탄력성에 대한 앞선 연구들에서는 맥주는 다른 알코올 음료의 대체재로 나타났다. Ruhm 교수 일행은 이전 연구들에서는 한 브랜드의 맥주, 한 브랜드의 포도주, 한 브랜드의 위스키 가격들만 사용했지만 자신들은 슈퍼 계산대에서 나온 전체 정보를 이용했기 때문에 자신들의 연구결과가 이전 연구들보다 더 신뢰할 수 있는 것이라고 주장한다.

표에 의하면 미국 국민들의 소득이 10퍼센트 증가하면 맥주 수요량은 0.9퍼센트 증가한다. 따라서 맥주는 정상재이다. 앞에서 살펴본 정의에 의하면 맥주의 소득탄력성이 양(+)이지만 1보다 작기 때문에 맥주는 필수품이다.

자료: Christopher J. Ruhm, et al., "What U.S. Data Should Be Used to Measure the Price Elasticity of Demand for Alcohol," *Journal of Health Economics*, Vol. 31, No. 16, December 2012.

5.5. 사라져 가는 가족농장을 분석하기 위해 탄력성을 사용하기

가격탄력성과 소득탄력성은 많은 경제적 문제를 이해하는 데 도움을 준다. 예를 들어, 일부 사람들은 미국에서 이제는 가족농장이 위험에 처한 종種과 같다고 말한다. 식품생산은 꾸준히 빠르게 증가하고 있지만 농장과 농부의 수는 점점 줄어든다는 것이다. 1950년에 미국에는 5백만 개가 넘는 농장이 있었고 2천 3백만 이상의 사람이 농장에서 살았다. 2013년에 와서는 약 2백만 개의 농장만 남아 있게 되었고 3백만이 채 안 되는 사람들만이 농장에서 살고 있다. 미국정부는 농부들을 돕기 위한 여러 정부 프로그램을 실시했다. 미국정부의 그러한 프로그램 대부분은 소규모 가족농장을 지원하는 것이었다. 그러나 농산물 생산의 급격한 증가, 대부분의 농산물이 갖는 낮은 가격탄력성과 소득탄력성 등이 미국에서 가족농장이 살아남기 힘들게 만들었다

생산성 productivity이란 일정한 양의 노동, 기계, 토지 등과 같은 투입물을 가지고 얼마나 많은 재화나 서비스를 생산할 수 있는가 하는 기업의 생산능력을 말한다. 미국의 농업부분의 생산성은 급격히 증가했다. 1950년에 미국의 평균적인 밀농사꾼은 에이커당 약 17부셸의 밀을 수확했다. 2013년에 와서는 개량된 밀 종자, 영농방법의 개선 등을 통해 미국의 평균 밀농사군들은 에이커당 46부셸의 밀을 생산하게 되었다. 따라서 밀 농사에 사용된 토지 면적이 약 62백만 에이커에서 약 56백만 에이커로 줄어들었지만 총밀생산량은 약 1.0십억 부셸에서 약 2.3십억 부셸로 증가했다.

미국농부들에게는 안된 일이지만 밀생산량의 증가로 밀가격이 크게 낮아지는 결과가 발생했다. 이러한 가격하락을 설명하는 2가지 중요한 요소는 다음과 같다. (1) 밀수요가 가격 비탄력적이다. (2) 밀수요의 소득탄력성이 낮다. 1950년 이후로 미국의 인구가 크게 증가했고, 평균 미국인의 소득이 1950년보다 훨씬 높아졌지만 밀의 수요는 약간 증가했을 뿐이다. 더 많은 밀을 판매하기 위해서는 가격이 내려가야 하지만 밀수요가 가격 비탄력적이기 때문에 가격의 하락폭은 매우 컸다. [그림 5.4]가 이를 잘 보여주고 있다.

공급곡선의 큰 이동과 수요곡선의 작은 이동, 그리고 비탄력적인 수요곡선이 합해져서 밀가격은 1950년의 부셸당 $19.29에서 2013년의 부셸당 $7.80으로 낮아졌다. 1950년 이후로 상승한 물가를 반영하기 위하여 1950년의 가격은 2013년을 기준으로 한 가격으로 전환한 것이다. 가격이 낮아졌기 때문에 농장을 가장 효율적으로 운영했던 농장들만 이윤을 얻을 수 있었다. 작은 규모의 가족농장은 생존하기가 어려웠고 따라서 많이 사라지게 되었다. 다른 농산물시장들의 상황도 밀시장의 상황과 비슷하다. 생산량의 급속한 증가와 낮은 소득 및 가격탄력성이라는 것이 이들의 공통적인 특징이다. 미국 농업에서 나타난 이러한 결과는 상당히 역설적인 것이다. 전보다 훨씬 많고 훨씬 값싼 농산물이 전보다 적은 수의 농장에 의해 공급되고 있다. 미국의 소비자들은 혜택을 받았지만 대부분의 가족농장들은 사라졌다.

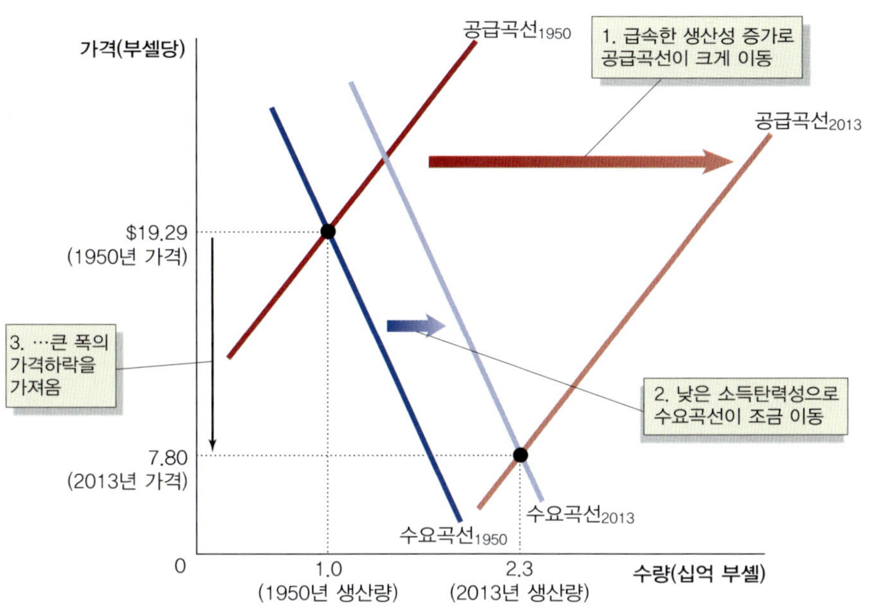

그림 5.4

탄력성과 사라지는 미국의 가족농장

1950년에 미국 농부들은 부셸당 $19.29의 가격에서 1.0십억 부셸의 밀을 생산했다. 그 이후 60년 동안, 농업생산성의 급격한 증가로 밀의 공급곡선은 오른쪽으로 크게 이동하였다. 밀 수요의 소득탄력성은 낮으며, 따라서 이 기간 동안 밀수요는 상대적으로 조금만 증가했다. 밀수요도 가격 비탄력적이다. 따라서 공급곡선의 오른쪽으로의 큰 이동과 수요곡선의 오른쪽으로의 작은 이동은 결과적으로 밀가격이 1950년 부셸당 $19.29에서 2013년의 $7.80로 크게 하락하게 만들었다.

자료: U.S. Department of Agriculture, *Wheat Yearbook Tables*, May 21, 2013.

문제풀이 5.5

휘발유세에 대한 정책분석에서 가격탄력성 사용하기

어떤 제품의 소비는 음(−)의 외부효과를 발생시키고 그러한 경우에는 세금을 부과함으로써 경제적 효율성을 증가시킬 수 있다(제15장 참조). 일부 경제학자들과 정부정책입안자들은 자동차와 트럭을 운행하면 온실가스를 발생시킬 뿐만 아니라 도로정체를 유발하고 교통사고도 증가시켜 미국에서 매년 3만 명 이상이 교통사고로 숨지는 등의 큰 음(−)의 외부효과를 발생시킨다고 주장한다. 이에 따라 일부 경제학자들은 현재 갤런당 18.4센트가 부과되고 있는 휘발유에 대한 연방정부의 판매세를 크게 증가시켜야 한다고 주장했다. 어느 정도의 세금이 휘발유 소비를 어느 정도 줄일 것인지, 휘발유세가 정부에게 얼마나 많은 세금수입을 가져다 줄 것인지는 휘발유 수요의 가격탄력성에 달려 있다. 현재 휘발유가격이 갤런당 $4.00이고, 연간 1,400억 갤런이 소비되고 있다고 하자. 휘발유 수요의 가격탄력성은 −0.06이고 연방정부는 판매세를 갤런당 $1.00 더 부과하려고 한다(휘발유 수요가 완전비탄력적이 아니라면 휘발유가격이 세금만큼 오르지는 않을 것이다). 판매세가 추가적으로 $1.00 더 부과되면 휘발유가격은 갤런당 $0.80 상승한다고 하자.

a. 세금이 부과된 후에 새로운 수요량은 얼마가 되는가? 단기적으로 휘발유세가 휘발유 수요를 줄이는데 얼마나 효과적인가?
b. 이러한 세금부과로 연방정부가 받는 총수입은 얼마가 되는가?

문제풀기

Step 1: 본문의 내용을 다시 읽어보라. 이 문제는 수요의 가격탄력성 공식을 이용하는 문제이므로 [수요의 가격탄력성 측정] 부분을 다시 읽어보라.

Step 2: 문제 a의 앞부분에 대한 답을 구하기 위해서 수요의 가격탄력성을 이용하라.

$$\text{수요의 가격탄력성} = \frac{\text{수요량변화의 \%}}{\text{가격변화의 \%}}$$

처음 가격이 $4.00, 새로운 가격이 $4.80 (= $4.00 + $0.80)이다. 따라서 중간점 공식을 사용하면 다음과 같다.

$$-0.06 = \frac{\text{수요량변화의 \%}}{\dfrac{(\$4.80 - \$4.00)}{\left(\dfrac{(\$4.00+\$4.80)}{2}\right)}}$$

이를 다시 정리하고 수요량변화의 %를 표현하면 다음과 같이 된다.

$$-0.011 = \text{수요량변화의 \%} = \frac{(Q_2 - 140\text{십억})}{\left(\dfrac{140\text{십억} + Q_2}{2}\right)}$$

Q_2 에 대해 풀면, $Q_2 = 138.5$십억 갤런이 된다.

Step 3: 문제 a의 뒷부분에 대한 답 구하기.

휘발유 수요의 가격탄력성이 −0.06으로 매우 낮기 때문에 갤런당 $1.00로 판매세를 상당히 올려도 휘발유 소비량은 연간 140십억 갤런에서 연간 138.5십억 갤런으로 적은 양만 줄어들 것이다. 그러나 가격탄력성이 시간이 지남에 따라 커진다는 것에 유의해야 한다. 경제학자들이 추정하고 있는 휘발유의 장기 가격탄력성의 값은 −0.40에서 −0.60 사이에 있다. 따라서 장기적으로 볼 때 휘발유 소비량의 감소는 이보다 더 클 것이다 .

Step 4: 문제 b에 대해 답하라.

연방정부가 걷어들이는 세금수입은 갤런당 $1 × 138.5십억 갤런= $138.5십억이다.

5.6. 공급의 가격탄력성과 그 측정

공급의 가격탄력성
price elasticity of supply
공급량변화의 퍼센트를 가격변화의 퍼센트로 나누어준 것으로 가격변화에 따른 공급량변화의 민감도를 측정해 주는 척도.

소비자들의 가격변화에 대한 반응정도를 측정하기 위하여 탄력성 개념을 사용했듯이 기업들의 가격변화에 대한 반응정도를 측정하기 위하여서도 탄력성 개념을 사용할 수 있다. 공급의 법칙에 의해 가격이 상승하면 공급량은 증가한다. 가격이 상승할 때 공급량이 얼마나 증가하는지를 측정하기 위해서 **공급의 가격탄력성 price elasticity of supply**을 이용한다.

공급의 가격탄력성 측정

공급의 가격탄력성도 변화의 퍼센트를 사용한다.

$$\text{공급의 가격탄력성} = \frac{\text{공급량 변화의 \%}}{\text{가격 변화의 \%}}$$

공급곡선이 우상향하기 때문에 공급의 가격탄력성은 양(+)의 값을 가진다. 공급의 가격탄력성도 수요의 가격탄력성처럼 구분한다. 즉, 공급의 가격탄력성이 1보다 작으면, 공급은 *비탄력적*이다. 예를 들어, 미국 원유공급업체들의 원유공급의 가격탄력성이 약 0.20라면 이는 비탄력적인 공급이다. 휘발유가격의 10퍼센트 상승은 원유공급량을 단 2퍼센트 증가시킨다. 공급의 가격탄력성이 1보다 크다면, 공급은 *탄력적*이다. 공급의 가격탄력성이 1이라면, 공급은 *단위탄력적*이다. 다른 탄력성의 값을 측정할때와 마찬가지로 공급의 가격탄력성을 측정할 때도 공급에 영향을 미치는 다른 요소들은 동일하게 유지한다.

공급의 가격탄력성에 영향을 미치는 요소들

공급이 가격탄력적인지 가격비탄력적인지는 가격이 상승했을 때 생산량을 늘릴 수 있는 기업들의 능력(ability)과 생산량을 늘리려는 기업들의 용의(willingness)에 따라 달라진다. 기업들은 생산량을 단기간에 증가시키는데 종종 어려움을 갖는다. 예를 들어, 피자가게는 하룻밤에 자신들이 갖고 있는 일정한 양의 재료로 만들 수 있는 피자 양보다 더 많은 양의 피자를 만들 수 없다. 하루 이틀 기간 동안에는 더 많은 재료를 구입할 수 있고, 몇 달의 기간 동안에는 더 많은 직원을 고용하고 더 많은 피자 화로를 갖출 수 있을 것이다. 따라서 피자를 포함한 대부분의 제품의 경우에 단기간 동안의 공급곡선은 비탄력적이다. 그러나 대상기간을 늘려가면 공급곡선은 점점 더 탄력적이 될 것이다. 다만 고정된 양의 자원을 사용하여 생산하는 제품의 경우에는 이러한 현상은 나타나지 않는다. 예를 들어, 프랑스의 어떤 특정 포도주가 특정한 포도들의 배합으로 생산되고, 그러한 배합을 위해 그 포도농장에 이미 일정한 양의 여러 포도나무들이 심어져 있다면, 상당 기간 동안 해당 포도주의 공급곡선은 비탄력적 것으로 나타날 것이다.

Making the Connection

원유가격은 왜 불안정한가?

원유를 시장에서 팔기까지는 오랜 시간이 걸린다. 원유회사들은 지질학자들을 고용하여 원유가 있는 곳을 알아내고 상당한 양이 매장되어 있는 것이 확인되면 정식으로 원유채취를 시작한다. 하지만 탐사에서 채취까지는 수 년이 걸리며 이러한 긴 과정 때문에 원유공급의 단기가격탄력성은 매우 낮다.

2003년에서 2008년 중반까지, 인도, 중국을 포함한 개발도상국들이 재화의 생산량을 늘리고 자동차의 사용량을 늘리면서 전 세계적으로 원유수요가 급격히 상승했다. 다음의 그림이 보여주듯이 공급곡선이 비탄력적일 때 수요의 증가는 가격을 크게 상승시킨다. 수요곡선의 D_1에서 D_2로의 이동은 원유의 균형생산량을 하루에 80백만 배럴에서 84백만 배럴로 단 5퍼센트만 증가시킨다. 그러나 균형가격은 배럴당 \$80에서 \$140로 75퍼센트 상승한다.

전 세계 원유 생산은 Organization of the Petroleum Exporting Countries(OPEC)에 크게 의존한다. OPEC은 Saudi Arabia, Kuwait, Iran, Venezuela, Nigeria, 등 11개국을 회원으로 하고 있다. 이들 회원국들은 모두 합하여 전 세계 원유매장량의 75%를 소유하고 있다. 간헐적으로 OPEC은 회원국들의 원유공급량을 줄임으로써 원유가격을 인상하려는 시도를 한다. 1970년부터 시도된 OPEC의 원유생산량 감축 시도는 간혹 성공하였다. 원유 공급곡선과 수요곡선의 낮은 가격탄력성으로 인해 원유 공급곡선의 이러한 이동으로 인해 원유가격은 지난 40년 동안 배럴당 \$10에서 \$140을 넘는 수준까지 큰 변동을 거듭하였다.

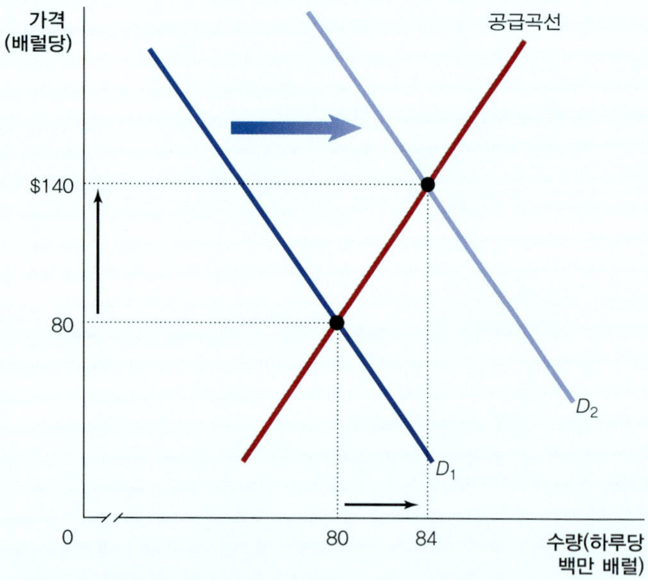

2008년 중반에 미국에서 시작한 금융위기가 전 세계 여러 국가들에 퍼지면서 심각한 경기침체를 가져왔다. 경기침체기 동안 생산과 소득이 하락하면서 전 세계적으로 원유에 대한 수요가 급격히 감소했다. 불과 몇 달 되지 않아 원유의 균형가격은 배럴당 \$140에서 배럴당 \$40으로 급락했다. 다음 그림에서 나타나는 큰 폭의 원유가격 하락은 수요감소의 크기뿐만 아니라 원유공급의 단기가격탄력성이 매우 낮다는 것을 잘 보여준다.

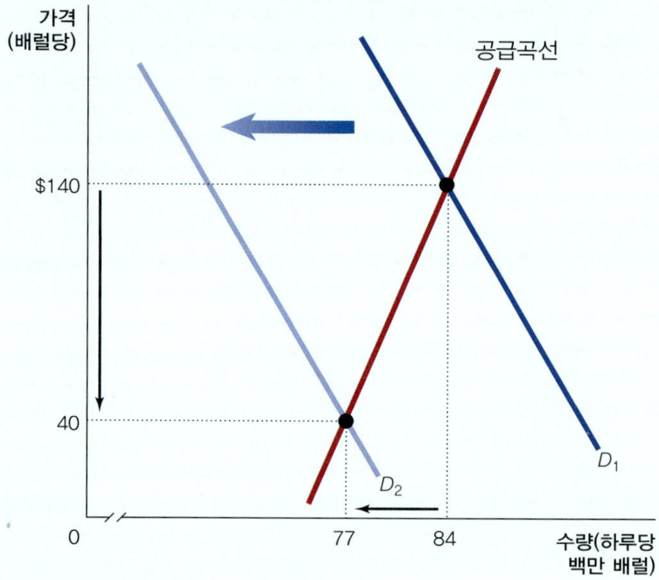

원유공급의 장기가격탄력성은 단기가격탄력성보다 훨씬 크다. 높아진 원유가격은 원유회사들이 셰일층에서 원유를 추출하도록 만드는 인센티브를 주고 있다. 미국의 셰일 원유 생산의 증가는 2020년에 가서 미국이 세계 최대 원유생산국이 될 것이라는 전망이 나오게 하고 있다.

완전탄력적인 공급곡선과 완전비탄력적인 공급곡선

아주 드물게 공급곡선은 극단적인 형태를 띨 수 있다. 공급곡선이 수직선이면 공급은 *완전비탄력적 perfectly inelastic*이다. 이런 경우에 공급량은 가격에 전혀 반응을 하지 않으며, 따라서 공급의 가격탄력성은 0이 된다. 가격이 얼마나 상승하든 얼마나 하락하든 공급

표 5.6 공급의 가격탄력성 요약

공급	공급의 가격탄력성 값	
탄력적	1보다 큼	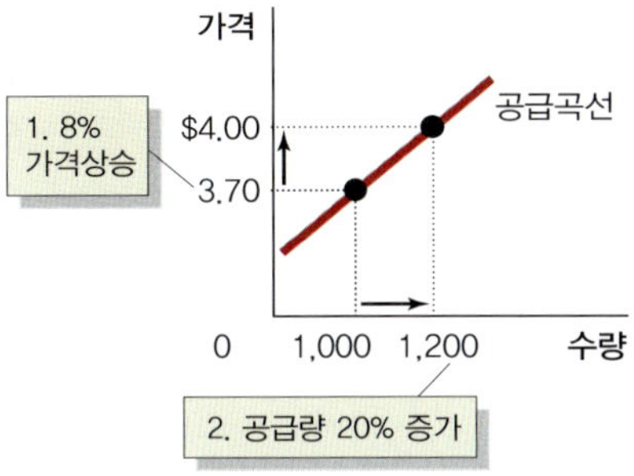
비탄력적	1보다 작음	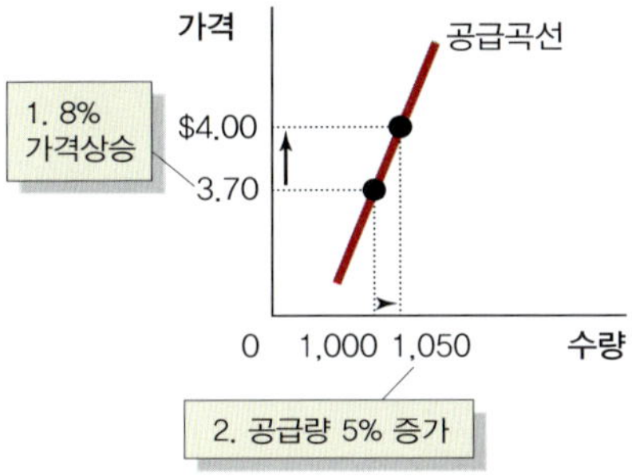
단위탄력적	1	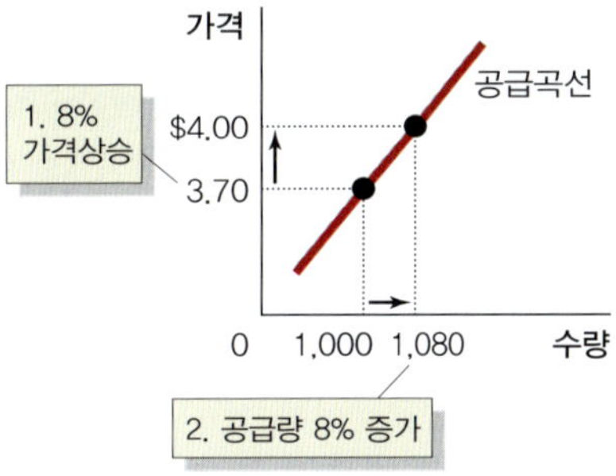
완전탄력적	무한대	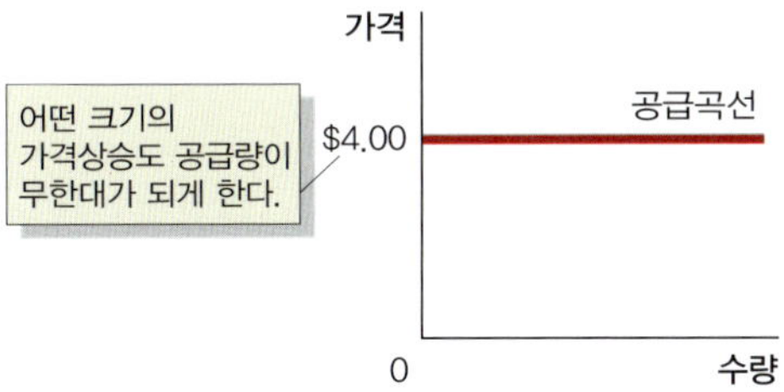
완전비탄력적	0	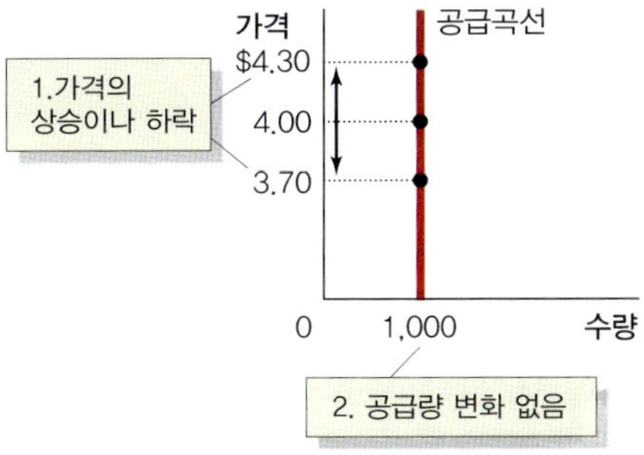

참고: % 변화의 수치는 중간점 공식을 사용해서 구한 것이다.

량은 일정한 양으로 유지된다. 아주 짧은 기간 동안에 일부 재화나 서비스의 공급량은 완전비탄력적이 될 수 있다. 예를 들어, 주차장은 고정된 주차공간을 갖는다. 수요가 증가하면 주차장의 주차비는 상승할 수 있다. 하지만 주차공간은 더 늘어나지 않는다. 물론, 수요 증가가 장기화되면 주차장 소유주는 더 많은 토지를 구매하여 주차공간을 넓힐 수 있다.

공급곡선이 수평선이면 공급은 *완전탄력적 perfectly elastic*이다. 이 경우, 공급량은 가격변화에 대해 무한대의 반응을 하며, 공급의 가격탄력성은 무한대가 된다. 공급곡선이 완전탄력적이면 작은 가격상승도 매우 큰 공급량의 증가를 가져온다. [표 5.6]은 서로 다른 공급의 가격탄력성을 보여주고 있다

가격변화를 예측하기 위해 공급의 가격탄력성 사용하기

[그림 5.5]는 수요가 증가할 때 가격이 상승하는 정도는 공급곡선의 가격탄력성에 따라 달라진다는 매우 중요한 점을 보여주고 있다. 그림은 해변휴양지에서의 주차공간에 대한 공급곡선과 수요곡선이다. [그림 5.5(a)]에서 전형적인 여름 주말의 균형은 수요곡선$_{전형적}$이 비탄력적인 공급곡선과 교차하는, 점*A*에서 발생한다. 주차공간에 대한 수요가 증가하는 7월 4일에는 수요곡선이 오른쪽으로 이동하여 균형이 점*B*에서 발생한다. 공급곡선이 비탄력적이므로 수요의 증가는 시간당 주차비를 $2.00에서 $4.00로 크게 상승시킨다. 그러나 공급되는 주차공간의 공급량은 1,200에서 1,400으로 조금 증가한다.

[그림 5.5(b)]에서 수요가 증가하는 기간 동안 주차장으로 사용할 수 있는 빈 공간을 휴양지가 갖고 있다면 공급곡선은 탄력적이다. 따라서 균형점이 점*A*에서 점*B*로 이동하면서 주차비는 조금 증가하고 주차공간의 공급량은 크게 증가한다. 시간당 $2.00에서 시간당 $2.50라는 주차비의 작은 상승이 주차공간을 1,200에서 2,100으로 크게 늘린다. 공급의 가격탄력성을 알면 수요의 증가나 감소로 인해 가격이 얼마나 변할 것인가를 보다 정확히 예측할 수 있다.

결론

이 장에서는 탄력성이라는 중요한 개념에 대해 살펴보았다. [표 5.7]은 앞에서 살펴본 여러 탄력성들을 요약해서 보여주고 있다. 탄력성을 측정하는 것은 중요하다. 그 이유는 한 변수가 변할 때 다른 변수가 그에 영향을 받아 얼마나 민감하게 반응하면서 변하는가를 알려주는 것이 탄력성이기 때문이다. 예를 들어, 한 기업이 자기제품 수요의 가격탄력성을 알면 자기제품의 가격이 변화할 때 총수입이 어떻게 변하는가를 수치로 알 수 있다. 마찬가지로 정부가 담배수요의 가격탄력성을 안다면 담배세의 인상이 흡연에 어느 정도로 영향을 줄 것인지를 보다 잘 알 수 있다.

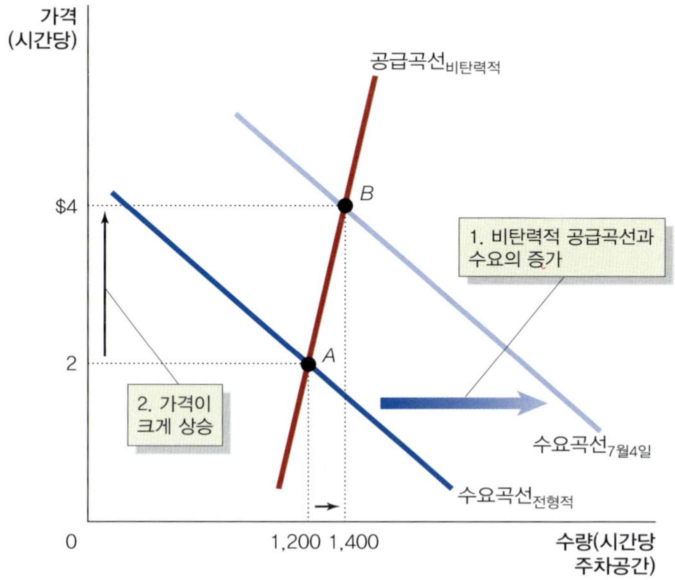

(a) 공급곡선이 비탄력적일 때 가격은 크게 상승한다.

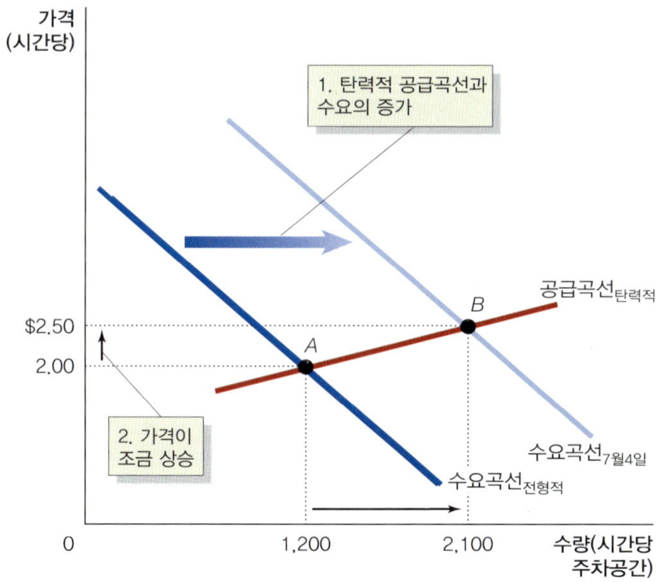

(b) 공급곡선이 탄력적일 때 가격은 적게 상승한다.

그림 5.5

시장가격의 변화는 공급곡선의 가격탄력성에 따라 달라진다.

그림(a)에서 수요곡선$_{전형적}$은 해변휴양지에서 전형적인 여름 주말에 나타나는 주차공간에 대한 수요를 나타낸다. 수요곡선 7월 4일은 7월 4일의 수요곡선을 나타낸다. 공급곡선이 비탄력적이기 때문에 균형점이 점*A*에서 점*B*로 이동하면, 주차비(가격)는 시간당 $2.00에서 $4.00 상승하지만 주차공간의 공급은 1,200에서 1,400으로 조금 증가한다. 그림(b)에서 공급곡선은 탄력적이다. 따라서 균형점이 *A*에서 점*B*로 이동하면서 주차비는 조금 증가하고 주차공간의 공급량은 크게 증가한다. 시간당 $2.00에서 시간당 $2.50라는 주차비의 작은 상승이 주차공간을 1,200에서 2,100으로 크게 늘린다.

당신에게 자동차 기름값은 얼마나 중요한가?

당신을 휘발유가격에 대해 민감하게 만드는 요소들에는 어떤 것들이 있는가? 당신의 전 생애에 걸쳐 생각해볼 때 가격변화에 대해 당신이 다르게 반응할 가능성이 있는가? 소비자들은 왜 한 주유소의 휘발유가격 변화에 대해서는 매우 민감하게 반응하면서도 모든 주유소의 휘발유가격이 오르고 내리는 것에 대해서는 상대적으로 덜 민감한가? 휘발유가격 변화에 대한 당신 반응의 민감도에 영향을 미치는 요소들은 아마도 많이 있을 것이다. 당신의 소득이 얼마나 높은지(또한 따라서 당신 소득 중 휘발유 구매에 사용되는 부분이 얼마나 큰 비중을 차지하는지), (당신 자동차를 사용하는 것의 대체재인) 대중교통이 편한 지역에 살고 있는지, 걸어서 직장에 갈 수 있을 정도로 직장이 집과 아주 가까운 데 있는지 등. 이러한 각각의 요소들은 당신의 전 생애에 걸쳐서 볼 때는 변할 수 있으며 그에 따라 당신의 휘발유가격의 변화에 대한 민감도도 변할 것이다. 마지막으로, 소비자들이 어떤 한 주유소의 휘발유가격 변화에 대해 더 민감하게 반응하는 것은 그것의 대체재인 다른 주유소들의 휘발유가 많이 있기 때문이다. 그러나 휘발유 전체에 대해서는 대체재가 거의 없기 때문에 소비자들은 주유소 전체의 휘발유가격 변화에 대해서는 상대적으로 덜 민감하게 반응할 수밖에 없다.

표 5.7 탄력성들

수요의 가격탄력성

$$공식 = \frac{수요량변화의\ \%}{가격변화의\ \%}$$

$$수요의\ 가격탄력성 = \frac{(Q_2 - Q_1)}{\left(\frac{(Q_1 + Q_2)}{2}\right)} \div \frac{(P_2 - P_1)}{\left(\frac{(P_1 + P_2)}{2}\right)}$$

	가격탄력성의 절대값	가격인상에 따른 총수입의 변화
탄력적	1보다 큼	총수입 감소
비탄력적	1보다 작음	총수입 증가
단위탄력적	1	총수입 불변

수요의 교차-가격 탄력성

$$공식 = \frac{한\ 재화\ 수요량변화의\ \%}{다른\ 재화\ 가격변화의\ \%}$$

제품들의 관계	수요의 교차-가격 탄력성 값
대체재	양(+)
보완재	음(−)
관계 없음	0

수요의 소득탄력성

$$공식 = \frac{수요량변화의\ \%}{소득변화의\ \%}$$

재화	수요의 소득탄력성
정상재이며 필수품	양(+)이며 1보다 작음
정상재이며 사치품	양(+)이며 1보다 큼.
열등재	음(−)

공급의 가격탄력성

$$공식 = \frac{공급량변화의\ \%}{가격변화의\ \%}$$

	공급의 가격탄력성 값
탄력적	1 보다 큼.
비탄력적	1 보다 작음.
단위탄력적	1

주요 용어

수요의 교차-가격 탄력성 cross-price elasticity of demand
탄력적 수요 elastic demand
탄력성 elasticity
수요의 소득탄력성 income elasticity of demand
필수품 necessities
사치품 luxuries
비탄력적 수요 inelastic demand
완전탄력적 수요 perfectly elastic demand
완전 비탄력적 수요 perfectly inelastic demand
수요의 가격탄력성 price elasticity of demand
공급의 가격탄력성 price elasticity of supply
총수입 total revenue
단위탄력적 수요 unit-elastic demand

연습문제

＊복습질문

1. 수요의 가격탄력성 공식을 적어보라. 수요곡선의 기울기가 수요의 가격탄력성인가?

2. 어떤 초등학교 주변에서 붕어빵 가격이 10퍼센트 상승하면 꼬마들의 붕어빵 수요가 25퍼센트 줄어든다. 꼬마들의 붕어빵 수요의 가격탄력성은 얼마인가? 꼬마들의 붕어빵에 대한 수요의 가격탄력성은 탄력적인가 비탄력적인가?

3. 중간점 공식을 사용하여 수요의 가격탄력성을 구하면 어떤 문제가 해결되는가?

4. 일반적으로 농산물의 수요곡선은 가격탄력적인가, 가격비탄력적인가?

5. 한 제품 수요의 가격탄력성에 영향을 미치는 요소들에는 어떤 것들이 있는가?

6. 오렌지주스의 수요가 가격비탄력적이라면 오렌지주스 가격의 상승은 오렌지주스를 파는 판매업자들 전체의 총수입을 증가시키는가, 감소시키는가?

7. 사과가격이 내려가니 사과재배 농가들의 총수입이 증가했다. 이 경우 소비자들의 사과 수요의 가격탄력성은 탄력적인가, 비탄력적인가?

8. 수요의 교차-가격 탄력성이 음(-)이라는 것은 무엇을 말하는가?

9. 한 재화가 사치품인지 필수품인지를 구별하는데 수요의 어떤 탄력성이 이용되는가?

10. 어떤 재화에 대한 수요가 가격비탄력적이고 소득탄력성도 낮다면 그 재화를 만들어 파는 기업들 간에는 장기적으로 어떤 현상이 나타날 것으로 예상할 수 있는가?

11. 공급의 가격탄력성이 1보다 크다는 것은 무엇을 말하는가?

12. 공급의 가격탄력성에 영향을 미치는 핵심 요소는 무엇인가?

＊문제와 응용

1. 꼬마들이 갖고 노는 나무장난감을 만들어 파는 회사의 사장이 매출액을 증가시키려고 장난감의 가격을 올렸다. 이 회사의 매출액은 증가했을까?

2. 다음은 호밀 rye의 가격과 2013년과 2014년에 판매된 호밀의 부셸이다.

연도	가격(부셸당)	수량(부셸)
2013	$3.00	8백만
2014	2.00	12백만

a. 호밀수요량의 측정단위를 1부셸로 하여 호밀수요량의 변화를 호밀가격의 변화로 나눈 수치를 구하라.

b. 호밀수요량의 측정단위를 1백만 부셸로 하여 호밀수요량의 변화를 호밀가격의 변화로 나눈 수치를 구하라. 여기서 구한 수치를 (a)에서 구한 수치와 비교해보라.

c. 호밀의 수요곡선이 2013년과 2014년 사이에 이동하지 않았다고 가정하고, 위의 정보를 이용하여 호밀수요의 가격탄력성을 구하라. 탄력성값의 계산을 위해 중간점 공식을 사용하라. 여기서 구한 수요의 가격탄력성의 값과 위의 (a)와 (b)에서 구한 답을 비교해 보라.

3. 1916년에 Ford Motor Company는 Model T 자동차를 한 대당 $440의 가격으로 500,000대를 판매했다. 이 회사의

사장이었던 Henry Ford는 한 대당 가격을 $1 내리면 내리는 매번의 $1마다 Model T의 판매량이 1,000대씩 증가할 것이라고 판단했다. 이러한 정보를 가지고 Ford의 Model T 자동차 수요의 가격탄력성을 중간점 공식을 사용하여 구해보라.

4. 다음 제품들의 수요가 가격탄력적일지 가격비탄력적일지를 간단히 설명해 보라.
a. 우유 b. 냉동 치즈피자 c. 콜라 d. 처방약

5. 미국에서 생산되는 원유수요의 단기가격탄력성은 –0.06, 장기가격탄력성은 –0.45가 되는 것으로 추정되었다. 왜 장기가격탄력성이 단기가격탄력성보다 더 탄력적인가?

6. *Wall Street Journal*에 실린 기사에 의하면, 일부 작은 출판사들이 Amazon이 할인률을 낮추는 방법으로 자신들이 출판한 책의 가격을 올렸다고 불평하고 있었다. 한 출판사의 경우에는 Amazon이 자신이 출판한 책들에 대한 할인율을 약 30퍼센트에서 약 16퍼센트로 낮추었다고 주장했다. 이 기사를 쓴 사람은 다음과 같이 말했다. "책값이 비싸져서 일부 구매자들이 책 구입을 포기할 것이기 때문이 이 출판사의 총수입은 감소하고 그에 따라 이윤도 줄어들게 될 것이다."
a. 값이 올라간 이 출판사의 책을 일부 구매자들이 더 이상 구매하지 않는다는 것이 이 출판사의 총수입이 줄어든다는 것을 말하는가? 간단히 설명하라.
b. 기사를 쓴 사람의 말처럼 되려면 이 출판사 책들에 대한 수요의 가격탄력성이 어떠해야 하는가?

7. 핫도그 hot dog의 값이 한 개당 $2.20에서 $1.80로 하락했기 때문에 핫도그용 빵 hot dog bun에 대한 수요곡선이 다음의 그림에서처럼 오른쪽으로 이동했다. 핫도그와 핫도그용 빵 간의 교차-가격 탄력성의 값을 구하라.

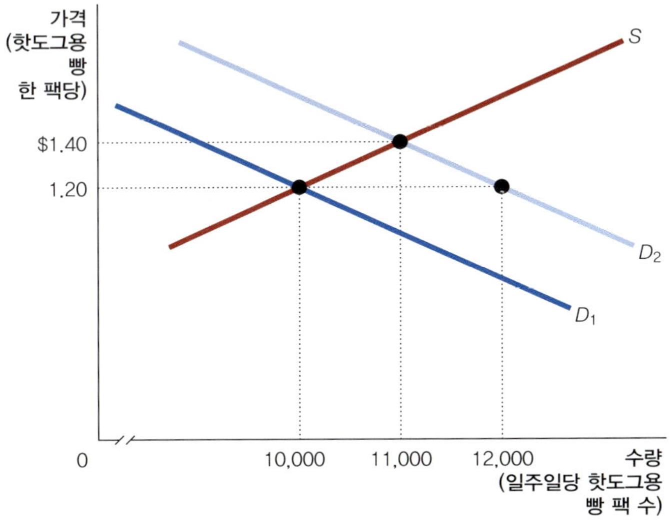

8. 다음 두 재화 간의 교차-가격 탄력성의 값은 음(–)이 될 가능성이 높은가, 양(+)이 될 가능성이 높은가? 간단히 설명하라.
a. 아이스 커피와 아이스 티
b. 프렌치프라이와 케첩
c. 스테이크와 치킨
d. 블루레이 플레이어와 블루레이 디스크

9. 다음의 재화들을 수요의 소득탄력성의 크기에 따라 순서대로 적어보고 그 이유를 설명하라 .
a. 빵
b. 펩시
c. 메르세데스-벤츠 자동차
d. 랩탑 컴퓨터

10. 한 기업은 수요의 소득탄력성의 값이 0보다 작은 제품을, 다른 기업은 0보다는 크지만 1보다 작은 제품을, 또 다른 기업은 소득탄력성의 값이 1보다 큰 제품을 팔고 있다. 불황기에 이중 어떤 기업 제품의 판매량이 감소할 가능성이 제일 큰가? 어떤 기업 제품의 판매량이 증가할 가능성이 제일 큰가? 간단히 설명하라.

11. 이라크에서는 부패가 아주 심각한 사회문제로 알려져 있다(사실, 이라크뿐만 아니라 부패는 많은 국가들에서 중대한 사회문제가 되고 있다). 이라크에서 사업을 하기 위해서는 정부관리들에게 여러 단계에서 뇌물을 주어야 한다. 뇌물의 수요곡선과 공급곡선이 일반적인 재화의 수요곡선과 공급곡선과 같은 모양을 한다고 생각할 수 있다. 즉, 뇌물액이 작아질수록 더 많은 기업들이 뇌물을 지불하려는 용의를 가질 것이기 때문에 뇌물의 수요곡선은 우하향하고, 뇌물액이 커질수록 더 많은 공무원들이 법을 위반하는 위험을 감수하면서 뇌물을 받으려고 할 것이므로 뇌물의 공급곡선은 우상향할 것이다. 이라크 정부가 뇌물을 받는 공무원들이 지불해야 하는 비용을(예, 뇌물을 받는 경우에 감옥에서 지내는 기간을 늘리는 것) 높이는 새로운 정책을 도입했다고 하자. 그 결과, 뇌물의 공급곡선은 왼쪽으로 이동할 것이다. 부패로 인한 사회적 비용을 총뇌물액수로 측정한다면 이라크 정부의 이러한 정책이 효과를 보기 위해서는 뇌물의 수요곡선이 어떠해야 하는가? 수요곡선과 공급곡선을 사용하여 이라크 정부의 새로운 정책이 실시되기 전과 실시된 후의 부패의 부담을 나타내는 면적을 비교해서 설명해 보라.

12. 경제적 효율성의 개념을 사용하여 다음의 질문에 답하라. 정부가 상한가격을 책정할 경우에 수요가 가격탄력적일

때와 가격비탄력적일 때 중 어느 쪽이 더 크게 경제적 효율성을 상실하겠는가? 수요곡선과 공급곡선을 이용하여 설명하라.

13. 다음의 말에 동의하는지 설명하라.
"사과의 수요가 증가한 후의 기간이 길수록 사과의 균형수량은 더 증가하고 사과의 균형가격은 더 적게 상승한다."

14. 대부분의 날에 장미 한 송이의 가격은 $1이고 하루에 8,000송이가 팔린다고 하자. 그러나 Valentine's Day에는 장미 한 송이의 값은 $2로 크게 뛰고 30,000송이의 장미가 팔린다.

a. 왜 Valentine's Day에 장미가격이 폭등하는지, 수요곡선과 공급곡선을 사용하여 설명하라.

b. 위의 정보를 가지고 장미 수요곡선의 가격탄력성에 대해 알 수 있는가? 장미 공급곡선의 가격탄력성에 대해서는 무엇을 알 수 있는가? 장미 수요의 가격탄력성과 공급의 가격탄력성의 값을 계산해 보라. 만일 계산할 수 없다면 그 이유를 설명하라.

PART

2

미시경제학의 기초

CHAPTER

6 소비자의 선택과 행동경제학

이 장의 학습내용

6.1 **효용과 소비자의 의사결정**
- 효용을 정의하고, 소비자들이 자기의 효용을 극대화하기 위하여 어떻게 재화와 서비스를 선택하는지를 설명한다.

6.2 **수요곡선은 어디서 왔는가?**
- 효용의 개념을 사용하여 수요의 법칙을 설명한다.

6.3 **소비자들의 소비 의사결정에 영향을 미치는 사회적 요인들**
- 사회적 영향이 어떻게 소비자들의 선택에 영향을 주는가를 설명한다.

6.4 **행동경제학: 사람들은 선택을 이성적으로 하는가?**
- 소비자의 의사결정을 행동경제학이 어떻게 설명하는지를 살펴본다.

J.C. Penney ; 가격을 단순화시키는 것이 단순한 것이 아니라는 것을 알게 되다

2010년에 J.C. Penney 백화점체인은 거의 600개의 제품들에 대해 적어도 50퍼센트 이상의 세일을 실시하여 가지고 있던 제품들의 3/4를 팔았다. 그러나 세일을 하기 전에 Penney는 제품들의 가격을 올렸기 때문에 이는 하나의 상술에 불과한 할인판매였다. 이 회사는 종종 소비자들이 쿠폰을 오려 갖고 와야 세일가격에 제품을 구매할 수 있도록 만들었다. 2011년에 Penney의 CEO로 임명된 후 얼마 안 돼서 Ron Johnson은 대부분의 세일과 할인쿠폰을 없애고 "everyday low prices"라는 새로운 정책을 실시하려고 했다. 그는 이 새 정책이 기존의 혼란스러운 가격체계를 없애주어 소비자들에게 도움이 될 뿐만 아니라 회사도 늘 새로운 가격을 붙이는 데 드는 비용을 절약할 수 있는 정책이라고 주장했다. 그러나 이러한 새 정책은 역효과를 가져왔다. 2012년에 Penney의 매출액은 25퍼센트나 줄어들었으며 Johnson은 CEO가 된 지 불과 17개월 만에 해고되었다.

Johnson의 가격정책은 무엇이 잘못된 것인가? 첫째, "everyday low prices"라는 기치 아래 책정된 가격이 이전의 가격정책에서 책정된 세일가격보다 높았다. 일부 Penney 고객들은 가격이 인상된 것을 발견하였고, 그에 따라 Wal-Mart나 다른 백화점에서 물건을 구입하기 시작했다. 그러나 일부 경제학자들의 눈에는 Johnson이 이보다 더 큰 문제에 빠진 것으로 판단했다. 경제학자들은 통상적으로 소비자들이 최적 구매결정을 하는데 필요한 정보를 충분히 갖고 있다고 가정한다. 그러나 이 가정이 항상 맞는 것은 아니다. 예를 들어, 많은 소비자들은 청바지나 셔츠의 일반 가격에 대해 상당히 한정된 대강의 느낌만 갖고 있을 수 있다. 이러한 소비자들은 "everyday low prices"가 실제로 낮은 가격인지에 대해 잘 모른다. 그 대신 이들은 세일을 기다리거나 쿠폰을 사용한다. 왜냐하면 그렇게 하는 것이 정상가보다 낮은 가격에 제품을 구입할 수 있는 확실한 방법이라고 믿기 때문이다. Northwestern University의 Alexander Chernev 교수는 "J.C. Penney는 자신의 가격이 공정한 가격이라고 말한다. 하지만 소비자들이 J.C. Penney를 어떻게 믿겠는가? 소비자들은 물건을 싼 가격에 사기를 원하는데 그렇게 할 수 있는 경우는 세일 때 사거나 쿠폰을 사용하는 경우뿐이라고 소비자들은 생각한다."라고 말한다.

Penney의 가격정책이 실패한 이유는 사람들의 선택이 항상 합리적으로 이루어지는 것은 아니라는 것을 연구하는 분야인 행동경제학의 내용을 살펴보면 보다 잘 이해할 수 있을 것이다. 이 장에서는 소비자들이 어떤 제품을 사야 할지를 어떻게 결정하는지에 대해 살펴본다. 기업은 자기 제품을 가장 효과적으로 판매할 수 있는 전략이 어떤 전략인지를 알기 위해서 먼저 소비자 행동에 대해 이해해야 한다.

자료: Stephanie Clifford and Catherine Rampell, "Sometimes, We Want Prices to Fool Us," *New York Times*, April 13, 2013; Wendy Liebmann, "What Will We Learn from Ron Johnson's Mistake?" *Forbes*, May 8, 2013; and Brad Tuttle, "The 5 Big Mistakes that Led to Ron Johnson's Ouster at JC Penney," *Time*, April 9, 2013.

이 장은 소비자들이 어떻게 의사결정을 하는지에 대해 살펴보는 것으로 시작한다. 경제학자들이 사람들이 합리적이며 또한 자기에게 이득이 되는 방향으로 이기적 행동을 한다는 가정을 한다는 것에 대해서는 이미 언급하였다. 소비자행동을 설명할 때 경제학자들은 소비자들이 자신의 기호 taste, 소득, 재화와 서비스의 가격이 주어졌을 때 자신의 만족도를 최대로 해주는 선택을 한다고 가정한다. 여기서는 우하향하는 수요곡선이 소비자행동에 대한 경제모델로부터 구해지는 것을 보게 될 것이다. 또한 어떤 상황에서 어떤 선택이 가장 좋은 선택인지를 판단하는 것이 왜 어려운지에 대해서도 살펴볼 것이다. 그러한 상황들에서는 경제학적 사고가 보다 나은 의사결정을 하게 하는데 매우 유용하다. 마지막으로, 사회적 압력이나 공정성이라는 개념이 소비자행동에 영향을 줄 수 있다는 것을 *실험경제학*에서 주장하고 있다는 것에 대해서도 살펴볼 것이다. 또한 기업들이 가격을 책정할 때 이러한 요소들을 어떻게 고려하는지에 대해서도 살펴볼 것이다.

6.1. 효용과 소비자의 의사결정

수요 · 공급 모델은 가격과 수량이 어떻게 결정되는가를 분석하는 강력한 도구이다. 수요의 법칙에 의하면 한 재화의 가격이 하락하면 수요량은 증가한다. 여기서는 소비자행동에 대한 경제모델이 어떻게 수요의 법칙을 도출하는지를 살펴볼 것이다.

간단히 살펴본 소비자행동에 대한 경제모델

당신이 옷 구매에 쓰려는 예산을 어떤 옷을 사는데 써야 할지를 결정해야 한다고 하자. 만일 당신이 무한대의 예산을 갖고 있다면 당신이 내릴 수 있는 의사결정은 간단하다. 당신이 사고 싶은 옷을 다 사는 것이다. 그러나 예산이 한정되어 있을 때 당신은 어떻게 하는가? 경제학자들은 소비자들이 가능한 한 자신을 최대로 만족하게 만드는 행동을 한다고 가정한다. 따라서 당신은 당신이 선택할 수 있는 옷들의 조합에서 당신을 가장 만족하게 해주는 옷의 조합을 선택해야 한다. 더 일반적으로 말하면, 소비자행동에 대한 경제모델은 소비자들이 자신의 예산으로 살 수 있는 모든 재화와 서비스 조합들 중에서 자신을 가장 만족하게 만들어 주는 재화와 서비스 조합을 선택할 것이라고 예측한다.

이러한 예측은 당연한 것으로 보일 수 있지만 유용하게 사용될 수 있는 예측은 아닐 수도 있다. 그러나 우리는 이러한 예측이 당연한 것은 아니지만 이러한 예측에 의한 결과가 매우 유용하다는 것을 보게 될 것이다.

효용

당신이 어떤 재화나 서비스의 조합을 소비할 때 어느 정도의 만족감을 얻을 것인가는 당신의 기호나 선호에 달렸다. 옛말에 "개인의 기호는 각양각색으로 서로 비교 계산할 수 없다 There's no accounting for tastes"라는 표현이 있다. 경제학자들도 만족감을 계산하려고 하지는 않는다. 다만, 당신이 Monster 에너지 음료의 가격이 더 싼데도 그 대신 Red Bull 에너지 음료를 마신다면 Red Bull을 마심으로써 당신이 더 큰 즐거움이나 만족감을 갖는 것은 틀림없다. 사람들이 재화나 서비스를 소비함으로써 얻는 즐거움이나 만족감을 경제학자들은 **효용 utility**이라고 부른다. 따라서 자신의 효용을 극대화하도록 자신의 소득을 사용하는 것이 소비자들의 목적이라고 볼 수 있다. 그러나 효용이라는 개념은 측정하기가 어려운 개념이다. 왜냐하면 어떤 사람이 어떤 제품을 소비할 때 얻는 즐거움이나 만족감이 얼마인지를 정확히 알 수 있는 방법이 없기 때문이다. 마찬가지로 소비자들 간에 그들의 효용을 비교하는 것은 불가능하다. Red Bull 한 캔을 마실 때 Jill이 Jack보다 더 높은 만족을 얻는지 더 낮은 만족을 얻는지 확실히 알 수 있는 방법이 없다.

효용 utility
재화나 서비스를 소비함으로써 얻는 즐거움이나 만족감.

200여 년 전에 일부 경제학자들은 효용을 util이라는 단위로 측정할 수 있다고 생각했으며 util은 온도처럼 객관적으로 측정할 수 있는 척도이다. New York시의 온도가 화씨 75도이고 Los Angeles시의 온도가 화씨 75도라면 두 도시는 똑같은 수준으로 따뜻한 것이다. 이 경제학자들은 Red Bull 한 캔을 마실 때 Jack이 얻는 효용이 10utils이고, Jill이 얻는 효용이 5 utils라면 Jack이 얻는 만족감은 Jill이 얻는 만족감의 정확히 두 배가 된다고 말한다. 그러나 실제로 사람들 간에 효용을 비교하는 것은 불가능한 것이다. 또한 소비자행동에 관한 경제모델도 사람들의 효용을 직접 측정할 수 있는 것이라고 가정하고 있지는 않다. 하지만, 소비자행동에 관한 경제모델을 이해할 때는 효용이라는 것이 측정할 수 있는 것이라고 가정하면 이해하기가 더 쉽다.

한계효용체감의 원칙

소비자행동에 관한 모델을 보다 확실히 이해하기 위해 한 소비자가 피자와 콜라라는 두 제품을 소비하는 경우를 살펴보기로 하자. 우선 당신이 소비하는 제품의 양에 따라 당신이 얻는 효용이 어떻게 바뀌는가를 살펴보기로 하자. 당신이 지금 Super Bowl 파티장소에 도착했는데 주최 측에서 피자를 공급하고 있고 당신이 배가 매우 고프다고 하자. 이 경우, 피자 맨 처음 한 조각을 소비할 때 얻는 즐거움(효용)은 상당히 클 것이다 이러한 만족감을 측정할 수 있는 것이라고 가정하고 첫 번째 피자 조각이 주는 만족감이 20utils의 효용이라고 하자. 첫 번째 조각을 먹은 후에 두 번째 조각을 먹기로 했다고 하자. 하지만 이제는 더 이상 아까처럼 몹시 배고프지는 않으므로 두 번째 조각을 먹을 때 당신이 느끼는 만족감은 첫 번째 조각을 먹었을 때 느낀 만족감보다는 만족감이 작아질 것이다. 따라서 두 번째 조각은 당신의 효용을 단지 16utils만 증가시켜 준다고 하자. 이제 피자 2조각을 먹었을 때 당신이 얻는 총효용은 36utils이다. 만일 피자를 계속 먹으면, 매 한 조각의 피자가 주는 추가적인 만족도의 크기는 점점 작아질 것이다.

[그림 6.1]에 있는 표는 당신이 소비한 피자 조각의 수와 당신이 얻는 효용의 크기를 보여주고 있다. 두 번째 열은 특정한 수의 피자 조각을 먹었을 때 총효용을 나타내며, 세 번째 열은 피자 한 조각을 더 먹었을 때 얻는 추가적인 효용 즉, **한계효용 marginal utility(MU)**

한계효용 marginal utility(MU)
재화나 서비스 한 단위를 더 소비함으로써 얻는 총효용의 변화 크기.

을 보여준다(경제학에서 *한계 marginal*라는 표현은 *추가적 additional*이라는 것을 의미한다는 것을 기억하라). 예를 들어, 피자를 2조각에서 한 조각 더 먹어 3조각을 먹으면 당신의 총효용은 36utils에서 46utils로 증가하며, 따라서 세 번째 조각의 피자를 소비함으로써 당신이 얻는 한계효용은 10utils이다. 표에서 볼 수 있듯이 다섯 번째 조각의 피자를 먹으면 당신이 얻는 한계효용의 크기는 매우 작아져서 2utils밖에 되지 않는다. 만일 여섯 번째 조각을 먹는다면 당신은 약간 불편해질 것이며 당신이 얻는 한계효용은 −3utils가 될 것이다.

[그림 6.1]은 표의 수치를 그래프로도 보여주고 있다. [그림 6.1(a)]는 5조각의 피자를 먹을때 까지 당신의 총효용이 증가하다가 한 조각 더 먹어 6조각을 먹으면 총효용이 감소한다는 것을 보여준다. [그림 6.1(b)]는 추가적으로 피자 한 조각씩 계속 먹으면 당신의 한계효용이 계속 감소하며 여섯 번째 조각을 먹으면 한계효용이 음(−)이 된다는 것을 보여준다. [그림 6.1(b)]의 한계효용선의 높이는 어떤 피자 조각 수에서 그 조각의 피자를 추가적으로 먹을 때 발생하는 총효용의 변화 크기를 말해준다. 예를 들어, 3조각 대신에 4조각의 피자를 먹으면 총효용의 변화 크기는 6utils이다. 따라서 [그림 6.1(b)]의 네 번째 피자 조각의 한계효용선의 높이는 6utils이다.

특정 기간 동안에 어떤 제품을 추가적으로 소비하는 것과 추가적인 매 단위의 소비로 얻는 한계효용의 관계가 [그림 6.1]이 보여주고 있는 것과 같은 관계를 가질 때 **한계효용체감의 법칙** law of diminishing marginal utility이 존재한다고 한다. 대부분의 재화와 서비스에 있어서 당신이 특정 기간 동안 한 재화나 서비스를 점점 더 많이 소비할 때 추가적인 한 단위의 소비가 당신의 총효용을 증가시키는 크기는 점점 작아진다.

한계효용체감의 법칙 law of diminishing marginal utility
주어진 기간에 한 재화나 서비스를 점점 더 많이 소비함에 따라 추가적 한 단위의 소비로부터 얻는 추가적 만족감이 점점 작아진다는 소비자가 경험하게 되는 원칙.

지출하는 화폐 단위당 한계효용이 동일해야 한다는 원칙

소비자들이 직면하는 가장 큰 문제는 자신의 한정된 소득을 자신이 구매하고 싶은 여러 제품들 사이에 어떻게 배분하는 것이 제일 좋은가 하는 것이다. 모든 소비자들은 상호교환관계에 직면한다. 여가를 위해 한 달에 $100을 지출하는 경우에 그 돈으로 더 많은 영화비디오를 빌리거나 온라인으로 영화를 구매하여 본다면 실제로 영화관에 가서 보게 되는 영화는 그만큼 줄어들게 된다. 재화와 서비스를 구매하는데 사용할 수 있는 소득이 한정되어 있는 것을 경제학자들은 **예산제약** budget constraint이라고 부른다. 한계효용체감의 법칙은 소비자들이 자신이 구매하려고 하는 제품들 사이에 자신의 한정된 소득을 어떻게 배분해야 가장 잘 배분하는 것인가를 이해하는데 도움을 준다. 당신이 어느 날 저녁에 한 레스토랑에서 $10의 예산을 가지고 간단한 간식을 하려고 한다 하자. 피자는 한 조각에 $2이고, 콜라는 한 컵에 $1이다. [표 6.1]은 당신이 먹는 피자의 양, 마시는 콜라의 양, 당신이 얻는 만족(효용)의 크기 간의 관계를 보여주고 있다. 피자로부터 얻는 총효용의 수치는 [그림 6.1]에서와 동일하다. 콜라로부터 얻는 총효용의 크기도 한계효용체감의 법칙에 따른다.

예산제약 budget constraint
재화와 서비스의 구매를 위해 지출할 수 있는 소득이 한정되어 있는 것.

당신이 당신의 효용을 극대화시키기를 원한다면(만족감을 극대화시키기를 원한다면) 당신은 몇 조각의 피자와 몇 잔의 콜라를 구매해야 하는가? 만일 예산제약이 없다면 당신은

피자 조각 수	피자를 먹을 때 발생하는 총효용	마지막 한 조각의 피자의 한계효용
0	0	–
1	20	20
2	36	16
3	46	10
4	52	6
5	54	2
6	51	−3

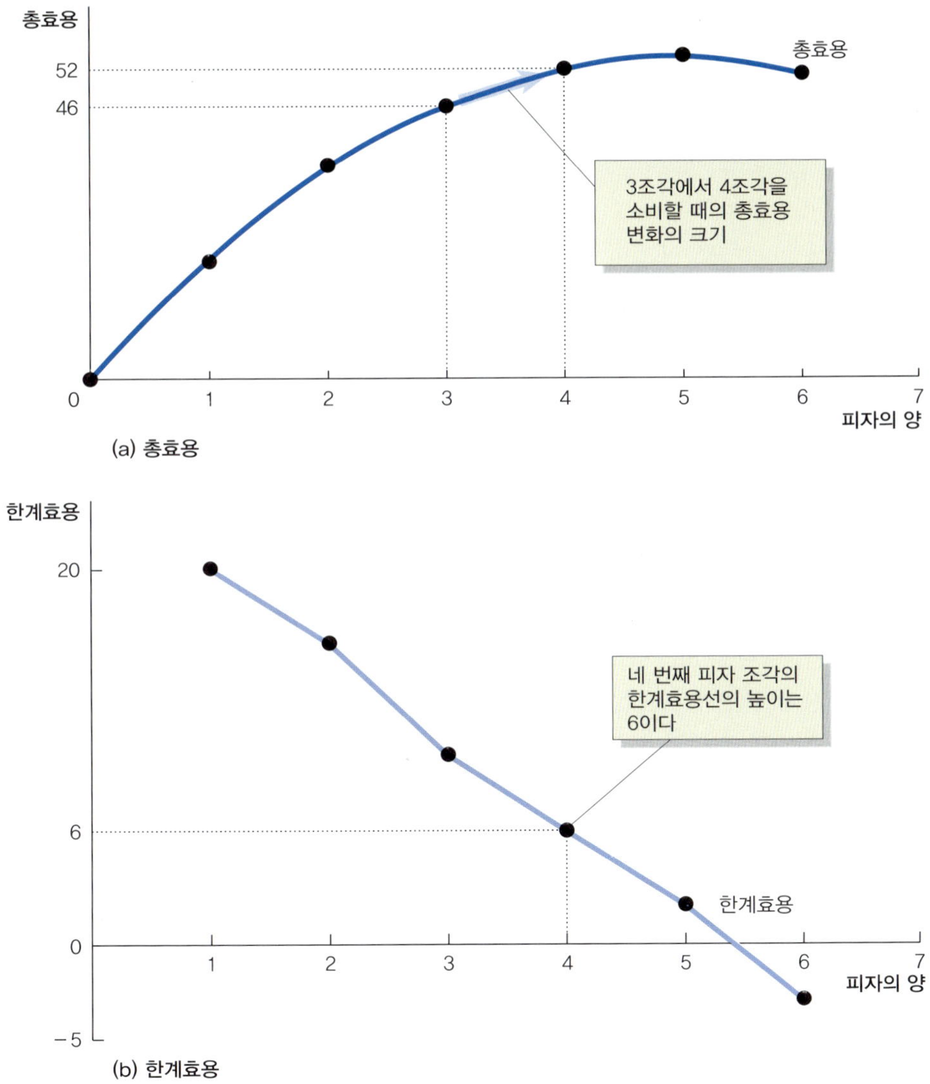

그림 6.1

피자를 먹을 때 얻는 총효용과 한계효용

표는 처음 5조각의 피자에 대해서는 더 많이 먹을수록 총만족감(총효용)이 더 커진다는 것을 보여준다. 그러나 여섯 번째 조각도 먹으면 너무 많은 피자를 먹는 것이 되어 약간 불편해지면서 총효용이 감소한다. 각각의 추가적인 피자 조각은 당신의 총효용을 바로 전의 조각보다 작게 증가시킨다. 따라서 당신이 각 피자 조각으로부터 얻는 한계효용은 바로 전 조각의 한계효용보다 작다. 그림(a)는 처음 5조각의 피자를 먹을 때 까지는 당신의 총효용이 계속 증가하다가 여섯 번째 조각을 먹으면서 감소한다는 것을 보여준다. 그림(b)는 추가적으로 피자 한 조각씩 계속 먹으면 당신의 한계효용이 계속 감소하며 여섯 번째 조각을 먹으면 한계효용이 음(−)이 된다는 것을 보여준다. 그림(b)의 한계효용선의 높이는 어떤 피자 조각 수에서 그 조각의 피자를 추가적으로 먹을 때 발생하는 총효용의 변화 크기를 말해준다. 예를 들어, 3조각 대신에 4조각의 피자를 먹으면 총효용의 변화 크기는 6utils이다. 따라서 그림(b)의 네 번째 피자 조각의 한계효용선의 높이는 6utils이다.

당신의 총효용이 107(= 54 + 53)로 극대화되도록 5조각의 피자와 5잔의 콜라를 구매할 것이다. 하지만 불행하게도, 당신은 예산제약에 직면하고 있다. 지출할 수 있는 금액은 $10밖에 되지 않는다. 5조각의 피자(한 조각당 $2)와 5잔의 콜라(한 잔에 $1)를 구매하려면 $15가 필요하다.

표 6.1 피자를 먹고 콜라를 마실 때 발생하는 총효용과 한계효용

피자 조각 수	피자를 먹을 때 발생하는 총효용	마지막 한 조각의 한계효용	콜라 잔 수	콜라를 마실 때 발생하는 총효용	마지막 한 잔의 한계효용
0	0	–	0	0	–
1	20	20	1	20	20
2	36	16	2	35	15
3	46	10	3	45	10
4	52	6	4	50	5
5	54	2	5	53	3
6	51	–3	6	52	–1

당신이 $10을 가장 잘 사용하는 방법을 알아내기 위해서는 다음과 같은 핵심 경제원칙을 기억하기 바란다. "*최적의 의사결정은 한계치에 근거하여 이루어진다 optimal decisions are made at the margin.*" 경제적 의사결정을 하는 소비자, 기업, 정부는 거의 대부분의 경우에 어떤 하나를 조금 더할 것인가, 아니면 다른 하나를 조금 더할 것인가 라는 의사결정에 직면하고 있다. 이 경우에 당신은 피자를 조금 더 소비할 것인가, 아니면 콜라를 조금 더 소비할 것인가에 대한 의사결정(선택)에 직면하고 있는 것이다. Tesla는 승용차를 조금 더 생산할 것인가, 아니면 SUV를 조금 더 생산할 것인가라는 선택에 직면하고 있다. 의회와 대통령은 심장병 연구에 더 많은 예산을 지출할 것인가, 아니면 유아 지원 프로그램에 더 많은 예산을 지출할 것인가 하는 의사결정에 직면하고 있다. 모든 사람은 예산제약에 직면하며 또한 모든 사람은 상호교환관계에 직면하고 있다.

가장 좋은 소비 결정을 하는데 있어서 핵심은 "*지출하는 화폐 단위당 한계효용이 동일해야 한다는 원칙 rule of equal marginal utility per dollar spent*"에 따라 효용을 극대화하는 것이다. 소득을 피자와 콜라를 구매하는 데 어떻게 배분할 것인가를 결정할 때 당신은 당신이 구매하는 피자의 마지막 한 조각과 콜라의 마지막 한 잔이 화폐 단위당(예, 달러당) 동일한 크기의 효용을 증가시키게 될 때까지 피자와 콜라를 구매해야 한다. 이렇게 하면 당신은 당신의 예산제약 하에서 당신의 총효용을 극대화하게 되는 것이다.

이 원칙을 따르는데 잊지 말아야 하는 중요한 점은 *각 재화의 마지막 한 단위로부터 얻는 한계효용을 서로 일치시키는 것이 아니라, 각 재화의 마지막 한 단위에 대해 지출하는 금액 단위당(예, 달러당) 한계효용을 서로 일치시켜야 한다는 것이다.* 당신이 좋아하는 교향악단의 공연 티켓을 구매하거나 BMW 자동차를 구매하는 것은 당신이 콜라 한 잔을

마시는 것보다 훨씬 더 큰 만족감을 당신에게 줄지 모른다. 그러나 BMW 자동차를 구매하는 것은 당신이 지불한 금액 한 단위당 더 적은 만족을 주는 것일지도 모른다. 몇 조각의 피자를 사고 몇 잔의 콜라를 살 것인지를 정하기 위해서 [표 6.1]의 한계효용 수치를 금액당 한계효용으로 전환해야 한다. 이를 위해서는 [표 6.2]에서처럼 한계효용을 각 재화의 가격으로 나누면 주면 된다.

표 6.2 한계효용을 화폐 단위당 한계효용으로 전환하기

(1) 피자 조각 수	(2) 한계효용 ($MU_{피자}$)	(3)달러당 한계효용 ($MU_{피자}/P_{피자}$)	(4) 콜라 잔 수	(5) 한계효용 ($MU_{콜라}$)	(6) 달러당 한계효용 ($MU_{콜라}/P_{콜라}$)
1	20	10	1	20	20
2	16	8	2	15	15
3	10	5	3	10	10
4	6	3	4	5	5
5	2	1	5	3	3
6	−3	−1.5	6	−1	−1

(3)열은 피자를 사는데 지출하는 달러당 한계효용을 나타낸다. 피자의 가격이 1조각에 $2이므로 처음 한 조각의 피자를 먹을 때 발생하는 달러당 한계효용은 20을 $2로 나눈 것이 된다. 즉, 달러당 10utils가 된다. 마찬가지로, (6)열은 콜라를 사는데 지출하는 달러당 한계효용을 나타낸다. 콜라의 가격이 1잔에 $1이므로 처음 1잔의 콜라를 마실 때 발생하는 달러당 한계효용은 20을 $1로 나눈 것이 된다. 즉, 달러당 20utils가 된다. 당신이 얻는 총효용을 극대화하기 위해서 당신은 마지막 처음 조각의 피자에 당신이 지출하는 달러당 효용이 마지막 1잔의 콜라에 당신이 지출하는 달러당 효용과 같아지도록 해야 한다. [표 6.2]에서 볼 때 달러당 한계효용이 같아지는 피자의 조각 수와 콜라의 잔 수의 조합이 세 개가 있다. [표 6.3]은 각 조합들, 각 조합을 구매하기 위해 필요한 총금액, 각 조합을 소비했을 때 얻는 총효용을 나열하고 있다.

표의 마지막 행을 보면 당신이 4조각의 피자를 먹을 때 마지막 1조각은 달러당 3utils

표 6.3 지출하는 금액 단위당 한계효용을 일치시키기

달러당 한계효용의 크기가 같은 피자와 콜라의 조합들	달러당 한계효용(MU/P)	총지출액	총효용
피자 1조각과 콜라 3잔	10	$2 + $3 = $5	20 + 45 = 65
피자 3조각과 콜라 4잔	5	$6 + $4 = $10	46 + 50 = 96
피자 4조각과 콜라 5잔	3	$8 + $5 = $13	52 + 53 = 105

를 당신에게 가져다준다. 5잔의 콜라를 마실 때도 마찬가지로 마지막 한 잔은 달러당 3utils를 당신에게 가져다준다. 따라서 당신은 달러당 한계효용을 일치시키고 있다. 그러나 불행하게도 세 번째 열이 보여주듯이 피자 4조각과 콜라 5잔을 구매하기 위해서 당신은 $13가 필요하다. 하지만 당신이 갖고 있는 돈은 $10뿐이다. 표의 처음 행은 피자 1조각과 콜라 3잔을 구매하는 경우에도 달러당 한계효용이 같아진다는 것을 보여주고 있다. 그러나 이 경우에는 비용이 $5밖에 되지 않아 $5가 남게 된다. 가운데 행이 보여주듯이 3조각의 피자와 4잔의 콜라를 구매할 때 당신은 달러당 한계효용을 서로 일치시키게 되며, 지출액도 $10가 된다. 따라서 효용극대화를 위한 두 조건은 다음과 같이 요약할 수 있다.

1. $\dfrac{MU_{\text{피자}}}{P_{\text{피자}}} = \dfrac{MU_{\text{콜라}}}{P_{\text{콜라}}}$

2. 피자에 지출한 금액 + 콜라에 지출한 금액 = 지출 가능한 총금액

첫 번째 조건은 지출하는 달러당 한계효용이 두 재화 간에 동일해야 한다는 것이다. 두 번째 조건은 예산제약을 의미하며, 두 재화의 소비를 위해 지출하는 총금액은 사용 가능한 총금액과 일치해야 한다는 것이다. 효용극대화를 위한 이러한 조건은 피자와 콜라의 경우에만 적용되는 것이 아니라 다른 모든 재화들에 대해서도 당연히 적용되는 것이다.

지출하는 화폐 단위당 한계효용이 동일하지 않은 경우라면?

효용을 극대화하기 위해서는 당신이 구매하는 각 제품들의 한계효용을 그 제품의 가격으로 나눈 값들이 제품들 간에 모두 동일해야 한다는 것은 바로 이해하기가 힘들 수 있다. 따라서 다른 방법으로 생각해 보기로 하자. 3조각의 피자와 4잔의 콜라를 구매하지 않고 4조각의 피자와 2잔의 콜라를 구매한다고 해보자. 이 조합을 구매하는데 필요한 금액도 $10이므로 당신은 예산제약에는 맞춘 것이다. 하지만 이렇게 할 경우에 당신은 효용을 극대화하는 것인가? 아니다. 당신은 효용극대화를 하지 않는다. [표 6.2]로 돌아가서 보면 4조각의 피자와 2잔의 콜라를 소비할 때 다음과 같이 된다.

네 번째 피자 조각의 달러당 한계효용은 = 달러당 3utils

두 번째 잔의 콜라의 달러당 한계효용은 = 달러당15utils

4조각의 피자와 2잔의 콜라가 주는 총효용 = 87utils

따라서 달러당 한계효용은 동일하지 않다. 마지막 1잔의 콜라가 달러당 주는 만족의 크기가 마지막 1조각의 피자가 달러당 주는 만족의 크기보다 훨씬 더 크다. 따라서 피자를 덜 사고 콜라를 더 사면 당신은 당신의 총효용을 증가시킬 수 있다. 피자 1조각을 덜 사면 $2가 생기며 이 돈으로 콜라 2잔을 살 수 있다. 피자를 1조각 덜 먹으면 6utils의 효용이 감소한다. 그러나 2잔의 콜라를 더 마시면 15utils의 효용이 증가한다(이를 확인해 보기 바란다). 따라서 결과적으로 9utils의 효용을 더 얻게 된다. 또한 이렇게 하면 달러당 한계효용이 두 재화 간에 동일해지며(피자 마지막 1조각과 콜라 마지막 1잔은 둘 다 달러당 5utils라는 동일한

효용을 갖는다.) 당신의 총효용은 87utils에서 96utils로 증가한다.

가격변화의 소득효과와 대체효과

지출하는 화폐 단위당 동일한 한계효용이라는 원칙은 가격이 변할 때 소비자들이 자신들의 구매결정을 어떻게 조정하는가를 분석해 보는 데에도 사용될 수 있다. 이제 피자 1조각의 가격이 $2가 아니라 $1.50이고 콜라 1잔의 가격은 여전히 $1이라고 해보자. 또한, 당신은 여전히 피자와 콜라를 사는데 쓸 수 있는 돈으로 $10을 갖고 있다.

피자의 가격이 1조각에 $2이고 콜라 1잔의 가격이 $1이었을 때 최적 선택은 3조각의 피자와 4잔의 콜라를 구매하는 것이었다. 피자 가격이 1조각에 $1.50로 하락하면 당신이 소비하는 피자의 양은 *소득효과 income effect*와 *대체효과 substitution effect*라는 2가지 효과에 영향을 받아 변한다. 먼저 소득효과에 대해 살펴보자. 한 재화의 가격이 하락하면 당신의 구매력은 증가하게 된다. 3조각의 피자와 4잔의 콜라를 구매하는 데에는 이제 $10가 아니라 $8.5밖에 들지 않는다. 구매력이 증가하는 것은 기본적으로는 소득이 증가하는 것과 같다. 구매력의 증가로 인해 (다른 것들이 모두 전과 동일하다면) 당신이 소비하려는 피자의 양이 변하는 것을 가격변화의 **소득효과** income effect of the price change라고 한다. 기억하고 있겠지만, 한 제품이 정상재라면 소비자의 소득이 증가하면 해당 재화에 대한 소비자들의 수요량도 증가한다. 그러나 한 제품이 열등재라면 소비자의 소득이 증가하면 해당 재화에 대한 소비자들의 수요량은 감소한다. 따라서 피자가 당신에게 정상재라고 가정하면, 피자가격의 하락이 가져오는 소득효과로 당신은 더 많은 피자를 소비하게 된다. 만일 피자가 당신에게 열등재라면 피자가격의 하락이 가져오는 소득효과로 당신은 더 적은 피자를 소비하게 된다.

소득효과 income effect
다른 것들이 모두 전과 동일할 때, 한 재화의 가격변화가 소비자의 구매력에 미치는 효과로 인해 해당 재화의 수요량이 변하는 것.

가격변화의 두 번째 효과는 대체효과이다. 피자가격이 하락하면 피자는 콜라에 비해 상대적으로 더 값싸게 되며, 당신이 소비하는 피자 각 조각들의 달러당 한계효용은 더 커지게 된다. 가격변화가 당신의 구매력에 미치는 효과를 제거하고, 한 재화의 가격이 다른 재화의 가격에 비해 상대적으로 낮아지는 효과에만 초점을 맞춘다면 가격변화가 가져오는 효과 중에서 **대체효과** substitution effect of the price change를 따로 분리하는 것이다. 콜라가격에 비해 상대적으로 더 낮아진 피자 가격은 피자를 소비할 때 당신이 지불하는 *기회비용*을 더 낮게 만든다. 왜냐하면 이제 동일한 양의 피자를 소비할 때 포기해야 하는 콜라의 양이 전보다 적어지기 때문이다. 따라서 피자가격이 콜라가격에 비해 상대적으로 하락할 때 발생하는 대체효과는 당신이 피자를 더 많이 먹게 하고 콜라를 더 적게 마시게 만든다. 이 경우에 피자가격의 하락으로 인한 소득효과와 대체효과 둘 다 당신이 피자를 전보다 더 먹게 만든다. 만일 피자가격이 상승한다면 소득효과와 대체효과 둘 다 당신이 피자를 전보다 덜 먹게 만든다. [표 6.4]는 가격변화가 수요량에 미치는 효과를 요약해주고 있다.

대체효과 substitution effect
가격변화가 소비자의 구매력에 영향을 미치는 효과를 제외하고, 한 재화의 가격변화가 그 재화를 다른 재화에 비해 상대적으로 더 비싸게 또는 더 싸게 만드는 효과에 의해서만 해당 재화의 수요량이 변하는 것.

[표 6.5]를 사용하여 피자가격의 하락이 당신의 최적소비량에 미치는 효과를 판단할 수 있다. [표 6.5]는 [표 6.2]와 동일하다. 다만 피자 한 조각의 가격이 $1.50로 하락한 것을

표 6.4 가격변화의 소득효과와 대체효과

가격	소비자의 구매력	소득효과가 수요량에 미치는 효과	대체효과가 한 재화의 소비의 기회비용에 미치는 효과
하락	증가	정상재의 경우에는 증가 열등재의 경우에는 감소	가격이 하락하면 기회비용은 감소. 따라서 해당 재화의 수요량은 증가
상승	감소	정상재의 경우에는 감소 열등재의 경우에는 증가	가격이 상승하면 기회비용은 증가. 따라서 해당 재화의 수요량은 감소

반영하여 피자를 먹을 때 발생하는 달러당 한계효용의 크기만 달라졌다. 표를 살펴보면, 피자가격의 하락으로 당신은 피자 1조각을 더 먹으며 따라서 최적 소비는 이제 4조각의 피자와 4잔의 콜라가 된다. 당신은 당신의 돈 $10을 전부 지출하며, 당신이 피자를 사먹기 위해 지출한 마지막 달러는 콜라를 사 마시는데 지출한 마지막 달러와 거의 동일한 달러당 한계효용을 당신에게 가져다준다. [표 6.5]에서 볼 때, 당신은 두 제품에 대해 지출한 달러당 정확히 동일한 크기의 한계효용을 얻지는 못한다. 마지막 한 조각의 피자는 달러당 4utils의 효용을 당신에게 주며, 마지막 한 잔의 콜라는 달러당 5utils의 효용을 당신에게 준다. 그러나 이는 당신이 피자 1조각의 일부나 콜라 1잔의 일부를 구매할 수 없는 상황에서는 두 재화가 달러당 동일한 크기의 한계효용을 갖게 만드는 데 당신이 할 수 있는 데까지 최대로 가까이 한 것이다.

표 6.5 피자가격의 하락에 따른 최적소비량의 조정

피자 조각 수	마지막 한 조각의 한계효용 ($MU_{피자}$)	달러당 한계효용 ($MU_{피자}/P_{피자}$)	콜라 잔 수	마지막 한 잔의 한계효용 ($MU_{콜라}$)	달러당 한계효용 ($MU_{콜라}/P_{콜라}$)
1	20	13.33	1	20	20
2	16	10.67	2	15	15
3	10	6.67	3	10	10
4	6	4	4	5	5
5	2	1.33	5	3	3
6	−3	−	6	−1	−

6.2. 수요곡선은 어디서 왔는가?

수요의 법칙에 의하면 다른 것들이 모두 전과 동일할 때, 한 제품의 가격이 내리면 그 제품의 수요량은 증가한다. 이제 총효용, 한계효용, 예산제약의 개념을 익혔으니 왜 수요의

법칙이 성립하는지를 좀 더 자세히 살펴보기로 하자.

피자와 콜라의 예에서 효용극대화를 위한 적절한 선택으로 다음과 같은 결론을 얻었다.

피자의 가격 = 한 조각에 $2 → 당신의 피자 수요량 = 3조각

피자의 가격 = 한 조각에 $1.50 → 당신의 피자 수요량 = 4조각

[그림 6.2(a)]는 서로 다른 피자 가격에서 당신이 소비하기로 선택한 서로 다른 최적 피자 조각수를 점들로 표시하였다. [그림 6.2(b)]는 이 두 점을 연결하는 선을 그었다. 이 우하향하는 선이 피자에 대한 당신의 수요곡선이다. 피자의 가격을 더 변화시키면 [표 6.2]와 [표 6.5]에서와 같은 정보들을 사용하여 각 가격에서 당신이 선택하는 새로운 최적 수요량을 나타내는 더 많은 점을 발견하게 되고 그들을 잇는 선을 그을 수 있다.

지금까지 설명은 개인의 수요곡선에 대한 것이었다. 그러나 경제학자들이 더 관심을 갖는 것은 시장수요곡선이다. 시장수요곡선은 시장에 있는 모든 소비자들의 개인 수요곡선으로부터 구할 수 있다. 간단히 살펴보기 위해서, 피자 시장에 3명(당신, David, Lori)의 수요자밖에 없다고 가정하자. [그림 6.3]에 있는 표는 이 세 소비자들의 개인수요표이다. 이 소비자들이 소득이 서로 다르고 제품에 대한 선호도 서로 다르기 때문에 각 가격에서 이들

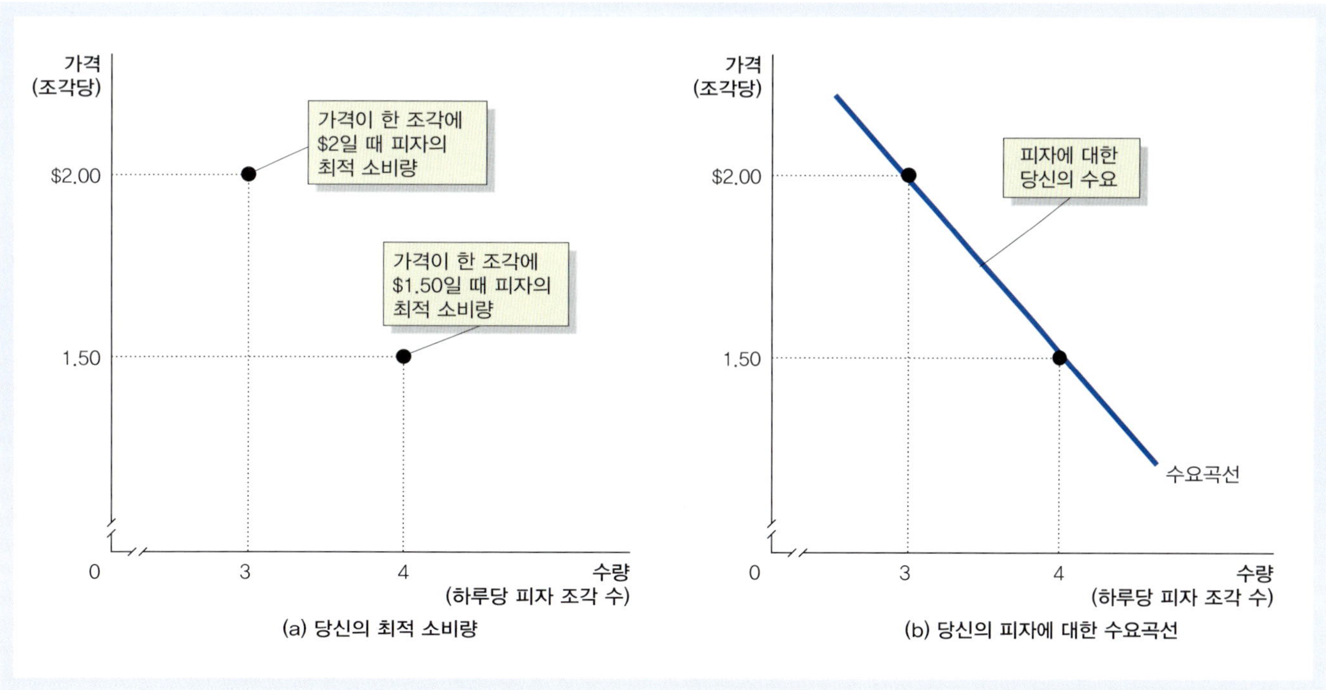

그림 6.2

피자의 개인수요곡선 구하기

한 재화의 가격이 하락하면 소비자는 그 재화의 소비량을 늘림으로써 가격변화에 대해 적절한(최적) 반응을 한다. 그림(a)에서 피자의 가격이 한 조각에 $2에서 $1.50로 하락할 때, 소비되는 최적의 피자 조각 수는 3조각에서 4조각으로 늘어난다. 이러한 결과를 그래프로 그리면, 그림(b)에서처럼 피자에 대한 한 소비자의 수요곡선을 도출하게 된다.

이 수요하는 양이 동일할 것이라고 기대할 수는 없다. 마지막 열은 시장수요량을 나타내며, 이는 각 가격에서 이 세 명 각각의 수요량을 단순히 합한 것이다. 예를 들어, 피자 가격이 한 조각에 $1.50일 때 당신의 수요량은 4조각, David의 수요량은 6조각, Lori의 수요량은 5조각이다. 따라서 $1.50의 가격에서, 시장수요량은 15조각이다. 그림의 그래프는 개인수요곡선을 수평으로 합해서 시장수요곡선을 구한다는 것을 보여주고 있다.

수요의 법칙에 의하면 시장수요곡선은 항상 우하향한다는 것을 기억하라. 이제 이 결과가 가격하락에 의한 소득효과와 대체효과로 인해 소비자들이 자신의 수요량을 증가시키기 때문에 성립하는 것이라는 점을 알게 되었다. 그러나 여기에는 약간 복잡한 문제가 있다. 앞에서 언급했듯이, 한 재화의 가격이 하락할 때 소비자들이 해당 재화의 수요량을 늘

가격 (한 조각당 달러)	수량(하루당 피자 조각 수) 당신	David	Lori	시장
$2.50	2	4	1	7
2.00	3	5	3	11
1.50	4	6	5	15
1.00	5	7	7	19
0.50	6	8	9	23

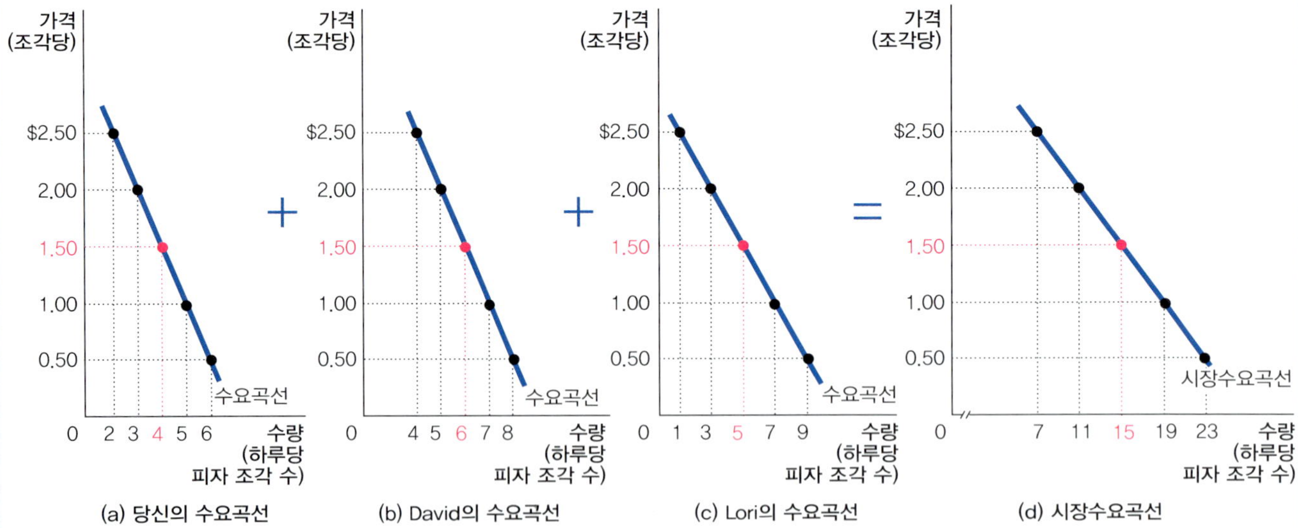

그림 6.3

개인수요곡선으로부터 시장수요곡선 구하기

표에서 시장의 총수요량은 각 구매자의 수요량을 모두 합한 것이다. 시장수요곡선은 그림(a), (b), (c)의 각 개인수요곡선을 수평으로 합한 것이다. 예를 들어, 가격이 $1.50일 때, 당신의 수요량은 4조각, David는 6조각, Lori는 5조각이다. 따라서 그림(d)에서 가격이 $1.50일 때의 수요량인 15조각이 시장수요곡선상에서 한 점으로 표시된다.

리도록 만드는 소득효과는 정상재의 경우에만 성립하는 것이다. 만일 재화가 열등재라면 가격하락에 의한 소득효과는 소비자들이 해당 재화의 수요량을 줄이도록 만든다. 한편, 대체효과는 정상재이든 열등재이든 가격이 하락할 때 소비자들이 해당 재화의 수요량을 증가시키도록 만든다. 따라서 열등재의 가격이 하락할 때, 소득효과와 대체효과는 서로 반대 방향으로 작용한다. 소득효과는 소비자들이 해당 재화의 수요량을 줄이도록 만들고, 대체효과는 소비자들이 해당 재화의 수요량을 늘리도록 만든다. 그렇다면 가격이 하락할 때 소비자들의 해당 재화에 대한 수요량이 감소하는 경우가 있을 수 있는가? 만일 그렇다면, 수요곡선은 우상향하는 것이다.

Making the Connection

현실에서도 수요곡선이 우상향하는 경우가 있는가?

수요곡선이 우상향하기 위해서는 해당 재화가 열등재여야 하며 또한 소득효과가 대체효과보다 더 커야 한다. 영국출신 경제학자인 Alfred Marshall이 1890년대에 우상향하는 수요곡선이 존재할 수 있음을 언급한 이후로 경제학자들은 우상향하는 수요곡선이 존재할 수 있는 여건들은 파악하게 되었다. Marshall은 그의 친구인 Robert Giffen 경에게 빵가격이 오르면 영국 도시들의 아주 가난한 사람들은 빵을 더 적게 사는 게 아니라 더 많이 살 것이라고 말했다. 그 이후로 우상향하는 수요곡선을 갖는 재화를 *기펜재 Giffen goods*라고 부르기 시작했다.

이후 한 세기 이상이 지나는 동안 실제로 기펜재가 존재한다는 것을 증명하지 못했다. 자료들을 면밀히 다시 살펴본 결과, 기펜재는 잘못된 것이었고 영국 도시들에 사는 가난한 사람들도 빵값이 오르면 빵을 덜 사는 것으로 나타났다. 따라서 이들의 빵에 대한 수요곡선도 우하향하는 것이다. 기펜재가 될 가능성이 높은 다른 여러 재화들도 실제로 조사해 보면 우하향하는 수요곡선을 갖는 것으로 나타났다. 하지만 마침내 2006년에 Brown University의 Robert Jensen 교수와 Harvard University의 Nolan Miller 교수가 두 개의 기펜재를 발견했다. 이들은 기펜재가 되기 위해서는 소득효과가 대체효과보다 커야 하고, 해당 재화가 열등재여야 하고, 소비자들의 예산 중 상당한 부분이 해당 재화의 소비에 지출되어야 한다고 생각했다. 이 두 교수는 중국 후난성에 사는 아주 가난한 사람들은 그들 소득의 대부분을 쌀을 구입하는데 지출하고 있었고, 간쑤성에 사는 아주 가난한 사람들은 그들 소득의 대부분을 밀을 사용한 식품(빵이나 국수)을 구입하는데 지출하고 있는 것을 알게 되었다. 같은 돈으로 고기 대신에 쌀이나 밀을 사먹으면 고기를 사먹을 때보다 더 많은 칼로리를 보충할 수 있지만 사람들은 고기 맛을 좋아했기 때문에 두 지방 모두에서 가난한 사람들도 자신의 소득으로 고기를 사먹을 수 있을 정도가 되면 고기를 사먹는 것으로 나타났다.

쌀은 중국의 가난한 지역에서 기펜재이다.

Jensen과 Miller는 다음과 같은 실험을 하였다. 이들은 후난성에서는 대상이 된 가난한 가족들에게 쌀 이외에는 다른 것을 살 수 없도록 되어 있지만 쌀을 더 낮은 가격에 살 수 있는 쿠폰을 지급하였다. 한편, 간쑤성에서는 대상이 된 가난한 가족들에게 쌀 쿠폰 대신 밀을 더 낮은 가격에 살 수 있는 쿠폰을 지급하였다. 이렇게 한 후, 쿠폰을 나누어 주기 이전의 이 가족들의 구매행위와 쿠폰을 나누어 준 이후에 나타난 이 가족들의 구매행위를 5개월에 걸쳐 관찰하였다. 후난성에서는 가난한 가족들이 고기를 더 사먹고 쌀은 전보다 덜 사먹었다. 한편 간쑤성에서도 가난한 가족들이 고기를 더 사먹고 밀은 전보다 덜 사먹었다. 후난성에서 이들 가족은 쌀가격이 하락했을 때 더 적은 양의 쌀을 사먹었기 때문에 이들의 쌀에 대한 수요곡선은 우상향하는 것이었다. 마찬가지로 간쑤성에서도 밀가격이 낮아졌을 때 더 적은 양의 밀을 사먹었기 때문에 이들의 밀에 대한 수요곡선도 우상향하는 것이었다. 백 년이 넘게 지난 후에야 경제학자들은 드디어 기펜재의 존재를 확인하게 되었다.

자료: Robert T. Jensen and Nolan H. Miller, "Giffen Behavior and Subsistence Consumption," *American Economic Review*, Vol. 98, No. 4, September 2008, pp. 1553–577.

6.3. 소비자들의 소비 의사결정에 영향을 미치는 사회적 요인들

사회학자와 인류학자들은 문화, 관습, 종교 같은 사회적 요인들이 사람들이 하는 선택에 매우 큰 영향을 미친다고 주장한다. 경제학자들도 그러한 요소들을 고려하기는 하지만 상대적으로 그다지 중요하지 않은 것으로 간주해왔다. 그러나 최근에 와서 일부 경제학자들이 사회적 요인들이 어떻게 소비자들의 선택에 영향을 미치는가를 연구하기 시작했다.

예를 들어, 사람들은 인기있는 것이라고 믿는 재화를 소비할 때 더 높은 만족(효용)을 얻는 것으로 보인다. 경제학자 Gary Becker와 Kevin Murphy는 다음과 같이 말했다.

> 마약하기, 범죄, 볼링치기, 로렉스 시계 차기, 민주당에 투표하기, 직장에서 캐주얼하게 옷 입기, 집 앞의 잔디를 깔끔하게 가꾸기 등에서 사람들이 얻는 효용은 자신의 친구나 이웃이 마약을 하거나, 범죄를 저지르거나, 볼링하러 가거나, 로렉스 시계를 차거나, 민주당에 투표하거나, 캐주얼하게 옷을 입거나, 자기 집 앞 잔디를 깔끔하게 하는가에 따라 달라진다.

이러한 판단은 어떤 레스토랑에는 사람이 엄청 몰리는 데 반해, 나오는 음식도 그 레스토랑과 기본적으로 같고 실내장식도 거의 같은 다른 레스토랑에는 사람들이 그다지 많지 않은 이유를 설명하는데 도움을 준다. 소비자들이 어떤 레스토랑에 가느냐를 판단할 때는 나오는 음식이나 실내장식 같은 것만 고려하지 않고 그 레스토랑이 어느 정도로 인기있는가도 고려하여 판단한다. 사람들은 인기있는 레스토랑에서 자신이 식사하는 것을 다른 사람이 보는 것에서 효용을 얻는다. 왜냐하면 그렇게 하면 자신이 다른 사람들에게 지적이고 멋이 있는 사람으로 보일 것이라고 생각하기 때문이다. 소비가 공개적으로 이루어지는 경우에는 언제나 일부 소비자들은 다른 소비자들이 구매하는 것이 무엇인가를 보고 그에 영향을 받아 자신의 구매결정을 한다. 공개적인 소비의 예로는 레스토랑에서 식사하는 경우, 스포츠 관련 이벤트에 참가하는 경우, 옷이나 보석을 사는 경우, 자동차를 사는 경우 등이 있다. 이 모든 경우들에 있어서, 일부 소비자들의 구매 의사결정은 부분적으로는 해당 제품의 특징에 의해서 결정되지만 또 한편으로는 다른 사람들이 그 제품을 사는지 안 사는지에 영향을 받아 결정된다.

유명인사의 추천 효과

많은 경우에서 얼마나 많은 사람들이 해당 제품을 사용하는가 하는 것뿐만 아니라 어떤 사람이 해당 제품을 사용하고 있는가 하는 것도 소비자들의 구매에 영향을 미친다. 인기연예인이나 프로운동선수들이 사용하고 있는 제품이라고 소비자들이 생각하고 있는 제품은 종종 그 수요가 증가한다. 예를 들어, New England Patriots 팀의 쿼터백인 Tom Brady는 NFL에서 가장 거물급 스타 중 한 명이다. 따라서 기업들은 자신의 제품을 Brady를 통해 광고하려고 줄을 서고 있다. 그는 물, 화장품, 시계, 스포츠 의류, 자동차 등 다양한 제품의 광고 모델로 나오고 있으며 그 대가로 연간 적어도 $4백만을 가져갔다.

Tom Brady는 아주 훌륭한 미식축구선수이다. 하지만 소비자들이 그가 무슨 제품을 사용하고 있는지에 대해 정말로 관심을 갖는 것인가? 소비자들이 Brady가 사용하고 있는 제품이 어떤 것인지에 관심을 갖는다는 것은 아마도 사실인 것 같다. 그렇다면 소비자들은 왜 관심을 갖는 것일까? 이는 아마도 소비자들이 Brady가 광고하는 제품에 대해서는 자신들보다 Brady가 더 많은 정보를 갖고 있을 것으로 믿기 때문일지도 모른다. 미국축구를 좋아하는 평균적인 미국사람들은 Brady가 광고하는 스포츠 의류가 다른 스포츠 의류보다 더 좋을 것이라고 믿을지도 모른다. 하지만 이보다는, 사람들이 Tom Brady나 기타 다른 유명인사들이 광고하는 제품을 사는 이유는 그러한 제품을 사용함으로써 자신을 유명인들과 좀 더 가깝게 느끼기 때문일 것이며 또한 그렇게 하는 것이 자신이 좀 더 세련된, 유행을 아는 사람으로 보이게 한다고 여기기 때문일지도 모른다.

망외부효과

소비자들이 다른 많은 소비자들이 이미 구입하고 있는 제품을 자신도 구입하는 이유에는 기술이 중요한 역할을 하고 있다. 한 제품의 유용성이 그 제품을 사용하는 사람들의 수가 많아질수록 증가한다면 그 제품은 소비에 있어서 **망외부효과 network externality**를 갖는 제품이다. 예를 들어, 이 세상에서 당신 혼자만 전화기를 갖고 있다면 그 전화기는 아무 쓸모가 없을 것이다. 전화기의 유용성은 전화기를 갖고 있는 사람들의 수가 증가할수록 증가한다. 다른 사람들이 점점 더 많이 스마트폰을 사용하고 그에 따라 점점 더 많은 애플리케이션(앱)이 개발되고, 더 많은 책, 교과서, 신문, 잡지 등이 스마트폰을 통해 볼 수 있게 제공됨에 따라 당신의 스마트폰의 유용성은 점점 커질 것이다.

망외부효과 network externality
한 제품의 유용성이 그 제품을 사용하는 사람들의 수가 많아질수록 증가하는 것.

일부 경제학자들은 망외부효과가 소비자들로 하여금 뒤떨어진 기술을 갖는 제품을 구매하도록 하는 부정적인 측면도 있다고 말한다. 그런 결과가 나타날 수 있는 것은 소비자들이 제품을 바꾸려고 할 때 망외부효과로 인해 매우 큰 전환비용 switching cost을 지불해야 하는 상황이 발생할 수 있기 때문이다. 한 제품이 일단 자리를 잡으면 그 기존제품을 새로운 제품으로 바꾸려고 할 때 소비자들이 매우 큰 비용을 부담해야 하는 경우가 있다. 따라서 제품의 선택은 과거에 어떤 제품을 선택했는가에 의해 영향을 받는 *경로의존성 path* *dependence*을 가질 수 있다. 전환비용이 큰 경우에는 처음 나온 기술이 나중에 나온 더 좋은 기술에 대해 우위를 점할 수 있다. 달리 말해, 과거에 어떤 식으로 했느냐 하는 것이 중요한 영향을 미칠 수 있다.

경로의존성에 의해 열등한 기술이 여전히 사용되고 있는 것을 보여주는 하나의 예로는 컴퓨터 키보드의 자판 배열 방식 중 하나인 QWERTY의 경우를 들 수 있다. QWERTY 방식의 자판 배열은 과거 19세기 후반에 타자기가 개발되었을 때 널리 사용되던 자판 배열 방식이다. 초기에 타자기의 자판 배열은 타자를 빨리 치는 경우에는 타자기 키들이 서로 엉겨 붙게 배치되어 있었다. 따라서 타자수들이 키를 좀 천천히 치도록 만들어 타자기의 키들이 서로 엉겨 붙는 것을 방지하기 위하여 QWERTY 방식의 자판 배열이 개발된 것이었다. 그러나 컴퓨터를 사용하는 오늘날의 경우에는 QWERTY 방식의 자판 배열로 해결하려고 했던 문제점이 더 이상 존재하지 않는다. 따라서 키보드의 자판 배열은 좀 더 효율적인 자판 배열로 변경될 수 있는 것이다. 그러나 대다수의 사람들이 QWERTY 방식으로 자판이 배열된 키보드를 사용하는데 이미 숙달되어 있기 때문에 보다 빠르게 타이핑 할 수 있도록 해주는 새로운 자판 배열 방식의 키보드를 사용하는 것으로 전환하는 데에는 매우 큰 비용이 발생할 수도 있다.

열등한 기술을 사용하게 된 또 다른 제품들 예로는 Sony의 Betamax 비디오 레코더보다 열등한 기술을 사용하는 VHS 방식의 비디오 레코더, Macintosh보다 열등한 Windows 컴퓨터 운영체제가 있다. 일부 경제학자들은 경로의존성, 전환비용 때문에 망외부효과는 시장실패로 이어질 수 있다고 주장한다. 시장실패 market failure는 시장이 효율적인 수준의 수량을 생산하는데 실패하는 것을 말한다. 망외부효과가 시장실패를 가져온다면 정부가 이러한 시장들에 개입하여 경제적 효율성을 높일 수도 있다. 그러나 많은 경제학자들은 망외부효과가 실제로 소비자들을 열등한 기술을 사용하고 있는 제품에 묶어놓는다는 주장에 대해서 회의적이다. 특히, University of Texas의 Stan Leibowitz 교수와 North Carolina State University의 Stephen Margolis 교수는 실제로 보다 우수한 기술을 사용할 때 얻는 이득이 전환비용으로 잃는 것보다 크다고 주장한다. QWERTY 키보드, VHS 비디오 레코더, Windows 컴퓨터 운영체제 경우들에 대해 세밀히 분석해 본 결과, 이들은 이와 다른 기술들이 실제로 더 낫다는 증거가 없다고 결론지었다. 망외부효과가 경제적 효율성에 미치는 영향에 대해서는 경제학자들 사이에 여전히 논쟁이 진행되고 있다.

공정성은 중요한가?

만일 사람들이 물질적인 측면에서 자신을 가능한 한 최대로 좋은 상태에 있도록 만드는 데만 관심을 갖는다면, 사람들은 공정성 fairness에 관심을 두지 않을 것이다. 그러나 사람들은 자신이 공정한 대접을 받기를 원하고, 다른 사람에게 공정하게 대하는 것이 자신을 금전적으로 더 못한 상황에 처하게 만든다고 하더라도 다른 사람을 공정하게 대하기를 원한다. 이러한 경우를 보여주는 예는 아주 많다. 레스토랑의 서버 server들에 대한 사람들의 태도가 이를 잘 보여준다. 미국의 경우에 일반적으로 손님들은 식사값의 15% 내지 20%를 서버들에게 팁으로 준다. 그러나 팁은 꼭 주어야 하는 것은 아니다. 그러나 대부분의 사람들은 서비스가 아주 나쁘지 않은 한, 팁을 안 주는 것은 아주 불공정한 행위라고 생각한다. 사람들이 팁을 주는 이유는 팁을 주지 않으면 다음에 아주 나쁜 서비스를 받을지 모른다고 생각하기 때문이라고 여길 수도 있다. 그러나 연구들에 의하면 대부분의 사람들은 해당 레스토랑을 다시 방문할 가능성이 거의 없는 경우에도 팁을 남기고 떠나는 것으로 밝혀졌다.

사람들이 내라고 하지 않는데도 기꺼이 돈을 내고, 금전적 보상을 받지 않는 일도 기꺼이 하려는 예들도 많이 있다. 가장 확실한 예는 사람들의 기부행위이다. 사람들이 자선기관에 돈을 기부한다거나, 다시 갈 가능성이 전혀 없는 레스토랑에서 팁을 남기는 것 등이 그 돈을 자신을 위해 사용하는 것보다 사람들에게 더 높은 효용을 가져다주는 것 같다.

경제실험실에서 이루어진 사람들의 공정성에 대한 실험: 최후통첩게임 경제학자들은 소비자들의 소비결정에서 공정성이 하는 역할에 대해 이해하기 위하여 실험을 한다. *실험경제학 experimental economics*은 지난 20년 동안 상당히 넓게 사용되어 왔으며 미국과 유럽에는 실험경제학을 위한 실험실이 여러 곳에 있다. 경제학자들인 Maurice Allais, Reinhard Selten, Vernon Smith는 그들이 실험경제학에 공헌한 부분이 인정되어 노벨경제학상을 받았다. 실험이 갖는 장점은 소비자행동의 한 가지 측면에 초점을 맞출 수 있다는 것이다. 독일의 Max Planck Institute의 Werner Güth에 의해서 처음 활용된 *최후통첩게임 ultimatum game*은 공정성이 소비자의 소비의사결정에 중요한 역할을 하는가를 테스트해보는 실험이다. 그 이후 다른 여러 경제학자들도 약간씩 서로 다른 조건들에서 최후통첩게임의 실험을 했는데, 나타난 결과는 전반적으로 동일했다. 이 게임의 참여자들(주로 대학생들)은 두 명씩 짝을 짓는다. 정해진 각 짝의 한 사람은 "분배자"가 되고 다른 사람은 "수령자"가 된다. 분배자는 누가 자신의 짝인지 모른다.

각 짝에게는 일정한 금액 예를 들어 $20이 주어진다. 분배자는 이 돈을 자신과 자기 짝이 어떻게 나누어 가질 것인지 자기 마음대로 결정할 수 있다. 자기가 다 가질 수도 있고, 자기 짝에게 다 줄 수도 있고, 적당히 둘이 나누어 가질 수도 있다. 수령자는 분배자가 결정한 분배를 받아들이든지 거절하든지 할 수 있다. 수령자가 해당 분배를 받아들이면 각자는 그 분배대로 돈을 갖게 되며, 만일 수령자가 거절한다면 두 사람 모두 돈을 전혀 가져갈 수 없다.

분배자나 수령자나 아무도 공정성에 대해 신경을 쓰지 않는다면 최후통첩게임에서의 최적 선택은 간단한 것이다. 배분자는 $20 중 $19.99를 자신이 갖고 수령자가 나머지 $0.01을 갖는 제안을 해야 한다. 분배자는 자신의 이득을 극대화하며 수령자는 그 제안을 받아들일 수밖에 없다. 만일 받아들이지 않는다면 그마저도 받을 수 없기 때문이다. 단돈 1페니라도 없는 것보다는 낫기 때문이다.

최후통첩게임의 실험을 통해 실제로 나타난 결과는 분배자와 수령자 둘 다 공정성을 중요한 것으로 인식하는 행동을 한다는 것이었다. 분배자들은 일반적으로 수령자에게 적어도 받은 돈의 40퍼센트를 주는 제안을 하는 것으로 나타났으며, 수령자들은 받은 돈의 10퍼센트도 안 되는 제안을 받았을 때는 거의 대부분의 경우 그 제안을 거절하는 것으로 나타났다. 분배자가 수령자에게 아주 보잘 것 없는 돈보다 더 많은 돈을 주는 주기로 제안하는 이유는 무엇인가? 이는 분배자가 공정성에 신경 써서 그런 것이 아니라, 수령자에게 아주 적은 몫을 제안하면 수령자가 공정하지 못한 것으로 생각하여 그 제안을 거절할 것이라는 생각이 들기 때문에 그렇게 할 수도 있다. 이러한 가능성에 대한 실험도 이루어졌으며 그 실험은 "독재자 게임"으로 알려진 것으로 Daniel Kahneman(노벨경제학상을 공동수상한 심리학자), Jack Knetsch, Richard Thaler 교수들이 Cornell University의 학생들을 대상으로 한 실험이었다. 이 실험에서 독재자는 $20을 2가지 방법으로만 나눌 수 있으며 2가지 중 하나를 자신이 선택하는 것이다. 하나는 $18을 자신이 갖고 나머지 $2를 수령자에게 주는 것이며, 다른 하나는 자신과 수령자가 똑같이 $10씩 나누어 갖는 것이다. 최후통첩게임과 한 가지 중요하게 다른 점은 *수령자가 독재자(분배자)의 제안을 거절할 수 없다는 것이다*. 이 실험에서 161명의 독재자 중에서 122명이 $20을 똑같이 반으로 나누는 것을 택했다. $18/$2로 나누어도 수령자가 거절할 수 없는데도 독재자는 똑같이 반으로 나누었다. 이러한 결과가 나온 이유는 공정하게 행동하는 것이 가치있는 행동이라고 분배자가 판단했기 때문이라고 설명할 수 있다.

최후통첩게임에서 수령자는 적은 돈이라도 안 받는 것보다 받는 것이 더 나은데도 왜 적은 몫은 안 받는다고 거절하는 것인가? 이는 분명히 대부분의 사람이 공정성을 가치 있는 것으로 생각하기 때문이며, 따라서 설령 자신이 금전적으로 손해를 본다고 하더라도 불공정한 거래에는 참가하려고 하지 않기 때문이다.

경제실험의 결과는 믿을 만한 것인가? 최후통첩게임과 독재자게임의 실험은 다양한 그룹의 사람들을 대상으로 여러 국가들에서 여러번 실시되었다. 따라서 대부분의 경제학자들은 이 게임들의 결과가 사람들이 공정성을 가치있게 생각한다는 것을 강하게 보여주는 것이라고 믿고 있다. 그러나 최근에 일부 경제학자들은 이러한 결론에 대해 의심을 품기 시작했다. 우선, 실험이라는 것이 인공적으로 만들어진 상황에서 이루어진 것이기 때문에 실험의 결과가 실제 현실에서는 그대로 나타나지 않을 수 있다는 것이다. 실험에서는 분배자가 돈을 누군지 모르는 자신의 짝에게 분배해야 하는 걸로 되어 있지만 현실 세계에서 사람들은 모르는 사람에게 그냥 돈을 주지는 않는다. 따라서 실험에서 확인된 공정성은 사람들이 자신이 이기적으로 보이는 것을 피하기 위해서 선택한 결과로 나타나는 것이지, 사람들이 공정성을 가치있는 것으로 생각하기 때문에 선택한 결과로 나타난 것이 아닐 수 있다는 것이다. 예를 들어, 최후통첩게임에서 자신이 $19.99를 갖고 나머지 $0.01을 자신의 짝에게 주려고 하는 분배자라고 하더라도 실험을 진행하는 경제학자의 눈에 자신이 이기적으로 보이는 것이 싫어서 보다 공정하게 보이는 선택을 했을지도 모르는 것이다. 특히 실험에서 사용된 돈의 액수가 매우 적은 액수이기 때문에 실험자에게 자신이 이기적으로 보이지 않으려는 동기가 그러한 선택을 하게 된 주된 이유일 수 있다.

University of Chicago의 John List 교수는 독재자게임을 변형한 실험을 했다. 실험참가자 각자에게 $5를 주고 참가자 중 반이 독재자로 행동하여 $5를 나누어서 수령자에게 주도록 하였다. 이 실험의 결과는 이전의 실험들과 비슷하게 나왔으며 독재자들 중 71%가 수령자에게 돈을 나누어 주는 것으로 나타났다. 그러나 독재자에게 $5를 수령자에게 주거나 아니면 수령자에게서 뺏어오는 선택 중 한 가지를 하게 한 실험에서는 독재자들의 19%만이 수령자에게 약간의 돈이라도 주었으며 독재자들의 반 이상은 오히려 수령자에게서 돈을 뺏어왔다. 한편 실험을 하기 전에 30분간 간단한 일을 시키고 그 대가로 독재자들에게 $5를 준 후에 실험을 했을 때는 독재자들의 2/3이 수령자에게 돈을 주지도 않았고 돈을 뺏어오지도 않았다. 이러한 결과는 돈이 어떻게 생긴 것이냐 하는 것이 돈을 나누어 주는데 있어서 중요한 요인이라는 점을 말해주는 것이다.

List 교수의 실험결과가 기존의 최후통첩게임이나 독재자게임의 여러 실험결과들을 부정하는 것은 아니다. 하지만 이 실험은 많은 경제학자들이 생각하는 것처럼 기존의 실험들의 결과가 사람들이 공정성에 대해 확실하게 가치를 부여하고 있는 것을 보여주는 것은 아니라고 말해주고 있다. 또한 실험의 구체적 내용이 실험의 결과에 매우 중요한 영향을 준다는 점도 말해주고 있다.

소비자들의 공정성에 대한 가치부여가 기업에게 주는 의미 소비자들이 공정성을 가치있는 것으로 여긴다면 이는 기업에게 어떤 영향을 주는가? 생각할 수 있는 하나의 결론은 수요가 크게 증가한다고 하더라도 기업들이 때로는 가격을 올리지 않을 것이라는 것이다. 왜냐하면 가격을 올릴 경우에 소비자들이 이를 공정하지 않는 것으로 생각하고 다른 제품을 살지도 모르기 때문이다.

기업들이 가격을 올림으로써 이윤을 증가시킬 수도 있는 것처럼 보이는 3가지 예를 살펴보자. 2011년에 댄스 록밴드인 LCD가 New York시 Madison Square Garden에서 콘서트를 열었다. 티켓가격은 한 장에 $50이었다. 그런데 이 공연을 관람하려는 사람들이 너무 많아 온라인에서 티켓 한 장이 $2,500에 거래되었다. 그렇다면 주최 측이 티켓가격을 $50보다 높게 책정하지 않은 이유는 무엇인가? National Football League(NFL)이 책정한 티켓가격을 지불하고 Super Bowl을 구경하려는 사람들이 발행되는 티켓 수보다 매년 훨씬 많다. 그렇다면 NFL이 가격을 올리지 않는 이유는 무엇인가? 2011년에 Chicago시에 Next 레스토랑이 개점되었다. 이 레스토랑은 손님들이 식사한 후에 식사값을 받는 대신 음료와 팁을 포함한 가격으로 식사티켓을 미리 판매했다. 식사티켓은 선택하는 식사의 종류에 따라 한 장에 $45에서 $75 사이의 가격으로 판매되었다. 그런데 온라인에서 이 식사티켓은 한 장에 $500에서 $3,000 사이의 가격으로 판매되고 있었다. 훨씬 높은 가격으로 식사티켓을 팔 수 있는데도 Next는 왜 티켓가격을 올리지 않았을까?

이 세 경우 모두가 만일 기업이 가격을 올리면 자신의 이윤을 증가시킬 수 있는 경우이다. 경제학자들은 이런 상황에서 기업들이 가격을 올리지 않는 이유를 다음의 2가지로 설명하고 있다. 노벨경제학상을 받은 Gary Becker 교수는 콘서트, 미식축구, 레스토랑 식사와 같은 제품들은 구매자들이 다른 구매자들과 함께 소비하는 제품들이다. 이러한 상황에서는 소비자들이 구매하려고 하는 구매량은 다른 소비자들이 얼마나 소비하고 있느냐 하는 것과 관련을 가질 수 있다. 사람들은 인기있는 제품이나 수요량이 공급량보다 훨씬 더 큰 제품을 소비하는 것을 좋아할 뿐만 아니라, 자기가 그런 제품을 소비하는 것이 남에 눈에 띄는 것을 좋아한다. 록밴드, NFL, 인기 있는 레스토랑 등이 티켓가격을 올려 수요량이 공급량과 일치하도록 만든다면 아마도 그들의 인기도 그와 동시에 없어지는 것을 발견하게 될지 모른다.

한편, Daniel Kahneman, Jack Knetsch, Richard Thaler는 기업들이 가격을 올리면 이윤을 증가시킬 수도 있는 경우에도 가격을 올리지 않는 또 다른 이유를 말하고 있다. 소비자들을 대상으로 한 설문조사에서 이들이 알아낸 것은 원가가 오른 경우에 기업들이 가격을 올리는 것은 소비자들이 공정하다고 생각하지만, 수요가 증가했기 때문에 가격을 올리는 것을 소비자들은 공정하다고 생각하지 않는다는 것이었다. 예를 들어, Kahneman, Knetsch, Thaler는 다음과 같은 경우에 소비자들이 어떻게 생각하는지에 대해 설문조사를 하였다. "한 철물점이 눈 치우는 삽을 한 개에 $15에 팔고 있었다. 그런데 큰 눈이 온 다음 날 이 철물점이 눈삽의 가격을 $20로 올렸다." 설문조사에 응답한 사람들 중 82%가 이 철물점의 행위가 공정하지 못한 행위라고 답변했다. Kahneman, Knetsch, Thaler는 수요량이 공급량보다 훨씬 큰 경우에도 기업들이 간혹 가격을 올리지 않는 이유는 장기적으로 생각할 때는 그러한 경우에 가격을 인상하는 것은 공정하지 않은 행위라고 생각하는 고객을 잃을 수도 있다는 두려움 때문이라는 결론은 내렸다.

Super Bowl 티켓의 가격정책을 분석해 본 Princeton University의 Alan Krueger 교수의 연구결과도 수요량이 공급량보다 훨씬 클 때 기업들이 가격을 인상하지는 않는 이유에 대한 Kahneman, Knetsch, and Thaler의 설명을 지지하고 있다. 2013년에 NFL은 Super Bowl 경기를 관람하기에 제일 좋은 좌석을 한 장에 $1,250에 팔았고 나머지 대부분의 좌석들은 한 장에 $850에 팔았다. 이러한 관람티켓 중 많은 양이 온라인에서 한 장당 $5,000에 재판매되고 있었다. Krueger 교수는 NFL이 티켓가격을 더 높게 책정하지 않는 이유를 관람자들의 생각에서 찾을 수 있다는 판단에서 관람객들을 상대로 설문조사를 하였다. 관람객들에게 만일 NFL이 티켓가격을 한 장당 $1,500으로 올리는 것이 공정한 행위라고 보느냐는 질문을 하였다. 이 가격은 대부분의 관람객이 지불하려고 하는 가격보다 여전히 낮은 가격이었다. 그렇지만 이러한 질문에 대해서 92%의 팬들은 "그렇지 않다"라고 답했다. 심지어 실제로 $1,500보다 더 높은 가격을 주고 티켓을 구입한 팬들의 83%도 "그렇지 않다"라고 답했다. Krueger 교수는 티켓가격을 올림으로써 NFL이 단기적으로는 이득을 볼 수 있겠지만 장기적으로는 축구팬들이 떠나게 되어 결국 손실을 입는다고 결론지었다.

기업들이 수요량과 공급량을 일치시키는 수준까지 항상 가격을 올리지 않는 이유에 대한 이러한 설명들은 동일한 개념을 공유하고 있다. 그것은 "기업들은 단기적으로 자신의 이윤 중 일부를 포기하여 고객들을 즐겁게 하면서 장기적으로 그들의 이윤을 증가시킨다는 것이다."

Making the Connection

"유류할증료"라는 것은 왜 생겼는가?

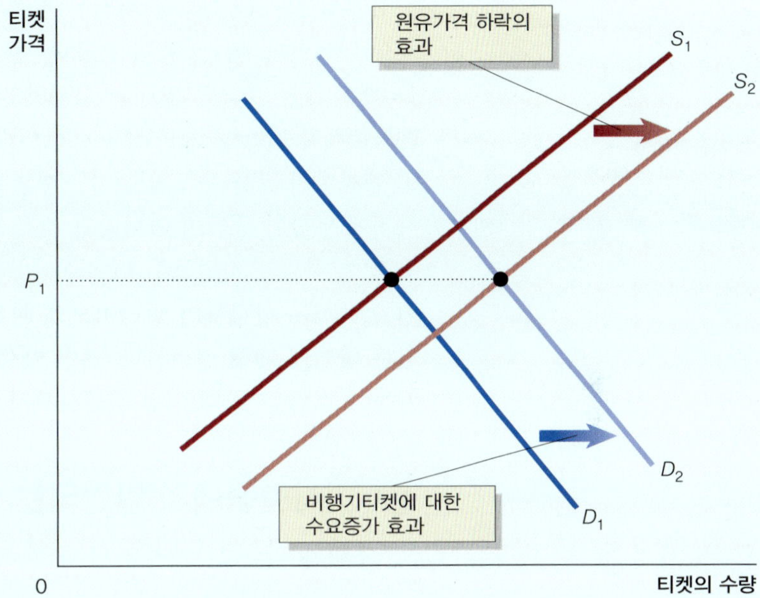

일반적으로 기업이 고객에게 대금을 청구할 때는 해당 제품을 생산하는데 들어가는 모든 비용을 일일이 따로 구분하여 청구하지는 않는다. 레스토랑의 메뉴판에는 샐러드의 가격을 표시할 때 거기에 들어가는 양상추, 토마토 등의 비용을 일일이 구별하여 적어 놓지는 않는다. 자동차회사들도 완성차 가격을 표시할 때 타이어가격, 트렌스미션가격 등 여러 부품에 대해 그들이 부품 공급자들에게 지불하는 가격을 일일이 구분하여 표시해 놓지는 않는다. 그러나 2008년에 원유가격이 오르기 시작했을 때 일부 회사들이 그들의 계산서에 "유류할증료 fuel surcharge"라는 것을 별도로 구별하여 청구하기 시작했다. 예를 들어, Waste Management라는 미국에서 가장 큰 폐기물처리 기업이 다른 비용들은 별도로 구분하여 표시하지 않았지만 유류할증료는 따로 구분하여 청구서에 표시하기 시작했다. 이에 따라 FedEx와 UPS도 그렇게 하기 시작했으며 또한 대부분의 주요 항공사들도 그렇게 하기 시작했다. 예를 들어, 2013년 중반에, New York과 London을 오가는 대부분의 항공사들은 적어도 $450의 유류할증료를 별도로 가격에 추가시켰다.

Wall Street Journal에 원유가격과 비행기 연료가격이 오를 때는 항공사들이 자신들의 유류할증료를 종종 올리지만 원유가격이 내릴 때는 유류할증료를 거의 내리지 않는다는 기사가 실린 적이 있다. 원유가격이 하락했는데도 종종 항공요금이 내리지 않는 이유는 항공사들이 유류할증료를 따로 구분하여 표시한 이유를 생각해보면 알 수 있다 Kahneman, Knetsch, Thaler의 연구결과가 보여주듯이, 소비자들은 생산원가가 올랐을 때 기업들이 가격을 올리는 것에 대해서는 공정한 것으로 생각하는 경향이 있다. 유류할증료를 명시적으로 별도로 구분하여 항공요금에 추가시킴으로써, 항공사들(이러한 관행을 따르는 다른 기업들도 포함하여)은 항공요금을 인상할 때도 소비자들이 그러한 가격인상을 불공정한 것으로 인식하지 않도록 하면서 가격을 올릴 수 있게 되는 것이다.

하지만 항공요금을 포함한 모든 재화와 서비스의 가격은 수요곡선과 공급곡선이 교차하는 점에서 결정되는 것이다. 원유가격의 하락으로 항공사들의 생산원가는 낮아지고 그에 따라 비행기티켓의 공급곡선은 오른쪽으로 이동한다. 또한 미국경제가 2007년에서 2009년 사이의 침체기에서 벗어나면서 비행기티켓에 대한 수요도 증가하여 비행기티켓 수요곡선은 오른쪽으로 이동했다. 이러한 두 효과가 결합하여 대략적으로 그 효과가 서로 상쇄되면서 비행기티켓 가격은 원유가격이 하락하는 데도 하락하지 않는 것이다. 위의 그림은 이 점을 잘 보여주고 있다. 그림에서 수요곡선과 공급곡선이 오른쪽으로 이동하면서 비행기티켓 가격은 P_1에 그대로 유지되고 있다.

가격은 수요와 공급에 영향을 미치는 *모든* 요소들에 영향을 받아 결정된다. 항공사를 포함한 다른 기업들이 연료비용을 그들의 가격표에 별도로 구분하여 표시하기 시작한 것은 그렇게 함으로써 자신들이 가격을 인상할 때 소비자들로부터 공정하지 못한(부당한) 가격인상이라는 비난을 피할 수 있다는 것을 알기 때문이다.

자료: Joe Sharkey, "Fuel Surcharges Push Up International Airfares," *Wall Street Journal*, February 18, 2013; Timothy W. Martin and Jennifer Levitz, "Oil Falls, but Surcharges Stay Aloft," *Wall Street Journal*, August 11, 2011; and Daniel Kahneman, Jack Knetsch, and Richard Thaler, "Fairness as a Constraint on Profit Seeking: Entitlements in the Market," *American Economic Review*, Vol. 76, No. 4, September 1986, pp. 728-741.

6.4. 행동경제학: 사람들은 선택을 이성적으로 하는가?

행동경제학 behavioral economics
사람들이 경제적으로 이성적이지 않은 선택을 하는 상황에 대해 연구하는 분야.

소비자와 기업이 "이성적 rationally"으로 행동한다고 가정하는 것은 소비자와 기업이 자신에게 주어진 정보를 가지고 자신의 목적을 달성하는데 가장 적합한 행동을 취한다는 것을 의미한다. 최근 몇 년 전부터 일부 경제학자들은 사람들이 경제적으로 이성적인 선택을 하지 않는 것으로 보이는 상황에 대해 연구하기 시작했다. 이 새로운 분야의 경제학은 **행동경제학 behavioral economics**이라고 불리는 분야이다. 왜 소비자나 기업은 이성적으로 행동하지 않을 수도 있는가? 가장 분명한 이유 중 하나는 자신이 취하는 행동이 자신의 목적에 부합한 행동이 아니라는 것을 이들이 깨닫지 못하기 때문일 것이다. 경제학이 갖는 목적 중 하나는 사람들이 더 나은 의사결정을 할 수 있는 여러 방법들을 제시하는 것이다. 이 절에서는 사람들이 일반적으로 빠질 수 있는 함정을 피해서 더 나은 의사결정을 할 수 있는 방법에 대해 살펴본다. 또한 행동경제학에서 제시하고 있는 개념들을 사용하여 소비자들이 쇼핑을 할 때 어떻게 의사결정을 하는지를 분석해 보기로 한다.

의사결정에서 발견되는 함정

소비자들은 의사결정을 할 때 흔히 다음과 같은 3가지 실수를 한다.

1. 금전적 기회비용은 고려대상에 포함시키지만 비금전적인 기회비용은 무시한다.
2. 매몰비용을 무시하는데 실패한다.
3. 자신들의 미래 행동에 대해 비현실적으로 생각한다.

기회비용 opportunity cost
어떤 활동을 하기 위해 포기해야 하는 차선 next best의 활동이 갖는 가치.

비금전적 기회비용(보이지 않는 기회비용)을 무시하는 것 어떤 활동의 **기회비용 opportunity cost**은 그 활동을 하기 위해 포기해야 하는 가장 높은 가치를 가지는 차선의 활동이 갖는 가치이다. 예를 들어, 당신이 팔 수 있는 어떤 것을 소유하고 있으면서 그것을 사용하는 것은 기회비용을 발생시킨다. 사람들은 종종 이러한 기회비용을 인식하는데 실패한다.

다음의 예를 보자. NFL이 추첨을 하여 당선된 사람들에게는 Super Bowl 티켓을 좌석의 종류에 따라 $325이나 $400의 액면가로 판다고 하자. Princeton University의 Alan Krueger 교수는 추첨에 당선된 사람들을 대상으로 다음과 같은 2가지 질문을 했다.

질문 1: 만일 당신이 추첨에 당선되지 않았다면 그 티켓을 사려고 $3,000을 지불했겠는가?
질문 2: 추첨에 당첨된 후 어떤 사람이 그 티켓을 $3,000에 사겠다고 하면 당신은 팔겠는가?

첫 번째 질문에 대해서 94%의 사람들이 $3,000을 지불하고는 사지 않겠다고 답했다. 두 번째 질문에 대해서는 92%의 사람들이 $3,000에 티켓을 팔지 않겠다고 답했다. 그러나 이러한 답변은 모순적인 답변이다! 어떤 사람이 당신에게 당신의 티켓을 $3,000에 사겠다고 제시했을 때 만일 당신이 티켓을 팔지 않고 사용한다면 당신은 $3,000이라는 기회비용을 지불하는 것이다. $3,000을 현금으로 지불한 것은 아니지만 그 티켓을 사용하는데 지불한 비용은 $3,000인 것이다. 따라서 $3,000을 지불하는 것과 $3,000을 받고 팔지 않는 것은 똑같은 행동이다.

만일 그 티켓이 당신에게 $3,000라는 가치를 갖지 않는다면 당신은 그 티켓을 팔아야 한다. 만일 당신에게 $3,000의 가치를 갖는 것이라면 그 티켓을 사기 위해 당신은 현금으로 $3,000를 지불해야 한다. 갖고 있는 티켓을 $3,000에 팔 용의가 없으면서 또한 갖고 있지 않는 티켓을 $3,000에 살 용의도 없는 것은 일관성이 없는 행동이다. 이러한 비일관성 inconsistency은 비금전적인 기회비용을 고려하지 못해서 나타나는 결과이다. 행동경제학자들은 이러한 비일관성이 **소유효과 endowment effect** 때문에 발생하는 것이라고 생각한다. 소유효과란 자신이 갖고 있는 재화에 대해 그것을 갖고 있지 않을 때 그것을 사기 위해 자신이 지불하려고 하는 가격보다 더 높은 가격을 제시받아도 그 재화를 팔지 않으려고 하는 사람들이 갖고 있는 성향을 말한다.

소유효과 endowment effect
자신이 갖고 있는 재화에 대해 그것을 갖고 있지 않을 때 그것을 사기 위해 자신이 지불하려고 하는 가격보다 더 높은 가격을 제시받아도 그 재화를 팔지 않으려고 하는, 사람들이 갖고 있는 성향.

눈에 보이지 않는 기회비용을 제대로 파악하지 못하는 실수는 의사결정에서 사람들이 흔히 하는 실수이다. 예를 들어, 어떤 친구가 자기 방을 급히 청소하려고 당신에게 자기 방을 청소해주는 대가로 $50을 주겠다고 했는데 이를 거절하고, 또한 당신 방을 $20을 받고 청소해 주는 사람을 알고 있는데도 당신이 직접 당신 방을 청소하는데 시간을 소비했다고 하자(청소를 부탁하는 친구가 당신이 싫어하는 친구이고, 또, 다른 사람이 당신 방을 청소하면서 당신 물건을 보는 것을 당신이 싫어한다는 등의 다른 복잡한 문제가 없다고 한다면). 당신은 당신이 이렇게 하는 것에 어떤 문제가 있는지를 잘 파악해야 한다. 당신 방을 당신이 치우는 데 발생하는 비용은 $50이다. 이는 당신 친구가 당신이 자기 방을 청소해 주면 지불하겠다던 금액이다. 따라서 어떤 사람이 당신 방을 $20을 받고 청소해 주겠다는 것을 거절하고 당신이 당신 방을 $50의 비용을 들여 청소하는 것은 이치에 맞지 않는 행동이다. 이 경우에 핵심 요점은 다음과 같다. "*비금전적(눈에 보이지 않는)기회비용도 금전적(눈에 보이는) 비용과 똑같은 것이다. 따라서 사람들은 의사결정을 할 때 이를 비용으로 포함시켜야 한다.*"

사람들이 비금전적 기회비용(눈에 보이지 않는 비용)을 무시하는 경향을 갖는다는 점을 기업들이 이용하고 있는 사례는 많이 있다. 예를 들어, 일부 기업들은 제품을 바로 할인한 가격으로 판매하지 않고 mail-in rebate 방식으로 판매한다. 이는 영수증과 환급신청서를 작성하여 같이 보내면 그만큼의 금액을 돌려주는 할인판매 방식이다. 환급신청서를 받고 $10을 돌려주지 말고 바로 가격에서 $10 할인하여 판매하지 않는 이유는 무엇인가? 이는 물건 값을 치룬 후에 환급신청서를 작성하여 보내지 않는 행동이 발생시키는 비용은 비금전적 기회비용이며 직접 돈을 지불하는 금전적 비용이 아니라는 점을 기업들이 이용하고 있는 것이다. 실제로 고객들 중 아주 작은 퍼센트가 환급신청서를 작성하여 보내고 있다. 물론 환급받는 금액이 작아서 우편으로 환급신청서를 작성하는 귀찮음과 작성하는데 걸리는 시간 등의 비용이 환급받는 금액보다 더 크다고 생각되면 환급신청서를 작성하여 보내지 않는 것이 옳을 것이다. 하지만 그렇지 않은 경우에 환급신청서를 보내지 않고 환급받지 않는 것은 비금전적 비용을 비용으로 보지 않는 실수를 하는 것이다.

매몰비용을 무시하는데 실패하기 **매몰비용 sunk cost**은 이미 지불한 비용으로 다시 회수할 수 없는 비용을 말한다. 일단 지불한 돈으로, 다시 돌려받을 수 없는 돈은 그 이후에

매몰비용 sunk cost
이미 지불한 비용으로, 다시 회수할 수 없는 비용.

하는 의사결정에서는 무시하고 잊어버려야 한다. 다음의 두 경우를 살펴보자.

상황 1: 당신은 $75를 주고 연극티켓을 구입했다. 그 티켓은 환불이 안 되며 화요일 저녁에 하는 공연을 보기 위해 사용해야 한다. 헌데 월요일 아침에 당신 친구가 전화를 걸어와서 화요일 저녁에 당신이 좋아하는 코메디언이 나오는 동네 코메디 클럽에서 코메디 쇼를 보러 가자고 했다. 당신 친구는 코메디쇼를 보는 비용을 자신이 지불하겠다고 했다.
상황 2: 지금은 월요일 밤이다. 당신은 상황 1에서와 같은 연극을 보려고 화요일 저녁에 공연하는 연극티켓을 사려고 한다. 티켓을 사기 위해 나가려고 하는 순간에 당신 친구가 전화로 화요일 저녁 코메디쇼를 보러 가지고 당신을 초대했다.

연극을 보러 갈 것인지 코메디쇼를 보러 갈 것인지에 대한 상황 1에서의 당신의 의사결정은 상황 2에서의 당신의 의사결정과 다른가? 대부분의 사람들은 상황 1에서 연극을 보러가지 않는 경우에는 이미 지불한 돈 $75를 잃어버리기 때문에 연극을 보러 간다고 말한다. 그러나 사실은 당신이 어떤 의사결정을 하든 그에 관계없이 티켓이 환불이 되지 않는 것이므로 $75는 이미 잃어버린 돈이다. 따라서 당신이 결정해야 하는 진짜 문제는 당신이 연극보기를 더 좋아하는지, 친구가 가자고 하는 코메디쇼 보기를 좋아하는지 결정해야 하는 문제이다. 만일 코메디쇼 보기를 좋아한다면 연극을 보기 위해 이미 $75를 지불했다는 사실은 당신의 의사결정과 아무런 관련이 없는 사실이다. 따라서 상황 1에서의 당신의 의사결정과 상황 2에서의 당신의 의사결정은 동일해야 한다.

심리학자인 Daniel Kahneman과 Amos Tversky는 두 그룹의 사람들에게 다음과 같은 질문을 함으로써 소비자들이 매몰비용을 무시하지 못하는 경향이 있는지에 대해 살펴보았다.

질문 1: 한 그룹의 사람들에게 다음과 같은 질문을 했다. "당신이 연극을 보기로 해서 연극티켓을 한 장에 $10 주고 샀다고 하자. 당신이 극장에 막 들어가려고 하는데 티켓이 없어진 것을 발견했다. 그 티켓은 좌석배정이 안 된 티켓이고 환불도 되지 않는 티켓이었다. 이런 경우에 당신은 $10을 내고 연극티켓을 다시 한 장 사겠는가?" 질문을 받은 사람 중 46%는 티켓을 다시 사겠다고 했으며, 54%는 티켓을 다시 사지 않겠다고 했다.
질문 2: 다른 그룹의 사람들에게는 다음과 같은 질문을 했다. "당신이 보려고 하는 연극의 티켓은 $10이다. 당신이 극장에 막 들어가려고 하는 순간에 당신은 $10 지폐를 한 장 잃어버렸다. 당신은 여전히 $10을 주고 연극티켓을 사겠는가?" 질문을 받은 사람 중 88%는 티켓을 다시 사겠다고 했으며, 12%는 티켓을 다시 사지 않겠다고 했다.

이 두 상황은 사실은 동일한 상황이다. 따라서 연극티켓을 사겠다는 비율과 사지 않겠다는 비율은 두 경우에서 동일해야 한다. 하지만 많은 사람들이 질문 1에서 연극을 볼 것인지 안 볼 것인지를 결정하는데 있어서 이미 지불한 티켓 값 $10는 매몰비용이기 때문에 무시해야 한다는 점을 이해하는데 어려움을 갖고 있다.

자신들의 미래 행동에 대해 비현실적으로 생각하기 여러 조사에 의하면 미국 성인들의 대다수가 비만인 것으로 나타났다. 사람들은 왜 많이 먹는 쪽을 선택할까? 한 가지 설

Making the Connection

매몰비용은 무시해야 한다는 것의 중요성을 이해하는 한 블로거

최근 연도에 많은 사람들이 자신의 블로그 Web log를 만들기 시작했다. 이들은 자신의 블로그에 정치, 스포츠, 취미, 기타 자신이 관심을 갖는 것들에 대해 자신의 생각을 적어 올리고 있다. 일부 블로거들은 하루에 수시간을 자신의 생각을 글로 올리고 웹 상에 그와 관련된 자료를 볼 수 있도록 연결시켜 놓고 있다. 또한 일부 블로거들은 아주 성공하여 자신의 블로그에 광고를 실어주고 돈을 받으면서 상당한 수입을 올리고 있다. Arnold Kim은 자신이 의대 4학년이었던 2000년에 Apple 제품에 대한 블로깅을 시작했다. 그 이후 그는 신장병 전문의로서의 공부를 계속하면서 MacRumors.com 사이트에서 블로깅을 8년 동안 계속했다.

2008년에 Kim의 사이트는 엄청나게 성공하여 4.4백만의 사람들을 끌어모았으며 매달 40백만 쪽이 넘는 의견이 올라오고 있었다. 그는 Verizon, Audible.com, CDW 등의 기업으로부터 일 년에 $100,000 이상의 광고수입을 벌어들이고 있었다. 그러나 Apple의 신제품에 대한 소문을 올리고 Apple 제품의 구매가이드를 매번 업데이트하고 글마당에 올라오는 여러 의견들을 모니터링하고 하는 것들은 자신의 시간을 일부 할애하여 하기에는 벅찬 일이 되어갔다. Kim은 웹사이트에서 작업하는 것을 즐기며 또한 궁극적으로는 자신이 의사로서 버는 돈보다 블로깅을 통해서 버는 돈이 더 클 것으로 생각했다. 하지만 그는 의대 교육을 받기 위해 이미 $200,000 이상을 투자했기 때문에 의사가 되는 것을 포기하는 것에 대해 여전히 주저하고 있었다.

그러나 $200,000의 비용과 의대에서 인턴으로 레지던트로 일하면서 소비한 많은 시간들이라는 비용은 매몰비용이었다. 따라서 Kim은 의사의 길을 갈 것인지 아니면 전문 블로거의 길을 갈 것인지를 결정하기 위해서는 이러한 매몰비용들을 모두 무시해야 한다는 것을 깨달았다. 의사가 되는 것보다 블로거로서 더 많은 돈을 벌 수 있다는 것을 계산을 통해서 알아내었고, 또한 블로거로 일하면 집에서 일할 수 있으므로 자신의 귀여운 딸과 더 많은 시간을 같이 할 수 있다는 점도 고려하여 그는 전문블로거가 되기로 결정했다. 여러 새로운 블로그들과 경쟁을 하고 있지만 MacRumors는 계속 잘되고 있으며 2013년 중반경에는 매달 5백만 명 이상이 방문하고 있는 사이트가 되어 Kim의 소득도 그가 의사로 일하면 벌어들일 수 있다고 생각되는 소득보다 높았다.

당신은 당신의 블로그를 만들어 운영하기 위해서 외과의사가 되는 것을 포기할 생각이 있나요?

인생에서 중요한 의사결정을 할 때, 매몰비용을 무시해야 한다는 것을 아는 것은 중요하다.

자료: Brian X. Chen, "Arnold Kim Celebrates 10 Years as Apple Rumor King," www.wired.com, February 23, 2010; Brian Stelter, "My Son, the Blogger: An M.D. Trades Medicine for Apple Rumors," *New York Times*, July 21, 2008; Dan Frommer, "Nephrologist to Mac Blogger: The Unlikely Career Path of MacRumors' Arnold Kim," www.businessinsider.com, July 13, 2008; and "Macrumors Traffic," www.quantcast.com, June 13, 2013.

명은 자신의 날씬한 몸으로부터 얻는 효용(만족감)보다 높은 칼로리의 음식을 먹을 때 얻는 효용이 더 크기 때문이라는 것이다. 그러나 더 가능성 있는 설명은 많은 사람들이 내일 덜 먹으면 되니까라고 생각하니까 오늘 많이 먹는다는 것이다. 그러나 사람들은 내일도 절대로 덜 먹지 못한다. 따라서 결국 많은 사람들이 비만하게 되는 것이다. 이와 비슷한 경우로 일부 사람들은 오늘도 계속 담배를 핀다. 그 이유는 미래의 언젠가 자신이 담배를 끊으면 된다고 생각하기 때문이다. 불행하게도 많은 사람들에게는 담배를 끊을 수 있는 어떤 미래는 절대로 오지 않으며 결국 수 년 간의 흡연으로 건강이 나빠져 폐암 등에 걸려 엄청난 고생과 함께 생을 고통스럽게 마감하기도 한다. 이 두 경우 모두에 있어서 사람들은 초콜릿을 먹거나 담배를 피우거나 하는 현재의 선택이 주는 효용의 가치를 너무 높게 평가하고 있으며, 날씬해지거나 폐암에 걸리지 않는다는 것이 주는 미래 효용의 가치는 너무 낮게 평가하고 있는 것이다.

이러한 문제에 대한 연구를 하는 학자들은 많은 사람들의 선호가 시간에 걸쳐서 볼 때 서로 일치하지 않는다고 주장한다. 장기적으로 볼 때 사람들은 날씬해지거나 담배를 끊거나 그 외에 다른 목표를 달성하기를 원한다. 그러나 매일매일 사람들이 하는 의사결정(너무 많이 먹는다거나, 담배를 피우는 것 등)은 이러한 장기적인 목표와는 일치하지 않는다. 만일 사람들이 자신의 미래 행동에 대해서 비현실적으로 생각한다면 사람들은 자신이 현재 하는 선택(과식이나 흡연)이 발생시키는 비용이 낮은 것으로 생각하게 된다. 이러한 문제를 피하기 위한 핵심적인 방법은 사람들이 자신의 미래 행동에 대해 현실적으로 판단하는 것이다.

비금전적 기회비용(보이지 않는 기회비용)을 고려해야 하고, 매몰비용은 비용으로 보지 않고 무시해야 하고, 자신이 할 것으로 생각하는 자신의 미래 행동에 대해 좀 더 현실적으로 판단하는 이 3가지 측면은 소비자들이 좀 더 좋은 의사결정을 할 수 있게 해주는 것들이다.

쇼핑의 행동경제학

지금까지는 소비자들이 자신의 효용을 극대화하는 제품들을 어떻게 선택해야 하는지에 대해 살펴보았다. 그러나 여기서는 소비자들이 자신의 효용을 극대화해 주는 최적의 소비선택을 하지 못하게 되는 경우들에 대해 살펴보기로 한다.

앞에서 소비자들의 효용극대화 행동을 설명할 때, 소비자들은 주어진 예산제약 하에서 두 재화의 최적 소비량을 선택한다는 간단한 예를 사용했다. 그러나 슈퍼마켓에 가는 경우를 한번 생각해보자. 만일 4인 가족을 위한 쇼핑이라면 적어도 25가지 이상의 제품을 구매해야 할지도 모른다. 소비자가 만일 그러한 상황에 있다면 모든 제품들에서 각 제품의 한계효용을 그 가격으로 나눈 비율이 동일해지도록 각 제품의 구매량을 조절하지는 않을 것이다. 소비자들이 종종 최적 소비결정 optimal consumption choice을 하지 않는다는 것이 문제가 되는가? 이러한 질문에 대한 경제학자들의 대답은 2가지로 나뉜다. 이 질문에 대해 "문제될 것 없다"라고 말하는 많은 학자들은 그 이유로 2가지 점을 들고 있다. (1) 가장 과학적인 모델이라고 하더라도 그 모델이 하고 있는 가정들이 문자 그대로 맞는 것은 아니다. 예를 들어, 소비자선택 모델에서 복잡한 현실을 단순화시키고 의사결정과 관련된 가장 중요한 요소들에 초점을 맞추기 위해서는 비현실적인 가정들이 필요하다. (2) 모델의 유용성은 그 모델이 하고 있는 가정들이 얼마나 현실적이냐 하는 것에 달려 있지 않고 그 모델이 얼마나 잘 예측하게 해주는가에 의해 판단되어야 한다. 소비자 선택 모델은 많은 종류의 소비자행동들을 성공적으로 잘 예측해 주고 있다.

어림원칙 한편, 행동경제학자들은 소비자들이 일반적으로 최적 소비결정을 하지 않는다는 것은 "문제가 된다"고 주장한다. 이들은 실제로 소비자들이 어떻게 의사결정을 하는가를 분석해보는 것이 소비자행동을 보다 잘 이해하게 해준다고 주장한다. 이 장에서 우리가 사용한 모델은 사람들이 쇼핑을 할 때 모든 제품들의 가격에 대해－서로 다른 상점들 간의 서로 다른 가격까지 포함하여－충분한 정보를 갖고 있는 것으로 가정했다. 또한 소비자들이 한계효용을 가격으로 나눈 비율의 값을 모든 제품들에 대해서 다 계산할 수 있다고 가정했다. 그러나 실제로 사람들은 종종 자신에게 주어진 한정된 정보에만 근거하여 최적선택을 위한 계산을 하지도 않고 소비선택을 한다. 그 결과, 최적선택을 하는 것이 아니라 최적선택의 결과를 가져올 가능성이 적은 *어림원칙 rule of thumb*을 사용하여 소비선택을 한다. 예를 들어, 어떤 소비자는 자신의 생각이 맞는지 지속적으로 확인해 보지도 않고 특정한 슈퍼마켓이 자신이 사려고 하는 제품을 늘 가장 싼 값에 파는 것으로 판단해 버릴 수도 있다. 새로운 슈퍼마켓이 더 낮은 가격으로 판매하고 있더라도 그 소비자는 그렇게 하는 것이 최적 소비선택이 아님에도 불구하고 적어도 상당기간 동안 자신이 다니던 슈퍼마켓에서 계속 쇼핑을 할지도 모른다.

닻내림 효과 소비자는 어떤 제품의 가격이 높은 것인지 낮은 것인지 어떻게 판단하는가? 행동경제학자들은 소비자들이 가격을 평가하는 한 측면을 표현하기 위하여 *닻내림 효과 anchoring effect*라는 표현을 사용한다. 사람들은 어떤 것의 가치나 가격에 대해 잘 모를 때 자신들이 아는 제품의 가치를 닻 anchor처럼 생각하여, 설령 그 제품이 자신이 가치를 잘 아는 제품과 아무런 관련을 갖고 있지 않는 제품이라고 하더라도, 종종 그 가치와 관련시켜서 판단한다. 심리학자인 Amos Tversky와 Daniel Kahnemann 교수는 이러한 닻내림 효과를 보여주는 하나의 실험을 하였다. 이들은 하나의 회전판을 만들어 그것을 돌렸을 때 항상 10 아니면 65의 숫자에서 멈추도록 만들었다. 이들은 서로 다른 실험참가자들 각각을 대상으로 회전판을 돌린 후에 다음과 같이 물었다. "당신은 유엔에 가입한 아프리카 국가들이 전체 가입국가 중 몇 퍼센트라고 추측하는가?" 회전판이 10의 숫자에 멈추었을 때 답변의 평균 퍼센트는 25퍼센트였다. 그러나 회전판이 65의 숫자에 멈추었을 때 답변의 평균 퍼센트는 45퍼센트였다. 회전판의 숫자와 질문의 내용이 아무런 관계가 없음에도 불구하고 회전판의 숫자가 닻의 역할을 하여 참가자들의 답변이 그에 영향을 받는 닻내림 효과가 발생한 것이었다. 또 다른 실험은 세 슈퍼마켓을 대상으로 한 것으로 각 슈퍼마켓이 Campbell 스프를 정상가보다 12퍼센트 낮은 가격에 파는 것이었다. 하루는 한 사람이 구매할 수 있는 양을 12개로 제한하였고, 다른 날은 한 사람이 구매할 수 있는 양을 제한하지 않았다. 일인당 구매량을 제한한 날에는 슈퍼마켓들에서 일인당 평균 7개의 캔이 팔렸다. 제한하지 않은 날에는 일인당 평균 3.3개의 캔이 팔렸다. 12라는 숫자가 소비자들이 몇 개의 캔을 살 것인지를 결정하는데 있어서 닻의 역할을 하여 닻내림 효과를 발생시켰다.

소비자들은 종종 한 재화의 가격이 높은 것인지 낮은 것인지를 판단하기에 충분한 정보를 갖고 있지 않다. 상점들은 종종 소비자들의 이러한 정보부족을 이용하여 높은 정상가를 책정해서 소비자들의 가격에 대한 예상치를 일단 높게 닻내림 해놓고 할인된 세일가격이 엄청 싼 것처럼 느끼도록 하여 판매를 늘리는 방법을 사용하기도 한다.

결론

시장시스템에서는 소비자들이 운전석에 앉아 있는 것이다. 때문에 재화들은 소비자들이 원하는 대로 생산되어야 한다. 따라서, 소비자들이 어떻게 그들의 구매의사를 결정하는가는 경제학자들에게 중요한 연구분야이다. 경제학자들은 소비자들이 자신의 소득을 각 재화에 지출하는 마지막 한 단위의 통화가 주는 추가적인 만족감(한계효용)이 모든 재화에서 동일하게 되도록 지출한 것으로 기대한다. 그러나 소비자들이 의사결정을 하는데 있어서 현실적으로는 사회적 요소들이 매우 크게 영향을 미친다. 특히 재화나 서비스가 공개적으로 소비될 경우에는 더욱 그러하다. 공정성 또한 대부분의 소비자들이 중요하다고 생각하는 개념이다. 소비자들은 비금전적인 기회비용(보이지 않는 기회비용)을 고려하고 또한 매몰비용은 무시해야 좀 더 나은 소비결정을 할 수 있게 된다.

주요 용어

행동경제학 behavioral economics
예산제약 budget constraint
소유효과 endowment effect
소득효과 income effect
한계효용체감의 법칙 law of diminishing marginal utility
한계효용 marginal utility(MU)
망외부효과 network externality
기회비용 opportunity cost
대체효과 substitution effect
매몰비용 sunk cost
효용 utility

연습문제

＊복습질문

1 경제학에서 효용은 무엇을 말하는가? 효용을 수치로 나타내는 것은 가능한가?

2 한계효용은 무엇을 말하는가? 한계효용체감의 법칙은 무엇을 말하는가? 소비자의 소비 의사결정에서 한계효용이 왜 유용한 개념인가?

3 소비자의 예산제약이란 무엇을 말하는가? 지출된 화폐 단위당 한계효용이 동일해야 한다는 원칙은 무엇을 말하는 것인가?

4 한 제품의 가격변화가 어떻게 대체효과와 소득효과를 발생시키는가?

5 가격이 변할 때 소비자들이 자신의 소비량을 조정하는 결과로 인해 어떻게 우하향하는 개인 수요곡선이 나타나는가를 설명하라.

6. 소비자들의 개인수요곡선으로부터 어떻게 시장수요곡선이 도출되는가?

7. 수요곡선이 우상향하기 위해서 어떤 상황이 발생해야 하는가?

8. 다음의 두 상황 중, 어떤 상황에서 소비자들의 소비 선택이 사회적 요소에 의해 더 많은 영향을 받겠는가? 저녁식사를 할 레스토랑의 선택 또는 치약 브랜드의 선택. 간단히 설명하라.

9. 망외부효과란 무엇을 말하는가? 어떤 종류의 제품에서 망외부효과가 중요할 가능성이 높은가? 경로의존성이란 무엇을 말하는가?

10. 소비자들이 공정성에 대해 분명히 가치를 부여하고 있다는 사실은 기업들이 가격을 책정할 때 어떻게 영향을 미치는가?

11. 소비자들이 경제적으로 이성적이라는 것은 무엇을 말하는가?

12. 행동경제학이란 무엇인가? 소비자들이 소비결정에서 종종 저지르는 3가지 실수는 무엇인가? 각각의 예를 들어 보라.

13. 어림원칙에 의해 소비선택을 하는 것은 최적 선택의 가능성을 높이는가, 낮추는가?

14. 닻내림 효과란 무엇을 말하는가? 기업들은 매출을 늘리기 위해서 어떻게 닻내림 효과를 이용하여 소비자들의 소비선택에 영향을 미치는가?

＊문제와 응용

1. 한계효용체감의 법칙은 모든 경우에 성립하는가? 적어도 처음에는 추가적인 단위를 소비함으로써 한계효용이 더 커지는 제품이 있을 수 있는가?

2. 소비자들이 모든 재화들에 대해서 그 재화들의 소비를 위해 지출된 화폐 단위당 한계효용이 같아지도록 자신들의 소득을 배분해야 한다면, 소득 중 얼마를 저축해야 할지는 어떻게 결정해야 하는가?

3. 당신이 내일 볼 두 시험을 준비하기 위해 할애할 시간이 6시간밖에 없다고 하자. 다음의 표는 공부시간과 그에 따른 성적의 관계를 보여준다.

경제학		심리학	
공부시간	점수	공부시간	점수
0	54	0	54
1	62	1	60
2	69	2	65
3	75	3	69
4	80	4	72
5	84	5	74
6	87	6	75

a. 최적구매를 결정하는데 사용하는 원칙을 활용하여 과목에 할애해야 하는 공부시간을 구해보라. 시험에서 1점을 더 얻으면 효용이 1단위 더 증가하고, 경제학에서 1점을 더 얻는 것은 심리학에서 1점을 더 얻는 것과 같은 가치를 당신에게 준다고 가정하자.

b. 당신의 전공이 심리학이어서 심리학 시험에서 1점을 더 얻는 것은 경제학 시험에서 1점을 더 얻는 것보다 3배의 가치를 당신에게 준다고 하자. 이제 각 과목을 각각 몇 시간씩 공부해야 하는가?

4. 허니버터칩 한 봉지의 값이 $0.89에서 $0.79로 내렸다고 하자. 이 경우, 소득효과와 대체효과 중 어느 것이 더 클 가능성이 높은가? 간단히 설명하라.

5. 당신에게 피자가 열등재라면 피자가격이 내릴 때 당신이 피자를 덜 먹을 가능성이 있는가? 간단히 설명하라.

6. 아이스크림시장에 Tiago, Terrell, Tim이라는 세 명의 소비자가 있다고 하자. 다음에 있는 자료를 사용하여 아이스크림시장의 수요곡선을 그려보라.

	Tiago	Terrell	Tim
가격	수요량(주당)	수요량(주당)	수요량(주당)
$1.75	2	1	0
1.50	4	3	2
1.25	6	4	3
1.00	7	6	4
0.75	9	7	5

7. 당신이 받는 임금이 시간당 $15에서 $30으로 두 배가 되었다고 하자. 당신은 더 많은 시간을 일하겠는가 더 적은 시간을 일하겠는가? 당신이 몇 시간을 일할 것인지를 결정하는데 있어서 임금상승이 가져다 주는 소득효과와 대체효과가 작용하는가? 만일 그렇다면 무엇이 무엇을 대체하는가?

8. 두 재화인 피자와 콜라가 있다고 하자. 피자의 개인수요곡선을 따라서 피자가격이 하락할 때 피자에 지출된 달러당 한계효용은 콜라에 지출된 달러당 한계효용과 항상 일치하는가? 달리 말해, 피자가격이 변하면서 피자 수요곡선을 따라 위아래로 이동할때 두 재화에 지출된 달러당 한계효용이 동일해야 한다는 원칙은 유지되는가? 이 문제의 답을 생각하는데 도움이 필요하다면 피자의 수요곡선을 도출하는 경우를 보여주는 [그림 6.2]로 돌아가 보라.

9. 다음 제품 중 어떤 것이 가장 큰 망외부효과를 가질 것으로 생각하는가? 간단히 설명하라.

a. 테블릿 PC

b. 강아지 밥

c. 보드 게임

d. LCD TV

e. 3D TV

10. 여론조사에 의하면 Snoopy가 가장 효과있는 광고모델로 나타났다. 사람을 광고모델로 쓰지 않고 Snoopy 같은 캐릭터를 광고모델로 사용하는 것이 갖는 장점과 단점은 무엇인가?

11. Las Vegas는 미국에서 가장 인기있는 관광명소이다. 2008년 11월에 Rio Hotel은 아침 부페 가격을 거주민에는 $5.99로 낮추고 거주민이 아닌 사람에게는 정상가격인 $14.99를 그대로 받았다. 식사가격을 정할 때 고객이 지역주민인지 아닌지가 왜 해당 레스토랑에게 문제가 되는가?

12. 당신이 Harry Potter 책을 무척 좋아해서 이 책의 초판을 한 권 갖고 싶어한다고 하자. 그러나 적어도 $5,000을 지불하지 않고는 초판 한 권을 살 수가 없다. 당신이 지불할 수 최대 금액은 $200이다. 그러던 어느 날 헌 책방에서 $10에 파는 초판 한 권을 발견했고 당신을 바로 그 가격을 지불하고 샀다. 만일 당신이 그 책을 팔지 않고 간직한다면 당신은 비이성적인 판단을 하고 있는 것인가?

13. 타운하우스를 소유하고 있는 집주인이 부동산 상담사에게 자신의 집을 팔 것인지 아니면 값이 올라간 다음에 팔 것인지를 상담했다. 그 상담사의 대답은 다음과 같았다. "당신 스스로 당신집을 당신이 투자용으로 구매하겠는지 물어보세요. 왜냐하면 집을 판매하지 않고 있는 매일매일은 사실 당신이 구매하고 있는 것과 같은 것이니까요." 당신은 이 사람의 말에 동의하는가? 어떤 의미에서 팔지 않는 것이 구매하고 있는 것과 같은 것인가? 집주인이 집을 팔고 안 팔고는 그가 그 타운하우스를 처음 구입했을 때 지불한 가격에 영향을 받아야 하는가?

14. 다음과 같은 말에 동의하는지 간단히 설명하라.
"사람들이 그들이 취할 미래 행동에 대해 보다 현실적인 가능성을 갖고 판단한다면 감자칩의 수요곡선은 왼쪽으로 이동할 것이다."

15. 어떤 학자가 다음과 같이 말했다. "사람들은 자신의 단기적인 욕구충족이나 만족을 위해 장기적으로 볼 때는 가치를 갖지 않는 것을 추구하는 경향을 갖고 있으며 그로 인해 스스로를 관리하지 못하는 문제점을 안고 있다." 사람들이 이렇게 행동하는 예를 2가지 정도 들어보라.

16. 한 헬스클럽의 자료에 의하면, 월 $70의 사용료를 내고 헬스클럽을 이용하는 고객들이 평균 월 4.8회 헬스클럽을 이용하는 것으로 나타났다. 따라서 그들이 지불한 금액은 한번 이용할 때 $14 이상을 내는 것과 같은 것이다. 월 계약을 하지 않고 매번 이용할 때 내는 일 회 사용료가 $10이라면 소비자들이 손해를 보는 월 계약을 하는 이유는 무엇인가?

CHAPTER

7

기술, 생산, 비용

이 장의 학습내용

7.1 **기술: 경제적 정의**
- 기술을 정의하고 기술변화의 예를 보여준다.

7.2 **생산에서의 단기와 장기**
- 생산에서의 단기와 장기를 구별한다.

7.3 **노동의 한계생산물과 노동의 평균생산물**
- 노동의 한계생산물과 평균생산물의 관계를 이해한다.

7.4 **단기생산량과 단기생산비용의 관계**
- 한계비용과 평균총비용의 관계를 설명하고 보여준다.

7.5 **비용곡선들의 그래프**
- 평균총비용, 평균변동비용, 평균고정비용, 한계비용의 그래프를 그려본다.

7.6 **장기에서의 비용**
- 기업이 계획을 세울 때 장기평균비용곡선을 어떻게 활용하는가를 이해한다.

프레킹, 한계비용, 에너지 가격

기술변화는 기업이 새로운 제품을 생산하거나 기존 제품을 보다 낮은 생산비용으로 생산할 수 있게 해준다. 기업의 생산비용이 변하면 기업은 가격을 어떻게 조정하는가? 예를 들어, 최근에 중요한 기술변화가 원유산업에 큰 영향을 미쳤다. 원유생산 기업들은 비용이 많이 들었기 때문에 그동안 North Dakota, Montana 등의 Bakken 셰일 암석층에서 원유를 채취해 오지 않았다. 그러나 최근의 기술변화는 셰일 암석에서 원유를 채취하는 것이 경제성을 가질 수 있을 정도로 원유채취 비용을 낮추어 주었다.

2012년에 미국의 원유생산량은 역사상 가장 크게 증가했다. 2013년에도 비슷한 크기로 원유생산량이 증가했으며 앞으로도 원유생산량이 증가할 것으로 예상되고 있다. 천연가스의 생산량도 급격히 증가했다. 미국 에너지 정보국은 2025년에 가서 미국이 1960년대 이후 최초로 원유 순수출국가가 될 것으로 전망하고 있다. 원유와 천연가스 생산량의 증가는 상당 부분이 프레킹 fracking이라고 불리는 수압균열 hydraulic fracturing 기술 때문이다. 프레킹은 물, 모래, 화학물질을 섞은 혼합물을 셰일 암석에 강력하게 주입시키면서 원유와 천연가스를 분리해서 추출하는 기술이다. 프레킹 공법은 적절하게 시행되지 않을 경우에 지하수를 크게 오염시킬 가능성이 높아서 일부 환경론자들이 문제 삼고 있는 공법이기도 한다. 미국의 셰일 원유 생산으로 인해 전 세계 원유가격은 어느 정도 하락할까?

경쟁시장에서 판매되는 재화의 가격은 그 재화의 한계생산비용에 의해 결정된다. 한계생산비용이 재화나 서비스 한 단위를 더 생산하는데 발생하는 추가적인 비용을 의미한다는 것은 앞에서 이미 설명했다. 세계 원유시장에서 원유는 마지막 한 배럴의 원유생산에 드는 한계비용이 구매자가 그 마지막 한 배럴의 원유를 사기 위해 지불할 용의가 있는 가격과 일치할 때까지 공급된다. North Dakota, Montana, Saudi Arabia, 기타 낮은 비용으로 원유를 생산할 수 있는 지역에서 생산되는 원유의 양은 전 세계 원유수요를 충족시키는 데 충분하지 않다. 따라서 소비되는 원유 마지막 한 배럴은 북해나 북극, 기타 원유생산 비용이 높은 지역에서 생산되는 원유들이다. 프랑스 원유회사의 경제학자인 Pierre Sigonney는 다음과 같이 말했다. "원유생산 비용은 여전히 매우 높다. 왜냐하면 한계 유전에서 원유를 채취하는데 여러 어려운 문제가 많이 있기 때문에…"

이 장에서는 생산과 관련된 기본적인 비용 개념들과 이러한 비용들이 기업활동에 어떤 영향을 미치는가에 대해 살펴보기로 한다.

자료: James Herron, "Oil Price Likely to Stay Buoyed by Marginal Costs," *Wall Street Journal*, May 22, 2012; Richard Mably, "Shale Oil Can't Stop Crude Topping $150 by 2020-Bernstein," *Reuters*, September 11, 2012; and James Herron, "Energy Journal: Big Oil, Big Data," *Wall Street Journal*, June 13, 2013

앞 장에서는 소비자들의 소비의사결정을 더 잘 이해하기 위해서 수요곡선의 이면에 무엇이 있는지에 대해 살펴보았다. 이 장에서는 기업의 생산의사결정을 더 잘 이해하기 위해서 공급곡선의 이면에 무엇이 있는지에 대해 살펴보기로 한다. 기업이 공급량을 점점 증가시키면 그에 따라 한계비용이 점점 증가하기 때문에 공급곡선이 우상향하는 것이라는 것은 설명했다. 이 장에서는 그 이유에 대해 자세히 살펴본다.

7.1. 기술: 경제적 정의

기술 technology
생산요소들을 재화와 서비스라는 생산물로 변화시키는 과정.

기술변화 technological change
주어진 양의 생산요소를 가지고 생산할 수 있는 생산물 양의 변화.

기업이 하는 기본활동은 근로자, 기계, 천연자원 등의 생산요소를 사용하여 재화와 서비스를 생산하는 것이다. 예를 들어, 피자가게는 피자 도우 dough, 피자 소스, 피자 굽는 사람, 오븐 등의 생산요소를 사용하여 피자를 생산한다. 기업의 **기술 technology**이란 생산요소(input)들을 재화와 서비스라는 생산물(output)로 변화시키기 위해 기업이 사용하는 과정(process)을 말한다. *기술*에 대한 이러한 경제적 정의는 일상적으로 사용되는 기술이라는 단어가 갖는 범위보다 범위가 넓은 것이다. 일상적인 용어로 기술이라는 말을 할 때 의미하는 것은 새로운 제품의 개발에 국한된 의미를 갖는다. 경제적 의미에서의 기술이란 경영자의 경영기술, 근로자의 훈련, 기계와 장비의 작업속도와 효율성 등 여러 가지 요소들에 의해 영향을 받는다. 예를 들어, 피자를 만드는 생산기술에는 피자 오븐의 용량과 피자를 구워내는 속도뿐만 아니라 피자를 만드는 사람이 굽기 전의 피자를 얼마나 빨리 만드는지, 피자 가게의 경영자가 가게에 근무하는 근로자들에게 얼마나 많은 동기를 부여하는지, 피자 가게의 경영자가 피자 만드는 시설들을 얼마나 잘 배열하여 피자를 만드는 사람이 피자를 빨리 만들고 또 빠르게 구울 수 있게 하는지 등이 포함된다.

기업이 양(+)의 **기술변화 technological change**를 이루었다는 것은 동일한 양의 생산요소들을 가지고 더 많은 생산량을 생산할 수 있게 되었다거나, 동일한 양의 생산량을 더 적은 양의 생산요소들을 가지고 생산할 수 있게 되었다는 것을 의미한다. 이를 위해 기업의 경영자는 생산량이나 판매량을 증가시키기 위해서 공장시설들의 배치를 바꾸거나 소매점의 진열을 바꿀 수 있다. 또한 기업의 근로자들은 새로운 훈련 프로그램으로 훈련을 받을 수도 있고, 기업은 더 빠르고 더 안정적인 기계나 장비를 설치할 수도 있다. 기업은 음(−)의 기술변화를 경험할 수도 있다. 예를 들어, 기술력이 부족한 근로자를 고용하거나 태풍으로 시설에 손상을 입으면, 주어진 양의 생산요소들을 가지고 생산할 수 있는 생산물의 양이 줄어든다.

Making the Connection

Wal-Mart의 재고관리 개선

재고란 생산되어 아직 판매되지 않은 재화를 말한다. 돈을 재고라는 형태에 묶어두는 것은 비용을 발생시키는 것이다. 따라서 기업들은 가능한한 적은 양의 재고를 갖고 있기를 원하며 또한 재고를 빨리 판매하기를 원한다. 그러나 너무 적은 양의 재고를 갖고 있으면 재고가 부족하여 고객들이 구입하려고 하는 것을 구입하지 못하게 되고, 기업의 입장에서는 판매기회를 잃어버리는 손실을 보게 된다.

재고관리기법의 개선은 동일한 양의 생산물을 더 적은 양의 투입물로 생산할 수 있게 해주는 것이기 때문에 경제학적으로 양(+)의 기술발전을 의미하는 것이다. 최근에 와서 많은 기업들이 *just in time*(JIT) 재고관리 기법을 사용하고 있다. 이는 해당 생산요소가 필요한 시각에 공급자로부터 해당 생산요소를 공급받는 것을 의미한다. JIT는 Toyota 자동차 회사가 자동차 조립과정에서 사용하는 부품의 재고량을 줄이기 위해서 최초로 도입한 것이다. Wal-Mart는 이와 비슷한 재고관리 기법을 자신의 매장관리에 사용하였다.

Wal-Mart는 자신이 판매하는 제품들에 대해서 제조에서 판매에 이르는 전 과정에 걸치는 *공급사슬 supply chain*을 적극적으로 관리했다. 이 회사의 창립자인 Sam Walton은 미국 전 지역에 물류센터를 지었다. 제품이 판매되면 곧바로 판매 현장에서 실시간으로 그 정보가 물류센터에 전달되고 그에 따라 관리자들은 어떤 제품을 언제 각 매장에 보낼 것인가를 쉽게 알 수 있게 되었다. 그렇게 함으로써 각 매장들이 갖고 있는 재고가 최소화되도록 했고 또한 매장에 재고가 없어서 판매를 하지 못하는 상황도 크게 줄일 수 있었다. Wal-Mart는 미국에서 치약, 기저귀, 강아지 밥을 포함한 많은 제품들의 15% 내지 25%를 판매하고 있으므로 많은 제조회사들도 Wal-Mart의 공급사슬관리에 동참하도록 유도할 수 있었다. 예를 들어, 치약, 세제, 화장실 휴지, 기타 여러 다양한 제품들을 생산하는 전 세계에서 가장 큰 회사 중 하나인 Procter & Gamble도 Wal-Mart의 판매시점 point-of-sale(POS) 정보와 재고관련 정보를 전산망을 통해 즉각적으로 받고 있다. 이렇게 받은 정보를 이용하여 Procter & Gamble은 Wal-Mart의 물류센터들에 보내야 하는 자기 제품들의 생산수량과 생산일정을 결정한다.

재고관리를 더 잘 함으로써 Wal-Mart와 다른 기업들은 그들의 생산비용을 줄일 수 있었다.

Wal-Mart는 2013년 현재 2.2백만 명의 근로자를 고용하고 있으면서 매출액이 $4,700억에 이르는 세계에서 가장 큰 물류회사 중 하나이다. Wal-Mart가 이렇게 크게 성장하게 된 데에는 이러한 기술변화가 핵심적인 역할을 한 것이다. 그러나 Wal-Mart가 자신의 위치를 유지하려면 온라인 소매업에서 더 나은 성과를 보여야 한다. Amazon은 온라인 판매에서 Wal-Mart에 비해 상당한 우위를 점하고 있다. 그 부분적인 이유는 Amazon이 구축하고 있는 창고 간의 네트워크에 있다. Amazon의 일부 창고들에서는 선반에서 물건을 꺼내고 배송을 위해 물건을 포장하는 일들을 로봇이 하고 있다. Wal-Mart도 온라인 구매자들에게 물건을 배송하는 것을 창고에서 하지 않고 자신의 소매점들이 직접하도록 하는 시스템을 시도하면서 Amazon를 따라잡으려고 하고 있다. 미국 인구의 2/3가 Wal-Mart 소매점들에서 반경 5마일 이내에 있기 때문에 자신의 온라인 주문을 바로 소매점의 재고에서 처리하도록 하면 배송비용을 줄일 수 있을 것으로 Wal-Mart는 판단하고 있다. Wal-Mart가 실제 매장에서의 판매뿐만 아니라 온라인 소매판매에서도 큰 성공을 거두어 Amazon을 따라잡을지는 두고 볼 일이다.

자료: Shelly Banjo, "Wal-Mart's E-Stumble with Amazon," *Wall Street Journal*, June 19, 2013.

7.2. 생산에서의 단기와 장기

단기 short run
기업이 사용하는 투입물(생산요소) 중 적어도 하나의 생산요소의 양이 고정되어 있는 상황.

장기 long run
기업이 자신이 사용하는 모든 생산요소의 양을 마음대로 변화시킬 수 있고, 새로운 기술을 채택할 수도 있고, 물리적인 시설의 크기도 확대하거나 축소할 수 있는 상황.

생산량과 생산비용의 관계를 살펴볼 때 기업은 기간을 단기와 장기로 구분한다. 이 경우에 **단기 short run**란 기업이 사용하는 투입물(생산요소) 중 적어도 하나의 생산요소의 양이 고정되어 있는 상황을 말한다. 단기에서는 기업이 사용하는 기술, 물리적인 시설(공장, 매장, 사무실 등)은 모두 고정되어 있지만 기업이 고용하는 근로자의 수는 변한다. **장기 long run**는 기업이 자신이 사용하는 모든 생산요소의 양을 마음대로 변화시킬 수 있고, 새로운 기술을 채택할 수도 있고, 물리적인 시설의 크기도 확대하거나 축소할 수 있는 상황을 말한다. 실제로, 단기가 달력상으로 어떤 길이의 기간을 의미하는가는 기업에 따라 다르다. 피자가게는 피자오븐을 하나 더 설치한다거나 의자나 테이블을 더 갖다놓으면서 몇 주일 내에 자신의 물리적 시설을 증가시킬 수 있다. 그러나 General Motors가 새로운 장비를 설치하여 자동차 조립라인의 생산 용량을 증가시키는 데는 일 년도 더 걸릴 수 있다.

고정비용과 변동비용의 차이

총비용 total cost
생산을 위해 기업이 사용하는 모든 생산요소에 드는 비용.

변동비용 variable costs
생산량이 변할 때 함께 변하는 비용

고정비용 fixed costs
생산량이 변해도 그 크기가 변하지 않는 비용.

총비용 total cost은 생산에 사용되는 모든 생산요소에 드는 비용이다. 단기에서는 일부 생산요소의 양이 고정되어 있고 일부 생산요소의 양은 변동한다. 고정생산요소에 들어가는 비용은 *고정비용*이라 하고, 변동생산요소에 들어가는 비용은 *변동비용*이라고 한다. **변동비용 variable costs**은 생산량이 변할 때 함께 변하는 비용이다. **고정비용 fixed costs**은 생산량이 변해도 그 크기가 변하지 않는 비용이다. 대표적인 기업의 변동비용에는 노동비용, 원재료비용, 전기요금, 상수도요금, 하수도요금, 가스요금 등이 포함된다. 고정비용에는 일반적으로 공장 리스비용, 매장 임대료, 화재보험료, 온라인 광고비, TV 광고비 등이 포함된다. 모든 비용은 고정비용 아니면 변동비용이다. 따라서 기업의 총비용은 다음과 같다.

총비용 = 고정비용 + 변동비용

영어 약자로 표시하면, $TC = FC + VC$.

묵시적 비용과 명시적 비용

비용은 항상 **기회비용 opportunity cost**으로 측정되어야 한다고 한 것을 기억하기 바란다. 기회비용이란 어떤 활동을 하기 위해 포기해야 하는 활동 중에서 가장 높은 가치를 가지는 활동의 가치이다. 달리 말해, 선택되지 않은 차선(next-best)의 선택이 갖는 가치이다. 비용은 명시적이거나 묵시적이다. 기업이 돈을 지출할 때 이는 금전적 비용 달리 말해, **명시적 비용 explicit cost**이다. 기업이 비금전적 비용을 발생시키면 이는 **묵시적 비용 implicit cost**이다. 묵시적 비용은 보이지 않는 비용(hidden cost)이라고도 불린다.

예를 들어, Jill Johnson이 피자가게를 운영한다고 하자. 피자가게를 운영하면서 Jill은 근로자에게 임금을 지불하고, 가게임대료를 내고, 전기료를 낸다. 이러한 비용들은 명시적 비용들이다. 그러나 Jill의 가장 중요한 비용 중 일부는 묵시적 비용이다. 피자가게를 하기 전에 Jill은 다른 사람의 가게를 관리해 주면서 일 년에 $30,000을 받았다. 그러나 피자가게를 직접 운영하기 위해 Jill은 그 일을 그만두고 자신의 은행구좌에서 $50,000을 인출하여(이 돈에 대해서는 그동안 일 년에 $3,000의 이자를 은행으로부터 받고 있었다) 그 돈을 피자가게의 피자오븐, 의자, 테이블, 금전등록기 등의 장비를 구입하는데 사용하였다. 자신의 가게를 열기 위하여 Jill은 $30,000의 봉급과 $3,000의 이자를 포기해야 했다. 이 $33,000은 Jill이 지불해야 하는 돈이 아니므로 묵시적 비용이다. 그러나 일 년에 포기하는 $33,000은 실제적인 비용이다. 또한 $50,000을 주고 구입한 피자오븐, 테이블, 의자, 금전등록기 등 물리적 시설들은 부분적으로는 마모하거나 노후화되어, 또는 부분적으로는 더 좋은 가구나 시설로 인해 그 가치의 일부를 매년 잃어버린다. 경제적 감가상각은 Jill이 연초에 시설물 구입에 지불한 금액과 연말에 그 시설물을 처분한다면 받을 수 있는 금액의 차이이다. 만일 Jill이 그러한 자본(시설물들)을 연말에 $40,000에 팔 수 있다고 하면 $10,000의 경제적 감가상각비가 또 다른 묵시적 비용으로 발생하는 것이다(Jill이 처음에 시설물들의 구입을 위해 지불한 총 $50,000은 비용이 아니다. 왜냐하면 그러한 시설물들은 그 가치가 $40,000으로 떨어지기는 했지만 연말에도 여전히 갖고 있기 때문이다).

[표 7.1]은 Jill의 비용을 보여주고 있다. 빨간색으로 표시된 항목은 명시적 비용이며, 파란색으로 표시된 항목은 묵시적 비용이다. 회계적 재무제표에서는 명시적 비용만이 비용으로 기록된다. 그런 이유로 명시적 비용은 회계적 비용이라고도 불린다. 경제적 비용은 회계적 비용과 묵시적 비용 모두를 포함한 비용이며, 기회비용이 진정한 비용의 개념이다.

표 7.1 Jill Johnson의 연간 비용

피자 도우, 토마토 소스 기타 피자 내용물	$20,000
임금	48,000
피자오븐 등을 사기 위해 빌린 돈의 이자비용	10,000
전기료	6,000
가게임대료	24,000
잃어버리는 봉급액	30,000
잃어버리는 이자수입	3,000
경제적 감가상각	10,000
총비용	$151,000

생산함수

단기에서 Jill Johnson의 생산량과 생산비용을 살펴보기로 하자. 피자를 팔기 위해 Jill이 피자오븐이라는 자본과 노동이라는 두 생산요소만 사용한다고 하자. 실제로 기업들은 2가지 이상의 생산요소를 사용하면서 한 가지 이상의 재화를 만들어 판매하고 있지만, 2가지 생산요소를 사용하면서 하나의 재화만 생산하는 기업을 가정하면 생산량과 비용의 관계를 더 쉽게 살펴볼 수 있다. 단기에서 Jill은 가게를 확장하거나, 피자오븐을 추가해서 설치하거나 가게의 내부시설을 새로 고칠 수 있는 시간을 갖고 있지 않다. 따라서 단기에서 그녀가 피자 생산량을 늘리고 줄일 수 있는 유일한 방법은 근로자의 수를 늘리거나 줄이는 것이다.

[표 7.2]의 처음 세 열은 한 주 동안 사용되는 근로자의 수와 오븐의 수, 그리고 한 주 동안 생산되는 피자 양의 관계를 보여준다.

기업이 사용하는 생산요소들과 그 생산요소들로 생산할 수 있는 최대 생산량 간의 관계를 보여주는 함수를 **생산함수 production function**라고 한다. 생산요소를 생산물로 변화시키는 과정을 기술이라고 하므로 생산함수는 기술을 대변하는 것이다.

생산함수 production function
기업이 사용하는 생산요소들과 그 생산요소들로 생산할 수 있는 최대 생산량 간의 관계를 보여주는 함수.

[표 7.2]의 처음 세 열은 (Jill이 피자오븐의 수를 줄이거나 늘리기에는 너무 짧은 기간을 가정하고 있기 때문에) Jill의 단기생산함수에 대해 말해주고 있다.

생산량과 생산비용의 관계

[표 7.2]는 Jill의 비용을 보여준다. 주어진 피자의 생산량을 생산하기 위해서 얼마나 많은 오븐과 몇 명의 근로자가 필요한가를 알고, 또한 오븐과 근로자에 대해 얼마를 지불해야 하는가를 안다면 그 생산량을 생산하는데 드는 총비용을 알 수 있다. Jill이 피자오븐 2개를 구입하기 위해서 은행에서 한 주마다 $800을 주기로 하고 돈을 빌렸다고 하자. 따라서 그녀의 고정비용은 주당 $800이다. Jill이 종업원 각자에게 주당 $650을 준다면 그녀의 변동비용은 몇 명의 종업원을 고용하는가에 따라 달라진다. 단기에서 Jill이 피자의 생산

표 7.2 Jill Johnson 피자가게의 단기 생산과 비용

근로자의 수	피자오븐의 수	한 주당 피자의 양	피자오븐의 비용 (고정비용)	근로자의 비용 (변동비용)	한 주당 피자의 총비용	피자 한 개당 비용 (평균총비용)
0	2	0	$800	$0	$800	—
1	2	200	800	650	1,450	$7.25
2	2	450	800	1,300	2,100	4.67
3	2	550	800	1,950	2,750	5.00
4	2	600	800	2,600	3,400	5.67
5	2	625	800	3,250	4,050	6.48
6	2	640	800	3,900	4,700	7.34

량을 증가시킬 수 있는 유일한 방법은 더 많은 근로자를 고용하는 것이다. [표 7.2]에서 보면 그녀가 1명을 고용하면 한 주에 200개의 피자를 생산할 수 있고, 2명을 고용하면 450개의 피자를 생산할 수 있다. 어떤 주에 Jill이 발생시키는 총비용은 오븐을 사기 위해 은행으로부터 빌린 돈에 대해 지불하는 $800과 그녀가 고용하는 근로자들에게 지불하는 금액을 더한 것이다. Jill이 4명의 근로자를 고용하여 600개의 피자를 만든다면 그녀의 총비용은 $3,400이다. $800은 오븐에 들어가는 비용이고 $2,600은 근로자들에게 들어가는 비용이다. 피자 한 개당 비용은 총비용을 피자의 수로 나눈 것이다. 따라서 600개의 피자를 생산할 때 발생하는 *평균총비용*은 $3,400/600 = $5.67이다. **평균총비용 average total cost**은 총비용을 생산량으로 나눈 것이다.

평균총비용 average total cost 총비용을 생산량으로 나눈 것.

[그림 7.1(a)]는 [표 7.2]의 끝에서 두 번째 열의 수치를 사용하여 Jill의 총비용을 그래프로 그린 것이다. [그림 7.1(b)]는 마지막 열의 수치를 사용하여 평균총비용을 그래프로

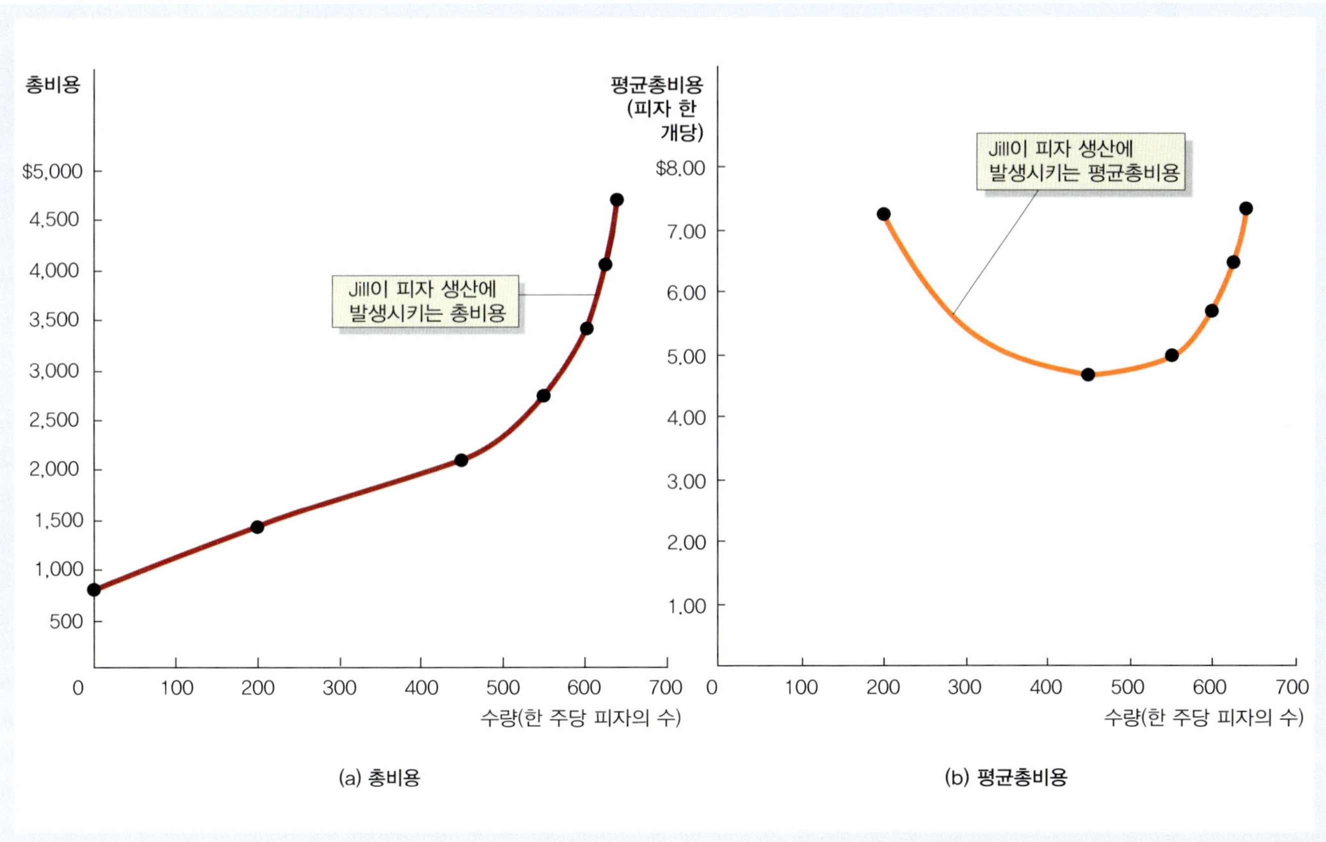

그림 7.1

Jill Johnson 피자가게의 총비용곡선과 평균총비용곡선

피자의 생산량과 피자의 총비용 및 평균총비용의 관계를 그래프로 그리기 위해서 [표 7.2]의 수치를 이용한다. 그림(a)는 생산량이 증가할수록 총비용이 증가함을 보여준다. 그림(b)는 평균총비용곡선이 U자 형태를 띰을 보여준다. 적은 생산량 수준에서는 생산량이 점점 증가하면서 평균총비용은 점점 감소한다. 그런 다음에 생산량이 어느 정도의 수준에 도달하면 생산량이 점점 증가하면서 평균총비용은 점점 증가한다.

그린 것이다. Jill의 평균총비용곡선이 U자 형태를 갖는다는 것을 살펴보라. 적은 생산량 수준에서는 생산량이 점점 증가하면서 평균총비용은 점점 감소한다. 그런 다음에 생산량이 어느 정도의 수준에 도달한 후에는 생산량이 점점 증가하면서 평균총비용은 점점 증가한다. 평균총비용곡선이 U자 형태를 띠는 것을 이해하기 위해서는 생산함수로 표시되는 피자의 생산기술이 생산량과 생산비용의 관계에 대해 무엇을 말해주고 있는가를 살펴보아야 한다.

7.3. 노동의 한계생산물과 노동의 평균생산물

자신이 사용할 수 있는 기술이 주어진 상황에서 Jill의 선택을 더 잘 이해하기 위해서 생각해 볼 수 있는 것은 만일 그녀가 한 사람을 고용한다면 어떤 일이 발생하는가를 살펴보는 것이다. 그 한 사람의 근로자는 혼자서 손님의 주문을 받고, 피자를 굽고, 테이블에 피자를 가져가고, 금전등록기로 계산을 하고 하는 등 여러 가지의 일을 해야 할 것이다. 만일 Jill이 두 명을 고용한다면 이러한 일들의 일부는 두 사람이 나누어 할 수 있다. 한 종업원은 주문을 받고 테이블에 피자를 가져가는 일과 금전등록기로 계산하는 일을 하고, 다른 종업원은 피자를 굽는 일을 할 수 있을 것이다. 이렇게 일을 서로 나누어 분업을 하는 경우에는 한 사람만 고용했을 때 만들어 팔 수 있는 피자 양의 두 배보다 더 많은 피자를 만들어 팔 수 있다는 것을 Jill은 발견하게 될 것이다.

노동의 한계생산물
marginal product of labor
한 사람의 근로자를 더 고용함으로써 더 생산할 수 있는 추가적인 생산량.

한 사람의 근로자를 더 고용함으로써 기업이 생산할 수 있는 추가적인 생산량은 **노동의 한계생산물 marginal product of labor**이라고 불린다. 한 명의 근로자를 더 고용함으로써 증가하는 총생산량이 얼마인가를 살펴보면 노동의 한계생산물을 바로 알 수 있다. [표 7.3]은 Jill 피자가게의 노동의 한계생산물을 보여주고 있다.[1)]

Jill이 근로자를 한 명만 고용하면 일 주일에 피자의 생산량을 0에서 200개로 증가시킬 수 있다. 따라서 첫 번째 근로자의 노동의 한계생산물은 200개의 피자이다. Jill이 두 명을 고용하면 일 주일에 피자를 450개 만들 수 있다. 두 번째 근로자를 고용함으로써 Jill은 일 주일에 피자를 250개 더 만들 수 있게 된다. 따라서 두 번째 근로자의 노동의 한계생산물은 250개의 피자이다. 노동의 한계생산물의 이러한 증가는 *분업 division of labor*을 통한 *전문화 specialization*의 결과로 나타나는 것이다. 일을 나누어서 시킴으로써 Jill은 종업원들이 한 활동에서 다음 활동으로 이동하는데 잃어버리는 시간을 줄일 수 있을 뿐만 아니라 종업원들이 자신의 일에 전문화하도록 만들어 각자의 일을 좀 더 빠르고 잘하게 만들 수 있다. 예를 들어, 피자를 굽는 일만 하는 종업원은 피자 굽는 일에 더 숙련되어 보다 빨리 보다 효율적으로 피자를 구울 수 있게 된다.

1) 역주: 노동의 한계생산물은 정확히 표현하면 노동의 한계생산량이다. 다만, 표현의 관례에 따라 우리는 한계생산량을 한계생산물로, 평균생산량을 평균생산물로 표현하기로 한다.

표 7.3 Jill Johnson 피자가게의 노동의 한계생산물

근로자의 수	피자오븐의 수	피자의 생산량	노동의 한계생산물
0	2	0	—
1	2	200	200
2	2	450	250
3	2	550	100
4	2	600	50
5	2	625	25
6	2	640	15

수확체감의 법칙

단기에서 Jill이 사용하는 피자오븐의 수는 고정되어 있다. 따라서 피자생산량을 늘리려고 더 많은 근로자를 고용하면 노동의 한계생산물은 결국에는 감소하게 된다. Jill이 분업을 통한 전문화로 인해 얻는 이득은 어떤 생산량 수준에서 다 소진되어 버리고, Jill은 **수확체감의 법칙 law of diminishing returns**의 효과가 나타나는 것을 경험하게 된다. 이 법칙은 어떤 수준의 생산량에서 생산량을 더 증가시키려고 고정생산요소(예, 자본)에 변동생산요소(예: 노동)를 한 단위씩 더 추가하면 그로 인해 증가하는 생산량(변동요소의 한계생산물)이 점점 감소하는 현상을 말한다. Jill의 경우에 노동의 한계생산물은 그녀가 세 번째 종업원을 고용하면서부터 감소한다. 세 명의 근로자를 고용하면 피자생산량은 한 주당 450개에서 550개로 증가한다. 그러나 피자생산량의 증가는 100개로서 이는 두 번째 근로자가 증가시키는 250개의 피자보다 적은 수이다. 따라서 노동의 한계생산물은 감소한 것이다.

수확체감의 법칙
law of diminishing returns
어떤 수준의 생산량에서 생산량을 더 증가시키려고 고정생산요소(예: 자본)에 변동생산요소(예: 노동)를 한 단위씩 더 추가하면 그로 인해 증가하는 생산량(변동요소의 한계생산물)이 점점 감소하는 현상.

Jill이 주어진 수의 피자오븐에서 종업원의 수를 점점 더늘려 가면 종업원들은 결국에는 서로가 서로의 일에 방해가 되어 노동의 한계생산물은 급기야 음(−)이 되어버릴 수도 있다. 노동의 한계생산물이 음(−)이 되면 총생산량은 전보다 줄어들게 된다. 어떤 기업도 실제로 노동의 한계생산물이 음(−)이 되어 총생산량이 감소하게 될 정도로 많은 수의 근로자를 고용하지는 않을 것이다.

총생산량과 노동의 한계생산물 그래프

[그림 7.2(a)]는 [표 7.3]의 수치를 사용하여 주어진 양의 오븐에서 근로자의 수를 증가시킬 때 나타나는 피자 생산량을 그래프로 그린 것이다. 따라서 이는 단기생산함수 그래프이다. [그림 7.2(b)]는 노동의 한계생산물 그래프이다. [그림 7.2(a)]에서 근로자의 수가 증가하면 총생산량은 증가한다. 그러나 총생산량의 증가분이 일정하지는 않다. 분업과 그에 따른 전문화로 인해 처음에는 생산량의 증가분이 증가하면서 총생산량이 증가한다. 추가로 고용되는 각 근로자는 그 근로자 바로 전에 채용된 근로자가 증가시키는 피자의 양보다 더 많은 양의 피자를 증가시킨다. Jill의 피자가게의 경우에는 두 번째 근로자 이후로 추가

로 채용되는 각 근로자들부터 수확체감의 법칙이 나타나기 시작한다. 수확체감의 법칙이 나타나기 시작하는 점부터는 총생산량의 증가분이 감소하면서 총생산량이 증가한다. Jill이 추가로 고용하는 각 근로자는 그 근로자 바로 전에 채용한 근로자가 증가시킨 피자 양보다

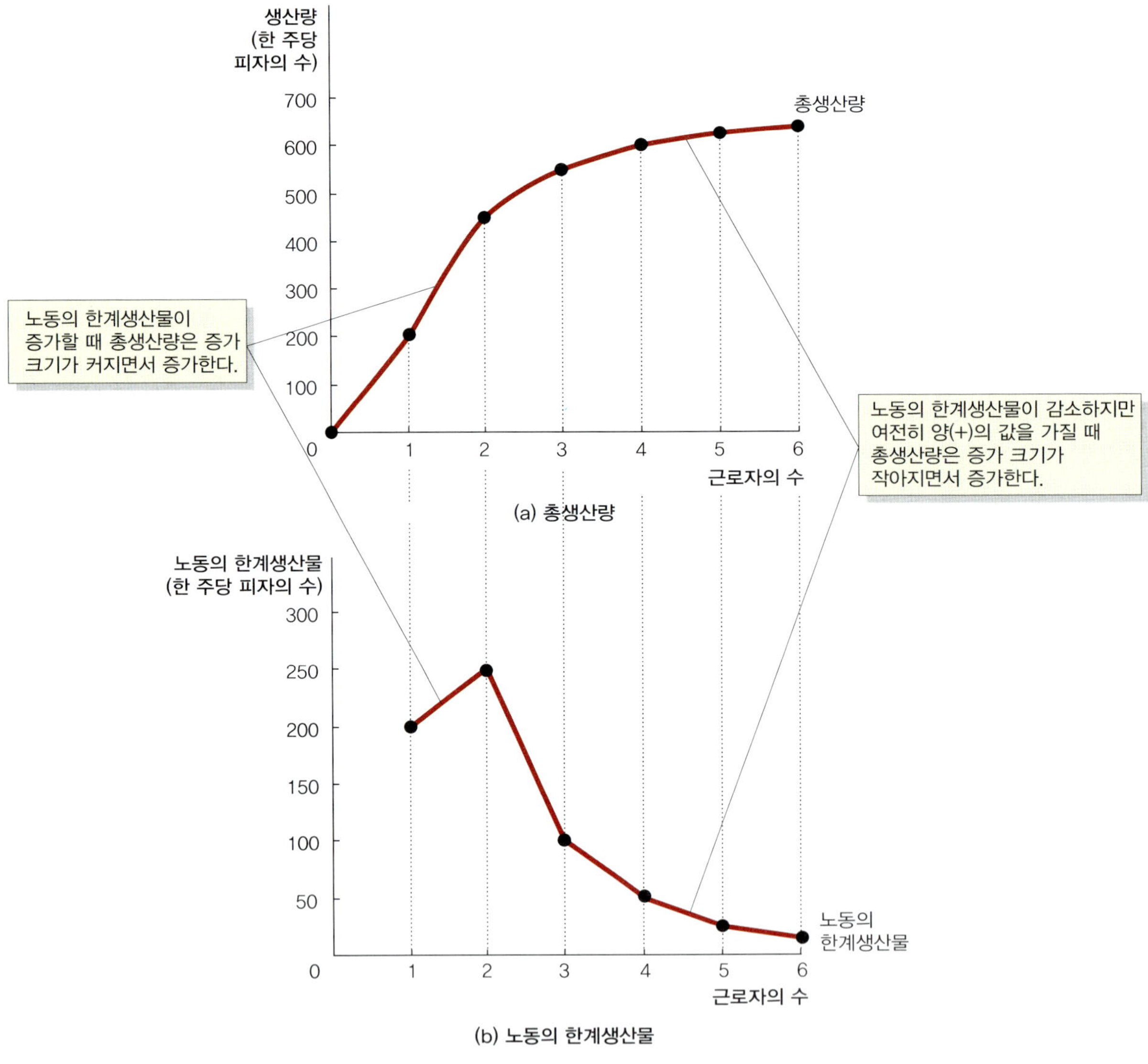

그림 7.2

총생산량과 노동의 한계생산물

그림(a)에서 총생산량은 점점 더 많은 근로자가 고용될수록 증가한다. 그러나 총생산량의 증가 크기는 일정하지 않다. 분업과 그에 따른 전문화로 인해 총생산량은 처음에는 그 증가 크기가 커지면서 증가한다. 그러나 수확체감의 현상이 나타나기 시작하는 점부터 총생산량은 그 증가 크기가 작아지면서 증가한다. 그림(b)에서 노동의 한계생산물은 한 명의 근로자를 더 고용함으로써 추가적으로 증가하는 생산량이다. 노동의 한계생산물곡선은 처음에는 분업과 전문화로 인해 상승하지만 어떤 점을 지나면 수확체감의 효과로 인해 하락하기 시작한다.

더 적은 양의 피자를 증가시킨다. [그림 7.2(b)]에서 노동의 한계생산물곡선은 처음에는 분업을 통한 전문화의 효과로 인해 상승하지만 그런 다음에 노동의 수확체감의 효과로 인해 하락한다.

Making the Connection

핀 공장에서의 분업에 관한 Adam Smith의 유명한 설명

스코틀랜드 사람인 Adam Smith는 1776년에 발행한 *국부론 The Wealth of Nations*이라는 책을 발간했다. 이 책은 경제학의 핵심개념들의 일부를 언급한 세계 최초의 책이었다.[2)]

Smith는 그 책의 첫 장에서 분업이라는 개념이 갖는 중요성에 대해서 언급하였다. 그는 핀 공장을 예로 분업의 중요성을 설명하였다. 다음은 핀을 만드는 데 필요한 여러 작업들이 어떻게 분업화 될 수 있는가에 대해서 Smith가 국부론에서 설명한 부분을 발췌한 것이다.

> "One man draws out the wire, another straightens it, a third cuts it, a fourth points it, a fifth grinds it at the top for receiving the head; to make the head requires two or three distinct operations; to put it on is a … [distinct operation], to whiten the pins is another; it is even a trade by itself to put them into the paper; and the important business of making a pin is, in this manner, divided into eighteen distinct operations."

핀을 만드는 작업이 이렇게 여러 작업으로 나뉘어지면 근로자 한 사람이 평균적으로 하루에 약 4,800개의 핀을 만들 수 있다. Smith는 근로자 한 명이 핀 만드는 작업을 혼자서 모두 한다면 하루에 약 20개의 핀밖에 만들지 못할 것으로 추정했다. 235년보다 더 이전에 분업과 전문화가 가져다주는 엄청난 이득에 대한 이러한 설명은 오늘날에도 대부분의 기업 현장에 그대로 적용될 수 있는 중요한 교훈이다.

Adam Smith가 18세기에 언급한 분업과 전문화로부터 얻는 이득의 중요성은 오늘날에도 마찬가지로 중요하다.

자료: Adam Smith, *An Inquiry into the Nature and Causes of the Wealth of Nations*, Vol. I, Oxford, UK: Oxford University Press, 1976. original edition, 1776, pp. 14–15.

2) 역주: 1776년에 조선의 임금은 영조였다. 1773년 김홍도는 영조와 젊은 정조의 초상화를 그렸다.

한계생산물과 평균생산물의 관계

노동의 한계생산물은 근로자의 수가 변할 때 총생산량이 얼마나 변하는가에 대해 말해준다. 한편, 근로자 한 사람이 생산하는 생산량인 노동의 평균생산물도 구할 수 있는데 이는 총생산량을 근로자의 수로 나눈 것이다. 예를 들어, [표 7.3]에서 Jill이 네 명의 근로자를 고용하면 600개의 피자를 만들 수 있다. 따라서 노동의 평균생산물은 600개/4 = 150개이다.

노동의 한계생산물과 노동의 평균생산물의 관계는 다음과 같이 표현될 수 있다.

"노동의 평균생산물은 노동의 한계생산물의 평균이다." 예를 들어, [표 7.3]의 수치에서 Jill이 채용하는 첫 근로자의 한계생산물은 200이고, 두 번째 근로자의 한계생산물은 250, 세 번째 근로자의 한계생산물은 100이다. 따라서 이 세 근로자의 **노동의 평균생산물**은 183.3이다.

노동의 평균생산물
average product of labor
총생산량을 근로자의 수로 나눈 것.

$$183.3 = (200 + 250 + 100) / 3$$

근로자가 세 명일 때의 노동의 평균생산물	첫 번째 근로자의 노동의 한계생산물	두 번째 근로자의 노동의 한계생산물	세 번째 근로자의 노동의 한계생산물

세 근로자들의 한계생산물의 평균을 구하면 세 근로자의 평균생산물이 된다.

노동의 한계생산물이 노동의 평균생산물보다 크면 노동의 평균생산물은 증가한다. 이는 방에 있는 사람들의 평균키가 175cm일 때 키가 180cm인 사람이 그 방에 들어가면 그 방에 있는 사람들의 평균키가 높아지는 것과 같은 진리이다. 마찬가지로 노동의 한계생산물이 노동의 평균생산물보다 적으면, 노동의 평균생산물은 감소한다. 따라서 노동의 한계생산물은 노동의 평균생산물이 최대가 되는 근로자의 수에서 노동의 평균생산물과 같아진다.

대학 학점을 예로 본 한계치와 평균치의 관계

노동의 한계생산물과 노동의 평균생산물 간의 관계는 모든 변수에서 나타나는 한계치와 평균치의 관계와 같다. 이 점을 보다 확실히 하기 위해, 한 학생의 학기당 평점인 grade point average(GPA)와 전체 학기에 걸친 누적(평균)GPA의 관계를 살펴보기로 하자. [그림 7.3]에 있는 표는 2014년 가을학기부터 시작하는 Paul의 각 학기의 평점을 보여주고 있다. [그림 7.3]에 있는 그래프는 표의 수치들을 연결한 것이다. 추가적인 근로자가 기업의 총생산량을 증가시키는 것처럼 각 학기의 평점은 Paul의 총GPA를 증가시킨다. 각 근로자가 총생산량을 얼마나 증가시키는가(한계생산물)를 계산할 수 있으면 지금까지 고용된 전체 근로자들의 평균생산량(평균생산물)을 계산할 수 있다.

이와 마찬가지로, Paul이 매 학기에 얻는 GPA(한계GPA)를 구할 수 있으면 그가 지금까지 마친 전체 학기의 누적(평균)GPA를 구할 수 있다. 표에서 볼 때, Paul은 1학년 첫 학기인 가을학기를 신통치 않게 출발했다. 가을학기의 GPA는 1.50이었다. 그 이후 3학년 가을학기까지 Paul의 매 학기 GPA는 계속 상승하여 그때까지 누적(평균)GPA는 계속 상승했다. 그러나 그래프에서 볼 수 있듯이 그의 누적(평균)GPA는 매 학기의 한계GPA처럼 빠르게 상승하지는 않는다. 그 이유는 1학년 첫 학기에 받은 낮은 GPA가 누적(평균)GPA를 계속 뒤로 끌어당기고 있기 때문이다. Paul의 3학년 봄학기의 GPA가 이전 학기인 가을학기의 GPA보다 낮아졌지만 여전히 이전 학기까지의 누적(평균)GPA보다 높기 때문에 누적(평균)GPA는 상승하고 있다는 점을 살펴보라. 4학년 가을학기의 GPA가 이전 학기까지의 누적(평균)GPA보다 낮아졌을 때 비로소 누적(평균)GPA는 하락하기 시작한다.

	매 학기의 GPA (한계GPA)	누적GPA (평균GPA)
1학년		
가을학기	1.50	1.50
봄학기	2.00	1.75
2학년		
가을학기	2.20	1.90
봄학기	3.00	2.18
3학년		
가을학기	3.20	2.38
봄학기	3.00	2.48
4학년		
가을학기	2.40	2.47
봄학기	2.00	2.41

평균GPA는 한계GPA가 하락하고 있음에도 불구하고 계속해서 증가한다.

한계GPA가 평균GPA보다 아래에 있으면 평균GPA는 하락한다.

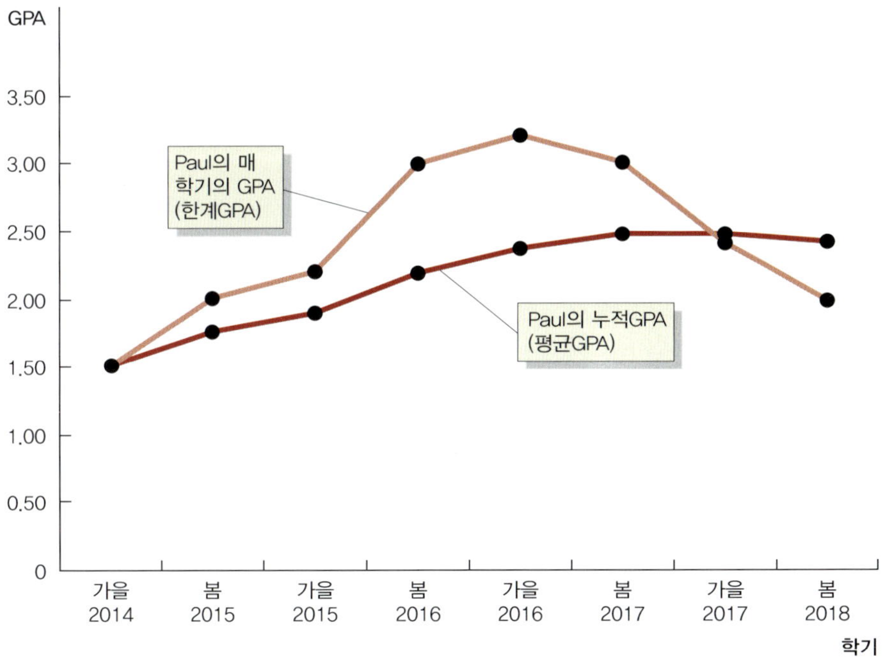

그림 7.3

한계GPA와 평균GPA

한계치와 평균치의 관계는 GPA(평점)를 가지고도 알 수 있다. 이 예는 Paul이 매 학기에 얻은 GPA(한계GPA)를 보여준다. 또한 이를 통해 Paul이 마친 전체 학기의 평균GPA를 구할 수 있다.

Paul의 1학년 가을학기 GPA는 1.50이다. 그 이후 Paul의 매 학기 GPA는 3학년 가을학기까지 계속 상승했다.

3학년 봄학기에 Paul의 GPA(한계GPA)는 하락했지만 여전히 평균GPA보다는 높았으며 따라서 평균GPA는 상승했다.

4학년 가을학기의 GPA(한계GPA)가 그의 평균GPA보다 낮아졌을 때 비로소 그의 평균GPA가 하락했다.

7.4. 단기생산량과 단기생산비용의 관계

지금까지 기술(생산함수)이 노동의 한계생산물과 노동의 평균생산물에 영향을 준다는 것을 보았다. 한편, 노동의 한계생산물과 평균생산물은 기업의 생산비용에 영향을 미친다.

여기서 우리가 다루고 있는 것은 생산에서의 단기 short-run 상황이라는 점은 잊지 말기 바란다. 다시 말해, 기업이 기술을 변화시키거나 공장의 규모를 변화시킬 수 없는 짧은 기간을 가정하거나, 기간이 길더라도 이러한 것들을 변화시키지 않는 상황을 가정하고 있는 것이다. [그림 7.1(b)]의 Jill Johnson 피자가게의 평균총비용곡선은 U자 형태를 갖고 있었다. 곧 살펴보겠지만 이러한 U자 형태의 평균총비용곡선은 생산량과 한계생산비용의 관계에 의해 나타나는 것이다.

한계비용

이미 여러 번 언급하였지만 경제학에서 중요한 핵심개념 중 하나는 최적의 의사결정이 한계치에 근거하여 이루어진다는 것이다. 소비자, 기업, 정부관리들이 하는 의사결정들은 모두가 더 많이 할 것인지 더 적게 할 것인지에 대한 의사결정이다. Jill Johnson 여사가 피자를 더 만들어 팔기 위해 종업원을 더 채용할 것인지를 고려할 때 피자를 더 만들어 팔 때 총비용이 얼마만큼 증가할 것인지에 대해 살펴보아야 한다. **한계비용 marginal cost**은 재화나 서비스 한 단위를 더 생산할 때 총비용이 증가하는 크기이다. 한계비용은 총비용의 증가분을 생산량의 증가분으로 나누면 구할 수 있다. 수학적 공식을 사용하면 다음과 같다 (그리스 문자 Δ는 "변화의 크기"를 의미한다).

한계비용 marginal cost 한 단위를 더 생산할 때 총비용이 증가하는 크기.

$$MC = \frac{\Delta TC}{\Delta Q}$$

[그림 7.4]의 표에서, Jill이 피자를 생산할 때 발생하는 한계비용을 계산하기 위해 이 공식을 이용하였다. 나머지 수치들은 [표 7.2]와 [표 7.3]에 있는 것과 같은 수치들이다.

한계비용곡선과 평균총비용곡선은 왜 U자 형태를 띠는가?

[그림 7.4]에서 피자를 생산하는 Jil의 한계비용이 처음에는 감소하다가 나중에는 증가하여 한계비용곡선이 U자 형태를 띄는 것을 살펴보라. [그림 7.4]의 표는 노동의 한계생산물도 나타내고 있다. 이 표는 노동의 한계생산물과 한계비용이 갖는 중요한 관계를 이해하는데 도움을 준다. 처음 두 명의 근로자의 경우에 노동의 한계생산물은 '*증가*'하지만 이 근로자들에 의해 생산된 피자의 한계비용은 '*감소*'한다. 마지막 네 명의 근로자들의 경우에 노동의 한계생산물은 '*감소*'하지만 이들에 의해 생산된 피자의 한계비용은 '*증가*'한다. 이를 일반화하면 다음과 같이 표현할 수 있다. *"노동의 한계생산물이 증가하면 생산물의 한계비용은 감소한다. 노동의 한계생산물이 감소하면 생산물의 한계비용은 증가한다."*

노동의 한계생산물과 생산물의 한계비용의 관계를 이해하기 위한 한 가지 방법은 Jill이 피자를 더 만들 때 발생하는 유일한 추가적 비용은 더 많은 근로자를 고용하기 위해서 그녀가 지불해야 하는 추가적인 임금뿐이라는 점을 인식하는 것이다. 그녀는 새로운 근로자 한 명당 똑같이 매주 $650을 지불한다. 따라서 각 근로자가 만드는 추가적인 피자들의 한계비용은 각 근로자들이 얼마나 많은 피자를 더 만들 수 있는가 하는 각 근로자들의 추

근로자의 수	피자의 생산량	노동의 한계생산물	피자의 총비용	피자의 한계비용	피자의 평균총비용
0	0	–	$800	–	–
1	200	200	1,450	$3.25	$7.25
2	450	250	2,100	2.60	4.67
3	550	100	2,750	6.50	5.00
4	600	50	3,400	13.00	5.67
5	625	25	4,050	26.00	6.48
6	640	15	4,700	43.33	7.34

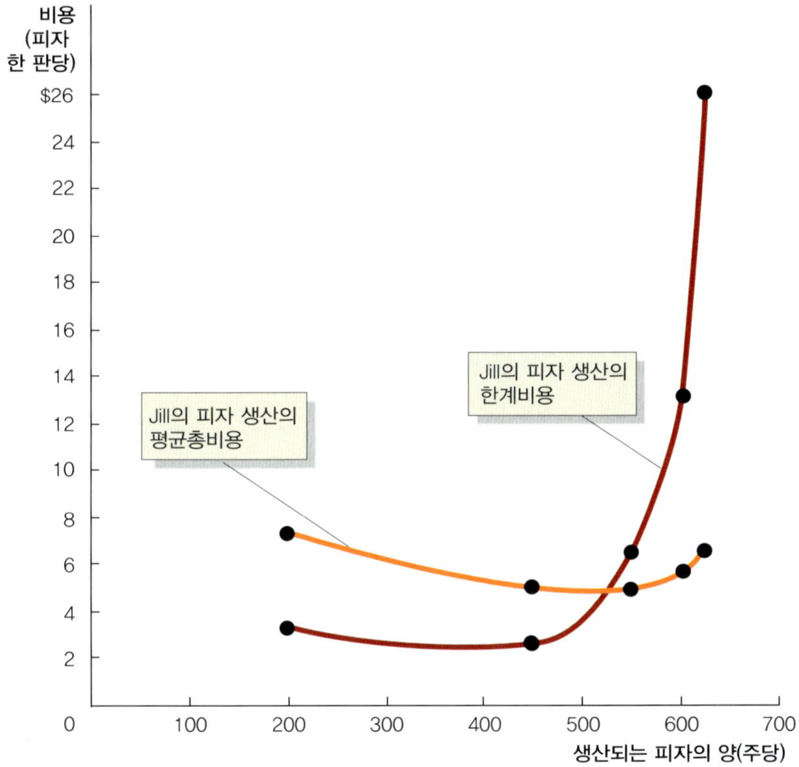

그림 7.4

Jill Johnson 피자가게의 한계비용과 평균총비용

표에 있는 정보를 이용하여 Jill이 피자를 만들어 파는데 드는 한계비용과 평균총비용을 계산할 수 있다. 처음 두 명의 근로자들의 경우에 노동의 한계생산물은 증가하며 이는 한계비용을 감소시킨다. 마지막 네 명의 근로자들의 경우에는 노동의 한계생산물이 감소하며 이는 한계비용을 증가시킨다. 따라서 한계비용곡선은 하락하다가 상승하면서 U자 모양을 하게 된다. 한계비용이 평균총비용보다 낮은 경우에는 평균총비용은 하락하며, 한계비용이 평균총비용보다 높은 경우에는 평균총비용은 상승한다. 한계비용과 평균총비용의 관계는 평균총비용곡선도 U자 모양을 하는 이유를 설명해준다.

가적인 생산량, 즉 각 근로자들의 한계생산물에 달려 있다. 각 새로운 근로자들이 생산하는 추가적인 생산량(한계생산물)이 증가하는 경우에는 그 추가적인 생산물의 한계생산비용은 감소하게 된다. 각 새로운 근로자들이 생산하는 추가적인 생산량(한계생산물)이 감소하는 경우에는 그 추가적인 생산물의 한계생산비용은 증가하게 된다. 따라서 다음과 같은 결론을 얻을 수 있다. *"생산물의 한계비용은 감소하다가 증가하면서 U자 형태를 취한다. 그 이유는 노동의 한계생산물이 증가하다가 감소하기 때문이다."*

한계비용과 평균총비용의 관계는 한계치와 평균치의 통상적인 관계를 그대로 반영하는 것이다. 한계비용이 평균총비용보다 아래에 있는 한, 평균총비용은 하락한다. 한계비용이 평균총비용보다 위에 있는 한, 평균총비용은 상승한다. 따라서 한계비용은 평균총비용이 최저점에 있을 때 평균총비용과 같아진다. 평균총비용곡선이 U자 형태를 갖는 이유는 한계비용곡선이 U자 형태를 갖기 때문이다.

7.5. 비용곡선들의 그래프

평균고정비용
average fixed cost
고정비용을 생산량으로 나눈 것.

평균변동비용
average variable cost
변동비용을 생산량으로 나눈 것.

평균총비용이 총비용을 생산량으로 나눈 것인 것처럼, **평균고정비용** average fixed cost도 고정비용을 생산량으로 나눈 것이다. 또한 **평균변동비용** average variable cost도 변동비용을 생산량으로 나눈 것이다. Q를 생산량이라고 하면 수학적 공식으로 표현하면 다음과 같다.

$$\text{평균총비용} = ATC = \frac{TC}{Q}$$

$$\text{평균고정비용} = AFC = \frac{FC}{Q}$$

$$\text{평균변동비용} = AVC = \frac{VC}{Q}$$

또한, 평균총비용은 평균고정비용과 평균변동비용을 합해준 것이다.

$$ATC = AFC + AVC.$$

Jill의 경우에 발생하는 고정비용은 피자오븐을 구입하기 위해 은행에서 빌린 돈에 대해 매주 일정한 크기로 지불하는 $800뿐이다. Jill의 변동비용은 근로자들에게 지불하는 임금이다. [그림 7.5]의 표는 Jill의 비용들을 보여주고 있다.

우리는 이 장 이후의 장들에서 기업이 생산량을 어떻게 결정하고 가격을 어떻게 결정하는가를 살펴볼 때 [그림 7.5]와 같은 그래프를 사용할 것이다. 앞으로 나가기 전에 [그림 7.5]에 대해 다음과 같은 3가지 핵심사항을 우선 이해하도록 하자.

1. 한계비용(MC), 평균총비용(ATC), 평균변동비용(AVC) 곡선들은 모두 U자 형태를 가지며, 한계비용곡선은 평균변동비용곡선과 평균총비용곡선의 최저점들을 통과한다. 한계비용이 평균변동비용이나 평균총비용보다 낮을 때 한계비용은 이들 비용이 감소하도록 만든다. 한계비용이 평균변동비용이나 평균총비용보다 높을 때 한계비용은 이들 비용이 증가하도록 만든다. 따라서 한계비용이 평균변동비용이나 평균총비용과 같아질 때는 이들 비용은 최저점에 있어야 한다.

2. 생산량이 증가하면서 평균고정비용(*AFC*)은 점점 작아진다. 이는 고정되어 있는 것(고정비용)을 점점 커지는 것(생산량)으로 나눈 것이니 그렇게 될 수밖에 없다. 기업들은 더 많이 만들어 판매하여 평균고정비용을 낮추는 것을 종종 "고정비용을 분산시킨다 spreading the overhead"라고 표현한다("overhead"란 고정비용을 말한다).
3. 생산량이 증가하면서 평균총비용과 평균변동비용의 차이는 점점 작아진다. 이는 평

근로자 수	오븐 수	피자 생산량	오븐에 드는 비용 (고정비용)	근로자에게 드는 비용 (변동비용)	피자 생산에 드는 총비용	*ATC*	*AFC*	*AVC*	*MC*
0	2	0	$800	$0	$800	–	–	–	–
1	2	200	800	650	1,450	$7.25	$4.00	$3.25	$3.25
2	2	450	800	1,300	2,100	4.67	1.78	2.89	2.60
3	2	550	800	1,950	2,750	5.00	1.45	3.54	6.50
4	2	600	800	2,600	3,400	5.67	1.33	4.33	13.00
5	2	625	800	3,250	4,050	6.48	1.28	5.20	26.00
6	2	640	800	3,900	4,700	7.34	1.25	6.09	43.33

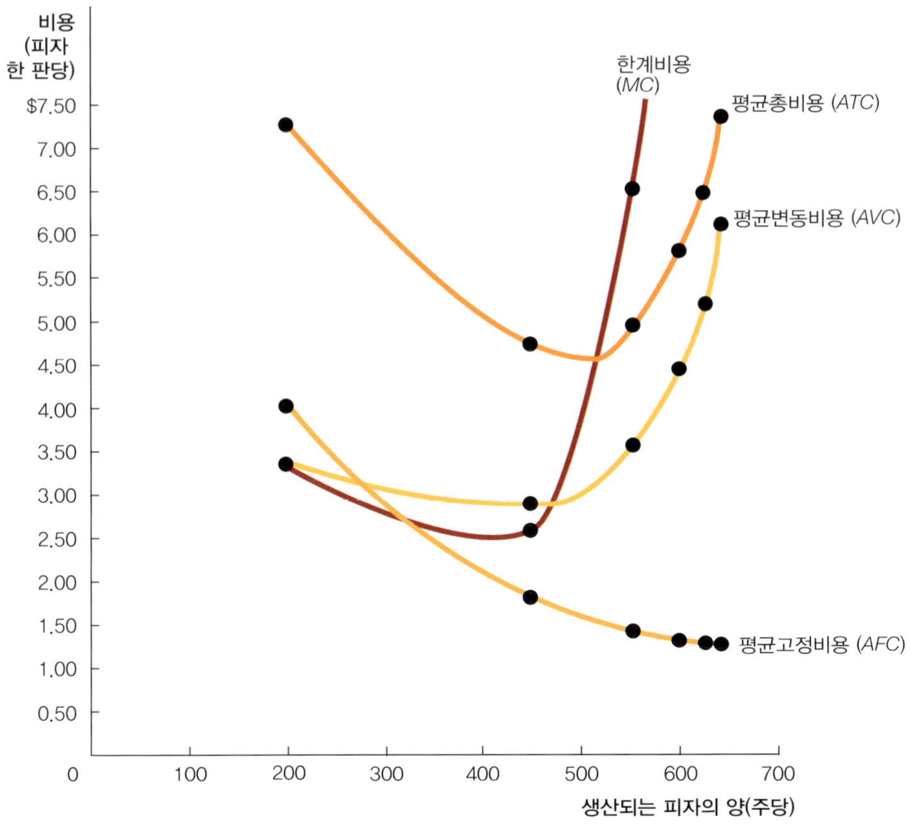

그림 7.5

Jill Johnson 피자가게의 비용

Jill이 피자를 만드는 데 발생하는 비용이 표에 표시되어 있고, 그래프로도 그려져 있다. 이 그래프에 대해서는 3가지 중요한 점을 살펴보기 바란다.
(1) 한계비용(*MC*), 평균총비용(*ATC*), 평균변동비용(*AVC*) 곡선들은 모두 U자 형태를 가지며, 한계비용곡선은 평균변동비용곡선과 평균총비용곡선의 최저점들을 통과한다.
(2) 생산량이 증가하면서 평균고정비용(*AFC*)은 점점 작아진다.
(3) 생산량이 증가하면서 평균총비용과 평균변동비용의 차이는 점점 작아진다.
당신은 이 3가지가 왜 맞는 것인지 설명할 수 있어야 한다. 이 그래프는 미시경제학에서 가장 중요한 그래프 중 하나이기 때문에 이 그래프에 친숙해지도록 여러 번 그려보기 바란다.

균총비용과 평균변동비용의 차이가 생산량이 증가함에 따라 점점 작아지는 평균고정비용이기 때문이다.

7.6. 장기에서의 비용

고정비용과 변동비용의 구별은 단기 상황에만 적용되는 것이며 장기 상황에는 적용되는 것이 아니다. 예를 들어, 단기에서 Jill Johnson 여사는 피자오븐을 구입하기 위해 은행에서 돈을 빌리고 은행에 매주 $800의 고정비용을 지출한다. 장기에서는 피자오븐을 더 구입해서 사업을 확장할 것인지 아닌지를 선택할 수 있기 때문에 피자오븐을 구입하는 비용은 변동비용이 된다. 다른 고정비용이 있는 경우에도 그 고정비용은 장기에서는 변동비용이 된다. 기업이 화재보험에 가입하면 보험료는 고정비용이다. 그러나 보험이 만기가 되어 효력이 없어지면 기업은 화재보험을 갱신해야 할지를 결정해야 하고 따라서 보험료는 변동비용이 된다. 중요한 점은 다음과 같다. *"장기에서는 모든 비용이 변동비용이 된다. 장기에서는 고정비용이 존재하지 않는다."* 달리 말해, 장기에서는 총비용은 변동비용과 같아지며, 평균총비용은 평균변동비용과 같아진다.

성공적인 경영자는 현재의 매장, 공장, 사무실을 어떻게 하면 이윤이 극대화되도록 운영할 수 있는가를 생각할 뿐만 아니라, 장기적으로는 현재의 생산규모를 더 늘리는 것이 더 높은 이윤을 가져다줄 것인지, 현재의 생산규모를 줄이는 것이 더 높은 이윤을 가져다줄 것인지에 대해서도 생각한다. Jill 여사도 두 개의 피자오븐을 갖고 운영하는 현재의 피자가게를 어떻게 운영해야 이윤이 극대화되도록 운영할 수 있을까에 대해 생각해야 할 뿐만 아니라 은행 빚을 다 갚고 가게의 임대기간도 끝났을 때 어떻게 할 것인지에 대해서도 계획을 세워야 한다. 피자오븐을 더 많이 구입해야 하는가? 더 큰 가게를 임대해야 하는가?

규모의 경제

장기평균비용곡선
long-run average cost curve
어떠한 생산요소도 고정되어 있지 않은 장기적 상황에서 어떤 수준의 생산량을 생산할 때 기업이 달성할 수 있는 가장 낮은 평균비용들을 보여주는 곡선.

규모의 경제
economies of scale
기업이 장기적 측면에서(즉, 생산규모도 변화시키면서) 생산량을 증가시켜 나갈 때 장기평균비용이 하락하는 것.

단기평균비용곡선은 기계와 같은 어떤 생산요소의 사용량이 고정되어 있을 경우에 기업이 직면하는 평균비용들을 나타낸다. **장기평균비용곡선** long-run average cost curve은 어떠한 생산요소도 고정되어 있지 않는 장기적 상황에서 어떤 수준의 생산량을 생산할 때 기업이 달성할 수 있는 가장 낮은 평균비용들을 보여준다. 기업은 생산에서 **규모의 경제** economies of scale를 누릴 수도 있다. 규모의 경제는 기업이 장기적 측면에서 생산량을 증가시켜나갈 때 기업의 장기평균비용이 하락하는 것을 의미한다. 단기평균비용과 장기평균비용의 관계를 보여주고 있는 [그림 7.6]에서 규모의 경제가 갖는 효과를 살펴볼 수 있다. 경영자들은 계획을 세울 때 장기평균비용곡선을 사용할 수 있다. 그 이유는 장기평균비용곡선이 공장을 더 크게 짓는다거나 매장을 더 크게 한다거나 하면서 생산량을 증가시킬 때

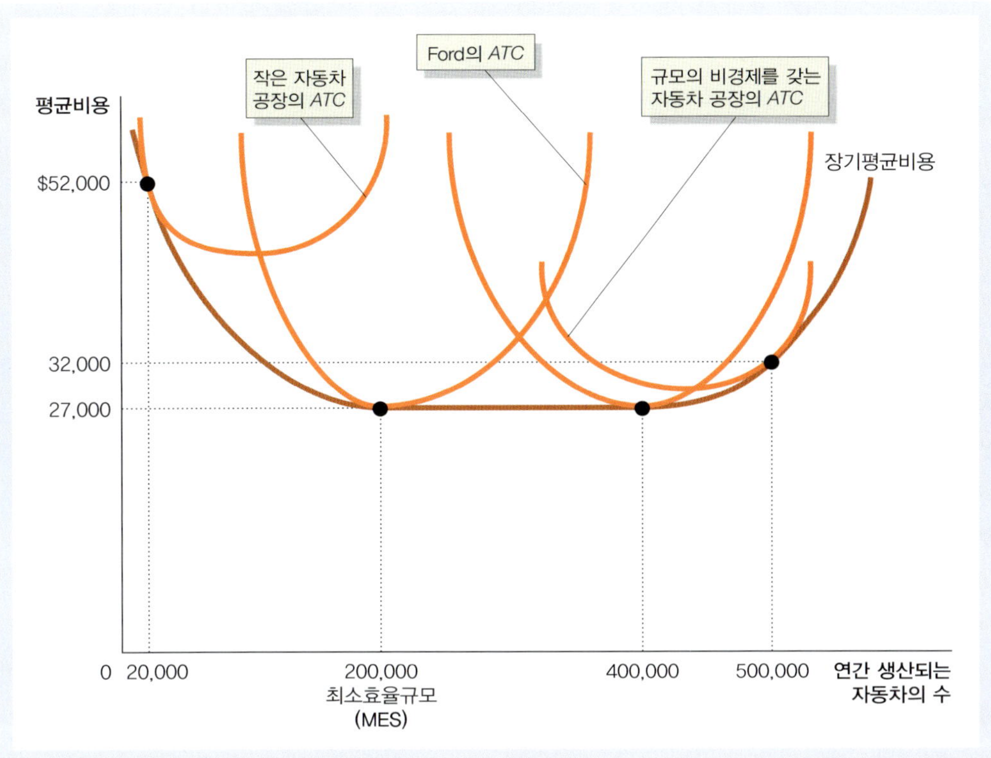

그림 7.6

단기평균비용과 장기평균비용의 관계

한 작은 자동차회사가 작은 공장(그림의 맨 왼쪽에 있는 ATC 곡선이 작은 공장을 대변하는 단기평균총비용곡선이다)을 지어 일 년에 20,000대의 자동차를 판다면 자동차 한 대당 가장 낮은 평균생산비용인 $52,000에 생산할 수 있다. 조금 더 큰 공장에서는 일 년에 200,000대의 자동차를 이보다 더 낮은 $27,000에 생산할 수 있다. 또한 일 년에 400,000대의 자동차를 생산할 수 있는 더 큰 공장은 규모에 대한 수확불변 constant returns to scale 현상으로 인해 평균총생산비용이 이보다 작은 규모의 공장에서의 평균총생산비용과 동일하다. 즉, 평균총생산비용은 공장의 규모를 늘린다고 더 하락하지 않는다. 따라서 일 년에 200,000대를 생산하는 공장은 최소효율규모에 도달하는 공장 규모이다. 아주 큰 자동차 공장의 경우에서는 규모의 비경제 diseconomies of scale 현상이 나타날 수 있다. 따라서 연간 400,000대보다 더 많은 자동차를 생산할 수 있는 규모의 공장에서의 최저 평균총생산비용은 최소효율규모의 공장에서의 최저 평균총생산비용보다 높아진다.

나타나는 비용의 변화를 보여주기 때문이다.

자동차 공장들의 장기평균비용곡선

[그림 7.6]은 자동차산업에서의 장기평균비용을 보여준다. Tesla Motors와 같은 작은 회사가 연간 20,000대 정도의 자동차를 판매할 것으로 예상한다면, 작은 규모의 공장을 지어 한 대당 가장 낮은 평균비용인 $52,000에 자동차를 만들 수 있다. 이는 그림에서 가장 왼쪽에 있는 *ATC*곡선에 의해 표현된다. Ford, General Motors, Toyota와 같은 회사들이 갖고 있는 이보다 훨씬 큰 공장은 연간 200,000대의 자동차를 한 대당 이보다 낮은 $27,000의 평균비용으로 생산할 수 있다. 이와 같이 평균비용이 $52,000에서 $27,000으로 하락하는 것은 자동차 제조에서 규모의 경제가 존재함을 말해주는 것이다. 왜 더 큰 자동차 공장이 더 낮은 평균비용을 가지는 것일까? 한 가지 중요한 이유는 Ford가 자신의 공장 중 하나에서 Tesla가 연간 자신의 공장에서 생산하는 자동차 수의 10배가 되는 자동차를 생산하면서도 필요로 하는 근로자의 수는 6배밖에 되지 않기 때문이다. 이와 같이 노동비용(변동비용)이 상대적으로 크게 줄어들기 때문에 Ford의 평균비용이 낮아지는 것이다.

일반적으로, 기업은 여러 가지 이유로 인해 규모의 경제를 경험하게 된다. 첫째로, 자동차 생산의 경우처럼 생산기술이 적어도 하나의 생산요소를 비례적으로 덜 사용하게 하면서 생산량을 증가시킬 수 있게 해주기 때문이다. 둘째로, 근로자들이나 경영자들이 보다 더 세분화된 분업을 통해서 더 전문화되면서 더 생산적으로 될 뿐만 아니라 기계도 전보다 더 전문화되어 더 효율적인 기계를 사용할 수 있게 되기 때문이다. 셋째로, Ford, Wal-Mart, Apple과 같은 큰 기업들은 생산요소들을 작은 기업들보다 더 싼 가격에 구입할 수 있기 때문이다. 실제로 Apple과 Wal-Mart는 사업을 확장하면서 자신들의 생산요소 공급자들에 대해 더 큰 가격협상력을 갖게 되면서 평균비용이 하락했다. 네 번째로, 기업의 규모가 커지면 보다 싼 이자율로 필요한 자금을 빌릴 수 있게 되며 그에 따라 평균비용을 낮출 수 있게 되기 때문이다.

규모의 경제가 영원히 계속되는 것은 아니다. 많은 산업들에서 장기평균비용곡선은 상당한 범위의 생산량에서 평평한 부분을 갖는다. [그림 7.6]은 연간 200,000대의 자동차를 생산하는 공장이나 연간 400,000대를 생산하는 공장이나 동일한 크기의 평균비용을 갖는다는 것을 보여주고 있다. 이러한 범위의 생산량에서 이 산업에 있는 기업들은 **규모에 대한 수확불변 constant returns to scale**을 갖는다. 이 범위 내에서 기업들의 생산량은 공장규모와 근로자의 수를 증가시키는 것과 비례하여 증가한다. 규모의 경제 효과가 모두 사라지는 생산규모는 **최소효율규모 minimum efficient scale**라고 불린다. 연간 200,000대의 자동차를 생산하는 자동차 공장은 최소효율규모에 도달한 것이다.

규모에 대한 수확불변
constant returns to scale
규모를 확장하여 생산량을 증가시키는 경우에도 기업의 장기평균비용이 변하지 않는 상황.

최소효율규모
minimum efficient scale
규모의 경제 효과가 모두 사라지는 생산량 수준.

규모의 비경제
diseconomies of scale
규모를 확장하여 생산량을 증가시킬 때 기업의 장기평균비용이 상승하는 상황.

매우 큰 자동차 공장의 경우에는 경영자들이 그러한 공장의 활동들을 조절하는데 어려움을 가짐에 따라 평균비용이 증가할 수 있다. [그림 7.6]은 연간 400,000대 이상의 자동차를 생산하는 기업의 경우에는 **규모의 비경제 diseconomies of scale**가 발생함을 보여준다. 예를 들어, Toyota는 Kentucky 주 Georgetown에 있는 자신의 공장과 중국에 있는 공장에서 생산규모의 확대를 통해 생산량을 증가시킬 때 평균비용이 상승하는 것을 막기 어렵다는 것을 발견하였다. Toyota의 Georgetown 공장의 사장은 다음과 같이 말했다. "생산량을 크게 하려는 노력이 우리의 에너지를 갉아먹었다. 이는 오랜 기간에 걸쳐 우리의 초점을 흐리게 만들었고 … 우리가 고통스럽게 쌓아온 전문기술과 지식을 수년에 걸쳐 점차 사라지게 했다." 생산시설의 확대를 통한 생산량 증가를 추구해 온 Toyota가 직면한 문제점을 검토해 본 어떤 분석은 다음과 같은 표현을 했다. "이는 많은 매우 성공적인 기업들이 직면하는 일종의 역설적인 상황이다. 더 커진다는 것이 항상 더 효율적이 된다는 것을 의미하는 것은 아니다."

Making the Connection

거대한 River Rouge: Ford 자동차의 규모의 비경제

Henry Ford는 1903년에 Ford Motor Company를 설립했다. 그 당시에 자동차 회사들은 매우 숙련된 근로자를 고용하여 작은 작업장에서 자동차를 만들었다. Ford는 2가지 새로운 개념을 개발하여 자동차 산업에 적용하였으며 이로 인해 그는 자동차 생산에서 규모의 경제를 실현할 수 있었다. 첫째로, Ford는 같은 부품이나 서로 바꿔서 사용할 수 있는 부품을 사용하여 숙련되지 않은 근로자들도 자동차를 조립할 수 있도록 했다. 둘째로, 한 그룹의 근로자들이 한 자동차에 가서 자동차를 조립하고 다시 다른 자동차에 가서 조립하고 하는 식이 아니라 자동차가 조립라인을 통해 근로자들에게 오면 기다리고 있는 근로자가 자동차를 조립하는 식으로 자동차 조립 작업을 조립라인 assembly line 방식으로 바꾸었다. Ford는 Detroit시 외곽 Highland Park에 커다란 공장을 짓고 자신의 이러한 개념을 유명한 Model T를 생산하는데 적용했으며 이러한 방식으로 생산함으로써 작은 공장에서 옛날 방식으로 생산하고 있던 경쟁회사들보다 훨씬 낮은 평균비용으로 자동차를 생산할 수 있게 되었다.

Ford는 공장을 더 크게 지으면 평균생산비용을 더 낮출 수 있을 것이라고 생각하여 Michigan주 Dearborn시의 River Rouge 강을 따라 거대한 공장을 지었다. 그러나 Ford의 River Rouge 공장은 규모가 너무 커서 "규모의 비경제"에 시달렸다. 공장 관리자들은 그 큰 공장에서 자동차를 순조롭게 생산하는데 매우 큰 어려움을 가졌다. 다음은 Ford의 자서전에서 언급된 River Rouge 공장에 대한 설명이다.

> 총 93개의 개별 구조물이 이 공장 터에 자리잡고 있었다…. 공장 내의 철로의 길이는 93마일이나 되었고 컨베이어의 길이는 27마일이었다. 이 거대한 공장에는 약 75,000명의 근로자가 있었고 이중 5,000명은 공장을 청소하는 일만 했다. 한 달에 사용하고 버리는 자루걸레는 5,000개, 빗자루는 3,000개나 되었다. 바닥과 벽 그리고 330에이커나 되는 유리창들을 닦는데 86톤의 비누가 사용되었다. Rouge는 에너지가 충만한 엄청난 밀집형 공업 도시였다…. 공장의 엄청난 규모와 복잡성은 위에 있는 관리자가 아래에 있는 작업자와 서로 접촉할 기회를 빼어갔고 엄청남과 힘에 압도되어 작업장에서 일하는 근로자들은 길을 잃고 헤매고 있다는 느낌을 갖고 있었다.

Ford의 River Rouge 공장은 규모가 너무 컸었나?

1927년에 Ford는 River Rouge 공장에서 Model A를 생산하기 시작했다. 그러나 Ford는 규모의 경제를 달성하는데 실패했고, 네 종류의 Model A 자동차 모두가 적자를 내게 되었다. 그 당시 Ford의 자동차는 보다 작은 경쟁회사들이었던 General Motors와 Chrysler가 만들고 있던 비슷한 자동차들과 경쟁하고 있었기 때문에 가격을 올려서 이윤을 낼 수도 없었다. 마침내 Ford는 여러 지역에 작은 공장들을 짓고 거기서 Model A를 생산함으로써 생산비용을 낮출 수 있었다. 보다 작아진 규모의 공장들은 Model A를 River Rouge 공장보다 더 낮은 평균비용으로 생산할 수 있게 해주었다.

자료: Allan Nevins and Frank Ernest Hill, *Ford: Expansion and Challenge*, 1915 – 1933, New York: Scribner, 1957, pp. 293, 295.

수확체감의 법칙과 규모의 비경제를 혼동하지 말자.

수확체감의 개념과 규모의 비경제라는 개념은 매우 비슷한 것으로 느껴질 수 있다. 그러나 이 둘은 실제로 아무런 관련이 없다. 수확체감은 단기의 경우에만 적용되는 개념이다. 즉, 적어도 하나의 생산요소의 사용량(예: 기계의 수)이 고정되어 있는 상황에 나타나는 현상이다. 수확체감의 법칙은 어떤 생산량 수준을 넘으면 더 많은 근로자를 고용할수록 그에 따라 증가하는 생산량은 점점 더 적어진다는 것을 말해주는 것이다. 수확체감의 법칙은 한계비용곡선이 왜 우상향하는가를 말해준다. 규모의 비경제는 생산에서의 장기에만 적용되는 개념이다. 생산에서의 장기란 기업이 자신이 사용하는 모든 생산요소들을 마음대로 변화시킬 수 있는 기간이나 상황을 말한다. 기업은 새로운 기술을 채택할 수도 있고, 사용하는 기계의 수도 변화시킬 수 있고, 시설의 규모도 변화시킬 수 있다. 규모의 비경제는 장기평균비용곡선이 왜 결국 우상향하는지를 말해준다.

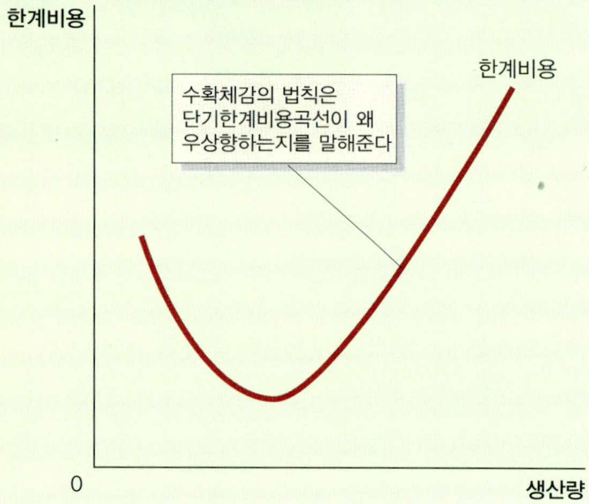

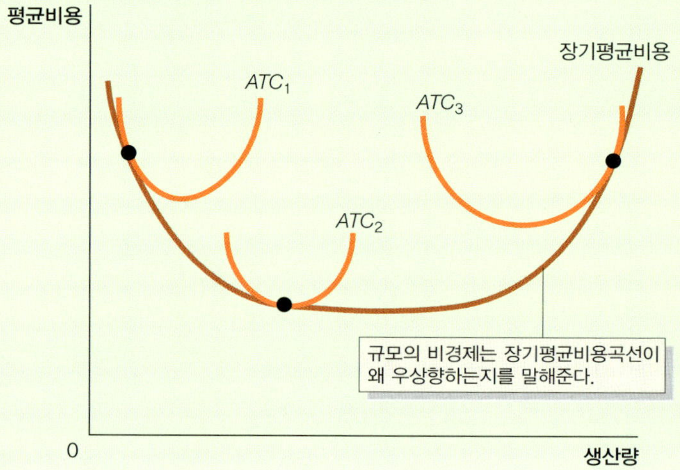

당신의 사업에서 비용의 개념 활용하기

당신이 안락의자를 파는 가게를 열려고 한다고 하자. 당신이나 당신의 경쟁회사인 코지의자나 모두 동일한 제조회사로부터 대당 $300에 안락의자를 구입할 수 있다. 그러나 코지의자는 한 달에 당신 가게가 팔 수 있을 것으로 예상하는 안락의자보다 더 많은 의자를 팔고 있기 때문에 코지의자의 의자 한 대당 평균총비용은 당신보다 낮고, 따라서 당신 가게보다 더 싼 가격에 안락의자를 팔 수 있다. 그럴 수 있는 이유는 무엇일까? 이 장에서 보았듯이 판매량이 증가하면 평균총비용이 하락할 수 있다. 코지의자의 평균총비용이 당신보다 낮을 수 있는 이유는 고정비용에 있다. 당신 가게나 코지의자 가게나 그 크기가 같다면 임대료도 같을 것이다. 또한 전기료, 수도료, 보험료, 광고비 등도 서로 거의 같을 것이다. 또한 이러한 비용들은 안락의자를 더 많이 판다고 하여 증가하는 비용이 아니므로 고정비용들이다. 코지의자의 고정비용이 당신 가게의 고정비용과 동일하고 코지의자는 당신 가게보다 더 많은 안락의자를 팔기 때문에 코지의자의 평균고정비용은 당신 가게보다 낮고 따라서 평균총비용도 당신 가게보다 낮다. 평균총비용이 더 낮으므로 코지의자가 당신 가게보다 더 싸게 팔 수 있을 뿐만 아니라 그렇게 해도 여전이 이윤을 남길 수 있는 것이다.

결론

이 장에서는 기업의 기술, 생산, 비용의 관계를 살펴보았다. 또한 여러 종류의 비용들에 대한 정의도 살펴보았다. 이후의 장들에서도 이러한 비용개념들을 사용할 것이므로 [표 7.4]에서 이를 정리하였다.

기업의 생산량과 그에 따른 비용은 당연히 서로 아주 밀접한 관련을 갖는다. 적절한 양을 생산하고, 적절한 가격을 책정하는데 있어서 비용에 관한 정보는 기업에게 매우 중요한 것이다.

표 7.4 비용의 정의

용어	정의	약자와 공식
총비용	기업이 사용하는 모든 생산요소에 들어가는 비용. 고정비용 + 변동비용	TC
고정비용	기업의 생산량이 변해도 변하지 않는 비용	FC
변동비용	기업의 생산량이 변하면 변하는 비용	VC
한계비용	생산량을 한 단위 더 증가시킬 때 발생하는 총비용의 증가분	$MC = \frac{\Delta TC}{\Delta Q}$
평균총비용	총비용을 생산량으로 나눈 것	$ATC = \frac{TC}{Q}$
평균고정비용	고정비용을 생산량으로 나눈 것	$AFC = \frac{FC}{Q}$
평균변동비용	변동비용을 생산량으로 나눈 것	$AVC = \frac{VC}{Q}$
묵시적 비용	비금전적 기회비용. 숨어있는 비용	–
명시적 비용	실제로 돈이 지출하는 비용	–

주요 용어

평균고정비용 average fixed cost
노동의 평균생산물
average product of labor
평균총비용 average total cost
평균변동비용 average variable cost
규모에 대한 수확불변
constant returns to scale
규모의 비경제 diseconomies of scale
규모의 경제 economies of scale
명시적 비용 explicit cost
고정비용 fixed cost
묵시적 비용 implicit cost
수확체감의 법칙
law of diminishing returns
장기 long run
장기평균비용곡선
long-run average cost curve
한계비용 marginal cost
노동의 한계생산물
marginal product of labor
최소효율규모 minimum efficient scale
기회비용 opportunity cost
생산함수 production function
단기 short run
기술변화 technological change
기술 technology
총비용 total cost
변동비용 variable cost

연습문제

* 복습질문

1. 기술과 기술변화는 어떻게 다른가?
2. 기술변화가 음(−)이 되는 것은 가능한가? 만일 그렇다면 예를 들어보라 .
3. 생산에서의 단기와 장기는 어떻게 구별되는가? 생산에서의 단기와 장기를 구별할 수 있는 기간의 길이는 모든 회사에 동일한가?
4. 고정비용과 변동비용은 어떻게 구별하는가? 각각의 예를 들어보라.
5. 묵시적 비용이란 무엇인가? 명시적 비용과 어떻게 다른가?
6. 생산함수란 무엇인가? 단기생산함수에서 고정되어 있는 것은 무엇인가?
7. 노동의 한계생산물과 노동의 평균생산물의 관계를 보이는 그래프를 그려보라. 노동의 한계생산물곡선과 노동의 평균생산물곡선이 당신이 그린 것처럼 되는 이유는 무엇인가?
8. 분업과 전문화가 노동의 한계생산물에 어떤 영향을 미치는가?
9. 수확체감의 법칙은 무엇인가? 이 법칙이 생산에서의 장기에도 적용될 수 있는가?
10. 평균생산비용과 한계생산비용은 어떻게 다른가?
11. 노동의 한계생산물이 증가하면 한계생산비용은 증가하는가, 감소하는가? 간단히 설명하라.
12. 한계비용곡선이 평균총비용곡선을 평균총비용이 최소가 되는 생산량에서 교차하는 이유를 설명하라.
13. 생산량이 증가하면서 평균총비용과 평균변동비용의 차이는 어떻게 되는가?
14. 생산에서의 장기에서 총비용과 변동비용의 차이는 무엇인가?
15. 최소효율규모(MES)란 무엇인가? 최소효율규모에 도달하지 못한 기업의 경우에 장기적으로 어떤 상황이 발생할 가능성이 높은가?
16. 규모의 경제(EOS)란 무엇인가? 규모의 경제가 발생하는 이유는 무엇인가? 4가지만 적어보라.
17. 규모의 비경제란 무엇인가? 기업이 매장이나 공장의 규모를 계속 확장하면 결국 규모의 비경제 상황에 직면하게 되는 이유는 무엇인가?
18. 어떤 생산량에서든 단기평균총비용이 장기평균총비용보다 낮을 수 없는 이유는 무엇인가?

* 문제와 응용

1. "기술변화는 새로운 제품에 대해서만 언급되는 것이므로 대부분 기업들의 현재의 활동과는 관계가 없는 것이다." 이 말에 동의하는가? 간단히 설명하라.
2. 다음 중 어떤 것이 양(+)의 기술변화의 예인가?
   a. 원유가격의 하락으로 미국 항공사들이 비행기 티켓 가격을 내렸다.

b. 한 훈련프로그램이 근로자들을 더 생산적으로 만들었다.
c. 한 운동프로그램이 근로자들을 더 건강하고 생산적이게 만들었다.
d. 한 기업이 근로자의 수를 줄이고도 이전과 동일한 생산량을 생산할 수 있게 되었다.
e. 공장 내부의 시설들을 재배치한 결과로 이전과 동일한 생산요소의 양으로 이전과 동일한 양의 생산물을 생산할 수 있게 되었다.

3. 많은 기업들이 임금을 변동비용으로 본다. 그런데도 많은 출판사들이 임금을 고정비용으로 보는 이유는 무엇인가? 전기료와 수도료 같은 공공요금은 항상 고정비용인가 아니면 항상 변동비용인가, 아니면 둘 다 될 수 있는가? 간단히 설명하라.

4. Jill Johnson은 시내 한복판에 자신이 소유하고 있는 건물에서 피자가게를 운영하고 있다. 자신의 가게와 크기가 비슷한 옆 건물의 가게는 한 달에 월세가 $4,000이다. Jill은 자신의 건물을 팔고 월 $3,000을 주고 시 외곽에 가게를 임대할까 생각 중이다. 그런데 결국 그렇게 하지 않기로 했다. 그녀는 "시외에 피자가게를 갖고 싶기는 하지만 지금은 월세를 내고 있지 않은데 시외로 나가게 되면 비용이 월 $3,000 증가하기 때문이다." Jill의 판단에 대해 평가해 보라.

5. DuPont 화학회사는 한 때 페인트 산업에 진출했지만 성공하지 못했다. 이 회사의 보고서에 의하면 "1년 후에 실제로 $500,000의 손해를 봤으며 또한 그 투자로부터 기대했던 약 $500,000의 예상 수익도 발생하지 않아서 결국 약 $1백만의 손해를 보았다"라고 되어 적혀 있었다. 이 보고서가 회사가 본 손실에 투자로부터 기대했던 예상 수익을 포함시킨 이유는 무엇인가?

6. 다음 표의 빈칸을 채우시오.

근로자의 수	총생산량	노동의 한계생산물	노동의 평균생산물
0	0		
1	400		
2	900		
3	1,500		
4	1,900		
5	2,200		
6	2,400		
7	2,300		

7. 위의 표에 있는 수치를 사용하여 근로자의 수가 증가함에 따라 총생산량이 증가하는 그래프를 그려보라. 또한 노동의 한계생산물과 평균생산물의 그래프도 그려보라.

8. Sally는 자신의 성적표를 보면서 다음과 같이 말했다. "어째서 이런 일이 생길 수 있나? 나의 이번 학기 GPA는 전번 학기의 GPA보다 높다. 그런데도 나의 누적GPA(평균GPA)는 전번 학기의 누적GPA(평균GPA)보다 더 낮아졌다" 왜 이럴 수 있는지를 Sally에게 설명해 주시오.

9. 노동의 한계생산물은 증가시키지만 노동의 평균생산물은 변화시키지 않는 기술변화가 가능한가? 설명하라.

10. 다음의 표는 한 피자가게의 근로자의 수와 피자생산량을 보여준다. 이 표를 보고 다음의 질문에 답하라.

근로자의 수	피자의 생산량
0	0
1	5
2	—
3	19
4	24
5	28
6	26

a. 주인이 4명의 근로자를 고용한다면 노동의 평균생산물은 얼마인가?
b. 다섯 번째 근로자의 한계생산물은 얼마인가?
c. 두 번째 근로자의 한계생산물이 6이라면, 2명이 고용되었을 때 피자생산량은 얼마인가?
d. 두 번째 근로자의 한계생산물이 6이라면, 어떤 근로자부터 수확체감의 현상이 나타나기 시작하는가?

11. 전체적인 생산량에 걸쳐서 평균총비용은 감소하고 있는데 한계비용은 증가하고 있는 것이 가능한가? 간단히 설명하라.

12. 어떤 기업이 단기에서도 고정비용이 전혀 없고 모든 비용이 변동비용이라고 가정하고 다음에 답하라.
a. 만일 한계비용이 첫 생산량부터 계속 증가한다면 평균총비용곡선이 U자 형태를 가질 수 있는가?
b. 한계비용이 모든 생산량 수준에서 동일하게 $5라면 평균총비용곡선은 어떤 모양을 갖는가?

13. 노동의 한계생산물은 $\triangle Q/\triangle L$, 한계비용은 $\triangle TC/\triangle Q$로 표현된다. 고정비용은 정의상 생산량에 따라 변하는 비용이 아니므로 한계비용은 한계변동비용인 $\triangle VC/\triangle Q$와

같다. Jill Johnson의 유일한 변동비용(*VC*)이 노동비용이라면 변동비용은 임금 곱하기 근로자의 수, 즉 *wL*로 표현된다.

a. Jill이 지불하는 임금이 동일하다면 *w*와 *L*을 사용하여 *VC*를 표현해 보라.

b. (a)의 답을 이용하여, 생산물의 한계비용△*TC*/△*Q*을 *w*와 노동의 한계생산물(△*Q*/△*L*)을 가지고 표현해 보라.

c. (b)의 답을 이용하여, 근로자 한 명당 주당 임금이 $750이고 노동의 한계생산물이 150개의 피자라면 Jill의 한계생산비용은 얼마인가? 임금이 주당 $600으로 하락하고 노동의 한계생산물은 변하지 않는다면 Jill의 한계비용은 얼마가 되는가? 임금이 주당 $750으로 변하지 않고 노동의 한계생산물이 250개의 피자로 증가한다면 Jill의 한계비용은 얼마인가?

14. 다음 그래프를 사용하여 생산량이 1,000일 때 각각의 값을 구하라.

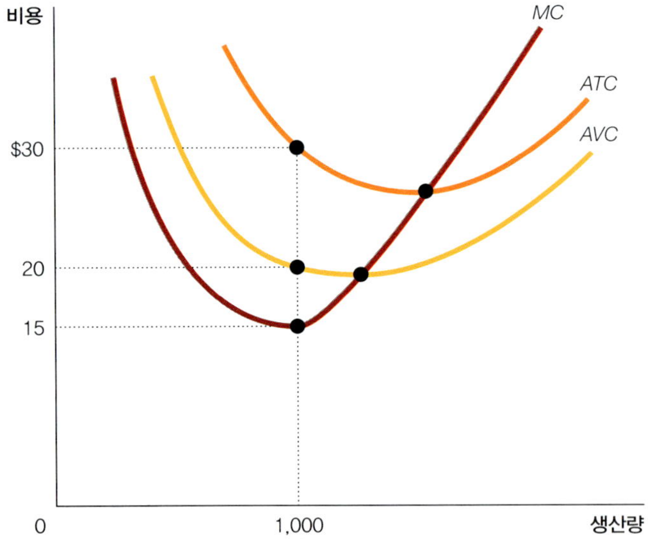

a. 한계비용

b. 총비용

c. 변동비용

d. 고정비용

15. 다음의 그래프에서 어디가 틀렸는지를 말해보라.

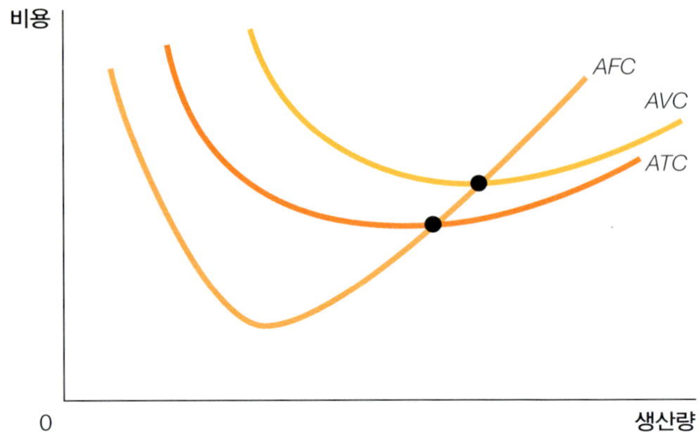

16. 다음의 상황이 Southwest Airlines의 다음의 비용들에게 어떤 영향을 미치는가를 설명하라.

1. 한계비용

2. 평균변동비용

3. 평균고정비용

4. 평균총비용

a. Southwest가 운송노조와 승무원들의 임금을 올리는 새로운 계약에 서명했다.

b. 연방정부가 상업용 항공운항에 승객당 $20의 이산화탄소 배출세를 부과하기로 했다.

c. Southwest가 임원들 봉급을 10퍼센트 깎기로 했다.

d. Southwest가 TV광고를 두 배로 늘리기로 했다.

17. Jill Johnson 여사는 피자가게를 작게 할 것인가 크게 할 것인가를 결정해야 한다. 다음 그래프에서 작은 피자가게의 비용과 생산량의 관계는 ATC_1 곡선으로 표시되어 있고 큰 피자가게의 비용과 생산량의 관계는 ATC_2 곡선으로 표시되어 있다.

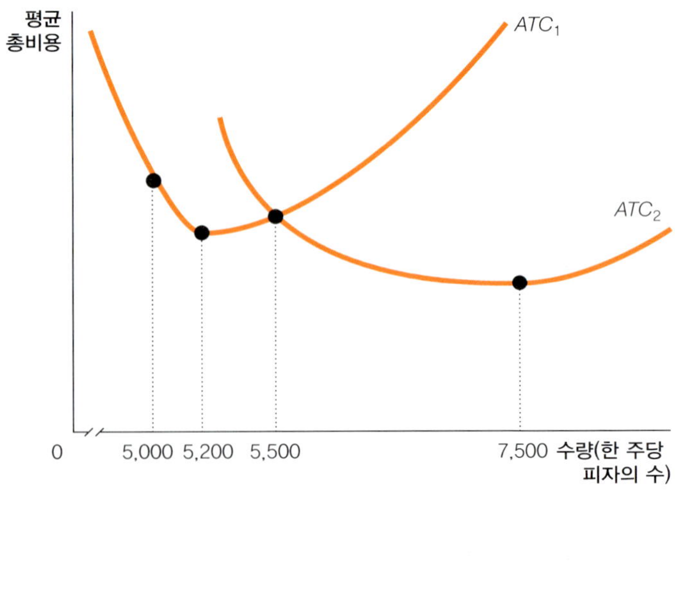

a. Jill이 한 주에 5,100개의 피자를 만들어 팔 수 있을 것으로 예상한다면 큰 피자가게를 선택해야 하는가, 작은 피자가게를 선택해야 하는가?
b. Jill이 한 주에 6,000개의 피자를 만들어 팔 수 있을 것으로 예상한다면 큰 피자가게를 선택해야 하는가, 작은 피자가게를 선택해야 하는가?
c. 한 학생이 다음과 같이 질문했다. "Jill이 큰 피자가게에서 피자를 한 주당 7,500개 생산할 때 피자 한 개당 평균생산비용이 더 낮아진다면, 큰 가게에서 5,200개를 생산할 때의 평균비용이 작은 피자가게에서 동일한 생산량을 생산하는 경우의 평균비용보다 낮아지지 않는 이유는 무엇인가?" 이 학생에 질문에 간단히 답해보라 .

PART 3

시장구조와 기업전략

CHAPTER

8 완전경쟁

이 장의 학습내용

8.1 **완전경쟁시장**
- 완전경쟁시장이 어떤 시장인지를 설명하고 완전경쟁시장 안에 있는 기업의 수요곡선이 왜 수평인지를 설명한다.

8.2 **완전경쟁시장에 있는 기업은 어떻게 이윤을 극대화하는가**
- 완전경쟁시장 안에 있는 기업이 어떻게 이윤을 극대화하는가를 설명한다.

8.3 **비용곡선을 가지고 살펴보는 이윤과 손실**
- 그래프로 기업의 이윤과 손실을 보인다.

8.4 **단기에서 생산을 계속할 것인지 중단할 것인지를 결정하기**
- 기업이 왜 잠정적으로 생산을 중단할 수 있는지를 설명한다.

8.5 **누구나 할 수 있는 것을 해서는 돈을 벌 수 없다: 장기에서 기업의 진입과 퇴출**
- 기업들의 자유로운 진입과 퇴출이 가능한 완전경쟁시장에서는 기업들이 장기적으로는 어떤 경제적 이윤도 얻을 수 없다는 점을 설명한다.

8.6 **완전경쟁시장과 효율성**
- 완전경쟁이 경제적 효율성을 가져오는 이유를 설명한다.

농산물 직거래 장터의 완전경쟁

최근에 건강식품에 대한 수요가 증가했다. 예를 들어, 미국의 경우에 유기농 식품은 연간 20퍼센트씩 수요가 증가했다. 농산물 직거래 장터(farmers' market)에는 다양한 유기농 식품들이 판매되고 있기 때문에 많은 사람들이 이 시장에서 자신이 원하는 과일이나 채소를 사기 시작했다. 이러한 시장은 지역 농부들이 시 청사 앞 광장이나 기타 공터에 서로 모여 소비자들에게 직접 판매하는 식으로 운영되고 있다. 농부들은 자신이 키운 농작물을 슈퍼마켓에 파는 것보다 이 시장에서 팔 때 더 높은 가격을 받을 수 있을 것으로 기대한다.

더 높은 가격을 받을 수 있고 따라서 이윤도 더 크기 때문에 미국의 농산물 직거래 장터의 수가 1994년 1,774개에서 2012년 7,864개로 엄청 증가했다. 그러나 더 많아진 시장은 자기가 경작한 농작물을 판매하는 농부들에게는 더 많은 경쟁을 의미하는 것이다. 더 많은 경쟁은 가격이 하락하도록 만들었으며 농부들의 이윤은 감소하기 시작했다. 어떤 농부는 다음과 같이 말했다. 농작물에 대한 수요는 일정한데 수요가 점점 더 분산되니 이윤이 줄어드는 겁니다." 많은 농부들은 더 이상 농산물 직거래 장터에서 자신들의 농산물을 파는 것이 슈퍼를 통해서 파는 것보다 더 많은 이윤을 가져다주지 않는다는 사실을 알게 되었다.

이윤이 나는 시장에 새로운 기업이 진입하면서 가격과 이윤이 떨어지는 현상은 농산물의 경우에만 나타난 것이 아니다. 경제전반적으로 기업가들은 끊임없이 새로운 제품을 시장에 소개하고 새로운 판매방법을 시장에 도입하며 그러한 것이 성공했을 때에는 단기적으로 큰 경제적 이윤을 가져갈 수 있다. 그러나 장기적으로 볼 때, 경쟁은 생산비용만을 건질 수 있을 정도의 수준으로 시장가격을 낮춘다. 이러한 경쟁의 과정이 시장시스템의 핵심이며, 이 장의 초점이다.

자료: Tracie Cone, "USDA: Number of Farmers Markets Up Due to Demand," *Associated Press*, August 3, 2012; Katie Zezima, "As Farmers' Markets Go Mainstream, Some Fear a Glut," *New York Times*, August 20, 2011; and United States Department of Agriculture, *Farmers Market Growth*: 1994 – 2012, August 3, 2012.

농산물 직거래 장터는 완전경쟁산업의 한 예이다. *완전경쟁산업 perfectly competitive* industry에 있는 기업들은 자신들이 파는 제품의 가격을 통제할 수 없으며 장기적으로 경제적 이윤을 가져갈 수 없다. 그 이유는 이런 산업에 있는 기업들은 동일한 제품을 팔며 또한 새로운 기업이 쉽게 그 산업에 진입할 수 있기 때문이다. 완전경쟁산업들이 어떻게 작동하는가를 살펴보는 것은 시장이 제1장에서 다룬 기본적 경제문제들을 어떻게 해결하는지를 이해할 수 있는 가장 좋은 방법이다.

- 어떤 재화와 서비스를 생산할 것인가?
- 재화와 서비스를 어떻게 생산할 것인가?
- 생산된 재화와 서비스를 누가 가져갈 것인가?

하지만 실제로 대부분의 산업들이 완전경쟁산업이 아니다. 대부분의 산업들에서 기업들은 동일한 제품을 생산하지 않으며 일부 산업에서는 새로운 기업이 시장에 진입하는 것이 어려울 수도 있다. 미국에는 수천 개의 산업이 있다. 어떤 의미에서 모든 산업들 각각이 독특한 것이기는 하지만 산업들은 서로 유사성도 많이 갖고 있다. 따라서 경제학자들은 4가지 형태의 시장구조로 시장을 구분한다. 어떤 산업이든 3가지 측면을 가지고 살펴볼 수 있는데 이는 다음과 같다.

1. 그 산업에 있는 기업의 수
2. 그 산업에 있는 기업들이 생산하는 재화나 서비스의 유사성
3. 새로운 기업이 그 산업에 어느 정도로 쉽게 진입할 수 있는가 하는 여부

경제학자들은 이 3가지 측면을 가지고 시장을 [표 8.1]에서처럼 4가지 구조로 구분한다. 식당, 옷가게 기타 여러 소매점들을 포함한 많은 산업들에서 수많은 기업들이 서로 동일하지 않은 차별화된 제품을 판매하고 있으며 이러한 시장은 *독점적 경쟁 monopolistic competition* 산업으로 구분된다. 컴퓨터나 자동차와 같은 일부 산업들에는 적은 수의 기업만 있으며 이러한 시장은 *과점 oligopoly 산업*으로 구분된다. 마지막으로 미국 우정청이 하는 1종 우편물 배달서비스와 같은 산업에는 단 하나의 기업만이 존재하며 이러한 시장은 *독점 monopoly 산업*으로 구분된다. 우리는 이 장에서 완전경쟁산업에 대해 살펴본 후에, 이러한 각 산업들에 대해 각각 하나의 장을 할애하여 살펴볼 것이다.

표 8.1 4가지 시장구조들

특징	시장구조			
	완전경쟁	독점적 경쟁	과점	독점
기업의 수	많음	많음	얼마 안 됨	하나
제품의 종류	동일함	차별화됨	동일하거나 차별화됨	유일함
진입의 어려움	매우 쉬움	매우 쉬움	어려움	진입이 봉쇄됨
산업의 예	• 밀 경작 • 사과 재배	• 의류가게 • 식당	• 컴퓨터 제조 • 자동차 제조	• 1종 우편배달 • 수돗물 공급

8.1. 완전경쟁시장

완전경쟁시장 perfectly competitive market
다음의 세 조건을 만족시키는 시장: (1) 많은 수의 구매자와 판매자가 있고, (2) 모든 기업이 똑같은 제품을 판매하고 있고, (3) 새로운 기업이 시장에 진입하는데 아무런 장벽이 없다.

완전경쟁시장 perfectly competitive market에 있는 기업들은 왜 자신들이 파는 제품의 가격을 통제할 수 없으며, 이러한 기업들의 주인은 왜 장기적으로는 경제적 이윤을 얻을 수 없는가? 시장을 완전경쟁적으로 만드는 3가지 조건을 열거하면 다음과 같다.

1. 이 시장에는 많은 구매자와 많은 기업들이 있으며 이 모든 각각의 구매자와 기업은 시장 전체과 비교할 때는 아주 작은 존재이다.
2. 이 시장에 있는 모든 기업들은 동일한 제품을 판매하고 있다.
3. 새로운 기업이 시장에 진입하는데 어떠한 장벽도 없다.

농산물의 경우에는 이 3가지 조건이 모두 성립한다. 예를 들어, 어떠한 소비자나 어떠한 생산자도 전체 사과 거래량과 비교할 때 그 구매량이나 판매량이 아주 미미하다. 각 농부가 판매하는 사과들은 동일하며, 사과시장에 새로운 기업이 진입하는데 아무런 장벽도 없다. 누구나 토지를 사서 사과나무를 심고 가꾸면 된다. 많은 기업들이 있고, 이들이 모두 동일한 재화를 판다는 것은 어떤 한 사과농부가 사과가격에 영향을 줄 수 없게 만드는 것이다.

사과시장의 경우에는 완전경쟁시장의 조건을 충족시키지만 대부분의 재화와 서비스 시장은 완전경쟁시장의 조건들을 충족시키지 못한다. 특히 두 번째와 세 번째 조건은 매우 제한적인 조건이다. 대부분의 시장에는 많은 구매자와 판매자가 있지만 기업들이 동일한 제품을 팔고 있지는 않다. 예를 들어, 모든 식당의 음식이 동일한 것은 아니며, 모든 여성옷 상점의 옷들이 모두 동일하지는 않다. 이 후의 장에서 많은 기업들이 존재하지만 동일한 제품을 팔고 있지는 않는 독점적 경쟁상황에 대해 살펴볼 것이다. 또한 새로운 기업의 진입이 어려운 과점과 독점에 대해서도 살펴볼 것이다. 이장에서는 완전경쟁시장에 대해 살펴보고 이를 통해 기업들이 심한 경쟁에 처했을 때 어떻게 행동하는가에 대한 이해를 갖기로 한다.

시장가격에 영향을 줄 수 없는 완전경쟁기업

완전경쟁시장에서 형성되는 가격은 수요곡선과 공급곡선의 만남에 의해 결정된다. 어떤 한 소비자나 한 기업의 행동은 시장가격에 전혀 영향을 주지 못한다. 소비자와 기업이 완전경쟁시장에서 자신들이 원하는 제품을 사거나 팔기 위해서는 시장가격을 받아들여야 한다.

완전경쟁시장에 있는 기업은 시장규모에 비하여 상대적으로 매우 작고 또한 기업들이 다른 기업들과 완전히 동일한 제품을 팔고 있기 때문에 가격을 낮출 노력을 할 필요없이 자신이 팔 수 있는 만큼 마음껏 팔 수 있다. 만일 완전경쟁기업이 자신의 가격을 올리면 소비자들이 동일한 제품을 파는 경쟁기업들의 제품을 사기 때문에 자신은 하나도 팔 수 없게 된다. 따라서 완전경쟁기업은 **가격순응자 price taker**이며 시장에 있는 다른 기업들의 가격과 동일한 가격으로 자신의 제품을 팔 수밖에 없다. 또한 소비자들도 가격순응자이다. 예를 들어, 당신 동네의 슈퍼에서 빵 하나에 $2.50으로 팔고 있는데 당신이 10개를 집어서 계산대에서 빵 하나에 $2.50을 지불하면 슈퍼는 그 돈을 받고 빵을 팔 것이다. 그러나 만일 $2.49를 주겠다고 하면 빵을 팔지 않을 것이다. 전체 빵 시장에 비해서 한 구매자로서 당신의 빵 구매량은 극히 미미한 양이므로 당신은 시장균형가격에 아무런 영향을 미칠 수 없다. 빵을 사지 않고 슈퍼를 나오든 빵 10개를 사서 슈퍼를 나오든 당신은 빵 시장가격에 1센트도 영향을 줄 수 없다.

가격순응자 price taker
시장에서 형성된 가격을 변화시킬 수 있는 힘이 없는 구매자나 판매자.

빵 구매자로서 당신이 처한 상황은 밀 판매자로서 밀경작 농부가 직면하는 상황과 같다. 2013년에 미국에서는 150,000명의 농부가 밀을 경작했다. 밀의 시장가격은 어떤 한 개

그림 8.1

완전경쟁기업의 수요곡선은 수평이다.

완전경쟁시장에 있는 기업은 다른 기업들과 완전히 똑같은 제품을 판매하고 있다. 따라서 현재의 시장가격에서 자신이 팔 수 있는 만큼 얼마든지 팔 수 있다. 그러나 자신의 가격을 1센트라도 올리면 자신의 제품은 하나도 팔 수 없다. 그러므로 한 완전경쟁기업의 생산물에 대한 수요곡선은 수평선이 된다. 그림에서, 밀을 경작하는 농부는 일 년에 6,000부셸의 밀을 판매하든 15,000부셸의 밀을 판매하든 시장가격인 $7에 아무런 영향을 줄 수 없다.

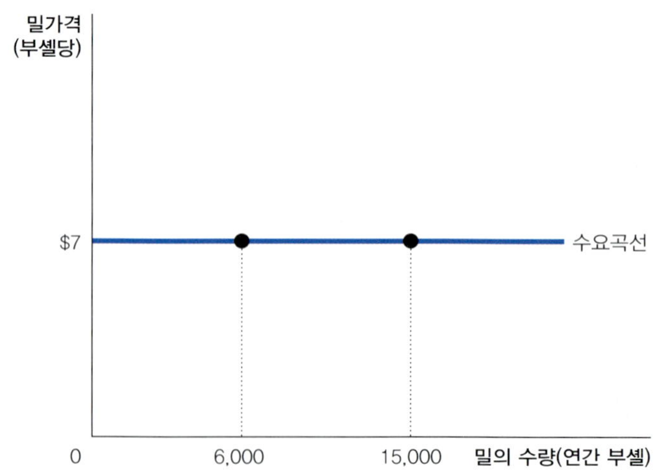

인의 밀 경작 농부에 의해서 결정되는 것이 아니며 밀시장의 모든 구매자와 모든 판매자의 상호작용에 의해서 결정된다. 어떤 한 밀경작 농부의 밀 수확량이 아주 좋았다거나 어떤 한 농부가 밀 경작을 중단했다고 해서 밀의 시장가격이 영향을 받지는 않는다. 왜냐하면 전체 밀 생산량에서 차지하는 한 농부의 생산량이 아주 미미하기 때문에 밀의 시장공급곡선이 아무런 영향을 받지 않기 때문이다. 따라서 밀시장의 균형가격을 1센트도 변하지 않는다(물론 모든 밀 경작 농부들이 밀 수확량이 증가한다면 시장공급곡선은 오른쪽으로 이동할 것이다).

완전경쟁기업의 생산물에 대한 수요곡선

Bill Parker라는 농부가 250에이커의 땅에서 밀을 경작한다고 하자. 농부 Parker는 완전경쟁시장에서 자신의 밀을 판매한다. 따라서 그는 가격순응자일 수밖에 없다. 그는 자신이 팔기 원하는 양만큼 얼마든지 시장가격으로 팔 수 있다. 그러나 시장가격보다 높은 가격에서는 조금도 팔 수 없다. 따라서 농부 Parker가 생산하는 밀에 대한 수요곡선은 일반적인 수요곡선처럼 우하향하지 않고 [그림 8.1]에서처럼 수평선이 된다. 수요곡선이 수평일 때 농부 Parker는 시장가격을 받아들일 수밖에 없으며 시장가격은 이 경우 부셸당 $7이다. Parker가 일 년에 6,000부셸의 밀을 판매하든 15,000부셸의 밀을 판매하든 시장가격은 이에 전혀 영향을 받지 않는다.

농부 Parker가 생산하는 밀에 대한 수요곡선은 밀 전체에 대한 시장수요 곡선과는 매우 다른 모양을 갖는다. [그림 8.2(a)]는 밀시장을 보여준다. [그림 8.2(a)]의 수요곡선은 밀시장의 수요곡선이며, 우하향하는 일반적인 수요곡선이다. [그림 8.2(b)]는 농부 Parker가 생산하는 밀에 대한 수요곡선이며, 수평선이다. 이 두 그래프를 서로 비교해 보면, 농부 Parker가 [그림 8.2(b)]에서 자신의 밀에 대해 받는 가격이 [그림 8.2(a)]의 밀시장에 있는 밀 구매자와 판매자들 간의 상호작용에 의해 결정되는 시장가격이라는 것을 알 수 있다. 그러나 두 그림의 수평축의 단위가 매우 다르다는 것을 살펴보라. [그림 8.2(a)]에서 밀의 균형수량은 22.5억 부셸이고, [그림 8.2(b)]에서 농부 Parker는 단지 15,000부셸의 정도의 밀을 생산하고 있으며 이는 시장 전체 밀 수량의 0.001퍼센트보다 적은 것이다. 두 그림을 한 쪽에 같이 보여주기 위해서 두 그림의 수평축의 단위를 다르게 한 것이다. 따라서 두 그림을 비교할 때 농부 Parker의 밀생산량이 시장 전체의 밀 생산량에 비해 극히 미미한 양이라는 점을 잊지 말아야 할 것이다.

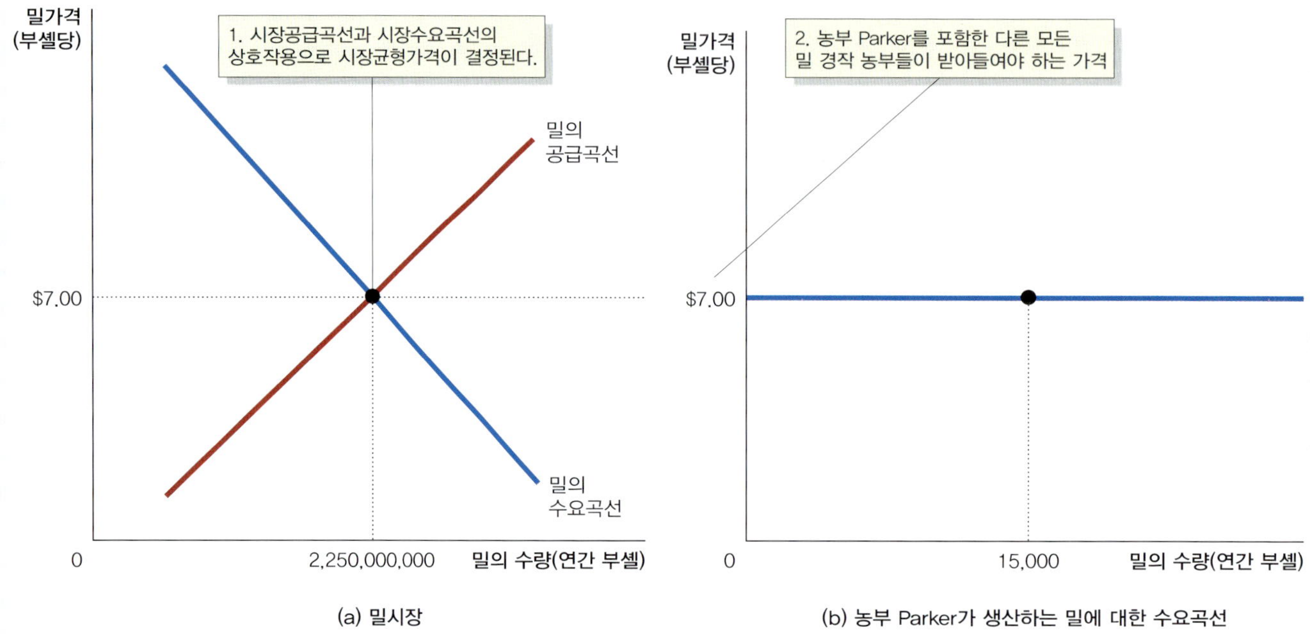

그림 8.2

밀의 시장수요곡선과 한 농부가 생산하는 밀에 대한 수요곡선

완전경쟁시장에서 시장의 균형가격은 시장수요곡선과 공급곡선이 만나는 점에서 결정된다. 그림(a)에서 수요곡선과 공급곡선은 부셸당 가격이 $7일 때 서로 만난다. Parker와 같은 한 농부는 밀의 시장가격에 영향을 미칠 수 없다. 따라서 그림(b)가 보여주고 있듯이 Parker가 생산하는 밀에 대한 수요곡선은 수평선이다. 이 그림을 이해하기 위해서는 두 그림의 수평축의 단위가 서로 다르다는 점을 인식해야 한다. 그림(a)에서 밀의 균형수량은 22.5억 부셸이며, 그림(b)에서 Parker는 15,000부셸의 밀을 생산하고 있을 뿐이다.

8.2. 완전경쟁시장에 있는 기업은 어떻게 자신의 이윤을 극대화하는가

이윤 profit
총수입에서 총비용을 뺀 금액.

앞에서 농부 Parker가 자신의 밀가격을 자기 마음대로 통제할 수 없음을 보았다. 그렇다면 이 경우에 그는 얼마만큼의 밀을 생산해서 판매할 것인가를 어떻게 결정하는가? 우리는 Parker의 목적이 이윤극대화라고 가정한다. 이는 대부분 기업들의 목적에 대한 합리적인 가정이다. **이윤 profit**은 총수입(TR)과 총비용 (TC)의 차이라는 것을 기억하라.

$$\text{이윤} = TR - TC$$

자신의 이윤을 극대화하기 위해서 Parker는 자신이 얻는 총수입과 자신이 지불하는 총비용의 차이를 가장 크게 만드는 생산량을 생산해야 한다.

완전경쟁시장에 있는 한 기업의 수입

Parker가 어떻게 이윤을 극대화하는가를 알아보기 위해 먼저 그의 수입부터 살펴보기로 하자. 수치를 간단히 하기 위해서 그가 아주 작은 농장을 소유하면서 일 년에 많아야 10부셸의 밀을 생산한다고 가정한다. [표 8.2]는 Parker가 밀가격이 $7일 때 다양한 수량의 밀을 판매하여 얻는 수입을 보여주고 있다.

[표 8.2]의 세 번째 열은 Parker가 한 부셸의 밀을 추가적으로 판매함에 따라 그의 *총수입*이 매번 $7씩 증가한다는 것을 보여준다. 왜냐하면 그는 한 부셸당 $7이라는 주어진 시장가격에서 자신이 원하는 수량의 밀을 판매할 수 있기 때문이다. 표의 네 번째와 다섯 번째 열은 밀 판매로 발생하는 Parker의 평균수입과 한계수입을 보여준다. 그의 **평균수입 average revenue (*AR*)**은 총수입을 판매량으로 나눈 것이다. 예를 들어, 그가 5부셸을 총 $35에 판다면 그의 평균수입은 $35/5 = $7이다. 그의 평균수입이 시장가격인 $7과 같다는 것을 살펴보라. 사실상 *어떤 수준의 판매량에서든 한 기업의 평균수입은 항상 시장가격과 동일한 것이다*. 그 이유는 총수입이 가격에 판매량을 곱한 것($TR = P \times Q$)이고, 평균수입은 총수입을 판매량으로 나눈 것($AR = TR/Q$)이기 때문이다. 즉, $AR = TR/Q = (P \times Q)/Q = P$가 된다.

평균수입 average revenue(*AR*) 총수입을 판매된 양으로 나눈 것.

표 8.2 밀 판매로 발생하는 농부 Parker의 수입

(1) 수량 (부셸)(*Q*)	(2) 시장가격 (부셸당)(*P*)	(3) 총수입 (*TR*)	(4) 평균수입 (*AR*)	(5) 한계수입 (*MR*)
0	$7	$0	—	—
1	7	7	$7	$7
2	7	14	7	7
3	7	21	7	7
4	7	28	7	7
5	7	35	7	7
6	7	42	7	7
7	7	49	7	7
8	7	56	7	7
9	7	63	7	7
10	7	70	7	7

농부 Parker의 **한계수입 marginal revenue(*MR*)**은 한 부셸의 밀을 더 판매할 때 증가하는 총수입의 크기이다.

한계수입 marginal revenue(MR) 제품 한 단위를 더 판매할 때 증가하는 총수입의 크기.

$$\text{한계수입} = \frac{\text{총수입의 변화}}{\text{판매량의 변화}} \qquad \text{즉, } MR = \frac{\Delta TR}{\Delta Q}$$

Parker가 한 부셸의 밀을 더 판매할 때마다 그의 총수입은 일정하게 $7씩 증가한다. 따라서 그의 한계수입은 $7이다. Parker의 한 부셸당 한계수입이 $7인 이유는 그가 완전경쟁시장에서 자신의 밀을 판매하고 있고 또한 시장가격인 $7에 그가 원하는 만큼 자신의 밀을 얼마든지 판매할 수 있기 때문이다. 따라서 Parker의 한계수입과 평균수입은 둘 다 시장가격과 동일하다. 이는 매우 중요한 점이다. 즉, *"완전경쟁시장에 있는 기업의 경우에 시장가격은 그 기업의 평균수입이며 또한 한계수입이다."*

이윤을 극대화하는 판매량의 결정

Parker가 자신의 이윤을 어떻게 극대화하는가를 알기 위해서는 그의 수입뿐만 아니라 그의 비용도 살펴봐야 한다. 밀을 경작하는 농부가 발생시키는 비용은 씨앗, 비료, 농장근로자 등에 들어가는 비용 등 다양하다. [표 8.3]은 [표 8.2]의 수입에 관한 자료와 Parker 농장의 비용에 관한 자료를 같이 보여주고 있다. *한계비용 marginal cost*은 한 단위를 더 생산할 때 발생하는 총비용의 증가분임을 기억하라.

표 8.3 농부 Parker가 밀 경작으로 얻는 이윤

(1) 수량(부셸) (*Q*)	(2) 총수입 (*TR*)	(3) 총비용 (*TC*)	(4) 이윤 (*TR*−*TC*)	(5) 한계수입 (*MR*)	(6) 한계비용 (*MC*)
0	$0.00	$10.00	−$10.00	—	—
1	7.00	14.00	−7.00	$7.00	$4.00
2	14.00	16.50	−2.50	7.00	2.50
3	21.00	18.50	2.50	7.00	2.00
4	28.00	21.00	7.00	7.00	2.50
5	35.00	24.50	10.50	7.00	3.50
6	42.00	29.00	13.00	7.00	4.50
7	49.00	35.50	13.50	7.00	6.50
8	56.00	44.50	11.50	7.00	9.00
9	63.00	56.50	6.50	7.00	12.00
10	70.00	72.00	−2.00	7.00	15.50

네 번째 열에 있는 수치는 이윤을 나타내며, 두 번째 열의 총수입에서 세 번째 열의 총비용을 뺀 금액이다. 네 번째 열을 보면 Parker가 3부셸과 9부셸 사이의 밀을 생산하면 이윤을 얻는다. 그가 얻을 수 있는 최대이윤은 $13.50이며, 이는 7부셸의 밀을 판매할 때 발생한다. Parker가 자신의 이윤을 극대화하기를 원하기 때문에 그는 7부셸의 밀을 생산하여 판매할 것이다. 7부셸보다 많은 양의 밀을 생산한다면 그의 이윤은 줄어들 것이다. 예를 들어, 8부셸의 밀을 판매한다면 이윤은 $13.50에서 $11.50으로 감소한다. 마지막 열에 있는 한계비용들은 7부셸보다 많은 양의 밀을 판매할 경우에 Parker의 이윤이 감소하는 이유를

이해할 수 있게 해준다. 일곱 번째 부셸의 밀 다음부터는 증가하는 한계비용이 Parker의 이윤을 감소시킨다.

각 생산량 수준에서 한계비용과 한계수입을 비교하는 것도 Parker의 이윤을 극대화 해주는 판매량을 알 수 있는 또 하나의 방법이다. [그림 8.3]은 이윤을 극대화해 주는 판매량을 알게 하는 2가지 방법을 그래프로 보여준다. [그림 8.3(a)]는 총수입과 총비용을 비교하는 방법을 보여주며, [그림 8.3(b)]는 한계수입과 한계비용을 비교하는 방법을 보여준다. [그림 8.3(a)]에서 총수입을 나타내는 선은 직선이 된다. 그 이유는 매번 한 부셸의 밀을 더 판매할 때마다 $7이라는 일정한 크기의 금액으로 총수입이 증가하기 때문이다. Parker의 이윤은 총수입곡선(직선)과 총비용곡선의 수직거리가 가장 먼 경우에 극대화된다. [표 8.3]에서 볼 수 있듯이 Parker의 이윤을 극대화해 주는 것은 7부셸의 판매량이다.

[표 8.3]의 마지막 두 열은 Parker가 한 부셸의 밀을 더 팔 때 얻는 한계수입(*MR*)과 한 부셸의 밀을 더 생산할 때 발생하는 한계비용(*MC*)을 보여준다. [그림 8.3(b)]는 Parker의 한계수입과 한계비용 그래프이다. 한계수입은 항상 $7이다. 이는 시장가격인 $7에서 수평선이다. 완전경쟁기업의 경우에, 그 기업의 수요곡선은 시장가격에서 수평인 선이 된다는 것은 이미 앞에서 언급한 것이다. 따라서 *"완전경쟁기업의 수요곡선은 그 기업의 한계수입곡선과 같은 것이다."* Parker의 한계비용은 처음에는 하락하다가 얼마 후에 상승하며, 이는 앞의 장에서 살펴본 형태와 같은 것이다.

[그림 8.3(a)]에서 밀의 판매량이 7부셸일 때 이윤이 극대화된다. 이는 [그림 8.3(b)]에서도 마찬가지이다. 왜 한계수입이 한계비용과 일치하는 생산량에서 이윤이 되는지를 이해하기 위해서는 경제학의 핵심원칙 중 하나인 *"최적의사결정은 한계치에 근거한다"* 점을 기억해야 한다. 기업들은 이 원칙을 사용하여 재화의 생산량을 결정한다. 예를 들어, 밀을 얼마나 생산, 판매해야 하는가를 결정할 때 농부 Parker는 또 한 부셸의 밀을 판매할 때 그가 얻는 한계수입과 그 한 부셸을 생산하는데 드는 한계비용을 서로 비교해 보아야 한다. 한계수입과 한계비용의 차이가 밀 한 부셸을 더 생산하여 판매할 때 발생하는 이윤(손실)의 크기이다. 한계수입이 한계비용보다 더 큰 경우에 Parker의 이윤은 증가하며 그는 생산, 판매량을 늘리려 할 것이다. 예를 들어, 그는 6부셸의 밀만 생산하지는 않을 것이다 왜냐하면 7번째 부셸의 밀을 팔면 그의 수입은 $7.00 증가하지만 비용은 $6.50만 발생하므로 그의 이윤은 $0.50만큼 더 커지게 된다. 따라서 그는 한 부셸을 더 판매하여 얻는 한계수입이 그 한 부셸을 생산하는데 들어가는 한계비용과 일치할 때까지 계속해서 밀을 더 생산, 판매하기 원할 것이다. 그러나 한계수입과 한계비용이 일치하게 되는 밀의 생산량에서 한 부셸을 더 생산, 판매하게 되면 이윤은 증가하지 않는다. 따라서 한계수입과 한계비용이 일치하는 생산량 수준에서 그의 이윤은 극대화될 것이다.

[표 8.3]에서는 한계수입과 한계비용이 정확히 일치하는 생산량이 없다. 이에 가장 가까이 가는 경우는 Parker가 7부셸을 생산하는 것이다. 그는 이보다 더 많은 밀을 생산하려 하지 않을 것이다. 왜냐하면 한 부셸을 더 생산하면 한계비용이 한계수입보다 더 커져서 이윤이 줄어들기 때문이다. 예를 들어, 여덟 번째 부셸의 밀은 추가적인 비용 $9.00를 발생시키지만 추가적인 수입은 $7.00만 발생시킨다. 따라서 여덟 번째 부셸의 밀을 생산하면

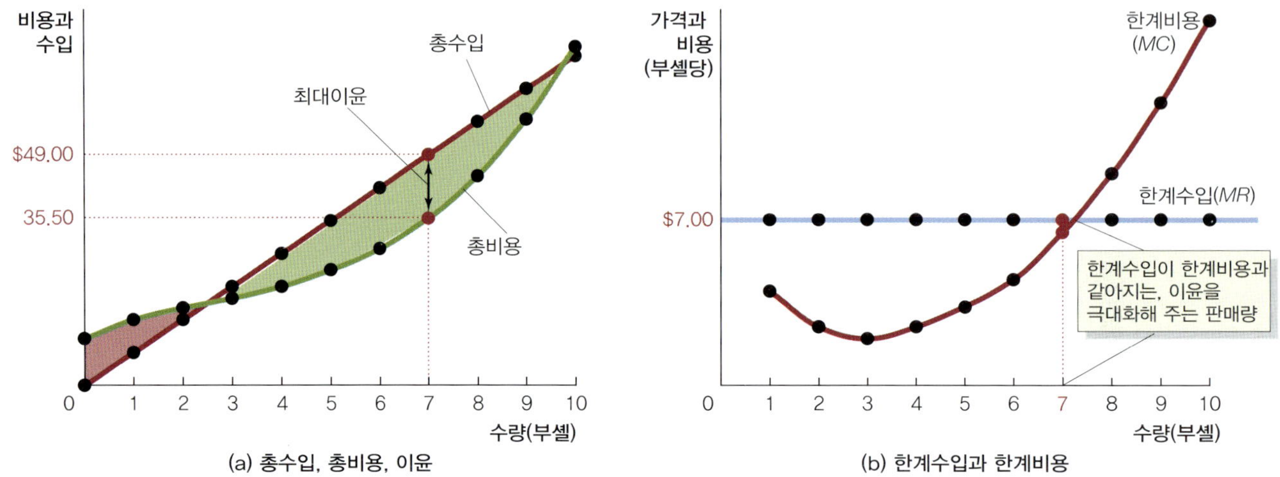

그림 8.3

이윤을 극대화해주는 판매량

그림(a)에서 농부 Parker는 총수입곡선과 총비용곡선의 수직거리가 가장 먼 경우에 자신의 이윤을 극대화한다. 이 경우의 판매량은 7부셸이다. 그림(b)에서 추가적으로 판매되는 밀 한 부셸당 Parker에게 발생하는 한계수입(*MR*)은 일정하게 $7이다. Parker는 자신이 판매하는 마지막 한 부셸의 밀이 발생시키는 한계수입이 그 한계비용과 일치할 때 까지 즉, $MR = MC$가 될 때까지 판매함으로써 자신의 이윤을 극대화할 수 있다. 그런데 이 경우를 보면 어떤 판매량 수준에서도 한계수입이 정확히 한계비용과 일치하지 않는다. 그러나 이 둘을 가장 가깝게 해주는 생산량은 7부셸의 밀이다. Parker는 한계비용이 한계수입보다 일단 커질 경우에는 더 이상 밀을 판매하지 않을 것이다. 왜냐하면 그렇게 할 경우에 이윤이 줄어들기 때문이다. 그림(a)와 그림(b)는 Parker가 자신의 이윤을 극대화해 주는 밀의 생산량을 어떻게 결정해야 하는지를 알게 해주는 2가지 방법을 보여주고 있다.

그의 이윤은 $2.00만큼 줄어든다.

[표 8.3]과 [그림 8.3]으로부터 다음과 같은 결론을 내릴 수 있다.

1. 이윤극대화를 가져다주는 생산량은 총수입과 총비용의 차이가 가장 커지는 생산량이다.

2. 이윤극대화를 가져다주는 생산량은 또한 한계수입이 한계비용과 같아지는($MR = MC$) 생산량이다.

이 두 개의 결론은 어느 기업에 대해서나 성립하는 것이다. 다시 말해, 해당 기업이 완전경쟁산업에 있든 있지 않든 관계없이 모든 기업에 대해서 성립한다. 한편, 완전경쟁산업에 있는 기업에게만 해당되는 이윤극대화의 결론이 하나 있다. 그것은 완전경쟁산업에 있는 기업의 경우에는 가격이 한계수입과 일치한다($P = MR$)는 것이다. 따라서 이 경우에는 $MR = MC$라는 조건은 $P = MC$라는 조건도 되는 것이다.

8.3. 비용곡선들을 가지고 살펴보는 이윤과 손실

앞에서 총수입에서 총비용을 빼 준 것이 이윤이라고 했다. 한편, 이윤은 *평균총비용*(*ATC*)을 가지고도 살펴볼 수 있다.

평균총비용과 이윤의 관계를 알기 위해서는 몇 단계 과정이 필요하다. 이윤이 총수입에서 총비용(*TC*)을 빼준 것이고, 총수입이 가격에 판매량을 곱한 것이기 때문에 다음과 같이 표현될 수 있다.

$$\text{이윤} = (P \times Q) - TC$$

양변을 Q로 나누면,

$$\frac{\text{이윤}}{Q} = \frac{(P \times Q)}{Q} - \frac{TC}{Q}$$

$TC/Q = ATC$ 이므로,

$$\frac{\text{이윤}}{Q} = P - ATC$$

이 방정식은 단위당 이윤(즉, 평균이윤)은 가격에서 평균총비용을 빼 준 것임을 말해준다. 마지막으로, 이 식에 Q를 곱해 줌으로써 이윤과 평균총비용의 관계를 다음과 같이 표현할 수 있다.

$$\text{이윤} = (P - ATC) \times Q$$

이 방정식은 가격과 평균총비용의 차이에 생산량을 곱한 것이 기업이 얻는 총이윤이라는 점을 보여준다.

그래프로 살펴보는 이윤

[그림 8.4]는 앞장에서 살펴본 한 기업의 평균총비용과 한계비용의 관계를 보여주고 있다. 이 그림은 완전경쟁기업의 한계수입곡선(또한 평균수입곡선이기도 하며, 완전경쟁기업의 수요곡선이기도 함)과 총이윤을 나타내는 면적도 보여주고 있다. 조금 전에 살펴본 이윤과 평균총비용의 관계를 사용하면, 총이윤을 나타내는 면적은 높이가 ($P - ATC$) 이고 폭이 Q인 변적이다. 이 면적은 초록색 음영의 사각형으로 표현되어 있다.

그림 8.4

면적으로 표시되는 최대 이윤

기업은 자신의 한계수입이 한계비용과 일치되는 판매량에서에서 자신의 이윤을 극대화한다. 가격과 평균총비용의 차이는 판매량 한 단위당 이윤과 같다. 총이윤은 단위당 이윤에 판매량을 곱한 것이다. 총이윤은 초록색 음영으로 표현된 면적으로 높이는 ($P-ATC$)이고 폭은 Q이다.

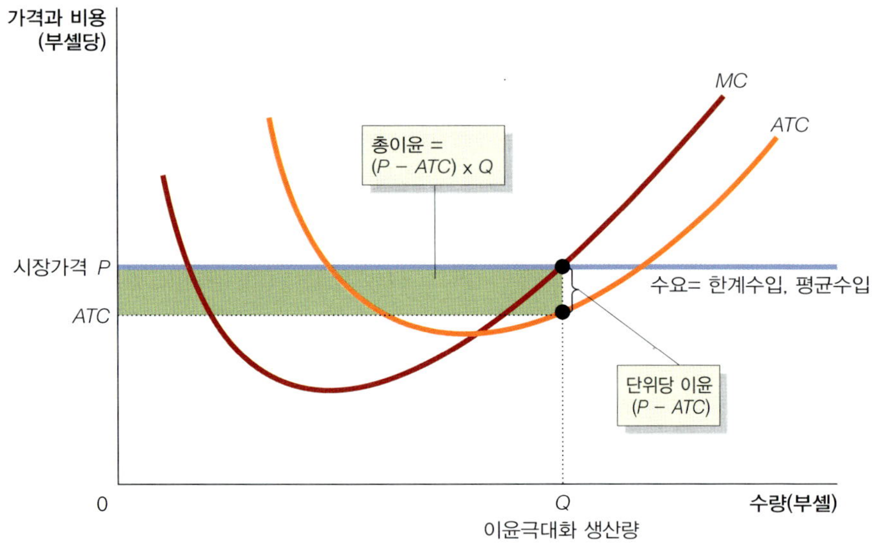

총이윤을 극대화하는 것이 단위당 이윤을 극대화하는 것을 의미하는 것이 아니다.

다음과 같은 그래프를 본 한 학생이 이와 같이 말했다. "이윤을 극대화하려는 기업은 Q_2가 아니라 Q_1을 생산할 것이다. Q_1에서 가격과 평균총비용의 차이가 가장 크다. 따라서 기업은 자신의 단위당 이윤을 극대화해주는 Q_1을 생산함으로써 자신의 총이윤을 극대화할 수 있다."

이 학생의 말은 맞는가?

이 학생의 말은 틀리다. 왜냐하면 기업은 자신의 총이윤을 극대화하는 것이 목적이지 단위당 이윤을 극대화하는 것이 목적이 아니기 때문이다. 이윤은 한계수입이 한계비용보다 큰 Q_1의 생산량에서는 극대화되지 않는다. 기업의 이윤은 한계수입이 한계비용과 일치하는 Q_2의 생산량(판매량)에서 극대화되는 것이다.

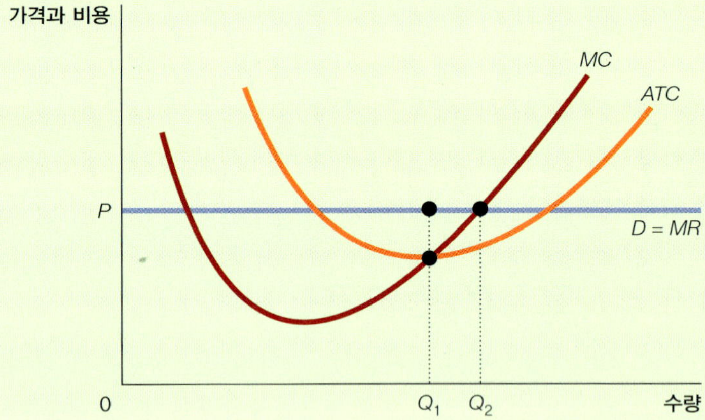

손익분기점과 손실이 발생하는 경우

이윤을 극대화하기 위해서 기업은 한계수입이 한계비용과 일치하는 생산량을 생산해야 한다는 것은 이미 알고 있는 것이다. 그렇다면 그러한 생산량에서 기업은 항상 이윤을 내는가? 이에 대한 답은 가격과 평균총비용의 관계에 달려 있다. 3가지 가능성이 있다.

1. $P > ATC$ 이라면, 기업은 이윤을 내고 있다는 것이다.

2. $P = ATC$ 이라면, 기업은 손익분기점(총비용 = 총수입)에 있는 것이다.

3. $P < ATC$ 이라면, 기업은 손실을 발생시키고 있다는 것이다.

[그림 8.4]는 기업이 이윤을 내고 있는 첫 번째의 경우를 보여주고 있다. [그림 8.5(a)]는 기업이 손익분기점에 있는 경우를 보여주고 있으며, [그림 8.5(b)]는 기업이 손실을 발생시키고 있는 경우를 보여주고 있다. [그림 8.5(a)]의 경우, $MR = MC$이 되는 생산량에서 가격은 평균총비용과 일치한다. 따라서 총수입은 총비용과 일치하며, 기업은 손익분기점에 있어서 기업이 얻고 있는 경제적 이윤은 0이 된다. [그림 8.5(b)]의 경우, $MR = MC$이 되는 생산량에서 가격은 평균총비용보다 낮다. 따라서 총수입은 총비용보다 적으며 기업은 손실을 보고 있는 것이다. 하지만 이 경우, *이윤을 극대화한다는 것은 손실을 극소화하고 있는 것과 같은 것이다.*

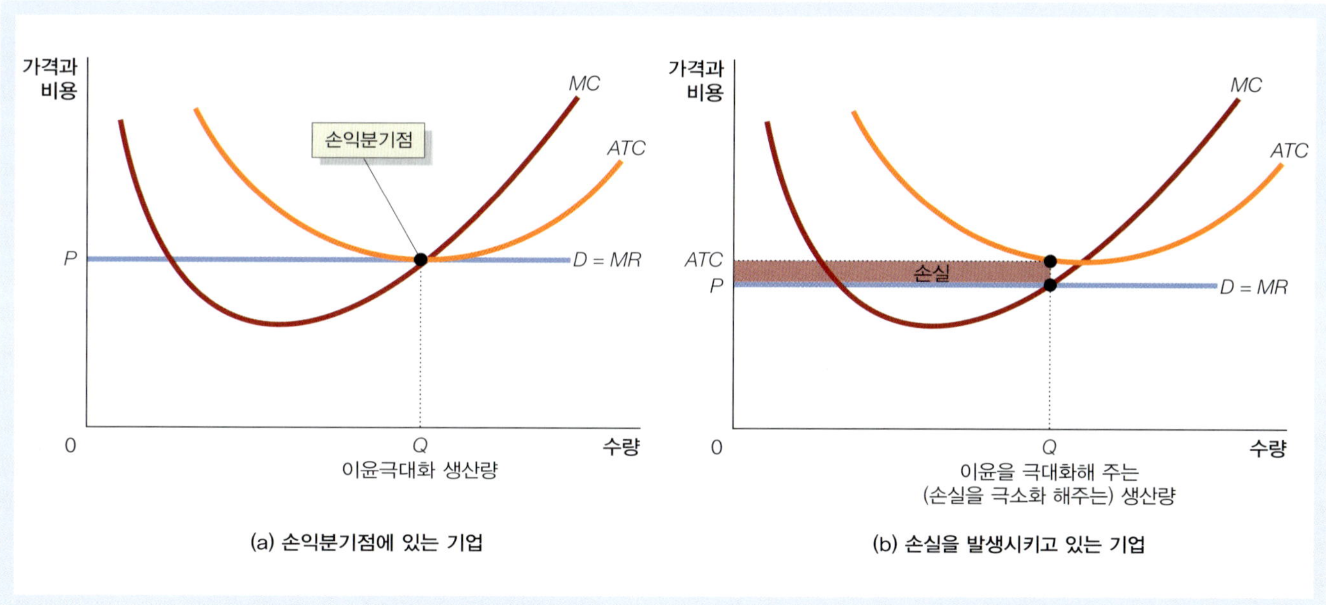

그림 8.5

손익분기점에 있는 기업과 손실을 발생시키고 있는 기업

그림(a)에서 가격이 평균총비용과 같으며, 따라서 총수입이 총비용과 같으므로 기업은 손익분기점에 있는 것이다. 이 경우, 기업이 얻는 경제적 이윤은 0이다. 그림(b)에서 가격은 평균총비용 아래에 있으며 기업은 손실을 내고 있다. 손실의 크기는 빨간색으로 음영된 사각형의 면적으로 표시된다. 사각형의 높이는 ($ATC - P$)이고, 폭은 Q이다.

Making the Connection

태양광패널산업에서 발생한 손실

시장시스템에서는 기업가들이 해당 제품을 시장에 내놓아야만 소비자들이 이용가능한 것이다. 미국에서는 매주 수천 개의 새로운 크고 작은 회사들이 생겨나고 있다. 이러한 현상은 위험을 안고 자신이 마련한 자금을 투자하여 이윤을 얻고자 하는 기업가들이 존재한다는 것을 말해준다. 물론, 이러한 기업가들이 성공한다는 보장은 어디에도 없으며, 사실상 많은 수의 기업가들이 자신들이 원하는 이윤을 얻기보다는 손실을 보고 사업을 그만두고 있다.

2000년경에 높아진 원유가격과 원유 사용으로 인한 공해에 대한 우려로 인해 점점 더 많은 사람들이 태양에너지에 관심을 갖게 되었다. 또한 기술발전은 태양광패널에 사용되는 태양전지의 생산비용을 하락시켰다. 이에 더해 태양에너지시설을 갖추는 가정에 대해서는 정부가 그 비용의 30%를 지원해 주었다. 여러 해에 걸쳐서 나타난 태양광전지의 생산비용의 감소와 태양광패널에 대한 수요의 증가로 인해 미국에서는 태양광패널을 생산하려는 기업가들이 많이 나타나게 되었다. 하지만 2009년에 와서 중국산 태양광패널의 수입이 증가하면서 태양광패널의 시장가격이 크게 낮아지기 시작했다. 다음에 있는 그림(a)는 1와트의 전기를 생산하는 태양광패널의 가격이 2009년에 $2.00에서 2013년에 $0.50으로 3/4 하락한 것을 보여준다.

다 아래에 있는 것이며 따라서 기업들은 손실을 보기 시작했다. 미국 기업들은 중국기업들이 중국정부의 보조금을 받기 때문에 낮은 가격에 판매할 수 있는 것이라고 주장했다. 중국정부의 이러한 보조금 지급은 국제무역협정에 위반하는 것이다. 미국정부는 중국에서 수입되는 태양광패널에 대해서 30퍼센트의 관세를 부과하였다. 대부분의 환경운동가들은 관세로 인해 태양광패널가격이 올라가면 태양에너지를 사용하는 가구의 수가 줄어들게 된다고 주장하면서 관세 부과에 반대하였다. 또한 태양광패널을 자신의 제품에 사용하는 일부 미국 기업들도 생산비용이 증가한다는 이유로 관세부과에 대해 반대했다. 그러나 2013년의 경우를 볼 때 중국산 태양광패널에 대한 관세부과로 인해 중국산이 대만산이나 한국산 태양광패널로 대체되는 효과를 가져와 태양광패널의 시장가격에 별 영향을 주지 못한 것으로 나타났다. 한 에너지 전문가는 다음과 같이 말했다. "오늘날의 경제, 오늘날의 수요와 공급이 관세로 인해 상황이 크게 변할 것 같지는 않다."

태양광패널을 생산하는 미국 기업들은 왜 손익분기점에라도 도달할 수 있도록 가격을 올리지 않았을까? 이는 앞에서도 언급했듯이 자신의 제품가격을 시장가격 이상으로 올리려는 기업은 고객을 경쟁회사에게 뺏기기 때문이다. 장기적으로 미국 태양광

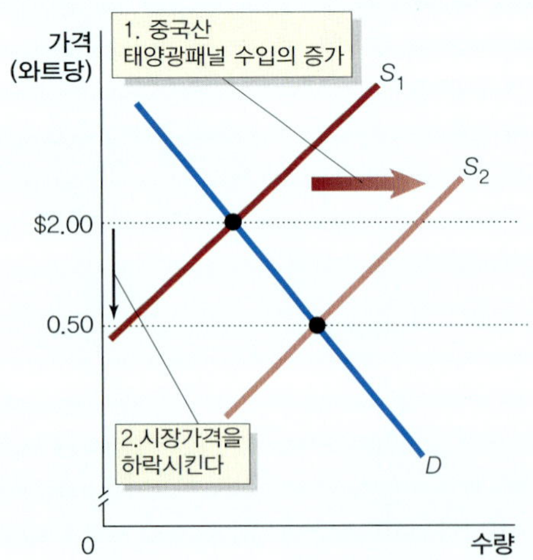

(a) 태양광패널시장

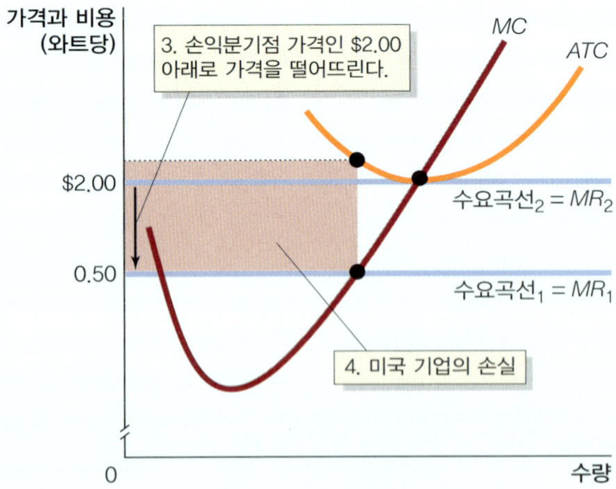

(b) 미국 태양광패널 기업의 손실

그림(b)는 태양광패널을 생산하고 있는 대표적 미국기업들의 상황을 보여준다. $0.50이라는 가격은 이들 기업의 평균총비용보

패널산업이 어떤 상황에 처할지는 확실하지 않다. 그러나 2013년에 태양광패널을 생산하던 여러 미국기업들이 사업을 그만두었고

태양광패널 사업을 시작한 기업가들은 자신들의 투자금액 대부분을 잃게 되었다.

자료: Keith Bradsher, "U.S. and Europe Prepare to Settle Chinese Solar Panel Cases," *New York Times*, May 20, 2013; "Chinese Solar Imports Drop but Prices Continue to Fall," cleantechnica.com, January 22, 2013; and Diane Cardwell, "Solar Tariffs Upheld, but May Not Help in U.S.," *New York Times*, November 7, 2012.

8.4. 단기에서 생산을 계속할 것인지 중단할 것인지를 결정하기

[그림 8.5(b)]에서는 기업이 손실을 보더라도 사업을 계속할 것이라고 가정했다. 단기에서, 손실을 보고 있는 기업이 취할 수 있는 선택은 2가지이다.

1. 생산을 계속하기
2. 일시적으로 생산을 중단하기

많은 경우에 손실을 보고 있는 기업은 잠정적으로 생산을 중단할 것을 고려할 것이다. 그러나 일시적으로 생산을 중단한다고 하더라도 고정비용을 계속 지불해야 하는 경우가 대부분이다. 예를 들어, 한 기업이 건물 임대계약을 하고 집주인에게 매달 임대료를 내고 있다고 하자. 임대료는 이 기업이 생산활동을 전혀 하지 않더라도 내야 한다. 따라서 기업이 생산을 중단하면 임대료만큼의 손실을 보게 된다. 이 손실은 기업이 받아들일 수 있는 최대금액의 손실이다. 만일 생산을 계속할 때 이 고정비용보다 더 많은 손실이 발생하게 되면 기업은 생산을 중단해야 할 것이다.

기업이 변동비용보다 더 높은 총수입을 발생시킨다면 생산을 계속함으로써 기업은 손실의 크기를 총고정비용보다 작게 만들 수 있다. 이 경우는 기업은 자신이 얻는 수입으로 변동비용을 커버한 후에 남는 금액으로 고정비용의 일부도 커버할 수 있는 것이다. 따라서 이 경우에 기업은 생산을 계속하는 것이 생산을 중단하는 것보다 손실을 작게 만드는 것이다.

위에서 기업의 생산중단 결정을 논의할 때, 우리는 고정비용이 모두 매몰비용이라는 가정을 한 것이다. **매몰비용 sunk cost**은 이미 지불한 비용으로 다시 회수할 수 없는 비용이라고 한 것을 기억하라. 일반적으로 기업의 고정비용은 생산을 중단한다고 해서 지불을 중단하여 회수될 수 있는 비용이 아니다. 예를 들어, 한 농부가 땅을 사려고 은행에서 돈을 빌렸다고 하자. 이 경우, 농부는 그 땅에서 농작물을 생산하든 하지 않든 매달 일정액을 은행에 상환해야 하는 의무를 갖는다. 농부는 그 금액을 지불해야 하고 그 지불액은 지불을 거절하고 회수될 수 있는 것이 아니다. 따라서 농부는 자신의 *매몰비용은 단기 의사결정과는 아무런 관련이 없는 비용으로 생각해야 한다.* 어떤 기업이든, 단기에서 생산을 중단

매몰비용 sunk cost
이미 지불한 비용으로 다시 회수할 수 없는 비용.

할 것인지 아닌지를 결정할 때 확인해야 할 핵심사항은 총수입이 변동비용보다 더 큰가 아니면 더 작은가 하는 것뿐이다. 기업이 발생시키고 있는 총수입이 변동비용보다 더 크다면 고정비용이 얼마가 되든 단기적으로 기업은 생산을 계속해야 한다.

단기에서의 기업의 공급곡선

한 기업의 공급곡선은 주어진 가격에서 그 기업이 판매할 용의가 있는 수량을 보여준다. 완전경쟁시장에 있는 기업의 한계비용곡선이 바로 그와 똑같은 것을 보여준다. 기업은 $MR = MC$가 되는 생산량을 생산한다. 완전경쟁시장에 있는 기업의 경우에는 가격이 한계수입과 일치하기 때문에 그 기업은 $P = MC$ 이 되는 생산량을 생산하려 할 것이다. 어떤 주어진 가격에서든 한계비용곡선을 가지고 기업이 공급하려는 양을 알 수 있다. 따라서 *"완전경쟁기업의 한계비용곡선은 그 기업의 공급곡선이기도 한 것이다."* 그러나 이 점에 대해서는 한 가지 중요한 제한이 있다. 기업이 손실을 발생시키고 있고, 총수입이 변동비용보다 적다면, 기업은 생산을 중단해야 한다.

$$\text{총수입} < \text{변동비용}$$

$$\text{즉,}\quad (P \times Q) < VC$$

양변을 Q로 나누면, 다음과 같이 될 때 기업은 생산을 중단한다.

$$P < AVC$$

가격이 평균변동비용 아래로 떨어지면, 생산을 중단하여 생산량을 0로 하는 것이 손실을 더 적게 하는 선택이다. 따라서 *"가격이 평균변동비용 이상이 될 경우에만 기업의 한계비용곡선이 그 기업의 공급곡선이 되는 것이다."*

한계비용곡선이 평균변동비용곡선과 교차하는 점은 평균변동비용곡선이 최저점에 있을 경우라는 것을 기억하라. 따라서 [그림 8.6]에서 볼 수 있듯이, *기업의 공급곡선은 평균변동비용곡선의 최저점 위에 있는 한계비용곡선이다.* 가격이 평균변동비용보다 낮을 경우에(P_{MIN}) 기업은 생산을 중단하며 생산량은 0이 된다. 평균변동비용곡선의 최저점은 **생산중단점 shutdown point**이라고 부른다. 그림에서 이는 Q_{SD}의 생산량에서 발생한다. [그림 8.6]에서 빨간색으로 표시된 굵은 선이 단기에서의 기업의 공급곡선을 보여준다.

생산중단점 shutdown point
기업의 평균변동비용곡선의 최저점이며, 가격이 이 점 아래로 하락하면 단기에서 기업은 생산을 중단한다.

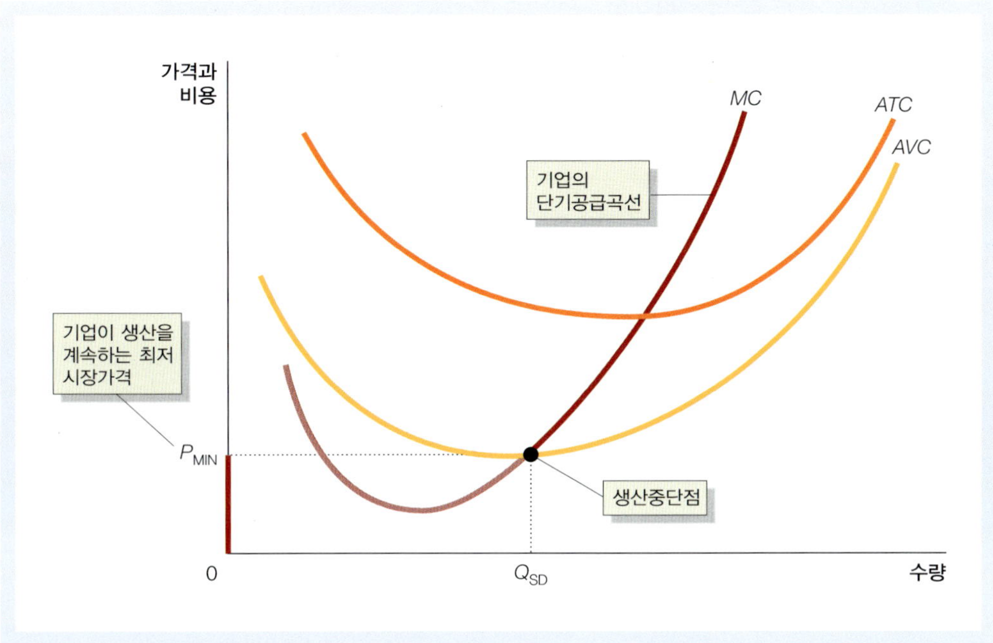

그림 8.6

기업의 단기공급곡선

완전경쟁시장에 있는 기업의 경우에 가격이 한계수입과 같으므로 이 시장에 있는 기업은 주어진 가격에서 $P = MC$이 될 때까지 생산한다. 주어진 가격에서 기업이 생산하려는 생산량은 한계비용곡선이 말해준다. 따라서 한계비용곡선은 기업의 공급곡선이 되는 것이다. 그러나 가격이 평균변동비용 아래로 하락하면 기업은 생산을 중단한다. 한계비용곡선은 평균변동비용곡선의 최저점인 생산중단점에서 평균변동비용곡선과 교차한다. 생산중단점에서의 생산량은 Q_{SD}이다. 가격이 P_{MIN}보다 아래에 있을 때 기업의 공급곡선은 가격축을 따라 수직선이 된다. 이는 이러한 가격에서 기업의 생산량이 0이라는 것을 말해준다. 빨간색 선은 기업의 단기공급곡선이다.

완전경쟁시장의 시장공급곡선

시장수요곡선은 각 가격에서 각 개인 소비자들의 수요량을 합해서 구한다. 마찬가지로 시장공급곡선은 각 가격에서 각 기업의 공급량을 합해서 구한다. 각 기업의 한계비용곡선은 각 가격에서 그 기업이 얼마나 공급하려 하는지를 알려준다. 따라서 시장공급곡선은 시장에 있는 기업들의 한계비용곡선으로부터 바로 도출할 수 있다. [그림 8.7(a)]는 한 밀 경작 농부의 한계비용곡선을 보여준다. 가격이 $7일 때, 이 농부는 15,000부셸의 밀을 공급하려한다. 모든 밀 경작 농부들이 이 가격에서 동일한 양의 밀을 공급하려 하고 150,000명의 밀 경작 농부가 있다면 가격이 $7일 때 공급되는 밀의 총량은 다음과 같다.

$$15{,}000\text{부셸} \times 150{,}000\text{ 명} = 22.5\text{억 부셸의 밀}$$

[그림 8.7(b)]는 부셸당 가격 $7과 그에 상응하는 22.5억 부셸의 생산량을 밀의 시장공급곡선 상의 한 점으로 보여주고 있다. 물론 현실적으로 모든 밀경작 농부들이 같지는 않다. 어떤 농부들은 주어진 시장가격에서 대표적인 농부보다 더 많은 양의 밀을 공급할 것이고 다른 농부들은 그보다 적은 양의 밀을 공급할 것이다. 중요한 점은 각 가격에서 시장에 있는 각 기업이 공급하려고 하고(willing to supply) 또한 공급할 수 있는(able to supply) 수량을 모두 합하면 시장공급곡선을 도출할 수 있다는 것이다.

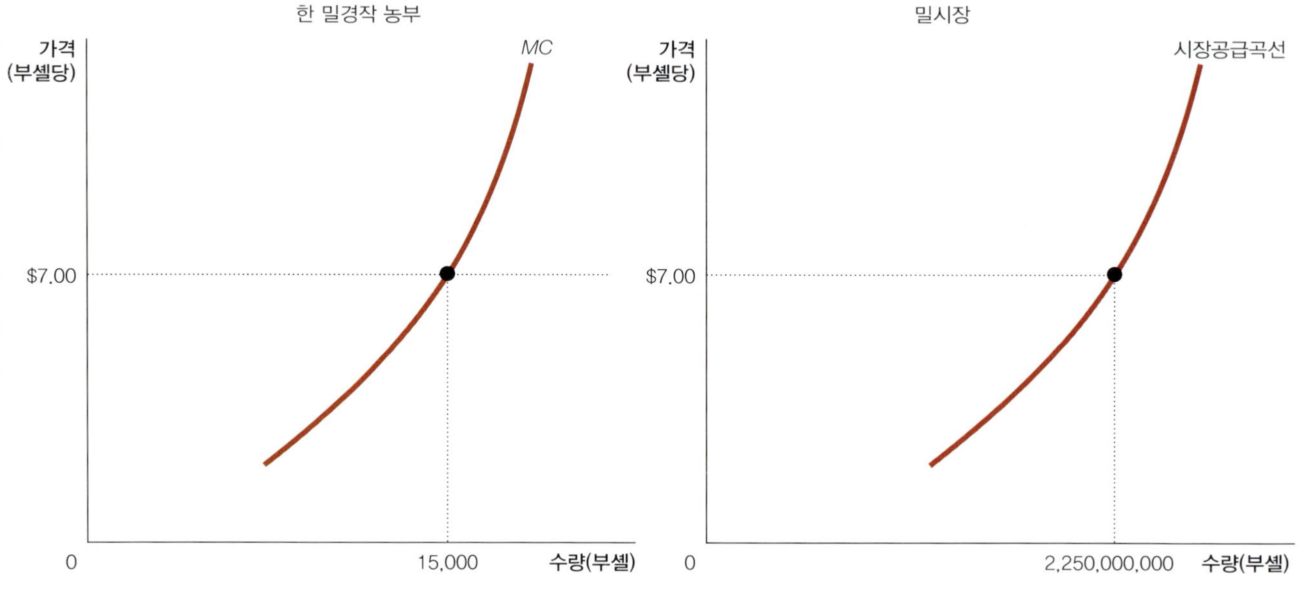

(a) 개별 기업의 공급곡선

(b) 시장공급곡선

그림 8.7

개별기업의 공급곡선과 시장공급곡선

각 가격에서 시장에 있는 각 기업이 공급하려고 하는 공급량을 합하면 시장공급곡선이 구해진다. 그림(a)에서 부셸당 $7일 때 한 밀경작 농부가 공급하려는 밀의 양은 15,000부셸이다. 모든 밀경작 농부들이 이 가격에서 동일한 양의 밀을 공급하려 하고 150,000명의 밀 경작 농부가 있다면 가격이 $7일 때 공급되는 밀의 총량은 15,000부셸 × 150,000 = 22.5억 부셸이 된다. 이는 그림(b)에 있는 시장공급곡선상의 한 점으로 표시된다. 각 가격에서 각 농부들이 공급하려는 밀의 양을 알면 시장공급곡선상의 다른 점들을 알게 되고, 이런 점들을 이으면 시장공급곡선이 된다.

8.5. 누구나 할 수 있는 것을 해서는 돈을 벌 수 없다. 장기에서 기업의 진입과 퇴출

장기에서 기업이 자신의 비용을 모두 커버할 수 없다면 기업은 생산을 중단하고 해당 산업에서 퇴출할 것이다. 완전경쟁 시장시스템에서는 기업들은 한 산업에 지속적으로 진입하고 또한 지속적으로 그로부터 퇴출한다. 이 절에서는 이윤과 손실이 어떻게 기업들로 하여금 해당 산업에 진입하도록 만들고, 또한 해당 산업으로부터 퇴출하도록 만드는지를 살펴본다.

경제적 이윤과 진입과 퇴출의 의사결정

우선, 기업이 벌어들이는 이윤이 어떻게 정의되는가를 살펴보기로 하자. Sacha Gillette이 자신의 사업을 하기로 했다고 하자. 그녀는 자신의 기술과 흥미를 고려해 식당이나 옷가게를 하는 것이 아니라 유기농 채소를 키우는 농부가 되기로 하고 사업계획을 작성하였다. 그녀는 10년간 모은 돈 $100,000과 은행으로부터 빌린 $900,000을 가지고 땅과 농사 장비를 구입하여 농장을 운영하기 시작했다. 그녀는 자신이 키운 홍당무를 지역 농산물 직거래 장터에서 팔기로 했다. 만일 어떤 사람이 이 농장에 투자하기로 한다면 그 투자금액의 기회비용은 그 금액을 다른 차선의 투자처에 투자했을 때 얻을 수 있는 수익이다. 농부 Gillette이 $100,000을 다른 차선의 선택(예를 들어, 식당을 운영했다면)에 투자했다면 매년 10퍼센트의 수익을 얻을 수 있다고 해보자. 이 경우, 그녀가 홍당무를 키워 파는 사업에서 발생시키는 묵시적 기회비용은 $10,000이다.

[표 8.4]는 농부 Gillette의 비용을 보여준다. 그녀의 명시적 비용에 추가하여 두 종류의 묵시적 비용이 발생한다. $10,000은 그녀가 농장에 투자하는 금액의 기회비용이며, $30,000은 그녀가 자신의 농장을 하지 않고 다른 사람의 농장에서 일한다면 받을 수 있는 봉급이다. 그녀의 총비용은 $125,000. 홍당무의 시장가격이 한 박스당 $15이면 농부 Gillette이 10,000박스를 판매하며 그로부터 얻는 총수입은 $150,000, 경제적 이윤은 $25,000(총수입 $150,000에서 총비용 $125,000을 빼준 금액)가 된다. **경제적 이윤 economic profit**은 총수입에서 총비용을 빼준 것으로 비용에는 명시적 비용과 함께 묵시적 비용이 포함되어야 한다는 점을 기억하라. 따라서 Gillette은 자신이 투자한 금액의 기회비용인 $10,000과 자신의 잃어버린 봉급인 기회비용 $30,000을 커버하고 있을 뿐만 아니라 추가적으로 $25,000의 경제적 이윤도 벌어들이고 있는 것이다.

경제적 이윤 economic profit
총수입에서 모든 비용(명시적 및 묵시적)을 빼 준 금액.

경제적 이윤은 새로운 기업의 진입을 발생시킨다. 불행하게도 농부 Gillette는 오랜 기간 동안 경제적 이윤을 누릴 수는 없을 것 같다. 다른 농부들이 자신의 홍당무를 슈퍼마켓에

표 8.4 농부 Gillette의 연간 비용

명시적 비용(Explicit Costs)	
물	$10,000
임금	$15,000
비료	$10,000
전기	$5,000
은행대출금에 대한 상환	$45,000
묵시적 비용(Implicit Costs)	
받지 못하는 봉급	$30,000
농장에 투자한 $100,000에 대한 기회비용	$10,000
총비용(Total Cost)	**$125,000**

팔고 있으면서 겨우 손익분기점에 있다고 하자. 이 경우, 이들 농부들은 슈퍼마켓에 팔던 홍당무를 경제적 이윤을 얻기 위해서 직거래 장터에서 팔려고 하는 인센티브를 가질 것이다. 이 장의 처음에서 언급했듯이 최근에는 많은 소규모 농부들이 더 높은 이윤을 얻기 위해서 자신의 농산물을 직거래 장터에서 팔기 시작했다. 점점 더 많은 기업들이 해당 산업에 진입하면 시장공급곡선은 점점 더 오른쪽으로 이동한다는 것을 기억하라. [그림 8.8(a)]는 더 많은 농부들이 직거래 장터에서 홍당무를 팔기 시작하면 시장공급곡선이 오른쪽으로 이동하는 것을 보여준다. 농부들은 시장공급곡선이 S_1에서 S_2로 이동할 때까지 계속해서 시장에 진입한다. S_2의 공급곡선에서는 홍당무 한 박스의 시장가격이 $10까지 떨어진다. [그림 8.8(b)]는 이러한 상황이 다른 홍당무 경작 농부들과 동일한 비용곡선을 갖는다고 가정한, 농부 Gillette에게 미치는 영향을 보여준다. 박스당 시장가격이 $15에서 $10으로 하락함에 따라 Gillette의 수요곡선은 D_1에서 D_2로 아래로 이동한다. 새로운 균형점에서,

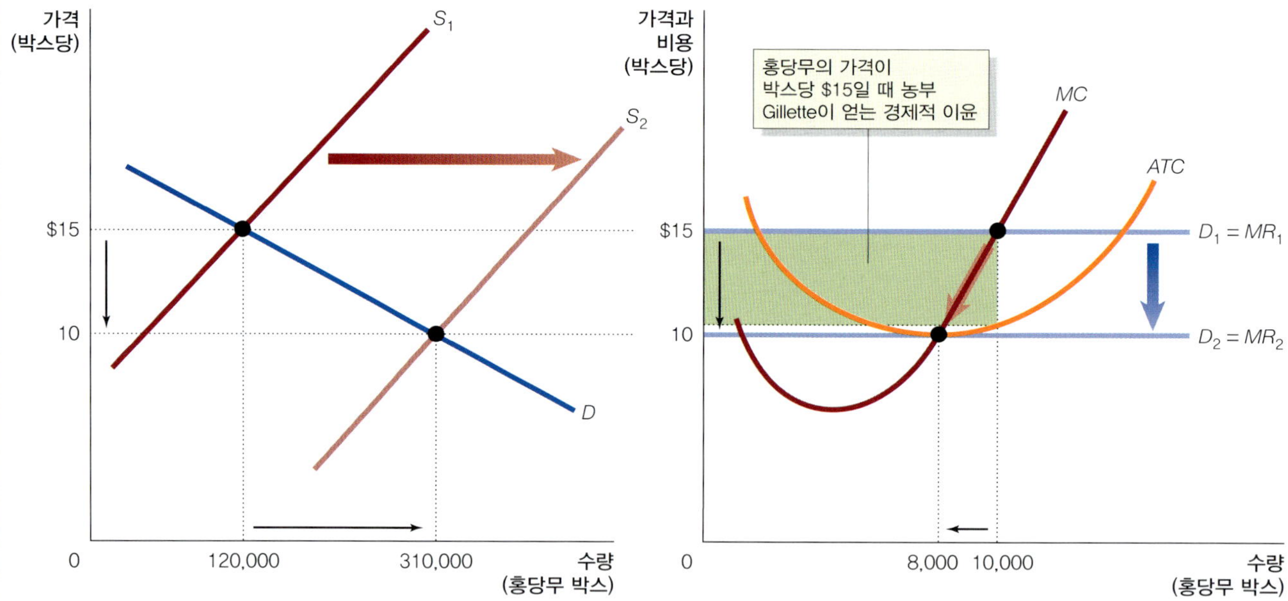

(a) 직거래장터에서 판매되는 홍당무시장

(b) 농부 Gillette의 농장

그림 8.8

새로운 기업의 진입이 경제적 이윤에 미치는 영향

처음에 농부 Gillette를 포함하여 직거래 장터에서 홍당무를 팔고 있던 다른 농부들도 박스당 $15에 홍당무를 팔면서 경제적 이윤을 얻고 있었다. Gillette의 경제적 이윤은 그림(b)에서 초록색 면적으로 표시되어 있다. 그림(a)는 다른 농부들이 직거래 장터에서 홍당무를 팔기 시작하면 시장공급곡선이 S_1에서 S_2로 오른쪽으로 이동하며, 그에 따라 홍당무의 시장가격이 박스당 $10으로 떨어지는 것을 보여준다. 그림(b)는 시장가격이 하락함에 따라 Gillette의 수요곡선이 D_1에서 D_2로 아래로 이동하며, 그녀의 판매량도 10,000박스에서 8,000박스로 줄어든다는 것을 보여주고 있다. 박스당 $10이라는 새로운 시장가격에서 홍당무 경작 농부들은 손익분기점에 있게 된다. 즉, 농부들의 총수입은 총비용과 일치하며 그들의 경제적 이윤은 0이 된다. 그림(a)와 그림(b)의 눈금이 서로 다른 크기의 수량을 의미한다는 것을 살펴보라.

Gillette은 박스당 $10의 가격에 8,000박스를 판다. 그녀를 포함한 다른 농부들도 이제 더 이상 경제적 이윤을 얻지 못한다. 이들은 모두 손익분기점에 있으며 이들이 투자한 금액은 겨우 그 기회비용만큼만 벌어들이고 있는 것이다 이제 농산물 직거래 장터에서 홍당무를 파는 것이 다른 곳에 홍당무를 파는 것보다 더 좋은 수익을 가져다주지 않기 때문에 농산물 직거래 장터에 더 이상 새로운 농부들이 진입하지 않는다.

농부 Gillette는 손익분기점에 도달했는데도 계속해서 직거래 장터에서 자신의 홍당무를 팔 것인가? 그녀는 계속 판매할 것이다. 왜냐하면 다른 곳에서 벌 수 있는 만큼을 직거래 장터에서 벌고 있기 때문이다. 모든 경제적 이윤이 제거될 때까지 계속해서 새로운 기업이 시장에 진입하고 기존의 기업은 경제적 이윤을 얻고 있지 못함에도 그대로 시장에 남아 있다는 것이 매우 이상하게 생각될 수도 있다. 그러나 이상하게 생각되는 이유는 우리가 이윤을 *경제적 이윤 economic profit*으로 생각하지 않고 *회계적 이윤 accounting profit*으로 생각하는데 익숙해져 있기 때문이다. 회계장부상의 기록 원칙은 명시적 비용만 비용으로 기록하게 되어 있다는 것을 기억하라. 농부 Gillette가 투자한 금액의 기회비용인 $10,000과 그녀가 잃게 되는 또 하나의 기회비용인 다른 곳에서 벌 수 있는 $30,000의 봉급은 경제적 비용이다. 경제적 비용이라는 표현은 경제학에서만 비용으로 본다는 의미가 아니라 (보이지는 않더라도) 진짜 발생하는 비용이므로 비용에 당연히 포함되어야 한다는 뜻이다. 따라서 회계사는 농부 Gillette가 $40,000의 이윤을 벌고 있는 것으로 보겠지만, 실제로 그녀는 손익분기점에 있는 것으로 아무런 경제적 이윤도 얻지 못하고 있는 것이다. Gillette이 재무제표를 작성한다거나 자신의 소득세를 내기 위한 자료를 준비할 때는 회계적 이윤을 나타내야 하겠지만, 경제적 이윤은 그녀가 지불하는 모든 비용을 비용에 포함시켜서 계산되는 것이기 때문에 그녀의 농장이 건실하게 운영되고 있는지를 보다 정확히 판단하게 해주는 것은 경제적 이윤이다.

경제적 손실은 기존기업의 퇴출을 발생시킨다 일부 소비자들이 농산물 직거래 장터에서 파는 농산물이 특별히 좋은 점이 없다고 생각하고 다시 슈퍼마켓에서 농산물을 사기로 했다고 하자. [그림 8.9(a)]는 직거래 장터에서 판매되는 홍당무에 대한 수요곡선이 D_1에서 D_2로 왼쪽으로 이동하면서 시장가격이 박스당 $10에서 $7로 떨어진다는 것을 보여주고 있다. [그림 8.9(b)]는 가격이 하락함에 따라 Gillette과 같은 농부가 자신의 한계비용곡선을 따라 아래로 내려오면서 생산량을 줄이는 것을 보여주고 있다. 더 적은 생산량과 더 낮은 가격으로 그녀는 자신의 모든 비용을 커버할 수 없게 되어 **경제적 손실 economic loss**을 발생시키게 된다. 시장가격이 평균변동비용보다 높다면 그녀는 손실이 발생하더라도 단기적으로는 계속해서 생산할 것이다. 그러나 모든 비용을 커버할 수 없다면 기업들은 장기적으로 해당 산업에서 퇴출할 것이다. 이 경우, 일부 농부들은 자신의 홍당무를 직거래 장터에서 팔지 않고 슈퍼마켓에서 파는 것으로 되돌아 갈 것이다.

경제적 손실 economic loss
기업의 총수입이 모든 묵시적 기회비용들도 포함한 총비용보다 적은 상황.

[그림 8.9(c)]는 기업들이 직거래 장터에서 퇴출하면서 직거래 장터 시장공급곡선이 왼쪽으로 이동하는 것을 보여주고 있다. 기업들이 계속해서 퇴출하면 시장공급곡선은 가격이 $10으로 다시 돌아갈 때까지 계속해서 왼쪽으로 이동하면서 S_2가 된다. [그림 8.9(d)]는 가격이 $10으로 돌아오면서 이 산업에 남아 있는 기업들은 손익분기점에 있게 된다는 것

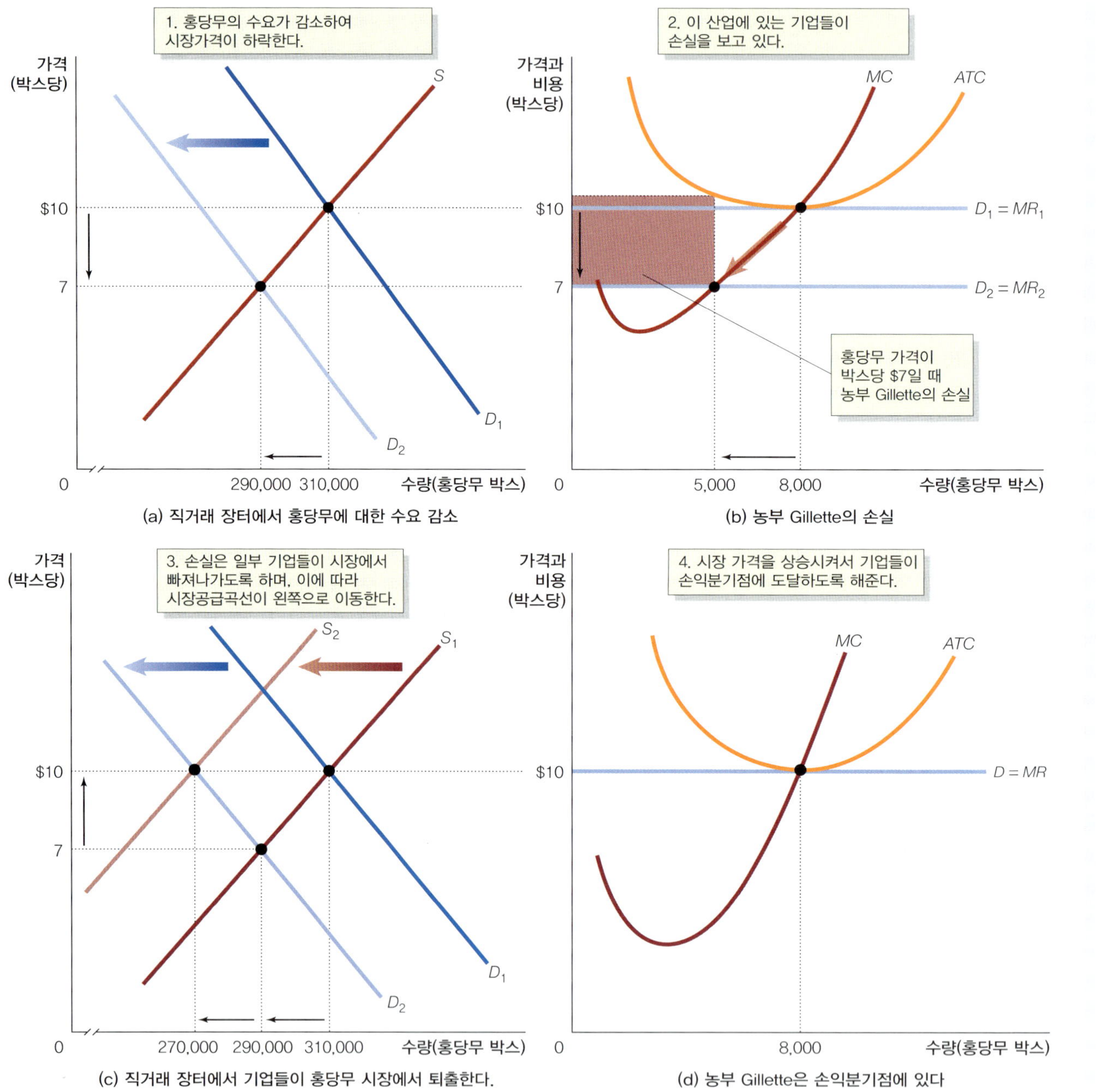

그림 8.9

기업들의 퇴출이 경제적 손실에 주는 효과

홍당무 가격이 박스당 $10일 때, 농부 Gillette을 포함한 홍당무 경작 농부들은 손익분기점에 있게 된다. 시장에서는 총 310,000박스의 홍당무가 판매된다. Gillette은 8,000박스의 홍당무를 판매한다. 그림(a)는 직거래 장터의 홍당무에 대한 수요감소가 수요곡선을 D_1에서 D_2로 이동시키고 이에 따라 홍당무의 직거래 장터 시장가격은 박스당 $7으로 하락하게 되는 것을 보여준다. 그림(b)는 가격하락으로 농부 Gillette의 수요곡선이 D_1에서 D_2로 아래로 이동하는 것과 그녀의 생산량이 8,000박스에서 5,000박스로 줄어드는 것을 보여준다. 박스당 $7의 가격에서 농부들은 경제적 손실을 발생시킨다. 이는 손실의 크기는 빨간색의 박스로 표시되어 있다. 이러한 경우에 일부 농부들은 시장에서 퇴출하고 이에 따라 시장공급곡선은 왼쪽으로 이동하게 된다. 그림(c)는 농부들의 퇴출은 공급곡선이 S_1에서 S_2가 될 때까지 계속되며 시장가격은 $7에서 다시 $10으로 돌아가는 것을 보여준다. 그림(d)는 시장가격인 $10으로 돌아왔을 때, 농부 Gillette이 손익분기점에 있게 되는 것을 보여준다. 그림(c)의 새로운 시장균형에서 직거래 장터의 홍당무 총판매량은 이전의 310,000박스에서 270,000박스로 줄어든다.

을 보여준다.

완전경쟁시장의 장기균형

경제적 이윤은 기업들이 시장에 진입하도록 기업들을 유인한다는 것을 보았다. 기업들이 시장에 진입함에 따라 시장가격은 기업들이 손익분기점에 있게 될 때까지 하락한다. 경제적 손실은 기업들이 해당 산업에서 퇴출하도록 만든다. 기업들의 퇴출은 기업들이 손익분기점에 있게 될 때까지 시장균형가격을 상승시킨다. **장기경쟁균형 long-run competitive equilibrium**에서는 기업들의 진입과 퇴출로 인해 시장에 남아 있는 기업들은 손익분기점에 있게 된다. 장기에 기업들은 자신의 규모를 늘리거나 줄일 수 있다. 장기평균비용곡선은 장기적으로(다시 말해, 기업이 자신의 규모를 늘리거나 줄일 수 있을 경우에) 일정한 생산량들을 생산할 수 있는 가장 낮은 평균비용들을 보여준다. 장기적으로 경쟁은 시장가격이 기업들의 장기평균비용곡선의 최저점과 일치하도록 만들 것이다.

장기경쟁균형 long-run competitive equilibrium 기업들의 진입과 퇴출로 인해 시장에 존재하는 기업들이 손익분기점에 있으면서 어떠한 기업도 기존 시장에서 나가려 하지 않고 어떠한 새로운 기업도 해당 시장에 진입하려고 하지 않는 상황.

농산물 직거래 장터 시장에서의 장기는 여러 해의 기간을 의미할 수 있다. 새로운 농산물 직거래 장터가 조직되고 농부들이 소비자들에게 직접 농산물을 파는 데 필요한 투자를 하는데 여러 해가 걸릴 수 있기 때문이다. 이 장의 처음에서 언급했듯이 미국의 농산물 직거래 장터는 2005년에 1,774개에서 2012년에 7,864개로 증가했다. 그러나 일부 농부들은 직거래 장터를 떠나기 시작했다. 그 이유는 직거래 장터에서 받을 수 있는 가격이 다른 곳에서 받을 수 있는 가격보다 낮았기 때문이다. Oregon 주에서는 최근에 개설되었던 농산물 직거래 장터 62개 중 32개가 문을 닫았다.

완전경쟁시장에 있는 기업들은 자신의 경쟁자들보다 한 발짝 더 앞서 있기 위한 노력을 부단히 기울여야 한다. 완전경쟁기업들은 농산물 판매를 위해 직거래 장터를 개설한 것처럼 제품을 공급하는 새로운 방법을 항상 찾고 있다. 기업들은 한동안 경제적 이윤을 누릴 수 있는 방법들은 찾을 수 있을 것이다. 그러나 다른 기업들의 시장진입으로 인해 유발되는 경쟁은 그러한 이윤을 몇 년도 안 되어 제거해 버린다. 이는 농산물시장에서만 나타나는 것이 아니다. 어떠한 완전경쟁시장에서든 경제적 이윤을 얻을 수 있는 기회는 절대로 오래가지 않는다. Yale University의 Sharon Oster 교수는 다음과 같이 말했다. "누구나 할 수 있는 것을 해서는 돈을 벌 수 없다."

완전경쟁시장에서의 장기공급곡선

직거래 장터에서 홍당무를 팔고 있는 한 대표적 농부가 박스당 $10의 가격에서 손익분기점에 있다면, 장기적으로 홍당무의 시장가격은 항상 이 수준으로 돌아올 것이다. 만일 수요의 증가로 시장가격이 $10보다 높아진다면 농부들은 단기적으로 경제적 이윤을 얻게 될 것이다. 이러한 경제적 이윤은 다른 농부들이 이 시장에 진입하도록 유혹할 것이며 이에 따라 가격이 $10으로 돌아갈 때까지 시장공급곡선은 오른쪽으로 이동할 것이다.

[그림 8.10(a)]는 수요증가가 가져오는 장기적 효과를 보여준다. D_1에서 D_2로의 수요증가는 홍당무의 시장가격이 일시적으로 박스당 $10에서 $15로 상승하게 만든다. 이 가격에

서 홍당무 경작 농부들은 직거래 장터에서 홍당무를 팔면서 단기적으로 경제적 이윤을 얻는다. 그러나 이러한 이윤은 새로운 농부들이 직거래 장터에 들어오도록 유인한다. 이로 인해 시장공급곡선이 S_1에서 S_2로 오른쪽으로 이동하며 가격은 다시 박스당 $10으로 하락하게 되어 농부들이 누리던 경제적 이윤은 사라지게 된다.

마찬가지로, 수요의 감소는 시장가격이 $10 아래로 떨어지게 만든다. 농부들은 경제적 손실을 보게 된다. 이러한 손실은 일부 농부들이 시장을 떠나게 만들고 이로 인해 시장공급곡선은 왼쪽으로 이동하고 가격은 $10으로 돌아오게 된다. [그림 8.10(b)]는 수요감소가 가져오는 장기적 효과를 보여준다. D_1에서 D_2로의 수요의 감소는 홍당무의 시장가격이 일시적으로 박스당 $10에서 $7로 하락하게 만든다. 이 가격에서 홍당무 경작 농부들은 손실을 보게 된다. 그러나 이러한 손실은 일부 농부들이 직거래 장터를 떠나도록 만든다. 이로 인해 시장공급곡선이 S_1에서 S_2로 왼쪽으로 이동하며 가격은 다시 박스당 $10으로 돌아오게 되어 농부들이 발생시키던 손실도 사라지게 된다.

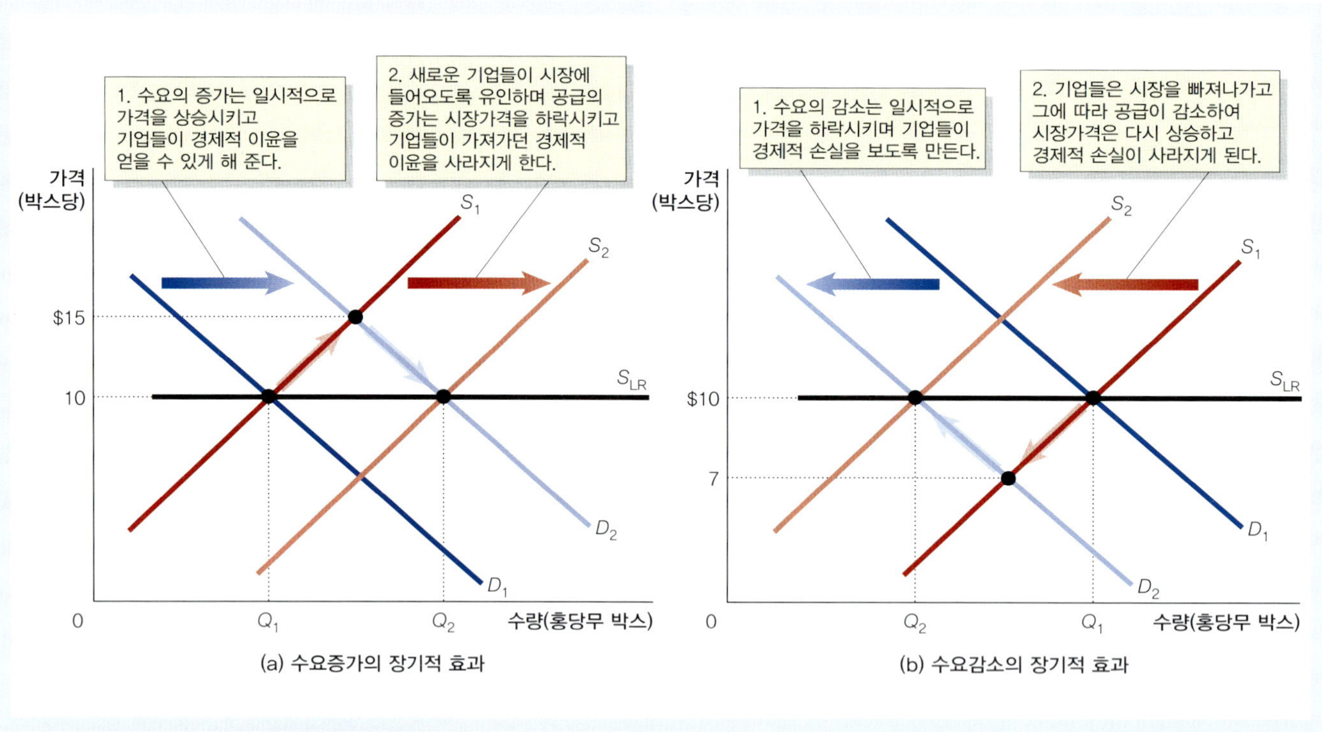

그림 8.10

완전경쟁산업에서의 장기공급곡선

그림(a)는 직거래 장터시장에서 판매되는 홍당무의 수요증가로 시장수요곡선이 D_1에서 D_2로 오른쪽으로 이동함에 따라 홍당무의 가격이 박스당 $10에서 $15로 일시적으로 상승하는 것을 보여준다. 새로운 기업들의 시장진입은 시장공급곡선을 S_1에서 S_2로 오른쪽으로 이동시키며 이에 따라 시장가격은 장기가격수준인 $10으로 돌아오게 된다. 그림(b)는 수요감소로 시장수요곡선이 D_1 에서 D_2로 왼쪽으로 이동하면서 홍당무의 박스당 가격이 $10에서 $7로 일시적으로 하락하는 것을 보여준다. 기업들의 퇴출은 시장공급곡선을 S_1에서 S_2로 왼쪽으로 이동하게 만들고 이에 따라 시장가격은 장기가격수준인 $10으로 돌아오게 된다. 장기공급곡선($S_{LR}$)은 시장가격과 장기공급량의 관계를 보여준다. 이 예에서는 장기공급곡선이 수평선이다.

장기공급곡선 long-run supply curve은 시장의 장기에서 시장가격과 공급량 간의 관계를 보여준다. 장기에서 홍당무의 가격은 홍당무의 생산량이 얼마가 되든 그에 관계없이 박스당 $10에 머물게 된다. 따라서 [그림 8.10]은 장기공급곡선(SLR)이 $10의 가격에서 수평선이 되는 것을 보여주고 있다. 장기적으로 시장가격은 $10으로 돌아오게 된다. 그 이유는 이 가격에서 해당 산업에 있는 기업들이 손익분기점에 있게 되기 때문이다. $10의 가격에서 기업들은 자신의 평균총비용곡선상의 최저점에 있게 되며 평균총비용과 가격이 동일하므로 손익분기점에 있게 되는 것이다. 따라서 다음과 같은 결론을 내릴 수 있다. *"장기에서 완전경쟁시장은 기업들의 평균총비용곡선의 최저점과 일치하는 가격에서 소비자들이 원하는 만큼의 수량을 공급하게 된다."*

장기공급곡선
long-run supply curve
시장의 장기에서 시장가격과 공급량 간의 관계를 보여주는 곡선.

장기공급곡선의 위치가 기업의 평균총비용곡선의 최저점에 의해 결정되므로 기업의 비용을 상승시키거나 하락시키는 것은 모두 장기공급곡선을 이동하게 만드는 것이다. 예를 들어, 홍당무에 새로운 질병이 생기고 이를 예방하기 위해서 모든 농부들이 박스당 $2의 비용을 추가적으로 지불해야 한다면 홍당무의 장기공급곡선은 $2만큼 위로 이동하게 된다.

비용증가산업과 비용하락산업

한 산업이 성장하면서 기업들의 평균비용이 변하지 않는 산업은 수평의 장기공급곡선을 가지며, [그림 8.10]는 이러한 산업의 경우를 보여주고 있는 것이다. 이러한 산업은 (예를 들어 위의 홍당무 산업의 경우) *비용불변산업 constant-cost industry*이라고 부른다. 그러나 산업이 성장하면서 대표적 기업의 평균총비용은 변할 수 있는 것이다. 예를 들어, 한 재화의 생산에 사용되는 생산요소들의 양이 제한되어 있는 경우에는 그 재화시장이 성장하면 생산요소들의 가격은 상승할 것이다. 어떤 포도주를 만들기 위한 특수한 포도나무를 키울 수 있는 어떤 종류의 토지가 그 양이 제한되어 있는 경우에는 그 포도나무에서 나오는 포도를 가지고 만드는 포도주의 수요가 증가하면 그 나무를 키울 수 있는 토지에 대한 수요도 증가하고 그에 따라 그러한 토지의 가격은 상승할 것이다. 따라서 장기적으로 높아진 평균비용을 커버해 줄 정도로 가격이 상승할 경우에만 그 포도주가 더 생산될 것이다. 이 경우, 장기공급곡선은 우상향한다. 우상향하는 장기공급곡선을 갖는 산업은 *비용증가산업 increasing-cost industry*이라고 부른다.

마지막으로, 어떤 경우에는 산업이 성장하면서 기업들의 비용은 하락할 수도 있다. 예를 들어, 어떤 사람이 소량만 생산되는 특수반도체를 부품으로 사용하는 특수전자렌지를 개발했다고 하자. 이 전자렌지에 대한 수요가 증가하면 특수반도체에 대한 수요도 증가할 것이다. 이에 따라 특수반도체의 생산에 규모의 경제가 존재한다면 특수반도체 생산의 평균생산비용은 하락할 것이며, 반도체 시장의 경쟁에 의해 그 반도체의 가격도 하락할 것이다. 이러한 반도체 가격의 하락은 다시 특수 전자렌지의 평균생산비용을 낮추어줄 것이다. 장기적으로 경쟁은 전자렌지의 가격을 더 낮아진 평균생산비용 수준까지 낮출 것이다. 이 경우, 장기공급곡선은 우하향하게 될 것이다. 우하향하는 장기공급곡선을 갖는 산업은 *비용감소산업 decreasing-cost industry*이라고 부른다.

Making the Connection

Apple의 iPhone 앱스토어로의 쉬운 진입이 단기를 매우 짧게 만든다

Apple은 2007년 6월에 iPhone을 시장에 내놓았다. 이 첫 모델은 인기는 있었지만 인터넷 접속이나 앱을 작동시키는데 일부 결함을 갖고 있었다. iPhone 3G는 2008년 7월에 시장에 소개되었고 인터넷 접속이 더 빨라졌다. 더 중요한 것은 상당한 인기를 끌고 있던 iTunes에 앱을 위한 앱스토어를 만들고 소비자들이 필요한 앱을 사용할 수 있게 한 것이다. 따라서 독립적인 소프트웨어 프로그래머들도 iPhone 앱을 개발하여 애플의 앱스토어에 올리면 돈을 벌 수 있게 되었다. 그 대신 Apple은 판매대금의 30%를 가져갔다. 주요 소프트웨어 개발 회사들뿐만 아니라 처음으로 소프트웨어를 개발한 개인들도 게임, 달력, 사전, 기타 여러 앱들을 iTunes 앱스토어에 올려놓을 수 있게 되었다. iPhone 3G을 출시한 지 한 달 만에 Apple은 3백만 대 이상의 iPhone을 판매하였다. 이에 따라 앱에 대한 수요도 함께 폭발적으로 증가했다. Sun Microsystems의 프로그래머였던 Ethan Nicholas는 iShoot이라는 게임을 개발하여 $4.99의 가격으로 판매하여 대성공을 거두었다. 사람들이 iShoot를 다운로드 하기 시작하면서 iTunes 앱스토어에 올린 지 한 달도 안 되어 Nicholas는 $200,000을 벌었고, 다섯 달 후에는 $800,000을 벌었다.

그러나 Nicholas의 성공은 계속되었을까? 앞에서 살펴보았듯이, 기업들이 어떤 시장에서 경제적 이윤을 얻고 있으면 다른 기업들도 그 시장에 들어가려는 강한 경제적 인센티브를 갖는다. 이러한 사실은 iPhone 앱에서도 그대로 나타났다. 2009년 4월까지 25,000개가 넘는 앱이 iTunes 스토어에 올라와 있었다. 이 시장에 들어가는데 드는 비용은 매우 적다. 프로그램 기술을 갖고 있고 시간적 여유가 있는 사람들은 누구나 앱을 개발하여 이를 iTunes 앱스토어에 올릴 수 있었다. 이렇게 경쟁이 치열해지면서 시장에 등장하자마자 다른 경쟁 제품을 몰아내고 시장을 완전히 재편할 정도로 인기를 누리면서 투자비용의 수십 배 이상 수익을 올리는 소위 킬러 앱을 개발하여 빠르게 부자가 될 수 있는 가능성은 급격히 사라지게 되었다. *New York Times*에는 다음과 같은 기사가 실렸었다. "iPhone 잭팟을 터트릴 수 있는 가능성은 점점 줄어들고 있다. Apple의 앱스토어는 이미 서로 비슷비슷한 게임들로 가득 차기 시작했으며 … 매일 새로운 재고들이 도착하고 있다. 판매가 잘되는 단순하고 똑똑한 개념의 앱들은 … 이미 채택되고 있다."

iTunes 앱스토어에서 경제적 이윤은 경쟁에 의해서 빠르게 사라진다.

판매를 늘리기 위해서 Ethan Nicholas는 iShoot의 가격을 2008년 10월 $4.99에서 2009년 4월에는 $2.99로, 2009년 5월에는 $1.99로, 그리고 마침내 2010년 9월에는 $0.99로 낮추었다. 이에 따라 그의 이윤은 계속 줄어들었다. 경쟁적인 시장에서는 장기적으로 경제적 이윤을 얻는다는 것이 극히 힘든 일이다. iPhone 앱시장에 쉽게 들어갈 수 있다는 것은 이 시장의 단기를 매우 짧게 만들었다.

자료: Jenna Wortham, "The iPhone Gold Rush," *New York Times*, April 5, 2009; and Bruce X. Chen, "Coder's Half-Million-Dollar Baby Proves iPhone Gold Rush Is Still On," wired.com, February 12, 2009.

8.6. 완전경쟁시장과 효율성

시장시스템하에서 소비자들이 얼마나 큰 파워를 갖는지 살펴보라. 소비자들이 그 지역에서 재배한 홍당무를 더 원하면 시장은 그러한 홍당무를 더 공급할 것이다. 더 많은 지역 홍당무가 공급되는 것은 정부관리나 홍당무 재배농부 조합의 명령에 의해서 이루어지는 것이 아니다. 직거래 장터에서 더 많은 홍당무가 공급되는 것은 직거래 장터에서의 수요증가로 가격이 상승하고 이윤이 높아지기 때문이다. 홍당무 재배자들은 자신들의 투자에 대해 더 높은 수익을 얻으려고 슈퍼마켓에 팔던 홍당무를 직거래 장터에서 팔기 시작한다. 그 지역에서 재배한 홍당무에 대해 소비자들의 관심이 없어지면 이러한 과정은 반대로 나타날 것이다.

생산적 효율성

시장시스템에서 소비자들은 자신이 원하는 만큼의 홍당무를 얻으며 홍당무는 가장 낮은 비용으로 생산된다. 경쟁압력은 시장가격이 기업들의 최소평균비용수준과 같아질 때까지 시장가격을 낮춘다. **생산적 효율성** productive efficiency이란 재화나 서비스가 가장 낮은 비용(최소비용)으로 생산되는 상황을 말한다. 앞에서 살펴보았듯이 완전경쟁시장은 생산적 효율성을 달성한다.

생산적 효율성
productive efficiency
재화나 서비스가 최소비용으로 생산되는 상황.

모든 기업의 경영자들은 생산비용을 낮춤으로써 경제적 이윤을 가져가려는 노력을 끊임없이 기울인다. 그러나 완전경쟁시장에서는 다른 기업들이 비용을 낮추는 방법을 금방 따라하게 된다. 따라서 장기적으로는 소비자들만이 비용감소로 인한 혜택을 가져간다.

배분적 효율성

완전경쟁시장에 있는 기업들은 재화와 서비스를 가장 낮은 비용으로 생산할 뿐만 아니라 소비자들이 가장 원하는 재화나 서비스를 생산한다. 기업들은 한 단위를 더 생산하는데 지불해야 하는 한계비용이 소비자들이 그 한 단위를 소비할 때 얻는 한계혜택의 크기와 같아질 때까지 생산한다. 달리 말해, 기업들은 소비자들이 얻는 한계혜택이 적어도 한계비용과 같은 재화나 서비스들을 생산한다. 이러한 결과가 나타나는 이유는 다음과 같다.

1. 한 재화의 시장가격은 판매되는 해당 재화의 마지막 한 단위를 소비자가 소비할 때 얻는 한계혜택을 나타낸다. P = Marginal Benefits(MB)
2. 완전경쟁기업은 시장가격이 마지막 한 단위를 생산하는데 드는 한계비용과 같아지는 점까지 생산한다. P = Marginal Cost(MC)
3. 따라서 기업들은 마지막 한 단위가 소비자들에게 가져다 주는 한계혜택이 그 한 단위를 생산하는데 드는 한계비용과 같아지는 점까지 생산한다. (MB = MC)

이러한 설명은 시장시스템에 있는 기업가들이 소비자들의 욕구를 가장 잘 만족시키는 재화와 서비스를 생산하기 위해서 노동, 기계, 기타 생산요소들을 효율적으로 *배분 allocate*하고 있다는 것을 달리 표현한 것뿐이다. 이렇게 한다는 것은 완전경쟁시장이 **배분적 효율성 allocative efficiency**도 달성한다는 것을 의미하는 것이다.[1] 많은 재화와 서비스들이 완전경쟁시장(산업)에서 생산되고 있는 것은 아니다. 하지만 생산적 효율성과 배분적 효율성은 실제 나타나는 경제적 성과를 평가할 때 사용할 수 있는 매우 유용한 벤치마크적 개념들이다.

배분적 효율성 allocative efficiency
생산이 소비자들의 선호를 반영하고 있는 경제상황. 보다 정확히 말해, 공급되는 모든 재화나 서비스들이 그 마지막 한 단위가 소비자들에게 주는 한계혜택이 그 마지막 한 단위를 생산하는데 생산자들이 지불하는 한계비용과 같아질 때까지 생산되고 있는 상황.

당신은 기업가인가?

고등학교 다닐 때 당신은 기업가였는가? 아마 당신이 어떤 가게를 소유하고 있지는 않았을 것이다. 그러나 당신이 미국에 살았더라면 동네 어린아이를 돌봐준다거나, 동네에 있는 남의 집 잔디를 깎아주는 일들은 해본 경험이 있을 것이다. 이러한 일들이 작은 기업을 운영하는 것과 같은 것이라는 생각은 하지 않았을지도 모르지만, 사실 이는 기업을 운영하고 있는 것과 다르지 않다. 당신은 당신이 제공하는 그러한 서비스의 가격을 어떻게 결정했는가? 당신은 한 시간당 $25 정도를 받기 원했을지도 모른다. 그러나 실제로는 이보다 훨씬 낮은 가격을 받았을 것이다. 그렇다면 당신이 실제로 받은 가격이 당신이 받고 싶었던 가격보다 훨씬 낮았던 이유는 무엇인가? 이 장에서 살펴보았듯이, 경쟁시장에서 제품을 파는 기업들은 경쟁기업들이 받고 있는 가격보다 더 높은 가격을 받을 수 없다. 어린아이를 돌보거나 잔디를 깎아주는 일은 매우 경쟁적이다. 왜냐하면 미국의 경우에 이러한 일을 하려고 하는 십대들이 동네에 아주 많기 때문이다. 당신이 20살이라면 이런 일을 해주고 받을 수 있는 가격은 당신의 아까운 시간에 비하면 가치가 없을 것이다. 그러나 그 가격은 예를 들어 14살짜리 십대가 자신의 시간이 갖는 기회비용을 충분히 보상받고도 남는 것일 수 있다. 또한 어린아이를 돌보거나 잔디를 깎아주는 일에는 다른 사람들의 진입이 매우 용이하다. 따라서 십대의 기업가로서 일해본 경험이 있다면 당신은 이 장에서 얻은 한 가지 교훈에 대해 이미 매우 친숙해져 있을 것이다. "경쟁시장 안에 있는 한 기업은 시장가격을 통제할 수 있는 능력을 전혀 갖지 못한다."

결론

시장의 경쟁은 기업들이 생산비용을 최소화하도록 만드는 압력을 지속적으로 기업들에게 가한다. 소비자들의 기호변화를 적절히 예상하지 못하는 기업이나 가장 최신의, 가장 효율적인 기술을 채택하지 못하는 기업은 장기적으로 시장에서 살아남을 수 없다. 19세기에 생물학자 Charles Darwin은 "적자생존 survival of the fittest" 이라는 개념에 근거하여 진화론을 주장했다. 환경이 요구하는 것에 가장 잘 적응하는 식물이나 동물만이 생존을 유지할 수 있다는 것이다. 이러한 자연계에서의 적자생존의 원칙은 경제계에서도 그대로 적용되는 원칙이다. 이 장의 앞에서 완전경쟁, 독점적 경쟁, 과점, 그리고 독점이라는 4가지 시장구조에 대해 언급하였다. 이제 완전경쟁에 대해 살펴보았으므로, 다음 장들에서는 나머지 3가지 시장구조에 대해 살펴보도록 한다.

1) 역주: 이는 제4장의 4.2절에서 살펴본 것이기도 하다.

주요 용어 KEY TERMS

배분적 효율성 allocative efficiency
평균수입 average revenue(*AR*)
경제적 손실 economic loss
경제적 이윤 economic profit
장기의 경쟁균형 long-run competitive equilibrium
장기공급곡선 long-run supply curve
한계수입 marginal revenue(*MR*)
완전경쟁시장 perfectly competitive market
가격순응자 price taker
생산적 효율성 productive efficiency
이윤 profit
생산중단점 shutdown point
매몰비용 sunk cost

연습문제 PROBLEMS

* 복습질문

1. 시장이 완전경쟁적 시장이 되기 위한 3가지 조건은 무엇인가?

2. 가격순응자란 무엇을 말하는가? 기업들이 가격순응자가 될 가능성이 큰 경우는 어떤 경우인가?

3. 완전경쟁시장에서 왜 $P = MR = AR$이 성립하는지 설명해 보라.

4. 완전경쟁시장에서는 이윤극대화 조건인 $MR = MC$가 $P = MC$와 같아지는 이유를 설명하라.

5. 완전경쟁시장에 있는 한 기업이 이윤을 발생시키고 있는 상황을 그래프로 나타내고, 이윤의 크기를 표시해 보라.

6. 단기에서의 생산중단점과 장기에서의 생산중단점의 차이는 무엇인가? 기업들이 단기에서는 손실을 받아들일 수 있지만 장기에서는 그렇게 하지 않으려는 이유는 무엇인가?

7. 완전경쟁기업의 한계비용곡선과 그 기업의 공급곡선은 어떤 관계를 갖는가?

8. 개별기업들의 공급곡선으로부터 시장공급곡선을 어떻게 구하는가?

9. 기업들은 어떤 경우에 시장에 진입하려 하고, 어떤 경우에 시장으로부터 퇴출하려고 하는가?

10. 경제적 이윤이 0인 기업은 장기에서도 생산을 계속하려고 하는가?

11. 완전경쟁시장의 장기공급곡선의 형태에 대해 설명해 보라.

12. 시장시스템에서 소비자들이 강한 힘을 갖는 이유는 무엇인가?

13. 배분적 효율성은 무엇을 말하는가? 생산적 효율성은 무엇을 말하는가? 이 두 개념의 차이를 간단히 설명하라.

14. 완전경쟁이 어떻게 배분적 효율성과 생산적 효율성을 가져오는가?

* 문제와 응용

1. 다음 각각에 대해 왜 완전경쟁시장인지 왜 완전경쟁시장이 아닌지를 설명해 보라.

a. 옥수수 농작물 시장
b. 커피숍 시장
c. 자동차 제조시장
d. 새로운 주택시장

2. 소비자들이 재화나 서비스를 구입할 때는 대부분 가격순응자가 되지만, 기업의 경우에는 상대적으로 적은 수의 기업만이 가격순응자가 되는 이유는 무엇인가?

3. 한 학생이 다음과 같이 말했다. "기업이 이윤을 극대화하기 위해서는 한계수입과 한계비용의 차이가 극대화되는 생산량을 생산해서 판매해야 한다. 이러한 생산량보다 더 많이 생산한다면 기업의 이윤은 줄어들 것이다." 이 말에 동의하는지 간단히 설명하라.

4. 수입을 극대화할 때의 기업의 생산량은 이윤을 극대화할 때의 기업의 생산량보다 더 많은가, 더 적은가? 간단히 설명하라.

5. 다음은 완전경쟁 모자산업에 있는 Marguerite's Caps라는 기업의 상황을 나타내는 그래프이다.

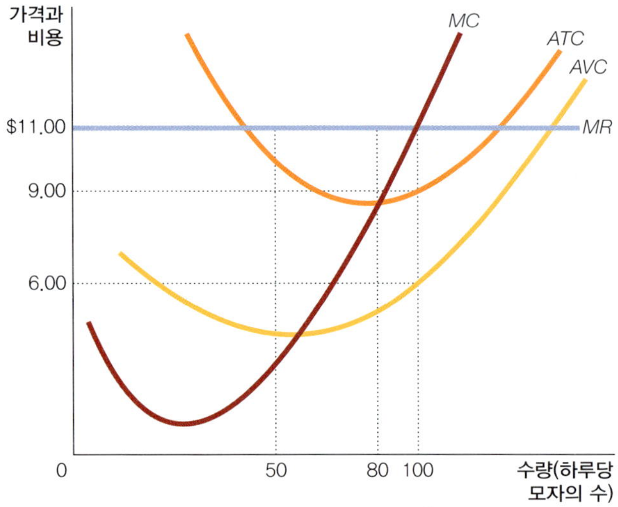

a. Marguerite는 이윤을 극대화하기 위하여 하루에 몇 개의 모자를 생산해야 하는가?

b. 이 기업은 얼마의 이윤을 얻는가?

c. 이 기업이 생산을 중단한다면 발생하는 손실은 얼마인가?

6. Edward Scahill은 완전경쟁시장에서 데스크용 램프를 생산하고 있다.

a. 다음의 표에서 빠진 부분을 채워라.

생산량(한 주당)	총비용	*AFC*	*AVC*	*ATC*	*MC*
0	$100				
1	150				
2	175				
3	190				
4	210				
5	240				
6	280				
7	330				
8	390				
9	460				
10	540				

b. 데스크용 램프시장의 균형가격이 $50이라고 하자. Scahill은 한 주간 몇 개의 램프를 생산해야 하며, 이 경우에 얻는 이윤은 얼마인가?

c. 다음 주에 균형가격이 $30으로 하락하면, Scahill은 생산을 중단해야 하는가?

7. 다음 그래프는 완전경쟁시장에 있는, 한 기업의 그래프이다. 이 그래프를 이용하여 다음을 표시해 보라.

a. 총비용

b. 총수입

c. 변동비용

d. 이윤 또는 손실

이 기업이 단기에서 생산을 계속해야 하는지를 간단히 설명해보라.

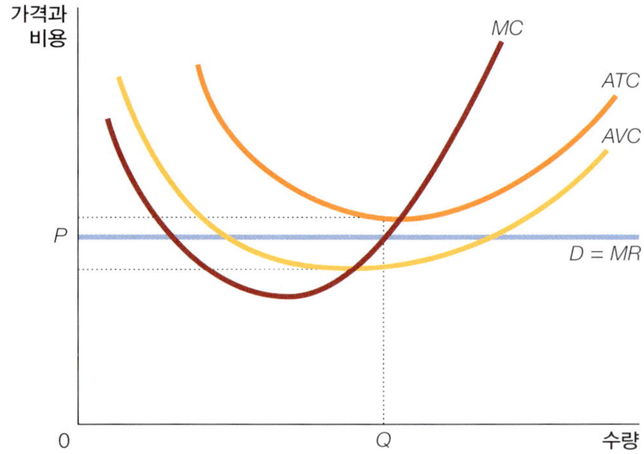

8. 어떤 대학의 경제학과 조교수가 연 $75,000의 봉급을 받고 있었다. 그런데 어느 날 그녀는 자신의 직장을 그만두고, 또한 연 3%의 수익을 내고 있던 $100,000어치의 채권을 팔고 그 돈으로 책가게를 열었다. 일 년 후에 그녀는 $80,000의 회계적 이윤을 냈다. 그렇다면 그녀의 경제적 이윤은 얼마인가?

9. 새로운 기업들의 한 산업에로의 진입이 그 산업에 있는 기존기업들의 경제적 이윤을 감소시키는 이유는 무엇인가? 한 산업으로부터 기업들이 퇴출하면 남아 있는 기업들의 경제적 이윤이 증가하는 이유는 무엇인가?

10. 다음의 말에 대해 당신이 동의하는지 설명해 보라.
"수요가 가장 큰 제품이 가장 높은 이윤을 가져다주는 제품이기도 하다."

11. 어떤 주어진 크기의 수요 감소가 있을 때, 비용불변 산업에서 퇴출하는 기업의 수가 더 많은가, 비용증가 산업에서 퇴출하는 기업의 수가 더 많은가? 간단히 설명해 보라.

12. 경제학원론을 수강하고 있는 한 학생이 다음과 같이 말했다. "완전경쟁모델은 이론상으로는 맞지만 현실적인 모델은 아니다. 이 모델은 완전경쟁시장에 있는 어떤 기업도

장기에서는 이윤을 내지 못한다고 예측해주고 있다. 현실적으로 볼 때 이윤이 0이라면 어느 기업도 계속해서 사업을 하지 않을 것이다." 이 말에 당신은 동의하는가?

13. 이 장에서 "기업들은 소비자들이 얻는 한계혜택이 기업이 부담하는 한계비용과 적어도 같은 제품들을 공급한다"라고 말하고 있다. 그런데 한 학생이 이 말에 반대하면서 다음과 같이 말했다. "나는 기업들이 실제로 그렇게 한다는 것에 의문을 갖는다. 어차피 기업들은 이윤을 낼 수 있을 것 같은 사업만 하며, 소비자들에게 가장 좋은 것이 무엇인지에 대해서는 관심을 갖고 있지 않다." 이 학생의 말에 대해 평가해 보라.

14. 다음의 그래프는 금귤 kumquat 생산기업인 Karl 기업의 상황을 나타내고 있다.

a. Karl은 얼마의 이윤을 얻고 있는가?

b. Karl의 현재 상황은 생산적 효율성을 보여주고 있는가, 아니면 배분적 효율성을 보여주고 있는가? 간단히 설명해 보라.

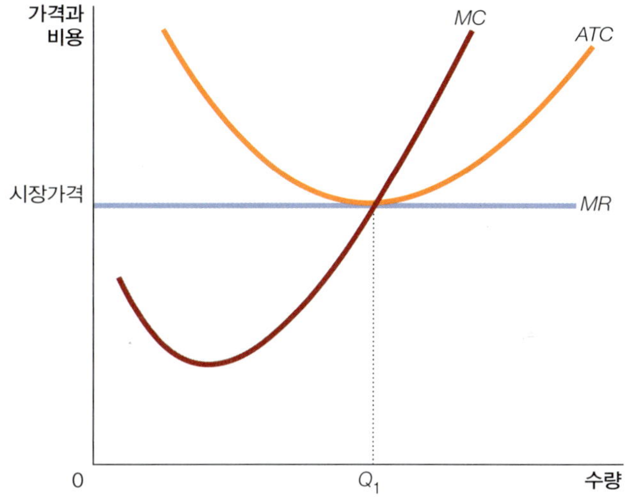

CHAPTER

9

독점적 경쟁: 보다 현실적인 상황을 가정한 경쟁모델

이 장의 학습내용

9.1 독점적 경쟁시장에 있는 기업의 수요와 한계수입
- 독점적 경쟁기업이 우하향하는 수요곡선과 한계수입곡선을 갖는 이유를 설명한다.

9.2 단기에서 독점적 경쟁기업의 이윤극대화
- 독점적 경쟁기업이 단기에서 어떻게 이윤을 극대화하는지 설명한다.

9.3 장기에서의 독점적 경쟁기업의 이윤
- 장기에서 독점적 경쟁기업이 직면하는 상황을 분석한다.

9.4 독점적 경쟁시장과 완전경쟁시장
- 독점적 경쟁시장과 완전경쟁시장의 효율성을 비교한다.

9.5 마케팅에 의한 제품차별화
- 마케팅을 정의하고 기업들이 자신들의 제품을 차별화하기 위해 마케팅을 어떻게 사용하는가를 설명한다.

9.6 기업을 성공하게 만드는 것은 무엇인가?
- 기업의 성공을 가져오는 핵심요소들을 확인한다.

Starbucks: 제품차별화로 달성할 수 있는 성장의 한계

다른 많은 대기업과 마찬가지로, Starbucks도 처음에는 작은 회사로 출발했다. 1971년에 기업가 Gordon Bowker, Gerald Baldwin, Zev Siegl은 Washington 주 Seattle에 첫 번째 Starbucks를 열었다. 현재의 CEO인 Howard Schultz는 그로부터 10년 후에 이 회사에 참가하여 오늘날의 Starbucks를 일구어냈다. Schultz는 많은 소비자들이 쉬거나, 책을 읽거나, 잡담을 하거나 하면서 질 높은 커피를 즐길 수 있는 안락한 커피숍을 원한다는 것을 알았다. Schultz가 Starbucks로 성공하게 된 핵심요소는 소비자들이 이러한 경험을 할 수 있는 커피가게를 만들었다는 것이다. 그러나 다른 커피숍들이 Starbucks의 이러한 접근방식을 베끼는 것은 쉬운 일이었다.

2009년에 격렬한 경쟁과 전반적인 경기침체로 Starbucks는 미국에 있는 수백 개의 커피숍을 폐쇄했고 가격도 내려 소비자들이 가졌던 비싼 커피숍이라는 인상도 없애려고 노력했다. 이에 따라 2010년에 Starbucks는 다시 이윤을 내기 시작했으며 이에는 해외시장에서의 성공이 큰 역할을 했다. 특히 아시아에서의 매출액은 2013년에 $10억을 넘었다. Starbucks는 커피숍을 스마트폰이나 기타 모바일 기기를 사용할 수 있고 고객들에게 더 다정한 분위기를 주도록 만드는 데 노력을 기울였다. Schultz의 다음과 같은 말은 자신의 회사가 경쟁회사들보다 앞서 있고, 고객을 계속 만족시켜야 한다는 끊임없는 도전에 직면해 있다는 것을 잘 숙지하고 있음을 보여준다. "나는 성공이라는 것이 얼마나 쉽게 사라질 수 있는지를 늘 깨닫고 있는 것이 얼마나 중요한…"

완전경쟁시장은 다음과 같은 3가지 요소로 특징지어진다고 앞에서 언급했다.

1. 많은 수의 기업이 존재한다.
2. 모든 기업들은 동일한 제품을 판매한다.
3. 새로운 기업이 그 산업에 진입하는데 아무런 장벽도 존재하지 않는다.

Starbucks가 경쟁하면서 있는 시장은 이 3가지 중 2가지의 특성을 갖고 있는 시장이다. 즉, 시장에는 많은 커피숍들이 존재하며, 그 시장의 진입장벽이 매우 낮다. 그러나 Starbucks의 커피는 다른 경쟁 커피숍들의 커피와는 동일하지 않다. 커피숍에서 커피를 파는 것은 밀을 파는 것과는 다르다. Starbucks와 그 경쟁자들이 판매하고 있는 제품은 서로 *차별화된 differentiated* 제품들이다. 따라서 커피숍 시장은 *독점적 경쟁시장 monopolistically competitive market*이지 완전경쟁시장이 아니다. 앞으로 살펴볼 것이지만, 대부분의 독점적 경쟁 기업들도 완전경쟁기업들처럼 장기에서는 경제적 이윤을 얻지 못한다.

자료: Annie Gasparro, "Starbucks Shuffles Global Management Team," *Wall Street Journal*, May 2, 2013; Annie Gasparo, "U.S., China Boost Starbucks," *Wall Street Journal*, April 25, 2013; and Claire Cain Miller, "A Changed Starbucks. A Changed C.E.O.," *New York Times*, March 12, 2011.

많은 현실의 시장들은 커피숍시장과 매우 유사한 시장들이다. 시장에는 많은 구매자와 많은 판매자가 있으며 진입장벽은 낮다. 그러나 각 판매자들이 제공하는 재화나 서비스는 서로 차별화되어 동일하지 않다. 이러한 시장들에는 식당, 영화관, 슈퍼마켓, 의류시장들이 포함된다. 사실상 우리들이 구매하는 제품들을 공급하는 기업들은 대부분 **독점적 경쟁시장 monopolistically competitive market**에 있는 기업들이다.

독점적 경쟁시장 monopolistic competition market
진입장벽이 낮고, 많은 기업들이 비슷하지만 똑같지는 않은 차별화된 제품을 팔면서 서로 경쟁하고 있는 시장구조.

우리는 완전경쟁시장이 소비자들에게 어떻게 혜택을 가져다주고 또한 어떻게 경제적 효율성을 달성하는지를 이미 살펴보았다. 완전경쟁시장의 이러한 바람직한 결과는 독점적 경쟁시장에서도 나타나는가? 현실의 시장들은 대부분 독점적 경쟁시장이기 때문에 이러한 질문은 매우 중요한 질문이다.

9.1. 독점적 경쟁시장에 있는 기업의 수요와 한계수입

당신이 살고 있는 곳에서 조금 떨어진 곳에 있는 Starbucks 커피숍이 카페라테의 가격을 $3.00에서 $3.25로 올리면 고객의 일부를 잃게 될 것이다. 그러나 고객의 전부를 잃게 되지는 않을 것이다. 일부 고객들은 다른 가게의 커피를 구매할 것이다. 하지만 다른 고객들은 여러 가지 이유로 더 높은 가격을 지불할 용의를 가질 것이다. 그 이유에는 그 Starbucks 매장이 자신들의 집에서 더 가까운 데 위치하고 있다거나, 다른 경쟁 커피숍에서 파는 커피보다 Starbucks의 카페라테의 맛이 더 좋다거나 하는 것 등이 있을 수 있다. 가격을 변화시키면 판매되는 카페라테의 양은 변할 것이다. 따라서 한 Starbucks 가게가 직면하는 수요곡선은 밀경작 농부가 직면하는 수평의 수요곡선이 아니라 우하향하는 수요곡선일 것이다.

독점적 경쟁기업의 수요곡선

[그림 9.1]은 가격변화가 Starbucks가 판매할 수 있는 카페라테의 양에 영향을 주는 것을 보여준다. 가격을 $3.00에서 $3.25로 올리면 한 주 동안에 판매되는 카페라테의 양은 3,000에서 2,400으로 줄어든다.

우하향하는 수요곡선을 갖는 기업의 한계수입

완전경쟁시장에 있는 기업의 경우에는 자신의 수요곡선과 자신의 한계수입곡선은 동일하다. 완전경쟁기업의 수요곡선은 수평인 수요곡선이며, 더 많이 팔기 위해서 가격을 내릴 필요가 없다. 하지만, 독점적 경쟁기업은 더 많이 팔기 위해서 가격을 내려야 한다. 따라서 독점적 경쟁기업의 한계수입곡선은 우하향하며 수요곡선의 아래에 위치할 것이다.

[표 9.1]의 수치는 이 점을 보여주고 있다. 수치를 간단하게 하기 위해서 당신 동네에 있는, 한 Starbucks 커피숍의 규모가 매우 작아서 일주일에 많이 팔아야 10잔의 카페라테

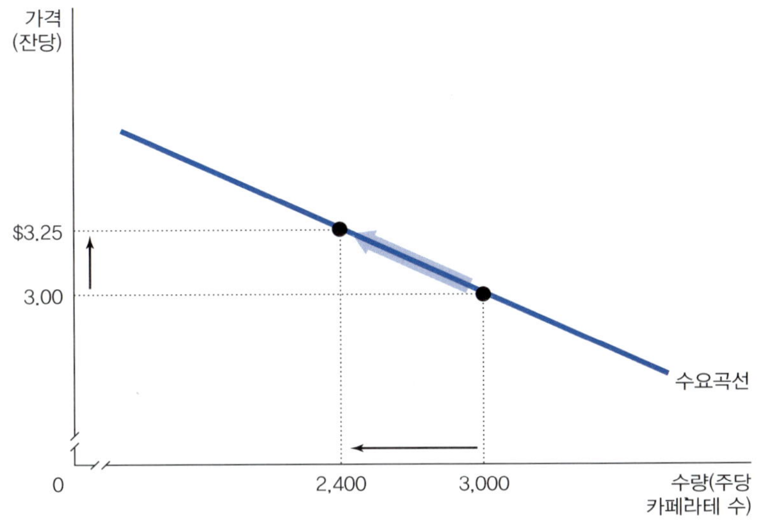

그림 9.1

Starbucks 카페라테의 우하향하는 수요곡선

한 Starbucks 가게가 카페라테의 가격을 올리면 그 가게는 고객의 일부를 잃을 것이지만 고객 전부를 잃지는 않는다. 이 경우에서 가격을 \$3.00에서 \$3.25로 올리면 카페라테의 판매량은 3,000에서 2,400으로 줄어든다. 따라서 완전경쟁기업과는 달리, 한 Starbucks 커피숍은 우하향하는 수요곡선에 직면한다.

를 팔 수 있다고 가정하자.

만일 이 Starbucks가 가격을 \$6.00 이상으로 올린다면 자신의 고객이었던 사람들은 모두 다른 커피숍에서 커피를 사먹을 것이다. 가격을 \$5.50로 한다면, 일 주일에 한 잔의 카페라테를 팔 수 있을 것이다. 가격을 \$0.50씩 계속 내리면 이 Starbucks 가게는 그때마다

표 9.1 한 Starbucks 가게의 수요와 한계수입

한 주에 판매되는 카페라테의 양(Q)	가격(P)	총수입 ($TR = P \times Q$)	평균수입 ($AR = \frac{TR}{Q}$)	한계수입 ($MR = \frac{\Delta TR}{\Delta Q}$)
0	\$6.00	\$0.00	—	—
1	5.50	5.50	\$5.50	\$5.50
2	5.00	10.00	5.00	4.50
3	4.50	13.50	4.50	3.50
4	4.00	16.00	4.00	2.50
5	3.50	17.50	3.50	1.50
6	3.00	18.00	3.00	0.50
7	2.50	17.50	2.50	−0.50
8	2.00	16.00	2.00	−1.50
9	1.50	13.50	1.50	−2.50
10	1.00	10.00	1.00	−3.50

한 잔의 카페라테를 더 팔 수 있게 된다. 표의 세 번째 열은 카페라테의 판매량이 증가함에 따른 *총수입*의 크기를 나타낸다. 네 번째 열은 한 단위당 수입(*평균수입*)을 보여준다. 평균수입은 총수입을 판매량으로 나눈 것이다. 총수입이 가격에 판매량을 곱한 것이므로 총수입을 판매량으로 나눈 것은 가격이다. 따라서 "*평균수입은 (모든 소비자에게 동일한 가격을 받는다면) 항상 가격과 같은 것이다.*" 이는 앞에서 언급한 네 종류의 시장구조 중 어느 시장구조에 있는 기업인지에 관계없이 모든 기업에게 해당 되는 사실이다.

[표 9.1]의 마지막 열은 한계수입, 즉 한 잔의 카페라테를 더 팔 때 변화하는 총수입의 크기이다. 완전경쟁기업의 경우에는 한 단위를 더 판매할 때 발생하는 추가적인 수입(한계수입)은 가격과 동일하다. 그러나 이는 이 Starbucks 가게에는 해당되지 않는다. 왜냐하면 한 잔의 카페라테를 더 팔기 위해서는 가격을 내려야 하기 때문이다. 이 기업이 가격을 $0.50 씩 내릴 때마다 얻는 것과 잃는 것이 동시에 발생한다.

- **얻는 것:** 카페라테를 한 잔 더 팔게 되어 수입이 그만큼 증가한다는 것. 이를 *판매량효과 output effect*라고 하자.
- **잃는 것:** 더 높은 가격에 팔 수 있었던 카페라테 각 잔들에 대해 $0.50씩을 덜 받게 되어 수입이 그만큼 줄어든다는 것. 이를 *가격효과 price effect*라고 하자.

[그림 9.2]는 가격을 $3.50에서 $3.00으로 낮출 때 어떤 상황이 발생하는지를 보여주고 있다. 여섯 번째 카페라테는 수입을 가격인 $3.00만큼 증가시킨다. 이는 판매량효과이다. 그러나 이 Starbucks는 판매되던 5잔의 카페라테에 대해서 이제는 각 잔당 $3.5가 아니라 $3.00의 가격을 받게 된다. 이는 가격효과이다. 가격효과로 인해 이 5잔의 카페라테로 부터의 수입은 이전보다 $2.50만큼 줄어든다. 따라서 여섯 번째 잔을 판매함에 따라 수

그림 9.2

가격인하가 기업의 총수입에 미치는 영향

어떤 동네의 Starbucks 커피숍이 카페라테의 가격을 한잔에 $3.50에서 $3.00으로 인하한다면, 한 주 동안에 판매할 수 있는 카페라테는 5잔에서 6잔으로 증가한다. 여섯 번째 카페라테로 발생하는 한계수입은 $0.50이며, 이는 한 잔을 더 판매함으로써 얻게 되는 추가적인 수입 $3.00(초록색 사각형의 면적)에서 5잔에 대해서 각 잔마다 $0.5를 덜 받게 되어 잃게 되는 수입 $2.50(빨간색 사각형의 면적)를 빼준 금액이다.

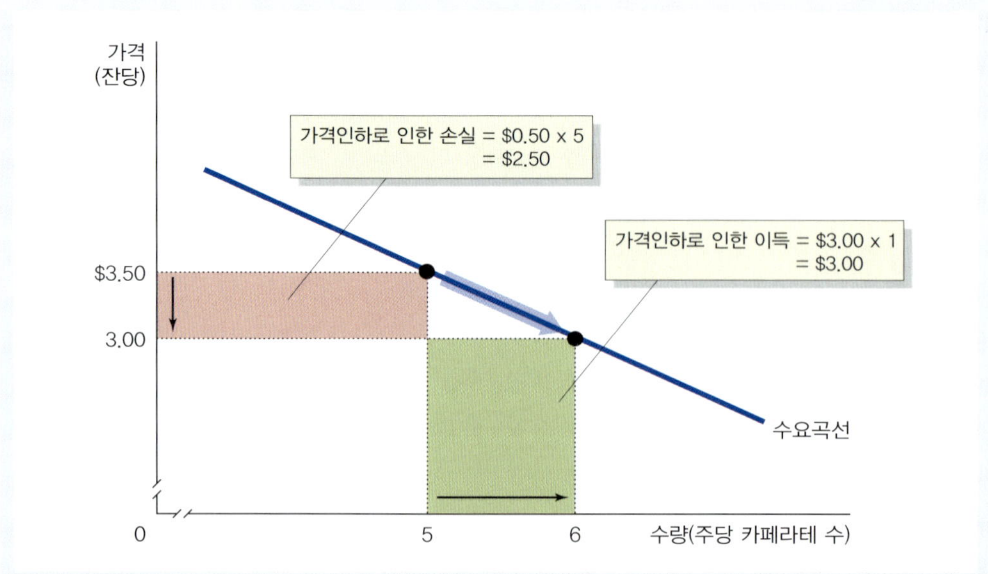

입은 $3.00 증가하고 5잔 모두에 대해서 수입이 $2.50이 줄어들어서 총수입은 $0.50 증가하게 된다. 한계수입은 1단위를 더 판매할 때 발생하는 총수입의 변화분이다. 따라서 여섯 번째 카페라테의 한계수입은 $0.50이다. 여섯 번째 단위의 한계수입이 가격 $3.00보다 훨씬 적은 금액임을 살펴보라. 이 Starbucks 가게가 판매하는 추가적인 각 단위의 한계수입은 가격보다 낮다. 따라서 다음과 같은 중요한 일반적인 결과가 나타난다. "*자기 제품의 가격에 영향을 줄 수 있는 기업의 한계수입곡선은 그 기업의 수요곡선 아래에 위치한다.*" 시장가격에 자신이 팔고 싶은 만큼 팔 수 있는 완전경쟁시장에 있는 기업의 경우에만 자신의 한계수입곡선이 자신의 수요곡선과 일치한다.

[그림 9.3]은 이 Starbucks 가게의 수요곡선과 한계수입곡선의 관계를 보여주고 있다. 여섯 번째 카페라테 이후로는 한계수입이 음(−)이 된다는 것을 살펴보라. 그 이유는 추가적으로 한 잔의 카페라테를 더 판매함으로써 얻는 수입의 크기가 이전의 가격에 판매할 수 있었던 카페라테 잔들에 대해서는 더 낮은 가격을 받게 되었기 때문에 그로 인해 잃게 되는 수입의 크기보다 작기 때문이다 .

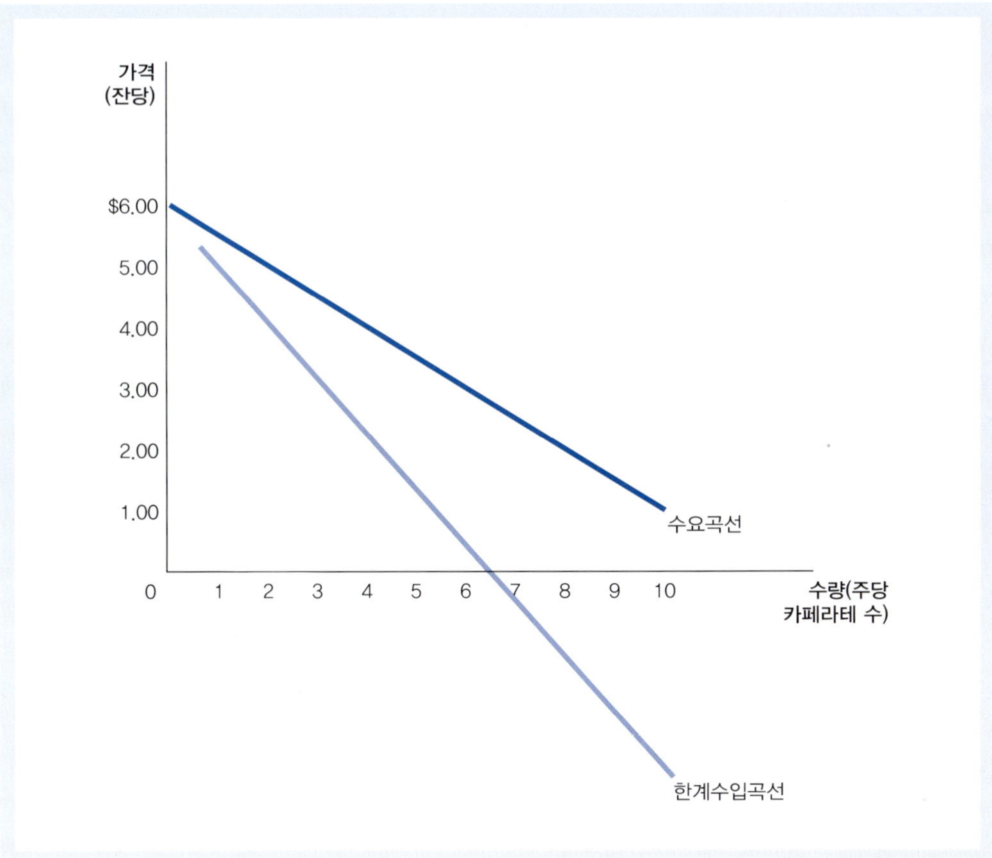

그림 9.3

독점적 경쟁기업의 수요곡선과 한계수입곡선

자기제품의 가격을 바꿀 수 있는, 다시 말해 나름대로의 어느 정도의 독점력을 갖는 기업의 한계수입곡선은 자신의 수요곡선 아래에 위치한다. 이 그림은 [표 9.1]에 있는 수치를 이용하여 그린 수요곡선과 한계수입곡선이다. 여섯 번째 카페라테 다음 잔부터는 한계수입이 음(−)이 된다. 이는 한 잔의 카페라테를 더 판매함으로써 증가하는 수입의 크기가 이전의 가격에 판매할 수 있었던 카페라테 잔들에 대해 이제는 더 낮은 가격을 받아야 하기 때문에 감소하는 수입의 크기보다 작기 때문이다.

9.2. 단기에서 독점적 경쟁기업의 이윤극대화

이윤을 극대화하기 위해서 하는 행동은 모든 기업들에서 동일하다. 그것은 한계수입이 한계비용과 같아질 때까지 생산한다는 것이다. 따라서 이 Starbucks 커피숍도 판매되는 마지막 한 단위의 카페라테가 발생시키는 추가적인 수입(한계수입)이 그것을 생산하기 위해 지불해야 하는 추가적인 비용(한계비용)과 같아지는 카페라테의 양을 판매함으로써 이윤을 극대화할 수 있다. 단기에서 이 Starbucks가 직면하는 상황을 살펴봄으로써 독점적 경쟁기업이 어떻게 이윤을 극대화하는지를 더 자세히 살펴보도록 하자. 단기에서는 적어도 하나의 생산요소의 사용량이 고정되어 있다는 것을 기억하라. 또한 단기에서는 새로운 기업이 시장에 진입하지 않는다.[1] Starbucks는 카페라테와 다른 커피의 원료를 구입하는데 들어가는 비용, 전기료, 종업원의 임금 등 여러 비용을 발생시킨다. 기업의 한계비용은 재화 한 단위를 더 생산하는데 발생하는 총비용의 증가분이라고 한 것을 기억하라. 많은 기업들의 경우에 한계비용곡선이 U 자 형태를 취한다는 것은 이미 살펴본 것이다. 따라서 이 Starbucks의 한계비용곡선도 동일한 모양을 갖는다고 가정하기로 한다.

[그림 9.4]에 있는 표는 비용관련 자료를 [표 9.1]의 수입관련 자료와 합한 것이다. [그림 9.4]의 그래프는 이 표의 수치를 가지고 그린 그림이다. [그림 9.4(a)]에서는 이 Starbucks가 자신의 이윤을 극대화하는 생산량과 가격을 어떻게 결정하는지를 알 수 있다. 추가적으로 판매하는 카페라테의 한계비용이 그 한계수입보다 적을 경우에는 언제나 카페라테를 더 판매해야 한다. 예를 들어, 한 주 동안에 판매하는 카페라테의 양이 3잔에서 4잔이 되면 비용은 $1.00 증가하지만, 수입은 $2.50 증가한다. 따라서 네 번째 잔의 카페라테를 판매함으로써 이 기업의 이윤은 $1.50만큼 증가한다.

이 가게가 더 많은 카페라테를 판매함에 따라 증가하는 한계비용은 궁극적으로 한계수입과 같아지게 되고, 이 가게는 자신의 이윤을 극대화해 주는 수량의 카페라테를 팔게 된다. 다섯 번째로 판매되는 카페라테에서 한계비용과 한계수입은 일치하게 된다. 즉, 기업의 비용은 $1.50만큼 증가하고 기업의 수입도 $1.50 증가하게 된다. 이는 [그림 9.4(a)]에서 점*A*이다. 수요곡선은 일주일에 5잔의 카페라테를 팔 수 있게 해주는 가격을 알려준다. [그림 9.4]에서 5잔의 카페라테에서 수요곡선까지 수직으로 선을 이으면 일주일에 5잔의 카페라테를 팔 수 있게 해주는 가격을 발견할 수 있으며 이는 $3.50(점*B*)이다. 따라서 이 가게의 이윤을 극대화해 주는 판매량은 일주일에 5잔의 카페라테이며 이윤을 극대화해 주는 가격은 $3.50라는 것을 알게 된다. 일주일에 5잔보다 더 많은 카페라테를 판매한다면 이 가게의 이윤은 줄어들 것이다. 예를 들어, 여섯 번째 잔의 카페라테는 비용을 $2.00 증가시키지만 수입은 겨우 $0.50만 증가시켜 준다. 따라서 6잔의 카페라테를 판매하면 이 가게의 이윤은 $5.00에서 $3.50로 줄어들게 된다.

1) 역주: 적어도 하나의 투입물(생산요소)의 사용량이 고정된 상태에서 생산이 이루어지는 상황을 생산에서의 단기, 새로운 기업이 시장에 진입하지도 않고, 기존기업이 시장에서 퇴출하지 않는 상황을 시장에서의 단기로 구분한다.

한 주당 판매되는 카페라테 수 (Q)	가격 (P)	총수입 (TR)	한계수입 (MR)	총비용 (TC)	한계 비용 (MC)	평균총 비용 (ATC)	이윤 (profit)
0	$6.00	$0.00	—	$5.00	—	—	−$5.00
1	5.50	5.50	$5.50	8.00	$3.00	$8.00	−2.50
2	5.00	10.00	4.50	9.50	1.50	4.75	0.50
3	4.50	13.50	3.50	10.00	0.50	3.33	3.50
4	4.00	16.00	2.50	11.00	1.00	2.75	5.00
5	3.50	17.50	1.50	12.50	1.50	2.50	5.00
6	3.00	18.00	0.50	14.50	2.00	2.42	3.50
7	2.50	17.50	−0.50	17.00	2.50	2.43	0.50
8	2.00	16.00	−1.50	20.00	3.00	2.50	−4.00
9	1.50	13.50	−2.50	23.50	3.50	2.61	−10.00
10	1.00	10.00	−3.50	27.50	4.00	2.75	−17.50

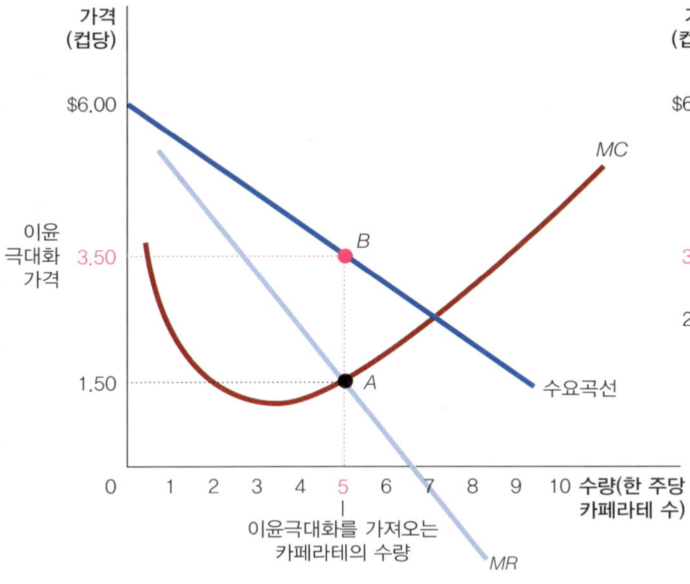

(a) 독점적 경쟁기업의 이윤극대화 수량 및 가격

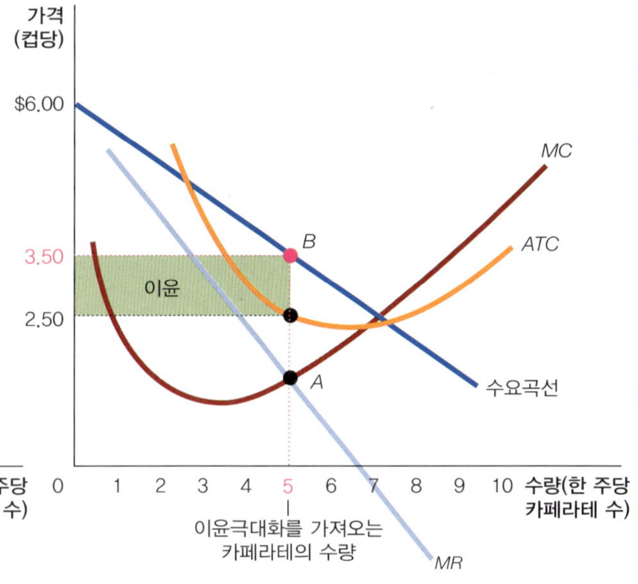

(b) 독점적 경쟁기업의 단기이윤

그림 9.4

독점적 경쟁시장에서의 이윤극대화

이윤을 극대화하기 위해 Starbucks는 마지막 잔의 카페라테를 판매할 때 들어오는 한계수입이 그 마지막 잔의 카페라테를 생산하는데 들어가는 한계비용과 일치하는 생산량까지 카페라테를 생산할 것이다. 표에서 보듯이, 다섯 번째 카페라테(그림(a)의 점*A*)를 팔면 비용과 수입이 둘 다 $1.50로 같아진다. 이제 이 생산량에서 수요곡선을 이용하여 책정할 가격을 정하면 그 가격에서 소비자들은 이 생산량을 구매하게 된다(점 *B*). 그림(b)에서 초록색 사각형은 이윤의 크기를 나타낸다. 높이는 $1.00(가격 $3.50에서 평균총비용 $2.50)이고, 밑변은 카페라테 5잔이다. 따라서 Starbucks의 이윤은 $1 × 5 = $5.00이다.

[그림 9.4(b)]는 이 가게의 평균총비용곡선을 추가시킨 것이다. [그림 9.4(b)]에서 5잔의 카페라테를 팔 때의 평균총비용은 \$2.50이다. 이윤은 다음과 같이 표현된다.

$$\text{이윤} = (P - ATC) \times Q.$$

따라서 이 경우에는 이윤 = (\$3.50 − \$2.50) × 5 = \$5.00이다. [그림 9.4(b)]의 초록색 사각형은 이윤의 크기를 말해준다. 이 사각형은 밑변이 Q이고, 높이는 $(P - ATC)$이다. 따라서 이 면적은 이윤을 나타내는 것이다.

$P = MC$이 되는 생산량을 생산하는 완전경쟁기업과는 다르게 독점적 경쟁기업은 $P > MC$가 되는 생산량을 생산한다. 이 Starbucks가 책정하는 가격은 \$3.50이고 한계비용은 \$1.50이다. 완전경쟁기업의 경우에 가격은 한계수입과 동일하다. 즉, $P = MR$. 따라서 이윤 극대화를 위한 조건인 $MR = MC$를 달성하기 위해서 완전경쟁기업은 $P = MC$가 되는 생산량을 생산한다. 그러나 독점적 경쟁기업의 경우에는 $P > MC$이다. 왜냐하면 한계수입곡선이 수요곡선 아래에 있기 때문이다. 따라서 독점적 경쟁기업은 $P > MC$이 되는 생산량에서 이윤을 극대화할 수 있는 것이다.

9.3. 장기에서의 독점적 경쟁기업의 이윤

총수입이 총비용보다 큰 경우에 경제적 이윤이 발생하는 것이다. 총비용에는 기업의 소유주가 투자한 금액의 기회비용(자본비용이라고 부른다)도 비용에 포함되어야 한다. 비용곡선이 소유주의 기회비용을 포함하고 있기 때문에 [그림 9.4]에서 이 Starbucks 커피숍은 경제적 이윤을 내고 있는 것이다. 이러한 경제적 이윤은 기업가들이 이 시장에 들어와서 새로운 기업을 만들도록 하는 인센티브로 작용한다. 한 커피숍이 카페라테를 팔면서 경제적 이윤을 내고 있다면, 같은 동네에 새로운 커피숍이 들어올 가능성이 높다.

새로운 기업들의 진입은 기존기업들의 이윤에 어떻게 영향을 주는가?

동네 Starbucks 근처에 새로운 커피숍이 개점함에 따라 이 Starbucks의 수요곡선은 왼쪽으로 이동한다. 이유는 비슷한 커피를 파는 커피숍이 새로 생기면 각 가격수준에서 이 Starbucks가 팔 수 있는 카페라테의 수가 줄어들기 때문이다. 또한 수요곡선은 또한 더 탄력적이 될 것이다. 이유는 소비자들이 커피를 살 수 있는 다른 커피숍을 갖게 되기 때문이다. 따라서 이 Starbucks가 가격을 올리면 판매량은 새로운 커피숍이 생기기 전보다 더 많이 줄어들 것이다. [그림 9.5]는 새로운 기업이 시장에 진입함에 따라 동네 Starbucks의 수요곡선이 어떻게 이동하는가를 보여준다.

[그림 9.5(a)]의 단기수요곡선은 새로운 기업이 진입하기 전에 이 가게가 한 주 동안 팔

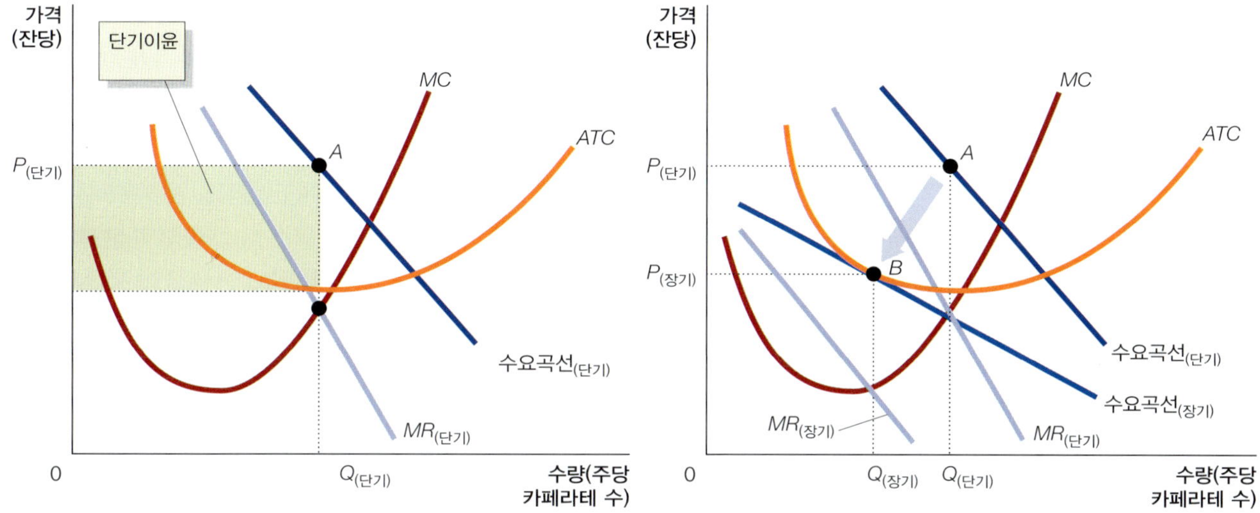

(a) 독점적 경쟁기업은 단기 이윤을 가져갈 수 있다.

(b) 장기에는 독점적 경쟁기업의 이윤은 사라진다.

그림 9.5

새로운 기업들의 진입으로 이윤이 사라지게 된다.

그림(a)는 단기에서 동네 Starbucks가 직면하는 수요곡선과 한계수입곡선을 보여준다. 이 수요곡선을 가지고 이 가게는 자신의 평균총비용보다 높은 가격을 책정할 수 있으며(점*A*). 초록색 사각형은 발생하는 이윤의 크기를 보여준다. 그러나 이 이윤은 새로운 기업이 시장에 들어오도록 유혹하며 이로 인해 이 가게의 수요곡선과 한계수입곡선은 그림(b)에서 (장기)라고 표시된 곡선으로 이동한다. 이제 가격이 평균총비용(점*B*)과 같아졌기 때문에 이 가게는 손익분기점에 있게 되어 더 이상 경제적 이윤을 얻지 못하게 된다.

수 있는 카페라테의 양과 카페라테 가격 간의 관계를 보여준다. 이 수요곡선을 가지고 이 가게는 자신의 평균총비용보다 높은 가격을 책정하여 [그림 9.5(a)]의 점*A* 이윤을 낼 수 있다. 그러나 이 이윤은 새로운 커피숍이 이 지역에 진입하게 만들고 이에 따라 이 가게의 카페라테 수요곡선은 왼쪽으로 이동하게 된다. 이 가게가 경제적 이윤을 얻고 있는 한, 이 지역에 계속해서 새로운 커피숍이 들어오도록 하는 인센티브가 존재하며, 이에 따라 이 가게의 카페라테 수요곡선은 계속해서 왼쪽으로 이동하게 된다. [그림 9.5(b)]에서 볼 수 있듯이 궁극적으로 수요곡선은 평균총비용곡선과 접하게 될 때까지 이동하게 된다.

수요곡선이 평균총비용곡선과 접하게 되는 장기에서 가격은 평균총비용과 같아지며(점*B*), 이 가게는 손익분기점에 있게 되고 더 이상 경제적 이윤은 얻지 못한다. 장기에서 수요곡선은 또한 더 탄력적이 된다. 이유는 더 많은 커피숍들이 시장에 들어옴에 따라 이 가게가 가격을 올리면 전보다 더 많은 고객을 다른 커피숍에 뺏기기 때문이다.

단기에서 독점적 경쟁기업이 손실을 볼 수도 있다. 그 경우에 기업의 소유주는 자신이 투자한 금액의 기회비용도 커버하지 못하게 된다. 기업들이 경제적 손실을 보고 있다면 장기에서 기업들은 해당 시장에서 퇴출할 것이며 기존기업들 중 일부가 해당 시장에서 퇴출하면 남아 있는 기업들의 수요곡선은 오른쪽으로 이동할 것이다. 이러한 과정은 시장에 남아 있는 기업들이 자신의 가격이 자신의 평균총비용과 같아지도록 가격을 책정할 수 있게 되는 손익분기점에 도달할 수 있을 때까지 계속될 것이다. 따라서 장기에서 독점적 경쟁기업은 경제적 이윤을 얻지 못하지만 경제적 손실도 발생시키지 않는다. [표 9.2]는 독점적 경쟁기업의 단기 시장상황과 장기 시장상황을 요약해서 보여주고 있다 .

표 9.2 독점적 경쟁기업의 단기 시장상황과 장기 시장상황

가격과 한계비용의 관계	가격과 평균총비용의 관계	이윤과 손실	수요의 가격탄력성
단기 P 〉 MC 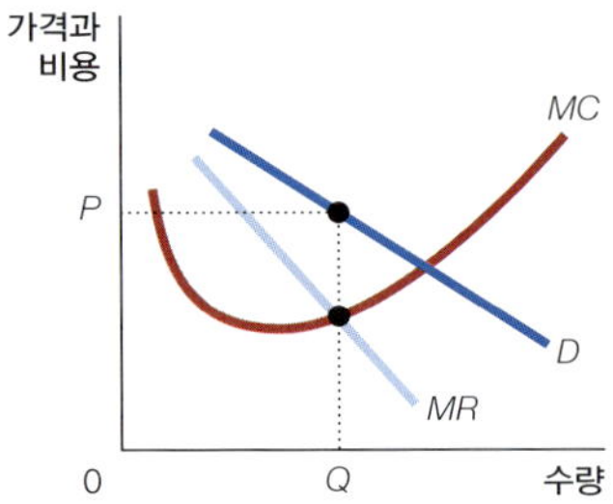	단기 P 〉 ATC 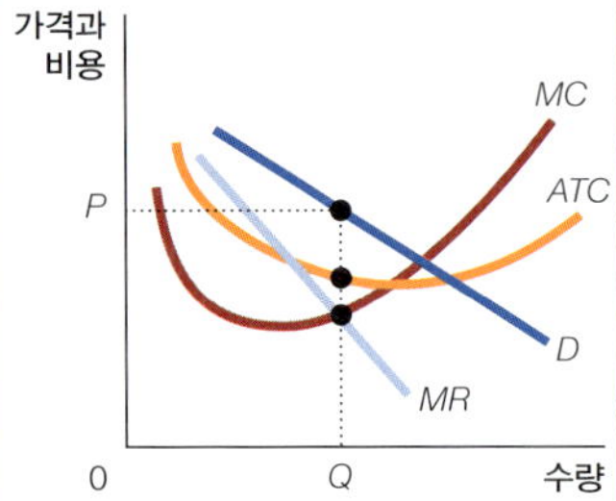	단기 경제적 이윤 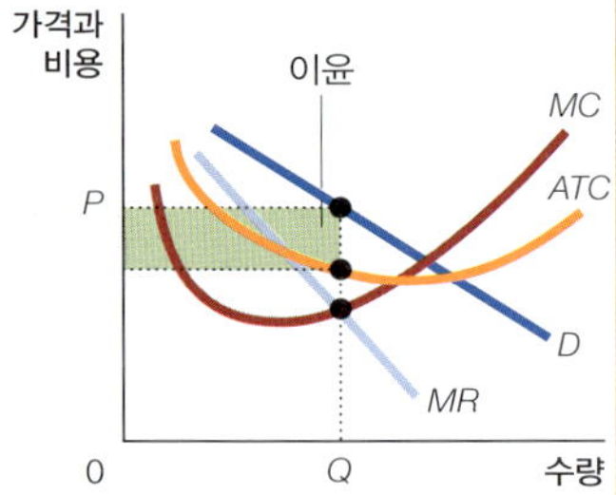	단기 덜 탄력적인 수요곡선 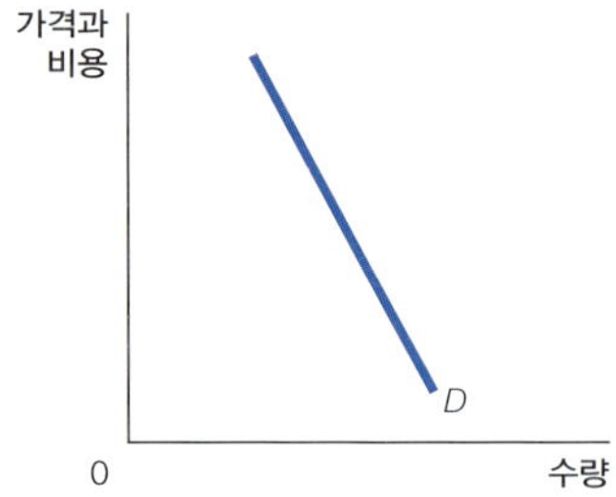
	또는 P 〈 ATC 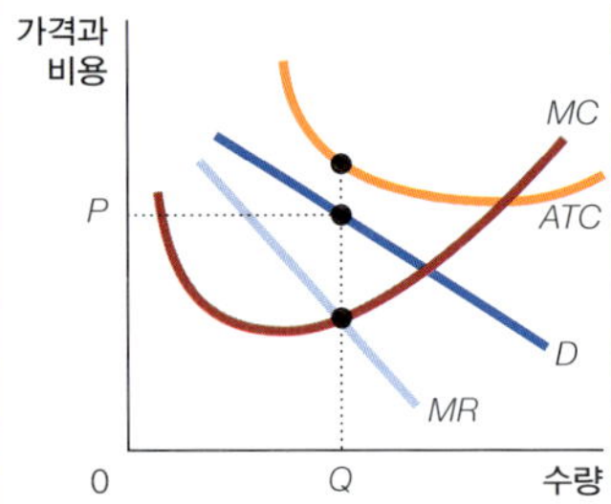	또는 경제적 손실 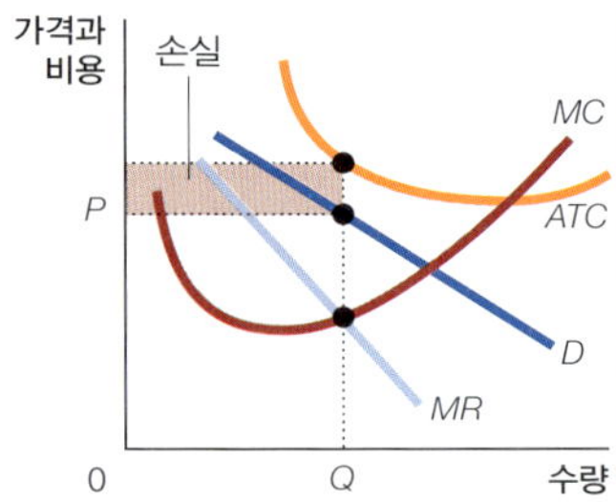	
장기 P 〉 MC 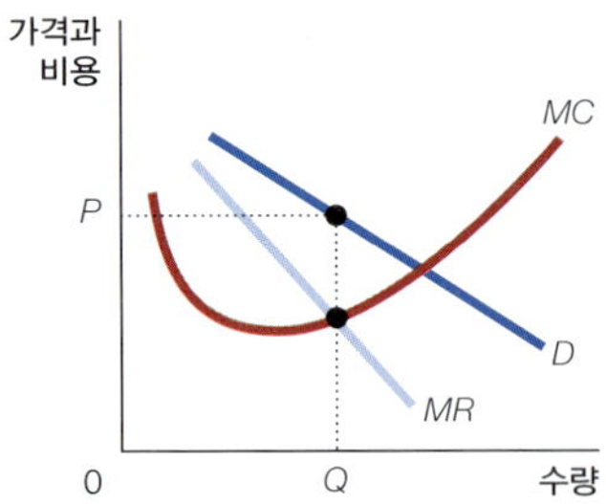	장기 P = ATC 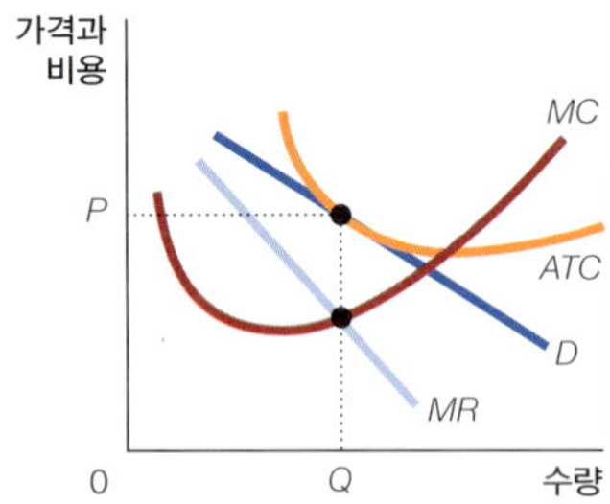	장기 0의 경제적 이윤 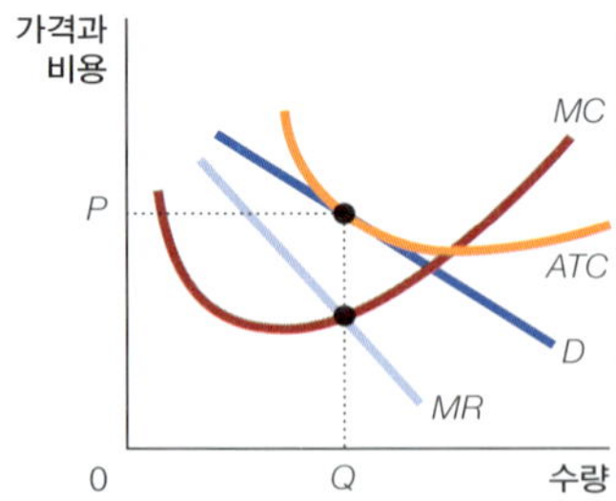	장기 더 탄력적인 수요곡선 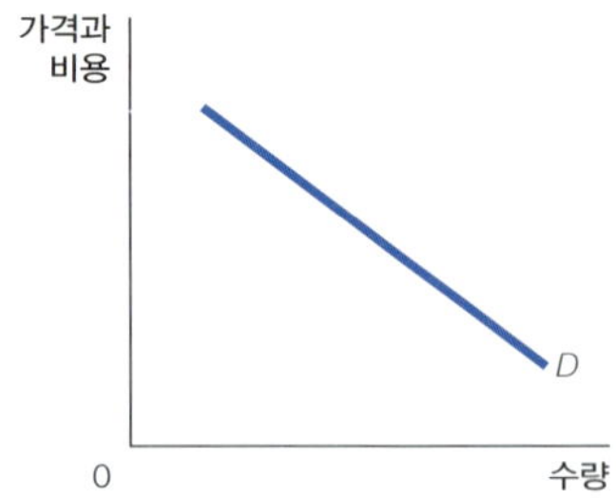

Making the Connection

Starbucks의 약진, 쇠퇴, 그리고 다시 약진

2009년 봄에 Bloomberg 뉴스는 Starbucks의 상황을 다음과 같이 요약했다. "10년 넘게 빠르게 성장해 오던 Starbucks는 저조한 매출액 성장과 다른 커피숍들과의 경쟁격화로 미국 전역에서 사투를 벌이고 있다." Starbucks의 초기 성공과 그 이후에 겪게 되는 어려움은 독점적 경쟁시장에 있는 기업들이 흔히 겪는 하나의 패턴이다. Starbucks가 빠르게 성장하기 시작했을 때 CEO Howard Schultz는 즉석에서 만든 신선한 커피는 식당이나 도너츠 가게 등에서도 얼마든지 구매할 수 있는 것이지만 그러한 경쟁자들의 제품과 자신의 제품을 차별화할 수 있는 전략을 자신이 갖고 있다고 믿었다. Starbucks는 유럽식 에스프레소 매장의 분위기를 흉내내어 크고 안락한 의자를 구비하고 음악도 틀고 여러 친구들이 항상 쉽게 드나들 수 있는 안락한 분위기를 만들어냈다. 이러한 전략은 1990년대 2000년 초반까지 매우 성공적으로 작동했다. 이에 따라 Starbucks는 전세계적으로 약 17,000의 커피숍을 개점하였다. 그러나 Starbucks가 벌어들이던 이윤은 경쟁기업들을 끌어당겼다. 다른 전국적 커피 체인점인 Caribou Coffee, Peet's Coffee, Diedrich Coffee, 그리고 Dunn Brothers Coffee과 같은 기타 지역 커피체인점들도 자신들의 매장을 Starbucks와 비슷한 분위기를 갖도록 리모델링 하였으며, 개인이 운영하는 조그만 커피숍들도 이러한 추세에 동참하였다. 또한 McDonald와 Dunkin' Donuts도 Starbucks와 직접 경쟁하기 시작했다. Dunkin' Donuts는 보다 분위기 있는 레스토랑을 만들기 시작했으며, McDonald는 Starbucks보다 훨씬 싼 가격에 에스프레소를 중심으로 하여 다양한 커피들을 만들어 팔기 시작했다. Schultz는 전 세계적으로 수천 개의 커피숍을 개점하고 있으면서도 Starbucks에서 고객들이 색다른 분위기를 경험하지 못하거나 자신이 다른 경쟁업체들이 쉽게 따라할 수 있는 전략을 취하고 있는 것은 아닌지 걱정하고 있었다.

2010년에 Schultz는 Starbucks의 매출액과 이윤을 크게 증가시키면서 반전에 성공하였다. 이러한 성공의 일부분은 미국처럼 경쟁이 치열하지는 않은 해외매장에서의 시장확대에 의한 것이었다. 2013년에 이 회사의 아시아 지역에서의 매출은 $10억을 넘었으며 중국에서는 추기적으로 수천 개의 가맹점을 더 많든다는 계획도 갖고 있었다. 그러나 Starbucks가 초점을 맞춘 것은 미국시장에서 다른 커피업체들보다 한발 앞서는 것이었다. 미국시장에서 Starbucks가 다시 살아난 데에는 여러 이유가 있다. 이 회사는 고객들이 자신의 주문내용을 보다 자신에 맞게 다양하게 선택할 수 있도록 만들었다. 또한 충성도 프로그램을 만들어 공짜 리필을 해주고 단골들에게는 여러 부가혜택들을 제공했다. 또한 고객이 스마트폰으로 결제를 할 수 있는 모바일 결제시스템을 구축하였으며, 매장들에는 보다 높은 질의 커피를 만들 수 있는 커피기계를 공급하였다. 이 회사의 최고정보관리자 chief information officer(CIF)인 Stephen Gillett는 고객들이 매장에서 암호를 입력하지 않고도 Wi-Fi를 바로 이용할 수 있도록 하였을 뿐만 아니라 이를 통해 영화 예고편을 볼 수 있게 했고 *Wall Street Journal*이나 *USA Today*와 같은 매체에도 공짜로 접근할 수 있게 했다. 이러한 전략의 목적은 고객들이 가게에 더 오래 머무르게 하여 더 많은 커피를 주문하게 만드는 것이었다. 단골들에게는 평균가격을 낮게 해주는 고객충성도 프로그램도 Starbucks 커피가 매일 사 마시기엔 비싼 편이라는 고객들의 인식을 줄이는 데 기여했다.

다른 경쟁업체들과의 격한 경쟁 속에서 여러 해를 힘들게 보낸 후에 Starbucks는 보다 쉬운 Wi-Fi 접근성과 같은 차별화를 통해 자신의 수익성을 회복했다.

2013년 중반에 이러한 Starbucks의 전략은 미국시장에서 잘 작동하는 것으로 나타났으며 그에 따라 매출이 증가하기 시작했다. 반면에 Dunkin' Donuts와 McDonald의 커피 판매량은 크게 변하지 않거나 감소하기 시작했다. Schulz는 "2008년이나 2009년에 스타벅스가 곧 포화점에 도달할 것이라고 말한 사람들은 완전히 틀렸다."라고 말하면서 그해 말까지 미국에 추가적으로 30개 매장을 더 개점할 것이라고 공표했다.

독점적 경쟁산업에서 장기적으로 이윤을 계속 유지한다는 것은 매우 힘든 일이다. 경쟁기업들과의 심한 경쟁 속에서 여러 해에 걸친 힘든 시간을 보내면서 Starbucks는 지속적으로 혁신을 위한 노력을 기울였으며 그 결과 다시 이윤을 내기 시작했다.

자료: Annie Gasparro, "Starbucks Shuffles Global Management Team," *Wall Street Journal*, May 2, 2013; Annie Gasparo, "U.S., China Boost Starbucks," *Wall Street Journal*, April 25, 2013; Andrew Harrer, "Starbucks Corporation," Bloomberg News, April 13, 2009; and Janet Adamy, "Dunkin' Donuts Tries to Go Upscale, But Not Too Far," *Wall Street Journal*, April 8, 2006.

장기에서 0의 경제적 이윤은 불가피한 것인가?

시장의 장기상황에 대한 경제적 분석은 오랜 시간에 걸쳐서 작용하는 시장의 힘을 보여준다. 물론 독점적 경쟁기업의 소유주가 장기적으로 나타날 것이라는 이러한 결과를 있는 그대로 수동적으로 받아들일 필요는 없다. 경제적 이윤을 내는 핵심동력은 차별화된 제품을 팔거나 기존의 제품을 보다 낮은 비용으로 생산하는 방법을 찾는 것이다. 차별화된 제품을 파는 독점적 경쟁기업이 이윤을 내고 있다면 그 이윤은 다른 경쟁기업들이 시장에 진입하게 하는 인센티브로 작용하며 새로운 기업들의 진입은 기업들의 이윤이 궁극적으로 사라지게 만든다. 또한 기업이 해당재화나 서비스를 더 낮은 비용으로 생산할 수 있는 새로운 기술을 개발하는 경우에도 경쟁기업들은 궁극적으로 그러한 기술을 복사하게 할 것이며 따라서 이윤이 사라지게 된다. 그러나 이와 같은 결과는 *기업이 자신의 제품을 차별화 할 수 있는 새로운 방법을 발견하지 못하거나, 기존 제품을 보다 낮은 비용으로 생산할 수 있는 새로운 방법을 찾지 못하면서 현재 상태 그대로 정체해 있는 경우에만 나타나는 것이다.* Starbucks는 초기에 큰 성공을 거두었지만 그 이후 새로운 기업들의 진입으로 자신의 수익성을 유지하는데 매우 큰 어려움을 겪었다. 그에 따라 이 회사는 새로운 제품을 개발하였으며 충성도 프로그램을 포함한 여러 혁신을 통해 고객들의 매장 경험을 개선시키는 방법으로 자신의 수익성을 다시 회복할 수 있었다. 자신의 성공방법을 복사하는 경쟁기업들보다 항상 한 발짝 앞서 있기 위해서 기업들은 새로운 방법으로 자신의 제품을 차별화하려는 노력을 끊임없이 기울여야 한다.

경쟁을 하고 있는 기업의 소유주들은 자신이 얻고 있는 이윤이 언제 사라질지 모른다는 불안감에 시달린다. 아마도 이런 생각을 할 것이다. "이윤이 확실히 사라지는 것인가? 아니면 사라질 수도 있다는 것인가? 미래의 이윤에 대한 암울한 그림자는 모든 기업의 소유주들을 항상 따라다니며 괴롭힌다. The Shadows of the end of their profits haunts owners of every firm. 따라서 기업들은 비용을 낮춤으로써, 제품을 개선함으로써, 고객서비스를 대폭 확대함으로써, 자신의 제품이 경쟁업체의 제품과는 정말로 다르다는 점을 소비자들에게 확신시킴으로써 자신이 벌고 있는 이윤을 유지하려고 노력한다. 경쟁기업들보다 한 발짝 앞서 있기 위해서는 기업은 경쟁기업의 제품보다 더 큰 가치를 갖는다고 소비자들이 생각할 수 있는 자신의 제품을 만들어야 한다. 그러한 가치는 여러 형태를 띨 수 있다. 그러한 가치는 소비자들의 기호에 더 잘 맞는 제품을 만드는 제품차별화를 통해서 만들어낼 수도 있고, 해당 제품을 보다 싼 가격에 공급함으로써 만들어낼 수도 있다.

9.4. 독점적 경쟁시장과 완전경쟁시장

독점적 경쟁시장과 완전경쟁시장은 시장의 장기에서 경제적 이윤이 0이 된다는 공통의 결과를 갖는다. 그러나 [그림 9.6]이 보여주고 있듯이 두 시장의 장기균형은 2가지 점에서 차이가 난다.

- 독점적 경쟁기업들은 한계비용보다 높은 가격을 책정한다.
- 독점적 경쟁기업들은 평균총비용이 최저가 되는 점에서 생산하지 않는다.

독점적 경쟁시장에서 나타나는 초과생산능력

완전경쟁시장에 있는 기업의 수요곡선은 완전탄력적이며, 이는 자신의 한계수입곡선이기도 하다. 따라서 그러한 기업은 가격이 한계비용과 같아지는 생산량을 생산하여 자신의 이윤을 극대화한다. [그림 9.6(a)]가 보여주고 있듯이 시장의 장기에서 완전경쟁기업은

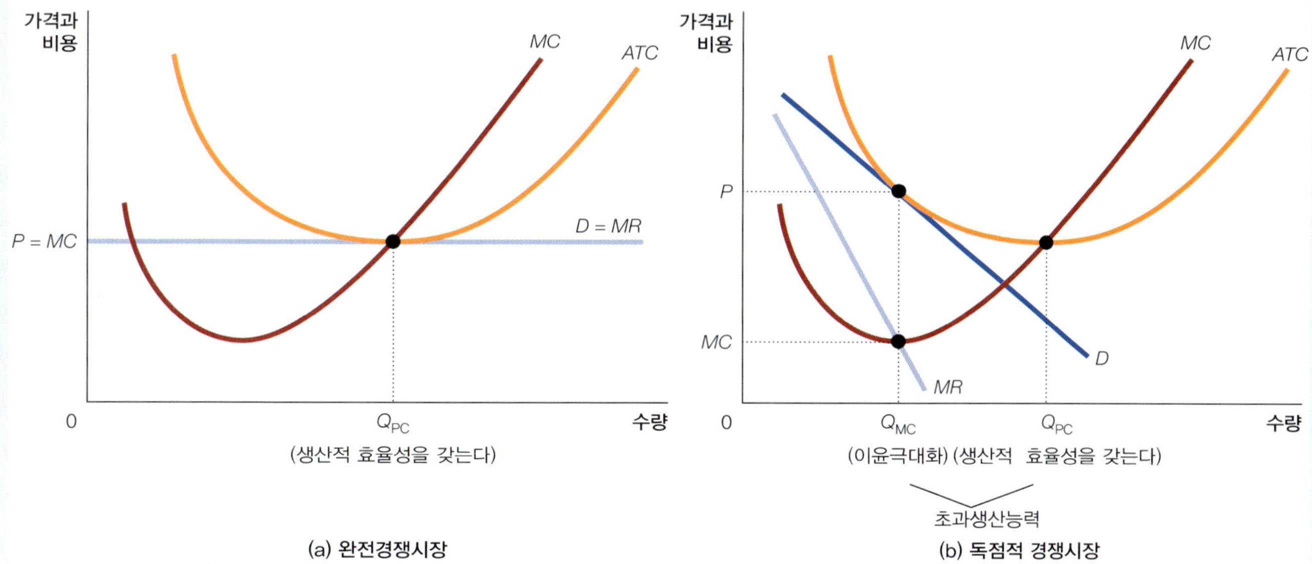

그림 9.6

완전경쟁시장의 장기균형과 독점적 경쟁시장의 장기균형의 비교

그림(a)에서 장기균형에 있는 완전경쟁기업은 Q_{PC}를 생산하고 가격은 한계비용과 일치한다. 또한 평균총비용의 최저점에서 생산이 이루어진다. 완전경쟁기업은 배분적 효율적도 달성하고 생산적 효율성도 달성한다. 그림(b)에서 독점적 경쟁기업은 가격이 한계비용보다 높은 Q_{MC}의 생산량을 생산한다. 또한 평균총비용이 최저가 되는 점에서 생산하지 않는다. 따라서 독점적 경쟁기업은 배분적 효율성도 달성하지 못하고 생산적 효율성도 달성하지 못한다. 독점적 경쟁기업은 초과생산능력을 가지며 이는 이윤극대화를 가져다주는 생산량과 생산적 효율성을 달성하는 생산량의 차이이다.

자신의 평균총비용곡선의 최저점에서 생산한다.

[그림 9.6(b)]는 독점적 경쟁기업의 경우에는 가격이 한계비용보다 높은 곳에서 이윤극대화 생산량이 결정되며, 기업이 평균총비용곡선의 최저점에 있지 않다는 것을 보여주고 있다. 따라서 독점적 경쟁기업은 *초과생산능력 excess capacity*을 갖는다. 독점적 경쟁기업이 생산량을 증가시키면 더 낮은 평균총비용에서 생산할 수 있다.

독점적 경쟁시장은 효율적인 결과를 가져다주는가?

우리는 이미 생산적 효율성과 배분적 효율성의 개념에 대해서 살펴보았다. *생산적 효율성 productive efficiency*란 재화가 가능한 최저의 생산비로 생산되는 것을 말한다. *배분적 효율성 allocative efficiency*이란 재화의 마지막 한 단위가 소비자에게 가져다주는 한계혜택이 그 마지막 한 단위를 생산자가 생산하기 위해 발생시키는 한계비용과 일치할 때 까지 재화를 생산하는 것을 포함하는 개념이다. *생산적 효율성을 달성하기 위해서 기업은 평균총비용의 최저점에서 생산해야 한다. 배분적 효율성을 달성하기 위해서는 기업은 한계비용과 일치하는 가격을 책정해야 한다.* 완전경쟁시장은 생산적 효율성과 배분적 효율성을 달성한다. 그러나 독점적 경쟁시장에서는 이 둘 모두 달성되지 않는다. 그렇다면 이 점이 문제가 되는가? 경제학자들은 독점적 경쟁시장이 생산적으로도 배분적으로도 효율적이 아닌 것이 완전경쟁시장과 비교해서 사회에 큰 후생손실 loss of well-being을 발생시키는 것인가에 대해 토론을 벌인 적이 있다.

독점적 경쟁이 소비자들에게 주는 혜택

[그림 9.6]을 다시 보면, 독점적 경쟁기업과 완전경쟁기업 사이의 기본적인 차이점은 완전경쟁기업의 수요곡선은 수평인데 반해서 독점적 경쟁기업의 수요곡선은 우하향한다는 것이다. 독점적 경쟁기업의 수요곡선이 우하향하는 이유는 이러한 기업이 제공하는 재화나 서비스가 다른 경쟁기업이 제공하는 재화나 서비스와 차별화되어 있기 때문이다. 완전경쟁기업은 자신의 경쟁기업이 판매하는 제품과 동일한 제품을 생산한다. 중요한 점은 *기업이 자신의 제품을 차별화하는 이유는 소비자들에게 보다 잘 맞는 제품을 만들기 위해서이다.* 예를 들어, Starbucks 커피숍이 보다 높은 질의 커피를 공급하기 시작한다거나, Wal-Mart가 더 많은 Blu-ray 디스크 재고를 갖춘다거나, General Mills가 Apple-Cinnamon Cheerios 시리얼을 소개한다거나, PepsiCo가 Diet Wild Cherry Pepsi를 소개하는 것 등은 제품차별화를 통해서 소비자들을 끌어들이고 소비자들을 붙잡아두기 위한 것이다. 이러한 제품차별화 전략들이 성공하고 있다는 것은 일부 소비자들이 다른 제품보다 이러한 제품을 더 선호한다는 것을 말해주는 것이다. 따라서 이는 기업들이 자신의 제품을 차별화했을 때 소비자들이 더 나은 상태에 있게 된다는 것을 말해주는 것이다.

따라서 소비자들이 독점적 경쟁기업의 제품을 구매하는 경우에 소비자들은 상호교환관계에 직면하고 있는 것이다. 소비자들은 최저비용으로 생산되고 있지 않는 제품에 대해 한계비용보다 높은 가격을 지불하고 있지만, 반면에 차별화되어 있어서 자신의 취향에 더 잘 맞는 제품을 선택할 수 있게 되는 것이다.

9.5. 마케팅에 의한 제품차별화

기업은 **마케팅 marketing**을 통해 자신의 제품을 차별화할 수 있다. 마케팅은 기업이 자신의 제품을 소비자에게 팔기 위해 하는 모든 활동을 의미한다. 어떤 제품을 만들 것인지, 제품의 디자인을 어떻게 할 것인지, 어떻게 광고할 것인지, 어떻게 판매할 것인지(예를 들어, 소매점을 통해서 팔 것인지, 온라인으로 팔 것인지), 소비자들의 기호변화가 자신의 제품시장에 어떤 영향을 미칠 것인지를 어떻게 모니터링할 것인지 등을 모두 포함하는 것이 마케팅이다. 저명한 기업전략가 중 한 사람이었던 Peter F. Drucker는 마케팅을 다음과 같이 정의했다. "이는 마지막 결과의 관점에서 본 사업의 모든 측면이다. 다시 말해, 소비자의 관점에서 본… 진정한 마케팅이란 … '무엇을 팔 것인가?'라는 질문에 대한 것이 아니고, '소비자들이 원하는 것이 무엇인가?'라는 질문에 대한 것이다."

마케팅 marketing
기업이 자신의 제품을 소비자에게 팔기 위해 하는 모든 활동.

독점적 경쟁기업이 경제적 이윤을 얻고 그 이윤을 다른 경쟁기업들이 가져가지 않도록 하기 위해서는 자신의 제품을 차별화해야 한다. 기업은 자신의 제품을 차별화하기 위해서 2가지 마케팅 수단을 사용한다. 하나는 *브랜드 관리 brand management*이고, 다른 하나는 *광고 advertising*이다.

브랜드 관리

기업이 자신의 제품을 차별화하는데 일단 성공했다면 그 다음으로는 **브랜드 관리 brand management**를 통해서 그러한 차별성을 지속적으로 유지하는 노력을 해야 한다. 새로운 제품을 내놓거나, 구제품과는 매우 다른 신제품을 내놓을 때 기업은 단기적으로 경제적 이윤을 가져갈 수 있다. 그러나 기업이 이를 통해 성공을 거두면 경쟁기업들도 새로운 제품이나 개선된 제품을 내놓기 때문에 장기적으로 기업의 이윤은 경쟁으로 인해 사라지게 된다. 기업은 더 이상 경제적 이윤을 벌어들일 수 없게 되는 시기를 늦추기 위해서 다시 말해, 자기제품의 차별성을 더 오랜 기간 유지하기 위해서 브랜드 관리를 하는 것이다.

브랜드 관리 brand management
자기제품의 차별성을 더 오래 유지하기 위하여 기업들이 하는 행동.

광고

혁신적인 광고 캠페인은 아주 오래되어 소비자들이 이미 잘 알고 있는 제품들(예를 들어, Coke라든가 McDonald의 Big Mac 햄버거)도 소비자들이 경쟁기업들의 제품보다 더 사고 싶은 것으로 만든다. *기업이 자기 제품을 광고하는 것은 자기제품의 수요곡선을 오른쪽으로 이동시키고, 더 비탄력적으로 만드는 노력을 하는 것이다.* 광고에 성공하면, 기업은 모든 가격 수준에서 자신의 제품을 더 많이 팔 수 있게 되며, 또한 많은 수의 고객을 잃지 않으면서도 자신의 가격을 올릴 수 있는 능력을 갖게 된다. 물론 광고를 하는 것은 기업의 비용을 증가시키는 것이지만, 광고로 인한 수입증가의 크기가 광고로 인한 비용증가의 크기보다 크다면 이윤은 증가할 것이다.

브랜드 네임의 방어

일단 기업이 성공적으로 브랜드 네임을 확립했다면 기업은 이를 유지하려는 강한 인센티브를 갖게 된다. 기업은 *상표 trademark*를 등록하여 다른 기업들이 자기 제품과 동일한 이름을 사용하지 못하도록 법적으로 브랜드 네임을 방어할 수 있다.

상표로 등록된 브랜드 네임에 대해 한 가지 위협이 될 수 있는 상황은 그 브랜드 네임이 그러한 종류의 제품 모두를 대변하는 것처럼 광범위하게 사용되어 더 이상 어떤 특정한 기업의 특정한 제품의 브랜드 네임으로서의 기능을 상실하게 되어버리는 상황이다. 미국 법원은 이러한 상황이 발생하면 더 이상 그 브랜드 네임에 대한 법적 보호가 주어질 수 없다고 판결하였다. 이러한 것의 예로는 aspirin, escalator, thermos(써모스 보온병) 등이 있으며 이들은 모두 처음에는 특정 기업의 특정한 제품의 브랜드 네임이었다. 그러나 이 제품들이 너무 광범위하게 사용되어 특정한 기업의 제품이 아니라 어떤 종류의 제품을 지칭하는 것으로 되어버려 더 이상 법적 보호를 받지 못하고 있다. 기업들은 이러한 상황이 발생하지 않도록 하기 위해 엄청난 비용을 지출하고 있다. 예를 들어, Coca-Cola는 직원을 고용하여 미국 전역의 레스토랑을 돌면서 식사와 함께 Coke를 주문하도록 한 후에, 그 레스토랑이 Coke 대신에 Pepsi 콜라나 다른 콜라를 가져다주면 이 회사의 법무지원 부서는 그 레스토랑 주인에게 편지를 보내어 Coke가 콜라를 의미하는 일반적인 표현이 아니고 상표로 등록된 브랜드 네임이라는 점을 인지시키고 있다. 마찬가지로 Xerox Corporation도 Xerox가 복사기계를 의미하는 일반적인 표현이 아니라 자기 회사가 생산하는 복사기의 브랜드 네임이라는 것을 알리는 광고에 상당한 비용을 지출하고 있다.

법적으로 상표를 보호하는 것은 현실적으로 어려울 수 있다. 많은 미국 기업들은 외국의 다른 기업들이 자신의 브랜드 네임을 도용하고 있어서 매년 수천억 달러의 손해를 보고 있는 것으로 추정하고 있다. 최근에 와서 국제적 협약을 통해 상표에 대한 법적 보호가 강화되고 있기는 하다.

자신이 소유하는 상점을 통해 자기제품을 파는 것이 아니라 프랜차이즈를 통해 자기제품을 파는 기업들의 경우에는 프랜차이즈들이 사업을 제대로 하지 못할 경우에는 자기제품의 브랜드 네임에 손상을 입게 된다. 자동차 제조회사들은 자동차 딜러들을 순회 방문하는 팀을 만들어 정기적으로 딜러들이 매장과 서비스센터를 깔끔하게 잘 관리하고 있는지를 살펴보며, 유능한 기술자들을 딜러들에게 보내 애프터서비스도 지원해 주고 있다. McDonald도 본부에서 사람들을 보내 프랜차이즈들이 화장실을 깨끗하게 유지하고 있는지, 프렌치프라이는 따뜻하게 해서 고객들에게 제공하고 있는지 등을 수시로 감독하고 있다.

9.6. 기업을 성공하게 만드는 것은 무엇인가?

기업의 소유주나 경영자는 기업을 성공시켜서 경제적 이윤을 얻게 만들어주는 요소들의 일부를 관리한다. 이러한 요소들 중 가장 중요한 것은 자신의 제품을 차별화할 수 있는 능력과 경쟁기업들보다 더 낮은 평균비용으로 제품을 생산할 수 있는 능력이다. 이 2가지 모두를 갖거나, 이중 하나를 갖고 있는 기업은 자신의 고객들에게 *가치 value*를 창조해 주는 것이다. 소비자들은 경쟁기업의 제품이 충족시키지 못하는 욕구를 충족시켜주는 기업의 제품을 구입할 것이며, 경쟁기업의 제품보다 더 낮은 가격의 제품을 구입할 것이다.

기업의 수익성에 영향을 미치는 요소들 중 일부는 기업이 관리할 수 없는 요소들이다. 어떤 요소들은 시장에 있는 모든 기업들 다시 말해, 시장 전체에 대해 영향을 미친다. 예를 들어, 항공기 연료가격의 상승은 모든 항공사들의 수익성을 떨어뜨린다. 일부 소비자들이 DVD를 구입하지 않고 그 대신 Netflix, iTunes, Amazon으로부터 영화를 다운받거나 스트림하는 경우에는 DVD를 판매하는 모든 상점들의 수익성이 줄어들 것이다.

한편, 인생의 모든 측면에서 운(chance, luck)이 작용하듯이, 기업의 경우에도 운이 작용한다. 적자를 면하기 위해서 애쓰고 있던 한 McDonald 프랜차이즈 가게는 자신의 매장 앞에 예기치 않게 지방정부가 도로를 건설한 후로 자신의 이윤이 크게 증가하는 경험을 할 수 있다. New York시에 있는 레스토랑, 호텔, 극장 등은 2012년 10월 허리케인 Sandy로 인해 고객들의 수가 엄청 줄어드는 경험을 하였다. [그림 9.7]은 기업이 관리할 수 있는 요소들과 관리할 수 없는 요소들이 상호작용하여 기업의 수익성(profitability)이 결정된다는 중요한 점을 요약해서 보여주고 있다.

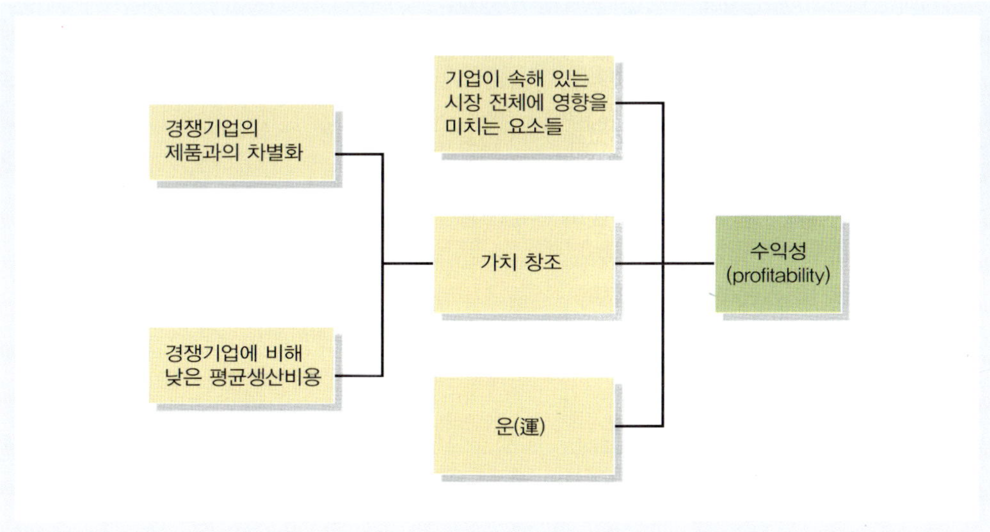

그림 9.7

기업을 성공하게 만드는 것은 무엇인가?

기업이 관리할 수 있는 요소들(자기제품을 차별화할 수 있는 능력과 경쟁기업보다 낮은 비용으로 제품을 생산하는 능력)과 기업이 관리할 수 없는 요소들이 합해져서 기업의 수익성을 결정한다.

자료: Adapted from Figure 9.2 in David Besanko, David Dranove, Mark Shanley, and Scott Schaefer, *The Economics of Strategy*, 6th edition, New York: John Wiley & Sons, Inc., 2012, p. 295.

Making the Connection

시장에 맨 처음에 진입하는 선발기업이 되는 것이 성공의 핵심인가?

일부 기업분석가들은 시장에 맨 처음으로 진입하는 기업이 매우 중요한 *선점자 우위 first-mover advantage*를 가질 수 있다고 주장한다. 어떤 제품을 맨 처음으로 시장에 소개한 기업의 이름은 그 제품과 연계되어 대중들의 마음에 자리 잡을 수 있다. 예를 들어, Amazon이란 회사 이름은 온라인 책 주문과 함께 연상되고, eBay는 온라인 경매와 함께 연상될 것이다. 어떤 제품과 그 제품을 생산하는 기업 이름에 대해 소비자들이 갖는 이러한 강한 연계성은 새로운 기업이 해당 시장에 들어가서 기존의 선발기업과 경쟁하는 것을 매우 어렵게 만들 수 있다.

그러나 놀랍게도, 최근의 연구에 의하면 선발기업이 후발기업에 대해 갖는 우위가 그렇게 오랜 기간 유지되지 않는 경우가 많다는 것이 발견되고 있다. 예를 들어, 펜시장의 경우를 보자. 1940 대까지는 잉크를 사용하여 글씨를 쓰는 만년필이 유일한 펜이었으며 만년필을 사용하기 위해서는 만년필에 자주 잉크를 채워줘야 했다. 1945년 10월에 기업가 Milton Reynolds는 자주 잉크를 채워줄 필요가 없는 볼펜을 최초로 개발했다. 이 최초의 볼펜이 뉴욕시의 Gimbels 백화점에서 판매되기 시작했을 때 소비자들로부터 바로 큰 인기를 얻었다. 볼펜가격이 $12.00(오늘날의 가격으로 치면 약 $155.00)가 되었는데도 수 십만 자루의 볼펜이 판매되었고 Milton Reynolds는 백만장자가 되었다. 그러나 불행하게도 성공은 오래가지 않았다. Reynolds가 자신의 볼펜의 보증기간을 2년으로 했고 다시 5년으로 연장했는데도 불구하고 그 볼펜은 자주 잉크가 새어나왔고 얼마 쓰지도 않았는데도 잉크가 잘 나오지도 않았다. 판매는 급속히 무너졌으며 보증수리를 받기 위해 엄청나게 돌아온 볼펜은 회사의 이윤을 갉아 먹었다. 몇 년이 안 되어 Reynolds International Pen Company는 미국에서의 판매를 중지하였다. 1960년 후반부터 Bic과 같은 값싸고 믿을 만한 볼펜을 파는 회사들이 시장을 지배하게 되었다.

Reynolds International Pen Company가 겪은 상황은 예외적인 경우라기보다 일반적인 경우라는 것이 서서히 밝혀지고 있다. 예를 들어, Apple의 iPod는 미국시장에서 처음으로 소개된 디지털음악플레이어가 아니었다. iPod보다 3년 앞서서 한국기업인 새한의 MPMan과 미국기업인 Diamond의 PMP300이 1998년에 미국 시장에 소개되었다. 마찬가지로 현재는 Hewlett-Packard가 35%의 시장점유율을 가지고 레이저프린터 시장을 리드하고 있지만 레이저프린터를 발명한 기업은 이 회사가 아니라 Xerox였으며, 또한 IBM이 최초로 상업용 레이저프린터를 판매했었다. 그러나 이 두 회사 모두 오늘날에는 레이저프린터 시장에서 존재감이 미미하다. 일회용 귀저기인 Pamper를 1961년에 시장에 소개했을 때 Procter & Gamble은 선발기업이 아니었다. Microsoft의 Internet Explorer는 최초의 웹브라우저가 아니었다. Internet Explorer 이전에 시장에는 Netscape가 있었으며, Netscape 이전에는 Mosaic이, Mosaic 이전에도 여러 웹브라우저들이 이미 시장에 존재하고 있어서 이들이 시장을 지배할 것으로 생각되었었다. 이 모든 경우에서 알 수 있듯이, 한 제품을 시장에 맨 처음에 소개한 기업이라고 하더라도, 보다 신뢰할 수 있고, 보다 값싸고, 보다 편리하고, 보다 더 큰 가치를 주는 제품을 소비자들에게 공급하는 기업에게 결국은 자신의 고객을 모두 빼앗기게 된다.

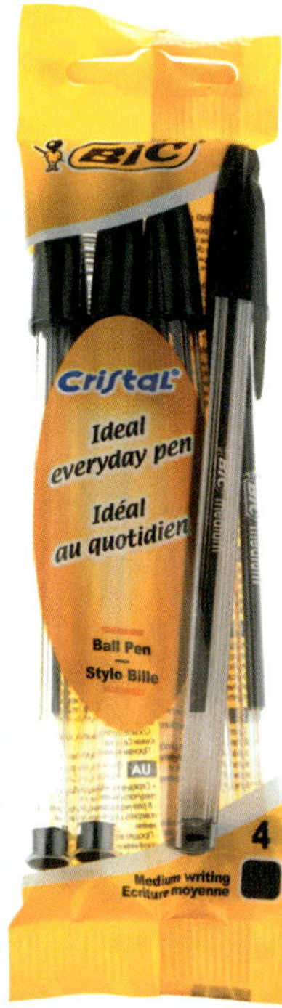

다른 기업에 앞서서 시장에 맨 처음에 진입한 것은 아니지만, Bic은 볼펜을 처음으로 만든 기업보다 더 성공했다.

자료: Steven P. Schnaars, *Managing Imitation Strategies: How Late Entrants Seize Markets from Pioneers*, New York: The Free Press, 1994; and Gerard J. Tellis and Peter N. Golder, *Will and Vision: How Latecomers Grow to Dominate Markets*, Los Angeles: Figueroa Press, 2002.

결론

이 장에서는 완전경쟁시장의 분석에서 알게 된 경쟁과 관련된 개념들을 이보다 더 일반적인 시장구조인 독점적 경쟁시장에 대해 적용해 보았다. 다시 말해, 이러한 개념들은 완전경쟁시장에서만 성립하는 것이 아니고 독점적 경쟁시장에 대해서도 성립하는 것이다. 완전경쟁시장에 대해 살펴보았을 때 우리는 다음과 같은 결론을 내렸었다. "시장은 새롭거나 더 나은 재화와 서비스를 더 낮은 비용에 공급하라는 압력을 기업들에게 끊임없이 가한다. 소비자들의 기호 변화를 제대로 반영하지 못하거나, 가장 효율적인 생산기술을 채택하지 못하는 기업들은 장기적으로 시장에 살아남을 수 없다." 이러한 결론은 밀경작 농부나 홍당무경작 농부들에게 적용되는 진실일 뿐만 아니라 커피숍이나 기타 독점적 경쟁시장에 있는 기업들에게도 그대로 적용되는 진실이다.

다음 두 장에서는 과점과 독점이라는 시장구조에 대해 살펴볼 것이다.

주요용어

브랜드관리 brand management　　마케팅 marketing　　독점적 경쟁 monopolistic competition

연습문제

＊복습질문

1. 완전경쟁시장과 독점적 경쟁시장의 가장 큰 차이점은 무엇인가? 완전경쟁시장에서 판매되는 제품 2종류와 독점적 경쟁시장에서 판매되는 제품 2종류를 들어보라.
2. 한 McDonald 가게의 Big Mac이 우하향하는 수요곡선을 갖는 이유는 무엇인가?
3. 우하향하는 수요곡선에서 평균수입은 왜 가격과 동일한가? 한계수입은 왜 가격보다 낮은가?
4. 완전경쟁기업은 $P = MC$가 되는 생산량을 생산하지만 독점적 경쟁기업은 그렇게 하지 않는 이유는 무엇인가?
5. Daniel이 한 개당 $3.25에 350개의 Big Mac을 팔고 있다. 이를 생산하는데 드는 한 개당 평균비용은 $3.00이다. 그가 벌어들이는 이윤은 얼마인가?
6. 새로운 기업들의 진입은 기존기업들의 경제적 이윤에 어떤 영향을 미치는가?
7. 새로운 기업들의 독점적 경쟁시장에로의 진입이 기존기업들의 수요곡선에 어떤 영향을 미치는가?
8. 0의 회계적 이윤과 0의 경제적 이윤의 차이는 무엇인가?
9. 완전경쟁기업의 장기균형과 독점적 경쟁기업의 장기균형의 차이점은 무엇인가?
10. 독점적 경쟁기업들이 효율적인 생산을 하지 않는 이유는 무엇인가? 독점적 경쟁기업은 어떤 의미에서 초과생산능력을 갖는 것인가?
11. 독점적 경쟁기업이 배분적 효율성을 갖지 못하는 이유는 무엇인가?
12. 독점적 경쟁시장이 배분적으로 또한 생산적으로 효율적이지 못하다는 것은 이 시장에서 상당한 후생손실이 발생하고 있다는 것을 의미하는가? 당신의 답에서 의미하는 후생손실이란 무엇을 말하는가?
13. 마케팅이란 광고의 또 다른 이름인가?
14. 많은 회사들이 브랜드 관리에 신경쓰는 이유는 무엇인가?
15. 독점적 경쟁시장에서 기업의 수익성을 결정하는 핵심요소들은 무엇인가?
16. 독점적 경쟁기업이 지속적으로 경제적 이윤을 얻을 수 있는 방법은 무엇인가?

＊문제와 응용

1. 손 소독약을 생산하는 어떤 기업이 자신의 제품이 다른 기업의 제품보다 훨씬 더 효과적으로 손의 세균을 없애준다는 광고를 했다. 만일 소비자들이 이 기업의 광고를 믿는다면 이 기업의 수요곡선은 이전의 수요곡선과는 어떻게 달라지겠는가?
2. 스키 강좌에 대한 하루 동안의 수요를 보여주는 다음의 표를 완성하라.

하루에 열리는 스키 강좌 수 (Q)	가격 (P)	총수입 ($TR = P \times Q$)	평균수입 ($AR = \frac{TR}{Q}$)	한계수입 ($MR = \frac{\Delta TR}{Q}$)
0	$80.00			
1	75.00			
2	70.00			
3	65.00			
4	60.00			
5	55.00			
6	50.00			
7	45.00			
8	40.00			

3. 한 학생이 다음과 같이 말했다. "기업이 한 단위의 재화를 더 팔 때 들어오는 추가적인 수입은 그 재화의 가격과 같다. 만일 가격이 $10이라면 추가적인 수입도 $10인 것이다. 따라서 이 장에서 독점적 경쟁기업의 경우에 한계수입이 가격보다 낮다고 설명한 것은 틀린 것이다." 이 말에 동의하는지 설명하라.
4. 한국에는 많은 쌀 경작 농부들이 있고 전국적으로 커피집

도 아주 많다. 그런데 한 EDIYA 커피집의 수요곡선은 우하향하고 쌀 경작 농부가 직면하는 수요곡선은 수평인 이유는 무엇인가?

5. 완전경쟁시장에 있는 한 기업의 한계수입은 음(−)이 될 수 있는가?독점적 경쟁시장에 있는 한 기업의 한계수입은 음(−)이 될 수 있는가? 간단히 설명하라.

6. 다음의 그림에서 11번째로 판매되는 단위의 한계수입을 살펴보자. 이 기업이 11번째 단위를 판매하기 위해서 가격을 $5.00에서 $4.75로 내리면 이 그림의 어떤 면적이 판매량효과를 나타내는가? 판매량효과의 금액은 얼마인가? 이 그림의 어떤 면적이 가격효과를 나타내는가? 가격효과의 금액은 얼마인가? 11번째 단위의 한계수입은 얼마인가?

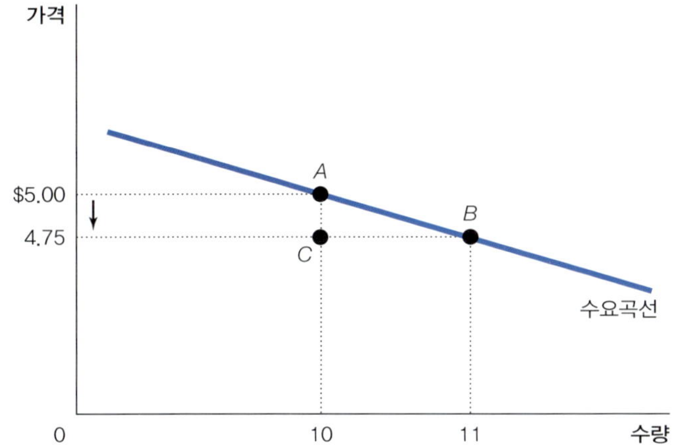

7. Sally는 좌판에서 토마토를 팔고 있다. 일주일에 토마토 100파운드를 파운드당 $3.75에 팔고 있다. 만일 가격을 $3.70로 낮추면 그녀는 101파운드의 토마토를 판매할 수 있다. 101번째 토마토의 한계수입은 얼마인가?

8. Maria는 치아바타 ciabatta 빵을 전문적으로 만들어 팔고 있다. 그녀가 만들어 파는 치아바타에 대한 수요와 비용은 다음과 같다.

시간당 판매되는 치아바타 빵(Q)	가격(P)	총비용 (TC)
0	$6.00	$3.00
1	5.50	7.00
2	5.00	10.00
3	4.50	12.50
4	4.00	14.50
5	3.50	16.00
6	3.00	17.00
7	2.50	18.50
8	2.00	21.00

a. 이윤을 극대화하기 위해서 한 시간에 얼마만큼의 치아바타를 판매해야 하는가? 가격은 얼마로 정해야 하는가? 그녀가 얻는 이윤은 얼마인가?

b. 이윤극대화를 해주는 판매량에서 Maria가 얻는 한계수입은 얼마인가? 이윤극대화를 해주는 판매량에서 Maria가 지불해야 하는 한계비용은 얼마인가?

9. 1916년에 Ford Motor Company는 500,000대의 모델 T를 한 대당 $440에 판매하고 있었다. 그 해에 이 회사는 $60 백만의 이윤을 냈다. Henry Ford는 신문기자들에게 자신이 모델 T의 가격을 $360로 낮추려고 생각 중이며, 그럴 경우에 판매되는 모델 T의 수량은 800,000대가 될 것으로 예상한다고 말했다. Ford는 “한 대당 이윤은 줄어들지만 더 많은 모델 T를 판매할 수 있고, 더 많은 근로자를 고용할 수 있고, 또한 그렇게 해도 우리가 목표로 하는 이윤을 얻을 수 있다”라고 말했다.

a. Ford는 모델 T의 가격을 인하한 후에 모델 T의 판매로 얻는 총수입이 증가할 것으로 기대했는가, 감소할 것으로 기대했는가?

b. 위의 정보를 이용하여 Model T의 수요의 가격탄력성을 중간점 공식을 사용하여 구해보라

c. 모델 T를 500,000대 판매했을 때의 이윤과 동일한 크기의 이윤을 얻기 위해서 800,000대의 모델 T를 판매할 때의 평균총비용은 얼마가 되어야 하는가? 이는 500,000대를 판매했을 때의 평균총비용보다 더 큰가, 더 작은가?

10. Elijah 버거에 대한 다음의 그림을 이용하여 질문에 답하라.

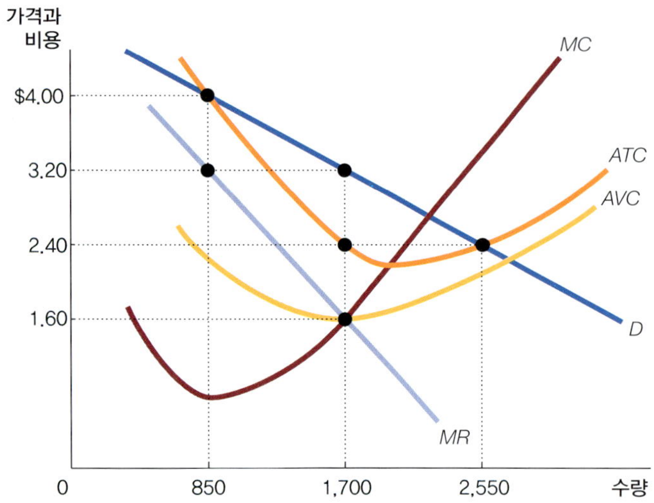

a. Elijah가 이윤을 극대화하는 판매량을 판매하고 있다면 그의 총수입은 얼마인가? 총비용은 얼마인가? 계산과정을 간단히 설명하라.

b. Elijah는 얼마의 경제적 이윤을 얻고 있는가? 계산과정을 간단히 설명하라.

11. 완전경쟁기업의 경우에는 한계비용과 가격이 일치하기 때문에 장기에서 경제적 이윤을 얻지 못한다. 그러나 독점적 경쟁기업의 경우에는 장기에서 가격이 한계비용보다 높다. 따라서 경제적 이윤을 얻지 못할 이유가 없다. 이 말은 맞는가?

12. 어떤 마케팅 학자가 다음과 같이 말했다. "Starbucks는 기본적으로 경험을 판매하고 있다. 커피는 그 경험의 일부일 뿐이다." 만일 커피가 Starbucks가 제공하는 경험의 전부라면 Starbucks는 어떤 문제에 부닥칠 가능성이 있는가?

13. 다음의 그림을 보고 답하라.

a. 이 기업은 완전경쟁기업인가 아니면 독점적 경쟁기업인가, 아니면 알 수 없는가? 그 이유를 설명하라.

b. 그림은 단기균형을 보여주고 있는가, 장기균형을 보여주고 있는가? 간단히 설명하라.

c. 이 기업이 완전경쟁시장에 있다면 장기균형에서의 생산량은 얼마인가?

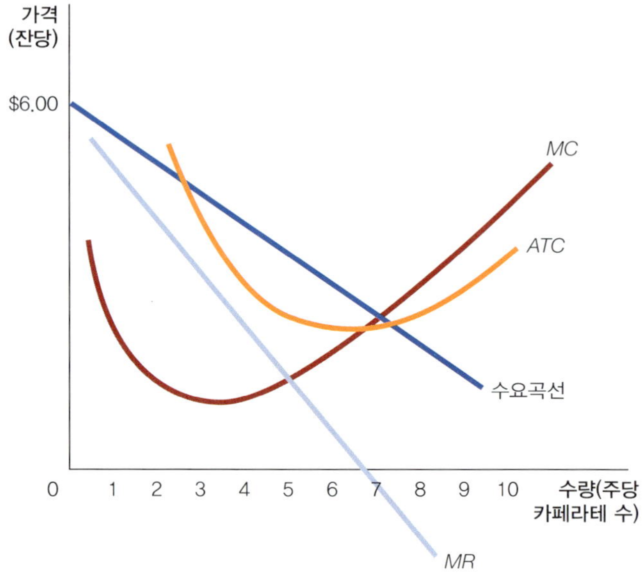

14. 공산주의가 무너지기 이전의 동유럽이나 구소련에서는 대부분의 기본적인 소비자제품이 표준화되어 있었다. 예를 들어, 정부가 운영하는 가게는 한 종류의 비누나 한 종류의 치약만 판매하고 있었다. 소련의 경제학자들은 이러한 표준화가 미국이나 서유럽에서 나타나는 제품차별화로 인한 낭비를 막아준다고 종종 말했다. 당신은 이 말에 동의하는가?

15. 어떤 기업이 광고비를 증가시켰는데도 자기제품에 대한 수요가 변하지 않았다면 그 기업의 이윤은 어떻게 되는지를 그림으로 보여 보라.

16. 어떤 사람이 다음과 같이 말했다. "마케팅 연구나 브랜드 관리는 불필요하다. 만일 기업이 고객들이 무엇을 원하는지를 알고 싶다면 그들이 무엇을 구매하고 있는지를 잘 살펴보는 것으로도 충분한 정보를 얻을 수 있다." 이 말에 동의하는가? 설명하라.

17. 7-Eleven, Inc.는 전 세계적으로 20,000개가 넘는 편의점을 개설하고 있다. 이 회사의 재무담당 부사장인 Edward Moneypenny가 자기 회사가 직면하고 있는 가장 큰 위험에 대한 질문을 받았을 때 다음과 같이 말했다. "내가 보기엔 7-Eleven이 직면하고 있는 가장 큰 위험은 다른 소매업 기업들의 경우와 마찬가지로 경쟁이다 ⋯ 이러한 사업에서는 경쟁이 항상 유심히 지켜보고 있어야 할 사항이다."

어떤 의미에서 경쟁이 기업에게 위험이 될 수 있는가? 왜 소매업을 하는 기업의 경우에 특히 '경쟁'이 항상 유심히 살펴보고 있어야 하는 사항인가?

18. 어떤 제품을 시장에 제일 먼저 소개하는 선발기업의 제품에서 종종 나타나는 일반적인 현상은 그 기업 제품의 디자인이나 성능에 예상치 못한 문제점이 발견된다는 것이다. 이러한 현상은 선발기업의 우위에 대해 무엇을 말해주는가?

19. 돈이 많은 투자자들은 종종 hedge펀드에 투자한다. Hedge펀드 관리자는 투자자들의 돈을 주식, 채권, 기타 높은 수익을 가져다주는 자산에 투자한다. *New York Times*의 한 기사는 다음과 말하고 있다. "전문적인 투자분석가라고 하더라도 hedge펀드의 성과를 평가하는데 있어서 문제에 봉착한다. 왜냐하면 투자능력을 운(luck)과 구별하는 것이 매우 어렵기 때문이다." 한 기업이 경제적 이윤을 얻고 있을 때 그것이 그 기업 경영자의 능력에 의한 것인지, 아니면 단순히 운에 의한 것인지를 구별하는 것은 쉬운 일인가? 간단히 설명해 보라.

CHAPTER

10

과점: 덜 경쟁적인 시장에 있는 기업들

이 장의 학습내용

10.1 과점과 진입장벽
- 과점이 존재하는 이유를 진입장벽이 어떻게 설명하고 있는지를 보인다.

10.2 게임이론을 이용한 과점시장에 대한 분석
- 과점기업들의 전략을 분석하는데 게임이론을 사용한다.

10.3 순차적 게임과 기업전략
- 경영전략을 분석하기 위해서 순차적 게임을 사용한다.

10.4 5가지의 힘에 의한 시장분석 모델
- 5가지의 경쟁압력 모델을 사용하여 산업의 경쟁을 분석한다.

비디오 게임기 시장의 경쟁

대기업은 대부분 작은 기업에서 출발한다. 1975년에 Bill Gates와 Paul Allen는 New Mexico 주의 Albuquerque에서 Microsoft Corporation을 세웠다. 이 회사의 직원은 이 두 사람뿐이었다. Steve Jobs와 Steve Wozniak는 1976년에 California주 Los Altos에 있는 Jobs의 창고에서 일하면서 Apple을 세웠다. 이들은 1930년대에 California주 Palo Alto에서 회사를 세워 오늘날 Hewlett-Packard(HP)로 만든 William Hewlett와 David Packard의 예를 따라서 한 것이다. Michael Dell은 1984년에 Texas 대학의 기숙사 자기 방에서 Dell computer 회사를 차렸다. 이들 기업이 세워졌을 때 이들이 속해 있었던 산업에는 지금보다 더 많은 수의 기업들이 존재했었다. 예를 들어, 오늘날 소프트웨어와 컴퓨터 산업에는 10개 미만의 기업이 산업 전체 매출액의 대부분을 차지하고 있다.

Microsoft는 주로 컴퓨터 소프트웨어 기업으로 알려져 있지만 Xbox라는 비디오 게임기도 판매하고 있다. Microsoft, Sony, Nintendo의 세 기업이 비디오 게임기 매출액의 대부분을 차지하고 있다. 몇 안 되는 기업들이 시장을 지배하고 있는 산업을 과점이라고 한다. 과점산업에 있는 기업의 수익성은 다른 기업과의 상호작용에 의해서 결정된다. 이러한 산업에서 기업들은 전략적 행동을 해야 한다. 전략적 행동에는 어떤 가격을 책정할 것인가 하는 것뿐만 아니라 생산량은 얼마로 할 것인가, 광고는 어느 정도로 해야 할 것인가, 신기술은 어떤 것을 채택해야 할 것인가, 원료 공급자들과의 관계를 어떻게 설정해야 하는가, 어떤 시장에 새롭게 진입해야 할 것인가 하는 것과 같은 것들이 포함된다.

과점산업에는 서로 경쟁하고 있는 기업의 수가 상대적으로 적으므로 기업들은 항상 상대방의 행동에 대해 대응해야 하며 매출액이 크게 줄어드는 위험에 잘 대처해 가야 한다. 이 장에서는 과점산업에 있는 기업들의 전략적 상호작용에 대해 살펴본다.

자료: Ian Sherr and Daisuke Wakabayashi, "Xbox One to Launch at $499, PlayStation 4 at $399," *Wall Street Journal*, June 10, 2013; and Microsoft, *Introducing Xbox One*, www.xbox.com/en-US/xboxone/meet-xbox-one.

완전경쟁 시장과 독점적 경쟁시장을 살펴보면서 기업의 이윤을 극대화하는 가격과 생산량에 초점을 맞추었었다. 기업은 자신의 한계수입이 한계비용과 같아지는 양을 생산하여 판매함으로써 자신의 이윤을 극대화한다. 한계수입과 한계비용을 알기 위해서 기업의 수요곡선, 한계수입곡선, 한계비용곡선을 사용하였다. 이 장에서는 과점에 대해서 살펴본다. 과점은 적은 수의 기업들이 서로가 서로에게 영향을 주고 받으면서 서로 경쟁하고 있는 시장구조를 말한다. 과점을 분석할 때는 2가지 이유로 인해 완전경쟁시장과 독점적 경쟁시장을 분석할 때 사용한 그래프와 같은 그래프를 사용할 수 없다.

첫째로, 규모가 큰 과점기업의 복잡한 경영전략들을 분석할 수 있는 경제모델을 사용해야 한다. 이러한 전략들에는 이윤극대화를 하는 가격이나 생산량을 선택하는 것 이상의 것들이 포함된다. 둘째로, 한 과점기업의 이윤극대화를 위한 가격이나 생산량을 살펴보는 경우에도 수요곡선이나 비용곡선은 완전경쟁시장이나 독점적 경쟁시장을 분석하는 경우처럼 유용하지 않다. 경쟁기업의 수요곡선을 도출할 때는 한 경쟁기업이 책정하는 가격은 해당 산업에 있는 다른 경쟁기업들이 책정하는 가격에 전혀 영향을 주지 않는다고 가정했다. 이러한 가정은 각 기업들이 시장 전체와 비교할 때 그 크기가 아주 작을 경우에는 현실적인 가정일 수 있다. 그러나 Microsoft, Sony, Wal-Mart처럼 시장크기와 비교하여 상대적으로 그 크기가 큰 기업들에 대해 이러한 가정을 하는 것은 비현실적이다.

어떤 한 큰 기업이 자신의 가격을 낮추면 같은 산업에 속해 있는 라이벌 기업들도 종종 (항상 그런 것은 아니지만) 자신들의 가격을 낮추면서 이에 대응한다. 다른 기업들이 가격변화에 대해 어떻게 반응할지를 확실히 알 수 없기 때문에 특정한 가격수준에서 한 과점기업이 판매할 수 있는 수량을 알 수 없다. 달리 말해, 과점기업의 수요곡선이 어떤 모양을 하는지 알기가 어렵다. 한 기업의 한계수입곡선은 그 기업의 수요곡선에 의해 결정된다. 과점기업의 수요곡선의 모양을 알 수 없다면 과점기업의 한계수입곡선의 모양도 알 수 없다. 한계수입을 알 수 없다면 이윤을 극대화해 주는 생산량과 가격을 계산할 수 없다.

과점기업들 간의 경쟁을 분석할 때는 게임이론을 사용한다. 게임이론은 그룹이나 개인들이 서로 상호작용을 하는 상황을 분석하는데 광범위하게 사용되고 있다. 경제적 분석과 관련해서 게임이론은 각 기업의 이윤이 다른 기업들과의 상호작용에 의해 결정되는 산업에서 기업의 의사결정을 살펴보는데 이용된다. 게임이론은 핵전쟁 전략, 국제무역협상 전략, 정치유세 전략 등을 포함하여 다양한 방면에서 유용하게 사용되고 있다. 이 장에서는 대기업들의 전략적 행동을 분석하기 위해 게임이론을 사용한다.

10.1. 과점과 진입장벽

과점 oligopoly
적은 수의 기업들이 서로 영향을 주고 받으면서 경쟁하고 있는 시장구조.

과점 oligopoly은 몇 안 되는 기업만이 있는 산업이다. 이는 많은 수의 기업들이 존재하는 경쟁산업과 하나의 기업만이 존재하는 독점 사이에 존재하는 시장구조이다. 한 산업에 속한 기업들이 어느 정도로 서로 경쟁적인가를 측정하는 하나의 척도는 *집중*

*률 concentration ratio*이다. 미국 통계청은 5년마다 상위 4대 기업 집중률 four-firm concentration ratio(C_4)를 발표한다. 이는 각 산업의 산업 전체 매출액 중에서 상위 4대기업이 차지하는 매출액의 비율을 측정한 것이다. 대부분의 경제학자들은 상위 4대 기업의 집중률이 40%를 넘으면 그 산업이 과점산업이라고 생각한다. 집중률은 한 산업의 경쟁 정도를 판단하는 척도로는 결함을 갖고 있다. 예를 들어, 집중률은 미국에 수출을 하고 있는 외국기업의 매출액을 포함하고 있지 않다. 또한 집중률은 전국시장을 대상으로 계산된다. 그러나 레스토랑, 대학교재 서점 등과 같은 일부 산업에서의 경쟁은 지역에 국한된 경쟁이다. 또한 상위 몇 대 기업들(C_4의 경우에는 상위 4대 기업들)간의 상대적 크기를 반영하지 못한다. 마지막으로, 서로 다른 산업에 속해 있는 기업들 간에도 때때로 경쟁이 존재한다. 예를 들어, Wal-Mart는 할인매장 산업에 속해 있는 것으로 되어 있지만 슈퍼마켓 산업이나 장난감 소매산업에서도 다른 기업들과 경쟁한다. 일부 학자들은 시장의 경쟁도를 측정하는 척도로 *허핀달-허쉬만 지수 Herfindahl-Hirschman Index*를 더 선호한다. 허핀달-허쉬만 지수는 %로 표시한 각 기업의 시장점유율을 제곱한 것들의 합으로 계산된다. 따라서 모든 기업들의 상대적 크기를 반영하여 시장의 경쟁도를 측정하는 척도이다. 한 기업이 시장 전체를 점유하고 있는 독점의 경우에 이 지수의 값은 10,000이 된다. 다만, 집중률이 결함을 갖고 있기는 하지만 한 산업에 속한 기업들간의 전반적인 경쟁정도를 알려주는 척도로 여전히 사용되고 있다.

[표 10.1]는 제조업과 소매업에서의 미국의 과점산업의 예이다. 미국 통계청은 비디오 게임기 산업을 별도로 하나의 독립된 산업으로 보지 않고 있다. 그러나 2013년에 단 세 개의 기업인 Microsoft, Sony, Nintendo가 전 세계 매출액의 거의 전부를 차지하므로 이 산업은 과점산업이다.

표 10.1 소매업과 제조업에서의 과점산업의 예

소매업		제조업	
산업	상위 4대 기업 집중률(C_4)	산업	상위 4대 기업 집중률(C_4)
Discount department stores	97%	Cigarettes	98%
Warehouse clubs and supercenters	94%	Beer	90%
College bookstores	75%	Computers	87%
Hobby, toy, and game stores	72%	Aircraft	81%
Radio, television, and other electronic stores	70%	Breakfast cereal	80%
Athletic footwear stores	68%	Dog and cat food	71%
Pharmacies and drugstores	63%	Automobiles	68%

자료: U.S. Census Bureau, Concentration Ratios, 2007.

진입장벽

과점이 존재하는 이유는 무엇인가? 컴퓨터, 할인점, 맥주, 비디오 게임기 산업들에는 왜 지금보다 더 많은 수의 기업들이 존재하지 않는가? 기존 기업들이 경제적 이윤을 얻고 있다면 새로운 기업들이 그 산업에 진입할 인센티브를 갖는다고 한 것을 기억하라. 그러나 새로운 기업이 과점시장에 진입하는데는 종종 어려움을 갖는다. 기존기업들이 경제적 이윤을 얻고 있을 때 새로운 기업들이 그 산업에 진입하는 것을 방해하는 것을 **진입장벽 barriers to entry**이라고 부른다. 3가지 중요한 진입장벽은 규모의 경제, 핵심 생산요소의 소유, 정부에 의한 진입장벽이다.

진입장벽 barrier to entry
기존기업들이 경제적 이윤을 얻고 있는 산업에 새로운 기업이 진입하는 것을 방해하는 모든 것.

규모의 경제 economies of scale
기업이 장기적 측면에서(즉, 생산규모를 변화시키면서) 생산량을 증가시켜 나갈 때 장기평균비용이 하락하는 것.

규모의 경제 가장 중요한 진입장벽은 **규모의 경제 economies of scale**이다. 규모의 경제는 기업이 자신의 규모를 증가시키면서 생산량을 늘려갈 때 장기평균비용이 하락하는 경우에 존재한다. 규모의 경제를 갖는 생산량의 크기가 크면 클수록 한 산업에 있을 수 있는 기업의 수는 적어진다. [그림 10.1]은 이를 보여준다.

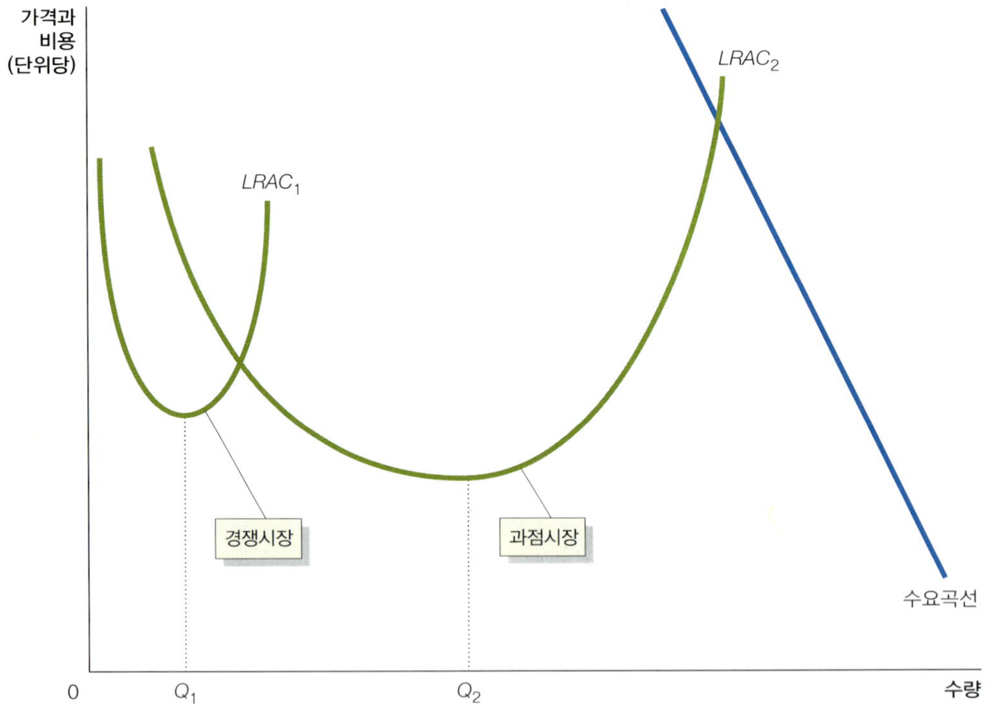

그림 10.1

규모의 경제는 한 산업의 경쟁 정도를 판별하는데 도움을 준다.

규모의 경제를 갖는 생산량이 크지 않은 산업에서는 산업 전체의 생산량과 비교해서 매우 작은 수준의 생산량(Q_1)에서 기업들의 장기평균비용곡선이 최저점에 도달한다($LRAC_1$). 이러한 경우에 그 산업에는 많은 수의 기업들이 존재할 수 있으며 시장은 경쟁적이 될 것이다. 산업 전체 생산량과 비교해서 매우 큰 수준의 생산량(Q_2)에서 기업들의 장기평균비용곡선의 최저점이 발생한다면 그 산업은 과점산업이 될 것이다.

규모의 경제를 갖는 생산량의 크기가 그다지 크지 않은 산업에서는 산업 전체의 생산량과 비교해서 매우 적은 수준의 생산량에서 대표적 기업의 장기평균비용곡선(*LRAC*)이 최저점에 도달한다([그림 10.1]의 Q_1). 이러한 경우에 그 산업에는 많은 수의 기업들이 존재할 수 있으며 시장은 경쟁적일 것이다. 규모의 경제를 갖는 생산량의 크기가 아주 클 경우에는 한 기업의 생산량이 산업 전체 생산량의 매우 큰 부분을 차지할 때까지 기업의 장기평균곡선은 최저점에 도달하지 않을 것이다([그림 10.1]의 Q_2). 이러한 경우에 해당 산업에는 몇 안되는 수의 기업만이 존재할 수 있으며 시장은 과점시장이 될 것이다.

규모의 경제는 비디오 게임기 산업에서보다 레스토랑 산업에서 더 많은 경쟁이 존재하는 이유를 설명해 준다. 매우 큰 레스토랑이라고 하더라도 상대적으로 작은 레스토랑보다 그 평균생산비용이 훨씬 낮지는 않기 때문에 레스토랑 산업에는 많은 수의 레스토랑들이 존재한다. 반대로 Microsoft와 같이 큰 비디오 게임기 생산기업은 작은 비디오 게임기 생산기업에 비해 매우 낮은 평균생산비용을 발생시킨다. 규모를 매우 크게 하여 많은 양을 생산하는 경우에 얻을 수 있는 여러 비용절약적 측면은 이 산업에 적은 수의 기업만이 존재할 수 있도록 만든다.

핵심 생산요소의 소유 어떤 재화의 생산에 특정한 생산요소가 사용되어야 한다면 그러한 생산요소를 통제하는 것은 진입장벽을 만드는 것이다. 여러 해 동안, 알루미늄 제조기업인 Aluminum Company of America(Alcoa)는 알루미늄의 원료인 매우 질 높은 보크사이트 bauxite의 공급량을 전 세계적으로 거의 독점했었다. 다른 기업들이 알루미늄 산업에 진입하여 Alcoa와 경쟁하려면 재활용 알루미늄을 사용할 수밖에 없었다. 남아프리카 공화국의 De Beers는 전 세계 다이아몬드 광산을 거의 다 지배하면서 다이아몬드 시장에서의 경쟁을 막을 수 있었다. 1990년대까지 Ocean Spray는 신선한 냉동 크렌베리 시장에서 다른 기업들과 거의 아무런 경쟁을 하지 않았다. 그 이유는 이 기업이 크렌베리 공급량의 거의 전부를 관리하고 있었기 때문이다. 현재까지도 Ocean Spray는 650군데의 크랜베리 경작자들과의 계약을 통해서 크랜베리 수확량의 약 65%를 확보하고 있다.

정부에 의한 진입장벽 기업들은 때때로 정부를 설득하여 진입장벽을 만든다. 미국에서는 많은 대기업들이 주정부의 고위관리들이나 국회의원들이 자신들에게 경제적 이득을 가져다주는 법안을 통과시키도록 만들기 위하여 로비스트들을 고용하고 있다. Washington, DC에도 수만 명의 로비스트들이 활동하고 있다. 일류 로비스트들은 연간 $300,000 이상의 연봉을 받고 있다. 이는 기업들이 이들의 활동에 매우 큰 가치를 부여하고 있다는 것을 말해주는 것이다. 정부에 의한 진입장벽의 예로는 특허, 면허, 국제무역장벽 등이 있다.

미국의 **특허 patent**제도는 특허가 인정된 날로부터 특허권자에게 특허를 받은 제품에 대해 20년간 배타적 권리를 갖도록 해주고 있다. 특허제도는 신제품이나 개선된 제품, 또는 기존제품을 보다 효율적으로 생산하는 방법을 찾아내기 위한 연구개발을 촉진하기 위한 제도이다. 기업들이 연구개발에 자원을 사용한다면 생산량이나 사람들의 삶의 수준이 더 빠르게 상승할 것이다. 그러나 신제품 개발을 위해 기업이 사용한 금액은 만일 다른 기

특허(권) patent
특허가 인정된 날로부터 특허 받은 제품에 대해 20년 동안 갖는 배타적 권리.

업들이 그 신제품을 복사해서 생산한다면 적절한 이윤을 발생시키지 못할 것이다. 예를 들어, 제약회사인 Merck는 매년 신약개발을 위해 $50억 이상의 돈을 투자하고 있다. 만일 경쟁기업들이 Merck가 개발한 신약을 곧바로 베껴서 생산한다면 Merck가 신약개발을 위해 투자한 연구개발비는 그에 대한 적절한 보상을 받지 못하게 된다. Merck가 자신이 개발한 신약에 대해서 특허를 받으면 특허기간 동안 이 회사는 더 높은 가격을 받을 수 있고, 그에 따라 성공적인 혁신에 대해 경제적 이윤을 가져갈 수 있는 것이다.

정부는 특정 직업에 대한 *면허제도 occupational licensing*를 이용하여 경쟁을 제한할 수 있다. 미국의 경우에 현재 약 500개의 직업관련 면허법이 존재한다. 예를 들어, 모든 주(州)에서 의사와 치과의사는 의료행위를 하기 위해서는 면허를 따야 한다. 면허법들이 존재하는 이유는 적절한 능력을 갖추지 못한 사람들의 서비스로부터 대중을 보호하기 위한 것이다. 그러나 면허를 받는 사람들의 수가 제한되기 때문에 면허법은 가격을 상승시킨다. 치과의사 면허를 보다 따기 어렵게 만들고 있는 주들의 치과의료비는 그렇지 않은 주들의 치과의료비보다 약 15% 높은 것으로 나타났다. 마찬가지로, 해당 주에 있지 않는 기업이 자기 주에서 콘택트 렌즈를 판매하기 위해서는 판매허가를 받도록 하고 있는 주들에서는 콘택트 렌즈의 가격이 그렇게 하고 있지 않는 주들에서보다 높게 나타났다.

정부는 또한 관세나 수입쿼터를 이용하여 어떤 산업에 외국기업들이 쉽게 진입하지 못하도록 장벽을 쌓기도 한다. *관세 tariff*란 수입품에 대한 세금을 말하며, *쿼터 quota*는 수입이 허용되는 수량을 말한다. 외국에서 수입되는 설탕에 대한 미국정부의 쿼터 할당은 미국 설탕시장에서의 경쟁을 심하게 제한하고 있다. 그 결과, 미국 설탕회사들이 책정하는 설탕값은 외국의 설탕값보다 훨씬 비싸다.

요약하면, 경제적 이윤을 얻기 위해서 모든 기업들은 평균총비용보다 높은 가격을 책정하려고 한다. 그러나 경제적 이윤을 얻고 있는 경우에는 해당 산업에 새로운 기업들이 진입하게 된다. 그에 따라 경쟁이 증가하고 이로 인해 가격이 평균총비용과 같아지는 수준까지 하락하게 되어 기업들은 장기적으로는 손익분기점에 있게 된다. 그러나 과점시장의 경우에는 진입장벽이 새로운 기업의 진입을 막거나 적어도 진입이 늦어지게 만들기 때문에 과점기업들은 보다 더 긴 기간 동안 경제적 이윤을 가져갈 수 있게 된다.

10.2. 게임이론을 이용한 과점시장에 대한 분석

게임이론 game theory
자신의 목적을 달성하는 것이 다른 사람들과의 상호작용에 의해 영향을 받을 때 사람들이 어떻게 의사결정을 하는가에 대해 연구하는 분야. 경제학적으로는 한 기업의 이윤이 다른 기업들과의 상호작용에 의해 영향을 받을 경우에 기업이 어떻게 의사결정을 하는가를 살펴보는 분야.

앞서 말했듯이 경제학자들은 과점시장을 분석하기 위해서 *게임이론*을 사용한다. 게임이론은 수학자 John von Neumann과 경제학자 Oskar Morgenstern 두 사람에 의해 1940년대부터 발전하기 시작했다. **게임이론 Game theory**은 사람들이 자신의 목적을 달성하는 것이 다른 사람들과의 상호작용에 의해 영향을 받을 때 어떻게 의사결정을 하는가에 대해 연구하는 분야이다. 과점시장에서는 시장 전체의 크기에 비해 기업들의 크기가 상대적으로 매우 크므로 기업의 수익성이 기업들간의 상호작용에 따라 크게 달라진다.

Poker든 Chess든 Monopoly든 모든 게임에서 게임참가자들 간의 상호작용이 게임의 결과를 결정한다. 또한 모든 게임들은 다음과 같은 3가지 점을 갖고 있다.

1. 어떤 행동들이 허용되는지에 대한 *룰 rules*
2. 게임참가자들이 자신의 목적을 달성하기 위해 취하는 *전략 strategy*
3. 게임참가자들이 취하는 전략들 간의 상호작용에 의해 나타나는 *결과(보수) payoffs*

기업과 관련해서 볼 때, 게임의 룰은 기업들이 지켜야 하는 법뿐만 아니라 적어도 단기적으로 기업들이 통제할 수 없는 것들(예, 생산함수)도 포함된다. **기업전략 business strategy**은 기업이 자신의 목적(예, 이윤극대화)을 달성하기 위해 취하는 일련의 행동들을 말한다. *보수 payoff*는 다른 기업들의 전략과 자신의 전략이 상호작용할 때 나타날 수 있는 여러 수준의 이윤이 될 수도 있다. 게임이론적 접근방법은 예를 가지고 살펴보면 잘 이해할 수 있다.

기업전략 business strategy
기업이 이윤극대화와 자신의 목적을 달성하기 위해 취하는 행동들.

복점게임: 두 기업 간의 가격경쟁

두 기업만이 시장에 있는 과점을 *복점 duopoly*라고 한다. 이 예에서는 복점에서 나타나는 기업들 간의 가격경쟁에 대해 게임이론을 사용하여 살펴보기로 한다. Microsoft와 Sony 두 기업만이 비디오 게임기를 생산하고 있다고 가정하자. 이 두 기업이 해야 하는 가격에 대한 의사결정에 초점을 맞추기로 한다. 이 두 기업의 경영진이 게임기의 가격을 $499로 할지 $399로 할지를 결정해야 한다고 하자. 어떤 가격을 책정하는 것이 더 많은 이윤을 가져다주는지는 상대방 기업이 택하는 가격에 달려 있다. 가격책정에 관한 의사결정은 기업전략을 보여주는 좋은 예이다. [그림 10.2]는 두 기업들이 취하는 전략들의 **보수행렬 payoff matrix**을 보여주고 있다. 보수행렬은 게임참가자들이 취하는 전략들의 각 조합에 따라 나타나는 결과들을 보여주는 표를 말한다.

보수행렬 payoff matrix
기업들이 취하는 전략적 행동들의 각 조합에 따라 나타나는 결과(보수)들을 보여주는 표.

Microsoft의 이윤은 빨간색으로, Sony의 이윤은 파란색으로 표시되어 있다. 보수행렬이 보여주는 4가지 결과는 두 기업이 사용하는 전략들의 각 조합에 따라 나타나는 서로 다른 결과들을 보여준다. 예를 들어, 두 기업이 모두 게임기의 가격을 $499로 책정하면 왼쪽 위에 있는 상한 quadrant이 그 결과를 보여준다. 이 경우 두 기업은 매달 $10백만의 이윤을 얻는다. 한편, Microsoft가 $399의 가격을 책정하고 Sony가 $499의 가격을 책정한다면 Microsoft는 Sony 고객의 상당부분을 가져가게 되어 Microsoft의 이윤이 $15백만이 되며, Sony의 이윤은 $5백만밖에 되지 않는다. 마찬가지로, Sony가 가격을 $399로 책정하고 Microsoft가 $499로 책정하면, Microsoft의 이윤은 $5백만가 되고 Sony의 이윤은 $15백만이 된다. 만일 두 기업 모두 $399의 가격을 책정한다면 각 기업은 매달 $7.5백만의 이윤을 얻는다.

그림 10.2

복점게임

Sony의 이윤은 파란색으로 으로 표시되어 있으며 Microsoft의 이윤은 빨간색으로 표시되어 있다. Sony와 Microsoft가 모두 게임기 한 대당 $499의 가격을 책정한다면 각자는 한 달에 $10백만의 이윤을 얻는다. 그러나, 각 기업은 상대방보다 낮은 가격을 책정하려는 인센티브를 갖는다. 두 기업이 모두 $399의 가격을 책정한다면 한 달에 각자 $7.5백만의 이윤만 얻는다.

		Microsoft	
		$499	$399
Sony	$499	Sony의 이윤 $10백만 Microsoft의 이윤 $10백만	Sony의 이윤 $5백만 Microsoft의 이윤 $15백만
	$399	Sony의 이윤 $15백만 Microsoft의 이윤 $5백만	Sony의 이윤 $7.5백만 Microsoft의 이윤 $7.5백만

담합 collusion
동일한 가격을 책정하거나 서로 경쟁하지 않기로 하는 것과 같은 협약을 하는 기업들의 행위.

이 두 기업이 게임기 한 대당 $499의 가격을 책정한다면 전체적으로 가장 좋은 선택이 될 수 있다. 그러나 이러한 가격을 각자가 선택할 것인가? 하나의 가능성은 Microsoft의 경영진과 Sony의 경영진이 서로 만나서 더 높은 가격에 팔기로 **담합 collusion**하는 것이다. 그러나 담합은 법에 의해 금지되어 있다. 담합이 발각되면 정부는 기업에게 벌금을 부과하고 경영진은 감옥에 보내질 수도 있다.

Microsoft의 경영진이 가격에 대한 자신의 의사결정을 Sony의 경영진과 의논하는 것은 법적으로 금지되어 있는 것이다. 따라서 각자가 할 수 있는 일은 다른 쪽의 경영진이 어떻게 할 것인지에 대해 예측을 하는 것이다. 만일 Microsoft가 Sony가 $499의 가격을 책정할 것이라고 확신한다면 Microsoft는 $399을 책정하여 자신의 이윤을 $10백만에서 $15백만 증가시키려 할 것이다. 그러나 Microsoft가 Sony가 $399의 가격을 책정할 것으로 확신한다면 Microsoft도 $399의 가격을 책정하여 자신의 이윤을 $5백만에서 $7.5백만으로 증가시키려 할 것이다. 실제로 Sony가 어떤 가격을 책정하든지에 관계없이 Microsoft는 $399를 책정하는 것이 자신에게 제일 유리하다. 따라서 Microsoft가 $399의 가격을 책정할 것이라는 것을 우리는 알 수 있다.

우월전략 dominant strategy
다른 기업이 어떤 전략을 사용하든 그에 관계없이 한 기업에게 가장 좋은 전략이 존재하는 경우에 그러한 전략을 우월전략이라고 하며, 기업은 우월전략을 갖는다고 말한다.

내쉬균형 Nash equilibrium
다른 기업의 전략이 주어졌을 때, 그에 맞추어 각 기업이 자신에게 가장 좋은 전략을 취할 때 나타나는 균형.

Sony의 입장도 Microsoft의 입장과 같다. 다시 말해, Microsoft가 어떤 가격을 책정하든지에 관계없이 Sony는 $399를 책정하는 것이 자신에게 제일 유리하다. 따라서 우리는 이 두 기업 모두 자신의 게임기에 대해 한 대당 $399의 가격을 책정할 것이라고 예상할 수 있다. 이 경우, 두 기업은 모두 각자가 우월전략을 갖고 있다고 말한다. 상대방이 어떤 전략을 선택하든지에 관계없이 자신에게 가장 좋은 전략이 존재하는 경우에 그러한 전략을 **우월전략 dominant strategy**이라고 말한다. 각자가 우월전략을 취하는 결과로 나타나는 균형은 두 기업 모두 게임기 한 대당 $399의 가격을 책정하는 것이다. 이러한 결과가 균형이 되는 이유는 *상대방 기업에 의해 선택된 가격이 주어졌을 때* 자신의 가격을 변화시켜도 자신의 이윤을 증가시킬 수 없기 때문에 그 상태에 그대로 있으려 하기 때문이다. 다른 기업들의 전략적 선택이 주어졌을 때 각 기업이 자신에게 가장 좋은 선택을 하고 그 선택을 변화시키려 하지 않는 균형을 **내쉬균형 Nash equilibrium**이라고 한다. 내쉬균형은 게임이론의 선구자 중 한 사람이며 노벨상을 받은 Princeton University의 John Nash 교수의 이름을 따라 붙인 것이다.

기업의 행위와 죄수의 딜레마

[그림 10.2]에서 나타나는 균형은 두 기업 모두에게 만족스러운 결과가 아니다. $399의 가격을 책정함으로써 두 기업은 각자 한 달에 $7.5백만의 이윤을 얻는다. 만일 이들이 $499의 가격을 책정했더라면 각자가 얻는 이윤은 $10백만가 된다. 서로 "협조"하여 더 높은 가격을 책정한다면 협조적 균형에 도달할 수 있다. **협조적 균형 cooperative equilibrium**에서는 각 게임참가자가 서로간의 이득(보수)을 증가시키기 위해서 서로 협조한다. 그러나 이 게임에서는 각자가 자신의 이득만을 고려한 전략을 선택함에 따라 **비협조적 균형 noncooperative equilibrium**이 결과로 나타난다.

이와 같이 각자가 자신의 우월전략을 선택하여 비협조적인 결과를 가져오게 되고 그에 따라 모두가 보다 나은 상태에 있을 수 없게 되어버리는 상황을 **죄수의 딜레마 prisoner's dilemma**라고 한다. 이 표현은 범죄로 체포된 두 용의자가 처한 상황에서 유래한 것이다. 경찰이 충분한 증거를 갖고 있지 않을 경우에 경찰은 두 용의자를 분리시키고 각자에게 죄를 자백하는 경우에 형을 감소시켜 준다는 제안을 할 수 있다. 이 경우에 각 용의자는 자백하지 않는다면 감옥에 가지 않을 수도 있는데도 죄를 자백하는 것이 각자의 우월전략이 되어 각자가 죄를 자백하게 되어 감옥에 가게 된다.

협조적 균형
cooperative equilibrium
게임참가자들이 자신들의 이득(보수)을 증가시키기 위해 협조하는 결과로 나타나는 균형.

비협조적 균형
noncooperative equilibrium
게임참가자들이 자신들의 이득(보수)을 증가시키기 위해 서로 협조하지 않고 자신의 이익만을 추구할 때 나타나는 균형.

죄수의 딜레마
prisoner's dilemma
게임참가자 각자가 자신의 우월전략을 선택하여 비협조적인 결과를 가져오게 되고 그에 따라 모두가 보다 나은 상태에 있을 수 없게 되어 버리는 상황.

기업은 죄수의 딜레마에서 벗어날 수 있는가?

죄수의 딜레마 게임이 협조적 행동은 항상 깨어지기 마련이라는 것을 말해주는 것처럼 보이지만 사람들은 자신의 목적을 달성하기 위해 종종 서로 협조하며, 기업들도 가격경쟁을 하지 않고 서로 협조하는 방법을 찾는다. 현실에서 죄수의 딜레마와 같은 결과가 항상 나타나는 것은 아니다. 그 이유는 게임이 한 번만 이루어지는 경우에 나타나는 것이 죄수의 딜레마이기 때문이다. 대부분의 기업이 처해 있는 상황은 계속적으로 반복된다. 예를 들어, 다음과 같은 상황을 보자. 작은 마을에 피자 가게가 두 개 있다고 하자. 하나는 Domino's 가게이고, 다른 하나는 Pizza Hut 가게이다. 각 피자가게는 큰 페파로니 피자에 대해 $12나 $10의 가격을 책정할 수 있다고 하자. [그림 10.3(a)]는 보수행렬을 보여준다. 보수행렬을 보면 각 가게가 낮은 가격을 책정할 인센티브를 갖는다는 것을 알 수 있다. 따라서 각 가게는 죄수의 딜레마에 빠진 것으로 보인다. 그러나 두 가게는 이러한 게임을 단 한번만 하는 것이 아니다. 그들은 매일 피자가격을 어떻게 책정해야 할지를 결정할 것이다. 게임이론에서 사용하는 용어를 빌리면, 이 두 가게는 *반복게임 repeated game*을 하는 것이다. 이러한 반복게임에서는 게임을 한 번만 할 경우에 협조하지 않아서 발생하는 손실보다 손실이 더 크고, 또한 게임참가자들이 협조하지 않는 다른 게임참가자들에 대해 *보복전략 retaliation strategies*을 취할 수 있다. 이에 따라 기업들은 협조를 하려는 인센티브를 더 강하게 갖는다.

[그림 10.3(a)]는 Domino's와 PIzza Hut이 피자 한 판에 $12 대신에 $10을 받으면 $12

를 받는 경우보다 하루에 이윤이 $150 줄어든다는 것을 보여준다.

두 가게가 $10을 받으면 잃어버리는 금액은 나날이 증가한다. 계속해서 $10의 가격에 피자를 판매한다면 각 가게가 일 년 동안 잃어버리는 이윤의 크기는 $50,000이 넘는다. 이러한 상황은 두 가게의 경영자가 *묵시적 담합 implicit collusion*을 하게끔 하는 인센티브를 증가시킨다. 두 가게의 경영자들이 만나서 가격을 $12로 하는데 동의하는 *명시적 담합 explicit collusion*은 불법이다. 그러나 두 가게의 경영진이 상대방에게 가격을 $12로 하자는 신호를 보낼 수 있는 방법을 찾아서 그렇게 하는 묵시적 담합은 법적으로 문제되지 않을 수도 있다.

Domino's와 Pizza Hut이 서로 경쟁기업의 최저가격과 동일한 가격으로 자신들의 피자를 판매한다는 광고를 한다고 해보자. 이 예에서 각자의 경쟁기업은 단 하나이다. 따라서 이러한 광고는 상대방에게 자신이 피자를 $12에 팔려고 한다는 신호를 보내는 것이다. 이러한 신호를 보내고 있다는 것은 명백하다. 만일 각 피자가게가 $10에 피자를 팔면 다

그림 10.3

반복게임에서 보수행렬을 변화시키기

Domino's와 Pizza Hut은 상대방 가게의 가격에 맞추어 자신의 피자가격을 받겠다는 광고를 하여 보수행렬을 변화시킬 수 있다. 이러한 보복전략은 만일 상대방이 낮은 가격에 판매하면 그에 맞추어 자신도 자동적으로 낮은 가격에 판매할 수밖에 없다는 신호를 상대방에게 준다. 그림(a)의 보수행렬은 상대방 가격에 맞추어 판매한다는 광고를 하지 않을 경우의 보수행렬이다. 이 경우에 각 가게는 상대방 가게가 $12에 피자를 판매할 때 자신은 $10에 판매함으로써 더 많은 이윤을 가져갈 수 있다. 그림(b)의 보수행렬은 상대방 가격에 맞춘다는 광고를 한 후에 나타나는 보수행렬이다. 각 가게는 2가지 선택만을 갖는다. 즉, $12의 가격에 판매하면서 하루에 $500의 이윤을 얻거나 아니면 $10의 가격에 판매하면서 하루에 $350의 이윤을 얻는 것이다. 이제 균형은 각 가게가 낮은 가격을 책정하여 낮은 이윤을 얻는 죄수의 딜레마 균형에서 높은 가격에 높은 이윤을 얻는 새로운 균형으로 이동한다.

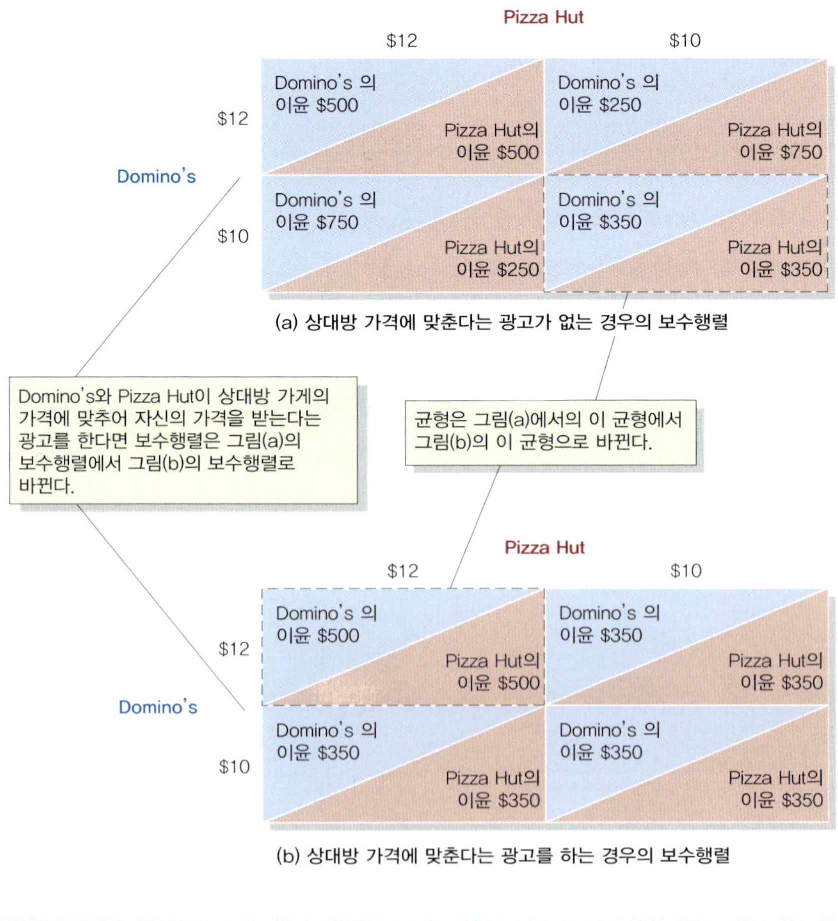

른 가게가 광고 때문에 자신의 가격도 $10으로 내려서 팔게 되어 자동적으로 보복하게 되어 있기 때문이다. 상대방 가격에 맞추어 판매하겠다는 것은 상대방의 행동을 강요하는 좋은 수단이 된다. 왜냐하면 만일 어느 가게든 협조하지 않고 낮은 가격을 책정한다면 상대방 가게도 낮은 가격에 판매함으로써 그 가게에 대한 보복이 자동적으로 이루어지도록 되어 있기 때문이다. [그림 10.3]이 보여주고 있듯이, 각 피자가게는 이러한 광고를 이용하여 자신들이 직면하는 보수행렬을 변화시킨 것이다.

[그림 10.3(a)]에 있는 처음의 보수행렬은 상대방 가격에 맞추어 판매한다는 광고가 없는 경우의 보수행렬이다. 이 경우에 각 피자가게는 상대방이 $12에 피자를 팔 때 자신은 $10에 팔면 자신의 이윤을 증가시킬 수 있다. 상대방 가격에 맞추어 판매한다는 광고는 [그림 10.3(b)]에서 볼 수 있는 것처럼 보수행렬을 변화시킨다. 이제, 각 가게는 $12의 가격을 받으면 매일 $500의 이윤을 얻을 수 있고, $10의 가격을 받으면 매일 $350의 이윤을 얻는다. 이제 균형은 죄수의 딜레마적 균형인 각 가게가 낮은 가격을 책정하여 낮은 이윤을 얻는 균형에서 높은 가격에 높은 이윤을 얻는 새로운 균형으로 이동한다. 상대방의 최저가격과 같은 가격으로 제품을 판매하겠다는 광고는 언뜻 보기에는 소비자들에게 혜택을 주는 것처럼 보인다. 그러나 게임이론은 이러한 광고가 실제로는 가격을 높게 유지하도록 만드는 역할을 하여 소비자들에게 피해를 가져다줄 수도 있다는 것을 말해준다.

가격선도 price leadership 행위도 묵시적 담합을 가져오는 하나의 예이다. 가격선도는 한 기업이 먼저 가격변화를 공표하고 그 산업에 있는 다른 기업들이 그 가격에 자신들의 가격을 맞추는 것을 말한다. 예를 들어, 미국의 경우에 1970년대에 General Motors(GM)가 매년 신차 모델을 소개할 때 자동차의 가격인상을 공표하면 Ford와 Chrysler도 자신의 자동차 가격을 GM의 가격변화에 맞추어 인상하였다. 어떤 경우에는 여러 기업들이 가격선도 기업처럼 행동하는 시도를 했지만 항공산업의 경우처럼 다른 기업들이 협조를 거부하면서 가격선도에 의한 묵시적 담합이 실패하는 경우도 있다.

> **가격선도 price leadership**
> 묵시적 담합의 일종으로 과점시장에 있는 한 기업이 가격변화를 공표하면 그 산업에 있는 다른 기업들도 자신의 가격을 그에 맞추어 변화시키는 것.

카르텔: OPEC의 경우

기업들이 가격이나 생산량에 대해 서로간에 어떤 합의를 하기 위해서 만나는 것, 즉 공개적인 담합은 대부분의 국가에서 불법이다. 그러나, 만일 담합이 허용된다고 하면 담합은 성공하는가? Organization of the Petroleum Exporting Countries(OPEC: 석유수출국기구)의 경우를 보면 이에 대한 답은 "그렇지 않다" 이다. OPEC은 Saudi Arabia, Kuwait, Iran, Venezuela, Nigeria 등 12개의 산유국들로 구성되어 있다. 이들 국가들의 원유매장량의 합은 전 세계 원유매장량의 75% 이상을 차지하고 있다. 매년 이들 국가들에 의해 생산되는 원유는 전 세계 원유공급량의 약 35%를 차지하고 있다. OPEC은 원유**카르텔 cartel**이다. 따라서 원유가격을 올려서 회원국들의 이윤을 증가시키기 위해서 원유공급량을 제한하는 담합을 한다. OPEC 회원국들은 정기적으로 만나서 각 회원국들이 생산할 수 있는 원유량(쿼터)에 대해 합의를 한다. 쿼터는 경쟁시장이라면 공급될 수 있는 원유의 양보다 훨씬 적은 양의 원유를 생산하도록 제한하기 위해 각 회원국들에게 할당된다. 이러한 원유생산량에 대한 통

> **카르텔 cartel**
> 이윤을 증가시키기 위해서 가격이나 생산량에 대해 담합을 하는 한 그룹의 기업들.

제를 통해 원유가격을 상승시키고 회원국들이 가져가는 이윤을 증가시키는 것이다.

[그림 10.4]는 1972년부터 2013년 중반까지의 원유가격을 보여주고 있다. 파란색 선은 매년의 원유의 배럴당 가격을 보여준다. 원유가격은 1972년 이후로 전반적으로 상승해왔다. 빨간색 선은 2013년 미국달러의 가치를 기준으로 측정한 원유가격을 보여준다. 그림은 OPEC이 1970년 중반과 1980년 초에 원유가격을 크게 상승시키는데 성공했음을 보여준다. 1972년에 원유의 배럴당 가격은 $3 미만이었다. 그러나 1980년에는 가격이 배럴당 $39로 상승했다. 이는 2013년의 달러가치로 보면 배럴당 $110이 넘는 가격이다. 그림은 또한 중국과 인도의 원유 수요증가가 그 부분적인 원인이었던 2004년과 2008년 중반에 원유가격이 급격하게 상승하기는 했지만, OPEC이 1980년 후반 이후로 1980년과 같은 높은 원유가격 수준을 유지하는데 어려움을 갖고 있음을 보여주고 있다.

게임이론은 원유가격의 변동성을 이해하는데 도움을 준다. OPEC 회원국들이 모두 협조하여 자신들이 받은 쿼터에 따라 작은 양의 원유를 생산하면 보다 높은 원유가격으로 받을 것이며 OPEC은 더 많은 이윤을 챙길 것이다. 그러나 일단 원유가격이 높아지면 각 회원국들은 협조를 멈추고 자신의 생산량을 쿼터로 배정된 양보다 더 크게 늘리면서 더 높은 이윤을 챙겨가려는 인센티브를 갖게 된다. 모든 회원국들이 자신에게 할당된 쿼터양을 지키지 않는다면 원유총생산량은 증가할 것이며 이에 따라 이윤도 줄어들 것이다. 달리 말해, OPEC은 죄수의 딜레마 상황에 빠지게 되는 것이다.

OPEC 회원국들이 항상 자신에게 주어진 쿼터보다 더 많은 양을 생산한다면 이 카르텔은 세계 원유가격에 영향을 미칠 수 있는 힘을 잃게 된다. 실제로 OPEC 회원국들은 정기적으로 만나서 새로운 쿼터를 배정하며 이렇게 배정된 쿼터는 적어도 어느 정도 기간 동안에는 원유생산량을 줄여서 원유가격을 인상시킨다. OPEC이 카르텔로 행동하면서 가끔

그림 10.4

원유가격(1972년부터 2013년 중반까지)

파란색 선은 매년의 원유의 배럴당 가격을 보여준다. 빨간색 선은 2013년 미국달러의 가치를 기준으로 측정한 원유가격을 보여준다. 원유생산량을 줄임으로써 OPEC은 1970년 중반과 1980년 초에 원유가격을 크게 올릴 수 있었다. 그러나 장기적으로 원유가격을 높게 유지하지는 못했다. 그 이유는 OPEC 회원국들이 자주 자신에게 주어진 쿼터보다 더 많은 양의 원유를 생산하여 원유공급량을 늘렸기 때문이다.
자료: Federal Reserve Bank of St. Louis.

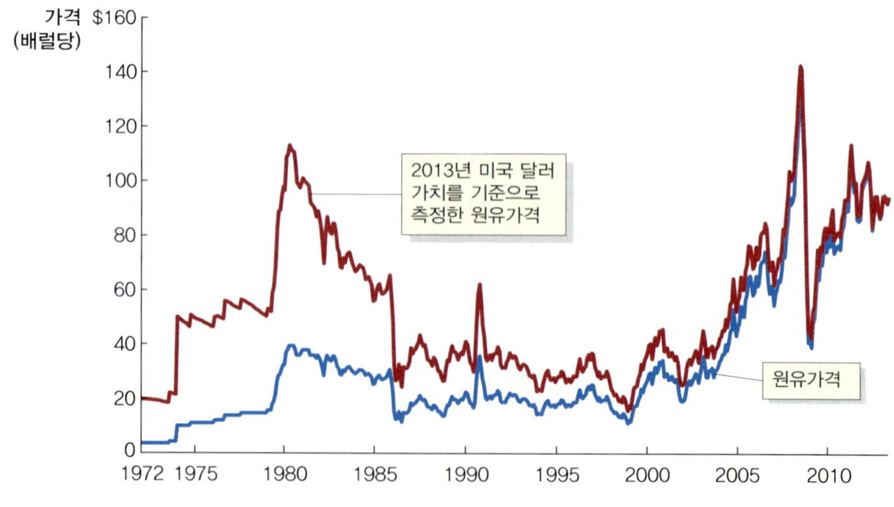

		Nigeria	
		낮은 생산량	높은 생산량
Saudi Arabia	낮은 생산량	Saudi Arabia의 이윤 $100백만 / Nigeria의 이윤 $10백만	Saudi Arabia의 이윤 $75백만 / Nigeria의 이윤 $15백만
	높은 생산량	Saudi Arabia의 이윤 $80백만 / Nigeria의 이윤 $7백만	Saudi Arabia의 이윤 $60백만 / Nigeria의 이윤 $10백만

그림 10.5

상황이 다른 OPEC 카르텔 회원국들

Saudi Arabia는 Nigeria보다 더 많은 원유를 생산할 수 있으므로 Saudi Arabia 생산량은 원유가격에 더 큰 영향을 준다. '낮은 생산량'은 각 국이 쿼터를 지켜서 서로 협조하는 경우의 생산량이고, '높은 생산량'은 두 국가가 최대한대로 생산하는 양이다. 보수행렬은 각 국이 매일 얻는 이윤을 보여준다. Saudi Arabia에게는 협조하여 쿼터대로 낮은 생산량을 생산하는 것이 우월전략이다. 그러나 Nigeria의 경우에는 협조하지 않고 높은 생산량을 생산하는 것이 우월전략이다. 따라서 이 게임의 균형은 Saudi Arabia가 낮은 생산량을 생산하고 Nigeria가 높은 생산량을 생산하는 것이다.

씩 성공하는 이유에는 2가지가 있다. 첫째, OPEC 회원국들이 반복게임을 하고 있는 것이다. 앞에서 보았듯이 반복게임은 협조적인 결과를 가져올 가능성을 높여준다. 둘째, Saudi Arabia는 다른 회원국들보다 훨씬 많은 원유생산량을 갖고 있다. 따라서 원유가격이 높아지면 가장 큰 이득을 얻기 때문에 협조를 하려는 인센티브도 가장 강하게 갖는다. [그림 10.5]의 보수행렬을 가지고 이점을 살펴보기로 하자. 문제를 간단히 하기 위해 OPEC에 Saudi Arabia와 Nigeria두 국가만 있다고 하자. [그림 10.5]에서 "낮은 생산량"은 각 국이 쿼터를 지켜서 서로 협조하는 경우의 생산량이고, "높은 생산량"은 각 국이 최대로 생산하는 양이다. 보수행렬은 각 국이 매일 얻는 이윤을 보여준다.

보수행렬을 보면 Saudi Arabia는 쿼터에 따라 낮은 생산량을 생산하려는 강한 인센티브를 갖는다는 것을 알 수 있다. 생산량을 줄임으로써 Saudi Arabia는 독자적으로 세계 원유가격을 크게 높일 수 있고, 그에 따라 자신을 포함한 회원국들의 이윤도 높일 수 있다. 따라서 Saudi Arabia는 쿼터에 따라 낮은 생산량을 생산하는 우월전략을 갖는다. 그러나 Nigeria는 독자적으로 세계 원유가격에 큰 영향을 미칠 수 없다. 따라서 Nigeria에게는 협조하지 않고 높은 생산량을 생산하는 것이 우월전략이 된다. 이 게임의 균형은 Saudi Arabia가 낮은 생산량, Nigeria가 높은 생산량을 생산하는데서 발생한다. 실제로 OPEC은 종종 이러한 식으로 작동되고 있다. Saudi Arabia는 쿼터에 따라 생산하고 다른 11개 회원국들은 자신의 생산능력에 따라 생산한다. 이 게임은 반복게임이기 때문에 Saudi Arabia는 가끔씩 의도적으로 자신의 쿼터양보다 더 많은 양을 생산하여 원유가격을 하락시켜면서 다른 회원국들의 비협조적 행동에 대해 보복을 하고 있다.

10.3. 순차적 게임과 기업전략

지금까지는 게임참가자들이 동시에 행동하는 것을 가정했다. 그러나 많은 기업 환경의 경우를 볼 때, 한 기업이 먼저 행동한 후에 다른 기업들이 그에 반응하는 행동을 한다. 이러한 상황은 *순차적 게임 sequential game*에 의해 분석해볼 수 있다. 진입억제와 기업 간의 협상이라는 2가지 경우에서의 기업전략에 대해서 순차적 게임을 이용하여 분석해 보기로 하자. 문제를 간단히 하기 위해, 두 개의 기업만이 있다고 가정한다.

진입억제

앞에서도 언급했듯이 기업들이 지속적으로 경제적 이윤을 얻는 데 있어서 가장 핵심적인 것은 진입장벽이다. 기업은 새로운 기업이 산업에 진입하는 것을 억제할 수 있는가? Apple과 Dell이 얇은 랩톱 컴퓨터를 만드는 유일한 두 제조기업이라고 하자. 새로운 제품의 가격을 책정하는데 있어서 기업이 고려하는 것 중에 하나는 경쟁기업의 시장진입을 막는데 어떤 가격을 책정하는 것이 가장 효과적인가 하는 것이다. 높은 가격은 다른 기업들이 진입하지 않는다면 높은 이윤을 가져다준다. 그러나 높은 가격이 다른 기업들의 진입을 초래한다면 이윤은 줄어들 것이다. 따라서 진입을 억제하는 낮은 가격이 더 큰 이윤을 가져다줄지도 모른다. Apple이 아주 얇은 랩톱을 Dell보다 앞서 개발했다고 하자. Apple은 이 제품의 가격을 어떻게 책정할 것인지를 고려중이다. 개발에 투자된 금액의 기회비용 정도만 커버하여 손익분기점에 있기 위해서는 이 제품이 투자금액에 대해 15%의 수익률을 가져다 줘야 한다. 가격을 $800으로 책정하면 수익률은 20%가 되어 Apple은 경제적 이윤을 얻을 수 있다. 가격을 $1,000으로 책정하면 수익률은 30%로 높아진다.

따라서 $1,000의 가격을 책정하는 것이 좋을 것으로 보인다. 그러나 Apple의 경영진은 Dell이 이러한 종류의 랩톱을 팔기 시작할지 모른다는 우려를 하고 있다. Apple이 $800의 가격을 책정하면 Dell은 시장에 진입하고 Apple과 Dell이 시장을 양분하게 될 것이다. 이 경우에 두 회사는 투자금액에 대해 5% 정도의 수익률밖에 얻을 수 없을 것이다. 이는 손익분기점에 있기 위해서 필요한 15%의 수익률에는 훨씬 못 미치는 수익률이다.

Apple이 $1,000의 가격을 책정하고 Dell이 시장에 진입하면 시장은 여전히 나눠지지만 가격이 높기 때문에 투자금액에 대한 수익률은 16%가 된다.

Apple이 어떤 가격을 책정할 것이라는 결정을 먼저한 후에 Dell이 그에 대해 반응하는 것이기 때문에 이 경우에 Apple과 Dell은 순차적 게임을 하고 있는 것이다. 순차적 게임의 결과는 보수행렬을 가지고도 분석할 수 있지만 [그림 10.6]과 같은 *의사결정나무 decision tree* 형태로 표현할 때 더 쉽게 알 수 있다. 그림의 박스는 *의사결정마디 decision node*를 나타내며 이는 기업이 할 수 있는 결정들을 보여준다. 왼쪽부터 보면 Apple이 가격을 책정하는 의사결정을 먼저하고 그 다음으로 Dell이 시장에 진입하느냐 안 하느냐를 결정한다. 선택된 결정은 화살표 옆에 표시되어 있다. 마지막 마디는 그림의 오른쪽에 초록색으로 표시되어 있으며 의사결정에 따른 최종수익률을 보여준다.

Apple이 먼저 하는 의사결정에 대해 살펴보자. Apple이 $1,000의 가격을 책정하면 화살표는 위에 있는 빨간색의 Dell의 의사결정마디로 연결한다. Dell이 이 시장에 진입하기로 결정하면 투자금액의 16%의 수익률을 얻는다. 이는 투자금액의 기회비용보다 높은 수익을 가져와 경제적 이윤을 발생시킨다. Dell이 시장에 진입하지 않으면, Apple은 30%의 수익률을 얻는다. Apple의 경영진은 랩톱의 가격을 $1,000으로 책정하면, Dell이 이 시장에 진입할 것이며 두 기업은 모두 투자금액에 대해 16%의 수익률을 얻을 것이라고 결론지을 수 있다.

만일 Apple이 $800의 가격을 책정하기로 하면 화살표는 밑에 있는 빨간색의 Dell의 의사결정마디로 연결한다. Dell이 이 시장에 진입하기로 하면 Dell은 5%의 수익률을 얻는다. 만일 Dell이 진입하지 않는다면 Apple은 20%의 수익률을 얻는다. Apple의 경영진은 랩톱의 가격을 $800로 책정하면, Dell이 이 시장에 진입하지 않을 것이며 자신들은 투자금액에 대해 20%의 수익률을 얻을 것이라고 결론지을 수 있다.

이러한 분석은 랩톱의 가격을 $1,000으로 책정하면 Dell이 시장에 진입하여 자신들은 16%의 수익률을 얻을 것이며, 랩톱의 가격을 $800로 책정하면 Dell이 시장에 진입하는 것을 막으면서 자신들은 20%의 수익률을 얻을 것이라고 Apple의 경영진이 결론지을 것임을 말해준다. 의사결정나무는 가격을 $800으로 책정하여 Dell의 시장진입을 막는 것이 좋은 선택이라는 것을 Apple의 경영진이 알도록 해준다. 한 가지 유의할 것은 이 분석이 매우 단순화된 분석이어서 가격 이외에 기업들이 경쟁할 수 있는 다른 것들이 있을 수 있다는 점을 무시하고 있다는 점이다. 실제로 나타난 상황은 Apple이 가벼운 랩톱인 MacBook Air의 가격을 상대적으로 높게 책정했고, 이에 대해 Dell은 낮은 가격의 XPS 15z Ultrabook 제품으로 이 시장에 진입했다. Apple의 경영진은 Dell 제품이 가격이 싸기는 하지만 자신들의 제품이 갖고 있는 특징들이 소비자들에게 더 매력적일 것이라고 믿고 있다. Apple이 Dell의 시장진입을 막을 수 있는 낮은 가격을 책정하지 않은 것이 올바른 선택이었는지는 시간이 지나면 알게 될 것이다.

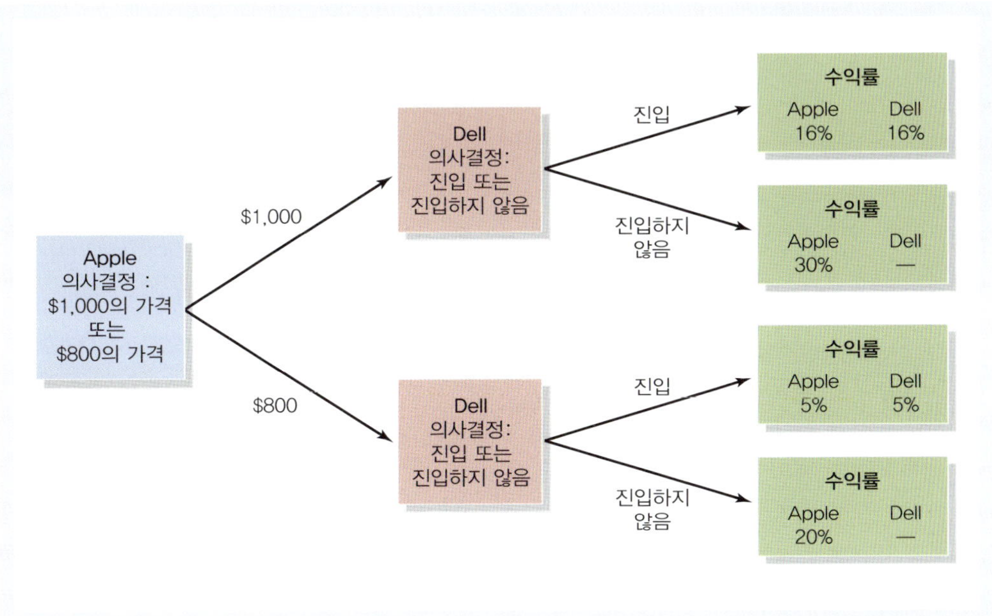

그림 10.6

진입게임의 의사결정나무

Apple이 자신의 매우 가볍고 얇은 랩톱의 가격을 $1,000으로 책정하고 Dell이 시장에 진입하지 않는다면 Apple은 가장 높은 수익률을 얻는다. 그러나 그 가격에서는 Dell이 시장에 진입할 것이며 Apple은 16%만 얻게 된다. Apple이 $800의 가격을 책정하면, Dell은 시장에 진입하지 않을 것이다. 왜냐하면 진입하더라도 5%의 수익률밖에 얻을 수 없어 경제적 손실을 보기 때문이다. 따라서 Apple의 가장 좋은 선택은 가격을 $800으로 책정하여 Dell의 진입을 막고 투자금액에 대해 20%의 수익률을 얻어서 경제적 이윤을 가져가는 것이다.

협상

많은 기업들의 성공이 다른 기업들과의 협상을 얼마나 잘하느냐에 달려 있다. 예를 들어, 기업은 종종 생산요소를 공급하는 기업들과 가격을 협상해야 한다. TruImage는 사진기나 휴대폰으로 찍은 사진을 보기 좋게 만드는 소프트웨어를 개발한 작은 회사이다. TruImage은 현재 이 소프트웨어를 온라인 상으로만 판매하면서 매년 $2백만의 이윤을 내고 있다. Dell이 TruImage에게 자신이 판매하는 모든 컴퓨터에 이 소프트웨어를 탑재할 것을 고려중이라고 말했다. Dell은 TruImage의 소프트웨어를 자신의 컴퓨터에 탑재시키면 자신의 컴퓨터를 더 높은 가격에 더 많이 팔 수 있을 것으로 기대하고 있다. 두 회사는 Dell이 이 소프트웨어에 대해 지불하는 가격에 대한 협상을 시작한다.

[그림 10.7]은 이 협상게임의 의사결정나무를 보여준다. 왼쪽에 Dell이 먼저 가격을 제시한다. 이에 대해 TruImage는 그 가격을 받아들일 것인지 않을 것인지를 결정한다. 첫째, Dell이 TruImage에게 소프트웨어 하나당 $30을 제시한다고 하자. TruImage가 이 제안을 받아들이면, 연간 $5백만의 이윤을 얻으며 Dell은 $10백만의 추가적인 이윤을 얻는다. TruImage가 이 제안을 거절하면, 온라인상에서 이 소프트웨어를 팔면서 연간 $2백만의 이윤을 얻으며 Dell이 얻는 경제적 이윤은 0이다.

이제 Dell이 TruImage에게 소프트웨어 하나당 $20을 제시한다고 하자. TruImage가 이 제안을 받아들이면, 연간 $3백만의 이윤을 얻으며 Dell은 $15백만의 추가적인 이윤을 얻는다. TruImage가 이 제안을 거절하면, 온라인상에서 이 소프트웨어를 팔면서 연간 $2백만의 이윤을 얻으며 Dell이 얻는 경제적 이윤은 0이다.

Dell에게는 소프트웨어 하나당 $20을 주는 것이 더 많은 이윤을 가져가는 것이며,

그림 10.7

협상게임의 의사결정나무

Dell은 TruImage가 소프트웨어 하나당 $20을 지불하는 것을 받아들일 때 가장 높은 이윤을 얻는다. TruImage는 하나당 $30을 받을 수 있을 때 가장 높은 이윤을 얻는다. TruImage는 $20의 가격은 받아들이지 않겠다고 위협할지도 모른다. 그러나 Dell은 이러한 위협이 믿음성 없는 위협이라는 것을 안다. 왜냐하면 일단 Dell이 하나당 $20을 제안하면 TruImage의 입장에서는 그러한 제안을 받아들이는 것이 받아들이지 않는 것보다 더 높은 이윤을 가져갈 수 있기 때문이다. 따라서 부분게임완전내쉬균형은 Dell이 $20을 제안하고 TruImage가 그 제안을 받아들이는 것이다.

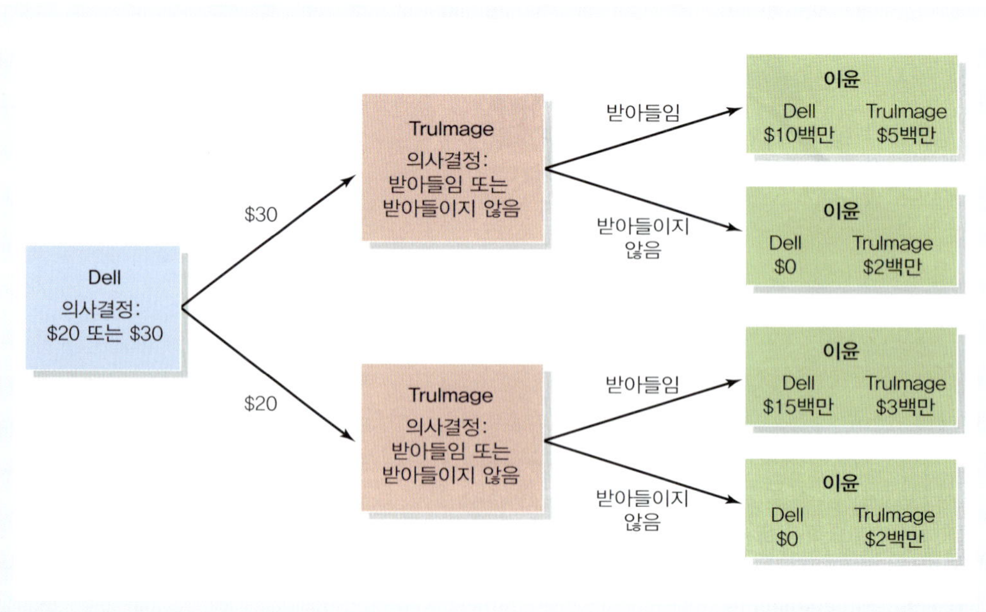

TruImage에게는 소프트웨어 하나당 $30을 받는 것이 더 많은 이윤을 가져가는 것이다.

TruImage이 Dell에게 $20의 가격은 받아들이지 않겠다고 말하면서 협상에서 유리한 결과를 가져가려고 한다고 해보자. 만일 Dell이 이러한 위협을 믿는다면 Dell은 TruImage에게 $30을 주겠다고 할 것이다. 왜냐하면 TruImage가 계약을 받아들일 경우에 Dell는 $10백만의 추가적 이윤을 가져갈 수 있지만, TruImage가 $20을 받아들이지 않는다면 Dell이 가져갈 수 있는 추가적 이윤은 0이기 때문이다. Dell이 TruImage의 위협을 믿는 경우에 이러한 결과는 내쉬균형이다. 왜냐하면 어느 기업도 균형에서 나타난 선택과 다른 선택을 하여 자신의 이윤을 증가시킬 수 없기 때문이다. 그러나 TruImage의 위협은 믿을 만한 위협인가? Dell이 TruImage에게 $20의 가격을 제안하면, TruImage의 선택은 그 제안을 받아들여서 $3백만의 이윤을 가져가든가, 아니면 그 제안을 거절하고 $2백만의 이윤만 가져가든가 하는 것이다. 계약을 하지 않으면 TruImage의 이윤이 줄어드므로 $20의 제안을 거절할 것이라는 TruImage의 위협은 믿을 만한 것이 되지 않는다. 따라서 Dell은 그러한 위협을 무시하여야 한다. 따라서 결과적으로, Dell이 TruImage에게 소프트웨어 하나당 $20을 주는 전략을 취하고 TruImage은 그 제안을 받아들이는 전략을 취할 것이라고 예상할 수 있다. 이 경우에 Dell은 연간 $15백만의 추가적인 이윤을 얻을 것이며, TruImage는 연간 $3백만의 이윤을 얻을 것이다. 이러한 결과는 *부분게임완전균형 subgame-perfect equilibrium*(어떤 게임참가자가 결정권을 가지고 있는 마디에서부터 파생되는 게임을 subgame이라고 한다). 부분게임완전 균형은 내쉬균형이다. 게임의 어느 참가자도 자신의 전략을 바꿈으로써 더 좋은 상태에 있을 수 없다.[1]

[그림 10.6]과 [그림 10.7]과 같은 의사결정나무는 자신이 취하는 전략과 그에 따른 상대방 기업의 대응을 체계적 방법으로 예측할 수 있게 해주므로 기업의 경영진들이 사업계획을 세우는 데도 자주 사용한다. 이상의 간단한 예들을 보더라도 의사결정나무의 유용성을 잘 알 수 있다. Apple의 경영진은 낮은 가격을 책정하는 것이 높은 가격을 책정하는 것보다 더 많은 이윤을 얻을 수 있는 방법이라고 결론지을 수 있다. 또한 Dell의 경영진은 하나당 $20을 주는 제안은 받아들이지 않겠다고 하는 TruImage의 위협이 공허한 위협이라고 결론지을 수 있다.

10.4. 5가지 경쟁 압력 모델

산업에 존재하는 기업의 수가 자신의 가격을 평균비용보다 높게 책정하여 경제적 이윤을 가져갈 수 있는 기업의 능력에 영향을 미친다는 것은 앞에서 본 것이다. 그러나 기업의 수가 산업의 경쟁 정도에 영향을 미치는 유일한 요소는 아니다. Harvard Business School의 Michael Porter 교수는 5가지의 경쟁 압력이 한 산업의 전반적 경쟁도를 결정짓

1) 역주: 참고로 이러한 부분게임완전균형은 최종결과로부터 거꾸로 올라가면 쉽게 발견할 수 있다

는다는 모델을 제시했다.

5가지 경쟁 압력은 다음과 같다. (1) 기존기업들로부터 받은 경쟁 (2) 잠재적 진입기업으로부터 받는 위협 (3) 대체재로부터 받는 경쟁 (4) 구매자의 협상력 (5) 공급자의 협상력

기존기업들로부터 받는 경쟁 압력

한 산업에 있는 기업들 간의 경쟁은 가격을 낮추고 기업들의 이윤도 감소시킨다. 한 예를 보기로 하자. Educational Testing Service(ETS)는 Scholastic Aptitude Test(SAT)와 Graduate Record Exam(GRE)을 관리한다. 미국 고등학생들은 대학에 가기 위해서 SAT를 보아야 하고, 대학생들은 대학원에 가기 위해서 GRE를 봐야 한다. 2013년에 ETS는 SAT 응시료로 $51을 받았고, GRE에 대해서는 $150을 받았다. 이렇게 가격이 크게 차이가 나는 이유에 대한 한 가지 설명은 고등학교 학생들이 대학을 가기 위해 보는 시험시장에서 ETS의 SAT가 ACT Inc.의 ACT와 경쟁하고 있기 때문이다. 그러나 GRE에 대해서는 경쟁자가 있지 않다. 한 시장에 적은 수의 기업이 있을 경우에는 그들 간에 묵시적 담합이 이루어지기 쉬우며 그에 따라 가격이 독점가격수준까지 올라갈 수 있다. 그러나 이 경우에는 단지 하나의 경쟁기업에 의한 경쟁압력만으로도 ETS는 SAT의 가격을 거의 경쟁시장 수준까지 낮추게 되었다.

광고, 더 나은 고객서비스, 더 긴 품질보장기간에 의한 경쟁 등도 생산비용을 상승시킴으로써 기업의 이윤을 감소시킨다. 예를 들어, 온라인 서적 판매에서 서로 경쟁하고 있는 Amazon. com과 BarnesandNoble.com는 배송비를 낮추고, 고객서비스의 직원수를 늘리고, 보다 빠른 배달을 위해 창고를 더 많이 짓는 것으로 경쟁하고 있다. 이러한 활동들은 서적판매 기업들의 비용을 증가시키고 그들의 이윤을 감소시킨다.

잠재적 진입기업으로부터 받는 경쟁 압력

기업들은 현재 시장에 있는 기존기업들의 경쟁으로부터 경쟁압력을 받지만, 시장에는 없지만 시장으로 진입할 수도 있는 잠재적 진입기업으로부터의 경쟁에도 직면한다. 진입을 저지하기 위한 기업의 행동은 기업의 이윤을 감소시킨다. 앞 절의 예에서 보았듯이 Apple은 Dell의 시장진입을 막기 위해서 낮은 가격을 책정하고 그에 따라 더 적은 이윤을 가져갈 수 있다. 기업의 경영자들은 진입저지를 목적으로 하는 행동을 종종 취한다. 이러한 행동에는 예를 들어 더 많은 광고를 통한 고객충성도의 증진, 작은 틈새시장을 공략하기 위해 약간 다른 시리얼이나 약간 다른 치약과 같이 새로운 제품을 시장에 내놓기, 진입이 매력적으로 보이지 않을 정도로 낮은 이윤을 발생시키기 위해 낮은 가격을 책정하기 등이 있다. Google은 비디오 게임기시장에 진입할 것을 고려하고 있다. Microsoft와 Sony는 Halo나 Uncharted와 같은 게임을 만드는 회사를 매입하여 자신들의 게임기에서만 작동하는 게임소프트웨어를 개발했다. 따라서 Google은 자신의 게임기가 가장 인기있는 이러한 게임을 작동시킬 수 없게 되는 실질적인 진입장벽을 극복해야 할 것이다.

대체재로부터 받는 경쟁 압력

기업은 기존제품보다 더 소비자의 욕구를 충족시켜 주는 새 제품을 소개하는 경쟁기업들에게 항상 노출되어 있다. 백과사전 사업의 경우를 보자. 수 십 년간 미국의 많은 학부모들은 비싸고 부피가 큰 백과사전을 고등학교나 대학에 다니는 자녀들을 위해 구입해 왔다. 1990대에 컴퓨터 소프트웨어 회사들은 전자백과사전을 종이 백과사전의 가격보다 훨씬 낮은 가격에 판매하기 시작했다. 이에 대응해서 Encyclopedia Britannica를 포함한 다른 백과사전 출판회사들은 자신들의 가격을 낮추고 종이 백과사전의 우월성을 보이는 광고활동을 시작하였다. 이러한 활동에도 불구하고 이들 출판사들의 이윤은 계속 줄었으며 1990대에 거의 모든 백과사전 출판회사들이 사라졌다.

협상력을 갖는 구매자로부터의 경쟁 압력

만일 구매자들이 충분한 협상력을 갖는다면 더 낮은 가격을 요구하고, 더 좋은 질을 요구하고, 추가적인 서비스를 계속 요구할 수 있다. 예를 들어, 자동차 제조회사들은 타이어 시장에서 매우 큰 협상력을 갖는다. 이는 타이어가격을 낮추고 타이어 제조회사들의 수익성을 제한한다. 일부 소매기업들은 그들의 제품 공급업체들에 대해 매우 큰 협상력을 갖는다. 예를 들어, Wal-Mart는 자신에게 물품을 공급하는 많은 공급업체들에게 Wal-Mart의 창고에 보관하는 재고량을 줄일 수 있도록 이들의 배송체계를 바꾸도록 요구했다.

협상력을 갖는 공급자로부터의 경쟁 압력

원료가 특별한 것이 아니어서 많은 원료 공급기업들이 해당 원료를 공급할 수 있을 경우에는 원료 공급기업들은 원료 구입기업의 이윤을 제한할 수 있을 정도의 협상력을 갖지 못한다. 예를 들어, McDonald에 종이 냅킨을 공급하는 공급업체들은 가격협상력을 거의 갖지 못한다. 그러나 어떤 원료를 공급하는 공급업체가 단 하나이거나 그 수가 매우 적을 경우에는 원료구입 기업은 높은 원료가격에 직면할 수 있다. 예를 들어, 1930년대와 1940대에 Technicolor Company는 컬러영화를 제작할 수 있는 카메라와 필름을 영화제작사들에게 파는 유일한 업체였다. Technicolor는 카메라를 비싼 가격에 임대했을 뿐만 아니라 카메라의 작동도 자기 회사의 전문기사들에 의해서만 할 수 있도록 영화제작사들에게 요구했다. 영화제작사들이 이러한 요구에 대처할 수 있는 방법은 흑백영화를 만드는 것밖에 없었다. 다른 경우들에서도 마찬가지이지만, 공급회사들의 협상력도 시간이 가면서 변한다. 예를 들어, IBM이 자신의 개인컴퓨터를 작동시키는 운영체계를 Microsoft가 공급하도록 했을 때 Microsoft은 작은 회사였고 따라서 협상력을 거의 갖고 있지 않았다. 그러나 Microsoft의 Windows 운영체계가 90% 이상의 PC에서 운영체계로 사용되면서 이러한 큰 시장점유율이 Microsoft의 협상력을 증가시켰다.

Making the Connection

어떤 기업들이 지속적인 성공을 이어나갈지 예측할 수 있을까?

여러 해 동안, 경제학자들과 기업전략전문가들은 시장구조market structure가 기업이 계속해서 경제적 이윤을 가져갈 수 있게 해주는 가장 중요한 요소라고 생각해 왔다. 예를 들어, 대부분의 경제학자들은 제2차 세계대전 후 처음 수십 년 동안 미국의 철강회사들이 높은 경제적 이윤을 얻고 있었던 이유는 진입장벽이 매우 높았으며 철강산업에 있는 기존기업의 수도 매우 적어서 기업들 간의 큰 경쟁도 없었기 때문이라고 주장한다. 이와 반대로, 레스토랑산업의 경우에는 진입장벽이 매우 낮고 산업의 경쟁도가 엄청 높기 때문에 기업들의 수익성은 매우 낮았다. 그러나 기업들의 수익성을 이러한 측면에서 설명하는 것은 같은 산업에 있는 기업들이 왜 서로 매우 다른 수준의 이윤을 얻고 있는가를 설명하지 못한다는 문제점을 갖고 있다 .

오늘날, 경제학자들과 기업전략전문가들은 기업들이 경제적 이윤을 얻고 있는 원인을 설명하는데 있어서 개개 기업들이 갖고 있는 특징과 이들 기업의 경영자들이 사용하는 기업전략에 더 비중을 두고 있다. 이러한 접근방법은 한때 미국의 제2의 제철회사였던 Bethlehem이 파산한 반면에 Nucor 제철회사는 계속해서 이윤을 내고 있는 이유를 설명하는데 도움을 준다. 이러한 접근방법은 Washington주 Seattle에서 몇 안 되는 직원을 갖고 Jeff Bezos라는 작은 회사로 출발한 Amazon이 1990년대에 이 회사와 같은 시기에 출발한 다른 많은 온라인 소매업체들이 오래전에 사라졌음에도 불구하고 어떻게 가장 큰 온라인 소매업체로 성장했는지를 설명하는데 도움을 준다.

미래에 성공을 가져다줄 수 있는 일반적 기업전략을 도출해 내는 것은 가능한 것인가? 여러 기업분석가들은 기업을 성공시키는 전략을 발견하고 그러한 전략을 다른 기업들에게 추천하는 노력을 기울이고 있다. 이러한 전략들을 담은 책들이 베스트셀러가 되는 경우가 종종 있기는 하지만 과연 그러한 전략들이 승리를 가져다주는지에 대해서는 결과가 신통치 않게 나타나고 있다. 예를 들어, 1982년에 Thomas J. Peters와 Robert H. Waterman, Jr.는 *In Search of Excellence: Lessons from America's Best-Run Companies*라는 책을 발간했다. 이 책은 많은 기업전문잡지들로부터 찬사를 받았고 3백만 부 이상이 판매되었다. Peters와 Waterman은 성공할 수 있는 8가지 핵심전략을 가장 잘 구사한 43의 회사들에 대해 언급하였다 .그러나 이 책이 출판된 2년 후에 BusinessWeek지의 기사는 이 43개의 회사 중 14개의 회사가 심각한 어려움에 봉착하고 있음을 보도하면서 다음같이 적고 있다. "부러움의 대상이 되었던 많은 기업들이 빠르게 추락하는 것을 보는 것은 매우 충격적인 경험이다. 그렇게 탁월한 성과를 내던 기업들은 도대체 모두 어디로들 가버렸는가?"

이 회사가 취했던 많은 기업전략들이 많은 사람들의 탄성을 받았지만 Circuit City는 2009년에 파산신청을 했다.

2002년에 Jim Collins는 *Good to Great: Why Some Companies Make the Leap … and Others Don't*라는 책을 내면서 기업들이 어떻게 지속적인 위대함(enduring greatness)을 유지할 수 있는가를 설명하려 했다. 이 책도 3백만 부 이상 판매되었다. 이 책에서 언급했던 11개의 "위대한 기업들"도 모두 성공가도를 계속 달리지는 못했다. 예를 들어, Circuit City는 2009년에 파산신청을 했으며, Federal National Mortgage Association("Fannie Mae")는 연방정부가 2008년에 인수하면서 파산을 겨우 면할 수 있었다.

이 두 책을 포함한 기타 여러 기업전략 책들은 성공적인 기업들의 기업전략을 분석하는데 있어서 유용한 정보를 제공한다. 이 책들에서 언급된 많은 기업들이 성공을 계속 이어나가지 못한 것이 그다지 놀랄 일도 아니다. 많은 성공적인 전략들은 경쟁기업이 따라서 할 수 있고 또한 경쟁기업들은 그러한 전략을 개선하여 그보다 더 좋은 전략을 구사할 수도 있다. 과점의 경우에도 경쟁은 이윤을 순식간에 사라지게 할 수 있고, 성공한 기업이 순식간에 실패한 기업이 될 수 있다. 현재 성공하고 있는 기업 중 어떤 기업이 그 성공을 계속 지켜나갈 수 있을 것인지를 예측하는 것은 영원히 매우 어려운 일로 남아 있을 것이다.

자료: Thomas J. Peters and Robert H. Waterman, Jr., *In Search of Excellence: Lessons from America's Best-Run Companies*, New York: HarperCollins Publishers, 1982; Jim Collins, *Good to Great: Why Some Companies Make the Leap … and Others Don't*, New York: HarperCollins Publishers, 2001; "Who's Excellent Now?" *BusinessWeek*, November 5, 1984; and Steven D. Leavitt, "From Good to Great … to Below Average," *New York Times*, July 28, 2008.

결론

기업은 경제적 이윤을 얻기 위해 영원히 멈추지 않는 몸부림(never-ending struggle)을 하는 상황에 갇혀 있는 것이다. 경쟁은 기업의 이윤을 잠식한다. 이 장에서 살펴본 과점시장의 경우에도 기업들은 장기적으로 경제적 이윤을 얻는데 어려움을 갖는다. 기업들은 여러 방법으로 경쟁을 피하려는 시도를 한다. 예를 들어, 기업들은 경쟁이 거의 없는 어떤 틈새시장을 확보하려고 할 수 있으며, 경쟁기업들과 묵시적 담합을 하려고 할 수 있으며, 정부가 진입장벽을 설치하도록 정부를 상대로 로비를 할 수도 있다.

주요용어

진입장벽 barrier to entry
기업전략 business strategy
카르텔 cartel
담합 collusion
협조적 균형 cooperative equilibrium
우월전략 dominant strategy
규모의경제 economies of scale
게임이론 game theory
내쉬균형 nash equilibrium
비협조적 균형 noncooperative equilibrium
과점 oligopoly
특허 patent
보수행렬 payoff matrix
가격선도 price leadership
죄수의 딜레마 prisoner's dilemma

연습문제

복습질문

1. 중요한 진입장벽의 예를 들어보라.
2. 정부가 일부 산업에서 진입장벽을 만드는 이유는 무엇인가?
3. 다음의 개념들을 정의하라.
   a. 게임이론
   b. 우월전략
   c. 내쉬균형
   d. 가격선도
4. 과점시장을 분석할 때 게임이론을 사용하는 이유는 무엇인가?
5. 명시적 담합과 묵시적 담합의 차이는 무엇인가?
6. 죄수의 딜레마 게임이란 무엇인가? 그 게임의 결과는 반복게임인 경우에 달라질 가능성이 있는가? 간단히 설명하라.
7. 순차적 게임은 무엇인가?
8. 순차적게임에서 의사결정나무는 어떻게 이용되는가?
9. 5가지 경쟁 압력에 의한 시장분석 모델의 내용은 무엇인가?
10. 5가지 경쟁 압력들은 시간이 지나도 변하지 않는가?

문제와 응용

1. Michael Porter는 다음과 같이 말했다. "한 산업의 경쟁강도는 우연한 것이 아니다. 이는 그 산업 밑바탕에 있는 경제적 구조에 뿌리를 두고 있다." Porter가 의미하는 경제적 구조란 무엇을 말하는가? 경제적 구조 이외에 어떤 요소들이 한 산업의 경쟁도에 영향을 미칠 수 있는가?
2. Wall Street Journal의 한 기사에 의하면 온라인 소매업기업인 Amazon이 추가적인 배송창고를 짓는데 매년 $20억을 투자하고 있다. 이 기사는 다음과 같은 표현을 하고 있다. "그러한 투자는 새로운 진입기업에 대해 매우 중대한 진입장벽이 될 것이다." 왜 그렇게 생각할 수 있는지를 말해보라.
3. Harvard Business School의 교수였던 Thomas McCraw는 다음과 같은 표현을 했다. "미국 역사를 통해 볼 때 기업가들은 때로는 태생적으로 작을 수밖에 없는 기업을 크게 만들려는 노력을 처절하게 기울였지만 실패했다. 기업가들이 사업을 크게 함으로써 얻는 이득에는 어떤 것들이 있는가? 작은 규모로 운영될 수 밖에 없는 기업을 큰 기업으로 만드는 것이 실패하는 이유는 무엇인가? 장기평균비용곡선을 사용하여 설명해 보라.
4. 영국의 면방직 발전에 대한 어떤 역사적 설명은 다음과 같이 말하고 있다.

   > 면직물산업은 무자비한 경쟁, 수요의 급속한 증가, 낮은 진입장벽, 번번히 발생하는 기술혁신, 높은 기업파산율 등으로 묘사될 수 있으며 이 모든 것이 혼합하여 만들어진 환경에서는 … 과점적 경쟁이 거의 불가능하였다.

   이 표현에서 지적된 요소들이 어떻게 영국 면직물산업이 과점산업이 되지 못하게 만들었는지를 설명해 보라.
5. Bob과 Tom은 도둑질을 하다가 잡힌 범인들이다. 경찰은 이 둘을 다른 방에 수용했다. 그런 다음에 Bob에게 만일 범죄를 자백하고 Tom의 범죄행위를 증언해 주면 바로 풀어주겠다고 제안했다. 또한 만일 Tom이 자백을 하고 Bob이 자백을 하지 않으면 Bob은 15년의 징역을 살게 된다고 Bob에게 말했다. 또한 Bob도 자백하고 Tom도 자백한다면 둘 다 10년의 징역을 살게 된다고 말했다. 경

찰은 Tom에게 가서도 똑같은 제안을 했다. Bob과 Tom은 자신들이 자백을 하지 않는다면 충분한 증거가 없어 둘 다 3년의 징역을 살게 된다는 것을 알고 있다고 하자.

a. 이러한 정보를 가지고 Bob과 Tom에게 발생하는 보수행렬을 만들어보라.

b. Bob은 우월전략을 갖는가? 만일 그렇다면 어떤 것이 우월전략인가?

c. Tom은 우월전략을 갖는가? 만일 그렇다면 어떤 것이 우월전략인가?

d. Bob과 Tom은 몇 년의 징역을 살겠는가? 어떻게 하면 이러한 결과를 피할 수 있는가?

6. 담합이 어떻게 기업들에게 이득을 가져다주는지 설명해보라. 담합에 대한 강한 인센티브가 존재함에도 불구하고 많은 산업들이 카르텔화되지 않는 이유는 무엇인가?

7. Radio frequency identification(RFID) 태그는 결국 Bar code를 대체할 것이다. RFID는 제품이 물건이 창고에 들어오고, 매장까지 전달되고, 소비자가 구매하는 전 과정을 전파 신호를 통해 바로 기록한다. Wal-Mart와 Target은 제품들의 입출을 지속적으로 파악하기 위해서 바코드를 계속 사용할 것인지 아니면 RFID로 바꿀지를 각자 생각 중이다. 많은 공급자들이 Wal-Mart와 Target에 물품을 공급하고 있기 때문에 이 두 기업이 어느 것을 사용하든 하나로 통일해서 사용해 주는 것이 공급업체의 입장에서는 훨씬 비용이 덜 든다.

다음의 보수행렬은 이들이 선택하는 전략에 따라 각 기업이 매년 얻는 이윤을 보여준다.

		Target	
		Bar codes	RFID 태그
Wal-Mart	Bar codes	Wal-Mart의 이윤 $40억 Target의 이윤 $30억	Wal-Mart의 이윤 $10억 Target의 이윤 $20억
	RFID 태그	Wal-Mart의 이윤 $30억 Target의 이윤 $10억	Wal-Mart의 이윤 $20억 Target의 이윤 $40억

a. Wal-Mart는 우월전략을 갖는가? 간단히 설명하라.

b. Target은 우월전략을 갖는가? 간단히 설명하라.

c. 이 게임에 내쉬균형은 존재하는가? 간단히 설명하라

8. 항공사들은 종종 가격전쟁을 한다. 다음은 두 항공사인 Delta와 United가 높은 가격을 책정할 때와 낮은 가격을 책정할 때 나타나는 보수행렬이다.

		United	
		높은 가격	낮은 가격
Delta	높은 가격	Delta의 이윤 $20,000 United의 이윤 $20,000	Delta의 이윤 −$10,000 United의 이윤 $30,000
	낮은 가격	Delta의 이윤 $30,000 United의 이윤 −$10,000	Delta의 이윤 $0 United의 이윤 $0

a. 각 기업에게 어떤 전략이 우월전략인가(우월전략이 존재한다면)?

b. 이 게임은 죄수의 딜레마 게임인가?

c. 이 게임이 반복된다면 각 기업이 선택하는 전략은 달라질 수 있는가?

CHAPTER

11 독점과 반독점정책

이 장의 학습내용

11.1 독점기업은 실제로 존재하는가?
- 독점을 정의한다.

11.2 독점이 발생하는 이유는 무엇인가?
- 독점을 발생시키는 4가지 주요 이유를 설명한다.

11.3 독점기업은 가격과 생산량을 어떻게 결정하는가?
- 독점기업의 가격과 생산량 결정을 설명한다.

11.4 독점은 경제적 효율성을 감소시키는가?
- 독점이 경제적 효율성에 어떤 영향을 미치는가를 그림으로 설명한다.

11.5 독점에 대한 정부의 정책
- 독점에 대한 정부정책을 논의한다.

바닷가재 식사와 독점

Maine 주 Stonington로부터의 소식을 전하는 *New York Times*의 기사는 다음과 같이 말하고 있다. "바닷가재가 이곳 시장에 넘치고 있다. 그러나 바닷가재가 엄청 많이 잡히는 것이 어부들에게는 좋은 소식이 아니다. 수요와 공급 법칙에 의해 가격이 40년만에 최저가로 하락하여 파운드당 $1.35가 되었다." 이 기사가 실린지 얼마 안 되어 한 잡지의 신문기고가가 자신의 아버지와 함께 Stonington에 있는 해산물 레스토랑인 Fisherman's Friend에서 바닷가재 요리 식사를 하게 되었는데 식사 후에 일인당 $20.99의 요금이 나와서 놀랐다는 이야기를 신문에 기고했다.

바닷가재가 엄청 값싸졌는데도 Fisherman's Friend은 어떻게 바닷가재 식사에 대해 그렇게 높은 요금을 받고 있었을까? 그 이유는 그 Fisherman's Friend가 Stonington에 있는 단 하나의 해산물 레스토랑이었기 때문이다. 이 두 사람이 Stonington에 머무는 동안에 바닷가재를 먹을 수 있는 방법은 레스토랑에 가서 사 먹던가 아니면 바닷가재를 사서 집에 가서 요리해 먹는 방법밖에 없다. 달리 말해, 그 Fisherman's Friend는 그 작은 도시에서 해산물 식사에 독점력을 행사하고 있는 것이다.

현실적으로 독점인 기업들은 그다지 많지 않다. 왜냐하면 한 기업이 경제적 이윤을 얻고 있을 때는 시장시스템하에서는 다른 기업들이 언제나 그 시장에 들어가기 때문이다. 따라서 하나의 기업이 어떤 재화나 서비스를 공급하는 유일한 공급자로 남아 있는 것은 매우 어렵다. 바닷가재 가격과 Stonington에 있는 레스토랑의 바닷가재 식사 가격의 차이가 다른 경쟁자를 시장에 유인하지 못한다면 Fisherman's Friend는 그 동네에서 독점기업의 위치를 유지할 수 있다. 독점도 기업이 아주 작은 경쟁압력을 받고 있을 때 어떻게 행동하는가를 살펴보는데 있어서 하나의 비교기준이 될 수 있다는 의미에서 완전경쟁의 경우와 마찬가지로 살펴볼 가치가 있는 것이다.

자료: Katharine Q. Seelye, "In Maine, More Lobsters Than They Know What to Do With," *New York Times*, July 28, 2012; and Matthew Yglesias, "The Mystery of the Market Price" www.slate.com, August 21, 2012.

비록 현실적으로 독점기업이 거의 없다고 하더라도 완전경쟁모델을 살펴보는 것이 유용한 것처럼 독점모델을 살펴보는 것도 매우 유용하다. 독점은 완전경쟁의 정 반대에 있는 시장구조로 시장에 하나의 기업만 존재하는 경우이다. 따라서 독점기업은 자신의 제품을 파는데 있어서 기존의 다른 어떤 기업으로부터의 경쟁압력도 받지 않는다. 독점모델은 기업들이 담합을 하거나, 경쟁을 하지 않기로 하거나, 독점기업처럼 행동하기 위해 서로의 행동을 일치시키기로 동의하는 상황을 분석하는데도 유용하다. 담합은 불법이지만 종종 발생한다. 독점은 정부에게도 딜레마적 상황을 가져다준다. 정부는 독점을 허용해야 하는가? 정부가 실제로 오히려 독점을 촉진해야 하는 상황이 존재하는가? 정부는 독점기업이 책정하는 가격을 규제해야 하는가? 만일 규제해야 한다면, 그러한 가격규제는 경제적 효율성을 증가시키는가? 이 장에서는 독점에 대한 정부정책에 대해서도 살펴볼 것이다.

11.1. 독점기업은 실제로 존재하는가?

독점기업 monopoly
가까운 대체재가 없는 재화나 서비스를 공급하고 있는 유일한 판매자.

독점기업 monopoly은 가까운 대체재가 없는 재화나 서비스를 공급하고 있는 유일한 판매자이다. 거의 모든 제품에 대해서는 어떤 종류이든 비슷한 대체재가 존재하는 것이 현실이므로 실제로 독점기업은 존재하는 것인가? 이에 대한 답은 만일 아주 가까운 대체재가 없을 경우에는 "그렇다"이다. 그러나 어떤 재화가 가까운 대체제인지 아닌지를 어떻게 판단할 수 있는가? 독점기업을 아주 좁은 의미로 정의하면, 다른 모든 기업들의 행동을 무시할 수 있다면 그 기업은 독점기업이다. 달리 말해, 한 기업이 다른 기업들이 책정하는 가격을 무시할 수 있으면 그 기업은 독점기업이다. 왜냐하면 이 경우, 다른 기업들이 가까운 대체재를 생산하고 있지 않는 것이 확실하기 때문이다. 예를 들어, 촛불은 전기불의 대체재이다. 그러나 지역전력회사는 촛불의 가격을 무시할 수 있다. 왜냐하면 초의 가격이 아무리 낮다고 하더라고 거의 모든 고객들은 전기사용을 포기하고 촛불을 사용하려고 하지는 않을 것이기 때문이다. 따라서 당신 지역에 전기를 공급하는 지역 전력회사는 분명히 독점기업이다.

그러나 많은 경제학자들은 독점을 보다 넓게 정의한다. 예를 들어, Stonington에 있는 Fisherman's Friend 해산물 레스토랑의 경우를 보자. 이 레스토랑은 독점기업인가? 바닷가재 식사에 대한 대체재는 분명히 존재한다. 만일 바닷가재 식사의 요금이 너무 비싸면 사람들은 스테이크를 먹거나 스파게티를 먹거나 다른 음식을 먹을 수 있다. 사람들이 Fisherman's Friend에서 식사를 하지 않으면 굶을 수밖에 없는 상황은 아닌 것이다. Fisherman's Friend 레스토랑은 그 지역에 있는 여러 다른 레스토랑들과 경쟁하고 있다. 따라서 Fisherman's Friend은 독점을 좁게 정의하는 경우에는 독점에 해당되는 것은 아니다. 그러나 많은 경제학자들은 이러한 경우에도 그 레스토랑을 독점으로 보아야 한다고 주장한다.

스테이크나 스파게티가 바닷가재의 대체재이기는 하지만, 이를 파는 레스토랑들로부터 Fisherman's Friend가 받는 경쟁압력은 Fisherman's Friend가 경제적 이윤을 얻지 못하게 할 정도로 크지 않다. 이러한 경우에 독점기업에 대한 넓은 정의를 사용하면 이 Fisherman's Friend는 독점기업이다. 왜냐하면 대체제가 존재하고 있더라도 이 레스토랑이 얻고 있는 경제적 이윤이 다른 레스토랑과의 경쟁에 의해서 장기적으로도 사라지지 않을 것이기 때문이다.

11.2. 독점이 발생하는 이유는 무엇인가?

독점기업은 경쟁에 직면하지 않으므로 모든 기업들은 독점기업이 되기를 원한다. 그러나 독점기업이 되기 위해서는 *진입장벽 barriers to entry*이 매우 높아 다른 기업들이 시장에 들어올 수 없어야 한다. 경쟁기업이 시장에 진입하는 것을 막을 정도로 진입장벽이 매우 높은 경우는 다음과 같은 경우들일 것이다.

1. 정부가 한 개의 기업만 시장에 진입하도록 허용하는 경우.
2. 해당 재화를 생산하는데 필요한 핵심자원을 통제할 수 있는 경우.
3. 재화나 서비스를 공급하는데 있어서 매우 큰 *망외부효과 network externalitiy*가 존재하는 경우.
4. 시장 규모에 비해서 생산에서의 규모의 경제가 매우 커서 *자연독점 natural monopoly*이 되는 경우.

정부에 의한 진입봉쇄

정부는 통상적으로는 시장에서의 경쟁을 증진시키는 노력을 하지만 때때로 시장에 새로운 기업이 진입하는 것을 막기도 한다. 정부가 새로운 기업의 진입을 막는 경우는 다음의 2가지이다.

1. 특허권, 저작권, 상표권을 개인이나 기업에게 주어 그 기업만 해당 제품을 생산하게 하는 경우
2. 정부가 기업을 지정하여 그 기업만이 해당 재화나 서비스를 공급하도록 하는 것

특허권, 저작권, 상표권 신제품을 발명했거나 기존제품을 보다 낮은 가격에 만들 수 있는 방법을 개발한 기업에게 정부는 특허권을 부여한다. **특허권 patent** 의 기간은 일반적으로 20년이고, 그동안 특허권자만이 해당 제품에 대한 권리를 갖는다. Microsoft는

특허(권) patent
특허가 인정된 날로부터 특허받은 제품에 대해 20년 동안 갖는 배타적 권리.

Windows 운영체계에 대해서 특허권을 갖고 있기 때문에 다른 기업들은 Windows를 복사해서 팔 수 없다. 정부가 특허권을 주는 이유는 새로운 제품을 개발하거나 기존 제품을 보다 효율적으로 생산하는 방법들을 개발하는데 기업들의 연구개발 투자를 하도록 유도하기 위한 것이다. 다른 기업들이 마음대로 Windows를 복사해서 사용할 수 있다면 Microsoft는 Windows 개발을 위해 투자할 필요가 없어진다. 만일 기업이 특정제품의 생산방법에 대해 비밀을 유지할 수 있으면 특허에 의한 보호를 받지 않아도 기업은 독점을 유지할 수 있다.

특허권에 대한 보호는 특히 신약을 개발하는 제약회사들에게 치명적으로 중요한 것이다. 제약회사들이 신약을 개발하여 그 신약을 판매할 수 있게 되기까지 일반적으로 평균 약 12년이 걸린다. 제약회사가 신약에 특허 신청을 받은 후 실제로 해당 신약을 판매할 수 있을 때까지는 보통 10년 정도가 걸리기 때문이다. 이렇게 오래 걸리는 이유는 미국 식품의약국이 해당 신약이 안전하고 효과가 있다는 것을 증명할 것을 요구하고 있기 때문이다. 따라서 실제로 신약을 판매할 수 있게 되기까지 제약회사들은 신약을 개발하고 실험하는데 상당한 비용을 지불하고 있는 것이다.

신약이 판매되기 시작하면 신약을 개발한 기업의 이윤은 특허보호를 받는 기간 동안은 증가한다. 특허가 소멸된 후에는 다른 기업들이 신약의 화학구조를 자유롭게 복사하여 *제네릭 약 generic drug*을 만들어 팔 수 있다. 따라서 점진적으로 이러한 제네릭 약들에 의한 경쟁으로 인해 신약을 처음 개발한 기업의 경제적 이윤은 사라지게 된다. 통상적으로 그러한 경제적 이윤은 특허권이 소멸된 후 1년 동안 급격히 줄어들면서 20년 정도가 지나면 경제적 이윤은 거의 사라지는 것으로 나타난다.

*상표권 trademark*은 어떤 기업의 제품 이름을 다른 기업들이 사용하지 못하도록 법적으로 보호해 준다. 상표는 *브랜드네임 brand name*이라고도 한다. 미국정부의 특허상표국은 한 판매자의 재화나 서비스를 다른 판매자의 재화나 서비스로부터 구별하기 위해서 또는 그 재화의 원천을 표시하기 위하여 사용되는 어떠한 글, 이름, 심볼, 장치, 또한 이러한 것들의 혼합에 대해 주어지는 것이 상표권이라고 정의하고 있다. 기업들은 종종 자신의 상표권 보호에 적극적으로 대처한다. 예를 들어, Christian Louboutin은 Yves Saint Laurent이 자신이 사용하는 여성용 신발의 빨간색 깔창에 대해 상표권을 침해했다고 소송을 제기하기도 했다.

특허권이나 상표권과 함께 정부는 책, 영상물, 음악에 대해서는 저작권으로 보호하고 있다. 미국의 경우에 **저작권 copyright**은 그것을 만든 사람이 살아 있는 동안 유지된다. 그 사람이 사망한 후에는 후손들이 70년 동안 저작권을 갖도록 되어 있다. 이러한 저작권에 의한 보호가 없다면 사람들은 책을 쓰고, 영화를 만들고 소프트웨어를 개발하기 위한 투자에 소극적일 것이다.

저작권 copyright
창작물(책, 영상물, 음악 등)을 생산하고 판매하는 데 대해 정부가 부여하는 배타적 권리.

정부지정 기업 어떤 경우에 정부는 법적으로 어떤 재화나 서비스를 하나의 기업만이 공급하도록 하고 있다. 예를 들어, 미국의 경우에 주정부나 지방정부는 전기나 천연가스, 수돗물을 종종 하나의 기업을 지정하여 그 기업만이 공급하도록 하고 있다.

어떤 서비스는 정부 자신이 직접 **공기업 public enterprise**을 만들어 생산하여 소비자

공기업 public enterprise
한 재화나 서비스의 유일한 법적 공급자로 정부에 의해 지정되는 기업.

들에게 제공하기도 한다. 이는 미국의 경우에서보다 유럽국가들에서 더 자주 있는 일이다. 예를 들어, 유럽국가들은 철도를 소유한다. 미국의 경우에 많은 도시들이 상수도나 하수도 서비스를 민간기업들에게 맡기지 않고 자신이 직접 관리한다.

핵심자원의 통제

기업이 독점기업이 될 수 있는 방법은 핵심자원을 통제하는 것이다. 이러한 경우는 흔하지는 않다. 왜냐하면 원유라든가 철광석을 포함하여 대부분의 원재료들은 그 공급자가 다양하게 있기 때문이다. 그러나 예를 들어 Aluminum Company of America(Alcoa)나 International Nickel Company of Canada처럼 핵심자원의 통제를 통해 독점기업이 되고 있는 예도 더러 있다.

1940년대까지 Alcoa는 알루미늄의 연료인 보크사이트 광산을 소유하거나 장기채굴 계약을 통해 거의 모두 관리하고 있었다. 따라서 경쟁회사들은 알루미늄을 생산하기 위해서 재활용 알루미늄을 사용해야만 했기 때문에 이들의 생산량은 한정되어 있었다. 마찬가지로 International Nickel Company of Canada는 니켈광의 90% 이상을 관리하고 있었다. 세계 제2차대전 이후 북러시아 Petsamo에서 니켈광산이 개발됨에 따라 니켈시장에서 경쟁이 증가하기 시작했다.

미국의 경우, 프로스포츠 팀의 핵심자원은 큰 경기장이다. 주요 리그전을 주도하고 있는 스포츠 단체(Major League Baseball, National Football League, National Basketball Association)들은 주요 도시들에 자신들의 경기장을 소유하고 있거나 장기임대로 빌리고 있다. 어떤 스포츠 단체가 자신이 이용할 수 있는 경기장을 갖고 있지 않을 경우에는 자신이 새로운 리그전을 만들어내기는 어렵다.

Making the Connection

다이아몬드의 이윤은 영원한가? De Beers의 다이아몬드 독점

원료를 통제함으로써 독점적 지위를 갖고 있는 가장 유명한 독점기업은 남아프리카 공화국의 De Beers이다. 1860년대 이전에 다이아몬드는 극히 희소했다. 매년 몇 파운드밖에 안 되는 다이아몬드만이 브라질, 인도에서 주로 생산되었다. 그런네 1870년에 남아프리카의 오렌지강을 따라 거대한 다이아몬드 광산이 발견되었다. 이에 따라 매년 수십만 파운드의 다이아몬드를 생산하는 것이 가능해졌다. 이에 따라 다이아몬드 광산의 소유주들은 다이아몬드 가격이 급락하는 것을 염려했다. 금전적 재앙을 피하기 위해서 광산소유주들은 1888년에 서로 합병하여 De Beers Consolidated Mines, Ltd.를 탄생시켰다.

이로부터 De Beers는 역사상 가장 오래된 높은 수익성을 갖는 독점기업이 되었다. 이 독점기업은 다이아몬드 가격을 높게 유지하기 위해서 다이아몬드 공급을 아주 면밀하게 통제해 왔다. 러시아와 자이레에서 새로운 다이아몬드 광산이 발견되자 De Beers는 이곳의 다이아몬드를 거의 다 구매하여 다이아몬드의 가격을 유지할 수 있었다.

다이아몬드가 부서지는 일은 거의 없으므로 De Beers는 기존에 판매된 다이아몬드들의 재판매로부터 발생하는 경쟁에 대해 항상 신경을 썼다. 약혼이나 결혼반지에 다이아몬드의 사용을 홍보하는 광고를 크게 늘리면서 De Beers는 그 광고 슬로건으로 "다이아몬드는 영원하다 A Diamond Is Forever"라는 문장을 사용하여 재판매시장으로 부터의 경쟁을 피해나가려고 노력했다. 약혼이나 결혼반지는 매우 큰 감성적인 가치를 갖는 것이기 때문에 그러한 반지에 사용된 다이아몬드는 재판매되는 경우가 드물었다. De Beers의 이러한 광고슬로건은 일본과 같이 약혼반지를 하지 않는 관습을 갖는 나라를 포함하여 여러 나라들에서 성공했다. De Beers의 핵심시장이 나이가 든 사람들 쪽으로 이동함에 따라 De Beers는 부인에게 자신의 금전적 성공과 자신의 사랑을 표현하는 수단으로 다이아몬드 반지를 선물하려는 중년 남성들에게 초점을 맞추었고 또한 오른쪽에 반지를 끼는 전문직 여성들에게도 초점을 맞추었다. 여러 해가 지나면서 다이아몬드 시장에서도 경쟁이 서서히 증가하기 시작했다. 2000년에 De Beers가 직접 통제하고 있던 다이아몬드 생산량은 전 세계 생산량의 약 40%밖에 되지 않았다. De Beers는 다른 기업들의 시장접근을 막아서 다이아몬드 가격을 높게 유지하는데 자신이 얼마나 많은 돈을 다이아몬드 광산 구매에 사용해야 하는가에 대해 서서히 근심하기 시작했다. 이에 따라 De Beers는 전 세계 다이아몬드 공급량을 통제하려는 전략을 버리고 자신의 브랜드 인지도를 이용하여 자신의 다이아몬드를 차별화하는 전략으로 전략을 바꾸는 노력을 기울이고 있다. De Beers의 다이아몬드에는 이제 아주 작은 글씨로 "Forevermark"라는 브랜드 이름이 적혀 있다. 이는 자신의 다이아몬드가 매우 높은 질의 다이아몬드라는 것을 소비자들에게 인지시키기 위한 것이다. 북캐나다에 다이아몬드 광산을 갖고 있는 BHP Billiton 같은 다른 기업들도 이러한 방식을 따라 자신의 다이아몬드를 브랜드하여 차별화하고 있다. 2013년에 De Beers가 다이아몬드 시장의 약 35% 내지 40%를 유지한 것은 브랜드 전략의 도움을 받은 것으로 보이지만 소비자들이 지속적으로 이러한 브랜드 다이아몬드에 관심을 가질지는 두고 볼 일이다.

De Beers는 다이아몬드 시장에서 자신의 위치를 지키기 위한 방법으로 다이아몬드의 감성적 가치를 홍보하였다.

자료: Mary Pilon, "How a Fight Over a Board Game Monopolized an Economist's Life," *Wall Street Journal*, October 20, 2009; Ralph Anspach, *The Billion Dollar Monopoly® Swindle*, 2nd ed., Bloomington, IN: Xlibris, 2007; and Rachel Doepker, "Monopoly Patented," Business Reference Services, Library of Congress, www.loc.gov/rr/business/businesshistory/December/monopoly.html

망외부효과

망외부효과 network externality
한 제품의 유용성이 그 제품을 사용하는 소비자들의 수가 많아질수록 증가하는 상황.

한 제품의 소비에서 그것을 사용하는 사람들의 수가 많아질수록 그 제품의 유용성이 증가하는 경우에 **망외부효과 network externality**가 존재한다고 말한다. 예를 들어, 당신이 세상에 하나밖에 없는 HD TV를 갖고 있다면 그 HD TV는 큰 가치를 갖지 않을 것이다. 왜냐하면 기업들이 당신만을 위해 HD TV프로그램을 만들려고 하지는 않을 것이기 때문이다. 그러나 점점 더 많은 사람들이 HD TV를 사용하게 되면 HD TV의 가치는 점점 커질 것이다.

일부 학자들은 망외부효과가 진입장벽의 역할을 할 수 있다고 주장한다. 예를 들어, 1980대 초에 Microsoft는 IBM이 만든 최초의 개인용 컴퓨터를 위한 운영시스템인 MS-DOS를 개발하여 다른 소프트웨어 회사들보다 앞서 나갈 수 있었다. 그 이유는 IBM이 다른 회사들보다 더 많은 개인용 컴퓨터를 판매하면서 소프트웨어 개발자들은 MS-DOS에서 작동되는 프로그램들을 더 많이 개발하기 시작했다. 점점 더 많은 사람들이 MS-DOS에 기반을 둔 프로그램들을 사용함에 따라 MS-DOS를 사용하는 소비자들이 이러한 프로그램들로부터 얻는 가치는 점점 더 커져갔다. 1990년대에 Microsoft는 MS-DOS를 Windows로 교체했다. 오늘날, Windows는 전 세계 개인용 컴퓨터 운영시스템 시장에서 85%의 시장점유율을 보이고 있다. 만일 다른 어떤 기업이 새로운 컴퓨터 운영시스템을 소개한다면 상대적으로 적은 수의 소비자들만이 처음에 사용할 것이므로 그 운영시스템의 가치가 다른 소비자들에게 주는 가치는 매우 작을 것이다.

eBay는 최초의 온라인 경매 사이트로 많은 사람들이 이용하고 있다. 많은 사람들이 자신의 수집품이나 골동품, 기타 여러 제품들을 eBay를 통해서 사고 팔게 됨으로써 eBay가 물건을 사고 파는 사이트로 갖는 가치는 점점 커졌다. Yahoo.com, Amazon.com, 그리고 다른 인터넷 사이트들도 온라인 경매를 시작했지만 구매자들과 판매자들을 많이 끌어모으는 데 어려움을 갖고 있다. 구매자는 Amazon을 포함한 다른 경매사이트들에서보다도 eBay에서 더 많은 판매자를 발견할 수 있고, 판매자는 eBay에서 더 많은 잠재적 구매자를 발견할 수 있을 것이다.

이러한 예로 볼 때, 기업의 입장에서 망외부효과는 *선순환 virtuous cycle* 구조를 유발시킬 수 있다. 기업이 처음에 충분한 수의 많은 고객을 모을 수 있다면 많은 고객이 있을수록 제품의 가치가 올라가기 때문에 추가적으로 더 많은 고객들이 모이게 될 것이다. 이는 다시 더 많은 고객들을 모으게 되는 식으로 고객의 수는 계속 증가할 것이다. 컴퓨터 운영시스템이나 온라인 경매의 경우에는 새로운 기업들이 시장에 진입하여 이 시장에서 선두를 달리고 있는 기업이 얻고 있는 이윤을 경쟁을 통해서 빼어가기는 힘들지도 모른다.

그러나 망외부효과가 어느 정도로 중요한 진입장벽이 될 수 있는가에 대해서는 학자들 간에 이견이 있기도 하다. 일부 학자들은 Microsoft와 eBay가 지배적 위치를 차지하고 있는 주된 이유는 이들이 제품을 공급하고 소비자들의 기호를 만족시키는데 있어서 더 효율적이기 때문이지 단순히 망외부효과 때문은 아니라고 주장한다. 이러한 견해에 의하면 기존기업들이 갖고 있는 망외부효과로 인한 경쟁우위가 더 좋은 제품을 제공하는 경쟁기업들로부터 기존기업들을 보호해 줄 정도로 크지는 않다는 것이다. 예를 들어, 많은 사람들이 컴퓨터에서 Apple의 iOS나 Google의 Android 운영시스템을 사용하는 테블릿이나 스마트폰으로 전환함에 따라 Microsoft가 컴퓨터 운영시스템에서 시장을 지배하는데 도움을 준 망외부효과가 진입장벽으로서의 역할을 하는 것이 덜 중요해졌다.

자연독점

기업이 그 규모를 증가시키면서 생산량을 늘려갈 때 장기평균비용이 하락한다면 규모의 경제현상이 발생하고 있는 것이다. **자연독점 natural monopoly**은 규모의 경제가 매우 커서 한 기업이 시장 전체의 수요량을 공급할 때가 두 개 이상의 기업들이 시장을 나누어서 공급하는 경우보다 더 낮은 평균총생산비용으로 생산할 수 있는 경우에 발생한다. 이러한 경우에는 시장에는 단 하나의 기업만을 허용할 수 있는 여유밖에 없다.

자연독점 natural monopoly
시장규모에 비해서 규모의 경제를 보이는 생산량이 상대적으로 매우 커서 하나의 기업만이 생산할 때가 두 개 이상의 기업들이 생산할 때 보다 더 낮은 평균총비용으로 전체 시장의 수요를 충족시킬 수 있는 상황.

그림 11.1

자연독점기업의 평균총비용곡선

자연독점기업인 경우에 평균총비용곡선은 수요곡선과 만날 때(점*A*)까지 계속 하락하고 있다. 이 시장에서 하나의 기업만이 전력을 생산하고 있다면 이 기업은 평균총비용곡선이 수요곡선과 만나는 곳에서의 생산량을 생산한다. 평균총비용은 $0.04/킬로와트이다. 시장이 두 개의 기업에게 나뉘어진다면 각 기업은 15십억 킬로와트의 전기를 생산하며 평균총생산비용은 $0.06/킬로와트(점*B*)가 된다. 이 경우, 만일 한 기업이 생산량을 늘리면 평균총비용곡선을 따라서 내려오면서 가격을 낮출 수 있게 되고 그에 따라 다른 기업을 시장에서 쫓아낼 수 있다.

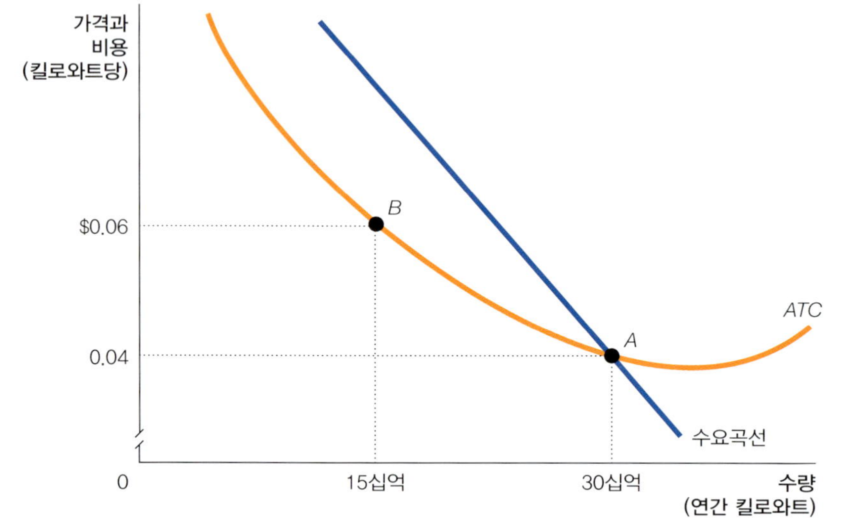

[그림 11.1]은 전기를 생산하는 기업의 평균총비용곡선과 이 기업이 있는 시장의 전기에 대한 총수요곡선을 보여주고 있다. 평균총비용곡선이 수요곡선을 점*A*에서 통과할 때까지 평균총비용곡선이 계속 하락하고 있는 것을 살펴보라. 만일 이 기업이 독점기업이라면 연간 30십억 킬로와트의 전기를 생산하며 평균총생산비용은 킬로와트당 $0.04가 된다. 이제 이 시장에 두 개의 기업이 존재하고 각 기업이 시장생산량의 반씩(15십억 킬로와트/연)을 생산하고 있다고 하자. 이 기업들이 각각 독점기업과 동일한 평균총비용곡선을 갖고 있다고 하자. 그림에서 볼 때 15십억 킬로와트의 전기를 생산하는 기업은 평균총비용곡선을 거꾸로 올라가서 평균총비용이 킬로와트당 $0.06(점*B*)이 된다. 이러한 경우에 한 기업이 생산량을 늘리면 자신의 평균총비용곡선을 따라 아래로 내려갈 수 있으며 이에 따라 더 낮아진 평균생총산비용으로 경쟁기업보다 더 낮은 가격에 전기를 판매할 수 있을 것이다. 결국 상대방 기업은 전기시장에서 축출될 것이며 남아 있는 기업은 독점기업이 될 것이다. 다시 말해, 이 시장은 자동적으로 (*자연적으로*) 독점시장이 될 것이라는 의미에서 이러한 시장을 자연독점시장이라고 한다.

자연독점은 고정비용이 매우 큰 산업에서 나타날 가능성이 많다. 예를 들어, 전기를 생산하는 기업은 전기를 생산하는 기계와 장비를 마련하기 위해 매우 큰 투자를 해야 한다. 또한 전기를 공급하는데 필요한 전선에도 엄청난 투자를 해야 한다. 그러나 그러한 초기 투자가 이루어진 다음에는 추가적인 전력을 생산할 때 발생하는 한계비용은 상대적으로 매우 작다.

11.3. 독점기업은 가격과 생산량을 어떻게 결정하는가?

다른 기업들과 마찬가지로 독점기업도 자신의 이윤을 극대화하기 위해서 한계수입이 한계비용과 같아지는 생산량을 생산한다. *독점기업이 다른 기업과 다른 것은 시장수요곡선이 독점기업의 수요곡선이 된다는 것이다.*

다시 살펴보는 한계수입

밀시장에 있는 한 밀경작 농부처럼 완전경쟁시장에 있는 기업의 수요곡선은 수평선이라는 것을 기억하라. 이러한 기업은 *가격순응자 price taker*이다. 완전경쟁시장 이외의 시장에 있는 모든 기업들은 독점기업을 포함하여 모두 *가격설정자 price maker*이다. 가격설정자가 자신의 가격을 올리면 고객의 전부를 잃는 것이 아니라 고객의 일부를 잃게 된다. 따라서 가격설정자는 우하향하는 수요곡선과 우하향하는 한계수입곡선을 갖는다. 기업의 수요곡선이 우하향할 때 왜 그 기업의 한계수입곡선도 우하향하는지를 살펴보기로 하자.

기업이 자기 제품의 가격을 내리면 얻는 것과 잃는 것이 동시에 발생한다는 것을 기억하라.

- **얻는 것.** 제품을 더 많이 팔 수 있다.
- **잃는 것.** 더 높은 가격을 받을 수 있었던 단위들로부터 발생하는 수입이 줄어든다.

예를 들어, [그림 11.2]의 표를 보자. 이 표는 Time Warner가 제공하는 케이블 TV 방송프로그램 시장에 대한 정보를 보여준다. 도시에서 케이블 TV 방송시스템을 운영하기 위해서는 행정당국으로부터 면허를 받아야 한다. 일부 도시에서 Time Warner는 유일한 케이블 TV 방송 프로그램 공급자이다. 문제를 단순화하기 위해 이 시장에 10명의 케이블 TV 방송 가입신청자만 있다고 하자. Time Warner가 한 달 동안의 가격(시청료)으로 $60을 책정한다면 아무도 케이블 TV 방송을 보려고 하지 않는다. 가격이 $57이라면 1명만 케이블 TV방송에 가입을 한다. 가격이 $54라면 2명의 가입자가 있다. 가격이 점점 내려가면서 가입자 수는 점점 많아진다. Time Warner의 총수입은 가입자 수와 가격을 곱한 것이다. 이 회사의 평균수입(케이블 TV 방송 신청 건수 하나당 수입)은 총수입을 가입 건수로 나눈 것이다. Time Warner가 특히 관심을 갖는 것은 한계수입이다. 왜냐하면 이 회사가 가입 건수를 하나 더 늘리기 위해 가격을 내릴 때 수입은 얼마나 증가하는가를 알려주는 것이 한계수입이기 때문이다.

Time Warner의 한계수입은 첫 번째 가입 건수 이후에 책정되는 매번의 가격(시청료)보다 낮다는 것을 살펴보라. 그 이유를 알기 위해서 Time Warner가 가격을 $42에서 $39로 내리는 경우를 살펴보자. 이 경우에 판매되는 가입 건수는 6개에서 7개로 증가한다. 7번째의 가입건으로 인해 Time Warner의 수입이 증가하는 금액은 $39이다. 그러나 Time

Warner는 처음 6개의 가입건에 대해 한 건당 $3의 수입을 잃게 된다. 왜냐하면 가격을 내리지 않았더라면 처음 6개의 가입건에 대해서는 한 건당 $42를 받을 수 있었기 때문이다. 따라서 7번째 가입 건수에 대해 Time Warner가 얻는 한계수입은 $39 − $18 = $21이며, 표는 이를 보여주고 있다. [그림 11.2]의 그림은 표에 있는 정보를 사용하여 그린 Time Warner의 수요곡선과 한계수입곡선이다.

그림 11.2

독점기업의 수입

Time Warner Cable은 자신의 케이블 TV방송에 대해 우하향하는 수요곡선을 갖는다. 더 많은 사람들이 케이블 TV 방송에 가입하도록 만들기 위해 이 회사는 가격을 내려야 한다. 가격을 내리면 더 많은 가입자가 생겨 수입이 증가한다. 그러나 이전 가격에 판매될 수 있었던 이전의 가입 건수들 모두에 대해서는 더 낮은 가격을 받게 되는 것이므로 수입을 일부 잃게 된다. 이 회사의 한계수입은 가입 건수가 하나 더 증가할 때 발생하는 총수입의 변화분이다. 따라서 한계수입을 구하기 위해서는 증가하는 수입에서 가격 인하로 잃게 되는 수입을 빼주어야 한다. 표는 Time Warner의 한계수입이 첫 번째 가입 건수 이후부터는 매번의 가격보다 낮다는 것을 보여주고 있다 따라서 Time Warner의 한계수입곡선은 수요곡선의 아래에 있게 된다.

한 달간 신청 수 (Q)	가격 (P)	총수입 (TR = P x Q)	평균수입 (AR = TR/Q)	한계수입 (MR = ΔTR/ΔQ)
0	$60	$0	–	–
1	57	57	$57	$57
2	54	108	54	51
3	51	153	51	45
4	48	192	48	39
5	45	225	45	33
6	42	252	42	27
7	39	273	39	21
8	36	288	36	15
9	33	297	33	9
10	30	300	30	3

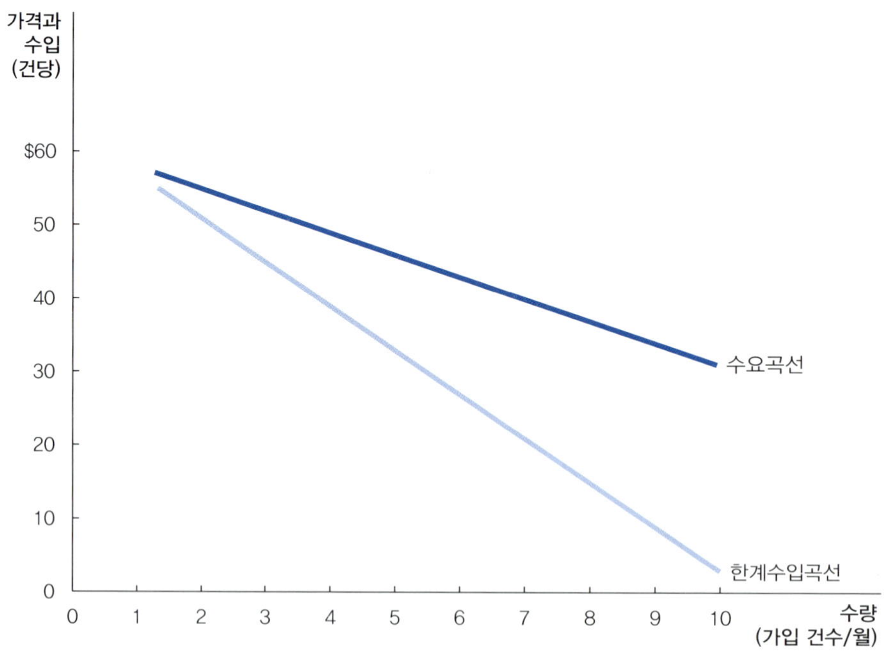

독점기업의 이윤극대화

[그림 11.3]은 Time Warner가 자신의 이윤을 극대화하기 위해서 가격을 얼마로 책정하여 얼마의 가입자를 확보해야 하는지를 알기 위해서 자신의 수요곡선과 한계수입곡선, 그리고 평균비용과 한계비용에 관한 정보를 어떻게 활용하는지를 보여주고 있다. 이 회사의 한계비용곡선과 평균총비용곡선은 통상적인 U 형태를 갖는다고 가정하자. [그림 11.3(a)]는 Time Warner가 자신의 이윤을 극대화해 주는 수량과 가격을 어떻게 알아낼 수 있는가를 보여주고 있다. 가입 건수를 하나 더 늘릴 때 발생하는 한계비용이 한계수입보다 적으면 이 회사는 추가적으로 자신의 케이블 TV 방송 프로그램을 팔아야 한다. 왜냐하면 그렇게 하면 자신의 이윤이 증가하기 때문이다. Time Warner가 점점 더 많은 가입자를 확보하면 한계비용은 커지면서 결국 한계수입과 같아지게 될 것이며 그러한 상황에 도달하면 이 회사는 자신의 이윤을 극대화하는 가입자 수를 확보한 것이다. Time Warner는 6번째 가입자를 확보함으로써 자신의 이윤을 극대화한다. 6번째 가입자는 이 회사에 $27의 비용을 발

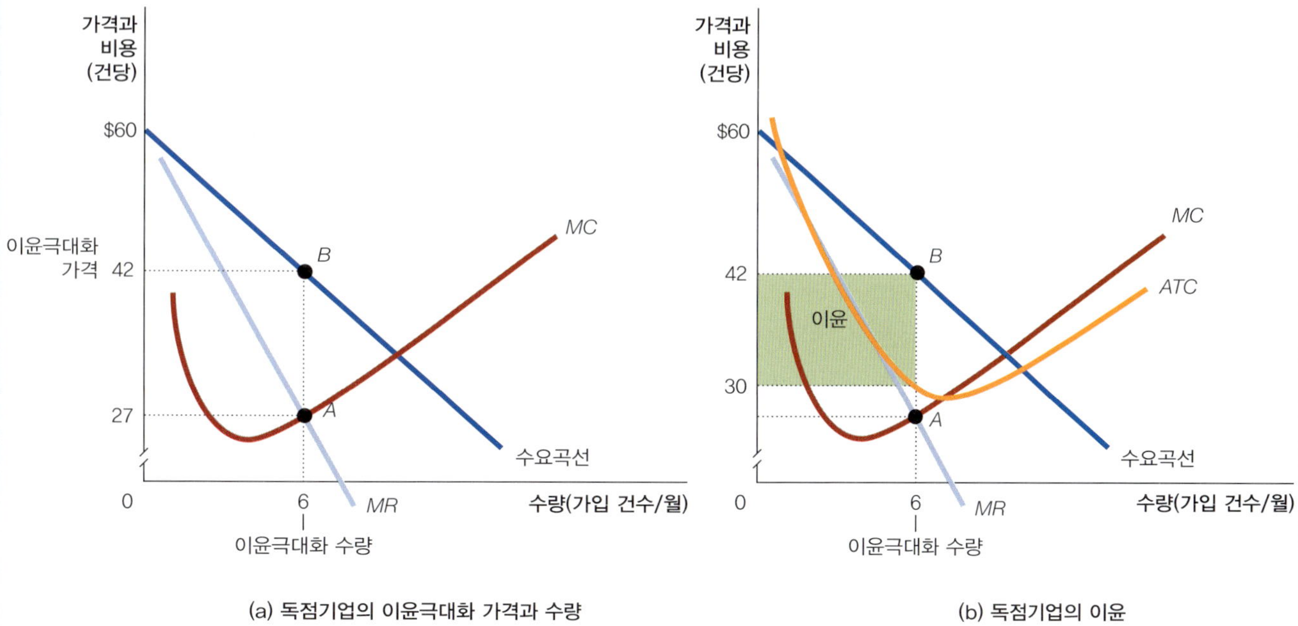

그림 11.3

독점기업의 이윤극대화 가격과 생산량

그림(a)는 이윤을 극대화하기 위해서 Time Warner는 판매되는 마지막 한 단위가 가져다주는 한계수입이 그 마지막 단위가 발생시키는 한계비용과 같아지는 점(점*A*)까지 가입자를 확보해야 한다는 것을 말해준다. 이 경우, 6번째 가입자가 발생시키는 한계수입과 한계비용은 $27로 같아진다. Time Warner는 가격을 $42로 책정하여 매달 6명의 가입자를 확보함(점*B*)으로써 자신의 이윤을 극대화할 수 있다. 그림(b)의 초록색 사각형은 Time Warner의 이윤의 크기를 말해준다. 이 사각형의 높이는 $12(가격 $42에서 평균총비용 $30을 빼준 금액)이고 밑변은 6개 가입 건수이다. 따라서 Time Warner의 이윤은 $12 × 6 = $72가 된다.

생시키면서 또한 $27의 수입을 가져다준다. 이는 [그림 11.3(a)]의 점*A*가 보여주고 있는 것이다. Time Warner의 수요곡선은 Time Warner가 $42의 가격을 책정하면 한 달에 6명에게 케이블 TV 방송 프로그램을 팔 수 있다는 것을 알려준다. 결론적으로 Time Warner의 이윤을 극대화해 주는 판매량은 6명의 가입자이고, 이윤을 극대화해 주는 가격은 $42이다.

[그림 11.3(b)]는 6명의 가입자를 확보하는 경우에 발생하는 평균총비용이 $30이라는 것을 보여준다. 또한 Time Warner가 자신의 이윤을 극대화하기 위해서는 가격을 $42로 책정하고 매달 6명의 가입자를 확보해야 한다는 것(수용곡선상의 점*B*)을 보여주고 있다. 이 경우에 Time Warner는 한 가입자당 $12(가격 $42에서 평균비용 $30을 뺀 금액)의 이윤을 얻게 된다. 따라서 총이윤은 $72(6 × $12)이며, 이는 그림에서 초록색 사각형 면적의 크기이다. 또한 Time Warner의 총이윤은 총수입과 총비용의 차이이다. 이 경우에 총수입은 $252이고, 총비용은 평균총비용을 가입자수로 곱해준 것으로 $30 × 6 = $180이다. 따라서 Time Warner의 이윤 $252 − $180 = $72이다.

한편, Time Warner가 경제적 이윤을 얻고 있지만 시 당국의 면허를 받지 않는 한, 새로운 기업이 이 시장에 진입할 수 없다. 만일 Time Warner가 이 시장에서 면허를 얻은 유일한 기업이라면 이 회사는 독점기업이며 다른 케이블 TV 방송 프로그램 공급업체로부터 아무런 경쟁압력도 받지 않는다. 따라서 다른 상황이 변하지 않는다면 Time Warner는 장기적으로도 경제적 이윤을 계속 가져갈 수 있다.

11.4. 독점은 경제적 효율성을 감소시키는가?

우리는 완전경쟁시장이 경제적으로 효율적인 결과를 가져온다는 것을 보았다. 만일 시장이 독점시장이라면 경제적 효율성은 어떤 영향을 받게 되는가? *경제적 잉여 economic surplus*는 시장의 효율성을 판단하는데 도움을 주는 개념이다. "*완전경쟁시장의 균형은 재화나 서비스의 생산과 소비로부터 얻을 수 있는 경제적 잉여의 크기를 가장 크게 해준다.*" 다시 말해, 한 사회가 얻을 수 있는 총혜택의 크기를 가장 해준다. 그렇다면 독점시장인 경우에 경제적 잉여는 어떻게 되는가? 이를 살펴보기 위해서 스마트폰 시장이 완전경쟁시장이었다가 독점시장이 되는 가상적인 상황을 가정해 보자.

독점시장과 완전경쟁시장의 비교

[그림 11.4(a)]는 스마트폰 시장이 완전경쟁시장인 경우를 보여준다. 가격과 수량은 수요곡선과 공급곡선의 교차점에서 결정된다. 완전경쟁산업에 있는 개별기업은 어떤 기업도 시장에서 결정된 가격을 변화시킬 수 없다는 점을 기억하기 바란다. 각 기업은 시장에서 결정된 가격을 받아들여야 한다. [그림 11.4(b)]는 스마트폰 시장이 독점시장이 되면 어떤 상황이 벌어지는지를 보여준다. 독점기업도 다른 기업들과 마찬가지로 자신의 이윤을

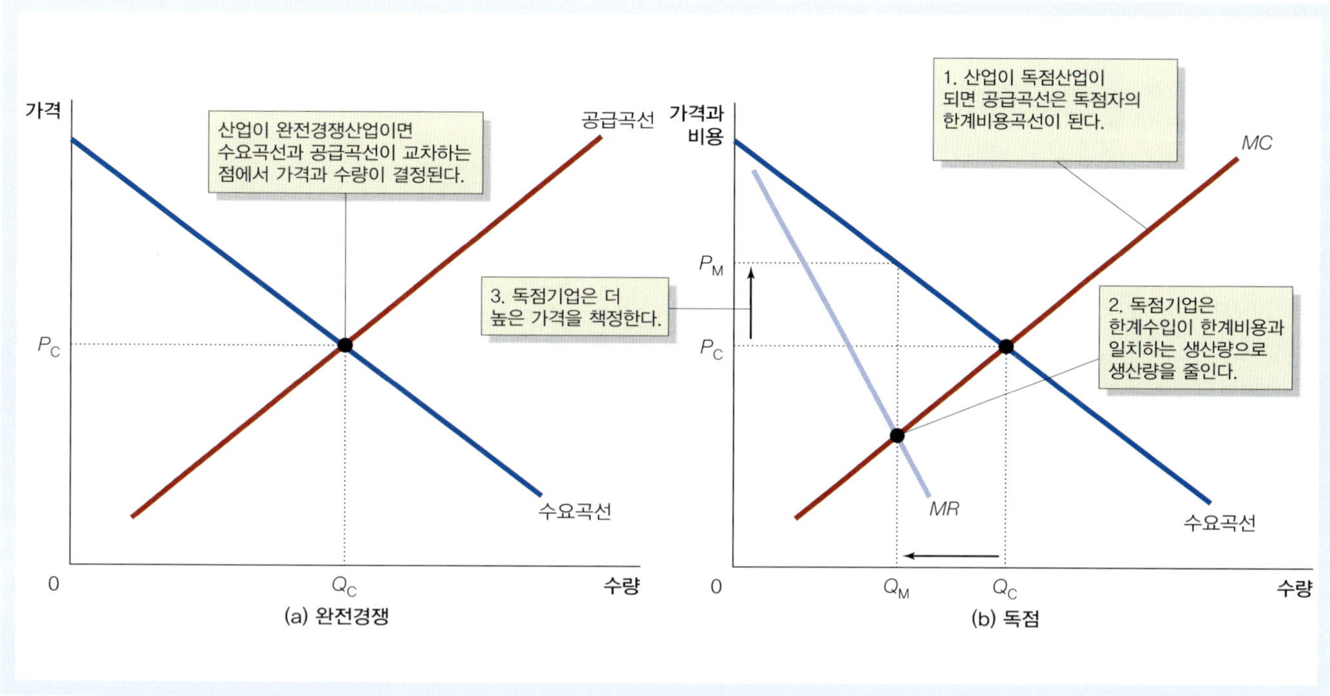

그림 11.4

독점기업의 이윤극대화 가격과 생산량

그림(a)는 완전경쟁시장인 스마트폰 시장에서 수요곡선과 공급곡선의 교차점에서 가격과 수량이 결정되고 있음을 보여준다.
그림(b)에서 완전경쟁시장인 스마트폰 시장이 독점시장이 된다. 따라서,
1. 산업의 공급곡선은 독점기업의 한계비용곡선이 된다.
2. 독점기업은 생산량을 한계수입이 한계비용과 일치하는 생산량(Q_M)으로 감소시킨다.
3. 독점기업은 가격을 P_C에서 P_M로 상승시킨다.

극대화하기 위해서 한계수입이 한계비용과 일치하는 생산량을 생산해야 한다. 이렇게 하기 위해서 독점기업은 이 산업이 완전경쟁산업이었을 경우에 생산되는 양보다 적은 양의 스마트폰을 생산하고, 가격은 완전경쟁시장이었을 경우에 나타나는 균형가격보다 높은 가격을 책정한다. [그림 11.4(b)]는 중요한 결과를 보여주고 있다. *"독점시장은 동일한 제품을 생산하는 완전경쟁시장에서 나타나는 가격보다 높은 가격을, 완전경쟁시장에서 나타나는 생산량보다 적은 생산량을 가져온다."*

독점으로 인한 효율성 감소의 크기를 측정하기

[그림 11.5]는 [그림 11.4(b)]를 사용하여 독점이 소비자, 생산자, 그리고 경제의 효율성에 어떤 영향을 미치는가를 보여주고 있다. *소비자잉여 consumer surplus*는 소비자들이 재화나 서비스를 구매했을 때 얻는 순혜택의 크기를 말한다는 것을 기억하라. 소비자잉여의 크기는 수요곡선 아래에 있고, 시장가격 위에 있는 면적으로 측정된다. 주어진 수요곡선

그림 11.5

독점의 비효율성

완전경쟁산업의 경우와 비교할 때 독점기업은 더 높은 가격 P_M을 책정하고, 더 적은 생산량 Q_M을 생산한다. 완전경쟁산업의 경우에는 가격은 P_C이고, 생산량은 Q_C이다. 주어진 수요곡선에서 가격이 높아지면 소비자 잉여의 크기는 줄어든다. 이 경우에 소비자잉여가 줄어드는 크기는 사각형 *A*와 삼각형 *B*이다. 소비자잉여가 감소하는 부분의 일부는 독점기업이 생산자 잉여로 가져가지만 다른 일부는 사장손실이 된다. 이 시장 전체에서 발생하는 사장손실의 크기는 삼각형 *B*의 면적과 삼각형 *C*의 면적의 합이다.

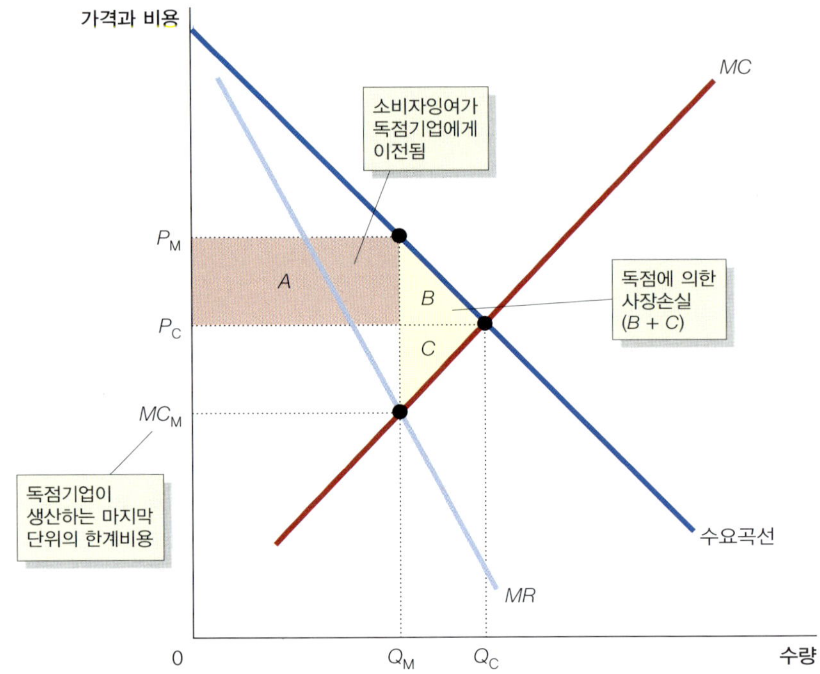

에서 가격이 높아질수록 소비자잉여는 작아진다. 독점기업은 시장가격을 올리므로 소비자잉여를 감소시킨다. [그림 11.5]에서 소비자잉여가 감소하는 크기는 사각형 *A*와 삼각형 *B*의 합이다. *생산자잉여 producer surplus*는 생산자들이 재화나 서비스를 판매했을 때 얻는 순혜택의 크기를 말한다는 것을 기억하라. 생산자잉여의 크기는 공급곡선 위에 있고 시장가격 아래에 있는 면적으로 측정된다. 독점기업에 의한 가격상승은 생산자잉여의 크기를 사각형 *A*만큼 증가시키고 삼각형 *C*만큼 감소시킨다. 사각형 *A*가 삼각형 *C*보다 크므로 완전경쟁시장의 경우와 비교할 때 독점시장에서 생산자잉여는 증가한다.

경제적 잉여는 소비자잉여와 생산자잉여의 합이다. 가격은 상승시키고 생산량은 줄임으로써 독점기업이 감소시키는 경제적 잉여의 크기는 삼각형 *B*와 삼각형 *C*의 면적으로 표시된다. 이러한 경제적 잉여의 감소를 *사장손실 deadweight loss*이라고 부르며, 독점기업은 사장손실을 발생시킨다.

독점이 어떻게 경제적 효율성을 감소시키는지를 알 수 있는 가장 좋은 방법은 완전경쟁시장에서는 가격과 한계비용이 일치한다는 것을 기억하는 것이다. 따라서 완전경쟁시장에 있는 소비자는 한계비용과 일치하는 가격을 지불할 용의가 있는 경우에는 언제나 해당 재화를 구매할 수 있다. [그림 11.5]가 보여주고 있는 것처럼, 독점기업은 가격이 한계비용보다 한참 높은 점에서 스마트폰의 생산을 멈춰 버린다. 소비자들은 한계비용보다 높은 가격을 지불하고도 사려는 스마트폰 양의 일부만 살 수 없게 된다. 그렇다면 독점기업은 왜 추가적인 양의 스마트폰을 생산하지 않는 것인가? 그 이유는 가격을 올리고 추가적인 양의 스마트폰을 생산하지 않아야 자신의 이윤이 더 커지기 때문이다. 독점기업은 이윤을 극대화하는 생산량을 생산하지만, 사회 전체적 입장에서 볼 때는 효율적인 생산량을 생산하지 못한다.

독점의 영향은 다음과 같이 정리될 수 있다

1. 독점은 소비자잉여를 감소시킨다.
2. 독점은 생산자잉여를 증가시킨다.
3. 독점은 사장손실을 발생시키며, 이는 경제적 효율성을 감소시킨다는 것을 의미한다.

독점으로 인해 발생하는 효율성의 감소는 얼마나 큰가?

현실에는 독점기업이 거의 없다. 따라서 독점으로 인한 경제적 효율성이 상실되는 크기는 그다지 크지 않을 것이다. 하지만 많은 기업들이 시장지배력을 갖고 있다. 기업의 **시장지배력 market power**이란 기업이 한계비용보다 높은 가격을 책정할 수 있는 능력을 말한다. 앞에서 살펴본 분석을 통해서 알 수 있듯이, 독점기업이 아니더라도 기업이 크든 작든 시장지배력을 갖고 있는 경우에는 한계비용보다 높은 가격을 책정할 수 있으며 그에 따라 얼마간의 경제적 효율성이 상실된다. 시장지배력을 갖고 있지 않는 기업은 완전경쟁시장에 있는 기업밖에 없으며 완전경쟁기업의 경우에는 한계비용과 가격이 같아진다. 현실에서 완전경쟁시장은 거의 볼 수 없으므로 *"모든 재화와 서비스 시장에서 어느 정도의 경제적 효율성의 상실은 발생한다."*

시장지배력 market power
한계비용보다 높은 가격을 책정할 수 있는 기업의 능력.

기업의 시장지배력에 때문에 발생하는 경제적 효율성의 손실 크기는 매우 큰가, 아니면 작은가? [그림 11.5]에서 본 사장손실 삼각형의 크기를 모든 산업을 대상으로 측정한다면 경제적 손실의 크기를 금액으로 추정할 수 있다. 이러한 작업을 최초로 한 경제학자는 University of California, Los Angeles에 있던 Arnold Harberger 교수였다. 그가 추정한 바에 의하면(그의 결과는 많은 연구자들에 의해 다시 확인되기도 하였다), 미국 경제에서 기업들의 시장지배력으로 인해 발생하는 경제적 효율성 감소의 총크기는 상대적으로 작은 것으로 나타났다. 미국의 모든 산업이 완전경쟁산업일 때 모든 시장에서 가격과 한계비용은 일치할 것이고 따라서 이러한 경우에 증가하는 경제적 효율성의 크기는 미국 전체 총생산량의 가치의 1% 미만으로 나타났다. 이는 미국인 일인당 $500의 가치에 해당되는 것이다.

경제적 효율성 상실의 크기가 이렇게 작게 나타나게 되는 주된 이유는 현실적으로 완전히 독점인 시장이 매우 드물기 때문이다. 대부분의 산업들에서, 경쟁은 독점시장에서 나타나는 것보다는 가격을 한계비용에 훨씬 더 가깝게 만든다. 가격이 한계비용에 더 가까워질수록 사장손실의 크기는 더 작아진다.

시장지배력과 기술변화

일부 경제학자들은 한 경제가 시장지배력을 갖는 기업들로부터 오히려 혜택을 볼 수 있다는 가능성을 제기했다. 이러한 주장은 Harvard University의 경제학 교수로 오랜 세월을 보낸 오스트리아 출신 경제학자인 Joseph Schumpeter의 주장과 거의 같은 주장이다. Schumpeter는 경제발전이 새로운 제품의 개발을 가져오는 기술변화에 달려 있다고 주장했다. 예를 들어, 말을 이용하는 대신에 자동차를 이용하는 것, 아이스박스 대신에 냉장고를 사용하는 것, 컴퓨터를 이용하여 일을 하는 것 등, 이 모든 것들이 삶의 기준을 높여주는 기술변화를 나타내는 것이다. Schumpeter는 새로운 제품이 "창조적 파괴 creative destruction"의 폭풍을 몰고 와서 구제품을 시장에서 몰아내고 구제품을 생산하는 기업들을 시장에서 쫓아낸다고 주장한다. 그는 이러한 과정이 경제발전의 핵심이라고 주장했다. 따라서 Schumpeter의 주장은 시장지배력을 갖는 기업들이 완전경쟁기업보다 높은 가격을 책정한다고 하더라도 문제의 핵심은 그것이 아니라는 것을 의미한다.

> 중요한 것은 가격경쟁이 아니다. 중요한 것은 신제품, 신기술, 신공급원, 신조직구조 등이 유발시키는 경쟁 … 이러한 경쟁은 가격이나 품질의 우위에 결정적인 영향을 미치는 경쟁이며, 기존기업들의 이윤이나 생산량의 수준과 관련된 주변적인 경쟁이 아니라 기존기업들의 존재 그 자체를 흔드는 경쟁이다.

Schumpeter의 견해를 지지하는 학자들은 새로운 제품의 개발을 위해서 기업들은 연구개발에 투자를 해야 한다는 점을 강조한다. 이를 위해 기업들이 투자자들이나 은행으로부터 돈을 빌릴 수도 있지만 은행이나 투자자들은 일반적으로 소비자들에 의해 확인되지 않은 새로운 제품이나 새로운 아이디어에 대해서 회의적이다. 따라서 새로운 제품의 개발을 위한 연구개발비의 일부라도 기업이 자신의 이윤으로 충당할 수밖에 없는 경우가 많은데, 시장지배력을 갖는 기업들은 완전경쟁기업보다는 경제적 이윤을 얻을 가능성이 크고 그러한 초과이윤을 연구개발비에 충당하여 새로운 제품을 개발하는데 투자할 가능성이 높다. 이러한 입장에서 볼 때는 시장지배력을 갖는 기업들이 높은 가격을 책정하여 소비자잉여의 일부를 가져가고, 또한 사장손실을 발생시킴으로써 경제적 효율성 (정태적 효율성)을 손상시킨다 하더라도 이러한 것들은 이들이 개발해서 내놓은 새로운 제품으로부터 사회가 얻는 혜택(동태적 효율성)의 크기와 비교해 볼 때 그다지 중요한 것이 되지 못한다.

그러나 일부 학자들은 Schumpeter의 견해에 동의하지 않는다. 이들은 Steve Jobs와 Steve Wozniak가 Jobs의 창고에서 최초로 만든 Apple computer, Larry Page와 Sergey Brin이 Stanford의 대학원생일 때 개발한 Google 검색엔진 등, 작은 기업들이 개발한 많은 신제품들을 예로 지적한다. 다음 절에서 살펴볼 것이지만, 정부의 정책입안자들도 시장지배력을 갖는 큰 기업들의 순기능과 역기능 문제에 균형을 취하려는 지속적인 씨름을 하고 있다.

11.5. 독점에 대한 정부의 정책

독점기업이 소비자잉여와 경제적 효율성을 감소시키기 때문에 대부분의 정부는 독점기업의 행위를 규제하는 정책을 취하고 있다. **담함 collusion**은 동일한 가격을 책정하거나 서로 경쟁하지 않기로 하는 것과 같은 협약을 하는 기업들의 행위를 말한다. 미국의 경우에 반트러스트법 antitrust law은 독점과 담합을 막기 위해서 생긴 반독점법이다. 미국 정부는 자연독점기업들도 종종 이들이 책정하는 가격을 통제하는 방법으로 규제한다.

담합 collusion
동일한 가격을 책정하거나 서로 경쟁하지 않기로 하는 것과 같은 협약을 하는 기업들의 행위.

반독점법과 반독점법의 집행

미국에서 독점을 규제하는 첫 번째 가장 중요한 법은 Sherman법이다. 이 법은 1890년에 미국 의회가 통과시킨 반독점법으로 경쟁을 촉진시키고 독점의 형성을 막는 것을 목적으로 한 것이었다. Sherman법 1조는 "거래를 제한할 목적으로 이루어진 모든 계약, 트러스트의 형성 및 그 유사행위, 모의"들을 불법으로 하고 있다. 이 법의 2조는 "독점을 하거나 독점을 꾀하거나 다른 사람들과 공모하여 거래나 상업의 일부를 독점하려는 사람은 … 중대한 범죄행위를 한 것으로 간주할 것이다"라고 기술하고 있다.

Sherman법은 1870년대와 1880년대에 미국의 여러 산업들에서 나타난 기업들 간의 강한 결합체인 "트러스트 trust"를 형성한 기업들을 목표로 한 것이었다. 트러스트에 속하는 기업들은 활동은 서로 독립적으로 하였으나 트러스트 이사회는 트러스트 소속 기업들을 통제할 수 있는 권한을 가졌다. 트러스트의 이사회는 트러스트에 속한 기업들이 동일한 가격을 책정한다거나, 서로 간에 고객을 뺏기 위한 경쟁을 하지 않는다거나 하는 담합적 협약을 맺도록 강제하였다. 가장 악명 높았던 트러스트는 John D. Rockefeller가 관리했던 Standard Oil 트러스트였다. Sherman법이 통과된 후 얼마 안 되어 미국에서 트러스트는 사라졌다. 그러나 그 이름은 남아서 기업들 간의 담합을 막아 경쟁을 촉진하는 것을 목적으로 하는 반독점법이 미국에서는 **반트러스트법 antitrust law**이라는 이름으로 불리게 되었다.

반트러스트법 antitrust law
기업들의 담합을 제거하고 기업들의 경쟁을 촉진하는 것을 목적으로 하는 법. 일반적으로 경쟁법 competition law 또는 반독점법 antimonopoly law 이라고도 한다.

Sherman법은 트러스트를 금지하고 담합적 협약을 금지했다. 그러나 여러 가지 허술한 구멍 loophole을 갖고 있었다. 예를 들어, Sherman법은 2개 이상의 기업들이 서로 합병하여 더 큰 새로운 기업을 만들고 그에 따라 상당한 시장지배력을 갖는 것이 법적으로 인정되는 것인지에 대해서 분명한 기준을 제공하지 못했다. 미연방법원이 내린 여러 경우의 판결들을 보면 Sherman법이 좁은 의미로 해석되고 있었으며 이에 따라 20세기로 넘어올 무렵 기업들 간의 합병 물결이 일어났다. 이러한 합병으로 태어난 기업 중 하나가 12개의 작은 철강회사들을 합병하여 J. P. Morgan이 만들어낸 U.S. Steel Corporation이었다. 이 회사는 미국 전체 철강생산량의 2/3를 차지하고 있었다. Sherman법은 명백한 담합이라고 보기는 약간 애매한 기업의 행위의 불법여부를 판단하는데도 적절한 기준을 제시하지 못했다.

Sherman법의 미비점을 보완하기 위해서 1914년에 미의회는 Clayton법을 통과시켰다. Clayton법에서는 경쟁을 크게 저해하거나, 독점을 가져올 수 있는 합병을 불법으로 규

표 11.1 미국의 주요 반독점법들과 그 시행일자 및 목적

법명	시행 연도	목적
Sherman Act	1890	가격고정 price fixing과 담합을 포함하여 "거래의 제한 restraint of trade"을 금하고 있다. 또한 독점을 하려는 기업의 행위도 불법으로 규정하고 있다.
Clayton Act	1914	경쟁기업의 주식을 취득하여 경쟁을 저해하는 합병하는 것을 금하며, 또한 한 기업의 이사가 경쟁기업의 이사가 되는 것을 금하고 있다.
Federal Trade Commission Act	1914	반독점법의 집행을 위해 Federal Trade Commission(FTC)을 탄생시킨 법.
Robinson–Patman Act	1936	구매자들에게 서로 다른 가격을 책정하는 가격차별이 경쟁을 감소시키는 경우에 이를 금지하고 있다.
Cellar–Kefauver Act	1950	클레이튼법을 보강한 법으로 경쟁을 감소시키는 다른 기업의 자산취득을 통한 합병을 금하고 있다.

정하고 있다. 또한 Federal Trade Commission법에 의해 연방거래위원회 Federal Trade Commission(FTC)가 탄생했다. 이 위원회는 불공정한 기업행위를 감독하는 권한을 갖는다. FTC는 사기성 광고를 포함하여 다양한 불공정행위를 하는 기업들을 법원에 제소해 왔다. 미의회는 FTC를 창설하면서 합병을 감독할 수 있는 권한을 두 기관에게 나누어주었다. 현재, 미법무성 반독점국 Antitrust Division of the U.S. Department of Justice과 FTC가 미국 정부의 합병정책을 관리하고 있다. [표 11.1]은 미국의 가장 중요한 반독점법들과 이들의 목적을 요약해 주고 있다.

합병: 시장지배력과 효율성의 상호교환 관계

수평합병 horizontal merger
같은 산업에 있는 기업들의 합병.

수직합병 vertical merger
한 재화의 생산에서 소비에 이르는 단계에서 서로 다른 단계에 있는 기업 간의 합병.

미연방정부는 기업들의 합병을 규제하고 있다. 그 이유는 합병으로 기업들이 시장지배력을 갖게 되고 그러한 지배력을 이용하여 가격을 올리고 생산량을 감소시킬 수 있기 때문이다. 따라서 미국정부는 **수평합병 horizontal merger** 즉, 같은 산업에 있는 기업들 간의 합병에 가장 유의하고 있다. 두 항공사나 두 캔디제조회사가 합병하는 것이 수평합병의 예이다. 수평합병은 **수직합병 vertical merger** 즉, 한 제품의 생산에서 소비에 이르는 단계에서 서로 다른 단계에 있는 기업들 간의 합병보다 기업의 시장지배력을 높일 가능성이 크다. 음료수를 만드는 기업과 알루미늄캔을 만드는 기업 간의 합병이 수직합병의 한 예이다. 수평합병을 규제하는 것과 관련하여 2가지 측면이 문제를 복잡하게 하고 있다. 첫째, 해당 기업들이 존재하고 있는 "시장 market"의 범위가 항상 확실하게 규정되어 있지 않다는 것이다. 예를 들어, Hershey Foods가 M&Ms, Snickers, 기타 여러 캔디를 만들고 있는 Mars, Inc.와 합병하기를 원한다면 이 경우에 이들이 있는 시장으로 볼 수 있는 시장의 범위로는

어떤 것이 적합한가? 정부가 캔디시장을 해당 시장으로 본다면 새롭게 탄생하는 합병회사는 이 시장의 79% 이상을 차지한다. 이는 정부가 합병을 금지하는 수준의 시장점유율이다. 정부가 조금 더 넓게 스넥시장을 해당 시장으로 본다면 이 시장에서 Hershey와 Mars는 감자칩, 프레첼, 땅콩, 심지어 과일을 판매하는 기업들과 경쟁하고 있는 것이 된다. 물론, 정부가 더 넓게 식품 전체 시장을 해당 시장으로 본다면 Hershey와 Mars가 차지하는 시장점유율은 매우 낮아지고 이 합병을 반대할 이유는 사라진다. 미국정부는 적합한 시장범위를 정할 때 합병기업들이 생산하는 제품에 가까운 대체재가 존재하는가를 기준으로 판단한다. 이 경우, 감자칩과 다른 스넥들은 캔디의 가까운 대체재가 아니다. 따라서 미국정부는 캔디시장을 적합한 시장범위로 보고 합병된 새로운 기업이 이 시장에서 너무 높은 시장지배력을 갖는 것으로 판단하여 해당 합병을 허용하지 않는다.

문제를 복잡하게 만드는 두 번째 요소는 합병된 새로운 회사가 합병 전의 개별기업으로 남아 있을 때보다 더 효율적인 기업이 될 수 있다는 것이다. 예를 들어, 한 기업이 매우 좋은 제품을 생산하고 있지만 판매망은 매우 부실할 수 있다. 한편, 이 기업의 경쟁기업은 제품은 별로 좋지 않지만 매우 좋은 판매망을 갖고 있을 수 있다. 이 두 기업이 합병하도록 허용하면 기업과 소비자 모두가 혜택을 볼 것이다. 또 다른 예로는 서로 경쟁하는 두 기업이 각자 매우 비싼 물류창고를 갖고 있지만 실제로 그 절반밖에 사용하고 있지 않을 때 두 기업이 합병하면서 필요없는 물류창고는 처분하고 나머지 하나의 물류창고만 사용하면 평균비용을 크게 줄일 수 있다.

미법무부 반독점국과 FTC가 주로 살펴보는 합병은 대기업 간의 합병이다. 단순화를 위해서 완전경쟁산업에 있는 모든 기업들이 하나의 독점기업으로 합병되는 경우를 살펴보자. [그림 11.5]의 독점기업의 그림에서 볼 수 있는 것처럼 이 합병의 결과로 가격은 올라갈 것이며 생산량은 줄어들 것이다. 따라서 소비자잉여도 줄어들고 경제적 효율성도 감소할 것이다. 그러나 합병으로 탄생하는 기업이 작은 기업들보다 훨씬 효율적이라면 어떻게 되는가? [그림 11.6]은 하나의 가능한 결과를 보여준다.

만일 이 합병이 비용에 영향을 미치지 않는다면 [그림 11.5]와 동일한 결과가 나타날 것이다. 가격은 P_C에서 P_M으로 상승하고, 수량은 Q_C에서 Q_M으로 감소한다. 또한 소비자잉여도 줄어들고 경제적 효율성도 감소한다. 그러나 만일 독점기업이 경쟁기업들보다 더 낮은 비용을 발생시킨다면 가격은 오히려 하락하고 수량은 증가하는 결과가 나타날 수도 있다. [그림 11.6]에서, 합병 후에는 *MR*곡선이 새로운 이윤극대화 생산량인 $Q_{합병}$에서 *MC* 곡선과 교차하는 것을 살펴보라. 수요곡선은 이 독점기업이 $Q_{합병}$의 수량을 $P_{합병}$의 가격에 판매한다는 것을 보여준다. 따라서 합병 후에 가격은 P_C에서 $P_{합병}$로 하락하고 수량은 Q_C에서 $Q_{M합병}$으로 증가한다. 따라서 다음과 같은 역설적인 결과가 나타나게 된다. *"합병으로 생긴 새로운 기업은 큰 시장지배력을 갖지만 소비자들은 전보다 더 나은 상태에 있게 되고 경제적 효율성도 증가한다. 그 이유는 기업이 더 효율적으로 되기 때문이다."* 물론 합병된 기업이 이 경우처럼 더 효율적인 기업이 될 수도 있고 그렇지 않을 수도 있다. 또한 합병된 기업이 더 효율적인 기업이어서 더 낮은 비용을 발생시킨다 하더라도 증가한 시장지배력이 발생시키는 손실로 인해 경쟁시장의 경우와 비교해서 소비자잉여와 경제적 효율성은

그림 11.6

소비자들에게 혜택을 가져다주는 합병

이 그림은 완전경쟁산업에 있는 모든 기업들이 합병하여 하나의 독점기업이 되는 경우를 보여준다. 이 합병이 비용에 영향을 주지 않는다면 그 결과는 [그림 11.5]와 동일하다. 가격은 P_C에서 P_M으로 상승하고, 수량은 Q_C에서 Q_M으로 감소한다. 또한 소비자잉여도 줄어들고 경제적 효율성도 감소한다. 그러나 합병 후에 독점기업이 완전경쟁기업들보다 더 낮은 비용을 갖게 되어 한계비용곡선이 그림에서처럼 합병 후 M_C로 이동하게 된다면, 해당 재화의 가격은 P_C에서 P합병으로 전보다 더 낮아지고 생산량은 Q_C에서 Q합병으로 전보다 더 많아질 수 있다.

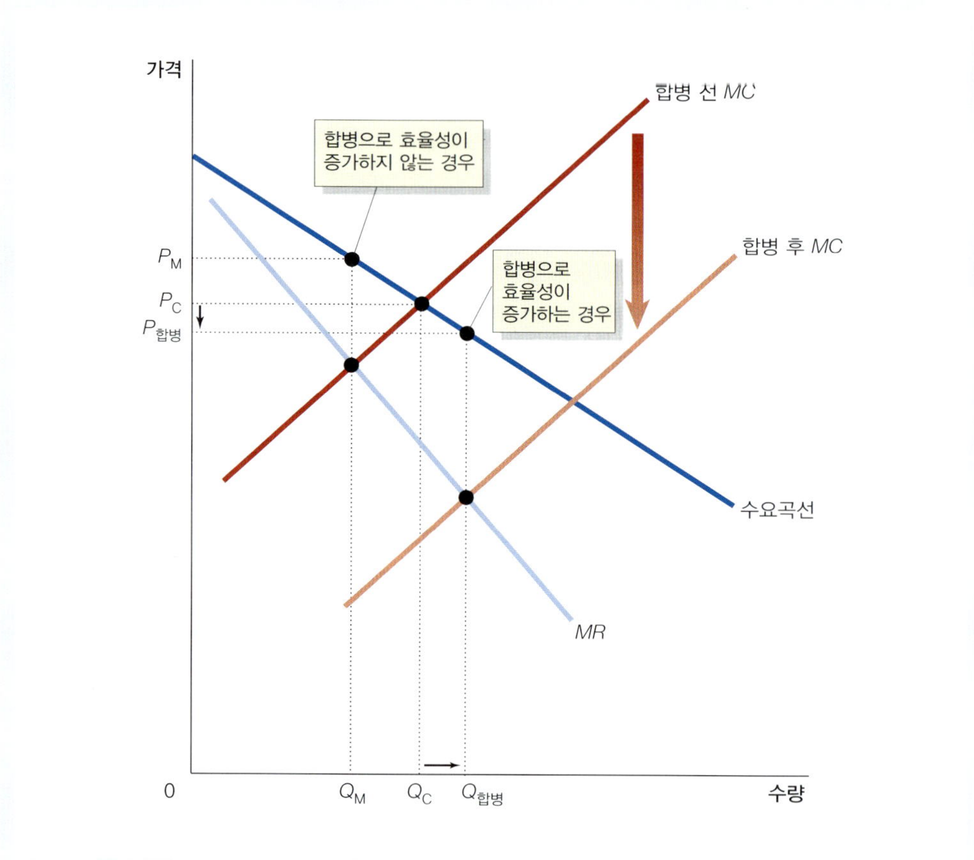

더 감소할 수도 있을 것이다.

대기업들이 서로 합병을 하려고 할 때 항상 주장하는 것은 합병된 기업이 더 효율적이고 더 낮은 비용을 갖는 기업이 될 것이라는 것이다. 이러한 주장을 하지 않으면 미법무부 반독점국이나 FTC 그리고 법원까지 이들의 합병을 승인하지 않을 가능성이 높아진다는 것을 기업들은 알고 있는 것이다.

미법무부 반독점국과 FTC 의 합병 가이드라인

1890년에 Sherman법이 통과된 후 이 법의 집행을 담당한 미법무부의 법률담당관들은 법을 집행하면서 합병으로 인해 기업이 더 효율적으로 되어 소비자들이 전보다 더 많은 혜택을 보고 경제적 효율성도 전보다 더 증가할 수 있다는 경제적 논거를 거의 받아들이지 않았다. 그러나 이러한 상황은 Donald Turner가 경제학박사를 가진 사람으로서는 최초로 미법무부 반독점국의 국장이 된 1965년부터 바뀌기 시작했다. 그 이후로 Turner와 그 후임자들에 의해 경제적 분석을 통한 판단이 미국의 반독점정책의 골격을 이루게 되었다. 1973년에는 반독점국 내에 경제분석 부서가 만들어지고 그곳에 근무하는 경제학자들이 기업들이 제안하는 합병의 경제적 결과를 평가하는 업무를 수행하게 되었다.

1982년에 미법무부와 FTC가 합병가이드라인을 만들 때도 경제학자들이 주된 역할을 하였다. 이 가이드라인은 기업들이 사전적으로 자신들의 합병을 정부가 인정할 것인지 안 할 것인지를 판단하는데 도움을 주고 있다. 이 가이드라인은 2010년에 수정되었고 다음과 같은 세 부분으로 되어 있다.

1. 시장에 대한 정의
2. 시장의 집중도를 측정하는 척도
3. 합병기준

시장에 대한 정의 산업(시장)은 소비자들이 가까운 대체재로 보는 제품을 만드는 모든 기업들로 구성된다. 경제학자들은 가격상승의 효과를 살펴봄으로써 두 재화가 가까운 대체재인지 아닌지를 판단한다. 시장의 범위가 좁게 정의되면 가격이 상승할 때 소비자들이 가까운 대체재를 구매하기 힘드므로 기업들의 매출과 이윤은 증가할 것이다.

기업이 제출하는 합병안에 대해 그 합병이 영향을 미치는 적합한 시장의 범위를 판단하는 것은 산업(시장)에 대한 좁은 정의에서 출발한다. Hershey Foods와 Mars, Inc.의 가상적인 합병의 경우를 예로 보자. 경제학자들은 적합한 시장의 범위를 우선 캔디시장으로 보는 것에서 출발한다. 만일 캔디산업에 있는 모든 기업들이 가격을 5% 증가시키면 이들의 이윤은 증가하는가 하락하는가를 살펴본다. 만일 모든 기업들의 전체 이윤이 증가하는 것으로 나오면 적합한 시장의 범위는 이 모든 캔디 생산기업들이 속해 있는 캔디시장으로 정의된다. 그러나 전체 캔디기업들의 이윤이 감소하는 것으로 나오면 시장의 범위를 감자칩과 다른 스넥들도 포함하는 시장으로 더 넓게 정의하게 된다. 다시 더 넓게 정의된 시장에 있는 기업들이 전체적으로 가격을 5% 올리면 이들 기업 전체의 이윤은 증가하는가? 만일 이윤이 증가한다면 이 시장이 적합한 시장이라고 정의된다. 만일 이들 기업 전체의 이윤이 감소한다면 시장의 범위는 더 넓게 정의될 수 있다. 이러한 과정을 통해서 합병을 신청한 기업들이 어떤 시장에 속해 있는 것으로 볼 것이냐 하는 시장의 범위를 정하는 문제를 풀어가는 것이다.

시장의 집중도를 측정하는 척도 적은 수의 기업들이 시장 전체 매출액의 큰 부분을 차지하고 있다면, 다시 말해 소수의 기업들의 시장점유율이 높다면 시장은 *집중되어 있는 concentrated* 것이다. 이미 상당한 집중도를 갖고 있는 시장의 경우에는 기업들 간의 합병이 이들 기업의 시장지배력을 높일 가능성이 크다. 집중도가 낮은 시장의 경우에는 기업들 간의 합병이 이들 기업의 시장지배력을 높일 가능성이 낮아 합병은 쉽게 허용될 수 있을 것이다. 미국의 합병가이드라인은 시장의 집중도를 측정해 주는 척도로 *허핀달-허쉬만 지수(HHI)*를 사용한다. 이는 앞장에서도 언급했듯이 %로 표시한 각 기업의 시장점유율을 제곱한 것들의 합으로 계산된다. 다음은 HHI의 계산 예들이다.

- 1개의 기업, 100%의 시장점유율을 갖는 (독점기업)경우

$$HHI = 100^2 = 10,000.$$

- 2개의 기업, 각 기업이 50%의 시장점유율을 갖는 경우

$$HHI = 50^2 + 50^2 = 5,000.$$

- 4개의 기업, 각 기업의 시장점유율이 30%, 30%, 20%, 20%일 때

$$HHI = 30^2 + 30^2 + 20^2 + 20^2 = 2,600.$$

- 10개의 기업, 각 기업의 시장점유율이 10%인 경우

$$HHI = 10 \times (10)^2 = 1,000.$$

합병기준 미법무부와 FTC는 기업이 제출하는 수평합병의 허가여부를 HHI를 가지고 판단할 때 다음과 같은 기준을 사용한다.

- **합병 후 HHI가 1,500 미만인 경우.** 이러한 시장은 집중된 시장이 아니므로 합병에 대해 이의를 제기하지 않는다.
- **합병 후 HHI가 1,500과 2,500 사이인 경우.** 이러한 시장은 어느 정도 집중된 시장이다. 합병으로 인해 HHI가 100점 미만으로 증가하면 그 합병에 대해서는 이의를 제기하지 않는다. 합병으로 인해 HHI가 100점보다 더 증가하면 그 합병에 대해서는 이의를 제기할 수 있다.
- **합병 후 HHI가 2,500보다 높은 경우.** 이러한 시장은 매우 집중도가 높은 시장이다. 합병으로 인해 HHI가 100점 미만으로 증가하면 그 합병에 대해서는 이의를 제기하지 않지만 합병으로 인해 HHI가 100점에서 200점 사이의 점수로 증가하면 그 합병에 대해서는 이의를 제기할 수도 있다. 합병으로 인해 HHI가 200점보다 더 증가하면 그 합병에 대해서는 이의를 제기할 가능성이 높다.

합병의 승인여부를 결정할 때, 그 합병이 가져오는 경제적 효율성의 증대도 함께 고려되며, 승인되지 않을 수 있는 합병도 경제적 효율성이 크다고 판단되면 승인될 수 있다. 다만 합병이 경제적 효율성을 증가시킨다는 것을 입증할 책임은 합병기업들에게 있다.

자연독점에 대한 가격규제

기업이 자연독점기업인 경우에는 이러한 기업의 경제적 이윤을 0으로 만들 수 있는 경쟁기업들로부터의 가격인하 압력은 기대할 수 없다. 이에 따라 지역 또는 주(州) 정부의 *규제위원회 regulatory commission*가 천연가스회사, 전기회사와 같은 자연독점기업들의 가격을 결정한다. 이러한 위원회들은 가격을 어떻게 정해야 하는가? 경제적 효율성은 "생산되는 재화나 서비스의 마지막 단위가 소비자들에게 가져다주는 추가적인 혜택이 그 마지막 단위를 추가적으로 생산하는데 드는 추가적인 비용과 같아야 한다"는 것을 요구한다. 마지막 한 단위로부터 소비자들이 얻는 추가적인 혜택은 그 제품의 가격으로 측정할 수 있

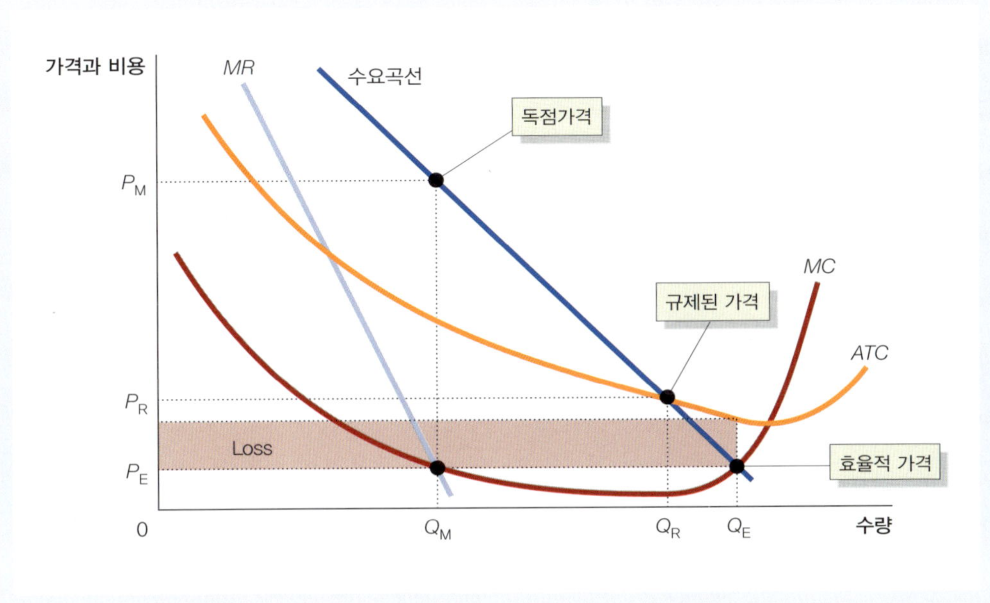

그림 11.7

자연독점에 대한 가격규제

정부의 규제를 받지 않는 자연독점기업은 가격을 P_M으로 책정하고, Q_M의 생산량을 생산할 것이다. 정부규제기관이 경제적 효율성을 달성하기를 원한다면 규제기관은 가격을 P_E으로 규제하여, 독점기업이 Q_E의 양을 생산하도록 해야 할 것이다. 그러나 불행하게도 P_E는 평균총비용 아래에 있다. 따라서 독점기업은 빨간색 사각형으로 표시된 손실을 발생시킬 것이다. 이러한 손실이 계속된다면 장기적으로 독점기업은 사업을 계속하지 않을 것이다. 이러한 점을 인식한 규제기관은 규제가격을 수요곡선이 평균총비용(*ATC*)곡선을 만나는 점에서의 평균총비용과 같은 수준인 P_R로 책정할 것이다. 그에 따라 독점기업은 Q_R의 양을 생산할 것이며, 이는 효율적 생산량 Q_E보다 적은 생산량이다.

고 그 마지막 한 단위를 추가적으로 생산하는데 발생하는 추가적인 비율은 독점기업의 한계비용에 의해 측정할 수 있다. 따라서 경제적 효율성을 달성하기 위해서 규제기관은 독점기업이 가격을 한계비용과 일치하도록 책정할 것을 요구해야 한다. 그러나 그렇게 하는 경우에는 [그림 11.7]이 보여주고 있는 것처럼 중대한 문제가 발생한다. [그림 11.7]은 규제를 받고 있는 대표적 자연독점의 경우를 보여주고 있다.

자연독점의 경우에 평균총비용곡선은 수요곡선과 만날 때까지도 계속해서 하락한다는 것을 기억하라. 만일 규제를 받지 않는다면 독점기업은 P_M의 가격을 책정하고 Q_M의 양을 생산할 것이다. 경제적 효율성을 달성하기 위해서 규제기관은 독점기업이 P_E의 가격을 책정하도록 규제해야 할 것이다. 그러면 독점기업은 Q_E의 양을 생산할 것이다. 그러나 여기에 문제가 발생한다. P_E는 평균총비용의 아래에 있다. 따라서 독점기업은 빨간색으로 표시된 사각형 면적만큼의 손실을 발생시키게 된다. 이러한 손실이 계속된다면 장기적으로 독점기업의 소유주는 사업을 계속하지 않을 것이다. 이러한 점을 인식한 규제기관은 규제가격을 수요곡선이 평균총비용(*ATC*)곡선을 만나는 점에서의 평균총비용과 같은 수준인 P_R로 책정할 것이다. 그 가격에서 독점기업의 소유주들은 Q_R(비록 이러한 생산량이 효율적인 생산량인 Q_E보다 적은 생산량이기는 하지만)의 양을 생산하면서 자신들이 투자한 금액에 대해 손익분기점에 도달하게 될 것이다.

결론

기업들 간의 경쟁이 증가할수록 시장은 더 잘 작동한다. 이 장에서는 완전경쟁시장과 비교할 때 독점시장에서는 가격이 더 높아지고, 생산량은 더 줄어들며, 소비자잉여와 경제적 효율성은 감소한다는 것을 보았다. 다행히, 현실에서 순수독점기업은 거의 없다. 대부분의 기업들이 자신의 가격을 한계비용보다 높게 책정할 수 있는 능력을 갖고 있다는 점에서는 독점기업을 닮았지만, 대부분의 현실의 시장에서는 경쟁이 충분히 발생하고 있기 때문에 시장지배력으로 인해 발생하는 효율성의 손실은 매우 적을 수 있다.

주요용어 KEY TERMS

반트러스트법 antitrust law
답함 collusion
저작권 copyright
수평적 합병 horizontal merger
시장지배력 market power
독점 monopoly
자연독점 natural monopoly
망외부효과 network externalities
특허 patent
면허 public franchise
수직합병 vertical merger

연습문제 PROBLEMS

복습질문

1. 독점은 무엇인가?

2. 작은 소도시에서 철물점을 운영하고 있는 사람은 독점기업인가?

3. 독점기업이 될 수 있는 4가지 중요한 요인을 들어보라.

4. 특허권, 저작권, 상표권은 경쟁을 감소시킨다. 그렇다면 정부가 그러한 권리를 주는 이유는 무엇인가?

5. 독점기업의 이윤을 나타내는 그림을 그려보라 그림에는 독점기업의 수요곡선, 한계수입곡선, 평균총비용곡선, 한계비용곡선이 포함되어야 한다. 독점가격과 생산량도 표시하라.

6. 완전경쟁산업이 독점산업이 되는 경우에 이러한 변화로 인해 발생하는 소비자잉여, 생산자잉여, 사장손실에 대해 설명하라.

7. 기업들의 시장지배력으로 인해 발생하는 사장손실의 크기가 그다지 크지 않다면 그 이유에는 어떤 것들이 있는가?

8. 반독점법은 무엇을 목적으로 하는 법인가?

9. 수평합병과 수직합병의 차이는 무엇인가? 어느 것이 기업의 시장지배력을 높일 가능성이 더 큰가?

10. 대부분의 규제기관이 자연독점기업에게 평균총비용과 동일한 가격을 책정하도록 요구하는 이유는 무엇인가?

문제와 응용

1. 유명한 미국의 야구선수였던 Ty Cobb은 근검절약하는 생활을 하는 것으로 유명했다. 그가 생을 거의 마감해 갈 때, 그를 인터뷰한 한 리포터는 Cobb이 자기 집을 밝히는 데 전기 대신 촛불을 사용하며 살았다는 사실을 발견하곤 매우 놀랐다. Ty Cobb의 입장에서 볼 때 그 지역의 전력공급회사는 독점기업인가?

2. 일부 관찰자들은 지난 수년 동안에 다른 케이블 TV방송회사들이 시장에 진입하지도 않았는데 지역케이블 TV방송 회사들이 갖고 있던 독점력이 크게 줄어들었다는 것을 발견했다. 그렇다면 이 시장에서는 어떤 변화가 있었던 것인가?

3. 자연독점이라고 말할 때 "자연"이 의미하는 것이 무엇인가?

4. 미국 우정청 U.S. Postal Service(USPS)은 독점기업이다. 그 이유는 연방정부가 1종 우편물의 배달서비스시장에 다른 기업들이 들어오지 못하도록 막고 있기 때문이다. USPS는 자연독점이기도 한 것인가? 그것을 어떻게 알 수 있는가?

5. 신기술을 개발하는 데 비용이 전혀 들지 않는 경우라면 그러한 기술에 대해서 특허권을 부여할 이유가 있는가? 간단히 설명하라.

6. 독일 기업인 Koenig & Bauer는 통화를 찍어내는 인쇄기 분야에서 전 세계시장의 90%를 점유하고 있다. 새로운 기업이 이 시장에 들어가기 어려운 이유를 설명해 보라.

7. Ed Scahill은 야구공을 독점공급(어떻게 그렇게 되었는가는 묻지 마세요)하게 되었다. 다음은 그가 직면하는 수요과 비용 상황이다.

가격	수량(주당)	총수입	한계수입	총비용	한계비용
$20	15,000			$330,000	
19	20,000			365,000	
18	25,000			405,000	
17	30,000			450,000	
16	35,000			500,000	
15	40,000			555,000	

a. 표의 빈칸에 숫자를 채워 넣어라.

b. Scahill이 이윤을 극대화하기를 원한다면, 그는 어떤 가격을 책정하여 몇 개의 야구공을 판매해야 하는가? 그가 얻는 이윤은 얼마인가? 이 질문에 대한 답을 그림을 그려서 보여보라. 그림에는 Scahill의 수요곡선, *ATC*곡선, *AVC*곡선, *AFC*곡선 *MC*곡선, *MR*곡선들이 포함되어야 한다. 또한 그가 책정하는 가격, 판매하는 수량, 이윤을 나타내는 면적도 표시하라.

c. 정부가 이 회사의 야구공 생산에 대해서 한 주당 $50,000의 세금을 부과하였다. 이 경우에 Scahill은 얼마의 가격을 책정해야 하는가, 몇 개의 야구공을 판매해야 하는가, 그리고 이윤(또는 손실)은 얼마가 되는가?

d. 이제 정부가 세금을 $70,000로 늘렸다고 하자. 이 경우에 Scahill은 얼마의 가격을 책정해야 하는가, 몇 개의 야구공을 판매해야 하는가, 그리고 이윤(또는 손실)은 얼마가 되는가? 이러한 가격, 생산량 결정은 단기와 장기에서 달라지는가? 간단히 설명하라.

8. 독점기업은 공급곡선을 갖는가? 간단히 설명하라. (힌트: 공급곡선의 정의를 생각해 보고 이러한 정의가 독점기업에게도 적용될 수 있는지를 생각해 보라.)

9. 한 학생이 다음과 같이 말했다. “독점기업이 생산비용을 낮추는 방법을 발견했다고 하더라고 가격을 낮추지는 않을 것이다. 왜냐하면 그 기업이 독점기업이기 때문에 가격과 판매량을 그대로 유지하더라도 생산비용의 감소로 이윤은 자연히 증가할 것이기 때문이다.” 이 학생의 말에 동의하는가? 그림을 사용하여 답하라.

10. 독점기업이 발생시키는 사장손실은 수요곡선이 탄력적일 때 더 큰가, 비탄력적일 때 더 큰가? 간단히 설명하라.

11. 경제학자 Harvey Leibenstein은 완전경쟁산업이 아닌 산업에서 발생하는 경제적 효율성 상실의 크기가 실제보다 작은 것으로 평가되고 있다고 주장했다. 경쟁이 약할 때 기업들은 가장 좋은 기술을 채택하여 생산비용을 낮추어야 한다는 압력을 덜 받게 된다. 이로 인해 발생하는 비효율성을 그는 “x-inefficiency”고 불렀으며 이러한 x-비효율성은 기업의 한계비용을 상승시킨다. x-비효율성을 발생시키는 독점에 의해 발생하는 사장손실의 크기는 그렇지 않은 독점이 발생시키는 사장손실보다 더 크다는 것을 그림으로 표시해 보라.

12. 다음의 경우에 대해 답하라.

a. 시장에 초기에 20개의 기업이 있었다. 각 기업은 5%의 시장점유율을 갖고 있었다. 이들 기업 중 4개의 기업이 합병을 하려고 한다. 합병 후에 그 산업에 남아있게 되는 기업의 수는 17개가 된다. 미국 정부의 반독점법을 집행하는 기관들은 이러한 합병을 허용할 것으로 판단되는가? 간단히 설명하라.

b. 시장에 초기에 5개의 기업이 있었다. 각 기업은 20%의 시장점유율을 갖고 있었다. 이들 기업 중 2개의 기업이 합병을 하려고 한다. 합병 후에 그 산업에 남아있게 되는 기업의 수는 4개가 된다. 미국 정부의 반독점법을 집행하는 기관들은 이러한 합병을 허용할 것으로 판단되는가? 간단히 설명하라.

CHAPTER 12

가격전략

이 장의 학습내용

12.1 가격전략, 일물일가의 법칙과 차익거래
- 일물일가의 법칙을 정의하고 차익거래의 역할을 설명한다.

12.2 가격차별: 동일 제품에 대한 서로 다른 가격 책정하기
- 기업이 가격차별을 통해 어떻게 이윤을 증가시킬 수 있는지 설명한다.

12.3 기타 가격전략
- 기업이 홀수가격 책정, 원가가산가격 책정, 두 단계 가격을 사용해서 어떻게 이윤을 증가시키는지 설명한다.

Walt Disney World에 입장하기: 모든 사람에게 적합한 단일가격은 없다.

당신이 플로리다에 있는 Walt Disney World의 Magic Kindom을 방문할 때, 당신의 연령, 주소, 직업은 당신이 입장하기 위해 얼마를 지불해야 하는지를 결정할 수 있다. 2013년에 성인의 1일 티켓가격은 $101.18였다. 연령이 3살에서 9살까지에 해당되는 아동의 1일 티켓가격은 $94.79였다. 3살 미만 아동의 입장료는 무료였다. Central Florida University 학생은 $65를 지불했다. 현역 군인은 $98을 지불했고 3살에서 9살까지에 해당되는 현역 군인의 자녀에게는 $82가 부과되었다. 왜 Disney는 동일한 제품에 대해 많은 종류의 서로 다른 가격을 부과하는가?

앞의 장들에서는 기업은 주어진 제품에 대해 모든 소비자에게 동일한 가격을 부과한다고 가정했다. 실제로 많은 기업들은 주어진 제품에 대해 고객들이 기꺼이 지불할 용의가 있는 가격에 기초하여 고객들에게 서로 다른 가격을 부과한다. 예를 들어, Walt Disney Company는 이윤을 극대화시키기 위해 Disneyland와 Walt Disney World에 입장하기 원하는 서로 다른 그룹의 소비자들에게 어떤 가격을 부과해야 하는지를 결정해야 하는 문제에 직면해 있다.

1950년대 초에 대부분의 놀이공원은 롤러코스터들과 페리스 회전차들과 같은 서로 관련이 없는 놀이기구들로 구성되어 있었다. Walt Disney는 스릴이 넘치는 이야기를 강조하는 매력적인 것들을 가진 테마공원이 단순한 오락공원보다 가족들에게 더 흥미로울 것이라고 믿었다. Disney는 이러한 테마공원의 타당성을 평가하기 위해 한 경제학자를 고용했다. 기존 오락공원의 경영자들은 이 경제학자에게 다음과 같이 충고했다. "당신의 사장에게 말해라… 그가 알고 있는 일에 매달리고 오락사업은 그것을 아는 사람들에게 맡겨라." 마침내, Disney는 주간 텔레비전 방송프로그램을 자신이 공급하는 대신 ABC 텔레비전 방송사가 담당하도록 만들어 자금을 지원받았다.

Disneyland가 1955년에 개장했을 때, Disney는 먼저 입장료로 성인에게 $1, 아동에게 $0.50을 부과하고 이어서 놀이기구의 티켓을 구매하도록 했다. 이러한 입장료와 놀이기구의 티켓을 분리하는 가격 책정 시스템은 1980년대 초까지 계속되었다. 오늘날, Walt Disney Company는 더 높은 입장료를 부과하지만 고객은 공원 내에 있으면 놀이기구를 무료로 이용할 수 있다. 이 장에서는 일반적인 가격전략들의 일부를 살펴보고, Disney와 여타 기업들이 이윤을 증가시키기 위해 이러한 전략들을 어떻게 사용하는지 살펴본다.

자료: Disney World prices from www.mousesavers.com, June 27, 2013; Harrison Price, *Walt's Revolution! By the Numbers*, Ripley Entertainment, Inc., 2004, p. 31; and Bruce Gordon and David Mumford, *Disneyland: The Nickel Tour*, Santa Clarita, CA: Camphor Tree Publishers, 2000, pp. 174–175.

앞의 장들에서 기업가는 계속해서 경제적 이윤을 찾는다를 것을 살펴보았다. 가격전략을 사용하는 것은 기업이 경제적 이윤을 증가시키기 위해 시도할 수 있는 한 가지 방법이다. 가격전략 중 하나인 *가격차별 price discrimination*은 Disney가 Walt Disney World의 입장료에 대해서 하는 것처럼 동일한 재화나 서비스에 대해 서로 다른 가격을 책정하는 것을 말한다. 이 장에서는 기업이 재화가 더 가치 있다고 생각하는 소비자들에게는 더 높은 가격을 부과하고, 재화가 덜 가치 있다고 생각하는 소비자들에게는 더 낮은 가격을 부과함으로써 어떻게 이윤을 증가시킬 수 있는지 살펴본다.

또한 널리 사용되는 가격전략인 *홀수가격 책정 odd pricing*과 *원가가산가격 책정 cost-plus pricing*을 분석한다. 마지막으로, 기업이 재화를 구매할 수 있는 권리에 대해 부과하는 첫 번째 단계 가격과 구매하는 재화에 대해 부과하는 두 번째 단계 가격을 부과할 수 있는 상황을 분석한다. Disney World에 들어가기 원하는 고객에게 입장료를 부과하는 동시에 각 놀이기구에 대해 가격을 따로 부과했던 Disney의 옛 가격 책정시스템은 경제학자들이 *두 단계 가격 two-part tariff*이라고 부르는 가격전략의 예이다.

12.1. 가격전략, 일물일가의 법칙과 차익거래

이 장의 시작부분에서 기업은 종종 동일한 재화에 대해 서로 다른 가격을 부과할 수 있다는 것을 살펴보았다. 실제로 많은 기업들은 경제분석에 기초하여 일부 고객들에게는 더 높은 가격을 부과하고, 다른 고객들에게는 더 낮은 가격을 부과하는 방식으로 *가격차별 price discrimination*을 시행한다. 일부 기업들은 소비자의 선호와 가격변화에 대한 소비자의 반응에 관한 정보를 사용하는 정교한 형태의 가격차별을 시행한다. 기업 경영자는 이러한 정보를 사용하여 재화와 서비스의 가격을 신속하게 조정한다. *수익률관리 yield management*라고 부르는 이러한 신속한 가격조정방식은 항공사와 호텔에게 특히 중요하다. 그렇지만 기업이 동일한 재화에 대해 서로 다른 가격을 부과할 수 있는 능력에는 한계가 있다. 이러한 한계는 낮은 가격에 재화를 살 수 있는 고객이 해당 재화를 높은 가격에 사야만 하는 고객에게 재판매하는 상황이 발생될 수 있는 가능성 때문에 발생된다.

차익거래

*일물일가의 법칙 law of one price*에 의하면, 동일한 재화는 모든 곳에서 동일한 가격에 판매되어야 한다. 왜 일물일가의 법칙이 일반적으로 성립하는지 살펴보도록 하자. Apple iPad가 애틀란타의 가게에서 $499에 팔리고 샌프란시스코의 가게에서 $429에 팔린다고 하자. 샌프란시스코에 살고 있는 사람은 $429에 iPad를 사서 그것을 애틀란타에서 $499에 재판매할 수 있다. 그는 지역 벼룩시장에서 그것을 팔 수 있는 애틀란타에 살고 있는 아는 사람에게 보낼 수 있다. 제품을 한 시장에서 낮은 가격에 사서 다른 시장에서 높은

가격에 재판매하는 것을 *차익거래* *arbitrage*라고 부른다. 이러한 차익거래로부터 버는 이윤은 *차익거래 이윤* *arbitrage profit*이라고 부른다.

사람들이 차익거래 이윤을 벌기 위해 가격차이를 이용하게 됨에 따라, 애틀란타에서 iPad의 공급은 증가할 것이고 애틀란타에서 iPad의 가격은 하락할 것이다. 동시에 샌프란시스코에서 iPad의 수요는 증가할 것이고 샌프란시스코에서 iPad의 가격은 상승할 것이다. 궁극적으로 이러한 차익거래 과정이 가격차이의 모두는 아닐지라도 대부분을 제거할 것이다. 판매자가 iPad를 애틀란타에 보내기 위해 비용을 지불해야 하기 때문에 일부의 가격차이는 여전히 존재할 것이다. 제품을 다른 곳으로 보내기 위해 발생되는 것과 같이 거래를 수행하기 위한 비용은 **거래비용 transaction costs**이라고 부른다. 일물일가의 법칙은 *거래비용이 없는 경우에만* 정확히 성립한다. 하지만, 제품을 재판매하는 것이 불가능한 경우에 일물일가의 법칙은 성립하지 않을 것이고, 기업은 가격차별을 시행할 수 있을 것이다. 재판매 불가라는 중요한 조건이 성립하지 않는 경우에 차익거래가 한 제품이 모든 곳에서 동일한 가격에 판매되는 결과를 가져올 것이다.

거래비용 transaction costs
거래 당사자들이 재화나 서비스를 교환하기로 합의하거나 교환을 이행하기 위해 지불하는 시간과 기타 자원.

문제풀이 12.1

차익거래는 바가지 씌우기인가?

사람들은 종종 차익거래에 대해 의구심을 가진다. 물건을 낮은 가격에 사서 높은 가격에 재판매하는 것은 높은 가격에 물건을 사는 사람을 착취하는 것이다. 정말 그러한가? 이러한 견해가 옳은가? 만일 그렇다면, eBay에서 이루어지는 경매는 유용한 경제적 목적을 달성하는데 도움을 주는가?

문제풀기

Step 1: 본문의 내용을 다시 읽어보라. 이 문제는 차익거래에 관한 것이므로 [차익거래] 부분을 다시 읽어보라. 만일 필요하면, 제2장에서 논의한 거래이득에 관한 논의를 다시 읽어보라.

Step 2: 질문에 답하기 위해 차익거래에 관한 논의와 제2장에서 논의한 거래이득에 관한 논의를 사용하라. eBay의 많은 재화들은 낮은 가격에 구매되어 높은 가격에 재판매된다. 실제로 일부 사람들은 차고세일에서 산 재화를 eBay에서 재판매하여 그들의 소득을 보충한다. eBay는 유용한 경제적 목적을 달성하는데 도움을 주는가? 경제학자들은 그렇다고 말할 것이다. 수집할 가치가 있는 영화포스터를 사서 eBay에서 재판매하는 Lou의 경우를 생각해 보자. Lou가 *Guardians of the Galaxy* 영화포스터를 차고세일에서 $30에 사서 eBay에서 $60에 재판매한다고 하자. 차고세일에서 Lou에게 영화포스터를 판 사람과 eBay에서 그로부터 영화포스터를 산 사람 모두 이러한 거래를 통해 더 나아졌음에 틀림없다. 이러한 거래가 없었다면 그들을 그렇게 되지 못했을 것이다. Lou는 영화포스터를 eBay에서 판매할 수 있게 함으로써 이러한 유용한 서비스를 제공했다. 이러한 서비스를 수행하는데 Lou는 차고세일을 탐색하는데 보내는 시간의 기회비용, 그가 영화포스터를 구매했으나 아직 팔지 않고 그것을 보유하기 위해 영화포스터에 지불한 자금을 묻어두는데 따른 기회비용, eBay가 그에게 부과하는 수수료를 포함한 비용을 지불하였다. eBay에서 재화를 판매하는 것이 쉽기 때문에 시간이 흐름에 따라 Lou와 여타 영화포스터 거래자들 간의 경쟁이 차고세일에서 판매되는 영화포스터의 가격과 eBay에서 판매되는 가격 간의 차이를 판매자들이 지불하는 기회비용을 포함한 판매자들의 재판매비용과 같아질 때까지 감소시킬 것이다.

왜 모든 기업이 동일한 가격에 판매하지 않는가?

거래비용 없고, 제품이 재판매될 수 있는 경우에도 일물일가의 법칙이 성립하지 않는 것처럼 보일 수 있다. 예를 들어, 서로 다른 웹사이트는 동일한 제품을 서로 다른 가격에 판매할 수 있다. 인터넷 웹사이트가 판매하는 "실제 제품"이 어떤 것인지를 보다 더 면밀하게 살펴봄으로써 이러한 명백하게 보이는 모순을 이해할 수 있다.

당신이 *The Amazing Spider-Man 2* Blu-ray disc 한 장을 사기 원한다고 하자. 당신은 다양한 웹사이트들에서 제시되는 가격들을 비교하기 위해 Google, Pricegrabber나 일부 다른 검색엔진을 사용한다. 당신은 [표 12.1]에서 제시되어 있는 결과를 얻게 된다.

당신은 단지 가격이 싸다는 이유로 Amazon.com이나 Wal-Mart.com이 아닌 마지막 부분에 열거된 두 개 웹사이트 중 하나에서 그것을 구매하겠는가? 왜 당신이 그렇게 하지 않을 수 있는지 생각해 보자. 이들 웹사이트들이 세일가격을 제시하고 있다고 생각해 보라. Amazon.com은 *The Amazing Spider-Man 2*를 판매할 뿐만 아니라 그것을 메일로 보내는데 손상되지 않도록 잘 포장하고 당신의 신용카드번호가 컴퓨터 해커들로부터 보호될 수 있는 안전한 보안방법을 사용하면서 당신의 신용카드에 요금을 부과하여 당신의 집으로 빠르게 배달한다. 이미 논의한 것처럼, 기업은 많은 방법을 사용하여 판매하는 제품을 차별화한다(제9장 참조). 한 가지 방법은 경쟁자들보다 더 빠르고 더 신뢰할 만 방법으로 제품을 배달하는 것이다.

표 12.1 당신은 어떤 소매회사로부터 제품을 사겠는가?

제품: The Amazing Spider-Man 2 Blue-ray Disc	
회사	**가격**
Amazon.com	$24.99
Wal-Mart.com	24.98
WaitForeverForYourOrder.com	22.50
JustStartedinBusinessLastWednesday.com	21.25

Amazon.com과 Wal-Mart.com은 신속하고 신뢰할 만한 배달에 대한 평판을 구축했다. [표 12.1]의 마지막 부분에 열거되어 있는 2개의 가상적인 웹사이트처럼, 이러한 평판이 부족한 새로운 인터넷 판매자들은 그들의 제품을 가격으로 차별화해야 할 것이다. 따라서 웹사이트상에 제시된 제품가격의 차이가 일물일가의 법칙을 위반하고 있는 것이 아니다. 이러한 의미에서 Amazon.com이 판매하는 Blu-ray disc는 JustStartedinBusinessLastWednesday.com이 판매하는 Blu-ray disc와 동일한 제품이 아니다.

12.2. 가격차별: 동일한 제품에 대해 서로 다른 가격 책정하기

이 장의 시작부분에서 Walt Disney Company가 동일한 제품인 Disney World의 입장료로 서로 다른 가격을 책정한다는 것을 살펴보았다. 가격차이가 비용차이 때문에 발생되는 것이 아닐 때, 동일한 재화나 서비스에 대해 서로 다른 고객에게 서로 다른 가격을 책정하는 것을 **가격차별 price discrimination**이라고 부른다. 그러나 가격차별은 일물일가의 법칙과 모순되는 것이 아닌가? 차익거래 이윤의 발생가능성이 왜 사람들이 제품을 낮은 가격에 사서 높은 가격에 팔도록 하지 못하고 있는가?

가격차별
price discrimination
가격차이가 비용차이 때문에 발생되는 것이 아닐 때, 동일한 재화나 서비스에 대해 서로 다른 고객에게 서로 다른 가격을 부과하는 것.

성공적인 가격차별의 조건

성공적인 가격차별 전략은 3가지의 조건을 요구한다.

1. 기업이 시장지배력을 가지고 있어야 한다.

2. 일부 고객들은 다른 고객들보다 제품에 대해 기꺼이 더 높은 가격을 지불할 용의를 가지고 있어야 하고, 기업은 어떤 고객들이 기꺼이 더 높은 가격을 지불할 용의를 가지고 있는지 알 수 있어야 한다.

3. 기업은 고객들이 제품을 낮은 가격에 사서 높은 가격에 재판매할 수 없도록 제품시장을 분할할 수 있어야 한다. 달리 말해, 차액거래가 가능하지 않아야 한다. 차익거래가 가능하면 가격차별은 작동하지 않을 것이다.

완전경쟁시장에서 제품을 판매하는 기업은 시장가격만을 책정할 수 있기 때문에 가격차별을 시행할 수 없다. 대부분의 기업들은 완전경쟁시장에서 제품을 판매하지 않기 때문에 시장지배력을 가지고 있고 판매하는 제품의 가격을 책정할 수 있다. 또한 많은 기업들은 일부 고객들이 다른 고객들보다 제품에 대해 더 높은 가격을 지불할 용의를 가지고 있는지를 알 수 있다. 그러나 세 번째 조건, 즉 고객들이 제품을 낮은 가격에 사서 높은 가격에 재판매할 수 없도록 하기 위해 시장이 분할되어 있어야 한다는 조건은 충족시키기 어려울 수 있다. 예를 들어, 일부 사람들은 정말로 빅맥을 좋아하여 기꺼이 $10을 지불하려고 할 것이다. 다른 사람들은 빅맥에 대해 $1 이상도 기꺼이 지불하려고 하지 않을 것이다. McDonald's가 빅맥에 대해 고객들이 기꺼이 지불할 용의가 있는 가격들의 차이를 식별할 수 있을지라도 그들에게 서로 다른 가격을 부과할 수가 없을 것이다. McDonald's가 Joe는 $10를 지불할 용의를 갖고 있고, Jill는 $1만 지불할 용의를 갖고 있다는 것을 안다고 하자. 이 경우, McDonald's가 Joe에게 $10를 부과하려고 하면, 그는 Jill에게 빅맥을 사오도록 시킬 것이다.

고객들이 제품을 재판매하지 못하게 할 수 있는 기업만이 가격차별을 시행할 수 있다. 구매자들이 제품을 재판매할 수 없기 때문에, 일물일가의 법칙은 성립되지 않는다. 예를 들어, 영화관은 많은 사람들이 오후보다는 저녁에 영화를 보기 위해 기꺼이 더 높은 가격을 지불하고자 한다는 것을 알고 있다. 그 결과로 영화관은 일반적으로 오후에 상영하는 영화 티켓가격보다 저녁에 상영하는 영화 티켓가격을 더 높게 책정한다. 영화관은 오후에 상영하는 영화티켓을 다른 컬러로 만들거나 티켓에 상영시간을 인쇄하고 티켓 받는 사람이 티켓을 검사하게 함으로써 시장을 분할한다. 이러한 방식은 어떤 사람이 오후에 낮은 가격의 영화티켓을 사서 이 티켓을 저녁에 상영하는 영화를 관람하기 위해 사용하는 것을 어렵게 만든다.

[그림 12.1]은 영화관 주인이 이윤을 증가시키기 위해 어떻게 가격차별을 하는지 보여준다. 추가적으로 영화를 보는 사람이 영화관 주인에게 발생시키는 한계비용은 매우 작다. 한계비용은 추가적으로 영화관 의자에 있는 약간의 물건과 바닥에 떨어져 있는 약간의 팝콘 알갱이를 치우는 데 드는 비용이다. 앞의 장들에서 한계비용곡선은 U자 모습을 가진다고 가정했다. 논의를 단순하게 하기 위해 [그림 12.1]에서 수평선으로 나타낸 것처럼 한계비용은 $0.50에서 일정하다고 가정한다. [그림 12.1(a)]는 오후에 상영하는 영화에 대한 수요곡선을 보여준다. 시장에서 영화관은 한계수입이 한계비용과 일치하는 티켓의 양, 즉 450장의 티켓을 판매하여 이윤을 극대화해야 한다. 이 경우에 영화관은 티켓당 $7.25의 가격에 450장의 티켓을 판매할 수 있다는 것을 알 수 있다. [그림 12.1(b)]는 저녁에 상영하는 영화에 대한 수요곡선을 보여준다. 이 시장에서는 티켓당 $7.25의 가격을 부과하는 것이 이윤을 극대화시키지 못한다. $7.25의 가격에서 영화관은 이윤을 극대화하는 625장의 티켓보다 225장이 더 많은 850장의 티켓을 판매한다. 오후에 상영하는 영화에 대해 $7.25의 가격을 부과하고 저녁에 상영하는 영화에 대해 $9.75의 가격을 부과함으로써 영화관은 이윤을 극대화시킬 수 있다.

또한 [그림 12.1]은 가격차별에 대해 또 다른 중요한 점을 보여준다. 기업은 가격차별을 시행할 수 있을 때 가격에 덜 민감한 고객들, 즉 제품에 대한 수요가 *덜 탄력적인 less elastic* 고객들에게 높은 가격을 부과하고 가격에 더 민감한 고객들, 즉 제품에 대한 수요가 *더 탄력적인 more elastic* 고객들에게 낮은 가격을 부과한다. 이 경우에 저녁에 상영하는 영화 티켓에 대한 수요는 덜 탄력적이어서 높은 가격이 부과되고, 오후에 상영하는 영화 티켓에 대한 수요는 더 탄력적이어서 낮은 가격이 부과된다.

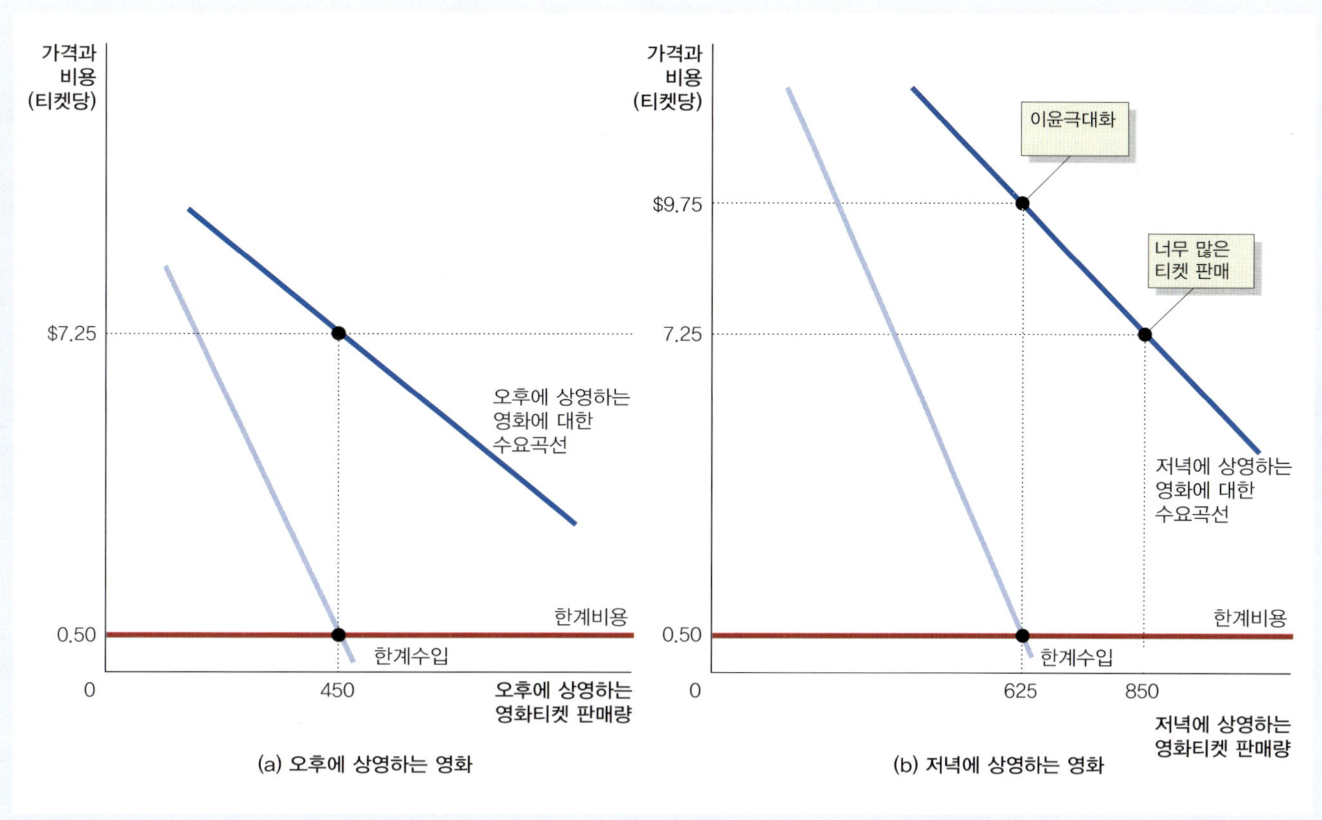

그림 12.1

영화관의 가격차별

저녁보다 오후에 더 적은 사람들이 영화 보러 가기를 원한다. 그림(a)에서 오후에 상영하는 영화의 이윤극대화 티켓가격은 $7.25이다. 그림(b)가 보여주는 것처럼, 저녁에 상영하는 영화에 대해 이와 동일한 가격을 부과하는 것은 이윤을 극대화시키지 못한다. 영화관은 $7.25의 가격에서 저녁에 상영하는 영화에 대한 이윤극대화 티켓 수인 625장보다 더 많은 850장을 판매한다. 이윤을 극대화하기 위해, 영화관은 저녁에 상영하는 영화에 대해 $9.75의 티켓가격을 책정해야 한다.

문제풀이 12.2

Apple은 이윤을 증가시키기 위해 어떻게 가격차별을 사용하는가?

2013년 여름 동안, Apple은 자신의 웹사이트와 소매점에서 13인치 레티나 디스플레이를 가진 MacBook Pro 노트북을 $1,499에 판매하고 있었다. 그러나 대학생과 교수는 동일한 노트북을 Apple로부터 $1,399에 살 수 있었다. 왜 Apple은 구매자가 대학에 있는 고객이냐 일반 고객이냐에 따라 동일한 노트북에 서로 다른 가격을 부과하는가? 당신의 답을 보여주는 두 개의 그림, 일반 고객들을 위한 그림과 대학에 있는 고객들을 위한 그림을 그려라.

문제풀기

Step 1: 본문의 내용을 다시 읽어보라. 이 문제는 이윤을 증가시키기 위해 가격차별을 사용하는 것에 관한 것이므로 [가격차별: 동일한 제품에 서로 다른 가격 부과하기] 부분을 다시 읽어보라.

Step 2: 왜 대학에 있는 고객과 일반 고객에게 서로 다른 가격을 부과하는 것이 Apple의 이윤을 증가시키는지 설명하라. 대학에 있는 고객들이 일반 고객들과 서로 다른 수요의 가격탄력성을 가지고 있으면, Apple이 서로 다른 가격을 부과하는 것은 일리가 있다. 이 경우에 Apple은 덜 탄력적인 수요를 가지고 있는 시장에서 높은 가격을 부과하고 더 탄력적인 수요를 가지고 있는 시장에서 낮은 가격을 부과할 것이다. Apple은 대학에 있는 고객들에게 낮은 가격을 부과하고 있기 때문에, 대학에 있는 고객들이 일반 고개들보다 더 탄력적인 수요를 가지고 있어야 한다.

Step 3: 당신의 답을 보여주는 그림을 그려라. 당신이 그린 그림은 아래의 그림과 같아야 한다. 당신의 답을 보여주기 위해 가상적인 수치를 사용하라. 영화관의 경우처럼, 당신은 논의를 단순하게 하기 위해 한계비용은 일정하다고 가정할 수 있다. 이 경우에 한계비용은 $400라고 가정하자.

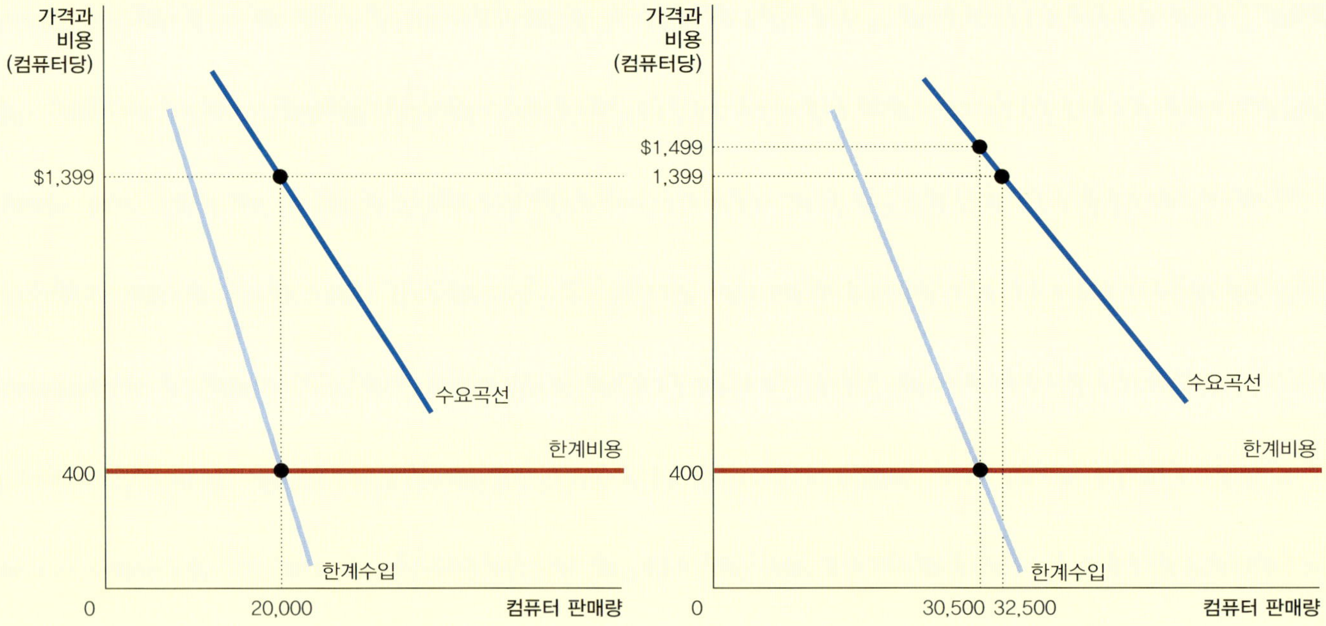

(a) 대학에 있는 고객

(b) 일반 고객

그림(a)는 대학에 있는 고객 시장에서 한계수입은 한계비용과 일치하는 곳에서 20,000대의 노트북이 판매된다. 따라서 Apple은 이윤을 극대화하기 위해 $1,399의 가격을 부과해야 한다. 그러나 그림(b)로 나타낸 일반 고객 시장에서 $1,399의 가격을 부과하면 Apple은 이윤을 극대화하는 양보다 더 많은 32,500대의 노트북을 판매할 것이다. Apple은 일반 고객들에게 $1,499의 가격을 부과함으로써 이윤을 극대화하는 30,500대의 노트북을 판매할 것이다. Apple은 일반 고객들보다 대학에 있는 고객들에게 낮은 가격을 부과함으로써 이윤을 극대화시킬 수 있다는 것을 살펴보았다. 그림(a)에 있는 수요곡선은 더 탄력적이지만 기울기가 더 가파르다는 점에 주목하라. 이것은 수요곡선의 기울기가 탄력성과는 다르다는 중요한 점을 상기시켜준다(제5장 참조).

항공사: 가격차별의 제왕

여객기 좌석은 사라질 수 있는 제품이다. 비행기가 시카고로부터 로스앤젤레스로 가기 위해 이륙하면, 판매되지 않은 좌석은 결코 판매될 수 없다. 이에 더하여 추가적으로 승객 한 명을 더 태울 때 발생하는 한계비용은 낮다. 그 결과, 항공사는 각 항공편에 가능한 한 많은 좌석을 채우기 위해 가격을 관리하려는 강한 인센티브를 가진다.

항공사들은 고객들을 두 개의 그룹, 즉 사업여행자 그룹과 여가여행자 그룹으로 나눈다. 사업여행자들은 종종 신축적이지 못한 여행 일정을 가지고 있고, 마지막 순간까지 특정한 날짜에 여행할 수 있을지 확정할 수 없으며 가장 중요하게는 가격변화에 민감하지 않다. 여가여행자들은 이와는 반대되는 특성을 가진다. 여가여행자들은 언제 여행할 것인지에 대해 신축적이고 기꺼이 항공편 티켓을 미리 사고자 하며 가격변화에 민감하다. 이 장의 앞부분에서 논의한 것에 기초해, 당신은 항공사가 사업여행자들에게 여가여행자들보다 더 높은 가격을 부과함으로써 이윤을 극대화할 수 있지만, 누가 사업여행자이고 누가 여가여행자인지를 구별할 수 있어야 한다는 것을 알 수 있다. 일부 항공사들은 목적지에서 토요일 저녁을 지내기 원하는 여행자에게 14일 전에 여가여행자에게 부과되는 가격으로 항공티켓을 구매하도록 요구함으로써 여행자를 구별한다. 이러한 조건을 충족시킬 수 없는 여행자는 훨씬 더 비싼 가격을 지불해야 한다. 사업여행자는 종종 출발 14일 전에 그들의 여행계획을 확정할 수 없고 주말에 목적지에서 지내기를 원치 않기 때문에 더 높은 가격을 지불하게 된다. 여가여행자 요금과 사업여행자 요금 간의 차이는 종종 상당히 크다. 예를 들어, 2013년 중반에 U.S. Airways의 뉴욕과 샌프란시스코 간 여가여행자 요금은 $460이었고, 사업여행자 요금은 $1,016이었다.

항공사들은 다수의 여가여행자 요금과 다수의 사업여행자 요금을 사용하는 가격전략을 구사한다. 항공사들은 통상 수일 전에는 항공 티켓에 높은 가격을 부과하지만 현재 가격으로 판매할 수 없을 것으로 여겨지는 좌석에 대해서는 기꺼이 가격을 인하한다. 1980년대 말 이후부터 항공사들은 항공티켓시장에 대한 컴퓨터 모델을 구축하기 위해 경제학자들과 수학자들을 고용하고 있다. 이러한 컴퓨터 모델은 매일 각 좌석에 대해 책정할 가격을 계산하기 위해 성수기, 비행항로의 거리, 요일과 같은 항공 티켓의 수요에 영향을 주는 요인들과 항공편이 주로 사업여행자들을 위한 것인지 여가여행자들을 위한 것인지를 고려한다. 수요의 변화에 발빠르게 대응하면서 지속적으로 가격을 조정하는 관행을 *수익률관리 yield management*라고 부른다.

1990년대 말 이후, Priceline.com과 같은 인터넷 사이트들은 항공사들이 수익률관리를 돕고 있다. Priceline.com을 사용해서 구매자들은 특정한 일자의 티켓가격을 지불할 것을 약속하고 그날 어떤 시간에 비행할 것이라는 것에 동의한다. 이는 가격이 정상적인 여가여행자 요금보다 크게 낮을지라도 그렇지 않으면 특히 늦은 저녁이나 이른 아침 항공편에 빈자리로 남겨졌을 좌석들을 채울 수 있는 기회를 항공사들에게 제공한다. 2001년에 일부 항공사들은 할인가격으로 좌석을 채울 수 있는 또 다른 수단인 인터넷 사이트 Orbitz를 함께 구축했다. 실제로 당신이 옆 좌석에 앉아 있는 사람과 동일한 항공티켓가격을 지불했

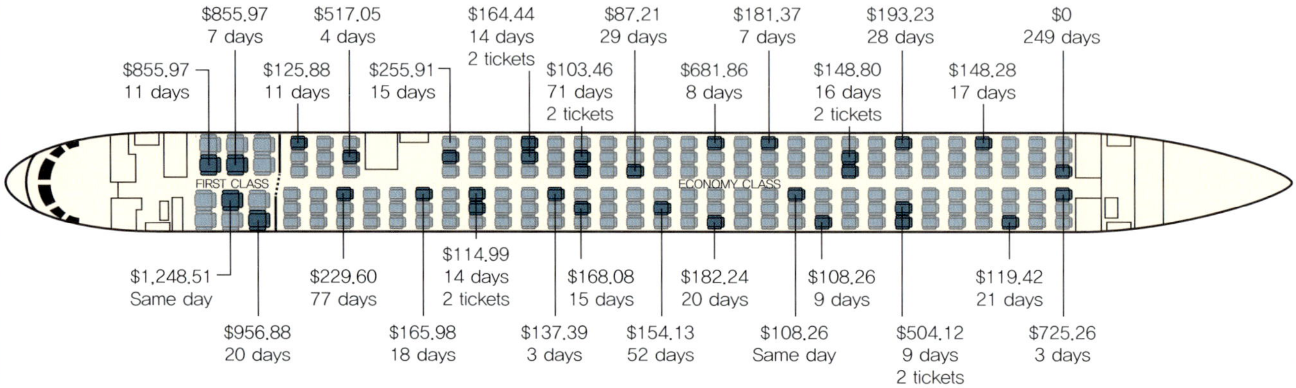

그림 12.2

33명의 승객과 27개의 서로 다른 가격

한 항공편에 가능한 한 많은 좌석을 채우기 위해, 항공사들은 서로 다른 많은 티켓가격을 책정한다. 시카고로부터 로스앤젤레스로 비행하는 United Air Lines 항공편에 탑승했던 33명의 승객들은 무료 티켓을 얻기 위해 마일리지를 사용했던 한 명의 승객을 포함하여 27개의 서로 다른 티켓가격을 지불했다. 이 그림의 첫 번째 수치는 티켓을 사기 위해 지불한 가격이고, 두 번째 수치는 며칠 전에 승객이 티켓을 구매했는지를 나타낸다.

자료: "So, How Much Did You Pay for Your Ticket," by Matthew L. Wald. *The New York Times*, April 12, 1998. Copyright © 1998 by The New York Times Company.

을 가능성은 매우 적게 되었다. [그림 12.2]는 시카고로부터 로스앤젤레스로 비행하는 실제 United Air Lines 항공편을 보여준다. 이 항공편에 탑승했던 33명의 승객들은 무료 티켓을 얻기 위해 마일리지를 사용했던 한 명의 승객을 포함하여 27개의 서로 다른 티켓가격을 지불했다.

Making the Connection

대학들은 수익률관리기법을 어떻게 사용하는가?

전통적으로 대학들은 입학희망 학생들의 소득에 기초해서만 재정지원에 관한 의사결정을 한다. 그러나 최근에 많은 대학들은 서로 다른 학생들에게 제공되는 재정지원을 결정하기 위해 원래 항공사들을 위해 개발되었던 수익률관리기법을 사용하기 시작했다. 대학들은 일반적으로 그들이 하는 일을 나타내기 위해 수익률관리라는 용어보다는 *재정지원공학 financial aid engineering*이나 *학생등록관리 student enrollment management*라는 용어를 사용한다. 그러나 항공사들과 대학들 간에 한 가지 중요한 차이점이 있다. 대학들은 학생 등록금으로부터 받는 수입을 극대화하는 것뿐만 아니라 등록하는 학생들의 학문적 질을 증가시키는데 관심을 가지고 있다. 한 신문이 지적한 것처럼, 많은 대학들은 "학점과 시험 성적으로 그들의 학문적 명성을 높여줄 우수한 학생들을 유

일부 대학들은 재정지원을 결정하기 위해 수익률관리기법을 사용한다

치하기 위해 성적장학금을 제공"한다.

대학이 부과하는 "가격"은 총등록금에서 대학이 학생에게 부과하는 재정지원금을 뺀 것과 같다. 대학들이 수익률관리기법을 사용할 때, 대학들은 가격에 대해 더 민감한 학생들에게 재정지원금액을 증가시키고, 가격에 대해 덜 민감한 학생들에게 재정지원금액을 감소시킨다. Stanford University의 경제학자인 Caroline Hoxby가 지적한 것처럼, "대학들은 자신들이 가려는 대학을 고르는 것이 대학의 재정지원금액에 따라 달라지는 학생들을 발견하려는 노력을 하고 있다." 학생들이 가격에 대해 얼마나 민감한지를 판단하기 위해 대학들이 사용하는 요소들 중 일부에는 그들이 조기 입학허가를 신청했는지, 그들이 캠퍼스 인터뷰에 왔었는지, 그들이 마음에 두고 있는 전공, 그들이 거주하고 있는 주, 그들의 가족이 버는 소득 수준이 포함된다. Carnegie Mellon University의 학생등록관리 담당 부총장인 William F. Elliot는 다음과 같이 권고한다. "만일 재정적 도움이 필요하다면 조기 입학허가를 받기 위해 지원하지 말아야 한다. 왜냐하면 조기 입학을 지원하면 재정지원을 많이 받을 가능성이 줄어들기 때문이다."

많은 학생들과 그들의 부모들은 재정지원금을 배분하는데 수익률관리기법을 사용하는 대학들에 대해 비판적이다. Ivy League에 속한 대학들과 같은 일부 대학들은 학생들의 재정지원 필요성을 모두를 충족시키기에 충분한 기금을 가지고 있기 때문에 수익률관리를 시행하지 않는다. 기금이 충분하지 않은 대학들은 더 낮은 비용으로 우수한 학생들을 충원할 수 있다는 이유로 수익률관리의 시행을 옹호한다.

자료: Paul Sullivan, "College Admission Roulette: Ask for Financial Aid, or Not?" *New York Times*, March 1, 2013; Jacques Steinberg, "Early Signs That College Yields Did Not Change Dramatically," *New York Times*, May 8, 2009; and Jane J. Kim and Anjali Athavaley, "Colleges Seek to Address Affordability," *Wall Street Journal*, May 3, 2007; Albert B. Crenshaw, "Price Wars on Campus: Colleges Use Discounts to Draw Best Mix of Top Students, Paying Customers," Washington Post, October 15, 2002

완전가격차별

만일 한 기업이 모든 소비자들의 지불할 용의가 있는 가격을 알고 있을 뿐만 아니라 낮은 가격에 제품을 산 소비자가 그것을 재판매할 수 없게 할 수 있다면, 이 기업은 모든 소비자에게 다른 가격을 부과할 수 있을 것이다. *제1차 가격차별 first-degree price discrimination*이라고도 부르는 이러한 *완전가격차별 perfect price discrimination*의 경우에 각 소비자는 그가 기꺼이 지불할 용의가 있는 가격과 같은 가격을 지불해야 할 것이고 이에 따라 소비자 잉여를 갖지 못할 것이다. 왜 그런지 이해하기 위해, 소비자 잉여는 소비자가 제품에 대해 기꺼이 지불하고자 하는 최고가격과 소비자가 실제로 지불하는 가격 간의 차이라는 것을 기억하라(제4장 참조). 소비자가 지불하는 가격이 소비자가 기꺼이 지불하고자 하는 최대가격이면, 소비자 잉여는 존재하지 않는다.

[그림 12.3]은 완전가격차별의 효과를 보여준다. 논의를 단순하게 하기 위해 기업은 독점기업이고, 일정한 한계비용과 평균총비용을 가지고 있다고 가정하자. [그림 12.3(a)]는 가격차별을 할 수 없는 독점의 경우를 보여주고 이에 따라 자신의 제품에 대해 하나의 가격만을 부과할 수 있다는 것을 보여준다(제11장 참조). 독점기업은 한계수입이 한계비용과

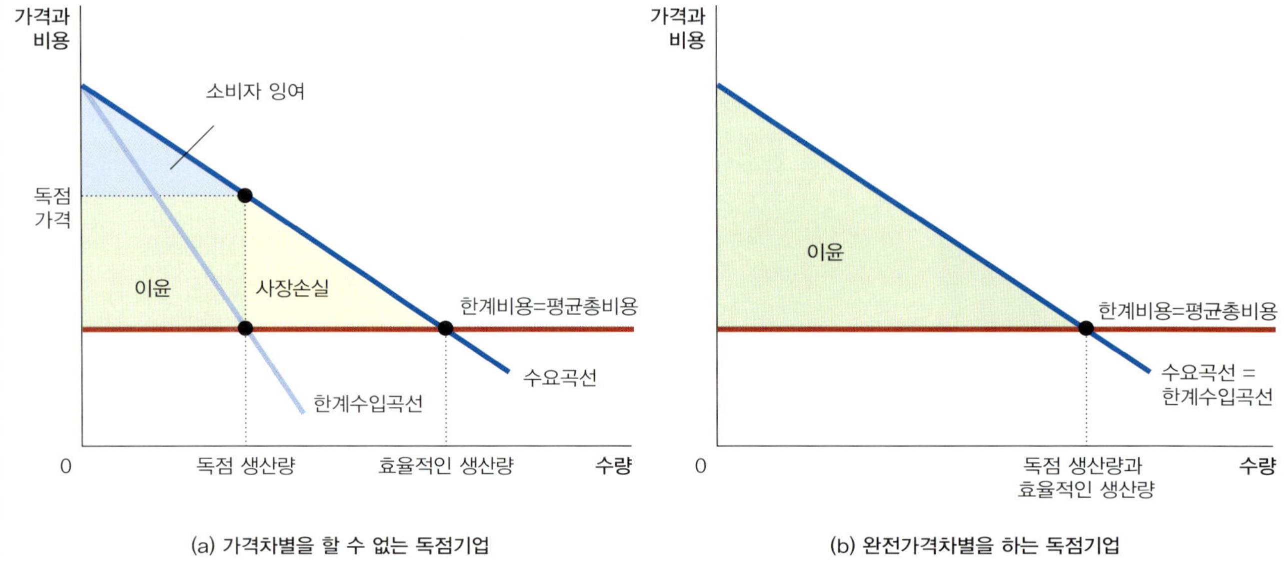

그림 12.3

완전가격차별

그림(a)는 가격차별을 할 수 없는 독점기업의 경우를 보여주고 이에 따라 자신의 제품에 대해 하나의 가격만을 부과할 수 있다는 것을 보여준다. 이 그림은 이윤을 극대화하기 위해 독점기업은 한계수입이 한계비용과 일치하는 생산량 수준을 생산할 것이라는 것을 보여준다. 그 결과로 발생되는 이윤이 초록색 사각형의 면적으로 표시되어 있다. 주어진 독점가격에서 소비자 잉여는 파란색 삼각형의 면적으로 표시되어 있다. 경제적으로 효율적인 생산량 수준은 가격이 한계비용과 일치하는 곳에서 발생된다. 독점기업은 가격이 한계비용보다 높은 곳에서 생산하기 때문에, 노란색 삼각형의 면적과 같은 사장손실이 발생된다. 그림(b)에서 독점기업은 각 소비자에게 다른 가격을 부과함으로써 완전가격차별을 할 수 있다. 그 결과로 그림(a)의 소비자 잉여와 사장손실은 기업의 이윤으로 전환된다.

일치하는 생산량 수준을 생산함으로써 이윤을 극대화한다. 경제적으로 효율적인 생산량 수준은 가격이 한계비용과 일치하는 곳에서 발생되고 이것이 완전경쟁시장의 생산량 수준이다. 독점기업은 가격이 한계비용보다 높은 곳에서 생산하기 때문에 [그림 12.3(a)]에서 삼각형 면적으로 표시되어 있는 사장손실과 같은 경제적 효율성의 손실을 발생시킨다.

[그림 12.3(b)]는 독점기업이 완전가격차별을 하는 경우를 보여준다. 독점기업은 각 소비자에게 그가 기꺼이 지불하고자 하는 최대가격을 부과할 수 있기 때문에 추가적으로 한 단위를 판매하여 얻는 한계수입은 그 단위의 가격과 같다. 따라서 독점기업의 한계수입곡선은 수요곡선과 같게 되고, 독점기업은 계속해서 가격이 한계비용과 일치하는 점까지 생산을 할 것이다. 따라서 역설적인 것처럼 보일 수 있지만, 완전가격차별을 시행할 수 있는 능력 때문에 독점기업은 효율적인 생산량 수준을 생산할 수 있게 된다. 이렇게 함으로써 독점기업은 [그림 12.3(a)]의 소비자 잉여와 사장손실을 이윤으로 전환시킨다. [그림 12.3(a)]와 [그림 12.3(b)]에서 표시된 이윤은 생산자잉여이기도 하다.

[그림 12.3(b)]의 결과는 [그림 12.3(a)]의 결과보다 경제적으로 더 효율적일지라도, 소비자 잉여가 완전히 사라지기 때문에 분명히 소비자들은 더 나빠진다. 기업들은 일반적으

로 각 소비자가 얼마를 기꺼이 지불하고자 하는지를 모르고 이에 따라 각 소비자에게 서로 다른 가격을 부과할 수 없기 때문에 아마도 현실 세계에서 완전가격차별의 경우를 결코 보지 못할 것이다. 하지만, 이러한 극단적인 경우는 가격차별의 다음과 같은 2가지 핵심적인 결과를 이해하는데 도움을 준다.

1. 이윤은 증가한다.

2. 소비자 잉여는 감소한다.

완전가격차별은 경제적 효율성을 증가시킨다. 가격차별이 완전하지 않은 경우에도 이것이 성립할 것이라고 말할 수 있는가? 종종 완전하지 않은 가격차별도 경제적 효율성을 증가시킬 수 있다. 그러나 그렇지 않을 수도 있기 때문에 일반적인 결론을 도출할 수는 없다.

시간별 가격차별

기업들은 종종 시간별 가격차별을 시행할 수 있다. 기업들은 제품이 처음 출시될 때 높은 가격을 부과하고 그 이후에 낮은 가격을 부과하는 방식으로 이러한 가격전략을 사용한다. 일부 소비자들은 새로운 제품을 구매하는 첫 사람이 되기 위해 높은 가격을 지불하는 *얼리어답터 early adapter*들이다. 이러한 양상이 왜 DVD 플레이어, Blu-ray 플레이어, 디지털 카메라, 평판 스크린 플라스마 텔레비전 모두가 처음 출시되었을 때 매우 높은 가격에 판매되었는지를 설명해 준다. 얼리어답터들의 수요가 충족된 후에 기업들은 가격에 대해 보다 더 민감한 고객들을 끌어들이기 위해 가격을 인하한다. 예를 들어, DVD 플레이어의 가격은 출시된 후 5년 내에 95%나 하락했다. 시간이 흐름에 따라 이러한 제품들의 가격 하락의 일부는 기업들이 규모의 경제를 이용하게 되면서 발생하는 비용 감소에 기인한 것이지만 가격하락의 다른 일부는 시간별 가격차별에 기인한 것이다.

출판사들은 일반적으로 이윤을 증가시키기 위해 시간별 가격차별을 사용한다. 소설의 하드커버 판은 훨씬 더 높은 가격을 가지며, 페이퍼백 판이 출판되기 몇 달 전에 출판된다. 예를 들어, John Grisham의 소설인 *The Racketeer*의 하드커버 판은 $28.95의 가격에 2012년 10월에 출판되었다. 이 소설의 페이퍼백 판은 $9.99의 가격에 2013년 8월에 출판되었다. 이러한 가격차이는 하드커버를 가진 책을 출판하는 데 드는 더 높은 비용을 반영하는 것처럼 보일 수 있지만 실제로는 그렇지 않다. 하드커버 판을 추가적으로 1부 더 인쇄하는 한계비용은 약 $1.50이다. 페이퍼백 판을 추가적으로 1부 더 인쇄하는 한계비용은 $1.25로 약간만 적다. 따라서 하드커버 판과 페이퍼백 판 간의 가격차이는 수요의 차이에 의해 주로 설명된다. John Grisham의 가장 열렬한 팬들은 가능한 한 가장 빨리 그의 다음 책을 읽기 원하고 가격에 대해 크게 민감하지 않다. 많은 일반 독자들은 Grisham의 책에 관심을 가지고 있으나 Grisham의 가장 최근의 책 가격이 너무 높으면 다른 책을 읽을 것이다.

[그림 12.4]가 보여주는 것처럼, 한 출판사는 시간별로 시장을 분할하고 덜 탄력적인 분할시장에서 더 높은 가격을 부과하고 더 탄력적인 분할시장에서 더 낮은 가격을 부과함

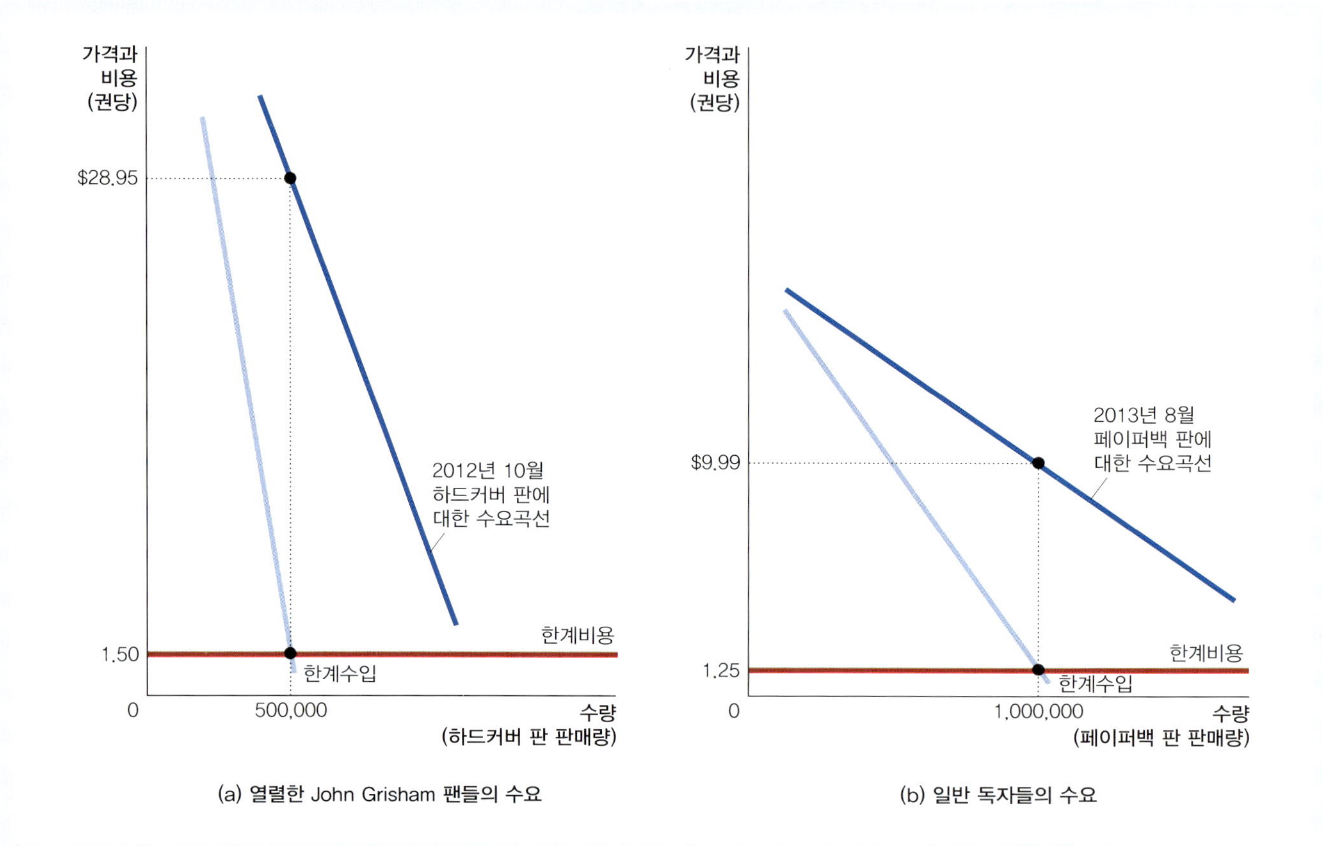

그림 12.4

시간별 가격차별

출판사들은 가장 열렬한 팬들의 수요를 충족시키기 위해 높은 가격에 하드커버 판으로 대부분의 소설을 출판한다. 그 이후에 출판사들은 일반 독자들에게 판매하기 위해 훨씬 더 낮은 가격에 페이퍼백 판을 출판한다. 그림(a)에서 하드커버 판 1부당 한계비용이 $1.50인 경우에 이윤극대화 생산량 수준은 500,000부이고 $28.95의 가격에 판매될 수 있다. 그림(b)에서 일반 독자들이 더 탄력적인 수요를 가지고 있고 한계비용이 약간 더 낮기 때문에 페이퍼백 판의 이윤극대화 생산량 수준은 1,000,000부이고 $9.99의 가격에 판매될 수 있다.

으로써 이윤을 극대화할 것이다(이 예는 [그림 12.1]에서 보여준 영화 티켓에 관한 분석과 유사하다). 만일 이 출판사가 하드커버 판을 생략하고 2012년 10월에 $9.99의 가격에 페이퍼백 판만을 발행했다면, 이 출판사의 수입은 하드커버 판을 샀던 독자의 수와 하드커버 판과 페이퍼백 판 간의 가격차이를 곱한 것, 즉 500,000×($28.95−$9.99)=$9,480,000만큼 감소했을 것이다.

가격차별은 불법인가?

독점을 논의할 때 미국 의회가 경쟁을 촉진시키기 위해 *반독점법 antitrust laws*을 통과시켰다는 것을 살펴보았다. 그 효과가 산업 내 경쟁을 감소시키는 것이라면 가격차별은 불법적인 것이 될 수 있다(제11장 참조). 1936년에 미국 의회는 경쟁을 감소시키는 가격차별을 불법으로 규정한 로빈슨-패트만법 Robinson-Patman Act를 통과시켰다. 또한 이법은 비용의 차이에 근거하지 않는 모든 가격차별을 불법으로 해석할 수 있는 문구를 포함시켰다. 1960년대에 Federal Trade Commission은 Borden사가 2가지 서로 다른 가격으로 동일한 무가당연유를 판매했기 때문에 이 법을 근거로 Borden사를 상대로 소송을 제기했다. Borden 상표를 가진 캔은 높은 가격에 판매되었고 이 회사가 슈퍼마켓들의 브랜드로 재포장하여 슈퍼마켓들에게 판매했던 캔은 훨씬 낮은 가격에 판매되었다. 법원은 이러한 가격차이가 무가당연유 시장의 경쟁을 감소시키기보다는 증가시켰기 때문에 Borden사가 이 법을 위반하지 않았다고 최종적으로 판결했다. 최근에 법원은 로빈슨-패트만법을 협의로 해석하고 기업들이 이 장에서 논의한 유형의 가격차별을 시행할 수 있도록 허용하고 있다.

Making the Connection

인터넷이 당신을 가격차별에 노출시킨다.

당신은 책, 컴퓨터나 항공 티켓의 가장 좋은 가격을 찾기 위해 Google이나 Pricegrabber.com을 사용한 적이 있는가? 인터넷은 당신이 서로 다른 웹사이트들이 제시하는 가격들을 비교하는데 도움을 줄 수 있지만, 또한 일부 판매자들이 가격을 차별하게 할 수 있는 수단이 될 수 있다. 당신이 한 웹사이트를 열면, 이 웹사이트의 서버는 Internet Service Provider(ISP)의 주소에 의해 결정될 수 있는 당신의 위치와 검색 이력을 포함하여 당신에 관한 중요한 정보를 수집할 수 있다. 만일 이 웹사이트가 이미 당신의 이메일 주소를 가지고 있으면, 이 웹사이트는 연령, 인종, 성별, 소득을 포함하여 당신에 관한 사실들을 알기 위해 인터넷 데이터 회사를 사용할 수 있을 것이다.

*Wall Street Journal*의 기자들이 서로 다른 많은 우편 번호 지역에 있는 컴퓨터에서 사무용품 공급업체인 Staples의 웹사이트에 로그인하여 한 가지 실험을 수행했다. 그들은 Staples의 웹사이트가 이 사이트에 로그인한 사람의 우편 번호에 기초하여 몇 가지 품목들에 대해 서로 다른 가격을 제시한다는 것을 발견했다. 예를 들어, 일부 사람들은 스테이플러의 가격이 $15.79라는 것을 보았고 다른 사람들은 그 가격이 $14.29라는 것을 보았다. 이와 유사하게 일부 사람들은 12개 Bic roller 볼펜 팩의 가격이 $28.49라는 것을 보았고 다른 사람들은 그 가격이 $25.99라는 것을 보았다. 이 장의 분석에 의하면 Staples가 수집한 정보를 사용하여 자신의 웹사이트에서 쇼핑하는 사람들의 수요에 대한 가격탄력성을 추정하려 한다는 것을 알 수 있다. Staples가 낮은 가격탄력성을 가지고 있다고 믿는 사람들은 높은 제품가격을 볼 것이고, Staples가 높은 가격탄력성을 가지고 있다고 믿는 사람들은 낮은 제품가격을 볼 것이다. Staples의 경영자들이 그들의 가격전략을 설명하기를 거절했기 때문에 이 실험에 참여한 기자들은 우편 번호의 특성에 대한 통계분석을 수행했다. 가장 중요한 특성은 우편 번호가 Staples의 주요 경쟁업체들인 OffcieMax나 Office Depot 점포가 20마일 이내에 있느냐로 판명되었다. 경쟁업체의 점포가 가까이 있는 우편 번호에 사는 사람들은 낮은 가격을 볼 가능성이 크고, 경쟁업체의 점포로부터 멀리 떨어져 있는 우편 번호에 사는 사람들은 높은 가격을 볼 가능성이 컸다.

Staples 이외의 많은 기업들도 이러한 가격전략을 사용한다. 이러한 가격전략이 이윤을 증가시키는 효과적인 방법인가? Staples는 잠재적 구매자들에 관한 제한된 정보만을 수집할 수 있었기 때문에 효과적으로 가격차별을 할 수 없었다. 예를 들어, *Wall Street Journal*의 기자들은 더 낮은 소득을 가지고 있는 사람들이 가격에 대해 더 민감하다고 생각할 수 있을지라도 높은 가격이 부과된 스테이플러를 보게 되는 우편 번호들은 낮은 가격이 부과되는 스테이플러를 보게 되는 우편 번호들보다 더 낮은 평균 소득을 가지고 있다는 것을 발견했다. 보다 일반적으로 말하면, 가격을 차별하기 위해 개인정보를 사용하는 웹사이트들은 소비자들을 당황케 만들 수 있는 위험을 가지고 있다. 예를 들어,

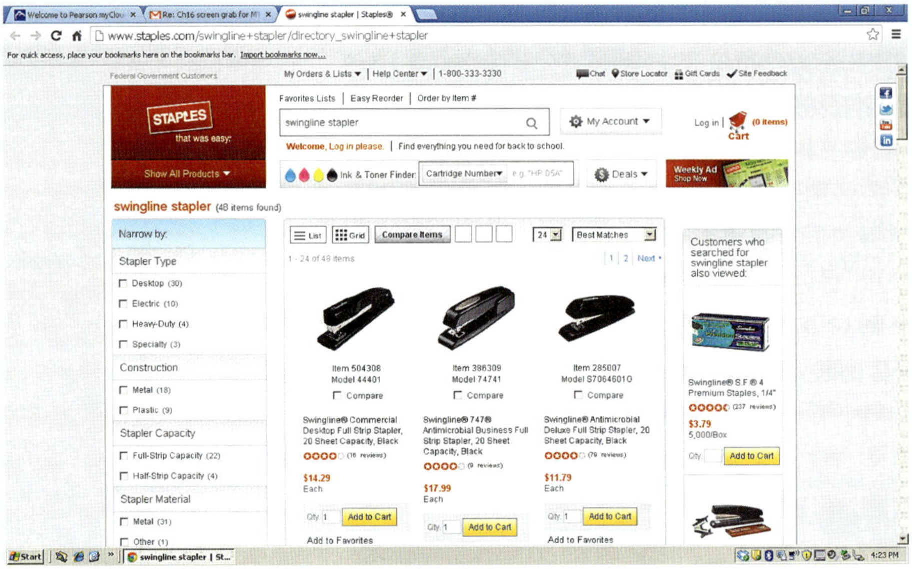

스테이플러 가격이 고객의 우편 번호에 따라 변화한다.

Staples의 이러한 가격전략을 들었을 때, Staples의 웹사이트를 사용했던 한 사람은 "그들이 이러한 가격전략을 가지고 어떻게 잘 해낼 수 있을까?"라고 물었다. 짧은 기간 동안, Amazon은 쇼핑객의 구매 이력에 따라 자신의 웹사이트에 있는 가격을 변화시켰다. 한 고객이 처음으로 Amazon의 웹사이트에 로그인했을 때 DVD의 가격이 $26.24라는 것을 보았다. 그의 브라우저에서 "쿠키 cookies"(인터넷 사용자가 네트워크나 인터넷을 사용할 때마다 중앙 서버에 보내는 정보 파일)를 삭제시킨 후에 그가 Amazon 서버에 새로운 고객으로 나타나면 DVD의 가격은 $22.74로 낮아졌다. 이러한 가격전략에 대한 광범위한 불만 때문에 Amazon은 이러한 가격전략을 신속하게 포기했다.

웹사이트들은 쇼핑객들에 관한 정보를 수집하는데 더 정교해지게 됨에 따라 가격을 차별할 수 있는 더 큰 능력을 가지게 될 것이다. 소비자들의 부정적인 반응이 웹사이트들이 이러한 가격전략을 피하게 만들 것인지는 두고 볼 일이다.

자료: Jennifer Valentino-Devries, Jeremy Singer-Vine, and Ashkan Soltani, "Websites Vary Prices, Deals Based on Users' Information," *Wall Street Journal*, December 24, 2012; Jennifer Valentino-Devries and Jeremy Singer-Vine, "They Know What You're Shopping For," *Wall Street Journal*, December 7, 2012; and Anita Ramasastry, "Web Sites Change Prices Based on Customers' Habits," www.cnn.com, June 24, 2005.

12.3. 기타 가격전략

가격차별에 더하여 기업들은 제품의 특성, 시장의 경쟁 수준, 고객의 특성에 따라 많은 기타 가격전략을 사용한다. 이 절에서는 3가지의 중요한 가격전략, 즉 홀수가격 책정, 원가가산가격 책정, 두 단계 가격을 살펴본다.

홀수가격 책정: 왜 가격이 $3.00 대신 $2.99인가?

많은 기업들은 예를 들어 $5.00 대신 $4.95나 $200 대신 $199의 가격을 부과하는 *홀수가격 책정 odd pricing*을 사용한다. 서베이(survey)들은 슈퍼마켓에서 판매되는 제품들의 80~90%는 "0" 대신에 "9"나 "5"로 끝나는 가격을 가진다는 것을 보여준다. 홀수가격 책정은 오랜 역사를 가지고 있다. 19세기 초에 미국에서 대부분의 재화는 잡화점에서 판매되었고 고정된 가격을 갖고 있지 않았다. 그 대신, 오늘날 신차 가격이 딜러의 자동차 전시장에서 흥정에 의해 결정되는 것처럼, 가격은 종종 흥정에 의해 결정되었다. 19세기 후반에 대부분의 제품이 고정된 가격으로 판매되기 시작했고 홀수가격 책정이 인기를 끌게 되었다.

홀수가격 책정의 기원에 대해서는 서로 다른 설명들이 존재한다. 한 가지 설명은 영국으로부터 수입된 재화가 품질이 좋다는 평판을 가지고 있었기 때문에 홀수가격 책정이 시작되었다는 것이다. 영국 통화인 파운드로 표시된 영국산 재화의 가격이 미국달러로 전환될 때, 그 결과로 나타난 것이 홀수가격이었다. 고객들이 홀수가격을 품질이 좋은 재화와 연결시켰기 때문에 국내산 재화의 판매자들도 홀수가격을 부과했다. 다른 하나의 설명은 홀수가격 책정은 종업원의 절도를 막기 위해 시작되었다는 것이다. 홀수가격은 종업원이 고객에게 잔돈을 주도록 만들었고 이것이 판매를 기록하지 않고 종업원이 고객의 돈을 호주머니에 집어넣을 가능성을 감소시켰다.

홀수가격 책정의 기원이 무엇이든지 간에 왜 기업은 오늘날에도 홀수가격 책정을 사용하는가? 가장 분명한 대답은 말하자면 $9.99와 같은 홀수가격은 $10.00보다 1페니 더 싸다는 것 이상의 상당한 의미를 가진 것처럼 보인다는 것이다. 그러나 고객들이 정말로 이러한 착시현상을 가지는가? 이것을 규명하기 위해 3명의 시장연구자들이 한 연구를 수행했다. 수요곡선이 통계적으로 추정될 수 있다는 것은 이미 살펴보았다(제3장 참조). 고객들이 $9.99가 $10.00보다 상당히 더 싸다는 착시현상을 가지고 있다면, 그들은 $9.99과 여타 홀수가격들에서 추정된 수요곡선이 예측하는 양보다 더 많은 양의 재화를 수요할 것이다. 연구자들은 일련의 가격들에서 치즈 한 덩어리로부터 전자 믹서에 이르는 서로 다른 6가지 제품을 기꺼이 구매하고자 하는 소비자들의 용의를 조사했다. 10가지의 가격들은 99센트나 95센트와 같이 홀수 센트 가격이거나 $95나 $99와 같이 홀수 달러 가격이었다. 이러한 10개의 홀수가격 중 9개 가격은 추정된 수요곡선이 예측하는 양보다 더 많은 수요량을 가지는 홀수가격 효과를 발생시켰다. 이 연구는 실제 구매 행위에 대한 관측이라기보다는 서베이에 의존하고 있는데다 소수의 제품들만 사용했기 때문에 단정적인 것은 아니나 홀수가격을 사용하는 것이 경제적으로 의미가 있다는 약간의 증거를 제시한다.

1990년대에 수행되었던 다른 연구는 여성의류에 대한 메일 주문 카탈로그를 사용했다. 의류회사의 도움으로 일부 여성들은 달러 가격을 가지고 있는 카탈로그를 받았고 다른 여성들은 99센트로 끝나는 가격을 가지고 있는 카탈로그를 받았다. 99센트로 끝나는 가격을 가지고 있는 카탈로그를 받은 여성들이 달러 가격을 가지고 있는 카탈로그를 받은 여성들보다 8% 더 많이 구매했다.

많은 기업들은 사람들이 경제적으로 합리적이지 않게 보이는 선택을 하는 상황에 대해 연구하는 *행동경제학 behavioral economics*의 분석결과에 의존하는 판매전략을 사용하기 시작했다(제6장 참조). 홀수가격 책정은 행동경제학의 분석결과와 일치하는 오래된 가격전략이다.

왜 McDonald's와 여타 기업들은 원가가산가격 책정을 사용하는가?

많은 기업들은 평균총비용에 일정한 비율의 이윤을 추가하는 *원가가산가격 책정 cost-*

*plus pricing*을 사용한다. 이러한 가격전략을 사용하기 위해 기업은 먼저 통상적으로 기업의 예상 매출과 일치하는 특정한 생산수준에서 평균총비용을 계산한다. 기업은 그 다음으로 추정된 평균총비용에 일정한 비율, 말하자면 30%의 이윤을 적용하여 가격을 결정한다. 예를 들어, 평균총비용이 $100이고 일정한 비율의 이윤이 30%이면, 가격은 $130이 될 것이다. 다수의 제품을 판매하는 기업은 특정한 제품에 할당할 수 없는 비용을 포함하는 모든 비용을 충분히 감당하기 위해 이러한 방식으로 이윤을 책정한다. 대부분의 기업들은 한 가지 특정한 제품에 할당하기 어려운 비용을 가지고 있다. 예를 들어, McDonald's의 회계와 금융부서에서 근무하는 종업원들이 수행하는 일에 드는 비용은 McDonald's의 모든 제품에 적용되는 것이어서 Big Mac이나 Happy Meal과 같은 제품에만 할당될 수 없다.

Making the Connection

출판사의 원가가산가격 책정

출판사들은 편집, 디자인, 마케팅, 책의 창고보관을 위해 상당한 비용을 지불한다. 이러한 비용은 특정한 책에 직접적으로 할당되기 어렵다. 대부분의 출판사들은 일반적으로 편집비용과 제작비용으로 구분되는 생산비용에 이윤을 추가하여 책의 가격을 결정한다. 편집비용에는 원고 편집, 인쇄를 위한 그래픽이나 미술작업의 비용이 포함된다. 제작비용에는 인쇄, 종이, 제본의 비용이 포함된다.

Adam Smith의 가상적인 신간인 *How to Succeed at Economics without Really Trying*의 예를 생각해 보자. 이 책은 250페이지를 가지고 있고, 출판사는 5,000부가 판매될 것으로 예상하며 편집과 제작 비용은 아래의 표와 같다고 가정하자.

편집 비용		
	원고 편집	$3,500
	기타 편집 비용	2,000
제작비용		
	인쇄	$5,750
	종이	6,250
	제본	5,000
총생산비용		
		$22,500

총생산비용이 $22,500이고 생산부수가 5,000부이므로 단위생산비용은 $22,500/5,000=$4.50이다. 많은 출판사들은 단위생산비용에 7이나 8을 곱하여 서점에서 고객들에게 부과할 소매가격을 결정한다. 이 경우에 단위생산비용에 7을 곱하면 책의 가격은 $31.50이 된다. 이윤이 매우 높은 것처럼 보이나 출판사들은 일반적으로 서점에서 40%를 할인하여 책을 판매한다. 고객은 물론 $31.50이나 이보다 낮은 가격에 책을 서점에서 구매하지만, 고객이 소매가격을 40% 할인하는 서점으로부터 책을 사면 출판사는 단지 $18.90만 받는다. 서점으로부터 받는 $18.90과 생산비용인 $4.50 간의 차이가 편집, 마케팅, 보관, 저자에 대한 로열티 지불에 따른 비용, 출판사 소유주들에 의한 투자에 따른 기회비용을 포함하는 모든 비용, 출판사 소유주들이 받는 경제적 이윤을 합한 것과 같다.

자료: Beth Luey, *Handbook for Academic Authors*, 5th ed., New York: Cambridge University Press, 2010.

기업은 한계수입과 한계비용이 일치하는 양을 생산하고 소비자들이 이러한 생산량을 구매하게 하는 가격을 부과함으로써 이윤을 극대화한다. 원가가산가격이 마지막 단위를 판매하여 버는 한계수입을 마지막 단위의 한계비용과 일치시키는 가격이 아니라면 원가가산가격 책정은 이윤을 극대화시키지 못한다. 경제학자들은 원가가산가격 책정에 대해 2가지 견해를 가지고 있다. 한 가지 견해는 원가가산가격 책정은 기업이 피해야 할 실수라는 것이다. 다른 견해는 원가가산가격 책정은 한계수입이나 한계비용을 계산하기가 어려울 때 가격을 이윤극대화 가격에 가깝게 책정하게 하는 좋은 방법이라는 것이다.

중소기업들은 종종 단순히 사용하기 쉽기 때문에 원가가산가격 책정을 좋아한다. 불행하게도 이러한 기업들은 기계적으로 원가가산가격 책정 룰을 적용하는 함정에 빠질 수 있고 이에 따라 이윤을 극대화시키지 못하는 가격을 부과하게 될 수 있다. 원가가산가격 책정의 가장 명백한 문제점은 수요를 무시하고 한계비용보다 평균총비용에 초점을 맞추고 있다는 점이다. 현재의 생산수준에서 기업의 한계비용이 자신의 평균총비용과 상당히 다르면, 원가가산가격 책정은 이윤을 극대화시키지 못할 수 있다.

이러한 문제점에도 불구하고, 원가가산가격 책정이 이윤을 극대화시키지 못하는 경우에 더 좋은 가격 책정방법을 고안할 수 있는 지식과 자원을 가지고 있는 일부 대기업들도 원가가산가격 책정을 사용한다. 경제학자들은 원가가산가격 책정을 사용하는 것이 다음과 같은 2가지 상황에서 최적가격을 결정하는 가장 좋은 방법일 수 있다고 결론내리고 있다.

1. 한계비용과 평균총비용이 대체로 일치할 때

2. 기업이 수요곡선을 추정하는데 어려움을 가지고 있을 때

실제로 원가가산가격 책정을 사용하는 대부분의 대기업들은 평균총비용의 추정치에 이윤을 기계적으로 추가하지 않는다. 그 대신에 그들은 현재 수요에 대한 최선의 추정치를 반영하기 위해 이러한 이윤을 조정한다. 대기업은 현재의 산업 경쟁상태와 경제상황에 기초하여 가격을 조정하는 가격정책위원회를 가지고 있을 가능성이 있다. 경제가 약한 상태에서 경쟁이 심하면, 가격정책위원회는 원가가산가격보다 상당히 낮은 가격을 책정하기로 결정할 수 있다.

일반적으로 수요를 고려하는 기업은 보다 더 가격탄력적인 제품들에 대해 더 낮은 이윤을 부과하고, 덜 가격탄력적인 제품들에 대해 더 높은 이윤을 부과한다. 원가가산가격 책정이 광범위하게 사용되는 슈퍼마켓은 소프트드링크와 아침 시리얼과 같은 보다 더 탄력적인 수요를 가지고 있는 제품들에 대해 5~10%의 이윤을 가지고 있고 신선한 과일과 야채와 같은 덜 탄력적인 수요를 가지고 있는 제품들에 대해 50% 정도의 이윤을 가지고 있다.

왜 일부 기업들은 두 단계 가격을 사용하는가?

일부 기업들은 소비자에게 제품을 구매할 권리를 확보하기 위한 가입비와 추가적으로 제품을 구매하는 비용을 지불할 것을 요구한다. 예를 들어, 많은 골프와 테니스 클럽들은 회원에게 연간 멤버십을 구매하고 추가적으로 골프 코스나 테니스 코트를 사용하는 비용

두 단계 가격 two-part tariff
소비자가 재화를 구매할 수 있는 권리를 확보하기 위해 먼저 가격을 지불하게 하고, 두 번째 단계로 소비자가 재화를 구입할 때 그 재화에 대해 가격을 지불하게 하는 가격책정전략.

을 지불할 것을 요구한다. Sam's Club은 소비자에게 자신의 점포에서 쇼핑하기 전에 멤버십 비용을 지불할 것을 요구한다. 셀 폰 회사들은 종종 월간 비용을 부과하고 일정한 분수를 사용한 후에 추가적으로 분당 요금을 부과한다. 경제학자들은 이러한 가격전략을 **두 단계 가격 two-part tariff**이라고 부른다.

Walt Disney Company는 소비자에게 Walt Disney World나 Disneyland에 입장하기 위한 가격과 놀이공원 내에 있는 놀이기구를 사용하는 가격을 부과하는 두 단계 가격을 사용할 수 있는 상황을 가지고 있다. 이 장의 시작부분에서 언급한 것처럼 이전에는 Disneyland에 입장하기 위한 가격은 낮았으나 Disneyland 안에 있는 놀이기구들을 사용하기 위한 티켓을 구매해야만 했다. 오늘날 당신은 Disneyland나 Disney World에 입장하기 위해 높은 가격을 지불해야 하나 일단 놀이공원에 입장하면 무료로 놀이기구들을 사용할 수 있다. [그림 12.5]는 어떤 가격전략이 Disney에게 더 많은 이윤을 발생시키는지 이해하는데 도움을 준다. 그림에 있는 수치들은 계산을 쉽게 하기 위해 단순화시킨 것이다.

방문자들이 놀이공원 안에 있으면, Disney는 독점기업의 위치에 있게 된다. 즉 Disney

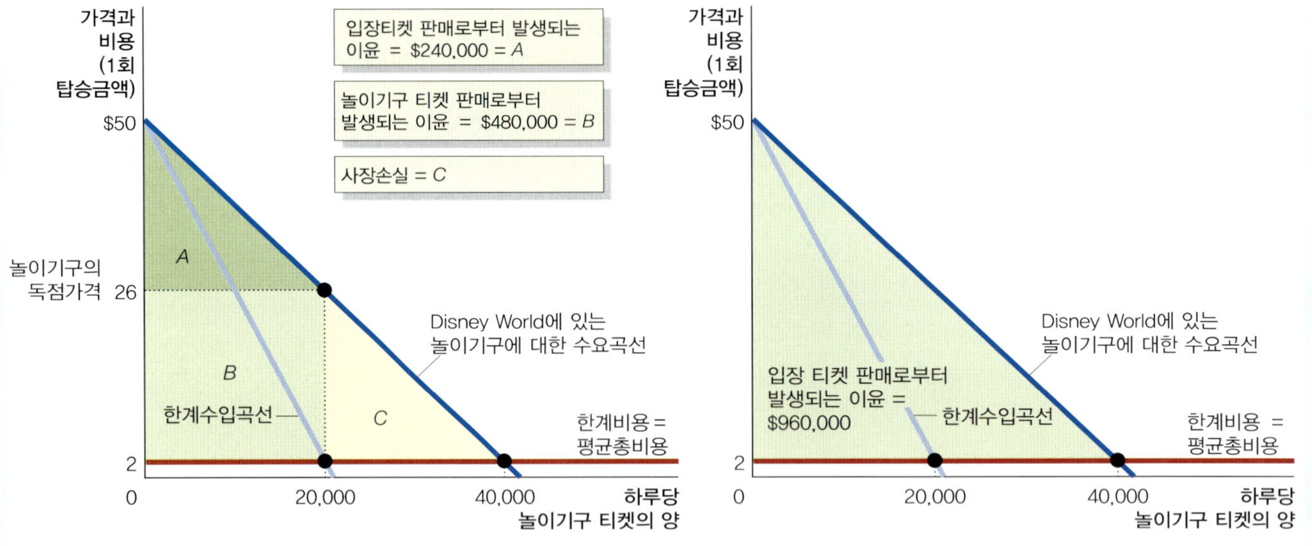

그림 12.5

Disney World의 두 단계 가격

그림(a)에서 Disney는 놀이기구 티켓에 대해 $26의 독점가격을 부과하고 20,000장의 놀이기구 티켓을 판매한다. 놀이기구 티켓의 판매로부터 발생되는 이윤은 사각형 *B*의 면적, 즉 $480,000로 표시되어 있다. Disney가 모든 소비자가 기꺼이 지불할 용의가 있는 가격을 아는 상황에 있다면, Disney는 입장티켓에 지불되는 총금액이 놀이기구 티켓 판매로부터 발생되는 총소비자잉여와 같아지도록 하는 입장티켓의 가격을 부과할 수 있다. 놀이기구 티켓 판매로부터 발생되는 총소비자잉여는 삼각형 *A*의 면적, 즉 $240,000와 같다. 따라서 독점가격을 부과할 때, Disney의 총이윤은 $480,000 + $240,000 = $720,000이 된다. 그림(b)에서 Disney가 놀이기구 티켓에 대해 $2의 완전경쟁가격을 부과하고 그 결과로 하루에 40,000장의 놀이기구 티켓을 판매한다. 이렇게 놀이기구 티켓가격이 더 낮은 상황에서 Disney는 놀이공원을 운영하는 데서 발생되는 총이윤을 초록색으로 표시된 삼각형의 면적, 즉 $960,000로 증가시킬 수 있는 더 높은 입장티켓 가격을 부과할 수 있다.

World 안에 있는 놀이기구를 운영하는 다른 기업이 존재하지 않는다. 따라서 [그림 12.5(a)]는 Disney World에 있는 놀이기구 시장을 나타낸다. 이 그림은 표준적인 독점기업의 그림과 유사하다(제11장 참조). (추가적으로 놀이기구를 한 번 더 타는 것에 대한 한계비용은 매우 낮다는 점에 주목하라. 한계비용은 $2로 일정하고 평균총비용과 같다고 가정하자). Disney는 한계수입을 한계비용과 일치시킴으로써 이윤을 극대화시키는 놀이기구 티켓의 양을 결정할 수 있는 것처럼 보이나 이것이 틀린 것이라는 것이 곧 드러날 것이다. 이 경우에 놀이기구를 한 번 타는 가격이 $26이고 하루에 판매되는 놀이기구 티켓의 양은 20,000장이 될 것이다. 이러한 놀이기구 티켓의 양을 판매하는 데로부터 발생되는 Disney의 이윤이 사각형 B의 면적으로 표시되어 있다. 이 면적은 $26의 가격과 $2의 총평균비용 간의 차이와 판매되는 20,000장의 놀이기구 티켓 양을 곱한 것, 즉 ($26 − $2) × 20,000 = $480,000과 같다. 또한 Disney는 놀이공원으로 들어가기 위한 입장티켓을 판매하는 것으로부터 발생되는 두 번째 이윤의 출처를 가지고 있다. 놀이기구 티켓가격이 $26일 때, Disney는 입장티켓에 얼마의 가격을 부과할 수 있는가?

논의를 단순하게 하기 위해 다음과 같이 가정하도록 하자. 사람들이 Disney World에 입장하기 원하는 유일한 이유는 놀이공원 안에 있는 놀이기구를 타려는 것이고, 모든 소비자들은 동일한 놀이기구에 대한 개인수요곡선을 가지고 있으며 Disney는 이러한 수요곡선을 알고 있다. 마지막 가정 하에서 Disney는 완전가격차별을 시행할 수 있다. 보다 더 현실적인 가정은 분석 결과를 약간 다르게 만들 수 있으나 Disney가 이윤을 증가시키기 위해 두 단계 가격을 어떻게 사용할 수 있는지에 대한 내용에는 영향을 미치지 않을 것이다. 이러한 가정들 하에서 소비자들이 놀이공원에 입장하기 위해 기꺼이 지불하고자 하는 최대 총금액을 계산하기 위해 소비자잉여의 개념을 사용할 수 있다. [그림 12.5(a)]의 삼각형 A로 나타낸 것처럼, 소비자잉여는 수요곡선의 아래와 가격선의 위에 있는 면적과 같다는 것을 기억하라. 소비자들은 놀이공원에 입장하기 위해 놀이기구를 사용하는 것으로부터 얻는 소비자잉여보다 기꺼이 더 많이 지불하지 않을 것이다. [그림 12.5(a)]에서 Disney가 놀이기구 티켓에 대해 $26의 가격을 부과할 때 발생되는 총소비자잉여는 $240,000이다(이 수치는 삼각형 면적을 계산하는 공식이 ½×밑변×높이, 즉 ½ × 20,000 × $24라는 것을 기억하면 쉽게 계산된다). Disney는 소비자들이 지출하는 총금액이 $240,000이 되도록 입장티켓의 가격을 책정할 수 있다. 달리 말해, Disney는 놀이기구를 사용하는 것으로부터 발생되는 소비자잉여 전체를 확보할 수 있도록 입장티켓의 가격을 책정할 수 있다. 따라서 Disney World로부터 얻는 Disney의 총이윤은 하루에 입장티켓의 판매로부터 얻는 $240,000과 놀이기구 티켓의 판매로부터 얻는 $480,000을 합한 $720,000이 될 것이다.

이 금액이 Disney가 입장티켓과 놀이기구 티켓의 판매로부터 벌 수 있는 최대이윤인가? 그 대답은 "아니다" 이다. 왜 그런지 이해하기 위한 열쇠는 *Disney가 놀이기구 티켓에 대해 더 낮은 가격을 부과할수록 입장티켓에 대해 더 높은 가격을 부과할 수 있다*는 것을 아는 것이다. 놀이기구 티켓에 더 낮은 가격을 부과하는 것은 놀이기구를 사용하는데서 발생되는 소비자잉여를 증가시키고 그 결과로 소비자들이 입장티켓에 대해 기꺼이 지불할 용의가 있는 가격을 증가시킨다. [그림 12.5(b)]에서 Disney가 완전경쟁시장에서처럼 행동

표 12.2 서로 다른 가격전략으로부터 발생되는 Disney의 이윤

	놀이기구 티켓에 대한 독점가격 책정	놀이기구 티켓에 대한 경쟁가격 책정
입장티켓 판매로 발생되는 이윤	$240,000	$960,000
놀이기구 티켓 판매로 발생되는 이윤	480,000	0
총이윤	720,000	960,000

하고 $2의 한계비용과 일치하는 놀이기구 티켓가격을 부과한다고 가정하자. 이러한 놀이기구 티켓가격을 부과하는 것은 소비자잉여를 증가시키고 Disney가 입장티켓에 대해 부과할 수 있는 최대 총금액을 $240,000에서 $960,000으로 증가시킨다(다시 한 번, 삼각형의 면적을 계산하는 공식을 사용하면 [그림 12.5(b)]의 초록색으로 표시된 삼각형 면적은 ½ × 40,000 × $48 = $960,000가 된다). Disney가 평균총비용과 일치하는 놀이기구 티켓가격을 부과하기 때문에 놀이기구 티켓의 판매로부터 얻는 Disney의 이윤은 0이 되나 *Disney가 하루에 Disney World로부터 버는 총이윤은 $720,000에서 $960,000으로 증가한다.* [표 12.2]는 이러한 결과를 정리한 것이다.

Disney가 놀이기구 티켓에 대해 한계비용과 일치하는 가격을 부과하는데서 발생되는 이윤증가의 원천은 무엇인가? Disney는 독점가격을 부과할 때 발생되는 사장손실, 즉 [그림 12.5(a)]의 삼각형 *C* 면적을 소비자잉여로 전환시킬 수 있다. 이어서 Disney는 입장티켓 가격을 상승시킴으로써 이러한 소비자잉여를 이윤으로 전환시킬 수 있다.

최적의 두 단계 가격을 사용하는 기업에게 발생되는 결과에 대해 다음과 같은 사실을 주목하는 것이 중요하다.

1. 가격이 한계비용과 일치하기 때문에 그 결과는 경제적으로 효율적이다.

2. 모든 소비자잉여는 이윤으로 전환된다.

실제로 Disney는 완전가격차별을 시행하고 있다는 점에 주목하라. 완전가격차별에 대한 논의에서 지적한 것처럼, Disney의 두 단계가격 사용은 소비자들이 구매할 수 있는 제품의 양, 즉 Disney World의 놀이기구 티켓 판매량을 증가시켰으나 소비자잉여를 제거시켰다. 역설적으로 보일 수 있지만, 놀이기구 티켓에 대해 독점가격이 부과될 때 소비자잉여는 실제로 더 컸다. 이러한 역설이 발생하는 것은 Disney가 두 단계 가격을 채택할 때 소비자들이 놀이기구 티켓에 대해 더 낮은 가격을 지불하지만 Disney World에 입장하기 위해 지불하는 총금액은 증가하기 때문이다.

Disney는 실제로 놀이공원의 입장티켓에 높은 가격을 부과하고 놀이기구 티켓에 매우 낮은 가격, 즉 0에 가까운 가격을 부과하는 이윤극대화 전략을 채택하고 있다. Disney는 놀이기구 티켓가격을 0이 아닌 한계비용으로 인상시킴으로써 이윤을 증가시킬 수 있을 것으로 보인다. 그러나 한계비용이 매우 낮기 때문에 놀이기구 티켓을 인쇄하여 판매하고 한

번 놀이기구를 탈 때마다 티켓을 받기 위해 근로자들을 추가적으로 고용하는데서 발생되는 비용을 지불할 가치는 없을 것이다. 한편, (1) 소비자들의 수요곡선들이 모두 동일하지 않고 (2) Disney가 이러한 수요곡선들을 정확하게 알지 못하기 때문에 실제로 Disney가 소비자들의 모든 소비자잉여를 이윤으로 전환시킬 수는 없을 것이다.

결론

완전경쟁시장에 있는 기업들은 제품을 시장가격으로 판매해야 한다. 대부분의 기업들에게는 완전경쟁시장이 아닌 시장에 있는 가격책정전략은 이윤을 극대화시키기 위해 사용될 수 있는 중요한 전략이다. 예를 들어, 이 장에서 살펴본 것처럼, 기업이 소비자들이 기꺼이 지불할 용의가 있는 가격에 기초하여 소비자들을 성공적으로 분할할 수 있으면 서로 다른 소비자그룹에 대하여 서로 다른 가격을 부과함으로써 자신의 이윤을 증가시킬 수 있다.

주요용어

가격차별 price discrimination
거래비용 transaction costs
두 단계 가격 two-part tariff
수익률관리 yield management

연습문제

* 복습질문

1. 일물일가의 법칙은 무엇인가? 차익거래는 무엇인가?
2. 한 제품은 모든 곳에서 동일한 가격으로 판매되어야 하는가? 간략히 설명하라.
3. 가격차별은 무엇인가? 기업은 어떤 상황하에서 가격차별을 성공적으로 시행할 수 있는가?
4. 2013년에 락 앤 롤 명예의 전당과 박물관은 성인입장료로 $22를 부과했다. 노인(65세 이상)과 군인에게는 $17이 부과되었고 9세와 12세 사이의 아동에게는 $13이 부과되었다. 입장료를 사용하여 수요의 가격탄력성이 가장 큰 것으로부터 가장 낮은 순서로 이러한 그룹들의 순위를 정하라.
5. 수익률관리는 무엇인가? 기업이 이윤을 증가시키기 위해 수익률관리를 사용하는 한 가지 예를 제시하라.
6. 완전가격차별은 무엇인가? 완전가격차별이 가능할 수 있는가? 완전가격차별은 경제적으로 효율적인가? 간략히 설명하라.
7. 시간별 가격차별을 시행하는 것이 가능한가? 간략히 설명하라.
8. 홀수가격 책정은 무엇인가?
9. 원가가산가격 책정은 무엇인가? 원가가산가격 책정으로 기업이 이윤을 극대화할 수 있는가?
10. 기업이 가격전략의 일환으로 두 단계 가격을 사용하는 한 가지 예를 제시하라.

* 문제와 응용

1. 한 신문 기사가 New York 소비자들이 뉴욕 주의 8.375% 판매세를 피하기 위해 New Jersey에서 쇼핑하는 것에 대해 다음과 같이 설명하고 있다.

   > 오랜 기간 동안 New York 시의 쇼핑객들은 의류와 신발에 세금을 부과하지 않는 북부 New Jersey지역에 있는 많은 쇼핑몰로 가서 소매 차익거래를 하였다.

   이 신문기사는 차익거래라는 용어를 이 장에서 사용한 것과 동일하게 사용하고 있는가? 간략히 설명하라.
2. 아래의 표는 4개의 웹사이트가 영화 *X-Men: First Class* Blu-ray disc에 부과했던 실제 가격을 제시하고 있다.

Amazon	$24.99
Wal-Mart	24.96
OrlandBricks	21.58
ranch_records	17.75

   소비자들이 판매자의 순위를 평가할 수 있는 Google의 가격비교 웹사이트 상에서 Amazon은 6,233명이 1순위로 평가했고 Wal-Mart는 835명이 1순위로 평가했으며 ranch_records는 153명이 1순위로 평가했고 OrlandBricks는 어느 누구도 1순위로 평가하지 않았다. 이 표의 정보가 일물일가의 법칙과 모순되는지 간략히 설명하라.
3. 캘리포니아 주는 많은 사과나무를 가지고 있고 거기서 사과의 가격은 낮다. Nevada주는 사과나무를 가지고 있지 않고 거기서 사과의 가격은 높다. Abner가 가격이 낮은 캘리포니아 사과를 사서 Nevada주로 운송하고 거기서 높은 가격으로 사과를 재판매한다. Abner는 이렇게 하여 Nevada 소비자들을 착취하고 있는 것인가? Abner는 장기적으로 경제적 이윤을 벌 수 있는가? 간략히 설명하라.
4. 아래의 그림을 사용해서 다음의 질문에 답하라.
   a. 이 기업이 이윤을 극대화하기 원하면 Market 1에서 어떤 가격을 부과하고 얼마만큼 판매하는가?
   b. 이 기업이 이윤을 극대화하기 원하면 Market 2에서 어떤 가격을 부과하고 얼마만큼 판매하는가?

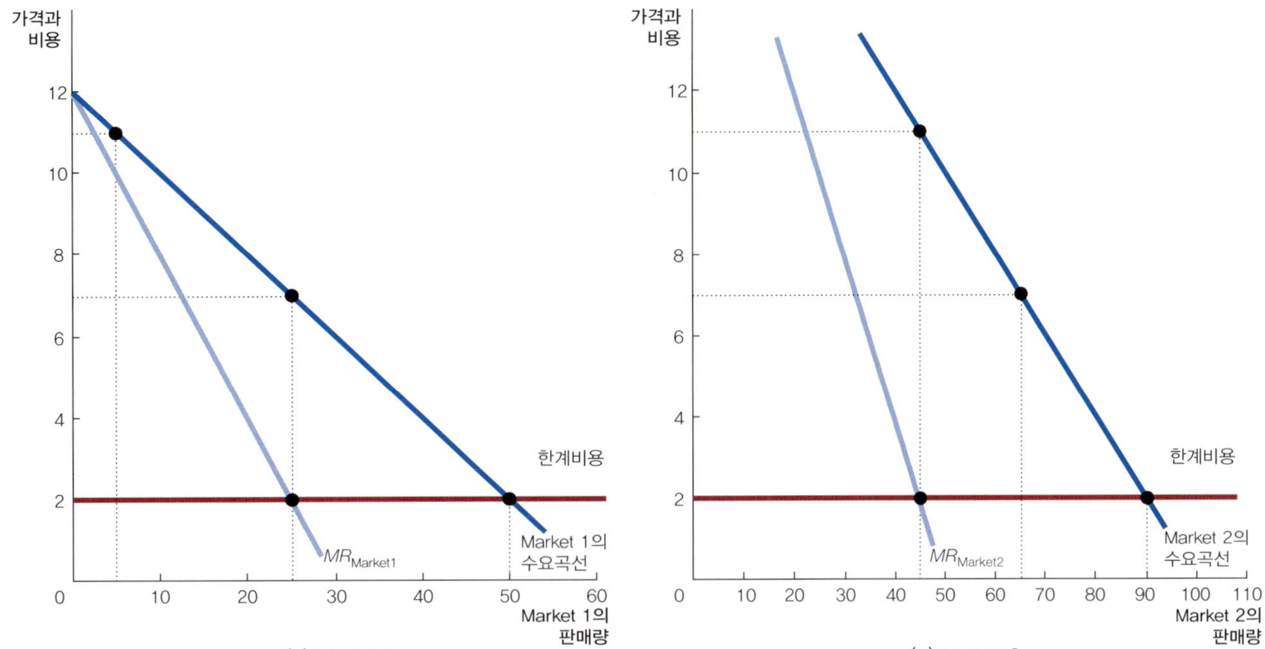

(a) Market 1 (b) Market 2

5. 2013년 중반에 Apple은 학생들에게 MacBook Pro 노트북에 대해서 $100 할인을 제공했으나 MacBook Air 노트북에 대해서는 단지 $50 할인을 제공했다. MacBook Air 노트북은 매우 얇고 특히 자주 여행하는 기업인들을 겨냥한 무게가 가벼운 노트북이다. 왜 Apple은 MacBook Air 노트북보다 MacBook Pro 노트북에 대해 더 많이 가격을 할인해 주었는가?

6. Apple은 학생과 교수가 구매하는 컴퓨터의 가격을 할인해 주는 데 더하여 특정한 컴퓨터 모델들은 학교와 대학에서만 판매한다. MacRumors 블로그에서 이루어진 논의에 의하면:

> Apple은 오늘 아침에 교육기관을 위해 가격을 $999로 낮춘 iMac을 출시했다. 이러한 새로운 저가 모델에는 "교육용"이라는 표시가 부착되어 있고 개인은 이 모델을 구매할 수 없다… 과거에도 Apple은 교육기관을 위한 교육용 특별 모델을 제공했고…$1,000 가격 이하에 맞추기 위해 하드웨어 수준을 낮게 조정했다.

Apple은 이러한 정책을 통해 가격차별을 시행하고 있는 것인가? 만일 그렇다면, 왜 Apple은 교육기관 구매자들이 구매하는 기존 모델의 가격을 낮추어주는 대신 교육기관을 위한 특별 모델을 제공하는가? 이것이 가격차별의 예가 아니라면, 왜 Apple은 이러한 컴퓨터를 일반 사람들에게 제공하지 않는가?

7. 한 회사가 아픈 사람의 침대나 집에서 키우는 개의 잠자리에 사용될 수 있는 패드를 판매한다. 개를 위한 패드 패키지는 사람을 위한 패드 패키지와 서로 다르고 서로 다른 브랜드 이름을 가지고 있으나 패키지 안에 들어 있는 패드는 같다. 최근에 이 회사는 Amazon에서 사람을 위한 패드 패키지에 부과하는 가격보다 11% 더 비싼 가격으로 개를 위한 패드 패키지를 판매하고 있다.

a. 이 회사는 이러한 상황에서 어떻게 가격차별을 할 수 있는가?

b. 왜 이 회사는 사람을 위한 패드 패키지보다 개를 위한 패키지를 더 비싼 가격에 판매하는가?

8. General Mills사는 정기적으로 일요일판 신문과 온라인에 자신의 Cheerios 아침 시리얼 대형 박스를 구매할 때 사용할 수 있는 $1 쿠폰을 넣는다. 왜 General Mills사는 쿠폰을 사용하는 대신에 Cheerios 아침 시리얼 가격을 $1 적게 부과하지 않는가? 쿠폰을 발행하는 것이 가격차별의 한 형태인가? 간략히 설명하라.

9. Yasiel은 플로리다 주의 작은 마을인 North Key Largo에서 피자를 판매하는 독점기업을 가지고 있다. Yasiel 피자의 수요에 관한 아래의 정보를 사용하여 다음의 질문에 답하라.

가격	수요량
$30	0
25	1
20	2
15	3
10	4
5	5
0	6

a. Yasiel이 피자당 $5의 비용으로 피자를 생산할 수 있으면, 그는 얼마나 많은 피자를 생산하고 피자당 어떤 가격을 부과하며 얼마나 많은 이윤을 버는가?

b. Yasiel이 완전가격차별을 시행할 수 있으면, 피자 3판의 총수입은 얼마인가? 세 번째 피자의 한계수입은 얼마인가?

c. Yasiel이 완전가격차별을 시행할 수 있으면, 그는 얼마나 많은 피자를 생산하고 얼마나 많은 이윤을 버는가?

d. Yasiel이 가격차별을 시행하지 않는 경우 생산자잉여, 소비자잉여, 사장손실을 보여주는 그림을 그려라. 또한 Yasiel이 완전가격차별을 시행하는 경우 생산자잉여, 소비자잉여, 사장손실을 보여주는 그림을 그려라.

10. 홀수가격 책정을 하는 이유에 대한 가장 설득력 있는 설명은 홀수가격 책정이 구매자들이 실제 지불하는 것보다 더 적게 지불한다고 생각하도록 기업이 구매자들을 속일 수 있게 해준다는 것이다. 만일 이러한 설명이 옳다면, 당신은 어떤 유형의 시장과 어떤 그룹의 소비자에게서 홀수가격 책정을 발견할 가능성이 가장 큰가? 정부가 이러한 홀수가격 책정을 금지시키고 기업이 가격을 가장 가까운 달러 단위로 반올림하도록 요구해야 하는가?

11. *Wall Street Journal*의 한 기사에 의하면, McDonald's와 Burger King은 햄버거보다 프렌치프라이와 탄산음료의 판매로부터 훨씬 더 큰 이윤을 얻는다. McDonald's와 Burger King은 프렌치프라이와 탄산음료에 대한 수요가 햄버거에 대한 수요보다 더 탄력적이라고 생각하는가 덜 탄력적이라고 생각하는가? 간략히 설명하라.

12. 일부 프로스포츠팀들은 팬들에게 일정한 가격으로 개인 좌석 면허를 판매한다. 이러한 개인 좌석 면허는 팬에게 매년 시즌티켓을 구매할 수 있는 권리를 부여한다. 개인 좌석 면허가 없는 사람은 시즌티켓을 구매할 수 없다. 팀으로부터 구매한 개인 좌석 면허는 주어진 연도의 개인 좌석 면허를 누가 소유하든지 소유한 사람이 시즌티켓을 구매할 수 있어서 통상적으로 팬들 간에 구매되고 판매될 수 있으나 팀은 이러한 개인 좌석 면허의 구매와 판매로부터 추가적인 수입을 벌지 못한다. 새로운 스포츠 스타디움이 건설되었고 팀이 시즌티켓가격을 결정하려 한다고 하자.

a. 팀이 개인 좌석 면허와 시즌티켓을 판매하는 것으로부터 더 많은 이윤을 벌기 위해서 시즌티켓의 가격을 낮게 유지해야 하는가? 독점가격을 부과해야 하는가? 간략히 설명하라.

b. 첫 번째 연도 이후에 시즌티켓의 가격을 책정하는 팀의 전략이 변화할 가능성이 있는가?

c. 모든 개인 좌석 면허가 첫 번째 연도에 판매된다면, 팀의 시즌티켓에 대한 가격 책정 전략에 차이가 발생하는가?

PART 4

노동시장과 주식시장

CHAPTER

13 노동시장과 기타 생산요소시장

이 장의 학습내용

13.1 노동에 대한 수요
- 기업들이 고용하고자 하는 이윤극대화 노동의 양을 어떻게 결정하는지 설명한다.

13.2 노동의 공급
- 사람들이 공급하고자 하는 노동의 양을 어떻게 결정하는지 설명한다.

13.3 노동시장의 균형
- 균형임금이 노동시장에서 어떻게 결정되는지 설명한다.

13.4 임금의 차이를 설명하기
- 수요와 공급 분석을 사용하면서 보상격차, 차별, 노동조합이 임금의 차이를 어떻게 발생시키는지 설명한다.

13.5 인적자원관리경제학
- 기업이 인적자원을 관리하는 것을 돕는데 인적자원관리경제학이 어떤 역할을 하는지 논의한다.

13.6 자본시장과 천연자원시장
- 자본시장과 천연자원시장에서 균형가격이 어떻게 결정되는지 설명한다.

Zack Greinke는 누구이고 왜 그는 1억 4,700만 달러를 받는가?

스포츠 팀만큼 열정을 만들어내는 비즈니스는 없다. 스포츠팬들은 스타 선수들의 능력에 찬사를 보내나 많은 사람들은 왜 그들이 "경기를 한다"는 이유만으로 높은 연봉을 받는지에 의문을 제기한다. 또한 일부 팬들은 그들의 팀이 거액 연봉으로 장기 계약을 할 수 있는 부유한 팀에게 스타 선수들을 빼앗길 때 좌절한다. Zack Greinke는 2009년에 아메리칸리그에서 최우수 투수로 Cy Young 상을 수상했던 스타 야구 투수이다. 그러나 2013년에 Greinke는 2004년에 Kansas City Royals에서 메이저리그 경력을 시작한 이후 4번째 팀에서 경기하고 있었다. Kansas City Royals는 Greinke와 장기계약을 할 수 있는 여유가 없었고 2012년에 Los Angeles Angels로 그를 트레이드했다. 2012년 시즌이 끝난 후에 Greinke는 자유계약선수가 되었고 어느 팀과도 계약할 수 있는 자격을 가지게 되었다. Los Angeles Dodgers는 6년 동안 $14,700만을 지급하는 계약을 Greinke와 서명했고 이에 따라 그는 역사상 최고 금액을 지급받는 선수 중 하나가 되었다.

2013년에 Los Angeles Dodgers는 그들의 경기를 25년 동안 텔레비전 중개방송을 할 수 있는 권리를 $60억 이상에 Time Warner Cable에게 팔았다. Los Angeles Dodgers는 티켓 판매, 케이블 텔레비전, 텔레비전과 라디오 중개방송으로부터 받는 높은 수입 때문에 소도시에서 경기하는 Milwaukee Brewers와 Kansas City Royals 같은 팀들보다 선수들에게 더 많은 금액을 지급할 수 있었다.

이 책 전체에서 재화와 서비스 시장을 분석하기 위해 수요와 공급 모델이 사용되었다. 이 장에서 노동시장과 기타 생산요소시장을 분석하기 위해 동일한 개념의 일부가 사용될 것이다. 그러나 생산요소시장과 재화와 서비스 시장 간에 중요한 차이점들이 존재한다. 가장 분명한 차이점은 생산요소시장에서 기업이 수요자이고, 가계가 공급자라는 점이다.

노동시장과 재화와 서비스 시장 간의 다른 차이점은 공정이라는 개념이 노동시장에 더 자주 등장한다는 점이다. 한 운동선수가 수백만 달러에 계약할 때, 사람들은 종종 "왜 경기에 뛰는 선수가 교사, 간호원, 더 중요한 일을 하는 다른 사람들보다 훨씬 많이 받아야 하는가?"를 궁금해한다. 사람들은 일반적으로 임금과 연봉으로 그들의 소득을 벌기 때문에 종종 노동시장을 그들이 참여하는 가장 중요한 시장으로 생각한다.

자료: Jonah Keri, "Pondering Zack Greinke's $147 Million Deal," www.grantland.com, December 10, 2012; and Bill Shaikin, "Dodgers to Keep More than $6 Billion from TV Contract in Tentative Pact," *Los Angeles Times*, June 13, 2013.

생산요소 factors of production
재화와 서비스를 생산하기 위해 사용되는 노동, 자본, 천연자원과 기타 투입요소들.

기업들은 재화와 서비스를 생산하기 위해 노동, 자본, 천연자원과 같은 **생산요소 factors of production**를 사용한다. 예를 들어, Los Angeles Dodgers는 야구경기를 생산하기 위해 노동(야구 선수들), 자본(Dodger Stadium), 천연자원(Dodger Stadium이 위치한 토지)을 사용한다. 이 장에서는 기업들이 이윤을 극대화하기 위해서 노동의 양과 기타 생산요소들의 양을 어떻게 결정하는지 살펴볼 것이다. 기업의 노동수요와 가계의 노동공급 간의 상호작용이 균형임금을 결정한다.

많은 서로 다른 노동의 유형이 있기 때문에, 많은 서로 다른 노동시장이 존재한다. 야구선수 시장의 균형임금이 대학교수 시장의 균형임금보다 훨씬 높다. 왜 그런지 분석할 것이다. 또한 차별, 노동조합, 위험하거나 유쾌하지 않은 일에 대한 보상과 같은 요인들이 임금의 차이를 설명하는데 어떻게 도움이 되는지도 분석할 것이다. 이어서 기업들이 종업원 보상을 설계하기 위해 경제분석을 어떻게 사용할 수 있는지를 다루는 *인적자원관리경제학 personnel economics*을 살펴볼 것이다. 마지막으로 기타 생산요소시장을 분석할 것이다.

13.1. 노동에 대한 수요

파생수요 derived demand
한 생산요소를 사용하여 생산되는 재화의 수요에 의해 발생하는 그 생산요소의 수요.

지금까지 최종 재화와 서비스에 대한 소비자 수요를 집중적으로 논의했다. 노동에 대한 수요는 **파생수요 derived demand**이기 때문에 최종 재화와 서비스에 대한 수요와 다르다. 한 생산요소에 대한 *파생수요derived demand*는 그 생산요소를 사용하여 생산되는 재화에 대한 수요에 의해 결정된다. 당신은 전화하기, 문자보내기, Facebook에 게시하기, 게임하기, 음악 듣기로부터 얻는 효용 때문에 Apple iPhone을 수요한다. iPhone을 만들기 위한 Apple의 노동에 대한 수요는 소비자들의 iPhone에 대한 수요로부터 파생된 것이다. 그 결과로 Apple의 노동에 대한 수요는 주로 2가지 요인에 의해 결정된다고 말할 수 있다.

1. Apple이 근로자를 1명 더 고용할 때 생산할 수 있는 추가적인 iPhone의 양

2. 추가적으로 생산된 iPhone을 판매해서 Apple이 받는 추가적인 수입.

(실제로 Apple 자신보다 Apple의 공급자들이 iPhone을 제조한다. 논의를 간단하게 하기 위해서 여기서는 Apple이 iPhone을 제조한다고 가정한다.)

노동의 한계생산물수입

한 가지 예를 생각해보자. 주요 요점을 명확히 하기 위해서 단기적으로 Apple이 고용하는 노동의 양을 증가시킴으로서만 iPhone의 생산을 증가시킬 수 있다고 가정하자. [그림 13.1]에 있는 표는 Apple이 고용하는 근로자의 수, Apple이 생산하는 iPhone의 양, 추가적으로 생산된 iPhone을 판매하여 버는 추가적인 수입, 추가적으로 1명의 근로자를 고용함으로써 Apple이 버는 추가적인 이윤 간의 관계를 보여준다.

논의를 간단하게 하기 위해서 Apple의 공장규모는 매우 작은 상태로 유지된다고 하자. 또한 Apple은 스마트폰을 파는 시장과 노동을 고용하는 시장 둘 다에서 완전경쟁기업이라고 가정하자. 그 결과로 Apple은 두 시장 모두에서 *가격순응자 price taker*이다. 이러한 가정은 현실적이지 않지만, Apple이 스마트폰의 가격과 근로자들에게 지급하는 임금에 영향을 줄 수 있다고 가정하더라도 기본적인 분석은 변하지 않을 것이다. Apple은 $200의 가격에 원하는 만큼의 iPhone을 팔 수 있고 주당 $600의 임금으로 원하는 만큼의 근로자를 고용할 수 있다고 하자. 1명의 근로자를 추가적으로 고용한 결과로 기업이 생산하는 추가적인 생산량은 **노동의 한계생산물 marginal product of labor**라고 부른다는 것을 기억하라(제7장 참조). [그림 13.1]에 있는 표에서, 노동의 한계생산물은 1명의 근로자가 추가적으로 고용되면서 발생되는 총생산량의 변화로 계산된다. *수확체감의 법칙 law of diminishing*

노동의 한계생산물 marginal product of labor
1명의 근로자를 추가적으로 고용할 때 기업이 생산할 수 있는 추가적인 생산량.

그림 13.1

노동의 한계생산물수입과 노동에 대한 수요

노동의 한계생산물수입은 노동의 한계생산물과 재화의 가격을 곱한 것과 같다. 더 많은 근로자들이 고용됨에 따라 수확체감의 법칙이 노동의 한계생산물을 감소시키기 때문에 노동의 한계생산물수입 곡선은 우하향한다. 기업은 임금이 노동의 한계생산물수입과 일치할 때까지 근로자들을 고용함으로써 이윤을 극대화 한다. 노동의 한계생산물수입곡선은 각 임금에서 기업이 고용해야 하는 이윤극대화 노동의 양을 말해주기 때문에 기업의 노동에 대한 수요곡선이다. 예를 들어, 이 그림에 그려진 노동에 대한 수요곡선을 사용하면, 임금이 $600일 때 기업은 4명의 근로자를 고용할 것이다.

근로자의 수	주당 iPhone 생산량	노동의 한계생산물 (주당 iPnone 수)	제품가격	노동의 한계생산물수입 (주당 달러)	임금 (주당 달러)	추가적으로 1명의 근로자를 고용하여 발생되는 추가적인 이윤 (주당 달러)
L	*Q*	*MP*	*P*	*MRP* = *P* x *MP*	*W*	*MRP* − *W*
0	0	—	$200	—	$600	—
1	6	6	200	$1,200	600	$600
2	11	5	200	1,000	600	400
3	15	4	200	800	600	200
4	18	3	200	600	600	0
5	20	2	200	400	600	−200
6	21	1	200	200	600	−400

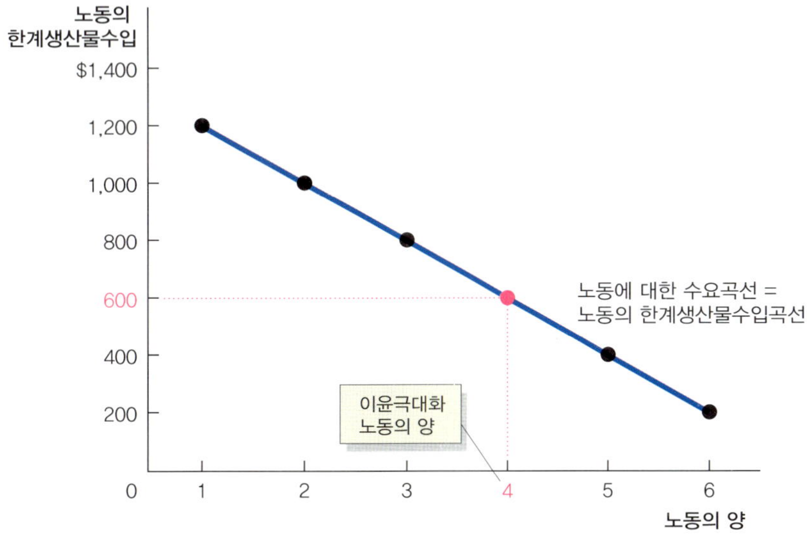

return 때문에 기업이 더 많은 근로자들을 고용함에 따라 노동의 한계생산물은 감소한다.

기업은 얼마나 많은 근로자들을 고용할 것인지를 결정할 때 추가적으로 근로자 1명을 고용함에 따라 생산량이 얼마나 증가할 것인가가 아니라 수입이 얼마나 증가할 것인가에 관심을 가진다. 달리 말해, 기업이 추가적으로 근로자 1명을 고용하여 생산할 수 있는 추가적인 생산량을 판매했을 때 수입이 얼마나 증가할 것인지가 중요하다. 이러한 수입을 **노동의 한계생산물수입 marginal revenue product of labor (MRP)**이라고 부르고, 근로자 1명을 추가적으로 고용하여 생산할 수 있는 추가적인 생산량과 제품의 가격을 곱하여 구해진다. 예를 들어, Apple이 근로자의 수를 2명에서 3명으로 증가시키면 어떤 일이 발생하는지 생각해보자. [그림 13.1]에 있는 표에서 세 번째 근로자를 고용할 때 Apple은 iPhone의 주당 생산량을 11개에서 15개로 증가시킬 수 있다. 이 경우 노동의 한계생산물은 4개의 iPhone이다. iPhone의 가격이 $200이므로 세 번째 근로자의 한계생산물수입은 4×$200=$800이다. 달리 말해, Apple이 세 번째 근로자를 고용할 때 자신의 수입을 $800 증가시킨다. [그림 13.1]의 그림은 각 노동량에서의 노동의 한계생산물수입의 값을 보여주고 있다.

노동의 한계생산물수입 marginal revenue product of labor (MRP)
기업이 근로자 1명을 추가적으로 고용한 결과로 발생되는 수입의 변화.

얼마나 많은 근로자를 고용해야 하는지를 결정하기 위해서 Apple은 근로자 1명을 추가적으로 고용할 때 얻는 추가적 수입과 근로자 1명을 추가적으로 고용할 때 드는 추가적 비용을 비교해야 한다. 추가적 수입과 추가적 비용의 차이가 근로자 1명을 추가적으로 고용할 때 발생되는 추가적 이윤(또는 손실)이다. 이러한 추가적인 이윤은 [그림 13.1]에 있는 표에 제시되어 있고, 노동의 한계생산물수입에서 임금을 빼서 계산된다. 노동의 한계생산물수입이 임금보다 큰 한, Apple의 이윤은 증가하므로 이윤극대화를 위해서 Apple은 계속해서 근로자를 추가적으로 고용해야 한다. 노동의 한계생산물수입이 임금보다 적을 때, Apple의 이윤은 감소하고 이에 따라 Apple은 더 적은 수의 근로자를 고용해야 한다. 노동의 한계생산물수입이 임금과 일치할 때, Apple은 최적의 근로자 수를 고용하여 이윤을 극대화하게 된다. [그림 13.1]에 있는 표는 Apple이 4명의 근로자를 고용해야 한다는 것을 보여준다. 만일 Apple이 다섯 번째 근로자를 고용하면, 노동의 한계생산물수입은 $400으로 $600의 임금보다 적고 Apple의 이윤은 $200만큼 감소할 것이다. [표 13.1]은 노동의 한계생산물수입과 임금 간의 관계를 요약하여 정리한 것이다.

[그림 13.1]에서 Apple이 주당 $600의 임금을 지급해야 한다면, Apple은 4명의 근로자를 고용해야 한다는 것을 알 수 있다. 만일 임금이 주당 $1,000으로 오르면, 노동의 한계생산물수입과 임금이 일치하는 곳에서 이윤이 극대화된다는 법칙을 적용하여 Apple은 2명의 근로자만을 고용해야 한다. 마찬가지로 만일 임금이 주당 $400으로 떨어지면, Apple은

표 13.1 노동의 한계생산물수입과 임금 간의 관계

…일 때	기업은…
$MRP > W$,	이윤을 증가시키기 위해 더 많은 근로자를 고용해야 한다.
$MRP < W$,	이윤을 증가시키기 위해 더 적은 근로자를 고용해야 한다.
$MRP = W$,	최적의 근로자 수를 고용하고 있고 이윤을 극대화하고 있다.

5명의 근로자를 고용해야 한다. 실제로 노동의 한계생산물수입곡선은 기업이 주어진 임금에서 얼마나 많은 근로자를 고용해야 하는지를 말해준다. 달리 말해, *노동의 한계생산물수입곡선은 노동에 대한 수요곡선이다*.

문제풀이 13.1

가격설정자인 기업의 고용 결정

Apple은 가격을 인하시키지 않고 원하는 만큼 iPhone을 판매할 수 있다고 가정했었다. 완전경쟁시장에 있는 기업이 이러한 상황에 있게 된다. 이러한 기업은 *가격순응자 price taker*이다. 이제 Apple이 시장지배력을 가지고 있고 *가격설정자 price maker*여서, 판매를 증가시키기 위해서 가격을 인하해야 한다고 하자. Apple이 아래의 표에 제시된 상황에 직면해 있다고 가정하라. 표의 빈칸을 채우고 Apple이 고용해야 하는 이윤극대화 근로자 수를 결정하라. 왜 이러한 근로자 수를 고용하는 것이 이윤을 극대화하는지 간략히 설명하라.

(1)근로자의 수	(2)주당 iPhone 생산량	(3)노동의 한계생산물	(4)제품 가격	(5)총수입	(6)노동의 한계생산물 수입	(7)임금	(8)추가적으로 1명의 근로자를 고용할 때 발생하는 추가적 이윤
0	0	–	$200		–	$500	–
1	6	6	180			500	
2	11	5	160			500	
3	15	4	140			500	
4	18	3	120			500	
5	20	2	100			500	
6	21	1	80			500	

문제풀기

Step 1: 본문의 내용을 다시 읽어보라. 이 문제는 기업이 고용하고자 하는 이윤극대화 노동의 양을 결정하는 것에 관한 것이므로 [노동에 대한 수요] 부분을 다시 읽어보라.

Step 2: 표의 빈칸을 채워라. Apple은 더 많은 근로자를 고용함에 따라 더 많은 iPhone을 팔고 더 많은 수입을 번다. 2열에 있는 iPhone 생산량과 4열에 있는 가격을 곱하여 수입이 어떻게 증가하는지 계산할 수 있다. 노동의 한계생산물수입은 근로자 1명을 추가적으로 고용함에 따라 발생되는 수입의 변화로 구할 수 있다(이 경우에 노동의 한계생산물수입은 노동의 한계생산물과 제품가격을 곱하여 구해지지 않는다는 점에 주목하라. Apple이 가격설정자이기 때문에, 추가적으로 생산된 iPhone을 판매해서 얻는 한계수입은 iPhone의 가격보다 적다). 마지막으로, 근로자 1명을 추가적으로 고용하여 얻는 추가적 이윤은 각 근로자의 한계생산물수입에서 7열에 있는 임금을 빼어서 구할 수 있다.

(1)근로자의 수	(2)주당 iPhone 생산량	(3)노동의 한계생산물	(4)제품 가격	(5)총수입	(6)노동의 한계생산물 수입	(7)임금	(8)추가적으로 1명의 근로자를 고용하여 발생되는 추가적인 이윤
0	0	–	$200	$0	–	$500	–
1	6	6	180	1,080	$1,080	500	$580
2	11	5	160	1,760	680	500	180
3	15	4	140	2,100	340	500	−160
4	18	3	120	2,160	60	500	−440
5	20	2	100	2,000	−160	500	−660
6	21	1	80	1,680	−320	500	−820

Step 3: Apple이 고용해야 하는 이윤극대화 근로자의 수를 결정하기 위해 표에 있는 정보를 사용하라. Apple이 고용해야 하는 이윤극대화 근로자의 수를 결정하기 위해서 노동의 한계생산물수입과 임금을 비교해야 한다. 8열은 노동의 한계생산물수입에서 임금을 뺀 값으로 이러한 비교를 하고 있다. 8열의 값이 양(+)의 값을 갖는 한, Apple은 계속해서 근로자를 고용해야 한다. 두 번째 근로자의 한계생산물수입이 $680이고 임금은 $500이기 때문에 8열은 두 번째 근로자를 고용하는 것이 Apple의 이윤을 $180만큼 증가시킬 것이라는 것을 보여준다. 세 번째 근로자의 한계생산물수입은 $340이고 임금은 $500이기 때문에 세 번째 근로자를 고용하는 것은 Apple의 이윤을 $160만큼 감소시킬 것이다. 따라서 Apple은 2명의 근로자를 고용함으로써 이윤을 극대화할 것이다.

노동에 대한 시장수요곡선

각 가격에서 각 소비자의 수요량을 합해서 시장수요곡선을 구하는 것과 동일한 방법으로 노동에 대한 시장수요곡선도 구할 수 있다(제6장 참조). 즉, 근로자들을 고용하고자 하는 기업들의 용의에 영향을 미칠 수 있는 다른 변수들이 모두 일정하다는 가정 하에서, 각 임금에서의 각 노동의 수요량을 합해서 노동의 시장수요곡선을 구한다.

노동의 시장수요곡선을 이동시키는 요인들

노동에 대한 시장수요곡선을 구할 때, 노동을 수요하고자 하는 기업들의 용의에 영향을 미치는 임금을 제외한 모든 변수들이 일정하다고 가정하였다. *임금의 상승이나 하락은 노동에 대한 수요량 quantity of labor demanded을 증가시키거나 감소시킨다.* 이는 노동의 시장수요곡선 상의 이동으로 나타난다. 만일 임금이 아닌 다른 변수가 변화하면, *노동에 대한 수요 demand of labor가 증가하거나 감소하고* 이것은 노동에 대한 시장수요곡선의 이동으로 나타난다. 아래에 있는 요인들은 노동에 대한 시장수요곡선을 이동시키는 5가지 가장 중요한 변수들이다.

인적 자본 human capital 근로자들이 소유하고 있는 축적된 훈련과 기술.

1. *인적 자본의 증가.* **인적 자본** human capital은 근로자들이 소유하고 있는 축적된 훈련과 기술을 나타낸다. 예를 들어, 대학교육을 받은 근로자는 일반적으로 고등학교만 졸업한 근로자보다 더 많은 기술을 가지고 있고 더 생산적이다. 만일 근로자들이 더 많이 교육받고 이에 따라 1인당 더 많은 생산량을 생산할 수 있으면, 그들의 노동서비스에 대한 수요는 증가할 것이고, 노동에 대한 시장수요곡선을 오른쪽으로 이동시킬 것이다.
2. *기술의 변화.* 새롭고 더 좋은 기계와 설비가 개발됨에 따라, 근로자들은 더 생산적이 된다. 이러한 효과는 시간이 흐름에 따라 노동에 대한 시장수요곡선을 오른쪽으로 이동시킨다.
3. *제품가격의 변화.* 노동의 한계생산물수입은 기업이 받는 제품의 가격에 의존한다. 제품가격의 상승은 노동의 한계생산물수입을 증가시키고 노동에 대한 시장수요곡선을 오른쪽으로 이동시킨다. 제품가격의 하락은 노동에 대한 시장수요곡선을 왼쪽으로 이동시킨다.
4. *기타 투입물들의 수량 변화.* 근로자들은 더 많은 기계와 기타 투입물들을 가지면 더 많이 생산할 수 있다. 미국 기업들이 근로자들에게 더 많은 기계와 설비를 제공하기 때문에 미국의 노동의 한계생산물은 대부분 다른 국가들의 노동의 한계생산물보다 더 높다. 시간이 흐름에 따라 미국의 근로자들은 그들이 사용할 수 있는 기타 투입물들의 양을 증가시켰고 이것이 그들의 생산성을 증가시켰으며 노동에 대한 시장수요곡선을 오른쪽으로 이동시켰다.
5. *시장에 있는 기업 수의 변화.* 만일 새로운 기업들이 시장에 진입하면, 노동에 대한 시장수요곡선은 오른쪽으로 이동할 것이다. 만일 기업들이 시장에서 퇴출하면, 노동에 대한 시장수요곡선은 왼쪽으로 이동할 것이다. 이는 시장의 소비자 수가 증가하거나 감소하는 것이 재화에 대한 수요에 미치는 효과와 유사하다.

13.2. 노동의 공급

노동에 대한 수요에 대해 논의했으므로 이제 노동의 공급을 살펴보도록 하자. 우리가 삶에서 직면하는 많은 교환관계 중에서 가장 중요한 하나는 하루의 24시간을 노동과 여가 간에 어떻게 배분할 것인가 하는 것이다. Facebook에 게시하거나, 해변가를 걷거나 다른 형태의 여가를 즐기는 데 사용되는 한 시간은 일하는 시간을 한 시간 줄어들게 만든다. 한 시간을 여가에 사용하기 위해서는 한 시간 일해서 버는 수입을 포기해야 하기 때문에, 여가의 *기회비용*은 임금이다. 일해서 벌 수 있는 임금이 높을수록 여가의 기회비용은 더 커진다. 따라서 임금이 증가함에 따라 여가를 덜 즐기고 더 많이 일하게 된다. [그림 13.2]가 보여주는 것처럼, 대부분 사람들의 경우 노동의 공급곡선은 우상향한다.

일반적으로, 개인의 노동공급곡선은 우상향할 것으로 예상되지만, 매우 높은 임금 수준에서 개인의 노동공급곡선은 [그림 13.3]에서 보는 것처럼 *후방굴절 backward bending*하는 모습을 가질 수 있고 이 경우에 높은 임금이 실제로 더 적은 양의 노동을 공급하는 결과를 가져온다. 그 이유를 이해하기 위해서 *대체효과 substitution effect*와 *소득효과 income effect*의 정의를 기억해 보라(제3장과 제6장 참조). 가격변화의 대체효과는 가격의 상승은 다른 재화들에 비해 상대적으로 한 재화를 더 비싸게 만든다는 사실을 의미한다. 임금변화의 대체효과는 임금의 상승이 여가의 기회비용을 증가시키고 근로자가 일하는데 더 많은 시간을 보내고 여가를 즐기는 데 더 적은 시간을 보내게 만든다는 사실을 의미한다.

가격변화의 소득효과는 가격이 변화함에 따른 소비자 구매력의 변화로 발생되는 재화

그림 13.2

노동의 공급곡선

임금이 상승함에 따라, 여가의 기회비용은 증가하고 더 많은 노동의 양을 공급한다. 따라서 노동의 공급곡선은 우상향한다.

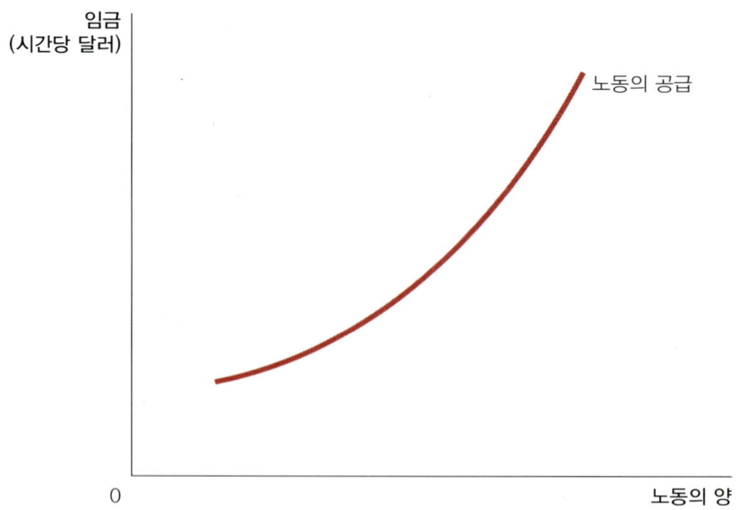

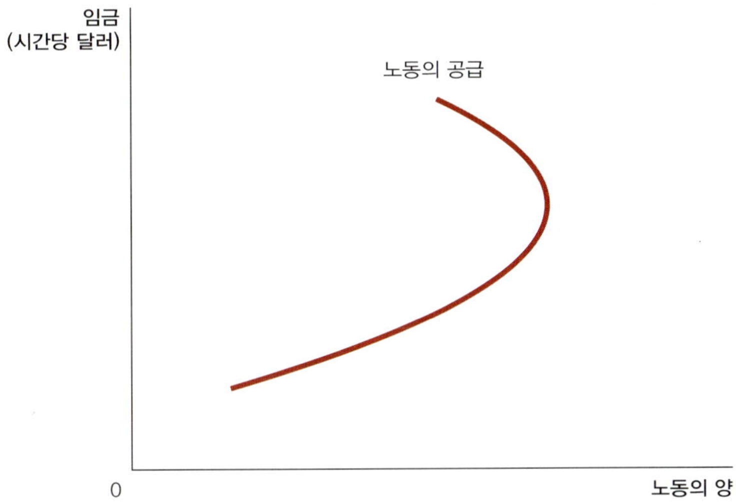

그림 13.3

후방굴절 노동공급곡선

임금이 상승함에 따라, 일반적으로 노동의 공급량은 증가한다. 임금이 어느 수준이상으로 증가함에 따라, 개인은 여가의 기회비용이 더 높아지더라도 더 많은 여가를 즐길 수 있다. 그 결과로 임금의 상승이 노동의 공급량을 더 적게 만들 수 있다.

에 대한 수요량의 변화를 의미한다. 임금의 상승은 분명히 주어진 근로시간에 따르는 근로자의 구매력을 증가시킬 것이다. 정상재의 경우에 소득효과는 수요량을 증가시킨다. 여가는 정상재이기 때문에 임금상승의 소득효과는 근로자가 더 적게 일하고 더 많이 여가를 즐기게 만들 것이다. 따라서 임금상승의 대체효과는 근로자가 더 많은 노동을 공급하게 만드나, 임금상승의 소득효과는 근로자가 더 적은 노동을 공급하게 만든다. 임금이 상승하는 경우 근로자가 더 많은 노동을 공급할 것인지 더 적은 노동을 공급할 것인지는 대체효과가 소득효과보다 큰지 작은지에 의해 결정된다. [그림 13.3]은 낮은 임금 수준에서는 대체효과가 소득효과보다 커서 임금이 상승함에 따라 근로자가 노동을 더 많이 공급하고, 높은 임금수준에서는 소득효과가 대체효과보다 커서 임금이 상승함에 따라 근로자가 노동을 더 적게 공급하는 전형적인 경우를 보여준다. 예를 들어, 한 변호사가 매우 성공해서 고객들에게 매우 높은 수수료를 부과한다고 하자. 또는 한 록밴드가 매우 인기가 있어서 한번 공연해서 거액을 받는다고 하자. 이러한 경우에 그 변호사가 더 긴 휴가를 즐기기 위해 한 고객의 요청을 거절하거나, 그 록밴드가 한 번의 공연을 거절하는 기회비용은 높다. 그러나 그들의 소득은 이미 매우 높기 때문에, 그들은 더 많은 여가를 즐기기 위해 추가적인 소득을 포기하기로 결정할 수 있다. 이 경우에 그 변호사나 그 록 밴드에게는 소득효과가 대체효과보다 크고 임금의 상승이 노동을 더 적게 공급하게 만든다.

노동의 시장공급곡선

재화의 시장공급곡선을 결정하는 것과 같은 방법으로 노동의 시장공급곡선을 구할 수 있다. 재화의 시장공급곡선은 각 가격에서 각 기업이 공급하는 재화의 양을 합해서 결정된다(제8장 참조). 이와 유사하게 노동의 시장공급곡선은 노동을 공급하고자 하는 근로자들의 용의에 영향을 미칠 수 있는 모든 다른 변수들이 일정하다는 가정 하에서 각 임금수준에서 각 근로자들이 공급하는 노동의 양을 합해서 구해진다.

노동의 시장공급곡선을 이동시키는 요인

노동의 시장공급곡선을 구할 때, 노동을 공급하고자 하는 근로자들의 용의에 영향을 미치는 임금을 제외한 모든 다른 변수들이 일정하다고 가정하였다. 만일 이러한 다른 변수들 중 한 변수가 변화하면, 노동의 시장공급곡선은 이동할 것이다. 아래에 있는 요인들은 노동에 대한 시장공급곡선을 이동시키는 3가지 가장 중요한 변수들이다.

1. *인구의 증가*. 출생자 수가 사망자 수를 능가하고 이민자가 증가해서 인구가 증가함에 따라 노동의 시장공급곡선은 오른쪽으로 이동한다. 이민이 노동공급에 미치는 효과는 미숙련 근로자시장에서 가장 크다. 예를 들어, 미국의 일부 대도시들에서 택시 운전수들과 호텔 및 레스토랑 근로자들의 대부분은 이민자들이다. 이민의 감소를 지지하는 일부 사람들은 이러한 일자리들에서는 임금이 이민자 증가로 인한 노동공급의 증가 때문에 낮은 수준에 머무르고 있다고 주장한다.

2. *인구구성의 변화*. 인구구성은 나이, 인종, 성별과 같은 인구를 구성하는 특징들을 말한다. 16세와 65세 사이에 속한 사람들이 많을수록, 노동공급량은 더 증가한다. 1970년대와 1980년대 동안, 미국의 경제활동인구는 1946년과 1964년 사이에 태어난 베이비 붐 세대가 일하기 시작함에 따라 매우 급속히 증가했다. 이와는 달리 일본의 낮은 출산율은 인구의 고령화를 발생시켰다. 1990년대 동안에 일본의 근로연령인구 수는 실제로 감소하기 시작했고 노동의 시장공급곡선을 왼쪽으로 이동시켰다.

   인구구성과 관련된 한 가지 측변은 경제활동인구에서 차지하는 여성의 역할 변화이다. 1900년에 미국에서 여성의 21%만이 경제활동인구에 속했다. 1950년에 이르러 이 수치는 30%로 증가했고 오늘날 60%가 되었다. 이러한 여성의 경제활동참여 증가가 미국의 노동공급을 크게 증가시켰다.

3. *일자리의 대안들*. 특정한 노동시장의 노동공급은 부분적으로 다른 노동시장들에서 일할 수 있는 기회에 의존한다. 예를 들어, 2007년에 시작된 금융서비스산업에서 발생된 문제들이 투자은행가들, 주식 중개회사들과 여타 금융관련 근로자들의 기회를 감소시켰다. 이에 따라 많은 근로자들이 금융서비스산업을 떠나서 노동의 시장공급곡선을 왼쪽으로 이동시켰고 이들이 다른 시장들로 진입하여 다른 시장들에서 노동의 시장공급곡선을 오른쪽으로 이동시켰다. 일자리를 잃은 사람들이나 낮은 소득을 가지고 있는 사람들은 정부로부터 실업보험금과 기타 지급금을 받을 수 있다. 이러한 지급금들이 관대할수록 실업자들이 다른 일자리를 급히 찾아야 하는 압력은 줄어든다. 많은 유럽 국가들에서 실업자들이 정부지급금으로 임금소득의 더 큰 부분을 대체하는 것이 미국

의 경우보다 쉽다. 많은 경제학자들은 관대한 실업혜택이 일부 유럽국가들에서 실업률이 더 높은 것을 설명하는데 도움을 준다고 믿는다.

13.3. 노동시장의 균형

[그림 13.4]는 노동시장의 균형을 결정하기 위해 노동수요곡선과 노동공급곡선을 함께 그린 것이다. 노동시장에서 균형임금과 고용수준의 변화를 분석하기 위해 수요와 공급을 사용할 수 있고 또한 야구선수들이나 대학교수들과 같은 서로 다른 형태의 노동시장을 분석하기 위해 수요곡선과 공급곡선을 사용할 수 있다.

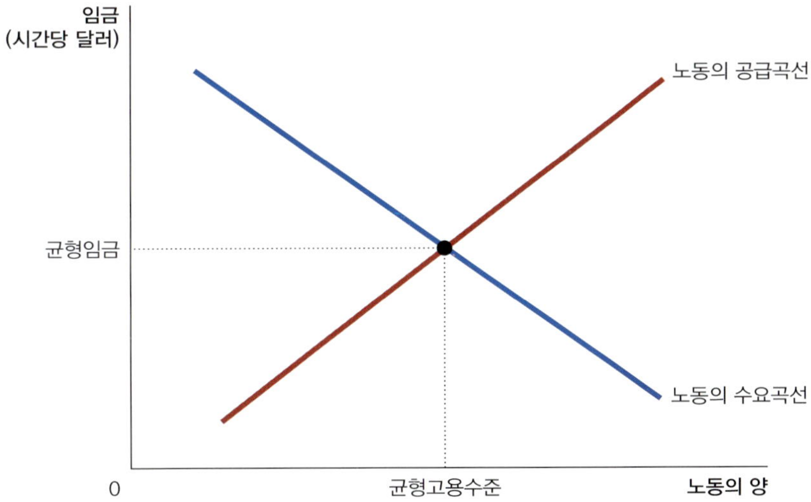

그림 13.4

노동시장의 균형

다른 시장들과 마찬가지로, 노동시장의 균형은 노동의 수요곡선과 노동의 공급곡선이 교차하는 점에서 발생한다.

노동수요곡선의 이동이 균형임금에 미치는 효과

많은 노동시장에서 시간이 흐름에 따라 발생하는 노동생산성의 증가는 노동에 대한 수요를 증가시킬 것이다. [그림 13.5]가 보여주는 것처럼, 만일 노동의 공급이 변화하지 않으면, 노동수요의 증가는 균형임금과 고용되는 균형근로자 수를 모두 증가시킬 것이다.

그림 13.5

노동수요 증가의 효과

노동수요의 증가는 균형임금과 균형고용수준을 증가시킨다. 1. 근로자들의 생산성이 증가하면, 노동의 한계생산물수입이 증가하고 그에 따라 노동의 수요곡선은 오른쪽으로 이동한다. 2. 균형임금은 W_1에서 W_2로 상승한다. 3. 균형고용수준은 L_1에서 L_2로 증가한다.

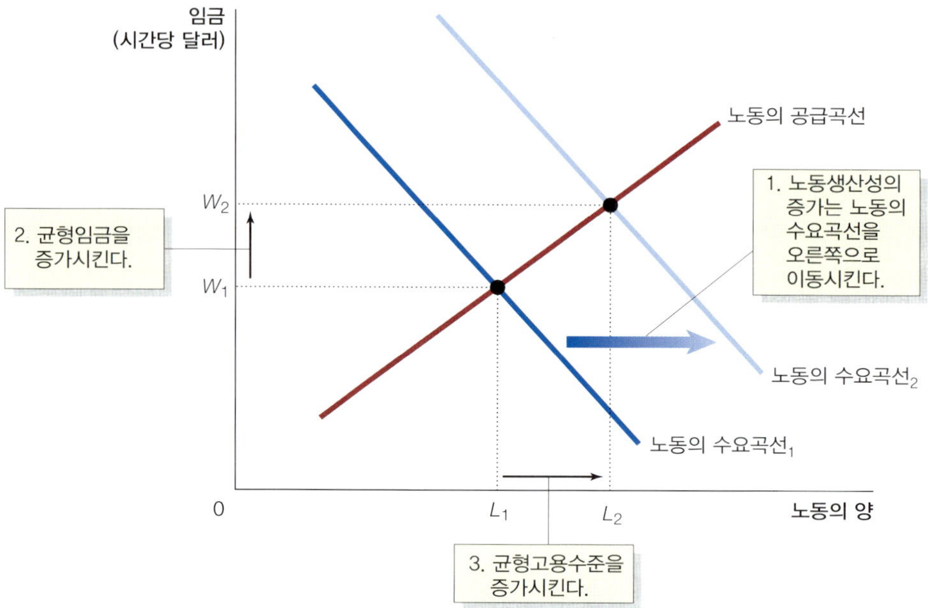

노동공급곡선의 이동이 균형임금에 미치는 효과

인구증가에 의한 노동공급의 증가가 균형임금에 미치는 효과는 무엇인가? [그림 13.6]이 보여주는 것처럼, 만일 노동수요가 변화하지 않으면, 노동공급의 증가는 균형임금을 하락시키나 고용되는 균형근로자 수를 증가시킨다.

시장에서 임금이 상승하느냐는 노동수요가 노동공급보다 더 빠르게 증가하느냐에 달려 있다. 예를 들어, Facebook, Twitter, Pinterest와 기타 소셜 네트워킹 사이트들이 점점 더 인기있게 됨에 따라, California주의 Silicon Valley에서 소프트웨어 엔지니어에 대한 수요가 대학을 졸업하는 새로운 엔지니어의 공급보다 더 빠르게 증가하기 시작했다. 새로운 졸업생들의 시작 연봉은 2009년에 약 $80,000에서 2013년에 $150,000으로 크게 증가했다. Google, Tagged를 포함한 기타 여러 기업들은 그들의 엔지니어들이 다른 회사로 이동하는 것을 막기 위해 전면적인 연봉인상을 해야만 했다. 신생기업들은 그들이 지급해야 하는 봉급이 경쟁하기에 어려운 수준까지 그들의 비용을 증가시키고 있다는 것을 발견했다. 한편, 점점 높아지는 연봉이 더 많은 학생들이 소프트웨어 엔지니어링 학위를 가지고 졸업하게 만든다면, 그에 따른 노동공급의 증가가 궁극적으로 연봉을 끌어내릴 수도 있을 것이다.

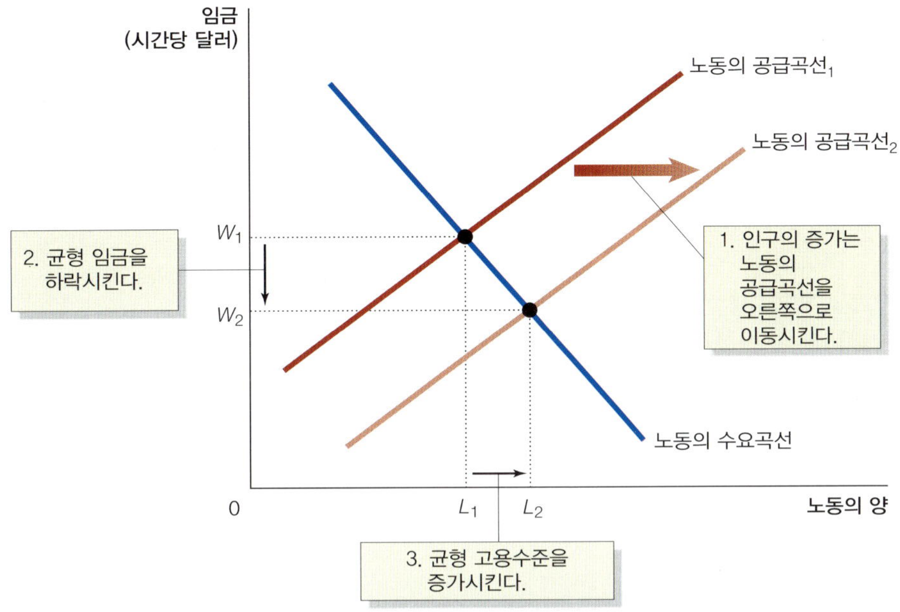

그림 13.6

노동공급 증가의 효과

노동공급의 증가는 균형임금을 하락시키고 균형고용수준을 증가시킨다. 1. 인구가 증가함에 따라, 노동의 공급곡선은 오른쪽으로 이동한다. 2. 균형임금은 W_1에서 W_2로 하락한다. 3. 균형고용수준은 L_1에서 L_2로 증가한다.

Making the Connection

수의사들이 수요와 공급의 희생자가 되고 있다.

수요의 급속한 증가와 공급의 완만한 증가가 소프트웨어 엔지니어의 연봉을 끌어올렸다. 그러나 미국의 수의사들은 최근의 수요와 공급 변화에 의해 도움을 받기보다는 손상을 입었다. 미국에서 수의학 대학원은 계속해서 매년 2,500명의 새로운 수의사들을 배출했던 반면 가장 중요한 수의학 전문의, 즉 소형 동물 전문의에 대한 수요는 감소했다. 장기에 걸쳐서 여성들이 경제활동인구로 진입함에 따라, 일부 가족들은 낮 동안에 집에 홀로 남겨질 수 있는 애완동물을 돌보는 데 더 큰 어려움을 가지게 되었다. 2007~2009년 경기후퇴기와 그 이후 완만한 회복이 이루어지는 기간 동안에 발생된 소득과 고용의 감소가 많은 가족들이 지출을 감소시킬 방도를 찾게 만들었다. 그 결과로, 미국에서 개와 고양이 수가 감소했고 이에 따라 소형 동물 수의사들에 대한 수요가 감소되었다.

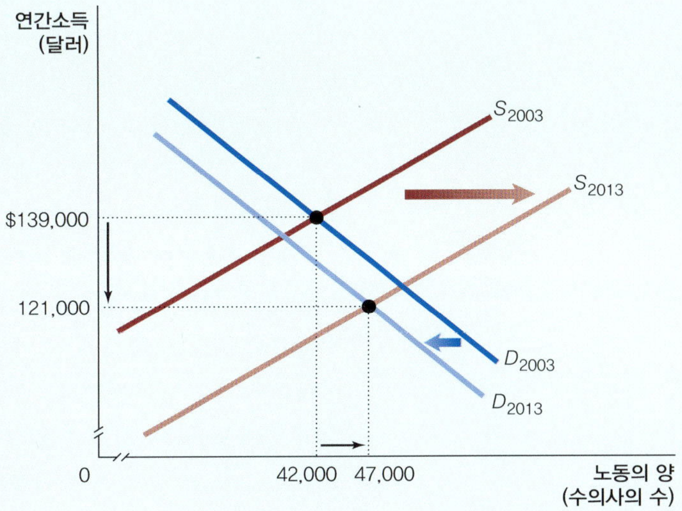

오른쪽의 그림은 소형 동물 수의사들의 서비스에 대한 수요감소와 소형 동물 수의사들의 공급증가가 소형 동물

수의사들의 균형연간소득을 2003년에 $139,000에서 2013년에 $121,000으로 감소시켰다는 것을 보여주고 (균형연간소득은 모두 2013년 구매력으로 측정된 것이다) 동시에 소형 동물 수의사 수가 42,000명에서 47,000명으로 증가했다는 것을 보여준다.

새로운 수의사들의 상황은 이 그림이 제시하는 것보다 더 나쁘다. $121,000의 연간 소득은 충분한 수준이라고 생각할 수 있지만, 2013년에 새로운 수의사들의 평균 연간소득은 약 $46,000에 불과했다. 다른 주 출신에 적용되는 평균수업료가 연간 $63,000으로 증가했기 때문에 많은 새로운 수의사들은 거액의 학생대출금을 가지고 수의학 대학원을 졸업한다. 실제로 새로운 수의사들의 소득에 대한 부채의 비율은 새로운 의사들의 비율보다 2배 높다.

기본적인 수요와 공급 분석은 수의사들의 공급이 계속적으로 증가하는 반면 개와 고양이 수가 계속 감소하는 한, 수의사들의 소득은 감소할 것이라는 점을 알려 준다.

자료: David Segal, "High Debt and Falling Demand Trap New Vets," *New York Times*, February 23, 2013; American Veterinary Medical Association, *Veterinary Market Statistics*, various issues; and Committee to Assess the Current and Future Workforce Needs in Veterinary Medicine, *Workforce Needs in Veterinary Medicine*, Washington, D.C.: The National Academies Press, 2013.

13.4. 임금의 차이를 설명하기

노동시장에 관한 논의로부터 얻은 하나의 중요한 결론은 균형임금은 노동의 한계생산물수입과 같다는 것이다. 근로자들이 더 생산적이고 근로자들이 생산한 제품의 가격이 더 높게 판매될수록, 근로자들은 더 높은 임금을 받을 것이다. 이 장의 시작부분에서 왜 Major League Baseball (MLB) 선수들이 대부분의 다른 근로자들보다 훨씬 더 많은 돈을 받는가라는 질문을 제기했다. 이제 이러한 질문에 답하기 위해 수요와 공급 분석을 사용해보도록 하자. [그림 13.7]은 MLB 선수들의 수요곡선과 공급곡선과 대학교수들의 수요곡선과 공급곡선을 보여준다.

구단주가 추가적으로 선수 1명을 고용해서 받는 추가적인 수입을 의미하는 야구선수의 한계생산물수입을 생각해 보자. 야구선수들은 야구장에 들어가기 위해 입장료를 지불하는 팬들, 야구 경기를 중개방송 하는 라디오와 텔레비전 방송국들과 케이블방송국들에게 판매되는 야구경기를 생산하기 위해 고용된다. MLB 팀은 각 야구경기를 거액에 판매할 수 있기 때문에 야구선수들의 한계생산물수입은 높다. 하지만 MLB에서 경기할 수 있는 능력을 가진 선수들의 공급은 매우 제한되어 있다. 그 결과로 750명의 MLB 선수들의 평균 연봉은 2013년에 $3,650,000이었다.

대학교수들의 한계생산물수입은 야구선수들보다 훨씬 낮다. 대학교수들은 학생들과 그들의 부모들에게 판매되는 대학교육을 생산하기 위해 고용된다. 1년 대학수업료는 많은 대학에서 매우 비싸지만, 추가적으로 대학교수 1명을 고용한다 해도 대학은 기껏해야 몇 명의 학생들을 더 입학시킬 수 있을 뿐이다. 따라서 대학교수의 한계생산물수입은 야구선수의 한계생산물수입보다 훨씬 낮다. 또한 대학교수가 될 수 있는 능력을 가진 사람들이 MLB 선수가 될 수 있는 능력을 가진 사람들보다 더 많다. 그 결과로 2013년에 미국에 있는 150만 명 대학교수들의 평균 연봉은 약 $84,000이었다.

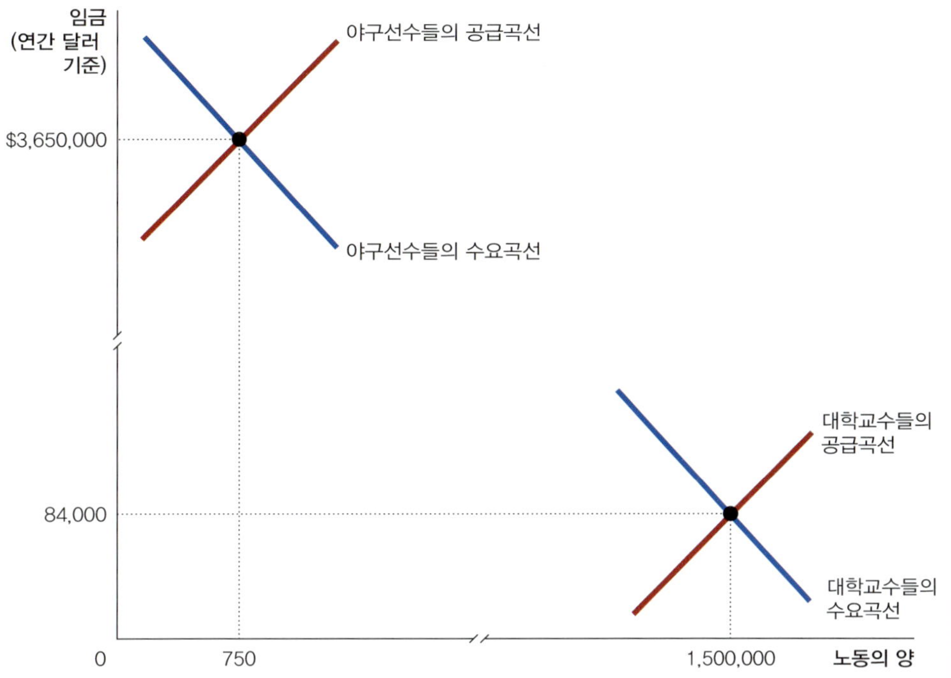

그림 13.7

야구선수들이 대학교수들보다 더 많이 번다.

야구선수들의 한계생산물수입은 매우 높고 MLB에서 경기할 수 있는 능력을 가지고 있는 선수들의 공급은 적다. 그 결과로 750명의 MLB 선수들은 $3,650,000의 평균임금을 받는다. 대학교수들의 한계생산물수입은 훨씬 낮고 대학교수가 될 수 있는 능력을 가지고 있는 대학교수들의 공급은 훨씬 많다. 그 결과로 미국에 있는 150만 명의 대학교수들은 야구선수들의 평균임금보다 훨씬 낮은 $84,000의 평균임금을 받는다.

이러한 논의는 여전히 이 장의 시작부분에서 제기된 질문에 답을 주지 못한다. 왜 Los Angeles Dodgers는 기꺼이 Zack Greinke에게 그의 이전 팀인 Kansas City Royals나 Milwaukee Brewers보다 더 많이 지급하는가? Los Angeles Dodgers가 Greinke를 고용해서 추가적으로 승리하는 경기 수로 생각할 수 있는 Greinke의 한계생산물은 Kansas City Royals나 Milwaukee Brewers의 경우와 같을 것이다. 그러나 그의 한계생산물수입은 Los Angeles Dodgers에서 더 높을 것이다. Los Angeles Dodgers는 미국에서 두 번째로 큰 대도시 지역에서 경기하기 때문에, Los Angeles Dodgers 팬의 수는 Kansas City Royals 나 Milwaukee Brewers 팬의 수보다 훨씬 많고, 이에 따라 추가적인 경기를 이기는 것이 Royals나 Brewers 경기보다 Dodgers 경기에서 관객 수를 더 많이 증가시킬 것이다. 또한 추가적인 경기를 이기는 것이 Dodegers 경기를 보는 텔레비전 시청자 수를 더 많이 증가시킬 것이다. 이에 따라 Dodgers는 Royals나 Brewers보다 Greinke가 생산하는 추가적인 승리를 훨씬 더 많은 금액으로 판매할 수 있다. 이러한 차이점이 왜 Dodgers가 기꺼이 Royals나 Brewers보다 Greinke에게 훨씬 더 많이 지급할 용의가 있는지를 설명해준다.

한계생산물수입의 차이가 임금의 차이를 설명해주는 가장 중요한 요인이나 모든 임금의 차이를 설명해주는 것은 아니다. 임금의 차이를 더 완전하게 이해하기 위해서 노동시장의 3가지 중요한 측면, 즉 보상격차, 차별, 노동조합을 고려해야만 한다.

Making the Connection

기술과 "슈퍼스타"의 소득

Zack Greinke의 연봉과 가장 낮게 지급받는 야구선수의 연봉 간 갭은 1950년대와 1960년대 동안 Mickey Mantle과 Willie Mays 같은 최상급 선수들에게 지급된 연봉과 가장 낮게 지급받은 야구선수의 연봉 간 갭보다 훨씬 더 크다. 이와 유사하게 영화 스타인 Brad Pitt가 받는 $3,000만과 사소한 역할을 하는 배우에게 지급되는 연봉 간 갭은 1930년대와 1940년대 동안 Clark Gable과 Gary Grant 같은 스타들에게 지급된 연봉과 하찮은 배우에게 지급된 연봉 간 갭보다 훨씬 더 크다. 실제로 대부분의 스포츠와 엔터테인먼트 분야에서 최고로 지급받는 공연자들, 즉 "슈퍼스타들"은 현재 수십 년 전보다 다른 공연자들에 비해 상대적으로 훨씬 더 많은 소득을 번다.

슈퍼스타들의 상대적 소득 증가는 주로 기술발전 때문에 이루어진 것이다. 케이블 텔레비전의 확산은 Dodgers 경기의 잠재적 시청자 수를 증가시켰으나 이러한 시청자들 중 많은 사람들은 Dodgers가 경기를 이기는 경우에만 시청할 것이다. 이것이 Dodgers가 경기를 이기는 가치를 증가시키고 Greinke의 한계생산물수입과 그가 벌 수 있는 연봉을 증가시킨다.

Blue-ray disc, DVD, 인터넷 데이터 실시간 전송, 유료 케이블 방송 등은 히트치는 영화 한 편이 영화 스튜디어들에게 주는 가치를 크게 증가시켰다. 영화 스튜디오들은 Brad Pitt와 Leonardo DiCaprio와 같은 스타가 영화의 성공가능성을 크게 증가시킬 것이라고 생각하기 때문에 이들이 Brad Pitt와 Leonardo DiCaprio와 같은 스타에게 거액을 지급하고자 하는 것은 놀랄 일이 아니다.

이러한 과정은 오랜 기간 동안 진행되었다. 예를 들어, 영화가 발명되기 전에 연극을 보기 원하는 사람은 극장에 가서 라이브 공연을 봐야만 했다. 최고의 배우를 볼 수 있는 사람의 수가 제한되어 있었던 것은 더 많은 사람들이 연극계에서 배우로 성공할 수 있는 기회를 만들어주었고, 최고의 배우가 받는 연봉과 평균적인 배우가 버는 연봉 간 갭은 상대적으로 적었다. 오늘날 Brad Pitt가 출연한 히트 영화를 DVD로 볼 수 있거나 다운로드해서 볼 수 있게 되면서 수백만의 사람들이 이 영화의 DVD를 사거나 임대할 것이므로 그들의 조상들이 했었던 것처럼 상대적으로 인기가 덜한 배우들을 보기 위해 돈을 억지로 지출하지 않아도 되게 되었다.

보상격차

Paul은 피자가게를 운영하고 있으며 근로자들에게 소리치고 불친절한 나쁜 보스라는 평판을 받고 있다. 두 블록 떨어진 곳에서는 Brendan가 피자가게를 운영하고 있으며 그는 항상 근로자들에게 매우 공손하다. 이러한 상황에서 근로자들을 고용하고 유지하기 위해 Paul은 Brendan보다 높은 임금을 지급해야 할 것이라고 예상할 것이다. 더 힘든 일을 하는 근로자들이 더 높은 임금을 받음으로써 얻는 추가적인 보상을 **보상격차 compensating differentials**라고 부른다.

> **보상격차 compensating differentials**
> 더 힘들거나 더 위험한 일을 하는 근로자들이 더 높은 임금을 받음으로써 얻는 추가적인 보상.

만일 다이너마이트 공장에서 일하는 것이 반도체 공장에서 일하는 것과 같은 정도의 훈련과 교육을 요구하지만 그보다 훨씬 더 위험하다면, 더 많은 근로자들이 다이너마이트를 만드는 일보다는 반도체 만드는 일을 하기 원할 것이다. 그 결과로 다이너마이트를 만드는 근로자들의 임금은 반도체를 만드는 근로자들의 임금보다 높을 것이다. 이러한 임금의 차이는 위험의 가격이라고 생각할 수 있다.

각 근로자는 위험을 선택하고자 하는 용의를 결정하고 더 많은 위험을 선택하는 것에 대해 보상받기 위해 임금이 얼마나 높아야 하는지 결정하기 때문에, 다이너마이트 공장은 그곳에서 일하기로 선택한 근로자들이 떠안게 되는 추가적인 위험을 보상하기에 충분히 높은 임금을 지불해야 할 것이다. 다이너마이트 공장의 근로자들이 떠안게 되는 추가적인 위험에 대해 더 높은 임금으로 충분히 보상받을 때에만 다이너마이트 회사들은 충분한 수의 근로자들을 끌어들일 수 있을 것이다.

보상격차가 의미하는 한 가지 놀라운 시사점은 *"근로자들의 건강과 안전을 보장하는 법들이 근로자들을 더 좋게 만들지 못할 수 있다"*는 것이다. 이러한 점을 살펴보기 위해, 다이너마이트 공장이 시간당 $25의 임금을 지급하고 반도체 공장이 시간당 $20의 임금을 지급한다고 하자. 이 경우 $5의 임금차이가 다이너마이트 공장에서 일하는 것이 더 위험하다는 것에 대한 보상격차이다. 정부가 다이너마이트 공장의 안전을 개선하기 위해 다이너마이트의 제조를 규제하는 법을 통과시킨다고 하자. 이러한 법의 결과로 다이너마이트 공장은 반도체공장보다 더 이상 더 위험하지 않게 될 수 있다. 이러한 변화가 발생하면, 다이너마이트 공장의 임금은 반도체공장의 임금과 같은 시간당 $20으로 하락하게 될 것이다. 다이너마이트 공장의 근로자들은 더 좋아지는가 더 나빠지는가? 이 법이 통과되기 전에 그들의 임금은 시간당 $25였고 시간당 $5는 그들이 노출되어 있었던 추가적인 위험에 대한 보상격차였다. 이제 그들의 임금은 시간당 $20으로 낮아졌고 추가적인 위험이 제거되었다. 결론적으로 안전규제의 결과로 다이너마이트 공장의 근로자들은 더 좋아지지 않은 것으로 보인다.

그렇지만, 보상격차가 실제로 근로자들에게 추가적인 위험에 대해 충분히 보상하는 경우에만 이러한 결론이 성립한다. University of California at Berkeley의 노벨경제학상 수상자인 George Akerlof와 Brookings Institution의 William Dickens는 *인지부조화 cognitive dissonance*라고 알려져 있는 심리학적 원리가 근로자들이 자신들이 하는 일의 진정한 위험을 과소하게 추정할 수 있게 한다고 주장했다. 이 원리에 의하면, 사람들은 자기 자신을 지적이고 합리적이라고 생각하는 반면 이러한 이미지를 부정하는 것처럼 보이는 증거를 거부하는 경향이 있다. 매우 위험한 일을 하는 것은 합리적이지 못한 것처럼 보일 수 있기 때문에 매우 위험한 일을 하는 근로자들은 이러한 일이 정말로 위험하다고 믿기를 거부할 수 있다. Akerof와 Dickens는 벤젠을 생산하는 화학공장의 근로자들과 원자력 발전소의 근로자들은 그들이 하는 일의 위험을 과소하게 추정한다는 증거를 제시하였다. 만일 Akerlof와 Dickens의 추론이 옳다면, 이러한 근로자들이 받는 임금은 그들이 선택한 위험을 충분히 보상할 만큼 높지 않을 것이다. 따라서 이러한 상황에서 안전규제는 근로자들을 더 좋게 만들 수 있다.

차별

[표 13.2]는 미국에서 백인 남성이 평균적으로 다른 그룹들보다 더 많이 번다는 것을 보여준다. 이는 인종이나 성별과 같은 부적절한 특성에 기초해서 낮은 임금을 지급하거나 직업에서 배제하는 **경제적 차별 economic discrimination**이 존재한다는 것을 말해 주고 있

경제적 차별 economic discrimination
인종이나 성별과 같은 부적절한 특성에 기초해서 낮은 임금을 지급하거나 직업에서 배제하는 것.

는 것이다.

고용주가 급여가 높은 일자리에 백인 남성만을 고용하거나 동일한 일을 하는 다른 그룹들보다 백인 남성에게 더 높은 임금을 지급하여 차별한다면, [표 13.2]가 보여주는 것처럼 백인 남성이 더 높은 소득을 벌 것이다. 미국에서는 1963년의 Equal Pay Act와 1964년의 Civil Right Act가 통과된 이후로 특정한 일자리에서 특정 그룹들을 배제하거나 다른 그룹보다 한 그룹에게 더 높은 임금은 지급하는 것은 불법이다. 하지만 고용주가 이러한 법을 무시하고 경제적 차별을 하는 것은 가능하다.

대부분의 경제학자들은 백인 남성의 임금과 다른 그룹의 임금 간 갭의 일부분만이 차별 때문에 발생된 것으로 판단하고 있으며, 이러한 갭의 대부분은 다음과 같은 3가지 주요 요인에 의해 설명되고 있다.

1. 교육수준의 차이
2. 경험의 차이
3. 일자리에 대한 선호 차이

교육수준의 차이 백인근로자의 소득과 흑인근로자의 소득 간 차이 중 일부는 교육수준의 차이에 의해 설명될 수 있다. 역사적으로 보면, 흑인이 백인보다 교육을 덜 받았다. 교육수준의 갭은 오랜 기간에 걸쳐 크게 감소했지만, 2012년에 성인 백인 남성의 88%가 고등학교를 졸업했던 반면 성인 흑인 남성의 84%가 고등학교를 졸업했다. 백인 남성의 32%가 대학을 졸업했던 반면 흑인 남성의 19%가 대학을 졸업했다. 많은 흑인들이 가난한 지역에 있는 도심지역 학교들에서 수준이 낮은 교육을 받기 때문에 이러한 통계는 교육수준의 갭을 대략적으로 제시하고 있는 것이라고 말할 수 있다. 많은 연구들이 교육수준의 차이가 백인 남성의 소득과 흑인 남성의 소득 간 갭의 상당한 부분을 설명할 수 있다고 제시했던 것은 놀라운 일이 아니다. 흑인과 백인 간 교육수준 차이의 일부는 균등한 교육기회를 제공하지 못한 정부에 의해서 발생된 과거와 현재의 차별을 반영한 것일 수 있다.

경험의 차이 여성은 자녀를 가진 후 일정한 기간 동안 일자리를 떠날 가능성이 남성

표 13.2 왜 백인 남성이 다른 그룹들보다 더 많이 버는가?

그룹	연간 소득
백인 남성	$56,247
백인 여성	42,171
흑인 남성	39,816
흑인 여성	35,090
히스패닉 남성	32,516
히스패닉 여성	29,508

주: 표에 있는 값은 2012년 내내 풀타임으로 일한 사람들의 연간 소득 중앙값이다.
자료: U.S. Bureau of the Census, Table PINC-01, "Current Population Survey," *2013 Annual Social and Economic Supplement*.

보다 훨씬 더 크다. 몇 명의 자녀들을 가지고 있는 여성들은 종종 그들의 경력을 여러 번 중단한다. 일부 여성들은 자녀들이 학교에 다니게 될 때까지 수년 동안 일하지 않는다. 그 결과로 자녀들을 가지고 있는 여성들은 같은 연령의 남성들보다 평균적으로 더 적게 일한 경험을 가진다. 근로자들이 더 많이 일한 경험을 가질수록 평균적으로 더 생산적이 되기 때문에, 일한 경험의 차이가 남성과 여성 간 소득의 차이 일부를 설명하는데 도움을 준다. 결혼한 여성은 결혼한 남성보다 평균적으로 약 25% 더 적게 벌지만 결혼한 적이 없거나 경력이 단절될 가능성이 더 적은 여성은 결혼하지 않는 남성보다 평균적으로 약 9%만 더 적게 번다는 사실이 이러한 설명에 대해 약간의 지지를 제공한다.

일자리에 대한 선호 차이 여성과 남성이 가지는 일자리 형태 간에 상당한 차이가 존재한다. 여성들은 유치원 교사, 치과 보조원, 유아원 근로자와 같은 상대적으로 급여가 낮은 일자리에 고용된 사람들의 90% 이상을 차지하는 반면에 남성들은 비행기 조종사, 엔지니어링 관리자, 전기기사와 같은 상대적으로 급여가 높은 일자리에 고용된 사람들의 90% 이상을 차지한다. 여성들이 급여가 낮은 일자리에 과도하게 많이 고용되어 있고 남성들이 급여가 높은 일자리에 과도하게 많이 고용되어 있는 것은 부분적으로 차별 때문일 수 있지만, 남성과 여성 간 일자리 선호의 차이를 반영할 것일 수 있다. 예를 들어, 많은 여성들은 자녀가 태어날 때 적어도 짧은 기간이라도 경력을 단절하기 때문에 일한 경험이 덜 중요한 일자리를 선택할 가능성이 더 크다. 또한 많은 여성들은 자녀들이 학교에서 귀가하는 오후에 집에 있을 수 있는 교사와 같은 일자리를 선택할 가능성이 클 수 있다.

문제풀이 13.4

"동등가치법"의 통과가 남성과 여성 간 급여 갭을 축소시키는 좋은 방법인가?

이미 살펴본 것처럼, 차별이나 일자리 선호의 차이 때문에 일부 일자리들은 주로 남성들에 의해 채워지고 다른 일자리들은 주로 여성들에 의해 채워진다. 평균적으로 "남성들의 일자리"가 "여성들의 일자리"보다 더 높은 임금을 가진다. 일부 논평자들은 일자리들이 요구하는 교육수준, 능력, 근로 조건이 동등함에도 불구하고 많은 "남성들의 일자리"가 "여성들의 일자리"보다 더 높게 지급받는다고 주장했다. 이러한 논평자들은 정부가 고용주들에게 동등가치 comparable worth를 가지는 일자리에 대해 동일한 임금을 지급하도록 요구하면 남성과 여성 간 소득 갭은 적어도 부분적으로 축소될 수 있다고 주장했다. 그러나 많은 경제학자들은 시장이 임금을 결정할 수 있도록 하는 것이 보다 더 효율적인 결과를 발생시킨다고 믿기 때문에 이러한 제안에 대해 회의적이다.

전기기사가 현재 주당 $800의 시장균형임금을 받고 치과보조원이 주당 $500의 시장균형임금을 받고 있다고 하자. 동등가치법이 통과되고 전기기사와 치과보조원은 동등한 가치를 갖는 일자리이기 때문에 고용주들은 이제 주당 $650을 전기기사와 치과보조원에게 지급해야 한다고 하자. 이러한 요구가 전기기사시장과 치과보조원시장에 미치는 효과를 분석하라. 반드시 수요곡선과 공급곡선의 그림을 사용하여 답하라.

문제풀기

Step 1: 본문의 내용을 다시 읽어보라. 이 문제는 경제적 차별에 관한 것이므로 [차별] 부분을 다시 읽어보라.

Step 2: 전기기사시장과 치과보조원시장의 그림을 그려라. 정부가 시장가격을 책정하면, 정부가 결정한 가격이 경쟁시장 균형가격보다 높은가 낮은가에 따라서 잉여나 부족이 발생된다(제4장 참조). 주당 $650의 임금은 전기기사의 시장균형임금보다 낮고 치과보조원의 시장균형임금보다 높다. 따라서 이러한 동등가치법에 의한 요구는 전기기사의 부족과 치과보조원의 잉여를 발생시킬 것이라고 예상된다.

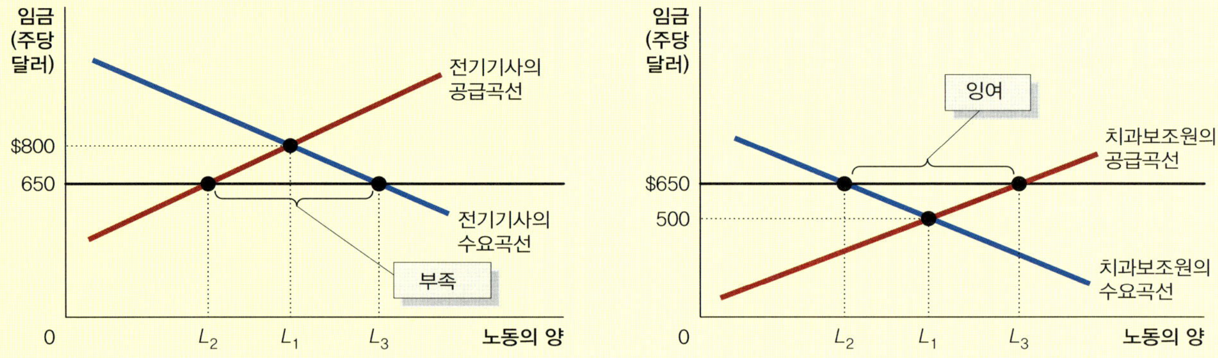

(a) 전기기사 시장 (b) 치과보조원 시장

그림(a)에서 동등가치법이 없는 경우, 전기기사의 균형임금은 주당 $800이고, 전기기사의 균형고용량은 L_1이다. 전기기사의 임금을 이러한 균형임금보다 낮은 주당 $650으로 책정하는 것은 전기기사시장에서 노동의 공급량을 L_1에서 L_2로 감소시키며, 노동의 수요량은 L_1에서 L_2로 증가시킨다. 그 결과로 그림에서 대괄호로 나타낸 것과 같은 L_3-L_2과 같은 전기기사의 부족이 발생된다.

그림(b)에서 동등가치법이 없는 경우, 치과보조원의 균형임금은 주당 $500이고 치과보조원의 균형고용량은 L_1이다. 치과보조원의 임금을 이러한 균형임금보다 높은 주당 $650으로 책정하는 것은 치과보조원시장에서 노동의 공급량을 L_1에서 L_3로 증가시키며 노동의 수요량은 L_1에서 L_2로 감소시킨다. 그 결과로 그림에서 대괄호로 나타낸 것과 같은 L_3-L_2과 같은 치과보조원의 잉여가 발생된다.

차별 측정의 어려움 두 사람이 서로 다른 임금을 받을 때, 차별이 그 이유일 수 있다. 그러나 생산성이나 일자리 선호의 차이도 그 이유일 수 있다. 노동경제학자들은 흑인근로자와 백인근로자 간 임금차이와 남성과 여성 간의 임금차이의 어느 정도가 차별에 기인한 것이고 어느 정도가 다른 요인들에 기인한 것인지를 측정하는 시도를 했다. 하지만, 생산성이나 일자리 선호의 차이를 정확하게 측정하는 것은 어려운 일이다. 따라서 오늘날 미국에서 어느 정도의 경제적 차별이 존재하는지 정확하게 알 수 없다.

Making the Connection

Greg이 Jamal보다 일자리를 찾는 것이 더 쉬운가?

경제적 차별을 정확하게 측정하는데 따른 한 가지 어려움은 두 근로자가 인종과 성별에서 다를 뿐만 아니라 고용주가 근로자의 생산성에 영향을 미칠 것이라고 기대하는 특성에서도 다르다는 것이다. 만일 근로자 B 대신에 근로자 A가 고용되면, 그것은 근로자 A가 백인 남성인 반면, 근로자 B가 흑인 여성이기 때문인가, 근로자 A와 근로자 B가 다른 특성을 가지고 있기 때문인가?

University of Chicago의 Marianne Bertrand와 Harvard University의 Sendhil Mullainathan은 경제적 차별의 정도에 대한 통찰력을 얻을 수 있는 독창적인 방법을 발견했다. 그들은 이력서들의 반은 흑인 이름을 붙이고 이력서들의 반은 백인 이름을 붙인 점을 제외하고 동일한 이력서들을 신문에 구직 광고를 낸 회사들에게 보냈다. 달리 말해, 이름을 제외하고 사람들의 가상적인 특성은 동일했다. 차별이 없다면, Jamal Jones와 같은 흑인 이름을 가진 이력서들이 Greg Baker와 같은 백인 이름을 가진 동일한 이력서들만큼 일자리를 구할 수 있어야 한다. Bertrand와 Mullainathan은 판매, 행정지원, 사무서비스, 고객서비스의 일자리 구직을 광고하는 많은 고용주들에게 5,000개 이상의 이력서를 보냈다. 그들은 고용주들이 흑인 이름을 가진 근로자보다 백인 이름을 가진 근로자를 인터뷰할 가능성이 50% 더 높다는 것을 발견했다.

일부 경제학자들은 이와 유사한 연구들뿐만 아니라 Bertrand와 Mullainathan의 연구가 실제로 고용주들이 차별한다는 것을 보여주는 것인가에 대해 의문을 제기했다. 그들은 고용주들이 전형적인 백인 구직지원자와 전형적인 흑인 구직지원자가 이력서에 포함되어 있지는 않지만 그들의 생산성에 영향을 미칠 수 있는 서로 다른 특성을 가지고 있다고 믿을 수 있다고 주장한다. 만일 그렇다면, 고용주들은 구직지원자의 인종만이 아니라 생산성의 차이에 반응하고 있는 것일 수 있다. 그러나 Bertrand와 Mullainathan의 가상적인 이력서들이 실제 이력서들에 기초해서 작성된 것이기 때문에, 이들의 가상적인 이력서들은 실제 구직지원자들의 특성을 포함하고 있는 것일 수 있다. Bertrand와 Mullainathan은 그들의 실험 결과가 "인종에 의한 차별적 대우가 미국 노동시장에서 여전히 현저하다"는 점을 보여주고 있다고 믿고 있다.

흑인 이름을 가지고 있는 것이 일자리 찾는 것을 더 어렵게 만드는가?

자료: Marianne Bertrand and Sendhil Mullainathan, "Are Emily and Greg More Employable Than Lakisha and Jamal? A Field Experiment on Labor Market Discrimination," *American Economic Review*, Vol. 94, No. 4, September 2004, pp. 991–1013; and David Neumark, "Detecting Discrimination in Audit and Correspondence Studies," *Journal of Human Resources*, Vol. 47, No. 4, Fall 2012, pp. 1128–1157.

차별하는 고용주들은 비용을 지불하는가? 많은 경제학자들은 장기적으로 시장이 경제적 차별을 완화시킬 수 있다고 믿는다. 그 한 가지 이유는 *차별하는 고용주들이 벌금을 지불하게 되기* 때문이라는 것이다. 왜 그런지 이해하기 위해서 간단한 예를 생각해보자. 남성과 여성이 비행기 조종사가 될 수 있는 동등한 자격을 가지고 있고 처음에 항공사들은 차별하지 않는다고 하자. [그림 13.8]에서 보는 것처럼 항공사들을 두 그룹, 즉 "A" 항공사들과 "B" 항공사들로 나누도록 하자. 만일 어느 그룹의 항공사들도 차별하지 않으면, 그들이 남성조종사와 여성조종사에게 주당 $1,100의 동일한 임금을 지불할 것이다. 이제 "A" 항공사들이 차별하기로 하고 모든 여성조종사들을 해고하기로 결정한다고 하자. 이러한

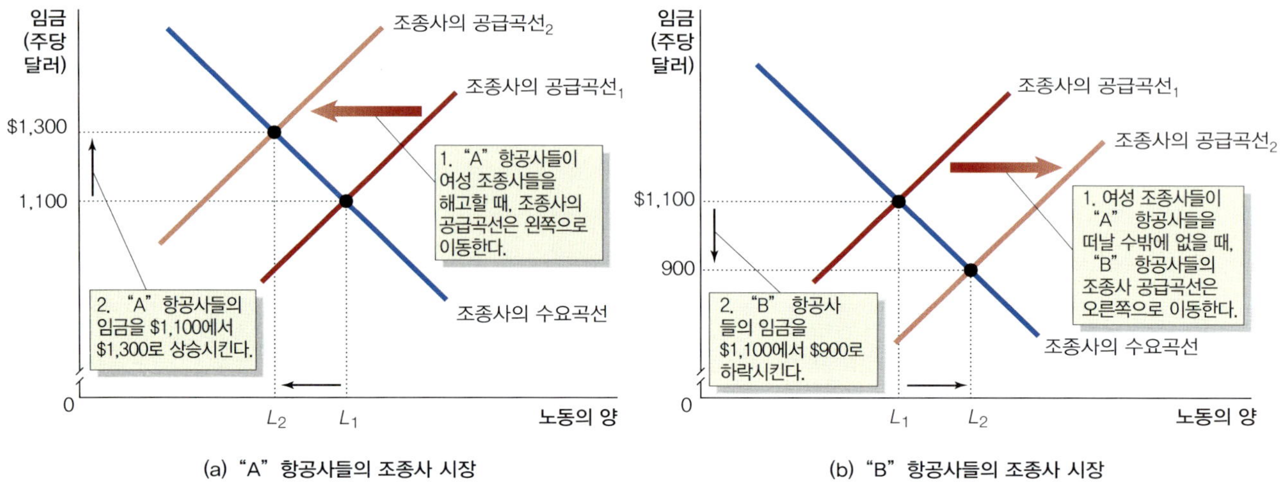

그림 13.8

차별과 임금

이 가상적인 예에서, 처음에 "A" 항공사들과 "B" 항공사들이 차별하지 않는다고 가정한다. 그 결과로 남성조종사들과 여성조종사들은 두 그룹 항공사들에서 주당 $1,100의 같은 임금을 받는다. 그림(a)는 차별이 "A" 항공사들에 대한 조종사의 공급을 감소시키고 "A" 항공사들의 임금을 $1,100에서 $1,300으로 상승시킨다는 것을 보여준다. 그림(b)는 차별이 "B" 항공사들에 대한 조종사의 공급을 증가시키고 "B" 항공사들에 의해 지급되는 임금을 $1,100에서 $900으로 하락시킨다는 것을 보여준다. 모든 여성조종사들은 궁극적으로 차별하지 않는 항공사들에 고용될 것이고, 차별하는 항공사들에 의해 고용되는 남성조종사들보다 더 낮은 임금을 지급받을 것이다.

조치는 "A" 항공사들에 대한 조종사 공급을 감소시킬 것이고 [그림 13.8(a)]에서 보는 것처럼 주당 임금을 $1,100에서 $1,300으로 상승시킬 것이다. 동시에 "A" 항공사들로부터 해고된 여성조종사들이 "B" 항공사들의 일자리에 지원하기 때문에, "B" 항공사들에 대한 조종사 공급은 증가할 것이고 주당 균형임금은 $1,100에서 $900으로 하락할 것이다. 모든 여성조종사들이 결국에는 차별하지 않는 항공사들에 고용될 것이고 차별하는 항공사들에 의해 고용되는 남성조종사들보다 더 낮은 임금을 지급받을 것이다.

그러나 이러한 상황은 2가지 이유 때문에 지속될 수 없다. 첫째, "B" 항공사들에 의해 고용된 남성조종사들도 더 낮은 임금을 받을 것이다. 이러한 낮은 임금은 그들에게 "B" 항공사들을 떠나 "A" 항공사들에 지원할 인센티브를 주고 이것이 "B" 항공사들의 노동공급곡선을 왼쪽으로 이동시키고 "A" 항공사들의 노동공급곡선을 오른쪽으로 이동시킬 것이다. 둘째, "A" 항공사들은 "B" 항공사들의 주당 $900을 지급받는 조종사들보다 더 생산적이라고 할 수 없는 조종사들을 고용하기 위해 주당 $1,300을 지급하고 있는 것이다. 그 결과, "B" 항공사들은 더 낮은 비용을 갖게 될 것이고 그에 따라 더 낮은 가격을 부과할 수 있을 것이다. 따라서 궁극적으로 높은 가격을 부과하는 "A" 항공사들은 그들의 고객들을 "B" 항공사들에게 빼앗길 것이고 시장에서 퇴출될 것이다. 즉, 시장이 차별하는 항공사들에게 경제적 벌금을 부과하게 될 것이다. 따라서 차별은 지속되지 못할 것이고 남성조종사의 임금과 여성조종사의 임금은 같아질 것이다.

이러한 분석에 비추어 볼 때 시장의 경쟁이 모든 경제적 차별을 제거할 것이라고 결론 내릴 수 있는가? 불행하게도 이러한 낙관적인 결론은 완전히 정확한 것은 아니다. 1964년의 Civil Right Act가 통과될 때까지 미국의 많은 기업들은 흑인근로자들을 고용하는 것을 거부했다. 이러한 관행이 수십 년 동안 지속되었음에도 불구하고 차별하지 않는 경쟁기업들이 이러한 기업들을 시장에서 몰아내지 못했다. 왜 그랬는가? 다음과 같은 3가지의 중요한 요인이 존재했었다.

1. *근로자의 차별.* 일부의 경우에서 백인근로자들은 흑인근로자들과 나란히 일하는 것을 거부했다. 그 결과로 미국 남부의 중요한 원면 섬유산업과 같은 일부 산업들의 근로자들은 모두 백인이었다. 백인근로자들에 의한 차별 때문에 낮은 비용의 흑인노동을 사용하기 원하는 기업가는 흑인근로자들만 고용해야 했다. 일부 기업가들이 이러한 방식을 시도했으나 흑인근로자들은 이러한 산업들에서 배제되어왔기 때문에 효율적인 노동력을 제공하기에는 능력과 경험이 부족했었다.
2. *소비자의 차별.* 일부 백인 소비자들은 흑인근로자들을 고용한 일부 산업들에 속한 회사들로부터 구매하려 하지 않았다. 이러한 차별은 소비자들이 제품을 생산하는 근로자들의 인종을 알지 못하는 제조업에서는 중요한 장벽이 아니었다. 그러나 소비자에 의한 차별은 근로자들이 소비자들과 직접 접촉해야 하는 산업들에 속한 기업들에게는 문제가 되었다.
3. *부정적인 피드백 순환고리.* [그림 13.8]에서 이루어진 분석에서는 남성조종사들과 여성조종사들이 동일한 자격을 갖추고 있다고 가정했다. 그러나 만일 차별이 한 그룹에 속한 사람이 특정한 직업분야에서 일자리를 얻는 것을 어렵게 만들면, 이러한 직업분야에 진입하기 위해 훈련받아야 하는 인센티브는 감소된다. 한 예로 법조분야를 생각해보자. 나중에 미국의 대법원 판사가 되었던 Sandra Day O'Connor는 1952년에 Stanford University Law School을 3등으로 졸업했고 *Stanford Law Review*의 편집인이었다. 그러나 그 당시에 법률회사들이 여성을 고용하지 않았기 때문에 한동안 변호사 일자리를 얻을 수 없었다. 일자리를 얻기 어려운 이러한 암담한 전망 때문에, 상대적으로 적은 수의 여성들이 법학전문대학원에 입학했다는 것은 놀라운 일이 아니다. 따라서 차별하지 않았던 법률회사들이 더 낮은 연봉에 여성 변호사들을 고용하여 이러한 비용상의 우위를 여성을 차별하는 법률회사들을 시장에서 몰아내기 위해 사용할 수 없었을 것이다. 이러한 상황과 앞의 항공사 조종사들 예 사이의 차이에 주목해 보라. 이러한 상황에서는 부정적인 피드백 순환고리가 작동했다. 많은 법률회사들이 여성에 대해 차별했기 때문에 변호사가 될 준비를 했던 여성들이 거의 없었고, 여성 변호사들이 너무 없었기 때문에 여성을 차별하지 않는 법률회사들이 차별하는 법률회사들을 시장에서 몰아내지 못했다.

대부분의 경제학자들은 시장은 차별하는 기업들에게 경제적 벌금을 부과하나 방금 논의한 요인들 때문에 시장이 차별을 완전히 제거하는 데는 매우 오랜 시간이 걸릴 수 있다는 점에 동의한다. 인종과 성별에 기초해서 고용을 차별하는 것을 불법화시켰던 1964년의 Civil Right Act 통과로 미국에서 경제적 차별을 감소시키는 과정의 속도가 크게 높아졌다.

노동조합

노동조합 labor union
임금과 근로조건을 고용주와 협상할 수 있는 법적 권리를 가지고 있는 근로자들의 조직.

근로자들의 임금은 근로자들이 임금과 근로조건을 고용주와 협상할 수 있는 법적 권리를 가지고 있는 근로자들의 조직인 **노동조합 labor union**의 회원이냐에 따라 다를 수 있다. 만일 노동조합이 고용주와 합의에 이를 수 없으면, 노동조합은 만족스러운 합의가 이루어질 때까지 노동조합 회원들이 일하는 것을 거부할 수 있는 파업 strike을 할 수 있는 법적 권리를 가진다. [그림 13.9]가 보여주는 것처럼, 대부분의 고소득 국가들보다 미국 경제활동인구 중 더 작은 비중이 노동조합에 가입되어 있다.

[표 13.3]이 보여주는 것처럼, 미국에서 노동조합에 가입한 근로자들이 노동조합에 가입하지 않은 근로자들보다 더 높은 임금을 받는다. 노동조합원인 근로자들은 노동조합에

그림 13.9

미국 경제활동인구의 노동조합 가입률은 대부분의 고소득 국가들보다 낮다.

노동조합에 가입한 미국 경제활동인구의 비율은 대부분의 여타 고소득 국가들보다 낮다.
자료: Organization for Economic Cooperation and Development.

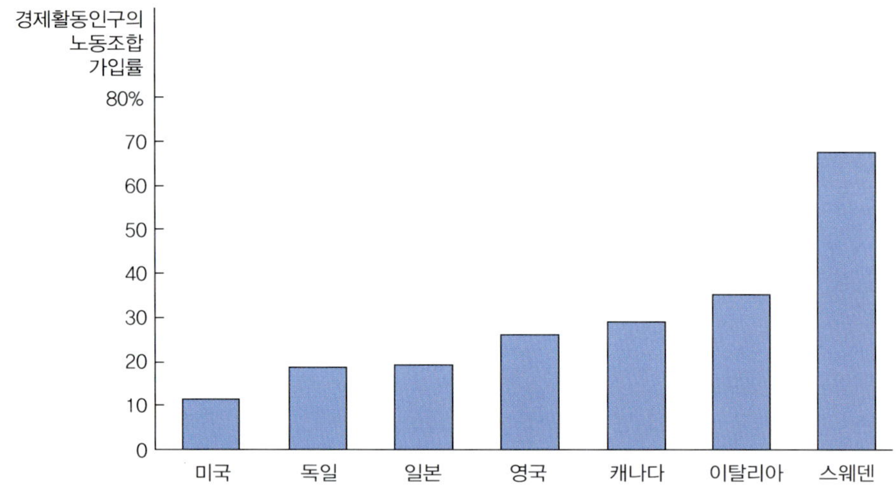

표 13.3 노동조합에 가입한 근로자들이 노동조합에 가입하지 않은 근로자들보다 더 많이 번다.

	평균 주당 소득
노동조합에 가입한 근로자들	$943
노동조합에 가입하지 않은 근로자들	742

주: "노동조합에 가입한 근로자들"에는 노동조합에 가입한 근로자들 뿐만 아니라 노동조합을 대표하나 노동조합의 회원이 아닌 근로자들이 포함된다.
자료: U.S. Bureau of Labor Statistics, *Union Members Summary*, January 23, 2013.

가입해 있기 때문에 노동조합원이 아닌 근로자들보다 더 많이 버는가? 이 질문에 대한 답은 "그렇다"일 수도 있지만 노동조합에 가입하고 있는 많은 근로자들은 한계생산물수입이 높은 자동차 산업과 같은 산업들에 있기 때문에 그들이 노동조합을 결성하지 않았더라도 높은 임금을 받을 것이다. 노동조합결성이 임금에 미치는 효과를 통계적으로 추정했던 경제학자들은 근로자들이 일하는 산업이라든가 기타 다른 요인들이 동일한 경우에, 노동조합에 속해 있다는 것이 근로자의 임금을 약 10% 증가시킨다고 결론지었다. 이와 관련된 한 가지 질문은 노동조합이 결성되어 있느냐 결성되어 있지 않느냐에 관계없이 노동조합이 모든 근로자들이 받는 임금 총액을 전체적으로 증가시키는가 하는 것이다. 근로자들이 받는 소득이 국민소득에서 차지하는 비중은 오랜 기간 동안 대체로 일정했기 때문에, 대부분의 경제학자들은 노동조합이 근로자들이 받는 임금 총액을 증가시켰다고 생각하지 않는다.

13.5. 인적자원관리경제학

전통적으로 노동경제학자들은 노동조합이 임금에 미치는 효과나 시간의 흐름에 따른 평균임금의 변화를 결정하는 요인과 같은 이슈들에 초점을 맞추었다. 그들은 기업들이 근로자들을 어떻게 고용, 훈련시키며 승진시키고 근로자들의 임금과 부가혜택을 어떻게 책정하는가를 다루는 *인적자원 human resources* 문제를 분석하는데 시간을 덜 사용했다. 최근에 Stanford University의 Edward Lazear와 University of Tennessee의 William Neilson을 포함하는 일부 노동경제학자들이 인적자원과 관련된 이슈들에 대해 경제학적 분석을 시작했다. 이러한 새로운 학문 분야가 *인사관리경제학 personnel economics*으로 알려지게 되었다.

인사관리경제학 personnel economics은 일자리의 차이와 근로자들이 지급받는 방식 차이 간의 관계를 분석한다. 일자리들이 요구하는 기술은 서로 다르며 또한 많은 상호작용을 요구하거나 적은 상호작용을 요구한다. 또한 더 쾌적한 환경에서 수행되거나 덜 쾌적한 환경에서 수행된다. 기업들은 이러한 차이를 고려하는 보상정책을 설계해야 할 필요가 있다. 또한 인사관리경제학은 승진, 훈련, 연금과 같은 기타 인적자원 관련 이슈들에 관한 정책들을 분석한다. 여기에서는 보상정책에 대해서만 간략하게 살펴보기로 하자.

인사관리경제학 personnel economics
인적자원 문제들에 대해 경제학적 분석을 적용하는 학문분야.

근로자의 급여는 일한 시간에 의해 결정되어야 하는가, 생산량에 의해 결정되어야 하는가?

인사관리경제학이 다루는 한 가지 이슈는 언제 근로자들이 시간당 임금, 주당 급여, 월당 급여와 같은 *고정된 시간당급여 straight-time pay*를 받아야 하는가와 언제 근로자들이 생산량에 기초한 임금인 *수수료 commission*나 *생산량기준급여piece-rate pay*를 받아야 하

그림 13.10

시간당 급여나 수수료에 의한 자동차 판매원에 대한 보상

이 그림은 주당 \$800의 고정된 급여를 받는 경우와 판매한 자동차 1대당 \$200의 수수료를 받는 경우에 자동차 판매원이 받는 보상을 비교한 것이다. 고정된 급여의 경우, 자동차 판매원은 몇 대의 자동차를 판매하느냐에 관계없이 주당 \$800을 받는다. 이러한 결과가 수평선으로 그려져 있다. 만일 자동차 판매원이 판매한 자동차 1대당 \$200의 수수료를 받는다면, 자동차 판매원에 대한 보상은 판매한 자동차 대수가 증가함에 따라 증가할 것이다. 이는 우상향하는 직선으로 그려져 있다. 만일 자동차 판매원이 주당 4대보다 적은 자동차를 판매하면, 자동차 판매원은 주당 \$800의 급여를 받는 것이 더 좋을 것이다. 만일 자동차 판매원이 주당 4대보다 많은 자동차를 판매하면, 자동차 판매원은 자동차 1대당 \$200의 수수료를 받는 것이 더 좋을 것이다.

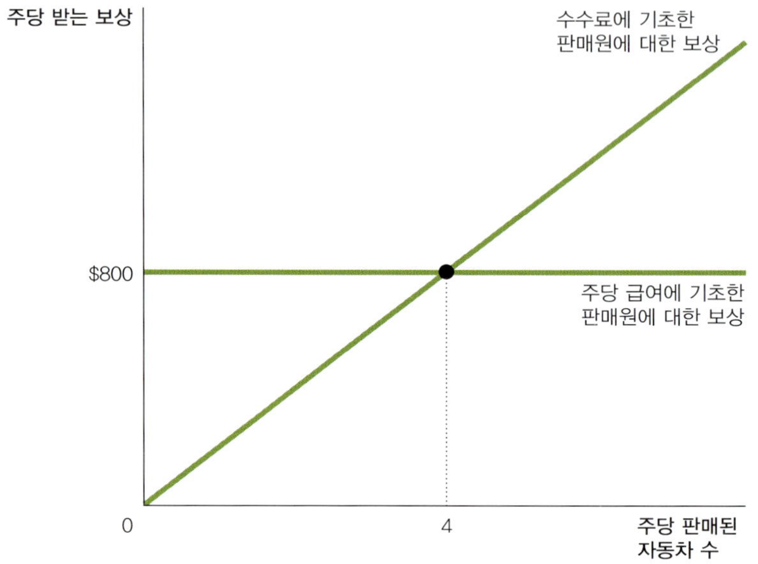

는가에 대한 것이다.

Anne이 자동차딜러회사를 소유하고 있고 판매원들에게 주당 \$800의 급여를 지급할 것인지 판매원들이 파는 자동차 1대당 \$200의 수수료를 지급할 것인지를 결정하려 한다고 하자. [그림 13.10]은 2가지 지급시스템 하에서 판매원이 파는 자동차 수에 따라 받는 보상을 비교한 것이다.

고정된 급여의 경우, 자동차 판매원은 몇 대의 자동차를 판매하느냐에 관계없이 주당 \$800을 받는다. 이러한 결과가 [그림 13.10]에서 수평선으로 그려져 있다. 만일 자동차 판매원이 판매한 자동차 1대당 \$200의 수수료를 받는다면, 자동차 판매원에 대한 보상은 판매한 자동차 대수가 증가함에 따라 증가할 것이다. 이는 우상향하는 직선으로 그려져 있다. 주당 4대보다 적은 자동차를 판매하는 자동차 판매원은 주당 \$800의 급여를 받을 때 더 많이 벌 것이다. 주당 4대보다 많은 자동차를 판매하는 자동차 판매원은 자동차 1대당 \$200의 수수료를 받는 것이 더 좋을 것이다. 자동차 판매원에게 급여보다 수수료로 지급하는 경우 Anne이 가지는 2가지 장점은 다음과 같다. 하나는 그녀가 가장 생산적인 종업원들을 끌어들일 수 있고, 다른 하나는 종업원들이 더 많은 자동차를 판매할 인센티브를 제공할 수 있다는 것이다.

다른 자동차딜러회사들이 모두 주당 \$800의 급여를 지급한다고 하자. 만일 Anne이 종업원들에게 수수료로 지급하면, 적어도 주당 4대의 자동차를 판매할 수 없는 그녀의 종업원들은 그녀의 경쟁회사들 중 한 곳으로 가서 일함으로써 그들의 소득을 증가시킬 수 있다. 주당 4대보다 많은 자동차를 판매할 수 있는 Anne의 경쟁회사들에서 일하는 종업원들은 그곳을 떠나 Anne의 회사로 와서 일함으로써 그들의 소득을 증가시킬 수 있다. 시간이

Making the Connection

급여 인상, 생산성과 Safelite AutoGlass사의 이윤

Ohio주의 Columbus시에 본부를 두고 있는 Safelite Group은 600개의 수리업소를 가지고 있는 미국의 최대 자동차유리 설치 회사인 Safelite AutoGlass의 모회사이다. 1990년대 중반에 Safelite AutoGlass사는 자동차유리를 설치하는 종업원들에게 시간당 임금을 지급하는 방식에서 그들이 얼마나 많은 자동차유리를 설치하느냐에 기초해서 종업원들에게 지급하는 방식으로 급여시스템을 바꾸었다. Safelite AutoGlass사는 이미 각 근로자들이 하루에 얼마나 많은 자동차유리를 설치하는지를 쉽게 추적할 수 있는 컴퓨터시스템을 가지고 있었다. Safelite AutoGlass사는 품질에 문제가 없도록 하기 위해 설치된 자동차유리에서 작업 관련 결함이 발생되면 작업한 근로자는 새로운 자동차유리를 설치해야 하고 이러한 추가적인 작업에 대해 급여를 지급받지 못한다는 규칙을 추가적으로 도입했다.

Edward Lazear는 이 회사에 의해 제공된 데이터를 분석했고 새로운 생산량기준 급여시스템 하에서 근로자당 설치된 자동차유리의 수가 44%나 급증했다는 것을 발견했다. Lazear는 이러한 증가의 반은 이 회사에서 계속해서 일했던 근로자들의 생산성 증가에 기인한 것이고, 나머지 반은 이 회사를 떠났던 근로자들을 대체했던 새로운 근로자들이 더 생산적이었기 때문에 발생된 것이라고 추정했다. 근로자 급여는 평균적으로 약 9.9%만큼 증가했다. 근로자들의 92%가 급여상승을 경험했고 근로자들의 1/4은 적어도 28%가 증가된 급여를 받았다. 이 회사의 자동차유리 1장을 설치하는 비용이 시간당 임금 시스템 하에서 $44.43에서 생산량기준 급여시스템 하에서 $35.24로 하락했기 때문에, 이 회사의 이윤도 증가했다.

사회학자들은 종종 근로자 생산성이 금전적 인센티브를 통해 증가될 수 있는지에 대해 의문을 제기한다. Safelite AutoGlass사의 경험은 근로자들이 더 높은 보상을 받기 위해 생산량을 증가시킬 수 있는 기회에 적극적으로 반응한다는 점을 분명히 보여준 예이다.

Safelite AutoGlass사의 생산량기준 급여시스템이 근로자 임금과 기업 이윤을 증가시켰다.

자료: Edward P. Lazear, "Performance Pay and Productivity," *American Economic Review*, Vol. 90, No. 5, December 2000, pp. 1346 – 1361.

흐름에 따라 Anne은 생산적이지 못한 종업원들이 떠나는 것을 발견하게 되는 반면에 더 생산적인 새로운 종업원들을 고용할 수 있게 된다.

또한 수수료를 지급하는 것은 Anne 회사의 자동차 판매원들이 자동차를 더 많이 판매해야 하는 인센티브를 증가시킨다. 만일 Anne이 시간당 급여를 지급한다면, 그녀의 종업원들은 그들이 자동차를 얼마나 판매했느냐에 관계없이 같은 금액을 받을 것이다. 시간당 급여를 받는 종업원은 매우 덥거나 추운 날에 잠재적 고객들을 맞이하기 위해 자동차가 있는 장소로 나가기보다는 빌딩 안에 머물러 있는 것이 문제가 되지 않는다고 생각할 수 있다. 그러나 수수료를 받는 종업원은 자동차를 더 많이 판매하려는 추가적인 노력이 추가적인 보상을 받을 것이라는 것을 안다.

보상시스템 설정 시 기타 고려사항

지금까지의 논의는 기업이 시간당 급여 시스템보다 수수료나 생산량기준 급여시스템을 사용하는 것이 더 이익이 될 것이라고 제시한다. 그러나 실제로 많은 기업은 근로자들에게 시간당 급여를 지급하고 있는데 이것은 근로자들에게 얼마나 생산했느냐보다 몇 시간 동안 일했느냐에 기초해서 급여를 지급한다는 것을 의미한다. 기업은 다음과 같은 요소들을 고려해서 급여 시스템을 선택할 수 있다.

- *생산량 측정의 어려움*. 기업은 종종 생산량을 특정한 근로자가 생산한 것으로 간주하는데 어려움을 가진다. 예를 들어, 한 엔지니어링 회사는 개인적인 기여를 구분하기 어려운 근로자들로 구성된 팀을 사용하면서 프로젝트를 수행할 수 있다. 자동차 산업에서 사용되는 것과 같은 조립라인에서 각 근로자에 의해 생산된 양은 근로자들이 아닌 경영자들이 설정한 조립라인의 속도에 의해 결정된다. 많은 기업의 경영자들은 가능할 수는 있겠지만 그들의 생산량을 측정하는데 비용이 많이 드는 매우 다양한 업무들을 수행한다.
- *품질에 대한 우려*. 만일 근로자들이 생산량에 기초해서 지급받으면, 그들은 품질에 대해 덜 우려하게 될 수 있다. 타이핑한 문자의 양에 기초해서 지급받는 사무보조원은 얼마나 많은 오타가 있는지에 대해 부주의하게 될 수 있다. 일부 경우에 이러한 문제를 피할 수 있는 방법들이 존재한다. 예를 들어, 사무보조원에게 지급하지 않고 시간을 써서 실수를 교정하도록 요구할 수 있다.
- *위험에 대한 근로자 반감*. 생산량기준이나 수수료 보상시스템은 근로자의 노력과 관련되어있지 않은 이유들 때문에 생산량이 종종 감소하기 때문에 근로자들에게 위험을 증가시킨다. 예를 들어, 눈이 매우 많이 내리는 겨울이 되면, 고객들이 Anne의 자동차 딜러 회사에 거의 나타나지 않을 수 있다. 그들 자신의 과오가 아니더라도 그녀의 자동차 판매원들은 자동차를 판매하는데 큰 어려움을 겪을 수 있다. 만일 그들이 시간당 급여로 지급받으면 그들의 소득은 영향을 받지 않을 것이나, 만일 그들이 수수료로 지급받으면 그들의 소득은 낮은 수준으로 하락할 수 있다. 한편, Anne(기업)의 입장에서 볼 때는 시간당 급여를 지급하면 더 큰 위험을 선택하게 되는 것이다. 눈이 많이 내리는 겨울 동안 그녀의 매출이 낮을지라도 그녀의 급여지출은 여전히 높을 것이다. 수수료 보상 시스템의 경우에는 그녀의 급여지출은 그녀의 매출과 함께 감소할 것이다. 그러나 일반적으로 근로자들은 기업소유주들보다 위험을 더 잘 감당하지 못한다. 따라서 수수료 시스템 하에서 더 많이 벌게 될 근로자들이 그들의 위험을 감소시키기 위해 시간당 급여를 받는 것을 선호할 수 있다. 따라서 이러한 경우에는 낮은 시간당 급여를 지급하는 것이 수수료나 생산량기준 급여 시스템의 경우보다 기업들의 급여 지출을 줄여줄 수 있다.

인사관리경제학은 상대적으로 새로운 학문분야이나 기업들이 인적자원 관련 이슈들을 더 효율적으로 다루는 것을 돕는데 상당한 잠재력을 가지고 있다.

13.6. 자본시장과 천연자원시장

노동시장을 분석하기 위해서 사용되었던 접근법은 다른 생산요소시장을 분석하기 위해서도 사용될 수 있다. 추가적으로 근로자 1명을 고용하는 것이 기업에게 주는 가치가 추가적으로 근로자 1명을 고용하여 생산할 수 있는 추가적인 생산량을 판매함으로써 기업이 버는 수입의 증가액과 같기 때문에 노동에 대한 수요는 노동의 한계생산물수입에 의해 결정된다. 자본에 대한 수요와 천연자원에 대한 수요도 이와 유사한 방식으로 결정된다.

자본시장

*실물자본 physical capital*에는 기계, 설비, 빌딩 등이 포함된다. 기업은 종종 자본을 구매하지만 여기서는 기업이 자본을 임대하는 상황에 초점을 맞출 것이다.[1] 창고를 임대하여 사용하는 초콜렛 생산회사와 비행기를 임대하여 사용하는 항공사가 자본을 임대하여 사용하는 예이다. 노동에 대한 수요와 마찬가지로 자본에 대한 수요도 파생수요이다. 예를 들어, 기업이 추가적으로 기계 1대를 고용하여 자본을 증가시키는 것을 고려할 때, 이 기계를 고용하는 것이 기업에게 주는 가치는 이 기계를 고용함으로써 생산할 수 있는 추가적인 생산량을 판매하여 기업이 버는 수입의 증가액과 같다. *자본의 한계생산물수입 marginal revenue product of capital*은 추가적으로 기계 1대와 같은 자본 1단위를 고용한 결과로 발

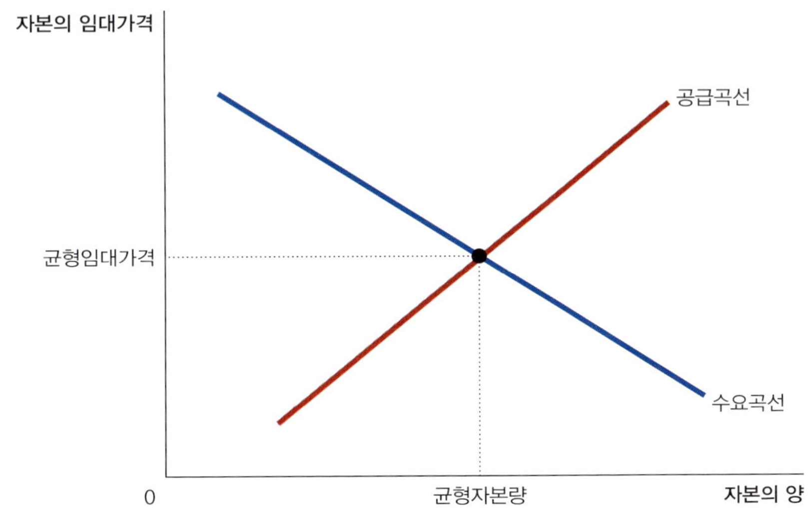

그림 13.11

자본시장의 균형

자본의 임대가격은 자본시장의 수요와 공급에 의해 결정된다. 균형에서 자본의 임대가격은 자본의 한계생산물수입과 같다.

1) 역주: 시장이 완전히 효율적이라고 가정한다면 어떤 것을 구매하는 것과 임대하는 것은 동일한 비용을 발생시킨다. 즉, 둘 사이에는 비용상의 차이가 없다.

생되는 기업이 버는 수입의 변화이다. 노동의 한계생산물수입곡선이 노동에 대한 수요곡선이라는 것은 이미 살펴보았다. 마찬가지로, 자본의 한계생산물수입곡선이 자본에 대한 수요곡선이다.

자본재를 생산하는 기업의 한계비용은 증가하기 때문에 자본재의 공급곡선은 우상향한다. [그림 13.11]은 자본시장의 균형을 보여준다. 균형에서 노동의 공급자들이 노동의 한계생산물수입과 같은 임금을 받는 것과 마찬가지로 자본의 공급자들은 자본의 한계생산물수입과 같은 임대가격을 받는다.

천연자원시장

천연자원시장도 노동시장이나 자본시장과 같은 방식으로 분석될 수 있다. 기업이 더 많은 천연자원을 사용하는 것을 고려할 때, 더 많은 천연자원을 사용하는 것이 기업에게 주는 가치는 이러한 천연자원을 구매하여 생산할 수 있는 추가적인 생산량을 판매하여 기업이 버는 수입의 증가액과 같다. 따라서 천연자원에 대한 수요도 파생수요이다. *천연자원의 한계생산물수입 marginal revenue product of natural resources*은 석유 1배럴과 같이

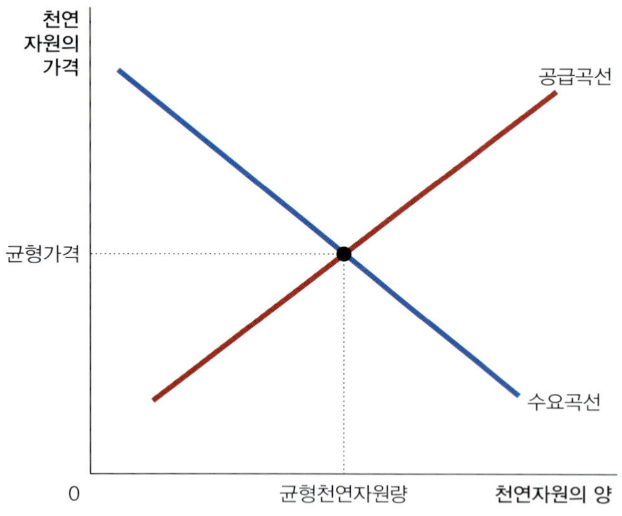

(a) 우상향하는 공급곡선을 가지고 있는 천연자원시장

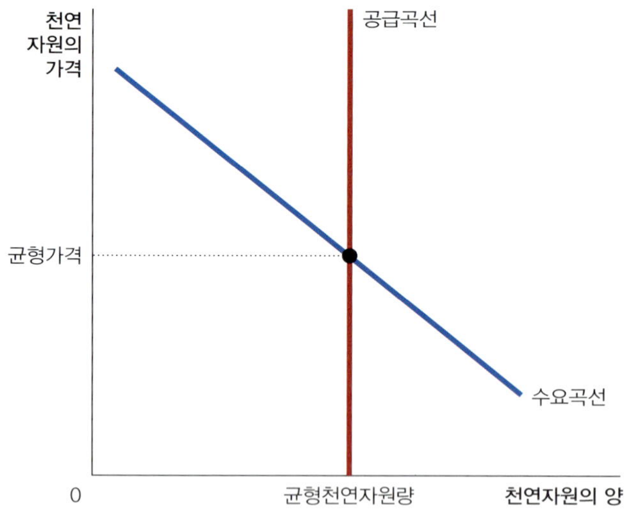

(b) 수직선의 공급곡선을 가지고 있는 천연자원시장

그림 13.12

천연자원시장의 균형

그림(a)에서 천연자원의 공급곡선은 우상향한다. 천연자원의 가격은 수요곡선과 공급곡선의 교차점에서 결정된다. 그림(b)에서 천연자원의 공급곡선은 수직선이고 공급량이 가격의 변화에 반응하지 않는다. 이 경우에 천연자원의 가격은 수요에 의해서만 결정된다. 수직선의 공급곡선을 가지는 생산요소의 가격은 경제적 렌트 economic rent, 또는 순수렌트 pure rent라고 부른다.

추가적으로 천연자원 1단위를 사용한 결과로 기업이 버는 수입의 변화이다. 천연자원의 한계생산물수입곡선이 천연자원에 대한 수요곡선이다.

유머작가인 Will Rogers가 일찍이 "땅을 사라, 사람들은 땅을 더 만들지 못한다"고 말했던 것처럼 대부분 천연자원의 총량은 궁극적으로 고정되어 있지만, 많은 경우에 천연자원의 공급량은 여전히 천연자원의 가격에 반응한다. 예를 들어, 세계의 총석유부존량은 고정되어 있지만, 석유가격의 상승은 특정한 기간 동안 석유의 공급량을 증가시킨다. 그 결과로 [그림 13.12(a)]가 보여주는 것처럼 천연자원의 공급곡선은 우상향한다. 그러나 일부의 경우에 천연자원의 공급량은 고정되어 있고 가격이 변화해도 변화하지 않는다. 예를 들어, 혼잡한 교차로에 있는 땅은 고정되어 있다. [그림 13.12(b)]에서 보는 것처럼, 이러한 상황에서 천연자원의 공급곡선은 수직선, 즉 완전비탄력적이다. 공급량이 고정되어 있는 생산요소의 소유주는 **경제적 렌트 economic rent (순수렌트 pure rent)**를 받는다. 이 경우에 이러한 생산요소의 가격은 수요에 의해서만 결정된다. 예를 들어, 새로 개통된 고속도로가 이전에 혼잡했던 교차로 교통의 상당 부분을 해소시키면, 교차로 인근 토지에 대한 수요는 감소할 것이고 이러한 토지의 가격은 하락할 것이나 토지의 양은 변화하지 않을 것이다.

경제적 렌트 economic rent (순수렌트 pure rent)
공급이 고정되어 있는 생산요소의 가격.

수요독점

한 기업이 한 재화나 한 서비스의 유일한 판매자인 독점 monopoly의 경우는 이미 분석하였다(제11장 참조). 한 기업이 한 생산요소의 유일한 구매자라면 어떤 일이 발생하는가? 이러한 경우는 **수요독점 monopsony**이라고 부르며, 이러한 경우는 상대적으로 드물게 발생한다. 워싱턴 주나 오레곤 주의 작은 마을에 있는 한 목재소와 같이 고립된 마을에 위치해 있는 한 기업이 그 지역에서 유일한 노동의 고용주가 되는 경우가 수요독점의 예이다. 19세기와 20세기 초에 일부 탄광회사들이 웨스트버지니아 주의 작은 마을들에서 유일한 고용주들이었고, 일부 파인애플 플랜테이션들이 하와이 주의 작은 섬들에서 유일한 고용주들이었다. 이러한 기업은 목재소, 탄광, 플랜테이션을 소유하고 있을 뿐만 아니라 그 마을의 가게들과 다른 기업들도 소유하고 있었다. 근로자들은 이 마을에 있는 유일한 고용주를 위해 일하거나 다른 마을로 이사하는 것을 선택하였을 것이다.

수요독점 monopsony
한 기업이 한 생산요소의 유일한 구매자가 되는 상황.

생산물 시장에서 독점인 기업은 시장가격을 상승시키고 이윤을 증가시키기 위해 생산물의 공급량을 감소시킬 수 있는 시장지배력을 사용한다. 생산요소시장에서 수요독점인 기업도 이와 유사한 전략을 사용한다. 수요독점기업은 생산요소의 가격을 하락시키고 이윤을 증가시키기 위해 생산요소의 수요량을 제한할 것이다. 노동시장에서 수요독점을 가지고 있는 기업은 경쟁시장의 경우보다 더 적은 근로자들을 고용하고 더 낮은 임금을 지급할 것이다. 경쟁시장의 경우보다 더 적은 근로자들이 고용되기 때문에 수요독점은 사장손실을 발생시킨다. 독점과 수요독점은 경제에 유사한 영향을 미친다. 두 경우에 기업의 시장지배력은 경쟁시장의 결과와 비교해서 더 적은 균형량, 사장손실, 경제적 효율성의 감소를 발생시킨다.

어떤 경우에는 노동시장의 수요독점은 근로자들의 노동조합에 의해 상쇄된다. 이러한 상황을 잘 보여주는 예가 프로스포츠 분야이다. 예를 들어, MLB는 실제로 프로야구선수들을 고용하는데 있어서 수요독점을 가진다(독립야구리그에 속하는 팀들이 존재하지만, 최고의 선수들 중 어느 누구도 이러한 팀들에서 경기하지 않고 이러한 팀들은 MLB 팀들이 지급하는 연봉보다 매우 적은 연봉을 지급한다). MLB 팀들의 구단주들이 가지고 있는 수요독점력은 야구선수들을 대표하는 노동조합인 MLB 선수협회의 힘에 의해 상쇄된다. MLB의 대표들과 선수들의 노동조합 간 협상으로 야구선수들은 경쟁시장에서 받을 수 있는 금액과 비슷한 연봉을 지급받는다.

소득분배의 한계생산성이론

균형에서 각 생산요소는 각 생산요소의 한계생산물수입과 같은 가격을 받는다는 것을 살펴보았다. 이러한 사실을 사용하여 소득분배를 설명할 수 있다. 생산요소의 한계생산물수입은 생산요소가 재화와 서비스 생산에 대한 한계기여의 가치를 나타낸다. 따라서 개인들은 그들의 노동을 포함하여 그들이 소유하고 있는 생산요소들의 생산에 대한 한계기여와 같은 소득을 받을 것이다. 개인이 소유하고 있는 생산요소들이 많고 이러한 생산요소들이 더 생산적일수록 개인의 소득은 더 높아질 것이다. 소득분배를 설명하는 이러한 접근법은 **소득분배의 한계생산성 이론 marginal productivity theory of income distribution**이라고 부른다. 이 이론은 19세기 말과 20세기 초에 Columbia University에서 가르쳤던 John Bates Clark에 의해 개발되었다.

소득분배의 한계생산성 이론 marginal productivity theory of income distribution
소득분배가 개인들이 소유하고 있는 생산요소들의 한계생산성에 의해 결정된다는 이론.

결론

이 장에서는 임금이 근로자들 간에 왜 서로 다른가를 설명하기 위해 수요와 공급 모델이 사용되었다. 근로자들에 대한 수요는 그들의 생산성과 기업들이 책정하는 생산물의 가격에 의해 결정된다. 한 직업분야에서 근로자들의 공급은 고용주들이 제공하는 임금 및 근로조건과 요구되는 능력에 의해 결정된다. 또한 노동시장에 대한 수요와 공급 분석은 경제적 차별과 노동조합의 효과를 분석하는데 도움을 줄 수 있다.

주요 용어 KEY TERMS

보상격차 compensating differentials
파생수요 derived demand
경제적 차별 economic discrimination
경제적 렌트 economic rent
(순수렌트 pure rent)
생산요소 factor of production
인적자본 human capital
노동조합 labor union
노동의 한계생산물
marginal product of labor
소득분배의 한계생산성 이론
marginal productivity theory of
income distribution
노동의 한계생산물수입 marginal
revenue product of labor (MRP of
labor)
수요독점 monopsony
인사관리경제학 personnel economics

연습문제 PROBLEMS

* 복습질문

1. 어떤 의미에서 노동에 대한 수요는 파생수요인가?
2. 노동의 한계생산물과 노동의 한계생산물수입 간의 차이점은 무엇인가?
3. 노동에 대한 수요곡선은 왜 우하향하는가?
4. 노동에 대한 수요곡선을 이동시키는 5가지 중요한 변수들은 무엇인가?
5. 여가의 기회비용을 어떻게 측정할 수 있는가? 임금의 변화로부터 발생되는 대체효과와 소득효과는 무엇인가? 왜 노동의 공급곡선은 일반적으로 우상향하는가?
6. 노동의 시장공급곡선을 이동시키는 3가지 중요한 변수들은 무엇인가?
7. 만일 노동의 수요곡선이 왼쪽으로 이동하고 노동의 공급곡선이 변화하지 않으면, 균형임금과 균형고용수준에 어떤 일이 발생하는가? 답을 그림으로 나타내라.
8. 만일 노동의 공급곡선이 왼쪽으로 이동하고 노동의 수요곡선이 변화하지 않으면, 균형임금과 균형고용수준에 어떤 일이 발생하는가? 답을 그림으로 나타내라.
9. 보상격차는 무엇인가? 한 가지 예를 들어보라.
10. 경제적 차별을 정의하라. 한 그룹이 다른 그룹들보다 더 높은 소득을 가진다는 사실이 경제적 차별의 증거인가? 간략히 설명하라.
11. 어떤 의미에서 차별하는 고용주들이 경제적 벌금을 지불하는가? 이러한 벌금이 차별을 제거하기에 충분한가? 간략히 설명하라.
12. 인사관리경제학은 무엇인가?
13. 한 기업이 고정된 시간당 급여를 수수료나 생산량기준 급여로 바꾸면 이 기업에서 일하는 종업원들의 생산성이 증가될 수 있는 2가지 방법은 무엇인가?
14. 만일 생산량기준이나 수수료 보상 시스템이 기업에게 제공하는 중요한 장점을 가지고 있다면, 왜 더 많은 기업들이 이러한 보상시스템을 사용하지 않는가?
15. 자본의 가격은 어떻게 결정되는가? 천연자원의 가격은 어떻게 결정되는가? 경제적 렌트는 무엇인가?
16. 수요독점은 무엇인가?
17. 소득분배의 한계생산성이론은 무엇인가?

* 문제와 응용

1. Frank Gunter는 사과 과수원을 소유하고 있다. 그는 87명의 사과를 따는 사람들을 고용하고 사과를 따는 시간당 $8을 지급하며 사과 한 박스를 $1.60에 판매한다. 만일 Frank가 이윤을 극대화하고 있다면, 그가 고용한 마지막 근로자의 한계생산물수입은 얼마인가? 그가 고용한 마지막 근로자의 한계생산물은 얼마인가?

2. Terrell's Television사에 관한 아래의 표를 완성하라.

근로자의 수	주당 텔레비전 생산량	노동의 한계생산물 (주당 텔레비전 세트 수)	제품 가격	노동의 한계생산물 수입 (주당 달러)	임금 (주당 달러)	추가적으로 1명의 근로자를 고용하여 발생되는 추가적인 이윤 (주당 달러)
L	*Q*	*MP*	*P*	*MRP*	*W*	*MRP–W*
0	0	–	$300	–	$1,800	–
1	8	–	300	–	1,800	–
2	15	–	300	–	1,800	–
3	21	–	300	–	1,800	–
4	26	–	300	–	1,800	–
5	30	–	300	–	1,800	–
6	33	–	300	–	1,800	–

a. 표에 있는 정보를 사용해서 당신은 이 회사가 가격순응자인지 가격설정자인지 결정할 수 있는가? 간략히 설명하라.

b. 표에 있는 정보를 사용해서 이 회사의 노동에 대한 수요곡선을 그려라. 반드시 당신의 그림 상에 이윤극대화 노동량을 표시하라.

3. 다음의 각 사건이 중국에 있는 전자공장들의 노동에 대한 시장수요곡선상의 이동을 발생시키는지, 노동에 대한 시장수요곡선을 이동시키는지 판단하라. 만일 노동에 대한 시장수요곡선이 이동하면, 노동에 대한 시장수요곡선이 오른쪽으로 이동하는지 왼쪽으로 이동하는지 제시하고 이러한 곡선의 이동을 나타내는 그림을 그려라.

a. 임금이 하락한다.

b. 텔레비전 가격이 하락한다.

c. 몇몇 기업들이 중국의 텔레비전 시장에서 퇴출한다.

d. 중국의 고등학교들이 전자제품을 조립하는 새로운 직업 과목을 도입한다.

4. 대규모 유전이 미시간 주에서 발견되었다고 하자. 주 정부는 석유에 대한 세금을 부과함으로써 임금에 대한 주 소득세를 폐지시킬 수 있다. 이것이 미시간 주에서 노동 공급곡선에 어떤 영향을 미칠 수 있는가?

5. 다음의 각 사건은 농업부문 노동의 시장공급곡선 상의 이동을 발생시키는지, 농업부문 노동의 공급곡선을 이동시키는지 판단하라. 만일 농업부문 노동의 시장공급곡선이 이동하면, 농업부문 노동의 시장공급곡선이 오른쪽으로 이동하는지 왼쪽으로 이동하는지 제시하고 이러한 곡선의 이동을 나타내는 그림을 그려라.

a. 농업부문 노동의 임금이 하락한다.

b. 농업부문 이외의 임금이 상승한다.

c. 법이 미국으로의 무제한 이민이 가능하도록 변경된다.

6. 한 학생이 다음과 같이 말한다. "나는 한계생산물수입이라는 개념이 실제로 임금의 차이를 설명하는데 도움을 준다고 생각하지 않는다. 야구경기의 티켓 비용이 대학 수업료보다 훨씬 적다. 그러나 야구선수들은 대학교수들보다 훨씬 더 많이 지급받는다." 당신은 이 학생의 견해에 동의하는가?

7. 왜 슈퍼스타 야구선수는 존재하지만 슈퍼스타 배관공은 존재하지 않는가?

8. Harvard University의 Lawrence Katz는 한 신문기사에서 남성 의사들의 소득과 여성 의사들의 소득 간 차이는 "대체로 개인적인 선택에 의해 설명된다"고 주장했다. 또한 그는 "그것이 얼마만큼인지 분명하지 않지만" 차별이 이러한 소득차이를 부분적으로 설명할 수 있다고 지적했다.

a. Katz가 주장한 "개인적인 선택"은 무엇을 의미하는가? 개인적인 선택이 남성과 여성이 지급받는 금액의 차이를 어떻게 발생시킬 수 있는가?

b. 왜 남성과 여성이 지급받는 금액의 차이 중 얼마가 차별에 의한 것인지 추정하는 것이 어려운가?

9. 아래의 그림을 사용하여 다음의 질문에 답하라.

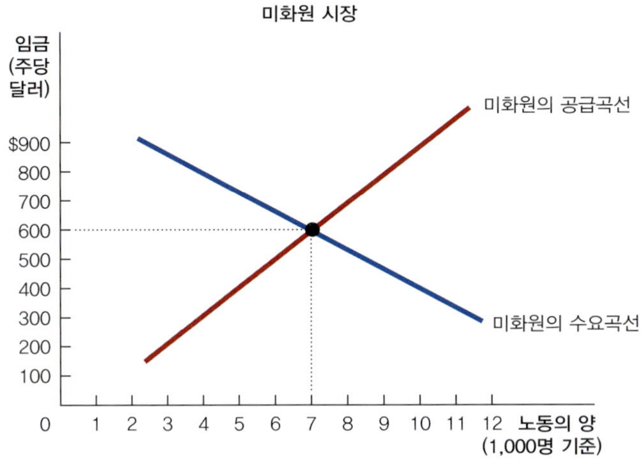

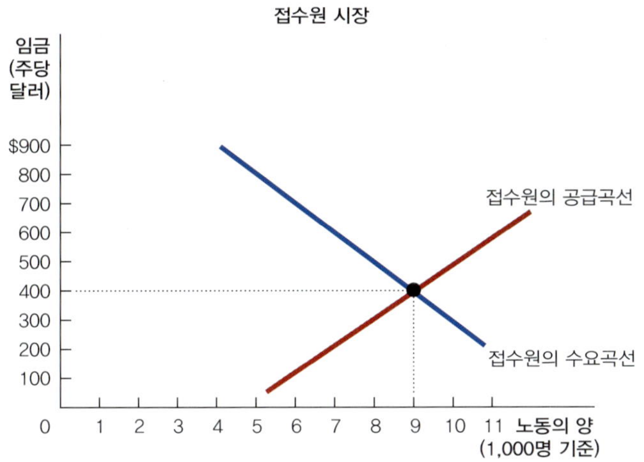

a. 미화원의 균형고용량은 얼마이고 미화원의 균형임금은 얼마인가?

b. 접수원의 균형고용량은 얼마이고 접수원의 균형임금은 얼마인가?

c. 왜 미화원들이 접수원들보다 더 높은 주당 임금을 버는지 간략히 논의하라.

d. 동등가치법이 통과되어 정부가 미화원과 접수원은 주당 $500의 동일 임금을 지급받아야 한다고 요구한다고 하자. 이제 얼마나 많은 미화원들이 고용되고 얼마나 많은 접수원들이 고용되는가?

10. 대부분의 대학들에서 경제학 교수들은 교육학 교수들보다 더 높은 연봉을 받는다. 정부가 이제부터 모든 대학들은 경제학 교수들과 교육학 교수들에게 동일한 연봉을 지급해야 한다고 요구한다고 하자. 수요와 공급곡선을 사용해서 이러한 요구의 효과를 분석하라.

11. 대부분의 직업에서 열심히 일할수록 더 많이 번다. 일부 근로자들은 덜 열심히 일한 그 결과로 덜 벌더라도 열심히 일하지 않는다. 한 회사의 모든 근로자들이 "열심히 일하여 더 많이 벌려는 근로자" 그룹에 속한다고 하자. 또한 모든 근로자들이 동일한 능력을 가지고 있다고 하자. 이러한 상황에서 근로자당 생산량은 생산량기준 급여시스템 하에서와 시간당 임금 보상시스템 하에서 같은가? 간략히 설명하라.

12. Adam은 핀 공장을 경영하고 있다. Adam은 아래의 표에 제시된 상황에 직면해 있고, 기계 한 대를 임대하는 비용은 주당 $550이라고 하자.

(1)기계의 수	(2)주당 핀 생산량 (주당 박스 수)	(3)자본의 한계생산물	(4)제품 가격 (박스당 달러)	(5)총수입	(6)자본의 한계생산물 수입	(7)기계 1대당 임대비용	(8)추가적으로 기계 1대를 고용하여 발생되는 추가적인 이윤
0	0	–	$100		–	$550	
1	12		100			550	
2	21		100			550	
3	28		100			550	
4	34		100			550	
5	39		100			550	
6	43		100			550	

a. 표의 빈칸을 채우고 Adam이 임대하는 이윤극대화 기계의 수를 결정하라. 왜 이러한 수의 기계를 임대하는 것이 이윤극대화를 발생시키는지 간략히 설명하라.

b. Adam의 자본에 대한 수요곡선을 그려라.

13. 지구상의 석유 총부존량은 증가하지 않는다. 이것은 석유시장에서 공급곡선이 완전비탄력적이라는 것을 의미하는가? 간략히 설명하라.

14. 경쟁적 노동시장에서 최저임금을 부과하는 것은 균형고용수준을 감소시킨다. 만일 노동시장이 수요독점시장이라면, 이러한 결과가 여전히 성립하는가? 간략히 설명하라.

CHAPTER 14

주식시장과 기업지배구조

이 장의 학습내용

14.1 기업의 유형
- 기업의 유형을 설명한다.

14.2 기업의 구조와 주인–대리인 문제
- 전형적인 기업의 경영구조를 설명하고 소유와 경영의 분리와 주인–대리인 문제를 이해한다.

14.3 기업의 자금조달방법
- 기업을 운영하고 확장하기 위해 기업이 필요한 자금을 어떻게 조달하는지 설명한다.

14.4 재무제표를 사용하여 기업 평가하기
- 기업의 재무제표가 제공하는 정보를 이해한다.

14.5 기업지배구조에 관한 정책과 2007~2009년의 금융위기
- 기업지배구조의 문제와 관련하여 2007~2009년의 금융위기를 논의한다.

부록 기업의 재무정보를 분석하기 위한 도구
- 현재가치의 개념과 기업의 손익계산서와 대차대조표에 포함되어 있는 정보를 이해한다.

Facebook은 상장회사가 되는 데 따른 비용과 편익을 배우고 있다.

Mark Zuckerberg가 2004년에 Facebook을 시작했을 때, 그는 대학 2학년 학생이었다. 9년이 지난 후에 Facebook은 전 세계에 11억 명의 적극적 사용자를 가지게 되었다. Zuckerberg가 Facebook을 시작했던 것은 사람들이 온라인상에서 새로운 친구를 만나는 것보다는 그들이 이미 알고 있는 친구들과 계속해서 연락하는데 관심을 더 가지고 있다고 믿었기 때문이었다. Facebook에서는 링크되어 있거나 친구로 맺어져 있는 사람들만 페이지를 볼 수 있고 이것이 다른 사이트들에 만연되어 있었던 신원확인의 문제를 감소시켰다.

2011년 가을에 Zuckerberg는 중요한 의사결정을 해야 하는 상황에 직면했다. Facebook과 같이 급속한 성공을 경험하는 기업은 확장에 필요한 자금을 빨리 조달해야 할 필요가 있다. 일부 기업들은 은행으로부터 차입하여 자금을 조달한다. 대기업들은 금융시장에서 투자자들에게 주식과 채권을 매각할 수 있는 능력을 가지고 있다. 뉴욕증권거래소 New York Stock Exchange와 같은 금융시장에서 거래되는 주식을 발생하는 기업은 상장기업 public firm이라고 부르는 반면, 그러한 주식을 판매하지 않는 기업은 비상장기업 private firm이라고 부른다. Facebook을 상장기업으로 전환시켜 주식을 매도하는 것은 Zuckerberg에게 자금을 안겨줄 것이지만 주식을 매입한 사람들(주주들)은 Facebook의 부분적 소유권과 Facebook의 이윤에 대한 청구권을 가지게 될 것이며 Zuckerberg의 리더십에 의문을 제기할 수도 있다. Zuckerberg는 기업에 대한 통제권을 어느 정도 가질 수 있으나 Facebook의 확장을 계속할 수 있는 완전히 자유로운 통제력을 더 이상은 가지지 못할 수 있다는 점을 우려했다.

마침내 2012년 5월에 Facebook은 일반 사람들에게 주식을 매도했다. 많은 개인투자자들은 처음 가격인 주당 $38에 Facebook 주식을 열광적으로 매입했다. 하지만, 그 다음 해에 많은 사람들이 컴퓨터가 아니라 스마트 폰과 태블릿에서 Facebook을 사용하기 시작함에 따라, Facebook은 광고를 파는데 어려움을 겪게 되었고 Facebook의 수입은 예상보다 더 느리게 증가했다. 그에 따라 Facebook의 주가는 변동했었다. 2013년에 Facebook의 주가는 마침내 처음 가격인 주당 $38보다 높게 상승했고, 이는 주당 $38의 가격에 Facebook 주식을 매입했던 투자자들에게 상당한 이득을 제공했다.

이 장에서 살펴보겠지만, 금융시장은 많은 기업들에게는 중요한 자금조달처이고 가계들에게는 중요한 투자처이다. 일반적으로, 잘 작동하는 금융시스템은 경제의 건강도를 결정하는데 매우 중요하다.

자료: Based on Jessi Hempel, "How Facebook Is Taking over Our Lives," *Fortune*, March 11, 2009; Khadeeja Safdar, "Facebook, One Year Later: What Really Happened in the Biggest IPO Flop Ever," *Atlantic*, May 20, 2013; and Evelyn Rusli, "After IPO, Facebook Gets Serious about Making Money," *Wall Street Journal*, May 16, 2013.

이 장에서는 기업은 어떻게 조직되고, 어떻게 자금을 조달하며, 어떻게 투자자들에게 정보를 제공하는지 살펴본다. 앞의 장들에서 논의한 것처럼, 시장시스템 속에 있는 기업은 재화와 서비스를 생산하기 위해 생산요소들을 조직화해야 하는 책임을 가지고 있다. 기업은 기업가가 이윤을 벌기 위해 사용하는 수단이다. 기업가는 새롭거나 더 좋은, 재화와 서비스를 생산하거나, 더 싼 가격으로 판매될 수 있도록 더 낮은 가격에 기존 재화와 서비스를 생산하는 방법을 발견함으로써 소비자들의 욕구를 충족시켜야 한다. 또한 기업가는 충분한 자금을 확보해야 하며 효율적으로 생산을 조직할 수 있어야 한다. 많은 산업들에서 전형적인 기업의 규모가 과거 100년 동안에 더 커지게 됨에 따라, 생산을 효율적으로 조직하는 일은 더 어렵게 되었다. 이 장의 마지막 절에서는 최근에 발생된 *기업지배구조 corporate governance*의 문제를 살펴본다. 또한 이러한 문제를 극복하기 위한 기업과 정부가 취한 조치들도 살펴본다.

14.1. 기업의 유형

시장경제를 공부하는데 있어서 기업이 어떻게 운영되는지에 대한 기본적인 사항들을 이해하는 것이 중요하다. 미국에는 3개 범주의 중요한 기업 유형, 즉 *개인회사 sole proprietorship*, *합명회사 partnership*, *주식회사 corporation*가 존재한다. **개인회사 sole proprietorship**은 한 명의 개인이 소유하고 있는 기업이다. 대부분의 개인회사들은 작지만 일부 개인회사들은 많은 근로자들을 고용하고 상당한 이윤을 번다. **합명회사 partnership**는 2명 이상이 공동으로 소유하고 있는 기업이다. 대부분의 법무법인들과 회계법인들이 합명회사들이다. 일부 합명회사들은 매우 크다. 예를 들어, 2013년에 시카고에 본부를 두고 있는 Baker & McKenzie 법무법인은 1,400명의 파트너들을 고용하고 있었다. 그렇지만 대부분의 대기업들은 주식회사로 조직된다. **주식회사 corporation**는 기업이 파산하는 경우 기업에 대한 투자 이상의 손실로부터 소유주들을 보호해주는 법률적 기업 형태이다.

개인회사 sole proprietorship
한 명의 개인이 소유하고 있는 기업.

합명회사 partnership
2명 이상이 공동으로 소유하고 있는 기업.

주식회사 corporation
기업이 파산하는 경우 기업에 대해 소유주들이 투자한 금액 이상의 손실을 입지 않도록 보호되는 법적 기업 형태

누가 책임을 지는가? 유한책임과 무한책임

개인기업과 합명회사의 소유주들은 그들의 개인 자산과 기업의 자산 간에 법률적 구분이 없다는 것을 의미하는 무한책임을 가지고 있다. **자산 asset**은 사람이나 기업이 소유하고 있는 가치가 있는 것이다. 개인기업과 합명회사의 경우, 소유주들은 법률적으로 그들이 소유하고 있는 기업과 구별되지 않는다.

자산 asset
사람이나 기업이 소유하고 있는 가치가 있는 것.

기업의 소유주가 기업의 채무에 대해 책임을 져야 한다는 것은 공정한 것으로 보일 수 있다. 그러나 무한책임은 수많은 투자자들로부터 자금을 조달하고자 하는 기업에게는 상당한 문제였다는 것이 19세기 초에 미국의 많은 주 의회들에 의해 인식되기 시작했다. 투자자는 기업에 상대적으로 적은 금액을 투자하는데 관심이 있을 수 있으나 기업이 파산하

는 경우에 자신의 모든 자산을 위험에 처하게 할 수 있다는 두려움 때문에 기꺼이 기업의 파트너가 되기를 원하지 않을 수 있다. 이러한 문제를 피하기 위해서 주 의회들은 기업이 주식회사로 조직될 수 있게 허용하는 회사법을 통과시키기 시작했다. 주식회사 형태 하에서 기업의 소유주들은 회사가 파산하면 회사에 투자한 금액 이상을 결코 잃지 않는다는 의미에서 **유한책임** limited liability을 가진다. 기업 소유주들의 개인 자산은 기업의 파산에 의해 영향을 받지 않는다. 실제로 법의 잣대로 보면, 주식회사는 소유주들로부터 분리된 법적 인격체이다. 유한책임은 주식회사가 수많은 투자자들에게 주식을 발행해서 자금을 조달하는 것을 가능하게 해주었다. 예를 들어, 당신이 Facebook 주식을 사면, 당신은 Facebook의 부분적 소유주가 되지만 Facebook이 파산하더라도 Facebook의 채무에 대해 개인적으로 책임지지 않는다. 따라서 당신은 Facebook 주식을 사기 위해 지불한 금액 이상을 잃지 않는다.

유한책임 limited liability
회사에 투자한 금액 이상을 잃지 않도록 기업의 소유주들을 보호해주는 법률 조항.

한편, 기업을 주식회사로 조직하는 것은 몇 가지의 단점을 가지고 있다. 주식회사의 이윤은 두 번 과세된다. 한 번은 기업 수준에서 과세되고, 기업의 투자자들이 기업 이윤의 일부를 배당으로 받을 때 다시 과세된다. 주식회사는 일반적으로 개인기업과 합명회사보다 크고 따라서 조직하고 경영하는 것이 더 어렵다. [표 14.1]은 서로 다른 기업 조직 유형의 장단점을 정리한 것이다.

주식회사가 기업의 수입과 이윤 대부분을 번다.

[그림 14.1]은 3가지 기업 유형에 관한 기본적인 통계를 제시해준다. [그림 14.1(a)]는 모든 기업들의 거의 3/4이 개인기업이라는 것을 보여준다. [그림 14.1(b)]와 [그림 14.1(c)]는 모든 기업들의 18%만이 주식회사이지만 주식회사가 모든 기업들이 버는 수입과 이윤의 대부분을 번다는 것을 보여준다. 기업의 *이윤 profit*은 기업이 재화와 서비스를 판매하여 받는 총수입과 재화와 서비스를 생산하는 데 지출된 총비용의 차이이다.

미국에는 580만 개 이상의 주식회사들이 있지만 35,000개의 주식회사들만이 연간 $5,000만 이상의 수입을 번다. Apple, MacDonald's와 Facebook을 포함하는 이러한 35,000개의 주식회사들이 "대기업"이라고 생각할 수 있다. 이러한 대기업들이 미국의 모든 주식회사들이 버는 총이윤의 80% 이상을 번다.

표 14.1 기업 유형의 장단점

	개인기업	합명회사	주식회사
장점	• 소유주의 통제력	• 일을 공유할 수 있는 능력	• 유한책임
	• 경영의 층이 없음	• 위험을 분담할 수 있는 능력	• 자금조달 능력이 큼
단점	• 무한책임	• 무한책임	• 조직하는데 비용이 많이 듬
	• 자금조달능력 제한	• 자금조달능력 제한	• 이윤에 대한 이중과세 가능

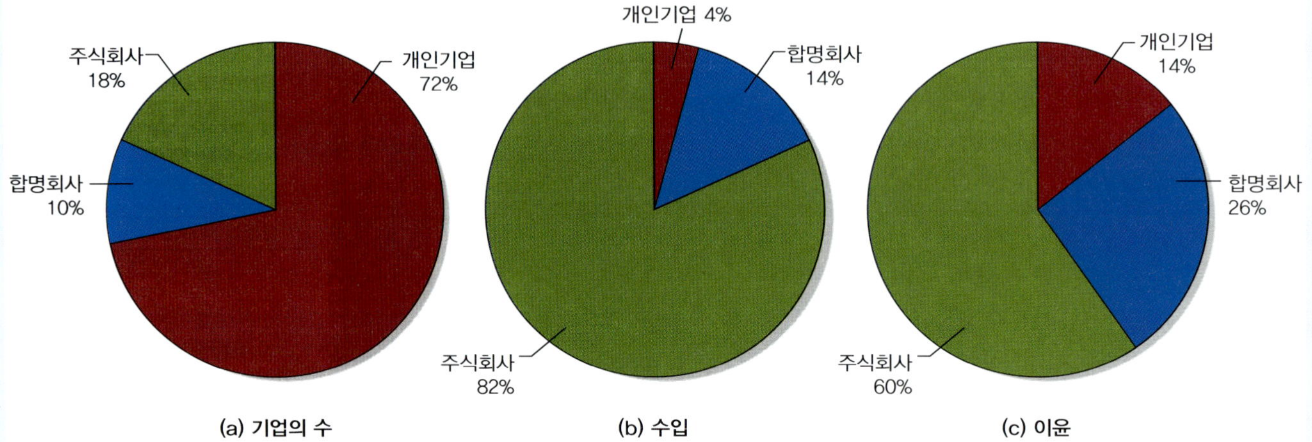

그림 14.1

기업 유형별 기업의 수, 수입과 이윤

미국에서 3가지 기업유형은 개인기업, 합명회사, 주식회사이다. 그림(a)는 모든 기업들의 18%만이 주식회사라는 것을 보여준다. 그러나 그림(b)와 그림(c)는 주식회사가 모든 기업들이 버는 수입과 이윤의 대부분을 번다는 것을 보여준다.
자료: Internal Revenue Service, *Statistics on Income*.

Making the Connection

미국 경제에서 중소기업은 얼마나 중요한가?

모든 기업들의 대부분은 개인기업이지만 개인기업은 모든 기업들이 버는 총수입과 총이윤의 작은 부분만 번다는 것을 살펴보았다. 이에 더하여 아래의 그림이 보여주는 것처럼, 사람들의 70% 이상은 50명 이상의 종업원을 가지고 있는 기업에서 일한다. 이것이 미국 경제에서 중소기업이 중요하지 않다는 것을 의미하는가?

이와는 달리 대부분의 경제학자들은 중소기업은 경제의 건강도에 매우 중요하다고 주장한다.

새로운 기업을 시작하는 것은 기업가에게 새로운 제품이나 새로운 공정을 시장에 내놓는 수단을 제공한다. 그렇지만 신생기업은 수익성 있게 기업을 운영한 기록이 부족해서 은행들과 여타 대부자들은 신생기업이 차입자금을 상환할 수 없을 것을 우려하기 때문에 중소기업을 시작하기 위해 필요한 자금을 조달하는 일은 종종 어렵다. 그 결과로 중소기업의 80% 이상은 창업자들과 그들의 가족에 의해 제공되는 자금을 사용하거나, 신용카드로 차입하거나, 창업자들이 소유한 주택의 가치를 담보로 제공하고 대출을 받아서 시작된다. 신생기업을 시작하는 사람은 성공해서 부유해지기를 바라는 반면, 창업은 근로자들에게 고용 기회를 제공해 줄 수 있고 소비자들에게 새로운 재화와 서비스를 제공해 줄 수 있다. 대부분의 연도에 미국에서 60,000개 이상의 신생기업들이 생기고 이러한 신생기업들의 95% 이상은 20명 미만의 종업원을 고용한다. 신생기업들이 한 해에 330만 개의 일자리를 창조한다. 모든 새로운 일자리들의 40%는 중소기업들에 의해 창조되고 일부 연도들에서는 모든 새로운 일자리들의 반 이상이 중소기업들에 의해 창조된다. 놀랍게도 모든 신생기업들에 의해 창조되는 모든 일자리들의 85% 이상은 중소기업들에 의해 창조된다.

평균적으로 중소기업들의 일자리는 대기업들의 일자리보다 더 낮은 임금을 지급하고 건강보험과 은퇴계정과 같은 부가혜택을

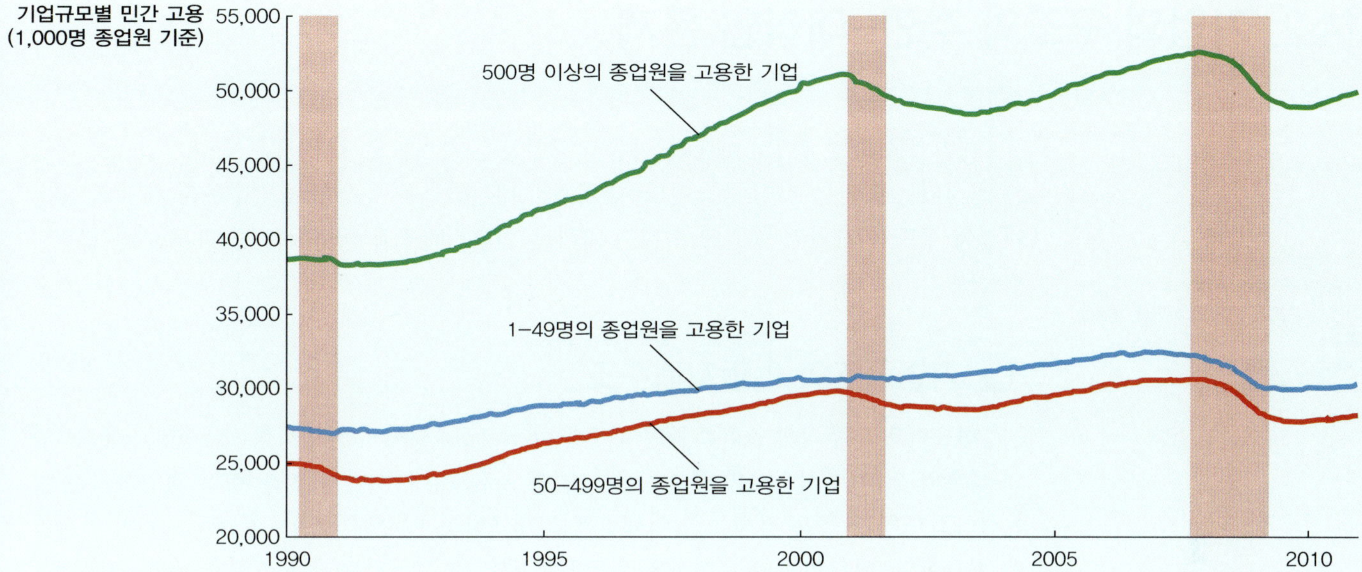

주: 음영된 부분은 경기후퇴기를 나타낸다.
자료: U.S. Bureau of Labor Statistics, "Experimental Size Class Employment, Hours, and Earnings Series from the Current Employment Statistics Survey," July 26, 2012.

제공할 가능성이 적지만, 중소기업들에서 일하는 근로자들은 더 젊은 경향이 있고 많은 근로자들의 첫 번째 일자리는 종종 중소기업의 일자리이다. 또한 중소기업들은 대기업들보다 경기후퇴기 동안에 근로자들을 해고할 가능성이 더 적다.

대기업들이 중소기업들보다 연구개발에 훨씬 더 많이 지출할지라도, 중소기업을 창업하는 기업가들은 중요하고 새로운 재화와 서비스를 제공하는 원천이었다. 일부 경제학자들은 대기업들의 연구개발 지출은 종종 기존 제품들의 중요한 개선을 발생시키지만 혁신적인 신제품은 종종 중소기업에 의해 개발된다고 주장했다. 예를 들어, 19세기 말과 20세기 초의 기간 동안에 Thomas Edison, Henry Ford, Wright Brothers는 처음에 매우 작은 규모의 기업을 시작한 직후에 중요한 제품들을 개발하였다. 최근에 Bill Gates, Steve Jobs, Michael Dell, Mark Zuckerberg는 그들의 아이디어를 개발할 수 있는 최선의 방법은 대기업에서 일하는 것보다 Microsoft, Apple, Dell Computer, Facebook을 창업하는 것이라고 생각했다. 이러한 기업들 각각은 적은 수의 종업원들로 시작되었고 그들이 개발한 핵심 제품들과 공정들은 오늘날처럼 대기업이 되기 오래 전에 개발되었다.

자료: David Neumark, Brandon Wall, and Junfu Zhang, "Do Small Businesses Create More Jobs? New Evidence for the United States from the National Establishment Time Series," *Review of Economics and Statistics*, Vol. 93, No. 1, February 2011, pp. 16-29; Ben Casselman, "Small Business Tops in Job Creation, but Also Job Cuts," *Wall Street Journal*, January 29, 2013; Amar Bhidé, *The Origins and Evolution of New Businesses*, New York: Oxford University Press, 2003; Giuseppe Moscarini and Fabien Postel-Vinay, "The Contribution of Large and Small Employers to Job Creation at Times of High and Low Unemployment," *American Economic Review*, Vol. 102, No. 6, October 2012, pp. 2509-2539; data are from *The Statistical Abstract of the United States*; the U.S. Small Business Administration; and the U.S. Bureau of Labor Statistics

14.2. 기업의 구조와 주인-대리인 문제

대기업들이 경제에서 매출과 이윤의 대부분을 차지하고 있기 때문에 대기업들이 어떻게 관리되는지 아는 것이 중요하다. 대부분의 대기업들은 유사한 경영구조를 가지고 있다. 기업의 구조가 기업의 행위에 미치는 효과를 **기업지배구조 corporate governance**라고 일컫는다.

기업지배구조 corporate governance 기업의 구조가 기업의 행위에 미치는 효과.

기업구조와 기업지배구조

법률적으로 주식의 소유주들인 *주주들 shareholders*이 주식회사를 소유한다. 개인기업의 경우와 달리 주식회사의 주주들은 기업의 소유주들이지만 기업을 직접 경영하지는 않는다. 그 대신 그들은 자신들의 이해관계를 대표하는 *이사회 board of directors*의 이사들을 선출한다. 이사회는 주식회사의 일상적인 경영을 책임지는 *최고경영자 chief executive officer(CEO)*를 지명한다. 또한 이사회는 종종 *최고재무경영자 chief financial officer(CFO)*와 같은 여타 최고경영자들을 지명한다. CEO와 CFO를 포함한 최고경영자들이 이사회에서 일한다. 그들은 *사내이사 inside director*라고 부른다. 기업의 직접적인 경영을 담당하고 있지 않은 이사회의 이사들은 *사외이사 outside director*라고 부른다. 사외이사들은 최고경영자들의 의사결정을 견제하기 위해 선임되지만 사외이사와 사내이사 간의 구별이 항상 분명한 것은 아니다. 예를 들어, 대기업에 재화와 서비스를 판매하는 기업의 CEO가 대기업의 이사로 선임될 수 있다. 이 사람은 기술적으로 말하면 사외이사지만 최고경영자들이 그의 기업으로부터의 구매를 중지시킬 수 있는 권한을 가지고 있기 때문에 최고경영자들의 의견에 반대하는 것을 주저할 수 있다.

가족경영기업의 소유주들과는 달리, 대기업의 최고경영자들은 일반적으로 주식의 상당한 비율을 소유하고 있지 않기 때문에 대기업에서는 **소유와 경영의 분리 separation of ownership from control**가 이루어진다. 주주들이 실제로 기업을 소유하고 있지만, 최고경영자들이 기업의 일상적인 운영을 통제한다. 최고경영자들은 주식의 적은 비율만을 소유하고 있기 때문에 제트기를 구매하거나 사치스러운 리조트에서 경영 미팅을 하기 위해 돈을 지출함으로써 기업의 이윤을 감소시킬 수 있다. 경제학자들은 주주들의 이해관계와 최고경영자들의 이해관계 간의 충돌을 **주인-대리인 문제 principle-agent problem**라고 말한다.[1] 이러한 문제는 대리인들인 기업의 최고경영자들이 그들을 고용한 주인인 기업의 주주들의 이해관계보다 그들 자신의 이해관계를 추구할 때 발생된다. 주인-대리인 문제를 감소시키기 위해 1990년대에 많은 기업의 이사회들은 최고경영자들의 연봉을 기업의 이윤과 기업의 주가와 연계시키기 시작했다. 그들은 이러한 조치가 최고경영자들이 가능한 최대

소유와 경영의 분리 separation of ownership from control 주주들이 아닌 최고경영자들이 기업의 일상적인 운영을 통제하는 기업의 상황.

주인-대리인 문제 자신을 고용한 주인의 이해관계보다는 자신의 이해관계를 추구하는 대리인에 의해 발생되는 문제.

1) 주인-대리인 문제는 정보의 비대칭성 때문에 발생될 수 있는 도덕적 해이로부터 발생한다. 이 경우에 정보의 비대칭성은 최고경영자들이 주주들보다 기업이 실제로 어떻게 운영되는지에 대해 더 많이 알기 때문에 발생된다.

의 이윤을 발생시켜 주주들에게 이익을 가져다주는 인센티브로 작동하기를 기대했다. 하지만, 최고경영자들은 종종 단기적으로는 기업의 이윤을 증가시켜 그들의 연봉과 보너스를 증가시키지만 장기적으로는 기업의 이윤을 감소시키는 방식으로도 행동한다.

문제풀이 14.2

기업의 CEO가 이사회의 의장이 되어야 하는가?

James Dimon은 JP Morgan Chase 은행의 CEO와 이 은행 이사회의 의장으로 일했다. 2013년 주주총회에서 한 사람이 CEO와 이사회 의장으로 일할 수 없도록 CEO와 이사회 의장을 분리하는 안건이 제안되었다. Yale School of Management의 Jeffrey Sonnenfeld 교수는 CEO가 이사회의 의장을 겸임하는 것이 기업에 대한 강력한 리더십을 발휘하는 것을 더 용이하게 한다고 주장하면서 이러한 안건에 반대했다. "거의 모든 국가의 마을 광장에 용감한 개인 지도자의 동상이 있다." 당신은 JP Morgan Chase의 주주들이 제안된 안건을 승인해야 한다고 생각하는지 간략히 논의해 보라.

문제풀기

Step 1: 본문의 내용을 다시 읽어보라. 이 문제는 주인-대리인 문제에 관한 것이므로 [기업구조와 기업지배구조] 부분을 다시 읽어보라.

Step 2: 서로 다른 사람이 CEO와 이사회 의장으로 일하는 것에 대한 찬성 의견과 반대 의견을 논의하면서 질문에 답하라. 최고경영자가 기업을 경영하지만 주식의 적은 비율을 보유하고 있기 때문에 주식회사는 주인-대리인 문제에 직면한다. 이러한 소유와 경영의 분리가 CEO가 주주들의 이해관계가 아니라 자신의 이해관계에 부합하는 행동을 하는 결과를 발생시킬 수 있다.

두 사람이 CEO와 이사회의 의장으로 각각 일하는 것을 찬성하는 논거는 이사회의 역할은 CEO와 여타 최고경영자들을 감시하는 것이라는 것이다. 만일 CEO가 이사회의 의장으로도 일하면, 이사회가 효과적으로 CEO를 감시하는 것이 더 어려울 수 있다. 그렇지만 Jeffrey Sonnenfeld와 다른 사람들은 CEO가 이사회의 의장이 아니면, CEO가 의사결정을 할 수 있는 완전한 권위를 가지지 못할 것이고 이에 따라 기업을 성공적으로 이끌지 못할 것이라고 주장한다.

경제학자들은 기업의 구조에 관해 서로 다른 의견을 가지고 있다. 일부 경제학자들은 CEO는 이사회의 의장으로 일해서는 안 된다고 주장하는 반면, 다른 경제학자들은 한 사람이 CEO와 이사회의 의장으로 일해야 한다고 권고한다. JP Morgan Chase의 주주들은 서로 다른 사람이 CEO와 이사회의 의장으로 일해야 한다는 안건을 부결시켰다. 500대 미국 기업들의 25% 미만만이 CEO가 아닌 이사가 이사회의 의장으로 일하고 있다.

14.3. 기업의 자금조달방법

기업의 소유주들과 경영자들은 이윤을 벌려고 노력한다. 기업은 이윤을 벌기 위해 종업원들에게 급여를 지급하고 컴퓨터와 기타 기계 및 설비를 구매하거나 임대하는 것을 포함하여 기업운영을 위한 자금을 조달해야 한다. 실제로 개인회사의 주인이거나 대기업의 최고경영자이거나에 관계없이 기업을 경영하는 사람에게 주어지는 핵심적인 도전은 기업을 운영하고 확장하기 위해 필요한 자금을 조달하는 것이다. 당신이 은행에 저축해 두었던 $100,000을 사용하여 온라인 소셜 네트워킹 사이트를 개설하기로 했다고 하자. 당신은 이러한 $100,000을 사무실 임대, 컴퓨터 구매, 기타 창업비용을 지불하기 위해 사용한다. 당신 기업이 크게 성공하여 당신이 더 큰 사무실로 이사하고, 더 많은 컴퓨터를 구매하면서 기업을 확장시키기로 한다고 하자. 중소기업의 소유주인 당신은 이러한 기업의 확장을 위해 필요한 자금을 다음과 같은 3가지 방법으로 조달할 수 있다.

1. 당신 기업의 이윤의 일부를 기업에 재투자할 수 있다. 기업의 소유주들에게 지급되지 않고 기업에 재투자되는 이윤은 *유보이익 retained earnings*이라고 부른다.
2. 당신 기업에 투자할 추가적인 기업의 소유자들을 충원함으로써 자금을 조달할 수 있다. 이러한 방식의 자금조달은 기업의 *금융자본 financial capital*을 증가시킨다.
3. 마지막으로 당신은 친척들, 친구들이나 은행으로부터 자금을 차입할 수 있다.

다음 절에서 살펴보는 것처럼 상장 대기업의 경영자들은 자금을 조달할 수 있는 몇 가지의 추가적인 방법들을 가지고 있다.

외부자금의 원천

기업들은 유보이익에 의존하지 않는다면 투자할 수 있는 자금을 가지고 있는 사람들로부터 필요한 *외부자금 external funds*을 조달해야 한다. 저축자들로부터 차입자들로 자금을 이전시키는 것이 *금융시스템 financial system*의 역할이다.

간접금융 indirect finance
은행과 같은 금융중개기관을 통해 저축자들로부터 차입자들에게 이전되는 자금의 흐름. 금융중개기관은 기업들에게 대출해주기 위해 저축자들로부터 자금을 조달한다.

대부분의 기업들은 외부자금을 2가지 방법으로 조달한다. 첫 번째 방법은 **간접금융 indirect finance**이라고 부르는 것으로 은행과 같은 금융중개기관을 통해 자금을 조달하는 것이다. 만일 당신이 은행의 당좌예금이나 양도성 예금증서(CD)에 $1,000을 넣어두면, 은행은 이러한 예금의 대부분을 차입자들에게 대출해 줄 것이다. 은행은 다른 예금자들의 자금과 당신의 자금을 합해서 한 지역기업에게 $100,000을 대출해 줄 것이다. 중소기업은 외부자금의 주요 원천으로 은행 대출에 크게 의존한다.

직접금융 direct finance
뉴욕증권거래소와 같은 금융시장을 통해 저축자들로부터 기업들에게로 이전되는 자금의 흐름.

기업이 외부자금을 조달하는 두 번째 방법은 *금융시장 financial markets*을 통해 자금을 조달하는 것이다. 뉴욕시의 Wall Street에 있는 뉴욕증권거래소와 같은 금융시장에서 자금을 조달하는 것을 **직접금융 direct finance**이라고 부른다. 직접금융은 일반적으로 차입자가 대부자에게 금융증권 financial security을 매도하는 형태를 가진다. 금융증권은 자금이 증권의 매입자 (자금을 대부해 주는 사람)로부터 차입자에게 전달되는 조건들을 기술한 서류로 종종 전자적 형태를 가지기도 한다. *채권 bond*과 *주식 stock*은 2가지 중요한 금융증권이다. 일반적으로 대기업들만이 금융시장에서 채권과 주식을 매도할 수 있다. 일반적으로 투자자들은 중소기업들의 재무건전성에 대한 충분한 정보를 가지고 있지 않기 때문에 중소기업들이 발행한 증권을 기꺼이 매입하려 하지 않는다.

채권 **채권 bond**은 고정된 금액을 상환한다는 약속을 나타내고 있는 금융증권이다. Apple이 자금을 조달하기 위해 채권을 매도할 때, Apple은 채권의 매입자에게 만기에 대출금액, 즉 *원금 principal*뿐만 아니라 채권의 수명기간 동안 매년 이자를 지급한다고 약속한다. Apple은 새로운 사무실을 짓기 위해 수백만 달러를 조달해야 할 필요가 있을 수 있으나 각 개별 채권은 $1,000의 원금, 즉 *액면가 face value*를 가진다. 따라서 Apple은 필요한 자금을 모두 조달하기 위해서 많은 채권을 매도해야 한다. Apple이 자신이 매도하는 채권을 매입하는 사람에게 연간 $40의 이자를 지급할 것이라고 약속한다고 하자. 채권에 대한 이자지급은 **쿠폰지급 coupon payment**이라고 부른다. **이자율 interest rate**은 차입자금의 비용이고 일반적으로 차입금액의 비율로 표현된다. *쿠폰율 coupon rate*이라고 부르는 채권에 대한 이자율은 채권에 대한 연간 쿠폰지급액을 채권의 액면가로 나누어서 계산된다. Apple의 경우에 쿠폰율은 다음과 같이 계산된다.

채권 bond
고정된 금액을 상환한다는 약속을 나타내고 있는 금융증권.

쿠폰지급 coupon payment
채권에 대한 이자지급.

이자율 interest rate
일반적으로 차입금액의 비율로 표현되는 차입자금의 비용.

$$\frac{\$40}{\$1,000} = 0.04(4\%)$$

주식회사들이 발행하는 채권은 대부분 30년의 *만기 maturity*를 가진다. 앞의 예에서 당신이 Apple로부터 채권을 매입했다면, Apple은 30년 동안 매년 $40을 당신에게 지급할 것이고 30년째 말에 $1,000의 원금을 상환할 것이다.

채권의 매도자(기업)가 지급해야 하는 이자율은 채권의 매입자들, 즉 투자자들이 채권 매도자의 채무불이행할 가능성, 즉 약속된 쿠폰지급이나 원금상환을 하지 못할 가능성이 얼마라고 생각하는지에 의해 결정된다. 채권에 대한 *부도위험 default risk*이 높을수록, 채권의 이자율은 더 높아진다. 예를 들어, 투자자들은 연방정부가 자신의 채권에 대해 채무불이행할 가능성은 거의 없다고 생각하기 때문에 연방정부가 발행하는 채권은 Apple과 같은 기업이 발행하는 채권보다 더 낮은 이자율을 지급한다. 마찬가지로 투자자들은 Apple보다 부도위험이 더 큰 기업에게는 그 기업이 발행하는 채권에 대해 Apple보다 더 높은 쿠폰율을 요구한다.

Making the Connection

신용등급 게임: 미국 재무부가 자신의 채권에 대해 채무불이행할 가능성이 있는가?

정부규제에 의해 기업과 정부는 채권을 투자자들에게 매도하기 전에 먼저 신용평가기관들 중 하나로부터 채권의 신용등급을 부여받아야 한다. 3개의 대형 신용평가기관은 Moody's Investors Service, Standard & Poor's Corporation과 Fitch Ratings이다. 이러한 신용평가기관들이 기업이나 정부가 자신이 발행하는 채권에 대하여 지급할 수 있는 가능성을 반영하는 신용등급, 예를 들어 AAA나 Aaa로 나타낸 것과 같은 신용등급을 부여한다. 아래의 표는 채권에 부여되는 신용등급들을 보여준다.

	Moody's Investors Service	Standard & Poor's (S&P)	Fitch Ratings	신용등급의 의미
투자등급 채권	Aaa	AAA	AAA	최고 신용등급
	Aa	AA	AA	매우 높은 신용등급
	A	A	A	높은 신용등급
	Baa	BBB	BBB	양호한 신용등급
투기등급 채권	Ba	BB	BB	투기등급
	B	B	B	높은 투기등급
	Caa	CCC	CCC	상당한 채무불이행 위험
	Ca	CC	CC	매우 높은 채무불이행 위험
	C	C	C	예외적으로 높은 채무불이행 위험
	—	D	D	부도등급

주: 신용등급의 의미는 Fitch가 사용하는 것을 약간 수정한 것이다. 다른 두 신용평가기관도 유사한 설명을 한다. Moody's는 Aa부터 Caa까지의 각 등급에 대해 신용등급의 차이를 구별하기 위해 1, 2이나 3의 수치를 추가한다. Aa1은 Aa2보다 높은 등급이고 Aa2는 Aa3보다 높은 등급이다. 이와 유사하게 Standard and Poor's와 Fitch Ratings는 플러스(+)나 마이너스(-) 부호를 추가한다. AA+는 AA보다 높은 등급이고 AA는 AA-보다 높은 등급이다.

자료: *Money, Banking, and the Financial System*, 2nd edition by R. Glenn Hubbard and Anthony P. O'Brien. Copyright © 2014 by Pearson Education, Inc. Reprinted and electronically reproduced by permission of Pearson Education, Inc., Upper Saddle River, New Jersey.

투자자들은 채권을 매입할 때 기꺼이 수용할 의사가 있는 위험이 어느 정도인지를 결정하는데 이러한 신용등급을 사용할 수 있다. 일반적으로 신용등급이 낮을수록, 투자자들이 받는 이자율은 더 높아지나 채권발행자가 채무불이행할 위험도 더 높아진다.

신용평가기관들은 그들이 제공하는 서비스에 대해 투자자가 아닌 기업과 정부에게 비용을 부과한다. 이러한 제도가 신용평가기관들이 이해상충에 직면하게 한다는 의문을 제기한다. 채권을 발행하는 기업은 채권에 대해 신용등급을 부여할 신용평가기관을 선택할 수 있기 때문에 신용평가기관은 거래관계를 유지하기 위해 정당화되는 등급보다 더 높은 등급을 부여해야 하는 인센티브를 가질 수 있다. 2000년대 중반에 주택경기 붐이 진행되는 동안, 일부 금융회사들은 *모기지유동화채권 mortgage-backed bond*을 발행했다. 모기지유동화채권은 사람들이 주택을 사기 위해 받은 모기지대출로부터 이자지급이 나온다는 점을 제외하고 일반적인 회사채와 유사했다. 모기지 상환금은 모기지유동화채권을 매입한 투자자들에게 전달된다. 2006년에 주택가격이 하락하기 시작했을 때 많은 주택소유주들이 모기지 상환금을 납부하지 못했고, 모기지유동화채권들의 가치가 급속히 하락했음에도 불구하고 신용평가기관들은 많은 모기지유동화채권들에 대해 AAA등급을 부여했다. 일부 경제학자들과 정책담당자들은 신용평가기관들이 모기지유동화채권을 발행한 기업들이 계속해서 그들을 선택하도록 하기 위해 높은 신용등급을 부여했다고 믿는다.

Standard & Poor's(S&P)는 미국 재무부 채권의 신용등급을 AAA에서 AA+로 낮추었던 2011년 8월에 논란에 휘말리게 되었다. 그 이전에 어느 신용평가기관도 미국 재무부 채권에 대해 AAA 등급보다 낮은 등급을 부여한 적이 없었다. S&P는 연방정부의 재정적자 규모 때문에 미국 재무부채권의 등급을 낮추었다. 연방정부가 재정적자를 발생시킬 때, 미국 재무부는 채권을 발행해서 적자규모와 같은 금액을 차입해야 한다. 2011년에 연방정부는 세금으로 징수한 것보다 훨씬 더 많은 금액을 지출해서 대규모의 재정적자를 발생시켰다. 이러한 재정적자는 2007~2009년의 경기후퇴로 발생한 세금수입의 감소와 정부지출의 증가를 반영한 것이었다. 그러나 U.S. Congressional Budget Office는 2007~2009년의 경기후퇴 영향이 사라진 후에도 Social Security, Medicare, Medicaid와 기타 정부 프로그램들을 위한 지출이 세금수입보다 더 빠르게 증가할 것으로 예상되기 때문에 대규모 재정적자가 그대로 유지될 것이라고 예측했다. 오바마 대통령과 미국 의회 간의 지리한 협상이 재정적자 문제의 충격을 크게 줄이는 데 실패했을 때, S&P는 미국 재무부 채권의 신용등급을 낮춘다고 발표했다. 이러한 발표 이후 수개월이 지난 후에 미국 재무부 채권의 이자율은 투자자들이 미국 재무부 채권의 채무불이행이 가능하다고 믿었다면 예상될 수 있었던 것처럼 상승하기보다는 하락했다.

미국 재무부가 자신의 채권에 대해 채무불이행할 가능성이 있는가? S&P는 채무불이행은 여전히 발생하지 않을 것이지만 계속적인 대규모 재정적자가 미래에 미국 재무부가 자신의 채권에 대해 이자지급을 할 수 없을 가능성을 증가시켰다고 주장했다. 2013년에 연방재정적자가 감소됨에 따라, 대부분의 경제학자들은 미국 재무부 채권의 채무불이행 가능성은 낮다고 믿었다. Charles Dickens의 *A Christmas Carol*에 나오는 *아직 오지 않은 크리스마스 유령처럼 the Ghost of Christmas Yet to Come*처럼 S&P는 반드시 발생해야 하는 일이 아닌 발생할 수도 있는 일에 경고를 한 것이었다.

자료: Mary Williams Walsh, "Credit Ratings Services Give Mixed Reviews to Tax Deal," *New York Times*, January 3, 2013; and Andrew Ross Sorkin, "S.E.C. Urges Changes to Ratings-Agency Rules," *New York Times*, August 29, 2010.

주식 당신이 한 기업이 새로 발행한 채권을 매입할 때 당신은 이 기업에게 자금을 대출해 주는 것이다. 당신이 어떤 기업이 발행한 **주식 stock**을 매입할 때 당신은 그 기업의 부분적 소유권을 매입하는 것이다. 기업이 주식을 매도하는 것은 파트너를 끌어들이는 것과 같다. 기업은 추가적인 소유주들을 끌어들임으로써 금융자본을 증가시킨다. 개별 주주는 일반적으로 기업이 발행한 총 주식수의 적은 부분만을 소유한다.

주식 stock
기업의 부분적 소유권을 나타내는 금융증권.

많은 소액 투자자들은 직접 주식을 매입하기 보다 *뮤추얼펀드 mutual funds*의 주를 매입한다. Fidelity Investment의 Magellan Fund와 같은 뮤추얼펀드는 투자자들에게 자신의 주식을 매도하여 조달된 자금으로 주식과 채권과 같은 금융자산 포트폴리오에 투자한다. 뮤추얼펀드의 주식을 매입함으로써 소액 투자자들은 많은 개별 주식들과 채권들을 매입하기 위해 지불하는 비용을 감소시킨다. 대부분의 뮤추얼펀드는 많은 수의 주식과 채권을 보유하고 있기 때문에 개별 주식과 채권을 매입하기에 충분한 자금을 가지고 있는 소액 저축자들도 뮤추얼펀드의 주를 매입함으로써 투자위험을 낮출 수 있다. 주식이나 채권을 발행한 기업이 파산을 선언하여 주식이나 채권의 가치가 모두 없어지더라도 이것이 뮤추얼펀드의 포트폴리에 미치는 효과는 미미할 수 있다. 그렇지만 이것이 자신의 저축 대부분을 주식이나 채권에 투자한 소액 투자자들에게 미치는 효과는 파괴적일 수 있다. 뮤추얼펀드는 어느 때든지 그들의 주식을 기꺼이 재매입할 용의를 갖고 있기 때문에 저축자들에게 그들의 자금에 쉽게 접근할 수 있도록 해준다.

주주는 기업이윤의 일부를 받을 자격을 가진다. 기업은 일반적으로 미래의 기업 확장에 필요한 자금을 조달하기 위해 이윤의 일부를 기업 내부에 유보하고, 나머지 이윤은 주주들에게 배당 dividend으로 지급한다. 기업이 성장하면서 경제적 이윤을 발생시키면 기업의 주가는 상승하며 투자자들은 높아진 가격에 주식을 팔아서 *자본이득 capital gain*을 가져갈 수 있다. 기업이 이윤을 발생시키지 못하면, 일반적으로 기업은 배당을 지급하지 않는다. 법에 의해 기업은 소유주들에게 지급하기 전에 먼저 채무에 대한 지급을 해야 한다. 즉, 기업은 주주들에게 배당을 지급하기 전에 먼저 채권보유자들에게 약속한 지급을 해야 한다. 채권과 달리 주식은 만기가 없기 때문에 기업은 특정한 일자에 주주들의 자금을 돌려주어야 하는 의무를 갖지 않는다..

주식시장과 채권시장은 자본과 정보를 제공해 준다.

주식과 채권의 최초 매입자들은 다른 투자자들에게 주식과 채권을 재매도할 수 있다. 실제로 매일 발생하는 주식과 채권의 매입과 매도는 새로운 주식과 채권을 투자자들에게 매도하는 기업들보다는 기존 주식과 채권을 서로에게 재매도하는 투자자들에 의해 이루어진다. 주식과 채권의 매입자들과 매도자들이 *주식시장 stock market*과 *채권시장 bond market*을 만든다. 주식과 채권이 매입되고 매도되는 단일 장소는 존재하지 않는다. 일부 주식과 채권의 거래는 뉴욕증권거래소 New York Stock Exchange나 도쿄증권거래소 Tokyo Stock Exchange와 같은 거래소 exchange로 알려져 있는 빌딩에서 이루어진다. 미국에서 대기업들의 주식과 채권은 뉴욕증권거래소에서 거래된다. 한편, 컴퓨터의 발전으로 컴퓨터로 연결된 증권딜러들이 거래소 밖에서 주식과 채권을 거래할 수 있게 되었다. 이러한 증권 딜러들이 *장외시장 over-the-counter market*을 구성한다. Apple, Google, Facebook을 포함하는 많은 컴퓨터 회사들과 하이테크 회사들의 주식은 가장 중요한 장외시장인 *National Association of Securities Dealers Automated Quotations*(NASDAQ)에서 거래된다.

주식은 주식을 발행한 기업의 이윤에 대한 청구권을 나타낸다. 따라서 기업의 행운이 변화하고 기업이 이윤을 많거나 적게 벌게 됨에 따라, 기업이 발행한 주가도 변화한다. 이와 유사하게 채권은 쿠폰(이자)지급과 한 번의 원금지급을 받을 수 있는 청구권을 나타낸다. 따라서 과거에 발행된 특정한 채권의 가격은 새로 발행된 채권에 제공되는 쿠폰이 기존 채권에 대한 쿠폰보다 많으냐 적으냐에 따라 결정된다. 만일 당신이 연간 \$30의 이자를 지급하는 채권을 보유하고 있고 새로 발행된 채권이 연간 \$40의 이자를 지급하면, 당신이 보유하고 있는 채권은 투자자들에게 덜 매력적이게 되기 때문에 이 채권의 가격은 하락할 것이다. 또한 채권의 가격은 쿠폰지급을 할 수 있는 발행기업의 능력에 대한 투자자들의 인식을 반영하는 *채무불이행위험 default risk*의 변화에 영향을 받는다. 예를 들어, 투자자들이 기업이 조만간에 사업을 접고 채권보유자들에 대한 쿠폰지급을 하지 못하게 될 수 있다고 믿기 시작하면, 이 기업의 채권가격은 매우 낮은 수준으로 하락할 것이다.

기업이 발행한 주식과 채권 가치의 변화는 투자자들뿐만 아니라 기업 경영자들에게도 중요한 정보를 제공해준다. 주가의 상승은 투자자들이 기업의 이윤 전망에 대해 더 낙관적이 되고 그 결과로 경영자들이 기업의 조업을 확장하기를 원할 수 있다는 것을 의미한다. 이와는 대조적으로 주가의 하락은 투자자들이 기업의 이윤 전망에 대해 덜 낙관적이 되고 그 결과로 경영자들이 기업의 조업을 축소하기를 원할 수 있다는 것을 제시해 준다. 이와 유사하게 기업의 채권가치가 변화하는 것은 연구개발이나 새로운 공장에 대한 기업의 투자에 필요한 자금을 조달하기 위한 외부자금의 비용이 변화하는 것을 의미한다. 채권가격의 상승은 새로운 외부자금의 비용이 하락한다는 것을 의미하는 반면 채권가격의 하락은 새로운 외부자금의 조달 비용이 상승한다는 것을 의미한다.

왜 주가는 심하게 변동하는가?

미국 주식시장의 성과는 종종 *주가지수* *stock market indices*를 사용하면서 측정된다. 주가지수는 *기준연도* *base year*라고 부르는 특정 연도의 평균주가를 100으로 설정하면서 측정되는 평균주가이다. 주가지수는 기초 주식들의 실제 달러 가치가 아니라 한 연도에서 다음 연도까지 평균적인 주가의 변동을 보여주는 것이기 때문에 기준연도로 선정된 연도는 중요하지 않다. [그림 14.2]는 1996년 1월부터 2013년 6월까지 가장 널리 사용되는 3개 주가지수의 변화 추이를 보여준다.

- Dow Jones Industrial Average(다우존스산업평균): 30대 미국 기업들의 주가지수이다.
- S&P 500: Standard & Poor's Corporation에 의해서 만들어진 지수로 500대 미국 기업들의 주가지수이다.
- NASDAQ Composite Index(NASDAQ 종합지수): NASDAQ 주식시장에서 거래되는 4,000개 이상 기업들의 주가지수이다. NASDAQ은 컴퓨터로 연결되어 있는 딜러들 간에 주식의 매입과 매도가 이루어지는 장외시장이다. NASDAQ에 상장된 기업들은 주로 Apple, Facebook, Google과 같은 하이테크 기업들이다.

이미 살펴본 것처럼, 기업 주식의 소유권은 기업의 이윤에 대한 청구권을 나타낸다. 따라서 기업의 이윤이 크면 클수록 기업의 주가는 더 높게 상승할 것이다. 경기가 전반적으로 확장할 때, 소득, 고용, 지출이 모두 증가할 것이고 기업의 이윤도 증가할 것이다. 경기가 후퇴할 때, 소득, 고용, 지출이 모두 감소할 것이고 기업의 이윤도 감소할 것이다. 따라서 경기가 확장할 때 주가는 상승할 것이고 경기가 후퇴할 때 주가는 하락할 것이라고 예상할 수 있다. 이러한 양상이 [그림 14.2]에 제시되어 있는 3개 주가지수에 반영되어 있다. 3개 지수 모두 대체적으로 유사한 양상을 보인다. 주가는 1990년대 말의 경기확장기에 상승했고 2000년의 "닷-컴(.com) 붕괴"와 2001년의 경기후퇴 후에 하락했으며 2001년 말부터 2007년 말까지 상승했고 미국 경제가 2007년 말에 경기후퇴로 진입함에 따라 하락했으며 2009년 초 이후에 상승했다.

일부 애널리스트들이 온라인 소매판매가 얼마나 급속하게 성장할 것인지에 대해 과

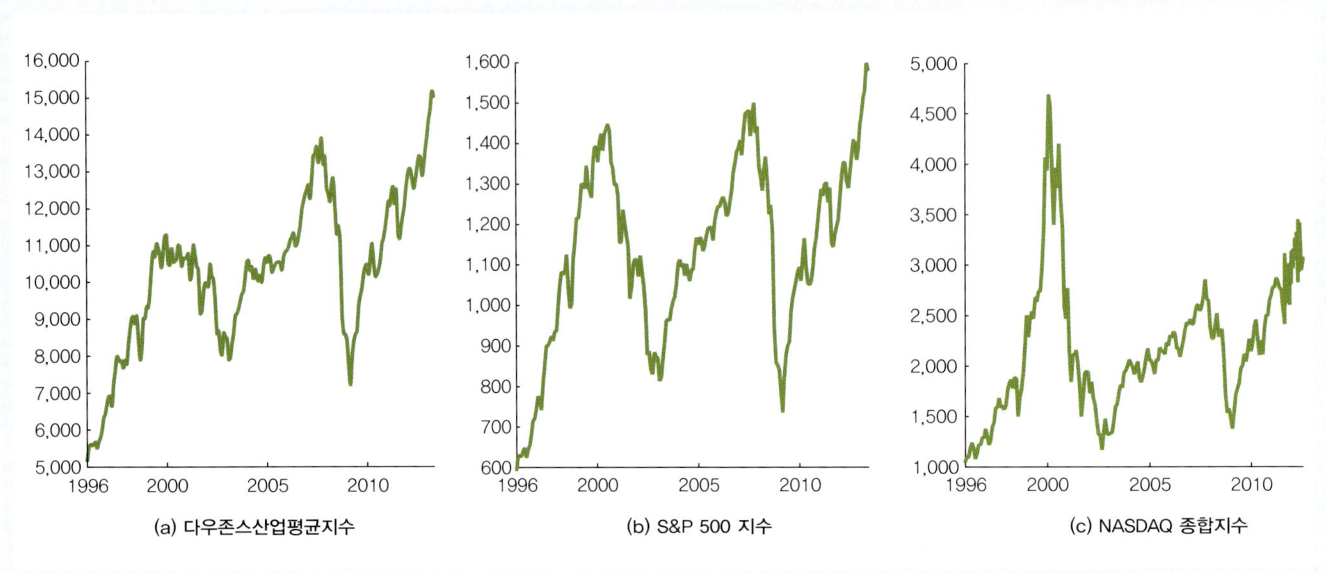

그림 14.2

주가지수의 변화추이, 1996년 1월~2013년 6월

미국 주식시장의 성과는 종종 평균주가를 의미하는 주가지수에 의해 측정된다. 가장 중요한 3개 주가지수는 다우존스산업평균지수, S&P 500 지수와 NASDAQ 종합지수이다. 1996년부터 2013년까지의 기간 동안, 3개 주가지수는 미국 경제가 확장할 때 상승하고 미국 경제가 후퇴할 때 하락하면서 유사한 양상을 따르면서 변화했다. 3개 주가지수 모두는 수직축이 0에서 시작되지 않는 점에 주목하라.

도하게 낙관적인 예측을 함에 따라 많은 초기 인터넷 회사들의 주가가 1990년대 말에 치솟았다. 2000년에 투자자들이 많은 닷-컴 회사들이 수익을 내지 못할 것이라고 믿게 되었을 때, 닷-컴 회사들의 주가는 붕괴되었다. NASDAQ에는 하이테크 주식들이 많기 때문에, NASDAQ지수는 나머지 두 지수보다 1990년대 말과 2000년 초의 닷-컴 붐과 붕괴가 이루어지는 동안 더 크게 변동하는 경험을 했다. 2007년 말 이후에 3개 주가지수 모두가 하락한 것은 2007년 12월에 시작되었던 경기후퇴가 심했던 것을 반영한 것이었다. 이렇게 경기후퇴가 심했던 것은 부분적으로 이 장의 뒷부분에서 논의하는 금융회사들의 문제들 때문이었다. 2013년 동안, 경기후퇴로부터의 회복이 계속됨에 따라, 다우존스산업평균지수와 S&P 500지수 모두는 역사적으로 가장 높은 수준에 도달하게 되었다.

Making the Connection

신문의 금융면에 게재된 Abercrombie & Fitch의 주가 살펴보기

당신은 *Wall Street Journal*의 웹 사이트나 다른 웹 사이트에 게재된 온라인 주가 동향을 읽으면 직전 일의 거래가 이루어지는 동안 주가들에 어떤 일이 발생했는가에 대한 많은 정보가 작은 공간에 빼곡하게 가득 채워져 있는 것을 발견할 것이다. 옆의 그림은 2013년 6월 8일자 *Wall Street Journal*에 게재된 뉴욕증권거래소의 상장주식들에 대한 주가 동향의 일부를 복제해 놓은 것이다. 이러한 주가 동향은 직전 거래일 동안 5개 회사들의 주식에 대한 매입과 매도에 관한 정보를 제공한다. 음영으로 표시된 의류회사인 Abercrombie & Fitch에 초점을 맞추고 각 열에 있는 정보를 살펴보도록 하자.

	Symbol	Open	High	Low	Close	Net Chg	%Chg	Vol	52-Week High	52-Week Low	Div	Yield	PE	Year-to-Date % Chg
Abbott Laboratories	ABT	36.95	37.55	36.90	37.51	0.87	2.37	5,971,945	38.77	29.22	0.56	1.49	11.25	19.69
AbbVie	ABBV	43.72	44.27	43.50	44.00	0.50	1.15	5,421,935	48.00	32.51	1.60	3.64	···	28.81
Abercrombie & Fitch	ANF	51.11	52.25	51.07	51.70	2.10	4.23	2,060,682	55.23	28.64	0.80	1.55	27.27	7.78
ABM Industries	ABM	24.85	24.90	24.51	24.66	0.02	0.08	196,680	26.38	17.85	0.60	2.43	18.54	23.61
Acadia Realty Trust	AKR	26.44	26.64	25.96	26.40	0.05	0.19	415,048	29.32	22.27	0.84	3.18	···	5.26

- 첫 번째 열은 회사의 이름을 나타낸다.
- 두 번째 열은 회사의 "티커" 심볼 (ANF)를 나타낸다. 당신은 케이블 금융뉴스 채널의 스크린 바닥 부분을 따라서 이러한 티커 심볼이 굴러가는 것을 보았을 수 있다.
- 세 번째 열(Open)은 뉴욕증권거래소에서 거래가 시작되었던 오전 9시 30분의 주가를 나타낸다. Abercrombie & Fitch는 $51.11에서 거래를 시작했다.
- 네 번째 열 (High)과 다섯 번째 열 (Low)은 직전 일 동안 주식이 매도된 최고 가격과 최저 가격을 나타낸다.
- 여섯 번째 열 (Close)은 거래 종료 시점인 오후 4시 전에 거래된 마지막 시점에 매도된 주가를 나타낸다. Abercrombie & Fitch는 $51.70에서 거래를 종료했다.
- 일곱 번째 열 (Net Chg)은 종가가 직전 거래일의 종가로부터 변화한 금액을 나타낸다. Abercrombie & Fitch 주식의 종가는 직전 거래일의 종가로부터 $2.10만큼 상승했다. Abercrombie & Fitch 주가의 변화는 이 기업의 경영자들에게 기업의 조업을 확장하거나 축소할 수 있다는 신호를 준다.
- 여덟 번째 열 (%Chg)은 종가가 직전 거래일의 종가로부터 변화한 % 정도를 나타낸다.
- 아홉 번째 열 (Vol)은 직전 일에 거래된 주식 수를 나타낸다.
- 열 번째 열 (52-Week High)과 열한 번째 열 (52-Week Low)은 직전 1년 동안 주식이 매도된 최고 가격과 최저 가격을 나타낸다. 이러한 주가들은 주가가 얼마나 변동이 심한지, 즉 지난 1년 동안 주가가 얼마나 변동했는지를 말해준다. Abercrombie & Fitch의 주가는 지난 1년 동안 최고로 $55.23까지 상승했다가 최저로 $28.64로 하락하면서 매우 심하게 변동했다. 이러한 주가의 큰 변동은 이러한 주식에 투자하는 것이 얼마나 위험할 수 있는가에 대한 지표이다.
- 열두 번째 열 (Div)은 달러로 표시된 배당을 나타낸다. 이 수치는 Abercrombie & Fitch가 주당 $0.80의 배당을 지급했다는 것을 의미한다.
- 열세 번째 열 (Yield)은 배당을 직전 일의 *종가 closing price*로 나누어서 계산되는 *배당수익률 dividend yield*을 나타낸다.
- 열네 번째 열 (PE)은 주가를 주당 순이익으로 나누어서 계산되는 *주가-수익 비율(P-E ratio) price-earnings ratio*을 나타낸다. (기업은 일부 수익을 유보이익으로 보유하기 때문에 주당 수익은 반드시 주당 배당과 일치하는 것은 아니라는 점을 기억하라.) Abercrombie & Fitch의 주가-수익 비율은 27이고 이것은 주가가 주당 수익의 27배라는 것을 의미한다. 따라서 당신은 Abercrombie & Fitch의 수익 $1를 사기 위해 $27을 지불해야 할 것이다.
- 마지막 열 (Year-to-Date %Chg)은 연초로부터 직전 일까지 주가의 % 변화를 나타낸다. Abercrombie & Fitch의 주가는 2013년 초 이후 7.8% 상승했다.

자료: "Closing Quote Tables" from *Wall Street Journal*.

14.4. 재무제표를 사용하여 기업 평가하기

기업의 경영자들은 자금을 조달하기 위해 기업이 수익을 낼 것이라고 잠재적 대부자들이나 투자자들을 설득해야 한다. 기업이 새로 발행한 주식이나 채권을 매도하기 전에 먼저 투자자들과 금융규제당국에 기업의 재무상황에 관한 정보를 제공해야 한다. 또한 기업은 은행으로부터 차입하기 위해 은행에게 재무정보를 제공해야 한다.

대부분의 고소득 국가들에서 정부는 기업에게 금융시장에서 주식이나 채권과 같은 증권을 매도하기 전에 재무정보를 공시할 것을 요구한다. 미국에서 증권거래위원회 Securities and Exchange Commission (SEC)는 상장기업들에게 종종 *일반회계원칙 generally accepted accounting principles*이라고 부르는 표준회계방법을 사용하여 준비된 재무제표로 그들의 재무성과를 보고하도록 요구한다. 이러한 재무정보의 공시는 투자자들이 기업에 관한 정보를 수집하는데 발생하는 비용을 감소시키지만 2가지 이유 때문에 이러한 비용을 완전히 제거하지는 못한다. 첫째, 일부 기업들은 영업기간이 너무 짧아서 잠재적 투자자들이 평가할 수 있는 충분한 정보를 가지고 있지 않을 수 있다. 둘째, 경영자들은 투자자들이 그들의 증권가치를 과다하게 추정하게 하기 위해 가장 유리한 정보를 제시하는 시도를 할 수 있다.

한편, 여러 민간기업들이 기업 차입자들에 관한 정보를 수집하고 대부자들과 투자자들에게 판매한다. 이러한 정보수집 기업들이 일을 잘하면, 이러한 정보를 구매하는 대부자들과 투자자들은 차입하려는 기업을 더 잘 판단할 수 있을 것이다. Moody's Investors Service, Standard & Poor's Corporation, Value Line, Dun & Bradstreet를 포함하는 일부 기업들은 기업들로부터 정보를 수집하고 정보의 구매자들에게 판매한다. 이러한 정보의 구매자들에는 개인투자자들, 도서관들, 금융중개기관들이 포함된다. 당신은 이러한 간행물들의 일부를 대학도서관이나 온라인 정보서비스를 통해서 발견할 수 있다.

투자자들과 기업 경영자들은 어떤 종류의 정보가 필요한가? 기업은 다음과 같은 3가지 기본적인 질문에 답해야 한다. 무엇을 생산할 것인가? 어떻게 생산할 것인가? 어떤 가격을 부과할 것인가? 이러한 질문들에 답하기 위해서 기업 경영자들은 두 종류의 정보가 필요하다. 첫 번째 정보는 기업의 수입과 비용이고 두 번째 정보는 기업이 소유하고 있는 자산들의 가치와 기업이 가구(household)와 다른 기업들에게 갚아야 하는 채무, 즉 **부채 liability**이다. 기업에 대한 잠재적 투자자들도 기업의 주식이나 채권을 매입할 것인지를 결정하기 위해서 이러한 정보가 필요하다. 이러한 정보는 기업의 *재무제표 financial statements*, 즉, 기업의 손익계산서와 대차대조표에서 발견될 수 있다.

부채 liability
개인이나 기업이 갚아야 하는 것.

손익계산서

기업의 손익계산서는 일정한 기간 동안에 발생한 기업의 수입, 비용, 이윤을 보여준다. 영업의 계절적 패턴을 보다 더 잘 나타내기 위해 *회계연도 fiscal year*가 기업마다 다를 수는 있지만 기업은 연간 손익계산서를 발표한다. 이 장의 부록에서 손익계산서를 더 상세하게 살펴볼 것이다.

회계적 이윤 손익계산서는 기업의 회계연도 동안에 발생된 기업의 수입, 비용, 이윤을 보여준다. 수익성을 결정하기 위해서 손익계산서는 기업의 수입에서 영업비용과 납부한 세금을 뺀다. 이렇게 계산한 후 남은 *순이익 net income*이 기업의 **회계적 이윤 accounting profit**이다.

회계적 이윤 accounting profit
수입에서 영업비용과 납부한 세금을 뺀 것으로 측정되는 기업의 순이익.

경제적 이윤 회계적 이윤은 일반회계원칙에 따라서 측정된 기업의 현재 순이익에 관한 정보를 제공해준다. 그러나 회계적 이윤은 기업의 일부 비용을 무시하기 때문에 기업의 이윤에 대한 이상적인 척도는 아니다. *경제적 이윤 economic profit*은 기업의 모든 비용을 사용하면서 계산되기 때문에 기업이 얼마나 성공적인지에 대해 회계적 이윤보다 더 좋은 정보를 제공해준다. 경제적 이윤을 버는 기업은 영업을 계속하게 될 것이고 영업을 확장할 수도 있다. *경제적 손실 economic loss*을 보고 있는 기업은 장기적으로 영업을 계속하지 못할 수 있다. 경제적 이윤이 어떻게 계산되는지 이해하기 위해서 경제학자들은 항상 *기회비용 opportunity cost*으로 비용을 측정한다는 것을 기억하라. **기회비용 opportunity cost**은 한 활동에 참여하기 위해 포기하여야 하는 가장 가치가 높은 대안활동의 가치이다. 비용은 명시적으로 발생하기도 하고, 묵시적으로 발생하기도 한다. 기업이 돈을 지출할 때, **명시적 비용 explicit cost**이 발생한다. 기업이 보이지 않는 비용(비금전적 비용)을 발생시킬 때, **묵시적 비용 implicit cost**이 발생한다. 예를 들어, 기업이 종업원들에게 임금을 지급할 때 명시적 노동비용을 지출하게 된다. 기업은 빌딩을 밝히기 위해 사용되는 전기비용, 광고비용, 보험뿐만 아니라 많은 여타 명시적 비용들을 지출한다.

기회비용 opportunity cost
한 활동에 참여하기 위해 포기하여야 하는 가장 가치가 높은 대안활동의 가치.

명시적 비용 explicit cost
돈을 지출하는 것을 수반하는 비용.

묵시적 비용 implicit cost
돈을 지출하는 것을 수반하지 않는 비용.

그러나 일부 비용들은 묵시적 비용들이다. 이러한 묵시적 비용들 중 가장 중요한 것이 투자자들이 기업에 투자한 자금의 기회비용이다. 경제학자들은 투자자들이 기업에 투자한 자금으로부터 벌을 수 있는 최소금액을 투자금액의 %로 나타내고 이것을 *정상수익률 normal rate of return*이라고 일컫는다. 만일 한 기업이 투자자들에게 적어도 정상수익률을 제공하지 못하면, 투자자들이 계속해서 그들의 자금을 이 기업에 투자하지 않을 것이기 때문에 이 기업은 장기적으로 영업을 할 수 없을 것이다. 예를 들어, Borders는 한때 미국에서 2번째로 큰 서점이자 매우 수익성 있는 기업이었고, Borders의 주식은 주당 $40 이상에 거래되었다. 하지만 2010년에 투자자들은 Amazon을 포함한 여러 온라인 서적판매자들과 경쟁하는 것이 어렵고 e-book 매출에 따른 손실이 발생됨에 따라 Borders가 그들에게 정상수익률을 제공할 수 없을 것이라고 확신하게 되었다. 많은 투자자들은 Borders가 궁극적으로 파산을 선언해야 할 것이라고 예상했고 그 결과로 Borders의 주가는 $1 미만으로 곤두박질쳤다. 그 이후 1년이 지나기도 전에 Borders는 파산을 선언했고 이 회사의 남은 자산들은 매각되었다. 투자자들이 기업에 대한 투자를 계속하기 위해 요구하는 수익률이 기업에게 발생되는 진정한 비용이고 기업의 이윤을 계산하기 위해서는 이러한 비용을 기업의 수입에서 빼주어야 한다.

투자자들이 기업에 대한 투자를 계속하기 위해 요구하는 수익률은 기업마다 다르다.

바이오테크 신생기업의 경우처럼 투자가 위험하면, 투자자들은 이러한 위험에 대해 보상받기 위해 높은 수익률을 요구할 수 있다. 전기회사들과 같은 보다 더 안정된 산업들에 속한 기업들에 대해 투자자들은 더 낮은 수익률을 요구할 수 있다. 어느 특정한 기업에 투자하기 위해서 투자자들이 요구하는 수익률을 정확하게 계산하는 것이 어렵고 회계사들이 이러한 수익률을 손익계산서 상에 비용으로 포함시키는 것도 어렵다. 기업은 투자자들이 요구하는 수익률 이외에 계산하기 어려울 수 있는 다른 묵시적 비용들도 가지고 있다. 그 결과로 일반회계원칙은 명시적 비용들만 기업의 재무제표에 포함시킨다. *경제적 비용 economic cost*은 명시적 비용과 묵시적 비용을 모두 포함한다. **경제적 이윤 economic profit**은 기업의 수입에서 기업의 경제적 비용을 뺀 것과 같다. 회계적 이윤은 묵시적 비용을 제외시키기 때문에 경제적 이윤보다 크다.

경제적 이윤 economic profit
기업의 수입에서 기업의 묵시적 비용과 명시적 비용을 뺀 것.

대차대조표

기업의 대차대조표 balance sheet는 특정한 시점, 일반적으로 분기 말이나 연말에 기업의 재무상황을 요약한 표이다. 자산은 기업이 소유하고 있는 가치가 있는 것이고, 부채는 기업이 갚아야 하는 채무이다. 기업의 자산가치에서 기업의 부채가치를 뺀 것이 기업의 *순자산 net worth*이다. 기업의 순자산은 기업이 폐쇄되는 경우 기업의 자산이 매각되고 기업의 부채가 상환된 후에 기업의 소유주들에게 남겨지는 것이라고 생각할 수 있다. 투자자들은 기업의 대차대조표를 살펴봄으로써 기업의 순자산을 계산할 수 있다. 이 장의 부록에서 대차대조표를 더 상세하게 살펴볼 것이다.

14.5. 기업지배구조에 관한 정책과 2007~2009년의 금융위기

기업의 재무제표는 투자자와 경제를 위해 가치를 창조할 수 있는 기업의 능력에 관한 중요한 정보를 제공한다. 정확하고 이해하기 쉬운 재무제표는 기업 경영자와 투자자의 의사결정을 위해 사용되는 투입요소이다. 실제로 재무제표에 들어 있는 정보는 경제의 자원배분을 유도하는데 도움을 준다.

기업은 정부에게는 정기보고서의 형태로, 투자자에게는 *연간보고서 annual reports*로 재무제표를 발표한다. 기업의 손익계산서가 세후 이윤이 크다는 것을 보여주고 기업의 대차대조표가 순자산이 크다는 것을 보여주면 투자자가 기업의 주식을 매입할 가능성이 커진다. 기업의 최고경영자들은 투자자들을 끌어들이고 기업의 주가를 높게 유지시켜야 하는 적어도 2가지 이유를 가지고 있다. 첫째, 주가의 상승은 기업이 주식을 매도하여 조달할 수 있는 자금을 증가시킨다. 둘째, 주인-대리인 문제를 감소시키기 위해서 기업의 이사회는 종종 최고경영자들의 연봉을 기업의 주가나 기업의 수익성에 연계시킨다.

기업의 최고경영자들은 분명히 손익계산서에 보고되는 이윤과 대차대조표에 보고되는 순자산을 극대화해야 하는 인센티브를 가지고 있다. 만일 최고경영자들이 좋은 의사결정을 하면, 기업의 이윤은 증가할 것이고 기업의 자산은 기업의 부채에 비해 상대적으로 크게 될 것이다. 그러나 2000년대 초에 표면으로 떠오른 문제들은 일부 최고경영자들이 이윤을 부풀리고 대차대조표에 제시되어야 하는 부채를 감추었다는 사실을 보여주었다. 일부 기업들의 경우 최고경영자들이 투자자들에게 발표했던 것보다 더 많은 위험을 선택했다. 2000년대 초에 발생되었던 회계부정사건들과 2007~2009년 기간 동안에 많은 금융회사들이 직면했던 문제들을 논의하면서 기업지배구조의 문제점과 이러한 문제에 대한 정부의 대응에 대해 살펴보도록 하자.

2000년대 초의 회계부정사건

2000년대 초에 에너지거래회사인 Enron과 통신회사인 WorldCom을 포함한 몇몇 잘 알려진 기업들의 최고경영자들이 투자자들을 속이기 위해 실제로 얼마만한 수익을 내었는가에 대해 허위로 재무제표를 작성했다. 이로 인해 몇몇 최고경영자들이 장기간의 감옥형을 선고받았고, Enron을 포함한 몇몇 기업들은 문을 닫았다.

Enron과 Worldcom과 같은 기업들이 어떻게 재무제표를 허위로 작성할 수 있었는가? 연방정부는 재무제표가 어떻게 준비되어야 하는가를 규제하지만 이러한 규제 자체가 재무제표의 정확성을 보장할 수 없다. 대중에게 주식을 발행하는 모든 기업들은 외부의 공인회계사들로부터 회계감사를 받고 있다. 불행하게도 Enron과 WorldCom의 회계부정사건들이 보여주었던 것처럼 진정한 재무상황에 대해 투자자들을 속이기로 결정한 최고경영자들은 외부의 회계감사자들도 속일 수 있다.

미래의 회계부정사건들을 막기 위해서 새로운 연방규제가 2002년에 제정되었다. 획기적인 *2002년의 사베인스-옥슬리 법 Sarbanes-Oxley Act of 2002*은 CEO들이 개인적으로 재무제표의 정확성을 확인해야 한다고 요구한다. 또한 사베인스-옥슬리 법은 금융애널리스트들과 회계감사자들이 기업의 재무상황을 평가하는데 그들의 독립성을 제한하는 이해상충이 존재할 수 있는지를 공표해야 한다고 요구한다. 이러한 요구들을 고려해 볼 때 대부분의 분석가들은 사베인스-옥슬리 법이 미국기업의 지배구조시스템에 대한 신뢰를 증가시켰다고 인정한다. 그러나 다음 절에서 논의하는 것처럼, 2007~2009년의 기간 동안 금융회사들에서 발생된 문제들은 기업들이 투자자들에게 적정하게 정보를 공표하는가에 대한 의문을 다시 제기했다.

2007~2009년의 금융위기

미국 경제는 1930년대 대공황 이후, 2007년에 시작되어 2009년까지 지속되었던 최악의 금융위기를 겪었다. 이러한 금융위기의 중심에 주택모기지시장의 문제가 있었다. 사람들은 집을 살 때 일반적으로 은행이나 다른 금융기관으로부터 모기지대출을 받아서 집을 사기 위한 자금을 차입한다. 그들이 매입한 집은 대출을 위한 담보로 제공되는데 이것은 차입자들이 모기지대출에 대한 상환금을 납부하지 못하고 채무를 불이행하면 은행이 차입자들이 매입한 집을 소유할 수 있다는 것을 의미한다.

오랜 기간 동안, 모기지대출을 제공하는 은행이나 기타 금융기관은 차입자들이 모기지대출을 완전히 상환할 때까지 모기지대출을 그대로 보유하고 있었다. 1970년대부터 금융기관들은 일부 모기지대출들을 *증권화하기 securitizing* 시작했는데 이것은 일단의 모기지들을 함께 묶고 이에 기초해서 발행된 새로운 증권을 투자자들에게 매각하는 것을 의미한다. 이러한 *모기지유동화증권 mortgage-backed securities*은 최초 모기지대출들의 상환금을 통해 이자지급을 정기적으로 받는다는 점에서 채권과 매우 유사하다. 처음에 이러한 증권화과정은 미국 의회가 주택모기지시장의 대출규모를 증가시키기 위해 설립했던 Federal National Mortgage Association ("Fannie Mae")과 Federal Home Loan Martgage Corporation ("Freddie Mac")에 의해 수행되었다. Fannie Mae와 Freddie Mac은 신용이 있는 차입자들에게 제공된 모기지들을 매입하여 함께 묶고 이에 기초해서 발행된 증권을 투자자들에게 매도하였다.

1990년대부터 민간 금융회사들, 특히 투자은행들이 모기지를 증권화하기 시작했다. 2000년대 초에 은행들과 기타 금융기관들은 자신의 신용이력에 청구서에 대해 상환을 하지 못한 기록을 갖고 있는 "서브프라임 subprime" 차입자들과 소득이 모기지 상환금을 납부할 수 있기에 충분히 높다는 것을 서류로 증명하지 못하는 "Alt-A" 차입자들에게 많은 모기지대출을 제공하였다. 서브프라임 차입자들과 Alt-A 차입자들은 전통적인 차입자들보다 모기지대출에 대해 채무를 불이행할 가능성이 컸다. 미국의 주택가격은 모기지대출을 쉽게 받을 수 있게 된데 기인하여 크게 치솟았다가 2006년 중반에 급격히 하락하기 시작하였다. 2007년에 많은 모기지 차입자들, 특히 서브프라임 차입자들과 Alt-A 차입자들이 모기지대출에 대해 채무불이행하기 시작했다. 모기지유동화증권의 가치는 기초 모기지들로부터 지속적으로 발생되는 상환금에 의존하기 때문에 이러한 채무불이행은 모기지유동화증권의 보유자들에게는 나쁜 소식이었다. 모기지유동화증권의 가격이 폭락함에 따라, 많은 금융기관들은 엄청난 손실을 입었고, 일부 대형 금융회사들은 연방정부로부터 도움을 받고서 겨우 살아남게 되었다.

이러한 금융위기 동안에 많은 투자자들은 금융회사들의 대차대조표에 있는 일부 자산들, 특히 모기지유동화증권의 위험에 대해 알지 못했다고 불평했다. 일부 분석가들은 많은 금융회사들의 경영자들이 의도적으로 이러한 자산들의 위험에 대해 투자자들을 속였다고 믿었다. 다른 분석가들은 금융회사들의 경영자들도 이러한 자산들이 얼마나 위험한지를 이해하지 못했다고 주장했다. 2008년 가을에 Fannie Mae와 Freddie Mac은 정부의 직접적인 통제하에 놓이게 되었다. 이러한 금융위기가 지나감에 따라, 2010년 7월에 미국 의회는 금융시스템의 규제를 철저히 조사하고 **도드-프랭크 법 dodd-frank act**이라고 부르는 **월스트리트 개혁 및 소비자 보호 법 wall street reform and consumer protection act**을 통과시켰다. 이 법에 의해 차입과 투자활동에서 소비자들을 보호하는 규칙을 제정하기 위해 미국의 중앙은행인 연방준비제도 내에 소비자금융보호청 Consumer Financial Protection Bureau이 창설되었다. 또한 이 법에 의해 SEC와 연방준비제도를 포함하여 모든 주요 연방금융규제당국들의 대표들이 참여하는 금융안정감시위원회 Financial Stability Oversight Council

월스트리트 개혁 및 소비자 보호 법(도드-프랭크 법) wall street reform and consuner protection act(dodd-frank act) 금융시스템의 규제를 개혁하기 위해 2010년에 통과된 법.

가 설립되었다. 이 위원회는 금융시스템의 위험을 식별하고 관리하기 위한 목적을 가지고 있다. 도드-프랭크 법이 미래 금융위기의 위험을 크게 감소시킬 것인지에 대해서는 경제학자들 간에 의견이 나뉘어져 있다.

주인-대리인 문제가 2007~2009년의 금융위기를 발생시키는데 일조했는가?

이미 살펴본 것처럼, 모기지대출을 증권화하는 과정이 2007~2009년의 금융위기에서 중요한 역할을 했다. 1990년대부터 민간 투자은행들은 모기지대출을 증권화하기 시작했다. 주요 활동이 예금을 수취하고 대출을 제공하는 상업은행과는 달리, 투자은행은 전통적으로 기업들에게 새로 발행하는 주식과 채권에 관한 자문을 제공하고 주식과 채권을 매도하는 기업들에게 가격을 보증하면서 주식과 채권을 *인수하는 underwriting*일에 집중했다. 투자은행이 인수활동에서 상당한 손실을 입을 수 있기 때문에 투자은행업은 상업은행업보다 더 위험한 것으로 여겨졌다. 이러한 위험을 관리하기 위해서 1933년에 미국 의회는 *글래스-스티걸 법 Glass-Steagall Act*을 통과시켰다. 이 법은 금융회사가 상업은행과 투자은행 모두가 되는 것을 금지시켰다.

일부 경제학자들과 정책담당자들은 글래스-스티걸 법이 상업은행이 투자은행 서비스를 제공하는 것을 금지시킴으로써 투자은행 서비스에 대한 경쟁을 감소시켰다고 주장했다. 1999년에 미국 의회는 글래스-스티걸 법을 폐지시켰고 그 이후에 일부 상업은행들이 투자은행업에 참여하기 시작했다. Lehman Brothers, Bear Sterns, Goldman Sachs, Merrill Lynch, Morgan Stanley와 같은 잘 알려진 대형 투자은행들이 전적으로 투자은행업을 하는 은행들이었다. 이러한 투자은행들에 의해 제공된 모기지유동화증권은 대부분 투자자들에게 매도되었으나 이러한 투자은행들이 그 일부를 투자자산으로 보유했다. 그 결과로 2007년 초에 모기지유동화증권의 가격이 하락했을 때, 이러한 투자은행들은 엄청난 손실을 입었다. Lehman Brothers는 파산을 선언하지 않을 수 없었다. Merrill Lynch와 Bear Sterns는 미국 정부가 주선한 거래를 통해 상업은행들에게 매각되었다. Goldman Sachs와 Morgan Stanley는 상업은행 활동을 할 수 있는 은행지주회사가 되었다.

왜 투자은행들은 모기지대출에 대해 채무불이행할 가능성이 높았던 차입자들에게 제공된 모기지들에 의해 지원받는 모기지유동화증권을 발행함으로써 발생되는 매우 높은 위험을 선택했는가? 금융저널리스트이자 전 월스트리트 채권 판매원이었던 Michael Lewis는 한 가지 핵심적인 이유가 투자은행이 조직되는 방식의 변화 때문이었다고 주장했다. 전통적으로 대형 월스트리트 투자은행들은 합명회사로 조직되었으나 2000년에 모두 상장주식회사로 전환되었다. 이미 살펴본 것처럼, 합명회사에서는 상대적으로 적은 소유주들의 자금이 직접적으로 위험에 놓이게 되고 소유와 경영의 분리가 없기 때문에 주인-대리인 문제가 감소된다. 다른 한편 상장주식회사의 경우에는, 주인-대리인 문제가 심해질 수 있다. Lewis는 다음과 같이 주장한다.

> 종업원들이 소유하고 있는 어느 투자은행도 … $500억 규모의 [신종 모기지 유동화증권]을 매입해서 보유하거나 … [이러한 증권]이 고객들에게 매도되는 것을 허용하지 않았을 것이다. 단기적 이득을 바라는 것이 장기적 타격을 정당화하지 못할 것이다.

기업지배구조의 문제는 분명히 계속해서 경제학자들, 정책담당자들, 투자자들에게 중요한 관심사항이 될 것이다.

Making the Connection

Facebook 주가의 상승과 하락

기업이 처음으로 대중에게 주식을 매도하는 것을 *기업공개 initial public offering*(IPO)라고 부른다. 2012년에 Mark Zuckerberg는 Facebook의 기업공개 계획을 발표했으며 일반 투자자들과 뮤추얼펀드 경영자들과 같은 기관투자자들 사이에는 상당한 기대감이 있었다. 많은 소액 투자자들도 Microsoft와 Apple과 같은 기업들처럼 이윤과 주가가 치솟을 한 하이테크 회사에 올라타게 될 것이라고 기대했다. 불행하게도 아래의 그림이 보여주는 것처럼, Facebook의 기업공개가 이루어진 후에 기대했던 투자자들은 실망했다.

투자자들은 기업공개시에 주당 $38에 Facebook 주식을 매

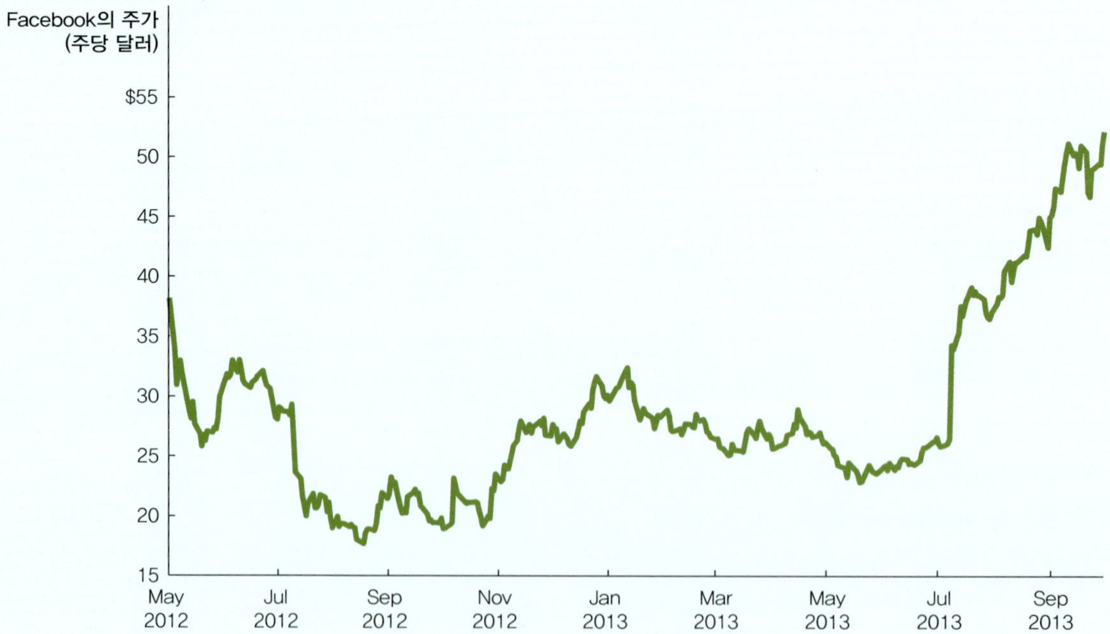

입했으나 두 번째 거래일에 주가는 10% 하락했다. 1년이 지난 후인 2013년 6월 중순에 Facebook 주식은 기업공개시 주가보다 거의 40% 하락한 주당 약 $23에 매도되었다. 그러나 그 이후 Facebook의 주가는 상승하기 시작했고 2013년 10월에 기업공개

시 주가보다 상당히 높은 주당 $54에 이르렀다. 무엇이 이러한 Facebook의 주가 변동을 설명해 주는가?

첫째, 주가는 예측하기 매우 어렵다. 이미 살펴본 것처럼, 기업의 주가는 기업의 수익성을 반영한다. 그러나 중요한 것은 알려져 있는 기업의 현재 수익성만이 아니다. 확실하게 알려져 있지 않은 기업의 미래수익성이 더 중요하다. 투자자들은 미래에 수익성이 낮을 것이라고 예상되는 기업들이 발행한 주식보다는 미래의 수익성이 높을 것이라고 예상되는 기업들이 발행한 주식에 대해 훨씬 더 높은 가격을 기꺼이 지불할 것이다. 많은 투자자들은 기업공개 직전 몇 년간 이루어진 Facebook의 급속한 성장과 이윤 증가가 미래에도 계속될 것이라고 예상했기 때문에 기업공개시에 기꺼이 주당 $38을 지불할 용의가 있었다. 그렇지만 실제로 많은 사람들이 스마트 폰이나 태블릿에서 Facebook 사이트에 접속하였고, Facebook 사이트의 모바일 버전을 통한 광고 판매가 부진했기 때문에 Facebook은 어려움에 직면하기 시작했다. Facebook의 이윤이 많은 투자자들이 예상했던 것처럼 증가하지 않게 되었을 때, Facebook의 주가는 IPO 수준 아래로 크게 하락해서 그곳에서 머물렀다. 그러나 예상치 않게 2013년 7월에 Facebook은 Facebook 사이트의 모바일 버전 광고로부터의 수입이 크게 증가했다고 보고했다. 그 결과로 Facebook의 주가는 하루에 30% 이상 상승했다.

그렇지만 Facebook의 기업공개가 여전히 논란이 되고 있다. 일부 투자자들은 Facebook의 미래 수익이 예상한 것보다 더 낮아질 가능성이 있다는 것을 알고 있었고, 이러한 정보가 Facebook의 기업공개를 인수했던 Morgan Stanley 투자은행과 다른 금융회사들의 일부 투자애널리스트들에게 IPO 전에 알려져 있었다고 주장했다. Facebook과 Morgan Stanley는 IPO 전에 모든 관련된 정보를 공개했다고 주장했지만, 일부 투자자들은 Facebook이 그들을 이용했다고 믿었기 때문에 소송을 제기했다. SEC은 조사에 착수했다. Morgan Stanley는 유죄를 인정하거나 부정하지 않고 Secretary of the Commonwealth of Massachusetts에 의해 제기된 소송을 해결하기 위해 Massachusetts주에 $500만을 지불하는 것에 동의했다.

2013년 말에 Facebook의 IPO에 대한 SEC의 조사 결과는 불확실했다. Facebook의 주가가 궁극적으로 IPO 주가 위로 상승했기 때문에 투자자들은 Facebook에 대해 덜 비판적이 되었다. 그렇지만 일부 투자자들은 계속해서 IPO를 하는 기업들이 정보를 충분히 공표했는가에 대해 의심했다. 이러한 질문은 IPO를 준비했던 Twitter와 다른 여러 기업들에게도 중요하게 되었다.

자료: Vindu Goel, "Facebook's Stock Soars Amid Rosy Growth Expectations," *New York Times*, July 25, 2013; Paul Vigna, "Facebook IPO Anniversary: No Sugarcoating It," *Wall Street Journal*, May 17, 2013; Jessica E. Lessin, Pui-Wing Tam, and Telis Demos, "Pace Picks Up on Tech IPOs," *Wall Street Journal*, May 16, 2013; and Susanne Craig and Ben Protess, "Massachusetts Fines Morgan Stanley over Facebook IPO," *New York Times*, December 17, 2012.

결론

시장시스템에서 기업들은 어떤 재화와 서비스를 생산할 것인가, 어떻게 재화와 서비스를 생산할 것인가, 어떤 가격을 부과할 것인가에 관해 독립적으로 의사결정을 한다. 미국과 같은 고소득 국가들에서는 대기업들이 기업들이 버는 매출과 이윤의 대부분을 차지한다. 일반적으로 대기업들의 경영자들은 소비자들이 수요하는 재화와 서비스를 제공하는 한편, 주주들의 이해를 반영하는 일을 잘 수행해낸다. 그러나 2000년대 초의 회계부정사건들과 2007~2009년 기간 동안에 발생된 금융회사들의 문제들은 주인-대리인 문제가 종종 심각할 수 있다는 것을 보여주었다. 경제학자들은 이러한 문제들을 해결하기 위해 제안된 규제들의 비용과 편익에 대해 논쟁하고 있다.

주요 용어

회계적 이윤 accounting profit
자산 asset
대차대조표 balance sheet
채권 bond
기업지배구조 corporate governance
주식회사 corporation
쿠폰지급 coupon payment
배당 dividend
직접금융 direct finance
경제적 이윤 economic profit
명시적 비용 explicit cost
묵시적 비용 implicit cost
손익계산서 income statemant
간접금융 indirect finance
이자율 interest rate
부채 liability
유한책임 limited liability
기회비용 opportunity cost
합명회사 partnership
주인-대리인 문제
principal-agent problem
소유와 경영의 분리
separation of ownership from control
개인회사 sole proprietorship
주식 stock
월 스트리트 개혁과 소비자 보호 법
(도드-프랭크 법)
Wall Street Reform and Consumer
Protection Act (Dodd-Frank Act)

연습문제

* 복습질문

1. 기업의 3가지 주요 유형은 무엇인가? 각 유형의 가장 중요한 특징을 간략히 논의하라.

2. 유한책임은 무엇인가? 왜 정부는 주식회사의 소유주들에게 유한책임을 부과하는가?

3. 왜 유한책임은 소수의 투자자들로부터 자금을 조달하려는 기업들보다 수많은 투자자들로부터 자금을 조달하려는 기업들에게 더 중요한가?

4. 대기업에서 소유와 경영의 분리가 존재한다는 것은 무엇을 의미하는가?

5. 소유와 경영의 분리는 주인-대리인 문제와 어떻게 관련되어 있는가?

6. 왜 기업의 이사회가 사내이사들만이 아닌 사외이사들을 가지는 것이 중요한가?

7. 직접금융과 간접금융의 차이점은 무엇인가? 만일 당신이 새 차를 사기 위해 은행으로부터 돈을 차입하면, 당신은 직접금융을 사용하는 것인가 간접금융을 사용하는 것인가?

8. 왜 채권은 차입금으로 여겨지지만 주식은 차입금으로 여겨지지 않는가? 왜 기업은 채권과 주식 모두를 발행하는가?

9. 주식시장과 채권시장은 기업들에게 정보를 어떻게 제공하는가? 왜 주식가격과 채권가격은 시간이 흐름에 따라 변화하는가?

10. 기업의 자산과 기업의 부채 간의 차이점은 무엇인가? 한 가지 자산의 예와 한 가지 부채의 예를 제시해 보라.

11. 기업의 대차대조표와 기업의 손익계산서 간의 차이점은 무엇인가?

12. 명시적 비용과 묵시적 비용 간의 차이점과 회계적 이윤과 경제적 이윤 간의 차이점은 무엇인가?

13. 기업이 양(+) 회계적 이윤을 벌었으나 음(-)의 경제적 이윤을 벌었다면 이 기업은 장기적으로 생존할 수 있을 것으로 예상되는가? 간략히 설명하라.

14. 사베인스-옥슬리 법 Sarbanes-Oxley Act은 무엇인가? 왜 이 법이 통과되었는가?

15. 2007~2009년의 금융위기 동안 많은 금융회사들이 직면했던 문제들의 원인은 무엇이었는가?

* 문제와 응용

1. 당신은 대학을 졸업한 직후에 자신의 기업을 시작하기로 결정한다고 하자. 당신은 개인기업, 합명회사, 주식회사 중 어느 형태로 기업을 조직할 가능성이 있는가? 당신의 견해를 설명하라.

2. 주식회사의 소유주들에 대한 유한책임이 확립된 것이 시간이 흐름에 따라 한 국가의 생산가능곡선에 어떻게 영향을 미치는가?

3. 다음의 주장을 평가해 보라.

나는 주식시장에 투자하기 원하나 기업의 주식을 매입하는 것은 너무 위험하다고 생각한다. 나는 $10,000어치의 Facebook 주식을 매입하여 보유하고 있으나 Facebook이 파산한다고 하자. 나는 주주로서 Facebook의 부분적 소유주이기 때문에 수십만 달러의 Facebook 채무를 지불할 책임을 지게될 수 있다.

4. 왜 기존의 대기업들은 새로운 재화와 서비스를 출시하는 것보다 기존 재화와 서비스를 개선하는데 초점을 맞출 가능성이 더 큰가? 왜 새로운 중소기업들은 이와는 반대되는 접근법을 선택할 수 있는가?

5. 주인-대리인 문제는 비즈니스 세계의 거의 모든 곳에서 발생하고 가정에서조차도 발생된다. 대학 교실에서 존재하는 주인-대리인 문제를 논의하라. 누가 주인인가? 누가 대리인인가? 주인과 대리인 간에 어떤 잠재적인 이해관계의 상충이 존재하는가?

6. 상장주식회사에서 소유주들과 최고경영자들 간의 주인-대리인 문제는 정보의 비대칭성 때문에 발생된다. 어떤 정보가 이러한 주인-대리인 문제를 막아주는가?

7. 생명보험, 자동차, 약을 판매하는 판매원들은 일반적으로 고정된 시간당 임금이 아니라 수수료로 지급받는다. 수수료를 지급하는 것이 기업의 소유주와 판매원들 간의 주인-대리인 문제를 해결하는데 어떻게 도움을 주는가?

8. 당신이 투자했던 기업이 손실을 보고 있다고 하자. 당신은 이 기업의 주식을 보유하겠는가, 이 기업의 채권을 보유하겠는가? 간략히 설명하라.

9. 당신이 처음에 규모가 작고 수익이 없었던 기업에 투자했다고 하자. 이제 이 기업은 성장해서 규모가 커졌고 수익을 발생시키고 있다. 당신이 이 기업의 주식을 가지고 있었다면 더 좋아지는가, 이 기업의 채권을 가지고 있었다면 더 좋아지는가? 간략히 설명하라.

10. 당신이 한 은행에 저축예금으로 $20,000을 예금하면, 당신은 연간 1%의 이자를 벌 수 있다. 새 차를 사기 위해 한 은행으로부터 $20,000을 차입하는 어떤 사람은 이러한 대출에 대해 연간 6%의 이자를 지불해야 한다. 이러한 사실을 안다면, 왜 당신은 당신의 돈을 새차를 사려는 사람에게 직접 빌려주지 않는가?

11. 기업공개(IPO)의 결과로 발행된 Facebook 주식은 발행시장 primary market에서 매도되었는가, 유통시장 secondary market에서 매도되었는가? IPO는 간접금융의 예인가, 직접금융의 예인가?

12. 다음과 같은 사건은 Google의 주가에 어떤 영향을 미치는가?

a. 한 경쟁회사가 Google의 검색엔진보다 더 좋은 검색엔진을 출시한다.

b. 법인세가 폐지된다.

c. Google의 이사회가 최고경영자의 가까운 친구들과 친척들에 의해 지배된다.

d. 개도국들의 무선인터넷 연결 비용이 예상치 않게 하락하고 세계의 더 많은 사람들이 인터넷을 사용한다.

e. 투자자들은 Google이 $110억의 이윤을 벌 것이라고 예상했으나 Google이 $100억의 이윤을 벌었다고 발표한다.

13. 아래의 표는 2013년 7월 7일자 신문 금융면에 게재된 Starbucks Corporation의 주가에 관한 정보를 보여준다.

a. Starbucks의 주가는 직전 거래일에 비해 얼마나 변동했는가?

b. Starbucks의 주가는 거래일 동안에 얼마나 변동했는가?

c. Starbucks의 주가는 이전 52주 동안에 얼마나 변동했는가?

d. 얼마만한 Starbucks의 주식 수가 거래일 동안에 거래되었는가?

14. Paolo는 현재 연간 10%의 이자를 지급하는 채권에 $100,000을 투자하고 있다. 그는 피자 레스토랑을 오픈하기를 원하고 있다. 그는 그의 레스토랑을 시작하기 위해 보유하고 있는 채권을 매도하여 $100,000을 사용할 것인지, 은행으로부터 연간 7%의 이자율을 부과하는 $100,000을 차입할 것인지를 고려하고 있다. 그는 마침내 보유하고 있는 채권을 매도하고 은행대출을 받지 않기로 결정한다. 그는 "나는 이미 채권에 투자한 $100,000를 가지고 있기 때문에 이 돈을 사용하는데 아무것도 지불할 필요가 없다. 만일 내가 은행대출을 받으면, 나는 이자를 지불해야 한다. 따라서 내가 피자를 생산하는데 드는 비용은 채권을 매도하는 경우보다 은행대출을 받는 경우에 더 높을 것이다"라고 생각한다. 당신은 Paolo의 견해에 대해 어떻게 생각하는가?

15. Paolo와 Alfredo는 쌍둥이이고 둘 다 모두 피자 레스토랑

Symbol	Open	High	Low	Close	Net Chg	Volume	52-Week High	52-Week Low	Div
SBUX	63.41	65.09	63.41	65.04	0.01	6,794,623	65.09	43.04	0.84

을 오픈하기를 원한다. 그들의 부모는 항상 Alfredo를 더 좋아했고 2개의 피자 오븐을 사서 모두 Alfredo에게 준다. 불행하게도 Paolo는 자신의 피자 오븐을 사야만 한다. Alfredo는 그의 피자 오븐을 선물로 받았던 반면 Paolo는 그의 피자 오븐을 사기 위해 지불해야 했기 때문에, Alfred의 피자 생산비용이 Paolo의 피자 생산비용보다 더 낮은가? 간략히 설명하라.

16. Dane은 기업 변호사로 연간 $200,000을 버는 일자리를 포기하기로 결정하고 그가 소유하고 있는 2세대용 집을 UFO 박물관으로 개조했다(그는 2세대 집을 연간 $20,000에 임대하였다). 그의 직접 비용은 그의 조수들에게 지급되는 연간 $75,000와 연간 $10,000의 유틸리티 비용을 포함한다. 팬들은 eBay를 통해 그가 $1,000,000에 쉽게 팔 수도 있는 그가 소장한 외계 물품들을 보기 위해 그의 박물관에 몰려온다. 연간 그의 박물관은 $200,000의 수입을 번다.

a. Dane의 연간 회계적 이윤은 얼마인가?

b. Dane은 경제적 이윤을 벌고 있는가? 간략히 설명하라.

부록: 기업의 재무정보를 분석하기 위한 도구

이 장의 본문에서 살펴본 것처럼, 현대의 기업들은 투입요소를 생산물로 전환시키는 "블랙박스"가 아니다. 대기업들이 대부분의 기업 수입과 이윤을 번다. 창업주가 지배하는 기업과는 달리, 전형적인 대기업은 일반적으로 기업을 통제할 수 있는 주식을 소유하지 않은 경영자들에 의해 경영된다. 대기업은 외부 투자자들로부터 자금을 조달하고 외부 투자자들은 기업에 대한 정보와 기업의 경영자들이 투자자 자신들의 이해관계에 부합하는 행동을 할 것이라는 확신을 구한다.

이 장에서는 기업이 주식과 채권을 발행하여 어떻게 자금을 조달하는지 살펴보았다. 이 부록에서는 이러한 논의에 관련된 내용들을 더 상세하게 살펴본다. 먼저 금융증권의 가격을 결정하는데 있어서 핵심적 개념으로 사용되는 *현재가치 present value*를 살펴본다. 이어서 Facebook을 예로 사용하여 기업이 보고하는 *재무제표 financial statements*가 제공하는 많은 정보에 대해 살펴본다.

투자에 관한 의사결정을 하기 위해 현재가치 사용하기

기업은 지분(주식)과 채무(채권과 차입)를 투자자들과 대부자들에게 매도해서 자금을 조달한다. 만일 당신이 주식이나 채권을 소유하고 있으면, 당신은 오랜 기간 동안 배당이나 쿠폰의 형태로 보상을 받을 것이다. 대부분의 사람들은 미래의 어느 시점에 받게 될 금액보다 현재 가지고 있는 금액에 더 높은 가치를 부여한다. 예를 들어, 당신은 아마도 현재 가지고 있는 $1,000과 1년 후에 받게 될 $1,000을 교환하지 않을 것이다. 당신이 일정한 금액을 지급받기 위해 기다려야 하는 시간이 길면 길수록, 당신이 미래에 받는 금액의 가치는 더 적어진다. 당신이 2년 후에 받게 될 $1,000의 가치는 1년 후에 받게 될 $1,000의 가치보다 더 적다. 현재 시점에서 미래에 받게 될 금액에 대해 부여하는 가치를 미래 금액의 **현재가치 present value**라고 부른다. 당신이 1년 후에 받게 될 $1,000의 현재가치는 $1,000보다 적을 것이다.

현재가치 present value
현재 시점에서 미래에 지급받거나 받게 될 금액에 대해 부여되는 가치.

왜 1년 후에 당신이 받게 될 $1,000의 가치는 현재 가지고 있는 $1,000의 가치보다 낮은가? 가장 중요한 이유는 만일 당신이 오늘 $1,000을 가지고 있으면 오늘 $1,000을 사용할 수 있기 때문이다. 당신은 이 돈으로 재화와 서비스를 구매할 수 있고, 이러한 재화와 서비스로부터 즐거움을 얻을 수 있다. 당신이 1년 후에 받게 될 $1,000은 오늘 당신이 직접 사용할 수 없다.

또한 재화와 서비스의 가격은 당신이 $1,000을 받기 위해 기다리는 1년 동안 상승할 것이다. 따라서 당신이 마침내 1년 후에 $1,000을 받을 때, 당신은 오늘 $1,000을 가지고 살 수 있는 만큼의 재화와 서비스를 살 수 없을 것이다. 마지막으로, 당신이 1년 후에 $1,000을 받지 못할 약간의 위험이 존재한다. 만일 믿을 수 없는 친구가 당신으로부터 $1,000을 빌리고 막연하게 1년 후에 상환할 것이라고 약속한다면 이러한 위험은 매우 클 수 있다. 만일 당신이 미국 재무부 채권 매입을 통해 연방정부에 $1,000을 빌려준다면, 이러한 위험은 매우 작을 수 있다. 하지만, 어느 경우이든 당신이 약속된 금액을 받지 못하게 될 위험이 약간은 존재한다.

대부자는 돈을 빌려줄 때 대출 금액과 약간의 추가적인 이자 모두를 상환받게 될 것이라고 기대한다. 당신이 1년 후에 $1,100을 상환받는다면 오늘 $1,000을 기꺼이 빌려줄 용의가 있다고 하자. 이 경우에 당신은 대출해 준 금액에 대해 $100/$1,000=0.10, 즉 10%의 이자를 부과하고 있는 것이다. 경제학자들은 당신이 오늘 $1,000의 가치와 1년 후에 받게 될 $1,100의 가치가 같다고 여긴다고 말한다.

$1,100는 $1,000(1+0.10)이라고 나타낼 수 있는 점에 주목하라. 즉, 미래에 받게 될 금액의 가치는 현재에 가지고 있는 금액의 가치와 (1+이자율)을 곱한 것과 같다. 이를 다시 쓰면 다음과 같다.

$$\$1{,}100 = \$1{,}000(1+0.10)$$

이 식의 양변을 (1+0.10)으로 나누면, 이 식은 다음과 같이 다시 쓸 수 있다.

$$\$1{,}000 = \frac{\$1{,}100}{(1+0.10)}$$

이렇게 다시 쓴 식은 현재가치는 1년 후에 받게 될 미래가치를 (1+이자율)로 나눈 것과 같다고 제시해 준다. 당신이 1년 후에 받게 될 임의의 금액을 현재가치로 전환하기 위해 이 식을 사용할 수 있기 때문에 이 식이 중요하다. 이 식을 일반적으로 쓰면 다음과 같다.

$$\text{현재가치} = \frac{\text{미래가치}_1}{(1+i)}$$

1년 후에 받게 될 금액, 즉 미래가치_1의 현재가치는 미래가치_1을 (1+이자율)로 나누어서 계산될 수 있다. 이자율이 10%인 경우, 1년 후에 받게 될 $1,000,000의 현재가치는 다음과 같이 계산된다.

$$\frac{\$1{,}000{,}000}{(1+0.10)} = \$909{,}090.91$$

이 식은 1년 후에 받게 될 금액의 현재가치를 계산할 수 있게 해준다. 그러나 주식과 채권과 같은 금융증권들은 오랜 기간 동안 금액들을 지급할 것을 약속한다. 따라서 미래에 1년 이상 동안 받게 될 금액들의 현재가치를 계산하기 위해 이 식을 확장할 수 있으면 유용할 것이다.

이 식을 확장하는 것은 쉬운 일이다. 당신이 10%의 이자를 받는다면 $1,000을 1년 동안 기꺼이 빌려줄 용의가 있다고 가정했던 처음의 예로 돌아가 보자. 당신은 이 금액을 2년 동안 빌려줄 것을 요청받고 매년 연간 10%의 이자 지급을 약속받는다고 하자. 즉 당신은 첫 번째 연도에 10%의 이자율로 1년 후에 $1,100으로 증가하게 될 $1,000을 빌려주는 것과 두 번째 연도 동안 10%의 이자율로 $1,100을 빌려주는 것에 동의하는 것이다. 따라서 2년 후에 당신은 $1,100(1+0.10), 즉 $1,210을 상환받게 될 것이다. 이러한 과정을 다시 정리하면 다음과 같다.

$$\$1,210 = \$1,000(1+0.10)(1+0.10)$$

$$\text{즉, } \$1,210 = \$1,000\ (1+0.10)^2$$

이 식은 다음과 같이 다시 쓸 수 있다.

$$\$1,000 = \frac{\$1,210}{(1+0.10)^2}$$

이 식을 말로 설명하면 당신은 2년 후에 받는 $1,210을 $(1+\text{이자율})^2$로 나눈 것과 같은 현재가치를 가진다. 만일 당신이 10%의 이자율로 3년 동안 $1,000을 빌려주기로 동의하면, 당신은 3년 후에 $\$1,331 = \$1,000(1+0.10)^3$를 받게 될 것이다. 이것을 다시 쓰면 다음과 같이 나타낼 수 있다.

$$\$1,000 = \frac{\$1,331}{(1+0.10)^3}$$

당신은 여기서 일정한 패턴을 볼 수 있을 것이다. 이러한 개념을 일반화하면 미래의 n년 후에 받게 될 금액의 현재가치는 n년 후에 받게 될 금액을 $(1+\text{이자율})^n$으로 나눈 것과 같다. 예를 들어, 이자율이 10%인 경우, 25년 후에 받게 될 $1,000,000의 현재가치는 다음과 같이 계산된다.

$$\text{현재가치} = \frac{\$1,000,000}{(1+0.10)^{25}} = \$92,296$$

이를 식으로 나타내면, 일반적으로 현재가치 $= \dfrac{\text{미래가치}_n}{(1+i)^n}$이다. 여기서 미래가치$_n$은 n년 후에 받게 될 금액이다.

채권가격을 계산하기 위해 현재가치 사용하기

주식이나 채권을 매입하는 사람은 실제로 주식의 경우 배당이나 채권의 경우 쿠폰과 같은 일정한 지급을 받는다는 약속을 매입하는 것이다. 투자자들이 금융자산에 대해 기꺼이 지불할 용의가 있는 가격은 이러한 금융자산을 소유하는 결과로 받게 될 지급들의 현재가치와 같아야 한다. 대부분의 쿠폰지급들이나 배당지급들은 미래에 받을 것이기 때문에, 중요한 것은 이러한 지급들의 현재가치이다. *"금융자산의 가격은 이러한 금융자산을 소유*

함으로써 미래에 받게 되는 지급들의 현재가치와 같아야 한다."

한 가지 예를 생각해 보자. 1986년에 General Electric이 2016년에 만기가 되는 연간 쿠폰이 $80인 채권을 발행했다고 하자. 현재는 2014년이고 채권은 여러 차례 투자자들에 의해 매입되었고 매도되었다. 당신이 채권 매입을 고려하고 있다고 하자. 당신이 채권을 사면, 당신은 2년 동안 2번의 쿠폰지급과 채권의 원금, 즉 채권의 액면가인 $1,000을 지급 받을 것이다. 당신이 10%의 이자율을 요구한다고 하자. 만일 채권의 연간 쿠폰이 $80이면, 당신이 채권을 소유함으로써 받는 지급들의 현재가치, 즉 채권의 현재가치는 다음과 같다.

$$\text{현재가격} = \frac{\$80}{(1+0.10)} + \frac{\$80}{(1+0.10)^2} + \frac{\$1,000}{(1+0.10)^2} = 965.29$$

즉, 채권의 현재가치는 채권을 소유하는 2년 동안 당신이 받게 될 세 번의 지급들의 현재가치와 같다. 따라서 당신은 채권을 소유하기 위해 $965.29를 기꺼이 지불할 것이고 General Electric으로부터 세 번의 지급들을 받을 권리를 가지게 될 것이다. 이러한 미래 지급들의 현재가치를 계산하는 과정은 한 가지 전제조건 하에 채권가격을 결정하기 위해서 사용된다. 한 가지 전제조건은 투자자들이 현재가치와 기존 채권의 가격을 계산하기 위해 사용되는 이자율은 일반적으로 새로 발행되는 채권의 쿠폰율(이자율)이다. 따라서 채권가격의 일반 공식은 다음과 같다.

$$\text{채권가격} = \frac{\text{쿠폰}_1}{(1+i)} + \frac{\text{쿠폰}_2}{(1+i)^2} + \cdots + \frac{\text{쿠폰}_n}{(1+i)^n} + \frac{\text{액면가}}{(1+i)^n}$$

여기서 쿠폰$_1$은 1년 후에 받게 되는 쿠폰지급이고, 쿠폰$_2$는 2년 후에 받게 되는 쿠폰지급이며, ... , 쿠폰$_n$은 채권의 만기가 되는 n년 후에 받게 되는 쿠폰지급이다. 액면가는 채권의 만기 시에 받게 되는 금액이다. 새로 발행되는 채권의 이자율은 i이다.

주식가격을 계산하기 위해 현재가치 사용하기

당신이 기업의 주식을 소유하고 있을 때, 당신은 법률적으로 기업 이윤 중 당신의 몫을 받을 자격을 가진다. 기업이 주주들에게 지급하는 이윤은 *배당 dividend*이라고 말한다는 것을 기억하라. 주가는 투자자들이 주식을 소유한 결과로 받을 것으로 예상하는 배당들의 현재가치와 같아야 한다. 따라서, 주식가격의 일반공식은 다음과 같다.

$$\text{주식가격} = \frac{\text{배당}_1}{(1+i)} + \frac{\text{배당}_2}{(1+i)^2} + \cdots$$

이 공식은 몇 가지 중요한 차이점이 있기는 하지만 채권가격을 계산하기 위해 사용되는 공식과 매우 유사하다. 첫째, 채권과 달리 주식은 만기가 없고 이에 따라 무한개의 배당지급들의 현재가치를 계산해야 한다. 언뜻보기에 주식가격도 무한대가 되어야 할 것으로 보이지만 당신이 먼 미래에 받게 되는 배당들은 오늘 거의 가치가 없을 것이라는 것을 기억하

라. 예를 들어 40년 후에 받게 될 $10의 배당지급은 10%의 이자율에서 오늘 $0.20 정도의 가치를 가진다. 둘째, 주식가격 공식과 채권가격 공식 간의 차이점은 당신이 채권을 소유함으로써 받게 되는 쿠폰지급들은 확실하게 알려져 있다는 것이다. 이러한 쿠폰지급들은 채권이 발행될 때 확정되고 변화될 수 없다. 그러나 주식을 매입하여 소유함으로써 받게 되는 배당지급들이 얼마가 될 것인지는 확실하게 알 수 없다. 당신이 얼마의 배당지급을 받을 것인지는 기업이 미래에 얼마의 수익을 낼 것이냐에 의해 결정된다.

기업의 미래수익성을 예측하는 것은 가능하지만, 이러한 예측은 완전히 정확하게 이루어질 수 없다. 이 점을 강조하기 위해, 일부 경제학자들은 배당지급들이 기대되는 *expected* 배당지급들이라는 점을 강조하기 위해 각 배당에 해당되는 것에 위 첨자 *e*를 첨가하여 주식가격 공식을 나타낸다. 기업의 미래수익성은 종종 예측하기 어렵기 때문에, 특정 주식의 가격이 얼마이어야 하는가에 대해 서로 다른 의견들이 존재하는 것은 놀라운 일이 아니다. 일부 투자자들은 기업의 미래수익성에 대해 매우 낙관적이어서 주가가 높아야 한다고 믿는다. 다른 투자자들은 기업의 미래수익성에 대해 매우 비관적이어서 주가가 낮아야 한다고 믿는다.

주식가격을 계산하기 위한 단순 공식

배당이 일정한 성장률로 증가할 것이라고 가정하면, 주식가격을 결정하는 공식은 다음과 같이 단순화된 공식으로 나타낼 수 있다.

$$\text{주식가격} = \frac{\text{배당}_1}{(i - \text{배당성장률})}$$

이 식에서 배당$_1$은 "1년 후에 받게 될 것으로 기대되는 배당"이고, 배당성장률은 배당이 증가할 것으로 기대되는 배당성장률이다. 만약 기업이 1년 후에 주당 $1의 배당을 지급하고 배당성장률이 10%이면, 기업은 그 다음 해에 $1.10의 배당, 그 다음 다음 해에 $1.21의 배당 등등을 지급할 것으로 기대된다는 것이다.

이제 IBM이 연말에 주당 $5의 배당을 지급할 것이고 투자자들은 배당이 무한한 미래 동안 매년 5%로 증가할 것이라고 예상하며, 이자율은 10%라고 하자. 이런 경우, IBM 주식의 가격은 다음과 같이 계산될 수 있다.

$$\text{주식가격} = \frac{\$5.00}{(0.10 - 0.05)} = \$100.00$$

특히 1999년과 2000년 동안, 인터넷 기업들 중 많은 기업들은 아직 이윤을 벌지 못했고 배당을 지급하지 않았다는 점을 감안할 때, Amazon.com의 주식과 같은 많은 인터넷 주식들의 높은 가격이 정당화될 수 있는지에 대해 많은 논의가 있었다. 합리적인 투자자가 현재 이윤을 벌지 못하는 기업의 주식에 대해 높은 가격을 지불할 수 있는가? 주가를 결정하는 공식은 투자자가 기업의 미래수익성에 대해 충분히 낙관적이면 이러한 일이 가능하다는 것을 보여준다. 예를 들어, 1999년 동안, 한 주식애널리스트가 Amazon.com은 조만간에 주당 \$10의 수익을 벌 것이라고 예측했다. 즉, Amazon.com의 총수익을 주식 수로 나눈 것이 \$10이 될 것이라는 것이다. Amazon.com이 1년 후에 배당으로 \$10을 지급할 것이고 이러한 배당은 오랜 기간 동안 매년 7%로 증가할 것이라고 하자. 주식가격 공식은 Amazon.com의 주식가격이 \$333.33가 될 것이라고 제시한다.

$$\text{주식가격} = \frac{\$10.00}{(0.10-0.07)} = \$333.33$$

기업의 미래 전망에 대해 충분히 낙관적이면, 기업이 현재 이윤을 벌지 못하고 있다 하더라도 높은 주가는 정당화될 수 있다. 그러나 주식 투자자들은 신중해야 한다. 투자자들이 처음에 믿었던 것만큼 수익을 내지 못하게 될 것으로 예상되면 Amazon.com의 배당성장률 전망은 7%가 아니라 4%가 될 것이다. 이러한 경우 주식가격 공식은 Amazon.com의 주식가격이 \$166.67가 될 것이라고 제시한다.

$$\text{주가} = \frac{\$10.00}{(0.10-0.04)} = \$166.67$$

이 주식가격은 더 낙관적인 배당성장률을 가정할 경우에 나타나는 주식가격의 반에 불과하다. 투자자들은 기업의 가치를 결정하기 위해 기업의 수익성과 성장전망에 관한 정보를 사용한다.

재무제표에 대한 이해

기업은 실제 투자자들과 잠재적 투자자들에게 영업상황과 재무상황에 관한 상당한 정보를 발표한다. 이러한 정보의 일부는 금융시장 참여자들과 투자자들이 회사채가 얼마나 위험한지를 판단하는데 도움을 주고, 또한 신용등급을 부여하는 Moody's Investors Service와 같은 정보수집 기관들의 정보수집에도 도움을 준다. 이러한 정보들에는 미국 증권거래위원회(SEC)의 보고에 따른 정보가 포함된다.

기업의 수익성과 재무상황에 관한 정보의 핵심적 출처는 기업의 주요 재무제표인 손익계산서와 대차대조표이다. 이제 Facebook의 데이터를 예로 사용하면서 손익계산서와 대차대조표를 살펴보도록 하자.

손익계산서

이 장의 본문에서 논의한 것처럼, 기업의 손익계산서는 일정한 기간 동안에 발생한 기업의 수입, 비용, 이윤을 요약하여 정리한 것이다. [그림 14A.1]은 2012년 Facebook의 손익계산서를 보여준다. 이 손익계산서는 2012년의 Facebook의 영업결과를 요약하여 정리한 것이다. 첫 번째 행은 2012년 1월 1일부터 2012년 12월 31까지 주로 Facebook의 웹사이트에서 광고를 판매하여 번 수입이 \$5,089백만이라는 것을 보여준다. 다음으로는 Facebook

의 영업비용이 정리되어 있다. 영업비용 중 가장 중요한 것은 *매출원가 cost of sales*이며, 이 경우 매출원가는 $1,364백만이다. 매출원가는 Facebook이 자신의 웹사이트를 위한 소프트웨어를 만들기 위해 고용하는 컴퓨터 프로그래머들의 급여를 포함하여 판매된 제품을 생산하는 데 들어간 직접비용이다. Facebook은 또한 제품을 연구하고 개발하기 위해 상당한 비용($1,399백만)을 지불하고 제품의 광고와 마케팅을 위해 상당한 비용($896백만)을 지불한다. 일반관리비용($892백만)에는 최고경영자들의 급여와 같은 비용이 포함된다.

기업의 수입과 기업의 비용 간 차이가 기업의 이윤이다. 이윤은 손익계산서에서 몇몇 형태로 나타난다. 기업의 *영업이익 operating income*은 기업의 수입과 기업의 영업비용 간 차이이다. Facebook을 포함하여 대부분의 기업들은 빌린 돈에 대해 이자비용을 지불하고, 또한 국채와 다른 회사의 채권이나 주식에 투자하여 수익을 발생시킨다. 이 예에서 Facebook은 이러한 투자로부터 번 것보다 이자비용으로 $44백만을 더 많이 지급했고 이에 따라 Facebook의 *법인세 차감전 순이익 income before tax*은 $494백만이었다. 연방정부는 기업의 이윤에 대해 과세한다. 2012년에, Facebook은 세금으로 $441백만을 납부했다. 세후 당기순이익은 $53백만이었다. 주식가격에 비해 이윤수준이 낮다는 것은 투자자들이 Facebook의 이윤이 미래에 훨씬 클 것이라고 예상한다는 것을 말해준다. 기업이 손익계산서에서 보고하는 당기순이익은 *세후 회계적 이윤 after-tax accounting profit*이다.

수입		$5,089	매출로부터 발생된 수입
영업비용			
	매출원가	1,364	비용의 분류
	연구개발비용	1,399	비용의 분류
	판매 및 마케팅비용	896	비용의 분류
	일반관리비용	892	비용의 분류
총영업비용		4,551	총비용
영업이익		538	영업이익=수입 − 영업비용
투자이익		(44)	
법인세 차감전 순이익		494	세전 회계적 이윤
법인세		(441)	
당기순이익(회계적 이윤)		53	세후 회계적 이윤

주: 모든 수치는 100만 달러 기준이다.

그림 14A.1

2012년 Facebook의 손익계산서

Facebook의 손익계산서는 2012년 동안에 발생된 이 기업의 수입, 비용, 이윤을 보여준다. 수입($5,089백만)과 영업비용($4,551백만)의 차이가 영업이익($538백만)이다. 대부분의 기업들은 빌린 돈에 대해 이자비용을 지불하고 국채와 회사채에 대한 투자로부터 이자수입을 가진다. 이 경우에 Facebook은 투자로부터 번 것보다 이자비용으로 $44백만을 더 많이 지급했고, 이에 따라 Facebook의 법인세 차감전 순이익 income before tax은 $494백만이었다. $441백만의 세금을 납부한 후, Facebook이 2012년 동안 번 당기순이익, 즉 세후 회계적 이윤은 $53백만이었다.

자료: Facebook 2012 10-K Annual Report, SEC EDGAR Web site www.sec.gov/edgar.shtml.

대차대조표

이 장의 본문에서 논의한 것처럼, 기업의 손익계산서는 일정한 기간 동안의 기업활동을 보고하는 반면에 기업의 대차대조표는 특정한 시점, 일반적으로 분기 말이나 연말에 기업의 재무상황을 요약하여 정리한 것이다. 대차대조표가 어떻게 작성되어 있는지 이해하기 위해서 먼저 자산은 기업이 소유하고 있는 가치있는 것이고, 부채는 기업이 갚아야 하는 채무라는 것을 기억하라. 기업자산의 가치로부터 기업부채의 가치를 뺀 것이 기업의 순자산 net worth이다. 기업의 주주들이 기업의 소유주들이기 때문에, 순자산은 종종 대차대조표 상에 **주주지분** stockholders' equity으로 기록된다. 이러한 정의들을 사용하면, 대차대조표의 자산과 부채, 주주지분 간 관계는 다음과 같이 나타낼 수 있다.

주주지분
stockholders' equity
기업의 자산가치와 기업의 부채가치 간의 차이.

$$\text{자산} - \text{부채} = \text{주주지분}$$

즉,

$$\text{자산} = \text{부채} + \text{주주지분}$$

이 식은 기업의 자산가치는 기업의 부채가치와 주주지분가치의 합과 같다는 것을 말해준다. 15세기 이탈리아의 근대 부기 bookkeeping 시작 시점까지 그 기원이 올라가는 중요한 회계규칙은 대차대조표에서 자산은 왼쪽에, 부채와 주주지분은 오른쪽에 기록하는 것이다. 이것은 *"대차대조표의 왼쪽 가치는 항상 대차대조표의 오른쪽 가치와 같다"*는 것을 의미한다. [그림 14A.2]는 2012년 12월 31일 현재 Facebook의 대차대조표를 보여준다.

대차대조표의 자산에 있는 두 개 항목은 생소할 수 있다. *유동자산 current asset*은 기

그림 14A.2

2012년 12월 31일 현재 Facebook의 대차대조표

기업은 대차대조표의 왼쪽에 자산을 기록하고 대차대조표의 오른쪽에 부채를 기록한다. 기업자산의 가치와 기업부채의 가치 간 차이는 기업의 순자산, 즉 주주지분과 같다. 주주지분은 대차대조표의 오른쪽에 기록된다. 따라서 대차대조표의 왼쪽 가치는 항상 대차대조표의 오른쪽 가치와 같아야 한다.
자료: Facebook 2012 10-K Annual Report, SEC EDGAR Web site www.sec.gov/edgar.shtml.

자산		부채와 주주 지분	
유동자산	$11,267	유동부채	$1,052
재산과 장비	2,391	장기부채	2,296
영업권	1,388	총부채	3,348
기타 장기자산	57	주주지분	11,755
총자산	$15,103	총부채와 주주지분	$15,103

주: 모든 수치는 100만 달러 기준이다.

업이 당좌예금 잔고나 제품이 인도되었으나 이에 대해 아직 지불받지 못한 *매출채권(외상매출금) account receivable*과 같이 기업이 현금으로 신속하게 전환할 수 있는 자산이다. *영업권 goodwill*은 기업자산의 매입가격과 기업자산의 시장가치 간의 차이를 나타낸다. 영업권은 기업이 기업자산으로부터 경제적 이윤을 벌 수 있는 기업의 능력을 나타낸다. 예를 들어, 만일 당신이 분주한 교차로에 위치한 레스토랑을 매입하고 맛있는 요리를 준비하는데 명성이 있는 요리사를 고용한다면, 당신은 식탁, 의자, 오븐, 기타 자산의 시장가치보다 더 많이 지불하게 될지 모른다. 이 경우에 당신이 지불하게 되는 추가적인 지불금액이 대차대조표의 자산에 영업권으로 포함된다.

*유동부채 current liabilities*는 재화를 받았으나 아직 지불하지 않은 공급자들에 대해 갚아야 하는 *매입채무(외상매입금) account payable*와 1년 이내에 상환하여야 하는 은행대출과 같은 단기채무이다. 장기 은행대출과 회사채의 잔존가치는 *장기부채 long-term liabilities*이다.

PART

5

공공경제학

CHAPTER
15 외부효과, 환경정책, 공공재

이 장의 학습내용

15.1 외부효과와 경제적 효율성
- 양(+)의 외부효과와 음(−)의 외부효과를 구별하고, 외부효과가 경제적 효율성에 어떤 영향을 미치는가를 그래프로 보여준다.

15.2 외부효과에 대한 사적 해결: 코오즈 정리
- 코오즈 정리에 대해 살펴보고, 외부효과가 존재하는 시장에서 사적 협상이 어떻게 경제적 효율성을 달성하는가를 설명한다.

15.3 외부효과를 다루는 정부정책
- 외부효과가 존재하는 시장에서 경제적 효율성을 달성하기 위한 정부의 정책에 대해 분석한다.

15.4 4가지 범주의 재화
- 경합성과 배제성을 기준으로 재화들을 어떻게 구분할 수 있는가를 설명하고, 공공재와 공유자원의 효율적 생산량을 그래프를 사용하여 살펴본다.

환경보호에 경제정책이 활용될 수 있는가?

대부분의 과학자들은 화석연료를 사용하면 이산화탄소를 포함한 여러 온실가스가 방출되므로 지구온난화가 촉진되어 잠재적으로 기후변화라는 큰 비용을 치르게 될 것이라고 믿고 있다. 그렇다면 정부가 온실가스의 방출을 줄이기 위해 어떤 조치를 취해야만 하는가? 조치를 취한다면, 어떤 정책이 가장 좋은가? 2013년에 Duke 대학은 이에 대한 여론조사를 실시했는데 응답자 중 약 2/3가 정부가 온실가스를 규제해야 한다고 응답했다. 또한 대다수의 사람들은 정부가 온실가스의 방출을 정부가 직접 통제해야 한다고 생각하고 있었다.

Chicago 대학의 경영대학에서 실시한 여론조사에 의하면, 대부분의 경제학자들은 정부가 온실가스를 줄이는 데 나서는 것은 긍정적으로 생각했으나 어떤 정책이 가장 좋은 정부정책인가에 대해서는 의견들이 다른 것으로 나타났다. 정부가 기업들에게 공해를 줄이기 위해 어떤 특정한 방법들을 사용하도록 명령하는 것은 명령과 통제command-and-control 정책을 사용하는 것이다. 많은 경제학자들은 정부가 명령과 통제 정책을 통해 공해를 줄이는 것보다는 경제적 인센티브에 의존하는 시장지향적 market-based 정책을 통해 공해를 줄이는 것이 더 효율적인 방법이라고 주장하고 있다.

탄소세는 시장지향적 정책의 한 예이다. 정부가 이산화탄소를 배출하는 원유, 석탄, 기타 탄소연료의 사용에 대해 세금을 부과하면 가구나 기업들은 이들 연료의 사용량을 줄이려는 경제적 인센티브를 갖게 될 것이다. 그러나 탄소세 부가를 포함하여 정부가 공해를 줄이려고 시장지향적 정책을 사용하는 것에 대해서 논란이 많이 있었다. 일부 기업들은 탄소세로 인해 생산원가가 상승한다고 반대했다. 미국의 경우, National Corn Growers Association은 탄소세가 도입되면 미국의 모든 옥수수재배자의 옥수수 생산비용이 증가한다고 주장했다. 마찬가지로 American Fuel & Petrochemical Manufacturers의 대변인은 "에너지 소비를 아예 없애거나 줄이는 것은 소비자들 특히 취약층 소비자들에게 상당한 비용을 발생시키지 않고는 불가능한 일이다."라고 주장했다. 그러나 다른 기업들은 더 많은 비용을 발생시키는 비효율적인 명령과 통제 정책과 비교해서는 탄소세 부과가 더 나은 정책이라고 주장했다. California주에 있는 전력회사인 Pacific Gas and Electric Company는 "보다 깨끗한 환경과 유지가능한 경제를 촉진하는데 유연성과 힘을 갖는 시장지향적인 인센티브 정책"을 사용하는 것이 훨씬 낫다고 말했다. 이 장에서 살펴볼 것이지만, 환경정책을 둘러싼 논의에서 경제적 분석은 중요한 역할을 한다.

자료: "Americans Want Climate Rules but Not Taxes," UPI, February 7, 2013; Jonathan Marshall, "California's Cap-and-Trade Program: In Good Company," *Currents: News and Perspectives from Pacific Gas and Electric Company*, November 20, 2012; "NCDA Says Cap and Trade Will Hurt Corn Growers," www.agwired.com, January 20, 2010; Paoloa Sapienza and Luigi Zingales, "Economic Experts vs. Average Americans," University of Chicago, Booth School of Business, Working Paper 13-11; and Charles Drevna, "Energy Experts Blog," www.energy.nationaljournal.com, November 19, 2012.

공해는 경제생활의 일부이다. 소비자들은 자동차를 운행하기 위해서, 집을 따뜻하게 하기 위해서 공해를 발생시킨다. 기업들은 전기를 생산하기 위해서, 농약을 생산하기 위해서, 플라스틱을 생산하기 위해서 공해를 발생시킨다. 전력회사는 전기를 생산하기 위해 석탄을 태우면서 아황산가스를 배출한다. 아황산가스는 산성비를 만들고 산성비는 나무, 농작물, 건물들에 피해를 입힌다. 화석연료를 태우면 이산화탄소 등의 온실가스가 배출되고 이로 인해 지구온난화가 가속화된다.

외부효과 externality
재화나 서비스의 생산이나 소비에 직접 참가하지 않는 사람들에게 발생하는 혜택이나 비용을 말한다.

공해는 외부효과의 한 예이다. **외부효과 externality**란 재화나 서비스의 생산이나 소비에 직접 참가하지 않는 사람들에게 발생하는 혜택이나 비용을 말한다. 공해는 *음(−)의 외부효과 negative externality*를 발생시킨다. 예를 들어, 천식에 걸려 있는 사람들은 전기를 사용하거나 판매하지 않는데도 다른 사람들이 사용하는 전기의 생산으로 발생하는 공해로 인해 비용을 지불하게 될 수 있다. *양(+)의 외부효과 positive externality*도 발생할 수 있다. 예를 들어, 의학연구는 연구에 직접 참가하지 않거나 연구를 위해 비용을 지불하지 않은 사람에게도 어떤 혜택이 돌아간다. 또한 좋은 교육을 받은 사람들의 지식, 예의 바른 행동 등은 그러한 교육에 참가하지 않거나 그러한 교육을 위해 비용을 지출하지 않은 사람들에게도 혜택을 준다. 통상적으로 경쟁시장은 경제적으로 효율적인 양의 재화나 서비스를 생산하게 한다. 그러나 경쟁시장의 경제적으로 효율적인 결과는 외부효과가 발생하는 경우에는 나타나지 않을 수도 있다. 음(−)의 외부효과가 존재하는 경우에 경쟁시장은 효율적인 생산량보다 더 많은 생산량을 생산할 수도 있다. 양(+)의 외부효과가 존재하는 경우에 경쟁시장은 효율적인 생산량보다 더 적은 생산량을 생산할 수 있다. 정부의 시장간섭—농산물에 대한 하한가격, 집세에 대한 상한가격 책정 등—은 경제적 효율성을 감소시킨다. 그러나 외부효과가 존재하는 경우에는 정부의 간섭이 경제적 효율성을 증가시켜서 사회의 후생수준을 높여줄 수 있다. 그러나 정부가 어떤 식으로 간섭하느냐가 중요하다. 정부의 정책은 효율적이어야 한다.

이 장에서는 공해 및 기타 외부효과를 어떻게 하면 가장 잘 다룰 수 있는가에 대해서 살펴볼 것이다. 또한 정부가 생산하지 않으면 생산되지 않는 공공재 public goods에 대해서도 살펴볼 것이다.

15.1. 외부효과와 경제적 효율성

당신이 빅맥 Big Mac을 사 먹을 때는 당신만 그 혜택을 본다. 그러나 당신이 대학교육을 소비한다면 다른 사람들도 혜택을 본다. 교육을 받은 사람은 범죄를 저지를 가능성이 더 낮으며, 또한 보다 많은 지식과 정보를 갖는 투표권자가 되어 정부가 보다 좋은 정책을 선택하는데 도움을 줄 수 있다. 따라서 당신이 대학교육을 받으면 그 혜택의 대부분을 당신이 갖고 가겠지만 그 혜택의 전부를 당신이 갖고 가지는 않는다.

당신이 빅맥을 구입할 때 당신이 지불하는 가격은 그 빅맥을 생산하는데 드는 비용을 모두 지불한다. 그러나 당신이 전기를 구매할 때 지불하는 가격에는 전기 생산을 위해 전력회사가 석탄을 태우고 그로 인해 발생하는 산성비에 의한 피해액이 포함되지 않는다.

대학교육의 경우에는 대학교육을 구매하지 않는 사람들에게도 대학교육의 혜택이 돌아가서 *양(+)의 외부효과*가 발생한다. 그러나 전력생산의 경우에는 예를 들어 전기를 구매하지 않는 호수가에 사는 사람들에게 산성비로 인해 물고기나 야생동물이 줄어드는 피해가 발생할 수 있어 *음(−)의 외부효과*가 발생한다.

외부효과의 영향

외부효과가 존재하는 경우에는 *경쟁시장균형*이 가져다주는 경제적 효율성이 방해를 받는다. 경쟁시장은 소비자잉여와 생산자잉여의 합을 극대화시킴으로써 경제적 효율성을 달성한다. 그러나 그러한 결과는 생산이나 소비에 외부효과가 발생하지 않는 경우에만 나타난다. 외부효과는 생산의 사적 비용과 사회적 비용이 달라지도록, 소비의 사적 혜택과 사회적 혜택이 달라지도록 만든다. **사적 비용 private cost**은 한 재화나 서비스의 생산자가 부담하는 비용이다. **사회적 비용 social cost**은 해당 재화나 서비스를 생산하는데 드는 총비용으로 사적 비용에 모든 외부적 비용(예를 들어, 공해비용)을 더해준 것이다. 외부효과가 존재하지 않을 때는 사적 비용과 사회적 비용은 일치한다. **사적 혜택 private benefit**은 한 재화나 서비스를 소비하는 소비자가 얻는 혜택이다. **사회적 혜택 social benefit**은 해당 재화나 서비스를 소비할 때 발생하는 총혜택이며, 사적 혜택에 모든 외부적 혜택(예를 들어, 당신이 받은 대학교육으로 다른 사람이 혜택을 보는 것처럼)을 더해준 것이다. 외부효과가 존재하지 않을 때는 사적 혜택과 사회적 혜택은 일치한다.

사적 비용 private cost
해당 재화나 서비스를 생산하는 사람이 부담하는 비용.

사회적 비용 social cost
사적비용에 모든 외부적 비용(예를 들어, 공해비용)을 더해준 해당 재화나 서비스를 생산하는데 드는 총비용.

사적 혜택 private benefit
한 재화나 서비스를 소비하는 소비자가 얻는 혜택.

사회적 혜택 social benefit
사적 혜택에 모든 외부적 혜택을 더해준 해당 재화나 서비스를 소비할 때 발생하는 총혜택.

생산에서의 음(−)의 외부효과가 가져오는 경제적 효율성의 감소

생산에서의 음(−)의 외부효과가 어떻게 경제적 효율성을 감소시키는지 살펴보도록 하자. 통상적으로 경제학자들은 재화나 서비스의 생산자가 생산의 모든 비용을 부담한다고 가정한다. 그러나 이는 항상 그런 것은 아니다. 전력생산의 경우에 사적 비용은 전력회사가 부담한다. 그러나 공해와 같은 일부 외부적 비용은 전력을 소비하지 않는 소비자들도 부담한다. 전기를 생산하는데 드는 사회적 비용은 사적 비용에 외부적 비용을 합한 비용이다. [그림 15.1]은 전력생산에서 발생하는 음(−)의 외부효과가 전력시장에 미치는 영향을 보여준다.

S_1은 시장공급곡선이며 전력회사가 전기를 생산할 때 부담하는 사적 비용만을 반영한다. 기업은 추가적인 한 단위를 생산하는데 드는 추가적인 비용과 가격이 일치할 때만 추가적인 한 단위를 생산한다. 이미 알고 있듯이 공급곡선은 한계생산비용을 나타낸다. 전력회사가 공해로 인해 발생하는 비용을 부담해야 하는 경우에는 공급곡선은 S_2가 되며, 이는 전기를 생산하는데 발생하는 진짜 비용인 사회적 한계비용을 나타낸다. 가격이 $P_{효율적}$이고, 수량이 $Q_{효율적}$인 균형점은 효율적인 균형점이다. 가격이 $P_{시장}$이고, 수량이 $Q_{시장}$ 인 균형점은 효율적인 균형점이 아니다.

그림 15.1

공해가 경제적 효율성에 미치는 영향

전력회사가 산성비가 발생시키는 비용을 부담하지 않기 때문에 전력회사들은 효율적 전력량보다 더 많은 전력을 생산한다. 공급곡선 S_1은 전력회사가 지불하는 사적 한계비용만을 나타낸다. 공급곡선 S_2는 산성비에 의해 피해를 보는 사람들에게 발생하는 비용을 포함한 사회적 한계비용을 나타낸다. 공급곡선이 S_1이 아니라 S_2라면 시장의 균형은 $P_{효율적}$ 가격과 경제적으로 효율적인 생산량인 $Q_{효율적}$ 생산량에서 나타날 것이다. 그러나 공급곡선이 S_1일 때는 시장균형은 $P_{시장}$의 가격과 $Q_{시장}$의 생산량에서 나타날 것이다. 이 경우에 발생하는 사장손실의 크기는 노란색으로 표시된 삼각형의 면적과 같다. 사장손실이 발생하므로 이 균형점은 효율적인 균형점이 아니다.

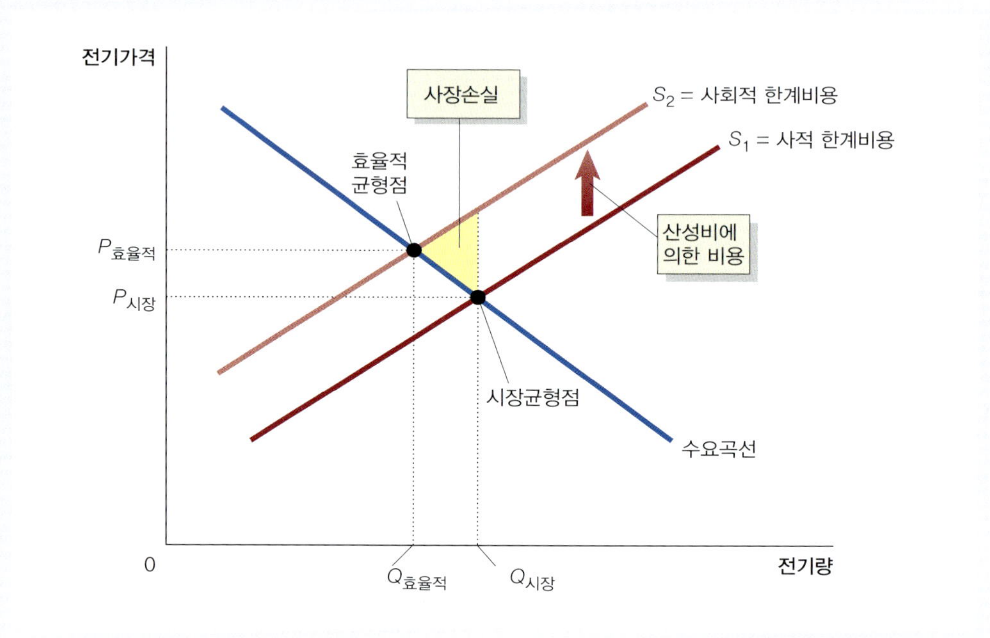

그 이유를 살펴보기 위해, 경제적으로 효율적인 균형점은 경제적 잉여(소비자잉여과 생산자잉여의 합)가 극대화되는 균형점인 것을 기억하라. 경제적 잉여가 극대화될 때 생산이 사회에 가져다주는 순혜택이 극대화된다. $Q_{효율적}$의 균형생산량에서 경제적 잉여가 극대화되므로 이 균형점이 효율적인 균형점이다. 한편, $Q_{시장}$의 균형생산량에서는 경제적 잉여는 [그림 15.1]에 표시된 노란삼각형의 사장손실만큼 감소한다. 따라서 이 균형점은 효율적인 균형점이 아니다. $Q_{효율적}$에서 $Q_{시장}$ 사이에 있는 생산량에서는 공급곡선이 수요곡선 위에 있으므로 사장손실이 발생한다. 즉, 이러한 생산량에서는 추가적 생산으로 발생하는 외부적 비용을 포함한 한계비용(공급곡선 S_2가 나타내고 있음)이 추가적 소비로부터 소비자들이 얻는 한계혜택(수요곡선이 나타내고 있음)보다 더 크다. 달리 말해, 공해 때문에 경쟁시장에서 나타나는 전력생산량보다 더 적은 양의 전력을 생산하는 것이 경제적 효율성을 증가시키는 것이다.

따라서 다음과 같이 결론 내릴 수 있다. *"생산에서 음(−)의 외부효과가 존재할 때 경쟁시장균형점에서는 너무 많은 양이 생산된다."*

소비에서의 양(+)의 외부효과가 가져오는 경제적 효율성의 감소

앞에서 음(−)의 외부효과가 존재하면 경쟁시장의 균형이 경제적 효율성을 달성하는데 실패한다는 것을 보았다.이러한 점은 양(+)의 외부효과가 존재하는 경우에도 마찬가지이다. 어떤 재화의 수요곡선은 그 재화를 소비할 때 발생하는 모든 혜택을 나타낸다. 그러나 대학교육은 교육을 소비하는 학생들이 받는 혜택 이외에 또 다른 혜택을 발생시키며 이러

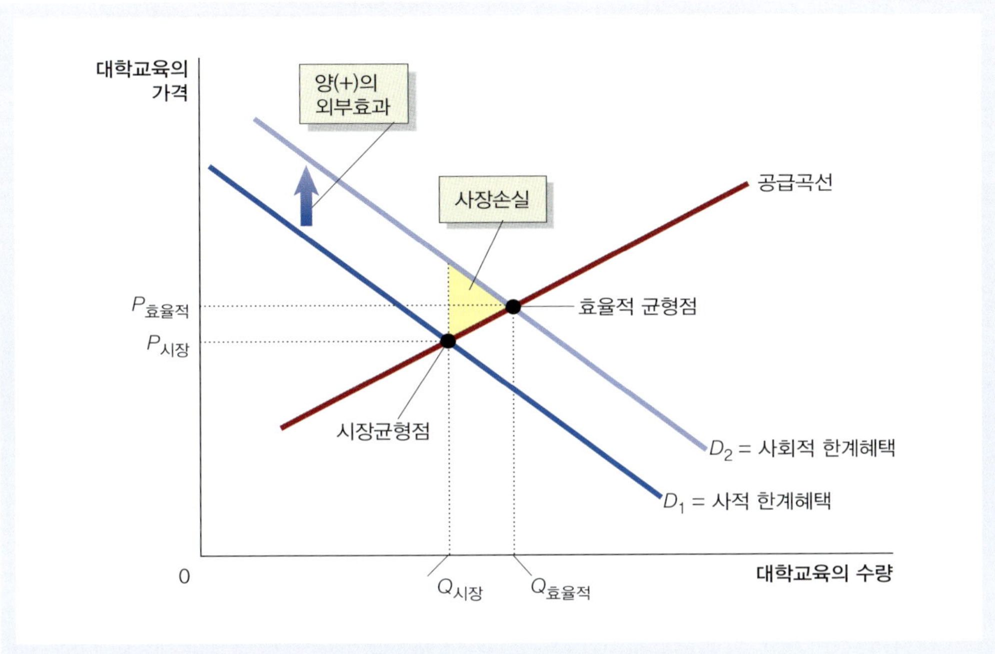

그림 15.2

양(+)의 외부효과가 경제적 효율성에 미치는 영향

대학교육을 소비하지 않는 사람들도 대학교육으로부터 혜택을 받을 수 있다. 그 결과, 대학교육의 사회적 한계혜택은 대학생들이 얻는 사적 한계혜택보다 더 크다. 시장수요곡선 D_1은 사적 한계혜택만을 나타내므로 시장에서 생산되는 대학교육의 양인 $Q_{시장}$은 너무 적은 생산량이다. 시장수요곡선이 D_1이 아니라 D_2라면, 대학교육 생산량은 효율적인 생산량인 $Q_{효율적}$이 될 것이다. 시장균형생산량 $Q_{시장}$에서는 노란색으로 표시된 삼각형 면적만큼의 사장손실이 발생한다.

한 혜택은 대학교육 시장의 수요곡선에 포함되어 있지 않다. [그림 15.2]는 대학교육시장의 소비에서 발생하는 양(+)의 외부효과의 영향을 보여준다.

대학교육을 받는 학생이 그로부터 발생하는 모든 혜택을 가져갈 수 있다면 수요곡선은 사회적 한계혜택을 나타내는 D_2가 될 것이다. 그러나 경쟁시장에서 나타나는 실제의 수요곡선은 D_1이며, 이는 학생들이 가져가는 사적 한계혜택만을 나타낸다. 효율적인 균형점은 가격 $P_{효율적}$, 수량 $Q_{효율적}$에서의 균형점이다. 이 균형점에서 경제적 잉여는 극대화된다. 시장균형점 $P_{시장}$, $Q_{시장}$은 효율적인 균형점이 아니다. 그 이유는 $Q_{시장}$에서 $Q_{효율적}$ 사이에 있는 생산량에서는 수요곡선이 공급곡선 위에 있기 때문이다. 즉, 이러한 생산량에서는 추가적 소비로 인해 발생하는 외부적 혜택을 포함한 한계혜택(수요곡선 D_2가 나타내고 있음)이 추가적 생산으로 발생하는 한계비용(공급곡선이 나타내고 있음)보다 더 크다. 따라서 경쟁시장의 균형점에서는 노란색 삼각형의 면적과 같은 사장손실이 발생하게 된다. 대학교육이 발생시키는 양(+)의 외부효과로 인해서 경쟁시장의 균형점에서 나타나는 양보다 더 많은 양의 대학교육을 생산하는 것이 경제적 효율성을 증가시키는 것이다.

따라서 다음과 같이 결론 내릴 수 있다. "*소비에서 양(+)의 외부효과가 존재할 때 경쟁시장균형점에서는 너무 적은 양이 생산된다.*"

외부효과와 시장실패

전력시장과 대학교육시장의 예에서 보았듯이 외부효과가 있을 경우에 경쟁시장에서의 생산량은 효율적인 생산량이 아닐 수 있다는 것을 보았다. 이러한 것들은 **시장실패 market**

시장실패 market failure
시장이 효율적인 생산량을 생산하지 못하는 상황.

failure의 예이다. 시장실패란 시장이 효율적인 생산량을 생산하지 못하는 상황을 말한다. 나중에 외부효과 문제를 푸는 방법에 대해 살펴볼 것이지만 여기서는 우선 외부효과가 왜 발생하는지에 대해 살펴보기로 한다.

외부효과를 발생시키는 것은 무엇인가?

사유재산권 property right
개인이나 기업이 자신의 재산을 사고 팔 수 있는 것을 포함하여 자신의 재산을 배타적으로 사용할 수 있는 권리.

시장시스템이 잘 작동하도록 하기 위해서는 정부가 *사유재산권*을 보장해 주어야 한다. **사유재산권 property right**은 개인이나 기업이 자신의 재산을 사고 팔 수 있는 것을 포함하여 자신의 재산을 배타적으로 사용할 수 있는 권리를 말한다. 재산은 공장이나 상점처럼 유형적이고 물리적인 것일 수 있으며, 어떤 아이디어처럼 무형적인 것일 수도 있다. 미국을 포함한 대부분의 고소득 국가들에서는 대부분의 경우에 사유재산권이 잘 보호되고 있다. 그러나 어떤 상황에서는 사유재산권이 존재하지 않거나 법적으로 강제될 수 없다.

다음과 같은 상황이 있다고 하자. Lee는 호수가 있는 땅을 소유하고 있다. 한 제지회사가 종이공장을 짓기 위해 Lee의 땅 일부를 리스하길 원한다. 종이공장은 Lee의 호수에 오염물질을 방출하게 된다. Lee가 호수를 소유하고 있기 때문에 Lee는 제지회사에게 오염물질을 제거하는 비용을 부담하도록 요구할 수 있다. 이 경우에 오염에 따른 비용은 제지회사가 지불하는 사적 비용이며 이러한 비용은 제지회사가 파는 종이가격에 포함되어 있다. 따라서 외부효과는 존재하지 않으며 효율적인 종이 양이 생산되고 또한 시장실패도 없다.

이제 제지회사가 종이공장을 어떤 개인이 소유하는 땅에 짓고 정부가 소유하고 있는 호수에 오염물질을 배출한다고 하자. 정부규제가 없다면 이 회사는 어떤 비용도 지불하지 않고 오염물질을 호수에 방출할 수 있다. 오염물질을 제거하는데 비용을 지불할 필요가 없기 때문에 오염으로 발생하는 비용은 이 회사에게는 외부적 비용이다. 이제 이 회사는 경제적으로 효율적인 양보다 더 많은 양의 종이를 생산할 것이다. 따라서 이 경우, 시장실패가 발생한다. 한편, Lee가 호수를 소유하고 있고 수백 마일 떨어진 전력회사에 의해 발생하는 산성비로 피해를 입는다고 해보자. 그러나 Lee는 산성비로 인한 피해에 대해 전력회사에게 보상을 청구할 수 없다. 어떤 것이 Lee의 사유재산권에 손실을 입히고 있지만 Lee는 자신의 사유재산권을 행사할 수 없다. 이 경우도 외부효과가 발생하고 있는 것이며 효율적인 양보다 훨씬 더 많은 전기가 생산되어 시장실패가 발생하게 된다.

당신이 집을 산다고 하자. 정부는 당신이 그 집을 배타적으로 사용하는 권리를 보호해 줄 것이다. 당신 이외에 그 누구도 당신의 허락없이는 그 집을 사용할 수 없다. 집에 대한 당신의 사유재산권으로 인해 당신이 얻는 사적 혜택과 사회적 혜택은 동일하다. 그러나 당신이 대학교육을 구매하면 다른 사람들도 그로부터 혜택을 받는다. 당신은 그들이 혜택을 받는 것을 막을 수 있는 어떠한 사유재산권도 갖고 있지 않으며 또한 그들이 받는 혜택에 대해 대가를 요구할 수도 없다. 이 경우는 양(+)의 외부효과가 발생하는 것이며 효율적인 양보다 훨씬 더 적은 양의 대학교육이 공급되므로 시장실패가 발생하게 된다.

이렇게 보면 다음과 같은 결론을 내릴 수 있다. *"외부효과와 시장실패는 불완전한 사유재산권 때문에, 또는 사유재산권을 집행하기가 어려운 상황 때문에 발생하는 것이다."*

15.2. 외부효과에 대한 사적 해결: 코오즈 정리

앞에서 설명했듯이 외부효과가 존재하는 경우에는 정부의 개입이 경제적 효율성을 증가시켜서 사회 전체의 후생을 증가시킬 수 있다. 그러나 외부효과 문제는 정부개입 없이도 관련 당사자들 간에 사적으로 해결할 수 있다.

시장은 시장실패를 치유할 수 있는가? 1991년에 노벨경제학상을 수상한 University of Chicago의 코오즈 Ronald Coase 교수는 1960년에 매우 중요한 논문을 발표했다. 그 논문에서 코오즈는 어떤 상황에서는 외부효과 문제를 사적으로 해결할 수 있다고 주장했다. 코오즈의 주장을 이해하기 위해서는 외부효과를 완전히 제거하는 것이 경제적으로 효율적인 것이 아니라는 점을 이해하는 것이 중요하다. 예를 들어, 공해의 경우를 보자. 실제로 경제적으로 "*효율적인 수준의 공해량*"이 있는 것이다. 언뜻 생각하기에는 매우 역설적인 것처럼 들린다. 공해는 나쁜 것이고 나쁜 것은 하나도 없는 것이 가장 효율적이 양이라고 생각될지도 모른다. 그러나 효율적인 양은 0이 아니다.

경제적으로 효율적인 수준의 공해방지

제1장에서 중요한 원칙인 "한계혜택이 한계비용과 일치할 때까지 해당 활동을 해야 한다"는 최적의사결정의 원칙에 대해 언급했었다. 이 원칙은 다른 활동에 대해서뿐만 아니라 공해에 대해서도 그대로 적용된다. 아황산가스의 배출은 스모그와 산성비를 만든다. 아황산가스를 포함한 다른 오염물질의 배출량이 줄어들면 사회가 혜택을 받는다. 더 적은 수의 나무가 죽으며, 더 적은 수의 빌딩이 손상되며, 더 적은 수의 사람들이 호흡기 질환을 겪는다. 그러나 핵심적인 것은 아황산가스를 추가적으로 한 톤씩 더 감소시킬 때마다 추가적으로 얻게 되는 한계혜택이 점점 줄어든다는 것이다. 이는 쉽게 이해할 수 있는 것이다. 예를 들어, 아황산가스 배출량을 어느 정도 줄이면 건강한 사람들이 호흡기 문제에서 벗어날 것이다. 그 수준에서 추가적으로 아황산가스의 배출량을 줄이면 건강한 사람들은 전혀 혜택을 받지 못하며 천식환자들이 호흡기 문제에서 벗어나는 혜택을 볼 수 있을 것이다. 그 수준에서 다시 아황산가스 배출량을 아주 낮은 수준으로 줄이면 그로 인해 혜택을 보는 천식환자들은 아마도 거의 없을 것이다. 이는 아황산가스 배출량을 줄일 때 받게 되는 다른 혜택의 경우에도 마찬가지이다. 아황산가스 배출량의 감소가 점점 더 커지면 더 적은 수의 빌딩이 손상을 입고, 더 적은 수의 나무가 피해를 보고, 호수가 덜 오염되는 혜택은 점점 감소할 것이다.

전력회사들이 공해를 줄일 때 발생하는 한계비용은 어떻게 될까? 아황산가스의 배출량을 줄이기 위해서는 고품질의 석탄을 사용해야 하거나 공해방지시설을 설치해야 한다. 공해수준이 낮아질수록 거기서 더 낮은 수준으로 공해를 줄이는 것은 점점 더 높은 비용을 발생시킨다. 공해를 아주 낮은 수준으로 줄이기 위해서는 새로운 기술이 적용된 복잡하고 값비싼 공해방지 설비를 설치해야 한다. 예를 들어, 미국의 한 예산담당자는 도시의 폐수를

97% 정화시키기 위해서 드는 한계비용은 95% 정화시키는데 드는 한계비용의 두 배 이상이라고 말했다. 공해를 줄임으로써 한 사회가 얻는 *순혜택 net benefit*은 그로 인해 발생하

Making the Connection

Clean Air Act: 미국정부의 환경정책이 유아사망률을 낮추다.

다음의 그래프는 미의회가 1970에 Clean Air Act을 통과시킨 후 공해를 줄이는데 미국이 획기적인 진전을 이루었음을 보여준다. 6개의 주요 공기오염 물질의 양이 극적으로 감소했다. 동일한 기간동안 미국의 실질 GDP(인플레이션을 효과를 차감한 미국에서 생산된 모든 최종 재화와 서비스의 가치)가 3배 이상이 되었으며, 에너지 소비량은 반으로 줄어든 대신 모든 운송수단이 운행한 마일 수는 2배가 되었다.

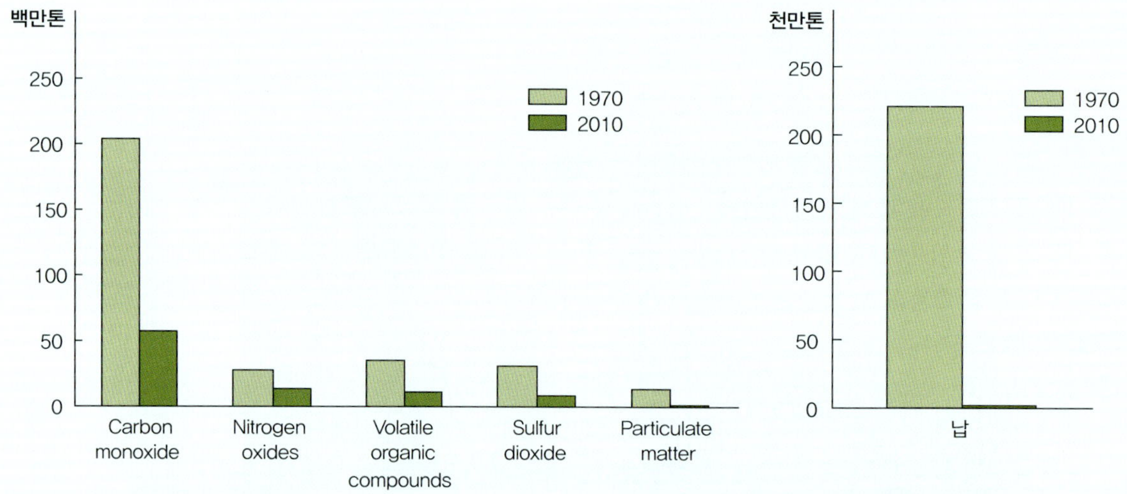

자료: U.S. Environmental Protection Agency, "Air Quality Trends," www.epa.gov/airtrends/aqtrends.html.

앞에서도 언급했지만, 공해가 아주 심했을 때는 공해를 한 단위 줄일 때 얻는 한계혜택은 매우 크다. 따라서 미국의 경우 1970년대에 공해를 줄였을 때 얻은 혜택은 현재에 그만큼의 공해를 줄일 때 얻게 되는 혜택보다 훨씬 더 컸다. Brown University의 Kenneth Y. Chay 교수와 MIT의 Michael Greenstone 교수의 연구에 의하면 미국이 Clean Air Act를 통과시킨 직후에 감소시킨 공해로부터 얻은 혜택은 엄청 큰 것으로 나타났다. 임산부들이 심한 공해에 노출되면 태아가 영향을 받아 여러 폐질환을 받게 되어 출생 후 수주 안에 일찍 사망하게 된다. Clean Air Act이 통과된 후 2년 동안 공해가 크게 줄어들었으며 그에 따라 영아사망률도 크게 줄어들었다. 이는 출생 후 한 달 안에 발생하는 영아사망률이 크게 줄었기 때문이다. 물론 영아사망률이 줄어든 것은 다른 것들의 영향 때문일 수도 있다. 따라서 이 두 교수의 계량분석은 공해부분의 영향만을 따로 분리하여 살펴본 것이다. 결론은 Clean Air Act 법의 통과로 인해 1972년에 미국에서 1,300명의 영아사망이 줄어든 것으로 나타났다.

자료: Kenneth Y. Chay and Michael Greenstone, "Air Quality, Infant Mortality, and the Clean Air Act of 1970," National Bureau of Economic Research Working Paper 10053, October 2003.

는 혜택과 비용의 차이이다. 따라서 순혜택을 극대화하기 위해서는 공해를 추가적으로 한 단위 감소시킬 때 얻는 한계혜택이 그를 위해 지불해야 하는 한계비용과 일치하는 수준까지 공해를 줄여야 하는 것이다.

[그림 15.3]은 이 점을 보여준다. 수평축은 아황산가스 배출량의 감소량을, 수직축은 아황산가스를 추가적으로 한 톤 더 줄였을 때 발생하는 한계혜택과 한계비용을 표시한 것이다. 공해량을 점점 더 많이 감소시킬수록, 그에 따른 한계혜택은 점점 줄어들고 한계비용은 점점 증가한다. 경제적으로 효율적인 양의 공해감소량은 공해감소가 가져오는 한계혜택과 한계비용이 일치하는 감소량이다. 그림에서는 가장 효율적인 아황산가스 배출 감소량이 연간 8.5백만 톤이다. 이 수준에서 마지막 한 톤의 아황산가스 배출량의 감소가 가져오는 한계혜택과 한계비용이 톤당 $200으로 서로 일치한다. 만일 아황산가스 배출량 감소 목표가 연간 7.0백만 톤이라면 그 수준에서는 마지막 한 톤의 추가적인 감소가 사회에 가져다주는 한계혜택은 $250이고 그를 위해 지불하는 한계비용은 $175이다. 따라서 이 경우, 추가적으로 한 톤을 더 감소시키면 $75의 순혜택이 발생한다. 7.0백만 톤에서 8.5백만 톤 사이에 있는 각 한 톤은 추가적인 순혜택을 가져다준다. 7.0백만 톤에서 시작하여 배출량

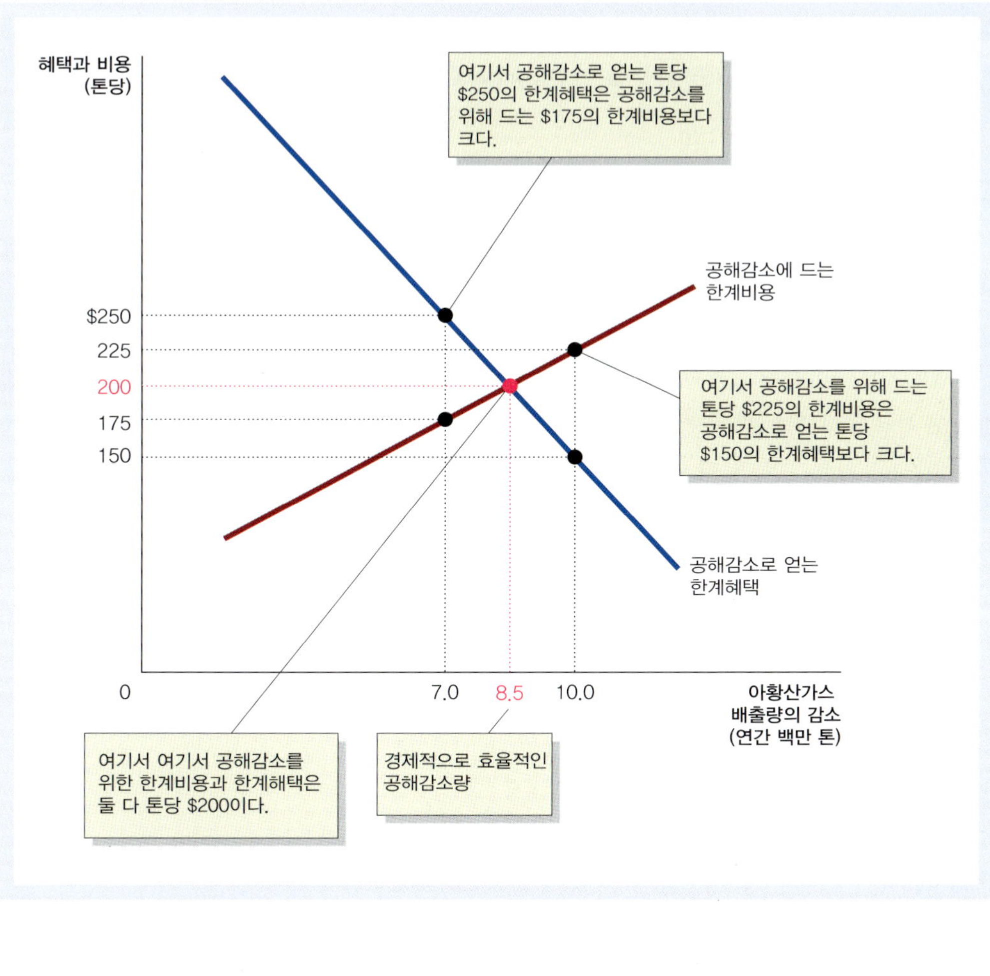

그림 15.3

공해감소로 얻는 한계혜택은 공해감소에 드는 한계비용과 일치해야 한다.

아황산가스의 배출량 감소가 연간 7.0백만 톤일 때 톤당 한계혜택 $250은 톤당 한계비용 $175보다 크다. 여기서 아황산가스의 배출량을 더 줄이면 사회가 얻는 순혜택은 증가한다. 아황산가스의 배출량 감소가 연간 10.0백만 톤일 때 톤당 한계비용 $225은 톤당 한계혜택 $150보다 크다. 여기서 아황산가스의 배출량을 늘리면 사회가 얻는 순혜택은 증가한다. 아황산가스의 배출량 감소가 연간 8.5백만 톤일 때 한계혜택과 한계비용이 같아진다. 이 크기의 공해감소량이 경제적으로 가장 효율적인 공해감소량이다.

을 감소시켜 가면, 한계혜택은 점점 작아지고 한계비용은 점점 상승하여 배출량의 감소가 연간 8.5백만 톤이 될 때 비로소 한계혜택과 한계비용의 크기가 같아진다.

요약하면, 아황산가스의 배출량을 줄일 때 발생하는 한계혜택이 한계비용보다 크면 배출량을 더 줄이는 것이 사회를 전보다 더 좋은 상태로 만드는 것이다. 그러나 아황산가스의 배출량을 줄일 때 발생하는 한계비용이 한계혜택보다 크면 배출량을 더 줄이는 것은 사회를 전보다 못한 상태로 만드는 것이다.

외부효과를 사적으로 해결하기 위해 필요한 기본요건

외부효과 문제를 사적으로도 해결할 수 있다고 주장하면서, 코오즈는 최적공해량보다 더 많은 공해가 발생하고 있을 때에는 공해를 최적수준까지 줄임으로써 얻는 혜택이 그에 드는 비용보다 더 크다는 점을 강조했다. [그림 15.4]는 이 점을 보여주고 있다. 한계혜택곡선은 아황산가스의 방출량을 한 톤씩 줄여나갈 때 얻는 추가적 혜택을 보여준다. 한계혜택곡선 아래에 있는 두 공해감축량 사이의 면적은 공해를 한 수준에서 다른 수준으로 감소시킬 때 발생하는 총혜택의 크기이다. 예를 들어, [그림 15.4]에서 아황산가스의 방출량 감소를 7.0백만 톤에서 8.5백만 톤으로 늘릴 때 발생하는 총혜택은 한계혜택곡선 아래에 있는 면적 *A*와 면적 *B*를 합한 것과 같다. 한계비용곡선은 아황산가스의 방출량을 한 톤씩 줄여나갈 때 발생하는 추가적 비용을 보여준다. 한계비용곡선 아래에 있는 두 공해감축량 사이의 면적은 공해를 한 수준에서 다른 수준으로 감소시킬 때 발생하는 총비용의 크기이다. 황산가스의 방출량 감소를 7.0백만 톤에서 8.5백만 톤으로 늘릴 때 발생하는 총비용은 한계비용곡선 아래에 있는 면적 *B*와 같다. 아황산가스의 방출량 감소로 인해 얻는 순혜택은 총혜택과 총비용의 차이이며, 이는 면적 *A*와 같다.

[그림 15.4]에서, 아황산가스의 방출량을 더 줄임으로써 얻는 추가적 혜택은 그를 위해 드는 추가적 비용보다 훨씬 크다. 혜택의 가치는 $(A + B)$로 $375백만이다. 비용의 가치는 (B)로 $255백만이다. 아황산가스의 방출량 감소로 혜택을 보는 사람들이 함께 모일 수 있다면 이들은 전력회사에게 공해를 최적수준까지 줄이는 데 드는 비용 $255백만을 지불하겠다고 전력회사에게 제안할 수 있다. 그러한 금액을 지불한 후에도 이들은 $120백만 어치의 순혜택을 가져간다. 달리 말해, 정부개입이 없이도 공해를 최적수준까지 줄이는 사적 합의가 이루어질 수 있다는 것이다.

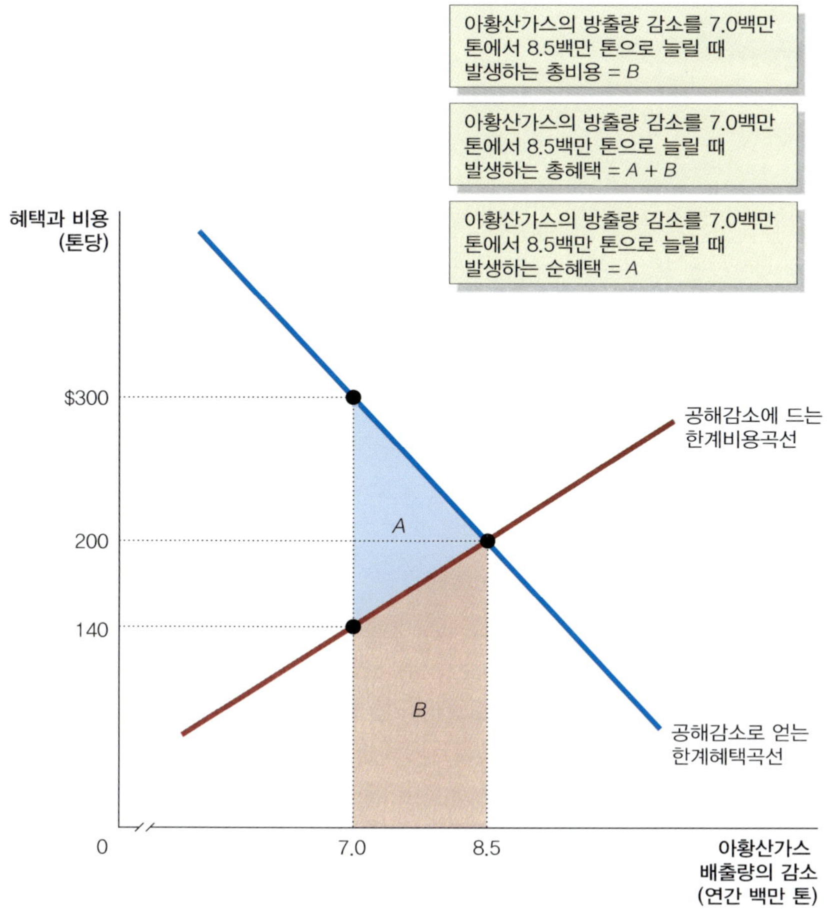

그림 15.4

공해를 최적량까지 줄일 때 얻는 혜택은 비용보다 크다.

아황산가스의 방출량 감소를 7.0백만 톤에서 8.5백만 톤으로 늘릴 때 발생하는 총혜택은 한계혜택곡선 아래에 있는 면적 A와 면적 B를 합한 것과 같다. 황산가스의 방출량 감소를 7.0백만 톤에서 8.5백만 톤으로 늘릴 때 발생하는 총비용은 한계비용곡선 아래에 있는 면적 B와 같다. 총혜택은 총비용보다 면적 A만큼 더 크다. 공해감소로 인해 얻는 총혜택이 공해감소를 위한 총비용보다 크므로, 혜택을 보는 쪽이 공해감소에 드는 비용을 공해발생시키는 쪽에 지불하는 사적 합의가 도출될 수 있다.

문제는 순혜택이라는 점을 기억하자.

왜 우리는 즐겁지 않고 불편한 어떤 것을 완전히 제거하지 않을까? 공해로부터 누군가가 불편함을 겪는다면 공해를 줄일 때 발생하는 한계혜택은 양(+)의 값이 될 것이다. 따라서 공해를 완전히 없애면 사회가 얻는 총혜택의 크기는 가장 커질 것이다. 그러나 공해를 완전히 없애는 것은 방청소를 할 때 먼지가 한 톨도 남지 않게 깨끗하게 방청소를 하는 것이 최적의 선택이 아닌 것처럼 최적의 선택이 아니다. 당신의 방을 청소하는데 드는 비용은 청소도구의 가격만이 아니라 청소를 하는데 사용하는 당신의 귀중한 시간이라는 보이지 않는 기회비용이다. 당신이 방청소에 더 많은 시간을 할애할수록 다른 활동을 할 당신의 시간은 줄어든다. 점점 더 많은 시간을 방청소에 사용한다면 당신이 포기하는 다른 활동들의 가치는 점점 더 증가할 가능성이 높으며 이는 방청소 시간의 기회비용을 증가시킨다. 텔레비전을 보는 대신에 방청소를 하는 것은 많은 비용을 발생시키는 것이 아닐지도 모른다. 하지만 식사를 하지 않거나 잠을 자지 않고 방청소를 하는 것은 매우 비싼 비용을 발생시키는 것이다. 당신의 최적 선택은 방에서 마지막 한 단위의 먼지를 제거할 때 얻는 한계혜택이 그 한 단위의 먼지를 제거하는데 드는 한계비용과 같아지는 수준까지 방의 먼지를 제거하는 것이다. 공해문제에 대해서 한 사회가 접근하는 방법도 이와 동일하다. 그렇게 하면 공해제거로부터 그 사회가 얻는 순혜택의 크기는 극대화된다.

Making the Connection

벌 이야기

사과나무가 열매를 맺기 위해서는 벌에 의해 수정되어야 한다. 벌들은 사과나무를 포함한 다른 식물들로부터 즙을 빨아서 꿀을 만든다. 1977년 노벨경제학상을 받은 영국의 경제학자인 James Meade는 1950년대 초반에 발표된 중요한 논문에서 사과를 재배하는 것과 양봉을 하는 것 사이에는 양(+)의 외부경제가 존재한다고 주장했다. 사과재배자가 더 많은 사과나무를 심을수록 근처에 있는 양봉가의 벌집에서는 더 많은 꿀이 생산된다. 또한 양봉가가 더 많은 벌집을 갖고 있을수록 근처의 사과농장에서는 더 많은 사과가 맺힌다. Meade는 사과재배자가 벌들이 사과열매가 맺게 사과나무들을 수정해 주는 서비스에 대해 양봉가에게 보상을 하지 않고, 양봉가도 사과나무가 벌들에게 과즙을 제공하여 꿀을 생산하게 해주는 것에 대해 사과재배자에게 보상을 하지 않는다고 보았다. 따라서 Meade는 정부가 개입하지 않으면 시장은 충분한 양의 사과와 꿀을 생산하지 않을 것이라고 결론지었다.

일부 사과재배 농가와 양봉가는 사적 계약을 통해 경제적으로 효율적인 결과를 얻고 있다.

그러나 University of Washington의 Steven Cheung 교수는 정부의 개입이 필요하지 않다는 것을 보였다. 그 이유는 양봉가와 사과재배자 간에 오래전부터 사적 계약이 유지되고 있었기 때문이다. 실제로 Washington State 주에서는 과일농장을 갖고 있는 농부들은 오래전인 적어도 1917년부터 자신들의 과일나무를 수정하기 위하여 양봉가로부터 벌집을 빌리는 계약을 하고 있었다. Cheung 교수에 의하면 그러한 계약에는 통상적으로 벌 무리의 수와 크기, 벌집 한 개당 임대료, 벌집의 설치와 회수 시기, 방충제로부터 벌들을 보호하는 것, 벌집의 적절한 위치 등에 대한 조건들이 명시되어 있었다.

오늘날, 꿀벌들은 연간 $140억 가치에 달하는 과일나무를 수정해 주고 있다 여기에는 Maine주의 블루베리에서부터 California주의 아몬드 등 다양한 과실이 포함된다. 아몬드에 대한 수요증가는 California주의 아몬드나무 재배지가 300마일에 이르면서 면적상으로는 800,000에이커로 확장되게 만들었다. 미국 전체 아몬드 생산량의 80퍼센트가 California주에서 생산되고 있으며, 이를 위해 약 1.6백만 개의 벌집이 이용되고 있다. 벌집은 2월과 3월에 아몬드나무를 수정하기 위하여 California주로 운송된다. 그런 다음, 체리, 배, 사과를 얻기 위하여 4월과 5월에는 Oregon주와 Washington주에 운송되고 있다.

2005년에 시작한 알 수 없는 전염병으로 인해 벌집의 수가 크게 줄어들었으며 2013년까지도 벌집은 계속 감소하고 있었다. 그러나 양봉가와 과일재배 농부들 사이의 사적 계약은 미국 농업에서 계속해서 중요한 역할을 하고 있다 .

자료: James E. Meade, "External Economies and Diseconomies in a Competitive Situation," *Economic Journal*, Vol. 62, March 1952, pp. 54-67; Steven N. S. Cheung, "The Fable of the Bees: An Economic Investigation," *Journal of Law and Economics*, Vol. 16, No. 1, April 1973, pp. 11-33; and Michael Wines, "Mystery Malady Kills more Bees, Heightening Worry on Farms," *New York Times*, March 18, 2013.

누가 사유재산권을 갖는지가 외부효과가 존재하는 경우의 최적 선택에 영향을 미치는가?

앞에서 전력회사와 전력회사가 방출하는 공해로 피해를 보는 사람들 사이에 있을 수 있는 사적 협상에 대해 설명할 때 전력회사가 자신들이 발생시키는 공해가 가져오는 피해에 대해 법적 책임을 져야 한다는 가정은 하지 않았다. 달리 말해, 공해로 피해를 입는 사람들은 그러한 피해를 입지 않을 사유재산권을 법적으로 강제할 수 없으며 공해를 감소시키기 위해서는 전력회사에 보상을 해주어야 한다. 그렇다면 만일 공해로 피해를 입은 사람들에게 보상을 해주어야 하는 법적 책임이 전력회사에게 있다면(공해로 피해 보는 사람들이 보상을 요구할 사유재산권을 갖는다면) 법적 책임이 전력회사에게 없는 앞의 경우와 다른 결과가 나타날 것인가? 코오즈가 이점에 대해서도 최초로 지적했지만, 사유재산권이 어느 쪽에 존재하느냐는 공해감소의 양에는 영향을 미치지 않는다. 유일한 차이점은 공해로 피해를 보는 사람들이 전력회사가 공해를 감축시키도록 하기 위해 전력회사에게 그 비용을 지불해야 하는 앞의 경우와는 달리, 이제는 전력회사가 공해로 피해를 입는 사람들에게 보상을 해야 한다는 것뿐이다. 공해감소의 한계혜택과 공해감소를 위한 한계비용은 변하지 않으므로 전력회사가 피해를 보상하는 협상을 통해서도 효율적인 공해감축량(이 경우, 8.5백만 톤)이 달성될 것이다

전력회사가 공해발생에 대한 법적 책임이 없다면, 공해로 피해를 보는 사람들은 마지막 한 단위의 공해감축량이 갖는 한계혜택과 한계비용이 같아지는 공해감축량을 달성하도록 전력회사에게 비용을 지불하려는 인센티브를 갖는다. 만일 전력회사가 자신이 발생시키는 공해에 대해 법적 책임을 져야 한다면 전력회사는 공해로 피해를 보는 사람들에게 앞의 경우와 동일한 수준의 공해발생량(공해감축량)을 허락받기 위해 이들에게 보상하려는 인센티브를 갖게 된다.

거래비용의 문제

불행하게도, 외부효과 문제를 사적 협상을 통해 해결하기 어렵게 만드는 현실적 어려움이 종종 존재한다. 예를 들어, 공해의 경우에 공해를 발생시키는 사람들도 많으며 공해로 피해를 보는 사람들도 많다. 이들 간의 협상은 거래비용으로 인해 종종 합의에 도달하지 못한다. **거래비용 transactions cost**은 재화나 서비스의 교환에 동의하거나 이를 이행하는 과정에서 당사자들에게 발생하는 시간을 포함한 다른 자원들의 비용이다. 이 경우, 거래비용은 협상하는데, 서로를 구속하는 계약서를 작성하는데, 계약한 대로 이행하는지를 살펴보는데 드는 시간 및 기타 자원들의 비용이 포함된다. 많은 사람들이 관계될 때는 외부효과를 줄여서 얻게 되는 순혜택보다 거래비용이 더 큰 경우가 종종 있다. 그러한 경우에는 거래비용이 거래이득보다 커져서 외부효과 문제를 사적 협상을 통해 해결하는 것이 불가능해진다.

거래비용 transactions cost
재화나 서비스의 교환에 동의하거나 교환을 이행하기 위해서 당사자들이 지불하는 시간을 포함한 다른 자원들의 비용.

코오즈 정리

외부효과 문제를 사적 협상을 통해 해결할 수 있다는 코오즈의 주장은 다음과 같은 **코오즈 정리 Coase theorem**에 요약되어 있다. "*거래비용이 낮다면, 사적 협상을 통해 외부효과 문제에 대해 효율적인 해결책을 도출할 수 있다.*" 우리는 이미 앞에서 전력회사의 공해배출 문제를 통해 코오즈 정리의 기본을 살펴보았다. 즉, 외부효과를 줄임으로써 얻는 혜택이 그에 지불해야 하는 비용보다 큰 경우에는 사적 협상을 통해 효율적인 결과를 도출할 수 있다. 그러나 이러한 결과는 거래비용이 낮을 경우에만 도출될 수 있다. 일반적으로 공

코오즈 정리 Coase theorem
거래비용이 낮다면, 사적 협상을 통해 외부효과 문제에 대한 효율적인 해결책을 도출할 수 있다는 경제학자 Ronald Coase의 주장.

해 문제를 해결하는 경우에는 거래비용이 낮지 않다. 통상적으로 사적 협상은 참가하는 당사자들의 수가 적을때에 효율적인 결과를 도출할 가능성이 높다.

현실적으로 코오즈 정리가 성립하기 위해서는 몇 가지 상황이 충족되어야 한다. 거래비용이 낮아야 한다는 것 이외에도 참가하는 당사자들이 외부효과를 줄이는 데 따른 혜택과 비용에 대해 충분한 정보를 갖고 있어야 하며, 또한 모든 참가자들이 합리적인 협상결과를 받아들일 용의를 갖고 있어야 한다. 예를 들어, 공해로 피해를 보고 있는 사람들이 공해를 줄이는 데 드는 비용에 대한 정보를 갖고 있지 않으면 공해문제를 사적 협상을 통해 해결하기가 매우 어렵다. 또한 무리한 요구도 협상이 이루어지는 것을 방해한다. 예를 들어, 전력회사의 예에서 아황산가스의 배출량을 줄여서 얻는 총혜택이 $375백만이었다. 이 경우, 거래비용이 매우 낮다고 하더라도 전력회사가 공해 배출을 줄이는 대가로 $375백만 이상을 요구한다면 협상이 이루어지기 어렵다. 왜냐하면 그 금액은 공해를 줄여서 얻는 총혜택의 가치보다 크기 때문이다.

15.3. 외부효과를 다루는 정부정책

외부효과 문제를 사적 협상으로 해결하는 것이 불가능할 때 정부는 어떻게 개입해야 하는가? 영국의 경제학자인 Cambridge University의 피구A. C. Pigou 교수는 시장실패를 체계적으로 분석한 최초의 경제학자였다. 피구 교수는 생산으로 인해 발생하는 음(−)의 외부효과를 다루기 위해서는 정부가 외부효과가 발생시키는 비용만큼의 세금을 부과해야 한다고 주장했다. [그림 15.5]는 이러한 세금의 효과를 보여주고 있으며, 이는 [그림 15.1]과 같은 것이다 .

전력생산에 대해 산성비가 발생시키는 비용과 같은 크기의 세금을 부과함으로써 정부는 전력회사가 외부효과를 *내부화 internalize*하게 만드는 것이다. 그 결과, 산성비가 발생시키는 비용은 전력회사가 부담해야 하는 사적 비용이 되는 것이다. 이에 따라 전력회사의 공급곡선은 S_1에서 S_2로 이동한다. 이에 따라 전기의 균형생산량은 $Q_{시장}$에서 효율적인 생산량인 $Q_{효율적}$으로 줄어든다. 소비자들이 지불하는 전기가격은 $P_{시장}$(이 가격에는 산성비가 초래하는 비용이 포함되어 있지 않다)에서 산성비의 비용을 포함하고 있는 가격인 $P_{효율적}$으로 상승한다. 생산자들이 실제로 받는 가격 P는 $P_{효율적}$에서 세금을 차감한 가격이다.

피구 교수는 소비에서 발생하는 양(+)의 외부효과의 문제가 발생하는 경우에도 소비자들에게 그 외부효과의 크기만큼의 보조금이나 보상금을 정부가 지원해 줌으로써 경제적으로 효율적인 생산량을 생산하게 할 수 있다고 생각했다. [그림 15.6]은 보조금의 효과를 보여주고 있으며, 이는 [그림 15.2]와 같은 것이다.

대학생들에게 대학교육이 발생시키는 외부혜택과 같은 크기의 보조금을 지원함으로써 정부는 학생들이 외부효과를 내부화하게 만들 수 있다. 다시 말해, 대학교육이 발생시키는 외부혜택이 대학생들이 받는 사적 혜택에 포함되는 것이다. 이에 따라 대학교육의 수요

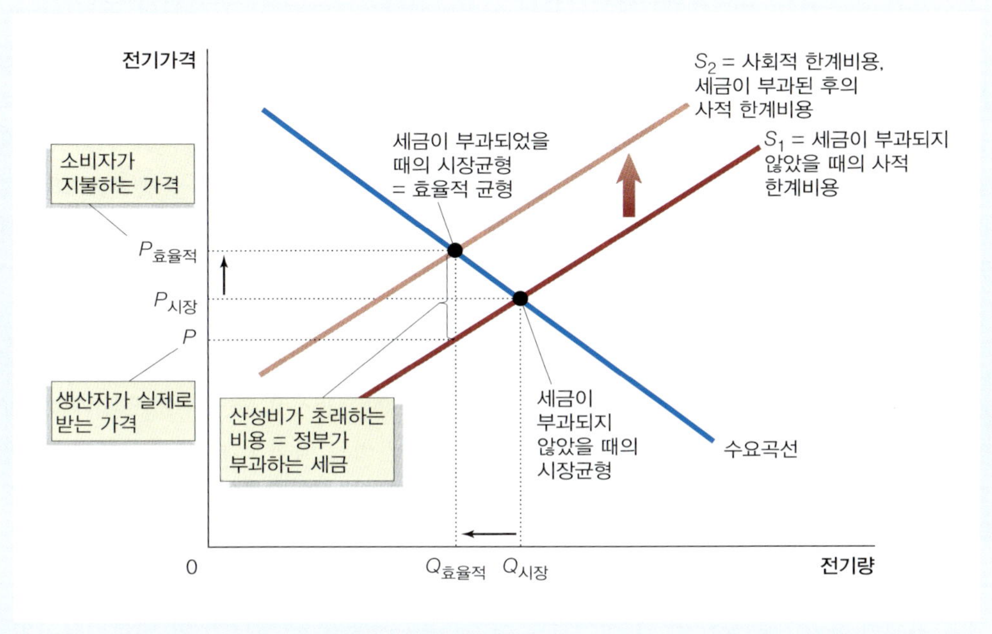

그림 15.5

음(−)의 외부효과가 발생할 때는 정부가 세금을 부과함으로써 효율적인 생산량이 생산되도록 할 수 있다.

전력회사가 산성비로 인해 발생하는 비용을 부담하지 않으므로 전력회사는 효율적인 생산량보다 더 많은 생산량을 생산한다. 정부가 산성비 비용과 동일한 크기의 세금을 부과한다면 전력회사는 외부효과를 내부화하게 된다. 그에 따라 공급곡선은 S_1 에서 S_2로 이동한다. 시장균형수량은 비효율적인 생산량인 $Q_{시장}$에서 경제적으로 효율적인 균형생산량인 $Q_{효율적}$으로 감소한다. 전기가격은 $P_{시장}$(이 가격에는 산성비가 초래하는 비용이 포함되어 있지 않다)에서 산성비의 비용을 포함한 가격인 $P_{효율적}$으로 상승한다. 소비자들이 지불하는 가격은 $P_{효율적}$이며, 생산자가 실제로 받는 가격 P는 $P_{효율적}$에서 세금을 차감한 가격이다.

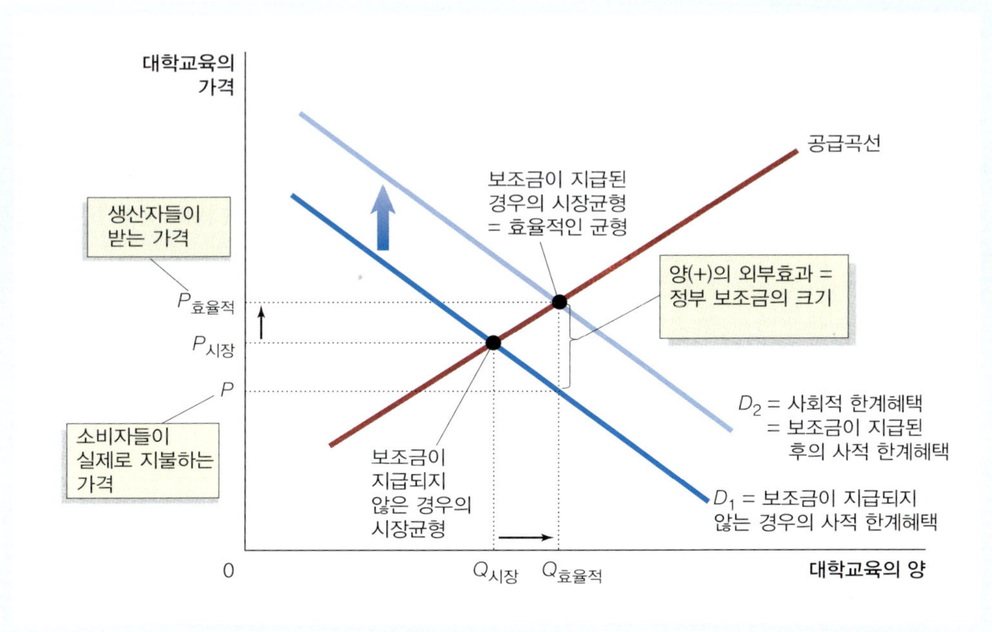

그림 15.6

양(+)의 외부효과가 발생할 때는 정부가 보조금을 지불함으로써 효율적인 생산량이 생산되도록 할 수 있다.

대학교육을 받지 않는 사람도 대학교육으로부터 혜택을 얻는다. 따라서 대학교육이 한 사회에 가져다 주는 사회적 혜택은 대학생 자신이 대학교육으로부터 받는 혜택보다 크다. 정부가 외부적 혜택과 동일한 크기의 보조금을 지불하면 대학생들은 외부효과를 내부화하게 된다. 보조금은 수요곡선을 D_1에서 D_2로 이동시킨다. 그 결과, 시장균형수량은 비효율적 대학교육 공급량 $Q_{시장}$에서 경제적으로 효율적인 균형생산량 $Q_{효율적}$으로 증가한다. 생산자들은 $P_{효율적}$의 가격을 받으며, 소비자들이 실제로 지불하는 가격 P는 $P_{효율적}$에서 보조금을 차감한 가격이다.

곡선은 D_1에서 D_2로 이동한다. 대학교육의 균형공급량은 $Q_{\text{시장}}$에서 효율적인 양인 $Q_{\text{효율적}}$으로 증가한다. 생산자들은 $P_{\text{효율적}}$의 가격을 받으며, 소비자들이 실제로 지불하는 가격 P는 $P_{\text{효율적}}$에서 보조금을 차감한 가격이다. 실제로 각국 정부는 대학교육에 대해 매우 큰 보조금을 매년 지원해 주고 있다. 미국의 경우에는 모든 주들이 자체적으로 운영하는 대학들을 갖고 있으며 학비는 대학교육 서비스를 제공하는데 드는 비용보다 훨씬 낮게 책정되어 있다. 또한 주정부나 연방정부는 대학생들에게 장학금이나 낮은 이자율로 학자금을 대출해 주고 있다. 이러한 지원프로그램을 시행하는 경제적 이유는 대학교육이 사회에 양(+)외부효과를 가져다주기 때문이다.

피구세와 피구보조금
Pigovian tax and subsidy
외부효과가 존재하는 경우에 효율적인 생산량을 달성하도록 정부가 부과하는 세금이나 정부가 지원하는 보조금

외부효과를 다루기 위해서 세금이나 보조금을 이용할 것을 제안한 최초의 경제학자가 피구 교수이기 때문에 이러한 세금은 종종 **피구세** Pigovian tax와 **피구보조금** Pigovian subsidy이라고 불린다. 피구세는 세금수입을 증가시키려는 목적으로 부과되어 소비자잉여와 생산자잉여를 줄이는 사장손실을 발생시키는 일반적인 세금들과는 달리, 사장손실을 제거하고 경제적 효율성을 높여준다는 것에 주목하라. 경제학자들이 음(−)의 외부효과를 다루기 위해 피구세를 지지하는 이유 중 하나는 정부가 피구세로 들어오는 세금수입을 가지고 경제적 효율성을 낮추는 다른 세금을 줄이는 데 사용할 수 있다는 점 때문이다. 예를 들어, 캐나다의 British Columbia주는 이산화탄소세로부터 들어오는 세금수입을 개인소득세를 낮추는 데 사용하고 있다.

Making the Connection

정부는 담배와 소다수에 세금을 부과해야 하는가?

일반적으로 정부는 생산에서 발생하는 음(−)의 외부효과를 다루기 위해 피구식 세금 pigovian tax을 사용한다. 정부는 또한 담배나 술과 같은 제품에 대해서 *악행세(惡行稅) sin tax*라고도 불리는 세금을 부과한다. 그 이유는 이러한 제품들이 소비에서 음(−)의 외부효과를 발생시키기 때문에 이러한 제품들에 대한 세금은 경제적 효율성을 증가시킬 수 있다는 것이다. 최근에 미국의 여러 도시의 시당국은 감미료가 들어간 소다수에 세금을 부과하는 것을 고려하고 있다. 그 이유는 이러한 감미료가 음(−)의 외부효과를 발생시킨다는 것이다. 소비에서 양(+)의 외부효과가 발생할 때 정부가 소비자들에게 보조금을 지불함으로써 효율적인 생산량을 가져올 수 있는 것처럼 소비에서 음(−)의 외부효과가 발생할 때는 정부가 세금을 부과함으로써 효율적인 생산량을 가져올 수 있다.

다음의 그림은 소다수에 대한 세금부과의 효과를 보여주고 있다. 소다수에 세금을 부과함으로써 정부는 소비자들이 외부효과를 *내부화*하게 만든다. 다시 말해, *소다수 소비에 의해 발생하는 외부비용을 소비자들이 지불해야 하는 사적 비용으로 만드는 것이다*. 이제 소비자들은 세금을 내야 하기 때문에 소비자들은 자신이 소비하는 소다수의 각 단위에 대해 자신들이 내고자 했던 가격보다 세금만큼 낮은 가격을 지불하려고 할 것이다. 따라서 소다수의 수요곡선은 세금만큼 아래로 이동하여 D_1에서 D_2가 된다. 소다수의 균형소비량은$Q_{\text{시장}}$에서 효율적인 양인 $Q_{\text{효율적}}$으로 줄어든다(참고로 제4장에서 급여세에 대한 효과를 분석했을 때와 마찬가지로, 정부가 세금을 구매자에게 부과하든 판매자에게 부과하든 그 결과는 동일하다).

그러나 사람들이 담배를 피거나 감미료가 들어간 소다수를 마실 때 실제로 음(−)의 외부효과를 발생시키는가? 담배를 피우거나 소다수를 마시는 사람들은 그로 인해 자신에게 어떤 건강상의 문제가 발생하는 경우에 발생하는 비용을 자신이 부담한다. 따라서 음(−)의 외부효과는 발생하지 않는 것처럼 보일지도 모른다. 그러나 실제로는 담배나 비만으로 발생하는 질병을 치료하기 위

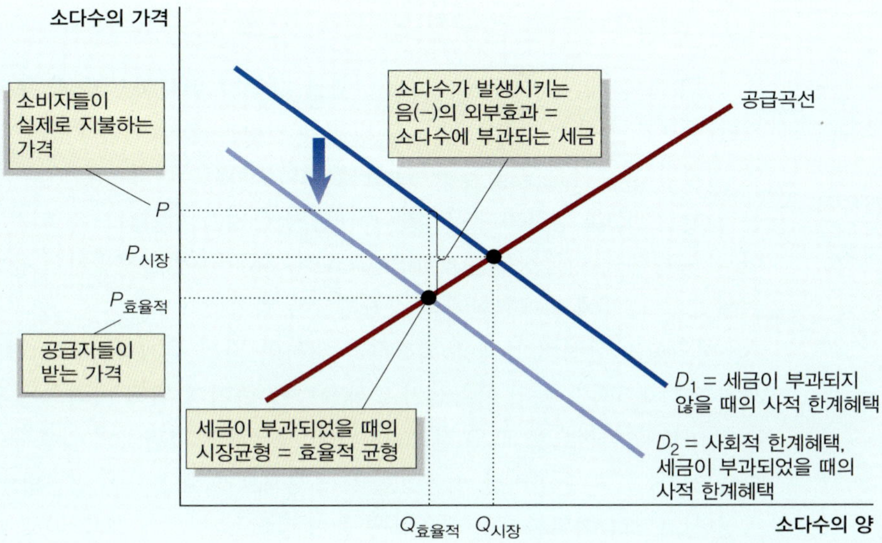

해 지불되는 높은 의료비가 흡연자나 소다수를 마시는 사람들에 의해 모두 지불되는 것이 아니다. 회사를 통해 건강보험의 혜택을 보는 흡연자는 그 회사 전체 근로자들이 지불하는 건강보험료를 상승시킬 수 있다. 마찬가지로 미국납세자들이 내는 세금의 일부는 미국 연방정부의 Medicare 프로그램에 등록된 65세 이상의 사람들 중 일부 흡연자들의 흡연으로 인해 발생한 질병을 치료하는 데 사용될 수도 있다. 흡연자나 소다수를 과다하게 마시는 사람들에게 지출되는 의료비 중에서 이들이 지불하지 않는 의료비가 흡연이나 소다수를 과다하게 마실 때 발생하는 음(–)의 외부효과를 대변하는 것이다.

그러나 아직 좀 더 생각해 볼 점이 있다. 흡연자나 비만자들은 일찍 사망할 가능성이 높다. 이 경우에 흡연자나 비만자들은 자신이 혜택을 받지 못하는 Social Security나 Medicare 프로그램이 주는 혜택을 위해서 상당한 세금을 내온 것이 되며, 또한 근로자 연금과 장기건강보험에 가입해서 상당한 금액을 지불해 왔다면 그러한 혜택도 충분히 받지 못하게 되는 것이다. 따라서 서로 상쇄되는 효과가 존재한다. 살아 있을 때 흡연자나 비만자가 발생시키는 높은 의료비의 일부는 다른 사람이 지불하게 될지도 모른다. 그러나 그들이 일찍 사망할 가능성이 높다면 Social Security, Medicare 수혜자들에게 금전적 이득을 주며 근로자 연금이나 장기건강보험에 가입한 다른 사람들에게도 금전적 이득을 가져다주는 것이다.

Vanderbilt University의 W. Kip Viscusi 교수는 흡연의 경우에 대해 이러한 점을 살펴보는 연구를 했는데 그가 내린 결론은 외부비용과 외부혜택이 대체로 거의 동일하여 서로 상쇄된다는 것이다. 이는 흡연이 상당히 큰 음(–)의 외부효과를 발생시키지는 않는다는 것이다. 비만의 경우에는 네덜란드에서 이루어진 한 연구결과에 의하면 일찍 사망으로 인한 혜택이 살아있을 때의 추가적인 의료비와 상쇄되는 것으로 나타났다. 그러나 미국의 자료를 사용한 다른 연구에 의하면 비만으로 인해 일찍 사망한다고 하더라도 외부비용이 외부혜택보다 큰 것으로 나타났다.

흡연이나 비만은 그것이 발생시키는 추가적인 의료비용 외에 또 다른 비용을 발생시킨다. 흡연자들은 다른 사람들의 간접흡연을 유발시켜서 비용을 발생시키거나 임신한 동안의 흡연은 태아의 건강을 해친다. 항공회사들은 승객들의 체중이 증가하여 더 많은 연료비가 지출되고 있는 것을 확인하고 있다.

경제학자와 정부의 정책입안자들은 소비에서 발생하는 음(–)의 외부효과 문제를 다루기 위해서 정부가 세금을 부과해야 하는지에 대해 더 많은 논의를 해보아야 될 것 같다.

자료: David Leonhardt, "Obama Likes Some Sin Taxes more Than Others," *New York Times*, April 10, 2013; W. Kip Viscusi, "Cigarette Taxation and the Social Consequences of Smoking," in James Poterba, ed., *Tax Policy and the Economy*, Vol. 9, Cambridge: MIT Press, 1995; Pieter H. M. van Baal, et al., "Lifetime Medical Costs of Obesity: Prevention No Cure for Increasing Health Expenditure," *PLoS Medicine*, Vol. 5, No. 2, February 2008, pp. 242–249; Pierre-Carl Michaud, "Understanding the Economic Consequences of Shifting Trends in Population Health," National Bureau of Economic Research Working Paper 15231, August 2009; and "Feds Say Obesity Epidemic Hurts Airlines by Increasing Fuel Costs," Associated Press, November 5, 2004.

명령과 통제 접근방법과 시장적 접근방법

명령과 통제 접근방법 command-and-control approach
정부가 기업들에게 허용하는 공해발생량을 정하거나 특정한 공해방지 장치를 설치하도록 하는 것.

정부가 공해나 기타 외부효과 문제를 다루기 위해서 세금과 보조금을 사용하기도 하지만 정부가 전통적으로 사용해 온 방법은 명령과 통제 접근방법이이다. 공해를 줄이기 위한 **명령과 통제 접근방법** command-and-control approach은 정부가 기업들에게 허용하는 공해발생량을 정하거나 특정한 공해방지 장치를 설치하도록 하는 것을 말한다. 예를 들어, 1980년대에 미국정부는 Ford와 General Motors에게 자동차의 유해 배기가스를 줄이기 위해 모든 신차에 촉매변환기를 장착하도록 명령했다

미의회도 산성비 문제를 해결하기 위하여 직접 통제방법을 선택할 수 있었다. 2010년까지 연간 8.5백만 톤의 아황산가스 배출량을 줄이기 위해 미의회는 일정한 감축량을 정한 후에 이를 획일적으로 모든 전력회사들이 적용하여 그만큼의 감축량을 달성하도록 명령할 수 있었다. 그러나 이러한 접근방법은 경제적으로 효율적인 접근방법이 아니다. 왜냐하면 동일한 크기의 아황산가스 배출량을 줄여야 하는 경우에 그를 위해 지불해야 하는 비용이 전력회사들마다 매우 다를 수 있기 때문이다. 이미 저유황 석탄을 사용하고 있던 전력회사는 추가적으로 아황산가스 배출량을 줄이기 위해서는 높은 비용을 지불해야 했다. 그러나 고유황 석탄을 사용하고 있던 특히 미국 중부에 있는 전력회사들은 그보다 훨씬 낮은 비용으로 동일한 크기의 아황산가스의 배출량을 감소시킬 수 있었다 .

이에 따라 미의회는 시장식 접근방법을 사용하여 아황산가스의 배출을 줄이기로 했다. 이는 *cap-and-trade system*이라고 불리는 배출권 거래제도로 연방정부가 전력회사들이 배출할 수 있는 아황산가스 배출허용량을 정하고 자신에게 허용된 배출량보다 적은 배출량을 달성한 전력회사들은 남은 배출허용량을 허용된 배출량을 달성하는데 비싼 비용을 지불해야 하는 다른 전력회사에게 팔아 그 전력회사의 배출허용량을 늘릴 수 있도록 하는 것으로, 전력회사들이 배출허용량을 서로 자유롭게 거래하도록 하면서 전력회사 전체에게 허용된 배출량을 달성할 수 있도록 하는 제도이다. 공해배출권의 거래는 시카고상품거래소 Chicago Mercantile Exchange에서 이루어졌다. 산성비를 줄이기 위해 배출허용량을 거래가능하게 한 것은 매우 성공적인 것으로 나타났다. 즉, 이러한 시장적 접근방법은 기대했던 것보다 훨씬 낮은 비용으로 미의회가 목표로 했던 전체 공해발생량을 전력회사들이 달성할 수 있도록 해주었다. 공해배출권 거래제도가 1990년 미의회에서 통과되기 직전에 Edison Electric Institute는 목표 공해배출량을 달성하는데 2010년까지 $74억이 들 것으로 추정했었다. 그러나 실제로 발생한 금액은 그것의 약 10분의 1인 $8.7억으로 나타났다.

여러 가지 이유로 인해 미국에서 전국적으로 공해배출권을 거래하는 것은 더 이상 허용되고 있지 않다. 그러나 많은 경제학자들은 공해문제를 해결하는데 이러한 시장적 접근방법이 가장 효율적인 방법이라고 믿고 있다. 다만, 어떤 좋은 정책이든 그러한 정책이 시행될 수 있게 위해서는 상당한 정치적 지지가 뒷받침되어야 하는 것으로 보인다.

15.4. 4가지 범주의 재화

시장이 한 재화의 효율적인 양을 공급하는데 성공할 가능성이 높은 경우가 어떤 경우인가를 더 살펴보기 위해서는 소비에서의 경합성과 배제성을 기준으로 하여 재화들이 어떻게 서로 다른가를 살펴볼 필요가 있다. **경합성 rivalry**은 어떤 재화 한 단위를 어떤 사람이 소비하면 다른 사람이 바로 그 한 단위를 소비할 수 없는 것을 말한다. 예를 들어, 당신이 Big Mac 하나를 소비하면 아무도 당신이 소비한 그 Big Mac을 소비할 수 없다. **배제성 excludability**은 대가를 지불하지 않고는 해당 재화를 소비할 수 없는 것을 말한다. 당신이 Big Mac의 가격을 지불하지 않으면 McDonald는 당신이 Big Mac을 소비할 수 없도록 당신을 배제할 수 있다. 따라서 Big Mac의 소비는 경합적이고 배제적이다. 그러나 어떤 재화들의 소비는 비경합적이거나 비배제적일 수 있다. *비경합적 nonrival*이라는 말은 한 사람의 소비가 다른 사람의 소비를 방해하지 않는다는 것을 의미한다. *비배제적 nonexcludable*이라는 말은 대가를 지불했든 하지 않았든 다른 사람이 해당 재화를 소비하는 것을 막을 수 없다는 것을 의미한다. [그림 15.7]은 재화를 구분할 수 있는 4가지 범주를 보여준다. 이에 대해 살펴보도록 하자.

경합성 rivalry
어떤 재화 한 단위를 어떤 사람이 소비하면 다른 사람이 바로 그 한 단위를 소비할 수 없는 것.

배제성 excludability
대가를 지불하지 않고는 해당 재화나 서비스를 소비할 수 없는 것.

1. **사유재 private good**는 경합적이며 배제적인 재화를 말한다. 식품, 의류, 이발, 기타 다른 많은 재화가 이 범주에 속한다. 어떤 사람이 한 재화 한 단위를 소비하면 다른 사람은 바로 그 한 단위를 소비할 수 없으며, 또한 대가를 지불하여 구매하지 않고는 아무도 해당 재화를 소비할 수 없다. 앞의 장들에서 재화의 수요와 공급에 대해 분석했을 때, 재화는 모두 사유재라고 가정한 것이었다.

사유재 private good
경합성과 배제성을 갖는 재화.

2. **공공재 public good**는 비경합적이고 비배제적인 재화를 말한다. 항상 그런 건 아니지만 공공재는 종종 민간기업이 아닌 정부가 공급한다. 공공재의 대표적 예는 국방서비스의 이다. 당신이 소비하는 국방서비스는 당신 이웃이 소비하는 국방서비스를 방해하지 않는다. 따라서 소비는 비경합적이다. 또한 당신이 대가를 지불했든 안 했든 국방서비스를 받는 것으로부터 당신을 배제할 수 없다. 국방서비스에 대해 대가를 지불하지 않은 사람도 국방서비스를 소비할 수 있기 때문에 어떤 민간기업도 국방서비스를 공급하려고 하지 않을 것이다. 왜냐하면 대가를 지불하지 않고도 해당 재화나 서비스의 혜택을 받기 때문이다. 대가를 지불하지 않고 혜택을 보는 행동을 **무임승차 free riding**라고 한다.

공공재 public good
비경합적이면서 비배제적인 재화.

무임승차 free riding
대가를 지불하지 않고 혜택을 보는 것.

3. **준공공재 quasi-public good**는 배제적이지만 경합적이지 않은 재화를 말한다. 하나의 예는 케이블 TV이다. 요금을 내지 않은 사람은 케이블 TV를 시청할 수 없다. 그러나 어떤 사람이 시청하는 것이 다른 사람이 시청할 수 있는 양에 영향을 미치지 않는다. 유료 도로의 경우도 마찬가지이다. 요금을 내지 않은 사람은 유료도로에 진입할 수 없다. 그러나 한 사람이 도로를 사용하는 것이 다른 사람이 그 도로를 사용하는 것을 방해하지는 않는다(너무 많은 사람이 도로를 사용하여 도로가 혼잡해지지 않는다면).

그림 15.7

4가지 범주의 재화

재화와 서비스는 소비에서의 경합성과 배제성을 기준으로 4가지 범주로 구분할 수 있다. 한 사람이 어떤 재화 한 단위를 소비하는 것이 다른 사람이 그 한 단위를 소비할 수 없다는 것을 의미하면 해당 재화는 소비에서 경합성을 갖는 것이다.

	배제적	비배제적
경합적	**사유재** Big Mac 운동화	**공유자원** 대양의 참치 개방 목초지
비경합적	**준공공재** 케이블TV 유료도로	**공공재** 국방 사법제도

공유자원 common resource 경합적이지만 비배제적인 재화.

4. **공유자원 common resource**은 경합적이기는 하지만 배제적이지 않은 재화를 말한다. 가난한 국가들의 숲은 많은 경우에 공유자원이다. 한 사람이 숲의 나무 하나를 베면 다른 사람은 그 나무를 사용할 수 없다. 그러나 아무도 그 숲에 대한 사유재산권을 갖고 있지 않기 때문에 아무도 그 숲을 사용하는 것에서 배제될 수 없다. 따라서 사람들은 종종 공유자원을 과다하게 사용한다.

이제 공공재와 공유자원에 대해 더 살펴보기로 한다. 공공재의 최적생산량을 알기 위해서는 공공재가 비경합적이고 비배제적이라는 점이 반영되도록 일반적인 수요 · 공급 분석을 수정해야 한다.

공공재의 수요

시장수요곡선을 도출하기 위해서는 각 가격에서 개별소비자들의 수요량을 모두 더 해주면 된다. 시장수요곡선을 어떻게 도출하는가를 소비자가 두 명밖에 없는 간단한 예를 통해서 살펴보자. [그림 15.8]는 Jill과 Joe 각자의 햄버거에 대한 수요곡선을 보여준다.

햄버거 한 개당 가격이 $4.00일 때, Jill은 일주일에 2개의 햄버거를, Joe는 4개의 햄버거를 수요한다. 이를 수평으로 합하면 가격이 $4.00일 때 햄버거의 시장수요량은 6개가 되며 이는 시장수요곡선상의 한 점이 된다. 마찬가지로, 가격이 $1.50일 때, 시장수요량은 11개가 되며 이는 시장수요곡선상의 또 다른 점이 된다. 한 소비자의 수요곡선은 그 소비자가 해당 재화로부터 얻는 한계혜택을 나타낸다. 따라서 한 재화에 대한 소비자 각각의 수요곡선을 수평으로 합하면 시장수요곡선을 구하게 되는 것뿐만 아니라 해당 재화에 대한 (외부효과가 없다고 가정하면) 사회적 한계혜택곡선을 구하게 되는 것이다.

공공재의 사회적 한계혜택곡선은 어떻게 구할 수 있나? 앞의 경우와 같이 역시 두 소비자 Jill과 Joe가 있다고 가정하자. 두 사람이 서로 다른 양을 소비할 수 있는 사유재와는 다르게 공공재의 경우에는 두 사람이 동일한 양을 소비하게 된다. Jill이 한 외딴 시골에 주유소를 운용하고 있고, Joe는 바로 옆에서 자동차 딜러를 하고 있다고 하자. 따라서 멀리

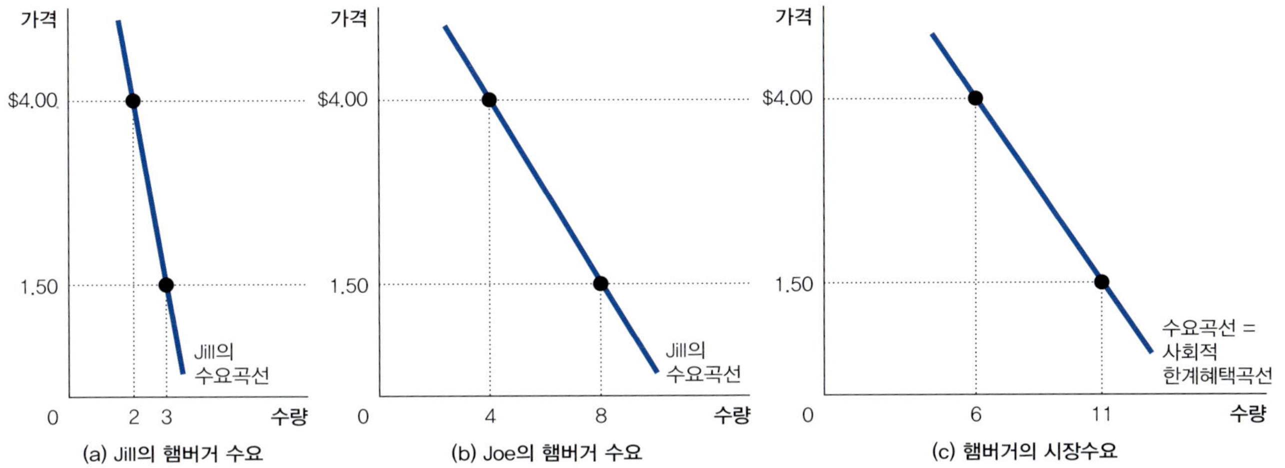

그림 15.8

사유재의 시장수요곡선 구하기

사유재의 시장수요곡선은 각 가격에서 개별소비자들의 수요량을 수평으로 합하여 구한다. 예를 들어, 그림(a)에서 Jill은 가격이 $4.00일 때 2개의 햄버거를 수요하며, 그림(b)에서 Joe는 가격이 $4.00일 때 4개의 햄버거를 수요한다. 따라서 그림(c)에서 가격 $4.00, 수량 6개는 햄버거의 시장수요곡선 상에 있는 한 점이 된다.

떨어진 그곳에는 두 명의 사업자만 있다고 하자. 이 두 사람은 밤에 도둑을 맞을 것을 염려하여 경비원을 고용하기로 했다고 하자. 이런 경우에 이 두사람에게 경비서비스는 국방과 같은 공공재가 된다. 경비원을 채용하면 그가 제공하는 경비서비스는 두 가게 모두를 보호하게 되므로 비경합적 서비스가 된다. 또한 이 중 한 가게를 보호대상에서 제외하는 것이 불가능하므로 비배제적 서비스가 된다.

공공재에 대한 수요곡선은 민간재처럼 각 가격에서 개별 소비자의 수요량을 합하여 구하지 않는다. 그 대신 주어진 각 공공재의 수량에서 개별 소비자가 지불할 용의가 있는 금액(가격)을 합하여 구한다. 이러한 금액(가격)의 합은 소비자들이 한 그룹으로서 특정한 양의 공공재에 대해 지불할 용의가 있는 총금액(가격)을 나타내는 것이다. 달리 말해, 공공재의 시장수요곡선은 사유재의 경우처럼 각 소비자의 수요곡선을 수평으로 합하여 구하지 않고, 각 소비자의 수요곡선을 수직으로 합하여 구한다. [그림 15.9]는 경비서비스의 사회적 한계혜택곡선이 Jill과 Joe의 개별수요곡선에 의해 어떻게 영향을 받는지를 보여주고 있다.

그림에서 Jill은 경비원에게 하루에 10시간의 경비서비스에 대해 시간당 $8을 지불할 용의를 갖고 있다. Joe는 도둑을 맞을 경우에 큰 피해를 보게 되어 동일한 경비서비스에 대해 시간당 $10을 지불할 용의를 갖고 있다. 각자가 지불할 용의가 있는 금액을 합하면 두 사람은 10시간의 경비서비스에 대해 둘이 합해서 시간당 $18의 가격을 지불할 용의를 가지며, 이는 공공재인 경비서비스에 대한 사회적 한계혜택곡선상의 한 점이 된다. 또한 Jill

은 15시간의 경비서비스에 대해 시간당 $4를 지불할 용의를 가지며 Joe는 $5를 지불할 용의를 갖는다. 따라서 시간당 $9의 가격과 15시간이라는 수량은 경비서비스라는 공공재의 사회적 한계혜택곡선 상에 있는 또 다른 점이 된다.

그림 15.9

공공재의 시장수요곡선 구하기

공공재의 수요곡선을 구하기 위하여 해당 공공재의 각 수량에 대해 각 소비자가 지불할 용의가 있는 가격을 모두 합한다. 그림(a)에서, Jill은 10시간의 경비서비스에 대해 시간당 $8을 지불할 용의를 갖고 있다. 그림(b)에서 Joe는 동일한 서비스에 대해 시간당 $10을 지불할 용의를 갖고 있다. 그림(c)에서, 시간당 가격 $18과 수량 10시간은 경비서비스의 총수요곡선 상의 한 점이 된다.

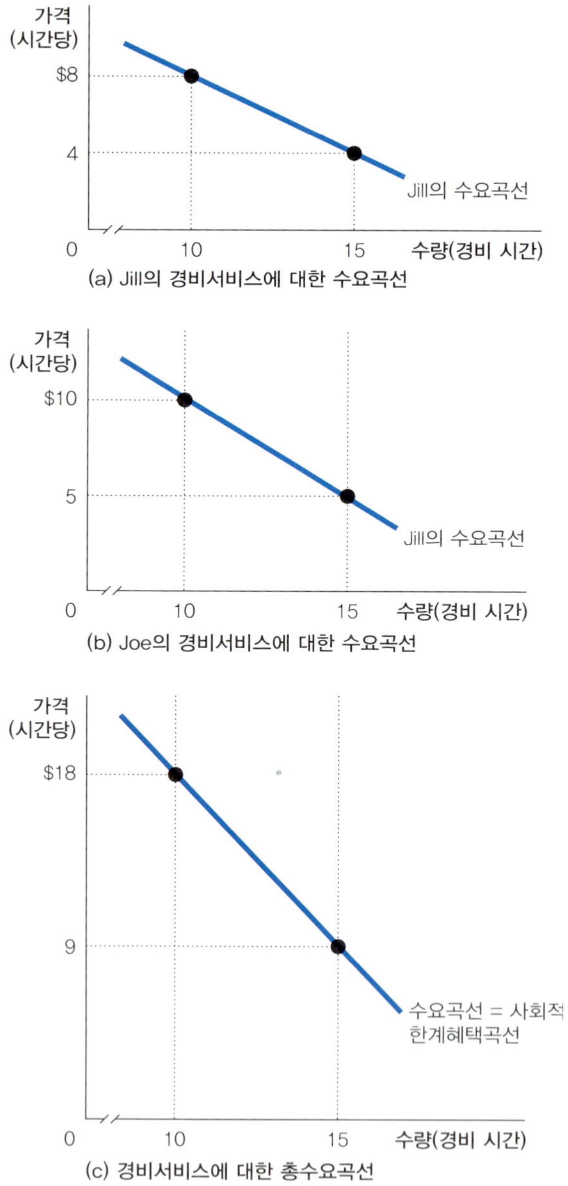

공공재의 최적 공급량

경제적 효율성을 달성하기 위해서는 재화나 서비스는 소비자잉여와 생산자잉여의 합(사회적 잉여)이 극대화되는 점까지 생산되어야 한다. 달리 말해, 사회적 한계비용이 사회적 한계혜택과 같아지는 점까지 생산되어야 한다. 따라서 공공재의 최적량도 사회적 한계혜택곡선이 공급곡선과 만나는 점에서 결정되어야 할 것이다. 사유재의 경우와 마찬가지로 외부효과가 존재하지 않는 경우에 공공재의 공급곡선도 공급에 따른 사회적 한계비용곡선을 나타낸다. [그림 15.10]는 경비서비스의 최적량은 15시간이며, 가격은 시간당 $9임을 보여준다.

시장은 경제적으로 효율적인 경비서비스 양을 공급해 줄까? 공공재의 경우에 나타나는 하나의 어려움은 각 개인 소비자들의 소비선호도를 나타내는 각자의 수요곡선이 나타나지 않는다는 것이다. 이러한 어려움은 사유재의 경우에는 나타나지 않는다. 왜냐하면 사유재의 경우에는 소비자들이 해당 재화에 대한 자신들의 선호를 자신의 수요곡선을 통해서 나타내기 때문이다. 예를 들어, Big Mac의 시장가격이 $4.00라면, Joe는 그 가격을 내고 자신이 사 먹을 용의가 있는지, 사 먹지 않을 것인지에 대한 자신의 선호를 나타낸다. 앞의 예에서 일단 경비원이 고용되면, 두 사람 중 누구도 경비서비스를 받는 것에서 배제될 수 없다. 따라서 자신의 선호도에 따라 소비량이 달라지는 것이 아니기 때문에 아무도 자신의 선호를 나타내고자 하는 인센티브를 갖지 않는다. 앞의 예의 경우에는 사람이 두 사람 뿐이기 때문에 서로간의 대화를 통해서 효율적인 양의 공공재를 선택할 수 있다. 그러나 국방과 같이 수천만 명의 사람들에게 제공되는 공공재의 경우에는 이러한 결과를 얻을 가능성이 없다.

정부는 때때로 *비용-혜택 cost-benefit* 분석을 통해 특정 공공재의 공급량을 결정한다. 예를 들어, 댐을 건설하는 경우에 정부는 댐을 건설할 경우에 포기해야 하는 정부의 다른

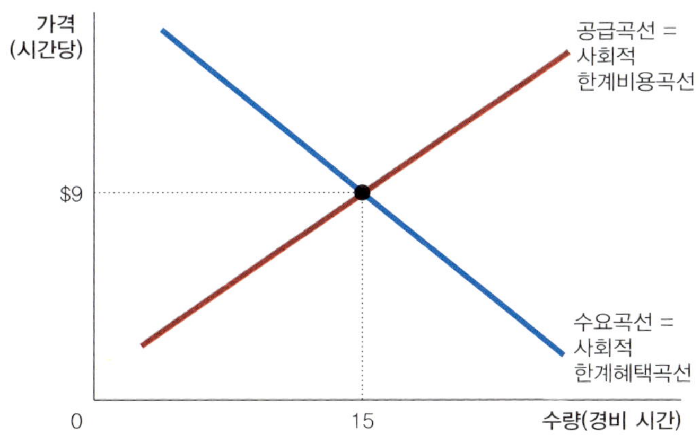

그림 15.10

공공재의 최적 공급량

공공재의 최적공급량도 소비자잉여와 생산자잉여의 합이 극대화되는 수량이다. 이는 수요곡선과 공급곡선이 만나는 곳에서 결정된다. 경비서비스의 최적량은 15시간이며, 가격은 시간당 $9이다.

사업의 가치를 기회비용에 포함시킨다. 혜택에는 댐 건설로 홍수를 좀 더 잘 조절할 수 있게 되고, 호수가 생겨서 새로운 여가활동을 할 수 있게 되는 것이 포함된다. 그러나 많은 공공재의 공급에서 정부는 공식적인 비용-혜택 분석을 하지 않는다. 그 대신 국방의 경우처럼 의회와 대통령간의 정치적 협의 과정을 거쳐서 국방서비스의 공급량이 결정된다. 물론 이러한 경우에도 의회나 대통령은 "더 많은 자원이 국방에 사용되는 경우에 더 적은 자원이 다른 공공재나 사유재를 위해 사용될 수밖에 없다"는 상호교환관계를 이해하고 있다.

공유자원

중세 영국에서는 각 마을이 자신들의 목초지를 갖고 있었으며 이를 *공유지 commons* 라고 불렀다. 마을의 사람들은 자신의 소나 양을 돈을 내지 않고 그 목초지에 방목하여 풀을 먹일 수 있었다. 당연히 한 집의 소가 이미 뜯어 먹은 풀은 다른 집의 소들이 먹을 수 없는 것이다. 따라서 소비는 경합적이다. 그러나 마을의 모든 집들이 공유지를 사용할 수 있기 때문에 공유지의 사용은 비배제적이었다. 따라서 어떤 형태의 제한이 주어지지 않으면 공유지의 풀은 사라질 수 있다. 예를 들어, 한 집이 소를 한 마리 더 사서 마을 공유지에서 풀을 먹이면 그 집은 더 많은 우유를 얻을 수 있다. 그러나 소를 추가하면 다른 집의 소들이 먹을 풀이 줄어든다. 각 집은 자신들이 소를 더 살 것인가를 결정할 때 이러한 점을 고려하지 않기 때문에 너무 많은 소들이 공유지에서 풀을 뜯어 먹게 된다. 결국 공유지의 풀은 거의 사라지게 되어 어떤 집의 소도 충분한 양의 풀을 먹을 수 없게 된다.

공유자원의 비극
tragedy of the commons
공유자원이 과다하게 사용되는 결과.

공유자원의 비극 공유자원이 과다하게 사용되는 것을 **공유자원의 비극 tragedy of the commons**이라고 부른다. 많은 가난한 나라들의 숲은 공유자원의 비극을 잘 보여주는 대표적 예이다. 사람들이 숲의 나무를 베어 땔감이나 집을 짓는데 사용하여 혜택을 얻을 때 그들은 숲이 황폐화되어 발생하는 비용을 고려하지 않는다. 예를 들어, Haiti는 한 때 숲이 울창한 곳이었다. 현재 이 나라의 숲은 80%가 사라져버렸다. 산이 흙을 잡고 있는 나무뿌리들을 충분히 갖고 있지 않기 때문에 비가 많이 오면 엄청난 홍수가 발생했다.

[그림 15.11]에서처럼, 공유자원인 숲에 있는 나무의 효율적인 사용량 $Q_{효율적}$은 소비자들이 얻는 사회적 한계혜택과 숲의 나무를 자르는 데 발생하는 사회적 한계비용을 나타내는 공급곡선 S_2가 교차하는 점에서의 양이다. 나무를 자를 때 발생하는 사회적 비용은 사적 비용에 외부적 비용을 더한 것이다. 이 경우, 외부적 비용은 각자가 더 많은 나무를 자를수록 다른 사람이 사용할 수 있는 나무들은 줄어들고, 또한 홍수로 인해 피해가 더 커지는데 따르는 비용이다. 나무를 베는 각 사람들은 이러한 외부적 비용을 무시하기 때문에 실제로 베어지는 나무의 균형수량 $Q_{실제}$는 효율적인 양보다 더 많다. 실제로 나타나는 균형량에서는 [그림 15.11]의 노란 삼각형의 크기만큼의 사장손실이 발생한다.

공유자원의 비극은 막을 방법은 있는가? 공유자원의 비극은 음(−)의 외부효과와 매우 유사하다. 공유자원의 비극을 가져오는 원인은 음(−)의 외부효과를 발생시키는 원인과 동일하다. 즉, 확실히 되어 있지 않고 확실히 집행되지 않는 사유재산권이 문제의 원인

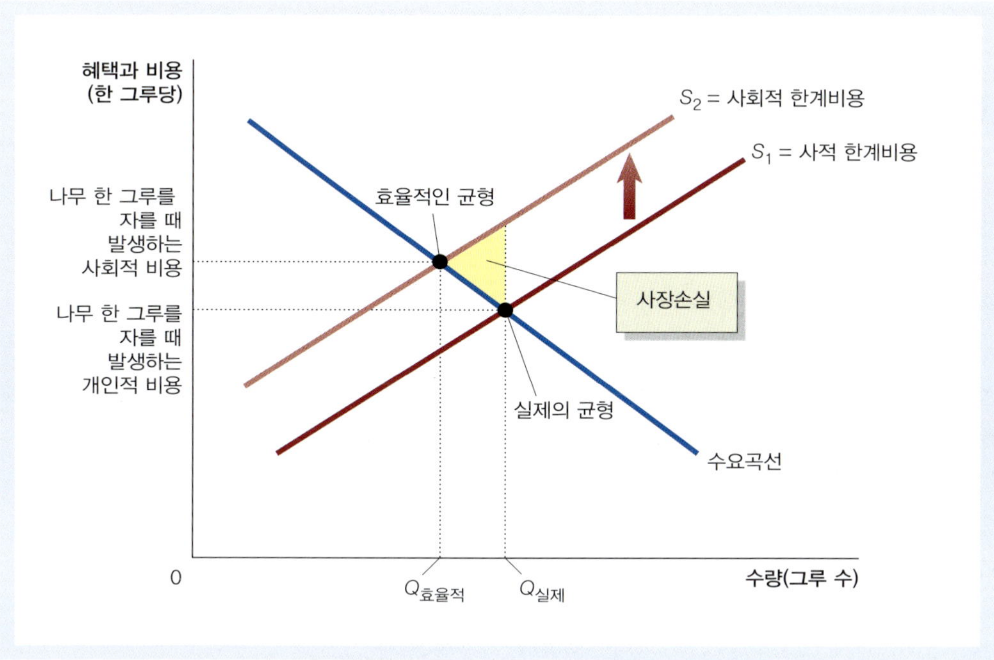

그림 15.11

공유자원의 과다 사용

숲의 나무와 같은 공유자원의 효율적인 사용량 $Q_{효율적}$은 소비자들이 받는 한계혜택을 나타내는 수요곡선과 나무 한 그루를 자를 때 발생하는 사회적 한계비용을 나타내는 S_2가 만나는 점에서 결정된다. 나무를 잘라 쓰는 각 개인들은 외부적 비용을 무시하므로 실제로 베어지는 나무의 균형수량은 $Q_{실제}$로, 효율적인 수량보다 더 많다. 따라서 노란색의 삼각형과 같은 사장손실이 발생한다.

이다. 예를 들어, 어떤 사람이 목초지를 소유하고 있다고 하자. 이 경우에 이 사람은 자신이 소를 한 마리 더 사려할 때 이미 있는 소들이 먹을 수 있는 풀이 줄어드는 사실을 고려하여 소를 더 살 것인가를 결정할 것이다. 따라서 그는 최적량의 소를 자신의 목초지에서 키울 것이다. 수년에 걸쳐 영국의 공유지들은 대부분 개인들의 소유로 전환되었다. Haiti를 포함한 다른 많은 국가들의 숲은 정부가 소유하고 있다. 따라서 불법으로 산림을 훼손하는 행위를 정부가 막지 못하거나, 숲을 사유화시키지 않는 것이 과다한 산림훼손이 발생하도록 만드는 핵심 원인이다.

그러나 어떤 경우에는 사유재산권을 행사하는 것이 불가능한 경우도 있다. 예를 들어, 어떤 국가도 자신의 주변 바다와 멀리 떨어진 대양을 소유하지 못한다. 따라서 대양에 있는 물고기나 기타 자원들은 공유자원이다. 사유재산권을 행사하기 불가능한 상황에서 공유자원의 비극을 해결할 수 있는 방안은 2가지이다. 해당되는 지역이 작고 관련된 사람의 수가 적을 때는 공동의 규범이나 자체적인 규율로 공유자원에 대한 접근을 제한할 수 있다. 그러나 해당되는 지역이 넓고 관련된 사람의 수가 많을 때는 법적으로 공유자원에 대한 접근을 제한해야 한다. 영국의 공유지의 경우는 마을 사람들이 자체적으로 각자가 방목하는 가축의 수를 제한하는 관습을 통해서 문제를 해결하였다. 관습이 공식적인 법은 아니지만 사회적 압력에 의해 이러한 관습이 시행되게 된 것이다.

두 번째의 경우에, 여러 가지 방법으로 정부는 공유자원에 대한 접근을 제한하고 있는데 세금부과, 할당량(쿼터)의 책정, 거래면허증의 발급 등이 일반적으로 사용되고 있다. 외부적 비용과 동일한 크기의 세금을 부과함으로써 정부는 효율적인 양의 자원이 사용될 수 있도록 할 수 있다. 미국의 경우에는 여러 사람들에 의해 공동으로 소유되고 있는 유정에 대해 특정기간 동안 특정한 양만 채취할 수 있도록 쿼터나 기타 법적 제한을 두기도 했다.

결론

정부가 상한가격이나 하한가격을 강제하여 시장에 간섭하는 것은 사회의 경제적 효율성을 떨어뜨린다. 그러나 이 장에서는 잘 확립되고 강제될 수 있는 사유재산권이 존재하지 않는 경우에는 시장이 효율적인 결과를 가져올 수 없고, 따라서 이러한 경우에는 정부의 역할이 필요할 수도 있다는 것을 보았다. 예를 들어, 아무도 맑은 공기에 대한 사유재산권을 갖고 있지 않으므로 정부의 개입이 없다면 기업들은 공기오염을 발생시키는 제품을 너무 많이 생산할 것이다. 공공재는 비경합적이고 비배제적이므로 종종 정부가 직접 공급한다.

주요 용어 KEY TERMS

코오즈 정리 Coase theorem
명령과 통제 접근방법 command and control approach
공유자원 common resource
배제성 excludability
외부효과 externality
무임승차 free riding
시장실패 market failure
피구세와 피구보조금 Pigovian tax and Pigovian subsidy
사적 혜택 private benefit
사적 비용 private cost
사유재 private good
사유재산권 property right
공공재 public good
경합성 rivalry
사회적 혜택 social benefit
사회적 비용 social cost
공유자원의 비극 tragedy of the commons
거래비용 transaction cost

연습문제 PROBLEMS

* 복습질문

1. 어떤 경우에 사적 생산비용과 사회적 생산비용이 달라지는가? 예를 들어보라. 어떤 경우에 사적 혜택과 사회적 혜택이 달라지는가? 예를 들어보라.
2. 경제적 효율성은 무엇을 말하는가? 외부효과는 시장균형이 가져오는 경제적 효율성을 어떻게 떨어뜨리는가?
3. 시장실패란 무엇인가? 어떤 경우에 시장실패가 나타나는가?
4. 사유재산권과 외부효과의 관계를 간단히 설명하라.
5. 경제적으로 효율적인 공해수준이라고 말할 때 그 의미는 무엇인가?
6. 코오즈 정리는 무엇인가? 외부효과와 관련된 당사자들이 효율적인 결과를 얻기 위해 협상하려는 인센티브를 갖게 되는 이유는 무엇인가?
7. 거래비용이란 무엇인가? 외부효과 문제를 사적 협약을 통해 해결할 수 있는 가능성이 많은 경우는 어떤 경우인가?
8. 피구세는 무엇인가? 효율성을 달성하기 위해 피구세의 크기는 얼마가 되어야 하나?
9. 생산자나 소비자에게 외부효과를 내부화시킨다는 것은 무엇을 의미하는가? 생산자나 소비자가 외부효과를 내부화하게 만드는 것은 무엇인가?
10. 경제학자들이 공해문제를 다루는데 명령-통제 접근방법보다 거래가능한 공해배출권의 접근방법을 선호하는 이유는 무엇인가?
11. 경합성과 배제성을 사용하여 재화를 4가지 범주로 나누어 보라.
12. 무임승차란 무엇인가? 공공재 시장이 실패로 나타날 가능성이 높은 것과 무임승차는 어떤 관련을 갖는가?
13. 공유자원의 비극이란 무엇인가? 공유자원의 비극은 어떻게 피할 수 있는가?

* 문제와 응용

1. 이 장에서 당신이 Big Mac을 소비하는 것은 외부효과를 발생시키지 않는다고 했다. 그러나 점심때 맥도날드에 가서 줄서서 당신 주문차례가 될 때까지 기다린다고 하자. 당신 차례가 되었을 때 당신 뒤로 10명이 주문하려고 기다리고 있으며 이 사람들은 당신 때문에 각자가 2분을 더 기다려야 한다고 하자. 이 경우에도 여전히 당신이 Big Mac을 소비하는 것은 외부효과를 발생시키지 않는 것인가? 이 경우에 정부가 Big Mac 시장에 개입할 어떤 정당한 이유가 있을 수 있나? 간단히 설명해 보라.
2. 이웃 집의 개가 짖는 것은 양(+)의 외부효과를 발생시킬 수도 있고 음(-)의 외부효과를 발생시킬 수도 있다. 어떤 상황에서 개가 짖는 것이 양(+)의 외부효과를 발생시킬 수 있는가? 어떤 상황에서 개가 짖는 것이 음(-)의 외부효과를 발생시킬 수 있는가?
3. 미국의 국립공원 중 하나인 Yellowstone National Park은 곰이 많이 사는 지역에 있다. 국립공원관리소는 웹사이트에서 다음과 같이 이곳에서 캠핑이나 하이킹을 하는 사람에게 경고하고 있다. “음식물이 들어 있어 있는 짐주머니를 단 몇 분이라도 그냥 방치하지 마십시오. 곰들이 사람

들이 먹는 음식을 한 번이라도 먹게 되면 그런 음식을 갖고 가기 위해 매우 공격적이 되어버립니다. 공격적인 곰은 사람들에게 매우 위험한 동물이며 결국 없애거나 공원에서 방출되어야 합니다. 법규를 준수하여 곰이나 다른 야생동물들이 사람이 먹는 음식을 먹지 않도록 협조해 주시기 바랍니다." 사람들이 먹는 음식을 곰이 먹는 것이 곰에게 어떤 음(−)의 외부효과를 발생시키는가? 사람들이 먹는 음식을 곰이 먹는 것이 캠핑족이나 하이킹족에게 어떤 음(−)의 외부효과를 발생시키는가?

4. 미국의 어떤 큰 주립대학에서 기숙사를 사용하는 남학생들에게 무작위로 룸메이트를 배정한 후에 이루어진 한 연구결과에 의하면 다음과 같은 사실이 확인되었다. 대학에 입학하기 전에 술을 마셨던 학생과 방을 같이 사용한 학생들의 평균 학점은 술을 먹지 않는 학생과 방을 같이 사용한 학생에 비해 1/4점 낮았고, 또한 대학에 들어오기 전에 술을 자주 마셨던 학생과 방을 같이 사용한 대학에 들어오기 전에 술을 자주 마셨던 학생들의 평균 학점은 2/3점 낮았다. 이 대학 대학생들의 음주에 대한 수요곡선과 음주의 사적 비용과 사회적 비용의 그래프를 그려보라. 사장손실이 발생한다면 표시해 보라.

5. Tom과 Jacob은 대학생이다. 각자는 아마도 나중에 결혼하고 아이를 두, 세 명 가질 것이다. 이들은 대학에서 공부를 더하면 더 좋은 직장을 갖게 되고 돈도 더 많이 벌게 된다는 것을 안다. 돈을 더 많이 벌면 좋은 옷을 입고, 아이들이 등록금이 비싼 대학에 들어가고, 여행을 더 많이 하고, 이빨 교정도 하는 등 자신들의 미래 가족을 위해 더 많은 돈을 쓸 수 있게 된다. Tom은 자신이 어느 정도의 공부를 할 것인가를 판단할 때 자신이 공부를 더 함으로써 자신의 미래 아이들이 얻을 수 있는 잠재적 혜택에 대해서도 생각한다. 그러나 Jacob은 그런 것에 대해서는 생각하지 않는다.

a. 공부를 하면 어떤 종류의 외부효과가 발생하는가?

b. Tom과 Jacob의 경우를 비교해서 공부가 가져오는 외부효과를 그래프로 보여보라. 누가 공부를 더 하겠는가? 누가 더 효율적으로 행동하는 것인가? 간단히 설명해 보라.

6. 다음은 미국의 연방통신위원회가 웹사이트에 올린 글이다.

> 일반적으로, 케이블 TV 사업자는 시청가능한 채널과 서비스를 자신이 선택해서 제공할 수 있는 권리를 갖는다. 일부 연방법에 의해서 반드시 시청가능하도록 해야 되는 채널을 제외하고 케이블 TV사업자는 가입자들이 볼 수 있는 채널들을 마음대로 엮어서 가입자들이 보게 할 수 있다. … 법에 의해서 반드시 포함시켜야 하는 "must carry" 채널들과 PEG(Public, Education, Government) 채널을 제외하고 케이블 TV에서 방영되는 모든 채널들은 케이블 TV 사업자와 해당 방송국 사이의 계약에 의해 제공된다. 계약에는 어떤 채널들과 함께 묶어서 방영할 것인지, 시청료는 한 번 시청하는데 지불하는 것으로 할 것인지 아니면 채널당 지불할 것이지 등이 포함된다….

당신이 Jon Stewart와 *Colbert Report*의 코메디쇼를 보기 원하고 이 두 프로그램 모두 Comedy Central 채널에서 방영된다. 그러나 이 방송을 보기 위해서는 당신 지역의 케이블 TV사업자가 30개 채널을 묶어서 함께 파는 패키지를 신청하고 시청료를 지불해야 한다.이 경우에 어떤 외부효과가 발생하는가? 만일 발생한다면 생산에서의 외부효과인가 소비에서의 외부효과인가? 그리고 음(−)의 외부효과인가 양(+)의 외부효과인가? 외부효과가 존재한다면 어떻게 문제를 해결해야 하는지에 대해 논의해 보라.

7. Oregon 주립대학의 경제학자인 JunJie Wu는 농업관련 잡지인 *Choices*에 기고한 글에서 농지를 도시개발용지로 사용하는 것에 대해 다음과 같은 사실을 언급하였다.

> 토지는 많은 경제적 사회적 혜택을 가져다준다. 그러나 그러한 혜택은 종종 환경측면에서 볼 때 상당한 비용을 발생시킨다. 농지를 도시용지로 전환할 때 발생하는 경제적 비용은 대부분 반영되어 의사결정이 미루어 지고 있지만 환경적 외부효과는 대부분 반영되지 않은 채로 의사결정이 이루어진다. 이러한 환경적 외부효과가 일부 토지들에서 사적 비용과 사회적 비용의 차이를 크게 하고 그에 따라 "비효율적인 토지 이용"을 초래하고 있다 예를 들어, 토지개발자는 토지개발로 발생하는 모든 환경적 또는 내부기반시설적 비용을 부담하지 않을 수 있다. 이러한 "시장실패" 때문에 토지이용 계획을 작성하고 그에 따르는 규제를 실시하는 행정당국과 주민들 간에 많은 대화가 필요한 것이다.

글에서 "시장실패"와 "비효율적인 토지 이용"이라고 한 것은 무엇을 의미하는 것인가? 글쓴이가 비효율적인 토지 이용을 시장실패라고 한 이유는 무엇인가? 도시개발로 이용되는 농지시장에 대한 그래프를 그려서 설명해 보라.

8. "공해를 증가시킴으로써 사회를 좀 더 나은 상태로 만들

수 있다"는 말은 도데체 말이 되는 말인가? [그림 15.3]과 같은 그래프를 이용하여 간단히 설명하라.

9. 어떤 종류의 공해를 감소시키는데 드는 한계비용이 0이라면 그러한 종류의 공해는 모두 제거되어야 하는가? 간단히 설명하라.

10. 범죄 발생을 줄이기 위해 지불해야 하는 한계비용에 영향을 주는 요소들을 열거해 보라. 범죄를 줄일 때 얻는 한계혜택에 영향을 주는 요소들을 열거해 보라. 범죄 발생을 0으로 만드는 수준까지 범죄를 감소시키는 것이 경제적으로 효율적인가? 간단히 설명하라.

11. 개발도상국에서의 공기오염을 줄이는 문제에 대해 환경보호조직인 Blacksmith Institute의 Richard Fuller는 다음과 같이 말했다. "이건 90/10의 법칙이다. 공해의 90%를 없애는 데는 공해를 완전히 없애는 데 드는 비용의 10% 밖에 들지 않는다. 마지막 10%의 공해를 제거하는데 나머지 90%의 비용이 든다." 마지막 남은 10%의 공기오염을 제거하는데 드는 비용이 처음 90%의 공기오염을 제거하는 데 드는 비용보다 높은 이유는 무엇인가? 마지막 10%를 제거하는데 있어서 어떤 상호교환관계가 발생하고 있는 것인가?

12. 코오즈 정리에서 볼 때, 공해를 유발하는 제철소가 그에 대해 법적인 책임을 지지 않는데도 자신의 철생산량(따라서 공기오염)을 줄이는 데 동의할 수 있는가? 제철소가 공해를 줄이는데 동의하도록 만들려면 공해로 인해 피해를 보는 사람들에게 맑은 공기를 마실 수 있는 사적소유권이 주어져야 하는가?

13. 한 신문기사에서 어떤 사람이 다음과 같이 말했다. "많은 경제학자들이 피구세를 지지하고 있다. 하지만 우리는 어떤 의미에서 이미 피구세를 지불하고 있는 것과 같다. 정부가 세금을 부과하지 않았는데도 시장의 소비자들이 어떤 의미에서는 이미 피구세를 내고 있다는 말은 무슨 뜻인가?

14. 미연방정부의 영양섭취 지침서에서는 어른이 매일 적어도 5컵의 과일과 채소를 먹을 것을 권장하고 있다. 과일과 채소를 소비하는 것이 양(+)의 외부효과를 발생시키는가? 정부가 과일과 채소의 소비를 위해 보조금을 지불해야 하는가? 간단히 설명하라.

15. 많은 항생제들이 한때는 효과가 있었지만 이제는 더 이상 효과가 없어지고 있다. 그 이유는 박테리아들이 항생제에 저항하는 힘을 갖도록 진화되었기 때문이다. 어떤 박테리아는 한 두 항생제를 빼고 다른 항생제에 대해서는 모두 저항력을 갖고 있다. 일부 정책입안자들은 제약회사들이 새로운 항생제를 개발할 수 있도록 정부가 보조금을 지불해 한다고 주장했다. 이에 대해 한 신문은 다음과 같은 기사를 싣고 있다.

> 제약회사들에게 바로 보조금을 지불한다는 것은 여러 측면에서 정치적으로 인기가 없는 정책이지만, 이를 지지하는 사람들은 새로운 항생제의 개발로 사회가 얻는 큰 가치와 그를 위해 제약회사들에게 지불하는 낮은 비용 사이에 엄청난 차이가 있다는 점을 강조하고 있다.

항생제는 양(+)의 외부효과를 발생시키는가? 사회에 큰 가치를 가져다 주지만 기업의 이윤에는 별로 도움이 되지 않는 재화를 생산하는 모든 기업들이 보조금을 받아야 하는가? 간단히 설명하라.

16. 한 신문의 기사제목은 다음과 같다. "성가시게 구는 사람들에게 세금을 부과해야 하는가?"

a. 성가시게 구는 사람은 음(−)의 외부효과를 발생시키는가? 이들에게 세금을 부과해야 하는가? 버스나 비행기 안에서 우는 아기들은 음(−)의 외부효과를 발생시키는가? 아기들이나 그 부모에게 세금을 부과해야 하는가?

b. 밖에서 다른 사람들이 볼 수 있게 아름다운 정원을 가꾸는 사람들은 양(+)의 외부효과를 발생시키는가? 이들은 정부로부터 보조금을 받아야 하는가?

c. 모든 음(−)의 외부효과에 대해서 세금이 부과되어야 하는가? 모든 양(+)의 외부효과에 대해 보조금이 지급되어야 하는가? 정부는 어떤 경우에 피구세를 부과하거나 보조금을 지불하는 것이 적절한지를 어떻게 결정하는가?

17. *New York Times*에 기고한 글에서 Michael Lewis는 다음과 같이 주장했다. "좋은 새로운 기술들은 좋은 새로운 도로들과 같다. 그들이 주는 사회적 혜택은 어떤 사람이나 기업이 그것을 창조하는 대가로 받을 수 있는 금액보다 훨씬 크다." 이러한 주장은 정부가 새로운 기술개발을 위해 보조금을 지불하는 것을 정당화해 주는가? 만일 그렇다면 정부는 보조금을 지불해야 하는가?

18. 수년 전에 Massachusetts 주의 주지사는 범죄자들이 정부에 안전요금 safety fee을 지불해야 한다고 주장했다. 요금의 크기는 범죄의 심각성에 따라 달라진다.

a. 경제적으로 효율적인 양의 범죄가 있는가?

b. 안전요금은 우리가 이장에서 본 피구세와 같은 것인가?

19. 다음은 일주일에 드라이클리닝하는 옷들이 많아질수록 그에 따른 공해로 인해서 사회적 한계비용은 증가한다는 가정하에서 그린 드라이클리닝 시장에 대한 그래프이다. 그래프에는 두 개의 수요곡선이 있다. 하나는 소도시의 수요곡선 D_S 이고, 다른 하나는 대도시의 수요곡선 D_L 이다.

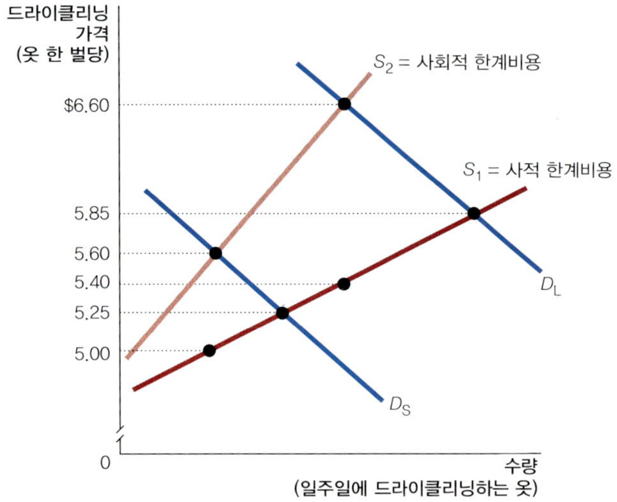

a. 사회적 한계비용이 사적 한계비용과 다른 기울기를 갖는 이유를 설명하라.

b. 소도시에서 경제적 효율성을 달성하기 위해 드라이클리닝하는 옷 한 벌당 부과되어야 하는 세금은 어떻게 결정되어야 하는가? 대도시의 경우에는? 효율적인 세금의 크기가 도시 간에 서로 달라야 하는 이유를 설명하라.

20. 미의회 예산국의 보고서에 의하면 탄소세는 상대적으로 저소득층이 더 많이 부담하게 될 것이라고 한다.

a. 보고서가 세금의 부담 burden of tax이라고 할 때 이는 무엇을 의미하는가?

b. 탄소세의 부담이 저소득층에 상대적으로 더 커지는 이유는 무엇인가? 저소득층의 부담을 줄여주기 위해서 정부가 취할 수 있는 조치에는 어떤 것이 있는가?

21. Andover라는 작은 도시에는 Jill과 Joe가 이라는 두 사람만 산다고 하자. Andover에는 공원을 만들 수 있는 부지가 9에이커밖에 없다. Jill과 Joe의 공원에 대한 수요표는 다음과 같다.

Joe의 수요

에이커당 가격	에이커
$10	0
9	1
8	2
7	3
6	4
5	5
4	6
3	7
2	8
1	9

Jill의 수요

에이커당 가격	에이커
$15	0
14	1
13	2
12	3
11	4
10	5
9	6
8	7
7	8
6	9

공급곡선은 다음과 같다.

에이커당 가격	에이커
$11	1
13	2
15	3
17	4
19	5
21	6
23	7
25	8
27	9

a. 최적규모의 공원을 나타내주는 그래프를 그리고 명칭을 붙여보라.

b. 2에이커의 공원이 최적규모의 공원이 아닌 이유를 설명하라.

22. 상업용 고래잡이는 현대판 공유자원의 비극이라고 불린

다. 이 말에 동의하는지 간단히 설명해 보라.

23. Amherst에 있는 University of Massachusetts, Amherst의 경제학 교수인 Nancy Folbre는 다음과 같이 주장했다. "우리는 공유자원을 관리하는데 책임을 느껴야 한다. 공유자원에는 옛 동네의 초록색 초원뿐만 아니라 쉽게 사유화되기 어려운 맑은 공기와 같은 것도 포함된다." 당신은 맑은 공기가 중세의 영국의 공유목초지와 같은 것이라는 이러한 생각에 동의하는가? 간단히 설명하라.

24. 박테리아들은 항생제 antibiotics에 더 많이 노출될수록 더 빨리 항생제에 대한 내성을 갖게 된다. 따라서 사람들이 항생제를 남용하는 것은 고치기 힘든 질병을 유발하는 미생물들이 항생제에 대해 더 강한 내성을 갖도록 돕는 꼴이 된다. 항생제가 어떤 의미에서 공유자원이라고 생각될 수 있는가?

25. 다음의 각 재화나 서비스가 사유재인지, 공공재인지, 준공공재인지, 공유자원인지를 구분해 보라.

a. TV에서 월드시리즈 야구를 중계하는 것
b. 집에 편지를 배달하는 것
c. 공립학교에서 제공하는 교육
d. 사립학교에서 제공하는 교육
e. 울타리로 막아놓은 공원에서 하이킹 하는 것
f. 울타리로 막아놓지 않는 공원에서 하이킹 하는 것
g. 사과 한 개

26. 다음의 말에 동의하는지 말해보라.

의료서비스는 분명히 공공재이다. 어떤 사람이 병에 걸렸는데도 치료를 받지 못한다면 그 사람이 다른 사람에게 병을 옮길 것이다. 그에 따라 많은 사람들이 병에 걸리면 한 경제의 생산량은 감소할 것이다. 따라서 의료서비스는 정부가 공급해야할 공공재이다.

27. 1800년대 초에는 6천만 마리가 넘는 아메리카 물소들이 대평원을 누비고 살았었다. 그러나 1800년대 말에 이 물소들은 거의 사라졌다. 재화의 4가지 범주를 생각하면서, 사냥꾼들이 물소들은 거의 다 사라질 정도로 사냥을 했지만 일반 소들은 왜 그렇게 하지 않았는가를 설명해 보자.

28. 한 작은 호수를 갖고 있는 마을의 주민들은 회원제로 낚시꾼들을 모집하고 있다. 물고기들이 어느 정도 많아지면 낚시꾼들은 이 호수에 와서 한 사람당 3일씩 낚시를 할 수 있다. 그러나 물고기가 줄어들어 마을 주민들이 호수에서 낚시를 금지하면 회원들은 낚시를 해서는 안 된다. 만일 이러한 규칙을 어기고 몰래 낚시를 하면 그 회원은 영원히 추방된다. 이 마을 주민들이 막으려는 경제적 문제는 어떤 것인가? 당신은 이 마을 주민들이 법에 의하지 않고 서로간의 약속을 가지고 호수의 물고기를 보호하는 것이 효과가 있을 것이라고 생각하는가?

CHAPTER

16

공공선택, 세금, 소득분배

이 장의 학습내용

16.1 **공공선택**
- 공공선택모델을 설명하고 공공선택모델이 정부의 의사결정을 분석하는 데 어떻게 사용되는지 설명한다.

16.2 **세금제도**
- 정부가 세금정책을 수립할 때 사용하는 원칙을 포함하여, 세금제도에 대해 이해한다.

16.3 **세금의 귀착에 대한 재고찰: 가격탄력성의 효과**
- 가격탄력성이 세금의 귀착에 미치는 효과를 이해한다.

16.4 **소득분배와 빈곤**
- 소득분배를 논의하고 소득이동성을 이해한다.

정부는 소득불평등을 감소시키기 위해 세금제도를 사용해야 하는가?

미국 의회와 Barack Obama 대통령이 사회보장 프로그램에 필요한 자금을 조달하기 위해 사용되는 급여세의 일시적 삭감을 종료시키기로 했던 2013년 1월은 많은 미국인들에게 행복한 새해가 되지 못했다. 그 결과로 평균적인 가계가 납부하는 세금이 연간 $1,000만큼 증가했다. 연간 $400,000 이상 버는 개인의 소득세율과 배당 및 자본이득에 대한 세율도 인상되었다. 세금증가가 연방재정적자를 감소시키기 위해 사용되었지만 이러한 세금증가의 목적은 소득분배를 변화시키려는 의도도 가지고 있었다.

2012년 대통령선거 유세가 진행되는 동안, 오바마 대통령과 전 Massachusetts 주지사였던 Mitt Romney는 세금제도의 변화가 소득불평등을 감소시키기 위해 사용되어야 하느냐에 관해 논쟁했다. 오바마 대통령은 2000년대 초에 법률로 제정되었던 세금삭감이 부유한 사람들과 기업의 부담은 감소시켰던 반면 저소득층과 중소득층의 부담을 증가시켰다고 주장했다. 그는 이러한 불평등을 감소시키기 위해 세법을 사용할 것을 제안했다. Romney는 소득불평등의 증가가 세금의 변화 때문에 발생한 것이 아니므로 고소득층에 대한 세금을 증가시키는 것은 소득불평등에 거의 영향을 주지 못하면서 경제적 효율성을 감소시킬 것이라고 주장했다.

2012년 대통령 선거유세가 진행되는 동안 세금에 관한 논쟁에서 제기된 질문들은 새로운 것이 아니었다. 예를 들어, John F. Kennedy 대통령과 Ronald Reagan 대통령은 경제적 효율성을 증대시킬 것이라고 주장하면서 상당한 소득세 삭감을 제안했던 반면, 그들의 반대자들은 세금삭감은 고소득 납세자들에게 이익이 되고 소득불평등을 증가시킨다고 주장했다. 세금제도의 설계와 세금제도를 평가하기 위해 사용되는 기준이 중요한 쟁점이다. 세법이 경제적 효율성을 증가시키는가? 정부가 세금과 기타 정책을 통해서 소득분배에 상당한 영향을 미치는가? 이 장에서는 이러한 질문들에 대해 살펴본다.

자료: Jose Pagliery, "Smaller Paychecks Coming," www.cnnmoney.com, January 2, 2013; and Associated Press, "Deal Means Taxes Will Rise for Most Americans," *USA Today*, February 5, 2013.

정부는 사유재산권에 대한 보장과 계약을 집행도록 돕는 독립적인 사법제도를 제공함으로써 시장이 효율적으로 작동하도록 돕는 중요한 역할을 한다는 것을 살펴보았다(제2장 참조). 또한 정부가 종종 민간기업들이 공급하지 않는 *공공재 public goods*라고 알려져 있는 재화를 공급해야 한다는 것도 살펴보았다(제15장 참조). 그러나 정부가 어떤 정책을 채택할 것인지를 어떻게 결정하는가? 최근에 George Mason University의 노벨경제학상 수상자인 고 James Buchanan과 Gordon Tullock은 정부의 의사결정에 대해 경제학적 분석을 적용하는 **공공선택모델 public choice model**을 개발했다. 이 장에서는 공공선택모델이 정책담당자들이 어떻게 의사결정을 하는지를 이해하는데 어떻게 도움을 줄 수 있는지를 살펴볼 것이다.

공공선택모델 public choice model
정부의 의사결정에 대해 경제학적 분석을 적용하는 모델.

또한 정부가 세금정책을 수립할 때 사용하는 원칙들에 대해 논의할 것이다. 특히, 경제학자들이 어떤 세금이 가장 경제적으로 효율적인가를 어떻게 식별하는지 살펴볼 것이다. 이 장의 마지막 부분에서는 세금정책을 포함하여 정부정책이 어떻게 소득분배에 영향을 미치는지도 논의할 것이다.

16.1. 공공선택

앞의 장들에서는 가구와 기업의 행위를 설명하는데 초점을 맞추었다. 가구와 기업은 가능한 한 그들을 가장 좋게 만드는 행위를 한다고 가정했다. 특히 가구는 효용을 극대화하기 위해 구매하는 재화의 양을 선택하고, 기업은 이윤을 극대화하기 위해 판매하는 재화의 양과 가격을 선택한다고 가정했다. 정부정책은 경제에서 중요한 역할을 하기 때문에 미국 의회 의원들, 주지사들, 대통령, 주정부 의회 의원들과 같은 정부의 정책담당자들이 어떻게 의사결정을 하는지를 살펴보는 것도 중요하다. 공공선택모델이 제시하는 중요한 직관 중 하나는 정책담당자들도 소비자들이나 기업경영자들과 다르지 않다는 것이다. 정책담당자들은 그들의 이해관계가 공공의 이해관계와 충돌하더라도 그들 자신의 이해를 추구할 가능성이 높다. 보다 구체적으로, 정치인들이나 정부관리들은 그들이 재선출되는 결과를 가져올 가능성이 높은 행동을 선택한다는 것이다.

공공의 이해관계를 어떻게 파악하는가? 투표모델

선출직 관리들은 그들을 선출한 투표자들의 선호를 대표한다고 주장할 수 있다. 따라서 투표자들이 공공의 이해관계에 따라 행동하지 않는 정치가를 재선출하지 않을 것이라는 것은 논리적으로 그럴듯하게 보인다. 그러나 투표행위를 자세히 살펴보면, 정치가가 투표자들의 견해를 대표하는지는 분명하지 않다.

투표의 역설 많은 정책에 관한 의사결정에는 다수의 대안들이 제시된다. 정부예산의 크기는 제한되어 있기 때문에, 정책담당자들은 상호교환관계에 직면한다. 간단한 예를 보

표 16.1 투표의 역설

정책	Lena	David	Kathleen
유방암 연구	1순위	2순위	3순위
대중교통 보조	2순위	3순위	1순위
국경경비 강화	3순위	1순위	2순위

투표	결과
유방암 연구 vs 대중교통 보조	유방암 연구
대중교통 보조 vs 국경경비 강화	대중교통 보조
국경경비 강화 vs 유방암 연구	국경경비 강화

기로 하자. 사용할 수 있는 예산이 $10억이고 의회는 이러한 예산을 3가지 대안, (1) 유방암에 관한 연구, (2) 대중교통을 위한 보조, (3) 국경경비의 강화 중 어느 한 가지에만 사용할 것인지 선택해야 한다고 하자. 의회 의원들의 투표는 선거구 주민들의 선호를 반영할 것이라고 가정하자. 그렇지만 실제로 다수결 투표가 일관성 있는 의사결정을 발생시키지 못하는 상황들이 존재한다. 예를 들어, 3명의 투표자만이 존재하고 그들은 [표 16.1]의 윗부분에 제시된 선호 순위를 가지고 있다고 하자.

[표 16.1]의 윗부분에서 첫 번째 열에 3가지 정책대안이 제시되어 있다. 나머지 열들은 투표자의 선호순위를 보여준다. 예를 들어, Lena는 유방암 연구에 지출하는 것을 가장 선호한다. 그녀의 두 번째 선택은 대중교통 보조이고, 세 번째 선택은 국경경비 강화이다. 두 개의 정책을 서로 비교하여 투표자들의 선호를 나타내는 식으로 투표가 이루어진다면 어떤 일이 발생하는가? [표 16.1]의 아래 부분은 이러한 일련의 투표 결과를 보여준다. 만일 투표가 유방암 연구에 대한 지출과 대중교통 보조를 위한 지출 간에 이루어지면, Lena와 David가 대중교통 보조를 위한 지출보다 유방암연구에 대한 지출을 선호하기 때문에 유방암 연구에 대한 지출이 선택된다. 따라서 의회 의원들의 투표가 투표자들의 선호를 반영한다면, 예산이 유방암 연구에 지출된다. 그렇지만 투표가 대중교통 보조를 위한 지출과 국경경비 강화를 위한 지출 간에 이루어진다고 하자. Lena와 Kathleen이 국경경비 강화를 위한 지출보다 대중교통 보조를 위한 지출을 선호하기 때문에 대중교통 보조를 위한 지출이 선택된다. 이제 마지막으로 투표가 유방암 연구에 대한 지출과 국경경비 강화를 위한 지출 간에 이루어진다고 하자. 놀랍게도 David와 Kathleen이 국경경비 강화를 위한 지출을 선호하기 때문에 국경경비 강화를 위한 지출이 선택된다.

투표자들이 대중교통 보조를 위한 지출보다 유방암 연구에 대한 지출을 선호하고 국경경비 강화를 위한 지출보다 대중교통 보조를 위한 지출을 선호하면, 우리는 의사결정의 일관성이 있는 경우 투표자들이 국경경비 강화를 위한 지출보다 유방암 연구에 대한 지출을 선호한다고 예상할 것이다. 그러나 이 예에서 투표자들의 집합적 선호는 일관성이 없는 것으로 나타난다. 다수결 투표가 majority voting 항상 일관성이 있는 선택을 발생시키지 못하는 것을 **투표의 역설 voting paradox**이라고 일컫는다.

투표의 역설 voting paradox
다수결 투표가 항상 일관성이 있는 선택을 가져다 주는 것은 아니라는 것.

단지 3개의 대안만이 존재하고 단지 3명의 투표자만 있으며 단순한 다수결 투표가 결과를 결정한다고 가정하고 있기 때문에 이 예는 가상적인 것이다. 그렇지만 실제로 Stanford University의 노벨경제학상 수상자인 Kenneth Arrow는 다수결 투표가 언제나 투표자들의 선호를 제대로 반영하지는 못한다는 것이 매우 일반적인 현상이라는 것을 수학적으로 보였다. **애로우 불가능성 정리 Arrow impossibility theorem**는 투표자들의 선호를 일관성 있게 반영할 수 있는 투표제도는 고안될 수 없다고 말해준다. 이 정리는 민주적 투표를 통해서 투표자들의 선호가 정책 선호로 전환되는 것을 보장할 수 있는 방법이 없다고 제시한다. 실제로 애로우 불가능성 정리는 투표행위가 효율적이지 못한 정책으로의 이동을 발생시킬 수 있다고 제시해 준다. 예를 들어, $10억을 지출하기 위한 3가지 대안 중 어느 것이 실제로 선택될 것인가는 매년 바뀔 수 있는 대안들에 대한 투표 순서에 의해 결정될 것이다. 따라서 공공재를 위한 자금 제공과 같은 경제적 이슈에 대해 반드시 효율적인 결과를 발생시키기 위해 정치적 과정에 의존할 수 없다. 달리 말해, 선거에 의해 대변되는 "투표시장"은 시장이 재화와 서비스에 대해 소비자 선호를 나타내는 것보다 소비자 선호를 나타내는 일을 종종 효율적이지 못하게 수행할 수 있다.

> **애로우 불가능성 정리 Arrow impossibility theorem**
> 일관성 있게 투표자들의 선호를 반영하는 투표제도는 고안될 수 없다고 주장하는 수학 정리.

중앙투표자 정리 실제에서 많은 정치적 이슈들은 다수결 투표에 의해 결정된다. 다수결은 어떤 투표자들의 선호를 반영할 가능성이 있다고 말할 수 있는가? **중앙투표자 정리 median voter theorem**는 다수결 투표의 결과가 정치적으로 중간에 있는 투표자의 선호를 반영할 가능성이 있다고 말해준다. 간단한 예를 들어보자. 5명의 투표자가 있고 유방암 연구에 대한 지출에 대한 그들의 선호가 [그림 16.1]과 같다고 하자. 그들의 선호는 자금이 다른 프로그램들에 대한 지출에 사용되거나 정부지출을 감소시키거나 세금을 낮추기를 바라면서 유방암 연구에 전혀 지출하지 않기를 선호하는 Kathleen으로부터 유방암 연구에 $6십억을 지출하기를 선호하는 Lena에 이르기까지의 범위를 가진다.

> **중앙투표자 정리 median voter theorem**
> 다수결 투표의 결과가 정치적으로 중간에 있는 투표자의 선호를 반영할 가능성이 있다는 명제.

이 경우 David는 정치적으로 중간에 있기 때문에 중앙투표자이다. 유방암 연구를 위해 두 명의 투표자는 David보다 더 적게 지출하는 것을 선호하고 두 명의 투표자는 David보다 더 많이 지출하기를 선호한다. 왜 중앙투표자의 선호가 채택될 가능성이 큰지 살펴보기 위해, 먼저 유방암 연구를 위해 David가 선호하는 $2십억을 지출하는 것과 $6십억을 지출하는 것 간의 투표를 생각해 보자. Lena만이 $6십억을 지출하는 것을 선호하고 다른 투표자들은 모두 이보다 더 적게 지출하는 것을 선호하기 때문에, $2십억을 지출하는 제안이 4대 1로 이길 것이다. 이와 유사하게 유방암 연구를 위해 David가 선호하는 $2십억을 지출하는 것과 $1십억 이하를 지출하는 것 간의 투표를 생각해 보자. 3명의 투표자는 $1십억보다 많이 지출하는 것을 선호하고 2명의 투표자만 $1십억 이하를 지출하는 것을 선호하기 때문에 $2십억을 지출하는 제안이 3대 2로 이길 것이다. 서로 다른 금액을 지출하는 제안들 중 2개 제안 쌍에 대한 투표가 이루어질 때, $2십억을 지출하는 제안만이 다수의 지지를 받게 될 것이다. 또한 투표의 결과로 지출되는 금액은 투표자 선호의 평균 금액인 $2.6십억보다 더 적다는 점에 주목하라.

중앙투표자 정리가 제시하는 한 가지 시사점은 정치적 과정은 선호가 중앙으로부터

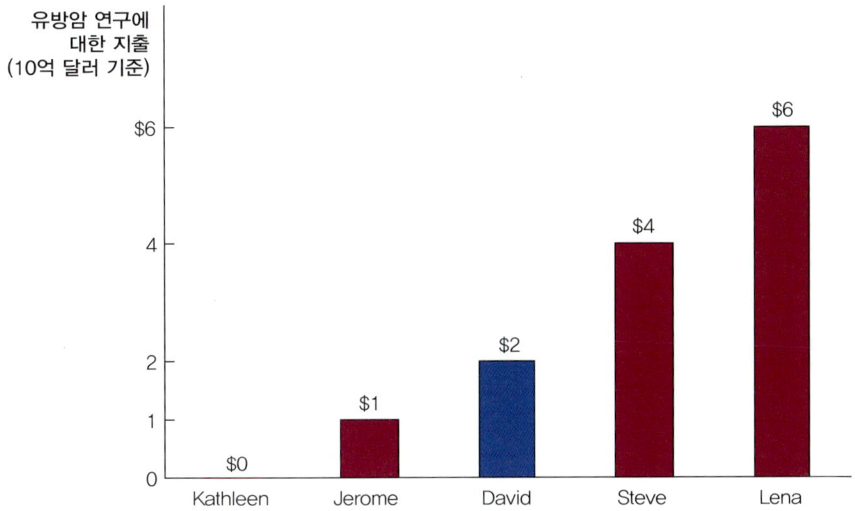

그림 16.1

중앙투표자 정리

중앙투표자 정리는 다수결 투표의 결과가 정치적으로 중간에 있는 투표자의 선호를 나타낼 가능성이 있다고 제시한다. 이 경우에 두 명의 투표자는 David보다 더 많이 지출하기를 원하고 두 명의 투표자는 David보다 더 적게 지출하기를 원하기 때문에 David가 정치적으로 중간에 있다. $2십억을 지출하는 제안과 이와 다른 금액을 지출하는 제안 간에 이루어지는 투표에서, $2십억을 지출하는 제안이 채택된다.

멀리 떨어져 있는 사람들보다 중간에 있는 사람들의 만족을 충족시켜 주는 경향이 있다는 것이다. 다시 말해, 모든 사람들이 참여하도록 되어 있는 집합적 행동에 의한 의사결정을 하는 정치적 과정과 개인들이 참여하거나 참여하지 않을 자유가 있는 시장적 과정 간에는 중요한 차이점이 존재한다. 예를 들어, Kathleen이 유방암 연구에 정부자금을 전혀 지출하지 않는 것을 선호하더라도, 다수가 $2십억을 지출하기로 투표하면 Kathleen은 이러한 지출에 필요한 자금을 조달하기 위해 요구되는 세금을 납부해야 한다. 이러한 결과는 재화와 서비스 시장에서 나타나는 결과와 대비된다. 예를 들어, Kathleen이 iPad를 좋아하는 다수의 소비자들과 선호가 다르면, 그녀는 iPad를 사야 할 의무가 없다. 이와 유사하게 Lena와 Steve가 유방암 연구에 대한 추가 지출에 필요한 자금을 조달하기 위해 상당히 증가된 세금을 납부하는 것을 선호할 수 있을 지라도 그들은 다수가 동의한 더 낮은 수준의 지출에 따라야만 한다. 만일 Lena가 금장으로 처리된 iPad를 갖기 원하면, 상당한 소비자 다수가 이러한 지출이 낭비라고 생각하더라도 그녀는 금장으로 처리된 iPad를 선택할 수 있다.

정부의 실패

방금 살펴본 투표모델은 개인들이 시장의 결과를 통해서보다도 정부정책의 결과를 통해서 그들의 선호가 반영되는 것을 보게 될 가능성이 작다는 것을 말해준다. 공공선택모델은 이러한 관찰을 넘어서 정책담당자들의 이해관계가 투표자들의 선호가 명료하더라도 투표자들의 선호와 다른 행동을 선택하게 만들 가능성이 있다는 것을 말해주고 있다. 이러한 결과를 가져올 수 있는 정치적 과정의 몇 가지 측면을 살펴보자.

지대추구행위 rent seeking
개인들이나 기업이 자신들을 더 좋게 만들기 위해 정부로 하여금 자신들에게 유리한 행동이나 선택을 하도록 만들려는 시도.

지대추구행위 경제학자들은 일반적으로 시장에서 상호작용함으로써 더 좋아지려고 시도하는 개인들과 기업들의 행동에 초점을 맞춘다. 공공선택모델은 다른 개인들과 기업들을 희생시켜 소수의 개인들과 기업들이 그들 자신을 더 좋게 하기 위해 정부의 행동을 사용하고자 하는 시도를 의미하는 **지대추구행위 rent seeking**에 초점을 맞춘다. 시장이 주는 혜택 중 하나는 시장은 이기적 행위가 사회 전체에 혜택을 주는 방식으로 이루어지게 한다는 점이다. Apple이 이윤을 얻기 위해 iPad를 개발했지만, 이러한 Apple의 행위는 수백만 소비자들의 행복을 증가시켰다. Samsung이 iPad와 경쟁하기 위해 Galaxy Tab을 출시했을 때, Samsung도 이윤을 얻으려는 욕구 때문에 Galaxy Tab을 출시했으나 소비자가 이용할 수 있는 태블릿의 선택기회를 확장시킴으로써 소비자의 행복을 증가시켰다. 이와는 대조적으로 특정 이해집단의 지대추구행위는 다른 개인들과 기업들을 희생시켜 소수의 개인들과 기업들에게 혜택을 줄 수 있다. 예를 들어, 미국의 설탕기업들은 설탕 수입에 대한 쿼터를 부과하도록 미국의회를 설득하는데 성공하였다(제26장 참조). 이러한 쿼터는 미국 설탕기업들의 소유주들과 그들을 위해 일하는 사람들에게 혜택을 주었으나 소비자 잉여를 감소시켰고, 미국 사탕회사들과 그들의 근로자들을 손상시켰으며 경제적 효율성을 감소시켰다.

설탕 회사들이 설탕 쿼터로부터 혜택을 받은 것처럼, 기업들은 경제에 대한 정부의 개입으로부터 혜택을 받을 수 있기 때문에 정부 정책담당자들에게 영향을 주기 위해 기꺼이 돈을 지출한다. 미국 의회 의원들, 주정부 의회 의원들, 주지사들과 대통령은 그들의 선거유세에 사용해야 하는 자금을 조달할 필요가 있다. 따라서 이러한 정책담당자들은 지대추구행위를 하는 기업들로부터 선거후원금을 받을 수 있고, 그들을 대신해서 기꺼이 특정한 그룹의 이해가 반영된 법을 제정할 수 있다.

정치적 결탁과 합리적 무시 2가지 요인이 왜 지대추구행위가 종종 성공할 수 있는지를 설명하는데 도움을 준다. 설탕 쿼터가 매우 적은 수의 근로자들과 기업들에게 혜택을 주는데도 법으로 제정되었다는 것은 당혹스러울 수 있다. 왜 미국 의회 의원들은 그들의 지역구에 설탕 회사들이 없는데도 설탕 쿼터를 찬성하는 투표를 하는가? 한 가지 이유는 한 의회 의원이 다른 의회 의원들로부터 다른 법안에 대한 우호적인 투표를 얻어내는 것과 교환하여 한 법안에 찬성하는 투표를 하는 상황을 의미하는 *정치적 결탁 logrolling*이 이루어지기 때문이다. 예를 들어, 텍사스 주 출신의 한 의회 의원은 자신의 선거구 주민들 중 어느 누구도 설탕 쿼터로부터 혜택을 받지 못하더라도 설탕 쿼터에 찬성하는 투표를 할 수 있다. 이와 교환하여 설탕 생산자들이 입지해 있는 지역들의 의회 의원들이 텍사스 주 출신의 한 의회 의원이 통과하기를 원하는 법안에 찬성하는 투표를 할 것이다. 펜실베니아 상원의원인 Pat Toomey는 설탕 쿼터를 폐지하기 위한 그의 시도가 부결된 후에 다음과 같이 말했다. "그들은 한통속이 되어 함께 일하고 서로의 이해를 보호한다." 이러한 투표 거래가 다수의 의회 의원들이 소수의 경제적 이해에 혜택을 주는 반면 훨씬 더 큰 그룹의 경제적 이해를 손상시키는 법을 지지하는 결과를 발생시킬 수 있다.

그러나 다수의 투표자들이 지대추구행위를 하는 법에 의해 손상을 입는다면, 정치적 결탁이 있다 하더라도 이러한 법이 어떻게 통과되는가? 설탕 쿼터가 살아남을 수 있는 다른 이유를 생각해 보자(제26장 참조). 설탕 쿼터 때문에 총 소비자잉여는 연간 $39억만큼 감소하지만, 이것을 3억 명 이상의 인구로 분산시키면, 일인당 손실은 약$12.50에 불과하다. 일인당 손실이 매우 적기 때문에, 대부분의 사람들은 누구에게 찬성 투표할 것인지를 결정할 때 이것을 고려하지 않으며 많은 사람들은 설탕 쿼터가 존재하는지조차도 인식하지 못한다. 관세와 쿼터에 의해 만들어지는 일자리들은 눈에 잘 보이고 종종 잘 알려지는 반면 이러한 제한조치들과 소비자 잉여의 감소 때문에 사라지는 일자리들은 찾아내기가 어렵기 때문에 투표자들이 국제무역 제한조치들을 지지하도록 설득당할 수 있다. 한 가지 이슈를 잘 알게 되는 데는 시간과 노력이 요구되고 경제적 보상은 낮기 때문에 일부 경제학자들은 많은 투표자들이 지대추구행위를 추구하게 허용하는 법에 대해 "*합리적 무시 rational ignorance*"로 대한다고 주장한다. 이러한 견해에 의하면, 투표자들이 법에 대해 잘 알아야 하는 경제적 인센티브를 갖지 않기 때문에 투표자들의 선호가 지대행위를 추구하게 허용하는 법에 찬성 투표하는 의회 의원들에게 제약조건이 되지 못한다.

규제 포로 정부가 경제에 개입하는 한 가지 방법은 특정한 산업이나 특정한 제품에 대한 권한을 부여받은 규제기관이나 규제위원회를 설립하는 것이다. 예를 들어, 미국에서 어느 기업도 먼저 식약청 Food and Drug Administration(FDA)의 승인을 받지 않고 처방약을 판매할 수 없다. 이상적으로 보면, 규제기관은 공공의 이해에 부합하는 의사결정을 해야 할 것이다. FDA는 신약을 신속하게 승인해서 환자들에게 주는 혜택과 승인이 너무 빨리 이루어져 발생할 수 있는 잠재적으로 위험한 신약의 부작용으로 발생될 수 있는 비용을 비교해 보아야 한다. 그러나 규제를 받는 기업들은 규제기관의 행위에 따라 금전적 이해관계가 달라질 수 있기 때문에 규제기관의 행위에 영향을 미치고자 하는 인센티브를 가진다. 극단적인 경우에는 기업의 규제기관에 대한 이러한 영향 때문에 규제기관이 공공의 이해에 부합하지 않을지라도 규제받는 기업들의 이해관계에 가장 부합하는 의사결정을 할 수 있다. 이러한 경우 규제기관은 규제받는 산업에 의해 *규제 포로 regulatory capture*가 된다. 일부 경제학자들은 규제 포로의 예로 Interstate Commerce Commission(ICC)을 지적한다. 물론, 미국 의회는 결국 ICC를 폐지시켰지만, 폐지되기 전 수십 년 동안 ICC는 철도와 장거리 트럭회사들이 화물운송에 부과할 수 있는 가격을 결정했다. 미국 의회는 처음에 소비자들의 이해를 보호하기 위해 ICC를 설립했으나 일부 경제학자들은 오랜 기간 동안 ICC가 소비자들의 이해관계보다는 철도와 트럭 회사들의 이해관계에 부합하도록 경쟁을 억압하기 위해 운영되었다고 주장했다. 규제 포로가 일부 정부기관들의 의사결정을 어느 정도로 설명할 수 있는지에 대해서는 경제학자들 간에 논쟁이 계속되고 있다.

외부효과의 존재는 시장이 경제적으로 효율적인 재화나 서비스의 양을 공급하지 못하는 상황을 의미하는 *시장실패 market failure*를 발생시킬 수 있다(제15장 참조). 공공선택모델은 *정부실패 government failure*도 발생될 수 있다고 제시한다. 이 절에서 지금까지 논의한 이유들 때문에 경제에 대한 정부의 개입이 경제적 효율성을 증가시키기보다는 감소시킬 수 있다. 경제학자들은 미국 경제에서 정부실패가 심각한 경제적 비효율성을 발생시키는 정도에 관해 의견이 서로 다르다. 그렇지만 대부분의 경제학자들은 정책담당자들이 효율성을 증가시키지 못하는 방식으로 경제에 개입하려는 인센티브를 가질 수 있고, 따라서 정부개입의 제안은 세심하게 평가되어야 한다는 공공선택모델의 기본적인 주장을 받아들인다.

정부규제는 필요한가?

공공선택모델은 정부규제가 경제적 효율성에 미치는 효과에 관해 중요한 질문들을 제기한다. 미국 의회가 Food and Drug Administration (FDA), Environment Protection Agency (EPA), Federal Trade Commission (FTC)과 같은 기관들을 폐지시켜야 한다는 결론내릴 수 있는가? 실제로 대부분의 경제학자들은 이러한 기관들이 유용한 목적을 수행할 수 있다는 데 동의한다. 예를 들어, EPA는 공해와 같은 생산의 외부효과를 교정하는 데 도움을 줄 수 있다. 규제기관들도 소비자들이 정보를 가지고 구매하기 위해 필요한 정보를 얻는데 어려움을 가지고 있는 시장에서 경제적 효율성을 증가시킬 수 있다. 예를 들어, 소비자들은 식품에 들어 있는 박테리아와 여타 오염물질을 발견한다든지, 처방약이 안전하고 효과적인지를 쉽게 판단할 수 있는 방법을 갖고 있지 않다. FDA는 많은 식육가공 공장의 비위생적인 관행들에 관한 신문 기사들이 보도된 후에 미국의 식품 공급을 감시하기 위해 20세기 초에 설립되었다.

정부규제는 분명히 소비자들에게 중요한 혜택을 제공할 수 있지만, 규제의 비용을 고려해야만 한다. 최근의 규제비용 추정치들은 미국 연방정부규제의 비용이 납세자당 수천 달러일 수 있다고 제시한다. 경제학은 소비자들에게 비용을 초과하는 혜택을 제공하는 규제를 정책담당자들이 창안하는 것을 도울 수 있다.

16.2. 세금제도

정부의 규모와 정부가 참여하는 활동의 종류가 결정되면 정부지출에 필요한 자금이 조달되어야 한다. 정부는 주로 세금에 의존하여 필요한 자금을 조달한다. 담배나 술에 부과되는 세금과 같은 일부 세금들은 자금을 조달하는 것에 더하여 사회적으로 바람직하지 않은 행위를 하지 못하게 하려는 정부의 의도를 반영하고 있다. 미국에서 가장 넓게 사용되고 있는 세금은 다음과 같은 것들이다.

- *개인소득세.* 연방정부, 대부분의 주정부와 일부 지방정부는 임금, 봉급, 가구의 기타 소득과 일반적으로 임금과 봉급과 동일하게 세금이 부과되는 소기업의 이윤에 대해 세금을 부과한다. *개인소득세 personal income tax*는 연방정부의 최대 수입원이다. 소득이 낮은 사람들은 연방소득세의 납부가 면제되기 때문에, 최근의 경우를 보면, 모든 가구

들의 거의 반이 연방소득세를 납부하지 않는 것으로 나타나고 있다.

- *사회보장세*. 연방정부는 Social Security 제도와 Medicare 제도에 필요한 자금을 조달하기 위해 임금과 봉급에 세금을 부과한다. Social Secutiry 프로그램은 은퇴 근로자들과 장애인에게 지급한다. Medicare 프로그램은 65세 이상 사람들의 의료비용 지급을 돕는다. Social Security 프로그램과 Medicare 프로그램을 위해 부과되는 사회보장세 *social insurance tax*는 종종 *급여세 payroll tax*라고도 부른다. 미국 인구가 고령화됨에 따라 급여세가 증가했다. 2013년에 이르러서는 납세자의 3/4 이상이 연방소득세보다 급여세로 더 많은 금액을 납부하는 것으로 나타났다. 또한 연방정부와 주정부는 일자리를 잃은 근로자들에게 지급하는 실업보험제도에 필요한 자금을 조달하기 위해 임금과 봉급에 세금을 부과한다.
- *판매세*. 대부분의 주정부와 지방정부는 대부분 제품의 소매 판매에 세금을 부과한다. 하지만, 반 이상의 주정부들이 식품에 *판매세 sales tax*를 면제하고 있으며, 일부 주들은 의류에 대해서도 판매세를 면제하고 있다.
- *재산세*. 대부분의 지방정부들은 주택, 사무실, 공장, 토지에 대해 세금을 부과한다. 미국에서 *재산세 property tax*는 공립학교를 지원하기 위한 최대 수입원이다.
- *소비세*. 연방정부와 일부 주정부들은 휘발유, 담배, 맥주와 같은 특정 재화들에 대해 *소비세 excise tax*를 부과한다.

미국 세금제도의 개관

[그림 16.2(a)]와 [그림 16.2(b)]는 미국의 연방정부, 주정부와 지방정부의 수입원을 보여준다. [그림 16.2(a)]는 연방정부가 수입의 75% 이상을 사회보험세와 개인소득세로 조달한다는 것을 보여준다. 법인세 corporate income tax와 소비세가 연방정부의 수입에서 차지하는 비중은 상당히 적다. 2012년에 연방정부의 총수입은 거의 $27조였고 가구당 약 $22,161이었다. 과거 40년 동안, 연방정부의 세금수입이 국내총생산(GDP)에서 차지하는 비중은 2009년에 16%로 낮았고 2000년에 21%로 높았지만 일반적으로 17%와 19%의 범위였다.

[그림 16.2(b)]는 주정부와 지방정부의 수입구조가 연방정부의 수입구조와 다르다는 것을 보여준다. 과거에 주정부와 지방정부의 가장 큰 수입원은 판매세였다. 또한 주정부와 지방정부는 2012년에 최대 수입원이었던 연방정부로부터 거액의 교부금을 받는다. 이러한 교부금은 부분적으로 연방정부가 주정부와 지방정부가 수행하도록 요구하는 프로그램들을 지원하기 위한 것이다. 종종 *연방정부의 책무 federal mandates*라고 부르는 이러한 프로그램들에는 많은 저소득 계층의 건강관리에 필요한 자금을 지원하는 *Medicaid* 프로그램과 가난한 가구들에게 금전적 지원을 제공하는 Temporary Assistance for Needy Families(TANF) 프로그램이 포함된다. 2007~2009년의 경기후퇴기와 그 이후에 연방정부는 일시적으로 지방정부에 대한 교부금을 증가시켰다. 또한 지방정부는 재산세로부터 상당한 수입을 조달한다. 많은 지방 교육청은 특히 거의 전적으로 재산세로 조달되는 수입에 의존한다.

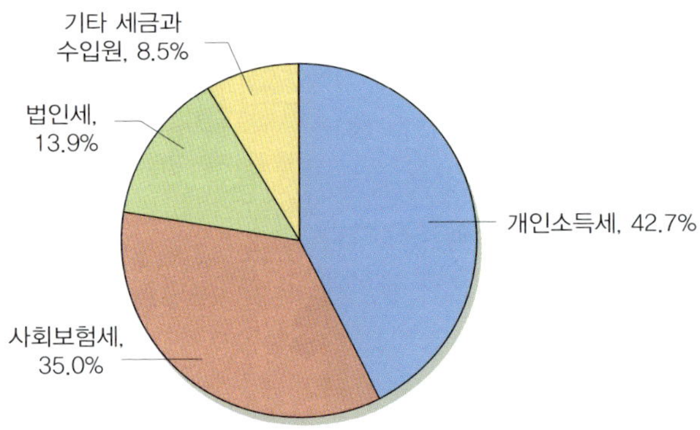

세금	금액 (10억 달러)	가계당 금액 (10억 달러)	총 세금수입의 비중
개인소득세	$9,453	$1,145	42.7 %
사회보험세	7,752	939	35.0
법인세	3,075	372	13.9
기타 세금과 수입원	1,882	228	8.5
합계	$22,161	$2,683	100.0%

(a) 연방정부의 수입구조, 2012년

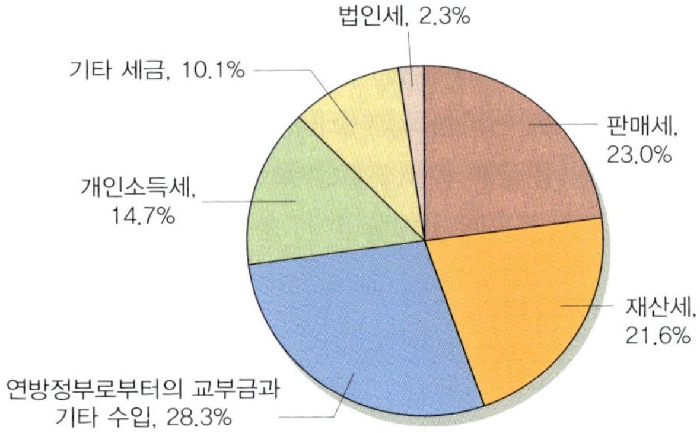

세금	금액 (10억 달러)	가계당 금액 (10억 달러)	총 세금수입의 비중
연방정부로부터의 교부금과 기타 수입	$585	$4,795	28.3%
판매세	475	3,896	23.0
재산세	448	3,670	21.6
개인소득세	304	2,488	14.7
기타 세금	210	1,721	10.1
법인세	48	395	2.3
합계	$2,070	$16,965	100.0%

(b) 주정부와 지방정부의 수입구조, 2012년

그림 16.2

연방정부와 주정부 및 지방정부의 수입구조, 2012

개인소득세는 연방정부의 가장 중요한 수입원이고 사회보험세는 두 번째로 중요한 수입원이다. 한편, 주정부와 지방정부는 그들 수입의 대부분을 판매세로 조달한다. 또한 주정부와 지방정부는 부분적으로는 연방정부의 프로그램들을 지원하기 위해 연방정부로부터 거액의 교부금을 받는다. 많은 지방정부들은 그들의 수입 대부분을 재산세로 조달한다.

주: 분류항목들의 합이 반올림 때문에 합계와 일치하지 않을 수 있다.

자료: U.S. Department of Commerce, Bureau of Economic Analysis, "National Income and Product Accounts of the United States," Tables 3.2 and 3.3, June 26, 2013.

누진세와 역진세

경제학자들은 종종 서로 다른 소득수준을 가지고 있는 사람들이 소득에 비해 상대적으로 납부하는 세금에 기초하여 세금을 분류한다. 만일 소득이 낮은 사람들이 소득이 높은 사람들보다 소득 중 더 높은 비율을 세금으로 납부한다면 세금은 **역진적 regressive**이라고 말한다. 만일 소득이 낮은 사람들이 소득이 높은 사람들 보다 소득 중 더 낮은 비율을 세금으로 납부한다면 세금은 **누진적 progressive**이라고 말한다. 만일 소득이 낮은 사람들이 소득이 높은 사람들과 마찬가지로 소득 중 같은 비율을 세금으로 납부한다면 세금은 *비례적 proportional*이라고 말한다.

역진세 regressive tax
소득이 낮은 사람들이 소득이 높은 사람들 보다 소득 중 더 높은 비율을 납부하는 세금.

누진세 progressive tax
소득이 낮은 사람들이 소득이 높은 사람들 보다 소득 중 더 낮은 비율을 납부하는 세금.

표 16.2 연방소득세의 과세소득구분과 단독 납세자의 세율

과세대상 소득	세율
$0~$8,925	10%
$8,926~$36,250	15
$36,251~$87,850	25
$87,851~$183,250	28
$183,251~$398,350	33
$398,351~$400,000	35
Over $400,000	39.6

자료: Internal Revenue Service.

연방소득세는 누진세의 예이다. 그 이유를 살펴보기 위해 먼저 세율과 과세소득구분 간의 중요한 차이에 주목하라. *세율 tax rate*은 세금으로 납부하는 소득의 비율이다. *과세소득구분(과세표준) tax bracket*은 동일한 세율이 적용되는 소득범위를 나타낸다. [표 16.2]는 2013년 현재 단독 납세자에 적용되는 연방소득세의 과세소득구분(과세표준)과 세율을 보여준다.

[표 16.2]를 사용하여 $100,000의 과세대상 소득을 가지고 있는 단독 납세자인 Matt가 연방소득세로 얼마를 납부해야 하는지 계산해 보자. 실제로는 납세자들이 세금이 적용되는 소득금액을 낮추기 위해 사용할 수 있는 *공제 exemptions*와 *감면 deductions*를 무시하고 있기 때문에 이 예는 단순화한 예이다. 예를 들어, 납세자들은 매우 기본적인 생활비 지출을 나타내는 *개인공제 personal exemption*라고 부르는 소득 중 일정액을 과세대상에서 제외시킬 수 있다. Matt가 받을 수 있는 공제와 감면을 무시하면, 그는 [표 16.3]에서 계산된 금액을 연방정부에 세금으로 납부해야 한다. Matt 소득의 처음 $8,925는 10%의 세율이 적용되는 과세대상소득구분에 속하고, 이에 따라 그는 이러한 소득 부분에 대해 $892.50를 세금으로 납부해야 한다. Matt 소득의 다음 $27,325는 15%의 세율이 적용되는 과세대상소득구분에 속하고 이에 따라 그는 $4,098.75를 세금으로 납부해야 한다. Matt 소득의 그 다음 $51,600는 25%의 세율이 적용되는 과세대상소득구분에 속하고 이에 따라 그는 $12,900를 세금으로 납부해야 한다. Matt 소득의 마지막 $12,150은 28%의 세율이 적용되는 과세대상소득구분에 속하고 이에 따라 그는 $3,402를 세금으로 납부해야 한다. 결과적으로 그의 총 연방소득세는 $21,293.25가 된다.

표 16.3 $100,000의 과세대상소득을 가지고 있는 단독 납세자의 연방소득세

Matt 소득 중	Matt의 세금 납부액
처음 $8,925 소득	$892.50
다음 $27,325 소득	4,098.75
다음 $51,600 소득	12,900.00
다음 $12,150 소득	3,402.00
총 연방소득세	$21,293.25

Making the Connection

어느 그룹이 연방세를 가장 많이 납부하는가?

이 장의 시작부분에서 소득이 높은 사람들에 대한 세금을 증가시키는 것에 대한 논쟁이 계속되고 있다는 것을 언급하였다. 이러한 논쟁을 평가하기 위해서 각 소득그룹이 연방정부가 징수하는 총세금 중에서 얼마나 납부하는지를 아는 것이 유용하다. 아래의 표는 납세자들을 소득이 가장 낮은 20%로부터 소득이 가장 높은 20%까지 5분위로 나누어 각 그룹에 대한 Tax Policy Center의 2013년 예측치를 보여준다. 또한 마지막 행은 소득 상위 1%인 납세자들의 경우를 보여준다. 1열은 각 소득 그룹이 버는 소득이 총소득에서 차지하는 비율을 보여준다. 2열은 각 소득그룹이 납부하는 세금이 Social Security와 Medicare 급여세를 포함하는 모든 연방세에서 차지하는 비율을 보여준다. 3열은 총세금을 총소득으로 나누어서 계산한 각 소득그룹의 평균연방세율을 보여준다.

소득그룹	(1) 총소득의 비율	(2) 총연방세금의 비율	(3) 평균연방세율
최하위 20%	4.2%	0.3%	3.8%
두 번째 20%	9.9	4.3	9.5
세 번째 20%	14.9	10.8	15.9
네 번째 20%	20.0	17.7	19.3
최상위 20%	51.5	66.7	26.1
합계	100.0%	100.0%	20.9%
최상위 1%	17.4	29.3	30.9

주: 각 열의 합은 반올림 때문에 정확하게 100%가 아닐 수 있다.
자료: Urban-Brookings Tax Policy Center, Tables T13-0035 and T13-0049, January 25, 2013.

2열의 데이터는 최상위 20%의 소득을 가지고 있는 납세자들이 연방세의 67%를 납부하고 이것은 그들이 버는 총소득의 비율인 52%보다 높다는 것을 보여준다. 최상위 20%의 소득을 가지고 있는 납세자들만이 소득의 비율보다 더 높은 세금의 비율을 납부한다. 최상위 1%의 소득을 가지고 있는 납세자들은 연방세의 29% 이상을 납부한다. 특히 자녀들을 가지고 있는 최하위 20%의 소득을 가지고 있는 많은 개인들은 연방정부로부터 세금환급을 받고 이에 따라 그들은 실제로 음(−)의 세금을 납부한다. 3열은 소득이 증가함에 따라 평균세율이 증가한다는 것을 보여준다.

급여세와 기타 연방세를 제외하고 연방개인소득세만을 살펴보아도 그 결과는 유사하다. 2013년에 최상위 1%의 소득을 가지고 있는 납세자들이 총소득의 17%를 버는 반면, 총 연방개인소득세의 29%를 납부하는 것으로 예측되었다. 최상위 20%의 소득을 가지고 있는 납세자들은 총소득의 52%를 버는 반면 총 연방개인소득세의 67%를 납부한다. 하위 40%의 소득을 가지고 있는 납세자들은 총소득의 14%를 버나 실제로 자녀세금환급과 같은 세금환급을 고려하면 총연방개인소득세의 −4%를 납부한다.

연방세는 누진세라고 결론내릴 수 있다. 하지만, 연방세가 더 누진적이어야 하는가 덜 누진적이어야 하는가는 여전히 정치적 논쟁의 대상이 되고 있다.

한계세율과 평균세율

각 추가적인 소득 중에서 세금으로 납부해야 하는 비율은 **한계세율** marginal tax rate이라고 부른다. **평균세율** average tax rate은 총세금을 총소득으로 나눈 것이다. 연방소득세처럼 세금이 누진적일 때, 한계세율과 평균세율은 서로 다르다. 예를 들어, [표 16.3]에서 Matt의 마지막 소득에 대해 그가 납부해야 하는 세율인 28%가 그의 한계세율이다. 그러나 그의 평균세율은 $\left(\frac{\$21,293.25}{\$100,000}\right)\times 100=21.29\%$이다.

그의 처음 $87,850 소득이 그의 한계세율인 28%보다 낮은 세율로 과세되기 때문에 그의 평균세율은 그의 한계세율보다 낮다.

평균세율보다 한계세율이 일하거나 저축하거나 투자하려는 사람들의 용의 willingness에 세금이 어떻게 영향을 미치는가를 알려주는 더 좋은 지표이다. 예를 들어, Matt가 그의 소득을 증가시키기 위해 더 오래 일하는 것을 고려하고 있다면, 그는 세후에 얼마만큼의 소득을 벌게 되는지를 결정하기 위해 그의 한계세율을 사용할 것이다. 평균세율은 그가 버는 추가적인 소득에 대해 납부해야 하는 세금을 보여주지 못하기 때문에 Matt는 자신의 평균세율을 무시할 것이다. 한계세율이 높을수록, 그가 추가적으로 일해서 버는 소득은 더 적어지고 추가적으로 일할 가능성은 더 적어진다.

법인세

연방정부는 기업이 버는 이윤에 대해 세금을 부과하는데 이것을 *법인세 corporate income tax*라고 부른다. 개인소득세와 마찬가지로 법인세는 누진세이며 최저세율이 15%이고 최고세율이 35%이다. 그러나 상대적으로 소수인 납세자들만이 최고세율로 과세되는 개인소득세와는 달리, 많은 기업들이 35%의 과세소득구분에 속한다.

경제학자들은 기업이윤에 부과되는 세금을 별도로 법인세로 구별하여 부과하는 것에 따르는 비용과 혜택에 대해 논쟁하고 있다. 법인세는 궁극적으로 기업소유주들, 즉 주주들이 납부하거나, 더 낮은 임금의 형태로 종업원들이 납부하거나, 더 높은 가격의 형태로 소비자들이 납부해야 한다. 일부 경제학자들은 법인세의 목적이 기업소유주들에게 과세하는 것이라면 법인세를 통해 간접적으로 기업소유주들에게 과세하는 것보다는 기업소유주들의 소득에 직접적으로 과세하는 것이 더 나을 것이라고 주장한다. 개인납세자들은 기업의 주식을 보유함에 따라 받는 배당과 자본이득에 대해 소득세를 납부한다. 그 결과로 법인세는 개인주주들의 기업 투자에 대해 이중으로 과세하는 것이 된다. 이러한 이중과세를 피하는 대안적인 방법은 기업들이 매년 총이윤을 계산하고 각 주주에게 각 주주의 이윤을 통보해 주는 것이다. 이어서 주주들에게 이러한 금액을 개인소득세의 과세소득에 포함시키도록 요구하는 것이다. 또 다른 대안으로는 연방정부가 계속해서 법인세를 통해 기업의 이윤에 과세하지만 개인납세자들은 세금을 내지 않고 배당과 자본이득을 받도록 허용하는 것이다.

법인세의 국제 비교

최근에 몇몇 국가들이 기업들의 투자를 증가시키고 성장을 촉진시키기 위해 법인세를 낮추었다. [표 16.4]는 주요 고소득국가들의 법인세를 비교한 것이다. 이 표에 제시되어 있는 세율은 모든 정부수준에서 부과되는 세금을 포함하여 계산된 것이다. 따라서 예를 들어 미국의 경우 연방정부뿐만 아니라 주정부에 의해 기업의 이윤에 부과되는 세금이 포함되어 있다. 이 표는 이탈리아, 독일, 아일랜드를 포함하는 몇몇 국가들이 2000년과 2012년 사이에 법인세율을 크게 낮추었다는 것을 보여준다. 특히 아일랜드는 외국기업들을 끌어들이기 위해 낮은 법인세율을 성공적으로 사용했다. 이러한 낮은 법인세율 때문에 미국기업들 중에서 Microsoft, Intel, Dell 등이 아일랜드에 사업기지를 만들었다. 이 표는 또한 미국의 법인세율이 여타 고소득 국가들보다 높다는 것을 보여준다.

상대적으로 높은 미국의 법인세율 때문에 해외에서 상당한 매출을 가지고 있는 많은 대형 미국기업들은 해외에서 번 이윤을 미국으로 가져오는 것을 피했다. 이렇게 할 경우에 미국기업들은 그 자금을 미국에서 사용할 수 없지만 기업이윤에 대한 세금을 미국에 납부할 필요도 없다. 그 결과로 많은 대형 미국기업들은 [표 16.4]에서 제시되어 있는 40%보다 훨씬 낮은 한계세율로 법인세를 납부한다.

표 16.4 주요국의 법인세율

국가	2000년	2012년
프랑스	37%	33%
독일	52	29
아일랜드	24	13
이탈리아	41	31
일본	42	38
스페인	35	30
스웨덴	28	26
영국	30	24
미국	40	40

자료: KPMG, *KPMG's Corporate and Indirect Tax Survey, 2012.*

세금의 평가

수입을 조달하기 위해 정부는 다양한 세금을 사용한다는 것을 살펴보았다. 어떤 세금을 사용할 것인지를 선택하는데 있어서 정부는 다음과 같은 목표와 원칙을 고려한다.

- 경제적 효율성 달성
- 지불능력에 따른 과세 원칙

- 수평적 평등성 원칙
- 수익자 부담 원칙
- 사회적 목적 달성

경제적 효율성 달성 세금이 경제적 효율성에 미치는 효과를 간략히 복습해 보자(제4장 참조). 정부가 어떤 활동에 대해 과세하면, 그러한 활동에 참여하는 비용이 증가되고 그 활동이 덜 발생한다. [그림 16.3]은 판매세를 대상으로 이러한 점을 나타내기 위해 수요와 공급 곡선을 사용한다. 판매세는 재화를 공급하는 비용을 증가시키고 공급곡선을 세금만큼 위로 이동시킨다. 이 그림에서 균형가격은 P_1에서 P_2로 상승하고 균형량은 Q_1에서 Q_2로 감소한다. 한 재화에 대해 세금이 부과될 때, 그 재화의 생산량은 감소한다.

정부는 단위당 세금과 판매되는 단위 수를 곱한 것과 같은 세금을 징수한다. [그림 16.3]에서 초록색으로 표시된 사각형이 정부의 세금수입을 나타낸다. 생산자들은 더 높은 재화가격 P_2를 받는 것처럼 보이지만 그들이 세금을 납부한 후에 받는 가격은 P_3로 하락한다. 소비자들이 지불하는 가격이 상승하기 때문에 소비자잉여는 감소한다. 생산자들이 받는 가격도 감소하기 때문에 생산자잉여도 감소한다. 이러한 소비자잉여와 생산자잉여의 감소 중 일부가 정부의 세금수입이 된다. 나머지 소비자잉여와 생산자잉여의 감소는 세금으로 발생된 사장손실과 같고 [그림 16.3]에서 노란색으로 표시된 삼각형과 같다. 세금으로 발생되는 사장손실은 세금의 *초과부담*으로 불린다. 세금의 **초과부담 excess burden**은 해당 재화의 생산량을 감소시키는, 세금으로 발생되는 경제적 효율성 상실의 크기를 나타

초과부담 excess burden
재화의 생산량을 감소시키는, 세금으로 발생되는 경제적 효율성의 상실.

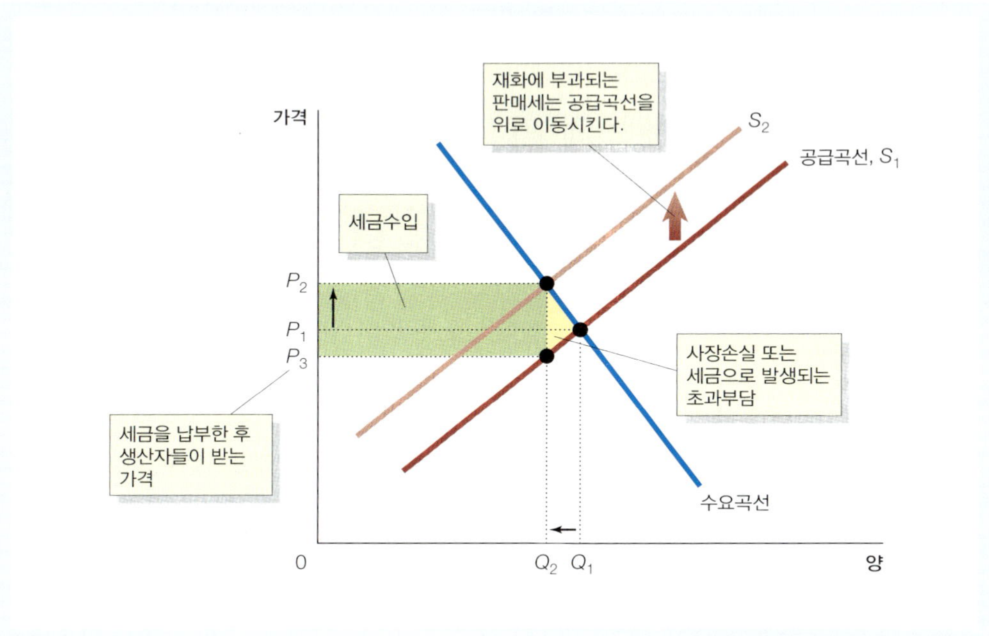

그림 16.3

판매세로 발생되는 경제적 효율성 상실

이 그림은 세금으로 발생되는 경제적 효율성 상실에 관한 논의를 복습하기 위한 것이다(제4장 참조). 판매세는 재화를 공급하는 비용을 증가시키고 공급곡선을 S_1에서 S_2로 위로 이동시킨다. 세금이 없는 경우, 재화의 균형가격은 P_1이고, 균형량은 Q_1이다. 세금이 부과된 후에 균형가격은 P_2이고, 균형량은 Q_2이다. 생산자들은 세금을 납부한 후 P_3를 받는다. 정부는 초록색으로 표시된 사각형과 같은 세금수입을 받는다. 일부 소비자잉여와 일부 생산자잉여는 정부의 세금수입이 되고 일부는 노란색으로 표시된 삼각형과 같은 사장손실이 된다. 이러한 사장손실이 세금의 초과부담이다.

내는 척도이다. 세금이 조달하는 세금수입에 비해 상대적으로 적은 초과부담을 발생시키면 세금은 효율적이다.

세금제도의 경제적 효율성을 개선시키기 위해서 정부는 조달되는 세금수입에 비해 상대적으로 큰 사장손실을 발생시키는 세금에 대한 의존도를 감소시켜야 한다고 경제학자들은 믿는다. 경제학자들은 저축은 종종 이미 한번 과세된 소득으로부터 이루어지기 때문에 저축으로부터 버는 이자에 대한 세금은 큰 사장손실을 발생시키는 세금의 예이다. 따라서 이미 과세된 소득으로부터 이루어지는 저축으로부터 버는 이자에 대해 과세하는 것은 본질적으로 이중과세이다.

상당한 사장손실을 발생시키는 세금의 다른 예들이 있다. 근로에 대한 높은 세금은 개인이 얼마나 열심히 일해야 하는지, 개인이 새로운 사업을 시작해야 하는지에 영향을 줄 뿐만 아니라 개인이 실제로 일하는 시간을 감소시킬 수 있다. 각 경우에 과세되는 활동의 감소, 여기서 일의 감소는 더 적은 정부수입을 발생시키고 세금이 개인들의 행동을 바꾸도록 장려하기 때문에 개인들은 더 나빠진다. 유럽과 미국의 평균근로시간은 매우 큰 차이가 나며 미국 근로자들의 연간 근로시간이 유럽 근로자들의 연간 근로시간보다 길다. 노벨경제학상 수상자인 Arizona State University의 Edward Prescott 교수의 분석에 의하면, 미국과 독일이나 프랑스의 노동공급량의 차이가 전적으로 미국과 이들 국가의 세금 차이로 발생하는 것으로 나타났다.

세금의 행정적 부담은 세금으로 발생되는 사장손실의 또 다른 예이다. 개인들은 소득세 목적으로 기록을 하느라 연간 많은 시간을 보내고, 세금보고서를 준비하느라고 4월 15일 이전에 많은 시간을 보낸다. 이러한 시간의 기회비용은 매년 수십억 달러이고 연방소득세가 발생시키는 행정적 부담을 나타낸다. 기업들의 경우, 세금의 복잡성이 많은 영역들에서 발생한다. 또한 연방정부도 세법을 집행하기 위해 자원을 사용해야 한다. 정부는 세금을 통해 수입을 징수하지만, 행정적 부담에 지불하는 자원은 납세자들이나 정부에게 혜택을 주지 않는다.

세금의 단순화가 세금의 행정적 부담과 사장손실을 감소시키는가? 이에 대한 대답은 "예"이다. 그런데 왜 세법은 복잡한가? 부분적으로 정치적 과정이 세금을 회피할 수 있는 납세자의 능력을 제한하는 법률을 요구하면서 서로 다른 유형의 소득에 서로 다른 세율로 과세하는 일이 발생되기 때문에 세금의 복잡성이 발생한다. 이에 더하여 이해집단들은 더 낮은 세금을 납부하는 방법을 찾을 수 있는 반면, "세금의 허점"으로부터 혜택을 받지 못하는 다수의 납세자들이 더 단순한 세금제도에 대한 요구를 위해 조직화하는 일은 어렵다.

지불능력에 따른 과세 원칙 *지불능력에 따른 과세 원칙 ability-to-pay principle*은 정부가 세금을 통해 수입을 조달할 때 지불할 능력이 더 큰 사람에게 세금부담의 더 큰 몫을 감당시키는 것이 공평하다고 제시한다. 이러한 원칙을 따르기 위해서 정부는 소득이 낮은 사람들보다 소득이 높은 사람들로부터 더 많은 세금을 징수함으로써 *수직적 평등성 vertical equity*을 달성하도록 해야 한다. 연방소득세는 지불능력에 따른 과세 원칙에 부합한다. 이와는 달리 판매세는 소득이 낮은 사람들이 소득이 높은 사람들보다 소득의 더 많은 비율을 지출하는 경향이 있기 때문에 지불능력에 따른 과세 원칙에 부합하지 않는다. 따라서 소득이 낮은 사람들이 소득이 높은 사람들보다 소득의 더 많은 비율을 세금으로 납부하게 된다.

수평적 평등성 원칙 *수평적 평등성 원칙 horizontal-equity principle*은 동일한 경제적 상황에 있는 사람들은 동일하게 취급되어야 한다고 제시한다. 이러한 원칙은 바람직한 것처럼 보이지만, 두 사람이 동일한 경제상황에 있느냐를 결정하는 것은 종종 어려운 일이기 때문에 실제에서 이러한 원칙을 따르는 것이 쉽지 않다. 예를 들어, 동일한 소득을 가지고 있는 두 사람이 반드시 동일한 경제적 상황에 있는 것은 아니다. 한 사람은 일을 하지 않으나 채권의 이자로만 매년 $50,000의 소득을 받고 다른 사람은 하루에 16시간 동안 두 개의 일자리에서 일해서 매년 $50,000의 소득을 받는다고 하자. 이러한 경우에 두 사람이 서로 다른 경제적 상황에 있고, 동일한 세금을 납부해서는 안 된다고 주장할 수 있다. 세금제도를 바꾸는 제안들을 평가할 때 정책담당자들과 경제학자들은 일반적으로 수평적 평등성을 고려하지만, 이러한 원칙은 그들이 쉽게 따를 수 있는 원칙이 아니다.

수익자 부담 원칙 *수익자 부담 원칙 benefits-received principle*에 의하면, 정부 프로그램으로부터 혜택을 받는 사람들은 이러한 프로그램을 지원하는 세금을 납부해야 한다. 예를 들어, 한 도시가 민간 보트소유주들이 사용하는 보트계류장을 운영하면, 정부는 보트소유주들에게 세금을 부과해서 보트계류장을 운영하기 위한 수입을 조달할 수 있다. 이러한 수입을 보트를 소유한 사람들과 보트를 소유하지 않은 사람들 모두가 납부하는 일반적인 소득세로 조달하는 것은 수익자 부담 원칙에 부합하지 않는다. 그러나 정부는 많은 프로그램들을 가지고 있기 때문에, 모든 프로그램의 수혜자를 식별하고 그들에게 과세하는 것이 실제로 용의 하지 않을 수 있다.

사회적 목적 달성 세금은 종종 사회적 목적을 달성하기 위해 사용된다. 예를 들어, 정부는 흡연과 음주를 억제할 수 있다. 담배와 알코올 음료에 과세하는 것이 이러한 목적을 달성하는 데 도움을 주는 한 가지 방법이다. 어떤 활동을 억제하기 위한 의도를 가진 세금은 종종 *죄악세 sin tax*라고 부른다.

16.3. 세금의 귀착에 대한 재고찰: 가격탄력성의 효과

법적으로 정부에 세금을 납부해야 하는 사람과 실제로 세금을 부담하는 사람은 서로 다를 수 있다(제4장 참조). 시장에서 구매자와 판매자 간에 이루어지는 세금의 실제적 부담을 **세금의 귀착 tax incidence**이라고 한다. 수요의 가격탄력성과 공급의 가격탄력성이 소비자들과 기업들 간의 세금부담에 어떻게 영향을 미치는지 살펴봄으로써 기본적인 세금의 귀착에 관한 분석을 확장시킬 수 있다.

세금의 귀착 tax incidence
시장에서 구매자와 판매자 간에 이루어지는 세금의 실제적 부담.

그림 16.4

탄력성이 세금의 귀착에 미치는 효과

수요가 공급보다 더 탄력적일 때, 소비자들이 세금의 부담을 더 적게 감당한다. 공급이 수요보다 더 탄력적일 때, 기업들이 세금의 부담을 더 적게 부담한다. D_1은 점A와 점B 사이에서 비탄력적이고, D_2는 점A와 점C 사이에서 탄력적이다. 수요곡선이 D_1인 경우, 갤런당 10센트의 휘발유 세는 갤런당 휘발유의 균형가격을 $4.00(점$A$)에서 $4.08(점$B$)로 상승시키고 소비자들은 이러한 세금 중 8센트를 부담하고 기업은 이러한 세금 중 2센트를 부담한다. 수요곡선이 D_2인 경우, 갤런당 10센트의 휘발유 세는 갤런당 휘발유의 균형 가격을 $4.00(점$A$)에서 $4.02(점$C$)로 상승시키고 소비자들은 이러한 세금 중 2센트만 부담한다. 이 경우에 기업은 세금을 부담한 후 갤런당 $3.92를 받기 때문에 기업이 부담하는 세금의 몫은 갤런당 8센트이다. 이 경우, 세금이 공급자에게 부과된 것이기 때문에 정부에 세금을 실제로 부담하는 쪽은 물론 기업이다.

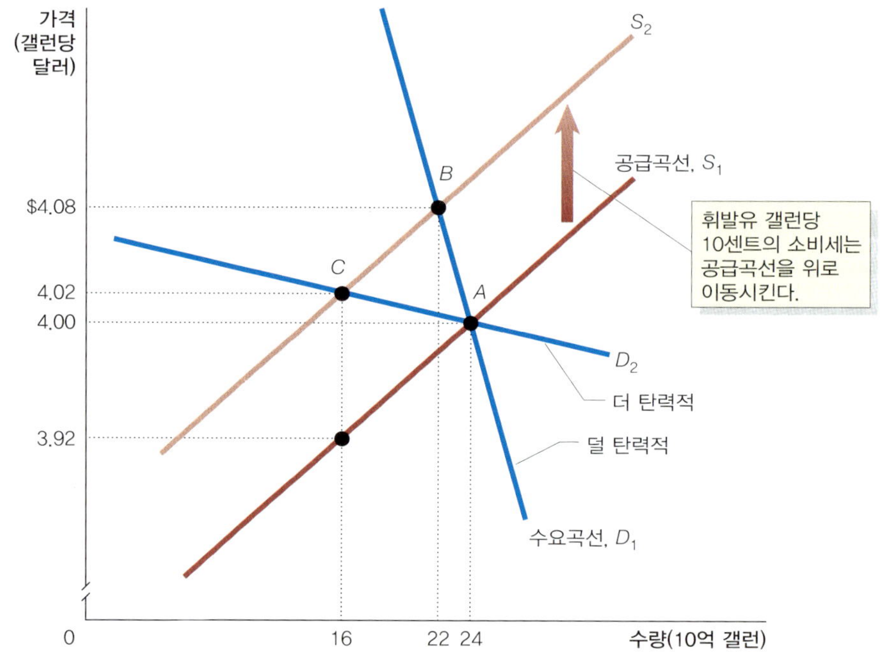

만일 정부가 휘발유 갤런당 10센트의 소비세를 부과하면, 휘발유에 대한 수요의 가격탄력성이 휘발유 공급의 가격탄력성보다 더 작기 때문에 소비자들이 세금의 대부분을 부담할 것이다. 실제로 다음과 같은 일반적인 결론을 내릴 수 있다. *"제품에 대한 수요가 제품의 공급보다 덜 탄력적이면, 소비자들이 제품에 대한 세금의 대부분을 부담한다. 제품에 대한 수요가 제품의 공급보다 더 탄력적이면, 기업이 제품에 대한 세금의 대부분을 부담한다."*

[그림 16.4]는 왜 이러한 결론이 옳은지를 보여준다. D_1은 점A와 점B 사이에서 비탄력적이고, D_2는 점A와 점C 사이에서 탄력적이다. 수요곡선이 D_1인 경우, 갤런당 10센트의 휘발유세는 갤런당 휘발유 가격을 $4.00(점$A$)에서 $4.08(점$B$)로 상승시키고 소비자들은 이러한 세금 중 8센트를 부담하고 기업은 이러한 세금 중 2센트를 부담한다. 수요곡선이 D_2인 경우, 갤런당 휘발유 가격은 $4.00(점$A$)에서 $4.02(점$C$)로 상승하고 소비자들은 이러한 세금 중 2센트만 부담하고 기업은 이러한 세금 중 8센트를 부담한다.

Making the Connection

실제로 기업들이 법인세를 부담하는가?

2012년 대통령 선거 유세기간 동안, 전 Massachusetts 주지사였던 Mitt Romney가 Iowa에 왔을 때 그에게 야유했던 사람들은 기업에 대한 세금을 증가시켜야 한다고 제안했다. Romey는 "기업들도 사람들이고 나의 친구들이다"라고 대답하며 그들의 야유에 대응했다. 그에게 야유했던 사람들은 "아니오, 그렇지 않다"라고 대응했다. 이에 Romey는 "물론 기업들은 사람들이다. 기업들이 버는 모든 것들은 궁극적으로 사람들에게 간다. 당신은 그것이 어디로 간다고 생각하는가?"라고 대응했다. 법적으로 보면 기업이 법적 인격체라는 점에서 Romey는 옳았다. 그러나 더 중요한 질문은 누가 실제로 법인세를 납부하는가?이다. 법인세의 귀착은 세금정책의 경제학에서 가장 논란이 많은 질문 중 하나이다. 수요와 공급 분석을 사용해서 휘발유세의 귀착을 결정하는 것은 간단하다. 경제학자들은 기업들이 법인세에 대해 어떻게 반응하는지에 대해 의견이 다르기 때문에 법인세의 귀착을 결정하는 것이 더 복잡하다.

Congressional Budget Office (CBO)의 한 연구는 다음과 같이 언급하였다.

> 기업은 법인세를 납부하기 위해 미국 국세청 Internal Revenue Service에 수표를 보낼 수 있으나 그 돈은 기업에 대한 투자자들의 수익을 감소시키거나, 기업의 근로자들에게 더 적은 임금을 주거나 소비자들이 기업이 생산한 제품에 대해 더 높은 가격을 지불하거나 어디선가로부터 나와야 한다.

대부분의 경제학자들은 법인세의 부담은 제품가격의 상승을 통해 소비자들에게 전가된다는 점에 동의한다. 또한 법인세는 투자자들이 받는 수익률을 감소시키기 때문에 기업에 대한 투자를 더 적게 만든다는 점에 약간의 의견일치가 있다. 이러한 투자의 감소는 근로자들이 사용할 수 있는 자본을 더 적게 만든다는 것을 의미한다. 근로자들이 더 적은 자본을 가질 때, 그들의 생산성과 임금 모두는 하락한다(제13장 참조). 이러한 방식으로 법인세의 부담 일부는 더 낮은 임금의 형태로 기업으로부터 근로자들에게 이전된다. 일부 연구들은 근로자들이 궁극적으로 더 낮은 임금의 형태로 법인세의 90%를 부담한다는 것을 발견했다. 법인세로부터 발생되는 사장손실, 즉 법인세의 초과부담은 상당하다. CBO의 한 연구는 이러한 초과부담이 법인세에 의해 조달되는 수입의 반 이상일 수 있다고 추정했다. 이러한 추정치는 법인세가 연방정부가 부과하는 가장 비효율적인 세금 중 하나라는 점을 제시해 준다.

고객이 iPad나 iPhone을 살 때 Apple의 법인세 일부를 납부하는 것인가?

이에 따라 경제학자들은 오랜 기간 동안 기업이 주식을 발행해서 자금을 조달하여 하는 투자로부터 버는 이윤에 이중과세하는 세금제도는 개혁해야 한다고 주장했다. 이러한 이윤은 법인세로 한번 과세되고, 이윤이 주주들에게 배당금으로 배분될 때 개인소득세로 다시 과세된다. 법인세에 대한 논의가 미국 세금제도의 개혁에 관한 미국 의회의 논쟁에서 중요한 역할을 한다는 것은 놀라운 일이 아니다.

자료: Ashley Parker, " 'Corporations Are People,' Romney Tells Iowa Hecklers Angry over His Tax Policy," *New York Times*, August 11, 2011; Jennifer C. Gravelle, "Corporate Tax Incidence: A Review of Empirical Estimates and Analysis," Congressional Budget Office Working Paper 2011-01, June 2011; and Congressional Budget Office, "The Incidence of the Corporate Income Tax," CBO paper, March 1996.

문제풀이 16.3

가격탄력성이 세금의 초과부담에 미치는 효과

당신은 다음과 같은 진술에 동의하는지 설명하라. "공급곡선이 주어져 있는 경우, 수요가 더 탄력적인 경우보다 덜 탄력적일 때 세금의 초과부담은 더 커진다." 수요와 공급의 그림을 사용하면서 이러한 진술에 대한 당신의 견해를 제시하라.

문제풀기

Step 1: 본문의 내용을 다시 읽어보라. 이 문제는 세금의 초과부담과 귀착에 관한 것이므로 [세금의 평가]와 [세금의 귀착에 대한 재고찰: 가격탄력성의 효과] 부분을 다시 읽어보라.

Step 2: 세금의 귀착과 초과부담 간의 관계를 나타내기 위한 그림을 그려라. [그림 16.4]가 당신이 그려야 하는 그림이 될 수 있다. 반드시 초과부담을 면적으로 나타내도록 하라.

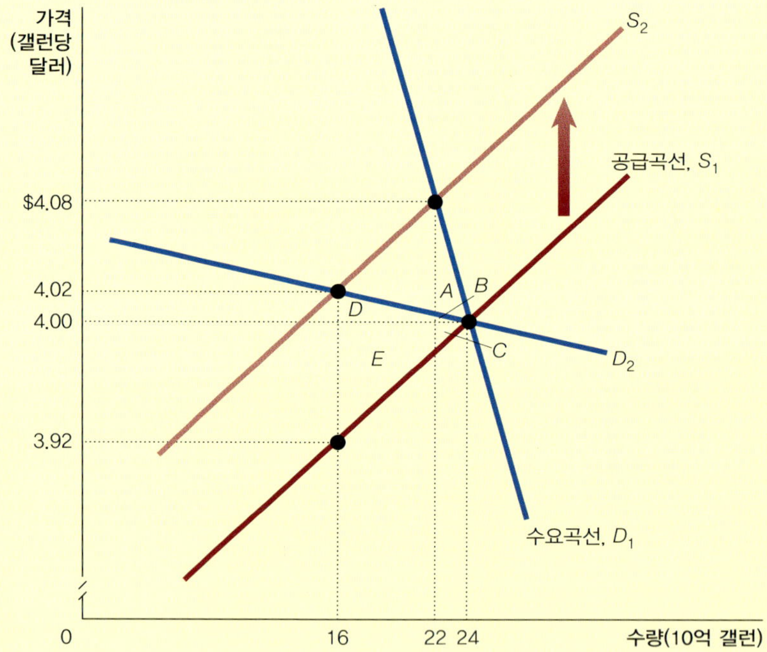

Step 3: 위에 그려진 그림을 사용하면서 제시된 진술을 평가하라. 이미 살펴본 것처럼, 공급곡선이 주어져 있을 때, 수요곡선 D_1인 경우처럼 수요가 덜 탄력적일 때보다 수요곡선 D_2인 경우처럼 수요가 더 탄력적일 때, 균형량의 감소가 더 크다. 수요가 덜 탄력적일 때에 발생되는 사장손실은 *A*, *B*, *C*의 면적으로 만들어지는 삼각형 면적이다. 수요가 더 탄력적일 때에 발생되는 사장손실은 *B*, *C*, *D*, *E*의 면적으로 만들어지는 삼각형 면적이다. 수요가 덜 탄력적일 때보다 수요가 더 탄력적일 때, 사장손실의 면적이 더 크다. 세금의 초과부담은 사장손실에 의해 측정된다는 점을 기억하라. 따라서 수요가 더 탄력적일 때보다 수요가 덜 탄력적일 때, 세금의 초과부담은 더 작다. 제시된 진술은 옳지 않다고 결론내릴 수 있다.

16.4. 소득분배와 빈곤

모든 국가에서 일부 개인들은 매우 높은 소득을 가지고 있고 일부 개인들은 매우 낮은 소득을 가지고 있다. 현재 미국의 소득분배는 얼마나 불평등한가? 현재 미국의 소득분배는 과거 미국의 소득분배나 현재 다른 국가들의 소득분배와 비교해서 어떤 상태인가? 무엇이 소득분배를 결정하는가? 세금제도는 소득분배에 어떻게 영향을 미치는가? 이러한 질문들이 이 장의 나머지 부분에서 살펴보고자 하는 질문들이다.

소득분배와 빈곤의 측정

[표 16.5]와 [표 16.6]은 소득분배가 분명히 불평등하다는 것을 보여준다. [표 16.5]는 미국 가구들의 13%는 $15,000 미만의 연간 소득을 가지고 있는 반면 미국 가구들의 상위 22%는 $100,000 이상의 연간 소득을 가지고 있다는 것을 보여준다. [표 16.6]은 미국의 인구를 가장 낮은 소득을 버는 하위 20%로부터 가장 높은 소득을 버는 상위 20%까지 5개 그룹으로 분류하고 있다. 주어진 연도들에 대해 5개 그룹의 각 그룹이 받는 총소득의 비율이 제시되어 있다. [표 16.6]은 미국에서 소득이 불평등하게 분배되어 있다는 것을 보여준다. 첫 번째 행은 2012년에 가장 낮은 소득을 버는 하위 20%의 미국인들이 총소득의 3.2%를 받았던 반면 가장 높은 소득을 버는 상위 20%의 미국인들이 총소득의 51.0%를 받았다는 것을 보여준다.

또한 [표 16.6]은 시간이 흐름에 따라 소득분배에 약간의 변화가 있었다는 것을 보여준다. 1936년과 1980년 사이에 소득불평등이 약간 감소하였으나 1980년 이후 소득불평등이 증가했다. 이 장의 뒷부분에서 최근에 소득불평등을 증가시킨 몇 가지 이유들을 논의할 것이다.

표 16.5 미국의 가구소득분포, 2012년

연간 소득	가구의 비중
$0~$14,999	13.0%
$15,000~$34,999	22.4
$35,000~$49,999	13.6
$50,000~$74,999	17.5
$75,000~$99,999	11.7
$100,000~$199,999	17.5
$200,000 이상	4.5

주: 가구의 비중 합계는 반올림 때문에 100%가 아니다.
자료: Carmen DeNavas-Walt, Bernadette D. Proctor, and Jessica C. Smith, U.S. Census Bureau, Current Population Reports, p. 60-245, *Income, Poverty, and Health Insurance Coverage in the United States: 2012*, Washington, DC: U.S. Government Printing Office, September 2013.

표 16.6 소득분배는 시간이 흐름에 따라 변화했는가?

연도	최하위 20%	두 번째 20%	세 번째 20%	네 번째 20%	최상위 20%
2012	3.2%	8.3%	14.8%	23.0%	51.0%
2000	3.6	8.9	14.8	23.0	49.8
1990	3.9	9.6	15.9	24.0	46.6
1980	4.3	10.3	16.9	24.9	43.7
1970	4.1	10.8	17.4	24.5	43.3
1960	3.2	10.6	17.6	24.7	44.0
1950	3.1	10.5	17.3	24.1	45.0
1936	4.1	9.2	14.1	20.9	51.7

자료: Carmen DeNavas-Walt, Bernadette D. Proctor, and Jessica C. Smith, U.S. Census Bureau, Current Population Reports, p. 60-245, *Income, Poverty, and Health Insurance Coverage in the United States: 2012*, Washington, DC: U.S. Government Printing Office, September 2013; U.S. Census Bureau, *Income in the United States, 2002*, pp. 60-221, September 2003; and U.S. Census Bureau, *Historical Statistics of the United States, Colonial Times to 1970*, Washington, DC: U.S. Government Printing Office, 1975.

빈곤선 poverty line
한 가구가 적정한 영양분 섭취를 위해 요구되는 최소의 식품량을 구매하기 위해 필요한 금액의 3배가 되는 연간 소득 수준.

빈곤율 poverty rate
빈곤선 아래의 연간 소득을 갖고 있는 인구의 비율.

미국의 빈곤율 소득분배에 관한 일부의 논의는 빈곤에 초점을 맞춘다. 연방정부는 1960년대 초에 처음으로 개발된 빈곤에 대한 공식적인 정의를 가지고 있다. 이 정의에 의하면, 가구의 연간 소득이 적정한 영양을 위해 요구되는 최소의 식품량을 구매하기 위해 필요한 금액의 3배보다 적으면 가구는 **빈곤선 poverty line** 아래에 속한다. 2013년에 4명으로 구성된 가구의 경우 빈곤선은 $23,550이었다. [그림 16.5]는 1960년과 2012년 기간 동안 각 연도의 **빈곤율 poverty rate**, 즉 가난한 미국 인구의 비율을 보여준다. 1960년과 1973년 사이에 빈곤율은 22%에서 11%로 1/2만큼 하락했다. 그러나 과거 40년 동안에 빈곤율은 거의 하락하지 않았다. 2012년의 빈곤율은 1966년의 빈곤율보다 높았다.

그림 16.5

미국의 빈곤율 변화추이, 1960-2012년

미국의 빈곤율은 1960년에 22%에서 1973년에 11%로 하락했다. 과거 40년 동안 미국의 빈곤율은 11%와 15% 사이에서 변동했다.
자료: Carmen DeNavas-Walt, Bernadette D. Proctor, and Jessica C. Smith, U.S. Census Bureau, Current Population Reports, p. 60-245, *Income, Poverty, and Health Insurance Coverage in the United States: 2012*, Washington, DC: U.S. Government Printing Office, September 2013.

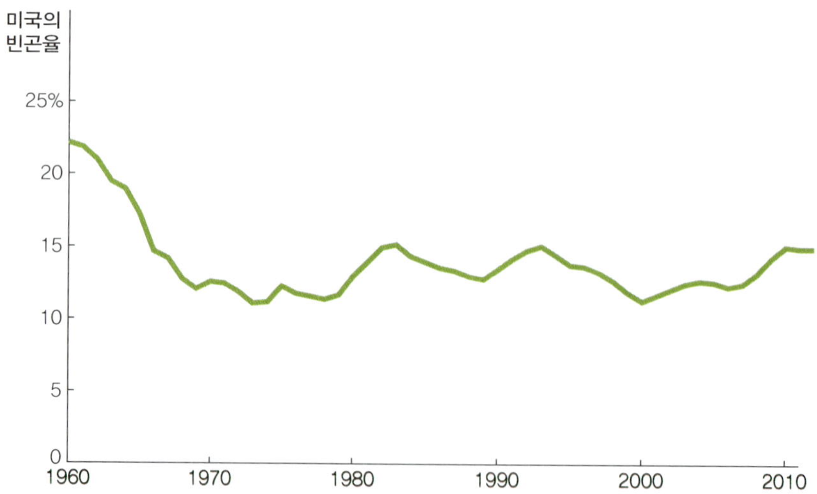

표 16.7 그룹별 빈곤율, 2012년

그룹	빈곤율
전체	15.0%
남편이 없는 여성 가장 가구(모든 인종)	30.9
흑인	27.2
히스패닉	25.6
아시아인	11.7
히스패닉이 아닌 백인	9.7
기혼부부 가구(모든 인종)	6.3

자료: Carmen DeNavas-Walt, Bernadette D. Proctor, and Jessica C. Smith, U.S. Census Bureau, Current Population Reports, p. 60 - 245, *Income, Poverty, and Health Insurance Coverage in the United States: 2012*, Washington, DC: U.S. Government Printing Office, September 2013.

인구의 서로 다른 그룹들은 상당히 서로 다른 빈곤율을 갖고 있다. [표 16.7]은 2012년의 전반적인 빈곤율은 15.0%인 반면, 남편 없이 가구를 부양하고 있는 여성들, 흑인들과 히스패닉 사람들의 빈곤율이 훨씬 높다는 것을 보여준다. 기혼부부가 부양하는 가구와 백인과 아시아인의 빈곤율은 평균보다 낮았다.

소득불평등에 대한 설명

소문에 의하면 소설가인 Ernest Hemingway와 F. Scott Fitzgerald가 부유한 사람들에 대해 대화를 나누었던 적이 있었다고 한다. Fitzgerald가 Hemingway에게 "당신이 아는 것처럼 부유한 사람들은 당신과 나와는 다르다"고 말했다. 이에 Hemingway는 "그렇지요, 그들은 더 많은 돈을 갖고 있지요"라고 대답했다. 재치가 있기는 하지만, Hemingway의 농담은 왜 부유한 사람들이 더 많은 돈을 갖고 있는가라는 질문에 답하는 데 도움을 주지 못한다. *소득분배의 한계생산성 이론 marginal productivity theory of income distribution*은 왜 소득이 서로 다른가라는 질문에 대한 답을 제공해 준다(제13장 참조). 균형에서 각 생산요소는 각 생산요소의 한계생산물수입과 같은 금액을 지급을 받는다. 개인이 소유하고 있는 생산요소가 많으면 많을수록, 이러한 생산요소들의 생산성이 높으면 높을수록, 개인의 소득은 더 높을 것이다.

물론 대부분 사람들의 경우 그들이 소유하고 있는 가장 중요한 생산요소는 노동이다. 따라서 그들이 버는 소득은 그들이 얼마나 생산적인가와 그들의 노동이 생산하는 재화와 서비스의 가격에 의해 결정된다. 야구선수인 Zack Greinke는 매우 생산적인 선수이고 그의 고용주인 Los Angeles Dodgers는 Greinke가 경기하는 야구경기의 티켓과 텔레비전 중개권을 높은 가격에 판매할 수 있기 때문에 Greinke는 2013년에 $170만의 연봉을 받았다. 낮은 가격으로만 판매될 수 있는 재화와 서비스를 생산하는데 도움을 주는 개인들은 낮은 소득을 번다.

개인의 생산성은 부분적으로 공식적인 훈련과 교육이나 생애 경험으로부터 획득되는

인적자본 human capital
공식적인 훈련과 교육이나 생애 경험으로부터 획득되는 축적된 지식과 기술.

축적된 지식과 기술을 의미하는 **인적자본 human capital**에 의존한다. 인적자본은 근로자들 간에 균등하게 배분되어 있지 않다. 예를 들어, 일부 사람들은 높은 급여를 지급하는 일자리에서 일할 수 있는 소프트웨어 엔지니어링 학위를 가지고 있는 반면, 다른 사람들은 고등학교를 중퇴하고 낮은 급여를 지급하는 일자리에서 일할 준비가 되어 있다.

많은 사람들은 노동뿐만 아니라 다른 생산요소들을 소유하고 있다. 예를 들어, 많은 사람들은 기업 주식이나 기업 주식을 사는 뮤추얼펀드의 지분을 보유함으로써 자본을 소유하고 있다. 자본의 소유권은 균등하게 분배되어 있지 않고, 자본으로부터 버는 소득은 노동으로부터 버는 소득보다 더 불균등하게 분배되어 있다. 일부 사람들은 사업을 시작하고 경영하는 능력을 공급한다. 그들의 소득은 이러한 사업으로부터 버는 이윤만큼 증가된다.

[표 16.6]에서 소득불평등이 과거 40년 동안 증가했다는 것을 살펴보았다. 이러한 소득불평등의 증가에 기여했던 것으로 보이는 2가지 요인은 기술변화와 국제무역의 확대이다. 급속한 기술변화, 특히 정보기술의 발전이 미숙련 노동을 컴퓨터와 여타 기계들로 대체시켰다. 이러한 대체가 다른 근로자들에 비해 미숙련 근로자들의 임금을 상대적으로 감소시켰다. Harvard University의 Lawrence Katz와 Claudia Goldin은 미국의 소득불평등은 장기적으로 미숙련 근로자들의 일자리를 파괴하고 숙련 근로자들의 일자리에 대한 수익을 증가시키는 기술변화와 숙련된 근로자들의 일자리를 준비시키는 교육 간의 경주에 의해서 발생되었다고 주장했다. 1910년과 1970년대 사이에 교육성취 수준의 상승이 숙련 근로자들의 상대적 임금을 감소시킴으로써 소득분배를 개선시켰다. 하지만, 1970년대 이후 교육성취 수준은 전보다 완만하게 상승했고 이에 따라 숙련 근로자들의 상대적 임금이 증가했다.

국제무역의 확대로 인해 미국 근로자들은 과거보다 더 심하게 외국 근로자들과 경쟁하게 되었다. 이러한 경쟁이 다른 근로자들의 임금에 비해 미숙련 근로자들의 임금을 상대적으로 하락시켰다. 또한 일부 경제학자들은 저소득 근로자들의 소득은 미국으로 이민 온 근로자들과의 경쟁 때문에 하락했다고 주장했다.

[그림 16.6]이 보여주는 것처럼, 연방소득세율은 1950년부터 2013년 사이의 기간 동안 극적으로 변화했다. 예를 들어, 최고한계소득세율은 1950년대에 91%였다. 최고한계소득세율은 1960년대에 70%로 하락했고 1980년대에 28%로 하락했다. 최고한계소득세율은 1990년대에 39.6%로 상승했다가 2003년에 35%로 하락했고 2013년에 39.6%로 다시 상승했다. 경제학자들은 세금제도가 소득불평등에 미치는 효과에 대해 논쟁하고 있다. [표 16.6]의 자료는 사람들이 세금을 납부하기 전의 소득분배를 보여주기 때문에 세금제도가 소득불평등에 미치는 효과를 직접적으로 반영하지 못하고 있다. 이미 살펴본 것처럼, 연방소득세는 소득이 높은 사람들이 소득이 낮은 사람들보다 더 높은 소득의 비율을 세금으로 납부하기 때문에 누진적이다. 따라서 세후 소득분배는 세전 소득분배보다 더 균등하다. 그렇지만, 일부 경제학자들은 최고 한계소득세율이 1980년대 이전의 높은 수준으로 상승하면 세후 소득분배가 더 균등해질 수 있다고 주장한다. 소득이 높은 사람들은 소득이 낮은 사람들보다 주식과 채권 같은 자산을 소유하고 있을 가능성이 있고 사람들이 금융자산으로부터 받는 수익은 세금 측면에서 좋은 대우를 받는다. 예를 들어, 기업 주식을 소유하고 있는 사람들은 배당을 받고 주식을 팔면 *자본이득 capital gain*을 번다. 배당과 자본이득은 모두 최고

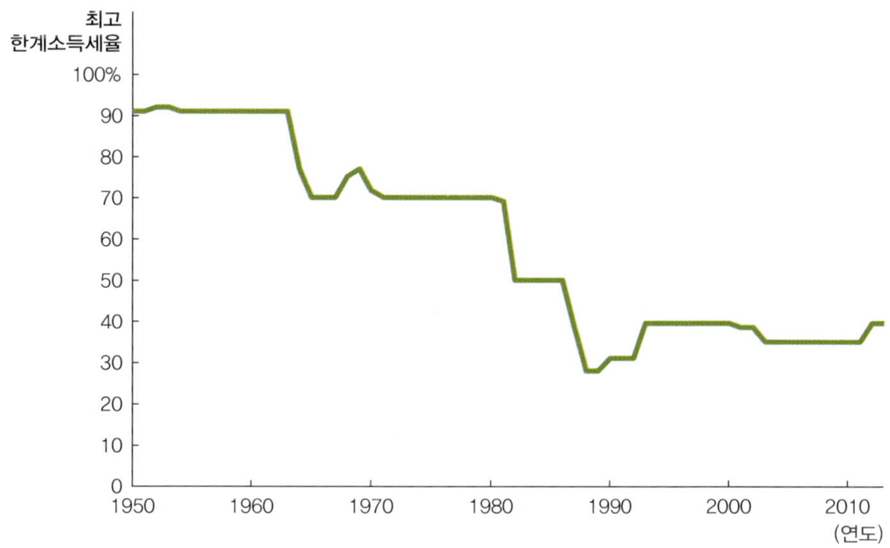

그림 16.6

미국의 최고한계소득세율 변화추이, 1950~2013년

최고한계소득세율은 1950년이후 극적으로 변화했던 반면 소득분배는 훨씬 더 적게 변화했다.
자료: Urban Institute and the Brookings Institution, Tax Policy Center.

한계소득세율보다 낮은 세율로 과세된다. 배당과 자본이득에 대한 세금을 증가시키는 것이 잠재적으로 세후 소득불평등을 감소시킬 수 있다.

다른 경제학자들은 세금을 증가시키는 것이 소득불평등을 감소시키는 효율적인 방법이라는 것에 대해 회의적이다. 그들은 한계세율의 인상은 일, 저축, 투자를 위축시켜 경제성장과 모든 그룹의 소득 증가를 완만하게 만들 것이라고 주장한다. 이와 유사하게 배당과 자본이득에 대한 세금을 증가시키는 것은 저축하고 투자해야 하는 인센티브를 감소시킬 것이다. 또한 그들은 최고한계세율이 높았던 과거의 기간 동안에 소득이 높았던 사람들은 합법적인 *절세 tax avoidance*를 위해 세금납부액을 감소시키는 세법 조항들을 찾는데 시간과 돈을 들였다고 주장한다. 합법적인 절세를 위해 사용되는 자원은 세금의 초과부담을 증가시킨다. 세금이 소득불평등에 미치는 효과에 대한 논쟁은 의심할 여지없이 계속될 것이다.

마지막으로 삶에서 발생되는 모든 일처럼, 소득을 버는 일은 행운과 불운에 영향을 받는다. 병이나 사고로 소득을 버는 능력이 급격히 감소하는 사람과 마찬가지로, 복권에 당첨되어 백만장자가 되는 가난한 사람이 있다는 것이 그것을 보여주는 좋은 예이다. 하지만, 그룹으로 보면 소득이 높은 사람들이 평균 이상의 생산성을 가지고 있고, 평균 이상의 자본을 소유하고 있을 가능성은 크다. 물론 그들도 불행해질 가능성이 있다.

Making the Connection

무엇이 1%를 설명하는가?

지난 수년 동안 소득불평등 증가에 관한 우려는 종종 소득분포의 상위 1%에 초점을 맞추었다. 2012년 동안 뉴욕과 여타 도시들에서 소득불평등에 대항하는 시위를 개최했던 "Wall Street를 점령하라"라는 운동은 1%가 받는 불공평한 우위는 나머지 99%를 희생시킨 대가로 얻은 것이라는 것을 알리기 위해 "우리는 99%다"라는 슬로건을 사용했다. University of California at Berkeley의 Emmanuel Saez는 상위 1%가 버는 소득 비율의 변화를 살펴보기 위해 소득세 보고서 데이터를 사용했다. 아래의 그림에 있는 파란색 선은 1913년부터 1920년대 말까지 상위 1%가 총소득의 18%와 24% 사이를 벌었다는 것을 보여준다. 그 이후 이 비율은 오랜 기간 동안 하락하기 시작해서 1970년대에 9% 아래로 떨어졌다가 다시 상승하여 과거 수년 동안에 20%에 이르렀다.

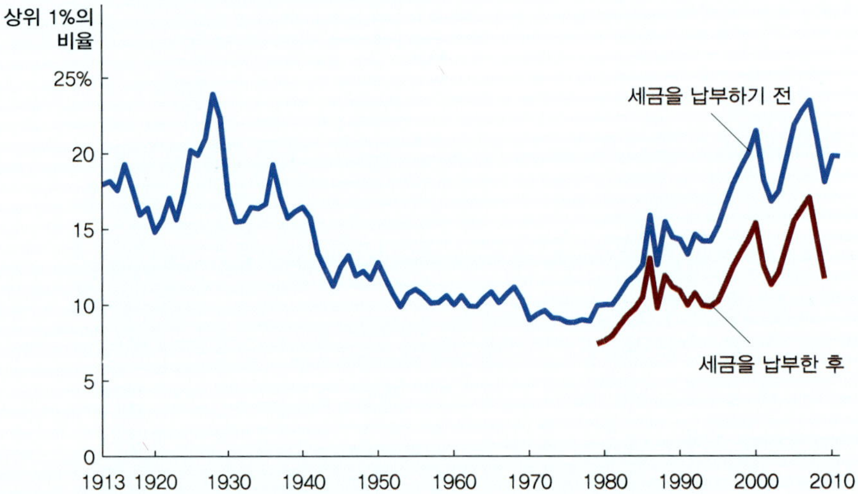

경제학자들, 정치논평자들과 정책담당자들은 상위 1%가 버는 소득의 비율이 증가하는 것과 관련된 2가지 질문, 즉 (1) 무엇이 상위 1%가 버는 소득의 비율이 증가하는 것을 설명하는가? 와 (2) 상위 1%가 버는 소득의 비율이 증가하는 것이 경제정책의 변화를 요구하는가? 에 대해 논쟁했다. Saez와 그의 동료들은 미국의 한계세율 하락이 간접적으로 상위 1%가 버는 소득의 비율을 증가시켰다고 믿는다. 그들은 한계세율 하락이 대기업 CEO들과 기타 매우 높은 소득을 버는 사람들이 더 높은 연봉을 받기 위해 협상해야 하는 인센티브를 증가시킨다고 주장한다. Saez와 그의 동료들은 상위 1%의 소득자들이 버는 소득의 비율은 최고한계세율이 하락했던 캐나다, 영국, 호주와 같은 국가들에서도 증가했다고 지적한다. 상위 1%가 버는 소득의 비율은 최고한계세율이 더 낮은 서유럽 국가들에서도 증가했다. 또한 Saez와 그의 동료들은 금융시장의 규제완화가 투자은행가들, 펀드매니저들, 사모펀드회사 CEO들과 금융회사 최고 경영자들의 소득을 증가시켰다고 지적한다. 마지막으로 그들은 공평의 개념이나 과거에 종업원들의 급여에 비해 상대적인 최고 경영자들의 급여를 제한했던 "급여규율"은 광범위하게 준수되지 않게 되었다고 주장한다.

다른 경제학자들은 상위 1%가 버는 소득의 비율이 증가하는 것은 시장의 힘 market forces에 의한 결과라고 여긴다. 노동시장을 논의하는 장에서 경제학자들이 기술변화가 가장 유명한 엔터테이너들과 운동선수들의 소득을 증가시켰다는 *슈퍼스타 효과 superstar effect*를 인식했다는 것을 살펴보았다(제13장 참조). University of Chicago의 Steven Kaplan과 Stanford University의 Joshua Rauh는 슈퍼스타 효과는 많은 영역들에서 나타나며 이로 인해 법률회사들, 금융회사들, 민간기업들, 공기업들과 그 외 분야에서도 상위소득자들의 소득이 이러한 분야들의 평균소득에 비해 증가했다고 주장했다. 슈퍼스타 효과는 매우 광범위하게 퍼져 있기 때문에 Kaplan과 Rauh는 상위 1%가 버는 소득의 비율이 증가한 것이 상위 소득자들의 개선된 협상력이나 기업 내의 급여 차이에 대한 공평성 와해와 같은 요인들에 의해 설명될 수 없다고 주장한다. 그들은 Forbes 잡지로부터 수집한 가장 부유한 미국인들의 명단을 분석했고, 1980년대에 가장 부유한 미국인들과 비교해 볼 때 현재 부유한 미국인들은 그들의 가계에서 처음으로 기업을 경영한 사람들이 훨씬 많았고 부유한 가계에서 태어난 사람들이 훨씬 적었다는 것을 발견했다.

상위 1%가 버는 소득의 비율이 증가한 이유가 무엇이든지간에, 상위 1%가 버는 소득의 비율이 증가한 것이 문제가 되는가? 첫째, 위의 그림에서 파란색 선은 세전에 상위 1%가 버는 소득의 비율을 보여준다는 점에 주목하라. 빨간색 선은 미의회 예산국 Congressional Budget Office가 정리한 데이터로서 1979~2009년의 기간 동안 세후에 상위 1%가 버는 소득의 비율을 보여준다. 빨간색 선은 상위 1%가 버는 소득의 비율이 세금에 의해 크게 낮아졌다는 것을 보여준다. 2013년에 제정된 한계세율의 인상 결과로 상위 1%가 버는 소득의 비율은 미래에 더 낮아질 가능성이 있다. 일부 경제학자들과 정책담당자들은 상위 1%가 버는 소득의 비율이 증가하는 것이 몇 가지 이유 때문에 미국에 손상을 입히고 있다고 우려한다. 상위 1%이 버는 소득의 비율이 증가하는 것이 선거 기부금을 통해 상위 1%의 소득자들에게 유리한 정치적 영향력을 제공할 수 있다. 일부 정치논평자들은 소득이 매우 높은 사람들은 그들의 소득을 더 증가시키는 법률과 규제의 변화를 얻어내기 위해 이러한 정치적 영향력을 사용했다고 주장했다. 일부 경제학자들은 소득불평등 수준이 높은 국가들의 경제성장률은 보다 더 균등한 소득분배를 가지고 있는 국가들보다 낮다고 주장했다. 마지막으로 일부 정치논평자들은 Wall Street 점령운동으로 보여준 것처럼 소득불평등의 증가는 정치적 소요를 발생시킬 수 있다고 주장했다.

다른 경제학자들과 정책담당자들은 상위 1%가 버는 소득의 비율이 증가하는 것이 상당한 정치적 문제를 발생시킨다는 것에 대해 회의적이고 한계세율의 상승이 일, 저축, 투자를 위축시켜 경제성장을 둔화시킬 수 있다고 우려한다.

정치적 견해의 차이가 정책 제안에서 중요한 역할을 하는 것처럼 상위 1%에 관한 논쟁은 분명히 상당한 규범적 요소를 가지고 있다. 소득불평등에 관한 논쟁은 의심할 여지없이 다가오는 미래에도 계속될 것이다.

자료: Emmanuel Saez and Thomas Piketty, "Income Inequality in the United States, 1913–1998," *Quarterly Journal of Economics*, Vol. 118, No. 1, May 2003, pp. 1–39 [data updated through 2011 on Saez's Web site: http://elsa.berkeley.edu/~saez/; the series used includes capital gains]; Facundo Alvaredo, Anthony B. Atkinson, Thomas Piketty, and Emmanuel Saez, "The Top 1 Percent in International and Historical Perspective," *Journal of Economic Perspectives*, Vol. 27, No. 3, Summer 2013, pp. 3–20; Steven N. Kaplan and Joshua Rauh, "It's the Market: The Broad-Based Rise in the Return to Top Talent," *Journal of Economic Perspectives*, Vol. 27, No. 3, Summer 2013, pp. 35–56; and Congressional Budget Office, *The Distribution of Household Income and Federal Taxes, 2008 and 2009*, Supplemental Data, August 10, 2012.

로렌츠곡선과 지니계수

[그림 16.7]은 수평축에 가장 낮은 소득수준부터 가장 높은 소득수준을 버는 가구의 누적비율을 나타내고 수직축에 각 가구의 비율이 버는 소득의 누적 비율을 나타내면서 소득분포를 보여주는 **로렌츠곡선 Lorentz curve**를 그린 것이다. 만일 소득분배가 완전히 평등하면, 처음 가구의 20%는 총소득의 20%를 벌고, 처음 가구의 40%는 총소득의 40%를 벌며 처음 가구의 80%는 총소득의 80%를 벌기 때문에 로렌츠곡선은 직선이 된다. [그림 16.7(a)]는 [표 16.6]에 제시되어 있는 데이터를 사용하면서 그린 1980년 미국의 실제 소득분포를 보여주는 로렌츠곡선과 2012년 미국의 실제 소득분포를 보여주는 로렌츠곡선을 보여준다. 2012년의 로렌츠곡선이 1980년의 로렌츠곡선보다 평등한 소득분배를 나타내는 직선으로부터 더 멀리 떨어져 있기 때문에 1980년보다 2012년에 소득이 더 불평등하게 분포되어 있다는 것을 알 수 있다.

로렌츠곡선 Lorentz curve
수평축에 소득이 가장 낮은 가구부터 소득이 가장 높은 가구 순으로 그 누적 비율을 나타내고 수직축에 각 가구의 비율이 버는 소득의 누적 비율을 나타내면서 소득분포를 보여주는 곡선.

[그림 16.7(b)]는 로렌츠곡선이 제공하는 정보를 요약하는 한 가지 방법인 *지니계수 Gini coefficient*를 계산하는 방법을 보여준다. 지니계수는 완전한 소득평등을 나타내는 선

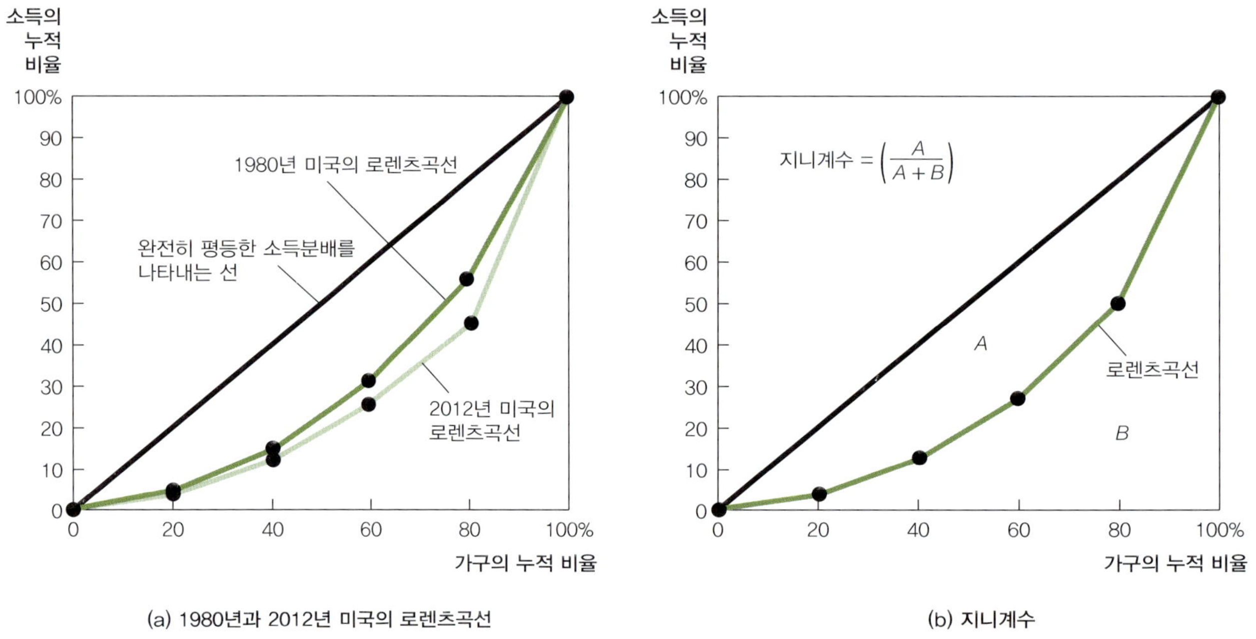

그림 16.7

로렌츠곡선과 지니계수

그림(a)에서 로렌츠곡선은 수평축에 소득이 가장 낮은 가구부터 소득이 가장 높은 가구 순으로 그 누적비율을 나타내고 수직축에 각 가구의 누적비율이 버는 소득의 누적 비율을 나타내면서 그린 소득분포를 보여준다. 직선은 완전한 소득평등을 나타낸다. 2012년의 로렌츠곡선보다 1980년의 로렌츠곡선이 완전한 소득평등을 나타내는 선에 더 가깝기 때문에 2012년보다 1980년에 소득이 더 평등하게 분배되어 있었다는 것을 알 수 있다. 그림(b)는 완전한 소득평등을 나타내는 선과 로렌츠곡선 사이에 있는 면적, 즉 면적 *A*를 완전한 소득평등을 나타내는 선 아래에 있는 면적, 즉 면적 *A*와 면적 *B*의 합으로 나눈 것으로 계산되는 지니계수를 보여준다. 지니계수가 1에 가까울수록, 소득분배는 더 불평등해진다.

과 로렌츠곡선 사이에 있는 면적을 완전한 소득평등을 나타내는 선 아래의 전체 면적으로 나눈 것과 같다. [그림 16.7(b)]에서 지니계수는 다음과 같이 계산된다.

$$\text{지니계수} = \left(\frac{A}{A+B}\right)$$

만일 소득분배가 완전히 평등하면, 로렌츠곡선은 완전한 소득평등을 나타내는 선과 같고 면적 A는 0이 되고 지니계수도 0이 된다. 만일 소득분배가 완전히 불평등하면, 면적 B는 0이 되고 지니계수는 1이 된다. 따라서 소득불평등의 정도가 크면 클수록, 지니계수의 값은 더 커진다. 1980년에 미국의 지니계수는 0.403이었다. 2012년의 지니계수는 0.477이었고 이것은 1980년과 2012년 사이에 소득불평등이 증가했다는 것을 말해준다.

빈곤과 소득분배 측정의 문제점

지금까지 논의한 빈곤과 소득분배를 측정하는 척도들은 2가지 이유 때문에 잘못된 정보를 제공할 수 있다. 첫째, 이러한 척도들은 특정 시점에서 측정된 것으로 개인의 소득이나 가계의 소득이 시간이 흐름에 따라 변화하는 것을 의미하는 *소득이동성 income mobility*을 고려하지 못하고 있다. 둘째, 이러한 척도들은 빈곤을 감소시키려는 정부프로그램들의 효과를 무시하고 있다.

소득이동성 우리는 소득이동성을 기대한다. 당신이 대학을 졸업할 때, 새로운 일자리를 얻으면 당신의 소득은 증가할 것이다. 한 가구의 소득은 주요 임금소득자가 실업상태이기 때문에 어느 해에 빈곤선 아래에 있을 수 있으나 그 다음 해에 주요 임금 소득자가 일자리를 찾으면 빈곤선보다 훨씬 위로 증가할 수 있다. 한 의대 학생은 수년 동안 매우 낮은 소득을 가질 수 있으나 졸업하여 의사가 된 후에는 매우 높은 소득을 가질 수 있다. 어떤 사람이 매우 수익성이 있는 주식에 투자를 해서 한 해에 높은 소득을 가질 수 있고, 그 후에 훨씬 낮은 소득을 가질 수 있다.

오랜 기간 동안 동일한 개인들을 추적해야 하기 때문에 특정 연도의 소득이동성에 관

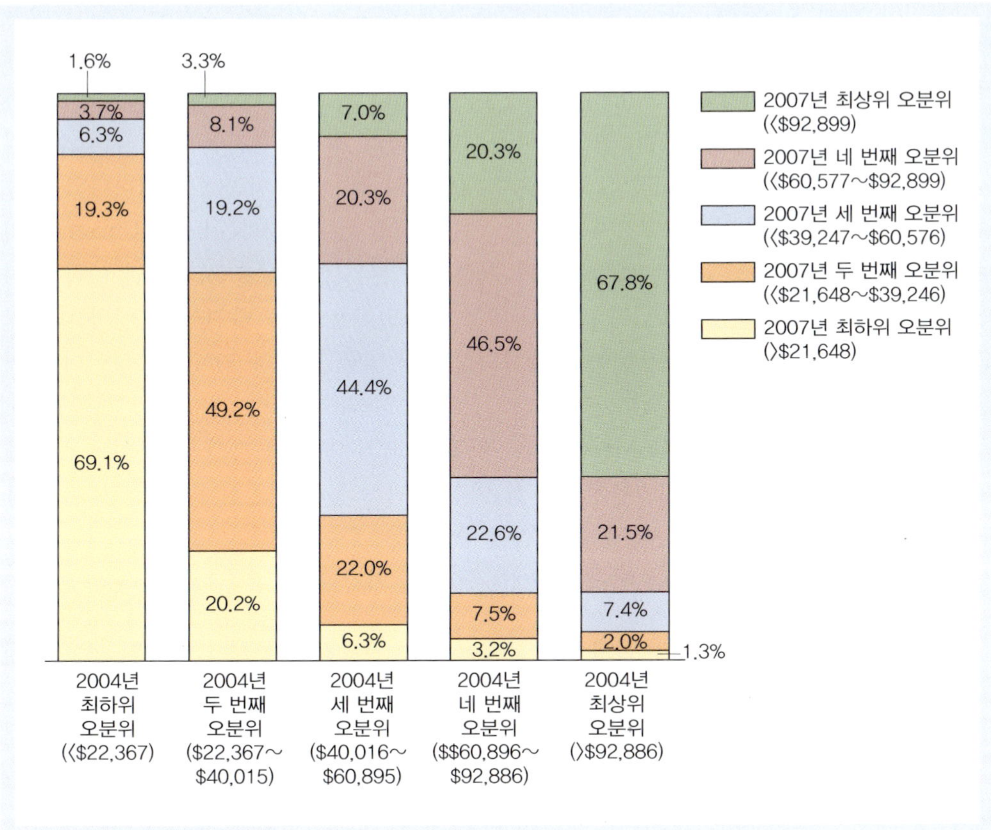

그림 16.8

미국의 소득이동성, 2004~2007년

각 열은 2004년의 소득을 기준으로 정리된 가계들의 각 오분위를 나타낸다. 2004년의 각 오분위를 나타내는 열에서 위로 읽어가면서 2004년에 각 오분위에서 시작된 가계들이 2007년에 어떤 오분위에 속하게 되었는지를 알 수 있다. 2004년에 최하위 오분위에 속했던 가계들의 약 69%만이 여전히 2007년에도 최하위 오분위에 속했다. 2004년에 최상위 오분위에 속했던 가계들의 68%만이 여전히 2007년에도 최상위 오분위에 속했다.

주: 소득은 인플레이션의 효과를 교정하기 위해 2007년 달러 기준으로 측정되었다.

자료: U.S. Census Bureau, "Dynamics of Economic Well-Being: Movements in the U.S. Income Distribution, 2004–2007," *Current Population Reports*, p. 70–124, March 2011.

한 통계는 소득에 관한 통계보다 수집하기가 더 어렵다. 미국 통계청 U.S. Census Bureau은 2004년부터 2007년까지 매년 동일한 가구들의 소득을 추적했다. [그림 16.8]은 이러한 연구의 결과를 보여준다. 각 열은 2004년의 소득을 기준으로 정리된 가구들의 각 오분위 quintile(20%)를 나타낸다. 2004년의 각 오분위를 나타내는 열에서 위로 읽어가면서 2004년에 각 오분위에서 시작된 가구들이 2007년에 어떤 오분위에 속하게 되었는지를 알 수 있다. 예를 들어, 첫 열에 있는 최하위 오분위는 2004년에 소득이 $22,367 미만인 가구들로 구성되어 있다(인플레이션의 효과를 교정하기 위해 모든 소득수치는 2007년 기준 달러로 측정되어 있다). 이러한 가구들의 약 69%만이 여전히 2007년에도 최하위 오분위에 속했다. 소수의 가구들, 즉 1.6%만이 최상위 오분위로 이동했고 1/4 이상의 가구들은 두 번째 오분위나 중간 오분위로 이동했다. 한편, 2004년에 소득이 $92,886인 가구들로 구성된 최상위 오분위에 속한 가계들 중 2/3만이 여전히 2007년에도 최상위 오분위에 속했다. 상대적으로 짧은 기간을 분석한 것을 감안하면, 이러한 연구결과는 미국에서 상당한 소득이동성이 존재한다는 것을 제시해준다.

미국경제는 2004년과 2007년 사이에 급속한 성장을 경험했고 이것이 소득이동성의 정도를 증가시켰을 수 있다. 그러나 Boston College의 Peter Gottschalk와 University of Michigan의 Sheldon Danziger가 수행한 연구도 상당한 소득이동성이 존재한다는 증거를 제시한다. 그들의 연구에서는 1968년에 최하위 20%의 소득을 가지고 있었던 사람들의 47%만이 1991년에 최하위 소득구분에 속했다. 이들 중 25% 이상이 1991년에 중간 소득구분이나 그 이상의 소득구분에 속했다. 1968년에 최상위 소득구분에 속했던 사람들 중에서 42%만이 1991년에 여전히 최상위 소득구분에 속했다. 이러한 그룹의 거의 8%가 최하위 소득구분으로 추락했다. 그렇지만 일부 경제학자들과 정책담당자들은 미국의 소득이동성 정도는 시간이 흐름에 따라 감소했을 수 있고, 미국의 소득이동성은 캐나다와 서유럽 국가들보다 더 낮을 수 있다고 우려한다. 예를 들어, 스웨덴 Stockholm University의 Markus Jantti와 그의 동료들은 소득분포의 최하위 오분위에서 삶을 시작했던 미국 남성의 42%가 성인이 되어서도 그곳에 그대로 머물러 있었다는 것을 발견했다. 이와 대조적으로 최하위 오분위에서 태어난 덴마크 남성의 25%와 영국 남성의 30%만이 성인이 되어서도 그곳에 그대로 머물러 있었다.

마지막으로, U.S. Census Bureau의 다른 연구는 2004~2006년 기간 동안 어느 시점에서 빈곤했던 사람들 중 약 반이 4개월이나 그 미만의 기간 동안 빈곤상태에 있었다는 것을 발견했다. 또한 2004년 1월에 빈곤했던 사람들 중 약 23%만이 2006년 12월까지 매월 빈곤상태에 있었으며, 미국 인구 중 2.8%만이 2004~2006년 기간 동안 매월 빈곤상태에 있었다.

세금과 이전지급의 효과 빈곤과 소득분배에 대한 전통적인 통계가 잘못된 정보를 제공할 수 있는 두 번째 이유는 정부프로그램들의 효과를 무시하고 있기 때문이다. 정부프로그램들 때문에, 사람들이 버는 소득과 그들이 실제로 지출할 수 있는 소득 간에 차이가 생긴다. [표 16.5]와 [표 16.6]에 제시되어 있는 데이터는 세전의 소득분배를 보여준다. 연방정부수준에서 소득이 높은 사람들이 소득이 낮은 사람들보다 더 높은 소득의 비율을 세금으로 납부한다는 의미에서 세금은 누진적 progressive이라는 것을 이미 살펴보았다. 따라서 세후 소득은 세전보다 더 평등하게 분배되어 있다. 또한 [표 16.5]와 [표 16.6]에 제시되어 있는 데이터는 은퇴자들과 장애인들에 대한 Social Security 지급과 같이 정부로부터 받는 *이전지급 transfer payment*으로 발생된 소득을 포함하지 않고 있다. Social Secutity 제도는 65세 이상 사람들의 빈곤율을 감소시키는데 매우 효과적이었다. 1960년에 미국에서 65세 이상 미국사람들 중 35%가 빈곤선 아래의 소득을 가지고 있었다. 하지만 2012년에는 미국에서 65세 이상 사람들 중 9%만이 빈곤선 아래의 소득을 가지고 있었다.

또한 소득이 낮은 개인들은 식품교환권, 무료 학교점심, 임대료 보조금과 같은 비현금성 혜택을 받는다. 정부가 저소득층에게 식품교환권을 지급하는 *food stamp program*이라고도 부르는 Supplemental Nutrition Assistance Program(SNAP)은 특히 중요한 비현금성 혜택이다. 이러한 프로그램 하에서 소득이 낮은 개인들은 슈퍼마켓에서 식품을 구매할 수 있는 쿠폰(교환권)을 할인하여 살 수 있다. 2013년에 4,700만 명 이상의 사람들이 이러한 프로그램의 대상이었고 연방정부는 이러한 프로그램을 위해 $750억 이상을 지출했다. 소득이 낮은 사람들은 소득이 높은 사람들보다 이전지급과 정부로부터 기타 혜택을 받을 가능성이 더 크기 때문에, 이러한 혜택을 고려하면 소득분배는 더 평등해질 것이다.

세계의 소득분배와 빈곤

미국의 소득불평등은 다른 국가들의 소득불평등과 비교해 어떤 상태인가? [표 16.8]은 가장 높은 소득을 가지고 있는 인구의 20%가 받는 총소득을 가장 낮은 소득을 가지고 있는 인구의 20%가 받는 총소득으로 나눈 비율을 비교한 것이다. 이 표는 국가들을 소득불평

표 16.8 세계의 소득불평등

국가	가장 높은 소득을 가지고 있는 인구의 20%가 받는 총소득 / 가장 낮은 소득을 가지고 있는 인구의 20%가 받는 총소득
볼리비아	27.8
브라질	20.6
파라과이	17.3
미국	15.9
칠레	13.5
아르헨티나	11.3
캐나다	11.2
중국	10.1
이탈리아	5.6
영국	5.3
프랑스	4.6
독일	4.5
스웨덴	3.6
일본	3.0

자료: The World Bank, Eurostat, and Statistics Canada.

표 16.9 세계 주요 지역의 빈곤율 변화

지역	1970	2006
세계	26.8%	5.4%
동아시아	58.8	1.7
남아시아	20.1	2.6
중동과 북아프리카	8.4	5.2
남아메리카	11.6	3.1
사하라사막 남부 아프리카	39.9	31.8

자료: "Percentage of the Population in Poverty," by Xavier Sala-i-Martin and Maxim Pinkovskiy, from "Parametric Estimations of the World Distribution of Income," National Bureau of Economic Research Working Paper 15433, October 2009. Copyright © 2009 by Xavier Sala-i-Martin and Maxim Pinkovskiy. Reprinted by permission.

등이 높은 순서부터 보여주고 있다. 이 표가 보여주는 것처럼, 볼리비아와 파라과이와 같은 가난한 국가들이 일반적으로 미국보다 더 불평등한 소득분배를 가지고 있다. 미국의 소득분배는 칠레와 아르헨티나와 같은 중소득 국가들의 경우보다 덜 평등하나 브라질과 같은 다른 중소득 국가들보다는 더 평등하다. 미국은 고소득 국가들 중에서 가장 불평등한 소득분배를 가지고 있다. 물론 이전지급이 소득으로 계산되지 않기 때문에 이러한 비교를 하는데 신중해야 한다. 예를 들어, 미국의 Social Secutity 제도와 Medicare 제도는 일본보다 훨씬 더 후하나 프랑스와 독일과 같은 국가들보다 덜 후하다.

빈곤은 고소득 국가들에서 여전히 문제이지만 저소득 국가들에서는 더 큰 문제이다. 사하라 사막 남부 아프리카 국가들의 빈곤수준은 특히 재앙적이다. 2013년에 미국에서 4명으로 구성된 가구의 빈곤선은 $23,550의 연간 소득이었으나, 가난한 국가들의 빈곤율을 계산할 때 경제학자들은 종종 하루에 $1의 소득이라는 훨씬 더 낮은 기준을 사용한다. [표 16.9]가 보여주는 것처럼, 이러한 기준을 적용한 MIT의 Maxim Pinkovskiy와 Columbia University의 Xavier Sala-i-Martin의 추정치에 의하면, 빈곤율은 1970년에 전 세계 인구의 약 27%에서 통계가 이용가능한 가장 최근 연도인 2006년에 5%로 감소했다. 빈곤율의 최대 감소는 아시아에서 이루어졌다. 중국을 포함한 동아시아에서 빈곤율은 1970년에 약 60%에서 2006년에 2% 미만으로 엄청나게 하락했다. 인도를 포함한 남아시아에서 빈곤율은 1970년에 20%에서 2006년에 3% 미만으로 하락했다. 사하라사막 남부 아프리카에서도 빈곤율은 1970년에 40%에서 2006년에 32%로 감소했다. 왜 빈곤율이 아프리카보다 아시아에서 더 극적으로 떨어졌는가? 핵심적인 요인은 아시아 국가들의 경제성장률이 사하라 사막 남부 아프리카 국가들보다 더 높았다는 것이다. 최근의 경제학 연구는 경제성장과 소득이 낮은 사람들의 소득 간에 양의 관계가 존재한다고 제시하고 있다.

결론

공공선택모델은 정부의 의사결정이 어떻게 이루어지는지에 대한 직관을 제공한다. 정책담당자들의 의사결정은 항상 투표자들의 선호를 반영하고 있는 것은 않는다. 경제에 대한 정부개입은 정부가 외부경제를 다루기 위한 조치를 취할 때처럼 경제적 효율성을 증가시킬 수 있으나 정부실패를 발생시켜 경제적 효율성의 감소를 더 크게 발생시킬 수도 있다.

Benjamin Franklin은 "이 세상에 죽음과 세금 이외에 어느 것도 확실한 것은 없다."라고 말했다. 이 장의 시작부분에서 살펴본 것처럼, 정치가들은 정부가 미국의 소득불평등을 감소시키기 위해 세금제도와 기타 프로그램들을 사용해야 하는지에 대해 계속해서 논쟁하고 있다. 세금제도는 경제적 효율성 원칙, 지불능력원칙, 수익자 부담원칙, 사회적 목적 달성 목표 간의 균형을 나타낸다. 소득불평등을 감소시키기 위한 정부개입을 지지하는 사람들은 일부 사람들이 다른 사람들보다 훨씬 더 높은 소득을 가지는 것은 불공평하다고 주장한다. 다른 사람들은 소득불평등은 더 높은 기술과 기업가적 능력으로 얻는 높은 소득을 전반적으로 반영하는 것이며, 세금을 증가시키면 일, 저축, 투자를 위축시킨다고 주장한다.

많은 경제학자들은 소득불평등을 상당히 감소시키고자 하는 의도를 가지고 있는 세금정책제안들에 대해 회의적이다. 그들은 시장시스템은 성공하면 높은 소득을 가지게 될 것이라는 약속에 따라 기꺼이 열심히 일하고 위험을 선택하는 개인들에 의존한다고 주장한다. 소득불평등을 감소시킨다는 명분으로 그들로부터 소득의 일부를 거둬가는 것은 열심히 일하고 위험을 선택하고자 하는 인센티브를 감소시킨다. 제1장에서 살펴본 것처럼, 정책담당자들은 종종 경제적 효율성과 평등성 간에 상호교환관계에 직면한다. 소득불평등을 감소시키기 위한 정책들이 수행되어야 하는가는 궁극적으로 규범적 질문이다. 경제학이 홀로 이러한 이슈를 결정할 수는 없다.

주요 용어

애로우 불가능성 정리 Arrow impossibility theorem
지불능력원칙 ability-to-pay principle
평균세율 average tax rate
혜택과세원칙 benefits-received principle
초과부담 excess burden
수평적 형평성원칙 horizontal-equity principle
인적자본 human capital
로렌츠곡선 Lorentz curve
한계세율 marginal tax rate
중앙투표자 정리 median voter theorem
빈곤선 poverty line
빈곤율 poverty rate
누진세 progressive tax
공공선택모델 public choice model
역진세 regressive tax
지대추구행위 rent seeking
절세 tax avoidance
세금의 귀착 tax incidence
투표의 역설 voting paradox

연습문제

* 복습질문

1. 공공선택모델은 무엇인가?

2. 투표의 역설과 애로우 불가능성 정리 간의 차이점은 무엇인가?

3. 지대추구행위는 무엇이고 규제포로와 어떻게 관련되어 있는가?

4. 시장실패와 정부실패 간의 관계는 무엇인가?

5. 2012년에 미국 의회와 오바마 대통령은 연간 $450,000 이상 버는 가구에 대한 세율을 인상시키는 법안을 통과시켰다. 이러한 법안은 미국 세금제도를 더 누진적으로 만들었는가? 이 질문에 답하면서 반드시 누진세와 역진세가 무엇인지 정의하라.

6. 한계세율과 평균세율 간의 차이점은 무엇인가? 어떤 것이 세금의 변화가 경제행위에 미치는 효과를 결정하는데 더 중요한가?

7. 어떤 세금을 사용해야 하는지를 결정할 때 정부가 고려하는 5가지의 목표와 원칙 각각에 대해 간략히 논의하라.

8. 세금의 귀착은 무엇을 의미하는가?

9. 수요의 가격탄력성과 공급의 가격탄력성이 세금의 귀착에 미치는 효과를 간략히 논의하라.

10. 빈곤선과 빈곤율을 정의하라. 1960년 이후 미국의 빈곤율은 어떻게 변화했는가?

11. 로렌츠곡선은 무엇인가? 지니계수는 무엇인가? 만일 한 국가의 지니계수가 1960년에 0.48이었고 2014년에 0.44이었다면 이 국가의 소득불평등은 증가했는가 감소했는가?

12. 경제학자들이 믿는 소득불평등을 발생시키는 주요 요인들을 설명하라.

13. 미국의 소득분배와 다른 고소득 국가들의 소득분배를 비교하라.

14. 세계의 빈곤율 추세를 설명하라.

* 문제와 응용

1. 아래의 표에 제시된 선호가 투표의 역설을 보여주는가? 간략히 설명하라.

정책	Lena	David	Kathleen
암 연구 지원	1위	2위	3위
대중교통 지원	2위	1위	1위
국경경비 강화	3위	3위	2위

2. 많은 정치논평자들은 미국공화당 대통령 후보들은 당의 지명을 받기 위해 정책 이슈들에 대해 보수적인 입장을 강조하는 경향이 있고, 민주당 대통령 후보들은 당의 지명을 받기 위해 정책이슈들에 대해 진보적인 입장을 강조하는 경향이 있다고 지적한다. 그렇지만 총선에서 공화당 후보들은 보수적인 입장을 중시하지 않고, 민주당 후보들은 진보적인 입장을 중시하지 않는다. 중앙투표자 정리가 이러한 현상을 설명하는데 도움을 주는가? 간략히 설명하라.

3. 당신은 다음과 같은 주장에 동의하는지 간략히 설명하라. "다수의 투표자들이 중앙투표자의 선호와 매우 유사한

선호를 가지고 있을 때 중앙투표자 정리는 선거 결과에 대한 정확한 예측지표가 될 것이지만, 다수의 투표자들이 중앙투표자의 선호와 매우 다른 선호를 가지고 있을 때는 중앙투표자 정리가 선거결과에 대한 정확한 예측지표는 되지 못할 것이다."

4. 보통 사람은 새로운 차를 구매할 때와 국회의원에 대한 투표를 할 때 어느 경우에 더 많은 정보를 수집할 가능성이 있는가?

5. 왜 정부는 기업에 대한 세금보다 개인에 대한 세금으로부터 세금수입을 더 많이 조달하는가?

6. 복권을 세금의 한 형태라고 생각한다면, 복권은 누진적인가 역진적인가?

7. 정부가 소득세를 폐지하고 이를 소비세로 대체한다고 하자. 소비세의 경우, 개인들은 그들이 소득 중에서 저축하는 부분이 아니라 지출하는 부분에만 세금을 납부한다. 이러한 변화가 자동차 시장에 미치는 효과를 생각해 보라. 당신은 자동차의 가격과 거래량에 어떤 일이 발생할 것인지 말할 수 있는가? 간략히 설명하라.

8. 아래의 표를 사용해서 질문에 답하라.

연간 소득	세금
$15,000	$0
30,000	4,500
45,000	11,250
60,000	21,000
75,000	30,000

a. 각 소득 수준에서 평균세율은 얼마인가?

b. 표에 제시된 데이터에 기초하면, 세금은 누진적인가 역진적인가? 간략히 설명하라.

c. 표에 제시된 데이터에 기초하여 연간 $65,000을 버는 사람의 한계세율을 결정할 수 있는가? 간략히 설명하라.

9. 정부는 종종 세금을 부과하는데 다수의 목적을 가지고 있다. 수요와 공급 곡선을 사용하여 다음의 각 질문에 답하라.

a. 정부가 소비세(excise tax)의 초과부담을 최소화하기 원하면, 소비세는 수요의 가격탄력성이 탄력적인 재화에 부과되어야 하는가, 수요의 가격탄력성이 비탄력적인 재화에 부과되어야 하는가?

b. 정부가 소비세의 초과부담을 최소화하기보다는 소비세로부터 발생되는 정부수입을 극대화하는데 더 큰 관심을 가지고 있다고 하자. 이러한 상황에서 정부는 소비세를 수요의 가격탄력성이 탄력적인 재화에 부과하여야 하는가, 수요의 가격탄력성이 비탄력적인 재화에 부과하여야 하는가?

c. 정부가 흡연과 음주를 억제하기 원한다고 하자. 세금이 이러한 재화들에 대한 수요가 가격비탄력적인 경우에 이러한 목표를 달성하는데 더 효과적인가, 수요가 가격탄력적인 경우에 이러한 목표를 달성하는데 더 효과적인가?

10. 아래의 담배시장 그림을 사용하여 질문에 답하라.

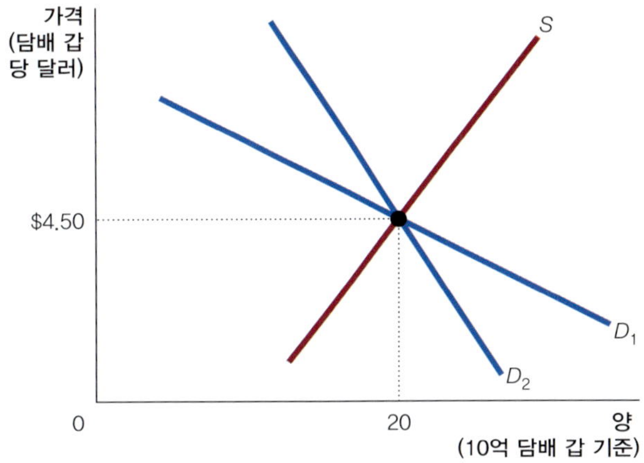

a. 정부가 담배 갑당 10센트의 세금을 부과하면, 소비자들이 지불하는 가격은 수요곡선이 D_1인 경우에 더 많이 상승하는가, 수요곡선이 D_2인 경우에 더 많이 상승하는가?

b. 정부가 담배 갑당 10센트의 세금을 부과하면, 정부가 징수하는 수입은 수요곡선이 D_1인 경우에 더 많은가, 수요곡선이 D_2인 경우에 더 많은가?

c. 정부가 담배 갑당 10센트의 세금을 부과하면, 세금의 초과부담은 수요곡선이 D_1인 경우에 더 큰가, 수요곡선이 D_2인 경우에 더 큰가?

11. 당신은 다음과 같은 진술에 동의하는지 설명하라. "수요곡선이 주어져 있는 경우, 세금의 초과부담은 공급이 더 가격탄력적인 경우보다 덜 가격탄력적인 경우에 더 클 것이다." 수요와 공급 곡선을 사용하여 당신의 답을 나타내라.

12. 정부가 피자에 대해 판매세를 부과하기로 결정한다고 하자. 다음의 그림을 사용하여 질문에 답하라.

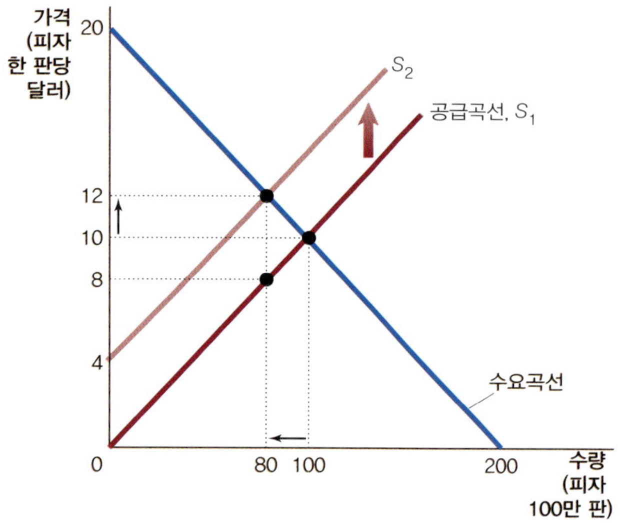

a. 정부는 피자에 대해 1판당 얼마의 세금을 부과했는가?

b. 세금이 부과되기 전에 소비자들이 지불하는 피자가격은 얼마인가? 세금이 부과된 후에 소비자들이 지불하는 피자가격은 얼마인가?

c. 세금이 부과되기 전에 판매자들이 받는 피자가격은 얼마인가? 세금이 부과된 후에 판매자들이 받는 피자가격은 얼마인가?

d. 소비자들과 생산자들 중 누가 세금의 초과부담을 더 많이 감당하는가? 간단히 설명하라.

13. 아래의 로렌츠곡선을 사용하여 질문에 답하라.

a. 소득분배가 2013년보다 2014년에 더 평등하게 되었는가 덜 평등하게 되었는가? 간략히 설명하라.

b. 면적 A=2,150, 면적 B=250, 면적 C =2,600인 경우, 2013년의 지니계수와 2014년의 지니계수를 계산하라.

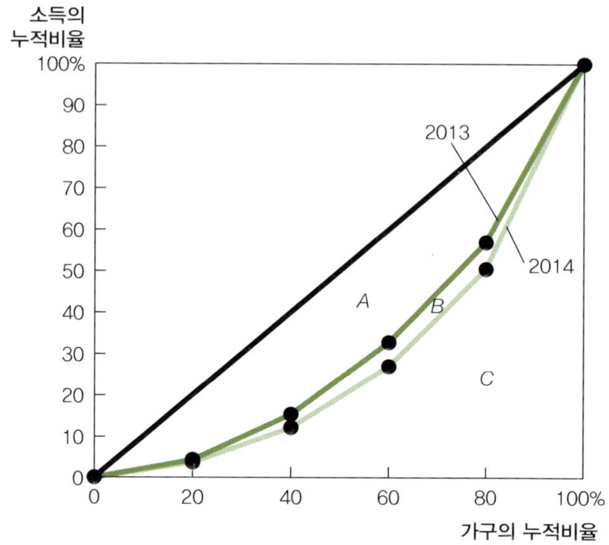

14. 왜 경제학자들은 미국과 같은 고소득 국가들의 경우보다 저소득 국가들의 경우에 더 낮은 빈곤수준 기준을 사용하는가? 상대적 빈곤과 절대적 빈곤의 차이가 존재하는가? 간략히 설명하라.

15. 한 국가의 가구 수가 2,000만 가구라고 하자. 1,000만 가구는 각 가구가 연간 $20,000의 노동시장소득을 가지고 있는 가난한 가구이고 1,000만 가구는 각 가구가 연간 $80,000의 노동시장소득을 가지고 있는 부유한 가구이다. 정부가 연간 $20,000를 초과하는 노동시장소득에 대해 10%의 한계세율을 적용하는 법을 제정하고 이러한 금액을 연간 $20,000의 노동시장소득을 가지고 있는 가구에게 이전시키면, 가난한 가구의 소득은 연간 $6,000만큼 상승하는가? 간략히 설명하라.

PART

6

거시경제학의 기초

CHAPTER

17

GDP: 총생산과 총소득의 측정

이 장의 학습내용

17.1 **국내총생산(GDP)은 총생산을 측정한다.**
- 총생산이 어떻게 측정되는지 설명한다.

17.2 **GDP는 총생산과 후생 수준을 측정하는 좋은 척도인가?**
- GDP가 총생산과 후생 수준을 측정하는 좋은 척도인지 논의한다.

17.3 **실질GDP와 명목GDP**
- 실질GDP와 명목GDP의 차이를 논의한다.

17.4 **기타 총생산과 총소득 척도**
- 총생산과 총소득을 측정하는 기타 척도들을 이해한다.

Ford 자동차회사는 경기변동을 타고 간다.

Ford 자동차회사가 창업한 후 100년 이상 동안 겪었던 경험은 종종 미국 경제의 경험을 반영한 것이었다. 따라서 2008년에 미국 경제가 1930년대 이후 최악의 경기후퇴로 어려움을 겪게 됨에 따라 Ford가 생산한 승용차와 트럭의 판매가 곤두박질쳤던 것은 놀랄 일이 아니었다. 자동차 산업 전체로 보면, 2007년에 1,610만 대의 신차가 판매되었으나 2008년에 신차 판매는 1,320만 대로 크게 감소했다. Ford가 크게 타격을 받았지만, Ford의 미국 경쟁회사인 General Motors와 Chrysler는 더 나빠져서 파산을 선언했다. 연방정부가 두 회사에 $620억 이상을 투자했기 때문에 두 회사는 생존하게 되었다. Ford는 엄청난 손실로 어려움을 겪었으나 직접적인 정부지원을 요구하지 않았다.

2013년에 미국 경제가 경기후퇴로부터 회복되면서 Ford의 판매가 증가하였다. Ford와 자동차 산업 전체는 판매의 변동을 겪으면서 경기확장기와 경기후퇴기가 교차로 나타나는 *경기변동 business cycle*의 영향을 받는다. 생산과 고용은 경기확장기에 증가하고 경기후퇴기에 감소한다.

경제활동의 일반적인 수준이 증가하고 있느냐 하는 것은 Ford와 같은 기업들에게뿐만 아니라 일자리를 유지할 수 있을지를 우려하는 근로자들과 졸업할 때 일자리를 찾을 수 있을지를 우려하는 대학생들에게 중요하다. 한 연구에 의하면, 2007~2009년 경기후퇴로부터의 완만한 회복이 이루어지는 동안 2010년 봄에 대학을 졸업한 학생들의 56%만이 1년 후에 일자리를 얻었다. 이렇게 일자리를 얻었던 학생들의 평균 연봉은 2006년에서 2008년까지 졸업한 학생들의 평균 연봉인 $30,000보다 낮은 $27,000였다. 더구나 경기후퇴기에 졸업하는 학생들은 졸업 후 15년의 오랜 기간 동안 계속해서 더 적게 번다. 경제의 전반적인 상태가 매우 중요하다!

자료: Neal E. Boudette and Jeff Bennett, "U.S. Car Sales Pace Hits Five Year High," *Wall Street Journal*, July 2, 2013; Michelle Krebs and Bill Visnic, "2008 U.S. Auto Sales Are Worst Since 1992," *Edmunds Auto Observer*, January 5, 2009; Catherine Rampell, "Many with New College Degrees Find the Job Market Humbling," *New York Times*, May 18, 2011; and Lisa B. Kahn, "The Long-Term Labor Market Consequences of Graduating from College in a Bad Economy," *Labour Economics*, Vol. 17, No. 2, April 2010, pp. 303-316.

미시경제학 microeconomics
가계들과 기업들이 어떻게 의사결정을 하는지, 가계들과 기업들이 시장에서 어떻게 상호작용하는지와 정부가 그들의 선택에 어떻게 영향을 미치려고 하는지를 연구하는 분야.

거시경제학 macroeconomics
인플레이션, 실업, 경제성장과 같은 주제들을 포함하여 .경제 전체를 연구하는 분야.

경기변동 business cycle
경기확장기와 경기후퇴기가 교차로 나타는 것.

경기확장 expansion
총생산과 총고용이 증가하는 경기변동의 기간.

경기후퇴 recession
총생산과 총고용이 감소하는 경기변동의 기간.

경제성장 economic growth
재화와 서비스의 양을 생산할 수 있는 경제의 능력이 점점 증가하는 것.

인플레이션율 inflation rate
한 연도로부터 다음 연도까지의 기간 동안 발생되는 평균적인 물가수준의 퍼센트 증가.

제1장에서 살펴본 것처럼, 경제학은 미시경제학과 거시경제학으로 나눌 수 있다. **미시경제학 microeconomics**은 가계들과 기업들이 어떻게 의사결정을 하는지, 가계들과 기업들이 시장에서 어떻게 상호작용하는지와 정부가 그들의 선택에 어떻게 영향을 미치려고 하는지를 연구하는 분야이다.

거시경제학 macroeconomics은 경제 전체를 연구하는 분야이며 인플레이션, 실업, 경제성장과 같은 주제들을 다룬다. 미시경제분석에서 경제학자들은 일반적으로 스마트 폰 시장과 같은 개별 시장을 연구한다. 거시경제분석에서 경제학자들은 동시에 많은 시장들에 영향을 미치는 요인들을 연구한다. 이 장의 시작부분에서 살펴본 것처럼, 한 가지 중요한 거시경제학 이슈는 경기변동이다. **경기변동 business cycle**은 미국 경제가 적어도 19세기 초 이후 경험했던 경기확장기와 경기후퇴기가 교차로 나타는 것을 의미한다. **경기확장 expansion**은 총생산과 총고용이 증가하는 기간이다. **경기후퇴 recession**는 총생산과 총고용이 감소하는 기간이다. 다음의 장들에서 경기변동에 영향을 미치는 요인들과 정부가 경기변동의 효과를 감소시키기 위해 사용할 수 있는 정책들이 논의될 것이다.

또 하나의 중요한 거시경제학 주제는 재화와 서비스의 양을 생산할 수 있는 경제의 능력이 점점 증가하는 것을 의미하는 **경제성장 economic growth**이다. 너무 완만하게 성장하는 경제는 생활수준을 향상시킬 수 없기 때문에 경제성장은 중요하다. 아프리카의 일부 국가들은 지난 50년 동안 경제성장을 이루지 못했고, 많은 사람들은 여전히 심한 빈곤 상태에서 살고 있다. 거시경제학은 무엇이 한 국가의 경제성장률을 결정하는지와 경제성장률이 국가들 간에 상당히 다른 이유를 분석한다.

또한 거시경제학은 무엇이 한 경제의 총고용 수준을 결정하는지 분석한다. 앞으로 살펴보는 것처럼, 고용수준은 단기적으로 경기변동의 영향을 크게 받으나 장기적으로 경기변동의 영향은 사라지며 다른 요인들이 고용수준을 결정한다. 이와 관련된 한 가지 질문은 왜 일부 경제들은 시간이 흐름에 따라 높은 고용수준을 유지하는데 다른 경제들보다 더 성공적인가 하는 것이다. 또 하나의 중요한 거시경제학 이슈는 무엇이 **인플레이션율 inflation rate**, 즉 한 연도로부터 다음 연도까지의 기간 동안에 발생되는 평균적인 물가수준의 퍼센트 증가를 결정하는가이다. 고용과 마찬가지로 인플레이션은 경기변동과 여타 장기 요인들에 의해 영향을 받는다. 마지막으로 거시경제학은 경제들 간의 연계, 즉 국제무역과 국제금융을 다룬다.

거시경제분석은 소비자들과 기업들이 현재 경제상황을 이해하고 미래 경제상황을 예측하기 위해 필요한 정보를 제공한다. 경제 전체의 고용이 감소하고 있으면, 일부 가족 구성원들이 일자리를 잃을 위험에 처할 수 있기 때문에 가계가 주택을 매입하는 것을 주저할 수 있다. 이와 유사하게 기업은 미래의 매출이 강할 것으로 예상할 때에만 기꺼이 새로운 공장을 짓는데 투자하거나 정보 기술에 대한 새로운 지출을 시행할 수 있다. 예를 들어, 2013년에 Ford는 중국에 새로운 공장을 짓기 위해 $50억을 지출할 것이라고 발표했다. Ford가 그러한 결정을 했던 것은 거시경제예측이 중국경제가 계속해서 급속히 성장하여 Ford가 생산하는 자동차들에 대한 수요가 증가할 것이라고 제시했기 때문이었다. 또한 거시경제분석은 연방정부가 미국 경제가 더 효율적으로 작동하는 것을 돕는 정책들을 고안하는데 도움을 줄 수 있다.

이 장과 다음의 장들에서 중요한 거시경제변수들을 가장 잘 측정하는 방법을 살펴보면서 거시경제학에 대한 연구를 시작하도록 하자. 앞으로 살펴보는 것처럼, 중요한 쟁점들이 거시경제변수들을 측정하는데 포함되어 있다. 먼저 경제의 총생산과 총소득에 대한 척도들을 살펴보도록 하자.

17.1. 국내총생산(GDP)은 총생산을 측정한다.

"GDP가 제시하는 것보다 경제가 더 좋은가?"

"미래에 대한 단서를 얻으려면 GDP를 보라"

"멕시코의 1분기 GDP가 하락했으나 놀랄 정도는 아니다"

"인도의 GDP 성장이 10년 내 가장 낮은 정도로 완만하다"

"제조업이 남아프리카 공화국 GDP의 발목을 잡고 있다"

이것들은 2013년 동안 *Wall Street Journal*에 게재되었던 기사 제목들이다. 왜 GDP가 종종 뉴스의 초점이 되는가? 이 절에서는 GDP가 무엇이고 어떻게 측정되는지 살펴본다. 또한 왜 GDP를 아는 것이 소비자들, 기업들, 정부 정책담당자들에게 중요한가를 살펴본다.

총생산의 측정: 국내총생산

경제학자들은 총생산을 측정하기 위해 **국내총생산 gross domestic product(GDP)**을 사용한다. GDP는 일정한 기간 동안, 일반적으로 1년 동안 한 국가에서 생산된 모든 최종 재화와 서비스의 시장가치이다. 미국에서는 상무부의 Bureau of Economic Analysis(BEA)가 GDP를 계산하기 위해 필요한 데이터를 수집한다. BEA는 매 3개월마다 GDP를 보고한다. GDP는 거시경제학에서 중심 개념 중 하나이기 때문에 GDP의 정의를 세심하게 살펴볼 필요가 있다.

국내총생산 gross domestic product(GDP) 일정한 기간, 일반적으로 1년 동안 한 국가에서 생산된 모든 최종 재화와 서비스의 시장가치.

GDP는 양이 아니라 시장가치를 사용하면서 측정된다. *가치 value*라는 단어는 GDP의 정의에서 중요하다. 미시경제학에서, 생산은 예를 들어 Ford가 생산하는 자동차 대수, 미국 농부들이 생산하는 밀 톤 수나 Starbucks가 판매하는 카페라떼 수와 같이 양의 단위로 측정된다. 경제 전체의 총생산을 측정할 때, 모든 재화와 서비스의 양을 단순히 합할 수 없다. 왜냐하면 그 결과는 의미가 없기 때문이다. 밀 톤 수가 우유 갤런 수, 카페라테 수 등등에 합해지게 될 것이다. 이와는 달리 거시경제학에서 생산은 달러 기준으로 생산된 모든 재화와 서비스의 *가치*를 합하여 측정된다.

최종 재화와 서비스 final good and service
최종 사용자에 의해 구매되는 재화와 서비스.

중간 재화와 서비스 intermediate good and service
트럭에 장착되는 타이어와 같이 다른 재화나 서비스의 투입요소가 되는 재화와 서비스

GDP는 최종 재화와 서비스의 시장가치만을 포함한다. GDP를 측정할 때, *최종 재화와 서비스 final goods and services*의 가치만이 포함된다. **최종 재화와 서비스 final good and service**는 최종 사용자에 의해 구매되고 다른 재화와 서비스를 생산하는데 사용되지 않는 재화와 서비스이다. 최종 재화의 예로는 소비자가 구매하는 햄버거와 기업이 구매하는 컴퓨터가 있다. 일부 재화와 서비스는 다른 재화와 서비스를 구성하는 부분이 된다. 예를 들어, Ford는 자신이 생산하는 승용차와 트럭을 위한 타이어를 생산하지 않고 Goodyear와 Michelin과 같은 타이어 회사로부터 타이어를 구매한다. 이 경우 타이어는 **중간재 intermediate good**이고 Ford가 생산한 트럭은 최종재이다. GDP를 계산하는데 Ford가 생산한 트럭의 가치는 포함되나 타이어의 가치는 포함되지 않는다. 만일 타이어의 가치가 포함되면, *이중 계산 double counting*이 이루어진다. 이러한 경우 타이어의 가치는 타이어 회사가 Ford에게 판매할 때 한번 계산되고 Ford가 타이어를 장착한 트럭을 소비자에게 판매할 때 다시 계산된다.

GDP는 주어진 기간 동안에 이루어진 생산만 포함한다. GDP는 주어진 기간 동안에 이루어진 생산만을 포함한다. 예를 들어, 2014년 GDP는 2014년 동안에 생산된 재화와 서비스만을 포함한다. 특히, GDP는 중고 재화의 가치를 포함하지 않는다. 만일 당신이 Amazon.com으로부터 *The Amazing Spider-Man 2*를 구매하면, 이러한 구매는 GDP에 포함된다. 만일 6개월 후에 당신이 이 DVD를 eBay에서 다시 팔면, 이러한 거래는 GDP에 포함되지 않는다.

문제풀이 17.1

GDP 계산하기

매우 단순한 경제가 4가지의 재화와 서비스, 즉 시력검사, 피자, 신발, 치즈만을 생산한다고 하자. 이 경제에서 모든 치즈는 피자 생산에 사용된다고 가정하자. 2013년의 GDP를 계산하기 위해 아래의 표에 있는 정보를 사용하라.

2013년 생산과 가격 통계

제품	(1) 생산량	(2) 단위 가격
시력검사	100	$50.00
피자	80	10.00
신발	20	100.00
치즈	80	2.00

문제풀기

Step 1: 본문의 내용을 다시 읽어보라. 이 문제는 국내총생산에 관한 것이므로 [총생산의 측정: 국내총생산] 부분을 다시 읽어보라.

Step 2: 표에 제시된 재화와 서비스 중에서 어느 것이 GDP를 계산하는데 포함되어야 하는지 결정하라. GDP는 모든 최종 재화와 서비스의 시장가치이다. 따라서 표에 제시된 최종 재화와 서비스의 가치를 계산할 필요가 있다. 시력검사, 피자, 신발이 최종 재화와 서비스이다. 예를 들어 소비자가 요리에 사용하기 위해 치즈를 구매하면 치즈도 최종재가 될 것이다. 그러나 여기서 레스토랑들이 피자를 만드는데 사용하기 위해 모든 치즈를 구매한다고 가정하기 때문에 치즈는 중간재이고 치즈의 가치는 GDP에 포함되지 않는다.

Step 3: 표에 제시된 3개의 최종 재화와 서비스의 가치를 계산하라. 가치는 생산량과 단위가격을 곱한 것과 같기 때문에 열 (1)의 숫자와 열 (2)의 숫자를 곱한다.

제품	(1) 생산량	(2)단위 가격	(3) 가치
시력검사	100	$50	$5,000
피자	80	10	800
신발	20	100	2,000

Step 4: GDP를 구하기 위해 3개 최종 재화와 서비스 각각의 가치를 합하라. GDP = 생산된 시력검사의 가치 + 생산된 피자의 가치 + 생산된 신발의 가치 = $5,000 + $800 + $2,000 = $7,800.

생산과 소득의 순환흐름도

GDP를 계산하여 경제의 총생산 가치를 측정하는 것은 동시에 총소득 가치를 측정하는 것이다. 왜 총생산 가치가 총소득 가치와 같은지 살펴보기 위해, 당신이 한 제품에 지출하는 돈에 어떤 일이 발생하는지 생각해 보자. 당신이 Foot Locker에서 $149를 지불하고 New Balance 운동화를 구매한다고 하자. $149 모두는 궁극적으로 누군가의 소득이 되어야 한다. New Balance와 Foot Locker는 이윤으로 $149의 일부를 받을 것이고 New Balance의 근로자들은 임금으로 그 일부를 받을 것이며 당신에게 New Balance 운동화를 판매한 판매원은 급여로 그 일부를 받을 것이고 New Balance에게 부자재를 판매한 기업들은 이윤으로 그 일부를 받을 것이며 이러한 기업들의 근로자들은 임금으로 그 일부를 받을 것이다. 당신이 최종 재화나 서비스를 구매하기 위해 지불한 모든 돈은 누군가의 소득이 되어야만 한다(그렇지만 New Balance 운동화에 부과되는 판매세는 누군가의 소득이 되지 않고 Foot Locker가 걷어서 정부에 납부한다는 점에 주목하라). 따라서, 경제에서 판매되는 모든 재화와 서비스 가치의 합계는 경제에서 발생되는 모든 소득 가치의 합계와 정확히 같아야 한다.

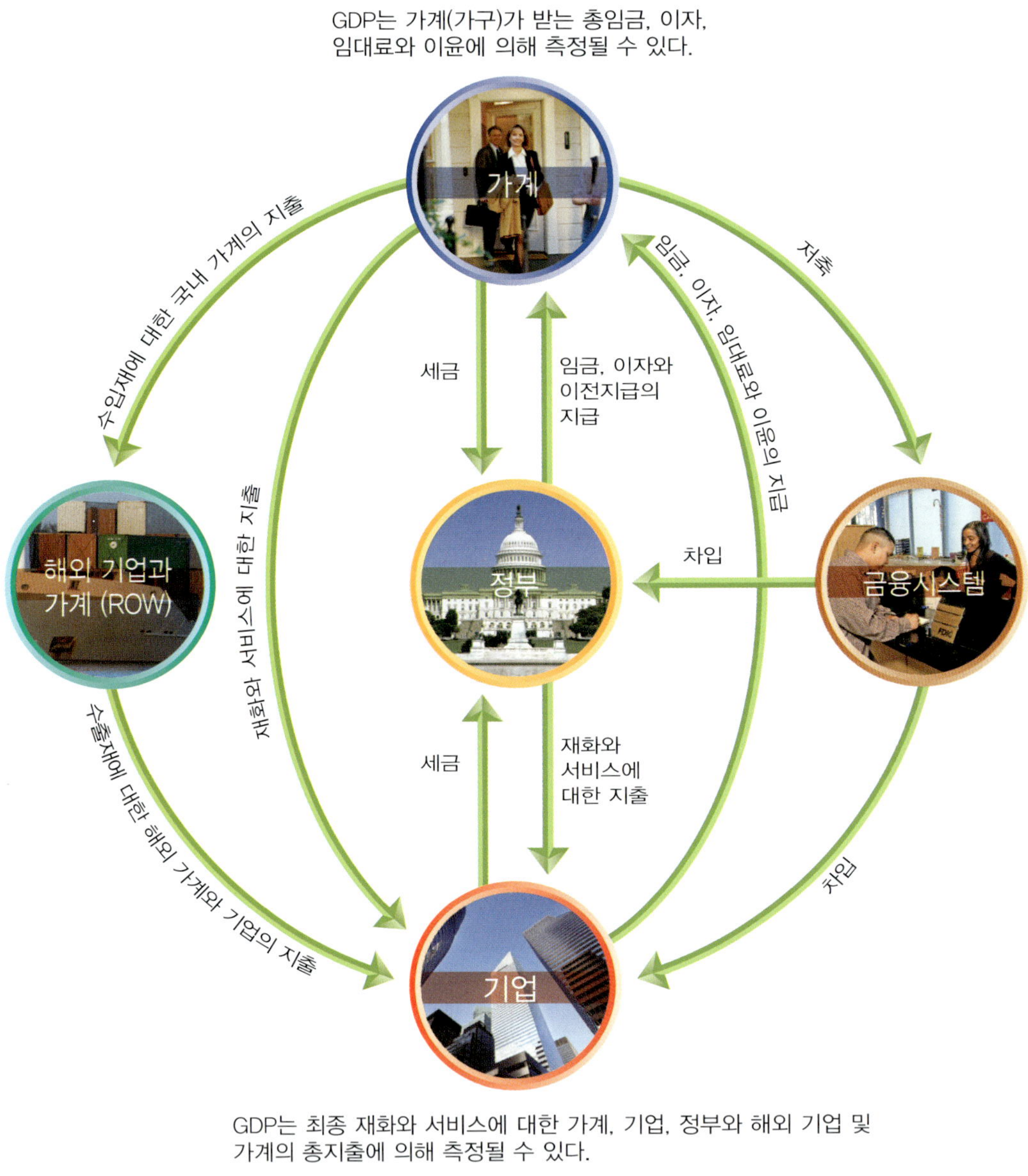

그림 17.1

순환흐름도와 GDP의 측정

순환흐름도는 경제에서 이루어지는 지출과 돈의 흐름을 보여준다. 기업은 재화와 서비스를 세 그룹, 즉 국내 가계, 해외 기업과 가계, 정부에 판매한다. 재화와 서비스를 생산하기 위해서 기업은 노동, 자본, 천연 자원, 기업경영능력을 사용한다. 가계는 기업에게 생산요소를 공급하고 임금, 이자, 이윤, 임대료 형태의 소득을 받는다. 기업은 근로자와 기타 생산요소를 고용하는 대가로 가계에게 임금과 이자를 지급한다. 임금, 이자, 임대료, 이윤의 합계는 경제의 총소득이다. GDP는 가계가 받는 총소득으로 측정될 수 있다. 또한 순환흐름도는 가계가 재화와 서비스를 구매하고 세금을 납부하며 저축하기 위해 소득을 사용한다는 것을 보여준다. 기업과 정부는 가계로부터 금융시스템으로 흐르는 자금을 차입한다. GDP는 최종 재화와 서비스에 대한 지출의 총가치를 계산하거나 총소득 가치를 계산함으로써 측정될 수 있다.

[그림 17.1]에 제시되어 있는 순환흐름도는 시장에서 기업과 가계의 상호작용을 나타내기 위해 제2장에서 소개되었다. 여기서 이 순환흐름도가 경제에서 발생되는 지출과 돈의 흐름을 나타내기 위해 사용된다. 기업은 재화와 서비스를 세 그룹, 즉 국내 가계, 해외 기업과 가계, 정부에 판매한다. 국내에서 생산된 재화와 서비스에 대한 해외 기업과 가계(그림에서 ROW("Rest of the World")로 표시되어 있음)의 지출은 *수출 exports*이라고 부른다. 예를 들어, American Airline은 유럽과 아시아에 있는 승객들에게 티켓을 판매한다. [그림 17.1]의 아래 부분에서 언급한 것처럼, GDP는 국내에서 생산된 재화와 서비스에 대한 이러한 그룹들의 총지출을 합하여 측정될 수 있다.

기업은 재화와 서비스를 생산하기 위해 노동, 자본, 천연 자원, 기업경영능력과 같은 *생산요소 factors of production*를 사용한다. 가계는 기업에게 생산요소를 공급하고 소득을 받는다. 소득은 4가지 범주, 즉 임금, 이자, 임대료, 이윤으로 구분된다. 기업은 노동 서비스 사용의 대가로 가계에게 임금, 자본 사용의 대가로 이자, 토지와 같은 천연 자원의 사용 대가로 임대료를 지급한다. 이윤은 기업이 임금, 이자, 임대료를 지급하고 남는 소득이다. 이윤은 재화와 서비스를 생산하고 판매하는 위험을 부담한 대가로 기업가와 여타 기업소유주에게 주는 수익이다. [그림 17.1]에서 보는 것처럼, 연방정부, 주정부, 지방정부는 근로자와 기타 생산요소를 고용한 대가로 임금과 이자를 지급한다. 또한 정부는 가계에게 *이전지급 transfer payments*을 준다. **이전지급 transfer payments**에는 은퇴자와 장애인에게 주는 사회보장지급과 실업자에게 주는 실업보험지급이 포함된다. 이러한 이전지급은 새로운 재화나 서비스의 생산 대가로 받는 것이 아니기 때문에 GDP에 포함되지 않는다. 임금, 이자, 임대료의 합계는 경제의 총소득이다. [그림 17.1]의 윗 부분에 언급한 것처럼, GDP는 가계가 받는 총소득으로 측정될 수 있다.

이전지급 transfer payments
새로운 재화나 서비스를 대가로 받지 않고 정부에 의해 가계에게 이루어지는 지급.

이 그림은 또한 가계가 자신의 소득을 사용하는 방식을 추적할 수 있게 해준다. 가계는 소득의 일부를 재화와 서비스를 구매하기 위해 지출한다. 이러한 지출의 일부는 국내에서 생산된 재화와 서비스에 대하여 이루어지고 일부는 해외에서 생산된 재화와 서비스에 대하여 이루어진다. 해외에서 생산된 재화와 서비스에 대한 지출은 *수입 imports*이라고 부른다. 가계는 또한 소득의 일부를 정부에 세금을 납부하기 위해 사용한다(기업도 정부에 세금을 납부한다는 점을 주목하라). 가계가 버는 소득의 일부는 재화와 서비스 구매에 지출되지 않거나 세금 납부에 사용되지 않고 은행의 당좌계좌나 저축계좌에 저축되거나 주식이나 채권을 매입하기 위해 사용된다. 은행, 주식시장, 채권시장은 *금융시스템 financial system*을 구성한다. 가계로부터 금융시스템으로의 자금 흐름은 정부와 기업이 차입하는 것을 가능하게 해준다. 앞으로 살펴보는 것처럼, 금융시스템의 건강도는 경제에 매우 중요하다. 금융시스템을 통해 자금을 차입할 수 없으면, 기업은 규모를 확장하거나 새로운 기술을 채택하는 데 어려움을 겪게 된다. 실제로, 잘 발전된 금융시스템이 없는 국가는 높은 수준의 경제 성장을 지속할 수 없다.

이 순환흐름도는 최종 재화와 서비스에 대한 지출의 총가치를 계산하거나 총소득의 가치를 계산함으로써 GDP를 측정할 수 있다는 점을 보여준다. 2가지 접근방법에 의해 계산되는 GDP는 같다.

GDP의 구성요소

BEA는 GDP에 관한 통계를 4가지의 주요 지출 범주, 즉 소비, 투자, 정부구매, 순수출로 구분한다. 경제학자들은 왜 GDP가 변동하는지를 이해하고 미래의 GDP를 예측하기 위해 이러한 지출 범주들을 사용한다.

소비 consumption
신규 주택에 대한 가계의 지출을 제외한 재화와 서비스에 대한 가계의 지출.

소비. *개인소비지출 personal consumption expenditures*, 즉 **소비 consumption** 지출은 가계에 의해 이루어지는 의료, 교육, 이발과 같은 서비스에 대한 지출, 식품과 의류와 같은 *비내구재 nondurable goods*에 대한 지출, 자동차와 가구와 같은 *내구재 durable goods*에 대한 지출로 구분된다. 신규 주택에 대한 가계의 지출은 소비에 포함되지 않는다. 그 대신 신규 주택에 대한 지출은 다음에 논의하는 투자에 포함된다.

투자 investment
새로운 공장, 사무실 빌딩, 기계에 대한 기업의 지출과 신규 주택에 대한 기업과 가계의 지출.

투자. *총민간국내투자 gross private domestic investment*, 즉 **투자 investment** 지출은 3가지 범주로 구분된다. *기업고정투자 business fixed investment*는 여타 재화를 생산하기 위한 새로운 공장, 사무실 빌딩, 기계에 대한 기업의 지출이다. 2013년 초에 이러한 범주의 투자에 연구개발에 대한 기업의 지출이 포함되었다. BEA는 이전에 이러한 범주의 지출을 중간재로 간주했었다. *주택투자 residential investment*는 신규 단일 가구 주택과 다세대 주택에 대한 가계와 기업의 지출이다. *기업재고변화 changes in business inventories*도 투자에 포함된다. 재고는 생산되었으나 아직 판매되지 않은 재화이다. 만일 Ford가 연초에 $2억 가치가 있는 판매되지 않은 자동차를 가지고 있고 연말에 $3.5억 가치가 있는 판매되지 않은 자동차를 가지고 있다면, Ford는 이 연도 동안 재고투자에 $1.5억을 지출한 것이다.

정부구매 government purchase
재화와 서비스에 대한 연방정부, 주정부, 지방정부의 지출.

정부구매. *정부의 소비와 총투자 government consumption and gross investment*, 즉 **정부구매 government purchase**는 교사 급여, 고속도로, 항공기와 같은 재화와 서비스에 대한 연방정부, 주정부, 지방정부의 지출이다. 이전지급에 대한 정부지출은 새로운 재화와 서비스의 생산을 발생시키지 않기 때문에 정부구매에 포함되지 않는다.

순수출 net exports
수출에서 수입을 뺀 것.

순수출. *재화와 서비스의 순수출 net exports of goods and services*, 즉 **순수출 net exports**은 수출에서 수입을 뺀 것이다. 수출은 해외 기업, 가계와 정부에 의해서 구매되는 국내에서 생산된 재화와 서비스이다. 수출이 지출 항목으로 추가되는 것은 그렇게 하지 않으면 국내에서 생산된 새로운 재화와 서비스에 대한 모든 지출이 포함되지 않기 때문이다. 예를 들어, South Dakota에 사는 농부가 중국에 밀을 판매하면, 이러한 밀은 미국에서 생산된 것이기 때문에 그 가치가 미국 GDP에 포함된다. 수입은 국내 기업, 가계, 정부에 의해 구매되는 해외에서 생산된 재화와 서비스이다. 총지출로부터 수입을 빼는 것은 그렇게 하지 않으면 국내에서 생산된 새로운 재화와 서비스가 아닌 재화와 서비스에 대한 지출을 포함하게 되기 때문이다. 예를 들어, 미국 소비자들이 중국에서 생산된 가구를 $10억어치 사면, 이러한 지출은 소비지출에 포함된다. 그러나 수입재는 미국에서 생산된 것이 아니기 때문에 이러한 수입재의 가치는 GDP로부터 공제된다.

GDP 방정식과 실제 값

GDP 방정식은 GDP의 구성요소들을 합한 것이다.

$$Y = C + I + G + NX$$

이 식은 GDP(Y)는 소비(C), 투자(I), 정부구매(G), 순수출(NX)의 합과 같다는 것을 말해준다. [그림 17.2]는 2012년 미국 GDP 구성요소들의 값을 보여준다. [그림 17.2]에 있는 그림은 소비가 GDP의 가장 큰 구성요소라는 사실을 확연하게 보여준다. [그림 17.2]에 있는 표는 더 상세한 구성요소를 제시해 주고 몇 가지 흥미로운 사실들을 보여준다.

- 서비스에 대한 소비지출은 내구재와 비내구재에 대한 지출의 합보다 크다. 미국과 여타 고소득 국가들에서는 재화 생산으로부터 서비스 생산으로 계속해서 이동하는 추세가 진행되고 있다. 이들 국가들의 사람들이 평균적으로 고령화되고 부유해졌기 때문에, 의료와 금융서비스와 같은 서비스에 대한 수요가 재화에 대한 수요보다 더 빠르게 증가하고 있다.
- 기업고정투자가 투자의 가장 큰 항목이다. 다음 장들에서 살펴보는 것처럼, 새로운 공

GDP의 구성요소 (10억 달러 기준)		
소비		$11,150
내구재	$1,203	
비내구재	2,567	
서비스	7,380	
투자		2,475
기업고정투자	1,970	
주택투자	439	
기업재고변화	66	
정부구매		3,167
연방정부	1,296	
주정부와 지방정부	1,871	
순수출		−547
수출	2,196	
수입	2,743	
GDP 합계		$16,245

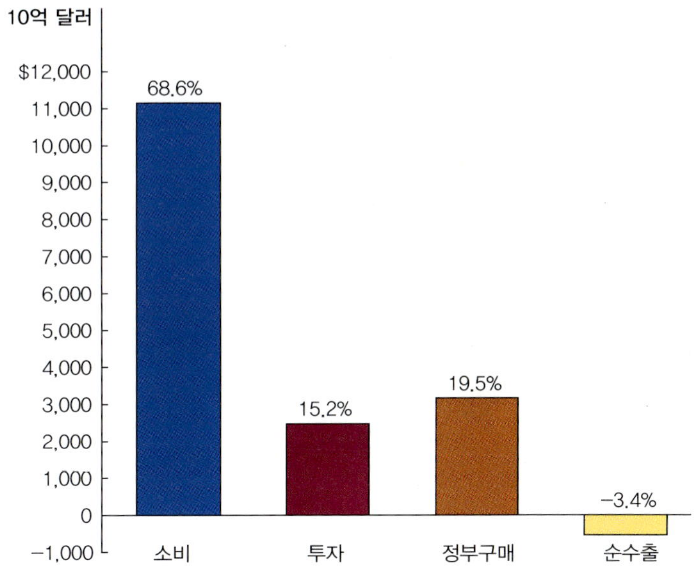

그림 17.2

2012년 미국 GDP의 구성요소

소비가 GDP에서 차지하는 비중이 여타 구성요소보다 훨씬 크다. 최근에 순수출은 전형적으로 마이너스였고, 마이너스의 순수출은 GDP를 감소시킨다. 각 구성요소의 합은 반올림 때문에 그 구성항목들의 합과 일치하지 않을 수 있다.
자료: U.S. Bureau of Economic Analysis.

장, 컴퓨터, 기계에 대한 기업의 지출은 변동할 수 있다. 예를 들어, 기업고정투자의 감소가 2007~2009년의 경기후퇴에서 중요한 역할을 했다.

- 주정부와 지방정부의 구매가 연방정부의 구매보다 더 크다. 교육과 법집행 같은 기본적인 정부활동은 주정부와 지방정부 차원에서 크게 발생하기 때문에, 주정부와 지방정부의 지출은 연방정부의 지출보다 더 크다.
- 수입이 수출보다 더 커서 순수출은 마이너스의 값을 가지는 것으로 나타났다.

Making the Connection

Lady Gaga가 GDP를 증가시킨다.

BEA는 지속적으로 GDP의 측정방법을 개선하기 위한 방법을 연구한다. 최근에 BEA는 R&D에 대한 지출을 처리하는 방법을 변경했다. 2013년 이전에 타이어나 배터리가 자동차를 생산할 때 중간재로 간주되는 것처럼, BEA는 기업이나 정부의 R&D를 중간재로 간주했다. 그러나 R&D에 대한 지출은 투자지출과 유사하다. 예를 들어, Ford가 투자지출에 포함되는 새로운 기계를 구매할 때, 이러한 기계가 현재와 미래에 자동차를 생산하는데 도움을 주기 때문에 Ford는 새로운 기계를 구매한 것이다. 이와 유사하게, Ford가 Ford Focus 전기자동차에 사용되는 배터리를 개선하기 위한 R&D에 지출할 때, 이러한 R&D가 현재와 미래에 Ford Focus 전기자동차를 개선하는데 도움을 주기 때문에 Ford는 배터리를 개선하기 위한 R&D에 지출한 것이다. 2013년에 BEA는 R&D에 대한 지속적인 지출을 투자로 간주하기로 결정했다. 달리 말하면, BEA는 R&D에 대한 지출을 GDP의 부분으로 계산하지 않다가 GDP의 부분으로 계산하기 시작했다.

Lady Gaga의 노래를 작곡하고 리코딩하기 위해 발생되는 Lady Gaga와 그녀의 레코드 회사의 비용은 이제 GDP에 포함된다.

일반적으로 *연구개발 research and development*이라는 용어는 신약이나 개선된 컴퓨터 칩을 개발하기 위해 실험실에서 일하는 과학자들을 연상시킨다. 그러나 기업과 정부가 연구개발에 자원을 투입하는 것과 마찬가지로 영화 스튜디오, 텔레비전 스튜디오, 저술가, 음악가는 새로운 영화, 텔레비전 프로그램, 책을 생산하고 리코딩하기 위해 시간과 자원을 투입한다. 과거에 BEA는 오락물 개발에 대한 기업과 개인의 지출을 노동과 자재를 비용으로 간주하는 것과 같이 이러한 제품을 생산하는 비용으로 간주했다. 이에 따라 오락물을 개발하는 비용은 GDP에 포함되지 않았다. 그러나 2013년에 BEA는 오락물의 개발에 대한 지출을 투자의 부분으로 간주하고 GDP에 포함시키기 시작했다. 예를 들어, 2013년 이전에 Lady Gaga 콘서트 티켓 매출뿐만 아니라 iTunes와 CD를 통한 Lady Gaga 노래 매출은 GDP에 포함되었으나 그녀의 노래를 작곡하고 리코딩하기 위해 발생되는 Lady Gaga와 그녀의 레코드 회사의 비용은 GDP에 포함되지 않았다. 이제 2가지 형태의 지출 모두가 GDP에 포함된다.

투자지출의 정의를 확대함으로써, BEA는 2013년의 GDP 측정치를 약 3% 증가시켰다. BEA는 GDP에 대한 과거 데이터를 1929년까지 조정했고 이에 따라 GDP의 수준은 증가했으나 한 연도로부터 다음 연도까지 GDP의 변화는 크게 영향을 받지 않았다. BEA는 다른 국가들의 정부 통계기관들과 상의한 후에 자신의 GDP 계산방식을 변경한다. 이렇게 하는 목적은 경제학자들, 기업들과 정책담당자들이 서로 다른 국가들의 GDP를 더 정확하게 비교할 수 있도록 하기 위한 것이다. 투자지출의 정의를 확대한다는 것은 GDP에서 소프트웨어, 영화, 책과 같은 *지적재산 intellectual* *property(IP)*의 중요성을 부각시킨다는 것을 의미한다. U.S. Patent and Trademark Office에 의해 수행된 한 연구는 미국에서 제약, 컴퓨터와 소프트웨어, 정보통신, 서적출판, 라디오와 텔레비전 방송을 포함하는 지적재산 집약적 산업들이 약 4,000만 개의 일자리를 가지고 있고 GDP의 1/3 이상을 설명한다고 추정했다.

경제가 시간이 흐름에 따라 변화함에 따라, BEA는 GDP를 측정하는 방법을 조정해야 하는지를 검토한다.

자료: David Kestenbaum, "Lady Gaga Writing a New Song Is Like a Factory Investing in a New Machine," www.npr.org, April 25, 2013; Osagie Imasogie and Thaddeus J. Kobylarz, "Yes, Lady Gaga's Songs Contribute to GDP," *Wall Street Journal*, May 27, 2013; U.S. Bureau of Economic Analysis, "Preview of the 2013 Comprehensive Revision of the National Income and Product Accounts," *Survey of Current Business*, Vol. 93, No. 3, March 2013; and U.S. Department of Commerce, *Intellectual Property and the U.S. Economy: Industries in Focus*, March 2012.

부가가치방법을 사용하여 GDP 측정하기

GDP는 최종 재화와 서비스에 대한 모든 지출을 합하여 계산될 수 있다는 것을 살펴보았다. GDP를 계산하는 다른 한 가지 방법은 *부가가치방법 value-added method*이다. **부가가치 value added**는 기업이 제품에 추가하는 시장가치를 의미하고 기업이 재화를 판매하는 가격과 중간재를 위해 다른 기업들에게 지불하는 가격의 차이와 같다. [표 17.1]은 L.L.Bean의 웹 사이트상에서 판매되는 셔츠의 생산에 참여한 각 기업에 의해 만들어진 부가가치를 보여주는 가상적인 예이다.

부가가치 value added
기업이 제품에 추가하는 시장가치.

목화재배농부가 원면을 섬유회사에 $1에 판매한다고 하자. 논의를 단순하게 하기 위해서, 목화재배농부가 목화씨나 비료와 같은 다른 기업들로부터 구매했을 수 있는 투입요소들을 무시하면, 목화재배농부의 부가가치는 $1이다. 섬유회사는 원면을 면직으로 짜서 셔츠회사에 $3달러에 판매한다. 섬유회사의 부가가치인 $2는 원면을 구입하기 위해 지불한 가격인 $1와 면직을 판매할 수 있는 가격인 $3의 차이이다. 이와 유사하게 셔츠회사의 부가가치는 면직을 구입하기 위해 지불한 가격인 $3과 L.L.Bean으로부터 지불받는 셔츠가격인 $15의 차이이다. L.L.Bean의 부가가치는 셔츠를 구입하기 위해 셔츠회사에 지불한 가격인 $15와 자신의 웹사이트에서 판매할 수 있는 셔츠가격인 $35의 차이이다. *L.L.Bean의 웹 사이트 상의 셔츠 가격은 셔츠 생산에 참여한 각 기업의 부가가치를 합한 것과 정확*

표 17.1 부가가치의 계산

기업	제품의 가치	부가가치
목화재배농부	원면의 가치 = $1	목화재배농부에 의한 부가가치=$1
섬유회사	면직의 가치 = $3	섬유회사에 의한 부가가치=($3−$1)=$2
셔츠회사	셔츠의 가치 = $15	셔츠회사에 의한 부가가치=($15−$3)=$12
L.L.Bean	L.L.Bean 웹 사이트의 셔츠 판매가=$35	L.L.Bean에 의한 부가가치=($35−$15)=$20
		총 부가가치 = $35

*히 같다*는 점을 주목하라. 주어진 기간 동안 생산된 모든 최종 재화와 서비스의 시장가치를 합하여 GDP를 계산할 수 있다. 또는 주어진 기간 동안 생산된 모든 최종 재화와 서비스를 생산하는데 참여한 모든 기업의 부가가치를 합해서도 같은 크기의 GDP를 계산할 수 있다.

17.2. GDP는 총생산과 후생수준을 측정하는 좋은 척도인가?

경제학자들은 경제의 총생산을 측정하기 위해서 GDP를 사용한다. 이러한 목적을 위해서 GDP는 경제에서 발생되는 어떤 의미 있는 생산도 간과되지 않도록 가능한 한 포괄적이어야 한다. 대부분의 경제학자들은 GDP는 생산을 측정하는 좋은 척도이기는 하나 단점이 없는 척도는 아니라고 생각한다. 또한 GDP는 종종 *후생수준*의 척도로 사용된다. 일반적으로 사람들이 소유하는 재화와 서비스가 많을수록 더 좋아지는 것은 사실이지만, GDP는 후생수준에 대한 대략적인 척도일 뿐이라는 것을 살펴보도록 하자.

총생산 척도로서 GDP의 단점

GDP를 측정할 때, 2가지 형태의 생산, 즉 가계에서 이루어지는 생산과 지하경제에서 이루어지는 생산은 포함되지 않는다.

가계 생산. GDP를 측정할 때, 시장에서 구매되고 판매되지 않는 재화와 서비스의 가치는 포함되지 않는다. 만일 목수가 책장을 만들어 판매하면, 책장의 가치는 GDP에 계산된다. 만일 목수가 개인적으로 사용하기 위해 책장을 만들면, 책장의 가치는 GDP에 계산되지 않는다. *가계 생산 household production*은 사람들이 자신을 위해 사용하기 위해 생산하는 재화와 서비스를 의미한다. 가계 생산 중에서 가장 중요한 형태는 가정주부가 가족을 위해 제공하는 서비스이다. 만일 어떤 사람이 자녀들을 돌보고, 집안을 청소하고 가족의 식사를 준비하는 경우, 이러한 서비스의 가치는 GDP에 포함되지 않는다. 만일 그가 집 밖에서 일하기로 결정하고, 자녀를 유아원에 맡기고, 세탁서비스를 사용하고 레스토랑에서 가족 식사를 구매하기 시작하면, GDP의 가치는 유아원, 세탁서비스, 레스토랑 식사에 대해 지불하는 금액만큼 증가한다.

지하경제 생산. 개인들과 기업들이 재화와 서비스의 구매와 판매를 숨기는 경우 이러한 재화와 서비스의 생산은 GDP에 계산되지 않는다. 개인들과 기업들은 3가지의 기본적인 이유 때문에 그들이 구매하고 판매하는 것을 숨긴다. 그들은 마약이나 성매매와 같은 불법적인 재화와 서비스를 거래한다. 그들은 버는 소득에 대한 세금 납부를 회피하기 원한다. 그들은 정부규제를 회피하기 원한다. 이렇게 숨겨지는 재화와 서비스의 구매와 판매는 **지하경제 underground economy**라고 부른다. 미국의 지하경제 규모에 대한 추정치는 매우 다양하나 최대로 GDP의 10%, 즉 약 $1.7조에 이른다. 짐바브웨나 페루와 같은 일부 저소

지하경제
underground economy
세금이나 규제를 회피하거나 불법적이어서 정부가 알 수 없도록 숨겨지는 재화와 서비스의 구매와 판매.

득 국가들의 지하경제 규모는 GDP의 반 이상일 수 있다.

가계 생산이나 지하경제 생산을 GDP의 계산에 포함시키지 않는 것이 GDP의 심각한 단점인가? 대부분의 경제학자들은 GDP의 가장 중요한 용도는 한 연도에서 다음 연도까지와 같이 짧은 기간 동안에 경제의 성과 변화를 측정하는 것이기 때문에 그것이 단점은 아니라고 말한다. 이러한 목적으로 GDP를 사용하는 경우, 한 연도에서 다음 연도까지의 기간 동안에 가계 생산이나 지하경제의 규모가 크게 변화할 가능성이 없기 때문에 가계 생산과 지하경제 생산을 누락시키는 것은 문제가 되지 않는다.

또한 GDP는 10년이나 그 이상의 상당히 장기간 동안 재화와 서비스의 생산이 어떻게 증가하는지 측정하기 위해 사용된다. 이러한 목적으로 GDP를 사용하는 경우, 가계 생산과 지하경제 생산을 누락시키는 것이 더 중요한 문제일 수 있다. 예를 들어, 1970년대 초 이후 집 밖에서 일하는 여성의 수가 극적으로 증가했다. 이에 따라 그 이후에 생산된 유아원과 레스토랑 식사와 같은 일부의 재화와 서비스는 실제로 총생산에 추가된 것이라기보다는 가계생산이었던 것을 대체한 것이다.

Making the Connection

왜 많은 개도국들의 지하경제규모가 큰가?

최근 추정치에 의하면 지하경제규모는 미국의 경우 GDP의 8%, 서유럽의 경우 13%에 이른다. 많은 개도국들의 지하경제규모는 GDP의 50% 이상에 이를 정도로 훨씬 더 크다. 개도국들에서 지하경제는 종종 재화와 서비스의 생산이 측정되는 공식부문 formal sector과는 달리 비공식부문 informal sector이라고 부른다. 재화와 서비스의 생산이 측정되어 GDP에 포함되느냐 측정되지 않느냐는 중요하지 않을 수 있지만, 비공식부문이 크다는 것은 정부정책이 경제성장을 방해하고 있다는 표시일 수 있다.

비공식부문에 있는 기업들은 불법적으로 활동하기 때문에, 합법적으로 활동하는 기업들보다 그 규모가 작고 더 적은 자본을 가지는 경향이 있다. 비공식부문에서 기업을 창업한 기업가들은 정부가 언젠가 자신의 기업을 폐쇄시키거나 몰수할 수 있다는 것을 두려워할 수 있다. 따라서 이러한 기업가들은 그들의 기업에 대한 투자를 제한한다. 그 결과로 이러한 기업들의 근로자들은 더 적은 기계와 장비를 가지고 일하게 되고, 이에 따라 더 적은 재화와 서비스를 생산할 수 있다. 또한 비공식부문의 기업가들은 정부 당국을 피하기 위한 비용을 지불해야만 한다. 예를 들어, 브라질의 비공식부문에서 영업하는 건설회사들은 정부 감독관들이 올 때 근로자들이 숨도록 경고해 줄 수 있는 감시원들을 고용해야만 한다. 많은 국가들에서 비공식부문에 있는 기업들은 사업을 계속하기 위해 정부 관리들에게 상당한 뇌물을 지불해야만 한다. 일부 개도국들에서 비공식부문 규모가 큰 것은 세금이 높고 정부규제가 광범위하기 때문이다. 예를 들어, 미국의 기업들은 모든 세금의 41%를 납부하는 반면, 브라질의 기업들은 모든 세금의 85%

일부 개도국들에서 근로자들의 반 이상이 지하경제에서 일한다.

를 납부한다. 모든 브라질 근로자들의 약 반이 비공식부문에 고용되어 있다는 것은 놀라운 일이 아니다. 짐바브웨와 페루에서 비공식부문에 고용되어 있는 근로자의 비중은 60%나 70%로 높을 수 있다. 인도의 비공식부문 규모는 거의 50%에 이르는 것으로 추정된다.

많은 경제학자들은 개도국들이 선진국들의 정부부문만큼 그들의 경제에 비해 상대적으로 큰 정부부문을 유지하기 위해 필요한 자금을 조달하고자 하기 때문에 개도국들에서 세금이 매우 높다고 생각한다. 예를 들어, 이전지급을 포함한 브라질의 정부지출은 GDP의 41%인 반면 미국의 정부지출은 GDP의 36%이다. 20세기 초에 미국이 현재보다 훨씬 더 가난했을 때, 정부지출은 GDP의 약 8% 정도에 불과했고 이에 따라 미국 기업들의 세금부담은 훨씬 더 적었다. 브라질과 같은 국가들에서 기업들을 비공식부문으로부터 공식부문으로 이동시키기 위해서는 정부지출과 세금의 감소가 필요할 수 있다. 그러나 대부분의 개도국들에서 유권자들은 정부서비스가 감소되는 것을 원치 않는다.

자료: "Dynamic but Dirty," *Economist*, December 2, 2010; "Notes from the Underground," *Economist*, April 2, 2009; Mary Anastasia O'Grady, "Why Brazil's Underground Economy Grows and Grows," *Wall Street Journal*, September 10, 2004; and the International Monetary Fund.

후생수준의 척도로서 GDP의 단점

GDP의 주요 목적은 한 국가의 총생산을 측정하는 것이다. 그렇지만 GDP는 후생수준의 척도로도 자주 사용된다. 예를 들어, 신문과 잡지 기사들은 종종 각국의 *일인당 GDP* 수준을 보여주는 표를 제시한다. 일인당 GDP는 한 국가의 GDP 가치를 그 국가의 인구로 나누어서 계산된다. 이러한 기사들은 일인당 GDP가 더 높은 수준인 국가들에서 사는 사람들이 더 나은 삶을 누린다는 점을 제시한다. GDP의 증가가 종종 국민의 후생수준을 증가시키지만, GDP는 몇 가지 이유로 후생수준의 완전한 척도는 아니라는 점을 인식하는 것이 중요하다.

여가의 가치는 GDP에 포함되지 않는다. 만일 한 경제컨설턴트가 은퇴하기로 결정하면, 이 컨설턴트가 컨설팅회사를 경영하면서 버는 소득보다 늘어난 여가를 더 가치 있게 여길지라도 GDP는 감소할 것이다. 이 컨설턴트의 후생수준은 증가하나 GDP는 감소한다. 1890년에 전형적인 미국인은 주당 60시간 일했다. 현재, 전형적인 미국인은 주당 40시간보다 적게 일한다. 만일 미국인이 여전히 주당 60시간을 일한다면, GDP는 현재보다 훨씬 더 높아질 것이나 미국인의 후생수준은 여가활동을 위해 사용할 수 있는 시간이 줄어들기 때문에 더 낮아질 것이다.

GDP는 공해나 기타 생산의 부정적 효과에 대해 조정되지 않는다. 한 드라이클리닝 업자가 의류를 세탁하고 다림질할 때, 이러한 서비스의 가치는 GDP에 포함된다. 만일 이 드라이클리닝 업자가 사용하는 화학약품이 공기나 물을 오염시키더라도, GDP는 공해의 비용을 보상하기 위해 조정되지 않는다. 이와 유사하게 생산된 담배의 가치는 GDP에 포함되나 GDP는 일부 흡연자들에게 발생되는 폐암의 비용을 위해 조정되지 않는다.

그렇지만 GDP의 증가는 국가가 종종 공해를 감소시키기 위해 더 많은 자원을 사용할 수 있게 해준다는 점에 주목해야 한다. 예를 들어, GDP가 지속적으로 증가했던 1970년과 2013년 사이에 미국에서 6가지 주요 공해물질의 방출량은 50% 이상 감소했다. 개도국들은 종종 고소득국가들보다 더 많은 공해를 가지고 있는데 이것은 개도국들의 GDP가 낮은 것이 공해 감소에 자원을 사용하는 것을 더 주저하게 만들기 때문이다. 중국의 공해 수준은 미국, 일본, 서유럽 국가들보다 훨씬 더 높다. World Health Organization (WHO)에 의하면, 전 세계에서 가장 오염된 10대 도시 중 7개가 중국에 있으나 중국의 GDP가 계속해서 증가함에 따라 중국이 더 많은 자원을 공해를 감소시키는데 사용할 가능성이 있다.

GDP는 범죄와 기타 사회문제의 변화에 대해 조정되지 않는다. 범죄의 증가가 후생수준을 감소시키나 실제로 경찰, 경비원, 알람시스템에 대한 지출을 증가시킨다면 실제로 GDP를 증가시킬 수 있다. 또한 GDP는 이혼율, 마약중독, 사람들의 후생수준에 영향을 미칠 수 있는 기타 요인들의 변화에 대해 조정되지 않는다.

GDP는 파이의 크기를 측정하나 파이가 어떻게 나누어지는지를 측정하지 않는다. 한 국가의 GDP가 증가할 때, 이 국가는 더 많은 재화와 서비스를 가지게 되나 이러한 재화와 서비스가 매우 불평등하게 배분될 수 있다. 따라서 GDP는 전형적인 개인이 소비하는 재화와 서비스에 관한 좋은 정보를 제공하지 못할 수 있다.

요약하면, 한 사람의 후생수준은 GDP를 계산할 때 고려되지 않는 많은 요인들에 의해 결정된다고 말할 수 있다. GDP가 총생산을 측정하기 위해 고안된 것이기 때문에 후생수준을 측정하는데 불완전하다는 것은 놀라운 일이 아니다.

Making the Connection

제2차 세계대전이 번영을 가져왔는가?

1930년대의 대공황은 미국 역사상 최악의 경기침체였다. GDP는 1929년과 1933년 사이에 25% 이상 감소했고 1938년까지 1929년의 수준에 다시 도달하지 못했다. 실업률은 1940년까지 10% 이상의 높은 수준에 머물렀다. 그 이후 1941년에 미국은 제2차 세계대전에 참전했다. 아래의 그림은 미국의 GDP가 1941~1945년의 제2차 세계대전 기간 동안에 극적으로 증가했다는 것을 보여준다(이 그림은 물가수준의 변화에 대해 GDP를 조종한 실질GDP를 보여준다). 실업률도 2% 이하인 매우 낮은 수준으로 하락했다.

전통적으로 역사학자들은 제2차 세계대전은 미국 경제에 다시 번영을 가져왔다고 주장한다. 그러나 정말 그랬는가? 경제학자인 Robert Higgs는 전형적인 개인의 후생수준을 살펴보면 제2차 세계대전 기간 동안은 번영의 기간이라고 말할 수 없다고 주장했다. Higgs는 탱크, 선박, 비행기, 군수품 생산의 증가가 이 기간 동안 GDP증가의 대부분을 설명한다고 지적했다. 1943년과 1945년 사이에 경제활동인구의 40% 이상은 군대에 있었거나 전쟁 물자를 생산했다. 그 결과로, 1939년과 1944년 사이에 일인당 의류, 라디오, 책, 기타 소비재의 생산은 약 2%만 증가했고 1944년 전형적인 개인이 사용할 수 있는 소비재의 양은 여전히 1929년의 경우보다 적었다. 제2차 세계대전이 종료되면서 진정한 번영이 미국 경제에 돌아왔고, 1946년에 일인당 소비재의 생산은 1929년의 경우와 비교해 25% 이상 증가했다.

제2차 세계대전은 "가장 위대한 세대 the greatest generation"

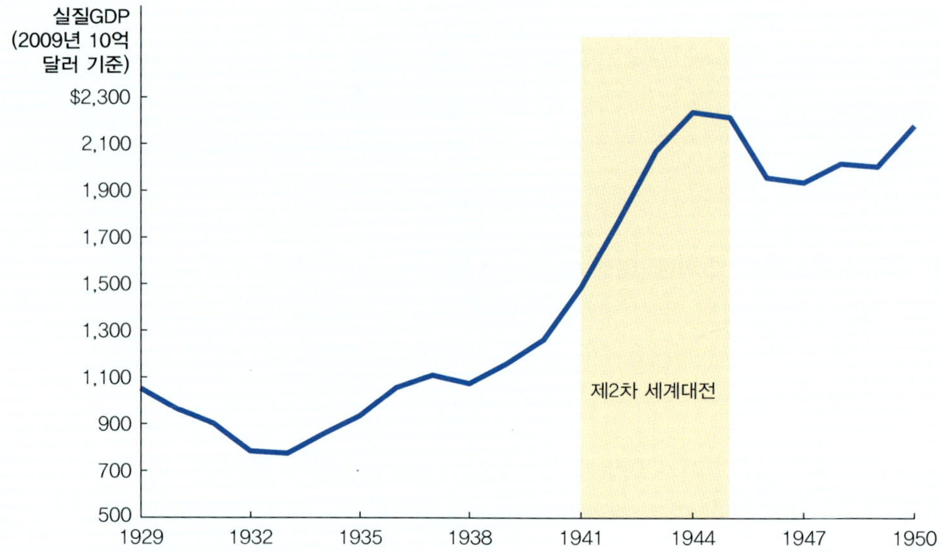

에 의한 예외적인 희생과 성취의 기간이었다. 그러나 그 기간의 GDP에 관한 통계는 그 기간이 번영의 기간이었는지에 대한 판단을 그르치게 하는 지표일 수 있다.

자료: Robert Higgs, "Wartime Prosperity? A Reassessment of the U.S. Economy in the 1940s," *Journal of Economic History*, Vol. 52, No. 1, March 1992; Robert Higgs, "From Central Planning to the Market: The American Transition, 1945–947," *Journal of Economic History*, Vol. 59, No. 3, September 1999; and data from the U.S. Bureau of Economic Analysis.

17.3. 실질GDP와 명목GDP

GDP는 가치기준으로 측정되기 때문에 시간의 흐름에 따른 GDP의 변화를 해석하는데 주의해야 한다. 그 이유를 살펴보기 위해서 픽업트럭 생산의 총가치가 2014년에 $400억에서 2015년에 $440억으로 증가한 것을 해석하는 문제를 생각해보자. $440억은 $400억보다 10% 더 크기 때문에 픽업트럭이 2014년보다 2015년에 10% 더 많이 생산되었는가? 2014년과 2015년 사이에 픽업트럭의 평균 가격이 변화하지 않았다면 이러한 결론을 얻을 수 있다. 실제로 GDP가 한 연도에서 다음 연도까지 증가할 때, 이러한 GDP의 증가는 부분적으로는 재화와 서비스 생산의 증가에 기인하고 부분적으로는 가격의 상승에 기인한다. 주로 생산의 척도로서 GDP에 관심을 가지고 있기 때문에, 가격 변화와 물량 변화를 구분하는 것이 필요하다.

실질GDP 계산하기

소위 *실질GDP real GDP* 라고 부르는 생산의 척도를 계산함으로써 가격 변화와 물량 변화를 분리시킬 수 있다. **명목GDP nominal GDP**는 최종 재화와 서비스의 현재 가치를 합하여 계산된다. **실질GDP real GDP**는 특정 연도를 *기준 연도 base year*로 설정하고 모든 다른 연도들의 재화와 서비스 가치를 계산하기 위해서 기준 연도의 재화와 서비스 가격을 사용하여 계산된다. 예를 들어, 만일 기준 연도가 2009년이면, 2015년의 실질GDP는 2009년의 재화와 서비스 가격을 사용하면서 계산된다. 가격을 일정하게 고정시킴으로써 실질GDP의 변화는 경제에서 생산된 재화와 서비스 양의 변화를 나타낸다.

명목GDP nominal GDP
현재 연도의 가격으로 평가된 모든 최종 재화와 서비스의 가치.

실질GDP real GDP
기준 연도의 가격으로 평가된 모든 최종 재화와 서비스의 가치.

문제풀이 17.3

실질GDP 계산하기

매우 단순한 경제가 다음과 같은 3개의 최종 재화와 서비스, 즉 시력검사, 피자, 신발만을 생산한다고 하자. 2015년의 실질GDP를 계산하기 위해 아래의 표에 제시되어 있는 정보를 사용하라. 기준 연도는 2009년이라고 가정하라.

제품	2009		2015	
	양	가격	양	가격
시력검사	80	$40	100	$50
피자	90	11	80	10
신발	15	90	20	100

문제풀기

Step 1: 본문의 내용을 다시 읽어보라. 이 문제는 실질GDP 계산에 관한 것이므로 [실질GDP 계산하기] 부분을 다시 읽어보라.

Step 2: 2015년의 양과 2009년의 가격을 사용하면서 표에 제시된 3개 재화와 서비스의 가치를 계산하라. 실질GDP는 기준 연도의 가격으로 평가된 모든 최종 재화와 서비스의 가치이다. 이 경우에 기준 연도는 2009년이고 기준 연도에서 각 제품의 가격에 관한 정보가 주어져 있다.

제품	2015년의 양	2009년의 가격	가치
시력검사	100	$40	$4,000
피자	80	11	880
신발	20	90	1,800

Step 3: 실질GDP를 구하기 위해서 3개 제품의 가치를 합하라. 2015년의 실질GDP는 다음과 같이 계산된 각 제품의 가치를 합한 것과 같다.

2015년에 받은 시력검사의 양 × 2009년의 시력검사 가격 = $4,000
2015년에 생산된 피자의 양 × 2009년의 피자 가격 = $880
2015년에 생산된 신발의 양 × 2009년의 신발 가격 = $1,800

따라서 2015년의 실질GDP는 $6,680이다.

기준 연도의 가격을 사용하면서 실질GDP를 계산하는데 따른 한 가지 단점은 시간이 흐름에 따라 가격들이 서로 상대적으로 변화할 수 있다는 것이다. 예를 들어, 스마트 폰의 가격은 우유의 가격에 비해 상대적으로 하락할 수 있다. 이러한 변화가 기준 연도의 고정된 가격에 반영되어 있지 않기 때문에 실질GDP의 추정치는 다소 왜곡된다. 현재 연도가 기준 연도로부터 멀어질수록 이러한 문제는 더 악화된다. 실질GDP를 보다 더 정확하게 계산하기 위해서, BEA는 *연쇄가중가격 chain-weighted prices*을 사용하는 방식으로 전환했고 현재 "연쇄 2009년 가격"으로 측정된 실질GDP에 관한 통계를 발표하고 있다.

연쇄가중가격을 사용하면서 실질GDP를 계산하는 방법은 약간 더 복잡하나 기본적인 아이디어는 간단하다. 기준 연도에서 시작하여 기준 연도 가격과 다음 연도 가격의 평균을 구하고 이러한 평균가격이 기준 연도 다음 연도의 실질GDP를 계산하기 위해 사용된다. 그 다음 연도, 즉 기준 연도로부터 2년 후에 해당되는 연도의 경우, 그 연도 가격과 그 이전 연도 가격의 평균을 구하여 이러한 평균가격이 그 연도의 실질GDP를 계산하기 위해 사용된다. 이러한 방식에서 각 연도의 가격은 이전 연도의 가격과 연결되어 있고 상대가격의 변화에 따른 왜곡이 최소화된다.

가격을 고정시킨다는 것은 달러의 *구매력 purchasing power*이 매년 같다는 것을 의미한다. 일반적으로 가격 상승은 달러로 구매할 수 있는 재화와 서비스의 양을 감소시키기 때문에 달러의 구매력은 매년 감소한다.

실질GDP와 명목GDP의 비교

실질GDP는 가격을 고정시킴으로써 명목GDP보다 한 연도부터 다음 연도까지 재화와 서비스 생산의 변화를 측정하는 더 양호한 척도이다. 실제로 경제의 성장은 실질GDP의 증가로 측정된다. 만일 *Wall Street Journal* 저널의 기사 제목이 "미국 경제가 지난해 2.3% 성장했다"라고 되어 있으면, 이 기사는 실질GDP가 지난해 동안 2.3% 증가했다고 보도하는 것이다.

실질GDP는 "기준 연도 달러" 기준으로 측정된다. 예를 들어, 2012년의 명목GDP는 $162,450억이었고 2009년이 기준연도인 경우 2012년의 실질GDP는 $154,710억이었다. 평균적으로 가격은 매년 상승하기 때문에 실질GDP는 기준 연도 이전 연도에서는 명목GDP보다 크나 기준 연도 이후 연도에서는 명목GDP보다 적다. 기준 연도에서 실질GDP와 명목GDP는 모두 동일한 가격과 양을 사용하면서 계산되기 때문에 같다. [그림 17.3]은 1990

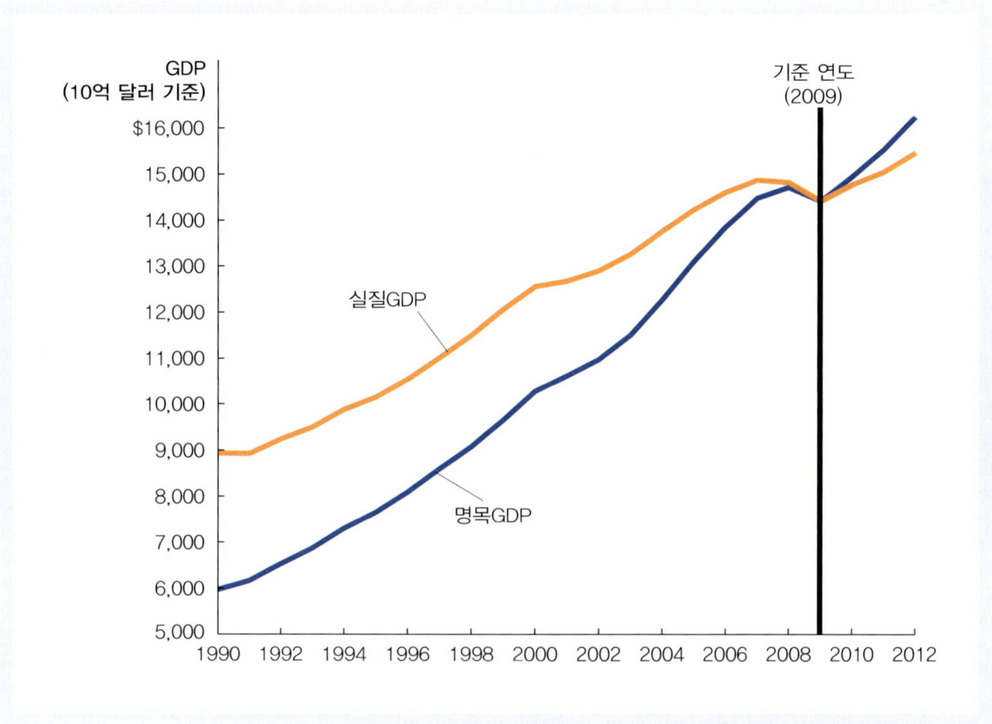

그림 17.3

명목GDP와 실질GDP, 1990~2012년

현재, GDP를 계산하는 기준 연도는 2009년이다. 2009년 이전 연도에서 가격은 평균적으로 2009년의 가격보다 낮기 때문에 명목GDP는 실질GDP보다 적다. 2009년에 명목GDP와 실질GDP는 같다. 2009년 이후 가격은 평균적으로 2009년의 가격보다 높기 때문에 명목GDP가 실질GDP보다 크다.
자료: U.S. Bureau of Economic Analysis.

년과 2012년 사이의 기간 동안 명목GDP와 실질GDP의 변화추이를 보여준다. 2009년 이전 연도에서 가격은 평균적으로 2009년의 가격보다 낮기 때문에 명목GDP는 실질GDP보다 적다. 2009년에 명목GDP와 실질GDP는 같다. 2009년 이후 가격은 평균적으로 2009년의 가격보다 높기 때문에 명목GDP가 실질GDP보다 크다.

GDP 디플레이터

경제학자들과 정책담당자들은 실질GDP로 측정되는 총생산 수준뿐만 아니라 *물가수준 price level*에도 관심을 가지고 있다. **물가수준 price level**은 경제에 있는 재화와 서비스의 평균가격을 측정한다. 경제정책목표 중 하나는 안정적인 물가수준을 유지하는 것이다. 소위 *GDP 디플레이터 GDP deflator*라고 부르는 물가수준의 척도를 계산하기 위해 명목GDP와 실질GDP가 사용될 수 있다. 다음과 같은 공식을 사용하면서 **GDP 디플레이터 GDP deflator**가 계산된다.

물가수준 price level
경제에 있는 재화와 서비스의 평균가격에 대한 척도.

GDP 디플레이터 GDP deflator
명목GDP를 실질GDP로 나누고 이에 100을 곱하여 계산되는 물가수준의 척도.

$$\text{GDP 디플레이터} = \frac{\text{명목}GDP}{\text{실질}GDP} \times 100$$

왜 GDP 디플레이터가 물가수준의 척도인지를 살펴보기 위해서, 생산량은 변화하지 않았으나 재화와 서비스의 가격이 상승했다면 어떤 일이 발생하는지 생각해 보라. 이 경우에 명목GDP는 증가할 것이나 실질GDP는 변화하지 않을 것이다. 이에 따라 GDP 디플레이터가 증가할 것이다. 현실에서는 일반적으로 가격과 생산량은 모두 매년 증가하나, 생산량의 증가에 비해 상대적으로 가격이 더 크게 상승할수록, 명목GDP는 실질GDP에 비해 상대적으로 더 증가하고 GDP 디플레이터의 값도 더 커진다. GDP 디플레이터의 증가는 시간이 흐름에 따른 물가수준의 상승을 추적할 수 있게 해준다.

기준 연도(현재 2009년)에서, 명목GDP는 실질GDP와 같기 때문에 GDP 디플레이터는 항상 100이다. 아래의 표는 2011년과 2012년의 명목GDP와 실질GDP를 제시해 준다.

	2011	2012
명목GDP	$15,534 백만	$16,245 백만
실질GDP	$15,052 백만	$15,471 백만

이 표의 정보를 사용하면서 2011년과 2012년의 GDP 디플레이터를 계산할 수 있다.

공식	2011년에 적용	2012년에 적용
$\text{GDP 디플레이터} = \frac{\text{명목}GDP}{\text{실질}GDP} \times 100$	$\frac{\$15{,}534\text{ 백만}}{\$15{,}052\text{ 백만}} \times 100 = 103$	$\frac{\$16{,}245\text{ 백만}}{\$15{,}471\text{ 백만}} \times 100 = 105$

이러한 GDP 디플레이터의 값들을 사용하여 2011년과 2012년 사이에 물가수준이 1.9% 상승했다는 것을 다음과 같이 계산할 수 있다.

$$\left(\frac{105-103}{103}\right) \times 100 = 1.9\%$$

제18장에서 경제학자들과 정책담당자들은 소비자물가지수 consumer price index로 알려져 있는 또 다른 물가수준의 척도에 의존하고 있다는 것을 살펴볼 것이다. 이에 더하여 서로 다른 물가수준 척도들의 강점과 약점에 대한 논의도 이루어질 것이다.

17.4. 기타 총생산과 총소득 척도

*국민소득계정 national income accounting*은 경제의 총생산과 총소득을 추적하기 위해 사용하는 방법을 일컫는다. 미국의 경우 이러한 정보를 포함하고 있는 통계표는 *국민소득생산계정표 National Income and Product Accounts (NIPA) tables*라고 부른다. 매 분기마다 BEA는 총생산과 총소득에 관한 몇 개 척도들에 관한 데이터를 포함하고 있는 NIPA 표를 발표한다. 총생산과 총소득에 관한 가장 중요한 척도인 GDP에 대해서는 이미 논의했다. GDP에 추가하여, BEA는 다음과 같은 4가지 생산과 소득에 관한 척도, 즉 *국민총생산 gross national product (GNP)*, *국민소득 national income (NI)*, *개인소득 personal income*, *처분가능개인소득 disposable personal income*을 계산한다.

국민총생산(GNP)

GDP는 한 국가 내에서 일정한 기간 동안 생산된 최종 재화와 서비스의 가치라는 것을 살펴보았다. *국민총생산 gross national product (GNP)*은 생산이 한 국가의 밖에서 이루어지더라도, 한 국가의 국민에 의해 생산된 최종 재화와 서비스의 가치이다. 미국 기업들은 해외 국가들에 생산 시설을 가지고 있고 외국 기업들은 미국에 생산 시설을 가지고 있다. 예를 들어, Ford는 영국에 자동차 조립공장을 가지고 있고 Toyota는 미국에 자동차 조립공장을 가지고 있다. GNP는 미국 기업들에 의한 해외 생산을 포함하나 미국에서 이루어지는 외국 기업들에 의한 생산을 제외시킨다. 미국의 경우, GNP는 GDP와 거의 같다. 예를 들어, 2012년에 GDP는 $162,450억이었고, GNP는 GDP보다 불과 약 1.5% 많은 $164,970억이었다.

오랜 기간 동안, GNP는 연방정부에 의해 집계된 총생산의 주요 척도였고 미국의 경제학자들과 정책담당자들에 의해 사용되었다. 그러나 미국이외의 많은 국가들에서는 국내생산의 상당한 비중이 해외기업들이 소유한 생산 시설에서 생산된다. 이러한 국가들의 경우, GDP가 GNP보다 훨씬 더 크고 그 국가의 국경 안에서 이루어지는 생산 수준에 대한 더 정확한 척도이다. 그 결과로, 많은 국가들과 국제기관들은 오랜 기간 동안 GNP보다 GDP의 사용을 선호했다. 1991년에 미국도 이러한 국가들과 마찬가지로 총생산의 주요 척도로서 GDP를 사용하기 시작했다.

국민소득(NI)

재화와 서비스를 생산하는데 있어서 일부 기계, 설비, 빌딩은 낡게 되고 대체되어야만 한다. 이와 같이 기계, 설비, 빌딩의 가치가 상실되는 금액을 감가상각 depreciation이라고 부른다. NIPA표에서 감가상각은 *고정자본소비 consumption of fixed capital*라고 부른다. GDP에서 감가상각을 뺀 것이 *국민소득 national income*이다.

이 장의 앞부분에서, 총생산의 가치는 총소득의 가치와 같다는 점을 강조했다. GDP가 "총생산의 가치"를 의미하고 국민소득이 "총소득의 가치"를 의미한다면 이러한 사실은 엄밀하게 맞지 않는다. 왜냐하면 국민소득은 항상 감가상각만큼 GDP보다 더 적기 때문이다. 그렇지만 실제로 GDP의 값과 국민소득의 값의 차이는 대부분의 거시경제 쟁점들을 논의하는데 문제가 되지 않는다.

개인소득

개인소득은 가계들이 받는 소득이다. 개인소득을 계산하기 위해서 기업들이 배당의 형태로 주주들에게 지급하지 않고 보유하는 수익은 공제된다. 또한 *이전지급 transfer payment*이나 국채 government bonds에 대한 이자의 형태로 가계들이 정부로부터 받는 지급은 포함된다.

처분가능개인소득

처분가능개인소득은 개인소득에서 연방개인소득세와 같은 개인세금을 납부한 금액을 뺀 것과 같다. 처분가능개인소득은 가계들이 실제로 지출하기 위해 사용할 수 있는 소득에 대한 가장 좋은 척도이다.

[그림 17.4]는 2012년 총생산과 총소득에 대한 다양한 척도들의 값들을 표와 그림으로 보여준다.

소득의 분해

[그림 17.1]은 GDP를 총지출이나 가계가 받는 총소득으로 측정할 수 있다는 중요한 사실을 보여준다. 가계에게 지급되는 소득의 합으로 계산되는 GDP는 종종 *국내총소득* *gross domestic income*이라고도 부른다. [그림 17.5]는 총소득을 임금, 이자, 임대료, 이윤, 기타 비소득 항목으로 분해한 것을 보여준다.

판매세, 감가상각, 기타 항목들은 생산된 재화와 서비스의 가치에는 포함되나 가계가

척도	10억 달러 기준
GDP	$16,245
GNP	16,498
국민소득	13,972
개인소득	13,744
처분가능개인소득	12,246

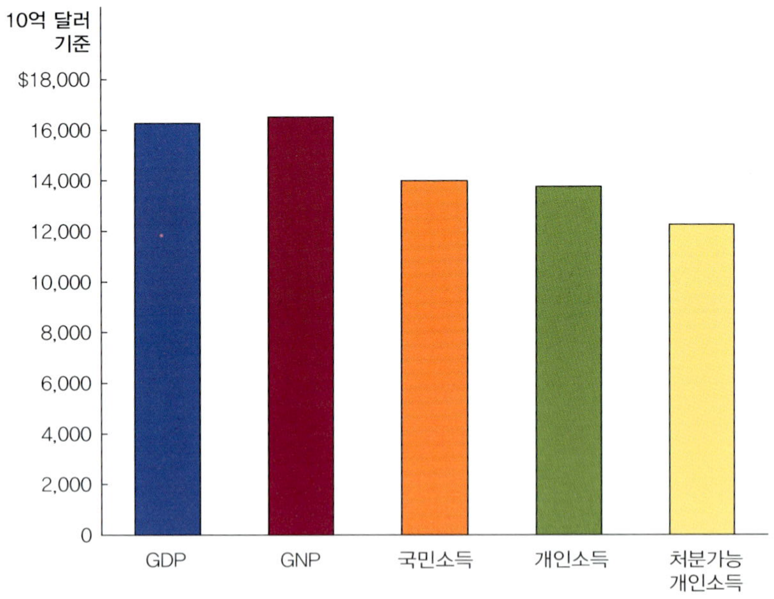

그림 17.4

총생산과 총소득의 척도, 2012년

총생산과 총소득의 가장 중요한 척도는 국내총생산(GDP)이다. 다음의 장들에서 살펴보는 것처럼, 논의의 목적에 따라 이 그림에 제시되어 있는 총생산과 총소득의 여타 척도들이 GDP보다 더 유용하다.
자료: U.S. Bureau of Economic Analysis.

		10억 달러 기준
임금		$8,620
이자		597
임대료		541
이윤		2,815
개인기업의 이윤	1,225	
법인기업의 이윤	1,591	
통계적 불일치		3,668

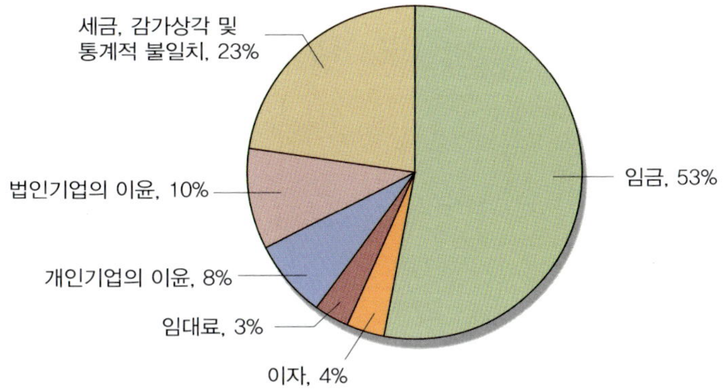

그림 17.5

소득의 분해, 2012년

GDP는 총지출이나 가계가 받는 총소득으로 측정된다. 가계가 받는 소득 중 가장 최대의 구성요소는 임금이며 임금은 개인기업이 받는 이윤과 법인기업이 받는 이윤을 합한 것보다 3배 이상 크다.
자료: U.S. Bureau of Economic Analysis.

소득으로 직접 지급받는 것이 아니기 때문에 비소득항목으로 총국내소득에 포함된다. 임금 wage은 건강보험과 같은 부가혜택을 포함하여 근로자가 받는 모든 보상을 포함한다. 이자 interest는 가계가 받는 순이자로서 저축계좌, 국채, 기타 투자로부터 받는 이자와 자동차론, 주택모기지, 기타 부채에 지불하는 이자의 차이이다. 임대료 rent는 가계가 받는 임대료이다. 이윤 profits은 일반적으로 소기업인 개인기업의 이윤과 법인기업의 이윤을 포함한다. [그림 17.5]는 국내총소득의 최대 구성 요소는 임금이고 임금은 이윤보다 약 3배 크다는 것을 보여준다.

결론

이 장에서는 한 가지 중요한 개념, 즉 한 국가의 총생산과 총소득은 어떻게 측정될 수 있는지를 살펴보면서 거시경제학 연구를 시작했다. GDP를 이해하는 것이 경기변동과 장기 경제성장을 이해하는데 중요하다. 다음 장에서는 다른 2개의 중요한 경제변수, 즉 실업률과 인플레이션율을 측정하는데 관련된 쟁점들이 논의된다.

주요 용어

경기변동 business cycle
소비 consumption
경제성장 economic growth
경기확장 expansion
최종재 또는 최종 서비스 final good or service
명목GDP nominal GDP
실질GDP real GDP
GDP 디플레이터 GDP deflator
정부구매 government purchase
국내총생산 gross domestic product (GDP)
인플레이션율 inflation rate
중간재 또는 중간 서비스 intermediate good or service
투자 investment
거시경제학 macroeconomics
미시경제학 microeconomics
순수출 net exports
물가수준 price level
경기후퇴 recession
이전지급 transfer payments
지하경제 underground economy
부가가치 value added

연습문제

*복습질문

1. 왜 미시경제학에서는 생산을 양 기준으로 측정하나 거시경제학에서는 생산을 시장가치 기준으로 측정하는가?

2. U.S. Bureau of Economic Analysis가 주어진 연도 동안 판매된 모든 재화와 서비스의 가치를 합하면, 그 합계는 GDP보다 큰가, 작은가 또는 GDP와 같은가?

3. 소득의 순환흐름도에서 왜 경제의 총생산 가치는 총소득 가치와 같아야 하는가?

4. GDP의 4가지 주요 지출 구성요소들을 설명하고 GDP와 4가지 지출 구성요소들 간의 관계를 나타내는 식을 써보라.

5. 한 기업의 "부가가치"는 무엇을 의미하는가?

6. 왜 한 국가의 GDP 규모가 중요한가? 한 국가의 GDP 규모는 그 국가 사람들의 삶의 질에 어떻게 영향을 미치는가?

7. 지하경제는 무엇인가? 왜 일부 국가들의 지하경제 규모가 다른 국가들의 지하경제 규모보다 더 큰가?

8. 왜 GDP가 경제적 후생수준의 불완전한 척도인가? GDP는 어떤 형태의 생산을 측정하지 않는가? GDP에 이러한 형태의 생산이 포함되어도, GDP는 여전히 경제적 후생수준의 불완전한 척도인가?

9. 왜 인플레이션이 명목GDP를 한 연도부터 다음 연도까지의 기간 동안 발생되는 총생산의 증가에 대한 불량한 척도로 만드는가? 인플레이션이 명목GDP를 사용하는 경우에 발생시키는 문제는 어떻게 해결될 수 있는가?

10. GDP 디플레이터는 무엇이고 어떻게 계산되는가?

11. 인플레이션이 시간이 흐름에 따라 발생했다고 가정하라. 아래의 각 상황에서 명목GDP와 실질GDP간의 관계를 설명하라.
a. 기준 연도 이후의 연도들
b. 기준 연도
c. 기준 연도 이전의 연도들

12. GDP와 GNP 간의 차이점은 무엇인가? 이러한 차이점이 미국의 경우에 중요한지 간략히 설명하라.

13. 명목소득, 개인소득, 처분가능개인소득 간의 차이점은 무엇인가?

14. 총국내소득은 무엇인가? 총국내소득 중에서 어느 구성요소가 가장 큰가?

*문제와 응용

1. 한 학생이 다음과 같이 말한다. "중간재가 GDP의 계산에 포함되지 않는다는 것은 이치에 맞지 않는다. 컴퓨터 칩은 중간재이고 이것이 없으면 PC는 작동하지 않을 것이다. 따라서 왜 GDP를 계산하는데 컴퓨터 칩을 포함시키지 않는가?" 이 학생의 질문에 대해 답하라.

2. 다음의 각 거래는 최종재의 구매를 나타내는지 간략히 설명하라.
a. 한 제과점의 밀가루 구매
b. 연방정부의 항공기 구매
c. 한 미국인 소비자의 프랑스산 와인 구매

d. American Airline의 새로운 여객기 구매

3. 2006년에 지어져서 2015년에 재판매된 집 한 채의 가치는 2015년의 GDP에 포함되는가? 2015년에 이 집을 판매하거나 구매하는데 도움을 준 부동산 업자의 서비스는 2015년의 GDP에 포함되는가? 간략히 설명하라.

4. 한 예술가가 그녀의 금속 조각품을 위한 원자재로 사용하기 위해 한 지역철강회사로부터 고철 금속을 구매한다. 작년에 그녀는 $5,000어치의 고철 금속을 구매했다. 작년에 그녀는 10개의 금속 조각품을 생산했고 1개당 $800에 한 지역미술점에 팔았다. 이 지역미술점은 그녀로부터 구매한 금속 조각품 모두를 1개당 $1,000에 지역 미술수집가들에게 팔았다. 이러한 10개 금속 조각품의 경우, 예술가의 총부가가치는 얼마이고 지역미술점의 총부가가치는 얼마인가?

5. 다음 중 어느 것이 GDP를 증가시킬 수 있는가? 어느 것이 GDP를 감소시킬 수 있는가?

a. 집 밖에서 일하는 여성들의 비중이 증가한다.

b. 범죄율이 급속히 증가한다.

c. 높은 세율이 일부 사람들이 버는 소득의 많은 부분을 숨기게 만든다.

6. 한 전형적인 미국인은 1890년에 주당 60시간 일했던 반면 현재 주당 40시간보다 적게 일한다. 이러한 주당 일하는 시간의 차이가 현재 미국인들의 경제적 후생수준과 1890년 미국인들의 경제적 후생수준을 비교하는데 중요한가? 주당 일하는 시간의 차이를 무시하고 경제적 후생수준의 차이를 측정하기 위해 현재 일인당 실질GDP와 1890년 일인당 실질GDP의 차이를 사용할 수 있는가? 간략히 설명하라.

7. 아래의 표에 제시되어 있는 정보는 4개의 재화와 서비스, 즉 신발, 햄버거, 셔츠, 원면만을 생산하는 한 단순한 경제에 관한 것이다. 모든 원면은 셔츠의 생산에 사용된다고 가정하라.

	2009		2014		2015	
제품	양	가격	양	가격	양	가격
신발	90	$50.00	100	$60.00	100	$65.00
햄버거	75	2.00	100	2.00	120	2.25
셔츠	50	30.00	50	25.00	65	25.00
원면	100	0.80	800	0.60	120	0.70

a. 기준 연도는 2009년이라고 가정하면서, 표에 제시된 정보를 사용해서 2014년과 2015년의 실질GDP를 계산하라.

b. 2015년의 실질GDP 성장률은 얼마인가?

8. 당신은 다음의 진술에 동의하는지 간략히 설명하라.

a. "만일 어느 연도에 명목GDP가 실질GDP보다 적으면, 물가수준은 그 연도 동안에 하락했음에 틀림없다."

b. "실질GDP가 감소할 때마다, 명목GDP도 감소해야 한다."

c. "만일 경기후퇴가 매우 심해서 물가수준이 하락하면, 실질GDP와 명목GDP는 모두 감소해야 한다."

d. "명목GDP가 2008년과 2009년 사이에 감소했다. 따라서 GDP 디플레이터도 하락했음에 틀림없다."

9. 아래의 그래프는 디플레이션, 즉 물가수준의 하락을 경험했던 한 경제의 명목GDP와 실질GDP의 변화 추이를 보여준다. 기준 연도이전의 연도들에서 점*A*에서 점*B*까지의 곡선이 명목GDP를 보여주는가 점*C*에서 점*B*까지의 곡선이 명목GDP를 보여주는가? 간략히 설명하라. 기준 연도 이후의 연도들에서 점*B*에서 점*D*까지의 곡선이 실질GDP를 보여주는가 점*B*에서 점*E*까지의 곡선이 실질GDP를 보여주는가? 간략히 설명하라.

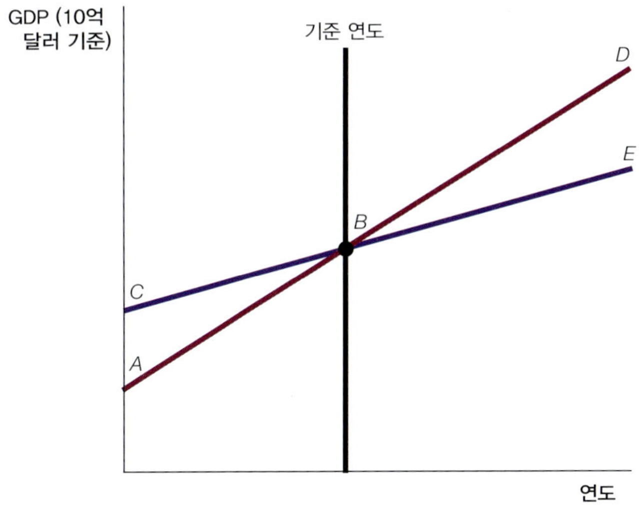

10. 한 국가의 많은 시민들이 다른 국가들에서 일하고 이 국가의 많은 기업들이 다른 국가들에 생산시설을 가지고 있다고 하자. 더욱이, 상대적으로 적은 해외 국가들의 시민들이 이 국가에서 일하고 상대적으로 적은 외국 기업들이 이 국가에 생산시설을 가지고 있다. 이러한 상황에서,

당신은 이 국가의 경우 GDP와 GNP 중에서 어느 것이 더 클 것으로 예상하는가? 간략히 설명하라.

11. 정부가 개인소득세로 거둬들이는 금액이 증가하는 반면 GDP는 변화하지 않는다고 하자. 국민소득, 개인소득, 처분가능개인소득에 어떤 일이 발생하는가?

12. 당신이 가계의 소비지출수준을 예측하고자 한다면, 총생산과 총소득 중에서 어떤 척도가 가장 도움이 될 수 있는가? 간략히 설명하라.

13. 다음 진술이 얼마나 정확한지 간략히 논의하라. "기업이윤이 너무 많다. 대부분의 기업들은 이윤이 그들이 판매하는 제품 가격의 50%와 같게 책정하고 있다."

CHAPTER 18

실업과 인플레이션

이 장의 학습내용

18.1 실업률, 경제활동참가율, 고용률의 측정
- 실업률, 경제활동참가율, 고용률을 정의하고 이러한 개념들이 어떻게 계산되는지 이해한다.

18.2 실업의 형태
- 3가지의 실업 형태를 구별한다.

18.3 실업 설명하기
- 어떤 요인들이 실업률을 결정하는지 설명한다.

18.4 인플레이션의 측정
- 물가수준과 인플레이션율을 정의하고 이러한 개념들이 어떻게 측정되는지 이해한다.

18.5 인플레이션의 효과를 조정하기 위해 물가지수 사용하기
- 인플레이션의 효과를 조정하기 위해 물가지수를 사용한다.

18.6 실질이자율과 명목이자율
- 명목이자율과 실질이자율을 구별한다.

18.7 인플레이션은 경제에 비용을 부과하는가?
- 인플레이션이 발생시키는 문제들을 논의한다.

Caterpillar가 근로자 해고 계획을 발표하다.

거시경제학을 공부할 때, 총생산, 총고용, 물가수준과 같이 큰 그림을 살펴본다. 그러나 이러한 큰 그림은 수백만의 소비자들, 근로자들과 기업들로 구성되어 있다. Caterpillar는 세계 최대의 건설 및 광산 기계 제조회사이다. Caterpillar는 특히 지속적으로 높은 성장률을 경험했던 중국과 같은 개도국들에서 자신의 광산기계에 대한 수요가 강했기 때문에 2007~2009년의 심한 경기후퇴기 동안에 상대적으로 잘 버티어 냈다.

그러나 2013년에 이르러 중국과 일부 개도국들의 성장이 둔화되었고 이것이 동, 철광석, 기타 광산물의 가격을 하락시켰다. Caterpillar의 광산기계에 대한 수요가 감소함에 따라, Caterpillar는 South Milwaukee 공장의 260명 근로자들을 해고할 것이라고 발표했다. Caterpillar의 발표문은 해고의 원인을 소비자 주문의 감소 탓으로 돌렸다. "광산 소비자들의 주문 감소 때문에, 우리는 이러한 수요의 감소에 부합하도록 생산을 감소시키는 조치를 취해야만 한다."

Caterpillar는 South Milwaukee 공장 근로자들을 대표하는 미국철강노조와 새로운 노동 계약에 합의한 지 수일 후에 이러한 해고를 발표했다. Caterpillar와 미국철강노조가 합의한 6년 노동 계약은 근로자들에게 한 차례 현금 보너스를 제공하고 임금을 동결시키는 내용이었다. 통상적으로 물가 상승은 즉각적으로 근로자 급여의 구매력을 감소시킬 것이기 때문에 이러한 장기간에 걸친 임금 동결은 근로자들에게 어려움을 부과할 수 있다. 그러나 소비자 가격들이 상대적으로 완만하게 상승하고 있었기 때문에 Caterpillar의 근로자들은 이러한 계약을 수용할 수 있었다.

Caterpillar의 근로자들만이 노동시장의 불리한 상황에 영향을 받았던 유일한 근로자들은 아니었다. 이러한 해고가 이루어진 시점에 미국의 실업률은 경제학자들이 정상적인 수준이라고 여기는 약 5.5%보다 훨씬 높은 7% 이상이었다. 실제로 Obama 대통령의 경제자문관들과 미국 의회예산처 Cogressional Budget Office(CBO)의 경제학자들은 실업률이 2018년에 이르러서야 정상수준에 다시 도달할 것이라는 것을 예상하지 못했다.

이 장에서는 물가수준의 변화, 즉 인플레이션뿐만 아니라 실업의 변화를 측정하는 문제에 초점을 맞출 것이다. 실업과 인플레이션은 모두 중요한 거시경제문제이기 때문에, 이러한 변수들이 어떻게 측정되는지 이해하는 것이 중요하다. 이 후의 장들에서는 왜 실업률이 2007~2009년의 경기후퇴가 종료된 후 수년 동안에도 매우 높았는지 분석할 것이다.

자료: Spencer Jakab, "Caterpillar Continues to Crawl Along," *Wall Street Journal*, April 21, 2013; Liam Denning, "Bottom Is Falling Out of Copper Prices," *Wall Street Journal*, June 25, 2013; and Bob Tita, "Caterpillar to Lay Off One-Third of Workers in Wisconsin," *Wall Street Journal*, June 14, 2013.

실업과 인플레이션은 미디어와 선거 유세 기간 동안에 가장 자주 논의되는 거시 경제문제이다. 경제의 상태는 2가지 척도, 즉 실업률과 인플레이션율로 요약될 수 있다. 1960년대에 Lyndon Johnson 대통령의 행정부에서 경제자문위원회 council of economic advisers의 의장이었던 Arthur Okun은 전반적인 경제 상태에 대한 척도를 제공하기 위해 인플레이션율과 실업률을 합한 *불행지수 misery index*라는 용어를 만들어냈다. 이 후의 장들에서 살펴보는 것처럼, 실업과 인플레이션은 단기적으로 중요한 문제이고, 경제의 장기적 성공은 높은 수준의 일인당 실질GDP를 창출할 수 있는 경제의 능력에 의해 결정된다. 이 장에서는 전적으로 정부가 실업률과 인플레이션율을 어떻게 측정하는지 논의한다. 특히 연방정부가 매월 발표하는 실업과 인플레이션에 관한 통계를 자세히 살펴볼 것이다.

18.1. 실업률, 경제활동참가율, 고용률의 측정

매월 초 금요일 오전 8시 30분에 미국 노동부 U. S. Department of Labor는 전월 실업률의 추정치를 발표한다. 만일 실업률이 예상보다 높거나 낮으면, 투자자들은 미국 경제의 건강도에 대한 그들의 견해를 바꿀 수 있다. 그 결과는 뉴욕증권거래소 New York Stock Exchange에서 거래가 시작된 지 1시간 후에 나타난다. 실업에 관한 좋은 뉴스는 일반적으로 주가를 상승시키고 나쁜 뉴스는 주가를 하락시킨다. 실업률은 또한 중요한 정치적 의미를 가질 수 있다. 대부분의 대통령 선거에서, 현직 대통령은 선거 연도 초에 실업률이 감소하면 재선출되나 실업률이 증가하면 패배한다. 이러한 관계가 2004년에도 나타났다. 2004년 상반기의 실업률은 2003년 하반기의 실업률보다 낮았고 현직 대통령인 George W. Bush가 재선출되었다.

실업률은 하나의 중요한 거시경제통계이다. 그러나 노동부가 실업률의 추정치를 어떻게 준비하고 이러한 추정치는 얼마나 정확한가? 이 절에서 이러한 질문들에 대한 답을 찾아보도록 하자.

가계조사

매월 미국 통계국 U. S. Bureau of Census은 실업률을 계산하기 위해 필요한 데이터를 수집하기 위해 종종 *가계조사household survey*라고도 부르는 *경제활동인구조사current population survey*를 실시한다. 미국 통계국은 미국 인구를 대표하는 6만 가계 표본의 성인들을 대상으로 가계의 16세 이상 모든 사람들의 고용 상태에 대하여 조사한다. 노동통계국 Bureau of Labor Statistics(BLS)은 이러한 데이터를 사용하여 월간 실업률을 계산한다. 어떤 사람이 서베이 직전 주 동안 일했거나 아팠거나, 휴가 중이었거나, 파업 중이었거나 기타 이유로 일시적으로 일자리로부터 떠나 있었으면 취업자로 간주된다. 어떤 사람이 서베이 직전 주 동안 일을 하지 않았으나 일할 준비가 되어 있었고 그 이전 4주 동안 어느 시점에 적극적으로 일자리를 찾았다면 **실업자 unemployed**로 간주된다. **경제활동인구 labor force**는 취업자와 실업자의 합이다. **실업률 unemployment rate**은 실업자가 경제활동인구에서 차지하는 비율이다.

실업자 unemployed
서베이 직전 주 동안 일을 하지 않았으나 일할 준비가 되어 있었고 서베이 이전 4주 동안 적극적으로 일자리를 찾았던 사람

경제활동인구 labor force
취업자와 실업자의 합.

실업률 unemployment rate
실업자가 경제활동인구에서 차지하는 비율

BLS는 일자리를 가지고 있지 않은 사람과 일자리를 적극적으로 찾지 않는 사람을 *비경제활동인구not in the labor force*로 분류한다. 비경제활동인구에는 은퇴자, 가정주부, 풀타임 학생, 현재 군복무중이거나 감옥에 있거나 정신병원에 있는 사람이 포함된다. 일할 준비가 되어 있고 이전 12개월 동안 어느 시점에 일자리를 적극적으로 찾았으나 이전 4주 동안 일자리를 찾지 않은 사람은 경제활동인구에 포함되지 않는다. 일부 사람들은 교통

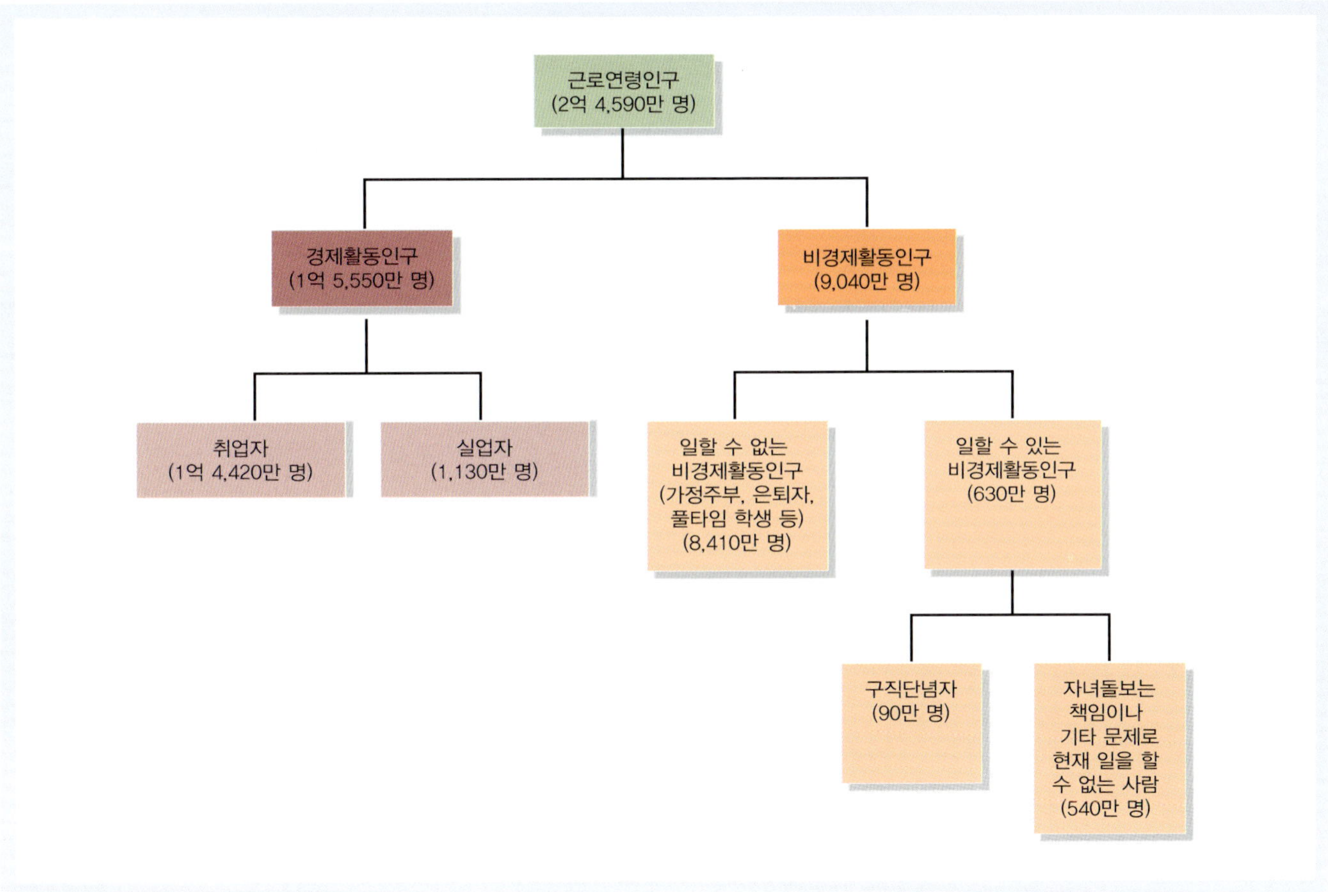

그림 18.1

2013년 8월 현재 근로연령인구의 고용 상태

2013년 8월에 미국의 근로연령인구는 2억 4,590만 명이었다. 근로연령인구는 경제활동인구(1억 5,550만 명)와 비경제활동인구(9,040만 명)으로 나누어진다. 경제활동인구는 취업자(1억 4,420만 명)와 실업자(1,130만 명)으로 나누어진다. 비경제활동인구는 일을 할 수 없는 사람(8,410만 명)과 일을 할 수 있으나 현재 일을 하지 않는 사람(630만 명)으로 나누어진다. 마지막으로 일을 할 수 있는 비경제활동인구는 구직단념자(90만 명)와 여러 이유로 현재 일을 찾아보지 않는 사람(540만 명)으로 나누어진다.
자료: U.S. Department of Labor, Bureau of Labor Statistics, *The Employment Situation—August 2013*, September 6, 2013.

구직단념자
discouraged worker
일할 준비가 되어 있으나 그가 일할 일자리가 없다고 생각하기 때문에 이전 4주 동안 일자리를 찾지 않았던 사람.

의 어려움과 자녀를 돌보아야 하는 책임과 같은 이유로 이전 4주 동안 일자리를 적극적으로 찾지 못했을 수 있다. 일자리를 적극적으로 찾지 않는 사람은 **구직단념자 discouraged worker**라고 부르며 구직단념자는 일할 준비가 되어 있으나 일할 일자리가 없다고 생각하기 때문에 이전 4주 동안 일자리를 찾지 않았던 사람이다.

[그림 18.1]은 2013년 8월 근로연령인구 working-age population의 고용 상태를 보여준다. 3가지 중요한 거시경제지표를 계산하기 위해 [그림 18.1]에 있는 정보를 사용할 수 있다.

- ***실업률.*** *실업률 unemployment* rate은 경제활동인구에서 실업자가 차지하는 비율을 측정한다.

$$\frac{\text{실업자}}{\text{경제활동인구}} \times 100 = \text{실업률}$$

[그림 18.1]의 수치를 사용하면, 2013년 8월의 실업률은 다음과 같이 계산된다.

$$\frac{1{,}130\text{만명}}{1\text{억 } 5{,}550\text{만명}} \times 100 = 7.3\%$$

경제활동참가율
iabor force participation rate
근로연령인구에서 경제활동인구가 차지하는 비율.

- **경제활동참가율.** **경제활동참가율 labor force participation rate**은 근로연령인구에서 경제활동인구가 차지하는 비율을 측정한다.

$$\frac{\text{경제활동인구}}{\text{근로연령인구}} \times 100 = \text{경제활동참가율}$$

2013년 8월의 경우, 경제활동참가율은 다음과 같이 계산된다.

$$\frac{1\text{억 } 5{,}550\text{만명}}{2\text{억 } 4{,}590\text{만명}} \times 100 = 63.2\%$$

- **고용률.** *고용률 employment-population ratio*은 근로연령인구에서 취업자가 차지하는 비율을 측정한다.

$$\frac{\text{취업자}}{\text{근로연령인구}} \times 100 = \text{고용률}$$

2013년 8월에 고용률은 다음과 같이 계산된다.

$$\frac{1\text{억 } 4{,}420\text{만명}}{2\text{억 } 4{,}590\text{만명}} \times 100 = 58.6\%$$

문제풀이 18.1

군인을 포함시키면 어떤 일이 발생하는가?

가계조사에서 현역으로 복무중인 군인은 취업자, 경제활동인구, 근로연령인구에 포함되지 않는다. 이제 현역으로 복무중인 군인이 이러한 범주들에 포함된다고 하자. 실업률, 경제활동참가율, 고용률은 어떻게 변화하는가?

문제풀기

Step 1: 본문의 내용을 다시 읽어보라. 이 문제는 실업률, 경제활동참가율, 고용률을 계산하는 것에 관한 것이므로 [실업률, 경제활동참가율, 고용률의 측정] 부분을 다시 읽어보라.

Step 2: 군인을 포함시키면 실업률이 감소한다는 것을 보여라. 실업률은 다음과 같이 계산된다.

$$\frac{\text{실업자}}{\text{경제활동인구}} \times 100$$

군인을 포함시키면 경제활동인구가 증가하나 실업자의 수는 변화하지 않는다. 따라서 실업률은 감소한다.

Step 3: 군인을 포함시키면 경제활동참가율과 고용률이 증가한다는 것을 보여라. 경제활동참가율과 고용률은 각각 다음과 같이 계산된다.

$$\text{경제활동참가율} = \frac{\text{경제활동인구}}{\text{근로연령인구}} \times 100$$

$$\text{고용률} = \frac{\text{취업자}}{\text{근로연령인구}} \times 100$$

군인을 포함시키면 경제활동인구, 취업자, 근로연령인구가 모두 같은 크기만큼 증가한다. 1보다 적은 비율의 분자와 분모에 같은 크기를 추가하면 비율의 값이 증가하기 때문에 이러한 변화는 경제활동참가율과 고용률을 증가시킨다. 이것이 옳은 이유를 알아보기 위해, 다음과 같은 간단한 예를 생각해 보자. 군인을 포함하지 않은 근로연령인구가 1억 명이고 경제활동인구가 5,000만 명이라고 하자. 군인이 100만 명이라고 하자. 그러면 군인을 제외한 경제활동참가율은 $\frac{\text{5,000만명}}{\text{1억명}} \times 100 = 50\%$이고 군인을 포함한 경제활동참가율은 $\frac{\text{5,100만명}}{\text{1억 100만명}} \times 100 = 50.5\%$이다.

이와 유사하게 계산해 보면, 군인을 포함시키면 고용률이 증가한다는 것을 알 수 있다.

실업률을 측정하는데 따른 문제점

BLS는 1/10% 포인트까지 측정된 실업률을 발표하지만, 이러한 수치는 경제에 존재하는 현재 실업 상태의 완전한 척도가 아니다. BLS가 직면하는 한 가지 문제점은 실업자와 비경제활동인구를 구별하는 것이다. 예를 들어, 경기후퇴기에 일자리를 찾는데 어려움을 겪는 사람들이 적극적으로 일자리를 찾는 것을 포기하기 때문에 일반적으로 구직단념자가 증가한다. 구직단념자는 실업자로 간주되지 않기 때문에, BLS가 측정하는 실업률은 경제에 존재하는 진정한 실업상태의 정도를 과소 추정할 수 있다. BLS는 또한 풀타임 일자리를 가지기 원할지라도 파트타임 일자리를 가지고 있는 사람을 취업자로 간주한다. 경기후퇴기에 풀타임으로 일하기 원하는 파트타임 근로자를 취업자로 간주하는 것은 경제에 존재하는 실업상태의 정도를 과소 추정하는 경향이 있고, 고용 상황이 실제보다 더 좋게 보이게 만든다.

구직단념자를 실업자로 간주하지 않고 풀타임으로 일하기 원하지만 파트타임으로 일하는 사람을 취업자로 간주하는 것은 실업률에 상당한 영향을 미친다. [그림 18.2]에서 빨간색 선은 공식적인 실업률을 나타낸다. 파란색 선은 BLS가 일할 준비는 되어 있으나 일자리를 적극적으로 찾지 않는 모든 사람들과 파트타임으로 일하고 있으나 풀타임 일자리를 원하는 모든 사람들을 실업자로 간주할 때의 실업률을 나타낸다. 이러한 두 실업률의 차이는 상당히 크고 특히 2007~2009년의 경기후퇴기 이후 완만한 회복기 동안에 컸다. 예를 들어, 2013년 8월에 실업을 더 넓게 정의하면 실업률은 7.31%로부터 13.7%로 증가한다.

또한 측정되는 실업률이 진정한 실업 상태의 정도를 과대 추정하게 하는 측정문제가 존재한다. 이러한 문제는 가계조사가 서베이에 포함된 사람들의 응답을 확인하지 않기 때문에 발생한다. 실업 상태이나 적극적으로 일자리를 찾는다고 주장하는 일부 사람들이 적극적으로 일자리를 찾지 않을 수 있다. 어떤 사람은 실업자에 대한 정부지급을 받을 수 있는 자격을 유지하기 위해서 일자리를 적극적으로 찾고 있다고 주장할 수 있다. 이러한 경우, 실제로 비경제활동인구에 포함되어 있는 사람이 실업자로 간주된다. 어떤 사람은 고용

그림 18.2

공식적 실업률과 광의의 실업률, 1966~2013년

빨간색 선은 공식적인 실업률을 나타낸다. 파란색 선은 BLS가 일할 준비는 되어 있으나 일자리를 적극적으로 찾지 않는 모든 사람들과 파트타임으로 일하고 있으나 풀타임 일자리를 원하는 모든 사람들을 실업자로 간주할 때의 실업률을 나타낸다. 이러한 두 실업률의 차이는 상당히 크고 특히 2007~2009년의 경기후퇴기와 그 이후 완만한 회복기 동안에 컸다. 음영된 부분은 경기후퇴기를 나타낸다.

주: 공식적 실업률은 BLS U-3 시계열이고 광의의 실업률은 BLS U-6 시계열이다.

자료: U.S. Bureau of Labor Statistics.

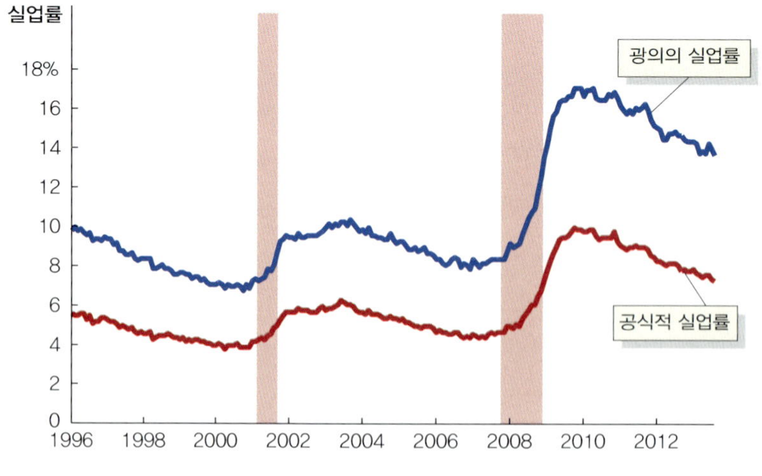

된 상태이나 마약거래와 같은 불법적 활동에 참여하거나 세금 납부를 피하기 위해 합법적인 직업을 가진 것을 숨기기를 원할 수 있다. 이러한 경우, 실제로 고용되어 있는 사람이 실업자로 계산된다. 이러한 서베이에 대한 부정확한 응답이 BLS에 의해 측정되는 실업률을 진정한 실업 상태를 과대 추정하게 하는 방향으로 편의시킨다. 실업률은 한 국가의 고용 상태에 관한 어느 정도 유용한 정보를 제공하지만 경제의 실업 상태에 대한 정확한 척도는 아니다.

경제활동참가율의 추세

경제활동참가율은 주어진 인구 하에서 사용가능한 노동의 양을 결정하기 때문에 중요하다. 경제활동참가율이 높을수록, 더 많은 노동력이 사용가능하게 되고 한 국가의 GDP와 일인당 GDP 수준이 더 높아진다. [그림 18.3]은 1948년 이후 미국에서 16세 이상 성인의 경제활동참가율에 나타나는 2가지 중요한 추세, 즉 성인 여성의 경제활동참가율이 증가하고 성인 남성의 경제활동참가율이 하락하는 것을 확연하게 보여준다.

성인 남성의 경제활동참가율은 1948년의 87%로부터 2012년의 70%로 하락했다. 이러한 하락의 대부분은 조기에 은퇴하는 나이든 남성들과 학교에 더 오래 머물러 있는 젊은 남성들 때문이다. 또한 학교에 머물러 있지는 않으나 너무 젊어서 은퇴할 수 없는 남성들의 경제활동참가율도 하락하였다. 장기적으로 보면, 이러한 25세에서 49세 사이에 속하는 핵심생산인구의 경제활동참가율이 하락한 것은 부분적으로 사람들이 사회보장장애보험 social security disability insurance 프로그램 하에서 현금지급을 더 쉽게 받을 수 있게 만

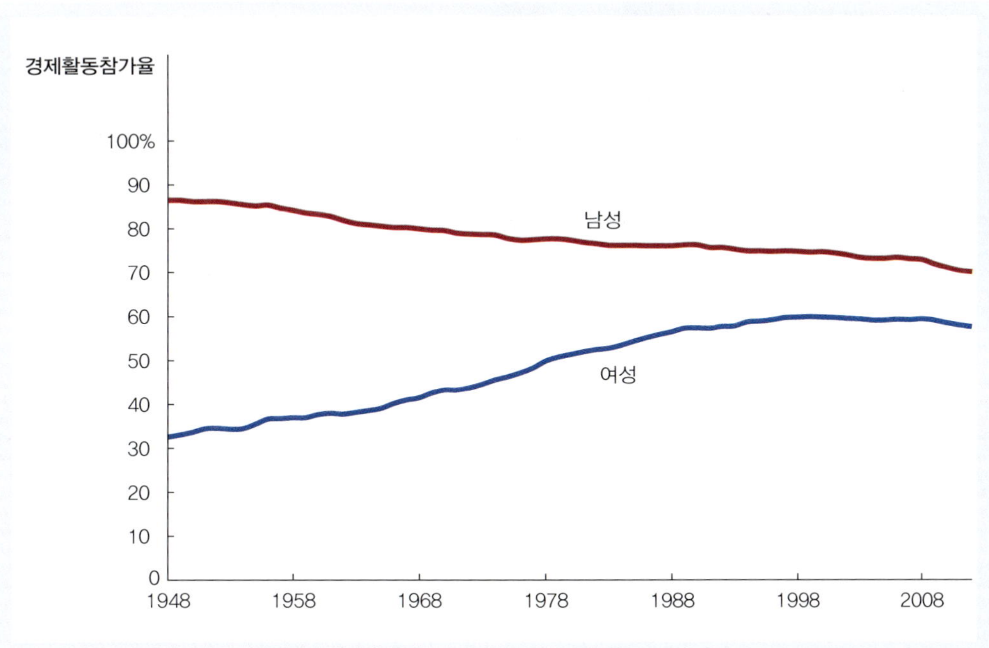

그림 18.3

1948년 이후 성인 남성과 여성의 경제활동참가율 추세

성인 남성의 경제활동참가율은 1948년 이후 점진적으로 하락했으나 성인 여성의 경제활동참가율은 오늘날 전체 경제활동참가율을 1948년보다 증가시키면서 크게 증가했다.
자료: U.S. Bureau of Labor Statistics.

든 미국 의회 때문인 것으로 보인다. 단기적으로 보면, 이러한 성인 남성의 경제활동참가율 하락은 2007~2009년의 경기후퇴가 심했고, 이러한 경제후퇴 이후의 회복이 약했던 것에 기인한다.

성인 남성의 경제활동참가율 하락은 1948년의 33%로부터 2012년의 58%로 증가한 성인 여성의 경제활동참가율이 급격히 증가한 것에 의해 그 이상으로 상쇄되었다. 그 결과로, 전체 경제활동참가율은 1948년의 59%로부터 2012년의 64%로 증가했다. 여성의 경제활동참가율을 증가시킨 몇 가지 요인들이 존재한다. 부분적으로 여성 운동에 기인한 사회적 태도의 변화, 차별을 금지하는 연방정부 법, 여성 임금의 상승, 전형적인 가계가 보다 더 적은 수의 자녀를 가지게 된 것 등이 그 요인들이다.

서로 다른 그룹들의 실업률

서로 다른 그룹들은 매우 다른 실업률을 가질 수 있다. [그림 18.4]는 2013년 8월에 인

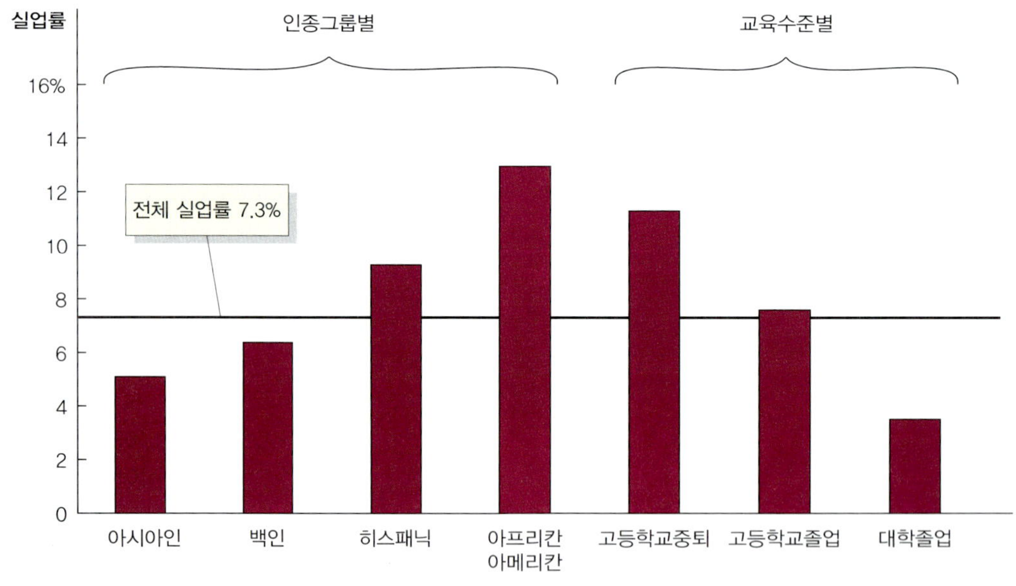

그림 18.4

미국의 인종그룹별 및 교육수준별 실업률, 2013년 8월

4개 인종그룹 중에서 아프리칸 아메리칸의 실업률이 가장 높은 반면 아시아인의 실업률이 가장 낮다. 고등학교 중퇴자의 실업률은 대학졸업자의 실업률의 3배이다.

주: 인종그룹별 실업률은 16세 이상의 사람들에게 적용된다. 교육수준별 실업률은 25세 이상의 사람들에게 적용된다. 히스패닉으로 분류된 사람들은 다양한 인종들일 수 있다.

자료: U.S. Department of Labor, Bureau of Labor Statistics, *The Employment Situation–August 2013*, September 6, 2013.

종 그룹별과 교육수준 그룹별 실업률을 보여준다. 전체 실업률은 7.3%였지만, 아시아인의 실업률은 5.1%였고 아프리칸 아메리칸의 실업률은 13.0%였다. 25세 이상 고등학교 중퇴자의 실업률은 11.3%였고 대학졸업자의 실업률은 3.5%에 불과했다.

사람들은 일반적으로 얼마나 오랫동안 실업 상태에 있는가?

어떤 사람이 실업상태에 오래 있을수록, 그 고통은 더 커진다. 1930년대의 대공황기 동안에, 일부 사람들은 수년 동안 실업상태에 있었다. 오늘날 미국 경제에서, 전형적인 실업자의 실업기간은 심한 경기후퇴기에는 상당히 길어지지만 그렇지 않은 기간에는 상대적으로 짧다. 상대적으로 짧은 기간 동안만 실업상태에 머문다. 예를 들어, 경기확장기였던 2007년 초에, 실업자의 20% 미만이 6개월 이상 실업상태였다. 2007~2009년의 경기후퇴가 종료된 후 경제가 완만하게 성장하는 시기였던 2011년 중반에는 실업자의 반이 6개월 이상 실업상태였다. 2013년 중반에도 실업자의 1/3이상이 6개월 이상 실업상태였다. 실업의 평균 기간은 2007년 초에 약 4개월이었으나 2011년 후반에는 10개월이었고, 2013년 중반에 9개월이었다. 2007~2009년의 경기후퇴기 동안과 그 이후에 실업의 정도는 일자리를 잃은 전형적인 사람이 수개월 내에 다른 일자리를 발견하거나 이전 일자리로 다시 돌아가는 통상적인 미국의 경험과는 매우 다른 양상을 보였다.

Making the Connection

2007~2009년의 경기후퇴 이후 실업 상황은 얼마나 예외적이었는가?

1930년대의 대공황은 그 기간을 살았던 거의 모든 사람들에게 흔적을 남겼다. 대공황은 1929년 8월에 시작되었고, 1929년 10월의 주식시장 붕괴 이후 더 악화되었으며 은행시스템이 붕괴된 1933년에 최악의 상태에 이르렀다. 실질GDP는 1929년과 1933년 사이에 25% 이상 하락했고 이것은 기록상 최대 하락이었다. 1933년의 실업률은 20% 이상이었고 이것은 기록상 최대 실업률이었다. 실업률은 미국이 제2차 세계대전에 참여한 1942년까지 1929년 수준으로 복귀하지 못했다. 이렇게 오랜 기간 동안 실업률이 매우 높아서, 많은 사람들이 오랫동안 일하지 못했다. 한 역사학자는 이것을 다음과 같이 말했다. "대공황의 두드러진 특징은 대부분의 일자리 없는 남성들과 여성들이 예외적으로 *긴 시간 동안* 일하지 못했다는 것이다."

2000년대에 이르기까지 대부분의 경제학자들과 정책담당자들을 포함하여 미국의 많은 사람들은 미국 경제가 1930년대에 겪었던 것과 같은 장기간의 실업 상황이 다시 발생할 가능성은 거의 없다고 믿었다. 1981~1982년의 경기후퇴가 심해서 실업률이 1930년대 이후 처음으로 10% 이상으로 높아졌지만, 그 이후 회복세가 강력했고 많은 실업자들은 상대적으로 빠르게 새로운 일자리를 발견했다. 이에 따라 2007~2009년의 경기후퇴 이후 대부분의 경제학자들과 정책담당자들은 실업률이 얼마나 완만하게 하락할 것인지와 실업의 평균 기간이 얼마나 길어질 것인지에 대해 준비되어 있지 않았다. 1981~1982년의 경기후퇴기에 실업률은 1982년 12월에 10.8%로 정점에 이르렀으나 18개월 후인 1984년 6월에 7.2%로 하락했다. 이와는 달리, 2007~2009년의 경기후퇴 이후 실업률은 2009년 10월에 10.0%로 정점에 이르렀으나 18개월 후에 9.0%로 1% 포인트만 하락했다. 아래의 그림은 실업의 평균 기간이 제2차 세계대전 종료 이후에 발생했던 경기후퇴 이후의 경우보다 2007~2009년의 경기후퇴 이후에 2배 증가했다는 것을 보여준다.

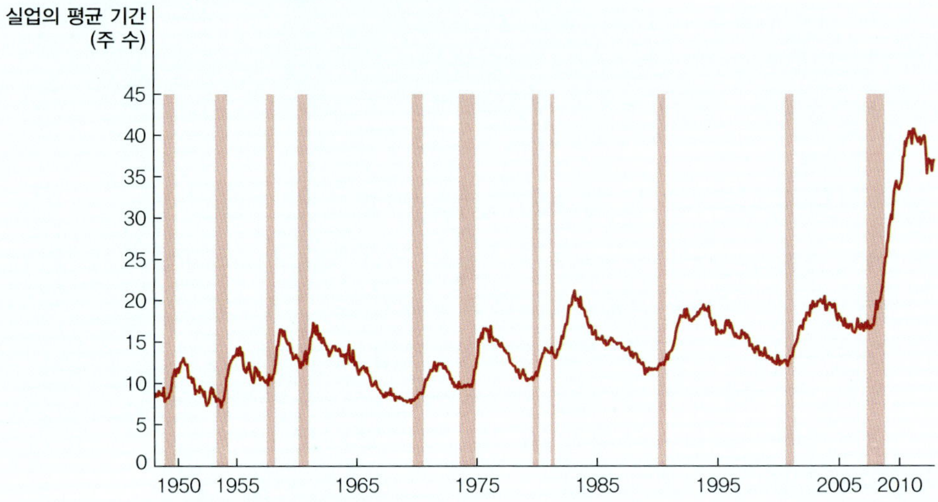

실업이 매우 지속적이고 널리 확산되어 있어서 2011년 봄에 Pew Research Center가 수행한 서베이는 모든 가계들의 반 이상이 적어도 구성원 중 한 명이 전년도에 일자리를 잃는 경험을 했다는 것을 발견했다. 또 다른 Pew Research Center가 2011년 6월에 수행한 서베이는 일자리를 가지고 있었던 사람들의 반 이상이 다음 연도에 급여가 삭감되거나 일자리를 잃을 것으로 예상했다는 것을 발견했다.

이미 살펴본 것처럼, 실업률의 한 가지 단점은 BLS가 노동시장을 떠난 근로자를 더 이상 실업자로 계산하지 않는다는 것이다. 그 결과로 일부 경제학자들은 근로연령인구 중에서 일자리를 가지고 있는 사람들의 비율을 측정하는 고용률에 초점을 맞춘다. 아래의 그림은 1948년부터 2013년 중반까지 고용률의 추이를 보여준다. 고용률이 전반적으로 우상향하는 추세를 가지는 것은 여성의 경제활동참가율 증가를 반영한 것이다. 각 경기후퇴기에 일부 근로자들이 일자리를 잃기 때문에 고용률은 하락한다. 고용률의 하락은 특히 2007~2009년의 경기후퇴기에 극적으로 컸고 고용률은 실제로 2007~2009년의 경기후퇴가 종료된 지 4년 후에 더 낮아졌다. 이러한 고용률의 하락이 미국 노동시장이 2007~2009년의 경기후퇴기와 그 이후에 얼마나 약했는지를 가장 잘 보여주는 것일 수 있다.

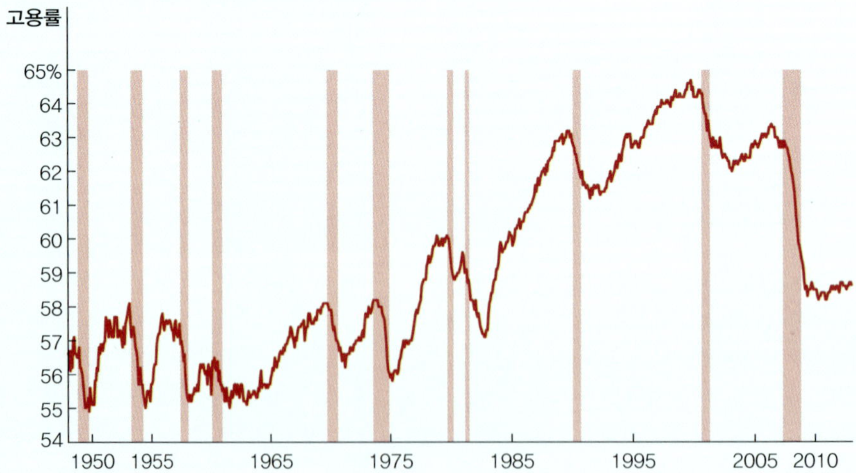

이 후의 장들에서 살펴보는 것처럼, 이 기간 동안 미국 노동시장이 약했던 이유를 설명하는 것이 경제학자들과 정책담당자들에게 가장 중요한 주제가 되었다.

자료: Alexander Keyssar, *Out of Work: The First Century of Unemployment in Massachusetts*, New York: Cambridge University Press, 1986, p.290; Federal Reserve Bank of St. Louis; U.S. Bureau of Labor Statistics; Pew Research Center, "The Recession, Economic Stress, and Optimism," May 4, 2011; and Pew Research Center, "Views of Personal Finances," June 23, 2011.

사업체조사: 다른 하나의 고용 척도

가계조사에 더하여, BLS는 경제의 총고용을 측정하기 위해 종종 *급여조사 payroll survey*라고 부르는 *사업체조사 establishment survey*를 사용한다. 이러한 월간 조사는 (공장, 점포, 사무실과 같은) 30만 개의 사업체 표본에 기초하여 이루어진다. 소기업은 일반적으로 하나의 사업체만을 가지고 영업하나 대기업은 많은 사업체들을 가지고 영업한다. 사업체조사는 기업의 급여 대상이 되는 총 인원수에 관한 정보를 제공한다. 사업체조사는 4가지 단점을 가지고 있다. 첫째, 이 조사는 기업의 급여대상이 되지 않는 고용 인원수에 관한 정보를 제공하지 않는다. 둘째, 이 조사는 조사에 포함되어 있지 않은 신규 기업들에 고용된 일부 사람들을 포함시키지 못할 수 있다. 셋째, 이 조사는 실업에 관한 정보를 제공하지 않는다. 넷째, 사업체조사의 최초 고용에 관한 데이터는 추가적인 사업체 정보가 이용가능하게 됨에 따라 상당히 수정될 수 있다. 이러한 단점들에도 불구하고, 사업체조사는 가계조사의 경우처럼 확인되지 않은 응답에 의존하기보다는 실제 급여에 의해 고용 인원수가 결정되는 장점을 가지고 있다. 최근에 일부 경제학자들은 현재의 노동시장 상황을 분석하는 데 가계조사 데이터보다 사업체조사 데이터에 더 의존하고 있다. 주가를 예측하기 위해 경제의 미래 상태를 예측하는 일부 금융애널리스트들도 가계조사 데이터보다는 사업체조사에 더 의존하기 시작했다.

[표 18.1]은 2013년 7월과 8월의 가계조사 데이터와 사업체조사 데이터를 보여준다. 가계조사는 자가 고용도 포함하고 있기 때문에 사업체조사보다 총 취업자 수가 더 크다는 점에 주목하라. 가계조사는 실업자 수와 경제활동인구에 관한 정보를 제공한다. 이러한 정

표 18.1 2013년 7월과 8월의 가계조사와 사업체조사

	가계조사			사업체조사		
	7월	8월	변화	7월	8월	변화
취업자	144,285,000	144,170,000	−115,000	135,964,000	136,133,000	169,000
실업자	11,514,000	11,316,000	−198,000			
경제활동인구	155,798,000	155,486,000	−312,000			
실업률	7.4%	7.3%	−0.1%			

자료: U.S. Department of Labor, Bureau of Labor Statistics, *The Employment Situation—August 2013*, September 6, 2013.

보는 사업체조사에서 얻을 수 없다. 2013년 7월과 8월 사이에 취업자 수는 사업체조사에서 16만 9,000명만큼 증가한 반면 가계조사에서 11만 5,000명만큼 감소했다. 이러한 차이는 부분적으로 두 조사의 대상 그룹이 서로 다른데 기인하고 부분적으로 두 조사에 존재하는 부정확성에 기인한다.

사업체조사의 고용 데이터 수정: 2007~2009년의 경기후퇴는 얼마나 심했는가?

경제학자들과 정책담당자들은 현재의 경제 상태를 이해하기 위해 사업체조사의 고용데이터와 같은 정부의 경제데이터에 의존한다. 그렇지만 미국경제의 규모를 고려하면, Bureau of Economic Analysis, Bureau of Labor Statistics, Census Bureau와 같은 정부기관들이 GDP, 고용 및 기타 거시경제변수들에 관한 완전하고 정확한 데이터를 수집하는데 상당한 시간이 필요하다. 정책담당자들과 일반인들에게 데이터를 공급하는데 오랜 시간이 걸리는 것을 피하기 위해서 정부기관들은 일반적으로 예비 추정치를 발표하고 추가적인 정보가 사용할 수 있게 됨에 따라 그 추정치를 수정한다. 이미 지적했듯이, 사업체조사에서 수집된 고용에 관한 데이터는 시간이 흐름에 따라 크게 수정될 수 있다.

[그림 18.5]는 2007년 12월과 2010년 12월까지 매월 사업체조사에서 최초로 발표된 취업자 수 변화와 2013년 7월에 수정된 취업자 수 변화의 차이를 보여준다. 초록색 막대는 BLS가 최초에 발표한 것보다 취업자 수가 증가했다는 것(또는 일자리가 더 많이 창출되었다는

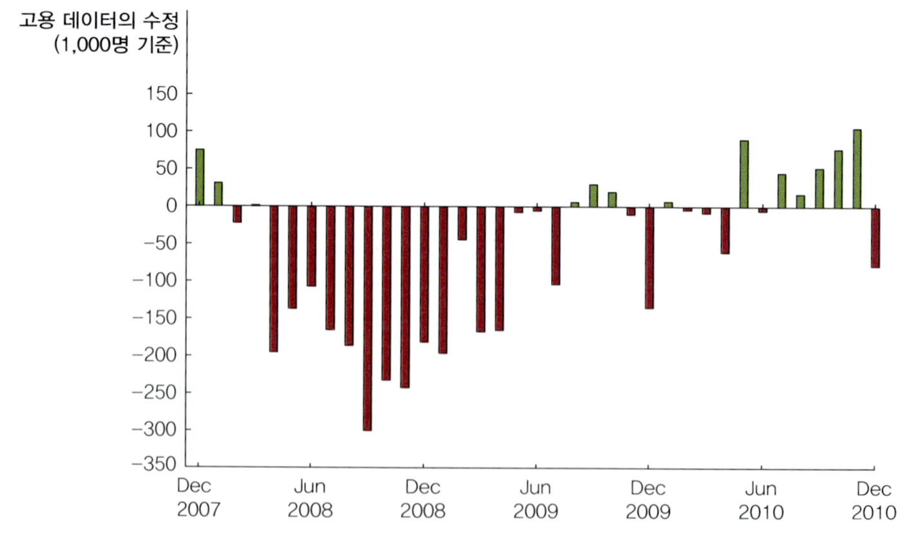

그림 18.5

사업체 조사의 고용 변화에 대한 수정

BLS는 시간이 흐름에 따라, 고용 변화의 최초 추정치를 수정한다. 2007~2009년의 경기후퇴기에 최초 추정치가 보여준 것보다 더 많은 일자리가 감소되었다. 초록색 막대는 BLS가 최초에 발표한 것보다 고용이 더 증가했다는 것(또는 일자리가 더 많이 창출되었다는 것)을 보여주기 위해 최초 추정치를 수정한 월을 보여주고 빨간색 막대는 BLS가 고용이 감소했다는 것(또는 더 적은 일자리가 창출되었다는 것)을 보여주기 위해 최초 추정치를 수정한 월을 보여준다.

자료: U.S. Bureau of Labor Statistics.

표 18.2 창조된 일자리 수와 사라진 일자리 수, 2012년 9~12월

	일자리 수
일자리 창조 사업체	
기존 사업체	5,752,000
새로운 사업체	1,299,000
일자리 파괴 사업체	
기존 사업체	5,180,000
폐쇄된 사업체	1,203,000

자료: U.S. Bureau of Labor Statistics, *Business Employment Dynamics: Fourth Quarter 2012*, July 30, 2013.

것)을 보여주기 위해 최초 추정치를 수정한 월을 보여주고 빨간색 막대는 BLS가 최초에 발표한 것보다 취업자 수가 감소했다는 것(또는 더 적은 일자리가 창출되었다는 것)을 보여주기 위해 최초 추정치를 수정한 월을 보여준다. 예를 들어, BLS는 최초에 2008년 9월 동안에 고용이 15만 9,000명 감소했다고 발표했다. 추가적인 정보가 사용될 수 있게 된 이후에 BLS는 2008년 9월 동안에 고용이 45만 9,000명 감소했다는 것, 즉 고용이 30만 명 이상 더 감소했다는 것을 보여주기 위해 최초의 추정치를 수정했다. 2008년 4월과 2009년 4월 사이에 경기후퇴가 더 심해짐에 따라, BLS의 최초 추정치들은 일자리를 잃은 사람의 수를 230만 명 이상 과소 추정했다. 달리 말하면, 2007~2009년의 경기후퇴는 경제학자들과 정책담당자들이 그 당시에 인식했던 것보다 훨씬 더 심했던 것으로 판명되었다.

일자리 창조와 일자리 파괴의 추세

고용에 관한 잘 알려져 있지 않은 한 가지 중요한 사실이 있다. 미국 경제는 매년 수백만 개의 일자리를 창조하고 파괴한다는 것이다. 예를 들어, 2012년에 약 2,780만 개의 일자리가 창조되었고 약 2,550만 개의 일자리가 사라졌다. 이러한 정도의 일자리 창조와 파괴는 새로운 기업들이 지속적으로 탄생되고 일부 기존 기업들이 확장되며, 일부 기존 기업들이 축소되고 일부 기업들이 퇴출되는 역동적인 시장시스템 하에서 놀라운 일이 아니다. 일자리의 창조와 파괴는 소비자 기호의 변화, 기술진보, 소비자 기호 이동과 기술변화의 기회와 도전에 대응하는 기업가들의 성공과 실패 때문에 발생한다. 이와 같이 일자리 창조와 파괴 규모가 크다는 것은 왜 대부분의 연도들에서 일자리를 잃은 전형적인 개인이 상대적으로 짧은 기간 동안만 실업 상태에 머물러 있게 되는지를 설명하는데 도움을 준다.

BLS가 매월 취업자 수와 실업자 수의 증가나 감소를 발표할 때, 이러한 수치들은 순변화를 나타낸다. 즉, 고용인원 수의 변화는 총 창조된 일자리 수에서 총 사라진 일자리 수를 뺀 것이다. 예를 들어, 2012년 9월부터 12월까지의 기간을 생각해 보자. 이 기간 동안, 7,051,000개의 일자리가 창조되었고 6,383,000개의 일자리가 사라졌다. 따라서 668,000개의 일자리가 순증가했다. 이러한 순변화는 총 일자리 수의 증가와 감소보다 훨씬 적기 때

문에 미국 노동시장이 실제로 얼마나 역동적인지를 충분히 보여주지 못한다.

18.2. 실업의 형태

[그림 18.6]은 실업률이 경기변동에 따라 경기후퇴기에는 증가하고 경기확장기에는 감소한다는 것을 보여준다. 그렇지만, 실업률은 결코 0수준으로 하락하지 않는다는 점에 주목하라. 그 이유를 이해하기 위해서 3가지 형태의 실업, 즉

1. 마찰적 실업
2. 구조적 실업
3. 경기적 실업

을 논의할 필요가 있다.

마찰적 실업과 일자리 탐색

근로자들은 서로 다른 기술, 관심, 능력을 가지고 있고 일자리는 서로 다른 기술조건, 근무환경, 급여수준을 가지고 있다. 그 결과로 경제활동인구에 진입하는 새로운 근로자나 일자리를 잃은 근로자는 아마도 즉각적으로 수용할 수 있는 일자리를 발견하지 못할 수 있다. 대부분의 기업들이 새로운 일자리를 채우기 위해 새로운 사람을 찾는데 시간이 걸리는

그림 18.6

미국의 연간 실업률, 1950~2012년

실업률은 경기후퇴기에 상승하고 경기확장기에 하락한다.
자료: U.S. Bureau of Labor Statistics

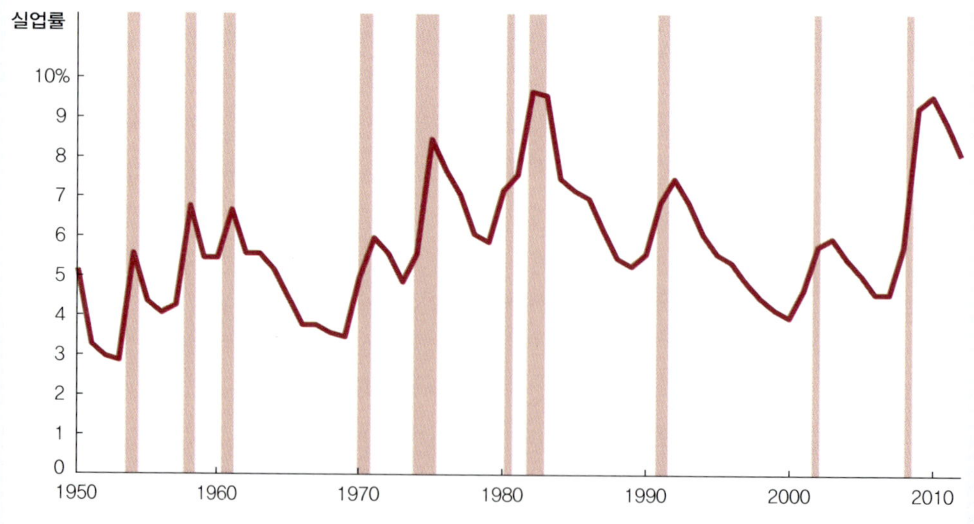

것처럼, 대부분의 근로자들도 *일자리 탐색 job search*에 어느 정도의 시간을 보낸다. **마찰적 실업 frictional unemployment**은 근로자와 일자리를 매치시키는 과정에서 발생하는 단기 실업이다. 마찰적 실업은 피할 수 없다. 이미 살펴본 것처럼, 미국 경제는 매년 수백만 개의 일자리를 창조하고 파괴한다. 일자리 탐색 과정은 시간이 걸리고 이에 따라 일부 근로자들이 기존 일자리와 새로운 일자리 탐색과정 사이에 존재하기 때문에 마찰적으로 실업 상태에 있게 되는 일부 근로자들이 항상 존재한다.

마찰적 실업
frictional unemployment
근로자와 일자리를 매치시키는 과정에서 발생하는 단기 실업.

일부의 마찰적 실업은 한 해의 서로 다른 시점에 발생하는 날씨나 일부 제품과 서비스에 대한 수요의 변동과 같은 계절적 요인에 의해 발생된다. 예를 들어, 해안 리조트 지역에 위치해 있는 상점들은 겨울 동안에 고용을 감소시키고 스키 리조트들은 여름 동안에 고용을 감소시킨다. 백화점들은 11월과 12월에 고용을 증가시키고 새해 첫날 이후에 고용을 감소시킨다. 농촌지역에서는 고용이 수확시즌에 증가하고 그 이후에 감소한다. 미국의 많은 지역에서 일하는 건설근로자들은 여름 동안보다 겨울 동안에 더 많은 실업을 경험한다. *계절적 실업seasonal unemployment*은 날씨, 관광수요의 변동, 기타 계절에 관련된 이벤트들과 같은 요인들 때문에 발생되는 실업을 말한다. 계절적 실업은 일부의 월간 실업률들을 인위적으로 높게 만들고 여타 월간 실업률들을 인위적으로 낮게 만들 수 있기 때문에 BLS는 매월 2가지의 실업률, 즉 *계절조정이 이루어진 seasonally adjusted* 실업률과 계절조정이 이루어지지 않은 실업률을 발표한다. 계절조정이 이루어진 실업률은 계절적 실업의 효과를 제거한다. 경제학자들과 정책담당자들은 계절조정이 이루어진 실업률을 현재 노동시장의 상태에 대한 보다 더 정확한 척도로 사용한다.

모든 마찰적 실업을 제거하는 것이 경제에 좋은가? 그렇지 않다. 일부 마찰적 실업은 실제로 경제적 효율성을 증가시키기 때문이다. 근로자들과 기업들이 근로자의 특성과 일자리의 특성을 잘 매치시키는데 시간이 필요하기 때문에 마찰적 실업이 발생한다. 일자리 탐색에 시간을 보냄으로써 근로자들은 만족스럽고 생산적일 수 있는 일자리를 얻게 된다. 물론, 보다 더 생산적이고 더 만족하는 근로자를 고용하는 것이 기업들의 최대 관심사이기도 하다.

구조적 실업

*Monster University*와 *Despicable Me* 2와 같은 영화에서 사용되었던 컴퓨터 생성 3차원 애니메이션은 전통적인 수작업으로 이루어지는 2차원 애니메이션보다 훨씬 더 인기를 얻게 되었다. 그 결과로 수작업으로 이루어지는 애니메이션에 매우 재능이 있는 많은 사람들이 Walt Disney Pictures, Dream Works와 여타 영화스튜디오들에서 일자리를 잃었다. 이들 중 많은 사람들은 컴퓨터 생성 애니메이션에 숙련되어 다시 고용되었거나 새로운 직업을 찾았다. 이러한 과정 중에서 그들은 실업 상태에 있게 되었다. 경제학자들은 이러한 애니메이션 작업자들이 *구조적으로 실업상태에 처하게 된 것 structurally unemployed*으로 생각한다. **구조적 실업 structural unemployment**은 직업 기술, 근로자 특성, 일자리 조건 간에 존재하는 불일치로부터 발생한다. 마찰적 실업은 단기적으로 발생되는 반면 근로자들이 새로운 기술을 배우기 위해서 시간이 필요하기 때문에 구조적 실업은 더 오랜 기간

구조적 실업
structural unemployment
직업 기술, 근로자 특성, 일자리 요구 조건 간에 존재하는 불일치 때문에 발생되는 실업.

지속될 수 있다. 예를 들어, 미국 철강회사들의 고용은 외국 철강회사들로부터의 경쟁과 근로자를 기계로 대체시킨 기술변화의 결과로 1980년대 초와 2000년 초 사이에 반 이상 감소했다. 많은 철강회사 근로자들은 장기간의 재훈련을 마친 후에서야 다른 산업들에서 새로운 일자리를 찾았다.

일부 근로자들은 읽고 쓰는 능력과 같은 기본적인 능력조차 부족하거나 일자리에서 요구하는 일을 적정하게 수행하는 것을 어렵게 하는 알코올이나 기타 마약에 중독되어 있을 수 있다. 이러한 근로자들은 오랜 기간 동안 구조적으로 실업상태에 처해 있을 수 있다.

경기적 실업

경기적 실업
cyclical unemployment
경기후퇴에 의해 발생되는 실업.

경제가 경기후퇴로 진입할 때, 많은 기업들은 매출이 감소하는 것을 발견하고 생산을 감소시킨다. 생산이 감소함에 따라, 기업들은 근로자들을 해고하기 시작한다. 경기후퇴 때문에 일자리를 잃은 근로자들은 **경기적 실업** cyclical unemployment을 경험하게 된다. 예를 들어, Ford 자동차회사는 2007~2009년의 경기후퇴기 동안에 근로자들을 해고했다. 경제가 경기후퇴로부터 완만하게 회복됨에 따라 Ford 자동차회사는 근로자들을 재고용하기 시작했다. 경기후퇴기 동안 해고되었다가 그 이후 경기확장기 동안 재고용되었던 Ford 자동차회사의 근로자들은 경기적 실업을 경험했다.

완전고용

경제가 경기변동의 확장 국면으로 이행할 때, 경기적 실업은 궁극적으로 0 수준으로 하락한다. 그러나 마찰적 실업과 구조적 실업 때문에 실업률은 0이 되지 않는다. [그림 18.6]이 보여주는 것처럼, 미국의 실업률은 4% 아래로 낮아지지 않는다. 이렇게 남아 있는 실업이 구조적 실업과 마찰적 실업일 때, 경제는 *완전고용 full employment* 상태라고 말한다.

자연실업률
natural rate of unemployment
마찰적 실업과 구조적 실업으로 구성되는 정상적인 실업률.

경제학자들은 마찰적 실업과 구조적 실업을 경제의 정상적인 기초적 실업 수준이라고 생각한다. [그림 18.6]에서 보는 것처럼 이러한 정상적인 실업 수준 주위의 변동은 주로 경기적 실업 수준의 변화 때문에 발생한다. 마찰적 실업과 구조적 실업의 합을 나타내는 이러한 정상적인 실업 수준은 **자연실업률** natural rate of unemployment이라고 부른다. 자연실업률의 정확한 값에 대해 경제학자들 간에 의견이 서로 다르고 자연실업률은 시간이 흐름에 따라 변동한다고 믿을 수 있는 이유가 존재한다. 현재 대부분의 경제학자들은 자연실업률이 5%와 6% 사이라고 추정한다. 자연실업률은 종종 *완전고용실업률 full-employment rate of unemployment*이라고도 부른다.

Making the Connection

Caterpillar에서 해고된 근로자들은 어떤 형태의 실업에 해당되는가?

이 장의 시작부분에서 2013년에 Caterpillar가 광산기계를 생산하는 South Milwaukee 공장에서 일하는 근로자들을 해고한다고 발표했다는 것을 살펴보았다. Caterpillar에서 이루어진 해고가 마찰적 실업을 증가시켰는가, 구조적 실업을 증가시켰는가, 경기적 실업을 증가시켰는가? 이러한 질문에 답하기 위해서 실업을 마찰적 실업, 구조적 실업이나 경기적 실업으로 분류하는 것이 실업의 원인을 이해하는데 유용하나 이러한 분류를 특정한 경우에 적용하는 것이 어려울 수 있다는 점을 알아야 한다. 예를 들어, BLS는 총실업에 대한 추정치를 제공하지만 총실업을 마찰적 실업, 구조적 실업이나 경기적 실업으로 분류하지 않는다.

이러한 어려움에도 불구하고, Caterpillar에서 이루어진 해고로부터 발생된 실업을 대략적으로 분류할 수 있다. Caterpillar는 South Milwaukee 공장에서 생산되는 광산기계에 대한 수요의 감소 때문에 해고가 이루어졌다고 발표했다. 다른 공장들에서 생산되는 토공기계와 기타 기계의 매출은 강했다. 동, 철광석, 기타 광산물 가격의 하락이 Caterpillar의 광산기계에 대한 광산회사들의 수요를 감소시켰다. 이러한 가격의 하락은 중국과 여타 개도국들의 완만한 성장에 따른 결과였다. 만일 이러한 국가들의 완만한 성장이 경기변동 때문에 발생된 것이라면, Caterpillar에서 발생된 실업은 경기적 실업이고 이러한 국가들이 더 빠르게 성장하기 시작할 때 Caterpillar는 해고된 근로자들을 재고용할 것이다. 그렇지만, 일부 경제학자들은 중국의 성장률은 수년 동안 낮아질 것이라고 믿는다. 만일 광산기계에 대한 수요가 영구적으로 감소한다면, Caterpillar에서 발생된 해고는 구조적 실업이 되고 근로자들은 다시 고용되기 위해서 다른 일자리를 위해 재훈련 받아야 할 것이다.

만일 Caterpillar의 해고가 광산회사들이 Komatsu와 같은 Caterpillar의 경쟁회사 중 하나에 의해 생산된 기계를 선호하게 되어서 발생되었다면, 이러한 실업은 마찰적 실업이 될 것이다. 이 경우, 해고된 근로자들은 이러한 경쟁회사들 중에 하나에 의해 고용될 것으로 예상된다. 그렇지만 실제로 Komatsu와 여타 회사들도 Caterpillar가 경험했던 것과 유사한 매출 감소로 어려움을 겪고 있었다. 따라서 Caterpillar가 해고한 근로자들이 마찰적으로 실업에 처하게 되었을 가능성은 없어 보인다.

Caterpillar에서 해고된 근로자들은 어떤 범주의 실업에 해당되는가?

자료: Bob Tita, "Caterpillar Expected to Cut 2013 Forecasts," *Wall Street Journal*, April 21, 2013; Spencer Jakab, "Caterpillar Continues to Crawl Along," *Wall Street Journal*, April 21, 2013; and Bob Tita, "Caterpillar to Lay Off One-Third of Workers in Wisconsin," *Wall Street Journal*, June 14, 2013.

18.3. 실업 설명하기

일부 실업은 경기변동의 결과로 발생한다는 것을 살펴보았다. 다음의 장들에서 경기적 실업의 원인을 이해하는데 도움이 되는 경기변동의 원인을 살펴볼 것이다. 이 절에서는 마찰적 실업과 구조적 실업을 결정하는 요인들을 살펴본다.

정부정책과 실업률

근로자들은 이력서를 보내고, Monster.com과 같은 인터넷 일자리 사이트에 등록하며 친구들과 친척들로부터 일자리 정보를 얻으면서 일자리를 찾는다. 기업들은 신문에 광고하고 온라인에 구직을 알리며, 취업박람회에 참여하고 대학캠퍼스에서 리쿠르팅 활동을 하면서 일자리를 채운다. 정부정책이 이러한 민간의 노력을 도울 수 있다. 정부는 실업자와 일자리를 일치시키는 과정의 속도를 높이는 데 도움이 되는 정책을 시행함으로써 마찰적 실업 수준을 감소시키는데 도움을 줄 수 있다. 정부는 근로자들이 재훈련 받는 것을 돕는 정책을 시행함으로써 구조적 실업을 감소시키는데 도움을 줄 수 있다. 예를 들어, 연방정부의 무역조정지원 프로그램 trade adjustment assistance program은 외국 기업들로부터의 경쟁 때문에 기업들이 해고한 근로자들에 대한 재훈련을 제공한다.

그러나 일부 정부정책들은 마찰적 실업과 구조적 실업 수준을 증가시킬 수 있다. 이러한 정부정책들은 근로자들이 일자리를 찾는데 걸리는 시간을 증가시키거나, 기업들이 근로자들을 고용하는 것에 대한 불리한 인센티브를 제공하거나 임금을 시장수준보다 더 높게 유지시킴으로써 실업률을 증가시킨다.

실업 보험과 기타 실업지급제도 당신이 수년 동안 경제활동참여자였으나 방금 일자리를 잃었다고 하자. 당신은 필요하다면 아마도 Wal-Mart나 McDonald's에서 저임금 일자리를 찾을 수 있을 것이다. 그러나 당신은 이력서를 보내고 구직광고와 인터넷 구직광고에 응답하면서 근로조건이 더 좋고 급여가 더 높은 일자리를 찾기로 결정할 수 있다. 어느 활동의 *기회비용 opportunity cost*은 당신이 그 활동에 참여하기 위해 포기해야만 하는 최고의 가치가 있는 대안이다. 이 경우에, 계속해서 일자리를 찾기로 하는데 따른 기회비용은 당신이 가질 수 있는 일자리에서 받을 수 있는 급여이다. 당신이 일자리를 찾는 시간이 길어지면 길어질수록 근로조건이 더 좋고 급여가 더 높은 일자리를 찾을 가능성은 커지나 일하지 않음으로써 받을 수 있는 급여가 더 커지고 이에 따라 그 기회비용이 더 커진다.

미국과 대부분의 여타 선진국들에서, 실업자는 정부로부터 *실업보험지급 unemployment insurance payments*을 받을 수 있는 자격을 가진다. 미국에서, 이러한 실업보험지급금은 주마다 다르나 일반적으로 평균 임금의 1/2 수준이다. 실업자는 이러한 실업보험지급을 받기 때문에 일자리를 찾는데 더 많은 시간을 보낸다. 일자리를 찾는데 보내는 추가적인 시간은 실업률을 증가시킨다. 실업보험프로그램이 나쁜 제도라고 결론내릴 수 있는가? 대부분의 경제학자들은 아니라고 대답할 것이다. 미국 의회가 1930년대 말에 실업보험제도를 확립하기 전에, 실업자들은 소득의 극심한 감소를 겪었고 이것이 그들의 지출을 크게 감소시켰다. 이러한 지출 감소가 경기후퇴를 더 악화시키는 데 기여했다. 실업보험제도는 실업자들이 그들의 소득과 지출을 유지하도록 하는데 도움을 주고, 실업에 따른 개인적인 어려움을 감소시키며 경기후퇴를 완화시키는데 도움을 준다.

미국에서 실업자는 2007~2009년의 경기후퇴기와 그 이후에서 발생되었던 것처럼 그 기간이 경기후퇴기에는 연장되지만 일반적으로 6개월 동안만 실업보험지급을 받을 수 있는 자격을 가진다. 캐나다와 대부분의 서유럽국가들과 같은 많은 고소득 국가들에서, 근로자들은 1년 이상 실업보험지급을 받을 수 있는 자격을 가지고 있고 실업보험지급금은 직전 임금의 70~80%에 이른다. 이에 더하여 이들 국가들 중 많은 국가들은 성인 실업자들은 실업보험지급을 받을 수 있는 자격이 종료된 후에도 정부지급을 받을 수 있는 *사회보험프로그램 social insurance programs*을 가지고 있다. 미국에서는 편부모가 5년까지 지급을 받을 수 있는 *빈곤가계일시지원프로그램 temporary assistance for needy families program*을 예외로 하고 건강한 성인에게 지급하는 정부프로그램은 거의 없다. 실업률이 국가별로 다를 수 있는 많은 이유들이 있지만, 대부분의 경제학자들은 캐나다와 서유럽 국가들에서 일자리 탐색의 기회비용이 더 낮기 때문에, 이들 국가들의 실업자들이 일자리를 더 장기에 걸쳐 찾고 이에 따라 이들 국가들의 실업률이 미국보다 더 높은 경향이 있다고 믿는다. 그러나 2007~2009년의 경기후퇴기 동안, 캐나다와 독일의 실업률은 미국보다 더 낮았다.

최저임금법 1938년에 연방정부는 최저임금법을 제정했다. 처음에 기업들이 근로자에게 지급할 수 있었던 합법적 최저임금은 시간당 $0.25였다. 시간이 흐름에 따라 미국 의회는 최저임금을 점진적으로 인상시켰다. 2013년에 최저임금은 시간당 $7.25였다. 일부 주들과 도시들도 최저임금법을 가지고 있다. 예를 들어, 2013년에 캘리포니아 주의 최저임금은 시간당 $8이었고 샌프란시스코의 최저임금은 시간당 $10.55였다. 만일 최저임금이 노동의 수요와 공급에 의해서 결정되는 시장임금보다 높게 책정되면, 노동의 공급량이 노동의 수요량보다 클 것이다. 최저임금이 없었다면 고용되었을 일부 근로자들이 실업을 겪게 될 것이다. 그 결과로 실업률은 최저임금이 없었을 경우보다 더 높아질 것이다. 경제학자들은 현재 최저임금은 일부 근로자들의 경우 시장임금보다 높다는 데에 대해서는 의견일치를 보이나 이에 따라 발생되는 실업의 정도에 대해서는 의견일치를 보이지 않는다. 일반적으로 10대들은 상대적으로 일자리와 관련된 기술을 가지고 있지 않기 때문에 최저임금을 받을 가능성이 가장 큰 그룹이다. 연구 결과에 의하면 최저임금의 10% 인상은 10대 고용을 약 2% 감소시킨다고 추정된다. 최저임금을 받는 10대들과 여타 사람들은 상대적으로 경제활동인구에서 차지하는 비중이 적기 때문에, 대부분의 경제학자들은 미국의 경우 현재 수준에서 최저임금이 실업률에 미치는 영향은 매우 적다고 믿는다.

노동조합

*노동조합 labor union*은 노동조합 회원들을 위해 임금 인상과 더 양호한 근로환경을 위해 사용자들과 협상하는 조직이다. 노동조합이 결성되어 있는 산업들에서 임금은 일반적으로 그렇지 않은 경우의 시장임금보다 높다. 노동조합이 결성되어 있는 산업들에서 시장임금보다 높은 임금이 고용주로 하여금 근로자를 더 적게 고용하게 만드나 그것이 경제 전체의 실업률을 크게 증가시키는가? 대부분의 경제학자들은 정부부문 이외의 근로자들 중 약 9%만이 노동조합에 가입하고 있기 때문에 그렇지 않다고 대답한다. 항공 산업, 자동차 산업, 철강 산업, 통신 산업과 같은 일부 산업들에서 노동조합이 여전히 강하지만, 미국

의 대부분 산업들에는 노동조합이 결성되어 있지 않다. 그 결과로 임금이 시장수준보다 높기 때문에 노조가 결성되어 있는 산업들에서 일자리를 찾을 수 없는 대부분의 근로자들은 다른 산업들에서 일자리를 찾을 수 있다.

효율성 임금

일부 기업들은 정부가 요구하거나 노동조합이 결성되어 있기 때문이 아니라 그렇게 하는 것이 이윤을 증가시킬 것이라고 믿기 때문에 시장임금보다 더 높은 임금을 지급한다. 그러나 임금은 많은 고용주들에게 최대 비용이기 때문에 더 높은 임금을 지급하는 것은 기업의 이윤을 증가시키는 것이 아니라 기업의 이윤을 더 낮게 만드는 방법인 것처럼 보인다. 이러한 임금 정책을 이해하기 위한 중요한 점은 임금 수준이 근로자의 생산성 수준에 영향을 미칠 수 있다는 것이다. 많은 연구들은 더 높은 임금은 근로자들이 더 열심히 일하게 하는 동기를 부여한다는 점을 제시해 준다. **효율성 임금 efficiency wage**은 기업이 근로자들이 더 생산적이 되도록 하는 동기를 부여하기 위해 시장임금보다 높게 지급되는 임금이다. 기업이 근로자들을 감시함으로써 근로자들이 열심히 일할 수 있게 할 수는 없는가? 일부의 경우들에서 기업들은 그렇게 할 수 있다. 예를 들어, 텔레마케팅 회사는 시간당 요구되는 횟수의 전화를 걸게 하기 위해 전자방식으로 근로자들을 감시할 수 있다. 그러나 많은 비즈니스 상황에서, 근로자들을 감시하는 것은 훨씬 더 어려운 일이다. 많은 기업들은 근로자들이 열심히 일하게 하는 동기를 충분히 부여하는 방식을 사용한다. 기업은 다른 많은 대안의 일자리들이 시장임금만을 지불하기 때문에 시장임금보다 높은 임금을 지급함으로써 근로자들이 일자리를 잃는데 따른 비용을 증가시킬 수 있다. 이와 같이 시장임금보다 높은 임금을 지급함으로써 발생되는 생산성 증가가 추가적인 임금 비용 이상으로 비용부담을 상쇄시켜 결과적으로 기업의 생산 비용을 감소시킬 수 있다.

효율성 임금 efficiency wage
기업이 근로자들의 생산성을 증가시키기 위해 시장임금보다 높게 지급되는 임금.

효율성 임금은 시장임금보다 높기 때문에 최저임금법과 노동조합의 경우처럼 노동의 공급량이 노동의 수요량보다 크게 만드는 결과를 발생시킨다. 따라서 효율성 임금은 경기적 실업이 0일 때에도 경제가 일부의 실업을 경험하게 만드는 또 다른 이유이다.

18.4. 인플레이션의 측정

경제생활에서 나타나는 사실들 중 하나는 대부분의 재화들과 서비스 가격들은 시간이 흐름에 따라 상승한다는 것이다. 그 결과로, 생계비는 계속적으로 증가한다. 1914년에 Henry Ford는 그의 근로자들에게 다른 자동차회사들이 지불하는 것보다 2배 이상 많은 1일당 $5의 임금을 지급하기 시작했다. 그 당시 재화들과 서비스 가격들이 매우 낮았기 때문에 Ford가 지급한 1일당 $5의 임금은 근로자들에게 중산층 소득을 제공한 것이었다. 1914년에 Ford의 Model T는 미국에서 가장 잘 팔리는 자동차였으며 $600보다 낮은 가격에 팔렸고 남성 양복의 가격은 $15였으며 영화 한 편의 티켓 가격은 $0.15였고 Kellogg의 콘 플레이크 한 박스 가격은 $0.08였다. 2013년의 생계비는 1914년보다 훨씬 높아졌으며, 최저임금법은 기업들이 Ford의 1일당 임금보다도 많은 적어도 시간당 $7.25의 임금을 지급하도록 요구했다.

정부가 고용과 실업 통계를 어떻게 작성하는지를 아는 것이 고용과 실업 통계를 해석하는데 중요하다. 이것은 생계비에 대한 정부 통계에도 해당된다. **물가수준 price level**은 경제에 있는 재화들과 서비스들의 평균 가격을 측정한다(제17장 참조). **인플레이션율 inflation rate**은 한 연도로부터 다음 연도까지의 기간 동안에 발생한 물가수준의 퍼센트 증가이다. 제17장에서 물가수준의 척도로서 GDP디플레이터가 소개되었다. GDP디플레이터는 모든 최종 재화와 서비스 가격을 포함하고 있기 때문에 가장 광의의 물가수준 척도이다. 예를 들어, 인플레이션이 전형적인 가계에 어떻게 영향을 미치는지 알기 원할 때, GDP디플레이터는 GDP의 투자 지출에 포함되나 전형적인 가계가 구매하지 않는 대형 전기 제네레이터와 기계공구들을 포함하고 있기 때문에 판단을 그르치게 하는 척도일 수 있다. 이 장에서는 *소비자물가지수 consumer price index*의 변화에 의해 인플레이션율을 측정하는 것에 초점을 맞춘다. 이러한 소비자물가지수의 변화가 전형적인 가계가 경험하는 생계비의 변화를 가장 근사하게 측정하기 때문이다. 또한 세 번째 인플레이션 척도인 *생산자물가지수 producer price index*도 간략하게 논의할 것이다.

> **물가수준 price level**
> 경제에 있는 재화들과 서비스들의 평균 가격에 대한 척도.

> **인플레이션율 inflation rate**
> 한 연도로부터 다음 연도까지의 기간 동안에 발생한 물가수준의 퍼센트 증가.

소비자물가지수

대표적인 재화와 서비스 바스켓에 대한 가격을 구하기 위해서, BLS는 지출 습관에 대해 전국적으로 14,000개의 가계를 조사한다. BLS는 이러한 조사를 사용해서 4명으로 구성된 전형적인 도시 가계가 구매하는 211개 유형의 재화들과 서비스들로 구성된 시장바스켓 market basket을 구축한다. [그림 18.7]은 시장바스켓에 포함되어 있는 재화들과 서비스들을 광의의 8개 범주로 분류한 것을 보여준다. 시장바스켓의 거의 3/4은 주거, 교통, 식음료의 범주에 속한다. 매월, 수백 명의 BLS 직원들이 87개 도시의 23,000개 가계를 방문하고 시장바스켓에 포함되어 있는 재화들과 서비스들의 가격들을 기록한다. 소비자물가지수를 구성하는 각 가격에 대하여 전형적인 가계가 주어진 재화나 서비스에 대하여 지출하는 비중에 해당되는 가중치가 부여된다. **소비자물가지수 consumer price index(CPI)**는 4명으로 구성된 전형적인 도시 가계가 구매하는 재화들과 서비스들에 대해 지불하는 가격들의 평균 변화에 대한 척도이다. 한 연도가 기준 연도로 선택되고 그 연도의 CPI는 100으로 설정된다. 기준 연도가 아닌 다른 연도의 CPI는 그 연도에 시장바스켓을 구매하기 위해 필요한 달러 금액을 기준 연도에 시장바스켓을 구매하기 위해 필요한 달러 금액으로 나누고 100을 곱한 것과 같다. CPI는 전형적인 가계가 대표적인 재화와 서비스 바스켓을 구매하는 비용을 측정하기 때문에 종종 생계비 지수 cost-of-living index라고도 부른다.

> **소비자물가지수 consumer price index(CPI)**
> 4명으로 구성된 전형적인 도시 가계가 구매하는 재화들과 서비스들에 대해 지불하는 가격들의 평균 변화에 대한 척도.

그림 18.7

CPI 시장바스켓, 2012년 12월

BLS는 지출 습관에 대해 전국적으로 14,000 가계를 조사한다. 이러한 조사결과가 4명으로 구성된 전형적인 도시 가계가 구매하는 재화들과 서비스들로 구성된 시장바스켓 market basket을 구축하기 위해 사용된다. 챠트는 시장바스켓에 포함되어 있는 재화들과 서비스들을 광의의 8개 범주로 분류한 것을 보여준다. 퍼센트는 시장바스켓을 구성하는 범주의 지출 비중을 나타낸다. 주거, 교통과 식음료의 범주들이 시장바스켓의 약 3/4을 차지한다.

자료: U.S. Bureau of Labor Statistics.

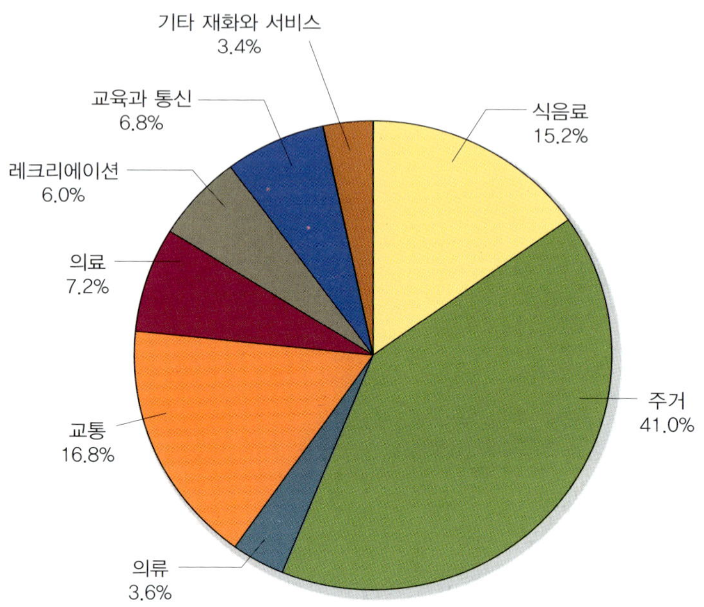

간단한 예가 CPI가 어떻게 구해지는지를 명확하게 보여줄 수 있다. 시장바스켓이 3개의 제품, 즉 시력검사, 피자, 책만으로 구성되어 있다고 가정하자.

	기준연도(1999)			2014		2015	
제품	수량	가격	지출금액	가격	지출금액 (기준연도 수량기준)	가격	지출금액 (기준연도 수량기준)
시력검사	1	$50.00	$50.00	$100.00	$100.00	$85.00	$85.00
피자	20	10.00	200.00	15.00	300.00	14.00	280.00
책	20	25.00	500.00	25.00	500.00	27.50	550.00
합계			$750.00		$900.00		$915.00

기준연도인 1999년 동안, 서베이 결과에 의하면 매년 전형적인 가계는 1단위의 시력검사, 20개의 피자, 20권의 책을 구매한다고 하자. 1999년 가격에서 전형적인 가계는 이러한 재화와 서비스 시장바스켓을 구매하기 위해 $750을 지출해야만 한다. 기준연도 이후 매년의 CPI는 그 연도에 주어진 시장바스켓을 구매하기 위해 필요한 금액을 기준연도에 주어진 시장바스켓을 구매하기 위해 필요한 금액으로 나누고 100을 곱하여 계산된다. 가계는 매년 동일한 시장바스켓을 구매한다고 가정하기 때문에, 2014년과 2015년에 구매된 재화와 서비스의 양은 CPI를 계산하는데 아무런 관련이 없다. 표에 있는 수치를 사용하면서

2014년과 2015년의 CPI는 다음과 같이 계산될 수 있다.

공식	2014	2015
$CPI = \frac{\text{현재연도의 지출}}{\text{기준연도의 지출}} \times 100$	$\left(\frac{\$900}{\$750}\right) \times 100 = 120$	$\left(\frac{\$915}{\$750}\right) \times 100 = 122$

120과 122와 같은 수치는 어떻게 해석되는가? 첫째, 이 수치들은 지수 index numbers 이고 이에 따라 달러 단위나 기타 단위로 측정된 것이 아니라는 것을 인식하라. CPI는 시간의 흐름에 따른 물가수준의 변화를 측정한다. CPI는 절대적 의미에서 물가수준이 얼마나 높은 지를 알려주기 위해 사용될 수 없고 단지 물가수준이 시간이 흐름에 따라 얼마나 변화했는지를 알려주기 위해 사용된다. 인플레이션율은 한 연도로부터 다음 연도까지의 기간 동안에 발생된 CPI의 퍼센트 증가로 측정된다. 주어진 간단한 예의 경우, 2015년의 인플레이션율은 2014년부터 2015년까지 CPI의 퍼센트 변화, 즉

$$\left(\frac{122 - 120}{120}\right) \times 100 = 1.7\%$$

이다. 또한 CPI는 생계비를 측정하기 위해 고안된 것이기 때문에, 생계비가 2015년 동안 1.7% 증가했다고 말할 수 있다.

CPI는 진정한 인플레이션율에 대한 정확한 척도인가?

CPI는 가장 널리 사용되는 인플레이션의 척도이다. 정책담당자들은 경제의 상태를 추적하기 위해 CPI를 사용한다. 기업들은 제품 가격과 종업원 임금 및 연봉을 책정하는데 도움을 얻기 위해 CPI를 사용한다. 연방정부는 매년 은퇴자들에게 지급되는 사회보장지급을 전년도 동안의 CPI 증가율과 같은 퍼센트만큼 증가시킨다. 이혼 소송의 경우에 위자료와 자녀지원금을 책정하는데 판사들은 종종 이러한 지급 금액이 매년 CPI로 측정되는 인플레이션율만큼 증가해야 한다고 명령한다.

CPI가 가능한 한 정확해야 한다는 것이 중요하나 CPI의 변화가 진정한 인플레이션율을 과다 추정하게 만드는 4가지의 편의가 존재한다.

- ***대체 편의 substitution bias.*** CPI를 구축하는데, BLS는 매월 소비자들이 시장바스켓에 포함된 각 제품의 양을 동일하게 구매한다고 가정한다. 실제로 소비자들은 가격이 가장 많이 상승한 제품들을 더 적게 구매하고 가격이 가장 적게 상승하거나 가격이 가장 많이 하락한 제품들을 더 많이 구매할 가능성이 있다. 예를 들어, 사과 가격이 주어진 월에 급속히 상승한 반면 오렌지 가격이 하락하면, 소비자들은 사과 구매를 줄이고 오렌지 구매를 증가시킬 것이다. 따라서 소비자들이 실제로 구매하는 시장바스켓의 가격은 BLS가 CPI를 계산하기 위해 사용하는 시장바스켓 가격보다 더 적게 상승할 것이다.

- ***품질개선 편의 increase in quality bias.*** CPI에 포함되어 있는 대부분의 제품들은 시간이 흐름에 따라 품질이 개선된다. 자동차는 내구성이 더 좋아지고 측면 에어백은 표준적인 설비가 되며 컴퓨터의 속도는 더 빨라지고 접시세척기는 물을 더 적게 사용하면서 접시를 더 깨끗하게 세척한다. 이러한 제품들의 가격 상승은 부분적으로 이러한 품질 개선을 반영하고 부분적으로 순수한 인플레이션을 반영한다. BLS는 가격 상승 중에서 순수한 인플레이션 부분만이 CPI에 포함되도록 조정하는 시도를 한다. 그러나 이러한 조정은 실제로 어렵기 때문에 실제의 가격상승은 일부 제품들에서 순수한 인플레이션을 과대 추정한다.
- ***신제품 편의 new product bias.*** 오랜 기간 동안, BLS는 매 10년마다 CPI를 계산하는데 사용되는 재화와 서비스의 시장바스켓을 변경시켰다. 따라서 이러한 변경이 이루어지는 사이 기간에 소개된 신제품은 시장바스켓에 포함되지 않는다. 예를 들어, 1987년의 시장바스켓 변경은 셀룰러 폰이 소개되기 전에 이루어졌다. 셀룰러 폰은 수백 만 미국 가계들이 1990년대 중반에 이르러 사용하기 시작했지만, 1997년의 시장바스켓 변경이 이루어지기 전까지 CPI에 포함되어 있지 않았다. 셀룰러 폰, 블루레이 플레이어, LED 텔레비전과 같은 많은 제품들의 가격들은 출시가 된 직후 수년이 지나면 하락한다. 만일 시장바스켓이 자주 변경되지 않으면, 이러한 가격하락이 CPI에 반영되지 않는다.
- ***아울렛 편의 outlet bias.*** 1990년대 중반에, 많은 소비자들은 Sam's Club과 Costco와 같은 할인점에서 그들의 구매를 증가시키기 시작했다. 또한 인터넷이 일부 제품 판매의 상당한 부분을 담당하기 시작했다. BLS는 계속해서 전통적인 정가판매 소매점으로부터 가격 데이터를 수집했기 때문에, CPI는 일부 소비자들이 실제로 지불하는 가격을 반영하지 못했다.

대부분의 경제학자들은 이러한 편의 때문에 CPI의 퍼센트 변화가 진정한 인플레이션율을 0.5% 포인트에서 1% 포인트 과대 추정한다고 믿는다. 즉, CPI의 퍼센트로 계산된 인플레이션율이 3%라면, 진정한 인플레이션율은 아마도 2%와 2.5% 사이일 것이다. BLS는 계속해서 이러한 편의의 크기를 감소시키는 조치를 취하고 있다. 예를 들어, BLS는 시장바스켓을 매 10년이 아닌 매 2년마다 변경시킴으로써 대체 편의와 신제품 편의의 크기를 감소시켰다. BLS는 소비자들이 실제로 어디에서 구매하는지를 추적하기 위해 구매시점조사를 수행함으로써 아울렛 편의의 크기를 감소시켰다. 마지막으로 BLS는 품질개선 편의의 크기를 감소시키기 위해 통계방법을 사용했다. 이러한 변화가 이루어지지 전에 CPI에서 총편의의 크기는 1% 포인트보다 컸다.

생산자물가지수

생산자물가지수 producer price index(PPI)
기업들이 모든 생산 단계에서 재화들과 서비스들에 대해 받는 가격들의 평균 변화에 대한 척도.

GDP 디플레이터와 CPI에 더하여, 정부는 **생산자물가지수 producer price index(PPI)**를 계산한다. CPI와 마찬가지로 PPI는 재화들과 서비스들로 구성된 시장바스켓 가격을 추적한다. 그러나 CPI는 전형적인 가계가 구매하는 재화들과 서비스들의 가격들을 추적하는 반면, PPI는 기업들이 모든 생산 단계에서 재화들과 서비스들에 대해 받는 가격들을 추적한다. PPI에는 밀가루, 실, 철강, 목재 같은 중간재들과 원면, 석탄, 원유 같은 원자재들의 가격들이 포함된다. 이러한 재화들의 가격들이 상승하면, 최종 재화들과 서비스들을 생산하는 기업들의 비용이 상승할 것이다. 이에 따라 기업들은 소비자들이 구매하는 재화들과 서비스들의 가격들을 상승시킬 수 있다. 따라서 PPI의 변화는 CPI의 미래 변화에 대한 조기 경보가 될 수 있다.

18.5. 인플레이션의 효과를 조정하기 위해 물가지수 사용하기

당신은 졸업 후에 25년 이상 전에 당신의 부모가 받았던 것보다 훨씬 더 많은 연봉을 받을 가능성이 크다. 그러나 25년 전 가격들은 평균적으로 현재 가격들보다 훨씬 더 낮았다. 달리 말하면, 25년 전에 대부분 재화들과 서비스들의 가격들이 훨씬 더 낮았기 때문에 25년 전에 1달러의 구매력은 훨씬 더 높았다. CPI와 같은 물가지수들이 서로 다른 연도들의 달러 가치를 비교할 수 있도록 인플레이션의 효과를 조정하는 방법을 제공해 준다. 예를 들어, 당신의 어머니가 1987년에 $25,000의 연봉을 받았다고 하자. CPI를 사용해서 1987년의 $25,000이 2012년에 얼마의 가치와 동일한지 계산할 수 있다. CPI는 1987년에 114이고 2012년에 230이다. 230/114=2.017이므로, 가격들이 평균적으로 1987년보다 2012년에 두 배 높다. 이 결과를 사용해서 1987년에 연봉으로 받았던 $25,000이 구매력 기준으로 2012년에 얼마의 가치를 가지는지를 다음과 같이 계산할 수 있다.

$$\text{2012년 달러 가치} = \text{1987년 달러 가치} \times \left(\frac{\text{2012년 } CPI}{\text{1987년 } CPI}\right)$$

$$= \$25{,}000 \times \left(\frac{230}{114}\right) = \$50{,}000$$

이러한 결과는 당신이 2012년에 $50,000의 연봉을 지급받으면 당신의 어머니가 1987년에 받았던 $25,000의 연봉으로 구매할 수 있었던 재화들과 서비스들의 양과 같은 양을 구매할 수 있을 것이라는 것을 보여준다. 주어진 연도의 현재 가격으로 계산된 경제변수는 *명목변수 nominal variable*라고 부른다. 명목변수를 인플레이션의 효과에 대해 조정하기 위해 물가지수가 사용된다.

시간이 흐름에 따른 경제변수의 변화를 추적하는데 관심을 가지는 경우 인플레이션의 효과를 조정할 필요가 있다. 이러한 경우 인플레이션의 효과를 조정한 *실질변수 real variable*를 구하기 위해서 명목변수를 물가지수로 나눈 다음 100을 곱한다. 이렇게 구한 실질변수는 물가지수의 기준연도 달러 기준으로 측정된 것이다.

문제풀이 18.5

Caterpillar 근로자의 실질임금 계산하기

이 장의 시작부분에서 살펴본 것처럼, 2013년에 Caterpillar와 미국철강노조는 Caterpillar에서 일하는 근로자들의 임금을 6년 동안 동결한다는 노동계약에 서명했다. 2013년에 Caterpillar의 평균 임금은 시간당 $27였고 CPI는 233이었다. CPI가 노동계약의 마지막 해인 2018년에 260으로 상승한다고 하자. 평균적인 Caterpillar 근로자가 버는 실질임금 real wage은 2013년과 2018년 사이에 몇 퍼센트 변화하는지 계산하라. 당신이 계산한 실질임금은 무엇을 나타내는지 설명하라.

문제풀기

Step 1: 본문의 내용을 다시 읽어보라. 이 문제는 인플레이션의 효과를 조정하기 위해 물가지수를 사용하는 것에 관한 것이므로 [인플레이션의 효과를 조정하기 위해 물가지수 사용하기] 부분을 다시 읽어보라.

Step 2: 먼저 실질임금을 정의하라. 이어서 2013년과 2018년의 실질임금을 계산하고 이러한 실질임금이 무엇을 나타내는지 설명하라.

근로자가 받는 달러 금액은 *명목임금 nominal wage*이다. 근로자의 *실질임금 real wage*을 계산하기 위해 주어진 연도의 명목임금을 주어진 연도의 CPI로 나눈 다음에 100을 곱해야 한다. 2013년과 2018년의 실질임금은 다음과 같이 계산된다.

$$2013\text{년의 실질임금} = \left(\frac{\$27}{233}\right) \times 100 = \$11.59$$

CPI의 기준연도는 1982년부터 1984년까지 기간 동안 가격들의 평균이다. 따라서 실질임금의 값은 1982~1984년 달러 기준으로 계산된 것이다. 달리 말하면, 2013년의 $27은 1982~1984년에 $11.59로 구매했었을 재화들과 서비스들을 구매할 수 있고 2018년의 $27은 1982~1984년에 $10.38로 구매했었을 재화들과 서비스들을 구매할 수 있다는 것을 말해준다.

Step 3: Caterpillar 근로자가 버는 실질임금의 퍼센트 변화를 계산하라. 2013년과 2018년 사이의 실질임금의 퍼센트 변화는 다음과 같이 구해진다.

$$\left(\frac{\$10.38 - \$11.59}{\$11.59}\right) \times 100 = -10.4\%$$

2018년의 CPI 추정치가 정확하면, 평균적인 Caterpillar 근로자가 받는 실질임금은 2013년과 2018년 사이에 약 10.4% 감소한다.

18.6. 실질이자율과 명목이자율

명목가치와 실질가치의 차이는 돈을 차입하고 빌려줄 때 중요하다. *이자율 interest rate*은 차입금액의 퍼센트로 나타낸 차입자금의 비용이다(제14장 참조). 만일 당신이 어떤 사람에게 1년 동안 $1,000을 빌려주고 6%의 이자율을 부과하면, 차입자는 $1,060, 즉 당신이 빌려준 금액보다 6% 더 많은 금액을 상환해야 한다. 그러나 현재부터 1년 후에 받는 $1,060은 정말로 현재의 $1,000보다 6% 더 많은 금액인가? 만일 가격들이 1년 동안 상승하면, 당신은 현재 $1,060으로 구매할 수 있는 것만큼 1년 후에 구매하지 못할 것이다. 당신이 $1,000을 빌려준 것으로부터 버는 진정한 수익률은 인플레이션의 효과를 고려한 후 계산되는 구매력의 퍼센트 변화와 같다.

대출에 대해 명시된 이자율은 **명목이자율 nominal interest rate**이다. **실질이자율 real interest rate**은 인플레이션이 구매력에 미치는 영향을 제거하기 위해 명목이자율을 교정한 것이다. 간단한 예를 들어보자. 당신이 구매하는 유일한 재화가 DVD이고 연초에 DVD가격은 $10이라고 하자. 당신은 $1000을 가지고 100개의 DVD를 구매할 수 있다. 만일 당신이 6%의 이자율로 1년 동안 $1,000을 빌려주면, 당신은 연말에 $1,060을 받는다. 1년 동안 인플레이션율이 2%라고 하면 DVD 가격은 연말에 $10.20으로 상승한다. 당신의 구매력은 대출을 해준 결과로 얼마나 증가했는가? 연초에 당신은 $1,000을 가지고 100개의 DVD를 구매할 수 있었다. 연말에 당신은 $1,060을 가지고 $1,060/$10.20=103.92개의 DVD를 구매할 수 있다. 달리 말하면, 당신은 거의 4% 많게 DVD를 구매할 수 있다. 따라서 이 경우에 당신이 대출로부터 받는 실질이자율은 4%보다 약간 적다(실제로는 3.92%이다). 인플레이션율이 낮은 경우에, 근사적인 실질이자율은 다음과 같이 편리하게 계산될 수 있다.

명목이자율
nominal interest rate
대출에 대해 명시된 이자율.

실질이자율 real interest rate
명목이자율에서 인플레이션율을 빼어서 구해진 이자율.

$$\text{실질이자율} = \text{명목이자율} - \text{인플레이션율}$$

주어진 예에서, 이 공식을 사용하면, 실질이자율은 6%−2%=4%라고 계산할 수 있고 이 수치는 실제 실질이자율인 3.92%에 가깝다. 만일 인플레이션율이 1년 동안 4%이면, 실질이자율은 2%에 불과하다. 명목이자율이 일정하면, 인플레이션율이 높을수록, 실질이자율은 더 낮아진다. 만일 인플레이션율이 예상한 것보다 더 높으면, 차입자는 예상한 것보다 더 낮은 실질이자율을 지불하고 대부자는 예상한 것보다 더 낮은 실질이자율을 받는다. 예를 들어, 만일 당신과 당신이 $1,000을 빌려주는 사람이 모두 인플레이션율이 2%가 될 것으로 예상했다면, 당신과 차입자 모두는 실질이자율이 4%가 될 것으로 예상했다는 것이다. 만일 인플레이션율이 실제로 4%가 되면, 대출의 실질이자율은 2%가 될 것이다. 이것은 당신에게는 나쁜 뉴스이지만 차입자에게는 좋은 뉴스이다.

경제 전체의 경우에 명목이자율을 3개월 만기 미국 재무부 단기증권 U.S. Treasury bills의 이자율로 측정할 수 있다. 미국 재무부 단기증권은 투자자가 미국 연방정부에게 제공하는 단기대출이다. 재무부 단기증권에 대한 실질이자율을 계산하기 위해서 CPI의 증가율로 측정되는 인플레이션율이 사용될 수 있다. [그림 18.8]은 1970년부터 2013년 초까지의 기간 동안 명목이자율과 실질이자율을 보여준다. 1990년대 초 이후 경우처럼 인플레이션율이 낮을 때, 명목이자율과 실질이자율의 차이는 작아진다. 1970년대 중반에서 후반까지의 기간처럼 인플레이션율이 높을 때, 명목이자율과 실질이자율의 차이는 커진다. 실제로 명목이자율이 같더라도 서로 다른 기간 동안에 실질이자율은 서로 다를 수 있다. 예를 들어, 1975년 후반 동안, 명목이자율은 약 5.5%이었으나 인플레이션율이 7%였기 때문에 실질이자율은 −1.5%였다. 1987년 초에 명목이자율은 마찬가지로 5.5%였으나 인플레이션율은 2%에 불과했기 때문에, 실질이자율은 3.5%였다.

이 예는 특정한 명목이자율이 "높은지" "낮은지"를 아는 것은 불가능하다는 것을 보여준다. 그것은 전적으로 인플레이션율에 달려 있다. *실질이자율은 명목이자율보다 진정한 차입비용과 진정한 대출수익률에 대한 더 좋은 척도이다.* 실질이자율은 기업에게 부과하는 진정한 차입비용이기 때문에, 기업들은 새로운 공장과 같은 투자재를 구매하기 위해 자

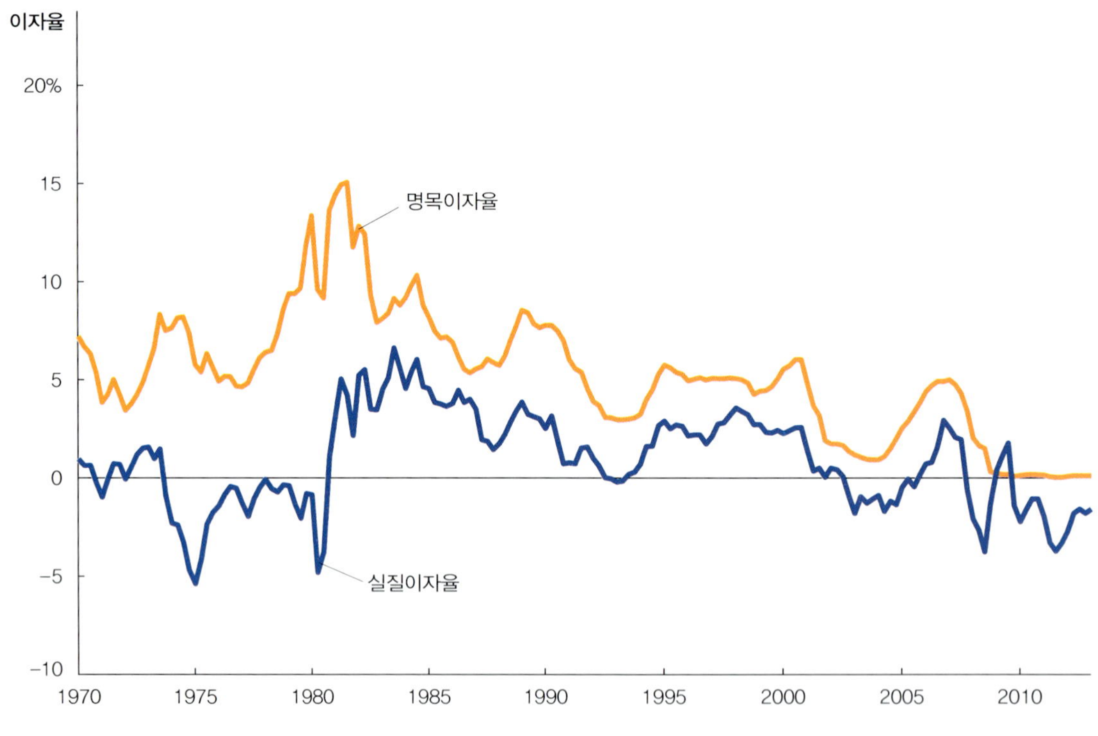

그림 18.8

명목이자율과 실질이자율, 1970~2013년

실질이자율은 명목이자율에서 인플레이션율을 뺀 것과 같다. 실질이자율은 명목이자율보다 진정한 차입비용과 대출의 진정한 수익률에 대한 더 좋은 척도이다. 이 그림의 명목이자율은 3개월 만기 미국 재무부 단기증권의 이자율이다. 인플레이션율은 전년 동기 분기별 CPI의 퍼센트 변화로 측정된 것이다.
자료: Federal Reserve Bank of St. Louis.

금을 차입할 것인지를 결정할 때 실질이자율을 고려한다.

명목이자율이 실질이자율보다 낮아질 수 있는가? 인플레이션율이 마이너스일 때에만 그러할 수 있다. 마이너스의 인플레이션율은 **디플레이션 deflation**이라고 부르고 물가수준이 하락할 때 매우 드물게 발생한다. [그림 18.8]에서 살펴본 기간 중에서 CPI의 증가율로 측정된 인플레이션율은 2009년의 처음 9개월 동안만 마이너스였다.

디플레이션 deflation
물가수준의 하락으로 인플레이션율이 마이너스가 되는 현상.

18.7. 인플레이션은 경제에 비용을 부과하는가?

내일 아침에 일어나 보니 경제의 모든 가격이 2배 상승했다고 상상해 보라. 식품, 가솔린, 의류, 랩탑 컴퓨터, 주택, 이발의 가격들이 모두 2배 상승했다. 모든 임금과 연봉도 2배가 되었다고 하자. 이러한 가격과 임금의 2배 상승이 문제가 되는가?

당신이 빅맥을 $4.50에 판매할 것이라고 예상하면서 맥도날드로 걸어 들어간다고 생각해 보라. 당신은 빅맥을 $9.00에 판매하는 것을 알게 된다고 하자. 당신은 돌아서서 걸어 나오겠는가? 당신의 연봉도 밤새에 $45,000에서 $90,000로 증가했기 때문에 아마도 당신은 돌아서서 걸어 나오지 않을 것이다. 따라서 당신이 받는 연봉의 구매력은 그대로이고 당신은 어제 그랬던 것처럼 오늘 빅맥을 구매할 것이다.

이러한 가상적인 상황은 중요한 요점을 제시해 준다. 명목임금은 일반적으로 인플레이션과 함께 증가한다. 제17장으로부터 빅맥의 가격인 $4.50는 빅맥의 가치나 빅맥을 생산하여 창출되는 소득의 가치를 나타내는 것으로 생각할 수 있다는 점을 기억하라. 빅맥의 가격이 $4.50에서 $9.00으로 상승할 때, 추가적인 $4.50는 처음의 빅맥 가격인 $4.50의 경우처럼 맥도날드의 근로자들, 소모성재료를 공급하는 기업들이나 맥도날드의 주주들에게 귀속되는 소득으로 귀착된다.

인플레이션과 관련된 문제는 가격들이 상승함에 따라 소비자들이 더 이상 재화와 서비스를 구매할 여력이 없게 될 수 있다는 것이라고 생각하기 쉬우나 주어진 예는 이것이 허구라는 것을 보여준다. 예상되는 인플레이션율이 10%이면, 이것이 재화와 서비스의 평균 가격을 10% 상승시킬 것이지만 평균 소득도 10% 증가시킬 것이다. 인플레이션이 없는 경우와 마찬가지로 평균적인 소비자는 재화와 서비스를 구매할 수 있는 여력을 그대로 가지게 될 것이다.

인플레이션은 소득분배에 영향을 미친다.

만일 인플레이션이 평균적인 소비자가 재화와 서비스를 구매할 수 있는 여력을 감소시키지 않는다면, 왜 사람들은 인플레이션을 싫어하는가? 한 가지 이유는 이러한 내용은 평균적인 사람에게 적용되나 모든 사람에게 적용되는 것은 아니기 때문이다. 일부 사람들의 경우 그들의 소득이 인플레이션율보다 더 빠르게 증가하고 이에 따라 그들의 구매력은 증가한다. 다른 사람들의 경우 그들의 소득은 인플레이션율보다 더 느리게 증가하거나 전혀 증가하지 않고 그들의 구매력은 하락한다. 고정 소득을 버는 사람들은 특히 인플레이션으로 손상을 입을 수 있다. 만일 은퇴 근로자가 매달 $3,000의 고정된 연금을 받으면, 시간이 흐름에 따라 인플레이션이 이러한 연금의 구매력을 감소시킬 것이다. 인플레이션은 많은 사람들에게 불공평하게 영향을 미치는 방법으로 소득분배를 변화시킬 수 있다.

인플레이션이 소득을 재분배시키는 정도는 부분적으로 인플레이션이 예상된 것이냐, 즉 소비자들, 근로자들, 기업들이 인플레이션이 발생할 것이라는 것을 예상하고 인플레이션에 대해 준비할 수 있느냐 또는 예상치 못한 것이냐, 즉 소비자들, 근로자들, 기업들이 인플레이션이 발생할 것이라고 예상하지 못하고 인플레이션에 대해 준비하지 못하느냐에 의해 결정된다.

예상된 인플레이션의 문제

많은 일상의 문제들처럼, 인플레이션이 예상되면 인플레이션을 관리하는 것이 더 쉬워진다. 모든 사람들이 앞으로 10년 동안 인플레이션율이 연 10%가 될 것이라는 것을 안다고 하자. 근로자들은 그들의 임금이 적어도 연 10% 오르지 않으면 그들이 받는 임금의 실질구매력이 감소할 것이라는 것을 안다. 기업들은 판매하는 제품 가격이 상승할 것이라는 것을 알기 때문에 인플레이션을 보상할 만큼 충분하게 근로자들의 임금을 기꺼이 상승시킬 것이다. 대부자들은 그들의 대출이 매년 대출 가치의 10%를 상실한 달러 금액으로 상환될 것이라는 것을 알기 때문에 이러한 상실을 보상하기 위해 더 높은 이자율을 부과할 것이다. 또한 차입자들은 가치가 상실된 달러 금액으로 대출을 상환하게 된다는 것을 알기 때문에 더 높은 이자율을 기꺼이 지불할 것이다. 이에 따라 예상된 인플레이션에 대한 비용은 없는 것처럼 보인다.

그러나 인플레이션이 완전하게 예상된다 하더라도 일부 개인들은 비용을 지불하게 될 것이다. 일부 사람들의 소득은 예상된 인플레이션 수준조차 미치지 못하게 됨에 따라 불가피하게 소득의 재분배가 발생하게 될 것이다. 이에 더하여, 기업들과 소비자들은 구매와 판매를 용이하게 하기 위해서 약간의 현금을 보유해야만 한다. 현금을 보유하고 있는 사람들은 인플레이션율만큼 매년 그 구매력이 감소되는 것을 발견하게 될 것이다. 이러한 비용을 피하기 위해 근로자들과 기업들은 가능한 한 현금을 가급적 보유하지 않으려 하나 일부의 현금을 보유해야만 할 것이다. 이에 더하여 제품가격들을 열거한 카탈로그를 인쇄하는 기업들은 이러한 카탈로그를 더 자주 다시 인쇄해야 할 것이다. 제품패키지나 점포 선반에 가격을 표시하는 슈퍼마켓들과 여타 상점들은 표시 가격을 변경하는데 더 많은 시간과 노동을 투입해야 할 것이다. 가격 변경이 기업에게 부과하는 비용은 **메뉴비용 menu costs**이라고 부른다. 예상된 인플레이션율이 완만한 경우에 메뉴비용은 상대적으로 적으나 일부 개도국들에서 경험하는 것처럼 인플레이션율이 높은 경우에 메뉴비용과 가치가 상실되는 현금 때문에 발생되는 비용이 상당할 수 있다. 마지막으로 예상된 인플레이션은 투자자들

메뉴비용 menu costs
가격 변경이 기업에게 부과하는 비용.

이 납부하는 세금을 인상시키고 기업 투자를 위한 자본비용을 증가시킨다. 투자자들은 주식과 채권을 매입하거나 대출을 제공하여 받는 실질금액이 아니라 명목금액에 대해 세금을 납부해야 하기 때문에 이러한 예상된 인플레이션의 효과가 발생된다.

예상치 못한 인플레이션의 문제

미국과 같은 고소득 경제에서 가계들, 근로자들, 기업들은 통상 미래의 수년 동안 어떤 지급을 하거나 받을 것을 약속하는 계약을 한다. 예를 들어, 기업들은 임금계약을 서명할 때 계약기간 동안 특정한 임금을 지급할 것을 약속한다. 사람들은 주택을 살 때 일반적으로 은행으로부터 필요한 금액의 대부분을 차입한다. *모기지대출 mortgage loan*이라고 부르는 대출을 받을 때, 차입자는 대출기간 동안 고정된 월 상환금을 납부할 것을 약속한다. 대부분의 모기지대출 기간은 종종 30년에 이를 정도로 장기간이다.

이러한 장기간의 약속을 하기 위해서, 가계들, 근로자들, 기업들은 인플레이션율을 예측해야 한다. 만일 한 기업이 앞으로 3년 동안 인플레이션율이 연 6%가 될 것이라고 믿으면, 이 기업이 매년 적어도 인플레이션율 만큼 제품 가격을 인상시킬 수 있기 때문에 매년 8%의 임금 인상을 요구하는 노동조합과 3년 계약을 서명하는 것은 합리적일 수 있다. 만일 이 기업이 앞으로 3년 동안 인플레이션율이 단지 연 2%에 불과할 것이라고 믿으면, 임금을 연 8%로 인상하는 것은 이 기업의 이윤을 크게 감소시키거나 이 기업을 시장에서 퇴출시키기조차 할 수 있다.

사람들이 돈을 차입하거나 은행들이 돈을 빌려줄 때, 그들은 대출에 대한 실질이자율을 계산하기 위해 인플레이션율을 예측해야 한다. 1980년에 은행들은 모기지대출에 18% 이상의 이자율을 부과했다. 이러한 이자율은 2013년에 모기지대출 이자율이 5% 미만이었던 것과 비교해보면 매우 높은 수준인 것처럼 보이나 1980년에 인플레이션율은 13% 이상이었고 높은 수준에서 유지될 것으로 예상되었다. 실제로 인플레이션율은 1980년대 초에 예상치 않게 하락했다. 1983년에 이르러서 인플레이션율은 단지 약 3%에 불과했다. 1980년의 높은 이자율로 30년 동안 돈을 차입했던 사람들은 곧바로 그들이 보유하고 있었던 모기지대출의 실질이자율이 그들이 예상했던 것보다 훨씬 더 높다는 것을 발견했다.

실제 인플레이션율이 예상된 인플레이션율과 크게 다를 때, 일부 사람들은 이득을 얻고 다른 사람들은 손해를 본다. 예상치 못한 일이 발생했다는 이유만으로 많은 사람들이 이득을 얻거나 손해를 보기 때문에 이러한 결과는 불공평한 것처럼 보인다. 이러한 분명하게 불공평한 소득재분배가 사람들이 예상치 못한 인플레이션을 싫어하는 중요한 이유이다.

Making the Connection

물가하락은 왜 그렇게 나쁜가?

예상보다 높은 인플레이션이 어떻게 소비자들, 근로자들, 기업들에게 문제를 발생시킬 수 있는지 방금 논의했다. 그러나 경제가 인플레이션이 아닌 물가하락, 즉 *디플레이션 deflation*을 경험하기 시작하면 어떤 일이 발생하는가? 물가수준의 하락은 경제에 좋은 뉴스처럼 보일 수 있다. 무엇보다도 물가하락은 재화들과 서비스들을 더 싸게 만들기 때문에 소비자들의 지출을 증가시킬 수 있다. 그러나 실제로 디플레이션은 소비자들에게 그 반대의 영향을 미치는 경향이 있다. 디플레이션과 관련된 사례들은 상대적으로 드물지만, 두 개의 중요한 디플레이션 사례, 즉 미국의 1930년대와 일본의 1990년대로부터 몇 가지의 교훈을 얻을 수 있다. 두 경우에서 모두 많은 소비자들은 가격들이 더 낮아지기를 기다렸기 때문에 물가하락에 직면하여 그들의 지출을 감소시켰다. 또한 가격들이 더 낮아지기를 기다린다는 것이 2000년대 후반에 미국 주택시장에서 나타난 문제였다. 주택가격의 급상승이 2002년부터 2006년까지 발생했다. 가격들이 하락하기 시작했을 때, 많은 잠재적 구매자들은 가격들이 계속해서 하락할 것이라고 예상하면서 그들의 구매를 연기시켰다.

아래의 그림은 1925년부터 1940년까지의 기간 동안 미국 소비자물가지수의 연간 변화율을 보여준다. 1929년에 대공황의 시작으로 미국은 심한 디플레이션을 경험했다.

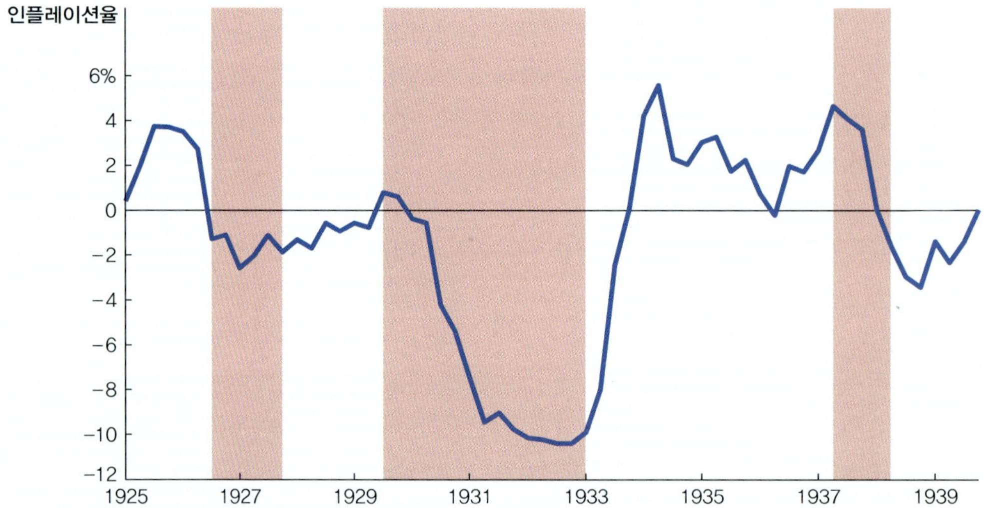

1930년대의 디플레이션은 일부 소비자들이 구매를 연기시키게 만들었을 뿐만 아니라 차입자들의 부담을 증가시켰기 때문에 미국 경제를 손상시켰다. 예를 들어, 1929년에 당신이 5%의 명목이자율로 5년 동안 돈을 차입했다고 하자. 당신은 5년 동안 얼마의 실질이자율을 지불했었겠는가? 실질이자율을 계산하기 위해서는 명목이자율에서 인플레이션율을 빼야 한다. 디플레이션이 발생한 경우, 물가수준의 변화율은 마이너스이기 때문에 실질이자율을 계산하기 위해서는 실제로 명목이자율에 물가수준의 변화율을 합해야 한다. 아래의 표는 실제 디플레이션을 사용하여 당신이 받은 대출의 실질이자율을 계산한 것이다.

	1929	1930	1931	1932	1933
명목이자율	5%	5%	5%	5%	5%
소비자물가지수의 변화율	0	−2.3	−9.0	−9.9	−5.1
실질이자율	5.0	7.3	14.0	14.9	10.1

이 표의 마지막 행은 당신이 받은 대출의 명목이자율은 단지 5%이지만 5년 중 3년 동안 당신이 지불하는 실질이자율은 10%보다 높다는 것을 보여준다. 실제로 이렇게 높은 실질이자율이 1930년대 초 기간 동안에 가계들과 기업차입자들에게 심각한 손실을 입혔고 대공황을 심하게 만드는 데 기여했다.

2001년의 경기후퇴기와 2007~2009년의 경기후퇴기 동안에 일부 정책담당자들과 경제학자들은 미국 경제가 디플레이션을 경험하게 될 것이라는 것을 두려워했다. 다행스럽게도, 상당한 디플레이션은 발생하지 않았다. 만일 디플레이션이 발생했다면, 2001년의 경기후퇴와 2007~2009년의 경기후퇴는 실제보다 더 심했을 것이다.

결론

실업과 인플레이션은 중요한 거시경제문제이다. 대통령 선거에서 종종 어떤 후보가 이러한 문제들을 가장 잘 해결할 수 있다는 것을 사람들에게 확신시킬 수 있느냐에 따라 승패가 갈린다. 그러나 많은 경제학자들은 장기적으로 일인당 실질GDP의 증가율을 높게 유지하는 것이 가장 중요한 거시경제문제라고 주장한다. 일인당 실질GDP가 증가할 때에만 한 국가의 생활수준은 향상될 것이다. 다음 장에서는 이렇게 중요한 경제성장의 문제가 논의될 것이다.

주요용어

소비자물가지수 consumer price index (CPI)
경기적 실업 cyclical unemployment
디플레이션 deflation
구직단념자 discouraged worker
효율성 임금 efficiency wage
마찰적 실업 frictional unemployment
인플레이션율 inflation rate
경제활동인구 labor force
경제활동참가율 labor force participation rate
메뉴비용 menu costs
자연실업률 natural rate of unemployment
명목이자율 nominal interest rate
물가수준 price level
생산자물가지수 producer price index(PPI)
실질이자율 real interest rate
구조적 실업 structural unemployment
실업률 unemployment rate

연습문제

* 복습질문

1. 실업률은 어떻게 측정되는가? 어떤 사람이 실업자로 계산되기 위해 필요한 3가지 조건은 무엇인가?

2. 실업률을 측정하는데 발생되는 문제점들은 무엇인가? BLS의 공식적인 실업률 척도는 어떤 점에서 진정한 실업의 정도를 과소 추정하는가? BLS의 공식적인 실업률 척도는 어떤 점에서 진정한 실업의 정도를 과대 추정하는가?

3. 어떤 그룹의 실업률이 평균 실업률보다 높은 경향이 있는가? 어떤 그룹의 실업률이 평균 실업률보다 낮은 경향이 있는가?

4. 경제활동참가율은 무엇을 측정하는가? 1950년 이후 남성과 여성의 경제활동참가율은 어떻게 변화했는가?

5. 고용률은 무엇을 측정하는가? 경제활동인구에서 제외되는 실업자는 실업률에 어떻게 영향을 미치는가? 경제활동인구에서 제외되는 실업자는 고용률에 어떻게 영향을 미치는가?

6. *가계조사 household survey*와 *사업체조사 establishment survey*의 차이점은 무엇인가? 많은 경제학자들은 고용의 변화를 측정하기 위해 어떤 조사를 선호하는가? 그 이유는 무엇인가?

7. 실업의 3가지 형태는 무엇인가? 당신은 어떤 형태의 실업이 실업 상태인 사람들에게 어려움을 발생시킬 가능성이 가장 크다고 생각하는가?

8. 마찰적 실업과 일자리 탐색 간의 관계는 무엇인가?

9. 자연실업률은 무엇인가? 자연실업률과 완전고용 간의 관계는 무엇인가?

10. 정부실업보험지급은 실업률에 어떤 영향을 미치는가? 정부실업보험지급은 경기후퇴의 심한 정도에 어떤 영향을 미치는가?

11. 다음의 각 항이 실업률에 미치는 효과를 논의하라.
a. 최저임금법
b. 노동조합
c. 효율성 임금

12. 왜 미국의 실업률은 일반적으로 캐나다와 서유럽 국가들보다 낮은가?

13. 물가수준의 3가지 주요 척도를 간략히 설명하라.

14. 정부는 생계비의 변화를 측정하기 위해 어떤 물가지수를 사용하는가?

15. CPI를 계산하는데 어떤 잠재적인 편의들이 존재하는가? BLS는 이러한 편의들의 크기를 감소시키기 위해 어떤 조치를 취했는가?

16. CPI와 PPI 간의 차이점은 무엇인가?

17. 명목변수와 실질변수 간의 차이점은 무엇인가?

18. 당신은 2007년에서 2013년까지의 실질임금을 계산하기 위해서 2007년에서 2013년까지의 명목임금에 관한 데이터와 소비자물가지수에 관한 데이터를 어떻게 사용할 수 있는지 간략히 설명하라.

19. 명목이자율과 실질이자율 간의 차이점은 무엇인가?

20. 만일 인플레이션율이 상승할 것으로 예상되면, 명목이자율에는 어떤 일이 발생하는가? 간략히 설명하라.

21. 이 장은 어느 특정한 명목이자율이 "높은지" 또는 "낮은지" 아는 것은 불가능하다고 설명한다. 왜 그런지 간략히 설명하라.

22. 만일 경제가 디플레이션을 경험하고 있으면, 명목이자율은 실질이자율보다 더 높아지는가 더 낮아지는가?

23. 왜 명목소득은 일반적으로 인플레이션과 함께 상승하는가? 만일 명목소득이 인플레이션과 함께 증가하면, 인플레이션이 평균적인 소비자의 구매력을 감소시키는가? 간략히 설명하라.

24. 인플레이션은 소득분배에 어떻게 영향을 미칠 수 있는가?

25. 예상된 인플레이션과 예상치 못한 인플레이션 중에서 어느 것이 더 큰 문제인가? 간략히 설명하라.

26. 메뉴비용은 무엇인가? 인터넷은 메뉴비용의 크기에 어떤 영향을 미쳤는가?

27. 디플레이션은 어떤 문제를 발생시키는가?

*문제와 응용

1. 2013년 5월의 가계조사로부터 수집된 데이터를 정리한 아래 표의 생략된 수치들을 채워라.

근로연령인구	________
취업자	143,898,000
실업자	________
실업률	7.6%
경제활동인구	________
경제활동참가율	63.4%
고용률	________

2. 거시경제상황은 기업들과 가계들의 의사결정에 영향을 미친다. 예를 들어, 왜 대학원 지원자들은 경기후퇴기에 증가하는가?

3. 한 정치가는 다음과 같이 주장한다. "마찰적 실업이 제거되면 경제는 더 효율적으로 작동될 것이다. 따라서 정부정책의 목표는 마찰적 실업률을 가능한 한 최저 수준까지 하락시키는 것이어야 한다." 당신은 이러한 주장에 동의하는지 간략히 설명하라.

4. 당신은 마찰적으로 실업상태에 있는 사람에게 일자리를 찾기 위해 어떤 자문을 하겠는가? 당신은 구조적으로 실업상태에 있는 사람에게 일자리를 찾기 위해 어떤 자문을 하겠는가? 당신은 경기적 실업 상태에 있는 사람에게 일자리를 찾기 위해 어떤 자문을 하겠는가?

5. 정상재 normal good과 열등재 inferior good의 정의를 기억하라. 경기확장기에 당신은 정상재를 생산하는 산업에서 일할 것인가 열등재를 생산하는 산업에서 일할 것인가? 간략히 설명하라. 경기후퇴기에 당신은 정상재를 생산하는 산업에서 일할 것인가 열등재를 생산하는 산업에서 일할 것인가? 간략히 설명하라.

6. 다음의 각 항이 실업률에 미치는 효과를 논의하라.

a. 근로자들이 실업보험지급을 받을 수 있는 자격이 있는 기간이 2배 증가한다.

b. 최저임금이 폐지된다.

c. 대부분의 근로자들이 노동조합에 가입한다.

d. 더 많은 회사들이 일자리 정보를 인터넷 사이트에서 쉽게 알 수 있도록 한다.

7. 한 경제컨설턴트는 근로자들을 감시하는 것이 어려운 한 기업의 노동정책을 연구하고 이 기업이 종업원 임금을 인상시킬 것을 권고하는 보고서를 준비했다. 이 기업의 경영자들이 이 보고서를 논의하는 모임에서 한 경영자는 다음과 같이 주장한다. "나는 우리가 지급하는 임금이 좋다고 생각한다. 우리가 현재 지급하는 임금 수준에서도 기꺼이 일하고자 하는 사람들이 충분한데 왜 우리가 임금을 인상해야 하는가?" 이 경제컨설턴트는 이 기업이 임금을 인상해야 한다는 그의 권고를 정당화하기 위해 어떤 주장을 할 수 있는가?

8. 왜 BLS는 CPI를 계산하는데 현재 연도에 구매한 재화들과 서비스들의 양이 아닌 시장바스켓에 있는 재화들과 서비스들의 양을 사용하는가?

9. 2013년 6월에 Apple은 새로운 MacBook Air 경량 랩탑 컴퓨터 모델을 출시했다. 이 새로운 모델은 이전 모델보다 더 빠른 프로세서와 훨씬 더 좋은 배터리를 장착했으나 같은 가격으로 판매되었다. 이러한 새로운 MacBook Air 모델의 출시에 의해 CPI는 어떻게 영향을 받았는가?

10. 3개의 제품, 즉 이발, 햄버거, DVD만을 생산하는 한 단순한 경제를 생각해 보라. 아래의 표에 제시되어 있는 정보를 사용해서 CPI로 측정되는 2014년의 인플레이션율을 계산하라.

	기준 연도 (1999)		2013	2014
제품	양	가격	가격	가격
이발	2	$10.00	$11.00	$16.20
햄버거	10	2.00	2.45	2.40
DVD	6	15.00	15.00	14.00

11. 한 국가의 CPI가 아래의 그림에 그려져 있는 경로를 따라서 변화했다고 하자.

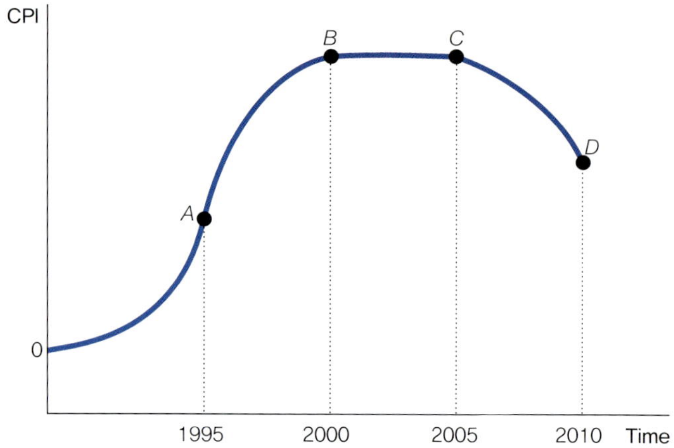

a. 이 국가는 어느 기간 동안 제로의 인플레이션을 경험했는가?

b. 이 국가는 어느 기간 동안 인플레이션율의 상승을 경험했는가?

c. 이 국가는 어느 기간 동안 인플레이션율이 여전히 플러스의 값을 가지고 있었지만 인플레이션율이 하락하는 것을 경험했는가?(이러한 상황을 "디스인플레이션 disinflation"이라고 부른다)

d. 이 국가는 어느 기간 동안 디플레이션을 경험했는가?

12. 당신이 자동차를 사기 위해 돈을 차입한다고 하자. 당신은 자동차 대출의 이자율이 20%이고 인플레이션율이 19%인 상황 또는 자동차 대출의 이자율이 5%이고 인플레이션율이 2%인 상황 중에서 어느 상황을 선호하는가? 간략히 설명하라.

13. 당신이 구매하는 유일한 재화가 햄버거이고 연초에 햄버거의 가격은 $2.00라고 하자. 당신이 5%의 이자율로 연초에 1년 동안 $1,000을 대출해 준다고 하자. 연말에 햄버거의 가격은 $2.08이다. 당신이 대출로부터 버는 실질이자율은 얼마인가?

14. 1990년대 동안, 일본은 디플레이션과 제로 퍼센트에 가까운 낮은 명목이자율의 기간을 경험했다. 왜 자금의 대부자들이 거의 제로 퍼센트의 명목이자율을 수용하는가? (힌트: 이 기간 동안 일본의 실질이자율도 낮았다.)

15. 인플레이션율이 대부분의 사람들이 예상했던 것보다 훨씬 더 높은 것으로 판명되었다. 이 경우에 당신은 차입자이었던 것이 좋은가 대부자이었던 것이 좋은가? 간략히 설명하라.

16. James와 Frank는 모두 금년에 은퇴한다고 하자. 은퇴 후의 소득으로 James는 그가 사는 동안 그에게 매달 고정된 $2,500을 지급하는 연금에 의존할 것이다. James는 은퇴를 위해 전혀 저축하지 않았다. Frank는 연금을 가지고 있지 않으나 예금증서(CD)에 투자했던 상당한 금액을 저축했다. 현재, Frank의 CD는 매달 $2,300의 이자를 그에게 지급한다.

a. 현재부터 10년 후에 James와 Frank 중 누가 더 많은 실질소득을 가질 가능성이 있는가? 당신의 답에서 반드시 *실질소득 real income*을 정의하라.

b. 이제 James의 연금이 일정한 금액이 아니라 CPI와 같은 퍼센트만큼 매년 증가한다고 하자. 예를 들어, 만일 CPI가 James가 은퇴한 후 1년 동안 5% 상승하면, 두 번째 해에 그의 연금은 매달 $2,500+($2,500×0.05)=$2,625가 된다. 이 경우에 현재부터 10년 후에 James와 Frank 중 누가 더 많은 실질소득을 가질 가능성이 있는가?

17. Apple과 이 회사의 채권을 매입한 투자자들은 모두 어느 연도에 2%의 인플레이션율을 예상한다고 하자. 이러한 예상 하에서, 채권의 명목이자율은 6%이고 실질이자율은 4%라고하자. 투자자들이 이 회사의 채권을 매입한 지 1년 후에 인플레이션율이 예상했던 2%가 아니라 6%인 것으로 판명된다고 하자. 이러한 예상치 못한 높은 인플레이션율로부터 누가 이득을 얻고 누가 손실을 보는가?

PART 7

장기 성장과 단기 변동

CHAPTER

19 경제성장, 금융시스템과 경기변동

이 장의 학습내용

19.1 장기 경제성장
- 장기 경제성장의 중요성을 논의한다.

19.2 저축, 투자와 금융시스템
- 장기 경제성장을 촉진시키는데 있어서 금융시스템의 역할을 논의한다.

19.3 경기변동
- 경기변동이 발생하는 동안 어떤 일이 발생하는지 설명한다.

경제성장과 경기변동이 Whirlpool에 미친 영향

1911년에 Louis Upton, Emory Upton, Lowell Bassford는 최초의 전기세탁기를 생산하기 위해 미시간 주의 Benton Harbor시에 Upton Machine Company를 설립했다. 그 후에 이 회사는 오늘날 가정설비제품 제조회사의 세계적 선두주자인 Whirlpool이 되었다. 2012년에 Wirlpool은 68,000명 이상의 종업원을 고용했고 $180억의 수입을 올렸다. Wirlpool의 경험은 2가지 중요한 거시경제적 사실, 즉, 미국 경제는 장기적으로 경제성장을 경험했고 단기적으로 일련의 경기변동을 경험했다는 사실을 반영한 것이다. Whirlpool도 장기적으로 성장을 경험했던 반면 단기적으로 경기변동의 영향을 받았다.

교통, 통신, 컴퓨팅 기술의 발전이 지난 세기동안 생활수준을 향상시켰던 것처럼, 가정설비 기술의 발전도 생활수준을 향상시켰다. 1900년에는 가계들의 3%만이 전기가 들어오는 집에서 살았고 어떤 가계도 전기세탁기, 식기세척기나 냉장고를 가지고 있지 않았다. 대부분의 가계들은 석탄이나 목재를 연료로 사용하는 스토브에서 요리했다. 오늘날 거의 모든 가계들은 전기나 천연가스 스토브뿐만 아니라 전기세탁기와 냉장고를 가지고 있다. University of California at San Diego의 경제학자인 Valerie Ramey는 오늘날 성인 여성은 1900년보다 집안일을 하는데 평균적으로 주당 18시간 더 적게 소비한다고 추정했다. 집안일을 수행하기 위한 새롭고 개선된 기술이 여성들에게 집 밖에서 경력을 추구할 수 있는 기회를 제공했고, 여성들과 남성들 모두에게 더 많은 여가활동을 즐길 수 있는 시간을 주었다.

2007~2009년의 경기후퇴를 발생시켰던 주택시장 붕괴가 가정설비제품을 포함하여 내구재에 대한 수요를 크게 감소시켰다. Whirlpool과 여타 가정설비제품 제조회사들은 경기후퇴기 동안 판매를 증가시키기 위해 가격을 인하했지만, 가정설비제품에 대한 실질 소비자 지출은 2007년부터 2009년까지 매년 감소했다. 경제가 경기후퇴로부터 회복됨에 따라 내구재에 대한 지출이 증가했다. 2013년에 이르러서 Whirlpool의 최고경영자인 Jeff Fettig는 다음과 같이 보고할 수 있었다. "미국 주택시장이 계속적으로 강력하고 국제적인 수요추세가 개선되었기 때문에 우리는 수입이 적정하게 더 높게 증가할 것이라고 기대한다."

이 장에서는 장기 경제성장과 단기 경기변동에 대해 개략적으로 살펴보고 장기 경제성장과 단기 경기변동이 기업들, 소비자들, 경제 전체에 미치는 영향을 논의한다.

자료: Bob Tita, "Whirlpool Stung by U.S. Sales," *Wall Street Journal*, April 24, 2013; Valerie A. Ramey, "Time Spent in Home Production in the 20th Century United States," *Journal of Economic History*, Vol. 69, No. 1, March 2009, pp. 1–47; U.S. Energy Information Administration, *Residential Energy Consumption Survey*, www.eia.gov/consumption/residential/index.cfm; and www.whirlpoolcorp.com.

성공적인 경제는 인구의 증가보다 더 빠르게 재화와 서비스의 생산을 증가시킬 수 있다. 이러한 수준의 경제성장을 달성하는 것이 한 국가에 있는 평균적인 사람의 생활수준을 향상시킬 수 있는 유일한 방법이다. 불행하게도, 전 세계의 많은 국가들은 전혀 성장하지 못하거나 매우 느리게 성장하고 있다. 이러한 국가들에 있는 대부분의 사람들은 그들의 조상들과 마찬가지로 수십 년 전이나 수세기 전과 같은 수준의 소득으로 살아간다. 그러나 미국과 여타 선진국들에서 현재의 소득과 생활수준은 50년 전보다 훨씬 더 높다. 한 가지 중요한 거시경제학 주제는 왜 일부 국가들은 다른 국가들보다 훨씬 더 빠르게 성장하는가이다.

앞으로 살펴보겠지만, 경제성장의 한 가지 결정요인은 기업들이 조업규모를 확장시키고 추가적인 장비를 구매하며 근로자들을 훈련시키고 새로운 기술을 도입할 수 있는 능력이다. 이러한 활동들을 수행하기 위해 기업들은 주식시장과 채권시장 같은 금융시장을 통해 직접적으로 자금을 확보하거나 은행과 같은 금융중개기관을 통해 간접적으로 자금을 확보해야 한다. *금융시스템 financial system*은 금융시장들과 금융중개기관들로 구성된다. 이 장에서는 금융시스템을 간략히 살펴보고 자금이 *대부자금시장 market for loanable funds*을 통해서 어떻게 가계들로부터 기업들로 흐르는지 살펴본다.

적어도 19세기 초 이후, 미국 경제는 생산과 고용이 증가되는 경기확장기에 이어서 생산과 고용이 감소하는 경기후퇴기를 경험했다. 이와 같이 경기확장기와 경기후퇴기가 반복되는 것을 **경기변동 business cycle**이라고 부른다. 경기변동의 모습은 항상 같은 것이 아니다. 각 경기확장기는 동일한 기간 길이를 가지고 있지 않고 각 경기후퇴기도 동일한 기간 길이를 가지고 있지 않으나 미국 역사에서 모든 경기확장기에 이어서 경기후퇴기가 발생했고, 모든 경기후퇴기에 이어서 경기확장기가 발생했다.

경기변동 business cycle
경기확장기와 경기후퇴기가 반복되는 것.

이 장에서는 거시경제학의 2가지 핵심 문제, 즉 생활수준을 지속적으로 증가시키는 장기 경제성장과 단기 경기변동을 살펴본다.

19.1. 장기 경제성장

미국, 서유럽, 일본, 여타 고소득 국가들에 있는 대부분의 사람들은 시간이 흐름에 따라 그들의 생활수준이 향상될 것이라고 기대한다. 그들은 해가 거듭됨에 따라 기업들이 새롭고 개선된 제품을 출시할 것이고 새로운 처방약과 더 좋은 수술 기술이 더 많은 질병들을 극복할 것이며 이러한 재화와 서비스를 소비할 수 있는 그들의 여력은 증가할 것이라고 기대한다. 대부분의 사람들에게 이것은 적정한 기대이다.

1900년에 미국은 이미 전 세계에서 가장 높은 생활수준을 누리고 있었다. 그러나 1900년에 미국 가계의 3%만이 전기를 가지고 있었고 15%만이 실내 양변기를 가지고 있었으며 25%만이 수돗물을 가지고 있었다. 수돗물이 부족하다는 것은 사람들이 요리하거나 목욕하기 전에 우물에서 물을 길어 올려서 평균적으로 가계당 연간 약 10,000갤런의 물을 바스켓으로 집까지 운반해야만 했다는 것을 의미한다. 물 소비량이 평균적으로 하루에 일인당 약 5갤런으로 오늘날 하루에 일인당 약 150갤런인 것과 비교해 보면 매우 적었다는 것은 놀랄 일이 아니다. 그 결과로 사람들은 매우 드물게 목욕하고 옷을 세탁했다. 도시에 사는 대부분의 가계들은 다른 가계들과 공동으로 실외 화장실을 사용해야만 했다. 천연두, 장티푸스, 이질, 콜레라와 같은 질병들이 만연했다. 1900년에 시카고에서 태어난 45,000명의 아이들 중에서 5,000명은 첫 돌이 되기 전에 사망했다. 출생시 기대 수명은 약 47세였는데 이것은 2011년에 78세인 것과 대비된다. 가계들은 전기를 가지고 있지 않아서 그 대신 촛불이나 등유나 석유를 태워서 사용하는 램프에 의존했다. 겨울에 많은 주택의 난방은 석탄을 태워서 이루어졌으며 이것이 대부분의 대도시 공기를 오염시키는 심각한 공해를 발생시켰다. 1900년에 현대적인 가정설비제품이 없었기 때문에 집안일을 하는데 시간이 많이 걸리고 육체적으로 힘들었다. 전형적인 미국 주부는 연간 1/2톤의 빵을 만들었다.

장기 경제성장 long-run economic growth의 과정이 전형적인 미국인이 1900년의 생활수준으로부터 오늘날의 생활수준을 누리게 해주었다. 가장 좋은 생활수준의 척도는 *일인당 실질GDP real GDP per capita*이다. 따라서 장기 경제성장은 장기간 동안, 일반적으로 수 십 년 이상 동안에 이루어진 일인당 실질GDP의 증가로 측정된다. 시간이 흐름에 따른 물가수준의 변화에 대해 조정하기 위해 명목GDP가 아니라 실질GDP가 사용된다. [그림 19.1]은 1900년부터 2012년까지 미국의 일인당 실질GDP 증가추이를 보여준다. 이 그림은 일인당 실질GDP의 추세는 단기 경기변동의 영향 때문에 변동하지만, 장기적으로 강력하게 증가했다는 것을 보여준다. 장기 경제성장을 논의할 때 초점을 맞추는 것이 일인당 실질GDP의 증가 추세이다.

장기 경제성장
long-run economic growth
생산성 증가에 의해 평균적인 생활수준이 향상되는 과정.

[그림 19.1]에 있는 수치들은 2009년의 가격으로 측정된 것이기 때문에 일정한 구매력으로 평가된 금액을 나타낸다. 1900년에 일인당 실질GDP는 약 $6,000이었다. 1세기가 지난 2012년에 일인당 실질GDP는 약 $49,200로 증가했다. 이것은 2012년에 평균적인 미국인은 1900년에 평균적인 미국인보다 8배 이상 더 많은 재화와 서비스를 구매할 수 있었다는 것을 의미한다. 그러나 이러한 일인당 실질GDP의 증가는 실제로 1900년과 비교하여 2012년에 미국인의 진정한 생활수준 향상을 과소하게 추정한다. 오늘날의 재화와 서비스 중 많은 것들은 1900년에 존재하지 않았다. 예를 들어, 만일 당신이 1900년에 살았고 심각한 감염으로 아프게 되었다면, 당신은 소득이 얼마나 높으냐에 관계없이 병을 치료할 항생제를 구매할 수 없었다. 당신은 오늘날에 매우 가난한 사람조차도 효과적인 의료 처방을 받을 수 있는 병 때문에 죽었을 수 있다. 물론, 한 사람이 구매할 수 있는 재화와 서비스의 양이 그 사람이 얼마나 행복하고 만족하느냐에 대한 완벽한 척도는 아니다. 교육, 기대수명, 범죄, 영적 후생수준, 공해, GDP를 계산하는데 무시되는 많은 기타 요인들이 한 사람의 행복에 영향을 미친다. 그럼에도 불구하고, 일인당 실질GDP가 시간이 흐름에 따른 한 경제의 성과나 특정한 시점에 서로 다른 경제들의 성과를 비교하는 가장 좋은 수단이기 때문에 경제학자들은 주로 일인당 실질GDP를 비교한다.

그림 19.1

일인당 실질GDP의 성장추이, 1900~2012년

2009년 달러 기준으로 측정해 보면, 미국의 일인당 실질GDP는 1900년에 $6,000에서 2012년에 약 $49,200으로 증가했다. 2012년에 평균적인 미국인은 1900년의 평균적인 미국인보다 8배 이상 더 많은 재화와 서비스를 구매할 수 있었다.

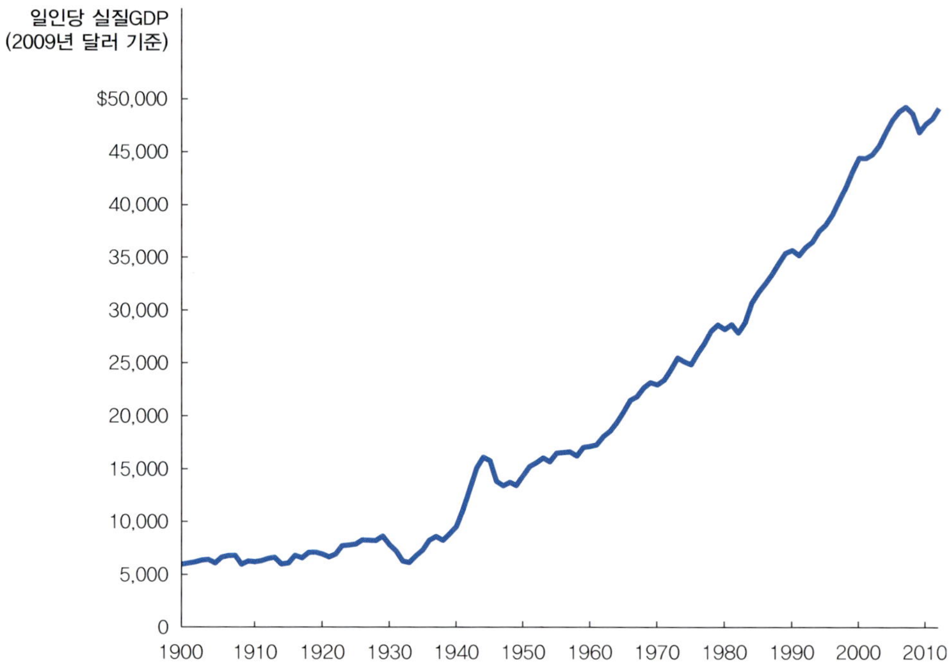

Making the Connection

경제적 번영과 건강 간의 관계

경제성장이 생활수준에 미치는 직접적인 효과는 과거 100년 동안 고소득 국가들에서 건강이 증진된 것을 살펴봄으로써 알 수 있다. 노벨 경제학상 수상자인 Robert Fogel의 연구는 경제성장, 기술진보, 인체생리 개선 간의 밀접한 관계를 강조한다. 한 가지 중요한 건강의 척도는 출생시 기대수명이다. 오른쪽의 그림이 보여주는 것처럼, 1900년에 출생시 기대수명은 미국, 영국, 프랑스에서 50세 미만이었다. 오늘날 출생 시 기대수명은 약 80세이다. 가장 소득이 낮은 국가들에서 기대수명은 여전히 매우 짧지만, 경제성장을 경험했던 일부 국가들에서 기대수명은 극적으로 증가했다. 예를 들어, 인도의 기대수명은 1900년의 27세에서 오늘날 67세로 2배 이상 증가했다.

많은 경제학자들은 건강과 경제성장 간의 관계가 있다고 믿는다. 19세기 동안 미국과 서유럽에서 농업기술의

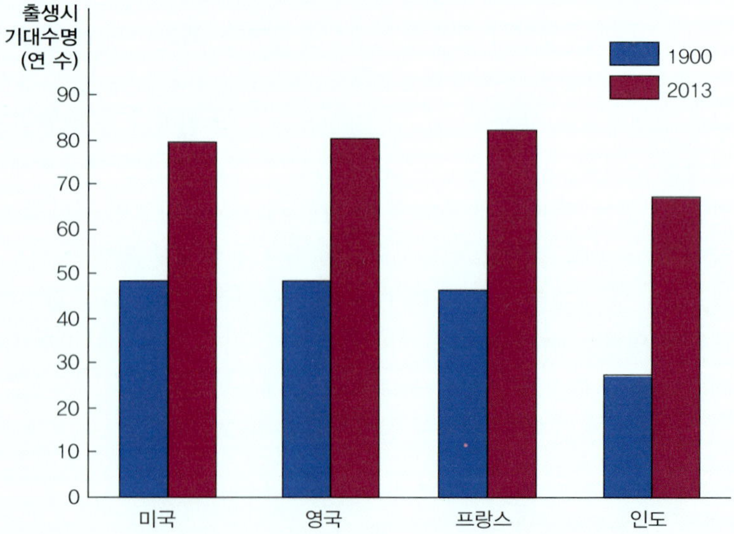

개선과 소득의 증가는 평균적인 사람의 영양을 극적으로 개선시켰다. 19세기 후반에 이루어진 질병과 관련된 세균이론의 발전과 물 정수를 위한 기술진보는 수인성 전염병에 의한 질병을 급격히 감소시켰다. 사람들은 키가 더 커지고 더 강해지며 질병에 덜 취약하게 됨에 따라 더 생산적이게 되었다. 오늘날 경제발전을 연구하는 경제학자들은 저소득 국가들이 경제성장을 경험하려면 질병을 감소시키고 영양을 증진시킬 필요가 있다는 점을 점점 더 강조하고 있다.

많은 연구자들은 인체생리의 상태는 기술이 발전함에 따라 계속해서 개선될 것이라고 믿는다. 고소득 국가들에서 출생시 기대수명은 오늘날 약 80세로부터 21세기 중반에 이르러 약 90세로 증가할 것으로 기대된다. 기술발전은 계속해서 하루 평균 근로시간과 평균적인 사람이 보수를 받는 근로자로 보내는 연 수를 감소시킬 것이다. 개인들은 자고, 먹고 목욕하면서 하루에 약 10시간을 보낸다. 그들이 나머지 "재량을 가지고 사용할 수 있는 시간"은 보수를 받고 일하는 시간과 여가 시간으로 나누어진다. 위쪽의 그림은 미국에서 개인들이 1880년과 1995년과 비교하면서 2040년에 그들의 시간을 어떻게 배분할 것인지에 대한 Robert Fogel의 추정치에 기초하여 그린 것이다. 기술과 경제성장은 사람들이 가까운 미래에 더 오래 살 수 있게 해줄 뿐만 아니라 이러한 생애 중에서 훨씬 더 적은 부분을 보수를 받는 일자리에서 보내게 해줄 것이다.

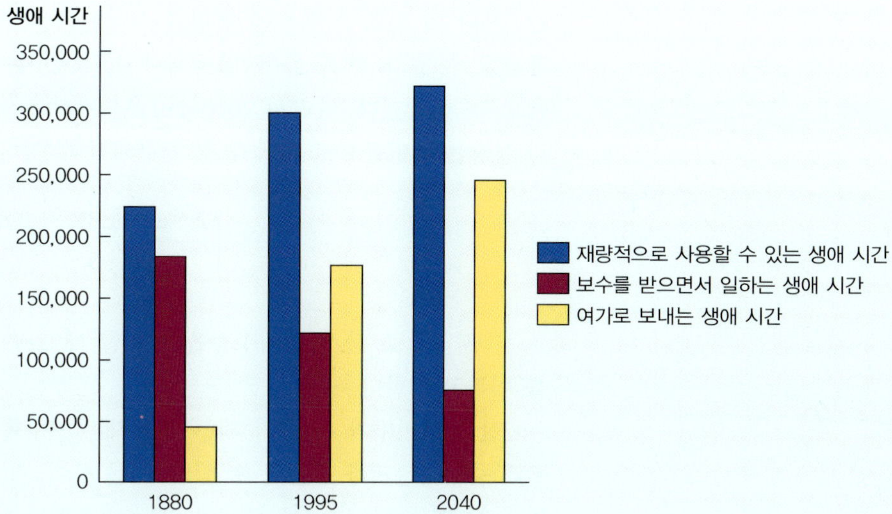

자료: Robert William Fogel, *The Escape from Hunger and Premature Death, 1700–2100*, New York: Cambridge University Press, 2004; and U.S. Central Intelligence Agency, *The 2013 World Factbook*, online version.

성장률 계산하기와 70의 규칙

한 특정한 연도 동안 실질GDP나 일인당 실질GDP의 성장률은 전년도로부터의 퍼센트 변화로 계산된다. 예를 들어, 2009년 가격 기준으로 실질GDP가 2011년에 $150,520억이었고 2012년에 $154,710억으로 증가했다. 2012년에 실질GDP의 성장률은 다음과 같이 계산된다.

$$\left(\frac{\$154{,}710\text{억} - \$150{,}520\text{억}}{\$150{,}520\text{억}}\right) \times 100 = 2.8\%$$

보다 더 장기인 경우에는 *연평균 성장률 average annual growth rate*을 사용할 수 있다. 예를 들어, 62년 기간 동안 연평균 성장률을 구하기 위해서, 62년 동안 실질GDP가 $21,820억에서 $154,710억으로 증가한 경우의 연평균 성장률을 계산해 보자. 이 경우 연평균 성장률은 3.2%이다. 즉, $21,820억이 연간 3.2%로 증가하면 62년 후에 $154,710억이 된다.

보다 더 단기인 경우에 연평균 성장률은 각 연도의 성장률들을 평균하여 근사적으로 계산될 수 있다. 예를 들어, 미국에서 실질GDP는 2010년에 2.5%, 2011년에 1.8%, 2012년에 2.8% 성장했다. 따라서 2010~2012년 기간 동안 실질GDP의 연평균 증가율은 3개의 연간 성장률의 평균으로 다음과 같이 구해질 수 있다.

$$\left(\frac{2.5\% + 1.8\% + 2.8\%}{3}\right) = 2.4\%$$

마지막으로 장기 경제성장을 논의할 때 일반적으로 "연평균 성장률"을 줄여서 "성장률"이라고 말한다.

한 경제변수가 두 배가 되는데 걸리는 연수를 계산해 봄으로써 이 경제변수가 얼마나 빨리 증가하는지를 판단할 수 있다. 예를 들어, 만일 한 국가의 일인당 실질GDP가 매 20년마다 두 배가 된다면, 이 국가에 있는 대부분의 사람들은 살아가는 동안 그들의 생활수준이 크게 향상되는 것을 경험할 것이다. 만일 일인당 실질GDP가 매 100년마다 2배가 된다면, 생활수준의 향상은 너무 느리게 이루어져서 알아채기 어려울 것이다. 일인당 실질GDP가 2배가 되는데 몇 년 걸릴 것인지를 근사적으로 계산할 수 있는 한 가지 쉬운 방법은 *70의 규칙 rule of 70*을 사용하는 것이다. 70의 규칙에 관한 공식은 다음과 같다.

$$\text{일인당 실질GDP가 2배가 되는 데 걸리는 연 수} = \left(\frac{70}{\text{연평균성장률\%}}\right)$$

예를 들어, 만일 일인당 실질GDP가 연평균 5%로 증가하면, 일인당 실질GDP는 70/5=14년 만에 2배가 될 것이다. 만일 일인당 실질GDP가 연평균 2%로 증가하면, 일인당 실질GDP가 2배되는데 70/2=35년이 걸릴 것이다. 이러한 예들은 한 가지 중요한 요점, 즉 성장률의 작은 차이가 한 국가의 생활수준이 얼마나 빠르게 증가하느냐에 크게 영향을 미칠 수 있다는 점을 보여준다. 마지막으로 70의 규칙은 일인당 실질GDP의 증가뿐만 아니라 어떤 변수의 증가에도 적용된다는 점에 주목하라. 예를 들어, 만일 당신이 주식에 $1,000을 투자하고 주식가치가 연평균 7%로 증가한다면, 당신의 투자가치는 10년 걸려서 $2,000으로 2배가 될 것이다.

무엇이 장기성장률을 결정하는가?

노동생산성
labor productivity
한 명의 근로자가 생산할 수 있는 재화와 서비스의 양이거나 1시간의 근로시간 동안 생산될 수 있는 재화와 서비스의 양.

장기 경제성장을 설명하는데 있어서 한 가지 핵심 요점은 *일인당 실질GDP의 증가는 노동생산성에 의해 결정된다*는 것이다. **노동생산성 labor productivity**은 한 명의 근로자가 생산할 수 있는 재화와 서비스의 양이거나 1시간의 근로시간 동안 생산될 수 있는 재화와 서비스의 양이다. 장기 경제성장을 분석하는데 있어서 경제학자들은 일반적으로 노동생산성을 근로일수와 고용률의 변화가 미치는 효과를 제거하기 위해 근로시간당 생산량으로 측정한다. 만일 평균적인 사람이 소비하는 재화와 서비스의 양이 증가하려면, 근로시간당 생산되는 재화와 서비스의 양도 증가해야만 한다. 왜 2012년의 평균적인 미국인이 1900년의 평균적인 미국인보다 8배 더 많은 재화와 서비스를 소비할 수 있었는가? 2012년의 평균적인 미국인 근로자가 1900년의 평균적인 미국 근로자보다 8배 생산적이었기 때문이다.

노동생산성의 증가가 장기 경제성장의 핵심 요인이면, 노동생산성을 증가시키는 요인들은 무엇인가? 경제학자들은 2개의 핵심 요인, 즉 근로시간당 자본량과 기술수준이 노동생산성을 결정한다고 믿는다. 따라서 근로시간당 자본량이 증가하고 기술변화가 발생하면 경제성장이 이루어진다.

근로시간당 자본량 증가. 오늘날 미국과 같은 고소득 국가들의 근로자들은 저소득 국가들이나 100년 전 고소득국가들의 근로자들보다 더 많은 *물적 자본 physical capital*을 사용한다. **자본 capital**은 다른 재화와 서비스를 생산하기 위해서 사용되는 제조된 재화를 말한다는 것을 기억하라. 자본의 예들은 컴퓨터, 공장 건물, 기계 도구, 창고, 트럭이다. 한 국가에서 사용할 수 있는 물적 자본의 총량은 그 국가의 *자본스톡 capital stock*이라고 말한다. 근로시간당 자본량이 증가함에 따라 근로자 생산성은 증가한다. 엑셀을 사용해서 기업의 수입과 비용을 기록하는 회계사는 펜과 종이만 사용하는 회계사보다 더 생산적이다. 굴착기를 사용하는 근로자는 삽만을 사용하는 근로자보다 더 많은 흙을 굴착할 수 있다.

자본 capital
다른 재화와 서비스를 생산하기 위해서 사용되는 제조된 재화.

*인적 자본 human capital*은 근로자들이 교육과 훈련이나 삶의 경험으로부터 획득하는 축적된 지식과 기술을 의미한다. 예를 들어, 대학 교육을 받은 근로자들은 일반적으로 고등학교만 졸업한 근로자들보다 더 많은 기술을 가지고 있고 더 생산적이다. 인적 자본의 증가는 경제성장을 촉진시키는데 특히 중요하다.

기술변화 경제성장은 근로시간당 자본량 증가보다 *기술변화 technological change*에 더 의존한다. *기술 technology*은 기업이 투입 요소를 재화와 서비스로 전환시키기 위해서 사용하는 과정을 의미한다. 기술변화는 기업이 주어진 투입 요소량을 사용하면서 생산할 수 있는 생산량의 증가이다. 기술변화는 많은 요인으로부터 발생할 수 있다. 예를 들어, 기업의 경영자들이 생산과 판매를 증가시키기 위해서 공장의 평면 구성이나 소매점의 레이아웃을 재조정할 수 있다. 그러나 대부분의 기술변화는 새로운 기계, 설비, 소프트웨어에 체화되어 있다.

한 가지 중요한 요점은 기술변화가 발생하지 않으면, 노동, 자본, 천연자원과 같은 투입량을 단순히 증가시키는 것이 경제가 성장하는 것을 보장하지 않는다는 것이다. 예를 들어, 소련은 계속해서 근로시간당 자본량을 증가시켰음에도 불구하고 상대적으로 기술변화를 경험하지 못했기 때문에 높은 경제성장률을 유지할 수 없었다.

기술변화를 실행하는데 있어서, *기업가 entrepreneur*가 매우 중요하다. 기업가는 노동, 자본, 천연자원과 같은 생산요소들을 결합해서 재화와 서비스를 생산하여 사업을 하는 사람이다(제18장 참조). 시장경제에서 기업가는 더 좋거나 더 비용이 낮은 제품을 생산하기 위해서 새로운 기술을 도입할 것인지에 관한 중요한 결정을 한다. 또한 기업가는 기업의 자원을 새로운 기술을 창출할 수 있는 연구개발에 배분할 것인지를 결정한다. 중앙계획경제가 경제성장을 지속적으로 유지시키는데 있어서 가지고 있는 어려움들 중 하나는 정부에 의해서 고용된 경영자들은 일반적으로 시장시스템에서 활동하는 기업가들보다 새로운 기

문제풀이 19.1

싱가포르의 경제성장 설명하기

1960년과 1995년 사이에 싱가포르의 일인당 실질GDP는 연평균 6.2%로 증가했다. 이러한 매우 높은 성장률은 매 11.3년마다 일인당 실질GDP 수준을 2배로 증가시킨다. 1995년에 London School of Economics의 Alwyn Young은 싱가포르의 성장은 기술변화보다 근로시간당 자본량의 증가, 경제활동참가율의 증가, 농업부문으로부터 비농업부문으로의 근로자 이동에 더 의존했다고 주장하는 논문을 발표했다. 만일 Young의 분석이 옳다면, 1995년 이후에 싱가포르의 성장률에 어떤 일이 발생할 것인지 예측하라.

문제풀기

Step 1: 본문의 내용을 다시 읽어보라. 이 문제는 무엇이 장기 경제성장을 결정하는지에 관한 것이므로 [무엇이 장기성장률을 결정하는가?] 부분을 다시 읽어보라.

Step 2: 1995년 이후 싱가포르의 성장률에 어떤 일이 발생할 것인지 예측하라. 국가들이 발전하기 시작함에 따라 그들은 종종 급여 지급이 이루어지는 경제활동인구가 아닌 근로자들이 임금 상승에 반응하게 됨에 따라 경제활동참가율의 증가를 경험한다. 또한 많은 근로자들이 근로시간당 생산량이 낮은 농업부문을 떠나 비농업부문으로 이동한다. 이러한 변화들은 일인당 실질GDP를 증가시키나 경제활동참가율과 농업부문 이외의 경제활동인구 비중 모두가 고소득 국가들에서 발견되는 수준으로 접근함에 따라 궁극적으로 종료되는 "일회성" 변화들이다. 이와 유사하게, 이미 지적한 것처럼, 근로시간당 자본량의 증가는 기술 변화를 수반하지 않으면 높은 경제성장률을 지속적으로 유지시킬 수 없다.

싱가포르는 1995년 이후에 높은 경제성장률을 지속적으로 유지시킬 수 없을 것이라고 결론내릴 수 있다. 실제로 1996년부터 2012년까지 일인당 실질GDP의 성장률은 연평균 3.0%로 둔화되었다. 이러한 성장률은 미국과 같은 고소득 국가들이 경험한 성장률들과 비교될 수 있는 수준이지만, 일인당 실질GDP가 2배가 되는데 걸리는 시간을 매 11.3년이 아니라 매 21.9년이 걸리게 한다.

자료: Alwyn Young, "The Tyranny of Numbers: Confronting the Statistical Realities of the East Asian Growth Experience," *Quarterly Journal of Economics*, Vol. 110, No. 3, August 1995, pp. 641 – 680; and International Monetary Fund, *World Economic Outlook Database*, April 2013.

술을 개발하고 채택하는데 훨씬 더 느리다는 것이다.

마지막으로 경제성장을 위한 한 가지 추가적인 필수 요소는 정부가 사유재산권을 보장해야 한다는 것이다. 사유재산권이 보장되지 않으면 시장시스템은 작동될 수 없다(제2장 참조). 이에 더하여, 정부는 개인들 간 체결한 계약을 집행하는 독립적인 사법시스템을 확립함으로써 경제성장을 지원할 수 있다. 또한 많은 경제학자들은 정부는 교육, 교통, 통신 시스템뿐만 아니라 효율적인 금융시스템의 발전을 촉진시키는 역할을 가지고 있다고 말한다. New York University의 경제학자인 Richard Sylla는 경제성장을 경험한 모든 국가는 처음에 "금융 혁명 financial revolution"을 경험한다고 주장했다. 예를 들어, 미국이 19세기

초에 상당한 경제성장을 경험하기 전에 미국의 은행과 통화시스템이 1789년에 미국의 최초 재무부 장관으로 지명되었던 Alexander Hamilton의 지도 아래 개혁되었다. 정부정책의 지원 없이는 장기 경제성장이 발생할 가능성이 없다.

Making the Connection

인도는 급속한 성장을 지속할 수 있을 것인가?

당신이 컴퓨터에 문제가 있어 기술적 지원을 받아야 할 필요가 있을 때, 당신의 전화를 받는 사람은 인도에 있을 수 있다. 최근에 인도 기업들은 정보기술 이외에 특히 철강, 석유, 자동차의 세계 시장에서 두각을 나타내었다.

미국에 있는 많은 사람들에게 인도의 급속한 경제적 부상은 예상치 못한 일이었다. 아래의 그림이 보여주는 것처럼, 인도의 일인당 실질GDP는 1947년에 인도가 영국으로부터 독립할 때까지 매우 완만하게 증가했다. 그 결과로 1950년에 인도는 몹시 가난했다. 1950년에 인도의 일인당 실질GDP는 2013년 달러 기준으로 $1,000 미만이었고 1950년 미국의 일인당 실질GDP의 7% 미만에 불과했다. 독립한 이후 처음 40년 동안 인도의 성장률은 증가했으나 여전히 너무 낮아서 인도의 빈곤을 크게 감소시킬 수 없었다. 그러나 최근에 상황이 많이 달라졌다. 1991년에 인도 정부는 중앙계획을 축소하고 규제를 감소시키며 시장기반 개혁을 도입하기로 결정했다. 그 결과로 그 이후 10년 동안 성장률은 2배가 되었다. 가장 최근 10년 동안에 성장은 더 빨라졌다.

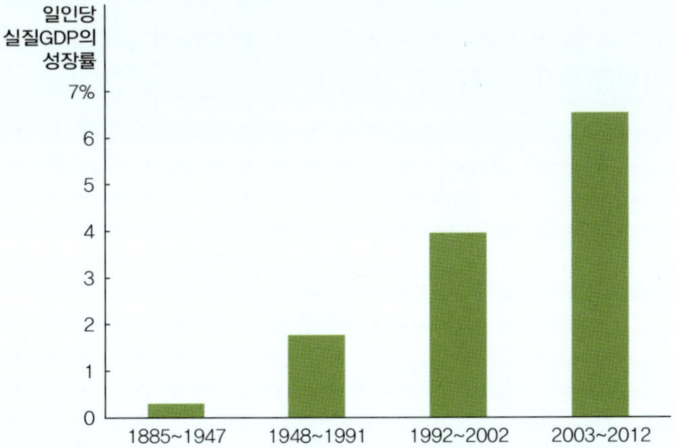

여전히 인도는 매우 가난한 국가이다. 12억 명 인구의 반 이상이 농업부문에 고용되어 있고 많은 사람들이 겨우 먹을 만큼 생산할 수 있다. 유아 사망률은 높고 성인 여성의 거의 반과 성인 남성의 1/4이 글을 읽지 못하고 쓸 수 없다. 인도의 평균적인 사람이 궁극적으로 미국과 여타 고소득 국가들의 평균적인 사람과 같은 생활수준을 누리려면 1991년에 시작된 급속한 경제성장이 다가오는 수십 년 동안 계속되어야 할 것이다. 인도는 급속한 성장을 지속할 수 있을 것인가?

일부 경제학자들과 정책담당자들은 수억 명의 사람들이 심한 빈곤에 빠져 있는 상태로 인도의 성장률이 하락하기 시작할 수 있다는 점을 걱정한다. 이러한 경제학자들은 인도 경제가 직면한 몇 가지 문제들을 지적한다. 공교육시스템은 특히 농촌 지역과 가난한 도시 지역에서 기본적인 교육을 제공하는데 어려움을 겪고 있다. 인도의 교육에 대한 지출은 173개 국가 중에서 131위의 순위를 가지고 있으며, 이것은 가장 성공적인 개도국들의 수준보다 훨씬 낮은 순위이다. 그 결과로 많은 성인들은 생산적인 노동력을 제공하기 위해 필요한 기본적인 기술을 가지고 있지 못하다. 많은 고등학교와 대학 졸업생들도 세계 시장에서 경쟁하는 기업들에서 일하기 위해 필요한 기술을 가지고 있지 못하다. 또한 높은 질병 감염률이 노동력의 생산성을 감소시키고 있다. 도시 주민의 반 이상만이 현대적인 하수처리 시스템에 접근하고 있고, 농촌 주민의 1/4 미만이 현대적인 하수처리 시스템에 접근하고 있다. 일반적으로 인도는 영국의 식민지 시대에 건설된 고속도로, 다리, 열차 시스템이 노후화됨에 따라 발생되는 기반시설 수요를 충족시키기에 어려움을 겪고 있다.

또한 인도는 정부가 성공적으로 정책 개혁을 실행하는 것을 어렵게 만드는 인종적, 종교적, 문화적, 지리적 분할에 따른 정치적 문제들로 어려움을 겪고 있다. 많은 논평자들은 정부 부패가 증가해서 기업들이 사업하기 위해 필요한 승인을 받는 것을 더 어렵게 만들고 있다고 믿는다. 인도의 지하경제 규모는 GDP의 50% 이상인 것으로 추정된다. 또한 일부 경제학자들과 정책담당자들은 시장 지향적 개혁의 완만한 속도를 우려하고 있으며 정부에게 금융 및 소매 부문에 더 많은 해외 투자를 허용할 것을 촉구하고 있다. 더 많은 해외투자가 이러한 부문들이 새로운 기술에 접근하고 생산성을 증가시킬 수 있게 할 것이다.

인도가 지난 20년 동안에 성취한 경제발전이 이미 수 억 명의 사람들을 가난으로부터 벗어나게 만들었다. 그러나 이러한 발전이 계속되기 위해서, 많은 경제학자들은 인도 정부가 기반시설을 개선시키고 교육 및 의료 서비스 제공을 개선시키며 법의 지배와 시장기반 개혁에 대한 약속을 다시 강조해야 할 필요가 있다고 믿는다.

자료: Amartya Sen, "Why India Trails China," *New York Times*, June 19, 2013; Neha Thirani, "Where Is the Indian Economy Headed?" *New York Times*, January 10, 2013; Geeta Anand, "India Graduates Millions, but Too Few Are Fit to Hire," *Wall Street Journal*, April 5, 2011; Paul Beckett, "In India, Doubts Gather over Rising Giant's Course," *Wall Street Journal*, March 30 2011; data in graph are authors' calculations from the Maddison Project database www.ggdc.net/maddison/maddison-project/home.htm; and International Monetary Fund, *World Economic Outlook Database*.

잠재GDP

잠재GDP potential GDP 모든 기업들이 자신의 생산능력에서 생산할 때 달성되는 실질GDP의 수준

경제학자들은 경제성장을 논의하는데 장기적 관점을 가지고 있기 때문에, *잠재GDP potential GDP*라는 개념이 유용하다. **잠재GDP potential GDP**는 모든 기업들이 자신의 생산 능력에서 생산할 때 달성되는 실질GDP의 수준이다. 기업의 생산능력은 기업이 생산할 수 있는 최대 생산량이 아니다. 한 Whirlpool 공장은 연간 52주 동안 일일 24시간 조업할 때 자신의 최대 생산량을 생산할 수 있을 것이다. 그러나 이 공장의 생산능력은 정상적인 노동력을 사용하면서 정상적인 시간 동안 조업할 때의 생산량으로 측정된다. 만일 경제에 있는 모든 기업들이 그들의 생산능력에서 조업하면, 최종 재화와 서비스의 총생산 수준은 잠재GDP가 된다. 경제활동인구가 증가하고 새로운 공장과 사무실 빌딩이 건설되며 새로운 기계와 설비가 설치되고 기술변화가 발생함에 따라 시간이 흐르면서 잠재GDP는 증가한다.

1949년부터 2013년까지 미국의 잠재GDP는 연평균 3.2%로 증가했다. 달리 말하면, 매년 평균적으로 최종 재화와 서비스를 생산하는 경제의 능력이 3.2%만큼 확장되었다. 실질GDP는 경제가 경기변동을 겪으면서 변화하기 때문에 3.2% 이상이나 미만으로 증가했다. [그림 19.2]는 1989년 이후 실질GDP와 잠재GDP의 변화 추이를 보여준다. 빨간색 선은 잠재GDP를 나타내고 파란색 선은 실질GDP를 나타낸다. 1989년 이후 3번의 경기후퇴기 각각에서 실질GDP가 잠재GDP 아래로 하락했다는 점에 주목하라. 2007~2009년의 경기후퇴기 동안, 실질GDP와 잠재GDP 간 갭은 특히 컸으며 이것은 경기후퇴가 얼마나 심했는지를 보여준다.

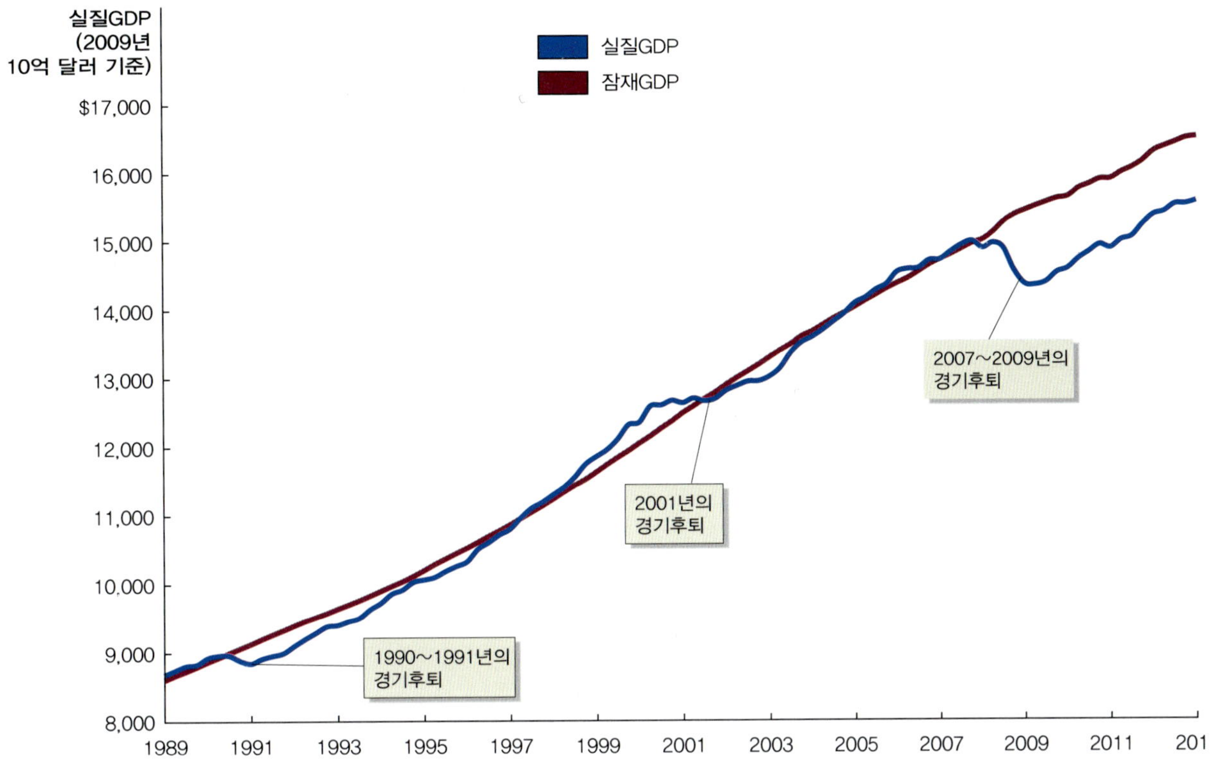

그림 19.2

실질GDP와 잠재GDP의 변화추이

노동력과 자본스톡이 증가하고 기술변화가 발생하기 때문에 잠재GDP는 매년 증가한다. 빨간색 선은 잠재GDP를 나타내고 파란색 선은 실질GDP를 나타낸다. 1989년 이후 3번의 경기후퇴기 동안, 실질GDP는 잠재GDP보다 낮았다.
자료: Federal Reserve Bank of St. Louis.

19.2. 저축, 투자와 금융시스템

경제성장의 과정은 기업들이 사업을 확장하고 추가적인 설비를 구매하며 근로자들을 훈련시키고 새로운 기술을 채택하는 능력에 의존한다. 기업들은 이러한 활동 일부에 필요한 자금을 *유보이익* *retained earnings*에 의해 조달한다. 유보이익은 기업의 소유주들에게 지급되지 않고 기업에 재투자되는 이윤이다. 많은 기업들의 경우 유보이익은 높은 경제성장률을 경험하는 경제에서 요구되는 급속한 확장을 위한 자금을 조달하기에 충분하지 않다. 기업들은 주식시장과 채권시장 같은 금융시장을 통해서 직접적으로 가계들로부터 자금을 조달하거나 은행과 같은 금융중개기관을 통해서 간접적으로 가계로부터 자금을 조달

금융시스템 financial system
기업들이 가계들로부터 자금을 조달하는 금융시장과 금융중개기관으로 구성된 시스템.

할 수 있다. 금융시장과 금융중개기관이 **금융시스템 financial system**을 구성한다. 잘 기능하는 금융시스템이 없으면 기업들이 확장하고 새로운 기술을 채택할 수 없기 때문에 경제성장은 불가능하다. 앞에서 지적한 것처럼, 잘 발전된 금융시스템이 없는 국가는 높은 수준의 경제성장을 지속할 수 없다.

금융시스템의 개관

금융시스템은 자금을 저축자들로부터 차입자들로 이동시키고 차입 자금의 수익을 저축자들에게로 되돌려주는 통로 역할을 한다.

금융시장 financial market
주식이나 채권과 같은 금융증권이 매도되고 매입되는 시장.

주식시장이나 채권시장과 같은 **금융시장 financial market**에서 기업들은 금융증권을 저축자들에게 직접 매도해서 자금을 조달한다(제14장 참조). *금융증권 financial security*은 자금을 제공하는 증권의 매입자로부터 증권의 매도자에게로 자금이 이동하는 것에 대한 조건들을 명시한 문서로 종종 전자적 형태를 가지기도 한다. *주식 stock*은 기업의 부분적 소유권을 나타내는 금융증권이다. 만일 당신이 Whirlpool 주식 1주를 매입하면, 당신은 이 회사의 수백만 소유주 중 한 사람이 된다. *채권 bond*은 고정된 금액을 상환한다는 약속을 나타낸 금융증권이다. Whirlpool이 채권을 매도할 때, 이 회사는 채권의 매입자에게 원금의 최종적 지급뿐만 아니라 채권의 만기 기간 동안 매년 이자를 지급하기로 약속한다.

금융중개기관 financial intermediary
저축자들로부터 자금을 차입하여 차입자들에게 자금을 대출해 주는 은행, 뮤추얼펀드, 연기금, 보험회사와 같은 금융기업.

은행, 뮤추얼펀드, 연기금, 보험회사와 같은 **금융중개기관 financial intermediary**은 차입자들과 대부자들을 위한 중개자로서 활동한다. 실제로 금융중개기관은 저축자들로부터 자금을 차입해서 차입자들에게 대출한다. 당신이 당좌계좌에 자금을 예금할 때, 당신은 자금을 은행에게 빌려주는 것이다. 은행은 다른 저축자들의 자금과 함께 당신의 자금을 사업을 시작하려는 기업가에게 대출해줄 수 있다. Lena가 세탁소를 오픈하기 원한다고 하자. 당신이 레나의 세탁소에 직접 돈을 빌려주는 대신, 은행이 당신과 레나를 위해 중개자 역할을 한다. 금융중개기관은 많은 소액 저축자들의 자금을 모아서 많은 개인 차입자들에게 대출해 준다. 금융중개기관은 저축자들의 자금을 사용하는 대가로 저축자들에게 이자를 지급하고 자금을 차입자들에게 대출에 대하여 더 높은 이자율을 부과함으로써 이윤을 얻는다. 예를 들어, 은행은 예금자인 당신에게 2%의 이자율을 지급하는 반면 레나의 세탁소에 6%의 이자율로 돈을 빌려준다.

또한 은행, 뮤추얼펀드, 연기금, 보험회사는 저축자들을 대신해서 주식과 채권에 투자한다. 예를 들어, *뮤추얼펀드 mutual funds*는 저축자들에게 주 share를 매도하여 자금을 조달하고 주식, 채권, 모기지, 기타 금융증권으로 구성된 포트폴리오를 매입하기 위해 그 자금을 사용한다. Fidelity, Vanguard, Dreyfus와 같은 대형 뮤추얼펀드 회사들은 많은 주식과 채권 자금을 제공한다. 일부 뮤추얼펀드들은 다양한 종류의 주식이나 채권을 보유한다. 다른 뮤추얼펀드들은 의료 산업과 같은 특정한 산업이나 부문이 발행한 증권들에 전문화되어 있다. 다른 뮤추얼펀드들은 지수기금으로 Standard & Poors 500 기업들의 주식과 같은 증권들의 시장바스켓에 투자한다. 지난 30년 동안, 금융시스템에서 뮤추얼펀드의 역할은 극적으로 증대되었다. 오늘날 수백 개의 뮤추얼펀드 회사들은 경쟁적으로 투자자들이 선택할 수 있는 수천 개의 뮤추얼펀드를 제공한다.

여유 자금을 가지고 있는 가계들과 자금을 차입하기 원하는 기업들을 매치시키는 일에 더하여, 금융시스템은 저축자들과 차입자들을 위해 3가지의 중요한 서비스, 즉 위험분담, 유동성, 정보를 제공한다. *위험 risk*은 금융증권의 가치가 당신이 기대하는 가치로부터 이탈할 가능성이다. 예를 들어, 당신이 Whirlpool 주식 1주를 $125에 매입하더라도 그 가격이 $20로 하락할 수 있다. 대부분의 저축자들은 도박사들이 아니므로 그들의 저축에 대하여 높은 수익과 낮은 수익 사이에서 변덕스럽게 변화하는 수익보다 일정한 수익을 추구한다. 금융시스템은 저축자들이 그들의 자금을 많은 금융투자들에 분산시킬 수 있도록 해줌으로써 *위험분담 risk sharing* 서비스를 제공한다. 예를 들어, 당신은 당신의 자금을 은행예금증서, 개별 채권, 주식, 뮤추얼펀드로 분산시킬 수 있다.

*유동성 liquidity*은 금융증권이 쉽게 현금화될 수 있는 정도이다. 금융시스템은 저축자들에게 보유하고 있는 금융증권을 매도할 수 있는 시장을 제공함으로써 유동성 서비스를 제공한다. 예를 들어, 저축자들은 대기업들이 발행한 주식과 채권을 주식시장과 채권시장에서 쉽게 매도할 수 있다.

금융시스템이 저축자들에게 제공하는 세 번째 서비스는 *정보 information*, 즉 차입자들에 관한 사실과 금융증권들의 수익률에 대한 예상을 수집하여 소통시키는 서비스이다. 예를 들어, Lena의 세탁소는 당신으로부터 $10,000을 차입하기 원할 수 있다. Lena가 그 자금으로 무엇을 하려는지와 당신에게 상환할 가능성이 얼마나 되는지를 알아내는 것은 비용과 시간이 많이 드는 일이다. 당신은 $10,000을 은행에 예금함으로써 효과적으로 은행이 당신을 위해 이러한 정보를 수집할 수 있게 할 수 있다. 은행은 차입자들에 관한 정보를 수집하는데 전문화되어 있기 때문에 개별 저축자들이 할 수 있는 것보다 더 빠르고 더 적은 비용으로 이러한 일을 수행할 수 있다. 금융시스템은 정보를 소통시키는데 있어서 중요한 역할을 한다. 만일 당신이 한 자동차 회사가 물로 달리는 자동차를 발명했다는 것을 알리는 뉴스를 읽는다면, 당신은 이러한 발명이 이 회사의 이윤에 미치는 영향을 어떻게 결정하겠는가? 금융시장은 이러한 정보를 주식, 채권, 기타 금융증권의 가격에 반영시킴으로써 당신을 위해 그러한 일을 해준다. 이 예에서 더 높은 미래 이윤에 대한 예상은 이 자동차 회사의 주식과 채권 가격을 상승시킬 것이다.

저축과 투자의 거시경제학

이미 살펴본 것처럼, 금융시장을 통해 기업이 이용할 수 있는 자금은 저축으로부터 온 것이다. 기업이 이러한 자금을 기계, 공장, 사무실 빌딩을 구매하기 위해 사용할 때, 기업은 투자에 참여하는 것이다. 이 절에서는 저축과 투자의 거시경제학에 대해 살펴본다. 여기서 살펴보게 될 핵심 요점은 *경제에서 저축의 총가치는 투자의 총가치와 일치해야 한다*는 것이다. *국민소득계정 national income accounting*은 Bureau of Economic Analysis가 경제의 총생산과 총소득을 추적하기 위해 사용하는 방법이라는 것을 살펴보았다(제17장 참조). 왜 총저축과 총투자가 일치해야 하는지 이해하기 위해서 국민소득계정에서 제시되는 일부의 관계식들을 사용할 수 있다.

GDP(Y)와 그 구성요소들, 즉 소비(C), 투자(I), 정부구매(G), 순수출(NX) 간의 관계로부터 논의를 시작해 보자.

$$Y = C + I + G + NX$$

GDP는 경제에서 총생산과 총소득 모두의 척도라는 것을 기억하라.

*개방경제 open economy*에서, 재화와 서비스의 교역과 차입 및 대출을 통해 다른 경제들과의 상호작용이 이루어진다. 오늘날 모든 경제들은 개방도에 상당한 차이가 있지만 개방경제들이다. *폐쇄경제 closed economy*에서는 다른 경제들과 교역이나 차입 및 대출이 존재하지 않는다. 먼저 폐쇄경제에서 저축과 투자의 관계를 살펴보도록 하자.

폐쇄경제에서, 순수출은 0이기 때문에 GDP와 그 구성요소들 간의 관계는 다음과 같은 식으로 다시 쓸 수 있다.

$$Y = C + I + G$$

이 식을 다시 정리하면, 투자를 다른 변수들로 나타낼 수 있다.

$$I = Y - C - G$$

이 식은 폐쇄경제에서 투자지출은 총소득에서 소비지출과 정부구매를 뺀 것과 같다는 것을 말해준다.

이제 총저축을 위한 식도 도출할 수 있다. *민간저축 private saving*은 가계들이 재화와 서비스를 구매(C)하고 세금(T)을 납부한 후에 소득 중에서 남은 것과 같다. 가계들은 기업들에게 생산요소를 공급하고 소득을 받는다. 이러한 가계의 소득은 Y와 같다. 또한 가계들은 미국식 사회보장지급과 실업보험지급과 같은 *이전지급 transfer payment*(TR)의 형태로 정부로부터 소득을 받는다. 민간저축($S_{private}$)은 다음과 같이 나타낼 수 있다.

$$S_{private} = Y + TR - C - T$$

정부도 저축을 한다. *공공저축 public saving*(S_{public})은 조세수입에서 정부구매와 가계들에 대한 이전지급을 뺀 것과 같다.

$$S_{public} = T - G - TR$$

따라서 경제의 총저축(S)은 민간저축과 공공저축의 합과 같다.

$$S = S_{private} + S_{public}$$

또는
$$S = (Y + TR - C - T) + (T - G - TR)$$

또는
$$S = Y - C - G$$

이 식의 오른쪽 부분은 투자 지출과 같다. 따라서 총저축은 총투자와 일치해야 한다. 즉 $S = I$라고 결론을 내릴 수 있다.

정부가 세금으로 걷은 금액과 같은 금액을 지출할 때, *균형재정 balanced budget*이 이루어진다. 정부가 세금으로 걷은 금액 이상을 지출할 때, *재정적자 budget deficit*가 발생된다. 재정적자의 경우, T는 $G + TR$보다 적다. 이것은 공공저축이 마이너스라는 것을 의미한다. 마이너스의 저축은 *디스세이빙 dissaving*(부의 저축)이라고 부른다. 어떻게 공공저축이 마이너스가 될 수 있는가? 정부가 재정적자를 발생시킬 때, 재무부는 세금과 지출의 차이에 해당되는 자금을 차입하기 위해 재무부 채권을 매도한다. 이 경우, 정부가 투자지출을 위해 사용할 수 있는 총저축액을 증가시키기보다는 감소시킨다(가계들이 저축하는 것보다 더 많이 차입하는 경우에도 총저축액이 감소한다는 점에 주목하라). 저축이 감소하면 투자도 감소해야만 한다. 모든 다른 요인들이 일정한 경우, 균형재정의 경우보다 재정적자의 경우에 경제의 투자지출 수준은 더 낮다고 결론내릴 수 있다.

정부가 세금으로 걷은 금액보다 적게 지출할 때, *재정흑자 budget surplus*가 발생된다. 재정흑자는 공공저축과 총저축을 증가시킨다. 저축수준의 증가는 투자지출을 증가시킨다. 따라서 모든 다른 요인들이 일정한 경우, 균형재정의 경우보다 재정흑자의 경우에 경제의 투자지출 수준은 더 높다.

미국 연방정부는 과거 20년 동안 재정 상태의 극적인 변화를 경험했다. 1992년에 연방정부의 재정적자는 $2,974억이었다. 2000년에 연방정부재정은 $1,895억 흑자였으나 2007~2009년 경기후퇴로 발생된 세금수입의 극적인 감소와 정부지출의 증가 때문에 2009년에 $14,000억의 재정적자가 발생했다. 2013년에는 재정적자가 $7,000억 미만으로 감소했다.

순수출은 순해외투자와 일치한다

만일 당신의 지출이 소득보다 크면, 당신은 무엇을 할 수 있는가? 당신은 할아버지가 준 Walt Disney Company 주식 20주와 같은 일부 자산을 매도하거나 자금을 차입할 수 있다. 기업도 같은 상황에 있을 수 있다. 만일 한 기업의 비용이 수입보다 크면, 이 기업은 자산을 매도하거나 자금을 차입해서 비용과 수입의 차이를 메꾸어야만 한다. 한 국가도 수입이 수출보다 클 때 같은 상황에 있게 된다. 이 국가는 토지, 사무실 빌딩이나 공장과 같은 자산을 매도하거나 자금을 차입해서 그 차이를 메꾸어야만 한다. 달리 말하면, 한 국가의 경우 경상수지적자는 금융수지흑자에 의해 정확히 상쇄되어야만 한다. *순수출 net exports*

은 대략적으로 *경상수지 current account balance*와 같다는 것을 기억하라. 또한 *금융계정수지 financial account balance*는 대략적으로 *자본유입 capital inflow*과 *자본유출 capital outflow*의 차이로 정의되는 *순금융유입 net capital flow*과 같다는 것을 기억하라. *순해외투자 net foreign investment(NFI)*는 자본유출에서 자본유입을 뺀 것과 같다. 따라서 순금융유입은 반대 부호를 가지는 순해외투자와 같다.

수입이 수출보다 클 때, 순수출은 마이너스가 되고 자국민들이 수출을 초과한 수입에 대한 지불을 하기 위해 자산을 매도하거나 자금을 차입해야 하기 때문에 순금융유입이 있게 된다. 따라서 순금융유입은 서로 반대 부호를 가지면서 순수출과 같게 되고 순해외투자도 같은 부호를 가지면서 순수출과 같게 된다. 미국의 경우 순수출은 통상 마이너스이기 때문에, 미국은 해외로부터 순차입자이어야 하고 미국의 순해외투자는 마이너스가 된다.

이러한 논의를 다음과 같은 식들로 요약할 수 있다.

$$\text{경상수지} + \text{금융계정수지} = 0$$

또는

$$\text{경상수지} = -\ \text{금융계정수지}$$

또는

$$\text{순수출} = \text{순해외투자}$$

마지막 식은 수출하는 것보다 더 많이 수입하는 미국과 같은 국가는 해외에 빌려주는 것보다 더 많이 해외로부터 차입해야만 한다는 것을 말해준다. 순수출이 마이너스이면, 순해외투자도 같은 금액만큼 마이너스가 된다. 수입하는 것보다 더 많이 수출하는 중국과 같은 국가는 해외로부터 차입하는 것보다 더 많이 해외로 빌려주어야 한다. 순수출이 플러스라면, 순해외투자도 같은 금액만큼 플러스가 된다.

국내 저축, 국내 투자와 순해외투자

한 경제의 총저축은 민간부문에 의한 저축, 즉 *민간저축 private saving*과 정부부문의 저축, 즉 *공공저축 public saving*의 합과 일치한다. 정부가 세금으로 받는 것보다 더 적게 지출하여 재정흑자를 발생시킬 때, 공공저축은 플러스가 된다. 정부가 재정적자를 발생시킬 때, 공공저축은 마이너스가 된다. 마이너스 저축은 *디스세이빙 dissaving*이라고 알려져 있다. 경제전체의 저축 수준, 즉 *국민저축 national saving*은 다음과 같은 식으로 나타낼 수 있다.

$$\text{국민저축} = \text{민간저축} + \text{공공저축}$$

또는

$$S = S_{private} + S_{public}$$

민간저축은 가계들이 소득 중에서 소비재에 대해 지출하고 세금을 납부한 후에 남아 있는 것과 같다. 논의를 단순하게 하기 위해 이전지급은 0이라고 가정하자.

민간저축 = 국민소득 − 소비 − 세금

또는 $$S_{private} = Y - C - T$$

공공저축은 정부지출과 세금의 차이와 같다.

공공저축 = 세금 − 정부지출

또는 $$S_{public} = T - G$$

마지막으로 GDP 또는 국민소득을 나타내는 기본식은 다음과 같다는 것을 기억하라.

$$Y = C + I + G + NX$$

이러한 마지막 식, 민간저축과 공공저축의 정의, 순수출은 순해외투자와 같다는 사실을 사용하면, 다음과 같은 **저축과 투자에 관한 식 saving and investment equation**을 구할 수 있다.

저축과 투자에 관한 식 saving and investment equation
국민저축은 국내투자와 순해외투자의 합과 같다는 것을 나타내는 식.

국민저축 = 국내투자 + 순해외투자

또는 $$S = I + NFI$$

이 식은 항상 성립해야 하기 때문에 항등식이다.

저축과 투자에 관한 식은 한 국가의 저축은 국내나 해외로 투자된다는 것을 말해준다. 만일 당신이 $1,000을 저축하여 General Motors가 발행한 채권을 사기 위해 사용하면, General Motors는 이러한 $1,000을 미국에 있는 공장을 다시 짓기 위한 비용을 지불하기 위해 사용하거나(I) 한 중국 기업과 합작투자로 중국에 공장을 건설하기 위해 사용할 수 있다(NFI).

순해외투자가 마이너스인 미국과 같은 국가는 국내에 투자하는 것보다 더 적게 저축해야만 한다. 이러한 사실을 이해하기 위해, 저축과 투자에 관한 식을 다음과 같이 다시 쓰도록 하자.

$$S - I = NFI$$

만일 순해외투자가 마이너스이면, 국내 투자(I)는 국민저축(S)보다 더 커야만 한다.

대부분의 연도들에서 일본의 저축 수준은 국내투자보다 컸다. 그 결과로 일본의 순해외투자 수준은 높았다. 예를 들어, 일본 자동차회사들인 Toyota, Honda, Nissan은 모두 미국에 공장을 건설했다. Sony는 Columbia Pictures 영화 스튜디오를 매입했다. 일본은 전세계의 국가들에서 이와 유사한 많은 투자를 했고, 이것이 이러한 국가들로부터 반감을 불러일으켰다. 예를 들어, 일본 투자자들이 1980년대에 캘리포니아주에 있는 Pebble Beach 골프코스와 뉴욕시에 있는 Rockefeller Center를 매입했을 때 미국에서 항의집회가 있었다.

일본은 일반적으로 낮은 국내 투자 수준을 상쇄시키기 위해 높은 수준의 순수출이 필요하다. 제품의 수출이 감소하기 시작하고 수입이 증가하기 시작할 때, 정부는 종종 수입을 감소시키기 위해 관세나 쿼터를 부과하려는 유혹에 빠진다. 실제로 일부 일본 기업들은 일본 정부가 중국으로부터의 수입에 대한 무역제한을 부과하기를 촉구하였다.

대부자금시장

총저축의 가치는 총투자의 가치와 일치해야 한다는 것을 살펴보았으나 이러한 일치가 실제로 금융시스템에서 어떻게 달성되는지에 대하여는 논의하지 않았다. 금융시스템은 자금이 대부자들로부터 차입자들로 흐르게 하는 많은 금융시장들, 즉 은행예금증서시장, 주식시장, 채권시장, 뮤추얼펀드시장 등등으로 구성되어 있다고 생각할 수 있다. 논의를 단순하게 하기 위해서 이러한 시장들을 하나의 대부자금시장으로 생각할 수 있다. **대부자금시장 market for loanable funds** 모델에서 차입자들과 대부자들의 상호 작용이 시장이자율과 거래되는 대부자금의 양을 결정한다. 기업들은 다른 국가들에 있는 저축자들로부터도 차입할 수 있다. 이 장의 나머지 부분에서는 미국의 가계들과 기업들은 다른 국가들의 가계들과 기업들과 상호작용하지 않는다고 가정하도록 하자.

대부자금시장
market for loanable funds
차입자들과 대부자들의 상호 작용이 시장이자율과 거래되는 대부자금의 양을 결정하는 시장.

대부자금시장의 수요와 공급. 대부자금에 대한 수요는 새로운 공장을 건설하거나 새로운 제품을 만들기 위한 연구개발을 수행하는 것과 같은 새로운 프로젝트들에 참여하기 위한 자금을 차입하려는 기업들의 용의에 의해서 결정된다. 자금을 차입할 것인지를 결정하는데 있어서, 기업들은 투자로부터 기대되는 수익률과 필요한 자금을 차입하기 위해 지불해야하는 이자율을 비교한다. 예를 들어, Home Depot가 몇 개의 새로운 점포를 개설하는 것을 고려하고 있고 이러한 투자로부터 12%의 수익률을 벌 수 있을 것으로 기대한다고 하자. Home Depot가 8%의 이자율로 자금을 차입할 수 있으면 이러한 투자는 수익성이 있을 것이나 Home Depot가 차입하는 자금의 이자율이 15%이면 이러한 투자는 수익성이 없을 것이다. [그림 19.3]에서 보는 것처럼, 이자율이 낮을수록 기업들이 수익을 내면서 수행할 수 있는 투자 프로젝트가 더 많아지고 기업들이 수요하는 대부자금의 양이 더 많아지기 때문에, 대부자금의 수요곡선은 우하향한다.

대부자금의 공급은 저축하고자 하는 가계들의 용의와 공공저축의 정도에 의해서 결정된다. 가계들은 저축할 때 오늘 소비하고 즐길 수 있는 재화와 서비스의 양을 감소시킨다.

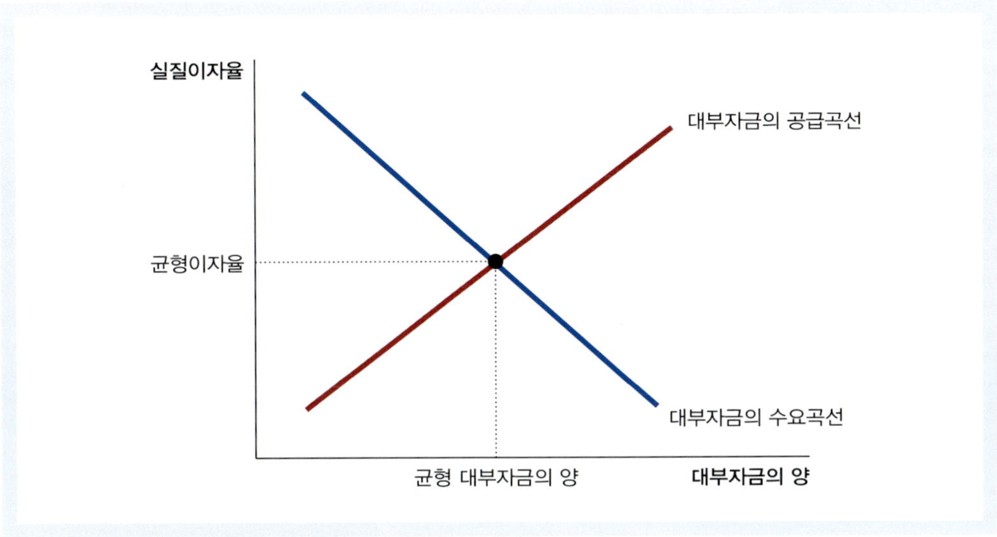

그림 19.3

대부자금시장

대부자금에 대한 수요는 새로운 투자 프로젝트들에 참여하기 위해 자금을 차입하고자 하는 기업들의 용의에 의해 결정된다. 대부자금의 공급은 저축하고자 하는 가계들의 용의와 공공저축의 정도에 의해 결정된다. 대부자금시장의 균형이 실질이자율과 거래되는 대부자금의 양을 결정한다.

오늘 소득을 지출하기보다는 저축하려는 가계들의 용의는 부분적으로 가계들이 저축할 때 받는 이자율에 의해서 결정된다. 이자율이 높을수록, 저축의 보상이 더 커지고 가계들이 저축하고자 하는 자금의 양도 더 많아진다. 따라서 [그림 19.3]에서 보는 것처럼, 이자율이 높을수록 대부자금의 공급량은 더 증가하기 때문에, 대부자금의 공급곡선은 우상향한다.

*명목이자율 nominal interest rate*과 *실질이자율 real interest rate* 간의 차이점을 기억해보라(제18장 참조). 명목이자율은 대출에 대하여 정해져 있는 이자율이다. 실질이자율은 인플레이션의 효과에 대하여 명목이자율을 교정하여 명목이자율에서 인플레이션율을 뺀 것과 같다. 차입자들과 대부자들 모두는 그들이 받거나 지불할 실질이자율에 관심을 가지고 있기 때문에 대부자금시장에서 결정되는 균형 이자율은 명목이자율이 아니라 실질이자율이다.

저축, 투자, 이자율의 변화 설명하기. 대부자금시장의 균형은 주어진 기간 동안 대부자들로부터 차입자들에게로 흐르는 대부자금의 양을 결정한다. 또한 대부자금시장의 균형은 대부자들이 받고 차입자들이 지불해야 하는 실질이자율을 결정한다. 자금을 수요하는 차입자들의 용의에 영향을 미치는 이자율 이외의 모든 다른 요인들이 일정하다고 가정하면서 대부자금의 수요곡선을 그린다. 자금을 공급하는 대부자들의 용의에 영향을 미치는 이자율 이외의 모든 다른 요인들이 일정하다고 가정하면서 대부자금의 공급곡선을 그린다. 수요곡선이나 공급곡선의 이동은 균형 이자율과 균형 대부자금의 양을 변화시킨다.

예를 들어, 기술변화 때문에 새로운 투자의 수익성이 증가하면, 기업들은 대부자금에 대한 수요를 증가시킬 것이다. [그림 19.4]는 대부자금시장에서 대부자금에 대한 수요의 증가가 미치는 효과를 보여준다. 재화와 서비스 시장에서처럼, 대부자금에 대한 수요의 증가는 수요곡선을 오른쪽으로 이동시킨다. 새로운 균형에서 이자율은 i_1에서 i_2로 상승하고 균형 대부자금의 양은 L_1에서 L_2로 증가한다. 대부자금의 양이 증가한다는 것은 가계들의

Making the Connection

Ebenezer Scrooge는 우연한 경제성장의 촉진자인가?

Ebenezer Scrooge라는 이름은 인색함이라는 단어와 동의어이다. Charles Dickens의 *A Christmas Carol* 마지막 부분에서 Scrooge가 달라지기 전까지, 그는 극단적으로 돈 쓰는 것을 주저한다. 그는 상당한 소득을 벌지만 적정하게 난방하거나 조명하지 않은 춥고 어두운 집에서 살고 더 비싼 식품을 사기를 거부하며 빈약한 귀리죽 식사를 한다. 이 책의 대부분에서, Dickens는 Scrooge의 행동을 비호감적으로 묘사한다. 이 책의 마지막 부분에서만 개심한 Scrooge가 자기 자신과 다른 사람들에게 아낌없이 돈을 쓰기 시작할 때, Dickens는 그의 행동을 찬양한다.

그러나 University of Rochester의 경제학자인 Steven Landsburg가 지적한 것처럼, 경제학적으로 말하면 개심하기 전의 Scrooge가 더 찬양받을 만하다.

세상의 자원을 소진시킬 수 있으나 그렇게 하지 않기로 선택한 사람인 구두쇠보다 더 아량 있는 사람은 없다. 구두쇠와 박애주의자의 유일한 차이점은 박애주의자는 선호하는 소수의 사람들을 섬기지만 구두쇠는 그의 선물을 널리 퍼지게 한다는 것이다.

Landsburg의 논의를 개심하기 전 Scrooge의 행동과 개심한 후 Scrooge의 행동 중 어느 것이 경제성장에 더 도움이 되는지를 생각해 보는 것까지로 확장시킬 수 있다. 개심하기 전 Scrooge는 거의 지출하지 않고 소득의 대부분을 금융시장에 투자한다. 기업들은 새로운 공장을 건설하고 연구개발을 수행하기 위해 이러한 자금을 차입하여 사용할 수 있다. 개심한 후 Scrooge는 더 많이 지출하고 저축을 더 적게 한다. 그가 이전에 저축했던 자금은 이제 Bob Cratchit의 가족을 위한 식품과 크리스마스의 즐거운 놀이에 지출된다. 달리 말하면, 개심한 후 Scrooge의 행동은 더 많은 소비재가 생산되고 더 적은 투자재가 생산되는데 기여한다. 이러한 Scrooge의 개심은 아주 적은 정도라 할지라도 경제성장을 둔화시킨다고 결론내릴 수 있다. 물론 더 중요한 요점은 저축자들이 경제성장이 요구하는 투자지출을 위해 필요한 자금을 공급하고 저축하는 유일한 방법은 소비하지 않는 것이라는 점이다.

누가 더 경제성장에 좋은가: 저축자 Scrooge인가 투자자 Scrooge인가?

자료: Steven Landsburg, "What I Like About Scrooge," *Slate*, December 9, 2004.

저축과 기업들의 투자가 증가한다는 것을 의미한다는 점에 주목하라. 투자의 증가는 자본스톡과 근로시간당 자본량을 증가시키고 경제성장에 도움을 준다.

또한 정부 재정적자의 효과를 검토하기 위해서도 대부자금시장을 사용할 수 있다. 해외저축의 효과를 잠시 접어두고, 정부가 재정적자를 발생시키기 시작하면 경제의 총저축이 감소한다는 것을 기억하라. 정부가 지출을 증가시켜 재정적자를 발생시킨다고 하자. [그림 19.5]에서 재정적자의 효과는 대부자금의 공급곡선을 왼쪽으로 이동시키는 것으로 나타낼 수 있다. 새로운 균형에서 이자율은 상승하고 균형 대부자금의 양은 감소한다. 재정적자를 발생시키는 것은 경제에서 총저축 수준을 감소시키고 이자율을 상승시킴으로써 기업들의 투자지출수준을 감소시킨다. 정부는 재정적자에 필요한 자금을 조달하기 위해서 그렇지 않았다면 투자에 필요한 자금을 차입할 수 있었을 일부 기업들이 자금을 차입할 수 없게 만든다. 이러한 **밀어내기효과 crowding out**는 정부구매가 증가한 결과로 투자지출이

밀어내기효과 crowding out
정부구매가 증가한 결과로 투자지출이 감소되는 것.

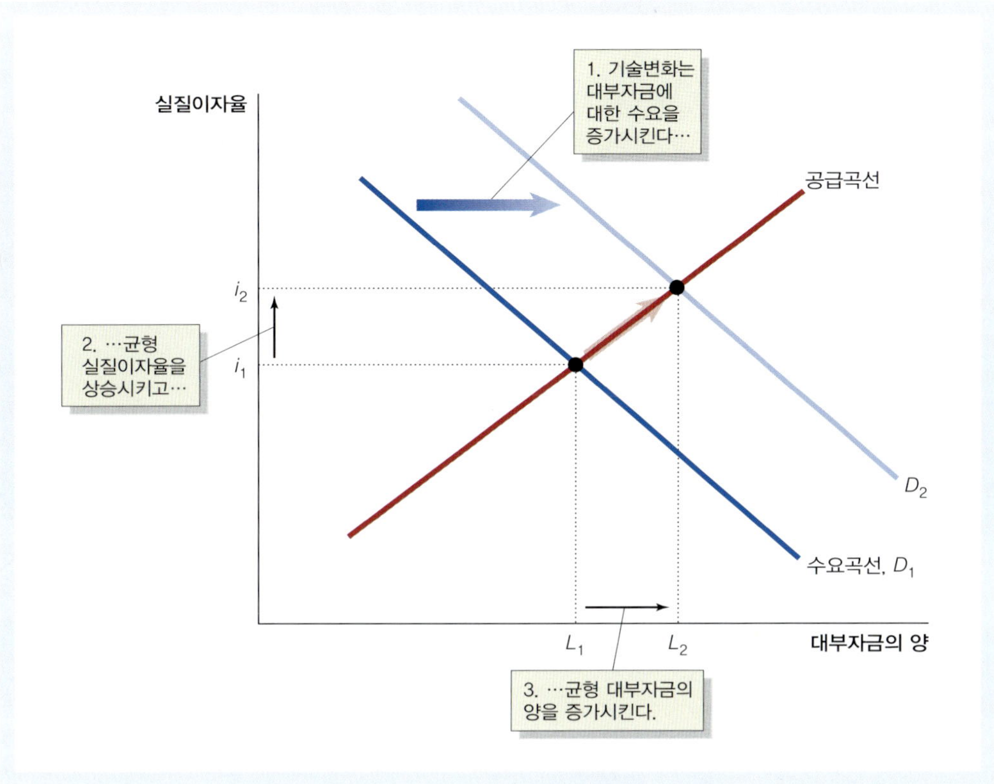

그림 19.4

대부자금에 대한 수요의 증가

대부자금에 대한 수요의 증가는 균형 이자율을 i_1에서 i_2로 상승시키고 균형 대부자금의 양을 L_1에서 L_2로 증가시킨다. 그 결과로 저축과 투자 모두가 증가한다.

감소되는 것을 의미한다. [그림 19.5]에서 이러한 밀어내기효과 때문에 발생하는 투자지출의 감소는 대부자금의 수요곡선 상에서 L_1으로부터 L_2로 이동하는 것으로 표시된다. 이 경우에 투자 지출이 감소한다는 것은 자본스톡과 근로시간당 자본량이 그 만큼 증가하지 않는다는 것을 의미한다.

정부의 재정흑자는 재정적자와 반대 효과를 가진다. 재정흑자는 경제의 총저축을 증가시키고, 이것이 대부자금의 공급곡선을 오른쪽으로 이동시킨다. 새로운 균형에서 이자율은 하락하고 대부자금의 양은 증가한다. 재정흑자는 저축과 투자 수준을 증가시킨다고 결론내릴 수 있다. 그러나 실제로 정부의 재정적자와 재정흑자가 균형이자율에 미치는 효과는 상대적으로 작다(이러한 분석결과는 부분적으로 이자율을 결정하는데 있어서 글로벌 저축이 중요하다는 점을 제시한다). 예를 들어, 한 연구는 GDP 1%만큼의 정부차입 증가는 균형 실질이자율을 약 0.003% 포인트 상승시킨다는 것을 발견했다. 그러나 이러한 이자율에 미치는 효과가 작다는 것이 재정적자가 경제성장에 미치는 효과를 무시할 수 있다는 것을 의미하지 않는다. 미래에 이루어지는 정부채무의 상환이 경제성장을 억제시킬 수 있는 세금의 증가를 요구할 수 있다. 2013년에 많은 경제학자들과 정책담당자들은 미래 연도들에 예상되는 대규모 재정적자가 경제성장의 장애물이 될 수 있다는 점을 우려했다.

재정적자에 더하여, 여타 정부정책들이 대부자금의 공급에 영향을 미칠 수 있다. 연방정부는 저축에 대한 특별한 세금 인센티브를 제공한다. 예를 들어, 401(k) 은퇴 계좌는 개

그림 19.5

재정적자가 대부자금시장에 미치는 효과

정부가 재정적자를 발생시킬 때 대부자금의 공급곡선은 왼쪽으로 이동한다. 균형이자율은 i_1에서 i_2로 상승하고 균형 대부자금의 양은 L_1에서 L_2로 감소한다. 그 결과로 저축과 투자 모두 감소한다.

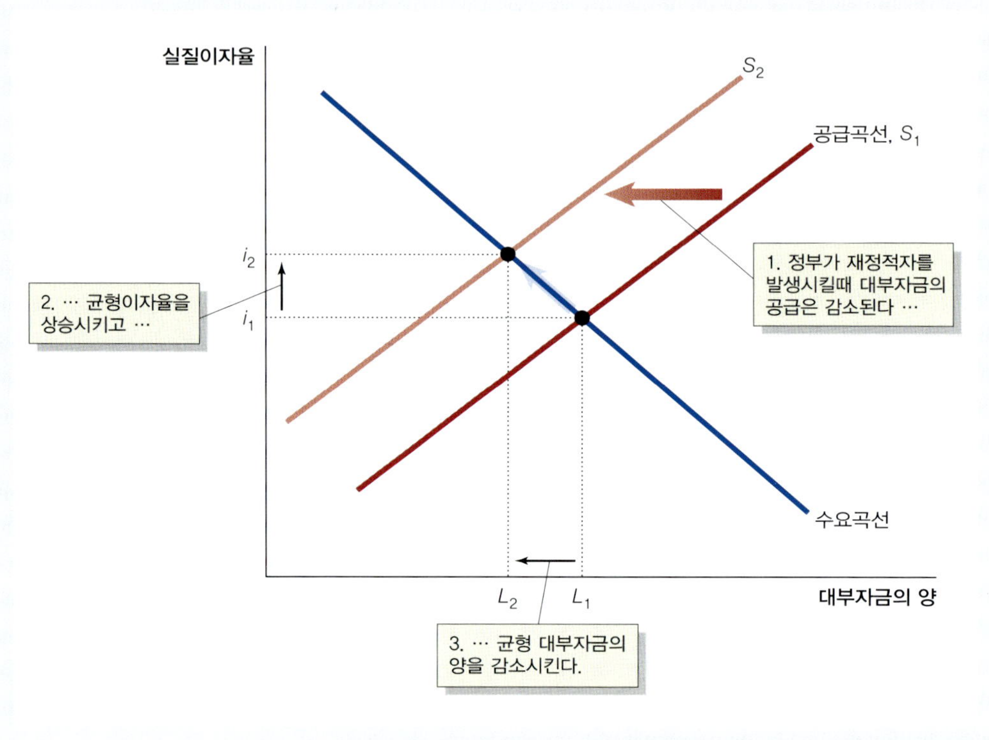

인들이 실제로 은퇴할 때까지 이러한 계좌에 넣는 소득에 대해 세금 납부를 이연시킬 수 있도록 해준다. 이러한 세금 납부의 이연은 저축에 대한 세후 수익률을 증가시키고 이에 따라 이러한 정책은 개인들이 저축하는 것을 장려한다.

문제풀이 19.2

소비세는 저축, 투자, 이자율, 경제성장에 어떻게 영향을 미치는가?

일부 경제학자들과 정책담당자들은 연방정부가 소득세에 의존하는 것으로부터 *소비세 consumption tax*에 의존하는 것으로 이동해야 한다고 제안했다. 소득세 하에서 가계들은 버는 소득에 기초하여 세금을 납부한다. 소비세 하에서 가계들은 지출하는 소득에 기초해서 세금을 납부한다. 가계들은 저축한 소득이 나중에 지출되는 경우에만 저축한 소득에 대해 세금을 납부하게 된다. 대부자금시장모델을 사용해서 소득세로부터 소비세로 이동하는 것이 저축, 투자, 이자율, 경제성장에 미치는 효과를 분석하라.

문제풀기

Step 1: 본문의 내용을 다시 읽어보라. 이 문제는 대부자금시장모델을 적용하는 것에 관한 것이므로 [저축, 투자, 이자율의 변화 설명하기] 부분을 다시 읽어보라.

Step 2: 소득세로부터 소비세로 이동하는 것의 효과를 설명하라. 가계들은 저축의 세후 수익률에 관심을 가지고 있다. 예를 들어, 이자율이 4%이고 이자 소득에 대한 세율이 25%인 예금증서에 저축하는 사람을 생각해 보자. 소득세 하에서 이 사람이 하는 저축의 세후 수익률은 3%[=4−(4 × 0.25)]이다. 소비세 하에서, 저축되는 소득은 세금이 부과되지 않기 때문에 이 사람이 하는 저축의 수익률은 4%로 증가한다. 소득세로부터 소비세로의 이동은 저축의 수익률을 상승시키고 이에 따라 대부자금의 공급을 증가시킨다고 결론내릴 수 있다.

Step 3: 당신의 답을 그림으로 나타내기 위해서 대부자금시장의 그림을 그려라. 소비세 하에서 저축의 수익률이 상승함에 따라 대부자금의 공급곡선은 오른쪽으로 이동한다. 균형 이자율은 하락하고 저축과 투자의 수준은 모두 증가한다. 투자가 증가하기 때문에, 자본스톡과 근로시간당 자본량은 증가하고 경제성장률은 증가한다. 그림에서 제시된 이자율 하락과 대부자금 증가의 규모는 대부분의 경제학자들이 실제로 소득세를 소비세로 대체시킬 때 발생할 것으로 예상하는 효과보다 더 크다.

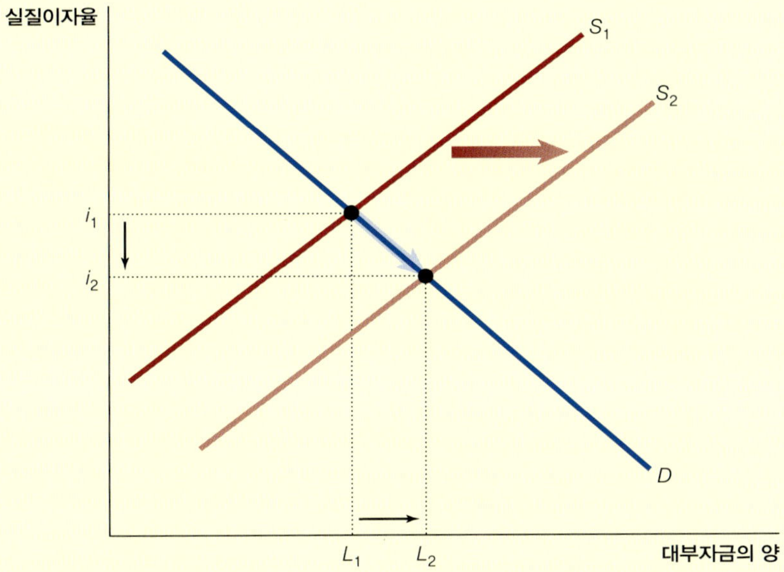

표 19.1 대부자금시장모델의 요약

변수의 증가	곡선의 이동	결과	대부자금시장의 균형에 미치는 효과를 나타낸 그림
정부의 재정적자	대부자금의 공급곡선을 왼쪽으로 이동시킨다	실질이자율을 상승시키고 투자를 감소시킨다.	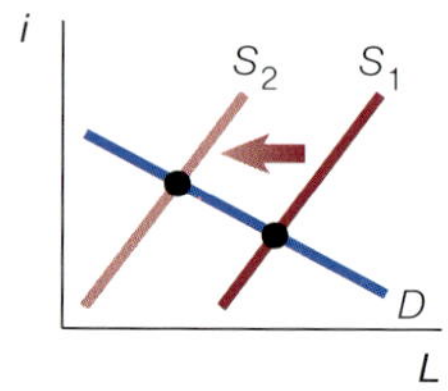
오늘 소비하고자 하는 가계들의 욕구	대부자금의 공급곡선을 왼쪽으로 이동시킨다.	실질이자율을 상승시키고 투자를 감소시킨다.	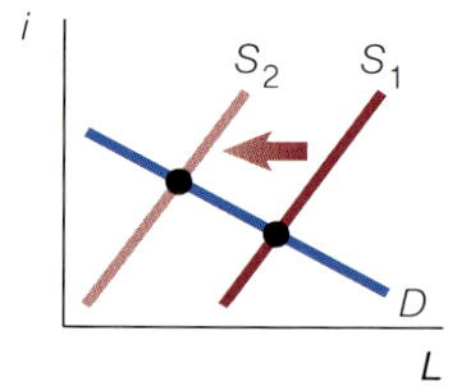
저축에 대한 인센티브를 증가시키는 저축에 대한 세금 혜택	대부자금의 공급곡선을 오른쪽으로 이동시킨다.	실질이자율을 하락시키고 투자를 증가시킨다.	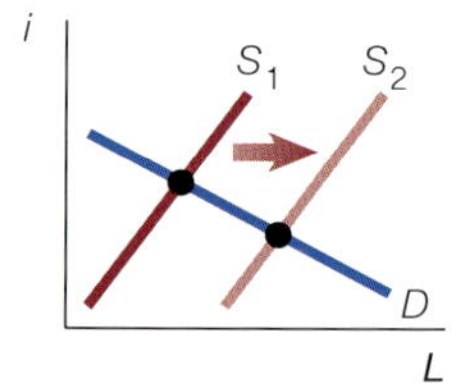
예상되는 미래 수익성	대부자금의 수요곡선을 오른쪽으로 이동시킨다.	실질이자율을 상승시키고 투자를 증가시킨다.	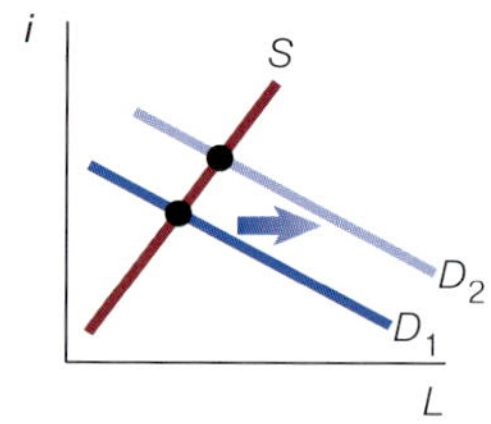
법인세	대부자금의 수요곡선을 왼쪽으로 이동시킨다.	실질이자율을 하락시키고 투자를 감소시킨다.	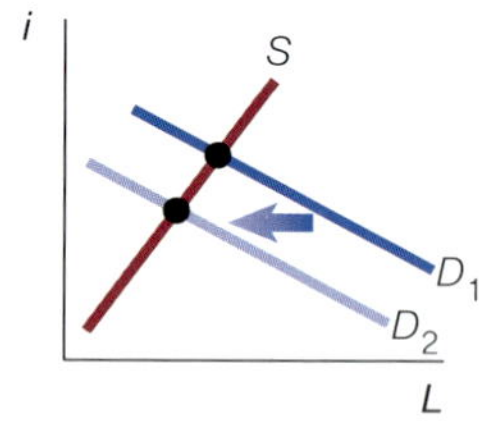

19.3. 경기변동

[그림19.1]은 평균적인 미국인의 생활수준이 과거 100년 동안 엄청나게 증가한 것을 보여준다. 그러나 이 그림은 자세히 살펴보면 일인당 실질GDP가 이 기간 동안 매년 증가하지 않았다는 것을 보여준다. 예를 들어, 1930년대 처음 5년 동안 일인당 실질GDP는 수

년 동안 연속하여 감소했다. 무엇이 일인당 실질GDP의 장기적 증가 추세 속에서 발생하는 이러한 변동을 설명해 주는가?

기본적인 경기변동에 관련된 용어의 정의

[그림 19.1]에서 제시된 일인당 실질GDP의 변동은 실질GDP의 기본적인 변동을 반영한다. 적어도 19세기 초 이후, 미국 경제는 경제활동이 확장되는 시기와 축소되는 시기가 반복되는 모습을 나타내는 경기변동을 경험했다. 실질GDP는 경제활동에 대한 가장 좋은 척도이기 때문에, 경기변동은 일반적으로 실질GDP의 변화추이를 사용하면서 나타낸다.

경기변동의 *확장국면 expansion phase* 동안, 생산, 고용, 소득은 증가한다. 경기확장은 *경기변동의 정점 business cycle peak*에서 종료된다. 경기변동의 정점 이후에 경제가 *경기변동의 후퇴국면 recession phase*으로 진입함에 따라 생산, 고용, 소득은 감소한다. 경기후퇴는 *경기변동의 저점 business cycle trough*에서 종료되고 그 이후에 또 다른 경기확장기가 시작된다. [그림 19.6]은 경기변동의 국면들을 보여준다. [그림 19.6(a)]는 실질GDP가 경기변동의 정점까지 경기가 확장되는 기간 동안 매끄럽게 증가하고 이어서 경기변동의 저점까지 경기가 후퇴하는 기간 동안 매끄럽게 감소하며 이어서 또 다른 경기확장기가

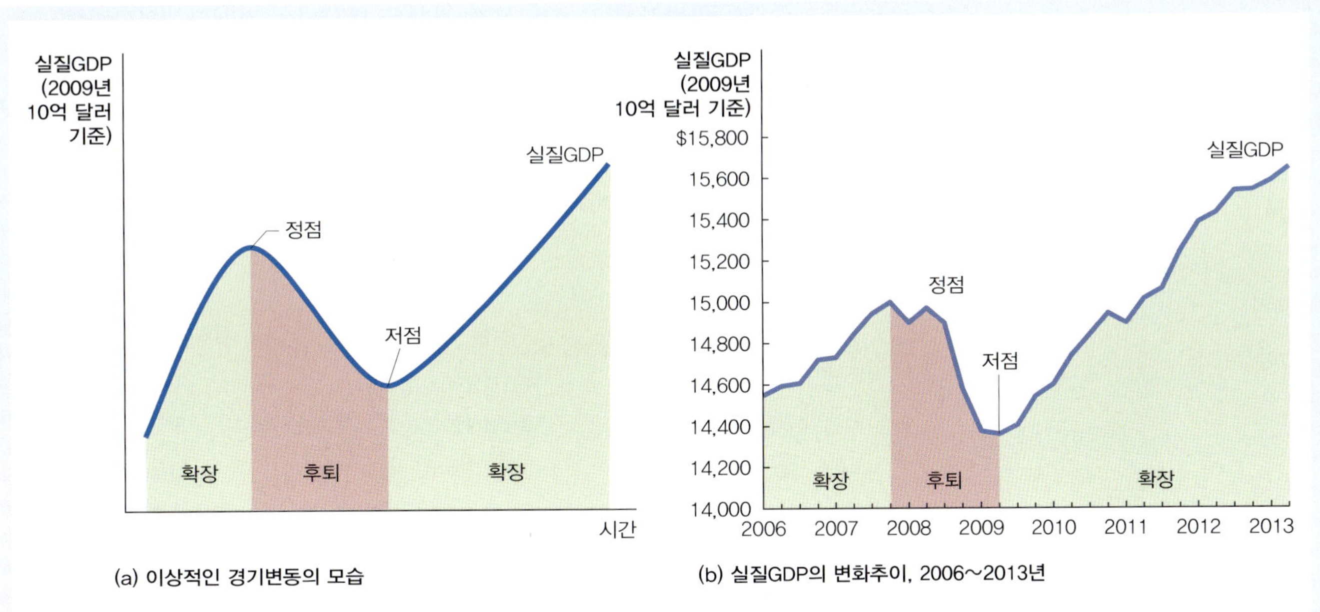

그림 19.6

경기변동

그림(a)는 실질GDP가 경기변동의 정점까지 경기가 확장되는 기간 동안 매끄럽게 증가하고 이어서 경기변동의 저점까지 경기가 후퇴하는 기간 동안 매끄럽게 감소하며 이어서 또 다른 경기확장기가 이어지는 이상적인 경기변동의 모습을 보여준다. 경기확장기는 초록색으로 표시되어 있고 경기후퇴기는 빨간색으로 표시되어 있다. 그림(b)는 2006년부터 2013년까지 기간 동안 실질GDP의 변동을 보여준다. 2007년 12월에 경기변동의 정점에 도달한 이후에 시작된 경기후퇴는 1930년대의 대공황 이후 가장 장기간 진행되었고 가장 심했다.

이어지는 이상적인 경기변동의 모습을 보여준다. [그림 19.6(b)]는 2006년부터 2013년까지 기간 동안 실질GDP의 변동을 그림으로 그린 것으로 실제 경기변동의 약간 매끄럽지 못한 모습을 보여준다. 이 그림은 2001년에 시작된 경기확장이 2007년 12월에 경기변동의 정점에 도달할 때까지 계속된 것을 보여준다. 그 다음에 이어진 경기후퇴는 1930년대의 대공황 이후 가장 장기간 진행되었고 가장 심했다. 일부 경제학자들은 이렇게 심한 경기후퇴를 "대후퇴 Great Recession"라고 부른다. 경기변동의 저점은 2009년 6월에 도달했고 그 이후에 경기확장이 시작됐다. 실질GDP는 경기변동의 저점에 이어서 증가했지만 실질GDP의 증가는 경기확장이 시작될 때 전형적인 경우보다 완만했다.

경제가 경기후퇴기에 있다는 것을 어떻게 아는가?

연방정부는 경제를 감시할 수 있게 해주는 많은 통계를 생산한다. 그러나 연방정부는 공식적으로 경기후퇴가 언제 시작되고 언제 종료되는지를 공식적으로 결정하지 않는다. 그 대신, 많은 경제학자들과 정책담당자들은 미국 매사추세츠주 Cambridge에 위치해 있는 민간연구단체인 전미경제연구소 National Bureau of Economic Research(NBER)의 경기변동위원회 Business Cycle Dating Committee 결정을 받아들인다. 신문과 잡지의 기고자들은 종종 실질GDP가 연속해서 2분기 감소하는 것을 경기후퇴로 정의하지만, NBER은 다음과 같은 광의의 정의를 가지고 있다. "경기후퇴는 수개월 이상 지속되고 산업생산, 고용, 실질소득, 도소매거래에서 확연하게 보이는 경제 전체로 확산되는 경제활동의 상당한 감소이다."

NBER은 경제통계를 수집하고 분석하는데 시간이 걸리기 때문에 상당히 늦게 경기변동 시점을 발표한다. 전형적으로 NBER은 경제가 경기후퇴기에 있다는 것을 경기후퇴가 시작된 지 상당히 지난 후에 발표한다. 예를 들어, NBER은 경기후퇴가 2007년 12월에 시작

표 19.2 미국의 경기변동

정점	저점	경기후퇴의 기간
1953년 7월	1954년 5월	10개월
1957년 8월	1958년 4월	8개월
1960년 4월	1961년 2월	10개월
1969년 12월	1970년 11월	11개월
1973년 11월	1975년 3월	16개월
1980년 1월	1980년 7월	6개월
1981년 7월	1982년 11월	16개월
1990년 7월	1991년 3월	8개월
2001년 3월	2001년 11월	8개월
2007년 12월	2009년 6월	18개월

자료: National Bureau of Economic Research.

된 것을 11개월 후인 2008년 11월에서야 발표했다. [표 19.2]는 1950년 이후 NBER에 의해 식별된 경기변동의 정점과 저점을 열거한 것이다. 각 경기후퇴의 기간은 각 정점에서 다음 저점까지의 개월 수이다.

Making the Connection

경기후퇴기가 사업을 확장할 수 있는 좋은 시기인가?

경기후퇴기에 기업경영자들은 생산을 감소시킬 것인가, 가격을 인하할 것인가, 점포들이나 여타 시설들을 폐쇄할 것인가, 근로자들을 해고할 것인가와 같은 많은 결정을 신속하게 해야만 한다. 경기후퇴의 즉각적인 영향을 관리하는데 목표를 맞춘 결정에 더하여, 기업경영자들은 또한 경기후퇴 이후에 다가올 경기확장에 대비하여 어떻게 준비해야 하는지 생각해야만 한다. 기업경영자들은 2007~2009년과 같은 심한 경기후퇴를 포함한 모든 경기후퇴는 그들이 생산하는 제품에 대한 수요가 증가할 가능성이 있는 경기확장으로 이어진다는 것을 알고 있다. 그러나 현재 상황이 암울하고 경기후퇴의 종료시점을 예측하기 어려운 때에 미래의 경기확장을 위해 자원을 투입하려고 시도하는 것은 어려운 일일 수 있다.

그러나 미래 성장을 위해 준비하는 것에 대한 보상은 매우 클 수 있다. 예를 들어, 1945년 제2차 세계대전이 종료되었을 때, 많은 경제학자들과 기업경영자들은 미국 경제가 심각한 경기후퇴로 진입할 것이라고 예상했다. Sears와 Montgomery Ward는 미국에서 가장 큰 두 개의 백화점 체인이었다. Sears의 CEO인 Robert Wood는 지속적인 번영을 예상하면서 미국 전역에 새로운 점포를 오픈해 나간 반면 Montgomery Ward의 CEO인 Sewell Avery는 소득의 감소와 실업의 증가를 예상하면서 새로운 점포의 개설을 승인하지 않고 수많은 기존 점포들을 폐쇄시켰다. 그 결과로 강력한 경제성장이 1940년대 후반에 발생했을 때, Sears는 Montgomery Ward의 시장을 잠식하면서 급속하게 시장점유율을 증가시켰다.

미국에서 발생한 2001년 9월 11일 테러리스트 공격 이후에 많은 호텔 경영자들은 여행이 감소하는 기간이 장기간 지속될 것이라고 예상했다. 그들은 근로자들을 해고시키고 새로운 호텔의 건설을 연기시키거나 취소시키면서 대응했다. Four Seasons Hotel의 회장이자 CEO인 Isadore Sharp는 경기후퇴가 심하게 호텔산업에 타격을 입힐 것이지만 그 영향은 단기에 그칠 것이라고 결정했다. 그는 18개 호텔의 건설을 마무리하고 10개 이상 호텔의 건설을 시작하기로 결정했다. 그는 "우리는 많은 산업전문가들의 예측과 달리 대부분의 지역에서 우리의 시장점유율을 유지시키거나 증가시켰다"고 말했다. 2002년 3월에 그는 주주들에게 보낸 편지에서 "우리는 올해 후반에 예상되는 경기회복을 위해 잘 대비된 상태에 있다"라고 썼다.

VF와 같은 회사들은 2007~2009년의 경기후퇴를 사업을 확장할 수 있는 기회로 여겼다.

2007~2009년의 심한 경기후퇴기에 기업경영자들은 이와 유사한 결정을 했다. 노스캐롤라이나주의 Greensboro에 본부를 두고 있는 VF Corporation은 세계에서 가장 큰 의류제조회사이다. 이 회사는 North Face, Timberland, Wrangler와 같은 브랜드들을 가지고 있다. J. Crew, Anne Klein, Liz Claiborne과 같은 많은 회사들은 점포들을 폐쇄하거나 새로운 점포들의 오픈을 연기시켰다. VF의 CEO인 Eric Wiseman은 2008년에 89개와 2009년에 70개의 점포를 오픈하면서 사업을 확장시켰다. 한 소매분야 애널리스트는 "불행하게도 많은 회사들은 경기하강기에 주도권을 포기하고 있으나 이 때가 종종 성장할 수 있는 가장 좋은 기회이다"라고 말했다. 이와 유사하게 컴퓨터 칩 제조회사인 Intel은 2009년 초에 미국에서 70억 달러의 공장 확장을 진행하기로 결정했던 반면 많은 경쟁회사들은 컴퓨터 판매가 감소함에 따라 새로운 공장에 대한 투자를 감소시켰다. Intel의 CEO인 Paul Otellini는 "나는 Intel과 같은 회사가 일어서서 우리는 확신을 가지고 있다고 말하는 것이 중요하다고 생각했다"고 말했다. 중장비 제조회사인 Caterpillar는 "예상되는 고객 수요의 증가

를 충족시키기 위해서" 몇 개의 새로운 공장들을 건설하고 일부의 기존 공장들을 확장할 것이라고 발표했다.

2007~2009년 경기후퇴로부터의 회복은 2013년까지 전형적인 회복보다 훨씬 더 완만했지만 계속되었다. VF의 사업 확장 결정은 매출과 이윤이 계속적으로 증가함에 따라 좋은 결정이었던 것으로 나타났다. 이 회사는 계속해서 새로운 점포들을 오픈했고 2013년과 2017년 사이에 매출이 60% 증가할 것이라고 예측했다. Caterpillar와 Intel의 결정은 좋고 나쁜 것이 섞여 있었다. 두 회사는 수익을 내고 있었지만, Intel은 더 많은 소비자들이 태블릿을 사용하기 시작함에 따라 컴퓨터 매출이 세계적으로 감소되었기 때문에 예상보다 더 큰 어려움을 겪고 있다. 매출이 점점 더 해외 국가들의 수요에 의존적이게 되었던 Caterpillar는 중국과 여타 국가들의 성장이 둔화되었기 때문에 어려움을 겪고 있다. 그 결과로 특히 이 회사의 굴착장비의 매출이 타격을 받았다.

그렇지만 장기적으로 많은 기업들은 내기를 거는 것으로부터 보상을 받았다.

자료: Andria Cheng, "VF Lays Out Ambitious Growth Plan," *Wall Street Journal*, June 11, 2013; Robert Sobel, *When Giants Stumble*, Paramus, NJ: Prentice Hall, 1999; Isadore Sharp, *Four Seasons: The Story of a Business Philosophy*, New York: Portfolio, 2009; Bob Tita, "Caterpillar to Expand Kansas Plant," *Wall Street Journal*, August 18, 2011; Rachel Dodes, "VF Dresses Up Its Operations, Bucking Recession," *Wall Street Journal*, March 31, 2009; and Don Clark, "Intel to Spend Heavily on U.S. Plants," *Wall Street Journal*, February 10, 2009.

경기변동이 진행되는 동안에 어떤 일이 발생하는가?

각 경기변동은 다르다. 확장국면과 후퇴국면의 기간과 경제의 어느 부문이 가장 영향을 받는지는 임의의 두 경기변동에서 같지 않다. 그러나 대부분의 경기변동은 이 절에서 논의하는 일부의 특성들을 공유한다. 경제가 경기확장의 종료시점에 가까워짐에 따라, 이자율은 일반적으로 상승하고 근로자들의 임금은 일반적으로 가격들보다 더 빠르게 상승한다. 이자율 상승과 임금 상승의 결과로, 기업들의 이윤은 감소한다. 전형적으로 경기확장의 종료시점에 가까워지면서 가계들과 기업들은 모두 그들의 부채를 크게 증가시킨다. 이러한 부채는 가계들과 기업들이 경기확장기에 그들의 지출에 필요한 자금을 조달하기 위해 기업들과 가계들이 차입한 결과로 발생된다. 부채의 증가는 궁극적으로 가계들과 기업들의 지출을 감소시킬 수 있다.

경기후퇴는 종종 기계, 설비, 새로운 공장, 새로운 사무실 빌딩과 같은 자본재에 대한 기업들의 지출 감소나 새로운 주택, 가구, 자동차 같은 소비자 내구재에 대한 가계들의 지출 감소와 함께 시작된다. 지출이 감소함에 따라, 자본재와 소비자 내구재를 판매하는 기업들은 그들의 매출이 감소하는 것을 발견하게 된다. 매출이 감소함에 따라, 기업들은 생산을 감소시키고 근로자들을 해고하기 시작한다. 실업이 증가하고 이윤이 감소함에 따라 소득이 감소하고 이것이 미래의 지출감소를 발생시킨다.

경기후퇴가 계속됨에 따라 경제상황은 궁극적으로 개선되기 시작한다. 지출의 감소는 궁극적으로 종료된다. 가계들과 기업들은 그들의 부채를 감소시키기 시작하고 이에 따라 그들의 지출 능력이 증가한다. 이자율이 하락하고 이것이 가계들과 기업들이 새로운 지출에 필요한 자금을 조달할 수 있도록 해준다. 기업들은 이어지는 경기확장기에 추가적인 생산의 필요성을 예상하게 됨에 따라 자본재에 대한 그들의 지출을 증가시키기 시작한다. 소비자 내구재에 대한 가계들의 지출 증가와 자본재에 대한 기업들의 지출 증가는 마침내 경기후퇴를 종료시키고 이어지는 경기확장을 시작하게 만든다.

경기변동이 Whirlpool에 미친 효과. *내구재 durables*는 3년 이상 동안 사용할 것으로 예상되는 재화이다. 소비자 내구재에는 가구, 가정설비제품, 자동차가 포함되고 생산자 내구재에는 기계 공구, 전기 제네레이터, 상업용 항공기가 포함된다. *비내구재 nondurables*는 3년 미만 동안 사용할 것으로 예상되는 재화이다. 소비자 비내구재에는 식품과 의류 같은 재화가 포함된다. 내구재는 비내구재보다 경기변동의 영향을 더 받는다. 경기후퇴기에, 근로자들은 일자리를 잃거나, 일자리를 잃을까 두려워하거나, 임금삭감으로 어려움을 겪으면 지출을 감소시킨다. 사람들은 종종 기존의 가구, 가정설비제품, 자동차를 계속해서 사용하기 때문에 비내구재에 대한 지출보다 내구재에 대한 지출을 이연시킬 가능성이 더 크다. 이와 유사하게, 기업들은 경기후퇴기에 매출과 이윤의 감소를 경험할 때 종종 생산자 내구재의 구매를 감소시킨다.

이 장의 시작 부분에서 Whirlpool에 관한 논의를 하면서 Whirlpool의 매출이 경기변

(a) 실질GDP의 변화 추이

(b) 가정설비제품 제조회사들의 실질 매출 변화 추이

그림 19.7

경기변동이 Whirlpool에 미친 효과

그림(a)는 1998년 초부터 2013년 초까지 각 분기별 실질GDP의 변화추이를 보여준다. 그림(b)는 같은 기간 동안 가정설비제품 제조회사들의 실질 매출이 변화한 것을 보여준다. 그림(b)가 보여주는 것처럼, 경기후퇴가 Whirlpool과 여타 가정설비제품 제조회사들의 매출에 미친 효과는 일반적으로 경제 전체에 미친 효과보다 더 극적이다.

주: 가정설비제품의 매출은 제조회사들의 가정설비제품 출하액을 가정용 설비제품과 내구재를 위한 BEA 물가지수로 디플레이트 시킨 것이다.

자료: U.S. Bureau of Economic Analysis; and Federal Reserve Bank of St. Louis.

동의 영향을 크게 받는다고 말했다. [그림 19.7(a)]는 1998년 초부터 2013년 초까지 각 분기별 실질GDP의 변화추이를 보여준다. 이 그림에서 시간이 흐름에 따른 실질GDP의 증가 추세와 2001년과 2007~2009년 경기후퇴의 영향을 살펴볼 수 있다. [그림 19.7(b)]는 같은 기간 동안 가정설비제품 제조회사들의 실질 매출이 변화한 것을 보여준다. 경기후퇴가 Whirlpool과 여타 가정설비제품 제조회사들의 매출에 미친 효과는 일반적으로 경제전체에 미친 효과보다 더 극적이다. 주택건설회사들은 신규 주택을 건설할 때 일반적으로 새로운 냉장고, 식기세척기, 스토브와 여타 가정설비제품들을 비치한다. 신규 주택으로 이사하는 사람들은 종종 세탁기, 드라이어나 여타 가정설비제품들을 구매한다. 기존 주택을 구매하는 사람들도 종종 새로운 가정설비제품들을 구매한다. [그림 19.7(b)]가 보여주는 것처

그림 19.8

경기후퇴가 인플레이션율에 미친 효과

전형적인 경기확장이 종료시점에 가까워짐에 따라 인플레이션율은 상승하기 시작한다. 음영된 수직 막대로 표시된 경기후퇴는 인플레이션율을 하락시킨다. 경기후퇴의 종료시점에 인플레이션율은 경기후퇴의 시작시점 보다 상당히 낮다.
주: 인플레이션율은 전년 동월대비 소비자물가지수의 퍼센트 변화로 측정된 것이다.
자료: U.S. Bureau of Labor Statistics.

럼, 가정설비제품의 매출은 주택시장경기가 약한 하강을 경험했던 2001년의 경기후퇴기에 8% 감소했으나 주택시장이 붕괴되었던 2007~2009년의 경기후퇴기에 23% 감소했다. 2013년 중반에도 가정설비제품의 매출은 2007년의 정점 수준보다 훨씬 낮은 수준에 머물렀다.

경기변동이 인플레이션율에 미친 효과. *물가수준 price level*은 재화와 서비스의 평균 가격을 측정하고 *인플레이션율 inflation rate*은 한 연도로부터 다음 연도까지 물가수준의 퍼센트 증가를 측정한다. 경기변동에 관한 한 가지 중요한 사실은 인플레이션율은 일반적으로 경기확장기, 특히 경기확장이 거의 종료되는 시기에 상승하고 경기후퇴기에 하락한다는 것이다. [그림 19.8]은 이러한 양상이 1980년대 말 이후 3차례의 경기후퇴기에 나타난 것을 보여준다.

1950년 이후 모든 경기후퇴에서 인플레이션율은 경기후퇴가 시작되기 전 12개월 동안

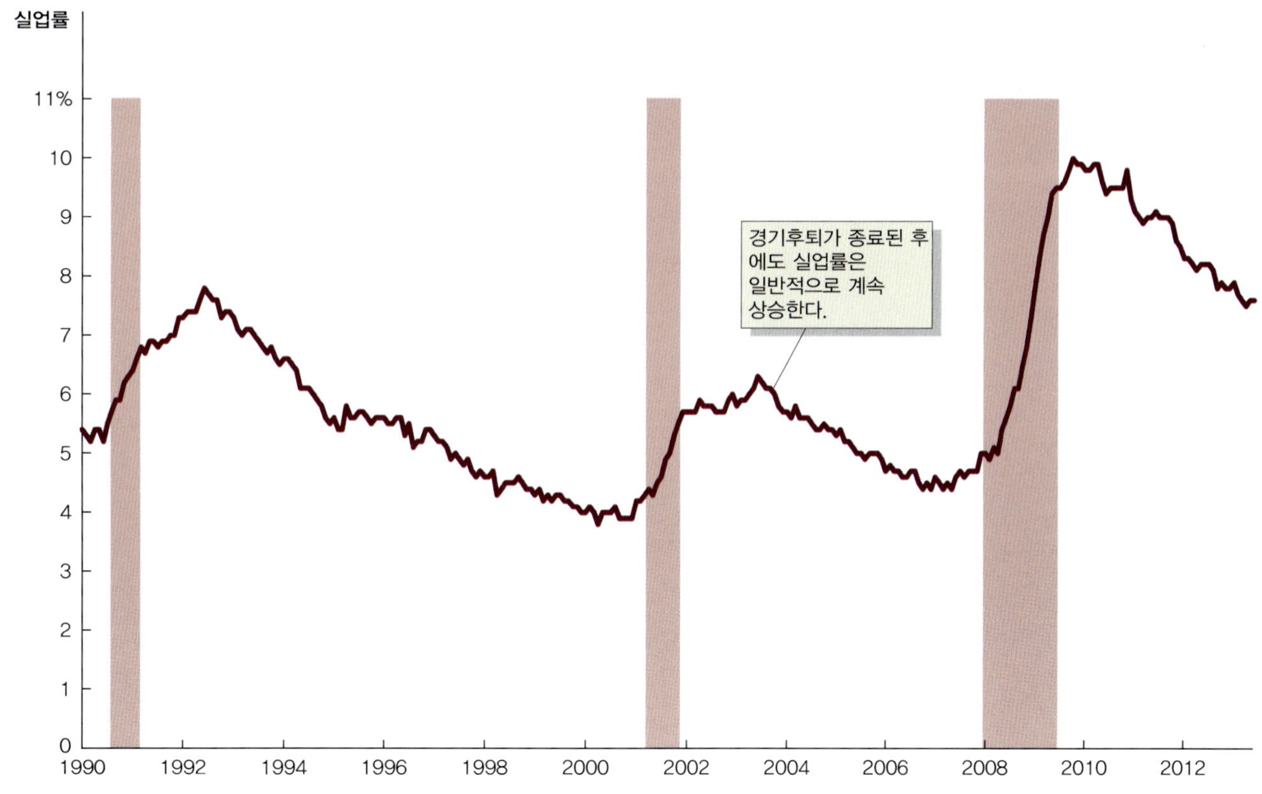

그림 19.9

경기후퇴가 실업률에 어떻게 영향을 미치는가?

실업률은 경기후퇴기에 상승하고 경기확장기에 하락한다. 경기회복의 초기 단계에 기업들이 새로운 종업원을 고용하기를 주저하는 것이 경기후퇴가 종료된 후에도 실업률이 계속 상승하는 것으로 나타난다.
자료: U.S. Bureau of Labor Statistics.

보다 경기후퇴가 시작된 후 12개월 동안 더 낮았다. 인플레이션율의 평균 하락 정도는 약 2.5% 포인트였다. 경기확장기에 기업들과 가계들의 지출은 강하고 재화와 서비스의 생산자들은 가격을 인상시키는 것이 더 쉽다는 것을 발견한다. 경기후퇴기에 기업들은 재화와 서비스를 판매하는데 어려움을 겪고 그렇지 않은 경우보다 더 적게 가격을 인상하게 된다.

경기변동이 실업률에 미친 효과. 경기후퇴는 인플레이션율을 하락시키고 실업률을 증가시킨다. 기업들은 그들의 매출이 감소하는 것을 알게 됨에 따라 생산을 감소시키고 근로자들을 해고하기 시작한다. [그림 19.9]는 이러한 양상이 1980년대 말 이후 세 차례의 경기후퇴기에서 나타난 것을 보여준다. 이 그림에서 실업률은 1990~1991년, 2001년, 2007~2009년 경기후퇴가 종료된 후에도 계속해서 증가했다는 점에 주목하라. 전형적인 이러한 양상은 2가지 요인에 기인한다. 첫째, 경기후퇴가 종료됨에 따라 고용이 증가하기 시작하더라도 인구의 증가로부터 발생되는 경제활동인구의 증가보다 더 완만하게 증가할 수 있다. 만일 고용이 경제활동인구의 증가에 비해 상대적으로 완만하게 증가하면, 실업률이 증가할 수 있다. 둘째, 경기후퇴가 종료되고 매출이 증가하기 시작하더라도 일부 기업들은 계속해서 그들의 생산능력보다 낮은 수준에서 조업한다. 그 결과로 처음에 기업들은 해고했던 근로자들을 모두 재고용하지 않을 수 있고, 일정한 기간 동안 더 많은 근로자들을 계속해서 해고할 수도 있다.

1950년 이후 경기후퇴기 동안, 실업률은 경기후퇴가 시작된 후 12개월 동안에 평균적으로 약 1.2% 포인트 증가했다. 따라서 경기후퇴가 시작되기 전 12개월 동안보다 경기후퇴가 시작된 후 12개월 동안 평균적으로 1백만 명 이상의 근로자들이 일자리를 잃었다.

"대완화"는 끝났는가? 1900년 이후 실질GDP의 연간 변화율을 나타낸 [그림 19.10]은 1950년경을 시작으로 실질GDP의 변동성이 크게 변화한 것을 보여준다. 1950년 이전에 실질GDP는 그 이후보다 훨씬 더 크게 변동했다. 1980년대 중반 이후 실질GDP의 변동성은 크게 완화되었다. 21세기 초에 이르러 일부 경제학자들은 미국에서 심한 경기후퇴가 없었던 시기를 "대완화 Great Moderation"라고 부르기 시작했다. 그러나 경제학자들은 2007년 12월에 시작된 경기후퇴를 경험하면서 이러한 견해에 대해 의문을 제기하기 시작했다. 2007년 12월에 시작된 경기후퇴는 1930년대 대공황 이후 가장 기간이 길고 가장 심한 경기후퇴여서 대수축 Great Contraction이라고 불렸다. 2009년 동안 실질GDP의 퍼센트 감소는 1932년 이후 가장 컸다. 경제학자들과 정책담당자들은 대수축이 종료된 후 수년이 지났지만 대완화가 다시 돌아올 것인지에 대해 여전히 확신하지 못하고 있다.

2007~2009년 경기후퇴의 예외적으로 심한 정도를 2007~2009년 경기후퇴의 기간과 다른 경기후퇴들의 기간을 비교해 봄으로써 살펴볼 수 있다. [표 19.3]은 19세기 말에 경기후퇴들의 평균 기간은 경기확장의 평균 기간과 같았다는 것을 보여준다. 20세기 전반기 동안 경기확장의 평균 기간은 약간 감소했고 경기후퇴의 평균 기간은 크게 감소했다. 그 결과로 이 기간 동안 경기확장의 기간은 경기후퇴의 기간보다 약 6개월 더 길었다. 가장 놀라운 변화는 경기확장의 기간은 크게 증가하고 경기후퇴의 기간은 감소했던 1950년 이후에 발생했다. 1950년 이후, 경기확장의 기간은 경기후퇴의 기간보다 5배 이상 길었다. 달리

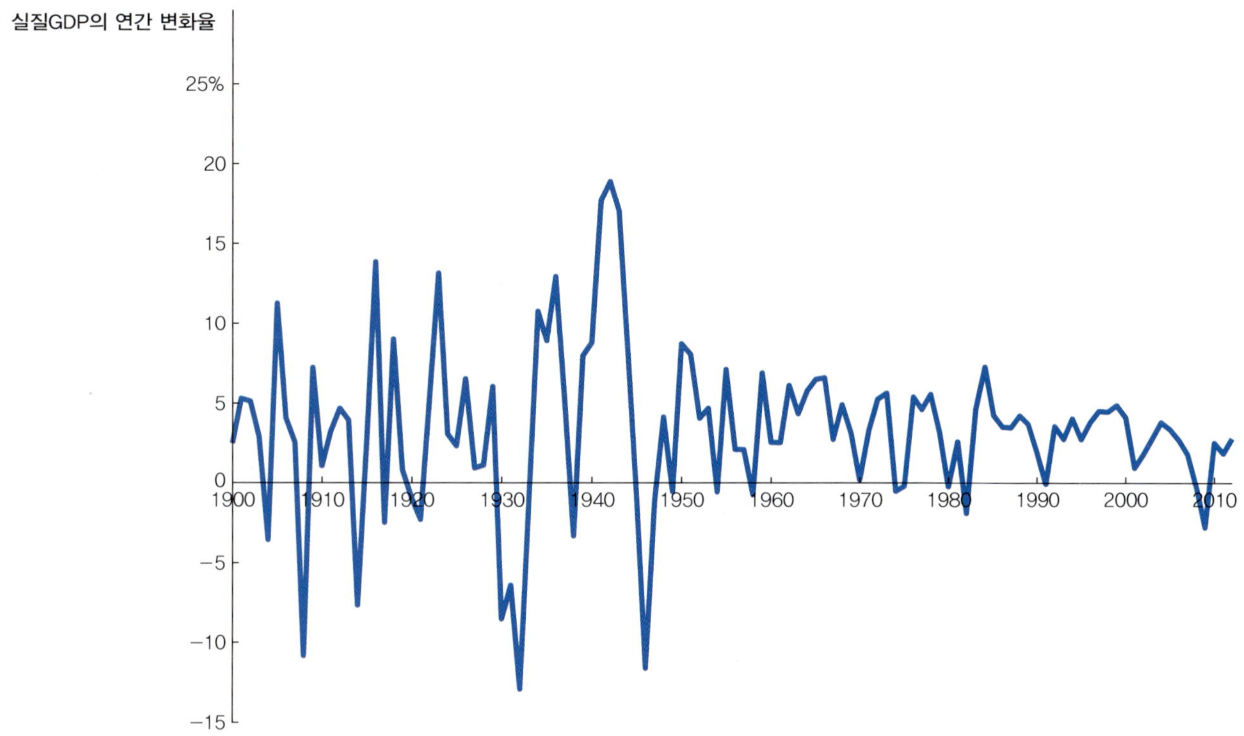

그림 19.10

실질GDP의 변동성, 1900~2012년

실질GDP의 변동성은 1950년 이후보다 1950년 이전에 더 컸다.
자료: Samuel H. Williamson, "What Was the U.S. GDP Then?" MeasuringWorth, August 2013; and U.S. Bureau of Economic Analysis.

말하면, 19세기 말에 미국 경제는 경기확장기보다 경기후퇴기에서 더 많은 시간을 보냈다. 1950년 후에 미국 경제는 상대적으로 단기의 경기후퇴들에 의해서 방해를 받기는 했지만 장기의 경기확장들을 경험했다.

이러한 상대적으로 단기이고 완화된 경기후퇴들과 비교해 볼 때 2007~2009년의 경기후퇴는 예외적인 경기후퇴였다. 이 경기후퇴는 1950년 이후 가장 장기인 18개월간 지속되

표 19.3 경기확장과 경기후퇴의 평균 기간

기간	경기확장의 평균 기간	경기후퇴의 평균 기간
1870~1900년	26개월	26개월
1900~1950년	25개월	19개월
1950~2009년	61개월	11개월

었다. 2007~2009년 경기후퇴의 기간과 심한 정도는 미국이 실질GDP가 심하게 변동하는 시기로 다시 복귀하고 있다는 것을 의미하는가? 이 질문에 대한 충분한 답은 적어도 앞으로 수년 동안 불가능할 것이다. 그러나 다음 절에서 왜 1950년부터 2007년까지의 기간이 상대적으로 거시경제가 안정되었던 기간이었는가를 살펴보면서 이 질문에 대한 약간의 답을 구해보도록 하자.

미국 경제는 안정된 상태로 복귀할 것인가?

더 짧아진 경기후퇴, 더 길어진 경기확장, 덜 심해진 실질GDP의 변동성이 미국인들의 경제적 후생수준을 획기적으로 개선시켰다. 경제학자들은 왜 미국 경제가 1950년부터 2007년까지 상대적으로 안정된 기간을 경험했는가에 대한 몇 가지의 설명을 제시했다.

- ***서비스의 중요성 증가와 재화의 중요성 감소.*** 의료나 투자자문과 같은 서비스가 GDP에서 더 큰 비중을 차지하게 됨에 따라 재화 생산이 GDP에서 차지하는 비중은 상대적으로 감소했다. 예를 들어, 한때 제조업 생산은 GDP의 약 40%를 차지했으나 2013년에 12% 미만을 차지했다. 제조업 생산, 특히 자동차와 같은 내구재 생산은 서비스의 생산보다 더 크게 변동한다. 내구재는 일반적으로 서비스보다 더 비싸기 때문에 경기후퇴기 동안에 가계들은 서비스 구매보다 내구재 구매를 더 감소시킨다.
- ***실업자에게 자금을 제공하는 실업보험과 기타 정부이전지급 제도의 확립.*** 1930년대 이전에 일자리를 잃은 근로자들에게 정부지급을 제공하는 실업보험과 같은 프로그램과 은퇴근로자들과 장애근로자들에게 정부지급을 제공하는 미국식 사회보장제도는 존재하지 않았다. 이러한 정부 프로그램들과 여타 정부프로그램들은 경기후퇴기에 일자리를 잃은 근로자들이 그렇지 않은 경우보다 더 많은 소득을 가지고 더 많은 지출을 할 수 있도록 해준다. 이러한 추가적인 지출이 경기후퇴의 기간을 짧게 만드는 데 도움을 주었을 수 있다.
- ***경제를 안정화시키고자 하는 적극적인 정부 정책.*** 1930년대 대공황 이전에 연방정부는 경기후퇴를 종식시키거나 경기확장을 연장시키고자 하는 시도를 하지 않았다. 하지만 대공황 때는 실업률이 경제활동인구의 20% 이상으로 증가하고 실질GDP가 거의 30%나 감소할 정도로 매우 심했기 때문에 정부가 경제를 안정화시켜야 한다는 여론이 형성되기 시작했다. 제2차 세계대전 이후 오랫동안 연방정부는 적극적으로 경기후퇴를 종식시키고 경기확장을 연장시키기 위한 거시경제정책 조치들을 적극적으로 사용했다. 많은 경제학자들은 이러한 정부정책들이 경제를 안정화시키는데 중요한 역할을 했다고 믿는다. 그러나 다른 경제학자들은 적극적인 정부정책은 거의 효과가 없었다고 주장한다. 거시경제정책에 관한 논쟁은 특히 2007~2009년 경기후퇴기 동안과 그 이후에 격렬했다.
- ***금융시스템의 안정성 증가.*** 1930년대 대공황이 심했던 것은 부분적으로 금융시스템의 불안정성 때문이었다. 1929년과 1933년 사이에 5000개 이상의 은행들이 도산했고

이에 따라 많은 가계들의 저축이 감소했으며 가계들과 기업들이 그들의 지출을 유지시키기에 필요한 신용을 확보하는 것이 어려웠다. 이에 더하여, 주가가 80% 이상 하락한 것이 많은 가계들의 재산을 크게 감소시켰고 기업들이 주식을 매도하여 자금을 조달하는 것을 어렵게 만들었다. 대부분의 경제학자들은 2007~2009년의 경기후퇴기에 금융불안정성이 다시 발생한 것이 이 경기후퇴가 매우 심했던 중요한 이유라고 믿는다. 미국이 거시경제의 안정을 회복하려면, 먼저 금융시스템의 안정성이 회복되어야 할 것이다.

결론

미국 경제는 여전히 미국인들의 후생수준을 개선시키는 놀라운 엔진이다. 오늘날 미국인들의 생활수준은 100년 전보다 훨씬 높다. 그러나 가계들과 기업들은 여전히 경기변동의 호황과 불황에 직면한다. 다음 장들에서 이러한 거시경제학의 기본적인 사실, 즉 계속해서 증가하는 장기적 번영은 단기 불안정성 속에서 달성된다는 사실에 대한 분석을 계속할 것이다.

주요용어

경기변동 business cycle
자본 capital
밀어내기현상 crowding out
금융중개기관 financial intermediary
금융시장 financial market
금융시스템 financial system
잠재GDP potential GDP
노동생산성 labor productivity
장기 경제성장 long-run economic growth
대부자금시장 market for loanable funds

연습문제

* 복습질문

1. 70의 법칙은 무엇인가? 만일 일인당 실질GDP가 연간 5%로 성장하면, 일인당 실질GDP가 두 배가 되는데 몇 년이 걸리는가?

2. 시간이 흐름에 따라 노동생산성을 증가시키는 중요한 2가지 요인은 무엇인가?

3. 잠재GDP는 무엇인가? 잠재GDP는 시간이 흐르더라도 일정한가?

4. 왜 한 국가의 금융시스템이 장기 경제성장에 중요한가?

5. 금융시장과 금융중개기관으로 구성된 금융시스템은 저축자들과 차입자들에게 위험분담, 유동성, 정보를 어떻게 제공하는가?

6. 왜 폐쇄경제에서 저축의 총가치가 투자의 총가치와 일치해야하는지 간략히 설명하라.

7. 순수출과 순해외투자 간의 관계를 설명하라.

8. 저축과 투자에 관한 식 saving and investment equation은 무엇인가? 만일 국민저축이 감소하면, 국내 투자와 순해외투자에 어떤 일이 발생하는가?

9. 만일 한 국가가 국내에 투자한 것보다 더 많이 저축하면, 이 국가의 순해외투자는 어떻게 되어야 하는가?

10. 대부자금은 무엇인가? 왜 기업들은 대부자금을 수요하는가? 왜 가계들은 대부자금을 공급하는가?

11. 경기변동이 인플레이션율과 실업률에 미치는 효과를 간략히 설명하라. 왜 실업률은 경기확장의 초기 단계에 계속해서 상승할 수 있는가?

12. 1950년 이전과 이후 경기후퇴의 심한 정도를 간략히 비교하라. 경제학자들은 1950년부터 2007년까지 상대적으로 거시경제가 안정되었던 기간에 대해 어떤 설명을 제시했는가?

* 문제와 응용

1. 경제적 번영과 기대 수명 간의 관계에 대해서 생각해보라. 이러한 관계는 경제의 의료부문 규모에 대해 어떤 시사점을 제시하는가? 특히, 미국 경제의 의료부문은 미래에 확장될 가능성이 있는가 수축될 가능성이 있는가?

2. 미국의 노동생산성에 관한 한 신문기사는 "생산성의 가장 좋은 척도는 아마도 시간당 생산량이지 일인당 생산량이 아니다"라고 말하고 있다. 당신은 이러한 기사에 동의하는지 간략히 설명하라.

3. 당신이 차입자들에게 새로운 자동차 대출에 대해 7%의 이자율을 부과하는 한 은행에서 당신이 예금증서에 대해 3%의 이자율을 받을 수 있다고 하자. 왜 새로운 자동차를 구매하기 위해 당신으로부터 차입하기 원하는 사람이 3%보다 더 높은 이자율을 지불할 것이라고 제안하더라도 당신은 그 사람에게 직접 기꺼이 대출해주지 않는가?

4. 아래에 정리되어 있는 한 폐쇄경제에 관한 데이터를 생각해보라.

Y = \$11조, C = \$8조, I = \$2조, TR = \$1조, T = \$3조

이러한 데이터를 사용하여 다음의 변수를 계산하라.

a. 민간저축 b. 공공저축
c. 정부구매 d. 재정적자 또는 재정흑자

5. 아래에 정리되어 있는 한 폐쇄경제에 관한 데이터를 생각해보라.

Y = \$12조 , C = \$8조, G = \$2, S_{public} = \$0.5조, T = \$2조

이러한 데이터를 사용하여 다음의 변수를 계산하라.

a. 민간저축 b. 투자지출
c. 이전지급 d. 재정적자 또는 재정흑자

6. 문제 5에서 정부구매가 \$2조에서 \$2.5조로 증가한다고 하자. Y와 C의 값들이 변화가 없다면, S와 I의 값에 어떤 일이 발생해야 하는가? 간략히 설명하라.

7. 2014년에 프랑스의 순해외투자는 마이너스였다. 2014년에 프랑스에서 국민저축과 국내투자 중에서 어느 것이 더 컸는가? 간략히 설명하라.

8. 아래의 각 시나리오와 적정한 대부자금시장 그림을 매치시켜라.
   a. 실질이자율의 상승이 가계들의 민간저축을 약간만 증가시킨다.
   b. 실질이자율의 하락이 기업들의 투자지출을 상당히 증가시킨다.
   c. 연방정부가 401(k) 은퇴계좌를 없앤다.
   d. 연방정부가 법인세를 인하한다(재정적자나 재정흑자의 변화는 없다고 가정하라).

1.

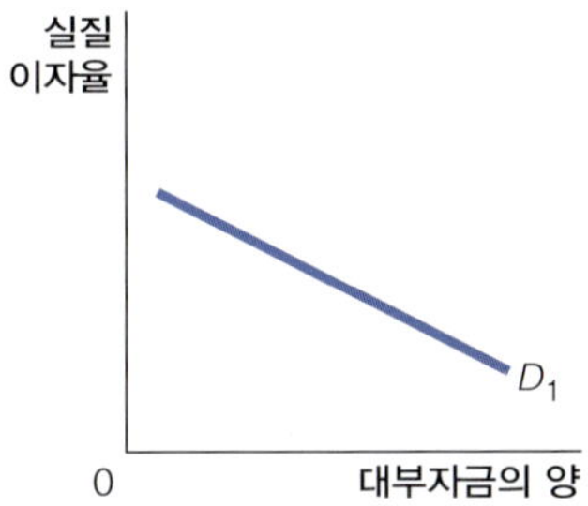

2.

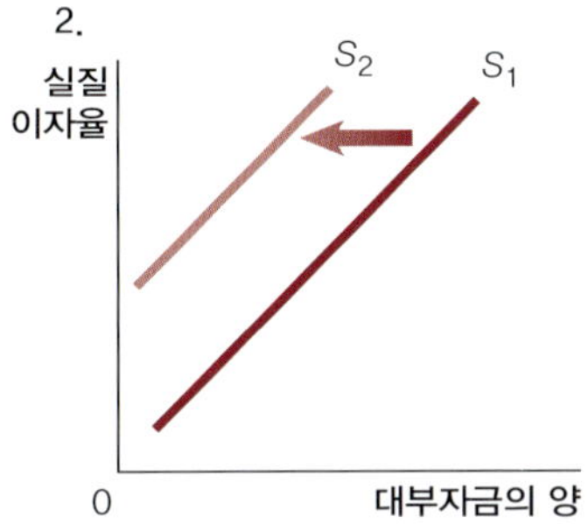

3.

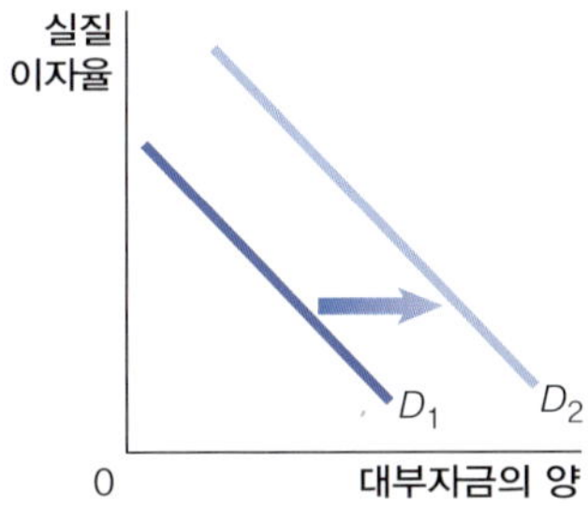

4.

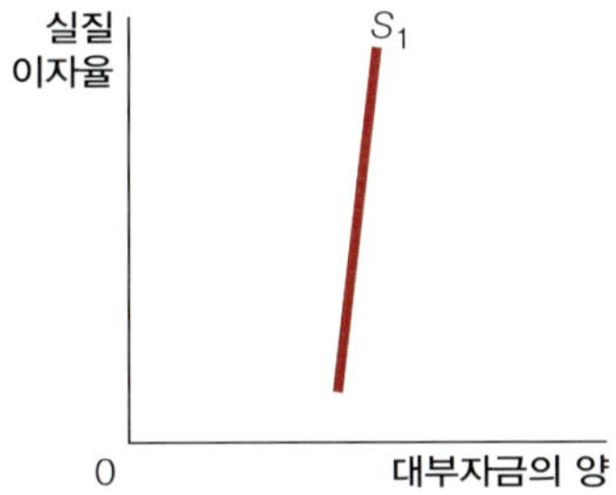

9. 아래의 그림을 사용하면서 질문에 답하라.
   a. S_1으로부터 S_2로의 이동은 대부자금공급의 증가를 나타내는가 감소를 나타내는가?
   b. 이러한 대부자금 공급곡선의 이동이 있는 경우, 균형 대부자금의 양에는 어떤 일이 발생하는가?
   c. 이러한 균형 대부자금의 양의 변화가 있는 경우, 저축의 양에는 어떤 일이 발생하는가? 투자의 양에는 어떤 일이 발생하는가?

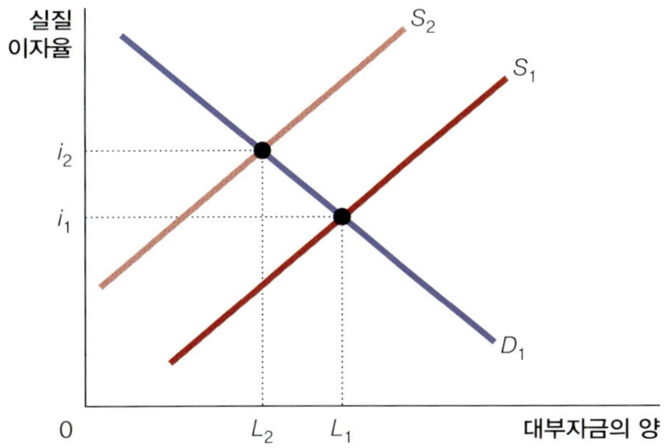

10. 아래의 그림을 사용하면서 질문에 답하라.

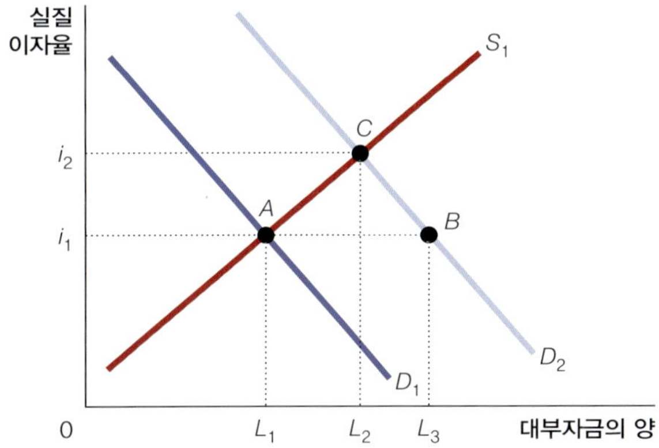

   a. 이러한 대부자금수요곡선의 이동이 있는 경우, 균형 실질이자율과 균형 대부자금의 양에는 어떤 일이 발생하는가?
   b. 실질이자율이 상승할 때 균형 대부자금의 양은 어떻게 증가할 수 있는가? 실질이자율이 상승할 때 대부자금에 대한 수요량은 감소하지 않는가?
   c. 실질이자율이 i_1에 머물러 있다면 대부자금에 대한 수요량은 얼마나 증가하는가?
   d. 실질이자율이 i_1에서 i_2로 상승하면 대부자금의 공급량은 얼마나 증가하는가?

11. 경제가 현재 경기후퇴 상태에 있으나 경제예측에 의하면 경제가 조만간에 경기확장으로 진입할 것이라고 하자. 이러한 경기확장 예측이 공장과 설비에 대한 새로운 투자의 예상 수익성에 미치는 효과는 무엇인가? 차입자들과 대부자들이 이러한 경기확장 예측이 정확하다고 믿는다고 가정하면서, 대부자금시장의 그림을 그리면서 경기확장 예측의 효과를 설명하라. 균형 실질이자율과 균형 대부자금의 양에 어떤 일이 발생하는가? 저축과 투자의 수준에 어떤 일이 발생하는가?

12. 기업들은 투자 프로젝트의 세후 수익률에 관심을 가진다. 대부자금시장의 그림을 그리면서 기업 이윤에 대한 세금 인상의 효과를 설명하라. 논의를 단순하게 하기 위해서 재정적자나 재정흑자의 변화는 없다고 가정하라. 균형 실질이자율과 균형 대부자금의 양에 어떤 일이 발생하는가? 기업들의 투자 수준과 경제의 미래 자본스톡에 미치는 효과는 무엇인가?

13. 다음 각 재화의 생산은 경기변동 기간 동안 실질GDP보다 더 크게 변동하는지 더 적게 변동하는지 간략히 설명하라.

a. Ford F-150 트럭
b. McDonald's 빅맥
c. Whirpool 세탁기
d. Huggies 기저귀
e. Boeing 여객기

14. 당신이 기업을 소유하고 있고 경기후퇴기에 근로자들의 10%를 해고한다고 하자. 경기확장이 시작되고 당신의 매출이 증가하기 시작할 때, 왜 당신이 즉각적으로 근로자들을 재고용하지 않을 수 있는가?

CHAPTER

20 장기 경제성장: 요인과 정책

이 장의 학습내용

20.1 경제성장의 역사와 글로벌 추세
- 경제성장을 정의하고 경제성장률을 계산하며 경제성장의 글로벌 추세를 설명한다.

20.2 무엇이 경제가 얼마나 빨리 성장할 것인지를 결정하는가?
- 왜 경제성장률이 국가별로 차이가 나는지 설명하기 위해서 경제성장모델을 사용한다.

20.3 미국의 경제성장
- 미국의 생산성 성장 변화를 논의한다.

20.4 왜 전 세계가 부유하지 않은가?
- 경제적 추격현상을 설명하고 왜 많은 가난한 국가들이 급속한 경제성장을 경험하지 못하는지 논의한다.

20.5 성장정책
- 경제성장을 촉진하는 정부정책을 논의한다.

중국이 General Motors를 구할 수 있는가?

General Motors(GM)는 1908년에 창업되었다. 1923년부터 1946년까지 GM의 최고경영자였던 Alfred P. Sloan의 리더십에 힘입어 GM은 세계 최대의 자동차회사가 되었다. 1980년대에 GM이 연비가 좋은 소형 자동차를 생산하는 경쟁회사들과 경쟁하는데 어려움을 겪으면서 GM의 매출이 감소하기 시작했다. 특히 GM은 2007~2009년의 심한 경기후퇴로 크게 타격을 받았고 2009년 6월에 파산을 신청했다.

GM은 연방정부로부터 $500억의 구제자금을 받았고 규모를 줄이는 구조조정을 단행했으며 해외시장에서 매출을 증가시키는 일에 새롭게 초점을 맞추었다. 2013년에 GM은 미국보다 중국에서 더 많은 자동차를 판매하게 되었고 중국에서 생산능력을 증가시키기 위해 추가적으로 $110억을 투자하는 계획을 발표했다. 일부의 산업전문가들은 General Motors의 이름을 "China Motors"로 바꾸어야 한다고 농담하기까지 했다.

공산당이 중국을 지배하기 시작했던 1949년부터 1970년대 말까지 중국은 정부가 재화와 서비스의 생산을 통제하는 *중앙계획경제 centrally planned economy*였다. 이 기간 동안 중국은 경제성장을 거의 하지 못했다. 하지만 중국은 1978년에 중앙계획경제로부터 벗어났다. 일인당 실질 GDP는 1979년과 1995년 사이에 연간 6.5%로 증가했고 1996년과 2012년 사이에 연간 9% 이상으로 매우 빠르게 증가했다. 이러한 급속한 경제성장은 중국경제를 변화시켰다. 오늘날 일인당 실질GDP는 50년 전보다 10배 이상 높아졌다. 중국의 경제성장은 GM과 여타 기업들에게 급속하게 팽창하는 소비자 시장으로부터 이윤을 얻을 수 있는 기회를 제공했다.

그러나 중국은 민주주의 국가가 아니고 중국정부는 특히 재산권을 일관되게 집행하는 것과 관련된 법의 지배를 완전히 확립하지 못했다. 예를 들어, GM은 지적재산권이 도난당할 것이라는 두려움 때문에 전기차와 하이브리드차를 제조하기 위한 자사의 최신 기술을 기꺼이 가져오지 못했다. 법의 지배가 없다면, 기업가들이 재화와 서비스를 생산하기 위한 생산요소, 즉 노동, 자본과 천연자원을 결합시키는 시장시스템에서 그들의 역할을 수행할 수 없기 때문에 법의 지배가 확립되어 있지 못한 것이 장기적으로 중국경제의 문제가 될 수 있다.

자료: Colum Murphy, "GM to Build Cadillac Plant in China," *Wall Street Journal*, May 7, 2013; Gordon G. Chang, "General Motors Is Riding High in China—For Now," *Forbes*, August 19, 2012; "Alfred P. Sloan Jr. Dead at 90; G.M. Leader and Philanthropist," *New York Times*, February 18, 1966; and The World Bank.

경제성장은 필연적으로 발생되는 것이 아니다. 인류 역사의 대부분 기간 동안, 일인당 생산량의 지속적인 증가는 발생하지 않았고 철학자인 Thomas Hobbes가 언급한 바에 의하면 대부분 사람들의 삶은 "가난했고, 불결했고, 야만적이었고 단명했다." 지속적인 경제성장은 처음으로 18세기 말에 영국에서 발생한 산업혁명과 더불어 시작되었다. 경제성장은 영국으로부터 미국, 캐나다, 서유럽국가들로 확산되었다. 제2차 세계대전 이후, 급속한 경제성장이 일본과 몇몇 아시아 국가들에서도 시작되었으나 많은 여타 국가들의 경제는 그들의 국민들을 가난 속에 몰아넣은 상태로 정체되었다.

일인당 실질GDP는 평균적인 사람이 재화와 서비스를 구매할 수 있는 능력을 나타내기 때문에 한 국가의 생활수준에 대한 가장 좋은 척도이다. 경제성장은 일인당 실질GDP가 증가할 때 발생한다. 왜 20세기 초에 높은 생활수준을 가지고 있었던 미국과 영국 같은 국가들은 계속해서 급속하게 성장했는가? 왜 한때 상대적으로 높은 생활수준을 가지고 있었던 아르헨티나와 같은 국가들은 지속적으로 경제성장을 하는데 실패했는가? 왜 소련은 초기의 급속한 성장률을 유지할 수 없었는가? 왜 20세기 초에 매우 가난했던 일부 국가들은 여전히 오늘날에도 매우 가난한가? 왜 한국과 일본 같은 일부 국가들은 과거에는 매우 가난했으나 오늘날 매우 부유해졌는가? 무엇이 최근 중국의 급속한 성장률을 설명해주는가? 이 장에서는 이러한 중요한 질문들에 답하는 데 도움을 주는 *경제성장모델 a model of economic growth*을 개발할 것이다.

20.1. 경제성장의 역사와 글로벌 추세

당신은 당신의 조부모들이 젊었을 때의 세상과는 매우 다른 세상에서 살고 있다. 당신은 호주머니에 쏙 들어가는 아이팟 iPod으로 음악을 들을 수 있다. 당신의 조부모는 대형 스테레오 시스템에 레코드판을 틀어서 음악을 들었다. 당신은 다른 도시, 주나 국가에 있는 사람에게 문자 메시지를 보낼 수 있다. 당신의 조부모는 도착하는데 수일이나 수주 걸리는 편지를 우편으로 보냈다. 더 중요하게도 당신은 수명을 연장시키고 삶의 질을 개선시키는 의료서비스와 약에 접근할 수 있다. 그러나 많은 가난한 국가들에서 사람들은 그들의 조부모들이 그러했던 것처럼 지긋지긋한 가난을 견디고 있고, 삶에 필요한 최소한의 필수품만을 가지고 있다.

당신과 가난한 국가들에 있는 사람들의 차이점은 당신이 상당한 경제성장을 경험한 국가에서 살고 있다는 것이다. 경제성장이 이루어지는 경제는 재화와 서비스의 생산량을 증가시키고 더 좋은 재화와 서비스를 생산한다. 경제성장을 통해서만 생활수준을 증가시킬 수 있으나 인류역사의 대부분 기간 동안 경제성장은 이루어지지 않았다. 오늘날조차도 수십억의 사람들은 경제성장이 극히 완만하게 이루어지는 국가들에서 살고 있다.

B.C 1백만 년 전부터 현재까지의 경제성장

B.C. 1백만 년 전에, 우리의 조상들은 동물을 사냥하고 먹을 수 있는 식물을 채집하면서 생존했다. 영농은 오랜 시간이 지난 후에 이루어졌고, 생산은 식품, 의류, 주거, 단순한 도구로 국한되었다. University of California at Berkeley의 경제학자인 Bradford DeLong은 이러한 원시적 환경에서 일인당 실질GDP는 2010년 달러 기준으로 삶을 지탱하기에 필요한 최소 금액인 연간 약 140달러였다고 추정한다. DeLong은 전 세계의 일인당 실질GDP는 A.D. 1300년에도 여전히 140달러였다고 추정한다. 달리 말하면, B.C 1백만 년 전부터 A.D. 1300년까지는 지속적인 경제성장이 발생되지 않았다. 1300년에 프랑스의 농장에서 일하는 농부는 수천 년 전 그의 조상들보다 더 나은 삶을 살지 못했다. 실제로 인류가 생존한 대부분 기간 동안, 보통 사람은 삶을 영위하기에 필요한 최소한의 식품, 의류, 주택만을 가지고 있었다. 40년 이상 생존하는 사람이 거의 없었고, 대부분의 사람들은 쇠약하게 만드는 질병에 시달렸다.

지속적 경제성장은 1750년경에 영국에서 시작되었던 **산업혁명** industrial revolution 때까지 이루어지지 못했다. 증기 기관으로부터 동력을 얻는 기계를 사용하는 공장에서 면직의 생산이 이루어지면서 산업혁명이 시작되었다. 그 이전에 재화의 생산은 거의 전적으로 인력이나 동물에 의한 동력에 의존했다. 기계적인 동력의 사용은 많은 재화들의 생산으로 확산되었고 각 근로자가 생산할 수 있는 재화의 양을 크게 증가시켰다. 처음에 영국 이어서 미국, 프랑스, 독일과 같은 다른 국가들이 *장기 경제성장 long-run economic growth*을 경험했다. 이에 따라 일인당 실질GDP의 지속적인 증가가 이루어졌고 이들 국가들의 생활수준은 궁극적으로 오늘날의 높은 수준으로 향상되었다.

산업혁명
industrial revolution
재화 생산에 기계 동력의 사용으로 재화 생산량의 급속한 증가가 이루어진 현상으로 1750년경에 영국에서 시작되었음.

Making the Connection

왜 산업혁명은 영국에서 시작되었는가?

산업혁명은 인류 역사에서 중요한 전환점이었다. 산업혁명 이전에 경제성장은 완만했고 중단되었다. 산업혁명 이후에 수많은 국가들에서 경제성장은 빨라졌고 지속되었다. 역사학자들과 경제학자들은 산업혁명의 중요성에 대해서 의견일치를 보이고 있지만, 왜 산업혁명이 그 시점과 그 장소에서 발생했는가에 대해서는 의견일치를 보지 못하고 있다. 왜 16세기나 21세기가 아니고 18세기인가? 왜 중국이나 인도나 아프리카나 일본이 아니고 영국인가?

항상 역사를 거꾸로 읽으려는 유혹이 존재한다. 우리는 언제 어디서 산업혁명이 발생했는가를 알고 있다. 따라서 산업혁명은 발생했던 곳과 발생했던 때에 발생했어야 했다. 그러나 18세기에 영국은 얼마나 특별했는가? St. Louis시에 있는 Washington University의 노벨경제학상 수상자인 Douglas North는 경제성장을 지원하는 방식에서 영국의 제도들이 다른 국가들의 제도들과 달랐다고 주장했다. North는 1688년의 명예혁명 Glorious Revolution이 중요한 전환점이었다고 믿는다. 그 이후, 왕이 아닌 영국 의회가 정부를 통제했다. 영국의 사법시스템도 왕으로부터 독립하게 되었다. 그 결과로, 영국 정부는 사유재산권을 유지시키고, 재산을 보호하며 세금의 인위적 증가를 배제한다고 약속하면서 신뢰를 받았다. 이러한 제도적 변화는 기업가들이 18세기의 후반에 이루어진 중요한 기술발전, 특히 면직 생산에 사용되었던 물레와 수력

재산권에 대한 영국 정부의 보증이 산업혁명의 기초를 놓았다.

방적기와 광산과 섬유 및 기타 제품들을 제조하는데 사용되었던 증기기관을 사용하기 위해 필요한 투자를 할 유인을 제공했다. 이러한 제도적 변화가 없었다면, 기업가들은 새로운 사업을 시작해서 그들의 재산이나 부를 위험에 빠뜨리기를 꺼려했었을 것이다.

모든 경제학자들이 산업혁명의 기원에 관한 North의 주장에 동의하지는 않지만, 대부분의 경제학자들은 한 국가의 정부가 North가 설명하는 제도적 틀을 제공하지 않으면 경제성장이 이루어질 수 없다는 견해를 수용하고 있다.

자료: Douglass C. North, *Understanding the Process of Economic Change*, Princeton, NJ: Princeton University Press, 2005;and Douglass C. North and Barry R. Weingast, "Constitutions and Commitment: The Evolution of Institutions Governing Public Choice in Seventeenth-Century England," *Journal of Economic History*, Vol. 49, No. 4, December 1989, pp. 803-32.

[그림 20.1]은 세계 경제의 일인당 실질GDP 성장률이 장기에 걸쳐 어떻게 변화했는지 보여준다. A.D. 1300년 이전에는 일인당 실질GDP의 지속적인 증가가 없었다. 1800년까지 그 다음 500년 동안, 매우 완만한 성장이 있었다. 산업혁명의 결과로 상당한 성장이 19세기에 시작되었다. 성장의 가속화는 20세기 동안에 발생했으며 이 시기에 일인당 실질GDP의 연평균 성장률은 1.3%에서 2.3%로 증가했다.

성장률의 작은 차이가 중요하다.

1.3%와 2.3% 간의 차이는 별것 아닌 것처럼 보이나 성장률의 작은 차이가 장기적으로 영향을 미칠 수 있다. 예를 들어, 당신이 1.3%의 이자율을 지급하는 저축계좌에 $100을 가지고 있다고 하자. 이것은 당신이 첫 연도에 $1.30의 이자 지급을 받는다는 것을 의미한다. 만일 저축계좌의 이자율이 2.3%이면, 당신은 $2.30의 이자 지급을 받을 것이다. 추가적인 $1의 이자 지급 차이가 그리 대단한 것이 아닌 것처럼 보일 수 있다. 그러나 만일 당신이 다음 연도 동안도 원금 $100을 저축계좌에 그대로 두면, 더 높은 이자율은 더 많은 금액인 $102.30에 적용되고 더 낮은 이자율은 더 적은 금액인 $101.30에 적용되기 때문에 그 차이는 더 커진다. *복리 compounding*라고 알려져 있는 이러한 과정은 장기간 동안에 이자율의 작은 차이에 의해 발생되는 결과를 크게 확대시킨다. 50년의 기간 동안에 당신의 $100은 2.3%의 이자율에서 $312로 증가할 것이나 1.3%의 이자율에서는 $191로만 증가할 것이다.

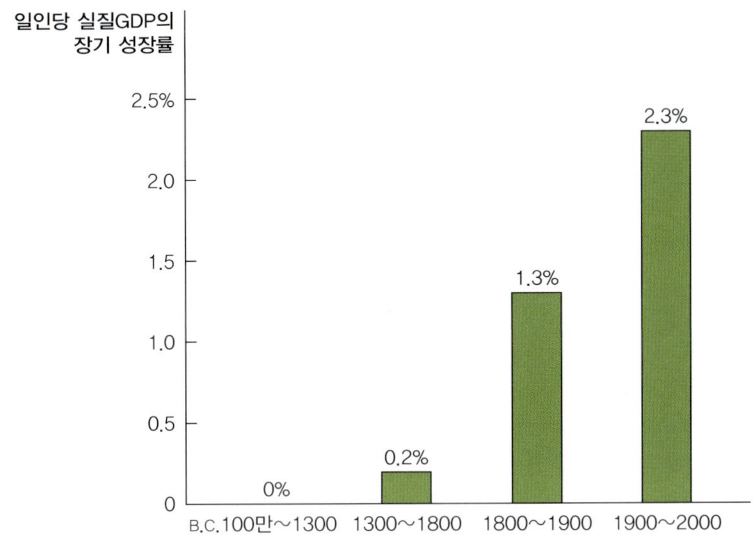

그림 20.1

세계 경제의 연평균 성장률

세계 경제의 성장은 1300년 이전에는 실질적으로 이루어지지 못했고, 1300년과 1800년 사이 기간 동안에는 연평균 0.2%로 매우 느렸다. 산업혁명이 일인당 실질GDP의 지속적 성장을 가능하게 했고 이러한 일인당 실질GDP의 지속적 성장으로 일부 국가들이 높은 생활수준에 도달하게 되었다.
자료:J. Bradford DeLong, "Estimating World GDP, One Million b.c. – resent," Working paper, University of California, Berkeley.

복리의 원리는 이자율뿐만 아니라 경제성장에도 적용된다. 예를 들어, 1950년에 아르헨티나의 일인당 실질GDP는 2005년 달러 기준으로 이탈리아의 일인당 실질GDP인 $5,361보다 많은 $5,474였다. 그 후 60년 동안, 이탈리아의 경제성장률은 연평균 2.8%였던 반면 아르헨티나의 경제성장률은 연평균 1.4%였다. 이러한 1.4% 포인트의 경제성장률 차이는 작은 것처럼 보이지만, 2010년에 이탈리아의 일인당 실질GDP는 $27,930로 증가한 반면 아르헨티나의 일인당 실질GDP는 단지 $12,931로 증가하는데 그쳤다. 달리 말하면, 상대적으로 작은 경제성장률 차이 때문에, 이탈리아의 보통 사람 생활수준은 아르헨티나의 보통 사람 생활수준보다 더 높아지게 되었다. 명심해야 할 중요한 요점은 다음과 같다. *경제성장률의 작은 차이는 장기적으로 생활수준의 큰 차이를 발생시킨다.*

왜 성장률이 중요한가?

왜 사람들은 성장률에 대하여 관심을 가지는가? 성장률이 중요한 것은 너무 완만하게 성장하는 경제는 생활수준을 향상시킬 수 없기 때문이다. 아프리카와 아시아의 일부 국가들에서는 과거 50년 동안 경제성장이 거의 이루어지지 못했고, 이에 따라 많은 사람들은 여전히 심한 가난 속에 살고 있다. 고소득국가들에서는 매 1,000명의 신생아 중 4명이 1세가 되기 전에 죽는다. 가장 가난한 국가들에서는 매 1,000명의 신생아 중 100명 이상이 1세가 되기 전에 죽고, 연간 수백만의 어린이들이 깨끗한 물을 사용하면 피할 수 있거나 2~3달러의 비용이 드는 약을 사용하면 치료될 수 있는 질병 때문에 죽는다.

완만한 성장을 경험하는 국가는 국민들의 생활수준을 향상시킬 수 있는 기회를 상실하게 된다. 예를 들어, 아르헨티나가 1950년에 일인당 GDP수준이 비슷했던 다른 국가들만큼 급속하게 성장하지 못한 것이 아르헨티나의 많은 국민들을 가난에 처하게 만들었다. 아르헨티나의 평균 수명은 미국과 여타 고소득국가들보다 짧고 아르헨티나에서 두 배 많은 신생아들이 1세가 되기 전에 죽는다.

"부유한 국가는 더 부유해지고…"

세계 경제는 두 그룹, 즉 *선진국 industrial countries*이라고 부르는 *고소득 국가들 high-income countries*과 *개도국 developing countries*이라고 부르는 가난한 국가들로 분류될 수 있다. 고소득 국가들에는 서유럽 국가들, 호주, 캐나다, 일본, 뉴질랜드, 미국이 포함된다. 개도국에는 아시아, 아프리카, 남미의 대부분 국가들이 포함된다. 1980년대와 1990년대에 싱가포르, 한국, 대만과 같은 주로 동아시아의 일부 국가들은 높은 성장률을 경험했고 종종 *신흥공업국 newly industrializing countries*이라고 부른다. [그림 20.2]는 2010년 세계의 일인당 GDP수준을 보여준다. 일인당 GDP는 생계비의 국가별 차이를 조

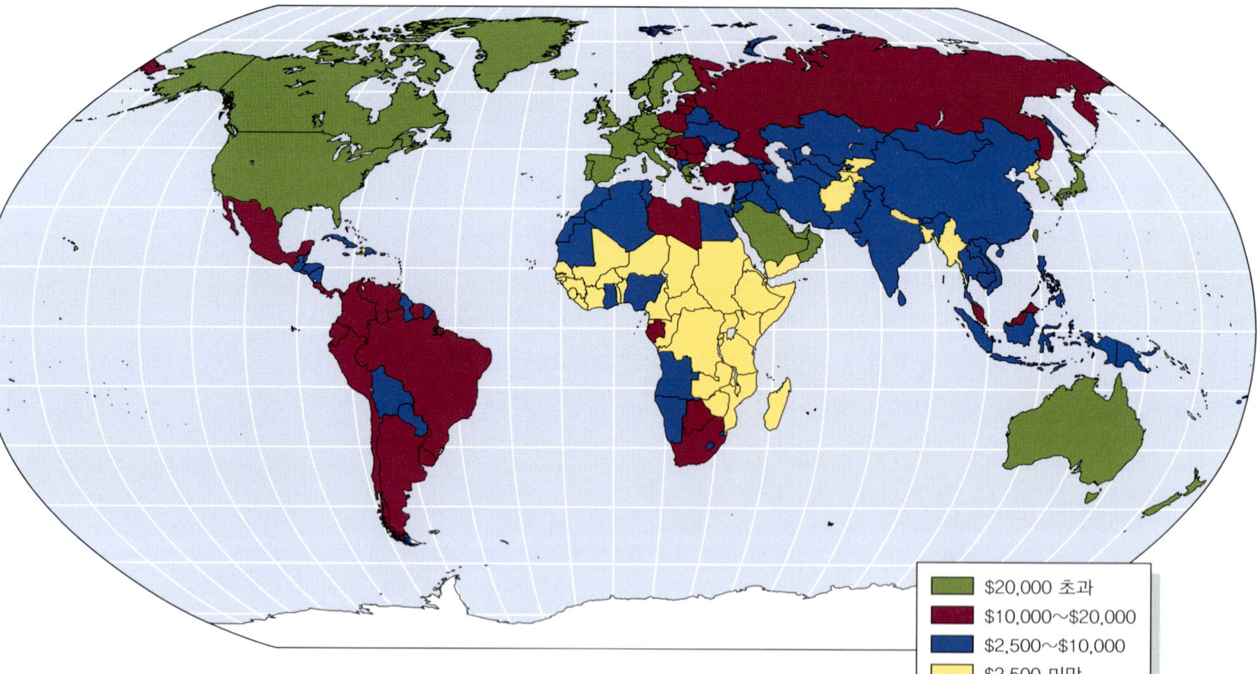

그림 20.2

일인당 GDP, 2012년

일인당 GDP는 생계비의 국가별 차이를 조정하면서 미국달러 기준으로 측정된 것이다.

Making the Connection

소득 증가만이 생활수준을 향상시키는가?

당신의 소득이 높을수록 당신은 더 많은 재화와 서비스를 구매할 수 있다. 사람들이 하루에 2달러 이하의 매우 낮은 소득으로 살아간다면, 그들이 최소한의 식품, 의류, 주거를 구매할 수 있는 능력이 제한된다. 따라서 대부분의 경제학자들은 매우 가난한 사람들의 소득이 크게 증가하지 않으면, 그들은 더 높은 생활수준에 이를 수 없을 것이라고 주장한다. [그림 20.2]에서 노란색으로 표시된 일부 국가들에서는 평균 소득의 성장이 수십 년 동안 매우 완만하거나 감소하기까지 했다. 많은 경제학자들과 정책담당자들은 이러한 국가들의 생활수준은 오랜 기간 동안 크게 변화하지 않았다고 결론내리고 있다.

그러나 일부 경제학자들은 소득이 아닌 여타 생활수준 척도들을 보면 가장 가난한 국가들조차도 최근 수십 년 동안에 상당한 발전을 이룩했다고 주장한다. 예를 들어, Center for Global Development의 경제학자인 Charles Kenney는 "건강, 교육, 시민적 자유, 정치적 자유를 포함하는 일련의 척도들로 보면, 가장 낮은 생활의 질을 가지고 있는 국가들이 생활의 질을 향상시키는데 가장 빠른 진전을 이룩하고 있다"고 주장한다. 예를 들어, 1960년과 2010년 사이에 유아사망률은 가장 소득수준이 낮은 국가들 대부분을 포함해서 거의 모든 국가들에서 50% 이상 감소했다. 소득의 성장이 매우 완만한 사하라 사막 남부 아프리카 국가들에서도 5세 이전 유아사망률은 과거 50년 동안에 30% 이상 감소했다. 이와 유사하게, 사하라 사막 남부 아프리카 국가들에서 글을 읽고 쓸 수 있는 사람들의 비율은 1970년 이후 2배 이상 증가했다. 이제는 더 많은 사람들이 세계 역사의 어느 때보다도 기본적인 시민권이 존중되는 민주주의 체제에서 살고 있다. 소말리아, 콩고민주공화국, 아프가니스탄과 같은 일부 국가들은 아직도 내란을 겪고 있지만, 정치적 불안정도 최근에 많은 국가들에서 감소했고 이에 따라 폭력으로 죽을 가능성도 감소되었다.

무엇이 이러한 건강, 교육, 민주주의, 정치적 안정의 발전을 설명해 주는가? New York University의 경제학자인 William Easterly는 어느 주어진 시점에서 보면 소득이 높은 국가들에서 생활수준이 더 높지만, 한 특정 국가의 소득 증가가 일반적으로 건강, 교육, 개인적 권리, 정치적 안정, 이와 유사한 요소들로 측정되는 생활수준을 향상시키는 주요 요인이 아니라는 것을 발견했다. Kenney의 주장과 Easterly의 주장은 서로 관련되어 있다. 약간의 생활수준 향상은 상당한 소득 증가를 요구하지 않는다. 저소득 국가들에서 생활수준을 향상시키는 중요한 요소는 전염병이나 말라리아의 만연을 감소시키는 모기장의 사용을 감소시키는 저렴한 백신의 개발과 같은 기술과 지식의 증가이다. 특히 여성을 위한 교육에 더 큰 가치를 부여하거나 정치적 자유를 위한 지원을 증가시키는 것과 같은 변화도 저소득 국가들에서 상황을 개선시키는 역할을 한다.

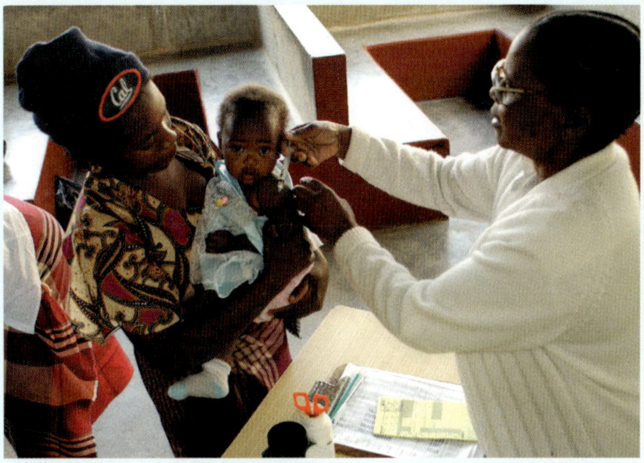

사하라 사막 남부 아프리카와 세계의 여타 국가들에서 기술과 지식의 증가가 의료서비스 수준과 생활수준을 개선시키고 있다.

물론 소득이 정체되는 경우 생활수준이 향상될 수 있는 여지는 제한된다. 궁극적으로 저소득국가들이 고소득국가들과의 생활수준 차이를 극복하기 위해서는 더 높은 경제성장률이 필요하다.

자료: Charles Kenny, *Getting Better*, New York: Basic Books, 2011; Ursula Casabonne and Charles Kenny, "The Best Things in Life Are (Nearly) Free: Technology, Knowledge, and Global Health," *World Development*, Vol. 40, No. 1, January 2012, pp. 21–5; and William Easterly, "Life during Growth," *Journal of Economic Growth*, Vol. 4, No. 3, September 1999, pp. 239–76.

정하면서 미국달러 기준으로 측정된 것이다. 2010년에 일인당 GDP 범위는 룩셈부르크의 $82,600으로부터 부룬디와 콩고민주공화국 같은 아프리카 국가들의 $300까지에 이른다. 왜 부유한 국가들과 가난한 국가들 간 차이가 존재하는지 이해하기 위해서는 경제를 성장시키는 원인이 무엇인지를 살펴볼 필요가 있다.

20.2. 무엇이 경제가 얼마나 빨리 성장할 것인지를 결정하는가?

경제성장모델 economic growth model
장기간 동안 발생되는 일인당 실질 GDP의 성장률을 설명하는 모델.

노동생산성 labor productivity
근로자 일인당이나 근로시간당 생산될 수 있는 재화와 서비스의 양.

기술변화 technological change
기업이 주어진 생산요소의 양을 사용하면서 생산할 수 있는 생산량의 변화.

인적 자본 human capital
근로자가 교육과 훈련이나 삶의 경험으로부터 획득하여 축적된 지식과 기술.

한 국가의 경제성장률이 시간이 흐름에 따라 변화하는 것과 국가들 간 경제성장률이 서로 차이가 나는 것을 설명하기 위해 *경제성장모델 economic growth model*을 개발할 필요가 있다. **경제성장모델** economic growth model은 장기간 동안 발생되는 일인당 실질 GDP의 성장률을 설명해 준다. 제19장에서 지적한 것처럼, 평균적인 근로자가 더 많은 재화와 서비스를 생산하면 평균적인 사람은 더 많은 재화와 서비스를 구매할 수 있다. **노동생산성** labor productivity은 근로자 일인당이나 근로시간당 생산될 수 있는 재화와 서비스의 양이라는 것을 기억하라. 경제성장을 설명하는데 있어서 노동생산성이 중요하기 때문에 경제성장모델은 노동생산성의 장기적 증가 요인들에 초점을 맞춘다.

한 국가의 근로자들이 어떻게 더 생산적이 될 수 있는가? 경제학자들은 2가지 중요한 요인, 즉 근로시간당 자본량과 기술수준이 노동생산성을 결정한다고 믿는다. 이에 따라 경제성장모델은 기술변화와 일인당 실질GDP의 변화를 설명하기 위해 근로자가 사용할 수 있는 자본량의 장기적 변화에 초점을 맞춘다. **기술변화** technological change는 기업이 주어진 생산요소의 양을 사용하면서 생산할 수 있는 생산량의 변화를 의미한다.

기술변화의 3가지 주요 원천은 다음과 같다.

- ***더 좋은 기계와 설비.*** 산업혁명 기간 동안에 사용되었던 증기기관부터 시작된 새로운 기계의 발명이 노동생산성을 증가시키는 중요한 원천이다. 오늘날, 컴퓨터, 기계도구, 전기발전기, 많은 여타 기계들의 지속적인 개선이 노동생산성의 증가에 기여하고 있다.
- ***인적 자본의 증가.*** 자본은 일반적으로 컴퓨터, 공장 건물, 기계도구, 창고, 트럭을 포함하는 *물적 자본 physical capital*을 의미한다. 근로자가 사용할 수 있는 물적 자본이 많을수록, 그가 생산할 수 있는 생산량은 더 많아진다. **인적 자본** human capital은 근로자가 교육과 훈련이나 삶의 경험으로부터 획득하여 축적된 지식과 기술이다. 근로자가 교육이나 직업훈련을 통해서 인적 자본을 증가시킴에 따라, 그의 생산성도 증가한다. 근로자가 더 많이 교육받을수록, 그의 인적 자본은 더 증가한다.
- ***생산을 조직하고 관리하는 더 좋은 방식.*** 경영자가 더 좋은 방식으로 생산할 수 있으면 노동생산성은 증가한다. 예를 들어, Toyota 자동차회사가 처음으로 개발한 *적시공급생산방식 just-in-time system*은 정확히 필요한 시점에 공장에 도착하는 부품으로 자동차를 조립하는 시스템이다. 이러한 시스템이 작동되면, Toyota는 공장에서 부품을 저장

하고 파악하기 위해 더 적은 근로자들이 필요하고 이에 따라 근로시간당 생산되는 재화의 양은 증가한다.

기술변화는 물적 자본이 증가하는 것과 같은 것이 아니다. 더 속도가 빠른 컴퓨터 칩이 새로운 컴퓨터에 장착되어 있는 것처럼, 새로운 자본이 기술변화를 체화시키고 있을 수 있다. 기존 자본과 동일한 자본을 단순히 증가시키는 것은 기술변화가 아니다. 요약하면, 근로자들이 일자리에서 사용할 수 있는 자본이 증가할수록, 자본이 더 좋을수록, 근로자들이 더 많은 인적 자본을 가지고 있을수록, 경영자가 더 좋은 방식으로 생산할수록, 한 국가의 생활수준은 더 높아진다고 말할 수 있다.

근로자 일인당 생산함수

경제성장모델은 시간이 흐름에 따른 일인당 실질GDP의 증가가 2가지 요소, 즉 근로자가 사용할 수 있는 자본량과 기술변화의 증가로부터 발생한다고 설명한다. 종종 경제성장을 분석할 때, *근로시간당 per hour worked* 실질GDP의 증가와 *근로시간당* 자본량의 증가 간의 관계를 살펴본다. 근로인구비율이나 근로일수의 변화에 대한 우려 없이 주어진 노동량을 가지고 한 경제가 더 많은 재화를 생산할 수 있는 기초 능력의 변화를 분석하기 위해서 근로시간당 실질GDP와 근로시간당 자본량이 사용된다. *기술수준은 일정하다고 가정하면서*, 근로시간당 실질GDP와 근로시간당 자본량 간의 관계를 나타내는 **근로자 일인당 생산함수 per-worker production function**를 사용하면서 경제성장모델을 나타낼 수 있다. [그

근로자 일인당 생산함수 per-worker production function
기술수준이 일정한 경우에 나타나는 근로시간당 실질GDP와 근로시간당 자본량 간의 관계

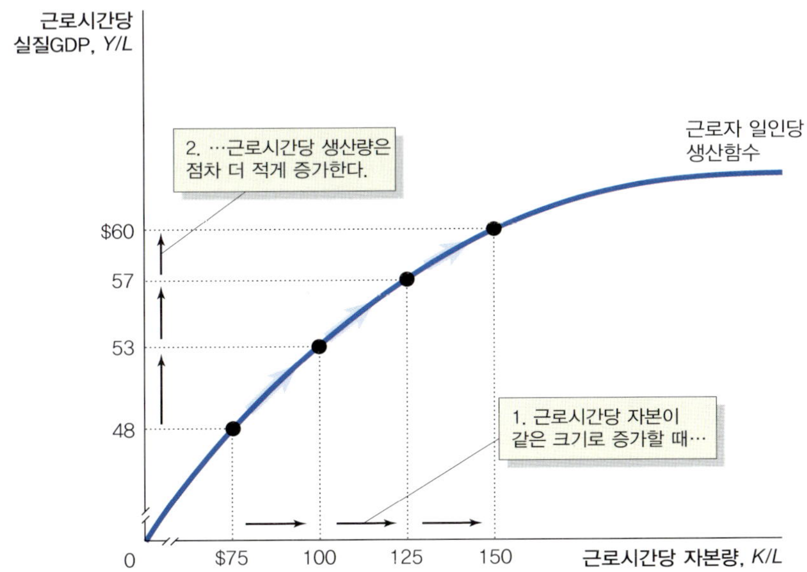

그림 20.3

근로자 일인당 생산함수

근로자 일인당 생산함수는 기술수준이 일정하다는 가정 하에서 근로시간당 자본량과 근로시간당 실질GDP 간의 관계를 보여준다. 근로시간당 자본량이 증가할 때, 근로시간당 생산량은 점점 더 적게 증가한다. 예를 들어, 근로시간당 자본량이 $75에서 $100으로 증가할 때 근로시간당 실질GDP는 $48에서 $53으로 증가한다. 근로시간당 자본량이 $100에서 $125로 증가할 때, 근로시간당 실질GDP는 $53에서 $57로 더 적게 증가한다. 근로시간당 자본량의 추가적인 각 $25 증가가 근로시간당 실질GDP를 점차 더 적게 증가시킨다.

림 20.3]은 근로자 일인당 생산함수를 그림으로 보여주고 있다. 이 그림에서 수평축은 근로시간당 자본량을 측정하고 수직축은 근로시간당 실질GDP를 측정한다. *K*는 자본, *L*은 노동, *Y*는 실질GDP를 나타내면, 근로시간당 실질GDP는 *Y/L*이고 근로시간당 자본량은 *K/L*이다. 이 곡선은 생산함수를 나타낸다. 이 그림은 기술변화를 명시적으로 보여주지 않는다는 점에 주목하라. 생산함수상에서 이동할 때, 기술수준은 일정하다고 가정한다. 앞으로 살펴보는 것처럼, 이 그림을 사용하면서 기술변화는 생산함수가 *위쪽으로 이동하는 것*으로 나타낼 수 있다.

이 그림은 근로시간당 자본량의 증가는 각 근로자가 생산하는 생산량을 증가시키면서 일인당 생산함수 상에서 위로 이동하는 것을 보여준다. 그러나 *기술수준이 일정할 때*, 같은 크기의 근로시간당 자본량 증가는 근로시간당 생산량을 점점 더 적게 증가시킨다. 예를 들어, 근로시간당 자본량이 $75로부터 $100으로 증가할 때 근로시간당 실질GDP는 $48로부터 $53으로 $5만큼 증가한다. 그러나 근로시간당 자본량이 $100으로부터 $125로 같은 크기인 $25만큼 증가할 때, 근로시간당 실질GDP는 $53으로부터 $57로 $4만큼만 증가한다. 각 추가적인 $25의 근로시간당 자본량 증가가 점차적으로 더 적은 근로시간당 실질GDP의 증가를 발생시킨다. 실제로 근로시간당 자본량이 매우 높은 수준에서는 근로시간당 자본량의 추가적인 증가가 근로시간당 실질GDP의 증가를 발생시키지 않는다. 이러한 결과는 *수확체감의 법칙 law of diminishing returns* 때문에 발생한다. 수확체감의 법칙은 여타 투입요소가 고정되어 있는 상황에서 한 투입요소가 증가함에 따라 생산량이 점점 더 적게 증가한다는 것을 의미한다.

왜 자본에 대한 수확체감이 존재하는가? 예를 들어, 당신이 복사가게를 가지고 있다고 하자. 처음에 당신은 10명의 종업원을 고용하고 1대의 복사기만을 가지고 있다고 하자. 따라서 각 종업원은 하루에 상대적으로 더 적은 복사량을 생산할 수 있다. 당신이 두 번째 복사기를 사면, 당신의 종업원들은 더 많은 복사량을 생산할 수 있다. 추가적으로 복사기를 증가시키는 것이 계속해서 당신의 생산량을 증가시킬 것이나 점점 더 적게 생산량을 증가시킬 것이다. 예를 들어, 당신이 이미 보유하고 있는 19대의 복사기에 더하여 추가적으로 20번째 복사기를 증가시키는 것은 두 번째 복사기를 증가시킬 때만큼 각 종업원이 생산할 수 있는 복사량을 증가시키지 못할 것이다. 궁극적으로는 추가적으로 복사기를 증가시키는 것이 당신의 생산량을 전혀 증가시키지 못할 것이다.

더 많은 자본량과 기술변화 중 어느 것이 경제성장에 더 중요한가?

기술변화는 경제가 자본에 대한 수확체감을 피할 수 있게 해주는 데 도움을 준다. 기술변화의 효과를 보여주는 2가지의 간단한 예를 생각해 보자. 첫째, 당신이 복사가게에 10대의 복사기를 보유하고 있다고 하자. 각 복사기는 1분당 10장을 복사할 수 있다. 당신은 이미 보유하고 있는 10대의 복사기와 동일한 11번째 복사기를 추가하는 것이 종업원들이 하루에 생산할 수 있는 복사량을 크게 증가시킬 것이라고 믿지 않는다. 그런데 당신은 1분당 20장을 복사할 수 있는 새로운 복사기를 사용할 수 있다는 것을 발견한다. 만일 당신이 기존의 복사기들을 새로운 복사기들로 대체시키면, 당신이 고용하고 있는 종업원들의 생산성은 증가할 것이다. 기존 자본을 더 생산적인 자본으로 대체시키는 것이 기술변화의 예이다.

또는 당신이 복사가게 레이아웃을 개선시킬 수 있다는 것을 알고 있다고 하자. 아마도 복사기에 사용되는 종이가 가게 뒤편의 선반에 있어서 종업원들이 복사종이가 떨어졌을 때 종이를 가져오기 위해 걸어갔다 오는 시간을 보낼 수 있다. 복사종이를 복사기에 더 가깝게 위치시킴으로써, 당신은 종업원들의 생산성을 향상시킬 수 있다. 생산량을 증가시키기 위해 생산이 이루어지는 방식을 개선하는 것도 기술변화의 예이다.

기술변화는 지속적인 경제성장의 열쇠이다.

[그림 20.4]는 기술변화가 근로자 일인당 생산함수에 미치는 효과를 보여준다. 기술변화는 일인당 생산함수를 위로 이동시키고 같은 근로시간당 자본량을 가지고 경제가 더 많은 근로시간당 실질GDP를 생산할 수 있게 해준다. 예를 들어, 만일 현재의 기술수준이 생산함수$_1$로 나타낸 경제에 적용되면, 근로시간당 자본량이 $150일 때 근로시간당 실질GDP는 $60이다. 경제를 생산함수$_2$로 이동시키는 기술변화는 같은 근로시간당 자본량을 가지고 근로시간당 $65의 재화와 서비스를 생산할 수 있게 해준다. 경제를 더 위쪽의 생산함수로 이동시키는 기술개선은 근로시간당 실질GDP를 증가시킨다. 자본에 대한 수확체감이

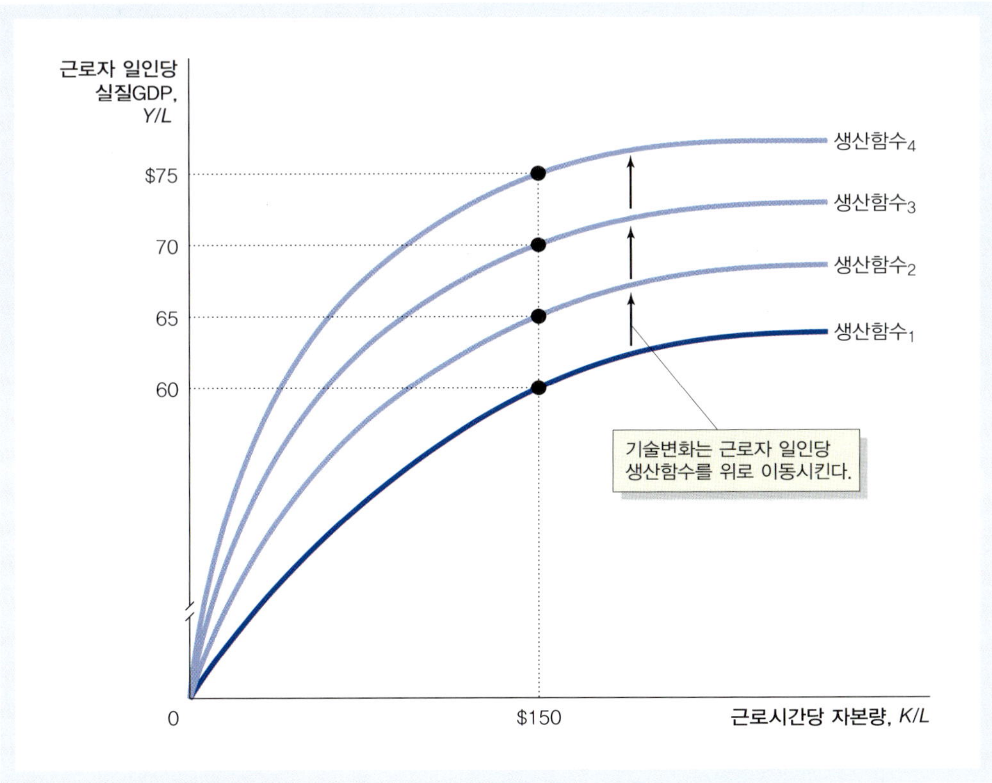

그림 20.4

기술변화는 근로시간당 생산량을 증가시킨다.

기술변화는 생산함수를 위로 이동시키고 같은 양의 근로시간당 자본량으로 근로시간당 생산량을 더 많이 생산할 수 있게 해준다. 예를 들어, 근로시간당 자본량이 $150일 때, 생산함수$_1$에서 경제가 생산할 수 있는 근로시간당 실질GDP는 $60이다. 그러나 경제를 생산함수$_2$로 이동시키는 기술변화는 같은 근로시간당 자본량을 가지고 $65의 근로시간당 실질GDP를 생산할 수 있게 해준다.

존재하기 때문에 근로시간당 실질GDP의 지속적인 증가는 기술변화가 있을 때에만 이루어질 수 있다. 근로시간당 실질GDP의 증가가 이루어질 때에만 한 국가의 생활수준은 향상된다는 점을 기억하라. 따라서 다음과 같은 중요한 결론이 도출될 수 있다. *장기적으로 지속적인 기술변화가 이루어질 때에만 한 국가의 생활수준은 향상된다.*

Making the Connection

무엇이 소련 경제의 실패를 설명해 주는가?

경제성장모델은 20세기의 가장 놀라운 사건 중 하나인 소련 경제의 붕괴를 설명하는데 도움을 줄 수 있다. 소련은 1917년 공산주의 혁명 이후 옛 러시아 제국으로부터 형성되었다. 공산주의 하에서 소련은 정부가 거의 모든 기업을 소유하고 모든 생산과 가격에 관한 결정을 했던 중앙계획경제였다. 1960년에 소련의 수장이었던 Nikita Khrushchev가 뉴욕에 있는 유엔에서 연설했다. 그는 미국과 여타 민주주의 국가들에게 다음과 같이 선언했다. "우리가 당신들을 매장시켜 버릴 것이다. 당신들의 손자들과 손녀들은 공산주의 하에서 살게 될 것이다."

그 당시 많은 사람들은 Khrushchev의 주장을 심각하게 받아들였다. 소련에서 근로시간당 자본량은 1950년부터 1980년대까지 급속히 증가했다. 처음에 이러한 근로시간당 자본량의 증가가 근로시간당 실질GDP를 급속히 증가시켰다. 1950년대 동안 소련에서 이루어진 근로시간당 실질GDP의 급속한 증가가 미국의 일부 경제학자들이 소련이 조만간에 미국을 경제적으로 능가할 것이라고 잘못 예측하게 만들었다. 실제로 자본에 대한 수확체감은 소련이 건설하는 추가적인 공장들이 근로시간당 실질GDP를 점점 더 적게 증가시킨다는 것을 의미했다.

소련은 약간의 기술변화를 경험했으나 기술변화의 속도는 미국과 여타 고소득 국가들보다 훨씬 느렸다. 왜 소련은 성장을 위한 중요한 필수 요소인 새로운 기술들을 실행시키는데 실패했는가? 가장 중요한 이유는 중앙계획경제에서 대부분의 기업을 관리하는 사람은 정부가 고용한 사람이지 시장경제의 경우처럼 기업가나 독립적인 사업가 아니었기 때문이다. 소련의 경영자들은 새로운 생산방식을 도입해야 할 인센티브가 없었다. 그들이 받는 급여수준은 더 좋고 새로우면서도 비용이 적게 드는 생산방식을 찾는 것보다는 정부가 제시한 생산량을 생산하는 것에 의해 결정되었다. 이에 더하여 그들은 국내 기업들이나 외국 기업들과의 경쟁을 걱정할 필요가 없었다.

1989년의 베를린 장벽 붕괴는 상징적으로 공산주의의 실패를 보여주었다.

이와는 달리, 미국의 기업가들과 경영자들은 다른 기업들로부터 격렬한 경쟁압력을 받는다. 그들은 계속해서 재화와 서비스를 생산하는 더 좋은 방법을 찾아야만 한다. 새로운 기술을 개발하여 사용하는 것이 비교우위를 확보하고 더 높은 이윤을 버는 중요한 방법이다. 이러한 이윤추구가 중앙계획경제가 제공할 수 없는 기술변화에 대한 인센티브를 제공한다. 시장경제에서 자신의 자금을 투자한 기업가들과 경영자들이 어떤 투자를 해야 할 것인지와 어떤 기술을 채택할 것인지에 관한 의사결정을 한다. 당신이 손실을 볼 수 있는 위험에 처해 있는 자금을 가지고 있는 것만큼 정신을 집중하게 만드는 것은 없다.

돌이켜 보면 소련과 같은 중앙계획경제는 장기적으로 시장경제보다 더 빠르게 성장할 수 없다는 것이 명백하다. 소련은 1991년에 붕괴되었다. 러시아 정부가 여전히 미국 정부보다 경제에서 훨씬 더 많은 역할을 하고 있지만 현재 러시아는 보다 더 시장지향적인 시스템을 가지고 있다.

신성장이론

지금까지 사용한 경제성장모델은 노벨경제학상 수상자인 MIT의 Robert Solow에 의해 1950년대에 처음 개발되었다. 이 모델에 의하면, 생산성 성장이 일인당 실질GDP의 장기적 성장을 설명하는 핵심 요인이다. 최근에 일부 경제학자들은 이 모델이 생산성 성장을 결정하는 요인들을 설명하지 못하기 때문에 이 모델에 대해 불만족스러워했다. 생산성 변화의 원천을 더 잘 설명하기 위해 **신성장이론 new growth theory**이라고 알려져 있는 이론이 Stanford University의 경제학 교수인 Paul Romer에 의해 개발되었다. Romer는 기술변화는 개인들과 기업들이 경제적 인센티브에 어떻게 반응하는가에 의해 영향을 받는다고 주장한다. 경제성장에 관한 선행 이론들은 기술변화를 설명하지 않거나 우연한 과학적 발견과 같은 것으로 간주했다.

신성장이론
new growth theory
기술변화는 경제적 인센티브에 영향을 받고 이에 따라 시장시스템의 작동에 의해 결정된다는 것을 강조하는 장기 경제성장모델.

Romer는 *지식자본 knowledge capital*의 축적이 경제성장의 한 가지 중요한 결정요인이라고 주장한다. 기업들이 연구개발에 참여하거나 기술변화에 기여할 때 경제의 지식자본스톡이 증가한다. 물적 자본량의 축적은 *수확체감 diminishing returns*에 직면한다는 것을 살펴보았다. 즉 근로시간당 자본량의 증가는 근로시간당 실질GDP를 증가시키나 그 크기는 점차 더 작아진다. Romer는 개별 기업 수준에서 보면 지식자본의 경우에도 물적 자본과 같은 현상이 발생한다고 주장한다. 기업이 지식자본스톡을 증가시킴에 따라 자신의 생산량은 증가하나 그 크기는 점차 더 작아진다. 그러나 Romer는 개별 기업이 아닌 경제 전체 수준에서 보면 지식자본의 축적은 *수확체증 increasing returns*에 직면한다고 주장한다. 지식은 일단 발견되면 모든 사람들이 이용할 수 있기 때문에 수확체증현상이 발생될 수 있다. 컴퓨터나 공구와 같은 물적 자본은 한 기업이 그것을 사용하면 다른 기업들이 그것을 사용할 수 없기 때문에 *경합적 rival*이고 물적 자본을 소유하고 있는 기업이 다른 기업들이 그것을 사용할 수 없게 만들기 때문에 *배제적 excludable*이다. 그러나 암을 치유하는 약품을 제조하기 위한 화학 공식과 같은 지식자본은 한 기업이 이러한 지식자본을 사용하는 것이 다른 기업들이 그 지식자본을 사용하는 것을 막지 못하기 때문에 *비경합적 nonrival*이다. 또한 화학 공식과 같은 것이 일단 알려지면(정부가 새로운 제품을 발명한 기업에게 그것을 독점적으로 사용할 수 있는 법적 권리를 부여하지 않는다면) 다른 기업들도 이 공식을 널리 사용할 수 있기 때문에 지식자본은 *비배제적 nonexcludable*이다.

지식자본은 비경합적이고 비배제적이기 때문에 기업들은 다른 기업들의 연구개발에 *무임승차 free ride*할 수 있다. 기업들이 비용을 지불하지 않은 연구개발의 결과로부터 이익을 얻을 때 무임승차하는 것이 된다. 예를 들어, 트랜지스터 기술은 1950년대에 Western Electric사의 Bell Laboratories에서 개발되었고 정보혁명의 기초기술 역할을 했다. 그러나 Bell Laboratories는 이 기술을 사용한 모든 기업들이 궁극적으로 벌었던 막대한 이윤 중 매우 작은 부분만을 벌었다. Romer는 다른 기업들이 연구개발로부터 얻는 한계수익의 많은 부분을 가지게 되기 때문에 기업들은 연구개발의 한계비용이 연구개발로부터 발생되는 지식의 한계수익과 같을 때까지 연구개발에 투자할 가능성이 없다는 점을 지적한다. 따라서 연구개발이 비효율적으로 적게 이루어질 가능성이 있고 이것이 지식자본의 축적과 경제성장을 둔화시킬 수 있다.

정부정책은 3가지 방법으로 지식자본의 축적을 증가시키는데 도움을 줄 수 있다.

특허 patent
기업이 새로운 제품에 대한 특허를 신청한 날부터 20년 동안 새로운 제품을 생산할 수 있는 독점적 권리.

- ***특허와 저작권을 통한 지적재산권 보호.*** 정부는 기업들에게 일정한 기간 동안 그들의 발견을 독점적으로 사용할 수 있는 권리를 부여함으로써 연구개발에 참여하는 인센티브를 증가시킬 수 있다. 미국 정부는 새로운 제품이나 기존 제품을 만드는 새로운 방식을 개발한 기업들에게 특허를 부여한다. **특허 patent**는 기업에게 새로운 제품에 대한 특허를 신청한 날부터 20년 동안 새로운 제품을 독점적으로 생산할 수 있는 법적 권리를 부여한다. 예를 들어, 암을 치유하는 약을 개발한 제약회사는 다른 제약회사들이 허락없이 그 약을 제조하지 못하게 하는 특허를 부여받을 수 있다. 특허가 적용되는 기간 동안 버는 이윤이 기업에게 연구개발을 수행할 인센티브를 제공한다. 그러나 특허는 몇 가지 단점을 가지고 있다. 특허를 신청할 때 기업은 제품이나 제조과정에 관한 정보를 공개해야만 한다. 이러한 정보는 공공기록물이 되고 경쟁기업들이 특허를 침해하지 않으면서 유사한 제품이나 제조과정을 개발하는데 도움을 줄 수 있다. 이러한 문제를 피하기 위해서 기업은 자신의 연구 결과에 대한 특허를 부여받지 않고 그것을 *기업비밀 trade secret*로 보유할 수 있다(기업비밀의 유명한 예가 코카콜라의 제조방법이다). 기업들이 연구개발에 참여할 인센티브를 제공하는 특허를 부여하고자 하는 정부의 목적과 연구개발을 통해 확보된 지식이 널리 이용될 수 있도록 하여 경제에 미치는 긍정적 효과를 증가시키기 위한 정부의 목적 간에 상충 관계가 발생한다. 경제학자들은 이상적인 특허 제도가 가져야 하는 특성들에 대하여 논쟁하고 있다.

  새로운 제품이나 제품을 만드는 새로운 과정이 특허의 보호를 받는 것과 마찬가지로, 책, 영화, 여타 예술작품도 *저작권 copyright*의 보호를 받는다. 미국의 법에 의하면, 책, 영화, 여타 예술작품의 저자는 저자의 생애 동안 이러한 저작물을 사용할 수 있는 독점적 권리를 가진다. 저작자의 상속인도 저작자의 사망 이후 70년 동안 이러한 독점적 권리를 보유한다.

- ***연구개발을 위한 보조금 지원.*** 정부는 연구개발의 양을 증가시키기 위해 보조금을 사용할 수 있다. 미국에서 연방정부는 일부 연구를 직접 수행한다. 예를 들어, National Institutes of Health는 의학 연구를 수행한다. 인터넷의 선두주자는 미국 내 국방관련 연구자들 간의 소통을 증진시키기 위해 미국 국방부가 개발했던 Advanced Research Project Agency Network (ARPANET)였다. 또한 정부는 National Science Foundation과 여타 기관들을 통해 대학에 있는 연구자들에게 연구비를 제공함으로써 연구를 지원한다. 마지막으로 정부는 연구개발에 투자하는 기업들에게 세금혜택을 제공한다.

- ***교육을 위한 보조금 지원.*** 기술 훈련을 받은 사람들이 연구개발을 수행한다. 기업들은 연구개발로부터 발생하는 모든 이윤을 가질 수 없으면, 기술자들에게 낮은 임금과 연봉을 지불하게 될 것이다. 이러한 낮은 임금과 연봉은 근로자들이 이러한 훈련을 받을 인센티브를 감소시킨다. 정부가 교육을 위한 보조금을 지원하는 것이 기술 훈련을

받는 근로자 수를 증가시킬 수 있다. 미국 정부는 유치원부터 12세까지 무상교육을 직접 제공하고 공립전문대학과 공립대학교를 재정적으로 지원한다. 또한 정부는 학생들에게 낮은 이자율로 학자금을 대출해 준다.

이러한 정부정책들이 지적자본의 축적이 최적 수준에 더 가까이 이루어지게 만들 수 있다.

Joseph Schumpeter와 창조적 파괴

신성장이론은 Joseph Schumpeter의 견해에 대한 관심을 다시 불러일으켰다. 1883년 오스트리아에서 태어난 Schumpeter는 짧은 기간 동안 오스트리아의 재무부 장관으로 일했다. 그는 1932년에 Harvard University의 경제학 교수가 되었다. Schumpeter는 새로운 제품은 기존 제품들과 기존 제품들을 생산하는 기업들을 시장에서 몰아내는 "창조적 파괴의 질풍"을 몰고 온다는 그의 견해를 강조하는 성장모델을 개발했다. Schumpeter에 의하면, 생활수준을 향상시키는 열쇠는 기존 제품의 작은 변화가 아니라 소비자 요구를 질적으로 더 좋은 방식으로 충족시키는 새로운 제품이다. 예를 들어, 20세기 초에 자동차는 질적으로 더 좋은 방식으로 개인 교통수단에 대한 소비자 수요를 충족시킴으로써 마차를 대체했다. 21세기 초에, DVD와 DVD 플레이어는 가정에서 영화를 보고자 하는 소비자 수요를 더 잘 충족시킴으로써 VHS 테이프와 VCR을 대체했다. DVD가 VHS 테이프를 대체한 것처럼, 인터넷에서 영화를 다운로드하거나 실시간 재생하는 것이 DVD를 대체하는 과정일 수 있다.

Schumpeter의 견해에 의하면 경영자는 경제성장에서 중요한 역할을 한다. "경영자의 역할은 발명이나 더 일반적으로 말하면 새로운 상품을 생산하거나 기존 상품을 새로운 방식으로 생산하기 위해 새로운 기술을 활용함으로써 생산 방식을 개량하거나 새롭게 혁명적으로 바꾸는 것이다." 경영자가 벌기 원하는 이윤이 새로운 비즈니스를 시작하고 새로운 재화와 서비스를 만들기 위해 노동, 자본, 천연자원과 같은 생산요소를 새롭게 결합할 인센티브를 제공한다. 성공한 경영자는 자기가 번 이윤을 새로운 제품을 개발하는데 필요한 자금으로 사용할 수 있고 투자자들로부터 자금을 더 잘 조달할 수 있다.

20.3. 미국의 경제성장

경제성장모델은 미국의 경제성장 역사를 이해하는 데 도움을 줄 수 있다. [그림 20.5]는 1800년 이후 근로시간당 실질GDP의 연평균 성장률을 보여준다. 미국이 19세기 동안 산업혁명을 경험하게 됨에 따라, 미국 기업들은 근로시간당 자본량을 증가시켰다. 증기기

그림 20.5

미국의 근로시간당 실질GDP 연평균 성장률

미국의 근로시간당 실질GDP 연평균 성장률은 1800년부터 1970년대 중반까지 증가했다. 그 이후 20년 이상 동안 성장이 둔화되었고 1990년대 중반에 다시 증가했다.

주: 1900~2012년 기간의 수치는 근로시간당 실질GDP이다. 1900~1969년 기간 동안의 수치는 저자들이 Neiville Francis and Valerie A. Ramey, "The Source of Historical Economic Fluctuations: An Analysis Using Long-Run Restrictions," in Jeffrey Frankel, Richard Clarida, and Francesco Giavazzi, eds., *International Seminar in Macroeconomics*, Chicago: University of Chicago Press, 2005에서 사용된 방법에 기초하여 계산한 것이다. 저자들은 2004년까지 데이터를 제공해 준 Neville Francis에게 감사한다. 1969~2012년 기간의 데이터는 U.S. Bureau of Labor Statistics로부터 구한 것이다.

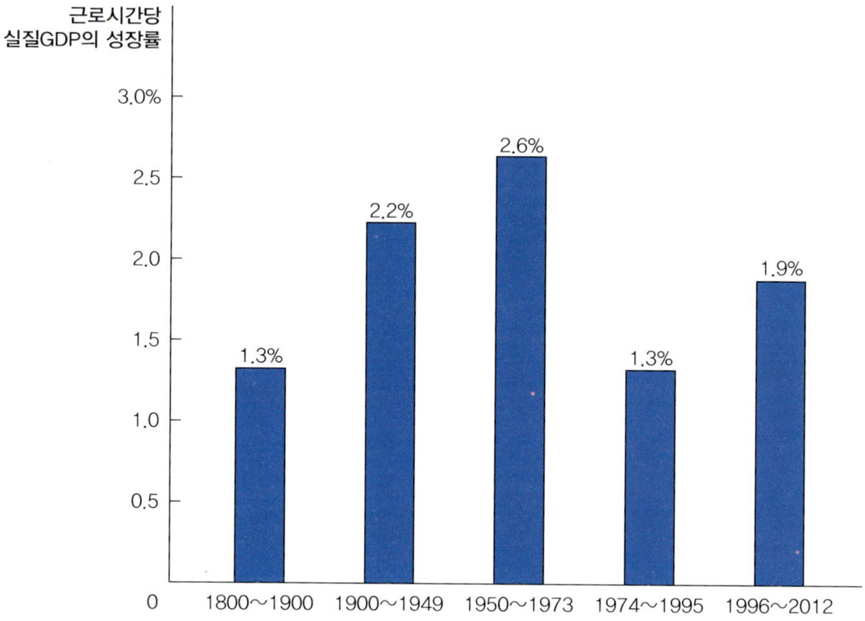

관, 철도, 전보와 같은 새로운 기술도 사용할 수 있게 되었다. 이러한 요인들은 1800년부터 1900년까지 근로자 일인당 실질GDP의 연평균 성장률을 1.3%에 이르게 했다. 이 기간 동안 일인당 실질GDP는 이보다 더 낮은 연평균 1.1%로 성장했다. 이러한 성장률은 일인당 실질GDP를 매 63년마다 두 배로 증가시킨다. 이것은 생활수준이 지속적으로 높아지기는 했지만 상대적으로 완만하게 높아졌다는 것을 의미한다.

20세기에 이르러서는 기술변화가 제도화되었다. 많은 대기업들은 제품의 품질과 제품 생산의 효율성을 개선시키기 위해서 연구개발 시설을 설립하기 시작했다. 대학들도 상업적 응용이 가능한 연구를 수행하기 시작했다. 제2차 세계대전 이후 많은 기업들은 연구에 필요한 지출을 돕기 위해 대학들에게 상당한 자금을 제공하기 시작했다. 1950년에 연방정부는 대학 연구자들을 지원하는 것을 주요 목적으로 삼고 있는 National Science Foundation을 설립했다. 이렇게 기술변화율을 촉진시킨 것이 더 급속한 경제성장률을 발생시켰다.

1950년 이후 미국의 경제성장

지속적인 기술변화로 인해 미국 경제는 소련 경제의 성장을 억제시킨 자본에 대한 수확체감을 피할 수 있었다. 실제로 1970년대까지 미국 경제의 성장률은 시간이 흐름에 따라 가속적으로 증가했다. [그림 20.5]가 보여주는 것처럼, 20세기 전반기의 성장은 19세기 동안의 성장보다 빨랐고 1950년부터 1973년까지 제2차 세계대전 이후 기간의 성장은 더 빨랐다. 그 이후에 예상치 않은 일이 발생했다. 1974년부터 1995년까지 20년 이상 동안, 근로시간당 실질GDP의 성장률은 둔화되었다. 이 기간 동안 근로시간당 실질GDP의 성장률은 1950~1973년 기간 동안보다 1% 포인트 이상 낮았다. 1990년대 중반부터, 근로시간당 실질GDP의 성장률은 제2차 세계대전 직후 기간보다는 낮았지만 다시 증가했다.

무엇이 1973년~1995년 기간 동안의 생산성 둔화를 발생시켰는가?

1970년대 중반부터 1990년대 중반까지 기간 동안의 생산성 둔화에 대한 몇 가지 설명이 제시되었으나 어느 것도 완전히 만족스럽지 못한 상태이다. 일부 경제학자들은 생산성이 실제로 둔화되지 않았다고 주장한다. 생산성을 측정하는 문제 때문에 생산성이 둔화된 것처럼 보일 뿐이라는 것이다. 1970년 이후 이발과 금융자문 같은 서비스가 GDP에서 더 많은 부분을 차지하게 된 반면 자동차와 햄버거 같은 재화는 GDP에서 더 적은 부분을 차지하게 되었다. 재화 생산량의 증가를 측정하는 것보다 서비스 생산량의 증가를 측정하는 것이 더 어렵다. 예를 들어, 은행이 1980년대에 자동인출기(ATM)를 사용하기 시작하기 전에, 당신은 통상적으로 오후 3시였던 폐점 시간 전에 은행에 가야만 예금을 인출할 수 있었다. ATM을 사용할 수 있게 됨에 따라, 당신은 다양한 위치에서 낮이나 밤의 어느 시간에도 예금을 인출할 수 있게 되었다. 이렇게 ATM으로부터 발생되는 편의성 증가는 GDP에 나타나지 않는다. 만일 이것이 GDP에 포함되었다면, 근로시간당 생산량은 더 급속하게 성장했을 것이다.

또한 환경, 건강, 안전의 개선을 고려하는데 따른 측정문제가 있을 수 있다. 이 기간 동안, 새로운 법들이 기업들이 공해를 감소시키고 작업장 안전을 개선시키며 제품의 안전성을 향상시키기 위해 제품을 다시 디자인하는데 수십억 달러를 지출하도록 요구했다. 이러한 지출은 전반적인 후생수준을 증가시킬 수 있지만 GDP에 포함되는 생산량을 추가적으로 증가시키지 못했다. 이러한 후생수준 증가가 GDP에 포함되었다면, 근로시간당 생산량은 더 급속하게 성장했을 것이다.

일부 경제학자들은 미국 교육시스템의 약화가 1970년대 중반부터 1990년대 중반까지 성장 둔화에 기여했을 수 있다고 주장한다. 일부 표준학력점수가 1970년대에 하락하기 시작했는데 이것은 경제활동인구로 진입하는 근로자들이 수십 년 전의 근로자들보다 교육을 더 잘 받지 못하고 더 생산적이지 못했다는 것을 의미할 수 있다. 또 다른 가능성은 많은 업무를 수행하는데 요구되는 능력 수준은 1970년대와 1980년대 동안에 증가했지만 근로자들이 학교에서 받은 준비 상태는 이에 뒤처졌다는 것이다.

미국만이 생산성 둔화를 경험한 것은 아니었다. 모든 고소득 국가들이 1970년대 중반과 1990년대 중반 사이에 성장 둔화를 경험했다. 모든 고소득 국가들이 더 많은 서비스와 더 적은 재화를 생산하기 시작했고, 거의 동시에 더 엄격한 환경 규제에 관한 법을 제정했기 때문에, 측정 문제를 강조하는 생산성 둔화에 관한 설명이 더 설득력이 있어 보인다. 그렇지만 경제학자들은 여전히 왜 생산성 둔화가 발생했는지에 대해 논쟁하고 있다.

미래에도 미국의 생산성은 둔화될 것인가?

근로시간당 실질GDP의 변화로 측정되는 생산성 성장은 1996년과 2012년 사이에 그 이전 20년 기간 동안과 비교해 증가했으나 20세기 대부분의 기간 동안에 달성했던 수준보다는 크게 낮았다. 일부 경제학자들은 *정보기술 information technology(IT)*에 기초한 "신경제 new economy"의 발전이 1990년대 중반에 시작되었던 높은 생산성을 발생시켰다고 믿는다. 컴퓨터가 값이 더 싸지고 속도가 더 빨라짐에 따라, 사람들과 조직체들이 더 효율적으로 소통하고 데이터를 처리할 수 있게 되었다. 오늘날, 한 대의 개인용 컴퓨터가 NASA가 1960년대 후반과 1970년대 초에 달에 착륙했던 Apollo 우주선을 통제하기 위해 사용했던 모든 메인프레임 컴퓨터보다도 더 나은 계산 능력을 가지고 있다.

데이터 처리가 빨라진 것이 거의 모든 기업에 중요한 영향을 미쳤다. 이전에 손으로 수고스럽게 이루어졌던 기록 정리가 이제 컴퓨터에 의해 더 신속하고 정확하게 이루어지고 있다. 1990년대 동안 기업들은 제품을 시장에 알리고 판매하기 위해 인터넷을 사용했다. 셀룰러 폰, 랩탑 컴퓨터, 무선 인터넷이 사람들이 집에 있거나 여행 중에도 일할 수 있게 해주었다. 이러한 IT의 발전이 노동생산성을 크게 증가시켰다.

IT의 경이로운 발전에도 불구하고, 생산성 성장은 1974년 이전 기간과 비교해 여전히 완만했다. 2006년부터 2012년까지의 생산성 성장률은 1970년대 중반부터 1990년대 중반까지 생산성 성장이 완만했던 기간 동안과 같은 수준인 연평균 1.2%로 떨어졌다. IT가 더 이상 생산성을 증가시키는 역할을 하지 못하는가? IT가 발생시키는 혜택이 데이터에 반영되지 못하는가? 이러한 질문에 대한 답이 다가오는 수십 년 동안 경제성장이 얼마나 빠르게 이루어질 것인지에 대해 어떤 시사점을 제시해 주는가?

일부 경제학자들은 최근 성장률 측정치는 경제의 실제 성장률을 과소하게 추정한다고 주장한다. 그들은 IT의 발전이 GDP 통계가 포착하지 못하는 방식으로 소비자들과 기업들 모두에 대한 서비스를 개선시켰다고 믿는다. 예를 들어, Mapquest나 이와 유사한 앱을 사용하여 상세한 운전 경로를 찾는 것이 스마트폰이 개발되기 전에 가능했던 것보다 훨씬 더 쉬워졌다. 마찬가지로 가게 경영자는 전용 스마트폰이나 태블릿 앱을 사용하면 창고에 있는 재고를 신속하게 확인할 수 있다.

IT가 경제에 미치는 효과에 대해 낙관적인 경제학자들은 일반적으로 미래의 성장률에 대해서도 낙관적이다. 연방준비제도이사회의 David Byrne, American Enterprise Institute의 Stephen Oliner, Wellesley College의 Daniel Sichel은 "IT제품이 점점 더 소형화되고, 점점 더 값이 싸지며 점점 더 계산능력이 커지는 것"이 IT 혁명의 핵심이라고 주장한다. 그들은 IT 발전의 기반이 되는 반도체 기술의 지속적인 발전이 노동생산성을 증가시킬 것이라고 믿는다. 이러한 노동생산성의 증가는 IT 부문 자체와 경제의 여타 부문들에서 발생될 것이다. 예를 들어, 더 빠르고 더 값싼 계산능력은 비용을 감소시키고 3-D 프린터와 같은 제품들의 사용을 가속화시키며 혁신가들이 새로운 제품을 개발하는데 도움을 줌으로써 생산성 성장을 현재 수준보다 높게 증가시킬 것이다. Byrne, Oliner와 Sichel은 생산성 성장률이 연 1.8%로 증가할 것이라고 예측한다. Yeshiva University의 James Kahn과 Federal Reserve Bank of New York의 Robert Rich도 다른 방법을 사용하면서 생산성 성장률이 연 1.8%가 될 것이라고 추정했다. 이러한 성장률 추정치는 1974년 이전의 성장률보다 낮지만, 2006~2012년 기간의 연평균 성장률보다는 높다.

그러나 일부 경제학자들은 미국 경제가 이러한 높은 생산성 성장률로 복귀할 수 있을 것이라는데 대해 의구심을 가진다. 또한 그들은 IT혁명의 측정되지 않는 혜택이 텔레비전과 같은 이전에 이루어진 혁신의 혜택보다 크다는 것에 대해서도 의문을 가진다. Northwestern University의 Robert J. Gordon은 IT 혁명으로부터 발생된 생산성 증가는 철도, 전기, 석유정제, 자동차와 같은 이전의 혁신으로부터 발생된 생산성 증가보다 훨씬 작다고 주장한다. 더욱이, Gordon과 일부 여타 경제학자들은 IT 혁명으로부터 발생된 대부분의 생산성 증가는 World Wide Web, Window 95, 전산화된 재고관리 시스템의 결과로 1990년대에 발생했다고 주장한다. 이러한 혁신들은 기업이 운영되는 방식을 변화시켰기 때문에 노동생산성을 증가시켰다. 2000년대 초에 이르러서 IT 혁명은 노동생산성보다는 스마트 폰과 태블릿과 같은 소비자 제품에 더 큰 영향을 미쳤다. Gordon은 인구의 고령화, 교육 성취의 쇠퇴, 규제 증가, 세금 인상과 같은 다른 요인들이 생산성 증가율을 하락시킬 것이라고 지적한다. Gordon은 앞으로의 생산성 성장률은 0.5% 미만일 것이라고 예측한다.

미래의 생산성 성장에 관한 논쟁은 중요한 논쟁이다. 만일 생산성 성장에 관한 낙관적 예측이 맞으면, 30년 후 근로시간당 실질GDP는 비관적 예측이 맞는 경우보다 거의 50% 높아질 것이다. 이러한 생활수준의 큰 차이는 빈곤의 정도, 개인들과 정부가 의료비용을 조달할 수 있는 능력, 인구의 고령화 효과를 다룰 수 있는 미국의 능력을 포함해서 미국인들 삶의 거의 모든 측면에 엄청난 영향을 미칠 것이다.

20.4. 왜 전 세계가 부유하지 않은가?

경제성장모델은 근로시간당 자본량이 증가할 때와 기술변화가 발생할 때 경제가 성장한다고 제시한다. 이 모델은 개도국들이 부유해지기 위한 좋은 처방을 제공해 주는 것처럼 보인다. 그것은 (1) 근로시간당 자본량의 증가와 (2) 가장 좋은 기술의 사용이다. 이러한 2가지 요인이 가난한 국가들에서 발생할 수 있는 경제적 인센티브가 존재한다. 추가적인 자본이나 더 좋은 기술의 사용에 따른 수익성은 일반적으로 고소득 국가보다 개도국에서 더 크다. 예를 들어, 기존의 컴퓨터를 새롭고 빠른 컴퓨터로 대체시키는 것은 일반적으로 미국에 있는 기업에게 상대적으로 작게 보상해 줄 것이다. 이와는 대조적으로 새로운 컴퓨터를 설치하는 것은 기록이 손으로 이루어지고 있는 잠비아 기업에게 상당히 크게 보상해 줄 것이다.

이것은 다음과 같은 중요한 결론에 이르게 한다. *경제성장모델은 가난한 국가들이 부유한 국가들보다 더 빠르게 성장할 것이라고 예측한다.* 만일 이러한 예측이 맞는다면, 가난한 국가들이 부유한 국가들을 추격하는 현상이 관측되어야만 할 것이다. 이러한 **추격현상 catch-up** 또는 *수렴현상 convergence*이 실제로 발생했는가? 여기서 우리는 하나의 역설에 직면하게 된다. 현재의 고소득 국가들만을 살펴보면, 소득이 낮은 국가들이 소득이 높은 국가들을 추격했으나 개도국들은 고소득 국가들을 추격하지 못했다.

추격현상 catch-up
가난한 국가들의 일인당 GDP 수준이 부유한 국가들보다 더 빠르게 증가하는 현상.

추격현상은 종종 이루어지고 있으나 항상 이루어지는 것은 아니다.

추격현상이 발생하고 있는지를 보여주는 그림을 그려보도록 하자. [그림 20.6]에서 수평축은 일인당 실질GDP의 처음 수준을 보여주고 수직축은 일인당 실질GDP의 성장률을 보여준다. 부유한 국가들과 가난한 국가들을 그림상에 점들로 나타낼 수 있다. 각 점은 한 국가의 일인당 실질GDP의 처음 수준과 그 이후 일정한 기간 동안의 연평균 성장률을 나타낸다. [그림 20.6]에 있는 추격선 catch-up line은 추격현상이 발생할 것이라는 예측이 정확하게 성립하는 상황을 보여준다. 저소득 국가들은 일인당 실질GDP가 처음에 낮은 수준이었으나 빠른 성장률을 가지고 있기 때문에 추격선의 왼쪽 윗부분에 있어야 한다. 고소득 국가들은 일인당 실질GDP가 처음에 높은 수준이었으나 완만한 성장률을 가지고 있기 때

그림 20.6

경제성장모델이 예측하는 추격현상

경제성장모델에 의하면, 일인당 실질GDP가 낮은 수준에서 출발한 국가들은 일인당 실질GDP가 높은 수준에서 출발한 부유한 국가들보다 더 빠르게 성장해야 한다.

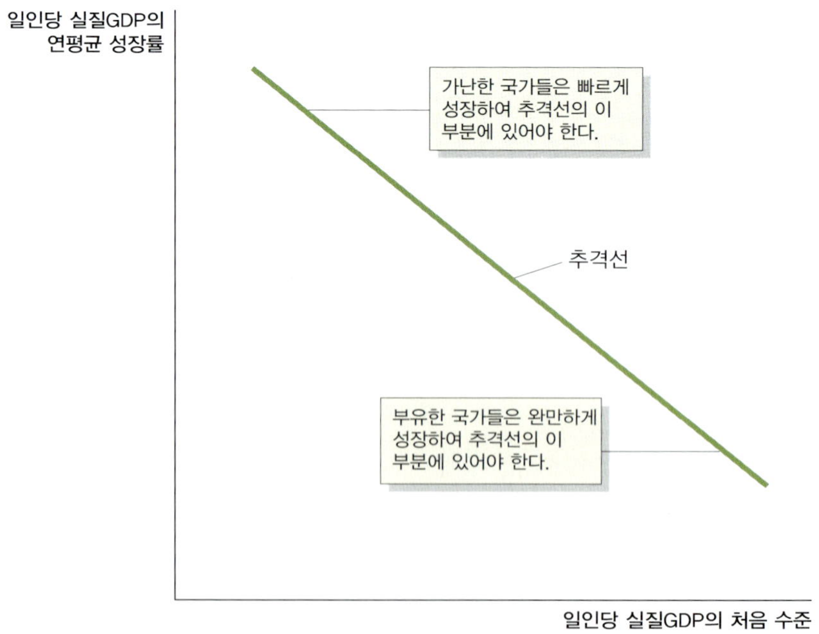

문에 추격선의 오른쪽 아랫 부분에 있어야 한다. 각 국가에 대한 실제 관측치를 표시했을 때, 각 국가의 점이 추격선에 가까울수록 추격현상의 예측이 더 정확하다고 말할 수 있다.

고소득 국가들 간의 추격현상. 현재 높은 소득을 가지고 있는 국가들만을 살펴보면, 경제성장모델이 예측하는 추격현상이 관측된다. [그림 20.7]은 대만, 한국, 싱가포르와 같이 1960년에 소득이 낮았던 국가들이 1960년과 2010년 사이에 가장 빠르게 성장했다는 것을 보여준다. 스위스와 미국과 같이 1960년에 소득이 가장 높았던 국가들은 가장 완만하게 성장했다.

개도국들은 고소득국가들을 추격하고 있는가? 통계가 이용가능한 모든 국가들이 포함되도록 우리의 분석을 확장하면, 경제성장모델이 예측하는 추격현상을 발견하는 것이 더 어려워진다. [그림 20.8]은 1960년의 일인당 실질GDP 수준과 1960년부터 2010년까지 기간 동안 일인당 실질GDP 성장률 간에 일관성 있는 관계를 보여주지 못한다. 나이지

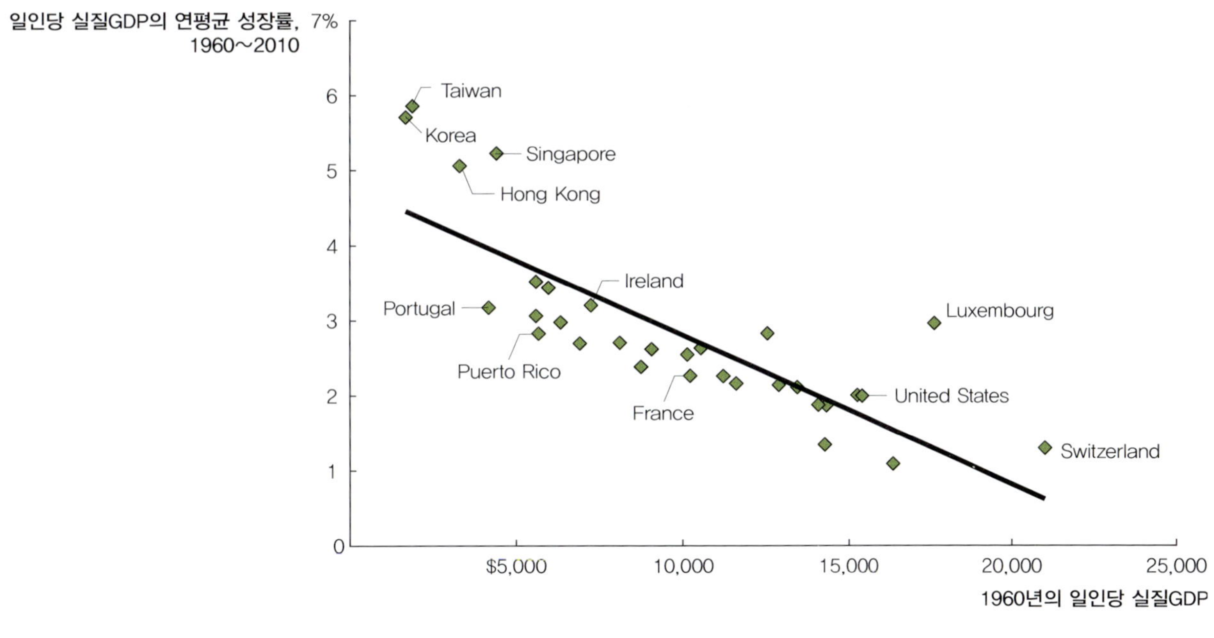

그림 20.7

고소득 국가들 간에는 추격현상이 있었다.

현재 높은 소득을 가지고 있는 국가들만 살펴보면, 1960년에 가장 낮은 소득을 가지고 있었던 대만, 한국, 싱가포르 같은 국가들이 1960년과 2010년 사이에 가장 빠르게 성장했다는 것을 볼 수 있다. 1960년에 가장 높은 소득을 가지고 있었던 스위스와 미국과 같은 국가들은 가장 느리게 성장했다.

주: 일인당 실질GDP 데이터는 2005년 달러 기준이다. 그림에 있는 각 점은 한 국가를 나타낸다.

자료: Authors' calculations from data in Alan Heston, Robert Summers, and Bettina Aten, *Penn World Table Version 7.1*, Center for International Comparisons of Production, Income and Prices at the University of Pennsylvania, November 2012.

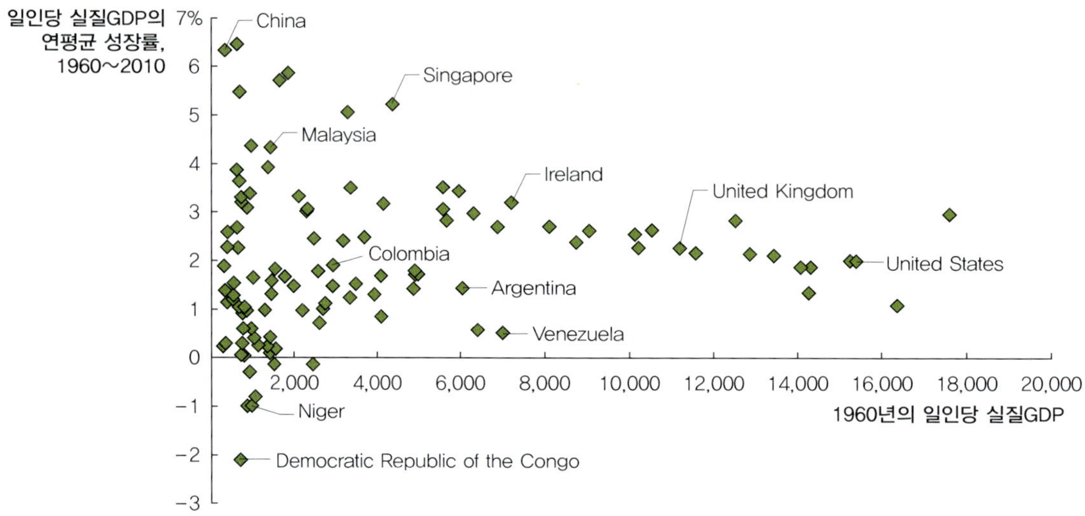

그림 20.8

세계의 대부분 국가들에서는 추격현상이 없었다.

통계를 이용할 수 있는 모든 국가들을 살펴보면, 경제성장모델이 예측하는 추격현상이 관측되지 않는다. 나이지리아와 콩고민주공화국과 같이 1960년에 일인당 실질GDP가 낮았던 일부 국가들은 실제로 마이너스의 경제성장을 경험했다. 말레이시아와 중국과 같이 일인당 실질GDP가 낮은 수준에서 출발했던 다른 국가들은 급속하게 성장했다. 베네수엘라와 같은 1960년에 일부 중소득 국가들은 1960년과 2010년 사이에 성장하지 못했으나 아일랜드와 같은 다른 국가들은 상당한 성장을 경험했다.

주: 일인당 실질GDP 데이터는 2005년 달러 기준이다. 그림에 있는 각 점은 한 국가를 나타낸다.

자료: Authors' calculations from data in Alan Heston, Robert Summers, and Bettina Aten, *Penn World Table Version 7.1*, Center for International Comparisons of Production, Income and Prices at the University of Pennsylvania, November 2012.

리아, 콩고민주공화국과 같이 1960년에 일인당 실질GDP가 낮은 수준이었던 일부 국가들은 실제로 마이너스의 경제성장을 경험했다. 그들의 2010년 일인당 실질GDP수준은 1960년보다 더 낮았다. 말레이시아와 중국과 같이 1960년에 일인당 실질GDP가 낮은 수준에서 출발했던 국가들은 급속히 성장했다. 베네수엘라와 같은 1960년에 일부 중소득 국가들은 1960년과 2010년 사이에 거의 성장하지 못했던 반면 아일랜드와 같은 다른 국가들은 상당한 성장을 경험했다.

문제풀이 20.4

경제성장모델의 추격현상 예측

경제성장모델은 가난한 국가가 부유한 국가보다 더 빠르게 성장할 것이라고 예측한다.

a. 아래의 표에 정리되어 있는 자료를 고려하라.

국가	1960년 일인당 실질GDP (2005년 달러 기준)	1960~2010년 기간 동안 일인당 실질 GDP의 연평균 성장률
Taiwan	$1,861	5.86%
Panama	2,120	3.32
Brazil	2,483	2.45
Algeria	4,105	0.85
Venezuela	7,015	0.52

이러한 통계는 경제성장모델이 제시하는 추격현상을 보여주는가? 간략히 설명하라.

b. 아래의 표에 정리되어 있는 자료를 고려하라.

국가	1960년 일인당 실질GDP (2005년 달러 기준)	1960~2010년 기간 동안 일인당 실질 GDP의 연평균 성장률
Japan	$5,586	3.52%
Belgium	10,132	2.54
United Kingdom	11,204	2.26
New Zealand	14,263	1.34

이러한 통계는 경제성장모델이 제시하는 추격현상을 보여주는가? 간략히 설명하라.

c. 1960년에 일인당 실질GDP가 가장 낮았던 국가부터 가장 높았던 국가까지 9개 국가들의 1960년 일인당 실질GDP와 1960~2010년 기간 동안 일인당 실질GDP의 연평균 성장률을 나타내는 표를 작성하라. 이 표에 정리되어 있는 통계는 경제성장모델이 제시하는 추격현상을 보여주는가?

문제풀기

Step 1: 본문의 내용을 다시 읽어보라. 이 문제는 경제성장모델이 제시하는 추격현상에 관한 것이므로 [왜 전 세계가 부유하지 않은가?] 부분을 다시 읽어보라.

Step 2: 문제 a에 있는 표에 정리되어 있는 자료가 경제성장모델이 제시하는 추격현상을 보이는지 설명하라. 문제 a에 있는 표에 정리되어 있는 자료는 경제성장모델이 제시하는 추격현상을 보여준다. 1960년에 가장 낮은 일인당 실질GDP를 가지고 있었던 국가들이 1960년과 2010년 기간 동안 가장 빠르게 성장했고, 1960년에 가장 높은 일인당 실질GDP를 가지고 있었던 국가들이 1960년과 2010년 기간 동안 가장 완만하게 성장했다.

Step 3: 문제 b에 있는 표에 정리되어 있는 자료가 경제성장모델이 제시하는 추격현상을 보이는지 설명하라. 문제 b에 있는 표에 정리되어 있는 자료도 경제성장모델이 제시하는 추격현상을 보여준다. 1960년에 가장 낮은 일인당 실질GDP를 가지고 있었던 국가들이 1960년과 2010년 기간 동안 가장 빠르게 성장했고 1960년에 가장 높은 일인당 실질GDP를 가지고 있었던 국가들이 1960년과 2010년 기간 동안 가장 완만하게 성장했다.

Step 4: 문제 a와 문제 b에 있는 표에 정리되어 있는 9개국 모두를 포함하는 표를 작성하고 그 결과를 논의하라.

국가	1960년 일인당 실질GDP (2005년 달러 기준)	1960-2010년 기간 동안 일인당 실질 GDP의 연평균 성장률
Taiwan	$1,861	5.86%
Panama	2,120	3.32
Brazil	2,483	2.45
Algeria	4,105	0.85
Japan	5,586	3.52
Venezuela	7,015	0.52
Belgium	10,132	2.54
United Kingdom	11,204	2.26
New Zealand	14,263	1.34

위의 표에 정리되어 있는 자료는 경제성장모델이 제시하는 추격현상을 보여주지 않는다. 예를 들어, 1960년에 뉴질랜드와 영국의 일인당 실질GDP가 알제리와 베네수엘라보다 높았다. 경제성장모델은 뉴질랜드와 영국이 알제리와 베네수엘라보다 더 완만하게 성장해야 한다고 예측한다. 그러나 위의 표에 정리되어 있는 자료는 뉴질랜드와 영국이 더 빠르게 성장했다는 것을 보여준다. 이와 유사하게 1960년에 벨기에의 일인당 실질GDP가 브라질보다 이미 훨씬 높았지만, 벨기에가 브라질보다 더 빠르게 성장했다.

왜 대부분의 서유럽 국가들, 캐나다, 일본은 미국을 추격하지 못했는가?

[그림 20.7]은 과거 50년 동안 고소득 국가들 간에 추격현상이 있었다는 것을 제시해준다. 고소득국가들의 미국에 대한 추격현상을 살펴보면, 한 가지 놀라운 사실을 발견하게 된다. 즉 과거 22년 동안 고소득 국가들이 실제로 미국을 추격하기보다는 미국 아래로 더 뒤처졌다. [그림 20.9]는 미국의 일인당 실질GDP와 비교한 상대적인 캐나다, 일본, 서유럽 5개 국가들의 일인당 실질GDP를 보여준다. 파란색 막대그림은 미국과 비교해 상대적인 1990년의 일인당 실질GDP를 보여주고 빨간색 막대그림은 미국과 비교한 상대적인 2012년의 일인당 실질GDP를 보여준다. 모든 국가들에서 상대적인 일인당 실질GDP 수준은

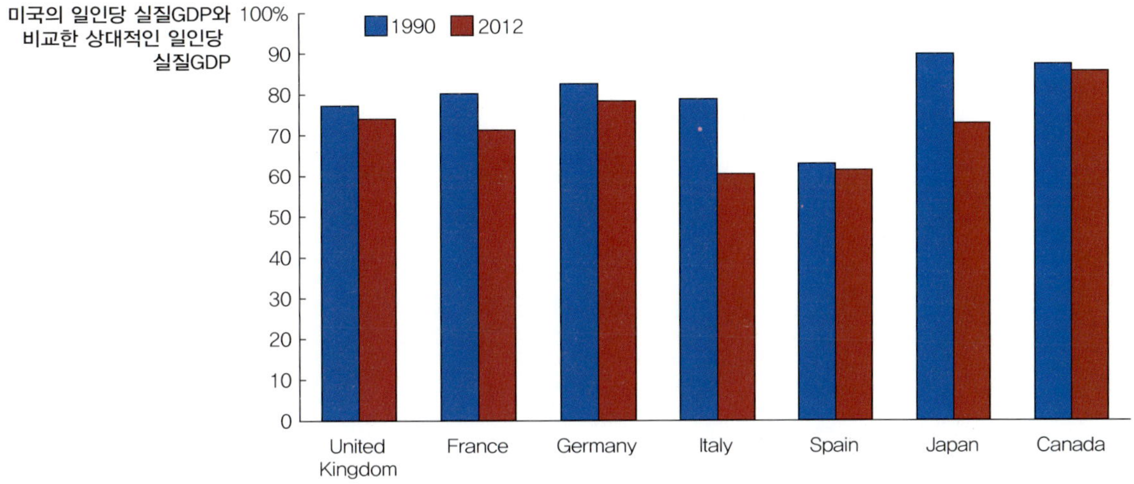

그림 20.9

고소득국가들은 미국을 추격하는 것을 멈추었다.

파란색 막대그림은 미국과 비교한 상대적인 1990년의 일인당 실질GDP를 보여주고 빨간색 막대그림은 미국과 비교한 상대적인 2012년의 일인당 실질GDP를 보여준다. 모든 국가들에서 상대적인 일인당 실질GDP 수준은 1990년보다 2012년에 더 낮았다. 이것은 이들 국가들이 미국을 추격하는 것을 멈추었다는 것을 의미한다.

자료: Authors' calculations from data in Alan Heston, Robert Summers, and Bettina Aten, *Penn World Table Version 7.1*, Center for International Comparisons of Production, Income and Prices at the University of Pennsylvania, November 2012; and Organization for Economic Cooperation and Development, OECD stat.extracts.

1990년보다 2012년에 더 낮았다. 이들 국가들은 1960년과 1990년 사이에는 미국을 상당히 추격했으나 1990년 이후에는 미국을 전혀 추격하지 못했다.

왜 고소득 국가들이 미국과의 일인당 실질GDP 격차를 완전히 줄이는 데 어려움을 겪었는가? 많은 경제학자들은 이러한 현상을 2가지 요인으로 설명한다. 즉 미국 노동시장이 더 신축적이고 미국 금융시스템이 더 효율적이라는 것이다. 미국 노동시장은 몇 가지 이유 때문에 여타 국가들보다 더 신축적이다. 많은 유럽 국가들에서는 정부 규제 때문에 기업은 근로자를 해고하는 것이 어렵고 이에 따라 처음부터 근로자를 고용하기를 주저한다. 그 결과로 많은 젊은 근로자들이 일자리를 찾는데 어려움을 겪으며 일단 일자리를 찾은 근로자는 그의 숙련도와 선호가 일자리의 특성과 잘 매치되지 않더라도 그 일자리에 머물러 있는 경향이 있다. 이와는 대조적으로 미국에서는 정부 규제가 덜 엄격하고 근로자는 일자리를 찾는데 더 여유로운 시간을 가지며 자주 일자리를 바꾼다. 이러한 일자리 이동의 신축성이 근로자의 숙련도 및 선호와 일자리의 특성 간 더 좋은 배치가 이루어질 수 있게 해주고 이것이 노동생산성을 증가시킨다. 또한 많은 유럽 국가들은 새로운 기술을 실행할 수 있는 기업의 신축성을 제약하는 엄격한 근로법을 가지고 있다. 이러한 법은 기업이 근로자들에게 수행하도록 요구할 수 있는 업무들과 근로자들이 일하는 시간 수를 제한한다. 이러한 법은 근로자들에게 새로운 기술을 배우고, 새로운 업무들을 수행하거나 야간이나 아침 일찍 일할 것을 요구할 수 있는 기업의 능력을 감소시킨다.

미국의 근로자는 유럽의 근로자보다 더 일찍 경제활동인구에 진입하고 더 늦게 은퇴하며 더 적은 실업기간을 경험한다. 미국의 실업자는 일반적으로 캐나다와 서유럽 국가들의 실업자보다 더 짧은 기간 동안 더 적은 정부지급을 받는다. 캐나다와 서유럽 국가들의 경우에 실업의 기회비용이 더 낮기 때문에 실업률이 더 높은 경향이 있고 경제활동인구 중에서 1년 이상 실업상태에 있는 실업자의 비중도 더 높은 경향이 있다. 많은 연구들이 더 오랜 기간 동안 실업상태에 있는 근로자가 더 높은 숙련도, 더 높은 생산성, 더 높은 임금을 가지고 있는 경향이 있다는 것을 보여주었다. 많은 경제학자들은 미국의 실업보험 프로그램이 미국 노동시장을 더 신축적으로 만들고 노동생산성과 일인당 실질GDP의 성장률을 더 높게 만드는 데 기여했다고 믿는다.

기술변화는 급속한 생산성 성장을 위한 필수적인 요인이다. 새로운 기술을 실행하기 위해 필요한 자금을 조달하기 위해서 기업들은 금융시스템에 의존한다. 투자를 위한 자금이 이용가능 해야 할뿐만 아니라 효율적으로 배분되는 것이 중요하다. 대기업들은 금융시장에서 주식과 채권을 매도함으로써 자금을 조달할 수 있다. 미국 기업들은 효율적인 미국 금융시장으로부터 혜택을 받는다(제14장 참조). 미국 금융시장에서 투자자들에 대한 법적 보호 수준이 상대적으로 높은 것이 미국과 외국 투자자들이 미국 기업들이 발행한 주식과 채권을 매입하는 것을 촉진시킨다. 미국 금융시장의 거래량이 많은 것도 투자자들이 매입한 주식과 채권을 쉽게 매도하는 것을 보장해 준다. 이러한 미국기업들이 발행한 주식과 채권의 *유동성 liquidity* 특성이 미국 금융시장으로 투자자들을 끌어들이는 데 기여한다.

주식과 채권을 발행할 수 없는 중소기업들은 종종 은행으로부터 자금을 조달한다. 새로운 기업, 특히 새로운 기술에 기초하고 있는 신생기업을 창업하는 기업가는 일반적으로 투자자들이 이러한 기업의 수익성 기록이 없기 때문에 이러한 기업이 발행하는 주식과 채권을 기꺼이 매입하고자 하지 않는다는 것을 안다. 은행도 새로운 기술을 도입하기 위해서 창업하는 신생기업에게 대출해 주는 것을 꺼린다. 그러나 일부 기술기반 신생기업들은 *벤처캐피탈 회사 venture capital firm*로부터 자금을 조달한다. 벤처캐피탈 회사는 연기금과 같은 기관투자자들과 부유한 개인들로부터 자금을 조달한다. 벤처캐피탈 회사의 소유주들은 신생기업의 사업계획을 면밀하게 검토하고 가장 성공할 가능성이 높은 신생기업들을 찾는다. 벤처캐피탈 회사는 자금을 제공하는 대가로 종종 부분적으로 신생기업의 소유주가 되어 그 기업을 경영하는데 참여하기도 한다. 성공적인 벤처캐피탈 회사는 신생기업에 대한 충분한 정보가 부족하기 때문에 신생기업에 기꺼이 자금을 제공하지 않으려는 투자자들을 끌어들일 수 있다. Google과 같이 잘 알려진 미국의 수많은 하이테크 기업들은 초기에 사업 확장을 위해 필요한 자금을 주로 벤처캐피탈 회사들을 통해 조달한다. 기술기반 신생기업들에게 자금을 제공할 수 있는 벤처캐피탈 회사들의 능력이 새로운 제품을 만들고 판매하는 새로운 과정을 구축하는데 있어서 미국의 우위를 만들어주었을 수 있다.

미국의 금융시스템은 2007년과 2009년 사이에 심각한 문제들로 어려움을 겪었다. 그러나 오랜 기간 동안 미국의 금융시스템은 성공적으로 투자자금을 효율적으로 배분해 주었다.

왜 저소득 국가들은 급속한 성장을 경험하지 못하는가?

경제성장모델은 1960년에 매우 가난한 국가들이 그 이후 50년 동안 급속히 성장했어야 한다고 예측한다. 이미 살펴본 것처럼, 일부 국가들은 급속히 성장했으나 많은 국가들은 그렇지 못했다. 왜 많은 저소득 국가들이 매우 완만하게 성장했는가? 이러한 질문에 한마디로 말할 수 있는 답은 없으나 대부분의 경제학자들은 다음과 같은 4가지 핵심 요인들을 지적한다.

- 법의 지배 집행의 실패
- 전쟁과 혁명
- 불량한 공교육과 건강
- 낮은 저축률과 투자율

- ***법의 지배 집행의 실패.*** 1960년 이후에 중국을 포함하여 점점 더 많은 개도국들이 중앙계획경제를 포기하고 시장경제로 이행했다. 그러나 시장경제에서 기업가가 성공하려면, 정부가 사유 **재산권 property rights**을 보장하고 계약 이행을 집행해야 한다. 기업가는 자신의 재산이 안전하다고 느끼지 못하면 사업을 시작하는 위험을 감수하지 않을 것이다. 또한 기업 소유주들이 계약 이행을 집행하는 독립적인 사법시스템을 사용할 수 없으면, 성공적으로 사업하는 것이 어렵다. **법의 지배 rule of law**는 특히 사유 재산을 보호하고 계약이행을 집행하는 것과 관련된 법률을 집행하는 정부의 능력을 의미한다. 많은 개도국들이 사유재산권을 보장하지 못하고 계약이행을 집행하지 못하는 것이 그들의 경제성장을 막았다.

재산권 property rights
개인들이나 기업들이 그들의 재산을 매입하거나 매도할 수 있는 권리를 포함하여 그들의 재산을 독점적으로 사용할 수 있는 권리.

법의 지배 rule of law
특히 사유재산을 보호하고 계약이행을 집행하는 것과 관련된 법률을 집행하는 정부의 능력.

예를 들어, 신발 생산을 생각해 보자. 신발 공장의 소유주가 가죽무두질 공장과 특정한 가격으로 특정한 일자에 특정한 양의 가죽을 인도받기로 하는 계약에 서명한다고 하자. 이 계약에 기초하여 신발 공장의 소유주는 특정한 양의 신발을 신발 도매업자에게 인도하는 계약에 서명한다. 이 계약은 인도되는 신발의 양, 신발의 품질, 인도 일자, 가격을 규정한다. 가죽무두질 공장의 소유주는 소가죽을 인도받기 위해서 소 목장주와 계약한다. 신발 도매업자는 소비자에 신발을 판매하는 소매점들에게 신발을 인도하기 위한 계약을 한다. 소 목장주로부터 신발 소비자들에게로의 재화 흐름이 효율적으로 이루어지기 위해서는 각 기업은 서명한 계약 사항들을 이행해야만 한다. 미국과 같은 선진국들에서는 기업은 계약을 이행하지 못하면 법원에 소송을 당할 수 있고 경제적 손해에 대하여 상대방에게 보상해야만 한다는 것을 알고 있다.

많은 개도국들은 제대로 작동하는 독립적인 사법시스템을 가지고 있지 않다. 사법시스템이 존재하더라도, 소송이 수년 동안 심리되지 않을 수 있다. 일부 국가들에서는 판사의 매수와 정치적 정실주의가 만연한다. 기업들은 사법시스템을 통해서 계약이행을 집행할 수 없으면 얼굴을 맞대고 현금 거래만을 하게 될 것이다. 예를 들어, 신발제조업자는 가죽 생산자가 가죽을 자신의 공장으로 가져올 때까지 기다렸다가 현금을 주고 가죽을 살 것이다. 도매업자는 신발이 생산될 때까지 기다렸다가 소매점으로 신발을 판매하기 위한 계획을 수립할 것이다. 이러한 상황에서도 생산은 여전히 이루어지기는 하나 더 완만하고 비효율적으로 이루어진다. 이렇게 완만하고 비효율적인 생산이 이루어짐에 따라 기업은 사업 확장을 위해 필요한 자금을 기꺼이 제공해 줄 투자자들을 발견하는데 어려움을 겪게 된다.

- ***전쟁과 혁명.*** 1960년에 매우 가난했던 많은 국가들은 그 이후 오랜 기간 동안 전쟁이나 정부의 폭력적 변화를 경험했다. 이러한 전쟁이 아프가니스탄, 앙골라, 에티오피아, 중앙아프리카공화국, 콩고민주공화국과 같은 국가들이 자본을 축적하거나 새로운 기술을 채택하는 것을 불가능하게 만들었다. 실제로 어떤 종류의 사업을 수행하는 것도 매우 어렵다. 거의 20년 동안의 내전과 일인당 실질GDP의 감소를 겪었던 모잠비크의 경우가 보여주는

Making the Connection

뉴욕시의 주차위반 수는 개도국들의 빈곤에 대해 무엇을 말해주는가?

많은 개도국들에서 정부 관리들은 대부분의 거래를 처리하기 위해서 뇌물 받기를 고집한다. 예를 들어 어떤 사람이 신발 가게를 오픈하거나 농지를 구매하는 것을 허락받기 전에 관리에게 돈을 지불할 필요가 있을 수 있다. 이러한 부패는 법의 지배가 붕괴된 것을 보여준다. 일반적으로 말하면, 한 국가의 정부가 부패하면 할수록, 그 국가의 성장률은 더 낮다. 세계은행 World Bank의 경제학자들은 가장 부패한 국가로부터 가장 부패하지 않은 국가까지 전 세계의 국가들 순위를 결정하는 지수를 개발했다. 아래의 그림은 가장 부패한 20개 국가들의 일인당 GDP와 가장 부패하지 않은 20개 국가들의 일인당 GDP를 비교하고 있다. 가장 부패하지 않은 20개 국가들의 일인당 GDP가 가장 부패한 20개 국가들보다 10배 이상 더 높다.

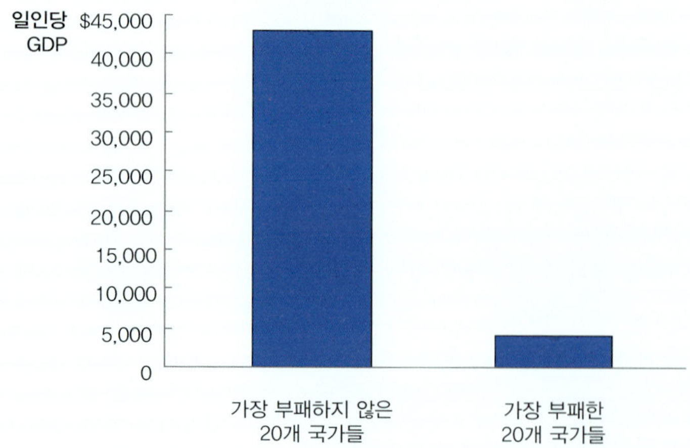

그러나 부패가 국가를 가난하게 만드는가 국가가 가난한 것이 부패하게 만드는가? 일부 경제학자들은 부패는 문화의 산물일 수 있다는 논란의 여지가 있는 주장을 했다. 만일 한 국가에 부패 문화가 존재하면, 그 국가가 기꺼이 법의 지배를 집행하고자 하는 정직한 정부를 확립하는 데 상당한 어려움을 겪을 수 있다. Columbia Business School의 경제학자인 Raymond Fisman과 University of California at Berkeley의 경제학자인 Edward Miguel은 일부 국가들에서 부패 문화가 존재하는지를 검정하는 독창적인 방법을 제안했다. 전 세계의 모든 국가들은 뉴욕시에 있는 유엔에 대표단을 파견한다. 국제법에 근거하여 이러한 대표단들은 주차규제를 포함하여 미국 법률을 위반했다는 이유로 기소될 수 없다. 따라서 유엔 대표단들은 이중 주차를 하거나 소방전 옆에 주차할 수 있고, 그들이 받는 주차티켓을 무시할 수 있다.

Fisman과 Miguel은 부패 문화가 존재하는 국가들의 대표단이 부패 문화가 존재하지 않는 국가들

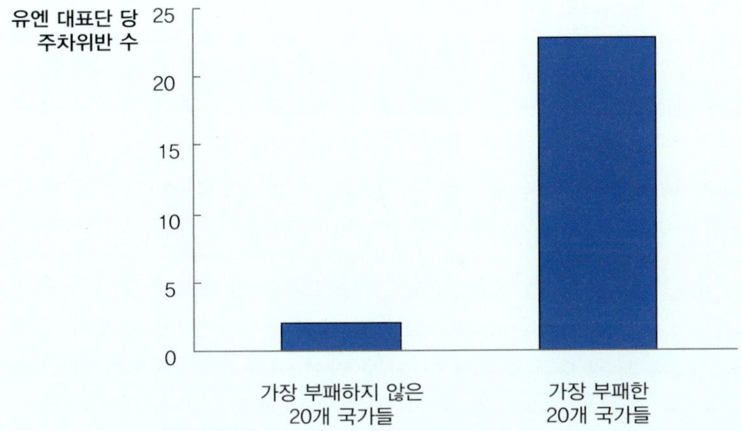

의 대표단보다 주차티켓을 무시할 가능성이 더 크다고 주장한다. Fisman과 Miguel은 대표단당 주차위반 수에 관한 자료를 수집하고 이러한 자료를 세계은행의 부패지수와 비교했다. 그들은 한 국가의 부패 수준이 증가함에 따라 이 국가 유엔 대표단의 주차 위반 수도 증가한다는 것을 발견했다. 예를 들어, 왼쪽의 그림은 가장 부패한 20개 국가들은 가장 부패하지 않은 20개 국가들 보다 10배 더 많은 주차위반을 했다.

물론 주차규제를 무시하는 것은 상대적으로 중요하지 않은 부패 형태이다. 그러나 만일 Fisman과 Miguel의 주장이 맞고 부패 문화가 일부 개도국들에서 자리 잡고 있다면, 법의 지배를 확립하기에 충분할 만큼 그들의 정부를 개혁하는 것은 어려운 과업일 수 있다.

자료: Raymond Fisman and Edward Miguel, *Economic Gangsters*, Princeton, NJ: Princeton University Press, 2008, Chapter 4; World Bank, *Worldwide Governance Indicators*, September 14, 2012; and *The World Factbook* 2013-.14. Washington, DC: Central Intelligence Agency, 2013.

것처럼, 전쟁의 종식은 성장에 긍정적인 효과를 미친다. 내전의 종식과 함께, 모잠비크는 1990년부터 2012년까지 연평균 5%의 일인당 실질GDP 성장을 경험했다.

- ***불량한 공교육과 건강.*** 인적 자본은 노동생산성을 결정하는 요인 중 하나라는 것을 이미 살펴보았다. 많은 저소득 국가들은 취약한 공교육 시스템을 가지고 있기 때문에 많은 근로자들이 글을 읽지 못하고 쓸 수 없다. 그 결과로 최신 기술을 사용하는데 필요한 숙련도를 습득할 수 있는 근로자들이 거의 없다.

많은 저소득 국가들의 사람들은 고소득 국가들에서는 존재하지 않거나 쉽게 치료되는 질병 때문에 고통을 당한다. 예를 들어, 선진국들에서 말라리아에 걸리는 사람들은 거의 없으나 매년 약 1백만 명의 아프리카인들은 말라리아 때문에 죽는다. 에이즈(AIDS) 처방약이 미국과 유럽에서 에이즈 때문에 발생하는 죽음을 크게 감소시켰다. 그러나 저소득 국가들에서는 수백만의 사람들이 계속해서 에이즈 때문에 죽는다. 저소득 국가들은 자원이 부족하고 그들의 정부가 너무 비효율적이어서 어린이용 백신 공급과 같은 일상적인 의료서비스조차도 제공할 수 없다.

아픈 사람은 더 적게 일하게 되고 생산적이지 못하다. 어린 시절에 겪는 불량한 영양이나 특정한 질병에 걸리는 것이 사람들을 영구히 약하게 만들고 그들의 지적 능력에 영향을 미칠 수 있다. 불량한 건강은 개도국 근로자들의 인적 자본에 상당히 부정적인 효과를 미친다.

- ***낮은 저축률과 투자율.*** 기업은 공장, 기계, 컴퓨터에 투자하기 위한 자금이 필요하다. 이러한 자금의 일부는 기업의 소유주들과 친구들과 가족들로부터 조달될 수 있으나 고소득 국가들의 기업은 투자 자금의 대부분을 은행 대출과 금융시장에서 주식과 채권을 매도하여 조달한다. 대부분의 개도국들에는 주식시장과 채권시장이 존재하지 않고 종종 은행

시스템은 매우 취약하다. 고소득 국가들에서 은행이 기업에 대출해 주는 자금은 가계의 저축으로부터 조달된다. 고소득 국가들에서 많은 가계들은 소득 중 상당한 부분을 저축할 수 있다. 개도국들에서는 많은 가계들은 소득에 의지해서 겨우 생존하기 때문에 거의 저축을 하지 못한다.

개도국의 낮은 저축률은 *빈곤의 악순환 vicious circle of poverty*을 발생시킬 수 있다. 가계들은 낮은 소득을 가지고 있기 때문에 거의 저축을 하지 못한다. 가계들이 거의 저축을 하지 못하기 때문에 기업들이 차입할 수 있는 자금이 거의 없다. 자금이 부족하기 때문에 기업들은 경제성장에 필요한 새로운 공장, 기계, 장비에 투자하지 못한다. 경제가 성장하지 못하기 때문에 가계 소득은 낮은 수준에 머물러 있게 되고 이에 따라 저축도 낮은 수준에 머물러 있게 된다.

세계화의 혜택

해외직접투자 foreign direct investment(FDI)
기업이 해외 국가에서 시설을 매입하거나 건설하는 것.

해외포트폴리오투자 foreign portfolio investment
개인이나 기업이 해외 국가에서 발행된 주식이나 채권을 매입하는 것.

세계화 globalization
국가들이 해외 교역과 투자에 대하여 보다 더 개방적이 되는 과정.

개도국이 낮은 저축 및 투자와 저성장의 악순환을 끊어낼 수 있는 한 가지 방법은 해외투자를 통해서이다. **해외직접투자 foreign direct investment(FDI)**는 기업이 해외 국가들에서 시설을 건설하거나 매입할 때 발생한다. **해외포트폴리오투자 foreign portfolio investment**는 개인이나 기업이 다른 국가에서 발행된 주식이나 채권을 매입할 때 발생한다. 해외직접투자와 해외포트폴리오투자는 저소득국가가 이러한 투자가 없으면 이용할 수 없는 기술과 자금에 접근할 수 있게 해준다. 최근까지 많은 개도국들은 이러한 기회를 이용하는데 주저했다.

1940년대부터 1970년대까지, 많은 개도국들은 세계경제로부터 그들 자신을 격리시켰다. 그들은 몇 가지 이유 때문에 이렇게 했다. 1930년대와 1940년대 초 기간 동안, 글로벌 무역 및 금융시스템은 대공황과 제2차 세계대전의 결과로 붕괴되었다. 고소득 국가들에 대한 수출에 의존했던 개도국들은 경제적으로 타격을 받았다. 또한 아프리카와 아시아의 많은 국가들은 1950년대와 1960년대 동안에 제국주의 국가들로부터 독립을 쟁취했고 경제적으로 그들에 의해 지배당하는 것을 두려워했다. 그 결과로 많은 개도국들은 수입재에 대하여 높은 관세를 부과했고, 해외투자를 강력히 억제하거나 금지시키기조차 했다. 이러한 정책들이 빈곤의 악순환을 끊어내는 것을 어렵게 만들었다.

많은 개도국들은 높은 관세장벽을 설정하고 해외투자를 회피하는 정책들 때문에 높은 경제성장을 달성하지 못했다. 이들은 1980년대에 이르러서야 이러한 정책들을 바꾸기 시작했다. 그 결과로 나타난 것이 국가들이 해외 교역과 투자에 대하여 보다 더 개방적이 되는 과정을 의미하는 **세계화 globalization**이다. 더 세계화된 개도국들이 덜 세계화된 개도국들보다 더 빠르게 성장했다. 세계화는 개도국들이 기술과 투자 자금을 확보하는 것을 더 용이하게 해줌으로써 개도국들에게 혜택을 주었다.

20.5. 성장정책

정부는 장기 경제성장을 촉진시키기 위해서 무엇을 할 수 있는가? 장기적으로 영향을 미치는 성장률의 작은 차이조차도 생활수준의 큰 차이를 발생시킬 수 있다는 것을 살펴보았다. 따라서 성장률을 증가시키는 정부정책들은 매우 높은 보상을 받을 가능성이 있다. 앞에서 이미 이러한 정책들의 일부를 논의했다. 이 절에서는 이외에 몇 가지 추가적인 정책들을 살펴보도록 하자.

재산권과 법의 지배 증진

시장시스템은 재산권이 집행되지 않으면 잘 작동할 수 없다. 기업가들은 그들 자신이 소유하고 있는 자금을 위험스럽게 만들 가능성이 없고 투자자들은 재산이 임의로 몰수당하는 것으로부터 안전하지 않으면 그들의 자금을 기업가들에게 대출해 줄 가능성이 없다. 많은 개도국들에서는 법의 지배와 재산권이 정부 부패 때문에 훼손될 수 있다는 것을 살펴보았다. 일부 개도국들에서는, 기업가가 종종 몇몇의 서로 다른 정부 관리들에게 뇌물을 주지 않고 사업을 시작할 수 있는 허가를 받는 것이 불가능하다. 한 국가가 부패한 정부관료주의를 개혁하는 것이 가능한가?

오늘날 미국은 가장 부패하지 않은 국가에 속하지만, Harvard University의 경제학자인 Edward Glaeser와 Claudia Goldin의 최근 연구는 19세기 후반과 20세기 초에 미국에서도 부패가 심각한 문제였다는 것을 보여주었다. 미국에서 정치개혁운동과 개혁적인 신문들이 1920년대에 이르러 부패를 상대적으로 낮은 수준으로 감소시키는데 도움을 주었다는 사실이 오늘날 개도국들의 부패를 감소시키는데 목표를 두고 있는 개혁운동에 약간의 희망을 주고 있다.

전쟁과 내란으로 어려움을 겪는 국가들에서 재산권이 안전할 가능성은 없다. 많은 국가들의 경우, 정치적 안정의 증진이 경제성장을 위해 필요한 전제조건이다.

건강과 교육의 개선

최근에 많은 경제학자들은 불량한 건강이 일부 국가들에서 성장에 중요한 장애물이라는 점을 확신하게 되었다. 노벨 경제학상 수상자인 Robert Fogel의 연구는 건강과 경제성장 간의 중요한 상호작용을 강조한다(제19장 참조). 사람들은 건강이 향상되어 더 강해지고 질병에 덜 취약하게 됨에 따라 더 생산적이 된다. 전염병을 퇴치하기 위한 백신공급을 증가시키고 소독된 물에 대한 접근성을 개선시키며 공중위생을 개선시키려는 개도국들의 최근 조치들이 질병율과 사망률을 감소시키기 시작했다.

이 장의 앞부분에서 지식자본에 수확체증이 존재한다는 Paul Romer의 주장을 논의했다. University of Chicago의 노벨경제학상 수상자인 Robert Lucas도 유사하게 인적 자본에 수확체증이 존재한다고 주장한다. Lucas는 인적 자본의 총스톡이 증가함에 따라 생산성

Making the Connection

중국의 생활수준은 미국의 생활수준보다 높아질 것인가?

2012년에 미국의 일인당 GDP는 중국의 일인당 GDP보다 5배 이상 높았다. 그러나 1980년 이후 미국의 일인당 실질GDP 성장률은 연평균 1.9%에 불과했는데 중국의 일인당 실질GDP 성장률은 연평균 8.9%였다. 만일 이러한 성장률이 계속된다면, 중국의 생활수준은 2037년에 미국의 생활수준보다 높아질 것이다. 그러나 중국이 높은 일인당 실질GDP 성장률을 유지하기 위해서는 높은 생산성 증가율을 유지해야 하는데 이것은 몇 가지 이유들 때문에 어려울 수 있다. 첫째, 미국은 새로운 기술과 생산성 증가를 발생시키는 연구개발과 같은 활동에 더 많이 투자하고 있다. 중국은 미국이나 여타 국가들에서 개발된 기존 기술들을 도입하는데는 성공적이었으나 새로운 기술을 개발하는데는 훨씬 덜 성공적이었다. 둘째, 중국 성장의 상당 부분은 중앙계획경제로부터 시장경제로 전환한 데 기인한 것일 수 있기 때문에 중국의 성장률은 이러한 전환이 완료되면 감소할 가능성이 있다. 셋째, 중국의 경제성장은 생산성이 낮은 농업부문으로부터 생산성이 높은 제조업부문으로 근로자들을 이동시킴으로써 이루어졌다. 저임금 농업부문 근로자들의 대규모 공급이 제조업부문 임금을 낮게 유지시키는데 도움을 주었고 중국에게 미국과 여타 고소득 국가들과 비교해 제조업 재화에 대한 비용우위를 제공해 주었다. 중국은 저임금 농업부문 근로자 공급의 상당 부분을 소진시켰고, 이에 따라 제조업 부문 임금이 상승하기 시작했으며 중국의 비용우위가 약화되었다.

또 한 가지 거대하게 나타나는 문제가 인구문제이다. 중국의 출산률이 낮기 때문에 중국은 조만간에 경제활동인구의 감소를 경험할 것이다. 앞으로 20년 동안에 15세와 29세 사이에 속하는 남성과 여성의 인구는 약 1억 명, 즉 약 30% 감소할 것이다. 또한 중국은 젊은 근로자들보다 덜 생산적이고 덜 건강할 가능성이 있는 나이 든 근로자들이 크게 증가하는 경험을 하게 될 것이다. 현재의 추세를 고려하면서 미국 통계국 U.S. Census Bureau은 중국에서 2030년에 20대와 30대 초의 인구가 감소하고 60대 이상의 인구는 크게 증가하며 현재보다 50세 이하의 인구가 감소할 것이라고 예측한다. 중국은 국내 수요가 급속히 증가하면 여전히 기술을 더 광범위하게 적용하는 자동차와 가정설비제품 제조업과 같은 생산성이 높은 산업으로 근로자들을 이동시키는 것을 포함해서 생산성을 증가시킬 잠재적 원천을 가지고 있다. 이러한 요인들이 미래의 성장을 촉진시킬 수 있으나 어느 시점에 중국의 인구문제가 성장을 둔화시킬 수 있다.

아마도 중국에게 가장 어려운 문제는 중국이 진정한 의미의 선거를 허용하지 않고 계속해서 표현의 자유를 제한하는 공산당 중심의 전제정치 국가라는 사실이다. 중국 정부는 안전한 재산권과 법의 지배를 확립해야 한다. 일부 논평자들은 중국에서 정치적 자유의 부재가 궁극적으로 민간 폭동을 발생시킬 수 있고 이것이 성장률을 둔화시킬 수 있다고 믿는다. 민간 폭동이 궁극적으로 발생하든 발생하지 않든지 간에 중국에서 민주주의의 부재가 이미 가까운 미래에 성장을 둔화시킬 수 있는 문제를 발생시키고 있을 수 있다. 공산당 당원들에 의해 통제되는 거대 국유 기업들은 계속해서 정부 보조금을 받고 있다. 그 결과로 일반적으로 생산성이 낮고 세계적으로 경쟁적이지 못한 거대 국유기업들이 생산성이 높은 기업들이 사업을 확장하는데 사용할 수 있는 자금을 받고 있다.

일부 경제학자들은 중국이 총알 열차 bullet train와 같은 물적 자본에 과잉 투자했을 수 있다고 주장한다.

New York University의 경제학자인 Nouriel Roubini는 중국 공산당은 수 십 년 전에 소련 공산당이 저질렀던 실수들의 일부를 반복할 수 있다고 주장한다. 그는 중국 정부가 GDP의 50%나 되는 막대한 투자를 발생시키는 정책들을 채택함으로써 경제의 건전성을 대가로 지불하고 단기 성장을 촉진시킬 수 있다고 주장한다. 그는 다음과 같이 지적한다.

> 중국은 물적 자본, 기간시설, 부동산에 과도하게 투자하고 있다. 이러한 과도한 투자는 방문객에게 번드르르하게 보일 수 있지만 비어 있는 공항과 총알 열차…종착지가 없는 고속도로, 수 천 개의 거대한 새로운 중앙정부와 지방정부 건물, 유령 마

을, 글로벌 가격 폭락을 피하기 위해 폐쇄되어 있는 최신의 알루미늄 제련소에서 분명히 보이고 있다.

중국의 성장은 이미 둔화되는 조짐을 보이고 있다. 2013년의 경제성장률은 1990년 이후 중국이 경험했던 것보다 낮은 성장률이었다.

중국은 경제적 실험을 수행하고 있다. 한 국가가 시민들의 기본적인 정치적 권리를 거부하면서 장기적으로 높은 경제성장률을 유지할 수 있는가?

자료: Pranab Bardhan, "The Slowing of Two Economic Giants," *New York Times*, July 14, 2013; Alex Frangos and Eric Bellman, "China Slump Ripples Globally," *Wall Street Journal*, July 15, 2013; Nicholas Eberstadt, "The Demographic Future," *Foreign Affairs*, Vol. 89, No. 6, November/December 2010, pp. 54 – 4; and Nouriel Roubini, "Beijing's Empty Bullet Trains," *Slate*, April 14, 2011.

이 증가하나 개인들은 얼마만큼의 교육을 구매할 것인지 결정하기 때문에 이러한 생산성 증가가 개인들에 의해 완전히 획득되는 것은 아니라고 주장한다. 따라서 교육이 정부에 의해 지원되지 않으면 시장은 비효율적으로 낮은 수준의 교육과 훈련을 생산할 수 있다. 일부 연구자들은 인적 자본에 수확체증이 존재한다는 증거를 발견할 수 없었으나 많은 경제학자들은 교육에 대한 정부의 보조금 지원이 경제성장을 촉진시키는데 중요한 역할을 한다고 믿는다.

경제성장으로부터 발생되는 소득 증가가 개도국들이 전문가 유출문제를 해결하는데 도움을 줄 수 있다. *전문가 유출 brain drain*은 높은 수준의 교육을 받고 성공한 개인이 고소득 국가로 가기 위해서 개도국을 떠나는 것을 의미한다. 이러한 전문가 유출은 성공한 개인들이 경제적 기회가 국내에서 매우 제한되어 있다고 믿을 때 발생한다. 최근에 인도와 중국의 급속한 경제성장은 더 많은 기업가들, 엔지니어들, 과학자들이 미국이나 여타 고소득 국가들로 떠나기보다는 인도와 중국에 남아 있기로 결정하는 결과를 발생시켰다.

기술변화 촉진 정책

경제성장모델로부터 배울 수 있는 교훈 중 하나는 기술변화가 장기 경제성장을 설명하는데 있어서 자본의 증가보다 더 중요하다는 것이다. 기술에 대한 접근성을 용이하게 하는 정부정책이 저소득 국가들에게 결정적으로 중요하다. 개도국들이 기술에 대한 접근성을 확보하기 위한 가장 쉬운 방법은 해외 기업들이 국내에 새로운 공장을 건설하거나 국내 기업들을 인수하는 해외직접투자를 활용하는 것이다. 인도의 최근 경제성장은 인도 정부가 해외직접투자에 대한 규제를 완화한 것으로부터 크게 도움을 받았다. 이러한 규제 완화가 인도가 Dell, Microsoft와 여타 다국적 기업들이 보유한 기술에 접근할 수 있게 해주었다.

고소득 국가들에서 연구개발에 보조금을 지원하는 정부정책이 기술 발전에 도움을 줄 수 있다. 이미 지적한 것처럼, 미국에서 연방정부는 스스로 일부 연구개발을 수행할 뿐만 아니라 대학의 연구자들에게 연구사금을 제공한다. 연구개발을 수행하는 기업들에 대한 세금부과면제도 기술변화를 촉진시킨다.

저축과 투자 촉진 정책

기업들은 주로 대부자금시장을 통해 사업확장과 연구개발을 위한 자금을 조달한다(제19장 참조). 저축과 투자에 대한 인센티브를 증가시키는 정부정책이 균형 대부자금의 양을 증가시키고 일인당 실질GDP 수준을 증가시킬 수 있다. 예를 들어, 정부는 저축을 증가시키기 위해 세금 인센티브를 사용할 수 있다. 미국에서 많은 근로자들은 은퇴에 대비한 저축을 하기 위해 자금을 401(k)나 403(b) 플랜이나 개인은퇴계정 Individual Retirement Accounts (IRAs)에 넣어둔다. 이러한 계정들에서 발생된 소득은 은퇴 후 인출될 때까지 과세되지 않는다. 이러한 자금은 세금 없이 축적될 수 있기 때문에, 수익률이 증가되고 이것이 저축의 인센티브를 증가시킨다.

또한 정부는 기업들이 *투자세액공제 investment tax credit*를 사용하여 물적 자본에 투자하는 인센티브를 증가시킬 수 있다. 투자세액공제는 기업들이 투자에 지출한 자금의 일부를 과세 대상에서 공제할 수 있게 해준다. 기업들이 이윤에 대하여 지불해야 하는 세금을 감소시켜 주는 것도 투자의 세후 수익률을 증가시킨다.

경제성장은 좋은 것인가 나쁜 것인가?

명시적으로 언급하지 않았지만, 이 장에서는 경제성장은 바람직한 것이고 정부는 성장률을 증가시키는 정책들을 시행해야 한다고 가정했다. 소득이 매우 낮은 국가들의 성장률을 증가시키는 것이 이러한 국가들에 있는 많은 사람들이 견디어야 하는 매일매일의 고통을 완화시키는 데 도움이 된다는 것은 부정할 수 없는 사실이다. 그러나 일부 사람들은 고소득 국가들에서 추가적인 경제성장이 바람직한가에 대해 확신하지 못하고 있다.

추가적인 성장을 반대하는 논거는 경제성장이 환경에 미치는 효과에 대한 우려나 경제성장을 수반한 세계화 과정의 효과에 대한 우려를 반영하고 있다. 1973년에 로마 클럽 Club of Rome이 *성장의 한계 The Limits to Growth*라는 제목을 가진 논란의 여지가 있는 책을 출판했다. 이 책은 공해의 증가와 석유와 같은 천연자원의 고갈 때문에 미국과 여타 고소득 국가들에서 경제성장이 중지될 수 있다고 예측했다. 이러한 극단적인 예측은 아직 실현되지 않았지만, 많은 사람들은 경제성장이 지구온난화, 산림파괴, 여타 환경문제들을 발생시킬 수 있다는 점을 우려하고 있다.

제26장에서는 세계화에 대한 반대 논거들이 논의될 것이다. 일부 사람들은 수입되는 식품, 의류, 영화, 여타 재화들이 국내에서 생산되는 재화들을 대체함에 따라 세계화가 많은 국가들의 독특한 문화를 손상시킬 수 있다는 점을 지적한다. 해외직접투자를 허용하는 것이 저소득 국가들이 최신 기술에 접근할 수 있는 중요한 통로라는 점을 살펴보았다. 그러나 일부 사람들은 저소득 국가들에서 다국적 기업들이 매우 낮은 임금을 지급하고 고소득 국가들에서 준수해야 하는 안전과 환경 규제들을 준수하지 않는 비윤리적인 행동을 한다고 믿는다.

많은 기타 규범적인 질문들에 대한 경제 분석이 경제성장의 귀결에 관한 정치적 논쟁에 도움을 줄 수 있으나 제기된 쟁점들을 해결할 수는 없다.

결론

인류 역사의 대부분 기간 동안, 대부분의 사람들은 생존하기 위해 분투해야만 했다. 오늘날에도 전 세계 인구의 1/2 이상은 극심한 가난 속에서 살고 있다. 오늘날 국가들 간 생활수준의 차이는 수십 년 동안 이루어진 매우 다른 경제성장률의 차이에 의해 발생된 결과이다. 경제성장모델에 의하면, 근로시간당 자본량의 증가와 기술의 향상이 근로시간당 실질GDP의 성장률과 한 국가의 생활수준을 결정한다. 더 높은 생활수준에 이르게 하는 것은 간단하다. 법의 지배를 확립하고 기본적인 교육과 전 국민에 대한 의료서비스를 제공하며 근로시간당 자본량을 증가시키고 가장 좋은 기술을 채택하며 세계 경제에 참여하는 것이다. 그러나 많은 국가들의 경우 이러한 정책들을 시행하는 것이 매우 어려운 것으로 판명되었다.

무엇이 경제성장률을 결정하는지를 논의했으므로 이제 다음 장들에서는 왜 경제가 생산량, 고용, 인플레이션의 단기 변동을 경험하는지에 대한 질문들을 살펴볼 것이다.

주요용어

추격현상 catch-up
경제성장모델 economic growth model
해외직접투자 foreign direct investment (FDI)
해외포트폴리오투자 foreign portfolio investment
세계화 globalization
인적 자본 human capital
산업혁명 industrial revolution
노동생산성 labor productivity
신성장이론 new growth theory
특허 patent
근로자 일인당 생산함수 per-worker production function
재산권 property rights
법의 지배 rule of law
기술변화 technological change

연습문제

*복습질문

1. 왜 한 국가의 경제성장률이 중요한가?

2. 2003년과 2013년 기간 동안 실질GDP의 총 퍼센트 증가와 실질GDP의 연평균 성장률의 차이점을 설명하라.

3. 근로자 일인당 생산함수를 사용하면서, 기술수준이 일정한 경우에 근로시간당 자본량의 증가가 근로시간당 실질GDP에 미치는 효과를 보여라. 또한 근로자 일인당 생산함수를 사용하면서, 근로시간당 자본량이 일정한 경우 기술수준의 향상이 근로시간당 실질GDP에 미치는 효과를 보여라.

4. 자본에 대한 수확체감이 경제성장에 미치는 효과는 무엇인가? 자본에 대한 수확체감이 존재하는데도 불구하고 일부 경제는 어떻게 높은 경제성장률을 유지할 수 있는가?

5. *신성장이론 new growth theory*은 무엇인가? 신성장이론은 Robert Solow에 의해 개발된 성장이론과 어떻게 다른가?

6. 왜 기업들이 연구개발에 대한 투자를 과소하게 할 가능성이 있는가? 정부정책이 지식자본 knowledge capital의 축적을 증가시킬 수 있는 3가지 방법을 간략히 논의하라

7. 왜 경제전체 수준에서 물적 자본은 수익체감을 경험하는 반면 지식자본은 수익체증을 경험하는가?

8. 왜 경제성장모델은 일인당 소득기준으로 가난한 국가들이 부유한 국가들을 추격할 것이라고 예측하는가? 가난한 국가들이 부유한 국가들을 추격했는가?

9. 어떤 측면에서 유럽 국가들과 같은 고소득 국가들보다 미국에서 노동시장이 더 신축적이고 금융시스템이 더 효율적인가? 노동시장이 더 신축적이고 금융시장이 더 효율적인 것이 어떻게 더 높은 일인당 실질GDP의 성장률을 발생시키는가?

10. 많은 가난한 국가들이 완만한 성장을 경험했던 주요한 이유들은 무엇인가?

11. *세계화 globalization*는 무엇을 의미하는가? 개도국들은 어떻게 세계화로부터 혜택을 받는가?

12. 경제성장을 촉진시킬 수 있는 3가지 정부정책을 간략히 설명하라.

13. 경제성장이 항상 경제적 후생수준을 증가시킬 것이라는 결론에 도달할 수 있는가? 간략히 설명하라.

*문제와 응용

1. 다음의 질문들에 답하기 위해 아래의 표에 정리되어 있는 실질GDP 데이터를 사용하라. 표에 있는 수치들은 각 국가의 국내통화로 측정된 것이다.

국가	2009	2010	2011	2012
Brazil	1,034	1,112	1,142	1,152
Mexico	8,378	8,823	9,168	9,530
Thailand	4,263	4,596	4,600	4,896

a. 어떤 국가가 2010년 동안 가장 높은 경제성장률을 경험했는가?

b. 어떤 국가가 2010년과 2012년 사이에 가장 높은 연평균 경제성장률을 경험했는가?

c. 당신이 a와 b에 답하는데 각 국가의 실질GDP가 서로 다른 통화로 측정된 것이 문제가 되는가? 간략히 설명하라.

2. Andover Bank와 Lowell Bank는 1년 만기 예금증서(CD)를 판매한다. 3년 기간 동안 이러한 예금증서에 대한 이자율은 아래의 표와 같다.

은행	2014	2015	2016
Andover Bank	5%	5%	5%
Lowell Bank	2%	6%	7%

당신이 2014년 초에 각 은행에 CD로 $1,000을 예금한다고 하자. 당신은 2014년 말에 $1,000과 이자를 받고 다음 연도 동안 $1,000과 이자를 투자한다. 당신은 2015년 말에 이러한 일을 다시 한다. 2016년 말에 당신은 Andover Bank의 CD로부터 더 많이 버는가 Lowell Bank의 CD로부터 더 많이 버는가? 간략히 설명하라.

3. 다음중 어떤 것이 중국의 근로자 일인당 생산함수 상의 이동을 발생시키고 어떤 것이 중국의 근로자 일인당 생산함수의 이동을 발생시키는가? 간략히 설명하라.

a. 근로시간당 자본량이 근로시간당 200yuan에서 250yuan으로 증가한다.

b. 중국 정부가 대학 연구를 지원하기 위한 지출을 2배 증가시킨다.

c. 중국의 학교 시스템 개혁이 더 잘 훈련된 근로자들을 배출한다.

4. 아래의 그림을 사용하면서 다음의 질문들에 답하라. 각 경우에 당신의 답을 간략히 설명하라.

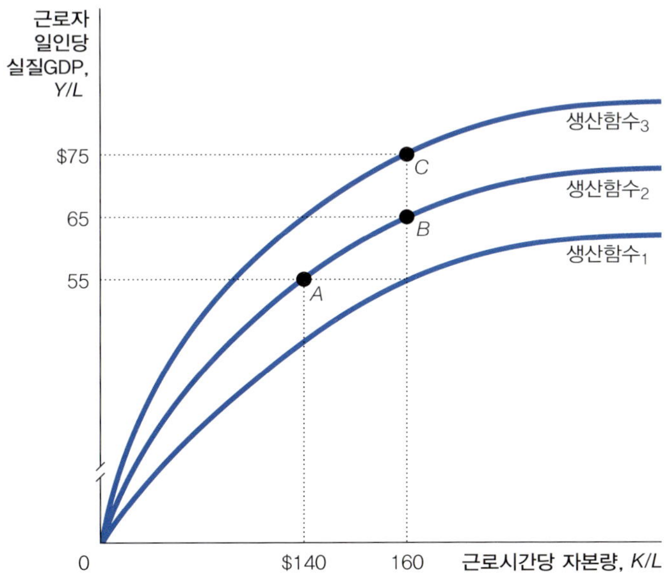

a. 다음의 진술은 옳은가 틀리는가? 점A로부터 점B로의 이동은 기술변화의 효과를 보여준다.

b. 다음의 진술은 옳은가 틀리는가? 자본에 대한 수확체감이 존재하면, 경제는 점B로부터 점C로 이동할 수 있다.

c. 다음의 진술은 옳은가 틀리는가? 점A에서 점C로 이동하기 위해서는 경제가 근로시간당 자본량을 증가시키고 기술변화를 경험해야 한다

5. 왜 기업가의 역할이 전통적인 경제성장모델에서보다 신성장이론에 훨씬 더 중요한가?

6. 아래의 표에 정리되어 있는 데이터가 추격현상에 대한 경제성장모델의 예측을 지지하는지 간략히 설명하라.

국가	1960년 일인당 실질GDP (2005 달러 기준)	1960-2010년 기간 동안 일인당 실질GDP의 연평균 성장률
China	$331	6.33%
Uganda	657	1.04
Madagascar	1,051	-0.80
Ireland	7,223	3.20
United States	15,398	2.00

자료: Authors' calculations from data in Alan Heston, Robert Summers, and Bettina Aten, *Penn World Table Version 7.1*, Center for International Comparisons of Production, Income and Prices at the University of Pennsylvania, November 2012.

7. 아래의 그림에서 각 점은 한 국가의 처음 일인당 실질 GDP 수준과 일인당 실질GDP 성장률을 나타낸다.

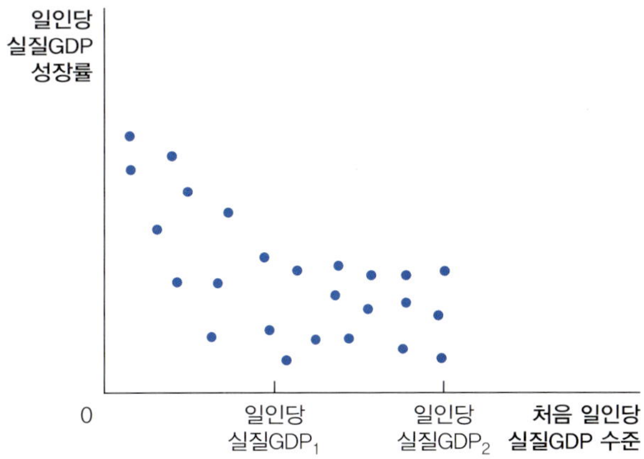

a. 0부터 일인당 실질GDP$_2$까지의 처음 일인당 실질GDP 범위에서 이 그림은 추격현상에 대한 경제성장모델의 예측을 지지하는가? 간략히 설명하라.

b. 0부터 일인당 실질GDP_1까지의 처음 일인당 실질GDP 범위에서 이 그림은 추격현상에 대한 경제성장모델의 예측을 지지하는가? 간략히 설명하라.

c. 일인당 실질GDP_1부터 일인당 실질GDP_2까지의 처음 일인당 실질GDP 범위에서 이 그림은 추격현상에 대한 경제성장모델의 예측을 지지하는가? 간략히 설명하라.

8. 아래의 정책들 중 어떤 것이 미국의 경제성장률을 증가시킬 가능성이 있는지 간략히 설명하라.

a. 미국 의회가 기업이 새로운 기계와 설비를 설치하는 경우 세금을 삭감시켜 주는 투자세액공제 법안을 통과시킨다.

b. 미국 의회가 대학생들에게 저이자 대출을 위한 자금을 더 많이 제공한다.

9. 저소득 국가들보다 고소득 국가들의 일부 사람들이 급속한 경제성장은 바람직하지 않다고 믿는다. "정상재 normal good"의 개념을 기억해 보라. 이러한 개념이 왜 고소득 국가들의 일부 사람들이 저소득 국가들의 사람들보다 급속한 경제성장의 결과에 대해 더 우려하는지에 대한 통찰력을 제공해 주는가? 간략히 설명하라.

CHAPTER

21 단기 총지출과 총생산

이 장의 학습내용

21.1 총지출모델
- 총지출모델에서 거시경제균형이 어떻게 결정되는지 이해한다.

21.2 총지출 수준의 결정
- 총지출의 4가지 구성요소를 결정하는 요인들을 논의하고 한계소비성향과 한계저축성향을 정의한다.

21.3 거시경제균형을 그림으로 나타내기
- 거시경제균형을 그림으로 나타내기 위해 45도선을 사용한다.

21.4 승수효과
- 승수효과를 설명하고 균형 실질GDP의 변화를 계산하기 위해 승수 공식을 사용한다.

21.5 총수요곡선
- 총수요곡선과 총지출 간의 관계를 이해한다.

부록 거시경제균형의 수학적 도출
- 거시경제균형을 나타내는 식을 도출한다.

수요의 변동은 Intel과 여타 기업들에게 도움이 되기도 하고 해가 되기도 한다.

Robert Noyce와 Gordon Moore는 1968년에 Intel을 창업했다. 오늘날, Intel은 세계 최대 반도체회사이자 Dell, Apple, Lenovo, Hewlett-Packard와 여타 컴퓨터 회사들이 판매하는 데스크탑 컴퓨터와 랩탑 컴퓨터를 작동시키는 마이크로프로세서와 메모리칩의 주요 공급자이다. 현재까지 Intel의 성공은 컴퓨터 시장이 좋았기 때문이었다. 이 회사는 2가지 문제에 직면해 있다. 첫째, 최근에 많은 소비자들과 일부 기업들이 인터넷 접속을 위해 태블릿과 스마트폰을 사용하면서 컴퓨터의 판매가 감소하고 있다. 둘째, 컴퓨터의 판매는 경기확장기에는 증가하고 경기후퇴기에는 감소하기 때문에 Intel은 경기변동의 변화에 취약하다. 특히 Intel은 2007~2009년의 경기후퇴에 의해 타격을 입었다. 2008년 마지막 분기 Intel의 수입은 90%나 감소했고 6,000명의 근로자들이 해고되었다.

미국 경제가 경기후퇴로부터 회복됨에 따라 Intel은 2010년에 다시 회생했다. 특히 중국과 신흥경제국 시장에서 나타난 컴퓨터와 여타 기술기반 제품들에 대한 수요 증가가 Intel이 컴퓨터 회사들에게 판매하는 반도체칩에 대한 수요를 증가시켰다. Intel의 매출은 2011에도 계속해서 증가했으나 2012년에 예상치 않은 미국 실질GDP의 완만한 성장 때문에 Intel의 수입은 감소했다.

여타 기업들도 2007~2009년 경기후퇴로 부터의 실망스러운 완만한 회복 때문에 고통을 겪었다. 경기후퇴가 종료된 지 거의 3년이 지난 후에 투자회사인 Gluskin Sheff사에서 근무하는 한 이코노미스트는 "이것은 제2차 세계대전 이후에 가장 약한 회복세다"라고 언급했다. 오하이오 주에 있는 한 철강회사인 Worthington Industries사는 경기후퇴가 종료된 후에 수입이 증가하였으나 새로운 근로자를 고용하고 새로운 공장을 건설하는 데 신중한 태도를 취하고 있는 많은 회사들 중 전형적인 한 회사이다. 이 회사의 최고재무경영자는 "여전히 시장에 초과 생산능력이 존재하고 있다…새로운 공장을 건설하는 것을 지지할 수 있는 미래 수요에 대한 충분한 확신이 없다"고 설명했다.

이러한 기업들은 *총지출 aggregate expenditure*의 변화에 반응한다. 이 장에서는 총지출의 변화가 경제의 총생산 수준에 어떻게 영향을 미치는지 살펴볼 것이다.

자료: Don Clark and Shira Ovide, "Lenovo Takes PC Sales Crown from H-P as Market's Slump Worsens," *Wall Street Journal*, July 11, 2013; Kathryn Glass, "Intel's Quarterly Results Beat Expectations," FOXBusiness.com, July 20, 2011; Ben Casselman and Nick Timiraos, "Economic Reports Fan Fears," *Wall Street Journal*, April 19, 2012; and Ben Casselman, "Jobs Get Posted, Few Get Filled," *Wall Street Journal*, June 21, 2012.

총지출
aggregate expenditure(AE)
경제의 총지출로 소비, 의도된 투자, 정부구매, 순수출의 합.

제20장에서는 경제의 장기적 성장을 결정하는 요인들을 분석했다. 이 장에서는 총지출의 변화가 실질GDP에 미치는 효과를 검토하면서 경기변동의 원인을 살펴본다. 어떤 기간 동안에는 경제의 **총지출 aggregate expenditure(*AE*)**과 재화와 서비스의 총생산은 같은 크기만큼 증가한다. 만일 이러한 일이 발생하면, 대부분의 기업들은 그들이 판매할 것으로 예상한 양을 판매할 것이고 이에 따라 생산량이나 근로자 수를 증가시키거나 감소시키지 않을 것이다. 다른 기간 동안에는 경제의 총지출이 재화와 서비스의 총생산보다 더 많이 증가한다. 이러한 기간 동안에 기업들은 생산량을 증가시키고 더 많은 근로자들을 고용할 것이다. 그러나 총지출이 총생산만큼 증가하지 않는 2008년과 2009년 초와 같은 기간도 존재한다. 그 결과로 기업들은 생산량을 줄이고 근로자들을 해고하며 경제는 경기후퇴 상황으로 이행한다. 이 장에서는 왜 총지출의 변화가 경제에서 이렇게 중요한 역할을 하는지 살펴본다.

21.1. 총지출모델

총지출모델
aggregate expenditure model
물가수준이 일정하다고 가정하면서, 총지출과 실질GDP 간의 단기적 관계에 초점을 맞추고 있는 거시경제모델.

경기변동은 많은 경제변수들의 상호작용을 수반한다. *총지출모델 aggregate expenditure model*이라고 부르는 간단한 모델이 일부 경제변수들 간의 관계를 이해하기 시작하는데 도움을 줄 수 있다. 제17장에서 GDP는 특정한 연도 동안 경제에서 생산된 모든 최종 재화와 서비스의 가치라고 배운 것을 기억하라. 실질GDP는 인플레이션 효과를 고려하여 명목GDP를 조정한 것이다. **총지출모델 aggregate expenditure model**은 총지출과 실질GDP 간의 단기적 관계에 초점을 맞추고 있다. 이 모델에서 하나의 중요한 가정은 물가수준이 일정하다는 것이다. 제22장에서 일정한 물가수준 가정을 완화한 보다 더 완전한 경기변동모델이 개발될 것이다.

총지출모델의 핵심 아이디어는 *특정한 연도의 GDP 수준은 전적으로 총지출 수준에 의해서 결정된다*는 것이다. 총지출과 실질GDP 간의 관계를 이해하기 위해 총지출의 구성 요소들을 더 면밀하게 살펴볼 필요가 있다.

총지출

경제학자들은 1930년대의 대공황기 동안 처음으로 총지출 변화와 실질GDP 변화 간의 관계를 연구하기 시작했다. 미국, 영국, 여타 선진국들은 1930년대 초에 20% 이상의 실질GDP 감소로 고통을 겪었다. 1936년에 영국의 경제학자인 John Maynard Keynes는 총지출 변화와 실질GDP 변화 간의 관계를 체계적으로 분석한 책인 *고용, 이자와 화폐에 관한 일반이론 The General Theory of Employment, Interest, and Money*을 출간했다. 케인즈는 총지출을 구성하는 4가지 요소를 찾아냈고 이러한 4가지 요소들의 합이 실질GDP와 같다는 것을 발견했다(이러한 요소들은 제17장에서 논의했던 4가지 요소들과 같다).

- *소비*(*C*). 이것은 자동차와 이발과 같은 재화와 서비스에 대한 가계들의 지출이다.
- *의도된 투자*(*I*). 이것은 공장, 사무실 빌딩, 기계 공구와 같은 자본재에 대한 기업들의 의도된 지출과 신규주택에 대한 가계들의 의도된 지출이다.
- *정부구매*(*G*). 이것은 항공기, 다리, FBI요원들의 연봉과 같은 재화와 서비스에 대한 정부의 지출이다.
- *순수출*(*NX*). 이것은 미국에서 생산된 재화와 서비스에 대한 외국 기업들과 가계들의 지출에서 여타 국가들에서 생산된 재화와 서비스에 대한 미국 기업들과 가계들의 지출을 뺀 것이다.

따라서 총지출은 다음과 같이 나타낼 수 있다.

$$\text{총지출} = \text{소비} + \text{의도된 투자} + \text{정부구매} + \text{순수출},$$

또는

$$AE = C + I + G + NX$$

전 세계의 정부들은 이러한 4가지 구성요소들에 기초하여 총지출에 관한 통계를 집계한다. 경제학자들과 기업 애널리스트들은 일반적으로 이러한 4가지 구성요소들의 변화에 의해 실질GDP의 변화를 설명한다.

의도된 투자와 실제 투자의 차이

총지출과 실질GDP 간의 관계를 살펴보기 전에, 한 가지 중요한 차이를 구별할 필요가 있다. 실제 투자지출이 아닌 *의도된 planned* 투자지출이 총지출의 구성요소라는 점에 주목하라. 당신은 어떻게 기업이 투자로 지출하기로 계획한 금액이 실제로 지출한 금액과 다를 수 있는지를 의아하게 생각할 수 있다. 생산되었으나 아직 판매되지 않은 재화를 **재고 inventories**라고 부른다는 것을 기억함으로써 이 수수께끼를 풀 수 있다. 재고의 변화는 기계, 설비, 사무실 빌딩, 공장에 대한 지출과 마찬가지로 투자지출의 한 부분으로 포함된다. 기업이 기계와 사무실 빌딩에 지출하기로 계획한 금액은 실제로 지출한 금액과 일치하나 기업이 재고에 지출하기로 계획한 금액은 실제로 지출한 금액과 다를 수 있다고 가정한다.

재고 inventories 생산되었으나 아직 판매되지 않은 재화.

예를 들어, Doubleday Publishing사는 인쇄한 책이 모두 팔릴 것이라고 예상하고 John Grisham이 쓴 소설을 150만 부 인쇄할 수 있다. 만일 Doubleday Publishing사가 150만 부 모두 판매하면 이 회사의 재고는 변화하지 않을 것이나, 만일 120만 부만 판매하면, 의도되지 않은 재고 증가가 이루어질 것이다. 달리 말하면, 재고의 변화는 기업이 재화의 판매량을 완전히 정확하게 예측할 수 없기 때문에 발생한다.

경제 전체적으로 보면, 의도되지 않은 재고 증가가 있을 때 실제 투자지출은 의도된 투자지출보다 적을 것이다. 의도되지 않은 재고 감소가 있을 때, 실제 투자지출은 의도된 투자지출보다 클 것이다. 따라서 *의도되지 않은 재고 변화가 없을 때에만 실제 투자지출은*

의도된 투자지출과 일치한다. 이 장에서 의도된 투자를 나타내기 위해서 I가 사용된다. 또한 정부가 집계하는 투자지출에 관한 데이터는 의도된 투자지출을 나타낸다고 가정한다. 그러나 정부가 의도되지 않은 재고 변화가 0일 때에만 의도된 투자지출과 일치하는 실제 투자지출에 관한 데이터를 수집할 수 있기 때문에 이러한 가정은 논의를 단순하게 하기 위해 도입된 것이다.

거시경제균형

거시경제균형은 미시경제균형과 유사하다. 미시경제학에서 사과시장의 균형은 사과 수요량과 사과 공급량이 일치하는 점에서 발생한다. 사과시장이 균형일 때, 사과에 대한 수요나 사과의 공급이 변화하지 않으면, 생산되어 판매되는 사과의 양은 변화하지 않을 것이다. 경제 전체의 경우, 거시경제균형은 총지출이 총생산, 즉 실질GDP와 일치할 때 발생한다.

$$\text{총지출} = \text{실질GDP}$$

제20장에서 살펴본 것처럼, *장기적으로* 미국의 실질GDP는 증가하고 생활수준은 향상된다. 이 장에서는 왜 실질GDP가 *단기적으로* 변동하는지를 이해하는데 관심을 가진다. 거시경제균형에 관한 분석을 단순하게하기 위해, 경제는 성장하지 않는다고 가정한다. 제22장에서는 보다 더 현실적인 경우인 성장하는 경제의 거시경제균형을 논의한다. 경제가 성장하지 않는다는 가정 하에서, 총지출이 변화하지 않는다면 균형 실질GDP도 변화하지 않을 것이다.

거시경제균형의 조정

어떤 때는 사과 수요량이 사과 공급량보다 크고 어떤 때는 사과 공급량이 사과 수요량보다 크기 때문에 사과시장은 항상 균형 상태에 있는 것은 아니다. 이러한 결과가 경제 전체의 경우에도 성립한다. 어떤 때는 경제가 거시경제균형 상태에 있고 어떤 때는 거시경제균형 상태에 있지 않다. 총지출이 실질GDP보다 클 때, 경제의 총지출은 총생산보다 크다. 총지출이 총생산보다 크면, 많은 기업들은 판매할 수 있을 것이라고 예상한 것보다 더 많은 재화와 서비스를 판매하게 될 것이다. 예를 들어, 한 Home Depot의 경영자는 소비자들에게 서로 다른 모델을 볼 수 있는 기회를 주기 위해 50개의 냉장고를 재고로 보유하기 원한다고 하자. 만일 냉장고의 판매가 예상보다 더 많으면, 이 Home Depot는 20개의 냉장고만을 재고로 보유하게 될 수 있다. 이 경우에 이 Home Depot에서 의도되지 않은 재고 감소가 이루어질 것이다. 이 Home Depot의 냉장고 재고는 30개 감소할 것이다.

예상보다 더 많은 냉장고가 판매될 때 이 Home Depot의 경영자는 어떻게 반응하는가? 이 경영자는 더 많은 냉장고를 주문할 것이다. 만일 냉장고를 판매하는 다른 점포들도 이와 유사한 판매 증가를 경험하고 마찬가지로 그들의 주문을 증가시키면, General Electric, Whirlpool과 여타 냉장고 제조회사들은 그들의 생산을 증가시킬 것이다. 또한 이 회사들이 고용하는 근로자의 수도 증가할 것이다. 만일 이러한 판매의 증가가 냉장고뿐만 아니라 다른 가정설비제품, 자동차, 가구, 컴퓨터, 기타 재화와 서비스에 영향을 미치면, 실질GDP와 고용은 증가하기 시작할 것이다. 요약하면, *총지출이 실질GDP보다 클 때, 재고는 감소하고 실질GDP와 고용은 증가한다.*

이제 총지출이 실질GDP보다 적다고 하자. 총지출이 총생산보다 적으면, 많은 기업들은 판매할 것으로 예상한 것보다 더 적은 재화와 서비스를 판매하게 될 것이다. 예를 들어, 재고로 50개의 냉장고를 보유하기 원하는 한 Home Depot의 경영자는 판매 부진 때문에 재고로 75대의 냉장고를 가지게 될 것이고 이에 따라 냉장고에 대한 주문을 감소시킬 것이다. 만일 다른 점포들도 그들의 주문을 감소시키면, General Electric, Whirlpool과 여타 냉장고 제조회사들은 생산을 감소시키고 근로자들을 해고할 것이다.

만일 이러한 판매의 감소가 냉장고뿐만 아니라 많은 다른 재화와 서비스에 영향을 미치면, 실질GDP와 총고용은 감소하기 시작할 것이다. 2008년에 이러한 일들이 많은 기업들에서 발생했다. 요약하면, *총지출이 실질GDP보다 적을 때, 재고는 증가하고 실질GDP와 고용은 감소한다.*

총지출이 실질GDP와 일치할 때에만 기업들은 판매할 것으로 예상한 만큼 판매하게 될 것이다. 이 경우에, 그들의 재고는 변화하지 않을 것이고 그들은 생산을 증가시키거나 감소시킬 인센티브를 가지지 못할 것이다. 이 경우에 경제는 거시경제균형에 있게 될 것이다. [표 21.1]은 총지출과 실질GDP 간의 관계를 요약한 것이다.

총지출의 증가와 감소는 실질GDP의 변화를 발생시킨다. 경제학자들은 총지출의 각 구성요소에 어떤 일이 발생할 것인지를 예측하는데 상당한 시간과 노력을 바친다. 경제학자들이 총지출이 미래에 감소할 것이라고 예측하면, 이것은 실질GDP가 감소할 것이고 경제는 경기후퇴로 진입할 것이라고 예측하는 것과 같다. 실질GDP의 변화는 극적인 결과를 발생시킬 수 있기 때문에, 개인들과 기업들은 이러한 예측에 면밀하게 주의를 기울인다. 실질GDP가 증가할 때 임금, 이윤, 일자리는 증가한다. 실질GDP의 감소는 근로자들, 기업들, 일자리 찾는 근로자들에게 나쁜 소식이 될 수 있다.

경제학자들이 총지출이 감소할 가능성이 있고 경제가 경기후퇴로 이행하고 있다고 예측할 때, 정부는 총지출의 감소를 막고 경제가 경기후퇴 상황으로 이행하는 것을 막기 위해 *거시경제정책 macroeconomic policies*을 시행할 수 있다. 제24장과 제25장에서 이러한 거시경제정책에 대하여 논의할 것이다.

표 21.1 총지출과 실질GDP 간의 관계

조건	재고의 변화	결과
총지출이 실질GDP와 일치하면	재고는 변화하지 않고	경제는 거시경제균형 상태이다.
총지출이 실질GDP보다 적으면	재고는 증가하고	실질GDP와 고용은 감소한다.
총지출이 실질GDP보다 크면	재고는 감소하고	실질GDP와 고용은 증가한다.

21.2. 총지출수준의 결정

총지출모델에서 거시경제균형이 어떻게 결정되는지 더 잘 이해하기 위해 총지출의 구성요소들을 더 상세하게 살펴보도록 하자. [표 21.2]에는 2012년 총지출의 4가지 구성요소들이 제시되어 있다. 각 요소는 실질기준으로 측정되어 있다. 이것은 2009년 10억 달러 기준으로 인플레이션에 대해 조정된 것이라는 것을 의미한다. 소비는 명백히 총지출에서 가장 큰 요소이다. 투자와 정부구매는 거의 같은 규모이다. 1970년대 초 이후 대부분의 연도들의 경우처럼 2012년에 미국은 수출한 것보다 더 많은 재화와 서비스를 수입했기 때문에 순수출의 값은 마이너스였다. 이어서 총지출의 4가지 구성요소 각각을 결정하는 변수들을 살펴보도록 하자.

표 21.2 2012년 실질 총지출의 구성요소

지출요소	실질 지출(2009년 10억 달러 기준)
소비	$10,518
의도된 투자	2,436
정부구매	2,963
순수출	−431

자료: U.S. Bureau of Economic Analysis.

소비

[그림 21.1]은 1979년부터 2013년 2분기까지 실질소비의 변화추이를 보여준다. 소비가 완만한 증가 추세를 보인다는 점에 주목하라. 경기후퇴기에 소비의 증가율은 감소한다.

소비수준을 결정하는 가장 중요한 5가지 변수는 다음과 같다.

- 현재 처분가능소득
- 가계 재산
- 예상되는 미래 소득
- 물가수준
- 이자율

이제 이러한 변수들 각각의 변화가 소비에 어떻게 영향을 미치는지 논의하도록 하자.

현재 처분가능소득 소비의 가장 중요한 결정요인은 가계의 현재 처분가능소득이다. 제17장에서 처분가능소득은 개인소득세를 납부하고 사회보장지급과 같은 정부의 *이전지*

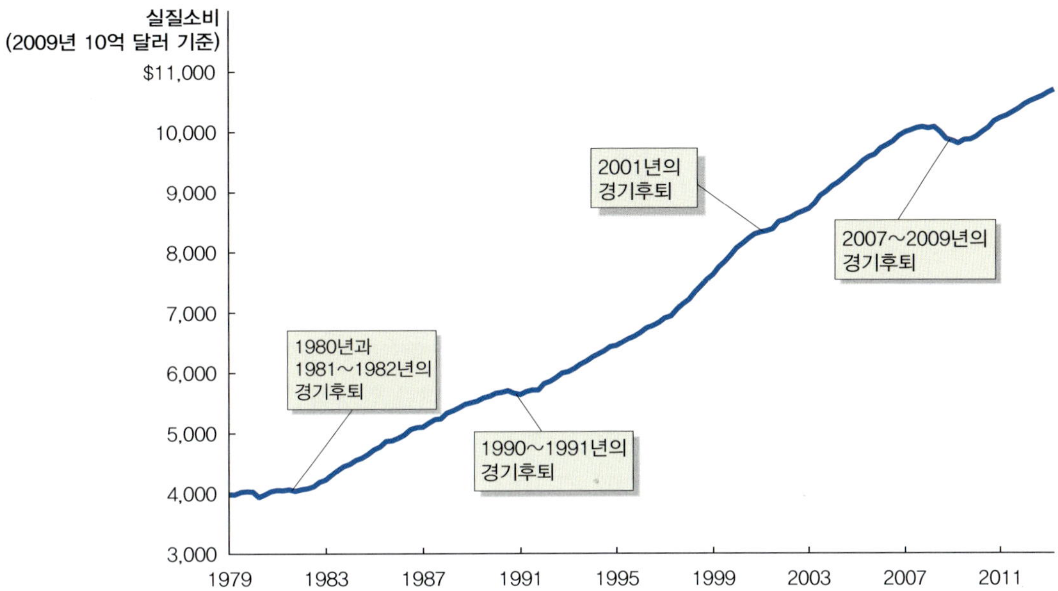

그림 21.1

실질소비의 변화추이

소비는 완만한 증가 추세를 보이나 경기후퇴기에 종종 그 증가세가 감소된다.
주: 실질소비는 연율로 계절조정된 분기 데이터이다.
자료: U.S. Bureau of Economic Analysis.

급 *transfer payments*을 받은 후 가계가 처분할 수 있는 소득이라고 배운 것을 기억하라. 대부분 가계의 경우 처분가능소득이 높을수록 더 많이 소비하고 처분가능소득이 낮을수록 더 적게 소비한다. 경제 전체의 소비는 미국 가계들의 모든 소비를 합한 것과 같다. 따라서 가계들의 현재 처분가능소득이 증가할 때 소비는 증가하고 가계들의 현재 처분가능소득이 감소할 때 소비는 감소한다. 제17장에서 논의한 것처럼 미국의 총소득은 대부분의 연도들에서 증가한다. 가끔 발생되는 경기후퇴기에만 총소득은 감소한다. [그림 21.1]에서 보는 것처럼 소비의 일반적인 증가 추세가 발생되는 이유는 처분가능소득이 이와 유사한 증가 추세를 보이기 때문이다.

가계 재산 소비는 부분적으로 가계의 재산에 의존한다. 가계의 *재산 wealth*은 가계가 보유한 *자산 assets*의 가치에서 *부채 liabilities*의 가치를 뺀 것이다. 제14장에서 자산은 개인이나 기업이 소유한 가치가 있는 것이고 부채는 개인이나 기업이 갚아야 하는 것이라고 배운 것을 기억하라. 가계의 자산으로는 집, 주식과 채권 보유액, 은행예금이 있다. 가계의 부채로는 갚아야 하는 대출이 있다. 두 가계가 같은 처분가능소득을 가지고 있더라도 재산으로 $1,000만을 가지고 있는 가계가 재산으로 $1만을 가지고 있는 가계보다 더 많이 지출할 가능성이 있다. 따라서 가계들의 재산이 증가할 때, 소비는 증가하고 가계들의 재산이 감소할 때 소비는 감소한다. 주식은 가계 재산의 중요한 항목이다. 주가가 상승할 때, 가계 재산은 증가하고 이에 따라 소비가 증가한다. 예를 들어, 주식 보유액이 $5만에서 $10만으로 증가하는 가계는 추가적인 저축에 덜 관심을 가지게 되기 때문에 소득 중에서 더 많은 비중을 기꺼이 지출할 수 있다. 소비의 결정요인을 연구한 경제학자들은 재산의 영구적 증가가 재산의 일시적 증가보다 소비에 더 큰 영향을 미친다고 결론지었다. 재산의 변화가 소비 지출에 미치는 효과에 대한 최근 추정치는 가계 재산의 1달러 영구적 증가가 소비지출을 4~5센트 증가시킨다고 제시한다.

예상되는 미래 소득 소비는 부분적으로 예상되는 미래 소득에 의존한다. 대부분의 사람들은 소득이 크게 변동하더라도 소비를 안정적인 수준으로 유지하기 원한다. 예를 들어, 일부 판매원들은 판매하는 제품가격의 일정 퍼센트로 책정된 수수료로 소득의 대부분을 번다. 한 판매원이 어떤 연도에는 높은 소득을 벌 수 있으나 다른 연도에는 훨씬 더 낮은 소득을 벌 수 있다. 이러한 상황에 처해 있는 사람들은 소비를 일정한 수준에서 유지시키기 위해 소득이 높은 연도에 소비를 증가시키지 않으며 소득이 낮은 연도에 소비를 감소시키지 않는다. 이러한 상황에 처해 있는 사람의 현재 소득만 고려한다면 이 사람의 현재 소비를 추정하기 어려울 수 있다. 그 대신, 이 사람의 예상되는 미래 소득을 고려해야 할 필요가 있다. 따라서 *현재 소득이 예상되는 미래 소득에 비해 예외적으로 높거나 낮지 않을 때에만* 현재 소득은 현재 소비를 잘 설명한다고 결론내릴 수 있다.

물가수준 제18장에서 *물가수준 price level*은 경제에 있는 재화들과 서비스들의 평균 가격을 측정한다고 배운 것을 기억하라. 소비는 물가수준의 변화에 영향을 받는다. 단순히 가격들의 상승은 재화와 서비스를 더 적게 구매하게 만들기 때문에 소비를 감소시킬 것이라고 생각하기 쉽다. 실제로 한 재화의 가격 상승이 이 재화의 수요량에 미치는 효과는 물가수준의 상승이 재화와 서비스에 대한 가계들의 총지출에 미치는 효과와는 다르다. 물가수준의 변화는 주로 가계 재산에 미치는 효과를 통해서 소비에 영향을 미친다. 물가수준의 상승은 가계 재산의 실질 가치를 감소시킨다. 예를 들어, 만일 당신이 당좌예금으로 $2,000을 가지고 있다면, 물가수준이 높아질수록 당신이 그 돈으로 구매할 수 있는 재화와 서비스의 양은 더 적어진다. 따라서 물가수준이 상승함에 따라, 가계 재산의 실질 가치는 감소하고 이에 따라 소비가 감소할 것이다. 이와는 반대로 물가수준이 하락하면 소비가 증가할 것이다.

이자율 마지막으로 이자율이 소비에 영향을 미친다. 이자율이 높을 때, 저축에 대한 보상이 증가하고 가계들은 더 많이 저축하고 더 적게 지출할 가능성이 있다. 제18장에서 *명목이자율 nominal interest rate*과 *실질이자율 real interest rate*의 차이에 대해 논의했다. 명목이자율은 대출이나 채권과 같은 금융상품의 약정된 이자율이다. 실질이자율은 인플레이션의 효과를 고려하여 명목이자율을 조정한 이자율이고 명목이자율에서 인플레이션율을 뺀 것과 같다. 가계들은 인플레이션의 효과를 고려한 후에 지불하거나 지급받는 것에 대해 관심을 가지고 있기 때문에 실질이자율이 소비지출에 영향을 미친다.

제17장에서 살펴본 것처럼 소비지출은 3가지 범주, 즉 의료, 교육, 이발과 같은 *서비스 services*에 대한 지출, 식품과 의류 같은 *비내구재 nondurable goods*에 대한 지출, 자동차와 가구 같은 *내구재 durable goods*에 대한 지출로 나누어진다. 높은 실질이자율은 차입에 의해 조달된 자금에 의한 지출의 비용을 증가시키기 때문에 내구재에 대한 지출이 이자율의 변화에 가장 많은 영향을 받을 가능성이 크다. 4년 만기 자동차 대출의 월 상환액은 대출의 실질이자율이 2%인 경우보다 4%인 경우에 더 많을 것이다.

소비함수 [그림 21.2(a)]는 1960~2012년 기간 동안 소비와 처분가능소득 간의 관계를 보여준다. [그림 21.2(b)]에는 소비와 처분가능소득을 나타내는 점들을 통과하는 직선이 그려져 있다. 대부분의 점들이 이러한 직선상에 있다는 사실은 소비와 처분가능소득 간에 밀접한 관계가 있다는 것을 보여준다. 소비의 변화는 처분가능소득의 변화에 의존하기 때문에, *소비는 처분가능소득의 함수*라고 말할 수 있다. [그림 21.2(b)]에 그려져 있는 소비지출과 처분가능소득 간의 관계를 나타내는 선은 **소비함수** consumption function라고 부른다.

소비함수
consumption function
소비지출과 처분가능소득 간의 관계를 나타내는 선.

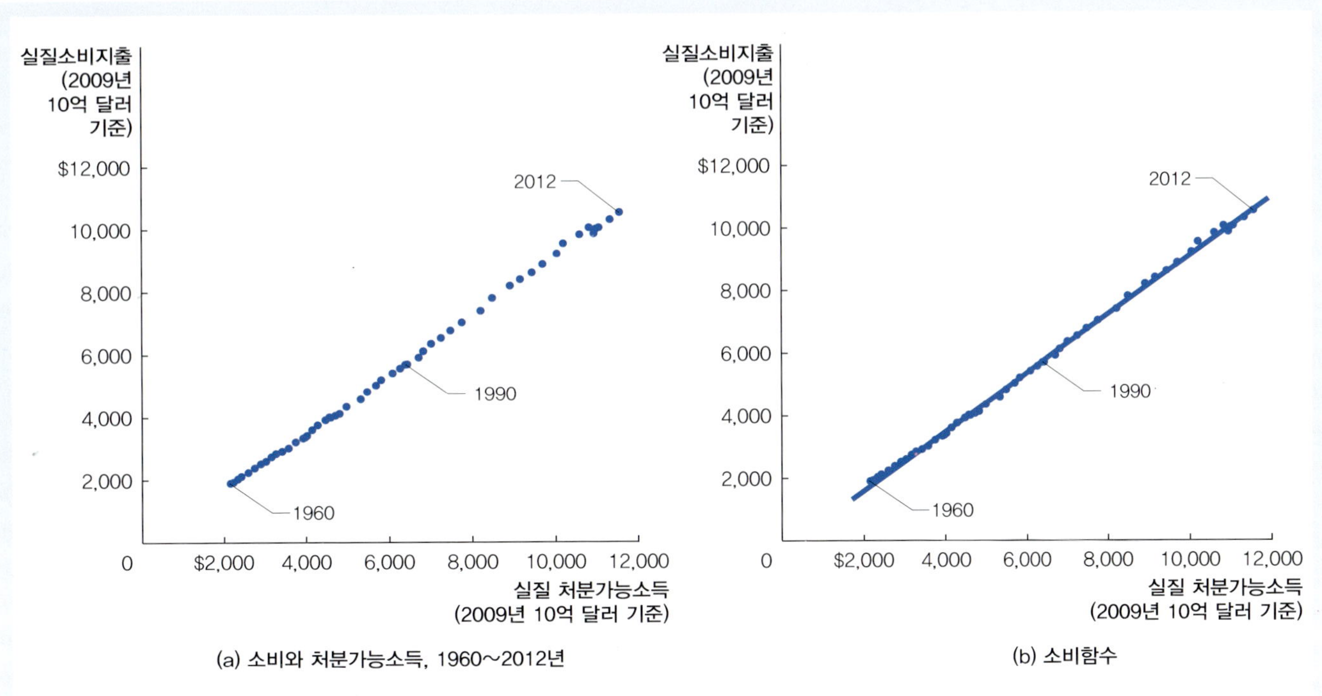

그림 21.2

소비와 처분가능소득 간의 관계, 1960~2012년

그림(a)는 소비와 처분가능소득 간의 관계를 보여준다. 이 그림에 있는 점들은 1960년부터 2012년까지 연도별 실질 소비지출과 실질 처분가능소득을 나타낸 점들이다. 그림(b)에는 그림(a)의 점들을 통과하는 직선이 그려져 있다. 소비와 처분가능소득 간의 관계를 나타내는 선은 *소비함수 consumption function*라고 부른다. 소비함수의 기울기가 한계소비성향이다.
자료: U.S. Bureau of Economic Analysis.

한계소비성향
marginal propensity to consume(MPC)
소비함수의 기울기. 소비의 변화를 처분가능소득의 변화로 나눈 것.

소비의 변화를 처분가능소득의 변화로 나눈 것과 같은 소비함수의 기울기는 **한계소비성향 marginal propensity to consume(*MPC*)**이라고 부른다. 소비지출을 나타내는 C의 변화와 처분가능소득을 나타내는 YD의 변화를 나타내기 위해 그리스 문자 델타 Δ를 사용하면, MPC를 다음과 같이 나타낼 수 있다.

$$MPC = \frac{\text{소비의 변화}}{\text{처분가능소득의 변화}} = \frac{\Delta C}{\Delta YD}$$

예를 들어, 2002년과 2003년 사이에 소비지출은 \$2,590억 증가했고 처분가능소득은 \$2,660억 증가했다. 따라서 한계소비성향은

$$\frac{\Delta C}{\Delta YD} = \frac{\$2{,}590\text{억}}{\$2{,}660\text{억}} = 0.97$$

이다. 이러한 MPC의 값은 2003년에 가계들은 처분가능소득 증가분의 97%를 지출했다는 것을 말해준다.

또한 소득이 변화할 때 소비가 얼마나 변화할 것인지를 결정하기 위해 MPC를 사용할 수 있다. 이러한 관계를 나타내기 위해 MPC의 식을 다음과 같이 다시 쓸 수 있다.

$$\text{소비의 변화} = \text{처분가능소득의 변화} \times MPC$$

예를 들어, MPC가 0.97인 경우, 처분가능소득의 \$100억 증가는 소비를 \$100억×0.97, 즉 \$97억만큼 증가시킬 것이다.

소비와 국민소득 간의 관계

가계의 소비지출은 처분가능소득에 의존한다는 것을 살펴보았다. 이제 초점을 약간 바꾸어 소비지출과 실질GDP 간에 존재하는 이와 유사한 관계를 살펴보자. 이렇게 논의의 초점을 바꾸는 것은 처분가능소득의 변화보다 실질GDP의 변화를 설명하기 위해 총지출모델을 사용하는데 관심이 있기 때문이다. 소비와 실질GDP 간의 관계를 검토하기 위한 첫 번째 단계는 제17장으로부터 GDP와 국민소득 간의 차이는 작기 때문에 이것이 우리가 진행하는 분석에 영향을 주지 않는다는 점을 기억하는 것이다. 실제로 이 장과 다음 장들에서 GDP와 *국민소득 national income*이라는 용어가 같은 의미로 사용된다. 또한 처분가능소득은 국민소득과 정부의 이전지급을 합하고 세금을 뺀 것과 같다는 것을 기억하라. 세금에서 정부 이전지급을 뺀 것을 *순세금 net taxes*이라고 부른다. 따라서 이러한 관계는 다음과 같이 나타낼 수 있다.

$$\text{처분가능소득} = \text{국민소득} - \text{순세금}$$

이 식은 다음과 같이 다시 나타낼 수 있다.

$$\text{국민소득} = \text{GDP} = \text{처분가능소득} + \text{순세금}$$

[그림 21.3]에 있는 표는 국민소득 (또는 GDP), 순세금, 처분가능소득, 소비지출에 관한 가상적인 수치를 보여준다. 국민소득과 처분가능소득은 \$1조의 순세금만큼 다르다. 현

실에서 순세금은 소득의 변화에 영향을 받기 때문에 일정한 금액이 아니다. 소득이 증가함에 따라, 개인소득세와 같은 일부 세금은 증가하고 실업자에 대한 지급과 같은 정부의 이전지급은 감소하기 때문에 순세금은 증가한다. 그러나 순세금이 일정하다는 것은 논의를 단순하게 하기 위한 가정이며 우리의 분석이 이러한 가정에 의해 크게 영향을 받지 않는다. [그림 21.3]은 소비와 국민소득 간의 관계를 나타내는 직선을 보여준다. 이 직선은 [그림 21.2(b)]에 그려져 있는 소비함수와 매우 유사하다. 한계소비성향(*MPC*)은 소비의 변화를 처분가능소득의 변화로 나눈 것, 즉 소비함수의 기울기로 정의된다. 실제로 [그림 21.3]에서 점*A*와 점*B* 간 직선의 기울기를 계산해 보면, 국민소득의 값을 사용하거나 처분가능소득의 값을 사용하는 것에 따라 그 결과가 변하지 않는다. 국민소득의 값을 사용하면,

국민소득 또는 GDP (10억 달러)	순세금 (10억 달러)	처분가능소득 (10억 달러)	소비 (10억 달러)	국민소득의 변화 (10억 달러)	처분가능소득의 변화 (10억 달러)
$1,000	$1,000	$0	$750	—	—
3,000	1,000	2,000	2,250	$2,000	$2,000
5,000	1,000	4,000	3,750	2,000	2,000
7,000	1,000	6,000	5,250	2,000	2,000
9,000	1,000	8,000	6,750	2,000	2,000
11,000	1,000	10,000	8,250	2,000	2,000
13,000	1,000	12,000	9,750	2,000	2,000

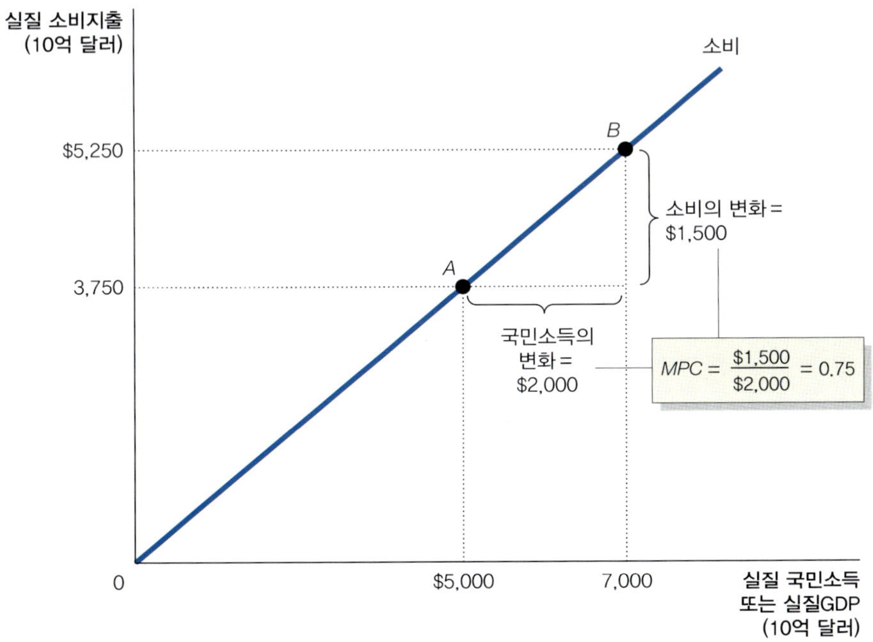

그림 21.3

소비와 국민소득 간의 관계

논의를 단순하게 하기 위해 국민소득과 처분가능소득은 일정한 크기의 순세금만큼만 다르다고 가정하기 때문에 처분가능소득 대신에 국민소득을 사용하면서 소비함수를 그릴 수 있다. 또한 소비함수의 기울기인 *MPC*는 국민소득의 변화나 처분가능소득의 변화를 사용하면서 계산될 수 있고 항상 같은 값이 구해진다. 점*A*와 점*B* 간 소비함수의 기울기는 소비의 변화인 $1.5조를 국민소득의 변화인 $2조로 나눈 값, 즉 0.75이다.

$$\frac{\Delta C}{\Delta Y} = \frac{\$52{,}500\text{억} - \$37{,}500\text{억}}{\$70{,}000\text{억} - \$50{,}000\text{억}} = 0.75$$

표에 있는 처분가능소득의 값을 사용하면,

$$\frac{\Delta C}{\Delta YD} = \frac{\$52{,}500\text{억} - \$37{,}500\text{억}}{\$60{,}000\text{억} - \$40{,}000\text{억}} = 0.75$$

어느 경우이든 같은 결과가 얻어진다는 것은 놀라운 일이 아니다. 국민소득과 처분가능소득은 일정한 금액만큼만 다르기 때문에 [그림 21.3]에 있는 표의 마지막 두 열에서 보는 것처럼 두 수치의 변화는 항상 같은 값을 가진다. 따라서 처분가능소득 대신에 국민소득을 사용하면서 소비함수를 그릴 수 있다. 또한 국민소득의 변화를 사용하거나 처분가능소득의 변화를 사용하면서 *MPC*를 계산할 수 있고 항상 같은 크기의 *MPC*가 구해진다.

소득, 소비와 저축

소비에 관한 논의를 마무리하기 위해 소득, 소비, 저축 간의 관계를 간략히 살펴보도록 하자. 가계는 소득을 지출하거나 저축하거나 세금을 납부하기 위해 사용할 수 있다. 경제 전체로 보면, 다음과 같은 관계가 성립한다.

국민소득 = 소비 + 저축 + 세금

국민소득의 변화는 소비의 변화, 저축의 변화, 세금의 변화를 합한 것이다.

국민소득의 변화 = 소비의 변화 + 저축의 변화 + 세금의 변화

*Y*는 국민소득(GDP)를 나타내고 *C*는 소비를 나타내며 *S*는 저축을 나타내고 *T*는 세금을 나타낸다고 하자. 이러한 기호들을 사용하면서 이들 간의 관계는 다음과 같이 나타낼 수 있다.

$$Y = C + S + T$$

와

$$\Delta Y = \Delta C + \Delta S + \Delta T$$

논의를 단순하게 하기 위해, 세금이 항상 일정하다고 가정하면 $\Delta T = 0$이므로 다음과 같은 식이 성립한다.

$$\Delta Y = \Delta C + \Delta S$$

한계저축성향
marginal propensity to save (MPS)
처분가능소득이 증가할 때 저축이 증가하는 정도.

이미 한계소비성향은 소비의 변화를 소득의 변화로 나눈 것과 같다는 것을 살펴보았다. **한계저축성향 marginal propensity to save(*MPS*)**은 처분가능소득이 증가할 때 저축이 증가하는 정도로 정의할 수 있다. 따라서 *MPS*는 저축의 변화를 처분가능소득의 변화로 나눈 것으로 측정할 수 있다. *MPC*를 계산할 때처럼 *MPS*를 계산할 때 국민소득과 처분가능소득 간의 차이는 무시할 수 있다.

만일 마지막 식을 소득의 변화, ΔY로 나누면, 한계소비성향과 한계저축성향 간의 관

계를 보여주는 식이 다음과 같이 구해진다.

$$\frac{\Delta Y}{\Delta Y} = \frac{\Delta C}{\Delta Y} + \frac{\Delta S}{\Delta Y}$$

또는

$$1 = MPC + MPS$$

이 식은 세금이 일정할 때 한계소비성향과 한계저축성향의 합은 항상 1이어야 한다는 것을 의미한다. 소득의 일부는 소비되고 나머지는 저축되기 때문에 한계소비성향과 한계저축성향의 합은 1이어야 한다.

문제풀이 21.2

한계소비성향과 한계저축성향 계산하기

아래에 있는 표의 빈 칸을 채워라. 논의를 단순하게 하기 위해 세금은 0이라고 가정하라. *MPC*와 *MPS*의 합은 1이라는 것을 보여라.

국민소득, 실질GDP(Y)	소비 (C)	저축 (S)	한계소비성향 (MPC)	한계저축성향 (MPS)
$9,000	$8,000	______	______	______
10,000	8,600	______	______	______
11,000	9,200	______	______	______
12,000	9,800	______	______	______
13,000	10,400	______	______	______

문제풀기

Step 1: 본문의 내용을 다시 읽어보라. 이 문제는 소득, 소비, 저축 간의 관계에 관한 것이므로 [소득, 소비와 저축] 부분을 다시 읽어보라.

Step 2: 표의 빈칸을 채워라. $Y=C+S+T$이다. 세금은 0이므로 이 식은 $Y=C+S$가 된다. 이 식을 사용하여 '저축'의 빈 칸을 채울 수 있다. 다른 두 열의 빈 칸을 채우기 위해 다음과 같은 *MPC*와 *MPS*의 식을 사용할 수 있다.

$$MPC = \frac{\Delta C}{\Delta Y}$$

$$MPS = \frac{\Delta S}{\Delta Y}$$

예를 들어, 두 번째 행의 *MPC*의 값을 계산하면,

$$MPC=\frac{\Delta C}{\Delta Y}=\frac{\$8,600-\$8,000}{\$10,000-\$9,000}=\frac{\$600}{\$1,000}=0.6$$

두 번째 행의 *MPS*의 값을 계산하면,

$$MPS=\frac{\Delta S}{\Delta Y}=\frac{\$1,400-\$1,000}{\$10,000-\$9,000}=\frac{\$400}{\$1,000}=0.4$$

국민소득, 실질GDP(*Y*)	소비 (*C*)	저축 (*S*)	한계소비성향 (*MPC*)	한계저축성향 (*MPS*)
$9,000	$8,000	$1,000	–	–
10,000	8,600	1,400	0.6	0.4
11,000	9,200	1,800	0.6	0.4
12,000	9,800	2,200	0.6	0.4
13,000	10,400	2,600	0.6	0.4

Step 3: *MPC*와 *MPS*의 합이 1이라는 것을 보여라. 모든 국민소득 수준에서 *MPC*는 0.6이고 *MPS*는 0.4이다. 따라서 *MPC*와 *MPS*의 합은 항상 1이다.

의도된 투자

[그림 21.4]는 1979년부터 2013년 2분기까지 실질투자지출의 변화추이를 보여준다. 소비와는 달리 투자는 완만한 증가 추세를 보이지 않는다는 점에 주목하라. 투자는 1980년, 1981~1982년, 1990~1991년, 2001년과 2007~2009년의 경기후퇴기에 크게 감소했다.

투자수준을 결정하는 가장 중요한 4가지 변수는 다음과 같다.

- 미래 수익성에 대한 예상
- 이자율
- 세금
- 현금흐름

미래 수익성에 대한 예상 공장, 사무실 빌딩, 기계, 설비와 같은 투자재는 장기간 사용된다. 기업은 자신이 생산하는 제품에 대한 수요가 적어도 상당한 기간 동안 강할 것이라고 낙관하지 않으면 새로운 공장을 건설하지 않을 것이다. 경제가 경기후퇴 상황으로 이행할 때, 많은 기업들은 경기후퇴 상황이 더 악화될 수 있다는 것을 두려워하기 때문에 그들이 생산하는 제품에 대한 수요가 강하더라도 투자재 구매를 연기한다. 경기확장기에 일부 기업들은 낙관적이 되어 그들이 생산하는 제품에 대한 수요가 증가하기 전이더라도 투

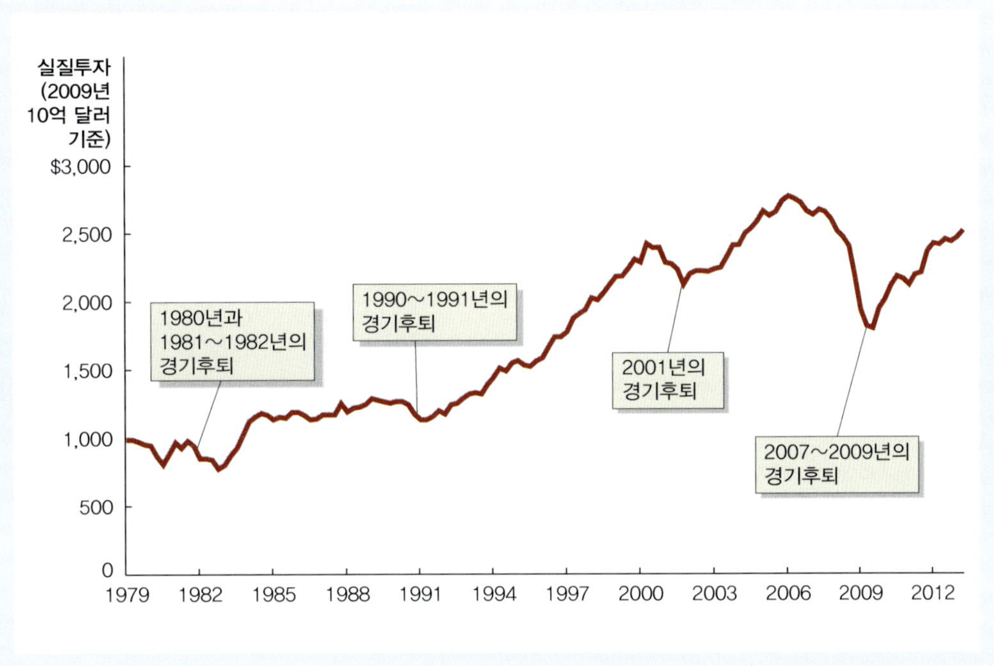

그림 21.4

실질투자의 변화추이

투자는 소비보다 더 크게 변동한다. 투자는 1980년, 1981~1982년, 1990~1991년, 2001년과 2007~2009년의 경기후퇴기에 크게 감소했다.

주: 실질투자의 값은 연율로 계절 조정된 분기 데이터이다.

자료: U.S. Bureau of Economic Analysis.

자재에 대한 지출을 증가시키기 시작할 수 있다. *기업의 낙관주의나 비관주의는 투자지출의 중요한 결정요인이다.*

주택건설은 투자지출에 포함된다. 1990년 이후 주택건설은 평균적으로 투자지출의 약 30%를 차지하고 있다. 그러나 주택건설의 변동은 상당히 크다. 주택건설은 2005년에 주택경기가 정점에 이르렀을 때에는 투자지출의 36%를 차지했으나 2011년에는 투자지출의 18%로 감소했다. 2006년에 시작된 주택건설 지출의 급격한 감소가 2007~2009년 경기후퇴를 발생시킨 요인이었고, 이러한 경기후퇴를 악화시키는데 기여했다.

이자율 기업들은 투자에 필요한 자금을 회사채를 발행하거나 은행으로부터 대출을 받는 형태로 차입하여 조달한다. 가계들도 새로운 집을 매입하기 위한 자금의 대부분을 차입한다. 이자율이 높을수록, 기업들과 가계들이 차입하는 비용은 더 비싸진다. 가계들과 기업들은 인플레이션의 효과를 고려한 후의 차입 비용에 관심을 가지고 있기 때문에, 투자지출은 실질이자율에 의존한다. 따라서 투자지출에 영향을 미치는 다른 요인들이 일정하다면, 실질이자율과 투자지출 간에는 역의 관계가 성립한다. 실질이자율이 높을수록 투자지출은 더 적어지고 실질이자율이 낮을수록 투자지출은 더 많아진다. 제24장에서 더 논의할 것이지만, 매우 낮은 실질이자율에서 가계들이 자금을 더 많이 차입할 수 있었던 것이 2002년부터 2006년까지 주택건설 지출을 급속히 증가시켰던 이유이다.

세금 세금은 투자지출 수준에 영향을 미친다. 기업은 세금을 납부한 후에 남아 있는 이윤에 초점을 맞추고 있다. 연방정부는 기업이 매입하는 새로운 빌딩, 설비, 여타 투자재로부터 발생되는 이윤을 포함하여 기업이 버는 이윤에 *법인세 corporate income tax*를 부과한다. 법인세의 인하는 투자지출의 세후 수익성을 증가시킨다. 법인세의 인상은 투자지출의 세후 수익성을 감소시킨다. 투자지원세제도 투자지출을 증가시킨다. 투자지원세제는 기업이 새로운 투자재 매입을 위한 지출을 할 때 세금을 삭감해 준다.

현금흐름 cash flow
기업의 현금수입과 현금지출 간의 차이.

현금흐름 대부분의 기업들은 새로운 공장, 기계, 설비에 대한 지출에 필요한 자금을 조달하기 위해 차입하지 않는다. 그 대신, 그들은 자신의 자금을 사용한다. **현금흐름 cash flow**은 기업의 현금수입과 현금지출 간의 차이이다. 비현금성 수입이나 비현금성 지출은 현금흐름에 포함되지 않는다. 예를 들어, 세법은 기업이 새로운 기계와 설비를 실제로 매입하지 않더라도 낡거나 노후화된 기계와 설비를 대체하기 위한 감가상각을 비용으로 계산할 수 있게 해준다. 이것은 비현금성 지출이기 때문에 현금흐름을 계산할 때 포함되지 않는다. 현금흐름에 가장 크게 기여하는 항목은 이윤이다. 기업의 이윤이 많을수록 현금흐름은 더 커지고 투자에 필요한 자금을 조달할 수 있는 기업의 능력은 더 증가된다. 경기후퇴기에, 많은 기업들은 이윤의 감소를 경험하고 이것이 새로운 공장이나 기계와 설비에 대한 지출에 필요한 자금을 조달할 수 있는 그들의 능력을 감소시킨다.

Making the Connection

Intel은 태블릿과 인지컴퓨팅 사업에 뛰어들고 있다.

이 장의 시작부분에서 Intel은 Apple과 Dell과 같은 기업들이 제조하는 컴퓨터에 사용되는 마이크로프로세서 시장에서 상당한 시장점유율을 가지고 있다는 것을 살펴보았다. 컴퓨터와 같은 내구재에 대한 지출은 경기변동의 영향을 받는다. 경기후퇴기에 기업들과 가계들은 새로운 컴퓨터를 구매하기보다는 기존 컴퓨터를 계속 사용하기 때문에 컴퓨터에 대한 지출을 감소시킨다. 아래의 그림이 보여주는 것처럼, 정보처리설비와 소프트웨어에 대한 지출은 2001년 경기후퇴기에 8%, 2007~2009년 경기후퇴기에 9% 감소했다.

Intel의 최고경영자인 Paul Otellini는 컴퓨터의 미래 수요에 대해 낙관했고 2007~2009년 경기후퇴기에도 미국서 $70억을 투자하여 Intel 공장을 확장하기 시작했다. 또한 오텔리니는 Intel이 Apple과 Dell 같은 기업들에 대한 마이크로프로세서 판매에 크게 의존하고 있기 때문에 경기후퇴기에 Intel의 매출이 급격히 감소될 수 있다는 점을 우려했다. 이러한 취약성을 완화시키기 위해 Intel은 태블릿과 스마트폰 같은 휴대용 소비자 전자제품에 사용될 수 있는 메모리칩을 개발하기 시작했다. Intel은 윈도우 운영체제로 작동되는 태블릿에 사용되는 칩인 Atom 마이크로프로세서의 Clover Trail 버전을 개발했다. 2013년에 윈도우 운영체제로 작동되는 태블릿의 시장점유율은 약 7%였다. 같은 해에 Samsung은 안드로이드 운영체제를 사용하는 자신의 태블릿에 Intel 칩을 사용할 것이라고 발표했다. 안드로이드 운영체제를 사용하는 태블릿이 40% 이상의 시장점유율을 가지고 있었기 때문에, Intel은 태블릿에 사용되는 칩 시장에서 자신의 시장점유율을 크게 증가시키기를 바라고 있었다.

또한 Intel은 하드웨어와 소프트웨어 개발자들에게 컴퓨터 사용자가 음성, 손과 손가락의 움직임, 얼굴 표정의 변화를 통해 컴퓨터와 상호작용할 수 있게 하는 *인지컴퓨팅 perceptual computing*의 혁신을 독려했다. Intel은 2013년 말에 사용할 수 있는 3-D 카메라를 개발하기 위해 Creative Technologies사와의 파트너십에 참여하면서 인지컴퓨팅의 혁신을 지원했다. 또한 Intel은 $1억의 자금을 조성하기 시작했다. Intel의 한 임원은 이것은 '일종의 혁신적 돌파구를 가지고 있는 기업을 찾아서 그것이 작동되도록 돕기 위한 시도'라고 설명했다.

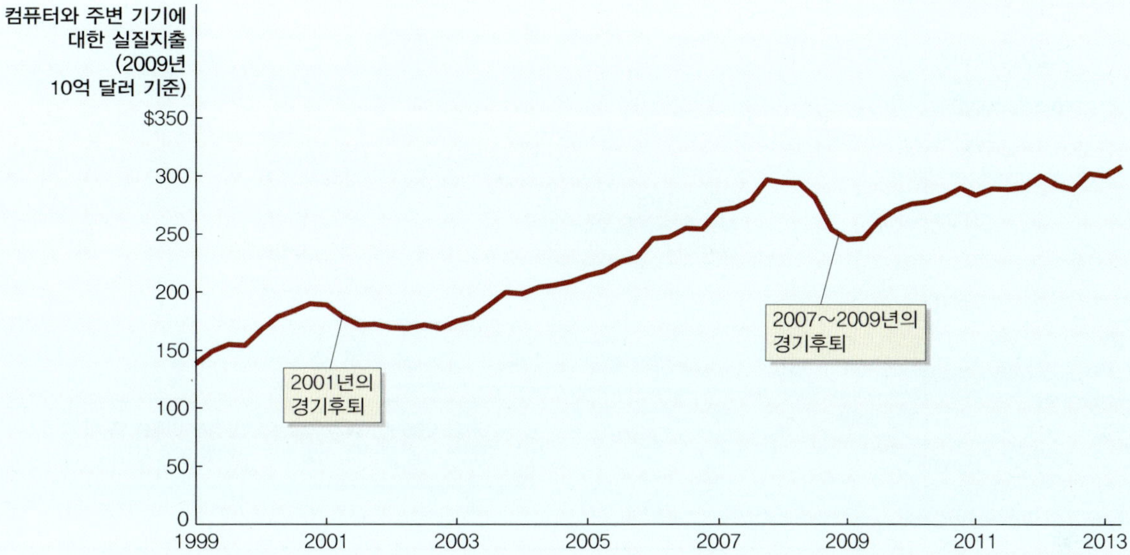

자료: U.S. Bureau of Economic Analysis.

인지컴퓨팅이 데스크탑, 랩탑, Intel 칩의 판매를 다시 증가시킬 수 있을 것인지는 두고볼 일이다. Intel이 퍼스널 컴퓨터의 판매에 대한 의존을 줄이려고 함에 따라, Intel은 태블릿과 스마트폰을 위한 칩을 공급하는데 있어서 Qual-comm, Texas Instruments, NVIDIA와 같은 기존의 칩 공급자들과의 격렬한 경쟁에 직면하고 있다.

자료: Eva Dou, "Intel to Invest $100 Million in Voice, Gesture Technologies," *Wall Street Journal*, June 4, 2013; Claire Jim, "Intel Claims It's Not Getting Completely Clobbered in the Table Market Anymore," Reuters.com, June 4, 2013; Dylan McGrath, "Intel Rapidly Gaining Market Share in Tablets," www.eetimes.com, April 29, 2013; and Jack Hough, "Intel's Share Price Could Double," *Wall Street Journal*, June 8, 2013.

정부구매

총정부구매는 연방정부, 지방정부, 주정부에 의해 이루어지는 재화와 서비스에 대한 모든 지출을 포함한 것이다. 연방정부에 의한 사회보장지급이나 은퇴한 경찰관과 소방관에 대한 지방정부의 연금지급 같은 이전지급은 그 대가로 재화나 서비스를 받지 않기 때문에 정부구매에 포함되지 않는다는 점을 기억하라(제17장 참조).

[그림 21.5]는 1979년부터 2013년 2분기까지 실질정부구매의 변화추이를 보여준다. 정부구매는 1990년대 초와 2007~2009년의 경기후퇴가 종료된 이후 기간을 제외하고 대부분의 기간 동안에 지속적으로 증가했다. 1990년대 초에 미국 의회와 George H. Bush 대통령과 Bill Clinton 대통령은 연방정부의 지출이 세금 수입보다 훨씬 빠르게 증가하고 있는 것을 우려하면서 일련의 지출삭감법들을 제정했다. 그 결과로 실질정부구매는 1992년부터 3년 동안 감소했다. 1990년대 동안 정부구매가 완만하게 증가한 것은 1989년에 미국과 소련 간의 냉전이 종식되었기 때문이다. 국방에 대한 실질연방정부지출은 1990년부터 1998년까지 24% 감소했고 그 이후 테러와의 전쟁과 이라크와 아프가니스탄 전쟁 때문에 1998

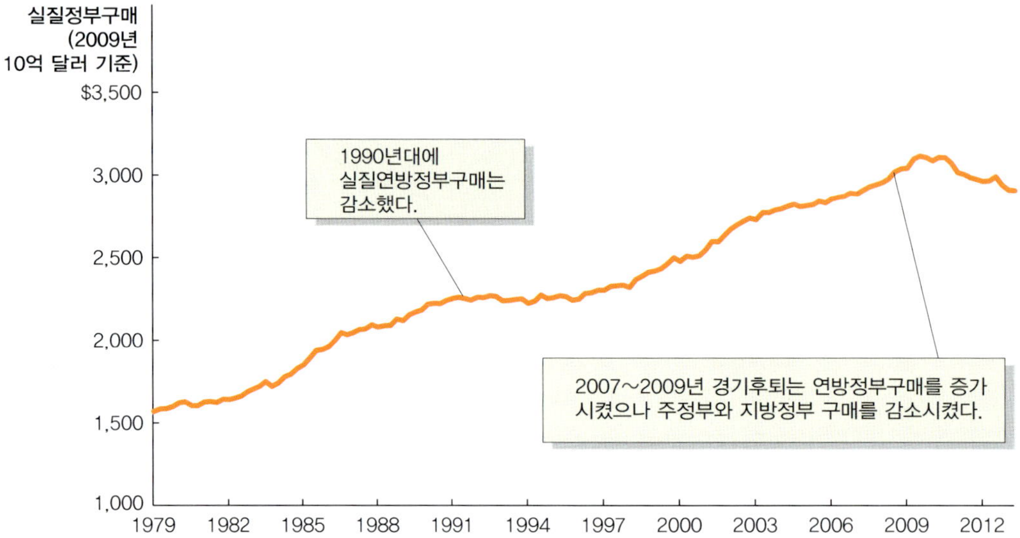

그림 21.5

실질정부구매의 변화추이

정부구매는 연방정부가 재정적자에 대한 우려 때문에 실질구매를 1992년부터 3년 동안 감소시켰던 1990년대 초와 많은 주정부와 지방정부가 지출을 감소시켰던 2007~2009년 경기후퇴 이후 기간을 제외하고 1979~2013년의 대부분 기간 동안 지속적으로 증가했다.
주: 실질정부구매의 값은 연율로 계절 조정된 분기 데이터이다.
자료: U.S. Bureau of Economic Analysis.

년부터 2010년까지 60% 증가했다. 이라크와 아프가니스탄 전쟁이 종식됨에 따라, 국방지출은 2010년과 2012년 사이에 6% 감소했다. 총정부구매는 2009년과 2012년에 증가했는데 이는 Barack Obama대통령과 미국 의회가 경기후퇴기 동안에 발생되는 소비와 투자지출의 감소를 상쇄시키려고 했기 때문이었다. 그 이후 연방정부구매는 2011년을 시작으로 계속해서 2013년까지 감소했다. 경기후퇴와 완만한 회복으로 주정부와 지방정부의 세금수입은 감소했다. 그 결과로 실질 주정부와 지방정부 구매는 2009년부터 감소했다.

순수출

순수출은 수출에서 수입을 뺀 것과 같다. 순수출은 미국에서 생산된 재화와 서비스에 대한 외국 기업들과 가계들에 의한 지출에서 외국에서 생산된 재화와 서비스에 대한 미국 기업들과 가계들에 의한 지출을 빼서 계산된다. [그림 21.6]은 1979년부터 2013년 2분기까지 실질순수출의 변화추이를 보여준다. 거의 모든 연도에서 미국은 수출한 것보다 외국으로부터 재화와 서비스를 더 많이 수입했고 이에 따라 순수출은 마이너스였다. 순수출은 2001년의 경기후퇴기에 감소했지만 일반적으로 미국 경제가 경기후퇴기에 있을 때 증가했

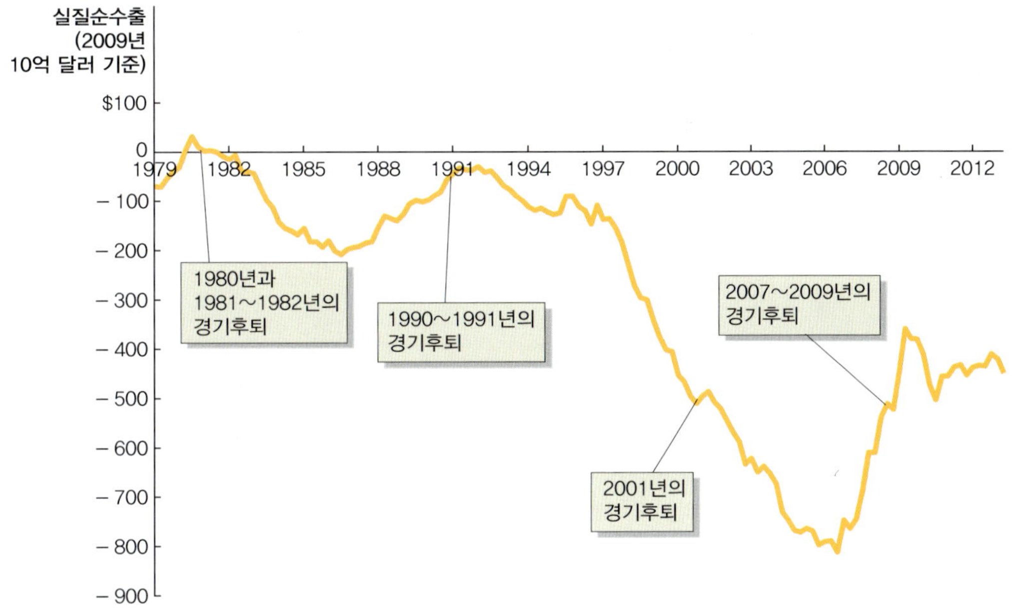

그림 21.6

실질순수출의 변화추이

실질순수출은 1979년과 2013년 사이에 대부분의 연도들에서 마이너스였다. 실질순수출은 일반적으로 2001년의 경기후퇴기에 감소했지만 일반적으로 미국 경제가 경기후퇴기에 있을 때 증가했고 경기확장기에 있을 때 감소했다.
주: 실질순수출의 값은 연율로 계절 조정된 분기 데이터이다.
자료: U.S. Bureau of Economic Analysis.

고 경기확장기에 있을 때 감소했다.

순수출의 수준을 결정하는 3가지 가장 중요한 변수들은 다음과 같다.

- 외국의 물가수준과 비교한 상대적인 미국의 물가수준
- 외국의 GDP 성장률과 비교한 상대적인 미국의 GDP 성장률
- 미국달러와 외국통화 간 환율

외국의 물가수준과 비교한 상대적인 미국의 물가수준 만일 미국의 인플레이션율이 외국의 인플레이션율보다 낮으면, 미국산 제품의 가격은 외국산 제품의 가격보다 더 느리게 상승한다. 이러한 더 느린 미국 물가수준의 상승은 외국산 제품에 대한 수요와 비교해 상대적으로 미국산 제품에 대한 수요를 증가시킨다. 따라서 미국의 수출은 증가하고 미국의 수입은 감소해 순수출은 증가한다. 미국의 인플레이션율이 외국의 인플레이션율보다 더 높을 때에는 이와 반대 현상이 발생한다. 미국의 수출은 감소하고 미국의 수입은 증가

해 순수출은 감소한다.

외국의 GDP 성장률과 비교한 상대적인 미국의 GDP 성장률 미국에서 GDP가 증가할 때, 가계들의 소득이 증가하고 재화와 서비스에 대한 가계들의 구매가 증가한다. 이렇게 증가된 소득으로 구매되는 추가적인 재화와 서비스의 일부는 미국에서 생산되지만 일부는 수입된다. 외국보다 미국에서 소득이 더 빠르게 증가할 때, 외국산 재화와 서비스에 대한 미국 소비자들의 구매가 미국산 재화와 서비스에 대한 외국 소비자들의 구매보다 더 빠르게 증가한다. 그 결과로 순수출은 감소한다. 미국에서 소득이 외국보다 더 느리게 증가할 때, 순수출은 증가한다.

미국달러와 외국통화 간 환율 미국달러의 가치가 상승함에 따라, 외국에서 판매되는 미국산 제품의 외국통화 가격은 상승하고 미국에서 판매되는 외국산 제품의 달러 가격은 하락한다. 예를 들어, 일본엔과 미국달러 간의 환율이 $1당 100 엔, 즉 ¥100=$1이라고 하자. 이 환율에서 미국에 있는 사람은 $1로 100엔을 살 수 있고 일본에 있는 사람은 100엔으로 $1을 살 수 있다. 수송비용을 무시하면, 이 환율에서 미국에서 $1에 팔리는 미국산 제품은 일본에서 100엔에 팔릴 것이고 일본에서 100엔에 팔리는 일본산 제품은 미국에서 1달러에 팔릴 것이다. 만일 환율이 ¥150=$1로 바뀌면, 1달러를 사기 위해 더 많은 엔이 필요하기 때문에 달러의 가치는 상승한다. 이러한 새로운 환율에서 미국에서 여전히 1달러에 팔리는 미국산 제품은 이제 일본에서 150엔에 팔릴 것이고 이에 따라 일본 소비자들의 미국산 제품에 대한 수요가 감소할 것이다. 일본에서 100엔에 팔리는 일본산 제품은 이제 미국에서 $0.67에 팔릴 것이고 이에 따라 미국 소비자들의 일본산 제품에 대한 수요는 증가할 것이다. 달러 가치의 상승은 수출을 감소시키고 수입을 증가시켜 순수출을 감소시킨다. 달러 가치의 하락은 수출을 증가시키고 수입을 감소시켜 순수출을 증가시킨다.

Making the Connection

아이폰은 정말 중국산 제품인가?

캘리포니아주 Cupertino시에 있는 Apple의 디자이너들과 소프트웨어 엔지니어들이 아이폰 iPhone을 디자인했다. 그러나 아이폰은 "메이드 인 차이나"라고 표시된 상자에 담겨져서 판매된다. 중국에 있는 한 공장에서 선적될 때 아이폰의 가격은 약 $275이다. 아이폰을 판매하는 Best Buy와 여타 점포들이 이윤을 추가하는 것처럼 Apple도 이윤을 추가하기 때문에 아이폰의 소매가격은 이 가격보다 더 높다. 아이폰의 소매가격의 일부는 일반적으로 Verizon과 같은 셀폰 회사들에 의해 지원되기 때문에 소비자가 실제로 지불하는 가격은 소매가격보다 낮다. 만일 당신이 아이폰을 하나 사면, GDP 통계에서 이러한 구매는 중국으로부터 미국으로의 $275 수입으로 처리된다. 경제학자들은 수입과 수출을 기록하는 표준적인 방법이 최근에 사업이 이루어지는 방식을 정확하게 반영하는지에 대해 의문을 제기하기 시작했다.

제2장에서 아이폰은 미국을 포함해서 서로 다른 몇 개의 국가들에 있는 많은 기업들에 의해 생산되는 부품들을 포함하고 있다고 배운 것을 기억하라. Apple은 서로 다른 국가들의 저렴한 생산

비용과 아이폰의 많은 부품들을 생산하기 위한 제조 기술을 사용하는 서로 다른 기업들의 능력을 이용하기 위해 *글로벌 공급체인 global supply chain*을 사용한다. Apple은 이러한 기업들이 최종 조립을 위해 중국에 있는 공장들로 부품들을 선적하도록 조치한다. 대만에 본부를 두고 있는 기업인 Faxconn이 이러한 중국 공장들을 소유하고 있다. 따라서 아이폰의 최종 조립만 중국에서 이루어지며 아이폰의 부품을 제조하는 중국 기업은 없다.

아이폰의 가격 중에서 얼마가 최종 조립의 가치에 해당되는가? 아시아개발은행 Asian Development Bank의 경제학자인 Yuqing Xing과 Neal Detert의 연구에 의하면, 아이폰의 가격 중에서 중국에서 이루어지는 최종 조립의 가치가 차지하는 비중은 4% 미만이다. 실제로 그들은 중국이 미국 기업들로부터 수입하는 아이폰 부품들의 가치가 중국 공장들에서 아이폰을 조립하는 가치보다 더 크다고 지적한다. GDP 통계에 의하면, 미국은 매년 중국으로부터 $100억 이상의 아이폰을 수입한다. 실제로 이러한 $100억의 대부분은 중국에서 만들어지지 않는 아이폰 부품들의 가치이다. GDP 통계에서 수입과 수출을 기록하는 현재 시스템은 대부분의 제품이 전적으로 한 국가에서 생산되었던 시대에 만들어진 것이다. 그 당시에 미국이 프랑스나 일본으로부터 수입했던 재화는 수출 국가에서 완전히 생산되었다. 대기업들이 점점 더 글로벌 공급체인에 의존하게 됨에 따라, 수입과 수출에 관한 통계는 실상을 정확하게 추적하지 못하게 되었다. 세계무역기구 World Trade Organization의 Pascal Lamy는 "제조된 재화의 원산지 개념은 점차 쓸모없게 되어가고 있다"고 언급했다. 또한 경제학자들인 University of California at Irvine의 Kenneth Kraemer, University of California at Berkeley의 Greg Linden과 Syracuse University의 Jason Dedrick은 "무역 통계가 오도적일 수 있다"고 언급했다. 미국 경제분석국 U.S. Bureau of Economic Analysis과 다른 국가들의 정부 통계기관들은 모두 수입과 수출을 기록하는데 발생되고 있는 문제점을 인식하고 있다. 그러나 글로벌 공급체인의 복잡성이 수입과 수출에 대한 보다 정확한 척도를 개발하는 것을 어렵게 만들고 있다.

iPhone 제품 상자는 iPhone이 중국산이라고 제시하나 정말 그런가?

자료: Phil Izzo, "Who Gets Credit for iPhone Trade," *Wall Street Journal*, March 17, 2012; Kenneth L. Kraemer, Greg Linden, and Jason Dedrick, "Capturing Value in Global Networks: Apple's iPad and iPhone," University of California, Irvine Working Paper, July 2011; Yuqing Xing and Neal Defert, "How the iPhone Widens the United States Trade Deficit with the People's Republic of China," ADBI Working Paper Series, No. 257, May 2011; and Andrew Batson, "Not Really, 'Made in China,' " *Wall Street Journal*, December 15, 2010.

21.3. 거시경제균형을 그림으로 나타내기

총지출의 구성요소들을 검토했으므로 이제 거시경제균형을 더 상세하게 살펴보도록 하자. 이 장의 앞부분에서 실질GDP가 총지출과 일치할 때 거시경제균형이 달성된다고 지적했다. 거시경제균형을 나타내기 위해 *45도선 그림 45°-line diagram*이라고 부르는 그림이 사용될 수 있다(45도선 그림은 종종 John Maynard Keynes의 분석에 기초하고 있기 때문에 *케인지안 크로스 Keynesian cross*라고도 부른다). 45도선 그림에 익숙해지기 위해, 판매된 펩시의 양과 생산된 펩시의 양 간의 관계를 보여주는 45도선 그림을 그린 [그림 21.7]을 생각해 보자.

이 직선은 수직축과 45도 각도를 가진다. 이 직선은 양 축으로부터 같은 거리에 있는 점들을 나타낸다. 따라서 생산된 펩시의 양이 판매된 펩시의 양과 일치하는 점A와 점B와

그림 21.7

45도선 그림의 예

45도선은 두 축으로부터 같은 거리에 있는 모든 점들을 연결한 선이다. 생산된 양과 판매된 양이 일치하는 점*A*와 점*B* 같은 점들은 45도선 상에 위치한다. 판매된 양이 생산된 양보다 큰 점*C*와 같은 점들은 45도선 위에 위치한다. 판매된 양이 생산된 양보다 작은 점*D*와 같은 점들은 45도선 아래에 위치한다.

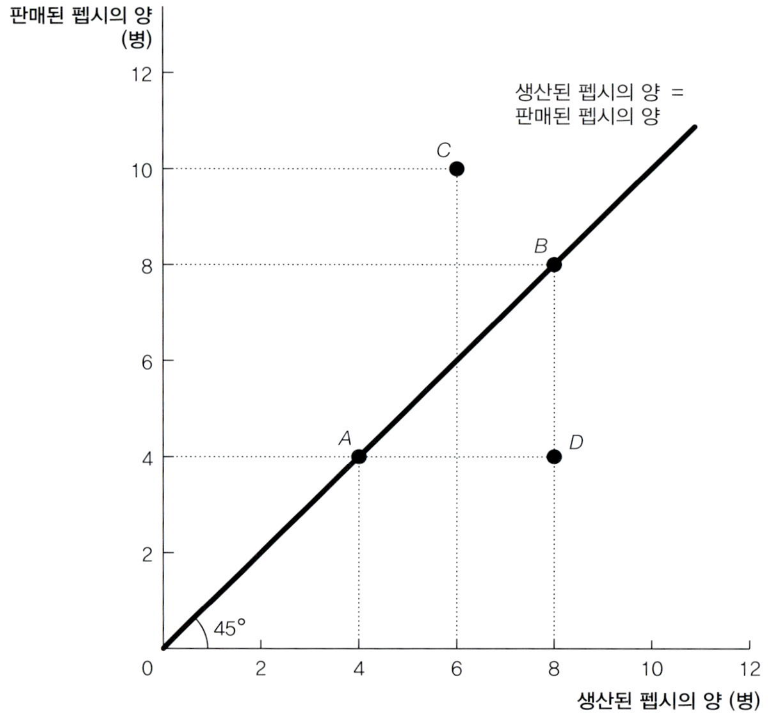

같은 점들은 45도선 상에 있다. 판매된 양이 생산된 양보다 큰 점*C*와 같은 점들은 이 직선의 위에 위치한다. 판매된 양이 생산된 양보다 적은 점*D*와 같은 점들은 이 직선의 아래에 위치한다.

[그림 21.8]은 수평축에 실질국민소득, 즉 실질GDP (*Y*)를 나타내고 수직축에 의도된 실질총지출(*AE*)을 나타낸다는 점을 제외하고 [그림 21.7]과 유사하다. 의도된 총지출이 실질GDP와 일치할 때 거시경제균형이 달성되기 때문에, *거시경제균형을 나타내는 모든 점들은 45도선 상에 위치해야 한다*. 45도선 위에 있는 모든 점들에서는 의도된 총지출이 실질GDP보다 크다. 45도선 아래에 있는 모든 점들에서는 의도된 총지출이 실질GDP보다 적다.

45도선은 잠재적으로 거시경제균형이 될 수 있는 점들을 보여준다. 특정한 연도에서 이러한 점들 중 하나의 점이 주어진 의도된 총지출의 수준과 일치하는 균형 실질GDP의 수준을 나타낸다. 이러한 점을 결정하기 위해 *총지출함수 aggregate expenditure function*를 나타내는 선을 이 그림상에 그릴 필요가 있다. 총지출함수는 국민소득, 즉 실질GDP의 모든 수준에서 발생되는 의도된 총지출의 크기를 보여준다.

실질GDP의 변화는 의도된 투자, 정부구매나 순수출보다 소비에 훨씬 더 큰 효과를 미친다. 논의를 단순하게 하기 위해 소비에 영향을 미치는 실질GDP 이외의 변수들뿐만 아니라 의도된 투자, 정부구매, 순수출을 결정하는 변수들 모두가 일정하다고 가정하자. 예를

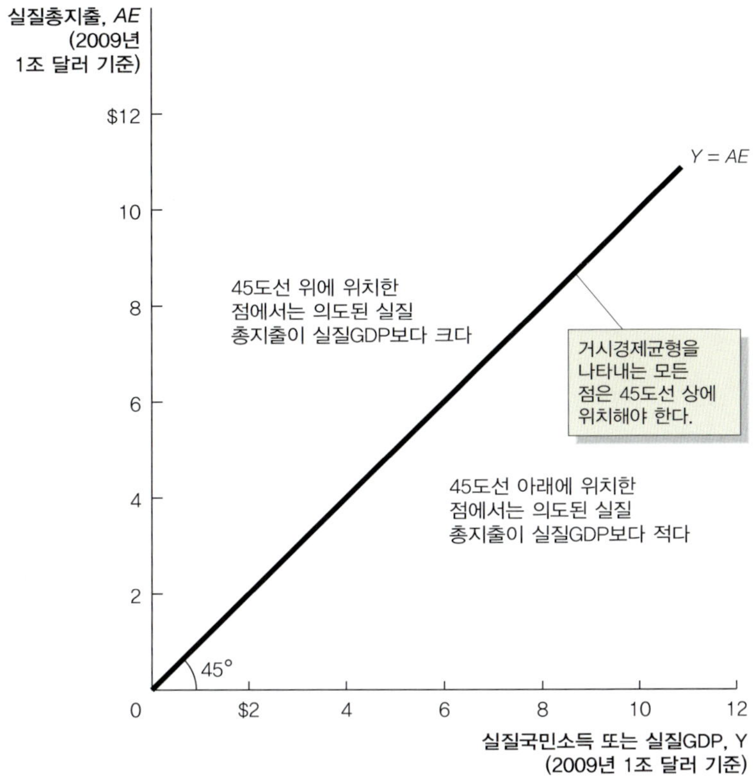

그림 21.8

45도선 그림 상에서 의도된 총지출과 실질GDP 간의 관계

거시경제균형을 나타내는 모든 점은 의도된 실질총지출이 실질GDP와 일치하는 45도선 상에 위치해야 한다. 45도선 위에 있는 점에서는 의도된 실질총지출이 실질GDP보다 크다. 45도선 아래에 있는 점에서는 의도된 실질총지출이 실질GDP보다 적다.

들어, 연도 초에 기업의 의도된 투자수준은 실질GDP 수준이 변한다 하더라도 그 연도 내내 변하지 않는다고 가정한다.

[그림 21.9]는 45도선 그림 상에 나타낸 총지출함수를 보여준다. 가장 아래에 있는 우상향하는 *C*선은 [그림 21.2(b)]에 그려져 있는 것과 같은 소비함수를 나타낸다. 의도된 투자, 정부구매, 순수출을 결정하는 변수들이 일정하다고 가정하기 때문에 의도된 투자, 정부구매, 순수출은 일정하다. 따라서 주어진 실질GDP 수준에서 의도된 총지출의 수준은 소비지출과 일정한 의도된 투자, 정부구매, 순수출의 합을 더한 것과 같다. [그림 21.9]에서 소비함수 선에 연속해서 각 지출요소를 합하면 의도된 총지출(*AE*)를 나타내는 선이 구해진다. $C+I$ 선은 *C*선보다 일정한 의도된 투자만큼 더 위에 위치한다. $C+I+G$선은 $C+I$선보다 일정한 정부구매만큼 더 위에 위치한다. $C+I+G+NX$ 선은 $C+I+G$선보다 일정한 *NX*만큼 위에 위치한다(그러나 *NX*가 마이너스 값을 가지고 있는 경우 $C+I+G+NX$선은 $C+I+G$선보다 아래에 위치한다). $C+I+G+NX$선은 총지출의 4가지 구성요소 모두를 보여주는 총지출(*AE*)함수이다. *AE*선이 45도선과 교차하는 점에서 의도된 총지출과 실질GDP가 일치하고 경제는 거시경제균형 상태에 있게 된다.

그림 21.9

45도선 그림에 나타낸 거시경제균형

총지출(*AE*)선과 45도선이 교차하는 곳에서 거시경제균형이 달성된다. 가장 아래에 있는 우상향하는 *C*선은 소비함수를 나타낸다. 의도된 투자, 정부구매, 순수출을 결정하는 변수들이 일정하다고 가정하기 때문에 의도된 투자, 정부구매, 순수출은 일정하다. 따라서 주어진 실질GDP 수준에서 의도된 총지출의 수준은 소비지출과 일정한 의도된 투자, 정부구매, 순수출의 합을 더한 것과 같다. 총지출을 나타내는 선은 연속적으로 소비함수에 지출의 각 구성요소를 합해서 구해진다.

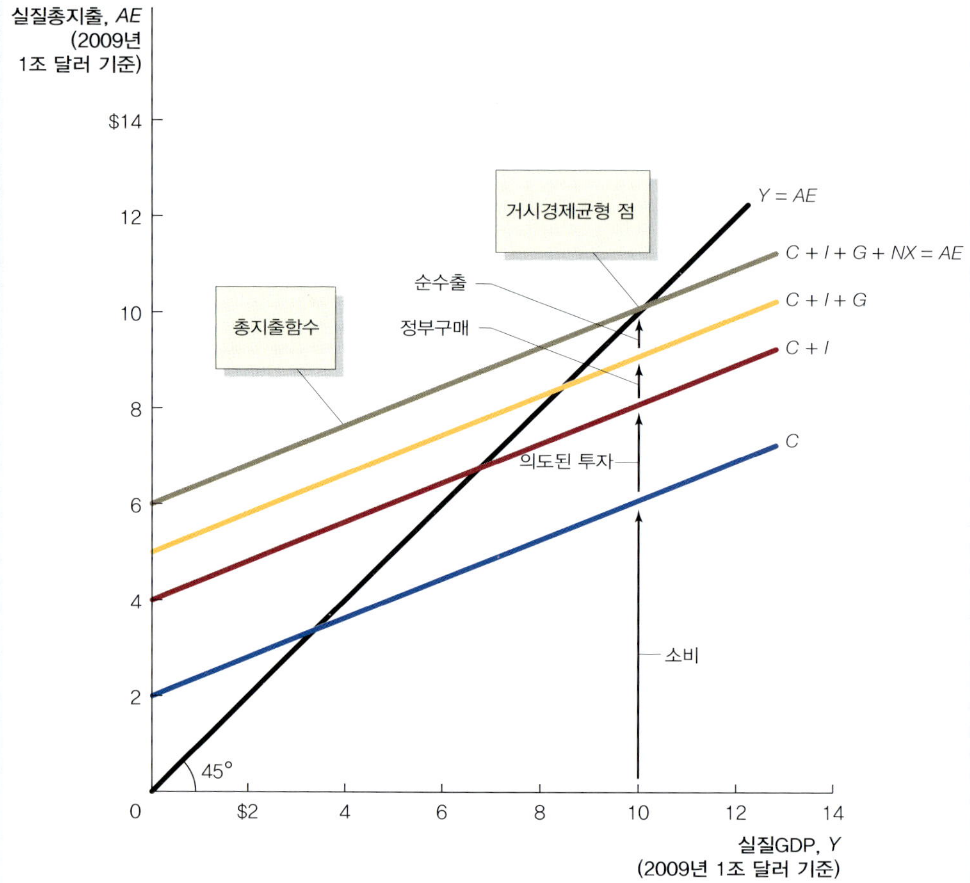

[그림 21.10]은 45도선과 *AE*선만을 나타내면서 의도된 총지출과 실질GDP 간의 관계를 더 명료하게 보여준다. 이 그림은 *AE*선이 $10조의 실질GDP 수준에서 45도선과 교차하는 것을 보여준다. 따라서 실질GDP의 균형수준은 $10조이다. 왜 그런지 살펴보기 위해 실질GDP가 $8조인 상황을 생각해 보자. 수평축 상의 $8조에서 *AE*선까지 수직으로 이동하면, 의도된 총지출이 $8조보다 크다는 것을 알 수 있다. 총지출이 총생산보다 클 때, 기업들의 재고가 감소할 것이다. 이러한 재고 감소의 크기는 총지출 수준을 보여주는 *AE*선과 $8조의 총생산을 보여주는 45도선 간의 거리와 같다. 의도되지 않은 재고의 감소는 기업들의 생산을 증가시킨다. 실질GDP가 $8조로부터 증가함에 따라, 총소득이 증가하고 이에 따라 소비도 증가할 것이다. 소비가 증가함에 따라 경제는 *AE*선상을 따라 위로 이동할 것이다. 총지출과 총생산 간의 갭은 감소할 것이나 *AE*선이 45도선보다 위에 있는 한 재고는 계속해서 감소할 것이고 기업들은 계속해서 생산을 증가시킬 것이다. 실질GDP가 $10조로 증가할 때, 재고의 감소가 멈추고 경제는 거시경제균형 상태에 이르게 될 것이다.

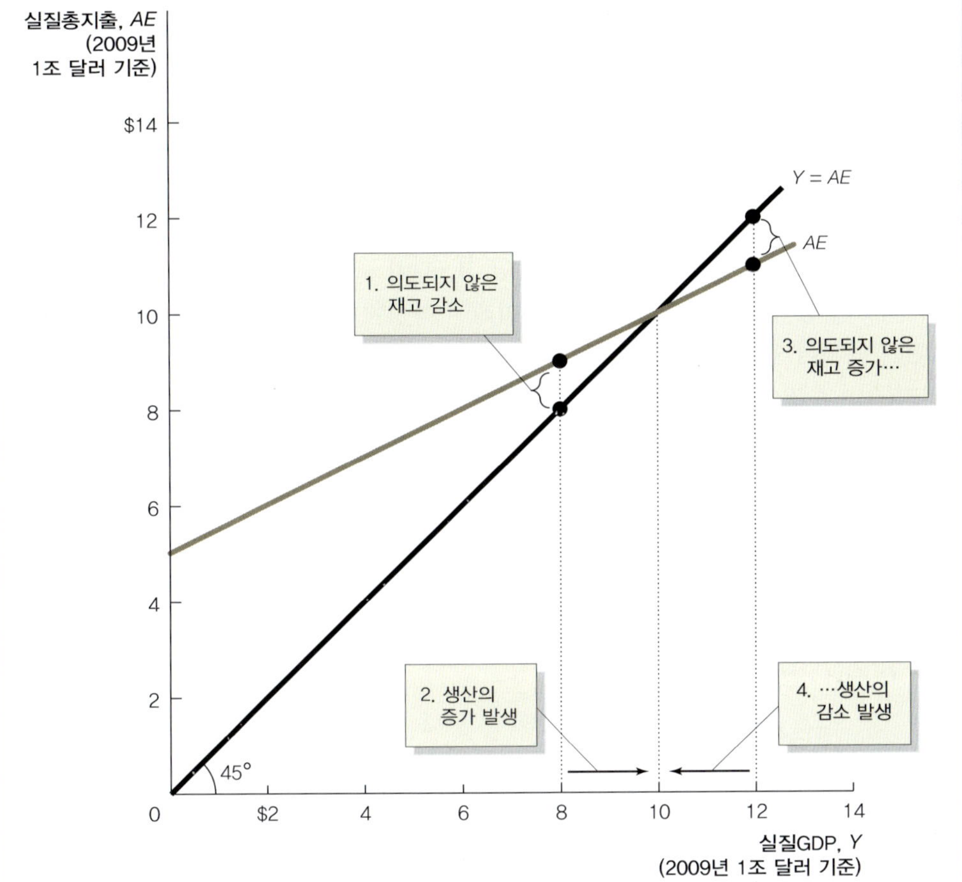

그림 21.10

거시경제균형

*AE*선이 45도선과 교차하는 곳에서 거시경제균형이 달성된다. 이러한 균형은 실질GDP가 $10조에서 이루어진다. 만일 실질GDP가 $10조보다 적으면, 이에 상응하는 *AE*선 상의 점은 45도선 위에 있고 의도된 총지출은 총생산보다 크며 기업들은 의도되지 않은 재고의 감소를 경험하고 실질GDP는 증가할 것이다. 만일 실질GDP가 $10조보다 크면, 이에 상응하는 *AE*선 상의 점은 45도선 아래에 있고 의도된 총지출은 총생산보다 적으며 기업들은 의도되지 않은 재고의 증가를 경험하고 실질GDP는 감소할 것이다.

[그림 21.10]이 보여주는 것처럼, 만일 실질GDP가 처음에 $12조이면, 의도된 총지출은 실질GDP보다 적을 것이고 기업들은 의도되지 않은 재고의 증가를 경험하게 될 것이다. 재고의 증가는 기업들의 생산을 감소시킨다. 실질GDP가 $12조로부터 감소함에 따라, 경제는 *AE*선상을 따라 아래로 이동할 것이다. 의도된 총지출과 실질GDP 간의 갭이 감소할 것이나 *AE*선이 45도선의 아래에 있는 한 재고는 계속해서 증가할 것이고 기업들은 계속해서 생산을 감소시킬 것이다. 실질GDP가 $10조로 감소할 때, 재고의 증가는 멈출 것이고 경제는 거시경제균형 상태에 이르게 될 것이다.

45도선 그림 상에 경기후퇴 상황 나타내기

거시경제균형은 45도선 상의 한 점에서 달성된다는 점에 주목하라. 이상적으로는 이러한 균형이 *잠재GDP potential GDP*에서 달성되는 것이다. 잠재GDP에서 기업들은 정상적인 생산능력 수준에서 조업할 것이고 경제는 *자연실업률 natural rate of unemployment*

상태에 있을 것이다. 제18장에서 살펴본 것처럼, 자연실업률 상태에서 경제는 *완전고용 full employment* 상태에 이르게 될 것이다. 완전고용상태에서 일자리를 원하는 모든 사람들은 구조적이거나 마찰적으로 실업상태에 있는 경우를 제외하고 일자리를 가지고 있을 것이다. 그러나 거시경제균형이 잠재GDP 수준에서 발생하려면, 의도된 총지출이 충분히 커야 한다. [그림 21.11]이 보여주는 것처럼, 만일 총지출이 충분히 크지 않으면, 거시경제 균형은 잠재GDP보다 낮은 실질GDP 수준에서 발생할 것이다. 많은 기업들은 정상적인 생산능력수준보다 낮은 수준에서 조업할 것이고 실업률은 자연실업률보다 높을 것이다.

잠재GDP 수준이 $10조라고 하자. [그림 21.11]이 보여주는 것처럼, 실질GDP가 $10조일 때, 의도된 총지출은 아마도 기업들이 미래 수익성에 대해 비관적이어서 투자지출을 감소시켰기 때문에 $10조보다 적다. 의도된 총지출의 부족분은 정확히 경제가 처음에 $10조의 실질GDP 수준에 있었다면 발생했을 의도되지 않은 재고의 증가분과 같다. 의도되지 않은 재고의 증가는 현재 의도된 총지출이 너무 낮아서 현재 생산수준이 균형 수준이 될 수

그림 21.11

45도선 그림 상에 경기후퇴 상황 나타내기

잠재GDP보다 낮은 실질GDP 수준에서 총지출선이 45도선과 교차할 때, 경제는 경기후퇴 상황에 있게 된다. 이 그림에서 잠재GDP가 $10조이나 의도된 총지출이 낮기 때문에 실질GDP의 균형 수준은 *AE*선과 45도선이 교차하는 $9.8조이다. 그 결과로 일부 기업들은 정상적인 생산능력보다 낮은 수준에서 조업할 것이고 실업률은 자연실업률보다 높을 것이다. 의도된 총지출의 부족분은 잠재GDP 수준에서 *AE*선과 45도선 간의 수직거리로 측정될 수 있다.

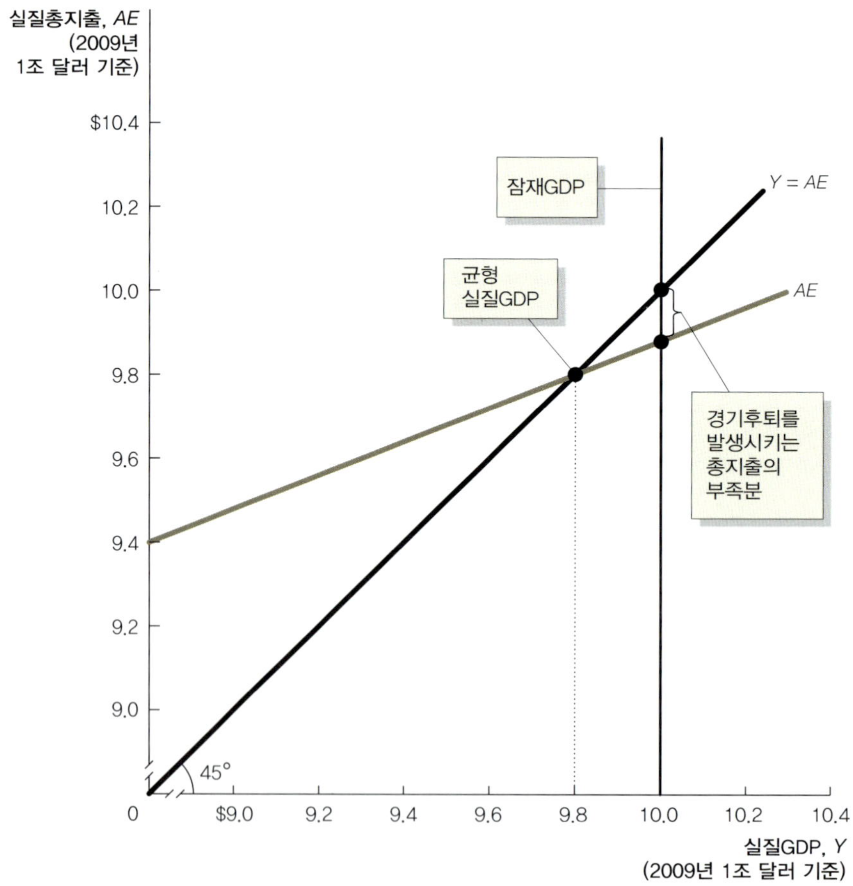

없는 크기를 나타낸다. 달리 말하면, 만일 총지출의 4가지 구성요소들 중 어느 요소가 이 크기만큼 증가한다면, *AE*선은 위로 이동해서 $10조의 실질GDP에서 45도선과 교차할 것이고 경제는 완전고용상태에서 거시경제균형 상태에 있게 될 것이다.

[그림 21.11]은 실질GDP가 $9.8조일 때 거시경제균형이 발생된다는 것을 보여준다. 이러한 실질GDP 수준은 $10조의 잠재GDP 수준보다 2% 낮기 때문에 많은 기업들은 정상적인 생산능력보다 낮은 수준에서 조업할 것이고 실업률은 자연실업률보다 높을 것이다. 경제는 총지출의 구성요소들 중 하나 이상 요소가 증가할 때까지 이러한 실질GDP 수준에 머물러 있게 될 것이다.

재고의 중요한 역할

의도된 총지출이 실질GDP보다 적을 때, 일부 기업들은 의도되지 않은 재고의 증가를 경험할 것이다. 총지출이 감소할 때 기업들이 즉각적으로 생산을 감소시키지 않으면, 재고가 증가할 것이다. 기업들이 초과재고를 축적하면, 총지출이 신속하게 정상수준으로 회복되더라도, 기업들은 생산을 정상수준으로 증가시키기 전에 초과재고를 판매해야만 한다. 예를 들어, 2009년 1분기 동안 연율로 측정된 실질GDP의 급격한 5.4% 감소 중 거의 절반은 기업들이 축적된 의도되지 않은 재고를 팔아치우기 위해 생산을 감소시킨데 기인했다.

수치를 적용한 거시경제균형의 예

실질GDP를 예측하는데 경제학자들은 계량경제모델에 의존한다. 수치를 적용한 거시경제균형의 예를 고려해 봄으로써 실질GDP의 변화 원인에 대한 이해를 증진시킬 수 있다. 이 예는 간단하지만 경제예측자가 사용하는 계량경제모델의 핵심 특성 중 일부를 제시해준다. [표 21.3]은 몇 가지 가상적인 실질GDP와 의도된 총지출의 조합을 보여준다. 첫 번째 열은 실질GDP를 나타낸다. 다음 4개의 열은 실질GDP의 수준에서 발생하는 의도된 총지출의 4가지 구성요소 수준을 나타낸다. 실질GDP가 변화할 때 의도된 투자, 정부구매, 순수출은 변화하지 않는다고 가정한다. 소비는 실질GDP에 의존하기 때문에 실질GDP가 증가할 때 소비는 증가한다.

첫 번째 행에서 $8조의 실질GDP는 $6.2조의 소비를 발생시킨다. 소비, 의도된 투자, 정부구매, 순수출을 합하면 의도된 총지출은 $8.7조가 되고 6번째 열에 정리되어 있다. 의도된 총지출이 실질GDP보다 크기 때문에 재고는 $7,000억만큼 감소할 것이다. 이러한 의도되지 않은 재고의 감소는 기업의 생산을 증가시킬 것이고 실질GDP는 증가할 것이다. 실질GDP는 $10조에 이를 때까지 계속해서 증가할 것이다. $10조의 실질GDP 수준에서 의도된 총지출은 $10조가 되고 의도되지 않은 재고의 변화는 0이 되며 경제는 거시경제균형 상태에 있게 된다.

[표 21.3]의 마지막 행에서 $12조의 실질GDP는 $8.8조의 소비와 $11.3조의 의도된 총지출을 발생시킨다. 의도된 총지출이 실질GDP보다 적기 때문에, 재고는 $7,000억만큼 증가할 것이다. 이러한 의도되지 않은 재고의 증가는 기업의 생산을 감소시킬 것이고 실질

표 21.3 거시경제균형(2009년 $10억 기준)

실질GDP (*Y*)	소비 (*C*)	의도된 투자 (*I*)	정부구매 (*G*)	순수출 (*NX*)	의도된 총지출 (*AE*)	의도되지 않은 재고의 변화	실질GDP의 변화
$8,000	$6,200	$1,500	$1,500	−$500	$8,700	−$700	증가
9,000	6,850	1,500	1,500	−500	9,350	−350	증가
10,000	7,500	1,500	1,500	−500	10,000	0	균형
11,000	8,150	1,500	1,500	−500	10,650	+350	감소
12,000	8,800	1,500	1,500	−500	11,300	+700	감소

GDP는 감소할 것이다. 실질GDP는 $10조에 이를 때까지 계속해서 감소할 것이고 의도되지 않은 재고의 변화는 0이 되며 경제는 거시경제균형 상태에 있게 된다.

실질GDP가 $10조일 때에만 경제는 거시경제균형 상태에 있게 된다. 다른 수준의 실질GDP에서 의도된 총지출은 GDP보다 크거나 적을 것이고 경제는 확장하거나 수축하게 될 것이다.

문제풀이 21.3

거시경제균형 결정하기

아래 표의 빈 칸을 채우고 실질GDP의 균형수준을 결정하라.

실질GDP (*Y*)	소비 (*C*)	의도된 투자 (*I*)	정부구매 (*G*)	순수출 (*NX*)	의도된 총지출 (*AE*)	의도되지 않은 재고의 변화
$8,000	$6,200	$1,675	$1,675	−$500	______	______
9,000	6,850	1,675	1,675	−500	______	______
10,000	7,500	1,675	1,675	−500	______	______
11,000	8,150	1,675	1,675	−500	______	______
12,000	8,800	1,675	1,675	−500	______	______

문제풀기

Step 1: 본문의 내용을 다시 읽어보라. 이 문제는 거시경제균형의 결정에 관한 것이므로 [수치를 적용한 거시경제균형의 예] 부분을 다시 읽어보라.

Step 2: 표의 빈칸을 채워라. 다음과 같은 두 식을 사용하여 마지막 두 열의 빈칸에 해당되는 수치를 계산할 수 있다.

의도된 총지출(AE) = 소비(C) + 의도된 투자(I) + 정부구매(G) + 순수출(NX)

의도되지 않은 재고의 변화 = 실질GDP(Y)−의도된 총지출(AE)

예를 들어, 첫 행의 빈칸을 채우려면, AE=6,200+1,675+1,675+(−500)=9,050이고 의도되지 않은 재고의 변화=8,000−9,050=−1,050이다. 여기서 수치의 단위는 2009년 $10억 기준이다.

실질GDP (Y)	소비 (C)	의도된 투자 (I)	정부구매 (G)	순수출 (NX)	의도된 총지출 (AE)	의도되지 않은 재고의 변화
$8,000	$6,200	$1,675	$1,675	−$500	$9,050	−1,050
9,000	6,850	1,675	1,675	−500	9,700	−700
10,000	7,500	1,675	1,675	−500	10,350	−350
11,000	8,150	1,675	1,675	−500	11,000	0
12,000	8,800	1,675	1,675	−500	11,650	350

Step 3: 실질GDP의 균형수준을 결정하라. 표의 빈칸을 채우면, 균형 실질GDP는 실질GDP와 의도된 총지출이 일치하는 수준인 $11조라는 것을 알 수 있다.

21.4. 승수효과

지금까지 단기의 실질GDP가 총지출에 의해 어떻게 결정되며 경제가 균형상태에 있지 않을 때 어떻게 조정되는지를 살펴보았다. 또한 총지출이 변화하면서 새로운 균형 실질GDP 수준이 어떻게 달성되는지도 살펴보았다. 이 절에서는 총지출의 변화가 균형 실질GDP에 미치는 효과를 더 상세하게 살펴본다. 의도된 투자지출의 증가 효과를 보여주는 [그림 21.12]를 살펴보면서 논의를 시작하도록 하자. 경제는 처음에 실질GDP가 $9.6조인 점$A$에서 균형 상태에 있다고 가정하자. 기업들이 미래 수익성에 대해 더 낙관적이게 되어 공장, 기계, 설비를 $1,000억만큼 증가시킨다고 하자. 이러한 투자지출의 증가는 AE선을 AE_1에서 AE_2로 $1,000억만큼 위로 이동시킨다. 새로운 균형은 점B에서 달성되고 이 점에서 실질GDP는 $10조이고 잠재GDP와 일치한다.

의도된 투자지출의 $1,000억 증가가 균형 실질GDP를 $4,000억 증가시킨다는 점에 주목하라. 의도된 투자지출의 증가는 균형 실질GDP에 *승수효과 multiplied effect*를 발생시킨다. 이러한 승수효과를 발생시키는 것이 투자지출만이 아니다. *독립적 지출 autonomous expenditure*의 증가는 총지출함수를 위로 이동시키고 균형GDP의 승수적 증가를 발생시킨다. **독립적 지출 autonomous expenditure**은 실질GDP의 수준에 의존하지 않는다. 우리가 상정하고 있는 총지출모델에서 의도된 투자지출, 정부구매, 순수출은 모두 독립적 지출

독립적 지출
autonomous expenditure
실질GDP의 수준에 의존하지 않는 지출

이다. 소비는 실질GDP의 수준에 의존하지 않는 독립적 요소와 실질GDP의 수준에 의존하는 종속적 요소, 즉 *유발된 induced* 요소 모두를 가지고 있다. 예를 들어, 만일 가계들이 모든 소득 수준에서 더 많이 지출하기로 결정한다면 소비의 독립적 증가가 이루어지고 총지출함수는 위로 이동할 것이다. 그러나 실질GDP가 증가하고 이에 따라 소비함수가 제시하는 것처럼 가계들이 소비지출을 증가시키면, 경제는 총지출함수 상에서 위로 이동할 것이고 이러한 소비지출의 증가는 종속적으로 이루어질 것이다.

승수 multiplier
균형 실질GDP의 증가를 독립적 지출의 증가로 나눈 값.

승수효과 multiplier effect
독립적 지출의 증가가 더 큰 실질GDP의 증가를 발생시키는 현상.

균형 실질GDP의 증가를 독립적 지출의 증가로 나눈 비율을 **승수 multiplier**라고 부른다. 처음의 독립적 지출 증가로부터 발생되는 일련의 유발된 소비지출의 증가가 **승수효과 multiplier effect**를 발생시킨다. 처음의 독립적 지출 증가가 일련의 실질GDP 증가를 발생시키기 때문에 승수효과가 발생한다.

[그림 21.12]에 제시되어 있는 승수효과를 더 상세하게 살펴보자. 이 그림에 제시되어 있는 투자지출의 $1,000억 증가 전체가 기업들의 추가적인 공장과 사무실 빌딩의 건설을 위해 사용된다고 하자. 처음에 이러한 추가적인 지출은 공장과 사무실 빌딩 건설을 $1,000억만큼 증가시킬 것이고 이에 따라 실질GDP도 $1,000억 증가할 것이다. 이러한 생산의 증가가 국민소득을 같은 크기만큼 증가시킨다는 것을 기억하라. 따라서 실질GDP의 $1,000억 증가는 국민소득을 $1,000억 증가시킨다. 이 예에서 이러한 소득은 건설회사 종업원들의 임금과 급여, 기업 소유주들의 이윤 등으로 지급된다. 이러한 추가적인 소득을 받은 후,

그림 21.12

승수효과

경제는 처음에 균형 실질GDP가 $9.6조인 점*A*에 있다. 의도된 투자의 $1,000억 증가는 총지출함수를 AE_1에서 AE_2로 이동시킨다. 새로운 균형은 실질GDP가 잠재 실질GDP 수준과 일치하는 $10조인 점*B*에서 달성된다. 승수효과 때문에 투자의 $1,000억 증가는 균형 실질GDP를 $4,000억 증가시킨다.

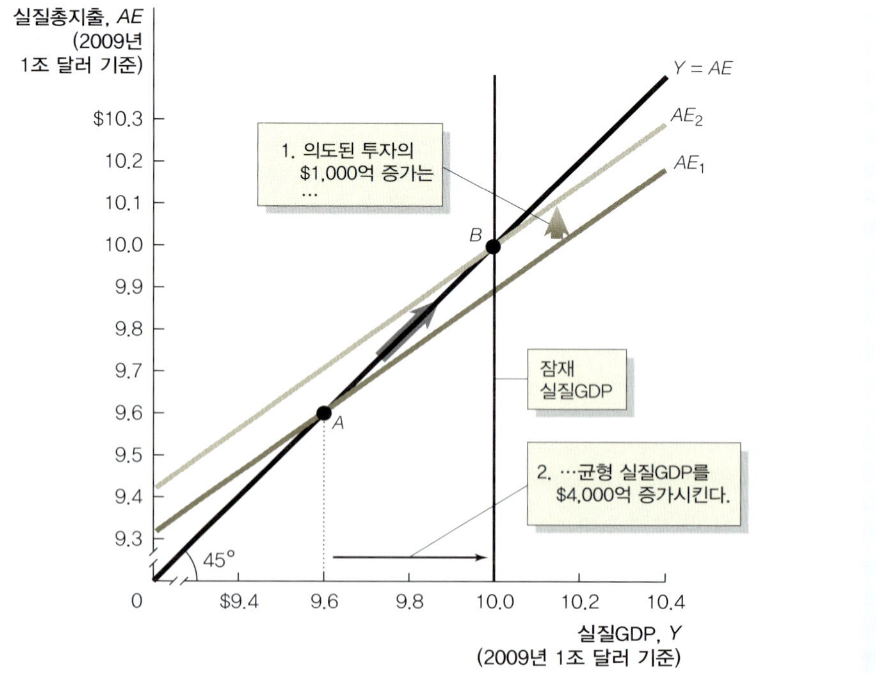

종업원들, 경영자들, 기업소유주들은 자동차, 가정설비제품, 가구, 많은 여타 제품들에 대한 소비를 증가시킬 것이다. 만일 한계소비성향(*MPC*)이 0.75이면, 소비 지출은 $750억 증가할 것이고 실질GDP도 $750억 증가할 것이다. 이러한 실질GDP의 증가는 국민소득도 $750억 증가시킨다는 것을 의미한다. 이렇게 증가된 소득은 자동차, 가정설비제품, 가구, 여타 제품들을 생산하는 기업들의 소유주들, 경영주들, 종업원들의 소득을 증가시킬 것이다. 이러한 종업원들, 경영자들, 기업의 소유주들은 이어서 소비지출을 증가시킬 것이고 이에 따른 생산, 소득, 소비의 증가 과정은 계속될 것이다.

궁극적으로 처음의 $1,000억 투자지출 증가가 총 $4,000억의 균형 실질GDP 변화를 발생시킨다. [표 21.4]는 처음 $1,000억의 투자지출 증가에 의해 발생되는 실질GDP와 총지출의 변화가 어떻게 균형 실질GDP를 $4,000억만큼 증가시키는지 요약하여 보여준다. 총지출의 순차적 변화에 의해 발생되는 승수효과를 생각해 볼 수 있다. 라운드 1에서

표 21.4 승수효과의 작동

	추가적 독립지출 (투자)	추가적으로 유발된 지출 (소비)	추가적 총지출 = 추가적 총GDP
라운드 1	$1,000억	$0	$1,000억
라운드 2	0	750억	1,750억
라운드 3	0	560억	2,310억
라운드 4	0	420억	2,730억
라운드 5	0	320억	3,050억
.	.	.	.
.	.	.	.
.	.	.	.
라운드 10	0	80억	3,770억
.	.	.	.
.	.	.	.
.	.	.	.
라운드 15	0	20억	3,950억
.	.	.	.
.	.	.	.
.	.	.	.
라운드 19	0	10억	3,980억
.	.	.	.
.	.	.	.
.	.	.	.
라운드 *n*	0	0	4,000억

$1,000억의 독립적 지출 증가, 즉 $1,000억의 의도된 투자지출 증가는 실질GDP를 $1,000억만큼 증가시킨다. 라운드 2에서 $1,000억의 실질GDP 증가로부터 유발된 지출이 (라운드 1에서 이루어진 $1,000억의 실질GDP 증가와 *MPC*를 곱한 것과 같은) $750억만큼 증가한다. 라운드 2에서 이루어진 이러한 $750억의 유발된 총지출 증가는 실질GDP를 $750억 달러 증가시키고 이것이 라운드 3에서 $560억의 유발된 지출을 증가시키는 등의 과정을 발생시킨다. 마지막 열은 총지출의 총증가를 나타내고 총지출의 총증가는 실질GDP의 총증가와 일치한다. 각 라운드에서 *MPC*는 1보다 작기 때문에 추가적으로 이루어지는 유발된 지출은 점점 적어진다. 라운드 10에서 추가적으로 이루어지는 유발된 지출은 $80억에 불과하고 이러한 과정의 시작으로부터 발생된 실질GDP의 총증가는 $3,770억이 된다. 라운드 19에서 이러한 과정은 거의 완료된다. 추가적으로 이루어지는 유도된 지출은 약 $10억에 불과하고 실질GDP의 총증가는 3,980억이 된다. 이러한 과정이 몇 번째 라운드에서 종료될 것인지는 정확하게 말할 수 없지만, 궁극적으로 이러한 과정은 종료될 것이고 이에 따라 종료되는 마지막 라운드를 단순히 라운드 *n*이라고 표시하자.

주어진 예에서 승수의 값을 균형 실질GDP의 증가를 독립적 지출의 증가로 나누어 계산할 수 있다.

Making the Connection

1930년대의 대공황과 마이너스의 승수효과

독립적 지출의 증가는 균형 실질GDP를 증가시키지만 그 반대도 성립한다. 독립적 지출의 감소는 실질GDP를 감소시킨다. 독립적 지출의 감소가 승수만큼 확대되어 미국 역사상 최대 실질GDP의 감소를 발생시켰던 1930년대에 많은 미국인들은 이러한 사실을 알게 되었다.

승수효과가 대공황기 동안 매우 높은 실업수준을 발생시키는 데 기여했다.

1929년 8월에 미국 경제는 경기변동의 정점에 도달했고 생산의 감소가 시작되었다. 10월에 주식시장은 붕괴되어 수십억 달러의 재산을 날려버렸고 가계들과 기업들의 비관주의를 증대시켰다. 소비지출과 의도된 투자지출 모두가 감소했다. 미국 의회가 1930년 6월에 Smoot-Hawley Tariff Act를 통과시킨 것이 무역전쟁을 촉발시켰고 이에 따라 수출이 감소되었다. 1930년 가을에 시작된 일련의 은행위기는 소비와 투자에 필요한 자금을 조달할 수 있는 가계들과 기업들의 능력을 제한시켰다. 총지출이 감소했고 많은 기업들은 매출 감소를 겪으면서 종업원들을 해고하기 시작했다. 생산과 소득 수준의 감소는 추가적인 소비지출의 감소를 발생시켰고 이것이 추가적으로 소득을 감소시키는 등의 악순환을 발생시켰다. 아래의 표는 1929년의 경기변동 정점과 1933년의 경기변동 저점을 대비하면서 경기침체의 심한 정도를 보여준다.

연도	소비	투자	순수출	실질GDP	실업률
1929	$7,810억	$1,240억	$400억	$10,560억	2.9%
1933	$6,380억	$270억	$220억	$7,780억	20.9%

주: 2009년 달러 기준

자료: U.S. Bureau of Economic Analysis; and David R. Weir, "A Century of U.S. Unemployment, 1890 – 1990," in Roger L. Ransom, Richard Sutch, and Susan B. Carter, eds., *Research in Economic History*, Vol. 14, San Diego, CA: JAI Press, 1992, Table D3, pp. 341–343.

이 기간 동안 반대로 작동했던 승수효과를 나타내기 위해 45도 그림을 사용할 수 있다. 미국 경제는 총지출의 감소가 시작되기 전인 1929년에 잠재 실질GDP 수준에 있었다. 소비, 의도된 투자, 순수출의 감소는 총지출함수를 AE_{1929}에서 AE_{1933}으로 아래로 이동시켰고 균형 실질GDP를 1929년의 $10,560억에서 1933년의 $7,780억으로 감소시켰다. 이 기간 동안에 이루어진 이러한 경기침체의 깊이와 기간 때문에 대공황 Great Depression이란 이름이 붙여졌다.

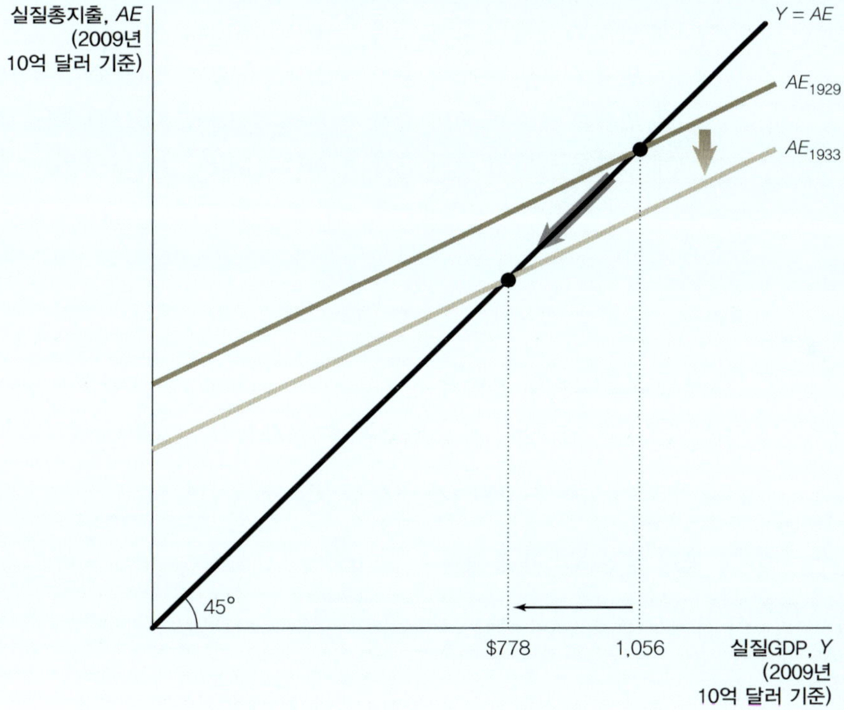

이러한 심한 대공황 때문에 수많은 기업들이 파산을 선언하게 되었다. 생존한 기업들도 급격한 매출 감소를 경험했다. 1933년에 이르기까지, U.S. Steel의 생산은 90% 감소했고, General Motors의 생산은 75% 이상 감소했다. 높은 실업률은 많은 가계들을 빈곤과 하루하루의 생존 투쟁으로 내몰았다. 1933년의 경기변동 저점으로부터의 회복은 느렸다. 실질GDP는 1936년까지 1929년 수준을 회복하지 못했고 경제활동인구의 증가 때문에 실업률은 미국이 1941년에 제2차 세계대전에 참전할 때까지 10% 아래로 낮아지지 못했다.

$$\frac{\Delta Y}{\Delta I} = \frac{\text{실질}GDP\text{의 변화}}{\text{투자지출의 변화}} = \frac{\$4{,}000\text{억}}{\$1{,}000\text{억}} = 4$$

승수가 4인 경우, 독립적 지출의 $1 증가는 균형 실질GDP를 $4만큼 증가시킨다.

승수 공식

[표 21.4]는 승수과정이 진행되는 동안, 각 라운드의 소비 증가는 이전 라운드 보다 적고 궁극적으로 소비의 증가는 종료되며 경제는 새로운 거시경제균형에 이르게 된다는 것을 보여준다. 그러나 모든 실질GDP의 증가를 합하면 실질GDP의 총증가가 $4,000억이 된다는 것을 어떻게 알 수 있는가? 균형 실질GDP의 총변화를 다음과 같이 식으로 나타냄으로써 이것이 성립하는 것을 보일 수 있다.

균형 실질GDP의 총변화는 (처음의 의도된 투자지출 증가 = $1,000억)
+ (첫 번째로 유발된 소비 증가 = $MPC \times \$1{,}000$억)
+ (두 번째로 유발된 소비 증가 = $MPC \times (MPC \times \$1{,}000\text{억}) = MPC^2 \times \$1{,}000$억)
+ (세 번째로 유발된 소비 증가 = $MPC \times (MPC^2 \times \$1{,}000\text{억}) = MPC^3 \times \$1{,}000$억)
+ (네 번째로 유발된 소비 증가 = $MPC \times (MPC^3 \times \$1{,}000\text{억}) = MPC^4 \times \$1{,}000$억)
…

등등과 같다.

따라서

$$\text{균형 실질GDP의 총변화} = \$1{,}000\text{억} + (MPC \times \$1{,}000\text{억}) + (MPC^2 \times \$1{,}000\text{억}) + (MPC^3 \times \$1{,}000\text{억}) + (MPC^4 \times \$1{,}000\text{억}) + \cdots$$

만일 각 항에 있는 $1,000억을 공통인수로 정리하면,

$$\text{균형 실질GDP의 총변화} = \$1{,}000\text{억} \times (1 + MPC + MPC^2 + MPC^3 + MPC^4 + \cdots)$$

이 식에서 괄호 안은 무한등비급수의 합을 나타내고

$$\frac{1}{1 - MPC}$$

의 값을 가진다.

주어진 예에서 MPC는 0.75이다. 따라서 균형 실질GDP의 총변화 = $1,000억 × [1/(1−0.750)] = $1,000억 × 4 = $4,000억이다. 승수의 일반 공식은 다음과 같이 도출된다.

$$\text{승수} = \frac{\text{균형 실질}GDP\text{의 변화}}{\text{독립적 지출의 변화}} = \frac{1}{1 - MPC}$$

주어진 예에서 승수는 1/(1-0.75), 즉 4이고 이것은 $1의 추가적인 독립적 지출이 균형 실질GDP를 $4만큼 증가시킨다는 것을 의미한다. $1,000억의 의도된 투자지출 증가는 균형 실질GDP를 $4,000억 증가시킨다. 승수의 값은 MPC의 값에 의해 결정된다는 점에 주목하라. 특히 MPC의 값이 클수록 승수의 값도 커진다. 예를 들어, MPC가 0.75가 아니라

0.9이면, 승수의 값은 4에서 1/(1−0.9)=10으로 증가한다.

승수효과의 요약

다음과 같은 승수효과에 관한 4가지 핵심 요점에 주목해야 한다.

1. 독립적 지출이 증가하거나 감소할 때 승수효과가 발생한다. 예를 들어, *MPC*가 0.75인 경우, $1,000억의 의도된 투자 감소는 균형소득을 $4,000억 감소시킨다.
2. 승수효과는 경제를 독립적 지출의 변화에 더 민감하게 만든다. 2005년 4분기와 2009년 1분기 사이에 주택건설 지출이 50% 이상 감소했다. 이러한 지출 감소는 일련의 생산, 소득, 지출 감소를 촉발시켰고, 이에 따라 주택산업과 크게 관련이 없는 자동차 딜러와 의류가게의 매출도 감소시켰다. 승수효과 때문에 경제의 한 부문에서 이루어지는 지출과 생산의 감소가 경제의 다른 부문들에서 이루어지는 지출과 생산도 감소시킬 수 있다.
3. *MPC*가 클수록, 승수의 값이 커진다. *MPC*가 0.75인 경우에 승수는 4이지만 *MPC*가 0.9인 경우 승수는 10이다. 이러한 *MPC*의 값과 승수의 값 간의 직접적 관계가 성립되는 것은 *MPC*가 클수록 승수과정에서 각 소득의 증가 후에 더 많은 추가적인 소비지출이 발생되기 때문이다.
4. 승수 공식, 즉 1/(1−*MPC*)는 과도하게 단순화시킨 것이다. 이 공식은 실질GDP의 증가가 수입, 인플레이션, 이자율, 개인소득세에 미치는 효과들과 같은 현실 세계의 복잡함을 무시하고 있다. 이러한 효과들을 감안하면, 단순한 승수 공식은 진정한 승수 값을 과다하게 추정한다. 제22장부터 이러한 현실 세계의 복잡함을 고려할 것이다.

문제풀이 21.4

승수 공식 사용하기

아래의 표에 있는 정보를 사용하여 다음의 질문에 답하라.

실질GDP (*Y*)	소비 (*C*)	의도된 투자 (*I*)	정부구매 (*G*)	순수출 (*NX*)
$8,000	$6,900	$1,000	$1,000	−$500
9,000	7,700	1,000	1,000	−500
10,000	8,500	1,000	1,000	−500
11,000	9,300	1,000	1,000	−500
12,000	10,100	1,000	1,000	−500

주: 수치는 2009년 10억 달러 기준

a. 균형 실질GDP의 수준은 얼마인가?
b. *MPC*는 얼마인가?
c. 정부구매가 $2,000억 증가한다고 하자. 균형 실질 GDP의 수준은 얼마가 되는가? 당신의 답을 구하기 위해 승수 공식을 사용하라.

문제풀기

Step 1: 본문의 내용을 다시 읽어보라. 이 문제는 승수과정에 관한 것이므로 [승수효과] 부분을 다시 읽어보라.

Step 2: 문제 a에 답하기 위해 균형 실질GDP를 결정하라. [문제풀이 21.2]에서처럼, 각 실질GDP 수준에서 의도된 총지출 수준을 계산함으로써 거시경제균형을 찾을 수 있다.

실질GDP (Y)	소비 (C)	의도된 투자 (I)	정부구매 (G)	순수출 (NX)	의도된 총지출 (AE)
$8,000	$6,900	$1,000	$1,000	−$500	$8,400
9,000	7,700	1,000	1,000	−500	9,200
10,000	8,500	1,000	1,000	−500	10,000
11,000	9,300	1,000	1,000	−500	10,800
12,000	10,100	1,000	1,000	−500	11,600

실질GDP가 $1조일 때 거시경제균형이 발생한다.

Step 3: 문제 b에 답하기 위해 *MPC*를 계산하라.

$$MPC=\frac{\Delta C}{\Delta Y}$$

이 경우,

$$MPC=\frac{\$8{,}000\text{억}}{\$10{,}000\text{억}}=0.8$$

Step 4: 문제 c에 답하기 위해 승수 공식을 사용하여 새로운 균형 실질GDP의 수준을 계산하라. 이 경우,

$$\text{승수}=\frac{1}{1-MPC}=\frac{1}{1-0.8}=5$$

따라서

균형 실질GDP의 변화 = 독립적 지출의 변화 x 5

즉

균형 실질GDP의 변화 = $2,000억 x 5 = $1조

따라서

새로운 실질GDP 수준 = $10조 + $1조 = $11조.

저축의 역설

저축의 증가가 투자 자금을 제공함으로써 장기적으로 경제성장률을 증가시킬 수 있다는 것을 살펴보았다(제18장과 제19장 참조). 그러나 단기적으로 가계가 소득 중에서 더 많이 저축하고 더 적게 지출한다면, 총지출과 실질GDP는 감소할 것이다. 총지출모델을 논의하면서, John Maynard Keyenes는 많은 가계들이 동시에 저축을 증가시키기로 결정하고 지출을 감소시키면, 총지출을 감소시켜 경제를 경기후퇴로 몰아넣음으로써 그들 자신을 더 나쁘게 만들 수 있다고 주장했다. 경기후퇴기에 소득이 낮아진다는 것은 많은 개인들이 저축을 증가시키려 해도 총저축은 증가하지 않을 수 있다는 것을 의미한다. 케인즈는 경제의

장기적 성과에 좋은 것이 단기적으로 좋지 않은 결과를 발생시킬 수 있기 때문에 이러한 결과를 *저축의 역설 paradox of thrift*이라고 불렀다.

가계들은 2000년대 중반에 거의 저축하지 않았으나 2008년 말과 2009년에 저축을 크게 증가시켰다. 개인저축률은 가계 저축이 처분가능소득에서 차지하는 비중을 나타낸다. 2009년 중반에 개인저축률은 6%로 증가했다. 일부 경제학자들은 이러한 저축의 증가가 소비지출을 감소시켜 경기후퇴와 그 이후 느린 회복에 기여했다고 주장한다. 다른 경제학자들은 저축의 역설 배후에 있는 논거에 대해 의문을 제기한다. 저축의 증가는 대부자금의 공급을 증가시켜 실질이자율을 하락시키고 투자지출 수준을 증가시킨다(제19장 참조). 이러한 투자지출의 증가가 저축의 증가에 기인한 소비지출 감소의 일부나 전부를 상쇄시킬 수 있다. 경제학자들은 계속해서 저축 증가의 단기 효과에 대해 논쟁하고 있다.

21.5. 총수요곡선

제품에 대한 수요가 증가할 때, 기업들은 일반적으로 생산을 증가시키고 가격을 인상시킨다. 이와 유사하게 제품에 대한 수요가 감소할 때, 기업들은 생산을 감소시키고 가격을 하락시킨다. 총지출의 증가나 감소는 실질GDP뿐만 아니라 *물가수준 price level*에도 영향을 미친다. 물가수준의 변화가 총지출의 구성요소들에 영향을 미치는가? 실제로 물가수준의 상승은 총지출을 감소시키고 물가수준의 하락은 총지출을 증가시킨다. 이 장의 앞부분에서 소비와 순수출을 결정하는 요인들을 살펴보면서 다음과 같은 내용 중 앞의 2가지는 이미 논의했다.

- 물가수준의 상승은 가계 재산의 실질 가치를 감소시켜 소비를 감소시킨다. 물가수준의 하락은 반대의 효과를 발생시킨다.
- 미국의 물가수준이 외국의 물가수준과 비교해 상대적으로 상승하면, 미국산 수출재는 상대적으로 더 비싸지고 외국산 수입재는 상대적으로 더 싸져서 순수출을 감소시킨다. 미국의 물가수준 하락은 반대의 효과를 발생시킨다.
- 가격들이 상승할 때, 기업들과 가계들은 재화와 서비스를 구매하고 판매하기 위해 더 많은 자금이 필요하다. 만일 중앙은행(미국의 경우 연방준비제도)이 통화공급을 증가시키지 않으면, 그 결과로 이자율이 상승할 것이다. 제23장에서 왜 이자율이 상승하는지에 대해 더 상세하게 분석할 것이다. 이 장의 앞부분에서 논의한 것처럼, 이자율이 상승하는 경우 기업들은 새로운 공장을 건설하거나 새로운 기계와 설비를 설치하기 위한 자금을 덜 차입하게 되고 가계들은 신규주택을 구매하기 위해 필요한 자금을 덜 차입하게 되어 투자지출은 감소한다. 물가수준의 하락은 반대의 효과를 발생시킨다. 모든 다른 것들이 일정하다면, 이자율의 하락은 투자지출을 증가시킨다.

이제 물가수준 변화의 효과를 균형 실질GDP가 총지출(*AE*)선과 45도선의 교차점에서 결정되는 기본적인 총지출 모델에 포함시킬 수 있다. 물가수준은 기준년도에 100의 값을 가지는 지수로 측정된다는 것을 기억하라. 만일 물가수준이 100에서 103으로 상승하면, 소비, 의도된 투자, 순수출은 모두 감소하고 45도선 그림에서 *AE*선은 아래로 이동한다. 가격들이 상승하면 모든 실질GDP 수준에서 총지출이 감소하기 때문에 *AE*선은 아래로 이동한다. [그림 21.13(a)]는 *AE*선이 아래로 이동하면 균형 실질GDP 수준이 감소한다는 것을 보여준다.

물가수준이 100에서 97로 하락하면, 투자, 소비, 순수출은 모두 증가한다. [그림 21.13(b)]가 보여주는 것처럼, *AE*선은 위로 이동하고 균형 실질GDP는 증가한다.

[그림 21.14]는 물가수준의 변화가 실질GDP에 미치는 효과를 보여준다. 이 그림의 왼쪽에 있는 표는 [그림 21.13]에서 제시된 물가수준과 실질GDP의 조합을 보여준다. [그림 21.14]는 이 표의 수치들을 점들로 표시하고 연결한 선을 보여준다. 이 그림에서 수직축은 물가수준을 나타내고 수평축은 실질GDP를 나타낸다. [그림 21.14]에서 제시된 물가수준

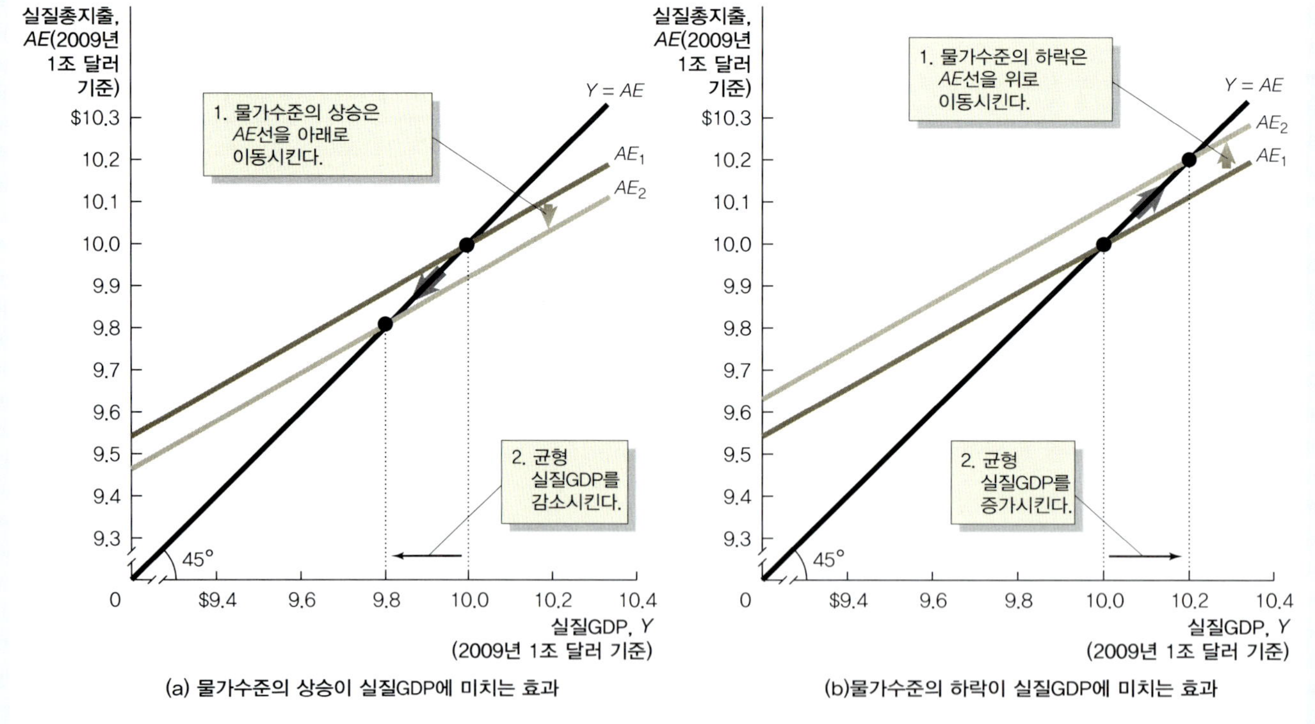

(a) 물가수준의 상승이 실질GDP에 미치는 효과

(b)물가수준의 하락이 실질GDP에 미치는 효과

그림 21.13

물가수준의 변화가 실질GDP에 미치는 효과

그림(a)에서 물가수준의 상승은 소비, 의도된 투자, 순수출을 감소시키고 총지출선을 AE_1에서 AE_2로 아래로 이동시킨다. 그 결과 균형 실질GDP는 $10조에서 $9.8조로 감소한다. 그림(b)에서 물가수준의 하락은 소비, 의도된 투자, 순수출을 증가시키고 총지출선을 AE_1에서 AE_2로 위로 이동시킨다. 그 결과 균형 실질GDP는 $10조에서 $10.2조로 증가한다.

물가 수준	균형 실질GDP
97	$10.2조
100	10.0조
103	9.8조

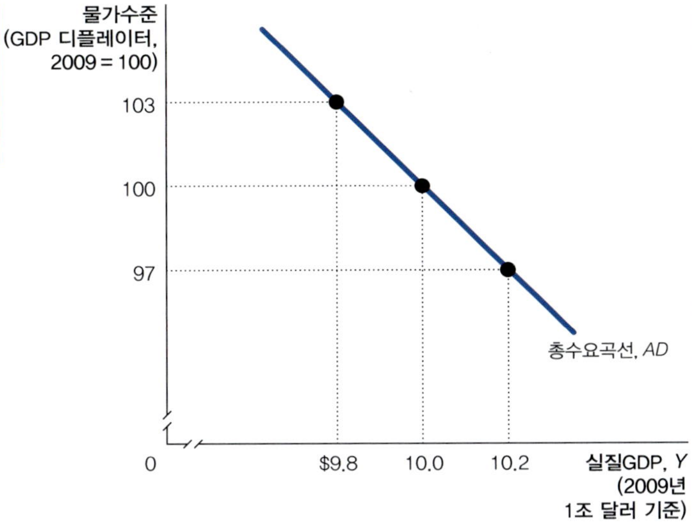

그림 21.14

총수요곡선

총수요(*AD*)곡선은 물가수준과 실질GDP 간의 관계를 보여준다. 물가수준이 97일 때, 실질GDP는 $10.2조이다. 물가수준이 100으로 상승하면, 소비, 의도된 투자, 순수출이 감소하고 실질GDP는 $10조로 감소한다.

과 실질GDP 간의 관계를 보여주는 곡선을 **총수요(*AD*)곡선** aggregate demand(*AD*) curve이라고 부른다.

총수요(AD)곡선 aggregate demand(AD) curve
총지출에 영향을 미치는 모든 다른 요인들이 일정한 경우, 물가수준과 실질GDP 간의 관계를 보여주는 곡선.

결론

이 장에서는 한 가지 중요한 거시경제학 견해를 살펴보았다. 즉, 단기적으로 실질GDP 수준은 전적으로 총지출 수준에 의해 결정된다는 것이다. 경제학자들이 실질GDP의 변화를 예측할 때, 총지출의 4가지 구성요소들의 변화를 예측한다. 물가수준의 변화가 총지출에 어떻게 영향을 미치는지를 고려하면서 총수요곡선을 도출했다.

그러나 이러한 우리의 논의는 완성된 것이 아니다. 제22장에서 *총공급곡선 aggregate supply curve*을 분석할 것이다. 이어서 균형 실질GDP와 균형 물가수준이 동시에 어떻게 결정되는지 살펴보기 위해 총수요곡선과 총공급곡선을 사용할 것이다.

또한 단기에서 실질GDP와 물가수준을 결정하는데 있어서 금융시스템과 정부정책의 역할을 논의할 필요가 있다. 이러한 중요한 주제들이 다음의 장들에서 논의될 것이다.

주요용어

독립적 지출 autonomous expenditure
소비함수 consumption function
승수 multiplier
승수효과 multiplier effect
재고 inventory
총수요곡선 aggregate demand(*AD*) curve
총지출 aggregate expenditure(*AE*)
총지출모델 aggregate expenditure model
한계소비성향 marginal propensity to consume(*MPC*)
한계저축성향 marginal propensity to save(*MPS*)
현금흐름 cash flow

연습문제

*복습질문

1. 총지출모델의 핵심 아이디어는 무엇인가?

2. 재고는 무엇인가? 경기후퇴가 시작될 때 재고에 어떤 일이 발생하는가? 경기확장이 시작될 때 재고에 어떤 일이 발생하는가?

3. 총지출모델은 장기 경제성장, 경기변동, 인플레이션, 경기변동에 의한 실업 중 어떤 것을 설명하는가?

4. 왜 총지출모델에서 소비지출, 투자지출, 정부구매, 순수출을 결정하는 요인들을 아는 것이 중요한가?

5. 소비지출의 5가지 주요 결정요인은 무엇인가? 이 중에서 어떤 것이 가장 중요한가? 주가나 주택가격의 상승은 어떻게 소비지출에 영향을 미치는가?

6. 투자의 4가지 주요 결정요인은 무엇인가? 이자율의 변화가 투자에 어떻게 영향을 미치는가?

7. 순수출의 3가지 주요 결정요인은 무엇인가? BRICS 국가들(브라질, 러시아, 인도, 중국)의 GDP 성장률 증가는 미국의 순수출에 어떻게 영향을 미치는가?

8. 45도선 그림에서 45도선의 의미는 무엇인가?

9. 거시경제균형을 보이기 위해 45도선 그림을 사용하라. 당신이 그린 그림이 총지출함수와 균형 실질GDP 수준을 보여주는지와 그림의 축들이 적정하게 표시되어 있는지를 확인하라.

10. 총지출선의 기울기는 무엇과 일치하는가? 총지출선의 기울기는 소비함수의 기울기와 어떻게 관련되어 있는가?

11. 만일 경기후퇴가 시작되면서 기업들이 대규모의 의도되지 않은 재고를 축적하게 되면 어떤 일이 발생하는가?

12. 총지출과 소비지출 간의 차이점은 무엇인가?

13. 다음의 그림의 점*A*에서 의도된 총지출이 실질GDP보다 큰가, 같은가, 적은가? 점*B*에서는 어떠한가? 점*C*에서는 어떠한가? 점*A*와 점*C*에서 의도되지 않은 재고의 변화를 측정하는 수직거리를 나타내라.

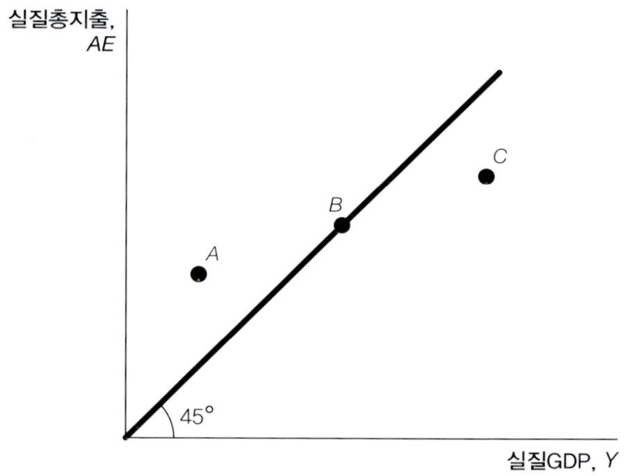

14. 승수효과는 무엇인가? 정부구매의 감소에 의한 승수효과를 나타내기 위해 45도선 그림을 사용하라.

15. 승수공식은 무엇인가? 왜 이 공식이 너무 단순하다고 여겨지는가?

16. 총지출과 총수요 간의 차이점을 설명하라.

17. 총수요의 구성요소들 중에서 어떤 요소가 물가수준의 변화에 의해 영향을 받는지 설명하라.

18. 물가수준의 변화는 총지출선 상의 이동을 발생시키는가, 총지출선의 이동을 발생시키는가? 물가수준의 변화는 총수요곡선 상의 이동을 발생시키는가, 총수요곡선의 이동을 발생시키는가?

* 문제와 응용

1. 다음의 각 거래는 총지출의 어떤 구성요소에 속하는가?

a. 존스 가족이 새 차를 구매한다.

b. San Diago Unified School District가 12대의 새로운 버스를 구매한다.

c. 존스 가족이 Garcia Construction사로부터 새로 지은 주택을 구매한다.

d. 조 존스는 영국에 있는 온라인 사이트로부터 버버리 코트를 주문한다.

e. Prudential 보험회사는 Dell부터 250대의 새로운 컴퓨터를 구매한다.

2. Apple은 금년에 2,020만 대의 아이폰을 생산할 계획이라고 하자. Apple은 2,010만 대를 판매하고 Apple 점포의 재고를 10만 대 증가시킬 것으로 예상한다.

a. 연말에 Apple이 1,990만대의 아이폰을 판매했다고 하자. Apple의 의도된 아이폰 재고투자는 얼마인가? Apple의 실제 아이폰 재고투자는 얼마인가?

b. 연말에 Apple이 2,030만 대의 아이폰을 판매했다고 하자. Apple의 의도된 아이폰 재고투자는 얼마인가? Apple의 실제 아이폰 재고투자는 얼마인가?

3. 2013년 2분기에 기업 재고가 $850억만큼 증가했다. 이 정보로부터 2013년 2분기에 총지출이 GDP보다 컸었는지 적었는지를 알 수 있는가? 만일 그렇지 않다면, 어떤 다른 정보가 필요한가?

4. 한 주요 미국 가구제조회사가 다음 연도 동안 자신의 제품에 대한 수요를 예측한다고 하자. 다음의 각 사항은 이러한 예측에 어떻게 영향을 미치는가?

a. 한 서베이는 소득 증가율의 증가에 대한 소비자 신뢰가 급격히 상승한 것을 보여준다.

b. 실질이자율이 상승할 것으로 예상된다.

c. 미국달러의 가치가 외국통화들에 비해 상승할 것으로 예상된다.

d. 경제의 의도된 투자지출이 감소할 것으로 예상된다.

5. 소비함수를 그리고 각 축을 표시하라. 소득의 증가가 소비지출에 미치는 효과를 나타내라. 소득의 변화는 소비함수 상의 이동을 발생시키는가, 소비함수의 이동을 발생시키는가? 예상되는 미래 소득의 증가나 가계 재산의 증가는 소비함수에 어떻게 영향을 미치는가? 예상되는 미래 소득의 증가나 가계 재산의 증가는 소비함수 상의 이동을 발생시키는가, 소비함수의 이동을 발생시키는가?

6. 많은 사람들은 그들의 미래 소득이 차입 자금을 상환하기에 충분할 만큼 높을 것이라고 확신하더라도 원하는 만큼의 자금을 차입하는데 어려움을 겪는다. 예를 들어, 의대에 다니는 많은 학생들은 졸업하고 의사가 되면 높은 소득을 벌 것이다. 그들은 의대에 다니는 동안 더 편안하게 살기 위해 아마도 자금을 차입하고 높은 미래 소득을 사용해 대출을 상환하려 할 것이다. 불행하게도 은행들은 일반적으로 그들의 소득이 미래에 훨씬 높아질 가능성이 크더라도 현재 소득이 낮은 사람들에게 대출해 주기를 꺼려한다. 만일 사람들이 항상 원하는 만큼 자금을 차입할 수 있다면, 당신은 소비가 현재 소득에 더 민감할 것이라고 생각하는가, 덜 민감할 것이라고 생각하는가? 간략히 설명하라.

7. 실업상태에 있는 근로자들은 정부로부터 실업보험지급을 받는다. 실업보험의 존재는 실업보험이 없는 경우보다 소비가 경기변동에 따라 더 변동하게 만드는가, 덜 변동하게 만드는가? 간략히 설명하라.

8. 아래 표의 빈 칸을 채워라. 논의를 단순하게 하기 위해 세금은 없다고 가정하라. 또한 표에 있는 수치는 2009년 $10억 기준이라고 가정하라.

국민소득, 실질GDP (Y)	소비 (C)	저축 (S)	한계소비 성향 (MPC)	한계저축 성향 (MPS)
$9,000	$8,000	______	______	______
10,000	8,750	______	______	______
11,000	9,500	______	______	______
12,000	10,250	______	______	______
13,000	11,000	______	______	______

9. 아래의 그림은 2개의 가상적인 소비함수 C_1과 C_2를 보여준다. 어떤 소비함수의 한계소비성향(MPC)이 더 큰가? 간략히 설명하라. 소비함수 C_1의 MPC는 얼마인가?

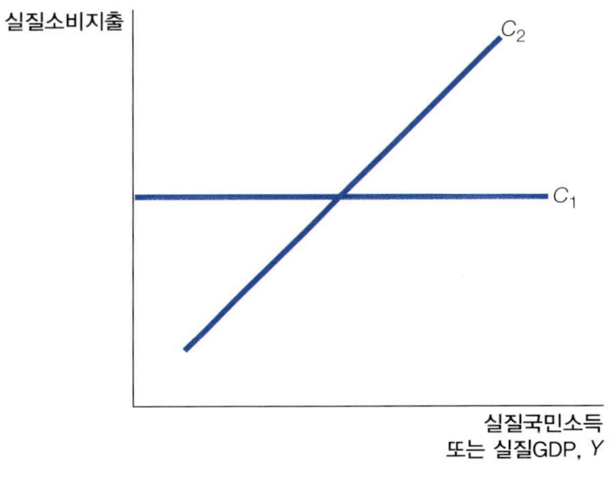

10. 아래의 그림에 2개의 총지출함수가 그려져 있다. 점*A*에서 점*B*로의 이동과 점*B*에서 점*C*로의 이동을 고려해 보라. 어떤 이동이 독립적 지출의 변화를 보여주는가? 어떤 이동이 유발된 지출의 변화를 보여주는가?

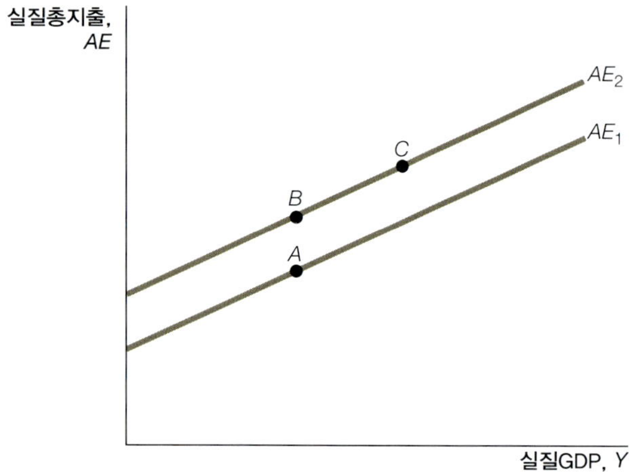

11. 2007년 1분기부터 2010년 4분기까지 2009년 10억 달러 기준으로 측정된 각 분기의 재고 변화를 보여주는 다음의 표를 고려해 보라. 거시경제관점에서 이러한 재고 변화의 패턴에 대해 설명하라. (힌트: 이 기간 동안에 경기후퇴는 언제 시작되었고 끝났는가?)

연도	분기	재고 변화
2007	I	$19.6
	II	49.4
	III	50.2
	IV	23.0
2008	I	-20.2
	II	-26.4
	III	-20.7
	IV	-67.4
2009	I	-144.5
	II	-190.1
	III	-206.1
	IV	-49.6
2010	I	9.8
	II	48.8
	III	116.2
	IV	58.1

12. 아래에 있는 표의 빈 칸을 채워라. 실질GDP가 변화할 때 *MPC*의 값은 변화하지 않는다고 가정하라. 또한 표의 수치는 2009년 $10억 기준으로 측정된 것이라고 가정하라.

a. *MPC*의 값은 얼마인가?
b. 균형 실질GDP의 값은 얼마인가?

실질 GDP (*Y*)	소비 (*C*)	의도된 투자 (*I*)	정부 구매 (*G*)	순수출 (*NX*)	의도된 총지출 (*AE*)	의도되지 않은 재고의 변화
$9,000	$7,600	$1,200	$1,200	-$400	______	______
10,000	8,400	1,200	1,200	-400	______	______
11,000	______	1,200	1,200	-400	______	______
12,000	______	1,200	1,200	-400	______	______
13,000	______	1,200	1,200	-400	______	______

13. 다음의 질문에 답하기 위해 아래의 표에 있는 정보를 사용하라. 표에 있는 수치는 2009년 $10억 기준으로 측정된 것이라고 가정하라.

실질GDP (*Y*)	소비 (*C*)	의도된 투자 (*I*)	정부구매 (*G*)	순수출 (*NX*)
$8,000	$7,300	$1,000	$1,200	-$500
9,000	7,900	1,000	1,200	-500
10,000	8,500	1,000	1,200	-500
11,000	9,100	1,000	1,200	-500
12,000	9,700	1,000	1,200	-500

a. 실질GDP의 균형수준은 얼마인가?
b. *MPC*는 얼마인가?
c. 순수출이 $4,000억 증가한다고 하자. 새로운 실질GDP의 균형수준은 얼마인가? 답을 구하기 위해 승수 공식을 사용하라.

14. 만일 한계소비성향이 0.75이면, $4,000억의 의도된 투자 지출 증가는 총지출선을 얼마만큼 위로 이동시키는가? 균형 실질GDP를 얼마만큼 증가시키는가?

15. 다음의 각 요인이 승수의 값을 증가시키는지 감소시키는지 설명하라.

a. 실질GDP의 증가가 수입을 증가시킨다.
b. 실질GDP의 증가가 이자율을 상승시킨다.
c. 실질GDP의 증가가 한계소비성향을 증가시킨다.
d. 실질GDP의 증가가 가계가 납부하는 평균 세율을 감소시킨다.
e. 실질GDP의 증가가 물가수준을 상승시킨다.

16. 당신은 다음의 진술에 동의하는지 설명하라.
일부 경제학자들은 2007~2009년 경기후퇴는 주택건설에 대한 지출 감소에 의해 야기되었다고 주장한다. 이것은 사실이 아닐 수 있다. 만일 주택건설에 대한 지출 감소만 있었다면, 타격을 입은 기업들은 주택 건설업자들과 주택을 건설하는데 사용되는 목재와 여타 재화들을 판매하는 기업들뿐 이었을 것이다. 실제로 자동차, 가정설비, 가구를 제조하는 기업들을 포함해서 많은 기업들이 경기후퇴기 동안에 매출 감소를 경험했다.

17. BRICS국가들(브라질, 러시아, 인도, 중국)의 경제성장률이 둔화되어 미국의 순수출을 750억 달러만큼 감소시킨다고 하자. 만일 *MPC*가 0.8이면, 미국의 균형 실질GDP는 얼마나 변화하는가?

18. 승수의 증가는 더 장기적이고 더 심각한 경기후퇴를 발생시키는가 더 단기적이고 덜 심각한 경기후퇴를 발생시키는가? 간략히 설명하라.

19. 한계소비성향(*MPC*)이 0일 때 승수의 값을 계산하라. *MPC*가 0인 경우 독립적 지출의 증가에 의한 균형 실질GDP의 변화는 얼마인가? 간략히 설명하라.

20. 다음의 질문에 답하기 위해 다음의 그림을 사용하라.

a. 균형 실질GDP의 값은 얼마인가?

b. *MPC*의 값은 얼마인가?

c. 승수의 값은 얼마인가?

d. 실질GDP가 다음의 각 값을 가질 때 의도되지 않은 재고 변화의 값은 얼마인가?

i) $10조 ii) $12조 iii) $14조

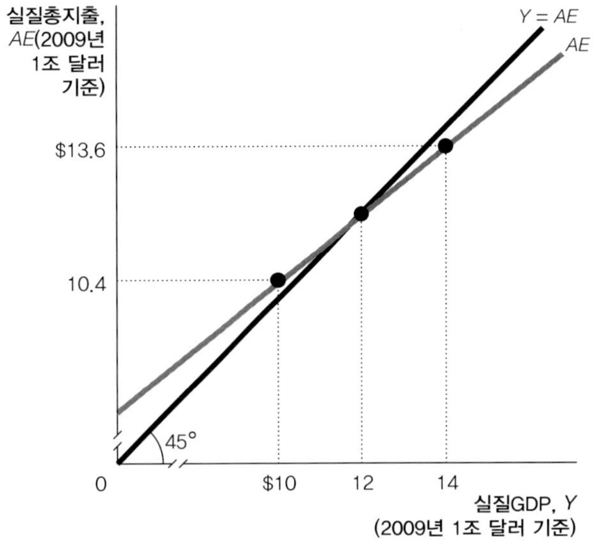

21. 왜 총지출선은 우상향하는 반면 총수요곡선은 우하향하는지 설명하라.

22. 당신은 다음의 진술에 동의하는지 간략히 설명하라. "총수요곡선이 우하향하는 이유는 물가수준이 상승할 때 사람들이 더 많은 재화와 서비스를 구매할 수 없기 때문이다."

23. 미국의 수출이 미국의 물가수준 변화에 더 민감해진다고 하자. 이러한 경우 미국의 물가수준이 상승할 때, 미국의 수출이 이전보다 더 많이 감소한다. 이러한 변화는 총수요곡선의 기울기를 더 급격하게 만드는가 덜 급격하게 만드는가? 간략히 설명하라.

부록: 거시경제균형의 수학적 도출

이 장의 본문에서는 단기 실질GDP의 총지출모델을 나타내기 위해 전적으로 그림과 표에 의존했다. 그림은 경제적 변화를 *정성적으로 qualitatively* 이해하는 데 도움을 준다. 경제모델을 방정식들로 나타내면 *정량적 추정치 quantitative estimates*를 구하는 것이 더 용이해진다. 경제학자들은 실질GDP의 미래 변화를 예측할 때, 종종 *계량경제모델 econometric model*에 의존한다. 계량경제모델은 방정식들로 나타낸 경제모델이고 각 방정식은 제3장에서 간략히 설명한 수요곡선을 추정하기 위해 사용된 방법과 유사한 방법을 사용하면서 통계적으로 추정된다. 이 장에서 설명한 총지출모델을 나타내기 위해 방정식들이 사용될 수 있다.

다음의 방정식들은 [표 21.3]에 제시된 예에 기초해서 구해진 것이다. Y는 실질GDP를 나타내고 (MPC를 제외한) 수치들은 $10억 기준으로 측정된 것이다.

1. $C=1,000+0.65Y$	(소비함수)
2. $I=1,500$	(의도된 투자함수)
3. $G=1,500$	(정부구매함수)
4. $NX=-500$	(순수출함수)
5. $Y=C+I+G+NX$	(균형조건)

첫 번째 식은 소비함수이다. MPC는 0.65이고 1,000은 소득에 의존하지 않는 소비수준을 의미하는 독립적 소비이다. 소비함수를 45도선 그림 상에 있는 선으로 생각하면, 1,000은 절편이고 0.65는 기울기이다. 의도된 총지출의 다른 3가지 구성요소는 실질GDP에 영향을 받지 않고 일정하다고 가정하기 때문에 이러한 3가지 구성요소를 나타내는 함수들은 매우 간단하다. 실질GDP를 예측하기 위해 이러한 유형의 모델을 사용하는 경제학자들은 물론 보다 더 현실적인 투자, 정부구매, 순수출 함수들을 사용한다. 소비함수에서 독립적 소비의 값과 MPC의 값 같은 *모수 parameters*는 일정한 기간 동안 각 변수의 값들에 관한 데이터를 사용하면서 통계적으로 추정된다.

이 모델에서 실질GDP가 의도된 총지출과 일치할 때 균형 실질GDP가 구해진다. 균형조건을 나타내는 식5는 균형 실질GDP를 계산하는 방법을 제시해 준다. 식1-식4를 식5에 대입할 필요가 있다. 이렇게 하면 다음과 같은 식이 구해진다.

$$Y=1,000+0.65Y+1,500+1,500-500$$

균형 실질GDP를 구하기 위해 이 식을 Y에 대해 풀어야 한다. 첫 번째 단계는 이 식의 양변에서 $0.65Y$를 빼는 것이다.

$$Y-0.65Y=1,000+1,500+1,500-500$$

이어서 Y에 대해 풀면,

$$0.35Y = 3{,}500$$

즉, $Y = \dfrac{3{,}500}{0.35} = 10{,}000$

이러한 결과를 일반화하기 위해, 수치를 문자로 나타낸 일반 값으로 대체할 수 있다.

1. $C = \overline{C} + MPC(Y)$ (소비함수)
2. $I = \overline{I}$ (의도된 투자함수)
3. $G = \overline{G}$ (정부구매함수)
4. $NX = \overline{NX}$ (순수출함수)
5. $Y = C + I + G + NX$ (균형조건)

위에 바가 있는 문자는 고정된 값을 나타낸다. 예를 들어, $\overline{C}$는 주어진 예에서 1,000의 값을 가지고 있는 독립적 소비를 나타낸다. 이제 균형 Y에 대해 풀면,

$$Y = \overline{C} + MPC(Y) + \overline{I} + \overline{G} + \overline{NX}$$

$$Y - MPC(Y) = \overline{C} + \overline{I} + \overline{G} + \overline{NX}$$

$$Y(1 - MPC) = \overline{C} + \overline{I} + \overline{G} + \overline{NX}$$

$$Y = \frac{\overline{C} + \overline{I} + \overline{G} + \overline{NX}}{1 - MPC}$$

$1/(1 - MPC)$는 승수이고 이 식의 분자에 있는 모든 4개 변수들은 독립적 지출을 나타낸다는 점을 기억하라. 따라서 균형 실질GDP는 다음과 같이 나타낼 수 있다.

균형 실질GDP = 독립적 지출 × 승수.

CHAPTER 22

총수요와 총공급 분석

이 장의 학습내용

22.1 **총수요**
- 총수요의 결정요인을 살펴보고 총수요 곡선상의 이동과 총수요 곡선의 이동을 구별한다.

22.2 **총공급**
- 총공급의 결정요인을 살펴보고 총공급 곡선상의 이동과 총공급 곡선의 이동을 구별한다.

22.3 **장기와 단기의 거시경제균형**
- 단기와 장기의 거시경제균형을 나타내기 위해 총수요와 총공급 모델을 사용한다.

22.4 **동태적 총수요와 총공급 모델**
- 거시경제상황을 분석하기 위해 동태적 총수요와 총공급 모델을 사용한다.

경기변동이 FedEx의 운명을 결정한다

FedEx는 세계 최대의 항공소포운송회사이다. FedEx에 의해 처리되는 소포의 가치는 미국 국내총생산(GDP)의 약 4%와 글로벌 GDP의 약 1.5%이다. 일부 월스트리트 애널리스트들이 FedEx의 사업은 GDP의 변화에 따라 부침하기 때문에 경제의 상태를 평가하기 위해 "FedEx 지수"를 사용한다.

Fred Smith가 1965년에 학부 학기논문에서 이러한 기업에 대한 아이디어를 만들어내었다. 그는 소포를 배달하는 완전히 새로운 시스템을 제안했다. 한 기업이 소포의 수집과 배달까지 화물 운송을 통제하는 것이다. 이 기업은 "허브-앤-스포크 hub-and spoke" 시스템 방식으로 자신의 비행기를 운항한다. 소포가 수집되어 중심 허브 공항까지 운송된다. 중심 허브 공항에서 소포가 분류되고 이어서 목적지 공항까지 운송되며 마지막으로 트럭에 의해 배달된다.

지난 50년 동안 FedEx의 놀라운 성공에도 불구하고, 이 회사의 사업은 경기변동의 상승과 하강에 의해 크게 영향을 받는다. 예를 들어, 미국 경제가 2007년 12월에 경기후퇴로 진입함에 따라 기업들과 가계들은 소포발송을 감소시켰다. 2008년 1분기에 FedEx는 11년간 연속적으로 이윤을 낸 후에 처음으로 손실을 보고했다. 2007~2009년 기간 동안 경기후퇴가 지속됨에 따라, FedEx는 일부 종업원들을 해고하고 종업원들 대부분의 임금을 삭감했다. 2009년 9월에 이르러서 경기상황은 개선되기 시작했고 이 회사의 수익도 개선되었다. 그러나 경기후퇴로부터의 경제 회복은 대부분의 경제학자들과 FedEx가 예상했던 것보다 느렸다. 많은 FedEx 고객들은 더 싼 선박화물로 운송하기 시작했고 이것이 FedEx의 항공화물 서비스에 대한 수요를 감소시켰다. 한 신문기사는 이러한 사실을 "중국까지 가는 속도가 느린 배가 FedEx 경영진에게 악몽이 되고 있다"라고 썼다.

2013년 7월에, FedEx의 수석 이코노미스트인 Gene Huang은 2014년에 더 빠른 성장이 이루어지겠지만 연말까지 미국과 세계 GDP의 느린 성장이 계속될 것이라고 예측했다. 더 빠른 GDP 성장이 없다면, FedEx는 장기적인 수입과 이윤 증가 목표를 달성할 수 없을 것이다.

경기변동이 FedEx와 여타 기업들에게 어떻게 영향을 미치는지 이해하기 위해, 경기후퇴와 경기확장이 생산, 고용, 가격에 미치는 영향을 살펴볼 필요가 있다.

자료: Spencer Jakab, "FedEx Down, Not Out, on Express Slump," *Wall Street Journal*, June 18, 2012; Bob Sechler, "FedEx Boosts Outlook," *Wall Street Journal*, September 11, 2009; "Economic Update," July 1, 2013, investors.fedex.com/phoenix.zhtml?c=73289&p=irol-economicupdate; and Hal Weiztman, "FedEx to Cut Costs by $1 Bn," *Financial Times*, March 19, 2009.

미국 경제가 실질GDP의 장기적 상승 추세를 경험하고 있다는 것을 살펴보았다. 이러한 상승 추세 때문에 오늘날 미국의 생활수준은 100년 전보다 훨씬 더 높아지게 되었다. 그러나 실질GDP는 경기변동때문에 단기적으로 이러한 장기 상승추세 주위에서 변동한다. 실질GDP의 변동은 고용의 변동을 발생시킨다. 이러한 실질GDP와 고용의 변동이 경기변동에서 가장 눈에 띄고 극적인 부분이다. 경기후퇴기 동안, 공장이 폐쇄되고 중소기업이 파산을 선언하며 근로자들이 일자리를 잃는 것을 보게 될 가능성이 크다. 경기확장기 동안에 신규 기업들이 설립되고 새로운 일자리가 생겨나는 것을 보게 될 가능성이 크다. 이러한 생산량과 고용의 변화에 더하여, 경기변동은 임금과 가격의 변화를 발생시킨다. 일부 기업들은 생산을 감소시키는 방식으로 매출의 감소에 대응하기도 하지만 가격을 인하하거나 임금을 삭감하기도 한다. 다른 기업들은 가격과 근로자의 임금을 그렇지 않은 경우보다 더 적게 인상시키는 방식으로 경기후퇴에 대응한다.

이 장에서는 총수요와 총공급 모델을 개발하여 경기변동에 관한 논의를 확장한다. 이 모델은 경기후퇴와 경기확장이 생산, 고용, 가격에 미치는 영향을 분석하는 데 도움을 줄 것이다.

22.1. 총수요

경기변동이 이루어지는 동안 어떤 일이 발생하는지 이해하기 위해 왜 실질GDP, 실업률, 인플레이션율이 변동하는지 설명할 필요가 있다. 이미 실업률의 변동은 주로 실질GDP의 변동에 의해 발생된다는 것을 살펴보았다. 이 장에서 실질GDP와 물가수준의 단기 변동을 설명하기 위해 **총수요와 총공급 모델 aggregate demand and aggregate supply model**이 사용된다. [그림 22.1]이 보여주는 것처럼, 이 모델에서 실질GDP와 물가수준은 단기적으로 *총수요곡선 aggregate demand curve*과 *단기총공급곡선 short-run aggregate supply curve*의 교차점에서 결정된다. 실질GDP와 물가수준의 변동은 총수요곡선의 이동이나 단기총공급곡선의 이동에 의해서 발생된다.

총수요와 총공급 모델 aggregate demand and aggregate supply model
실질GDP와 물가수준의 단기 변동을 설명하는 모델.

총수요곡선 aggregate demand(*AD*) curve은 물가수준과 가계, 기업, 정부가 수요하는 실질GDP 간의 관계를 보여준다. **단기총공급곡선 short-run aggregate supply(*SRAS*) curve**은 물가수준과 기업이 공급하는 실질GDP 간의 단기 관계를 보여준다. [그림 22.1]에 제시되어 있는 총수요곡선과 단기총공급곡선은 제3장에서 공부한 개별시장의 수요곡선과 공급곡선과 유사한 것처럼 보인다. 그러나 이 곡선들은 개별시장에 적용되는 것이 아니라 경제 전체에 적용되기 때문에 총수요와 총공급 모델은 개별시장의 수요와 공급 모델과는 매우 다르다. 경제 전체를 다루기 때문에, 왜 총수요곡선이 우하향하는지, 왜 단기총공급곡선이 우상향하는지, 왜 두 곡선들은 이동하는지에 관한 거시경제학적 설명이 필요하다. 먼저 왜 총수요곡선이 우하향하는지를 설명하면서 논의를 시작하도록 하자.

총수요곡선 aggregate demand(*AD*) curve
물가수준과 가계, 기업, 정부가 수요하는 실질GDP 간의 관계를 보여주는 곡선.

단기총공급곡선 short-run aggregate supply(*SRAS*) curve
물가수준과 기업이 공급하는 실질GDP 간의 단기 관계를 보여주는 곡선.

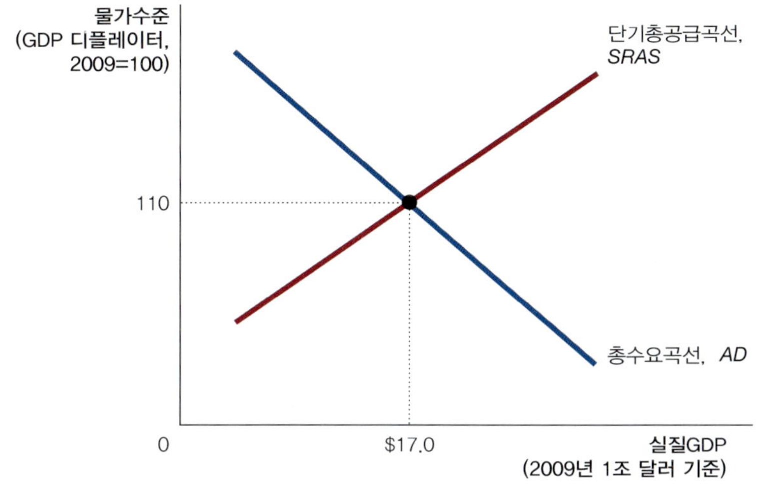

그림 22.1

총수요와 총공급

단기에서 실질GDP와 물가수준은 총수요곡선과 단기총공급곡선이 교차하는 점에서 결정된다. 수평축은 실질GDP를 측정하고 수직축은 GDP 디플레이터를 측정한다. 이 예에서 균형 실질GDP는 $17조이고 균형 물가수준은 110이다.

왜 총수요곡선은 우하향하는가?

실질GDP는 4개 요소, 즉 소비(C), 투자(I), 정부구매(G), 순수출(NX)로 구성된다는 것을 살펴보았다. Y가 실질GDP를 나타낸다면, 다음과 같은 식이 성립한다.

$$Y = C + I + G + NX$$

물가수준의 하락은 실질GDP에 대한 수요량을 증가시키기 때문에 총수요곡선은 우하향한다. 왜 그런지를 이해하기 위해 물가수준의 변화가 어떻게 총수요의 각 요소에 영향을 미치는지 살펴볼 필요가 있다. 정부구매는 의회의 정책결정에 의해 결정되고 물가수준의 변화에 의해서 영향을 받지 않는다고 가정하면서 논의를 시작하자. 이제 물가수준의 변화가 다른 3개 구성요소, 즉 소비, 투자, 순수출에 미치는 영향을 생각해 보도록 하자.

재산 효과: 물가수준의 변화가 소비에 어떻게 영향을 미치는가?

현재 소득은 가계의 소비를 결정하는 가장 중요한 변수이다. 소득이 증가함에 따라, 소비는 증가할 것이고 소득이 감소함에 따라 소비는 감소할 것이다. 그러나 소비는 또한 가계의 자산 가치와 채무 가치 간 차이인 가계의 재산에 의존한다. 연간 소득이 $80,000인 두 가계를 생각해 보자. 첫 번째 가계는 $500만의 재산을 가지고 있고 두 번째 가계는 $5만의 재산을 가지고 있다. 첫 번째 가계가 두 번째 가계보다 더 많이 지출할 가능성이 크다. 따라서 가계의 재산이 증가함에 따라, 소비는 증가할 것이다. 일부 가계는 물가수준이 상승함에 따라 가치가 하락하고 물가수준이 하락함에 따라 가치가 증가하는 현금이나 여타 *명목 자산 nominal asset*을 재산으로 보유한다. 예를 들어, 만일 당신이 현금으로 $10,000을 가지고 있다면, 물가수준의 10% 상승은 이러한 현금의 구매력을 10% 감소시킬 것이다. 물가수준이 상승할 때, 가계 재산의 *실질 가치 real value*는 하락하고 이에 따라 재화와 서비스에 대한 수요량이 감소할 것이다. 물가수준이 하락할 때, 가계 재산의 실질 가치는 상승하고 이에 따라 소비와 재화와 서비스에 대한 수요량이 증가할 것이다. 물가수준이 소비에 미치는 효과를 *재산 효과 wealth effect*라고 부르며 이것이 총수요가 우하향하는 한 가지 이유이다.

이자율 효과: 물가수준의 변화가 투자에 어떻게 영향을 미치는가?

가격들이 상승할 때, 가계와 기업은 구매하고 판매하는데 필요한 자금을 조달하기 위해 더 많은 현금이 필요하다. 따라서 물가수준이 상승할 때, 가계와 기업은 은행으로부터 예금을 인출하거나, 은행으로부터 차입하거나 채권과 같은 금융자산을 매도하여 그들이 보유하는 현금의 양을 증가시키려 할 것이다. 이러한 행동이 은행이 대출에 부과하는 이자율과 채권의 이자율을 상승시키는 경향이 있다(제24장에서 통화량과 이자율 간의 관계를 더 상세하게 분석한다). 이자율의 상승은 기업과 가계의 차입 비용을 증가시킨다. 그 결과로 기업은 새로운 공장을 건설하거나 새로운 기계와 설비를 설치하기 위해 덜 차입할 것이고 가계는 새로운 주택을 매입하기 위해 덜 차입할 것이다. 가계가 자동차, 가구, 여타 내구재에 지출할 자금을 조달하기 위해 덜 차입하게 됨에 따라 소비도 감소할 것이다. 물가수준의 상승은 이자율을 상승시키고 투자지출을 감소시키기 때문에 재화와 서비스에 대한 수요량을 감소시킨다. 물가수준의 하락은 이자율을 하락시키고 투자지출을 증가시키기 때문에 재화와 서비스에 대한 수요량을 증가시킨다. 물가수준이 투자에 미치는 효과는 *이자율 효과 interest-rate effect*라고 부르고 이것이 총수요곡선이 우하향하는 두 번째 이유이다.

국제무역 효과: 물가수준의 변화는 순수출에 어떻게 영향을 미치는가?

*순수출 net exports*은 외국 가계와 기업의 미국산 재화와 서비스에 대한 지출에서 미국 가계와 기업의 외국산 재화와 서비스에 대한 지출을 뺀 것과 같다. 만일 미국의 물가수준이 외국의 물가수준에 비해 상대적으로 상승하면, 미국산 수출재는 상대적으로 더 비싸질 것이고 외국산 수입재는 상대적 더 싸질 것이다. 외국의 일부 소비자들은 미국산 상품을 구매하는 것으로부터 자국산 상품을 구매하는 것으로 이동할 것이다. 미국의 수출은 감소하고 미국의 수입은 증가할 것이며 이에 따라 순수출은 감소하고 재화와 서비스에 대한 수요량이 감소할 것이다. 외국에 비해 상대적인 미국의 물가수준 하락은 이와 반대의 효과를 미칠 것이고 이에 따라 순수출은 증가하고 재화와 서비스에 대한 수요량이 증가할 것이다. 물가수준이 순수출에 미치는 효과는 *국제무역 효과 international-trade effect*라고 부르고 이것이 총수요곡선이 우하향하는 세 번째 이유이다.

총수요곡선의 이동과 총수요곡선 상의 이동

한 가지 기억해야 할 중요한 요점은 총수요곡선은 *다른 모든 것들이 일정한 경우*, 물가수준과 실질GDP 수요량 간의 관계를 제시한다는 것이다. 만일 가계, 기업, 정부의 지출 용의에 영향을 미치는 여타 변수들은 변화하지 않고 물가수준만 변화하면, 정태적 총수요곡선 상에서 위와 아래로의 이동이 이루어진다. 만일 물가수준 이외의 다른 변수가 변화하면, 총수요곡선은 이동한다. 예를 들어, 만일 정부구매가 증가하고 물가수준이 변화하지 않으면, 총수요곡선은 모든 물가수준에서 오른쪽으로 이동한다. 또한 만일 기업이 투자의 미래 수익성에 대해 비관적이 되어 공장과 기계에 대한 지출을 감소시키면, 총수요곡선은 왼쪽으로 이동한다.

총수요곡선을 이동시키는 변수

총수요곡선을 이동시키는 변수들은 다음의 3가지 범주에 속한다.

- 정부정책의 변화
- 가계와 기업의 예상 변화
- 해외 변수의 변화

정부정책의 변화 제24장과 제25장에서 더 논의하겠지만, 정부는 총수요곡선을 이동시키기 위해 통화정책과 재정정책을 사용한다. **통화정책 monetary policy**은 중앙은행이 대부자들로부터 차입자들로의 자금이동이 잘이루어지도록 통화공급과 이자율을 관리하기 위해 취하는 조치이다. 중앙은행은 높은 고용, 물가안정, 높은 경제성장률, 금융시스템 안정과 같은 거시경제정책목표를 달성하기 위해 이러한 조치를 취한다. 예를 들어, 중앙은행은 이자율을 인하시키는 조치를 취함으로써 기업과 가계의 차입 비용을 낮출 수 있다. 차입 비용의 하락은 소비와 투자 지출을 증가시키고 총수요곡선을 오른쪽으로 이동시킨다. 이자율을 인상시키는 조치는 총수요곡선을 왼쪽으로 이동시킨다. **재정정책 fiscal policy**은 거시경제정책목표를 달성하기 위해 세금과 정부구매를 변화시키는 조치이다. 정부구매는 총수요의 구성요소이기 때문에, 정부구매의 증가는 총수요곡선을 오른쪽으로 이동시키고 정부구매의 감소는 총수요곡선을 왼쪽으로 이동시킨다. 개인소득세의 인상은 가계의 처분가능소득을 감소시키고 이것이 소비지출을 감소시키며 총수요곡선을 왼쪽으로 이동시킨다. 개인소득세의 인하는 총수요곡선을 오른쪽으로 이동시킨다. 법인세의 인상은 투자지출의 수익성을 감소시키고 총수요곡선을 왼쪽으로 이동시킨다. 법인세의 인하는 총수요곡선을 오른쪽으로 이동시킨다.

통화정책 monetary policy
중앙은행이 거시경제정책목표를 달성하기 위한 의도를 가지고 통화공급과 이자율을 관리하기 위해 취하는 조치.

재정정책 fiscal policy
거시경제정책목표를 달성하기 위해 세금과 정부구매를 변화시키는 조치.

가계와 기업의 예상 변화 가계가 미래 소득에 대해 더 낙관적이 되면 현재 소비를 증가시킬 가능성이 있다. 이러한 소비 증가는 총수요곡선을 오른쪽으로 이동시킨다. 가계가 미래 소득에 대해 더 비관적이 되면 총수요곡선은 왼쪽으로 이동한다. 이와 유사하게 기업이 투자지출의 미래 수익성에 대해 더 낙관적이 되면 총수요곡선은 오른쪽으로 이동한다. 기업이 투자지출의 미래 수익성에 대해 더 비관적이 되면 총수요곡선은 왼쪽으로 이동한다.

해외 변수의 변화 만일 외국의 기업과 가계가 미국산 재화를 더 적게 구매하거나 미국의 기업과 가계가 외국산 재화를 더 많이 구매하면, 순수출은 감소하고 총수요곡선은 왼쪽으로 이동한다. 실질GDP가 증가하면 소비자가 소비하기 위해 사용할 수 있는 소득이 증가한다. 만일 미국의 실질GDP가 외국의 실질GDP보다 더 빠르게 증가하면, 미국의 수입은 미국의 수출보다 더 빠르게 증가하고 순수출은 감소한다. 만일 달러당 외국통화로 나타낸 환율이 상승하면, 외국에서 팔리는 미국산 제품의 외국통화 표시 가격은 상승하고 미국에 팔리는 외국산 제품의 미국달러 표시 가격은 하락한다. 예를 들어, 만일 달러와 유로 간 환율이 $1=€1이면, 미국으로부터 프랑스로 수출되는 $20짜리 블루레이 디스크 Blu-ray disc는 프랑스에서 20유로가 될 것이고 50유로짜리 프랑스산 와인 한 병은 미국에서 $50가 될 것이다. 그러나 환율이 $1=€1.50으로 상승하면, 블루레이 디스크 가격은 프랑스에서 30유로로 상승할 것이고 프랑스에서 블루레이 디스크의 매출은 감소될 것이며 프랑스산 와인 한 병의 가격은 미국에서 $33.33로 하락할 것이고 미국에서 프랑스산 와인의 매출이 증가할 것이다. 이에 따라 미국의 수출은 감소하고 미국의 수입은 증가하며 총수요곡선은 왼쪽으로 이동할 것이다.

모든 물가수준에서 순수출의 증가는 총수요곡선을 오른쪽으로 이동시킨다. 만일 실질GDP가 외국보다 미국에서 더 느리게 증가하거나 달러의 가치가 외국통화에 대해 하락하면, 순수출은 증가한다. 미국의 물가수준 변화 때문에 발생되는 순수출의 변화는 총수요곡선의 이동이 아니라 총수요곡선 상의 이동을 발생시킨다.

문제풀이 22.1

총수요곡선 상의 이동과 총수요곡선의 이동

현재 물가수준은 105이고 현재 실질GDP 수준은 $17.2조이다. 다음의 각 상황을 그림으로 나타내라.

a. 물가수준은 110으로 상승하는 반면 다른 변수들은 변화가 없다.

b. 기업들이 비관적이 되어서 투자를 감소시킨다. 물가수준은 변화가 없다고 가정하라.

문제풀기

Step 1: 본문의 내용을 다시 읽어보라. 이 문제는 총수요곡선 상의 이동과 총수요곡선의 이동 간의 차이를 이해하는 것에 관한 것이므로 [총수요곡선의 이동과 총수요곡선 상의 이동] 부분을 다시 읽어보라.

Step 2: 문제 a에 답하기 위해 총수요곡선 상의 이동을 보여주는 그림을 그려라. 총수요곡선 상의 이동이 있으나 총수요곡선의 이동은 없기 때문에 그림은 다음과 같이 그려질 것이다.

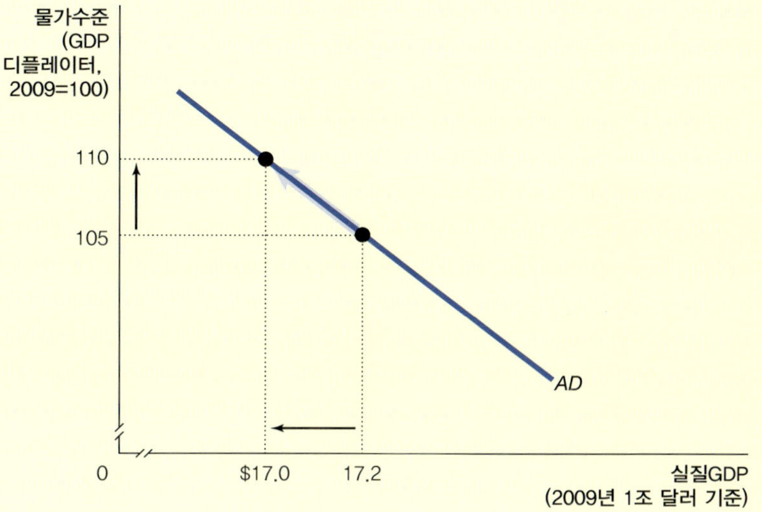

새로운 실질GDP에 대한 수요 수준이 얼마가 될 것인지를 확실히 알 수 있는 충분한 정보를 가지고 있지 않다. 다만 그 수준은 처음 수준인 $17.2조보다 적을 것이라는 것을 알뿐이다. 그림에서 그 수준은 $17조로 그려져 있다.

Step 3: 문제 b에 답하기 위해 총수요곡선의 이동을 보여주는 그림을 그려라. 총수요곡선은 왼쪽으로 이동할 것이나 얼마만큼 왼쪽으로 이동할 것인지를 알 수 있는 충분한 정보를 가지고 있지 않다. 총수요곡선이 왼쪽으로 이동하는 정도가 $3,000억이라고 가정하자. 이 경우 그림은 다음과 같이 그려진다.

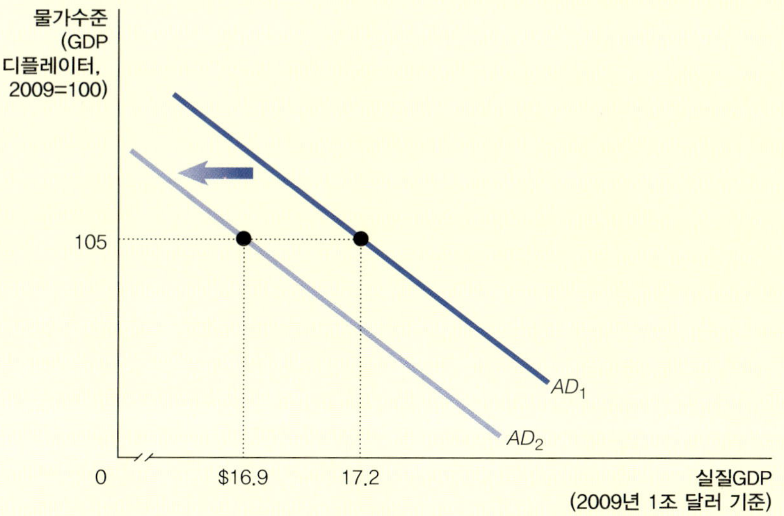

이 그림은 모든 물가수준에서 실질GDP 수요량이 $3,000억만큼 감소하도록 총수요곡선의 평행 이동을 보여준다. 예를 들어, 105의 물가수준에서 실질GDP의 수요량은 $17.2조에서 $16.9조로 감소한다.

[표 22.1]은 총수요곡선을 이동시키는 가장 중요한 변수들을 요약한 것이다. 이 표는 각 변수의 증가에 의해 발생되는 총수요곡선의 이동을 보여준다. 각 변수의 감소는 총수요곡선을 반대방향으로 이동시킨다.

표 22.1 총수요곡선을 이동시키는 변수

<table>
<tr><th>변수의 증가</th><th>총수요곡선의 이동</th><th>이유</th></tr>
<tr><td>이자율</td><td>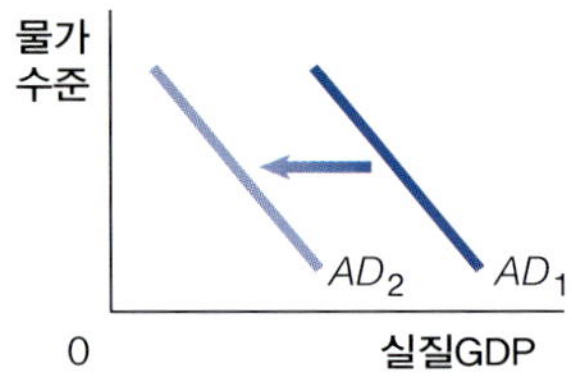
</td><td>이자율의 상승은 기업과 가계의 차입비용을 증가시키고 소비지출과 투자지출을 감소시킨다.</td></tr>
<tr><td>정부구매</td><td>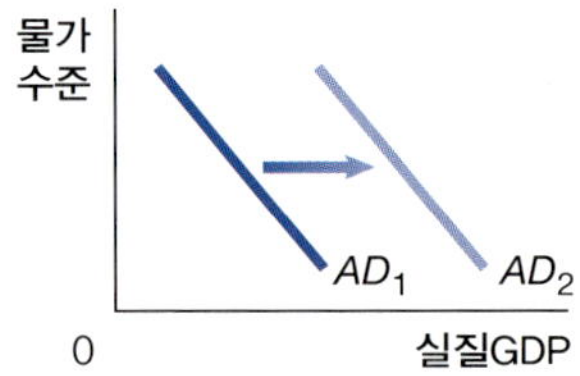
</td><td>정부구매의 증가는 총수요를 증가시킨다.</td></tr>
<tr><td>개인소득세 또는 법인세</td><td>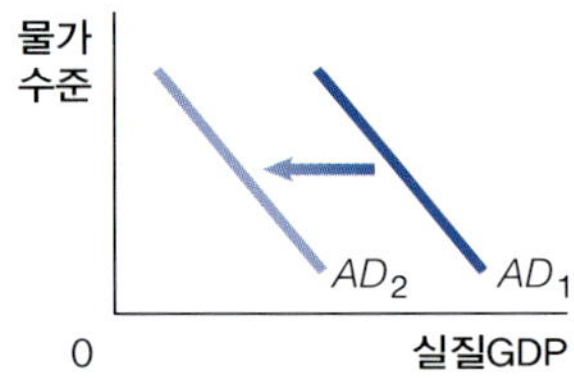
</td><td>개인소득세가 인상될 때 소비지출이 감소하고 법인세가 인상될 때 투자지출이 감소한다.</td></tr>
<tr><td>미래 소득에 대한 가계의 예상</td><td>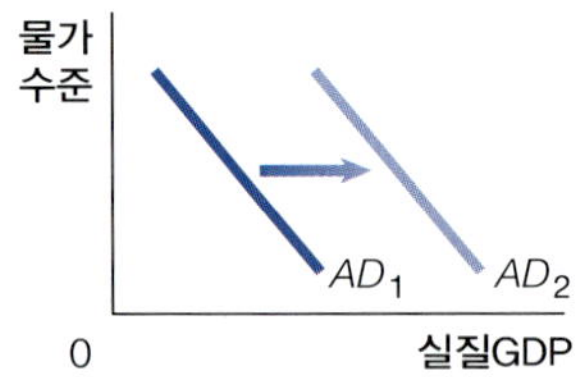
</td><td>소비지출이 증가한다.</td></tr>
<tr><td>투자지출의 미래수익성에 대한 기업의 예상</td><td>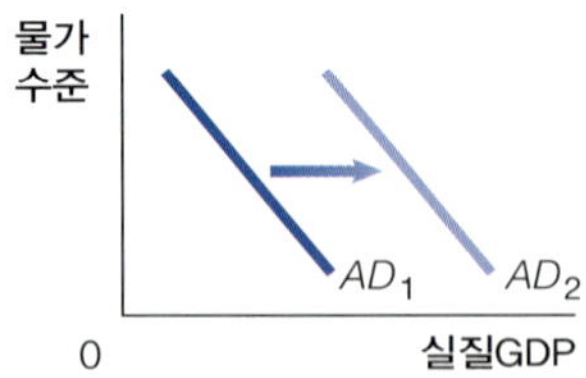
</td><td>투자지출이 증가한다.</td></tr>
<tr><td>외국 GDP 성장률과 비교한 상대적인 국내GDP 성장률</td><td>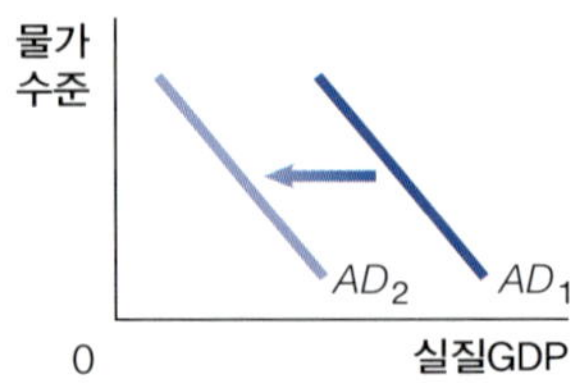
</td><td>수입이 수출보다 더 빠르게 증가하고 순수출이 감소한다.</td></tr>
</table>

외국통화에 대한 국내통화의 가치(환율)	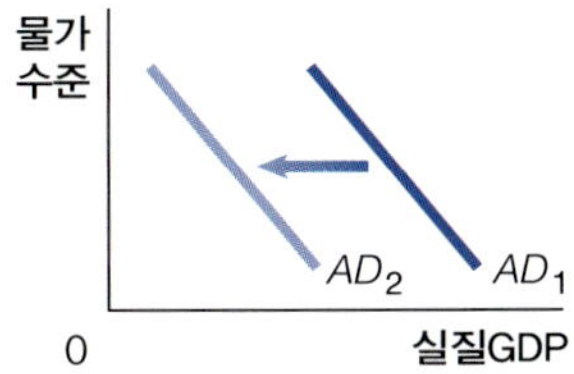	수입은 증가하고 수출은 감소해 순수출이 감소한다.

Making the Connection

총수요의 구성요소 중 어떤 요소가 2007~2009년 경기후퇴기에 가장 크게 변화했는가?

2007~2009년의 경기후퇴는 1930년대 대공황이후 가장 장기간 진행되었고 가장 심했다. 총수요 구성요소들의 변화 추이를 살펴봄으로써 2007~2009년의 경기후퇴가 가장 장기간 진행되었고 가장 심했던 이유를 약간 파악할 수 있다. 다음의 그림들은 2005년 1분기와 2013년 2분기 사이에 가장 크게 변동했던 총수요의 3개 구성요소, 즉 소비, 주택건설지출, 순수출의 변화추이를 보여준다. 음영된 부분은 2007~2009년의 경기후퇴기를 나타낸다. 모든 기업들이 생산능력수준에서 생산할 때 결정되는 GDP 수준인 잠재GDP는 시간이 흐름에 따라 증가한다. 따라서 경제학자들은 종종 *잠재GDP와 비교한 상대적인* 총수요 구성요소의 변화를 측정하는데 관심을 가진다. 이것이 그림들의 수직축에 표시되어 있다.

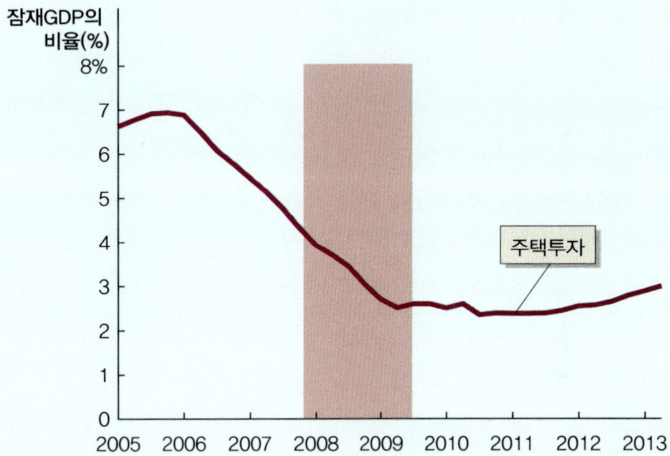

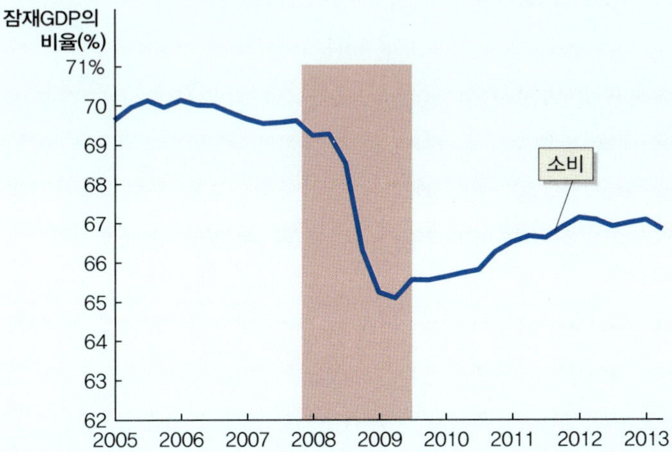

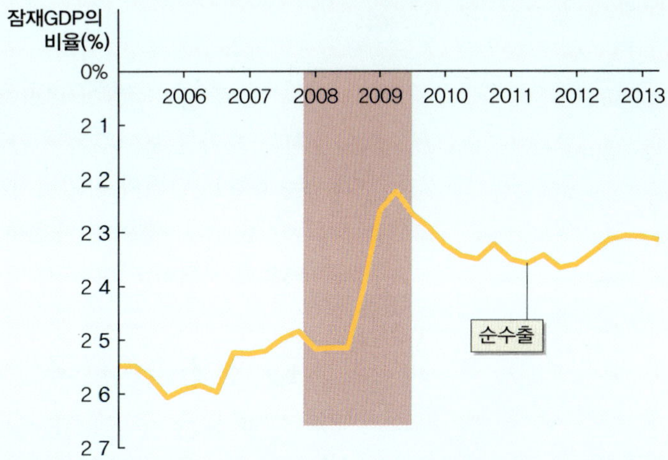

이 그림들은 2007~2009년 경기후퇴에 관해 다음과 같은 사실을 제시해 준다.

- 경기후퇴가 시작되기 전 2년 동안 주택건설지출은 이미 잠재GDP와 비교해 상대적으로 크게 감소했다.
- 경기후퇴가 종료 후 처음 2년 동안 주택건설지출은 잠재GDP와 비교해 상대적으로 증가하지 않았다. 2011년 말부터 주택건설지출은 느리게 증가하기 시작했으나 2013년 중반에도 여전히 2005~2006년 수준보다 크게 낮았다.
- 일반적으로 경기후퇴기에도 상대적으로 안정적으로 유지되는 소비가 경기후퇴기에 잠재GDP와 비교해 상대적으로 크게 감소했고 경기후퇴가 종료된 후 4년 동안에도 낮게 유지되었다.
- 순수출은 경기후퇴기에 증가했다(이 기간 동안 내내 순수출은 마이너스였기 때문에 마이너스의 값이 작아지는 만큼 순수출이 증가했다).

위의 그림들이 보여주지는 않지만, 기업고정투자와 기업재고변화, 즉 주택건설을 제외한 투자지출은 실제로 경기후퇴기에 잠재GDP와 비교해 상대적으로 증가했다. 정부구매는 경기후퇴기에 잠재GDP와 비교해 상대적으로 어느 정도 안정적으로 유지되었다. 연방정부구매는 경기후퇴기에 급증했으나 그 이후에 경기후퇴에 대응하기 위한 일시적 지출프로그램들이 종료되었고 의회와 대통령이 재정적자에 대한 우려를 반영해 추가적인 지출을 삭감했기 때문에 연방정부구매가 감소했다.

위에서 열거한 4가지 사실을 다음과 같이 간략히 설명할 수 있다. 주택부문은 주택가격과 신규주택에 대한 지출의 급격한 상승에 힘입어 2002년부터 2005년까지 주택경기과열을 경험했다. 그러나 주택경기과열은 2006년부터 주택가격 붕괴로 전환되었고 이에 따라 주택건설지출이 급격하게 감소했다. 주택건설지출이 지속적으로 낮은 수준에 머물러 있었던 것이 2007~2009년 경기후퇴가 대공황 이후 가장 장기간 진행되었으며 2009년 6월에 시작된 경기확장이 상대적으로 약했던 이유를 설명해 준다. 높은 실업 수준은 가계소득을 감소시켰고 소비지출의 감소를 발생시켰다. 이에 더하여 많은 가계들은 저축을 증가시키고 채무를 상환하면서 소비지출을 추가적으로 감소시켰다. 지속적인 낮은 수준의 소비지출도 경기후퇴를 심하게 만들었고 이어진 경기확장을 약하게 만드는데 기여했다. 마지막으로 연방준비제도의 이자율 인하조치는 미국달러의 가치를 하락시키는데 도움을 주었고 미국산 수출재 가격을 하락시켰으며 외국산 수입재 가격을 상승시켰다. 그 결과로 순수출은 증가했다.

자료: U.S. Bureau of Economic Analysis; Congressional Budget Office; and S. Mitra Kalita, "Housing's Job Engine Falters," *Wall Street Journal*, October 5, 2011.

22.2. 총공급

이제 물가수준의 변화가 기업들이 기꺼이 공급하고자 하는 재화와 서비스의 양에 미치는 효과를 보여주는 총공급에 대해 살펴보도록 하자. 물가수준의 변화가 총공급에 미치는 효과는 단기와 장기에서 매우 다르기 때문에 두 개의 총공급곡선, 즉 단기총공급곡선과 장기총공급곡선이 사용된다. *장기총공급곡선 long-run aggregate supply curve*에 대한 논의부터 시작하도록 하자.

장기총공급곡선

장기적으로 실질GDP의 수준은 근로자 수, 공장, 사무실 빌딩, 기계와 설비를 포함하는 *자본스톡 capital stock*과 사용가능한 기술에 의해 결정된다(제20장 참조). *장기적으로 물가수준의 변화는 근로자 수, 자본스톡, 기술에 영향을 미치지 않기 때문에 실질GDP 수준에 영향을 미치지 않는다.* 장기적으로 실질GDP 수준은 *잠재GDP potential GDP* 또는 *완전고*

*용GDP full-employment GDP*라고 부른다는 것을 기억하라. 잠재GDP에서 기업은 정상적인 생산능력에서 조업할 것이고 일자리를 원하는 모든 사람들은 구조적이고 마찰적으로 실업인 상태를 제외하고 일자리를 가지고 있을 것이다. 물가수준이 변한다고 해도 이러한 정상적인 생산능력 수준이 변할 이유가 없다. **장기총공급(*LRAS*)곡선 long-run aggregate supply(*LRAS*) curve**은 물가수준과 실질GDP 공급량 간의 장기 관계를 보여준다. [그림 22.2]가 보여주는 것처럼, 2013년에 물가수준은 107이었고 잠재GDP는 $16.7조였다. 물가수준이 117이었거나 97이었어도, 장기총공급은 여전히 일정한 $16.7조였을 것이다. 따라서 *LRAS*곡선은 수직선이다.

장기총공급(*LRAS*)곡선 long-run aggregate supply(*LRAS*) curve
물가수준과 실질GDP 공급량 간의 장기 관계를 보여주는 곡선.

[그림 22.2]는 장기총공급곡선이 매년 오른쪽으로 이동한다는 것을 보여준다. 경제의 근로자 수가 증가하고, 경제가 더 많은 기계와 설비를 축적하며 기술변화가 발생함에 따라 잠재GDP가 매년 증가하기 때문에 이러한 이동이 발생한다. [그림 22.2]는 잠재GDP가 2013년의 $16.7조에서 2014년의 $17조와 2015년의 $17.4조로 증가하는 것을 보여준다.

단기총공급곡선

*LRAS*곡선은 수직선인 반면 단기에서 물가수준이 상승함에 따라 기업이 기꺼이 공급하고자 하는 재화와 서비스의 양이 증가할 것이기 때문에 단기총공급(*SRAS*)곡선 short-run aggregate supply(*SRAS*) curve은 우상향한다. 기업이 이렇게 행동하는 첫 번째 이유는 *최종 재화와 서비스 가격이 상승할 때, 근로자의 임금이나 천연자원과 같은 투입요소의 가격은 더 느리게 상승하기* 때문이다. 기업이 판매하는 재화와 서비스의 가격이 투입요소에 대해 지불하는 가격보다 더 빠르게 상승할 때 이윤은 증가한다. 따라서 물가수준의 상승은

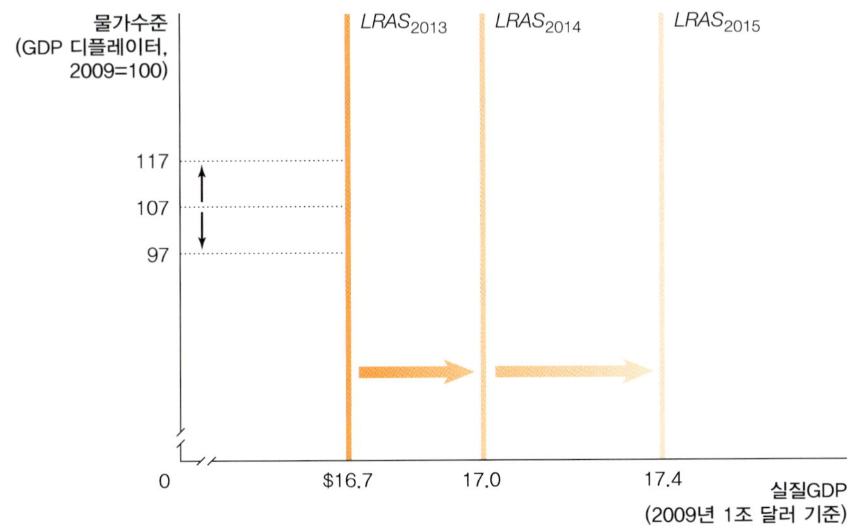

그림 22.2

장기총공급곡선

물가수준의 변화는 장기적으로 총공급 수준에 영향을 미치지 않는다. 따라서 장기총공급(*LRAS*) 곡선은 잠재GDP 수준에서 수직선이다. 예를 들어, 2013년에 물가수준은 107이었고 잠재GDP는 $16.7조였다. 물가수준이 117이거나 97이었더라도, 장기총공급은 여전히 일정한 $16.7조였을 것이다. 경제의 근로자 수가 증가하고 더 많은 기계와 설비가 축적되며 기술변화가 발생함에 따라 매년 장기총공급곡선은 오른쪽으로 이동한다.

이윤의 증가를 발생시키고 더 많은 재화와 서비스를 공급하고자 하는 기업의 용의를 증대시킨다. *SRAS*곡선이 우상향하는 두 번째 이유는 물가수준이 상승하거나 하락할 때, 일부 기업들이 느리게 가격을 조정하기 때문이다. 물가수준이 상승할 때 느리게 가격을 상승시키는 기업은 매출이 증가하는 것을 발견할 수 있고, 이에 따라 생산을 증가시킬 것이다. 물가수준이 하락할 때 느리게 가격을 하락시키는 기업은 매출이 감소하는 것을 발견할 수 있고, 이에 따라 생산을 감소시킬 것이다. 왜 일부 기업들은 다른 기업들보다 더 느리게 가격을 조정하고 왜 근로자의 임금과 여타 투입요소의 가격은 최종 재화와 서비스의 가격보다 더 느리게 변하는가? 대부분의 경제학자들은 *일부 기업들과 근로자들은 물가수준의 변화를 정확하게 예측하지 못한다*고 생각한다. 만일 기업들과 근로자들이 미래의 물가수준을 정확하게 예측할 수 있으면, 단기총공급곡선은 장기공급곡선과 같게 될 것이다.

그러나 근로자들과 기업들이 물가수준을 정확하게 예측하지 못하는 것이 어떻게 *SRAS* 곡선을 우상향하게 만드는가? 경제학자들은 이 점에 대해 완전히 의견이 일치하지는 않지만 여기서는 다음과 같은 가장 일반적인 3가지 설명을 간략히 논의하도록 하자.

1. 계약이 일부 임금들과 가격들을 "경직적"이게 만든다.
2. 기업들은 종종 느리게 임금을 조정한다.
3. 메뉴비용이 일부 가격들을 경직적이게 만든다.

계약이 일부 임금들과 가격들을 "경직적"이게 만든다. 가격이나 임금이 수요나 공급의 변화에 신속하게 반응하지 않을 때 가격이나 임금이 경직적이라고 말한다. 계약이 임금이나 가격을 경직적이게 만들 수 있다. 예를 들어, 경제가 경기후퇴 상황에 있고 운송되는 소포의 양이 감소하는 시기에 United Parcel Service(UPS)사가 이 회사의 화물운송 비행기를 운항하는 조종사들의 노동조합인 Independent Pilots Association과 3년 임금계약을 협상한다고 하자. 이 노동조합이 3년 임금계약에 서명한 후에 경제가 급속히 확장하기 시작하고 운송되는 소포의 양이 증가해서 UPS가 요금을 상승시킬 수 있다고 하자. 조종사들에게 지급하는 임금은 계약에 의해 고정되어 있는 반면 요금은 상승하기 때문에 더 많은 소포를 운송하는 것이 이윤을 발생시킬 것이다. 또한 한 철강회사가 철강에 대한 수요가 정체되어 있었을 때 철강을 만드는 데 사용되는 석탄을 구매하기 위한 다년 계약을 체결했을 수 있다. 만일 철강 수요와 철강 가격이 급속히 상승하기 시작하면, 석탄 가격은 여전히 계약에 의해 고정되어 있기 때문에 추가적으로 철강을 생산하는 것이 이윤을 발생시킬 것이다. 두 경우 모두에서 가격 상승이 생산을 증가시킨다. 만일 이러한 예들이 경제에 있는 많은 기업들을 대표하는 것이라면, 물가수준의 상승은 재화와 서비스의 공급량을 증가시킬 것이다. 달리 말하면, 단기총공급곡선은 우상향할 것이다.

그렇지만 만일 UPS의 조종사들이나 석탄회사의 경영자들이 소포 요금이나 철강 가격에 어떤 일이 발생할 것인지를 정확하게 예측했다면, 이러한 예측은 계약에 반영되었을 것이고 UPS와 철강회사는 소포 요금과 철강 가격이 상승할 때 더 많은 이윤을 벌지 못했을 것이다. 이 경우에는 가격 상승이 생산 증가를 발생시키지 못했을 것이다.

기업들은 종종 느리게 임금을 조정한다. 많은 노동조합 근로자들의 임금은 일정한 기간 동안 계약에 의해 고정되어 있다는 것을 방금 살펴보았다. 많은 노동조합 근로자들은 임금이나 급여를 1년에 한 번 조정한다. 당신이 6월에 연간 $45,000의 급여를 지급하는 한 경영컨설팅회사의 일자리를 얻는다고 하자. 이 회사는 그 해의 연말에 자신의 경영컨설팅 서비스에 대해 부과할 수 있는 가격이 당신이 고용될 때 예상했던 것보다 상승하거나 하락하더라도 아마도 다음 해 6월까지 당신의 급여를 조정하지 않을 것이다. 물가수준이 하락할 때, 근로자를 더 많이 고용하여 생산을 증가시키는 것이 기업의 수익성을 감소시킬 것이다. 이것이 단기총공급곡선이 우상향하는 이유를 설명해 준다.

기업들은 종종 임금을 상승시키는 경우보다 더 느리게 임금을 삭감한다는 점에 주목할 필요가 있다. 임금 삭감은 근로자들의 사기와 생산성에 부정적인 영향을 미칠 수 있고, 가장 우수한 근로자들이 회사를 떠나 다른 곳에서 일자리를 찾게 만들 수 있다.

Making the Connection

임금은 얼마나 경직적인가?

제3장에서 수요와 공급 모델에 대해 논의했을 때, 한 제품에 대한 수요곡선이나 공급곡선이 이동하면, 가격은 처음 균형수준에서 새로운 균형수준으로 신속하게 조정된다고 가정했다. 그렇지만 방금 논의한 것처럼, 많은 경제학자들은 적어도 일부 임금들과 가격들은 경직적이고 수요나 공급의 변화에 대해 신속하게 조정되지 않는다고 주장한다. 다른 경제학자들은 임금들과 가격들의 경직성은 거시경제분석에서 중요할 만큼 충분히 만연되어 있는 것은 아니라고 주장한다. 달리 말하면, 그들은 총공급곡선은 장기에서뿐만 아니라 단기에서도 수직선일 수 있다고 믿는다.

최근에 많은 경제학자들이 임금의 경직성에 대한 증거를 면밀하게 검토했다. Bureau of Labor Statistics(BLS)는 매월 모든 근로자들과 제조업과 같은 많은 부문별 근로자들의 시간당 평균 임금에 관한 데이터를 수집한다. 그렇지만 BLS가 분류하고 있는 각 부문은 많은 근로자들을 포함하고 있기 때문에 임금의 경직성을 측정하는 최선의 방법이 아니다. 그 결과로 BLS가 보고하는 시간당 평균 임금은 임금의 평균 변화를 제시해 주지만 많은 근로자들의 임금이 어떻게 상승하는지, 하락하는지, 변동하지 않는지, 임금 변화가 얼마나 큰지를 보여주지 못한다. 고용주들이 얼마나 자주 임금을 변화시키는지를 더 잘 이해하기 위해, 경제학자들은 그 대신 개별 근로자들에 관한 데이터를 검토했다.

개별 근로자들에 관한 데이터에 대한 서로 독립된 연구들이 유사한 결론에 도달했다. 이러한 연구들의 한 가지 중요한 결론은 경기후퇴기에 기업들은 동일한 일을 하는 기존 근로자들에게 지급하는 임금을 감소시키기보다는 새로 고용되는 근로자들에게 제안되는 임금을 감소시키는 경향이 훨씬 강하다는 것이다. 이 결과는 기업들은 기존 근로자들에게 지급하는 임금의 삭감을 주저한다는 많은 연구들의 결과와 일치한다. 예를 들어, Federal Reserve Bank of San Francisco의 Mary C. Daly, Bart Hobijin과 Timothy Ni는 경기후퇴기에 많은 기업들은 종종 장기간 동안 임금 삭감보다는 더 많은 근로자들의 임금을 동결시키면서 근로자들의 임금 상승률을 감소시킨다는 것을 발견했다. 명목임금은 기업이 근로자에게 지급하는 달러 금액인 반면 실질임금은 명목임금을 물가지수로 나눈 것이라는 것을 기억하라. 만일 기업이 근로자의 임금을 동결하면, 근로자의 실질임금은 인플레이션 때문에 시간이 흐름에 따라 점차 감소할 것이다. 대부분의 근로자들은 그들의 실질임금이 명목임금의 삭감 때문에 하락하는 것보다 인플레이션 때문에 하락하는 것에 대해 덜 화내는 것으로 보인다.

Mary C. Daly, Bart Hobijin과 Timothy Ni는 매월 전년도의 같은 달에 받았던 것과 같은 임금을 지급받는 근로자의 비율을 계산하기 위해 개별 근로자에 대한 센서스 데이터를 사용했다. 아래의 그림은 1996년부터 2012년까지 임금변화가 없는 근로자의 비율을 보여준다(음영된 부분은 경기후퇴기를 나타낸다). 임금변화가 없는 근로자들의 비율은 실업률이 상승하는 경기후퇴기와 그 다음 수개월 동안에 극적으로 증가한다. 다른 국가들의 데이터를

사용한 다른 연구자들도 기업들은 경기후퇴기에 명목임금을 삭감하는데 주저하고 그 대신 근로자의 명목임금을 동결시키며 인플레이션이 점차적으로 실질임금을 감소시키도록 허용한다는 사실을 발견했다.

왜 경기후퇴기와 그 이후 기간 동안에 기업들은 종종 명목임금을 동결시키는 동시에 근로자들을 해고시키는가? 많은 경제학자들은 임금 삭감이 근로자들을 화나게 할 수 있기 때문이라고 믿는다. 그 결과로 근로자 생산성이 하락할 수 있고 일부 근로자들이 즉각적으로 회사를 떠나거나 경제가 나아지고 실업률이 하락하면 새로운 일자리를 찾아 회사를 떠날 수 있다. Yale University의 경제학자인 Truman Bewley는 이것을 다음과 같이 언급했다. "임금 삭감보다 해고가 가지는 장점은 불행을 문 밖으로 내보내는 것이다."

자료: Mary C. Daly, Bart Hobijn, and Timothy Ni, "The Path of Wage Growth and Unemployment," *Federal Reserve Bank of San Francisco Economic Letter*, July 15, 2013; Floyd Norris, "Median Pay in U.S. Is Stagnant, but Low-Paid Workers Lose," *New York Times*, April 26, 2013; Anabela Carneiro, Paulo Guimarães, and Pedro Portugal, "Real Wages and the Business Cycle: Worker, Firm, and Job Title Heterogeneity," *American Economic Review: Macroeconomics*, Vol. 4, No. 2, April 2012, pp. 133–152; Hervé Le Bihan, Jérémi Montornès, and Thomas Heckel, "Sticky Wage: Evidence from Quarterly Microeconomic Data," *American Economic Review: Macroeconomics*, Vol. 4, No. 3, July 2012, pp. 1–32; Alessandro Barattieri, Susanto Basu, and Peter Gottschalk, "Some Evidence on the Importance of Sticky Wages," National Bureau of Economic Research Working Paper 16130, June 2010; and William T. Dickens et al., "How Wages Change: Micro Evidence from the International Wage Flexibility Project," *Journal of Economic Perspectives*, Vol. 21, No. 2, Spring 2007, pp. 195–214.

메뉴비용이 일부 가격들을 경직적이게 만든다. 기업들은 부분적으로 미래 가격에 대한 예상에 기초해 현재 가격을 책정한다. 예를 들어, 당신이 레스토랑을 소유하고 있으면, 당신은 메뉴판에 어떤 가격을 인쇄할 것인지를 결정해야 한다. 이와 유사하게 많은 기업들은 제품 가격을 표시한 카탈로그를 인쇄한다. 만일 제품에 대한 수요가 기업이 예상한 것보다 많거나 적으면, 기업은 메뉴판이나 카탈로그에 인쇄된 가격과는 다른 가격을 부과하기 원할 수 있다. 그러나 새로운 메뉴판이나 카탈로그를 인쇄해야 하기 때문에 가격을 바꾸는 일은 비용이 드는 일이다. 가격을 바꾸는 일이 기업에게 부과하는 비용을 **메뉴비용 menu costs**이라고 부른다. 메뉴비용이 어떻게 단기총공급곡선을 우상향하게 만드는지 살

메뉴비용 menu costs
가격을 바꾸는 일이 기업에게 부과하는 비용.

펴보기 위해 예상치 않은 물가수준 상승의 효과를 생각해 보자. 이 경우에 기업들은 가격을 인상시키기 원할 것이다. 그러나 일부 기업들은 메뉴비용 때문에 가격을 인상시키지 않을 수 있다. 이제 이들 기업들의 가격이 경쟁 기업들의 가격과 비교해 상대적으로 낮기 때문에 이들 기업들은 매출이 증가하는 것을 발견할 것이고, 이에 따라 생산을 증가시킬 것이다. 이 경우에 물가수준의 상승은 재화와 서비스의 공급량을 증가시킨다.

단기총공급곡선의 이동과 단기총공급곡선 상의 이동

곡선의 이동과 곡선 상의 이동 간의 차이점을 명심해라. 단기총공급곡선은 *재화와 서비스를 공급하고자 하는 기업들의 용의에 영향을 미치는 모든 다른 변수들이 일정하다는 전제 하에서* 물가수준과 기업들이 기꺼이 공급하고자 하는 재화와 서비스 양 간의 단기 관계를 나타내준다. 만일 물가수준이 변화하지만 다른 변수들이 변화하지 않으면, 경제는 정태적 단기총공급곡선 상에서 위나 아래로 이동할 것이다. 만일 물가수준 이외의 다른 변수가 변화하면, 단기총공급곡선이 이동할 것이다.

단기총공급곡선을 이동시키는 변수

이제 단기총공급곡선을 이동시키는 가장 중요한 5가지 변수를 간략히 논의하도록 하자.

노동력과 자본스톡의 증가 기업은 더 많은 근로자와 더 많은 실물자본을 가지고 있으면 모든 가격수준에서 더 많은 생산량을 공급할 것이다. 경제 전체로도 이와 마찬가지다. 따라서 노동력과 자본스톡이 증가함에 따라 기업들은 모든 물가수준에서 더 많은 생산량을 공급할 것이고 단기총공급곡선은 오른쪽으로 이동할 것이다. 일본에서 인구의 고령화가 진행되고 있고 노동력은 감소하고 있다. 다른 변수들이 일정하다면, 일본에서 이러한 노동력의 감소는 단기총공급곡선을 왼쪽으로 이동시킨다.

기술변화 포지티브 기술변화가 발생함에 따라 근로자와 기계의 생산성은 증가하고 이에 따라 기업들은 같은 노동과 기계의 양을 가지고 더 많은 재화와 서비스를 생산할 수 있다. 이러한 생산성의 증가는 생산비용을 감소시키고 기업이 모든 물가수준에서 더 많은 생산량을 생산할 수 있게 해준다. 그 결과로 단기총공급곡선은 오른쪽으로 이동한다.

예상되는 미래 물가수준의 변화 만일 근로자들과 기업들이 물가수준이 내년에 3% 상승할 것이라고 믿으면, 그들은 이에 기초하여 임금과 가격을 조정하고자 할 것이다. 예를 들어, 만일 노동조합이 내년에 3%의 인플레이션이 있을 것으로 믿으면, 노동조합은 임금의 구매력을 유지시키기 위해 임금이 3% 상승해야 한다는 것을 안다. 이와 유사한 여타 근로자들과 기업들에 의해 이루어지는 임금조정이 경제 전체에 비용의 상승을 발생시킬 것이다. [그림 22.3]에서 보는 것처럼 그 결과로 단기총공급곡선은 왼쪽으로 이동할 것이고 실질GDP 수준은 이제 3% 더 높아진 물가수준에서 결정될 것이다. 일반적으로 *근로자들과 기업들이 물가수준이 일정한 %만큼 상승할 것으로 예상하면, SRAS곡선에 영향을 미치는*

그림 22.3

미래 물가수준에 대한 예상이 단기총공급곡선에 어떻게 영향을 미치는가?

*SRAS*곡선은 미래 가격에 대한 근로자들과 기업들의 예상을 반영해 이동한다.

1. 만일 근로자들과 기업들이 물가수준이 110.0에서 113.3으로 3% 상승할 것으로 예상하면, 그들은 임금과 가격을 같은 크기만큼 조정할 것이다.
2. 단기총공급에 영향을 미치는 모든 다른 변수들이 일정하다면, 단기총공급곡선은 왼쪽으로 이동할 것이다.

만일 근로자들과 기업들이 물가수준이 미래에 하락할 것이라고 예상하면, 단기총공급곡선은 오른쪽으로 이동할 것이다.

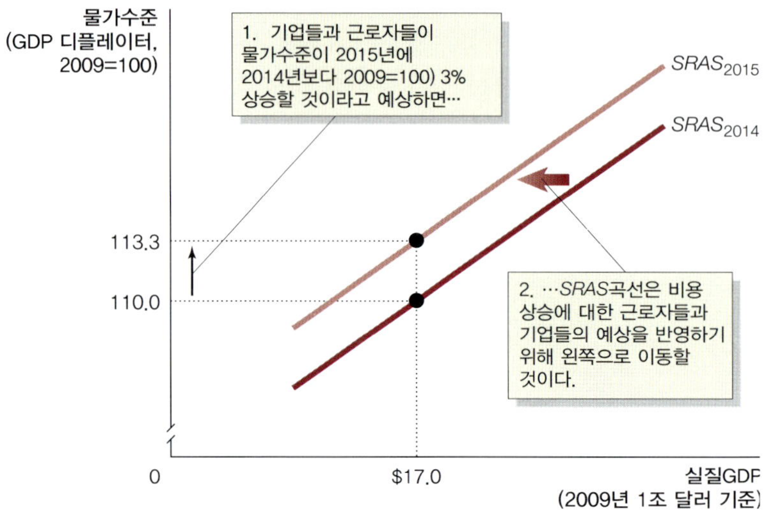

모든 다른 변수들이 일정하다면 SRAS곡선은 같은 크기만큼 왼쪽으로 이동할 것이다.

물가수준에 관한 과거 예상의 오류에 대한 근로자들과 기업들의 조정 근로자들과 기업들은 종종 물가수준에 관해 부정확하게 예상한다. 시간이 흐름에 따라, 그들은 이러한 오류에 대해 보상받기 위한 시도를 할 것이다. UPS사와 Independent Pilots Association 모두가 물가수준이 약간만 상승할 것이라고 예상했기 때문에 조종사들의 노동조합인 Independent Pilots Association이 UPS사와 임금을 약간만 인상시키기로 하는 계약에 서명했다고 하자. 만일 물가수준의 상승이 예상치 않게 크게 이루어졌다면, 이 노동조합은 다음의 계약을 협상할 때 이것을 고려할 것이다. 새로운 계약 하에서 UPS 조종사들이 받는 임금의 인상은 UPS의 비용을 증가시킬 것이고 UPS는 같은 수준의 생산량을 생산하기 위해 더 높은 가격을 받을 필요가 있을 것이다. 만일 경제 전체의 근로자들과 기업들이 예상보다 더 높은 물가수준에 대해 조정하게 되면, *SRAS*곡선은 왼쪽으로 이동할 것이다. 만일 그들이 예상보다 더 낮은 물가수준에 대해 조정하게 되면, *SRAS*곡선은 오른쪽으로 이동할 것이다.

예상치 않은 중요한 천연자원 가격의 변화 단기총공급곡선을 이동시키는 예상치 않은 사건을 **공급충격 supply shock**이라고 부른다. 공급충격은 종종 예상치 않은 중요한 천연자원 가격의 상승이나 하락에 의해 발생된다. 석유가격은 특히 심하게 변동할 수 있다. 일부 기업들은 생산과정에서 석유를 사용한다. 다른 기업들은 석유로부터 만들어지는 플라스틱과 같은 제품을 사용한다. 만일 석유가격이 예상치 않게 상승하면, 이러한 기업들의 생산비용이 증가할 것이다. 일부 전력회사들도 전기를 생산하기 위해 석유를 사용하기 때문에 전기 가격이 상승할 것이다. 석유가격의 상승은 가솔린 가격을 상승시키고 이것이 많

공급충격 supply shock
단기총공급곡선을 이동시키는 예상치 않은 사건

은 기업들의 수송비용을 증가시킨다. 이러한 비용상승에 직면한 기업들은 비용상승 이전과 같은 수준의 생산량을 공급하지 못하게 될 것이고 이에 따라 단기총공급곡선은 왼쪽으로 이동할 것이다.

미국 경제는 1930년대 이후 매년 적어도 약간의 인플레이션을 경험하고 있기 때문에 근로자들과 기업들은 항상 다음 해의 물가수준은 올해의 물가수준보다 더 높을 것이라고 예상한다. 모든 다른 것들이 일정하다면, 물가수준 상승의 예상은 *SRAS*곡선을 왼쪽으로 이동시킬 것이다. 그러나 매년 *SRAS*곡선을 오른쪽으로 이동시키는 미국의 노동력과 자본스톡이 증가되고 기술변화가 이루어지고 있기 때문에 다른 모든 것들이 일정한 것은 아니다. 특정한 연도에 *SRAS*곡선이 왼쪽으로 이동할 것인지 오른쪽으로 이동할 것인지는 그 연도

표 22.2 단기총공급곡선을 이동시키는 변수

변수의 증가	단기총공급곡선의 이동	이유
노동력 또는 자본스톡	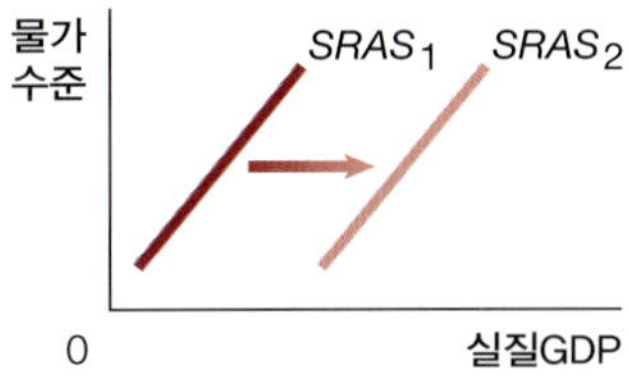	모든 물가수준에서 더 많은 생산량이 생산될 수 있다.
생산성	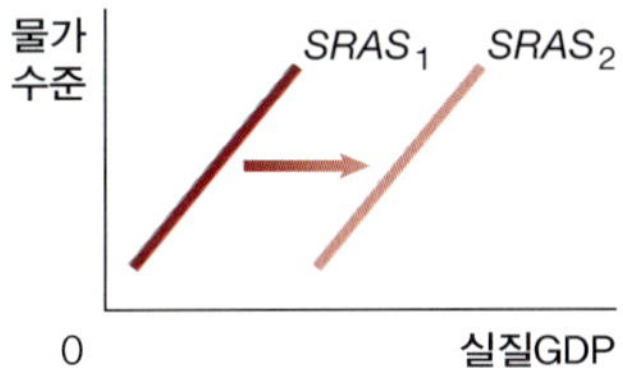	생산비용이 하락한다.
예상되는 미래 물가수준	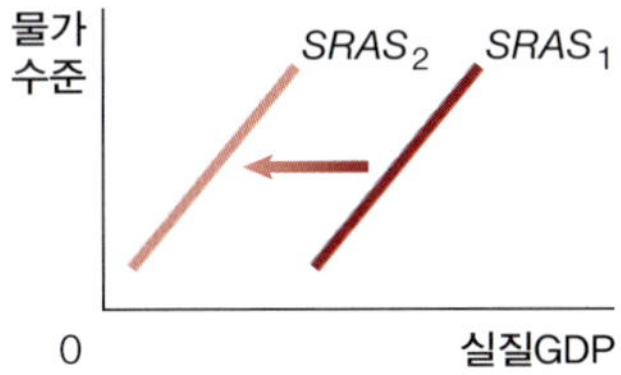	근로자들과 기업들이 임금과 가격을 인상시킨다.
과거에 과소하게 추정한 물가수준에 대한 근로자들과 기업들의 조정	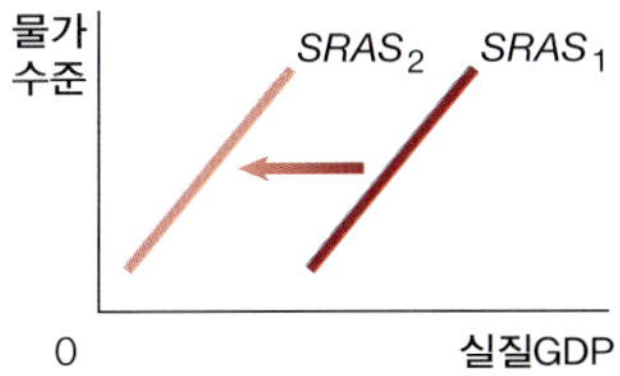	근로자들과 기업들이 임금과 가격을 인상시킨다.
예상치 않은 중요한 천연자원의 가격	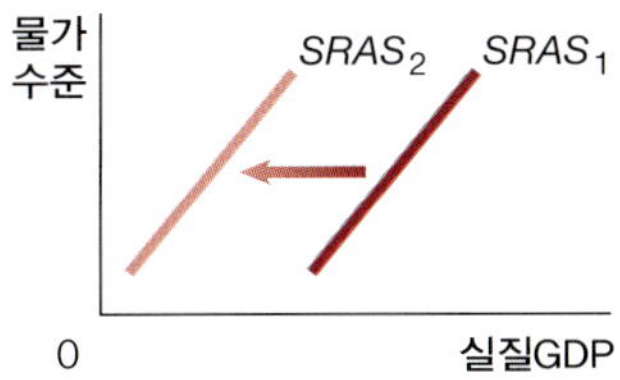	생산비용이 상승한다.

에 이러한 변수들의 효과가 상대적으로 얼마나 큰지에 따라서 결정된다.

[표 22.2]는 *SRAS*곡선을 이동시키는 가장 중요한 변수들을 요약한 것이다. 이 표는 각 변수의 증가에 의해 발생되는 *SRAS*곡선의 이동을 보여준다. 각 변수의 감소는 *SRAS*곡선을 반대 방향으로 이동시킨다.

22.3. 장기와 단기의 거시경제균형

총수요와 총공급 모델의 구성요소들을 논의했으므로 이제 실질GDP와 물가수준의 변화를 분석하기 위해 이 모델을 사용할 수 있다. [그림 22.4]는 경제의 장기 *거시경제균형 long-run macroeconomic equilibrium*을 나타내기 위해 총수요곡선, 단기총공급곡선, 장기총공급곡선을 함께 그린 것이다. 이 그림에서 균형은 실질GDP가 $17조이고 물가수준이 110인 곳에서 발생한다. 장기균형에서 단기총공급곡선과 총수요곡선이 장기총공급곡선 상의 한 점에서 교차한다는 점에 주목하라. 균형은 장기총공급곡선 상의 한 점에서 발생하기 때문에 경제는 잠재GDP 상태에 있다는 것을 알 수 있다. 기업들은 정상적인 생산능력 수준에서 조업하고 구조적이거나 마찰적으로 실업 상태인 경우를 제외하고 일자리를 원하는 모든 사람들은 일자리를 가진다. 그러나 경제가 종종 장기 거시경제균형 상태에 있지 않다. 다음 절에서 경제를 장기균형으로부터 이탈시킬 수 있는 경제적 요인들을 논의할 것이다.

그림 22.4

장기 거시경제균형

장기 거시경제균형에서 *AD*곡선과 *SRAS*곡선은 *LRAS*곡선 상의 한 점에서 교차한다. 이 경우 균형은 실질GDP가 $17조이고 물가수준이 110인 곳에서 발생한다.

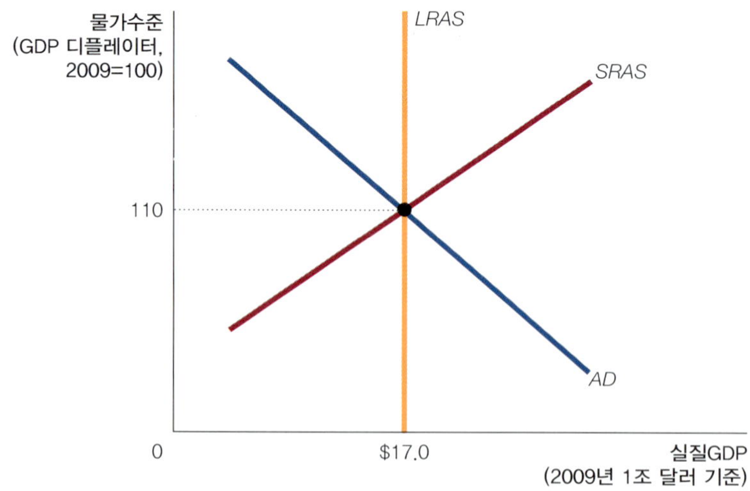

경기후퇴, 경기확장과 공급충격

총수요와 총공급 모델의 완전한 분석은 복잡할 수 있기 때문에 먼저 다음과 같은 2가지 가정을 사용하는 단순한 경우에 대한 분석을 하도록 하자.

1. 경제는 인플레이션을 경험하지 않는다. 물가수준은 현재 110이고 근로자들과 기업들은 물가수준이 미래에도 110에서 유지될 것이라고 예상한다.
2. 경제는 장기 성장을 경험하지 않는다. 잠재GDP는 $17조이고 미래에도 이 수준에서 유지될 것이다.

현실에서 미국 경제는 1930년대 이후 매년 적어도 약간의 인플레이션을 경험하고 있고 잠재GDP도 매년 증가하기 때문에 이러한 가정들은 논의를 단순하게 하기 위해 도입된 것이다. 그러나 이러한 가정들은 총수요와 총공급 모델의 핵심 아이디어를 더 쉽게 이해할 수 있게 해준다. 이 절에서 경기후퇴, 경기확장, 공급충격의 단기와 장기 효과를 검토해 보도록 하자.

경기후퇴

총수요 감소의 단기 효과 이자율의 상승은 기업들의 공장과 설비에 대한 지출을 감소시키고 가계들의 신규 주택에 대한 지출을 감소시킨다. [그림 22.5]에서 보는 것처럼, 이러한 투자지출의 감소는 총수요곡선을 AD_1에서 AD_2로 왼쪽으로 이동시킨다. 경제는 점*A*에서 AD_2곡선이 $SRAS_1$곡선과 일치하는 점*B*에서 달성되는 새로운 *단기 거시경제균형 short-run macroeconomic equilibrium*으로 이동한다. 새로운 단기 거시경제균형에서 실질GDP는 $17조에서 $16.8조로 감소하고 이러한 실질GDP 수준은 잠재GDP 수준보다 낮다. 이러한 낮은 실질GDP 수준은 많은 기업들의 수익성 감소와 일부 근로자들의 해고를 발생시킬 것이다. 경제는 경기후퇴 상황에 있게 된다.

장기적으로 경제를 잠재GDP로 복귀시키는 조정 장기적으로 경제를 잠재GDP로 복귀시키는 힘이 작동하기 때문에 경기후퇴는 궁극적으로 종료될 것이다. [그림 22.5]는 경제가 어떻게 경기후퇴로부터 잠재GDP로 복귀하는지 보여준다. AD_1으로부터 AD_2로의 이동은 처음에 새로운 단기균형을 발생시키고 물가수준은 110에서 108로 하락한다(점*B*). 근로자들과 기업들은 예상했던 것보다 낮아진 물가수준에 대해 조정하기 시작할 것이다. 임금의 구매력이 증가되기 때문에 근로자들은 기꺼이 임금의 삭감을 수용할 것이고, 기업들은 기꺼이 가격의 인하를 수용할 것이다. 그 결과로 *SRAS*곡선은 $SRAS_1$에서 $SRAS_2$로 오른쪽으로 이동할 것이다. 점*C*에서 경제는 장기균형으로 복귀할 것이다. $SRAS_1$에서 $SRAS_2$로의 이동은 즉각적으로 이루어지지 않을 것이다. 경제가 잠재GDP로 복귀하는데는 수년이 걸릴 수 있다. 여기서 중요한 결론은 총수요의 감소는 단기적으로 경기후퇴를 발생시키나 장기적으로 물가수준의 하락만 발생시킨다는 점이다.

경제학자들은 이러한 정부의 조치없이 발생되는 잠재GDP로 복귀하는 조정 과정을 *자*

그림 22.5

총수요 감소의 단기와 장기 효과

단기적으로 총수요의 감소는 경기후퇴를 발생시킨다. 장기적으로 총수요의 감소는 물가수준의 하락만 발생시킨다.

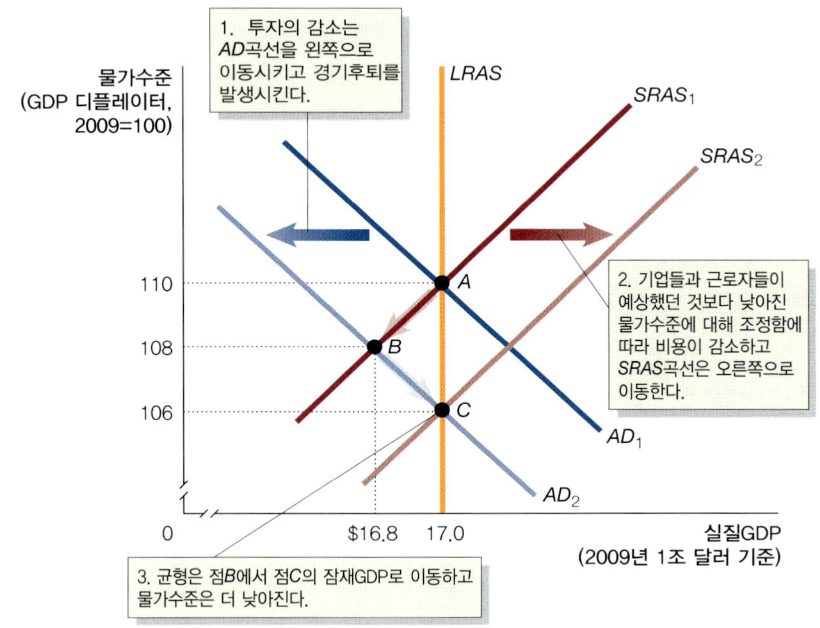

*동조정 메커니즘 automatic mechanism*이라고 부른다. 정부는 이러한 자동조정 메카니즘이 경기후퇴를 종료시키도록 기다리기보다 *AD*곡선을 오른쪽으로 이동시켜 더 빠르게 잠재GDP를 회복시키기 위해 통화정책과 재정정책을 사용할 수 있다. 제24장과 제25장에서 통화정책과 재정정책에 관해 논의를 할 것이다. 경제학자들은 자동조정 메카니즘이 경기후퇴를 종료시키도록 기다리는 것이 더 좋은지 통화정책과 재정정책을 사용하는 것이 더 좋은지에 대해 논쟁하고 있다.

Making the Connection

어떤 요인이 총수요를 감소시키는가가 중요한가?

GDP는 4개의 구성요소를 가지고 있고 이 중 한 요소의 감소가 총수요곡선을 왼쪽으로 이동시키고 경기후퇴를 발생시킬 수 있다는 것을 살펴보았다. 실제로 미국에서 제2차 세계대전 이후에 발생한 대부분의 경기후퇴는 주택건설지출의 감소 때문에 시작되었다. University of California at Los Angeles의 Edward Leamer는 주택건설지출의 감소가 경기후퇴를 발생시키는 총수요 감소의 가장 중요한 이유라는 의미에서 "주택은 경기변동이다"라고까지 주장하기도 했다. 아래의 그림에서 음영된 기간은 경기후퇴기를 나타낸다. 이 그림은 주택건설지출이 1955년 이후 모든 경기후퇴 전에 감소했다는 것을 보여준다.

주택에 대한 지출 붕괴가 2007~2009년 경기후퇴의 심한 정도를 더 강화시켰다.

또한 아래의 그림은 이 장에서 이미 언급했던 사실, 즉 2007~2009년 경기후퇴기에 주택건설지출의 감소가 특히 심했다는 것을 보여준다. 주택건설지출은 2005년 4분기에서 2010년 2분기까지 거의 60%나 감소했다. 주로 주택부문에서 발생한 이러한 문제 때문에 2007~2009년 경기후퇴기 동안 실질GDP의 감소가 1930년대 대공황이후 어떤 다른 경기후퇴기 동안보다 더 컸다.

무엇이 주택건설지출을 감소시켰고 왜 2007~2009년의 경기후퇴기 전에 주택건설지출의 감소가 그렇게 심했는가? 경기확장의 후반에는 인플레이션율과 이자율이 상승하기 시작한다(제19장 참조). 이자율의 상승은 종종 연방준비제도가 경기를 진정시키고 인플레이션율을 하락시키고자 하는 통화정책으로 인해 발생된다(제24장 참조). 이자율의 상승은 대출 비용을 상승시켜 신규 주택에 대한 소비자 수요를 감소시킨다.

그러나 2007~2009년 경기후퇴기 이전과 경기후퇴기 동안 주택건설지출의 붕괴는 이자율의 상승보다는 2002~2005년의 "주택가격 버블"이 꺼진 것과 2007년에 시작된 금융위기에 더 많이 기인했다. 이 장의 뒷부분에서 주택가격 버블과 금융위기 모두를 논의할 것이다. 여기서는 Harvard University의 Carmen M. Reinhart와 Kenneth S. Rogoff의 연구가 금융위기로부터 발생되는 총수요의 감소가 다른 요인들 때문에 발생되는 총수요의 감소보다 더 크고 더 장기간 지속되는 경향이 있다는 것을 제시해 준다는 점에 주목할 필요가 있다. 따라서 2007~2009년의 경험은 실제로 총수요 감소의 요인이 경기후퇴의 심한 정도를 결정하는 중요한 요인이라는 점을 제시해 준다.

자료: Edward E. Leamer, "Housing Is the Business Cycle," in Housing, *Housing Finance, and Monetary Policy*, Federal Reserve Bank of Kansas City, August 2007; Carmen M. Reinhart and Kenneth S. Rogoff, "The Aftermath of Financial Crises," *American Economic Review*, Vol. 99, No. 2, May 2009, pp. 466-472; and U.S. Bureau of Economic Analysis.

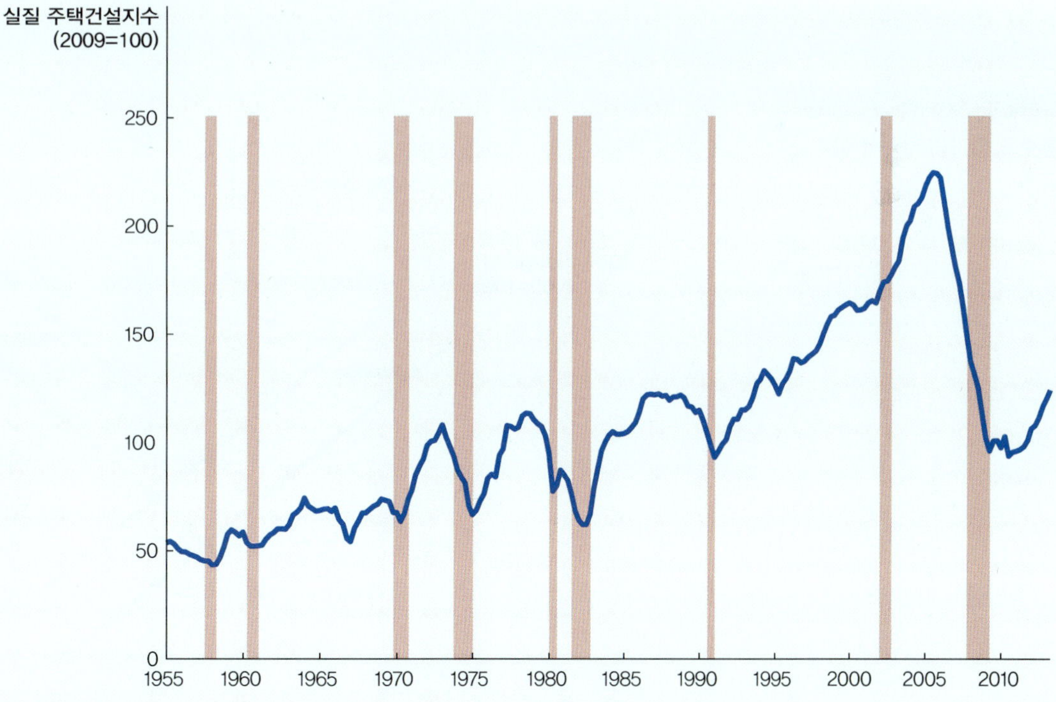

경기확장

총수요 증가의 단기 효과 1990년대 후반의 정보기술과 통신산업 호황기에 발생했던 것처럼, 많은 기업들이 신규 투자의 미래 수익성에 대해 비관적이기보다는 낙관적이라고 하자. 이에 따른 투자지출의 증가는 [그림 22.6]에서 보는 것처럼 *AD*곡선을 오른쪽으로 이동시킨다. 단기균형은 점*A*에서 점*B*로 이동한다. 실질GDP는 $17조에서 $17.3조로 증가하고 물가수준은 110에서 113으로 상승한다. 실질GDP는 잠재GDP보다 높아진다. 새로운 단기균형에서 기업들은 정상적인 생산능력보다 높은 수준에서 조업하고 통상적으로 구조적이거나 마찰적으로 실업상태에 있거나 경제활동에 참여하지 않았던 일부 근로자들이 고용된다.

장기적으로 경제를 잠재GDP로 복귀시키는 조정 자동조정 메커니즘이 경제를 경기후퇴로부터 잠재GDP로 복귀시키는 것처럼 경제를 잠재GDP보다 높은 수준에 있는 단기균형으로부터 잠재GDP로 복귀시킨다. [그림 22.6]은 이러한 조정과정을 보여준다. AD_1에서 AD_2로의 이동은 처음에 물가수준을 110에서 113으로 상승시키면서 경제를 새로운 단기균형에 이르게 한다. 근로자들과 기업들은 예상했던 것보다 더 높아진 물가수준에 대해 조정하기 시작할 것이다. 근로자들은 임금 인상을 요구할 것이고 기업들은 가격을 인상시킬 것이다. 이에 더하여, 경기확장 때문에 발생된 낮은 실업수준은 근로자들이 임금 인상을 위해 협상하는 것을 더 용이하게 만들고 수요의 증가는 기업들이 더 높은 가격을 받는 것을 더

그림 22.6

총수요 증가의 단기와 장기 효과

단기적으로 총수요의 증가는 실질GDP를 증가시킨다. 장기적으로 총수요의 증가는 물가수준의 상승만 발생시킨다.

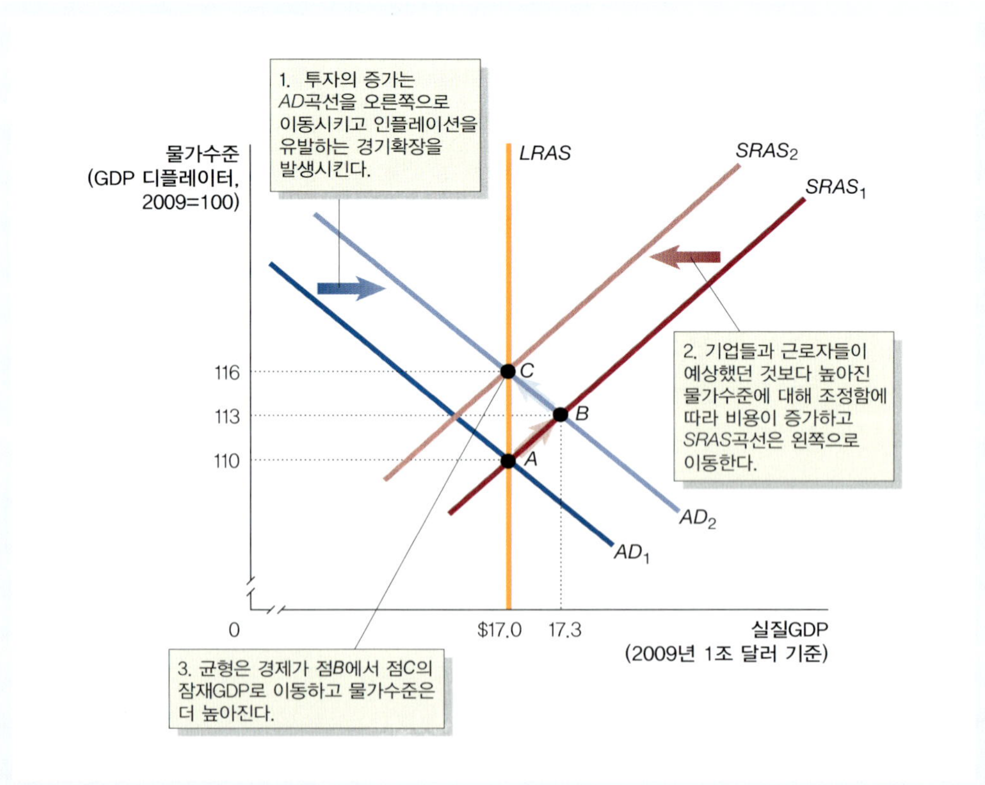

용이하게 만들 것이다. 그 결과로 *SRAS*곡선은 $SRAS_1$에서 $SRAS_2$로 왼쪽으로 이동한다. 경제는 점*C*에서 장기균형으로 복귀한다. $SRAS_1$에서 $SRAS_2$의 이동은 즉각적으로 이루어지지 않는다. 잠재GDP로의 복귀 과정은 1년 이상 걸릴 수 있다.

공급충격

공급충격의 단기 효과 석유가격이 크게 상승한다고 하자. 이러한 공급충격은 많은 기업들의 비용을 증가시킬 것이고 *SRAS* 곡선을 [그림 22.7(a)]에서 보는 것처럼 왼쪽으로 이동시킬 것이다. 물가수준은 새로운 단기균형에서 110에서 112로 높아지고 실질GDP는 $17조에서 $16.7조로 낮아진다. 이렇게 공급충격에 의해 유쾌하지 않게 동시에 발생되는 인플레이션과 경기후퇴를 **스태그플레이션** stagflation이라고 부른다.

스태그플레이션 stagflation
공급충격에 의해 동시에 발생되는 인플레이션과 경기후퇴.

장기적으로 경제를 잠재GDP로 복귀시키는 조정 공급충격에 의해 발생된 경기후퇴는 실업을 증가시키고 생산량을 감소시킨다. 궁극적으로 근로자들은 기꺼이 더 낮은 임금을 수용할 것이고 기업들도 기꺼이 더 낮은 가격을 수용할 것이다. [그림 22.7(b)]에서 보는 것처럼 단기총공급곡선은 $SRAS_2$에서 $SRAS_1$로 이동하고 균형은 점*B*에서 점*A*로 다시 돌아간다. 실질GDP는 처음의 물가수준에서 잠재GDP로 복귀한다. 이러한 과정이 완료되는데 수년이 걸릴 수 있다. 정부는 총수요곡선을 오른쪽으로 이동시키기 위해 통화정책과 재정정책을 사용할 수 있다. 이러한 정책의 사용은 실질GDP를 잠재GDP로 더 신속하게 복귀시킬 것이나 영구적으로 더 높은 물가수준을 발생시킬 것이다.

Making the Connection

경제가 잠재GDP로 복귀하는데 얼마나 오래 걸리는가?

2011년에 오바마 행정부에서 경제자문위원회 Council of Economic Advisers의 의장이었던 Alan Krueger는 경제가 잠재GDP로 복귀하는데 얼마나 오래 걸릴지에 대한 추정치를 제시했다.

정확한 거시경제예측을 하는 것은 어려운 일이다. 이미 살펴본 것처럼 많은 요인들이 총수요나 총공급을 이동시킬 수 있다. 총수요와 총공급이 얼마만큼 이동할 것인지를 예측하는 것은 어려운 일이기 때문에 경제학자들은 종종 경기후퇴의 시작과 종료를 예측하는데 어려움을 겪는다. 연방준비제도, 외국의 중앙은행들, 여타 정부기관들, 대형은행들, 예측전문기업들과 학계 경제학자들은 GDP의 변화를 예측하기 위해 다양한 예측모델을 사용한다. 대부분의 예측모델들은 총수요와 총공급의 기반이 되는 처분가능소득과 소비지출 간의 관계와 같은 거시경제관계를 나타내는 방정식들로 구성되어 있다. 경제학자들은 경제 데이터를 사용하여 이러한 방정식들을 통계적으로 추정한 후에 GDP와 물가수준의 값을 예측한다.

대부분의 경제학자들은 자동조정 메커니즘이 장기적으로 경제를 잠재GDP로 복귀시킨다는 점에 동의한다. 그러나 장기가 얼마의 기간인가? 2007~2009년의 경기후퇴가 2009년 6

월에 종료되었을 때, 실질GDP는 잠재GDP보다 크게 낮았다. 2년 후인 2011년 중반에도 실질GDP는 잠재GDP보다 7% 이상 낮은 수준에 머물렀다. 실질GDP가 잠재GDP로 최종적으로 복귀하는 데 얼마나 걸리는가? 오른쪽의 그림은 다음과 같은 기관들에 의해 2011년에 이루어진 3개의 실질GDP 예측치들과 Congressional Budget Office(CBO)의 잠재GDP 추정치를 보여준다.

- 백악관의 대통령 참모로 있는 이코노미스트들
- 연방준비제도의 관리들
- CBO의 이코노미스트들

백악관과 CBO는 실질GDP가 2016년까지 잠재GDP로 복귀하지 못할 것이라는데 의견일치를 보였다. 연방준비제도는 더 비관적이어서 실질GDP는 2017년에도 잠재GDP보다 낮을 것이라고 예측했다. 이러한 예측치들이 실질GDP가 경기후퇴가 종료된 후 7년이 지나도록 잠재GDP로 복귀하지 못할 것이라고 예상하는 것이기 때문에 2007~2009년의 경기후퇴가 얼마나 심했는지를 제시해 준다. 2007~2009년의 경기후퇴 이전에 1981~1982년의 경기후퇴가 대공황 이후 가장 심했다. 그러나 이러한 경기후퇴가 종료된 후 실질GDP가 잠재GDP로 복귀하는데 3년이 걸리지 않았다.

이러한 예측치들은 얼마나 정확했는가? 이러한 예측치들은 처음에 비관적으로 보였지만 2013년 중반에는 너무 낙관적으로 보였다. 경제학자들은 실질GDP와 잠재GDP 간의 퍼센트 차이를 *산출갭 ouput gap*이라고 부른다. 아래의 표는 산출갭에 대한 2011년 예측치들과 2013년 말 현재 실제 산출갭을 보여준다.

2013년 산출갭에 대한 2011년 추정치			실제 산출갭
백악관	CBO	연방준비제도	
3.8%	2.7%	2.1%	5.4%

실제 산출갭은 CBO나 연방준비준비제도가 예측했던 것보다 약 2배 더 컸고 백악관이 예측했던 것보다 거의 45% 더 컸다. 제24장과 제25장에서 논의하겠지만, 경제학자들과 정책담당자들은 왜 미국 경제가 잠재GDP로 복귀하는데 매우 오랜 시간이 걸리고 있는지에 관해 의견이 달랐다.

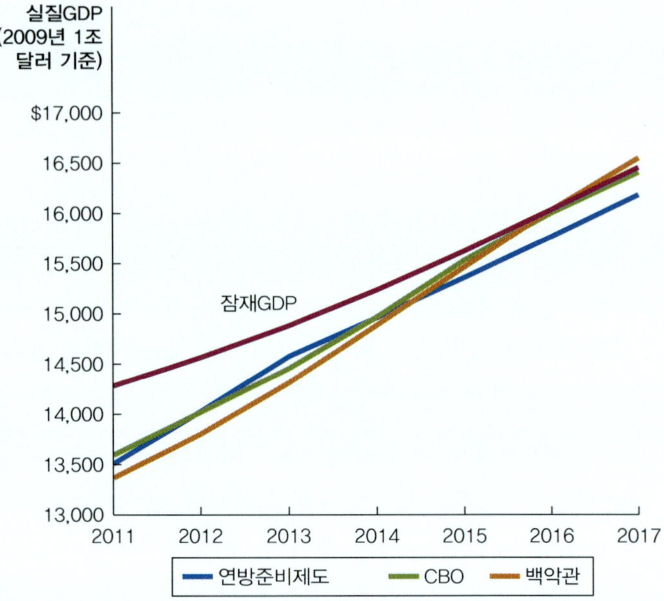

주: 연방준비제도의 예측은 연방공개시장위원회에 참여하는 위원들의 예측치 평균을 사용한 것이다.

자료: Board of Governors of the Federal Reserve System, "Economic Projections of Federal Reserve Board Members and Federal Reserve Bank Presidents, April 2011," April 27, 2011; Congressional Budget Office, "Data Underlying Selected Economic Figures, Real Gross Domestic Product, 1980-2021," January 27, 2011; and Office of Management and Budget, "Budget of the U.S. Government, Fiscal Year 2012, Mid-Session Review," September 1, 2011.

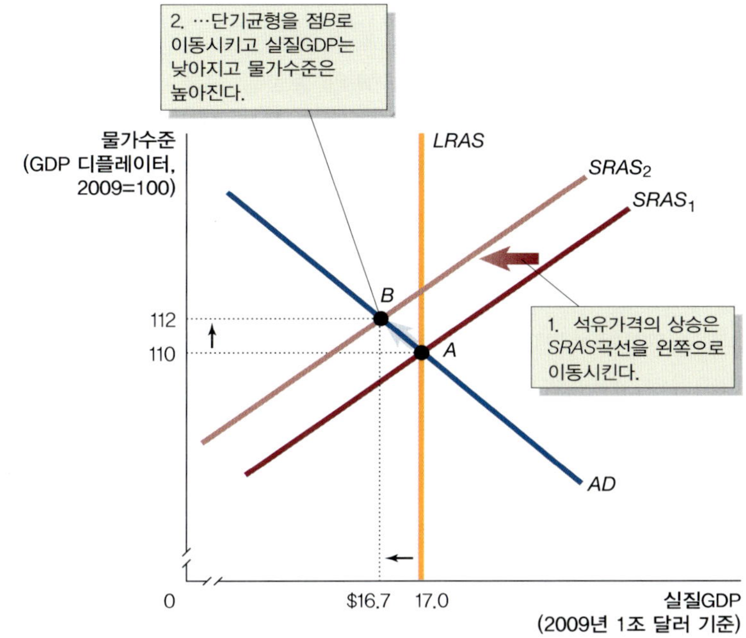

(a) 물가수준의 상승을 수반한 경기후퇴 – 공급충격의 단기 효과

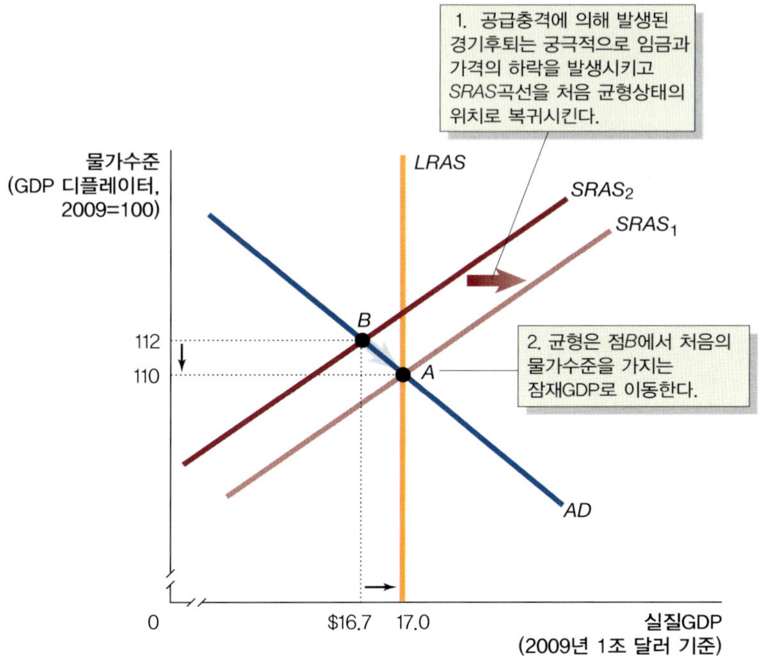

(b) 잠재GDP로 복귀시키는 조정 – 공급충격의 장기 효과

그림 22.7

공급충격의 단기와 장기 효과

그림(a)에서 보는 것처럼 석유가격의 급상승과 같은 공급충격은 단기적으로 경기후퇴와 물가수준의 상승을 발생시킨다. 공급충격에 의해 발생되는 경기후퇴는 실업을 증가시키고 생산량을 감소시킨다.

그림(b)에서 보는 것처럼 실업의 증가와 생산량의 감소는 근로자들이 기꺼이 더 낮은 임금을 수용하게 만들고 기업들이 기꺼이 더 낮은 가격을 수용하게 만든다. 단기총공급곡선은 $SRAS_2$에서 $SRAS_1$로 이동한다. 균형은 점B에서 잠재GDP와 처음의 물가수준을 가지는 점A로 복귀한다.

22.4. 동태적 총수요와 총공급 모델

이 장에서 지금까지 사용한 기본적 총수요와 총공급 모델은 단기 거시경제균형이 어떻게 결정되는가에 대해 중요한 통찰을 제공해 준다. 그러나 불행하게도, 이 모델은 잘못된 결과도 제시한다. 예를 들어, 이 모델은 왼쪽으로 이동하는 총수요곡선에 의해 발생되는 경기후퇴가 1930년대 이후 어떤 연도에도 발생하지 않았던 물가수준의 하락을 발생시킬 것이라고 부정확하게 예측한다. 이러한 기본적 총수요와 총공급 모델의 문제점은 (1) 경제는 지속적인 인플레이션을 경험하지 않고 (2) 경제는 장기 성장을 경험하지 않는다고 가정하고 있기 때문에 발생한다. 이러한 가정들을 완화시킴으로써 더 유용한 총수요와 총공급 모델이 개발될 수 있다. 이 모델은 경제가 잠재GDP 수준이 변화하지 않고 지속적인 인플레이션이 없는 *정태적* 상태가 아니라 잠재GDP가 시간이 흐름에 따라 증가하고 매년 인플레이션이 계속해서 발생되는 동태적 상태라는 점을 고려한 모델이다. 기본적 모델에 다음과 같은 중요한 거시경제적 사실들을 포함시킴으로써 *동태적 총수요와 총공급 모델 dynamic aggregate demand and supply model*이 개발될 수 있다.

- 잠재GDP는 장기총공급곡선을 오른쪽으로 이동시키면서 계속해서 증가한다.
- 대부분의 연도 동안 총수요곡선은 오른쪽으로 이동한다.
- 근로자들과 기업들이 높은 인플레이션율을 예상하는 기간을 제외하고, 단기총공급곡선은 오른쪽으로 이동한다.

[그림 22.8]은 이러한 거시경제적 사실들을 분석에 포함시키는 것이 기본적 총수요와 총공급 모델을 어떻게 변화시키는지 보여준다. 처음에 물가수준이 110이고 실질GDP가 $17조인 점*A*에서 $SRAS_1$과 AD_1이 교차한다고 하자. 이러한 두 곡선이 $LRAS_1$ 상에 있는 한 점에서 교차하고 있기 때문에 경제는 장기균형상태이다. 1년이 진행되는 동안 미국의 노동력과 자본스톡이 증가하고 기술변화가 발생함에 따라 잠재GDP가 증가하기 때문에 장기총공급곡선은 $LRAS_1$에서 $LRAS_2$로 오른쪽으로 이동한다. 또한 장기총공급곡선을 오른쪽으로 이동시키는 변수들은 기업들이 단기적으로 기꺼이 공급하고자 하는 재화와 서비스의 양을 증가시키기 때문에 단기총공급곡선은 $SRAS_1$에서 $SRAS_2$로 이동한다. 마지막으로 총수요곡선은 AD_1에서 AD_2로 오른쪽으로 이동한다. 총수요곡선은 다음과 같은 이유들 때문에 오른쪽으로 이동한다. 인구가 증가하고 소득이 상승함에 따라 소비지출이 시간이 흐름에 따라 증가할 것이다. 경제가 성장함에 따라, 기업들은 생산능력을 확장할 것이고 새로운 기업들이 투자지출을 증가시킬 것이다. 인구의 증가와 경제의 확장은 더 많은 경찰관들과 교사들 같은 정부서비스의 증가를 발생시키고 이에 따라 정부구매가 증가할 것이다. [그림 22.8]에서 새로운 균형은 AD_2가 $LRAS_2$ 상에서 $SRAS_2$와 교차하는 점*B*에서 발생된다. 새로운 균형에서 물가수준은 110에서 유지되고 실질GDP는 $17.4조로 증가한다. 물가수준이

110에서 변화하지 않기 때문에 인플레이션은 발생하지 않는다는 점에 주목하라. 총수요와 단기총공급이 장기총공급과 정확하게 같은 크기만큼 오른쪽으로 이동하기 때문에 인플레이션이 발생하지 않는다. 그렇지만 실제로 3개 곡선 모두가 같은 크기만큼 이동할 것이라고 예상하지 못할 수 있다. 예를 들어, *SRAS*곡선은 미래 물가수준의 변화에 대한 근로자들과 기업들의 예상과 공급충격에 의해 영향을 받는다. 이러한 변수들이 1년이 진행되는 동안 *SRAS*가 오른쪽으로 이동하는 정도를 부분적이거나 완전히 상쇄시킬 수 있다. 또한 소비자, 기업, 정부의 지출 변화가 *AD*곡선을 *SRAS*곡선과 *LRAS*곡선보다 더 많거나 적게 오른쪽으로 이동시킬 수 있다. 곧 살펴보겠지만, 실제로 *단기에서 물가수준과 실질GDP의 변화는 SRAS곡선과 AD곡선이 얼마만큼 이동하느냐에 의해 결정된다.*

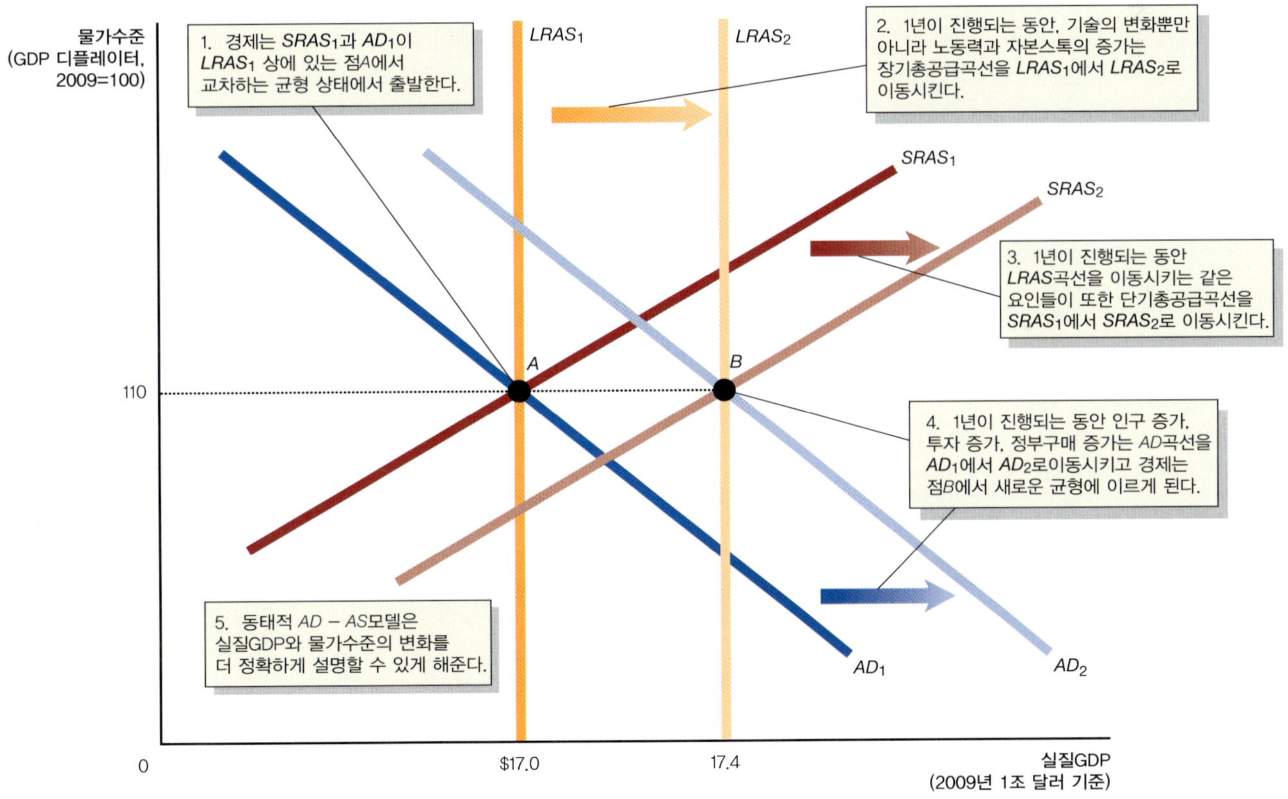

그림 22.8

동태적 총수요와 총공급 모델

동태적 모델에서 1년이 진행되는 동안 기술의 변화뿐만 아니라 노동력과 자본스톡의 증가는 장기총공급곡선을 $LRAS_1$에서 $LRAS_2$로 이동시킨다. 일반적으로 이러한 요인들이 단기총공급곡선을 $SRAS_1$에서 $SRAS_2$로 이동시킨다. 1년이 진행되는 동안 소비자, 기업, 정부의 지출이 증가하면 총수요는 AD_1에서 AD_2로 이동할 것이다.

인플레이션의 일반적인 원인은 무엇인가?

동태적 총수요와 총공급 모델은 인플레이션의 원인에 대해 더 정확한 설명을 제공해 준다. 경제의 총지출이 총생산보다 더 빠르게 증가하면, 가격들이 상승한다. [그림 22.9]는 *AD*곡선이 *LRAS*곡선보다 더 많이 오른쪽으로 이동하면, 경제의 균형은 더 높은 물가수준을 가지는 점*B*에서 발생되기 때문에 인플레이션이 발생한다. 새로운 균형에서 예상되는 물가 상승이 1년 동안 발생하는 기술의 변화와 노동력 및 자본스톡의 증가에 의한 효과를 일부 상쇄시키기 때문에 *SRAS*곡선은 *LRAS*곡선보다 더 적게 오른쪽으로 이동한다. 인플레이션은 일반적으로 총지출이 총생산보다 더 빠르게 증가하기 때문에 발생하지만, 앞에서 공급충격을 논의하면서 살펴본 것처럼 단기총공급곡선의 왼쪽 이동도 물가수준의 상승을 발생시킬 수 있다.

[그림 22.8]에서 보는 것처럼, 총수요가 단기총공급과 장기총공급과 같은 크기만큼 증가하면, 물가수준은 변화하지 않는다. 이 경우 경제는 인플레이션 없는 경제성장을 경험한다.

2007~2009년의 경기후퇴

2007~2009년의 경기후퇴를 분석하기 위해 동태적 총수요와 총공급 모델을 사용할 수 있다. 2007~2009년의 경기후퇴는 2001년 11월에 시작된 경기확장이 종료되면서 2007년 12월에 시작되었다. 다음과 같은 몇 가지 요인들이 이러한 경기후퇴를 발생시켰다.

그림 22.9

인플레이션을 이해하기 위해 동태적 총수요와 총공급 모델 사용하기

가장 일반적인 인플레이션의 원인은 총지출이 총생산보다 더 빠르게 증가하는 것이다. 경제는 실질GDP가 $17조 달러이고 물가수준이 110인 점*A*에서 출발한다. $17조에서 $17.4조로의 완전고용 실질GDP의 증가는 장기총공급곡선을 *LRAS*₁에서 *LRAS*₂로 이동시킨다. 총수요는 *AD*₁에서 *AD*₂로 이동한다. *AD*곡선은 *LRAS*곡선보다 더 많이 오른쪽으로 이동하기 때문에 새로운 균형에서 물가수준은 110에서 114로 상승한다.

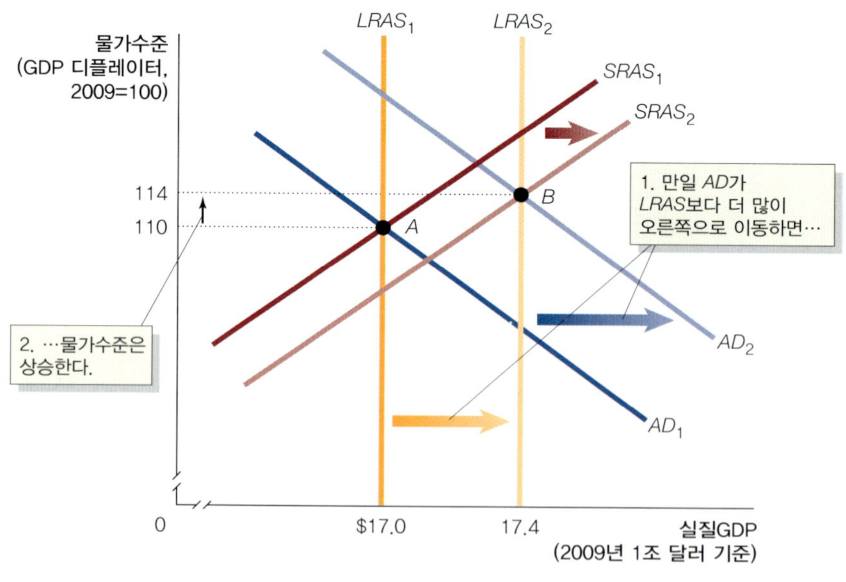

- ***주택가격 버블의 종료.*** 주택건설지출은 2002년부터 2005년까지 급속히 증가했고 2005년 말과 2010년 초 사이에 60% 이상 감소했다. 주택건설지출의 증가는 부분적으로 연방준비제도가 2001년의 경기후퇴기와 그 후에 이자율을 인하시켰던 결과였다. 모기지대출의 이자율이 하락함에 따라, 더 많은 소비자들이 신규 주택을 구입하기 시작했다. 그러나 2005년에 이르러서는 투기적 버블이 부분적으로 신규 주택과 기존 주택의 가격을 급속히 상승시켰다는 것이 명백해졌다. 사람들이 주택과 같은 실물자산이나 주식과 같은 금융자산의 기초가치에 관심을 덜 가지는 대신에 자산 가격의 상승에 대한 예상에 초점을 맞출 때 버블이 발생한다. 캘리포니아주, 애리조나주, 플로리다주와 같은 일부 지역들에서 주택을 매입해서 거주하려는 의도가 없이 더 높은 가격에 재판매할 의도를 가지고 있었던 투자자들이 많은 주택을 구매했다. 일부 인기 있는 텔레비전 프로그램들이 사람들이 주택을 매입해서 신속하게 재판매할 수 있는 방법들을 방송하기도 했다. 투기적 버블은 궁극적으로 종료된다. 주택가격 버블은 2006년에 꺼지기 시작했다. 신규 주택 판매가 감소하고 주택가격이 하락하기 시작했다. 투자지출의 구성요소인 주택건설지출이 감소함에 따라 총수요의 성장이 둔화되었다.
- ***금융위기.*** 주택시장의 문제는 주택건설에 참여하는 근로자들과 기업들에게 나쁜 소식이었다. 이에 더하여 주택가격의 하락은 모기지대출에 대해 채무불이행하는 차입자들의 수를 증가시켰다. 이러한 채무불이행은 은행들과 일부 여타 금융기관들이 엄청난 손실로 어려움을 겪게 만들었다. 2008년 봄부터, 미국 재무부와 연방준비제도는 몇 개의 대형 금융기관들을 도산으로부터 구제하기 위해 개입했다. 제23장과 제24장에서 금융위기의 상세한 상황들을 살펴볼 것이다. 금융위기는 많은 가계들과 기업들이 지출에 필요한 자금을 조달하기 위한 대출을 받는 것을 어렵게 만들었던 *신용경색 credit crunch*을 발생시켰다. 이러한 신용의 고갈이 소비지출과 투자지출을 감소시켰다.
- ***2008년의 석유가격 급등.*** 2004년에 배럴당 $34로 낮았던 석유가격은 2008년 중반에 배럴당 $140까지 상승했다. 석유가격이 이렇게 급등한 것은 특히 인도와 중국 같은 급속히 성장하는 경제에서 석유수요가 증가했고 단기적으로 새로운 석유 공급원을 개발하는데 어려움이 있었기 때문이다. 경기후퇴가 심해짐에 따라 전 세계의 석유수요는 감소했고 석유가격은 2009년 초에 배럴당 약 $40로 하락했다. 이 장에서 살펴보았던 것처럼, 석유가격의 상승은 단기총공급곡선을 왼쪽으로 이동시켜 경기후퇴를 더 심하게 만드는 *공급충격 supply shock*을 발생시킬 수 있다.

[그림 22.10]은 2007년과 2008년에 발생된 미국 경제의 단기 거시경제균형을 보여주면서 경기후퇴가 어떻게 시작되었는지 보여준다. 이 그림에서 2007년의 단기균형은 AD_{2007}이 $SRAS_{2007}$과 교차하는 실질GDP가 $14.88조이고 물가수준이 97.3인 점에서 발생했다. 2007년의 실질GDP는 $LRAS_{2007}$로 나타낸 $14.84조의 잠재GDP 수준보다 높았다. 2008년 동안, 총수요는 AD_{2007}에서 AD_{2008}로 오른쪽으로 이동했다. 주택가격 버블의 붕괴와 금융위기가 소비지출과 투자지출에 미친 부정적 효과 때문에 총수요는 잠재GDP보다

더 적게 증가했다. 석유가격의 상승 때문에 발생된 공급충격은 단기총공급곡선을 $SRAS_{2007}$에서 $SRAS_{2008}$로 왼쪽으로 이동시켰다. 2008년의 단기균형은 실질GDP가 $14.83조이고 물가수준이 99.2인 점에서 발생했다. 단기균형 실질GDP와 잠재GDP 간에 큰 격차가 발생했다. 실업률이 2007년의 4.6%에서 2008년의 5.8%로 증가했던 것은 놀랄 일이 아니다. 물가수준은 97.3에서 99.2로 상승했고 이에 따라 인플레이션율은 2.0%로 낮았다.

2009년에 잠재GDP는 $15.53조로 증가한 반면 실질GDP는 $14.42조로 감소했기 때문에 경기후퇴는 지속되었다(2009년의 상황은 [그림 22.10]에 그려져 있지 않다). 실질GDP와 잠재GDP 간의 갭은 실업률을 1981~1982년의 경기후퇴 이후 가장 높고 1930년대의 대공황 이후 두 번째로 높은 9.3%로 크게 증가시켰다. 경기후퇴는 2009년 6월에 종료되었지만, 실질GDP는 2010년과 2011년 동안에도 느리게 성장했고 실업률은 8.5% 보다 높은 수준에서 머물렀다.

2007~2009년 경기후퇴가 심했던 것이 대공황 이후 가장 극적인 정부 경제정책의 변화를 발생시켰다. 이러한 새로운 정책들을 제24장과 제25장에서 살펴볼 것이다.

그림 22.10

2007~2009년 경기후퇴의 시작

2007년과 2008년 사이에 *AD* 곡선은 오른쪽으로 이동했으나 잠재GDP를 $14.84조에서 $15.20조로 증가시킨 *LRAS* 곡선의 오른쪽 이동을 상쇄시키기에 충분하지 못했다. 석유가격의 급격한 상승 때문에 단기총공급곡선은 $SRAS_{2007}$에서 $SRAS_{2008}$로 왼쪽으로 이동했다. 실질GDP는 2007년의 $14.88조에서 $LRAS_{2008}$로 나타낸 잠재GDP보다 훨씬 낮은 2008년의 $14.83조로 감소했다. 총수요의 증가가 적었기 때문에 물가수준은 2007년의 97.3에서 2008년의 99.2로만 상승했고 이에 따라 2008년 동안 인플레이션율은 2.0%에 불과했다.

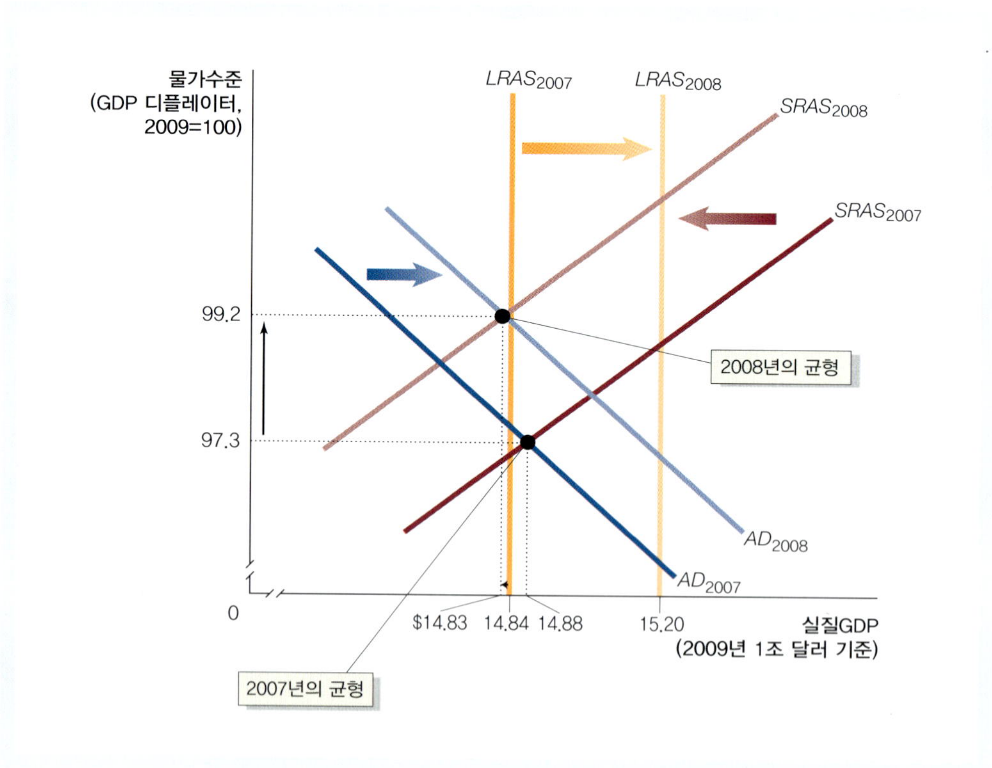

문제풀이 22.4

동태적 총수요와 총공급 그림 상에 1974~1975년의 석유가격충격 나타내기

1974~1975년의 경기후퇴는 공급충격이 경제에 어떻게 영향을 미치는지를 명백하게 보여준다. 1973년의 아랍-이스라엘 전쟁에 이어서 OPEC은 배럴당 석유가격을 $3 미만에서 $10 이상으로 인상시키는 조치를 취했다. 1974년과 1975년의 거시경제균형을 보여주는 동태적 총수요와 총공급 그림을 그리기 위해 이러한 정보와 아래의 표에 있는 데이터를 사용하라. 총수요곡선은 1974년과 1975년 사이에 이동하지 않았다고 가정하라. 당신이 그린 그림에 대해 간략히 설명하라.

연도	실제 실질GDP	잠재GDP	물가수준
1974	$5.39조	$5.42조	28.7
1975	$5.38조	$5.61조	31.4

자료: U.S. Bureau of Economic Analysis; and Federal Reserve Bank of St. Louis.

문제풀기

Step 1: 본문의 내용을 다시 읽어보라. 이 문제는 동태적 총수요와 총공급 모델을 적용하는 것에 관한 것이므로 [동태적 총수요와 총공급 모델] 부분을 다시 읽어보라.

Step 2: 동태적 총수요와 총공급 그림을 그리기 위해 표에 있는 정보를 사용하라. 당신은 5개의 곡선, 즉 1974년과 1975년의 *SRAS*곡선과 *LRAS*곡선과 1974년과 1975년의 *AD*곡선을 그릴 필요가 있

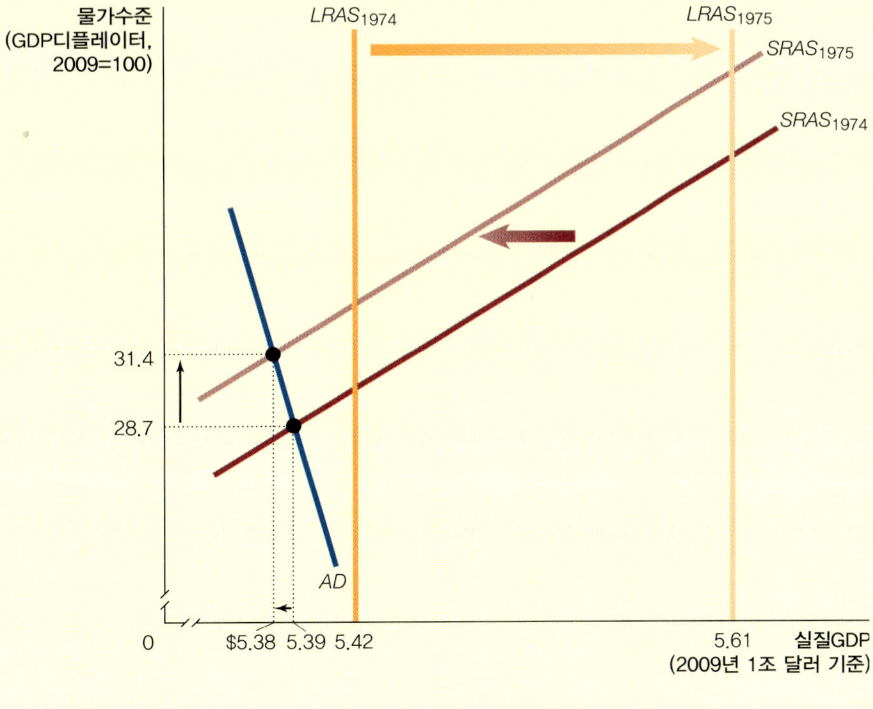

다. 2개의 *LRAS* 곡선은 표에 있는 잠재GDP로 주어진 수치에서 수직선이 될 것이다. 공급충격이 컸기 때문에 *SRAS*곡선은 왼쪽으로 이동했다. 주어진 가정에 의해 *AD*곡선은 이동하지 않았다. 당신이 그린 그림은 위의 그림과 같아야 한다.

Step 3: 당신이 그린 그림을 설명하라. $LRAS_{1974}$와 $LRAS_{1975}$는 각 연도의 잠재GDP 수준에서 수직선이다. 1974년의 거시경제균형은 *AD*곡선이 $SRAS_{1974}$와 교차하는 곳에서 발생하고 이 경우 실질GDP는 $5.39조이고 물가수준은 28.70이다. 1975년의 거시경제균형은 *AD*곡선이 $SRAS_{1975}$와 교차하는 곳에서 발생하고 이 경우 실질GDP는 $5.38조이고 물가수준은 31.40이다.

결론

제3장에서는 개별 제품의 가격과 수량이 어떻게 결정되는지를 설명하는데 수요와 공급의 미시경제모델이 사용되었다. 이 장에서는 경제전체의 움직임을 설명하기 위해 다른 모델이 제시되었다. 총수요과 총공급의 거시경제모델이 실질GDP와 물가수준의 변동을 설명하기 위해 사용될 수 있다는 것을 살펴보았다.

정부는 실질GDP, 고용, 물가수준의 변동에 대응하기 위해 거시경제정책을 시행한다. 다음의 장들에서는 이러한 거시경제정책을 살펴볼 것이다.

주요용어 KEY TERMS

총수요와 총공급 모델 aggregate demand and aggregate supply model
총수요곡선 aggregate demand(*AD*) curve
재정정책 fiscal policy
장기총공급곡선 long-run aggregate supply(*LRAS*) curve
메뉴비용 menu costs
통화정책 monetary policy
단기총공급곡선 short-run aggregate supply(*SRAS*) curve
공급충격 supply shock
스태그플레이션 stagflation

연습문제 PROBLEMS

*복습질문

1. 총수요곡선은 어떤 관계를 나타내는가? 총공급곡선은 어떤 관계를 나타내는가?
2. 총수요곡선이 우하향하는 3가지 이유를 설명하라.
3. *AD*곡선과 사과와 같은 개별 제품에 대한 수요곡선 간의 차이점은 무엇인가?
4. 어떤 변수들이 *AD*곡선을 이동시키는가? 각 변수의 증가가 *AD*곡선을 오른쪽으로 이동시키는지 왼쪽으로 이동시키는지를 구별하고 GDP의 어떤 구성요소, 즉 소비, 투자, 정부구매, 순수출이 변화하는지를 제시하라.
5. 장기총공급곡선이 왜 수직선인지 설명하라.
6. 어떤 변수들이 장기총공급곡선을 이동시키는가? 각 변수의 증가가 장기총공급곡선을 오른쪽으로 이동시키는지 왼쪽으로 이동시키는지를 제시하라.
7. 왜 단기총공급곡선은우상향하는가?
8. 어떤 변수들이 단기총공급곡선을 이동시키는가? 각 변수의 증가가 단기총공급곡선을 오른쪽으로 이동시키는지 왼쪽으로 이동시키는지를 제시하라.
9. 경제가 장기균형에 있을 때 *AD*곡선, *SRAS*곡선, *LRAS*곡선의 관계를 설명하라.
10. 왜 공급충격이 스태그플레이션을 발생시킬 수 있는가?
11. 왜 총수요의 증가가 물가수준과 실질GDP에 미치는 장기효과와 단기효과가 다른가?
12. 기본적 총수요와 총공급 모델과 동태적 총수요와 총공급 모델 간 중요한 차이점은 무엇인가?
13. 동태적 총수요와 총공급 모델에서 잠재 실질GDP가 증가하는 것보다 총수요가 더 많이 증가하는 경우에 나타나는 결과는 무엇인가? 잠재GDP가 증가하는 것보다 총수요가 더 적게 증가하는 경우에 나타나는 결과는 무엇인가?

*문제와 응용

1. 다음의 각 사건이 총수요곡선에 어떻게 영향을 미치는지 설명하라.
   a. 물가수준의 상승
   b. 정부구매의 증가
   c. 개인소득세의 인상
   d. 이자율의 인상
   e. 다른 국가들의 더 빠른 소득 성장
   f. 달러와 외국통화 간 환율의 상승(달러 가치의 상승)
2. 다음의 그림에 그려져 있는 2개의 총수요곡선을 고려해 보라. 무엇이 AD_1상에서 점*A*에서 점*B*로 이동시키는가? 무엇이 점*A*에서 점*C*로 이동시키는가?

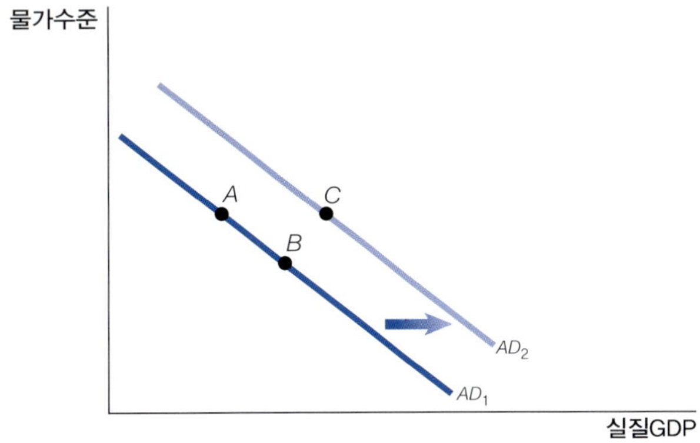

3. 다음의 각 사항이 *AD*곡선을 이동시키는지 *AD*곡선 상의 이동을 발생시키는지 설명하라.
   a. 기업들이 더 낙관적이 되고 기계와 설비에 대한 지출

을 증가시킨다.

b. 연방정부는 재정적자를 감소시키기 위해 세금을 인상한다.

c. 미국 경제는 4%의 인플레이션을 경험하고 있다.

4. 다음의 각 사건이 장기총공급곡선에 어떻게 영향을 미치는지 설명하라.

a. 물가수준의 상승

b. 노동력의 증가

c. 자본재의 양 증가

d. 기술 변화

5. 한 학생이 총공급의 증가 효과를 나타내기 위한 총수요와 총공급 그림을 그리도록 요청받았다. 이 학생은 다음과 같은 그림을 그렸다.

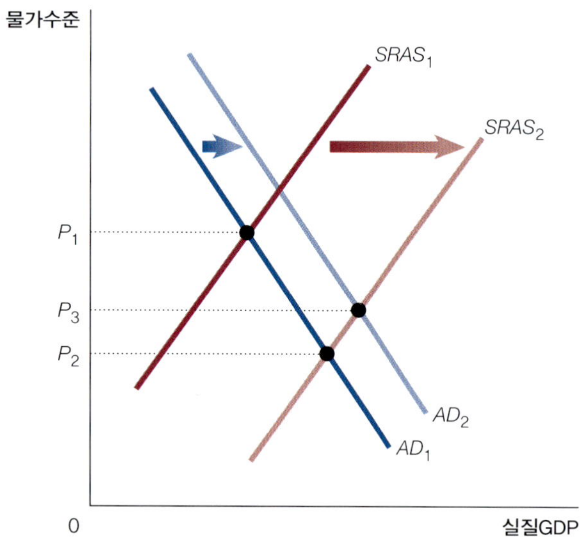

이 학생은 이 그림을 다음과 같이 설명한다.

총공급의 증가는 $SRAS_1$을 $SRAS_2$로 이동시킨다. 이러한 총공급곡선의 이동은 물가수준의 하락을 발생시키기 때문에, 소비, 투자, 순수출이 증가할 것이다. 이러한 변화는 총수요곡선을 AD_1에서 AD_2로 오른쪽으로 이동시킨다. 실질GDP가 증가하는 것은 알 수 있으나 물가수준의 변화 방향은 총공급곡선이나 총수요곡선 중 어떤 것이 오른쪽으로 더 많이 이동하는지에 달려 있기 때문에 물가수준이 상승할 것인지 하락할 것인지는 알 수 없다. 나는 총공급이 총수요보다 더 많이 이동한다고 가정한다. 따라서 나는 최종적인 물가수준, P_3는 처음 물가수준, P_1보다 더 낮은 것으로 나타낸다.

당신은 이 학생의 분석에 동의하는지 설명하라. 당신이 이러한 분석에 잘못된 것이 있다면 그것이 정확하게 무엇인지 설명하라.

6. 아래의 그림에 있는 단기총공급곡선을 생각해 보라. 무엇이 $SRAS_1$ 상에 있는 점A에서 점B로의 이동을 발생시키는가? 무엇이 점A에서 점C로의 이동을 발생시키는가?

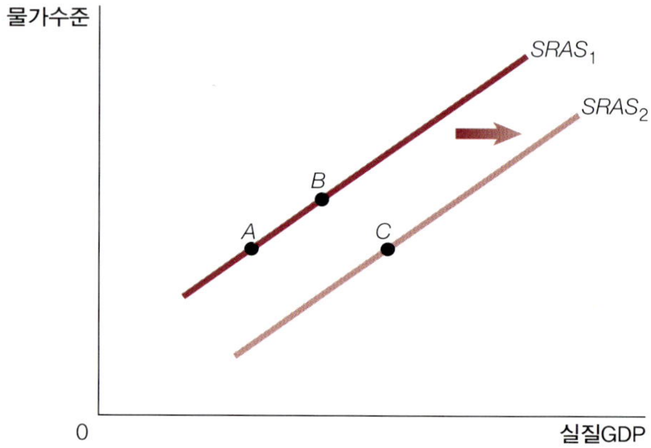

7. 다음의 각 사건은 단기총공급곡선에 어떻게 영향을 미치는지 설명하라.

a. 물가수준의 상승

b. 예상되는 미래 물가수준의 상승

c. 예상보다 높은 현재의 물가수준

d. 예상치 않은 중요한 원자재 가격의 상승

e. 경제활동참가율(labor force participation rate)의 증가

8. 장기총공급을 이동시키는 변수들과 단기총공급을 이동시키는 변수들을 생각해 보라. 장기총공급과 단기총공급의 변화를 나타낸 3개의 그림과 다음의 각 사건을 짝지어 보라.

1.

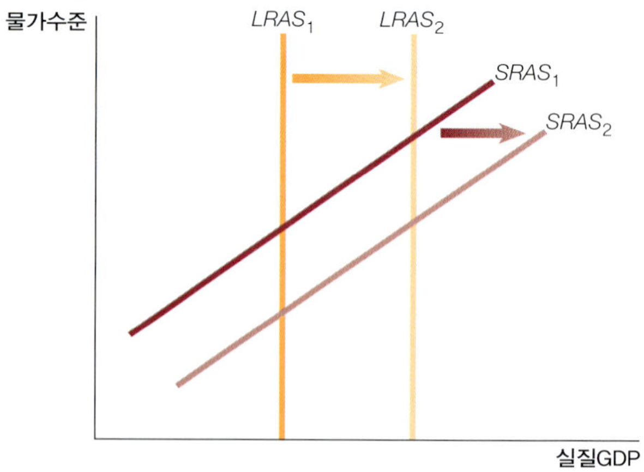

2.

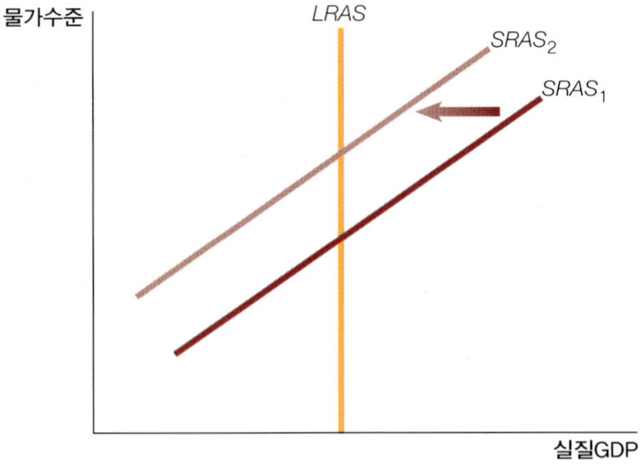

3.

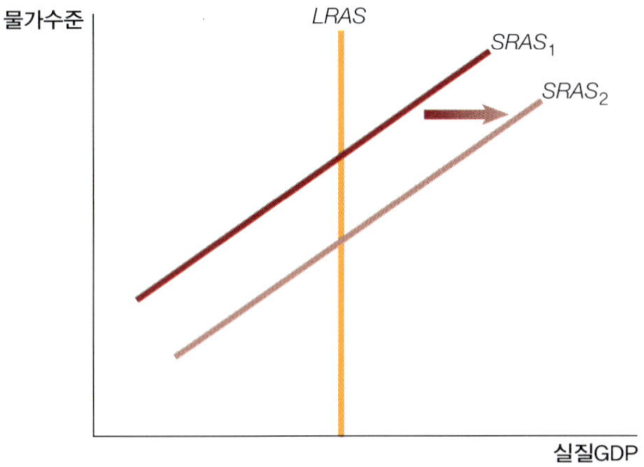

a. 예상되는 미래 물가수준의 하락
b. 근로자들과 기업들이 과거에 과소추정된 물가수준에 대해 조정한다.
c. 포지티브 기술 변화가 발생한다.

9. 근로자들과 기업들이 항상 정확하게 다음 연도의 물가수준을 예측한다고 하자. 이러한 상황에서도 *SRAS*곡선은 여전히 우상향하는지 간략히 설명하라.

10. 근로자들과 기업들은 종종 한 번에 수년 동안 가격이나 임금을 고정시키는 계약을 체결한다. 만일 물가수준이 계약이 체결되었을 때 예상되었던 것보다 더 높거나 더 낮은 것으로 판명되면, 계약의 한 당사자는 손해를 보게 될 것이다. 왜 이러한 사실을 알고 있음에도 불구하고 근로자들과 기업들이 여전히 장기계약을 체결하는지 간략히 설명하라.

11. 메뉴비용은 무엇인가? 컴퓨터와 인터넷을 광범위하게 사용하게 된 것이 메뉴비용에 어떻게 영향을 미치는가? 만일 메뉴비용이 없으면, 단기총공급곡선은 수직선이 되는가? 간략히 설명하라.

12. 장기균형상태에 있는 경제를 보여주는 기본적인 총수요곡선과 총공급곡선 (*LRAS*곡선을 포함시킬 것)을 그려라.

a. 미국산 수출재에 대한 수요가 크게 증가한다고 가정하라. 이 결과로 발생되는 단기균형을 당신이 그린 그림 상에 나타내라. 이러한 단기균형에서 실업률은 수출이 증가하기 전보다 높아지는가 낮아지는가? 간략히 설명하라. 경제는 장기균형에 복귀하기 위해 어떻게 조정되는가? 경제가 장기균형으로 복귀할 때, 다음의 각 변수 값은 수출이 증가하기 전과 비교해 어떻게 변화하는가?
   i. 실질GDP
   ii. 물가수준
   iii. 실업률

b. 석유가격이 예상치 않게 상승한다고 가정하라. 이 결과로 발생되는 단기균형을 당신이 그린 그림 상에 나타내라. 경제는 장기균형에 복귀하기 위해 어떻게 조정되는지 설명하라. 이러한 단기균형에서 실업률은 석유가격이 예상치 않게 상승하기 전보다 높아지는가 낮아지는가? 간략히 설명하라. 경제가 장기균형으로 복귀할 때, 다음의 각 변수 값은 석유가격이 예상치 않게 상승하기 전과 비교해 어떻게 변화하는가?
   i. 실질GDP
   ii. 물가수준
   iii. 실업률

13. (경기후퇴기에 발생되는) 실질GDP를 감소시키는 4가지 변수를 열거하라. 각 변수의 변화가 총수요나 단기총공급을 증가시키는지 감소시키는지 제시하라. 이어서 물가수준을 상승시키는 (단기 인플레이션을 발생시키는) 4가지 변수를 열거하라. 각 변수의 변화가 총수요나 단기총공급을 증가시키는지 감소시키는지 제시하라.

14. 다음의 질문에 답하기 위해 아래의 그림을 사용하라.

a. *A*, *B*, *C*, *D* 중 어느 점이 장기균형을 나타내는가?

b. 경제가 처음에 점*A*에 있다고 하자. 만일 총수요가 AD_1에서 AD_2로 증가하면 어느 점이 단기균형을 나타내는가? 어느 점이 궁극적인 장기균형을 나타내는가? 경제가 단기균형에서 장기균형으로 어떻게 조정되는지 간략히 설명하라.

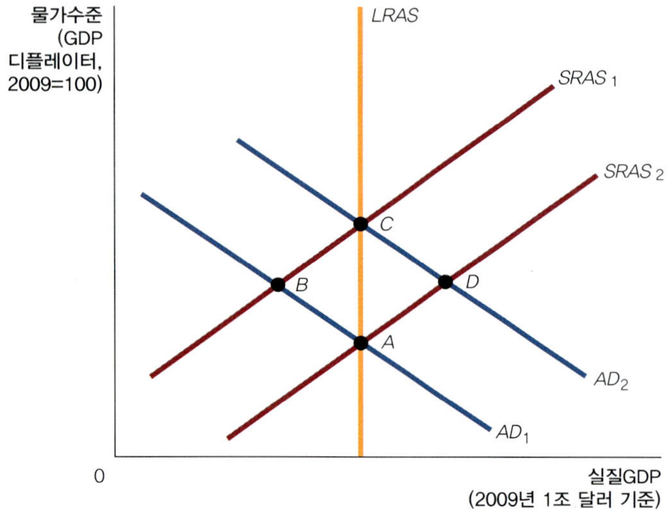

15. 아래의 그림들은 총수요곡선이나 단기총공급곡선이 오른쪽으로나 왼쪽으로 이동하는 것을 보여준다.

a. 다음과 같은 각 시나리오에 해당되는 적정한 그림은 어떤 것인가?

i. 예상되는 물가수준의 상승

ii. 미래 소득에 대한 가계의 예상 증가.

iii. 중요한 천연자원 가격의 하락

iv. 투자지출의 미래 수익성에 대한 기업의 예상 감소

b. 다음과 같은 각 시나리오에 해당되는 그림은 어떤 것인가?

i. 경제가 경기후퇴를 경험하고 있다.

ii. 경제가 단기 인플레이션을 경험하고 있다.

iii. 경제가 스태그플레이션을 경험하고 있다.

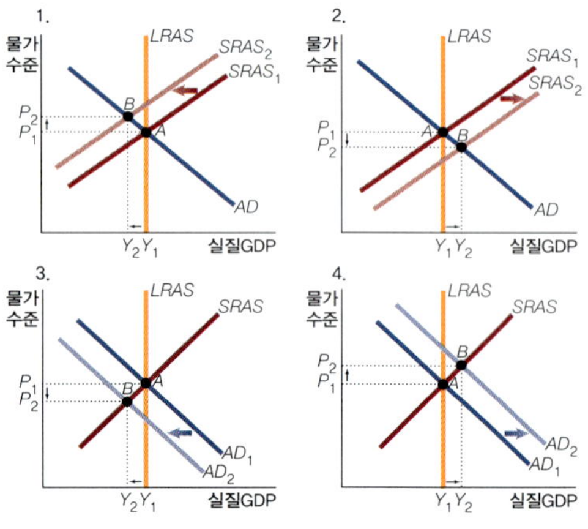

16. 경제가 인플레이션이 없는 상황에서 2015년의 잠재 실질GDP로부터 2016년의 잠재GDP로 이동하는 것을 보여주는 동태적 총수요와 총공급 그림을 그려라. 당신의 그림에 2015년과 2016년의 *AD*곡선, *SRAS*곡선, *LRAS*곡선이 포함되어야 하고 각 연도의 단기 거시경제균형과 곡선들이 이동한 방향을 표시해야 한다. 2016년 동안에 실질GDP와 물가수준은 어떻게 변화하는지 설명하라.

17. 아래의 그림에서, 경제는 연도 1의 점*A*에서 연도 2의 점*B*로 이동한다고 하자. 이 그림을 사용하면서 각 질문에 대한 당신의 답을 간략히 설명하라.

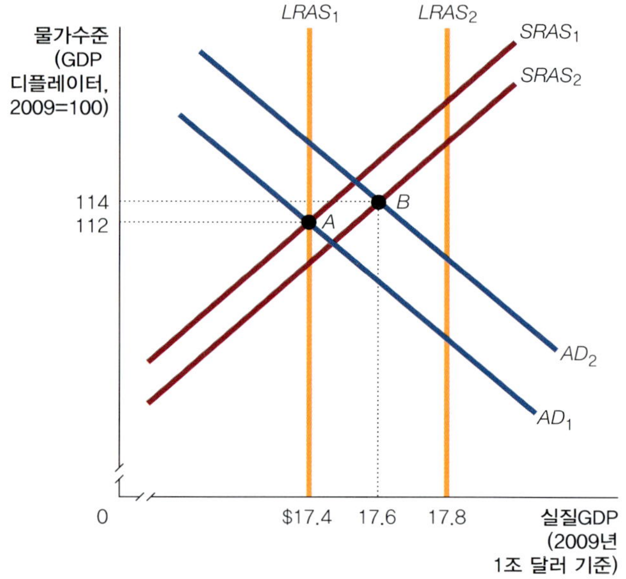

a. 연도 1에서 연도 2까지 잠재 실질GDP의 성장률은 얼마인가?

b. 연도 2의 실업률은 연도 1보다 높은가 낮은가?

c. 연도 2의 인플레이션율은 얼마인가?

d. 연도 2의 실질GDP 성장률은 얼마인가?

18. 당신은 다음의 진술에 동의하는지 설명하라.

동태적 총수요와 총공급 모델은 *AD*의 감소에 의해 발생된 경기후퇴가 인플레이션율을 하락시킬 것이라고 예측한다. 2007~2009년의 경기후퇴는 *AD*의 감소에 의해 발생되었으나, 인플레이션율은 경기후퇴로 하락하지 않았다. 대부분 제품들의 가격들은 2008년에 2007년보다 분명히 더 상승했고 이에 따라 인플레이션율은 하락할 수 없다.

PART

8

거시경제정책

CHAPTER 23

통화, 은행과 중앙은행

이 장의 학습내용

23.1 **통화는 무엇이고 왜 통화가 필요한가?**
- 통화를 정의하고 통화의 4가지 기능을 논의한다.

23.2 **통화는 어떻게 측정되는가?**
- 현재 미국에서 사용되는 통화공급의 정의에 대해 논의한다.

23.3 **은행은 통화를 어떻게 창조하는가?**
- 은행이 통화를 어떻게 창조하는지 설명한다.

23.4 **연방준비제도**
- 연방준비제도가 통화공급을 관리하기 위해 사용하는 3가지 정책수단에 대해 논의한다.

23.5 **통화수량설**
- 통화수량설을 설명하고 통화수량설을 사용해서 높은 인플레이션은 어떻게 발생하는지 설명한다.

짐바브웨 경제를 구하기 위해 달러 지폐 세탁하기

OK마트는 짐바브웨의 수도인 Harare에 있는 슈퍼마켓이다. 2008년에 짐바브웨의 여타 가게들처럼 OK마트는 팔 물건도 거의 없었고 돈을 가지고 물건을 살 고객도 거의 없었다. 코카콜라 한 병이 150억 짐바브웨 달러에 판매되었다! 짐바브웨는 *하이퍼인플레이션 hyperinflation*이라고 부르는 매우 높은 인플레이션의 영향으로 고통 받고 있었다. 이 나라의 하이퍼인플레이션은 엄청난 수준이었고, 아마도 세계 역사에서 가장 최악이었다. 짐바브웨 통화가 1980년에 처음 등장했을 때, 1 짐바브웨달러는 1.47 미국달러의 가치를 가지고 있었다. 2008년 말에 환율은 1미국달러당 20억 짐바브웨달러였고 짐바브웨에서 일부 거액 거래의 가격은 1,000조와 100경 단위로 계산되었다.

OK마트는 OK 짐바브웨 슈퍼마켓 체인에 속한다. 하이퍼인플레이션의 기간 동안, 이 체인은 짐바브웨달러를 받기를 거부하는 외국 공급자들로부터 재화를 수입하기 위해 필요한 미국달러를 구할 수 없었다. 한 은행원이 언급한 것처럼 지역 은행들은 "고객도 없고, 예금도 없고, 지출은 있으나 수입이 없기" 때문에 도움이 되지 못했다.

2013년이 되어서야 OK마트는 물건이 채워진 선반과 많은 고객들을 가지게 되었다. 짐바브웨 경제의 재건은 짐바브웨 정부가 미국달러를 이 나라의 공식적인 통화로 만드는 급진적 조치를 취함으로써 가능하게 되었다. 사고 팔기 위해 미국달러를 사용한 것이 하이퍼인플레이션을 종식시켰으나 미국달러의 부족이라는 또 다른 문제를 발생시켰다. 미국달러의 부족은 매우 심각해서 짐바브웨 사람들은 미국달러를 가능한 한 오래 사용하기 위해 미국달러 지폐를 조심스럽게 손으로 세탁하였다. 미국동전의 부족으로 많은 가게들은 빵 한 덩어리당 1미국달러와 같이 달러 단위로만 재화의 가격을 매기거나 동전 대신 땅콩이나 캔디를 주었다.

무엇이 짐바브웨달러를 거의 쓸모없게 만들었는가? 짐바브웨 정부는 점점 더 많은 통화를 발행해서 모든 지출에 대해 지불하기로 결정했다. 짐바브웨 정부가 통화 발행을 더 빠르게 하면 할수록 가격들은 더 빠르게 상승했다. 마침내 외국인들과 지역주민들은 재화와 서비스의 대가로 짐바브웨달러 받기를 거부했다.

이 장에서는 은행, 통화공급, 통화공급의 변화와 인플레이션율 간의 관계에 대해 배울 것이다. 또한 미국중앙은행인 연방준비제도의 운영에 대해 논의할 것이다.

자료: "In Dollars They Trust," *Economist*, April 27, 2013; "The Hottest Frontier," *Economist*, April 6, 2013; and Patrick McGroarty and Farai Mutsaka, "Hanging on to Dollars in Zimbabwe," *Wall Street Journal*, March 26, 2012.

이 장에서는 경제에서 통화의 역할에 대해 살펴본다. 은행시스템이 어떻게 통화를 창조하고 미국에서 통화량을 관리하기 위해 연방준비제도가 사용하는 정책수단들이 무엇인지를 살펴본다. 또한 최근의 은행시스템 위기도 검토한다. 이 장의 마지막 부분에서는 통화량 변화와 물가수준 변화 간의 관계를 살펴본다. 이 장에서 배운 것이 제24장과 제25장에서 배우는 통화정책과 재정정책을 이해하는데 중요한 기초가 될 것이다.

23.1. 통화는 무엇이고 왜 통화가 필요한가?

경제는 통화 없이 작동할 수 있는가? 사람들이 통화를 사용하지 않고 재화를 다른 재화와 거래했던 많은 역사적인 예들이 존재하기 때문에 이 질문에 대한 답은 "예"이다. 예를 들어, 식민시대에 미국의 변경에는 통화가 없었고 이에 따라 농부가 쟁기를 소와 거래했을 수 있다. 그렇지만 대부분의 경제는 통화를 사용한다. 통화는 무엇인가? **통화 money**의 경제적 정의는 사람들이 일반적으로 재화와 서비스의 대가나 채무의 상환을 위해 기꺼이 수용하는 자산이다. **자산 asset**은 개인이나 기업이 소유하는 가치를 가진 것이라는 것을 기억하라(제14장 참조). 통화로 사용할 수 있는 많은 종류의 자산이 존재한다. 서부 아프리카에서는 일찍이 조개껍데기가 통화로 사용되었다. 제2차 세계대전 중에는 전쟁 포로들이 담배를 통화로 사용했다.

통화 money
사람들이 일반적으로 재화와 서비스의 대가나 채무의 상환을 위해 기꺼이 수용하는 자산.

자산 asset
개인이나 기업이 소유하는 가치를 가진 것.

물물교환과 통화의 발명

통화의 중요성을 이해하기 위해 통화를 사용하지 않는 경제에서 발생되는 상황을 생각해보자. 재화와 서비스가 다른 재화와 서비스와 직접 거래되는 경제는 *물물교환경제 barter economy*라고 부른다. 물물교환경제는 한 가지 중요한 단점을 가지고 있다. 이러한 단점을 예시하기 위해 식민시대에 미국의 변경에 있는 한 농부를 생각해 보자. 이 농부가 이웃이 가지고 있는 소 한 마리를 얻기 위해 이웃에게 쟁기와 소를 교환할 것을 제안한다고 하자. 두 사람 간의 거래가 발생하기 위해서는 각 사람은 다른 사람이 가지고 있는 것을 원해야만 한다. 경제학자들은 이러한 요구조건을 *욕구의 이중적 일치 double coincidence of wants*라고 말한다. 소를 원하는 농부는 소를 가지고 있는 이웃이 원하는 것을 확보하기 위해 먼저 어떤 다른 이웃과 거래하면 궁극적으로 소를 얻을 수 있을 것이다. 그러나 농부가 궁극적으로 소를 가지고 있는 이웃이 원하는 것을 얻기 위해 여러 번의 거래가 필요할 수 있다. 여러 번의 거래 당사자들을 찾고 여러 번의 중간 거래를 하기 위해 상당한 시간과 에너지가 필요할 수 있다.

물물교환에 따른 문제점을 해결하기 위해, 사회는 대부분의 사람들이 거래하는 것의 대가로 받을 수 있는 물품을 찾아야 할 인센티브를 가진다. 예를 들어, 식민시대에 동물모피는 의복을 만드는 데 매우 유용했다. 테네시 주의 첫 번째 주지사는 실제로 연간 1,000개의 사슴모피를 연봉으로 받았고 이 주의 재무장관은 연간 450개의 수달모피를 연봉으로 받았다. 가치를 가지고 있으면서 통화로 사용되는 재화는 **물품통화** commodity money라고 부른다. 역사적으로 볼 때 일단 한 재화가 통화로 널리 사용되면 그 재화를 즉각적으로 사용할 용도를 가지고 있지 않은 사람들도 기꺼이 그 재화를 받는다. 식민시대의 농부나 테네시 주의 주지사는 사슴모피를 원하지 않을 수 있으나 다른 재화와 서비스를 사기 위해 사슴모피를 사용할 수 있다는 것을 알기 때문에 기꺼이 사슴모피를 받을 것이다.

물품통화 commodity money
가치를 가지고 있으면서 통화로 사용되는 재화.

통화가 사용될 때 재화와 서비스를 거래하는 것이 훨씬 더 쉬워진다. 사람들은 통화를 받고 가지고 있는 것을 팔고 원하는 것을 사기 위해 통화를 사용하기만 하면 된다. 식민시대에 소를 사려는 사람은 쟁기를 사려는 사람에게 쟁기를 팔면서 통화를 받고, 원하는 소를 사기 위해 통화를 사용할 수 있다. 소를 가지고 있는 사람은 원하는 것을 사기 위해 통화를 사용할 수 있다는 것을 알기 때문에 소를 팔면서 통화를 받는다. 통화가 사용될 때 사람들은 전문화된 일을 할 수 있게 되고 필요한 거의 모든 것을 생산하지 않게 될 것이다.

현대 경제에서 대부분의 사람들은 매우 전문화된 일을 한다. 사람들은 간호원, 회계사나 엔지니어로 일하는 것처럼 한 가지 일만 하고 그 밖에 필요한 모든 것들을 사기 위해 일해서 번 통화를 사용한다. 제2장에서 논의한 것처럼, 사람들은 *비교우위 comparative advantage*에 기초하여 생산할 수 있기 때문에 훨씬 더 생산적이 된다. 현대 경제에서 높은 소득은 통화가 가능하게 해주는 전문화에 기초해 창출된다. 이제 "왜 통화가 필요한가?"라는 질문에 답할 수 있다. *통화는 교환을 더 용이하게 해줌으로써 사람들이 전문화할 수 있게 하고 더 생산적이 될 수 있게 해준다.*

통화의 기능

사슴모피, 조개껍질, 담배나 달러 지폐이든 통화로 사용되는 것은 경제에서 다음과 같은 4가지 핵심 기능을 수행해야 한다.

1. 통화는 교환의 매개수단으로 기능해야 한다.
2. 통화는 회계의 단위로 기능해야 한다.
3. 통화는 가치의 저장수단으로 기능해야 한다.
4. 통화는 이연 지불의 기준이 되어야 한다.

교환의 매개수단 통화는 판매자가 기꺼이 재화나 서비스의 대가로 받을 때 교환의 매개수단으로 기능한다. 지역 슈퍼마켓이 빵과 우유의 대가로 당신이 가지고 있는 5달러 지폐를 받을 때 5달러 지폐는 교환의 매개수단으로 기능하는 것이다. 사람들은 통화를 받는 대가로 재화와 서비스를 판매할 수 있고 원하는 것을 사기 위해 통화를 사용할 수 있다. 사람들이 교환의 매개수단으로 기능하는 재화를 받을 때 경제는 더 효율적이 된다.

회계의 단위 물물교환시스템에서 각 재화는 많은 가격을 가진다. 한 마리 소는 2개의 쟁기, 20부셀의 밀이나 6자루의 도끼와 같은 가치를 가질 수 있다. 하나의 재화가 통화로 사용되면, 각 재화는 많은 가격이 아닌 하나의 가격을 가진다. 이러한 통화의 기능은 통화에 의해 가치를 측정하는 방법인 회계의 단위를 구매자와 판매자에게 제공해준다. 미국 경제는 통화로 달러를 사용하기 때문에 각 재화는 달러로 표시된 하나의 가격을 가진다.

가치의 저장수단 통화는 사람들이 쉽게 가치를 저장할 수 있게 해준다. 당신은 오늘 재화와 서비스를 사기 위해 가지고 있는 모든 달러를 사용하지 않고, 남은 달러를 미래에 사용하기 위해 보유할 수 있다. 통화는 유일한 가치의 저장수단이 아니다. 예를 들어, 페이스북 주식, 재무부 채권, 부동산, 르노와르 그림과 같은 자산은 가치의 저장수단이다. 주식과 채권 같은 금융자산은 높은 이자율을 지급하거나 미래에 가치를 증가시킬 수 있기 때문에 통화를 보유하는 것에 비해 더 중요한 혜택을 제공해 준다. 여타 자산들도 서비스를 제공하기 때문에 통화에 비해 더 좋은 장점을 가지고 있다. 예를 들어, 집은 당신에게 잠 잘 장소를 제공해 준다.

그런데 왜 사람들은 통화를 보유하는가? 그 대답은 사람들이 자산을 교환의 매개수단으로 쉽게 전환할 수 있는 정도를 의미하는 *유동성 liquidity*과 관련되어 있다. 통화는 교환의 매개수단이기 때문에, 유동성이 가장 높은 자산이다. 어떤 것을 사기 위해 자산을 팔아야 한다면, 비용이 발생할 가능성이 있다. 예를 들어, 당신이 자동차를 사기 위해 채권이나 주식을 팔아야 한다면, 당신은 브로커에게 수수료를 지불해야 할 것이다. 이러한 비용을 피하기 위해 사람들은 여타 자산들이 가치의 저장수단으로 더 높은 수익률을 제공하더라도 기꺼이 통화의 형태로 재산의 일부를 보유한다.

이연 지불의 기준 통화는 차입과 대출에서 이연 지불의 기준으로 기능할 수 있기 때문에 유용하다. 통화는 *주어진 시점*에 교환의 매개수단과 회계의 단위로 기능함으로써 교환을 촉진시킬 수 있다. 통화는 *시간이 흐름에 따라* 가치의 저장수단과 이연 지불의 기준으로 기능함으로써 교환을 촉진시킬 수 있다. 예를 들어, 컴퓨터 제조회사는 60일 후에 지불한다는 약속을 하고 다른 회사로부터 하드 드라이브를 구매할 수 있다.

통화가 신뢰할 수 있는 가치의 저장수단과 이연 지불의 기준이 된다는 것이 얼마나 중요한가? 사람들은 가지고 있는 달러로 얼마나 많은 식품, 의류, 여타 재화와 서비스를 구매할 수 있는지에 관심을 가진다. 통화의 가치는 재화와 서비스를 구매할 수 있는 능력을 의미하는 통화의 *구매력 purchasing power*에 의해 결정된다. 가격들이 상승하면 주어진 통화의 양으로 더 적은 재화와 서비스를 구매할 수 있기 때문에 인플레이션은 통화의 구매력을 감소시킨다. 인플레이션이 짐바브웨에서 나타났던 수준에 이르면, 통화는 더 이상 신뢰할 수 있는 가치의 저장수단이나 이연 지불의 기준이 아니다.

무엇이 통화로 기능할 수 있는가?

교환의 매개수단을 가지는 것이 거래를 더 용이하게 만드는 데 도움을 주고 경제가 더 효율적으로 작동할 수 있게 해준다. 이에 따라 제기되는 논리적인 질문은 무엇이 통화로 기능할 수 있는가?이다. 즉 어떤 자산이 교환의 매개수단으로 사용될 수 있는가? 앞에서 통화로 기능하기 위해서는 자산이 최소한도 일반적인 지불수단으로 수용되어야 한다는 것을 살펴보았다. 그러나 실용적 기준에서 통화로 기능할 수 있는 재화는 그 이상의 특성을 가지고 있어야 한다.

어떤 재화가 교환의 매개수단으로 적정하게 사용되기 위해서는 다음과 같은 5가지 기준이 충족되어야 한다.

1. 재화가 대부분의 사람들에게 *수용될 수 있어야 acceptable* 한다. 즉 대부분의 *사람들에 의해 사용될 수 있어야 usable*한다.
2. 재화가 임의의 두 단위가 동일하도록 *표준화된 품질 standardized quality*을 가지고 있어야 한다.
3. 재화가 가치가 부패에 의해 손실되지 않도록 *내구성이 있어야 durable*한다.
4. 재화가 충분히 큰 양이 쉽게 운송될 수 있도록 중량에 비해 상대적으로 *가치가 있어야 valuable*한다.
5. 재화가 낮은 가격의 재화와 높은 가격의 재화 모두의 구매에 사용될 수 있도록 *분할될 수 있어야 divisible*한다.

달러 지폐는 이러한 조건 모두를 충족시킨다. 무엇이 교환의 매개수단으로서 달러 지폐를 수용할 수 있게 만드는가? 기본적으로 자기 충족적 예상 self-fulfilling expectations이 교환의 매개수단으로서 달러 지폐를 수용할 수 있게 만든다. 당신은 다른 사람들이 당신으로부터 지불수단으로 그것을 받을 것이라고 믿으면 당신은 그것을 통화로서 가치 있게 여긴다. 달러 지폐를 통화로서 기꺼이 사용하려는 사회적 용의가 달러 지폐를 교환의 매개수단으로 수용할 수 있게 만든다.

물품통화 물품통화 commodity money는 통화로서의 용도와는 다른 독립적인 가치를 가진다. 예를 들어, 금은 교환의 매개수단, 회계의 단위, 가치의 저장수단, 이연 지불의 기준이었기 때문에 19세기에 일반적인 통화의 형태였다. 그러나 물품통화는 한 가지 심각한 문제를 가지고 있다. 물품통화의 가치는 물품의 순도에 의해 결정된다. 따라서 남을 속이려는 사람은 귀금속에 불순물이 섞인 금속을 혼합시킬 수 있다. 금을 통화로 사용하는데 따른 또 다른 문제는 통화의 공급이 부분적으로 예측할 수 없는 새로운 금광의 발견에 의존하기 때문에 통화의 공급을 관리하기가 어렵다는 것이다.

법정통화 통화공급을 위해 금이나 여타 귀금속에만 의존하는 것은 비효율적일 수 있다. 당신이 거래를 결제하기 위해 골드바를 수송해야만 한다면 어떤 일이 발생하겠는가? 그렇게 하는 것이 어렵고 비용이 들뿐만 아니라 당신은 강도당할 위험을 감수해야 할 것이다. 이러한 문제를 해결하기 위해 민간 금융기관이나 정부가 금을 보관하고 금으로 교환될 수 있는 종이 증서를 발행하기 시작했다. 현대 경제에서 지폐는 일반적으로 통화공급을 관리하는 정부의 기관인 *중앙은행 central bank*에 의해서 발행된다. **연방준비제도 federal**

연방준비제도 federal reserve 미국중앙은행.

reserve는 미국의 중앙은행이다. 오늘날 세계의 어느 정부도 금으로 교환될 수 있는 지폐를 발행하지 않는다. 지폐는 통화로 사용되지 않으면 아무런 가치를 가지고 있지 않기 때문에 물품통화가 아니다. 그 대신 지폐는 통화로서의 경우를 제외하고 아무런 가치를 가지고 있지 않은 **법정통화 fiat money**이다. 지폐가 통화로서의 경우를 제외하고 아무런 가치를 가지지 않는데도 왜 소비자들과 기업들은 지폐를 사용하는가?

법정통화 fiat money
중앙은행이나 정부기관에 의해 인가되고 중앙은행에 의해 금이나 여타 물품통화로 교환되지 않는 지폐와 같은 통화.

Making the Connection

애플은 현금을 원하지 않았다!

만일 연방준비제도권이 법정통화이면, 이것은 미국에 있는 모든 기업과 모든 사람이 달러 지폐를 수용해야만 한다는 것을 의미하지 않는가? 캘리포니아 주에 살고 있는 한 여성이 Palo Alto시에 있는 애플 스토어에 가서 현금으로 $600을 사용해서 아이패드를 사려고 했을 때 이 질문에 대한 답은 "아니오"였다. 이 스토어는 그녀에게 현금으로 아이패드를 파는 것을 거부했다. 그 당시에 아이패드가 방금 출시되었고 애플은 eBay, Craigslist나 그밖에 다른 곳에서 재판매하기 위해 아이패드를 사는 사람들에게 많은 수량을 판매하는 것을 원치 않았다. 이에 따라 애플이 고객당 2대보다 더 많이 사려는 사람을 추정하는 것을 더 용이하게 하기 위해 아이패드를 사기 원하는 고객은 신용카드나 데빗카드로 지불해야만 했다.

법은 애플이 고객들로부터 지폐를 받을 것을 요구하지 않는다.

연방준비제도권은 법정통화이기 때문에 대부자는 채무 상환 시 연방제도권을 받아야 하고 정부는 세금 납부 시 연방준비제도권을 받아야 한다. 그러나 이러한 사건이 보여주는 것처럼, 기업들이 재화와 서비스의 대가로 현금을 받아야 할 필요는 없다. 미국 재무부가 자신의 웹사이트에서 다음과 같이 설명하고 있다.

> 민간기업, 사람이나 조직이 재화와 (또는) 서비스의 대가로 현금이나 동전을 받아야 한다고 요구하는 연방법은 존재하지 않는다. 예를 들어, 버스회사는 페니나 달러 지폐로 요금을 지불하는 것을 금지할 수 있다. 이에 더하여 영화관, 편의점, 주유소는 기업 정책의 일환으로 거액 현금(일반적으로 20달러 이상의 지폐)을 받는 것을 거부할 수 있다.

아이패드를 현금을 주고 사려 했던 여성은 장애인이었고 제한된 소득을 가지고 있었기 때문에 이 사건은 애플을 부정적으로 홍보하게 만들었다. 그 결과 애플은 고객이 구매 시점에 애플 어카운트를 기꺼이 개설할 용의가 있으면 아이패드를 사기 위해 현금으로 지불하는 것을 금지하는 제한을 풀기로 결정했다. 애플은 처음으로 현금지불을 거부당했던 고객에게 무료로 아이패드를 주었다.

자료: Michael Winter, "Apple Ends No-Cash Policy and California Woman Gets Free iPad," www.usatoday.com, May 20, 2010; and U.S. Treasury, "FAQs: Currency," www.treasury.gov/resource-center/faqs/Currency/Pages/edu_faq_currency_index2.aspx.

당신은 미국달러 지폐의 윗부분에 "연방준비제도권 federal reserve note"이라고 쓰여진 문구를 보게 된다. 미국달러는 법정통화이기 때문에, 연방준비제도는 당신이 가지고 있는 달러 지폐를 금이나 은으로 바꿔줄 의무가 없다. 연방준비제도에 의해 발행된 통화는 미국의 *법화 legal tender*이고 이것은 연방준비제도가 채무의 상환시 수용되어야 하고 달러로 표시된 현금이나 수표가 세금의 납부시 사용되어야 할 것을 요구한다는 것을 의미한다. 달러 지폐는 법정통화임에도 불구하고 사람들이 일반적으로 달러 지폐를 수용하지 않으면 좋은 교환의 매개수단이 되지 못하고 통화로서 기능할 수 없다. 일반적으로 달러 지폐가 교환의 매개수단으로 수용되기 위해서는 *가계들과 기업들이 재화와 서비스의 대가로 달러 지폐를 받고, 이러한 달러 지폐를 보유하고 있는 동안 많은 가치가 상실되지 않을 것이라는 확신을 가지고 있어야 한다*. 이러한 확신이 없으면, 달러 지폐는 교환의 매개수단으로서 기능하지 않을 것이다.

23.2. 통화는 어떻게 측정되는가?

앞으로 살펴보겠지만 통화공급의 변화가 실업, 국내총생산(GDP), 인플레이션을 포함한 경제변수들에 영향을 미칠 수 있기 때문에 사람들은 통화공급에 관심을 가진다. 만일 통화의 유일한 기능이 교환의 매개수단으로 기능하는 것이라면, 협의의 통화공급 정의는 가계들과 기업들이 재화와 서비스를 구매하기 위해 쉽게 사용할 수 있는 현금통화, 당좌예금, 여행자수표만을 포함한다. 광의의 통화공급 정의는 현금통화나 당좌예금만큼 유동성이 높지 않더라도 교환의 매개수단으로 사용될 수 있는 여타 자산들을 포함한다. 예를 들어, 당신은 은행에 있는 저축예금계좌로부터 현금을 인출할 수 있다.

미국 의회는 연방준비제도에게 통화공급을 관리할 책임과 통화공급을 측정하는 방법을 결정할 임무를 부여했다. 연방준비제도의 통화공급 척도는 수십 년 동안 여러 차례 변경되었다. 현재, 연방준비제도는 2가지의 통화공급 척도, 즉 *M*1과 *M*2에 관한 데이터를 공표한다. 이러한 척도는 종종 *통화총량 monetary aggregates*이라고 부른다. 이러한 2가지 통화공급 척도를 이해하는 것이 중요하기 때문에 이어서 이에 관해 논의하도록 하자.

*M*1: 협의의 통화공급 정의

[그림 23.1]은 통화공급의 정의를 보여준다. 협의의 통화공급 정의인 *M*1은 다음과 같은 항목들을 포함한다.

*M*1
협의의 통화공급 정의로 현금통화, 은행에 있는 당좌예금, 여행자 수표의 합.

1. *현금통화*(*currency*). 가계들과 기업들이 보유하고 있는 모든 지폐와 동전 (은행들이 보유하고 있는 현금통화는 포함되지 않음)

2. 은행들에 있는 모든 당좌예금

3. 여행자 수표 (마지막 항목은 다른 2개 항목에 비해 상대적으로 매우 적고 전형적으로 $40억보다 적기 때문에 통화공급의 논의에서 무시할 것이다.)

현금통화는 거의 당좌예금만큼 크지만, 당좌예금은 지불하기 위해 현금통화보다 훨씬 더 자주 사용된다. 재화와 서비스에 대한 모든 지출의 80% 이상이 현금통화가 아닌 수표로 지불된다. 실제로 현금통화의 총액은 2013년에 $1.1조나 되지만 이 수치를 잘 이해할 필요가 있다. 단순하게 생각해 보면 이 금액은 미국에서 성인이나 아동이 1인당 $3,500 이상을 현금으로 보유하고 있다는 것을 의미한다. 이 금액은 미국인 1인당 보유하고 있는 금액으로는 비현실적으로 많은 금액이다. 경제학자들은 미국달러의 60% 이상은 실제로 미국의 국경 밖에 있다고 추정한다. 2013년에 미국달러 지폐의 3/4이상은 $100나 그 이상 금액으로 표시되어 있고, 이 금액은 너무 커서 미국에서 통상적인 매매를 위해 사용되지 않는다.

누가 미국 국경 밖에서 미국달러를 보유하고 있는가? 외국 은행들과 외국 정부들이 일부 미국달러를 보유하고 지역 통화에 대한 확신이 없거나 지하경제규모가 큰 국가들에 있

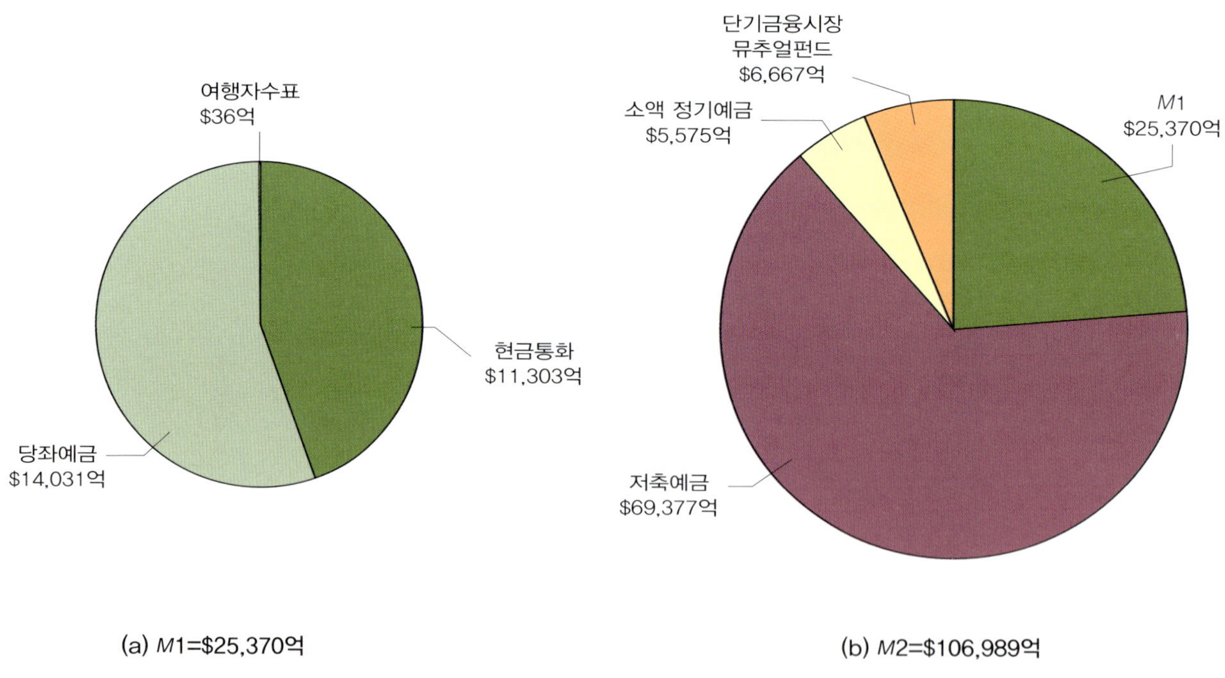

그림 23.1

통화공급의 척도, 2013년 7월

연방준비제도는 2가지의 다른 통화공급 척도, 즉 *M*1과 *M*2를 사용한다. 그림(a)는 *M*1에 포함되는 자산들을 보여준다. 그림(b)는 단기금융시장 뮤추얼펀드, 소액 정기예금, 저축예금뿐만 아니라 *M*1의 자산들을 포함하는 *M*2를 보여준다.

는 가계들과 기업들의 대부분이 미국달러를 보유하고 있다. 국내 인플레이션율이 매우 높을 때, 많은 가계들과 기업들은 국내통화의 가치가 급속히 상실되기 때문에 국내통화의 보유를 원치 않는다. 미국달러의 가치는 그들의 국내통화보다 훨씬 더 안정적이다. 만일 많은 사람들이 국내통화는 물론 그 대신 달러를 기꺼이 수용한다면, 달러는 그 국가의 제2 통화가 된다. 이 장의 시작부분에서 살펴본 것처럼, 짐바브웨에서 인플레이션이 치솟았을 때, 짐바브웨 정부는 미국달러를 그 국가의 공식적인 통화로 채택했다.

M2: 광의의 통화공급 정의

1980년 이전에 미국의 법은 은행이 당좌예금에 대해 이자를 지급하는 것을 금지했다. 가계들과 기업들은 재화와 서비스를 구매하기 위해 주로 당좌예금을 보유한다. 따라서 *M*1이 교환의 매개수단으로 통화의 기능을 가장 가깝게 수행한다. 거의 모든 현금통화, 당좌예금, 여행자 수표는 가치를 저장하려는 의도가 아니라 매매의 의도를 가지고 보유된다. 1980년에 미국의 법이 은행이 당좌예금에 대해 이자를 지급할 수 있도록 변경되었다. 이러한 변화는 사람들이 여전히 저축예금 잔고에 기초해 수표를 발행할 수 없었지만 당좌예금과 저축예금 간의 차이를 감소시켰다.

1980년 이후 경제학자들은 광의의 통화공급 정의, 즉 ***M2***에 더 관심을 가지기 시작했다. [그림 23.1(b)]가 보여주는 것처럼, *M*2는 *M*1의 모든 것, 저축예금, 양도성 예금증서와 같은 소액 정기예금, 은행에 있는 단기금융시장 예금 잔고, 비금융기관 단기금융시장 펀드를 포함한다. 소액 정기예금은 저축예금과 유사하나 일반적으로 6개월에서 수 년까지의 고정된 기간을 가지고 있고 만기 이전에 예금을 인출하면 벌과금이 부과된다. 뮤추얼펀드 회사는 투자자들에게 주를 판매하고 조달된 자금을 주식과 채권과 같은 금융자산을 매입하기 위해 사용한다. Vanguard사의 미국 재무부 머니 마켓 펀드 Treasury Money Market Fund나 Fidelity사의 Cash Reserve Fund와 같은 일부 뮤추얼펀드는 미국 재무부 단기증권 U.S. Treasury bills과 같은 초단기 채권에 투자하기 때문에 *머니마켓 뮤추얼펀드 money market mutual fund*라고 부른다. 개인 투자자들이 이러한 펀드로 보유하고 있는 잔고는 *M*2에 포함된다. 매주 연방준비제도는 *M*1과 *M*2에 관한 통계를 공표한다. 이어지는 논의에서는 *M*1이 교환의 매개수단으로 통화에 가장 가깝기 때문에 통화공급의 *M*1 정의를 사용할 것이다.

M2
광의의 통화공급정의: *M2*는 *M1*, 저축예금, 소액 정기예금, 은행에 있는 단기금융시장 예금잔고, 비금융기관 단기금융시장 뮤추얼펀드를 포함한다.

통화공급에 관해 명심해야 하는 2가지 핵심 요점은 다음과 같다.

1. 가장 협의의 통화공급 정의는 현금통화와 당좌예금으로 구성된다.
2. 당좌예금의 잔고가 통화공급에 포함되기 때문에, 은행은 통화공급이 증가하고 감소하는 과정에서 중요한 역할을 한다. 다음 절에서 이러한 두 번째 요점을 더 논의할 것이다.

문제풀이 23.2

$M1$과 $M2$의 정의

당신이 $2,000을 당좌예금에서 인출해 은행예금증서를 사기 위해 사용하기로 결정한다고 하자. 이러한 행위가 $M1$과 $M2$에 어떻게 영향을 미치는지 간략히 설명하라.

문제풀기

Step 1: 본문의 내용을 다시 읽어보라. 이 문제는 통화공급의 정의에 관한 것이므로 [통화는 어떻게 측정되는가?] 부분을 다시 읽어보라.

Step 2: 문제에 답하기 위해 $M1$과 $M2$의 정의를 사용하라. 당좌예금은 $M1$과 $M2$ 모두에 포함된다. 은행예금증서는 $M2$에만 포함된다. 당좌예금에서 은행예금증서로의 $2,000 이동은 $M1$을 $2,000 감소시키고 $M2$를 $2,000 증가시킨다고 말하면서 이 문제에 답하려는 유혹에 빠질 수 있으나 당좌예금에 있었던 $2,000은 이미 $M2$에 포함되어 있다. 따라서 당신의 조치는 $M1$을 $2,000 감소시키나 $M2$는 변화시키지 않는다.

신용카드와 데빗카드는 통화공급에 포함되는가?

많은 사람들은 신용카드로 지불하고 재화와 서비스를 사지만 신용카드는 통화공급의 정의에 포함되지 않는다. 그 이유는 신용카드로 어떤 것을 살 때 실제로는 신용카드를 발행해 준 은행으로부터 대출을 받는 것이기 때문이다. 이러한 거래는 월말에 신용카드 청구서에 대해 종종 수표나 당좌예금으로부터의 전자이체로 지불할 때에 완결된다. 이와는 달리 데빗카드의 경우, 구매를 위한 자금이 당좌예금으로부터 직접 인출된다. 어느 경우든 카드 자체는 통화가 아니다.

Making the Connection

비트코인은 통화인가?

일반적으로 우리는 "통화"를 생각할 때, 정부에 의해 발행된 현금통화 currency를 생각한다. 그러나 $M1$이나 $M2$로 측정하든 현금통화는 미국의 통화공급 중에서 작은 부분만 차지한다는 것을 방금 살펴보았다. $M1$이나 $M2$의 비현금통화 항목들은 당좌예금이나 저축예금과 같은 금융자산이다. 일부 가계들과 기업들은 재화와 서비스를 매매하는데 필요한 자금을 조달하기 위해 $M1$이나 $M2$로부터 인출하는 대신 이머니 e-money, 즉 디지털 머니를 사용하고 있다. 가장 잘 알려진 이머니는 온라인 경매 사이트인 eBay가 소유하고 있는 페이팔 PayPal이다. 개인이나 기업은 당좌예금이나 신용카드로부터 자금을 이체해 페이팔 계좌를 만들 수 있다. 판매자가 구매자의 페이팔 (또는 여타 이머니) 계좌에 있는 자금을 기꺼이 받을 용의가 있는 한, 이머니는 정부가 발행하는 전통적인 통화와 같이 기능한다.

최근에 저널리스트들, 경제학자들, 정책담당자들은 새로운 형태의 이머니인 비트코인 Bitcoin의 장점에 대해 논쟁하고 있다. 페이팔과 여타 유사한 전자적으로 통화를 이체시키는 서비스와 달리 비트코인은 한 기업이 소유하지 않고 있으며 그 대신 분산되어 서로 연결되어 있는 컴퓨터 시스템의 산물이다. 비트코인은 2009년에 Satoshi Nakamoto에 의해서 창설되었고 비트코인의 창설자들에 의해 붙여진 가상의 이름이다. 비트코인으로 지불된 온라인 구매가 합법적이라는 것, 즉 어떤 사람이 동일한 비트코인을 여러 번 사용하지 않는다는 것을 보장하기 위해 비트코인은 복잡한 계산을 하는 사람들에 의해 생산된다. 이러한 계산을 성공적으로 완료한 사람들은 일반적으로 25비트코인을 받는다. 이러한 비트코인을 "채굴하는" 과정은 최대 2,100만 비트코인이 생산될 때까지 계속될 것이다. 이러한 총 비트코인 채굴은 2030년에 완료될 것으로 예상된다.

사람들은 도쿄에 본부를 두고 있는 Mt. Gox와 같은 웹사이트에서 달러와 여타 통화와 교환하면서 비트코인을 사고 팔 수 있다. 당신은 비트코인을 사서 스마트폰에 있는 "디지털 지갑 digital wallet"에 저장할 수 있다. 당신은 스마트폰에 있는 바코드를 스캐닝 함으로써 비트코인을 받는 가게에서 물건을 살 수 있다. 애틀랜타에 본부를 두고 있는 BitPay와 같은 수많은 웹사이트들이 신용카드 지불을 처리하는 방법과 유사한 방식으로 상인들의 비트코인에 의한 구매를 처리할 수 있게 해준다.

왜 구매자들과 판매자들은 현금이나 신용카드보다 비트코인 사용을 선호하는가? 일부 구매자들에게 비트코인의 인기는 새롭고 멋진 구매 방법이고 스마트폰을 사용하는 편리성 때문일 수 있다. 이에 더하여 일부 사람들은 대부분 국가들의 중앙은행들이 2007~2009년의 경기후퇴기 동안과 그 이후에 통화공급을 크게 증가시켰기 때문에 그 결과로 궁극적으로 높은 인플레이션이 발생할 것이라는 것을 두려워한다. 이러한 사람들은 비트코인의 총량이 제한되어 있기 때문에 인플레이션이 비트코인의 가치를 약화시키지 않을 것이라고 기대한다. 마지막으로 당신이 신용카드로 어떤 것을 살 때, 신용카드회사는 당신의 거래 기록을 보유하게 된다. 비트코인 거래는 당신의 거래 기록이 존재하지 않기 때문에 보다 더 사적인 것이 될 수 있다. 일부 소매업자들은 신용카드 구매의 경우 처리비용으로 매출의 약 3%을 지불하지만 비트코인 구매의 경우 약 1%만 지불하기 때문에 신용카드 구매보다 비트코인 구매를 선호한다. 이에 더하여 구매자가 구매가 이루어진지 수 개월 후에도 문제를 제기할 수 있는 신용카드 매출과 달리 비트코인 매출은 구매가 현금으로 이루어진 것과 같이 최종적인 것이다.

비트코인은 중앙은행에 의해서가 아니라 컴퓨터 계산에 의해서 창조된다.

정책담당자들은 비트코인과 여타 가상통화에 대해 우려하고 있다. 예를 들어, 미국 재무부는 현금의 이동을 감추기 위해 범죄자들과 테러리스트들이 시도하는 "돈 세탁 money laundering"을 감시한다. 미국 의회는 미국에 있는 모든 은행들이 $10,000 이상의 현금 거래를 보고하도록 요구하고 여타 정부들도 이와 유사한 요구를 한다. 그러나 가상 통화로 거래되는 교환은 대체로 이러한 법의 면제를 받고 있다. 그렇지만 2013년 6월에 Mt. Gox는 미국의 돈 세탁 법을 준수할 것에 동의했다. 일부 정책담당자들은 또한 투자자들이 비트코인과 여타 가상 통화의 가치를 조작할 수 있다는 점을 우려하고 있다. 달러에 대한 비트코인의 가치는 2012년 6월에 비트코인당 $5에서 2013년 4월에 비트코인당 $266으로 상승했고 2013년 7월에 비트코인당 $94로 하락했다. 이러한 비트코인 가치의 변동이 비트코인에 대한 수요와 공급의 기본적인 변동을 나타내는 것인지 비트코인 가치의 조작에 의한 것인지 명백하지 않다.

연방준비제도가 통화공급의 척도에 비트코인과 여타 가상 통화를 포함시켜야 하는가? 지금까지 이러한 통화에 의한 거래 규모가 작기 때문에 이러한 질문은 실무적으로 중요하지 않다. 현재 연방준비제도는 가상 통화를 현금통화나 당좌예금이기 보다는 신용카드나 데빗카드와 동등한 것으로 취급하고 *M*1이나 *M*2에 포함시키지 않는다.

자료: Sarah E. Needleman, "More Small Businesses Embrace Bitcoin," *Wall Street Journal*, June 26, 2013; Lingling Wei, "Fed Studying Risk at Online Payment Providers," *Wall Street Journal*, June 3, 2013; "Bits and Bob," *Economist*, June 13, 2011; and "How Does Bitcoin Work?" *Economist*, April 11, 2013.

23.3. 은행은 통화를 어떻게 창조하는가?

통화공급의 가장 중요한 항목은 은행에 있는 당좌예금이다. 경제에서 통화가 하는 역할을 이해하기 위해 은행이 어떻게 운영되는지 더 상세하게 살펴볼 필요가 있다. 은행은 백화점과 슈퍼마켓처럼 이윤을 추구하는 민간 기업이다. 일부 은행들은 매우 소형이어서 소수의 지점들만 가지고 있고 제한된 지역에서 영업을 한다. 다른 은행들은 대기업에 속하고 수천 개의 지점을 가지고 있다. 은행은 예금을 수취하고 대출을 해주면서 경제에서 중요한 역할을 수행한다. 이러한 활동을 하면서 은행은 중앙은행이 통화공급을 통제하는 통화공급과정에서 핵심 기능을 수행한다.

은행의 대차대조표

은행이 통화를 어떻게 창조하는지 이해하기 위해 한 전형적인 은행의 대차대조표를 간략하게 검토할 필요가 있다. 기업의 자산은 대차대조표의 왼쪽에 열거되어 있고 부채와 주주 지분(자기자본)은 대차대조표의 오른쪽에 열거되어 있다(제14장 참조). 자산은 기업이 소유한 것들의 가치이고 부채는 기업이 채무로 가지고 있는 것의 가치이며 주주 지분은 자산의 총가치와 부채의 총가치 간 차이이다. 주주 지분은 기업이 청산되어 모든 자산이 매각되고 모든 부채가 상환된 후 남는 기업의 가치이다. 기업의 주주 지분은 또한 *순자산 net worth*이라고 부른다. 한 은행의 주주 지분이나 순자산은 또한 *자본 capital*이라고도 부른다.

지준 reserves
은행이 시재금이나 연방준비제도의 예금으로 보유하는 예금.

필요지준 required reserves
은행이 당좌예금에 기초해 법적으로 보유해야 하는 지준.

지준율 required reserve ratio
은행이 법에 의해 지준으로 보유해야 하는 예금의 최소 비율.

초과지준 excess reserves
은행이 법적 의무를 초과하여 보유하는 지준.

[그림 23.2]는 한 은행의 전형적인 대차대조표를 보여준다. 이 은행의 대차대조표에 있는 중요한 자산은 *지준(지급준비금) reserves*, 대출, 미국 재무부 단기증권과 같은 증권이다. **지준 reserves**은 은행이 대출하거나 투자하지 않고 보유하고 있는 현금성자산이다. 은행은 지준을 은행 내의 *시재금 vault cash*이나 연방준비제도의 예금으로 보유한다. 법에 의해 은행은 2013년에 $7,950만의 기본 수준 이상에 해당되는 당좌예금의 10%를 지준으로 보유해야한다. 이러한 지준은 **필요지준 required reserves**이라고 부른다. 은행이 지준으로 보유해야 하는 예금의 최소 비율은 **지준율 required reserve ratio**이라고 부른다. 지준율은 약어로 *RR*로 나타내도록 하자. 은행이 법적 의무를 초과하여 보유하는 지준은 **초과지준 excess reserves**이라고 부른다. [그림 23.2]에 제시된 대차대조표는 대출이 한 전형적인 은행의 최대 자산이라는 것을 보여준다. 은행은 가계에게 *소비자 대출 consumer loan*을 시행하고 기업에게 *기업 대출 commercial loan*을 시행한다. 대출은 대출을 받는 사람이 은행에게 정해져 있는 상환을 할 것이라는 약속을 나타내기 때문에 은행에게 자산이다. 은행이 보유하고 있는 지준과 증권도 은행이 소유하고 있는 가치를 가지고 있는 것이기 때문에 자산이다.

예금은 한 전형적인 은행의 최대 부채이다. 예금에는 당좌예금, 저축예금, 양도성 예금증서가 포함된다. 예금은 자금을 예치한 가계나 기업에 대한 채무이기 때문에 은행에게 부

자산(10억 달러 기준)		부채와 자본(10억 달러 기준)	
지준	$135	예금	$1,000
대출	900	단기 차입금	400
증권	700	장기 채무	360
빌딩과 설비	15	기타 부채	275
기타 자산	550	총부채	$2,035
		자본 (주주 지분)	265
총자산	$2,300	총부채와 자본	$2,300

그림 23.2

한 전형적인 은행의 대차대조표

한 은행의 대차대조표에서 가장 경제적으로 중요한 항목은 지준, 대출, 예금이다. 이 은행의 총자산과 총부채 간 차이는 자본(주주 지분)과 같다는 점에 주목하라. 따라서 대차대조표의 왼쪽 합은 항상 대차대조표의 오른쪽 합과 같다.

주: 일부 항목들은 대차대조표를 간단하게 만들기 위해 통합되었다.

채이다. 만일 당신이 당좌계좌에 100달러를 예금하면, 은행은 당신에게 100달러를 빚지고 있는 것이고 이러한 예금은 은행의 부채이다. 또한 은행은 여타 은행들과 연방준비제도로부터 단기 자금을 차입하고 투자자에게 채권을 매각해서 장기 자금을 차입한다. 이러한 차입도 은행의 부채이다.

은행이 어떻게 통화를 창조하는가?

대차대조표를 사용하기보다는 *T-계정 T-account*을 사용하여 은행이 어떻게 통화를 창조하는지를 보이는 것이 더 쉽다. T-계정은 한 거래가 어떻게 한 은행의 대차대조표를 변화시키는지만을 보여주는 대차대조표이다. 당신이 Bank of America에 있는 당좌계좌에 현금 통화로 $1,000을 예금한다고 하자. 이러한 거래는 Bank of America의 총예금을 $1,000만큼 증가시키고 동시에 지준을 $1,000만큼 증가시킨다. 이러한 결과는 T-계정에 다음과 같이 나타낼 수 있다.

자산		부채	
지준	+$1,000	예금	+$1,000

당신이 당좌계좌에 넣은 $1,000의 예금은 Bank of America의 자산과 부채를 같은 금액만큼 증가시킨다.

대차대조표의 오른쪽에 있는 모든 항목들의 총가치는 항상 대차대조표의 왼쪽에 있는 모든 항목들의 총가치와 같아야 하기 때문에, 대차대조표의 한쪽을 증가시키거나 감소시키는 거래는 동시에 대차대조표의 다른 쪽도 증가시키거나 감소시켜야 한다는 점을 기억하라. 이 경우, T-계정은 대차대조표의 양쪽 모두 $1,000만큼 증가한 것을 보여준다.

처음에 이러한 거래는 통화공급을 증가시키지 않는다. 당신이 예금한 $1,000은 더 이상 통화공급의 현금통화 항목으로 계산되지 않기 때문에 통화공급의 현금통화 항목은 $1,000만큼 감소한다. 그러나 이러한 현금통화의 감소는 통화공급의 당좌예금 항목의 $1,000 증가에 의해 상쇄된다.

그러나 이러한 처음의 변화가 이야기의 끝이 아니다. 은행은 예금의 10%를 필요지준으로 보유해야 한다. 연방준비제도는 은행지준에 대해 낮은 이자율만을 지급하기 때문에 은행은 나머지 예금의 90%를 대출하거나 이를 사용해 증권을 매입할 인센티브를 가진다. 논의를 단순하게 하기 위해 처음에 Bank of America는 초과지준을 보유하지 않는다고 하자. 이 경우, Bank of America는 당신의 예금 중 $100을 필요지준으로 보유하고 초과지준이 되는 나머지 $900을 대출할 수 있다. Bank of America가 매우 값싼 중고차를 사려는 사람에게 $900을 대출해 준다고 가정하자. Bank of America는 차입자에게 현금통화로 $900을 줄 수 있으나 일반적으로 차입자의 당좌예금을 증가시켜 주는 방식으로 대출을 시행한다. 이러한 거래를 다음과 같은 T-계정으로 나타낼 수 있다.

자산		부채	
지준	+$1,000	예금	+$1,000
대출	+$900	예금	+$900

1. 초과지준으로 있는 $900을 대출해 줌으로써…

2. …Bank of America는 통화공급을 $900만큼 증가시킨다.

이러한 *$900의 대출을 시행함으로써, Bank of America는 통화공급을 $900만큼 증가시킨다*는 점에 주목하라. 당신이 처음에 현금통화로 당좌계좌에 예금했던 $1,000이 $1,900의 당좌예금으로 전환되었고, $900의 통화공급 순증가가 이루어졌다.

그러나 이야기는 여기서 끝나지 않는다. $900의 대출을 받은 사람은 중고차를 사기 위해 대출을 받았다. 논의를 단순하게 하기 위해, 그가 정확히 $900에 중고차를 사고 Bank of America에 있는 당좌예금에 기초해 수표를 발행해서 중고차 가격을 지불한다고 하자. 중고차의 판매자는 중고차 판매 대가로 받은 수표를 자신이 거래하는 은행에 예금할 것이다. 그 은행도 Bank of America의 지점일 수 있으나 대부분의 도시에는 많은 은행들이 있기 때문에 중고차의 판매자는 PNC Bank의 지점에 자신의 계좌를 가지고 있다고 가정하자. 중고차 판매자가 받은 수표를 예금하면, PNC Bank는 그 수표를 청산해서 $900을 회수하기 위해 그 수표를 Bank of America에 보낼 것이다. 이러한 결과를 다음과 같은 T-계정으로 나타낼 수 있다.

Bank of America

자산		부채	
지준	+$100	예금	+$1,000
대출	+$900		

1. PNC Bank의 계좌에 예금된 $900 수표가 청산되면, Bank of America의 증가된 지준은 $900만큼 감소되어 $100이 된다.

2. Bank of America의 증가된 예금은 $900만큼 감소되어 $1,000이 된다.

PNC Bank

자산		부채	
지준	+$900	예금	+$900

Bank of America의 계좌에 기초해 발행된 수표가 청산된 후, PNC Bank의 지준과 예금 모두 $900만큼 증가한다.

중고차 구매자의 수표가 청산된 후, Bank of America가 중고차 구매자에게 대출해 준 금액인 $900의 예금이 감소하고 PNC Bank가 Bank of America에게 중고차 구매자의 수표를 보냈을 때 PNC Bank에 지불해야 하는 금액인 $900의 지준이 감소한다. PNC Bank에는 중고차 판매자가 예금한 금액인 $900의 당좌예금이 증가하고 Bank of America로부터 받은 금액인 $900의 지준이 증가한다.

이제 PNC Bank는 새로운 $900의 예금에 대해 10%의 지준을 보유할 필요가 있다. 이 은행은 $90을 필요지준으로 보유하고 초과지준인 나머지 $810을 대출할 인센티브를 가진다. PNC Bank가 초과지준인 $810을 대출해 준다면, T-계정을 사용해서 PNC Bank의 대차대조표 변화는 다음과 같이 나타낼 수 있다.

PNC Bank

자산		부채	
지준	+$900	예금	+$900
대출	+$810	예금	+$810

PNC Bank는 $810을 대출함으로써 대출과 예금 모두를 $810만큼 증가시킨다.

초과지준인 $810을 대출하면서 PNC Bank는 새로운 $810의 당좌예금을 창조한다. Bank of America에서 처음 현금통화로 이루어진 $1,000의 예금은 이제 $1,000 + $900 + $810 = $2,710의 당좌예금을 창조하는 결과를 발생시킨다. 따라서 통화공급은 $2,710 –

$1,000 = $1,710만큼 증가된다.

이러한 과정은 여전히 끝난 것이 아니다. PNC Bank로부터 $810을 대출받은 사람은 수표를 발행해서 그 금액을 지출할 것이다. 이어서 $810을 받은 사람은 Bank of America의 지점, PNC Bank의 지점이나 어떤 다른 은행의 지점일 수 있는 자신이 거래하는 은행에 그 금액을 예금할 것이다. 이러한 새로운 은행은 그 수표를 PNC Bank로 보내서 새로운 지준으로 $810을 받을 것이다. 이러한 새로운 은행은 법적 의무를 준수하기 위해 이러한 지준의 10%를 필요지준으로 보유하고 나머지 90%를 대출할 인센티브를 가지게 될 것이다. 이러한 과정은 계속될 것이다. 각 단계에서 추가적으로 이루어지는 대출과 추가적으로 창조되는 예금은 각 은행이 필요지준으로 보유해야 하는 10%만큼 감소된다. 처음 $1,000의 예금에 의해서 시작된 당좌예금의 총증가를 나타내기 위해 다음과 같은 표를 사용할 수 있다.

은행	예금
Bank of America	$1,000
PNC Bank	+ 900(= 0.9 × $1,000)
Bank 3	+ 810(= 0.9 × $900)
Bank 4	+ 729(= 0.9 × $810)
•	+ •
•	+ •
•	+ •
당좌예금의 총변화	= $10,000

단순예금승수

단순예금승수
simple deposit multiplier
새로운 지준액에 대한 은행들에 의해 창조된 예금액의 비율.

처음 $1,000의 예금은 은행시스템의 지준을 $1,000만큼 증가시키고 당좌예금을 $10,000만큼 증가시킨다. 새로운 지준액에 대한 은행들에 의해 창조된 예금액의 비율은 **단순예금승수 simple deposit multiplier**라고 부른다. 주어진 경우, 단순예금승수는 $10,000/$1,000 = 10이다. 왜 10인가? 처음 증가된 $1,000의 예금이 궁극적으로 총 $10,000의 예금 증가를 발생시킨다는 것을 어떻게 알 수 있는가?

이 질문에 답하기 위한 2가지 방법이 있다. 첫째, 통화공급과정에서 각 은행은 예금의 10%를 필요지준으로 보유한다. 은행시스템 전체의 경우 지준의 총증가는 처음 현금통화 예금액인 $1,000이다. 따라서 $1,000는 $10,000의 10%이기 때문에 은행시스템 전체는 $10,000의 예금을 가지게 된다.

이 질문에 답하기 위한 두 번째 방법은 단순예금승수를 도출하는 것이다. 예금의 총증가는 다음과 같다.

$$\$1{,}000 + [0.9 \times \$1{,}000] + [(0.9 \times 0.9) \times \$1{,}000] + [(0.9 \times 0.9 \times 0.9) \times \$1{,}000] + \cdots$$

또는

$$\$1,000 + [0.9 \times \$1,000] + [0.9^2 \times \$1,000] + [0.9^3 \times \$1,000] + \cdots$$

또는

$$\$1,000 \times (1 + 0.9 + 0.9^2 + 0.9^3 + \cdots).$$

무한등비급수의 공식을 적용하면 괄호 안의 합은 다음과 같다.

$$\frac{1}{1-0.9}$$

이것을 더 간단히 정리하면,

$$\frac{1}{0.10} = 10$$

따라서 예금의 총증가 = \$1,000 × 10 = \$10,000.

이 경우 10은 1을 지준율(*RR*) 10%, 즉 0.1로 나눈 것과 같다는 점에 주목하라. 따라서 단순예금승수는 다음과 같이 나타낼 수 있다.

$$\text{단순예금승수} = \frac{1}{RR}$$

이 공식은 지준율이 높을수록 단순예금승수는 작아진다는 것을 명백히 보여준다. 지준율이 10%인 경우 단순예금승수는 10이다. 만일 지준율이 20%이면, 단순예금승수는 1/0.20, 즉 5로 감소한다.

한 은행에 현금통화가 예금되어 이루어지는 은행지준의 증가로 창조되는 당좌예금의 총증가를 계산하기 위해 이 공식을 사용할 수 있다.

$$\text{당좌예금의 변화} = \text{은행지준의 변화} \times \frac{1}{RR}$$

예를 들어 \$100,000의 현금통화가 한 은행에 예금되고 지준율이 10%이면,

$$\text{당좌예금의 변화} = \$100,000 \times \frac{1}{0.10} = \$100,000 \times 10 = \$1,000,000.$$

문제풀이 23.3

은행은 어떻게 통화를 창조하는가?

당신이 PNC Bank의 한 지점에 있는 당좌계좌에 현금통화로 $5,000을 예금한다고 하자. 당신이 예금하는 시점에 PNC Bank는 초과지준을 보유하고 있지 않다고 가정하라. 또한 지준율은 0.10이라고 가정하라.

a. T-계정을 사용해 이러한 거래가 PNC Bank의 대차대조표에 미치는 처음 효과를 나타내라.

b. PNC Bank는 당신이 예금한 자금 중에서 시행할 수 있는 최대 금액을 대출한다고 하자. T-계정을 사용해 이러한 대출의 시행이 PNC Bank의 대차대조표에 미치는 처음 효과를 나타내라. 또한 이러한 T-계정에 a의 거래를 포함시켜라.

c. 이제 b에서 대출을 받은 사람이 대출받은 금액에 해당되는 수표를 발행하고 이 수표를 받은 사람이 그 수표를 Bank of America에 예금한다고 하자. T-계정을 사용해 그 수표가 청산된 후에 이러한 거래들이 PNC Bank와 Bank of America의 대차대조표에 미치는 효과를 나타내라. PNC Bank의 T-계정에 a와 b의 거래들을 포함시켜라.

d. 당신의 $5,000 예금으로부터 발생될 수 있는 당좌예금의 최대 증가는 얼마인가? 당신의 $5,000 예금으로부터 발생될 수 있는 통화공급의 최대 증가는 얼마인가? 설명하라.

문제풀기

Step 1: 본문의 내용을 다시 읽어보라. 이 문제는 은행이 어떻게 당좌예금을 창조하는지에 관한 것이므로 [은행이 어떻게 통화를 창조하는가?] 부분을 다시 읽어보라.

Step 2: 문제 a에 답하기 위해 예금의 효과를 보여주는 T-계정을 사용하라. T-계정은 관련된 거래로부터 발생되는 대차대조표의 변화만을 보여주고 자산은 T-계정의 왼쪽에 기록되며 부채는 T-계정의 오른쪽에 기록된다는 점을 명심하라. T-계정은 다음과 같이 나타낼 수 있다.

PNC Bank

자산		부채	
지준	+$5,000	예금	+$5,000

PNC Bank는 이제 금고에 당신의 현금통화 $5,000을 가지게 되었기 때문에, 이 은행의 지준(과 자산)은 $5,000만큼 증가한다. 이 거래는 또한 당신의 당좌예금을 $5,000만큼 증가시킨다. 이 은행은 당신에게 이 금액만큼 빚을 지고 있기 때문에, 이 은행의 부채도 $5,000만큼 증가한다.

Step 3: 문제 b에 답하기 위해 대출의 효과를 보여주는 T-계정을 사용하라. PNC Bank는 초과지준을 보유하지 않고 지준율은 10%라고 가정하라. 이러한 조건은 만일 이 은행의 당좌예금이 $5,000만큼 증가하면, 이 은행은 $500을 필요지준으로 보유해야 하고 나머지 $4,500을 대출할 수 있다는 것을 의미한다. 새로운 대출은 일반적으로 차입자의 당좌예금을 증가시키는 방식으로 이루어진다는 것을 기억하라. T-계정은 다음과 같이 나타낼 수 있다.

PNC Bank

자산		부채	
지준	+$5,000	예금	+$5,000
대출	+$4,500	예금	+$4,500

T-계정의 첫 번째 줄은 a에서 이루어진 거래를 보여준다. 두 번째 줄은 PNC Bank가 차입자의 당좌예금을 $4,500만큼 증가시켜 $4,500을 대출한 것을 보여준다. 이러한 대출은 대출 계약에 상세히 규정된 상환을 할 것이라는 차입자의 약속을 나타내기 때문에 PNC Bank의 자산이다.

Step 4: 문제 c에 답하기 위해 수표 청산의 효과를 보여주는 PNC Bank와 Bank of America의 T-계정을 사용하라. 이제 차입자가 PNC Bank로부터 받은 $4,500을 지출한 효과를 살펴보자. $4,500의 수표를 받은 사람은 Bank of America에 있는 자신의 당좌계좌에 그 수표를 예금한다. 이러한 행위를 보여주기 위해 다음과 같은 2개의 T-계정이 필요하다.

PNC Bank

자산		부채	
지준	+$500	예금	+$5,000
대출	+$4,500		

Bank of America

자산		부채	
지준	+$4,500	예금	+$4,500

먼저 PNC Bank의 T-계정을 살펴보자. Bank of America가 차입자가 발행한 수표를 PNC Bank로 보내면, PNC Bank에서 지준이 $4,500 감소하고 Bank of America에서 지준이 $4,500 증가한다. 차입자의 계좌에서 $4,500가 차감된다. 이제 PNC Bank는 이러한 결과에 만족한다. PNC Bank는 당신으로부터 $5,000의 예금을 받았다. 이 돈이 이 은행의 금고에 그대로 있으면, PNC Bank는 아무런 이자를 벌지 못한다. 이제 이러한 $5,000 중 $4,500이 대출되었고 이자를 벌게 해준다. 이러한 이자는 PNC Bank가 영업을 계속하기 위해 지불해야 하는 비용을 감당할 수 있게 해준다.

Bank of America는 이제 수표로부터 발생되는 $4,500의 예금 증가와 $4,500의 지준 증가를 가지게 된다. Bank of America는 문제 a에서 PNC Bank와 같은 상황에 이르게 된다. 즉 Bank of America는 이러한 거래의 결과로 초과지준를 가지게 되고 이러한 초과지준을 대출할 강한 인센티브를 가지게 된다.

Step 5: 문제 d에 답하기 위해 단순예금승수 공식을 사용해서 당좌예금의 최대 증가와 통화공급의 최대 증가를 계산하라. 단순예금승수를 사용하면 (*RR*은 지준율이라는 것을 기억하라), 다음과 같은 식이 구해진다.

$$\text{당좌예금의 변화} = \text{은행지준의 변화} \times \frac{1}{RR}$$

이 경우에 은행지준은 당신의 처음 예금 결과로 $5,000만큼 증가하고 지준율은 0.10이다. 따라서

$$\text{당좌예금의 변화} = \$5{,}000 \times \frac{1}{0.10} = \$5{,}000 \times 10 = \$50{,}000.$$

당좌예금은 통화공급의 항목이므로, 통화공급도 $50,000만큼 증가한다고 말할 수 있는 유혹에 빠진다. 그렇지만 당신의 $5,000 현금통화는 그것을 보유하고 있는 동안 통화공급의 항목으로

계산되나 은행 금고에 있을 때는 통화공급의 항목으로 계산되지 않는다는 점을 기억하라. 따라서,

당좌예금의 증가 − 현금통화의 감소 = 통화공급의 변화.

또는 $50,000 − $5,000 = $45,000. 통화공급은 $45,000만큼 증가된다.

단순예금승수와 현실세계 예금승수

방금 살펴본 통화공급 과정은 2가지 측면에서 단순화시킨 것이다. 첫째, 은행들은 초과지준을 보유하지 않는다고 가정하고 있다. 즉 당신이 현금통화로 $1,000을 Bank of America에 있는 당좌계좌에 예금할 때, Bank of America는 이 중에서 $100만을 필요지준으로 보유하고 나머지 $900을 대출한다고 가정했다. 실제로 은행들은 종종 많은 예금자들이 동시에 예금을 인출할 수 있는 가능성에 대비해서 약간의 초과지준을 보유한다. 2007년에 시작된 금융위기 이후 은행들은 상당한 초과지준을 보유하고 있다. 은행들이 보유하는 초과지준이 많으면 많을수록 예금승수는 더 작아진다. Bank of America가 당신의 $1,000 예금 전체를 지준으로 보유하고 전혀 대출하지 않는 극단적인 경우를 상상해 보라. 이 경우에 앞에서 설명한 대로 새로운 대출이 새로운 예금을 창조하고, 새로운 예금이 추가적인 대출을 발생시키는 등등의 과정은 발생하지 않을 것이다. 지준의 $1,000 증가는 예금의 $1,000 증가만을 발생시킬 것이고 이 경우 예금승수는 10이 아니라 $1,000/$1,000 = 1이 될 것이다.

둘째, 모든 수표의 총액이 모두 은행에 예금된다고 가정하고 있다. 어느 누구도 그 금액의 일부를 현금통화로 가지지 않는다. 현실에서 가계들과 기업들은 대략적으로 당좌예금의 일정 비율을 현금통화로 보유한다. 따라서 사람들은 당좌예금이 증가함에 따라 현금통화를 증가시킨다고 기대할 수 있다. 다시 한번 극단적인 경우를 생각해 보자. Bank of America가 중고차를 사기 원하는 차입자에게 $900를 대출할 때 중고차의 판매자가 받은 수표를 예금하는 대신에 현금화한다고 하자. 이 경우 PNC Bank는 어떠한 새로운 지준을 받지도 않고 어떠한 새로운 대출도 하지 않는다. 다시 한번 Bank of America에 있는 당좌예금의 $1,000 증가는 예금을 $1,000만큼만 증가시키고 예금승수는 1이 된다.

이러한 2가지 요인의 효과는 현실세계 예금승수를 정상적인 시기에 약 1.6으로 감소시킨다. 따라서 은행시스템의 $1 지준 증가는 일반적으로 약 $1.6의 예금증가를 발생시킨다. 2007~2009년의 금융위기 이후 은행이 보유하는 초과지준의 급증 때문에 예금승수는 1 미만으로 낮아졌다.

예금승수에 관한 논의가 복잡해질 수 있지만, 명심해야 하는 핵심 요점은 통화공급의 가장 중요한 항목 중 하나가 당좌예금이라는 것이다. 은행들이 대출할 때, 당좌예금은 증가

하고 통화공급도 증가한다. 은행들은 지준이 증가할 때마다 새로운 대출을 시행한다. 이러한 전체 과정은 또한 반대로 작동될 수 있다. 은행들은 지준이 감소할 때 기존의 대출과 예금을 감소시키고 통화공급은 감소한다.

이러한 중요한 결론들은 다음과 같이 요약할 수 있다.

1. 은행들은 지준이 증가할 때 새로운 대출을 시행하고 통화공급은 증가한다.
2. 은행들은 지준이 감소할 때 대출을 감소시키고 통화공급은 감소한다.

23.4. 연방준비제도

많은 사람들은 은행들이 당좌계좌에 입금되는 모든 예금을 금고에 넣어두지 않는다는 점을 알고 놀란다. 거의 모든 여타 국가들처럼 미국은 은행들이 예금의 100%보다 적게 지준으로 보유해야 한다는 것을 의미하는 **부분지준 은행시스템** fractional reserve banking system을 가지고 있다. 사람들이 한 은행에 예금할 때, 이 은행은 예금 대부분을 차입자들에게 대출해 준다. 예금자들이 예금을 다시 찾아가기를 원한다면 어떤 일이 발생할 수 있는가? 이 은행이 예금 대부분을 이미 대출해주었고 대출을 쉽게 회수할 수 없기 때문에 이것이 예금을 인출하려는 예금자들에게 문제가 될 수 있을 것으로 보인다.

실제로 예금 인출은 개별은행에게 문제가 되지 않는다. 어느 전형적인 하루에 예금이 증가하는 만큼 예금이 인출된다. 만일 예금보다 약간 더 많은 금액이 인출되면, 은행은 초과지준을 사용하거나 다른 은행들로부터 차입하여 그 차이를 메꿀 수 있다. 한 은행이 보유하고 있는 기초 자산, 특히 대출의 가치에 대해 의문이 제기될 때 예금자들은 이 은행에 대한 신뢰를 버리게 된다. 이러한 신뢰 상실은 그것이 진실이든 거짓이든 이 은행에 대한 나쁜 소식이다. 많은 예금자들이 동시에 한 은행으로부터 예금을 인출하기로 결정할 때, **예금인출러시** bank run가 발생된다. 만일 많은 은행들이 동시에 이러한 예금인출러시를 겪을 때, 그 결과로 **은행패닉** bank panic이 발생된다. 한 은행이 다른 은행들로부터 차입하여 이 은행에 대한 예금인출러시를 관리하는 것은 가능하나 만일 많은 은행들이 동시에 예금인출러시를 겪을 때, 은행시스템은 어려움에 처하게 될 수 있다.

미국의 연방준비제도와 같은 중앙은행은 *최종 대부자 lender of last resort*로서 활동함으로써 은행패닉을 멈추게 하는데 도움을 줄 수 있다. 중앙은행은 최종 대부자로서 활동하면서 다른 곳에서 자금을 차입할 수 없는 은행들에게 대출해 준다. 은행들은 이러한 대출을 사용해서 예금자들의 인출에 대응할 수 있다. 은행패닉이 종료되고 예금자들이 그들의 돈을 그들의 계좌에 다시 넣을 때, 은행들은 이러한 대출을 중앙은행에게 상환할 수 있다.

부분지준 은행시스템 fractional reserve banking system
은행들이 예금의 100%보다 적게 지준으로 보유해야 하는 은행시스템.

예금인출러시 bank run
많은 예금자들이 동시에 한 은행으로부터 예금을 인출하기로 결정할 때 발생되는 상황.

은행패닉 bank panic
많은 은행들이 동시에 예금인출러시를 겪을 때 발생되는 상황.

연방준비제도의 창설

은행패닉은 가계들과 기업들이 예금을 인출하는데 어려움을 겪게 만들고 자금을 차입할 수 없게 만들기 때문에 기업 활동을 심각하게 저해한다. 미국에서 19세기 후반과 20세기 초반에 은행패닉이 경기후퇴를 수반했다는 것은 놀라운 일이 아니다. 은행패닉을 종식시키려는 의도를 가지고 1913년에 미국 의회는 연방준비제도법 Federal Reserve Act를 통과시켜 종종 "Fed"라고 부르는 연방준비제도 Federal Reserve System를 창설했다. 연방준비제도는 은행들에게 대출할 수 있는 권한을 가지고 1914년에 운영을 시작했다. Fed가 은행들에게 시행하는 대출은 **재할인대출** discount loan이라고 부르고 이러한 대출에 부과하는 이자율은 **재할인율** discount rate이라고 부른다. 한 은행이 Fed로부터 대출을 받을 때, 이 은행의 지준은 대출받은 금액만큼 증가한다.

재할인대출 discount loan
중앙은행이 은행들에게 시행하는 대출.

재할인율 discount rate
중앙은행이 재할인대출에 부과하는 이자율.

많은 예금자들이 동시에 당좌계좌와 저축계좌에서 예금을 인출함에 따라 많은 은행들이 이러한 예금인출러시로 크게 타격을 입었던 1930년대의 대공황 초기에 Fed는 최종 대부자로서 첫 시험대에 올랐다. Fed는 최종 대부자로 활동하도록 창설되었지만, Fed의 관리들은 예금인출러시를 겪는 은행들이 부실 대출과 투자를 했던 것을 우려했기 때문에 많은 은행들에게 대출해 주기를 거절했다. Fed는 부실 투자 때문에 금융적 어려움을 겪는 은행들에게 대출을 해주는 것은 은행 경영자들이 투자에 관한 의사결정에 주의를 기울여야 할 인센티브를 감소시킨다고 믿었다. 부분적으로 Fed가 최종 대부자로 활동할 용의가 없었던 것 때문에 5,000개 이상의 은행들이 1930년대 초에 도산했다. 오늘날 많은 경제학자들은 이러한 Fed의 의사결정이 대공황의 심한 정도를 증가시켰다고 믿기 때문에 1930년대 초에 이루어진 Fed의 의사결정에 대해 비판적이다. 1934년에 미국 의회는 일정한 한도까지 대부분의 은행들에 예치된 예금을 보장하기 위해 연방예금보험공사 Federal Deposit Insurance Corporation(FDIC)를 설립했다. 예금보험은 은행이 도산하더라도 예금이 안전하다고 거액 예금자들을 제외한 모든 예금자들을 안심시켰기 때문에 예금인출러시를 크게 감소시켰다. 2007~2009년의 금융위기 동안, 예금보험한도를 초과한 예금을 가진 예금자들이 은행이 도산하면 손실을 입게 될 것을 두려워했기 때문에 일부 은행들은 예금인출러시를 경험했다.

연방준비제도를 만들 때, 미국 의회는 [그림 23.3]에서 보는 것처럼 미국을 12개의 연준지역 Federal Reserve district으로 나누었다. 각 연준지역은 그 지역에 있는 은행들에게 서비스를 제공하는 자신의 연준은행 Federal Reserve Bank을 가지고 있다. 그러나 워싱턴 D.C.에 있는 연방준비제도이사회 Board of Governors가 Fed의 실제 권한을 가지고 있다. 연방준비제도이사회의 7명 이사는 미국 대통령에 의해 지명되고 연임이 불가한 14년의 임기를 가진다. 연방준비제도이사회의 이사 중 한 명이 의장으로 지명되고 연임이 가능한 4년의 임기를 가진다. Fed는 은행들에 대한 최종 대부자로서 활동하는 것에 더하여 은행들에게 수표청산과 같은 서비스를 제공하면서 은행의 은행으로 활동하고 미국의 통화공급을 관리하는 책임을 가지고 있다.

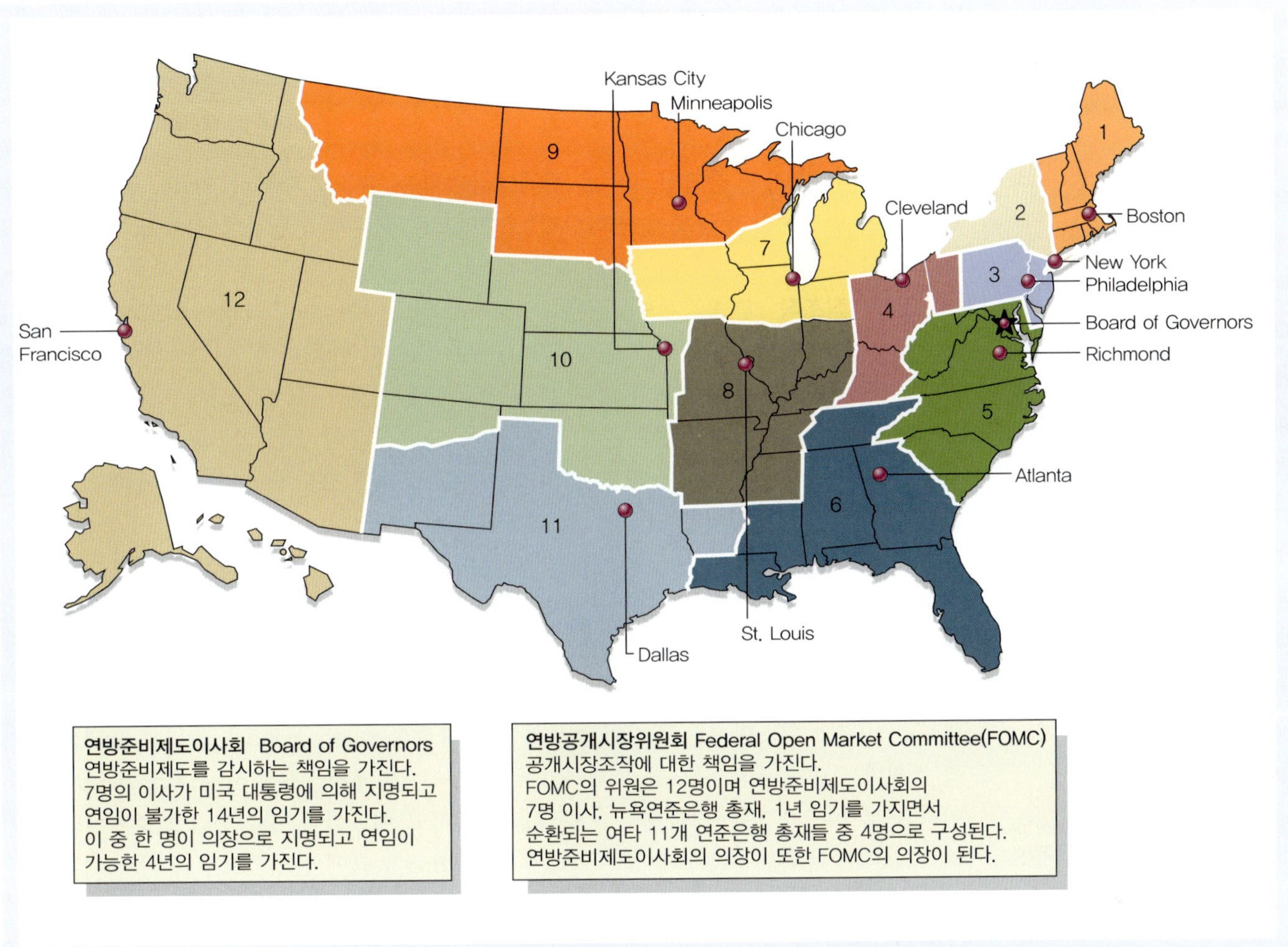

그림 23.3

연방준비제도

미국은 12개의 연준지역으로 나누어져 있고 각 연준지역은 자신의 연준은행을 가진다. 워싱턴 D.C.에 있는 연방준비제도이사회가 실제 권한을 가지고 있다. 연방준비제도는 미국 대통령이 지명하는 7명의 이사로 구성된다. 12명의 위원으로 구성된 연방공개시장위원회는 통화정책을 수행한다.
자료: Board of Governors of the Federal Reserve System.

연방준비제도는 어떻게 통화공급을 관리하는가?

미국 의회는 최종 대부자로 활동함으로써 은행패닉을 종식시키기 위해 Fed를 창설했지만 오늘날 Fed는 주로 통화공급을 관리하는 책임을 가지고 있다. 제24장에서 더 상세하게 논의하겠지만, 통화공급의 관리는 Fed가 거시경제정책목표를 추구하기 위해 수행하는 **통화정책 monetary policy**의 한 부분이다. 통화공급을 관리하기 위해 Fed는 다음과 같은 3가지 *통화정책수단 monetary policy tool*을 사용한다.

통화정책 monetary policy
중앙은행이 거시경제정책목표를 추구하기 위해서 통화공급과 이자율을 관리하기 위해 취하는 조치.

1. 공개시장조작 open market operation
2. 대출정책 discount policy
3. 지준의무 reserve requirement

통화공급의 가장 중요한 항목은 당좌예금이라는 것을 기억하라. Fed의 3가지 정책수단 모두가 당좌예금의 규모를 변화시키는 수단으로서 은행의 지준에 영향을 미치는데 목표를 두고 있다는 것은 놀라운 일이 아니다.

연방공개시장위원회 Federal Open Market Committee (FOMC)
미국에서 공개시장조작과 통화공급을 관리하는 책임을 가지고 있는 연방준비제도의 위원회.

공개시장조작 **연방공개시장위원회 Federal Open Market Committee(FOMC)**는 1년에 8번 통화정책을 논의하기 위해 워싱턴 D.C.에서 회의를 개최한다. 연방준비제도이사회의 7명 이사, 뉴욕연준은행 총재와 여타 11개 연준은행 총재들 중 4명으로 구성된 12명이 투표권을 가진다. 여타 11개 연준은행 총재들 중 4명은 1년의 순환 임기를 가지고 FOMC의 투표권을 가진 위원으로 일한다. 12명의 연준은행 총재들 모두 FOMC 회의에 참석하고 논의에 참여한다. 연방준비제도이사회의 의장이 또한 FOMC의 의장이 된다.

공개시장조작 open market operation
통화공급을 통제하기 위해 Fed에 의해 이루어지는 재무부 증권의 매입과 매도.

미국 재무부는 단기증권, 중기채권, 장기채권을 매각하여 자금을 차입한다. 금융자산의 *만기 maturity*는 금융자산의 매입자가 액면가나 원금의 상환을 지급받을 때까지 걸리는 기간이라는 것을 기억하라. 일반적으로 재무부 채권은 $1,000의 액면가를 가진다. 재무부 단기증권 Treasury bill은 1년 이내의 만기를 가지고 재무부 중기채권 Treasury note은 2년부터 10년까지의 만기를 가지며 재무부 장기채권 Treasury bond은 20년과 30년의 만기를 가진다. 통화공급의 규모를 통제하기 위해 Fed는 **공개시장조작 open market operation**이라고 부르는 과정을 통해 재무부 증권을 매입하고 매도한다. 통화공급을 증가시키기 위해, FOMC는 뉴욕연준은행에 있는 *거래부서 trading desk*에 은행들로부터 미국 재무부 증권, 대부분의 경우 재무부 단기증권이나 종종 재무부 중기채권이나 장기채권을 매입하는 *공개시장매입 open market purchase*을 수행하도록 지시한다. Fed는 은행들이 Fed에 예치하는 지준계좌에 자금을 예치시켜 줌으로써 재무부 단기증권에 대한 대금을 지불한다.

Fed가 $1,000만의 공개시장매입을 시행한다고 하자. 그 결과는 2개의 T-계정, 즉 Fed의 T-계정과 은행시스템의 T-계정으로 나타낼 수 있다. 은행시스템의 T-계정은 미국에 있는 모든 상업은행들의 모든 자산과 부채를 단순히 합한 은행시스템의 대차대조표에 기초해 작성된 것이다. 공개시장매입의 결과로 은행시스템이 보유한 재무부 단기증권은 $1,000만 만큼 감소하고 지준은 $1,000만 만큼 증가한다.

은행시스템

자산		부채
재무부 단기증권	−$1,000만	
지준	+$1,000만	

Fed의 재무부 단기증권은 $1,000만 만큼 증가하고 Fed의 부채인 은행시스템의 지준도 $1,000만 만큼 증가한다.

연방준비제도

자산		부채	
재무부 단기증권	+$1,000 만	지준	+ $1,000 만

이러한 지준의 증가는 통화공급을 증가시키는 대출과 당좌예금을 확대시키는 과정을 출발시킨다. 통화공급을 감소시키기 위해 FOMC는 거래부서에 재무부 단기증권을 매도하는 *공개시장매도 open market sale*를 수행하도록 지시한다. 재무부 단기증권의 매입자가 수표로 대금을 지불할 때, 은행시스템의 지준은 감소한다. 이러한 지준의 감소는 통화공급을 감소시키는 대출과 당좌예금을 축소시키는 과정을 출발시킨다.

Fed가 원칙적으로 공개시장조작을 통해 통화정책을 수행하는 3가지 이유가 있다. 첫째, Fed는 공개시장조작을 주도하고 대규모와 소규모 공개시장조작을 수행할 수 있어 공개시장조작 규모를 완전히 통제할 수 있다. 둘째, 공개시장조작은 쉽게 반전될 수 있다. Fed는 직전 공개시장매입이 통화공급을 너무 빠르게 증가시켰다고 생각하면 공개시장매도를 수행할 수 있다. 셋째, Fed는 행정적 지연이나 규제의 변경 없이 신속하게 공개시장조작을 시행할 수 있다. 유럽중앙은행과 일본중앙은행을 포함한 많은 여타 중앙은행들도 통화정책을 수행하기 위해 공개시장조작을 사용한다.

Fed는 달러 지폐를 유통시키는 책임을 가지고 있다. 당신은 1달러 지폐의 윗부분에서 "연방준비제도권 Federal Reserve Note"이라는 문구를 볼 수 있다는 것을 기억하라. Fed가 통화공급을 증가시키는 조치를 취할 때, 언론인들은 종종 Fed가 "돈을 더 많이 찍어낸다 printing more money"고 말한다. 그러나 Fed가 통화공급을 증가시키는 주된 방법은 돈을 더 많이 찍어내는 것이 아니라 재무부 단기증권을 매입하는 것이다. 이와 유사하게, 통화공급을 감소시키기 위해 Fed는 달러 지폐 더미를 불태우지 않는다. 그 대신 Fed는 재무부 단기증권을 매도한다. 제24장에서 Fed의 통화정책에 대해 더 상세하게 논의할 것이다.

대출정책 이미 살펴본 것처럼 은행이 Fed로부터 받는 재할인대출에 지불하는 이자율은 재할인율이라고 부른다. Fed는 재할인율을 인하함으로써 은행들이 추가적인 대출을 받는 것을 장려해서 은행들의 지준을 증가시킬 수 있다. 은행들은 증가된 지준을 가지고 가계들과 기업들에게 더 많이 대출을 시행할 것이고 이것이 당좌예금과 통화공급을 증가시킬 것이다. 재할인율의 인상은 이와 반대의 효과를 미친다.

지준의무 Fed가 지준율을 인하할 때, 일부의 필요지준이 초과지준으로 전환된다. 예를 들어, 한 은행이 당좌예금으로 $1,000만을 가지고 있고 지준율이 10%라고 하자. 이 은행은 $100만을 필요지준으로 보유해야 한다. 만일 Fed가 지준율을 8%로 인하하면, 이 은행은 $80만을 필요지준으로 보유해야 한다. 이렇게 해서 Fed는 $20만의 지준을 필요지준에서 초과지준으로 전환시킬 수 있다. 이 은행이 이러한 $20만을 대출하기 위해 사용할 수 있다. 만일 Fed가 지준율을 10%에서 12%로 인상하면, 이와 반대의 효과가 발생할 것이다.

Fed는 공개시장조작을 수행하거나 재할인율을 변경하는 것보다 훨씬 드물게 지준율을 변경한다. 지준율의 변경은 은행의 대출과 증권 보유 구성에 상당한 변화를 발생시키기 때문에 지준율의 잦은 변경은 번거로운 일이 될 것이다. 또한 Fed는 은행들에게 지준에 대해 낮은 이자율을 지급하고 있기 때문에 통화공급을 관리하기 위해 지준율을 사용하는 것은 실제적으로 은행들의 예금수취와 대출활동에 대한 세금을 부과하는 것이어서 경제에 값비싼 것이 될 수 있다.

"그림자 금융"과 2007~2009년의 금융위기

이 장에서 논의하고 있는 은행은 예금자들로부터 자금을 받아서 차입자들에게 자금을 대출하는 일을 하는 *상업은행 commercial bank*이다. 대기업들은 금융시장에서 주식과 채권을 매도할 수 있으나 투자자들은 중소기업들의 재무건전성에 대해 충분한 정보를 가지고 있지 않기 때문에 일반적으로 중소기업들의 주식과 채권을 기꺼이 매입하려 하지 않는다(제14장 참조). 따라서 중소기업들과 가계들은 전통적으로 그들의 자금 수요를 충족시키기 위해 은행 대출에 의존한다. 그러나 지난 25년 동안에 금융시스템에 2가지 중요한 변화가 이루어졌다. (1) 은행들은 차입자들이 상환할 때까지 대출을 보유하기 보다는 많은 대출을 재매각하기 시작했고 (2) 상업은행들 이외의 금융회사들이 기업에 대해 신용을 공급하는 중요한 원천이 되었다.

대출의 증권화 전통적으로 은행은 주택을 사려는 가계에게 *주택모기지대출 residential mortgage loan*을 제공하거나 기업에게 기업대출을 시행했을 때 차입자가 대출을 완전히 상환할 때까지 대출을 보유했다. 코카콜라가 발행한 주식이 뉴욕증권거래소에서 매입되거나 매도될 수 있는 것처럼 대출, 주식, 채권과 같은 금융자산이 *금융시장 financial market*에서 매입되거나 매도될 수 있으면 **증권 security**으로 간주된다. 금융자산의 처음 매각은 *발행시장 primary market*에서 이루어진다. 이미 발행된 금융자산의 재매도는 *유통시장 secondary market*에서 이루어진다. 1970년 이전에 대부분의 대출은 재매도될 수 없었기 때문에, 즉 대출을 위한 유통시장이 없었기 때문에 증권이 아니었다. 주택모기지대출, 자동차 대출, 기업대출을 포함하는 여타 금융자산들이 *증권화 securitized*되기 시작했다. **증권화 securitization**의 과정은 대출들이나 여타 금융자산들이 증권으로 전환되는 과정이다. [그림 23.4]는 증권화의 과정을 개략적으로 정리한 것이다. 통화정책을 살펴보는 제24장에서 증권화의 과정에 대한 논의가 이루어질 것이다.

증권 security
금융시장에서 매입되고 매도될 수 있는 주식이나 채권과 같은 금융자산.

증권화 securitization
대출들이나 여타 금융자산들이 증권으로 전환되는 과정.

그림자 금융시스템 증권화로부터 발생된 변화에 더하여 금융시스템은 1990년대와 2000년대에 *비은행 금융회사 nonbank financial firms*의 중요성이 점차 증가하면서 변화되었다. Goldman Sachs와 Morgan Stanley 같은 투자은행은 예금을 수취하지 않고 가계에 직접 대출하지 않는다는 점에서 상업은행과 다르다. 그 대신 투자은행은 전통적으로 주식과 채권을 발행하거나 여타 기업들과의 합병을 고려하는 기업에게 자문을 제공하는 업무에 집중했다. 1990년대 후반에 투자은행은 모기지대출들을 매입하여 많은 모기지대출들을 한데 묶어서 *모기지유동화증권 mortgage-backed securities*이라고 알려져 있는 채권으로 만들어 투자자들에게 재매각하는 일로 업무를 확장시켰다. 모기지유동화증권은 종종 채무불이행 위험이 유사한 여타 증권들보다 더 높은 이자율을 지급했기 때문에 투자자들에게

그림 23.4

증권화의 과정

그림(a)는 증권화 과정에서 은행이 가계에 대출을 제공하고 대출들을 묶어서 증권으로 전환시키며 투자자들에게 증권을 매도한다는 것을 보여준다. 그림(b)는 은행이 처음의 대출들의 상환금을 받고 수수료를 받은 후 증권을 매입한 투자자들에게 지급금을 보낸다는 것을 보여준다.

매우 인기가 있었다.

*머니마켓 뮤추얼펀드 money market mutual funds*의 중요성도 시간이 흐름에 따라 금융시스템에서 점차 증가되었다. 머니마켓 뮤추얼펀드는 투자자들에게 주를 매도하고 그 자금을 재무부 단기증권과 기업어음 같은 단기증권을 매입하기 위해 사용한다. 이전에 은행으로부터 차입하여 자금 수요를 충족시켰던 많은 기업들이 머니마켓 뮤추얼펀드에 기업어음을 매도하기 시작했다.

*헤지펀드 hedge funds*는 부유한 투자자들로부터 자금을 조달해서 종종 상당한 위험을 수반하는 투자전략을 사용한다. 2000년대 중반에 이르러 헤지펀드는 증권화된 대출에 대한 중요한 수요처와 여타 금융회사들에 대한 대출의 중요한 출처가 되었다.

2008년에 오바마 행정부에서 재무부 장관을 지냈던 Timothy Geithner는 투자은행, 머니마켓 뮤추얼펀드, 헤지펀드와 이와 유사한 활동을 하는 여타 비은행 금융회사들을 *그림자 금융시스템 shadow banking system*이라고 말했다. 비은행 금융회사들도 투자자들로부터 자금을 조달해서 기업들과 가계들에게 직접적으로나 간접적으로 대출해줌으로써 한 때 거의 독점적으로 상업은행의 영역이었던 기능을 수행하고 있다.

2007~2009년의 금융위기 그림자 금융시스템에 속한 비은행금융회사들은 2가지 중요한 측면에서 상업은행들과 달랐다. 첫째, 상업은행시스템을 규제했던 연방준비제도를 포함한 정부기관들은 비은행금융회사들을 규제하지 않았다. 둘째, 비은행금융회사들의 차입 의존도가 상업은행들보다 더 높았다. 즉 비은행금융회사들은 상업은행들보다 영업에 필요한 자금을 조달하기 위해 차입 자금에 더 크게 의존했다. 만일 한 기업이 투자하기 위해 자

신의 자금을 적게 사용하고 차입 자금을 많이 사용하면, 이 기업의 잠재적 수익과 손실은 증가된다. 한 기업이 자기 자금으로 $100을 투자한다고 하자. 만일 해당 투자가 $3의 수익을 번다면, 이 기업은 자기 자금에 대해 3%($3/$100)를 번다. 그러나 만일 이 기업의 투자가 $10의 자기 자금과 $90의 차입 자금으로 구성된다면, $3의 수익은 이 기업의 $10 투자에 대해 30%($3/$10)의 수익이 된다. 그러나 만일 이 투자가 $2의 손실을 발생시키면, 이 기업의 수익은 –20%(-$2/$10)가 된다. 차입 자금에 의한 투자는 잠재적으로 큰 수익과 큰 손실을 발생시킬 수 있다.

이미 언급한 것처럼, 미국 의회가 1930년대에 연방예금보험공사를 설립한 이후에 상업은행들은 예금인출러시를 거의 경험하지 않았다. 그러나 2007년 이후 그림자 금융시스템에 속한 비은행금융회사들은 자금인출러시에 취약했다. 제24장에서 더 논의하겠지만, 2007~2009년 금융위기의 기본적인 원인은 미국 주택시장에서 발생된 문제 때문이었다. 주택가격이 하락하기 시작함에 따라, 상당히 많은 차입자들이 모기지대출에 대해 채무불이행했고, 이것이 모기지유동화증권의 가치를 하락시켰다. 모기지유동화증권에 투자했던 상업은행들과 그림자 금융시스템에 속한 많은 비은행금융회사들이 손실을 입었다. 차입이 많을수록 손실이 더 컸다. 예금보험은 상업은행들이 예금인출러시를 피하게 하는 데 도움을 주었지만, 단기 자금을 차입해서 장기로 투자했던 투자은행들과 여타 금융회사들은 어려움에 처하게 되었다. 대부자들이 그들의 단기 대출을 갱신하는 것을 거부했기 때문에 이들 중 많은 회사들은 현금을 조달하기 위해 그들이 보유하고 있는 증권을 매도해야만 했다. 그러나 그들이 보유하고 있는 증권의 가격이 계속해서 하락함에 따라 이들 회사들의 손실은 증가했다.

2008년 봄에 투자은행인 Bear Sterns는 연방준비제도가 JP Morgan Chase에 의해 인수되도록 조치했기 때문에 도산으로부터 구제되었다. 연방준비제도와 미국 재무부는 투자은행인 Lehman Brothers를 구제하기 위한 조치를 취하지 않았고, 이에 따라 Lehman Brothers는 도산했다. Lehman Brothers의 도산은 금융시스템 전체에 반향을 일으켰고 금융패닉을 야기시켰다. 정부가 보증한 주택모기지대출을 제외하고 증권화의 과정은 서서히 중단되었다. Lehman Brothers에 대한 대출로부터 발생된 손실을 입었던 머니마켓 뮤추얼펀드의 어려움이 널리 알려짐에 따라 머니마켓 뮤추얼펀드로부터의 자금인출러시가 발생했다. 이에 따라 머니마켓 뮤추얼펀드는 더 이상 기업어음의 매입자로서의 역할을 수행할 수 없었다. 은행들과 여타 금융회사들이 금융포지션을 강화하기 위해 자산을 매각하고 대출을 삭감함에 따라, 저축자들로부터 차입자들로의 자금 흐름은 붕괴되었다. 이러한 결과로 발생된 *신용경색 credit crunch*은 2007년 12월에 시작된 경기후퇴를 크게 악화시켰다.

Fed의 대응 Fed는 미국 재무부와 함께 금융위기에 대응하기 위해 적극적으로 조치를 취했다. 제24장에서 Fed가 취했던 조치들을 더 상세히 논의할 것이지만 잠시 몇 가지 특별히 중요한 정책 조치들을 언급해 보도록 하자. 첫째, 2008년 가을에 부실자산구제프로그램 Troubled Asset Relief Program(TARP) 하에서 Fed와 재무부는 주식과 교환하여 은행들에게 자금을 제공해 주면서 상업은행시스템을 안정시키기 위한 시도를 시작했다. 연방정부가 민간 상업은행의 지분을 부분적으로 취득하는 일은 전례가 없었던 일이다. 또한 Fed는 몇 가지의 새로운 "대출제도 lending facilities"를 신설함으로써 자신의 대출정책을 바꾸었다. 이러한 대출제도는 Fed가 이전에는 자격이 없었던 투자은행과 같은 금융회사들에게 재할인대출을 제공할 수 있게 해주었다. 이에 더하여, Fed는 1930년대 이후 처음으로 기업어음을 직접 매입함으로써 기업어음시장의 문제를 해결했다.

경기후퇴가 2009년까지 계속되었지만, Fed와 재무부의 예외적인 조치들이 금융시스템을 안정시켰다. 2013년 후반까지도 여전히 저축자들로부터 차입자들로의 자금 흐름은 아직 정상적인 수준으로 복귀되지 못했고 경제학자들과 정책담당자들은 일부 Fed의 조치들에 대해 논쟁하고 있다.

23.5. 통화수량설

사람들은 수세기 동안 통화공급의 증가와 인플레이션 간의 관계에 대해 알고 있었다. 16세기에 스페인은 멕시코와 페루를 정복했고 이들 국가들로부터 스페인으로 대량의 금과 은을 운송했다. 이러한 금과 은은 동전으로 주조되었고 스페인 왕들의 정치적 야심을 달성하기 위해 유럽 전역에서 지출되었다. 이 기간 동안 유럽에서 가격들이 지속적으로 상승했고 많은 관측자들은 이러한 인플레이션과 아메리카로부터 유럽으로 금과 은의 이동 간의 관계를 논의했다.

통화량과 물가수준 간의 관계: 수량방정식

20세기 초에 Yale University의 경제학자였던 Irving Fisher는 다음과 같은 *수량방정식 quantity equation*을 사용하면서 통화량과 물가수준 간의 관계를 공식화했다.

$$M \times V = P \times Y$$

수량방정식은 통화공급(M)과 통화의 유통속도(V)의 곱은 물가수준(P)과 실질산출(Y)의 곱과 같다는 것을 말해준다. 피셔는 종종 간단히 "유통속도 velocity"라고도 부르는 **통화의 유통속도 velocity of money**를 통화공급의 1달러가 GDP에 포함되는 재화와 서비스를 구매하기 위해 사용되는 평균 횟수로 정의했다. 양변을 M으로 나누면서 처음의 식을 다시 쓰면, 유통속도에 대한 식이 다음과 같이 구해진다.

통화의 유통속도 velocity of money
통화공급의 1달러가 GDP에 포함되는 재화와 서비스를 구매하기 위해 사용되는 평균 횟수

$$V = \frac{P \times Y}{M}$$

통화공급을 측정하기 위해 $M1$을, 물가수준을 측정하기 위해 GDP 디플레이터를, 실질산출을 측정하기 위해 실질GDP를 사용하면, 2012년의 유통속도 값은 다음과 같다.

$$V = \frac{1.05 \times \$154,710억}{\$23,090억} = 7.0.$$

이 결과는 2012년 동안 $M1$의 1달러는 평균적으로 GDP에 포함되는 재화와 서비스를 구매하기 위해 7번 지출되었다는 것을 말해준다.

통화의 유통속도는 $(P\times Y)/M$과 같기 때문에 수량방정식은 항상 성립해야 한다. 수량방정식의 왼쪽은 항상 오른쪽과 같아야 한다. 이론은 틀릴 가능성이 있는 세상 현상에 관한 진술이다. 따라서 수량방정식은 이론이 아니다. 피셔는 유통속도는 일정하다고 주장하면서 수량방정식을 **통화수량설** quantity theory of money로 전환시켰다. 그는 1달러가 지출되는 평균 횟수는 사람들이 얼마나 자주 소득을 받는가, 얼마나 자주 식료품을 쇼핑하러 가는가, 얼마나 자주 기업들이 청구서를 메일로 보내는가, 자주 변화하지 않은 여타 요인들에 의해 결정된다. 이러한 주장은 옳거나 틀릴 수 있기 때문에, 통화수량설은 이론이다.

통화수량설
quantity theory of money
통화의 유통속도가 일정하다고 가정하는 통화량과 물가수준 간의 관계에 관한 이론

인플레이션에 대한 통화수량설의 설명

수량방정식은 통화공급의 변화와 물가수준의 변화, 즉 인플레이션 간의 관계를 보여준다. 이러한 관계를 더 명료하게 이해하기 위해, 변수들이 곱해져 있는 방정식은 이러한 변수들의 증가율(growth rates)이 합해져 있는 방정식과 같다는 수학적 법칙이 사용될 수 있다. 따라서 수량방정식 $M\times V = P\times Y$을 다음과 같은 식으로 전환시킬 수 있다.

통화공급의 증가율+유통속도의 증가율 =
물가수준의 증가율(인플레이션율)+실질산출의 증가율

이러한 방식으로 수량방정식을 나타내는 것이 통화공급의 증가율이 인플레이션율에 미치는 효과를 검토하는데 더 유용하다. 한 변수의 증가율은 한 해에서 다음 해까지 이루어진 이 변수의 퍼센트 변화이다. 물가수준의 증가율은 인플레이션율이기 때문에 인플레이션을 결정하는 요인들을 이해하는데 도움을 주는 수량방정식은 다음과 같이 다시 나타낼 수 있다.

인플레이션율 = 통화공급의 증가율 + 유통속도의 증가율 − 실질산출의 증가율

만일 유통속도가 일정하다는 피셔의 주장이 옳다면, 유통속도의 증가율은 0일 것이다. 즉 만일 유통속도가 항상 7이라면, 한 해에서 다음 해까지 이루어지는 유통속도의 퍼센트 변화는 항상 0일 것이다. 이러한 가정은 윗 식을 다음과 같이 다시 쓸 수 있게 해준다.

인플레이션율 = 통화공급의 증가율 − 실질산출의 증가율

이 식은 다음과 같은 예측을 하게 해준다.

1. 통화공급이 실질GDP보다 더 높은 증가율로 증가하면, 인플레이션이 발생할 것이다.
2. 통화공급이 실질GDP보다 더 낮은 증가율로 증가하면, 디플레이션이 발생할 것이

다. (*디플레이션 defaltion*은 물가수준의 하락을 의미한다는 것을 기억하라.)

3. 통화공급과 실질GDP이 같은 증가율로 증가하면, 물가수준은 안정적일 것이고 인플레이션이나 디플레이션이 발생하지 않을 것이다.

통화의 유통속도가 일정하다는 피셔의 주장이 잘못된 것으로 판명되었다. 매년 통화의 유통속도에 상당한 변화가 있을 수 있다. 그 결과로 통화수량설에 기초한 인플레이션의 예측은 매년 맞지 않을 수 있으나 대부분의 경제학자들은 통화수량설은 *장기적으로 인플레이션은 통화공급이 실질GDP보다 더 높은 증가율로 증가할 때 발생된다*는 통찰을 제시해 준다는데 동의한다.

통화수량설에 기초한 인플레이션 예측이 얼마나 정확한가?

통화수량설의 정확성은 유통속도가 일정하다는 핵심 가정이 옳은지에 의해 결정된다. 만일 유통속도가 일정하지 않으면, 통화공급의 증가와 물가수준의 상승 간에 밀접한 관계가 성립하지 않을 수 있다. 예를 들어, 통화량의 증가는 유통속도의 하락에 의해 상쇄되어 물가수준에 영향을 미치지 않을 수 있다. 유통속도는 단기적으로 변덕스럽게 변화할 수 있기 때문에 통화수량설이 단기적으로 인플레이션에 대한 좋은 예측을 제공해 주지 못할 것으로 예상된다. 그러나 장기적으로 보면, 통화공급의 변화와 인플레이션 간의 강력한 관계가 존재한다. [그림 25.5(a)]는 미국의 경우 10년 기간 기준으로 나타낸 통화공급 척도인 *M2*의 증가율과 인플레이션율 간의 관계를 보여준다(더 오랜 기간 동안 *M1*에 관한 데이터보다는 *M2*에 관한 데이터를 사용할 수 있기 때문에 여기서 *M2*가 사용되었다). 실질GDP 성장률과 유통속도의 변동 때문에 *M2*의 증가율과 인플레이션율 간에 정확한 관계가 존재하지 않는다. 그러나 통화공급의 증가율이 높았던 10년 기간들이 인플레이션율이 높았던 10년 기간들이었다는 명백한 패턴이 존재한다. 달리 말하면, 10년 기간 기준으로 볼 때 인플레이션율 변동의 대부분은 통화공급의 증가율 변동에 의해 설명될 수 있다.

[그림 23.5(b)]는 1995~2011년 동안 56개국을 대상으로 통화공급 증가율과 인플레이션율 간의 관계가 통화수량설과 일관성을 가진다는 추가적인 증거를 제공해 준다. 통화공급 증가율과 인플레이션율 간의 정확한 관계가 존재하지는 않지만, [그림 23.5(b)]는 통화공급이 급속히 증가한 국가들이 높은 인플레이션율을 가지는 경향이 있는 반면 통화공급이 느리게 증가한 국가들이 낮은 인플레이션율을 가지는 경향이 있다는 것을 보여준다. [그림 23.5(b)]에는 이 장의 시작부분에서 언급했던 짐바브웨의 데이터가 포함되어 있지 않다. 이 기간 동안, 짐바브웨의 통화공급은 일부 연도들에서 7,500% 이상 증가했다. 그 결과로 2008년 동안 150억%에 이르렀던 가속적 인플레이션이 발생되었다. 짐바브웨는 월간 50%를 초과하는 인플레이션을 의미하는 *하이퍼인플레이션 hyperinfaltion*으로 고통 받았다.

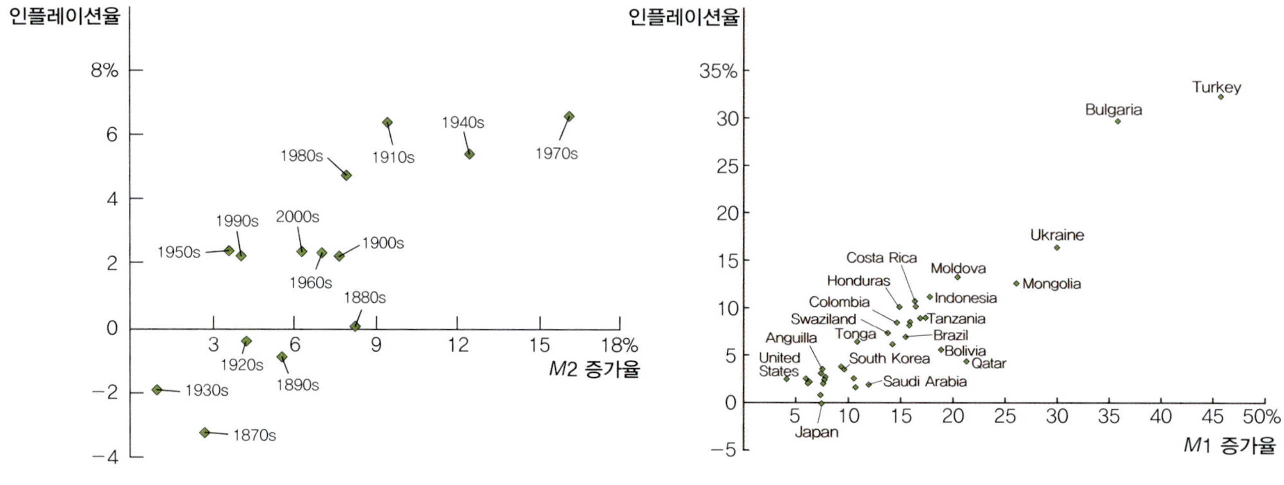

(a) 미국의 인플레이션율과 통화공급 증가율, 1870~2000년대

(b) 56개국의 인플레이션율과 통화공급 증가율 1995~2011년

그림 23.5

통화공급 증가율과 인플레이션율 간의 관계

그림(a)는 대체로 미국의 인플레이션율은 통화공급이 급속히 증가했던 10년 기간들에서 높았고 통화공급이 느리게 증가했던 10년 기간들에서 낮았다는 것을 보여준다. 그림(b)는 1995년과 2011년 기간 사이에 56개국의 통화공급 증가율과 인플레이션율 간의 관계를 보여준다. 통화공급 증가율과 인플레이션율 간의 정확한 관계는 존재하지 않으나 통화공급 증가율이 높았던 불가리아, 터키, 우크라이나 같은 국가들에서 인플레이션율이 높았고 통화공급 증가율이 낮았던 미국과 일본 같은 국가들에서 인플레이션율이 낮았다.

자료: 그림(a): For the 1870s to the 1960s, Milton Friedman and Anna J. Schwartz, *Monetary Trends in the United States and United Kingdom: Their Relation to Income, Prices, and Interest Rates*, 1867~1975, Chicago: University of Chicago Press, 1982, Table 4.8; and for the 1970s to the 2000s, Federal Reserve Board of Governors and U.S. Bureau of Economic Analysis; 그림(b): International Monetary Fund, *International Monetary Statistics*.

높은 인플레이션율

통화수량설은 매우 높은 인플레이션이 발생하는 이유를 이해하는데 도움을 줄 수 있다. 하이퍼인플레이션은 중앙은행이 통화공급을 실질GDP보다 훨씬 높은 증가율로 증가시키기 때문에 발생된다. 높은 인플레이션율은 통화의 가치를 급속히 상실시키기 때문에 가계들과 기업들은 통화를 보유하는 것을 피한다. 짐바브웨에서 발생했던 것처럼, 인플레이션율이 매우 높으면 사람들은 지폐를 사용하지 않기 때문에 지폐는 이 장의 앞부분에서 논의했던 통화의 중요한 기능들을 수행하지 못한다. 높은 인플레이션 때문에 고통을 겪는 경제는 일반적으로 심각한 경기후퇴는 아닐지라도 매우 느린 실질GDP의 성장 때문에도 고통을 겪는다.

높은 인플레이션 때문에 발생되는 엄청난 결과에도 불구하고 왜 정부는 통화공급을 매우 급속히 증가시키면서 높은 인플레이션을 발생시키는가? 그렇게 하는 중요한 이유는 정부가 종종 세금으로 거두어들이는 것보다 더 많이 지출하길 원하기 때문이다. 미국과 같은 선진국들은 일반적으로 채권을 민간에게 매각하여 차입함으로써 지출과 세금 간의 갭을 메꿀 수 있다. 짐바브웨와 같은 개도국들은 종종 투자자들이 정부의 상환 능력에 대해 의심하기 때문에 채권을 매각하는데 어려움을 겪는다. 만일 개도국들의 정부가 민간에게 채권을 매각할 수 없으면, 개도국들의 정부는 중앙은행이 채권을 매입하도록 강요할 것이다. 이미 논의한 것처럼, 중앙은행이 국채를 매입할 때 통화공급은 증가한다. 미국에서는

Making the Connection

1920년대 초의 독일 하이퍼인플레이션

독일이 제1차 세계대전에서 패배했을 때, 카이저 빌헬름 II세를 축출하고 바이마르 공화국으로 알려져 있는 새로운 정부를 세우는 혁명이 발생했다. 1919년의 평화조약에서 미국, 영국, 프랑스와 이탈리아 연합국들은 새로운 독일 정부에 배상금을 지불할 것을 요구했다. 배상금은 제1차 세계대전 기간 동안 독일이 저지른 손실에 대해 연합국들에게 보상하는 것을 의미했다. 독일정부가 세금 수입을 사용해서 정상적인 지출과 배상금 모두를 감당하는 것은 매우 어려운 일이었다.

독일 정부는 지출과 세금수입 간의 차이를 중앙은행인 라이히스방크 Reichsbank에게 채권을 매각해서 메꾸기로 결정했다. 몇 년 후에 독일 정부는 배상금을 지급하는데 한참 뒤처져 있었다. 1923년 1월에 프랑스 정부는 배상금을 직접 회수하기 위해 루르 Ruhr로 알려져 있는 독일 공업지역으로 군대를 보냈다. 루르의 독일 근로자들은 파업을 했고 독일 정부는 그들의 급여를 지불해서 그들을 지원하기로 결정했다. 독일 정부는 채권을 라이히스방크에 매각해서 자금을 조달했고 이에 따라 통화공급이 증가했다.

인플레이션 유발적 통화공급의 증가 규모는 매우 방대했다. 독일 통화인 마르크의 유통 규모는 1922년의 1,150억 마르크에서 1923년의 1,300억 마르크로 이어서 1923년 12월에 4,970억 마르크로 증가했다. 통화수량설이 예측하는 것처럼, 그 결과로 충격적으로 높은 인플레이션율이 발생되었다. 1914년에 100이었고 1922년에 1,440이었던 독일 물가지수는 1923년 12월에 126,160,000,000,000으로 상승했다. 독일 마르크화는 쓸모없게 되었다. 독일 정부는 (1) 연합국들과 배상금 지급을 감소시키는 새로운 합의를 협상하고 (2) 재정을 균형시키기 위해 여타 정부지출을 감소시키고 세금을 증가시키며 (3) 기존 마르크화를 새로운 마르크화로 교체함으로써 하이퍼인플레이션을 종식시켰다. 새로운 1 마르크는 1조의 기존 마르크 가치가 있었다. 또한 독일중앙은행은 새로운 마르크의 발행규모를 총 32억 마르크로 제한했다.

1920년대 하이퍼인플레이션이 진행되는 동안 독일 사람들은 난로에 불을 지피기 위해 지폐를 사용했다.

기존 마르크를 보유하고 있던 사람들의 저축이 완전히 정리되기 전까지는 그렇지 않았지만 이러한 조치들이 하이퍼인플레이션을 종식시키기에는 충분했다. 대부분의 중간 소득층 독일인들은 이러한 결과에 극렬히 저항했다. 많은 역사학자들은 하이퍼인플레이션이 바이마르 공화국에 대한 많은 독일인들의 연대를 크게 약화시켰고 Adolph Hitler와 나치가 그 후 10년 동안 권력을 장악하는 길을 열어주는데 도움을 주었다고 믿고 있다.

자료: Thomas Sargent, "The End of Four Big Hyperinflations," *Rational Expectations and Inflation*, New York: Harper & Row, 1986; and John Parke Young, *European Currency and Finance*, Washington, DC: Government Printing Office, 1925.

연방준비제도가 재무부 증권을 미국 재무부로부터 직접 매입하지 않고 항상 은행들로부터 매입한다. 이러한 과정은 재무부가 중앙은행이 아닌 민간 투자자들이 기꺼이 매입할 용의가 있는 양만큼 채권을 발행하도록 하는데 도움을 준다.

결론

통화는 재화와 서비스의 거래를 촉진시키고 전문화를 가능하게 함으로써 경제가 효율적으로 작동하도록 하는 역할을 한다. 전문화가 없으면 경제는 번영할 수 없다. 가계들과 기업들, 은행들과 중앙은행(미국의 연방준비제도)은 통화공급을 창조하는 과정의 참여자들이다. 제24장에서는 연방준비제도가 거시경제목표를 달성하기 위해 어떻게 통화정책을 사용하는지 살펴볼 것이다.

주요용어 KEY TERMS

자산 asset
은행패닉 bank panic
예금인출러시 bank run
물품통화 commodity money
재할인대출 discount loan
재할인율 discount rate
초과지준 excess reserves
연방공개시장위원회 Federal Open Market Committee(FOMC)
연방준비제도 federal reserve system
법정통화 fiat money
부분지준 은행시스템 fractional reserve banking system
통화정책 monetary policy
공개시장조작 open market operations
통화수량설 quantity theory of money
지준율 required reserve ratio
필요지준 required reserves
지준 reserves
증권화 securitization
증권 security
단순예금승수 simple deposit multiplier
통화의 유통속도 velocity of money

연습문제 PROBLEMS

* 복습질문

1. Mike Trout 베이스볼 카드 한 장을 가지고 있는 한 야구팬이 이 카드를 Miguel Cabrera 베이스볼 카드 한 장과 교환하기 원하나 그가 알고 있는 카브레라 카드를 가지고 있는 모든 사람들은 트라우트 카드를 원하지 않는다. 경제학자들은 이 야구팬이 가지고 있는 문제를 무엇이라고 부르는가?

2. 물품통화와 법정통화의 차이점은 무엇인가?

3. 통화의 4가지 기능은 무엇인가? 어떤 것이 통화의 4가지 기능 모두를 충족시키지 않아도 통화로 여겨질 수 있는가?

4. 왜 사람들은 지폐가 금화와 달리 아무런 가치를 가지고 있지 않다는 것을 아는데도 지폐를 받는가?

5. 통화공급의 정의인 *M*1과 *M*2의 주요한 차이점은 무엇인가?

6. 왜 연방준비제도는 하나가 아닌 두 개의 통화공급 정의를 사용하는가?

7. 통화, 소득, 재산의 차이점을 설명하라. 한 국가의 중앙은행은 이 3가지 중에서 어느 것을 통제하는가?

8. 한 전형적인 은행의 최대 자산과 최대 부채는 무엇인가?

9. 당신이 당좌계좌에서 현금으로 $100을 인출하기로 결정한다고 하자. 이러한 거래가 당신이 거래하는 은행의 대차대조표에 미치는 효과를 보여주는 T-계정을 그려보라.

10. 은행이 "통화를 창조한다"는 것은 무엇을 의미하는가?

11. 단순예금승수의 공식을 나타내라. 만일 지준율이 20%이면, $20,000의 은행 지준 증가로부터 발생되는 당좌예금의 최대 증가는 얼마인가?

12. 무엇이 현실세계 예금승수를 단순예금승수보다 더 적게 만드는가?

13. 왜 미국 의회는 1913년에 연방준비제도를 창설하기로 결정했는가?

14. Fed는 통화공급을 통제하기 위해 어떤 정책수단들을 사용하는가? 어떤 수단이 가장 중요한가?

15. 왜 연방준비제도의 재무부 증권 공개시장매입이 은행지준을 증가시키는가? 왜 연방준비제도의 재무부 증권 공개시장매도가 은행지준을 감소시키는가?

16. "그림자 금융시스템"은 무엇인가? 왜 그림자 금융시스템에 속한 금융회사들이 자금인출러시에 대해 상업은행들보다 더 취약한가?

17. 통화수량설은 무엇인가? 통화수량설은 인플레이션에 대해 어떤 설명을 제공하는가?

18. 통화수량설은 장기에서 인플레이션을 더 잘 설명할 수 있는가 단기에서 인플레이션을 더 잘 설명할 수 있는가? 간략히 설명하라.

19. 하이퍼인플레이션은 무엇인가? 왜 정부가 종종 하이퍼인플레이션을 발생시킬 수 있는가?

* 문제와 응용

1. 1940년대 말에 마오쩌둥이 이끄는 공산주의자들이 내전에서 중국정부를 무찌르고 있었다. 중국정부가 발행한 지폐는 그 가치의 상당 부분을 상실하고 있었고 대부분의 기업들은 이 지폐를 받기를 거부했다. 동시에 일본에서는

종이가 부족했다. 이러한 기간 동안 일본은 제2차 세계대전에서 패배한 후 미국의 군정 하에 있었다. 일본에 주둔한 미국 군인들 일부는 달러를 사용해 중국에서 방대한 양의 지폐를 구매해서 일본으로 운송해 종이로 재활용하면 상당한 이윤을 얻을 수 있다는 것을 알았다. 이러한 상황에서 중국 지폐는 물품통화인가 법정통화인가? 간략히 설명하라.

2. 런던 킹스칼리지의 역사학자인 Peter Heather에 의하면, 로마제국 시대에 라인강의 동쪽(로마인들이 게르마니아라고 불렀던 지역)에 살았던 게르만족들은 자신의 동전을 생산하지 않고, 그 대신 로마 동전을 사용했다.

> 게르마니아에서는 동전이 생산되지 않았지만, 로마 동전은 풍부히 유통되었고 쉽게 교환의 매개수단이 될 수 있었다(이미 1세기에 Tacitus는 라인 지역의 게르만들은 이러한 목적으로 양질의 로마 은전을 사용하고 있었다고 말한다).

a. 무엇이 교환의 매개수단인가?
b. 저자가 로마 동전이 게르만족에게 교환의 매개수단을 제공할 수 있었다고 저술한 것은 무엇을 의미하는가?
c. 왜 게르만족이 로마 제국에 속하지 않았고 로마법에 의해 지배를 받지 않았을 때 한 게르만인이 재화와 서비스의 교환 대가로 다른 게르만인으로부터 로마 동전을 기꺼이 받았는가?

3. 2002년 1월에 독일은 공식적으로 자국 통화로 유로를 채택했고 법화로서 도이치 마르크의 역할은 끝났다. *월스트리트저널*의 한 기사에 의하면, 10년이 지난 후에도 많은 독일인들은 계속해서 도이치 마르크를 사용했고 독일의 많은 가계들은 계속해서 도이치 마르크를 받았다. 어떻게 독일 정부가 마르크를 다른 통화로 교체했는데도 사람들이 계속해서 마르크를 사용하는 것이 가능한지 간략히 설명하라.

4. 다음의 각 항목이 *M*1에 포함되는지 간략히 설명하라.
a. 당신의 호주머니에 있는 동전
b. 당신의 당좌계좌에 있는 예금
c. 당신의 저축계좌에 있는 예금
d. 당신이 여행하면서 사용하고 남은 여행자 수표
e. 당신이 보유하고 있는 시티뱅크 플래티넘 마스터카드

5. 당신이 당좌예금에서 $100을 인출하기로 결정한다고 하자. 이것이 *M*1에 미치는 효과는 무엇인가? 당신이 $100을 인출한 결과로 은행이 취할 수 있는 어떤 조치도 무시하라.

6. Deja가 맥도날드 프랜차이즈 점포를 하나 소유하고 있다고 하자. 그녀는 자신의 맥도날드 당좌계좌를 Wells Fargo은행으로 이동시키기로 결정한다고 하자. 이것이 다음과 같은 T-계정에 나타낸 변화를 발생시킨다. 만일 지준율이 10%이고 Wells Fargo 은행이 초과지준을 보유하지 않는다면, 이러한 거래 결과로 Wells Fargo 은행이 시행할 수 있는 최대 대출은 얼마인가?

Wells Fargo

자산		부채	
지준	+$100,000	예금	+$100,000

7. 다음과 같은 한 은행의 간단한 대차대조표를 고려해보라.

자산		부채	
지준	$10,000	예금	$70,000
대출	$66,000	자기자본	$6,000

a. 만일 지준율이 10%이면, 이 은행이 보유하고 있는 초과지준은 얼마인가?
b. 이 은행이 대출할 수 있는 최대 금액은 얼마인가?
c. 만일 이 은행이 b에 해당되는 금액을 대출하면, 이것이 이 은행의 대차대조표에 미치는 즉각적인 효과를 T-계정으로 나타내라.

8. 당신이 Bank of America의 한 지점에 있는 당좌계좌에 현금통화로 $2,000을 예금한다고 하자. Bank of America는 당신이 예금하는 시점에 초과지준을 보유하지 않고 있다고 가정하라. 또한 지준율은 20%라고 가정하라.
a. T-계정을 사용해서 이러한 거래가 Bank of America의 대차대조표에 미치는 처음 효과를 나타내라.
b. Bank of America가 당신의 예금 중 최대 금액을 대출한다고 하자. T-계정을 사용해서 이러한 대출 시행이 Bank of America의 대차대조표에 미치는 처음 효과를 나타내라. 또한 a에서 이루어진 거래를 T-계정에 포함시켜라.
c. 이제 b에서 이루어진 대출을 받은 사람이 대출 금액과 같은 수표를 발행하고 이 수표를 받은 사람이 Citibank의 한 지점에 예금한다고 하자. 이 수표가 청산된 후 이러한 거래가 Bank of America와 Citibank의 대차대조표에 미치는 효과를 나타내라(Bank of America의 T-계정에 a와 b의 거래도 포함시켜라).
d. 당신의 $2,000 예금으로부터 발생될 수 있는 당좌예금의 최대 증가는 얼마인가? 통화공급의 최대 증가는

얼마인가? 간략히 설명하라.

9. 본문에서 미국은 "부분지준 은행시스템"을 가지고 있다고 설명한다. 왜 대부분의 예금자들은 은행이 수취하는 예금의 대부분을 대출하는 것에 대해 우려하지 않는가?

10. 당신이 은행 경영자이고 연방준비제도가 지준율을 10%에서 12%로 인상시킨다고 하자. 당신은 어떤 조치를 취할 필요가 있는가? 당신의 조치와 다른 은행 경영자들의 조치가 어떻게 연방준비제도의 지준율 인상이 통화공급에 미치는 효과를 종식시키는가?

11. 연방준비제도가 Fed에 있는 First National Bank(FNB)의 계좌예금을 증가시켜 FNB에게 $1,000만의 재할인대출을 시행한다고 하자.

a. T-계정을 사용해서 이러한 거래가 FNB의 대차대조표에 미치는 효과를 나타내라. 은행이 Fed에 가지고 있는 계좌에 있는 예금은 은행의 지준으로 계산된다는 점을 기억하라.

b. FNB는 재할인대출을 받기 전에 초과지준을 가지고 있지 않았다고 가정하라. 재할인대출로 받은 $1,000만 중에서 FNB가 대출할 수 있는 최대 금액은 얼마인가?

c. 이러한 Fed의 재할인대출로부터 발생될 수 있는 통화공급의 최대 증가는 얼마인가? 지준율은 10%라고 가정하라.

12. 연방준비제도가 은행들을 대상으로 $2,500만의 재무부 증권을 공개시장매도한다고 하자. 아래에 있는 Fed와 은행시스템 T-계정의 빈칸을 채워라.

연방준비제도

자산		부채	
________	−$2,500만	지준	−$2,500만

은행시스템

자산		부채	
재무부 증권	+$2,500만		
________	−$2,500만		

13. 2008년 6월의 한 연설에서 그 당시 뉴욕연준은행 총재였고 그 후에 미국 재무부 장관이 되었던 Timothy Geithner는 다음과 같이 말했다.

> 경기과열 기간 동안 금융시스템의 구조가 근본적으로 변했다. 비은행 금융시스템이 매우 크게 성장했다. 이러한 금융시스템에 속한 금융기관들은 전통적인 유형의 인출러시에 취약하지만 은행시스템이 이러한 위험을 감소시키기 위해 장치해 놓은 예금보험과 같은 보호가 없다.

a. 가이트너가 말한 "비은행 금융시스템"은 무엇인가?

b. "전통적인 유형의 인출러시"란 무엇이고 왜 비은행 금융시스템에 속한 금융기관들은 이것에 취약한가?

c. 왜 은행시스템에 의해 제공되는 예금보험은 인출러시에 대한 보호를 제공해주는가?

14. 통화공급이 연 6% 증가하고 실질GDP는 연 3% 성장하며 통화의 유통속도가 일정하다고 하자. 통화수량설에 의하면 인플레이션율은 얼마가 되는가? 만일 통화의 유통속도가 일정하지 않고 연 1% 증가하면, 인플레이션율은 얼마가 되는가?

15. 통화의 유통속도가 한 기간 동안 일정하고 다른 기간 동안 크게 변동한다고 하자. 어떤 기간 동안 통화수량설이 인플레이션율을 설명하는데 더 유용한가? 간략히 설명하라.

CHAPTER
24

통화정책

이 장의 학습내용

24.1 통화정책은 무엇인가?
- 통화정책을 정의하고 연방준비제도의 통화정책목표를 설명한다.

24.2 통화시장과 연방준비제도의 통화정책타겟 선택
- 연방준비제도의 통화정책타겟을 살펴보고 확장적 통화정책과 긴축적 통화정책이 이자율에 어떻게 영향을 미치는지 설명한다.

24.3 통화정책과 경제활동
- 기본적 총수요와 총공급 모델을 사용해서 통화정책이 실질GDP와 물가수준에 미치는 효과를 분석한다.

24.4 동태적 총수요와 총공급 모델에 의한 통화정책 분석
- 동태적 총수요와 총공급 모델을 사용해서 통화정책을 분석한다.

24.5 연방준비제도의 통화정책타겟 설정에 관한 심층적 논의
- 연방준비제도의 통화정책타겟 설정에 대해 논의한다.

24.6 2007~2009년 기간 동안 시행된 연방준비제도의 정책
- 2007~2009년 경기후퇴기에 연방준비제도가 시행했던 정책들에 대해 논의한다.

왜 기업들은 연방준비제도가 하는 일에 관심을 가지는가?

2013년 6월에 오바마 대통령은 독일의 베를린에서 중요한 연설을 할 예정이었다. 그러나 *월스트리트저널*은 "금융시장(유럽의 금융시장조차도), 기업 임원들, 경제학자들은 연방준비제도의 워싱턴 본부에 더 많이 주목할 것이다"라고 보도했다. 그날 워싱턴 D.C.에 있는 연방준비제도 본부에서 이루어진 정책회의에 이어 Fed의 의장인 Ben Bernanke의 통화정책에 관한 발표와 기자회견이 있었다. 버냉키가 기자회견에서 Fed가 고용과 GDP를 증가시키기 위해 공격적으로 행동하지 않을 수 있다고 말했던 것이 투자자들을 실망시켰다. 그 결과로 다우존스산업평균지수는 200포인트 이상 하락했고 재무부 채권의 이자율은 상승했다.

이러한 사건은 Fed의 의장이 미국 대통령보다 더 중요하다는 점을 제시해 주는가? 통화정책은 기업에게 중요한가? 대부분의 경제학자들은 두 질문 모두에 대해 그렇다고 답한다. 미국 대통령도 경제에 영향을 미치는 조치를 취할 수 있다. 그러나 미국 대통령은 대부분의 정책을 시행하기 전에 미국 의회의 승인이 필요하다. 이와는 달리 Fed의 구조는 Fed의 의장에게 통화정책에 관한 상당한 통제 권한을 부여하고 있다. 그 결과로 Fed의 의장은 종종 미국 대통령보다 경제에 대해 더 크게 영향을 미칠 수 있다.

많은 기업들은 2가지 이유로 Fed의 조치에 대해 면밀하게 주의를 기울인다. 첫째, Fed가 이자율을 변경시킬 때 이것이 일부 기업들, 특히 내구재를 판매하는 주택건설회사들과 자동차딜러들에게 직접적으로 영향을 미친다. 둘째, 이자율의 변경은 총수요의 변화를 발생시키기 때문에 다른 기업들에게도 간접적으로 영향을 미친다. 연방준비제도가 총수요의 증가를 둔화시켜 인플레이션율을 하락시키기 위해 이자율을 인상시킨 후에 종종 경기후퇴가 시작된다. 특히 이자율의 인상은 주택을 매입하는 비용을 상승시켜 주택에 대한 수요를 감소시킨다. 주택건설회사들이 이자율이 상승할 것인지 하락할 것인지에 대한 신호를 포착하기 위해 주의 깊게 Fed를 주시하는 것은 놀라운 일이 아니다.

Hovnanian Enterprises사는 뉴저지 주의 Red Bank에 본부를 두고 있는 주택건설회사이다. 대부분의 여타 주택건설회사들과 마찬가지로, 이 회사는 2000년대 중반 동안 Fed의 저이자율 정책으로부터 혜택을 입었다. 그러나 2007~2009년의 경기후퇴기 동안과 그 직후에 Hovnanian Enterprises사는 거의 모든 주택건설회사들과 마찬가지로 급격한 매출 감소를 경험했다. 2013년에 Fed의 정책담당자들은 여전히 경제가 경기후퇴로부터 완전히 회복되도록 돕기 위해 분투하고 있었다.

이 장에서는 연방준비제도와 통화정책이 어떻게 GDP, 고용, 인플레이션에 영향을 미치는지 배울 것이다.

자료: David Wessel, "The Pressure Is on Bernanke," *Wall Street Journal*, June 19, 2013; Jon Hilsenrath and Victoria McGrane, "Federal Reserve Eyes End of Bond Buying, Spooking Markets," *Wall Street Journal*, June 19, 2013; and "Hovnanian Posts Its First Profit in 2 Years," Reuters, June 6, 2012.

제23장에서 은행들이 가계들과 기업들에게 신용을 공급하고 통화공급을 창조하는 중요한 역할을 한다는 것을 살펴보았다. 또한 미국 의회가 금융시스템을 안정시키기 위해 연방준비제도를 창설했고 Fed는 통화공급을 관리하는 책임을 가지고 있다는 것도 살펴보았다. 이 장에서는 Fed의 주요 정책목표를 논의한다. 또한 연방준비제도가 자신의 정책목표를 달성하기 위해 어떤 *통화정책* 조치를 취할 것인지를 어떻게 결정하는지도 살펴본다.

24.1. 통화정책은 무엇인가?

1913년에 미국 의회는 연방준비제도법 Federal Reserve Act을 통과시키고 연방준비제도 Federal Reserve System를 창설했다. Fed에게 부여된 중요한 책임은 제23장에서 논의했던 은행패닉을 막기 위해 은행들에게 재할인대출을 해주는 것이었다. 1930년대 대공황의 결과로 미국 의회는 연방준비제도법을 수정하여 연방준비제도이사회 Federal Reserve's Board of Governors에게 "최대 고용, 물가안정, 적정한 장기 이자율의 목표들을 효과적으로 추구하기 위해" 더 확대된 책임을 부여했다.

통화정책 monetary policy
중앙은행이 거시경제정책목표를 달성하기 위해 통화공급과 이자율을 관리하기 위해 취하는 조치.

제2차 세계대전 이후 연방준비제도는 적극적인 통화정책을 수행했다. **통화정책 monetary policy**은 중앙은행이 거시경제정책목표를 달성하기 위해 통화공급과 이자율을 관리하기 위해 취하는 조치를 의미한다.

통화정책의 목표

Fed는 경제가 잘 기능하게 하기 위한 4가지의 주요 *통화정책 목표 monetary policy goals*를 가지고 있다.

1. 물가안정
2. 높은 고용
3. 금융시장과 금융기관의 안정
4. 경제성장

이러한 목표 각각에 대해 간략히 논의하도록 하자.

물가안정 물가수준의 상승은 교환의 매개수단이자 가치의 저장수단인 통화의 가치를 하락시킨다. 특히 1970년대 동안 인플레이션이 예상치 않게 극적으로 상승한 후, 대부분 선진국들의 정책담당자들은 물가안정을 정책목표로 설정했다. [그림 24.1]은 1950년 초부터 1968년까지 미국의 인플레이션율은 연 4% 미만에서 유지되었다는 것을 보여준다. 인플레이션율은 1970년대 대부분의 기간 동안 연 4% 이상이었다. 인플레이션율은 1979년 초에

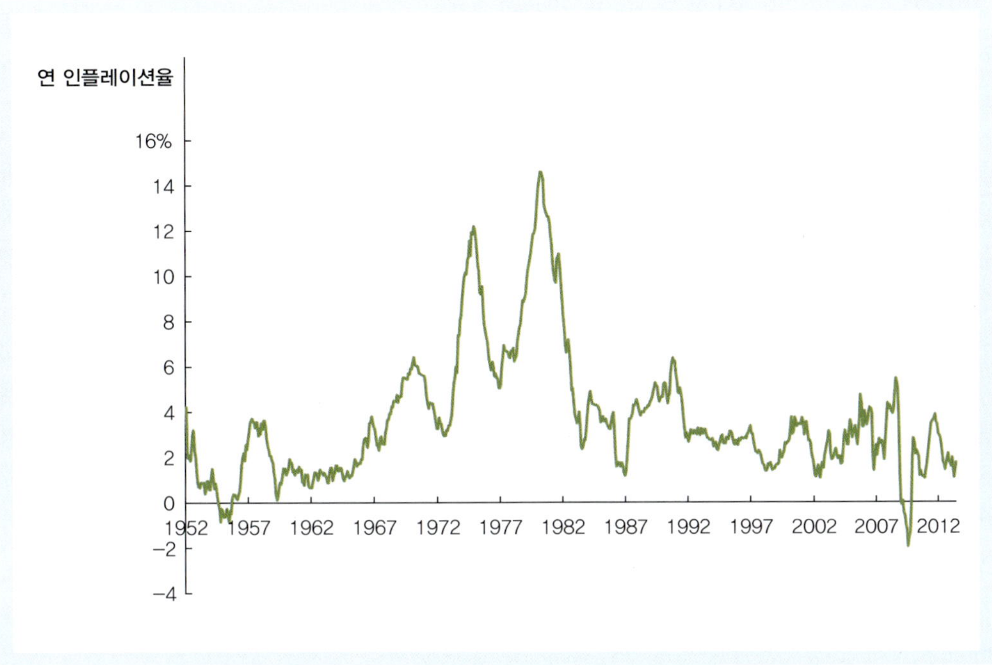

그림 24.1

미국의 인플레이션율, 1952년 1월~2013년 6월

1950년대와 1960년대의 대부분 기간 동안, 미국의 인플레이션율은 4% 이하였다. 1970년대 동안, 인플레이션율은 상승했고 평균 10% 이상이었던 1979~1981년 기간 동안 정점에 이르렀다. 인플레이션율은 1992년 이후 일반적으로 4% 미만이었고 2008년 여름에 석유가격의 상승으로 5% 이상이 되었다. 2007~2009년 경기후퇴의 영향으로 2009년 초 수개월간 물가수준이 하락하는 디플레이션이 발생했다.

자료: Federal Reserve Bank of St. Louis.

10% 이상으로 상승해서 1981년 후반까지 유지되었으며 그 후에 급속히 4%대로 다시 하락하기 시작했다. 인플레이션율은 1992년 이후 일반적으로 4% 미만이었고 2008년 여름에 가솔린 가격의 급상승으로 5% 이상으로 상승했다. 2007~2009년 경기후퇴의 영향으로 2009년 초 수개월 간 물가수준이 하락하는 디플레이션이 발생했다.

1979~1981년 기간 동안 인플레이션율은 미국이 평화 시기에 경험했던 최고 수준이었다. Paul Volker는 1979년 8월에 연방준비제도이사회의 의장이 되었을 때, 인플레이션과의 싸움을 그의 가장 우선적인 정책목표로 설정했다. 그 후 Fed의 의장들은 인플레이션율이 장기간에 걸쳐 낮으면 Fed가 경기후퇴에 대항하기 위해 총수요를 증가시킬 수 있는 신축성을 가지게 될 것이라고 주장하면서 계속해서 인플레이션에 초점을 맞추었다. 2007~2009년의 경기후퇴가 매우 심했기 때문에 Fed가 이 장의 뒷부분에서 논의하는 예외적인 정책 조치들을 채택했지만, 물가안정은 여전히 Fed의 핵심 정책목표이다.

높은 고용 물가안정에 더하여 높은 고용(또는 낮은 실업률)이 중요한 통화정책목표이다. 고용되지 않은 근로자들과 과소하게 사용되는 공장과 사무실 빌딩은 GDP를 잠재수준 아래로 감소시킨다. 실업은 금융적 어려움을 발생시키고 일자리를 잃은 근로자들의 자존감을 감소시킨다. Fed 이외의 다른 연방정부기관들도 높은 고용의 목표를 가지고 있다. 제2차 세계대전이 종료되었을 때, 미국 의회는 "일할 능력이 있고, 기꺼이 일할 의사가 있으며 일자리를 찾는 사람들을 위한 고용이 이루어질 수 있는 조건을 강화하고 촉진하며 최대 고용, 생산, 구매력을 증진시키는 것이…Fed의 책임"이라고 천명한 1946년 고용법 Employment Act을 통과시켰다. 물가안정과 높은 고용은 1946년 고용법에 명시적으로 언급되어 있기 때문에 종종 Fed는 이러한 2가지 목표를 달성해야 하는 *복수책무 dual mandate*를 가지고 있다고 말한다.

금융시장과 금융기관의 안정 기업들은 제품을 디자인, 개발, 생산, 판매하기 위해 필요한 자금을 조달할 수 있어야 한다. 저축자들은 집을 살 준비를 하고 자녀의 교육비를 마련하며 은퇴에 대비해야 하기 때문에 저축의 가치를 증가시키기 위한 금융투자수단을 찾는다. Fed는 저축자들로부터 차입자들로 자금의 효율적인 흐름이 발생하도록 하기 위해 금융시장과 금융기관의 안정을 촉진시킨다. 제23장에서 살펴본 것처럼, 2007~2009년의 금융위기는 금융시장의 안정 문제를 전면으로 부상시켰다.

2007~2009년의 금융위기는 미국 의회로 하여금 1913년에 연방준비제도를 창설하게 만들었던 은행위기와 유사했다. 중요한 차이점은 이전의 은행위기는 상업은행들에게 영향을 미쳤던 반면 2007~2009년의 금융위기는 투자은행들과 *그림자 금융시스템 shadow banking system*에 속한 여타 금융회사들에게 영향을 미쳤다는 것이다. 투자은행들, 머니마켓뮤추얼펀드들과 여타 금융회사들은 종종 1일물과 같은 단기로 차입해서 장기 증권에 투자하기 때문에 *유동성 문제 liquidity problem*에 직면할 수 있다. 예금자들이 예금을 인출하기 시작하면 상업은행들이 위기를 겪을 수 있는 것처럼, 투자자들이 단기로 자금을 공급하는 것을 멈추면, 투자은행들과 여타 금융회사들은 위기를 겪을 수 있다. 2008년에 Fed는 이러한 문제들이 경기후퇴를 더 심하게 만들고 있다고 믿었기 때문에 이러한 금융회사들의 유동성 문제를 완화시키기 위한 몇 가지의 조치들을 취했다. 이 장의 뒷부분에서 Fed가 2007~2009년의 금융위기를 해결하는데 도움을 주기 위해 시행했던 새로운 정책들을 더 상세하게 논의할 것이다.

경제성장 제19장과 제20장에서 생활수준을 높이는 데 있어서 경제성장의 중요성에 대해 논의했다. 정책담당자들은 가계들과 기업들이 정확하게 계획할 수 있게 하고 기업들이 성장을 지속하기 위해 필요한 투자를 하도록 장려할 수 있는 안정적 경제성장을 달성하고자하는 목표를 가지고 있다. 기업투자를 위한 직접적인 인센티브를 제공하고 거액의 투자자금을 확보하기 위해 저축을 위한 인센티브를 제공하는 정책이 경제성장을 촉진시킬 수 있다. 그러나 미국 의회와 대통령이 Fed보다 저축과 투자를 더 잘 증가시킬 수 있다. 실제로 일부 경제학자들은 Fed가 물가안정, 높은 고용, 금융시장과 금융기관의 안정 목표를 달성하는 것을 넘어서서 경제성장을 촉진시키는 역할을 할 수 있느냐에 대해 의문을 제기한다.

다음 절에서는 Fed가 통화정책목표를 어떻게 달성하는지 살펴볼 것이다. Fed는 다수의 통화정책목표를 가지고 있지만, 대부분의 기간 동안 Fed의 가장 중요한 목표는 물가안정과 높은 고용이었다. 2007년에 시작된 금융시장의 혼란 때문에 Fed는 금융시장안정 목표를 새롭게 강조하게 되었다.

24.2. 통화시장과 연방준비제도의 통화정책타겟 선택

Fed는 통화정책목표를 달성하기 위해 정책수단들을 사용한다. Fed의 정책수단들은 공개시장조작, 대출정책, 지준의무라는 것을 기억하라. 종종 Fed는 통화정책목표들 간의 상충관계에 직면한다. 예를 들어 이 장의 뒷부분에서 논의할 것이지만 Fed는 인플레이션율을 하락시키기 위해 이자율을 인상시킬 수 있다. 그러나 이자율의 인상은 일반적으로 가계와 기업 지출을 감소시키고 더 느린 경제성장과 더 높은 실업을 발생시킬 수 있다. 따라서 하나의 정책목표를 달성하려는 정책이 높은 고용과 같은 다른 정책목표를 달성하는 것을 더 어렵게 만들 수 있다.

통화정책타겟

Fed는 실업률과 인플레이션율 모두를 낮게 유지하려고 하나 이러한 경제변수들 중 어떤 변수에도 직접적으로 영향을 미칠 수 없다. Fed는 기업들에게 얼마나 많은 사람들을 고용해야 하거나 제품 가격에 어떤 가격을 부과해야 하는지를 지시할 수 없다. 그 대신, Fed는 직접적으로 영향을 줄 수 있고 이어서 Fed의 정책목표와 밀접하게 관련되어 있는 실질 GDP, 고용, 물가수준과 같은 변수들에 영향을 미칠 수 있는 *통화정책타겟 monetary policy target*[1]이라고 부르는 변수들을 사용한다. 2가지 중요한 통화정책타겟은 통화공급과 이자율이다. 앞으로 살펴보겠지만, Fed는 일반적으로 이자율을 통화정책타겟으로 사용한다.

Fed는 전형적으로 통화정책타겟으로 통화공급과 이자율을 사용했지만, 이러한 타겟들이 2007~2009년의 경기후퇴기에 Fed 정책결정의 중심에 있었던 것은 아니라는 점을 명심하라. 이 장의 뒷부분에서 논의하는 것처럼, 미국의 금융시장이 1930년대의 대공황 이후 경험해보지 못했던 정도로 붕괴되었기 때문에 Fed는 새로운 정책수단들을 개발해야만 했다. 그러나 Fed가 정상적인 시기에 어떻게 정책을 수행하는가를 잘 이해하는 것이 여전히 중요하다.

통화에 대한 수요

Fed의 2가지 통화정책타겟은 서로 관련되어 있다. 이러한 관계를 이해하기 위해 먼저 통화수요와 통화공급이 함께 작동하는 *통화시장 money market*을 살펴볼 필요가 있다. [그림 24.2]는 통화에 대한 수요곡선을 보여준다. 수직축에 이자율이 표시되어 있고 수평축에 통화의 양이 표시되어 있다. 여기서 현금통화와 당좌예금의 합으로 정의되는 통화인 *M*1을 사용하자. 통화에 대한 수요곡선은 우하향한다는 점에 주목하라.

왜 통화에 대한 수요곡선이 우하향하는지를 이해하기 위해 가계들과 기업들이 통화를 보유할 것인지 재무부 단기증권과 같은 여타 금융자산을 보유할 것인지 선택하는 문제

1) 역주: 운용수단 operating instrument이라고도 부름

그림 24.2

통화수요곡선

이자율의 하락은 가계들과 기업들이 재무부 단기증권과 같은 금융자산에서 통화로 이동하게 만들기 때문에 통화수요곡선은 우하향한다. 모든 다른 것들이 일정하다면, 이자율이 4%에서 3%로 하락할 때 통화수요의 양은 $9,000억에서 $9,500억으로 증가한다. 이자율의 상승은 통화수요의 양을 감소시킨다.

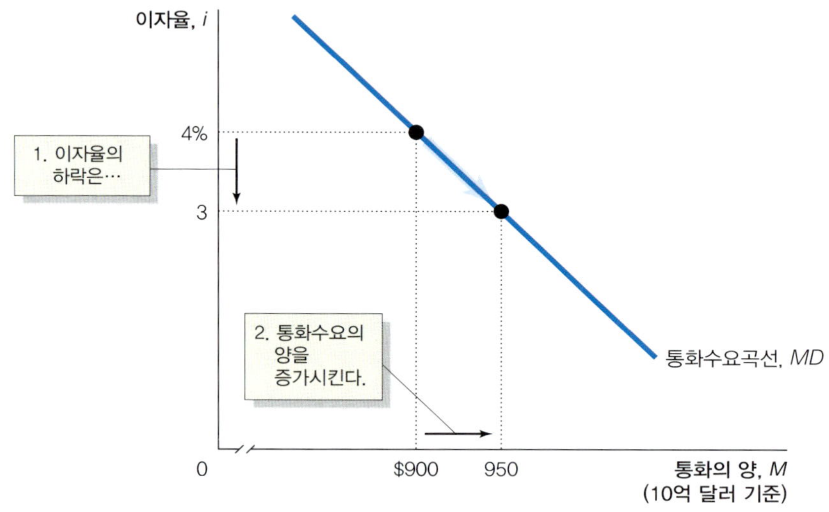

를 생각해 보라. 통화는 한 가지 바람직한 특성을 가지고 있다. 당신은 재화, 서비스나 금융자산을 구매하기 위해 통화를 사용할 수 있다. 또한 통화는 한 가지 바람직하지 못한 특성을 가지고 있다. 당신의 지갑 속에 있는 현금통화는 이자를 벌지 못하고 당신의 당좌예금에 들어 있는 통화는 이자를 벌지 못하거나 매우 적은 이자를 번다. 재무부 단기증권과 같은 통화의 대체재들은 이자를 지급하나 당신이 어떤 것을 사기 위한 자금으로 사용하기 원하면 매도되어야 한다. 재무부 단기증권과 같은 금융자산의 이자율이 상승할 때, 가계들과 기업들이 통화를 보유함으로써 잃게 되는 이자는 증가한다. 이자율이 하락할 때, 가계들과 기업들이 통화를 보유함으로써 잃게 되는 이자는 감소한다. *기회비용 opportunity cost*은 당신이 한 활동에 참여하기 위해 포기해야 하는 비용이라는 것을 기억하라. 이자율은 통화 보유의 기회비용이다.

이제 왜 통화에 대한 수요곡선이 우하향하는지 설명할 수 있다. 재무부 단기증권과 여타 금융자산의 이자율이 낮을 때, 통화 보유의 기회비용은 낮고 이에 따라 가계들과 기업들이 수요하는 통화의 양은 많을 것이다. 이자율이 높을 때, 통화 보유의 기회비용은 높고 이에 따라 가계들과 기업들이 수요하는 통화의 양은 적을 것이다. [그림 24.2]에서 이자율이 4%에서 3%로 하락하면 가계들과 기업들이 수요하는 통화의 양은 $9,000억에서 $9,500억으로 증가한다.

통화수요곡선의 이동

제3장에서 재화를 구매하고자 하는 소비자의 용의에 영향을 미치는 가격 이외의 모든 변수들이 일정하다는 전제하에 재화에 대한 수요곡선이 그려진다는 것을 살펴보았다. 가

격이외 변수들의 변화는 재화에 대한 수요곡선을 이동시킨다. 이와 유사하게 통화를 보유하고자 하는 가계들과 기업들의 용의에 영향을 미치는 이자율 이외의 모든 변수들이 일정하다는 전제하에 통화수요곡선이 그려진다. 통화수요곡선을 이동시키는 가장 중요한 2가지 변수는 실질GDP와 물가수준이다.

실질GDP가 증가한다는 것은 재화와 서비스를 구매하고 판매하는 양이 증가할 것이라는 것을 의미한다. 이러한 추가적인 구매와 판매는 교환의 매개수단인 통화에 대한 수요를 증가시킨다. 실질GDP의 증가는 각 이자율 수준에서 가계들과 기업들이 보유하기 원하는 통화의 양을 증가시키고 통화수요곡선을 오른쪽으로 이동시킨다. 실질GDP의 감소는 각 이자율 수준에서 통화수요의 양을 감소시키고 통화수요곡선을 왼쪽으로 이동시킨다. 물가수준의 상승은 주어진 구매와 판매를 위해 필요한 통화의 양을 증가시킨다. 예를 들어, 80년 전에는 물가수준이 훨씬 낮았고 새 자동차를 $500에 구매할 수 있었으며 전형적인 중산층의 주급은 $30이었다. 그 당시에 더 적은 실질GDP와 더 적은 인구의 효과를 조정하더라도 가계들과 기업들이 수요하는 통화의 양은 오늘날보다 훨씬 적었다. 물가수준의 상승은 각 이자율 수준에서 통화수요의 양을 증가시키고 통화수요곡선을 오른쪽으로 이동시킨다. 물가수준의 하락은 각 이자율 수준에서 통화수요의 양을 감소시키고 통화수요곡선을 왼쪽으로 이동시킨다. [그림 24.3]은 통화수요곡선의 이동을 보여준다.

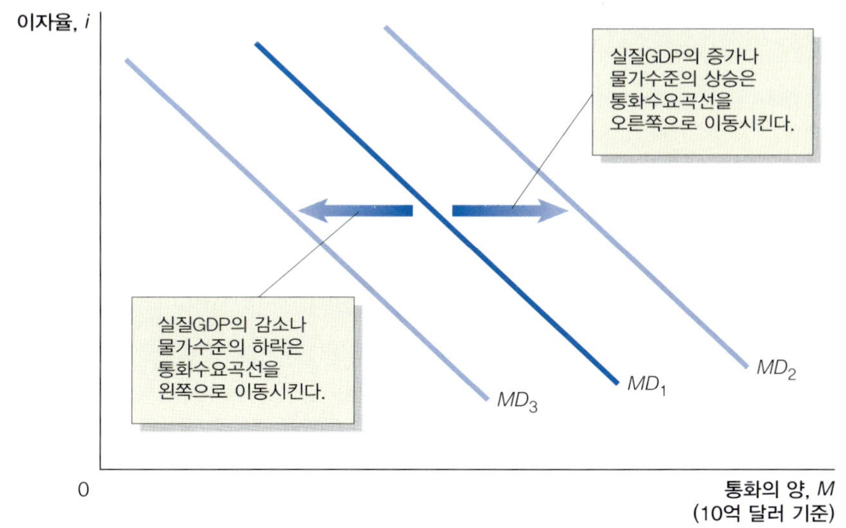

그림 24.3

통화수요곡선의 이동

실질GDP나 물가수준의 변화는 통화수요곡선을 이동시킨다. 실질GDP의 증가나 물가수준의 상승은 통화수요곡선을 MD_1에서 MD_2로 이동시킨다. 실질GDP의 감소나 물가수준의 하락은 통화수요곡선을 MD_1에서 MD_3로 이동시킨다.

Fed는 어떻게 통화공급을 관리하는가?

통화수요에 대해 논의했으니 이제 통화공급을 살펴보자. 제23장에서 연방준비제도가 어떻게 통화공급을 관리하는지 살펴보았다. 연방공개시장위원회 FOMC는 1년에 8번 워싱턴 D.C에서 회의를 개최한다. FOMC는 통화공급을 증가시키기로 결정하면 뉴욕연준은행 Federal Reserve Bank of New York의 거래부서에게 재무부 단기증권을 매입할 것을 지시한다. 이러한 재무부 단기증권의 매도자들은 Fed로부터 받는 자금을 은행들에 예금하고 은행지준을 증가시킨다. 전형적으로 은행들은 이러한 지준의 대부분을 대출하여 새로운 당좌예금을 창조하고 통화공급을 증가시킨다. FOMC는 통화공급을 감소시키기로 결정하면 뉴욕연준은행의 거래부서에게 재무부 단기증권을 매도할 것을 지시하고 이것이 은행지준을 감소시키며 통화공급을 축소시킨다.

통화시장의 균형

[그림 24.4]에 통화수요곡선과 통화공급곡선이 그려져 있다. Fed가 어떻게 통화공급과 이자율에 영향을 미치는지 살펴보기 위해 이 그림을 사용할 수 있다. 논의를 단순하게 하기 위해 Fed가 통화공급을 완전히 통제할 수 있다고 가정하자. 이러한 가정 하에서 통화공급곡선은 수직선이 되고 이자율의 변화는 통화공급의 양에 아무런 영향을 미치지 못한다. 여타 시장과 마찬가지로 통화시장의 균형은 통화수요곡선과 통화공급곡선이 교차하는 곳에서 발생한다. 만일 Fed가 통화공급을 증가시키면, 통화공급곡선은 오른쪽으로 이동하고 균

그림 24.4

Fed가 통화공급을 증가시킬 때 이자율에 미치는 효과

Fed가 통화공급을 증가시킬 때, 가계들과 기업들은 처음에 여타 금융자산과 비교해 상대적으로 통화를 원하는 양보다 더 많이 보유하게 될 것이다. 가계들과 기업들은 재무부 단기증권을 매입하고 이자지급 은행계좌에 예금하기 위해 보유하기를 원하지 않는 통화를 사용한다. 이러한 수요 증가는 은행들과 재무부 단기증권과 유사한 증권의 매도자들이 더 낮은 이자율을 제공할 수 있게 해준다. 궁극적으로 이자율은 가계들과 기업들이 Fed가 창조한 추가적인 통화공급을 기꺼이 보유하기에 충분한 만큼 하락할 것이다. 그림에서 $9,000억에서 $9,500억으로의 통화공급 증가는 통화공급곡선을 MS_1에서 MS_2로 오른쪽으로 이동시키고 균형이자율을 4%에서 3%로 하락시킨다.

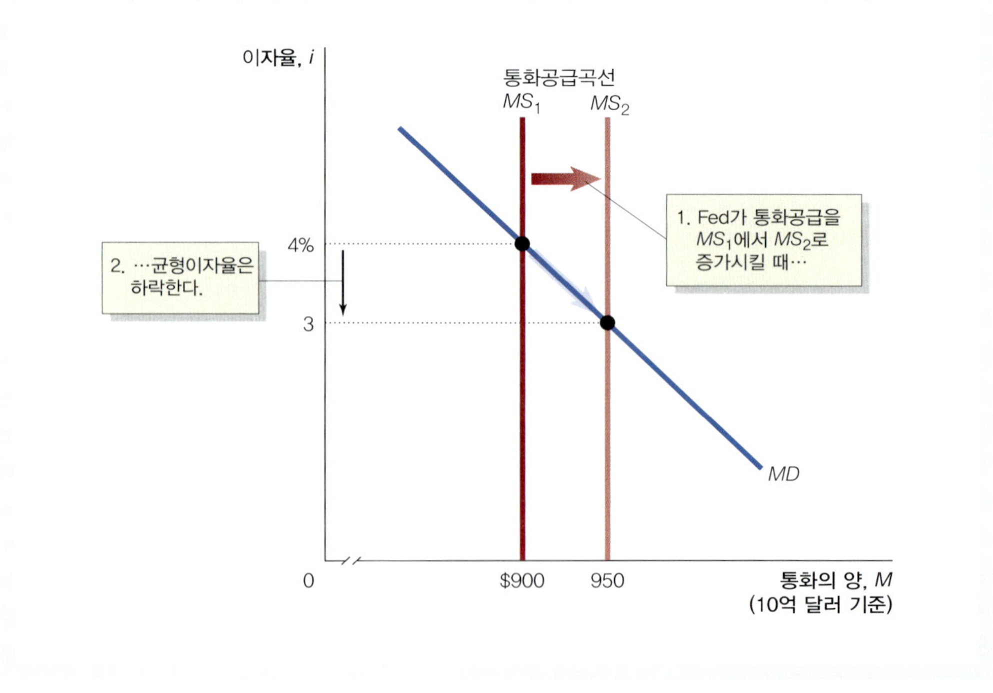

형이자율은 하락한다. [그림 24.4]에서 Fed가 통화공급을 $9,000억에서 $9,500억으로 증가시킬 때, 통화공급곡선은 MS_1에서 MS_2로 이동하고 균형이자율은 4%에서 3%로 하락한다.

통화시장에서 이루어지는 균형의 조정은 재화시장에서 이루어지는 균형의 조정과는 약간 다르다. [그림 24.4]에서 통화시장은 처음에 이자율이 4%이고 통화공급이 $9,000억인 곳에서 균형이다. Fed가 통화공급을 $500억 증가시킬 때, 가계들과 기업들은 4%의 이자율에서 보유하기 원하는 양보다 더 많은 통화를 가지게 된다. 가계들과 기업들은 이러한 추가적인 $500억을 가지고 무엇을 하는가? 그들은 재무부 단기증권과 같은 단기금융자산을 매입하거나 예금증서와 같은 이자지급 은행계좌에 예금하기 위해 그 돈을 사용할 가능성이 크다. 이러한 이자지급 은행계좌와 단기금융자산에 대한 수요의 증가는 은행들이 예금증서의 이자율을 더 낮게 제공할 수 있게 하거나 재무부 단기증권과 이와 유사한 자산의 매도자들이 더 낮은 이자율을 제공할 수 있게 해준다. 예금증서, 재무부 단기증권, 여타 단기 자산의 이자율이 하락함에 따라, 통화보유의 기회비용도 감소된다. 그 결과로 균형점은 통화수요곡선 상에서 아래로 이동하게 된다. 궁극적으로 *이자율은 가계들과 기업들이 Fed가 창조한 추가적인 $500억의 통화를 기꺼이 보유하기에 충분할 만큼 하락하고 통화시장은 새로운 균형에 이르게 된다. 요약하면, Fed가 통화공급을 증가시킬 때, 단기 이자율은 가계들과 기업들이 추가적으로 공급되는 통화를 기꺼이 보유하게 되는 수준에 이를 때까지 하락한다.*

[그림 24.5]는 Fed가 통화공급을 감소시킬 때 어떤 일이 발생하는지 보여준다. 통화시

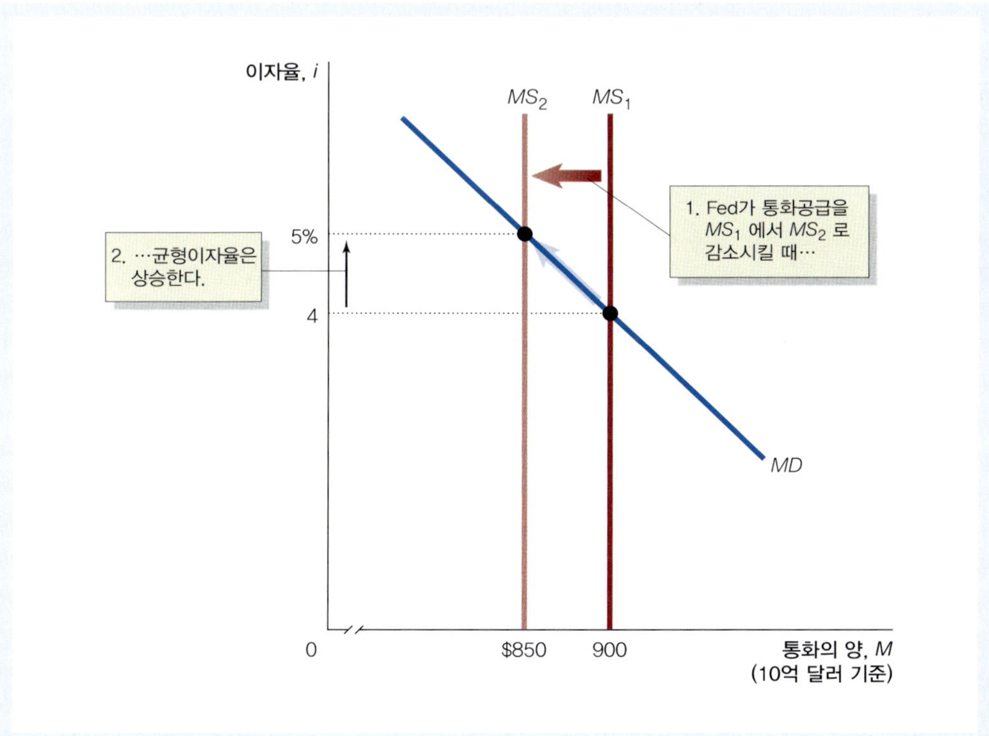

그림 24.5

Fed가 통화공급을 감소시킬 때 이자율에 미치는 효과

Fed가 통화공급을 감소시킬 때, 가계들과 기업들은 처음에 여타 금융자산과 비교해 상대적으로 통화를 원하는 것보다 더 적게 보유하게 될 양이다. 가계들과 기업들은 재무부 단기증권과 여타 금융자산을 매도하고 이자지급 은행계좌로부터 예금을 인출할 것이다. 이러한 행동은 이자율을 상승시킬 것이다. 이자율은 가계들과 기업들이 Fed의 조치로부터 발생된 더 적은 통화를 기꺼이 보유하기에 충분한 수준까지 상승할 것이다. 그림에서 $9,000억에서 $8,500억으로의 통화공급 감소는 통화공급곡선을 MS_1에서 MS_2로 왼쪽으로 이동시키고 균형이자율을 4%에서 5%로 상승시킨다.

장은 처음에 이자율이 4%이고 통화공급이 $9,000억인 곳에서 균형이다. 만일 Fed가 통화공급을 $8,500억으로 감소시키면, 가계들과 기업들은 4%의 이자율에서 여타 금융자산과 비교해 상대적으로 통화를 더 적게 보유하게 될 것이다. 그들은 통화보유를 증가시키기 위해 재무부 단기증권과 여타 단기 금융자산을 매도하고 예금증서와 여타 이자지급 은행계좌로부터 예금을 인출할 것이다. 은행들은 예금자들을 붙잡아두기 위해 더 높은 이자율을 제공해야 할 것이고 재무부 단기증권과 유사한 증권의 매도자들은 매입자들을 찾기 위해 더 높은 이자율을 제공해야 할 것이다. 단기이자율의 상승은 통화보유의 기회비용을 증가시키고 균형점을 통화곡선 상에서 위로 이동시킨다. 새로운 균형은 5%의 이자율에서 발생된다.

단기 명목이자율과 장기 실질이자율

제19장에서 이자율에 관한 대부자금모델을 논의했다. 이 모델에서 균형이자율은 대부자금의 수요와 공급에 의해 결정된다. 대부자금모델은 *장기 실질이자율 long-term real rate of interest*에 관한 모델이고 통화시장모델은 *단기 명목이자율 short-term nominal rate of interest*에 관한 모델이다. 장기 실질이자율은 저축자들이 회사채와 같은 장기 금융자산 매입을 고려할 때 가장 관련되는 이자율이다. 또한 장기 실질이자율은 새로운 공장이나 사무실 빌딩과 같은 장기 투자 프로젝트에 필요한 자금을 조달하기 위해 차입하는 기업들이나 새로운 주택을 매입하기 위해 모기지대출을 받는 가계들에게 관련된 이자율이다.

그러나 중앙은행이 통화정책을 수행할 때 초점을 맞추고 있는 이자율은 통화공급의 증가와 감소에 의해 가장 크게 영향을 받는 단기 명목이자율이다. 항상 그러한 것은 아니지만 종종 단기 명목이자율의 움직임과 장기 실질이자율의 움직임 간에 밀접한 관계가 존재한다. 따라서 중앙은행이 단기 명목이자율을 상승시키는 조치를 취할 때, 일반적으로 장기 실질이자율도 상승한다. 달리 말하면, 다음 절에서 논의하는 것처럼 재무부 단기증권의 이자율이 상승할 때 종종 시차가 있기는 하지만 모기지대출의 실질이자율도 일반적으로 상승한다.

통화정책타겟의 선택

이미 살펴본 것처럼, Fed는 통화정책목표와 밀접하게 관련되어 있는 실질GDP나 물가수준과 같은 경제변수에 영향을 미치기 위해 통화정책타겟을 사용한다. Fed는 통화정책타겟으로 통화공급이나 이자율을 사용할 수 있다. [그림 24.5]가 보여주는 것처럼, Fed는 통화공급과 이자율 모두에 영향을 미칠 수 있다. Fed는 일반적으로 통화공급보다는 이자율에 초점을 맞추고 있다. 1980년에 미국 의회는 은행들이 당좌예금에 이자를 지급하는 것을 허용하기 시작했다. 동시에 머니마켓 뮤추얼펀드 money market mutual fund가 은행이 제공하는 것보다 더 높은 이자율을 버는 수단으로 소액 저축자들에게 더 인기를 얻어 가고 있었다. 이렇게 상황이 진전되었기 때문에 일부 경제학자들은 Fed가 *M*1보다 *M*2에 더 초점을 맞추어야 한다고 주장했다. 그들은 *M*2와 인플레이션과 실질GDP 변수 간 관계가 *M*1과 이러한 변수들 간 관계보다 더 안정적이라고 주장했다. 그러나 이러한 *M*2와 여타 중요한 경제변수들 간의 관계조차도 1990년대 초에 붕괴되었다. 1993년 7월에 Fed의 의장이었던 Alan Greenspan은 Fed가 통화정책의 수행을 위해 *M*1이나 *M*2 타겟의 사용을 중지할 것이라고 미국 의회에 알렸다. 이에 따라 Fed는 이자율 통화정책타겟에 더 의존하게 되었다.

경제에는 서로 다른 많은 이자율들이 존재한다. 통화정책의 목적을 위해 Fed는 *페더럴펀드 이자율 federal funds rate*이라고 알려져 있는 이자율을 통화정책타겟으로 사용하고 있다. 다음 절에서 이자율을 타겟팅하는 것이 Fed가 통화정책목표를 달성하는데 어떻게 도움을 줄 수 있는지 논의하기 전에 먼저 페더럴펀드 이자율에 대해 살펴보도록 하자.

페더럴펀드 이자율의 중요성

모든 은행은 일정한 기준금액을 초과하는 당좌예금의 10%를 은행에 시재금으로 보유하는 현금통화든 Fed에 예치하는 예금으로든 필요지준으로 보유해야 한다는 것을 기억하라(제23장 참조). Fed는 지준예금에 대해 낮은 이자율을 지급하기 때문에 은행들은 통상적으로 당좌예금의 10% 이상을 초과하는 지준을 투자할 인센티브를 가진다. 2007년에 시작된 금융위기가 2008년 동안 심해짐에 따라, 은행들이 예금인출의 증가를 충족시키기 위해 가장 문제가 없는 신용이력을 가지고 있는 차입자들을 제외하고 어떤 차입자에게도 대출하기를 주저함에 따라 은행지준은 크게 증가했다. 은행들은 금융위기가 종료된 이후 수년 동안 거액의 초과지준을 계속해서 보유했다. 그러나 이러한 상황은 매우 예외적인 것이었다. 정상적인 시기에 은행들은 초과지준을 거의 보유하지 않고 추가적인 지준이 필요할 때는 여유 있는 지준을 가지고 있는 은행들로부터 *페더럴펀드시장 federal funds market*을 통해 차입한다. **페더럴펀드 이자율** federal funds rate은 페더럴펀드시장에서 은행들이 지준대출에 대해 서로에게 부과하는 이자율이다. 이러한 지준대출의 만기는 일반적으로 종종 1일로 초단기이다.

페더럴펀드 이자율 federal funds rate
페더럴펀드시장에서 은행들이 1일물 대출에 대해 서로에게 부과하는 이자율.

Fed는 실제로 페더럴펀드 이자율을 설정하지 않는다. 그 대신, 페더럴펀드 이자율은 지준의 수요와 공급에 의해 결정된다. Fed는 공개시장조작을 통해 은행지준의 공급을 증가시키고 감소시킬 수 있기 때문에 페더럴펀드 이자율 목표를 설정하고 그 목표를 가깝게 달성할 수 있다. FOMC는 각 회의 후에 페더럴펀드 이자율 목표를 발표한다. [그림 24.6]에서 오렌지색 선은 2000년 이후 Fed의 페더럴펀드 이자율 목표를 보여준다. 들쑥날쑥하는 초록색 선은 1주 기준의 실제 페더럴펀드 이자율을 나타낸다. 이 그림은 Fed가 금융위기에 대응해서 2007년 9월부터 페더럴펀드 이자율 목표를 급속히 하락시킨 것을 보여준다. 2008년 12월에 Fed는 페더럴펀드 이자율 목표를 0에서 0.25% 범위로 설정한다고 발표했다. 실제 페더럴펀드 이자율은 0.06%에서 0.23% 사이에서 변동했다. 이렇게 매우 낮은 페더럴펀드 이자율은 금융위기가 얼마나 심한지를 반영한 것이다.

은행들만이 페더럴펀드시장에서 차입하거나 대출할 수 있기 때문에, 페더럴펀드 이자율은 가계들과 기업들에게 직접적으로 관련되어 있는 이자율은 아니다. 그러나 페더럴펀드 이자율의 변화는 일반적으로 재무부 단기증권과 같은 단기 금융자산과 회사채 및 모기지대출과 같은 장기 금융자산 모두의 이자율을 변화시킨다. 페더럴펀드 이자율의 변화는

그림 24.6

페더럴펀드 이자율 타겟팅, 2000년 1월~2013년 7월

Fed는 페더럴펀드 이자율을 설정하지 않는다. 그러나 공개시장조작을 통해 신속하게 은행지준을 증가시키고 감소시킬 수 있는 Fed의 능력이 실제 페더럴펀드 이자율을 Fed의 페더럴펀드 이자율 목표에 가깝게 유지시킨다. 오렌지색 선은 Fed의 페더럴펀드 이자율 목표이고 들쑥날쑥하는 초록색 선은 1주 기준의 실제 페더럴펀드 이자율을 나타낸다.
자료: Board of Governors of the Federal Reserve System.

장기이자율보다는 단기이자율에 더 크게 영향을 미치고 장기이자율에 시차를 가지고 영향을 미친다. 대부분의 경제학자들은 Fed가 이자율을 통화정책타겟으로 선택한 것을 지지하지만, 일부 경제학자들은 Fed가 통화공급에 초점을 맞추어야 한다고 믿는다. 이 장의 뒷부분에서 이러한 경제학자들의 견해에 대해 논의할 것이다.

24.3. 통화정책과 경제활동

Fed는 페더럴펀드 이자율을 공개시장조작을 통해 통제할 수 있고 페더럴펀드 이자율의 변화가 궁극적으로 통화정책목표와 관련되어 있는 경제변수들에 영향을 미칠 것이라고 믿고 있기 때문에 페더럴펀드 이자율을 통화정책타겟으로 사용한다는 것을 기억하라. 명목이자율과 실질이자율을 구별하는 것이 중요하다. 실질이자율은 명목이자율에서 인플레이션율을 빼어서 계산된다는 것을 기억하라. 궁극적으로 Fed가 통화정책을 사용해서 실질

GDP와 같은 경제변수에 영향을 미칠 수 있는 능력은 Fed가 모기지대출과 회사채의 실질이자율과 같은 장기 실질이자율에 영향을 미칠 수 있는 능력에 달려 있다. 페더럴펀드 이자율은 단기 명목이자율이기 때문에 Fed는 종종 장기 실질이자율에 영향을 미치는 데 어려움을 가지고 있다. 그럼에도 불구하고 다음의 논의를 위해 Fed가 공개시장조작을 사용해 장기 실질이자율에 영향을 미칠 수 있다고 가정하자.

이자율은 총수요에 어떻게 영향을 미치는가?

이자율의 변화는 경제의 총지출 수준을 의미하는 총수요 aggregate demand에 영향을 미친다. 총수요는 4가지 구성요소, 즉 소비, 투자, 정부구매, 순수출의 합이라는 것을 기억하라. 이자율의 변화는 정부구매에는 영향을 미치지 않지만 여타 3가지 총수요 구성요소에 다음과 같은 방식으로 영향을 미친다.

- *소비*. 많은 가계들은 자동차와 가구와 같은 소비자 내구재를 구매하기 위한 자금을 차입해서 조달한다. 낮은 대출이자율은 가계들의 소비자 내구재에 대한 지출을 증가시킨다. 높은 대출이자율은 가계들의 소비자 내구재에 대한 지출을 감소시킨다. 또한 낮은 이자율은 저축의 수익률을 감소시켜 가계들이 더 적게 저축하게 하고 더 많이 지출하게 만든다. 높은 이자율은 저축의 수익률을 증가시켜 가계들이 더 많이 저축하게 하고 더 적게 지출하게 만든다.
- *투자*. 기업들은 기계, 설비, 공장에 대한 지출 대부분에 필요한 자금을 이윤의 일부를 사용하거나 차입해서 조달한다. 기업들은 금융시장에서 회사채를 발행하거나 은행으로부터 대출을 받는 방식으로 차입한다. 높은 회사채나 은행대출 이자율은 기업들이 차입하는 비용을 더 비싸게 만들고, 이에 따라 기업들은 더 적은 투자 프로젝트를 수행하게 될 것이다. 낮은 이자율은 기업들이 차입하는 비용을 더 싸게 만들고 이에 따라 기업들은 더 많은 투자 프로젝트를 수행하게 될 것이다. 또한 낮은 이자율은 주가에 미치는 영향을 통해 투자를 증가시킬 수 있다. 이자율이 하락함에 따라, 주식은 채권에 비해 상대적으로 더 매력적인 투자수단이 된다. 주식에 대한 수요의 증가는 주가를 상승시킨다. 기업들은 추가적으로 주식을 발행함으로써 새로운 공장과 설비를 구매하기 위해 필요한 자금을 확보할 수 있고 이것이 투자를 증가시킨다.

  가계들의 신규주택 매입을 위한 지불도 투자의 한 부분이다. 모기지대출 이자율이 상승할 때, 신규주택을 매입하는 비용은 상승하고 가계들은 신규주택을 더 적게 구매할 것이다. 모기지대출 이자율이 하락할 때, 가계들은 신규주택을 더 많이 구매할 것이다.
- 순수출. 순수출은 외국 가계들과 기업들의 미국산 재화와 서비스에 대한 지출에서 미국 가계들과 기업들의 외국산 재화와 서비스에 대한 지출을 뺀 것과 같다는 것을 기억하라. 순수출은 부분적으로는 미국달러와 외국통화 간 환율에 영향을 받는다. 미국달러의 가치가 상승할 때, 외국 가계들과 기업들은 미국산 재화와 서비스에 대해 더 많이 지불하게 될 것이나 미국 가계들과 기업들은 외국산 재화와 서비스에 대해 더 적게 지

불하게 될 것이다. 그 결과로 미국은 더 적게 수출하고 더 많이 수입할 것이고, 이에 따라 순수출은 감소할 것이다. 미국달러의 가치가 하락할 때, 순수출은 증가할 것이다. 미국 이자율이 외국 이자율에 비해 상대적으로 상승하면, 미국 금융자산에 투자하는 것이 더 매력적이 될 것이고 이것이 외국 투자자들의 미국달러에 대한 수요를 증가시키고 미국달러의 가치를 상승시킬 것이다. 미국달러의 가치가 상승함에 따라 순수출은 감소할 것이다. 미국 이자율이 외국 이자율에 비해 상대적으로 하락하면, 미국달러의 가치는 하락할 것이고 순수출은 증가할 것이다.

통화정책이 실질GDP와 물가수준에 미치는 효과

제22장에서 실질GDP와 물가수준의 변동을 설명하기 위해 *총수요와 총공급 모델 aggregate demand and aggregate supply model*을 개발했다. 기본적 총수요와 총공급 모델에서 경제성장은 존재하지 않고 이에 따라 장기총공급곡선은 이동하지 않는다고 가정한다. [그림 24.7(a)]에서 처음에 단기 균형이 총수요곡선(AD_1)과 단기총공급곡선($SRAS$)이 교차하는 점A에 있다고 하자. 실질GDP는 $LRAS$로 나타낸 잠재GDP보다 낮고 이에 따라 경제는 일부 기업들이 정상적인 생산능력보다 낮은 수준에서 조업하고 일부 근로자들이 해고되어 있는 경기후퇴 상태에 있다. 이제 높은 고용의 목표를 달성하기 위해, Fed는 통화공급을 증가시켜 이자율을 인하시키는 **확장적 통화정책 expansionary monetary policy**을 수행할 필요가 있다. 이자율의 인하는 소비, 투자, 순수출을 증가시키고 총수요곡선을 AD_1에서 AD_2로 오른쪽으로 이동시킨다. 실질GDP는 $16.8조에서 잠재GDP 수준인 $17조로 증가하고 물가수준은 108에서 110(점B)으로 상승한다. 이러한 정책은 실질GDP를 잠재GDP 수준으로 성공적으로 복귀시킨다. 생산 증가는 고용을 증가시키고 Fed는 높은 고용의 목표를 달성할 수 있게 된다.

확장적 통화정책
expansionary monetary policy
실질GDP를 증가시키기 위해 이자율을 인하시키는 중앙은행의 정책.

[그림 24.7(b)]에서 처음에 단기 균형이 실질GDP가 $17조의 잠재GDP보다 높은 $17.2조인 점$A$에 있다고 하자. 일부 기업들이 정상적인 생산능력보다 높은 수준에서 생산하고 실업률이 매우 낮은 상태에서 경제는 임금과 가격의 상승을 경험한다. 물가안정의 목표를 달성하기 위해, Fed는 통화공급을 감소시켜 이자율을 인상시키는 **긴축적 통화정책 contractionary monetary policy**을 수행할 필요가 있다. 이자율의 인상은 소비, 투자, 순수출을 감소시키고 총수요곡선을 AD_1에서 AD_2로 왼쪽으로 이동시킨다. 실질GDP는 $17.2조에서 $17조로 감소하고 물가수준은 112에서 110(점B)으로 하락한다. 왜 Fed는 의도적으로 실질GDP를 감소시키기 원하는가? 장기적으로 실질GDP가 계속해서 잠재GDP보다 높은 수준에서 유지될 수 없기 때문이다. 실질GDP를 잠재GDP보다 높은 수준에서 유지하려 하면 인플레이션율의 상승이 발생한다. 총수요가 감소하고 실질GDP가 잠재GDP 수준으로 복귀함에 따라, 임금과 가격에 대한 상승 압력이 감소되고 Fed는 물가안정의 목표를 달성할 수 있다.

긴축적 통화정책
contractionary monetary policy
인플레이션을 하락시키기 위해 이자율을 인상시키는 중앙은행의 정책.

결론적으로 Fed는 물가수준과 단기적으로 실질GDP 수준에 영향을 미칠 수 있는 통화정책을 사용해서 높은 고용과 물가안정의 목표를 달성할 수 있다.

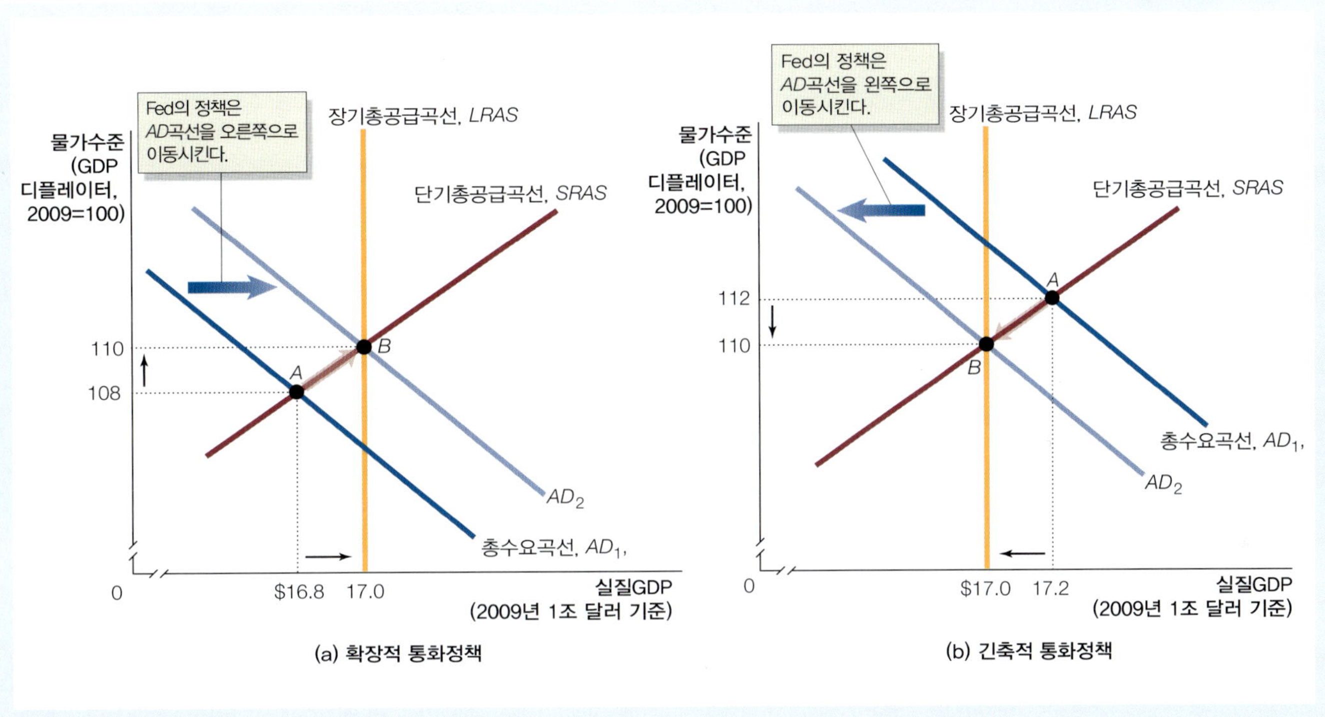

그림 24.7

통화정책

그림(a)에서 단기 균형은 실질GDP가 $16.8조이고 물가수준이 108인 점*A*에 있다. 확장적 통화정책은 총수요를 AD_1에서 AD_2로 오른쪽으로 이동시켜 실질GDP를 $16.8조에서 $17조로 증가시키며 물가수준을 108에서 110(점*B*)으로 상승시킨다. 실질GDP가 잠재GDP 수준으로 복귀하고 Fed는 높은 고용의 목표를 달성할 수 있다.
그림(b)에서 단기 균형은 실질GDP가 $17.2조이고 물가수준이 112인 점*A*에 있다. 실질GDP가 잠재GDP보다 높기 때문에 경제는 임금과 가격의 상승을 경험한다. 긴축적 통화정책은 총수요를 AD_1에서 AD_2로 왼쪽으로 이동시켜 실질GDP를 $17.2조에서 $17조로 감소시키며 물가수준을 112에서 110(점*B*)으로 하락시킨다. 실질GDP가 잠재GDP 수준으로 복귀하고 Fed는 물가안정의 목표를 달성할 수 있다.

Making the Connection

제로의 이자율에서 Fed는 양적 완화와 오퍼레이션 트위스트 정책을 시행했다.

[그림 24.6]은 Fed가 2008년 12월에 페더럴펀드 이자율 목표를 거의 제로수준까지 인하시켰고, 그 수준을 2013년까지 유지했다는 것을 보여준다. 2007~2009년의 경기후퇴는 매우 심했기 때문에, 이렇게 낮은 이자율도 경제를 진작시키지 못했다. 페더럴펀드 이자율을 인하시키기 위해 Fed는 은행지준을 증가시키는 공개시장매입을 통해 재무부 단기증권을 매입한다. 은행들은 이러한 지준을 가계들과 기업들에게 대출해 준다. 그러나 아래의 그림이 보여주는 것처럼, 2008년 후반에 많은 은행들은 이러한 지준을 대출하기보다는 초과지준으로 보유하기 시작했다. 은행시스템의 초과지준은 2008년 8월에 $500억보다 작았으나 금융위기가 더 심해짐에 따라, 2009년 5월에 $9,000억 이상으로 치솟았다.

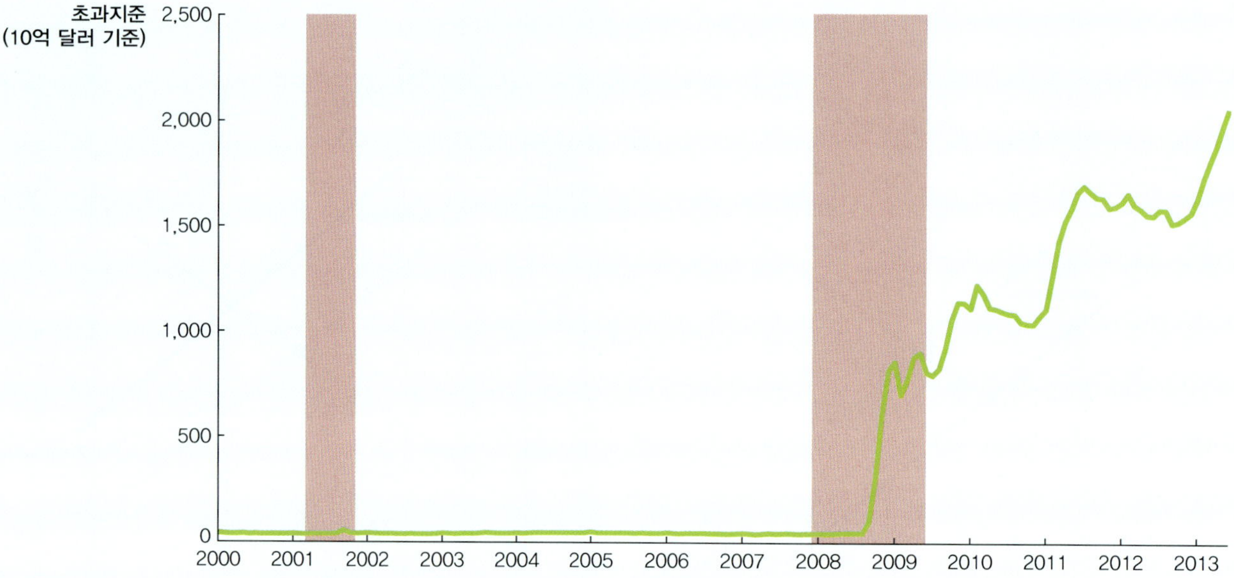

은행초과지준의 증가는 부분적으로는 Fed가 2008년 10월에 미국 의회로부터 승인을 받아 Fed에 예치되어 있는 은행초과지준에 대해 0.25%의 이자를 지급하기 시작한 것에 기인했다. 그렇지만 은행초과지준의 증가는 주로 은행들이 경기후퇴로 재무상황이 손상된 가계들과 기업들에게 낮은 이자율로 대출해 주는 것을 주저했기 때문에 발생했다. 일부 경제학자들은 Fed가 단기 이자율이 제로수준까지 인하되어 중앙은행이 더 이상 이자율을 낮출 수 없는 *유동성 함정 liquidity trap*이라고 알려져 있는 상황에 직면하게 되었다고 주장했다. 유동성 함정은 미국에서 1930년대와 일본에서 1990년대 동안에 발생했었을 수 있다.

Fed의 문제는 페더럴펀드 이자율 목표를 제로수준 아래로 인하시킬 수 없다는 것이었다. 샌프란시스코 연준은행 Federal Bank of San Francisco의 경제학자인 Glenn Rudebusch는 높은 실업률을 고려하면 적정한 페더럴펀드 이자율 목표는 −5%라고 계산했다. 하지만 페더럴펀드 이자율은 마이너스가 될 수 없기 때문에 Fed는 다른 정책들에 의존했다. 특히, Fed는 통상적으로 공개시장조작을 위해 이용되는 재무부 단기증권 이외의 증권들을 매입하는 *양적 완화 quantitative easing*정책을 시행하기로 결정했다. Fed는 10년 만기 재무부 중기채권의 이자율이 상승하는 것을 막기 위해 10년 만기 재무부 중기채권을 매입하기 시작했다. 주택모기지대출 이자율은 일반적으로 10년 만기 재무부 중기채권 이자율과 가깝게 움직인다. Fed는 *모기지유동화증권 mortgage-backed securities*도 매입했다. 이렇게 한 Fed의 목적은 모기지대출 이자율을 낮게 유지시키고 주택에 대한 수요를 진작시키는데 도움을 주기위해 모기지시장으로 자금이 계속 흘러들어 가도록 하기 위한 것이었다.

Fed의 1차 양적 완화는 2008년 11월에 시작되었고 2010년 6월에 종료되었다. 경제가 느리게 회복됨에 따라 Fed는 2010년 11월에 제2차 양적 완화(QE2)를 공표했다. QE2를 하면서 Fed는 2011년 6월까지 추가적으로 $6,000억 가치의 재무부 장기증권을 매입했다. 경제회복이 여전히 약함에 따라 Fed는 2011년 9월에 $4,000억 가치의 재무부 장기증권을 매입하는 동시에 같은 금액의 재무부 단기증권을 매도하는 새로운 프로그램을 발표했다. 금융시장의 일부 사람들이 *오퍼레이션 트위스트 Operation Twist*라고 불렀던 이 프로그램은 양적 완화와 같은 목적, 즉 총수요를 증가시키기 위해 재무부 장기증권의 이자율을 하락시키고자 하는 목적을 가지고 있었다. Fed는 2012년 9월에 추가적으로 모기지유동화증권과 재무부 장기증권을 매입하기 위한 제3차 양적 완화(QE3)를 발표했다. Fed는 실질GDP 성장과 고용 증가가 정상적인 수준으로 복귀할 때까지 QE3를 계속할 것이라고 약속했다. 수차례에 걸쳐 이루어진 양적 완화가 미국 경제의 고용과 생산을 상당히 증가시켰는지에 대해 경제학자들 간에 의견이 나누어져 있다.

이 장의 뒷부분에서 Fed가 경제를 진작시키기 위해 페더럴펀드 이자율에 초점을 맞추는 전통적인 정책수단이 효과적이지 못하게 됨에 따라 2007∼2009년의 경기후퇴와 그 이후의 완만한 회복에 대응하기 위해 사용했던 여타 새로운 프로그램들에 대해 논의할 것이다.

자료: Glenn Rudebusch, "The Fed's Monetary Policy Response to the Current Crisis," FRBSF Economic Letter, May 22, 2009; and Federal Reserve Bank of St. Louis.

Fed가 경기후퇴를 제거할 수 있는가?

[그림 24.7(a)]는 *AD*곡선을 이동시켜 실질GDP를 잠재GDP로 복귀시키는 완전히 성공적인 확장적 통화정책을 보여준다. 그러나 실제로 2007~2009년의 경기후퇴가 매우 심하고 장기적으로 진행되는 것이 보여주는 것처럼, Fed가 이러한 이상적인 상황을 달성하는 것은 매우 어렵다. 실제로 Fed가 최선으로 할 수 있는 것은 그렇지 않은 경우보다 경기후퇴를 더 짧게 만들고 더 심하지 않게 만드는 것이다.

Fed가 경기변동의 효과를 성공적으로 상쇄시키려면, 통화정책 변화의 필요성을 신속하게 인지할 필요가 있다. 만일 Fed가 경기후퇴가 시작된 것이나 인플레이션율이 상승하는 것을 인지하는데 늦으면, 문제를 더 잘 해결하기에 충분히 신속하게 새로운 정책을 시행하지 못할 수 있다. 일반적으로 정책이 변화하는 시점과 정책 변화가 실질GDP, 고용, 인플레이션에 효과를 미치는 시점 간에 시차가 존재한다. 노벨경제학상 수상자인 Milton Friedman은 통화정책의 시차는 "장기이고 변동한다 long and variable"고 말한 것으로 유명하다. 이것은 통화정책의 변화가 실질GDP와 인플레이션에 영향을 미치는 데 수개월이나 수년이 걸릴 수 있고 이러한 시차는 경제상황에 따라 변한다는 것을 의미한다. Fed가 페더럴펀드 이자율 목표를 인하시킬 때, 기업과 가계의 행위에 영향을 미치는 이자율들이 하락하는 데도 시간이 걸린다. 이어서 기업들이 새로운 수익성있는 투자 프로젝트들을 찾아내고 은행으로부터 대출을 받거나 회사채를 매도할 준비를 하며 차입한 자금을 지출하기 시작하는 데도 시간이 걸린다. 이와 유사하게 가계들이 낮아진 모기지대출 이자율에 반응해서 주택을 매입하는 데도 시간이 걸린다. 그 결과로 통화정책 변화의 충분한 효과는 일반적으로 수년에 걸쳐 나타난다.

정책을 너무 늦게 시행하는 것이 실제로 경제를 불안정하게 만들 수 있다. 그 이유를 알아보기 위해 [그림 24.8]을 살펴보도록 하자. 직선은 미국 실질GDP의 장기 성장 추세를 나타낸다. 실질GDP는 평균적으로 연 3% 성장한다. 빨간색 곡선으로 나타낸 실질GDP의 실제 경로는 경기변동 때문에 장기 성장 추세를 나타내는 선과는 다르다. 제19장에서 살펴본 것처럼, 실제 경기변동은 여기서 나타낸 전형적인 경기변동보다 더 불규칙적이다.

경기후퇴가 2016년 8월에 시작된다고 하자. Commerce Department, Census Bureau, Bureau of Labor Statistics, Fed가 경제 통계를 수집하는데 수개월이 걸리기 때문에 Fed가 경기후퇴가 시작되었다는 것을 인식하는데 시차가 존재한다. 마침내, 2017년 6월에 FOMC가 경제가 경기후퇴 국면에 있다고 결론내리고 확장적 통화정책을 시작한다. 그러나 2017년 7월은 실제로 경기후퇴의 저점이고 경기후퇴가 이미 종료되고 경기확장이 시작된 시점인 것으로 판명된다. 이러한 상황에서 Fed의 확장적 정책은 경기후퇴를 종식시키기 위해 더 이상 필요하지 않다. Fed의 이자율 인하에 의해 발생된 총수요의 증가는 경제를 잠재GDP 수준보다 높게 밀어 올려 인플레이션을 상당히 가속화시킬 가능성이 있다. 실질GDP는 결과적으로 파란색 곡선으로 나타낸 경로를 따라 움직이게 된다. Fed는 의도하지 않게 경기변동의 심한 정도를 완화시키는 *경기대응적 정책 countercyclical policy*과 반대되는 경기변동의 심한 정도를 증가시키는 *경기순응적 정책 procyclical policy*을 시행한 결과가

그림 24.8

잘못된 시점에 시행된 통화정책이 경제에 미치는 효과

우상향하는 직선은 실질GDP의 장기 성장 추세를 나타낸다. 빨간색 곡선은 경기변동 때문에 발생되는 실질GDP의 경로를 나타낸다. Fed가 너무 늦게 통화정책의 변화를 시행하면, 실질GDP는 파란색 곡선을 따라 움직이게 된다. Fed의 확장적 통화정책은 경기확장기 동안 총수요를 너무 크게 증가시키고 인플레이션율을 상승시킨다.

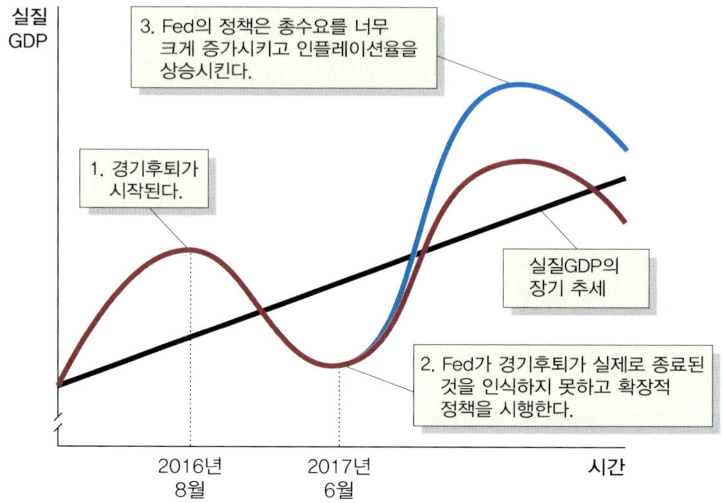

발생된다. 제19장에서 살펴본 것처럼, 1950년 이후 전형적인 경기후퇴는 1년 미만의 기간 동안 지속되었고 이것이 Fed가 의도하기 않게 경기순응적 정책을 시행할 수 있는 가능성을 증가시켰다. 물론 2007~2009년의 경기후퇴와 같은 장기간에 걸쳐 진행되고 심한 경기후퇴의 경우에 Fed가 이러한 실수를 저지를 가능성은 낮다.

Fed의 예측

통화정책의 변화가 실질GDP에 영향을 미치는 데 긴 시간이 걸릴 수 있기 때문에 Fed는 정책 변화가 실제로 경제에 영향을 미치는 미래의 경제 상태에 대한 예측에 따라 정책을 설정한다. 예를 들어, Fed가 2008년 10월 8일에 페더럴펀드 이자율 목표를 0.5% 포인트 인하했을 때, 통화정책과 관련된 시차가 존재한다는 것은 이러한 페더럴펀드 이자율 인하가 실질GDP에 미치는 효과가 수년에 걸쳐 나타난다는 것을 의미한다. 이렇게 페더럴펀드 이자율을 인하할 때 Fed는 미래의 경제상태를 고려한다.

Fed는 종종 성공적으로 경기변동의 심한 정도를 완화시키기 위해서 경기후퇴나 인플레이션의 가속현상이 경제 데이터에 나타나기 전에 행동해야 한다. 따라서 좋은 정책은 경제가 어떻게 작동하는지를 정확하게 포착하는 모델에 기초해서 구해지는 좋은 경제 예측치를 활용한다. 불행하게도 총수요와 단기총공급의 변화는 예측할 수 없기 때문에 경제 예측치와 경제예측모델은 신뢰하지 못할 수 있다. 예를 들어, 2006년 말과 2007년 초에 이루어진 대부분 경제학자들의 예측치는 2007년 12월에 시작된 경기후퇴의 심한 정도를 예상하지 못했다. 금융시장 상황이 급속히 악화되기 시작한 후에야 경제학자들은 2008년과 2009년의 실질GDP 성장률에 대한 예측치를 크게 낮추었다.

표 24.1 Fed의 2007년과 2008년 실질GDP 성장률 예측

	성장률 예측		실제 성장률	
예측 시점	2007년	2008년	2007년	2008년
2006년 2월	3% to 4%	예측하지 않음	1.8%	-0.3%
2006년 5월	2.5% to 3.25%	예측하지 않음		
2007년 2월	2.25% to 3.25%	2.5% to 3.25%		
2007년 7월	예측하지 않음	2.5% to 3.0%		

자료: Board of Governors of the Federal Reserve System, *Monetary Policy Report to the Congress*, various dates; and U.S. Bureau of Economic Analysis.

[표 24.1]은 Fed가 미국 의회에 제출한 *통화정책보고서 Monetary Policy Report to Congress*에 보고된 2007년과 2008년의 실질GDP 성장률에 대한 Fed의 예측치를 정리한 것이다. 경기후퇴가 2007년에 시작되는 것을 막기 위해 Fed는 2007년 이전에 정책을 변경했어야 했다. 그러나 2006년 2월에 Fed는 2007년에 경제가 3%에서 4%까지 성장할 것이라고 예측했고 이에 따라 정책을 변화시킬 이유가 없었다. 이와 유사하게 Fed는 2008년에 경제가 계속 성장할 수 있도록 2008년 이전에 정책을 변경했어야 했다. 그러나 2007년 7월까지도 Fed는 여전히 경제가 2008년에 2.5%에서 3.0%까지 성장할 것이라고 예측했다. 실제로 실질GDP는 2007년에 1.8%만 증가했고 2008년에 0.3% 감소했다. 결론적으로 Fed는 적어도 2007~2009년 경기후퇴의 심한 정도를 크게 완화시켰을 조치를 미리 취할 수 있었지만 경기후퇴가 도래하는 것을 예측하지 못했기 때문에 경기후퇴를 막을 수 없었다.

Making the Connection

움직이는 타겟 맞추기: "실시간 데이터"에 기초한 정책 만들기

Fed는 통화정책을 구축하기 위해 거시경제 데이터에 의존한다. 경제 데이터 중에서 한 가지 중요한 데이터는 *Bureau of Economic Analysis(BEA)*에 의해 분기 단위로 계산되는 GDP이다. Fed의 정책담당자들에게는 불행하게도 BEA가 제공하는 GDP 데이터는 자주 수정되고 이렇게 수정되는 정도가 경제의 실제 상태가 처음에 나타났던 것과는 다를 수 있을 만큼 클 수 있다.

분기 GDP에 대한 BEA의 *예비 추정치 advance estimate*는 분기가 종료된 후 1개월이 끝날 때까지 발표되지 않는다. 정책담당자들이 예를 들어 4월 말까지 1월부터 3월까지 기간의 GDP 추정치를 받지 못할 것이기 때문에 이러한 지연이 정책담당자들에게 문제가 될 수 있다. 분기 GDP의 두 번째 추정치는 분기가 종료된 후 약 2개월이 지나서야 발표된다. 세 번째 추정치는 분기가 종료된 후 약 3개월이 지나서야 발표된다. BEA는 세 번째 추정치를 "최종 추정치"라고 하지만, 실제로 수년 동안 계속해서 추정치를 수정한다. BEA는 세 번째 추정치를 발표하고 1년, 2년, 3년이 지난 후에 첫 번째 연간 추정치, 두 번째 연간 추정치, 세 번째 연간 추정치를 발표한다. 기준 수정이 그 이후 수년 동안에도 이루어지기 때문에 이것이 끝이 아니다.

왜 이렇게 많은 추정치들이 있는 것인가? GDP는 경제의 생산에 대한 종합적인 척도이기 때문에, 필요한 데이터를 수집하는

데 매우 많은 시간이 걸린다. 예비 추정치를 제공하기 위해 BEA는 소매 매출액과 제조업 출하액에 대한 *미국 상무부 Commerce Department*의 서베이, 무역관련 기관들로부터 입수된 데이터, 정부지출에 대한 추정치 등등에 의존한다. 시간이 흐름에 따라 이러한 기관들은 추가적인 데이터를 수집하고 이에 기초하여 BEA는 GDP 추정치를 개선시킬 수 있다.

GDP 추정치에 대한 이러한 수정이 중요한가? 다음의 예가 제시하는 것처럼 종종 이러한 수정은 중요하다. 2001년 초에 일부 경제학자들은 미국 경제가 경기후퇴로 이행하고 있다고 믿었다. 닷-컴 주식시장 버블이 직전 봄에 붕괴되어 수 조 달러의 주주 재산을 날려 버렸다. 광섬유 케이블망과 여타 정보 기술의 과잉 건설도 경제에 부담을 주었다. 그렇지만 1분기 GDP에 대한 예비 추정치는 실질GDP가 연율 2.0%로 성장했다는 것을 보여주었다. 정부 정책담당자들이 걱정할 것이 없는 것처럼 보였다. 그러나 위의 그림이 보여주는 것처럼, 2%의 실질GDP 성장률 추정치는 그 이후 수년 동안 대부분 아래쪽으로 수차례 수정되었다. 현재 BEA 데이터는 2001년 1분기 동안 실질GDP가 실제로 연율 1.1% 감소했다는 것을 제시해준다. 추정치가 이렇게 3% 포인트 이상 변동하는 것은 2001년 1분기 동안에 발생한 모습을 완만한 성장을 경험하는 경제로부터 상당한 하강을 경험하는 경제로 변화시키는 큰 차이이다. *전미경제연구소 National Bureau of Economic Research*는 2001년 경기후퇴가 3월에 시작된 것으로 규정하고 있으나 일부 경제학자들은 실제로 2000년 말에 시작되었다고 믿는다. 현재 BEA의 GDP 추정치는 이러한 견해를 약간 지지한다.

이 예는 연방준비제도가 성공적으로 통화정책을 수행하는데 있어서 직면하는 여타 문제들에 더하여 상당한 수정이 이루어질 수 있는 데이터를 사용하면서 의사결정을 해야 한다는 것을 보여준다.

자료: Federal Reserve Bank of Philadelphia, "Historical Data Files for the Real-Time Data Set," August 15, 2013; and Bruce T. Grimm and Teresa Weadock, "Gross Domestic Product: Revisions and Source Data," *Survey of Current Business*, Vol. 86, No. 2, February 2006, pp. 11–15.

통화정책의 작동에 관한 요약

[표 24.2]는 확장적 통화정책과 긴축적 통화정책이 진행되는 단계들을 비교한 것이다. 여기에 적용되는 한 가지 중요한 전제를 지적할 필요가 있다. 모든 곳에 "정책이 없는 경우에 발생되는 것과 비교해 상대적인"이라는 문구가 첨가되어야 한다. [표 24.2]는 *관련 변수들에 영향을 미치는 모든 다른 요인들이 일정하다는 전제하에서* 나타나는 통화정책의 효과만을 제시해 준다. 달리 말하면, 여기서 제3장에서 논의했던 *ceteris paribus* 조건이 사용되고 있다. 예를 들어, 긴축적 통화정책은 물가수준을 하락시키지 않기 때문에 이 점이 중

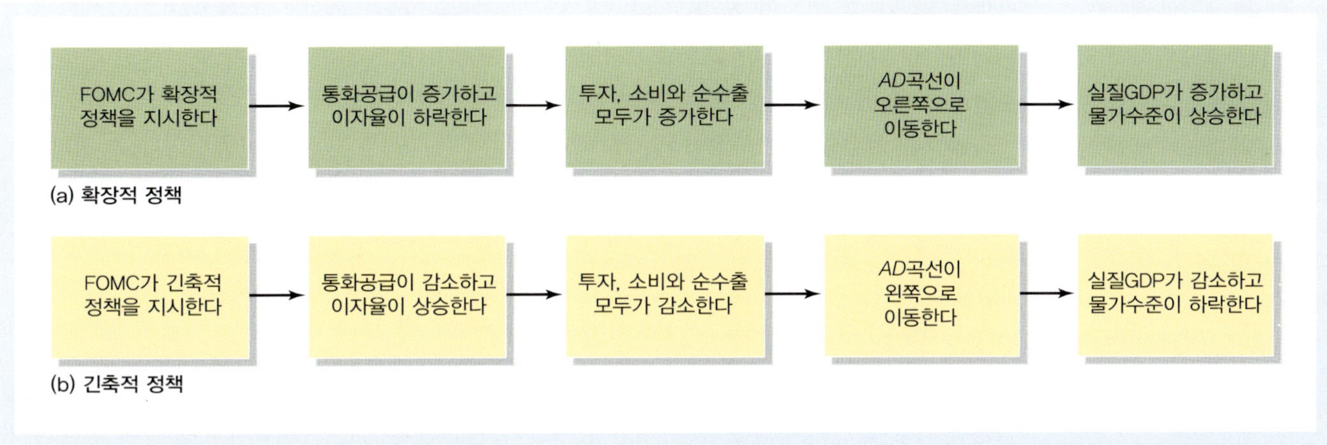

표 24.2

확장적 통화정책과 긴축적 통화정책

요하다. 긴축적 통화정책은 실제로 물가수준을 *정책이 없을 때보다 더 적게* 상승시킨다. 확장적 통화정책은 종종 *완화정책 loose policy, or easy policy*이라고 부른다. 긴축적 통화정책은 종종 *긴축정책 tight policy*이라고 부른다.

24.4. 동태적 총수요와 총공급 모델에 의한 통화정책 분석

방금 논의를 마친 통화정책에 관한 개관은 Fed가 총수요에 영향을 미쳐 물가수준과 실질GDP 수준을 변화시키기 위해 통화정책을 사용할 수 있다는 점을 제시해 준다. 그러나 [그림 24.7]이 보여주는 통화정책에 관한 논의는 단순화된 것으로 경제에 관한 2가지 중요한 사실, 즉 (1) 경제는 매년 물가수준이 상승하는 지속적인 인플레이션을 경험하고 (2) 경제는 매년 장기총공급곡선이 오른쪽으로 이동하는 장기 성장을 경험한다는 사실을 무시하고 있다. 제22장에서 이러한 2가지 사실을 고려한 *동태적 총수요와 총공급 모델 dynamic aggregate demand and aggregate supply model*이 개발되었다. 이 절에서는 통화정책을 더 완전히 이해하기 위해 동태적 총수요와 총공급 모델이 사용된다. 간략하게 동태적 총수요와 총공급 모델을 복습하도록 하자. 시간이 흐름에 따라 미국의 노동력과 미국의 자본스톡은 증가할 것이다. 기술변화도 발생할 것이다. 그 결과로 잠재GDP가 증가할 것이고 이것을 장기총공급곡선이 오른쪽으로 이동하는 것으로 나타낸다. 또한 이러한 요인들은 단기적으로 주어진 가격에서 기업들이 더 많은 재화와 서비스를 공급하게 할 것이고 이것을 단기총공급곡선이 오른쪽으로 이동하는 것으로 나타낸다. 대부분의 연도 동안, 총수요곡선도 오른쪽으로 이동할 것이다. 이것은 모든 물가수준에서 총지출이 증가할 것이라는 것을 의미한다. 총지출이 일반적으로 증가하는 몇 가지 이유가 있다. 인구가 증가하고 소득이 높아짐에 따라 소비도 시간이 흐름에 따라 증가할 것이다. 또한 경제가 성장함에 따라, 기존 기업들은 생산능력을 확장하고 새로운 기업들이 투자지출을 증가시킬 것이다. 마지막으로 인구의 증가와 성장하는 경제는 더 많은 경찰관과 교사 같은 정부서비스의 증가를 요구할 것이고 이에 따라 정부구매가 증가할 것이다.

통화정책이 실질GDP에 미치는 효과

어떤 기간 동안에는 *AD*가 1년 동안 실질GDP를 잠재GDP 수준에서 유지시키기에 충분한 만큼 증가하지 않는다. 이러한 총수요의 완만한 증가는 가계들과 기업들이 경제의 미래 상태에 대해 비관적이 되어 소비자 내구재, 주택과 공장에 대한 지출을 감소시키는 데 기인할 수 있다. 이미 살펴본 것처럼, 주택시장 버블의 붕괴와 그 결과로 발생된 금융위기는 2007~2009년의 경기후퇴기 동안 총수요에 부정적인 영향을 미쳤다. 물론 다른 가능성도 존재한다. 연방정부가 정부구매를 감소시키고 세금을 증가시켜서 예산을 균형시키기로 결정하거나 여타 국가들에서 발생된 경기후퇴가 미국의 수출을 감소시킬 수 있다. [그림 24.9]에서 제시된 가상적인 상황에서 첫 번째 연도에 균형은 잠재GDP가 $17조이고 물가수준이 110인 점*A*에 있다. 두 번째 연도에 *LRAS*는 $17.4조로 증가하나 *AD*는 실질GDP를 잠재GDP에서 유지시키기에 충분하지 않은 $AD_{2(without\ policy)}$까지만 증가한다. 만일 Fed가 개입하지 않으면, 새로운 단기 균형은 $17.3조의 실질GDP 수준(점*B*)에서 발생할 것이다. 이러한 실질GDP 수준과 $LRAS_2$의 잠재GDP 간에 $1,000억의 갭이 존재한다는 것은 일부 기업들이 정상적인 생산능력보다 더 낮은 수준에서 조업하고 있다는 것을 의미한다. 소득과 이윤은 감소할 것이고 기업들은 근로자들을 해고하기 시작할 것이며 실업률은 상승할 것이다.

연방준비제도의 경제학자들은 면밀하게 경제를 감시하고 지속적으로 실질GDP와 물가수준에 대한 예측치를 바꾼다. 이러한 경제학자들은 총수요가 경제가 완전고용에서 유지될 수 있기에 충분한 만큼 빠르게 성장하고 있지 않다고 예상할 때 이러한 상황이 통화정책의 변화를 요구하는지 결정하는 FOMC에 그들의 분석결과를 제시한다. 예를 들어, FOMC가 회의를 개최하고 다음 연도 동안 균형 실질GDP와 잠재GDP 간에 $1,000억의 갭이 발생할 것이라는 관련 담당자의 예측을 고려한다고 하자. 달리 말하면, 이러한 예측에 의하면 [그림 24.9]의 점*B*에서 거시경제균형이 발생할 것이다. 이어서 FOMC는 총수요를 진작시키기 위해 이자율을 하락시키기 위한 확장적 통화정책을 수행하기로 결정할 수 있다. [그림 24.9]는 이러한 정책을 성공적으로 수행한 결과를 보여준다. *AD*는 오른쪽으로 이동하고 균형은 잠재GDP 수준(점*C*)에서 발생한다. Fed는 정책을 수행하지 않았을 경우에 발생했을 소득의 감소와 실업의 증가를 성공적으로 해결하게 될 것이다. 이 경우에 경제를 잠재GDP 수준에서 유지시키는데 성공한 완벽하게 수행된 통화정책을 보여주고 있으나 이것은 전 절에서 논의했던 이유들 때문에 실제로 달성하기 어렵다는 것을 명심하라.

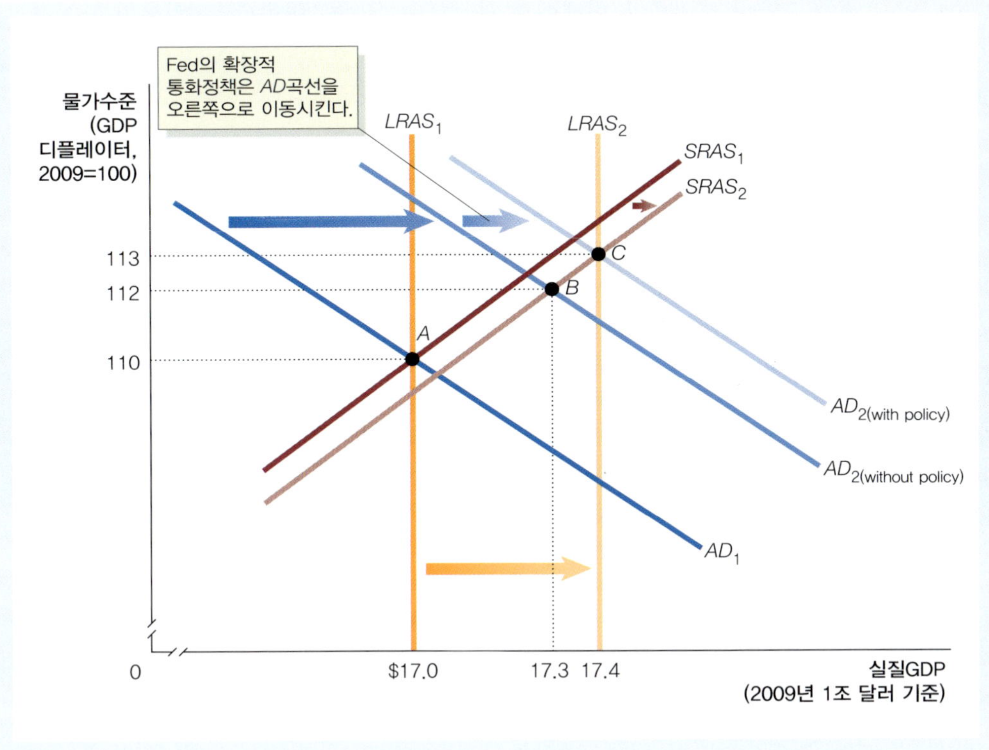

그림 24.9

동태적 모델에 의한 확장적 통화정책 분석

처음에 균형은 실질GDP가 \$17조이고 물가수준이 110인 점*A*에 있다. 통화정책이 없는 경우, 총수요는 AD_1에서 장기총공급이 $LRAS_1$에서 $LRAS_2$로 이동했기 때문에 실질GDP를 잠재GDP에서 유지시키기에 충분하지 않은 $AD_{2(without\ policy)}$로 이동할 것이다. 단기 균형은 실질GDP가 \$17.3조이고 물가수준이 112인 점*B*에서 발생된다. Fed가 이자율을 하락시켜 총수요를 $AD_{2(with\ policy)}$로 이동시킬 만큼 충분히 투자, 소비, 순수출을 증가시킨다. 이 경우에 균형은 실질GDP가 \$17.4조이고 물가수준이 113인 점*C*에서 발생할 것이다. 물가수준은 Fed가 경제의 지출을 증가시키기 위한 조치를 취하지 않았을 경우보다 더 높게 상승한다.

[그림 24.9]에서 확장적 통화정책은 인플레이션율을 확장적 통화정책이 수행되지 않은 경우보다 더 높게 상승시킨다는 점에 주목하라. 확장적 통화정책이 없었으면, 물가수준은 110에서 112로 상승했을 것이고 인플레이션율은 1.8%였을 것이다. 확장적 통화정책은 총수요곡선을 오른쪽으로 더 이동시켜 물가수준을 112에서 113으로 상승시키고 인플레이션율을 1.8%에서 2.7%로 상승시킨다.

인플레이션에 대항하기 위해 통화정책 사용하기

Fed는 총수요가 급속히 증가해서 인플레이션율이 상승하기 시작하는 것을 막기 위해 긴축적 통화정책을 사용할 수 있다. [그림 24.10]은 Fed가 이러한 가능성에 직면했던 2005년과 2006년의 상황을 보여준다. 2005년 동안, 실질GDP는 잠재GDP와 일치했으나 Fed의 의장이었던 그린스펀과 FOMC의 여타 위원들은 주택시장의 지속적인 과열이 총수요를 급속히 증가시켜 인플레이션율을 가속화시키기 시작할 수 있다고 우려했다. Fed는 2004년 중반이후 페더럴펀드 이자율 목표를 점진적으로 인상시키고 있었다.

2006년 초에 버냉키가 Fed의 의장으로 지명되었을 때, 그는 총수요의 증가를 둔화시키기 위해 페더럴펀드 이자율 목표를 지속적으로 인상시키는 것을 지지했다. 페더럴펀드 이자율 목표는 2003년 6월에서 2004년까지 유지되었던 1%의 낮은 수준에서 2006년 6월에 이르러 5.25%까지 인상되었다. FOMC는 각 회의를 마친 후에 현재 경제 상태에 관한

FOMC의 견해를 요약하고 가까운 미래에 통화정책이 어떻게 변화할 수 있는지를 약간 시사하는 발표문을 공표한다. 2006년 6월 29일의 회의를 마친 후에 FOMC는 발표문에 다음과 같은 내용을 포함시켰다.

> 연방공개시장위원회는 오늘 페더럴펀드 이자율 목표를 5.25%로 인상하기로 결정했다. 최근 지표들이 경제성장이 금년 초의 매우 강력한 속도로부터 둔화되고 있는 것을 제시하고 있는데 이것은 부분적으로 주택시장의 점진적인 냉각과 이자율 상승의 시차 효과를 반영한 것이다. 총수요 증가의 둔화는 시간이 흐름에 따라 인플레이션 압력을 제한하는데 도움을 주겠지만, 연방공개시장위원회는 약간의 인플레이션 위험이 존재하고 있다고 판단한다.

그 이후 연방공개시장위원회는 페더럴펀드 이자율 목표를 금융시장의 어려움에 대한 우려로 4.75%로 인하시켰던 2007년 9월까지 5.25%로 유지시켰다. Fed의 정책 변화가 없었다면 2006년 동안에 어떤 일이 발생했을 것인지 정확하게 아는 것은 불가능하지만, [그림 24.10]은 하나의 가능한 시나리오를 제시해 주고 있다. 이 그림은 이자율을 인상시키는 Fed의 조치가 없었다면 총수요는 오른쪽으로 더 많이 이동했을 것이고 균형은 잠재GDP보다 더 높은 실질GDP 수준에서 발생했을 것이라는 것을 보여준다. Fed의 긴축적 통화정책이 없었다면, 물가수준은 2005년의 92.0에서 2006년의 96.1로 상승했을 것이고 이것은 인

그림 24.10

동태적 모델에 의한 긴축적 통화정책 분석

2005년에 균형은 실질GDP가 $14.2조의 잠재GDP와 일치하고 물가수준이 92.0인 점 *A*에 있다. 2005년에서 2006년까지 장기총공급이 $LRAS_{2005}$에서 $LRAS_{2006}$으로 증가함에 따라 잠재GDP는 $14.2조에서 $14.5조로 증가했다. Fed는 주택시장 과열이 총수요를 너무 급속하게 증가시키고 있다고 믿었기 때문에 이자율을 인상시켰다. 이자율의 인상이 없었다면, 총수요는 AD_{2005}에서 $AD_{2006(without\ policy)}$로 이동했을 것이고 새로운 단기 균형은 점 *B*에서 발생했을 것이다. 실질GDP는 잠재GDP보다 $3,000억 많은 $14.8조였을 것이고 물가수준은 96.1이었을 것이다. 이자율의 인상은 총수요를 $AD_{2006(with\ policy)}$까지만 증가시켰다. 이 경우에 균형은 실질GDP가 잠재GDP보다 $1,000억만큼만 높고 물가수준이 94.8까지만 상승한 점 *C*에서 발생했다.

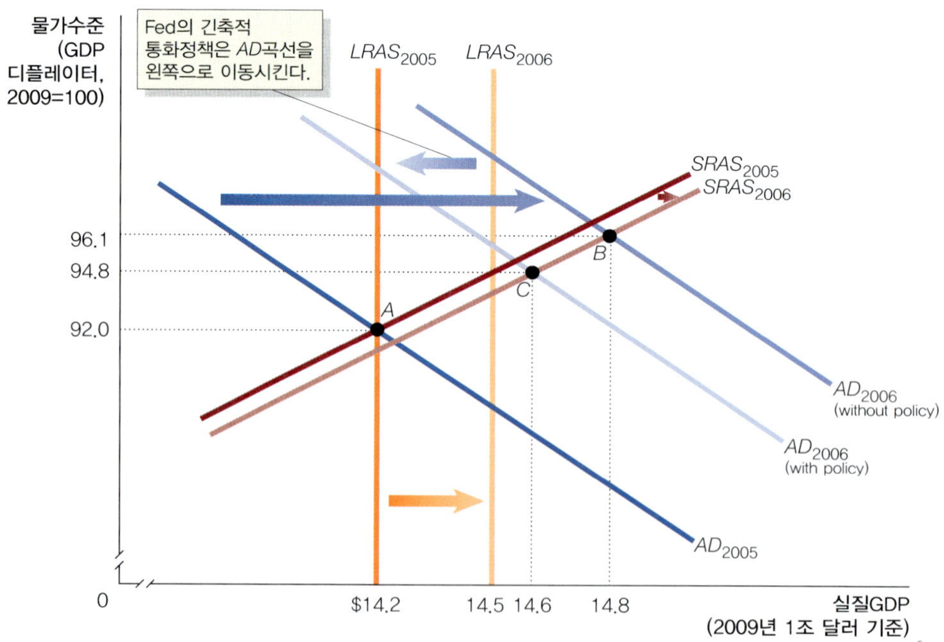

플레이션율이 4.5%였을 것이라는 것을 의미한다. Fed의 긴축적 통화정책으로 총수요가 긴축적 통화정책이 없었을 경우만큼 많이 증가하지 못했기 때문에 단기 균형은 잠재GDP에 더 가깝게 발생했고 물가수준은 2006년에 94.8까지만 상승했으며 인플레이션율은 3.0%에서 유지되었다.

문제풀이 24.4

통화정책의 효과

아래의 표에 제시되어 있는 가상적인 정보는 Fed가 통화정책을 사용하지 않는다면 2017년에 실질GDP와 물가수준이 얼마가 될 것인지 보여준다.

연도	잠재GDP	실질GDP	물가수준
2016	\$17.7조	\$17.7조	114
2017	18.1조	17.9조	116

a. Fed는 2017년에 실질GDP를 잠재GDP 수준에서 유지시키기 원하면 확장적 정책을 사용해야 하는가 긴축적 정책을 사용해야 하는가? 공개시장조작 거래부서는 재무부 단기증권을 매입해야 하는가 매도해야 하는가?

b. Fed의 정책이 2017년에 실질GDP를 잠재GDP 수준에서 유지시키는데 성공한다고 하자. 다음의 각 변수는 Fed가 아무런 조치를 취하지 않은 경우보다 더 높은가 더 낮은가?
   i. 실질GDP
   ii. 잠재GDP
   iii. 인플레이션율
   iv. 실업률

c. 당신의 답을 보여주기 위해 동태적 총수요와 총공급 그림을 그려라. 당신이 그린 그림에 2016년과 2017년의 *LRAS*곡선, 2016년과 2017년의 *SRAS* 곡선, 2016년의 *AD*곡선과 통화정책이 시행되는 경우와 시행되지 않는 경우 각각에 해당되는 2017년의 *AD*곡선, 통화정책이 시행되는 경우와 시행되지 않는 경우 각각에 해당되는 2017년의 균형 실질GDP와 물가수준을 나타내라.

문제풀기

Step 1: 본문의 내용을 다시 읽어보라. 이 문제는 통화정책이 실질GDP와 물가수준에 미치는 효과에 관한 것이므로 [동태적 총수요와 총공급모델에 의한 통화정책분석] 부분을 다시 읽어보라.

Step 2: 문제 a에 답하기 위해 Fed가 어떻게 실질GDP를 잠재GDP 수준에서 유지시키는지 설명하라. 표에 있는 정보는 통화정책이 시행되지 않는 경우 경제는 2017년 잠재GDP 수준보다 아래에 있을 것이라는 것을 말해준다. 실질GDP를 잠재GDP 수준에서 유지시키기 위해 Fed는 확장적 통화정책을 수행해야 한다. 확장적 통화정책을 수행하기 위해, 공개시장조작 거래부서는 재무부 단기증권을 매입할 필요가 있다. 재무부 단기증권의 매입은 은행시스템의 지준을 증가시킬 것이다. 은행들은 대출을 증가시킬 것이고 이것이 통화공급을 증가시키고 이자율을 하락시킬 것이다.

Step 3 문제 b에 답하기 위해 Fed 정책의 효과를 설명하라. Fed의 정책이 성공하면, 표에 제시되어 있는 것처럼 2017년의 실질GDP는 $17.9조에서 잠재GDP 수준인 $18.1조로 증가할 것이다. 잠재GDP는 통화정책에 의해 영향을 받지 않기 때문에 잠재GDP의 값은 변화하지 않을 것이다. 실질GDP의 수준이 증가할 것이기 때문에 실업률은 정책이 시행되지 않는 경우보다 더 낮을 것이다. 확장적 통화정책은 *AD*곡선을 오른쪽으로 이동시키고 단기 균형은 단기총공급곡선을 따라 위로 이동할 것이고 물가수준은 더 높아질 것이다.

Step 4 문제 c에 답하기 위해 그림을 그려라. 당신이 그린 그림은 [그림 24.9]와 유사해야 한다.

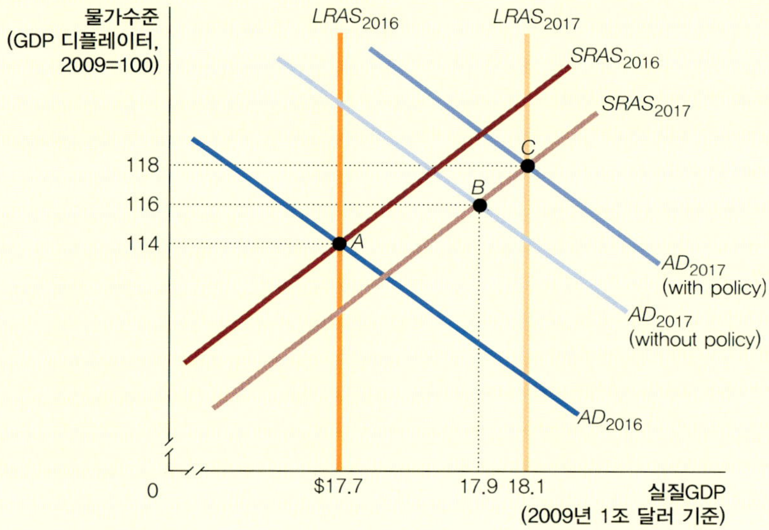

2016년의 균형은 *AD*곡선과 *SRAS*곡선이 *LRAS*곡선 상에서 교차하는 점*A*에 있다. 실질GDP는 잠재GDP 수준인 $17.7조이고 물가수준은 114이다. 통화정책이 시행되지 않는 경우, *AD*곡선은 $AD_{2017(without\ policy)}$로 이동하고 단기 균형은 점*B*에서 발생된다. 잠재GDP가 $17.1조에서 $18.1조로 증가하기 때문에 $17.9조의 실질GDP는 잠재GDP 수준보다 낮다. 물가수준은 114에서 116으로 상승한다. 통화정책이 시행되는 경우, *AD*곡선은 $AD_{2017(with\ policy)}$로 이동하고 균형은 점*C*에서 발생된다. 실질GDP는 $18.1조의 잠재GDP 수준과 같다. 새로운 균형 물가수준에 대한 충분한 정보를 가지고 있지 않다. 다만 새로운 균형 물가수준은 116보다 높을 것이라는 것을 알 수 있다. 따라서 Fed의 확장적 통화정책이 시행되지 않는 경우 2017년의 인플레이션율은 약 1.8%일 것이다. 통화정책이 시행되는 경우, 인플레이션율은 약 3.5%가 될 것이다.

24.5. 연방준비제도의 통화정책타겟 설정에 관한 심층적 논의

통화정책을 수행하는데 있어서 Fed는 경제의 상태에 따라 페더럴펀드 이자율 목표를 변경시킨다는 것을 살펴보았다. 경제가 금융위기를 경험하지 않는 시기 동안, 페더럴펀드 이자율을 통화정책타겟으로 사용하는 것이 통화정책을 수행하기 위한 최선의 방법인가? 만일 Fed가 페더럴펀드 이자율을 통화정책타겟으로 삼으면, Fed는 페더럴펀드 이자율의 목표 수준을 어떻게 결정해야 하는가? 이 절에서는 Fed의 타겟팅 정책에 관한 중요한 쟁점들을 살펴본다.

Fed는 통화공급을 타겟으로 사용해야 하는가?

일부 경제학자들은 Fed가 통화정책타겟으로 이자율보다는 통화공급을 사용해야 한다고 주장한다. 이러한 주장을 하는 경제학자들 대부분은 *통화주의 monetarism*로 알려져 있는 학파에 속한다. 통화주의 학파의 수장은 Fed가 정확한 시점에 통화정책을 변화시킬 수 있느냐에 의문을 품었던 Milton Friedman이었다.

프리드먼과 그의 추종자들은 통화정책을 *통화증가율준칙 monetary growth rule*으로 대체하는 것을 선호했다. 통상적으로 통화정책은 변화하는 경제환경에 반응할 것으로 예상된다. 경제가 경기후퇴 상황에 있을 때, Fed는 이자율을 인하하고 인플레이션이 상승하고 있을 때, Fed는 이자율을 인상한다. 이와는 달리 통화증가율준칙은 경제 환경에 관계없이 일정한 율로 통화공급을 증가시키는 방안이다. 프리드먼과 그의 추종자들은 약 3%인 실질GDP의 장기 연간 성장률과 같은 율로 매년 통화공급을 증가시키는 통화증가율준칙을 제안했다. Fed가 이러한 통화증가율준칙을 채택했다면 Fed는 변화하는 경제상황에 관계없이 이러한 준칙을 준수했을 것이다.

그러나 경제가 경기후퇴로 이행하면 통화증가율준칙 하에서 어떤 일이 발생하는가? Fed가 이자율을 하락시키기 위해 이러한 준칙을 포기해서는 안 되지 않는가? 프리드먼은 적극적 통화정책은 경기후퇴의 수와 심한 정도를 증가시킴으로써 경제를 불안정하게 만든다고 믿었기 때문에 경기후퇴기에도 통화증가율준칙을 준수해야 한다고 주장했다. 프리드먼은 Fed가 일정한 율로 통화공급을 증가시킴으로써 경제의 안정성을 크게 증가시킬 수 있을 것이라고 주장했다.

1970년대 동안 일부 경제학자들과 정치인들은 연방준비제도가 통화증가율준칙을 채택하도록 압력을 가했다. 1980년 이전에 존재했던 통화공급의 변화와 실질GDP 및 물가수준의 변화 간의 밀접한 관계가 최근에 크게 약해졌기 때문에 이러한 압력의 대부분은 사라졌다. 1980년 이후 *M*1의 증가율은 불안정했다. 일부 연도들에서 *M*1은 10% 이상 증가했던 반면 다른 연도들에서 *M*1은 실제로 감소했다. 그러나 이렇게 *M*1 증가율이 크게 변동했는데도 불구하고 실질GDP의 성장률은 상당히 안정적이었고, 인플레이션율은 대부분의 연도들 동안 낮은 수준에서 유지되었다.

왜 Fed는 통화공급과 이자율 모두를 통화정책타겟으로 사용하지 못하는가?

대부분의 경제학자들은 이자율이 가장 좋은 통화정책타겟이라고 믿는다. 그러나 방금 살펴본 것처럼, 다른 경제학자들은 Fed가 통화공급을 통화정책타겟으로 사용해야 한다고 믿는다. 왜 Fed는 통화공급과 이자율 모두를 통화정책타겟으로 사용함으로써 두 그룹의 경제학자들을 만족시키지 못하는가? 이에 대한 간단한 답변은 Fed가 동시에 통화공급과 이자율 모두를 통화정책타겟으로 사용할 수 없다는 것이다. 그 이유를 알아보기 위해 통화시장을 보여주는 [그림 24.11]을 살펴보도록 하자.

Fed는 통화공급을 통제할 수 있으나 통화수요를 통제하지 못한다는 점을 기억하라. 통화수요는 통화가 제공하는 편의성과 여타 금융자산과 비교해 상대적인 이자율 간의 교환관계를 고려하는 가계들과 기업들의 의사결정에 의해 결정된다. Fed가 이자율을 통화정책타겟으로 사용하고 경제상황을 고려하여 이자율이 5%이어야 한다고 결정한다고 하자. 또한 Fed가 통화공급을 통화정책타겟으로 사용하고 통화공급이 $9,000억이어야 한다고 결정한다고 하자. [그림 24.11]은 Fed가 5%의 이자율이나 $9,000억의 통화공급을 달성할 수 있으나 2가지 모두를 달성할 수 없다는 것을 보여준다. 5%의 이자율과 $9,000억의 통화공급을 나타내는 점은 통화수요곡선 상에 있지 않고 이에 따라 통화시장의 균형이 아니다. 통화수요곡선과 통화공급곡선이 교차하는 이자율과 통화공급의 조합을 나타내는 점만이 통화시장의 균형이 될 수 있다.

Fed는 통화정책타겟으로 이자율을 사용할 것인지 통화공급을 사용할 것인지 선택해야만 한다. 제2차 세계대전 이후 대부분의 기간 동안, Fed는 페더럴펀드 이자율을 통화정책타겟으로 선택했다.

그림 24.11

Fed는 통화공급과 이자율 모두를 통화정책타겟으로 사용할 수 없다.

Fed는 통화정책타겟으로 이자율을 사용할 것인지 통화공급을 사용할 것인지를 선택해야만 한다. 이 그림에서 Fed는 통화공급 목표를 $9,000억으로 설정하거나 이자율 목표를 5%로 설정할 수 있으나 통화시장의 균형을 나타내는 이자율과 통화공급의 조합만을 달성할 수 있기 때문에 이러한 통화공급 목표와 이자율 목표 모두를 동시에 달성할 수 없다.

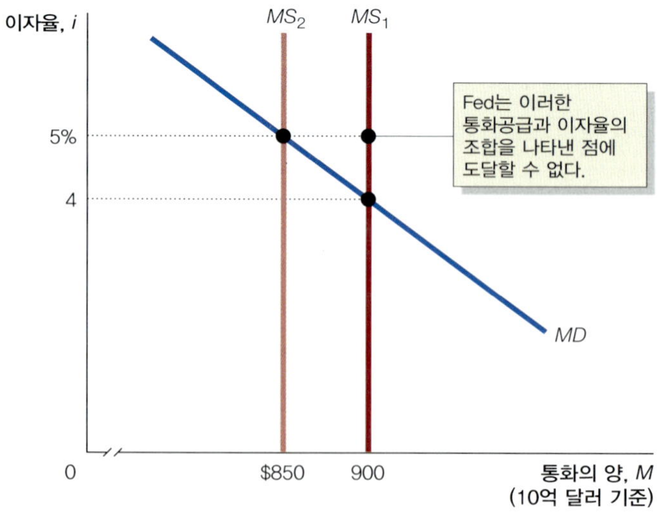

테일러준칙

Fed는 페더럴펀드 이자율 목표를 어떻게 설정하는가? FOMC 회의에서 이루어지는 논의는 복잡할 수 있고 많은 경제변수들을 고려한다. Stanford University의 John Taylor는 Fed의 의사결정을 분석하고 페더럴펀드 이자율 타겟팅을 설명하기 위한 **테일러준칙 Taylor rule**을 개발했다. 테일러준칙은 장기에서 잠재GDP와 일치하는 실질GDP와 일관성을 가지는 균형 실질 페더럴펀드 이자율의 추정치를 사용한다. 테일러준칙에 의하면, Fed는 페더럴펀드 이자율 목표를 현재 인플레이션율, 균형 실질 페더럴펀드 이자율과 추가적인 2개 항들의 합과 일치하도록 설정해야 한다. 첫 번째 추가적인 항은 현재 인플레이션율과 목표 인플레이션율 간의 차이를 나타내는 *인플레이션갭 inflation gap*이다. 두 번째 추가적인 항은 실질GDP 성장률과 잠재GDP 성장률 간의 차이를 나타내는 *산출갭 output gap*이다. 인플레이션갭과 산출갭 각각에 페더럴펀드이자율 목표에 미치는 영향을 반영하는 "가중치"가 부여된다. 인플레이션갭과 산출갭 각각이 1/2의 가중치를 가지면, 테일러준칙은 다음과 같이 나타낼 수 있다.

테일러준칙 Taylor rule
John Taylor에 의해 개발된 Fed의 페더럴펀드 이자율 목표와 경제변수들을 연계시키는 준칙

$$\text{페더럴펀드 이자율 목표} = \text{현재 인플레이션율} + \text{균형 실질 페더럴펀드 이자율} + [(1/2) \times \text{인플레이션갭}] + [(1/2) \times \text{산출갭}]$$

Fed가 인플레이션과 실질GDP의 변동 모두에 관심을 가지고 있기 때문에 테일러준칙은 인플레이션갭과 산출갭을 포함하고 있다. 테일러는 균형 실질 페더럴펀드 이자율이 2%이고 인플레이션율 목표가 2%이면 위의 식은 대부분의 연도 동안 Fed가 설정한 페더럴펀드 이자율 목표의 변화를 잘 설명한다는 것을 보였다. 현재 인플레이션율이 1%이고 실질GDP가 잠재GDP보다 1% 낮은 수준이라고 생각해 보자. 이 경우, 인플레이션갭은 1% − 2% = −1%이고 산출갭도 −1%이다. 이러한 값들을 테일러준칙에 삽입하면, 페더럴펀드 이자율 목표는 다음과 같이 계산될 수 있다.

$$\text{페더럴펀드 이자율 목표} = 1\% + 2\% + [(1/2) \times -1\%] + [(1/2) \times -1\%] = 2\%$$

테일러준칙은 그린스펀이 연방준비제도를 이끌었던 1987년에서 2006년까지의 기간 동안 페더럴펀드 이자율 목표의 변화를 정확하게 예측했다. 볼커가 연방준비제도의 의장이었던 1970년대 후반과 1980년대 초반의 기간 동안, 테일러준칙은 Fed가 사용했던 실제 페더럴펀드 이자율 목표보다 낮은 페더럴펀드 이자율 목표를 제시한다. 달리 말하면, 볼커 의장은 1970년대 후반과 1980년대 초반의 매우 높은 인플레이션율을 끌어내리기 위해 페더럴펀드 이자율을 매우 높은 수준에서 유지시켰다. 이와는 달리 Arthur Burns가 Fed의 의장이었던 1970년에서 1978년까지의 데이터를 사용하면, 테일러준칙은 실제 페더럴펀드 이자율 목표보다 높은 페더럴펀드 이자율 목표를 제시한다. 번스 의장은 이 기간 동안 페더럴펀드 이자율을 매우 낮은 수준에서 유지시켰고 이것이 이 시기에 왜 인플레이션율이 크게 상승했는지를 설명하는데 도움을 준다. 2000년대 중반 동안, 실제 페더럴펀드 이자율은 테일러준칙이 제시하는 페더럴펀드 이자율 목표보다 낮았다. 테일러를 포함하여 일부 경제학자들은 이렇게 낮은 페더럴펀드 이자율 목표가 다음 절에서 논의하게 되는 주택에 대

한 과도한 지출 증가를 발생시키는데 기여했다고 주장한다.

테일러준칙은 목표 인플레이션율이나 균형 실질 페더럴펀드 이자율의 변화를 설명하지 않지만, 많은 경제학자들은 테일러준칙을 페더럴펀드 이자율 목표를 분석하기 위한 편리한 수단으로 여긴다.

인플레이션 타겟팅

인플레이션 타겟팅
inflation targeting
중앙은행이 인플레이션율 목표를 공표하는 통화정책을 수행하는 전략.

금융위기가 발생하기 이전 오랜 기간 동안 많은 경제학자들과 중앙은행 관리들은 통화정책을 수행하기 위한 전략으로 인플레이션 타겟팅을 사용하는 것에 대해 강한 관심을 표명했다. **인플레이션 타겟팅 inflation targeting** 하에서 중앙은행은 공개적으로 일정한 기간 동안의 명시적인 인플레이션율 목표를 설정하고 정부와 민간은 이러한 목표의 성공 여부에 기초해 중앙은행의 성과를 판단한다.

인플레이션 타겟팅은 뉴질랜드(1989), 캐나다(1991), 영국(1992), 핀란드(1993), 스웨덴(1993), 스페인(1994), 유럽중앙은행 European Central Bank에 의해 채택되었다. 또한 인플레이션 타겟팅은 체코공화국, 헝가리, 폴란드와 같은 일부 전환경제국들과 칠레, 한국, 멕시코, 남아프리카공화국과 같은 일부 신흥경제국들에서 사용되고 있다. Fed는 오랜 기간 동안 명시적인 인플레이션율 목표를 가지고 있지 않았으나 2012년에 연간 2%의 인플레이션율을 유지할 것이라고 발표했다.

인플레이션 타겟팅 하에서도 Fed는 여전히 융통성이 없는 준칙을 따르지 않고 경기후퇴나 여타 경제문제에 대응할 수 있다. 그럼에도 불구하고 인플레이션율 목표는 심각한 경기후퇴기를 제외하고 통화정책이 인플레이션율과 인플레이션율 예측치에 초점을 맞출 수 있게 해준다. Fed가 명시적인 인플레이션율 목표를 사용하는 것을 지지하는 논거는 다음과 같다. 첫째, 명시적인 인플레이션율 목표를 발표하는 것이 Fed가 실제로 달성할 수 있는 것에 대한 민간의 관심을 끌게 한다. 대부분의 경제학자들은 장기에 걸쳐 통화정책은 실질 GDP의 성장보다는 인플레이션율에 더 큰 영향을 미친다고 믿는다. 둘째, 인플레이션율 목표를 발표하는 것이 인플레이션 예상을 위한 기준지표 anchor를 제공한다. 가계들, 기업들, 금융시장 참여자들이 Fed가 연간 2%의 인플레이션율 목표를 달성할 것이라고 믿으면 그들은 인플레이션율이 일시적으로 낮아지거나 높아질 때 궁극적으로 인플레이션율 목표로 복귀할 것이라고 예상할 것이다. 셋째, 인플레이션율 목표는 중앙은행의 성과를 측정할 수 있는 잣대를 제공함으로써 중앙은행의 책임성을 강화시킨다.

일부 경제학자들과 정책담당자들은 Fed가 명시적인 인플레이션율 목표를 채택하기로 결정한 것에 대해 비판적이다. 이러한 반대자들은 몇 가지 논거를 제시한다. 첫째, 엄격한 인플레이션율 수치 목표는 여타 통화정책 목표를 다루는 통화정책의 신축성을 감소시킨다. 둘째, 통화정책은 시차를 두고 인플레이션에 영향을 미치기 때문에, 인플레이션 타겟팅은 Fed가 부정확한 것으로 판명될 수 있는 미래 인플레이션율에 대한 예측치를 사용할 것을 요구한다. 셋째, Fed의 책임을 낮은 인플레이션율 목표로만 한정시키는 것은 선출직 관리들이 Fed가 전반적으로 훌륭한 경제정책을 지원하는지 감시하는 것을 더 어렵게 만들 수 있다. 마지막으로 인플레이션율 목표는 Fed가 경기후퇴 이후 경제를 완전고용으로 복귀시키기 위해 신속한 조치를 취할 것인지에 대한 불확실성을 증가시킬 수 있다.

경제학자들과 정책담당자들은 계속해서 인플레이션율 목표가 경제정책을 개선시키는지에 대해 논쟁하고 있다.

Making the Connection

Fed는 인플레이션율을 어떻게 측정하는가?

Fed는 물가안정 목표를 달성하기 위해 인플레이션율을 측정하는 가장 좋은 방법을 세심하게 고려해야 한다. 소비자물가지수 consumer price index(CPI)는 가장 널리 사용되는 인플레이션 척도이다. 그러나 CPI는 진정한 기초 인플레이션율을 과다하게 추정하는 문제를 가지고 있다. 소비자 물가의 변화를 측정하는 다른 하나의 척도는 GDP를 계산하기 위해 수집된 데이터로부터 계산될 수 있다. GDP 디플레이터 GDP deflator는 GDP에 포함되는 모든 재화와 서비스의 가격을 포함하는 광의의 물가수준 척도이다(제17장 참조). 그러나 GDP 디플레이터는 산업 설비와 같은 재화의 가격을 포함하고 있기 때문에 GDP 디플레이터의 변화는 전형적인 소비자, 근로자나 기업이 경험하는 좋은 인플레이션 척도가 아니다. *개인소비지출물가지수 personal consumption expenditures price index*(PCE)는 GDP에서 소비 범주에 속하는 재화들의 가격들만 포함하고 있는 점을 제외하고 GDP 디플레이터와 유사한 물가수준 척도이다.

2000년에 Fed는 PCE가 CPI보다 다음과 같은 장점을 가지고 있기 때문에 인플레이션을 추적하는데 CPI보다 PCE에 더 의존할 것이라고 발표했다.

1. PCE는 CPI를 계산하는데 사용되는 시장 바스켓 접근법과는 다른 소위 연쇄형 물가지수 chain-type price index이다. 소비자들은 매년 구매하는 제품 믹스를 변화시키기 때문에 시장 바스켓 접근법은 CPI가 실제 인플레이션을 과다 추정하게 만든다(제18장 참조). 연쇄형 물가지수는 소비자들이 구매하는 제품 믹스가 매년 변화하는 것을 반영한다.

2. PCE는 CPI보다 더 많은 재화와 서비스의 가격들을 포함하고 있기 때문에 더 광의의 인플레이션 척도이다.

3. 물가지수를 계산하는 더 좋은 방법이 개발되고 새로운 데이터가 이용가능하게 됨에 따라 PCE의 과거 값들이 수정될 수 있다. 이러한 수정치들은 Fed가 과거의 인플레이션율 추세를 더 양호하게 추적할 수 있게 해준다.

2004년에 Fed는 PCE 지수의 하부 지수, 즉 식품과 에너지 가격을 제외시킨 소위 근원 PCE 지수 core PCE index를 사용하기 시작할 것이라고 발표했다. 식품과 에너지 가격은 일반적인 인플레이션의 원인과 관련되어 있지 않을 수 있고 통화정책에 의해 쉽게 통제될 수 없는 이유로 변동하는 경향이 있다. 특히 석유 가격은 최근에 극적으로 상승하고 하락했다. 따라서 식품과 에너지 가격을 포함시킨 물가지수는 인플레이션의 기초 추세를 명백히 보여주지 못할 수 있다. 아래의 그림은 1999년 1월부터 2013년 6월까지 CPI, PCE, 근원 PCE의 변화추이를 보여준다. 3가지 인플레이션 척도들은 대략적으로 함께 움직이지만, 근원 PCE가 다른 2가지 물가지수보다 더 안정적이었다. 특히 2009년 초에 CPI와 PCE는 경제가 디플레이션을 경험하고 있다고 제시한 반면 근원 PCE는 여전히 인플레이션율이 1%보다 높다는 것을 보여주고 있다.

당신이 Fed가 현재 인플레이션율이 얼마라고 생각하는지 알기 원하면, 근원 PCE에 관한 데이터를 보라. BEA는 매월 이러한 데이터를 발표한다.

Fed는 인플레이션을 계산하는데 식품과 에너지 가격을 제외시킨다.

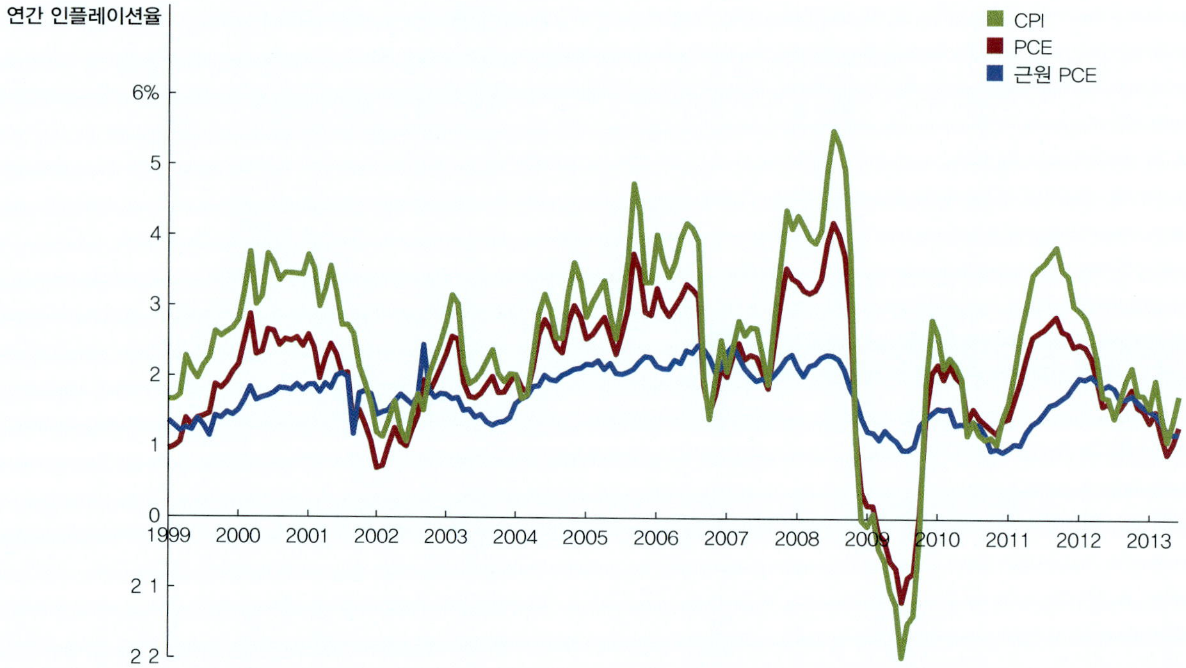

자료: Federal Reserve Bank of St. Louis.

24.6. 2007~2009년 기간 동안에 시행된 연방준비제도의 정책

앞에서 살펴본 것처럼, 경기후퇴에 대한 Fed의 전통적인 대응은 페더럴펀드 이자율 목표를 인하시키는 것이다. 2007~2009년 경기후퇴의 심한 정도와 특히 이 기간 동안에 발생했던 금융시장의 문제가 Fed의 정책대응을 복잡하게 만들었다. 2008년 12월까지 Fed는 효과적으로 페더럴펀드 이자율 목표를 제로 수준까지 인하시켰으나 제로 수준 이자율이 경기후퇴를 종식시키기에 충분한 총수요의 증가를 발생시키지 못했다. 이 절에서는 2007~2009년의 경기후퇴 기간 동안 Fed가 시행했던 추가적인 정책 조치의 일부를 논의할 것이다. 이러한 조치 중 일부는 Fed의 역사상 처음으로 사용되었다.

주택시장 버블의 인플레이션과 디플레이션

2007~2009년 경기후퇴와 금융위기를 이해하기 위해 먼저 주택시장을 고려해 볼 필요가 있다. 이 장의 시작부분에서 언급했던 것처럼, Fed는 주택 수요를 진작시키기 위해 2001년의 경기후퇴기에 페더럴펀드 이자율 목표를 낮추었다. 이러한 정책은 성공적이었고 Hovnanian Enterprises사와 같은 대부분의 주택건설회사들은 수년 동안 높은 주택수요를 경험했다. 그러나 2005년에 이르러서 많은 경제학자들은 주택시장에 "버블"이 만들어졌다

고 주장했다. 제14장에서 논의했던 것처럼, 자산 가격은 자산의 소유자가 받을 것으로 기대하는 수익률을 반영한다. 예를 들어, 주주는 기업의 이윤에 대한 청구권을 가지고 있기 때문에 주가는 주식을 발행한 기업의 수익성을 반영한다.

그러나 많은 경제학자들은 주가가 주식을 발행하는 기업의 수익성에 의해 정당화될 수 있는 수준보다 높게 상승할 때 종종 *주식시장 버블 stock market bubble*이 만들어질 수 있다고 믿는다. 많은 투자자들이 주가가 과대하게 평가되어 있다고 여기고 주식을 매도하기 시작할 때 주식시장 버블은 꺼진다. 왜 투자자는 내재 가치에 의해 정당화되는 것보다 더 높은 주가를 기꺼이 지불하는가? 이에 대한 2가지 설명이 있다. 투자자는 순간의 열정에 사로잡힐 수 있고 충분한 정보를 수집하지 못해서 주식의 진정한 가치를 과다하게 추정할 수 있다. 또한 투자자는 버블이 꺼지기 전에 더 높은 가격으로 주식을 매도하면 부풀려진 가격에 주식을 매입하더라도 이윤을 얻을 수 있을 것이라고 예상할 수 있다.

주택 가격은 주택이 제공하는 주거서비스의 가치를 반영해야 한다. 주거서비스의 가치를 측정하기 위해 한 지역에서 주택들에 부과되는 임대료를 사용할 수 있다. 주택 가격과 임대료는 대략적으로 같은 증가율로 상승할 것이라고 예상할 수 있다. 만일 1가구 주택 가격이 1가구 주택 임대료에 비해 상대적으로 크게 상승하면, 주택시장은 버블을 경험하고 있을 가능성이 있다. [그림 24.12]는 주택가격과 임대료가 일반적으로 같은 증가율로 상

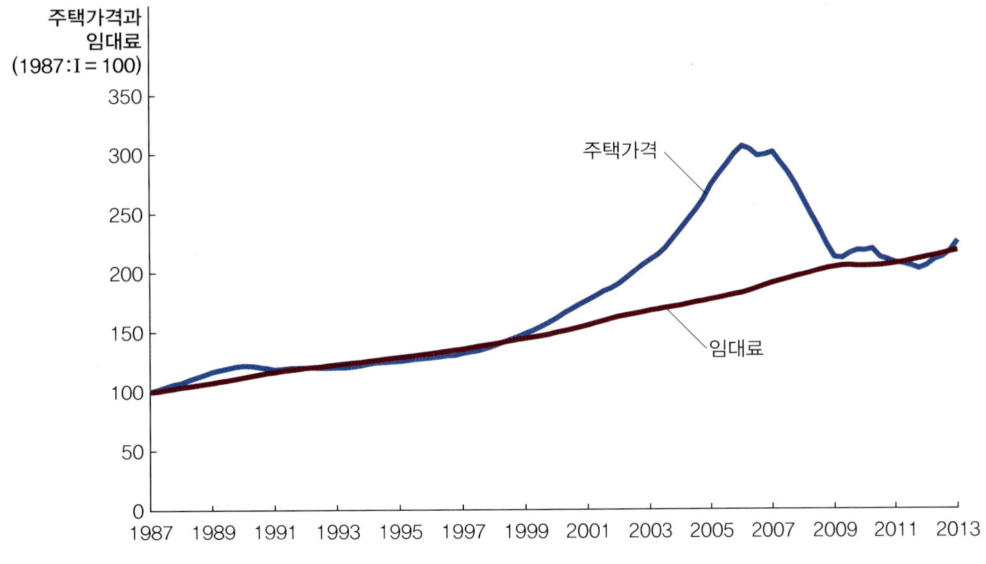

그림 24.12

주택 가격과 임대료

일반적으로 주택가격은 임대료와 대략 같은 증가율로 상승한다. 그러나 주택시장 버블 기간 동안, 주택가격은 임대료보다 더 크게 상승했다.
주: 주택가격과 임대료 시계열 모두의 경우, 1987년 1분기 (1987:I)=100으로 설정되었다.
자료: Federal Reserve Bank of St. Louis.

그림 24.13

주택시장 버블

미국의 신규주택 판매 수는 2000년 1월과 2005년 7월 사이에 60% 증가하고 2005년 7월과 2010년 5월 사이에 80% 감소하는 급등락의 모습을 보였다.
주: 데이터는 연율로 계절조정되었다.
자료: U.S. Bureau of the Census.

승하지만 2000년 1월부터 2006년 5월까지의 기간 동안 임대료는 25% 미만 상승한 반면 주택가격은 2배 이상 상승한 것을 보여준다. 이러한 주택가격과 임대료 간의 괴리가 버블의 증거이다. 이에 더하여 일부 도시들에서 매입하는 주택에서 거주할 의도가 없이 주택을 투자수단으로 활용하는 주택매입자들이 증가했다. 주식시장 버블 기간 동안의 주식 투자자들처럼, 이러한 투자자들은 지불한 것보다 더 높은 가격에 주택을 팔아서 이윤을 얻을 것으로 기대했고 주택가격이 주택이 제공하는 주거서비스의 가치보다 높은지에 대해 관심이 없었다.

2006년과 2007년 기간 동안 주택시장 버블이 급속히 꺼지고 있었다. [그림 24.13]은 2000년 1월부터 2013년 6월까지 월간 신규주택 판매 수를 보여준다. 신규주택 판매 수는 2000년 1월과 2005년 7월 사이에 60% 증가했고 이어서 2005년 7월과 2010년 5월 사이에 80% 감소했다. 이어서 신규주택 판매 수는 점차적으로 증가하기 시작했으나 2013년에도 여전히 낮은 수준이었다. 기존 주택의 판매 수도 유사한 패턴을 따랐다. 대부분의 시장에서 신규주택 가격과 기존 주택 가격도 2006년 초부터 하락하기 시작했고 판매하려고 내놓아도 판매되지 않은 주택의 재고가 크게 증가했다. 일부 주택매입자들은 대출상환금을 납부하는데 어려움을 겪기 시작했다. 대부자들은 이러한 대출의 일부를 압류했고 압류된 주택들을 판매했다. 이에 따라 주택가격은 더 하락하게 되었다. *서브프라임 대출 subprime loan*은 신용이력에 문제가 있는 차입자들에게 제공되는 대출이다. 서브프라임 대출을 제공하는데 집중했던 일부 모기지 대부자들은 심각한 손실을 입어서 업계를 떠났고 대부분의 은행들과 여타 대부자들은 차입자의 요건을 강화시켰다. 이러한 *신용경색 credit crunch*이 잠재적 주택 매입자들이 모기지대출 받는 것을 더 어렵게 만들었고 주택시장을 더욱 침체시켰다.

주택시장의 침체는 여타 시장들에게도 영향을 미쳤다. 예를 들어, 주택가격이 하락함에 따라, 많은 가구들이 주택 가치에 기초하여 차입하는 것이 더 어려워졌기 때문에 가구, 가정설비제품, 주택개량제품에 대한 소비지출이 감소했다.

주택시장 버블이 신규주택 건축이 계속해서 증가할 것이고 주택가격이 계속해서 무한히 크게 상승할 것이라고 믿었던 주택매입자들과 주택건설회사들의 과도하게 낙관적인 예상의 결과로 발생했는가? 이러한 과도하게 낙관적인 예상이 주택시장 버블을 발생시키는데 일부의 역할을 했지만, 많은 경제학자들은 모기지시장의 변화가 더 큰 역할을 했을 수 있다고 믿는다.

모기지시장의 변화

1970년대까지 모기지대출을 제공했던 상업은행들과 저축대부조합들은 차입자들이 상환할 때까지 모기지대출을 보유했다. 제23장에서 살펴본 것처럼, 모기지대출과 같은 금융자산은 유통시장에서 재매각될 수 있을 때 증권으로 전환될 수 있다. 미국 의회의 많은 의원들은 모기지 유통시장이 만들어지면 주택소유가 증가할 수 있을 것이라고 믿었다. 만일 은행들과 저축대부조합들이 모기지대출을 재매각할 수 있으면, 투자자들이 모기지대출을 위한 자금을 공급할 수 있을 것이다. 이러한 과정은 다음과 같이 작동할 것이다. 한 은행이나 저축대부조합은 모기지대출을 제공하고 이 모기지대출을 투자자에게 재매각하면 투자자로부터 받은 자금을 다른 모기지대출을 제공하기 위해 사용할 수 있다. 이러한 방법으로 은행들과 저축대부조합들은 모기지대출을 시행하기 위해 필요한 자금을 더 이상 예금에만 의존하지 않게 되었기 때문에 더 많은 모기지대출을 제공할 수 있었다. 모기지대출 유통시장을 만드는 데 발생되는 한 가지 장애물은 대부분의 투자자들이 차입자들이 상환금을 납부하지 못하게 되면, 즉 채물불이행하면 투자한 돈을 잃게 되는 것을 두려워했기 때문에 기꺼이 모기지대출을 매입하지 않을 것이라는 점이었다.

미국 의회는 투자자들을 확신시키기 위해 2개의 *정부후원기업 government-sponsored enterprise(GSE)*인 *Federal National Mortgage Association("Fannie Mae")*과 *Federal Home Loan Martgage Association("Freddie Mac")*을 사용했다. 이러한 2개 정부후원기업은 투자자들과 모기지대출을 제공하는 은행들 사이에 존재한다. Fannie Mae와 Freddie Mac은 투자자들에게 채권을 매각해 조달된 자금을 은행으로부터 모기지대출을 매입하기 위해 사용한다. 1990년대에 이르러 Fannie Mae와 Freddie Mac을 통해 투자자들로부터 은행들, 궁극적으로 주택을 매입하기 위해 차입하는 개인들과 가계들에게 자금이 흐르는 거대한 모기지 유통시장이 존재하게 되었다.

투자은행의 역할

2000년대에 이르러 모기지시장에 추가적인 변화가 발생했다. 첫째, 투자은행들이 모기지 유통시장의 중요한 참여자가 되었다. 이미 살펴본 것처럼, Goldman Sachs와 Morgan Stanley 같은 투자은행은 예금을 수취하지 않고 가계에게 직접 대출하지 않는다는 점에서 상업은행과 다르다. 그 대신 투자은행은 주식과 채권을 발행하거나 여타 기업들과의 합병을 고려하는 기업에게 자문을 제공하는 일에 집중한다. 투자은행들이 매입한 모기지대출들에 기초해서 발행된 *모기지유동화증권 mortgage-backed securities*이라고 부르는 채권을 투자자들에게 매각하기 시작했다. 모기지유동화증권은 투자자들이 서로 비슷한 채무불이행 위험을 가지고 있다고 여겨지는 여타 증권들보다 더 높은 이자율을 지급했기 때문에 투자자들에게 매우 인기가 있었다.

둘째, 2005년과 2006년 초 주택시장 버블이 정점에 이르렀을 때 대부자들은 모기지대출 기준을 크게 완화시켰다. 이전에는 전통적으로 양호한 신용이력을 가지고 있고 적어도 매입하는 주택가격의 25%를 선납금으로 기꺼이 납부할 수 있는 차입자들만 모기지대출을 받을 수 있었다. 그러나 2005년에 이르러서는 대부자들은 신용이력에 문제가 있는 서브프라임 차입자들에게도 모기지대출을 제공하였다. 이에 더하여 소득에 관한 서류를 작성하지 않는 "Alt-A" 차입자들과 매우 적은 선납금을 납부하는 차입자들이 모기지대출을 받는 일이 더 쉬워졌다. 또한 대부자들은 차입자들이 초기 수년 동안 매우 낮은 이자율을 지불하고 그 이후에 더 높은 이자율을 지불할 수 있도록 허용하는 새로운 형태의 *변동이자율 모기지 adjustable-rate mortgage*를 창안해냈다. 이러한 비전통적인 모기지를 사용하는 차입자들이 채무불이행하게 될 가능성은 전통적인 모기지를 사용하는 차입자들보다 더 높았다. 왜 차입자들은 상환금 납부가 어려울 수 있는데도 모기지대출을 받는가? 왜 대부자들은 이러한 모기지대출을 제공하는가? 차입자들과 대부자들 모두 주택가격이 계속해서 상승할 것이고 이것이 차입자들이 모기지대출에 대해 채무불이행할 가능성을 감소시킬 것이며 이러한 모기지대출을 미래에 전통적인 모기지대출로 전환시키는 것을 더 용이하게 만들 것이라고 예상했다.

불행하게도 주택가격의 하락이 서브프라임과 Alt-A 차입자들, 변동이자율 모기지 차입자들과 적은 선납금만 납부한 차입자들의 채무불이행을 증가시켰다. 차입자들이 모기지대출에 채무불이행하기 시작했을 때, 많은 모기지유동화증권의 가치는 크게 하락했다. 투자자들은 이러한 증권에 대한 지급금은 모기지 상환금에 의존하기 때문에 모기지차입자들이 점점 더 상환금을 납부하지 못하게 되면서 약속된 지급금을 받지 못하게 될 것이라는 점을 두려워했다. 많은 상업은행들과 투자은행들은 모기지유동화증권을 보유하고 있었기 때문에 모기지유동화증권의 가치 하락으로 엄청난 손실을 입게 되었다. 2007년 중반에 이르러 모기지유동화증권의 가치 하락과 상업은행들과 투자은행들이 입은 엄청난 손실이 금융시스템의 혼란을 야기시키기 시작했다. 많은 투자자들이 모기지유동화증권의 매입을 거부했고 일부 투자자들은 미국 재무부가 발행하는 채권만을 매입했다.

Making the Connection

놀라운 레버리지의 세계

전통적으로 모기지대출을 받는 대부분의 사람들은 주택가격의 20%에 해당되는 선납금을 납부하고 나머지 80%에 해당되는 금액을 차입한다. 그러나 주택시장이 과열되어 있는 기간 동안, 많은 사람들은 5% 이하의 선납금을 납부하고 주택을 매입했다. 이러한 차입자들은 높은 레버리지 상태에 있게 되었는데 이것은 그들의 주택에 대한 투자가 대부분이 차입한 자금으로 이루어졌다는 것을 의미한다.

레버리지가 주택시장에서 어떻게 작동하는지 이해하기 위해, 다음의 예를 생각해 보자. 당신이 2016년 1월에 $200,000의 주택을 산다고 하자. 당신이 주택을 팔기로 결정한 2017년 1월 1일에 주택가격은 $220,000으로 상승한다고 하자. 당신이 주택 투자로부터 버는 수익률은 얼마인가? 이에 대한 대답은 당신이 주택을 매입할 때 얼마를 투자했느냐에 달려 있다. 예를 들어, 당신이 주택을 매입하기 위해 현금으로 $200,000을 지불했으면, 이러한 $200,000의 투자에 대한 수익률은 주택가격의 상승분인 $20,000을 투자금액인 $200,000으로 나누어서 구해지는 10%이다. 당신이 현금으로 모두 지불하지 않고 주택가격의 20%인 $40,000을 선납금으로 납부하고 나머지 $160,000을 모기지대출로 차입했다고 하자. 이제 당신의 주택투자 수익률은 주택가격 상승분인 $20,000을 투자금액인 $40,000로 나누어서 구해지는 50%가 된다. 만일 선납금이 20%보다 적으면, 당신의 주택투자 수익률은 더 높아질 것이다. 아래에 있는 표의 두 번째 열은 선납금이 감소함에 따라 당신의 주택투자 수익률이 어떻게 증가하는지를 보여준다.

당신의 주택투자 수익률		
선납금 비율	주택가격의 10% 상승	주택가격의 10% 하락
100%	10%	−10%
20	50	−50
10	100	−100
5	200	−200

적어도 부분적으로 차입하여 이루어진 투자는 *차입투자 leveraged investment*라고 부른다. 이 예가 보여주는 것처럼, 차입에 의해 조달되는 자금의 비율이 클수록, 투자의 레버리지 정도는 커지고 잠재적 수익률은 커진다. 그러나 표의 세 번째 열이 보여주는 것처럼, 그 반대도 성립한다. 즉 투자의 레버리지 정도가 클수록, 잠재적 손실율은 더 커진다. 그 이유를 이해하기 위해, 당신이 $200,000의 주택을 사고 1년 후 주택가격이 $180,000으로 하락한다고 하자. 만일 당신이 주택을 사기 위해 $200,000의 현금으로 지불했다면, 즉 레버리지가 제로이면, 주택가격의 $20,000 하락은 10%의 투자손실을 발생시킨다. 그러나 만일 당신이 선납금으로 $10,000만 납부하고 나머지 $190,000을 차입했다면, 주택가격의 $20,000 하락은 200%의 투자손실을 발생시킨다. 실제로 주택은 모기지대출금보다 $10,000 적은 가치를 가진다. 주택의 *지분 equity*은 주택의 시장가격과 대출받은 금액 간의 차이이다. 만일 대출받은 금액이 주택가격보다 크면, 당신은 *음의 지분 negative equity*을 가진다. 음의 지분을 가지는 주택소유자는 모기지 위에 "거꾸로 서 있는" 상태에 있다라고도 말한다.

주택모기지대출을 받을 때 매우 적은 선납금을 납부하는 것이 주택매입자를 주택가격하락에 취약하게 만든다.

주택시장 버블이 꺼지고 주택가격이 하락하기 시작했을 때, 많은 사람들은 자신들이 음의 지분을 가지고 있다는 것을 알게 되었다. 이러한 상황에서 일부 사람들은 종종 자신의 주택을 버리고 떠나가면서 모기지대출에 대해 채무불이행하였다. 레버리지가 주택시장 과열 및 붕괴와 2007~2009년 경기후퇴의 심한 정도에 기여했다.

Fed와 재무부의 대응

주택시장 거품의 붕괴로부터 발생된 금융시장의 문제가 매우 심했기 때문에, Fed는 적정한 정책을 개발하기 위해 미국 재무부와 예외적으로 공동 대응하였다. Fed 의장인 Ben Bernake와 미국 재무부 장관인 (부시 행정부의) Henry Paulson과 (오바마 행정부의) Timothy Geithner는 전례가 없던 방식으로 금융시장에 개입하면서 이러한 위기에 대응했다.

초기의 Fed와 재무부 조치 2008년 9월 15일 투자은행인 Lehman Brothers의 도산 이후에 금융위기는 크게 악화되었다. 이에 따라 이날 이전과 이후 Fed와 재무부에 의해 이루어진 조치들을 살펴보는 것이 도움이 된다. 첫째, Fed는 전통적으로 상업은행들에게만 대출을 했지만, 2008년 3월에 일시적으로 Fed와 정기적으로 공개시장거래에 참여하는 기업들인 *국채전문딜러들 primary dealers*에게 재할인대출을 시행할 것이라고 공표했다. 이러한 변화는 투자은행인 국채전문딜러들에게 단기자금을 공급하기 위한 것이었다. 둘째, 2008년 3월에 Fed는 모기지유동화증권과 교환하여 $2,000억의 재무부 증권을 대출해 줄 것이라고 공표했다. 이러한 일시적 프로그램은 매각하기 어렵거나 불가능했던 모기지유동화증권을 보유하고 있었던 국채전문딜러들이 단기대출의 담보로 사용할 수 있는 재무부 증권을 확보할 수 있게 해주었다. 셋째, 2008년 3월에 Fed와 재무부는 JPMorgan Chase가 도산위기에 처해 있었던 투자은행인 Bear Sterns를 인수하도록 도왔다. Fed는 JPMorgan Chase가 Bear Sterns를 인수하면 Bear Sterns가 보유하고 있었던 모기지유동화증권으로부터 발생되는 손실을 $290억의 한도까지 보증하는데 동의했다. Fed와 재무부는 Bear Sterns의 도산이 많은 투자자들과 금융회사들로 하여금 여타 투자은행들에게 단기대출을 중단하게 만들어서 금융패닉을 발생시킬 잠재력을 가지고 있다고 믿었다. 마지막으로 2008년 9월 초에 재무부는 연방정부가 Fannie Mae와 Freddie Mac을 지배하는 조치를 취하였다. Fannie Mae와 Freddie Mac은 연방정부의 후원을 받았지만, 실제로는 이들의 주식이 뉴욕증권거래소에서 거래되는 민간 기업이었다. 재무부의 계획에 따라 Fannie Mae와 Freddie Mac은 각각 각 기업의 80% 지분과 교환하여 $1,000억을 지원받았다. 이들 기업들은 Federal Housing Finance Agency의 감독을 받게 되었다. 재무부는 Fannie Mae와 Freddie Mac의 도산은 모기지유동화증권에 대한 신뢰를 붕괴시키고 이미 취약해진 주택시장을 황폐화시킬 것이라고 믿었다.

Lehman Brothers의 도산에 대한 대응 일부 경제학자들과 정책담당자들은 JPMorgan Chase가 Bear Sterns를 인수하는 것을 돕기로 한 Fed와 재무부의 결정을 비판했다. 그들의 주된 우려는 Bear Sterns와 같은 금융회사 경영자들이 연방정부가 도산으로부터 구제해 줄 것이라고 믿으면 더 위험한 투자를 할 수 있는 가능성을 증가시킨다는 *도덕적 위험 문제 moral hazard problems*와 관련된 것이었다.

재무부와 Fed는 한 대형 금융회사의 도산이 매우 광범위하게 경제적 영향을 미칠 수 있다고 믿었기 때문에 Bear Sterns를 구제하는 조치를 취하였다. 제23장에서 논의했던 것처럼, 한 금융회사가 보유하고 있던 채권과 여타 자산의 매각 처분은 채권가격과 여타 자산 가격을 하락시키고 그 결과로 이러한 자산을 보유하고 있는 여타 기업들의 재무적 포지션을 약화시킬 수 있다. 2008년 9월에, 투자은행인 Lehman Brothers가 거의 도산상태에 이르렀을 때 Fed와 재무부는 Lehman Brothers의 도산이 자산가격의 추가적인 하락을 발생시키고 여타 기업들의 재무적 포지션을 위험에 빠뜨릴 수 있는 가능성과 도덕적 위험 문제를 따져봐야만 했다.

Fed와 재무부는 Lehman Brothers가 도산하는 것을 허용하기로 결정했고 Lehman Brothers는 9월 15일에 도산했다. 금융시장의 역풍은 Fed와 재무부가 예상했던 것보다 강했고, Fed와 재무부는 이틀 후에 태도를 바꾸어 미국의 최대 보험회사인 American International Group(AIG)에게 80%의 지분과 교환하여 $850억의 대출을 제공하는 것에 동의했고 이에 따라 실질적으로 연방정부가 이 회사를 지배하게 되었다. Lehman Brothers의 도산에 의해 발생된 한 가지 중요한 결과는 Lehman Brothers에게 단기대출을 해주었던 머니마켓 뮤추얼펀드인 Reserve Primary Fund가 엄청난 손실을 입게 된 것이다. Reserve Primary Fund에서 발생된 문제 때문에 많은 투자자들은 Reserve Primary Fund와 여타 머니마켓 뮤추얼펀드로부터 그들의 자금을 빼냈다. 이러한 자금인출은 기업어음 commercial paper를 매입할 수 있는 머니마켓 뮤추얼펀드의 능력을 약화시켰다. 최근에 기업들은 운영자금을 조달하기 위해 기업어음 매각에 의존적이게 되었기 때문에 재무부와 Fed는 이 시장을 안정시키고 투자자들로부터 기업들로의 자금 흐름이 계속되도록 하는 조치를 취하였다. 재무부는 기존의 은행예금에 대한 예금보험과 유사한 머니마켓 뮤추얼펀드를 위한 보험을 일시적으로 제공하는 계획을 공표했다. Fed는 일정한 기간 동안 비금융기업들이 발행한 3개월 만기 기업어음을 매입하는 방식으로 비금융기업들에게 직접 대출할 것이라고 공표했다.

마지막으로 2008년 10월에 미국 의회는 재무부가 주식과 교환하여 은행들에게 자금을 제공하여 상업은행시스템을 안정화시키고자 하는 *부실자산구제프로그램 Troubled Asset Relief Program(TARP)*을 통과시켰다. 민간 상업은행에 대한 부분적인 소유권을 획득하는 것은 연방정부에게 전례가 없는 조치였다.

재무부와 Fed의 새로운 정책 접근방식은 금융회사에 대한 부분적인 정부 소유권, 대형 금융회사들에 대한 암묵적 보증, 전례가 없는 금융시장 개입을 포함하고 있기 때문에 논란의 여지가 있었다. 이러한 접근방식은 새로운 것이었지만, 높은 고용, 물가 안정, 금융시장 안정과 같은 전통적인 거시경제정책목표를 달성하기 위한 의도를 가지고 있었다. 앞으로 눈여겨보아야 할 것은 이러한 새로운 접근방식이 미국 금융시장에 대한 연방정부의 개입을 영구적으로 증가시킬 것인지 정부정책이 궁극적으로 전통적인 접근방식으로 복귀하게 될 것인지 하는 것이다.

결론

통화정책은 중앙은행이 인플레이션, 고용, 금융안정의 목표를 달성하기 위해 추구하는 한 가지 방식이다. 연방준비제도의 의장은 미국 대통령보다 미국경제에 더 크게 영향을 미칠 수 있다. 그러나 미국 의회와 대통령도 경제를 안정시키기 위해 정부지출과 세금에 대한 권한을 사용한다. 제25장에서 정부지출과 세금을 변화시키는 *재정정책 fiscal policy*이 어떻게 경제에 영향을 미치는지 논의할 것이다.

주요용어 KEY TERMS

긴축적 통화정책 contractionary monetary policy
확장적 통화정책 expansionary monetary policy
인플레이션 타겟팅 inflation targeting
페더럴펀드 이자율 federal funds rate
통화정책 monetary policy
테일러 준칙 Taylor rule

연습문제 PROBLEMS

* 복습질문

1. 미국 의회가 1913년에 연방준비제도를 창설했을 때, 연방준비제도의 주요 책무는 무엇이었는가? 언제 미국 의회는 연방준비제도의 책무를 확대시켰는가?

2. Fed의 4가지 통화정책목표는 무엇인가?

3. 어떤 의미에서 Fed는 "복수책무 dual mandate"를 가지고 있는가?

4. 투자은행은 어떻게 유동성 문제에 직면할 수 있는가?

5. 통화정책타겟 monetary policy target은 무엇인가? 왜 Fed는 통화정책타겟을 사용하는가?

6. 경제학자들이 말하는 *통화에 대한 수요 demand for money*는 무엇을 의미하는가? 통화를 보유하는 장점은 무엇인가? 통화를 보유하는 단점은 무엇인가? 왜 이자율의 상승이 통화수요량을 감소시키는가?

7. 통화시장의 균형을 나타내는 수요와 공급 그림을 그려라. Fed가 균형이자율을 하락시키기 원한다고 하자. Fed가 이러한 목적을 어떻게 달성할 수 있는지를 그림 상에 나타내라.

8. 페더럴펀드 이자율은 무엇인가? 페더럴펀드 이자율은 통화정책에서 어떤 역할을 하는가?

9. 이자율의 상승은 총수요에 어떻게 영향을 미치는가? 이자율의 상승이 총수요의 각 구성요소에 어떻게 영향을 미치는지 간략히 논의하라.

10. 만일 Fed가 경제가 경기후퇴 상황으로 이행하고 있다고 믿으면, Fed는 어떤 조치를 취해야 하는가? 만일 Fed가 인플레이션율이 조만간에 크게 상승할 것이라고 믿으면, Fed는 어떤 조치를 취해야 하는가?

11. *양적 완화 quantitative easing*와 *오퍼레이션 트위스트 operation twist*를 설명하고 Fed가 양적완화와 오퍼레이션 트위스트를 사용하는 목적은 무엇인지 논의하라.

12. 기본적 총수요와 총공급 모델과 동태적 총수요와 총공급 모델에서 각각 확장적 통화정책을 어떻게 나타낼 수 있는지 생각해 보라. 두 모델의 중요한 차이점은 무엇인가?

13. 기본적 총수요와 총공급 모델과 동태적 총수요와 총공급 모델에서 각각 긴축적 통화정책을 어떻게 나타낼 수 있는지 생각해보라. 두 모델의 중요한 차이점은 무엇인가?

14. *통화정책*과 달리 *통화준칙 monetary rule*은 무엇인가? Milton Friedman은 Fed가 어떤 통화준칙을 따르기 원했는가? 왜 Milton Frieman이 원했던 유형의 통화준칙에 대한 지지가 1980년 이후 감소했는가?

15. Fed는 20년 이상 페더럴펀드 이자율을 통화정책타겟으로 사용하고 있다. 왜 Fed는 동시에 통화공급을 통화정책타겟으로 사용하지 않는가?

16. 테일러 준칙은 무엇인가? 테일러 준칙의 목적은 무엇인가?

17. 모기지는 무엇인가? 1970년 이후 발생했던 모기지시장의 중요한 변화는 무엇인가?

18. 2008년 초에 Fed와 미국 재무부는 전례가 없던 방식으로 금융시장에 개입하면서 금융위기에 대응했다. Fed와 미국 재무부가 취했던 조치들을 간략히 요약하라.

* 문제와 응용

1. *은행패닉 bank panic*은 무엇인가? 왜 정책담당자들은 레스토랑이나 옷가게의 도산보다 은행 도산을 더 우려하는가?

2. 왜 물가안정이 Fed의 통화정책목표 중 하나인가? 높은 인플레이션율은 경제에 어떤 문제를 발생시키는가?

3. 아래의 통화시장 그림에서, 무엇이 통화공급곡선을 MS_1에서 MS_2로 이동시킬 수 있는가? 무엇이 통화수요곡선을 MD_1에서 MD_2로 이동시킬 수 있는가?

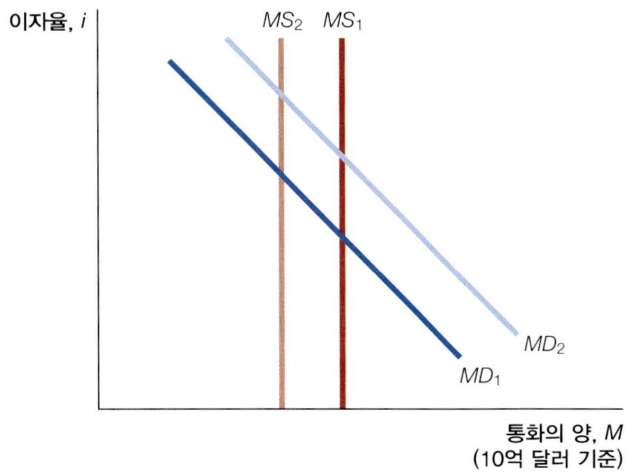

4. 연방준비제도가 은행들로부터 $1억 가치의 미국 재무부 단기증권을 매입하면, 통화공급에 어떤 일이 발생할 것인지 예측하라. 당신은 왜 그렇다고 생각하는지 설명하라.
5. 한 학생이 다음과 같이 말한다. "나는 왜 Fed가 확장적 통화정책을 사용하는지 이해하나 왜 긴축적 통화정책을 사용하는지 이해하지 못한다." 왜 정부는 경제가 수축되기 원하는가? 간략히 이 학생의 질문에 답하라.
6. 당신은 다음과 같은 주장에 동의하는지 설명하라. "만일 Fed가 실제로 긴축적 통화정책을 수행한다면, 물가수준은 하락할 것이다. 미국에서 물가수준은 1930년대 이후 어느 연도에도 하락하지 않았기 때문에, Fed는 1930년대 이후 긴축적 통화정책을 수행하지 않았다고 결론지을 수 있다."
7. 아래에 그려져 있는 그림을 사용하면서 다음의 질문에 답하라.

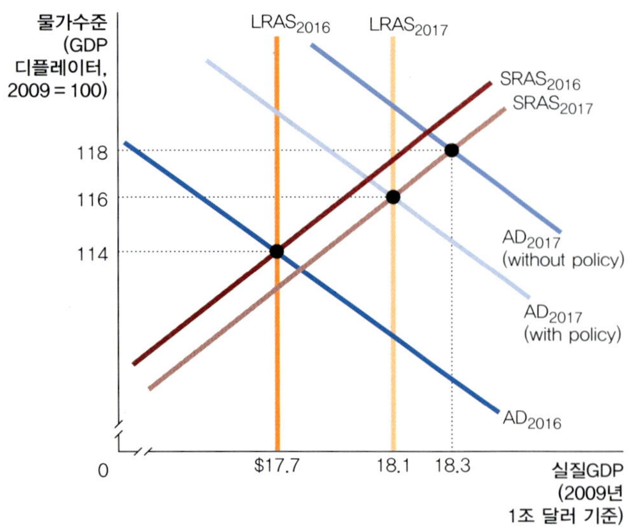

a. 만일 Fed가 아무런 정책조치를 취하지 않으면, 2017년에 실질GDP와 물가수준은 얼마가 되는가?
b. 만일 Fed가 2017년에 실질GDP를 잠재GDP수준에서 유지시키기 원하면, Fed는 확장적 통화정책을 사용해야 하는가 긴축적 통화정책을 사용해야 하는가? 공개시장조작 거래부서는 재무부 단기증권을 매도해야 하는가 매입해야 하는가?
c. 만일 Fed가 아무런 정책조치를 취하지 않으면, 2017년에 인플레이션율은 얼마가 되는가? 만일 Fed가 실질GDP를 완전고용수준에서 유지시키기 위해 통화정책을 사용하면, 2017년에 인플레이션율은 얼마가 되는가?

8. 아래의 표에 제시되어 있는 가상적인 정보는 Fed가 통화정책을 사용하지 않으면 2017년에 경제상황이 어떻게 될 것인지 보여준다.

연도	잠재GDP	실질GDP	물가수준
2016	$17.7조	$17.7조	110.0
2017	$18.1조	$18.3조	115.5

a. 만일 Fed가 2017년에 실질GDP를 잠재GDP수준에서 유지하기 원하면, Fed는 확장적 통화정책을 사용해야 하는가 긴축적 통화정책을 사용해야 하는가?
b. 만일 Fed가 2017년에 실질GDP를 잠재GDP수준에서 유지하는데 성공하면, 다음의 각 변수는 Fed가 아무런 조치를 취하지 않은 경우와 비교해 더 높아지는가, 더 낮아지는가, 동일한가?
   i. 실질GDP
   ii. 잠재GDP
   iii. 인플레이션율
   iv. 실업률
c. Fed의 정책 효과를 나타내기 위해 동태적 총수요와 총공급 그림을 그려라. 당신의 그림에는 반드시 2016년과 2017년의 *LRAS*곡선, 2016년과 2017년의 *SRAS*곡선, 2016년과 통화정책이 있는 경우와 없는 경우 2017년의 *AD*곡선, 통화정책이 있는 경우와 없는 경우 2017년의 균형 실질GDP와 물가수준이 포함되어야 한다.

9. 균형 실질 페더럴펀드 이자율이 2%이고 목표 인플레이션율이 2%라고 하자. 다음과 같은 정보와 테일러 준칙을 사용해서 페더럴펀드 이자율 목표를 계산하라.
현재 인플레이션율 = 4%
잠재GDP = $17.0조
실질GDP = $17.17조

CHAPTER

25 재정정책

이 장의 학습내용

25.1 재정정책은 무엇인가?
- 재정정책을 정의한다.

25.2 재정정책이 실질GDP와 물가수준에 미치는 효과
- 재정정책이 어떻게 총수요에 영향을 미치는지와 정부가 경제를 안정시키기 위해 재정정책을 어떻게 사용할 수 있는지 설명한다.

25.3 동태적 총수요와 총공급 모델에 의한 재정정책 분석
- 재정정책을 분석하기 위해 동태적 총수요와 총공급 모델을 사용한다.

25.4 정부구매승수와 세금승수
- 정부구매승수와 세금승수가 어떻게 작동하는지 설명한다.

25.5 경제를 안정시키기 위한 재정정책 사용의 한계
- 재정정책을 시행하는 경우에 발생할 수 있는 어려움을 논의한다.

25.6 재정적자, 재정흑자와 정부채무
- 재정적자와 정부채무를 정의하고 정부재정이 자동적 안정장치로서 어떻게 작동할 수 있는지 설명한다.

25.7 재정정책의 장기 효과
- 재정정책의 장기 효과를 논의한다.

부록 정부구매승수와 세금승수에 대한 심층적 논의
- 승수공식을 적용한다.

정부지출이 일자리를 창출하는가?

Tutor-Saliba사는 1949년에 남부 캘리포니아에서 설립되었고 오늘날 미국의 최대 건설회사 중 하나이다. 2013년 가을에 Tutor-Saliba사는 북부 캘리포니아에 있는 Caldecott 터널 공사를 거의 마무리하고 있었다. 이 프로젝트는 Orinda시와 Oakland시 사이의 교통체증을 완화시키기 위해 Berkeley Hills까지 터널을 6차선에서 8차선으로 확장하는 것이었다.

이 프로젝트에 필요한 자금의 일부는 오바마 대통령과 미국 의회가 2007~2009년 경기후퇴기 동안 총수요를 증가시키기 위해 2009년 초에 제정했던 미국 회복과 재투자 법 American Recovery and Reinvestment Act(ARRA, 종종 "경기진작법"이라고도 부름)으로부터 조달되었다. 이러한 자금이 없었으면, 캘리포니아 주는 이 프로젝트를 진행하지 않았을 것이다. AARA는 실질GDP와 고용을 증가시키는 것을 목표로 하는 *재량적 재정정책 discretionary fiscal policy*의 예이다. Caldecott 터널 프로젝트를 수행하기 위해, Tutor-Saliba사는 추가적으로 106명의 근로자들을 고용했다. 이 프로젝트를 책임지고 있는 주정부 기관의 대변인은 이 프로젝트의 고용 창출 효과는 훨씬 더 크다고 주장했다. "트럭운전사들과 장비제조업자들이 있고 Orinda시의 식료품가게들은 이전에 이렇게 바쁜 적이 없었다."

Caldecott 터널을 확장하는 프로젝트는 고용 증가를 발생시키는 정부지출 증가의 예이다. 그렇지 않은가? 대부분의 경제학자들은 정부지출의 일시적 증가가 경기후퇴기 동안 고용을 증가시킬 수 있다는 점에 동의한다. 그러나 일부 경제학자들은 AARA와 같은 재정정책 조치는 고용을 한 그룹의 근로자들로부터 다른 그룹의 근로자들로 이동시키고 총고용을 증가시키지 못한다고 주장한다. 정부지출이 고용에 미치는 효과에 관한 논쟁은 2007~2009년 경기후퇴가 종료된 후 수년 동안 계속되었다.

연방정부가 세금보다 더 많이 지출할 때, 그 결과로 발생되는 것이 연방재정적자이다. 경기후퇴 이후 연방정부는 평화 시기에 역사상 최대의 적자를 발생시켰다. 2012년 말에 미국 의회와 오바마 대통령은 재정적자를 감소시키기 위해 연방정부지출 삭감과 세금 증가를 위한 법을 제정했다. 추가적인 일련의 자동 지출 삭감, 소위 "시퀘스터 sequester"가 2013년 3월에 발효되었다. 일부 경제학자들과 정책담당자들은 실업률이 여전히 7% 이상인 시기에 이러한 지출 삭감과 세금 인상이 고용 증가를 둔화시킬 것이라고 주장하면서 이러한 조치들에 대해 비판적이었다.

이 장에서는 재량적 재정정책, 연방재정적자와 그 효과에 관한 논쟁을 살펴볼 것이다.

자료: Metropolitan Transit Commission, "Fans Installed in Caldecott Fourth Bore as Project Nears Completion," June 26, 2013, http://www.mtc.ca.gov/news/current_topics/6-13/caldecott.htm; Zusha Elinson, "Caldecott Tunnel Edges Forward, Tribute to Stimulus Bill," *New York Times*, September 10, 2011; and Catherine Rampell, "Yes, the Sequester Is Affecting the Job Market," *New York Times*, July 5, 2013.

제24장에서는 연방준비제도가 물가 안정과 높은 고용을 포함하는 거시경제정책목표를 달성하기 위해 통화정책을 어떻게 사용하는지 논의했다. 이 장에서는 정부가 이와 유사한 거시경제정책목표를 달성하기 위해 세금과 정부구매의 변화를 수반하는 *재정정책 fiscal policy*을 어떻게 사용하는지 살펴본다. 이미 살펴본 것처럼, 단기적으로 물가수준, 실질GDP, 총고용 수준은 총수요와 단기총공급에 의해 결정된다. 정부는 재정정책을 통해 총수요와 총공급 모두의 수준에 영향을 미칠 수 있다. 미국 의회와 대통령이 그들의 목표를 달성하기 위해 어떤 재정정책 조치를 취할 것인지를 어떻게 결정하는지 살펴본다. 또한 재정정책과 관련된 경제학자들과 정책담당자들 간의 논쟁에 대해 논의한다.

25.1. 재정정책은 무엇인가?

제2차 세계대전이 종료된 이후에 연방정부는 1946년의 고용법 Employment Act 하에서 "최대 고용, 생산과 구매력을 촉진시키기 위해" 경제에 개입하는 일에 몰두했다. 제24장에서 살펴본 것처럼, 연방준비제도의 연방공개시장위원회는 통화정책을 변경할 것인가를 결정하기 위해 1년에 8번 회의를 가진다. 종종 미국 의회와 대통령도 높은 고용, 물가 안정, 높은 경제성장률과 같은 거시경제정책목표를 달성하기 위해 세금과 정부구매를 변경한다. 거시경제정책목표를 달성하기 위한 목적으로 세금과 정부구매를 변화시키는 것을 **재정정책 fiscal policy**이라고 부른다.

재정정책 fiscal policy
거시경제정책목표를 달성하기 위한 목적으로 이루어지는 세금과 정부구매의 변화.

무엇이 재정정책이고 무엇이 재정정책이 아닌가

미국에서 연방정부, 주정부, 지방정부 모두 세금과 지출에 대한 책임을 가지고 있다. 일반적으로 경제학자들은 *재정정책 fiscal policy*이라는 용어를 연방정부의 활동만을 언급할 때 사용한다. 주정부와 지방정부는 종종 지역경제를 돕기 위해 세금과 지출 정책을 변경시키지만 이러한 조치들은 국가경제에 영향을 미치려는 의도를 가지고 있지 않기 때문에 재정정책이 아니다. 연방정부는 세금과 지출에 관한 많은 결정을 하지만 이러한 결정 모두가 거시경제정책목표를 달성하기 위한 의도를 가지고 있는 것이 아니기 때문에 재정정책 활동은 아니다. 예를 들어, 하이브리드 자동차를 사는 사람들의 세금을 깎아주기로 하는 결정은 환경정책이지 재정정책은 아니다. 이와 유사하게, 테러와의 전쟁과 이라크와 아프가니스탄 전쟁을 수행하는 데 필요한 자금을 지원하기 위한 지출 증가는 국방과 국토안전 정책이지 재정정책은 아니다.

자동안정장치와 재량적 재정정책

*자동안정장치 automatic stabilizers*와 *재량적 재정정책 discretionary fiscal policy* 간에 한 가지 중요한 차이점이 존재한다. 경기변동에 따라 자동적으로 증가하거나 감소하는 정부지출과 세금은 **자동안정장치 automatic stabilizers**라고 부른다. 이 경우에 자동적 automatic이라는 용어는 이러한 형태의 지출과 세금 변화는 정부의 조치없이 발생한다는 것을 의미한다. 예를 들어, 경제가 확장되고 고용이 증가할 때, 일자리를 잃은 근로자들에게 이루어지는 실업보험지급을 위한 정부지출은 자동적으로 감소할 것이다. 경기후퇴기 동안, 고용이 감소함에 따라 실업보험지급을 위한 정부지출은 자동적으로 증가할 것이다. 경제가 확장될 때, 사람들이 증가된 소득에 대해 추가적으로 세금을 납부함에 따라 정부가 거두는 세금은 증가할 것이다. 경제가 경기후퇴 상황에 있을 때, 정부가 거두는 세금은 감소할 것이다.

자동안정장치 automatic stabilizers
경기변동에 따라 자동적으로 증가하거나 감소하는 정부지출과 세금.

재량적 재정정책의 경우, 정부는 지출이나 세금을 변화시키는 조치를 취한다. 미국 의회와 대통령이 2009년에 제정한 AARA에 따른 세금 삭감과 지출 증가는 재량적 재정정책 조치의 예이다.

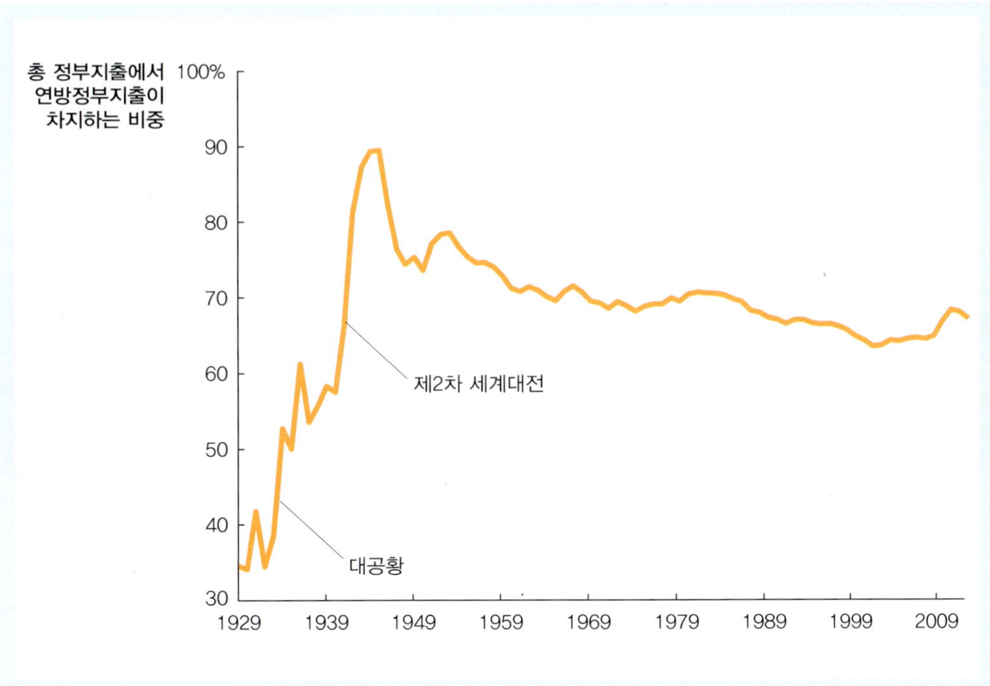

그림 25.1

총 정부지출에서 연방정부지출이 차지하는 비중, 1929~2012년

1930년대 대공황까지 미국에서 정부지출의 대부분은 주정부와 지방정부 수준에서 발생했다. 제2차 세계대전 이후 총 정부지출에서 연방정부지출이 차지하는 비중은 2/3와 3/4 사이였다.
자료: U.S. Bureau of Economic Analysis.

정부지출과 세금에 관한 개요

재정정책을 논의하는 맥락을 이해하기 위해서는 정부지출과 세금에 관한 큰 그림을 이해하는 것이 중요하다. 1930년대의 대공황 이전에 정부지출의 대부분은 주정부와 지방정부 수준에서 발생했다. [그림 25.1]이 보여주는 것처럼, 연방정부의 규모는 대공황기 동안 크게 확대되었다. 제2차 세계대전 이후 총 정부지출에서 연방정부지출이 차지하는 비중은 2/3와 3/4 사이였다.

경제학자들은 종종 정부지출이 GDP에서 차지하는 비중을 계산하여 경제규모에 비해 상대적인 정부지출의 정도를 측정한다. *연방정부구매 federal government purchases*와 *연방정부지출 federal government expenditures*은 다르다는 점을 기억하라. 연방정부는 비행기나 FBI 요원의 서비스를 구매할 때, 그 대가로 재화나 서비스를 받는다. 연방정부지출은 이러한 정부구매와 구매가 수반되지 않는 미국식 사회보장(Social Security)지급과 같은 지출을 포함한다. [그림 25.2]가 보여주는 것처럼, GDP에서 연방정부구매가 차지하는 비중은 실제로 1950년대 초 한국전쟁이 종료된 이후에 감소했다. GDP에서 연방정부지출이 차지하는 비중은 1950년부터 1990년대 초까지 증가했고, 1992년부터 2001년까지 하락했으며 그 이후에 다시 증가했다. 1992년과 2001년 사이에 연방정부지출이 감소한 것은 소련과 미국 간 냉전 종식의 결과로 국방비 지출이 상당히 감소되었기 때문이다. 국방을 위한 연방정부지출은 1990년과 1998년 사이에 거의 25% 감소했으며 테러와의 전쟁과 이라크와 아프가니스탄 전쟁 때문에 1998년과 2010년 사이에 60% 이상 증가했다. 2007~2009년의 경기후퇴와 이어진 완만한 회복 때문에 GDP에서 연방정부지출이 차지하는 비중은 제2차 세계대전 이후 가장 높은 수준에 이르기까지 급증했다.

그림 25.2

GDP에서 연방정부구매와 연방정부지출이 차지하는 비중, 1950~2012년

GDP에서 연방정부의 재화와 서비스 구매가 차지하는 비중은 1950년대 초 한국전쟁 이후 감소했다. GDP에서 이전지급을 포함하는 연방정부지출이 차지하는 비중은 1950년부터 1990년대 초까지 서서히 증가했고 1992년부터 2001년까지 하락했으며 그 이후에 다시 증가했다. 2007~2009년의 경기후퇴와 이어진 완만한 회복 때문에 GDP에서 연방정부지출이 차지하는 비중은 제2차 세계대전 이후 가장 높은 수준에 이르기까지 급증했다.
자료: U.S. Bureau of Economic Analysis.

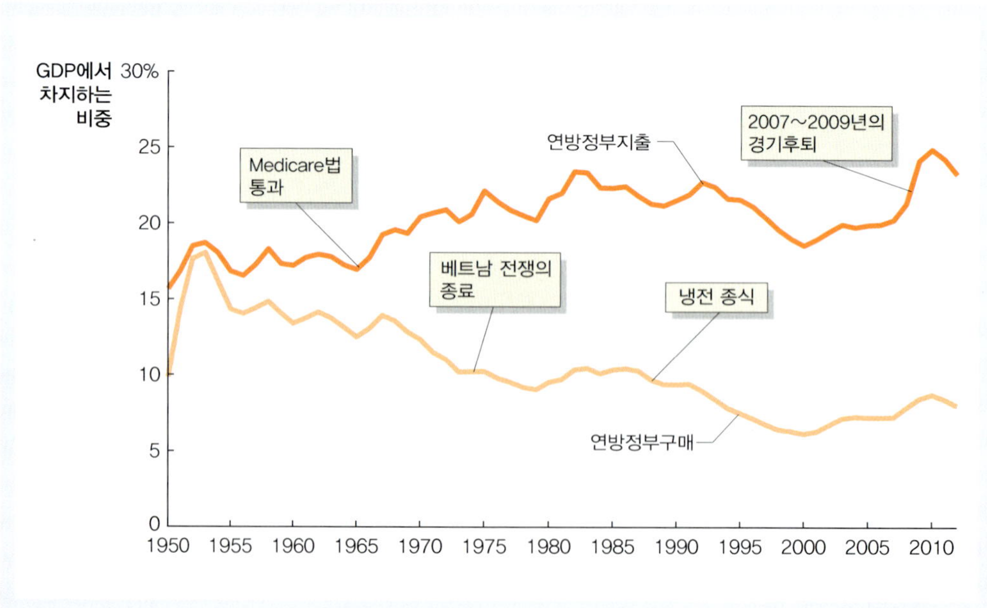

연방정부구매에 추가되는 3가지 항목의 연방정부지출은 *국가 채무에 대한 이자 지급, 주정부와 지방정부에 대한 교부금, 이전지급*이다. 국가 채무에 대한 이자는 연방정부가 자금을 차입하기 위해 발행한 채권의 보유자들에게 이루어지는 지급이다. 주정부와 지방정부에 대한 교부금은 주정부와 지방정부 활동을 지원하기 위해 연방정부에 의해 이루어지는 지급이다. 예를 들어, 범죄를 감소시키기 위해 미국 의회는 더 많은 경찰관을 고용하도록 지방정부에 교부금을 지급하는 프로그램을 시행하고 있다. 연방정부지출 중에서 규모가 가장 크고 가장 빠르게 증가하는 항목이 이전지급이다. 미국식 사회보장과 실업보험 같은 일부 프로그램들은 1930년대에 시작되었다. 노인들의 의료관리에 필요한 자금을 지원하는 Medicare나 가난한 사람들을 돕는 푸드 스탬프 food stamp(Supplemental Nutrition Assistance Program)와 Temporary Assistance for Needy Families 프로그램들 같은 여타 프로그램들은 1960년대와 그 이후에 시작되었다.

[그림 25.3]은 2012년에 연방정부지출에서 이전지급이 차지하는 비중이 46.4%라는 것을 보여준다. 1960년대에 연방정부지출에서 이전지급이 차지하는 비중은 25%였다. 미국 인구가 고령화되고 의료비용이 계속해서 증가하고 있기 때문에 미국식 사회보장과 Medicare 프로그램에 대한 연방정부지출은 계속해서 증가할 것이고 이에 따라 연방정부지출에서 이전지급이 차지하는 비중도 점차 증가할 것이다. [그림 25.3]에서 보는 것처럼, Environmental Protection Agency, Federal Bureau of Investigation, National Park Service, Immigration and Naturalization Service와 같은 연방기관들을 운영하는 것을 포함해서 대부분 연방정부의 일상적인 활동에 대한 지출이 연방정부지출에서 차지하는 비중은 단지 8.2%에 불과하다.

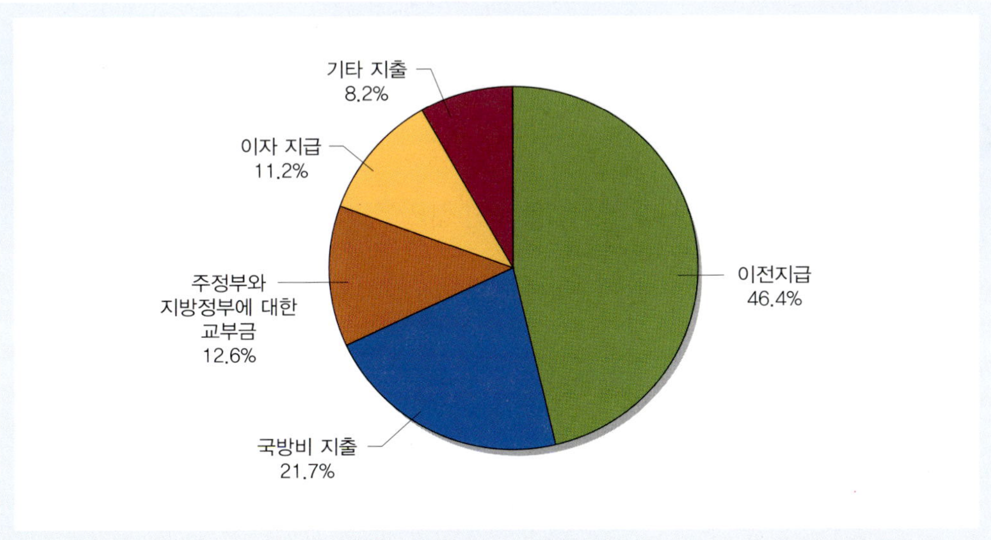

그림 25.3

연방정부지출, 2012년

연방정부구매는 연방재정의 21.7%를 차지하고 있는 국방비 지출과 연방재정의 8.2%를 차지하는 FBI 요원들에 대한 급여를 지불하는 것으로부터 국립공원을 관리하고 과학적 연구를 지원하는 것에 이르기까지 연방정부가 하는 모든 일에 대한 지출로 구분될 수 있다. 연방정부구매에 추가되는 3가지 항목의 연방정부지출은 국가채무에 대한 이자지급, 정부와 지방정부에 대한 교부금, 이전지급이다. 연방정부지출에서 이전지급이 차지하는 비중은 1960년대에 25%에서 2012년에 46.4%로 증가했다.

자료: U.S. Bureau of Economic Analysis.

그림 25.4

연방정부수입, 2012년

2012년에 연방정부수입의 42.7%가 개인소득세로부터 조달되었다. 법인세로 연방정부수입의 13.9%가 조달되었다. 미국식 사회보장과 Medicare 프로그램을 위한 자금을 지원하는 급여세로 연방정부수입의 35%가 조달되었다. 나머지 8.5%는 소비세, 수입재에 대한 관세, 여타 원천으로부터 조달되었다.

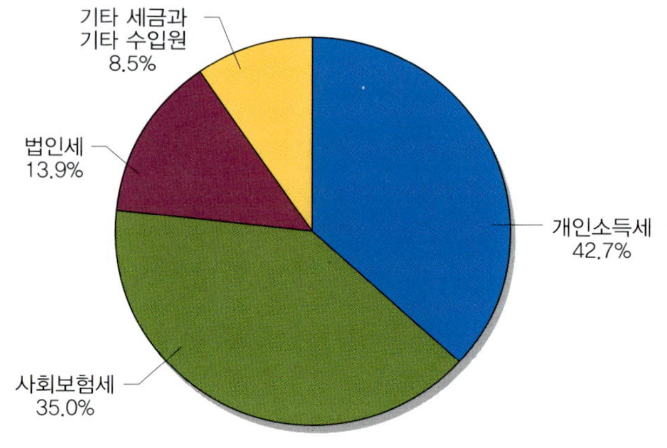

[그림 25.4]는 2012년에 연방정부수입의 42.7%가 개인소득세로부터 조달되었다는 것을 보여준다. 미국식 사회보장과 Medicare 프로그램을 위한 자금을 지원하는 급여세로 연방정부수입의 35%가 조달되었다. 경제가 2007~2009년의 경기후퇴로부터 서서히 회복됨에 따라 소비지출을 증가시키기 위한 일시적인 급여세 삭감 때문에 이러한 비중은 통상적인 경우보다 더 작았다. 이러한 일시적인 세금 삭감은 2012년 말에 종료되었다. 법인세로 연방정부수입의 13.9%가 조달되었다. 나머지 8.5%는 담배와 가솔린과 같은 특정 제품에 대한 소비세, 해외로부터 수입되는 재화에 대한 관세, 연방정부소유토지에 있는 목재를 벌채하는 회사들의 납부금과 같은 여타 원천으로부터 조달되었다.

Making the Connection

미국식 사회보장과 Medicare에 대한 지출은 재정의 시한폭탄인가?

은퇴근로자들에게 지급하기 위해 1935년에 설립된 미국식 사회보장제도는 현재 은퇴자들에 대한 지급이 현재 근로자들로부터 거두는 세금으로 이루진다는 것을 의미하는 "선지불시스템 pay-as-you-go system"으로 시작되었다. 초기에는 많은 근로자들이 이 시스템을 위해 납부하고 있었고 은퇴자들은 상대적으로 적었다. 예를 들어, 1940년에 350만 명 이상의 근로자들이 이 시스템을 위해 납부하고 있었고 단지 222,000명만이 혜택을 받고 있었다. 은퇴자당 150명 이상의 근로자들이 있었다. 이러한 초기에 대부분의 은퇴자들은 세금으로 납부한 것보다 더 많은 혜택을 받았다. 예를 들어, 첫 수혜자는 Ida May Fuller라는 이름을 가진 법률비서였다. 그녀는 이 프로그램이 시작된 후 3년 동안 일했고 총 $24.75를 세금으로 납부했다. 그녀는 은퇴한 기간 동안 $22,888.92의 혜택을 받았다.

미국식 사회보장과 Medicare 프로그램은 나이 든 미국인들의 빈곤을 감소시키는데 매우 성공적이었으나 최근에 이르러 현재의 약속을 이행하기 위해 필요한 자금을 조달할 수 있는 연방정부의 능력이 의심받게 되었다. 제2차 세계대전 이후, 출생률이 상승해서 1960년대 초까지 높은 수준에 머물게 됨에 따라 미국은 "베이비 붐 baby boom"을 경험했다. 1965년 이후 출생률의 하락으로 은퇴자당 근로자 수가 계속적으로 감소했기 때문에 미국식 사회보장 프로그램에 장기적인 문제가 발생하였다. 현재 은퇴자당 근로자 수는 약 3명뿐이고 2035년까지 2명으로 감소할 것으로 예상된다. 미국 의회는 완전한 수혜를 받을 수 있는 연령을 65세에서 67세로 높이고 급여세를 인상시켜서 이러한 문제를 해결하고자 했다. 미국식 사회보장과 Medicare 프로그램을 위한 자금은 개인의 임금과 자가 고용 소득에 대한 급여세로부터 조달되고 있다. 근로자들과 기업들은 각각 급여세의 1/2을 부담하고 있다. 급여세율은 1940년에 2%였고 2013년에 15.3%였다. 2013년부터 임금이나 자가 고용 소득으로 $200,000 이상 버는 개인은 2가지의 추가적인 Medicare세, 즉 임금에 대한 추가적인 0.9%의 세금과 투자 소득에 대한 추가적인 3.8%의 세금을 납부하게 되었다.

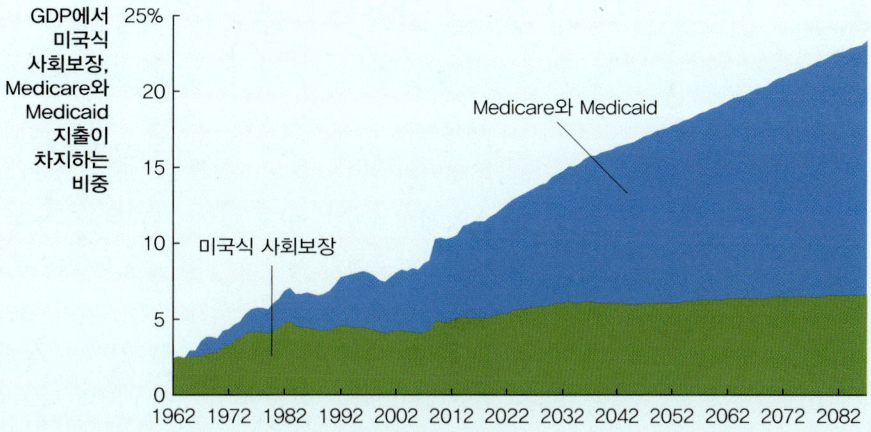

주: "Medicare와 Medicaid"라고 표시된 부분은 Children's Health Insurance Program(CHIP)과 health care exchanges에 대한 연방정부 보조금도 포함하고 있다.

1965년에 설립된 Medicare 프로그램 하에서 연방정부는 65세 이상인 사람들에게 의료비용을 제공했다. Medicare의 장기적 재무 상황은 미국식 사회보장보다 더 큰 우려가 되고 있다. 미국인들이 더 오래 살고 새롭고 비싼 진료과정이 개발됨에 따라, Medicare 프로그램 하에서 예상되는 지출은 궁극적으로 예상되는 세금수입을 크게 능가할 것이다. 또한 연방정부는 주정부에 의해 관리되고 저소득 계층에게 의료비용을 제공하는 Medicaid 프로그램 하에서 지급이 증가하는 문제에 직면해 있다. 2013년에 미국식 사회보장, Medicare와 Medicaid에 대한 연방정부지출은 GDP의 9.9%였다. 1962년에 이러한 3가지 프로그램에 대한 지출은 GDP의 3% 미만이었다. 미국 의회예산국 Congressional Budget Office(CBO)은 이러한 3가지 프로그램에 대한 연방정부지출은 2030년에 GDP의 14.4%, 2050년에 17.5%, 2087년에 23.4%로 증가할 것이라고 예측한다. 오른쪽 위의 그림은 이러한 예측치들을 보여준다. 과거 40년 동안, 연방정부는 항공기를 구매하고 FBI 요원의 급여를 지급하는 것으로부터 미국식 사회보장과 Medicare 지급에 이르기까지 모든 프로그램들에 대해 평균적으로 약 GDP의 21.5%를 지출했다. 따라서 현재 추세가 계속되면, 연방정부는 궁극적으로 현재 모든 프로그램들에 대해 지출하는 것보다 이러한 3가지 프로그램에 대해 더 많은 GDP의 비율을 지출하게 될 것이다.

미국식 사회보장 시스템의 이사회는 2090년까지 미국식 사회보장과 Medicare 프로그램 하에서 지급되어야 할 것으로 예상되는 지출과 예상되는 세금 수입 간 갭은 충격적인 $580조, 즉 2013년 GDP의 3배가 될 것이라고 예측하고 있다. 만일 현재의 예측이 정확하다면, 정책담당자들은 이러한 프로그램에 대한 지출을 크게 감소시키거나 가계와 기업들에 대한 세금을 크게 인상하거나 지출 감소와 세금 인상을 결합시키는 방안 중에서 선택해야 하는 문제에 직면해 있다. 이러한 대안들은 모두 유쾌하지 않은 것이다. CBO의 한 보고서는 다음과 같이 결론지었다. "세금이 미국에서 전례가 없는 수준으로 많아지더라도 현재 지출정책은 재무적으로 지속가능하지 않을 수 있다."

미국식 사회보장과 Medicare 프로그램의 미래에 대해 활발한 정치적 논쟁이 이루어지고 있다. 일부 정책담당자들은 미래 혜택을 지급하기 위해 필요한 자금을 조달하기 위한 세금 인상을 제안했다. 그러나 이를 위해 필요한 세금 인상은 현재 세율보다 50%만큼 높아질 수 있고 이러한 세금 인상은 근로의욕, 기업가 정신과 투자를 위축시켜 경제성장을 둔화시킬 수 있다. 또한 현재 수혜자들에 대한 혜택을 보장하는 반면 미래 혜택의 증가율을 낮추는 제안들도 제시되었다. 이러한 전략은 세금을 크게 인상시켜야 할 필요성을 피하게 하는 반면 젊은 근로자들이 은퇴를 위해 더 많이 저축할 것을 요구한다. 일부 경제학자들과 정책담당자들은 저소득 근로자들의 미래 혜택은 변화시키지 않는 반면 고소득 근로자들에 대한 미래 혜택의 증가율을 더 낮출 것을 주장했다. Medicare와 미국식 사회보장 프로그램에서 궁극적으로 어떤 변화가 이루어지더라도 이러한 정책 논쟁의 결과는 현재 대학생들의 미래에 중요한 영향을 미칠 것이다.

자료: Congressional Budget Office, *Supplemental Data for CBO's 2012 Long-Term Budget Outlook*, October 2012; Congressional Budget Office, *Baseline Projections of Mandatory Outlays*, January 2013; The Board of Trustees, Federal Old-Age and Survivors Insurance and Federal Disability Insurance Trust Funds, "The 2013 Annual Report of the Board of Trustees of the Federal Old-Age and Survivors Insurance and Disability Insurance Trust Funds," May 31, 2013; and the Social Security Administration Web site (www.ssa.gov).

25.2. 재정정책이 실질GDP와 물가수준에 미치는 효과

연방정부는 경기변동이 경제에 미치는 효과를 상쇄시키기 위해 거시경제정책을 사용한다. 제24장에서 연방준비제도는 이자율과 통화공급의 변화를 통해 통화정책을 수행한다는 것을 살펴보았다. 미국 의회와 대통령은 정부구매와 세금의 변화를 통해 재정정책을 수행한다. 정부구매와 세금의 변화는 총수요를 변화시키기 때문에 실질GDP, 고용, 물가수준에 영향을 미칠 수 있다. 경제가 경기후퇴 상황에 있을 때, 정부구매의 증가나 세금의 감소는 총수요를 증가시킬 것이다. 제22장에서 살펴본 것처럼, 실질GDP가 잠재GDP보다 클 때 인플레이션율은 상승한다. 정부구매의 감소나 세금의 증가는 총수요의 성장을 둔화시키고 인플레이션율을 하락시킬 수 있다.

확장적 재정정책과 긴축적 재정정책

*확장적 재정정책 expansionary fiscal policy*은 정부구매의 증가나 세금의 감소를 수반한다. 정부구매는 총수요의 구성요소이기 때문에 정부구매의 증가는 총수요를 증가시킨다. 세금의 삭감은 총수요에 간접적인 영향을 미친다. 가계가 세금을 납부한 후 지출할 수 있는 소득은 *처분가능소득 disposable income*이라고 부른다는 것을 기억하라(제17장 참조). 개인소득세의 삭감은 가계의 처분가능소득과 소비지출을 증가시킬 것이다. 법인소득에 대한 세금 삭감은 기업투자를 증가시킴으로써 총수요를 증가시킬 수 있다.

[그림 25.5]는 기본적 총수요와 총공급 모델을 사용하면서 확장적 재정정책의 효과를 보여준다. 이 모델에서 경제성장이 없기 때문에 장기총공급(*LRAS*)곡선은 이동하지 않는다. 이 그림은 확장적 통화정책의 효과를 보여주는 [그림 24.7]과 매우 유사하다. 확장적 통화정책과 확장적 재정정책 모두의 목표는 이러한 정책이 시행되지 않는 경우와 비교해 상대적으로 총수요를 증가시키는 것이다.

[그림 25.5(a)]에서 단기균형은 처음에 총수요(AD_1)곡선과 단기총공급(*SRAS*)곡선이 교차하는 점*A*에서 발생한다고 하자. 실질GDP는 잠재GDP보다 낮고 따라서 경제는 일부 기업들이 정상적인 생산능력보다 낮은 수준에서 조업하며 일부 근로자들이 해고되어 있는 경기후퇴 상황에 있다. 실질GDP를 잠재GDP로 복귀시키기 위해, 미국 의회와 대통령은 정부구매를 증가시키거나 세금을 삭감한다. 이것이 총수요곡선을 AD_1에서 AD_2로 오른쪽으로 이동시킨다. 실질GDP는 $17.2조에서 잠재GDP 수준인 $17.4조로 증가하고 물가수준은 108에서 110(점*B*)으로 상승한다. 이러한 정책은 성공적으로 실질GDP를 잠재GDP 수준으로 복귀시킨다. 생산 증가는 고용을 증가시키고 실업률을 하락시킬 것이다.

*긴축적 재정정책 contractionary fiscal policy*은 정부구매의 감소나 세금의 증가를 수반한다. 정책담당자들은 인플레이션을 발생시킬 것으로 여겨지는 총수요의 증가를 감소시키기 위해 긴축적 재정정책을 사용한다. [그림 25.5(b)]에서 단기균형은 처음에 실질GDP가 잠재GDP 수준인 $17.4조보다 높은 $17.6조인 점*A*에서 발생한다고 하자. 일부 기업들

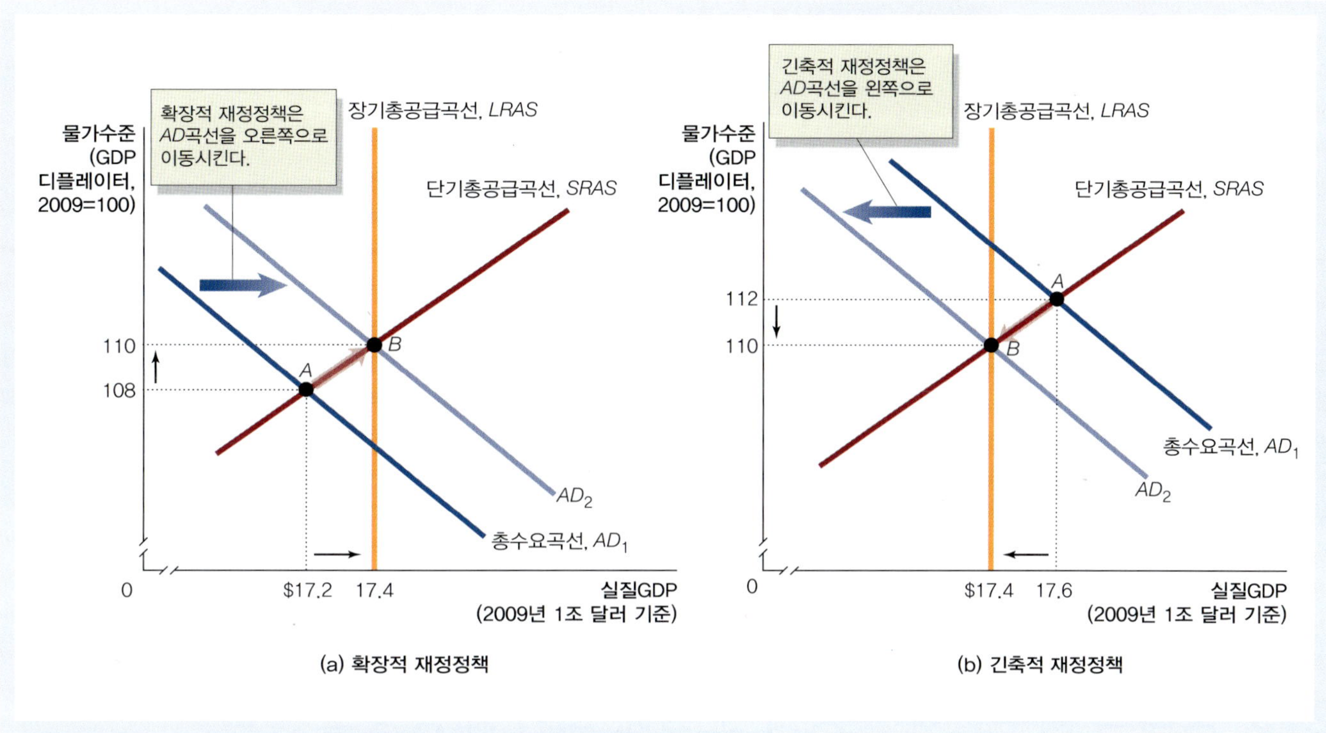

그림 25.5

재정정책

그림(a)에서 단기 균형은 처음에 실질GDP가 $17.2조이고 물가수준이 108인 점*A*에 있다. 실질GDP는 잠재GDP보다 낮고 따라서 경제는 경기후퇴 상황에 있다. 확장적 재정정책은 총수요를 AD_1에서 AD_2로 오른쪽으로 이동시켜 실질GDP를 $17.2조에서 $17.4조로 증가시키며 물가수준을 108에서 110(점*B*)으로 상승시킨다.

그림(b)에서 경제는 처음에 실질GDP가 $17.6조이고 물가수준이 112인 점*A*에 있다. 실질GDP가 잠재GDP보다 높기 때문에 경제는 임금과 가격의 상승을 경험한다. 긴축적 재정정책은 총수요를 AD_1에서 AD_2 로 왼쪽으로 이동시켜 실질GDP를 $17.6조에서 $17.4조로 감소시키며 물가수준을 112에서 110(점*B*)로 하락시킨다.

은 정상적인 생산능력이상으로 생산하고 실업률은 매우 낮아서 임금과 가격은 상승할 것이다. 실질GDP를 잠재GDP로 복귀시키기 위해 미국 의회와 대통령은 정부구매를 감소시키거나 세금을 증가시킨다. 이것이 총수요를 AD_1에서 AD_2로 왼쪽으로 이동시킬 것이다. 실질GDP는 $17.6조에서 $17.4조로 감소하고 물가수준은 112에서 110(점*B*)으로 하락한다.

미국 의회와 대통령은 물가수준과 실질GDP 수준에 영향을 미치기 위해 재정정책을 사용함으로써 경제를 안정시킬 수 있다고 결론내릴 수 있다. 물론, 현실에서 미국 의회와 대통령이 경기변동의 효과를 제거하고 실질GDP를 항상 잠재GDP와 같게 유지하기 위해 재정정책을 사용하는 것은 매우 어렵다.

재정정책이 총수요에 어떻게 영향을 미치는지에 대한 요약

[표 25.1]은 재정정책이 총수요에 어떻게 영향을 미치는지를 요약한 것이다. 통화정

표 25.1 경기대응적 재정정책

문제	요구되는 정책 유형	미국의회와 대통령의 조치	결과
경기후퇴	확장적 정책	정부구매의 증가나 세금의 감소	실질GDP와 물가수준의 상승
인플레이션율 상승	긴축적 정책	정부구매의 감소나 세금의 증가	실질GDP와 물가수준의 하락

책의 경우에 했던 것처럼 재정정책에 대한 요약의 경우에도 매우 중요한 전제가 있다. 이 표는 *분석에 포함된 변수들에 영향을 미치는 통화정책과 모든 여타 요인들이 일정하다고 가정하면서* 재정정책의 효과만을 나타낸 것이다. 달리 말하면, 제3장에 논의했던 ceteris paribus 조건이 사용되고 있다. 예를 들어 실제 경제에서 긴축적 재정정책은 물가수준을 하락시키지 않기 때문에 이러한 전제 조건이 중요하다. 긴축적 재정정책은 물가수준을 *이러한 정책이 없는 경우보다 더 적게* 상승시킨다.

25.3. 동태적 총수요와 총공급 모델에 의한 재정정책 분석

앞에서 살펴본 재정정책에 대한 분석은 미국 의회와 대통령은 총수요에 영향을 미쳐 물가수준과 실질GDP 수준을 변화시키기 위해 재정정책을 사용할 수 있다는 점을 제시해 준다. 그러나 경제에 관한 2가지 중요한 사실, 즉 (1) 경제는 매년 물가수준이 상승하는 지속적인 인플레이션을 경험하고 (2) 경제는 매년 *LRAS*를 오른쪽으로 이동시키는 장기적 성장을 경험한다는 사실을 무시하고 있기 때문에 [그림 25.5]로 나타낸 확장적 재정정책과 긴축적 재정정책에 관한 논의는 단순화된 것이다. 제22장에서 이러한 2가지 사실을 고려한 *동태적 총수요와 총공급 모델 dynamic aggregate demand and aggregate supply model*이 개발되었다. 이 절에서는 재정정책에 대해 더 완전하게 이해하기 위해 동태적 총수요와 총공급 모델이 사용된다.

동태적 총수요와 총공급 모델을 간략하게 복습하도록 하자. 시간이 흐름에 따라 잠재 GDP가 증가하는 것을 *LRAS*곡선이 오른쪽으로 이동하는 것으로 나타낸다는 것을 기억하라. *LRAS*곡선을 이동시키는 요인들이 단기적으로 주어진 물가수준에서 기업들이 더 많은 재화와 서비스를 공급하게 한다. 이것을 *SRAS*곡선이 오른쪽으로 이동하는 것으로 나타낸다. 마지막으로 대부분의 연도 동안에 총수요곡선도 오른쪽으로 이동하는데 이것은 총지출이 모든 물가수준에서 더 증가한다는 것을 의미한다.

[그림 25.6]은 동태적 총수요와 총공급 모델을 사용하면서 *확장적 재정정책 expansionary fiscal policy*의 효과를 보여준다. 이 그림은 확장적 통화정책의 효과를 보여준 [그림 24.9]와 매우 유사하다는 점에 주목하라. 확장적 통화정책과 확장적 재정정책 모

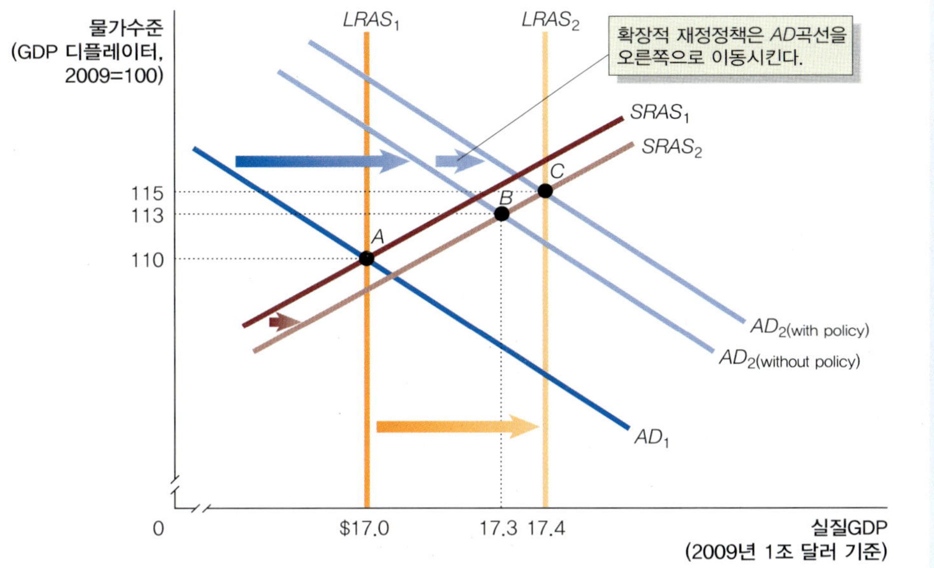

그림 25.6

동태적 모델에 의한 확장적 재정정책 분석

처음에 균형은 실질GDP가 잠재GDP 수준인 $17조이고 물가수준이 110인 점*A*에 있다. 확장적 재정정책이 없는 경우, 총수요는 AD_1에서 장기총공급이 $LRAS_1$에서 $LRAS_2$로 이동했기 때문에 실질GDP를 잠재GDP와 같게 유지시키기에 충분하지 않은 $AD_{2(without\ policy)}$로 이동할 것이다. 새로운 단기 균형은 실질GDP가 $17.3조이고 물가수준이 112인 점*B*에서 발생된다. 정부구매의 증가나 세금의 삭감이 총수요를 $AD_{2(with\ policy)}$로 이동시킬 것이다. 균형은 실질GDP가 $17.4조이고 물가수준이 115인 점*C*에서 발생된다. 물가수준은 확장적 재정정책이 없는 경우보다 더 높게 상승한다.

두의 목표는 이러한 정책이 없는 경우에 비해 상대적으로 총수요를 증가시키는 것이다.

[그림 25.6]에 나타낸 가상적인 상황에서 첫 번째 연도에 균형은 실질GDP가 잠재GDP 수준인 $17.0조이고 물가수준이 110인 점*A*에 있다. 두 번째 연도에 *LRAS*는 $17.4조로 증가하나 총수요는 AD_1에서 실질GDP를 잠재GDP와 같게 유지시키기에 충분하지 않은 $AD_{2(without\ policy)}$로 증가한다. Fed가 확장적 통화정책으로 이러한 상황에 대응하지 않는다고 가정하자. 이 경우, 단기균형은 실질GDP가 $17.3조이고 물가수준이 113인 점*B*에서 발생된다. 실질GDP와 잠재GDP 간 $1,000억의 갭이 존재한다는 것은 일부 기업들이 충분한 생산능력보다 낮은 수준에서 조업한다는 것을 의미한다. 소득과 이윤은 감소할 것이고 기업들은 근로자들을 해고하기 시작할 것이며 실업률은 상승할 것이다.

정부구매의 증가나 세금의 삭감이 총수요를 $AD_{2(with\ policy)}$로 이동시킬 수 있다. 균형은 실질GDP가 잠재GDP 수준인 $17.4조이고 물가수준이 115인 점*C*에서 발생할 것이다. 물가수준은 확장적 재정정책이 없는 경우보다 더 높게 상승한다.

*긴축적 재정정책 contractionary fiscal policy*은 정부구매의 감소나 세금의 증가를 수반한다. 정책담당자들은 인플레이션을 발생시킬 것으로 여겨지는 총수요의 증가를 감소시키기 위해 긴축적 재정정책을 사용한다. [그림 25.7]에서 첫 번째 연도에 균형은 실질GDP가 잠재GDP와 일치하는 $17.0조이고 물가수준이 110인 점*A*에 있다. 두 번째 연도에 *LRAS*는 $17.4조로 증가한다. 긴축적 재정정책이 없는 경우 총수요는 $AD_{2(without\ policy)}$로 이동하고 단기 거시경제균형은 실질GDP가 잠재GDP보다 높은 $17.5조인 점*B*에서 발생된다. Fed가 긴축적 통화정책으로 이러한 상황에 대응하지 않는다고 가정하면, 경제는 인플레이션율의

그림 25.7

동태적 모델에 의한 긴축적 재정정책 분석

처음에 균형은 실질GDP가 잠재GDP와 일치하는 $17.0조이고 물가수준이 110인 점*A*에 있다. 긴축적 재정정책이 없는 경우, 총수요는 AD_1에서 $AD_{2(without\ policy)}$로 이동하고 단기균형은 실질GDP가 잠재GDP보다 높은 $17.5조이고 물가수준이 115인 점*B*에서 발생된다. 정부구매의 감소나 세금의 증가는 총수요곡선을 $AD_{2(with\ policy)}$로 이동시킬 수 있다. 균형은 실질GDP가 잠재GDP 수준인 $17.4조이고 물가수준이 113인 점*C*에서 발생된다. 그 결과로 인플레이션율은 긴축적 재정정책이 없는 경우의 4.5%가 아니라 2.7%가 된다.

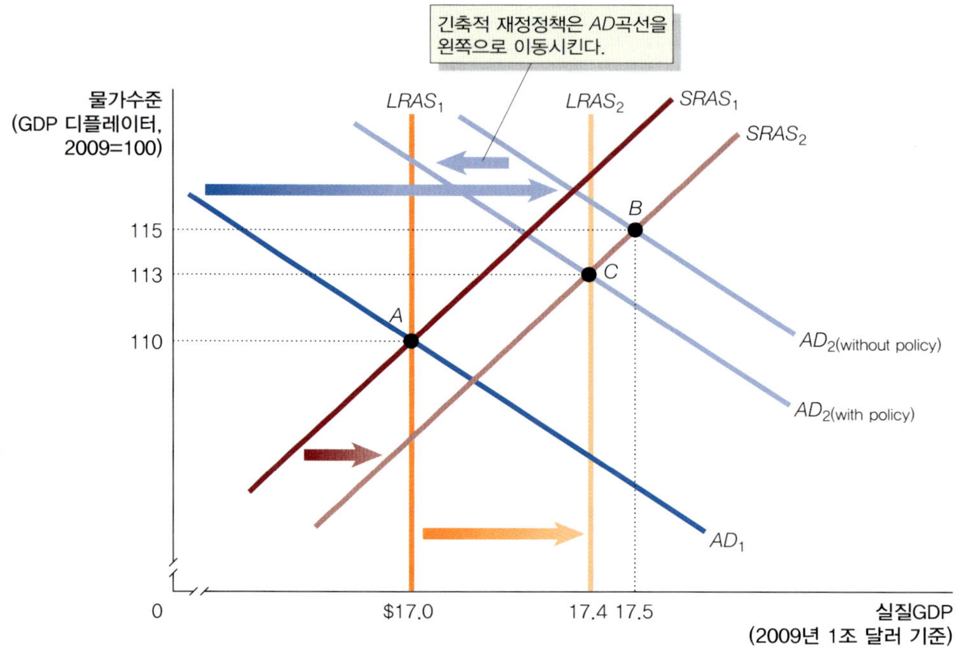

상승을 경험할 것이다. 정부구매의 감소나 세금의 증가는 실질GDP가 잠재GDP 수준보다 높게 증가하는 것을 막을 수 있다. [그림 25.7]에서 보는 것처럼, 그 결과로 새로운 균형인 점*C*에서 인플레이션율은 4.5%가 아니라 2.7%가 된다.

25.4. 정부구매승수와 세금승수

이 장의 시작부분에서 미국 의회와 대통령은 2007~2009년의 경기후퇴기 동안 총수요를 증가시키기 위해 북부 캘리포니아에 있는 Caldecott 터널을 확장하기 위한 지출을 승인했다는 것을 살펴보았다. 미국 의회와 대통령이 Caldecott 터널과 유사한 프로젝트에 $1,000억을 지출하기로 결정한다고 하자. 이러한 정부구매의 증가 결과로 균형 실질GDP는 얼마나 증가하는가? 최초 총수요의 증가가 추가적으로 소득과 지출을 증가시키기 때문에 균형실질GDP는 $1,000억 이상 증가할 것이라고 예상할 수 있다. 예를 들어, 캘리포니아 주정부는 Caldecott 터널을 확장하기 위해 민간 건설회사인 Tutor-Saliba사를 고용했다. Tutor-Saliba사와 하청회사들이 이 프로젝트를 수행하기 위해 근로자들을 고용했다. ARRA 하에서 승인된 많은 여타 프로젝트들을 수행했던 기업들도 신규 근로자들을 고용했다. 이

전에 실업상태였다가 고용된 근로자들이 자동차, 가구, 가정설비제품, 여타 제품들에 대한 지출을 증가시킬 것이다. 이러한 제품들의 판매자들은 생산을 증가시키고 더 많은 근로자들을 고용할 것이다. 각 단계에서 실질GDP와 소득은 증가할 것이고 이에 따라 소비지출과 총수요가 증가할 것이다. 이 장의 시작 부분에서 Caldecott 터널 프로젝트를 책임지고 있는 주정부 기관의 대변인은 이러한 추가적인 고용창출을 Caldecott 터널 프로젝트로부터 발생되는 "파급효과 ripple effect"라고 언급했다.

경제학자들은 최초 정부구매의 증가는 정부의 의사결정에 의해 이루어지는 결과이지 실질GDP 수준의 변화에 의해 직접적으로 발생되는 것이 아니기 때문에 이러한 최초 정부구매의 증가를 *독립적* 증가라고 부른다. 이러한 최초 정부구매의 독립적 증가로부터 발생되는 일련의 소비지출 증가는 *유발된* 증가이다. 경제학자들은 최초 독립적 지출의 증가에 의해 유발된 일련의 소비지출 증가를 **승수효과 multiplier effect**라고 부른다.

승수효과 multiplier effect
최초 독립적 지출의 증가에 의해 유발된 일련의 소비지출 증가.

[그림 25.8]은 정부구매의 증가가 총수요곡선에 어떻게 영향을 미치는지 보여준다. 최초 정부구매의 증가는 모든 물가수준에서 경제의 총지출을 증가시키기 때문에 총수요곡선을 오른쪽으로 이동시킨다. 최초 정부구매의 $1,000억 증가가 총수요곡선을 AD_1에서 점선으로 나타낸 AD곡선으로 오른쪽으로 이동시킨다. 이러한 최초 정부구매의 증가는 소득을 증가시키고 추가적으로 소비지출을 증가시키기 때문에 총수요곡선은 궁극적으로 AD_1에서 AD_2로 오른쪽으로 더 이동할 것이다.

승수효과를 더 잘 이해하기 위해 먼저 물가수준이 일정하다고 가정하자. 달리 말하면, 우선 우상향하는 *SRAS* 곡선의 효과를 무시하도록 하자. [그림 25.9]는 실질GDP와 총소득을 $1,000억만큼 증가시키는 첫 번째 기간에 이루어지는 최초 정부구매의 증가를 시작으

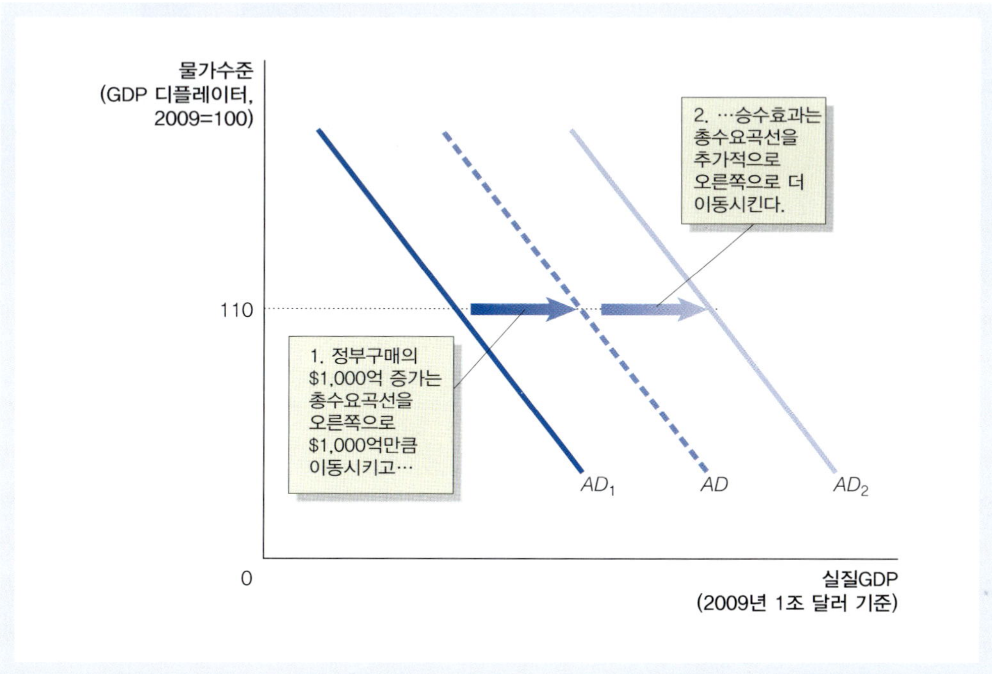

그림 25.8

승수효과와 총수요

최초 정부구매의 $1,000억 증가는 총수요곡선을 AD_1에서 점선으로 나타낸 AD곡선으로 오른쪽으로 이동시킨다. 이것은 최초 정부구매의 $1,000억 증가 효과를 나타낸다. 이러한 최초 정부구매의 증가는 소득을 증가시키고 추가적으로 소비지출을 증가시키기 때문에 총수요곡선은 궁극적으로 AD_1에서 AD_2로 오른쪽으로 더 이동한다.

로 해서 많은 기간 동안 지출과 실질GDP가 어떻게 증가하는지 보여준다. 추가적인 $1,000억의 소득 증가로부터 소비지출이 추가적으로 얼마나 증가하는가? 가계들은 국내에서 생산된 재화에 대한 소비지출을 증가시키고 증가된 소득의 일부를 저축하며 소득세를 납부하기 위해 증가된 소득의 일부를 사용하고 국내 경제의 지출과 생산에 직접적인 영향을 미치지 않는 수입재를 구매하기 위해 증가된 소득의 일부를 사용할 것이다. [그림 25.9]에서 두 번째 기간에 가계들이 첫 번째 기간의 소득 증가분의 1/2, 즉 $500억만큼 소비지출을 증가시킨다고 가정한다. 두 번째 기간에 이루어지는 이러한 지출이 실질GDP와 소득을 추가적으로 $500억만큼 증가시킬 것이다. 세 번째 기간에 소비지출은 $250억만큼, 즉 두 번째 기간에 이루어진 $500억의 1/2만큼 증가할 것이다.

승수효과는 각 기간의 추가적인 소비지출이 이전 기간에 이루어진 소득 증가의 1/2만

기간	추가적 지출 증가	지출과 실질GDP의 누적 증가
1	정부구매의 $1,000억 증가	$1,000억
2	소비지출의 $500억 증가	$1,500억
3	소비지출의 $250억 증가	$1,750억
4	소비지출의 $125억 증가	$1,875억
⋮	⋮	⋮
n	0	$2,000억

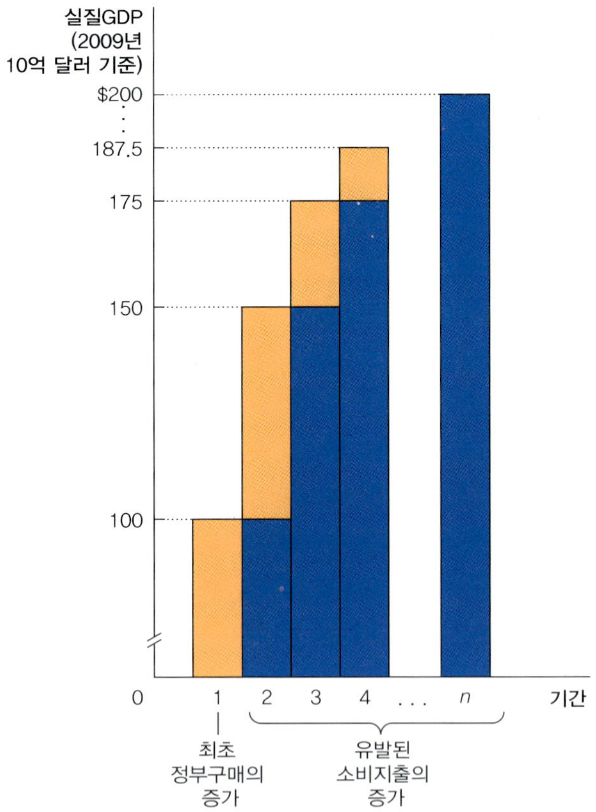

그림 25.9

정부구매 증가의 승수효과

최초의 정부구매 증가가 이루어진 후에 지출과 실질GDP는 승수효과 때문에 많은 기간 동안 증가한다. 각 기간의 새로운 지출과 증가된 실질GDP는 오렌지색으로 표시되어 있고 이전 기간의 지출 수준은 파란색으로 표시되어 있다. 파란색 면적과 오렌지색 면적의 합은 지출과 실질GDP의 누적 증가를 나타낸다. 최초 정부구매의 $1,000억 증가 결과로 균형 실질GDP는 $2,000억만큼 증가한다.

큼 증가하면서 많은 기간 동안 계속적으로 발생될 것이다. 정확히 얼마나 많은 기간이 걸릴지 모르지만, 궁극적으로 이러한 과정은 종료될 것이다. 따라서 마지막 기간을 특정한 수치를 부여하기보다는 *n*이라고 표시하도록 하자. [그림 25.9]에서 각 기간의 새로운 지출과 증가된 실질GDP는 오렌지색으로 표시되어 있고 이전 기간의 지출 수준은 파란색으로 표시되어 있다. 파란색 면적과 오렌지색 면적의 합은 지출과 실질GDP의 누적 증가를 나타낸다.

최초 정부구매의 $1,000억 증가 결과로 균형 실질GDP은 얼마나 증가하는가? 최초 정부구매 변화에 대한 균형 실질GDP 변화의 비율은 *정부구매승수 government purchases multiplier*라고 부른다.

$$정부구매승수 = \frac{균형\ 실질GDP의\ 변화}{정부구매의\ 변화}$$

예를 들어, 정부구매승수가 2이면, 정부구매의 $1,000억 증가는 균형 실질GDP를 2 × $1,000억 = $2,000억만큼 증가시킨다. [그림 25.9]에서 이러한 결과가 실질 GDP의 누적 증가가 $2,000억과 같다고 제시되어 있다.

세금 삭감도 가계들의 처분가능소득을 증가시키기 때문에 승수효과를 가진다. 가계들의 처분가능소득이 증가할 때 소비지출도 증가할 것이다. 정부구매의 증가의 경우와 마찬가지로 이러한 소비지출의 증가는 실질GDP와 소득을 추가적으로 증가시킬 것이다. 세율이 변화하지 않는 경우 특정한 금액의 세금 변화, 예를 들어 $1,000억의 세금 삭감을 생각해 보자. 이러한 세금승수는 다음과 같다.

$$세금승수 = \frac{균형\ 실질GDP의\ 변화}{세금의\ 변화}$$

세금의 변화와 실질GDP의 변화는 반대 방향으로 움직이기 때문에 세금승수는 마이너스 값을 가진다. 세금의 증가는 처분가능소득, 소비, 실질GDP를 감소시키고 세금의 감소는 처분가능소득, 소비, 실질GDP를 증가시킨다. 예를 들어, 세금승수가 –1.6이면, 세금의 $1,000억 삭감은 실질GDP를 –1.6 × (-$1,000억) = $1,600억만큼 증가시킨다. 절대값으로 나타내는 경우 세금승수는 정부구매승수보다 작다. 그 이유를 살펴보기 위해 정부구매의 $1,000억 증가와 세금의 $1,000억 감소 간의 차이점을 생각해 보라. 정부구매의 $1,000억 증가 모두가 총수요를 증가시킨다. 그러나 가계들은 세금의 $1,000억 감소 중 일부를 지출하기보다 저축할 것이고 일부를 수입재를 구매하기 위해 지출할 것이다. 따라서 세금 삭감의 경우에 승수과정의 첫 번째 기간에 정부구매가 증가할 때 발생하는 것보다 총수요의 증가가 더 적을 것이고 이에 따라 균형 실질GDP의 총증가도 더 적을 것이다.

세율 변화의 효과

*세율 tax rate*의 변화는 일정한 금액의 세금 삭감보다 균형 실질GDP에 더 복잡한 효과를 미친다. 우선 세율의 크기가 승수효과의 크기에 영향을 미친다. 세율이 높을수록 승수효

과는 더 작아진다. 그 이유를 살펴보기 위해 정부구매의 증가 이후 각 기간에 발생하는 추가적인 지출 증가의 크기에 대해 생각해 보라. 세율이 높을수록 가계들이 지출할 수 있는 소득의 증가액은 더 적어지고 이것이 승수효과의 크기를 감소시킨다. 세율의 인하는 2가지 경로를 통해 균형 실질GDP에 영향을 미친다. (1) 세율의 인하는 가계들의 처분가능소득을 증가시키고 그들의 소비지출을 증가시키며 (2) 세율의 인하는 승수효과의 크기를 증가시킨다.

단기총공급의 효과 고려하기

지금까지 승수효과를 논의하면서 물가수준은 일정하다고 가정했다. 그렇지만 *SRAS*곡선은 우상향하기 때문에, *AD*곡선이 오른쪽으로 이동할 때, 물가수준이 상승할 것이다. 이렇게 물가수준이 상승하는 결과로 *AD*곡선이 오른쪽으로 이동할 때 균형 실질GDP는 승수효과가 제시하는 크기만큼 증가하지 않을 것이다. [그림 25.10]은 우상향하는 *SRAS*곡선이 승수의 크기에 어떻게 영향을 미치는지 보여준다. 논의를 단순하게 하기 위해 *SRAS*곡선과 *LRAS*곡선은 이동하지 않는다고 가정하자. 단기균형은 처음에 실질GDP가 잠재GDP 수준보다 낮은 점*A*에 있다. 정부구매의 증가는 총수요곡선을 AD_1에서 점선으로 나타낸 *AD*곡선으로 이동시킨다. [그림 25.8]에서와 마찬가지로 승수효과는 총수요곡선을 AD_2로 오른쪽으로 더 이동시킨다. 만일 물가수준이 일정하면, 실질GDP는 점*A*의 $16.0조에서 점*B*의 $17.2조로 증가할 것이다. 그러나 *SRAS*곡선이 우상향하기 때문에 물가수준은 110에서 113으로 상승하고 이러한 물가수준의 상승은 경제에서 재화와 서비스에 대한 수요량을 감소

그림 25.10

승수효과와 총공급

단기균형은 처음에 점*A*에 있다. 정부구매의 증가는 총수요곡선을 AD_1에서 점선으로 나타낸 *AD*곡선으로 오른쪽으로 이동시킨다. 승수효과는 총수요곡선을 AD_2로 오른쪽으로 더 이동시킨다. 만일 물가수준이 일정하면, 실질GDP는 점*A*의 $16.0조에서 점*B*의 $17.2조로 증가할 것이다. *SRAS*곡선이 우상향하기 때문에 이러한 총수요곡선의 이동은 물가수준을 상승시킨다. 점*C*에서 발생되는 새로운 균형에서 실질GDP는 증가하고 물가수준은 상승한다. 실질GDP의 증가는 일정한 물가수준을 가정하는 승수효과가 제시하는 것보다 적다.

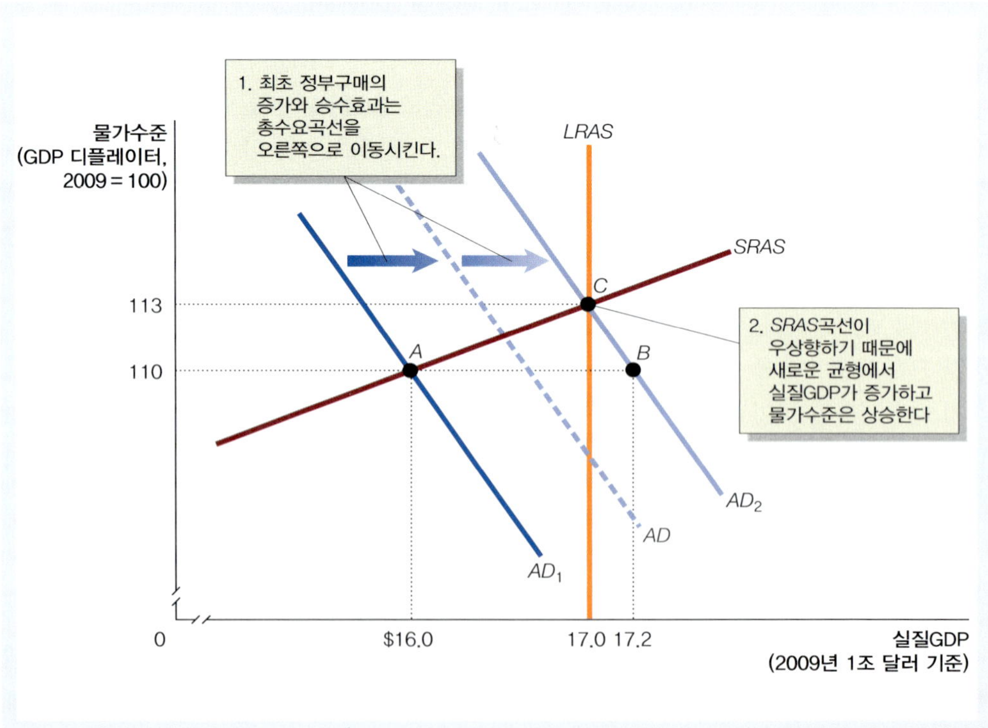

시킨다. 새로운 균형은 실질GDP가 \$17조, 즉 물가수준이 변화하지 않는 경우보다 \$2,000억만큼 적은 점*C*에서 발생된다. 정부구매나 세금 삭감으로부터 발생하는 실질GDP의 실제 변화는 일정한 물가수준을 가정하는 단순 승수효과가 제시하는 것보다 더 적다.

승수효과는 양 방향으로 작동한다

정부구매 증가와 세금 삭감은 균형 실질GDP에 양의 승수효과를 가진다. 정부구매 감소와 세금 증가는 균형 실질GDP에 음의 승수효과를 가진다. 세금 증가는 가계들의 처분가능소득과 소비를 감소시킨다. 가계들이 자동차, 가구, 냉장고, 여타 제품들을 더 적게 사게 됨에 따라, 제품들을 판매하는 기업들은 생산을 줄이고 근로자들을 해고하기 시작할 것이다. 소득의 감소는 추가적인 소비의 감소를 발생시킨다. 국방에 대한 정부지출의 감소는 실질 GDP와 소득의 유사한 감소 과정을 만들어낼 것이다. 국방에 대한 정부지출의 감소는 먼저 정부에 직접 판매하는 국방관련 계약자들에 영향을 미치고 이어서 여타 기업들에게도 영향을 미친다.

이 장의 부록에서 정부구매승수와 세금승수에 대해 더 심층적으로 살펴볼 것이다.

문제풀이 25.4

재정정책승수

당신은 다음과 같은 진술에 동의하는지 간략히 설명하라. "실질GDP는 현재 \$17.2조이고 잠재GDP는 \$17.4조이다. 만일 미국 의회와 대통령이 정부구매를 \$2,000억만큼 증가시키거나 세금을 \$2,000억만큼 삭감하면, 경제는 잠재GDP에서 균형을 달성하게 될 것이다."

문제풀기

Step 1: 본문의 내용을 다시 읽어보라. 이 문제는 승수효과에 관한 것이므로 [정부구매승수와 세금승수] 부분을 다시 읽어보라.

Step 2: 정부구매의 증가나 세금 삭감이 승수효과 때문에 \$2,000억보다 적어도 되는지 설명하라. 주어진 진술은 승수효과를 고려하고 있지 않기 때문에 옳지 않다. 승수효과 때문에 \$2,000억보다 적은 정부구매의 증가나 세금 삭감이 균형 실질GDP를 \$2,000억만큼 증가시킬 수 있다. 예를 들어, 정부구매승수가 2이고 세금승수가 −1.6이라고 가정하자. 필요한 정부구매의 증가를 다음과 같이 계산할 수 있다.

$$\text{정부구매승수} = \frac{\text{균형 실질}GDP\text{의 변화}}{\text{정부구매의 변화}}$$

$$2 = \frac{\$2{,}000\text{억}}{\text{정부구매의 변화}}$$

$$\text{정부구매의 변화} = \frac{\$2{,}000\text{억}}{2} = \$1{,}000\text{억}$$

필요한 세금의 변화를 다음과 같이 계산할 수 있다.

$$\text{세금승수} = \frac{\text{균형 실질}GDP\text{의 변화}}{\text{세금의 변화}}$$

$$-1.6 = \frac{\$2{,}000\text{억}}{\text{세금의 변화}}$$

$$\text{세금의 변화} = \frac{\$2{,}000\text{억}}{-1.6} = -\$1{,}250\text{억}$$

25.5. 경제를 안정시키기 위한 재정정책 사용의 한계

시의 적절하지 않게 시행된 통화정책처럼, 시의 적절하지 않게 시행된 재정정책은 득이 되기보다는 해가 될 수 있다. 제24장에서 논의했던 것처럼, 정책담당자들이 통계를 수집하고 경제의 변화를 식별하는데 시간이 걸린다. 만일 정부가 곧 종료될 경기후퇴에 대응하기 위해 지출을 증가시키거나 세금을 삭감하기로 결정한다면, 그 효과가 인플레이션율을 상승시킬 수 있다. 이와 유사하게 실제로 이미 경기후퇴 국면으로 이행한 경제를 진정시키기 위해 지출을 감소시키거나 세금을 증가시키는 것은 경기후퇴의 기간과 심한 정도를 증가시킬 수 있다.

시의 적절하게 정책을 시행하는 것이 2가지 중요한 이유 때문에 통화정책보다 재정정책의 경우에 더 어려울 수 있다. 통화정책을 변경시킬 수 있는 연방공개시장위원회 Federal Open Market Committee가 통화정책에 대한 통제권을 장악하고 있다. 이와는 달리 대통령과 미국 의회의 535명 의원 중 다수가 재정정책의 변경에 동의해야 한다. 재정정책 변경을 위한 입법과정으로 초래되는 지연이 매우 길 수 있다. 예를 들어, 1962년에 John F. Kennedy 대통령은 미국 경제가 잠재GDP보다 낮은 상태에 있다고 결론짓고 총수요를 증가시키기 위한 세금 삭감을 제안했다. 미국 의회가 궁극적으로 이러한 세금 삭감에 동의하기는 했으나 이러한 동의는 1964년에서야 이루어졌다. 그렇지만 2001년과 2009년의 경우는 상대적으로 신속하게 재정정책 변경의 승인이 종종 가능하다는 것을 보여준다. George W. Bush가 2001년 1월에 대통령에 취임했을 때, 미국 경제는 경기후퇴의 직전 상황에 있었고 그는 즉각적으로 세금 삭감을 제안했다. 미국 의회는 세금 삭감안을 통과시켰고 대통령은 2001년 6월 초에 이 법안에 대한 서명을 했다. 이와 유사하게 Barack Obama는 2009년 1월에 대통령에 취임하자마자 경기부양책을 제안했고 미국 의회는 그 해 2월에 이 제안을 통과시켰다.

재정정책의 변경이 승인된 후에도 변경된 재정정책을 시행하는 데 시간이 걸린다. 미국 의회와 대통령이 몇 개 도시의 지하철 시스템을 건설하는데 $300억 이상 지출하여 총수요를 증가시키기로 동의한다고 하자. 이러한 건설을 위한 상세한 계획을 준비하는데 적어도 수개월이 걸릴 것이다. 이어서 지방정부는 민간 건설회사들에게 입찰하도록 요청할 것이다. 낙찰된 건설회사들이 결정되더라도, 그들이 프로젝트를 시작하는데 수개월이 필요할 것이다. 그 이후에서야 상당한 지출이 실제로 발생할 것이다. 이러한 지연 때문에 실제 지출이 대응하고자 했던 경기후퇴가 종료된 이후에 이루어질 수 있다. 이러한 지연은 2007~2009년의 경기후퇴와 같이 장기간에 걸쳐 진행되는 심한 경기후퇴기 동안에는 덜 우려스러운 일이다.

정부지출은 민간지출을 감소시키는가?

정책 시행의 시의성 문제에 더하여, 총수요를 증가시키기 위해 정부구매를 증가시키는 정책은 또 다른 잠재적 문제를 제기한다. 연방정부가 정부구매를 $300억만큼 증가시킬 때 승수효과 때문에 총수요는 $300억 이상 증가할 것이다. 그러나 정부구매의 증가가 총수요의 비정부 요소들, 즉 민간지출의 요소들, 즉 소비, 투자, 순수출을 감소시키면 승수효과의 크기가 제한될 수 있다. 정부구매 증가가 민간지출을 감소시키는 효과를 **밀어내기효과 crowding out**라고 부른다.

밀어내기효과 crowding out 정부구매 증가가 민간지출을 감소시키는 효과.

단기 밀어내기효과

정부구매가 일시적으로 증가하는 경우를 생각해 보자. 연방정부가 금년에 지하철 건설을 위해 $300억을 지출하여 경기후퇴에 대응하기로 결정한다고 하자. 이러한 $300억이 지출되었을 때, 정부구매는 이전 수준으로 돌아갈 것이다. 이러한 지출이 발생함에 따라, 소득과 실질GDP는 증가할 것이다. 이러한 소득과 실질GDP의 증가로 가계들과 기업들은 구매와 판매를 증가시킬 것이고 이에 따라 현금통화와 당좌예금에 대한 수요가 증가할 것이다. [그림 25.11]은 제24장에서 소개된 통화시장 그림을 사용하면서 그 결과를 보여준다.

증가된 실질GDP와 소득 수준에서 가계들과 기업들은 모든 이자율 수준에서 더 많은 통화를 수요한다. 통화에 대한 수요가 증가할 때, 균형 이자율은 상승한다. 이자율의 상승은 민간지출의 각 요소를 감소시킨다. 가계들이 주택, 자동차, 가구, 가정설비제품을 사기 위해 덜 차입하고 기업들은 공장, 컴퓨터, 기계 장비를 사기 위해 덜 차입할 것이기 때문에, 소비지출과 투자지출은 감소할 것이다. 이자율의 상승은 해외 투자자들을 끌어들이기 때문에 순수출도 감소할 것이다. 독일, 일본, 캐나다의 투자자들은 미국 재무부 단기증권과 여타 미국 금융자산에 투자하기 위해 그들의 통화와 미국달러를 교환하기 원할 것이다. 이러한 미국달러에 대한 수요 증가는 미국달러와 여타 통화들 간 환율을 상승시킬 것이다. 달러 가치의 상승은 외국에서 미국산 제품의 가격을 상승시켜 미국 수출을 감소시키고 미국에서 외국산 제품의 가격을 하락시켜 미국 수입을 증가시킨다. 수출의 감소와 수입의 증가로 순수출이 감소한다.

소비, 투자, 순수출은 이자율에 대해 더 민감하게 반응할수록 더 많이 감소할 것이다.

그림 25.11

확장적 재정정책에 의한 이자율의 상승

정부구매의 증가는 실질GDP와 소득을 증가시키고 통화에 대한 수요를 통화수요곡선$_1$에서 통화수요곡선$_2$로 이동시킨다. 통화공급이 $9,500억에서 일정한 경우, 그 결과로 균형이자율이 3%에서 5%로 상승하고 소비, 투자, 순수출이 감소한다.

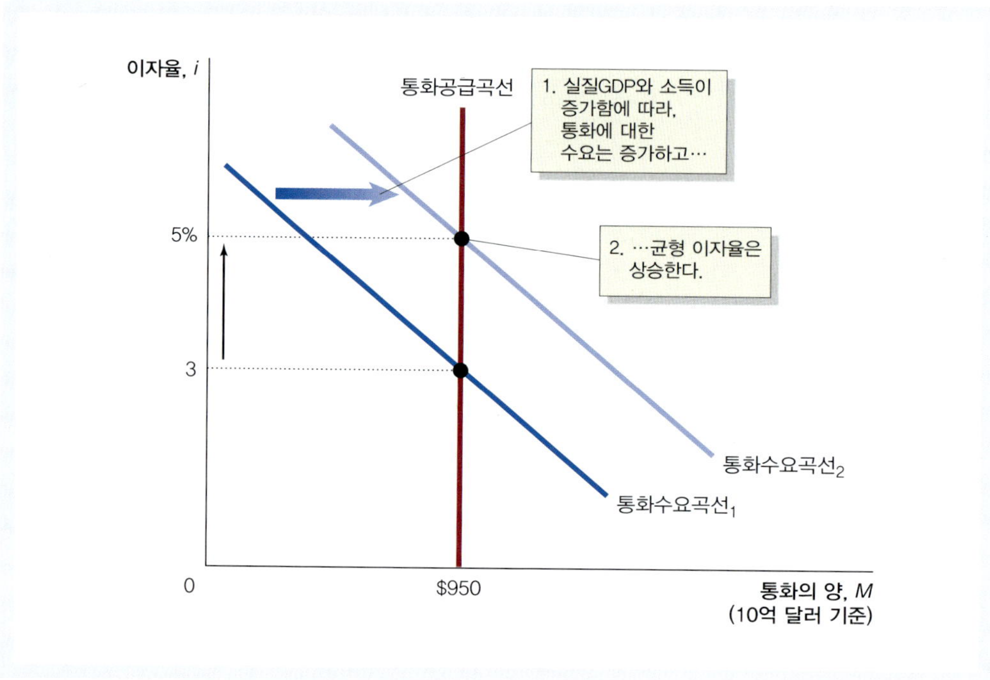

심한 경기후퇴 상황에서 많은 기업들은 미래에 대해 비관적이 될 수 있고 매우 많은 초과 생산능력을 가지게 되어 투자지출은 매우 낮은 수준까지 하락할 것이고 이자율이 상승하더라도 더 하락하지 않을 것이다. 이 경우에 밀어내기효과는 문제가 되지 않을 것이다. 그러나 만일 경제가 잠재GDP 수준에 가까운 상태에 있고 기업들이 미래에 대해 낙관적이면, 이자율의 상승은 투자지출을 상당히 감소시킬 수 있다.

[그림 25.12]는 이러한 밀어내기효과가 확장적 재정정책의 유효성을 감소시킬 수 있다는 것을 보여준다. 단기균형은 처음에 실질GDP가 $17.2조인 점*A*에 있다. 실질GDP는 잠재GDP보다 낮고 경제는 경기후퇴 상황에 있다. 미국 의회와 대통령이 실질GDP를 잠재GDP로 증가시키기 위해 정부구매를 증가시키기로 결정한다고 하자. 밀어내기효과가 없는 경우 정부구매의 증가는 총수요곡선을 $AD_{2(no\ crowding\ out)}$까지 이동시킬 것이고 균형은 실질GDP가 $17.4조의 잠재GDP와 일치하는 점*B*에서 발생될 것이다. 그러나 정부구매의 증가로 발생되는 이자율의 상승은 소비, 투자, 순수출을 감소시킬 것이고 이에 따라 총수요곡선을 $AD_{2(crowding\ out)}$로 이동시킬 것이다. 그 결과로 새로운 단기균형은 실질GDP가 잠재GDP보다 $1,000억 부족한 $17.3인 점*C*에서 발생된다([그림 25.10]에서처럼 물가수준의 상승도 정부구매의 증가가 균형 실질GDP에 미치는 효과를 감소시키는데 기여한다).

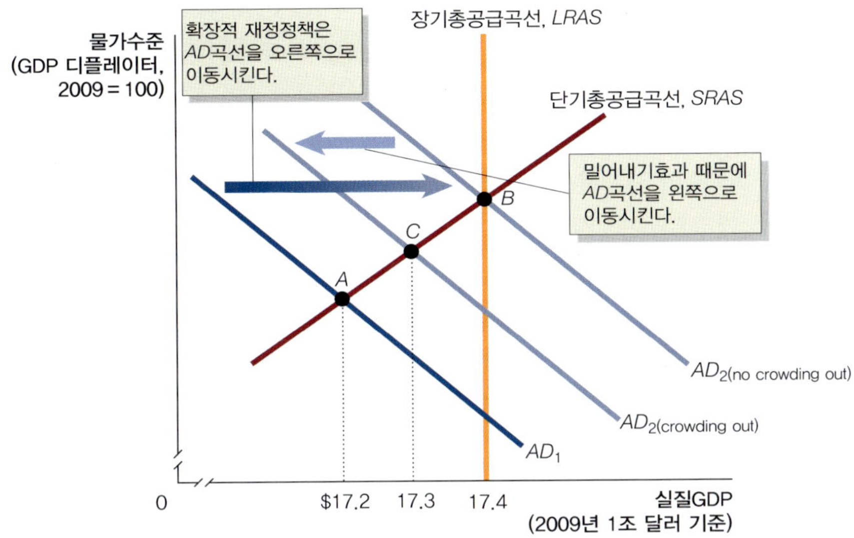

그림 25.12

단기 밀어내기효과

단기균형은 처음에 실질GDP가 잠재GDP보다 낮은 $17.2조인 점*A*에 있고 경제는 경기후퇴 상황에 있다. 밀어내기효과가 없는 경우 정부구매의 증가는 총수요곡선을 $AD_{2(no\ crowding\ out)}$까지 이동시킬 것이고 균형은 실질GDP가 $17.4조의 잠재GDP와 일치하는 점*B*에서 발생된다. 그러나 정부구매의 증가로 발생되는 이자율의 상승은 소비, 투자, 순수출을 감소시킬 것이고 이에 따라 총수요곡선을 $AD_{2(crowding\ out)}$로 이동시킬 것이다. 그 결과로 새로운 단기균형은 실질GDP가 잠재GDP보다 $1,000억 부족한 $17.3인 점*C*에서 발생된다.

장기 밀어내기효과

대부분의 경제학자들은 정부구매의 증가는 단기적으로 완전히는 아니지만 부분적으로 밀어내기효과를 발생시킨다는 데 동의한다. 정부구매의 영구적 증가에 따른 장기 밀어내기효과는 무엇인가? 이 경우에 대부분의 경제학자들은 완전한 밀어내기효과가 발생된다는데 동의한다. 장기적으로 투자, 소비, 순수출의 감소가 정확히 정부구매의 증가를 상쇄시키고 총수요는 변화하지 않는다. *장기적으로 실질GDP는 잠재GDP로 복귀한다*는 점을 기억하라(제22장 참조). 실질GDP는 현재 잠재GDP와 일치하고 정부지출이 GDP에서 차지하는 비중이 35%라고 하자. 이 경우, 민간지출, 즉 소비, 투자와 순수출의 합이 GDP의 나머지 65%를 차지할 것이다. 만일 정부지출이 영구적으로 GDP의 37%로 증가되면, 장기적으로 민간지출은 GDP의 63%로 감소해야 한다. 이 경우에 완전한 밀어내기효과가 발생된다. 즉 민간지출은 정부지출이 증가한 만큼 감소한다. 만일 정부지출이 GDP에서 차지하는 비중이 더 커지면, 민간지출이 GDP에서 차지하는 비중은 더 작아져야 한다.

확장적 재정정책은 단기적으로 완전한 밀어내기효과를 발생시키지 않는다. 만일 실질GDP가 잠재GDP보다 낮으면, 정부구매와 민간지출 모두가 증가할 수 있다. 그러나 장기적으로 정부구매의 영구적 증가는 민간지출의 감소를 대가로 지불하고 이루어져야 한다. 그러나 이러한 장기 결과에 도달하는데 수년이 걸릴 수 있다는 점을 명심하라.

2009년 경기부양책은 성공했는가?

이미 살펴본 것처럼, 미국 의회와 대통령은 경기후퇴를 피하거나 이미 진행 중인 경기후퇴의 기간을 단축시키고 경기후퇴의 심한 정도를 완화시키기 위해 정부구매를 증가시키고 세금을 삭감할 수 있다. 2007~2009년의 경기후퇴는 George W. Bush 대통령 임기 말과 Barack Obama 대통령 임기 초의 기간 동안에 발생했다. 두 대통령은 이러한 경기후퇴에 대응하기 위해 재정정책을 사용했다.

2008년 초에 부시 대통령에게 자문했던 경제학자들은 주택시장 위기, 이에 따른 신용경색과 석유가격 상승이 경제를 경기후퇴 국면으로 밀어붙이고 있다고 믿었다(현재 우리가 알고 있는 것처럼, 경기후퇴는 실제로 2007년 12월에 이미 시작되었다). 그들은 소비지출과 총수요를 증가시킬 수 있는 가계들의 처분가능소득을 증가시키기 위해 세금 삭감을 제안했다. 미국 의회는 가계들이 이미 납부한 세금을 환급해주는 세금 삭감 법을 제정했다. 총 $950억에 이르는 세금환급 수표가 2008년 4월과 7월 사이에 납세자들에게 보내졌다.

이러한 세금환급은 소비지출을 증가시키는데 얼마나 효과적이었는가? 경제학자들은 여전히 이 문제를 연구하고 있다. 경제 분석이 이러한 질문에 약간의 통찰을 제공해 줄 수 있다. 많은 경제학자들은 소비자들이 *현재 소득 current income*보다는 *영구 소득 permanent income*에 기초해서 소비지출을 한다고 믿는다. 영구 소득에 기초해서 소비지출을 함으로써 소비자는 상당한 기간 동안 소비를 균등화시킬 수 있다. 예를 들어, 의과 대학생은 매우 낮은 현재 소득을 가지고 있으나 높은 미래 소득을 가질 수 있다. 이 학생은 현재 매우 낮은 수준에서 소비해야만 하는 것이 아니라 예상되는 높은 미래 소득에 기초하여 차입할 수 있다. 그러나 은행들이나 여타 대부자들이 차입자의 미래 소득이 현재 소득보다 크게 높아질 것이라는 것을 확신할 수 없기 때문에 일부 사람들은 미래 소득에 기초하여 차입하는데 어려움을 가진다. 2008년의 경우에 이루어졌던 것과 같은 한 차례 세금 환급은 소비자의 현재 소득을 증가시키나 영구 소득을 증가시키지 못한다. 세금의 영구적 감소만이 소비자의 영구 소득을 증가시킨다. 따라서 한 차례 세금 환급은 영구적 세금 삭감의 경우보다 소비지출을 더 적게 증가시킬 수 있다. University of Chicago의 Christian Broda와 Northwestern University의 Jonathan Parker의 연구를 포함해서 2008년 세금 환급의 효과에 대한 일부 추정치들은 납세자들이 세금 환급액의 33~40%를 지출했다고 제시한다. 미래 소득에 기초하여 차입하는데 어려움을 가지고 있는 납세자들이 소비를 가장 많이 증가시켰다. 2008년 세금환급액은 총 $950억이므로 소비자들이 약 $350억만큼 지출을 증가시켰을 수 있다.

2009년 미국 회복과 재투자법(ARRA) 이러한 세금 환급이 총수요를 증가시키는데 도움을 주었지만, 제24장에서 살펴본 것처럼 경기후퇴는 투자은행인 Lehman Brothers가 도산하고 금융위기가 심해지면서 2008년 9월에 악화되었다. 오바마 대통령은 확장적 재정정책을 추진할 것을 약속하면서 2009년 1월에 취임했다. 미국 의회는 2009년 2월에 미국 역사상 최대 재정정책 조치였던 $8,400억의 지출 증가와 세금 삭감을 포함하고 있는 2009년 미국 회복과 재투자법 American Recovery and Reinvestment Act(ARRA)을 통과시킴으로써 악화된 경기후퇴에 대응했다. 이러한 "경기부양책 stimulus package"은 쉽게 요약하기 어려우나 [그림 25.13]은 일부의 주요한 내용을 보여준다.

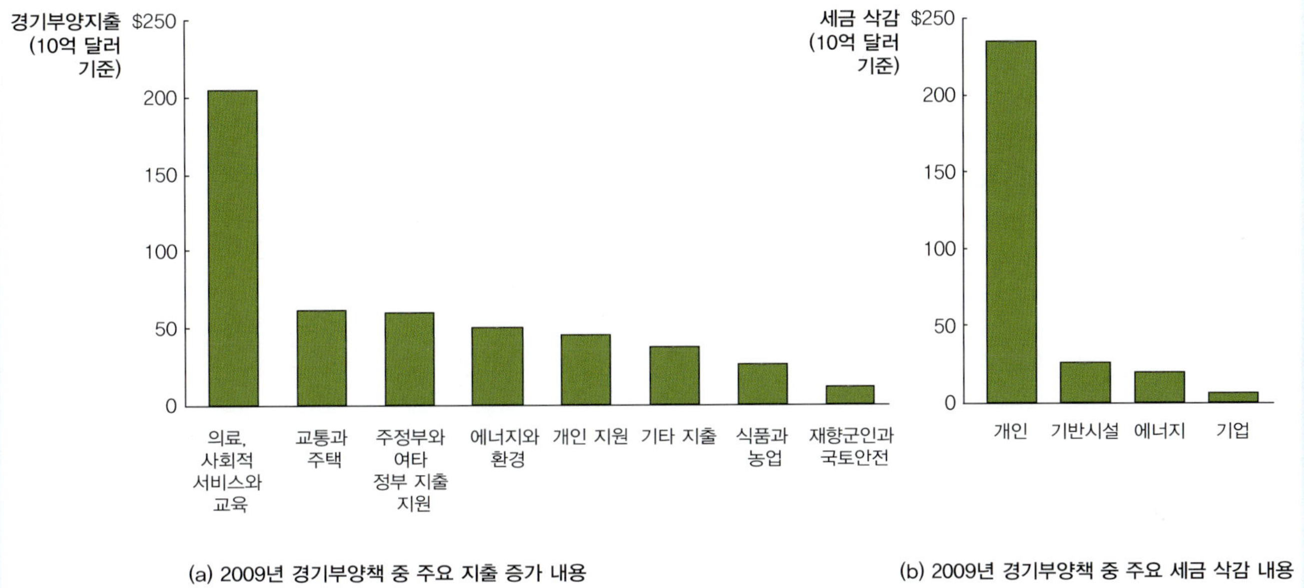

그림 25.13

2009년 경기부양책의 주요 내용

미국 의회와 오바마 대통령은 총수요를 증가시키고 경제를 2007~2009년의 경기후퇴로부터 벗어나게 하는데 도움을 주기 위해 경기부양책을 통해 지출을 증가시키고 세금을 삭감시켰다. 그림(a)는 지출 증가가 어떻게 배분되었는지 보여주고 그림(b)는 세금 삭감이 어떻게 배분되었는지 보여준다.

자료: Congressional Budget Office.

이러한 경기부양책의 약 2/3는 정부구매의 증가였고 1/3은 세금 삭감이었다. [그림 25.13(a)]는 지출 증가의 주요 범주를 보여준다. 최대 범주인 의료, 사회적 서비스와 교육에는 생의학 연구의 지원 자금과 많은 여타 프로그램들을 위한 자금뿐만 아니라 Medicare에 필요한 자금을 지원하기 위한 주정부들에 대한 교부금이 포함되었다. 에너지 범주에는 전기 그리드 현대화뿐만 아니라 대체 에너지에 대한 연구를 지원하기 위한 자금이 포함되었다. 교통과 주택 범주에는 고속도로, 다리, 공항의 수리와 확장과 같은 기반시설 프로젝트에 대한 상당한 지출이 포함되었다. 개인 지원 범주에는 실업보험금 지급에 대한 지출이 포함되었다. [그림 25.13(b)]는 세금 삭감의 주요 범주를 보여준다. 최대 범주는 연간 $75,000까지 버는 근로자들의 급여세를 $400만큼 삭감시키는 것과 수업료와 여타 대학 교육비 지출에 대해 $2,500까지 세금을 환급해 주는 것이었다.

미국 의회와 대통령은 이러한 경기부양책을 통해 일시적으로 연방정부지출과 세금을 변경시키고자 했다. [그림 25.14]는 이러한 경기부양책이 시간이 흐름에 따라 연방정부지출과 수입에 미친 효과를 보여준다. [그림 25.14(a)]는 연방정부지출에 미친 효과가 2010년 동안 최대였고 2011년 동안 급속히 감소했다는 것을 보여준다. [그림 25.14(b)]는 연방정부수입에

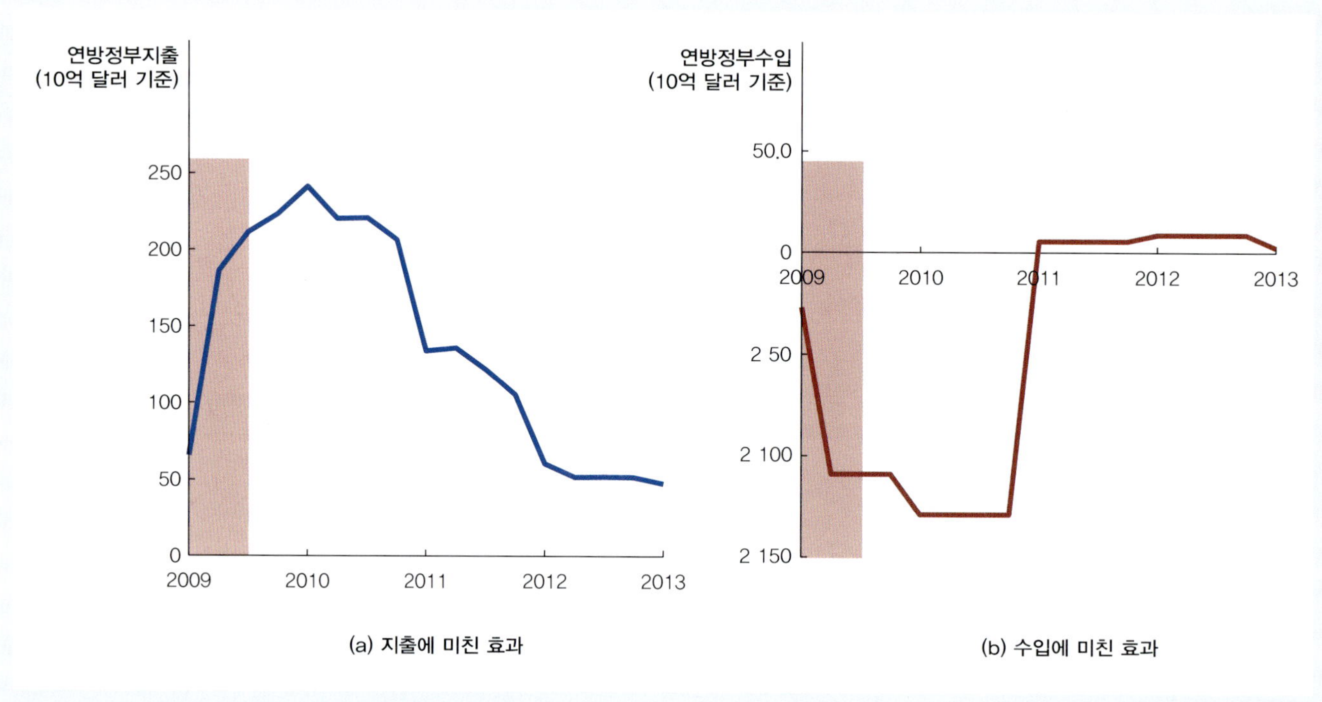

그림 25.14

경기부양책이 연방정부지출과 연방정부수입에 미친 효과

미국 의회와 대통령은 이러한 경기부양책을 통해 일시적으로 연방정부지출과 세금을 변경시켰다. 그림(a)는 연방정부지출에 미친 효과가 2010년 동안 최대였고, 그 이후에 감소했다는 것을 보여준다. 그림(b)는 연방정부수입에 미친 효과가 2010년 동안 최대였고 2011년 초에 거의 0으로 감소했다는 것을 보여준다.

자료: Federal Reserve Bank of St. Louis.

미친 효과가 2010년 동안 최대였고 2011년 초에 거의 0으로 감소했다는 것을 보여준다.

경기부양책의 유효성을 어떻게 측정할 수 있는가? 2009년 경기부양책이 통과된 시점에 행정부에서 일하는 경제학자들은 이러한 경기부양책으로부터 발생되는 총수요의 증가가 실질GDP를 2010년 말까지 3.5%만큼 증가시키고 고용을 350만명 증가시킬 것이라고 추정했다. 실제로 2009년 초와 2010년 말 사이에 실질GDP는 4%만큼 증가했고 고용은 330만명 감소했다. 이러한 결과는 경기부양책이 실질GDP를 증가시키는데는 성공적이었으나 고용을 증가시키는데는 성공적이지 못했다는 것을 제시하는가? 이러한 결론을 내리는 데 신중해야만 한다. 경기부양책의 유효성을 판단하기 위해서는 *실질GDP와 고용에 영향을 미치는 모든 다른 요인들이 일정하다*고 전제하면서 경기부양책이 실질GDP와 고용에 미친 효과를 측정해야만 한다. 달리 말하면, 실질GDP와 고용의 실제 변화는 경기부양책의 효과, 연방준비제도의 통화정책, 정부정책과는 독립적으로 발생하는 경기변동 동안의 전형적인 실질GDP와 고용 변화와 같은 여타 요인들의 효과가 혼합된 것이다. 경기부양책의 효과를 이러한 여타 효과로부터 분리해내는 것은 매우 어렵고 이것이 왜 경제학자들이 경기

표 25.2 경기부양책의 효과에 대한 CBO 추정치

연도	실질GDP의 변화	실업률의 변화	고용의 변화(100만 명 기준)
2009	0.4% ~ 1.8%	−0.1% ~ −0.5%	0.3 ~ 1.3
2010	0.7% ~ 4.1%	−0.4% ~ −1.8%	0.9 ~ 4.7
2011	0.4% ~ 2.3%	−0.2% ~ −1.4%	0.6 ~ 3.6
2012	0.1% ~ 0.8%	−0.1% ~ −0.6%	0.2 ~ 1.3
2013	0.1% ~ 0.4%	0% ~ −0.3%	0.1 ~ 0.5

자료: Congressional Budget Office, "Estimated Impact of the American Recovery and Reinvestment Act on Employment and Economic Output from October 2012 through December 2012," February 2013.

부양책의 유효성에 대한 견해가 서로 다른가를 설명해 준다.

[표 25.2]는 CBO에서 일하는 경제학자들의 경기부양책의 유효성에 대한 추정치를 보여준다. CBO는 초당파기관이고 많은 경제학자들은 CBO의 추정치가 적정하다고 믿는다. 그러나 이러한 추정치는 정부구매승수와 세금승수의 크기에 대한 케인즈의 추정치에 의존하기 때문에 일부 경제학자들은 CBO의 추정치가 너무 높다고 믿는 반면 다른 경제학자들은 CBO의 추정치가 너무 낮다고 믿는다. 이러한 추정치 계산의 불확실성을 반영하기 위해 CBO는 추정치의 범위를 제시했다. 예를 들어, CBO는 경기부양책이 없었으면, 2010년에 실제보다 90만명~470만명이 더 적게 고용되었을 것이고 실업률은 0.4%~1.8% 더 높았을 것이라고 추정한다. 2013년에 이르러 대부분의 일시적인 지출증가와 세금 삭감이 종료된 지 수년이 지났고 경제가 점진적으로 잠재GDP를 향해 이행했기 때문에 경기부양책의 효과는 적었다.

만일 경기부양책의 효과에 대한 CBO의 추정치가 정확하다면, 이러한 재정정책 조치는 2007~2009년 경기후퇴의 심한 정도와 그 여파를 감소시켰다고 할 수 있다. 그러나 경기후퇴의 심한 정도와 비교해 상대적으로 경기부양책의 효과는 적었다. 예를 들어, 2010년에 실업률은 2007년에 4.6%보다 훨씬 높은 9.6%였다. CBO에 의하면, 경기부양책이 없었으면 실업률은 10.0%와 11.4% 사이였을 것이다. 따라서 경기부양책은 경기부양책이 없었을 경

Making the Connection

왜 2007~2009년의 경기후퇴는 매우 심했는가?

정부구매 증가와 세금 삭감을 통한 $8,400억 규모의 경기부양책조차도 경제가 잠재GDP보다 훨씬 낮은 실질GDP와 정상적인 수준보다 훨씬 높은 실업률에 머물러 있게 만들었다. 왜 2007~2009년의 경기후퇴가 매우 심했는가? 제23장과 제24장에서 살펴본 것처럼, 2007~2009년의 경기후퇴는 금융위기를 동반한 것이었다. 미국 경제는 1930년대의 대공황 이후 심각한 금융위

금융위기가 2007~2009년의 경기후퇴를 더 심하게 만들었고 많은 여타 경기후퇴들보다 더 장기간 지속되게 만들었다.

기를 겪지 않았다. 대공황과 2007~2009년의 경기후퇴는 심했다. 금융위기를 동반한 경기후퇴는 금융위기를 동반하지 않은 경기후퇴보다 더 심한 경향이 있는가?

이러한 질문에 답하기 위해, Harvard University의 Carmen Reinhart와 Kenneth Rogoff는 많은 국가들의 경기후퇴와 금융위기에 대한 데이터를 수집했다. 오른쪽 위의 표는 대공황기의 미국과 제2차 세계대전 이후 유럽 및 아시아 국가들을 포함하는 많은 국가들의 금융위기 이후 기간 동안 주요 경제변수들의 평균 변화를 보여준다. 이 표는 이들 국가들의 경우 평균적으로 금융위기 이후 발생된 경기후퇴가 매우 심했다는 것을 보여준다. 예를 들어, 실업률은 5%에서 12%로 7% 포인트 상승했고 금융위기가 시작된 후 거의 5년 동안 계속해서 상승했다. 1인당 실질GDP도 급속히 감소했고 금융위기 이후 발생된 경기후퇴의 평균 기간은 거의 2년이었다. 인플레이션에 대해 조정된 주가는 1/2 이상 하락했고 주택가격은 1/3 이상 하락했다. 정부채무는 86%나 급증했다. 이러한 정부채무의 증가는 부분적으로는 도산한 금융기관을 구제하기 위한 지출을 포함한 정부지출이 증가한 결과였다. 그러나 이러한 정부채무의 증가 대부분은 경기후퇴의 결과로 소득과 이윤이 감소함에 따라 세금 수입이 급격히 감소해서 발생된 재정적자의 결과였다(다음 절에서 재정적자와 정부채무에 대해 논의할 것이다).

경제변수	평균 변화	변화의 평균 기간	국가 수
실업률	+7 %pts	4.8년	14
1인당 실질GDP	−9.3%	1.9년	14
실질 주가	−55.9%	3.4년	22
실질 주택가격	−35.5%	6년	21
실질 정부채무	+86%	3년	13

아래의 표는 제2차 세계대전 이후 기간의 여타 미국 경기후퇴와 비교한 2007~2009년 미국 경기후퇴의 주요 지표들을 보여준다.

	기간	실질GDP의 감소	최고 실업률
제2차 세계대전 이후 경기후퇴 평균	10.4개월	−1.7%	7.6%
2007~2009년의 경기후퇴	18개월	−4.1%	10.0%

금융위기 이후에 발생한 경기후퇴는 예외적으로 심한 경향이 있다는 Reinhart와 Rogoff의 분석결과와 일관되게 2007~2009년의 경기후퇴는 1930년대 대공황 이후 미국에서 최악의 경기후퇴였다. 2007~2009년의 경기후퇴는 제2차 세계대전 이후에 발생된 경기후퇴의 평균기간보다 거의 2배로 길었고 GDP는 평균보다 2배 이상 감소했으며 최고 실업률은 평균보다 약 1/3 높았다.

대부분의 경제학자들과 정책담당자들은 금융위기가 다가오는 것을 알지 못했기 때문에, 2007~2009년 경기후퇴의 심한 정도도 예상할 수 없었다.

주: 두 번째 표에서 경기후퇴의 기간은 National Bureau of Economic Research 경기변동 시점에 기초한 것이고 실질GDP의 감소는 경기순환 정점 분기로부터 경기순환 저점 분기까지의 단순한 퍼센트 변화이며 최고 실업률은 경기순환 정점 이후의 월간 최고 실업률이다.

자료: The first table is adapted from data in Carmen M. Reinhart and Kenneth S. Rogoff, *This Time Is Different: Eight Centuries of Financial Folly*, Princeton, NJ: Princeton University Press, 2009, Figures 14.1–14.5; and the second table uses data from the U.S. Bureau of Economic Analysis and National Bureau of Economic Research.

우 발생했을 실업률의 증가를 감소시켰으나 경제를 완전고용으로 이행시키지는 못했다.

재정정책의 효과를 추정하기 위한 열쇠로서 승수효과의 크기 CBO는 [표 25.2]에서 보여준 수치들을 추정하는데 정부구매승수와 세금승수의 추정치에 의존했다. 경제학자들은 오랜 동안 이러한 승수들의 크기에 대해 논쟁하고 있다. 영국인 경제학자인 John Maynard Keynes와 그의 추종자들은 1930년대에 처음으로 지출승수와 세금승수의 개념을 개발했고, 정부구매승수는 10만큼 클 수 있다고 주장했다. 이 경우에 $10억의 정부구매 증가는 실질GDP를 $100억만큼 증가시킬 것이다. 그 이후에 이루어진 경제학자들의 연구들은 정부구매승수가 아마도 2보다 훨씬 작다고 제시했다.

시간이 흐름에 따라 여러 요인들이 총수요곡선과 단기총공급곡선을 이동시켜 균형 실질GDP를 변화시킬 수 있기 때문에 승수의 정확한 값을 추정하는 것은 어렵다. 정부구매의 증가가 균형 실질GDP에 미치는 효과를 분리해내는 것도 어려운 일일 수 있다. 2009년에 경기부양책이 미국 의회에 제안되기 전에 오바마 행정부의 경제학자들은 연방준비제도와 민간 거시경제 예측회사들이 추정한 승수 추정치들의 평균을 사용하여 경기부양책이 실질GDP에 미치는 효과를 추정했다. 그들이 사용한 정부구매승수는 1.57이었고, 이것은 정부구매가 $10억 증가하면 균형 실질GDP는 $15.7억만큼 증가할 것이라는 것을 의미한다.

승수의 크기를 추정하는 것이 어렵기 때문에 일부 경제학자들은 오바마 행정부의 경제학자들이 사용했던 승수의 값은 너무 높다고 주장한 반면 다른 경제학자들은 너무 낮다고 주장했다. Harvard University의 Robert Barro는 전시 동안에 이루어지는 정부지출의 증가가 여타 총수요의 변화에 비교해 상대적으로 매우 커서 전시 동안의 데이터가 승수의 크기를 추정하는데 가장 적합하다고 주장한다. 이러한 데이터를 사용하면서 Barro는 정부구매승수는 0.8에 불과하다고 추정했다. 다른 한편, Northwestern University의 Lawrence Christiano, Martin Eichenbaum과 Sergio Rebelo는 2009년 동안처럼 단기 이자율이 거의 제로일 때 정부구매승수는 더 클 수 있다고 주장했다. 그들은 이 기간 동안 정부구매승수는 3.7만큼 클 수 있다고 추정했다.

[표 25.3]이 보여주는 것처럼, 승수의 크기에 대한 경제학자들의 추정치들은 매우 다양하다. 승수 크기에 대한 불확실성은 경제학자들이 재정정책의 효과에 대한 추정치를 얻는데 어려움이 있다는 점을 제시해 준다.

표 25.3 승수 크기의 추정치

경제학자 또는 기관	승수 종류	승수의 크기
Congressional Budget Office	정부구매	0.5 – 2.5
Lawrence Christiano, Martin Eichenbaum, and Sergio Rebelo	정부구매	단기 이자율이 제로가 아닐 때 1.05 단기 이자율이 적어도 5분기 동안 제로일 것으로 예상될 때 3.7
Tommaso Monacelli, Roberto Perotti, and Antonella Trigari, Universita Bocconi	정부구매	1년 후 1.2이고 2년 후 1.5
Ethan Ilzetzki, London School of Economics, Enrique G. Mendoza, and Carlos A. Vegh, University of Maryland	정부구매	0.8
Valerie Ramey, University of California, San Diego	국방비 지출	0.6 – 1.1
Robert J. Barro, Harvard University, and Charles J. Redlick, Bain Capital, LLC	국방비 지출	1년 후 0.4–0.5이고 2년 후 0.6–0.7
John Cogan and John Taylor, Stanford University, and Tobias Cwik and Volker Wieland, Gothe University	정부구매의 영구적 증가	0.4
Christina Romer, University of California, Berkeley, and Jared Bernstein, chief economist and economic policy adviser to Vice President Joseph Biden	정부구매의 영구적 증가	1.6
Christina Romer (prior to serving as chair of the Council of Economic Advisers) and David Romer, University of California, Berkeley	세금	2 – 3
Congressional Budget Office	세금	중저소득 계층을 위한 2년 세금 삭감인 경우 0.3–1.5이고 고소득 계측을 위한 1년 세금 삭감인 경우 0.1–0.6
Robert J. Barro, Harvard University, and Charles J. Redlick, Bain Capital, LLC	세금	1.1

25.6. 재정적자, 재정흑자와 정부채무

재정적자 budget deficit 정부지출이 세금수입보다 큰 상황.

재정흑자 budget surplus 정부지출이 세금수입보다 적은 상황.

정부재정은 정부지출과 세금수입 간의 관계를 보여준다. 만일 정부지출이 세금수입보다 크면, **재정적자 budget deficit**가 발생한다. 만일 정부지출이 세금수입보다 적으면, **재정흑자 budget surplus**가 발생한다. 많은 여타 거시경제변수들과 마찬가지로 경제전체의 규모와 비교한 상대적인 재정흑자나 재정적자의 규모를 고려해보는 것은 유용한 일이다. [그림 25.15]는 GDP에서 차지하는 비중으로 살펴보면, 20세기 최대 재정적자는 제1차와 제2차 세계대전 중에 발생했다. 중요한 전쟁 기간 동안 세금 인상은 정부지출의 대규모 증가를 부분적으로만 상쇄시키고 대규모 재정적자를 발생시킨다. 또한 [그림 25.15]는 경기후퇴기에 정부지출은 증가하고 세금수입은 감소하여 재정적자가 증가한다는 것을 보여준다. 1970년에 연방정부는 장기간의 지속적인 재정적자 상황으로 진입했다. 1970년부터 1997년

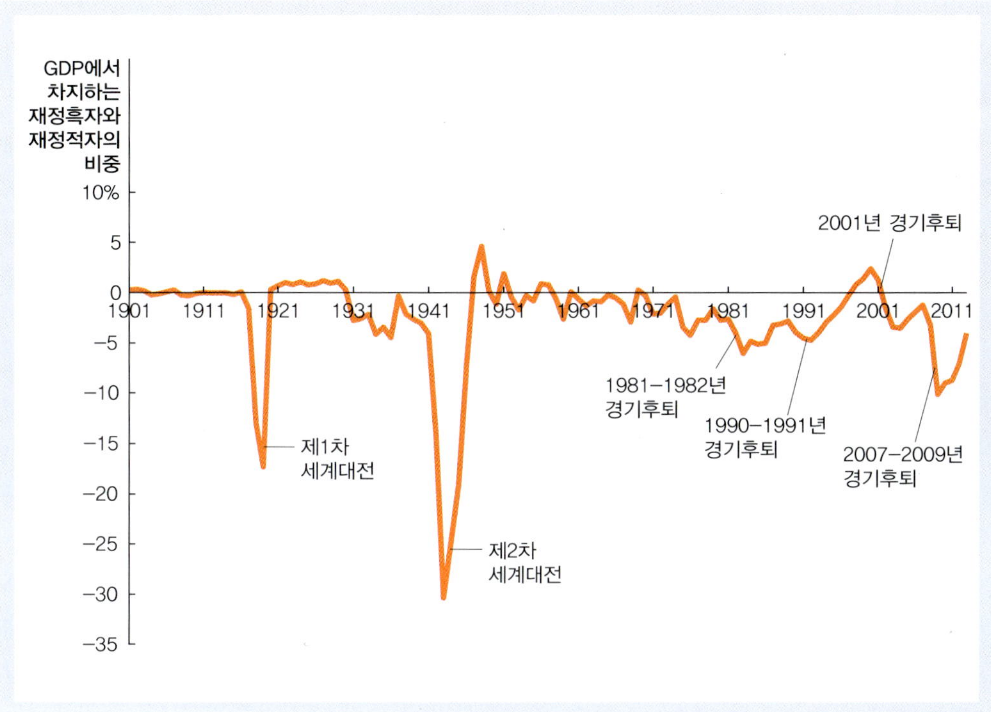

그림 25.15

재정적자의 변화추이, 1901~2013년

전쟁 기간 동안 정부지출은 세금수입보다 크게 증가하여 재정적자가 발생한다. 또한 경기후퇴기에 정부지출은 증가하고 세금수입은 감소하기 때문에 재정적자는 증가한다.

주: 2013년의 수치는 2013년 5월에 CBO에 의해 추정된 추정치이다.

자료: *Budget of the United States Government, Fiscal Year 2003, Historical Tables*, Washington, DC: U.S. Government Printing Office, 2002; U.S. Bureau of Economic Analysis; and Congressional Budget Office.

까지 연방정부재정은 매년 적자였다. 1998년부터 2001년까지 4년 동안 재정흑자가 발생했다. 2001년의 경기후퇴, 2007~2009년의 경기후퇴, 세금 삭감, 국토안전을 위한 정부지출 증가, 이라크와 아프가니스탄 전쟁 때문에 2001년 이후 재정적자가 지속되었다.

또한 [그림 25.15]는 $8,400억에 이르는 오바마 행정부의 경기부양책이 재정적자에 미친 효과와 2007~2009년 경기후퇴의 심한 정도를 보여준다. 2009년부터 2011년까지 재정적자는 GDP의 8%보다 컸다. 재정적자가 이렇게 컸던 것은 미국 역사상 중요한 전쟁 기간을 제외하고 처음이었다. 세금 인상과 연방지출감소와 더불어 이루어진 경제회복으로 2013년에 재정적자는 GDP의 4%로 낮아졌다.

정부재정은 어떻게 자동안정장치로 작동할 수 있는가?

재량적 재정정책은 경기후퇴기에 총수요를 증가시키기 위해 정부지출을 증가시키거나 세금을 삭감함으로써 재정적자를 증가시킬 수 있다. 예를 들어, 방금 살펴본 것처럼, 오바마 행정부의 지출 증가와 세금 삭감은 2009년과 2010년 동안에 재정적자를 크게 증가시켰다. 그렇지만 많은 약한 경기후퇴기에는 의미 있는 재정정책 조치가 취해지지 않는다. 실제로 전형적인 경기후퇴기에 재정적자의 증가 대부분은 미국 의회와 대통령이 어떤 조치를 취하지 않더라도 이 장의 앞에서 언급했던 *자동안정장치 automatic stabilizers*의 효과 때문에 발생한다.

재정적자는 2가지 이유 때문에 경기후퇴기에 자동적으로 발생한다. 첫째, 경기후퇴기에 임금과 이윤이 하락하고 이에 따라 정부의 세금수입이 감소한다. 둘째, 경제가 경기후퇴로 이행할 때 정부는 자동적으로 이전지급에 대한 지출을 증가시킨다. 실업이 증가함에 따라 실업보험 프로그램에 대한 연방정부지출이 증가한다. 또한 푸드 스탬프와 같은 저소득계층 지원 프로그램, Temporary Assistance for Needy Families, Medicaid 프로그램에 대한 정부 지출도 증가한다. 이러한 지출 증가는 미국 의회와 대통령의 조치 없이 발생한다. 이미 기존 법들이 누가 실업보험과 여타 프로그램들의 혜택을 받을 자격이 있는가를 규정하고 있다. 이러한 프로그램들의 혜택을 받을 자격이 있는 사람들의 수가 경기후퇴기에 증가하기 때문에 이러한 프로그램들에 대한 정부지출이 증가한다.

재정적자는 자동적으로 경기후퇴기에 증가하고 경기확장기에 감소하기 때문에 경제학자들은 종종 실제 재정적자나 재정흑자보다 재정정책과 세금정책이 경제에 미치는 효과에 대한 더 정확한 척도를 제공할 수 있는 *경기조정 재정적자나 재정흑자*를 살펴본다. **경기조정 재정적자(재정흑자) cyclically adjusted budget deficit(surplus)**는 실질GDP가 잠재GDP와 같을 때 발생되는 재정적자(재정흑자)를 측정한다. 예를 들어, 2013년에 CBO는 2014년에 재정적자가 GDP의 약 3.5%가 될 것이라고 예측했다. CBO는 실질GDP가 잠재GDP과 같을 때 재정적자는 GDP의 약 1%가 될 것이고 나머지 2.5%는 자동안전장치가 재정적자에 미치는 효과를 나타낸다고 추정했다. 연방정부가 확장적 재정정책을 취할 때 발생되는 결과가 경기조정 재정적자이다. 연방정부가 긴축적 재정정책을 취할 때 발생되는 결과가 경기조정 재정흑자이다.

경기조정 재정적자(재정흑자) cyclically adjusted budget deficit(surplus)
실질GDP가 잠재GDP와 같을 때 발생되는 재정적자(재정흑자)

자동적 재정흑자와 재정적자는 경제를 안정화시키는 데 도움을 줄 수 있다. 경제가 경기후퇴 상황으로 이행할 때, 임금과 이윤은 하락하고 가계들과 기업들이 정부에 납부하는 세금은 감소한다. 결과적으로 가계들과 기업들은 그렇지 않은 경우보다 그들의 지출을 더 높게 유지시키는 자동적 세금 삭감을 받게 된다. 경기후퇴기에 해고된 근로자들은 실업보험 지급을 받고 소득이 어떤 수준 아래로 감소한 가계들은 푸드 스탬프나 여타 정부의 이전지급 프로그램을 받을 자격을 얻게 된다. 이러한 추가적인 소득을 받게 됨으로써 가계들은 그렇지 않은 경우보다 더 많이 지출할 수 있다. 이러한 추가적인 지출은 경기후퇴의 기간과 심한 정도를 감소시킨다. 많은 경제학자들은 이러한 실업보험시스템과 여타 정부의 이전지급 프로그램들이 없었던 것이 대공황을 심하게 만들었다고 주장한다. 대공황기 동안 일자리를 잃은 근로자들은 임금이 제로로 떨어졌기 때문에 저축, 차입이나 민간 자선단체로부터 받는 것에 의존해야만 했다. 그 결과로 많은 실업자들은 지출을 급격히 줄였고, 이것이 경기침체를 더 악화시켰다.

실질GDP가 잠재GDP 수준보다 크게 증가할 때, 가계들과 기업들은 연방정부에 더 많은 세금을 납부해야 하고 연방정부는 이전지급을 더 적게 지급하게 된다. 세금이 증가하고 이전지급이 감소하는 것이 그렇지 않은 경우보다 총지출을 더 적게 증가시키고 경제가 더 높은 인플레이션을 겪게 될 가능성을 감소시킨다.

Making the Connection

대공황기에 재정정책은 실패했는가?

현대적 거시경제분석은 John Maynard Keynes 저서인 *고용, 이자 및 통화에 관한 일반이론 The Theory of Employment, Interest, and Money*의 출간과 더불어 1930년대에 시작되었다. 이 책으로부터 많은 경제학자들이 도출했던 한 가지 결론은 미국을 대공황으로부터 벗어나게 하기 위해서는 확장적 재정정책이 필요하다는 것이었다. Franklin D. Roosevelt가 1933년에 대통령이 되었을 때, 연방정부지출은 뉴딜프로그램 New Deal program을 수행하기 위해 증가했고 1937년을 제외하고 1930년대에 매년 재정적자가 발생했다. 그러나 미국 경제는 매우 느리게 회복되었고 1941년에 제2차 세계대전이 발발할 때까지 잠재GDP에 다시 도달하지 못했다.

그 당시 일부 경제학자들과 정책담당자들은 정부지출의 증가에도 불구하고 경제가 느리게 회복되었기 때문에 재정정책은 효과가 없었다고 주장했다. 오바마 대통령의 경기부양책에 대한 논란이 진행되는 동안 재정정책이 뉴딜정책이 진행되는 동안 실패했다는 주장이 다시 제기되었다. 그러나 경제사학자들은 정부지출의 증가에도 불구하고 미국 의회와 대통령은 실제로 1930년대 동안 확장적 재정정책을 시행하지 않았다는 점을 지적했다. 서로 독립된 연구에서 MIT의 E. Cary Brown과 Washington and Lee University의 Larry Peppers는 1930년대의 한 해 동안만 경기조정 재정적자가 발생했고 그 적자 규모는 작았다고 주장했다. 아래의 표는 그들의 주장을 지지하는 데이터를 제공해 준다(이 표에 있는 모든 변수들은 실질변수가 아니고 명목변수이다). 두 번째 열은 연방정부지출이 1933년부터 1936년까지 증가했고 1937년에 감소했으며 1938년과 1939년에 증가했다는 것을 보여준다. 세 번째 열은 1937년을 제외하고 1933년 이후 매년 연방정부는 재정적자를 시현했다는 결과를 보여준다. 네 번째 열은 1933년 이후 매년 연방정부는 경기조정 재정흑자를 시현했다는 것을 부여준다. 이러한 연도들 동안 소득 수준은 매우 낮았고 실업률은 매우 높았기 때문에 세금수입은 경제가 잠재GDP에 있었을 경우보다 훨씬 낮았다. 다섯 번째 열이 보여주는 것처럼, 1933년과 1937년부터 1939년까지 경기조정 재정흑자는 GDP와 비교해 상대적으로 컸다.

대공황기에 정부지출은 증가했지만, 대부분의 연도들에서 경기조정 재정흑자가 발생했다.

연도	연방정부지출 (10억 달러)	실제 재정적자 또는 재정흑자 (10억 달러)	경기조정 재정적자 또는 재정흑자 (10억 달러)	경기조정 재정적자 또는 재정흑자가 GDP에서 차지하는 비중
1929	$2.6	$1.0	$1.24	1.20%
1930	2.7	0.2	0.81	0.89
1931	4.0	−2.1	−0.41	−0.54
1932	3.0	−1.3	0.50	0.85
1933	3.4	−0.9	1.06	1.88
1934	5.5	−2.2	0.09	0.14
1935	5.6	−1.9	0.54	0.74
1936	7.8	−3.2	0.47	0.56
1937	6.4	0.2	2.55	2.77
1938	7.3	−1.3	2.47	2.87
1939	8.4	−2.1	2.00	2.17

루스벨트 대통령이 많은 새로운 정부지출 프로그램들을 제안하기는 했지만 1932년 대통령 선거유세에서 균형재정을 달성하겠고 약속했다. 그는 1937년에만 균형재정을 달성했으나 실제 재정적자가 너무 크게 증가하는 것을 허용하는데 주저했고 이것이 왜 경기조정 재정흑자가 유지되었는지를 설명하는데 도움을 준다. 오늘날 많은 경제학자들은 E. Cary Brown의 다음과 같은 결론에 동의한다. "그 당시 재정정책은 1930년대에 작동하지 않았기 때문이 아니라 시도되지 않았기 때문에 경제 회복을 위한 수단으로서 성공적이지 못했던 것같다."

자료: E. Cary Brown, "Fiscal Policy in the 'Thirties: A Reappraisal," *American Economic Review*, Vol. 46, No. 5, December 1956, pp. 857–879; and Larry Peppers, "Full Employment Surplus Analysis and Structural Changes," *Explorations in Economic History*, Vol. 10, Winter 1973, pp. 197–210; and U.S. Bureau of Economic Analysis.

문제풀이 25.6

경기변동이 재정적자에 미치는 효과

정부의 재정적자는 2014년에 $3,795억이었고 2015년에 $2,830억이었다. 한 학생이 이에 대해 다음과 같이 논평한다. "2015년 동안 정부는 세금을 증가시키거나 지출을 감소시키거나 2가지 모두를 시행하기 위한 조치를 취했어야 했다." 당신은 이러한 논평에 동의하는가? 간략히 설명하라.

문제풀기

Step 1: 본문의 내용을 다시 읽어보라. 이 문제는 자동안정장치로서 정부재정에 관한 것이므로 [정부재정은 어떻게 자동안정장치로 작동할 수 있는가?]부분을 다시 읽어보라.

Step 2: 재정적자의 변화가 의회와 대통령의 조치 없이 어떻게 발생할 수 있는지 설명하라. 만일 의회와 대통령이 세금을 증가시키거나 지출을 감소시키는 조치를 취하면, 재정적자는 감소할 것이다. 그러나 정부가 아무런 조치를 취하지 않더라도 재정적자는 GDP가 증가할 때 자동적으로 감소한다. GDP가 증가할 때, 가계 소득과 기업 이윤의 증가가 세금수입을 증가시킨다. 또한 GDP가 증가하면 일반적으로 실업이 감소하고 실업보험과 여타 이전지급에 대한 정부지출이 감소한다. 따라서 당신은 학생의 진술에 동의해서는 안 된다. 재정적자를 감소시키기 위해 정부가 세금을 증가시키거나 지출을 감소시키는 조치를 취해야만 하는 것은 아니다.

정부재정은 항상 균형이어야 하는가?

많은 경제학자들은 정부가 실질GDP가 잠재GDP와 같을 때 균형재정을 가지는 것이 좋다고 믿지만, 정부가 매년 재정을 균형시켜야 한다고 믿는 경제학자는 없다. 왜 경제학자들이 이러한 견해를 가지고 있는지 이해하기 위해 재정이 자동적으로 적자로 이행하는 경기후퇴기에 정부가 재정을 균형시키기 위해 어떤 일을 해야만 하는지 생각해 보자. 재정을 균형시키기 위해 정부는 세금을 증가시키거나 지출을 감소시켜야 하지만, 이러한 조치는 총수요를 감소시키고 경기후퇴를 더 악화시킬 것이다. 이와 유사하게 실질GDP가 잠재GDP 수준보다 크게 증가할 때, 재정이 자동적으로 흑자로 이행한다. 이러한 흑자를 제거하기 위해, 정부는 세금을 삭감하거나 정부지출을 증가시켜야 할 것이다. 그러나 이러한 조치는 총수요를 증가시키고 실질GDP를 잠재GDP보다 더 높게 밀어 올리고 더 높은 인플레이션 위험을 증가시킬 것이다. 매년 재정을 균형시키기 위해서는 정부가 경제를 불안정시키는 조치를 취해야만 할 것이다.

일부 경제학자들은 정부는 실질GDP가 잠재GDP와 같을지라도 통상적으로 재정적자를 시현해야만 한다고 주장한다. 정부재정이 적자일 때, 재무부는 정부에 대한 청구서를 지불하기 위해 필요한 자금을 조달하기 위해 투자자들에게 채권을 매각한다. 정부에 대한 청구서가 현재 지출과 관련된 것일 때 이러한 청구서를 지불하기 위해 차입하는 것은 가계, 기업이나 정부에게 나쁜 정책이나 정부에 대한 청구서가 수명이 장기인 자본재를 구입하기 위한 것이면 나쁜 정책이 아니다. 예를 들어, 대부분의 가계들은 15년에서 30년 만기의 모기지대출을 받아서 신규주택을 구매한다. 주택의 수명은 장기이기 때문에 가계가 주택을 사는 연도에 받는 소득보다는 장기간 동안 버는 소득을 사용해서 주택 가격을 지불하는 것이 합리적이다. 기업은 종종 기계, 설비, 공장을 매입하기 위해 30년 만기 회사채를 매각해서 자금을 차입한다. 자본재는 장기간에 걸쳐 기업을 위한 이윤을 창출하기 때문에 장기간에 걸쳐 자본재의 가격을 지불하는 것이 합리적이다. 이와 유사한 논리로 정부는 새로운 고속도로, 다리, 지하철을 건설하고자 할 때 재무부 장기채권을 매각해서 자금을 차입할 수 있다. 이에 대한 대안은 수명이 장기인 자본재를 매입하는 연도에 받는 세금수입으로 자본재의 매입대금을 지불하는 것이다. 그러나 이것은 미래의 납세자들이 오랜 기간 동안 그 혜택을 누릴지라도 현재의 납세자들이 이러한 프로젝트들에 대해 지불하는 부담 전체를 감당해야만 한다는 것을 의미한다.

정부채무

정부가 재정적자를 시현할 때마다 재무부는 재무부 증권을 매각해서 투자자들로부터 자금을 차입해야만 한다. 논의를 단순하게 하기 위해 모든 재무부 증권은 "채권"이라고 하자. 정부가 재정흑자를 시현할 때, 재무부는 기존 채권의 일부를 상환한다. [그림 25.15]는 연방정부재정이 흑자인 연도들보다는 더 많은 연도들에서 적자가 발생했다는 것을 보여준다. 그 결과 잔존 재무부 채권의 규모는 시간이 흐르면서 증가하였다. 이러한 잔존 재무부 채권의 총액은 *정부채무 government debt* 또는 종종 *국가채무 national debt*라고 부른다. 정부재정이 적자인 연도에 정부채무는 증가한다. 정부재정이 흑자인 연도에 정부채무는 감소한다.

[그림 25.16]은 1901년 이후 매년 GDP의 비중으로 나타낸 연방정부채무의 변화추이를 보여준다. GDP에 대한 연방정부채무의 비중은 제1차와 제2차 세계대전과 대공황기 동안 증가했으며 이것은 그 기간 동안 발생한 대규모 재정적자를 반영한 것이다. 제2차 세계대전이 종료된 후 GDP는 1980년대 초까지 연방정부채무보다 더 빠르게 증가했고 이에 따

그림 25.16

연방정부채무, 1901~2013년

연방정부가 재정적자를 시현할 때마다 연방정부채무는 증가한다. 제1차와 제2차 세계대전, 대공황 기간 동안, 1980년대와 1990년대 초에 발생한 대규모 재정적자가 GDP에 대한 연방정부채무의 비중을 증가시켰다. 2008년 이후 대규모 재정적자는 GDP에 대한 연방정부채무의 비중을 1947년 이후 최고 수준으로 치솟게 하였다.

주: 2013년의 수치는 2013년 5월에 CBO에 의해 추정된 추정치이다.

자료: U.S. Bureau of the Census, *Historical Statistics of the United States, Colonial Times to 1970*, Washington, DC: U.S. Government Printing Office, 1975; Budget of the United States Government, Fiscal Year 2003, Historical Printing Office, 2002; Federal Reserve Bank of St. Louis; and Congressional Budget Office.

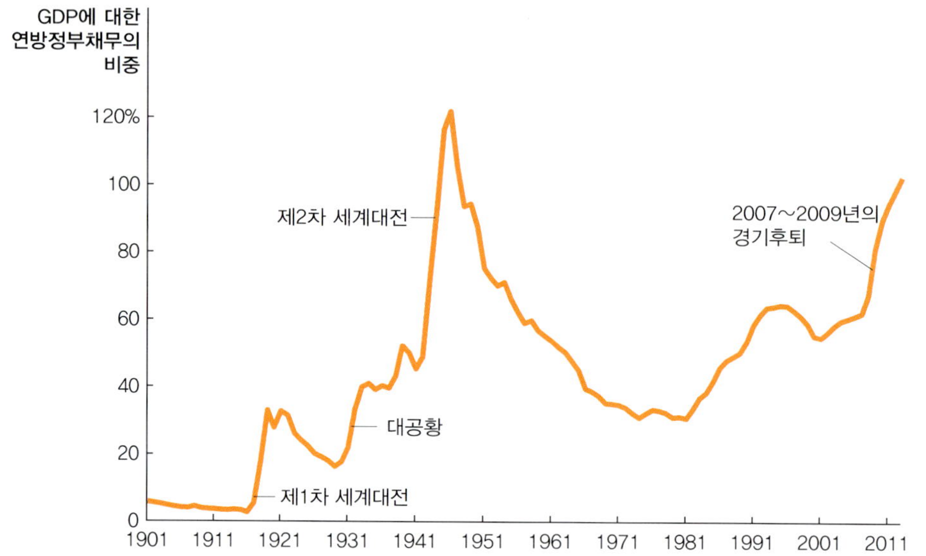

라 GDP에 대한 연방정부채무의 비중은 하락했다. 1980년대와 1990년대 초의 대규모 재정적자는 GDP에 대한 연방정부채무의 비중을 상승시켰다. 1998년부터 2001년까지의 재정흑자는 GDP에 대한 연방정부채무의 비중을 하락시켰으나 2002년부터 재정적자가 발생함에 따라 GDP에 대한 연방정부채무의 비중은 다시 증가했다. 2008년 이후 발생한 대규모 재정적자가 GDP에 대한 연방정부채무의 비중을 1947년 이후 최고 수준으로 치솟게 하였다.

정부채무는 문제가 되는가?

채무는 가계나 기업에게 문제가 될 수 있는 것과 같은 이유로 정부에게 문제가 될 수 있다. 한 가계가 월간 모기지 상환금을 납부하는 것이 어려우면, 여타 재화와 서비스에 대한 지출을 줄여야만 할 것이다. 이 가계가 월간 모기지 상환금을 납부할 수 없으면, 모기지 대출에 대해 채무불이행하게 되고 아마도 자신의 주택을 잃게 될 것이다. 정부는 정부채무에 대해 채무불이행할 위험에 처하지는 않는다. 궁극적으로 정부는 채무에 대한 이자를 지급하기 위해 세금을 통해 필요한 자금을 조달할 수 있다. 그러나 정부채무가 경제규모에 비해 상대적으로 매우 크게 되면, 정부는 채무에 대한 이자를 지급하기 위해 세금을 높은 수준까지 증가시키거나 여타 지출을 삭감해야 할 수 있다. 연방정부채무에 대한 이자 지급액은 현재 총 연방정부지출의 약 11% 수준이다. 이러한 수준에서 세금 증가나 상당한 여타 지출의 삭감은 요구되지 않는다.

2008년 이후에 발생했던 것처럼 GDP 규모에 비해 상대적으로 증가하는 정부채무는 장기적으로 문제를 제기할 수 있다. 앞에서 논의했던 것처럼, 이렇게 증가하는 정부채무가 이자율을 상승시키면 투자지출의 밀어내기효과가 발생할 수 있다. 투자지출이 낮아진다는 것은 장기적으로 자본스톡이 감소하고 재화와 서비스를 생산하는 경제의 능력이 감소한다는 것을 의미한다. 정부채무의 일부가 다리, 고속도로, 항만, 공항과 같은 *기반시설 infrastructure*의 개선, 교육 지원, 연구개발 지원을 위한 자금을 조달하기 위해 발생된 것이면, 이러한 효과는 어느 정도 상쇄된다. 기반시설의 개선, 더 좋은 교육을 받은 노동력과 추가적인 연구개발은 경제의 생산능력을 증가시킬 수 있다.

25.7. 재정정책의 장기 효과

일부 재정정책 조치는 단기적으로 경제를 안정화시키려는 목표를 달성하기 위해 시행된다. 다른 재정정책 조치는 경제의 생산능력을 확장시키고 경제성장률을 높이려는 장기 효과를 발생시키기 위해 시행된다. 이러한 정책 조치는 주로 총수요보다는 총공급에 영향을 미치기 때문에 종종 *공급측면 경제학 supply-side economics*이라고 부른다. 총공급을 증가시키고자 하는 대부분의 재정정책 조치는 일하고 저축하고 투자하고 창업하고자 하는 인센티브를 증가시키기 위해 세금을 변화시킴으로써 총공급을 증가시킨다.

세금 정책의 장기효과

경제활동의 세전 수익과 세후 수익 간의 차이를 **세금격차 tax wedge**라고 부른다. 세금격차는 납부해야 하는 세금이 추가적인 1달러의 소득에서 차지하는 비율을 의미하는 *한계세율 marginal tax rate*에 의해 결정된다. 예를 들어, 미국 연방소득세는 세율이 적용되는 소득 구간인 몇 개의 세금구간을 가지고 있다. 2013년에 독신 납세자의 경우 처음 $8,925의 연간 소득에 대한 세율은 10%였다. 세율은 $400,000 이상의 연간 소득에 대한 39.6%에 이를 때까지 더 높은 소득구간에 대해 증가한다. 당신이 시간당 $20의 임금을 받는다고 하자. 한계소득세율이 25%라면, 세후 임금은 $15이고 세금격차는 $5이다. 제3장에서 수요와 공급 모델을 논의할 때, 재화나 서비스 가격의 상승은 공급량을 증가시킨다는 것을 살펴보았다. 따라서 소득에 대한 한계세율을 인하시켜 세금격차를 감소시키는 것이 세후 임금을 증가시키고 노동의 공급량을 증가시킬 것이다. 이와 유사하게 제19장에서 소득세율의 인하는 저축에 대한 세후 수익률을 증가시키고 대부자금의 공급 증가, 균형 이자율의 하락, 투자지출의 증가를 발생시킨다는 것을 살펴보았다. 일반적으로 경제학자들은 일하고, 저축하고, 투자하거나 창업하는 것과 같은 경제활동의 세금격차가 작을수록, 경제활동은 더 많이 발생할 것이라고 믿는다. 근로자들, 저축자들, 투자자들이나 기업가들이 세금 변화의 결과로 그들의 행동을 바꿀 때, 경제학자들은 세금 변화에 대한 *행동 반응 behavioral response*이 있었다고 말한다.

세금격차 tax wedge
경제활동의 세전 수익과 세후 수익 간의 차이.

다음과 같은 세금 각각의 삭감이 총공급에 미치는 효과를 간략히 살펴보자.

- **개인소득세.** 이미 살펴본 것처럼, 개인소득에 대한 한계세율의 인하는 근로자들이 직면하는 세금격차를 감소시키고 노동의 공급량을 증가시킨다. 많은 소기업들은 이윤에 대해 개인소득세율로 세금이 부과되는 개인기업이다. 따라서 개인소득세의 인하는 소기업의 수익을 증가시키고 새로운 사업의 시작을 장려한다. 대부분의 가계들이 저축으로부터 버는 수익에 대해 개인소득세율로 세금이 부과된다. 따라서 한계소득세율의 인하는 저축에 대한 수익을 증가시킨다.
- **법인세.** 정부는 법인세로 기업이 버는 이윤에 대해 세금을 부과한다. 2013년에 대부분의 기업들은 35%의 한계법인세율을 적용받았다. 한계법인세율의 인하는 설비, 공장, 사무실 빌딩에 대한 새로운 투자로부터 기업이 버는 수익을 증가시킴으로써 투자지출을 장려한다. 기술혁신은 종종 새로운 투자재에 체화되어 있기 때문에 법인세의 인하는 잠재적으로 기술변화의 속도를 증가시킬 수 있다.
- **배당과 자본이득에 대한 세금.** 기업은 이윤의 일부를 *배당 dividend*으로 주주에게 지급한다. 또한 주주는 기업이윤의 증가로부터 발생되는 혜택을 *자본이득 capital gain*으로 받을 수 있다. 자본이득은 주식과 같은 자산 가격의 상승으로부터 발생된다. 기업 이윤의 증가는 일반적으로 주가를 상승시키고 주주의 자본이득을 증가시킨다. 개인은 (주식을 매도하지 않으면 자본이득에 대한 세금은 이연될 수 있지만) 배당과 자본이득에 대해 세금을 납부한다. 그 결과로 기업이 이윤에 대해 법인세를 납부할 때 한 차례와 개인 투자자들이 배당이나 자본이득으로 이윤을 받을 때 동일한 이윤에 대해 다시 세금이 부과된다. 경제학자들은 기업이윤에 대해 부과되는 법인세의 비용과 이익에 대해 논쟁하고 있다. 이러한 "이중 과세 double taxation" 문제를 감소시키기 위한 한 가지 방법은 배당과 자본이득에 대한 세율을 인하시키는 것이다. 이러한 세율이 2003년에 인하되었으나 2013년에 인상되었다. 일반적으로 배당과 자본이득에 대한 한계세율은 개인소득에 대한 최고 한계세율보다 낮다. 배당과 자본이득에 대한 세율의 인하는 가계들로부터 기업으로 흐르는 대부자금의 공급을 증가시키고 저축과 투자를 증가시키며 균형 실질이자율을 하락시킨다.

세금의 단순화

개별 세금의 인하로 발생되는 잠재적 이득에 더하여 세금의 단순화로부터 발생되는 이득도 존재한다. 3,000페이지에 이르는 세법의 복잡성이 H&R Block과 같은 세금보고준비서비스를 제공하는 산업을 만들어내었다. 미국 국세청 Internal Revenue Service은 납세자들이 세금보고양식을 채우는 데 매년 64억 시간 이상, 즉 세금보고 건당 약 45시간을 소비한다고 추정한다. 가계들과 기업들은 연방세를 신고하기 위해 480개 이상의 세금보고양식을 채워야만 한다. 미국 전역에 스타벅스 커피점보다 더 많은 H&R Block 사무소가 있다는 것은 놀랄 일이 아니다.

만일 세법이 크게 단순화되면, 현재 세금보고준비서비스 산업에 의해 사용되는 경제적 자원이 여타 재화와 서비스를 생산하기 위해 사용될 수 있을 것이다. 또한 자원 낭비에 더하여 세법의 복잡성은 가계들과 기업들의 의사결정을 왜곡시킬 수 있다. 예를 들어, 배당에 대한 세율은 분명히 기업이 배당을 지급할 것인지에 영향을 미친다. 미국 의회가 2003년에 배당에 대한 세율을 인하하는 법안을 통과시켰을 때, Microsoft를 포함한 많은 기업들이 처음으로 배당을 지급하기 시작했다. 세법의 단순화는 가계들과 기업들이 세금 납부액을 감소시키기 위한 의사결정의 수를 감소시킴으로써 경제적 효율성을 증가시킬 수 있다.

세금개혁의 경제적 효과

동태적 총수요와 총공급 모델을 사용하면서 세금 인하와 세금 단순화의 경제적 효과를 분석할 수 있다. [그림 25.17]은 세금 변화가 없는 경우 장기총공급곡선이 $LRAS_1$에서 $LRAS_2$로 이동한다는 것을 보여준다. 이러한 이동은 세금 인하와 세금 단순화 없이도 발생되는 노동력과 자본스톡의 증가와 기술변화를 나타낸다. 세금 변화가 총공급에 미치는 효과에 초점을 맞추기 위해 단기총공급곡선의 이동은 무시하고 총수요곡선은 AD_1에서 변화하지 않는다고 가정하자. 이 경우에 균형은 실질GDP가 Y_1에서 Y_2로 증가하고 물가수준은 P_1에서 P_2로 하락하면서 점A에서 점B로 이동한다.

만일 세금 인하와 세금 단순화가 효과적이면, 경제는 노동공급, 저축, 투자와 새로운 기업의 증가를 경험할 것이다. 경제적 효율성도 개선될 것이다. 이러한 요인들 모두가 모든 물가수준에서 공급되는 실질GDP의 양을 증가시킬 것이다. [그림 25.17]에서 이러한 세금 변화의 효과가 장기총공급곡선을 $LRAS_3$으로 이동시킨다. 총수요가 변화하지 않는 경우, 균형은 점A에서 (세금 변화가 없는 경우의 균형인 점B가 아닌) 실질GDP가 Y_1에서 Y_3로 증가하고 물가수준이 P_1에서 P_3로 하락하는 점C로 이동한다. 세금 변화가 없는 경우의 균형(점B)과 비교해서 세금 변화가 있는 경우의 균형은 물가수준은 더 낮고 실질GDP는 더 높은 곳에서 발생된다. 따라서 세금 변화가 생산량과 고용을 증가시키는 반면 동시에 물가수준을 하락시킴으로써 경제에 혜택을 줄 수 있다고 결론내릴 수 있다.

분명히 총수요와 단기총공급에서 발생되는 변화를 무시했기 때문에 이러한 분석은 비현실적이다. 보다 더 현실적인 분석은 [그림 25.17]에서 나타낸 분석과 어떻게 다른가? 장기적으로 실질GDP는 *장기총공급곡선*으로 표시되는 잠재GDP 수준과 같기 때문에 실질GDP의 변화는 동일할 것이다. 그러나 총수요곡선과 단기총공급곡선 모두 오른쪽으로 이동할 것으로 예상되기 때문에 물가수준의 결과는 다를 것이다. 가장 가능성이 있는 결과는 물가수준이 점C에서보다 더 높아질 것이라는 것이다. 그러나 장기총공급곡선의 위치가 세금 변화의 결과로 더 오른쪽에 있기 때문에 물가수준의 상승은 더 낮을 것이다. 즉 다음 절에서 논의하는 것처럼 모든 경제학자들이 동의하는 것은 아니지만 물가수준은 P_3보다는 높을지라도 P_2보다는 더 낮을 가능성이 있다. 성공적인 세금 인하와 세금 단순화의 정책은 생산량과 고용을 증가시켜 경제에 혜택을 주고 동시에 물가수준의 더 적은 상승을 발생시킬 것이라고 결론내릴 수 있다.

그림 25.17

세금 변화의 공급측면 효과

처음의 균형은 점*A*이다. 세금 변화가 없는 경우 장기총공급곡선은 $LRAS_1$에서 $LRAS_2$로 오른쪽으로 이동한다. 균형은 물가수준이 P_1에서 P_2로 하락하고 실질GDP가 Y_1에서 Y_2로 증가하는 점*B*로 이동한다. 세금인하와 세금단순화가 있는 경우, 장기총공급곡선은 $LRAS_3$로 더 오른쪽으로 이동하고 균형은 물가수준이 P_3로 하락하고 실질GDP가 Y_3으로 증가하는 점*C*로 이동한다.

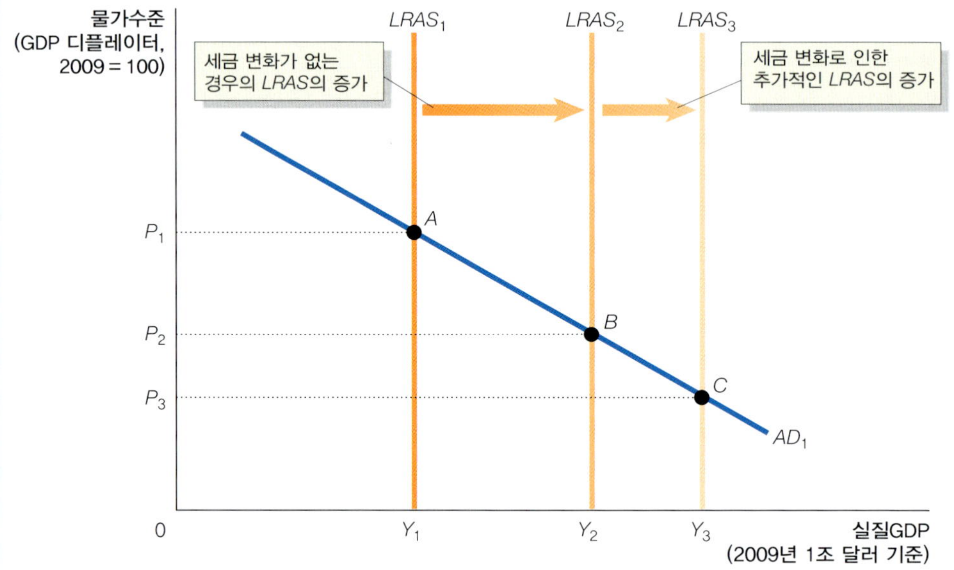

공급측면 효과는 얼마나 큰가?

대부분의 경제학자들은 세금 인하의 공급측면 효과가 존재한다는 점에 동의한다. 한계 소득세율의 인하는 노동공급량을 증가시키고 법인세의 인하는 투자지출을 증가시킬 것이다. 그러나 이러한 효과의 크기는 상당한 논란이 되고 있는 주제이다. 예를 들어, 일부 경제학자들은 많은 사람들이 고용주에 의해서 책정된 시간을 일하고 추가적으로 일할 기회를 가지고 있지 않기 때문에 세금 삭감으로 발생되는 노동공급량의 증가는 제한적일 것이라고 주장한다. 이와 유사하게 일부 경제학자들은 세금 변화가 저축과 투자에 미치는 효과는 작다고 믿는다. 이러한 견해에 의하면 저축과 투자는 소득의 변화나 세금 변화보다는 기술변화나 거시경제상황의 개선 때문에 발생되는 새로운 투자의 미래 수익성에 대한 예상에 더 많이 영향을 받는다.

공급측면 효과의 크기에 의구심을 가지는 경제학자들은 세금 삭감은 총공급보다는 총수요에 미치는 효과가 더 크다고 믿는다. 그들의 견해에 의하면, 세금 삭감이 총공급에 미치는 효과를 무시하고 총수요에 미치는 효과에 초점을 맞추는 것이 실질GDP와 물가수준의 미래 변화에 대한 정확한 예측을 제공해주며 이것이 공급측면 효과가 작다는 것을 제시해준다고 믿는다. 세금 변화가 총공급에 미치는 효과가 작다면, [그림 25.17]에서 보여주는 정도로 물가수준을 하락시키지 않을 가능성이 있다.

궁극적으로 세금 정책의 공급측면 효과 크기에 대한 논란은 세율 차이가 노동공급과 저축 및 투자 결정에 미치는 효과에 대한 세심한 연구를 통해서만 해결될 수 있다. 그러나 일부 최근 연구들은 서로 상충되는 결론을 제시하였다. 예를 들어, 노벨경제학상 수상자인

Arizona State University의 Edward Prescott에 의한 연구는 주당 근로시간과 연간 근로 주수가 미국과 유럽이 다른 것은 세율의 차이 때문이라고 결론내리고 있다. 유럽과 비교해서 미국의 한계세율이 낮은 것이 미국 근로자들의 수익을 증가시키고 노동공급량을 증가시킨다. 그러나 Harvard University의 Alberto Alesina와 Edward Glaeser와 Dartmouth College의 Bruce Sacerdote는 유럽의 노동시장규제가 더 엄격한 것이 유럽 근로자들이 더 적은 주수를 일하고 더 긴 휴가를 가진다는 것을 설명하고 세율의 차이는 작은 효과를 가진다고 주장한다.

경제학의 여타 분야에서처럼, 세금 변화의 공급측면 효과 추정치에 대한 경제학자들 간의 의견차이는 시간이 흐름에 따라 더 많은 연구가 수행되면서 좁혀질 수 있을 것이다.

결론

이 장에서 정부가 거시경제정책목표를 달성하기 위해 어떻게 정부구매와 세금의 변화를 사용하는지 살펴보았다. 경제학자들이 경제를 안정화시키는 재량적 재정정책의 유효성에 대해 논쟁하고 있다는 것도 살펴보았다. 미국 의회와 대통령이 연방준비제도와 함께 경제정책을 책임지고 있다.

주요용어 KEY TERMS

자동안정장치 automatic stabilizers
재정적자 budget deficit
재정흑자 budget surplus
밀어내기효과 crowding out
경기조정 재정적자(재정흑자) cyclically adjusted budget deficit(surplus)
재정정책 fiscal policy
승수효과 multiplier effect
세금격차 tax wedge

연습문제 PROBLEMS

* 복습질문

1. 재정정책은 무엇인가? 누가 재정정책을 책임지고 있는가?
2. 재정정책과 통화정책의 차이점은 무엇인가?
3. 정부구매와 정부지출의 차이점은 무엇인가? 현재 연방정부구매가 GDP에서 차지하는 비중은 1960년보다 더 높은가? 현재 연방정부지출이 GDP에서 차지하는 비중은 1960년보다 더 높은가?
4. 확장적 재정정책은 무엇인가? 긴축적 재정정책은 무엇인가?
5. 미국 의회와 대통령이 확장적 재정정책이 필요하다고 결정하면, 정부지출이나 세금을 어떻게 변화시켜야 하는가? 미국 의회와 대통령이 긴축적 재정정책이 필요하다고 결정하면, 정부지출이나 세금을 어떻게 변화시켜야 하는가?
6. 확장적 재정정책을 기본적 총수요와 총공급 모델을 사용하면서 나타내는 것과 동태적 총수요와 총공급 모델을 사용하면서 나타내는 것의 중요한 차이점은 무엇인가?
7. 긴축적 재정정책을 기본적 총수요와 총공급 모델을 사용하면서 나타내는 것과 동태적 총수요와 총공급 모델을 사용하면서 나타내는 것의 중요한 차이점은 무엇인가?
8. 왜 정부구매의 $1 증가가 소득과 지출을 $1보다 크게 증가시키는가?
9. 정부구매승수와 세금승수를 정의하라.
10. 왜 소득세율의 인상이 승수효과를 감소시키는가?
11. 통화정책과 재정정책 중에서 어떤 정책이 더 신속하게 변경될 수 있는가? 간략히 설명하라.
12. "밀어내기효과 crowding out"는 무엇을 의미하는가? 단기 밀어내기효과와 장기 밀어내기효과 간 차이점을 설명하라.
13. 정부재정은 경제의 자동안전장치로서 어떤 방식으로 작동하는가?
14. 경기조정 재정적자(재정흑자)는 무엇인가? 실질GDP가 현재 잠재GDP와 같고 정부재정이 균형이라고 하자. 만일 경제가 경기후퇴 상황으로 이행하면, 정부재정에 어떤 일이 발생하는가?
15. 왜 매년 정부재정을 균형시키는 것이 좋은 생각이라고 믿는 경제학자들이 없는가?
16. 재정적자와 정부채무 간의 차이점은 무엇인가?
17. "공급측면 경제학 supply-side economics"은 무엇인가?
18. "세금격차 tax wedge"는 무엇인가?

* 문제와 응용

1. 다음의 각각이 (1) 재량적 재정정책인지, (2)자동안전장치인지, (3) 재정정책이 아닌지 간략히 설명하라.
   a. 연방정부가 허리케인이 발생한 후에 뉴저지주 해안을 재정비하기 위한 지출을 증가시킨다.
   b. 연방준비제도가 재무부 증권을 매도한다.
   c. 연방정부가 실업보험을 지급하는 총액이 경기확장기에 감소한다.
   d. 연방정부가 개인소득세로부터 거두어들이는 수입이 경기후퇴기에 감소한다.
   e. 연방정부가 신차에 대해 요구되는 가솔린 마일리지를 변경시킨다.
   f. 미국 의회와 대통령이 급여세를 일시적으로 삭감하는 법을 제정한다.
2. 당신은 다음의 진술에 대해 동의하는지 간략히 설명하라. "확장적 재정정책은 정부구매의 증가나 세금의 증가를

수반한다. 긴축적 재정정책은 정부구매의 감소나 세금의 감소를 수반한다."

3. 다음의 각각이 (1) 확장적 재정정책인지, (2) 긴축적 재정정책인지, (3) 재정정책이 아닌지 구별하라.
  a. 법인세율이 인상된다.
  b. 국방비 지출이 증가된다.
  c. 연방준비제도가 페더럴펀드 이자율 목표를 낮춘다.
  d. 가계들이 연방소득세에서 모든 데이 케어 비용을 공제할 수 있도록 허용한다
  e. 개인소득세율이 인하된다.

4. 기본적 총수요와 총공급 모델을 사용하면서 처음의 균형이 실질GDP가 잠재GDP와 같은 곳에서 발생하고 총수요곡선이 왼쪽으로 이동하는 상황을 나타내라. 미국 의회와 대통령은 실질GDP를 잠재GDP로 복귀시키기 위해 어떤 조치를 취할 수 있는가? 이러한 조치들의 결과를 그림 상에 나타내라.

5. 다음의 질문에 답하기 위해 아래의 그림을 사용하라

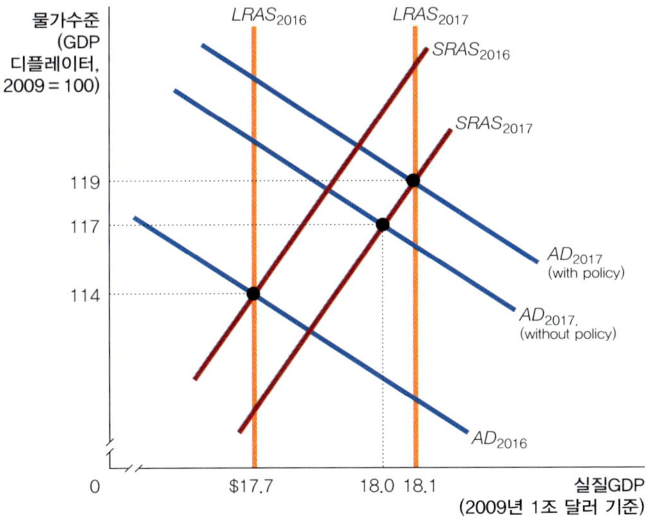

  a. 정부가 아무런 조치를 취하지 않으면, 2017년에 실질GDP와 물가수준은 얼마가 되는가?
  b. 2017년에 실질GDP를 잠재GDP와 같게 하기 위해 정부가 어떤 조치를 취할 수 있는가?
  c. 정부가 아무런 조치를 취하지 않으면, 2017년에 인플레이션율은 얼마가 되는가? 정부가 실질GDP를 잠재GDP와 같게 유지시키기 위한 재정정책을 사용하면, 2017년에 인플레이션율은 얼마가 되는가?

6. 다음의 표에 정리되어 있는 가상적인 정보는 미국 의회와 대통령이 재정정책을 사용하지 않으면 2017년에 어떤 상황이 될 것인지 보여준다.

연도	잠재GDP	실질GDP	물가수준
2016	$17.8조	$17.8조	113.7
2017	$18.2조	$17.8조	115.9

  a. 미국 의회와 대통령이 2017년에 실질GDP를 잠재GDP수준에서 유지시키기 원하면, 확장적 재정정책을 사용해야 하는가 긴축적 재정정책을 사용해야하는가? 이 질문에 답하기 위해 미국 의회와 대통령이 정부구매와 세금을 증가시켜야 하는지 감소시켜야 하는지 설명하라.
  b. 미국 의회와 대통령이 2017년에 실질GDP를 잠재GDP수준에서 유지시키는데 성공한다면, 다음의 각 변수가 아무런 조치를 취하지 않았을 경우와 비교해서 더 높아지는지, 더 낮아지는지, 변화하지 않는지 설명하라.
    i. 실질GDP
    ii. 잠재GDP
    iii. 인플레이션율
    iv. 실업률
  c. 당신의 답을 나타내는 총수요과 총공급 그림을 그려라. 반드시 당신이 그리는 그림에 재정정책이 있는 경우와 없는 경우 2016년과 2017년의 *LRAS*곡선, 2016년과 2017년의 *SRAS*곡선, 2016년과 2017년의 *AD*곡선과 재정정책이 있는 경우와 없는 경우 2017년의 균형 실질GDP와 물가수준을 포함시켜라.

7. 동태적 총수요와 총공급 모델을 사용하면서 경제가 2018년 동안 디플레이션을 경험한다고 가정하면서, 2017년에서 2008년으로의 거시경제균형의 변화를 나타내라. 2018년에 디플레이션이 발생하기 위해서 경제는 경기후퇴를 경험해야만 하는가? 간략히 설명하라.

8. 단기총공급(*SRAS*)곡선이 현재 물가수준에서 수평선이라면 정부구매승수와 세금승수의 크기에 어떤 효과를 미치는가? 간략히 설명하라.

9. 일부 경제학자들은 정부지출의 증가는 민간지출을 감소시키기 때문에 정부지출의 증가가 실질GDP의 장기 성장률을 감소시킨다고 주장한다.
  a. 감소되는 민간지출이 소비지출, 투자지출이나 순수출이라면 이러한 결과가 발생할 가능성이 커지는가? 간략히 설명하라.
  b. 정부지출 증가의 민간지출 밀어내기효과가 실질GDP

의 장기 성장률에 미치는 효과에 의하면, 정부지출의 증가가 (i) 고속도로와 다리에 대한 지출 증가 또는 (ii) 국립공원에 대한 지출 증가를 수반하면 이러한 정부지출 증가에 의한 민간지출 밀어내기효과가 문제가 되는가?

10. 동시에 미국 의회와 대통령은 확장적 재정정책을 추진하고 연방준비제도도 확장적 통화정책을 추진한다고 하자. 확장적 통화정책이 단기적으로 민간지출 밀어내기효과의 정도에 어떻게 영향을 미치는가?

11. 연방소득세가 더 단순해지고 세금 개혁으로 세금보고서 작성이 더 쉬워지면 가계들과 기업들이 혜택을 받을 것으로 보인다. 그런데 왜 세법은 점점 더 복잡해지는가?

12. 일부 경제학자들과 정책담당자들은 "단일세 flat tax"를 선호한다고 주장했다. 단일세가 많은 세금구간, 감면과 공제를 가진 현재 개인소득세 시스템을 단일 세율과 감면과 공제가 거의 없는 새로운 개인소득세 시스템으로 대체시킬 수 있다. 단일세를 선호하는 2가지 논거를 개발하기 위해 정치적 선거 후보자가 당신을 고용했다고 하자. 당신은 어떤 2가지 논거를 제시하겠는가? 이와는 달리 당신이 단일세에 반대하는 2가지 논거를 개발하기 위해 고용되었다면, 당신은 어떤 2가지 논거를 제시하겠는가?

13. 개인소득에 대한 한계세율의 인상이 총수요와 총공급 모두에 영향을 미친다고 하자. 이러한 한계세율의 인상이 균형 실질GDP와 균형 물가수준에 미치는 효과를 간략히 설명하라. 균형 실질GDP와 균형 물가수준의 변화는 이러한 한계세율 인상이 총수요에만 영향을 미치는 경우보다 더 큰가 더 작은가? 간략히 설명하라.

부록: 정부구매승수와 세금승수에 대한 심층적 논의

이 장에서 정부구매의 변화와 세금의 변화가 균형 실질GDP에 대해 승수효과를 가진다는 것을 살펴보았다. 이 부록에서는 간단한 승수효과의 경제모델을 논의한다. 경제학자들은 정부지출이나 세금 변화의 효과를 예측할 때, 종종 *계량경제모델* *econometric model*에 의존한다. 계량경제모델은 제3장에서 간략히 설명한 것처럼 수요곡선을 추정하는데 사용되는 방법과 유사한 방법을 사용하면서 각 식이 통계적으로 추정되는 방정식 체계로 나타낸 경제모델이다.

균형 실질GDP를 식으로 나타내기

이 장과 앞 장들에서 살펴본 중요한 거시경제변수관계는 일련의 식들로 나타낼 수 있다. 이러한 계량경제모델에서 물가수준은 일정하다고 가정하자. *SRAS*곡선이 우상향한다는 것은 총수요곡선이 이동할 때 물가수준이 변할 것이기 때문에 이러한 가정은 비현실적이다. 그럼에도 불구하고 우리가 제시하는 모델은 물가수준의 변화가 작을 때 근사적으로 사용될 수 있을 것이다. 또한 이 모델은 물가수준의 변화를 고려하는 더 복잡한 모델을 위한 처음 소개되는 모델로서의 역할을 한다. 논의를 단순하게하기 위해, 3가지 가정을 하고 논의를 시작하도록 하자. (1) 세금 T는 실질GDP Y의 수준에 의존하지 않는다. (2) 가계들에 대한 정부의 이전지급은 존재하지 않는다. (3) 수입이나 수출이 없는 폐쇄경제를 대상으로 한다. *MPC*의 수치를 제외하고 모델에 있는 수치는 \$10억 기준으로 나타내도록 하자.

(1) $C = 1{,}000 + 0.75(Y-T)$	소비함수
(2) $I = 1{,}500$	의도된 투자함수
(3) $G = 1{,}500$	정부구매함수
(4) $T = 1{,}000$	세금함수
(5) $Y = C + I + G$	균형조건

첫 번째 식은 소비함수이다. 한계소비성향 *MPC*가 0.75이고 소득에 의존하지 않는 독립적 소비수준은 1,000이다. 소비는 처분가능소득 $Y-T$에 의존한다. 의도된 투자지출, 정부지출, 세금은 실질GDP에 의해 영향을 받지 않기 때문에 일정하다고 가정한다. 물론 실질GDP를 예측하기 위해 이러한 유형의 모델을 사용하는 경제학자들은 보다 더 현실적인 의도된 투자, 정부구매, 세금 함수를 사용한다.

균형조건을 나타내는 식(5)는 균형 실질GDP는 소비, 의도된 투자지출, 정부구매의 합과 같다는 것을 나타낸다. 균형 실질GDP의 값을 계산하기 위해, 식(1)-식(4)를 식(5)에 대입할 필요가 있다. 이렇게 대입하면 다음과 같은 식이 구해진다.

$$Y = 1{,}000 + 0.75(Y - 1{,}000) + 1{,}500 + 1{,}500$$

$$= 1{,}000 + 0.75Y - 750 + 1{,}500 + 1{,}500.$$

균형 실질GDP를 구하기 위해 Y에 대해 이 식을 풀 필요가 있다. 첫 번째 단계는 $0.75Y$를 식의 양측에서 빼는 것이다.

$$Y - 0.75Y = 1{,}000 - 750 + 1{,}500 + 1{,}500.$$

이어서, Y에 대해 풀면,

$$0.25Y = 3{,}250$$

또는

$$Y = \frac{3{,}250}{0.25} = 13{,}000$$

이러한 결과를 보다 일반화하기 위해, 모델에 있는 수치를 문자로 나타낸 일반적인 값으로 대체할 수 있다.

$C = \overline{C} + MPC(Y - T)$	소비함수
$I = \overline{I}$	의도된 투자함수
$G = \overline{G}$	정부구매함수
$T = \overline{T}$	세금함수
$Y = C + T + G$	균형조건

문자 위에 바(−)가 있는 문자는 여타 변수들의 값에 의존하지 않고 독립적으로 결정되는 값을 나타낸다. 따라서 $\overline{C}$ 는 원래 주어진 예에서 1,000의 값을 가졌던 독립적 소비를 나타낸다. 이제 균형 실질GDP에 대해 풀면,

$$Y = \overline{C} + MPC(Y - \overline{T}) + \overline{I} + \overline{G}$$

또는

$$Y - MPC(Y) = \overline{C}\,(MPC \times \overline{T}) + \overline{I} + \overline{G}$$

또는

$$Y(1 - MPC) = \overline{C} - (MPC \times \overline{T}) + \overline{I} + \overline{G}$$

또는

$$Y = \frac{\overline{C} - (MPC \times \overline{T}) + \overline{I} + \overline{G}}{1 - MPC}.$$

정부구매승수의 공식

정부구매승수의 공식을 구하기 위해 각 변수의 수준보다는 변화를 사용해서 마지막 식을 다음과 같이 다시 쓸 필요가 있다.

$$\Delta Y = \frac{\Delta\overline{C} - (MPC \times \Delta\overline{T}) + \Delta\overline{I} + \Delta\overline{G}}{1 - MPC}.$$

이제 정부구매의 변화에 대한 균형 실질GDP의 변화의 비율을 의미하는 정부구매승수의 공식을 구할 수 있다. 독립적 소비지출, 의도된 투자지출, 세금은 일정하기 때문에 이 식은 다음과 같이 다시 쓸 수 있다.

$$\Delta Y = \frac{\Delta G}{1 - MPC}.$$

따라서

$$\text{정부구매승수} = \frac{\Delta Y}{\Delta G} = \frac{1}{1 - MPC}.$$

MPC가 0.75인 경우 정부구매승수는

$$\frac{1}{1 - 0.75} = 4$$

이다. 정부구매승수가 4라는 것은 정부지출의 \$100억 증가가 균형 실질GDP를 4 × \$100억 = \$400억만큼 증가시킬 것이라는 것을 의미한다.

세금승수의 공식

또한 세금승수의 공식을 구할 수 있다. 다음과 같은 식을 가지고 시작해 보도록 하자.

$$\Delta Y = \frac{\Delta\overline{C} - (MPC \times \Delta\overline{T}) + \Delta\overline{I} + \Delta\overline{G}}{1 - MPC}.$$

이제 독립적 소비지출, 의도된 투자지출, 정부구매는 일정하나 세금은 변화한다고 하자.

$$\Delta Y = \frac{-MPC \times \Delta T}{1 - MPC}.$$

따라서 세금승수는 다음과 같이 나타낼 수 있다.

$$\text{세금승수} = \frac{\Delta Y}{\Delta T} = \frac{-MPC}{1 - MPC}.$$

MPC가 0.75인 경우 세금승수는

$$\frac{-0.75}{1 - 0.75} = -3$$

이다. 세금의 증가는 균형 실질GDP를 감소시키고 세금의 감소는 균형 실질GDP를 증가시키기 때문에 세금승수는 마이너스 값을 가진다. 세금승수가 -3이라는 것은 세금의 \$100억 감소는 균형 실질GDP를 −3 × −\$100억 = \$300억만큼 증가시킬 것이라는 것을 의미한다. 이 장의 본문에서 세금승수가 정부구매승수보다 더 작은 경제적 이유에 대해 논의했다.

"균형재정"승수

정부구매와 세금의 같은 크기 증가 (또는 감소)가 균형 실질GDP에 미치는 효과는 어떠한가? 우선 세금 인상이 정확하게 정부구매 증가를 상쇄시켜서 실질GDP는 변하지 않을 것처럼 보일 수 있다. 그러나 절대값으로 보면 정부구매승수가 세금승수보다 더 크다는 것을 방금 살펴보았다. 정부구매를 $100억 증가시키고 동시에 세금을 $100억 증가시키는 경우에 발생되는 순효과를 계산하기 위해 정부구매승수와 세금승수의 공식을 사용할 수 있다.

$$\text{정부구매의 증가에 의한 실질GDP의 증가} = \$100\text{억} \times \frac{1}{1 - MPC}.$$

$$\text{세금 증가에 의한 실질GDP의 감소} = \$100\text{억} \times \frac{-MPC}{1 - MPC}.$$

따라서 2가지 효과를 합하면,

$$\$100\text{억} \times \left[\left(\frac{1}{1 - MPC}\right) + \left(\frac{-MPC}{1 - MPC}\right)\right].$$

또는

$$\$100\text{억} \times \left(\frac{1 - MPC}{1 - MPC}\right) = \$100\text{억}$$

따라서 *균형재정승수 balanced budget multiplier*는 $(1-MPC)/(1-MPC)$, 즉 1이다. 정부구매와 세금의 1달러 증가는 단기적으로 1달러의 실질GDP 증가를 발생시킨다.

세율의 변화가 승수에 미치는 효과

이제 세금의 일정한 금액 변화와 달리 세율의 변화가 균형 실질GDP에 미치는 효과를 고려해보자. 세율의 변화는 실제로 승수의 값을 변화시킨다. 이러한 점을 살펴보기 위해, 세율이 20%라고 하자. 이 경우 가계소득의 $100억 증가는 $80억 [=$100억 × (1 − 0.2)] 만큼만 처분가능소득을 증가시킬 것이다. 일반적으로 세율이 t인 경우 처분가능소득의 증가 크기는 소득의 증가에 $(1-t)$를 곱하여 구해진다. 따라서 소비함수는 다음과 같이 다시 쓸 수 있다.

$$C = \overline{C} + MPC(1 - t)Y$$

앞에서 사용했던 것과 같은 방법을 사용하면서, 이 식을 사용해서 정부구매승수를 다음과 같이 구할 수 있다.

$$\text{정부구매승수} = \frac{\Delta Y}{\Delta G} = \frac{1}{1 - MPC(1 - t)}.$$

세율의 변화가 승수의 크기에 미치는 효과를 수치를 사용해서 살펴볼 수 있다. 첫째, $MPC = 0.75$이고 $t = 0.2$라고 가정하자. 이 경우 정부구매승수는 다음과 같이 구해진다.

$$\text{정부구매승수} = \frac{\Delta Y}{\Delta G} = \frac{1}{1 - 0.75(1 - 0.2)} = \frac{1}{1 - 0.6} = 2.5.$$

이러한 정부구매승수의 값은 (한계세율이 0이라고 가정하는 것과 동일한) 일정한 금액의 세금만 존재한다고 가정하면서 계산되는 정부구매승수의 값인 4보다 작다. 이것은 각 기간에서 이루어지는 지출이 가계들이 버는 추가적인 소득에 대해 납부해야 하는 세금만큼 감소되기 때문이다. *MPC*가 0.75이고 세율이 더 낮은 0.1인 경우 정부구매승수는 다음과 같이 계산될 수 있다.

$$\text{정부구매승수} = \frac{\Delta Y}{\Delta G} = \frac{1}{1 - 0.75(1 - 0.1)} = \frac{1}{1 - 0.675} = 3.1.$$

세율을 20%에서 10%로 인하시키면 정부구매승수의 값은 2.5에서 3.1로 증가한다.

개방경제의 승수

지금까지 수입과 수출이 없는 폐쇄경제를 가정했다. 지금까지의 분석에 순수출을 포함시킴으로써 개방경제의 경우를 고려할 수 있다. 순수출은 수출에서 수입을 뺀 것이라는 것을 기억하라. 수출은 주로 달러의 환율과 여타 국가들의 실질GDP 수준과 같은 요인들에 의해 결정되나 논의를 단순하게 하기 위해 이러한 요인들을 모델에 포함시키지 않기로 하자. 따라서 수출은 고정되어 있고 독립적으로 결정된다.

$$\text{수출} = \overline{Exports}.$$

가계들은 증가된 소득의 일부를 수입재에 지출할 것이기 때문에 실질GDP가 증가함에 따라 수입이 증가할 것이다. *한계수입성향 marginal propensity to import(MPI)*을 소득증가에 대한 수입재 지출증가의 비율이라고 정의하자. 따라서 수입은 다음과 같이 나타낼 수 있다.

$$\text{수입} = MPI \times Y.$$

수출과 수입의 식을 균형 실질GDP의 식에 다음과 같이 삽입할 수 있다.

$$Y = \overline{C} + MPC(1 - t)Y + \overline{I} + \overline{G} + [\overline{Exports} - (MPI \times Y)],$$

여기서 $[\overline{Exports} - (MPI \times Y)]$는 순수출을 나타낸다. 이제 앞에서 사용했던 것과 같은 방법을 사용해서 정부구매승수를 다음과 같이 구할 수 있다.

$$\text{정부구매승수} = \frac{\Delta Y}{\Delta G} = \frac{1}{1 - [MPC(1 - t) - MPI]}.$$

중요한 변수들의 수치를 사용하면서 한계수입성향의 변화가 승수의 크기에 미치는 효과를 살펴볼 수 있다. 첫째, $MPC = 0.75$, $t = 0.2$, $MPI = 0.1$이라고 가정하자. 이러한 가정 하에서, 정부구매승수는 다음과 같이 구해진다.

$$정부구매승수 = \frac{\Delta Y}{\Delta G} = \frac{1}{1 - 0.75(1 - 0.2) - 0.1} = \frac{1}{1 - 0.5} = 2.$$

이 값은 (한계수입성향이 0이라고 가정하는 것과 같은) 수출이나 수입이 없다고 가정하면서 계산되는 정부구매승수인 2.5보다 더 작다. 이것은 이제 각 기간의 지출이 가계들이 버는 추가적인 소득으로 수입재를 사는 만큼 감소되기 때문이다. $MPC = 0.75$, $t = 0.2$, $MPC = 0.2$인 경우의 정부구매승수는 다음과 같이 구해진다.

$$정부구매승수 = \frac{\Delta Y}{\Delta G} = \frac{1}{1 - 0.75(1 - 0.2) - 0.2} = \frac{1}{1 - 0.4} = 1.7.$$

한계수입성향이 0.1에서 0.2로 증가하면 정부구매승수는 2에서 1.7로 감소한다. 한계수입성향이 더 큰 국가가 한계수입성향이 더 낮은 국가보다 더 적은 정부구매승수를 가진다고 결론내릴 수 있다.

이러한 정부구매승수는 실질GDP가 잠재GDP보다 낮다고 가정하는 단기적효과를 나타낸다는 점을 명심하라. 장기적으로 실질GDP는 잠재GDP와 같고 이에 따라 정부구매의 증가는 실질GDP의 비정부 요소들의 감소를 발생시키나 실질GDP의 수준을 변화시키지 않는다.

정부구매의 변화나 세금의 변화가 단기적으로 균형 실질GDP에 미치는 효과를 예측하는 경제학자들이 수행하는 분석과 비교해서 이 부록의 분석은 단순화된 것이다. 특히, 물가수준이 일정하다는 가정은 비현실적이다. 그러나 승수의 결정요인들을 보다 더 세심하게 살펴보는 것이 일부의 중요한 거시경제관계를 더 명료하게 이해하는데 도움을 준다.

PART
9

국제 경제

CHAPTER

26

비교우위와 국제무역

이 장의 학습내용

26.1 비교우위와 국제무역
- 국제무역에서 비교우위와 절대우위 간의 차이점을 이해한다.

26.2 국제무역의 이득
- 국가들이 국제무역으로부터 어떻게 이득을 얻는지 설명한다.

26.3 국제무역을 제한하는 정부정책
- 국제무역을 제한하는 정부정책의 경제적 효과를 분석한다.

26.4 무역정책과 세계화에 대한 논쟁
- 무역정책과 세계화에 대한 논쟁을 논의한다.

미국 타이어 산업의 일자리 구하기

2004년과 2008년 사이에 중국 타이어 회사들은 미국으로의 수출을 3배 증가시켰다. 이에 대응하여, 2009년 가을에 오바마 대통령은 자동차와 경트럭에 사용되는 중국산 타이어의 수입업자들이 미국 정부에 타이어 가격의 35%에 해당되는 관세를 지급해야 할 것이라고 발표했다. 이러한 관세를 부과한 목적은 미국 타이어 산업의 일자리를 보호하기 위한 것이었다. 2012년 가을에 재당선을 위한 선거유세에서 오바마 대통령은 이러한 관세가 소기의 목적을 달성했다고 다음과 같이 주장했다.

> 우리는 중국이 값싼 타이어를 우리에게 홍수처럼 쏟아 부었던 타이어 사건에 직면했었다. 그래서 우리는 그것을 중지시켰고 그 결과로 미국 전역에서 일자리를 구했다. [반대자들은] 타이어 사건에 대해 너무 강경하다고 나를 비판했다. 그들은 이것이 미국 근로자들에게 좋지 않을 것이고 보호주의적인 조치가 될 것이라고 말했다. 그러나 나는 당신에게 말한다. 미국 근로자들은 그렇게 생각하지 않는다는 것이다.

피터슨 국제경제연구소 Peterson Institute for International Economics의 경제학자들인 Gary Clyde Hufbauer와 Sean Lowry는 타이어 관세가 미국의 타이어 공장에서 1,200개의 일자리를 구했을 수 있다고 믿는다. 그러나 중국산 타이어에 대한 관세 부과가 미국 경제에 유리한 것이었는가? 타이어 관세가 발효되었던 시점에 중국산 타이어를 판매하는 미국 기업들의 소유주들은 타이어 관세가 그들에게 손실을 발생시킬 것이라고 주장했다. 오하이오 주의 Findlay 시에 있는 Hercules Tire & Rubber사의 CEO였던 Bill Trimarco는 "이것은 반 중소기업 정책이다. Goodyear와 같은 회사는 타격을 입지 않을 것이나 수많은 중소기업들은 심하게 타격을 입을 것이다."라고 주장했다. 이와 유사하게 뉴욕시에 있는 Cybert Tire & Car Care사의 소유주인 John Everett는 "이것이 중국산 타이어이다. 이 타이어가 오늘 나에게 $69의 비용을 부과했다. 전에 이 타이어의 비용은 $39였다. 차액은 모두가 소비자에게 전가된다."고 지적했다.

다른 기업인들은 중국 정부가 미국으로부터 수입하는 일부 수입재에 대한 관세를 인상시킴으로써 보복할 것을 우려했다. 실제로 중국은 식용 닭을 포함한 일부 미국산 재화에 대한 관세를 인상시켰고, 이러한 재화를 수출하는 미국 기업들의 매출과 이윤을 감소시켰다. 소비자 그룹들도 관세가 타이어에 지불하는 가격을 상승시키기 때문에 소비자들이 어려움을 겪게 될 것이라고 항의했다.

타이어 관세 부과는 3년 기간 동안 발효되었다. 3년이 지났을 때, 오바마 행정부는 타이어 관세 부과를 연장시키지 않고 종료시켰다. 2013년에 중국산 타이어의 수입은 관세 부과 이전 수준으로 급속히 증가하였다.

관세와 여타 해외 경쟁으로부터 미국 기업들을 보호하려는 조치들은 좋은 정책인가? 이 장에서는 이러한 질문과 국제무역과 관련된 여타 중요한 질문들을 분석할 것이다.

자료: "Transcript of Final 2012 Presidential Debate, Part 2," cbsnews.com, October 22, 2012; Gary Clyde Hufbauer and Sean Lowry, "US Tire Tariffs: Saving Few Jobs at High Cost," Peterson Institute for International Economics, Policy Brief Number PB12-9, April 2012; Diana Ransom, "Burnt Rubber: Tire Firms Decry New Tariff," *Wall Street Journal*, September 30, 2009; and John Bussey, "Get-Tough Policy on Chinese Tires Falls Flat," *Wall Street Journal*, January 20, 2012.

무역은 단순히 재화나 서비스를 구매하거나 판매하는 행위이다. 국내무역과 국제무역은 서로 다른가? 미국에서 국내무역은 오하오주에 있는 소비자들이 알라스카에서 잡은 연어를 먹을 수 있게 해주고 몬태나 주에 있는 소비자들이 미시간주나 켄터키 주에서 생산된 자동차를 탈 수 있게 해준다. 이와 유사하게 국제무역은 미국에 있는 소비자들이 프랑스산 와인을 마실 수 있게 해주고 일본산 Blu-ray 플레이어를 사용할 수 있게 해준다. 국내무역과 국제무역 간에 한 가지 중요한 차이점은 국제무역이 더 논란이 되고 있다는 것이다. 한때는 미국에서 구매된 거의 모든 텔레비전, 신발, 의류, 장난감은 미국에서 생산되었다. 오늘날 다른 국가들에 있는 기업들이 이러한 재화들의 대부분을 생산한다. 외국산 재화들이 미국산 재화들보다 가격이 더 싸거나 품질이 더 좋기 때문에 이러한 변화는 미국 소비자들에게 이익이 되었다. 그렇지만 동시에 이러한 재화들을 생산했던 많은 미국 기업들은 사업을 접었고 그들의 근로자들은 다른 일자리를 구해야 했다. 여론 조사에 의하면 많은 미국인들이 국제무역을 줄이는 것이 미국의 일자리를 보존할 것이라고 믿기 때문에 국제무역을 줄이는 것을 선호한다는 것은 놀라운 일이 아니다. 그러나 이러한 믿음이 옳은 것인가?

국제적으로 거래되는 재화와 서비스 시장을 분석하기 위해 수요와 공급 모델을 사용할 수 있다. 한 국가 내에서 이루어지든 국가들 간에 이루어지든 무역은 일반적으로 비교우위의 원리에 기초하고 있다는 점을 이미 살펴보았다(제2장 참조). 이 장에서는 국제무역에서 비교우위의 역할을 보다 더 자세하게 살펴본다. 또한 국제무역에 개입하는 정부정책을 분석하기 위해 소비자잉여, 생산자잉여, 사장손실의 개념이 사용된다(제4장 참조).

26.1. 비교우위와 국제무역

왜 전 세계의 기업들이 점점 더 다른 국가들에 있는 시장을 찾게 되었는가? 왜 소비자들은 점점 더 다른 국가들에서 생산된 재화와 서비스를 구매하게 되었는가? 사람들은 한 가지 이유, 즉 무역이 그들을 더 좋게 만든다는 이유 때문에 무역을 한다. 그렇지 않으면, 무역이 이루어지지 않을 것이다. 구매자와 판매자가 같은 도시에 살든 서로 다른 국가에서 살든 이러한 결과는 늘 성립해야 한다. 앞으로 살펴보는 것처럼, 정부는 국내무역보다 국제무역에 개입할 가능성이 더 크며 경제적이기보다는 정치적인 이유 때문에 이러한 개입이 이루어진다.

비교우위 comparative advantage
개인, 기업이나 국가가 경쟁자들보다 더 낮은 기회비용으로 재화나 서비스를 생산할 수 있는 능력.

기회비용 opportunity cost
한 활동에 참여하기 위해 포기해야 하는 가장 가치가 높은 대안의 가치.

비교우위에 대한 간략한 복습

비교우위 comparative advantage는 개인, 기업이나 국가가 경쟁자들보다 더 낮은 기회비용으로 재화나 서비스를 생산할 수 있는 능력이다. **기회비용 opportunity cost**은 한 활동에 참여하기 위해 포기해야 하는 가장 가치가 높은 대안의 가치이다. 사람들, 기업들, 국가들은 비교우위를 가지고 있는 경제활동에 전문화한다. 무역을 통해 우리는 다른 사람들, 기업들이나 국가들의 비교우위로부터 이익을 얻고 그들은 우리의 비교우위로부터 이익을 얻는다.

비교우위를 생각해 보는 한 가지 좋은 방법은 당신과 당신의 이웃이 과일을 따는 예를 다시 생각해 보는 것이다(제2장 참조). 당신의 이웃은 당신보다 사과와 체리 모두를 더 잘 딴다. 그런데 왜 당신의 이웃은 사과와 체리를 모두 따지 않는가? 당신의 이웃에게 사과를 따는데 따른 기회비용이 매우 높기 때문이다. 당신의 이웃은 특히 체리 따는데 더 숙련되어 있고 사과를 따는데 사용되는 한 시간은 체리를 따는데 사용되는 한 시간을 버리는 것이다. 당신의 이웃은 당신보다 훨씬 더 낮은 기회비용으로 체리를 딸 수 있고, 따라서 당신의 이웃은 체리를 따는데 비교우위를 가지고 있다. 당신의 이웃은 체리 따는 일에 전문화함으로써 더 좋아지고 당신은 사과를 따는 일에 전문화함으로써 더 좋아진다. 당신은 사과 일부를 당신 이웃의 체리 일부와 거래할 수 있고 둘 다 더 많은 사과와 체리를 가지게 된다.

비교우위와 절대우위

비교우위의 원리는 왜 사람들이 서로 다른 직업을 가지는지 설명해 줄 수 있다. 또한 비교우위의 원리는 왜 국가들이 서로 다른 재화와 서비스를 생산하는지 설명해 줄 수 있다. 서로 다른 재화와 서비스를 수입하고 수출하는 많은 국가들이 국제무역에 참여한다. 한 국가는 비교우위를 가지고 있는 재화와 서비스를 생산하는 일에 전문화하면 더 좋아진다. 이 국가는 다른 국가들이 비교우위를 가지고 있는 재화를 구매하기 위해 국제무역에 참여할 수 있다.

왜 비교우위에 기초한 전문화가 국가들을 더 좋게 만드는지 두 국가와 두 재화만 존재하는 간단한 예를 통해 살펴보도록 하자. 미국과 한국이 스마트 폰과 태블릿만 생산한다고 하자. 각국은 각 재화를 생산하기 위해 노동만 사용하고 한국산 스마트 폰과 태블릿은 미국산 스마트 폰과 태블릿과 정확히 같다고 하자. [표 26.1]은 각국이 한 시간의 노동으로 각 재화를 얼마나 생산할 수 있는지 보여준다.

두 재화를 생산하는데 한국 근로자들이 미국 근로자들보다 더 생산적이라는 점에 주목하라. 한 시간에 한국 근로자들은 미국 근로자들보다 6배 더 많은 스마트 폰과 1.5배 더 많은 태블릿을 생산할 수 있다. 한국은 두 재화를 생산하는데 미국보다 *절대우위 absolute advantage*를 가지고 있다. **절대우위 absolute advantage**는 동일한 양의 자원을 사용하면

절대우위
absolute advantage
동일한 양의 자원을 사용하면서 경쟁자들보다 더 많은 재화나 서비스를 생산할 수 있는 능력.

표 26.1 스마트 폰 생산과 태블릿 생산 모두에서 한국 근로자들이 미국 근로자들보다 더 생산적이다

	시간당 생산량	
	스마트 폰	태블릿
한국	12	6
미국	2	4

서 경쟁자들보다 더 많은 재화나 서비스를 생산할 수 있는 능력이다. 이 경우에 한국은 동일한 노동의 양을 사용하면서 두 재화를 미국보다 더 많이 생산할 수 있다.

언뜻 보기에 한국은 두 재화를 생산하는데 절대우위를 가지고 있기 때문에 미국과의 무역으로부터 이득을 얻을 것이 없는 것처럼 보일 수 있다. 그러나 한국은 스마트 폰만 생산하는데 전문화해야 한다. 한국은 미국으로 스마트 폰을 수출하고 미국이 생산한 태블릿을 수입해야 한다. 한국이 무역으로부터 이득을 얻는 이유는 두 재화의 생산에서 절대우위를 가지고 있지만 스마트 폰의 생산에서만 비교우위를 가지고 있기 때문이다. 미국은 태블릿의 생산에서 비교우위를 가지고 있다.

한국이 노동 시간당 태블릿을 더 많이 생산할 수 있을지라도 미국으로부터 태블릿을 수입해야 한다는 것이 상식에 어긋나는 것처럼 보인다면, 각 재화를 생산하는데 따른 각국의 기회비용을 생각해 보라. 한국이 더 많은 태블릿을 생산하기 원하면, 노동을 스마트 폰 생산에서 태블릿 생산으로 이동시켜야 한다. 스마트 폰 생산에서 태블릿 생산으로 이동되는 1시간의 노동은 태블릿 생산을 6개 증가시키나 스마트 폰 생산을 12개 감소시킨다. 한국은 6개의 태블릿 생산을 위해 12개의 스마트 폰 생산을 포기해야 한다. 따라서 한국이 태블릿을 한 개 더 생산하는데 따른 기회비용은 12/6, 즉 2개의 스마트 폰이다.

미국이 1시간의 노동을 스마트 폰 생산에서 태블릿 생산으로 이동시키면, 스마트 폰 생산은 2개 감소하고 태블릿 생산은 4개 증가한다. 따라서 미국이 태블릿을 한 개 더 생산하는데 따른 기회비용은 2/4, 즉 0.5개의 스마트 폰이다. 태블릿을 생산하는데 따른 미국의 기회비용은 한국의 기회비용보다 낮고 이에 따라 미국은 태블릿을 생산하는데 비교우위를 가지고 있다. 이와 유사하게 생각해 보면, 한국은 스마트 폰을 생산하는데 비교우위를 가지고 있다는 것을 알 수 있다. [표 26.2]는 각 국이 스마트 폰과 태블릿을 생산하는데 직면하는 기회비용을 요약하여 정리한 것이다.

이 표는 각 국이 스마트 폰과 태블릿을 생산하는데 직면한 기회비용을 보여준다. 예를 들어, 첫 번째 행의 두 번째 열의 내용은 한국이 한 개의 태블릿을 생산하기 위해서 2개의 스마트 폰 생산을 포기해야 한다는 것을 보여준다.

표 26.2 스마트 폰과 태블릿 생산의 기회비용

	기회비용	
	스마트 폰	태블릿
한국	0.5개 태블릿	2개 스마트 폰
미국	2개 태블릿	0.5개 스마트 폰

26.2. 국제무역의 이득

한국은 스마트 폰만 생산하여 미국으로 수출하고 미국이 생산한 태블릿을 수입하기 위해 미국과 무역하는 것으로부터 이득을 얻을 수 있는가? 한국이 미국과의 무역으로부터 이득을 얻을 수 있다는 것을 이해하기 위해, 먼저 한국과 미국은 서로 무역하지 않는다고 가정하자. 한 국가가 다른 국가들과 무역하지 않는 상황을 **자급자족경제 autarky**라고 일컫는다. 자급자족경제에서 각국은 두 재화를 생산하는데 사용할 수 있는 1,000시간의 노동을 가지고 있고 각국은 [표 26.3]에서 제시되어 있는 두 재화의 양을 생산한다고 가정하자. 무역이 없기 때문에, 이러한 두 재화 생산량은 또한 각국의 두 재화 소비량을 나타낸다.

자급자족경제 autarky
한 국가가 다른 국가들과 무역하지 않는 상황.

국제무역을 통한 소비의 증가

이제 한국과 미국이 서로 무역하기 시작한다고 하자. **교역조건 terms of trade**은 한 국가가 자신의 수출재와 다른 국가들로부터의 수입재를 교환할 수 있는 비율이다. 논의를 간단하게 하기 위해서 교역조건이 한국과 미국이 한 개의 스마트폰과 한 개의 태블릿을 교환하는 것이라고 가정하자.

교역조건 terms of trade
한 국가가 자신의 수출재와 다른 국가들로부터의 수입재를 교환할 수 있는 비율.

무역이 시작되면, 미국과 한국은 태블릿 1개를 스마트 폰 1개와 교환하거나 스마트 폰 1개를 태블릿 1개와 교환할 수 있다. 예를 들어, 한국이 모든 1,000시간의 노동을 스마트 폰을 생산하는데 전문화하면, 한국은 12,000개의 스마트 폰을 생산할 수 있을 것이다. 이어서 한국은 1,500개의 태블릿과 교환하기 위해 1,500개의 스마트 폰을 미국으로 수출할 수 있다(교역조건이 한 개의 태블릿과 한 개의 스마트 폰을 교환하는 것이라고 가정한 것을 기억하라). 한국은 10,500개의 스마트 폰과 1,500개의 태블릿을 가지게 된다. 무역하기 전과 비교해 보면, 한국은 같은 수의 태블릿을 가지게 되지만 1,500개 더 많은 스마트 폰을 가지게 된다. 만일 미국이 태블릿을 생산하는데 전문화하면, 미국은 4,000개의 태블릿을 생산할 수 있을 것이다. 미국은 1,500개의 스마트 폰과 교환하기 위해 1,500개의 태블릿을 한국으로 수출할 수 있다. 무역하기 전과 비교해 보면, 미국은 같은 수의 스마트 폰을 가지게 되지만 1,500개 더 많은 태블릿을 가지게 된다. 무역을 통해 한국과 미국 모두는 재화 소비량을 증가시킬 수 있다. [표 26.4]는 미국과 한국이 국제무역을 통해 얻는 이득을 요약하여 정리한

표 26.3 무역이 없는 경우의 생산과 소비

	생산과 소비	
	스마트 폰	태블릿
한국	9,000	1,500
미국	1,500	1,000

표 26.4 한국과 미국의 국제무역 이득

무역이 없는 경우의 생산과 소비

	생산과 소비	
	스마트 폰	태블릿
한국	9,000	1,500
미국	1,500	1,000

무역이 있는 경우의 생산과 소비

	생산		무역		소비	
	스마트 폰	태블릿	스마트 폰	태블릿	스마트 폰	태블릿
한국	12,000	0	수출 1,500	수입 1,500	10,500	1,500
미국	0	4,000	수입 1,500	수출 1,500	1,500	2,500

무역이 있는 경우, 미국과 한국은 비교우위를 가지고 있는 재화를 생산하는데 전문화하고,

다른 국가가 생산하는데 비교우위를 가지고 있는 재화와 교환하기 위해 재화 일부를 수출한다.

국제무역의 이득

	소비의 증가
한국	1,500개 스마트 폰
미국	1,500개 태블릿

국제무역을 통해 가능해진 소비의 증가가 국제무역의 이득이다.

것이다.

한국과 미국은 무역을 통해 무역이 없는 경우보다 더 많은 재화를 소비할 수 있다. 무역이 있는 경우 두 재화의 세계 전체 생산량이 증가하기 때문에 이러한 결과가 가능하다(주어진 예에서 세계는 미국과 한국만으로 구성되어 있다).

왜 미국이 태블릿을 생산하는데 전문화하고 한국이 스마트 폰을 생산하는데 전문화할 때 스마트 폰과 태블릿의 총생산량이 증가하는가? 국내에서 발생되는 한 가지 예가 이 질문에 답하는 데 도움을 줄 수 있다. 만일 한 회사가 구식 공장에서 더 효율적인 현대식 공장으로 생산을 이동시키면, 이 회사의 생산량이 증가할 것이다. 이와 같은 일이 국제무역에서도 발생한다. 생산을 비교우위를 가지고 있는 더 효율적인 국가로 이동시키는 것이 총생산량을 증가시킨다. 핵심 요점은 다음과 같다. *국가들은 비교우위를 가지고 있는 재화를 생산하는데 전문화하고 다른 국가들이 비교우위를 가지고 있는 재화와 교환하기 위해 무역하는 것으로부터 이득을 얻는다.*

왜 완전한 전문화가 이루어지지 않는가?

앞에서 살펴본 2개 제품만을 생산하는 2국가의 예에서, 각국은 2재화 중 하나를 생산

하는데 전문화한다. 현실 세계에서는 많은 재화들과 서비스들이 동시에 많은 국가들에서 생산된다. 예를 들어, 미국, 일본, 독일, 한국, 멕시코, 인도, 중국과 여타 국가들이 자동차를 생산한다. 다음과 같은 3가지 이유 때문에 현실 세계에서는 완전한 전문화가 이루어지지 않는다.

- ***모든 재화와 서비스가 국제적으로 거래되는 것은 아니다.*** 예를 들어, 일본이 의료서비스의 생산에 비교우위를 가지고 있다하더라도, 일본이 의료서비스를 생산하는데 전문화하고 의료서비스를 수출하는 것은 어려울 것이다. 미국인 환자들이 일본의 외과 의사들로부터 맹장수술을 받는 것은 쉬운 일이 아니다.
- ***대부분의 재화 생산은 점점 더 증가하는 기회비용을 수반한다.*** 대부분의 재화 생산은 점점 더 증가하는 기회비용을 수반한다는 점을 기억하라(제2장 참조). 앞에서 살펴본 예에서, 미국이 더 많은 근로자들을 태블릿을 생산하는데 사용하면, 더 많은 태블릿을 생산하는데 따라 발생되는 기회비용은 증가할 것이다. 이에 따라 미국에서 태블릿을 생산하는데 따라 발생되는 기회비용이 한국에서 태블릿을 생산하는데 따라 발생되는 기회비용 수준으로 상승할 수 있다. 이러한 일이 발생할 때, 미국이 추가적으로 태블릿 생산에 더 전문화하지 못하게 될 것이다. 이와 동일한 일이 한국에 대해서도 성립될 것이다. 스마트 폰을 생산하는데 따라 발생되는 기회비용이 점점 더 증가하기 때문에 한국은 스마트폰 생산에 완전히 전문화하지 못하게 될 것이다.
- ***제품에 대한 선호가 다르다.*** 대부분의 제품들은 차별화되어 있다. 스마트 폰, 태블릿, 자동차, 텔레비전은 매우 다양한 특성을 가지고 있다. 자동차를 구매할 때, 일부 사람들은 고장 없이 작동할 수 있는 신뢰성과 연료 효율성을 찾고, 다른 사람들은 7명의 승객을 태울 수 있는 공간을 찾거나 스타일과 높은 주행능력을 찾는다. 따라서 일부 자동차 구매자들은 Toyota Prius 하이브리드를 선호하고 다른 자동차 구매자들은 Chevy Surburban을 선호하거나 BMW를 선호한다. 그 결과로 일본, 미국, 독일의 각국은 서로 다른 유형의 자동차를 생산하는데 비교우위를 가질 수 있다.

누가 국제무역의 결과로 손실을 보는가?

앞에서 살펴본 스마트 폰과 태블릿의 예에서, 국제무역의 결과로 미국과 한국에서 모두 소비가 증가한다. 모든 사람들이 이득을 얻고 어느 누구도 손실을 보지 않는다. 과연 그런가? 주어진 예에서, "한국"은 스마트 폰만 생산하고 "미국"은 태블릿만 생산한다고 언급했다. 그러나 국가가 재화를 생산하는 것이 아니고 기업이 재화를 생산한다. 국제무역이 없는 세계에서는 한국과 미국 모두에 스마트 폰 회사들과 태블릿 회사들이 존재할 것이다. 국제무역이 있는 세계에서는 스마트 폰을 생산하는 한국회사들과 태블릿을 생산하는 미국회사들만 존재할 것이다. 국제무역이 있는 경우 태블릿을 생산하는 한국회사들과 스마트 폰을 생산하는 미국회사들은 문을 닫을 것이다. 총고용은 변화하지 않을 것이고 총생산량은 국제무역의 결과로 증가할 것이다. 그럼에도 불구하고, 태블릿을 생산하는 한국회사들의 소유주들, 스마트 폰을 생산하는 미국회사들의 소유주들과 이러한 회사들을 위해 일하는 사람들은 국제무역의 결과로 더 나빠질 것이다. 국제무역의 패배자들은 한국 정부와 미국 정부가 경쟁제품의 수입을 금지시키든지 이러한 경쟁제품에 높은 관세를 부과하는 방식으로 국제무역에 개입하게 만들기 위해 최선을 다할 가능성이 있다.

비교우위의 원천은 무엇인가?

비교우위의 주요 원천은 다음과 같다.

- ***기후와 천연자원.*** 기후와 천연자원은 가장 명백한 비교우위의 원천이다. 사우디아라비아는 지질구조 때문에 석유 생산에 비교우위를 가진다. 기후와 토양 조건 때문에 코스타리카는 바나나 생산에 비교우위를 가지고 미국은 밀 생산에 비교우위를 가진다.
- ***노동과 자본의 상대적 부존 상태.*** 미국과 같은 일부 국가들은 많은 숙련 근로자들과 많은 양의 기계를 가지고 있다. 중국과 같은 다른 국가들은 많은 미숙련 근로자들과 상대적으로 적은 양의 기계를 가지고 있다. 그 결과로 미국은 숙련 근로자들이나 정교한 기계 사용이 요구되는 비행기와 컴퓨터 소프트웨어 같은 재화의 생산에 비교우위를 가진다. 중국은 미숙련 근로자들과 적은 양의 단순한 기계 사용이 요구되는 공구, 의류, 아동용 장난감 같은 재화의 생산에 비교우위를 가진다.
- ***기술.*** 광의로 정의하면, *기술 technology*은 기업이 투입요소들을 재화와 서비스로 전환시키기 위해 사용하는 과정이다. 주어진 시점에서 보면, 서로 다른 국가들에 있는 기업들이 모두 동일한 기술을 사용하지 못한다. 부분적으로 이러한 차이가 발생하는 것은 국가들이 고등교육이나 연구개발을 지원하기 위해 수행했던 과거 투자의 결과 때문이다. 일부 국가들은 새로운 제품을 개발할 수 있는 능력을 요구하는 *제품기술 product technologies*에 강하다. 예를 들어, 미국 기업들은 선구적으로 라디오, 텔레비전, 디지털 컴퓨터, 항공기, 의료장비, 많은 처방약과 같은 제품들을 개발했다. 다른 국가들은 기존 제품들을 만드는 데 사용되는 과정을 개선시킬 수 있는 능력을 요구하는 *공정기술 process technologies*에 강하다. 예를 들어, Toyota와 Honda 같은 일본 기업들은 자동차를 디자인하고 제조하는 공정을 크게 개선시켜 성공했다.
- ***외부경제.*** 기후, 천연자원, 노동과 자본의 상대적 부존상태나 기술에 기초해서만 일부 산업들의 입지를 설명하는 것은 어렵다. 예를 들어, 왜 남부 캘리포니아가 영화를 제작하는데 비교우위를 가지는가, 왜 스위스가 시계를 만드는 데 비교우위를 가지는가, 왜 뉴욕이 금융서비스를 제공하는데 비교우위를 가지는가? 그 대답은 다음과 같다. 한 산업이 한 지역에서 확고하게 자리 잡게 되면, 이 지역에 입지한 기업들은 다른 곳에 입지한 기업들보다 이점을 가지게 된다. 이러한 이점에는 숙련 근로자의 확보가능성, 동일한 산업에 속하는 다른 기업들과 상호작용할 수 있는 기회, 공급업자들에 대한 접근성이 포함된다. 이러한 이점은 이 지역에 입지한 기업들의 생산비용을 낮추어준다. 한 지역에 있는 산업 규모가 증가함에 따라 생산비용이 낮아지기 때문에, 경제학자들은

Making the Connection

금융회사들이 뉴욕시를 떠나는 것은 위험한 일이다.

"Wall Street"라는 이름은 은행들, 중개회사들, 기타 금융회사들로 구성된 미국 금융시스템의 약칭이다. 물론 Wall Street는 뉴욕시의 맨하탄에 있는 실제 거리이다. 뉴욕증권거래소 New York Stock Exchange는 Wall Street에 위치해 있고 많은 금융회사들은 맨하탄에 본부를 두고 있다. 또한 맨하탄 밖에 위치한 금융회사들도 많으나 많은 대형 금융회사들은 Wall Street에 가까이 위치하는 것에 따른 이점이 있다고 믿는다. 예를 들어, 1997년에 대형 스위스 은행인 UBS는 북미 본부를 맨하탄에서 Connecticut주의 Stamford로 옮기고 세계에서 가장 큰 금융증권거래시설을 건설했다. 2011년에 UBS는 많은 은행원들을 맨하탄으로 다시 이동시키기 시작했고 제3 World Trade Center 빌딩의 건설이 완성되면 이 빌딩의 100만ft^2 이상을 점유할 것으로 예상된다.

다른 금융회사들도 맨하탄 밖으로 일부의 영업조직을 이동시켰으나 다시 맨하탄으로 이동시켰다. 한 헤지펀드 매니저는 다음과 같이 말했다. 맨하탄에 있지 않아서 "새로운 펀드를 조성하는데 많은 어려움이 있었기 때문에 나는 또 다른 펀드를 만드는 것을 원치 않았다." 최근에 새로운 헤지펀드의 90% 이상이 맨하탄에 위치해 있다.

처음에 맨하탄에 금융회사들이 집중적으로 모인 것은 역사적 우연의 산물이었다. 식민시대 부터 19세기 초까지 필라델피아와 보스턴은 비즈니스와 금융 센터로서 뉴욕시의 가장 강력한 경쟁자였다. 실제로 필라델피아의 인구는 뉴욕시보다 많았고 연방정부의 처음 두 개의 중앙은행 본부도 필라델피아에 있었다. 1825년에 Erie 운하가 북부 뉴욕 주에 완성되었을 때 뉴욕시는 다른 도시들과의 경쟁에서 힘을 받게 되었다. Erie 운하를 통해 곡물과 기타 원자재가 다른 항구들이 아닌 뉴욕시로 운송되었다. 이러한 곡물과 기타 원자재의 유입이 은행들, 보험회사들, 기타 금융회사들을 발전시켰다. 뉴욕증권거래소의 거래가 점차적으로 증가하는 동시에 Erie 운하의 완성으로 발생된 비즈니스의 증가가 뉴욕시를 미국의 선도적인 금융 센터로 확고히 서게 만들었다.

그러나 Erie 운하는 운영이 중단된 지 오래되었고 대부분의 주식거래는 뉴욕증권거래소의 거래장이 아닌 전자방식으로 이루어지고 있다. 그런데도 왜 뉴욕시에 일부 금융회사들이 일시적으로 떠났다가 다시 돌아와서 많은 금융회사들이 집중적으로 모여 있는가? 그 대답은 금융회사들이 뉴욕시에 입지하는 데서 발생되는 외부경제의 이익을 얻을 수 있기 때문이다.

금융회사들은 뉴욕시에 입지하는데서 발생되는 외부경제로부터 이익을 얻는다.

인터넷 시대에서도 많은 금융거래는 여전히 대면해서 이루어지기 때문에 맨하탄에 위치하지 않는 금융회사들은 불리해지게 된다. 또한 금융부문에서 경력을 추구하는 많은 사람들도 맨하탄이 가장 연봉이 높은 일자리가 있는 곳이기 때문에 맨하탄에 있기를 원한다. 맨하탄 밖으로 이동했던 금융회사들은 가장 생산적인 근로자들을 끌어들이고 유지시키는데 더 많은 어려움을 겪었다. 이에 더하여, 맨하탄에는 금융회사의 컴퓨터 시스템을 작동시키는 소프트웨어 프로그래밍과 같은 지원 서비스를 제공하는 기업들도 집중적으로 모여 있다.

맨하탄 밖에 입지해 있는 대형 금융회사들, 특히 증권거래를 많이 하거나 기업들 간 합병을 주선하는 거래를 하는 대형 금융회사들은 맨하탄에 입지해 있는 대형 금융회사들보다 더 많은 비용을 지불할 수 있다. 처음에 많은 금융회사들이 맨하탄에 입지하게 된 것은 역사적 우연의 산물이었으나 금융 산업이 맨하탄에서 성장하기 시작하면서 외부경제가 맨하탄이 금융서비스를 제공하는 데 있어서 비교우위를 누리게 해주었다.

자료: Juliet Chung, "Hedge Funds' Manhattan Migration," *Wall Street Journal*, January 14, 2012; Brett Philbin, "UBS Shifts Staff to New York," *Wall Street Journal*, July 13, 2011; and Charles V. Bagli, "Regretting Move, Bank May Return to Manhattan," *New York Times*, June 8, 2011.

외부경제
external economies
산업 규모가 증가함에 따라 생산비용이 감소하는 현상.

이러한 현상을 **외부경제 external economies**라고 부른다.

비교우위의 변화: 미국 소비자 전자산업의 흥망성쇠

한 국가는 한 재화의 생산에 따른 비교우위를 개발할 수 있고 시간이 흐르고 환경이 변화함에 따라 이 재화의 생산에 따른 비교우위를 상실할 수 있으며 다른 재화의 생산에 따른 비교우위를 개발할 수 있다. 수십 년 동안, 미국은 텔레비전, 라디오, 스테레오와 같은 소비자 전자제품들의 생산에 따른 비교우위를 가지고 있었다. 이러한 제품들에서 미국이 가지고 있었던 비교우위는 미국이 이러한 제품들의 기반 기술 대부분을 개발했고, 가장 최신의 공장을 가지고 있었으며 숙련되고 경험이 많은 근로자들을 보유하고 있었던 점에 기초한 것이었다. 그러나 점차적으로 다른 국가들, 특히 일본이 이러한 기술을 획득했고 최신의 공장을 건설했으며 숙련된 근로자들을 보유하게 되었다. 이미 언급했던 것처럼, 일본 기업들은 기존 제품을 만들기 위해 사용되는 과정을 개선시키는 능력을 요구하는 공정기술에서 뛰어났다. 1970년대와 1980년대에 일본 기업들은 많은 소비자 전자제품들을 미국 기업들보다 가격이 더 싸고 품질이 더 좋게 생산할 수 있었다. Sony, Panasonic, Pioneer와 같은 일본기업들이 소비자 전자제품의 세계적 선두주자로 등장하면서 Magnavox, Zenith, RCA와 같은 미국 기업들을 대체하였다.

그러나 2000년대 중반에 소비자 전자제품의 기반 기술이 발전됨에 따라, 비교우위는 다시 이동했고 몇몇 미국 기업들이 일본 경쟁기업들보다 앞서기 시작하였다. 예를 들어, Apple은 iPod, iPhone, iPad를 개발했다. Cisco Systems의 사업부서인 Linksys는 가정용 무선 네트워킹 기술의 선두주자가 되었다. TiVo는 디지털 비디오 레코더(DVR)를 개발했다. 그림과 음악이 디지털 데이터로 전환되기 때문에 공정기술은 신제품을 디자인하고 개발할 수 있는 능력보다 덜 중요하게 되었다. 이러한 새로운 소비자 전자제품은 미국이 오랜 기간 동안 비교우위를 유지하고 있었던 컴퓨터 디자인과 소프트웨어 개발에 필요한 기술을 요구했다. 통상적으로 이러한 미국 기업들은 그들이 디자인하고 판매하는 제품들을 미국 내에서 생산하지 않았지만, 2013년에 Apple이 Mac Pro 컴퓨터를 미국에서 조립할 것이라고 발표함에 따라 이러한 방식조차도 변화하고 있는 것으로 나타났다.

한 국가가 한 재화의 생산에 따른 비교우위를 상실하는 경우, 미국이 텔레비전의 생산에서 텔레비전의 수입으로 이동했을 때 미국이 경험했던 것처럼, 이 국가가 이 재화의 생산에서 수입으로 이동하면 이 국가의 소득은 더 높아지고 이 국가의 경제는 더 효율적이 된다. 그러나 다음 절에서 살펴보는 것처럼, 종종 비교우위를 상실한 산업을 보존하기 위한 정치적 압력이 존재한다.

26.3. 국제무역을 제한하는 정부정책

자유무역 free trade, 즉 정부의 제한조치가 없는 국가들 간 무역이 소비자들을 더 좋게 만든다. 소비자잉여와 생산자잉여의 개념을 사용하면서 이러한 견해를 자세하게 살펴보도록 하자. [그림 26.1]은 가솔린의 대체재로 사용될 수 있는 미국의 바이오연료 에탄올 시장을 보여준다. 이 그림은 미국이 다른 국가들과 무역하지 않는 자급자족경제의 상황을 보여준다. 에탄올의 균형 가격은 갤런당 $2.00이고 균형 에탄올 거래량은 연간 60억 갤런이다. 파란색 면적은 소비자잉여를 나타내고 빨간색 면적은 생산자잉여를 나타낸다.

자유무역 free trade
정부의 제한조치가 없는 국가들 간 무역

이제 미국이 갤런당 $1.00에 에탄올을 생산하는 브라질과 여타 국가들로부터 에탄올을 수입하기 시작한다고 하자. 에탄올의 세계 시장은 크기 때문에, 미국은 갤런당 $1.00의 *세계 가격 world price*을 상승시키지 않고 원하는만큼 에탄올을 구매할 수 있다고 가정하자. 미국 기업들은 세계 가격인 $1.00보다 높은 가격으로 에탄올을 판매할 수 없을 것이고 미국 가격은 세계 가격과 같게 될 것이다.

[그림 26.2]는 미국으로의 에탄올 수입이 허용된 결과를 보여준다. 가격은 $2.00에서 $1.00로 하락하고 미국 소비자들은 구매량을 60억 갤런에서 90억 갤런으로 증가시킨다. 균형은 점*F*에서 점*G*로 이동한다. 새로운 균형에서 미국 생산자들은 공급량을 60억 갤런에서

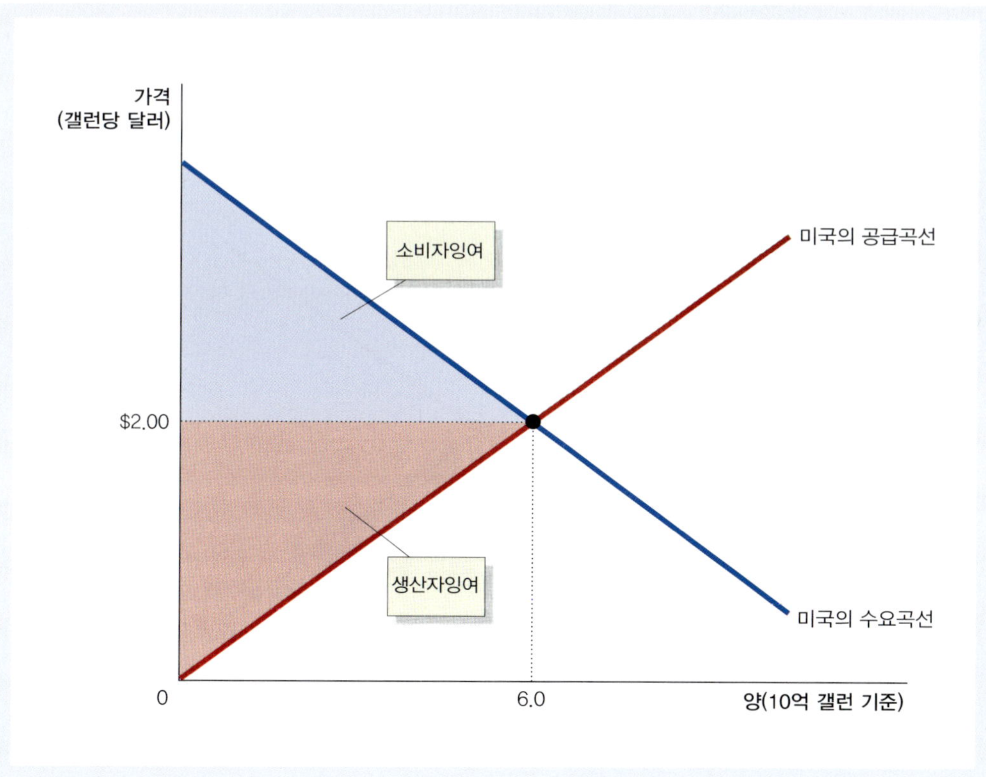

그림 26.1

자급자족경제 하에서 미국의 에탄올 시장

이 그림은 미국이 다른 국가들과 무역하지 않는 자급자족경제를 가정하면서 미국의 바이오연료 에탄올 시장을 보여준다. 에탄올의 균형 가격은 갤런당 $2.00이고 균형 에탄올 거래량은 연간 60억 갤런이다. 파란색 면적은 소비자잉여를 나타내고 빨간색 면적은 생산자잉여를 나타낸다.

30억 갤런으로 감소시킨다. 미국의 수입량은 미국의 소비량과 미국의 생산량 간의 차이인 60억 갤런이 된다.

자급자족경제 하에서 소비자잉여는 [그림 26.2]의 면적*A*이다. 수입이 허용된 경우, 가격의 하락이 소비자잉여를 증가시키고 소비자잉여는 면적*A*, *B*, *C*, *D*의 합과 같다. 가격의 하락이 소비자잉여를 증가시키지만, 가격의 하락은 생산자잉여를 감소시킨다. 자급자족경제 하에서, 생산자잉여는 면적*B*와 면적*E*의 합과 같다. 수입이 허용된 경우, 생산자잉여는 면적*E*와 같다. 경제적 잉여는 소비자잉여와 생산자잉여의 합과 같다는 것을 기억하라. 자급자족경제에서 수입을 허용하는 경제로 이동한 것이 미국의 경제적 잉여를 면적*C*와 *D*의 합만큼 증가시킨다.

국제무역은 소비자들에게 도움을 주나 해외 경쟁기업들보다 효율적이 못한 기업들을 손상시킨다. 그 결과로 이러한 기업들과 그들의 근로자들이 종종 국제무역을 제한하는 정부정책의 강력한 지지자들이 된다. 국제무역을 제한하는 정책은 일반적으로 2가지 형태, 즉 *관세 tariff*나 *쿼터 quota*와 *수출자율규제 voluntary export restraint* 중 하나의 형태를 가진다.

그림 26.2

수입이 미국의 에탄올 시장에 미치는 효과

미국으로의 에탄올 수입이 허용될 때, 에탄올의 가격은 \$2.00에서 \$1.00로 하락하고 미국 소비자들은 구매량을 60억 갤런에서 90억 갤런으로 증가시킨다. 균형은 점*F*에서 점*G*로 이동한다. 미국 생산자들은 공급량을 60억 갤런에서 30억 갤런으로 감소시킨다. 미국의 수입량은 미국의 소비량과 미국의 공급량 간의 차이인 60억 갤런이 된다. 소비자잉여는 면적*A*, *B*, *C*, *D*의 합과 같다. 생산자잉여는 면적*E*와 같다.

	자급자족경제	수입이 허용된 경우
소비자잉여	*A*	*A* + *B* + *C* + *D*
생산자잉여	*B* + *E*	*E*
경제적 잉여	*A* + *B* + *E*	*A* + *B* + *C* + *D* + *E*

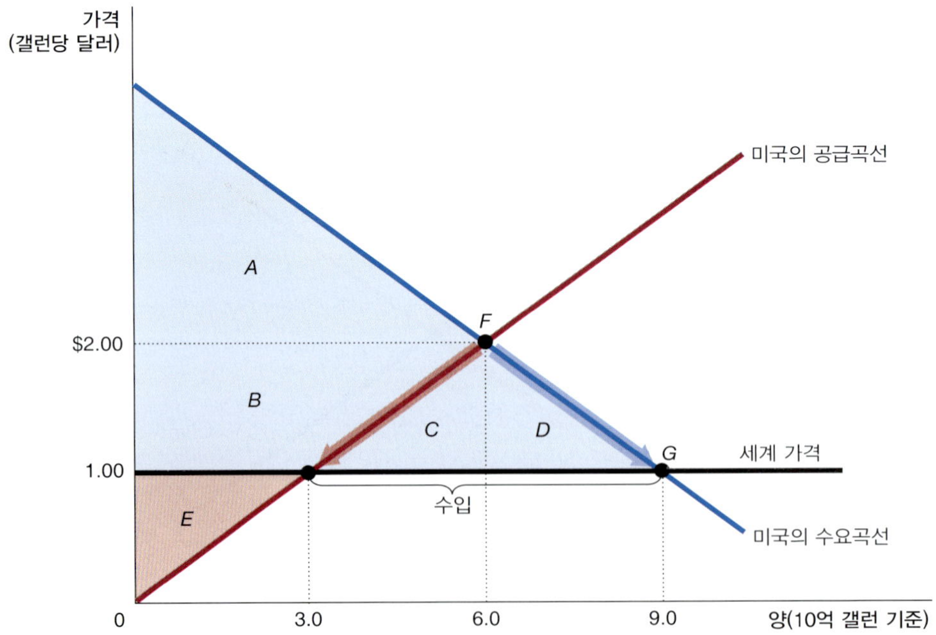

관세

가장 일반적인 국제무역 제한조치는 정부가 수입되는 재화에 대해 부과하는 *관세* *tariff*이다. 다른 세금과 마찬가지로 관세는 재화의 판매비용을 증가시킨다. [그림 26.3]은 미국으로 수입되는 에탄올에 대해 갤런당 $0.50의 관세가 부과되는 효과를 보여준다. 이러한 $0.50의 관세는 미국에서 에탄올 가격을 갤런당 $1.00인 세계 가격에서 갤런당 $1.50로 상승시킨다. 이러한 에탄올 가격에서 미국의 에탄올 생산자들은 그들이 공급하는 양을 30억 갤런에서 45억 갤런으로 증가시킨다. 그렇지만 미국 소비자들은 그들의 구매량을 90억 갤런에서 75억 갤런으로 감소시킨다. 수입량은 60억 갤런(90억 갤런-30억 갤런)에서 30억 갤런 (75억 갤런-45억 갤런)으로 감소된다. 균형은 점*G*에서 점*H*로 이동한다.

관세는 에탄올 가격을 $1.00에서 $1.50로 상승시켜 소비자잉여를 면적*A*, *C*, *T*, *D*의 합만큼 감소시킨다. 면적*A*는 가격 상승으로 발생된 생산자잉여의 증가이다. 정부는 갤런당 $0.50와 수입량 30억 갤런을 곱한 것과 같은 관세수입을 거둬들인다. 면적*T*는 정부의 관세수입을 나타낸다. 면적*C*와 *D*는 어느 누구의 것도 되지 않는 미국 소비자들의 손실을 나타낸다. 이 면적이 사장손실이고 에탄올 관세로부터 발생되는 경제적 효율성의 감소를 나타낸다. 면적*C*는 미국 소비자들이 해외 생산자들보다 효율적이 못한 미국 생산자들로부터 구매해야만 하는 데서 발생되는 효과를 나타내고 면적*D*는 미국 소비자들이 세계 가격에서

소비자잉여의 손실	=	생산자잉여의 증가	+	정부의 관세수입	+	사장손실
A + *C* + *T* + *D*		*A*		*T*		*C* + *D*

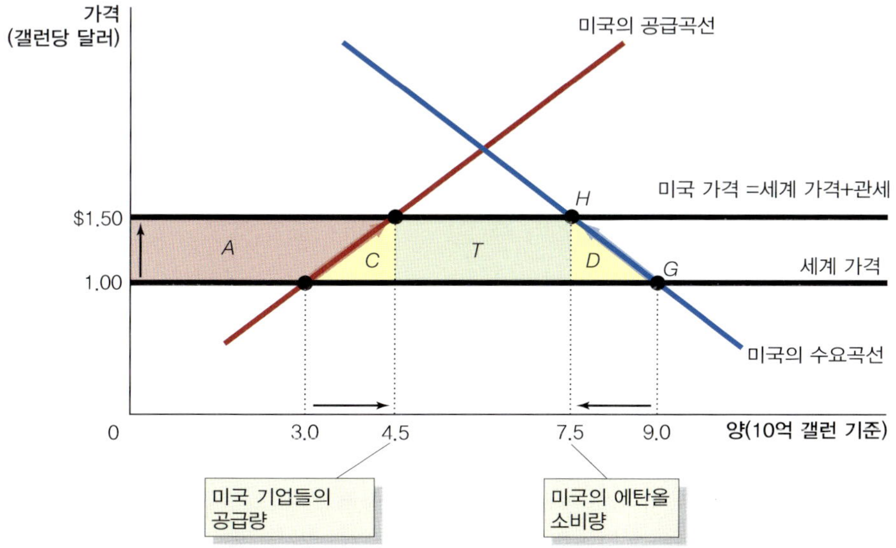

그림 26.3

에탄올 관세의 효과

에탄올 관세가 없는 경우, 미국 생산자들은 30억 갤런을 판매할 것이다. 미국 소비자들은 90억 갤런을 구매할 것이고 수입량은 60억 갤런이 될 것이다. 미국 가격은 갤런당 $1.00인 세계 가격과 같을 것이다. 갤런당 $0.50의 관세는 미국의 에탄올 가격을 갤런당 $1.50으로 상승시키고 미국 생산자들은 공급량을 45억 갤런으로 증가시킨다. 미국 소비자들은 구매량을 75억 갤런으로 감소시킨다. 균형은 점*G*에서 점*H*로 이동한다. 에탄올 관세는 면적 *A*+*C*+*T*+*D* 의 소비자잉여를 감소시킨다. 면적*A*는 가격 상승으로 인해 발생되는 생산자잉여의 증가이다. 면적*T*는 정부의 관세수입이다. 면적*C*와 *D*의 합은 사장손실을 나타낸다.

구매할 수 있는 에탄올의 양을 더 적게 구매하게 되는데서 발생되는 효과를 나타낸다. 이러한 관세 부과의 결과로 경제적 잉여는 면적*C*와 *D*의 합만큼 감소된다.

관세는 미국의 에탄올 생산자들을 돕는데 성공적이나 미국의 소비자들과 미국 경제의 효율성을 손상시킨다고 결론내릴 수 있다.

쿼터와 수출자율규제

쿼터 quota
정부가 부과하는 수입될 수 있는 재화의 양에 대한 제한.

수출자율규제 voluntary export restraint(VER)
한 국가가 다른 국가로부터 수입할 수 있는 재화의 양을 제한하는 두 국가 간의 합의.

쿼터 quota는 수입될 수 있는 재화의 양에 대한 제한이고 관세와 유사한 효과를 가진다. 쿼터는 수입 국가의 정부에 의해 부과된다. **수출자율규제 voluntary export restraint(VER)**는 한 국가가 다른 국가로부터 수입할 수 있는 재화의 양을 제한하는 두 국가 간의 합의이다. 1980년대 초에 미국과 일본은 미국이 일본으로부터 수입하는 자동차의 양을 제한하는 수출자율규제를 협상했다. 일본 정부는 그렇게 하지 않으면 미국이 일본산 자동차의 수입에 관세나 쿼터를 부과할 것을 두려워했기 때문에 VER에 동의했다. 쿼터와 VER은 유사한 경제적 효과를 가진다.

대부분의 관세와 쿼터를 부과하는 주요 목적은 국내 기업들이 직면한 해외 경쟁을 감소시키기 위한 것이다. 오랜 기간 동안, 미국 의회는 미국의 설탕 생산자들을 보호하기 위해 설탕에 대한 쿼터를 부과했다. [그림 26.4]는 2012년 미국의 설탕시장에 관한 실제 데이터를 보여준다. 쿼터의 효과는 관세의 효과와 매우 유사하다. 쿼터는 재화의 수입량을 제한함으로써 재화의 국내 가격을 세계 가격보다 높게 만든다. 이 경우, 설탕 쿼터는 설탕 수입량을 연간 58억 파운드로 제한하여 미국의 파운드당 설탕 가격을 $0.27의 세계 가격보다 $0.16만큼 높은 $0.43으로 상승시켰다. 쿼터가 해외 설탕 생산자들이 미국 가격을 세계 가격으로 하락시킬 수 있는 설탕의 양을 미국에 판매하지 못하게 하기 때문에 미국 가격은 세계 가격보다 높아진다. 파운드당 $0.43의 가격에서 미국 생산자들은 설탕 공급량을 세계 가격에서 공급하고자 하는 76억 파운드에서 173억 파운드로 증가시키고 미국 소비자들은 설탕 구매량을 세계 가격에서 구매하고자 하는 257억 파운드에서 231억 파운드로 감소시킨다. 수입 쿼터가 없는 경우에 균형은 점*E*에서 이루어지나 수입 쿼터가 부과되는 경우에 균형은 점*F*에서 이루어진다.

설탕 쿼터의 경제적 효과 측정

설탕 쿼터의 경제적 효과를 측정하기 위해 소비자잉여, 생산자잉여, 사장손실의 개념을 사용할 수 있다. 설탕 쿼터가 없는 경우, 미국의 설탕가격은 파운드당 $0.27인 세계 가격과 같을 것이다. [그림 26.4]에서 설탕 쿼터가 없는 경우, 소비자잉여는 $0.27의 가격선보다 위에 있고 수요곡선보다 아래에 있는 면적과 같다. 설탕 쿼터는 미국 가격을 $0.43으로 상승시키고 소비자잉여를 면적 *A*+*B*+*C*+*D* 면적만큼 감소시킨다. 설탕 쿼터가 없는 경우, 미국 생산자들이 받는 생산자잉여는 $0.27의 가격선보다 아래에 있고 공급곡선보다 위에 있는 면적과 같다. 설탕 쿼터로 발생되는 미국 가격의 상승은 미국 생산자들의 생산자잉여를 면적*A*만큼 증가시킨다.

소비자잉여의 손실	=	생산자잉여의 증가	+	해외 설탕생산자의 이득	+	사장손실
$A+C+B+D$		A		B		$C+D$
\$39.0억	=	\$19.9억	+	\$9.3억	+	\$9.8억

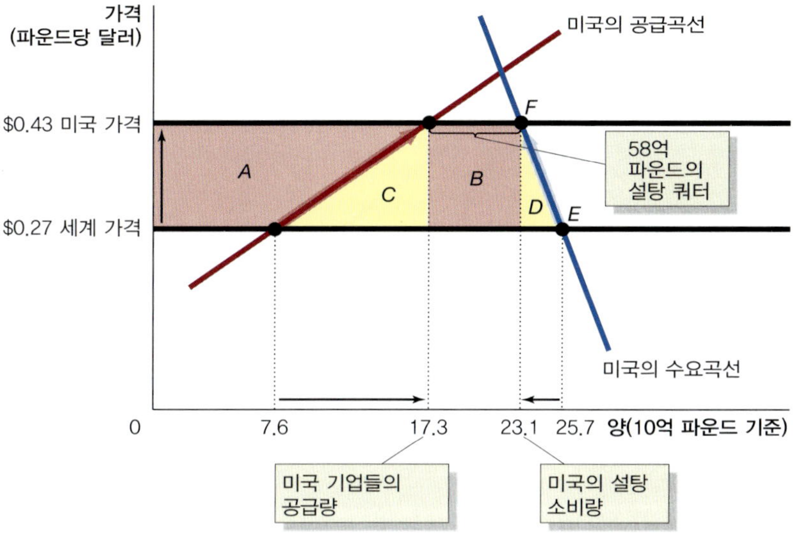

그림 26.4

미국 설탕 쿼터의 경제적 효과

설탕 쿼터가 없는 경우, 미국 설탕 생산자들은 76억 파운드의 설탕을 팔았을 것이고, 미국 소비자들은 257억 파운드의 설탕을 구매했을 것이며 미국의 설탕 수입량은 181억 파운드였을 것이다. 미국의 설탕 가격은 파운드당 \$0.27인 세계 가격과 같았을 것이다. 설탕 쿼터가 수입량을 58억 파운드로 제한하는 경우, 미국의 설탕 가격은 파운드당 \$0.47로 상승하고 미국 생산자들은 173억 파운드의 설탕을 공급한다. 미국 소비자들은 세계 가격에서 구매했었을 257억 파운드가 아닌 231억 파운드의 설탕을 구매한다. 설탕 쿼터는 면적$A+B+C+D$에 해당되는 소비자잉여의 손실을 발생시킨다. 면적A는 미국 설탕 생산자들의 이득이다. 면적B는 해외 설탕생산자들의 이득이다. 면적C와 D는 사장손실을 나타낸다. 2012년에 미국 소비자들의 총손실은 \$39억이었다.

쿼터 시스템 하에서 해외 설탕생산자들은 설탕을 수입하는 미국 정부로부터 면허를 받아야 한다. 따라서 운이 좋게도 수입 면허를 가지고 있는 해외 설탕생산자는 미국 시장에서 파운드당 \$0.27 대신에 파운드당 \$0.43에 설탕을 팔 수 있기 때문에 쿼터로부터 이익을 얻는다. 면적B는 해외 설탕생산자들에게 발생되는 이득이다. 면적A와 B는 미국 소비자들로부터 미국과 해외 생산자들에게로 이전된 것을 나타낸다. 면적C와 D는 어느 누구의 것도 되지 않는 미국 소비자들의 손실을 나타낸다. 이러한 면적이 사장손실이고 설탕 쿼터로부터 발생되는 경제적 효율성의 감소를 나타낸다. 면적C는 미국 소비자들이 해외 생산자들보다 효율적이 못한 미국 생산자들로부터 설탕을 구매해야만 하는 데서 발생되는 효과를 나타내고 면적D는 미국 소비자들이 세계 가격에서 구매할 수 있는 설탕의 양보다 더 적게 구매하게 되는데서 발생되는 효과를 나타낸다.

[그림 26.4]는 4개 면적 각각의 달러 가치를 계산하기에 충분한 정보를 제공한다. 이 그림에 제시되어 있는 표는 이러한 계산 결과를 보여준다. 2012년에 설탕 쿼터로 인해 소비자들에게 발생된 총손실은 \$39억이다. 이러한 손실 중 약 51%, 즉 \$19.9억은 생산자잉여의 증가로 미국 설탕 생산자들이 얻은 이득이다. 이러한 손실 중 약 24%, 즉 \$9.8억은 미국 경제의 사장손실이다. U.S. Trade Commission은 설탕 쿼터를 없애면 미국 설탕 산업에서 약 3,000개의 일자리를 잃게 될 것이라고 추정한다. 이러한 일자리를 구하는 것 때문에 발

문제풀이 26.3

쿼터의 경제적 효과 측정

미국은 현재 사과를 생산하는 동시에 수입하기도 한다고 하자. 미국 정부는 미국으로의 사과 수입량을 400만 박스로 제한하는 쿼터를 부과함으로써 국제무역을 제한하기로 결정한다고 하자. 아래의 그림은 이러한 쿼터를 부과한 결과를 보여준다.

	쿼터가 없는 경우	쿼터가 있는 경우
사과의 세계 가격	______	______
사과의 미국 가격	______	______
미국 기업들의 공급량	______	______
미국 소비자들의 수요량	______	______
수입량	______	______
미국 소비자잉여의 면적	______	______
미국 생산자잉여의 면적	______	______
사장손실의 면적	______	______

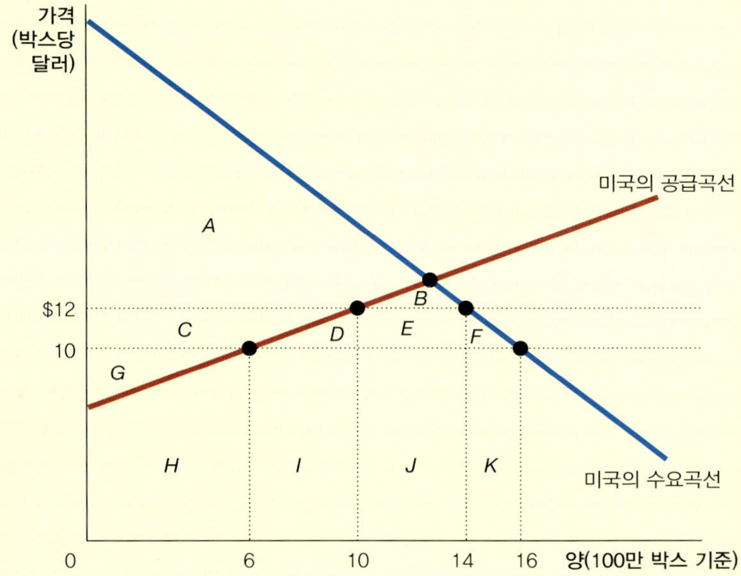

문제풀기

Step 1: 본문의 내용을 다시 읽어보라. 이 문제는 쿼터의 경제적 효과를 측정하는 것에 관한 것이므로 [쿼터와 수출자율규제]와 [설탕 쿼터의 경제적 효과 측정] 부분을 다시 읽어보라.

Step 2: 표의 빈칸을 채워라. [그림 26.4]을 이해한 후, 당신은 표의 빈칸을 채울 수 있어야 한다. 소비자잉여는 수요곡선의 아래에 있고, 시장가격보다 위에 있는 면적이라는 점을 기억하라.

	쿼터가 없는 경우	쿼터가 있는 경우
사과의 세계 가격	$10	$10
사과의 미국 가격	$10	$12
미국 기업들의 공급량	600만 박스	1,000만 박스
미국 소비자들의 수요량	1,600만 박스	1,400만 박스
수입량	1,000만 박스	400만 박스
미국 소비자잉여의 면적	$A + B + C + D + E + F$	$A + B$
미국 생산자잉여의 면적	G	$G + C$
사장손실의 면적	사장손실 없음	$D + F$

생되는 미국 소비자들의 손실은 일자리당 $39억/3,000, 즉 약 $130만과 같다. 실제로 설탕 쿼터를 없애면 특히 사탕 산업에서 새로운 일자리가 창조되는 결과가 발생될 것이기 때문에 미국 소비자들의 손실은 과소하게 추정된 것이다. 오랜 기간에 걸쳐 Life Savers와 Star Brite 민트를 만드는 회사들을 포함한 몇몇 미국의 사탕회사들은 설탕 쿼터가 미치는 영향을 피하기 위해 다른 국가들로 공장을 이전시켰다. 특히 쿼터의 결과로 설탕을 투입요소로 사용하는 미국 식음료 기업들의 총고용은 1997년의 717,192명에서 2011년의 590,669명으로 감소했다.

Making the Connection

중국산 타이어에 대한 관세 부과가 미국 경제에 미친 효과

이 장의 시작부분에서 2009년에 연방정부가 중국산 타이어의 수입에 관세를 부과했다는 것을 살펴보았다. 일부 미국 타이어 공장에서 일하는 근로자들을 대표하는 미국 철강노조가 타이어 산업의 일자리를 구하기 위해 관세 부과를 밀어붙였다. 이러한 국제무역에 대한 개입이 일자리를 구한다고 주장하는 관세와 쿼터의 지지자들과 마찬가지로 미국 철강노조는 타이어 산업의 일자리에만 초점을 맞추었다. 관세나 쿼터는 국내기업들이 더 낮은 비용을 가지고 있는 외국 기업들과 더 쉽게 경쟁하게 만든다는 점을 살펴보았다. 국내 기업들의 생산이 더 많아진다는 것은 이러한 기업들의 고용이 더 많아지고 이에 따라 이러한 기업들이 속한 산업의 일자리를 구하는 것이 된다는 것을 의미한다. 그러나 이미 살펴본 것처럼, 관세와 쿼터 부과의 결과로 다른 산업들의 비용이 상승할 수 있고 이러한 산업들에 속한 기업들은 가격을 상승시키게 된다. 타이어 생산자들과 타이어 소매업자들 모두를 대표하는 타이어산업협회 Tire Industry Association는 중국산 타이어의 가격 상승이 중국산 타이어를 판매하는 미국 타이어 소매업자들에게 문제를 발생시킬 것이라고 믿었기 때문에 중국산 타이어에 대한 관세 부과에 반대했다. 이에 더하여 소비자들이 관세에 의해 보호되는 재화에 더 많이 지출한다면, 다른 재화들에 대해 더 적게 지출하게 되고 이에 따라 잠재적으로 다른 산업들의 생산과 고용이 감소될 가능성이 있다.

중국산 타이어에 대한 관세는 미국 소비자들이 구매하는 타이어 가격을 상승시켰다.

Peterson Institute for International Economics의 경제학자들인 Gary Clyde Hufbauer와 Sean Lowry는 타이어 관세가 미국 경제에 미치는 효과를 추정했다. 타이어 관세는 중국산 타이어의 가격을 상승시킴으로써 중국산 타이어의 수입을 감소시키는데 성공적이었다. 일부 미국 소비자들은 중국산 타이어에 대한 관세 부과 이전에 중국산 타이어보다 가격이 더 높았던 다른 국가들로부터 수입되는 타이어로 그들의 구매를 이전시켰다. Hufbauer와 Lowry는 중국산 타이어에 대한 관세 부과의 결과로 수입 타이어에 약 $8억 더 많이 지출했다고 계산하였다. 이에 더하여 미국 타이어 생산자들도 중국산 타이어에 대한 관세 부과의 결과로 타이어 가격을 상승시켰고 이에 따라 미국 소비자들은 미국산 타이어에 거의 $3억 더 많이 지출했다. 미국 타이어 생산자들의 고용 추세를 살펴보면서, Hufbauer와 Lowry는 중국산 타이어에 대한 관세 부과가 최대 1,200개의 일자리를 구했다고 결론지었다. 중국산 타이어에 대한 관세 부과로 소비자들이 타이어에 대해 추가적으로 지출한 $11억을 1,200개의 일자리로 나누어 구한 값은 미국 타이어 산업의 일자리 하나를 구하기 위해 미국 소비자들이 연간 $900,000 이상의 비용을 지불했다는 점을 제시해 준다.

소비자들은 중국산 타이어에 대한 관세 부과의 결과로 타이어에 더 많이 지출했기 때문에, 다른 재화들에 더 적게 지출해야만 했다. 소비자 지출과 타이어 소매업의 일자리 간의 관계에 관한 연구들에 기초해서, Hufbauer와 Lowry는 중국산 타이어에 대한 관세 부과가 타이어 소매업에서 3,731개 일자리를 감소시켰다고 추정했다. 따라서 타이어 관세가 발효되었던 수년 동안에 발생된 중국산 타이어에 대한 관세 부과의 단기 효과는 2,500개 일자리의 순감소였다.

이러한 경제 분석은 중국산 타이어에 대한 관세부과가 일자리를 구하기 위한 비싸고 효과적이지 못한 방법이었다는 점을 제시해 준다.

자료: Gary Clyde Hufbauer and Sean Lowry, "US Tire Tariffs: Saving Few Jobs at High Cost," Peterson Institute for International Economics, Policy Brief Number PB12-9, April 2012; Dylan Matthews, "How Obama's Tire Tariffs Have Hurt Consumers," *Washington Post*, October 23, 2013; and John Bussey, "Get-Tough Policy on Chinese Tires Falls Flat," *Wall Street Journal*, January 20, 2012.

관세와 쿼터의 일방적 폐지로부터 발생되는 이득

일부 정치가들은 다른 국가들이 관세와 쿼터를 폐지하는 것에 상응하여 미국의 관세와 쿼터를 폐지하는 것이 미국 경제에 도움이 될 것이라고 주장한다. 다른 국가들이 관세나 쿼터의 일부를 폐지한다는 합의 하에 한 국가가 관세나 쿼터를 감소시키거나 폐지하는 것에 대한 정치적 지지를 얻어내는 것은 쉬운 일이다. 그러나 설탕 쿼터의 예가 보여주는 것처럼, *다른 국가들이 관세와 쿼터를 감소시키지 않을지라도 미국의 관세와 쿼터를 폐지하는 것으로부터 미국 경제는 경제적 잉여의 이득을 경험하게 될 것이다.*

기타 무역장벽

관세와 쿼터에 더하여, 정부는 종종 기타 무역장벽을 만든다. 예를 들어, 모든 정부들은 수입재가 일정한 건강과 안전 조건을 충족시켜야 한다고 요구한다. 그러나 종종 정부는 이러한 요구조건을 해외 경쟁으로부터 국내 기업들을 보호하기 위해 사용한다. 예를 들어, 정부는 국내 기업들이 생산하는 재화보다 수입재에 대해 더 엄격한 건강과 안전 조건을 부과할 수 있다.

또한 많은 정부들은 국가안보를 이유로 일부 제품들의 수입을 제한한다. 그 논거는 전쟁 시에 한 국가가 중요한 전쟁 물자를 수입에 의존해서는 안 된다는 것이다. 또한 이러한 제한도 종종 국가안보를 위해서라기보다는 해외 경쟁으로부터 국내 기업들을 보호하는 데 사용된다. 예를 들어, 오랜 기간 동안, 미국 정부는 군복이 중요한 전쟁 물자가 아님에도 불구하고 미국 생산자들이 생산한 군복만을 구매한다.

26.4. 무역정책과 세계화에 대한 논쟁

미국 정부가 국제무역을 규제해야 하는가에 대한 논쟁은 미국의 건국 초기부터 계속되었다. 논란의 여지가 있는 국제무역을 제한하는 시도가 1930년대의 대공황기 동안에 발생했다. 그 당시에 미국과 다른 국가들은 해외 수입재에 대한 관세를 인상시켜 국내 기업들을 도우려고 했다. 미국은 1930년에 평균 관세율을 50% 이상으로 상승시켰던 Smoot-Hawley Tariff 법을 통과시킴으로써 이러한 시도를 시작했다. 다른 국가들도 관세를 인상시켜 보복함으로써, 국제무역이 붕괴되었다.

1945년에 제2차 세계대전이 종료되면서 미국과 유럽의 정부 관리들은 관세를 낮추고 국제무역을 부흥시키기 위한 방도를 찾았다. 이러한 목적을 달성하는 것을 돕기 위해 그들은 1948년에 관세와 무역에 관한 일반협정 General Agreement on Tariffs and Trade (GATT)을 창설했다. GATT에 가입한 국가들은 새로운 관세나 수입 쿼터를 부과하지 않기로 합의했다. 이에 더하여 *무역라운드 trade rounds*라고 부르는 일련의 *다자간 협상 multilateral negotiations*을 통해 이들 국가들은 1930년대의 매우 높은 관세 수준을 인하하기로 합의했다.

1940년대에 대부분의 국제무역은 재화 무역이었고 이에 따라 GATT 협정은 재화에 대해 적용하는 것으로 한정되었다. 그 다음 수 십 년 동안에 서비스, 소프트웨어 프로그램, 영화 같은 *지적재산 intellectual property*를 포함하고 있는 생산물의 교역이 중요하게 되었다. 많은 GATT 회원국들은 재화뿐만 아니라 서비스와 지적재산을 다루는 새로운 협정을 만들 것을 주장했다. 새로운 협정에 대한 협상이 이루어졌고 1995년 1월에 GATT는 스위스의 제네바에 본부를 두고 있는 **세계무역기구 World Trade Organization(WTO)**로 대체되었다. 현재 150개국 이상이 WTO의 회원국들이다.

세계무역기구 World Trade Organization(WTO)
국제무역협정을 감시하는 국제기구.

왜 일부 사람들은 WTO를 반대하는가?

제2차 세계대전 직후 오랜 기간 동안 많은 저소득 국가들, 즉 개도국들은 높은 관세를 법률로 규정하고 해외 기업들의 투자를 제한했다. 이러한 정책들이 개도국들의 경제성장을 이루어내지 못함에 따라 이들 중 많은 국가들이 1980년대 동안에 해외 무역과 해외 투자에 더 개방적이게 되었다. 이러한 과정을 **세계화 globalization**라고 일컫는다. 대부분의 개도국들은 WTO에 가입했고 WTO의 정책을 따르기 시작했다.

세계화 globalization
국가들이 해외 무역과 해외 투자에 더 개방적이 되는 과정.

1990년대 기간 동안, 세계화에 대한 반대가 증가하기 시작했다. 오랜 기간에 걸쳐 종종 폭력적으로 변하는 시위가 WTO 회의를 유치한 도시들에서 발생했다. 왜 전 세계의 소득을 증가시키는 목적을 가지고 무역장벽을 감소시키려는 시도가 이러한 성난 반응을 발생시키는가? WTO에 대한 반대는 3가지 이유 때문에 발생한다. 첫째, 일부 반대자들은 특히 1980년대에 시작되어 1990년대에 확산되었던 세계화에 대해 반대한다. 둘째, 다른 반대자들은 해외 경쟁으로부터 국내 기업들을 보호하기 위한 무역장벽을 높이려는 1930년대의 관세 지지자들과 같은 동기를 가지고 있다. 셋째, WTO의 일부 비판자들은 원칙적으로는 세계화를 지지하나 WTO가 저소득 국가들을 희생시키는 대가로 발생되는 고소득 국가들의 이익에 우호적이라고 믿는다. 이러한 WTO에 대한 반대 이유를 더 상세하게 살펴보도록 하자.

반 세계화. WTO 회의에서 항의하는 많은 사람들은 세계화를 불신한다. 일부 사람들은 자유무역과 해외투자가 많은 국가들의 고유한 문화를 파괴한다고 믿는다. 개도국들이 경제를 개방하기 시작함에 따라, 미국과 여타 고소득 국가들로부터 수입되는 식품, 의류, 영화, 기타 재화들이 이에 상응하는 지역 제품들을 대체하기 시작했다. 따라서 태국의 10대는 McDonald's 레스토랑에 앉아 있고 Levi's 청바지와 Ralph Lauren 셔츠를 입으며 *World War Z*를 iPad에 다운로드하기 전에 iPhone을 사용하여 Lady Gaga의 노래를 듣는다. 세계화는 개도국들의 소비자들이 사용할 수 있는 제품의 다양성을 증가시켰으나 일부 사람들은 세계화가 지역 문화를 손상시키는 비용이 너무 크다고 주장한다.

또한 세계화는 다국적 기업들이 고소득 국가들로부터 저소득 국가들로 공장들을 재배치시킬 수 있게 해주었다. 인도네시아, 말레이시아, 파키스탄과 여타 국가들에 재배치된 다국적기업들의 공장들은 미국, 유럽, 일본에서 지급하는 것보다 훨씬 더 낮은 임금을 지급하고 종종 고소득 국가들에서 부과되는 환경 규제나 안전 규제를 준수하지 않는다. 일부 공장들은 고소득 국가들에서 불법인 아동 노동을 사용한다. 일부 사람들은 개도국들에 공장을 가지고 있는 다국적기업들이 고소득 국가들에서 지급하는 것만큼 근로자들에게 높은 임금을 지급해야 한다고 주장한다. 또한 그들은 이러한 기업들이 고소득 국가들에 존재하는 건강, 안전, 환경 규제를 준수해야 한다고 믿는다.

그러나 대부분의 개도국 정부들은 이러한 제안들에 저항한다. 대부분의 개도국 정부들은 현재 부유한 국가들이 가난했을 때 그들도 환경이나 안전 기준이 미흡했고 그들의 근로자들도 낮은 임금을 지급받았다고 주장한다. 대부분의 개도국 정부들은 부유한 국가들이 가난한 국가들보다 높은 임금과 환경 및 안전 규제를 감당하는 것이 더 쉽다고 주장한다. 또한 대부분의 개도국 정부들은 고소득 국가들의 기준에 비추어 볼 때 매우 낮은 임금을 가지는 것처럼 보이는 많은 일자리들이 종종 저소득 국가들의 근로자들이 일할 수 있는 다른 일자리들보다 더 좋다고 지적한다.

Making the Connection

아동 노동으로 만들어지는 재화 생산을 금지함으로써 발생되는 의도하지 않은 결과

축구공 꿰매기와 같은 일자리에서 아동 노동을 배제시키는 것이 아동들의 삶의 질을 개선시키는가?

인도네시아, 태국, 페루와 같은 많은 개도국들에서 7세나 8세의 어린 아동들이 하루에 10시간 이상 일한다. 매우 어린 아동들이 수출을 위한 재화를 생산하기 위해 오랜 시간 노동한다는 보도가 고소득 국가들의 많은 사람들을 당황스럽게 만든다. 미국에서 개도국들에서 아동 노동으로 만들어진 제품들을 판매하는 상점들에 대한 불매 운동이 조직되었다. 많은 사람들은 개도국들의 아동 근로자들이 의류, 장난감과 여타 제품들을 만드는 공장에서 일하지 않으면 고소득 국가들의 아동들처럼 학교에 다닐 것이라고 가정한다.

실제로 개도국들의 아동들은 일반적으로 일할 수 있는 좋은 대안을 가지고 있지 않다. 학교 교육은 종종 일 년에 몇 개월 동안만 이루어지고 학교에 다니는 아동들조차도 몇 년 이상 학교에 다니지 않는다. 가난한 가족들은 종종 자녀들을 학교에 보내는데 필요한 적은 비용조차도 감당할 수 없다. 일찍이 미국, 유럽, 일본의 가난한 가족들이 그랬던 것처럼 이러한 가족들은 생존하기 위해 매우 어린 자녀들의 수입에 의존할 수 있다. 가난한 국가들에서 소득이 증가하기 시작함에 따라, 가족들이 아동 노동에 덜 의존하게 된다는 상당한 증거가 존재한다. 미국은 1938년에 이르러서야 비로소 아동 노동을 불법으로 규정했다. 오늘날 아동 노동이 개도국들에서 수출하는 재화를 생산하는 일자리는 다른 일자리보다 일반적으로 더 좋은 임금을 지급하고 덜 위험하다.

프랑스에서 1998년 월드컵을 위한 준비가 시작되었을 때, 축구공의 주요 공급회사인 Baden Sports는 아동 근로자들을 사용해서 축구공을 만들었던 파키스탄 공급자들로부터 축구공을 구매하고 있었다. 프랑스는 아동 근로자들에 의해 만들어진 축구공의 사용을 전면적으로 금지시키기로 결정했다. 이러한 압력에 굴복해서 Baden Sports는 축구공이 아동 근로자들에 의해 손으로 꿰매어졌던 파키스탄으로부터 축구공이 공장의 성인 근로자들에 의해 기계로 꿰매어졌던 중국으로 생산을 이동시켰다. 그 당시에 아동 근로자에 의해 손으로 꿰매어졌던 축구공에 대한 불매운동에 대한 일부의 비판이 있었다. 아동 노동에 관한 방대한 한 연구에서 3명의 경제학자들은 다음과 같이 주장했다.

> 가난한 아동들이 참여할 수 있는 일련의 가능한 일자리 중에서, 축구공 꿰매기는 아마도 가장 쾌적한 일자리일 것이다. [파키스탄에서] 아동들은 일반적으로 가정이나 작은 가게에서 다른 가족 구성원들 옆에서 일한다. 그렇지 않으면 아동들은 독성 화학물질, 위험한 기계나 모진 근로 상황에 노출되어 있다. 그렇다, 진지한 비판만이 축구공을 꿰매는 전형적인 아동의 하루 근로시간과 공식적인 교육에 미치는 영향을 우려한다.

실제로, 파키스탄에서 아동 근로자들을 위한 축구공 꿰매기의 대안 일자리들은 매우 냉혹한 것으로 드러났다. University of Colorado와 World Bank의 경제학자인 Keith Maskus에 의하면, 축구공 꿰매는 일자리를 잃은 아동들의 "상당 수"가 구걸하거나 매춘을 하게 되었다.

자료: Tom Wright, "Pakistan Defends Its Soccer Industry," *Wall Street Journal*, April 26, 2010; Drusilla K. Brown, Alan V. Deardorff, and Robert M. Stern, "U.S. Trade and Other Policy Options to Deter Foreign Exploitation of Child Labor," in Magnus Blomstrom and Linda S. Goldberg, eds., *Topics in Empirical International Economics: A Festchrift in Honor of Bob Lispey*, Chicago: University of Chicago Press, 2001; Tomas Larsson, *The Race to the Top: The Real Story of Globalization*, Washington, DC: Cato Institute, 2001, p. 48; and Eric V. Edmonds and Nina Pavcnik, "Child Labor in the Global Economy," *Journal of Economic Perspectives*, Vol. 19, No. 1, Winter 2005, pp. 199 – 220.

보호주의 protectionism
해외 경쟁으로부터 국내 기업들을 보호하기 위해 무역장벽을 사용하는 것.

"구식" 보호주의 자유무역과 WTO를 반대하는 반 세계화 논거는 비교적 새로운 주장이다. 자유무역을 반대하는 소위 **보호주의 protectionism**라고 부르는 논거는 수세기 동안 존재해 왔다. 보호주의는 해외 경쟁으로부터 국내 기업들을 보호하기 위해 무역장벽을 사용하는 것이다. 국제무역이 존재했던 오랜 기간 동안, 정부들은 국내 기업들을 보호하기 위해 국제무역을 제한하는 시도를 했다. 설탕 쿼터의 분석에서 살펴본 것처럼, 보호주의는 소비자들에게 손실을 발생시키고 보호받는 제품을 구매하는 국내 산업의 일자리를 없앤다. 이에 더하여, 보호주의는 비교우위에 기초하여 재화를 생산할 수 있는 국가의 능력을 감소시켜 소득을 감소시킨다.

그러면, 왜 보호주의가 지지를 받는가? 보호주의는 일반적으로 다음과 같은 주장에 기초해서 정당화된다.

- ***일자리를 구한다.*** 보호주의 지지자들은 자유무역은 국내기업들을 시장에서 몰아내기 때문에 고용을 감소시킨다고 주장한다. 보다 더 효율적인 외국 기업들이 덜 효율적인 국내기업들을 시장에서 몰아낼 때 일자리가 사라지지만 보다 더 효율적인 국내기업들이 덜 효율적인 국내기업들을 시장에서 몰아낼 때도 일자리는 사라진다. 일자리의 소실은 결코 영구적인 것이 아니다. 경제에서 일자리는 사라지고 새로운 일자리가 계속적으로 만들어진다. 일자리의 총 수와 국내 산업을 보호하기 위한 관세 수준 간의 장기적 관계를 발견한 경제학적 연구는 없다. 이에 더하여, 무역제한조치들은 일부 산업들에서 일자리를 보존시키는 동시에 다른 산업들에서 일자리를 파괴한다. 미국의 설탕 쿼터는 미국 설탕 산업의 일자리를 구했으나 동시에 미국 사탕 산업의 일자리를 파괴시켰다.
- ***높은 임금을 보호한다.*** 일부 사람들은 고소득 국가들의 기업들이 개도국들의 기업들과 경쟁하기 위해서는 훨씬 더 낮은 임금을 지급해야 할 것이라는 점을 우려한다. 그러나 자유무역은 실제로 경제적 효율성을 증가시켜 삶의 수준을 증가시키기 때문에 이러한 두려움은 잘못된 것일 수 있다. 한 국가가 보호주의를 시행하여 다른 국가들로부터 더 싸게 확보할 수 있는 재화와 서비스를 생산하는 것이 삶의 수준을 감소시킬 수 있다. 미국이 커피 수입을 금지시키고 커피를 국내에서 재배하기 시작한다고 하자. 그러나 미국대륙에서 커피는 온실에서만 재배될 수 있고 커피재배를 위해 상당한 양의 노동과 설비가 요구된다. 따라서 미국에서 커피를 재배하는 것은 매우 높은 기회비용을 발생시킬 것이다. 이렇게 재배된 커피는 이러한 비용을 감당하기 위해 매우 높은 가격에 판매되어야 할 것이다. 미래에 커피 수입의 금지를 폐지하는 것이 미국의 농장 근로자들의 일자리를 제거할 것이나 커피 가격이 하락하고 노동, 기계 및 여타 자원이 커피 생산에서 미국이 비교우위를 가지고 있는 재화와 서비스 생산으로 이동되기 때문에 미국의 생활수준은 더 높아질 것이다.
- ***유치산업을 보호한다.*** 한 국가의 기업들이 한 재화를 생산하는데 비교우위를 가지고 있으나 이 국가가 다른 국가들보다 늦게 이 재화의 생산을 시작하기 때문에 처음에 이 국가의 기업들이 재화를 생산하는데 더 높은 비용을 가질 수 있다. 일부 재화와 서비스

를 생산하는데 있어서 상당한 "학습효과 learning by doing"가 발생할 수 있다. 근로자들과 기업들이 재화와 서비스를 더 많이 생산하게 됨에 따라 경험을 얻게 되고 더 생산적이 된다. 시간이 흐름에 따라, 기업들은 더 낮은 생산비용을 가지게 되고 더 낮은 가격을 부과할 수 있게 된다. "유치산업 infant industry"에 속한 기업들은 경험을 얻게 됨에 따라 해외 생산자들과 성공적으로 경쟁할 수 있게 될 것이다. 그러나 자유무역 하에서 그들은 이러한 기회를 얻지 못할 수 있다. 이미 안정된 해외 생산자들은 제품을 더 낮은 가격에 판매하여 국내 생산자들이 경쟁하기에 충분한 경험을 얻기 전에 국내 생산자들을 시장에서 몰아낼 수 있다. 경제학자들의 입장에서 보면, 유치산업 논거는 보호주의자 주장 중에서 가장 설득력 있는 주장이다. 그러나 유치산업 논거는 한 가지 중요한 단점을 가지고 있다. 유치산업을 보호하기 위해 사용되는 관세가 유치산업에 속한 기업들이 외국 기업들과 경쟁할 만큼 충분히 생산적이 될 필요성을 제거할 수 있다. 제2차 세계대전 이후 많은 개도국 정부들은 높은 관세율을 정당화하기 위해 유치산업 논거를 사용했다. 불행하게도, 많은 개도국들의 유치산업 대부분은 성장하지 못했고 오랜 기간 동안 계속해서 비효율적으로 자원을 고갈시키는 부문으로 존재했다.

- ***국가안보를 보호한다.*** 이미 논의한 것처럼, 한 국가는 국방을 위해 중요한 재화를 다른 국가들에 의존해서는 안 된다. 예를 들어, 미국은 아마도 중국으로부터 제트 전투기 엔진을 수입하는 것을 원치 않을 것이다. 그러나 어떤 재화가 국방을 위해 중요한 재화인가는 분명하지 않다. 실제로 한 산업의 제품이 주로 국방 이외의 용도를 가지고 있을 때 이 산업이 국가안보의 이슈를 제기하지 않고 보호주의를 요구하기는 어렵다.

덤핑

최근에 미국은 *덤핑 dumping*이 있는 경우 정부가 관세를 부과하는 것을 허용하는 WTO 협정의 조항을 사용해서 일부 국내 산업들에 대한 보호를 제공했다. **덤핑 dumping**은 생산 비용보다 낮은 가격으로 제품을 판매하는 것이다. 덤핑의 효과를 상쇄시키기 위해 관세를 사용하는 것은 WTO 협정 하에서 허용됨에도 불구하고 논란의 여지가 있다.

덤핑 dumping
생산 비용보다 낮은 가격으로 제품을 판매하는 것.

실제로, 정부가 재화의 진정한 생산비용을 계산하는 것이 쉽지 않기 때문에 외국 기업이 덤핑을 하고 있는지 결정하는 것은 어려운 일이다. 그 결과로 WTO는 한 제품이 국내 시장에서 판매되는 가격보다 더 낮은 가격으로 수출되면 이 제품을 수입하는 정부가 덤핑이 발생했다고 결정할 수 있게 해준다. 그러나 이러한 접근법에도 문제가 있다. 종종 기업이 서로 다른 소비자들에게 서로 다른 가격으로 제품을 판매할 수 있는 이유가 존재한다. 예를 들어, 항공사들은 비즈니스 여행객에게 여가 여행객보다 더 높은 티켓 가격을 부과한다. 또한 기업들은 신제품을 출시할 때나 소매영업을 하는 경우 정가 제품을 구매하는 고객들을 유인하기 위해 "로스리더 loss leader", 즉 비용보다 낮거나 거의 무료로 판매되는 제품을 사용한다. 예를 들어, 휴가 시즌 동안에 Wal-Mart는 종종 생산자들로부터 구매하기 위해 지불하는 것보다 낮은 가격에 장난감을 판매한다. 왜 이러한 정상적인 사업 관행들이 국제무역에서 수용될 수 없는 것인지 불분명하다.

실증적 분석과 규범적 분석

경제학자들은 관세, 쿼터, 여타 자유무역에 대한 정부 제한조치들이 경제에 부과하는 비용을 강조한다. 이러한 정부의 개입이 나쁜 것인가? *실증적 분석 positive analysis*과 *규범적 분석 normative analysis* 간의 차이점을 기억하라. 실증적 분석은 *무엇이냐 what is*에 관심을 가진다. 규범적 분석은 *무엇이어야 하느냐 what ought to be*에 관심을 가진다. 설탕 쿼터가 미국 경제에 미치는 효과를 측정하는 것은 실증적 분석의 예이다. 설탕 쿼터는 나쁜 공공정책이고 폐지되어야 한다고 주장하는 것은 규범적 분석이다. 모든 국제무역의 개입 조치들과 마찬가지로 설탕 쿼터는 일부 사람들을 더 좋게 만들고 일부 사람들을 더 나쁘게 만들며 총소득과 소비를 감소시킨다. 미국 설탕회사들의 이윤과 그들이 고용하는 근로자들의 수를 증가시키는 것이 소비자들에게 부과되는 비용과 경제적 효율성의 감소를 정당화시키는가는 규범적 질문이다.

대부분의 경제학자들은 설탕 쿼터와 같은 국제무역의 개입조치들을 지지하지 않는다. 시장은 일반적으로 가능한 한 자유로워야 한다고 믿지 않는다면 경제학자들이 아니다. 그러나 이와 반대되는 견해도 분명히 지적으로 존중될 수 있다. 어떤 사람은 관세와 쿼터의 비용을 이해하나 제한이 없는 무역은 경제를 크게 붕괴시킬 것이라고 믿기 때문에 여전히 관세와 쿼터가 좋은 정책이라고 믿을 수 있다.

정부가 성공적으로 해외 경쟁에 대한 무역장벽을 높이려면 부분적으로 무역장벽의 비용이 존재한다는 것을 알지만 그것을 지지하는 민간인들 중의 일부가 지지해야 한다. 그러나 2가지 다른 요인도 작동한다.

1. 관세와 쿼터가 소비자들에게 부과하는 비용은 전체적으로는 크나 개인적으로는 상대적으로 작다. 예를 들어, 설탕 쿼터는 소비자들에게 연간 $39억의 총부담을 부과한다. 이러한 총부담을 3억 1,400만 명의 미국인들에게 분산시키면, 이러한 부담은 개인당 $12.50 미만에 불과하다. 이러한 부담은 너무 적어서 대부분의 사람들은 이러한 부담이 존재한다는 것을 알지라도 걱정하지 않는다.
2. 해외로부터의 경쟁 때문에 잃는 일자리는 판별하기 쉬우나 국제무역에 의해 창조되는 일자리는 판별하기 쉽지 않다.

달리 말하면, 예를 들어, 설탕 쿼터가 미국 설탕 생산자들의 이윤을 거의 $20억만큼 증가시키는 것처럼, 관세와 쿼터로부터 이익을 얻는 산업들도 상당히 많은 이익을 얻는 반면 각 소비자들은 상대적으로 적은 비용을 지불한다. 이러한 이익의 집중과 비용의 분산이 왜 미국 의회 의원들이 관세와 쿼터를 법률로 제정하도록 요구하는 일부 산업들로부터 강력한 압력을 받는 반면 관세와 쿼터를 감소시키도록 요구하는 일반 대중으로부터는 약한 압력을 받게 되는지를 쉽게 이해할 수 있게 해준다.

결론

경제학자들은 자유무역이 경제적 이득을 발생시킨다는 점에 대해 의견이 일치한다. 그러나 국제무역에 대한 정부정책만큼 논란의 여지가 있는 정치적 이슈도 없다. 정부가 국내무역에 개입하는 것을 원하지 않는 많은 사람들도 정부가 국제무역에 개입하는 것을 기꺼이 원한다. 1930년대 동안 높은 관세가 세계 경제에 타격을 주었던 손실이 전 세계의 정부들이 자유무역을 포기할 때 어떤 일이 발생할 수 있는지를 보여주었다. 이러한 형태의 사건을 미래에 피할 수 있느냐 하는 것은 불확실하다.

주요용어

절대우위 absolute advantage
자급자족경제 autarky
비교우위 comparative advantage
덤핑 dumping
수출 exports
자유무역 free trade
세계화 globalization
수입 imports
기회비용 opportunity cost
보호주의 protectionism
쿼터 quota
관세 tariff
교역조건 terms of trade
수출자율규제 voluntary export restraint(VER)
세계무역기구 World Trade Organization(WTO)

연습문제

* 복습질문

1. 절대우위와 비교우위 간의 차이점은 무엇인가? 한 국가가 항상 생산에서 절대우위를 가지고 있는 재화의 수출국이 되는가?

2. 국제무역이 한 국가의 소비를 어떻게 증가시키는지 간략히 설명하라.

3. 한 국가가 한 재화의 생산에 전문화한다는 것은 무엇을 의미하는가?

4. 비교우위의 주요 원천은 무엇인가?

5. 모든 사람들이 국제무역으로부터 이득을 얻는가? 만일 그렇지 않다면, 어느 그룹이 국제무역으로부터 손실을 보는지 설명하라.

6. 관세는 무엇인가? 쿼터는 무엇인가? 쿼터가 아닌 비관세 장벽의 한 가지 예를 제시해 보라.

7. 한 국가가 한 재화의 수입에 관세나 쿼터를 부과할 때, 누가 이득을 얻고 누가 손실을 보는가?

8. 세계화는 무엇인가? 왜 일부 사람들은 세계화를 반대하는가?

9. 보호주의는 무엇인가? 보호주의 정책으로부터 누가 이익을 얻고 누가 손실을 보는가? 사람들이 보호주의를 정당화하는데 사용하는 주요 논거는 무엇인가?

10. 덤핑은 무엇인가? 덤핑으로부터 누가 이익을 얻고 누가 손실을 보는가? 반 덤핑 법이 실행될 때 어떤 문제가 발생하는가?

* 문제와 응용

1. 왜 시간이 흐름에 따라 국가들이 수입하고 수출하는 재화들이 변화하는가?

2. 당신은 다음과 같은 진술에 동의하는지 간략히 설명하라. "불행하게도, 볼리비아는 모든 재화나 서비스의 생산에서 미국에 대해 비교우위를 가지고 있지 않다." (힌트: 당신은 이 질문에 답하기 위해 볼리비아나 미국의 경제에 대해 특정한 정보를 가질 필요가 없다.)

3. 아래의 표는 그리스와 이탈리아의 근로자 일인이 각각 시간당 생산하는 쿼트로 측정된 올리브 유의 양과 파운드로 측정된 파스타의 양을 보여준다.

	시간당 생산량	
	올리브유	파스타
그리스	4	2
이탈리아	4	8

올리브유와 파스타를 생산하는 데 따른 그리스와 이탈리아의 기회비용을 계산하라.

4. 아래의 표는 칠레와 아르헨티나의 두 산업에서 근로자 일인이 시간당 생산하는 모자의 양과 맥주의 양을 보여준다.

	시간당 생산량	
	모자	맥주
칠레	8	6
아르헨티나	1	2

a. 어떤 국가가 모자의 생산에서 절대우위를 가지고 있

고 어떤 국가가 맥주의 생산에서 절대우위를 가지고 있는지 설명하라.

b. 어떤 국가가 모자의 생산에서 비교우위를 가지고 있고 어떤 국가가 맥주의 생산에서 비교우위를 가지고 있는지 설명하라.

c. 현재 칠레와 아르헨티나는 서로 무역을 하지 않는다고 하자. 각국은 모자와 맥주를 생산하는데 사용할 수 있는 1,000시간의 노동을 가지고 있고 각국은 현재 아래의 표에 제시된 것과 같이 각 재화의 양을 생산하고 있다.

	모자	맥주
칠레	7,200	600
아르헨티나	600	800

이러한 정보를 사용하면서 칠레와 아르헨티나가 모두 국제무역으로부터 어떻게 이득을 얻을 수 있는지를 보여주는 예를 제시하라. 국제무역이 이루어진 후 1개의 모자는 1배럴의 맥주와 교환될 수 있다고 가정하라.

5. 당신은 다음과 같은 진술에 동의하는지 간략히 설명하라. "대부분의 국가들은 완전한 전문화에 이르기 전에 재화나 서비스 생산에 따른 그들의 비교우위를 소진한다."

6. 자유무역은 인구가 적은 소규모 국가보다 인구가 많은 대규모 국가에게 이익이 될 가능성이 있는가? 간략히 설명하라.

7. 미국은 소고기를 생산하는 동시에 다른 국가들로부터 소고기를 수입한다.

a. 미국의 소고기 수요곡선과 소고기 공급곡선을 보여주는 그림을 그려라. 미국은 소고기의 세계 가격을 상승시키지 않고 세계 가격에서 원하는 양만큼 수입할 수 있다고 가정하라. 반드시 그림에 소고기 수입량을 표시하라.

b. 이제 그림 상에 미국이 소고기 수입에 대해 관세를 부과하는 효과를 나타내라. 반드시 그림에 이러한 관세가 부과되기 이전과 이후에 미국 생산자들이 판매하는 소고기의 양, 소고기 수입량, 미국의 소고기 가격을 표시하라.

c. 미국이 소고기 수입에 관세를 부과할 때 누가 이득을 보고 누가 손실을 보는지 논의하라.

8. 아래의 그림은 미국으로 수입되는 플라스틱 빗에 대한 단위당 $1의 관세 부과가 소비자잉여, 생산자잉여, 정부관세수입, 경제적 잉여에 미치는 효과를 보여준다. 다음의 질문에 답하기 위해 그림에 표시된 면적들을 사용하라.

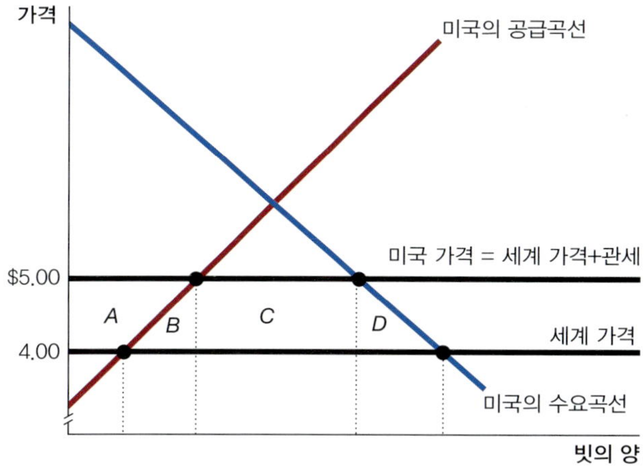

a. 어떤 면적이 세계 가격에서 구매할 수 있었다면 가지게 되었을 양보다 더 적은 양을 구매하는 미국 소비자들의 손실을 보여주는가?

b. 어떤 면적이 해외 생산자들보다 효율적이지 못한 미국 생산자들로부터 빗을 구매해야 하는 데서 발생되는 미국 소비자들의 손실을 보여주는가?

c. 어떤 면적이 빗의 수입에 대해 관세를 부과한 결과로 발생되는 미국 경제의 사장손실을 보여주는가?

9. 아래의 그림은 미국 정부가 연어통조림의 수입에 대한 관세를 폐지한 후의 상황을 보여준다.

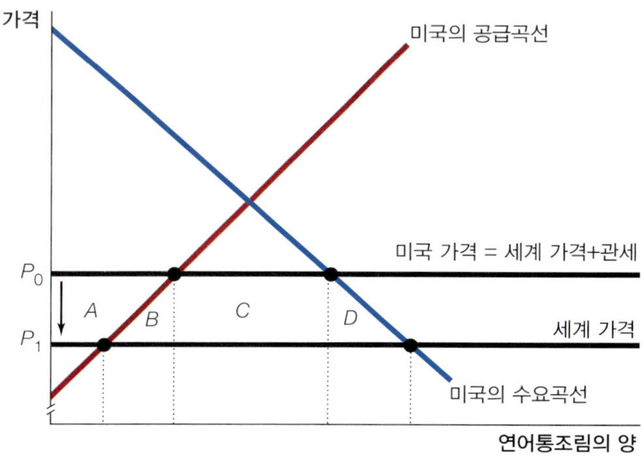

a. 어떤 면적이 소비자잉여의 이득을 보여주는가?

b. 어떤 면적이 생산자잉여의 손실을 보여주는가?

c. 어떤 면적이 정부관세수입의 손실을 보여주는가?

d. 어떤 면적이 경제적 잉여의 이득을 보여주는가?

10. 미국이 현재 금귤을 생산하는 동시에 수입한다고 하자. 미국 정부는 연간 600만 파운드의 금귤만 수입할 수 있는 쿼터를 부과함으로써 금귤의 국제무역을 제한하기로 결정한다. 아래의 그림은 이러한 쿼터를 부과한 결과를 보여준다. 그림에 있는 면적을 나타내는 문자를 사용하면서 아래의 표에 있는 빈칸을 채워라.

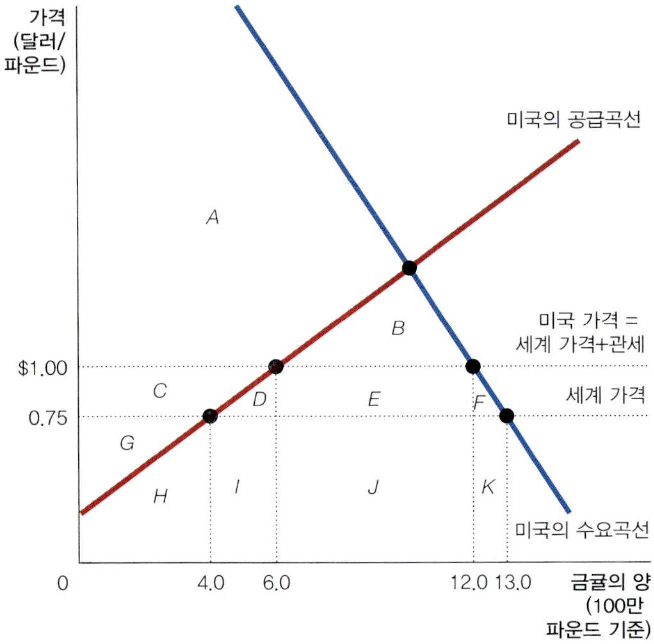

	쿼터가 없는 경우	쿼터가 있는 경우
금귤의 세계 가격	______	______
금귤의 미국 가격	______	______
미국 기업들의 공급량	______	______
미국 소비자들의 수요량	______	______
수입량	______	______
미국 소비자잉여의 면적	______	______
미국 생산자잉여의 면적	______	______
사장손실의 면적	______	______

11. 정부가 복숭아통조림에 관세를 부과할 것인지 쿼터를 부과할 것인지를 고려하고 있다. 제안된 관세는 제안된 쿼터와 동일하게 복숭아통조림의 미국 가격에 영향을 미친다고 가정하라. 아래의 그림을 사용해서 다음의 질문에 답하라.

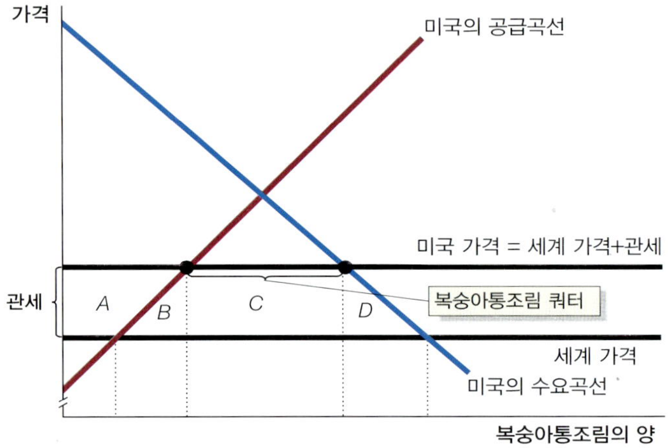

a. 만일 정부가 관세를 부과하면, 어떤 면적이 정부관세수입을 보여주는가?

b. 만일 정부가 쿼터를 부과하면, 어떤 면적이 복숭아통조림 해외생산자들의 이득을 보여주는가?

c. 복숭아통조림의 소비자로서 당신은 정부가 관세를 부과하는 것을 선호하는가 쿼터를 부과하는 것을 선호하는가? 간략히 설명하라.

12. 당신은 자유무역의 이익을 설명하고 있고 어떤 사람은 다음과 같이 말하고 있다고 하자. "나는 비교우위의 원리와 국제무역의 이득을 전혀 이해하지 못한다. 다만 내가 미국에서 생산된 물건을 사면 미국인을 위한 일자리가 창조되고 내가 브라질에서 생산된 물건을 사면 브라질인을 위한 일자리가 창조된다고 알고 있다." 당신은 이러한 진술에 동의하는가? 미국이 비교우위를 가지고 있지 않은 제품을 수입하면 미국의 일자리가 더 적게 만들어지는가? 한국과 미국이 스마트 폰과 태블릿을 생산하고 미국이 한국으로부터 스마트 폰을 수입하면, 미국의 일자리 수가 감소하는가?

CHAPTER 27

환율결정과 환율시스템

이 장의 학습내용

27.1 **외환시장과 환율**
- 환율이 어떻게 결정되고 환율의 변화가 수입재와 수출재의 가격에 어떻게 영향을 미치는지 설명한다.

27.2 **환율시스템의 작동**
- 서로 다른 환율시스템이 어떻게 작동되는지 설명한다.

27.3 **현재 환율시스템**
- 현재 환율시스템의 3가지 핵심적인 특성을 논의한다.

Volkswagen은 환율 변동에 어떻게 대응하는가?

1960년대에 독일의 Volkswagen은 미국 시장에서 상당히 성공한 최초의 외국 자동차 회사였다. 1968년에 이 회사는 총 미국 자동차 판매대수의 거의 8%에 이르는 50만 대의 자동차를 판매했다. 시간이 흐름에 따라 Volkswagen의 전통적인 "비틀 Beetle" 모델은 미국 소비자들의 선호에 미치지 못했고 미국 시장에서 이 회사의 시장점유율은 하락했다. 2012년에 Volkswagen은 미국에서 25만 대보다 적게 판매했고 이 회사의 시장점유율은 3%보다 낮았다. 2013년에 Volkswagen은 새로운 모델을 출시하는 계획을 공표하고 테네시 조립공장에서 새로운 모델의 생산을 확대하면서 미국에서 시장점유율을 되찾기 위해 새로운 노력을 경주했다.

최근에 Volkswagen과 여타 유럽 자동차회사들은 그들이 생산한 자동차에 대한 수요가 낮은 시기 동안 유럽에 있는 생산 공장을 운영하는데 어려움을 겪었다. 그러나 엄격한 노동법 때문에 불필요한 공장을 폐쇄하는 것이 어려웠다. 이러한 자동차 산업계 문제에도 불구하고 독일 자동차회사들은 상당히 잘해냈다. 2013년에 서유럽에서 판매된 모든 자동차 중 거의 1/2은 독일에서 생산되었다.

독일 자동차회사들은 유럽연합 European Union에 속한 17개 회원국들의 공동 통화인 유로의 도입으로부터 혜택을 받았다. 유로 때문에, Volkswagen과 여타 독일 자동차회사들은 대부분의 유럽 지역에서 환율의 변동을 우려할 필요가 없다. 유로를 채택하기 전에 프랑스, 이탈리아, 스페인과 같은 국가들은 그들이 사용하는 통화의 환율을 하락시켜서 그들의 회사들이 생산한 제품을 독일 제품에 대해 더 경쟁적이게 만들 수 있었다. 이제 이들 국가들은 독일과 경쟁하는데 이러한 전략을 더 이상 사용할 수 없다. Volkswagen과 여타 독일 회사들은 유럽 지역 밖으로 수출할 때 유로 가치의 변동에 대응해야만 한다. 2012년과 2013년에 발생했던 것처럼, 미국달러에 대한 유로 환율이 상승할 때, 독일로부터 미국으로 수출되는 재화의 가격은 상승한다.

Volkswagen은 유로 가치의 변동으로 발생되는 문제에 대응하고자 했다. 미국에서 생산을 확대하고자 하는 이 회사의 계획은 이러한 전략의 일부분이다. 이 장에서는 환율시스템과 환율의 변동을 결정하는 요인들을 더 상세하게 살펴볼 것이다.

자료: Bernhard Rieger, "How Beetle Overcame Nazi Past to Become Americans' Car," www.bloomberg.com, May 23, 2013; Jack Ewing and Bill Vlasic, "Europe's Auto Industry Has Reached Day of Reckoning," *New York Times*, July 25, 2012; Peter Marsh, "German Carmakers Extend Lead in Europe," *Financial Times*, February 4, 2013; and Ed Crooks, "Volkswagen Flags Up Its Plans for US Market," *Financial Times*, May 25, 2011.

국제경제의 한 가지 핵심적인 사실은 주요 통화들 간 환율이 변동한다는 것이다. 이러한 환율 변동은 기업, 소비자, 정부에게 중요한 영향을 미친다. 이 장에서는 먼저 환율이 어떻게 결정되는지를 논의한다. 이어서 환율시스템과 이와 관련된 중앙은행의 역할을 살펴본다.

27.1. 외환시장과 환율

전적으로 미국 내에서 영업하는 기업은 제품 가격을 달러로 표시하고 공급자들의 청구서, 근로자들에 대한 임금과 급여, 채권보유자들에 대한 이자, 주주들에 대한 배당을 지급하기 위해 달러를 사용할 것이다. 이와는 달리, McDonald's와 같은 다국적 기업은 서로 다른 많은 국가들에서 제품을 판매하고 공급자들과 근로자들은 전 세계 도처에 흩어져 있으며 지역 통화들로 대금과 임금을 지급받아야 한다. 또한 기업들은 외국통화를 차입하기 위해 국제금융시스템을 이용할 수 있다. 예를 들어, 1990년대 후반에 태국과 한국 같은 동아시아 국가들이 급속히 성장하는 기간 동안, 많은 대기업들은 해외 은행들로부터 달러 표시 대출을 받았다. 기업들은 외국통화를 광범위하게 많이 사용할 때 환율 변동 문제를 관리해야 한다.

명목환율
nominal exchange rate
외국통화 단위로 나타낸 한 국가 통화의 가치.

명목환율 nominal exchange rate은 외국통화 단위로 나타낸 한 국가 통화의 가치이다. 경제학자들은 재화와 서비스의 가격 변화에 대해 명목환율을 조정한 *실질환율 real exchange rate*도 계산한다. 이 절의 뒷부분에서 실질환율에 대해 논의할 것이다. 명목환율은 당신이 $1로 몇 단위의 외국통화를 살 수 있는지를 결정해 준다. 예를 들어, 미국달러와 일본엔 간의 환율은 ¥100=$1과 같이 나타낼 수 있다(이러한 환율은 또한 1 일본엔을 사기 위해 몇 단위의 미국달러가 필요한가, 즉 $0.01=¥1과 같이 나타낼 수 있다). 외환시장은 하루에 $3조 이상의 통화가 거래될 정도로 매우 활발하다. 이러한 거래로부터 결정되는 환율들이 경제뉴스를 취급하는 수많은 온라인 사이트들이나 대부분 신문들의 비즈니스 섹션이나 금융 섹션에 보도된다.

전 세계의 은행들과 여타 금융기관들은 컴퓨터로 함께 연결되어 있는 외환거래자들을 고용하고 있다. 그들은 대량의 현금통화를 직접 교환하는 대신 은행들에 있는 예금을 사고판다. 예를 들어, 달러를 사거나 파는 은행은 실제로 달러 예금을 사거나 판매하는 것이다. 달러 예금은 미국에 있는 은행들에만 있는 것이 아니라 전 세계 도처의 은행들에도 있다. 프랑스에 있는 Credit Agricol Bank가 미국달러를 팔고 일본엔을 사기 원한다고 하자. 이 은행은 자신이 보유하고 있는 미국달러 예금과 독일에 있는 Deutsche Bank가 보유하고 있는 일본엔 예금을 교환할 수 있다. 기업들과 개인들은 일반적으로 그들의 국가에 있는 은행들로부터 외국통화를 확보한다.

Making the Connection

환율

당신은 대부분 신문들의 금융섹션뿐만 아니라 wsj.com, Bloomberg.com, finance.yahoo.com 같은 많은 온라인 사이트들에서 미국달러와 여타 주요 통화들 간의 환율을 발견할 수 있다. 아래의 표는 2013년 8월 9일의 환율을 보여준다. 유로는 프랑스, 독일, 이탈리아를 포함한 17개 유럽 국가들이 사용하는 공동 통화이다.

미국달러와 외국통화 간의 환율		
통화	미국달러당 외국통화	외국통화당 미국달러
캐나다달러	1.03	0.978
일본엔	96.23	0.010
멕시코페소	12.62	0.074
영국파운드	0.65	1.55
유로	0.75	1.33

미국달러당 외국통화로 표시된 환율은 외국통화당 미국달러로 표시된 환율의 역수이다. 따라서 미국달러와 영국파운드 간 환율은 미국달러당 0.65 영국파운드나 영국파운드당 1/0.65 =1.55 미국달러로 나타낼 수 있다.

당신은 경제뉴스를 보도하는 많은 온라인 사이트들과 대부분 신문들의 금융면에서 환율에 관한 정보를 발견할 수 있다.

은행들이 가장 활발한 외환시장 참여자이다. 전형적으로 은행들은 통화를 파는 가격보다 약간 낮은 가격으로 통화를 산다. 이러한 사는 가격과 파는 가격의 스프레드가 은행들이 외환거래의 비용을 감당할 수 있게 해준다. 따라서 대부분의 기업들과 개인들이 은행으로부터 외국통화를 살 때, 그들은 온라인 사이트들에 제시된 환율이나 신문에 인쇄되어 있는 환율보다 더 적은 미국달러당 외국통화를 받는다.

자료: *Wall Street Journal*, August 9, 2013

시장 환율은 다른 가격들과 마찬가지로 수요와 공급의 상호작용에 의해서 결정된다. 일본엔과 교환하기 위한 미국달러에 대한 수요를 생각해 보자. 외국통화와 교환하기 위해 미국달러를 수요하는 외환시장 참여자들은 다음과 같다.

1. 미국에서 생산된 재화와 서비스를 구매하기 원하는 외국 기업들과 가계들
2. 해외직접투자, 즉 미국에 있는 공장이나 기타 시설을 매입하거나 건설하는 해외직접투자나 미국에서 발행된 주식과 채권을 매입하는 해외포트폴리오투자를 통해 미국에 투자하기 원하는 외국 기업들과 가계들.
3. 미래에 달러의 가치가 현재보다 상승할 것이라고 믿는 외환거래자들.

외환시장의 균형

[그림 27.1]은 일본엔으로 교환하기 위한 미국달러의 수요곡선과 공급곡선을 보여준다. 수직축에서 위로 이동함에 따라 엔의 가치에 비해 상대적으로 달러의 가치가 상승한다. 환율이 ¥150=$1일 때, 달러는 환율이 ¥100=$1일 때보다 엔에 대해 상대적으로 1.5배의 가치가 있다. 먼저 엔으로 교환하기 위한 달러의 수요곡선을 생각해 보자. 수요곡선은 정상적으로 우하향한다. 달러의 가치가 높을 때, 엔으로 교환하기 위한 달러의 수요량은 적을 것이다. 환율이 ¥100=$1일 때, 한 일본인 투자자는 미국 재무부가 발행한 $1,000 채권을 구매할 경우 $1,000 채권을 매입하기 위해 ¥100,000을 지불한다. 환율이 ¥150=$1일 때, 한 일본인 투자자는 $1,000 채권을 매입하기 위해 ¥150,000을 지불한다. 이와 유사하게 환율이 ¥100=$1일 때, 한 일본 기업은 Intel로부터 $1.5억어치의 마이크로 칩을 구매할 경우 ¥150억으로 마이크로 칩을 구매할 수 있다. 환율이 ¥150=$1일 때, 마이크로 칩의 구매 비용은 ¥225억이 된다.

이제 엔으로 교환하기 위한 달러의 공급곡선을 생각해 보자. 공급곡선은 정상적으로 우상향한다. 달러의 가치가 높을 때, 엔으로 교환하기 위해 공급되는 달러의 양은 증가할 것이다. 환율이 ¥200=$1일 때, 한 미국인 투자자는 일본 정부가 발행한 ¥200,000 채권을 매입할 경우 ¥200,000 채권을 매입하기 위해 $1,000을 지불하면 된다. 환율이 ¥100=$1일 때, 그는 $2,000을 지불해야 한다. 환율이 ¥200=$1일 때, 한 미국 전자 가게의 소유주는 Sony로부터 ¥2,000만 어치의 텔레비전 세트를 구매할 경우 이러한 텔레비전 세트를 구매하기 위해 $100,000을 지불할 필요가 있다. 환율이 ¥100=$1일 때, 그는 $200,000을 지불해야 한다.

그림 27.1

외환시장의 균형

환율이 달러당 ¥150일 때, 이러한 환율은 균형수준보다 높고 달러의 잉여가 존재한다. 환율이 달러당 ¥100일 때, 이러한 환율은 균형수준보다 낮고 달러의 부족이 발생한다. 달러당 ¥120의 환율에서 외환시장은 균형에 도달한다.

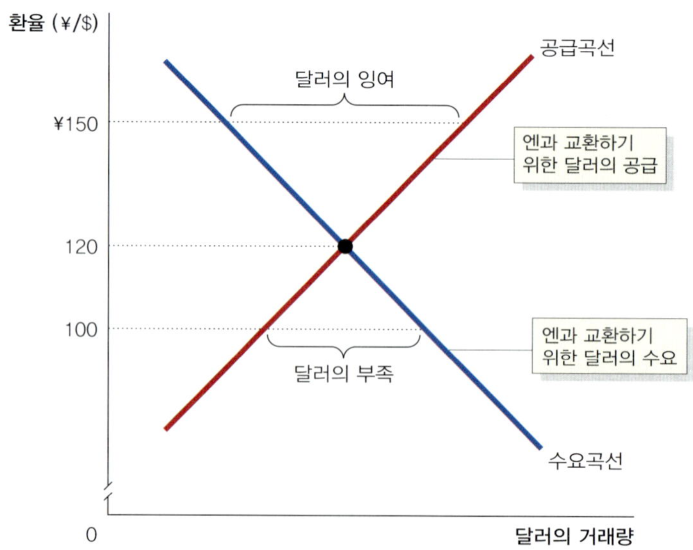

여타 시장과 마찬가지로 외환시장의 균형은 공급량과 수요량이 일치할 때 발생된다. [그림 27.1]에서 ¥120=$1이 균형환율이다. ¥120=$1보다 높은 환율에서 달러의 잉여(초과공급)와 환율에 대한 하락 압력이 존재한다. 이러한 달러의 잉여와 환율에 대한 하락 압력은 환율이 ¥120=$1이 될 때까지 제거되지 않을 것이다. 만일 환율이 ¥120=$1보다 낮으면, 달러의 부족(초과수요)과 환율에 대한 상승 압력이 존재한다. 이러한 달러의 부족과 환율에 대한 상승 압력은 환율이 ¥120=$1이 될 때까지 제거되지 않을 것이다. 달러와 엔 같은 주요 통화들의 거래량이 크고 외환거래자들이 컴퓨터로 함께 연결되어 있기 때문에 외환시장에서 잉여와 부족은 매우 빠르게 제거된다.

통화절상 currency appreciation은 다른 국가 통화의 시장 가치에 비해 상대적으로 한 국가 통화의 시장 가치가 상승할 때 발생한다. **통화절하 currency depreciation**는 다른 국가 통화의 시장 가치에 비해 상대적으로 한 국가 통화의 시장 가치가 하락할 때 발생한다.

통화절상 currency appreciation
다른 국가 통화의 시장 가치에 비해 상대적으로 한 국가 통화의 시장 가치가 상승하는 것.

통화절하 currency depreciation
다른 국가 통화의 시장 가치에 비해 상대적으로 한 국가 통화의 시장 가치가 하락하는 것.

수요곡선과 공급곡선의 이동이 환율에 어떻게 영향을 미치는가?

수요곡선과 공급곡선의 이동은 균형환율을 변화시킨다. 3가지의 주요 요인이 외환시장에서 수요곡선과 공급곡선을 이동시킨다.

1. 미국산 재화와 서비스에 대한 수요의 변화와 외국산 재화와 서비스에 대한 수요의 변화.
2. 미국에 기꺼이 투자하고자 하는 용의의 변화와 외국에 기꺼이 투자하고자 하는 용의의 변화.
3. 달러의 미래 가치와 외국통화의 미래가치에 대한 외환거래자들의 예상 변화.

외환에 대한 수요곡선의 이동 이러한 3가지 요인이 일본엔으로 교환되는 미국달러에 대한 수요에 어떻게 영향을 미치는지 살펴보도록 하자. 일본의 경기확장기에 일본 가계들의 소득은 증가할 것이고 일본 소비자들과 기업들의 미국 재화에 대한 수요가 증가할 것이다. 이에 따라 주어진 환율에서, 미국달러에 대한 수요가 증가할 것이고 달러의 수요곡선은 오른쪽으로 이동할 것이다. 이와 유사하게, 미국 이자율이 상승하면, 미국 금융자산에 대한 투자 매력이 증가할 것이고 달러에 대한 수요곡선은 오른쪽으로 이동할 것이다. **투기꾼 speculator**은 환율의 변화로부터 이윤을 얻으려고 외환을 사고파는 외환거래자이다. 만일 한 투기꾼이 달러의 가치가 엔의 가치에 비해 상대적으로 상승할 것이라고 확신하게 되면, 그는 엔을 팔고 달러를 살 것이다. 만일 현재 환율이 ¥120=$1이고 이 투기꾼이 환율이 조만간에 ¥140=$1로 상승할 것이라고 확신하면, 그는 ¥60억을 팔고 그 대가로 $500만을 받을 것이다. 만일 이 투기꾼의 예상이 맞고 달러의 가치가 ¥140=$1로 상승하면, 그는 $500만을 ¥70억과 교환하여 ¥10억의 이윤을 얻게 된다.

투기꾼 speculator
환율의 변화로부터 이윤을 얻으려고 외환을 사고 파는 외환거래자.

요약하면, 일본의 소득이 증가할 때, 미국 이자율이 상승할 때, 투기꾼들이 달러의 가치가 엔의 가치에 비해 상대적으로 상승할 것이라고 믿을 때, 달러에 대한 수요곡선은 오른쪽으로 이동한다.

일본의 경기후퇴기에 일본의 소득은 감소할 것이고 미국산 재화와 서비스에 대한 수요가 감소하며 달러에 대한 수요곡선은 왼쪽으로 이동한다. 이와 유사하게, 만일 미국 이자율이 하락하면, 미국 금융자산에 대한 투자 매력이 감소할 것이고 달러에 대한 수요곡선은 왼쪽으로 이동할 것이다. 마지막으로 만일 투기꾼들이 달러의 미래 가치가 현재 가치보다 낮아질 것이라고 확신하면, 달러에 대한 수요는 감소할 것이고 달러에 대한 수요곡선은 왼쪽으로 이동할 것이다.

외환 공급곡선의 이동 달러의 공급에 영향을 미치는 요인들은 달러에 대한 수요에 영향을 미치는 요인들과 유사하다. 미국의 경기확장은 미국인들의 소득을 증가시키고 일본산 재화와 서비스를 포함한 재화와 서비스에 대한 수요를 증가시킨다. 미국 소비자들과 기업들이 일본산 제품에 대한 지출을 증가시킴에 따라, 그들은 엔과 교환하기 위한 달러를 공급해야 하고 이것이 달러의 공급곡선을 오른쪽으로 이동시킨다. 이와 유사하게, 일본 이자율의 상승은 미국인 투자자들에게 일본 금융투자를 더 매력적이게 만들 것이다. 이러한 일본 이자율의 상승이 미국 투자자들이 달러를 엔으로 교환하게 만들고 달러의 공급곡선을 오른쪽으로 이동시킬 것이다. 마지막으로 만일 투기꾼들이 엔의 미래 가치가 현재 보다 달러에 비해 상대적으로 상승할 것이라고 확신하면, 투기꾼들이 달러를 엔으로 교환함에 따라 달러의 공급곡선은 오른쪽으로 이동할 것이다.

미국의 경기후퇴는 일본산 제품에 대한 수요를 감소시키고 달러의 공급곡선을 왼쪽으로 이동시킨다. 이와 유사하게, 일본 이자율의 하락은 일본 금융투자를 덜 매력적이게 만들고 달러의 공급곡선을 왼쪽으로 이동시킨다. 만일 투기꾼들이 엔의 미래 가치가 달러에 비해 상대적으로 하락할 것이라고 확신하면, 달러의 공급곡선은 왼쪽으로 이동할 것이다.

새로운 외환시장 균형으로의 조정

통화의 수요와 공급에 영향을 미치는 요인들은 계속해서 변화한다. 환율이 상승할 것인지 하락할 것인지는 수요곡선과 공급곡선의 이동 방향과 크기에 의해 결정된다. 예를 들어, [그림 27.2]가 보여주는 것처럼, 만일 엔으로 교환하기 위한 달러에 대한 수요곡선이 공급곡선이 오른쪽으로 이동한 것보다 오른쪽으로 더 많이 이동하면, 균형환율은 상승할 것이다.

일부 환율은 외환시장에서 결정되지 않는다.

지금까지 환율은 외환시장에서 결정된다고 가정했다. 이러한 가정은 미국달러, 유로, 일본엔, 영국파운드를 포함한 많은 통화들의 경우에는 좋은 가정이다. 그러나 일부 통화들은 오랜 기간 동안 변화하지 않는 *고정환율 fixed exchange rate*을 가지고 있다. 예를 들어, 10년 이상 동안, 중국위안의 가치는 미국달러당 8.28위안에서 고정되었었다. 한 국가의 중앙은행은 환율을 고정시키기 원하는 경우 자국통화를 사고파는 외환시장에 개입해야 한다.

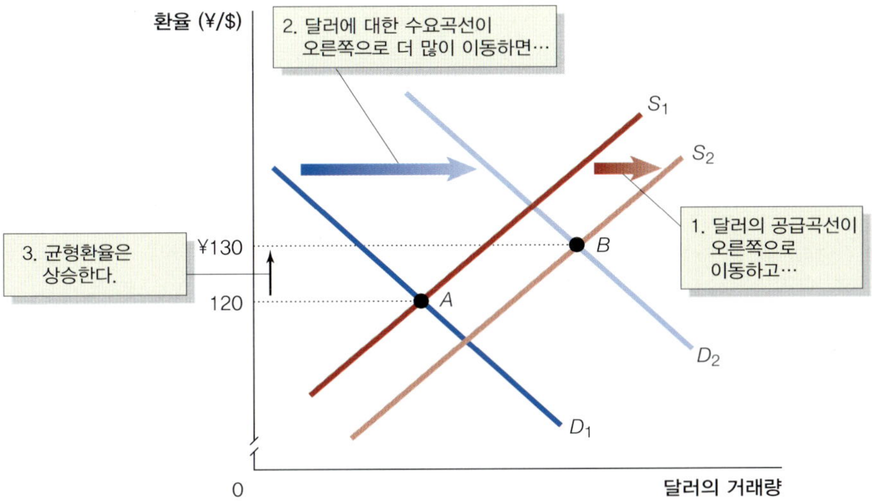

그림 27.2

환율의 상승을 발생시키는 수요곡선과 공급곡선의 이동

다른 요인들이 일정한 경우, 달러의 공급 증가는 균형환율을 하락시키고 달러에 대한 수요 증가는 균형환율을 상승시킨다. 이 그림에서 보는 것처럼, 수요곡선과 공급곡선 모두가 오른쪽으로 이동하고 수요곡선이 공급곡선보다 오른쪽으로 더 많이 이동하면, 균형환율은 점*A*의 ¥120=$1에서 점*B*의 ¥130=$1로 상승한다.

환율의 변동은 수입과 수출에 어떻게 영향을 미치는가?

달러의 가치가 상승할 때, 미국산 수출재의 외국통화 가격은 상승하고 외국산 수입재의 달러 가격은 하락한다. 처음에 미국달러와 유로 간의 시장환율이 $1=€1라고 하자. 이 경우에 미국에서 $20의 가격을 가지고 있는 Blue-ray disc는 프랑스에서 €20의 가격을 가진다. 프랑스에서 €50의 가격을 가지고 있는 프랑스산 와인 한 병은 미국에서 $50의 가격을 가진다. 이제 미국달러와 유로 간의 시장환율이 $1.20=€1로 변화한다고 하자. 이제 1유로를 사기 위해 더 많은 달러가 필요하기 때문에 달러는 유로에 대해 절하되었고 유로는 달러에 대해 절상되었다. 이러한 달러의 절하는 Blu-ray disc의 유로 가격을 €20에서 $20/(1.20 달러/유로)=€16.67로 하락시킨다. 프랑스산 와인 한 병의 달러 가격은 $50에서 €50×(1.20 달러/유로)=$60으로 상승시킨다. 그 결과로 Blue-ray disc는 프랑스에서 더 많이 팔릴 것이고 프랑스산 와인은 미국에 더 적게 팔릴 것으로 예상된다.

일반적으로 말하면, 국내통화의 절하는 수출을 증가시키고 수입을 감소시켜 순수출을 증가시킬 것이라고 결론내릴 수 있다. 만일 현재 실질GDP가 잠재GDP보다 낮으면, 모든 다른 요인들이 일정한 경우에 국내통화의 절하는 순수출, 총수요, 실질GDP를 증가시킬 것이다. 국내통화의 절상은 이와 반대 효과를 가질 것이다. 수출은 감소하고 수입은 증가하여 순수출, 총수요, 실질GDP는 감소할 것이다.

Making the Connection

일본 기업들은 엔 롤러코스터를 탄다.

일본 도쿄에 본부를 두고 있는 Bridgestone은 세계 최대 타이어 제조회사이다. 2013년의 한 *Wall Street Journal* 헤드라인 제목이 "약한 엔이 Bridegstone의 이윤을 증가시키고 있다."라고 붙여져 있었다. 이러한 헤드라인 제목은 유별난 것이 아니었다. Toyota, Sony, Nintendo를 포함하는 많은 일본 대기업들은 미국과 여타 해외 국가들에서의 매출에 크게 의존한다. 그 결과로 그들의 이윤은 엔과 다른 통화들 간의 환율에 의존한다.

아래의 그림이 보여주는 것처럼, 미국달러에 대한 엔의 가치는 장기적으로 상승하였다. 엔의 가치는 1971년에 ¥360=$1에서 2013년에 ¥100=$1보다 낮은 수준으로 상승했다. 그러나 환율은 이러한 장기 추세 주위에서 크게 변동하였다. 예를 들어, 엔에 대한 달러의 가치는 1995년과 1998년 사이에 70% 이상 치솟았다. 엔에 대한 달러의 가치는 2007년과 2011년 사이에 60% 하락했고 2012년과 2013년 사이에 25% 상승했다. 이러한 환율 변동의 결과로 일본 기업들에게 1990년대 후반과 2012~2013년은 좋은 기간이었으나 2007~2011년은 나쁜 기간이었다.

무엇이 이러한 엔-달러 환율의 변동을 설명해 주는가? 미국 금융자산에 대한 해외 투자자들의 수요 증가가 달러의 가치를 상승시킬 수 있고 미국 금융자산에 대한 해외 투자자들의 수요 감소가 달러의 가치를 하락시킬 수 있다는 점을 방금 살펴보았다. 1990년대 후반에 발생한 엔에 대한 달러 가치의 상승은 일본인들과 여타 해외 투자자들의 미국 주식과 채권, 특히 미국 재무부 증권들에 대한 강한 수요에 의해 발생되었다. 이러한 수요의 증가는 주로 미국 이자율의 상승 때문에 발생된 것이 아니라 국제금융시스템에서 발생된 문제 때문에 발생되었다. 많은 투자자들은 미국 재무부는 자신이 발행한 채권에 대해 채무불이행할 가능성이 없다고 믿었기 때문에 금융문제가 발생된 시기에 미국 금융자산을 *안전자산 safe haven*으로 여겼다.

연방준비제도가 2007~2009년의 경기후퇴 초기에 금융위기에 대응하기 위해 페더럴펀드 이자율 목표를 인하시키기 시작했을 때 2007년 이후 엔에 대한 달러의 가치는 하락하기 시작했다. 미국 이자율이 낮을 때, 투자자들은 미국 주식과 채권보다는 일본과 여타 국가 주식과 채권을 매입할 가능성이 있다. 이것이 미국달러에 대한 수요를 위축시키고 달러의 가치를 하락시킨다. 2011년에 Bridegstone과 다른 일본 기업들은 엔의 가치가 높아서 입었던 손실에 대해 불만을 토로하였다. 일부 일본 기업들은 생산 능력을 일본 밖으로 더 많이 이동시킬 것을 고려했다. Nissan의 CEO는 다음과 같이 말했다. "현재 발생되고 있는 일 때문에 그들의 생산이 달러당 77엔에서 살아남을 수 없어서 그들의 생산을 일본 밖으로 이전시키는 프로젝트들이 많이 진행되고 있다."

일본중앙은행 Bank of Japan이 확장적 통화정책을 시행한 결과로 2012년 이후에 엔의 가치가 하락했다. 아베 신조는 2012년 말에 총리로 선출되었을 때 새로운 일본중앙은행 총재를 임명했고 일본중앙은행의 일본 국채 보유량을 두 배로 증가시키며 다른 자산들도 매입할 것이라고 약속했다. 투자자들은 그 결과로 일본 명목이자율이 하락할 것이고 인플레이션율이 상승해서 일본 금융자산의 보유로부터 발생되는 실질수익률이 하락할 것이라고 예상했다. 이에 반응하여 투자자들은 일본 금융자산을 매도하고 미국 금융자산을 매입했다. 이에 따라 달러에 대한 엔의 가치가 하락했다.

엔 가치의 하락은 일본 기업들에게는 좋은 소식이나 투자자들이 통화정책과 다른 요인들의 변화에 반응하여 통화를 사고팔 것이기 때문에 엔-달러 환율의 변동은 계속될 것이 확실하다.

자료: Yoree Koh, "Weak Yen Boosts Bridgestone Profits," *Wall Street Journal*, August 9, 2013; "Automakers May Flee Strong Yen," Reuters, November 17, 2011; "Opening the Flood Gates," *Economist*, April 13, 2013; and Federal Reserve Bank of St. Louis.

문제풀이 27.1

왜 Honda는 일부 생산시설을 미국으로 이동시켰나?

2012년에 Honda 자동차회사의 한 임원이 자동차 생산의 많은 부분을 일본에서 미국으로 이동시킬 것이라고 발표했다. 한 신문기사는 다음과 같이 언급했다. "일본엔의 강세로 인해 촉발된 Honda의 생산공장 이동은 일본으로부터 북미로 수입되는 자동차의 수를 크게 감소시킬 것이다."

a. 신문기사에서 엔의 강세는 무엇을 의미하는가?

b. 왜 강한 엔이 Honda로 하여금 미국에서 자동차를 더 많이 생산하고 일본에서 자동차를 더 적게 생산하게 만드는가?

문제풀기

Step 1: 본문의 내용을 다시 읽어보라. 이 문제는 한 국가 통화의 가치에 관한 것이므로 [환율의 변동이 수출과 수입에 어떻게 영향을 미치는가?] 부분을 다시 읽어보라.

Step 2: 신문 기사에서 "엔의 강세"가 무엇을 의미하는지 설명하면서 문제 a에 대해 답하라. 이 경우에 강한 엔은 엔의 가치가 미국달러에 비해 상대적으로 상승한 것을 의미한다. 엔이 강해지면, 더 적은 엔이 1달러와 교환될 수 있다.

Step 3: 강한 엔이 생산을 어디서 할 것인지에 대한 Honda의 결정에 어떻게 영향을 미치는지 설명하면서 문제 b에 대해 답하라. Honda가 일본에서 자동차를 생산할 때, Honda는 조립라인 근로자들의 급여와 공급업자들에 대한 지급을 포함하여 생산비용을 엔으로 지급한다. 엔이 강하면, Honda가 미국에서 판매하는 자동차의 달러 가격이 상승한다. 그 결과로 Honda는 다른 회사들, 특히 미국에서 자동차를 생산하는 회사들에게 밀려 미국에서 Honda의 자동차 판매량이 줄어들 것이다. 미국으로 더 많은 생산을 이동시킴으로써, Honda는 생산비용을 달러로 지급할 것이고 이에 따라 엔-달러 환율의 변동에 의해 영향을 받지 않을 것이다.

실질환율

한 국가의 수출과 수입 수준을 결정하는 한 가지 중요한 요인이 각 국가가 생산하는 재화의 상대가격이라는 것을 이미 살펴보았다. 두 국가가 생산한 재화의 상대가격은 2가지 요인, 즉 두 국가의 상대적 물가수준과 두 국가 통화 간의 명목환율에 의해 결정된다. 경제학자들은 이러한 2가지 요인을 외국 재화와 서비스 기준으로 나타낸 국내 재화와 서비스의 상대가격을 의미하는 **실질환율 real exchange rate**로 결합시킨다. 한 경제의 물가수준은 재화들과 서비스들의 평균 가격에 대한 척도라는 것을 기억하라. 두 국가 통화 간의 실질환율은 다음과 같이 계산될 수 있다.

실질환율 real exchange rate
외국 재화와 서비스 기준으로 나타낸 국내 재화와 서비스의 상대가격.

$$\text{실질환율} = \text{명목환율} \times \left(\frac{\text{국내물가수준}}{\text{외국물가수준}}\right)$$

실질환율의 변화는 명목환율의 변화와 상대적 물가수준의 변화 모두를 반영한다는 점에 주목하라. 미국달러와 영국파운드 간의 환율이 $1=£1이고 미국의 물가수준은 100이며 영국의 물가수준도 100이라고 하자. 이러한 경우, 미국달러와 영국파운드 간의 실질환율은 다음과 같다.

$$\text{실질환율} = 1\ \text{파운드/달러} \times \left(\frac{100}{100}\right) = 1.00$$

이제 미국의 물가수준은 105로 상승하고 영국의 물가수준은 100에 그대로 머물러 있는 반면 명목환율이 달러당 1.1파운드로 상승한다고 하자. 이러한 경우, 실질환율은 다음과 같이 계산된다.

$$\text{실질환율} = 1.1\text{파운드/달러} \times \left(\frac{105}{100}\right) = 1.15$$

실질환율이 1.00에서 1.15로 상승한 것은 미국 재화와 서비스의 가격이 이제 영국 재화와 서비스의 가격에 비해 상대적으로 15% 더 높다는 것을 말해준다.

실질환율은 기준 연도를 기준으로 계산되며 일종의 지수이다. 소비자물가지수와 마찬가지로, 실질환율은 시간이 흐름에 따라 발생되는 외국 재화와 서비스 기준으로 측정된 국내 재화와 서비스의 상대 가격 변화를 추적하는데 사용된다.

27.2. 환율시스템의 작동

환율은 몇 가지 방식으로 결정될 수 있다. 일부 국가들은 여타 가격들이 결정되는 것처럼, 환율이 수요와 공급에 의해 결정되도록 허용한다. 수요와 공급이 자국 통화의 가치를 결정할 수 있도록 허용하는 국가는 **변동환율 통화 floating currency**를 가지고 있다고 말한다. 일부 국가들은 자국 통화와 다른 통화 간 환율을 일정하게 유지시킨다. 예를 들어, 중국은 1994년부터 환율의 신축성을 더 크게 허용하기 시작했던 2005년까지 자국 통화인 위안

변동환율 통화 floating currency
한 국가 통화의 환율이 수요와 공급에 의해 결정되도록 허용된 통화.

yuan과 미국달러 간의 환율을 일정하게 유지시켰다. 국가들이 환율이 어떻게 결정되어야 하는지에 대해 합의할 수 있을 때, 경제학자들은 **환율시스템 exchange rate system**이 존재한다고 말한다. 현재 미국을 포함한 많은 국가들은 종종 환율에 영향을 주기 위해 그들의 통화나 여타 통화를 매입하고 매도하기 위해 개입하지만 그들의 통화가치가 대부분의 기간 동안에 변동하도록 허용한다. 많은 국가들은 그들 통화의 가치 변동을 관리하고자 하며 이러한 환율시스템이 **관리변동환율시스템 managed float exchange rate system**이다

역사적으로 보면, 관리변동환율시스템에 대한 가장 중요한 2가지 대안적 환율시스템은 *금본위제도 gold standard*와 *브레튼 우즈 시스템 Bretton Woods system*이었다. 이러한 환율시스템들은 모두 환율이 장기간 동안 일정하게 유지되는 **고정환율시스템 fixed exchange rate system**이었다. 금본위제도 하에서 한 국가의 통화는 금화와 정부가 금으로 바꾸어주기로 약속한 지폐로 구성되었다. 금본위제도는 19세기부터 1930년대까지 유지되었던 고정환율시스템이었다.

금본위제도 하에서 환율은 각 국가 통화에 포함되어 있는 금의 양에 의해 결정되었고 한 국가의 통화공급 규모는 이용 가능한 금의 양에 의해 결정되었다. 전쟁이나 경기침체기 동안 통화공급을 급속히 증가시키기 위해서는 금본위제도를 포기해야 할 필요가 있다. 1930년대 중반에 이르러 대공황에 대응하기 위해 미국을 포함한 대부분의 국가들은 금본위제도를 포기했다. 그 이후 수십 년 동안 금본위제도를 복원하기 위한 간헐적인 논의가 있었지만, 그렇게 하고자 하는 진지한 시도는 없었다.

1944년에 미국의 New Hampshire주에 있는 Bretton Woods에서 개최된 회의에서 미국이 온스당 35달러의 고정된 가격으로 금을 매입하거나 매도하기로 약속한 환율시스템이 만들어졌다. 새로운 브레튼 우즈 시스템의 모든 회원국 중앙은행들은 달러에 대한 고정환율로 자국 통화를 매입하고 매도할 것을 약속했다. 달러에 대한 자국 통화의 환율을 고정시킴으로써, 브레튼 우즈 시스템의 모든 회원국들 간 환율도 고정시켰다. 금본위제도와는 달리, 미국이나 어떤 국가도 지폐를 금으로 바꾸어주지 않는다. 외국 중앙은행이 달러를 제시할 때에만 달러를 금으로 바꾸어준다. 환율이 통화에 대한 수요와 공급의 변화에 신속하게 조정되기 위해 자유롭게 변동하지 못하기 때문에 고정환율제도는 종종 어려움에 직면하게 될 수 있다. 다음 절에서 살펴보는 것처럼, 중앙은행은 종종 환율을 오랜 기간 동안 고정시켜야 하는지에 대한 문제에 직면한다. 1970년대 초에 환율을 고정시키는 어려움이 브레튼 우즈 시스템을 종식시키게 만들었다.

환율시스템
exchange rate system
환율이 어떻게 결정되어야 하는지에 대한 국가들 간의 합의.

관리변동환율시스템
managed float exchange rate system
대부분 통화들의 가치가 수요와 공급가 수요와 공급에 의해 결정되나 종종 정부가 환율에 영향을 주기 위해 개입하는 환율시스템.

고정환율시스템
fixed exchange rate system
국가들이 그들 통화 간 환율이 장기간 동안 일정하게 유지시키기로 합의한 환율시스템.

27.3. 현재 환율시스템

유로 euro
유럽 국가들의 공동 통화.

현재 환율시스템은 3가지의 핵심적인 특성을 가지고 있다.

1. 미국은 달러가 다른 주요 통화들에 대해 변동하도록 허용하고 있다.
2. 유럽의 17개 국가들은 단일통화인 유로 euro를 사용하고 있다.
3. 일부 개발도상국들은 자국 통화의 환율을 달러나 다른 주요 통화에 대해 고정시키고 있다.

시간이 흐름에 따른 달러 가치의 변동을 살펴보면서 현재 환율시스템에 대한 논의를 시작하도록 하자. 달러의 가치를 논의하면서 무엇이 단기환율과 장기환율을 결정하는지에 대해서도 살펴본다.

변동환율 달러

1973년 이후 미국달러의 가치는 다른 주요 통화들에 대해 크게 변동했다. [그림 27.3(a)]는 1973년 1월부터 2013년 8월까지 미국달러와 캐나다달러 간의 환율을 보여주고

그림 27.3

캐나다달러/미국달러 환율과 일본엔/미국달러 환율, 1973~2013년

그림(a)는 브레튼 우즈 시스템이 종료된 1973년부터 2013년 8월까지 미국달러의 가치는 캐나다달러에 대해 약간 상승했다는 것을 보여준다. 그림(b)는 같은 기간 동안 미국달러의 가치는 일본엔에 대해 약 2/3 정도 하락했다는 것을 보여준다.

자료: Federal Reserve Bank of St Louis.

[그림 27.3(b)]는 같은 기간 동안 미국달러와 일본엔 간의 환율을 보여준다. $1을 사기 위해 더 많은 외국통화가 필요할 때 달러의 가치는 상승하고 $1을 사기 위해 더 적은 외국통화가 필요할 때 달러의 가치는 하락한다는 것을 기억하라. 1973년부터 2013년 8월까지 미국달러의 가치는 엔에 대해 66% 이상 하락한 반면 캐나다달러에 대해 약 4% 상승했다. 두 환율 모두는 이 기간 동안 크게 변동했다.

무엇이 장기환율을 결정하는가?

과거 40년 동안, 왜 달러의 가치는 일본엔에 대해 크게 하락했으나 캐나다달러에 대해 약간 상승했는가? 단기환율의 변동을 결정하는 2가지 주요 요인은 투자자들이 어느 국가의 금융 투자가 더 높은 수익률을 발생시킬 것인지를 변화시키는 이자율의 변화와 투자자들의 미래 환율에 대한 예상 변화이다. 다른 요인들이 장기환율의 변동을 설명하는데 중요하다.

구매력 평가 이론 장기적으로 환율은 각 국가의 동등한 통화 금액으로 동일한 재화와 서비스의 양을 구매할 수 있게 해주는 수준이어야 한다는 것은 일리가 있는 것처럼 보인다. 달리 말하면, 각 국가 통화의 구매력은 동일해야 한다는 것이다. 장기적으로 환율이 서로 다른 통화의 구매력이 같아지게 만들기 위해 변화한다는 견해를 **구매력 평가 purchasing power parity** 이론이라고 부른다.

구매력 평가 purchasing power parity 장기적으로 환율은 서로 다른 통화의 구매력이 같아지게 만들기 위해 변화한다는 이론

간단한 예를 생각해 보자. Hershey 캔디 바 가격은 미국에서 $1이고 영국에서 £1이며 환율은 £1=$1라고 하자. 이러한 경우 적어도 Heshey 캔디 바에 대해 달러와 파운드는 동등한 구매력을 가진다. 만일 Heschey 캔디 바의 가격이 영국에서 £2로 상승하나 미국에서 그대로 $1이면, 환율은 파운드가 상대적인 구매력을 유지하기 위해 $1당 £2로 변해야 할 것이다. 환율이 구매력을 반영하여 조정되면, 미국에서 Hershey 캔디 바를 $1에 구매하거나 $1을 £2로 교환하여 영국에서 Hershey 캔디 바를 구매하는 것이 가능할 것이다.

만일 환율이 구매력 평가에 의해 제시되는 수준이 아니면, 이윤을 얻을 수 있는 기회가 존재하게 된다. Hershey 캔디 바가 영국에서 £2에 판매되고 미국에서 $1에 판매되며 달러와 파운드 간 환율이 £1=$1이라고 하자. 이 경우에 £1,000,000를 $1,000,000으로 교환해서 미국에서 100만 개의 Hershey 캔디 바를 구매할 수 있을 것이다. 이렇게 구매한 Hershey 캔디바는 영국으로 수송되어 영국에서 £2,000,000에 판매될 수 있다. 이러한 거래의 결과로 [£1,000,000−수송비용]의 이윤이 발생될 것이다. 만일 달러-파운드 환율이 Hershey 캔디 바뿐만 아니라 많은 재화들에 대한 구매력을 반영하지 못하면, 이러한 과정은 반복될 것이고 매우 큰 이윤이 발생할 것이다. 그렇지만 사람들이 파운드를 달러로 교환하여 이러한 이윤을 얻으려고 시도함에 따라, 달러의 가치는 £2=$1의 구매력 평가 환율에 이르게 될 때까지 상승하게 될 것이다. 일단 환율이 두 통화의 구매력을 반영하게 되면 더 이상 이윤의 기회는 존재하지 않게 된다. 이러한 과정이 장기환율이 구매력 평가에 의해 결정되는 수준에 이르게 되는 것을 보장하는 것처럼 보인다.

3가지 현실 세계의 복잡성이 구매력 평가가 장기환율을 완전하게 설명하지 못하게 한다.

1. **모든 제품이 국제적으로 교역되지 않는다.** 재화가 국제적으로 교역될 때, 환율이 구매력 평가를 반영하지 못하면 이윤이 발생될 수 있다. 그러나 미국과 대부분의 여타 국가들에서 생산되는 모든 재화와 서비스의 반 이상은 국제적으로 교역되지 않는다. 재화가 국제적으로 교역되지 않을 때 재화 가격은 모든 국가에서 동일하지 않을 것이다. 환율이 £1/$1이고 치과의사가 충치를 치료하는 가격이 미국에서 영국보다 2배 비싸다고 하자. 이러한 경우에 영국 치과의사의 서비스를 싸게 구매해서 미국에서 재판매할 방법이 없다. 많은 재화와 서비스는 국제적으로 교역되지 않기 때문에, 환율은 통화들의 상대적 구매력을 정확하게 반영하지 못한다.

2. **제품과 소비자 선호는 국가마다 다르다.** 동일한 제품은 전 세계에서 동일한 가격으로 판매될 수 있을 것으로 기대된다. 그러나 제품은 유사하지만 동일하지 않다면, 제품의 가격은 다를 수 있다. 예를 들어, 3 온스 Cadbury 캔디 바가 영국에서 판매되는 가격과는 다른 가격으로 3 온스 Hershey 캔디 바는 미국에서 판매될 수 있다. 소비자 선호가 다르면 동일한 제품의 가격도 국가마다 다를 수 있다. 영국의 소비자들이 미국의 소비자들보다 캔디 바를 더 좋아하면, Hershey 캔디 바는 미국보다 영국에서 더 많이 판매될 수 있다.

관세 tariff
수입재에 대해 정부가 부과하는 세금.

쿼터 quota
수입될 수 있는 재화의 양에 대해 정부가 부과하는 제한.

3. **국가들은 무역장벽을 부과한다.** 미국을 포함한 대부분 국가들은 수입재에 대해 관세와 쿼터를 부과한다. **관세 tariff**는 수입재에 대해 정부가 부과하는 세금이다. **쿼터 quota**는 수입될 수 있는 재화의 양에 대해 정부가 부과하는 제한이다. 예를 들어, 미국은 설탕

Making the Connection

환율의 빅맥 이론

멕시코 시티의 빅맥 가격은 뉴욕의 빅맥 가격과 같은가?

구매력 평가 이론의 정확성을 검정하기 위한 재미있는 시도로 *Economist*지는 정기적으로 서로 다른 국가들의 빅맥 가격을 비교한다. 만일 구매력 평가가 성립하면, 미국에서 빅맥을 사기 위해 요구되는 달러를 가지고 다른 국가 통화로 바꾸어서 다른 국가에서 빅맥을 살 수 있어야 할 것이다. 아래의 표는 미국에서 빅맥이 $4.56의 평균 가격에 판매되었던 2013년 7월에 작성된 것이다. 빅맥 가격을 사용하여 계산되는 빅맥 환율은 빅맥에 대한 구매력 평가가 성립하는 경우의 환율을 나타낸다. 예를 들어, 빅맥이 멕시코에서 37페소에 판매되고 미국에서 $4.56에 판매되기 때문에, 구매력 평가가 성립되기 위해서는 환율은 37페소/$4.56, 즉 8.11페소=$1이어야 한다. 따라서 빅맥 구매력 평가에 기초해서 판단해 보면, 멕시코페소의 가치는 달러에 대해 37%([(8.11–12.94)/12.94] X 100 = –37%) 과소평가되어 있었다. 즉, 빅맥 구매력 평가가 성

립되면, 실제의 경우보다 1달러를 사기 위해 37%나 더 적은 멕시코 페소가 필요할 것이다.

당신은 엄청나게 부자가 되기 위해 빅맥을 뉴욕에서 싸게 사서 멕시코 시티에서 비싸게 판매하기 위해 구매력 평가 환율과 실제 환율 간 차이를 이용할 수 있는가? 불행하게도 값이 싼 미국 빅맥은 멕시코 시티로 가지고 가는 동안 흐물흐물해져서 맛이 없게 될 것이다. 빅맥 가격은 전 세계에서 동일하지 않다는 사실은 구매력 평가가 정확하게 성립되지 않는다는 한 가지 이유, 즉 많은 재화가 국제적으로 교역되지 않는다는 점을 제시해 준다.

국가	빅맥 가격	빅맥 환율(구매력 평가 환율)	실제 환율
멕시코	37페소	달러당 8.11페소	달러당 12.94페소
일본	320엔	달러당 70.18엔	달러당 100.11엔
영국	2.69파운드	달러당 0.59파운드	달러당 0.67파운드
스위스	6.5스위스 프랑	달러당 1.43스위스 프랑	달러당 0.97스위스 프랑
인도네시아	27,939루피	달러당 6,127루피	달러당 9,965루피
캐나다	5.53캐나다달러	달러당 1.21캐나다달러	달러당 1.05캐나다달러
중국	16위안	달러당 3.51위안	달러당 6.13위안

자료: "The Big Mac Index," *Economist*, July 11, 2013.

문제풀이 27.3

빅맥 가격을 사용해서 구매력 평가 환율 계산하기.

아래의 표에 비어 있는 빈칸을 채워라. 빅맥 환율(구매력 평가 환율)은 빅맥에 대한 구매력 평가가 성립되는 경우의 환율이다. 미국의 빅맥 가격은 $4.56이라고 가정하라. 각국 통화에 대해 상대적으로 미국달러의 가치가 과대평가되어 있는지 과소평가되어 있는지 설명하고 실제 환율이 구매력 평가 환율을 향해 변동한다면 미래에 각 환율에 어떤 일이 발생할 것인지 예측하라. 마지막으로 폴란드즐로티 zloty와 브라질헤알 real 간의 구매력 평가 환율을 계산하고 어떤 통화의 가치가 빅맥 구매력 평가 기준으로 과소평가되어 있는지 설명하라.

국가	빅맥 가격	빅맥 환율(구매력 평가 환율)	실제 환율
브라질	12헤알	______	달러당 2.27헤알
폴란드	9.2즐로티	______	달러당 3.37즐로티
한국	3,900원	______	달러당 1,135.7원
말레이시아	7.3링깃	______	달러당 3.18링깃

문제풀기

Step 1: 본문의 내용을 다시 읽어보라. 이 문제는 빅맥 가격에 의해 제시되는 구매력 평가 이론에 관한 것이므로 [구매력 평가 이론]과 [환율의 빅맥 이론] 부분을 다시 읽어보라.

Step 2: 표의 빈칸을 채워라. 구매력 평가 환율을 계산하기 위해서 빅맥의 외국통화 가격을 미국의 빅맥 가격으로 나누어라. 예를 들어, 브라질헤알과 미국달러 간의 구매력 평가 환율은 12 헤알/$4.56, 즉 달러당 2.63헤알이다.

국가	빅맥 가격	빅맥 환율 (구매력 평가 환율)	실제 환율
브라질	12헤알	달러당 2.63헤알	달러당 2.27헤알
폴란드	9.2즐로티	달러당 2.02즐로티	달러당 3.37즐로티
한국	3,900원	달러당 855.3원	달러당 1,135.7원
말레이시아	7.3링깃	달러당 1.60링깃	달러당 3.18링깃

Step 3: 다른 국가 통화에 대해 미국달러의 가치는 과대평가되어 있는지 과소평가되어 있는지 설명하라. 실제 환율이 구매력 평가 환율보다 높으면, 달러의 가치는 과대평가되어 있는 것이고 실제 환율이 구매력 평가 환율보다 낮으면, 달러의 가치는 과소평가되어 있는 것이다. 주어진 경우에 미국달러의 가치는 즐로티, 원, 링깃에 대해 과대평가되어 있으나 헤알에 대해 과소평가되어 있다. 따라서 미래에 달러의 가치는 헤알에 대해 상승할 것이나 즐로티, 원, 링깃에 대해 하락할 것이라고 예측된다.

Step 4: 즐로티와 헤알 간의 구매력 평가 환율을 계산하라. 즐로티와 헤알 간의 구매력 평가 환율은 9.2 즐로티/ 12헤알, 즉 헤알당 0.77즐로티이다. 실제 환율은 달러당 즐로티 환율을 달러당 헤알의 비율로 계산되고 3.37즐로티/ 2.27헤알, 즉 헤알당 1.48즐로티이다. 따라서 빅맥 구매력 평가 기준에 의하면 1헤알을 사기 위해 실제보다 더 적은 즐로티가 필요하므로 즐로티의 가치는 헤알에 대해 과소평가되어 있다.

자료: "The Big Mac Index," *Economist*, July 11, 2013.

수입에 쿼터를 부과한다. 그 결과로 미국의 설탕 가격은 다른 국가들의 설탕 가격보다 더 비싸다. 이러한 쿼터 때문에 해외 설탕을 싸게 구매해서 미국에서 다시 팔 수 있는 합법적인 방법이 존재하지 않는다.

장기환율의 4가지 결정요인 장기환율이 어떻게 결정되는지에 대해 보다 더 완전하게 설명하기 위해 구매력 평가 이론의 단점을 고려해 볼 수 있다. 장기환율의 4가지 결정요인은 다음과 같다.

1. **상대적 물가수준.** 구매력 평가 이론은 장기적으로 두 국가 통화 간의 환율을 결정하는 가장 중요한 요인은 상대적 물가수준이라고 주장하는 점에서 옳다. 캐나다의 재화와 서

비스 가격이 미국의 재화와 서비스보다 더 빠르게 상승하면, 캐나다달러의 가치는 캐나다 제품에 대한 수요를 유지시키기 위해 하락해야만 한다. 과거 30년 동안, 캐나다의 물가수준은 미국의 물가수준보다 약간 빠르게 상승했던 반면 일본의 물가수준은 미국의 물가수준보다 더 완만하게 상승했다. 이러한 사실은 왜 미국달러의 가치가 캐나다달러에 대해 약간 상승했던 반면 일본엔에 대해 하락했는지를 설명하는데 도움을 준다.

2. **상대적 생산성 성장률.** 기업의 생산성이 증가할 때, 기업은 더 적은 근로자, 기계, 기타 투입요소를 사용하면서 더 많은 재화와 서비스를 생산할 수 있다. 기업의 생산비용은 하락하고 이에 따라 제품가격도 하락한다. 만일 일본 기업들의 평균 생산성이 미국 기업들의 평균 생산성보다 더 빠르게 증가하면, 일본 제품은 미국 제품보다 상대적으로 더 낮은 가격을 가지게 되고 일본 제품에 대한 수요량은 미국 제품에 비해 상대적으로 증가할 것이다. 그 결과로 엔의 가치는 달러에 대해 상승할 것이다. 1970년대 초부터 1990년대 초까지의 대부분 기간 동안 일본의 생산성은 미국의 생산성보다 빠르게 증가했고 이것이 엔에 대한 달러의 가치를 하락시키는데 기여했다. 그러나 1992년과 2013년의 기간에 미국의 생산성은 일본의 생산성보다 더 빠르게 증가했고 이것이 왜 1990년대 초에 달러의 가치가 엔에 대해 급속히 하락하는 것이 멈추었는지를 설명해준다.
3. **국내 재화와 외국 재화에 대한 선호.** 캐나다의 소비자들이 미국 제품에 대한 선호를 증가시키면 미국달러에 대한 수요는 캐나다달러에 대한 수요에 비해 상대적으로 증가할 것이고 미국달러의 가치는 캐나다달러에 비해 상대적으로 상승할 것이다. 1970년대와 1980년대 동안에 많은 미국 소비자들은 일본 제품, 특히 자동차와 소비자 전자제품에 대한 선호를 증가시켰다. 이러한 일본 제품에 대한 선호 증가가 엔의 가치가 달러에 비해 상대적으로 상승하는데 도움을 주었다.
4. **관세와 쿼터.** 미국의 설탕 쿼터는 Hershey Foods Corporation과 같은 기업들이 가격이 싼 해외 설탕보다 가격이 비싼 미국 설탕을 구매하도록 만들었다. 이러한 쿼터는 해외 설탕 생산자 국가의 통화에 비해 상대적으로 달러에 대한 수요를 증가시키고 달러의 가치를 상승시킨다. 그렇지만 관세와 쿼터의 변화는 미국달러와 캐나다달러 환율이나 미국달러와 엔환율의 추세를 설명하는데 중요한 요인은 아니다.

이러한 요인들이 시간이 흐름에 따라 변화하기 때문에 한 국가 통화의 가치는 장기적으로 상당히 크게 상승하거나 하락할 수 있다. 이러한 환율의 변화가 기업에게 불확실성을 만들어 낼 수 있다. 한 국가 통화의 가치 하락은 수출재의 외국통화 가격을 하락시키고 수입재의 국내통화 가격을 상승시킨다. 한 국가 통화의 가치 상승은 반대의 효과를 가진다. 기업은 환율의 변동에 의해 도움을 받기도 하고 손상을 입을 수도 있다.

유로

현재 환율시스템의 두 번째 핵심적인 측면은 서유럽의 대부분 국가들이 단일통화를 채택했다는 것이다. 제2차 세계대전 이후에 이들 국가들은 그들의 경제를 더 밀접하게 통

그림 27.4

유로를 채택한 국가들

2013년 현재 공동 통화로 유로를 채택한 유럽연합 EU의 17개 회원국들이 빨간색 빗금으로 표시되어 있다. 유로를 채택하지 않은 EU의 회원국들은 노란색으로 표시되어 있다. 흰색으로 표시되어 있는 국가들은 EU의 회원국이 아니다.

합시키기를 원했다. 1957년에 벨기에, 프랑스, 서독, 이탈리아, 룩셈부르크, 네덜란드는 종종 유럽공동시장 European Common Market이라고도 부르는 유럽경제공동체 European Economic Community를 설립하기 위한 로마협정 Treaty of Rome에 서명했다. 유럽공동시장 내에서 운송되는 제품에 대한 관세와 쿼터가 크게 낮아졌다. 오랜 기간에 걸쳐, 영국, 스웨덴, 덴마크, 핀란드, 오스트리아, 그리스, 아일랜드, 스페인, 포르투갈이 유럽경제공동체에 가입했고 유럽경제공동체의 이름이 1991년에 유럽연합 European Union(EU)으로 바뀌었다. 2013년 현재 28개국이 EU의 회원국이었다.

EU 회원국들은 1999년 초에 공동 통화를 사용하기로 결정했다. EU의 회원국이었던 15개국 중에서 3개국, 즉 영국, 덴마크, 스웨덴은 자국 통화를 그대로 사용하기로 결정했다. 공동 통화의 사용은 몇 단계로 이루어졌다. 1999년 1월 1일에 12개 참여국들의 환율은 서로 간과 공동 통화인 유로에 대해 영구히 고정되었다. 처음에 유로는 순수한 *회계의 단위 unit of account*였다. 기업들은 국내통화와 유로 모두로 가격을 책정하기 시작했지만, 유로는 실제로 유통되지 않았다. 2002년 1월 1일에 유로 동전과 지폐가 도입되었고 2002년 6월 1일에 구 국내통화들은 더 이상 유통되지 않고 퇴출되었다. [그림 27.4]는 2013년 말 현재 유로를 채택한 EU의 17개 국가를 보여준다. 이들 국가들은 종종 *유로 지역 euro* *zone*이라고 부른다.

새로운 유럽중앙은행 European Central Bank(ECB)도 설립되었다. 회원국의 중앙은행은 계속해서 존재하지만, ECB가 통화정책과 통화발행의 책임을 가지고 있다. ECB는 회원국 정부들에 의해 임명된 6명의 이사와 유로를 채택한 17개 회원국의 중앙은행 총재들로 구성된 정책위원회 governing council에 의해 운영된다. ECB는 독립 국가들의 국내통화정책을 통제하기 위한 다국적 기구를 허용하고 있다는 점에서 독특한 실험이다.

Making the Connection

유로는 살아남을 수 있을까?

유로는 2002년에 최초로 공동 통화로 도입되었다. 그때부터 2007년의 글로벌 경기침체가 시작될 때까지의 기간은 대부분의 유럽에서 상대적으로 경제적 안정이 이루어졌던 시기였다. 낮은 이자율, 낮은 인플레이션율, 고용과 생산의 확대가 이루어지면서 유로의 장점은 명백한 것처럼 보였다. 유로를 사용하는 국가들은 서로 교역할 때 더 이상 환율 변동에 의해 발생되는 문제를 관리할 필요가 없었다. 또한 공동 통화를 사용하는 것은 국경을 넘어 구매하고 판매하는 소비자와 기업의 비용을 감소시킨다. 프랑스 사람이 독일에서 사업하기 위해 프랑스 프랑을 독일 마르크로 바꿀 필요가 없다. 특히 일부 저소득 유럽 국가들은 유로를 사용하는 시스템 하에서 번영하는 것처럼 보였다. 스페인 경제는 1999년과 2007년 사이에 연간 3.9% 성장했다. 스페인의 실업률은 1990년대 중반에 거의 20%였으나 2007년에 7.9%로 하락했다. 아일랜드와 그리스도 이 기간 동안에 급속한 성장을 경험했다.

그러나 2008년에 글로벌 경기후퇴가 점차 악화되었고 일부 경제학자들과 정책담당자들은 유로가 이러한 경기후퇴를 더욱 악화시키고 있는지에 대해 의문을 제기했다.

유로를 사용하는 국가들은 독일의 Frankfurt에 본부를 두고 있는 ECB가 통화정책을 결정하기 때문에 독립적인 통화정책을 추구할 수 없다. 이러한 경기후퇴로 예를 들어 실업률이 2009년에 18%로 두 배 이상이 되었고 2013년에 거의 27%에 이르렀던 스페인과 같이 특히 심하게 타격을 입었던 국가들은 ECB가 유로지역 전체를 대상으로 시행하고자 하는 것보다 더 확장적인 정책을 시행할 수 없었다. 이와 유사하게 이들 국가들은 (1) 수출의 대부분이 여타 유로지역 국가들을 대상으로 이루어지고 (2) 유로의 가치는 유로지역 전체에 영향을 주는 요인들에 의해서 결정되기 때문에 그들의 통화를 절하시켜서 수출을 확대시킬 수 없었다.

유로지역의 문제는 2010년에 발생된 *국가채무위기 sovereign debt crisis*에 의해 더욱 악화되었다. 국가채무는 정부가 발행한 채권에 의해 발생된 채무를 말한다. 2007~2009년의 경기후퇴는 수많은 유럽국가들, 특히 그리스, 아일랜드, 스페인, 포르투갈, 이탈리아와 같은 유럽 국가들에서 정부지출의 대규모 증가와 세금수입의 감소를 발생시켰다. 그들 정부는 이에 따라 발생된 재정적자를 국채를 발행해서 지급했다. 2010년 봄에 많은 투자자들은 특히 국채에 대한 이자지급을 할 수 있는 그리스의 능력에 대해 의심하게 되었다. 만일 그리스가 채무불이행하고 자신의 국채에 대한 이자지급을 중단하면, 투자자들이 여타 몇몇 유럽정부들에 의해 발행된 채권의 매입을 중단하게 될 가능성이 커질 것이고 유로는 위기에 처하게 될 것이다. ECB는 직접 그리스의 국채를 매입해서 그리스가 채무불이행하는 것을 피하도록 도왔다. ECB는 스페인, 아일랜드, 이탈리아에게 이와 유사한 도움을 주었다. 국제

스페인의 실업률이 2007년에 약 8%에서 2013년에 거의 27%로 상승함에 따라 스페인의 노동조합들은 시위를 했다.

통화기금 IMF과 유럽연합은 함께 그리스와 여타 국가들이 채무불이행하는 것을 막기 위한 지원 패키지를 제공했다. 이러한 지원에 대한 대가로 이들 국가들은 노동조합, 학생, 여타 그룹들로부터 상당한 항의를 받더라도 정부지출을 삭감시키고 세금을 증가시킬 것을 요구받았다. 2013년 말에 최악의 국가채무위기는 넘겼지만, 몇몇 국가들에서 국가채무의 수준은 여전히 매우 높았고 일부 경제학자들과 정책담당자들은 유로지역이 더 강력한 경제성장을 경험하지 않으면 국가채무문제가 다시 불거질 수 있을 것이라고 믿었다.

금본위제도 하에서 국가들은 확장적 통화정책을 수행할 수 없고 그들의 통화를 절하시킬 수 없다. 1930년대 대공황 기간 동안, 금본위제도를 유지시키는데 따른 이러한 단점 때문에 국가들이 차례차례 금본위제도를 포기했고 1930년대 중반에 금본위제도는 붕괴되었다. 이와 유사하게 2013년에 일부 경제학자들과 정책담당자들은 유로의 포기를 예측했다. 그렇지만 어떤 정부도 기꺼이 유로를 포기하고 자신의 통화로 되돌아가기를 고려하지 않았던 중요한 이유가 있다. 많은 유로지역 국가들은 GDP의 상당한 부분을 여타 유로지역 국가들에게 수출하기 때문에, 환율 안정이 그들의 경제적 안정에 매우 중요하다. 이러한 이유가 그들이 유로를 포기하는 것을 주저하게 만들었다. 이에 더하여 특히 스페인과 아일랜드 같이 경기후퇴로 가장 심하게 타격을 입은 일부 유럽 국가들은 주택가격버블의 붕괴로 어려움을 겪고 있다. 주택가격버블 붕괴의 영향이 사라질 때까지 보다 확장적인 통화정책이나 환율 절하가 경제를 회복시키지 못할 수 있다. 따라서 유로에 의해 부과된 제약이 유럽의 회복을 막고 있다는 것이 명백하지 않다. 마지막으로 유럽의 가계, 기업, 정부 간 많은 계약과 합의는 유로로 작성되어 있기 때문에 유로를 포기하는 것은 금융시스템과 무역에 파괴적인 영향을 미칠 수 있는 가능성이 있다.

유로의 궁극적인 운명이 다양한 경제를 가지고 있는 독립적인 국가들이 성공적으로 공동 통화정책과 단일통화를 유지할 수 있느냐 하는 질문에 대한 답을 줄 것이다.

자료: Nina Adam, William Horobin, and Paul Hannon, "Euro Zone Returns to Growth but Malaise Lingers," *Wall Street Journal*, August 14, 2013; "What Angela Isn't Saying," *Economist*, August 10, 2013; and Terence Roth, "Setting Up the Greek Default," *Wall Street Journal*, October 11, 2011

달러에 대한 환율 고정

현재 환율시스템의 마지막 핵심적인 특징은 일부 개도국들이 그들의 환율을 달러나 다른 주요 통화에 대해 고정시키고 있다는 점이다. 환율 고정은 다른 국가와 상당한 교역을 하고 있는 국가에게 중요한 이점을 제공할 수 있다. 환율이 고정되어 있을 때, 기업이 계획을 세우는 일이 훨씬 더 쉬워진다. 예를 들어, 한국원의 가치가 달러에 대해 상대적으로 상승하면, 한국의 자동차회사인 현대자동차는 미국에 수출하는 자동차의 달러 가격을 상승시키게 되고 이에 따라 판매를 감소시킬 수 있다. 한국원과 달러 간의 환율이 고정되어 있으면, 현대자동차가 계획을 수립하는 일이 훨씬 더 쉬워진다.

1980년대와 1990년대에 고정환율을 채택해야 하는 추가적인 이유가 발생했다. 이 기간 동안 특히 동아시아 국가들과 같은 개도국들로 해외투자자금의 이동이 크게 증가했다. 한국, 태국, 말레이시아, 인도네시아와 같은 국가들에 있는 기업들이 해외 투자자들로부터 달러를 직접 차입하거나 외국 은행들로부터 달러를 간접적으로 차입하는 것이 가능하게 되었다. 예를 들어, 한 태국 기업은 한 일본 은행으로부터 미국달러를 차입할 수 있다. 이 태국 기업이 차입한 달러를 가지고 태국에서 새로운 공장을 건설하기 원하면 달러를 태국 통화인 바트 baht로 교환해야만 한다. 이 공장이 가동되어 생산이 시작되면, 이 태국 기업은 대출에 대한 이자지급을 하기 위하여 달러와 교환하기 위해 필요한 바트를 벌게 될 것이다. 바트의 가치가 달러에 대해 하락하면 문제가 발생할 수 있다. 이 태국 기업이 대출을 받을 때 환율은 달러당 25바트라고 하자. 이 태국기업은 250만 바트로 달러 대출에 대해 매월 $100,000의 이자를 지급하기 위해 필요한 달러를 매입할 수 있다. 그러나 바트의 가치가 달러당 50바트로 하락하면, 이 태국 기업은 이자지급을 하기 위해 필요한 달러를 매입하기 위해 500만 바트가 있어야 할 것이다. 태국 정부는 바트와 달러 간의 환율을 고정시켜서 이러한 문제를 피하고자 하는 강한 인센티브를 가지게 될 것이다.

마지막으로 1980년대와 1990년대에 일부 국가들은 변동환율이 발생시킬 수 있는 인플레이션을 두려워했다. 한 통화의 가치가 하락할 때, 수입재의 가격은 상승한다. 수입재가 소비자들이 사는 재화의 상당한 부분을 차지고 있으면, 이 통화의 가치 하락은 인플레이션율을 크게 상승시킬 수 있다. 1990년대 동안, 달러에 대한 환율 고정은 브라질과 아르헨티나의 반인플레이션 정책에서 중요한 부분이었다(앞으로 살펴보는 것처럼, 고정환율 정책을 따르는 데에서 발생되는 문제점들 때문에 궁극적으로 브라질과 아르헨티나 모두 고정환율을 포기했다).

1990년대 말의 동아시아 환율위기 한 국가가 다른 국가 통화에 대한 자국 통화의 환율을 고정시킬 때, 이 국가는 **환율고정 pegging**을 시행하고 있는 것이다. 환율고정의 대상이 되는 두 국가 모두가 환율고정에 동의할 필요는 없다. 한 개도국이 달러에 대해 자국 통화의 가치를 고정시킬 때, 고정환율을 유지시키는 책임은 전적으로 이 개도국에게 있다.

환율고정 pegging 한 국가가 다른 국가 통화에 대한 자국 통화의 환율을 고정시키는 것.

그러나 고정환율을 유지하고자 하는 국가는 어려움에 직면할 수 있다. 정부가 재화나 서비스 가격을 고정시킬 때, 그 결과로 지속적인 재화나 서비스의 잉여나 부족이 발생될 수 있다(제4장 참조). [그림 27.5]는 달러와 태국바트 간의 환율을 보여준다. 이 그림은 태국의 관점에서 그려진 것이어서 수직축의 환율은 바트당 달러로 측정되어 있다. 이 그림은

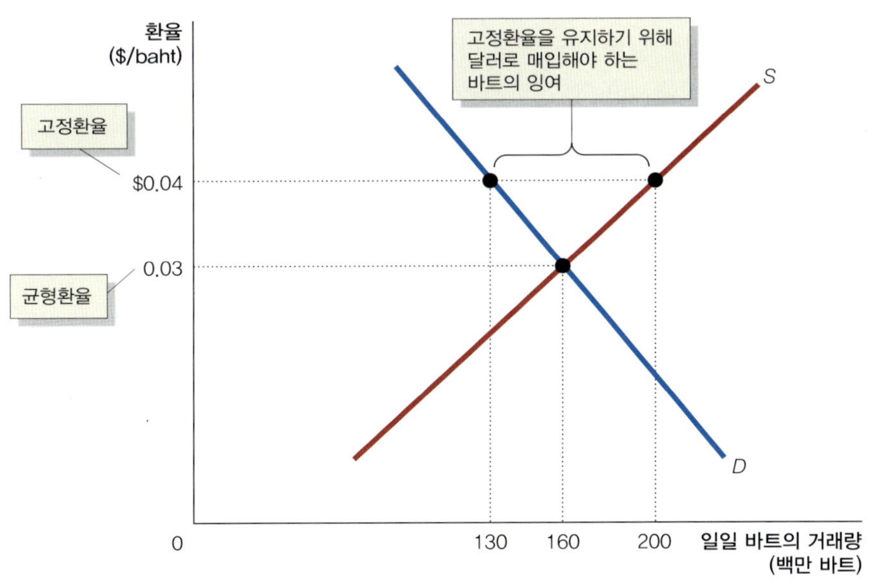

그림 27.5

1997년에 태국바트의 가치는 달러에 대해 과대평가되어 있었다.

태국 기업들이 미국으로 수출하는 것을 더 용이하게 만들고 달러 표시 대출을 받은 태국 기업들을 보호하기 위해 태국 정부는 달러에 대해 바트의 가치를 고정시켰다. 바트당 $0.04인 고정환율은 바트당 $0.03인 균형환율보다 크게 높았다. 이 그림에서 보는 것처럼 과대평가된 환율은 태국중앙은행이 달러로 매입해야 하는 7,000만 바트의 잉여를 발생시켰다.

태국 정부가 달러와 바트 간의 환율을 수요와 공급에 의해서 결정되는 균형환율보다 높은 수준에서 고정시켰던 1990년대의 상황을 보여준다. 시장 균형환율보다 높은 수준에서 고정된 통화의 가치는 *과대평가되어 있다 overvalued*고 말한다. 시장 균형환율보다 낮은 수준에서 고정된 통화의 가치는 *과소평가되어 있다 undervalued*고 말한다.

환율고정은 태국 기업들이 미국으로 제품을 수출하는 것을 더 용이하게 만들었고 달러 표시 대출을 받은 태국 기업들을 보호했다. 고정환율은 달러당 25.19바트, 즉 바트당 $0.04였다. 1997년에 이러한 고정환율은 달러당 35바트, 즉 바트당 $0.03인 시장 균형환율보다 크게 높았다. 그 결과로 외환시장에서 바트의 잉여를 발생시켰다. 이러한 고정환율 수준을 유지하기 위해 태국중앙은행 Bank of Thailand은 달러로 이러한 바트를 매입해야만 했다. 태국중앙은행은 이렇게 하면서 점차적으로 자신이 보유한 달러, 즉 *달러 대외지급준비 dollar reserves*를 소진시켰다. 계속해서 고정환율을 지지하기 위해 태국중앙은행은 국제통화기금으로부터 달러 대외지급준비를 차입했다. 또한 태국중앙은행은 태국에 투자하는 더 많은 해외 투자자들을 끌어들이기 위해 이자율을 상승시켰고 이에 따라 바트에 대한 수요가 증가되었다. 태국중앙은행은 달러에 대한 바트의 가치를 하락시키는 것이 제품의 달러가격을 하락시켜 태국 기업들이 미국으로 수출하는 것을 돕는 것임에도 불구하고 이러한 조치를 취하였다. 태국 정부는 고정환율이 바트의 가치를 과대평가되게 만들더라도 고정환율을 포기하는 데서 발생되는 부정적인 결과를 두려워했다. 국내 이자율의 상승은 해외투자자를 끌어들이는 데는 도움을 주었지만 태국 기업들과 가계들이 그들의 지출에 필요한 자금을 차입하는 것을 더 어렵게 했다. 그 결과로 국내 투자와 소비는 감소했고 이것이 태국 경제를 경기후퇴로 밀어넣었다. 국제 투자자들은 태국중앙은행이 이자율을 얼마나 더 높게 상승시킬 것인지와 IMF가 태국에게 달러 대출을 얼마나 더 제공할 것인지에 한계가 있다는 것을 알았다. 국제 투자자들은 공식적인 고정환율에서 바트를 달러로 교환하여 바트에 대해 투기하기 시작했다. 그들이 예상한 대로 태국이 고정환율을 포기해야만 한다면, 그들은 훨씬 낮은 환율에서 바트를 다시 매입할 수 있을 것이고 이에 따라 상당한 이윤을 얻을 수 있을 것이다. 투자자들에 의한 이러한 행동은 고정환율을 유지시키는 것을 더 어렵게 만들기 때문에 *불안정화 투기 destabilizing speculation*라고 부른다. [그림 27.6]은 이러한 불안정화 투기의 결과를 보여준다. 바트에 대한 수요의 감소는 바트에 대한 수요곡선을 D_1에서 D_2로 왼쪽으로 이동시키고 태국중앙은행이 달러로 매입해야 하는 바트의 양을 증가시킨다.

또한 해외투자자들은 태국에 있는 그들의 투자를 매도하고 그들이 보유하고 있는 바트를 달러로 교환하기 시작했다. 이러한 *자본도피 capital flight*가 태국중앙은행의 달러 대외지급준비를 더욱 소진시키게 만들었다. IMF로부터 차입한 달러 대출은 일시적으로 태국이 고정환율을 방어할 수 있게 해주었다. 마침내 1997년 7월 2일에 태국은 달러에 대한 고정환율을 포기했고 바트가 변동하는 것을 허용했다. 달러를 차입한 태국 기업들은 계획했던 것보다 훨씬 더 많은 이자를 지급해야 하는 상황에 직면하게 되었다. 많은 기업들이 도산하게 되었고, 태국 경제는 깊은 경기후퇴로 빠져들었다.

많은 외환거래자들은 한국, 인도네시아, 말레이시아와 같은 다른 동아시아 국가들

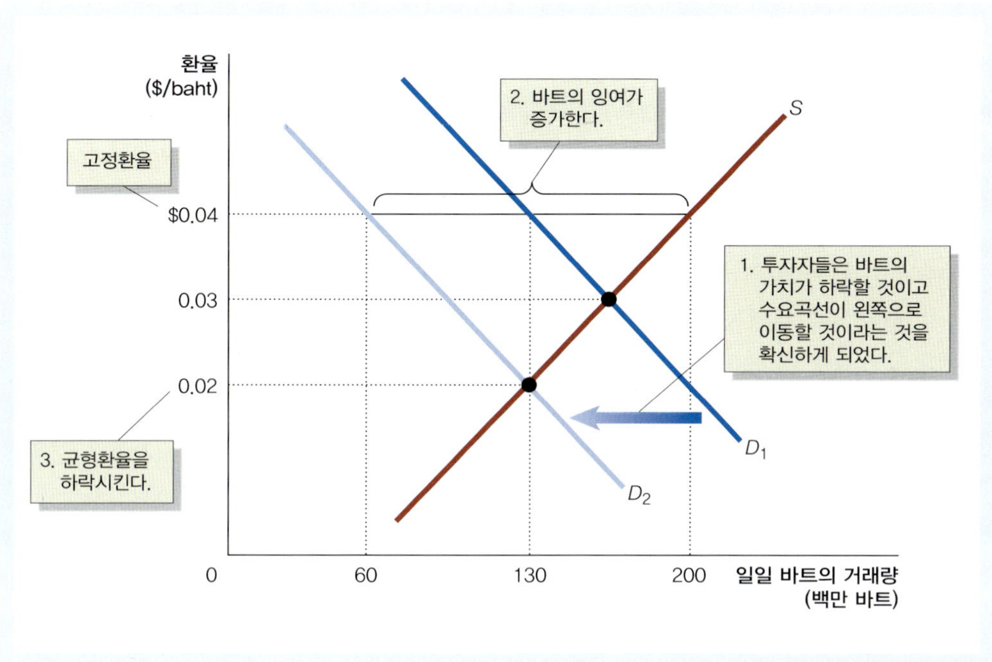

그림 27.6

태국 바트에 대한 불안정화 투기

1997년에 바트당 $0.04인 고정환율은 바트당 $0.03인 균형환율보다 높았다. 투자자들이 태국이 달러에 대한 고정환율을 포기하고 바트의 가치가 하락하는 것을 허용해야만 할 것이라고 확신하게 됨에 따라 그들은 바트에 대한 수요를 감소시켰고, 이에 따라 수요곡선은 D_1에서 D_2로 왼쪽으로 이동했다. 새로운 균형환율은 바트당 $0.02가 되었다. 고정환율을 방어하기 위해, 태국중앙은행이 달러로 하루에 매입해야 하는 바트의 양은 7,000만 바트로부터 1억 4,000만 바트로 증가했다. 투자자들에 의한 불안정화 투기 destabilizing speculation가 태국이 1997년 7월에 고정환율을 포기하게 만들었다.

도 태국을 따르게 될 것이고 고정환율을 포기하게 될 것이라고 확신했다. 그 결과로 이들 국가들의 통화에 대한 투기적 매도 광풍이 발생했다. 이들 국가들이 종종 *투기적 공격 speculative attacks*이라고 부르는 이러한 통화에 대한 투기적 매도 광풍에 대항하기는 어려운 일이었다. 한 국가의 통화가 처음에 고정환율에서 과도평가되어 있지 않다하더라도 투기적 공격이 이 국가 통화에 대한 수요를 크게 감소시킬 수 있다. 이 국가 통화에 대한 수요곡선은 왼쪽으로 이동할 것이고 이 국가의 중앙은행은 달러 대외지급준비를 빠르게 소진시킬 것이다. 한국, 인도네시아, 필리핀, 말레이시아는 고정환율을 포기했다. 이들 국가들 모두도 경기후퇴로 빠져들었다.

고정환율의 퇴조 동아시아 국가들이 재앙적인 사건을 경험한 후에 고정환율을 채택한 국가의 수가 크게 감소했다. 계속해서 고정환율을 사용하는 대부분 국가들은 소규모 국가들이고 주로 하나의 큰 국가와 교역하고 있다. 예를 들어, 몇몇 캐리비안 국가들은 계속해서 달러에 대해 자국 통화의 환율을 고정시키고 있고, 이전에 프랑스 프랑에 대해 자국 통화의 환율을 고정시켰던 아프리카의 몇몇 이전 프랑스 식민지 국가들은 유로에 대해 자국 통화의 환율을 고정시키고 있다. 전반적으로 고정환율이 관리변동환율로 대체되었다.

중국의 고정환율 경험 1978년에 중국은 중앙계획경제에서 시장경제시스템으로 이행하기 시작했다. 그 결과로 경제성장이 크게 가속화되었다. 일인당 실질GDP는 1979년과 1995년 사이에 연간 6.5%로 성장했고 1996년과 2012년 사이에 연간 9% 이상으로 성장했다. 중국 경제정책의 한 가지 중요한 사항은 1994년에 달러당 8.28위안의 고정환율로 달러에 대해 위안의 가치를 고정시키기로 결정한 것이었다. 달러에 대한 위안의 환율고정은 중국의 수출업자들이 미국에 수출하는 재화의 달러 가격을 안정시켰다. 2000년대 초에 많은 경제학자들은 달러에 대한 위안의 가치는 크게 과소평가되어 있다고 주장했다. 많은 미국 기업들은 위안의 과소평가가 미국 기업들과 경쟁하는데 있어서 중국 기업들에게 불공정한 우위를 제공해 주었다고 주장했다.

이러한 과소평가된 환율을 지지하기 위해 중국중앙은행은 위안으로 대규모의 달러를 매입해야만 했다. 2005년에 중국정부는 $7,000억 이상을 축적하게 되었고 이 중의 상당부분을 미국 재무부 채권을 매입하기 위해 사용했다. 이 당시에 중국은 교역 국가들로부터 위안 가치의 상승을 허용하라는 압력을 받았다. 중국의 섬유제품 수출이 일본, 미국, 유럽의 일부 섬유생산자들을 시장에서 떠나게 만들었다. 또한 중국은 텔레비전, 개인컴퓨터, 셀룰러 폰과 같은 보다 더 정교한 제품을 수출하기 시작했다. 여타 국가들의 정치가들은 결과적으로 국내 소비자들에게 더 높은 가격을 지불하게 하더라도 중국의 경쟁으로부터 국내 산업들을 보호하기를 바랬다. 그러나 중국 정부는 높은 수준의 수출이 급속한 경제성장을 유지하기 위해 필요하다고 믿었기 때문에 위안의 가치를 다시 설정하는 것에 대해 주저했다. 중국 경제는 농촌지역에서 도시로 이동하는 근로자들과 (최근에 인구 증가율은 둔화되었지만) 인구의 증가에 대응하여 연간 2,000만 개의 새로운 비농업 일자리를 창출할 필요가 있다. 중국이 대규모 달러를 보유하고 있기 때문에 위안의 가치가 상승하면 상당한 손실이 발생할 수 있다.

2005년 7월에 중국 정부는 달러에 대한 위안의 환율을 고정시키는 것으로부터 위안의 가치를 달러, 일본엔, 유로, 한국원, 여타 몇몇 통화로 구성된 통화바스켓의 평균 가치에 연동시키는 것으로 이행할 것이라고 발표했다. 이에 따른 즉각적인 결과로 위안의 가치가 달러당 8.28위안에서 달러당 8.11위안으로 소폭 상승했다. 중국중앙은행은 고정환율에서 관리변동환율로 이행했다고 선언했다. 그러나 일부 경제학자들과 정책담당자들은 위안의 가치가 처음에 소폭 상승하는데 그쳤고 중국중앙은행이 위안이 통화바스켓에 어떻게 연동되어 있는지에 대해 상세하게 설명하지 않고 있기 때문에 많은 것이 실제로 변했다는 것에 대해 회의적이다.

[그림 27.7]은 달러에 대한 위안의 가치가 2005년 7월과 2008년 7월 사이에 점진적으로 상승했다(즉, 1달러를 사기 위해 필요한 위안이 더 적어졌다)는 것을 보여준다. 2008년 7월에 환율은 달러당 약 6.83위안에서 안정되었으며 이것이 중국이 분명히 "엄연한 고정환율 hard peg"로 다시 복귀했다는 것을 제시해 준다. 이러한 정책 변화가 미국의 정책담당자들로부터 새로운 비판을 받게 되었다. 2010년 중반에 오바마 대통령은 "시장에서 결정되는 환율이 글로벌 경제활동에 필수적이다"라고 주장했다. 중국중앙은행은 며칠 후에 위안의 가치가 통화바스켓 가치의 변화에 기초하여 변화하도록 허용할 것이라고 반응했다. 중국중앙은행은 매일 아침에 위안의 가치를 결정하기 위해 외환시장에서 발생되는 수요와 공급의 변화에 관심을 가질 것이라고 말했다. 2013년 말까지 달러에 대한 위안의 가치는 느리게 상승했다. 그러나 중국은 계속해서 미국에 대해 대규모 무역흑자를 발생시키고 있고 중국의 환율정책을 둘러싼 논란은 계속되고 있다.

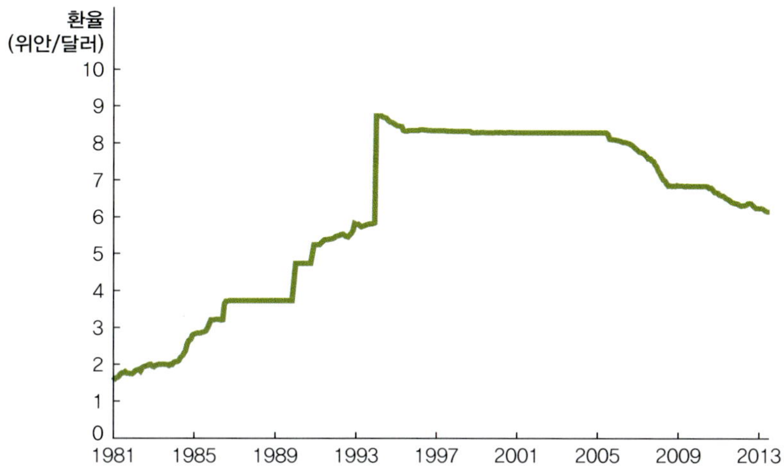

그림 27.7

위안/달러 환율

1994년에 중국은 명시적으로 달러당 위안의 가치를 고정시키기 시작했다. 2005년 7월과 2008년 7월 사이에 중국은 달러에 대한 위안의 가치가 상승하는 것을 허용했고 이어서 달러당 약 6.83위안에서 환율을 고정시키는 엄연한 고정환율로 복귀했다. 2010년 6월에 중국 중앙은행은 달러에 대한 위안의 가치가 상승하도록 허용할 것이라고 발표했고 달러에 대한 위안의 가치는 2013년 말까지 느리게 상승했다.

자료: Federal Reserve Bank of St. Louis

Making the Connection

어떻게 아이슬란드는 금융위기로부터 매우 빠르게 회복되었는가?

2007~2009년의 글로벌 금융위기로 아이슬란드보다 더 심한 영향을 받은 국가는 없었을 것이다. 인구가 30만 명뿐이고 GDP가 자메이카나 에스토니아보다 더 적지만, 아이슬란드는 일시적으로 2000년대 중반에 글로벌 금융시스템에서 중요한 역할을 했다. 전 세계의 주택가격버블이 정점에 이르렀던 2006년에 아이슬란드의 2개 대형은행이 외국의 가계들과 기업들로부터 온라인 예금을 받기 시작했다. 아이슬란드 은행들은 이러한 예금으로 수십억 달러를 받아서 아이슬란드와 유럽의 다른 곳에서 주택자금으로 대출하는 데 사용했다. 2007년에 아이슬란드 은행들은 GDP의 9배에 이르는 대출을 제공했다.

이러한 은행대출에 힘입어, 아이슬란드 주식시장의 시가총액은 2003년과 2007년 사이에 9배 증가했고 수도인 레이캬비크Reykjavik의 부동산 가격은 3배 이상 상승했다. 2가지 요인이 이러한 은행 대출로부터 발생된 금융버블을 터지게 했다. 첫째, 미국을 포함한 여타 국가들처럼 아이슬란드의 은행들은 신용이력이 불량한 사람들과 매우 적은 선납금을 납부하는 사람들에게 부동산 대출을 시행했다. 주택가격이 하락하기 시작했을 때, 많은 차입자들이 그들의 대출에 대해 채무불이행했다. 둘째, 아이슬란드 은행들은 예금보험자금보다 훨씬 더 크고 아이슬란드중앙은행이 최종 대부자의 역할을 수행하기 위해 사용할 수 있는 금액보다 훨씬 더 큰 금액을 예금으로 보유하고 있었다. 그 결과로 2008년에 아이슬란드 은행들은 은행을 폐쇄시키지 않을 수 없는 은행인 출러시(뱅크런)에 직면하게 되었다. 아이슬란드 정부는 은행들을 인수했으나 약 $1,000억의 은행 부채, 즉 아이슬란드 국민 일인당 $300,000 이상의 부채를 해결해야 하는 문제에 직면했다.

아래의 그림은 엄청나게 파괴적인 금융 붕괴의 결과를 보여준다. 아이슬란드의 실질GDP는 2007년 3분기와 2010년 4분기 사이에 13% 감소했다. 또한 이 그림은 금융위기로 크게 영향을 받은 여타 유럽 국가들인 그리스, 아일랜드, 이탈리아, 스페인의 실질GDP의 변화 추이도 보여준다(이들 국가들을 비교하기 위해, 각국의 실질GDP는 2007년 1분기에 100으로 설정되었다). 아이슬란드는 경기침체의 처음 2년 동안 여타 국가들보다 실질GDP가 더 크게 감소하는 어려움을 겪었으나 2012년에 실질GDP가 금융위기 이전 수준으로 회복되었다는 점에 주목하라. 2013년에 여타 4개국의 실질GDP는 2007년보다 여전히 5% 이상 더 낮았다. 실업률 통계도 이와 유사한 모습을 보여준다. 2013년 초에 아이슬란드의 실업률은 4.1%에 불과했으며 이는 아일랜드와 이탈리아의 실업률이 10% 이상이었고 그리스와 스페인의 실업률이 20% 이상

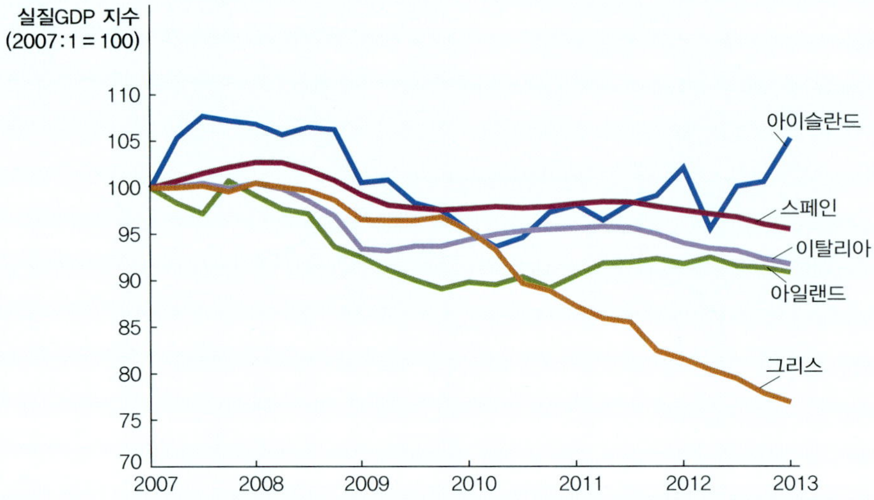

이었던 것과 비교된다.

왜 아이슬란드는 심한 금융위기를 겪었음에도 불구하고 여타 유럽 국가들보다 더 빠르게 회복되었는가? 한 가지 이유는 여타 국가들과는 달리 아이슬란드가 유로를 사용하지 않았기 때문이다. 그 결과로 아이슬란드 통화인 크로나 krona의 가치를 유로에 대해 절하시켜서 아이슬란드의 수출을 증가시킬 수 있었다. 아래의 그림이 보여주는 것처럼, 2007년 2분기와 2009년 4분기 사이에 크로나의 가치는 유로에 비해 50% 이상 하락했다. 그 결과로 아이슬란드의 수출이 2007년 상반기에 하락했지만 2012년에 금융위기 이전 수준과 비교해 30% 이상 크게 증가했다. 수출의 증가가 아이슬란드가 금융위기로부터 회복하는데 핵심적인 요인이었다. 유로를 사용하는 유럽 국가들은 그들의 주요 교역상대국들 대부분도 유로를 사용했기 때문에 자국 통화의 가치를 주요 교역상대국들의 통화에 비해 하락시키는데서 발생되는 이득을 얻을 수 없었다.

앞에서 논의한 것처럼, 유로를 사용하는 국가들이 누리는 이득이 존재하기 때문에 2013년에 아이슬란드는 여전히 크로나를 버리고 유로 지역에 참여해야 하는지를 고려하고 있었다. 그러나 금융위기 이후 아이슬란드의 경험은 신축적인 환율이 중요한 이점을 가질 수 있다는 것을 보여준다.

자료: R.A., "The Iceland Question," *Economist*, July 2, 2012; OECD, *Economic Surveys: Iceland 2011*, June 2011; Michael Lewis, *Boomerang: Travels in the New Third World*, New York: W.W. Norton and Company, 2011; and Federal Reserve Bank of St. Louis.

결론

환율의 변동은 계속해서 기업과 정부에 어려움을 발생시킬 수 있다. 많은 국가들은 금본위제도로부터 *브레튼 우즈 시스템 Bretton Woods system*과 환율고정에 이르기까지 작동 가능한 고정환율시스템을 발견하려고 노력했다. 환율을 고정시키는 것은 여타 가격을 고정시키는 것과 같은 문제를 발생시킬 수 있다. 수요와 공급이 이동함에 따라, 가격이 조정되지 않으면 잉여와 부족이 발생한다. 유럽의 17개 국가들은 단일통화를 사용함으로써 이러한 문제를 회피하려 하고 있다. 경제학자들은 이러한 단일통화 실험의 결과를 면밀하게 주시하고 있다.

주요용어

통화절상 currency appreciation
통화절하 currency depreciation
유로 euro
환율시스템 exchange rate system
고정환율시스템 fixed exchange rate system
변동환율 통화 floating currency
관리변동환율시스템 managed float exchange rate system
명목환율 nominal exchange rate
환율고정 pegging
구매력평가 purchasing power parity
쿼터 quota
실질환율 real exchange rate
투기꾼 speculator
관세 tariff

연습문제

*복습질문

1. 만일 미국달러당 일본엔으로 표시된 환율이 ¥95=$1이면, 일본엔당 미국달러로 표시된 환율은 얼마인가?

2. 미국달러와 유로 간의 환율이 €0.75=$1라고 하자. 만일 이러한 환율이 €0.80=$1로 변화하면, 유로는 미국달러에 대해 절상되는가 절하되는가? 간략히 설명하라.

3. 왜 외국 가계들과 외국 기업들은 그들의 통화와 교환하기 위해 미국달러를 수요하는가? 왜 미국 가계들과 미국 기업들은 외국통화와 교환하기 위해 미국달러를 공급하는가?

4. 외환시장에서 수요곡선과 공급곡선을 이동시키는 중요한 3가지 요인은 무엇인가?

5. 환율시스템은 무엇인가? 고정환율시스템과 관리변동환율시스템의 차이점은 무엇인가?

6. 금본위제도 하에서 환율은 어떻게 결정되는가? 브레튼우즈 시스템과 금본위제도는 어떻게 다른가?

7. 구매력 평가 이론은 무엇인가? 구매력 평가 이론은 장기환율의 변화를 완전하게 설명해 주는가? 간략히 설명하라.

8. 장기환율의 4가지 결정요인을 간략히 설명하라.

9. 어떤 유럽 국가들이 현재 그들의 통화로 유로를 사용하는가? 왜 이러한 국가들은 그들의 이전 통화를 유로로 대체하는데 동의했는가?

10. 다른 통화에 대한 한 통화의 가치가 고정되어 있다는 것은 무엇을 의미하는가? 왜 다른 통화에 대한 한 통화의 가치를 고정시키는가? 이러한 환율고정으로부터 발생되는 문제점들은 무엇인가?

11. 다른 통화에 대한 위안의 가치를 고정시킨 중국의 경험을 간략히 논의하라.

*문제와 응용

1. 유로에 대한 미국달러의 수요곡선과 공급곡선을 그리고 각 축이 무엇을 나타내는지 표시하라. 만일 유럽중앙은행이 이자율을 인상시키는 조치를 취하면, 이것이 달러의 수요와 공급에 미치는 효과와 그 결과로 발생되는 미국달러에 대한 유로의 환율을 그림에 나타내고 설명하라.

2. 다음의 질문에 답하기 위해 아래의 그림을 사용하라.

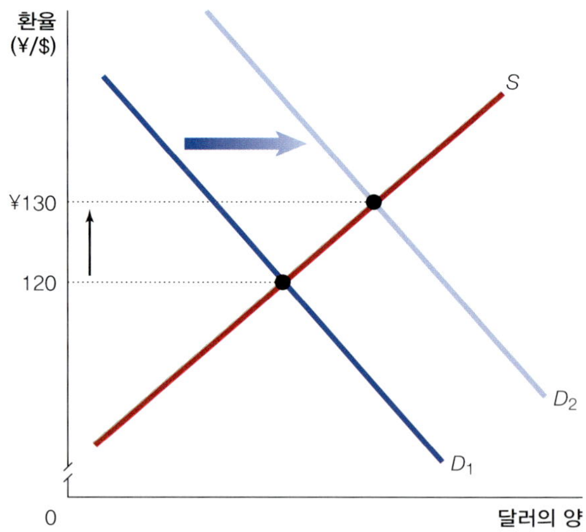

a. 미국달러가 일본엔에 대해 절상했는가 절하했는가 간략히 설명하라.

b. 다음의 사건 중 어떤 것이 그림에 나타낸 수요곡선의 이동을 발생시켰는가?

i. 미국 이자율이 하락했다.
ii. 일본의 소득이 증가한다.
iii. 투기꾼들이 달러의 가치가 미래에 상승할 것이라고 믿기 시작한다.

3. 한 국가의 통화가 절상할 때, 이것은 일반적으로 이 국가의 소비자들에게 좋은 소식인가 나쁜 소식인가? 이것은 일반적으로 이 국가의 기업들에게 좋은 소식인가 나쁜 소식인가? 당신의 견해를 설명하라.

4. 미국과 대부분의 여타 국가들은 1930년대에 금본위제도를 포기했다. 왜 1930년대가 금본위제도를 유지하기에 특히 어려운 시기였는가? (힌트: 1930년대의 거시경제사건들과 금본위제도를 유지하면서 확장적 통화정책을 시행하는데 따른 문제점들을 생각해 보라.)

5. 한 국가가 금본위제도를 사용하고 있는 경우, 1849년에 캘리포니아에서 금이 발견되었을 때 미국에서 발생했던 것처럼 새로운 금광이 이 국가에서 발견되면 이 국가의 통화공급에 어떤 일이 발생하는가? 간략히 설명하라.

6. 제2차 세계대전 이후, 왜 국가들은 금본위제도를 재확립하기보다는 브레튼 우즈 시스템을 선호했는가? 어떤 중요한 측면에서 브레튼 우즈 시스템이 금본위제도와 다른지를 논의하라.

7. 다음의 진술을 생각해 보라. "1 미국달러를 사기 위해 95 일본엔 이상이 필요하고 1 영국파운드를 사기 위해 1.5 미국달러 이상 필요하다. 이러한 통화 가치는 미국이 일본보다 더 부유한 국가이고 영국이 미국보다 더 부유한 국가라는 것을 보여준다." 당신은 이러한 진술에 동의하는가? 간략히 설명하라.

8. 구매력 평가 이론에 의하면, 호주의 인플레이션율이 뉴질랜드의 인플레이션율보다 높으면, 호주달러와 뉴질랜드달러 간의 환율에 어떤 일이 발생해야 하는가? 간략히 설명하라.

9. 2012년 12월에 당신은 2002년 12월보다 1 미국달러를 사기 위해 25% 더 많은 멕시코페소가 필요했다. 같은 기간 동안에 멕시코의 소비자물가지수는 51.1% 증가했고 미국의 소비자물가지수는 27.1% 증가했다. 이러한 데이터는 구매력 평가 이론이 맞는다는 것을 보여주는가? 간략히 설명하라.

10. 아래 표의 빈 칸을 채워라. 미국에서 빅맥이 $4.56에 판매되고 있다고 가정하라. 미국달러의 가치가 여타 통화들 각각에 대해 상대적으로 과대평가되어 있는지 과소평가되어 있는지 설명하고 실제 환율이 구매력 평가 환율을 향해 변동한다면 미래에 각 환율에 어떤 일이 발생할 것인지 예측하라. 마지막으로 러시아루블과 뉴질랜드달러 간의 구매력 평가 환율을 계산하고 어떤 통화의 가치가 빅맥 구매력 평가 기준으로 과대평가되어 있는지 설명하라.

국가	빅맥 가격	빅맥 환율 (구매력 평가 환율)	실제 환율
칠레	2,000페소	______	달러당 508.16페소
이스라엘	17.5세켈	______	달러당 3.65세켈
러시아	87루블	______	달러당 32.94루블
뉴질랜드	5.5뉴질랜드 달러	______	달러당 1.28뉴질랜드달러

자료: "The Big Mac Index," Economist, July 11, 2013.

11. 유로가 1999년 1월에 도입되었을 때, 환율은 유로당 $1.19였다. 2013년 9월에 환율은 유로당 $1.35였다. 이러한 달러-유로 환율 변화는 유럽으로 재화와 서비스를 수출하는 미국 기업들에게 좋은 소식이었는가 나쁜 소식이었는가? 이러한 달러-유로 환율 변화는 미국으로부터 수입되는 재화와 서비스를 사는 유럽 소비자들에게 좋은 소식이었는가 나쁜 소식이었는가? 간략히 설명하라.

12. 아래의 그림을 사용하면서 다음의 질문에 답하라.

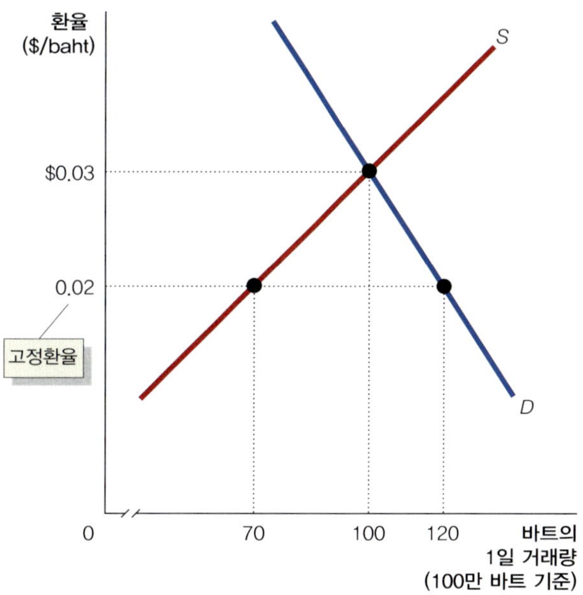

a. 주어진 그림에 의하면, 달러와 교환하기 위한 바트의 잉여가 존재하는가 부족이 존재하는가? 간략히 설명하라.

b. 고정환율을 유지하기 위해 태국중앙은행은 달러와 교

환하기 위해 바트를 매입해야 하는가, 매도해야 하는가? 태국중앙은행은 얼마 만큼의 바트를 매입할 필요가 있는가, 매도할 필요가 있는가?

13. 미국달러와 교환하기 위한 중국위안의 수요와 공급을 나타내는 그림을 그리고 각 축이 무엇을 나타내는지 표시하라. 고정환율을 유지하기 위해 중국중앙은행은 상당한 양의 미국달러를 매입하기 위해 위안을 사용했다. 고정환율이 시장환율보다 위에서 결정되어 있는지 아래에서 결정되어 있는지 제시하고 그림 상에 중국중앙은행이 각 거래기간에 공급해야 하는 위안의 양을 표시하라.

색 인

ㄱ

ㄴ

ㅇ

ㅈ

ㅍ

ㅎ

Hubbard의 경제학

저　　자　R. Glenn Hubbard · Tony O`Brien
역　　자　이상규 · 박원규
펴 낸 이　한헌주
펴 낸 곳　도서출판 경문사
등　　록　1995년 11월 9일 제300-1995-138호
주　　소　서울특별시 서대문구 독립문로 21-9
전　　화　738-7035(대표)
FAX　722-4678
e-mail　kmsp@korea.com
홈페이지　http://www.kmsp.co.kr
초판인쇄　2016년 2월 12일
초판발행　2016년 2월 19일

값 37,000원
ISBN 978-89-420-0837-7 93320